Oxford

DICTIONARY OF
Architecture
and Landscape Architecture

オックスフォード
建築辞典

鈴木博之
［監訳］

横手義洋・中島智章・海老澤模奈人
［編訳］

James Stevens Curl
［著］

朝倉書店

A Dictionary of

Architecture and Landscape Architecture

SECOND EDITION

JAMES STEVENS CURL

With line-drawings by

the Author

© Oxford University Press 1999, 2006

A Dictionary of Architecture and Landscape Architecture, Second Edition was originally published in English in 2006. This translation is published by arrangement with Oxford University Press. 'Oxford' is the trade mark of Oxford University Press.

編訳者まえがき

『オックスフォード建築辞典』は，James Stevens Curl 著 "A Dictionary of Architecture and Landscape Architecture"（第2版，2006）の全訳である．原著書名には，建築と並んでランドスケープという言葉が添えられているが，建築という言葉に含まれる意味は時代の進展とともにますます広がっている状況を踏まえ，簡潔に『建築辞典』とした．訳出作業中に出された第3版が書名からランドスケープを外し，あらためて建築という言葉の広義性を示していることも判断材料となった．

　本書には古代から現代までの世界建築史を網羅する専門用語が収録されている．抽象的な建築の概念や理念から，実際の建築の部位や詳細まで幅広く項目が立てられているが，なかでも歴代の建築家に関する情報量はかなり多く，本書の際立った特徴ともなっている．古今の建築に発する学識の広がり，建築家人名を通じた関連情報の広がりを堪能することのできる建築辞典である．こうした浩瀚な書が一人の著者によって書き上げられていることは驚くべきことだが，一方で，英米への情報の偏りはたしかにある．それでも，様々な時代や地域の建築の魅力や奥深さに触れる第一歩としては十分な情報を有している．建築史学の専門家はもちろん，建築学，美術史学，文化遺産学，歴史学といった関連分野の専門家，さらには，世界中の建築に興味を抱く一般読者にとっても，有用な一冊となるのではないだろうか．

　さて，翻訳という作業は，原著が想定した読者の範囲を逸脱する時点で多くの困難を抱える．言葉は文化の写しであるがゆえ，歴史や文化を異にする言葉の翻訳にはどうしても限界がある．たとえば，ある文化圏の建築概念や建築形状に関して微細を示す言葉が，別な文化圏には存在しないといったケースだ．とくに見出し語の訳出において，この点が一番悩ましい問題だった．見出し語を無理に日本語にしたところで訳語が意味内容そのものになったり，そもそも，そうした馴染みのない言葉から索引検索する読者がいるのかといった疑念が呈されたりもした．結果として，見出し語をカタカナ表記とせざるを得ないものがあったわけだが，そうした場合でも見出し語には原語を添え，欧文索引による検索も可とすることで，翻訳書と

しての使い勝手が損なわれないよう配慮がなされた.

　原著の膨大な情報量，広範な専門性もあって，訳出には，世界各地の建築事情に通じた専門家，各国の言語や建築史に通じた専門家に多数ご参加いただく必要があったが，幸い，素晴らしい訳者布陣とすることができたのは，監訳者である鈴木博之先生の存在があればこそであった．だが，作業のなか 2014 年に先生が身罷られたことで，本プロジェクトは一時休止を余儀なくされた．その後の取り扱いについては，本プロジェクトの初期段階から先生の補佐役として集められていた編訳者 3 名を中心に検討をさせていただき，先生の監訳方針はすでに共有できていること，本書を先生の遺志を汲んだ作品にすること，訳者諸氏の労を無駄にすべきではないこと，以上を勘案し刊行に向け再始動する運びになった．

　本書刊行までに随分と多くの時間を要したことについては，編訳者の段取りの悪さゆえと言うほかない．内容については不備のないよう精査したつもりであるが，至らない部分があるかもしれない．それでも，鈴木博之先生の遺志を受け継ぎ，先生の名の下にお集まりいただいた多くの方々の献身的な作業をなんとか形にすることができました．朝倉書店編集部の皆様にも，大量の文字情報の編集作業を長年にわたり辛抱強く下支えしていただきました．編訳者を代表し心より御礼申し上げます．

2024 年 9 月

鈴木博之先生歿後 10 年の節目に

横 手 義 洋

序

辞典の編纂は気の重い仕事だ.

> サミュエル・ジョンソン (1709-84)『英国語辞典』(1755) の「dull」の第 8 項の記述.

辞典というものは,女神アテナのように父親の頭から武装して軽々しく現れるようなものではない.辞典は数多くの情報源を活用する.ジョンソン博士のように「気が重い (dull)」労働とは考えなかったとしても,彼が英国語辞典に記した「辞典の執筆者.単調で骨の折れる仕事をする人」という辞典編纂者の定義は,時には共感を呼ぶだろう.

辞典の記述は簡明を旨とし,歪曲を避けねばならず,広範な物語を書く際の技術とはまったく別の種類の鍛錬を要する.エドマンド・バーク (1729-97) は,影響力のある著作『崇高と美について (*On the Sublime and Beautiful*)』(1757) の中で,「定義とは,不確実さとあいまいさ……を正すための世に知られた解決法であるが,それに関して良い思いは」ない,と述べているし,デシデリウス・エラスムス (1469 頃-1536) は『格言集 (*Adagia*)』(1500) の中でより明瞭に「定義はすべて危険である」と断言している.他方,トマス・ホッブズは『リヴァイアサン (*Leviathan*)』(1651) の中で,(建築と特に結びつきの強い科学である) 幾何学では「定義と呼ばれる……言葉の意味を設定することから始まる」と記している[1].サミュエル・バトラー (1835-1902) が『備忘録 (*Notebooks*)』(1912) の中で,定義を「言葉の壁の内側に 雑然とした状態の理解を閉じ込めること」と描写したとき,彼はより大きな心配を抱えていたのである[2].辞典や定義に関するいくつかの引用を聞いた途端に,弱気な心は簡単に脅えてしまいそうだ.しかし,警告,助言,留保にもかかわらず,この本は建築の用語とその他多くのものを定義しようと試みている.「辞典は時計のようなものだ.最悪な場合,ないよりはましだということになり,最良の場合,完全に正しく動くこと以外には考えられない」という

---

[1] Pt.1, Ch.4
[2] Ch.14

ジョンソン博士の見解を心に留めながら，ベン・ジョンソン（1573 頃-1637）は
『ヴォルポーネ（*Volpone*）』（1606）の中で，定義を「愚か者を畏れさせるために
発明された……単なる言葉」と書き，別の問題を提起した[*3]．はっきりと言わせ
てもらえば，人を出し抜くような術はここにはないのである．

　この本の内容の第一の情報源となったのは，半世紀以上にわたる個人的経験と建
築実務のための学びであった．学生時代，建物や建築ディテールの描写に必要な，
気が遠くなるほどたくさんの見知らぬ言葉に直面した筆者は，埃のかぶった古書店
（そのほとんどはすでに廃業している）を訪ね，幸運にもいくつかの本を手に入れ
た．その中には，大変役立つジョン・ヘンリー・パーカー（1806-84）による『ギ
リシア，ローマ，イタリア，ゴシック建築で用いられた用語集（*Glossary of
Terms used in Grecian, Roman, Italian, and Gothic Architecture*）』の 1850 年版や，
トーマス・リックマン（1776-1841）による『英国建築の様式識別の試み（*An
Attempt to Discriminate the Styles of Architecture in England*）』の 1848 年パーカー
版，そしてマシュー・ホルベッケ・ブロクサム（1805-88）による，『ゴシック教会
建築の原則（*The Principles of Gothic Ecclesiastical Architecture*）』の 1882 年版も
含まれていた．同書は，用語を熟知する上で助けになっただけでなく，決して色あ
せることのない英国の中世教会建築を理解し，称賛することを促してくれた．その
後に入手した書籍が，すでに豊富になっていた建築の専門用語をさらに増大させ
た．その中で言及するとすれば，「ロバート・スチュアート」（実際の名前はロバー
ト・スチュアート・マイクレハム（1786-1871））が三巻本としてロンドンで出版し
た『建築辞典（*A Dictionary of Architecture*）』（1832），ジョン・ウィール
（1791-1862）が 1849-50 年に出版した『建築用語基本辞典（*Rudimentary
Dictionary of Terms used in Architecture*）』（同書はその後版を重ね，1860 年版は
初版を大幅に改訂するものとなった），ジェイムズ・ニューランド（1813-71）によ
る『大工と建具屋の補助書（*The Carpenter and Joiner's Assistant*）』（1880），チャ
ールズ・エドワード・パーペンディーク（1801-35）による『建築概要（*A
Synopsis of Architecture*）』（1826），ジョセフ・グウィルト（1784-1863）による
『歴史的，理論的，実用的な建築事典（*An Encyclopædia of Architecture, Historical,
Theoretical, and Practical*）』（オリジナルは 1842 年出版だが，疲れ知らずのワイ
アット・アンジェリカス・ファン・サンダウ・パップワース（1822-94）による改

[*3]　Act 3, Sc.7

訂版を入手)，ピーター・ニコルソン（1765-1844）による『建築・工学辞典（*An Architectural and Engineering Dictionary*)』の 1835 年版，ウィリアム・チェンバース卿（1723-96）による『一般建築の装飾要素に関する論文（*A Treatise on the Decorative Part of Civil Architecture*)』の 1825 年グウィルト版，ワイアット・パップワースが編集し，建築出版協会が 1852 年から 1892 年にかけて出版した『建築辞典（*A Dictionary of Architecture*)』，そして膨大な情報の宝庫と言うべき，ジョン・クラウディウス・ラウドン（1783-1843）による『小家屋，農家，邸宅の建築と家具に関する事典（*An Encyclopædia of Cottage, Farm, and Villa Architecture and Furniture*)』の 1834 年版である．これらの本が，この辞典が依拠してきた情報源の最初の部分を形成した．そしてさらに，これまでの生涯で歴史的な建造物や建築保存と関わってきた結果として，必然的に幅広い専門用語が身についてきた．古代の建造物も，教会の場合と同様に，適切な語彙や術語を用いなければ描写できないからだ．

　専門用語の解説と人名解説は別のものである．誰を項目として含めるべきかについては，重要度，貢献度，質の高さなどに基づいて判断した．（たとえ魅力に欠けていたとしても）多くの人物が，良い面であれ悪い面であれ意義をもっている，もしくは持っていたと考えられるという理由から，項目に加えられた．それ以外では，書物の出版や建築（あるいは実現しなかったデザイン）に関するとても小さいけれど重要な作品があるという理由から，あるいは質，影響力，その他の理由から選定された．人名解説のあるなしは，編纂者による支持・不支持を意味するわけではない．その項目があるのは，著者の判断において必要と考えられたからである．記載の漏れや項目の長短，場合によっては無批判な称賛を反復しているような間違いについて，あら探しする人がいるかもしれない．しかし，全ての人を満足させられる編纂者はいない．この辞典は出版社が定めた範囲の中で可能な限り有益な本を提供しようとした一つの試みなのである．ランドスケープ・アーキテクチュアに関する内容を加えたこの増補第二版が価値あるものと認められることを願っている．もっとも，歴史研究に慣れ親しんでいる人ならば，このような仕事が終わりのない旅の単なる中継地点に過ぎないこともわかるだろう．誤りは避けられないものであり，誤りを見つけた方々の寛容さを謙虚に願うところである．また，誤りに関する情報を筆者に知らせていただければとも思う．

　いくつかの書籍が，人名紹介項目の基盤を与えてくれた．『国内人名辞典（*The*

序　　　　　　　　　　　　　　　　　　vi

Dictionary of National Biography)』，そして他国の同様の事典（例えば，ドイツの『一般芸術家事典（*Allgemeines Künstler-Lexikon*)』，デンマークの『ヴァイルバク・デンマーク芸術家事典（*Weilbachs Dansk Kunstnerleksikon*)』，『アメリカ建築家辞典（*Dictionary of American Architects*)』）をこれまで使用してきた．イギリス諸島の建築家に関しては，ハワード・コルヴィン卿の最も信頼のおける『英国建築家人名辞典 1600-1840（*A Biographical Dictionary of British Architects 1600-1840*)』（1995），ジョン・ハーヴィーの『英国の中世建築家．1550年までの人名辞典（*English Mediæval Architects: A Biographical Dictionary down to 1550*)』（1987），サラ・ベンドールの『英国・アイルランドの測量士・局所地図作成者辞典．1530-1850（*Dictionary of Land Surveyors and Local Map-Makers of Great Britain and Ireland, 1530-1850*)』（1997），ロルフ・レーバーの『アイルランド建築家人名辞典 1600-1720（*A Biographical Dictionary of Architects in Ireland 1600-1720*)』（1981），A. スチュアート・グレイの『エドワード朝建築人名辞典（*Edwardian Architecture: A Biographical Dictionary*)』（1985），ブローディ，フェルステッド，フランクリン，ピンフィールド，オールドフィールドによる『英国建築家辞典 1834-1914（*Dictionary of British Architects 1834-1914*)』（2001），A. W. スケンプトンの『英国とアイルランドの土木技術者人名辞典 1500-1830（*A Biographical Dictionary of Civil Engineers in Great Britain and Ireland 1500-1830*)』（2002），さらにその他多くのモノグラフが不可欠であり，これらの文献を必要に応じて（感謝とともに）利用した．他の有益な文献としては，スタニスワフ・ローザの『ポーランドの建築家と建築業者（*Architekci i Budowniczowie w Polsce*)』（1954），レイ・デズモンドの『英国及びアイルランドの植物収集家・植物画家・造園家を含めた植物学者・園芸家辞典（*Dictionary of British and Irish Botanists and Horticulturalists including Plant Collectors, Flower Painters, and Garden Designers*)』（1994），ハドフィールド，ハーリング，ハイトンによる『英国園芸家人名辞典（*British Gardeners: A Biographical Dictionary*)』（1980），チルヴァース，オズボーン，ファーによる『オックスフォード芸術辞典（*The Oxford Dictionary of Art*)』（1988），モード・ロジンスキーの『ノヴァ・スコシアの建築家人名辞典 1605-1950（*Architects of Nova Scotia: A Biographical Dictionary 1605-1950*)』（1994）が挙げられる．建築と記念碑の両分野を扱う重要な著作としては，ルパート・ガニスの『英国彫刻家辞典 1660-1851（*Dictionary of British Sculptors*

*1660-1851)』（1968）がある．アドルフ・K・プラチェク編の『マクミラン建築事典（*Macmillan Encyclopedia of Architects*)』（1982）に掲載された多くの解説文は，充実した文献目録付きの短いモノグラフと言えるものであり，簡潔な辞典で期待されるよりもはるかに包括的な内容となっている．それゆえ対象となる項目について本書では長く記述できない情報（特に参考文献）がこの事典で得られるときには，「Placzek（1982）」と付して，読者に同書の参照を促している†．ミュニエル・エマニュエル，アン・リー・モーガン，コリン・ネイラー編の『現代建築家（*Contemporary Architects*)』（1980, 1994）やランダル・J・ファン・フィンクト編の『国 際 建 築 家・建 築 辞 典（*International Dictionary of Architects and Architecture*)』（1993）を含む書籍は，本書に載せられないようなより広範な建物，参考文献，（図を含む）その他出版物に関するリストを掲載している．建築，様式，建築家，芸術家などに関する主要な情報源は，1996 年にジェーン・ショーフ・ターナー編の『芸術辞典（*The Dictionary of Art*)』として出版された．同書は1998 年に小規模な修正を経て再版されている．

　個別の建築家をテーマとした学術書（それらは年々増加しているが，その中にはほとんど「無価値の出版」と呼べるような内容のもある）のほかには，さらに多くの情報を数多くの概説的な書籍から得た．例えば，18-19 世紀のフランス建築は，アラン・ブラハムの『フランス啓蒙主義の建築（*The Architecture of the French Enlightenment*)』（1980）やロビン・ミドルトンとデイヴィッド・ワトキンの『新古典主義と 19 世紀の建築（*Neoclassical and 19th-Century Architecture*)』（1987）のような有用な著作で論じられている．イタリア建築については，キャロル・L・V・ミークスのすぐれた著作が役に立つ．そしてドイツ建築に関する膨大な情報は，デイヴィッド・ワトキンとティルマン・メリングホフの『ドイツ建築と古典の理想（*German Architecture and the Classical Ideal 1740–1840*)』（1987）に収められている．ただし多くの場合，項目は個人の知識，もしくは個人からもたらされた情報に基づいている．いずれの場合も，人名解説の典拠については各項目の最後に記してある†．もっともこの出典の記載は，資料のもとを記すというよりは，むしろ一種の手引きとして，さらなる読書への提案の意味を込めて記したものであるが．

　特定のテーマに取り組む学生にとって重要な，素晴らしい本もたくさんある．例えば，ウィリアム・ベル・ディンズムアの『ギリシア建築（*The Architecture of*

Greece)』（1950）や D. S. ロバートソンの『ギリシア・ローマ建築ハンドブック（*Handbook of Greek and Roman Architecture*)』（1945）は，古典古代の建築に関する有用な情報源であり続けている．R. W. ブランスキルの『ヴァナキュラー建築（*Vernacular Architecture*)』（1978）と『英国の煉瓦造建造物（*Brick Buildings in Britain*)』（1990）にはあらゆる種類の興味深い情報が詰まっており，とても役立つ．他方，ナサニエル・ロイドの『イングランド煉瓦造建築史（*History of English Brickwork*)』（1925）は，すべての学生が書棚に置くべきスタンダードな（そして値打ちのある）本である．英国考古学会議が出版した，オールコック，バーリー，ディクソン，メーソンの『考古学の実用ハンドブック No.5. 木造骨組建造物の記録．図解用語集（*Practical Handbook in Archæology No. 5, Recording Timber-Framed Buildings: An Illustrated Glossary*)』（1996）は，木造骨組構造の難解な点を理解しようとするときに極めて有益なものであり，さらにブランスキルの著作とあわせて読めば，このテーマに関する適切な基礎知識が得られる．

装飾に関しては，称賛すべき文献が数多く存在するが，その中でも最良のものとして，F. S. マイヤーの『装飾ハンドブック（*A Handbook of Ornament*)』（1896），A. スペルツの『装飾の様式（*The Styles of Ornament*)』（1910），R. クレイジャーの『歴史的装飾の手引書（*A Manual of Historic Ornament*)』（1926），O. ジョーンズの『装飾の文法（*The Grammar of Ornament*)』（1868）があり，特に役に立つ本として，ルイスとダーリーの『装飾辞典（*Dictionary of Ornament*)』（1986）が挙げられる．ルイスとダーリーの著作には，1300 以上の図版で飾られた極めて情報量豊富で学術的な項目が記載されており，さらに装飾の発展，使用，考案に影響を与えた人物に関する有用な解説も含まれている．

サイモン・ジャーヴィスによる『ペンギン社デザイン・デザイナー辞典（*The Penguin Dictionary of Design and Designers*)』（1984）はデザイナーたちに関する経歴や基本的な情報を載せている．20 世紀美術史の用語や動向は急激に増加しており，恒久的であると断言できるようなものを見つけるのは難しい．短期間であるが何らかの意義を持っていたと思われるような動向や用語については，本書に載せてある．ただしそれらを扱った項目は必然的に簡潔なものとなった．20 世紀後半に関するより充実した解説は，ジョン・A・ウォーカーの『1945 年以降の芸術・建築・デザイン用語集（*Glossary of Art, Architecture, and Design since 1945*)』（1992）を参照するのがよいだろう．同書は，テーマをさらに追求したいと望む人

のための総合的な文献目録もついた綿密な学術書である．チャールズ・ジェンクス
の豊富な著作も，20 世紀建築の様式その他のさまざまな動向を分類しようと試み
たものである．

　辞典編纂者であれば，「単調で骨の折れる仕事をする人」であろうとなかろうと，
『オックスフォード英語辞典（Oxford English Dictionary）』を参照せずに済ませら
れる人はいない．本書では 1933 年版を使ってきた．その他の標準となっている外
国語辞典も当然用いてきた．例えば，P. G. W. グレアの『オックスフォード・ラテ
ン語辞典（Oxford Latin Dictionary）』(1985) やカッセル社のヨーロッパ諸言語に
関する辞典である．芸術，装飾芸術，キリスト教芸術・建築，古典文学を扱った
オックスフォード社の手引書が役立つこともわかった．建築用語を扱ったアメリカ
のいくつかの精緻な文献は，研究の徹底ぶりと扱う範囲の充実ぶりにおいて言及に
値する．具体的には『建築・構造辞典（Dictionary of Architecture and
Construction）』(1975)，『歴史的建築図解辞典（Illustrated Dictionary of Historic
Architecture）』(1987)，『アメリカ建築図解百科事典（American Architecture: An
Illustrated Encyclopedia）』(1998) が挙げられるが，これらはいずれもシリル・
M・ハリスが著した，もしくは編集したものであり，必須の参考図書である．アー
ネスト・バーデンの『建築図解辞典（Illustrated Dictionary of Architecture）』
(2002) は図版が非常に役に立つが，定義は幾分短くまとめられすぎているようだ．
A. L. オズボーンの『イングランド住宅建築事典（Dictionary of English Domestic
Architecture）』(1954) は，特にその見事な図版ゆえに参照に値する．『スコット
ランド建築辞典（Dictionary of Scottish Building）』(1996) として改訂増補された
グレン・L・プライドの『スコットランド建築用語集（Glossary of Scottish
Building）』(1975) は，北部で用いられた用語を参照する際は不可欠なものであ
る．

　本書によって，一般の人々が建築の専門用語をより理解しやすくなることを望ん
でいる．同時に学生，そして専門家にとっても，この本が有用な情報として参照さ
れることを願っている．本書が完全であるという自負はない．それは簡潔な辞典で
は無理なことであろう．しかし本書は，建築家や建築に貢献した人々の解説，建築
用語，建築様式，建築タイプ，特定の地域や国の動向など幅広い項目を提供してい
る．各国の建築を解説する小論は載せていない．そのような項目は，辞典（dic-
tionary）よりも百科事典（encyclopedia）にふさわしいものであり，そういった題

材を含めることは，出版社による条件の範囲内では不可能なことだった．本書の対象範囲はヨーロッパ，イギリス諸島，アメリカ合衆国，カナダ，オーストラリア，ラテン・アメリカに限定してきたが，必要と思われる場合は，インド亜大陸，中近東・極東，そしてかつての植民地の建築と関連するテーマの諸相についても加えている．特に西洋建築における異国趣味（仏教，中国，インド，イスラム，日本）に影響を与えたものについては言及している．ただし，それだけで膨大な分量となる中国および日本の建築用語を含めることはしなかった．日本その他から幾人かの建築家を加えたことについては説明が必要だろう．リストに入った建築家たちは，ますます強まる建築の国際性に対して広く認められるような貢献をしており，その作品に影響力があると見なされている人々である．イスラム建築に関する基本的な情報も加えたが，理由は明らかである．図版は適切な場所に付した．図は言葉以上に意味を明確にしてくれると考えている．

　本書の初版の準備中，オックスフォード大学出版会の一般書籍編集主任アンガス・フィリップス氏は，忍耐強く，そして陽気に筆者を導いてくれた．第二版の準備に際しては，編集者ルース・ラングリー女史から同様の助けを得た．さらにキャロル・アレクサンダー女史，ベン・デンネ氏，リチャード・ローレンス氏，ジョン・マクレル氏の尊敬すべき仕事に感謝したい．彼らの仕事の大部分はうんざりするほど退屈だったはずだ．

　1992 年にこのプロジェクトが最初に議題に上ったとき，筆者のかつての同僚であり，共同作業者，友人でもあったジョン・サムブルック氏（1933-2001）が線描画を準備することになっていたが，結局彼は必要なものの一部しか用意することができなかった．そこで版全体の体裁を統一するために，サムブルック氏による図版はすべて筆者による新しい図版に取り替えられることとなった．彼が作成した図版が置き換えられただけではなく，さらに多くの新しい図が追加された．他の作者の作品をベースにした線画を用いている箇所については，図版キャプションに記してある†．例えば「after Parker」は，パーカーによる 1850 年版の『用語集（Glossary）』に基づき筆者によって作成された図版を意味しており，「after JJS」は，今は亡きサムブルック氏の線画に基づいた図版であることを示している．また「after Normand」は，チャールズ・ノーマンドの 1852 年の『平行（*Parallèle*）』に基づいて筆者が作成した図版という意味である．わずかな例として，初版にあったサムブルック氏の線画が，新しい図版のもととして用いられた場合もあるが（そ

の事実には感謝したい），ほとんどの場合，図版は筆者自身による観察とスケッチに基づいたものである．サムブルック氏は，本書の項目に関してもいくつかの有用なアドバイスを与えてくれた．そのような彼の助けがありがたく思い出される．彼の早い死は深く悔やまれるところである．

　初版では，アシュリー・バーカー氏，チャールズ・マッカラム教授，故ニュートン・ワトソン教授，マイケル・ウェルバンク教授が快く支援してくれた．研究・準備のための資金援助としては，1993年から1996年末まで英国建築士協会（RIBA）の研究助成金を受けることができた．本プロジェクトへの資金提供に関して，RIBA歴史研究トラストに謝意を表したい．さらなる資金援助としては，英国アカデミーの小規模個人研究助成金，さらに瓦職人およびレンガ職人名誉組合の助成金を得た．英国アカデミーとロンドン市のこの二つの同業組合には心からの感謝の言葉を贈りたい．作家協会のマーク・ル・ファヌ氏とガレス・シャノン氏にはさまざまな形で援助していただいた．同様にイングリッド・カール女史，ロナルド・ダッドリー地方裁判所判事，リズベット・エーラース女史，フリーマン婦人，ティモシー・モウル氏，ジョン・シンプソン氏，英国考古学会議のジェーン・ソーニリー＝ウォーカー女史，そしてデイヴィッド・ワトキン教授にもご支援いただいた．第二版では，ありがたいことに作家協会の作家基金がタイミングよく助成金を与えてくれた．心より感謝したい．公認建築家名誉組合からもさらなる資金援助を受けた．

　本書のような辞典の編纂者は，その他にも多くの人々から恩義を受けている．とりわけその情報源に関する恩恵がある．しかし同時に（アドバイスや情報，その他の形で助けてくれた）研究者仲間，アーキヴィスト，図書館員，その他たくさんの人々からも恩恵を受けた．オックスフォード大学ボドリアン図書館，英国図書館，英国建築士協会図書館，ケンブリッジ大学ピーターハウスのペルネ図書館など多くの図書館を利用した．それらすべての大規模コレクションのスタッフたちからは多大な恩恵を受けた．特にベルファスト・クイーンズ大学図書館のカレン・ラティマー女史とダン・ホールデン氏からは，検索が困難な書誌情報を見つけ出す上で多大な助力を受け，感謝している．レスターにあるド・モンフォール大学のかつてのキンバーリン図書館のアン・ペリー女史とメアリー・ウェストン女史も貴重な援助をしてくれた．また，ケンブリッジ大学図書館のルーカス・エルキン氏は辛抱強く耐え，回答してくれた．ロンドンの土木工学技術者協会図書館のローズ・マーニー女史とキャロル・モーガン女史も同様である．サイモン・エドワーズ氏，アンナ・ガ

リアーノ女史，マルコム・グリーン氏，ドーン・ヒュム女史，クラウディア・マーニック女史，ポール・ナッシュ氏，ジェーン・オールドフィールド女史，リチャード・リード氏，トレヴァー・トッド氏，ヘレン・ウェイド女史，カレン・ウィルマン女史は皆，英国建築士協会に勤務中，もしくは勤務していた人々であり，多くの貴重な資料を入手してくれた．ギャヴィン・スタンプ教授は極めて寛大にもさまざまな建築家に関する彼自身による記録を貸してくれ，それを使用する許可を与えてくれた．それは真の友人・同僚としての行為であった．ピーター・スワロー，デイヴィッド・ウォーカー，リチャード・ウェストンの各教授は，思いやりのある大変有益な助言を与えてくれた．R. W. ブランスキル博士，フリーマン婦人，ペトラ・マクロット女史（彼女はとても親切に広範な記録を惜しみなく提供してくれ，それが大きな助けとなった）もまた同様であり，彼ら全員に謝意を表したい．フリーマン婦人，マクロット女史，スタンプ教授，ウェストン教授は，寛容にもいくつかの項目について素案を作成してくれた．さまざまな形で筆者を手助けしてくれた多くの人々の中でも，N. W. オールコック博士，ヴィクター・ベルチャー氏，ピーター・ベゾジス氏，エリック・カートライト氏，ハワード・コルヴィン卿，ジェイムズ・ダグラス牧師，エファ・アイスマン女史，ジョン・フィッシャー氏，ジョン・グリーナコンブ氏，ポール・グリンキ氏，ラルフ・ハイド氏，イアン・ジョンソン氏，ゲオルク・フリードリヒ・ケンプター博士，ジョセフ・キルナー氏，カリン・クライガー女史，スタニスワフ・モサコフスキー教授，スティーブン・オリヴァー氏，ウォリック・ピサーズ氏，リチャード・シドウェル氏，ゲオルク・グラフ・ツー・ソルムス教授，故ジョン・サマーソン卿，ヘンリー・ヴィヴィアン=ニール氏はここで名を挙げるべき人々であり，皆さんの親切な援助に感謝したい．スターワードのマーガレット・リード女史は，勇敢にもタイプ打ち原稿とディスクを用意してくれた．彼女の優れた仕事にここで謝意を表する．

用語によっては，辞典としてのルールを考えなければならないものもある．ある項目の解説文に別箇所で個別に定義されている用語が含まれている場合には，初出時にその用語の頭にアステリスクを付け，参照先を示唆してある（例えば，apronの項目における *spandrel のような例）†．しかしこのシステムを厳密に守ろうとすると，一つの項目の中に非常にたくさんのアステリスクが出てくる例が生じ，結果として読みづらく（じゃまに）なる．（ドア，舗装，塔，壁などの）一般的な用語については，読者にとってそれらの項目を参照することが有益と考えられる場合の

み，アステリスクを付けて相互参照されるようにした．イタリック体は，その語の別の名称に注意を向けたいとき，もしくはその言葉を目立たせたいときに用いた．一つの用語が二つ以上の意味をもつ場合は，（1., 2., 3., などの）太字の数字を最初に付して異なる意味の解説を記した．その際，もっとも一般的と思われる意味の解説を最初に置き，そうでないものを最後に配置した．ただし，複数の意味が同等の重要性をもつ場合には，項目内の順序は特に意味をもたないこともある．多くの項目の末尾には参考文献の著者名と年代が記されている．この参考文献は，さらにテーマを探求したいと望む読者への文献案内の意味で記されたものもあれば，情報源や，その項目と何か別の形で関連している資料を示唆するために記されたものもある．その文献リストは，雑誌名称もしくは姓によってアルファベット順に並べられている．人名に関して言うと，「de」「du」「Le」「van」「von」などを含む姓については，これらに続くメインの名前の頭文字をもとに項目を立てている．例えば，「de Soissons」は S，「Le Corbusier」は C，「von Klenze」は K の項目に組み込まれている．「Duke of Buckingham」を検索するのに「O」の項目を探す人がいないのと同じ理由である．これらリファレンスに関するさらなる情報は，続く略語一覧[†]に記されている．

　第二版の作業は，筆者が 2002 年 1 月から 6 月にかけて客員研究員として滞在したケンブリッジ大学ピーターハウスで始まった．同カレッジの校長，フェローたち，そして理事会に感謝したい．友人のフェローたちが与えてくれたたくさんの親切と，滞在をここに記すほどに快適なものにしてくれたカレッジ・スタッフに謝意を表したい．

　最後にこの辞書をステファン・ダイクス・バウアーとエドマンド・エスデイルとの思い出に捧げたい．建築，言葉，英国語を愛した彼らと筆者は四半世紀以上にわたって連絡を取り合ってきた．彼らと過ごした数多くの幸せな時間が，回想の喜びとそれが二度と再現できないという悲しみとともに思い出される．

ジェイムス・スティーヴンズ・カール

ラトランドのバーリー・オン・ザ・ヒル，ケンブリッジのピーターハウス，
そしてカウンティー・ダウンのホーリーウッドにて
1993 年から 2005 年にかけて

[†] 〔訳注〕 日本語版では，項目ごとの参考文献，図版キャプションの出典の記載，参照先を示すアステリスク，略語一覧は省略している．

原著者紹介

　ジェイムズ・スティーヴンズ・カール名誉教授はイギリスにおける代表的な建築史家の一人である．彼の数多の刺激的な研究の中には，『敬虔さの宣言：ヴィクトリア朝イングランドにおける崇拝の場所の紹介〔*An Introduction to Places of Worship in Victorian England*〕』『エジプト・リヴァイヴァル：西洋におけるデザイン・モティーフの着想源としての古代エジプト〔*The Egyptian Revival: Ancient Egypt as the Inspiration for Design Motifs in the West*〕』『名誉あるアイルランド協会とアルスター入植，1608-2000：ロンドン市とアイルランドのアルスター地方ロンドンデリー州の植民．歴史と批評〔*The Honourable The Irish Society and the Plantation of Ulster, 1608-2000: The City of London and the Colonisation of County Londonderry in the Province of Ulster in Ireland. A History and Critique*〕』『古典建築〔*Classical Architecture*〕』『ジョージ王朝の建築〔*Georgian Architecture*〕』『ヴィクトリア時代の死の祭儀〔*The Victorian Celebration of Death*〕』『死と建築〔*Death and Architecture*〕』『フリーメーソンの美術と建築〔*The Art and Architecture of Freemasonry*〕』（年間最良の建築書に贈られるバニスター・フレッチャー卿賞を1992年に受賞）がある．さらに19世紀墓地に関する世界初の広範な研究となった学術的モノグラフ『ケンサル・グリーン墓地．全霊魂のための総合墓地の起源と発展，ロンドンのケンサル・グリーン，1824-2001〔*Kensal Green Cemetery. The Origins and Development of the General Cemetery of All Souls, Kensal Green, London 1824-2001*〕』の編集を行った．

監訳者

鈴木博之　東京大学名誉教授，元博物館明治村館長

編訳者

横手義洋　東京電機大学

中島智章　工学院大学

海老澤模奈人　東京工芸大学

翻訳者（五十音順）

阿部祐子　阿部祐子都市デザイン研究所

五十嵐太郎　東北大学

市川紘司　東北大学

伊藤喜彦　東京都立大学

稲川直樹　中部大学

岩谷秋美　大妻女子大学

岩谷洋子　芝浦工業大学

頴原澄子　千葉大学

大場豪　人間文化研究機構

大橋竜太　東京家政学院大学

加藤耕一　東京大学

川島洋一　福井工業大学

川本智史　東京外国語大学

桑木野幸司　大阪大学

佐藤達生　大同大学名誉教授

下山光　

杉本俊多　広島大学名誉教授

鈴木真歩　岩手県立大学

高柳伸一　大同大学

武澤信吾　

田所辰之助　日本大学

東辻賢治郎　

戸田穣　昭和女子大学

豊口真衣子　法政大学

奈尾信英　福岡大学

飛ヶ谷潤一郎　東北大学

水野貴博　西日本工業大学

安田結子　

山名善之　東京理科大学

吉川彰布　一般社団法人ヒトレン

脇坂圭一　静岡理工科大学

渡邉研司　東海大学

翻訳協力（五十音順）

石井勇貴，大橋秀允，岡村和明，佐久間雄基，鈴木晴香，三浦和徳，村越怜

凡　　例

・見出し語（原著見出し語の日本語訳）は太字で示し，次に欧文（原著の見出し語）を付した.

・見出し語は五十音順に配列し，濁音・半濁音は相当する清音として扱った．拗音や促音は1つの固有音として扱い，音引き（ー）は配列のうえで無視した．

・⇨が示す項目は，解説が与えられている項目，または参照することが望ましい項目である．

・原著本文中で項目として収録されていることを示すアステリスク（＊）は日本語版では割愛した（原著序文参照）．

・原著本文中で一部の固有名詞が太字指定されている場合は日本語版の体裁もこれに倣った．

・原著に付された略語一覧表は割愛したが，図版説明文中の以下の略語は原著から流用した（原著序文参照）．

　　ABDM：　オールコック（Alcock），バーリー（Barley），ディクソン（Dixon），ミーソン（Meeson）著『木造軸組建造物の記録：図解用語集』（1996）

　　CBA：　英国考古学会議（Council for British Archaeology）の許可取得

　　JJS：　ジョン・サンブルック（John Sambrook）の後期ドローイング

　　RAM：　R.A.ミーソン（Meeson）のドローイング

・訳注は〔　〕内に示した．また，人名項目の没年は適宜補った．

・原著本文末尾の参考文献略称は日本語版ではすべて割愛した．

・巻末に見出し語の欧文（原著の見出し語）にもとづく欧文索引を付した．

献辞

スティーブン・アーネスト・ダイクス・バウアー
1903 年 4 月 18 日-1994 年 11 月 11 日
と
ジェイムズ・エドマンド・ケネディー・エスデイル
1910 年 9 月 12 日-1994 年 1 月 18 日
の思い出に

称賛される見込みもなく批判にさらされたり，間違いで名を汚したり，無視により罰せられたりすることは，……世のなかの下層の仕事に従事する人々の宿命である．
そういった不幸な人間のなかに辞典の執筆者がいる…
他の物書きはみな称賛を望んでいるかもしれない．辞典編纂者は批判から逃れることを望むことしかできない．

サミュエル・ジョンソン（1709-84）『英国語辞典』（1755）序文より

ア

アイ eye
1. オクルス，あるいは中央に置かれる円形の要素．ペディメントのティンパヌムの中央に配される円窓など．
2. ヴォリュートの中の円形，また円形に近い形状の要素．イオニア式の柱頭にみられる．
3. ゴシック様式のトレーサリー内の，三角形にほぼ近い小さな開口．
4. クーポラの土台，枠部．ドーム天井が立ち上がる円形の部分．

アイアーマン，エゴン・フリッツ・ヴィルヘルム Eiermann, Egon Fritz Wilhelm (1904-70)
ドイツの建築家．ペルツィヒ，およびテッセノウに学び，合理主義の流れをくむ作品で知られる．第二次世界大戦前は展示会用のプロパガンダフィルム「わたしに4年ください（*Gebt mir vier Jahre Zeit*）」(1936-37) の制作にかかわり，また，ベルリンのデガ株式会社 (1937-39) など数多くの社屋，産業建築の設計を手がけた．大戦後は，ブルームベルクのハンカチーフ工場 (1949-51)，オッフェンブルクのブルダ・モードビル (1953-55)，フランクフルトのネッカーマン合資会社通信販売ビル (1958-61) などをロベルト・ヒルガース (Robert Hilgers, 1912-1977) と共同で設計した．代表作に，ブリュッセル万博のドイツ・パヴィリオン (1958, ゼプ・ルーフ (Sep Ruf, 1908-82) と共働)，ワシントンD.C.のドイツ大使館 (1958-64) などがある．ベルリンのカイザー・ヴィルヘルム記念聖堂 (1957-63) は，シュヴェヒテンの設計によるネオ・ロマネスク様式の聖堂脇に建ち，ベルリン市民から「卵箱」（ドイツ語のアイアーマンは卵男の意から転じて）と呼ばれ親しまれている．また，フランクフルトのオリヴェッティ社屋 (1968-72) では格調高いデザインの手腕をみせた．

アイ・エイチ・エス IHS
⇨クリスモン

アイ・エヌ・アール・アイ INRI
⇨クリスモン

アイオリス式 Aeolic
イオニア式柱頭の原初の形式．シャフト（柱身）から生えているようにみえるヴォリュート（渦巻き装飾）を備え，ヴォリュートの間にパルメット装飾がある．

プロト・イオニア式柱頭の二つの形式．左図：ラリッサ．右図：ネアンドリアの作例．

アイ・キャッチャー eye-catcher
フォリー，廃墟，神殿，何らかの構造物など．風景の中で訪れる人の目を引きつけるもの．グロリエッテなど．

アイク，アルド・ファン Eyck, Aldo van (1918-99)
オランダの建築家．アムステルダム市の公共事業課に務め (1946-50)，1952年に独立し，セオ・ボッシュ (Theo Bosch, 1940-1994) と協働を開始した (1971-82)．自身の作品に構造と実用的な順応性を求め，専心的なモダニストであった（元チームXのメンバー）．アムステルダムの孤児院「子供の家」(1957-60) では，四角のグリッド構造体に大小さまざまな部屋を有機的に入り混ぜ，小さな都市空間を集めたような施設を手掛けた．その他作品に円形のプランが直線や円弧状の壁で仕切られたアーンハイムにあるクレラー・ミュラー美術館彫刻パヴィリオン (1966)，ハーグのパストール・ファンアスケルク (1968-70)，ノルウィックの会議場とレストラン (1984-89) などがある．彼の作品は構造主義の枠組みに分類される．その他多くの論説を寄稿し論争を仕掛けた．

アイグネル，クリスティアン・ピョトル

アイサヘツ

Aigner, Chrystian Piotr (1756-1841)

ポーランドの新古典主義を代表する建築家，理論家の一人．ワルシャワのシフィエンタ・アンナ聖堂のファサード（1786），プワヴィのマリンカ宮殿（1790），プワヴィの引喩の庭園（1798 以降，シビルの円形神殿，ゴシックの家，中国風パヴィリオン，ローマのパンテオンにもとづいたポルティコのついたすばらしいロトンダ聖堂（1800-03）その他の点景建築）を設計した．ワンツートの城館のオランジュリーとネオ・ゴシックの立面の責任者でもあり，ワルシャワのヴィラヌフでは景観設計を行い，ゴシックの柱廊とモリシネク・ロトンダを建てた（1802-12）．もともとツークによって設計されたナトリンの住宅を改築（1806-08）し，より厳格なものにした．後に彼はナミェストニコフスキ宮殿（1818-19）の再建，パンテオン風のシフィエンティ・アレクサンデル聖堂（1818-25）（いずれもワルシャワ）の設計を手がけた．

アイザーベック，ヨハン・フリードリヒ Eyserbeck, Johann Friedrich(1734-1818)

ドイツの造園家．主としてデッサウ近郊ヴェルリッツ宮殿の公園の仕事で知られている．それは 18 世紀啓蒙主義の最も重要で美しい引喩の庭園の一つとされ，エアトマンスドルフおよび庭師ルートヴィヒ・ショホ，ヨハン・ゲオルク・ショホと協同でアンハルト＝デッサウ皇太子のために設計されたものである．点景建築をもつ公園は，T・F・プリチャードがサロップに建設したオリジナル（1775-79）にもとづく鋳鉄橋や，フランスのエルムノンヴィルのイル・デ・プープリエール（ポプラ島）をモデルとしたルソーインゼル（ルソー島），（偏狭からの解放を示すための）シナゴーグを内包し，一連の引喩が組み込まれた意図的な例示と記憶の場となっている．

アイシクル icicle

1. ルスティカ仕上げにおいて，氷柱状のものあるいは落水を表現したもの．凝結として知られ，しばしば噴水，洞窟，隠者のすみか，睡蓮，などの装飾における一つの特徴．

2. ロココ様式の装飾モチーフ．氷柱に似ていることから，しばしばシノワズリにも関係する．

アイゼンマン，ジョン Eisenmann, John (1851-1924)

アメリカの建築家．オハイオ州のクリーヴランド・アーケード（1882-90）で最もよく知られている．同アーケードは鉄とガラスの覆いの下に桟廊がめぐり，半円アーチのある 9 階建ての 2 棟ではさまれている．

アイゼンマン，ピーター D. Eisenman, Peter D. (1932-)

アメリカの建築家．1967 年にニューヨークで建築都市研究所（IAUS）を設立し，建築雑誌「オポジションズ（*Oppositions*）」（1973-82）の共同編集をつとめ，1972 年からニューヨーク・ファイヴに参加した．

彼の作品は，部分的にテラーニらの合理主義に由来するものである．一方で，ニュージャージー州のプリンストンにあるバレンホルツ邸（1967-68）や，バーモント州ハードウィックのフォーク邸（1969-70）など，家族用の住宅における初期のデザインでは，カードボード・アーキテクチュアへの強い野心が感じられる．コネチカット州レイクビルのミラー邸（1969-70）では，グリッドの平面に対し，傾いた壁が置かれ，幾何学に緊張感をもたらした．ドイツのフランクフルトにおける J. W.ゲーテ大学のバイオセンター（1987-88）のためのデザインでは，複数の層を重ねあわせるテーマがさらに発展している．コネチカット州のコーンウォールにあるフランク邸（1972-73）は，機能の無視という彼の考えを明示し，低すぎて屈まなければ降りられない階段，極端に幅の狭いドア，そして食堂のテーブルを支える円柱をもつ．かくして彼の名は脱構築主義と密接に関わりをもつことになる．柔軟かつ彫刻的なアプローチは，コロンバスのオハイオ州立大学・ウェクスナー視覚芸術センター（1989）におけるドラマチックな城塞のような構成を生みだした．その他の作品として，東京の小泉産業本社ビル（1990），オハイオ州シンシナティのアロノフ・デザイン芸術センター（1988-96），スペイン，マドリッドのホテルとオフィスの開発（1990），ジョージア州のアトランタにあるエモリー大学アート・センター（1990），そしてドイツのベルリンにあるホロコースト・メモリアル（2005）などが挙げられる．また出版物としては，『ハウス・オブ・カード（*House of Cards*）』（1978），『近

代建築の形式的な基礎（*The Formal Basis of Modern Architecture*）』（1996），そしてふさわしい題名だが，比喩，流行の哲学者，一般論への参照が過度に多い文章とプロジェクトの図版におそらく隔たりのある『ぼやけたゾーン：中間性の研究（*Blurred Zones: Investigations of the Interstitial*）』（2003）などを刊行した．

アイソメ isometric projection
⇨等角投影法

相田武文 Aida, Takefumi (1937-)
　日本の建築家で理論家．反メタボリズム・グループの ArchiteXt（アルキテクスト，1971）の設立メンバーである．彼は近代建築運動が形態と機能に関連するという教義に疑問を呈した．彼の東京都国立市にある「題名のない家」（1967）では，建築のさまざまな要素が不思議な関係性をもっており，建築の異なった要素，テクスチャおよび形態の「鉢合わせ」については，藤沢市の涅槃の家（1972），六浦の無為の家（1972），大阪府の PL 学園幼稚園（1974）にてさらに探求された．彼は東京近郊にある単純なブロックのような要素から構成された「積木の家シリーズ」（1978-84）というデザインでおもに知られていた．川口の風間邸（1987）では，スクリーンによって細分化された部屋のレイヤーの間に平行な壁が設置され，内部から外の自然景色を得られる．この「ゆらぎの建築」は，また東京都戦没者霊園（1988），芝浦工業大学斎藤記念館（1990）でみられる．

アイドリッツ，サイラス・ラゼル・ワーナー Eidlitz, Cyrus Lazelle Warner（1853-1921）
　アメリカの建築家で，レオポルド・アイドリッツの息子．イリノイ州シカゴのディアボーン駅やニューヨーク州バッファローにおけるルントボーゲン様式のニューヨーク公共図書館（1884-87），またニューヨーク・タイムズ・ビル（1903-05）で評判を得た．

アイドリッツ，レオポルド Eidlitz, Leopold（1823-1908）
　プラハ生まれの，アメリカのロマネスクとゴシックの復興建築の支持者．ミュンヘンにおけるゲルトナーの仕事，そしてピュージンとラスキンの著作から大きな影響を受けた．ニューヨ

ーク市のセント・ジョージ聖堂（1846-48）はその最初の大きな作品である．そこではルントボーゲン様式の回廊のある大きなホールを設計しているが，これは明らかにミュンヘンでの展開の影響を受けている．リチャードソンとオルムステッドとともに設計したニューヨーク州オルバニーのオルバニー州議会議事堂議場にみられるように，ゴシックによる後期の作品はより力強いタイプのものであった．その『芸術の本質と機能（*The Nature and Function of Art*）』（1881）は広く影響を与え，とくにファーネスとリチャードソンにはそれが顕著であった．またアイドリッツはさまざまな雑誌で論文を発表した．

IBA（国際建築展覧会） IBA（Internationale Bau-Ausstellung（International Building Exhibition））
　ベルリン市創設 750 周年を記念するために，1978 年に西ベルリン当局が常設で実際に住めるような一連のモデル住宅の提案を振興するべく国際展覧会の実施を決定した．クライフスが計画の責任者となり，アイゼンマン，グラッシ，グレゴッティ，ヘルツベルガー，ホライン，磯崎，ロブ・クリエ，ロッシ，スターリング・アンド・ウィルフォードら複数の建築家が提案に加わった．出展作の例はラウフ通りとコーネリウス通りおよびシャルロッテンブルクのシュロス通りとレネ通りでみることができる．

アイヒラー，ジョセフ・L Eichler, Joseph L.（1900-74）
　アメリカの不動産開発業者で，建築家がデザインするローコスト住宅の建設に投資し，その会社，アイヒラー・ホームズ社は彼が亡くなるまでにカリフォルニア州のサンフランシスコ湾の地域で 11,000 もの一世帯用の手頃な価格の住宅を建設した．その中には，鉄骨構造を採用し，それを表現にとりこんだイリノイ州バリントンのバリントンウッズにおける US 石膏研究住宅（1954）をはじめとするアーチボルド・クインシー・ジョーンズ（Archibald Quincy Jones, 1913-79）の設計による住宅がある．これらのほかにアイヒラーのためにジョーンズが設計したものとして，カリフォルニア州サンマテオの X-100 住宅（1956）やペンシルヴェニア州ピッツバーグのスティーレア五番街住宅

(1957) がある. アイヒラーは, ノイトラと協働したことのあるラファエル・サイモン・ソリアーノ (Raphael Simon Soriano, 1907-88) を雇い, カリフォルニア州パロアルトで鉄骨構造の住宅を設計させたが, その住宅は大いに評判になった. 量産住宅の建築的質を向上させ, その目的を達成するために才能ある建築家を起用した.

アイ・フォーム eye-form
ヴェシカ・パイシーズ, あるいは魚の浮き袋のような形状をして, ゴシック様式における反転曲線やフランボワイヤン式のトレーサリーの中で小さな開口をつくる.

アイブロウ eyebrow
1. フィレット.
2. 勾配屋根に設けられた, 側柱や側壁をもたない背の低い屋根窓 (ドーマー). 窓を覆う面は屋根から凹曲面として立ち上がり, 窓の頂部で凸状となる. そこからまた凹曲面として下っていって反対側で屋根面と一体化する. それが眉 (アイブロウ) のようにみえる.

アイブロウ・ウィンドウ eyebrow window
1. 眉形屋根窓における窓部.
2. 半円形の頂部をもつ開口の下部にとりつけられた窓.

アイヘル, ヤン・ブラジェイ・サンティーニ Aichel, Jan Blažej Santini (1667-1723)
⇨サンティーニ゠アイヘル, ヤン・ブラジェイ

アイモニーノ, カルロ Aymonino, Carlo (1926-2010)
ローマ生まれの建築家. 建築雑誌『カーサベッラ゠コンティヌイタ (Casabella-Continuità)』の編集長 (1959-64) を務めたが, それ以上に, タイポロジー, 都市, 都市計画に関する著作で有名. ミラノ, ガララテーゼのモンテ・アミアータ住宅開発 (1967-73 建設) では, 他の建築家 (アルド・ロッシなど) と協働し, 広場を含め (およそ 7 階建ての) 集合住宅ブロックを幾何学的にレイアウトした. ボローニャやトリノ (いずれも 1962), レッジョ・エミリア (コンスタンティーノ・ダルディと協働, 1971), フィレンツェ (アルド・ロッシと協働, 1978)

など, 都心整備計画にも携わった.

アイル aisle
1. ⇨側廊
2. 木骨の納屋, ホールや住宅の, 建築物本体からポスト (柱) の列によって区切られた区画.
3. 劇場, 聖堂やホールにおいて, 座席列に接続した歩廊や通路.
4. 聖堂付属の, 屋根が架かって壁に囲まれた埋葬地.
5. 建築物側面の翼棟.

アイレット eyelet
壁に穿たれた小さな開口. 小型のループホールなど.

アインハルト Einhart (770 頃-837)
ドイツの建築家. アーヘンにあるカロリング朝様式の宮殿や礼拝堂において, ある種の監督者として活動したようであり, 影響力をもった設計者として, きわめて重要な役割を果たしたと推察される. また, シュタインバッハ修道院 (827 建設) およびゼーリンゲンシュタット修道院 (831-40) を建設した.

アヴァン・コール avant-corps
コール・ドゥ・ロジ (建築物主要部) から前方に突出するか独立して置かれるポーチやパヴィリオンなど.

アーウィン, ロバート Irwin, Robert (1928-2023)
アメリカの芸術家. 彼は 1960 年代に, 見物者たちが歩くことができるインスタレーション作品をいくつか作成した. そして, これらの作品は, ワシントン州シアトルのパブリック・セーフティ・プラザでの 9 スペース 9 ツリーズ (1980-83) など多くの野外作品を促した. ここでは魅力的でない公共空間を対比と補完物を通して充実させている. 彼はまた, マサチューセッツ州ウェルズリー・カレッジの「フィリグリード・ライン」(1979), ニューヨーク市ブロンクスのウェーブ・ヒル・グリーン (1986-87), そしてカリフォルニア州パサディナ市のセンチネル・プラザ (1989-90) を手がけている. 彼の『コンディショナル・アート

（条件つきのアート）に向けた文書：存在と状況（*Being and Circumstance: Notes Towards a Conditional Art*）』は 1985 年に刊行された.

アヴェニュー avenue
1. 平行な並木で，間に小路や道路を含むこともあるし含まないこともある.
2. 両側に規則正しく植樹した田園邸宅の主要アプローチのことで，ジョン・イーヴリンがフランスから輸入した用語.
3. 幅の広い立派な道路. 樹木をもつこともももたないこともある.

アウトショット outshot
建造物の主要な外形線から突出した部分. たとえば，ベランダ，オーリエルやジェティなどがあるが，通常，追加部分のようにみえる拡張部のことを指す.

アウト，ヤコブス・ヨハネス・ピーター
Oud, Jacobus Johannes Pieter (1890-1963)
オランダの建築家. ライデン市ライデルドルプに労働者住宅（1914-16）をデュドックと設計した後，デ・ステイルのメンバーとなり，ファン・ドゥースブルフの影響下でキュビスムと未来派への関心を高めていく. ロッテルダム市の建築家として（1918-33），機能的・経済的な計画と設計にさらにかかわっていくことになる. ロッテルダムのカフェ・デ・ユニ（1924-25，取壊し後，1985-86 再建）は，デ・ステイルの諸原理から構成され，とりわけピエト・モンドリアン（Piet Mondrian (or Mondriaan)，1872-1944）の絵画との類似性が強い.
おそらくアウトの最も重要なデザインは，住宅案で，次第に国際近代主義の動向に合流していく様子がみてとれる. フク・フォン・ホラント（1924-27）やロッテルダム市キーフフーク（1925-29）の住宅テラスは長い水平連続窓と平滑で清潔な白い壁面からなる非構造保護皮膜を形成しており，曲面を描く街区端部は，空気力学的形態と当時の船舶構造を表現している. シュトゥットガルトのヴァイセンホーフ・ジードルンク展（1927）では，連続住宅を設計し，国際的な評価を得た. しかし 10 年後にハーグに設計した，バタヴィア商事ビル（現ロイヤル・ダッチ・シェル）は，左右対称の露骨なモ

ニュメンタリティをもち，鉄筋コンクリートの骨組みを外装煉瓦と曲面を描く砂岩によって隠しており，後退した表現ともみなせる. これと，ロッテルダムのユトレヒト生命保険ビル（1954-61），そしてハーグのコンヴェンションセンター（1957-63）は，国際様式の美学には結局満足しなかったものの，自らのジレンマに納得の行く解決を見出しえなかったことを示している. アーネム近郊の病後児保育センター（1952-60）では，1920 年代の建築言語への回帰を試みている.

アウラ aula (*pl.* aulae)
1. 古代ギリシア・ローマ時代の住宅の中庭，アトリウム，または玄関ホール.
2. 住宅，宮殿，あるいは寺院の広間.
3. 学校建築の中の講堂や集会室.

アウレンティ，ガエ Aulenti, Gae (tana) (1927-2012)
イタリアの建築家，工業デザイナー，舞台美術家. 1956 年に仕事を始めて以降，彼女の作品はミラノの多種多様なデザイン風土の一面として発展した. 彼女の最も著名な建築は，廃止駅であったパリのオルセー駅（1896-1900，ラルーの設計）のオルセー美術館への改装（1980-86）である. またヴェネツィアのパラッツォ・グラッシの音楽ホール・展示場への保存・改装（1985-86）にも携わっている. その他の作品として多数の個人住宅，ショールーム，展示計画，庭園とフィレンツェのサンタ・マリア・ノヴェッラ駅周辺の歩道・エントランスの装飾と配置の設計（1990）がある. 他にローマのパラッツォ・ムーティーブッシの復元（1991），スペイン・セビリアの万国博覧会イタリア館（1992）の設計，トルコ・イスタンブルのフェスハーネ近現代美術館の計画（1992）など.

アエギクラニウム aegicrane, aegicranium (*pl.* aegicranes, aegicrania)
牡羊や山羊の頭部，または頭蓋骨を彫刻した古典主義建築の装飾物. アエグリカニウム（aegricane）ではない. ⇨ブクラニウム

アエディクラ aedicule, aedicula, edicula (*pl.* aedicules, aediculae)

アエテスア

1. 神殿のケラ（神室）内部の祠やサケッルム．大規模なニッチであったり，エンタブラチュアとペディメントを載せた2本以上のコラムを支持するペデスタルであったりする．かくして，信仰の対象となる影像を収める枠や天蓋つきの空間を形成している．

2. 扉口，ニッチや窓開口の周囲の建築を象った枠．直上にエンタブラチュアとペディメントを載せた2本のコラムやピラスターからなり，ディステュロス（二柱式）の建築物の縮小版のようにみえる．このような開口部のことを「アエディクラ化された」という．

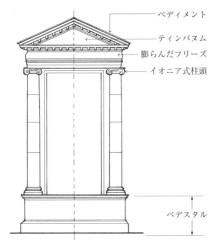

古代ローマ風イオニア式オーダー，膨らんだフリーズと三角形ペディメントを備えたアエディクラ．

アエデス，アエディス　aedes, aedis

古代の小規模な奉納された（聖別ではない）祠や建築物．モノプテロン（壁体がなく列柱のみ）であるにせよ，ペリスタイル（周柱廊）を備えたロトンダであるにせよ，円形平面をとることが多かった．

アエトマ，アエトス　aetoma, aetos

1. 古典（古代ギリシア・ローマ）の神殿のリッジ（棟瓦）．
2. アペックス・アクロテリウム．
3. ペディメント・ティンパヌム．

アカイメネス朝時代　Achaemenian, Achaemenid

キュロス大王（Cyrus the Great, 前529没）の治世からダレイオス3世（Darius）の死（前330年）までのペルシア建築の時代区分．最も精妙な建築物として，ペルセポリスの広大な宮殿複合建築物（前518-460頃）があり，大規模なレリーフ装飾が施された．また，アパダナ（百柱の間）では鉛直方向のヴォリュートや動物の頭部の形状で柱頭が精妙に仕上げられた．ガラス・コーティングした緑色，黄色，青色の煉瓦によるレリーフは，スサの宮殿群で用いられ，ナクシ・イ・ルスタムの岩窟墓群では，古代エジプトの先例に由来する扉枠と共に，ペルセポリスと同様の柱頭群がみられる．

アカデミー　academy

1. アテネ近郊のアカデモス庭園．プラトンがここで教えた．
2. 技芸と科学が教えられる場所，つまり，高等教育機関．
3. なんらかの特定の分野，たとえば，乗馬などのトレーニングの場所．
4. なんらかの技芸や科学などの修練や推進のための会や機関．

アカンサス　acanthus

アカントゥス・スピノッス（ラテン語）という植物の葉の様式化された表現．コリント式やコンポジット式の柱頭の下部にみられ，古典主義建築のさまざまな要素を豊かに装飾するのにも用いられる．ウィトルウィウスは，コリントの少女の墓の上に置かれ，タイルで保護された籠が，いかにしてアカンサスの茎と葉が連なって装飾されたか，いかにしてカッリマコスによって様式化された形態へと象られて，コリント式柱頭が創造されたかを語っている．

アカンサスの葉の様式化された典型的な形態
アストラガル刳形の直上に配された，典型的な古典主義様式のアカンサスの葉．

アカンパニメント　accompaniment

1.　他の装飾物をさらに豊かに飾る装飾物.

2.　デザインの完全性と密接に結びついた,
またはその本質となる建築物や装飾物. パッラーディオ風ヴィラの翼棟のような例がある.　⇨
アクセサリー

アーキヴォールト　archivolt

1.　起拱点のプラットバンドから始まる古典主義系アーチの周囲に帯状装飾が施されるとき, その装飾帯を構成する同心リングの中のファスキア (帯上面) などの刳形の集合のことをいう. 事実上, アーチの頭部を包む湾曲したアーキトレーヴである.

2.　アーチあるいはヴォールトの内輪または内迫 (ソフィット) に誤って適用された用語.

アーキグラム　Archigram

1960 年にセドリック・プライス (とくに 1961 年のファン・パレス計画) の影響を受け結成されたイギリスのデザイナー集団. 主要メンバーは, ピーター・クック, ロン・ヘロン, ウォーレン・チョーク (Warren Chalk, 1927-88) その他数名. 1975 年に解散した. アーキグラムはいわゆるハイテクスタイルの前例を提示し, 展覧会や雑誌『アーキグラム (Archigram)』の近未来的で魅力的なグラフィックを通して, 建築的提案をおこなった. 彼らは, 機械や機械部品の形をしたものや, 建物を構成する構造や設備を過激な色を用いてあえて表現する作品を手がけた. 使い捨て可能で自由自在な, また容易に伸縮する構造という彼らの未来像は影響力があったが, 実現した計画はほとんどない (1970 年大阪万博でのカプセルは実現に至った作品の一つ). またリチャード・ロジャースの建築はアーキグラムの発想を受け継いでおり, プライスの使い捨てできるという概念は日本のメタボリズムに影響を与えた. 実現してはいないが影響力のある作品として, フルハム・スタディ (1963), プラグイン・シティ (1964), インスタント・シティ (1968), 膨張式スーツホーム (1968), アーバン・マーク (1972). ヘロンによるロンドンのイマジネーションビルディング (1989) は, アーキグラムの特性を要約した作品といえる.

アーキズーム　Archizoom

ストゥーディオ・アルキゾーム・アソチアーティの略. アルキゾーム (イタリア語読み) ともいう. 1966 年に設立されたフィレンツェの建築家たちのグループで, 反機能主義を旗印とし, 大衆「文化」や「キッチュ」なものからの要素さえも活用した. スーパーセンシュアリズム (超感覚主義), 反デザイン, いわゆる「バナル」(陳腐な)・デザインと関係が深く,『カーサ ベ ッ ラ (Casabella)』,『ド ム ス (Domus)』,『建 築 デ ザ イ ン (Architectural Design)』各誌で売り出された.　⇨アルキミア

アーキテクチュア・スタジオ　Architecture Studio

1973 年に設立されたフランスの設計事務所. パリ市のアラブ世界研究所 (1981-87, ジャン・ヌーヴェル, ソリア, レゼンと協働), オマーン国マスカット市のフランス大使館 (1987-89), フランス共和国ジョウネ=クラン市のフュチュー高校, フランス共和国セルジー=ル=オー市のジュール・ベルヌ高校 (1991-93), フランス共和国ストラスブール市の欧州議会議事堂 (1994-97) の作品がある. その他にノートル=ダム・ド・ラルシュ・ダリアンス教会 (1996-98) がある.

アーキテクチュア・マシーン　Architecture Machine

ニコラス・ネグロポンテの著作の題名. この著作の中では, 最終的に同僚のような機能を果たすようになるであろうコンピュータの利用を含め, 建築設計における人工知能の活用が提案されている.

アーキテクツ・コ・パートナーシップ　Architects' Co-Partnership

イギリスの建築家の企業のことで, 1939 年に創設され 45 年に再編成された. チームワークを奨励し, 建物に工業化された構成部分を用いることが多かった. 最も有名な建物はブリンマウルのラバー・ファクトリー (1946-49) で, オーヴ・アラップが参画した. オックスフォードのセント・ジョンズ・カレッジ (1960) の八角形平面にもとづいた寮室や, ロンドンのセント・ポール大聖堂クワイア・スクール (1967) など, いくつかの学校も建てた.

アキテクツ

アーキテクツ・コラボラティヴ Architect's Collaborative (TAC)
⇨グロピウス，ゲオルク・ヴァルター・アドルフ

アーキテクトニック architectonic
1. 建築あるいはその知識の活用に関連すること．
2. たとえば音楽や彫刻において，建築的特性を連想させること．
3. 複数形（アーキテクトニクス）では，建築学すなわち建築の知識体系を意味する．

アーキトレーヴ architrave
1. 本質的には様式化された横架材または楣のことで，エンタブラチュアの主要な三つの構成部分のうちの最下層の部分をいい，ファスキアに分割されることが多い．
2. 扉口，ニッチ，パネル，窓開口その他の開口部を縁取る簡単なあるいは手の込んだ刳形から構成されるアンテパグメントゥムのことで，エンタブラチュアのアーキトレーヴと同じファスキアの断面と数をもつのが正式である．アーキトレーヴの鉛直方向の刳形が，楣の両端で水平外向きに折れたのち，垂直に向きを変え，再び水平に折れて開口部の頂部に沿って走る場合，この形式のアーキトレーヴをイヤード（耳つき）・アーキトレーヴあるいはラッグド（袖つき）・アーキトレーヴという．また，鉛直方向の刳形が，楣の両端で水平外向きに折れた

のち，垂直に向きを変え，再び水平に折れてこの垂直の長さと同じ短い長さを走った後，今度は垂直に下降してからもう一度水平に向きを変えて頂部に沿って走るとき，この形式のアーキトレーヴを，ショルダード（肩つき）・アーキトレーヴといい，突出した肩の部分をクロセットと呼ぶ．アーキトレーヴは，プリンスあるいは幅木の終端となるアーキトレーヴ・ブロック，プリンス・ブロック，またはスカーティング（幅木）・ブロックによって終わることが多い．頂部が底部よりも狭いアーキトレーヴ，すなわち内転びつきの側面をもつアーキトレーヴを，ウィトルウィウス式開口部と呼ぶ．

アーキトレーヴ・コーニス architrave-cornice
フリーズをもたない（通常はイオニア式オーダーの）エンタブラチュア．

アキューミュレーション accumulation
たとえ構築物が短い期間に完成した場合であっても，その建築物が経年変化してきたようにみせるために用いられた，異なる時代から派生したさまざまな特徴の寄せ集め．⇨アディティヴ

アーク ark
⇨聖櫃

アクシス axis
1. 軸線．平面の構成要素が両側に対称かつ組織的に配置されるようにガイドとして引かれた直線．球にあっては中心を通る線．⇨軸線式
2. イオニア式渦巻装飾のクッション（二つの渦巻きをつなぐ部分）の最も薄い箇所すなわち平縁の厚さ．
3. 扉を吊る縦框（たてがまち）．

アクション・アーキテクチュア Action architecture
1. 詳細な実施図面を使わずスケッチやありあわせの素材から発展させた建築．
2. 一つのコンセプトの一定の反復や進化による形態創造．アクション・アーキテクチュアの例として，カルマン・マキンネル＆ノールズ設計のボストン市庁舎（マサチューセッツ州，1964-69）がある．

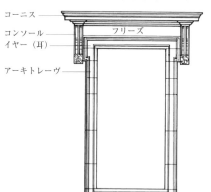

アーキトレーヴ　コンソール，コーニス，イヤード（耳つき）・アーキトレーヴをもつ古典系の窓枠．

アクセサリー accessory
　建築物の用途，または性格にとって本質的でないが，それを強調するような構成物における要素（アカンパニメントとは異なる）．

アクソノメトリック投影図 axonometric projection
　建築作品の幾何学図法．平面図は縮尺にもとづいて作成されるが，正規のアクシス（軸線）に対して60°と30°傾いた位置に回転移動される（便宜のためあるいは最良の効果を生み出すために45°傾けられることもある）．次いで平面図から鉛直線が同じく縮尺にもとづいて引かれるので，曲線と対角線だけが歪みをもつか縮尺に従わない部分となる．この図法は，建物の3次元形態を多少なりとも縮尺にもとづいて理解するのに便利であり，内部などを示す図解に用いられる．

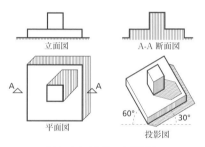

アクソノメトリック投影図

アクソメ，軸測投影図 axonometric projection
　⇨アクソノメトリック投影図

アクープルマン accouplement
　〔フランス語で「つがい」の意〕カップルド・コラム（双子柱），またはカップルド・ピラスター（双子ピラスター）のペア．

アグラフ agrafe, agraffe
　浮き彫り彫刻で装飾されたキーストーン（要石）．

アグーリア aguglia
　オベリスク，尖塔，または同様のオブジェ．

アグルーティネーティヴ agglutinative
　⇨アディティヴ

アグレスト＆ガンデルソナス Agrest & Gandelsonas
　アメリカの建築家．アルゼンチン生まれのダイアナ・アグレスト（Diana Agrest, 1944-）とマリオ・ガンデルソナス（Mario Gandelsonas, 1938-）によって設立された．建築における「分析的な解体」について書いており，ニューヨーク州，ロングアイランドのサガポナックにあるサグ・ポンドの家（1990-94）において，共通性のない要素を群生し，その思想の建築的可能性を提示しつつ，また外装を木板仕上げとすることで半ば忘れられた伝統性も示唆している．

アクロストリウム acrostolium
　古代の軍艦の艦首部分．円形，らせん形，または動物に似せて形成されることが多かった．その表現は，たとえばコルムナ・ロストラタに見出すことができるだろう．

アクロテリオン，アクロテリウム acroter, acroterion, acroterium (*pl.* acroteria)
　1．プリンス，またはファスティギウム．古典主義建築のペディメントの端部とアペックス（頂部）直上に配置された．装飾されなかったが，彫像やその他の装飾物を載せることが多かった．端部のものはアクロテリア・アングラリアという．
　2．それらの場所にプリンスが施されない装

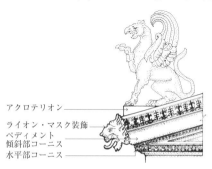

アクロテリオン　装飾的アクロテリオンの例．アイギナ島のアファイア神殿のアクロテリア・アングラリアの対のうちの一つ（前5世紀初頭）．

飾物，または彫像．あるいは，ペディメントのアペックスと端部における，プリンスを備えた一つのオブジェを形成する装飾物．

3. 古典（古代ギリシア・ローマ）の神殿のリッジ（棟瓦）．

4. 祭壇，ステレ（記念石柱）やサクロファグス（石棺）のホーン（角），またはイア（耳）．

アクロポディウム acropodium

1. 通常，手の込んだ，高さのある，彫像を支持するペデスタル（台座）．

2. 足の表現にもとづくターミナル・ペデスタル．

アクロポリス acropolis

古代ギリシアのシタデル（市塞）や都市の高地．とりわけ，アテネのアクロポリスを指す（アクロとは「最も高い」，ポリスとは「都市」の意）．

アクロマティック achromatic

無彩色，または白黒のみ，あるいは白色と金色のみの建築．グリーク・リヴァイヴァルの初期の作例によくみられる．

アクロリトゥス acrolithus, acrolith

古代，または新古典主義の（服を着た）木製彫像のことで，手足と顔は大理石製である．

アーケード arcade

1. 同一平面上で連続するアーチで，コロネット（細円柱），円柱，ピア（支柱），ピラスターなどで支えられる．以下のようなさまざまなアーケードが存在する．

オルタネーティング・アーケード： 2本1組の円柱による列柱において，その2本の円柱の両側にアーチが起拱する．重なり合って連続するセルリアーナのようにもみえる．

規則アーケード： 繰り返される一連のアーケードすべて．単純アーケードとも呼ばれる．

交差アーケード： ロマネスク建築などでみられる重なりあったアーケードで，連続した尖頭アーチが生じる．たとえばノッティンガムシャーのサウスウェル・ミンスター（12世紀）などでみられる．

スクリーン・アーケード： 特徴はアーケードの上にアーチが載ること．またはスクリーン（障壁）として用いられる．

シンコペート・アーケード： 前後に重なり合った2列のアーケードで，前面のアーケードを受けるコロネットのシャフトが背面のアーケードの中央に来るように並ぶ．リンカン大聖堂などでみられる．

大アーケード： 身廊と側廊を隔てるピアの上に連続するアーチであり，聖堂のクリアストーリーを支持する．

単純アーケード： ⇨規則アーケード

表面アーケード： ⇨ブラインド・アーケード

双子アーケード： 双子柱の上にのるアーケード．

ブラインド・アーケード： 壁に接合された，あるいはくっついたものであり，サーフィス・アーケード（表面アーケード）あるいはウォール・アーケード（壁面アーケード）とも呼ぶ．

壁面アーケード： ⇨ブラインド・アーケード

2. 側廊付木造建築の身廊と側廊の間に置かれてアーケード・プレート（桁）を支持するアーケード・ポスト（支柱）の列．

3. 両側に商店が並び天窓つきの屋根が架かる通路のことで，ショッピング・アーケードとして知られる．フランスのガルリ，パッサージュ，イタリアのガレリアと同義．

4. 樹木や灌木によってアーチが形成されている街路．

アゲル agger

1. 壕を掘った際の土や石によって形成された丘やランパート（防塁）．

2. ビザンツ帝国の聖堂のドーム構築物を支持するピア（支柱）．

3. 古代ローマの道路の基礎．

あご jowl

木架構の頂部もしくは基部において柱の一部のことで，一面が柱のその他の部分よりも広くなっており，繋ぎ梁や敷桁などを受ける．クラウン・ポストはしばしば「あご付き」である．

アコースティック・ヴェース acoustic vases

音響を向上させるために，焼物のポットや壺が構築物の中に埋め込まれることがあった．著

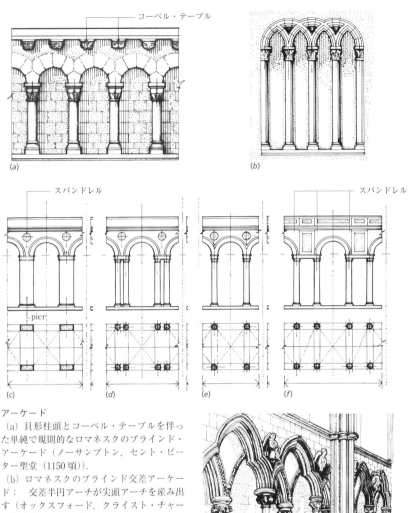

アーケード

(a) 貝形柱頭とコーベル・テーブルを伴った単純で規則的なロマネスクのブラインド・アーケード(ノーサンプトン,セント・ピーター聖堂(1150頃)).

(b) ロマネスクのブラインド交差アーケード: 交差半円アーチが尖頭アーチを産み出す(オックスフォード,クライスト・チャーチ大聖堂(1180頃)).

(c) 角柱の上にのる単純な,あるいは規則的な古典的アーケード.

(d) 双子柱の上にのる古典的アーケード.

(e) 柱の上にのる単純な,あるいは規則的な古典的アーケード.

(f) 柱で支えられたエンタブラチュアの上にのるアーチからなる古典的オルタネーティング・アーケードで,コロネードとアーケードの混合である.重なり合ったセルリアーナが連続したものに似ている.

(g) シンコペート第1尖頭式アーケード(南の内陣側廊,リンカン大聖堂,12世紀).

アコステイ

名な作例としてはラヴェンナのサン・ヴィター
レのドーム（540頃-48）と正統派の洗礼堂
（400頃-50）がある．だが，どちらの場合も各
壺の基部がその直下の壺の口と適合していて，
構造的なリブやチューブを形成し，空隙はコン
クリートで満たされていた．焼物のポットは多
くの中世聖堂で壁体に埋められていることがあ
る．たとえば，南仏，ノルマンディー，ケルン
や低地方においてよくみられる．ドーム・
ポット，パトリー・ヴォールティング（陶製
ヴォールト）とも呼ばれる．

アゴスティーノ・ディ・ドゥッチョ Agostino di Duccio (1418-81)

フィレンツェ出身の彫刻家・建築家．1450
年頃から57年までリミニでアルベルティのテ
ンピオ・マラテスティアーノの建設に携わり，
洗練されていて独創的な自由学芸の擬人像を作
製した．ペルージャではサン・ベルナルディー
ノ祈祷所のファサードを初期ルネサンス様式で
設計した（1457-61）．そこではさまざまな色の
大理石とテラコッタがともに用いられていて，
すぐれた効果を与えている．同じくペルージャ
にあるモニュメンタルなサン・ピエトロ門の装
飾にも関与した（1473-81）．

アゴラ agora

古代ギリシア都市の公共の広場空間で，周囲
には良質な建築物が建っている．⇨フォルム

アコラード accolade

アーチの直上，または内側で交わる2本のオ
ジー曲線のことで，フィニアル（頂部）に向け
て上っていく．通常，後期ゴシックの構築物に
関係が深く，たとえば，扉口直上やスクリーン
（障壁）の中にみられる．

アーコロジー Arcology

パオロ・ソレーリが，300万人まで収容可能
なメガストラクチュアを含む都市生活のための
解決策として提唱した建築と生態学の結合．

浅浮き彫り bas-relief
⇨レリーフ

アザム兄弟（コスマス・ダミアンおよびエーギ
ト・クヴィリン） Asam Brothers (Cosmas

Damian (1686-1739) *and* Egid Quirin (1692-1750))

兄コスマス・ダミアンは第一にフレスコ画家
であり，弟エーギト・クヴィリンは彫刻家であ
るが，彼らは共同することでバイエルンのバ
ロック建築における最も重要な作品のいくつか
を設計し，建設した．彼らはテーゲルンゼーの
大修道院長の援助を受け，父ゲオルク・アザム
（Georg Asam, 1649-1711）の死後に学びのため
にローマを訪問させてもらっている．バイエ
ルンに戻ってきたのち，とりわけ兄コスマス・
ダミアンがミュンヘンのドライファルティヒカ
イツキルヘ（三位一体聖堂）（1715）の天井フレ
スコ画において劇的効果と印象的な透視図法
の技量を示したのち，彼らはいくつかの聖堂に
おいて装飾家として雇われていく．1714年に
は兄コスマス・ダミアンがヴェルテンブルクの
ベネディクト会修道院の設計を始めた．その建
築にはローマの影響が明白に現れており，聖堂
の身廊は楕円形平面をとり，光源は識別が難し
く，豊かな彩色と金による装飾はベルニーニに
よるサンタンドレア・アル・クイリナーレ聖堂
を連想させるものとなっている．ただし，ベル
ニーニが主祭壇を楕円の短軸上に置いたのに対
し，ヴェルテンブルクでアザムは長軸上に主祭
壇を配置した．弟エーギト・クヴィリンもまた
1721年よりヴェルテンブルクの仕事に貢献し，
2人の協働はみごとな作品をつくり上げた．そ
の頂点となるのは，ソロモン柱が立つアエディ
クラであり，その中では馬上の聖ジョージが，
上方と背後から黄色の光を浴び，恐ろしい竜を
退治している姿が表現されている．兄コスマ
ス・ダミアンの彫刻は楕円形身廊上にあるギャ
ラリーの上方で優雅に傾いて立っており，あた
かも訪問者を歓迎して微笑みかけているかのよ
うである．

兄弟はインスブルックのプファルキルヘ（教
区聖堂，現在は大聖堂）聖ヤコビ（1722-23）
など数多くの聖堂を装飾したが，彼らがローマ
で学んだ空間的幻想，光の効果，そのほかデザ
インにみられる劇的な特徴といった熟練の技量
を示したのは，設計し建設した建築の中でもわ
ずかにすぎない．ヴェルテンブルクは驚くべき
作品だが，ローアのアウグスティノ会小修道院
聖堂（1717-25）も同様である．そのアエディ
クラの内部には，聖母マリアが棺から天使に運
ばれて天に昇っていく姿が表現されており，ア

エディクラのブロークン・ペディメントは，中央の雲，プット，天国の光によって特徴的なものとなっている．ミュンヘンの小さな聖堂である聖ヨハン・ネポムク（アザムキルヘとしてよく知られる）（1733-40）では，光，劇的効果，表現の強烈さが，これまでにない高みに到達する．他方，四つ葉形平面をもつ繊細で奇抜なストラスブールのウルズリーネンキルヘ（ウルスラ会聖堂）（1736-41）も，高所からの劇的な光源を用い，地上と天国に関する視覚的表現をより明白なものとした．アザム兄弟は，目を楽しませ，感情を動かすことに失敗することなしに，劇的さと幻想を生みだす達人だったのである．

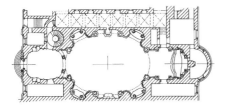

ヴェルテンブルクのベネディクト会修道院教会の平面．楕円形の身廊，そして主祭壇の背後に置かれた光のあふれ出てくるアプスが表現されている．

アジア式柱礎 Asiatic base

イオニア式オーダーの柱礎．アッティカ式柱礎と異なり，丸溝つきの胡麻殻割形をもつ上部シリンダーと，下部の胡麻殻割形から構成される．

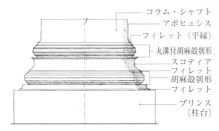

アジア式柱礎　イオニア式またはアジア式柱礎（アテネのエレクテイオン神殿の例にもとづく）

アジェッド，スタンレイ・ダヴェンポート
Adshead, Stanley Davenport（1868-1946）

イングランド，チェシャー出身の建築家で，1890年にロンドンに移り，ウィリアム・フロックハートの事務所で，ローゼホウ，アヴォッフォ，ロス，クロマティなどの大規模な邸宅建築の監理を行った．1898年に自らの事務所を設立した．最も成功した建築は（スタンレイ・チャーチル・ラムゼイ（Stanley Churchill Ramsay, 1882-1968）と共同で行った），間違いなく，ロンドン南部，ケンジントンのコンウォール所地の新ジョージアン様式の公爵館（1913）であり，それは，19世紀初めのロンドンにおける煉瓦造の上品な住宅をモデルとしたものであった．1912年，リヴァプール大学のシビック・デザイン学科のレーバヒューム主任教授として任命され，1914年にロンドン大学の都市計画学科の主任教授となった．

足場 stage
⇨ステージ（3）

足場 scaffold
⇨スカフォールド

アシュビー，チャールズ・ロバート　Ashbee, Charles Robert（1863-1942）

イングランドのアーツ・アンド・クラフツのデザイナーで，金工で有名．建築家としては，60ほどのおもに住宅作品がある．モリス，ラスキン，理想主義的な社会主義の影響を受け，ある時期はボドリーとともにはたらき，1888年に手工芸ギルド学校を設立した．ここで1889年およびそれ以降，アーツ・アンド・クラフツ展が開催された．この職人の共同グループはしばらくの間，ロンドンのイーストエンドで活動した．1893-94年，アシュビーはロンドンのチェーン・ウォーク37番地に母のための1軒の家（1968取壊し）を建てた．内装は手工芸ギルドによって行われ，その後の住宅も手工芸ギルドが内装を行った．代表的なものとして，1897-1903年に建てられたチェーン・ウォーク72-3番地（現存せず）およびチェーン・ウォーク38-9番地があり，それらは，クイーン・アン・リヴァイヴァル様式となっている．手工芸ギルドは1898年，ベイリー・スコットが時のヘッセン公（Grand Duke of Hesse）のための住宅をダルムシュタットのために建てたおり，家具をデザインした．それらは，1900年ウィーンの分離派会館で展示され，1901年

グロスターシャーのチッピング・カムデンに巡
回したが，1905 年に損壊した．アシュビーは
保護運動の最前線に立ち，チッピング・カムデ
ンにおいて数多くの修復，新築，増築を行っ
た．それらは場所の特性を尊重するよう細心の
注意が払われている．彼の繊細さは，ブロー
ド・カムデンで 1100 年頃に建てられた礼拝堂
の廃墟を住宅に改装したもので実証済みである
（1906-07 頃）．彼は，フランク・ロイド・ラ
イトの重要性に気づいた最初のイギリス人建築家
の 1 人であり，町や都市の計画を秩序だてて注
意深く行おうとした先導者でもある．再開発を
通して，多くの歴史的建造物が失われたことを
重く受け止め，ロンドンの建築調査をはじめ，
この調査が貴重な『サーヴェイ・オブ・ロンド
ン（*Survey of London*）』シリーズとなった．
著書に『コテージおよび小住宅について（*A
Book of Cottage and Little Houses*）』（1906）が
ある．

アシュラー ashlar

1．切石積．直角にカットして正確に整形さ
れ平らに仕上げられた石のブロックからなる組
積造の一種（古代ローマ時代のオプス・クアド
ラトゥム）．表面加工が施され明瞭な鋭い稜線
をもつ石材をモルタルで据えて，乱れのない石
層が形成される．ラブル（野積み石，粗石）に
対比される．煉瓦造の壁仕上げや舗装床として
用いられる薄い同様の石版にもアシュラーの名
が与えられたが，この場合はバスタード・ア
シュラーと呼ばれることのほうが多い．目地線
よりも前方に突出することによって各石材の表
面を特徴づける仕上げ加工は，ルスティカ仕上
げすなわちルスティカ風アシュラーといい，い
くつかのタイプがある．

2．ファイアンスあるいはテラコッタ（US）
のような，煉瓦よりも大きな粘土製のブロッ
ク．

アシュラー・ピース ashlar-piece

⇨アシュラーリング

アシュラーリング ashlering

切石仕舞い．屋根裏の不要の鋭角部をカット
して内壁の仕上げを収めるために，小梁と垂木
の間に固定された一連の直立した短いアシュラ
ー・ピースあるいはアシュラー・ポスト．

アシュリン，ジョージ・コッピンガー Ashlin, George Coppinger (1837-1921)

E・W・ピュージンの弟子であり共同経営者
（1960-69）で，彼の妹と結婚した．のちにピー
ター・ポール・ピュージン（Peter Paul Pugin,
1851-1905）カスバート・ウェルビー・ピュー
ジン（Cuthbert Welby Pugin, 1840-1928），そ
の後さらにトーマス・A・コールマン
（Thomas A. Coleman, 1950 没）と共同経営を
行った．彼は膨大なローマ・カトリック教会の
建物を設計した．そのうちの傑作は E・W・
ピュージンとともにデザインしたコーク州のコ
ーブの港の上に美しくたたずむローマ・カト
リック大聖堂（1867-1902）である．アーマー
に設計したローマ・カトリック大聖堂の豪華な
スクリーンその他の家具は 1977-82 年の第 2
ヴァチカン公会議による再編の時期に一部破壊
された．コーク州スキバリーンのローマ・カト
リック大聖堂のロンバルディア風内陣は後陣と
脇礼拝堂をもっており，注目に値する．また，
ロンドンデリーのセント・ユージン・ローマ・
カトリック大聖堂（1900）の見事な尖塔も見逃
せない．彼は，A・W・N・ピュージンのキラ
ーニーのローマ・カトリック大聖堂の尖塔を完
成させた．また，ティペラリー州サーリスの
J・J・マカーシーのロンバルディア風ロマネス
クのローマ・カトリック大聖堂の装飾を行っ
た．彼の創作は並はずれたものだった．

アシュリン，チャールズ・ハーバート Aslin, Charles Herbert (1893-1959)

20 世紀プレハブ・デザインの先駆者で，
1945-58 年，ハートシャーの建築技師を務め
た．州立学校の校舎建設計画で，プレハブの標
準化された部材を生産する軽工業の可能性をひ
き出した．

アジュール，ア・ジュール，アジューレ ajour, à jour, ajouré

たとえば，大理石などのなんらかの材料によ
る孔の空いたパネル．孔から空気や光が入って
くるようになっている．

アースキン，ラルフ Erskine, Ralph (1914-2005)

ロンドン生まれの建築家．1939 年にスウェ
ーデンに移住し，イートルプ（1945-55），ダー

ラナ地方のフォシュ（1950-53，モデル化された煉瓦積みのダンボール工場を併設），ティーブロ（1959-64）などに代表される低予算の集合住宅の設計を専門とするようになった．ニューキャッスル・アポン・タインのバイカー（1969-82）においては，全長1kmにも及ぶ8階建の巨大な壁の背後に住戸が配置され，居住者の参画によってデザインが決定された．そのほかの作品では，ケンブリッジ大学大学院のクレアホール（1967-69），ニューキャッスル・アポン・タイン近郊のキリングワース住宅団地（1969-72），バッキンガムシャーのミルトン・キーンズにあるイーグルストーン住宅団地（1973-77）などがある．ロンドンのハンマースミスにある Ark と呼ばれるラーソン社オフィスビル（1988-91，ヴァーノン・グレーシー（Vernon Gracie）と協働）は，ハンマースミス・フライオーヴァー近郊では最も有名な開発物件である．その他のプロジェクトでは，ストックホルム大学の学生会館やオーディトリウム，図書館などの諸施設（1979-82），イェーテボリのスカーンスカ社オフィスビル（1989）などがある．1959年以降はチームXのメンバーであった．

アスクレピオスの杖　Rod of Aesculapius

2匹の蛇がからみ合って巻きついた垂直な杖もしくは松明．新古典主義とフランスの帝政様式によくみられる．治癒と医療の象徴で，薬局や病院に用いられた．翼をとり除いたカドゥケウスの杖に似ている．

アステカ建築　Aztec architecture

テスココ湖の島に1325年頃住みついた民族であるアステカ族は，すぐにメソアメリカのうち現在のメキシコにあたる地域を支配するようになった．アステカ以前に当地を支配していたトルテカ族が建設した，恐ろしい姿の彫刻で飾られた二重［double］ピラミッドを，アステカ族もとり入れたようで，新たな建造物類型として双子ピラミッドをそのレパートリーに加えている．首都テノチティトラン（現在のメキシコ市）やチョルーラといった都市はピラミッドや神殿で彩られた．テナユカに現存するピラミッド（1450頃-1500）は一面に急傾斜の階段を備え，残り三面の基壇部分には蛇の頭の彫刻が並ぶ．ともに16世紀初頭の建設であるエル・テ

ポステコのピラミッドやマリナルコの岩窟建造物は，代表的なアステカ建築の遺構である．アステカ建築はアール・デコ様式の着想源となった．

アース・テーブル　earth table

グラス・テーブル，グラウンド・テーブル，あるいはフット・ストールともいう．ゴシック様式の建物の基礎，または柱礎部分の水平層．また，地面近くで無装飾部の壁面から突き出ている石の水平層．

アステュロス　astylar
⇨無柱式

アストライア装飾〔ギリシア語で「星座」の意〕　astreated
星空装飾．

アストラガル　astragal, astragulus

1．バゲット，ビード，玉縁，小さな凸型刳形，またはラウンデル．とくに，ほとんどの古典主義系コラム（ギリシア・ドリス式を除く）のシャフトの頂部にみられ柱頭の底部を画する半円形断面のリングのこと，またはアーキトレーヴのファスキアを画する同様の刳形のことをいう．後者は装飾されることが多いが，その場合の装飾は普通ビード・アンド・リール（連球紋）となる．

2．スコットランドでは，窓枠の中で窓面を分割するガラス取つけ用の棒のことをいう．

アストラグルム・レスビウム　astragulum Lesbium

装飾をもつアストラガルで，装飾は通常ビード・アンド・リール（連球紋）となる．

アースナル　arsenal

1．造兵廠．あらゆる種類の武器および弾薬の製造と貯蔵のための建物．たとえばヴェネツィアに巨大な建物がある．

2．艦艇の収容，建設，改修のための建物を含む造船所．

アスファルト　asphalt(e)

1．ビチューメン（瀝青）あるいは天然コールタールの浸み込んだ黒色または茶褐色の石灰

石．上質の玉砂利を加えて高温で混合し，ブロック状に成型する．再度熱を加えれば非浸水性のバリヤーとなるので，アスファルトは防湿性のある層として，また「陸屋根」の被覆材として用いられる．

2．人造アスファルトは質的に劣った代用品で，タールに骨材（砂や砂利のような）とピッチを混ぜてつくる．耐水材には適さないが道路表面と歩道の仕上げとして利用価値がある．

アスプルッチ，アントーニオ Asprucci, Antonio(1723-1808)

ローマで活躍した新古典主義の重要な建築家．最も有名な作品は，ローマにあるヴィラ・ボルゲーゼの壮麗な内部装飾（1782以降）とボルゲーゼ庭園である．庭園には，記念門，点景建築，泉，廃墟が点在するが，アスクレーピオスのイオニア式神殿（1787）や，ピアッツァ・ディ・シエナの小聖堂（1787頃）も含まれる．この小聖堂は，フルートのないギリシア・ドリス式のポルティコを特徴としている．アントーニオ・アスプルッチは，ギリシア・ドリス式を復興させた最初のイタリア人建築家である．また，新古典主義の作風の中で，時折エジプト建築に見られる特徴も混ぜている．彼の息子，マリオ・アスプルッチ（Mario Asprucci, 1764-1804）も1780-90年代にヴィラ・ボルゲーゼ庭園（スコットランド人の風景画家ジェイコブ・モア（Jacob More, 1740頃-93）によって作庭）に携わった他，サフォークのイックワース・ハウス（1795頃）の原設計を担当した．後者は，1796年以降にフランシス・サンズによって変更が加えられ竣工している．

アスプルンド，エーリク・グンナール Asplund, Erik Gunnar (1885-1940)

20世紀前半のスウェーデンにおいて最も重要な建築家の一人．最初期の作品はナショナル・ロマンティシズムの影響を示すが（サレンダー邸（1913）およびルース邸（1914）），イタリア旅行ののちに新古典主義を採用する．ストックホルムのスカンディアシネマ（ポンペイ風のインテリア彩色（1922-23））やストックホルム市立図書館（がっちりした単純なマッスとしての建物本体から立ち上がる巨大な円筒形が閲覧室の形状を表す（1920-28）），パリ万国博

のスウェーデン館（1924-25）などは，新古典主義への精通ぶりを示している．新古典主義とロマン主義が絶妙に混ざり合う森の墓地はストックホルム南墓地の一部であり，レヴェレンツと共同で設計された．たとえば葬儀のための禁欲的な礼拝堂は，ヴァナキュラーな題材と古典主義的な題材が混然となったまま，感動的なほど穏やかな森の風景の中にそっと建てられている．ストックホルム博覧会（1930）におけるデザインでアスプルンドはモダニストになったことを示し，鉄とガラスを優美かつ軽快に操って大いに称賛を集めた．モダニストとしての作品はほかに，ストックホルムのブレーデンベリデパート（1933-37）がある．しかし，1672年のニコデムス・テッシンによるイェーテボリ市庁舎への増築（1934-37，設計は1925）では，ストリップト・ネオクラシシズム（装飾を削ぎ落とした新古典主義）と近代的な構造グリッドとを混在させている．ストックホルム南墓地における森の火葬場（1935-40）は，ポルティコとその背後の厳粛で洞窟を思わせる主礼拝堂が美しく細心の注意を払って造形され，歴史的な建築と近代的なデザインとを融合させるアスプルンドの特徴が現れている．さらに，自然であると同時に人為的でもある風景の中に，建物を投入できるほどの手腕を示しているのである．

アスベスト asbestos

不燃性の織物やシートの中に織り込んだり圧入したりすることが可能な繊維状の組織をもった鉱物．19世紀の後半までにアスベストでつくられた耐火織物が開発され，その後20世紀最初の10年までに，この材料はセメントと混合されてアスベスト・セメントをつくるのに用いられるようになった．アスベスト・セメントはパイプやシートや断熱材に成型された．アスベスト・セメントの波型シートは第一次世界大戦（1914-18）から広く使用されるようになり，アスベスト・セメントのパイプは1920年代から大量に生産された．不幸にしてアスベストは石綿沈着症（アスベストの塵埃を吸引することにより起こる肺疾患）と中皮腫（胸腔または腹腔の内側にできる悪性腫瘍）の原因となり，1945年以降建物に広く用いられていたので，大きな問題を引き起こした．結局アスベストは他の材料，とくにGRC（ガラス繊維補強コンクリート）にとってかわられた．

東孝光　Azuma, Takamitsu (1933-2015)

　日本の建築家．坂倉準三建築研究所に勤めた後，1971 年にアルキテクスト（ArchiteXt）創立メンバーとなる．「対立的調和」という考えのもと，異なる要素を同居させ，その強調によって緊張感の創出をねらった．東京の自邸「塔の家」（1967）は，伝統的な低層住宅群の中に建つコンクリートの塔である．大阪の「さつき保育園」（1969-73）のほか，東京目白のKフラット（娘の**東利恵**と協働）（1991-92）をはじめ，多数の個人住宅を手がけた．

アズレージョ，アスレホ　azulejo

　釉薬をかけた陶製の艶出しタイルで，鮮やかな色彩をもち幾何学や花柄のパターンで装飾される．イベリア半島とラテン・アメリカのアリカタードの技法にみられる．この用語は，青を基調とするオランダすなわちデルフトの釉薬タイルについても用いられる．

アースワーク　earthwork

　1．盛土．土塁など．防護工事に用いられる．

　2．土の掘削．根切．

アースワーク・アーキテクチュア　earth *and* earth-work architecture

　泥や土による造営物には大変長い伝統がある（⇨アドビ，コブ（壁土），ピゼ）．盛り土にコンクリートを流し，打設された中の土を掘り出す洞窟の形をした建築をアースワーク・アーキテクチュアと呼び，このような提案が 1960 年代に論争を起こした．

アゼマ，レオン　Azéma, Léon (1888-1978)

　フランスの建築家．ルイ=イポリット・ボワロー（Louis-Hippolyte Boileau, 1878-1948）やジャック・カルリュ（Jacques Carlu, 1890-1976）とともに，モニュメンタルなストリップ・クラシシズムでパリのパレ・ド・シャイヨを設計した（1937 完成）．彼の作品の中でも特筆すべきは，アゼマらによって設計された第一次世界大戦におけるヴェルダンの戦いの戦死者の遺骨を納めるドゥオモンの納骨堂（1923-27）とアゼマ単独のパリのサンタントワーヌ・ド・パドゥ聖堂（1933-36）である．

アセント，アセンダント　ascent, ascendant

　石造工事と建具工事において，開口部の縁，枠，あるいは化粧石材の直立部分についていう．頂部を横切る部分はトラヴァースという．
⇨シャンブランル

アタッチト　attached
　⇨エンゲージド

アダム，ウィリアム　Adam, William (1689-1748)

　長老派のホイッグ党員であったため，1715 年以降のスコットランドにおいて貴族と啓蒙主義指導者の両方から受け入れられ，早くにスコットランドにおける指導的建築家となった．多くの利益を得た企業家でもあり，エディンバラの地所に投資して，キンロスのブレア・クランベスの地所を購入し，これをブレア・アダムと改名した．1728 年にスコットランドの現場監督となり，1730 年にはイギリス北部の兵站局の建築家となったことから，1745 年以降，多くの富をもたらす軍事基地やほかの建築の設計を請け負った．建築家としては，彼は多くの先例から建築要素を抽出し，活発で驚くほど独創的な折衷主義を生み出した．ギッブズとヴァンブラから多くを吸収したが，オランダを旅したことから大陸のバロック建築についても知識があったようである．彼自身と他のスコットランドの建築家のデザイン集を出版しようとしたが，1811 年まで棚上げされた．これは『ウィトルウィウス・スコティクス（*Vitruvius Scoticus*）』と題して出版され，説明文はなく図版のみで構成された．

　かの有名なアダム兄弟の父親であり，息子にはロバート（Robert）とジェームズ（James）がいた．彼の最も重要な建築はウェスト・ロウジアンのホープトン・ハウス（1723-48），アバディーンシャーのハドー・ハウス（1732-35），ロジャー・モリス設計によるアーガイルのインヴェラリー・カースルの建設（1745-48），ミッドロウジアンのローンヘッドにあるメーヴィスバンク・ハウス（1723-27），ロクスバラシャーのフロアーズ・カースル（1721-26）である．

アダム，ジェームズ　Adam, James (1732-94)

　傑出したスコットランドの建築家であり，ウィリアム・アダムの 3 番目の息子．ジョー

ジ・リチャードソンと一緒にイタリアを旅し (1760-63)，その後，ロンドンでアダム一族の設計事務所に入る．イタリアでクレリソーに会い，一緒にローマを旅した．アダムはナポリとパエストゥムを訪れたが，シチリアとギリシアに行く計画は実現しなかった．『アダム兄弟の建築作品集（*The Works in Architecture of Robert and James Adam*）』(1773-1822) にみられるように，ポンペイの装飾とグロテスクについての研究は，室内装飾家としての彼の作品において重要である．イングランドに戻る頃には，兄のロバート・アダムがすでに「アダム様式」ともいえる建築言語を確立していたが，多くの有名な建物がロバートとジェームズの共働とされている．彼自身の作品としては，バンフにあるカレン・ハウスのイオニア式の門 (1767)，ハートフォード市庁舎 (1767-69)，ロンドンにあるポートランド・プレースのファサード (1776)，グラスゴーにあるいくつかの建物がある．1769 年には兄の後を継いで王室建築家となった．

アダム，ジョン　Adam, John (1721-92)

スコットランドの建築家．ウィリアム・アダムの長男で，1748 年に父が亡くなると兵站部の監督官となった．弟のロバート (Robert) とともに事務所を開き，その後の 10 年間，ジョージ要塞などスコットランドのハイランドにおいてみごとな軍事施設を完成させた．これらはすでに 1745 年から翌年のジャコバイトの反乱直後に，父ウィリアムが着手していたものであった．ジョンはパッラーディオ主義を用いることのできる有能な建築家であると同時に，事務所の経営責任者でもあった．事務所は 1758 年にロバートがロンドンで独立するまで続いた．ジョンとロバートのものとされる作品は，1811 年にジョンの息子ウィリアム (William, 1751-1839) が出版した『ウィトルウィウス・スコティクス (*Vitruvius Scoticus*)』に描かれている．ジョンの作品としてはウェスト・ロウジアンのホープトン・ハウス (1750-56)，エディンバラのグレイフライアー聖堂墓地にあるアダム一族のマウソレウム (1753)，アーガイルのインヴェラリにある裁判所とそのほかの建築 (1755-61)，ダムフリースのモファットにあるモファット・ハウス (1761) がある．1770 年代までにジョンは実務

から退いていたが，弟のジェームズ（James）とロバートの仕事には深くかかわっていた．1772 年，ロンドンのストランドにあるアデルフィへの投機的開発が失敗すると，ジョンは破産を免れるためにブレア・アダムにある一族の地所を抵当に入れざるをえなかった．

アダムズ，ヘンリー・パーシー　Adams, Henry Percy (1865-1930)

イングランドの建築家．スティーヴン・ソールター (Stephen Salter, 1825-96) の事務所を引き継ぎ，これは 1913 年にアダムズ，ホールデン＆ピアソン (Adams, Holden, & Pearson) となった（⇨ホールデン，チャールズ・ヘンリー）．

アダムス，モーリス・ビンガム　Adams, Maurice Bingham (1849-1933)

イングランドの建築家．ベッドフォード・パーク (1875 年，チジックに設立された芸術家村) の開発に携わったことで知られる．彼自身，ベッドフォード・パークにいくつかの住宅 (1883 年に出版された『芸術家の家 (*Artists' Homes*)』に所収) を設計した．また，ノーマン・ショウが設計したセント・マイケル・アンド・オール・エンジェルス聖堂の建設を監修し，北側廊と教区ホールを設計した (1887)．さらに，セント・マイケル聖堂に増築された精巧なオール・ソウルズ礼拝堂も彼が担当したものだった (1909)．彼は慈善事業家ジョン・パシュモア・エドワーズ (John Passmore Edwards, 1823-1911) の依頼でいくつかの公共図書館を設計した．作品の多くはアーツ・アンド・クラフツ様式を自由に展開したものだった．著書に『今日のコテージ建築 (*Modern Cottage Architecture*)』(1904) がある．

アダム，ロバート　Adam, Robert (1728-92)

18 世紀後半における最もすぐれたイギリスの建築家にして装飾家，インテリア・デザイナー．ウィリアム・アダムの 2 番目の息子であり，エディンバラ大学に入学し，スコットランドの啓蒙思想の指導者たちの知遇を得た．父ウィリアムが亡くなると，兄ジョン (John) のパートナーとなり，1754 年までにはグランド・ツアーに出発するだけの十分な資金を有した．イタリアではクレリソーを雇い（クレリソーは一

緒に旅し，この若きスコットランド人に製図を教え，新古典主義の可能性を理解するよう影響を及ぼした）．古典主義的な古代遺物を研究し，ピラネージに会った（ピラネージは『ローマの古代遺跡（Antichità Romane）』（1756）にアダムへの追悼文を入れ，のちに『カンプス・マルティウス（Campo Marzio）』（1762）を「ロベルト・アダム」に捧げている）．1755 年にアダムとクレリソーはナポリとヘルクラネウムを訪れて発掘を見学し，1757 年にはスパラト（スプリト）に進み，そこで巨大な古代ローマ宮殿建築を調査した．彼らの労力は美しい版画が挿入された『ダルマティアのスパラトに建つディオクレティアヌス帝の宮殿遺跡（Ruins of the Palace of Emperor Diocletian at Spalatro in Dalmatia）』（1764）に結晶化した．

　アダムは 1758 年にロンドンに住み，弟のジェームズ（James）とウィリアム（William, 1738-1822）とともに，イギリスの指導的建築家としての地位を確立するようになった．この頃から，ロバートは一族の事務所の所長となり，ジェームズとウィリアムがこれを助け，ジョンは経済的に支援した．ロバートの仲間であるスコットランド人のアーガイル公爵やビュート伯爵も彼を支持し，1761 年には王室建築家 2 人のうちの 1 人となった．当時のイギリス建築は，バーリントンによるパッラーディオ主義によって支配されていたが，アダムは古代遺物からチンクエチェントにいたるまでさまざまな源泉から要素を引き出し，古典主義の新鮮な建築言語を提供することによってイギリス建築の変革にのりだした．ロバートは自らを古代ローマ建築の権威として宣伝し，1773 年には豪華な『アダム兄弟の建築作品集（Works in Architecture of Robert and James Adam）』の第 1 巻が出版され，その中でアダム兄弟がイギリス建築に「革命ともいえるものをもたらした」と主張している．たとえば，ダービーシャーにあるケドルストン・ホールでは，マシュー・ブレティンガムとジェームズ・ペインが中央のブロックとクワドラントに着手していたが，アダム兄弟が引き継いで邸宅を完成させた．アダム兄弟が，あの高貴でドームのついたパンテオンのようなサロンや，南正面の凱旋門をつくったのである．パッラーディオ主義の大理石のホールは，パッラーディオがウィトルウィウスのエジプシャン・ホールを再建したものをペインが焼きなおしたものに手を加えた．アダム兄弟が最も影響力を有したのは，まさに室内装飾においてであった．本質的には，彼らは確立された規範を乱暴に改変することは慎んだが，古代ギリシアの厳正さや流行遅れのパッラーディオ主義を避けた新古典主義を発展させることに成功した．それは利用しうる多種多様な装飾要素を発展させ，さまざまな源泉からひきだした，壮麗で上品な細部装飾を発明することによってであった．彼らの天井は，しばしば有能なイタリア人芸術家による彩色パネルで装飾された．ジョゼフ・ローズ（父）（Joseph Rose sen., 1723 頃 -80）とジョゼフ・ローズ（息子）（Joseph Rose jun., 1745-99）が漆喰で彼らのデザインを装飾した．事務所には膨大な仕事をすすめるために何人かの製図工が雇われた．彼らのなかにはジョージ・リチャードソン，ジョゼフ・ボノーミ，アントニオ・ツッキ（Antonio Zucchi, 1726-96）がいる．アダム兄弟はさまざまな形態の平面の部屋を並置したが，これはスパラトの古代遺跡の内装やローマの公衆浴場に源泉がある．そのような形態の多様性と，アプス，ニッチ，コロネードのついたスクリーンをうまく用いることで，空間的な複雑さを生み出し，流行遅れのパッラーディオ主義の配列に喜ばしい変化を与えたのである．

　ミドルセックスのアイズルワースにあるサイオン・ハウスでは，改築された室内（1762-69）に多様な幾何学的形態が用いられている．中央のパンテオンのようなロトンダは実現されなかったが，実際に建てられた控えの間では，折衷的な新古典主義の多彩色仕上げがみられ，独立した古代ギリシア風イオニア式の柱（その柱頭はアテネのエレクテイオンの柱頭に基づいている）は，上品なエンタブラチュアを支え，その上には金メッキされた彫像がのっている．本物の古代遺物への顧客の好みをそそるために，柱身の青灰色の大理石はローマ産であり，テヴェレ川の川底から採掘されたものであった．アダムによるほかの室内装飾には，ミドルセックスのオステリー・パーク（1763-80），ヨークシャーのニュービー・ホール（1770 頃 -1780 頃），ロンドンのグロヴナー・スクエア 26 番地のダービー・ハウス（1773-74，1861 解体），そしてハムステッドのケンウッド・ハウスにある美しい書斎（1767-69）がある．独創的な計画に関するなら，最も複雑な例はロンドンの 2

棟の邸宅にみられる．それらはセント・ジェームズ・スクエア 20 番地とポートマン・スクエア 20 番地である．もっとも，装飾的な細部は初期の作品と比べると細く浅くなっている．

　おそらく「記念碑的な様式で偉大な公共建築を建てる」ことを切に願ったためであろう，1768 年にアダム兄弟はテムズ川北の河岸とストランドとのあいだに 24 棟もの一流の邸宅を建てるという計画に着手した．建物全体は，堅牢なポーディウム〔基壇〕の上にたち，ヴォールトの架かった部分は商店として使われる予定であった．これはアディルフィと呼ばれたが，国家的な信用危機から投機は失敗し，アダム兄弟は地所を富くじで処分することで破産をかろうじて逃れた．のちに，ジェームズ・アダムはポートランド・プレースの統一されたファサードをデザインし，両側のそれぞれのブロックの中心的な要素としてスタッコ装飾を施した．ほかのテラス・ハウスのデザインには，エディンバラのシャーロット・スクエア（1791-1807），ロンドンのフィッツロイ・スクエアの南東面（1790-94）がある（後者には，上品に和らげられた古代ギリシア風装飾がみられる）．

　ロバート・アダムは晩年に大きな建物の設計依頼を多く得るようになり，それらにはエディンバラのレジスター・ハウス（1774-92），エディンバラ大学（1789-93）がある．さらに城館様式（これは中世の城館建築の要素を取り入れながらも，古典主義の内装をもつ）の壮大なピクチャレスクな邸宅があり，これらにはエアシャーのカレイン・カースル（1777-92），イースト・ロウジアンのシートン・カースル（1790-91）がある．アダムは名高いマウソレウムもデザインしており，その中でもアントリムのカースル・アプトンにある，長方形のテンプルタウン・マウソレウム（1789）をあげるべきであろう．これには壺と 2 つの灰の入った箱がのせてある．他にはエディンバラのカールトン墓地にある，ヒューム記念碑のドリス式円筒（1778）がある．

　アダム一族の事務所は 1794 年に閉鎖したが，1815 年にウィリアム・アダムがエディンバラ大学を完成させた．ただ，そのデザインは成功したものとはいえなかった．ウィリアムは1801 年に破産し，1818 年から 1821 年の間に兄弟全員の財産を売却した．『建築作品集』は「アダム様式」として知られるようになった．

完成した建築言語を提供したが，ロバートと兄弟がデザインした装飾は，彼らが存命中ですら剽窃された．1862 年からはアダム・リヴァイヴァルがみられ，これは現在なお続いているが，しばしばこれは模倣としてである．

アダム，ロバート　Adam, Robert (1948-)

　イングランドの建築家で新古典主義における重要な人物．学識に加え，新しい材料を使い，新しい技術革新を導入することに意欲的であった．彼は古典主義建築の無味乾燥とした崇拝者ではなく，西洋に共通した（そしてとても豊かな）建築言語として，古典主義は理解しやすく，多くの反響があり，継続的進化が可能であると主張した．彼の作品には，ウィルトシャーのソールズベリーにある，ザ・クローズのウェスト・ウォーク・ハウス（1983），ハンプシャーのオディアムにあるドグマスフィールド・パークのアームダール（UK）本部（1985），サマセットのシェプトン・マレットにあるフィールド・ファームのコーンウォール公領の新しい住宅地（1990），オックスフォード大学のサックラー図書館（1991），サセックスのウェカムにあるソーラー・ハウス（1992，サウス・ダウンズにある，古典主義を用いたエネルギー効率のよい建物），ハンプシャーのアシュリーにある新しいカントリー・ハウス（1999），サリーにあるアーツ・アンド・クラフツのホワイトリー・ヴィレッジの改修と増築（2000），リース・ドックスのマスター・プラン（2000 年代初頭），バッキンガムシャーのアイヴァーにある新しいカントリー・ハウス（2000 年代初頭）がある．ポピュラー・ハウジング・グループの創設者，INTBAU (International Network for Traditional Building, Architecture, & Urbanism) の共同創設者であり，両方の組織の会長をしている．多くの著作のうち，『古典主義建築（*Classical Architecture: A Complete Handbook*)』（1990）をあげておくべきであろう．

アーチ　arch

　上面と底面が非平行のくさび形のブロック（アーチ石あるいは迫石）でつくられた構築物で，アーチ・リングとも呼ばれる．しかるべき場所に置かれることで互いの圧力によって成り立ち，開口部の上に掛け渡される曲線状の形態

によって楣（まぐさ）の代替物となる．これは楣式構造に対してアーチ構造と呼ばれるものである．アーチとともに用いられる用語は以下の通り．

内輪（イントラドス）：　迫石の下側の曲面，すなわちアーチの内迫（ソフィット）と同一．

起拱線：　アーチが立ち上がり始める水平面．

起拱点：　アーチとその支持部分が結びつけられる点．

弦：　迫台間の水平距離．一方の起拱点のラインからもう一方のラインまでの距離．スパンとも呼ばれる．

迫頭（せりがしら）：　アーチ内輪の頂部．頂点とも呼ばれる．

迫腰（せりごし）：　アーチそのものの一部である迫頭とスパンの端の間の曲線を描く部分．フランクとも呼ばれる．

迫台（せりだい），アバットメント：　アーチが起拱する下となる堅い構造体であり，外側に開く推力（スラスト）に耐えるもの（すべてのアーチは適切に支えなければ崩壊してしまう）．

迫縁（せりぶち，アーキヴォルト）：　アーチに沿ってつくられる同心円状の刳形（くりかた）．アーチの上部でカーブしたアーキトレーヴのようなもの．

迫元（インポスト）：　アーチの起拱点から突き出した部材で，しばしば刳形（くりかた）となっている．（例）ブロック，ブラケット，コーベル，ドサレット．

外輪（エクストラドス）：　それぞれの迫石の上側の曲面，あるいは迫縁（アーキヴォルト）の最も外側の部分．

高さ：　アーチの立ち上がり，あるいは弦から迫頭または内輪の最上部までの鉛直方向の距離．

中空断面：　スパンと内輪に囲まれた鉛直面．

フランク：　⇨迫腰

要石（キーストーン）：　アーチ中央の大きなくさび形の迫石．しばしば，アンコンとして入念に彫刻される．

アーチの諸形式は以下の通り．

アンス・ド・パニエ（フランス語で「籠の把手」の意）：　籠の把手に似た3点の中心を有するアーチで，バスケット・ハンドル・アーチ

とも呼ばれる．一般に，1本の円弧の一部が，ほかの2本より小さな半径の円弧につなげられるが，時に5心や7心で同じような形状のアーチを形づくることもある．

イタリア式尖頭アーチ：　内輪と外輪が異なる中心を有し，上に行くにしたがって迫石が長くなる．フィレンツェ・アーチに似ているが，こちらは尖頭アーチ．

インヴァート・アーチ，反転アーチ：　基礎で使われる上下逆さまのアーチ．

インターレーシング・アーチ，交差アーチ：　半円形アーチが交差するロマネスクのアーチで，ブラインド・アーケードで用いられ，重なり合うことで尖頭アーチが形成される．

ヴェネツィア・アーチ：　半円形アーチが，内側で細円柱によって区切られた二つの半円形アーチの開口を枠取りしているもので，二つのアーチの上部と主アーチの内輪との間にラウンデルが設けられている．

ウェールズ・アーチ：　カーナーヴォン・アーチ．幅広のキーストーンが直接コーベルの上に載るもので，コーベルの形状がキーストーンに合わせてあるもの．

鋭角アーチ：　⇨ランセット・アーチ

エキラテラル・アーチ，等辺アーチ：　2本の円弧からなる二心の尖頭アーチで，半径がスパンと一致するもの．

円形三葉形アーチ：　⇨フォイル・アーチ

円形馬蹄形アーチ：　⇨馬蹄形アーチ

横断アーチ：　ヴォールトの区画を分割するアーチで，壁から壁あるいは壁から支柱へと渡され，ベイを形成する．

オジー・アーチ：　尖頭のキール・アーチで，4本の円弧からなるが，そのうち2本の円弧の中心はアーチの外側，2本の円弧の中心はアーチの内側となるもので，これによって2本のS字曲線がつくり出される．これは1300年頃に初めて登場した．ノディング・オジー・アーチ〔ノディングは「うなずくこと」の意〕は，その頂点が壁面より前に突き出しているため，立面でみると二重のオジー・アーチとなり，断面でみると一重のオジー・アーチとなる．

オーダー・アーチ：　⇨コンパウンド・アーチ

オランダ・アーチ：　三角形の疑似アーチで，斜め45°に並べた煉瓦が両側の抱きのス

キューバックから始まり，頂点で出会うもの．

凱旋門アーチ：　アーチを用いた記念碑的な独立構造物で，古代ローマ人によって発明され，また後世のファサード・デザインにおいて軸組構法の要素とアーチ構法の形態が混成的に用いられる際には重要な先例となった．多くの古代ローマ時代の実例が現存しており，セプティミウス・セウェルス凱旋門（203）では中央の大きなアーチの両側に小さなアーチが並び，ヴォールトには美しい格間が施されている．この形式はルネサンス期に復興され，また新古典主義の実例としてもペルシエとフォンテーヌが手がけたパリのカルーゼル凱旋門（1806-07）などがある．

カスプ・アーチ：　⇨フォイル・アーチ

カテナリー・アーチ：　反転した懸垂曲線（カテナリー）のような形状をしていて，パラボリック・アーチにも似ているが，それほど尖っておらず，優雅な曲線となる．

カーナーヴォン・アーチ：　⇨ウェールズ・アーチ

疑似アーチ：　⇨コーベル・アーチ

疑似三心アーチ：　起拱線に中心をもつ両側の円弧が，中央のフラット・アーチ，あるいは直線疑似アーチを支える扁平型のアーチ．直線部分の迫石の継ぎ目は起拱線よりかなり下を中心とした直線で構成される．

疑似四心アーチ：　⇨チューダー・アーチ

キャント・アーチ：　コーベル・アーチに似ているが，迫腰が直線上で45°傾いているもの．

キャンバー・アーチ：　アーチの内輪だけがわずかに上向きになる平坦なアーチ，もしくはきわめて背の低い円弧からなるアーチ．

キール・アーチ：　⇨オジー・アーチ

ゲージ・アーチ：　わずかに反りのある内輪をもつフラット・アーチで，正確に整形された迫石で形成されるか，あるいは丁寧に磨かれた煉瓦（ラバーと呼ばれる）を用いて，石目を質のよいパテでつなぐものも多い．

コーベル・アーチ：　疑似アーチあるいは偽アーチ．開口部の両側から水平に積んだブロックを少しずつ持ち送り積みしていき，最後には上部で橋渡しするもの．

コントラスト・アーチ：　⇨オジー・アーチ

コンパウンド・アーチ：　オーダー・アーチともいう．いくつかの同心円状のアーチが壁にはめ込まれたもので，それぞれのアーチを下から鉛直部材が支えており，手前から奥に行くにしたがってアーチが小さくなっていくもの．ロマネスクの扉口などでみられる．

サブ・アーチ：　大きな構造的アーチの内側で縁取られる，小さな補助的アーチ．ゴシック建築では主アーチの内側の下位の二つのアーチとして構成され，中央のマリオンから自然に立ち上がり，トレーサリーを備えた二つの独立したアーチとなる．

サーベース・アーチ：　高さがスパンの半分以下しかないもの．

サーマウント・アーチ：　高さがスパンの半分以上あるもの．

サラセン式アーチ：　尖頭形式の上心アーチで，異なる色の迫石を対比的に交互に積んだ縞模様アーチ．

三心アーチ：　起拱線に中心をもつ両側の円弧と，起拱線より下に中心をもつ中央の円弧からなる扁平型のアーチ．扁平三心アーチは，中央の円弧の中心が起拱線よりもかなり下になる．

ジャック・アーチ：　鉄骨の梁と梁をつなぐ円弧状の煉瓦アーチで，これによりヴォールトを形成する．

上心アーチ：　アーチが迫元（インポスト）の上でピアなどによって持ち上げられ，起拱線が迫元よりも上にあるもの．

ショルダー・アーチ：　抱きの上のコーベルが四分円形の端部をもち，その上にフラット・アーチもしくは楣がのるもの．

シリア式アーチ：　幅広のアーチの連続の上に小さなアーチが連続するもの．中心は下のアーチやピアにそろえられる．

スカラップ・アーチ：　⇨フォイル・アーチ

スキーム・アーチ：　円弧状アーチあるいはスキーン・アーチ．

スキュー・アーチ：　正面に対して90°以外の角度で抱きが立っていたり，スパンが斜め方向になっていたりするもの．スキュー・アーチでは石積み層がシリンダーのまわりにねじれながら巻きつくような構成で，どの部分でも軸が異なる角度になる．角度の振れ幅はキーストーンで最大となり，起拱点で最小となる．真下からこれらの層を見上げると直線にみえる．スキューとは，煉瓦のゲージ・アーチでつくられるフラット・アーチ，もしくはストレート・ア

ーチの迫台でみられるような傾斜のことである．スキューバックというと，このアーチを支える迫台の部分を指す．

スキーン・アーチ：　⇨スキーム・アーチ

スクウィンチ・アーチ：　対角線アーチ，もしくは八角錐形の尖塔屋根を支える塔の内側でみられるアーチ（⇨トランペット・アーチ），あるいは，正方形区画の上に載るドームを支えるためにペンデンティヴの代わりに用いられるもの．

ストレート・アーチ：　⇨フラット・アーチ

ストレーナー・アーチ：　ピアや壁体が内側に倒れ込むのを防ぐために，その間に設置されるアーチ．サマセットのウェルズ大聖堂などでみられる．

セイフティ・アーチ：　⇨リリーヴィング・アーチ

セグメンタル・アーチ，欠円アーチ：　円弧の中心が起拱線より下になるもの．欠円尖頭アーチは起拱線より下に二つの中心をもつ．

セミサーキュラー・アーチ（半円形アーチ）：　中心が起拱線上にあるもの．

ソルジャー・アーチ：　フラット擬似アーチで，端部がゲージ・アーチのようになっておらず，L字の金属アングルなどの方法で支えるもの．

チューダー・アーチ：　垂直式末期の疑似四心アーチで，四心アーチに似ているが，アーチの始まり部分は1/4円で（その中心は起拱線に乗り），そこから頂点に向かって直線上に伸びていくもの．これはきわめて扁平であり，そのため単純な楣として表現されることもある．

ディアフラグム・アーチ：　身廊の横断アーチで，木造小屋組の区画の間のゲーブルを支え，火災の延焼を防ぐもの．

ディスチャージング・アーチ：　⇨リリーヴィング・アーチ

ディミニッシュ・アーチ：　半円より短い円弧からなるアーチ．

トランペット・アーチ：　スクウィンチに似た円錐の一部で，すなわち先端にいくにしたがってアーチの幅と高さが大きくなっていくもの．

トリアンギュラー・アーチ：　⇨マイター・アーチ

トレフォイル・アーチ，三葉形アーチ：　⇨フォイル・アーチ

ドロップ・アーチ，涙滴形アーチ：　尖頭アーチで，円弧の中心は起拱線上にあり，半径よりもスパンの方が長いもの．

鈍角アーチ：　円弧からなる尖頭アーチで，それぞれの円弧がアーチの中心線よりもそれぞれの側にあるもの．

2次アーチ：　⇨リア・アーチ

二心アーチ：　鋭角アーチあるいはランセット・アーチ．

バスケット・アーチ：　⇨アンス・ド・パニエ

バック・アーチ：　⇨リア・アーチ

馬蹄形アーチ：　イスラーム建築でよく使われる．馬蹄形アーチ（半円形で，起拱線より下で幅が狭くなり，その下から直立した支柱で支える），尖頭馬蹄形アーチ（尖頭アーチで，起拱線より下まで下がって幅が狭くなる），円形馬蹄形アーチ（半円形アーチだが，円弧が起拱線より下まで続き，幅が狭くなる）などがある．

パラボリック・アーチ，放物線アーチ：　円錐を鉛直面で切断した時に現れるような曲線をもつアーチで，時にカテナリー・アーチと混同されるが，こちらの方が少し尖っており優雅ではない．

半楕円形アーチ：　半楕円形で形成され，その楕円の軸が起拱線に一致するもの．

フィレンツェ・アーチ：　半円アーチで外輪と内輪が異なる中心を有するもの．そのため迫石が上に行くにしたがって長くなっていく．

フォイル・アーチ：　カスプ，あるいは葉形装飾のついたアーチで，ゴシック様式，ムーア様式，イスラーム様式などで用いられる．フォイル・アーチでは三葉装飾，五葉装飾，あるいはそのほかの多葉装飾が一つの尖頭アーチの中に含まれるため，ムーア建築の多葉装飾やスカラップ（波形飾り）・アーチでみられるように，内輪に小さな円弧の連続が刻み込まれるか，あるいは全体が葉形装飾を形成し，ポインテッド・トレフォイル・アーチ（尖頭三葉アーチ）やラウンド・トレフォイル・アーチ（半円形三葉アーチ）のようになる．

フォリエート・アーチ：　⇨フォイル・アーチ

フラット・アーチ：　水平あるいはわずかに反りのある内輪を有する直線状アーチで，迫石が楣を形作っているようにみえる．

アチ

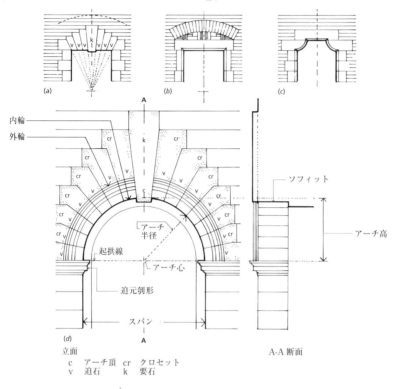

立面　　　　　　　　　　　　　　　　　　A-A 断面
　　c　アーチ頂　cr　クロセット
　　v　迫石　　　k　要石

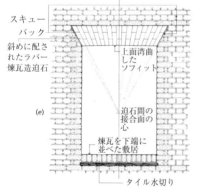

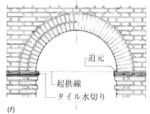

アーチ
(a) キーストーンと迫石のあるフラット・アーチ.
(b) 楣石に架かるセグメンタル・リリーヴィング・アーチ.
(c) ショルダー疑似「アーチ」(実際には整形したコーベルの上にのる楣石).
(d) 古典的アーチの細部.
(e) 規格化された磨き煉瓦の「フラット」あるいは「ストレート」アーチ.
(f) タイル・クリーシングの上の迫元から起拱する半円煉瓦アーチ.(左) 専用煉瓦によるローロック・アーチ.(右) 磨き煉瓦によるアーチ.

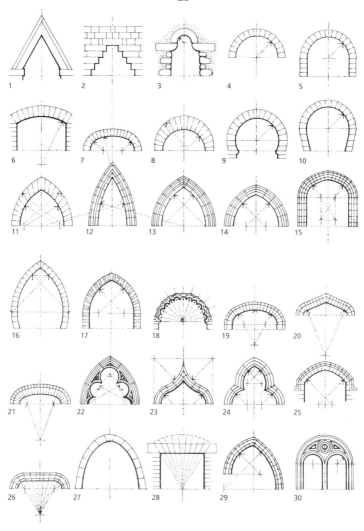

アーチ

(g) (1) アングロ・サクソン様式のトリアンギュラー（三角）偽アーチ．(2) 持ち送りあるいは段差偽アーチ．(3) 鐘型偽アーチ（実際は整形した楣石あるいはコーベル）．(4) 半円アーチ．(5) 半円上心アーチ．(6) セグメンタル（欠円）アーチ．(7) 半楕円形アーチ．(8) フィレンツェ・アーチ．(9) 円形馬蹄形アーチ．(10) 本来の馬蹄形アーチ．(11) イタリア式尖頭式アーチ．(12) ランセット・アーチ．(13) エキラテラル（等辺）アーチ．(14) ドロップ（涙滴）アーチ．(15) 四心アーチ．(16) 尖頭馬蹄形アーチ．(17) 尖頭サラセン式アーチ．(18) ムーア式マルチフォイル（多葉飾り）・アーチ．(19) 三心アーチ．(20) 疑似四心あるいはチューダー・アーチ．(21) 扁平型三心アーチ．(22) ゴシック様式シンクフォイル（五葉飾り）アーチ．(23) ゴシック様式オジー（葱花線）・アーチ．(24) 尖頭トレフォイル（三葉飾り）アーチ．(25) 尖頭セグメンタル・アーチ．(26) 疑似三心アーチ．(27) パラボリック（放物線）アーチ．(28)「フラット」あるいはストレート・アーチ．(29) ランパント・アーチ．(30) ヴェネツィア・アーチ．

フランス・アーチ： オランダ・アーチと同じ.

ペディメント・アーチ： ⇨マイター・アーチ

ベル・アーチ，鐘形アーチ： 抱き直上の曲面をもつコーベル2カ所の上で支持されるアーチで，結果的に開口部のカーブの組合せがベルに似ているもの.

偏円アーチ： ⇨アンス・ド・パニエ，四心アーチ，三心アーチ

ポインテッド・アーチ，尖頭アーチ： すべての尖頭アーチを指すが，とくにエキラテラル・アーチのこと．尖頭アーチのプロポーションは，それを構成する円弧の中心の位置で決まる．⇨イタリア式尖頭アーチ，鋭角アーチ，エキラテラル・アーチ，オジー・アーチ，欠円尖頭アーチ，サラセン式アーチ，チューダー・アーチ，ドロップ・アーチ，鈍角アーチ，馬蹄形アーチ，フォイル・アーチ，四心アーチ

マイター・アーチ： 三角形の疑似アーチで，二つの平らな石板が頂点の留め継ぎ部分で互いにもたれかかるもの．アングロ・サクソン建築で一般的で，ペディメント・アーチとも呼ばれる.

ムーア式アーチ： 馬蹄形のアーチで，時に尖頭になる.

ムーア式マルチフォイル・アーチ： ⇨フォイル・アーチ

四心アーチ： 垂直式後期の開口部でみられる特徴的な形の扁平アーチで，中央上部の2本の円弧の中心は起拱線よりも下になり，脇の2本の円弧の中心は起拱線にのる.

ランセット・アーチ： 鋭く尖った二心あるいは鋭角の尖頭アーチで，半径がスパンよりもはるかに大きいもの．〔「ランセット」とはフランス語で「小さな槍」の意〕

ランパント・アーチ： ⇨レーキング・アーチ

リア・アーチ： アリエール・ヴーシュール（フランス語で「後ろの迫石」の意），バック・アーチ，2次アーチなどともいう．厚い壁に設けられた開口部で，外壁面には楣が用いられているが，抱きの間の開口部幅が内側にいくほど広がっていて，内壁面ではアーチを頂いているようなものをいう.

リセス・アーチ，後退アーチ： ⇨コンパウンド・アーチ

リリーヴィング・アーチ： ディスチャージング・アーチ，あるいはセイフティ・アーチともいう．一般には円弧状で，壁面と同一平面の楣の上に設けられ，その上に積まれている石材の荷重が直接楣にかからないようにするもの.

ローロック・アーチ： 同心円状の環の連続になるように積まれた小さな迫石をもつアーチ.

レーキング・アーチ： 一方の迫元が他方よりも高くなっているようなアーチのことで，ランパント・アーチともいう.

アチーヴメント・オヴ・アームズ
Achievement of Arms

紋章のシールド（盾），クレスト（兜飾り），ヘルム（兜），マントリング（マント），およびモットー（銘文）が，適切なサポーターや紋章バッジとともに組み合わされてできた紋章となる徽章．ハッチメント（菱形の死者の徽章）としても流用され，この用語は，没後に邸宅において吊るされた（および，聖堂に掲げられたのちにそこに吊るされた）菱形形態の枠内に描かれた大紋章を指すようにもなった.

アーチェリー・ハウス，アーチェリー発射口
archery-house

アルケリア，すなわち弓を射るための大きく広がった隅切りをもつ鉛直方向に細長い開口．水平のスリット（⇨バリストラリア）が備わるときは，おそらくクロスボウの使用が意図された．というのは，クロスボウはさらに大きな隅切りをもつ狭間を必要とするからである.

アーチ・オーダー　arch Order

1．凱旋門にみられるような，アーチ構造に取り付けられたコラム，柱礎，ペデスタル，エンタブラチュア，あるいはローマのコロッセオにみられるような重ね合わされた一連のオーダーとアーチ.

2．複合アーチやロマネスクの扉口にみられるような，コロネットをもち同心円状に縮小後退するアーチの連続面.

アーチ型枠　centering
⇨センタリング

アーチ構法 arcuated
　コラムや楣（軸組構法）ではなくアーチを用いて建てられる構造方式.

アーチ・ストーン arch-stone
　アーチの迫石または要石.

アーチ・トラス arch-truss
　弧を描く上弦材（すなわち下面が凹型に湾曲している）と水平の下弦材からなり，上下の弦材を鉛直方向の引張材で結合したトラス.

アーチ・バー arch-bar
　フラット・アーチあるいはソルジャー・アーチの下につけられて迫石を支持する長方形の金属製の棒.

アーチ・バッタン arch-buttant
　アーチ・バットレスに同じ.

アーチ・バットレス arch-buttress
　フライング・バットレス，アーチ形の支持体，あるいはアルク・ブータン.

アーチ・バンド arch-band
　アーチまたはヴォールトの下面に帯状に突出した部分（アルク・ドゥブロー）.

アーチ・ビーム arch-beam
　湾曲した梁または二重梁（カラー）.

アーチ・ファサード arch-façade
　リンカン大聖堂の西正面のような，奥行きのある簡明なアーチを含むスクリーン状の壁.

アーチ・ブレース arch-brace
　木造建築に用いられる湾曲した突張り材で，2本一組となってアーチ形を形成する.

アーチャー，ジョン・リー Archer, John Lee (1791-1852)
　アイルランド生まれの建築家. 1812 年からジョン・レニの製図工としてはたらき，1818年に自分の設計事務所を立ち上げた. 1826 年にはヴァン・ディーメン島〔現在のタスマニア〕政府の土木技師に指名され，傑出した古典主義建築をいくつか設計した. それらにはホー

バートにある税関事務所（のちの州議事堂），セント・ジョージ聖堂（1837-38），セント・ジョン聖堂（1834-35）がある.

アーチャー，トマス Archer, Thomas（1668頃-1743）
　イングランドの建築家. グランド・ツアーに行き，ベルニーニとボッロミーニの作品から教訓を得た. 彼の名声は美しく洗練された一握りのバロック建築による. それらには，ダービーシャーのチャッツワース（1704-05）の北面とカスケード建築，ベッドフォードシャーのレスト・パークにある庭園建築（1709-11），そしてバーミンガムのセント・フィリップ聖堂（現在は大聖堂，1710-15），デットフォードのセント・ポール教会（1713-30），ウェストミンスターのスミス・スクエアにあるセント・ジョン聖堂（1713-28）である. これらのうち最後の聖堂（第二次世界大戦で損傷）には，ボッロミーニに匹敵するほどのバロック様式の塔が 4 本あり，頂部が破れたペディメントがアエディクラエを形成している. デットフォードのセント・ポール教会は，残存する彼の建築で最も美しい教会であり，集中式の空間，力強く立体化された壁面とエンタブラチュア，優美な塔がついている.

アーチ・リブ arch-rib
　身廊あるいは側廊を主軸に直角に横断するヴォールト・リブ. 横断アーチ.

アーチ・リング arch-ring
　迫石でつくられたアーチ構造のうち荷重を受ける湾曲部分.

アーチ煉瓦 arch-brick
　アーチまたは平面が湾曲した壁をつくるのに用いられる楔形煉瓦（コンパス煉瓦，フェザーエッジ煉瓦，あるいは迫石と呼ばれる）.

アーツ・アンド・クラフツ Arts-and-Crafts
　19 世紀後期，広範に影響力を及ぼした運動で，大量生産と工業化によって危機に瀕していた職人技術の再興をめざした. 中世のクラフト・ギルドを理想と崇めるが，その運動の起源はジャン＝ジャック・ルソー（Jean-Jacques Rousseau, 1712-78）の思想にある. 彼は，社

会階級によらず，すべての人々が手仕事の技術を身につけるべきだとした．しかし，この運動の直接の推進力となったのは，ピュージンとラスキンの論争的な書物であり，彼らの広範な影響力であった．ラスキンは1871年にギルド・オブ・セント・ジョージを設立し，理論から実践への移行をうながした．しかし，アーツ・アンド・クラフツで最も重要な人物は，ウィリアム・モリスであった．彼は，中世の工芸品制作の水準と方法を取り戻すことをめざした．それは，材料および建設方法が真正であり，機能をデザインの中心にすえたものであった．モリスは自分の住環境で必要なデザインを供給する上での問題点と解決方法を学び，1861年，絵画に始まり，芸術的な美をとりこむことのできるごくささいなものまで，あらゆる装飾を請け負える会社を設立した．モリス・マーシャル・フォークナー株式会社に密接にかかわったのは，フォード・マドックス・ブラウン（Ford Madox Brown, 1821-93），ダンテ・ガブリエル・ロセッティ（Dante Gabriel Rossetti, 1828-82），エドワード・バーン＝ジョーンズ（Edward Burne-Jones, 1833-98），フィリップ・ウェブであり，中世の職人技術を理想とし，大量生産に反対するとともに，材料の特質と論理的な製作法が複雑に結びつき，伝統的・土着的な先例に近づくようなデザインと装飾を推奨した．この運動から，センチュリー・ギルド（マクマードーにより1882年設立），アート・ワーカーズ・ギルド（1884），ギルド・オブ・ハンディクラフト（アシュビーにより1888年設立），アーツ・アンド・クラフツ展示協会（1888）が生まれ，アーツ・アンド・クラフツの理念を広めた．この運動は，すぐに大陸にも広がった．おもなところはオーストリア＝ハンガリー帝国（分離派とウィーン工作連盟の2つの団体は，明らかにその影響を受けて生まれたものである），ベルギー，ドイツ，オランダ，そしてスカンジナビア諸国である．スカンジナビア諸国では，21世紀初頭になってもその影響が持続している．その他の重要人物として，ウォルター・クレーン（Walter Crane, 1845-1915），W・R・レサビー（教育において絶大な影響を与えた人物で，1896年，ロンドンのセントラル・スクール・オブ・アーツ・アンド・クラフツの校長に任命された．バーンズリー兄弟やアーネスト・ギムソンを指導した），

E・S・プライアーがあげられる．

この運動の主な遺産は土着の建築への理解である．ドメスティック・リヴァイヴァル（ゴシック・リヴァイヴァルから派生し，ピクチャレスクの側面をもつ）では土着の建物の要素が広く使われることとなった．住宅地開発で重要なものには，チジックのベッドフォード・パーク（1870年代から），ウォリックシャーのバーミンガム近郊ボーンヴィル（1890年代から），ハートシャーのレッチワース（1903年から），チェシャーのポート・サンライト（1880年代から）がある．これらはみな，土着の建築から引き出されたテーマをもっており，1939年まで英国における住宅建築取組課題となった．イギリスの住宅建築は大いに賞賛され，ヘルマン・ムテジウスは『英国の住宅（*Das Englische Haus*）』（1904/5）を出版した．建築関連雑誌の記事に定期的にとり上げられただけでなく，影響力の大きな美術雑誌であるステューディオ誌（アーツ・アンド・クラフツ運動を総体として強力に支持した）でもとり上げられた．モリスの弟子であった2人のアメリカ人，エルバート・フッバード（Elbert Hubbard, 1856-1915）とグスタフ・スティックリー（Gustav Stickley, 1857-1942）は，合衆国において運動を推進した．

最後に，この運動は，古建築の記録，調査，保存の先駆けとなり，古い構造体をを大々的に，あるいは劇的に「修復」するよりも，注意深く保全することを主張した．モリスも自ら，古建築保護協会（SPAB）を設立した．この協会は，設立以来，現在にいたるまで影響力のある団体である．

厚板 plank
　平板な長い材木．ボード板より厚い．プランク壁用材はティンバーフレイム構造で，中がプランクで埋められたもの．⇨スターヴ

アッシェ，シモン・ファン Assche, Simon van（15世紀活躍）
　ベルギーのゲントにある，ゴシック様式の織物会館（1426-41）を建設した，フランドルの建築家．

アッシュ・チェスト ash-chest
　⇨キネラリウム

アッシュ・ピット ash-pit
⇨アッシュ・ホール

アッシュ・ホール ash-hole
1. アッシュ・ホールは暖炉あるいは竈の下の灰を落とす穴．
2. 灰と家庭ごみを捨てる穴（アッシュ・ピットの名で知られる）．中世などの例では，発掘により興味深い物がみつかることが多い．

アッシュ，モーリス・アンソニー Ash, Maurice Anthony (1917-2003)
インド生まれのイギリスの計画家．第二次世界大戦後の寒々とした高層住宅に対する辛辣な批評家であり，1940年代，50年代，60年代，70年代の混乱したイギリスの都市は，行政の姿勢そのものであるといい放っている．アッシュは1946年から67年にいたるイギリスのニュータウン計画に期待しており，都市田園計画協会を牽引していたが，政府がニュータウンを公共住宅政策の柱としながらグリーンベルトの衰退をみてみぬ振りをしていることに対して失望の念を抱いている．彼は，協会がしだいに飛行場や原子力発電に関する公的調査に振り回され，協会の方向性が変わってしまうことにも懸念を抱いた．最終的に彼は文明の衰退を危惧するようになり，戦後イギリスにおける建築，環境，社会の問題を深刻な病の表れとしてとらえるまでになった．

アッシリア建築 Assyrian architecture
前2千年紀後半にアッシリア人が北メソポタミアにおいて優勢となった際，先住民族であるシュメール人の確立したデザイン原則が継承された．アッシリア人は建築において鮮やかな色彩（通常有彩色煉瓦によって）と，彫刻装飾をレリーフや彫刻として用いた．前8世紀ホルサバードのサルゴンの大宮殿では，アーチ，有翼獣や人頭牛，葦柄剣型，二段胸壁などのモチーフが繰り返し用いられた一方，柱はほとんど使用されなかった．建物は広大な煉瓦の土台の上に建てられて，斜路や階段でアクセスした．アッシリアの基壇状神殿は上部が平らな階段ピラミッドに類似しており，正方形の平面まわりにある連続した斜路によって構成される段によって頂部へといたった．アッシリア人たちは明らかにヴォールトやドームの構造を習得して

いた．

アッティカ式柱礎 Attic base
古典主義系コラムの柱礎のうち最も一般的な柱礎のタイプ（ギリシア・ドリス式と（当然ながら）トスカナ式を除くすべてのオーダーで用いられた）で，プリンス（柱台）の上に大きな凸型のトーラス（半円形刳形）のリングが載り，次いでフィレット（平縁），凹型のスコティア（大刳），平縁をもう一つと小さめのトーラス，さらにもう一度フィレットを繰り返したのち，アポヒュシスとシャフトがこの順で（通常は）重なる．

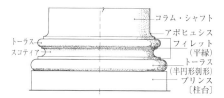

アッティカ式柱礎 （ローマのマルセルスの劇場の例にもとづく）

アッティカ式扉枠 Attic door-case
内転びのある開口部，すなわちウィトルウィウス式開口部．開口幅が頂部よりも敷居の位置で大きく，全体がアーキトレーヴに囲まれ，ファスキアを伴うことが多い．

アッティクルゲス Atticurges, Atticurgic
「アテネの様式をもつ」ものを示す用語のようであり，アッティカ式柱礎とアッティカ式扉枠のことをそれとなく指すのかもしれない．

アップジョン，リチャード Upjohn, Richard (1802-78)
イギリス生まれの建築家．1829年にアメリカ合衆国へ移民し，マサチューセッツ州ボストンに住み，1834年に実務を開始する．最初期の作品には，メイン州バンゴーに手がけた明るく落ち着いた雰囲気を持つグリーク・リヴァイヴァルの邸宅群（1833-36），メイン州ガーディナーのゴシック・リヴァイヴァルの邸宅（1835）があるが，やはりアップジョンと言えば教会建築家，ゴシック・リヴァイヴァリストであろう．代表作であるニューヨーク市ウォー

ル街のトリニティ・チャーチ（1841-46）は，A・W・N・ピュージンの影響を受け（『尖頭式あるいはキリスト教建築の真の原理（*The True Principles of Pointed or Christian Architecture*）』（1841）の図 H に描かれた教会に酷似している）第二尖頭式とされ，大絶賛された．ニュージャージー州バーリントンのセント・メアリー聖堂（1846）は交差部に立派なブローチ尖塔を備えており，バークシャー，ショッテスブルックに建つイギリスの中世聖堂セント・ジョン・ザ・バプティストに着想を得ており，バターフィールドが描いた図がオックスフォードのゴシック建築研究促進協会（後にオックスフォード建築協会となる）から出版されている．ニューヨーク市のホリー・コミュニオン聖堂（1844-46）もイギリス・ゴシック様式を用いている．

アップジョンはロマネスク様式でも設計しており，作例としてはニューヨーク市ブルックリンの巡礼者聖堂（1844-46），メイン州ブランズウィックのボードン・カレッジの聖堂および図書館（1845-55），メリーランド州ボルチモアのセント・ポール聖堂（1854-56）などがあるが，とくにセント・ポール聖堂はロンバルディアの作例にもとづくルントボーゲンシュティールの特徴が色濃い．彼は非常に多くの教会を異なる外観で仕上げた一方で，教会以外の施設も手がけたが，教会建築家の名声の影に隠れあまり知られていない．著書『アップジョンの田園建築（*Upjohn's Rural Architecture*）』（1852）には設計や様式に関する考えが示されている．創設にも関わったアメリカ建築家協会の初代会長でもある．

アップジョン，リチャード・ミッシェル Upjohn, Richard Michell (1828-1903)

イギリス生まれ，アメリカの建築家．リチャード・アップジョンの息子．父の傍らで仕事をし，1853 年にはジュニア・パートナーとなった．単独で手がけたと思われる最初の建物がニューヨーク市のマジソン・スクエア長老派教会（1853-54）である．ニューハンプシャー州マンチェスターのグレース・チャーチ（1860），ニューヨーク市ブルックリンのグリーンウッド墓地に手がけた独特な造形の北門（1861-65）に見て取れるように，奔放な盛期ヴィクトリアン・ゴシック様式をアメリカ合衆国に持ち込ん

だ．代表作であるハートフォードのコネチカット州議事堂（1872-78）は，ヨーロッパのゴシック・リヴァイヴァルがアメリカに持ち込まれたわかりやすい指標で，多くの破風や棟飾りがつき，異様に背の高い（あまり調和しているように見えない）クーポラがそびえている．1869 年に出されたニューヨーク市およびニューイングランドにおけるコロニアル建築に関する論考は広く読まれた業績である．

アッリプランディ，ジョヴァンニ・バッティスタ Alliprandi, Giovanni Battista (1665-1720)

リブリツェの庭園宮殿（1699-1706）とプラハのパレ・ロプコヴィツ（1702-05）の建築家．建物の中央部を力強く湾曲させ，ボヘミアのバロック建築を豊かにした．

アーティキュレーション articulation

建物の要素と部分が明瞭な節を伴って，論理的に，はっきりと，そして一貫性をもって表現されるような建築構成．

アティック Attic storey

古典主義建築において，主階エンタブラチュアの上に置かれる階．下階のオーダーにそろえてアティック・オーダーを伴うことが多いが，凱旋門のアティックあるいはアテネにあるトラシュロスのコラジック（合唱競技記念碑）のアティック（前 279 増築）のように，非常に簡素に扱われることもある．屋根裏と混同してはならない．アティックの中の部屋そのものはアティック・チェンバーという．

アティック・オーダー Attic Order

副次的なおそらくピラスター用のオーダー．主階エンタブラチュアの上に載るアティック階の正面を飾り，下方に用いられたオーダーの真上にそろえて配置される．

アディティヴ additive

平面や立面が非対称形となる，膠着した，または連続したデザインの手法．内部空間とヴォリュームは，突出部，屋根やその他の特徴のような外部の処理の影響を受ける，またはそれが規定するとまでいってもよいだろう．A・W・N・ピュージンの理論に由来するこのアディティヴ・デザインにはアキューミュレーション

（さまざまな様式や時代の建築物の増築が重ねられてきたようにみせる手法）も含めうるだろう．⇨アーティキュレーション，コンカテネーション

アーティナチュラル　Artinatural
　整った形式とそうでない形式の間にある形式で，バティ・ラングレイが『実践的な幾何学（*Practical Geometry*）』（1726）と『新造園原理（*New Principles of Gardening*）』（1728）の中で提唱した「規則的な不規則性」の考え方．この考え方は，造園においては，曲がりくねった小路のような非対称の要素に覆われた対称的な幾何学を意味した．

アテネ憲章　Athens Charter
　1933 年に CIAM の第 4 回会議は 33 の主要都市を調査し，ル・コルビュジエによる都市機能の区分と整理に関する見解にもとづいて指針を導き出した．その指針は固定されたゾーニング，高層化された区画の中の住居，現存の都市施設の全面的解体を含むものであった．ル・コルビュジエは 1943 年の自著『アテネ憲章（*La Charte d'Athènes*）』（フランス語版．1973 に英語版が出版された）で，モダニストの都市計画の教義を公表したが，この著書では，都市機能は簡略，平易，不十分にしか扱われていなかった．この憲章の中で神格化された破壊的教義が広く受け入れられたために，無数の町や都市が大きな被害を受けた．その結果ニュー・アーバニズムの反動が起こり，第二次世界大戦の後に適用された空想的な万能解決策は文化的な都市生活の破壊をもたらすことを，少数の人びとが悟ることとなった．

アデュトン，アデュトゥム　adyton, adytum
　神託が下される，古代ギリシア神殿内の最も奥深く位置する，照明のない部屋．⇨セコス

アーデルクランツ，カール・フレデリク
Adelcrantz, Carl Fredrik（1716-96）
　スウェーデンの建築家．イェーラン・ヨーセイ・アーデルクランツ（Göran Josuae Adelcrantz, 1668-1739）の息子であり，カール・グスタフ・テッシン（⇨テッシン，ニコデムス（テッシン息子）伯爵）の弟子．ストックホルムの宮廷建築総督に任命され（1741），ウ

ルリクスダールの騎馬兵舎をロココ様式の劇場（1753）として改修した．『中国館のためのデザイン（*Designs for Chinese Buildings*）』（1757）の図面では，ドロットニングホルム宮殿（1763-69）における魅力的なシノワズリ（中国趣味）パヴィリオンを設計し，さらにドロットニングホルム宮殿内の劇場（1764-66）とストックホルムの王立オペラ座内の劇場（1777-82）の二つを設計した．1768-74 年にはフランスの古典主義に多大な影響を受けてストックホルムのアドルフ＝フレデリク教会を建てたほか，ストックホルムのいくつかの建築を新古典主義様式により改修した．

アドヴァンスト・ワーク　advanced work
　主要な防御建造物の正面に配されたフォーティフィケーション（軍事用語としての定訳は「築城」）．

アドヴォカシー・プランニング　Advocacy planning
　1965 年，アメリカの都市計画家ポール・ダヴィドフ（Paul Davidoff）によってつくられた用語であり，権力とは無縁の，意見を表明することができないようなインナー・シティ内の階層のための建築デザイン・計画を指す．これはおもに，都市計画当局，政府機関や同様の事業体による破壊的なスキームに抵抗するという文脈上で用いられた．その初期の実践者として，1964 年，建築家 C・リチャード・ハッチ（C. Richard Hatch）によって創設された団体 ARCH（建築家によるハーレム再生委員会）があげられる．

アトウッド，ウィリアム　Atwood, William
（1490-1557 活躍）
　イングランドの熟練石工（フリーメーソン）．サマセットのウェルズ大聖堂の石工棟梁で，1490 年以降，南クロイスター（1508 完成）を建て直した．

アトウッド，チャールズ・ボウラー　Atwood, Charles Bowler（1849-95）
　マサチューセッツ生まれ，同地で教育を受けた建築家で，1866 年からウェアとヴァン・ブラントのもとではたらき，1872 年に自身の事務所を立ち上げ，1891 年にイリノイ州シカゴ

のダニエル・H・バーナムの事務所に加わった．1880年代の作品には，古典主義的要素の使用においてつねに発展していく巧みさがあり，1893年のシカゴにおけるコロンビア万国博覧会のチーフ・デザイナーの地位を得たのはその腕前のおかげであった．彼の古典主義建築の正確さと力強さは古代ローマの公衆浴場をもとにした博覧会のターミナル鉄道駅に最もよく現れており，同駅はその後のアメリカ合衆国における鉄道駅のデザインに影響を与えた．1893年のファイン・アート・ビルディング（後の科学産業博物館）は古代ギリシア・ローマ風新古典主義のみごとな挑戦的作品となった．シカゴ派の最も重要な作品に数えられるリライアンス・ビルディング（1894-95）とフィッシャー・ビルディング（1895-96）といった高層ビルに，論理的で学究的な建築言語を追求したのはアトウッドである．そのタワーはガラスとテラコッタに覆われており，外皮が構造体ではないことをはっきりと表現した点が，鉄骨による摩天楼の進化の重要な一歩を示したといえる．

アトキンソン，ロバート・フランク
Atkinson, Robert Frank (1871-1923)

リヴァプールのジョン・フランシス・ドイル（1840-1913）の事務所につとめた後，アトキンソンはロンドンに自らの事務所を構えた．1912年にリヴァプールのミッドランド・アデルフィ・ホテル（スタンレイ・ヒンジ・ハンプ（Stanley Hinge Hamp, 1877-1968）によって変更が加えられ完成）を1912年に設計した．1907年，シカゴの建築家ダニエル・H・バーナムとロンドンのオックスフォード・ストリートにある鉄骨構造のセルフリッジ・ストアを共同で設計したが，ファサードのデザインはフランシス・S・スウェイルズが担当した．そこには1階の基部の上に，（フィリベール・ド・ロルムによるパリのチュイルリー宮殿に基づく）巨大なイオニア様式円柱，柱の間には金属とガラスのパネルが設置された．1938年まで，この建物は古典様式の店舗兼オフィスの模範的形式であった．

アドースト　addorsed

アフランティッド（正面並立装飾）の反対語．2体の同一の像が反対方向を向いて並んでいるように，背中合わせに配置されていること．

アドースト（ノルマン著『比較』の扉の装飾細部に基づく図）

アドビ　adobe
⇨日干煉瓦

アドホシズム　Adhocism

デザイン手法の一種で，本質的にはコラージュである．建物のあらゆる部分，または，建築群の各構成部が全体への配慮を欠いてデザインされており，よく異種のパーツをカタログから使用する．

アトラス，アトランティス　atlas, atlantis (*pl.* atlantes, atlantides)

コラムにかわってエンタブラチュアあるいはバルコニーなどの建築要素を支えるために用いられる成人男子の彫像．頭部でエンタブラチュアを支えるカネフォーラ（ラテン語で籠を掲げる者の意．ギリシア語ではカネフォロス），カリアティッド，あるいはテラモンとは異なり，腕と肩を使って上部の構造を持ち上げているような姿勢をとり，大きな荷重に耐えているようにみせる．いくつかの資料によれば，アトラス（またはギガンテス）はローマのテラモンに相当するギリシアの同等物であり，ペルシアンとも呼ばれたことがわかる．しかし，東洋風の衣装をまとった男子の立像，テラモン（エジプトを示す象徴物をもつことが多い），カネフォーラ，そしてカリアティードは常に直立した姿であって，屈んだ姿勢をとることはなく，この点がアトラスと完全に異なる．アトラスはバロック建築，とくに中部ヨーロッパではよく用いられた．アグリジェント（イタリア：古名アグリゲントゥム）の古代ギリシアの神殿，ゼウス・オリュンピオス神殿は，ドリス式のエンゲージド・コラム（壁中コラム）の間のスクリーン・ウォールの上にアトラス（前480頃）を備える

が，このアトラスは立像で，頭と腕でエンタブ
ラチュアを支えるのを補助する．

アドラー，ダンクマー　Adler, Dankmar
（1844-1900）

　ドイツ生まれのアメリカの建築家，技術者．
イリノイ州シカゴにてオーガスタス・バウアー
（Augustus Bauer, 1818-92）のもとで経験を積
み，大災害となった1871年のシカゴ大火の後，
エドワード・バーリング（Edward Burling,
1818-92）とともにファースト・ナショナル銀
行（1871），メソジスト教会の施設群（1872）
を含む数多くの建物を手がけた．1879年にバー
リングとの協力関係を解消し，オフィスや多
目的講堂，店舗を併せもつセントラル・ミュー
ジックホール（1879, 1900取り壊し）を設計
した．これに続き個人住宅や商業ビルを設計し
たのち，1881年までにルイス・サリヴァンが
スタッフに加わった．サリヴァンはボーデン棟
（1881, 1918取り壊し）の装飾をデザインして
いる．1883年にサリヴァンはアドラーの事務
所の共同主宰者になり，イリノイ州シカゴのオー
ディトリアム・ビル（1886-89）の設計は二
人の仕事とされているが，全体構想はアドラー
が行ったものである．1895年に共同事務所を
解消した後（この間に，若きF・L・ライトが
一時期雇われていた），息子アブラハム・アド
ラー（Abraham Adler, 1876-1914）と組み，
シカゴのモーガンパーク・アカデミーの寮
（1896, 1970取り壊し）やイザヤ・テンプル
（1898）を設計した．

　その後半生において，建築が学識の必要な職
能であることを広めることに多くの時間を割い
た．アドラーのデザインへのアプローチは実用
主義的であるが独創的で，多くの専門分野にわ
たるアプローチを推し進めた．

アトランテス　atlantes
　⇨アトラス

アトリウム　atrium（*pl.* atria）

　1．　古代ローマ住宅の中の小さな中庭または
主要な部屋で，カウァエディウムあるいはカウ
ウム・アエディウムと呼ばれた．通常は，コラ
ムに支えられた屋根つきの区画に囲まれる．通
常は中央にコンプルウィウムと呼ばれる屋根な
しの開口を配する．雨水は開口の下方の床下に

設けられたインプルウィウム，貯水槽，プー
ル，あるいはタンクに導かれる．住宅アトリウ
ムには次のタイプがある．

　アトリウム・コリンティウム：　コンプル
ウィウムの縁を支える4本よりも多いコラムを
もつ（すなわちペリスタイル）．

　アトリウム・ディスプルウァティウム：　コ
ンプルウィウムに向かって傾斜する屋根をも
ち，雨水は樋と管によって排水される．

　アトリウム・テストゥディナトゥム：　コン
プルウィウムをもたず，代わりにアーチつきの
ヴォールトを頂く（テストゥード）．

　アトリウム・テトラスティルム：　4本のコ
ラムをもち，4隅のコラムがコンプルウィウム
を支える．

　アトリウム・トゥスカニクム：　2本の短い
横架材または根太を伴う2本の横架材の上に屋
根を架ける無柱式．あまり重要でない．

　2．　初期キリスト教，ビザンティン，あるい
は中世の教会堂の西正面の前面に設けられた露
天の中庭で，屋根つきのアーケードまたはコロ
ネードつきの歩廊に囲まれる．木が植えられる
こともあり，中心に泉が設けられることが多
い．現存する重要なものとしては，ミラノのサ
ンタンブロジオ（1140頃）のアトリウムがあ
げられる．この項目の意味からは，アトリウム
はクロイスターの前身であった．

　3．　たとえば，ポートマン設計のジョージア
州アトランタのハイアット・リージェンシー・
ホテルのように，複数の床階に囲まれた天窓つ
きの内部空間のことをいう．

アトリエ・ファイヴ　Atelier 5

　1955年にベルンで結成されたスイスの建築
家グループ．メンバーはアーウィン・フリッツ
（Erwin Fritz, 1927-92），サミュエル・ガーバ
ー（Samuel Gerber, 1932-98），ロルフ・ヘス
ターバーク（Rolf Hesterberg, 1927-2013），ハ
ンス・ホステトラー（Hans Hostettler, 1925-,
1990引退），アルフレード・ピーニ（Alfred
Pini, 1932-2015）．スイスの数多くの住宅開発
で知られ，中でもベルン郊外ヘレンシュヴァン
デンのハーレン集合住宅（1955-61）が著名で
ある．これはル・コルビュジエによるラ・サン
ト＝ボームの住宅プロジェクト（1948, 未完）
の影響を受けるとともに，ベルン旧市街とも通
ずるグリッドプランを取り入れている．後期の

アトリヒユ

作品としてはベルンの裁判所の増築
(1976-81)，ドイツ，ヴァイヒンゲンのシュ
トゥットガルト大学学生寮（1966-72），フラ
マット3住宅開発（1988），ニーダーヴァンゲ
ンのリートの住宅（1990）がある．

アトリビュート attribute

人物（神話上などの）や神の権威あるいは特
質を表現する象徴物で，建物の用途を示すため
に用いられる．竪琴はアポロを，鳩はウェヌス
を，鉄格子は聖ラウレンティウスを，皮剥ぎの
ナイフは聖バルトロマイを，三叉の矛はネプ
トゥヌスをそれぞれ表す．こうして竪琴はコン
サート・ホールに，三叉の矛は海事に関係する
建物に見出される．

アナステュローシス anastylosis

当初の材料を用いて，当初の構築システムに
則り，構築物を再建することを指す用語．どう
しても必要な場合にのみ新しい材料が使用さ
れ，当初，建築された部分と混同されないよう
に扱われる．

アナテュローシス anathyrosis

アシュラー（切石），または古代ギリシア・
ローマの円柱のシャフト（柱身）を構成するド
ラムの縁をなめらかに仕上げること．メーソン
リーの目地の精度を保証するためである．

アニュラー annular

環状であること．ローマのサンタ・コスタン
ツァ（325頃）のような，同心円上の2枚の壁
の上に架かるヴォールトをアニュラー・ヴォー
ルト（環状ヴォールト）という．

アニュレット annulet

1．コロネットあるいはコラムをとり巻く水
平のシャフト・リング，バンド，あるいはフィ
レット（平縁），とくにギリシア・ドリス式柱
頭の下方で3ないし5回繰り返されるものをい
う．

2．古典主義系コラムのフルートとフルート
の間にある平縁のことで，リスト，リステラ
listella あるいはフィレットなどとも呼ばれる．

アニュレーテッド annulated

たとえば，ゴシック建築のシャフトをピアに

固定するバンドなど，環のようにみえるものを
もつこと．

アネックス annex(e)

1．ウィング（翼屋）．

2．別棟などの付加的な機能のために設けら
れた付属屋．

3．増築部分で，前面に付加されたものをア
ヴァン・コール，背後に付加されたものをアリ
エール・コールという．

アーノルト・フォン・ヴェストファーレン
Westphalen (*or* Westfalen), Arnord von (15世
紀頃活躍)

ドイツの建築家．1470年にマイセンの
ヴェッティン家の宮廷に招聘され，ザクセン地
方において多くの後期ゴシック建築の建造を
担った．作品に，いずれもマイセンにあるアル
ブレヒツブルグ城館（1471以降），ラートハウ
ス（市庁舎，1472以降），大聖堂（1472-76）
や，ドレスデンのシュロス（城館）の一部
（1471以降）がある．アーノルトの影響は東
欧，とりわけボヘミアへと伝播した．

アーバー arbour

木材と格子，および枝編み細工でつくられ，
蔦で覆われるよう意図された東屋．

アバ＝ヴァン abat-vent

スティープル（尖塔）のベルフリー・ステー
ジにみられるような，外壁のルーヴァー．光と
空気を導き入れながら，悪天候については隔壁
として機能する．一方，音は外に聞こえる．

アバ＝ヴォワ abat-voix

説教壇の背後や頂部に設けられた，音を反射
するテスター，またはキャノピー（ともに「天
蓋」の意）．17世紀後半の聖堂によくみられ，
たとえば，ロンドンのシティにおけるレンの聖
堂群がある．

アバキスクス abaciscus

1．小さなアバクス，またはアバクルス．

2．モザイクの紋様の一部，または全体を囲
む正方形の枠．

3．モザイクのテッセラ，またはアバクルス．

4．小さなタイル．

アバクス　abacus(*pl.* abaci)

　1.　頂部の平坦な板．タユワール（フランス語）ともいう．コラムの柱頭の最上部の部材であり，その上にアーキトレーヴが載る．古代ギリシアのドリス式アバクスが最も単純であり，プリンスという，刳形のない正方形のブロックからなる．ただ，アバクスは使用されるオーダーによってさまざまに異なる．

　2.　ポディウム（基壇），またはレッグ（脚）の上に支持された平坦なスラブ．古代において，サイドボードとして使用されたり，プレートの展示に供されたりなどした．

　3.　古代の壁体の上のパネル．

アバクルス　abaculus

　⇨アバキスクス（1），（3）

アバークロンビー，サー（レズリー）パトリック　Abercrombie, Sir (Leslie) Patrick (1879-1957)

　イギリスの有力な建築家・都市計画家．C・H・レイリーとS・D・アジェッドのもと，リヴァプール大学において，『タウン・プランニング・レビュー（*Town Planning Review*）』の編集にかかわり（1907-09），ヨーロッパの都市の状況と発展について一連の報告を行った．アジェッドがロンドン大学の都市計画学科の主任に着任した後，アバークロンビーは，1915 年にリヴァプール大学のシビック・デザイン学科の教授となり，1935 年にロンドン大学のアシェッドの後任となった．この 20 年間に，アバークロンビーは，イングランドとウェールズのさまざまな地域に関する多数の研究報告をまとめ，都市計画協会の会長期間中に，『イングランド田園の保全（*The Preservation of Rural England*）』（1926）を出版し，イングランド田園保全評議会（CPRE）の設立に尽力した．彼はロンドン周辺のグリーンベルト構想を強く推し進め，産業従事人口分布に関する王立委員会に参加し，その成果を 1940 年にまとめた（バーロー報告）．アバークロンビーは，ジョン・ヘンリー・ホルショウ（John Henry Forshaw, 1895-1973）とともにロンドン州会議において戦後再建計画策定の任につき，州全体の計画にもかかわった．その結果，『ロンドン・カウンティ計画（*County of London Plan*）』（1943）と『大ロンドン計画（*Greater London Plan*）』

（1944）が出され，戦後における基本的指針が示された．そこには，1946 年から始まった「ニュータウン」の計画も含まれていた．アバークロンビーは，都市と地域計画に対して国際的に賞賛されるようになり，彼の教え子の多くが，公共機関において活動した．

アバ=ジュール　abat-jour

　1.　下方，または特定の方向に昼光を導入すべく用いられるもの．斜面を切ったシル（敷居，窓台など）や斜角をつけたジャンブ（開口部の脇柱，フランス語で「脚」の意）のようなものがある．

　2.　斜面に設けられた開口部の天窓．

アバ=ソン　abat-son

　1.　ルーヴァーのように，下方，または外部に音を反射させるもの．

　2.　ベルフリーにおける斜角をなすルーヴァーの連なり．

アパダーナ　apadana, apadhana

　ダレイオス 1 世（Darius I，前 6 世紀～前 5 世紀頃）によって建てられたペルセポリスにみられるような，方形のポルティコのついた独立した多柱室．⇨アカイメネス朝時代

アバットメント　abutment

　1.　アーチやヴォールトのスラスト（推力）を受ける，ピアのような堅固な構築物．

　2.　屋根架構が壁体に載る点．

アバットメント・ピース　abutment-piece

　シル（敷居，窓台など），またはソール・プレート⇨下枠材

アバディ，ポール　Abadie, Paul (1783-1868)

　フランスの建築家．1805 年，パリのペルシエの事務所に入り，1818 年，シャラント県とアングレーム市の建築家となる．アバディはアングレームに，裁判所（1825），警察署（1828），学校，小麦市場を設計した．息子の名もポール・アバディ（Paul Abadie, 1812-84）で，1848 年にアングレーム，ペリグー，ラ・ロシェルの教区建築家となり，61 年には司教区建築総監督官となった．彼はアングレームの市庁舎を設計したが，最も有名な建物は，アン

グレームのサン・ピエール大聖堂（1854-82）とビザンティン・ロマネスク様式のペリグーのサン・フロン聖堂で，いずれも考古学よりも推測にもとづいて，行き過ぎといえるほどに徹底的に修復された．自分自身で設計したパリ，モンマルトルのサクレ・クール聖堂（1874-1919）でも同じ様式を用いている．1874年には，ヴィオレ=ル=デュクの後を継いで，パリのノートル・ダム大聖堂の建築家となった．

アパートメント, アパルトマン apartment

住宅の機能を完備したひとまとまりの居室（フラットとも呼ばれる）のことで，同一階にあって，通常は大規模建造物の中に複数のアパートメントが配される．2階以上にまたがる場合は，デュプレックスという．アパートメントは古代ローマからみられ，17世紀のパリで一般的であった．グラスゴーとエディンバラでは18世紀と19世紀に，傑出した多くのアパートメントが石造の立派な建物として建てられた．また1890年代以降ニューヨークでは，アパートメントを含む高層の建物が建てられ，このタイプはエレベーターすなわち昇降機の発達によって普及した．20世紀の注目すべきアパートメント建築として，ミース・ファン・デル・ローエによるイリノイ州シカゴのレーク・ショア・ドライヴ・アパートメント（1950-51, 鉄骨造）と，ル・コルビュジエによるマルセイユのユニテ・ダビタシオン（1946-52）があげられる．

アバトン（古代ギリシア語アバトスに由来）abaton

1. 立入禁止区域．
2. ロードスにアルテミシア（Artemisia, 前4世紀に活躍）によって建立された，戦利品を収める建築物．選ばれた少数を除き，万人には閉じられていた．

アーバニズム urbanism

1. 1980年代に多用された用語で，都市計画に関するル・コルビュジエの考えにもとづいている．
2. 地方の生活と比較した都市の生活の方法．
3. 都市形態学に対する感性に応じる必要性を考慮に入れた都市デザインへのアプローチ．

クリエは，インターナショナル・モダニズムやアテネ憲章やCIAMによって提唱された手法よりも，ずっと積極的で，破壊的ではない方法で，都市構造にとり組む運動の先駆者であった．クリエとその同調者たちは，再開発が実施されている場所ではコンテクストが重要で，これは単一の建築の問題ではなく，街路や都市空間の問題であり，究極的には，1945年以来多くの都市で，きわめて破壊的に強いられた視覚的混乱を避けるために注意深いデザインを必要とした町全体の問題であったと主張した．また，モダニストによって徹底的に拒絶されたタウンスケープへの感性を支持し，主張した．

この意味でのアーバニズムとニュー・アーバニズムはともに，都市生活の愉しみが多様な活動であるとするル・コルビュジエによって提唱されたゾーニングの概念を受け入れず，自動車を寄せつけないことを容認している．ジェーン・ジェイコブズらによると，人びとは都市に住み，それらを用い，そこを歩くのであって，車やほかの乗り物によって乱したり，汚染したりすべきではない．アーバニズムは，都市の質，美，喜び，文明化した生活を取り戻すことを暗示している．

⇨ニュー・アーバニズム，都市計画16の原則

アバムルス abamurus

バットレス，または控え壁．

アハラカ ajaraca

スペインにおいて，奥行きが半分の煉瓦による模様で形成された煉瓦壁の装飾物．

アーバン・ジョセフ Urban, Joseph (1872-1933)

オーストリア生まれの建築家．ウィーンのハゼナウアーのもとで学び，1911年にアメリカに移住した．最もよく知られた作品はニューヨーク市のニュースクール・フォー・ソーシャルリサーチ（1929-30）であるが，とくにインテリアと劇場（1929年には劇場に関する本も出版している）の設計を行った．

アーバン・リニューアル urban renewal

1950年代のアメリカの流行語で，本来は中央政府または地方自治体によって頻繁に行われ

た都市部の大規模な破壊的再開発を意味した. それがイギリスに導入され, 近代化や交通アクセスを提供するための町や都市中心部の再計画を意味するようになる. さらに最近では, 放置されることによって, または不適切な対処によって損なわれた都市構造をリニューアル (更新) することも含意する傾向にある.

アビー abbey
⇨修道院

アヒメス ajimez, aximez
ムーア建築の窓開口で, コロネット (小円柱) やマリオンでアーチを頂いた複数の開口に分割されたもの.

アビューズ abuse
1. 古典主義建築において確立された使用法を犯すこと.
2. 形態の腐敗. パッラーディオによるとアビューズには, 主要な構築物, たとえばコラムの荷重を支持している (または支持しているようにみえる) ブラケット, コンソールやモディリオン (いずれも「持ち送り」の意), 頂部が破れた, または開いているペディメント, コーニスの誇張されたオーヴァーハング (突出), それにルスティカ仕上げ, またはバンドが施されたコラム (⇨バンド) のようなものがある. ペローなどはさらなるアビューズを定めている. すなわち, とくに建築物の隅部において, 実体として結合された複数のピラスターやコラム, カップルド・コラム (双子柱) (ペロー自身がパリのルーヴル宮殿東側正面で用いている 〔ペローのアイデアであるとは限らない. おそらくはフランソワ・ル・ヴォーのアイデアがもと〕), 変則的に幅の広いインターコラムニエーションにおける, 正方形ではなく幅の広い長方形の歪んだメトペの使用, イオニア式アバクスの底部の省略, オーダーのアサンブラージュではなくジャイアント・オーダーの使用, コラムの柱礎のプリンスをペデスタル (台座) のコーニスと結合する, 反転させたカヴェット刳形, アーキトレーヴ・コーニス (ヘレニズム期のイオニア式にみられるような), そして, コラム直上で破れた, または中断されたエンタブラチュアである. 使用されることを通じて, 多くのアビューズが古典主義の許容された側面と

なっていった.

アプシディオル apsidiole
アプス祭室, すなわち大きなアプスから突出する小さなアプス形の祭室.

アプス, アプシス apse, apsis (*pl.* apses, apsides)
一般的には半円形平面の窪みのことをいい, ヴォールトが架けられ, 外壁から突出する. 内部では深さのある大きなヴォリュームを形成する. バシリカの身廊端部をなすことが多く, その場合主祭壇を含む. 大規模な聖堂 (たとえば, リンカン大聖堂のような) のトランセプトの東側には祭室となるアプスが設けられ, またフランスの大規模聖堂では, アプス祭室と呼ばれる祭室が, 複合シュヴェを構成する形で, 半円形のアプス側廊すなわち周歩廊のまわりに配置された. 平面が曲線でなく折線となるものもある.

アブストラクション abstraction
建造物やランドスケープの製図において細部を省略したり重度の単純化を行ったりすること. 量塊, 形態や固体の本質を描くことによって, そのデザインの基軸がわかりやすくなる.

アブストラクト・レプリゼンテーション
Abstract Representation
レイト・モダニズムやポスト・モダニズムの統合. 類似, 連想, 装飾物や象徴主義が, 明確に引用されるというよりは微妙にほのめかされている.

アブゾープション absorption
ゴシック建築において, 壁面やピア (支柱) とヴォールト・リブやヴォールトの起拱点の間のつながり. この処理により, ヴォールトが壁体やピアに流れ込んでいる (または融合していく) ようにみえる.

アプテラル, アプテロス apteral
1. 一端または両端にポルティコをもち, 側面にコロネードをもたない古代神殿のタイプを形容する語.
2. 側廊をもたない聖堂について使う語だが, とくに片流れ形の側廊壁をつけない切妻形

アフマトウ

の身廊だけからなる，いわゆる典礼上の意味での西正面について用いる．

アフマド，ウスタード Ahmad, Ustad (Ustad Ahmad Lahori) (1580 頃-1649)

ラホールの棟梁アフマド，アフマド・ミマル (Ahmad Mi'mar, 建築家アフマドの意) とも呼ばれる．シャー・ジャハーン (Shah Jahan, 在位1628-58) の首席建築家となった．デリーの巨大な「赤の城塞」(1639-48) の設計を手がけたと伝わり，アグラのタージ・マハル (ムムターズ・マハル (Mumtaz Mahal), 本名アルジュマンド・バーヌー・ベーグム (Arjumand Banu Begum, 1631 没) の墓所) (1631-48, その後も続行) を設計したともいわれる．もし，これらやその他の建築物を手がけたのが本当だとすると，17世紀の最も偉大な建築家の一人だといえるだろう．

アプライド applied

コラムの場合はエンゲージドに同じ．

アーブラハム，ライムント・ヨハン Abraham, Raimund Johann (1933-2010)

オーストリア生まれのアメリカの建築家．建築における「衝突」という考えを契機とする彼の作品には，理論的・ユートピア的なものが多い．ただ，いくつかの住宅，たとえば，ウィーンのプレス邸 (1960-64)，オーバーヴァルト (オーストリア) のデラッヒャー邸 (1963-67)，アメリカ・ロードアイランド州のプレハブ住宅 (1968-70) なども建てている．ベルリンのフリードリヒ通りの住居兼オフィス建築 (1986-87)，ウィーンのトラフィアタガッセのアパート (1987-92)，グラーツ (オーストリア) の住居と商業施設の複合建築 (1992) を設計している．

アブラモヴィッツ，マックス Abramovitz, Max (1908-2004)

シカゴ生まれの建築家．アメリカで教育を受けた後，パリのエコール・デ・ボザールで学ぶ．ウォレス・K・ハリソン アンド ジャック=アンドレ・フュイユ，続いてハリソンのパートナーとして1945-76年に働く (⇨ハリソン，ウォレス・カークマン)．担当代表作としてニューヨーク市のリンカーン・センター内のフィルハーモニック (現エイブリー・フィッシャー)・ホール (1962)，アーバナ=シャンペーン市のイリノイ大学のアッセンブリー・ホール (1963) とクラナート・センターがある．

アフランティッド affronted

アドースト (背面並立装飾) の反対語．お互いに向かい合った同一の人像，または動物像で，たとえば，グラスゴーにあるアレグザンダー・「ギリシア人」・トムソンのセント・ヴィンセント・ストリート・チャーチ (1857-59) の塔にみられるような，開口部の両側の胸像を伴うようなものがある．

アフランティッド (正面並立装飾) アレグザンダー・「ギリシア人」・トムソンによるセント・ヴィンセント・ストリート・チャーチ (グラスゴー) の塔の装飾細部．

アプリケ applied

表面につけられた刳形．

アブルーヴォワール (フランス語のabreuvoirに由来) abrevoir

1. 石積み (メーソンリー) における石材の間の目地．
2. 精妙な貯水槽．

アフレック, レイモンド・テイト Affleck, Raymond Tait (1922-89)

カナダの建築家. 彼が抱く多目的空間に対する関心が, アフレック・デスバラッツ・ディマコプーロス・レベンソールド・シセ (Affleck Desbarats Dimakopoulos Lebensold Sise, 1955-69) 設計による. モントリオールのプレイス・ボナベンチャー (1964-68) に表れている. 内部の動線通路や空間などを内包する巨大な複合ビルであるが, その建物は少し近づきがたいブルータリズムの一例といえる.

アペクス apex
⇨頂点

アー・ベー・ツェー ABC

1924 年から 1939 年にかけて活動した, スイスで創設された建築家グループ. エル・リシツキー, マイヤー, スタムなどが所属し, 構成主義に参画した.

アベート abated

浅浮き彫りによる彫刻デザインを残しつつ石材を刻んで仕上げた平滑面 (たとえば, 古代ギリシアのドリス式神殿のメトペ表面).

アベル, ジョン Abel, John (1578 頃-1675)

イングランドの建築家・大工棟梁. イングランドとウェールズの国境近くのカウンティ (自治体) に, ブレコン (ウェールズ) のマーケット・ホール (1624, 現存せず), キングトン (ヘレフォードシャー) のマーケット・ホール (1654, 1820 取り壊し), レムスター (ヘレフォードシャー) のマーケット・ホール (1633, 1861 解体され, グレインジ・コートという名の住宅として再建) など, 数棟の精巧な木造建築設計・建設した. また, キングトンに石造のグラマー・スクール (1625) を建て, ヘレフォードシャーのアビー・ドー聖堂のキャロライン木造スクリーン (1633) 建設を主導したと考えられている.

アボット, スタンリー・ウィリアム Abbott, Stanley William (1908-75)

アパラチア山脈中のシェナンドア国立公園とグレートスモーキーマウンテンズ国立公園を結ぶブルーリッジ・パークウェー (1935-87) で重要な役割を果たしたアメリカの設計者.

アポフィジ, アポヒュシス, アポテーシス apophyge, apophysis, apothesis

1. コンジェあるいはスケープと呼ばれる外に広がる曲面で, 古典主義建築のコラムのシャフトを柱礎の上の平縁 (フィレット) と柱頭の下のアストラガル (玉縁) に結合する.

2. トスカナ式柱頭のヒュポトラケリオン, あるいは古代ギリシアのアルカイック期に属するドリス式柱頭のエキノス下のわずかに窪んだトラケリオン.

アポリーヌ Apolline

ギリシアの太陽神アポロを示すアトリビュート 〔持物〕 につけられた描画装飾の一種で, 古典古代に初めて現れ, ルネサンスとバロックの時代, とくにルイ 14 世 (在位 1643-1715) の時代に復活した. 共通のモチーフは太陽の放射光 (サンバースト), 二輪戦車, 竪琴, 太陽に囲まれるアポロの頭部であった.

アポロドロス (ダマスクスの) Apollodorus of Damascus (98-125 頃活躍)

ダマスクスで生まれ, トラヤヌス帝 (Emperor Trajan, 98-117) に仕える建築家となり, トラヤヌスのテルマエおよびフォルム, 巨大なバシリカ・ウルピア, トラヤヌス記念柱, その近くに設けられた市場など, その治世における帝国の建築の多くを手がけたと考えられる. おそらく彼は, ローマ帝国の様式に重大な影響を及ぼした, ローマのテルマエの形式を決定したと推察され, また, さまざまなプロジェクト (とくに, 104 年頃, ルーマニアのドロベタ・トゥルヌ・セヴェリン近郊の, ドナウ川の急流に建設された, 巨大な橋) において, 進んだ構造技術の優れた知識を発揮させた. ハドリアヌス帝 (Hadrian, 117-38) の治世における, パンテオン, およびティヴォリのヴィラ・アドリアナの建築についても, アポロドロスとの関連性が推察されるものの, これを裏づける証拠は見あたらない. 当時, 現在では失われた, いくつもの技術理論書の著者として名声を得ていたが, ウェヌスとローマ神殿の設計をめぐり, ハドリアヌス帝と意見が対立したために, 命を落とすこととなったと推察される.

アマデオ（または**オモデオ，ホモデウス**），**ジョヴァンニ・アントーニオ** Amadeo, Homodeo, Homodeus, *or* Omodeo, Giovanni Antonio (1447 頃-1522)

イタリアの偉大な建築家，技術者，彫刻家．パヴィアに生まれ，1466 年からチェルトーザの回廊の装飾を手伝い，テラコッタの洗礼盤とともに小回廊の入口を設計した（1470 頃）．最初の重要な建築作品は，ベルガモのサンタ・マリア・マッジョーレ聖堂に隣接するバルトロメオ・コッレオーニ（Bartolomeo Colleoni）の遺体が安置された礼拝堂（1470-73）であり，コッレオーニの豪華な墓（1470 頃-75）もアマデオが設計した．礼拝堂の設計案は，ミケロッツォによるミラノのサンテウストルジョ聖堂にあるポルティナーリ家礼拝堂〔ミケロッツォの設計という説は現在では否定されている〕や，（おそらくフィラレーテによる）ベルガモ大聖堂に由来する．コッレオーニ礼拝堂の実に繊細で，風変わりですらあるファサード表面の化粧張りは，パヴィアのチェルトーザ正面にもみられるアマデオ作品のテーマの一つである．チェルトーザのファサードの計画については，アマデオは 1474 年に初めて関与し，1491 年には全体の監督責任者となった．これらの設計案は，トスカナ地方の建築家たちによって好まれた古典主義の原則と，北イタリアにみられる豊かな装飾に対する好みとの混合を示している．チェルトーザでは，多色からなるルネサンスの障壁状のファサード（アントーニオ・マンテガッツァ（Antonio Mantegazza, 1495 没）と，クリストフェロ・マンテガッツァ（Cristofero Mantegazza, 1481 頃没）が担当）が，背後にあるバシリカ式の形態を隠している．

アマデオはミラノ大聖堂の主任建築家として，ジョヴァンニ・ジャコモ・ドルチェブォーノ（Giovanni Giacomo Dolcebuono, 1440-1506）とともに，ゴシック様式のドーム状ヴォールトとランターン（ティブリオ）の建設に携わったが，既存のゴシック様式の大聖堂と調和するものでなければならないという，当時としては異例の敏感な洞察力をもっていたフランチェスコ・ディ・ジョルジョ・マルティーニやブラマンテの意見が，アマデオの設計案にも反映されている．アマデオはサンタ・マリア・プレッソ・サン・チェルソ聖堂のクーポラ（1494 以降），オスペダーレ・マッジョーレ（1493-94），そしてブラマンテのサンタ・マリア・デッレ・グラツィエ聖堂内陣（1498 以降）の建設にも関与した．これらはすべてミラノにある．

アマン，オトマール Ammann, Othmar (1879-1965)

スイス生まれのエンジニアで，1904 年に渡米しニューヨークエリアで橋の設計を 35 年以上にわたって行った．彼の名を一躍有名にした，優美なパラボリック（放物線）形状の 2 ヒンジアーチによるスチール・アーチ構造のバイヨンヌ橋（1931）を設計するために，1925 年にニューヨーク港湾局に入った．同年，古典様式の痕跡を遺す鉄骨フレームの支柱タワーによる，当時のどの吊橋と比べてもスパンが 2 倍ほどになるジョージワシントン橋が竣工した．優雅なブロンクス・ホワイトストーン吊橋は，より一般的な深いトラスの代わりに浅板状ガーダーを使った最初のものである．チャールズ・ホイットニー（Charles Whitney）とのパートナーシップにより世界をリードする一つに数えられるエンジニアリング事務所を 1946 年に設立する．壮大なヴェラザノ-ナローズ橋（ニューヨーク市，1964）は彼の初期の構造体よりもよりロング・スパンのものであった．

網状トレーサリー net tracery
⇨トレーサリー

網戸 window-screen
⇨ウィンドウ・スクリーン（2）

網目模様 laceria
イスラーム建築において，さまざまな方向に交差し重ねられた直線による，秩序だった規則的な模様．

アムステルダム派 Amsterdam school
ベルラーヘと F・L・ライトから影響を受けたオランダの建築家グループ．ファン・デル・メイ，クラーマー，デ・クレルクが主要メンバーで，およそ 1912 年から 36 年にかけ，彫刻的でピクチャレスクな煉瓦造建築を残した．表現主義やオランダのヴァナキュラーな伝統からの影響もみられる．デ・ステイルのグループと対比的な造形的傾向をもつ．ヴァイデフェルトの編集によるモダニストの雑誌『ヴェンディンゲ

ン（*Wendingen*）』に主たる作品が発表された．

アームズハウス　almshouse
1. 高齢貧者を受け入れ，住まわせ，支えるために，私立慈善団体によって創設され，寄付された施設．アームズハウスの多くは住居群によって構成され，礼拝堂と食堂があるものもあった．多くのイングランドのアームズハウスは修道院の解散に伴って設立された．非常に単純なテラスハウスのものもあったが，充実した建築をもつものも多い．たとえば，ウスター州ニューランドのビーチャム・アームズハウス（1862-64）があげられる（聖堂を併設）．
2. 修道院の施物が配布される住宅．

（タイルの）雨押さえ　tile-creasing
⇨タイル・クリーシング

雨押さえ石　label
後期ゴシックの垂直式あるいはチューダー式の開口部上部の水平に伸びる庇刳形を指し，両側で垂直に曲がり雨押さえ留めで終わる．しばしば入念に装飾される．この用語は通常矩形の水切り刳形（しばしば扁平四心式あるいはチューダー式アーチと雨押さえ石との間にスパンドレルを形成する）を指して使われるが，ある種の湾曲した庇刳形を指すこともある．

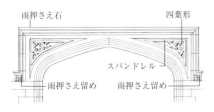

スパンドレルと雨押さえ石．雨押さえ留めをもつ典型的な後期ゴシック式アーチ．

雨押さえ留め　label-stop
1. 雨押さえ石の刳形を直角に曲げ，短く延長して終えた端部．
2. 雨押さえ石や階層帯の端部の装飾要素．人の頭の形をとる場合，頭留めと呼ばれる．

アーメリー　almery
オームブリー．

アメリカ式オーダー　American Order
アカンサスの葉をトウモロコシの穂軸，トウモロコシの穂やタバコの葉で置きかえたコリント式オーダーの柱頭と類似した柱頭．ラトローブがワシントンD.C.の連邦議事堂のために構想した．

アメリカ積み　American bond
⇨煉瓦

アメリカ風ディレクトワール　American Directory
⇨ディレクトワール

アモリーノ　Amorino(*pl.* Amorini)
有翼の男性の赤ちゃん，または幼児．ふっくらとしていて，訳知り顔であることが多い．アモレット，小愛神，ケルブ，またはクピドとも呼ばれる．無翼のプット（イタリア語）とは区別される．

アモレット　Amoretto(*pl.* Amoretti, Amorettoes)
⇨アモリーノ

アーモンド　almond
エッグ・アンド・ダート刳形の「エッグ」（卵形装飾）の部分．「エッグ」周囲のフィレット（平縁）によって区切られている．

アーモンリー　almonry
1. 施しが配られる場所．
2. アーモナー（施物分配係）の居館．
3. 修道院において貧者が食物を受け取るための建築物．アーモナーの部屋とつながっていることが多い．

アヨ，エミール　Aillaud, Émile (1902-88)
フランスの建築家．パンタン市のレ・クーティエール団地（1955-60）のように，蛇形の曲線配置プランを採用することによって，プレファブ・コンクリート・パネル構法の使用による画一的な印象に対抗しようとした．グリニー市のラ・グロンド・ボースにおいては密度を対比させることによって，視覚的驚きのある，囲まれた，隠された空間を創り上げた．シャントルー・レ・ヴィーニュ市のラ・ノエ団地

(1971-75), ナンテール市のピカソ地区団地 (1974-78)のように, ローコスト団地に対して価値を見出し, 興味をもって取り組んだ建築家として最も知られている.

アラ ala(*pl.* alae)
1. 古代エトルリア神殿の主要なケラ(神室)の両側に配された長方形平面の部屋. それぞれに固有の扉があり, 奥行きの深いポルティコ(柱廊)から入る.
2. 古代ローマ住宅におけるウェスティブルムやアトリウムの各辺に設けられた小部屋やアルコーヴ.
3. 古代ギリシア神殿のナオス(神室)と側面の列柱の間の空間.

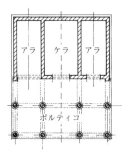

古代エトルリア神殿のアラ平面図(ウィトルウィウスの記述にもとづく).

アラ(祭壇) ara (*pl.* arae)
ローマ時代の祭壇. 壮麗なアラ・パキス(前13年に皇帝権力の確立と到来しつつあった平和を記念するために, アウグストゥス帝(Emperor Augustus)によって建てられた)のような公共性のある大規模で記念的な祭壇もあれば, 個人住宅の中にあって神々の加護を祈るための小さな祭壇もあった.

アライオステュロス araeostyle
⇨インターコラムニエーション

アラインメント alignment, alinement
1. 道路, 通りや建築物の建設を可能にするために引かれる線.
2. 壁体などの構築物の位置を定める線.
3. 木, コラム, スタンディング・ストーン(石柱)などを直線上に配した配列.

アラヴォワヌ, ジャン゠アントワーヌ Alavoine, Jean-Antoine (1778-1834)
フランスの建築家. ルーアン大聖堂が1822年に焼け落ちた後, その中央尖塔を再建し, パリ・バスティーユ広場の七月革命記念柱を設計. 記念柱はL・J・デュクによって修正のうえ, 完成された. 建設資材としての鋳鉄のパイオニアであり, セー(1817-23)とルーアン大聖堂の修復(1823以降)に利用している.

荒うちしっくい wattle-and-daub *or* -dab
⇨ワトル・アンド・ドーブ

アラエ ara (*pl.* arae)
⇨アラ(祭壇)

アラソン, トーマス Allason, Thomas (1790-1852)
イングランドの建築家. 1814年にギリシアを訪れたのち, 『イストリアのポーラにおける古代遺跡の絵画的眺望(*Picturesque Views of the Antiquities of Pola in Istria*)』(1817)を出版し, 自分がギリシア建築の柱身軸部のエンタシスの最初の発見者だと主張した. しかし, 彼がアテネで出会っていたC・R・コッカレルとハラー・フォン・ハラーシュタインもエンタシスを確認していた. 代表作は, ロンドンのバーソロミュー・レーンのアライアンス消防署(1841, 現存せず)であった. また, 1823年からケンジントンのラドブルック・エステートの住宅デザインを厳格なストリップト・クラシシズムで計画し実施した. リンデン・ガーデンズの自宅(現存せず)はロンドンの『コテージ, 農場, ヴィラ建築集成(*Encyclopaedia of Cottage, Farm, and Villa Architecture*)』(1846)に描かれた. また, 芸術家ウィリアム・マルレディ(William Mulready, 1786-1863)のスタジオをベイズウォーターのリンデン・グローブに設計した(1827). 1844年からケンジントンのピット・エステート開発を監督し, ケント州ラムズゲイトのデステ・エステートにもかかわった.

アラップ, サー・オーヴ・ナイキスト Arup, Sir Ove Nyquist (1895-1988)

ニューカッスルでデンマーク人の両親のもとに生まれる．1938年に技術コンサルタント会社アラップ＆アラップを立ち上げた．ロンドンでテクトンとともに，ハイポイント（1936-38），ロンドン動物園ペンギン・プール（1939），フィンズベリー健康センター（1938-39）などのプロジェクトに携わり，イギリスで初めてスリップフォーム工法（工事の進捗に伴い移動・再利用が可能なコンクリート型枠）を用いた耐力壁を設計する．1949年にはオーヴ・アラップ＆パートナーズを設立，さらに1963年にはフィリップ・ドーソン，ロナルド・ホッブスらとともに，デザイン上の問題に対しエレガントなアプローチを提示することで著名な総合職能企業アラップ・アソシエイツを組織する．彼はそのキャリア当初からモダニストであり，またMARSの設立メンバーであった．彼はスミッソン夫妻とノーフォーク，ハンスタントンの学校（1949, 1952-54），ウッツォンとシドニー・オペラハウス（1956-74），ピアノ，ロジャースらとパリのポンピドゥー・センター（1971-77），フォスターと香港の香港上海銀行，そしてグリムショウとロンドン・ウォータールーのユーロスター駅でそれぞれ協働しているが，彼の構造とデザインに対するエレガントな思想を最も体現しているのは，ダラムのウェアー川に架かるキングスゲート歩道橋（1963）である．アラップ・アソシエイツとしてはロンドンのフィンズベリー通りの開発（1984），後期のみではあるがリヴァプール通りのブロードゲートの開発（1984-88, 1988-91）にも携わっている．またアラップはロジャースのコンサルタントとしてシティ・オブ・ロンドンのロイズ本社ビルに携わる（1977-80）．その他のプロジェクトとしてミュンヘン空港（マーフィ／ヤーンと協働），ノッティンガム大学のジュビリーキャンパス（ホプキンスと協働），大阪府立国際会議場（黒川と協働），ロンドンのミレニアムブリッジ（フォスターと協働）など多数．

アラバスター　alabaster

量感があり，肌理が細かく，半透明な部分もあるギュプスム（硫酸塩化カルシウム）の形式のものは，白色，黄色，赤色，茶色の彩色がなされ，バスタード・アラバスター（擬アラバスター）と呼ばれていて，聖堂の調度や記念物に用いられることが多い．オリエンタル・アラバスター，または石灰質のアラバスターは半透明な炭酸カルシウムであり，黄白色で，乳白色の石理が入っている．オリエンタル・アラバスターの薄いスラブは採光窓に用いられることが多い（とくにイタリア）．また，ファラオ・セティ1世（Pharaoh Seti I）の石棺はこの材料でできている（現在はロンドンのサー・ジョン・ソーン博物館が所蔵）．

アラバ，フアン・デ　Álava, Juan de（1480頃-1537）

スペインの石工親方．サラマンカの新大聖堂（1512）やセビーリャ大聖堂（1513）の建設にかかわったのち，コロニア一族とプラセンシア大聖堂（とりわけ交差部まわり）の建造において協働した．1521年にはプラテレスコ様式でサンティアゴ・デ・コンポステーラ大聖堂のクロイスター建設に着手．同作品はスペインにおける最大規模かつ最も美しいクロイスターの一つである．1524年からはサラマンカのサン・エステバン聖堂（1610完成）建設にかかわり，1526年からサラマンカ大聖堂建設の責任者となった．その作風は後期ゴシック様式から初期ルネサンス様式への過渡期に位置する．

アラベスク　アラベスク装飾のパネル．(a)17世紀フランドルの図案集より．(b)パリのルーヴル美術館の16世紀の例より．

アラビアン

アラビアン, アラビア様式 Arabian
イスラム起源のムーア建築などを漠然と指す用語.

アラベスク arabesque
木の枝, 葉, 巻きひげ, 草木に由来すると思われる渦巻文などの装飾. 誤ってモレスク装飾と呼ばれることがあるが, モレスク装飾は, 左右対称の絡み合った想像上の幾何学パターンのことをいう. 通常, 人物像や動物像とは無縁のものとして定義され, グロテスク装飾とは明確に区別される.

アラーリング allering
1. アローリング, バトルメント, またはパラペット壁 (胸壁).
2. 建築物頂部のパラペット背後の通路, またはガーター, ギャラリー.
3. アルヤー, またはクリアストーリー・ギャラリー (たとえば, イリ大聖堂のものがある).
4. 屋根架構が載る壁体最上部.
5. クロイスター (聖堂や修道院の方形平面中庭) の歩廊.

アラン・オヴ・ウォールシンガム Alan of Walsingham (14世紀活躍)
⇨ウォールシンガム, アラン・オヴ

アリー alley
1. アレ (フランス語), または長大な直線園路. 通常, 両側に木が配されている.
2. 木や低木, 灌木に縁どられた庭園やメーズ (迷路) の中の園路.
3. 屋外競技のための細長い区域.
4. アイル.
5. 住宅や壁体の間の歩行者用通路.
6. 聖堂内部にみられるような, 座席列の間の通路.

アーリー・イングリッシュ Early English
⇨第1尖頭式

アリカタード alicatado
均質な形状の彩色光沢タイル (アスレホス (スペイン語)) による壁面仕上げ. スペインやラテン・アメリカで広くみられるフレーミング・タイルワークである.

アリス arris
⇨稜線

アリス, ジョン Ariss, John (1725頃-99)
1751年頃メリーランドに移り住んだイギリス生まれの建築家で, アメリカ植民地において初の建築家に数えられるようである. イギリスのパッラーディオ主義やジェームズ・ギブズの建築言語の影響を受けており, リッチモンド郡のマウント・エアリーのようなヴァージニアの広壮な住宅はおそらく彼の手によるものである.

アリーナ, アレーナ arena
1. 観客席に取り囲まれた円形闘技場の中心区画で, 公共的な競技, 展覧, 試合が催される.
2. 公共の演技, コンテスト, 展示などが行われる建物で, 通常は露天となる.
3. プロセニウムをもたない劇場で, 俗に「円形劇場」と呼ばれる.
4. 演技者が使用する劇場の部分.
5. 聖堂の本体.

アルヴァレス, バルタザール Álvares, Baltazar (1570-1624活躍)
ポルトガルの建築家. リスボンにある上品なサン・ヴィセンテ・デ・フォーラ聖堂 (1582起工) の設計に一部かかわった. ローマの「イル・ジェズ」聖堂に想を得た同聖堂の平面は, フィリッポ・テルツィ (Filippo Terzi, 1520頃-97) によるものだが, そのみごとな西正面 (1615設計) はすべてアルヴァレスの作品である. アルヴァレスはイエズス会のためにいくつかの聖堂をデザインしたが, その中にはポルトにあるサン・ロウレンソ聖堂のすばらしいマニエリスム様式のファサードが含まれる (1614起工). 彼の叔父アフォンソ・アルヴァレス (Afonso, 1550-75活躍) はレイリア (1559-74) やポルタレグレ (1556起工) の広間式の大聖堂を設計し, エヴォラのエスピリト・サント聖堂 (1567-74) やリスボンのサン・ロケ (1567) といったイエズス会の聖堂のデザインにも貢献をした.

アルカ arca, archa

1. ヴォールトの架かる部屋の中の，アルコソリウムやルクルスなど，墓所のための空間．
2. 建物の基礎壁前面の根切．
3. 埋葬用棺，聖遺物匣，聖体匣すなわち聖遺物のための容器．
4. 監獄または監視用の部屋．
5. 橋を建設するためのケーソン．
6. 長さ方向に溝の刻まれた小屋梁．

アルカイック archaic

1. 原初の，原初的な．
2. イオニア式オーダーに対するアイオリス式柱頭がそうであるように，より初期の時代の特徴によって特徴づけられること．

アルカサル alcàzar

スペインの城郭，または宮殿（アラビア語に由来）．

アルガルディ，アレッサンドロ Algardi, Alessandro (1598-1654)

ボローニャの出身であったが，ローマに定住した．サン・パンクラツィオ門を出たローマ市外のみごとな庭園にヴィラ・ドリア・パンフィーリ（1640年代）を設計した．成功をおさめた彫刻家であった．

アルガロッティ，フランチェスコ Algarotti, Francesco(1712-64)

啓蒙主義時代の重要人物で，ヴェネツィア出身．プロイセン王フリードリヒ2世（King Frederick II of Prussia, 在位 1740-86）の芸術顧問となり，ポツダムやベルリンにパッラーディオ主義を導入するのに尽力した．建築に関するアルガロッティの著書（ロードリに感化され，考えの大半がその受け売りであった）は建築理論史において重要な意義をもつ．『ニュートン主義…あるいは，光と色彩の対話 実質，光学理論（*Il Newtonianismo per le Dame ovvero Dialoghi sopra la Luce e i Colori*）』(1737)，『アルガロッティ伯爵著作集（*Opere del Conte Algarotti*）』(1791-94) がある．

アルキテクスト ArchiteXt

1971年設立の日本の建築家グループ（相田武文，東孝光，竹山実らがメンバー）．同名の雑誌を母体とし，モダニズム初期の全体主義（特にメタボリズム）に対抗して対立，不連続性，個人主義，多元主義を推進した．

アルキテクトニカ Arquitectonica

1977年にペルー生まれのベルナルド・フォート＝ブレシア（Bernardo Fort-Brescia, 1951-）とその妻で合衆国生まれのローリンダ・ホープ・スピアー（Laurinda Hope Spear, 1950-），およびハーヴィン・A・ロムニー（Hervin A. Romney, 1984 に共同経営から離れる）によって設立されたアメリカの建築事務所．以下の作品がある．マイアミのスピアー邸(1976-78)とアトランティック・コンドミニアム(1980-82)，リマ（ペルー）のマーダー・ハウス(1983-85)とバンコ・デ・クレディト(1983-88)，マイアミのノース・デート司法センター(1984-87)，ルクセンブルクのルクセンブルク銀行本社(1994)，ヴァージニア州ハンドンの先端技術センター(1985-88)，マイアミ国際空港(1997)．作品の一つであるリマの合衆国大使館(1993-95)は，不規則な巨石式組積造の隠喩によってプレ・コロンビア時代の遺産を暗示する色つきパネルを身にまとってはいるが，新しいモダニスト建築の主流の中に位置を占める．

アルキミア Alchimia

イタリアの「ニュー・ウェーヴ」の恊働デザイン・グループ(1976-91)．ミラノでアレッサンドロ・グェリエロ（Alessandro Guerriero），メンディーニ，ソットサスなどによって創設され，ストゥディオ・アルキミアとも呼ばれる．その目的の一つは実験的デザインを創造して売り込むことであり，その多くに折衷主義と歴史様式が，多くは皮肉を込めて使用されている．モダン・ムーヴメントの原理を否定していたことは，1975年に開催された風変わりなバウハウス・コレクションをみれば明らかである．

アルクス arcus

1. 古代ローマ時代のアーチ．
2. バシリカへの入口，あるいは聖堂のポーチまたは扉口．
3. バシリカの前面広場．
4. アプス．

アルクス・コラリス〔ラテン語で内陣アーチの意〕 arcus choralis

1. バシリカの中の内陣と外陣身廊の間に据えられた障壁のことで, 格子壁となることが多い.
2. 内陣と外陣身廊の間のアーチのことで, アルクス・エクレシアエ (ラテン語で教会アーチの意) あるいはアルクス・プレスビテリ (ラテン語で長老席アーチの意) と呼ばれる.

アルクス・トラリス arcus toralis

アルクス・コラリス (1) と同義.

アルクス・トリウムファリス arcus triumphalis

1. 凱旋門. ⇨凱旋門
2. バシリカの中の外陣身廊と聖所の間に架かるアーチ.

アルコーヴ alcove

1. 大規模なニッチ.
2. エストラード, 仕切りやバリュストラード (手摺り) によって区切られた, ベッドを収めるための, 寝室の凹んだ部分.
3. 建築物や広間の壁面に設けられた, アーチを頂いた凹部やニッチ.
4. 椅子を備えた遊興のための屋外空間や庭園内の壁面や生垣に設けられ屋根を架けられた隠れ家, 四阿, サマー・ハウスや凹んだ場所.「ヴォールトを架けられた寝室」を意味するアラビア語に由来する.

アルコソリウム arcosolium (*pl.* arcosolia)

ローマ時代のカタコンベ, ヒュポガイオンその他のタイプの墓廟の中にあって, 頂部をアーチまたはヴォールトとするロクルスのことで, 通常は石棺を収納するだけの大きさをもつ.

アルシテクチュール・パルラント〔仏語で「語る建築」の意〕 architecture parlante

形態によってその建築の目的を表現するような建築. この用語は, L・ヴォードワイエが18世紀フランスの新古典主義者, とくにルドゥーに敬意を表して初めて用いた用語である.

アルシニエガ, クラウディオ・デ Arciniega, Claudio de (1520 頃-93)

スペインの建築家, 彫刻家. ヒル・デ・オンタニョンと協働したのちメキシコへ移住し, メキシコ市大聖堂 (1563-1667) を設計した. ベセーラが一時期工事の監督を務めたプエブラ大聖堂 (1557-1649) も, おそらくは彼の設計による.

アルターナ altana

ロッジア (イタリア語), 屋根の架けられたテラス, またはベルヴェデーレ (イタリア語で「眺望台」の意). 中世ヴェネツィアとルネサンス期ローマで広くみられた.

アルチザン・マニエリスム Artisan Mannerism

1615 年頃から 75 年頃にかけて, マニエリスムのパターン・ブックをもとに, 建築家というよりは, むしろ石工などの職人によってつくられたイングランド建築. 職人たちは建築における古典主義言語に関する理論や語彙に関して教育を受けていなかったため, 奇妙な規模のものや, 不思議なプロポーションのものを頻繁につくり, 古典主義的要素がどう組み立てられるかを知らないことがしばしば露呈した. これらに対し, おもしろさを見出す研究者もいれば, 嘆く者もいる.

アール・デコ Art Deco

第一次世界大戦の前後にアール・ヌーヴォーにかわって欧米で流行した室内装飾・デザイン様式 (スティル・モデルヌ＝近代様式とも). 1920-30 年代にはさらに発展して, 1924-25 年にパリで開催された現代装飾美術工業美術国際博覧会から名前をとってアール・デコ (装飾芸術) と呼ばれた. 博覧会の公式出版物である『20 世紀の現代装飾美術工業美術百科事典 (*Encyclopédie des arts décoratifs et industriels moderne au XXième siècle*)』は豊富な図版を掲載した全 12 巻からなり, アール・ヌーヴォーへの反動として発展した厳密な幾何学的パターンから生まれた様式としてアール・デコの原理を広めた. 考古学的な側面も様式に影響しており, 1922 年のツタンカーメンの墓地の発見は, 強烈な色彩, ピラミッド状の構成, 段状の形態といった古代エジプトのモチーフとテーマに対する新たな熱狂を煽り立てた. しかしながら, カント・アーチや, 山形, 段状の持ち送りアー

チ，（ピラミッド状に構成された）段状の切妻などは，ピラネージの『暖炉装飾に関するさまざまな装飾法（*Diverse maniere d'adornare i cammini*）』（1769）や異国趣味のエジプト・リヴァイヴァルの舞台芸術などから18世紀のデザイナーたちがイメージしたエジプト的なものに多くを負っている．またアツェクや他の中米の建築家たちによる段状の形態の探求も影響力をもった．後期アール・デコのデザインは，しばしば流体力学，速度，合理化と関係づけられ，この様式の近代的な側面が強調された．ロベール・マレ=ステヴァンスは，アール・デコを用いてデザインをしたフランスの建築家の中で最も重要な建築家である．アール・デコはアメリカでも流行し，ウィリアム・ヴァン・アレンによるニューヨーク市のクライスラー・ビルディングが最も名高い建築の例である．アール・デコの要素は単純化・通俗化されて，1960年代以降のポスト・モダンのデザインに流用された．

アルドゥアン＝マンサール，ジュール
Hardouin-Mansart, Jules (1646-1708)

フランスの建築家．大おじにF・マンサールがおり，彼のもとで修行した．「ルイ14世様式」の巨匠で，ル・ヴォーとブリュアンから建築についての創意を吸収し，「王の首席建築家」（1685），次いで「王の建築総監」（1699）に就任して，ついに建築物関連の重要な国務を司るようになった．1670年代，パリの廃兵院のサン=ルイ聖堂建立にブリュアンとともに活躍したが，高貴なる「廃兵院ドーム聖堂」（1677頃-91）は自らの手で設計し建立した．そこではバロックと古典主義の傾向が晴朗に調和し，全体はギリシア十字形平面で建立された．これはF・マンサールの実現しなかったサン・ドニのブルボン家墓所設計案に影響を受けたものである．1673年以来，ヴェルサイユで活躍し，1678年に「ガルリー・デ・グラス」（鏡の間，1678-89）建築の任についてル・ヴォーの残した「庭園宮廷」に足跡を残した．これは偉大なるルイ14世様式の粋である．さらにグラン・トリアノン（これもまた1678-89），敷地内のいくつかの泉水，礼拝堂（1688-1708以降）も設計した．後者の切り立った屋根は古典主義化された中世建築のようにみえるが，コリント式円柱の優雅な列柱を頂いたアーケードを備えた美しい内装は新古典主義の先駆けといってもよい．これはド・コットが竣工させた．その作品の多くでラシュランスとピエール・ル・ポートル（Pierre Le Pautre, 1643頃-1716）が助手を務めた．後者はヴェルサイユの内装設計を主導し，「サロン・ド・ルイユ・ド・ブフ」（牛眼の間）（1701）と礼拝堂の装飾を手がけた．アルドゥアン＝マンサールのプラス・ヴァンドーム（1698-）は，アーケードからなる「レ・ド・ショセ」〔1階のこと〕を備えた端正で統一されたファサードをもち，首都の最も格式ある都市空間の一つとなった．円形平面のプラス・デ・ヴィクトワール（勝利広場）は一部のみ現存する．孫のジャン・アルドゥアン＝マンサール＝ド＝ジュイ（Jean Hardouin-Mansart de

ウォリス，ギルバート＆パートナーズによるロンドン，ウェスタン・アヴェニューのフーヴァー・ファクトリー（1931-33）の入口．典型的なシュヴロンやアール・デコ様式のほかのモチーフがみられる．

Jouy, 1700-) はパリのサントゥスターシュ聖堂の西側ファサードを再建した（1733-88）.

アルドゥアン＝マンサール＝ド＝レヴィ，ジャック，サゴンヌ伯爵 Hardouin-Mansart de Levi, Jacques, Comte de Sagonne (1703-58)

フランスの建築家，ジュール・アルドゥアン＝マンサールの孫．1742 年に「王の建築家」となる．メゾン・デ・ダム・ド・サン・ショーモン（1734），オテル・マンサール・ド・サゴンヌ（1743）のような住宅建築を設計した．ともにパリに建っていて，基本的にロココ様式である．代表作はヴェルサイユの優雅なサン・ルイ司教座聖堂（1743-54）であり，高貴なクーポラを備え，建築的豊穣さをさらに増している．また，マルセイユの病院も設計した（1753）．精力的に活動し，ついにはフランスから飛び出していった．1755 年の大震災後にポルトガルのリスボンに居を定めたらしい．

アールト，フーゴ・アルヴァ・ヘンリク Aalto, Hugo Alvar Henrik (1898-1976)

フィンランドの建築家であり，20 世紀のデザイナーとしても高く評価される．1923-27 年にユヴァスキュラで新古典主義者として活動を開始したが，CIAM および 1925 年から仕事でパートナーを組んだ妻のアイノ・マルシオ（Aino Marsio, 1894-1949）から影響を受け，トゥルクに事務所を移してからは国際的なモダニズムの渦中に身を投じた．トゥルクの標準アパート群（1927-29）において，プレファブのコンクリート部材をとり入れ，トゥルン・サノマート社ビル（1928-30）で，初めてル・コルビュジエの「新しい建築の五つの要点」を設計に導入した．初期の作品ではヴィープリの図書館（1927，1930-35）とパイミオのサナトリウム（1928-33）が独特の持ち味により，建築家として国際的な名声を確立する上での決め手となった．トゥルク時代にアールトの評価が上がったのは，とりわけ成形合板の曲げ加工に重点を置いた家具デザインによるもので，三本脚のスタッキング式ストゥール（1938）はいたるところに普及した．パリ万国博（1937）におけるフィンランド館やノールマルックのマイレア邸（1937-39）のように，彼の建築においては木材もさらに重要な役割を果たした．曲面の壁，片流れ屋根，煉瓦と木による構造などに顕著な彼の個性的なスタイルは，第二次世界大戦後に形成されたものである．その特筆すべき作品例として，蛇紋石の壁と迫り出した階段によるマサチューセッツ州ケンブリッジにあるマサチューセッツ工科大学（MIT）ベイカー学生寮（1946-49），煉瓦の壁と片流れ屋根によるセイナッツァロの役場（1949-52），ヘルシンキのフィンランディア会議場とホール（1962-75）などがあげられよう．彼の関心はデザインのあらゆる面に及び，数多くの芸術的な逸品を生み出したが，たとえば名高い花瓶はフィンランドにおいて今日でも結婚祝いのプレゼントとして贈られている．1952 年に再婚したエリッサ・マキニエミ（Elissa Mäkiniemi, 1922-94）は晩年の作品で協働した人物であり，アールトの死後は仕事を引き継いだ．

アルト・リリエーヴォ alto-rilievo

〔イタリア語で「高レリーフ」の意〕それが彫られた下地から，少なくともその厚みの半分は浮き彫りにされた彫刻作品．

アール・ヌーヴォー Art Nouveau

おおよそ 1888 年から 1914 年の間に欧米で花開いた建築様式・装飾芸術様式．非対称な構成を特徴とする．花，葉，根，茎は，まるで水に浮かぶようにしなやかに流れる線であくまで細い．夢みる乙女（「花の女」として知られる長く波打つ巻き毛をもった女性の姿）．様式化されたローズ・ボウル．絡まり合う植物の形態．鞭のように曲線を描いて巻かれた蔓．後期ゴシック・リヴァイヴァルのパターンから発展し，おそらくはオリキュラ装飾とロココ装飾からも影響を受けている．ともにロンドンにあるブラックフライアーズ鉄道橋（1862-64）とホルボーン水道橋（1863-69）の柱頭はアール・ヌーヴォーのプロトタイプであり，この様式の本質が，1860 年代初期にあることを示している．まさにヴィオレ＝ル＝デュクの影響力をもった『建築についての対話（Entretiens sur l'Architecture）』（1872）の図像が自由に流れる曲線のイメージを欧米に広めていた時代である．アーツ・アンド・クラフツに連なる幾人かの芸術家たち，とくにアーサー・H・マクマード，ウィリアム・モリス，C・F・A・ヴォイジーらは，アール・ヌーヴォーと同調する有名なデザインを生み出した．アール・ヌーヴォー

の名は美術商ジークフリード・ビング（Siegfried Bing, 1838-1905）のパリの店の名（メゾン・ド・ラール・ヌーヴォー, 新芸術館）からとられた。ビングは初期の様式のレプリカではなく, 近代的でしばしばオリエンタルな品々や, またアンリ・ヴァン・ド・ヴェルドによってデザインされたインテリア（1896）をストックしていた。アール・ヌーヴォーは, 最初は美学的な運動に, ついで近代性に結びつけられた。フランスではスティル・モデルヌ, スペインではモデルニスモ, エスティヨ・モデルニスタあるいはモデルニスム（カタルーニャ）, オランダではニーウ・クンスト（新芸術）, ドイツ, オーストリア・ハンガリー, スカンディナヴィアではユーゲントシュティール（青春様式）, イタリアではスティレ・フロレアーレあるいはスティレ・リバティ（アール・ヌーヴォーを扱っていたロンドンのリバティ商会より）と呼ばれ, これらのさまざまな名が強調するのは新しさ, 若さ, 近代の結びつきである。建築においてアール・ヌーヴォーは, ミラノのライモンド・ダロンコ, バルセロナのガウディ, パリのギマール, ブリュッセルのオルタ, モスクワのシェーフテリスによって洗練された。オーブリー・ビアズリー（Aubrey Beardsley, 1872-98）によるドローイング, ルイ・マジョレル（Louis Majorelle, 1859-1926）による家具, マーガレット・マクドナルド（Margaret Macdonald, 1865-1933）とその夫C・R・マッキントッシュによるデザイン, アルフォンス・ミュシャ（Alphonse Mucha, 1860-1939）による図案, ルイス・カムフォート・ティファニー（Louis Comfort Tiffany, 1848-1913）によるガラス細工, エミール・アンドレ（Émile André, 1871-1933）による建築デザイン, バジーレ, ハンカー, ホフマン, ジュールダン, ジュール・ラヴィロット（Jules Lavirotte, 1864-1924）, オルブリヒ, ルイス・サリヴァン, これらすべてがアール・ヌーヴォーの特質を表現している。『ラール・デコラティフ（L'Art Décoratif）』（装飾芸術）, 『ディー・ユーゲント（Die Jugend）』（若さ）, 『クンスト・ウント・クンストハンドヴェルク（Kunst und Kunsthand-werk）』（アート・アンド・クラフト）, 『パン（Pan）』, 『ザ・スタジオ（The Studio）』などの雑誌がこの様式を広め, ドイツ語圏の国々ではさまざまなゼツェッシオン・グループによって展開された（オーストリア・ハンガリー帝国では, ユーゲントシュティールよりもゼツェッシオンスティールが好まれた）。オスマン帝国においても, 伝統的なムスリム, トルコのモチーフと空間操作の方法が, 西洋からの新しい考えと混淆され, 驚くべきアール・ヌーヴォーの作品群が, 1900年前後のイスタンブルに実現した。不思議なことに, それらはいまだ欧米では知られていない。

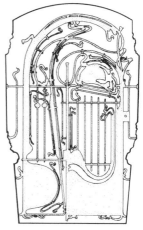

エクトル・ギマールによるパリ, カステル・ベランジェ（1894-98）の金属製の門。アール・ヌーヴォー様式の自由な, 流れるような形態と非対称性。

アルノルト・フォン・ヴェストファーレン Arnold von Westfalen（1425頃-80）

ドイツの建築家。オーバーラントバウマイスター（ザクセンの高地側の建築棟梁）として, ザクセン選帝侯の多くの地所で建築工事を監督した。主要な作品には, マイセンのアルブレヒツブルク城（1471-1525）, および同大聖堂の西正面と双塔がある。大広間の幻想的なヴォールトが有名なアルブレヒツブルク城は, ドイツ後期ゴシックの最も重要な作品の一つである。また, ペーニヒのウンゼレ・リーベ・フラウ・アウフ・デム・ベルゲ聖堂（1472頃）, ロホリッツ城, ライプツィヒ城（1478-80）, ツヴィッカウ大聖堂の建設にも携わった。

アルノルフォ・ディ・カンビオ Arnolfo di

アルハトフ　　　　　　　　　　　　　　50

Cambio（1245 頃-1302 頃）

　工匠長，彫刻家であり，おそらくトスカナ地方のコッレ・ヴァル・デルザに生まれたが，16 世紀初期にはドイツ人であるとも言及されていた．1260 年代にシエナのニコラ・ピサーノの助手としてはたらき，1277 年以降はローマに移住し，多くの墓彫刻を制作した．制作した墓のうちで，現存する最も重要なものは，オルヴィエートのサン・ドメニコ聖堂にあるブライエ枢機卿（Cardinal de Braye, 1282 没）の墓である．アルノルフォは，壁面に設置するタイプの墓を発展させた．それは石棺の上に置かれた彫像が保護されるように，小円柱で支えられた破風つきの天蓋を備えたもので，以降 100 年間あるいはそれ以上にわたる墓の先例を確立した．アルノルフォはいくつかの立派なキボリウムを制作した．ローマのサン・パオロ・フォーリ・レ・ムーラ聖堂（1285）やサンタ・チェチリア・イン・トラステヴェレ聖堂（1293）の主祭壇の上に設置されたキボリウムがそれらに含まれる．おそらくフランス・ゴシック建築にも精通しており，新たなフィレンツェ大聖堂（1294-96 着工）の工匠長として，身廊と側廊，そして現在の東端部の初期形態を決定した．これはラインラント地方の先例（とりわけケルン大聖堂）に影響された可能性がある．このほかにフィレンツェで設計したものには，（ヴァザーリによれば）大規模なサンタ・クローチェ聖堂（1294-95 着工），バディア・フィオレンティーナ内陣（1284 着工），そしておそらくパラッツォ・ヴェッキオの塔（1310 頃）が含まれるという．

アルバート公，フランシス（・アルバート）・チャールズ・オーガスタス・エマニュエル殿下，ザクセン公およびザクセン=コーブルク=ゴータ公子　Albert, Prince Francis（Albert）Charles Augustus Emmanuel, Duke of Saxony and Prince of Saxe-Coburg and Gotha（1819-61）

　コーブルク近郊のローゼナウ城に生まれたアルバート公は 1840 年，若きヴィクトリア女王（Queen Victoria）と結婚し，1857 年には王配殿下の称号を与えられた．1841 年，アルバート公は新しく建設中のウェストミンスター宮殿の装飾を監修するため，王立委員会の議長となった．当時，ウェストミンスター宮殿の装飾

は，英国の芸術，デザイン，工芸の質向上の触媒となるものだった．アルバート公は芸術家協会のメンバーに加わり，1843 年にその総裁となり，その立場から科学と芸術の産業界への適用を奨励した．この時期，近しい関係にあった重要な人物として，ヘンリー・コール卿とルートヴィッヒ・グリューナー教授（Professor Ludwig Grüner, 1801-82）があげられる．グリューナー教授はアート・アドバイザーとして，ルネサンス期のポリクロミー，グロテスク様式，ルントボーゲンシュティールを推奨し，それらはサウス・ケンジントンの建築群に大きな影響を及ぼすこととなった．コール卿は芸術協会の会長となり，芸術家たちによって制作されたモデル・デザインを促進し，そこから「アート・マニュファクチャー」という言葉が生み出された．コール卿は精力的なオーガナイザーであり，パクストンが設計した水晶宮におけるかの驚異的な 1851 年の大博覧会の際には，それを熱心に推進していたアルバート公の主任補佐官を務めた．

　アルバート公は労働者階級生活改善協会の総裁も務め，模範的住宅の建設促進を支援した．同協会は，1851 年の博覧会の一部として，「家族向けモデルハウス」4 棟を建設した．これらは，ヘンリー・ロバーツの設計になるもので，アルバート公がその建設費用を負担した．のちにアルバート公は大博覧会で得た利益で，科学と芸術をあらゆる国の産業に行き渡らせるものを設立することを提案した．これが，今日のサウス・ケンジントンの出発点となり，各種博物館，科学機関，学びの場が集積し，"アルバートポリス"として知られる場所となった．その中心にはデザイン学校があった．ヴィクトリア・アンド・アルバート・ミュージアムは国立の美術工芸に関する博物館であり，アルバート公の最も偉大な記念碑といえよう．

　建築面におけるアルバート公の影響力は甚大であった．1840 年代からポリクロミーが好まれるようになっただけでなく，グリューナー教授が熱愛したその他のさまざまなイタリア的要素をも根づかせることになった．アルバート公自身も数々のプロジェクトにかかわった．たとえば，イタリア風のオズボーン・ハウス，IoW（1845 年からロンドンの建設業者トーマス・キュービットとともに），ウィンザーのモデル農場における王立酪農場，バッキンガム宮殿の

改装．バルモラル・カースル（アバディーンの**ウィリアム・スミス**（William Smith, 1817-91）によって建設されたスコティッシュ・バロニアル様式建築の試作的作品）がアルバート公がかかわったプロジェクトである．しかしながら，アルバート公のデザイン史における重要性は，1862 年のロンドン万博の時期から明らかになって来る膨大な改良・進歩の中にあった．アルバート公は 1862 年ロンドン万博を支援していたが，その開催をみることなく没した．

アルバネガ　albanega
ムーア建築の馬蹄形アーチとそのまわりの長方形フレーム（アルフィス）の間のスパンドレル．

アルバレス，アウグスト・H　Álvarez, Augusto H. (1914-95)
メキシコの建築家．初期作品にはル・コルビュジエ，ミース・ファン・デル・ローエの先行作品やグロピウスの理論の影響がみられる．彼のインターナショナル・スタイルへの傾倒はメキシコ市の Jaysour ビル（1961）に最もよく現れている．その他の代表作に，ともにメキシコ市にある IBM ビル（1971-72）やラ・ミトラ社（1972-73）がある．

アルバレスティナ，アルバレステリア　arbalestina, arbalesteria
⇨バリストラリア

アルバレス，マリオ・ロベルト　Álvarez, Mario Roberto (1913-2011)
アルゼンチンを代表する建築家．公共事業省の建築家として同国における近代建築運動の重要な旗振り役となり，プレファブ技術，建設工学，都市計画を発展させた．代表作にはサン・マルティン療養所（ブエノス・アイレス，1936-37），サン・マルティン文化センター（コリエンテス，1953-60），アルゼンチン IBM 本社（カタリナス・ノルテ，1979-84）などがある．彼の作品である SOMISA ビルディング（ブエノス・アイレス，1966-77）は，アルゼンチンで初めて鉄鋼とガラスを全面的に用いた建造物であり，全溶接によって施工された建造物として世界でも最初期の事例である．

アルハンブラ　Alhambra

1．スペインにおけるすべてのムーア建築物の中でも最も精妙かつ巧妙で，最も豊かに装飾されたものの一つ（ほとんどは 1338-90 年．おそらく，宮殿というよりはマドラサ（学校）だった）．多くのパヴィリオンが結合して連なっており，相互に直角に配された 2 カ所の大中庭がある．水道が貯水池と泉水を結び，全体として地上における楽園のような効果を添えている．

2．モレスク様式（ムーア様式）による庭園建築物．キュー・ガーデンズ（1758）のチェンバーズによる「アルハンブラ」のようなものがある．これはグラナダの著名な建築物にちなんで名づけられた．

アルビーニ，フランコ　Albini, Franco (1905-77)
イタリアの有力な建築家．コモ近郊に生まれ，1930 年代に頭角を現した．最初の重要な建物が，ミラノ見本市の INA パヴィリオン（1935）である．この作品で展覧会・展示会のデザイナーとしての名声を得たほか，ミラノのファビオ・フィルツィ集合住宅計画（レナート・カムス（Renato Camus），ジャンカルロ・パランティ（Giancarlo Palanti）との共同設計，1936）でも大きな成功をおさめ，パリ万博（1937）では銀メダルを受賞した．第二次世界大戦後は，ジェノヴァにあるパラッツォ・ビアンコ美術館の改修（1950-61）やサン・ロレンツォ宝物館の改修（1952）を手がけ，新たな才を示した．ローマのピアッツァ・フィウメに面したラ・リナシェンテ百貨店（フランカ・ヘルグと協働，1957-62）は非常に洗練された作品である．この作品はルネサンス・パラッツォの特徴（頂部のコーニスなど）をもつが，構造は光沢のない黒色の鉄骨フレームとインフィル・パネルで構成された．

1945-46 年以降は，ジャンカルロ・パランティとともに，イタリアの著名な建築雑誌『カーサベッラ（*Casabella*）』の編集を務める一方で，長い間 CIAM の一員でもあった．アルビーニの作品は変幻自在にして折衷的で，正統的モダニストの厳格さとは一線を画したイタリア的なデザイン傾向を示している．

アルファン，ジャン＝シャルル＝アドルフ Alphand, Jean-Charles-Adolph (1817-91)

フランスの造園家，土木技師．アルファンは，オスマンのもとで，ジャン=ピエール・バリエ=デシャン（Jean-Pierre Barillet-Deschamps, 1824-75）とともに，直線的な並木道を整備する数々の計画を実施するとともに多くの公共庭園・公園を設計した．その中にはブローニュの森（1854），ヴァンセンヌの森（1860），モンソー公園（1862），ビュト・ショモン公園（1864-69），モンスリ公園（1869）がある．その中でもビュト・ショモンは最も洗練されたもので，湖，小川，滝，人工のグロットがみられる．バリエ=デシャンとE・F・アンドレとともに，アルファンはラ・ミュエトの植物園（1860-95年にブローニュに移転）を設計し，1867年にはパリの公共道路の監督官となった．1871年以降はすべての公共事業を担当し，その中には墓地も含まれた（たとえば1886年のパニュ墓地）．さらには1867，1878，1889年のパリ万国博覧会の会場計画と造園計画を担当した．

アルフィエーリ，ベネデット・インノチェンテ
Alfieri, Benedetto Innocente (1699-1767)

ピエモンテの建築家．もとはローマ出身の弁護士であったが，トリノで1739年に建築家としてユヴァッラが設計した王宮の建設を引き継いで完成させた．おもな世俗建築の作品としては，アレッサンドリアのパラッツォ・ギリーニ（1732），大きな影響を及ぼした王室歌劇場（1736-40，卓越した音響性能と視線が妨げられない設計により有名），国務省（1739-67），エルベ広場，そして上院の刑務所があげられ，パラッツォ・ギリーニ以外はいずれもトリノにある．カリニャーノのサンティ・レミジオ・エ・ジョヴァンニ聖堂（1757-64）は左右非対称の平面をもち，豊かな装飾による劇的な内観と，それとは対照的な簡素なファサードが特徴である．ジュネーヴのサン・ピエール大聖堂西正面（1752-56）は，当時としては前衛的な新古典主義で設計されている．1740年に『トリノの新王室歌劇場（Il nuovo teatro regio di Torino）』を出版した．

アルフィス alfiz
⇨アルバネガ

アルベリック Alberic (1249-53 活躍)

イングランドの石工．ウェストミンスター・アビーの東クロイスターの建築を監督し（1249-53），そこで参事会棟の建設にも携わった．おそらく，アンリ・ド・ランスのもとではたらいている．

アルベルティ，レオン・バッティスタ
Alberti, Leon Battista (1404-72)

イタリア初期ルネサンスの「万能人」で，傑出した建築家であるとともに（とはいえ自らの設計案の実施にかかわることはなかった），ルネサンス最初の建築理論家であり，建築の倫理的・知的本質を確立し，例外はあるにせよそれを中世の職人的親方が占有していた領域よりも一段と高位に置いた．

ジェノヴァに生まれ，パドヴァとボローニャで学んだのち1428年にフィレンツェを訪れ，そこで指導的な知識人たちと知り合った．その『絵画論（De Pictura）』（1436年のイタリア語訳はブルネレスキに捧げられた）の中でアルベルティは，透視図法の原理について文章による最初の記述を残している．ブルネレスキの業績への賞賛と古代精神の再生における建築の重要性の評価によって，アルベルティは理論と考古学的基礎へそしてローマへと導かれ，そこで1431年から教皇の宮廷に奉仕した．ローマ地勢学の重要作『都市ローマの記述（Descriptio urbis Romanae）』（1443）では，ルネサンスの比例原理と古代に関するアルベルティの理解が開陳されている．親しい友人トンマーゾ・パレントゥチェリ（Tommaso Parentucelli）が教皇ニコラウス5世（Pope Nicholas V, 1447-55）となると，アルベルティは教皇庁の建築や修復保存の相談役となった．1452年には『建築論（De re aedificatoria）』を教皇に献呈した（1486年に全文出版された）．同書はウィトルウィウスの偉大な著作の近代版を目指しており，オーダーや比例について記述し，古代建築を称揚し，実践上の助言を与え，古代ローマの公共建築の原理を，そしてそれらが現代にどのような意味をもつかを説いた．同書はレオーニによって英訳され1726-69年に初めて『The Architecture of L. B. Alberti』として出版され，1739年と1753-55年に再版された．ジョゼフ・リクワート（Joseph Rykwert）による新訳は1966年に出版された．

アルベルティはリミニにある中世建造のサ

ン・フランチェスコ聖堂を，リミニの君主シジ
ズモンド・マラテスタ（Sigismondo Malatesta,
1417-68）のための葬送礼拝堂兼霊廟（マウソ
レウム）に造り替える図面を用意した（1450
以降）．ゴシックの構造体を古代ローマ風切り
石積みで囲いこんだが，ファサード（バシリカ
式聖堂に古代風西正面を適用したルネサンス最
初の例）は未完に終わり，その下部は古代ロー
マの凱旋門にもとづいている（死に対するキリ
スト教の勝利を象徴する）．この通称テンピ
オ・マラテスティアーノ（マラテスタ神殿）は
きわめて真摯な建物であり，古代ローマ建築の
力と厳格さを喚起している．
　ロマネスク期の教会堂であるフィレンツェの
サン・ミニアート・アル・モンテ聖堂を古代建
築とみる 15 世紀の通念が，同地のゴシック建
築サンタ・マリア・ノヴェッラ聖堂の西正面
（1456-70）のためのアルベルティの設計案にお
そらく示唆を与えただろう．ファサードは煉瓦
造の構造体に色大理石の表皮を被せて仕上げら
れた．このよく知られた正面は，クリアストー
リー窓と，勾配屋根，身廊と側廊からなる伝統
的なバシリカ式聖堂に古代風ファサードを適用
する課題への解答の試みである．正面扉口（そ
れ自体ローマのパンテオンによっている）を枠
どるオーダーと盲のアーケードが，凱旋門モチ
ーフとサン・ミニアートのファサードの処理と
を同化している．上層ではエンタブラチュアと
4 本のつけ柱で支えられた最上部のペディメン
トが古代の神殿正面を暗示し，両脇の大きな渦
巻き模様が側廊の屋根を隠している．ファサー
ドのさまざまな部分と全体との間には明快な幾
何学的関係性があり，それらの複雑な相互関係
はルネサンス期で初の調和比例の使用例であ
る．この設計案はジョヴァンニ・ルチェッラー
イ（Giovanni Rucellai, 1403-81）のため実施さ
れたが，この人物のためアルベルティは新しい
パラッツォのファサードの計画も提供した（ベ
ルナルド・ディ・マッテオ・ガンバレッリ，通
称ロッセリーノの監理で 1460 年頃建設され
た）．パラッツォ・ルチェッラーイは各階が一
つのオーダーで画定された最初のルネサンス住
居建築である（とはいえブルネレスキのグエル
フ派のパラッツォに負うところもある）．
　アルベルティは教皇ピウス 2 世（Pope Pius
II, 1458-64）のもとでふたたび教皇庁に仕え，
教皇のためその故郷ピエンツァの再建に一役

買ったようであり，おそらくヴァティカン宮の
祝別式の開廊の設計にもかかわった．1460-67
年のフィレンツェのサン・パンクラツィオ聖堂
内の半円筒ヴォールト天井の葬送礼拝堂（ル
チェッラーイ礼拝堂）もアルベルティによる可
能性が高く，この礼拝堂内の聖墳墓型の豪華な
（つけ柱で分節された）大理石造小神殿を設計
したことはまちがいない．マントヴァのサン・
セバスティアーノ聖堂も 1460 年代のアルベル
ティの設計であり，ギリシア十字平面にしたが
い，当初は 6 本のつけ柱が支える神殿正面の入
口をもつはずだった．中断されたエンタブラ
チュアをアーチでつなぐ処理と中間の 2 本のつ
け柱の省略は，オランジュのティベリウスの凱
旋門（前1世紀末）を示唆し，そのいくぶん自
由な翻案であるが，おそらく本当のモデルはス
プリトのディオクティアヌス帝宮殿（300 頃）
や古代のアンニア・レジッラ（アッピア街道沿
い）やケルケンニウス家の墳墓（ローマ南にあ
り，サン・セバスティアーノとの平面の類似が
強調される）のファサードだった．平面のもう
一つの先行例はティヴォリのハドリアヌス帝の
ヴィラのギリシア図書館に見出される．
　1464 年にピウス 2 世が逝去すると，アルベ
ルティはマントヴァのゴンザガ家への奉仕に専
念する．1470 年にはフィレンツェのサン
ティッシマ・アヌンツィアータ聖堂のロトンダ
の建設にかかわった．これはフィレンツェのサ
ンタ・マリア・デリ・アンジェリ聖堂に由来す
るが，同時にローマのいわゆる「ミネルヴァ・
メディカ」神殿（250 頃）にもさかのぼり，ま
た工事の初期にはミケロッツォ・ディ・バルト
ロメーオも関与した．ゴンザガ家のためアルベ
ルティはマントヴァのサンタンドレア聖堂も設
計した（1470 着工）．ここではローマの規範的
建造物の影響が明瞭である．身廊は巨大な半円
筒ヴォールトでおおわれた（古代以来最大最重
量のもの）．これを支えるためアルベルティは
古代の浴場建築を参照して，身廊の軸に直交し
て重厚な控え壁を築き，この控え壁のあいだに
大きな半円筒ヴォールトと小さなドームで覆わ
れた礼拝堂を交互に配し，これが通常のバシリ
カ式平面の「側廊」となる場所を占めた．さら
に，身廊の立面の連続アーチは凱旋門モチーフ
を 3 回連結したものであり，西正面は古代の神
殿正面を凱旋門と結びつけており，この凱旋門
は内観の連続アーチと同じく内部の巨大な半円

アルホルウ

筒ヴォールトを反映している。側廊に替えて礼拝堂を並べた壮大な内観は、16世紀のイタリアと対抗宗教改革の多くの聖堂のための先行例となった。

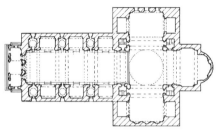

マントヴァのサンタンドレアの平面図　内部にとり込まれた厚い控え壁（壁柱）が側廊部を区画し、礼拝堂の並びをつくりだしている。

アルボル・ウィータエ　arbor vitae
　タイガーウッドおよびパンサーウッドと呼ばれる模様とともに象嵌細工に用いられるトゥヤ・アルティクラータ、すなわちホワイト・シダー（ヌマヒノキ）で、たとえばセビーリャ大聖堂のいわゆるレタブロ（主祭壇装飾）のような細密な造形作品（1482-1550）にも用いられる。

アルボレトゥム　arboretum
　1. 樹木のコレクションを含む庭園。
　2. 養樹園。

アルマチュール　armature
　トレーサリーに用いられたり、キャノピーやボスなどを支えたり、あるいは建物の部分を補強したりするための鉄の棒。鉄は中世では珍しいものではなかった。

アルマリウム　armarium
　1. 洋服箪笥すなわちクロゼット。
　2. 書庫、図書室。
　3. アンブリー。
　4. 武器庫。

アルミ、アルミニウム、アルミヌム　aluminium, aluminum
　軽量で銀色の金属であり、サー・ハンフリー・デーヴィー（Sir Humphry Davy, 1778-1829）が最初にそう名づけた（当時は単独で生成されていたわけではないが）。1809年、彼はアルミと鉄の合金が気体水素中で溶融したアルミナ（酸化アルミニウム）を電気分解して作成できること、およびこの合金を溶解させると、アルミニウム酸化物に戻ることを示した。ハンス・クリスティアン・エルステッド（Hans Christian Oersted, 1777-1851）がこの金属を作成した初めての人物だが（1825）、アルミニウムを単独で生成する実用的な電気分解法が用いられるようになったのは1886年のことだった。1909年には、アルフレッド・ウィルム（Alfred Wilm, 1869-1937）によってジュラルミン合金が発明された。アルミニウム94%、銅4%、マグネシウム1%、マンガン1%からなるジュラルミンは加熱処理によって大幅に強化することができる。これは鋼鉄を鍛え、焼き入れすることによって硬くなるのと同様であり、アルミとしては不純にみえるが、その特別な品質はマグネシウムがケイ素と結びつくことによっているのである。ほかに強力なアルミ合金としては、鉄、ニッケル、クロムなどの金属を含むものがある。ジュラルミンは繊維状に加工したり、圧縮したり、リベット打ちしたり、機械加工したりすることはできるが、アルミやその他の合金のように、その特質を犠牲にしないと有効にハンダづけしたり溶接したりすることができない。加熱処理されたジュラルミンは腐食に強く、可塑性に富み、重荷重に耐える。重量あたりの強度はニッケル鋼やニッケル・クローム鋼とも肩を並べる。このようなわけで、この合金は、とりわけ、航空機製造と内燃機関の製造に適している（ツェッペリン伯フェルディナント（Ferdinand, Graf von Zeppelin, 1838-1917）の開発で知られるドイツ巨大飛行船の類はジュラルミンがなければ製造不可能だっただろう）。フラーはダイマキシオン・ハウス（1927年設計、1945-46年実現）等の計画にジェラルミンを用いた。アルフレッド・ローレンス・コーカー（Alfred Lawrence Kocher, 1885-1969）とアルバート・フレイ（Albert Frey, 1903-98）は、アルミネア・ハウス（1931）でアルミニウム合金を用いた。本作はニューヨーク市での博覧会のために建設されたもので、その後にW・K・ホンによってサマーハウス（ニューヨーク州ロング・アイランドのサイヨセット）として用いられ、さらに後に

なってからニューヨーク工科大学に再建されている．本作は，イギリスとアメリカ合衆国における第二次世界大戦後のプレファブ住宅の普及において重要な役割を果たした．プルーヴェはアルミをそのアルミニウム・ハウス（1953）で用いており，フォスターは，ノリッジのイースト・アングリア大学のセインズベリ視覚芸術センター（1974-78）のためのクラディング（外装）として使用した．アルミは近年の作品にもよくみられる．

アルムクヴィスト，オスヴァルド Almqvist, Osvald (1884-1950)
スウェーデンの建築家．シグルド・レヴェレンツらとともに独立組織の建築学校を立ち上げ，国民的様式の追求の一環としてヴァナキュラーな（地域に根ざした）建築の伝統を学んだ．しかし，非歴史主義建築の先駆者へと立場を変え，ベリラグスビィ，ドムナルヴェット，ダーラナなどの工業集落の建物を設計したほか，フォシュヒューヴドフォシュ（1717-21），ハンマースフォシュ（1925-28），クロングフォシュ（1925-28）における水力発電所を設計した．

アルメーナ almena
バトルメント（胸壁）上部の堅固な部分のことであり，側面が鋸歯状になっている台形の形態だ．ムーア建築の特徴である．

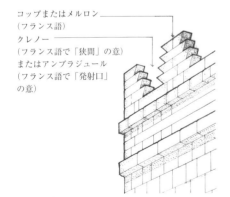

アルメーナ形式をみせるムーア風バトルメント（胸壁）（スペイン・コルドバのアンティグワ・メスキータの作例による）．

アルヤー allure
アルーラの綴り間違い⇨アラーリング

アルヤー alura, alure, ailure
バトルメント（城壁上部の胸壁）の背後のアラーリング，または，通路，ギャラリー，園路，通り道，歩路．イーリ大聖堂にみられるようなクリアストーリー・ギャラリー，クロイスター内の通路，または屋根の架かった通路やアンビュラトリーのことをいう．

アルリック Aelric（1124頃-53活躍）
ノーサンブリアの石工で，おそらくサクソン人の子孫．スコットランドのダンファームリンの大修道院聖堂（1125頃-50）の設計者と思われる．

アレ allée
砂利，または芝生を敷いた直線の園路のことで，木か生垣によって区切られており，通常，アイ・キャッチが終端に配されている．木や生垣の枝が頭上で重なるように仕立てられているものをアレ・クーヴェルト（フランス語で「おおわれたアレ」の意）という．

アレイジャジーニョ Aleijadinho (1738-1814)
本名アントーニオ・フランシスコ・リスボア（Antônio Francisco Lisboa），通称オ・アレイジャジーニョ（O Aleijadinho）は，ブラジルにおけるバロック，ロココ様式を代表する建築家．ポルトガル人建築家マヌエル・フランシスコ・リスボア（Manuel Francisco Lisboa, 1720頃-1767以前活躍）の非嫡出子として，ブラジル内陸の総監州ミナス・ジェライスの州都オウロ・プレート近郊に生まれる．アレイジャジーニョ（「小さな片端者」の意）は，つま先，手指，視力，そして皮膚が徐々に侵されていくなんらかの病気（おそらく梅毒かハンセン氏病）を患っていたが，こうしたハンディキャップにもかかわらず，きわめて豊かで想像力に満ちた彫刻装飾を適用することで，ポルトガルの伝統的教会建築の類型を変容させることに成功した．彫刻の大半は彼自身によって彫られたもので，金とダイアモンドの鉱床があったミナス・ジェライス州に豊富に産出する軟らかい石鹼石を材料とする．州都オウロ・プレートにはアレイジャジーニョの手による多くのチャペル，祭

壇，扉口，ファサードがつくられたが，その中でも代表作とされるのが，オウロ・プレート市内のサン・フランシスコ・デ・アッシス聖堂（1766-94）と，同市近郊コンゴーニャス・ド・カンポにあるボン・ジェズス・デ・マトジーニョス聖堂である．前者の正面入口は，両脇の円筒形の双塔の間に彫刻の施された豪華なドア・ケースが開き，優雅に波打つ内部は驚くほど統一感がある．後者は1777年から1805年という長い時間をかけて進化していったもので，12体の彫像によって守り固められた入口をもち，劇的で力強く，豊かな造形性をもつ各要素が統合され，全体的調和を実現している．

アレ，エティエンヌ＝シュルピス，またはスティーヴン Hallet, Étienne-Sulpice, also called Stephen (1760 頃-1825)

フランスの建築家．1786年からアメリカ合衆国に移住し，1793年よりワシントンD.C.にある連邦議事堂のソーントンによるデザインの監修を務め，わずかな修正を施したが，1794年には解任，ハドフィールドが後を襲った．

アレオッティ，ジョヴァンニ・バッティスタ Aleotti, Giovanni Battista (1546-1636)

イタリアの建築家．フェラーラのサンタ・バルバラ（1586-88）を含むいくつかの聖堂やパルマのサンタ・マリア・デル・クァルティエーレ（1604-19）を設計したが，後者はパゴダのような量塊の積層からなる奇妙な構成である．1570年の地震で被害を受けたフェラーラの多くの建物を修復し，その中にはエステ城やパラッツォ・デル・ラジョーネ，パラッツォ・デル・パラディーソ（1586年から1962年まで大学に使用された）が含まれる．最も堂々たる軍事建築はフェラーラの城塞である．その傑作はパルマのファルネーゼ劇場であり（1617-19，1944年の戦禍のあと1960-62年に修復された），ここで建築家はU字型平面の音楽堂とパッラーディオやスカモッツィの作品に由来する建築要素とを組み合わせている．これは当時までに建設された最大で最も壮麗な劇場だった．

アレグサンダー，クリストファー Alexander, Christopher (1936-2022)

ウィーン生まれのイギリスの建築家，建築理論家で，1960年にアメリカへ移住した．建築における空間と形態には「時代を超越」する普遍的な原理があると信じ，それらが厳密に人間の認識の原理に基づき，研究によって確定され，なおかつデザインの本質的な部分を提供すると考えている．そしてそれらがすべての時代（もちろん文化も）の建築から発見できることを提示している．その建築のパラダイムに関する考えは，『形の合成に関するノート（*Notes on the Synthesis of Form*）』（1964）や『パターン・ランゲージ（*A Pattern Language*）』（1977）および『時を越えた建設の道（*The Timeless Way of Building*）』（1979）にまとめられている．またセルジュ・アイヴァン・シャマイエフとともに，『コミュニティとプライバシー（*Community and Privacy*）』（1963）を刊行している．設計者や施工者，そして施主が，一体となるか，あるいは緊密に協働すべきことを主張し，パリ近郊のサン・カンタン・アン・イヴリーヌやその他のユーザー・デザインによるアパートの発展にかかわるなど，セルフビルドによる集合住宅を促進させている．より近年においてアレグサンダーは，建築を扱う現代的方法の大部分が「ばかげたもの」になっているとみており，「われわれ自身との再接続」を果たすための新しい方法をみつけ出す必要があることを主張するようになっている．彼によれば，脱構築主義は「無意味なもの」である．2002年からは，カリフォルニア州バークレーに設立された環境構造センターを通して，『秩序の本質（*The Nature of Order*）』を刊行し，彼のアイデアの真髄を提示している．

アレグザンダー・ザ・メーソン3世，アレグザンダー（石工棟梁）3世 Alexander the Mason III (1235 頃-57 活躍)

1240年頃リンカン大聖堂の建築工事を監督したイングランドの石工棟梁．おそらく，チャプター・ハウス（参事会堂），いわゆるガリラヤの玄関および西正面上部の建設工事を指揮し，交差部の塔の下部を再建した．創造力に富んだ設計者として重要であり，とくに多角形のチャプター・ハウスとそのヴォールト，西側のスクリーン・ファサード，そして身廊のリエルヌ・ヴォールトによって，イギリス・ゴシックに大きな影響を与えた．このリエルヌ・ヴォールトは，パターン化されたヴォールトをヨーロッパで発展させることになった．その他の新

機軸としては，西正面と中央塔の格子パターンがある．彼が設計したのではないかと考えられるものとしてこのほか，リンカンシャー，グランサムのセント・ウルフラム聖堂の塔下部，ノッティンガムシャー，ニューアークのセント・メアリー・マグダレーン聖堂がある．彼は，ウースター大聖堂の石工棟梁でフランスのル・マン大聖堂の工事に携わった可能性のあるアレグザンダー（1224頃-40活躍）と，同一人物だったかもしれない．実際，ウースター大聖堂にも多角形平面のチャプター・ハウスがある．

アレクサンドリア積み　alexandrian work
　⇨オプス・アレクサンドリヌム

アレージュ　allège
　たとえば，窓台と床面の間の細長い壁面．

アレッシ，ガレアッツォ　Alessi, Galeazzo (1512-72)
　ペルージャで生まれローマで修練し（ここでミケランジェロの影響を受けた），16世紀中葉のジェノヴァとミラノで指導的建築家になった．最初の重要作はジェノヴァのサンタ・マリア・アッスンタ・イン・カリニャーノ聖堂（1549-1603）である．正方形に内接したギリシア十字平面からなり，突出したアプシスと中央ドームと周囲の4個の小ドームを備え，明らかにブラマンテ設計のローマのサン・ピエトロの計画案にもとづいている．アレッシの住居建築，とりわけ1548年のヴィラ・カンビアーソはローマのパラッツォ・ファルネーゼに由来する要素を含むが，外観の処理のいくつかは大変豪華で，上端の開いたペディメントやミケランジェロ風の窓枠が含まれる．1550年ジェノヴァ総督が命じたストラダ・ヌオーヴァ（1558-70）の建設はアレッシによって実施され，パラッツォ（邸館）が軒を連ねた．これは異なる建築家によって設計された独立した複数の街区からなる例であると同時に，調和を保つためいくつかの特徴や高さや規模について全体的にコントロールされていた，この時代最初の街路である．これらのパラッツォはペーター・パウル・リュベンス（Peter Paul Rubens, 1577-1640）の『ジェノヴァのパラッツォ（*Palazzi di Genova*）』（1622-52）の出版によっ

て国際的に知られた．アレッシによるミラノの巨大なパラッツォ・マリーノ（1557）の外観立面は豊かに仕上げられ，その中庭はマニエリスム装飾の好例である．ミラノにあるサンティ・バルナバ・エ・パオロ聖堂（1561）とサンタ・マリア・プレッソ・サン・チェルソ聖堂（1568）は，前者は身廊と僧会席，内陣との厳格な区画によって，後者はその規模と装飾によって注目に値する．後者はマルティーノ・バッシによってアレッシの死後完成された．

アレッタ　alette
　1．建築物のアラ，または翼部．
　2．ジャンブ（扉の脇柱），またはピエドロワ（ともにフランス語）．
　3．古典主義建築において，エンゲージド・コラム（壁中コラム）やエンゲージド・ピラスター（壁中ピラスター）の脇に配されたピア（支柱）の目にみえる部分．通常，アーチのアバットメントを形成する．
　4．いくつかのコラム要素の間から見え隠れする背後のピラスター．

アレッツ，ウィール　Arets, Wiel (1955-)
　オランダの建築家．ウィール・アレッツ・アーキテクト・アンド・アソシエイツを設立（1984）し，1989年に若手建築家に贈られるロッテルダム・マースカント賞を受賞した．実作として，クアイク（1994-97），ボクステル（1994-97），ヴァールス（1993-95）の警察署，ヘーレンのAZLオフィス（1990-95），ヘーレンのサウスリンブルフ警察隊本部（1994-98），ティルブルの集合住宅（1992-94），マーストリヒトのオフィスビル（1990-95），マーストリヒトの美術・建築アカデミー（1989-93），アムステルダムのKNSM島の100戸の高層集合住宅（1990-96）と，すべてオランダにある．彼の作品はくっきりとした輪郭をもつ傾向があり，いわゆる「カルヴァン的な厳格さ」を連想させる．

アレン，ウィリアム・ヴァン　Alen, William van (1883-1954)
　ニューヨーク市ブルックリンに生まれ，パリのエコール・デ・ボザール（美術学校）に学んだのちにニューヨーク市で実務を開始した．彼の事務所は，基壇，柱身，柱頭といった古典主

義建築を思わせる要素を用いない高層商業ビルのデザインで名を知られるようになった．最も有名な作品はニューヨーク市のクライスラー・ビルディング（1928-30）で，これは施主ウォルター・P・クライスラー（Walter P. Chrysler, 1875-1940）だけでなく，企業宣伝をも記念するものとなった．この摩天楼のアール・デコ風の上層部にはハブ・キャップを思わせる連続した扇形に加え，鷲の頭とラジエーター・キャップのガーゴイルが組み込まれている．

アーレンズ，バートン・アンド・コラレック Ahrends, Burton, & Koralek (ABK)

1961年に，ベルリン出身のピーター・アーレンズ（Peter Ahrends, 1933-）とロンドン出身のリチャード・バートン（Richard Burton, 1933-2017），ウィーン出身のポール・コラレック（Paul Korarek, 1933-）によって，ダブリンのトリニティ・カレッジのバークレイ図書館のコンペ（1960，工事1961-70）において一等を獲得したのち，設立されたイギリスの建築事務所．他の作品としては，ダブリンのブータスタウンにあるセント・アンドリュース・カレッジ（1968-79）や，ダブリン・トリニティ・カレッジの芸術学部校舎（1968-79），オックスフォード・キーブル・カレッジの増築（1972-80），オックスフォード・テンプルトン・カレッジ（1969-96），ポーツマス工科大学図書館（1975-80），サリー，キングストン・アポン・テームズのジョン・ルイス・ストア（1979-90），ケント，カンタベリーのセインズベリー・スーパーマーケット（1983-84，直立した支柱から鉄のケーブルによって屋根がつり下げられている）がある．ABKは，ロンドンのナショナル・ギャラリーのハンプトン・エクステンションに当選（1982）しながら，チャールズ皇太子（現チャールズ3世）に「おでき」と表現され，世間にあまり歓迎されず，実現を逃した．しかしながらドーセットのフック・パーク・カレッジ（1988-91），マンチェスターのウィットワース・アート・ギャラリーの増築計画とスカルプチャー・コート（1991-95），ロンドンのドックランド・ライト・レイルウェイズのベクトン増築部分トポプラー・ブリッジ（1987-93），カーディフの科学技術センター（1992-95），バーミンガムのセリー・オーク・

カレッジ学習センター（1995-97），ウィルットシャー・スウィンドンのW・H・スミス本社増築（1994-96），アイルランドのウォーターフォード・ビジター・センター（1997-98），ダブリン歯科病院（1995-98），レスタシャーのラフバラ大学ビジネス・スクールと経済学部棟（1995-98），モスクワの英国大使館（1993-2000），ケリーのトラレ工科大学（1996-2001），ダブリンのブランチャドストーン工科大学（1998-2002），オファリーのタラモア州庁舎（1999-2002），ダブリン・トリニティ・カレッジの芸術学部棟増築（2000-02）など，数々の作品をみれば，組織の勢いは十分に感じられよう．

アーレンス，ヨハン・アウグスト Arens, Johann August (1757-1806)

ハンブルク生まれの建築家．ハースドルフとド・ヴァイイとともに学ぶ．ゲーテによってシュロス（城館）の再建（1789-92）のためにヴァイマールに呼ばれるが，そこでの彼のもっとも注目すべき建築は，公園に建ついわゆるローマ住宅（1790-92）であり，それは下層の単純なドリス式柱が神殿のような構造体を支えるというものであった．活動の多くはハンブルクでなされ，C・F・ハンセンとともに上品で円熟した新古典主義を実践し，その時代の北ドイツにおける同様式の最もすぐれた実践者の1人となった．

アロネード aronade

頂部の平らなメルロンの中央に頭部の丸くなった細長い直立材をもつバトルメント（鋸歯状胸壁）．

アロー・ヘッド arrow-head

エッグ・アンド・ダート（卵鏃模様）の中の尖った要素．

アロム，トーマス Allom, Thomas (1804-72)

ロンドン生まれの建築家．フランシス・ゴッドウィン（1784-1835）のもとで修行をした．地勢学的な美術家としての技能により仕事を得た．作品はロイヤル・アカデミーでたびたび展示され，しばしば仲間の建築家のドローイング作成した．彼の設計したものには，ロンドンのケンジントン・パーク・ロードのセント・ピー

ター教会堂（1855-57），ケンジントン・パーク・ガーデンズの壮観な一連の漆喰仕上げの住宅（1850年代）があげられる．

アロー・ループ arrow-loop

矢狭間．バリストラリア（バッリスタと呼ばれる大型弩の発射口），または丸孔．

アロンコ, ライモンド・ド Aronco, Raimondo d' (1857-1932)

⇨ダロンコ, ライモンド

アーロンの杖 Aaron's rod

1. 芽生えつつある葉をつけた杖の形態の装飾物．

2. 蛇の絡まる装飾が施された杖．カドゥケウスと混同しないよう．

アンウィン, サー・レイモンド Unwin, Sir Raymond (1863-1940)

イギリスの都市計画家であり，当時最も影響力があった．ウィリアム・モリスや社会主義思想に影響を受け，エベネザー・ハワードによる都市計画理論に惹きつけられた．彼は，義弟であるバリー・パーカーとパートナーシップを組み（1896-1914），パーカー・アンド・アンウィンとして，ダービシャー，バロウ・ヒルのセント・アンドリュース礼拝堂（1893）など，アーツ・アンド・クラフツ様式の住宅を設計した．その後，ヨーク近郊にあるニュー・イアーズウィック・ヴィリッジを，ジョセフ・ラウントリー（Joseph Rowntree, 1836-1925）・ヴィリッジ・トラスト（1901から）のために計画し評判となった．その後，エベネザー・ハワードの構想，すなわちハートフォードシャー，レッチワースの最初の田園都市計画（1903年から）が実現し，そこでいくつかの住宅と施設を設計した．レッチワースの計画はゆっくりと進んだが，次の計画であるハムステッド・ガーデン・サバーブは迅速に実施された（1905年から）．アンウィンはハムステッドに移ったが，パーカーはレッチワースにとどまった．ガーデン・サバーブ計画は，チジックのベッドフォード・パークという先行例に基づき，低密度住宅の考え方を実現した成功例であり，多くの戦間期につくられた郊外地区計画のプロトタイプとなった．ハムステッドは広大でありながらも，

その中心には，2棟の礼拝堂と住宅群，学校があり，それらはラッチェンスによって設計されている（1908年から）．

1909年のアンウィンの著書『実践的都市計画：都市と郊外の設計序論（*Town Planning in Practice : An Introduction to the Art of Designing Cities and Suburbs*）』は，その後30年にわたって，都市計画において考慮すべき多くのポイントを述べた重要書となった．1914年に地方行政院（後に厚生省）における都市計画主任調査官に，また第一次大戦における軍需省の住宅部長に任命され，多くの開発，スコットランドのグレトナやフリントシャー（現クルーイド），マンコット・ロイヤル（クイーンズフェリー）などを手がけた．チューダー・ウォルターズ住宅委員会の委員（1918），アメリカのニューヨーク地区計画の顧問にもなった（1922）．さらに1928年まで厚生省における上級官吏をつとめた．ウィゼンショーのマンチェスター近郊開発計画について助言を行い，パーカーが計画の主任監督になった（1927-41）．それは，当時，地方自治体が行った住宅地区計画で最も意欲的なものであり，第二次世界大戦後の初期ニュータウンを先取りしたものであった．アンウィンはロンドンの諸計画にもかかわり，それらが1940年代の大ロンドン計画に結実した．彼は都市計画協会（1913）の設立メンバーの1人であり，王立英国建築家協会の会長（1931-33）であった．他の著作には，『コテージの計画と常識（*Cottage Plans and Common Sense*）』（1902, 1908再版），『過密からは何も生まれない：田園都市的開発がいかに所有者と占有者双方に有益か（*Nothing Gained by Overcrowding. How the Garden City Type of Development May Benefit Both Owner and Occupier*）』（1912），など多数の雑誌記事がある．

アンカー anchor

1. 卵形装飾と交互に配された鏃，ダート，または舌のような装飾物の誤称．たとえば，オーヴォロ（伊語で「卵」の意）割形（くりかた）やイオニア式柱頭のエキノス（ギリシア語）を豊かに装飾するものである．

2. 壁体が外側に膨らむのを防ぐためのアンカー・ビーム，または金属製緊結材の露出した端部．外壁面に円形盤やS字形，X字形，Y字形として現れることが多い．

アンカツト

3.「信仰」，のちには「希望」の擬人像のアトリビュート（持物）．

アンカット・モディリオン　uncut modillion
トスカナ式オーダーの変形としてのムトゥルス，またはブラケットに似たモディリオン，もしくは単に片持ち梁となった部材．

アンカリッジ　anchorage
隠棲者，現世から引きこもった人物の住房，隠棲所．イングランド北部において，チャンセル（内陣）の北側のヴェストリー直上によくみられるが，いたるところに配されうる．通常，聖堂付属の埋葬地にみられる．

アンカール，ポール　Hankar, Paul (1859-1901)
ベルギーの建築家．ベヤールとヴィオレ=ル=デュクの影響を受け，のちにアール・ヌーヴォーの最も重要な中心人物の一人となる．その建築の細部は精妙であり，オテル・ゼジェール=ルニャール（1888），オテル・アンカール（1893），および豪勢につくりこまれたオテル・シャンベルラーニ（1897）が代表作で，いずれもブリュッセルに建っている．日本の芸術に影響を受けたその作品はさらにオットー・ヴァーグナーに影響を与えた．1897年，彼はアンカールの豊潤で創意に富んだ内装のいくつかを実見していたのである．

アンギュラー・キャピタル　angular capital
イオニア式の「対角線」式柱頭の形式で，4面が同じデザインであり，それゆえ，ヴォリュートが8個ある．おそらく，スカモッツィによって発明されたアビューズであり，現代イオニア式オーダー，またはスカモッツィ風イオニア式オーダーと呼ばれる．この形式を採用すれば，ポルティコの隅部で特別なアングル・キャピタルを必要としない．だが，古代に由来があるとみなすこともできるだろう．なぜなら，すべての古代ローマのコンポジット式柱頭の頂部にみられるし，「対角線」式イオニア式柱頭として個別に実在したのである．これはポンペイで流行しており，ローマのサトゥルヌス神殿（320年頃）のポルティコに顕著にみられる．

暗渠　culvert
道路や建物などの下に水を流すためのトンネルまたは水路．

アングィロニウス，フランキスクス　Aguilonius, Franciscus (1567-1617)
スペイン系フランドルの建築家．アントウェルペンのイエズス会の聖堂（シント・カロルス・ボロメウス聖堂）を設計し，1615年に着工した．ローマのイル・ジェズ聖堂に負っている部分もある．この建築物はピーター・ホイヘンスの監督のもとに竣工し，ペーター・パウル・リュベンス（Peter Paul Rubens, 1577-1640）によって装飾を施された．

アングル・ヴォリュート　angle-volute
コンポジット式，コリント式，およびイオニア式柱頭の隅部における渦巻形装飾．中世，とりわけ，ロマネスクにおける派生物にもみられ

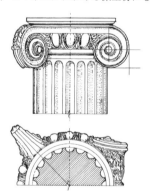

ローマのフォルトゥーナ・ウィリーリス（男運女神）神殿のアングル・キャピタル，またはコーナー・キャピタルの作例（ラングレイによる）．

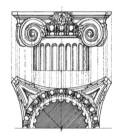

アンギュラー・キャピタル，またはスカモッツィ風柱頭（ラングレイによる）

る.

アングル・キャピタル　angle-capital
　列柱やポルティコの隅部における柱頭．イオニア式オーダーにおいては，通常，柱頭の正面と側面は異なっており，隅部の両面にヴォルート（渦巻装飾）をみせるには，隅部外側のヴォリュートを斜め45°の角度をつけて斜め外方向へ突き出す必要がある（正面，および側面の立面に対しては135°の角度）．アングル・キャピタルはアンギュラー・キャピタルと同じものではない.

アングル・シャフト　angle-shaft
　1．建築物の隅部外側に設けられた装飾的なコロネット（小円柱）.
　2．ロマネスクの扉口や窓開口部のジャンブ（脇柱）に施されたコロネット.

アングル・ストーン　angle-stone
　クォイン.

アングル・タイ　angle-tie
　1．寄棟屋根の隅部において，ウォール・プレートをつなぐ水平方向のブレース，ドラゴン・タイ，またはアングル・ブレース．または，ドラゴン・ビームの一端を支持する同種のもの（他端はウォール・プレートの留め継ぎのところに配する）.
　2．二つの木材が広がらないように，その間をつなぐティンバー・タイ（木製つなぎ材）.

アングル・バットレス　angle-buttress
　⇨バットレス

アングル・ビーズ　angle-bead
　1．目地仕上げにおいて，隅部に単独のビーズを施したビーズ仕上げによる隅部の棒状装飾.
　2．プラスター仕上げの外側隅部における縦方向の仕上げ．プラスター仕上げで綺麗に仕上げられる．正確な用語としては「スタッフ・ビーズ」がある.

アングル・フィレット　angle-fillet
　隅部外側のフィレットで，隅部を明確に区切ってはっきりさせるものである．ビーズより

アングル・ポスト　angle-post
　木骨構築物隅部の鉛直方向のポスト（柱）．上層が外側に突出した構築物の場合のように，1層のみを通している場合，ストーリー・ポスト（管柱）と呼ばれる.

アングル・モディリオン　angle-modillion
　古典主義建築のコーニスの隅部外側に対角線上に突き出たモディリオン（持ち送り）．本来，アビューズとみなされるが，古代ローマにおいても時折みられた.

アングル・ラウンド　angle-round
　城塔や城壁の曲線を描く隅部に配された連続したコーベル（持ち送り）の上に設けられたバトルメント（鋸歯）つき胸壁．とりわけ，17世紀のスコットランド建築によくみられる.

アングル・リーフ　angle-leaf
　中世建築のピア・ベース（支柱柱礎）の下部トルスから突出して，隅部の4カ所に刻まれた鉤爪，グリフ（爪を意味するフランス語），葉やスパーのうちの一つ．直下の方形平面のプリンスの一隅部を覆うものである．⇨スパー

アングル・ロール　angle-roll
　ボウテル（単純な丸い刳形（くりかた）).

アングロ・サクソン建築　Anglo-Saxon architecture
　6世紀末からノルマン・コンケスト（1066）までのイングランド建築のことで，サクソン建築とも呼ばれる．アングロ・サクソン建築の多くは木造であったが，672年頃から，重要な建築は，粗硬石積み（ラグ）や野石積み（ラブル）などの石造で建てられるようになる．その後，水平・鉛直と交互に積まれた隅石（長短積みと呼ばれる），隆起したレセーナ（伊語，柱型）（ノーサンプトンシャーのアールズ・バートン聖堂でみられる），水平のストリング・コース（胴蛇腹），縦縞の上のブラインド・アーケード，塔に設けられたバラスターのような細円柱で分割された一組の半円形アーチの開口部，三角形まぐさの開口部，戸口を枠取る粗く刻み込まれた巨大な要素などといった，フリー

アンクロシ

ストン（軟石）の仕上げが一般的なモチーフとなる．隆起したレセーナ，ストリング・コース，長短積みは，野石積みの壁が，もともとプラスターやスタッコなどで下塗りされることが意図されていたことを示している．野石は時折，矢筈模様に並べられた．窓や開口部は一般に小さく，聖堂は身廊（グロスターシャーのディアハーストの聖堂のように上階をもつことが多い），および，アーチ（例：ソーク・オヴ・ピータバラのウィタリングの聖堂）または3連アーチ（例：エセックスのブラッドル・ジュクスタ・メーアの聖堂）で身廊と分割された内陣で構成される．北部地方の内陣は，通例，矩形平面であるが，南部地方ではアプスのようになることが多い．ノーサンプトンシャーのブリクスワースのオールセインツ聖堂では，身廊のアーケードに，部分的に古代ローマ時代の煉瓦やタイルが再利用されている．これはもともとこの建築がバシリカであったことを暗示している．両側に部屋があり，一方の端はアプス，もう一方は2階建てのポーチであったと思われるが，「側廊」はポルティクスと呼ばれる部屋をつくるために，壁によって分割されていたようにみえる．このように，ブリクスワースの実例は，現存する最も壮大なアングロ・サクソン建築の一つであるが，取り壊されてしまったウィンチェスターの新しい修道院付属聖堂（ハンプシャー，903年開始，取り壊し）などの建築は，カロリング朝の先例の特性を多くもちながら，さらに野心的であったように思える．

アングロ＝シノワ　anglo-chinois

〔「英国風中国趣味」の意〕おそらく，中国の原型に由来する不定形で幾何学式ではない風景式庭園の形式を指すフランス語．中国風の建築物で美装され，チェンバーズが普及させた．⇒シノワズリ，シャラワジ

アンコン，アンコニス　ancon, anconis（*pl.* ancones）

1. 渦巻形ブラケットに似たコンソール．頂部よりも底部の方が幅が狭くなっている（すなわち，立面が楔形）．アーチのキーストーンとしても現れ，装飾要素を支持していることが多い．

2. 古典主義建築において，開口部のアンテパグメントゥム直上のコーニス両端を支持するトラス，肩状部材，クロセット，コンソール．本来は楔形にテーパーをつけて仕上げられるが，両側面が平行なコンソール，パロティード（フランス語），プロテュリス（ギリシア語）も，おおまかにこの用語で呼ばれることがある．

3. 長方形の隣り合った2辺，またはコイン．

4. メーソンリーにおいて2個の石材を緊結するのに用いられるクランプ．

5. 綱を用いて揚げられるようにすべく，円柱のシャフト（柱身）のドラムに設けられた突起部．

アンサーント　enceinte

1. 要塞を取り囲む壁，あるいは塁．

2. 壁や塁によって境界づけられ，あるいは画定される領域．

3. 要塞の中央にあって，防御性能の最も高

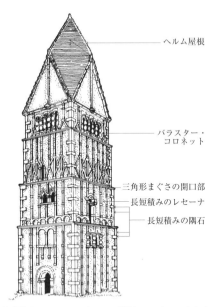

典型的なアングロ・サクソン建築のモチーフからなる聖堂の塔（仮想図）：オールセインツ聖堂（アールズ・バートン，ノーサンプトンシャー），セント・メアリー聖堂（サンプティング，ウェスト・サセックス），セント・メアリー聖堂（ディアハースト，グロスターシャー）をもとに作図．

い場所.

アンジュレーティング undulating
 1. 曲線形, または流線形トレーサリー.
 2. 波形のバンド・モールディング（帯状刳形（くりかた））, ギヨーシュ, アンデ, アンディ, 波形渦巻装飾, ウィトルウィルス式渦形装飾.

アン女王 Queen Anne
 1. イングランドのアン女王（Queen Anne）の治世（1702-14）時代に建てられた建築. 当時, レンやヴァンブラ, アーチャー, ホークスムアによりイングランドのバロック様式が成熟した. たとえば, ヴァンブラが手がけたオックスフォード州のブレニム宮殿（1705-25）, ホークスムアのロンドンの聖堂（1714-29, スピタル・フィールズのクライスト・チャーチなど）が注目に値する. この時代の住宅建築はチャールズ2世治世およびオランダに起源がある. ロンドンにおいては, たとえば, 住宅は赤煉瓦でおもに仕上げられ, 背の高い上げ下げ窓, キャノピーのような木造のドア・ケース（玄関ポーチ）がつき, 屋根はより平らになって, パラペットの裏側に隠れるようになった. 平明で威厳のある慎み深さがイギリスおよびアメリカ植民地の住宅建築の特徴となった. のちの時代, とくに1860年頃から1890年頃, そしてふたたび20世紀に, 影響力のある美徳となって評価された.
 2. クイーン・アン様式あるいはクイーン・アン・リヴァイヴァルは, 1860年代に発生したもので, 実のところ, その名が示すものとは異なるものだった. いくつかの特徴は17世紀, 18世紀のイングランドおよびフランドルの住宅建築から引かれているが, 折衷的なモチーフはさまざまな起源をもつ. たとえば, 背の高い白で塗られ小さなガラスが入れられた上げ下げ窓, 開口の上部およびその周辺をおおう荒い仕上げの煉瓦のアーチとその仕上げ, テラコッタの装飾, オープン・ベッドおよびブロークン・ペディメント, 傾斜のきつい屋根（しばしば軒蛇腹から立ち上がる）, 巨大な煙突, 釣鐘型やオランダ式の破風, 白く塗装された手すり, バルコニー, 張り出し窓などがその特徴である. このような建築要素が, ゴシック・リヴァイヴァルとA・W・N・ピュージンの理念から引き出された新しい自由で非対称で形式ばらない平面計画と組み合わされた. G・F・ボドリー, W・N・ネスフィールド, R・N・ショウ, J・J・スティーヴンソン, フィリップ・ウェブらの手により, この様式は進化し, 土着建築の要素と混ぜ合わされるようになった（たとえば, タイル掛けの切妻壁に破風板, 下見板, 鉛枠にガラスが入れられた水平開き窓）. このように発展したものには, ドメスティック・リヴァイヴァルという用語が使われるようになった. 一方, 古典的なモチーフが優勢なものはフリー・クラシシズムあるいは北方ルネサンス・リヴァイヴァルと呼ばれた. いわゆるクイーン・アン様式は純粋な学問的な復興様式ではなく, その点においてゴシックやグリーク・リヴァイヴァルと異なる. 本質的に折衷的にさまざまな時代, 地域のモチーフを幅広く引いている. それは, アメリカ合衆国においても住宅建築に影響を与え, コロニアル・リヴァイヴァルとしばしば混じり合った. クルーク教授はこれを「柔軟な都会的隠語」と呼んだ. あの人は空気を読みとるのがうまい, というのに近い表現である.

アン女王様式アーチ Queen Anne arch
 中央の半円アーチを頂く窓の両脇に, 縦に細長いサイド・ライトが設けられ, その上にブリック・ラバーで構成された二つの「平たい」アーチが中央の半円アーチと並ぶ形式. セルリアーナ（例：ブロード・ストリート39番, ラドロウ, サロップ, 1765頃）として知られるパッラーディオ様式の窓やヴェネツィア様式の窓の変形版. 実際にはアン女王の時代よりも

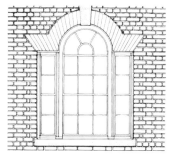

アン女王様式アーチ　ブリック・ラバーとキー・ストーンに着目せよ（サロップのラドロウの例）.

ジョージ1世の時代によく用いられた.

アンス・ド・パニエ　anse de panier
⇨偏円アーチ

アンタ　anta (*pl.* antae)
1.　古代ギリシア神殿などで，側壁（プテロマータ pteromata と呼ばれる）の終端部を厚くしてつくられた正方形または長方形断面のピア.側壁をナオスの正面壁よりも前方に突出させ，アンタの間に一直線にコラムを並べてポルティコとする場合，このコラム，ポルティコ，あるいは神殿をイン・アンティス in antis という.ローマ建築のピラスターは長方形の断面をもつ以外はコラムとつねに同じであるのに対し，古代ギリシア建築のアンタは，オーダー固有の柱頭および柱礎とは異なる柱頭あるいは柱礎をもつことがある.またアンタは，エンタシスをもたないか，もっていてもごくわずかであり，そのためにアンタの側面は互いに平行となる.

2.　アンテパグメントゥムと同義.

アンダークロフト　undercroft
クリプト，または聖堂や他の建築物の下にあるヴォールトで覆われた空間のことで，全体もしくは一部が地下となる.

アンダーソン卿，ロバート・ローワン　Anderson, Sir Robert Rowand (1834-1921)
スコットランドが生んだ最も才能ある建築家の1人.ジョン・レッセルズ（John Lessels, 1808-83）の事務所で仕事を始めた.作品として，エディンバラのオールセインツ教会堂（1864-78），エディンバラのカトリックの12使徒聖堂（1871-94），エディンバラ大学のメディカル・スクール（1874-86），マキューワン・ホール（1884-90），グラスゴーのセントラル・ステーション・ホテル（1878-84）があげられる.ガヴァン教区教会堂（1884-88）はスコットランドにおけるゴシック・リヴァイヴァル作品の中でもっともすぐれたものの一つである.グラスゴーのポロック・ハウスの品のよい翼部とテラス，ガヴァンのピアス・インスティテュートもデザインした.細部にまでこだわる保守主義者であり，繊細な作品として，アイオナ修道院（1874-76），ペイズリー修道院（1898-1907），

ダンフリース近傍のスウィートハート修道院（1911-14）があげられるだろう.ビュート島のローゼイにあるマウント・スチュアート（1878年から），エディンバラのナショナル・ポートレート・ギャラリーおよび古物博物館（1884-89）は彼が手がけた重要な作品群の中でもとくに興味深いものである.彼の復興主義は彫刻的で学究的なものであった.セントラル・ステーション・ホテルは17世紀のスカンジナビア様式の先例に限りなく近づいたものであるが，その他の作品では，出身地であるスコットランドの建築の影響が明らかである.彼はフランスとイタリアの中世建築についての著作（1870-75）を出版し，他の人と協力して，12世紀から17世紀のスコットランドの建築についての書物の編纂を行った.

アンダーソン，ジョン・マクヴィカー　Anderson, John MacVicar (1835-1915)
グラスゴー生まれ，スコットランドの建築家.おじのウィリアム・バーンのもとで修行し，のちに共同経営者となった.バーンが死去した1870年以降も事務所を継続した.ロンドンのさまざまなクラブ建築の増築を行ったほか，ロンドンのストランドにあるナッシュ・テラスの中心にあるクーツ銀行の端正な古典主義的なファサード（1903, 現存せず），スレッドニードル・ストリートのブリティッシュ・リネン銀行（1903, 現スコットランド銀行）も手がけた.

アンデ，アンディ　undé, undy
波形渦巻装飾，またはウィトルウィルス式渦形装飾に似たウンディ，もしくは連続する波のような装飾が繰り返されるアンジュレーティングのこと.とりわけ，古典主義建築で用いられるが（波形を意味するウンディが語源），後期ゴシックの装飾（トレールなど）にもみられる.

アンティーク　Antique　⇨古代

アンティクム　anticum
1.　プロナオスと同義のラテン語.ケラの正面とポルティコのコロネードにはさまれた空間.

2.　門扉あるいは前扉，または主扉の前に置

かれるポーチの一種.
  3. テンプル・フロント.
  4. アンタ. ただしアンタの意味でこの語を用いるのは誤り.

アンティクラスティック anticlastic
直交する二方向の湾曲が互いに反対の, すなわち縦方向が凸型で横方向が凹型またはその逆となるような, 二重曲率をもつ曲面であることをいう. このような状態は, たとえば双曲放物面の屋根に見ることができる. ⇨シンクラスティック

アンティ・クワイア ante-choir
前内陣, すなわちパルピタムの厚さに対応する区画で, ノッティンガム州のサウスウェル大聖堂（1320-40頃）に例がみられる.

アンティ・コート ante-court
大規模住宅のクール・ドヌール（正面前庭）に先行する最初のコートで, サーヴィス棟へのアクセスとなる.

アンティスタテス Antistates（前6世紀活躍）
ウィトルウィウスの記述によれば, ペイシストラトス（Peisistratos, 前560-前527）の命により, アテネにあるゼウス・オリンピオス神殿の建設に従事した建築家の一人（他にはアンティマキデス, カライスコロス, ポリノスがいた）.

アンティ・チェンバー, アンティ・シャンブル ante-chamber
⇨前室

アンティ・チャーチ ante-church
聖堂の西端部に置かれる聖堂前室, すなわちナルテクスのことで, アンティ・ネーヴ（外陣前室）とも呼ばれる. 身廊と側廊をもち, 複数のベイからなる長さを有することもある. ダラム大聖堂の五廊式のガリラヤの祭室（1170-80頃）が良い例である.

アンティ・チャペル ante-chapel
礼拝堂の西端部にあるトランセプトに似た部分で, 礼拝堂固有のヴォリュームから区別される. オックスフォードのマグダレーン・カレッ

ジ・チャペルやマートン・カレッジ・チャペルなどに例がみられる.

アンティック antic
  1. 人物や動物および花の形を奇怪に混合したグロテスクな装飾表現.
  2. 装飾に用いられる動植物相の故意に奇形化, 空想化, また戯画化された表現.
  3. カリアティッドなどの人体的表現のうち, とくに不調和な形態と不適切な配置をもつものをいう.
  4. 歪んだ流し目の仮面のことで, 非合理的で未開の自然と不合理の世界を示唆する.

アンティ・ネーヴ ante-nave
⇨アンティ・チャーチ

アンテパグメントゥム antepagment, antepagmentum（pl. antepagments, antepagmenta）
  1. 開口部の抱きの正面部分, または刳形の施されたアーキトレーヴ. 頂部の水平部分, すなわちスペルキリウム（平縁）あるいはアンテパグメントゥム・スペリウムは, 実質的に楣（まぐさ）の上方につけられた刳形で, アーキトレーヴの鉛直部分の刳形と同一の断面図をもつ. 多くの場合, クロセットが楣の上端を超えてわずかに突出し, 刳形は端部で折返し, 耳, 肘, 突起, 肩を形成する.
  2. アンタまたはピラスター.

アンテフィクス antefix, antefixum（pl. antefixes, antefixa）
  1. 屋根瓦の接合部を隠す瓦のうちの軒瓦の

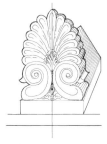

アンテフィクス（アテネのパルテノン神殿の例にもとづく）

アンテフイ

上に載る端部装飾，あるいはコーニスのシーマの上に置かれる端部装飾．古代ギリシア神殿の棟飾りの上に載ることもある．アンテミオン・モチーフで飾られることが多かった．

2. 古典古代初期の神殿フリーズに付けられる，またはペディメントのアクロテリオンの上に載る装飾で，テラコッタ製のものが多い．アンテフィクスム（複数形アンテフィクサではなく）は，神殿のキュマティウム上の獅子の頭部にもつけられることがあるが，これは間違いのようである．

アンテフィクスム antefix, antefixum (*pl.* antefixes, antefixa)
⇨アンテフィクス

アンテペンディウム antependium
⇨オールター・フェーシング

アンテミオス（トラレスの） Anthemios of Tralles（6 世紀前半活躍）
ギリシアの数学者，理論家．コンスタンティノープルにあるハギア・ソフィア聖堂（532-37）を建設したことによって，その名が知られるが，この巨大な構造物は，技師としての評判が高かったために，ユスティニアヌス帝（Emperor Justinian, 527-65）から設計を命ぜられたものである．この建築では，四つの堅固なバットレスと，二つの半円蓋が設けられており，これによって，ペンデンティヴ上に架けられた浅いソーサー・ドームの外方向への推力を受けることができる．このビザンティン建築の傑作の建設に際しては，ミレトスのイシドロスの助けを得た．

アンテミオン anthemion (*pl.* anthemia)
⇨忍冬唐草模様

アンテ・ミュラル ante-mural(e)
防御用の胸土，外塁．または市壁，城塞，城郭の前面に置かれたバルビカンなどの壁体．

アンテーラミ（またはアンテールミ），ベネデット・デッリ Antelami, *or* Antelmi, Benedetto degli（1178-1233 活躍）
イタリアの彫刻家，建築家．パルマにあるロマネスク様式の八角形平面の塔状の洗礼堂の建築工事を指揮した（1196-1216，ただし工事は 1270 年まで完成しなかった）．この洗礼堂の外部は，コロネードで開口された 4 層のギャラリーをもつ．このほかに彼に帰されるものとして，ボルゴ・サン・ドンニノ（フィデンツア）の巡礼聖堂（12 世紀後期から 13 世紀初期）と，ロマネスクからゴシックへの移行がはっきり表れているヴェルチェッリのサンタンドレア聖堂（1219-26）がある．

アン・デリ en délit
ゴシック様式にみられる，独立した石造細円柱．あるいは，垂直の石目をもつコロネット．

アンテリス，アンテリドス anteris, anteridos (*pl.* anterides)
1. 壁を支持あるいは補強するバットレス，扶壁，エリスマ（ギリシア語），スペローネ（イタリア語）または方杖．
2. スペローネと呼ばれるアンタあるいはピラスターの一形式だが，古典主義建築におけるよりもむしろ柱型に近い．

安藤忠雄 Ando, Tadao (1941-)
建築をほぼ独力で学んだことで有名な日本の建築家．アフリカ，ヨーロッパ，アメリカの建築を見てまわり，1969 年に大阪で安藤忠雄建築研究所を立ち上げる．伝統的な材料や地域特有の様式に依拠しつつも，近代的な建設技術を駆使し，また，通りに対して「閉ざす建築」という考え方をするなど，批判的地域主義を牽引する傾向を示した．おもな作品として，大阪の「住吉の長屋」（1979，ミニマリズムへ向かう建築の志向性が表明された），神戸の「六甲の集合住宅」（1983-93），北海道のトマムにある「水の教会」（1988），香川県直島の「ベネッセハウス・ミュージアム」（1990-95），兵庫県三方郡にある「木の殿堂」（1993-94），パリのユネスコ本部（1994-95），大阪の「サントリー・ミュージアム」（1994）など．直島のプロジェクトには，安藤が厳粛な幾何学とコンクリートを用いながら，いかに場所の感覚に応じようとしているかが読み取れる．大阪の狭山池博物館は 2002 年に竣工，アメリカのテキサス州，フォートワース現代美術館は 1997 年に設計され，2003 年に竣工した．

アントゥネス, ジョアン　Antunes, João (1643-1712)

ポルトガルの建築家. 彼の設計したリスボンのサンタ・エングラシア聖堂 (1682 起工) は, ギリシア十字形の集中式平面をもち, 中心からアプス状端部をもつ四つの袖廊が突出し, 各袖廊の間に塔をもつという特徴的な構成である. すなわち同聖堂は, ブラマンテとペルッツィによるローマのサン・ピエトロ大聖堂のデザインの重要な翻案の一つである. リスボン市内また近郊にアントゥネスによって設計されたそのほかの作品 (彼は 1699 年王室建築家に任命された), たとえばアヴェイロのジェズス修道院聖堂内の聖歌隊席前の空間や, そこに収められたジョアナ王女の巨大な墓所 (1699-1711) なども, 非常に質が高い.

アントニオ・アヴェルリーノ　Averlino, Antonio (1400 頃-69)

⇨ (通称イル・) フィラレーテ (アントニオ・ディ・ピエトロ・アヴェルリーノ)

アントーニオ・ディ・ヴィチェンツォ　Antonio di Vicenzo (1350 頃-1401/2)

⇨ヴィチェンツォ, アントーニオ・ディ

アントーニオ, フランシスコ・リスボア　Lisboa, António Francisco (1738-1814)

⇨アレイジャジーニョ

アントニヌス帝記念柱　Antonine column

皇帝アントニヌス・ピウス (Emperor Antoninus Pius, 138-61) を記念するために創案されたと考えられている古代ローマ時代のモニュメンタルなトスカナ・ドリス式記念柱. 大きなペデスタルの上に置かれて, シャフトはレリーフ彫刻の施されたらせん帯で装飾され, 中にトラヤヌス帝記念柱 (112-13) と同様のらせん階段をもつ. 実際には皇帝マルクス・アウレリウス・アントニヌス (Emperor Marcus Aurelius Antoninus, 161-80) を記念しているので, 混乱が生じている.

アントネッリ, アレッサンドロ　Antonelli, Alessandro (1798-1888)

トリノの建築学校教授 (1836-57). テンプルフロントを好み, ボーカの至聖所 (1830 年以降), オレッジオの聖堂 (1853-58), ノヴァーラ大聖堂 (1854 以降) といった実作に用いた. イタリアの新古典主義としては最後期の巨匠の一人で, トリノにあるモーレ・アントネッリアーナ (当初はシナゴーグ) (1863-84) で名声を得た. これは当時最も高い石造建築で, オーダーが幾重にも積み重ねられ, 最頂部にはパゴダのごとき尖塔が付けられた. モーレは息子のコスタンツォ (Constanzo, 1844-1923) によって完成させられた. アントネッリは, ノヴァーラのサン・ガウデンツィオ聖堂では, 交差部にすさまじく背の高いクーポラおよびランタンを加えた (1841 以降) ほか, ノヴァーラ大聖堂の改修 (1854-69) においては, バシリカの形状を保持しつつ, 聖堂の内外に多数の円柱を用いた.

アントリーニ, ジョヴァンニ・アントーニオ　Antolini, Giovanni Antonio (1756-1841)

イタリアの新古典主義の建築家. ファエンツァ出身で, 1800 年にミラノに移り, その後はずっとローマに住んだ. フランスの新古典主義建築家に影響を受けた. その影響をミラノのフォロ・ボナパルテ地区の壮大な計画案 (1801) に見て取ることができるが, ほとんどが実施されなかった.

アンドリュース, ジョン　Andrews, John (1933-2022)

オーストラリア生まれの建築家. トロント大学スカボロー・カレッジ (1962-69) の作品によって名声を確立した. 同建物は巨大な内部通路を内包し, ニュー・ブルータリズムに典型的な粗野な材料と重厚感のある形態からなるメガストラクチャーである. 彼は, カナダ在住時に, ともにオンタリオ州にあるグエルフ大学グエルフ学生宿舎コンプレックス B (1965-68) と, CN タワー (1975) を設計した. ハーバード大学デザイン大学院のガンド・ホール (1968) は, フィリップ・ジョンソンが六つあげた, 20 世紀の最も優れた建築物の一つとして賞賛された. その一方で, 巨大なスタジオの空間と, それを覆う大ガラス面が, 実用上の問題を多く引き起こした. オーストラリアにある後期の作品のうち, シドニーのアメリカン・エキスプレス・タワー (1976) では, サービス・タワーが三角形平面の一つのコーナーに配され, 軽量な管

状構造に支持されたアンチグレア・ガラスによってまぶしい太陽光を制御している. クインズランド大学化学工業実験棟(1976), ブリスベンのグリフィス大学オーストラリア環境学部棟(1978)といった, 複数の大規模な大学施設を設計した. パースのメルリン・ホテル(1984)は巨大な中庭を有した十字形プランをもつ. ワシントン D.C.のインテルサット本部(国際商業衛星通信機構)(1988)は, 多くの賞賛を集めた.

アンドリュー, ポール Andreu, Paul (1938-2018)

フランスの建築家. パリ, シャルル・ド・ゴール国際空港の配置計画を設計し, 精巧な設計がなされている環状ターミナル 1 (1969-74)を設計した. その内部はある意味, 落ち着きを欠く. 彼は加えて 2004 年 5 月に一部が崩落したターミナル 2E を含むターミナルの増築も設計している. パリ, ラ・デファンスのグランド・アルシュ(1986-89)では, フォン・スプレッケルセンと協働した. 彼による作品の多くは空港で, 有名なものにマニラ(フィリピン)の空港がある. 英仏海峡トンネルにおける, フランス側のターミナルを設計した.

アンドルーエ Androuet
⇨セルソー一族, デュ

アンドレア・ディ・チオーネ Andrea di Cione (1343-68 活躍)
⇨オルカーニャ(通称), アンドレア・ディ・チョーネ

アンドレ, エドゥアール=フランソワ André, Édouard-François (1840-1911)

フランスのランドスケープ・アーキテクトで作家. パリの公園群の配置計画を手がけてアルファンを補佐し, J・P・バリイェ=デシャン(J.-P. Barillet-Deschamps, 1824-75)とともにパリのラ・ミュエット園芸場の創建に携わった. 彼自身としてはイングランド(たとえばリヴァプールのセフトン公園(1867-72)), オランダ(17 世紀の様式のオランダ庭園をリヴァイヴァルさせた), イタリア, およびリトアニア(イングランドのランドスケープ・デザインを推進した)で仕事している. 1879 年に『造園術(*L'Art des jardins*)』を公刊し, イングランドの風景式庭園にみられるテーマの多くを公共公園で使用するよう主張した.

アンドレ, エミール André, Émile (1871-1933)

フランスの建築家. 絵画的構成によってアール・ヌーヴォー様式の特徴が織り込まれたナンシー市外のパーク・ド・ソウルットといった郊外住宅地開発をアンリ・ギュトン(1873-1963)と設計した. ストラスブルグ-パリ鉄道線のアーチ橋台間に沿って二住戸ヴィラ(メゾン・ユオ)を, バクスレール・ピニョ・デパート(1901)を彼の父親であるシャルル・アンドレ(Charles André, 1841-1928), ユージェンヌ・ヴァラン(Eugène Vallin, 1856-1922)とともに設計した.

アントレソール entresol
⇨メザニーノ

アンドレ, ルイ=ジュール André, Louis-Jules (1819-90)

フランスの建築家. 爬虫類ギャラリー(1870-74), 動物学ギャラリー(1877-89)と中央ホール(鋳鉄とガラスによる建築のマスターワーク)を設計したパリ市の自然史博物館が代表作として知られる. ラブルーストのアトリエの後継者(1855)として影響のある教師としても知られている.

アンドロニコス(キュロスの), アンドロニコス・キュレステス Andronikos of Kyrrhos, *or* Andronicus Cyrrhestes (前 2 世紀末-前 1 世紀半ば活躍)

ギリシアの天文学者, 発明家, 建築家. ウィトルウィウスによって, その名が伝えられる. アテネにある小さな八角形構造の風の塔, あるいはホロロゲイオンを建設したことが知られており, これは日時計および風向計としてつくられたもので, 内部には水時計を備えていた. その入口の円柱のオーダーは, とくに 18 世紀末から 19 世紀初頭のイギリスにおいて, 多大な影響力をもった. ⇨柱頭の図(h)

アントワーヌ, ジャック・ドニ Antoine, Jacques-Denis (1733-1801)

フランスの建築家. ルイ 16 世治下に活動し, 1766 年には, パリのコンティ河岸に厳格な新古典主義でオテル・デ・モネ (造幣局) を建設した. これをカトルメール・ド・カンシーはフランスで最も洗練された公共建造物の一つに挙げた. また 1787 年に解任されたルドゥーに替って, パリの徴税請負人の門 (入市税関) を完成させた. 現在はエコール・デ・ポンゼショセ (国立土木学校) となっているまったく飾り気のないオテル・ブロシェ・ド・サン・プレスト (1768-74 頃) やヴァレンヌ街のオテル・ド・ジョクール (1770) などの貴族階級のための都市邸宅のほか, ウダン近郊のベルシェール・シュル・ヴェグルのシャトー・ド・エルス (1770-72) をはじめとするカントリー・レジデンスなども, 厳格な新古典主義様式のものである. ラ・シャリテ修道会 (聖ヨハネ病院修道会) の建築家として病院の設計も手がけ, とくにパリのオピタル・ド・ラ・シャリテ (ラ・シャリテ病院, 1760 年代頃) は, 柱礎のない古代ギリシア・ドリス式のポルティコをもつパリでおそらく最初の建物である.

アントン, イオルグ・ダーヴィド Anthon, George David (1714-81)

デンマークの建築家. コペンハーゲンの旧アカデミーの建築学教授 (1748) および王立建築監督 (1751) に任命され, 1760 年に王宮建築総督となる. エイクトヴェッド設計のフレデリク病院の煉瓦工事を担当し, クリスチャン聖堂の尖塔のデザインと施工を担当 (1769) していたが, エイクトヴェッド没後は教会の建築工事全体を指揮した. 1756 年にフレデリク聖堂の設計案を用意したものの実現しなかったが, その案はエイクトヴェッドとジャルダンの計画案を発展させたものである. 他の仕事としては, 基本的にエイクトヴェッドの設計を引き継いだブレーイェントヴェッド城 (1754), クローンボリ城の修復 (1761), フレデンスボリ宮の建築 (1762) などがある. 1759 年には著書『市民のための建築芸術の手引き (*Anvisning til Civil-Bygningskunsten*)』を出版し, のちに 1772 年と 1818 年にも版を重ねた.

アンハルト=デッサウ侯, レーオポルト 3 世・フリードリヒ・フランツ Anhalt-Dessau, Leopold III Friedrich Franz, Fürst (Prince) von (1740-1817)

ドイツの世襲の君主 (1758 年より自身の侯国を統治. 1807 年からはアンハルト=デッサウ公爵となる). 建築のパトロンであり, さらに造園のパトロンとして重要性をもつ. この英国崇拝の君主は, 1763-64, 1768-69, 1775, 1785 年にあわせて約 2 年半, イングランドに滞在し, 1764 年には自らの敬服するイングランドを再現するべく, エルベ川沿いの計 300 km² の低湿地を風景, 庭園, 点景建築を駆使したガルテンライヒ (庭園王国) へと造り替え始めた. 基本的にこれら引喩の庭園は, 単に記憶の補助となるだけではなく, 模範的なもの, 教育的なものとして考えられていた. 建築群における種々の様式は趣味を高めるためであり, 橋梁の技術的問題を解決するための 30 以上の解答が, 水上の構造物で示された. ヴェルリッツ庭園の中央を飾るものとして, イギリス・パッラーディオ風の住宅がエアトマンスドルフ (アンハルト=デッサウ侯の友人であり, 造園設計について助言するとともに, さまざまな点景建築のドローイングを用意した) の設計で建てられた. 庭園内にはさまざまな暗示・引用がなされている. その例として, フランス・エルムノンヴィルのポプラ島 (ルソー (Rousseau) の墓) の引用, 「ヴィラ・ハミルトン」および岩山「ヴェスヴィウス」にみられるイングランドの外交官・考古学者ウィリアム・ハミルトン卿 (Sir William Hamilton, 1730-1803) と彼のナポリのギリシア花瓶コレクションの暗示, 鋳鉄橋の形態 (シュロップシャー, コールブルックデールに 1775-79 年に建設されたプリチャードによるオリジナルの 1/4 のバージョン) による近代性の暗示, ゴシック・ハウスにおけるウォルポールによる旧ミドルセックス州トゥィッケナムのストロウベリ・ヒル (1750-76) の引用, そしてフローラ神殿におけるチェンバーズによるウィルトシャー, ウィルトンのカジノ (1759 頃) の引用があり, その他にもクレリソー, チェンバーズ, ヴィンケルマンといった人物からの影響が数多くみられる. ガルテンライヒ (あるいは「エルベ河畔のイングランド」) にみられる多様な引用は, 進取の気性に富み, 偏狭さから解放された生活への近接を示唆するものであった. シナゴーグの存在がそのことを物語っている. エアトマンスドルフ以外にガルテンライヒの創作にかかわった造園家に, J・

L・L・ショホ，J・G・ショホ，J・F・アイザーベックがいた．彼らは地上で最も魅惑的な場所の一つを創り上げることに成功したのである．

アンビトゥス　ambitus

1．聖堂に付属する埋葬地，または墓所や廟の周囲の聖別された区域．

2．コルンバリウムなどの墓所の中のキネラリウムや葬礼壺のまわりの，または遺体や棺の周囲の，ヒュポガイオンやカタコンベにあるロクルスの中の空間．

アンビュラトリー・チャーチ　ambulatory church

1．東側の祭室群と聖所の間に周歩廊を設けた聖堂〔放射状祭室平面聖堂〕．すなわち，主祭壇背後の内陣側廊を結ぶ側廊を備えている．

2．少なくとも3辺において側廊やギャラリーによって区切られた，ドームを備えた区域をもつ初期キリスト教時代，またはビザンツ帝国の聖堂．十字架形平面を形成し，クロス・ドーム聖堂とも呼ばれる．

アンピール様式　Empire

新古典主義様式による装飾と室内デザインで，フランスのナポレオン時代，19世紀初頭の15年間に発展した．イギリスのリージェンシー，アメリカのディレクトリーの各様式に相当する．ペルシエとフォンテーヌによる創案で，エジプト，エトルリア，ギリシア，ポンペイ，ローマの各様式におけるモチーフが活き活きと用いられ，またそれぞれが統合されてみごとな全体をつくり出している．鷲，Nの字形，花輪，蓮，羽根のついた円盤，その他の装飾が金箔で覆われ，良質な素材を精巧に加工した木部と対比的に扱われる．イギリス，プロイセン，ロシア，アメリカ各国における様式趣味に多大な影響を与えた．ギリシアでは各形態，またフリーメーソンによる象徴的意味合いがさらに重要な役割を果たした．

アンファン，ピエール=シャルル・ル　Enfant, Pierre-Charles L' (1754-1825)

⇨ランファン，ピエール=シャルル

アンフィ　amphi-

両側に，または正面と背面において同様という意味の接頭辞．たとえば，アンフィ・アンティス（ギリシア語）は，前後にイン・アンティス（⇨アンタ）形式のポルティコ（イタリア語）を備えた古代ギリシア・ローマの神殿のことであり，アンフィ・プロステュロス（ギリシア語）とは，側面に列柱はないが，ケラ（神室）の前後にプロステュロス形式（前柱式）のポルティコを備えた，アプテロン形式（無翼式）の神殿のことである．

アンフィテアトルム　amphitheatre

1．二つのテアトルム（ラテン語）が結合してアレーナ（ラテン語）を形成しているような楕円形平面の古代ローマのビルディング・タイプ（すなわち，ローマのコロッセウム）．

2．すり鉢のような庭園造形．植樹されることもされないこともあり，野外祝典に使われることもある．複数の段によって構成される．

アンフィラード　enfilade

フランスのバロック様式にみられ，宮殿建築などで戸口を一列に並べて，また各室を続き間として，扉が開かれたときに全室を見通せるようにすること．戸口は窓のある壁面の近くに配されるのが通例である．廊下を用いないため，ベッドの天蓋とそこから吊るした覆いなどでプライバシーは確保される．

アンプッラエ・ニッチ（ラテン語と英語の複合語）　ampullae niche

1．聖油や聖水などの入った容器を安置するための聖堂内のニッチ．クリーダンス・テーブルと関連づけられ，ピッシーナ（ラテン語で養魚槽の意）と結びつけられることも多い．

2．関連して，フォンス（洗礼盤）を立てた凹みや空間，すなわち，バプティステリウム（洗礼所）をいう．

アンブラキュラム　umbraculum

⇨ウンブラクルム

アンブラクルム　ambulacrum

1．アトリウム（ラテン語），中庭やパルヴィ（フランス語）．中央に泉水が設けられることもある．アーケードや列柱がまわりを囲み，木が植えられることも多かった．バシリカ

の直前に設けられた.

2. 整然と植樹された歩路や大通り.

アンブラティオ　ambulatio(*pl.* ambulationes)

1. 露天のジストゥム, または園路.

2. 香り立つ整然たる植樹か列柱, またはその両方によって縁取られたジスタス, あるいは覆われた園路.

3. 神殿のペリスタイルの列柱とケラ (神室) の壁体によって囲まれた歩路, または空間, アンブラトリウム.

アンブラトリウム　ambulatory

1. 行進したり, 歩いたり, 散策したりする場所. 一部, またはすべてに屋根が架かっていることも架かっていないこともある. アンブラティオやクロイスターのようなものである.

2. ⇨周歩廊

アンブリ　aumbry

教会堂の壁の中につくられた聖器を保管するための窪み.

アンブリー　ambry

オームブリー.

アンブレラ　umbrella

1. チャトラ. ヒンドゥー建築において, 通常はストゥーパの上に載るが, 単独で用いられることもある.

2. ドームの一種.

アンブレロ　umbrello

⇨ウンブレッロ

アンボ, アンボン　ambo, ambon (*pl.* ambones)

グラドゥス, レクトリウム, レクトリキウム, または聖書台や説教壇. 厳密には階段を備えたシンギング・デスクのことをいう. とりわけ, 初期キリスト教聖堂と密接なかかわりがあり, アンボが2台あることも多かった. この場合, 1台はクワイア (内陣) やプレスビテリの北側 (福音書を朗読したり詠唱したりするためのもの), 1台が南側 (使徒書簡のため) に配された. ローマのサン・クレメンテでは, アンボがそれぞれの側に釣り合いを保って配置さ

れ, 身廊の主要部内でクワイアを仕切るカンケルス, または低いスクリーン・ウォールに結合している. やがて, アンボは, 身廊から聖所を仕切る構造物に結合するようになった.

アンマナーティ (または**アンマンナーティ**), **バルトロメーオ**　Ammanati *or* Ammannati, Bartolomeo (1511-92)

フィレンツェ近郊の生まれ. 才能あふれるマニエリスムの彫刻家であるが, 建築設計にも携わった. その中にはフィレンツェの洗練されたサンタ・トリニタ橋 (1567-70) が含まれるが, 現在の橋は1944年に破壊された後に再建されたものである. ローマのヴィラ・ジュリア (1551-55) ではヴィニョーラやヴァザーリとともに, 一段低くなった中庭に泉を備えたグロッタを設計した. これを発展させて, 後にフィレンツェのパラッツォ・ピッティ (1558-70) では, 重厚感のある粗面仕上げが施された庭園側正面と中庭を設計したが, ここではサンソヴィーノの設計によるヴェネツィアの造幣局の影響が明らかにうかがえる (というのも, アンマナーティは若い頃にサンソヴィーノとともに働いていたからである). ミケランジェロが設計したフィレンツェのサン・ロレンツォ図書館入口の部屋と階段の建設工事を監督したが, 設計にもなんらかの形で携わったかもしれない (1524-50年代). 設計した聖堂建築としては, フィレンツェのサン・ジョヴァンニーノ聖堂 (1579-85) や, アレッツォのサンタ・マリア・イン・グラーディ聖堂 (1592) があり, いずれもある程度はローマのイル・ジェズ聖堂の影響を受けている. アンマナーティとローマのコレージョ・ロマーノとの結びつきはせいぜい一次的なものにすぎない. というのも, この建物はジュゼッペ・ヴァレリアーノ (Giuseppe Valeriano, 1542-96) によって設計されたからである. アンマナーティはおそらくルッカのパラッツォ・プロヴィンチャーレ (1577-81) の建設の大部分に携わった. そこでは中央部にセルリアーナのロッジアが設けられているが, これはヴァザーリが採用したフィレンツェのウッフィーツィ美術館に由来する.

アンモナイト・オーダー　Ammonite Order

イオニア式オーダーに似た柱頭. ある典拠によると, 1788年から翌年にかけてジョージ・

ダンス(息子)が初めて，ロンドンのペルメル52番地にある市長ジョン・ボイデル (John Boydell, 1719-1804) のシェイクスピア・ギャラリーに用いたとされる (1868-69, 解体). このオーダーはケントとサセックスで19世紀初期の住宅建築の装飾に用いられた. ヴォリュートは頭足類のアンモナイトと呼ばれる，渦巻状の化石となった貝に似ていた. かつて，これらの化石はとぐろを巻いた蛇が石化したと考えられており，ユピテル・アモン神の渦巻状の角「コルヌ・アンモニス」に似ていることからアンモナイトと呼ばれた. アンモナイト・オーダーは建築家兼開発業者のエイモン・ワイルズとエイモン・ヘンリー・ワイルズ (彼らはピラネージのデザインからこのオーダーを知った可能性もある) によって，おそらく「サイン」の一種として用いられた.

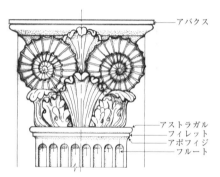

アンモナイト柱頭　ワイルズ親子によって1820年代のブライトンや，ロンドンのオールド・ケント・ロード，サザクのニュー・クロス・ロード (1829頃)，イズリントンのロザフィールド22-28番地の邸宅 (1826頃) に用いられた典型的な例 (サザクのニュー・クロス・ロードに現存する柱頭より).

アンライト，アントン　Anreith, Anton (1754-1822)

　ドイツ生まれの建築家，彫刻家，木彫家. 南アフリカのケープ・コロニーに移住し (1776)，南ドイツのロココ様式をこの地域に伝えた. ケープタウンのルター派聖堂では新古典主義のファサードを試みたが，十分に成功しているとはいえない.

アンリ・シリアニ　Ciriani, Henri (1936-)

　ペルー生まれの建築家. パリ近郊マルヌ=ラ=ヴァレの大規模住宅開発 (1976-80, ル・コルビュジエの影響が大きい) やパリ郊外サン=ドニのラ・クール・ダングルの集合住宅 (1982-83) を設計した.

アンリ・ド・ランス　Reyns, Henry de (1243-53頃活躍)

　おそらくフランスのランス出身の石工棟梁だが，ランスで働いたイングランド人であった可能性もある. 1243年にウィンザー・カースルで国王の石工集団の棟梁であり，1244-45年にヨーク・カースルの防御について助言を行っている. しかし，最も重要なのは，ウェストミンスター・アビーとの関係である. エドワード懺悔王 (1066没) の聖堂の東端部の取り壊しが1245年に開始され，新しい大きな聖堂の工事が始まったが，アンリはこの工事に深くかかわることになっており，新しい多角形平面のチャプター・ハウス (参事会堂) (1246) のクリプトから着手し，クロイスター，内陣，トランセプトと工事を進めた. 工事の進行は早く，1251年までにはピアに大理石のシャフトすなわちコロネットを据えつける準備がすでに整い，その翌年までには，屋根と聖職者席のための木材が到着することになっていた. 1253年にヴォールトと床舗装が完了することになっており，すべての窓トレーサリーは据えつけの準備ができていた. ウェストミンスター・アビーの東側部分が，多くの点でランスあるいはアミアンの大聖堂に似たフランスの様式となったのは，アンリの建築ゆえに当然のことである. しかし多くの解説者は，細部はイングランドのものであると主張している. この主張は，工事に携わった大部分の石工がイングランド人であったであろうことから，納得できる.

アンリ2世様式　Henri II (Deux)

　フランソワ1世の治世に続く1547年から1559年にかけてのフランスの建築. イタリア・ルネサンスの影響が強くなり，アラベスク装飾がとても好まれたけれども，ゴシックの痕跡が完全に払拭されたわけではない. フィリベール・ド・ロルムは，おもにアネ城館にみられるように，この時代の活動的な主役であり，ビュランの貢献も大きかった. 「スティル・アンリ・ドゥー」(アンリ2世様式) は19世紀にリ

ヴァイヴァルされた．

アンリ4世様式 Henri IV（Quatre）
　1589年から1610年にかけてのフランスの建築様式．パリのプラス・デ・ヴォージュ（ヴォージュ広場，1605-12）が好例であり，個人住宅が，ヴォールト架構された均一なアーケードの上に配された（イタリアの先例に由来するやり方）．煉瓦のファサードには石灰岩の化粧仕上げとシェーヌ〔フランス語で「鎖」の意で，この場合は鎖状装飾〕が施され，リュカルヌ（フランス語で「ドーマー窓」の意）のついたパヴィリオンのような高い寄棟屋根が架かっている．この様式の他の上質な事例としてはセーヌ・エ・マルヌのシャトー・ド・グロボワ（1600頃）があり，煉瓦によるシェーヌと石材による化粧仕上げが施されている．「スティル・アンリ・キャトル」（アンリ4世様式）は19世紀にリヴァイヴァルされた．

イアー ear
　1．アクロテリオン．あるいは，聖餐台やサルコファガス，記念石柱などのホーン．
　2．クロワゼット．
　3．取っ手，あるいはつまみ．

イーヴ eave（pl. eaves）
　囲われ，風雨から守られた軒下部．

イヴァノフ＝シッツ，イラリオン・アレクサンドロヴィチ Ivanov-Shits, Illarion Aleksandrovich（1865-1937）
　ロシアの建築家．1890年代のモスクワで最も時流に乗った建築家の1人で，ベリキン邸，マルチャノフ邸で名を上げた．1898年頃から，その作品はオットー・ヴァーグナーの影響を強く受けるようになる．ヒルシュ劇場・レストラン（1898-1902，現存せず），すばらしい商人クラブ（1905-09）と国営貯蓄銀行（1913-14，巨大なガラス屋根の出納ホール付き）がその例である．1900年におもに貧困層の要求を満たすことを目的としたモスクワ市建設評議会の一員になった．この目的のために建てられた彼の作品としては，レフォルトヴォ地区にあるティールーム付きの劇場である人民の家（1901-03），その他の講堂付の建物（いずれも同年代）があげられる．シャニャフスキー人民大学（1910-13），ソルダテンコフスカヤ（現ボトキンスカヤ）市立病院（1908-12）では古典主義的なユーゲントシュティールを試みている．1911年頃から彼の建築はより厳格で新古典主義的（例：カシヤノフ邸，オルロフ邸）になり，モスクワ市立銀行（1992-95），ヴァイスブロード病院（1923-26）を手がけた．モスクワ近郊バルヴィハのサナトリウム（1920年代）では構成主義にも手を出したが，1930年頃には新古典主義に回帰（トンによるクレムリン宮殿のアンドレエフスキーとアレクサンドロフスキーの広間（1838-39）のソヴィエト最高会議場への改装（1932-34）など）した．1890年代

から 1930 年代の政治体制の変化に順応することにみごとに成功した。きわめて過小評価されているロシアの建築家の一人で，その作品は西側ではほとんど知られていない。

イーヴズ eaves
勾配屋根の最下端で，屋根下の無装飾部の壁面から張り出した部分。

イーヴズ・オーバーハング eaves overhung
壁面から飛び出している軒の出の長さ。

イーヴズ・ガター eaves-gutter
勾配屋根の端部にとりつけられ，軒端から落ちる雨水を受ける。鼻隠板（ファッシア・ボード）に固定されるか，簡素な鉄製持ち送り材で支えられる。

イーヴズ・コーニス eaves-cornice
古典主義様式における軒蛇腹。無装飾の壁体と上部の軒先を連結する。

イーヴズ・ドリップ eaves-drip
雨水が落ちる，勾配屋根の端部。雨水はここから軒樋に流れ込み，あるいは地面に落下する。

イーヴズ・ブラケット eaves-bracket
軒を支える腕木（ブラケット），あるいは腕木のように見えるもの全般を指す。二つの腕木を一組として扱ったり，簡素化されたモディリオンのようにみせることもある。

イーヴズ・ボード eaves-board
鼻隠板（ファッシア・ボード），あるいは軒から張り出した瓦やスレートの下部を覆う板材。軒樋がとりつけられる。

イーヴリン，ジョン Evelyn, John (1620-1706)
イングランドの学者，日記作者，知識人，造園家にしてロイヤル・ソサエティの創立メンバー。『フミフギウム，あるいはロンドンの大気汚染とその救済策について（*Fumifugium; or the inconveniencies of the aer and smoak of London dissipated, together with some remedies...*）』（1661）においてロンドン・シティから有害な商業を追放し，新たに城壁の外に墓地をつくり，樹木と甘い香りのする花が植えられた新しい都市のスクエアを設計することを提案した。樹木栽培に関する論文『シルヴァ（*Sylva*）』（1664）は，野心的な造園の百科事典の一部として意図されたと考えられ，同年には『古代建築と現代建築の比較（*A Parallel of Ancient Architecture with the Modern*）』（フレアール・ド・シャンブレーの『古代建築と現代建築の比較（*Parallèle*）』の英訳を出版した。この著作でイーヴリンは建築教育のための学校の創設を唱え，さらに専門用語の解説を掲載した。1658 年と 1698 年に造園と庭園デザインについてのフランスの著作を翻訳し，庭園と造園に関する膨大な著作『イギリスの楽園（*Elysium Britannicum*）』を執筆したが，出版することはなかった。清教徒革命の間は賢明にもイングランドを逃れ，1643-47 年，1649-52 年にかけてヨーロッパ大陸を旅し，ここで多くの情報を吸収した。イングランドに戻るとデトフォード（当時はケント）のセイズ・コートに落ち着き，ここで地所を造園した。また，サリーのウォットン・ハウスにある兄弟の邸宅の庭園を設計している。1677 年からサリーのオーバリー・パークの庭園を設計した。オックスフォードシャーのコーンベリー・ハウス（1664 年と 1680 年代），サフォークのユーストン・ホール（1671）にかかわり，ここで直線のアヴェニュー（彼が奨励した用語）を用いた。これらの作品のほとんどは現存していない。1666 年にはレンにセント・ポール大聖堂を再建するよう助言し，ロンドン大火後の新しいシティの再建案を準備した。これはシティをテムズ川まで拡張するために瓦礫を用い，海岸線を整備し，壮大な建物を河川に沿って建てる案を含んでいたが，不運にも彼の案は顧みられることはなかった。

イェヴェリー，ヘンリー Yeveley *or* Yevele, Henry (1320/30 頃-1400)
イングランドの石工頭で，ダービーシャーのイェヴェリーの出身と推測される。おそらく，リッチフィールド大聖堂（スタフォードシャー）など，ミッドランド地方の多数の建設現場で技術を学んだと思われる。しかし，1353 年にはロンドンにいて，急速に名声と富を高めた。1357 年前後に，ケニントン・マナーで黒

太子エドワード (Edward, the Black Prince, 1330-76) に雇われ，同じ頃，ハートフォードシャーのセント・オールバンズ・アビーで仕事をしていた．1360 年までにウェストミンスター宮殿，ロンドン塔，クイーンバラ・カースル（ケント）(1361-67) など，多数の王室所有の城塞や地所で活発に仕事をするようになる．たとえば，1370 年代には，スポンリーとウィンフォードとともに，サウサンプトンの築城にかかわっている．イェヴェリーはまた，多数の葬祭記念碑を設計した．その例として，旧セント・ポール大聖堂（ロンドン）にあるランカスター公ジョン・オヴ・ゴーント (John of Gaunt, Duke of Lancaster, 1340-99) の巨大な墓所 (1374-78，取り壊し) とその妻のブランシュ・オヴ・ランカスター (Blanche of Lancaster, 1369 没) の墓所があげられ，これらは非常に壮大な天蓋つきの詠唱（寄進）礼拝堂に包含されているようにみえる．また，カンタベリー大聖堂（ケント）の黒太子の高貴な墓所 (1375-76) も手がけた．エドワード 3 世 (King Edward III, 在位 1327-77) が逝去した際に，ウェストミンスター・アビーに追悼記念碑を設計したのも，おそらくイェヴェリーである．これは，彼が設計したことが知られているウェストミンスター・アビーのリチャード 2 世 (King Richard II, 在位 1377-1400) の墓所や枢機卿大司教ランガム (Cardinal-Archbishop Langham, 1376 没) の墓所と非常に似ている．ロンドンのスミスフィールドにあるセント・バーソローミュ・ザ・グレート聖堂の天蓋つきの小修道院長ラヒア (Prior Rahere, 1144 没) の墓所は，イェヴェリーによって設計されたか，彼の作品に影響を受けたものと思われる．1370 年代初頭には，おそらく，ダラム大聖堂のために，カーン石でできた巨大なネヴィル・スクリーンを設計し，ロンドンで製造して船で北のダラムまで運んだ．これは様式的に，上述したすでに取り壊されたジョン・オヴ・ゴーントの詠唱（寄進）礼拝堂の作品と似ていた．1790 年代，ジェームズ・ワイアットは，このネヴィル・スクリーンをとり除きたがっていたことが知られている．1378 年までにイェヴェリーはカンタベリーとの関係を深め，市の西門を設計し，1381 年にはウィンフォードとともにウィリアム・オヴ・ウィカムの建設事業に相談役としてかかわるようになった．1371 年にはロンドンのカルトジオ会修道院の建設を開始するにあたり，大学の施設について助言するために招聘され，また，オックスフォードのニュー・カレッジの設計に関しても意見したと思われる．1385 年までに多くの時間をカンタベリーで費やすようになり，イングランドで最も美しいプロポーションを有する建築の一つである大聖堂の大身廊を設計した (1380 頃-1405)．一方で，ケントではメパム聖堂 (1381-96)，ソルトウッド・カースルの城門棟 (1383 頃)，メイドストーンの新聖堂とカレッジ (1395 設立) の設計も行っている．また，ウェストミンスター・アビーでは，アンリ・ド・ランスによって定められた路線（その頃，いくぶん時代遅れであった）に則り，身廊の建設にとり組んだ．1394 年には中世の世俗建築の中で最も巨大な空間の一つで，ヒュー・ハーランドによる巨大な木造小屋組が架かることになるウェストミンスター・ホールの建設に取りかかった (1400 完成)．イェヴェリーはまた，リーズ・カースル（ケント），ロースター・カースル（ケント），ウィンチェスター・カースル（ハンプトンシャー）（ウィンフォードとハーランドと共同），オーフォード・ハーバー（サフォーク）など，宮殿をはじめとする多数の建設工事に相談役としてかかわった．驚異的な数の作品を残した中世の重要な建築家であり（14 世紀のレンと呼ぶ人もおり，ハーヴィー博士は「最も偉大なイングランドの建築家」と評している），幸運にもエドワード 3 世とリチャード 2 世というパトロンがいたため，イングランド垂直式を成熟させることができた．また，葬祭建築の設計者としても最上級に位置づけられる．

イエズス会建築　Jesuit architecture

　16 世紀末よりイエズス会の教会に特徴的な建築様式がみられるようになる．イエズス会はバロック建築の発展に重要な役割を果たした．そのはじまりはヴィニョーラとデッラ・ポルタによるローマのイル・ジェズ聖堂で，数えきれない建築の先例となった（例：パリのサン・ロシュ聖堂，アントウェルペンのサン・カロルス・ボロメウス聖堂 (1615-24)）．劇場のような内部装飾と 2 層構成のファサードが本質的な要素である．

イェーツ，アルフレッド・バウマン　Yeates,

イエット

Alfred Bowman (1867-1944)
⇨ジョージ卿, アーネスト

イェット yett
　格子の入った鉄製扉, ポートカリス（落とし扉）やスクリーン. 水平材が鉛直材の前後を交互に通り, 鉛直材が水平材の前後を交互に通っている.

イェルム yelm
　藁葺き屋根の藁などのまっすぐな束.

イエロー・メタル yellow metal
　亜鉛2に対して銅3の割合の合金のことで, その可塑性ゆえにドームや屋根などを葺くのに用いられることが多い〔真鍮の一種で, マンツ・メタルともいう〕.

イェン, ジョン Yenn, John (1750-1821)
　イングランドの建築家. チェンバーズの弟子で, 1776年からロンドンのサマセット・ハウスの現場監督であった. すばらしい製図工で, おそらく18世紀のイングランドの建築家の中でも最も傑出した人物であった. 彼はオックスフォードシャーのブレニム・パレスに「健康の神殿」(1789)を設計し, ロンドンのグリニッジ・ホスピタルの監督官としてサー・ロバート・テイラーの後継者となり, ヘンリー・ヘイク・シーワード (Henry Hake Seward, 1778頃-1848) とともに, キング・チャールズ・ブロックの西ファサード (1811-14) を再建した.

イェンセン, アルベルト・クリスチャン
Jensen, Albert Christian (1847-1913)
　デンマークの建築家. フェルディナンド・メルダールと協働して, コペンハーゲンのいくつもの重要な建築に関与した. エイクトベッドとジャルダンが1874-94年に設計を開始したフレデリクス聖堂（マーブル聖堂）を完成させたのはイェンセンらである. シャルロッテンボリ・アートギャラリー (1880-83), ハーイェマンス学寮 (1908), コンゲンス・ニートルヴのマガシン・デュ・ノード百貨店（方形屋根がかかっているが, パリの原型をまねたもの）などを設計した. 建築家協会で積極的に活動し, 協会の機関誌『建築家 (*Arkitekten*)』の発刊に寄与した.

イエンセン, イェンス Jensen, Jens (1860-1951)
　デンマーク生まれのアメリカのランドスケープ・アーキテクト. 1886年にシカゴに腰を据え, 市の公園局に雇われてユニオン公園 (1888) のアメリカ庭園を設計した. この公園は一般向けとしては非常に大きな成功を収めたが, 雇い主との関係は一筋縄ではいかなかった. 続いてユニオン, フンボルト, ガーフィールド, ダグラスの各公園をつくり直し, またコロンバス公園 (1916) のデザインは, シカゴの西公園区のために彼が行った計画の中で最もすぐれたものとされている. 個人の施主のために数多くの庭園を設計しており, さらにプレーリー派の建築家とのつきあいを通して, 中西部に自生する植物を用いた庭園をいくつか設計した（例：F・L・ライトによるイリノイ州リヴァーサイドのクーンリー邸 (1908-12)). 大規模な公共的な仕事は非常に成功し, 上述の他にインディアナ州ハモンドのニッカーボッカー・ブルヴァードやイリノイ州スプリングフィールドのリンカーン記念庭園などがある. 彼の公園の成功のおかげで, シカゴ周辺の保安林やイリノイ州の州立パークシステムがつくられることになった.

イェンセン=クリント, ペーデル・ヴィルヘルム Jensen-Klint, Peder Vilhelm (1853-1930)
　デンマークの建築家でヘルホルトの弟子. 代表作は, 1913年に設計されたコペンハーゲンのビスペビエーリにあるグルントヴィ聖堂である. 1919-26年に施工されたこの建物は, 北ヨーロッパの煉瓦造ゴシック聖堂にみられる形態にすっかりもとづいて設計されている. 急勾配の階段状になった破風をみせる煉瓦造の正面は, むしろオルガンのパイプのようであり, そのスタイルは19世紀の歴史主義と20世紀の表現主義とのバランスの上に成立している. 周囲の建物群もこの聖堂と一体になるよう構成されているが, イェンセン=クリントの息子のカーレ (1888-1954) によって1940年に完成したものである. イェンセン=クリントは伝統的な煉瓦建築の作品で知られてきたが, 建築教育への影響力においても重要であった.

イオニア式オーダー Ionic Order
　ギリシア様式では第2の, ローマ様式では第

イオニアシ

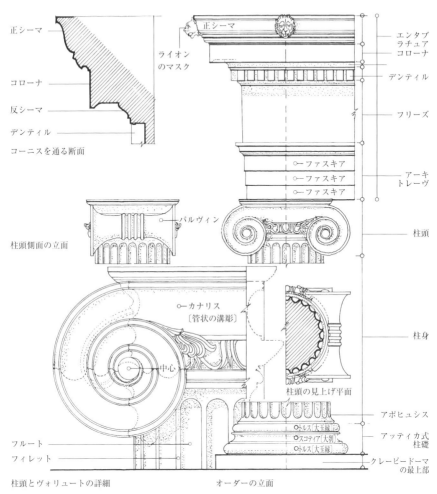

エレウシスによるギリシアのイオニア式オーダー（ノルマンによる）

3の古典建築のオーダー．クッションの両側を巻き上げたような形の特有のヴォリュート〔渦巻〕の柱頭が特徴である．イオニア式にはアジア式またはアッティカ式の柱礎があり（ローマ人は後者を好んでいた），また柱身はドリス式オーダーよりほっそりとしている．ギリシアの柱身は一様にフルートがつけられ，その間はフィレットにより分けられるが（しかしながらヘレニズム様式の円柱の多くは，プリエネのストア（前158?頃-前156）のように，柱身下部をファセット〔彫面，切子面〕や平坦面にすることが多い），ローマの柱身の多くには全体に

イキリスシ

フルートがない．ギリシアでもローマでも柱頭にはアストラガル，エキヌス，フィレットがあり，エキヌスは卵鏃（らんぞく）文によって飾られ，アストラガルは時に（たとえばアテネのエレクテイオン）連球文で装飾される．とくに優雅で美しいエレクテイオン（前421-407頃）の柱頭においても，ヒュポトラケリオンは連続するアンテミオンのモチーフのフリーズにより飾られ，下のアストラガルには連球文がつき，モールディングのあるアバクスは卵鏃文で装飾される．アバクスには常にモールディングが施されるとはいえ，ドリス式のアバクスよりもはるかに小さく，通常は簡素だが装飾が付されるものもある．エンタブラチュアは，アーキトレーヴ（普通はファスキアに分割される），フリーズ（省略されることもあり，特にヘレニズム建築では省略される），コーニスによって構成される．フリーズにはメトープやトリグリュフォス（トリグリフ）がないために，ドリス式のような柱間による統制はなく，柱の間隔を広くとることもできる．さらに，イオニア式のフリーズは平らなバンド〔帯装飾〕のようなもので，連続する彫刻は（古代ローマのように）浮彫にしたりさまざまな色彩の石を使用（たとえばエレクテイオン）したりと豊かに飾りつけることができ，また（ディオクレティアヌス帝の浴場のように）おそらくパルヴィン〔ふくらんだフリーズ〕とすることもあった．コーニスのモールディングは，ローマのフォルトゥーナ・ウィリリス神殿（前40頃）のように，デンティルの層や，卵鏃文，その他の装飾を含む敷刳形（くりかた）をつけると，きわめて豊かになる．さらに華やかなオーダーになると，アーキトレーヴのファスキアの間に連球文のモールディングがつく．イオニア式オーダーを使用する際の主たる問題の一つは柱頭がまったく異なる二つの立面をもつことであり，すなわち，二つのヴォリュートからなる面（正面に向けられる）と，バラスターまたはパルヴィンのある「側面」に相当する面（正面には適当ではない）がある．それゆえギリシア神殿においては「特殊な」柱頭をデザインする必要があり，ポルティコの外側の角部において接する二つのヴォリュートがどちらからも見られるように，端のヴォリュートを45°（各ファサードに対しては135°）引き出した．このアンギュラー・キャピタル〔隅柱頭〕では，ポルティコ内の内角に二

つの隣接するヴォリュートもまたぶつかり合っている．ローマ人はこの幾分ぎこちない処理を改善し，4面が同一となる柱頭を発明し，八つのヴォリュートがアバクスの四隅の下に突出するようにして，4面すべて同じ柱頭とし，「特殊な」柱の必要性を廃した．このアンギュラー・キャピタル（スカモッツィのオーダーとしても知られる）は，ローマのサトルヌス神殿（前42頃建設，320頃再建）に使用され，コンポジット式柱頭の上部の基部となった．⇨アンモナイト・オーダー

イギリス式オーダー　Britannic Order
　　⇨ドイツ式オーダー

イギリス式コテージ　English cottage
　ピクチャレスクな田舎家．コテージ・オルネとも呼ばれる．

イギリス式祭壇　English altar
　中世末期の祭壇．リデルやリデルを架ける柱（リデル・ポスト）で囲われ，天蓋（テスター）を有する場合もある．

イギリス式庭園　English garden, jardin anglais
　形式的でなく，非対称形で，「自然な」景観を備えた庭園．18世紀に，L・ブラウン，H・レプトンらがその発展を担った．ヨーロッパ各国で模倣され，無計画にみえるデザインゆえにアングロ＝シノワの庭園と呼ばれた．ピクチャレスクやシャラワジとも関連する．

イギリス積み　English bond
　　⇨煉瓦

イギリス様式　English style
　　⇨イングリッシュ・スタイル

イークイラテラル　equilateral
　1.　⇨アーチ
　2.　60°の勾配をもつ等辺屋根で，断面において骨組みの木材が等辺三角形となる．

イクティノス　Ictinus, or Iktinos（前5世紀活躍）
　ペリクレスの治世下におけるアテネで活動し

た，優れた建築家．パルテノン（前 447-前 432）を（カリクラテスとともに）設計し，さらに建築に関する理論書を（カルピオンとともに）記したが，これは現存しない．エレウシスにあるテレステリオン（前 440 頃）の計画を準備し，またバッサイにあるアポロ・エピクリオス神殿を設計したと推察されるが，これはドリス式オーダーの外観と，イオニア式の半円柱のオーダー（⇨バッサイ・オーダー）の内部を備え，さらにナオスの後部にコリント式オーダーを用いるという，特筆すべきものであった．

イーグル　eagle
1.　神殿のペディメント，狭義には，ギリシアの ἀετός, ἀέτωμα（アエトス・アエトマ：ワシのペディメント）に由来するティンパヌム．
2.　ゲーブル．
3.　鷲の形象をあしらった読書机，あるいは教会の説教壇．鷲は言葉の象徴，また聖ヨハネ福音書を表す．鷲は目を見開いたまま太陽を目指して飛べる唯一の鳥と信じられ，聖書を象徴し，人間を啓蒙し，神の高みへ導く．

イグルー　ice-house, igloo
イヌイットのイグルーは，円形ドームあるいはドームに近い形をした氷の構造物．複雑な平面形状をもつが，たいていは半円筒トンネル状の入口を備える．

異形ゲーブル　shaped gable
頂部を半円，両側を反転曲線としたゲーブル（妻壁）．

イコノスタス　iconostasis
⇨聖障

イサベル様式，イサベリーノ　Isabelline *or* Isabellino style
1.　フェルナンドとイサベル（1474-1516）のカトリック両王期スペインにおける後期ゴシックの建築様式．ポルトガルのマヌエル 1 世様式と同時期に流行し，装飾性を特徴とする．フアン・グアスによるトレドのサン・フアン・デ・ロス・レイェス修道院（1477 以降）がその好例である．イサベリーノは基本的に，オランダの建築形態とカスティーリャのムデハル様

式の融合であり，とりわけトレド，ブルゴス，パレンシア，バリャドリッド（イタリア・ルネサンスの要素がスペインで最初に浸透し始めた地域）と関連が深い．ヒスパノ・フランドル様式とも呼ばれる．
2.　イサベル 2 世（Isabella II, 1830-68）の治世に流行したスペインおよびラテン・アメリカの様式．

E 字形平面　E-plan
イギリスのカントリーハウスは E の字形をした平面を形づくっている．主翼から直角に二翼が平行に張り出し，中央には玄関が突き出る．サマセット州のバーリントン・コート（1514 以降）はその好例である．

石切法，截石術　stereotomy
⇨ステレオトミー（1）

イシドロス（ミレトスの）　Isidorus of Miletus
（前 6 世紀活躍）
ギリシアの建築家，技師，幾何学者，万能の人．トラレスのアンテミオスとともに，コンスタンティノープルにあるビザンティンの巨大なハギア・ソフィア（532-37）の設計および建設に携わった．両者は同様に，ヴェネツィアにあるサン・マルコ聖堂（1063 着工）の手本となった．コンスタンティノープルにある使徒聖堂（536-50 頃，のちにとり壊された）にも従事した．558 年，ハギア・ソフィアのドームが崩壊した際には，小イシドロス（Isidorus the Younger）によって修正の施された設計にもとづき再建されたが，彼はこの大イシドロスの甥と推察され，同様にミレトス出身である．

石綿　asbestos
⇨アスベスト

イーズ，ジェームズ・ブキャナン　Eads, James Buchanan（1820-87）
アメリカの技術者．ミズーリ州セントルイスのイーズ橋（1867-74）で大規模建造物向けの構造用の鋼鉄材を先駆的に用いた．鋼鉄における張力と圧縮力の検査方法を発明し，南北戦争で北部側のために装甲艦を考案した．

イーストレイク，チャールズ・ロック

Eastlake, Charles Locke（1836-1906）

　イングランドの建築家．ジャーナリスト，著述家としてよりよく知られる．『家庭味のある家具，室内装飾，その他細部装飾のヒント（*Hints on Household Taste in Furniture, Upholstery and other Details*）』（1868）はセッドン，ショウ，ストリートの作品からとられたデザインの人気を高めた．とくにアメリカ合衆国のゴシックの住宅建築様式で大きめの構成要素を持ち，装飾豊か，全体として力強さのあるものは，イーストレーク様式あるいは，スティック・スタイルと呼ばれる．『ゴシック・リヴァイヴァルの歴史（*A history of the Gothic revival*）』（1872）は重要かつ鋭い洞察に富んだ研究である．

イスラーム建築　Islamic architecture

　広範な範囲の造建物と多様な様式を含む概念であるが，一般にはムハンマドの信奉者，すなわちムスリムとのかかわりのある造建物と関連づけられる．イスラーム建築は以下のようないくつかの特徴をもつ．すなわち尖頭，多葉，扁平，幅広，四心，あるいは馬蹄形アーチや，ムカルナスと呼ばれる鍾乳石風の持ち送り，有色釉薬の土器やパターン化されたタイル，透かし彫りされた石，大理石，漆喰造の破風，そしてとりわけ一貫した控え目な幾何学性である．ドーム，ミナレット，回廊，時にアルメナ式となる洗練された胸壁は，通常イスラームの造建物に関連づけられる．

　イスラーム建築は西洋のデザインに影響を与え，有名なものには中世期の尖頭アーチとカスプがある．また，とりわけムーア建築（たとえば，スペイン・グラナダのアルハンブラ宮殿）を中心とするイスラーム建築の要素が，モレスク建築と呼ばれる様式となって，ヨーロッパ人にとってエキゾチックな東洋風スタイルとして18世紀（たとえば，キューのチャンバーズの作品）や19世紀（たとえば，ペルシウスのポツダムの蒸気機関棟（1841-42）やエチソンのケンジントンのアラブ・ホール（1877-79））に用いられた．⇨ムーリッシュ建築

イゼノアー，スティーヴン　Izenour, Steven（1940-2001）

　⇨ヴェンチューリ，ロバート・チャールズ

磯崎新　Isozaki, Arata（1931-2022）

　日本の建築家．その作品は実に多様な源に発するが，磯崎自身が，建築史上のいかなるものも引用そして／あるいは解釈の材料であると述べている．西洋的主題と日本的主題の統合，幾何学および純粋立体の明晰性へ強い関心を寄せた．メタボリズムとはゆるやかにつながっており，大分県の福岡相互銀行（1965-67）で建築家としての名声を得た．その後，高崎市の群馬県立近代美術館（1971-74），北九州市立美術館（1972-74），北九州市の西日本総合展示場（1975-77）を手がけた．北九州市立中央図書館（1972-75），大分の富士見カントリークラブハウス（1973-74，平面がクエスチョンマークの形）では，ヴォールト構造を試みた．つくばセンタービル（1978-83）になると，歴史的建造物から（とくにルドゥーから）断片的な引用がなされ，フロリダ州オーランド，ブエナ・ビスタにあるチーム・ディズニー・ビル（1989-92）では建築がより彫刻的になった．そのほかの作品に，カリフォルニア州のロサンゼルス現代美術館（1981-87），岡山県の奈義町現代美術館（1992-94），京都コンサートホール（1992-95），スペイン，ラ・コルーニャ人間科学館（1993-95）がある．

イソドモン　isodomon, isodomum

　1．同じ長さの石材を同じ高さになるように並べ，上段の石が下段の石材の中央で継がれるように積み上げる組積構法．

　2．すべての段が同じ高さに揃う組積構法だが，垂直目地の位置がばらばらになっているもの．⇨シューディソドモン

遺体安置所　mortuary
　　⇨モルトゥアリウム

板ガラス　sheet-glass
　　⇨ガラス

板材　board
　　⇨ボード

イタリア合理主義建築運動　Movimento Italiano per l'Architettura Razionale
　　⇨ミアール

イタリア・パラッツォ様式 palatial Italian

19世紀のクラブ建築，銀行，事務所に適用されたイタリア風の様式で，付け柱のないイタリアのパラッツォのような外観をまとう．実例として，ロンドンのペルメル街にチャールズ・バリーが手がけたトラヴェラーズ・クラブ（1829）．

イタリア風 Italianate

19世紀の建築様式で，イタリアの無柱式パラッツォを模範としている．その代表例はダ・サンガッロ（息子）とミケランジェロが設計したローマのパラッツォ・ファルネーゼ（1517-89）である．簡素な正面にはアエディクラで縁取られた窓があり，隅石が強調され，正面全体が巨大なコーニスよって抑制されている．この様式の典型は，バリーが設計したロンドンのペルメルにあるトラヴェラーズ・クラブ（1829-32）とリフォーム・クラブ（1837-41），ラニョンが設計したベルファストのノーザン（旧ベルファスト）・バンク本店（1845），トマス・キュービットとアルバート公が建てたワイト島のオズボーン・ハウス（1845-51）である．このような王室のお墨付きを得て，19世紀半ばからイタリア様式のスタッコ装飾が，ロンドンのケンジントン周辺のテラス・ハウスのファサードを飾りたてるために広く使われた．この様式はドイツ（とくにベルリン，ドレスデン，ミュンヘン）とアメリカ合衆国で広く用いられた．

イタリア屋根 Italian roof

緩い勾配の寄棟屋根で，パン・アンド・ロール瓦で葺かれる．

イタリアン・ヴィラ・スタイル Italian Villa Style

ナッシュやそのほかの建築家に始まる19世紀の邸宅建築に使用された折衷的なスタイル．その主要な特徴は，深い軒（多くは装飾つきのブラケットやムトゥルスで支持される）が張り出すきわめて緩い勾配屋根（寄棟造の場合もある），非対称の構成，アエディキュラとして扱われる場合もあるが，多くは当時流行していたルントボーゲン様式に近い半円アーチ窓，および角塔であり，さらに多くはロッジアを備え，

それがアーケードやコロネードの構成により庭園に接続される．ナッシュによるサロップのクロンクヒル（1802頃）と，シンケルとペルシウスによるポツダムの宮廷庭師の邸宅（1829-33），「ギリシア人」のトムソンによるグラスゴーとその周囲の数々のヴィラは好例である．

市場 market
⇨マーケット

イッタル，ヘンリク Ittar, Henryk（1773-1850）

イタリア系のポーランドの新古典主義建築家．ポーランドのニェボルフ近郊アルカディアの隠喩の庭園内にピラネージの空想的版画に影響を受けた競技場（1801）や円形劇場（1805頃）などの，点景建築（ファブリック）をいくつか設計した．競技場はおそらくローマのパラティウムの丘の皇帝の宮殿（1世紀）を引喩するものであろうが，ヨーロッパの庭園では前例のないものである．競技場の軸上にあるポプラの島（ルソー風の「墓」もある）も担当した．彼のアルカディアの建物の設計のいくつかは，時代の最先端の厳格な構想であった．

伊東豊雄 Ito, Toyoo（1941-）

朝鮮半島生まれの日本の建築家．伝統的な日本建築をいかし，半透明のスクリーンを用いる一方，メタボリズムを拒否して，「現代の小屋」（18世紀ヨーロッパの建築論でいう原初の小屋の翻案）を模索した．東京のWhite U（1975-77，中野の自邸シルバーハット（1982-84，中庭のまわりに諸室が集まり，コンクリート柱上にヴォールト屋根がかかる）では，一種東洋的なミニマリズムを実現してみせた．その他の作品として，恵庭市のサッポロビール北海道工場ゲストハウス（1987-89），存在感を感じさせない東京のレストランバー・ノマド（1985-86），長野県の下諏訪町立諏訪湖博物館（1990-93），松山市のITM本社ビル（1991-93），熊本県八代市の市立博物館（1992-94）および消防本部庁舎（1992-95，ル・コルビュジエの影響が明白）がある．

イトルフ, ジャック=イニャス Hittorff, Jakob Ignaz, *known as* Jacques-Ignace (1792-1867)

ドイツ生まれの建築家, 識者. パリに定住し (1811), ペルシエのもとで「リベラルな」古典主義と折衷的な哲学を学んだ. パリのアール・オ・ブレ (穀物市場) の鉄とガラスのドームの建設でベランジェと協働した. この時, ジョゼフ・ルコワント (Joseph Lecointe, 1783-1858) と出会い, この出会いにより 1818 年にベランジェが没したのち, 二人はすべての儀式的な機会における建築家に任命されることになった. 彼らはすぐに流行建築家となり, 裕福なパトロンのために多くのインテリアをデザインした. イトルフはイギリス, ドイツ, イタリアを旅してまわり (1820-24), その際に古代ギリシア建築のポリクロミーに興味を抱くようになる. またルートヴィヒ・ツァントと共著で出版した『シチリアの古代建築 (*Architecture antique de la Sicile*)』(1827) では, 彼が模写した古代ギリシア神殿建築の彩色装飾が, 識者たちに公然と批判された (1830). しかし, 彼は芸術自由協会 (Société Libre des Beaux-Arts) の主導者の 1 人となり, 自身の考えを公にしていったため, 多岐にわたる重要な仕事を任されていった. それらの仕事には, コンコルド広場の整備 (1832-40) やシャンゼリゼ通りの整備 (1834-40) などが含まれる. パリで手がけた最初の大作はサン・ヴァンサン・ド・ポール聖堂で, 当初はジャン=バティスト・ルペール (Jean-Baptiste Lepère, 1761-1844) が 1824 年にデザインしたものだったが (この年, ルペールはイトルフの義父となった), イトルフによって完全に設計し直され建設された (1830-48). それは初期キリスト教様式によるとりわけ美しいバシリカで, 2 段重ねの 2 列の列柱が木造トラスの小屋組を支えており, アプス型の内陣を備え, さらにイトルフが主張するやり方で強烈に彩色された内装全体は, 古代ギリシアの近代的な表現となっていた. 外観では, 2 棟の方形平面の塔を備えた簡素なファサードにイオニア式のポルティコが設けられていた. この建物は色の使用という点で重要なばかりでなく, その外観が 19 世紀後半の, ボザール的な古典主義を予見していたという点でも重要である. イトルフはポリクロミーを外観にまで拡張したいと考えており, ポルティコの壁面に内部で用いたのと同じような派手な色使いの

エナメルのパネルを設置することを提案したが, その計画は審査部門を視察したオスマンによって却下された. イトルフが使おうとしたのはラヴ・エマイィエ (エナメル加工したスレート) という素材だったが (これは 1827 年に発明され, 1833 年からアシェット社で量産されるようになると, 暖炉まわり, テーブルの甲板, さらには祭壇正面装飾にまで用いられた), これを聖堂で用いるという構想は実現しなかった. しかし, サン・ヴァンサン・ド・ポール聖堂は, 自由な折衷主義の発展の中の重要なランドマークとなり, 19 世紀のフランス建築に大きな影響を及ぼすドローイングが多くの資料に載ることとなった. だが, 彼の最も革新的な構造物は, 吊り構造の屋根をもつパノラマ館 (ロトンド・ド・パノラマ, 1838-39, 1957 取り壊し) や, 優美なラティス状トラス構造の国立サーカス (1839-41), 同じくラティス状トラス構造をもつナポレオン・サーカス (1851-52, 現在の冬のサーカス) などであり, これらの作品が革新的建築家としての名声を高めることになった.

1850 年代にポリクロミーに対する関心が再び高まってきたことにより, イトルフは『古代ギリシアのポリクロミー建築 (*Architecture polychrome chez les Grecs*)』(1851) 出版を決意する. これは成功裡に受け入れられ, 敵対者たちを沈黙させた. ナポレオン 3 世 (Napoléon III) の新たな政権下 (1852-70) での特別扱いを満喫し, エトワール広場を囲むパリ風の立派な住宅 (1852-55), パリ 1 区の区庁舎 (1855-61), テアトル・フランセ広場に面したグラン・オテル・デュ・ルーヴル (1856-59, アルフレッド・アルマン (Alfred Armand, 1805-88), J-A-F-A・ペルシェ (J.-A.-F.-A. Pellechet, 1829-1903), C・ロオー=ド=フルーリとの共作), そして, 最後には彼の最も有名な作品であるパリ北駅 (1859-66) を手がけた. 北駅での主たる貢献は, 基本的には鉄道会社の技師たちのデザインだったものを「整理した」にすぎないものだったようにもみえる. だが, これは新しいボザール流古典主義が鉄とガラスの構造物とどのように結びつくかということを示す申し分のない実例であった. トラスのいくつかはアントワーヌ=レミ・ポロンソー (Antoine-Rémi Polonceau, 1778-1847) によってデザインされたシステムであり, またすべて

の鋳造はグラスゴーで行われた.

イートン, ウィリアム・ド Eyton, William de (1310 頃-36 活躍)

　イングランドの石工頭. 少なくとも聖母礼拝堂が設計された 1310 年頃からは, リッチフィールド大聖堂 (スタフォードシャー) のヴォールトと周歩廊の東ベイの建設に従事していた.

田舎家 cot
　⇨コット

イーネ, エルンスト・エーバーハルト Ihne, Ernst Eberhard (1848-1917)

　ドイツの建築家. イギリスの住宅建築について, ムテジウスの著作に先んじて一般に広く紹介した. ヴィルヘルム帝政期 (1888-1918) のドイツにおけるネオ・バロック様式の代表的建築家. クロンベルク・イン・タオヌスのフリードリヒスホーフ城 (1889-94, 現在はホテル) にイギリスからの影響がみられる. フリードリヒ 3 世の皇后 (Empress Friedrich), およびイギリス王女ヴィクトリア (1840-1901) の居城であることによる配慮だった. 短い期間に政府顧問の建築家として重要な地位に就き, 1906 年に皇帝ヴィルヘルム 2 世 (Kaiser Wilhelm II, 在位 1888-1918) から爵位を授かった. 作品に, カイザー・フリードリヒ博物館 (1898-1903, 現ボーデ博物館), 王立図書館 (1908-13, ベアヴァルトと共同), カイザー・ヴィルヘルム研究所 (1914-15) がそれぞれベルリンにあり, いずれもボザール流のネオ・バロック様式の建築である.

いばら装飾 cuspidation
　⇨カスピデーション

イプスウィッチ・ウィンドウ Ipswich window

　17 世紀にみられる出窓で, 壁と方立てにはさまれた両サイドを凸曲面状とし, 高さ 2/3 を窓, 中央をアーチ形開口とし, 凝ったアンコン装飾の両側も小さな窓とされる. 窓枠には鉛を付し, 窓下の方立てとパネルには重厚な装飾が施されている. 現存する名作としては, サフォーク, イプスウィッチ, バターマーケットにあるスパロウ・ハウス (1670 頃) がある. イプスウィッチ・ウィンドウは, R・N・ショウに影響を与え, ロンドンのニュージーランド・チェンバーズ (1871-73, 現存せず) などに用いられた.

イブル, ミクローシュ (ニコラウス・フォン) Ybl, Miklós, *or* Nikolaus von (1814-91)

　オーストリア゠ハンガリーの建築家で, ゲルトナーに学んだ. 1840 年代にポラック・アーゴシュトン (Pollack Ágoston, 1807-72) と共同事務所を構え, シンケルの影響を受けた新古典主義様式の建物を多く設計した. 最初に携わった大規模な事業はフォートの聖堂, 学校, 廟堂, 司祭館 (1845-57) で, ミュンヘンのゲルトナーの作品に影響を受けたルントボーゲンシュティール (ルントボーゲン様式) で建てられている. これに続き多くの住宅 (例:ブダペストのムーゼウム環状通り 7 番地のウンゲル・ハーズ (1852)) を設計し, 1860 年代にはウィーンの同世代の建築家と同様にルネサンス・リヴァイヴァル様式に転じた. その例は第一国立貯蓄銀行 (1868), 税関 (1870-74, 現在は経済大学) で, いずれもブダペストにある. 彼のルネサンス・リヴァイヴァル様式による最高傑作はブダペストのオペラ劇場 (1875-84) で, ウィーンのリンクシュトラーセでの成果からよく学んでいる. 1861 年にロンドン万国博覧会を訪れて影響され, ジェンジェシュ郊外のパラード (1862-88) とパラードシャシュヴァール (1880-82) の 2 カ所にマナー・ハウスを, ブダペストのパカーチ広場にロマネスク・リヴァイヴァルの小教区聖堂 (1866-79) を設計している. ブダの王宮の重要な工事 (1860 年代以後) を手がけ, 贅を凝らしたペシュトのセント・イシュトヴァーン・バシリカ (1851-1906) にヒルドの死後取り組んだ.

イームズ, チャールズ・オーマン Eames, Charles Orman (1907-78)

　アメリカのデザイナーであり, 同時代における最も重要で多才なデザイナーの一人. 彼の建築家としての評判はカリフォルニア州サンタモニカのパシフィック・パリセーズに建つ自邸にもとづく. この住宅はミース・ファン・デル・ローエの作品にも恩恵を受けた鉄骨骨組構造で, 工業化された建築の重要な例である. 彼はさらに成形合板の椅子やその他の家具のデザイ

ナーとして知られ，代表例としてエーロ・サーリネン（クランブルック・アカデミーで出会った）と制作したイームズ・チェア（1940-41）がある．1941年に2番目の妻であるレイ・カイザー（Ray Kaiser, 1916-88）と結婚後，彼はすべてのデザイン・プロジェクトのクレジットを彼女と共有した．

イムホテプ　Imhotep（前2600頃活躍）

　古代エジプトのジェセル王に使えた宰相，神官，建築家．後世においては万物の創造者として，また三神の一柱として，ホルスおよびイシスとともに祭られた．「プタハの息子」であり，アスクレーピオスと同一視された．サッカラにある巨大で哲学的な階段状のピラミッド複合体を設計した．全時代を通して最も偉大な建築家の一人であり，また石造建築の発展における重要な革新者とみなされるべき人物である．

イメージ　ymage

　彫像を意味する中世の用語．

いらか段　corbie-step

　⇨コーベル・ステップ

入母屋屋根　gambrel

　⇨屋根

イーリ，レジナルド，またはレナルド・オヴ
Ely, Reginald or Reynold of（活躍1438-71没）

　イングランドの石工頭．ケンブリッジのキングズ・カレッジ・チャペルの建設に，当初から携わった石工の一人であるということで，その「建築家」と称しうる有力候補であり，15世紀のイングランドで最も偉大な建築家の一人とみなされるべきであろう．イーリの名前は，1438年にケンブリッジのピーターハウスで最初に現れ，そこで中世の中庭の西側に建つ図書館の階段を建てており，ホールの西端のキッチン・ウィング（厨房翼棟）の建設にもかかわっていたものと思われる．1444年，キングズ・カレッジの諸建築を建てるために職人を探すように命じられたことがわかっており，1446年にはヘンリー6世（King Henry VI, 1422-71）によって基礎石が据えられて，礼拝堂の建設が開始された．イーリはその場にいたと思われ，1461年に工事が中断されるまで礼拝堂の建設

にかかわった．イーリは，立面を設計したと思われるが，北側の最東部の東窓以外のトレーサリーの図柄を手がけたかどうかは疑わしく，東窓の「曲線形」トレーサリーのデザインは，すべてが確固たる垂直式でできた礼拝堂の他のトレーサリーとは異なっている．キングズ・カレッジ・チャペルは，クワイアのピアのデザインから明らかなように，ファン・ヴォールトというよりは，枝リブ（リエルヌ）でデザインされていた．その他，ケンブリッジシャーのバーウェルの聖堂（1454-64）や，ケンブリッジのクイーンズ・カレッジ（1446以降）の設計をしたと思われる．

イーワーン　iwan

　イスラーム建築で，ヴォールト状空間の入口，あるいは一方が閉じている場合は，マドラサやモスクの中庭に面したホールとなる．11世紀以降，モスク，マドラサ，隊商宿では，中庭の四方面が四つのイーワーンとなることが一般的となった．ヴォールトは単純な半楕円の筒型をしているものや，精巧なムカルナス装飾を施したものもある．前イスラーム時代における代表例として，イラク，クテシフォンにあるサーサーン朝宮殿のものがある（4世紀あるいは6世紀）．

イン・アンティス　in antis

　⇨アンタ

インウッド，ウィリアム　Inwood, William
（1771頃-1843）

　イングランドの監督官にして建築家．『地所購入のための算定表（Tables for the Purchasing of Estates）』（1811，その後何度か再版）の著者である．彼は多くの住宅，兵舎，倉庫を息子のヘンリー・ウィリアム（Henry William, 1794-1843）とともに設計した．ヘンリーはグリーク・リヴァイヴァルに関する学術的知識を彼らの建築に応用した．ほかの2人の息子チャールズ・フレデリック（Charles Frederick, 1799-1840），エドワード（Edward, 1802-40）も建築家である．チャールズはバッキンガムシャーのマーローにあるオールセインツ聖堂（1832-35）を建てた．ヘンリー・ウィリアムはイタリアとギリシアを旅し（1818-19），『アテネのエレクテイオン：アテネ

の建築とアッティカ，メガラ，エペイロスの遺跡（*The Erechtheion at Athens: Fragments of Athenian Architecture and a few remains in Attica, Megara, and Epirus*）』（1827）を出版した．これはかの偉大な古代ギリシア神殿に関する模範的著作であった．彼の確かな学識はロンドンのセント・パンクラス・ニュー・チャーチ（1819）で披露された．これはグリーク・リヴァイヴァルの最も美しい建築の1つであり，古代ギリシアのモチーフ（ポルティコ，カリアティッド，エレクテイオンの窓，風の塔に由来する尖塔）を用いつつ，ギッブズによる英国国教会の様式を翻案したものである．これは父親とともに設計されたものであり，2人はキャムデン・タウンのオールセインツ聖堂（1822-24），リージェント・スクエアのセント・ピーター聖堂（1822-25，解体）を設計した．彼らはソマーズ・タウンにあるセント・メアリー礼拝堂（1824-27）を設計したが，そのか細く学術的ではないゴシック建築をA・W・ピュージンは『対比（*Contrasts*）』（1836）で風刺した．ヘンリー・ウィリアム・インウッドは『古代ギリシア，古代エジプト，そのほかの国々の建築のデザイン源（*The Resources of Design in the Architecture of Greece, Egypt, and other Countries*）』（1834）を出版した．彼はスペインに向かう途中，船が沈没し乗客すべてとともに亡くなった．

インオスキュレイティング・コラム inosculating column
⇨ 束ね柱

イン・カヴェット in cavetto
レリーフを逆にしたような刳形（くりかた）装飾．

イングリッシュ・エクストリーミスツ（イギリスの過激派たち） English Extremists
1988年に刊行された本の書名．イギリスの建築家たち，ニック・キャンベル（Nick Campbell, 1947-），ロジャー・ツォゴロヴィッチ（Roger Zogolovich, 1947-），レクス・ウィルキンソン（Rex Wilkinson, 1947-），ピアーズ・ガフ（Piers Gough, 1946-）ら，1977年に設計活動を実践し始めた建築家を扱っている．「過激派」の名はその度を越えた折衷主義と，

みる人を驚かせる，調和を欠いた幾何学に由来する．作品に，ロンドンのドックランド地区における高層ブロック「カスケード」（1988）がある．

イングリッシュ・スタイル English style
1984年に用いられ始めた語で，20世紀後半のイギリス，および北アメリカのインテリアデザインのことを指す．古風でありながら近代的，風変わりでありながら親しみやすく，不変であるかのようにみえてはかなく，とりわけ高い質を備え，これらの性質が統合されるという特徴をもつ．

イングル・ヌック ingle-nook
1．煙突へ通じる口が必要以上に大きな暖炉の一角．人が座ることもできるスペースがある．
2．暖炉を備えた部屋のはみ出し空間．しばしば小さな窓がついており，炉胸と壁の間が椅子となっている．

陰刻 sunk relief
装飾が彫り込まれる壁面において，むき出しよりも突出しないように彫られるレリーフで，沈み彫り［伊語でカーヴォ・リリエヴォ，またはインタリオ・リヴェラート］とも呼ばれる．

インサート inserted
エンゲージド．コラム等が壁面に組み込まれていること．

イン・シトゥー in situ
敷地あるいは現場で，という意．現場での作業を指し，たとえば，工場で成型されるのではなく，現場で打設するコンクリートについていう．

インシュレート insulated
1．建物や柱などが独立し，側面がすべてみえている状態を指す．ギリシア神殿のペリスタイルはあてはまるが，ローマ神殿のように内陣に列柱がつけられる疑似ペリスタイルは該当しない．
2．間隙をとったり分離したりして，防音，断熱など，悪影響を避けること．

インスラ insula

1. 四周が通りで囲まれる古代ローマ都市の一街区で，区画内は1つの大きな構造物あるいはいくつかの小さなものが集まって構成される．

2. 古代における戸建て住宅．

インソール，ドナルド・ウィリアム Insall, Donald William (1926-)

イギリスの建築家・都市計画家．J・H・ハーヴェイのもとで，アシスタントとして若い頃から経験を積み，1957年に自らの事務所であるドナルド・インソール・アソシエイツをロンドンに設立した．ゲデスとモリスの教えを信奉し，いくつかの町や村の保存計画を実施した先駆的存在である（ドーセットのブランドフォード・フォーラム，エセックスのサクステッド，チェスター（1958年から59年に政府による調査ののち，彼は1960年にチェスター歴史都市保存プログラムを進めるコンサルタントに任命された．本事業は多くの賞を受賞し，保存事務官という新しい職の創出につながった））．彼はベリントン・ホールやクロフト城（ともにハートフォードシャー），スピーク・ホール（リヴァプール近郊），ヴァイン（ハンプシャー），ペットワース（サセックス）などナショナル・トラストにおける多くの保存事業にかかわった．その後，バークシャーにあるウィンザー城で起こった火災に際し，彼の事務所は，修復工事の担当建築家として任命された（1992-97）．その他ロンドンの作品に，ダンスによるマンション・ハウス，ジョーンズによるバンケット・ハウス，ウェストミンスター・パレス，ホワイトホール，チャンバーズによるサマーセット・ハウスの保存事業があげられる．地方においては，オックスフォードシャーにあるモリスのケルムスコット・ハウス，ケンブリッジにあるレンのトリニティ・カレッジの図書館，ケント，ラムズゲートにあるピュージンのグレンジ（豪農の邸宅）がある．著書に『歴史的建物の維持（*The Care of Old Buildings Today*)』(1972)，『ロイヤル・パレスのための防火基準（*Fire Prevention Measures for the Royal Palaces*)』（共著）(1993) など．

インターコラムニエーション intercolumniation

古典主義の列柱やポルティコにおいて，隣り合うコラムの柱身の下部の間の内法のこと．柱身の直径〔ピラスターの場合は幅〕と同じ寸法のモドゥルス（以下「d」と記述）によって規定される．ウィトルウィウスは次のような種類がよくみられると記述した．

1.5d：　ピュクノステュロス（密柱式）（イオニア式とコリント式のオーダーでのみ使用される）

2d：　シュシュテュロス（集柱式）

2.25d：　エウステュロス（正柱式）（古代ローマとルネサンスでは通常の間隔であり，ポルティコ中央の間隔は少し広くなって3dとなる）

3d：　ディアステュロス（隔柱式）

3dを超える内法：　アラエオステュロス（疎柱式）

ペローはアラエオシュステュロス（疎集柱式）を構想したと思われる．これは2本の円柱を0.5d離して配置し，次の円柱とは3.5d隔てるという手法で，パリのルーヴル宮殿の東側正面で用いられた．また，レンもロンドンのセント・ポール大聖堂で使用している．ドリス式のインターコラムニエーションは直径ではなく，トリグリュフォス（トリグリフ）とメトペの関係によって決定される．普通，古代ギリシア古典期のドリス式のインターコラムニエーションは，円柱と円柱の間の空間の直上に一つだけトリグリュフォスを配したものとなった（それゆえ，モノトリグリフ形式という）．もちろん，各円柱の中心線直上にもトリグリュフォスが配される．だが，アテネのプロピュライアでは，入口直上のみトリグリュフォスが二つ配されている．ヘレニズム期のインターコラムニエーションは一般にもっと広くなり（ドリス式さえ），円柱間に二つ（ディトリグリフ），あるいはそれ以上のトリグリュフォスが配されることが多く，もっと明るくもっと優雅な外観となった．だが，古代ギリシアのドリス式のポルティコの隅部では，各フリーズ終端にトリグリュフォスを配置せねばならず，それゆえ，隅部で2面のトリグリュフォスが接することになるゆえ，隅部円柱はトリグリュフォスの中央線上に配置することができず，やや内側に移さなければならない．そういうわけで，隅部のインターコラムニエーションは通常より狭くなる．この問題は古代ローマやルネサンスのドリス式には

存在しない．各面終端のトリグリュフォスは隅部で接することはなく，半メトペ〔実際は四分の一幅〕が隅部終端に配されて，隅部円柱を隅部トリグリュフォスの中心線上に配することができるからである．

インダストリアル・エステティック
Industrial Aesthetic
構造（あるいは架構のようなもの）が優先され，工学的側面（吊構造，橋のような建物）が強調された建物．あるいは構造だけではなく設備が露わになっているような建物．
⇨ブルータリズム，ハイテク

インターセクティング　intersecting
⇨アーチ，トレーサリー

インタートリグリフ　intertriglyph
メトープ．

インターナショナル・モダン（国際近代），インターナショナル・スタイル（国際様式）
International Modern *or* International style
20世紀の建築スタイルであり，1914-18年の第一次大戦の直前に始まった．この言葉は，アルフレッド・H・バー（Alfred H. Barr, 1902-81，ニューヨーク近代美術館 MoMA の部長）がつくったようだが，のちに H-R・ヒッチコックとフィリップ・ジョンソンによる 1932年の出版物で広まった．それは一般に W・グロピウスや他の建築家たちの作品を通してドイツから始まったとみなされている．そのイメージは歴史主義から，また過去への暗示から自由となっていたため，1918年以後のアヴァンギャルドによって，まずは中央ヨーロッパで，そして他の地域でも熱烈に受け入れられた．その主な主題は，非対称性，重厚で塊状をなすキュービックな形，平らで簡素，滑らかな無装飾の表面（しばしば白く塗られた）），あらゆるモールディングや装飾の完全な排除，「フラット」・ルーフ（平らな屋根），鋼鉄の枠組みにはめられた大ガラス面（しばしば長い水平帯状，あるいはカーテン・ウォールをなす），鋼鉄の骨組みないし鉄筋コンクリートのラーメン（柱梁）構造（一連の平らな床面や屋根面と，コンクリートの円柱や角柱による構造）の採用，そしてそのために間仕切りが構造上の役割から解放され，思うところに設置できるために可能となったきわめて自由な平面計画，だった．

国際近代のスタイルの形態言語は，グロピウスによるデッサウ・バウハウス校舎（1925-26），ル・コルビュジエによるパリの救世軍難民院（1929以降）やスイス・パヴィリオン（1930-32），ミース・ファン・デル・ローエによるドイツ，シュトゥットガルト市のヴァイセンホーフ・ジードルンク（1926-27）などに見られる．進歩的で左翼的なイデオロギーを示していると見なされ，そのいわゆる機械美学はイタリア，コモ市のテラーニによるファシスト本部でも，また1920年代のソ連邦でも使われた．また1945年以後，とくに西欧，イギリス，アメリカ合衆国で一般に採用された．

インターラプト　interrupted
一部が取り除かれた建築的要素（⇨エリジョン）．ブロークン・ペディメントやオープン・ペディメントがそれに当たる．

インターレーシング・アーチ　interlacing arch
⇨アーチ

インターレース　interlace
ひもや帯を交互に織り交ぜたつくられた彫刻装飾で，ほどけた結び目のように，1つの柔らかな素材の折り返しによって図柄がつくられる．エントレラック（組み飾り縁）と呼ばれ，アングロ・サクソン，ケルト，ロマネスク芸術に見られる．

インターレースメント，インターレーシング・バンド　interlacement *or* interlacing band
組みひも飾り．

インテリジェント・ビル　intelligent building
設備（暖房など），環境デザイン，防犯，性能，メンテナンス，防火，防漏電などをコンピュータ制御する建物（例：ペリのカナディ・ワーフ・タワー，ロンドン，1986）．

インテルセクティオ　intersectio
古典主義建築のエンタブラチュアにおけるデンティルとトリグリフ（メトープ）の間のスペ

インテント
ース.

インデント indent
石板に彫像や碑銘を施す際，真鍮や黄銅の合金を埋め込むために削られたくぼみ.

インド様式 Indian style
インドの建築は中国の建築（⇨シノワズリ）よりも少ないにせよ，西洋に影響を与え，ピクチャレスクな折衷的オリエンタリズムという主題の1つのバリエーションとして，リージェンシー時代やヴィクトリア朝期に最もみられた.ヒンドゥー様式の流行はトマス・ダニエルとその甥ウィリアム・ダニエル（William Daniell, 1769-1837），ウィリアム・ホッジスによって促進された．ホッジスはインドの景観を出版しており，『インド旅行記（*Travels in India*）』（1780-83）はフランス語版も出版され，『建築の原型に関する省察：ヒンドゥー建築，ムーア建築，ゴシック建築（*Dissertation on the Prototypes of Architecture, Hindoo, Moorish, and Gothic*）』（1787）と『インドの景観（*Select Views in India*）』（1785-88）は，西洋にインド建築の「野蛮な壮麗さ」を示した.ホッジスは古代エジプト建築，ヒンドゥー建築，ムーア建築，ゴシック建築は全て，鍾乳石と石造建築への共通した視覚的記憶に由来すると主張した．彼の理論は，18世紀のロマン主義的感性を特徴づける，原始的で自然なものへの憧れを示している．インド建築とゴシック建築を融合した最初の成果は，ダンス（息子）によるロンドン・シティのギルドホール南正面（1788-89）である．ヒンドゥー様式はグロスターシャーのシジンコート（1800年代初頭，S・P・コッカレル設計）にみられる．シジンコートには玉葱形ドーム，チャトラのついたピナクル，多葉アーチがついている．一方でポーデンは，ヒンドゥー様式をサセックスのブライトン・パヴィリオンの厩舎，馬術練習所，馬車置場（1804-08）に用いた．ナッシュ設計のブライトンのロイヤル・パヴィリオン（1815-21）はシノワズリとヒンドゥー様式を乱雑に混ぜたものである．ダニエルはヒンドゥーとイスラム建築のカプリッチョを，ロンドンのダッチェス・ストリートにあるホープの「インドの間」に生み出した．1851年の万国博覧会のあと，大英帝国におけるインド亜大陸の重要性が示さ

れると，これ以降，インド様式は影響力をもつようになった．オーウェン・ジョーンズは『装飾の文法（*Grammar of Ornament*）』（1856）でインドの貢献を讃えた．1877年にヴィクトリア女王がインドの皇帝を宣言した後，インド様式は多くの室内装飾で用いられるようになり，これらには喫煙室やトルコ風呂があった．良い例はサフォークのエルヴェデン・ホールにあるインドの間（1890年代）である．これはウィリアム・ヤングと息子クライド・フランシス・ヤング（Clyde Francis Young, 1871-1948）が，ジョン・ノートン（John Norton, 1823-1904）が設計した邸宅に加えた．ノートンも1863-70年にかけてインド様式の特徴をいくらかとり入れた.

これよりも早くアメリカ合衆国ではインド様式が現れていた．コネチカット州ブリッジポートにあるP・T・バーナムの邸宅はレオポルド・アイドリッツが設計したものであり，ナッシュによるブライトンの建築にもとづいている．ヘンリー・オースティンは明らかにこの影響を受け，ニュー・ヘイヴン駅（1851）を設計した．サミュエル・スローンの『模範的建築家（*The Model Architect*）』（1852-53）にはインド様式のデザイン（たとえば「オリエンタル・ヴィラ」）が載っている．これは明らかに彼が設計したミシシッピ州ナチェズにあるロングウッド・ヴィラ（ナット・フォリー）（1854-61）の模範である．ロングウッド・ヴィラは多角形平面の住宅で，玉葱形のドームがついている．出版されたデザインは，カールステンセンとギルデマイスターが設計した，多彩色の鉄とガラスの構造物ニュヨーク・クリスタル・パレス（1853-54）に影響を及ぼした可能性がある.

20世紀にはラッチェンスが設計したニュー・デリー総督府（1912-31）で，主要な古典主義とインド建築に由来する多くの要素が混合された.

イントラドス intrados
⇨アーチ

インブリケーション imbrication
⇨瓦模様

インプルウィウム impluvium

⇨アトリウム

インポジション imposition
　既存建物上に置かれた，あるいは，加えられたもの．

ヴァイイ，シャルル・ド　Wailly, Charles de (1730-98)
　フランスの建築家，画家．ルイ16世紀・革命期を代表する影響力の大きかった建築家の一人．J・F・ブロンデル，ル・ゲ，セルヴァンドーニのもとで学んだのち，ローマのフランス・アカデミーに留学（1754-57）．ピラネージの影響を受ける．多数現存するドローイングはユベール・ロベールのものに比肩されることも多く，ド・ヴァイイは初め室内装飾・舞台装飾で名声を得，やがて数々の傑作を設計する建築家・都市計画家となっていった．代表作はパリのオデオン劇場（M・J・ペールと．ただし実質的にはド・ヴァイイの仕事である）やディジョン近郊のシャトー・ド・モンムサール（1764-69，部分的に実現）．後者は練られた平面と厳格な幾何学で，ブレとルドゥーを最大の主導者とした厳格な後期新古典主義の先駆けとなる古代趣味が支配的なフランスにおける最初のカントリー・ハウスである．ド・ヴァイイによるパリのド・ラ・ペピニエール街の都市邸宅（1776-78）は，創意に富むものであったが，彼の多くの作品と同様に現存していない．パリのサン・ル・サン・ジル聖堂のクリプト（1773-80）のアーチとヴォールトを支えるために，パエストゥムの古代ギリシアの神殿から頑健な柱を採用し（ただし溝彫りのかわりに葦飾りを用いた），当時としてはきわめて進んだデザインであった．他に，ジェノヴァのパラッツォ・スピノーラの絢爛なグラン・サローネ（1772-73，取壊し）や，パリのサン・シュルピス聖堂の説教壇（1788），シャペル・ド・ラ・ヴィエルジュ（1777-78）の装飾をデザインした．ヘッセン＝カッセル方伯フリードリヒ2世（Landgrave Friedrich II, 在位 1760-85）はド・ヴァイイを招聘し，カッセルの新古典主義の宮殿の数々（1783）とヴィルヘルムスヘーエ（1785）の設計を託したが，ともに実現しなかった．結果的に，ヘッセン＝カッセル方伯ヴィルヘルム9世（Landgrave Wilhelm IX, 在

位1785-1803，後ヘッセン選帝侯1803-21）は，ヴィルヘルムスヘーエの設計をデュ・リとド・ヴァイイの弟子のユッソウに託して，建設した（1786-92）．その弟子たちを通じて（たとえば，ヴォローニヒン），ド・ヴァイイの影響力はロシア，とくにサンクトペテルブルクにも及んだ．

ヴァイキングの装飾　Viking ornament

8世紀から12世紀にかけての，スカンジナビアとスカンジナビア人の植民地においてつくられた装飾の様式であり，複雑に連続する動物の形状をもとにした，相互に織り合わせられた要素によって構成される．建築用途としては，主に三つのスタイルがある．一つは，S字型の絡み合う動物を特徴とし，体型が平たくリボンのような形をしたもの（イェリング様式，10世紀半ば）．二つ目は，半自然的な動物や鳥または龍のような形で，アングロ＝サクソンやオットニアンの装飾から影響を受けたもの（リングリケ様式，11世紀）．もう一つは，極端に図案化された動物やリボン形の動物，蛇，動物の頭や脚が単純化されて末端まで引き伸ばされ8の字形を成して，絡み合うグルグル巻きのトカゲのような非常に複雑な造形（ウルネス様式，11世紀後半）．ウルネス様式は，ケルトやアイルランド＝ロマネスク，さらにアングロサクソンのデザインに影響を与えた．リングリケの古代スカンジナビア人，あるいはリングリケのヴァイキング装飾の好例は，ヘレヴスの聖メアリー・ダヴィッド・キルペック教会の南出入口の彫刻（1140頃-45）である．ケルトのモチーフと交わることにより，ヴァイキング装飾はアール・ヌーヴォーのデザインとしてよみがえった．

(a)

(b)

ヴァイキングの装飾
(a) イェリング様式　デンマークのイェリングにおけるルーン文字が刻まれたハラルド王の石碑（960-85頃）であり，4本足の生物がリボンのような蛇に絡み合っている．
(b) ロンドンのセントポール聖堂の墓地にある11世紀の墓石であり，リンゲリケ様式によるもの（名前はオスロ近くの地区の名称に由来しており，そこでは砂岩が彫刻によく使われていた）．
(c) 12世紀のヘレヴスの聖メアリー・ダヴィッド・キルペック聖堂の南出入口の彫刻であり，蛇のような龍の形によるリングリケ様式を示している．ウルネス様式にも類似する．
(d) ノルウェーのウルネス聖堂における11世紀の湾曲した扉．

ヴァイス，グスタフ・アドルフ　Wayss, Gustav Adolf (1850-1917)

ドイツのエンジニア．マティアス・ケネン

（Matthias Koenen, 1849-1924）と共同で鉄筋コンクリート構造の科学的計算法を開発し，その理論的基礎を築いた．

ヴァイセンホーフ・ジードルンク
Weissenhofsiedlung

直訳すると「白い住宅団地」．ヴュルテンベルク州シュトゥットガルトにドイツ工作連盟によって開発された労働者住宅の展示場（1927）で，ミース・ファン・デル・ローエが主導し，ル・コルビュジエ，グロピウスその他の手による住宅が建設された．その名の由来となった白く塗られ，陸屋根を架けた，単純簡裁なインターナショナル・モダン・スタイルは，その後長きにわたって用いられることとなる住宅形式を確立した．

ヴァイデフェルト，ヘンドリク・テオドルス
Wijdeveld, Hendrik Theodorus（1885-1989）

オランダの建築家，著述家．雑誌『ヴェンディンゲン（*Wendingen*）』（「転換」，1918-31刊行）の編集を担い，革新的なタイポグラフィーやデザインを導入し，またアムステルダム派の建築を普及させていく上で中心的役割を果たした．ドイツとオランダにおける表現主義の担い手たちをたがいに結びつけ，アイリーン・グレイとF・L・ライトの作品集を出版した．建築家としてはメンデルゾーン，ライト，未来派の影響を受けた．1920 年代にアムステルダム南部で集合住宅の設計を手がけ，ホーストヴェフの大規模集合住宅（1925-26）では曲がりくねった，複雑なファサードを形づくった．没する直前に『私の最初の世紀（*My First Century*）』を出版した．

ヴァイン vine
⇨ヴィニェット

ヴァインブレンナー，ヨハン・ヤーコプ・フリードリヒ Weinbrenner, Johann Jakob Friedrich（1766-1826）

19 世紀の第1四半世紀に南西ドイツで活動した最も重要な建築家．1790 年代初めにベルリンでゲネッリ，ダーフィット・ジリー，ラングハンスと出会い，後の彼の作品を特徴づけることになる厳格なフランス・プロイセン新古典主義を知る．ローマに滞在（1792-97）後，パエストゥムとシチリアで古代ギリシアの神殿の廃墟を研究し，のちにアロイス・ヒルト（Alois Hirt, 1759-1834）が 1809 年に出版する『古代の原理による建築芸術（*Die Baukunst nach den Grundsätzen der Alten*）』の挿絵を用意した．彼の建築の多くはカールスルーエに建設され，1797 年に国家官吏となったときから死ぬまでに，この街を新古典主義によるバーデン大公国の首都へとつくりかえた．彼はすでにある町の配置の上に一連の都市空間を重ね合わせ，たとえばマルクトプラッツ（市場広場，1797-1826）の中心にピラミッドを置くなど，古代の都市空間にもとづいた統一体をつくり上げた．彼によるシュロス・シュトラーセ（城の通り，1799 開始）は 1803 年建設の簡素なドリス式のエットリンガー・トーア（エットリンガー門，破壊された）へと通じる街路であり，左右非対称に配置されたエピソードの連続として構成され，ナッシュによるロンドンのリージェント・ストリートに比べてより変化に富んだピクチャレスクの効果を与えるものとなった．ヴァインブレンナーによるカールスルーエのすべての建築は，簡素ではあるが，印象的で壮麗な質を示しており，とりわけローマのパンテオンと皇帝の浴場から着想を得たローマ・カトリックの聖シュテファン聖堂（1804-14，1951-54 に不確かな形で再建）と，彼の作品の中でも最も折衷主義的なものの一つであるギリシア＝エジプト風ゴシックのシナゴーグ（1798，1871 に破壊）があげられる．無装飾の細い柱と簡素なアーチが連続するコロネードが両側に配置された，驚くほど大胆なランゲ通り（1808）の計画は実現しなかったが，20 世紀の新合理主義者の幾人か（とくにグラッシ）にインスピレーションを与えた．またバーデン・バーデンの彫刻ギャラリー（1804）とクアハウス（集会の部屋，1821-24）を含む主要な公共建築のうちの 6 棟を設計した．さらに『建築教本（*Architektonisches Lehrbuch*）』（1810-25）と『実現および構想された建築物（*Ausgeführte und projektierte Gebäude*）』（1822-35）を出版している．彼がカールスルーエのために提示したアイディアとそのスタイルは，後継者ヒュプシュによって実質的に終わりを迎えた．

ウァギナ vagina

テルム柱の台座のことであり，胸像や半身像

がそこから立ち上がっている.

ヴァーグナー, オットー　Wagner, Otto (1841-1918)

著名なオーストリアの建築家. ウィーン近郊のペンジングで生まれ, ウィーンとベルリン(そこで彼はシンケルの古典主義について吸収する)で学び, ウィーンにおいて多くの歴史主義建築を手がける有能な建築家として実務を開始した. 彼は(ファン・デア・ニュルとシッカールト・フォン・シッカールツブルクに影響を受け)ルネサンスとバロックの伝統に強く依拠した図面を描いている. 1890年にはウィーン市の再計画の提案を準備するよう命じられるが, その中で唯一実現した部分がシュタットバーン(都市鉄道, 1894-1901)であり, そのために節度ある効率的なスタイルによる, 一連の美しい注目すべき建造物(駅, 橋, その他の構造物)が建設された. それらは新古典主義の傾向を示すと同時に, 建築における金属とガラスの可能性を隠すことなく利用しようとするものであった. 郊外のシェーンブルンの駅舎(ホーフパヴィリオン(宮廷パヴィリオン))と都市中心部のカールスプラッツの駅舎はともにバロックおよび世紀末のアール・ヌーヴォーの傾向の両方を示している.

アール・ヌーヴォー様式による彼の上質な作品の中には, ウィーンのリンケ・ヴィーンツァイレに建つマヨリカハウス(陶製タイルによって表面が覆われている)とそれと隣接する集合住宅(アール・ヌーヴォーのスタッコ装飾が施されている)(1898-99)がある. 一方で, ウィーンのヒュッテルベルク通り28番の第二のヴィラ・ヴァーグナー(1912-13)は20世紀の新古典主義に加えてアール・デコの特徴をいち早く示すものとなっている. 実践家として, そしてアカデミーの建築の教授として, ヴァーグナーはホフマン, コチェラ, オルブリヒ, プレチュニクら若い世代に影響を与えた. また影響力のあった著作『近代建築(*Moderne Architektur*)』(1896)において, 時代にふさわしい形態, 様式, 構造, 材料を主張した. 彼によるストリップ・クラシシズムであるウィーン郵便貯金局(1904-06)は, ファサードが石材で被覆され, その被覆は端部が露出したボルトで固定されている. 内部の銀行ホールは, 歴史を参照することなく, 金属とガラスを用い

た斬新で大胆なやり方で設計されている. 新しい技術・材料と伝統的な形態を統合するという彼の熟練技が最もよく現れているのが, 州立ウィーン精神病院敷地内の高台に建つアム・シュタインホーフの聖レーオポルト聖堂(1905-07)である. そこではユーゲントシュティール, 新古典主義, バロックの特徴が, 巧みにまとめられた全体の中で一つに結びつけられた. ヴァーグナーの影響は, 彼の死後, 数多くの教え子や助手らを通して, オーストリア=ハンガリー帝国の後継諸国へと広がっていった.

ヴァーグナー, マルティン　Wagner, Martin (1885-1957)

ドイツの建築家, 都市計画家. その名声はベルリンでのローコストの工業化住宅の分野におけるものであるが, 彼自身, ほとんど建築設計はせず, 基本的にその支援業務に携わった. デア・リンクのメンバーであり, ドイツ工作連盟で活発に活動した. またグロピウス, ヘーリンク, ミース・ファン・デル・ローエ, ペルツィヒ, シャロウンといった近代運動の建築家たちと協働し, 国際近代様式の開拓者の一人となった. 著名な計画作品には, ベルリン市シェーネベルク区のリンデンホフ住宅団地の計画(1918-21, 1944破壊), 馬蹄形ジードルンクの名で知られるベルリン市ノイケルン区のブリッツ住宅団地(1925-30, ブルーノ・タウトと協働)がある. ベルリンのジーメンスシュタット住宅団地ではバルトニンク, ヘーリンク, グロピウスらと協働した(1927-31). 1935年にはドイツを離れてトルコに移り, 38年にはグロピウスの仲介でアメリカ合衆国のハーヴァード大学で教職に就き, そこで50年まで都市計画について教えた. 生涯を通じて, 建築および都市計画に関する多くの(たいていは論争的な)著書があり, その左派の観点を普及させた.

ヴァーゴー, ピエール　Vágó, Pierre (1910-2002)

ハンガリー生まれのフランスの建築家. 父のヨージェフ・ヴァーゴー(József Vágó, 1877-1947), 伯父のラースロー(László, 1875-1933)はオットー・ヴァーグナーと新古典主義の影響を受けた著名なオーストリア=ハンガリーの建築家であった. ペレに学んだた

め，構造とその表現は彼の作品においてつねに重要な要素であった．1930 年代には国際モダニズムを宣伝して影響力のあった雑誌『今日の建築（*Archietecture d'aujourd'hui*）』の編集者も務めた．1934 年に自分の事務所を構え，プレファブの鉄骨造住宅を同年のパリの住宅展で展示した．アルル，アヴィニョン，ボーケール（1945-47），ル・マン（1947-48）など多くの都市のマスター・プランを作成した．聖堂，住宅，ヴィラなどの建物も設計し，ウジェーヌ・フレシネと共働してルルドのサン・ピーのバシリカ（1958）を巨大な鉄筋コンクリート構造で設計・建設した．1932 年に国際建築家会議（Réunions internationales des architectes, RIA）を創立し，この重要な会議は第二次世界大戦後にヴァーゴーを事務総長とした国際建築家連合（Union internationale des architectes, UIA）へと発展した．

ヴァザーリ，ジョルジョ　Vasari, Giorgio (1511-74)

イタリアの建築家，著述家，画家．『イタリアで最も優れた建築家，画家，彫刻家の生涯（*Le vite de' più eccelenti architetti, pintori, scultori italiani*）』は 1550 年に出版され，ルネサンス建築に関する最良の情報源であるとともに，この時代についての認識の設立に不可欠な資料となってきた．増補版は 1568 年に出た．建築家としてはローマのヴィラ・ジュリアの設計に貢献し（1551-55），これはミケランジェロの監修でヴィニョーラとアンマナーティによって実現された．1555 年にメディチ家のコジモ 1 世公（Duke Cosimo de' Medici, 1519-74）に仕えるためフィレンツェに移った．ここでトスカナ公国の政庁舎として建設した傑作ウフィーツィ（1560-80 年代）のファサードは，ブラマンテ設計のヴァティカンのベルヴェデーレやミケランジェロ設計のフィレンツェのラウレンツィアーナ図書館，そしてペルッツィ設計のローマのパラッツォ・マッシモ・アッレ・コロンネから影響を受けている．ウフィーツィの建物は細長い小広場を囲みこみ，河岸に面する端部はセルリアーナを取り込んだ開廊になっている．この部分はブオンタレンティが完成し，ブオンタレンティはこれ以外にも「請願の扉口」のようないくつかのマニエリスム風の詳細を設計した．

アレッツォでヴァザーリは，ヴェネツィアのサン・マルコに似た平面でサンテ・フローラ・エ・ルチッラ聖堂を（1564-86），グランデ広場には優美な開廊（1570-96）を設計した．また主祭壇への視線を妨げてはならないとするトレント宗教会議（1545-63）の結論を受けて，いくつかの聖堂内装の大改修を遂行した．フィレンツェのサンタ・クローチェ（1565-84）やサンタ・マリア・ノヴェッラ（1565-72）といった聖堂の徹底的な改築は建築的に統一された内観を生み出したが，同時に多くの中世の遺物を廃棄した．

ヴァザンツィオ，ジョヴァンニ　Vasanzio, Giovanni (1550 頃-1621)

オランダ語読みではヤン・ファン・サンテン（Jan van Santen）．ユトレヒト生まれで，ローマには 1583 年頃に移住した．ローマで建築の事務所を営み，噴水，庭園，そしてヴィラの設計を得意とした．ポンツィオが設計したサン・セバスティアーノ・フォーリ・レ・ムーラ聖堂ファサード（1612）を完成させた．最も有名な作品は，ピンチョの丘のヴィラ・ボルゲーゼ（1613-15）であり，おもな立面は，マニエリスムに多くを負うニッチや彫像によって活気のあるものとなっている．ロンギによって着工されたフラスカーティのヴィラ・モンドラゴーネ（1615）を拡張し，パオラ水道の噴水，シスト橋（1613），ガレーラ橋，そしてヴァティカン宮殿の庭園（1620）を設計した．

ヴァージ　verge

1.　⇨けらば
2.　古典主義建築の円柱の柱身（shaft）．
3.　中世のコロネットの細い装飾的な柱身．

たとえば，イングランド・ゴシック建築の初期尖頭式のピアにとりつけられるパーベック大理石のシャフト．

ヴァージ，ジョン　Verge, John（1782-1861）

イギリスの建築家．1828 年にオーストラリアに入り，巧妙な折衷主義の設計を手がけた．作品には，グリーク・リヴァイヴァル，城塞風，チューダー・リヴァイヴァル，時にはシノワズリまでが様式として自由に用いられた．楕円形の階段室兼ホールを特徴とするシドニーのエリザベス・ベイ・ハウス（1832-35）が代表

作であろうが，それ以外にも幅広いベランダ（古典的（ほとんどがドリス式）円柱が屋根を支える）をつけた壮麗な後期ジョージアンの邸宅を多数設計した．その他の作品に，メナングルのカムデン・パーク（1831-32），シドニー，ポッツポイントのトゥスクルム（1831），キャンベラ近郊ブレードウッドのホームステッド（1838頃）もある．ニュージーランド，ワイタンギのイギリス政府高官公邸（1833-34，シドニーで加工された建材で組み立てており，おそらく建築家が設計したこの国初の建物）の設計者でもある．1832年以降ジョン・ビッブ（John Bib, 1810-62）と協働するようになり，1837年のヴァージ引退後は彼が業務を引き継いだ．

ヴァージ・ボード verge-board
　バージ・ボード（barge-board）と同じ．⇨けらば

ヴァーズ vase
　⇨ヴェース

ヴァーチュー，ウィリアム Vertue, William（活躍1501-27没）
　イングランドの石工頭で，ロバート・ヴァーチュー・シニアの弟．1501年からバース・アビー・チャーチ（サマセット）で兄とともにはたらいた．1502/03年頃，ウィンザー（バークシャー）のセント・ジョージ礼拝堂は身廊・側廊・トランセプトのヴォールトが建設中であり，その際，ウィリアム・ヴァーチューがジョン・エールマーとともに身廊のヴォールトの設計にあわせて，クワイアの七つのベイにヴォールトを架ける契約をしたことが知られている．ヴァーチューとエールマーはまた，フライング・バットレス，パラペット，ピナクルとすべての彫刻を制作する契約もしている．ヴァーチューはケンブリッジのキングズ・カレッジ・チャペルを少なくとも3度は訪ねた．1507年にはケンブリッジでヘンリー・スミスたちと会い，そこでの工事の再開について話し合ったと記録されている．1509年にはヘンリー・レッドマンとともにふたたびケンブリッジを訪ね，ファン・ヴォールト建設の相談役の役割を果たした．1512年にはウェイステルがヴォールトを建てるという契約をした直後に，ウェイステ

ルとともにホールで食事をしたことがわかっている．ファン・ヴォールト設計の大家の一人であったヴァーチューが相談役として招聘されたと考えてもよいだろう．1510年，ロンドン塔で王のマスター・メーソンとなった．その時期のおもな仕事はウェストミンスター・アビーのヘンリー7世（King Henry VII, 在位1485-1509）礼拝堂の建設であり，1506年の兄の死後，工事を統轄することになった．また，オックスフォードのコーパス・クリスティ・カレッジ（1512-18）を設計し，しばしばそこを訪れた．グロスターシャーのソーンベリー・カースル（1511頃）では計画案を作成した可能性があり，ロンドン塔では1512年の火災で焼失したセント・ピーター・アド・ヴァンキュラ聖堂を建て直すために新たな建築を設計したと思われる．また，ヘンリー・レッドマンとともに，ラプトンズ・タワーなど，イートン・カレッジ（バークシャー）の中庭の西部分を設計し，おそらくイートン・カレッジ・チャペルのラプトン詠唱（寄進）礼拝堂（1515）を手がけたと思われる．イートン・カレッジの仕事にはハンフリー・コークもかかわっていた．ヴァーチューはまた，ウェストミンスター宮殿のセント・スティーヴン聖堂のクロイスターとクロイスター・チャペルのファン・ヴォールトを設計した．ヴァーチューはイングランドの最も偉大な建築家の一人とみなされるに違いない．その技術に対する熟練度とファン・ヴォールト構造の複雑さはイングランドの後期ゴシックの建築遺産を豊かなものとし，ウィンザーやウェストミンスターの作品の美しさは他に例を見ないほどである．これらはイングランド中世建築の全盛期といえるであろう．

ヴァーチュー，ロバート Vertue, Robert（活躍1475-1506没）
　イングランドの石工頭．ウェストミンスター・アビーにおいて，1475年から1480年にかけてはジュニア・メーソン，1482年以降はそれ以上のシニア・メーソンの地位にあった．1487年頃，王のマスター・メーソンに任命され，グリニッジの仕事に携わった．その後，弟のウィリアム・ヴァーチューとともに，美しいファン・ヴォールトをもつバースのアビー・チャーチ（サマセット）を設計した（1501開始）．ヴァーチューは多くの仕事に携わったが，

その中で最も重要な活動は, 1502〜03 年に礎石が据えられたウェストミンスター・アビーの聖母礼拝堂（現ヘンリー 7 世 (King Henry VII, 治世 1485-1509) 礼拝堂）の設計であった. さらに, ヴァーチューとリーボンズとジャニンズは, 王の墓地の準備にかかわった. また, ウィンザー・カースル（バークシャー）のセント・ジョージ礼拝堂に従事し, ファン・ヴォールトなどを手がけた. ヴァーチューの遺言書には, カンタベリーのセント・オーガスティン・アビー付属聖堂（ケント）に埋葬するよう指示があった. この聖堂となんらかの関係があり, おそらくマスター・メーソンをつとめ, 新しい鐘塔 (1461-1516) を設計したと思われる. 息子のロバート・ヴァーチャー・ジュニア (Robert Vertue jun., 1506-55 活躍) はウスターシャーのエヴァシャム・アビーのマスター・オヴ・ザ・ワークスの地位にあり, そこで**大修道院長クレメント・リチフィールド** (Abbot Clement Lichfield, 1514-39) のためにみごとな垂直式の独立鐘塔などの名高い建築を設計した. 息子のロバートはまた, リチフィールド大修道院長のために, 1513 年直前にヘンリー 7 世礼拝堂に似たファン・ヴォールトをもつエヴァシャムのオールセインツ聖堂の追悼礼拝堂（モーチュアリー・チャペル）を設計した. このことは, 息子ロバートもウェストミンスター・アビーの仕事に一枚絡んでおり, 父の図面をもっていたか, 構法についてよく知っていたことを示している. 同様に, リチフィールド大修道院長のために建てたエヴァシャムのセント・ローレンス聖堂の洗練されたセント・クレメント詠唱（寄進）礼拝堂 (1520 頃) もウェストミンスター・アビーと同じ様式である. ロバートはまた, カンタベリーのクライスト・チャーチ・ゲート (1502) の設計をしたと思われる.

ヴァッカリーニ, ジョヴァンニ・バッティスタ
Vaccarini, Giovanni Battista (1702-69)

シチリアの建築家で, ボッロミーニ, カルロ・フォンターナに影響を受け, 多くの作品を手がけた. 当時, イタリアに広まりつつあったフランス古典主義にも（いくらか）感化されたところがある. カターニャ市に任用され (1735), ローマ・バロックの導入に貢献した. サン・ジュリアーノ聖堂 (1739-57) は, カルロ・ライナルディによるローマ, ポポロ広場のサンタ・マリア・イン・モンテ・サントに影響されたものであり, その一方で, サンタガータ修道院聖堂 (1735-67) はいくらかナヴォーナ広場のサンタニェーゼ・イン・アゴーネを参考にし, サン・カルロ・アッレ・クアトロ・フォンターネを思わせるファサードを備えている. サンタガータのファサードに見られるヴァランス（垂布）装飾はサン・ピエトロ大聖堂内にベルニーニがつくったバルダッキーノを思わせ, ピラスターの柱頭は, ヤシやユリ, 王冠や, 聖人のシンボルで装飾されている. カターニャでは, 大聖堂のファサード (1730-68), オベリスクを備えた象の泉水 (1736, ベルニーニが用いたモチーフ), その他の建築を手がけたほか, 大聖堂広場の市庁舎 (1735) も完成させた. パラッツォ・デル・プリンチペ・ディ・レブルドーネ (1740 頃 -50), コッレジオ・クテッリ (1748-54) といった後期の作は, バロック色が薄れ, 古典主義の側面が強い.

ヴァッカーロ, ドメニコ・アントーニオ
Vaccaro, Domenico Antonio (1678-1745)

ナポリの建築家. モンテカルヴァリオのコンチェツィオーネ修道院聖堂 (1718-24), ナポリ, カルヴィッツァーノのサンタ・マリア・デッレ・グラツィエのクワイアおよびトランセプト (1743 頃) など, 八角形や四角形のヴォリュームを巧みに組み合わせた平面計画が特徴. 後期の作になると, ドラムとクーポラのつなぎ目を泡状のスタッコによって曖昧にする傾向が出てくる. マヨリカを用いた秀作としては, ナポリ, サンタ・キアーラのキオストロ（クロイスター）・デッラ・クラリッセ (1739-42) があるが, 蔦の絡まるパーゴラは腰掛けと一体化した八角形のピアによって支えられ, そのすべてがリッジョーレ（彩色マヨリカ・タイル）で覆われている. また, ナポリのパラッツォ・タルシア (1732-39) には, ヒルデブラントによるウィーンのベルヴェデーレ宮殿の影響が見られる.

ヴァッレ, ジーノ Valle, Gino (1923-2003)

イタリアの建築家. その主要作品は工場建築であり, 典型例であるポデノーネのザヌッシ電気製品工場 (1956-61) はニュー・ブルータリズムのような運動の攻撃的傾向を表現してい

る．その他の作品には，ウーディネのレジスタンスのための記念碑（1959-69，ディノ・バサルデッラ Dino Basaldella（1909-77），フェデリコ・マルコーニ Federico Marconi と協働），カサルザの市庁舎（1974），ウーディネとヴェネツィアのヴァルダディージェ・プレファブ学校（1978-86），ウーディネの公共ハウジング（1979），ニューヨークのイタリア商業銀行（1981-86），パドヴァの裁判所（1984-94）がある．

ヴァーディー，ジョン Vardy, John（1718-65）

イギリスのパッラーディオ主義の建築家．長期にわたって王室建築局との関係を享受し，またケントと協働し，そのロンドンのホワイトホールの近衛騎兵隊本部を，1748 年からウィリアム・ロビンソンとともに建設した．『イニゴー・ジョーンズ氏およびウィリアム・ケント氏による図面（*Some Designs of Mr. Inigo Jones and Mr. William Kent*）』（1744）と題する 1 巻の版画本を出版した．最大の業績は，ロンドンのグリーン・パークにおけるスペンサー・ハウス（1756-65）であり，いくつかの部屋はジェームズ・スチュアートによって設計された．ゴシック様式の作品（ドーセットのミルトン・アビー，1754 頃-55）のほか，ロココ様式によるいくつかのデザインも残している．

ヴァナキュラー建築 vernacular architecture

地味で簡素な土着・伝統的な建築様式で，成熟した形式と形態に従って，在地の材料を用いて建てられる．一般的には，農業建築（納屋や農家など），住宅建築，産業建築（鋳物工場，陶器工場，鍛冶屋など）の 3 種類に分類されている．イングランドとドイツでは，中世以降の木骨建築の大部分は主としてヴァナキュラー建築に分類されているが，その一方で，コテージなどのような，農村の建造物も同じカテゴリーに分類されている．その最初の試みは，18 世紀後半のピクチャレスク運動の中で見ることができる．ヴァナキュラー建築は，19 世紀の建築家にとって手本となったが，とくに，ゴシック建築と住宅建築のリヴァイヴァル運動，そして，アーツ・アンド・クラフツ運動の建築家にとってはそうであった．アメリカでは，コロニアル様式と簡素な下見板の建築が，とくにス

ティック・スタイルやシングル・スタイルの設計者によって参照された．ヴァナキュラー建築は上品な建築と対照的な存在だと考えられていて，建築家なしの建築にも分類される場合もあったが，これは厳密には正しくない．というのも，ほとんどのヴァナキュラー建築の作品は，参照する建築様式の発展過程において，より洗練されたデザインを手本としているからである．その一方で，ディヴィ，ラチェンズ，ウェブらの建築家のスタイルは，ヴァナキュラー建築に負うところが大きい．そのため，ヴァナキュラー建築は決して一時的な現象ではないし，プロレタリアートの建築でもなければ，さらには，都市と農村を対照的に表すものでもない．

ヴァラディエ，ジュゼッペ Valadier, Giuseppe（1762-1839）

ローマ生まれ，フランス家系の建築家，都市計画家，考古学者．スポレートとトーディの間，テッライヤにヴィラ・ビアンチャーニ（1784）を設計したほか，（1789 より）ウルビーノ大聖堂の修復と改修に従事した．パッラーディオ風の作品を手がけたが，新古典主義に感化され，厳格な建築的統一をめざすようになる．1800 年以降，ポーランド皇太子スタニスワフ・ポニャトフスキ（Prince Stanisław Poniatowski, 1757-1833）のために，ローマ，フラミニア通りのヴィラ（および庭園）（1818 年完成）を手がけた．これは後に弟子のカニーナによって改変が加えられた．同じ頃，ポンテ・ミルヴィオに厳格な市門（1805）を再建したほか，ローマのパラッツォ・ブラスキ（1790-1804）にも関与，その向かいに力強い新古典主義によってサン・パンタレオのファサード（1806）を設計した．しかしながら，最も重要な業績はポポロ広場の再編（1794-1811 設計，1816-24 建設）で，2 つの巨大な半円形広場（周りの壁にはスフィンクスと新古典主義のモチーフがつけられた）を創出した．広場の中心には赤色花崗岩でできた古代エジプトのオベリスクがそびえる．これは，アウグストゥスが紀元前 10 年にローマに持ち帰り，教皇シクトゥス 5 世（Pope Sixtus V, 在位 1585-90）が1589 年にこの地に据え直したものである．階段と斜路を上がってゆくと，三連アーチを備えたロッジアート（1816-20），ピンチョの上に

段々状の庭園，その頂上にカジーノ・ヴァラディエ（1813-17）がある．四面がいずれも異なる立面を備えた独特なカジーノである．折衷的でピクチャレスク的な古典主義は，ヤペッリの作品に比肩するもので，ギリシア・ドリス式のロッジアの上方にはイオニア式円柱が並び，湾曲したイオニア式ポルティコの上方にはドリス式のフリーズが付けられ，内部のヴォールト天井には古典を再現したフレスコ画が描かれた．

　ティトゥスの凱旋門，コロッセウム，フォルトゥーナ・ヴィリリス神殿，トラヤヌスの円柱など，古代ローマ建築に対しても大規模な修復作業を行った．チェセナに円形平面のサンタ・クリスティーナ聖堂（1814-25）を手がけたほか，ローマのサン・ロッコ聖堂のファサードをパッラーディオによる神殿のモチーフで改変した（1833-34，ヴェネツィアのサン・ジョルジョ・マッジョーレがモデル）．著書『建築計画（Progetti）』（1807），『建築装飾作品集（Opere d'Architettura e di Ornamente）』（1833）には，ヴァラディエが手がけたその他の作品や，修復した建物が含まれている．

ヴァラミー，ルイス Vulliamy, Lewis (1791-1871)

　フランス系のイングランドの建築家．ロバート・スマークに師事した後，ロンドンに大規模で経済的に成功した事務所を設立した．裕福なロバート・スティナー・ホルフォード（Robert Stayner Holford, 1808-92）のために，壮麗なイタリア・ルネサンス様式でロンドンのパーク・レーンにあるドーチェスター・ハウス（1850-63，1929解体），グロスターシャーのウェストンバート・ハウス（1863-70，ルネサンス様式の室内装飾）をジャコビーサン様式で設計した．折衷主義のデザイナーであり，必要とあればどの様式でも能力を発揮することができた．彼による聖堂としては，ケンジントンのアディソン・ロードにあるセント・バーナバス聖堂（1828-29），ハイゲートのセント・マイケル聖堂（1830-32），ケンジントンのノーランズにあるセント・ジェームズ聖堂（1844-45）が，彼のゴシック様式のコミッショナーズ・チャーチの典型であるが，ケンジントンのエニスモア・ガーデンズにあるオールセインツ聖堂（1848-49，イタリア風）やウェールズのブレコ

ンシャーにあるグラスベリーのセント・ピーター聖堂（1836-37，ネオ・ノルマン様式）も設計している．ロンドンのチャンセリー・レーンにある美しいグリーク・リヴァイヴァル様式の英国法曹協会（1828-32），アルバマール・ストリートにある王立研究所のコリント式正面（1838）も彼が設計したものである．ブルームズベリーにある投機的建物に多くの堂々とした正面を設計したが，その中にはタヴィストック・スクエアの北西面（1827），ゴードン（現エンズリー）・プレース（1827）がある．また，多くのカントリー・ハウスを設計，もしくは改築した．彼は『フィレンツェのサンタ・トリニタ橋（The Bridge of The Sta. Trinita at Florence）』（1822）と『1818，1819，1820，1821年にギリシア，小アジア，イタリアにある実物より描かれた建築の装飾的彫刻（Examples of Ornamental Sculpture in Architecture, Drawn from the Originals in Greece, Asia Minor, and Italy in the years 1818, 1819, 1820, 1821）』（1823）を出版した．弟子にはオーウェン・ジョーンズや甥のジョージ・ジョン・ヴァラミー（George John Vulliamy, 1817-86）がいる．後者は1861年まで彼の事務所で働いたが，同年に首都土木委員会の監督建築家となり，ロンドンのエンバンクメントにある「クレオパトラの針」（紀元前1468頃）の基部，装飾，ブロンズのスフィンクスをデザインした．

ヴァランス valance

　1．装飾的なひだを備える垂布または縁飾り．たとえば，バルダッキーノ，キャノピー，天蓋の周りに垂れ下がっている装飾的な縁取りで，部屋のカーテンレールを隠して，見栄え良く仕上げる手段として用いられる．ベルニーニによるローマのサン・ピエトロ大聖堂の名高いバルダッキーノ（1624-33）から垂れ下がる青銅の垂布はしばしば手本とされている．

　2．19世紀の駅舎において，屋根の庇を仕上げる際に用いられた，鉛直方向に並べた木板のことであり，下部はしばしば尖った形や曲がった形になっている．

ヴァラン・ド・ラ・モト，ジャン＝バティスト＝ミシェル Vallin de la Mothe, Jean-Baptiste-Michel (1729-1800)

フランスの建築家．1759年ロシアに移住し，パッラーディオ，A・J・ガブリエル，また面識のあったJ・F・ブロンデルに影響を受けたフランス古典主義建築を伝え，サンクトペテルブルクの新しいアカデミーで講義を行った．彼の設計によるゴスティニ・ティヴォル（商人会館）（1758-85）は新古典主義の先駆的な作品であり，他にも旧エルミタージュ（1764-67），古典主義のニュー・オランダ港湾・倉庫（1761から），美術アカデミー（1765-72）をすべてサンクトペテルブルクに設計している．美術アカデミーは，はじめブロンデル（Blondel）が計画したもので，建築家ではなかった美術アカデミー院長のアレクサンドル・フィリポヴィッチ・ココリノフ（Aleksandr Filippovich Kokorinov, 1726-72）と共同した.

ヴァルヴァ，ヴァルヴ valva, valve

フランス窓のような両開き戸または折りたたみ戸の各々の扉.

ヴァルヴァッソーリ，ガブリエーレ Valvassori, Gariele (1683-1761)

ローマ生まれの建築家で，ボッロミーニに大きく感化された．巧妙な計画によりローマのサン・サルヴァトーリ・デッラ・コルテ聖堂，後のマドンナ・デッラ・ルーチェ聖堂（1730-68）を設計したが，最も才気溢れる建築は，ローマのパラッツォ・ドーリア・パンフィーリのコルソ通り側のウィング（1730-35）で，稀にみるロココ式宮殿の一つであり，その外観は内部の装飾性とほぼ同じくらいに風変わりなディテールに満ちている．また，ポルタ・サン・パンクラツィオのヴィラ・パンフィーリの門（1732）と，ローマのサンティ・クィリコ・エ・ジュリエッタ修道院（1750-53）の仕事を請負った．19世紀の論評では，彼の建築はしばしば「堕落」であるとみなされた.

ヴァルサマキス，ニコス Valsamàkis, Nikos (1925-)

ギリシアの建築家．初期のアパート計画（たとえば，アテネ・セミテロー通り5番地（1951））はイタリアのテッラーニの作品の影響を受けた．アテネにあるエルモー・プラティア・カプニカレアス通り9番地（1958）のオフィスビルは，ギリシアで最初にカーテン・ウォールを採用したものである．他の作品にはアテネ・フィロテイの自邸（1961），デルフィのアマリアホステル（1963），ケファリロア・アルゴストリオンのワイドロックホテル（1967-70），オリンピアのアマリアホテル（1977），ナフプリオンの簡素な新古典主義風なホテルアマリア（1980．ヴァナキュラー建築の影響もある）がある.

ヴァルシャヴシック，グレゴリ Warchavchik, Gregori (1896-1972)

ロシアのオデッサに生まれる．ローマで教育を受け，1923年にブラジルへと移住する以前には，ピアチェンティーニのもとで働いた．ブラジルではインターナショナル・スタイルを率いる主導者の1人となった．1925年には自身の建築に対するマニフェストを掲げた書籍を出版し，1927年からは，当時のヨーロッパで流行するブロック状の四角い形態デザインから大きな影響を受けた住宅をいくつか設計した．その中には，多少アール・デコ調ではあるものの，ブラジルにおける最初のモダニズムの事例となったサンパウロの「自邸」（1927-28）がある．サンパウロで催された「ファースト・モダン・ハウス」展（1930）のデザインも手がけている．ヴァルシャヴシックの作品は，ほとんどが住宅や集合住宅である．一時期，ルシオ・コスタとともに働いた.

ヴァールマン，ラーシュ・イスラエル Wahlman, Lars Israel (1870-1952)

スウェーデンの建築家．イギリスのアーツ・アンド・クラフツ運動，とくにウィリアム・モリスとR・N・ショウの作品から多大な影響を受けたが，ベルラーヘ，ニィロップ，H・H・リチャードソンのデザインや，さらにドイツのユーゲントシュティールに由来する特徴もみられる．とくにヴァナキュラー建築を足がかりにして，住宅や教会建築のデザイナーとして名を成し，彼の建築はエストベリのようなナショナル・ロマンティシズム建築に対して重要な影響を与えた．宗教作品として最も知られたものは，ストックホルムにある力強いエンゲルブレクト教区聖堂（1906-14）である．住宅ではティヨーレーホルム城（1897-1906）やリーセシルのヴィラ・ヴィッドマルク（1902-04）などが優れた作例である.

ヴァレ, シモン・ド・ラ Vallée, Simon de la (1590 頃-1642)

フランスの建築家. 1637 年, ストックホルムのスウェーデン女王クリスティーナ (Queen Christina of Sweden, 1632-54) の宮廷建築家に任命される. のちにスウェーデンのバロック建築の発展に顕著な影響を与えることになる息子のジャン・ド・ラ・ヴァレ (Jean de la Vallée, 1620-96) とニコデムス・テッシン (父) を教育した. ストックホルムの精巧な「リダーハウス」(貴族の屋敷) を設計した (1641-74 頃, 没後, 息子とフィンフボーンスによって完成). ジャンはフランスとイタリアでも経験を積み, 1650 年にスウェーデンに帰国. 帰国後, 数々の名作を残したが, とくにストックホルムのアクセル・オクセンシェルナ宮殿 (1650-54 頃, ルネッサンス期のラフェルロやペルッツィによるローマのパラッツォに影響を受けている) や, ストックホルムの八角形平面のヘートヴィヒ・エレオノーラ聖堂 (1656 年に開始), そしてヴェステルイェートランドにパラディアン様式で建てられたヴィラ・マリエダルを設計した.

ヴァロット, パウル Wallot, Paul (1841-1912)

ドイツの建築家. マルティン・グロピウスのもとで学び, その経歴はまずフランクフルト・アム・マイン市の多数の住宅の設計に始まる. バロック復興様式の, ベルリンのライヒスターク (帝国議会議事堂, 1844-94, 1933 内部が損傷, 1975 頃-99 に大改造して再建) で名声をなした. その後, ドレスデンのシュテンデハウス (1901-07, 後にラントタークに改名, ザクセン州の州議会議事堂), ダルムシュタットの芸術家村の住宅 (1901 頃) を設計した.

ヴァロード・エ・ピストル社 Valode et Pistre

ドニ・ヴァロード (Denis Valode, 1946-) とジャン・ピストル (Jean Pistre, 1951-) の 2 人によって 1980 年に創設されたフランスの建築会社. 作品には, ボルドーの CAPC の改築 (1990), リヨンの 18 世紀の建造物にある地域圏文化部のオフィス (1987-92), パリの CFDT オフィスビル (1986-90), ルイユ・マルメゾンのシェル本社 (1988-91), オルネ・スー・ボワのロレアル社工場 (1988-91), クラマ

ールの EPS シュランベルジェ社屋 (1989-95), クルブヴォワのレオナルド・ダ・ヴィンチ大学 (1992-95), ロワシー空港のエール・フランス本社 (1992-95) などがある. 1990 年代にはドイツ・ポツダムにおけるいくつかのプロジェクトがある.

ヴァン・アレン, ウィリアム van Alen, William (1882-1954)

⇨アレン, ウィリアム・ヴァン

ヴァンヴィテッリ, ルイジ Vanvitelli, Luigi (1700-73)

オランダ家系, ナポリの建築家. ローマのサン・ジョヴァンニ・イン・ラテラノのファサード設計競技 (1732) では, ガリレイに一等を奪われるも, 一躍脚光を浴びた. 結果, アンコーナで, 五角形の要塞のようなラザレット (病院) (1733-38), ジェズ聖堂 (1743 完成), 簡素なアルコ・クレメンティーノ (1733-38) を実施. また, ローマでは, オデスカルキ宮殿の増築 (1745 頃-50), ミケランジェロのサンタ・マリア・デリ・アンジェリ聖堂の拡張 (1748-65, 力作である), サンタゴスティーノ修道院 (1746-50, ボッロミーニの影響が明確) を手がけた.

1751 年, ナポリに呼ばれ, 両シチリア王カルロ 3 世ディ・ボルボーネ (Carlo III di Borbone, 在位 1738-59) のためにカゼルタ王宮を設計する. 内外の広大な遠近法による眺望, 八角形のヴェスティビュールは, バロックの特徴を示すが, 内装の多くは新古典主義への傾倒を示している. 王宮 (1744 年にほぼ完成) は, ロベール・ド・コットがマドリッド近郊に設計し実現には至らなかったブエンレティーロ王宮案 (1714-15) に似ている一方で, ヴェルサイユ宮殿も参照源の一つである. 庭園に配置された泉水と彫刻群, 送水システム (25 マイルに及ぶカロリーノ水路 (1752-64) など) もすべてヴァンヴィテッリによるもの. その他, アヌンツィアータ聖堂 (1761, 息子カルロ (Carlo, 1821 没) によって完成), ダンテ広場 (1755-67, ベルニーニによるローマ, サン・ピエトロ広場に着想を得る) など, 華々しい活躍を示した.

ヴァンティーニ, ロドルフォ Vantini,

Rodolfo (1791-1856)

イタリアの建築家. ブレシアにある壮麗な墓地 (1815 以降) は, イタリア 19 世紀の大規模な記念墓地としてはかなり早い例. そこにつくられたパンテオン型の円形神殿にはギリシア・ドリス式オーダーが組み合わせられている. そのほか, ミラノのポルタ・ヴェネツィア (1827-33) も手がけた. 洗練された新古典主義の作家に数えられる.

ヴァンデンホーヴェ, シャルル Vandenhove, Charles (1927-2019)

ベルギーの建築家でブルジョワの弟子. その作品の中でもリエージュ大学サール・ティルマン・キャンパスのサントル・オスピタリエ (1962-86), リエージュのオール・シャトーの再開発 (1978-85), オランダのシント・ヘルトヘンボスのパレイス・ファン・ジュスティティー (裁判所) (1992-98), およびデン・ハーフ (1988-98), マーストリヒト (1989-93), アムステルダム (1989-92) の大規模複合建築物群が代表作である. 彼の作品の多くは古典主義の影響を受けている.

ヴァン・ド・ヴェルド, アンリ・クレマン van de Velde, Henry (あるいは Henri ともつづるが誤記と思われる) Clements (1863-1957)

ベルギーの画家, デザイナー, 建築家. ウィリアム・モリス, ラスキンやアーツ・アンド・クラフツ運動の影響を受けた. 自邸であるヴィラ・ブルーメンウェルフ (1895) をブリュッセル近郊ユークルに建築し, しだいにアール・ヌーヴォーへの関心を高め, パリでジークフリート・ビング (Siegfried Bing, 1838-1905) のために著名な画廊メゾン・ド・ラール・ヌーヴォー (1895-96) の四つの部屋を設計した. 1897 年にはドレスデンで内装や家具を展示し国際的な名声を獲得している. ドイツにおけるその成功 (たとえばベルリンのハバナ・シガー・カンパニー社屋の内装 (1899-1901) や皇帝付理髪師ハービーのためにベルリンで手がけた内装 (1901) がある) は, 1901 年, 彼にドイツへの移住を決意させた. 芸術顧問としてザクセン=ヴァイマール=アイゼナハ大公ヴィルヘルム・エルンスト (Wilhelm Ernst, 在位 1901-18) に仕え (1901 以降), 『現代工芸のルネサンス

(*Die Renaissance im moderne Kunstgewerbe*)』 (1901, 1903) を出版した. ヴァイマールでは芸術愛好家伯爵ハリー・ケスラー (Graf Harry Kessler, 1868-1937) のために精妙な内装や, 同じくヴァイマールに新たな大公立ザクセン美術工芸学校 (1904-11) を設計し 1908 年からこの学校の校長を務めた. ドイチャー・ヴェルクブント (ドイツ工作連盟) (1907) の創立会員であり, ハーゲンのフォルクヴァング・ムゼウム (現在のカール・エルンスト・オストハウス・ムゼウム) の豪華な装飾 (1900-02) によってトップ・デザイナーとしての地位を確かなものとした. これは曲線で構成されたアール・ヌーヴォー様式による彼の最高傑作である. 1910 年, パリのテアトル・デ・シャンゼリゼの設計案を準備したが, ペレの実現案はもっと厳格なものだった. ヴァン・ド・ヴェルドがその作品で曲線的な形態を用いたことは (たとえば, ヴァイマール学校やケルンのドイツ工作連盟展のためのかなり不気味な劇場 (1914, 現存せず)), 工作連盟とは根本的に相容れないものだった. ムテジウスが工業化建築, 規格化や機械の美学に力点を置く一方で, ヴァン・ド・ヴェルドはこのような傾向が個々のデザイナーに課してくる制限に反抗した. 1914 年に戦争が勃発したことにより異国分子としてヴァイマールを辞することになった. エンデル, グロピウス, あるいはオブリストを後継者に推し, 結局, グロピウスが任命され, 1914-18 年の第一次世界大戦の後, アーツ・アンド・クラフツ的な精神は霧消してしまった. 大公立学校群は統合されてバウハウスとなったのである. ヴァン・ド・ヴェルドは作家および教師として盛んに活動し, 1923 年以降, オランダ・オタローのクレーラー・ミュラー・ムゼウム (1936-54 建築) を設計した. 1926 年, かつてのヴァイマールの学校にならってブリュッセルにアンスティテュ・シューペリウール・デザール・デコラティーフ (装飾芸術大学校) を設立し, 1935 年まで校長を務めた. ヘント大学の図書館 (1936-39) を設計し, 同大学建築学教授も務めた. それ以降の彼のキャリアは現代建築運動の初期の中心人物だったという主張に費やされており, 1952 年に開催された重要な回顧展であるチューリヒのアール・ヌーヴォー展への彼の姿勢にそれは明らかである. 敵対しているわけではないとしても, かつて名声を

得たこの様式におけるその技巧に関心が向けられるのを恐れているかのようだった。ただ，20世紀末以降の見方としては彼の最高傑作が1914年以前に手がけられたものであることは明らかである。著書としては『芸術の浄化（*Déblaiement d'art*）』（フランス語，1894），『芸術統合への展望（*Aperçus en vue d'une synthèse d'art*）』（フランス語，1895），『新様式について（*Vom neuen Stil*）』（ドイツ語，1907）や『回顧録（*Geschichte meines Lebens*）』（ドイツ語，1962）がある。

ヴァントプファイラー　Wandpfeiler

　［英語に］直訳するとウォール・ピア，ウォール・コラム．この語は，南ドイツのバロック聖堂建築における建物内部に収められたバットレスを指し，脇祭室の壁となったり，アーチが穿たれて側廊を形成したりする．とりわけフォーアールベルク派の作品に顕著（例：トゥーンプによるオーバーマルヒタール）．

ヴァンブラ，サー・ジョン　Vanbrugh, Sir John（1664-1726）

　フランドルの家系のイギリスの建築家で，『危険（*risqué*）〔に晒された美徳〕』の劇作家（フランスで獄中生活に耐えながら構想した『誘発される妻（*The Provok'd Wife*）』（1697）を含む）であり，軍使，兵士，才人であった．建築が彼の主たる関心を占めるようになったのは，チャールズ・ハワード第3代カーライル伯爵（Charles Howard, 3rd Earl of Carlisle, 1674-1738，彼はこの人物の遠縁にあたった）のためにヨークシャーのカースル・ハワードを設計した1699年頃のことで，先に計画案を準備していたトールマンにとって代わった．カースル・ハワード（1699-1726）はバロック様式における名手のような偉業となり，イギリス風というよりは大陸風で，未経験な愛好家の作品であるだけになおいっそう並外れていた．力強く剛健な堂々としたデザインは，1700年に建築のドラフトマンおよび建築事務官に任命されたホークスムアの助力によって実現した．ある程度はこの成功の結果として（さらに彼の人脈を通して），ヴァンブラは1702年に建築監査官としてトールマンと入れ替わり，このようにして幹部委員ではレンの同僚となった．素質に恵まれた建築家としてすぐに認められ（正規の修

練と経験を欠いていたようだが），人当たりがよく社交的なヴァンブラは，可能な限りいつでも議論したがるトールマンに代わり，次々と寡頭支配のホイッグ党の党員から建築家に指名されていった．10年ほどの間に，女王陛下の建築監査官として，権力だけでなく特権も同様に享受し，自己の好機を最大限に利用した．1713年にトーリー党が彼をその地位から除外したが，1714年にホイッグ党が政権を奪還し，またハノーヴァー王家のジョージ・ルイス選帝侯（George Lewis, Elector of Hanover）が国王ジョージ1世（King George I, 在位1714-27）として即位した際に，監査官の職に復帰しただけでなく，勲爵士にも叙せられ，さらに15年には庭園と水の建設監督にもまた任命された．王室建築局においては有力な人物であったが，1718年に建築総監としてレンの後を継ぐことはできず，その仕事はベンソンに託され，さらに晩年となるにつれ，バーリントン卿によるパッラーディオ主義が興り，彼のバロック様式は好まれなくなった．

　1704年に，彼にとって最も重要なオックスフォードシャーのブレニム宮の設計を依託され，大邸宅がフランス軍に勝利をおさめたジョン・チャーチル第1代マールバラ公爵（John Churchill, 1st Duke of Marlborough, 1650-1722）に対する国家と女王からの感謝の念の象徴となるように意図された．そこで彼は些細なこだわりにとらわれることなく，広大な規模で建設ができ，このブレニム宮によってイギリス・バロックは絶頂に達した．とはいえ，フランス，イタリア（隅部のアーケードのベルヴェデーレはボッロミーニの建築を想起させる），イギリス（とくにトールマンとレンの建築）的な要素があるにもかかわらず，厳密には大陸的なバロックとはほど遠いものであった．また，中世とエリザベス朝の建築に対するヴァンブラの関心を映し出す作品でもあった．イギリスの最も偉大な建築家の一人が創作したブレニム宮およびそのほかのものには，プロディジー・ハウスの劇的なシルエットのようなものが認められる．ブレニム宮は家具職人のジェームズ・ムーア（James Moore）と，ホークスムアによって完成された．

　その他の邸宅建築には，ハンティングドンシャーのキンボルトン・カースル（1707-10，後にガリレイにより増築），ブリストル近くの

キングズ・ウェストン（1710 頃 -19），ドーセットのイーストベリー・パーク（1718 着手，一つのウィングを残してとり壊し），ノーサンバーランドのシートン・デラヴァル宮（1720-28），リンカンシャーのグリムズソープ・カースルの北面（1722-26）がある．彼は表立った引用はせずに，（彼がそう名づけたように）「カースル・エア」［城郭の雰囲気］や，中世とエリザベス朝の建築のような風情を演出した．シートン・デラヴァルは，古典的な形式主義を中世の四隅の塔の回想と結合した計画で，ヴァンブラの最も注目すべき力強く記憶に残るマッシヴな創作の一つであり，バンドとルスティカによる表現が強調されている．景観における廃墟の重要性を認識し，その過去を顧みる感性により，ブレニムの敷地内のウッドストック・マナーの遺跡を保有しようと試みるようになった．実際に，バッキンガムシャーのストウの庭園（そこに湖上のパヴィリオン，ロトンダ，バッカス神殿と眠りの神の神殿，冷水浴場，ピラミッド（1719 頃-24，ほとんどすべてが現存しないか原形をとどめていない）を設計した）と，オベリスク（1714），ピラミッドの門（1719），ベルヴェデーレ神殿（1725-28）を制作したカースル・ハワードの庭園において，その造成に貢献したことから，ピクチャレスクによる景観の重要な先駆的創造者として認められるべきである．彼によるいくつかの建築もまたピクチャレスクの特性をもち，とくにグリニッジにおける自邸（ヴァンブラ・カースル，1718 より）は，銃眼つき狭間胸壁のある塔と，偽の跳ね出し狭間を備え，その構成は世紀後半のゴシック・リヴァイヴァルを予期させる．

ヴァン・ブラント，ヘンリー van Brunt, Henry（1832-1930）
⇨ウェア＆ヴァン・ブラント

ウィア，ヴィア via
1. 古代ローマ時代の舗装された街道あるいは通り．
2. 古代ローマのドリス式またはトスカナ式のオーダーの中の連続するムトゥルスの間にある隙間の部分を指し示す．

ウィア，ロバート・ウィア・シュルツ（1915 年まで，ロバート・ウィア・シュルツ）Weir, Robert Weir Schultz（Robert Weir Schultz until 1915）（1860-1951）
　スコットランド生まれのアーツ・アンド・クラフツの建築家．ローワン・アンダーソンのもとで修行し，のちにノーマン・ショウの事務所に入り，そこでレサビーと出会い，生涯の交友関係を築いた．アーネスト・ジョージおよびピートの事務所にいたのち，ロンドンで 1890 年に自分の事務所を開き，**第 3 代**（1847-1900）および**第 4 代**（1881-1947）ビュート公爵のためにいくつかの物件を手がけた．その中にはビュート島のウェスター・ケームズ・タワーの再建（1897-1900）があった．ウィアはビザンティン建築をレサビーおよびシドニー・バーンズリーとともに勉強し，バーンズリーとは『フォキスのセント・ルーク修道院（The Monastery of St Luke ... in Phocis）』（1901）を共著で出版した．ウィアはビザンティン・リヴァイヴァルの先導的存在だった．ビザンティン研究をしていたことから，ベントリーのウェストミンスター大聖堂（1906-13）内のセント・アンドリュー礼拝堂およびスコットランドの聖人のための礼拝堂をつくることになった．彼の最も大きな仕事はおそらくスーダンのハルツームの英国国教会のオールセインツ大聖堂（1906-13）であろう．これは，レサビーのブロックハンプトンの聖堂，プライアー＆ A・R・ウェルのローカーの大聖堂，そしてベロットのカー修道院とともに，20 世紀の教会堂建築の中で最も成功したものとして注目に値する．この聖堂の最も興味深い特徴はクリアストーリーにあり，アングロ＝サクソンの先例から引いた三角形の一連のアーチからなっている．1914 年まではカントリー・ハウスで業績を上げていたが，スコットランドのグレトナ・グリーンでは経済的な住宅の設計も行った（1914-18，アンウィンの総指揮のもと）．またハンプシャーのハートリー・ウィントニーの納屋の増築（1903-12）を行い，自邸とした．他のアーツ・アンド・クラフツの建築家と同様，さまざまな起源をもついくつかの様式を使った．小規模な住宅は決まって感じのよいものであった．

ヴィヴォ vivo
1. 円柱の柱身またはヒュ（フランス語で柱身の意）.

2. 建物の中で装飾されていないところを指すが，とくにコラムまたはピラスターを指す．

ウイエ œillet

1. 中世の築城化された城壁に設けられた，とりわけ円形のループホール（孔）．そこから飛翔体を吐出することができる．

2. ゴシックのトレーサリーにおける，各カスプ・ポイント（尖点）の背後の内側に凹んだ三角形．剝形の交差によって産み出される．

ヴィオレ=ル=デュク，ウジェーヌ=エマニュエル Viollet-le-Duc, Eugène-Emmanuel (1814-79)

フランスの建築家，考古学者，合理主義者，学者，理論家，影響力を誇った『11 世紀から16 世紀までのフランス建築事典（*Dictionnaire raisonné de l'architecture française du XIe au XVIe siècle*）』(1854-68 初版，1875 決定版）と重要な建築についての『建築講話（*Entretiens*）』(1863-72) の著者．『事典』はフランスにおけるゴシック・リヴァイヴァルの潮流を促し（その目的の一つはゴシックを論理的に示すことにあった），イギリス，ドイツでもその詳細を探求した．バージェスは，彼の世代のすべてのイギリスのゴシック・リヴァイヴァリストがヴィオレ=ル=デュクから「盗作」したが，実際にそのテキストを読んだのはおそらく 10人に 1人もいないだろうと記している．すぐれた図版によってフランス・ゴシック，とりわけ初期ゴシック建築が国際的に愛好されるようになった．戯曲家で才知に富み，歴史的建造物総監を務めていたプロスペール・メリメ（Prosper Mérimée, 1803-70）の庇護のもと，ヴィオレ=ル=デュクは，中世建築の修復家としての名声を得た．とくにヴェズレーのマドレーヌ聖堂（1840-59），パリのサント・シャペル（1840 から，デュバンと），そしてパリのノートル・ダム大聖堂（1844-64，J・B・A・ラシュと）が代表作である．ヴィオレや同志たちの興した研修制度によってだけでなく，これらの歴史的建造物の研究と復元を通じて，ゴシック・リヴァイヴァルはフランスで盛りあがりをみせた．1844 年からカルカッソンヌを城壁や城砦も含めて復元したが，これとオワーズのシャトー・ド・ピエルフォンでの仕事が，推測にもとづいた極端な復元という彼らに支配的で

あった本質に対する批判を招いた．

ヴィオレはゴシックを，合理的な様式として解釈した．その構造は，リブとヴォールトを支えるバットレスやフライング・バットレスによって明確に規定されるものであった．つまり全体としては本質的にスケルトン・システムで，そこにカーテン・ウォールやウェブといった非構造インフィルが加わるのである．このようなシステムによって力が大地へと伝達される．このゴシック概念は，広く受け入れられ，さらに後年モダン・ムーヴメントの擁護者たちに歓迎された（現存するゴシック建築の遺構がしばしば異なる結論を示唆するにもかかわらず）．著書『建築講話』では，鉄構造とゴシック・システムとの類似性を提示し，ゴシックにも比肩しうる近代のフレーム構造を設計するための新しい技術を提案した．彼の考え，とくに構造，目的，力学，技術とそれらの視覚的表現の重要性を強調したことは，ペレやフランク・ロイド・ライトなど多くの建築家に深い影響を与えた．とりわけ，古代において神話に形が与えられたことと，19 世紀における機械的な力の表現の可能性との間に類似点を見出していた．このような観点から，何人かの批評家は彼をプロト・モダニストとみなしたのだが，いずれにせよヨーロッパとアメリカの建築界へのヴィオレの影響は疑いようがない．

ヴィオレは『カロリング朝からルネサンスまでのフランス家具辞典（*Dictionnaire raisonné du mobilier français de l'époque carolingienne à la renaissance*）』(1858-75)，『先史時代から今日までの人間の住まいの歴史（*Histoire de l'habitation humaine depuis les temps préhistoriques jusqu'à nos jours*）』(1875) など多くの著作を残したが，中でも『ロシアの芸術，その起源，その構成要素，その到達点，その未来（*L'art russe, ses origins, ses éléments constitutifs, son apogée, son avenir*）』(1877) は，ロシア語に翻訳され（1879），構成主義に何らかの影響を与えたと考えられる．建築家としての彼の仕事は，パリ，ペール・ラシェーズ墓地の象を象ったモルニーの墓（1865-66）や，ヨンヌ，エラン・シュル・トロンの不恰好な聖堂のように，美学的に幾分粗雑であり，時に不器用でさえあった．ヴィオレによる極端な歴史的建造物の改築に反発したウィリアム・モリスは古建築保存教会（SPAB）を設立し，保存運動の興隆

を促した.

ヴィガノ, ヴィットリアーノ　Viganó, Vittoriano (1919-96)

イタリアのブルータリズムの建築家. 彼が手がけたミラノのマルキオンディ・スパリアルディ救護院（1953-57）は, ほぼすべての壁面（内外とも）がコンクリートで構成されており, この素材がその種の建築物にはそぐわないことや, 様式的な頑迷さに起因する愚行を示した（そして, それがゼーヴィなどの批評家からは当然のごとく激しい怒りを買ったが, その一方ではイギリスのバンハムはニュー・ブルータリズムの一例として称賛し, 予想通りの支持を得た）. 他の作品に, ピアーヴェ通りのコンドミニアム（1947-48）, ミラノのグラン・カン・ベルナルド通りのコンドミニアム（1958-59）, レダヴァッレ＝ブローニのカルヴィ邸（1964-65）などがある.

ウィカム, ウィリアム・オヴ　Wykeham, William of (1324-1404)

イングランドの聖職者・建設業者. 1356年, ヘンリーとイーストハムステッドの王の建設事業でクラーク（事務官）に任命され, のちにウィンザー・カースル, リーズ・カースル, ドーヴァー・カースル, ハドリー・カースルといった王の城塞建築のサーヴェイヤー（監査官）となった. ウィンザー・カースルのキープ（主塔）の東のロイヤル・アパートメンツの建設（1360-69）を監督し, また, 取り壊されてしまったが, クイーンバラと呼ばれ, ホラーによって描かれた平面図で知られるシャピー島の新城塞（1361-67）を建てた. 1360年代には聖職者として華々しい出世を果たし, 暮らしも満たされた. また, オックスフォードのニュー・カレッジ（1379）とハンプトンシャーのウィンチェスター・カレッジの設立を手がけた. 両者ともホールと礼拝堂を一式とする似通った平面で建てられ, これらはイートン, ケンブリッジのキングズ・カレッジなど, その後のカレッジ建築の原型となった. ウィカムは建築家としては記録に現れないが, ウィリアム・オヴ・ウィンフォードを雇用し, 聖職者の立場で活動した. その名前は主として, 1366年以降, 司教をつとめたウィンチェスターでのおもな工事と関連して現れる. 1394年からはウィンフォー

ドを雇用し, ロマネスク様式の身廊を垂直式ゴシック様式に改築したピア（支柱）が垂直式としては異常なほど頑丈にみえるのは, 元はロマネスク様式だったからである.

ヴィカリッジ　vicarage

小教区牧師〔英国国教会牧師〕の聖職禄, あるいは居館.

ヴィクトリア様式　Victorian

ヴィクトリア女王（Queen Victoria, 1837-1901）が統治した時代の様式.

ウィグワム　wigwam

テントの一種. 頂部で収斂する一連の柱を骨組みとし, 樹皮, 筵, あるいはより一般的には獣皮によって覆われて円錐状のシェルターを形成する. この用語は北アメリカ五大湖地域, およびそれ以東のネイティヴ・アメリカンの言語に由来する.〔北アメリカの〕他の地域ではティピと呼ばれる.

ウィザーズ, フレデリック・クラーク　Withers, Frederick Clarke (1828-1901)

イングランド生まれの建築家. T・H・ワイアットおよびデイヴィッド・ブランドンとともにはたらいたのち, 1852年にA・J・ダウニングの要請によりアメリカ合衆国に移住した. ウィザーズはヴォークスとともにはたらき, 1852-56年には共同経営を行い, その後独立した. 彼はいくつかのゴシック・リヴァイヴァルの住宅を設計した. それらはヴォークスの『邸宅および小住宅（*Villas and Cottages*）』（1857）に掲載された. 南北戦争後, ウィザーズとヴォークスはニューヨークで新たに共同経営関係を結び（1863-72）, 教会建築学的に正しい聖堂をいくつか設計した（たとえばニューヨークのビーコンのセント・ルーク聖堂（1868））. また, より冒険的なポリクロミーの作品（たとえばビーコンにあるオランダ改革教会の聖堂（1859））も設計した. 最も大きな教会作品はニューヨーク州ルーズヴェルト島のよき羊飼いの礼拝堂（1888, ジェームズ・ブルークスの影響が窺われる）であった. その他, ジェファソン・マーケット裁判所および監獄（1874-78, バージェスの建築に影響を受けている）は現在, ニューヨーク公立図書館のグリニッジ分館となってい

る．ニューヨークのポキプシーのハドソン川州立病院（1867），ワシントン D.C.のギャローデッド・カレッジの大学ホール（1868-75）も設計し，その外構デザインはヴォークスとオルムステッドが協力した．ウォルター・ディクソン（Walter Dickson, 1834-1903）とともにニューヨーク市監獄（1896 着工，現存せず）を設計した．『教会建築（*Church Architecture*）』（1873）を出版した．

ヴィシュール voussure
　　⇨ヴーシュール

ヴィス vice, vis, vyse
　ニューエル（親柱）またはピアを中心に円を描くように築かれるらせん階段．

ヴィスカルディ，ジョヴァンニ・アントニオ
Viscardi, Giovanni Antonio（1645-1713）
　ティチーノ出身でミュンヘンに移り住み，1685 年に同地で宮廷建築家となった．1702 年から彼は翼棟を増築することでニンフェンブルク宮殿を拡張し，大広間の建設を開始した．また 1680 年代に短期間，E・ツッカリ（彼のライバル）とともにミュンヘンのテアティーナキルヘ（テアティノ会聖堂），聖カイェタンの建設にかかわり，同じくミュンヘンにドライファルティヒカイツキルヘ（三位一体聖堂）（1711-18）を設計した．おそらく彼の最高の作品は，ニュルンベルク近郊のフライシュタットのヴァルファールツキルヘ（巡礼聖堂）マリアヒルフである．それは，円，十字，八角形を組み入れた背の高い集中式の建築であり，ベールのドレスデンのフラウエンキルヘ（聖母聖堂）のデザインに影響を与えた．他の作品としては，バイエルンのバロック聖堂の中でも最も大規模なものの一つであるフュルステンフェルトブルックのシトー会修道院聖堂（1701-06）がある．この聖堂は，彼によるフライジング＝ノイシュティフトのプレモントレ修道会聖ペーター・パウル聖堂（現在は小教区聖堂）（1700-21）を大規模にしたものである．

ヴィスコンティ，ルイ（ルドヴィコ）＝トゥリウス（トゥリオ）＝ジョアシャン Visconti, Louis（Ludovico）-Tullius（Tullio）-Joachim（1791-1853）

イタリア系のフランスの建築家．ペルシエのもとで学び，健全なルネサンス様式でいくつかのパリの噴水を設計した．ガイヨン（1824-28），ルヴォワ（1835-39），モリエール（1841-43），カトル・エヴェク（1842-44），サン・シュルピス（1845-48）などの噴水がある．またオテル・ポンタルバ（1828）のようないくつかの大邸宅も建設した．彼の最もよく知られる作品はパリの新ルーヴル（1852 年に始められたが，ヴィスコンティの死後，H・M・ルフールによって再設計され完成された）とドーム・デザンヴァリッド（1841-53）の下に設けられた，パリの新古典主義がつくりだした作品の中でも最も優美な，真率で壮麗で劇的な**皇帝ナポレオン 1 世**（Emperor Napoleon I, 1769-1821，在位 1804-14，1815）の墓所の 2 つである．パリのペール・ラシェーズ墓地にもフランス軍将軍代理〔後の「中将」にあたる〕ドクレ公爵（Duc Decrès, 1761-1821）の立石棺など，多くの端正な墓を設計した．

ウィーダン，ハロルド（ハリー）ウィリアム
Weedon, Harold（Harry）William（1888-1970）
　イギリスの建築家．1911 年，ハロルド・セイモア・スコット（Harold Seymour Scott, 1883-1946）とパートナーシップを組んで事務所を始め，ワーヴィックシャーの田舎にいくつかの質の高い住宅を設計した．1925 年に単独の事務所を設立し，バーミンガム地域に，商業施設や工場の設計，住宅地の配置計画を行った．映画興行主であったオスカー・ドイッチュ（Oscar Deutsch, 1893-1941）との偶然の出会い（1932）をきっかけに，国中にドイッチュのオデオン・チェーンの映画館を多数設計し，ほかにも設計者がいたにもかかわらず，ウィーダンの名が知られるようになった．オデオンという名前は，（O）scar，（De）utsch，そして（ON）からつけられたとか，ドイッチュ自身の情熱と野望がにじみ出ているとかいわれた．その後，ODEON は Oscar, Deutsch, Entertains, Our, Nation（オスカー・ドイッチェが国を楽しませる）の頭文字であるとされた．ドイッチュとの最初の成功例は，バーミンガム，ペリー・バー，キングスタンディングのオデオン（1934-35）であり，ジョン・セシル・クラヴァリング（John Cecil Clavering, 1910-2001）の設計で，垂直の襞，流線型，わ

かりやすい近代性があり，瞬く間に成功した．さらに，ヨークシャー，ハロウゲートのイースト・パレードやランカシャー，ランカスターのキング・ストリート，ワーヴィックシャー，サットン・コールドフィールドのバーミンガム・ロードのもの，ウェールズ，クルイド，デンビシャー，コルウィンベイのコンウェイ・ロードにあるすばらしい建築群など，オデオンの建設が続いた（すべて 1936）．だが，サットン・コールドフィールドとコルウィンベイのオデオンを驚くべきスピードでデザインした後，満足したクラヴァリングは，ウィードンから離れた．かわりに，建築家の資格をとったロバート・アーサー・ブリヴァン（Robert Arthur Bullivant, 1910-2002）が，クラヴァリングのデザインを引き継ぎ（1935），ヨークシャー，スカボロにあるオデオンを完成させた（1936 に開館）．ブリヴァンは，チェシャー，チェスター，ヨーク（1935-36），その他のオデオンの担当建築家となった．彼の代表作は，レスターにあるオデオン（1936-38）である．レスターシャー，ラフバラとスタフォードシャー，ハンレイにあるオデオンを担当したウィードンの建築家は，アーサー・プライス（Arthur J. Price, 1901-53）であり，セドリック・プライスの父である．このように成功した近代主義的な建物は，インターナショナル・スタイルの建築とは異なるレベルで大衆に受け入れられた．エンバートンやメンデルゾーン，ペルツィヒの作品から影響を受けていたにもかかわらず，近代運動を推進する批評家には好まれなかった．第二次世界大戦後，事務所は，多くの商業ビルや工場建築のほか，学校や商業地区開発，地方自治体による集合住宅の設計も行った．工場建築のなかには，バーミンガム，ロングブリッジにあるイギリス自動車連合の共同工場（1960 年代）や，ダーラム地区，ワシントン・ニュータウンにあるミッドランド電気生産会社の工場（1971）があったが，やはり映画館は特別な存在であった．不幸にも，それらのほとんどが，乱暴に改変されたり，壊されたり，あるいは映画をみに行く習慣自体が変化することでそのままではいられなくなっている．

ヴィチェンツォ，アントーニオ・ディ
Vicenzo, Antonio di（1350 頃-1401/2）
　イタリアの建築家．ボローニャに煉瓦造による巨大なゴシック聖堂サン・ペトロニオ（1390 以降）を手がけたほか，ミラノ大聖堂の設計図も残している．身廊の天井高が実物よりも約 23 m 高く描かれているが，基本的設計は同じ．イタリアにおけるゴシックの巨匠であったと思われる．

ウィットウェル，トマス・ステッドマン
Whitwell, Thomas Stedman（1784-1840）
　イングランドの建築家．バーミンガムとコヴェントリーに多くの建物を設計したが，そのほとんどは取り壊された．レミントン・スパで「サウスヴィル」と呼ばれた開発（1819）（アテネのパルテノン神殿を模写した教会も含む）を計画し，ロバート・オーウェン（Robert Owen, 1771-1858）のためにインディアナ州ニュー・ハーモニーに理想的なユートピア都市（1830 出版）を計画したが（1825-26），いずれも実現することはなかった．ホワイトチャペルのグッドマンズ・フィールズにあるブランズウィックシアター（1827-28）の屋根が竣工 3 日後に崩壊し，死者が出たとき，彼のキャリアは事実上終わった．彼はソーンを嫌悪したようであり，この偉大な建築家を攻撃した 2 冊の出版物（1821, 1824）の著者と考えられる．彼が計画した『建築の不条理（*Architectural Absurdities*）』（この著作の手稿は失われたようである）が出版されることはなかった．しかし，『ケンブリッジ大学の建物に応用された，温度調節された空気により住宅と建物を温め換気する方法，アデンブルックス病院の新病棟の挿絵入り（*On warming and ventilating houses and buildings by means of large volumes of attempered air, as applied to some of the public edifices of the University of Cambridge; and illustrated by the case of the new fever-wards of Addenbrooke's Hospital in that Town*）』は 1834 年に出版された．

ウィットカウアー，ルドルフ　Wittkower, Rudolf（1901-71）
　ドイツ生まれのイギリスの美術史家．ベルリンとミュンヘンで学び，1923 年から 1933 年までローマのヘルツィアーナ図書館で過ごし，そこでエルンスト・シュタインマン（Ernst Steinmann, 1866-1934）館長とともにミケランジェロの文献註解（1927）の仕事をして，イタ

リアの美術と建築について比類ない知識を獲得した。研究の成果としてベルニーニの重要な素描カタログを（ハインリヒ・フリードリヒ・フェルディナンド・バウアー（Heinrich Friedrich Ferdinand Brauer, 1899-1981）とともに）出版し（1931），これはのちの著作『ジャン・ロレンツォ・ベルニーニ（Gian Lorenzo Bernini）』（1955-再版が続く）のための基礎を用意した。ベルニーニについて探求するうちに建築研究への関心が芽生え，ミケランジェロのサン・ピエトロのドームについての周到な論文を出版し（1933, 1964），次いでフィレンツェのラウレンツィアーナ図書館の研究（1934, 1978）のなかでマニエリスムと建築について論じた。イギリス生まれの父親ヘンリー（Henry）を通じてイギリス国籍をもっていたウィットカウアーはロンドンに居を定め，そこでウォーバーク研究所の研究員となった（1934-56）。『ウォーバーク紀要（Warburg Journal）』を共同編集し（1937-56），多くの論文を発表し，ライナルディ研究（1937）の中でローマの集中式バロック教会建築を論じた。さらにアルベルティやパッラーディオを研究しながら集めた資料によって『人文主義時代の建築原理（Architectural Principles of in the Age of Humanism）』（1949）を書いたが，この著作がその後の研究のため直接的で持続的な影響力をもったのは，とりわけルネサンス建築の純粋に審美的な理論を扱ったからであり，これによってそれ以前の研究は無効とされた。この著作はとりわけ（ほかのもろもろとともに），ルネサンスを通しての，またとくにパッラーディオの作品におけるモデュール体系の重要性を示した。またルネサンスの集中式聖堂とそのキリスト教シンボリズムにおける意味，さらには建築において調和比例として知られる方法を検討した。ペリカン美術叢書のため『イタリアの美術と建築 1600-1750（Art and Architecture in Italy 1600-1750）』（1958，再版が続く）を書いた。『バロック芸術：イエズス会の貢献（Baroque Art: The Jesuit Contribution）』（1972，アーマ・ブルーメンタール・ジャフィ（Irma Blumenthal Jaffe, 1920 頃-）と共編）と『イタリア・バロックの研究（Studies in Italian Baroque）』（1975）によってバロック時代の知識に貢献した。フリードリヒ・フリッツ・ザクスル（Friedrich Fritz Saxl, 1890-1948）との共著『英国美術と地中海（British Art and the Mediterranean）』は最初ウォーバーク研究所から出版され（1948），イギリスの美術と建築がイタリアとフランスにいかに負っているかを示した。『パッラーディオと英国のパッラーディオ主義（Palladio and English Palladianism）』（1974）はウィットカウアー最高の著書になったかもしれないが，残念ながら未完に終わったバーリントン研究の前触れだった。ニューヨークのコロンビア大学の教授を勤め（1956-69），そこでの活動はペヴスナーの言葉によれば（そのいくつかの見解や同僚たちはウィットカウアーを恨んでさえいたように）厳格だが寛大であった。

ヴィットーネ, ベルナルド・アントーニオ
Vittone, Bernardo Antonio(1702-70)

ピエモンテにおけるバロックの巨匠。テアティノ会の命によりグァリーニの『民間建築（Architettura Civile）』の出版・編集にあたったが（1737），主要な業績は，グァリーニ，ユヴァッラ（ヴィットーネの師），フランスのロココに感化された聖堂群である。1737 年から1742 年にかけて，3 棟の傑作を手がけた。カリニャーノ近郊，ヴァッリノットにある小さな六角形平面のカッペッラ・デッラ・ヴィジタツィオーネ（1738-39），キエリにある八角形のドーム屋根が載ったサン・ベルナルディーノ（1740-44），ブラにあるサンタ・キアラ（1741-42）である。トリノのサンタ・マリア・ディ・ピアッツァ（1750-54）では，丸穴でえぐられたペンデンティヴや逆さまのスクィンチ（採光を求めた開口処理）など，構造的な創意が先行しているように見える。同様の工夫が，マントヴィのサンティ・ピエトロ・エ・パオロ（1755），ヴィラノーヴァ・ディ・マントヴィのサンタ・クローチェ（後にサンタ・カテリーナ）（1755）にも見られ，ペンデンティヴらしさはほとんど消えてしまっている。円形，楕円形，八角形，六角形，長方形を自在に駆使して，独創的でまとまりのある平面に仕上げられた。また，3 つのヴォールトによって形成されるドーム状のヴォールトは，幾何学としては非常に精巧かつ複雑なもので，光や風の面でも独特な効果をもたらした。ボルゴ・ダーレのサン・ミケーレ聖堂（1770）は，ボッロミーニの主題（凸型の平面と凸型のポーチ）とグァリー

ニの要素を組み合わせたような作品であった.

著書に『民間建築を学ぶ学生のための手引き (*Istruzione Elementari per indirizzo dei giovani allo studio dell'Architettura Civile*)』,『民間建築家の果たすべき役割に関する手引き (*Istruzione diverse concernenti l'officio dell'Architetto Civile*)』がある.いずれも1760年.

ヴィーデヴェルト,ヨハネス Wiedewelt, Johannes (1731-1802)

デンマークの建築家,彫刻家,文筆家であり,初めて古代への理論的知識にもとづいて新古典主義を実践した人物である.作品の中では,ロスキレ大聖堂におけるクリスチャン6世王(King Christian VI,在位 1730-46)の石棺(1760-68),フレーデンボリ宮殿の庭の装飾(1760 から),ロスキレ大聖堂におけるフレデリク5世王(King Frederik V,在位 1746-66)のすばらしいモニュメント(1769-77),さらにたくさんの記念碑やモニュメント(たとえば,いずれもコペンハーゲンにおけるアシステンス墓地のニールセンの墓(1798)やホルメンス墓地のナーヴァルのモニュメント(1802))などがある.ほかには,イェヤースプリスの記念樹林(1779-89)の設計や,数冊の著作も出版しており,エジプトとローマの遺跡(1786)や芸術の鑑賞についての自身の考えを述べたもの(1762)などがある.

ヴィーデマン一族 Wiedemann Family

18 世紀ドイツの棟梁一家.ドミニクス(Dominikus)およびヨハン・バプティスト・ヴィーデマン(Johann Baptist Wiedemann)は,1753 年の J・B・ノイマンの死後,彼の設計によるネーレスハイムの大規模なベネディクト会修道院聖堂を完成に導いた.この聖堂は全ヨーロッパで最もすばらしい後期バロック聖堂の一つである.クリスティアン・ヴィーデマン(Christian Wiedemann)は,ヴィープリンゲンのベネディクト会修道院聖堂の建設を開始し(1732),それは 1750 年以後 J・M・フィッシャーによって引き継がれ,ヨハン・G・シュペヒト(Johann G. Specht, 1721-83)によって完成された.またヴィープリンゲンの美しいバロック図書室の設計にも貢献した.

ヴィトッツィ,アスカーニオ Vitozzi, Ascanio (1539-1615)

イタリアの建築家,軍事技術者,兵士.1584年にトリノに招かれ,サヴォイア公カルロ・エマヌエーレ1世(Carlo Emanuele I, 在位 1580-1630)の建築家・技術者として仕えた.トリノではサンタ・マリア・デル・モンテ(あるいはカプチーニ)聖堂(1585-96),サンティッシマ・トリニタ聖堂(1598 着工),コルプス・ドミニ聖堂(1607)を設計した.サンティッシマ・トリニタ聖堂は,六角形の内部に星形が組み込まれた平面にもとづいており,後のボッロミーニによるローマのサンティーヴォ聖堂(1643-60)を先取りしている.最も重要な作品は,ピエモンテ州モンドヴィのヴィーコの巡礼聖堂(モンドヴィのヴィーコフォルテとも呼ばれる.1596-1736)である.この聖堂は,楕円形にもとづいた集中式平面で巨大なドームを備えており,17 世紀バロック建築の平面形式を予期させるものである.ヴィトッツィはトリノの都市設計にも貢献した.その中にはカステッロ広場のファサード(1606)や,それに隣接するコントラーダ・ノーヴァという通り(1615)が含まれ,いずれも都市トリノの後の発展における模範となった.1610 年からはケラスコの町を要塞化し,要塞についての論文(1589)も執筆した.

ウィトニー,トマス・オヴ Witney, Thomas of (1292-1342 活躍)

イングランドの石工.1290 年代にウェストミンスターのセント・スティーヴン礼拝堂の最初の建築に携わるが,1311 年までにハンプトンシャーのウィンチェスターに移住し,大聖堂の仕事に取り組んだ.聖堂(プレスビテリ)の東腕部の改修を行い,1313 年にはデヴォンのエクセター大聖堂に呼ばれ,そこで 1316 年まで工事を管理し,交差部を完成させ,身廊を建て,パルピタムとともにリアドスやセディリア(司祭席を含む座席群)をつくった(1316-26).これらすべては進歩的な第 2 尖頭式でつくられていた.ウィンチェスターのプレスビテリのピアや他の建築的特徴はエクセターでの作品の様式と似ている.おそらく,サマセットのウェルズ大聖堂の聖母礼拝堂や奥内陣の一部(1326完成),オックスフォードのマートン・カレッジ・チャペルの交差部(1330-32)も設計して

いる．当時の最も際立った建築家の一人である．

ヴィト（もしくはヴィッテ），ペーター・デ Wit, *or* Witte, Peter de (1548-1628)
⇨カンディト，ペーターまたはペーター・デ・ヴィト（もしくはヴィッテ）

ウィトルウィウス式渦形装飾 Vitruvian scroll
古典主義建築の帯状装飾やフリーズまたはストリング・コースなどに施されている．波打った渦巻き状の模様で，波のように渦巻が連続している．走る犬または波形渦巻装飾とも呼ばれる．

ウィトルウィウス式渦形装飾

ウィトルウィウス式開口部 Vitruvian opening
古典主義建築や新古典主義建築において，上辺より底辺が広くなっている開口部（すなわち側辺は傾斜している）で，ウィトルウィウスが述べている開口部である．

ウィトルウィウス・ポリオ，マルクス Vitruvius Pollio, Marcus（前1世紀後半活躍）
古代ローマの建築家，技術者，建築理論家であり，古代建築に関する現存する唯一の重要な論文の著者．『建築について（*De Architectura*）』という単純な題名で，アウグストゥス帝（Emperor Augustus, 在位前27-後14）に捧げられた．この書は十「巻」，あるいは十部に分けられている．この書は中世には手書きの写本の形で知られてはいたものの，1414年にポッジョ・ブラッチョリーニ（Poggio Bracciolini, 1380-1459）がスイスのザンクト・ガレン修道院にすぐれた写本が存在していることを公表して以来，実に重要視されるようになり，アルベルティの重要な建築論の基礎ともなった．（フラ・ジョヴァンニ・スルピティウス（Fra Giovanni Sulpitius），またはスルピチオ・ダ・ヴェローリ（Sulpizio da Veroli）によって）出版物として最初に登場したのは1486-92年であり，後に影響を及ぼした挿絵入りのフラ・ジョヴァンニ・ジョコンド（Fra Giovanni Giocondo, 1435-1515）版は1511年に出版された．イタリア語訳については，チェーザレ・ディ・ロレンツォ・チェザリアーノ（Cesare di Lorenzo Cesariano, 1483?-1543）によって豊富な挿絵と注解が施された1521年の重要な版を皮切りに，1520年代から出版されはじめた．1556年のダニエーレ・バルバロ（Daniele Barbaro, 1514-70）版には，パッラーディオによる図版が掲載されている．15世紀以来，ウィトルウィウスのテクストはさまざまな形や言語で出版された（例：ニュルンベルクで1528年に出版されたドイツ語訳や，1544年のフィランデルによる注解つきの版）．ウィトルウィウスの書は，今もなお古典主義建築についての権威ある原典史料ではあるものの，それらの語句の正確な意味についてはいくつかが議論の対象となっているように，重苦しさと不明瞭さという欠点のせいで，全体としては信頼性を得ていない．ところが一方で，ウィトルウィウスの著作は古代ギリシア・ローマの美術・建築に関する情報の宝庫として，ルネサンス以降きわめて大きな影響を及ぼした．ウィトルウィウスの諸版のうちで最も重要かつ百科全書的な

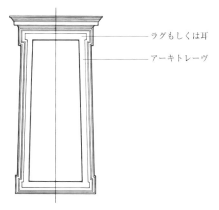

ウィトルウィウス式開口部　「ティヴォリのウェスタ神殿」（前80頃）の内部にある開口部の図版で，アーキトレーヴが上に引っ張られたような形になっている．これはティヴォリ窓とも呼ばれる．ウィトルウィウスの説明に従い，パッラーディオが出版した．

ものとして，1673 年のペロー版があげられる．最初の英語訳については，ウィリアム・ニュートン（William Newton, 1735-90）によって最初の五書のみが 1771 年に出版された．十書すべてが英語訳で出版されたのは 1791 年であったが，これはニュートンの翻訳を，〔彼の死後に〕弟のジェームズ・ニュートン（James Newton, 1748-1804 頃）が編集して出版したものである．じつは英語の抄訳版は 1692 年に出版されていたが，はなはだ縮約されていたために，実用性という点では使用が限られていた．1812 年にウィリアム・ウィルキンスの『ウィトルウィウスの世俗建築（*The Civil Architecture of Vitruvius*）』が注解つきで出版されたが，不完全であったことから，ニュートン版は 1826 年のグウィルト版によって乗り越えられたといえる．

ウィトルウィウスは建築家として，退役兵のための新都市コロニア・ユリア・ファネストリス（現ファーノ）にバシリカ（前 27 頃，破壊された）を設計した．

ヴィトロライト　Vitrolite

ロール法によって製造される乳白の板ガラス（完全に不透明なものから半透明なものまでいくらかの種類がある）で，その特徴は硬質で，輝度があり，熱処理された表面の仕上げにある．1930 年にイギリスで最初につくられた．このガラスは白と黒に加え，ガラス本来の標準色の範囲で製造されており，通常，カーテンウォール（4）の中で，外装材として，透明ガラスのパネルの下のパネルに用いられている．たとえば，オーエン・ウィリアムズのデイリー・エクスプレス社屋，ロンドン・フリート通り（1932）のカーテンウォールで採用されている．またイギリスのマージー川のトンネル（1934）のデイドー（腰羽目）は，1954-55 年にクリーム色のヴィトロライトで被膜された．

ヴィニィ，ピエール・ド　Vigny, Pierre de (1690-1772)

フランスの建築家．コットのもとで仕事をし，後に彼の仕事を引き継ぐことになる．とくにパリのサン・ルイ島のホテル・ド・シュニゾ（1726 頃），パリのサン・ジェルマン・デプレのクール・デュ・ドラゴン（1728-32，1925 年取壊し），オテル・ド・リュイヌのインテリア，

ヴァロワ地方のサン・マルタン・デュ・テルトル聖堂，パリの数々の集合住宅（たとえばフランソワ・ミロン街 42 番地），ランの大聖堂の大規模改修（いずれも 1740 年代），リールの総合病院（1738 開始，未完）があげられる．著書に『建築論考（*Dissertation sur l' architecture*）』（1752）があり，その中でボッロミーニの作品への時代外れの称賛を表明しており，偏狭な古典主義へ固執するのではなく複数の折衷主義を推奨している．その意味で，19 世紀の歴史主義を先どりしていた．

ヴィニェット　vignette, vinette

1．⇨トレイル
2．シル（窓台）やバルコネットにとりつけられた低い装飾的な金属製レールで，花瓶などが下に落ちないようにする装置．

ヴィニョーラ，ジャコモ（またはヤコポ）・バロッツィ・ダ　Vignola, Giacomo or Jacopo Barozzi da (1507-73)

モデナ近郊ヴィニョーラに生まれ，ミケランジェロの死後ローマで活動する最も重要な建築家となった．アンマナーティ，ミケランジェロ（監修者として）そしてヴァザーリとともに（教皇ユリウス 3 世（Pope Julius III, 1550-55）のため）ローマのヴィラ・ジュリアを設計したが（1551-55），これは別荘とテラス，半円形空間，庭園が全体を構成するマニエリスムの偉大な作品の一つである．教皇の優雅な隠棲所として構想され，半円形は明らかにブラマンテのヴァティカンのベルヴェデーレの中庭（1505 着工）の反映を意図している．ほぼ同じ時期にローマのフラミニア通りにサン・タンドレア聖堂を建てた（1550-54），これは長方形平面の下部構造の上に楕円形のドラムとドームを載せた最も初期の例である．その外観は古代ローマの墳墓やパンテオンに由来するのに対し，聖堂の正面はつけ柱がペディメントを支える神殿正面の応用である．のちにヴァティカンに設計したサン・タンナ・デイ・パラフレニエーリ聖堂（1572 着工）では，楕円形平面の上に楕円形ドームが載っている．楕円平面はとりわけローマと中央ヨーロッパで好まれることになったため，これら二例はバロック期の建築家たちに影響を与えた．

1559 年にヴィニョーラはアレッサンドロ・

ファルネーゼ枢機卿（Cardinal Alessandro Farnese, 1520-89）によりローマ近郊カプラローラのパラッツォ・ファルネーゼの建築家に任命された．これは教皇パウルス 3 世（Pope Paul III, 1534-49）によりペルッツィとアントニオ・ダ・サンガッロ・イル・ジョーヴァネの設計で，五角形平面ですでに着工していた．円形の中庭には粗石積みの上に凱旋門モチーフを組み合わせ，精巧で秀美な螺旋階段にはトスカナ式円柱ととぐろを巻くローマ・ドリス式エンタブラチュアが用いられている．左右対称の斜路や巨大な外部階段，形式庭園を備え，16 世紀で最も豪壮な複合体の一つであり，面前の集落と堂々と接続している．この建物の軒コーニスは簡素な縦長渦巻き型持ち送りとともに，とりわけ 19 世紀に模倣された．ヴィニョーラはイエズス会のローマの母聖堂，イル・ジェズ聖堂も設計し，1568 年に（やはりファルネーゼ枢機卿のため）着工した．平面はアルベルティ設計のマントヴァのサンタンドレアと共通点が多く，高いトンネル・ヴォールトの身廊，側廊に代わる礼拝堂の列，そして付け柱と円柱による 2 段のオーダーをもつファサード（1571 年にデッラ・ポルタにより着工）がそれである．控え壁を隠すファサードの渦巻き形装飾は，フィレンツェのサンタ・マリア・ノヴェッラでかつてアルベルティが採用した手法である．内部のバロック様式の装飾は 1668 年から 73 年に加えられた．イル・ジェズを模範とする聖堂はカトリック教会のヨーロッパとラテンアメリカで多数建てられ，ローマの聖堂はヴィニョーラの最も影響力ある作品となった．ボローニャのマジョーレ広場のバンキの開廊のファサード（1561 頃-65）は，都市設計へのヴィニョーラの最も重要な貢献である．

サン・ピエトロ大聖堂の建築家として（1567-73），ヴィニョーラはミケランジェロの設計案を実施した．『建築の五つのオーダーの規則（*La Regola delli Cinque Ordini d'Architettura*）』（1562）を書き，その中で（明らかにセルリオに影響されて）古代の実例をもとにオーダーの規範を，単純なモジュール体系に基づきながら引き出す手引きによって確立した．これはとりわけフランスできわめて有益で影響ある本となり，版を重ね，いくつかの国で翻訳された．また『実用的透視図法の二つの規則（*Le Due Regole della Prospettiva Pratica*）』を 1583 年に出版した．

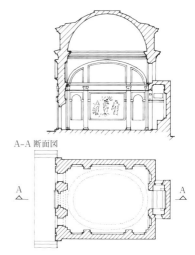

サンタンドレア聖堂の平面図と断面図．フラミニア通り，ローマ

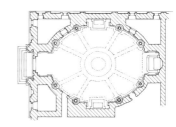

サンタンナ・デイ・パラフレニエーリ聖堂の平面図．ローマ

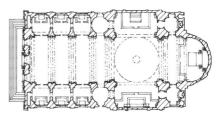

イル・ジェズ聖堂の平面図．側廊に替えて支柱ではさまれた礼拝堂を並べ，壁柱のように処理している．

ヴィニヨン, アレクサンドル゠ピエール
Vignon, Alexandre-Pierre (1763-1828)

革命期から第一帝政期のフランスの建築家.
ルロワとルドゥーに師事した. 1806 年パリに
「栄光の神殿」設計の命を受けた (1813 年以降
はラ・マドレーヌ聖堂). 建物は, もともとコ
ンタン゠ディヴリによって開始され, 1770 年
代 に G・M・ク チ ュ ル (G. -M. Couture,
1732-99) によって修正の上で工事が始まって
いた聖堂の基礎の上に建設された. コリント式
の八柱式 (オクタスタイル octastyle) による
巨大な建物で (1816-28 建設), 高いボディウ
ムは長方形平面の古代ローマ神殿建築に似てい
る (18 世紀になって初めて実践された類型で
ある). 内部 (1828-40) は, ジャン゠ジャック゠
マリー・ユヴェ (Jean-Jacques-Marie Huvé,
1783-1852) によるもので, 古代ローマ浴場に
着想を得ている.

ヴィネット vinette
　⇨ヴィニェット

ウィーパー weeper
　葬礼建築において, 櫃形墓所の周囲に, そし
て通常はニッチ内に設けられた, 一連の嘆き悲
しむ姿をした影像の一つ. 中世に一般的にみら
れる (例:ウォリックのセント・メアリー聖堂
ビーチャム礼拝堂).

ヴィハーラ vihara
　仏教僧が居住している房によって囲まれる,
正方形または長方形平面の中庭より構成される
仏教寺院. 通常, 入口の反対側にはストゥーパ
のために付属寺院が設けられる.

ウィプラッシュ whiplash
　アール・ヌーヴォーの装飾要素の一つで, 鞭
のような, 流麗な曲線.

ヴィマーナ vimana
　1. ヒンドゥー教の寺院.
　2. ヒンドゥー教の寺院の内陣および建物の
上部構造.

ヴィメル, カール・ルートヴィヒ Wimmel,
Carl Ludwig (1786-1845)
　ドイツの建築家. クリスティアン・フリード

リヒ・ランゲ (Christian Friedrich Lange,
1768-1833), ラングハンス, ヴァインブレンナ
ーの教え子であり, 1814 年からハンブルクで
活動し, 1841 年には建設局長となった. 市の
ために建設した初期の建築には, ギリシア・ド
リス式のシュタイントーアとミレルントーア
(1818-19, ともに破壊) や弧状の形状をとる総
合病院 (1815-23, 破壊された) がある. 市民
劇場 (1826-27, 破壊された) とエスプラナー
デに建つ堂々とした連棟住宅 (1827-30) では,
洗練された古典主義を用いているが, 彼の最高
の作品であるヨハネウム (2 棟の学校と 1 棟の
図書館が中庭のまわりにまとめられている,
1837-40, 破壊された) は, ミュンヘンのゲル
トナーとクレンツェが流行らせたルスティカ積
みのフィレンツェ風半円アーチ様式となってい
る. 証券取引所では新チンクエチェント様式を
採用し, ヨハネウムと同じように, フランツ・
グスタフ・ヨアヒム・フォルスマン (Franz
Gustav Joachim Forsmann, 1795-1878) と共同
で設計した. このフォルスマンが個人の資金で
建設した彼の最高の作品, ハンブルク近郊フ
ロットベックのイェニッシュ邸 (1828-34) は,
シンケルの作品に強く影響を受けた厳格な古代
ギリシア風邸宅であり, 現存している.

ウイユ・ド・ブフ œil-de-bœuf (*pl.* œils-
de-bœuf)
　1. 楕円形の牛眼窓のことで, 化粧材の間の
4 カ所にキー・ストーンが配されることが多
かった. また, マンサード屋根に頻繁に設けら
れた.
　2. おおむねオクルスのことだが, 楕円形の
場合のみであり, 円形の場合は除く.

ウィーラー wheeler
　1. 階段, とりわけ, らせん階段の, 楔形踏
板.
　2. バトルメント battlement (鋸歯形胸壁)
の低くなっているところのこと. 「ウィーラー」
(発射口) と「ニーラー」(メルロンもしくは
コップ) が交互に配されてクレノーつき胸壁
crenellation を形成する. ⇨バトルメント

ウィラ, ヴィラ villa
　1. 古代ローマ時代の田園住宅, または農場
で次の 3 種の形式がある.

ウィッラ・ウルバナ：　都市ヴィラ．広々と
した空間，調和のとれた庭園へのアクセス，見
晴らしの良い眺め（沿岸であれば海を眺める展
望），回廊，そして，夏季と冬季のいずれにも
適した住居空間を備える．プリニウスのウィッ
ラはこれらすべての要素を備えた都市の邸宅
で，このタイプの模範である．

ウィッラ・スブルバナ：　郊外ヴィラ．付属
施設のない，都市の近郊に建設された邸宅（た
とえば，パッラーディオのヴィラ・カプラ
（ヴィチェンツァ，1566-70）．

ウィッラ・ルスティカ：　田園ヴィラ．田
園地帯に建てられた住宅で，所有者やその家族
が生活する空間に加え，使用人や労働者が宿舎
とし，倉庫や家畜に必要な広々とした場所があ
る（後にはウィッラ・フルクトゥアリア（果樹
園ウィラ）とも呼ばれた）．洗練された大き
な農場主の居宅である．

2．　郊外に建設されたルネサンスの邸宅で，
上品な庭園，芸術品そして快適な眺望といった
美しい環境の中で，趣味を共有する人びとが教
養ある生活を楽しむ文化的な施設．パッラー
ディオのヴィラは18世紀には重要な模範とな
り，ケントがノーフォークに建てたホーカム・
ホールや，アダムとペインがダービーシャーに
建てたケドルストン・ホールといった，いくつ
かの大きな作品を生み出した．

3．　施主が郊外の所有地に建てた19世紀の
独立住宅で，多くの場合，離れ家と翼棟を備え
る．

4．　郊外の控え目な公園内に建設された，19
世紀末から20世紀の小さな独立住宅．

ウィラード，ソロモン　Willard, Solomon
(1783-1861)
　アメリカの建築家．ウィラードはラトローブ
の作品に影響を受け，ギリシア復興様式をボス
トンにもたらした．設計したものとしてマサ
チューセッツ州ボストンの〔第二〕国立銀行支
店（1822-24），同州デダムのノーフォーク郡庁
舎（1824-26），ボストンのサフォーク郡庁舎
（1835）があるが，いずれもギリシアのドリス
式である．マサチューセッツ州クインシーの市
役所（1844）も彼の手によるものである．マサ
チューセッツ州チャールズタウンのエジプト・
リヴァイヴァルの基壇をもつ巨大なオベリスク
であるバンカーヒル記念碑に1824年から42年

の間かかわっており，『バンカーの丘のオベリ
スクの平面と断面（*Plans and Sections of the
Obelisk on Bunker's Hill*）』(1843) を出版した．

ヴィラール・ド・オヌクール　Villard *or*
Wilars de Honnecourt *or* Honecort (1175 頃-
1240 頃)
　フランスの石工棟梁であり，中世の現存する
最も重要で広範囲にわたる建築書，いわゆる
ロッジの書（建築現場工房の手引書）の著者で
ある．この書は明らかに，徒弟などの教育のた
めに書かれたものであり，建築，機械，人物
像，彫刻，理論，動物図を含む．このロッジの
書は，現在パリの国立図書館にあり，現実の建
物の平面図とともに実現しなかった設計をも収
録している．ヴィラールは，カンブレ，ローザ
ンヌ，モー，サン・カンタン，およびヴォーセ
ルのシトー会聖堂で仕事をした．さらに中央ヨー
ロッパまで危険を冒して旅をし，ハンガリ
ー，エステルゴム近郊のピリシュで設計に携
わったと思われる（1220 頃）．シャルトルやラ
ン，ランスなど，旅行中にみた建物とその細部
を記録している．パウル・フランクルはヴィラ
ールを，「ゴシックのウィトルウィウス」とま
で評した．

ウィリアム・オヴ・ウィカム　William of
Wykeham (1324-1404)
　⇨ウィカム，ウィリアム・オヴ

ウィリアム・オヴ・ウィンフォード　William
of Wynford (活躍 1360-1405 没)
　⇨ウィンフォード，ウィリアム・オヴ

**ウィリアム・オヴ・サンス，ウィリアム（サン
スの）**　Sens, William of (1174-80 頃没・活躍)
　⇨ギョーム・ド・サンス

ウィリアム3世・メアリー2世様式　William
and Mary
　イングランド王ウィリアム3世（King
William III, 在位 1689-1702）と女王メアリー2
世（Queen Mary II, 在位 1689-94）治下の英国
の建築様式．フランスに倣った王政復古期のバ
ロックとクイーン・アン様式との中間期にあた
る．ウィリアムの出身国であるオランダから影
響を受けていたほか，ナントの勅令（1598, フ

ランスのプロテスタント教徒にカトリック教徒と同等の市民権を認めた）の廃止（1685）後に避難してきたユグノーがもたらしたフランス的主題によって，徐々に変化した．また，中国からの東洋的モチーフを好むなど異国趣味も盛り込まれ，シノワズリーの草分けともなった．

ウィリアム・ジ・イングリッシュマン Englishman, William the（活躍 1174-1214 頃 没）

イングランドの石工頭．1174 年から，ケントのカンタベリー大聖堂の再建工事で，ギョーム・ド・サンス（ウィリアム・オヴ・センス）のもとではたらき，ギョームが怪我を負った 1177 年以降，1184 年までその仕事を続け，トリニティ・チャペル（三位一体礼拝堂）やコロナ（東の円形平面の礼拝堂）といったカンタベリー大聖堂の革新工事を主導した．また，チチェスター大聖堂（1187-99）やドーヴァー（ケント）のセント・ラディガンド大修道院の建設にも関係していたと思われる．

ウィリアムズ，エドワード A Williams, Edward A. (1914-84)

⇨エクボ，ギャレット

ウィリアムズ=エリス，サー（バートラム）クラフ Williams-Ellis, Sir (Bertram) Clough (1883-1978)

イギリスの建築家．作品には，ピクチャレスクやアーツ・アンド・クラフツ運動，イタリア・ルネサンス，地中海やイングランドのヴァナキュラー建築の影響がある．第一次世界大戦前後，ウィリアムズ・エリスは，精力的に住宅（ブレコンシャー，ランゴードカースル（1913-19）など）を手がけた．安価な建物を建てる運動にも加わり，パトリック・ゲデスに大きな影響を受けた．1919 年，『壁土，粘り土，チョーク，土によるコテージ（Cottage Building in Cob, Pisé, Chalk, and Clay)』（1947 に再版）を出版した．この頃の秀作は，北アイルランド，アントリム区にある，グレンモナ・ハウス，モード・コテージや，クシェンダン・ヴィリッジへの増築，ジャイアンツ・コーズウェイにあるマクノートン・メモリアルホールと学校である．1925 年に，最も著名なウェールズ，メリオネスのポートメリオン・ヴィリッジの設計を開始し，古典主義の装飾，廃材の断片，ヴァナキュラーな要素を用い，建物をピクチャレスク的構成にした．ポートメリオンに使われた数々のテーマは，妻メアリー・アナベル・ナソー（アマベル）・ストレイチー（Mary Annabel Nassau (Amabel) Strachey, 1894-1984）との共著書『建築の悦び（Pleasures of Architecture)』（1924, 1954）に詳しく述べられた．

（サー）チャールズ・レイリー，（サー）パトリック・アバークロンビーらとともに，魅力的な都市計画の推進に努めた．その頃の主張は，『イングランドとオクトパス（England and the Octopus)』（1928），『イギリスと野獣（Britain and the Beast)』（1937）に著されている．イングランド・ウェールズ田園保存協会や，ナショナル・トラストやナショナル・パークにも積極的にかかわった．第二次世界大戦後，ウィリアムズ=エリスは，スティーヴェネッジ・ニュータウン開発公社の代表に任命されたが，しだいに近代運動への幻滅を高め（『現在の建築（Architecture Here and Now)』（サマーソンと共著 1934）では認めていた），短期間ではあったが「シルキングラッド」というニュータウン推進派（ニュータウン法（1946）を促進した社会主義者の都市計画大臣ルイス・シルキン（Lewis Silkin, 1889-1972）にちなむ）に身を寄せた．内部と外部のヴォリュームの取り扱いに長け，スケールと材料に十分な配慮があったため，作品はつねに質の高いものだった．代表作の 1 つに，メリオネス，プラス・ブロンダンの庭（1913 頃から開始）がある．最後期の著作に，『建築家の遍歴（Architect Errant)』（1971），『90 年間世界一周（Around the World in Ninety Years)』（1979）がある．

ウィリアムズ，サー（エヴァン）オーウェン Williams, Sir (Evan) Owen (1890-1969)

イギリスの技術者．1930 年代，イングランドに鉄筋コンクリート構造によるすばらしい現代建築を設計した．ノッティンガム，ビーストンのブーツ社工場では（1930-32），マイヤールによって発明されたマッシュ・ルーム・コラムを使った．ロンドン，フリート・ストリートのデイリー・エクスプレス・ビルディングの技術顧問として（1932，エリス・アンド・クラークと共同），黒のヴィトロライト・ガラスパネル

のカーテン・ウォールを用いた．また，ロンド
ン，ペッカムにあるパイオニア・ヘルスセンタ
ー（1934-36）や，ドーチェスター・ホテル
（1929-30，W・カーティス・グリーンのモデル
チェンジ）にもかかわった．近代運動，あるい
は，機能主義建築の先駆者とみなされた頃も
あったが，M1 の高速道路のデザインがあまり
に重たいコンクリート橋梁（1951-59，1920 年
代のアール・デコ様式を思わせるような多角形
アーチを使った）だったために，評判を落とす
ことになった．

ウィリアム・ド・ラムジー William de
Ramsey（活躍 1323-49 没）
　⇨ラムジー，ウィリアム・ド

ウィルキンス，ウィリアム Wilkins, William
（1751-1815）
　イングランドの漆喰工で建築家．レプトン
（J・A・レプトンは彼の弟子であった）のため
に多くの建築を設計し，中世建築に興味をもっ
た古事物愛好家であった．彼の作品の中でも，
レスターシャーのドニントン・ホール（1790
頃-97，ゴシック様式），ダービーシャーのコー
ク・アビーにポルティコを加えるなどの改築
（1793-1808），ケンブリッジでの 2 棟の邸宅
（1795 年頃のニューマーケット・ロード 38 番
地，1800 年頃のクイーンズ・ロードのニュー
ナム・コテージ）に言及すべきであろう．

ウィルキンス，ウィリアム Wilkins, William
（1778-1839）
　イングランドの建築家でウィリアム・ウィル
キンスの息子．ケンブリッジで教育を受け，旅
行中（1801-04）に古代ギリシアとイタリアの
建築に精通するようになった．1809 年にロン
ドンに事務所を開き，すぐにグリーク・リヴァ
イヴァルの指導的人物となった．ノッティンガ
ムシャーのオスバトン・ハウスで，イングラン
ドのカントリー・ハウスに初めて純粋な古代ギ
リシア風ドリス式のポルティコ（1805 頃，解
体）を設計した．その後，ハートフォードシャ
ーのイースト・インディア（現ヘイリーベリ
ー）・コレッジ（1806-09），ケンブリッジ大学
のダウニング・コレッジ（1807-20）を設計し
た．これらはグリーク・リヴァイヴァルの初期
の重要な建物である．ダウニング・カレッジで

は，ジェームズ・ワイアットの新古典主義のデ
ザインではなく，ウィルキンスのデザインが採
用され，トマス・ホープが古代ギリシア様式を
促進した主導者であった．ダウニング・カレッ
ジは，芝生の周囲に個別の建物が配置された大
学キャンパスの最初の例である．ウィルキンス
はこの重要な様式をロンドン大学のユニヴァー
シティ・カレッジ（1827-28），ヨークのフィロ
ソフィカル・ソサエティの博物館（1827-30），
ロンドンのハイド・パーク・コーナーにあるセン
ト・ジョージ・ホスピタル（1828-29），ロン
ドンのトラファルガー・スクエアにあるナショ
ナル・ギャラリー（1834-38）において用いた．
これらはすべて古代ギリシア様式で設計された
が，ナショナル・ギャラリーには卓越したもの
がないとして，彼の名声は大きく傷つけられ
た．彼のグリーク・リヴァイヴァルの最も美し
い作品は，ダブリンにあるサックヴィル（後の
オコーネル）・ストリートのネルソン記念柱
（1808-09，1966 破壊）とノーフォークのグレ
ート・ヤーマスにあるネルソン記念柱
（1817-20，いまやひどく荒涼とした忌まわしい
環境に置かれている）の 2 点である．
　ハンプシャーのグレンジ・パーク（1809 よ
り）では，グリーク・リヴァイヴァルをカント
リー・ハウスに用い，この様式におけるイング
ランドで最も高貴な建物を建てた．ほかの地所
では流行に屈し，チューダー・ゴシックで設計
した．たとえばウェスト・ロウジアンのダルメ
ニー・ハウス（1814-17），スターリングシャー
のダンモア・パーク（1820-22），ケンブリッジ
大学のトリニティ・カレッジのニュー・コート
（1823-25）がある．ケンブリッジのキングス・
カレッジでは偉大な中世の礼拝堂にみごとに応
じ，すばらしい魅力，創意，優雅さをもちあわ
せたチューダー・ゴシック様式で，玄関スクリ
ーン，入口，新しい建物（1824-28）を設計し
た．しかし，古典主義（とくにグリーク・リ
ヴァイヴァル）の建築家としてはいくらか神経
質で弱々しく，グレンジ・パークを除いて彼の
建物はマッスにおいて力を欠く傾向にある．デ
ザイナーとしては抑制されていたとしても，そ
の細部はつねに学術的であった．彼は，古代ギ
リシア人が建築に用いた視覚補正に言及した最
初の人物であり，『マグナ・グラエキアの古代
遺物（*The Antiquities of Magna Graecia*）』
（1807）では，アグリトゥム，パエストゥム，

セジェスタ，シラクサにある古代ギリシア神殿の正確な図版を掲載した．また，『アテネの地誌と建物についての所見（*Atheniensia, or Remarks on the Topography and Buildings of Athens*）』（1816），『ウィトルウィウスの公共建築（*The Civil Architecture of Vitruvius*）』（1812，不完全な翻訳），『建築緒論（*Prolusiones Architectonicae*）』（1837，おそらくロイヤル・アカデミーの建築教授としての講義に基づいた古代ギリシア・ローマ建築に関する論文）やほかの著作を出版した．

ウィルキンソン，ジョージ Wilkinson, George（1840-90）
⇨救貧院

ウィルソン，ウィリアム・ハーディ Wilson, William Hardy（1881-1955）
　オーストラリアの建築家．ラッチェンス，マッキム・ミード＆ホワイトに影響を受け，オーストラリアに根付いていたジョージアン建築を研究し，『ニュー・サウス・ウェールズおよびタスマニアの古い植民地建築（*Old Colonial Architecture in New South Wales and Tasmania*）』（1924）として刊行した．1911年，ステイシー・アーサー・ニーヴ（Stacey Arthur Neave, 1883-1941）とともにシドニーに事務所を設立し，ゴードンのエリルディーン（1913-14，ベランダおよび庭園パヴィリオン含む），ワルーンガのプルリア（1916），ピンブルのマクアリー・コテージ（1921）など，シドニーにコロニアル・リヴァイヴァルの邸宅を設計した．ウィルソンは多くの庭園も設計しており，19世紀初期の庭園のごとく，軸線，パーゴラ，計画的な植栽配置を特徴とする．1920年代にウィルソンは自身の建築作品のいくつかに東洋趣味を取り入れた．高級なコロニアル・ジョージアンの設計は第二次世界大戦頃まで続けられた．

ウィルソン，サー・コリン・アレクサンダー・セント・ジョン Wilson, Sir Colin Alexander St John（1922-2007）
　イギリスの建築家．ジョン・レスリー・マーティンとともに，ケンブリッジ大学の建築学部で影響力をもっていた．ここで彼とマーティンは，ル・コルビュジエの作品に基づく煉瓦とむ

き出しのコンクリートによる四角い「エクステンションC」を設計している（1958-59）．また，2人は，複数の大学施設を設計している．ケンブリッジにあるゴンヴィル・アンド・キーズ・カレッジにおける「ハーヴィ・コート」（1958-62）は，アールトとカーンからの影響を受けたものであるが，内向きでテラスだらけの煉瓦造りのものであり，オックスフォードのマナー・ロードにある「法律と経済と統計学の図書館」（1961-64）では，分割された中庭と階段状のテラスというテーマを探求している．ケンブリッジのピーターハウスにある「ウィリアム・ストーン集合住宅」（1962-64）は八階建て煉瓦造りの建築であるが，アールトからの影響を再びみることができる．ほかの（ウィルソンのみが手がけた）作品には，グランチェスター通り2および2aにある住宅（1967年，ペヴスナーはこれを「記憶に残るもの」と解説している）とコンデュイット・ヘッド通りにある「スプリング邸」（1967年，ペヴスナーはこれについてはあまり関心がない）という，二軒の住宅がある．両者はともにケンブリッジに建てられている．1962年にはウィルソンとマーティンは，ブルームスベリーにある大英博物館の向かいの英国図書館の設計を依頼されたが，かなり古い歴史を有する地域を破壊することについて保護論者たちからの反対を受けた．ウィルソンは1977年から1979年にかけて博物館西翼の拡張を設計しており，これはスマークによる偉大な建物を融合させる妥協のない近代主義者的な解答であった．その後，巨大な正面をもつスコット設計「セント・パンクラス鉄道駅」の横に位置するロンドン，ユーストン通りの別の敷地に新しい英国図書館の設計を委託される．図書館の設計は1982年に始まり，1998年に完成した．これは彼の設計作品のうち最大規模のものであり，初期の頃にあったデザインとの類似がみられる．真っ赤な煉瓦壁の外観は隣のスコットによる大建築物とは難しい関係になっており，近代運動が絶えず有しているコンテクストについての問題を明示しているものの，内観のいくつかはみごとに応答している．ウィルソンは数多くの書籍を出版しており，1994年には『建築の回想（*Architectural Reflections*）』が出版されている．

ウィルソン，チャールズ Wilson, Charles

(1810-63)

スコットランドの建築家. 1827 年, 斬新として知られるデイヴィッド・ハミルトンの事務所に入り, グラスゴーのガートナヴァル精神病院 (1841) を設計するよう命じられ, チューダー・ゴシック様式でこれを設計した. この建物を建設するにあたり, フランスとイングランドを旅行して研究した. すでにウィルソンの作品 (たとえば, ブレドールバン・テラス (現ハイ・ストリート), ウィンザー (現カークリー)・テラス, 両者とも 1845 年, グラスゴー) はイタリア風の主題で特徴づけられていたが, その時以来, 半円形アーチを用いた古典主義を試し始めるようになった. グラスゴー・アカデミー (1846, ミュンヘンのクレンツェの作品に影響を受けた) や, ウッドランズ・ヒルのフリー・チャーチ・カレッジ (1856, ドイツやロンバルディア地方の影響が明白である) を設計し, また, パーク・テラス (1854) やパーク・サーカス (1855) など, ブリテン諸島の都市景観 (タウンスケープ) の最も劇的な成功の一つであるウッドランズ・ヒルの配置計画を行った. その大規模なカントリー・ハウスの一つであるウェスタン・アイルズのストーナウェイのルイス・カースル (1848) は, ネオ・チューダー様式で建てられた. 友人の「古代ギリシア人」トムソンと同じくシンケルの作品に影響を受け, 同様に, 助手のジョン・バーネットなど, 次世代のグラスゴーの建築家たちの古典主義に影響を与えた.

ウィルソン, ヘンリー Wilson, Henry (1864-1934)

イングランドの建築家. ベルチャー, J・O・スコット, J・D・セディングの事務所ではたらいた. セディングとは共同経営者となり, ロンドンのスローン・ストリートのホーリー・トリニティ教会堂をともに設計した. 彼はそこで金属加工, スクリーン, 浅浮彫りそして美しい内装ディテールのかなりの部分を担当した (1888-1901 頃). 彼はセディングのイタリア風ルネサンス・リヴァイヴァルの聖堂で, ロンドンのエックスマウス・マーケットの聖なる救世主聖堂 (1887-88) を完成させ, 鐘塔をつけた. また, セディングとともにロンドンのイーリングのマウント・パーク・ロードのセント・ピーター聖堂 (1889-93) を設計した. ここでは曲線の美しいゴシックの形態が力強く独創的に使われている.

ウィルソンが名声を確立したのはおもにアーツ・アンド・クラフツのデザイナーとしてであった. 彼は精巧なエナメルおよび金属作品, 宝飾, そして彫刻のデザインをした. (1917 年, アート・ワーカーズ・ギルドのマスターとなり, 1915-22 年のアーツ・アンド・クラフツ展示協会の会長を務めた). 教会装具のデザインでもすぐれた業績を残した. エドマンド・エヴァン・スコット (Edmund Evan Scott, 1895 没) の設計したサセックス州ブライトンのアン・ストリートの崇高なるセント・バーソロミュー教会堂 (1872-74 建設) の家具は, すべて最高のアーツ・アンド・クラフツの質をもち, 豊潤で豪奢である. 愛らしい作品の 1 つは, グロスター大聖堂の E・D・ティンリング参事会員 (Canon E. D. Tinling, 1897 没) の記念碑である. レオナルド・ストークスが設計したハートフォードシャーのロンドン・コルニーのオールセインツ聖堂の玄関上部の浮彫り, およびアバディーンのキングス・カレッジのウィリアム・エルフィンストーン主教 (Bishop William Elphinstone, 1431-1514) の記念碑をデザインした (1899). 彼の作品は第一次世界大戦前にドイツで展示され, ムテジウスらに高く評価された. 『銀細工および宝飾:金属加工の学生および職人のための教本 (*Silverwork and Jewellery. a text-book for students and workers in metal*)』(1903) を出版した. この本は 1912 年, 1966 年, 1978 年に改訂された. また, 『アーキテクチュラル・レヴュー (*Architectural Review*)』誌の編集長を務めた (1896-1901).

ウィルダネス wilderness

1. 手つかずの自然の状態でも荒廃した状態でもない, 鑑賞に適すよう丁寧に計画・保全された心地の良いランドスケープ. 小道が木立や林の中を抜けていくように樹木が植えられるほか, 幻想的な手法でデザインされることが多く, しばしばメイズが設置される.

2. ボスケ〔仏語で「木立ち」の意〕のこと.

3. 手つかずの自然のままか, 手入れされていないかのような様相を呈する土地. 「デザート」desert という考え方からの派生.

4. さまざまな種の樹木と野生の草花とが不

ウイルツシ

規則に配され，そこを縫って走る小道と空地とが設けられた混合林．

ウィルツ，ジャック　Wirtz, Jacques (1924-2018)

ベルギーのランドスケープ・アーキテクト．パリのテュイルリー庭園におけるジャルダン・デュ・カルーゼルの改修（1990-2004）についての設計競技に勝利して名声を得た．その息子ペーター（Peter, 1961-）とマルティン（Martin, 1963-）とともにアルンウィックにあるノーサンバーランド公爵夫人の庭園（1997-2008）の設計に貢献し，おもにウォーター・カスケード（水の滝）とオーナメンタル・ガーデン（装飾庭園）を手がけた．ウィルツは歴史に対する鋭い感覚をもち，植物についての百科全書的知識と革新を歴史という概念と結びつけた．刈り込んだ植物を用いることが多く，生け垣を設けてブロック体のように成形して彫刻を引き立たせようとする．ウィルツ・インターナショナルＮ・Ｖを創設し（1989），会社はベルギーやその他のヨーロッパ諸国，米国で造園を進めた．その作品の中でもパリのエリゼ宮殿付属庭園（1992），ベルギー・スホーテンのコーヘルス公園（1977），アントウェルペン大学キャンパス（1978），ブリュッセルのアルベール2世大通り（ブールヴァール）（1992），ルクセンブルクのバンク・ジェネラール（1997），ベルギー・ボルフローンのシャトー・デ・フローテ・モット（1994）やベルギーのシャトー・ド・ヴァンデルート（1997）をあげておく．

ウィールデン・ハウス　Wealden house

中世の木骨による住宅の形式．主としてイングランド南東部に分布．ノースダウンとサウスダウンの間にある，かつて森林地帯であったウィールド地方にその名が由来する．構造体全体の高さの吹き抜けをもつ開かれたホールと，その両脇に配された2層になったベイによって構成される．平入りであり，1本の棟木を頂く勾配屋根（隅棟をもつこともある）の大屋根が全体を覆う．側部ベイの上階は正面側の張り出し（ジェティ）上に載って下階から突出するが，大屋根の軒は連続しているので，セットバックした中央ホールにかかる屋根は，壁面から飛び出た敷桁上に載る．敷桁自体は上階張り出し部分の壁面とそろえられた斜め方向（カーヴを描くことが多い）のブレースによって支持される．これに類似するが，張り出しベイを一つだけもつ形式を片端または半ウィールデン・ハウスと呼ぶ．

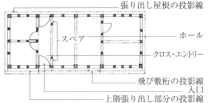

ウィールデン・ハウス図解（模式図）．中央ホールの高さは構造全体の高さと一致し，両端部の二つのベイは二層に分割される．階段の位置はそれぞれ異なる．

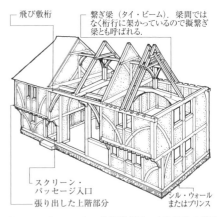

ウィールデン・ハウス分解模式図．木骨構造の様子（RAM，ABDM，CBA）

ウィルフォード，マイケル　Wilford, Michael

(1938-2023)

イギリスの建築家．スターリング個人と協働する以前には，スターリング＆ゴーワンのもとで働いており（1960-63），のちにジェームズ・スターリング・マイケル・ウィルフォード＆アソシエイツのパートナーとなる（1971-92）．1993年からは，マイケル・ウィルフォード＆アソシエイツの共同経営者となる．スターリング＆ゴーワンのもとでは「レスター大学工学部校舎」（1959-63）を手がけ，その後もスターリングとともにドイツのシュトゥットガルトの「シュトゥットガルト州立美術館」（1977-84）やロンドンの「No.1 ポウルトリー」（1986-），そしてマンチェスターのサルフォードにある「ロウリー・センター」（1991-）など多くのプロジェクトを手がけた．スターリングの死後も，ウィルフォードは作品を作り続けている．とりわけドイツにおいて多くの注目を集め，評価を得た．1997年には「シュトゥットガルト音楽学校」（1987-95）でスターリング賞を受賞しており，この年にはシュトゥーリンゲンに「ゲートウェイ・ビル」を完成させている．

ウィルモット，アーネスト（1907年までアーネスト・ウィルモット・スローパー）Willmott, Ernest（Ernest Willmott Sloper until 1907）（1871-1916）

イングランドの建築家．南アフリカでハーバート・ベイカーとともに，ブルームフォンテインおよびプレトリアの政府庁舎を設計した．イングランドに帰国し1907年に自分の事務所を開設した．当時の作品にはオランダ・コロニアルの影響が色濃くみられる．『イングランドのショップフロント今昔（*England Shopfronts Old and New*）』（1907），便利な『イングランドの住宅デザイン（*English House Design*）』（1911）を出版した．彼が手がけたハムステッド・ガーデン・サバーブの作品は良品である（たとえばハムステッド・ウェイ 79，81番地）．

ウィング wing
1. ⇨翼棟
2. 建物の一部で，隣接する主レンジの方向と直交する向きに屋根をかけたもの．ホール・レンジ脇に1棟か2棟のウィングが付随する中世のホール・アンド・クロス・ウィング形式の木骨住宅はその好例．

3. 刳形（くりかた）のフィレット．
4. 橋の両側と端部で，直線，または曲線状に出っ張った壁体．また，橋の両端で土手を支えるための擁壁のこと．
5. 両開きのドアやスクリーンで，1枚の戸のこと．
6. ⇨プテロン

ウィング・ライト wing-light
⇨翼部窓

ヴィンケルマン，ヨハン・ヨアヒム Winckelmann, Johann Joachim（1717-68）

ドイツの芸術史学者，考古学者．ローマに移住し，アレッサンドロ・アルバーニ枢機卿（Cardinale Alessandro Albani, 1692-1779）のもとの司書となり，枢機卿が収集した古代彫刻のコレクション（その多くは現在，ミュンヘンのグリュプトテーク（彫刻館）にある）の購入について助言しつつ，学者ないし古代遺物研究家となった．新古典主義，とくにグリーク・リヴァイヴァル（ギリシア復興）に大きな影響があった．2冊の偉大な著書『絵画，彫刻におけるギリシア作品の模倣についての考察（*Gedanken über die Nachahmung der griechischen Werke in der Malerei und Bildhauerkunst*）』（1755，イギリスでは1765に翻訳が出版された：〔邦題『ギリシア美術模倣論』〕）および『古代美術史（*Geschichte der Kunst des Altertums*）』（1767）は，ギリシア美術の優越性を説き，研究分析を行ったものである．その美術史研究の方法および古典古代の解釈は，とくにドイツにおける教育の基礎を形成することとなり，今日まで影響している．最高の古典美術について彼が記した「高貴な単純さと静かな偉大さ」という観念は，西洋思想に深く根づき，とりわけアントン・ラファエル・メングス（Anton Raffael Mengs, 1728-79，ローマのヴィラ・アルバーニにある天井フレスコ画パルナッススは新古典主義の代表的作品の一つ），シンケル，クレンツェといった多くの芸術家，建築家に影響を与えた．

ウィーン工房 Wiener Werkstätte
「ヴィーナー・ヴェルクシュテッテ」（ウィーン工房）は，C・R・アシュビーによる「手工芸ギルド」〔アシュビー訳に従う〕のようなイ

ギリスのアーツ・アンド・クラフツの工房を模して1903年に創設された．マッキントッシュやアシュビーのデザインが展示された1900年のゼツェッシオン展覧会を一つの発端とする．1905年までにウィーン工房は100人以上の従業員を数えた．その製品の大半はヨーゼフ・ホフマンとコロマン・モーザー（Koloman Moser, 1868-1918）によってデザインされ，オーストリア＝ハンガリーの進歩的なデザインの発信元となって，厳格で直線的な様式を広めた．1932年に操業を停止した．

ウィーン・ゼツェッシオン Vienna Sezession
　⇨分離派

ウィンチ winch
　〔巻き上げ機の意〕物品を引き上げることができるリールまたはローラー．ウィンチ・ハウスとは，幅が狭く背の高いオランダの住宅ファサードに多くみられるもので，高所についたウィンチを保護する装置のこと．引き上げ装置は住宅内部に設けられることもある．

ウィンチカム, リチャード Winchcombe, Richard（1398-1440 活躍）
　イングランドの石工．1390年代，ハンプトンシャーのポーチェスター・カースルで仕事をし，その後はほとんど，オックスフォードシャーで活動した．スウォルクリフ・ティス・バーン（十分の一税納屋）（1403-06）や，アダベリーの聖堂の内陣（1408-18）を設計し，オックスフォードのニュー・カレッジで多数の仕事に携わったと思われる．ニュー・カレッジに雇われていたものの，個人的な仕事もいくつか行っていたと思われ，その腕前は，オックスフォードシャーのブロクサム（ミルカム礼拝堂），ブロートン，デディングトン，エンストーン，ノース・リー（ウィルコート・チャペル），テーム（トランセプト）といった多くの聖堂で見受けられる．グロスターシャーのノースリーチの聖堂の建設にも携わったかもしれないが，名声を得るようになったきっかけは，1424年に開始され，のちにウィリアム・オーチャードによってヴォールトが架けられたオックスフォードの神学校の仕事である．

ヴィンチドール, トンマーゾ・ダ・ボローニャ
（またはトマス・ヴィンチェンス） Vincidor, Tommaso da Bologna（*or* Thomas Vincenz）（1495 頃-1534/6）
　ボローニャの建築家で，まずラファエロのローマの工房で働いた．彼が設計したオランダのブレダ城の中庭（1534頃）は，この国の初期ルネサンス建築の最初の例の一つである．ベルギーのメッヘレンのサルモンの家（1530-34）とブレダのヘルフォルムデ・ケルクの堂々たるナッソー－ディレンブルク伯エンゲルベルト2世（Count Engelbert II of Nassau-Dillenburg, 1504 没）記念碑も設計した．後者の葬送建築は，ロンドンのウェストミンスター大修道院のフランシス・ヴィア卿（Sir Francis Vere, 1560-1609）記念碑（1614）の雛型となった．

ヴィンチ, レオナルド・ダ Vinci, Leonardo da（1452-1519）
　⇨レオナルド・ダ・ヴィンチ

ウィンド, ウィリアム Winde, William（1640 頃-1722）
　イングランドの建築家・軍人・軍事技術者．ガービアーに訓練を受けたとして記録に現れる．ガービアーが死去すると，バークシャーのハムステッド・マーシャル（1663 頃-88 頃, 取り壊し）の建築家として，その跡を継いだ．フック，メイ，プラット，トールマンと並んで，17世紀後期のイングランドで活躍した重要なカントリー・ハウスの建築家の一人であった．ウォリックシャーのクーム・アビーを建て直し（1682-88），プラットのもとでは図面を描き，そして，おそらくノーサンプトンシャーのディングリー・ホールの一部（1684 頃-88）やリンカンシャーのベルトン・ハウス（1685-88）を設計した．また，バッキンガムシャーのクリヴデン・ハウス（1676 頃-78）やロンドンのセント・ジェームジズ聖堂のバッキンガム・ハウス（1702-05, バッキンガム宮殿に吸収された）にも関与していたと思われる．両者ともに，急勾配の屋根が架けられているにもかかわらず，バラスターがつけられた屋階をもっていた．列柱がついたクワドラント（四分円部）と翼棟があるバッキンガム・ハウスはきわめて影響力があった設計で，18世紀の多くのカントリー・ハウスに利用された雛形の原型となった．

ウィンドウ・エンブレージャー window-embrasure
　窓開口の隅切り.

ウィンドウ・ガード window-guard
　1.　小振りのバルコニー,「バルコネット」,
またはヴィニェット (フランス語) で, 植木鉢
などが下に落ちないよう低い手すりを備えたも
の.
　2.　⇨窓格子

ウィンドウ・ケース window-case
　サッシュが吊られた窓枠.

ウィンドウ・シート window-seat
　窓開口部のくぼみにつくられた腰掛け. 室内
側の抱き, 床, シルの間に設けられる.

ウィンドウ・スクリーン window-screen
　1.　穴のあいたラチス・スクリーン, または
シャッター (よろい戸).
　2.　一般に, 窓開口部を通って虫が室内に
入ってこないようにしたり, 外から室内が見え
ないようにしたりするための遮蔽形式.

ウィンドウ・バー window-bar
　1.　マリオン.
　2.　一般に窓面どうしの境界部分.

ウィンドウ・ヘッド window-head
　1.　窓開口の上部にあるアーチ頂部または楣
のソフィット.
　2.　窓開口上部の建築的装飾.

ウィンドウ・ポスト window-post
　木骨建造物において, 窓開口部の両側に立つ
ポスト. 窓枠が取りつけられる.

ウィンドウ・ボッシング window-bossing
　窓の直下にある, 壁体のくぼんだ部分のこ
と. 腰掛けとして用いられることが多かった.

ウィンドウ・リッジ window-ledge
　⇨窓台

ウィンドウ・リード window-lead
　ガラスのクォラルを細分し, それら囲われた

窓面を適切な位置に保持する鉛のカム.

ウィンド・スクープ wind-scoop
　中東の住宅建築にみられる漏斗状の装置. こ
の装置を通って住宅内へと運ばれ, あるいは吹
き下ろされた外気は, ときに地下室に配された
冷水の溜まった貯水槽上部を通り, それから再
び上昇して居室に入る. その存在はおそらく
14 世紀にまで遡ることができ, イスラム文化
の洗練された気候制御技術の粋を示している.

ウィンド・ブレース wind-brace
　⇨対風構

ウィントリンガム, ウィリアム Wintringham, William (活躍 1361-92 没)
　イングランドの大工. ウィリアム・ハーラン
ドによっておおまかな形態が計画されたと思わ
れるウィンザー・カースル (バークシャー) の
グレート・ホールの屋根の建設を監督した
(1361-65). ロンドンに建つジョン・オヴ・ゴー
ントのサヴォイ・パレス (1375) では, イェ
ヴェリーとともにはたらき, ウェストミンスタ
ー・アビーでは, アボッツ・ホールの屋根な
ど, 多数の仕事に携わった. ほかの作品として
は, ハートフォード・カースル (ハートフォー
ドシャー) の新礼拝堂と居住棟 (1380 年代)
や, ウェストミンスター・ホールによって影が
薄くなってしまったが, それ以前に広く伝播し
たトラス小屋組を用いたグレート・ホールの屋
根を含むケニルワース・カースル (ウォリック
シャー) の建造物群などがあげられる. 事実
上, ウィントリンガムが設計し, 建設したもの
のはすべて取り壊された.

ウィンフォード, ウィリアム・オヴ
Wynford, William of (活躍 1360-1405 没)
　イングランドの石工頭. 1360 年代, ウィン
ザー・カースル (バークシャー) で, スポンリ
ーとウィリアム・オヴ・ウィカム (クラーク・
オヴ・ザ・ワークスの地位にあった) のもとで
仕事をしており, おそらくグレート・ゲートと
ロイヤル・ロッジングズを建てた. 1364/65
年, サマセットのウェルズ大聖堂 (1363 年以
降, ウィカムが主席司祭であった) のマスタ
ー・メーソンに任命され, そこで南西塔 (1386
以降) を建てるとともにほかの仕事にも携わっ

た．ウェルズのセント・カスバート聖堂のすばらしい塔（1385頃-1400）や，バンウェル，チェダー，シェプトン・マレの聖堂の塔など，この県の種々の聖堂の造物を設計したと思われる．ウィンフォードは，セットバックしたバットレスを好み，イングランド南西部の美しい15世紀の塔の雛形を確立したように思える．1375-76年にはバークシャーのアビングドン・アビーで，1377-78年にはドーセットのコーフ・カースルではたらき，1378-79年にはサウサンプトンで築城の強化事業に携わった．また，ヒュー・ハーランドとヘンリー・イェヴェリーとともに，ワイト島のカリスブルック・カースルの一部（1384-85）の工事監督をし，ウィカムのためにオックスフォードのニュー・カレッジ（1379-80開始）とハンプトンシャーのウィンチェスター・カレッジ（1387開始）を類似の平面で設計した．ウィンチェスター・カースルでは，ハーランドとイェヴェリーとともに，修理・補強工事を行っている（1390年代）．1370年代にはサフォークのオーフォード・ハーバーではたらいていたことが知られており，ウィンフォードは明らかに，建築設計と同様に建築技術や軍事建築に関しても包括的に把握していた．1394年には，ウィンチェスター大聖堂のロマネスク様式の身廊を，実質的に建て替えることなく，垂直式の空間に変更する大事業を開始した．ここで，背の高いリエルヌ（仏語で「枝リブ」の意）・ヴォールトをつくり，中世初期の急勾配の屋根を撤去して，巨大なピアでくるむことによって，この時期としてはめずらしい巨大な建築の形式をつくりあげた．また，ウィンチェスター大聖堂において，かなり多くの設計を行ったと思われ，これらの中には尖頭のリエルヌ・ヴォールトを用いた精巧な垂直式でつくられたウィカム詠唱（寄進）礼拝堂や墓所などがある（15世紀初頭）．

ウェア，アイザック Ware, Issac (1704-66)

イギリスの建築家．リプリィのもとで修練を積み，のちにバーリントン（Burlington）卿の庇護のもとでパッラーディオ主義の有能な支持者となった．『イニゴー・ジョーンズおよびそのほかの建築家による図面集（*Designs of Inigo Jones and Others*）』（1731と1743，バーリントン卿の図案集から多くの図面を含む），『ノースフォークシャーのホートン・ハウスの平面図，

立面図，断面図（*The Plans, Elevations, and Sections of Houghton in Norfolk*）』（1735），およびバーリントン卿に献呈した（1738）パッラーディオの『建築四書（*Four Books of Architecture*）』の名高い学術的な翻訳（完成版）を出版した．最も重要な著作は，1756年から57年の間に週ごとに各部が刊行された『建築の完全な体系（*A Complete Body of Architecture*）』であり，第2版が1767年，再発行は1768年であった．それはジョージアン建築の実践と理論に関する設計教本となった．百科事典的でかつ贅沢に図版を用いたことにより，最も影響力のある建築出版物の一つとして，次世代にまで影響力をもった．彼の建築の中には，ブリストルのクリフトン・ヒル・ハウス（1746-50），ロンドンのサウス・オードリー・ストリートのチェスターフィールド・ハウス（1748-49，現存せず），ミドルセックスのルータム・パーク（1754）があり，最後のものは『ウィトルウィウス・ブリタニクス（*Vitruvius Britannicus*）』（第5巻，45-46図）の中で解説され，明らかにコリン・キャンベルによる第3巻のウォンステッド・ハウスからの引用である．弟子のキャメロンはロシアに足跡を残した．

ウェア＆ヴァン・ブラント Ware & van Brunt

1863年から81年の間，アメリカ合衆国の建築界を主導した事務所．設立者のウィリアム・ロバート・ウェア（William Robert Ware, 1832-1915）とヘンリー・ヴァン・ブラント（Henry van Brunt, 1832-1903）はともにニューヨーク市のリチャード・モリス・ハントの弟子であり，ハーヴァード大学で学んだことがあった．彼らのすぐれた作品は教会関係と教育機関関係の建物が多く，とくにマサチューセッツ州ボストンの第一聖堂（1865-67），ハーヴァード大学メモリアル・ホール（1865-80，アメリカ合衆国で建てられたゴシック・リヴァイヴァルの中で最もすぐれたものかもしれない），同州ケンブリッジの監督派神学校（1869-80），ハーヴァードのウェルド・ホール（1871-72），同じくケンブリッジの第三ユニヴァーサリスト聖堂（1875），ハーヴァード大学図書館のゴア・ホールへの書庫の増築（1876-77，この種の書庫ではアメリカ合衆国における最初の例で

ある), マサチューセッツ州リンのセント・ス
テファン聖堂 (1881-82) があげられる. その
ゴシック様式の作品はラスキンに大きな影響を
受けているが, クイーン・アンや北部ヨーロッ
パのルネサンス様式でも垢抜けた設計をした.

マサチューセッツ工科大学のアメリカで最初
の建築学科でウェアは教授と学科長に任命され
(1865), 後にボザールの教育方針をベースにし
てニューヨーク市のコロンビア大学を立ち上げ
た (1881). ウェアはギリシアのアテネに卓越
した学究的な試みであるアメリカ古典研究所
(1886-88) を設計した. ヴァン・ブラントは実
務を続け, フランク・ハウ (Frank Howe,
1849-1909) を共同主宰者に迎え (1881), ミズ
ーリ州カンザスに事務所を移した (1887). こ
こで, 彼らはユニオン・パシフィック鉄道のた
めに数多くの鉄道駅を設計した (ウェアとヴァ
ン・ブラントによるマサチューセッツ州ウース
ターのユニオン駅 (1873-75, 現存せず) が一
例である). イリノイ州シカゴの世界コロンビ
ア博覧会における彼らの折衷的な建物
(1892-93) は様式的には確固たる古典主義で
あった.

ウェアとヴァン・ブラントは専門家として高
い水準を目指し, ともにすぐれた著述家で評論
家であった. ヴァン・ブラントはヴィオレ=ル=
デュクの『Entretiens』を『建 築 講 和
(Discourses on Architecture)』(1875-81) とし
て最初に英語に訳した人物である. 一方, ウェ
アは『ギリシアの装飾 (Greek Ornament)』
(1878) と『アメリカのヴィニョーラ (The
American Vignola)』(1901) などを発表した.

ウェイステル, ジョン Wastell, John (1460 頃-1515 頃)

イングランドの石工頭. イングランド・ゴ
シック建築の最終段階の最も偉大な人物の一人
であろう. サイモン・クラークのもと, サフォ
ークのバリー・セント・エドマンズの修道院
(現存せず), エセックスのサフロン・ウォール
デンの聖堂 (1485) ではたらき, 1486 年から
はケンブリッジのキングズ・カレッジ・チャペ
ルに携わり, クラークの協力者として記録に
残っている. しかし, 通常はバリー・セント・
エドマンズに住み, おそらく 1480 年代はほと
んどの時間をここの修道院建設に費やしたと思
われる. 1490 年以降, ウェイステルの名前は

ふたたびキングズ・カレッジの記録に登場す
る. そして, 枢機卿大司教ジョン・モートン
(Cardinal-Archbishop John Morton, 1420 頃
-1500) によって, カンタベリー大聖堂 (ケン
ト) に招聘され, そこでケンブリッジのキング
ズ・カレッジ・チャペルとほとんど同じ様式の
ファン・ヴォールト (1503 頃) を用いて, 垂
直式の傑作の一つとなる交差部の塔 (「ベル・
ハリー」と呼ばれる) (1494-1505) を設計・建
設した. 他にもモートンのために仕事をし, グ
レート・ゲート・タワーの下層部など, 現在は
トリニティ・カレッジのグレート・コートの東
棟の一部となっているケンブリッジのキング
ズ・ホールの建築の設計に携わった. 様式的な
観点からは, ケンブリッジのグレート・セン
ト・メアリー聖堂 (1491-1514), エセックスの
デダムの聖堂 (1494) やケンブリッジシャーの
ソハムの聖堂の塔の下層階の建設にかかわった
点が重要である. サフォークのラヴェンナム聖堂
の身廊 (1495-1515) やバリー・セント・エド
マンズのセント・ジェームジズ聖堂 (現大聖
堂) (1503-21) にも従事したといわれており,
ハーヴィー博士は, 確信をもって後者はウェイ
ステルの仕事としている. ウェイステルはま
た, キングズ・カレッジ・チャペルと類似した
ファン・ヴォールトをもつケンブリッジシャー
のピータバラ大聖堂の東礼拝堂と奥内陣
(1496-1528 頃) を設計したと思われる. 現存
するウェイステルの最も偉大な仕事は, 1506
年からかかわったキングズ・カレッジ・チャペ
ルのファン・ヴォールトの完成であり, この建
設工事は 1508 年に始まり, 1515 年に完成し
た. その際, ウェイステルは設計や施工につい
てウィリアム・ヴァーチュー, ジョン・スミス
やヘンリー・レッドマンに相談していたことが
知られているが, 彼自身, バリー・セント・エ
ドマンズとピータバラで多数のファン・ヴォー
ルトを計画し, 建設した経験があったことを覚
えておかなければならない. そのほかアン
ティ・チャペルの地表面に近い部分の建設, お
よびクワイアを完成させた (クラークの時代に
身廊の五つのベイに屋根が架けられていた).
ウェイステルとヘンリー・セマークは 1512 年
にヴォールト建設の契約をし, ヴォールトと
チューダーの記章などのほとんどの装飾要素
は, ウェイステルの指示のもと制作された. セ
マーク (明らかに契約における代表者であっ

た）はグレート・ウェスト・ウィンドウ，バットレスのピナクルとコーナー・ターレット（隅櫓）の頂部を設計した．キングズ・カレッジ・チャペルの全体的統一感は，ウェイステルをイングランドが生んだ最も才能ある建築家の一人にとり上げなければならないほど，質の高いものである．

ウェイトマン，ジョン・グレイ Weightman, John Grey（1801-72）
　イングランドの建築家．チャールズ・バリーおよびC・R・コッカレルの事務所で修行し，1832年頃シェフィールドで実務を始めた．マシュー・エリソン・ハットフィールド（Matthew Ellison Hadfield, 1812-85）と1838年頃から1858年までウェイトマン＆ハットフィールドとして共同経営を行った．この事務所は数多くのローマ・カトリックの聖堂を設計した．たとえば，サルフォードの大聖堂（1844-48）は，ニューアーク，ホウデン，セルビーの中世の先例にならって考古学的なデザインを用いた．事務所の出身者にジョージ・ゴールディーがいた．

ウェイヤー，クリストフ・ドゥ Weijer, Christoph de（1956-）
　オランダの建築家．メカノーの創設者である．

ウェインスコット wainscot
　1. 良質のオーク材でできた壁パネル．
　2. 木製のデードー（台胴）（アメリカにおける用法）．
　3. パネルが張られたボックス席．

ウェザー・ストラック weather-struck
　⇨しのぎ目地

ウェザー・ドア weather-door
　ゴシック建築において尖塔に設けられた屋根窓．

ウェザー・モールディング weather-moulding
　水を排出するために壁面から突出して設けられた刳形（くりかた）．たとえば，排水のために上面が傾斜した雨押さえ石（ラベル）やそれ

に類似したもの．

ウェザリング weathering
　⇨風化，水垂れ

ヴェーザールネサンス Weserrenaissance
　ドイツのヴェーザー川流域で1550年頃に建てられたルネサンス，およびマニエリスムの建築のこと．

ウェシカ・ピスキス vesica piscis
　1. 基準線の上と下に，二つの等辺三角形を対称に置いて，基準線の端から各々の三角形の頂点に円弧を引く幾何学的な操作によって形づくられる，アーモンドのような形をした光輪またはマンドルラ．このように基準線を共有する二つの尖頭アーチができるが，一般的には，壮麗なキリスト像を取り囲んだ，縦長の後光として表現される．魚または魚の浮袋に似ており，カイローと組み合わされる．この形態は，窓のデザインにも採用されており，その例として，リンカン大聖堂の南側のトランセプトのバラ窓をあげることができる．
　2. 第2尖頭式やフローイング・トレーサリー（波狭間）の明かり採り窓を指し示し，その形はオタマジャクシや魚の浮袋に似ている．

ヴェース vase
　1. 〔「壺」の意〕内部が空洞になっている蓋のない容器で，取っ手がない場合もある．いくつもの形態があり，装飾品としての性格も備える．
　2. 〔「壺」の意〕建築の装飾品として，庭園やニッチまたは台座に置かれる場合があるが，通常，新古典主義のデザインで見られる台座つきの壺とは異なる．エネア・ヴィーコ（Enea Vico, 1523-67）による1543年に収集された一連の出版物，マティアス・ダルリー（Matthias Darly, 1741-80 活躍）が著した『装飾的な建築（*The Ornamental Architecture*）』（1770），ダンカーヴィル（d'Hancarville, P・F・ユーグ（P. F. Hugnes），1729-1805）による『エトルリア，ギリシア，ローマ（*Antiquités Étrusques, Grecques, et Romaines*）』（1766-67），ピラネージによる『壺，燭台，石碑，石棺（*Vasi, Candelabri, Cippi, Sarcofagi*）』（1778），ヨハン・ハインリヒ（Johann

Heinrich, ウィルヘルム・ティシュバイン (Wilhelm Tischbein), 1751-1829) による『古代の壺の彫刻集』(1791-93) やその他の多くの著述家によって, 壺は建築装飾としてとり上げられている.

3. 〔「壺」の意〕コリント式の柱頭の葉飾りのベル (鐘状体).

ウェスタリー, ロバート　Westerley, Robert (1421-61 活躍)

イングランドの石工頭. 1421 年, 30 名の石工とともにノルマンディーのルーアンに行き, そこで城塞を建設した. 1423/24 年, ウェストミンスター・アビーで身廊の建設が再開された際, デュプティ・メーソン (副石工) として雇用された. 1438/39 年, マビルトンの死にともない, 王のマスター・メーソンに任命され, ロンドン近郊のシーン宮殿ではたらいた. 1442 年以降はスタフォードシャーのタトベリー・カースルの建設に携わり, そこでホール棟東端部の南塔を建てた. バークシャーのイートン・カレッジでは, 1441 年の基礎工事から初期の建設工事を監督し, 当初の配置を考案した. また, ロンドンのセント・メアリー・オールダマリー聖堂の塔 (1510 開始, 取り壊し) のモデルとなったと思われるケンブリッジのキングズ・カレッジ・チャペルの鐘塔 (1448 直後, しかし実現せず) を設計した.

ヴェスティエ, ニコラ=ジャック=アントワーヌ　Vestier, Nicolas-Jacques-Antoine (1765-1816)

フランスの新古典主義の建築家. パリのコロンヌ街 (1793-95) を設計. パエストゥム神殿のフルート (溝) のない原始のドリス式のアーケードをもつ, フランス革命期の最も代表的なデザインの一つである. その他の設計に, モン・ブラン街とコマルタン街の住宅群, ジムナス劇場 (1795 以降), ド・エルデ街一番地の集合住宅 (デ・コロンヌ街と同様にミニチュアのドリス式柱が 2 階の欄干に用いられている), パサージュ・ドロルム (1808), メレ・ル・ヴィダムの聖堂のための提案 (1810-16, パエストゥムのドリス式の四角柱があしらわれた), そしてモン・ヴァレリアンのオルファナージュがある (1812-14). 彼の 2 人の息子アルシメド (Archimède, 1794-1859) とフィディアス

(Phidias, 1796-1874) らもまた新古典主義の建築家となった. アルシメドは駅舎 (ブレスト等) やトゥーレーヌのカントリー・ハウスを設計した. 一方フィディアスはトゥール駅 (1851) を設計し, アンドレ・エ・ロワール地方の歴史的建造物監督官となった.

ヴェスティビュール　vestibule

1. 古代ギリシアや古代ローマの住宅や建造物の主玄関の前に位置する閉じた空間 (ウェスティブルム). すなわち, エントランス・コートまたは前庭.

2. 玄関口と建物内部の間にあるエントランス・ロビーもしくはホール.

3. 廊下と部屋の空間を調節する控室で, たとえば, 連絡ロビー.

ヴェストポケット・パーク　vest-pocket park

都市に生じた小さな公園. 堅苦しいインターナショナル・モダニズムの考えでは, 道路に面した空地と曲がりくねった道路の隅部は無視され, それは計画後に取り残された空間 (スロープ:スペース・レフト・オーヴァー・アフター・プラニング) に過ぎないだろう. ヴェストポケット・パークのように十分に利用されていない都市空間は, とくにアメリカにおいて, ハードランドスケープとソフトランドスケープの双方によって再活用するよう試みられた.

ヴェストリー　vestry

1. 礼拝堂の内陣 (chancel) に隣接した部屋で, 祭服が保管され, 聖職者が祭服を着る際に用いる場所.

2. 書, 器, 祭服を保管する聖具室で, たいていは広く, そこで会合も行われる場合もある.

ヴェスニン兄弟　Vesnin Brothers

レオニード・アレクサンドロヴィチ (Leonid Aleksandrovich, 1880-1933), ヴィクトル・アレクサンドロヴィチ (Viktor Aleksandrovich, 1882-1950), アレクサンドル・アレクサンドロヴィチ (Aleksandr Aleksandrovich, 1883-1959) の 3 人のロシアの建築家で, 構成主義が流行していた時期に共働して数々の計画に携わった. アレクサンドルはモイセイ・ヤコヴレヴィチ・ギンズブルグと

ともに雑誌『ソヴレメンナヤ・アルヒテクトゥラ（*Sovremenaya Arkhitektura*, 現代建築の意）』の共同編集者であった．兄弟の労働宮殿設計案（1923）は，実現しなかったにもかかわらず，構成主義の代表例とされた．モスクワのレニングラーツカヤ・プラヴダ（レニングラードの真実）社屋計画案（1923-24，アレクサンドルとヴィクトルによる）も同様で，むき出しのフレーム構造の外側にエレベーター，拡声器，サーチライト，デジタル時計がさらされていた．実現した大規模な作品として，カーテンウォールを用いたモスクワのモストルグ百貨店（1926-27），モスクワのヴォストチナヤ通りの文化宮殿（1931-37，のちに ZIL と呼ばれた，様式として国際モダニズムに目を向けた建物であった），ドニエプル川のドニエプロストロイ・ダムと水力発電所（1921-31）がある．

ヴェネツィア扉　Venetian door
扉として用いられたセルリアーナ．

ヴェネツィア風アーチ　Venetian arch
⇨アーチ

ヴェネツィア風クレノーつき胸壁　Venetian crenellation
パッラーディオ式のクレノーつき胸壁で，頂部に球体を載せた円錐形の小塔がチェスの駒のように列をなしている．良い例は，ロンドン近郊のチジックにあるバーリントンが設計したヴィラ（1726-29）のピアノ・ノビレの階で見ることができる．

ヴェネツィア風デンティル　Venetian dentil
一般的な中世ヴェネツィアの装飾．上部と下部が交互に中央に傾斜するかたちで切り欠きしている帯状の模様で，デンティル（歯形飾り）が二重に並んでいるようにみえる．

ヴェネツィア風ブラインド　Venetian blind
上下に移動させて巻くことができる，水平のラスや羽根板でつくられたジャルージー（仏語で「板すだれ」の意）や日よけ．

ヴェネツィア窓　Venetian window
⇨セルリアーナ

ヴェネツィアン・ゴシック・リヴァイヴァル　Venetian Gothic Revival
ゴシック・リヴァイヴァルでヴェネツィアの先例を引いたもの．とくにポリクロミーの煉瓦，プレート・トレーサリー，精巧な模様のアーケードが特徴．ストリートの『中世における煉瓦および大理石：北イタリア旅行の覚え書き（*Brick and Marble in the Middle Ages: Notes of a Tour in the North of Italy*)』（1855）で推奨され，ラスキンの『ヴェネツィアの石（*Stones of Venice*)』（1851-53）によって社会に広まった．

ウェビング　webbing
ヴォールトにおいてリブにより縁取られたウェブ群の集合的呼称．

ウェブ　web
1．ゴシックのヴォールトのリブ間にあるセル，区画，充填部分，あるいはセヴリのこと．
2．鋼製や鉄製の I 形梁において二つの水平フランジ（板）をつなぐ，それらと垂直をなす板．
3．屋根などに用いられる鉛の展板．

ウェブ卿，アストン　Webb, Sir Aston (1849-1930)
イングランドの建築家．1882 年からエドワード・イングレス・ベル（Edward Ingress Bell, 1837-1914）と共同経営を行った．実務においては後期ヴィクトリア朝，エドワード朝時代の中では最も多作で成功したうちの一人．ただし，その作品は細部を洗練させるというよりも骨太な効果に頼っていた．当初，様式的にフランソワ 1 世様式を好んでいたが，のちにビザンティン，ゴシック，ルネサンス，イタリア風，そしてバロックを加味したパッラーディオ主義を混合した．作品としては，バーミンガムのヴィクトリア法廷（1885-91），ロンドンのソーホー・スクエアのフランス・プロテスタント聖堂（1891-93），サロップ州のバスチャーチ近くのイートン・ペヴァリーの型破りのジャコベサン・リヴァイヴァルの住宅（1890-92），サセックス州ホーシャムのクライスト病院（1893-1904），デヴォンシャーのダートマウスの王立海軍学校（1897-1905）があり，最後の 2 棟はレン風ルネサンス様式であった．彼の自由な折衷主義は，ビザンティンおよびゴシック

のバーミンガム大学の建物や，ゴシック，ヴェネツィアン，フランソワ1世，ルネサンス，ロマネスクが混合されたサウス・ケンジントンのヴィクトリア＆アルバート博物館の主要玄関部（1899-1903）におそらく一番よく現れている．ウェブはロンドンのヴィクトリア女王メモリアル計画（1901）で都市計画的に大きくかかわった．ザ・マルの拡幅および再計画によって巨大なボザールの大通りに似たものにし，トラファルガー・スクエアとザ・マルの間にアドミラルティ・アーチ（海軍門，1903-10）を建設した．また，ザ・マルの終点としてふさわしいようにバッキンガム宮殿の正面をルイ16世様式でつくりなおした．その前には巨大なバロックの集積であるヴィクトリア女王記念碑そのものがある．これは1904年にトーマス・ブロック（卿）（（Sir）Thomas Brock, 1847-1922）がデザインし，1906-24年に建設された（ロータリーと建築的なデザインはウェブが行った）．古典主義の最も重要な作品の一つはダブリンの王立科学学校（1906，トーマス・マンビー・ディーン（1851-1933）と共同）であった．

ウェブ，ジョン Webb, John（1611-72）
　イギリスの建築家．イニゴー・ジョーンズ（Inigo Johns）の弟子であり親族（婚姻による）であり，1630年代におけるロンドンのセント・ポール大聖堂の建立では，ジョーンズの助手を務めた．実現はされなかったが，ホワイトホール・パレスのために多くの図面を作成し，またウィルトシャーのウィルトン・ハウスの内装（とくに名高い二つのキューブによる部屋はかつてジョーンズの設計と考えられていた）を，火災（1647-48）の後に再建した（1648-50）．ジョーンズの死（1652）の後，イギリスの古典建築における比類ない巨匠となり，一度もイタリアを訪れたことがなかったとみられるが（それでもフランスには1656年に旅行したらしい），パッラーディオ，スカモッツィ，セルリオの建築を知り尽くすほどに没頭した．現存する建築の秀作として，ハンプシャーのヴェネのコリント式ポルティコと北側正面（1654-56）は，イギリスで最も早い邸宅建築のポルティコ（モチーフはパッラーディオによるマゼールのヴィラ・バルバロから引用）の例であり，またグリニッジ・パレスのキング・チャールズ・ブロック（1664-69）は，ジャイアン

ト・オーダーとキーストーンの強調などのバロックの意匠が効果的に用いられ，このうえなくすばらしい．おそらく彼の最も優れたカントリー・ハウスは，ウィルトシャーのエームズベリー・アビー（1659-61，ホッパーにより1834-40に再建）であり，C・R・コッカレルが「尋常ではない壮大さ」と記述したが，確かにそれは17世紀の最も傑出したパッラーディオ主義の構成の一つであった（1725年の『ウィトルウィウス・ブリタニクス（*Vitruvius Britannicus*）』およびケントによる1727年の『イニゴー・ジョーンズの図面集（*Designs of Inigo Jones*）』第2巻の中で解説されている）．ほかの建築の多くは取り壊されたが，それでも彼の重要な建物のいくつかは『ウィトルウィウス・ブリタニクス』（1715，1717，1725）に掲載され，バーリントン卿とそれをとり巻く人たちによる第2のパッラーディアン・リヴァイヴァルに深く影響を与えた．ウェブの名声にとっては不運なことに，キャンベルとケントによって彼の作品のほとんどがイニゴー・ジョーンズの設計とされた．

ウェブ，フィリップ・スピークマン Webb, Philip Speakman（1831-1915）
　イングランドのアーツ・アンド・クラフツの建築家で大きな影響力をもった．おもに住宅を設計した．ノーマン・ショウとともにイングランドのドメスティック・リヴァイヴァルの先導者の1人だった．様式は初期から意図的に折衷的なもので，ゴシック，クイーン・アン，そして土着の建築の要素を引用した．はじめ，彼の名声はウィリアム・モリス（G・E・ストリートの事務所で1852-59年にはたらいていたときに出会った）との交遊を通して大きくなった．ウェブはモリスのためにケント州のベクスリー・ヒースにレッド・ハウス（1859-60）を設計し，モリスの会社のためにさまざまな工芸品をデザインした．のちにモリスとともに古建築保護協会の設立にかかわった（1877）．レッド・ハウスにおいてはバターフィールドとストリートの影響が明らかである．とくに材料そのものをみせているところ，きわめて自由な左右非対称の構成に影響が窺われる．この建物と，サリー州コバム近くのフェアマイルのベンフリート・ホール（1860）により，名声を確立した．彼の手がけた最もよい都市部の建物はケン

ジントンのホランド・パーク・ロード14番地（以前は1番地）のプリンセップ・ハウス，ケンジントンのパレス・グリーン1番地（1868-73，内装はエドワード・コーリー・バーン=ジョーンズ（Edward Coley Burne-Jones, 1833-98），ウォルター・クレーン（Walter Crane, 1845-1915），およびウィリアム・モリス（William Morris）），そしてリンカンズ・イン・フィールズ19番地（1868-69）であり，すべてロンドンにある．これらは急傾斜の破風，クイーン・アンの上下窓を持ち，さまざまなゴシックの要素が自由な構成で使われている．彼の手がけたカントリー・ハウスにはサリー州のドーキング近くのジョルドウィンズ（1872-73，非現存），ヨークシャーのノース・ライディングのグレート・スミートンのスミートン・マナー（1876-79，大幅に改変されている），サリー州イースト・グリンステッドのスタンデン（1891-94）がある．これらはすべて破風がついた自由な構成の作品である．ウィルトシャーのイースト・ノイルのクラウズはおそらく最も折衷的な構成のものである．さまざまな様式を寄せ集めたもので，ほとんど様式のない建物になっている．彼の唯一の聖堂，カンバーランドのブランプトンのセント・マーティン聖堂（1874-78）はゴシックではあるが，きわめて自由に扱われており，天井は宗教的なものというよりは住宅のような姿になっている．彼がモダン・ムーヴメントの先駆者であったという主張はまじめな議論に耐え得るものではない．なぜなら彼の作品は伝統的な材料，土着の建築に対する並々ならぬ理解を示しており，彼のデザイン・ソースは歴史的な先例にあるからである．事実，彼の弟子たちにはラッチェンスが含まれており，モダニストとみなしえる人はいない．

ヴェラー・クーポラ, ウェラール・クーポラ vellar cupola

セール・ヴォールトのようなドームで，その直径はクーポラが載る正方形の対角線と等しくなり，起拱線の間に形成されるアーチの形状は膨らんだ帆や浮いている天幕のように見える．正方形の辺の位置で鉛直方向に切り取られた，本当の半円ドームである．

ウェラリウム velarium

古代ローマの裁判所，劇場，円形競技場のカ

ウェア（観客が占める空間）を覆う天幕．天幕を組み立てるいくらかの部材（ウェラ）は，ローマのコロッセウム（75-82頃）に現存している．

ヴェランダ veranda, verandah

通常は金属製の細長い柱で支えられた，傾斜した屋根や差掛け屋根を備える，外部に開かれたバルコニーまたは渡り廊下．しばしば主要室の窓の前にとりつけられ，日を遮るとともに，フランス窓から出入りする快適な外部空間を提供する．時には，ヴェランダには植物をモチーフに非常に装飾的な格子細工が施され，また，建物の周囲全体に巡らされる場合には，スカート・ルーフ（裾屋根）を形成するようになる．これは19世紀初頭から普及した特徴であった．

ウェランド・アンド・ギレスピー Welland & Gillespie

ウィリアム・ジョン・ウェランド（William John Welland, 1832頃-95）とウィリアム・ギレスピー（William Gillespie, 1896没）は，ウェランドの父，ジョゼフ（Joseph Welland, 1798-1860，ボウデンの弟子および助手．1821年アイルランドのトゥーアム地方のファースト・フルーツ（初年度税）委員会の建築家となった）の跡を継いで，アイルランド聖公会の宗教建築委員会の建築家に任命された．委員会が1833年に宗教建築委員会として再編されたとき，ジョゼフ・ウェランドはその地位にあったが，1843年にアイルランドにおけるすべての英国国教会教会堂の責任をもつことになった．そして，ヴィクトリア朝初期および中期に，教会の仕事をする最も重要な建築家となり，100以上の新しい聖堂建築の設計およびさまざまな建物の改変，修理，増築の監督を行った．彼の作品のない州はないほどである（ロンドンデリー州マラフェルトのセント・スウィジン聖堂は1858年に献堂された最もよい作品である）．ウェランド＆ギレスピーはこの重要な職をアイルランド聖公会廃止前に受け継ぎ，膨大な数の聖堂建築を行った．それらの多くは大変質が高いもので，プレート・トレサリーや独特の意匠を使っていることが多い（たとえばバリーエグリッシュのセント・マシュー聖堂（1865-68，ポリクロミーを使い，後陣席をもつ），ウッズチャペルのセント・ジョン聖堂（1860-70，軟

石で仕上げられた玄武岩でできている）が
あり，どちらもロンドンデリー州にある．ま
た，アントリム州デリアイーのクライスト・
チャーチ（1872 年献堂，身廊の軸線に 45° の
向きになった細い尖塔がある）も彼らの作品で
ある．

ヴェリティー，トーマス Verity, Thomas
(1837-91)
　イングランドの建築家．仕事を始めた初期に
はフォーク＆ H・Y・D・スコットの補佐をし
てサウス・ケンジントン・ミュージアムおよび
アルバート・ホールの設計に携わったネオ・ル
ネサンス様式でピカデリー・サーカスのクライ
テリオン・シアターおよびレストラン
(1870-74，大幅に改変された），コメディー・
シアター (1881) を設計した．また，息子の
F・T・ヴェリティとともにピカデリー 96-7 番
地 (1891) およびインペリアル・シアター
(1901) を設計した．これらはすべてロンドン
にあった．

**ヴェリティ，フランシス（フランク）・トーマ
ス** Verity, Francis (Frank) Thomas
(1864-1937)
　イングランドの建築家．ロンドンとパリのブ
ルエのアトリエで学び，1889 年，父のトーマ
ス・ヴェリティと実務で共同経営を行った．と
くに劇場設計を中心に行い（たとえば，ロンド
ンのレスター・スクエアのエンパイヤー
(1893-1904)），のちには映画館（たとえば，
シェファーズ・ブッシュのパヴィリオン
(1923)，ヘイマーケットのカールトン
(1928)），ともにロンドンにある）の設計を
行った．彼が手がけたロンドンの都市域の建築
で最も大きなものは，古典主義だが柱や付柱の
ない，パリのシャンゼリゼ劇場のファサードの
様式でつくられたアパートメント・ブロックで
あった．セント・ジェームズ宮殿の向かいのク
リーヴランド・ハウス (1905-06)，マーブル・
アンチのハイド・パーク・プレイス 12 番地
(1908)，バークリー・スクエア 25 および 26 番
地 (1906) が最も傑出したものであった．
1903-06 年の一時，アルバート・リチャードソ
ンが彼の補佐をしていた．また 1923 年からは
サミュエル・ベヴァリー（Samuel Beverly,
1896-1959）と共同経営を行った．

ヴェルクシュテッテ Werkstätte
　⇨ウィーン工房

ヴェルクブント Werkbund
　⇨ドイツ工作連盟

ウェルシュ，ハーバート・アーサー Welch,
Herbert Arthur (1884-1953)
　イギリスの建築家．1908 年からロンドン，
ハムステッド・ガーデン・サバーブの開発にお
いて，デンマン・ドライブに切妻屋根の住宅な
ど，多くの住宅を設計した．また，ゴールダー
ズ・グリーン・ロードの美しく曲線を描く店舗
兼アパートメントは，20 世紀初頭における
ヴァナキュラー・リヴァイヴァルからネオ・
ジョージアン様式への転換を示している．ウェ
ルシュは，フレドリック・エッチェルズ（ル・
コルビュジエの著作の英訳者），ニュージェン
ト・フランシス・カシェメイル＝デイ（Nugent
Francis Cachemaille-Day, 1896-1976），フェ
リックス・J・ランダー（Felix J. Lander,
1898-1960）とともに，ロンドン，ハイ・ホル
ボーンにあるインターナショナル・モダンの先
駆けというべきクロフォーズ・オフィス・ビル
ディング (1930) を設計した．それは，スティ
ール製マリオンで区分された連続窓をもつ建
物で，ヴァイセンホーフ・ジードルンクに大き
な影響を受けたものであった．

ヴェルシュ，ヨハン・マクシミリアン・フォン
Welsch, Johann Maximilian von(1671-1745)
　ドイツの建築家，軍事技師．1704 年からバ
ンベルク司教君主・マインツ選帝侯のシェーン
ボルン伯爵ローター・フランツ（Loter Franz,
Graf von Schönborn, 1655-1729）に仕え，フラ
ンケンにおけるバロック建築の開花に貢献し
た．ノイマン，ヒルデブラントらとともに，ポ
マースフェルデンのヴァイセンシュタイン城
(1711-18)，ブルッフザールの宮殿 (1720-52)，
ヴュルツブルクのレジデンツ（宮廷）
(1719-79) の計画にかかわった．また数多くの
庭園，庭園建造物，ドイツ貴族のための小住宅
を設計した．他の作品には，ヴュルツブルク大
聖堂のシェーンボルン霊安堂 (1720-21)，ヴュ
ルツブルク・レジデンツの宮廷礼拝堂
(1720-23)，アモーバッハのアプタイキルヘ
（修道院聖堂）(1742-47) があり，これらのす

べてにおいてほかからの多くの助力を受けている.

ウェルズ, アーサー・ランダル Wells, Arthur Randall (1877-1942)

イギリスのアーツ・アンド・クラフツの建築家. ハーフォードシャー, ブロックハンプトンのレサビーによるオールセインツ礼拝堂の現場監督として, 先輩建築家から多くを吸収し, 自身の設計として, グロスターシャー, ケンブレイのセント・エドワード告解礼拝堂, セント・メアリー礼拝堂 (1902-03), さらに, 魅力的な十字架や洗練された調度品 (1904) を手がけた. 彼は E・S・プライアーが設計した, ノーフォーク, ホルト近郊のケリングにあるヴォーウッド (後にホーム・パレス) (1903-04) や, ダーラム区, サンダーランド, ロウカにあるセント・アンドリューズ (1906-07, おそらくアーツ・アンド・クラフツの最もすばらしい礼拝堂) を実施した. 両方ともコンクリート構造が使われており, 礼拝堂では鉄筋コンクリートを, 住宅ではコンクリート壁の表面を燧石 (ひうちいし) や煉瓦のようにみえる薄いタイルでおおった (仕上げとしてコンクリート型枠の木目をそのままにした部分は, 後に流行したブルータリズムよりはるかに早い). ほかに, ハートフォードシャー, レッチワース・ガーデン・シティの設計競技で当選案となった住宅もある.

ウェールズ・アーチ Welsh
⇨アーチ

ウェルス・コーツ, ウィンタミュート Wells Coates, Wintemute (1895-1958)
⇨コーツ, ウェルス・ウィンタミュート

ウェルズ, シモン・ド Wells, Simon de (1240-57 活躍)
⇨シモン・ド・ウェルズ

ウェルズ, ジョセフ・メリル Wells, Joseph Merrill (1890 没)
マッキム・ミード&ホワイト事務所の一員で, イタリアの盛期ルネサンス様式のリヴァイヴァルを 1879 年から事務所にもたらしたのは彼である. 初期の例としてニューヨーク市マ

ディソン街のヴィラード邸 (1882-85) やマサチューセッツ州ボストンの公共図書館 (1888-95) がある.

ウェルズの工匠 Wells, The Master of (1175 頃-1215 頃活躍)
⇨マスター・オヴ・ウェルズ

ウェルチ, エドワード Welch, Edward (1806-68)
⇨ハンサム, ジョゼフ・アロイシアス

ヴェルド, アンリ・クレマン・ヴァン・ド Velde, Henri (*or* Henry) van de (1863-1957)
⇨ヴァン・ド・ヴェルド, アンリ・クレマン

ウェルマーとニーラー whelmer and kneeler
前者はドリップストーン, 後者はその返しの部分 (リターン) を意味する.

ウェルミクラティオ vermiculation
〔虫食い装飾のこと〕虫が這った後のように, 不規則な浅い溝が施された表面の装飾. ⇨粗面仕上げ

ウェルム vallum
1. 防柵がめぐらされている, 土や石で築かれた城壁または防塁. たとえば, イングランド北部にあるハドリアヌス (ローマ皇帝 117-38) の城壁.
2. 駐屯地または要塞の周囲にめぐらせる壕を掘削する際に掘り出した土を用いて築かれた, 防柵を伴う古代ローマの土手.

ウェルム velum (*pl.* vela)
古代ローマの円形競技場などの天幕 (ウェラリウム) の 1 枚.

ヴェンチューリ, ロバート・チャールズ Venturi, Robert Charles (1925-2018)
アメリカの建築家. 1964 年にジョン・ローチ (John Rauch, 1930-2022) とともに自らの事務所を開設する. 事務所には, 1967 年にはヴェンチューリの妻であるデニス・スコット・ブラウン (1930-) が, その後にはスティーヴン・イゼノアー (Steven Izenour, 1940-2001) が加わる. ヴェンチューリの初期の建築には,

ペンシルバニア州チェスナットヒルの「母の家」(1961-65) がある. 1966 年に書かれた『建築の多様性と対立性 (*Complexity and Contradiction in Architecture*)』は, 曖昧さ, 緊張, そして入り組んだ複雑さがインターナショナル・スタイルの無個性に取って代わるべきだとする提案を行った (ミース・ファン・デル・ローエによる「レス・イズ・モア (少ないことはより豊かなことである)」という宣言を「レス・イズ・ボア (少ないことは退屈である)」と述べることで皮肉った). この書籍はヴェンチューリの名声を築くことになった. ヴェンチューリは, 建築における意味の源泉に注意を向け, 建築が引喩と象徴を扱うべきであると主張しており, 機能主義者の教義について批判的であった. そしてヴェンチューリは, 彼の妻およびアイゼナワーとともに『ラスベガス (*Learning from Las Vegas*)』(1972, 1977) を執筆する. この書籍は, 建築家は予定調和的な形態を公衆に押しつけるのではなく, アメリカ資本主義的なロードサイドの低俗さのように, 一般大衆に馴染みのある身近なものを使用するべきであると提案するものである.

ヴェンチューリらによる典型的な作品として, ペンシルバニア州フィラデルフィアの「ギルド・ハウス」(1960-64), パーチェスにあるニューヨーク州立大学の「ヒューマニティ・ビルディング」(1968-73), コネチカット州ニュー・ヘブンの「ディックスウェル消防署」(1970-74), フィラデルフィアの「フランクリン・コート」(1972-76), オハイオ州にあるオーバーリン・カレッジの「アレン・アート・ミュージアム」(1973-76), コネチカット州ベイルの「ブラント・ジョンソン邸」(1975-77), ニュージャージー州にあるプリンストン大学におけるバトラー・カレッジの「ゴードン・ウー・ホール」(1980-83), そしてワシントン州シアトルの「シアトル美術館」(1984-91) があげられる. また, 事務所は 1986 年にロンドンの「ナショナル・ギャラリー」におけるセインズベリー・ウィングの設計競技に勝利した (1991 年竣工). この建物は, トラファルガー広場に面するウィルキンズによる建築のかなり単調な立面における, 古典主義のオーダーが部分的に連続するものであった. スコット・ブラウンは, そのファサードを「コミュニケーションの一片」としてみなした. したがってそれは「都市的コミュニケーションの実験」として「機能的」なのである. ヴェンチューリらはラスベガスからヒントを得ることによって, とりわけアメリカでは人びとは, 小屋と紙のように薄い建築すなわち中に入っているものを広告する掲示板 (ビルボード) がつくり出す風景の中で暮らしていると指摘している. そのような意味で, セインズベリー・ウィングは「ポルトランド石で作られた掲示板」であり, 建物内部のことを外部に表出する言語としての建築なのである. ヴェンチューリらはポスト・モダニズムのレッテルを貼られて登場したにもかかわらず, 自分たち自身では, その運動に含まれることを激しく拒否している. とはいえ, 商業的ヴァナキュラーのテーマとして描かれる要素を含んだ折衷主義的な混合から先行事例を導いている. そして, たとえば, ハイテクは「脱工業化時代における工業的な建築言語」への回帰だと主張し, 彼ら自身の仕事を, 寛容的であり, 多元的であり, 独断的ではないものとして, 時代を最も代表するものであるとみなしている. 他の作品に, カリフォルニア州ラ・ホーヤのサンディエゴの「現代美術館」(1986-96) がある.

ヴェント vent

1. 新鮮な空気を入れ, 汚れた空気を排出する開口, 空気穴または通気孔.
2. 煙突の煙道. 排煙する管.
3. 金属窓の上部または下部にある, 蝶番で開閉する明かりとり.

ヴェンネコール, スティーヴン・ヤコブス Vennecool, Steven Jacobs (1657-1719)

オランダの建築家. エンクハウゼンの市庁舎 (1686-88) を無柱式で設計したが, これはオランダの 17 世紀末の建築としては最高のものの一つである. 堀から立ち上がるボロボロの基礎のあるミダフテンの領主館 (デ・スティーグ, 1695) も設計した.

ヴォイジー, チャールズ・フランシス・アネスリー Voysey, Charles Francis Annesley (1857-1941)

イギリスのアーツ・アンド・クラフツの建築家, デザイナーで, マックマードとモリスから影響を受けた. 1874 年, セドンの見習いとな

り，のちにデヴェイと仕事を行った後（1880），1882年に自らの事務所を設立した．そのときから第一次世界大戦まで，多くの中規模住宅を設計した．そのすべてが，素敵な立地，外観は形式ばらず非相称形で，小石打ち込み仕上げとなっている．さらにほとんどすべてに連続した格子状の窓が帯状につけられている．セットバックしたバットレス，大きく跳ね出した庇，急な勾配屋根は，しばしば彼による建物の特徴であり，16世紀，初期17世紀における土着的伝統，デヴェイのデザインに影響を受けている．ヴォイジーによる暖炉や，家具，詳細部分は，マックマードの影響を受け，マッキントッシュに先立つと考えられる．当時広く賞賛を受けたカントリーハウスには，ヘレフォードシャー，コルウォールにあるペリークロフト（1893-94），イングランド湖水地方の，ウェストミッドランド，ウィンダミアー近郊にある，ブロードレイズ（1898）とムーア・クラッグ（1898-1900），ノース・ルッフェンハムにあるザ・パスチュアーズ（1901）がある．チジックのベッドフォード・パーク，サウスパレード14番にあるフォースター・ハウス（1888-91，1894）は，いくらかアール・ヌーヴォー的だが，土着的な建築の格子窓とリージェンシーにおける金属屋根も使われている．アイルランドに建てた唯一の住宅，ベルファスト，マローン・ロード149番にある「ダラス」は，イングランドに設計した住宅に近いものだった．ヴォイジーのデザインは，『ザ・ストゥーディオ（The Studio）』誌やムテジウスの『英国の住宅（Das englische Haus）』（1904-05）で広範に知られるようになったが，イギリス国内では1920年代，30年代に無数に建設された投機的住宅にいたずらにコピーされる傾向にあった．ちなみに，1918年以降，ヴォイジーはそういうデザインをしていない．彼による最も興味深いデザインの1つは，チジックのサンダーソン・ウォールペーパー工場（1902）であり，頑丈な支柱と釉薬煉瓦の使用に特徴がある．ペヴスナーは，ハートフォードシャー，チョーリーウッドにあるジ・オーチャード（1899-1901）を非常に賞賛し，ヴォイジーの自邸である本作，そして，他の住宅作品にもみられる「無装飾の壁，水平に連続する窓」に，インターナショナル・モダニズムの先行例とした．（1924年にアート・ワーカーズ・ギルドのマスターに

なった）ヴォイジーに対して，ペヴスナーはモダン・デザインの「パイオニア」（1937）の立ち位置を与えた．とくに，ブロードレイズの作品に対しては，ヴォイジーが20世紀の「コンクリートとガラスの格子」へ「驚くほど近づいている」と指摘している．しかし，ヴォイジーは（ベイリー・スコットのように）そのような解釈をまったく意に介さず，ペヴスナーのばかげた主張に腹を立てた．ヴォイジーは，機械を使うこと（たとえば壁紙のデザインの印刷など）に対してまったく懸念はなかったが，インターナショナル・スタイルには反対で，それが長くは続かないこと，また，不信心な創造者に魂のこもった作品を生み出せるはずがないと主張した．

ウォーカー，ピーター　Walker, Peter（1932-）

アメリカのランドスケープ・アーキテクト．ササキのパートナーとなり（1957），カリフォルニア州ロスアルトスにある「フットヒル・カレッジ」（1957-60）やミシガン州カラマズーにある「アップジョン・カンパニー・オフィス」（1961-63）などのプロジェクトを進めた．そしてサンフランシスコにてササキ・ウォーカー・オフィスを率い（1975-83），カリフォルニア州オレンジカウンティの「サウスコースト・プラザ・タウンセンター」を担当した．また，マーサ・シュワルツ（1983-92）とともに，マサチューセッツ州ケンブリッジにあるハーヴァード大学の「タナー・ファウンテン」（1984-85）と，テキサス州ダラス近郊のサロナのウェストレイク／サウスレイクにあるIBMのためのランドスケープをデザインした（1984-89．レゴレッタによる建物がある）．日本の兵庫県では「播磨科学公園都市・先端科学技術センター」（1991-93）において磯崎新と協働している．また，メラニー・ルイーズ・シモ（Melanie Louise Simo, 1949）とともに『インヴィジブル・ガーデン（Invisible Gardens）』（1994）を執筆した．

ウォーカー，ラルフ・トーマス　Walker, Ralph Thomas（1889-1973）

アメリカの建築家．ニューヨーク市にあるバークレー－ヴィージー・テレフォン・ビルディング（1923-26），ウェスタン・ユニオン・ビルディング（1928-29），アーヴィング・トラス

ト・ビルディング（1928-32）など，セット
バックするアール・デコの摩天楼を手がけたこ
とで知られる．ニュージャージー州マレー・ヒ
ルのベル・テレフォン研究所（1937-49），イリ
ノイ州シカゴのアルゴンヌ国立研究所
（1950-52）など，斬新な発想で実験施設や科学
研究施設を手がけた．著書に『琥珀のハエ：建
築制作論（*The Fly in the Amber: Comments on
the Making of Architecture*）』（1957）がある．
第二次世界大戦後の業績については批判を受け
たものもあった．

ヴォークス，カルヴァート　Vaux, Calvert
（1824-95）
　ロンドン生まれのアメリカの建築家，ランド
スケープ・アーキテクト．ワシントン D.C.の
連邦議事堂やスミソニアン協会，ホワイト・ハ
ウスで A・J・ダウニングを補佐した
（1850-52）．1851 年にダウニングと共同事務所
を設立したが，52 年にダウニングが亡くなっ
たため長続きしなかった．その後，共同事務所
時代の住宅のデザインを集め（一部は F・C・
ウィザーズとともに実施した），『大邸宅と小住
宅（*Villas and Cottages*）』として出版した
（1857）（ダウニングのパターン・ブックの成功
により促されたものであろう）．そして同年，
ニューヨーク市のセントラル・パークの設計競
技に加わる準備のために共同設計を行うべく
F・L・オルムステッドに近づき，そして 1858
年には競技で勝利した．かれらの職業的共同関
係は 1872 年まで続いた．その計画は，イギリ
スのピクチャレスク様式のさまざまな要素とラ
ウドンやパクストン由来の考え方を組み合わ
せ，また独創的な点として車両と歩行者の分離
に取り組んだもので，大きな影響力をもった．
この成功に続いて，ヴォークスは景観設計でさ
らに計画に取り組み（パークウェイの概念を導
入したニューヨーク市ブルックリンのプロスペ
クト・パーク（1866-73）など），その間，イギ
リス生まれでオウエン・ジョーンズの弟子であ
るジェイコブ・レイ・モールドをアシスタント
とした．セントラル・パークのラスキン風ゴ
シックのテラス（1858-71）など，ヴォークス
の公園において建築的構造物の多くを設計した
のはモールドである．ヴォークスとモールドは
ニューヨーク市のメトロポリタン美術館
（1874-80）や自然史博物館（1874-77）をとも

に計画したが，いずれも一部しか実現しなかっ
た．ヴォークスの一番の偉業は景観設計であっ
たが（例：カナダ，オタワの国会議事堂の敷地
（1873-79）），熟練した住宅建築家でもあった．
彼はのちにナショナル・アーツ・クラブになる
ゴシック・リヴァイヴァルによるニューヨーク
市のティルデン邸（1881-84）を設計した．その
弟子として，息子のダウニング・ヴォークス
（Downing Vaux, 1856-1926）がいる．

ウォーター・ウォール　water-wall
　いわゆる落水による「カーテン」または「シ
ート」．20 世紀のランドスケープ・デザインに
おいて一般的に用いられた．

ウォーター・ショット　water-shot
　水が入り込みにくいように勾配をつけて石を
積んだ，モルタルを用いない乾式の石造壁．こ
の形式の壁がよくみられるイギリス湖水地方で
は，材料にスレートを用いることが多い．

ウォーター・テーブル　water-table
　〔雨押さえのこと〕プリンス，バットレス，
オフ・セットなどの突出部上側の傾斜した表
面．ウェザリング（水垂れ）とも呼ばれる．

ウォーターハウス，アルフレッド
Waterhouse, Alfred（1830-1905）
　イングランドの建築家．合理的計画の熟達者
で，いくつかの重要な世俗建築で名声を築い
た．最初のゴシック・リヴァイヴァルのマン
チェスターの巡回裁判所（現存せず）は
1858-59 年の設計競技で勝ちとったもので，ラ
スキンの賞賛を得た．惜しくも勝利を逃したロ
ンドンの王立裁判所（1866-67，この建物はス
トリートの設計で建設された）および見事に計
画されたゴシック・リヴァイヴァルのマンチェ
スターのタウン・ホールの設計競技（1867-68）
で勝利したことにより，地位を確立した．ウォ
ーターハウスは数多くの大学の建物を設計し
た．たとえばオックスフォードのベリオール・
カレッジの学寮長宿舎およびブロード・ストリ
ート側の建物（1866-69，ゴシック・リヴァイ
ヴァル），ケンブリッジのゴンヴィル＆キー
ズ・カレッジのフレンチ・ルネサンス・リヴァ
イヴァルのツリー・コート（1868-70），ゴシッ
ク様式のマンチェスターのオーウェン・カレッ

ジ（現ユニヴァーシティ・カレッジ）（1869-88）である．実験的なことに興味をもち，堅いテラコッタ，煉瓦，ファイアンス焼きなどを使った．たとえばロンドンの自然史博物館（1873-81，ドイツ，とくにラインラントのロマネスク建築に影響を受けたもの），ロンドンのホルボーンのゴシック様式のプルデンシャル保険会社ビル（1878-1906），ハムステッドのリンドハースト・ロードの自由なルントボーゲンシュティールの組合会衆派の聖堂（1883），ロンドンのメイフェアのデューク・ストリートの王室度量衡局（1889-91）を設計した．ロンドンのナショナル・リベラル・クラブ（1885-87）はロマネスクとイタリアおよびフランスのルネサンス様式が混合したもので，当時，自由党内部で本質的に異なる意見がポプリのように混ぜ合わされた落ちつかない様子が反映されているといわれた．チェシャーの壮観なイートン・ホール（1870-83）はウェストミンスター公爵の居宅で1961年に取り壊されたが，彼の手がけた最も大きいカントリー・ハウスだった．また，ハンプシャーのブラックムーアにチューダー・リヴァイヴァルのブラックムーア・ハウスおよびゴシック・リヴァイヴァルの聖堂を設計した（1868-72）．息子のポール（Paul, 1861-1924）は彼のもとで学び，1891年に共同経営者となった．父の手がけたロンドンのガワー・ストリートのユニヴァーシティ・カレッジ病院を完成させ，医学校および看護婦棟を増築した（1905）．ポール・ウォーターハウスの他の仕事にはマンチェスター大学のウィトワース・ホール（1902），リーズ大学のカレッジ・ロードの新しい建物（1907-08）がある．ポール・ウォーターハウスの実務は息子のマイケル（Michael, 1889-1968）に引き継がれた．

ウォーター・ホールディング・ベース water-holding base

初期ゴシックのピアまたはコロネットの柱礎で，上部の二つの丸刳形の間に，あたかも水を溜めることができるようなくぼんだ溝をもつもの（実際には水溜めではない）．

ウォーター・リーフ water-leaf
⇨水葉形装飾

ウォッチング・チェンバー，ウォッチング・ロ

フト watching-chamber or -loft

1. キリスト教の聖堂内で，修道士が聖なる聖遺物箱を見張るための，高い位置にあるギャラリー．ハートフォードシャーのセント・オールバン大聖堂には美しい木製のものが現存（15世紀初頭）．

2. 修道士に典礼への召集を呼びかける場所．正しくはエクスクビトリウム（excubitorium）（ラテン語）という．

ウォットン，サー・ヘンリー Wotton, Sir Henry (1568-1639)

イングランドの外交官，収集家，著述家．駐ヴェネツィア・イングランド大使（1604-12, 1616-19, 1621-24）として，芸術品を購入し優れた建築に精通するにはよい立場にあった．1624年に出された『建築の基本構成（*The Elements of Architecture*）』は，アルベルティとウィトルウィウスから学んだ成果で，「優れた建築」の「三つの条件」を，「利便性，堅牢さ，快適さ」としたとしてよく知られる（見解自体がウィトルウィウスからの引用である）．またローマのコリント式オーダーを「高級売春婦のようにみだりに飾り立てた柱」として記述した．それは英語で書かれた初めての建築書であり，ジョーンズやプラットのような建築家になんらかの影響を及ぼしたとみられる．彼がパッラーディオを賞賛したことで，この本はバーリントン卿とそれをとり巻く人びとの中では評判がよかった．

ヴォティエ，ルイ・レジェ Vauthier, Louis-Léger (1815-1901)

フランスの建築家・技師．1840年にブラジルのレシフェに移住し，都市拡張計画を立てただけでなく，サンタ・イザベル劇場（1840-46）などの建物も設計した．1846年にパリに戻った．

ウォード ward

1. 城塞において，城壁や塔などで守られたベイリー，すなわち，郭（くるわ）のこと．

2. 監獄や病院内の大規模アパートメント〔ひとまとまりの部屋群〕のこと．

ヴォドルメール，ジョゼフ＝オーギュスト＝エミ

ル Vaudremer, Joseph-Auguste-Émile

(1829-1914)

フランスの建築家. ブルーエとジルベールのアトリエで学び, バルタールとデュパンと共働し, パリの13区・14区の建築家に任命される. ブルーエの合理的な手法でパリのサンテ・ガオ (1862-85) を設計したが, 彼の傑作は自由にロマネスクを復活させたパリのヴィクトル・バッシュ広場に面する力強いサン・ピエール・ド・モンルージュ聖堂 (1864-72) である. その存在感と威厳によってH・H・リチャードソンに影響を与えたと考えられる. またパリのオトゥイユ広場のノートル・ダム・ドトゥイユ聖堂 (1876-80) を, おそらくアバディの作品に影響された石造ヴォールトで設計している. パリのアヴニュ・ルドリュ・ロランにあるサンタントワーヌ・デ・カンズ・ヴァン (1901-03) は, 非対称の構成によりいくばくかの独創性を示している.

ヴォドワイエ, アントワーヌ=ロラン=トマ Vaudoyer, Antoine-Laurent-Thomas (1756-1846)

フランスの建築家. A・F・ペールに師事. 彼の初期の計画案には, 18世紀後半のフランス新古典主義の特徴である立体幾何学的な純粋性への関心が認められる. おそらくルドゥーの先駆的な作品とブレの影響と思われる. 1793年に, L・P・バルタールとJ・D・ルロワとともに, 後年エコール・デ・ボザール (美術学校) へと発展する建築学校を設立する. 影響力のある重要な教師であり, 1838年にはパリのサン・マルタン・デ・シャン小修道院の, コンセルヴァトワール・デ・アールゼメチエ (国立工芸院) への改修に着手した. バルタールらとアカデミーのグランプリ受賞作品の出版を手がけ (1806-34), また, 自身も数多く出版した.

ヴォドワイエ, レオン Vaudoyer, Léon (1803-72)

フランスの建築家. A・L・T・ヴォドワイエの息子. デュパン, デュク, ラブルーストとともに, 1830年の建築サークルの先導者となる. 代表作はパリのコンセルヴァトワール・デ・アールゼメチエ (1845-72) で, 古代ギリシア・ローマ様式とルネサンス様式を総合し, 継承されていたゴシックの制作物を数多く修復した (サン・マルタン・デ・シャのコンセル

ヴァトワールへの改修は父によって着手され, ガブリエル・オーギュスト・アンスレ (Gabriel-Auguste Ancelet, 1829-95) によって完成された). 理想的な古代ギリシアの古典を中心として南ヨーロッパのあらゆる建築が派生したと考えており, 自分自身の設計においても, 近代にふさわしいさらなる変化を表現しようとした. マルセイユのサント・マリ・マジュー大聖堂(1855-72)では, ビザンティン・ロマネスクのバシリカに, シエナ大聖堂を思わせるポリクロームの縞模様が施されており, 様式的な効果の重合がなされている (この建物はジャック・アンリ・エスペランデュ (Jacques-Henry Espérandieu, 1829-1917), アンリ・アントワーヌ・レヴォワ (Henri-Antoine Révoil, 1820-1900), そして息子のアルフレッド・ランベール・ヴォドワイエ (Alfred Lambert Vaudoyer, 1846-1917) らによって完成された). その他の設計には, パリ, ペール・ラシェーズ墓地の優雅な古代ギリシア・ドリス式のモニュメントであるマクシミリアン・セバスティアン・フォワ元帥 (Général Maximilien-Sébastien Foy, 1775-1825) の追悼記念碑 (1825-32), 同じくパリのモンパルナス墓地のヴォドワイエの廟堂 (1846) がある. 出版においても重要な作品を残しており, 中でもルドゥーについてバランスよく論じた1850年代の論考では, 「語る建築」(用途を表現している建築) について論じた.

ヴォーバン元帥, セバスティアン・ル・プレストル Vauban, Sébastien le Prestre, Maréchal de (1633-1707)

フランス陸軍工兵 (軍事技師), 建築家, 都市計画家. 120以上の要塞設計を手がけたといわれており, フランスの国境地帯をリール (1668-74), モブージュ (1678-81) やヌフ・ブリザック (1698-1708) をはじめとする一連の強力な要害で防備した. サールルイ (1681-83), ロングウィ (1679以降) やヌフ・ブリザック (1689-99) のようないくつかの新たな町の計画立案を手がけ, 規則的な幾何学的配置計画を採用した. また, リールのバロック的で戦利品装飾を施されたポルト・ド・パリ (パリ門) (1668-70), モブージュの量感豊かで荘厳なポルト・ド・モンス (モンス門) (1681) などのいくつかの記念碑的な門も設計してい

る．著書として『攻囲戦指揮指導に供するための覚書（*Mémoire pour servir à l'instruction dans la conduite des sièges*）』（1669 年に執筆され 1740 年に出版された．明らかに他人の手になる要塞防衛についての覚書が付されている）（1667-72），『拠点攻撃概論（*Traité de l'attaque des places*）』（1737），『拠点防衛について（*De la défense des places*）』（1828-29 年に『攻撃概論（*Traité de l'attaque*）』とともに出版された），『よき築城化のための真の方法（*Véritable manière de bien fortifier*）』（1702），『多くのよき指針（*Plusieurs maximes bonnes*）』（建築物についての概論）などがあり，また，もっと公平なフランスの税制も提案したが（『王室十分の一税計画（*Projet d'une dixme royale*）』，1707），ただちに禁書となっている．ヴェルサイユに給水するためのマントノン水道橋（1684-85）も設計した．

ウォーラス，ウィリアム　Wallace, William（1631 没）

スコットランドの建築家．1617 年以降，没するまで，スコットランド王のマスター・メーソンを務め，エディンバラ・カースルのキングズ・ロッジングズ（1615-17），ウェスト・ロシアンのリンリスゴー・パレスの北部分（1618-21），スターリング・カースルの一部などの仕事に携わった．ウォーラスは，アングロ・フレミッシュ・マニエリスム装飾をもつ印象的な作品であるエディンバラのヘリオッツ・ホスピタル（1623-59）を手がけ，まさにスコットランドにこの様式を導入した主要な人物であった．他の設計として，イースト・ロシアンのウィントウン・カースル（1620 頃-30）や，ストラップワークを豊富に用いたエディンバラのグレイフライアーズ墓地のジョン・バイズ・オヴ・コーツ（John Byres of Coates, 1629 没）追悼記念碑などがあげられる．

ウォリス，トーマス　Wallis, Thomas（1873-1953）

イギリスの建築家．シドニー・ロバート・ジェームズ・スミス（Sidney Robert James Smith, 1858-1913）のもとで修業し，その際，ロンドンのテート・ギャラリー（1892-1913）を設計したが，一般に本作はスミスによるものとされている．彼自身のデザインには，ハーン・ヒル公共図書館設計競技当選案（1904）があり，1908 年にジェームズ・アルバート・ボーデン（James Albert Bowden, 1876-1949）と事務所を設立した．ウォリスの着実な仕事ぶり（いくつかの作品は知られていた）が功を奏し，アメリカのカーン家の注目を引くことになった．モーリッツ・カーン（Moritz Kahn, 1881-1939 頃）は，1909 年にイギリスにおいて，トラスド・コンクリート・スティール社を設立し，カーン・トラスコン・システムを使った鉄筋コンクリート構造を展開していたが，その可能性を理解して工場建築を設計するイギリスの建築家を求めていた．ウォリスは，これをチャンスと考え，1914 年に新しい事務所である，ウィリス，ギルバート・アンド・パートナーズを設立した．ギルバートの存在は不明だが，後に息子のダグラス・T・ウォリス（Douglas T. Wallis, 1901-68），J・W・マグレガー（J. W. MacGregor, 1944 死去）が加わる．当初から事務所は，工場建築の設計を行い，魅力的で彩色豊かな正面（ウォリスは建物を製品販売の広告として考えた），その背後の作業空間にアルバート・カーンとその家族によって開発された構造システムを使った．さらに，彼らによる工場と事務所は，室内環境を制御する先駆的事例であり，労働環境への配慮があった．ウォリス，ギルバート・アンド・パートナーズは，当時イギリスにおいて，最も成功した建築事務所として，明るく清潔で，照明や設備が整った工場建築をつくった．実作はロンドンを中心に，レイトンのカリボナム工場（1918），メリルボーン・ロードにあるソレックス工場（1925），ウェンブレーのリグレー工場（1926），ミドルセックス，ブレントフォードにあるファイアーストーン・タイヤ工場（1928-29, 1980 解体），ウェスタン・アヴェニュー，ピレン工場（1930）がある．ウェスタン・アヴェニューのペリヴェイルにあるフーバー工場（1931-38，ペヴスナーはそれを「攻撃的」として嫌った）は，彩色豊かでみごとなエジプト風アール・デコを用いた近代的デザインである．ほかには，ヨークシャー，ドンカスターのブリティッシュ・ベンベルグ工場（1931），ロンドン，ハーブランド・ストリートのダイムラー・ハイアー・ガレージ（1931），ロンドン，ヴィクトリア・コーチ・ステーション（1931-32），バッキンガムシャーのアマーシャム，ハートフォード

シャーのヘンメルハムステッドとハートフォード，バークシャーのレイゲートとサリーとウィンザーにある小規模のコーチ・ステーションがある．

ヴォリュート，渦巻装飾 volute
らせん状の渦巻装飾で，通常，イオニア式の柱頭の場合には4カ所あり，アンギュラー・キャピタルとコンポジット式柱頭の場合には8カ所備わる．コリント式柱頭に載る小さなタイプのものはしばしばヘリクス（ギリシア語でねじれの意）とも呼ばれる．また，アンコン（ギリシア語），コンソール，モディリオンの特徴的な要素で，イオニア式柱頭のように，巻き上げられたマットレスのような形をしている．

ヴォリュメトリック・ビルディング volumetric building
工場で建造したプレファブ建築のことで，敷地に全体を移した後，現場で基礎と付帯設備に連結される．

ヴォー，ルイ・ル Vau, Louis Le（1612-70）
⇨ル・ヴォー，ルイ

ウォルヴェストン，リシャール・ド・ Wolveston, Richard de（1170-82頃没・活躍）
⇨リシャール・ド・ウォルヴェストン

ウォール・ガーデン wall-garden
ジョイント部分や，それ用に特別につくられたくぼみ，ニッチなどから，植物が育つようになっている壁面．

ウォール・コーピング wall-coping
⇨コープ，コーピング

ウォール・コラム wall-column
エンゲージ・コラム（壁中コラム）のこと．

ウォール・シャフト wall-shaft
コロネット，あるいはエンゲージ・コラムのような，ゴシック建築のピアの突出した部分のこと．ヴォールトがそこから立ち上がる．

ウォールシンガム，アラン・オヴ Walsingham, Alan of（活躍1314-64没）

イーリ大聖堂（ケンブリッジシャー）の聖具室係．1321年からその地位にあり，その期間中に，大聖堂の中央塔が倒壊（1322）して，その後，すばらしい第2尖頭式の聖母礼拝堂（1321-49，16世紀の偶像破壊以前のイングランドで最も魅力的なゴシック様式の集合体の一つに違いない）や，交差部上部のオクタゴン（八角形平面の塔）とランタン（1322-42）が建設されている．オクタゴンのデザインの源はウォールシンガムによるものと思われ，その建設はイーリの石工ジョン・ザ・メーソン（John the Mason，ケメンタリウス，1322-26活躍）とジョン・エイト・グレン（John atte Grene, 1334以降活躍，1350没）によってなされ，木造の上部構造（1334-50）はウィリアム・ハーリーが担当した．

ウォルター・オヴ・カンタベリー，ウォルター（カンタベリーの） Walter of Canterbury（1319-27活躍）
石工棟梁．ロンドン塔の裏切り者の門（1324-25）両側の外城壁を再建した．同じ頃，ウェストミンスター宮殿のセント・スティーヴンズ礼拝堂の下層部の工事を行い，おそらくヴォールトと窓トレーサリーを設計した（1327完成）．最もすぐれた作品は，ウェストミンスター・アビーのアイマー・ド・ヴァランス（1323没）の墓である．

ウォルターズ，エドワード Walters, Edward（1808-72）
イングランドの建築家．1832年から1837年までジョン・レニーの手がける軍施設の監督としてコンスタンティノーブルに滞在し，その後イングランドに戻ってマンチェスターで1839年から実務を始めた．その年，マンチェスターのモーズリー・ストリート15番地の大規模商店の設計をし，すぐにサイラス・シュワーベ商店（1845，現存せず），ポートランド・ストリート9番地のブラウン＆サンズ商店（1851-52，現存せず），そしてフリー・トレード・ホール（1855，ペヴスナーはチンクエチェント様式（16世紀イタリアの様式）の中で最も気品のある記念碑的作品だと述べていたが，2004年にその場所にホテルが完成したときにはファサードのみが残された）が続いた．これらはすべてイタリア・ルネサンス復興様式で

あった．おそらく最も完成度の高い作品はモーズリー・ストリートのマンチェスター＆サルフォード（のちのウィリアム・ディーコン）銀行（1860）であろう．これは自信に満ちたパラッツォである．彼は当時この地域で活躍した最もすぐれた建築家の１人だった．

ウォルター，トーマス・ユースティック
Walter, Thomas Ustick（1804-87）

ドイツ系のアメリカの建築家．ストリックランドとジョン・ハヴィランドの弟子であり，1831年から独立して，ゴシック様式のモヤメンシング監獄（フィラデルフィア郡立監獄，現存せず）を建て，そしてペリプテラルの神殿のようなフィラデルフィアのジラルド孤児大学（1833-48）で名声を確立した．それはパリのマドレーヌ聖堂に着想を得，アテネのリューシクラテース記念碑の合唱競技記念碑（前334）におけるコリント式オーダーを用いているが，アメリカ合衆国におけるギリシア・リヴァイヴァルの最良の記念碑の一つである．その後ウォルターは膨大な数の建物を多様な様式で設計し，その中にはハヴィランドによるトレントンのニュー・ジャージー州刑務所（1833-36）に影響されたモヤメンシングのエジプト・リヴァイヴァルの債務者監獄（1836，現存せず）などがある．またジョン・ジェイ・スミス（John Jay Smith, 1798-1881）とともに『金属と石材を扱う作業員のための手引き（*Guide to Workers in Metal and Stone*）』と『小住宅と大邸宅のデザイン200（*Two Hundred Designs of Cottages and Villas*）』（いずれも1846）を発表した．1850年にワシントンD.C.の国会議事堂の増築のためのデザインを用意し，65年までその建物にとり組んだ．最大の貢献は，両翼の部分と（（1857完成，公開）モンフェラン設計によるロシア，サンクト・ペテルブルクの聖イサアク大聖堂に影響を受けた）鋳鉄の骨組みの上の美しいドームである．この件ではオーガスト・ゴットリーブ・シェーンボーン（August Gottlieb Schoenborn, 1850-65頃活躍）が助手を務めており，またモンゴメリー・C・メイグズ（Montgomery C. Meigs, 1816-92）も技術責任者としてかかわっていて，後者は1858年にウォルターの権限に対して公然と異議を申し立てた．ウォルターは，ワシントン滞在中，財務省庁舎（1852）や特許庁（1850），郵政省庁舎（1856），そして精神病院（1852）までその仕事を広げた．フロリダ州ペンサコラ（1857）とニューヨーク市ブルックリン（1858-59）の海兵隊兵舎も彼の手によるものである．倹約的なアメリカ合衆国政府は，この最後にあげた作品に対してウォルターやその相続人に支払いを行っておらず，ウォルターは窮乏の中で亡くなった．

ヴォールト　vault

1. 幅よりも奥行が深いアーチ．すなわち，ある空間を覆う奥行きが長いアーチ，あるいはさまざまな曲面部材の組合せによって構成された構造体．煉瓦，コンクリート，石材などで建設され，また時にプラスターと木材で建設されて石材のような重い部材でつくられているようにみせかけることもある．これは本来，ある空間を覆う天井であるが，屋根にもなりうるし，また屋根や床を支えることもある．アーチと同様に，石材やその他の部材は，互いに支え合うように適切な位置に配置されるように建設される．ヴォールトやヴーシュール（フランス語）に覆われた空間のことは「ヴォールトが架けられた（vaulted）」といい，天井としてヴォールトのシステムが用いられる場合には「ヴォールトを架ける（vaulting）」という．ヴォールトの1区画（ベイ）は横断アーチによって定められる．

ヴォールトの形式には以下のものがある．

アニュラー・ヴォールト，環状ヴォールト：2枚の同心円状の壁の間に立ち上がるバレル・ヴォールト．アニュラーを参照．

クロイスター・ヴォールト：ドミカル・ヴォールトを参照．

グローイン・ヴォールト：二つの同一なバレル・ヴォールトが90°に交差して形成されるもので（クロス・ヴォールトとも呼ばれる），交差するところにグローイン（穹稜）がつくり出される（図を参照）．

クロス・ヴォールト，交差ヴォールト：グローイン・ヴォールトを参照．

サーベース・ヴォールト：半円形よりも短い（すなわち円弧となる）断面をもつもの．

サーマウント・ヴォールト：半円形よりも長い断面をもつもの．

3分ヴォールト：三角形平面で3部分に分割されるもの．

シェル・ヴォールト： 薄く，自立する構造体．シェル．

4分ヴォールト： 一つのベイが対角線アーチと横断アーチによって四つのセル，あるいはウェブに分割されているもの．

上心ヴォールト，スティルテッド・ヴォールト： プラウシェア・ヴォールトを参照．

シリンドリカル・ヴォールト，半円筒形ヴォールト： バレル・ヴォールトを参照．

スタラクタイト・ヴォールト： スタラクタイトを参照．

ステラ・ヴォールト，星形ヴォールト： リエルヌ（リブとリブをつなぐリブ）とティエルスロン（主要な起拱点から立ち上がったリブがリブの尾根にまで達するもの）によって，リブが星形のパターンを形成するもの．

セール・ヴォールト： ドームを参照．

ティエルスロン・ヴォールト： ステラ・ヴォールトを参照．

ドミカル・ヴォールト： 多角形ないし正方形平面の基部から立ち上がり，真正なドームではない．複数の曲面（（セルあるいはセヴリ，ウェブ）が正確な稜線（グローイン）で出会う．（アメリカでは）クロイスター・ヴォールトとも呼ぶ．

トランペット・ヴォールト： ファン・ヴォールトの中で，トランペットのベルのような形をした部分．

トレーサリー・ヴォールト： ブラインド・トレーサリーで覆われるもの（ファン・ヴォールトなど）．

トンネル・ヴォールト： バレル・ヴォールトを参照．

ネット・ヴォールト，網状ヴォールト： リブが歪んだ菱形のネット（網）を形成し，ヴォールトのすべての面を覆い尽くしていくもの．中央ヨーロッパの末期ゴシックで一般的．

ハイパボリック・パラボロイド・ヴォールト： ハイパボリック・パラボラを参照．

パラボリック・ヴォールト： 円錐形をその表面の角度に平行になるように切断した時に現れてくるような放物線状の断面をもつヴォールトで，一般に鉄筋コンクリートの軽量のシェル構造で建設される．

バレル・ヴォールト，シリンドリカル・ヴォールト，トンネル・ヴォールト，ワゴン・ヴォールト： 最も単純な種類のヴォールトで，半円筒形で実際にアーチを引き延ばしたか連続させたようにみえるもので（すなわち断面は半円形になり，凹型のソフィットが均一に続く），平行な壁あるいは壁の代わりとなる支持部材の上に架構された．断面が円弧の一部となる場合や楕円形の半分となる場合もある．

ハンカチーフ・ヴォールト： セール・ドームと同様．ドームを参照．

ファン・ヴォールト： 末期ゴシックの垂直式の形態で，（後世には広く模倣されたが）中世を通じてイングランドでしか知られていない．反転した半円錐形，あるいは（トランペットのベルの部分のような）漏斗の凹面側の形状で構成される．その縁線はヴォールトの頂点まで達し，その目にみえる表面は柱頭，もしくはコーベルから立ち上がり，扇の折り目のように分岐しながら歪んだ円錐形の表面全体を覆い尽くすブラインド・パネル・トレーサリーとなる．円を描く扇の頂部の間に平坦な菱形をつくり出す．ケンブリッジのキングズ・カレッジ・チャペル（王の参事会礼拝堂，1508-15）では，歪んだ菱形の中央から巨大なボス（鋲形装飾）のペンダント装飾が垂れ下がっており，ウェストミンスター・アビーのヘンリー7世礼拝堂（1503-12頃，厳密に言えば，このみごとなファンタジーによってファン・ヴォールトのようにみせているが，実際にはこのリブは装飾的に用いられており，本質的にはグローイン・ヴォールトである）では，この歪んだ菱形はブラインド・パネル・トレーサリーで覆われ，それぞれの円錐形の頂点，および菱形の中心からペンダント装飾が垂れ下がっている．

プラウシェア・ヴォールト： 対角線アーチよりも高い点から立ち上がる壁付きアーチで（そのため上心ヴォールトとも呼ばれる），これによりクリアストーリーの高窓からさらに多くの光を取り入れることが可能となり，また，そのために歪んだりねじれたりしている．

ランパント・ヴォールト： バレル・ヴォールトで，一方の起拱線が，他方の起拱線より高くなっているもの．

リエルヌ・ヴォールト： リブ（ターシャリー，もしくはリエルヌ）を用いるヴォールトで，そのリブが主たる起拱点から立ち上がるのでなく，枝分かれしてリブとリブをつなぐもの．一般に，集まったところにボスが形成される．

ウオルト

リブ・ヴォールト： リブがウェブを枠取り，またグローイン（穹稜）を覆い隠しているもの．
6分ヴォールト： 4分ヴォールトに似ているが，もう一つ余分な横断アーチによって分割されているために，セルが4分割でなく6分割となっているもの．
ワゴン・ヴォールト： バレル・ヴォールトを参照．
2．ヴォールトで覆われた（どんな種類でもよい），部屋または囲われた空間．
3．頑丈な場所，あるいは安全な場所．
4．ヴォールト架構されているかいないかにかかわらず，納骨堂あるいはクリプト．
5．地下貯蔵庫．

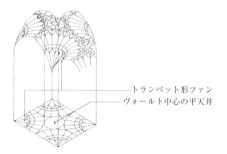

垂直式ファン・ヴォールト．

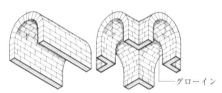

アニュラーあるいは　グローイン・ヴォー
バレル・ヴォールト　ルト（JJSによる）．
（JJSによる）．

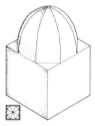

ドミカル・ヴォールト．四隅の上の部材は通常，スクウィンチの上に載る．

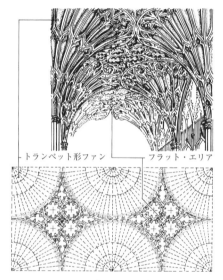

ファン・ヴォールト（グロスター大聖堂のクロイスター（回廊）（14世紀後半））．

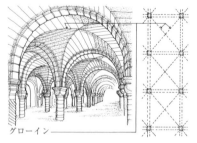

ロマネスクのグローイン・ヴォールト（カンタベリー大聖堂のクリプト（地下聖堂）（11世紀後半））．

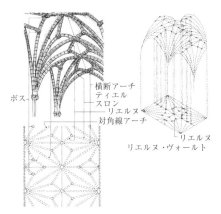

リエヌ・ヴォールト．　第2尖頭式リエヌ・ヴォールト（ブリストル大聖堂（14世紀））．

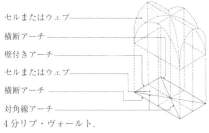

4分リブ・ヴォールト．

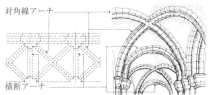

ロマネスクのリブ・ヴォールト（ピーターバラ大聖堂のアイル（側廊）（12世紀中葉））．

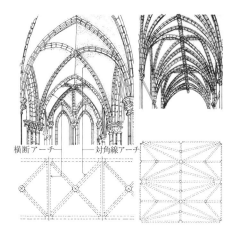

（左）第1尖頭式リブ・ヴォールト（ソールスベリー大聖堂（13世紀））．
（右）中継ぎリブのある第1尖頭式リブ・ヴォールト（ウェストミンスター寺院（13世紀））．

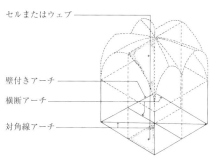

6分リブ・ヴォールト．

拱点で支える細い柱身またはコロネット．床面から立ち上がる場合もあれば，建物の持ち送りから立ち上がる場合もある．

ヴォールト架構　vaulting
　⇨ヴォールト

ヴォールト・セル　vaulting-cell
　ヴォールトのリブによって枠組みされた面またはウェブ．

ヴォールト柱身　vaulting shaft
　ヴォールト，リブまたは複数のリブの束を起

ヴォールト柱頭　vaulting capital
　ヴォールトやリブが起拱する，ピアやコロネット（またはコーベル（持ち送り））の柱頭．

ウォール・ドック　wall-dock
　煉瓦と同じ寸法の，壁体に挿し込まれた木材．

ヴォールト陶器，ヴォールトに埋設された陶器
vaulting pottery

ウオルトマ

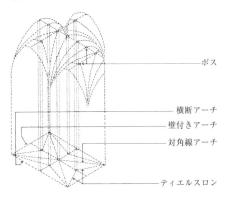

ボス
横断アーチ
壁付きアーチ
対角線アーチ
ティエルスロン

ボスを伴ったステラまたはティエルスロン・リブ・ヴォールト.

⇨アコースティック・ヴェース

ウォール・ドーマー wall-dormer

リュカルヌ〔仏語で屋根窓の意〕の一種で，外壁面がその下にある建物本体のむき出し壁面と連続した面をなす.

ウォールトン，ウォルターまたはワトキン Walton, Walter *or* Watkin（活躍1381-1418没）

イングランドの石工．ウェストミンスター・ホールの再建（1394-95）において，イェヴェリーの代理をつとめた．1396年からはハンプシャーのポーチェスター・カースルではたらき，おそらくサセックスのチチェスター大聖堂のパルピタムとクロイスターを設計した（1400頃-10）．また，チチェスター大聖堂の独立して建つ鐘塔を手がけた．1397年にはイングランドの王営繕局のすべての石切職人や石工のトップであるチーフ・サーヴェイヤーとなった．

ウォール・ピア wall-pier

ヴァントプファイラーのこと.

ウォール・ピース wall-piece

1．敷桁のこと．パン・ピース，レージング・ピースともいう.

2．壁の形状に合わせて画像が描かれた壁画，またはフレスコ.

ヴォルフ，ヤコプ父 Wolff, Jakob, the Elder
(1546-1612)

ドイツの建築家，棟梁．代表作は，ニュルンベルクにて設計・建設したものだが，すでにバンベルク大聖堂にて棟梁としての活動を始めていたようである（1572年の記録による）．ヴュルツブルクの高台にある城塞マリエンベルクの改築および増築を実行し（1600-07），二つのウィングを連結させて，巨大な宮廷を建設した．ピーター・カール（Peter Carl）とともに建設し，ニュルンベルクにある卓越したペラーハウス（1602-07）は，ヴェネツィアの作例にインスピレーションを得て建てられた．ルネサンス様式の粗面仕上げのファサードをもつ作品で，精巧な3層の破風を備えたものであった．内部の内庭ではアーケードが連なり，ルネサンス様式で贅沢なまでに飾られていた．ペラーハウスは第二次世界大戦で損害を受けたが，しかし一部が再建された．ヴォルフの息子であるヤコプ息子（Jakob the Younger, 1571-1620）は，イタリアを遍歴し（17世紀初頭），イタリアのルネサンス建築の知識を得て，これをニュルンベルクのラートハウス（市庁舎）において，三つの豪奢な扉口を備えた長いファサードなどの拡張工事に用いた（1616-20）．ヤコプ息子の没後は，その兄弟であるハンス（Hans, 1612-22活躍）がこれを完成に至らしめた．市庁舎は第二次世界大戦で崩壊し，その後再建された．

ウォール・プレス wall-press

壁体のくぼみにはめ込んでつくられた収納棚や戸棚.

ウォール・ベース wall-base

プリンス（ギリシア語），幅木，またはソクルス（ラテン語）のこと.

ウォルポール，ホレス・ウィリアム，第4代オーフォード伯爵 Walpole, Horace William, 4th Earl of Orford（1717-97）

イングランドの美術愛好家にして才人．建築において重要なのは，彼がミドルセックスのトゥイッケナムにストロウベリ・ヒル（1750より）を建てたことである．これはゴシック・リヴァイヴァルの最初の重要な建物の1つであり，『ストロウベリ・ヒルにおけるホレス・ウォルポールのヴィラの記述（*A Description of the Villa of Horace Walpole at Strawberry Hill)*』(1774, 1778) にて宣伝された. この非対称の邸宅はピクチャレスクな構成の先例となった. ロマン主義初期の作品である「ゴシック・ロマンス」の『オトラント城奇譚(*The Castle of Otranto)*』(1764) を出版すると, ゴシックはたちまち流行となった. 彼は『イングランドの絵画の逸話(*Anecdotes of Painting in England)*』(1762-71) において建築に関する手記を書いており, ジェームズ・エセックスの研究を奨励することで中世建築の研究を促進した.

ヴォールムート, ボニファツ Wohlmut, Bonifaz (1522-79 没・活躍)
⇨ステッラ, パオロ・デラ

ウォール・リブ wall-rib
〔壁中アーチの意〕ゴシックのフォルムレ (仏語), すなわち, 一つのヴォールトが架かる区画(ベイ)の外壁面とヴォールト面との境目につくられたリブのこと.

ウォレン&ウェットモア Warren & Wetmore
アメリカ, ニューヨーク市で成功した建築事務所. ホイットニー・ウォレン (Whitney Warren, 1864-1943) とチャールズ・D・ウェットモア (Charles D. Wetmore, 1866-1941) により設立され, 1890 年代から 1930 年頃まで実務を行っていた. ウォレンはパリのボザールで教育を受けており, ニューヨーク・ヨット・クラブ (1898-99) やニューヨーク市のグランド・セントラル・ターミナル (1903-13. チャールズ・A・リード (Charles A. Reed, 1858-1911) とアレン・H・ステム (Allen H. Stem, 1856-1931) と協働) にそれがよく現れている. その他の作品として, マディソン街と 43 丁目の角にあるビルトモア・ホテル (1914) やマディソン街 200 番地のマーシャル・フィールド・ビルディング (1920), 同じくマディソン街のエキタブル・トラスト・ビルディング (1918), ホノルルのロイヤル・ハワイアン・ホテル (1927), ベルギー, ルーベンの大学図書館の再建(第一次世界大戦でドイツにより破壊されたもの)などがあげられる.

ウォレン, エドワード・プライロー Warren, Edward Prioleau (1856-1937)
イギリスの建築家. ボドレーとガーナーの事務所ではたらき, のちにボドレーの伝記を書いた. いくつもの重要な建物を設計しており, そのなかには, オックスフォードのベイリオル・カレッジ, ウォーレン・カレッジ (1906-08) がある. おそらく最もすぐれた作品は, ロンドン, セント・ジョーンズ・ウッド・ハイ・ストリートにある, ハノーヴァー・ロッジという低層集合住宅群 (1903-04) である. ほかロンドンには, パレス・グリーン 5 番 (1904), チェルシー・エンバークメントのシェリー・ハウス (1912) があり, さらにコーンウォール, ニューリンにある漁師連盟の建物 (1911) がある. 教会建築には, ドーセットのブライアンストーン, セント・マーチン (1895-98, 堂々とした塔を有する), ハンプシャー, ビショップストークのセント・メアリー (1890-91, W・ベンブリッジ・レイノルズ (W. Bainbridge Reynolds, 1845-1935) による鉄製の内陣壁 (1903) がある), ハンプシャー, サザンプトン, バセットにあるセント・マイケルとオール・エンジェルズ (1897-1910, ペヴスナーに「興味深く, 卓越した」と評された) がある.

ヴォロニーヒン, アンドレイ・ニキフォロヴィッチ Voronikhin, Andrey Nikiforovich (1759-1814)
ロシアのペルミ近郊のストロガノフ家領に農奴の子として生まれ, 領主アレクサンドル・セルゲーエヴィチ・ストロガノフ伯爵 (Count Aleksandr Sergeyevich Stroganov, 1734-1811, おそらくはヴォローニヒンの父)の庇護のもと, 教育を受け, また旅に出ることができた. ド・ヴァイイの弟子で, 母国に帰国後はロシアで最も際立った新古典主義の建築家の一人となる. 主要な仕事にはサンクトペテルブルク近郊のストロガノフ邸 (1796-98), サンクトペテルブルクのネフスキー大通りに面するラストレッリによるストロガノフ宮殿の大広間の火災後の復原 (1790 年代), サンクトペテルブルクのカザン生神女大聖堂 (1801-11, スフロのパリのパンテオンの影響がある), サンクトペテルブルクの巨大な十二柱式のパエウストゥム式のドリス式ポルティコをもった厳格な鉱山アカデミー (1806-11) がある.

ウキタシク 144

浮き出し刳形 bolection, bolexion
　扉枠に板材を嵌め込む際のように，段差のついた二部材の接合部を覆う刳形で，刳形は枠よりも突出する．⇨パネル（図 a，図 b）

動く階段 moving staircase
　⇨エスカレーター

ヴーシュール voussure
　⇨ヴォールト

渦形方円柱頭 coussinet
　⇨クシネ

ウスタード・アフマド・ラホーリー Ahmad, Ustad(Ustad Ahmad Lahori)(1580 頃-1649)
　⇨アフマド，ウスタード

渦巻形葉形装飾 scrolling foliage
　多くの形式からなる建築装飾で，通常は植物の葉と茎を，様式化あるいは抽象化したパターンによって結合した装飾．

渦巻形踏面 scroll-step
　階段における最下段の巻き鼻形の踏面（ふみづら）．踏面の両端で，上からみて親柱の周囲で丸くなるか渦巻形となり，手摺のスクロールを反映することも多い．

渦巻形ペディメント scrolled pediment
　上端の開いた曲線形ペディメント．S字形の両斜辺がスクロールで終わり，ボンネット・スクロール，ボンネット・トップ，グース・ネックあるいはスワン・ネックとも呼ばれる．

渦巻形持ち送り console
　⇨コンソール

ヴーソワール，ヴーソア voussoir
　⇨迫石

ウッズ，シェードラック Woods, Shadrach (1923-73)
　⇨カンディリス，ジョルジュ

ウッダイアー，ヘンリー Woodyer, Henry (1816-96)

イングランドの多作なゴシック・リヴァイヴァルの建築家．1844 年に短期間バターフィールドの同僚としてはたらき，鋭角的で，発明的なトレーサリーおよび創造的に材料を使うところに特徴があった．代表的な作品は，おそらくバークシャーのウィンザーのハッチ・レーン，クルーワーのマーシー邸（1853-86），ウースターシャーのテンベリー・ウェルズのセント・マイケル・カレッジ（1853-56，きわめて薄く尖ったドーマー窓をもつ独特の建物），サリー州ハスクームのセント・ピーター聖堂（1863-64）で，最高傑作はグロスターシャーのハイナムのホーリー・イノセンツ教会堂（1847-52）であろう．これは，彩色のポリクロミーの内装（トーマス・ガブリエル・パリー（Thomas Gambier Parry, 1816-88）によるもので，スタフォードシャーのチードルのピュージンの作品にも匹敵する）が行われている．数多くの聖堂の修復を行い，牧師館を建設した．オックスフォードシャーのトゥート・バルドンの赤煉瓦と石の牧師館（1860）はそのうちの一つである．

ウッツオン，ヨーン・オーベリ Utzon, Jørn Oberg (1918-2008)
　デンマークの建築家．フィスケルのもとで学び，短期間だがアールトのもとではたらいた．1949 年にはタリアセン・イーストの F・L・ライト（ライトとル・コルビュジエがウッツオンの建築理念に最も影響を与えた）のところで一週間を過ごした．その後，中央アメリカを訪れ，メソアメリカの寺院遺跡に出会ったが，そのときの感動は彼の作品によく使われた基壇や柱礎として長く残ることとなった．この特徴は，ヘルシンガーのヘレベックにあるウッツオン邸（1952-53）や，大きなスケールのものではコンペで勝利したオーストラリアのシドニーのオペラハウスとコンサートホール（1956-73）の設計においても採用された．後者の基壇はすべての業務空間を収容し，さらに港の上に特大の帆のような形で浮かび上がるシェル＝ヴォールトを支持し，その姿の引き立て役も果たしている．オーヴ・アラップ＆パートナーズの技術者たちとの協働により仕事が進み，シドニーのプロジェクトは技術的な要求を満たしたが，政治的な論争がウッツオンの立場を追いつめ，1966 年に設計から身を引くこととなった．

ウッツオンの作品で，最も影響力があったのはコートハウスである．このテーマは，コンペで受賞したが実現しなかったスウェーデンのスコーネにおける計画案（1954）として最初に模索された．のちにデンマークのヘルシンガーにおけるキンゴーハウス（1956-60）や，その広く称賛された発展形がデンマークのフレーデンボリ（1962-63）に実現した．不規則に配列されたコートハウスの配置計画では，構成の上で付加の原理が用いられているが，工業化建築に対するより柔軟なアプローチのための彼のアイデアの基本となったものである．その代表作としては，デンマークの木造建築産業のために開発され，日本の伝統的な住宅がモデルにされた「エスパンシバ」居住システム（1969），ヘルニングの新設大学のためのプロトタイプ（1967），サウジアラビアのジェッダにおける複合スポーツ施設のための印象的だが実現しなかった提案（1968，プレキャストコンクリートの部材が使われていた），現場で成型された大型部材を用いて建設されたクウェートの国会議事堂（1972-85，1990年の湾岸戦争により深刻な破壊を受けたため修復）などがある．ただしウッツオンの契約ではインテリアは含まれていなかった．完全に彼のデザインに従って実現した公共建築は，コペンハーゲン近郊のバックスヴァード聖堂（1967-77）だけである．大きくうねる「雲形のヴォールト天井」と，規格部材による抑制の効いた外観とが，印象的な対比をなしている．建築家であるヤン（Jan, 1944-）とキム（Kim, 1957-）の二人の息子とのパートナーシップにより，ウッツオンはコペンハーゲンのノルドハウンにポースティアン家具店（1987）を実現した．といっても，ウッツオンはスペインのマヨルカ島ポルトペトロの断崖の上にある自邸「カンリス」（1971-73）でほとんどの時間を過ごしていたのだが，近年は別の世代によるウッツオンズ（ヤンの息子と娘），すなわちイェッペ（Jeppe, 1970-）とキッカン（Kickan, 1971-）が事務所で活動している．

ウッド一族　Wood Family

イングランドの建築家，建設業者．ジョン・ウッド（父）（John Wood the Elder, 1704-54）はロンドンのキャヴェンディッシュ・ハーリー・エステートにかかわった開発業者の1人で，オックスフォード・ストリート，マーガレット・ストリート，エドワード・ストリート，キャヴェンディッシュ・スクエアに面する住宅を建てた．ヨークシャーのブラマム・パークにもかかわり，地所を設計した（1722-24）．これらの経験は，彼が1727年に故郷サマセットのバースに戻ったときに大いに役立った．おりしもバースは建築ブームに沸きたっていた．1728年から1736年にかけてロンドンの例にもとづきながらクイーン・スクエアを開発した．個々の邸宅の敷地をまた借りしながら，請負業者が彼の立面に従うように開発を管理した．その結果，北面では統一のとれたパッラーディオ主義の宮殿風の正面が構成された．ウッドはこの方法にならってウッド・ストリート，ジョン・ストリート，オールド・キング・ストリート（1729-31），ピエルポント・ストリートとデューク・ストリートによって結ばれたノース・パレードとサウス・パレード（1740-43），さらにゲイ・ストリート（1750頃より），ザ・サーカス（1754着工）の計画を続けた．ザ・サーカスはイングランドの都市開発において重要な革新的事業であった．統一感のある正面はオーダーの組み合わせを特徴とし，全体的には凸形ではなく凹形の計画においてローマのコロッセオのデザインに似ている．ロイヤル・フォーラムのための計画案は実現しなかったが，全体的な構想は古代ローマ都市の記憶を再創造するものであった．

ウッドの出版物は学術性より好奇的な価値という点でおもしろく，これらは奇怪で，狂気じみた空想の領域を彷徨っている．『建築の起源，あるいは暴かれた異教徒の盗作（*The Origin of Building, or the Plagiarism of the Heathens Detected*）』（1741）では，ウッドは3種の主要な古代ローマのオーダーは神の啓示によるものであり，エルサレムのソロモン神殿で初めて用いられたと主張する．この概念はフリーメーソンリーやフアン・バウティスタ・ビリャルパンドの『エゼキエル書研究（*Ezechielem Explanationes...*）』（1596-1631）にくり返し出てくるものである．その背後には異教徒に起源をもつ古典主義建築を浄化したいという欲求があった．また，『バースの描写（*An Essay towards a Description of Bath*）』（1742, 1749, 1765）においてバースの起源について夢想し，さらに『ブリストル・エクスチェンジの描写（*A Description of the Exchange of Bristol*）』

(1745), 『一般的にストーンヘンジと呼ばれるクワイア・ゴールの描写 (*Choir Gaure, vulgarly called Stonehenge...*)』(1747), 『柱のオーダーと付属物に関する試論 (*Dissertation Upon the Orders of Columns and their Appendages*)』(1750) を出版した. 彼の漫談は, ほかでもないサー・アイザック・ニュートン (Sir Isaac Newton, 1642-1727) による, 奇妙にも常軌を逸した書物 (『古代王国年代記 (*Chronology of Ancient Kingdoms Amended*)』(1728)) に源泉がある.

ウッドによる建築には, グラモーガンにあるランダフ大聖堂の廃墟と化した身廊の中にある古典主義の聖堂 (1734-35, 1850 頃解体), バース近郊にある美しいパッラーディオ主義のプライヤー・パーク (1735-48), バース近郊のランズダウンにあるリリパット・カースル (1738), ブリストルのコーン・ストリートにあるエクスチェンジとマーケット (1741-43), リヴァプール・エクスチェンジ (現タウン・ホール) (1749-54, 改築) がある. バースの開発は息子のジョン・ウッド (John Wood the Younger, 1728-81) により引き継がれた. 彼はバースのザ・サーカスの建設を完成させ, リヴァプール・エクスチェンジの建設を監督した. 彼の最も偉大な貢献はバースのロイヤル・クレッセントである. これは 1727 年に始まった美しい宅地開発の頂点であった. ザ・クレッセント (1767-75) では, イオニア式の大オーダーが柱礎から立ち上がっており, これは独創的で影響力があったため, その後も広く模倣されることとなった. 彼による新しいアセンブリー・ルーム (1769-71) やホット・バース (現オールド・ロイヤル・バース) (1773-77) はパッラーディオ主義の建築の美しい例である. 彼はまたバークシャーのバックランド・ハウス (1755-58), ウィルトシャーのソールズベリーにあるインファーマリー (1767-71), コーンウォールのセント・アイヴズにあるトレゲンナ・カースル (1773-74) を設計した. 彼は『バースにあるホット・バースの描写 (*Description of the Hot-Bath at Bath...*)』(1773), 『労働者のための住宅もしくはコテージのための図面集 (*A Series of Plans, for Cottages or Habitations for the Labourer*)』(1781, 1792, 1806, 1837) を出版した. 後者の著作では, 当時としてはめずらしく労働者階級のための住宅に関心を示した.

ウッド, エドガー Wood, Edgar (1860-1935)
イギリスの建築家. 数多くの住宅, 礼拝堂, 学校を設計し, ほとんどがアーツ・アンド・クラフツとヴァナキュラーの特徴がある. 作品には, チェシャー, ヘール, ヘール・ロードにあるミドルトン, ロッホ・ロード 37-9 番, ヘールクロフト, マンチェスター, ミドルトン, アーチャー・ロード, ウェストデン (すべて 1890 年代) がある. 作品のいくつかは, ムテジウスによって紹介されている. マンチェスター, ヴィクトリア・パーク, デイシィ・バンクのキリスト教科学者のためのファースト・チャーチは独特の自由な構成で, 円形塔とバットレス, 独創的な窓を付けている. ジェームズ・ヘンリー・セラーズ (James Henry Sellers, 1861-1954) との共同作には, ミドルトンのエルム・ストリート・スクールとダーンズフォード・スクール (1909-10) がある.

ウッド, トマス Wood, Thomas (1644 頃-95)
オックスフォードの石工頭. 現在, 科学歴史博物館になっているブロード・ストリートの旧アシュモーリアン博物館を設計した (1679-83). これはイングランドで最初の公共博物館で, この時期のオックスフォードで最も進歩的な古典主義建築の一つであった. ウッドはオックスフォードシャーのデディングトン小教区聖堂の塔を, 説得力があるゴシック様式で再建しており (1683-85), それゆえ, 万能で優秀な設計者として言及するに値する.

ウッドロフ, エドワード Woodroffe, Edward (1622 頃-75)
イングランドの建築家・サーヴェイヤー. ロンドン大火 (1666) 後, フックとレンとともにシティの聖堂群を再建するための 3 人のサーヴェイヤーの一人に任命された. 1668 年以降はセント・ポール大聖堂でレンを補佐し, 1670 年にはセント・ポール大聖堂公舎に住む参事会員のための住宅をアーメン・コートに設計した.

ウッドワード, ベンジャミン Woodward, Benjamin (1816-61)
⇨ディーン卿, トーマス・ニューナム

ウーテンボガード, ルーロフ・サレル
Uytenbogaardt, Roelof Sarel (1933-98)

南アフリカの建築家. 初期の作品（南アフリカ共和国のオレンジ・フリー・ステートにある「ウェルコム聖堂」(1964) やケープタウンにある「ボンウィット服飾工場」(1967)) は，ルイス・カーンからの影響を受けている. 1970年代の作品（ケープタウンのクレアモントにある「ウェルドミュラー・センター」(1973) や「ケープタウン大学スポーツセンター」(1977)) では，ル・コルビュジエの作品を前例とみなしていた. ケープタウンのコメキーにある「自邸」(1992) は，煉瓦と幅広く突き出るひさしが特徴であり，大きな情熱が注がれている. ウーテンボガード は（協働で）『ケープタウンにおける都市計画の比較研究 (*A Comparative Analysis of Urbanism in Cape Town*)』(1977) を出版し，また，南アフリカの都市化におけるさまざまな側面に関していくつかの記事を書いている.

ウード・ド・メス　Odo of Metz (792頃活躍-805)
⇨オド・ド・メス

ウドハースト, ロバート・ド　Wodehirst, Robert de (活躍 1351-1401 没)

イングランドの石工. 1350年代にウェストミンスター宮殿ではたらいていたが，1361年までにノリッジ大聖堂ではたらくようになり，そこでクリアストーリーとプレスビテリを建て直し (1361-69)，クロイスターの建設にあたっては，マスター・オヴ・ザ・ワークスとなった (1385-86). 1387年から1393年までケンブリッジシャーのイーリ大聖堂におり，そこで主祭壇のリアドスと（おそらく）西大塔のランタンを建てた.

ウートラム, ジョン　Outram, John (1934-)

イギリスの建築家. 1973年にロンドンで建築事務所を設立し，手がけた作品には多彩色で古典的な表現を思わせる重厚なものが多い. 最も評価が高い作品は，ロンドン，アイル・オブ・ドッグにある神殿のようなストーム揚水所 (1985-88)，サセックスのウォダースト・パーク (1978-86) であり，後者は，おそらく第二次世界大戦後，イングランドで建った最も際立

ち独創的なカントリー・ハウスである. そこでは，色彩が大変繊細に施されており，そのプランは，古典的な伝統に多くを負っている. 1999年から2000年に，ミレニアム・ベランダを住宅につけ，インド，シュメールなどの文化に由来する様式を柱で表した. ディグビー・ワイヤットによるアデンブルックズ・オールド・ホスピタルを増改築した. ケンブリッジのジャッジ経営学研究所 (1993-95) は，独創的で，まとまりがあり，学術的で，たくましく，古典的建築のまぐさ式要素を近代的建物に不可欠な技術装置に一体化させている. 配管設備は，ウートラムが「ロボット・オーダー」(「オルディネ・ロボティコ」あるいは「第6のオーダー」は，モダニズムを信奉する者には「まったくのテロリズム」とみなされた) と呼ぶものに内蔵されているが，遠慮がちに隠されているのではなく，配管設備を含むに十分な大きさを有する柱梁として視覚的に見える新しいオーダーとして表現されている. ワイヤットのポリクロミーに応じるように，ウートラムは，知的に理論的に伝統に基づきながら，一方で，20世紀後期のテクノロジーを組み入れ，独自の明るい色彩建築を創り出した. 彼の作品は建築家や批評家による非難を受けたが，これにめげることなく，オックスフォードシャーのエジプト・ハウス (2000) や，ノッティンガムのクラフツ工房 (2000)，オランダ，ハーグに小規模であるがオールド・タウン・ホール (2000)，テキサス，ヒューストンに代表作となったライス大学のダンカン・ホール (1992-96) を設計した. それらには，エジプト風の様式や，古典主義，他の歴史様式が参照され，活気と想像力を表現している. 彼はまた，アテネ憲章に影響を受けたおもしろみのない戦後イギリス都市計画に対する辛辣な（まっとうな）批判者でもある.

ウドロフ, ジェームズ　Woderofe, James (1415-51 活躍)

イングランドの石工. ジェームズと兄弟のジョン (John) は，1410年代および1420年代にノリッジ大聖堂ではたらき，そこでクロイスターのいくつかのベイにヴォールトを架けるとともにほかの仕事も行っている. ノリッジでエルピンガム・ゲート (1416-25) を設計し，大聖堂の西正面を改修して (1426頃-50)，ノーフォークのウィモンダム・アビーの西塔を設計

した（1445以降）．1449年にバッキンガムシャーのイートン・カレッジに呼ばれたことから判断して，その専門技術はなんらかの重要性をもっていたに違いないが，詳細は明らかではない．

うなだれオジー　nodding ogee

オジー状のキャノピー上部．その頂点はキャノピーの起拱線を越えて突出する．すなわち，断面でも立面でもオジー状の形をとる．

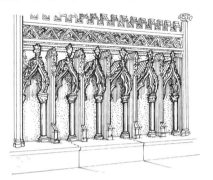

うなだれオジー・キャノピーの並び（例：リッチフィールド大聖堂，スタッフォードシャー，1320頃）．

ウーブリエット（仏語で「忘れる」という意のoublierより派生）　oubliette

1. 城塞のメーソンリー，または基礎に掘削された隠蔽された中世牢獄．そこには不幸な捕虜が投獄されたことだろう．
2. 人が投げ込まれ，または遺体を隠蔽するための秘密の穴．

厩　stable
⇨ステイブル

ウラエウス，ウラーウス　uraeus（*pl.* uraei）

聖なるアスプコブラ，コブラ，またはヘビの表象で，古代エジプトの神性と主権の象徴であるネメス頭飾りや，古代エジプト建築のゴルジュ・コーニスの上にある翼がついた円盤，もしくは球体のどちらかの側面にとりつけられる．
⇨ウロボロス

ウラドゥ，モーリス＝オグスタン＝ガブリエル　Ouradou, Maurice-Augustin-Gabriel（1822-84）

フランスの建築家．ルバとヴィオレ＝ル＝デュク（その娘と結婚した）に学び，パリのノートル・ダム大聖堂やピエールフォン城でヴィオレ＝ル＝デュクと協働し，後者では主要な改修工事を担当した．シャロンの司教区建築家でもあった．

浦辺鎮太郎　Urabe, Shizutaro（1909-91）

日本の建築家．作品の多くが（生地である）倉敷にあり，ほとんどが踏み固めた土や煉瓦によるヴァナキュラー建築である．そうした材料に感性をもって接し，伝統的な蔵などを再生している．最も有名な作品が倉敷アイビースクエア（1970-74）で，煉瓦造の産業施設を若者の文化施設に転用し，展示スペース，飲食店，講義室などを併設している．その他の作品として，横浜の歴史資料館（1981），神奈川県近代文学館，横浜女子大学（1984）がある．

ウー・リャンヨン　呉良鏞　Wu, Liang-Yong（1922-）

中国の建築家．最も有名な作品は北京の菊儿胡同新四合院住宅（1989-92）．旧市街の伝統的な中庭付き住宅を再生させて新築住宅と組み合わせたもので，いくつかの賞を授けられている．

ウリラ　urilla（*pl.* urillae）

ヘリクス，またはコリント式の柱頭のヴォリュート（渦巻装飾）．

ウルヴィー，トマス　Wolvey, Thomas（活躍1397-1428没）

イングランドの石工．オックスフォードシャーのヘンリー・オン・テムズの聖堂の南のチャンセル（内陣）・チャペル（祭室）（1397）を建て，ウェストミンスター・ホール（1398）では，イェヴェリーによって設計されたホールの北隅の2棟の塔の上部を建設し，バトルメント（鋸歯形胸壁）を完成させた．ハートフォードシャーのセント・オールバンズ・アビーの石工頭として記録に登場し，30年間にわたり，セント・オールバンズのセント・ピーター聖堂，ニューナム・セント・ヴィンセントの聖堂，キ

ングズ・ラングレイの聖堂など，この地域の多数の聖堂建設に携わった．

ウルタード，フランシスコ・デ Hurtado Izquierdo, Francisco de（1669-1725）
　スペインのバロック建築家．彼が担当したいくつかの聖堂内部の意匠は，同時代で最も装飾的な事例に数えられる．作品の大半はコルドバとグラナダにあり，ソロモン柱に支えられポリクロミーを用いた中央聖櫃を収めるグラナダのカルトジオ会修道院サグラリオ礼拝室（1702-20）はその一例である．大理石とラピスラズリでできた奇抜なカマリンをもつカルトジオ会サンタ・マリア・デ・エル・パウラール修道院のサグラリオ（セゴビア近郊，1718 以降）も特筆に値する．さらに圧巻なのはグラナダのカルトジオ会修道院聖具室（1724-64）で，45 種類のモチーフでおおわれたピアが豪華で宝石のような効果を生んでいる．このスペイン・バロックの傑作は，ルイス・デ・アレバロ（Luis de Arévalo）の監督下で完成し，ホセ・マヌエル・バスケス会士（F. José Manuel Vázquez）による象嵌細工が施されたみごとなキャビネット（1730-64）が収められている．

ウルナ　urn
　古典古代において，火葬にした遺骨の収納に使用した．円形平面に描かれた蓋付きの卵形壺．後世，建築装飾として復活した形態で，欄干付き台座やニッチに置かれたり，庭園の装飾品として用いられたり，葬送記念碑（とりわけ新古典主義でみられ，ドレープがつけられたり，側面に故人の肖像画のメダイヨンがはめ込まれたりした）に使用された．フリーズの浮き彫りなどのモチーフにもなり，壺の蓋から炎が出ている様子を表現したデザインが時折みられる．

ウルヌス窓〔ラテン語で「傷」の意〕　vulne window
　⇨内陣窓口

ウロボロス　ouroboros, uroboros
　尾を食べている（あるいは尾が口の中に入っている），円形形態を描く蛇の姿をした象徴．永遠に循環するプロセス，あるいは不死を表現し，それゆえ，墓所の門や葬祭記念物などに多くみられる．

ウロボロス（コアード・ストーンの作例より）

ウンガー，ゲオルク・クリスティアン Unger, Georg Christian（1743-1812）
　ドイツの建築家．ゴンタルトの教え子であり，師と協働した．彼らは非常に洗練されたポツダムの凱旋門（1770）を設計し，またボウマンとともに，湾曲したファサードがフォールム・フリデリチアヌムに面するベルリンの王立図書館（1774-80）を設計した．『ウィトルウィウス・ブリタニクス（*Vitruvius Britannicus*）』に発表されたイニゴー・ジョーンズのホワイトホール宮殿案をもとに，ポツダムのブライター通り 26-27 の建築を設計した．

ウンガース，オズヴァルト・マティアス Ungers, Oswald Mathias（1926-2007）
　ドイツの建築家．ケルン市ミュンガースドルフ，ベルヴェデーレ通りの自邸（1959）は，単純で量塊的な幾何形態の中に明瞭さと厳格さを際立たせた作品である．理論家，規範的作品の設計者として，20 世紀後半を代表する建築家の一人であり，国際的に広がったモダニズムの建築を強く批判した．代表的作品に，フランクフルト・アム・マイン，シャウマインカイのドイツ建築博物館（1979-84），カールスルーエのバーデン州立図書館（1979-92），ブレーマーハーフェンのアルフレート・ヴェーゲナー極地海洋研究所（1980-84），ワシントン D.C. の駐米ドイツ大使公邸（1988-94）がある．これらの作品では，形態論の展開，建物をとり囲む環境，歴史への参照などのテーマが実践された．静謐な幾何学的一体性をもち，この特徴はドイツの戦後の建築には類例があまりみられない．クライフスとともに，ドイツにおけるラショナル・アーキテクチュア，あるいはネオ・ラショナリズムの代表的建築家で，多大な影響を及ぼした．『正方形の家（*Quadratische Häuser*）』

ウンケウイ   150

(1983) など，著作も多岐にわたった．建築は
ゲニウス・ロキ，歴史，進化を映し出さなけれ
ばならない，という理念のもと，感覚的な要素
を表出させないのが特徴である．

ウンゲヴィッター，ゲオルク・ゴットロープ
Ungewitter, Georg Gottlob (1820-64)
　ドイツの建築家．ドイツにおけるゴシック・
リヴァイヴァルの先駆者．1842 年にハンブル
クで業務を確立させた．そこで手がけた住宅建
築は，シャトーヌフに影響を受けたものだった
が，1845 年にはゴシックがあらゆる建築タイ
プに適用できるものであると確信するようにな
る．構造と素材の使用に対する彼の態度は，
A・W・N・ピュージンとヴィオレ=ル=デュク
が主張した議論を適用したものであった．また
ドイツの木造骨組みの構造に興味をもった．
『都市および田園の住宅の構想（*Entwürfe zu
Stadt-und Landhäusern*）』(1858-64)，『ゴシッ
ク 構 造 教 本（*Lehrbuch der gotischen
Konstruktionen*）』(1859-64)，『歴 史 的・体 系
的に整理された中世装飾集成（*Sammlung mit-
telalterlicher Ornamentik in geschichtlicher und
systematischer Anordnung dargestellt*）』
(1866)，そして中世の都市および田園の住宅に
関する著作（1889-90）といった彼の出版物は
影響力をもった．彼の『ゴシック見本帳
（*Gotisches Musterbuch*）』(1856-61，ヴィン
ツェンツ・シュタッツ（Vincenz Statz,
1818-98）と共著）は英語版（1858-62）にな
り，フランス語版は 1855-56 年に出版された．
さらにマーブルクのノイシュタットの聖堂
(1859-64)，フランクフルト・アム・マインの
ボッケンハイムの聖堂（1862），その他ドイツ
の他地域に聖堂を設計した．彼によるドイツの
木造骨組建造物の研究は，死後，ベルリンに
おいて二つ折り版で出版された（1889-90）．

ウンディ　oundy, undy
　ウィトルウィウスによるスクロール（渦巻装
飾）のことで，ジグザグかそれに近い，うねる
波形のモチーフによって装飾されたストリン
グ・コース（帯状装飾）である．

ウンブラクルム　umbraculum
　バルダッキーノ（天蓋）．

ウンブレッロ　umbrello
　庭園の点景建築（ファブリック）．本来は，
腰掛を保護するための小さな構築物．

エ

エア, ウィルソン Eyre, Wilson (1858-1944)
　アメリカの建築家. ペンシルヴェニア州フィラデルフィアでジェームズ・ピーコック・シムズ（James Peacock Sims, 1849-82）と協働したが, この時期は, フィラデルフィア市イースト・エヴァーグリーン・アヴェニュー401番地のアングルコットのデザインにみられるようにノーマン・ショウとイギリスにおけるクイーン・アン運動に影響を受けていた. その作品は1880年代後半までにシングル・スタイルの影響を受けてより自由になった（例：フィラデルフィア市ローカスト・ストリート1321番地のC・B・ムーア邸）. またフィラデルフィア市サウス・カマック・ストリート311番地のマスク・アンド・ウィッグ・クラブにみるように, 適度に折衷的なアーツ・アンド・クラフツ的作風をとり入れ, またコロニアル・リヴァイヴァルも手がけた（例：フィラデルフィア市ニール・アンド・モーラン邸（1891））. ペンシルヴェニア州グレン・リドルのジェフォーズ邸（1917）はより堂々たるものであるが, ピクチャレスク風である. その作品は次の世代のペンシルヴェニア州の建築家に大きな影響を与えた.

エア・グレーチング air-grating
　空気を通すグリルやグレーチング.

エア・コンディショニング air-conditioning
　閉じた空間に空気を送り, 清潔さ, 温度と湿度を機械を用いて望ましい状態に保つこと. 初期のシステムはアメリカ合衆国で試みられ, 氷（ニューヨーク市カーネギー・ホール, 1890年代）やアンモニア（ニューヨーク・ストック・エクスチェンジ, 1904）も使用された. 1902-06年には, ニューヨーク州バッファローのウィルズ・ハヴィランド・キャリア（Willis Haviland Carrier, 1876-1950）が「デュー・ポイント・コントロール」を構想した. それによって空気は洗浄, 飽和され, こうして飽和時の温度が自動的に操作された. そして, 空気の水分含有量が決定されたのである. 完全エアコン化された最初の建築物はテキサス州サン・アントニオのマイラム・オフィス・ブロック（1928）であり, ハウとレスカーズによるフィラデルフィア・セーヴィング・ファンド・ソサエティー・オフィシズ（1929-32）がすぐに続いた.

エアトマンスドルフ, フリードリヒ・ヴィルヘルム, フライヘル・フォン Erdmannsdorff, Friedrich Wilhelm, Freiherr von（1736-1800）
　ドイツの新古典主義の建築家. 友人でありパトロンであるアンハルト＝デッサウ侯とともにイギリス諸島（1763-64, そこでパッラーディオ主義と（とくにイングランド風景庭園から）ピクチャレスクの考え方を吸収した）, イタリア（1761-63, 1765-66, 1770-71年, そこで彼は（とくにヴィンケルマンとクレリソーから）新古典主義を吸収した）を旅した. 英国での経験をもとに, デッサウ近郊ヴェルリッツの新パッラーディオ主義のシュロス（城館）（1769-73, ケイパビリティ・ブラウンとホランドによるサリー州のクレアモント（1771-74）と類似する）と庭園内のいくつかの点景建築を設計した. そのシュロスの室内はポンペイの要素が用いられている. 対して庭園（J・F・アイザーベック, ルートヴィヒ・ショホ, ヨハン・ゲオルク・ショホによって配置計画がなされた）には英国の暗示・引用が数多くみられる（たとえば, 鋳鉄橋（シュロップシャー, コールブルックデールに1775-59年に建設されたプリチャードによるオリジナルの1/4のバージョン）, ゴシック・ハウス（ウォルポールによる旧ミドルセックス州トゥイッケナムのストロウベリ・ヒル（1750-76）の引用）, フローラ神殿（チェンバーズによるウィルトシャー, ウィルトンのカジノ（1759頃）, その他多数）. 事実この庭園には, リッチモンド近郊キュー, ラウシャム（オックスフォードシャー）, ストーヘッド（ウィルトシャー）, ストウ（バッキンガムシャー）からの影響が数多く組み入れており, 単なる奇想の産物ではなく, 公国の気質を啓蒙と進歩の気質へと高めるための模範的で教育的なプログラムとしてエルベ河畔のイングランドを創出する試みだったのである. エアトマンスドルフはさらにデッサウ近郊のルイジウム城

(1775-80), デッサウの宮廷劇場 (1777), そし
てアンハルト=デッサウ侯によってつくり上げ
られた「ガルテンライヒ (庭園王国)」に数多
くの建築を設計した. 1786年に彼は新しい王
立アカデミーに貢献するためにベルリンに呼ば
れ, ポツダムのサンスーシとベルリンのシュロ
スの室内を新古典主義で設計した. 1787年に
はデッサウの新墓地と門を設計し, 1791年か
ら死までの間にさらにデッサウ, マグデブル
ク, ヴェルリッツの点景建築の創作に貢献し
た.

エア・ホール air-hole
たとえば, セラーの通風のための空隙.

ARAU (Atelier de Recherche et d' Action
Urbaine)
〔仏語で「都市研究・活動アトリエ」の意〕
1968年にモーリス・キュロ (Maurice Culot,
1939-) によって結成されたベルギーの建築家
の圧力団体. 急速な都市の再発展によって引き
起こされた問題について研究するためである
(とりわけ, 保存・修復について議論が行われ
た). その成果は1975年から雑誌『現代建築ア
ーカイヴ (*Archives d'Architecture Moderne*)』
として公刊されていった.

**エイクトヴェド, ニルス (ニールス, ニコラ
イ)** Eigtved, Nils, Niels, *or* Nicolai (1701-54)
デンマークの建築家. ドレスデンおよびワル
シャワにてカール・フリードリヒ・ペッペルマ
ン (Carl Friedrich Pöppelmann, 1750没) のも
とで修業 (1725-33) したのちコペンハーゲン
に戻り, 宮廷建築家となってフレデリクススタ
ーデン地区の街区計画をほとんど任された. そ
こにある八角形のアマリンボリ広場 (1750-55)
は, 当時のデンマークで最も上質で気品があっ
たが, ユヴァラやパリのオテルに影響を受けて
いる. 他には, 王立劇場 (1750) やフレデリク
病院 (1752), クリスチャンボリ宮殿内
(1755-56, 魅惑的な玄関部分や橋を除き1794
焼失) のロココによるいくつかのインテリアな
どの作品がある. 作品はこの上なく洗練されて
優美であった.

英国祭 Festival of Britain
1951年にイギリス全土で開催された国家祝

賀行事. 当時の労働党政府によって計画され,
(サー) ジェラルド・リード・バリー (Gerald
Reid Barry, 1898-1968) が総裁に任命された.
1851年の大博覧会の成功にあやかる面はあっ
たものの, 英国祭は, のちに「当時不足してい
た活気と秩序ある想像力を宣言したもの」とい
われた. 英国祭の中心会場は, ロンドンのテム
ズ川サウスバンク地区であり, 多様な目的を有
する構造物が建てられ, ヒュー・カッソンの指
揮のもと建築全体がまとめられた. 博覧会はイ
ギリス社会の発展や技術力などを奨励する目的
があった一方, 海外の目を引きつけることで,
第二次世界大戦後の不景気に対して, 士気向上
と景気対策の意図をもっていた. 同時に, 近代
的な建築, デザイン, 計画思想を誇示する絶好
の機会でもあった. 会場の建物のうち, ロイヤ
ル・フェスティバル・ホール (レズリー・マー
チン, ロバート・マシューを有するチームの設
計) を除き, 他は河岸地区としてのちに開発さ
れた. 博覧会の中心的な建物には, ドーム・オ
ブ・ディスカバリー (ラルフ・タブズ (Ralph
Tubbs, 1912-96)) や, 事務棟 (フライ, ドル
ー, エドワード・デイヴィッド・ミルズ
(Edward David Mills, 1915-98)), スカイロン
(パウェル&モヤとフェリクス・サミュエリー
(Felix Samuely, 1905-59)), 鉱物館 (アーキテ
クツ協同体), 自然・田園館 (ブライアン・オ
ルクとフレデリック・ヘンリ・カイ・ヘンリオ
ン (Frederic Henri Kay Henrion, 1914-90)),
発電・生産館 (ジョージ・グレンフェル・バイ
ンズとハインツ・J・レイフェンベルグ (Heiz
J. Reitenberg, 1894-1968)), 海洋・船舶館 (バ
ジル・スペンス), 交通館 (アルコン), ライオ
ン・ユニコーン館 (ロバート・ヨーク・グッデ
ン (Robert Yorke Goodden, 1909-2002) とリ
チャード・ドルー・ラッセル (Richard Drew
Russell, 1903-81)), 英国国土館 (ヘンリー・
トーマス・カドベリー=ブラウン (Henry
Thomas Cadbury-Brown, 1913-2009)) があ
る. 英国祭は, 一般の人にモダニズムへの関心
をもたらし, その後もくり返し用いられるデザ
イン・モチーフとなった.

エイコーン acorn
オークの木の実や種を表現したフィニアル,
またはその他のターミネーション (先端飾り).
ウルナ (壺) やパイン・コーン (松ぼっくり)

のかわりによく用いられる.

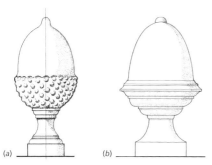

エイコーン　(a) エイコーンの形態に仕上げられた鋳鉄製フィニアル (頂飾り), ロンドン・メクレンバーグ・スクエア (JJSによる). (b) 石材, またはスタッコによる一般的なエイコーン装飾物.

衛星都市　satellite town

既存居住地の拡張を引き起こす人びとを住まわせ雇用するために, 大都市の近郊に建てられた小規模な都市. 自己充足的ではあるが, 人口と主要なサービスを母都市にある程度依存する. 衛星都市は, エベネザー・ハワードの田園都市の理論に影響されたが, 両者を混同してはならない. 消費衛星都市 (基本的には都市諸機関の少ない居住中心の郊外都市) と生産衛星都市 (母都市と区別される商業, 工業, その他の生産能力を備えた都市, いわゆるニュータウン) に区別できる.

H字形平面　H-plan

Hのような形態の平面. サマセットのモンタキュート・ハウス (1599竣工) のようなエリザベス1世様式の住宅にみられる. これはE字形平面の発展形であり, 二つのEが背中合わせに配置され, 翼棟が両方向に対称に延びたような形態となる.

英中式庭園　jardin anglo-chinois
⇨ジャルダン・アングロ・シノワ

エイリフォーム　aliform
1. 翼状形態.
2. 翼に似た付加物を伴った建築物.

エイレンクランツ, エズラ・デーヴィッド　Ehrenkrantz, Ezra David (1932-2001)

アメリカの建築家であり, 低コストの学校建築のために, 融通の利くプランと標準化された規格部品を用いたシステムを発明した. カリフォルニア州スタンフォードのパイロットユニットにおける学校建設システム開発がその一例である. ニューヨーク市のアール・デコのウールワース・タワーを修復した (1980) ほか, マサチューセッツ州ケンブリッジのハーヴァード大学のキャナデイ・ホールやワシントンD.C.のジョージタウン大学のヘンリ学生村 (1980) など, 多くの教育関係の建物を設計した.

エインシャム, ヘンリ・ド　Eynsham, Henry de (1301-45 活躍)

イングランドの石工. 14世紀の初頭, ウェールズのカーナーヴォン・カースルではたらき, 1316-67には, クラレンドン宮殿の重要な修理工事に従事して, 1323-26年には, ヨークシャーのポントクラフト・カースルのグレート・タワーを建てた. 1328年頃からは, リンカンシャーのスポールディング小修道院の建設にかかわり, そこにとどまって余生を過ごしたと思われる. エインシャムは万能であり, 軍事建築, 世俗建築, 宗教建築にも取り組んだ. 1290年代初頭に, オックスフォードシャーのエインシャムのベネディクト会修道院の建設にかかわったのが最初の経歴と思われ, それゆえ, エインシャムの名で呼ばれることとなった.

エヴァラード, ロバート　Everard, Robert (1440-85 活躍)

イングランドの石工頭. 1453年頃, ノリッジ大聖堂でジェームズ・ウドロフの跡を継いだと思われ, そこで石造の塔と身廊ヴォールトを設計した. エヴァラードの垂直式のリエルヌ (枝リブ)・ヴォールトは, その種の中でも最もすぐれたものと広くみなされている.

エウポレモス (アルゴスの)　Eupolemos of Argos (前430-前410 活躍)

ギリシアのアルゴスに基礎のみが現存している, ドリス式のヘラ神殿 (前416頃) の建築家.

エウラリオ

エウラリオス　Eulalius（6世紀活躍）

　コンスタンティノープルの使徒聖堂（536-45，のちに取り壊された）における，五つのドームを備えたビザンティンの十字形平面，あるいは五点形プランの創始者と考えられる．この聖堂は，ヴェネツィアのサン・マルコ聖堂（1063頃着工）のプロトタイプとなった．

エウリプス　Euripus

　1．ローマ式庭園におけるひと続きの水面．ティヴォリのヴィラ・アドリアーナ（134-8）のカノーポスにみられるように，建物や彫像の脇に設置されることが多い．

　2．ローマの円形劇場のアリーナ周囲にめぐらされた側溝，あるいは水路．動物が逃げるのを防ぎ，また観客を舞台から隔てるために設けられた．

エオザンダー，ヨーハン・フリードリヒ（フライヘル・フォン・ゲーテ）　Eosander, Johann Friedrich, Friherr von Göthe（1670-1729）

　スカンジナビア生まれでベルリンの宮廷建築家となり，シュリューターの後任としてベルリン城館の宮廷建築家を1707年から13年まで務めた間に，偉大な凱旋門の西側やルストガルテンに面した正面部分を増設した（すべて現存せず）．1702年からは，ベルリンのシャルロッテンブルグ宮殿の主翼の一部，円筒部をもつ丸屋根，礼拝堂を設計した．また，ベルリン近郊のシェーンハウゼンの王宮（1704以降）を設計したほか，やはりベルリン近郊のオラニエンブルグ城（1706-09），ベルリンの庭園宮殿モンビジュ（1708以降）の中心部分を設計した．フランクフルト・アン・デア・オーダー近郊アトランツベルグの領主館（1709，現存せず）やドレスデン近郊のユビガウ城館（1724-26）も彼の作品である．

エガス，エンリケ・デ　Egas, Enrique de（1534頃没）

　スペイン・カスティーリャ王国の重要な建築家．様式的には後期ゴシックとプラテレスコを統合．トレド大聖堂の建設主任として内陣（主祭室，1500-04）を設計し直し，「モサラベ祭室」（1519）を建設した．代表作に，ともに十字形平面をもつサンティアゴ・デ・コンポステーラの病院（1501-11）とトレドのサンタ・ク

ルス病院（1504-15）があり，両者においてイタリア・ルネサンスの影響は明らかである．またエガスは，プラセンシア（1490年代），セビーリャ（1512-15），マラガ（1528），サラマンカ（1523-34），セゴビア（1529）のそれぞれの大聖堂建設に関与したほか，グラナダにおいて1506年より王室礼拝堂，1523年より大聖堂の設計に携わった．

駅　station
　⇨ステーション（3）

エキスティックス（人間居住の科学）　Ekistics

　ドキシアディスにより創案された，人間の居住に関する科学および研究．

エキヌス，エキノス　echinus

　円形で，平たいクッションのような，凸面をもつ剖形装飾．ギリシア建築のドリス式柱頭ではアバクスとアニュレットの間，トスカナ式およびローマ建築におけるドリス式オーダーではアバクスとハイポトラキリアムの間，イオニア式柱頭ではヴォリュートとともにパルヴィヌスの下部に付けられる．イオニア式柱頭では卵鏃模様とともに装飾化される（したがって，コンポジット式柱頭でも柱頭部を飾ることになる）．

エギンハルト　Eginhard（800頃-20活躍）

　ドイツの修道士かつ建築家．スイスにあるザンクト・ガレン修道院の，二つのアプシスを備えたバシリカ式聖堂の有名な平面図が，彼に帰属されている．

エクスクビトリウム　excubitorium

　1．ローマ時代の，不寝番あるいは夜警のための宿舎．

　2．ウォッチング・ロフトと同義．

エクスターナル・アングル　external angle

　二直線が角度をなして交差するとき，内角（凹角）と外角（凸角）を生じる．

エクストラドス　extrados
　⇨アーチ

エクストルーデッド・コーナー　extruded

corner

中庭の隅や，主屋と翼部が交差する部分から張り出し，内部に階段を備え，屋根の輪郭線を越えている部分．アングル・タワーとも呼ばれ，16～17世紀の建築によくみられる．

エクセドラ exedra, exhedra
1．パッサージュ，コロネード，ポルティコ，などの屋外の空間に座席を設け，討論や対話ができるよう整えられた場所．
2．半円形をしたニッチのような形状の建物で，石製の座席が壁全体に周回し，上部に半ドームが架けられることもある．アプスに似て，隣接するより大きな空間の軸線上に配置されることが多い．
3．背の低い，半円形の壁．内側に座席を設け，壁を背もたれとして用いる．
4．庭園の中で，半円形の生垣や壁で部分的に閉じた場所．

エクソナルテクス exonarthex
教会の入口正面の外側に設けられたナルテクス．コロネード，あるいはアーケードが周回しているアトリウム，またはクアドリポルティクスの一部．

エクフォーラ ecphora
一つの部位が他の部位よりも突き出していること．たとえば，古典主義様式で柱礎は柱身より突き出し，台座は無装飾部の壁面より張り出している．

エクボ，ギャレット Eckbo, Garrett (1910-2000)
アメリカの有力なランドスケープ・アーキテクト．グロピウスに影響を受けたため，庭園設計の歴史的様式を拒否し，白紙状態から「近代」の様式を創造しようとした．1945年からロバート・ロイストン（Robert Royston, 1918-2008，1958まで提携）やエドワード・A・ウィリアムズ（Edward A. Williams, 1914-1984，1973まで提携）とともにカリフォルニア州で異国的な植物を用いて多くの庭園を設計したので，その作品はカリフォルニア派とされる．その後半生には住宅開発や工場の敷地，大学のキャンパス，パークウェイ，そして都市空間をデザインし，これらのほとんどはカ

リフォルニア州であった．これらにはフレズノのダウンタウン・モール（1963）やロサンゼルスのユニオン・バンク・スクエア（1967-68），アルバカーキのニューメキシコ大学の景観デザイン（1962-78）が含まれる．『生活のためのランドスケープ（*Landscape for Living*）』（1950）など多数の著作を著した．

えぐり刳形 congé, congee
⇨コンジェ

エクレクティシズム eclecticism
1．歴史的な様式や，異なる時代の建築から形態，装飾モチーフ，細部を自由に引用してなされるデザイン．
2．適切さ，汎用性，機能性，美的であることに配慮しつつ，建築表現の効果を増すために形態要素，様式，装飾モチーフ，細部などを広範な参照源から選択して設計を行うこと．

エコル echal
シナゴーグで用いられる，巻き物を納める聖櫃の覆い．

エコール・デ・ボザール École des Beaux-Arts
⇨ボザール様式

エコロジカル・アーキテクチュア（エコロジー建築） ecological architecture
エネルギー資源の削減に取り組むことを目的とした建築．たとえば，エネルギー消費量の節減，効率的な断熱，雨水や太陽光，風力の利用，可能なかぎりの部材再生など．1970年代から用いられるようになった語．

エジプシャン・ゴージ Egyptian gorge
平滑で水平に張り出した頂部のスラブ状部位と，下部でしばしば装飾化されるトーラスをつなぐカヴェットによる軒蛇腹．

エジプシャン・トライアングル Egyptian triangle
3-4-5の比をもつ三角形．建設工事の際に直角を導き出すことができるため，建築や測量術にとって不可欠となった．

エシフシヤ

エジプシャン・ホール　Egyptian hall

　長方形平面をもつ，壮麗な集会室．エジプト建築とは様式上，また造形上何ら関係をもたない．ウィトルウィウスの著作における記述にもとづき，パッラーディオが発展させた．特徴的な要素は内部の列柱廊で，さらにエンタブラチュアの上部にクリアストーリーが設けられ，列柱廊のものより小さなオーダーまたはピラスターがとりつけられる．オーダーはコリント式で，全体はオエクスの形式を参照している．バーリントンの設計によるヨークの集会室（1731-32）は，パッラーディオ様式にもとづいた典型的な作品である．

エジプト・リヴァイヴァル　Egyptian Revival

　古代エジプト復興様式ともいう．古代エジプト建築の要素は古代のヘレニズム建築やローマ建築にもみられる．エジプトがローマ帝国の一部となり，エジプトの神々（とりわけ，女神イシスとその配偶者オシリス＝古代ギリシア・ローマの人々はセラピスと呼んだ）が古代ローマ人に崇敬されたのち，吸収は急速に進んだ．オベリスクのような多くの古代エジプトの遺物がローマに輸送され，ローマの建造物を美装するために再建立されただけでなく，数え切れない品が古代エジプト芸術の様式によりヨーロッパで制作された．古代のオベリスクはルネサンス時代のローマで再び立てられ，今日でもいくつかの場所でみることができる．また，非常に数多くの古代エジプトや古代エジプト風の工芸品がふたたび現れてヴァティカンなどの蒐集品に花を添えた．18世紀後半，古代エジプトのモチーフは西洋のデザイナーたちの好奇心をかき立てた．ピラネージはローマのピアッツァ・ディ・スパーニャ（スペイン広場）のカフェ・デリングレージ（イングランド人たちのカフェ）のために「古代エジプト風」の内装をデザインし（1768頃），『暖炉装飾のさまざまな手法（*Diverse Maniere d'adornare i Cammini*）』（1769）において「古代エジプト風」様式の数多くの暖炉とともに発表した．この作品集にはティヴォリのヴィラ・アドリアーナ（ハドリアヌス帝のウィラ）からアンティノウスの影像や古代ローマのテラモン柱（すべて2世紀），ヒエログリフをまねたもの，アピスの雄牛，さまざまなナイル川関連のモチーフ，コーベルを階段状に重ねた擬アーチの図版も載っていた．これらは西洋の芸術に関する意識において「古代エジプト風」とみなされてきたものである．当時，多くの建築家がロージエのようなフランスの理論家たちの影響を受け，本質的ではないとみなした建築装飾物を放棄し始め，原始に対するますます大きくなる称讃に後押しされ，彼らの構成に明晰さ，厳かさ，統合性を授けうる単純で基本的な幾何学図形の可能性を切り拓いていった．転びつきの直線的な建造物，オベリスク，ピラミッドのような古代エジプトの形態が，新古典主義の発展した言語によって立方体，球などと結びつけられた．18世紀の考古学活動は古代への学術的で精緻な取り組みを促進し，とりわけ，ローマ，ポンペイ，ヘルクラネウム，ギリシア，シチリアやパエストゥムの建造物の研究がヴィンケルマンによって促進されて，ついにエジプトにも向けられることになった．ナポレオン時代の古代エジプト建築調査はドノンによって1802年以降に出版されていき，エジプト科学芸術委員会（Commission des Sciences et Arts d'Égypte）は1809年から1829年にかけて，スチュアートとレヴェットが古代ギリシア建築について行ったのと同じことを古代エジプト建築について実施した．帝政様式とリージェンシー様式のデザインには，仏英のエジプト遠征（1798-1801）後の古代エジプト風の影響が染みこんでおり，それに続いて大量の情報と物品が流れ込んできた．古代エジプトへの熱狂はあまりに大きく，19世紀初めのフランス・イギリス両国において「エジプトマニー」（仏語で「エジプトマニア」のこと）は巨大な役割を果たした．

　古代エジプト様式はフランスではいくらかの建造物，おもに一連の泉水（たとえば，パリのプラス・デュ・シャトレ（1807））において用いられた．一方，フランス以外では古代エジプト復興様式は量産された（P・F・ロビンソンによるロンドン，ピカデリーのエジプシャン・ホール（1811-12），ローマのボルゲーゼ庭園のカニーナによる古代エジプト風の門（1825頃-28），J・ハヴィランドによるニューヨーク市のジェイルの「墓所」（1835-38），同じ建築家によるトレントンのニュー・ジャージー州立刑務所（1843-46），ホスキングとボノーミによるロンドンのアブニー・パーク墓地の入口門とロッジ（1840），ヨークシャーのリーズ，マーシャル通りの旧テンプル・ミルが事例である）．

古代エジプト風のモチーフはヨーロッパとアメリカのデザインに広くみられる．たとえば，古代エジプト風コーニスを備えた転びつきの四角柱形チムニー・ポット，ロータスのつぼみ形と葉形，オベリスク，ピラミッド，スフィンクスが挙げられる．古代エジプトの神殿のピュロンの脇に立つ塔に似ている転びつきの塔は吊り橋に理想的に適合し，転びつきの擁壁やダムの断面は古代エジプトの先例に由来することが多い．葬祭建築は古代エジプト様式によることが，とりわけ，1820-50年に多かった．20世紀のエジプト学は，1922年のトゥト・アンク・アメン（ツタンカーメン）墓所の発見もあり，古代エジプト様式のさらなるリヴァイヴァルに影響を与え，1925年のパリ博覧会によって拍車がかかった．この博覧会では古代エジプト考古学とアステカ考古学が，多くの要素はピラネージに由来するものだったけれども，急増するアール・デコ様式に影響を与えていた．近年では，ポスト・モダニズムと合理論主義建築の双方が古代エジプト建築の諸相をとり込んでおり，その潜在力は輝きを失ってはいない．

エシュヴェーゲ，ヴィルヘルム・ルートヴィヒ，バロン・フォン Eschwege, Wilhelm Ludwig, Baron von(1777-1855)
　ドイツの技師，軍士官．ポルトガルに居を定め，シントラ近くに廃墟の修道院ノッサ・セニョーラ・ダ・ペーナの増築を含むペーナ宮殿（1839-49）を設計した．この建築は同時代のイングランドおよびドイツにおけるゴシック・リヴァイヴァルの展開に影響を受けつつ，ポルトガルのシントラとトマールが発祥のマヌエル様式のテーマも受け入れており，19世紀初頭のポルトガル折衷主義の一例となっている．

エショゲット échauguette
　カーテンウォールや出隅部から持ち送りで張り出したターレット，物見櫓など．屋根が設けられる場合と屋根のない場合がある．張り出し櫓，または隅部のターレット．

SAR（スティヒティング・アルシテクテン・リサーチ） SAR (Stichting Architecten Research)
　都市住宅の居住者に対し，その制御や発展に関して集団的および個別的な発言を与えられる

ような建築の研究と設計を目的に設立されたオランダの団体．1965年，アイントホーフェンにて，ニコラス・ジョン・ハブラーケン（Nicholas John Habraken, 1928-）によって組織されたもの．いわゆるコミュニティ建築の運動に影響を与えた．

エス・オー・エム SOM
　⇨スキッドモア・オウィングス・アンド・メリル

エスカッシャン escutcheon, scutcheon
　1．紋地が塗り込まれた盾，あるいは盾形の紋地．
　2．フネラル・エスカッシャンとして知られる忌中紋章．
　3．ゴシック様式の建物のボスなどに用いられる盾形の装飾．
　4．鍵穴のプレート．エスカッシャン・オブ・プリテンスは，小さなエスカッシャン．
　5．夫の盾の中央に刻まれた女性相続人の紋章を身に纏うこと．インエスカッシャンとも呼ばれる．准男爵の紋章では，インエスカッシャンはチーフの部分に描かれ，アルスターの赤い手が記される（准男爵の爵位は，アルスターの居留地とその安全のため，資産増強を目的に1610年に定められた．この際，紋章の着用を許されている家族から，爵位を得るために土地とともに粉鉱が支払われた）．

エスカープ，エスカープメント escarp, escarpment
　1．築城術において，城壁のすぐ前面かつ下部に設けられる傾斜した盛土，あるいは壁．
　2．庭園の中で，急斜面であるかのように成形した地面．

エスカレーター escalator
　段状のコンベヤーベルト，あるいは動く階段（moving stairway）で，乗客をある階から他階へと輸送する．1892年にアメリカのオーティス・エレベーター会社が特許を取得し，1900年にパリで展覧された．

エスクイレッジ esquillage
　⇨シェル

エスケイプ escape
アポフィジ.

エスコワンソン escoinson
1. 開口部のたて枠の隅部で，中世においては装飾されることが多く，柱身やコロネットなどが嵌め込まれた.
2. スクィンチ.
3. 隅切りした壁小口をもつ開口部に架けられたアーチ.
4. 窓のある開口部の壁小口.

S字形溝彫装飾 strigillation
⇨ストリジレーション（2）

エスタレン，ディーター Oesterlen, Dieter (1911-94)
ドイツの建築家. フィレンツェ近郊パッソ・デラ・フータのドイツ軍共同墓地（1961-67）によくみられるように，作品は強い記念碑性とジグザグ形の形態に特徴がある. ほかに，ハノーファーのフィルムスタジオおよび映画館（1951-53），ボーフムのキリスト教聖堂（1957-59），オルデンブルクのシュターリン司教老人センター（1974-75），ブレーメンの中央郵便局（1979-95），アルゼンチン，ブエノス・アイレスのドイツ大使館（1980-83），ハノーファー近郊ランゲンハーゲンのエリア聖堂コミュニティ・センター（1987-88）などの作品がある.

エスティーピテ estípite
柱頭よりも柱礎のほうが小さいピラスター，あるいは角柱. 幾何学的紋様，浅い浮き彫り，中間部分に施された柱頭刳形，ディーターリンや北欧のマニエリストたちの雛形集から引用されたカルトゥーシュ，などによってふんだんに装飾される. スペインのバロック様式やチュリゲラ様式の建築にみられる.

エスティロ・モデルニスタ Estilo Modernista
スペインのアール・ヌーヴォー.

エーステレン，コル（ネリス）・ファン Eesteren, Cor(nelis) van(1897-1988)
オランダの建築家. バウハウスの理念およびファン・ドゥースブルフから大きな影響を受け，ドゥースブルフとともに新造形主義の建築原理を作成し，マニフェスト「集合的構成へ」（1924，リートフェルトも署名している）を起草した. デ・ステイル運動に参加し，1929年までには，高層建築街区と巨大な交通幹線で伝統的な都市を置き換えようと考えるモダニスト陣営の仲間入りをする. アムステルダムの総合拡張計画（1936）に関与し，同市で都市計画局の主任建築家として半世紀近く活動した. 1930-47年にはCIAM会長も務めた.

エストベリ，ラグナール Östberg, Ragnar (1866-1945)
スウェーデンの建築家. 20世紀最初の30年間にわたり国際的な名声を勝ち得たのは，美しく設えられたインテリアにより忘れられないほど個性あふれるストックホルム市庁舎（1908-23）の成功によるものである. ロマネスクとルネサンスの要素を引用し，ヴェネツィア（ドゥカーレ宮殿および鐘楼）からも着想を得，おそらく水辺のすばらしい敷地からも触発されて，それらをアーツ・アンド・クラフツ建築とまったく文句のない統合を図り，さらにスウェーデンの歴史的な記憶をインテリアに引用することでナショナル・ロマンティシズムの傑作を生み出した. 最初の重要な作品は，ストックホルムのエステルマルムの学校（1910）であり，力強い形態と赤煉瓦，みごとに仕事が行き届いたディテールがすばらしい建物の全体と一体化されている. ストックホルムのスウェーデン特許局（1911-21）では，新古典主義の傾向を示し始めている. しかし，ストックホルムの国立海事博物館（1936）では，もっと厳格でありながら，真の民族的建築を創造しようと奮闘するエストベリの姿勢が反映されている.

エストラード estrade
低く持ち上げられた室内の床面，あるいは壇. 一般に欄干を備える.

エスパニョレット espagnolette
⇨クレモン・ボルト

エスパリエ espalier
1. 木の枝を水平方向に仕立てた格子状の垣.
2. 格子垣を用いずに整えられた樹列.

エスプラナード esplanade
1. 川，湖，海岸沿いに敷かれた，植栽を備えた平坦な歩道，あるいは散策路．
2. 要塞と町との間に設けられた斜堤，あるいは空地．カウンタースカープの斜面．

エセックス，ジェームズ Essex, James (1722-84)
イングランドの建築家で，初期のゴシック・リヴァイヴァリストでは最もすぐれた人物の1人．ケンブリッジでは古典主義で多くの建物を設計したが，ゴシック建築の構造的特性を理解した最初の人物として重要である．ロンドンの古事物愛好家協会のジャーナルで中世建築の論文を出版し，イングランドにおけるゴシック建築の歴史について執筆した（未出版）．ホレス・ウォルポールのために，ミドルセックスのトゥイッケナムのストロウベリ・ヒル（1776）でボークラーク・タワーとゴシック・ゲートを設計し，リンカン大聖堂とイーリー大聖堂の修復を行った（それぞれ1762-65，1757-62）．これらは同時代人や後継者によって試みられたどの修復よりも，はるかに学術的なものであった．

エゼラー（エスラー），ニコラウス Eseler, *or* Essler, Nikolaus (1400頃-92)
ドイツの建築家．ネルトリンゲン（1427より）およびディンケルスビュール（1448より）にある，卓越したゴシック様式のホール式聖堂（ハレンキルヘ）の建設に携わった．息子（同様にニコラウス（Nikolaus）という）とともに，ローテンブルク・オプ・デア・タウバー，およびアウクスブルクの聖堂の建設にも従事した．

エソナルテクス esonarthex
教会内部に設けられたナルテクス．柱列などによって身廊および側廊と分離される．

EDAW（エダウ） EDAW
ガレット・エクボ，フランシス・ディーン，ドン・オースティン，エドワード・ウィリアムズらランドスケープ・アーキテクトの頭文字からなっている．この巨大な会社は世界中にオフィスを構え，小さな庭園から自然景観保護を扱った大きな提案まで多岐にわたって取り組ん

でいる．おもな事業として，ワシントンD.C.中心部（1976-），フランス，マルヌ=ラ=バレのユーロディズニー，（1990年代初期），東京のエコシティ（1992-94）の再開発があげられる．

枝リブ lierne
⇨ヴォールト

エチェンヌ・ド・ボンヌイユ Bonneuil, Étienne de（1287-88活躍）
フランスの建築家．スカンジナヴィア最大の聖堂であるスウェーデンのウプサラ大聖堂（聖三位一体大聖堂）の，周歩廊と放射状祭室の工事を行った．

エチオピア建築 Ethiopian architecture
エチオピア建築の例として，前5-4世紀の石造神殿がメラゾ地域とイェハ，そしてアクスムにおいて広大なタアカ・マリアム宮殿（前1〜5世紀建設．高い基壇の上に築かれた大階段でアプローチする中央棟とその四面を取り囲む一連の付属建築群によって構成）が今日までに発掘調査されている．同時にアクスムの町には，花崗岩の墓石が並ぶ広大な共同墓地がある．10〜15世紀以降には，石を穿って建設した聖堂が建設され数百棟以上が現存しており，中でも最も洗練されたものは自立する一枚岩からつくられたものである（たとえば，ベタ・ギヨルギス聖堂．ギリシア十字形平面，陸屋根に刻まれた十字架，オジー形の窓，全体が深穴の中にある点が特徴）．これらの建造物はしばしばコプト建築とも呼ばれる．

エーチソン，ジョージ・ジュニア Aitchison, George, jun.（1825-1910）
イギリスの建築家．建築家ジョージ・エーチソン（George Aitchison, 1792-1861）の息子であり，彼の下で修行した．1859年には父と共同設計者となった．内装設計に熟達しており，レイトン・オヴ・ストレットン男爵フレデリック（Frederic, Baron Leighton of Stretton, 1830-96）のためにケンジントンのホランド・パーク・ロードに設計した住宅が最高傑作である．アラブ・ホール（1877-79年の増築で，レイトンが東洋訪問時に入手した釉薬タイルのコレクションを展示するために建築），および芸術家のスタジオも設置されている．ロイヤル・

エツクアン

アカデミーの建築学教授（1887-1905），英国王立建築家協会（RIBA）の会長（1896-99）となり，大きな名声を博した．歴史的様式に盲従しすぎることに反対した．その家具デザインは『商業ホール（Gewerbehalle）』と『キャビネット制作家とアート家具商（The Cabinet Maker and Art Furnisher, 1884）』で公刊された．また，1892年にジェームズ・ワード（James Ward）の『装飾物の原理（The Principles of Ornament）』の新版を出版した．

エッグ・アンド・ダート　egg-and-dart
古典主義様式の装飾で，（エキヌス，あるいはオヴォロのような）突き出た曲面刳形を覆うように設けられ，卵を縦にしたような形をもつ（頂部は切断される）．卵形の部分は溝彫りと隆起した輪環に囲まれ，その間にさらに輪環が刻まれる．隣接する「卵」相互の間には鋭く尖った投げ矢，あるいは錨，ときには舌のような形が組み込まれる．卵鏃紋様では，このように卵と矢の形がくり返し，つぎつぎと連続していく．「矢」の部分の形に応じて，エッグ・アンド・アンカー（卵と錨），エッグ・アンド・タング（卵と舌），ナット・アンド・ハスク（ナッツと殻），などとも呼ばれる．

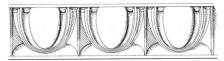

エッグ・アンド・ダート（卵鏃紋様）

X
1．キリストを表象．XPIΣTOΣ（クリストス）の最初の文字Xから来ている．⇨クリスモン（キリストのモノグラム）
2．10を表すローマ数字．⇨チーム・テン

エッサイの樹　Jesse, Tree of Jesse
キリストの系譜を描いた系統樹であり，中世に広く共有されたモチーフである．通常，始祖エッサイの横たわった身体から生える曲がりくねった樹幹や蔓植物として表現される．それぞれの枝の先には（聖書に記されているように）エッサイの子孫達を示す像が立ち，頂点に聖母子が果実として表現されている．オックスフォードシャー，ドーチェスターのセンツ・ピーター・アンド・ポール修道院聖堂（1340頃）のトレーサリーにすばらしい例が残されている．

エッジ・シャフト　edge-shaft
ロマネスク様式に用いられる要素で，ピアに埋め込まれた半身の柱身．アーチの起点として用いられる部分．

エッジ・モールディング　edge-moulding
中世の刳形は胴蛇腹と組み合わせて用いられることが多く，上部を凸面，下部をカヴェットとして，接合部が鋭角の縁をなす．

エッジ・ロール　edge-roll
ボウテル，オヴォロ，トルスのような凸面をもつ刳形（くりかた）．

エッセンヴァイン，アウグスト・オットマー・フォン　Essenwein, August Ottmar von (1831-92)
ドイツの建築家，歴史家．ニュルンベルクのゲルマニッシェス・ナツィオナルムゼウム（ゲルマン国民博物館）を拡張し（1860年代），ニュルンベルク，ケルン，ボンなどの聖堂を修復した．また，ロマネスク建築の専門家としての評判を得，広く出版を行った．著書に『クラクフ市の中世芸術記念物（Die mittelalterlichen Kunstdenkmäler der Stadt Krakau）』(1869)と『北ドイツの中世煉瓦建築（Nord-Deutschlands Backsteinbau im Mittelalter）』(1877)がある．

エッチェルズ，フレデリック　Etchells, Frederick (1886-1973)
イギリスの建築家，画家．国際モダニズム建築の先駆者．ロンドンのハイ・ホルボン223番にあるクロフォード広告社ビルディング（1929-30）がそのことを顕著に示している．面取りされたコーナー，スティールの方立てで分けられた長い水平連続窓，セメント塗の白い壁など，イングランドで建てられたモダニズム様式初期の範例となっている．エッチェルズは，ウェストミンスターのチャペル・ストリート38番（1934）やグロスヴナー・エステイトにある建物も設計した．また，ル・コルビュジエ

の著書『建築へ（*Vers une architecture*)』を
『*Towards a New Architecture*』(1927)，『ユル
バ ニ ズ ム (*Urbanisme*)』を『*The City of
Tomorrow and Its Planning*』(1929) に英訳し
たことで知られる．原タイトルの変更にはテキ
ストのもつ理想主義的で論争的な性格が強調さ
れた．チェスターの司教であるジョージ・ウィ
リアム・アウトラム・アドルショウ (George
William Outram Addleshaw, 1906-82) との共
著書『英国国教会における礼拝のための建築的
配置 (*The Architectural Setting of Anglican
Worship*)』(1948) は，よく考えられた一つの
模範的な著作となった．エッチェルズ自身，出
版事業者，タイポグラファーでもあった．

エッフェル，ギュスターヴ Eiffel, Gustave
(1832-1923)
　フランスの技師．1889 年のパリ万博のため
に建設された，彼の名前を冠する鉄の塔によっ
て，最もよく知られている．エッフェル塔は露
出した鉄を建築に用いる上での重要なステップ
であった一方で，エッフェルはほかにも重要な
貢献をなしており，中でも広くヨーロッパ，南
アメリカ，インドネシアなどで橋を建設したこ
とは重要であった．フランスのガラビにおいて
テュルイエール川に架けられた鉄道橋
(1880-84) は，彼の技術的熟練を示す実例であ
る．1867 年と 1878 年のパリ万博の相談役を引
き受けており，錬鉄の建造物において，いかに
設計の正確さを可能にするかということを実現
するための理論を考案した．パリのボン・マル
シェ百貨店 (1876) においてボワローと協働
し，またニューヨークの自由の女神像 (1885)
の内側のフレーム構造を設計した．

エディス卿，ロバート・ウィリアム Edis, Sir
Robert William (1839-1927)
　イングランドの建築家．とくにクイーン・ア
ン様式の主唱者として知られる．作品に，チェ
ルシーのタイト・ストリート 31-3 番地の住宅
(1879-81)，ノーフォーク州のサンドリンガ
ム・ハウスの増築 (1891-92)，ロンドンのノー
サンバランド・アヴェニューのコンスティテュ
ーショナル・クラブ (1884-86)，ロンドンのメ
リルボーン駅のグレート・セントラル鉄道ホテ
ル (1897-99) がある．

エトルスク建築 Etruscan architecture
　⇨エトルリア建築

エトルスク様式 Etruscan style
　⇨エトルリア様式

エトルリア建築 Etruscan architecture
　現存しているエトルリア（おおむね現在のト
スカナ地方と中部イタリアの一部）建築は多く
はないが，エトルリア建築はローマ建築への発
展において重要な役割を果たした．建物の大半
は，木材，粘土，砂利，そしてテラコッタでつ
くられており，石材の使用は神殿の土台や城
塞，墓などに限られた．現存するエトルリア建
築のうちで最もすぐれたものは，都市壁や岩に
穿たれた墓（それらのうちで最もよい例はチェ
ルヴェテリ，キウージ，コルネート・タルクィ
ニア，そしてペルージャにある）であり，前 6
世紀から前 4 世紀にまでさかのぼる．アーチ状
の都市門も，ファレリウム・ノウム（ファレリ
イ，前 250 頃）やペルージャ（前 300 頃）など
に少数ながら現存している．前 6 世紀以降，神
殿は中央のケラとその両脇のアラ，そして非常
に奥行きの深いポルティコからなる形式へと発
展した．ポルティコはテトラスタイル（四柱
式）となることが多く，木材の円柱が広い間隔
で並び（円柱については一般に背が低く，フル
ートがない），ゆるい屋根勾配の木造小屋組を
支えている．これらの円柱はローマのトスカナ
式オーダーの原型であり，木造によって可能と
なったきわめて広い柱間（インターコラムニエ
イション）は，ローマの円柱の間隔にも明らか
に影響を与えた．木材の上部構造は，しばしば
テラコッタ製の西洋下見によって豊かに飾られ
た（例：ウェイイのポルトナッチョ神殿，前 6
世紀末）．墓については豊かな装飾や彩色が施
され，エトルリアの建築遺産のうちでは最も重
要な位置を占めている．

エトルリア様式 Etruscan style
　18 世紀に新古典主義と関連して考古学研究
の活動が（たとえば，ヘルクラネウムとポンペ
イで）始まったことにより，黒と赤の彩色が施
された多くの壺がみつかった．それから，これ
らの収集物はエトルリア製と考えられるように
なり（しかし，実際には大半がギリシア製で
あった），洗練さや形態，装飾の点で，とりわ

け男根が強調された淫猥な姿の多くの人物像が描かれていたために大いに賞賛された. 壺の図版化は広まり，ことにフランチェスコ・バルトリ（Francesco Bartoli, 1706-30 活躍），ケリュス伯爵（Comte de Caylus, 1692-1765），そしてベルナール・ド・モンフォーコン（Bernard de Montfaucon, 1655-1741）によるものが有名である. なかんずくケリュス伯爵の『エジプト，エトルリア，ギリシア，ローマ，そしてガリアの古代遺物集（*Recueil d'antiquités égyptiennes, étrusques, grecques, romaines et gauloises*)』(1752-67) は，室内装飾としてのエトルリア様式の創造のみならず，新古典主義の発展や，エジプト復興とギリシア復興の展開にも絶大な影響を与えた. この室内装飾については，赤，黒，白をよく使うことや，古代遺跡やルネサンスのグロテスク装飾に由来するグリュフォン，ハーピー，ライオン，スフィンクス，メダイヨン，花綱装飾，ベル・フラワー，三脚台，壺，キメラなど，実に軽快で繊細な細部意匠が描かれているのが特徴である. 18世紀のエトルリア様式は，フランスでルイ16世の時代に初めて登場し，ロバート・アダムによってミドルセックスにあるオスターリー・ハウスのエトルリアの間（1775）で採用された. その当時エトルリア様式として知られていたものは，ポンペイとヘルクラネウムに多くを負っていたため，なんらかのギリシアの影響はあったとしても，実際のエトルリアの影響はわずかであった.

エドワード朝期　Edwardine

エドワード6世（King Edward VI）の治世（1547-53）.

エドワード朝建築　Edwardian architecture

エドワード7世治世時（King Edward VII, 1901-10）の大英帝国の建築で，骨太なバロック・リヴァイヴァルあるいはレン風ルネサンスの特徴をもつ（ベルチャーが設計したランカスターのアシュトン記念碑（1906）など）. 一方で，すぐれた住宅デザインの作品も数多くある. アーツ・アンド・クラフツ運動に大きく影響を受けたものもある. アーツ・アンド・クラフツ運動は，とくにムテジウスの著作により，大陸諸国で大きな賞賛を得た.

エナール，ウジェーヌ＝アルフレド　Hénard, Eugène-Alfred (1849-1923)

フランスの建築家. パリの都市計画に重要な貢献を果たした. 1889年と1900年の万国博覧会計画に参加し，そのキャリアを通じて，歴史的景観の保存のためにはたらき，街区全体の保全を促進する法整備に尽力し，セーヌ河岸含め多くの街区が救われた. 彼はまたパリの都市改良・拡張のための委員会の主査を務めた（1908-12）. 都市計画の父の1人とみなされている.

エニアスタイル　enneastyle

9本の柱が一列に並ぶ柱廊玄関.

エヌビク，フランソワ　Hennebique, François (1842-1921)

モニエによる初期の特許を発展させて，1892年に鋼鉄筋と連結用鉤による鉄筋コンクリートの完全な構法を展開したフランスの先駆者. おそらく彼の最初の試みは，ベルギーのロンバールザイデに計画された住宅のプロポーザル（1879）で，コンクリートの中に組み込まれた鋼鉄筋によって，鉄製製骨組みを置き換えたものだった. 彼は，自分の構法をフェロコンクリートと呼び，スイスのビゲンにある最初の鉄筋コンクリート橋（1894）に用い，続いて1894年以後はカントリー・エレベーターや工場も同じ材料を用いて建設した. エヌビクによるフランス，トゥルコワンのシャルル・シス紡績工場（1895）は，フェロ・コンクリートによる骨組み構造の初期の使用例であり，ジュネーヴの博覧会（1986）でのコンクリート構造のキャンチレバーによってさらなる注目を集め，パリのプチ・パレ（1897-1900）の階段が続いた. モルジュではキャンチレバーによるギャラリーを設計し（1899），劇場設計に革新をもたらした. ミュンヘンの劇場（1901-03）は，外部に露出したコンクリート製骨組みをもつ最初期の例の一つであり，またエヌビクのブール・ラ・レーヌの自邸（1904）は，この材料の彫刻的可能性を示す顕著な例である. 彼の設計したニースのインペリアル・パレス・ホテル（1900）の構造は，ホテルに鉄筋コンクリートが使われた最初である. 彼が発行した『ル・ベトン・アルメ（*Le Béton Armé*)』誌（1898-1921）は彼の設計の重要な記録である.

エピ épi
　尖った形をした，建物の終端部．寄棟屋根の頂きなど．

エピスル・サイド Epistle side
　聖堂や祭壇の北側．

エピタフ epitaph
　埋葬のための記念碑，墓石などに記す碑銘．

エピナオス epinaos
　ギリシア神殿において，ナオスの後陣にある開かれた玄関．

エフィジー effigy
　人の姿を象った彫像．衣服や甲冑を纏い，墓櫃を背にして置かれる．

エフナー，ヨーゼフ Effner, Joseph (1687-1745)
　バイエルン侯国の宮廷建築家．選帝侯マックス・エマヌエル2世（Elector Max II Emanuel's, 在位 1679-1726）がパリに追放されていたとき，同地でおそらくボフランのもとで学び，バイエルンに当時流行の建築と装飾のフランス様式を紹介する．ニンフェンブルクの選帝侯宮殿（1715-23）においてバレッリ設計の既存建築に翼棟を増築し，ズッカッリによって建設が始められたシュライスハイム（1719-25）の建設に携わった．また，ニンフェンブルクの庭園内に建つシノワズリのパゴーデンブルク（1716-19），ローマ風のバーデンブルク（1718-21），ピクチャレスクのマグダーレンクラウゼ（1725-28）といったパヴィリオンを設計した．J・B・ツィマーマンとキュヴィイエといくつかの作品で協働し，バイエルンのロココの発展に主要な貢献をするが，しだいにこの2人の建築家の影に隠れるようになっていった．

エプロン apron
　1．窓台の下につけられる平板で，彫物で飾られることが多い．
　2．高層建物のエプロン・ウォールすなわちカーテン・ウォールに関して，上方の窓台と下方の窓上枠の間にはさまれた充填パネルすなわちスパンドレルのことをいう．

　3．ヴェランダのコーニス（軒蛇腹）あるいはイーヴ（軒）の下方につけられた装飾的造作，すなわちヴァランスのこと．

エマソン，ウィリアム・ラルフ Emerson, William Ralph (1833-1917)
　アメリカの建築家．19世紀後半の住宅建築で知られ，クイーン・アンとコロニアル・リヴァイヴァルの翻案で優美なデザインをつくり出してはいるが，とくにシングルおよびスティックの両様式のものが重要である．スティック・スタイルの建物の中ではマサチューセッツ州ミルトンのフォーブズ邸（1876）が最もみごとなものとしてあげられ，またメーン州バーハーバーのC・J・モリル邸（1879）はシングル・スタイルの最も早い例である．マサチューセッツ州プライズ・クロッシングのローリング邸（1881）はシングル・スタイルを最も発展させた注目すべき作品である．

エマーソン卿，ウィリアム Emerson, Sir William (1843-1924)
　イングランド人建築家．1909年から典型的なエドワード朝バロック様式の荘重な作品（ブラムウェル・トーマスのベルファスト・シティ・ホールよりも壮大なもの）であるインドのカルカッタのヴィクトリア女王記念館を設計し，1921年に開館させた．1899-1902年，RIBAの会長を務め，ロンドンのウォータールー・プレイスの基本計画を策定した（1910）．

エムラー，ローレンス Emler, Lawrence (1492-1506 活躍)
　ドイツの彫刻家かつデザイナー．ウェストミンスター・アビーの王妃エリザベス・オブ・ヨークの卓越した墓碑胸像（1503）を制作し，また聖母礼拝堂にある王ヘンリー2世（King Henry VII, 1485-1509）とその妃の墓を囲むブロンズ製衝立をデザインしたが，これは同時代における衝立の傑作の一つである．

エメ・ベ・エメ・アルキテクタス MBM Arquitectes
　マルトレイ＝ボイガス＝マッケイ建築事務所（MBMアルキテクタス）は，ジュゼップ・マルトレイ（Josep Maria Martorell i Codina, 1925-2017），オリオル・ボイガス（Oriol

Bohigas i Guardiola, 1925-2021), デーヴィッド・ジョン・マッケイ（David John Mackay, 1933-2014）によりスペインのバルセロナに1962年に設立された有力な設計事務所．1985年よりアルベール・プッチドゥメナク（Albert Puigdomenech i Alonso, 1944-）が加わった．オリンピック開催（1992）前後までのバルセロナ都市改造に大きな役割を果たした．重要な設計作品に，1992年セビーリャ万博未来館や，バルセロナ・オリンピック港の港湾管理局とヨットスクール（1989-91）がある．バルセロナのムイェット街区計画（1983-87）ではさまざまなタイポロジーが検討され，大失敗に終わることの多い上層階の街路という試みもうまく機能するように設計された．その他の代表作に，パッラーディオに想を得たある種の幾何形状が探求されたパルマ・デ・マヨルカのエスカレール邸（1985-88）や，初期作品のカステリョン県ベニカシムのサンタアゲダ集合住宅（1966-67）がある．

エラートン，ヘンリー・ド Ellerton, Henry de（1304-22 活躍）

イングランドの石工．1309年，ウェールズのカーナーヴォン・カースルでマスター・オヴ・ザ・ワークス（工事主任）となり，1318年には，北ウェールズの城塞建築において，王営繕局のマスター・アンド・サーヴェイヤーとなった．カーナーヴォン・カースルでは北城壁と「王の門」を設計した．

エリオット，アーチボルド Elliot, Archibald（1760-1823）

スコットランドの建築家．弟のジェームズ（1770-1810）とともに19世紀初頭のエディンバラにおいて指導的な設計事務所を設立した．グリーク・リヴァイヴァル様式でリージェント・ブリッジ（1815-19）を設計したが，カントリー・ハウスはゴシックの細部を有する城館風であった（たとえばパースシャーのテイマス・カースル（1806-10）がある）．スターリングシャーのカレンダー・ハウスにある古代ギリシア様式のフォーブズ・マウソレウム（1816）は円形神殿のすぐれた例であり，エディンバラのウォータールー・プレース（1815-19）は彼の公共建築の巧みさを示している．事務所は息子のアーチボルド・ジュニア（Archibald

Junior, 1843 没）に引き継がれた．彼は美しいグリーク・リヴァイヴァル様式でグラスゴーのスコットランド銀行（1827）を設計した．

エリオット，ジェームズ Elliot, James（1770-1810）

⇨エリオット，アーチボルド

エリオット，チャールズ Eliot, Charles（1859-97） ⇨公園道路

エリクソン，アーサー・チャールズ Erickson, Arthur Charles（1924-2009）

カナダの建築家．ジェフリー・マッセイ（Geoffrey Massey, 1924-2020）と共同設計したバンクーバー，バーンベイにあるサイモン・フレイジャー大学（1963-65）にて，その計画や中央を屋内化したモールで国際的な評価を獲得し，またル・コルビュジエやカーン，そしてルドルフの作品に影響を受ける．彼の柱状で，楣（まぐさ）式構造の建築表現は，ウェストバンクーバーのスミス邸（1965-）と，ブリティッシュ・コロンビア大学の人類博物館（1973-76）が一番いい例である．彼のバンクーバー，ロブソン広場にある州政府庁舎と裁判所の施設（1973-79）は，木や水で想像豊かな外構をもつ都市デザインにおける形態創作である．ワシントンD.C.のカナダ大使館（1983-89）では，大きな中庭や，ロトンダをもってワシントンD.C.の古典主義的な側面に応えた．2002-03年にガラス博物館がワシントン州，タコマに建てられた（トーマス・クック・リード・ラインバルド・アーキテクツと協働）．

エリザベサン建築，エリザベス1世様式の建築 Elizabethan architecture

イングランド女王エリザベス1世の治世（Queen Elizabeth I of England, 在位 1558-1603）の建築で，チューダー朝の最後の時期にあるとみなされており，ヨーロッパのルネサンス様式の影響があるが，幾分地方色がみられる．エリザベス1世時代のイングランドは大陸における主流からは比較的孤立していた．その理由としては，1つには宗教分裂があり，また女王の君主としての正当性や権利が，主要なヨーロッパのローマ・カトリック勢力から認められていなかったためである．したがって建築に

おける流行の様式は到着するのに時間がかかり、ほとんどは出版物を通して伝播した。最初のうちは、ルネサンスのモチーフは主に表面的な装飾として扱われた。ロンドンのサマセット・ハウスは、正確なフランス・ルネサンスの要素をとりいれた最初の重要な建物であるが、1547年から1552年にかけてようやく建設され、これはフィリベール・ド・ロルムとジャン・ビュランの作品に影響を受けている。1550年にジョン・シュートは古代と同時代の建築を学ぶため、イタリアに派遣され、その後、『建築における最初にして主要な基礎（*The First and Chief Groundes of Architecture*）』(1563)を出版した。これは、セルリオとヴィニョーラの影響を受け、英語で書かれた古典主義オーダーに関する最初の著作となった。これ以降、驚異にみちた立派な邸宅がいくつか建てられたが、それらにはリンカンシャーのスタンフォード近郊にあるバーリー・ハウス（1550年代-80年代）、ウィルトシャーのロングリート(1572-80)、ダービーシャーのハードウィック・ホール（1590-96）などがある。後期ゴシックの特徴である大きな縦仕切り（マリオン）と、横仕切り（トランサム）のついた窓、E字形のチューダー朝後期の平面、凝った上部構造、たとえば高い煙突、小塔、さらには尖塔までが、オーダー（しばしばオーダーの積重ね、あるいは煙突として用いられたものさえあった）や多くのストラップワーク、グロテスク装飾、オベリスク（直立もしくは反転し、しばしば胸像がついている）と乱雑に混ぜ合わされた。デザイン源はほとんどがフランスで、とくにフォンテーヌブロー派のマニエリスムであった。これは北ヨーロッパのルネサンスとマニエリスムに深い影響を及ぼし、とくにディーターリンとデ・フリースに強く影響を与えた。そこでは、いわゆるディッターリンク装飾が表現されている。ケンブリッジ大学のゴンヴィル・アンド・キーズ・カレッジにある「名誉の門」(1572-73)には、後期チューダー朝の作品に由来するアーチがみられるが、それは古代ローマ風ドリス式オーダーのある古典主義的構成の中に組み込まれていて、その上にはオベリスクのある神殿の正面があり、全体にはドーム状のヴォールトが架けられた六角形平面の上部構造体が載っている。これは明らかにセルリオとフランドルのルネサンスのデザインに由来する。この建築家は、クリーヴァ出身のフランドル人、もしくはドイツ人で、1562年にイングランドに定住したテオドーレ・デ・ハーフェもしくはハフェウス（Theodore de Have, or Haveus, 1562-76活躍）であった。しかし、1560年代にバーリー・ハウス、シアボールド・パレス（ハートフォードシャー）、バッハ・イ・グライグ（フリントシャー）、王立取引所（ロンドン）の設計に携わったファン・パエッシェンが、イングランドでフランス式ではなくイタリア様式で建物を設計した最初の建築家とみなされている。

エリザベス1世様式の建築は感性がほとばしるようなものが多く、とくにマントルピース、正面玄関、墓碑において顕著である。後者は華々しい構造多彩、すなわち、色彩は構造体に使われた材料により示されることが多い。その例としてはラトランドのエクストンにあるセインツ・ピーター・アンド・ポール聖堂にあるケルウェイ墓碑（1580年代）と、リンカンシャーのスタンフォードにあるセント・マーティン聖堂のセシルの墓所（16世紀後半）がある。後者はおそらくコーニリアス・キュア（Cornelius Cure, 1574頃-1609頃活躍）によるものである。エリザベス1世様式の真髄はジャコビアン建築（ジェームズ1世様式）へと引き継がれ、19世紀に復興された。

エリザベス1世・ジェームズ1世様式 Jacobethan
⇨ジャコビーサン様式

エリザベス朝復興様式 Elizabethan Revival
エリザベス朝期の建築は、国民様式の探求という観点から、1830年代になると魅力的な先例とみなされた。エリザベス朝期は豊かな創造性、富、強い軍隊を思い起こさせ、またゴシック建築とは異なって、宗教改革前の時期との宗教的かかわりを一切もっていなかった。ウェストミンスター宮殿の再建が1835年に建議されると、その様式はエリザベス朝様式かゴシック様式のいずれかとすることが明記された。1837年のヴィクトリア女王の即位によって、新たな「エリザベス朝」期への期待も高まっていた。したがって、エリザベス朝様式の復興はこの時期を起点とできる。リンカンシャーのハーラクストン・マナー（1831-37）、ハンプシャーのハ

イクレア城（1842-49），バッキンガムシャーの
メントモアタワーズ（1851-54）がエリザベス
朝復興様式の代表例で，アメリカにもその影響
がみられる．1920年代および30年代には再度
の復興が起こり，木造骨組みによるものや，
ヴァナキュラーな表現が住宅や酒場などを中心
にみられた．

エリジウム Elysium, Elyzium
　1．古典古代における死者の地．
　2．理想郷，また完全なる幸福が得られると
される場所．広大で魅力的，典雅で美しく，優
しく哀切に富む風情をもつ庭園．装飾が施され
た記念碑や陵墓がしばしば設けられる．18世
紀のフランスではモーペルテュイのエリゼ宮や
エルムノンヴィル城がその名に喩えられた．
　3．風景式の庭園を備えた，ピクチャレスク
の様式による墓地．パリのペール・ラシェーズ
墓地（1804以降），マサチューセッツ州ケンブ
リッジのマウント・オーバーン墓地（1831）な
ど．

エリジョン elision
　建築の構成要素の一部を省略すること．たと
えば，エンタブラチュアからフリーズを省略す
ると，アーキトレーヴ＝コーニスとなる．

エリス，ハーヴィー Ellis, Harvey (1852-
1904)
　アメリカの建築家．その折衷主義的デザイン
はこの時代の典型的なものでありながら，彼が
重要な建築家としてみられる第1の理由は設計
図面，とくに「アメリカン・アーキテクト・ア
ンド・ビルディング・ニュース（*American
Architect and Building News*）」誌などで発表
された透視図にある．L・S・バフィントンの
ために挿絵を制作し，後者が鉄骨の摩天楼の草
分けとして注目される上で役立った．1902年
から亡くなるまで「クラフツマン」（*The
Craftsman*）誌の編集者を務めた．

エリス，ピーター Ellis, Peter (1804-84)
　イングランドの建築家．リヴァプールの2棟
のオフィス・ビルで知られる．ウォーター通り
のオリエル・チェンバーズ（1864）は鋳鉄の軸
組が薄い煉瓦造ヴォールトの床を支えており，
石で仕上げられた立面から金属とガラスのオー

リエル窓がせり出している．クック・ストリー
ト16番地のオフィス・ビルは背面の立面が鉄
とガラスでつくられ，鉄とガラスのカーテン
ウォールの中にはらせん階段が入っている．こ
のような建築は当時，かなり先進的なもので
あった．

エリス，レイモンド・チャールズ Erith,
Raymond Charles (1904-73)
　イギリスの建築家．伝統主義者，古典主義
者．バートラム・スチュアート・ヒューム
(Bertram Stewart Hume, 1901-77) と共同し
て（1929-39），エセックスのデダムに1800年
頃の様式を使って，住宅を設計した．続いて，
バークシャー，ウィンザーにあるロイヤル・
ロッジへのアプローチに，同様のスタイルでい
くつかのロッジを設計した（1939）．彼は自身
の事務所を1946年に立ち上げ，オックスフォ
ードのクィーンズ・カレッジの古典学寮長の宿
舎（1955），オックスフォードのレディ・マー
ガレット・ホール（1960-66）にある新図書館
と寮棟を設計した．彼は，ロンドンのダウニン
グ・ストリート10番11番12番の再生事業に
も携わった（1958-63）．ハムステッドにあるゴ
シック様式のジャック・ストロー・カースル
（1963-64年のパブ），グレイズ・インにあるコ
モン・ルームの建物（1971-72），その他多くの
住宅（エセックス，ウィベンホー・ニューパー
クにあるパッラーディオ風ヴィラ，1962-64）
には，イングランドの歴史的建築様式に彼が通
じていたことを示している．1962年には，
クィンラン・テリーと共同事務所を設立した．

襟巻 necking
　円柱に施される環状のモールディングで，そ
れによって柱身の頂部が定められ，柱頭からは
分離される．

襟巻刳形 necking-course
　ネックに相当する帯飾り状の水平なモール
ディング（例：ピナクルをもつ頂華の結合部），
あるいはネックや襟巻と連結した壁に沿って連
続する水平なモールディングを指す．

エル ell
　1．長さの単位．かつてイギリスで用いら
れ，45インチに相当する．

2. 既存の建物の軸線方向に対し直角に付設された増築部，あるいは翼部．

エルヴィ，アーネ・アドリアン Ervi, Aarne Adrian（1910-77）
　フィンランドの建築家．1938年に自身の事務所を設立するまではアールトのもとではたらき，発電所や工場や大学などの多くの建物を設計した．エスポーのタピオラ田園都市のコンペで受賞し，1954年から64年にかけて町の中心部およびそこに建つ住宅やアパートなどのプロジェクトを，敷地の自然の特質をいかす手法によって実現した．

エルヴィン・フォン・シュタインバッハ Erwin von Steinbach（1318没）
　⇨シュタインバッハ，エルヴィン・フォン

エルウッド，クレイグ Ellwood, Craig（1922-92）
　アメリカの建築家．ケース・スタディ・ハウスの一つ，カリフォルニア州ロサンゼルスのベルエア・ロード1811番（1951-52）で有名になり，さらに同市のヒドゥン・ヴァレー・ロード9554番地（1954）とミルデロ・ロード1129番地（1955）のケース・スタディ・ハウスが続いた．鉄骨構造をもとにした直交する格子の主唱者として，ロサンゼルスのクレストウッド・ヒルズのスミス邸（1957-58）と同市ブレントウッドのオークマウント・ドライヴ910番地の自邸，ローゼン・ハウス（1961-63）でミース・ファン・デル・ローエのパルティ（構成）を発展させた．その後期の作品では被覆のない鉄骨のトラスを採用しており，カリフォルニア州パサデナの二つの丘をつなぐ橋のようなアート・センター・スクール（1970-75）においてとくに目立っている．

エルサレム Jerusalem
1. ⇨十字
2. 理想都市あるいは聖都．巡礼者（それどころか，あらゆるキリスト教徒）の最終目的地である天国の象徴．そのため芝迷宮や柴迷路，あるいは（フランスのシャルトル大聖堂の身廊のように）中世の聖堂の床に巡礼や告解といった儀礼に用いるために象嵌されたラビリンスや迷宮では中心に表現される．

エルス hearse, herce, herse
1. 格子状構造物，すなわち，落とし扉の昇降式の扉．
2. 葬祭用蝋燭ピケット（燭台）に固定された，直線，または曲線の横格子．
3. 追悼棺の直上に設けられた金属製の開放的枠組み．通常は帳を掛けるためのものであり，作例はウォリックのセント・メアリー聖堂内のビーチャム礼拝堂にある．ピケットつき鉄製エルスとしては，ヨークシャーのウェスト・タンフィールドのセント・ニコラス聖堂内にあるマルミオン（マーミオン）墓所の直上に掛かるもの（1387頃）が現存している．

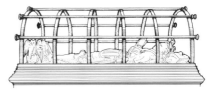

ビーチャム礼拝堂のエルス（3）．セント・メアリー聖堂．ウォリック．

エルゼッサー，マルティン Elsaesser, Martin（1884-1957）
　ドイツの建築家．ボナッツとテオドーア・フィッシャーに師事し，歴史的様式への関心を育んでいった．教師としても重要な事績があり，『設計への誘い（Einfuhrung in das Entwerfen）』（1950）や『住宅と生活感情（Wohnung und Lebensgefühl）』（1955）を著した．住宅，学校，聖堂，病院など作品の多くは1933年に発表され，簡素な形態，勾配屋根，整ったプロポーションなどを特徴としている．

エルデム，セダット・ハック Eldem, Sedad Hakki（1908-88）
　トルコの建築家．1929-30年にベルツィヒに学び，自身の近代主義者としての信念とトルコ建築の融合を図った．初期の作品には，アンカラの国家専売総局（1934-37），イスタンブル大学文理学部（1942-43），アンカラ大学理学部（1943-45）がある．後者の二つは共に働いたボナッツの影響を受けている．タシュルクのコーヒーハウス（1947-78，現存せず）は，17世紀の木骨造のオスマン土着建築を20世紀の鉄筋コンクリートを用いて，構造的に解釈しようとし

たものである．イスタンブルのゼイレキ社会保
障代理店（1962-64）で世界的に著名となり，
ボスポラス海峡沿いに伝統的なオスマン建築の
影響を受けた多くの作品を残した．オスマン建
築に関しては1984-87年に刊行された名著『ト
ルコの民家（*Türk Evi*）』に詳しい．一例とし
てタラビヤのラフミ・コチュ別邸（1975-80）
がある．またアンカラにおいて数棟の大使館を
設計している（1964-77）．

エルボウ elbow
　⇨クロセット

**エールマー，ジョン Aylmer, John（1471 頃-
1548）**
　イングランドの石工頭．ジョン・ヴァーチュ
ーの協働者であり，ウィンザー（バークシャ
ー）のセント・ジョージ礼拝堂で，フライン
グ・バットレスや棟装飾などをもつヴォールト
を建てる契約をしている（1506）．また，ロン
ドンにサヴォイ病院（1512-19）を建て，ロン
ドン塔でもさまざまな仕事に携わった．

**エルマン，ジャック Hermant, Jacques
（1855-1930）**
　フランスの建築家で，ピエール＝アントワヌ＝
アシル・エルマン（Pierre-Antoine-Achille
Hermant, 1823-1903）の息子．ナンテールに
設計した感化院（1874-81）は，19世紀後半の
フランスの刑事施設のモデルとなった．ジャッ
クは奔放な折衷主義者であり，イリノイ州シカ
ゴで開催されたコロンブス万国博覧会ならびに
ブリュッセルの万国博覧会（1897）のフラン
ス・パヴィリオン（1893）で名声を得た．ルイ
16世様式を用いたコンサート・ホールである
サル・ガヴォは，エドモン・コワニェの設計に
よる鉄筋コンクリートが使用されたことが特筆
される（パリで最初の例）．コワニェとは，パ
リのサン・マルタン街にル・マガザン・デ・ク
ラス・ラボリューズを設計した．エルマンは，
パリ，ブルヴァール・オスマンのソシエテ・
ジェネラル・ビルを担当し，3面の既存ファ
サードの裏にまたがる形で設計した．事務室に取
り巻かれた中央営業室（天窓をもつ）と豪華な
アール・ヌーヴォーの装飾で，すぐれた一体感
をもっている．彼の知名度が高くないのは不思
議である．

エルミタージュ hermitage
　1．隠者や宗教的隠修者の住居．中世には宗
教団体と関連づけられることが多く，聖堂敷地
内やその他の場所に「独住修士」へ捧げられ
た．修道院に付属することも多く，オラトリウ
ム（祈祷室）と関連づけられることが頻繁に行
われた．
　2．人気のない環境における住居．風景式庭
園内に設置されることが多く，18世紀には雇
われた「隠者」が住んでいた．
　3．コテージ・オルネ〔フランス語で「装飾
されたコテージ」の意〕，プリミティヴ・ハッ
ト（原始の小屋），または風景の中の田野の居
館．隠者の家を思わせるものとして構想され
た．
　4．バウアー，ガゼボ，または人里離れた場
所．グロットや洞穴，人工のロック・ワーク，
または18世紀の哀調を帯びた風景の中の同様
の構造物と関連づけられることが多かった．

**エルムズ，ジェームズ Elmes, James
（1782-1862）**
　H・L・エルムズの父．著作で有名で，とく
に，T・H・シェファード（T. H. Shepherd）
の『首都改良（*Metropolitan Improvements*）』
（1827-29）および『クリストファー・レン卿の
生涯とその作品回想録（*Memoirs of the Life
and Works of Sir Christopher Wren*）』（1823）
の編集者として知られる．そのほか『監獄の改
良に関するヒント（*Hints for the Improvement
of Prisons*）』（1817），『ロンドンおよびその周
辺の地誌的辞書（*A Topographical Dictionary
of London and Its Environs*）』（1831）がある．
建築家およびサーヴェイヤーとして実務を行っ
た．コルヴィンが彼の作品のリストをつくって
いる．

**エルムズ，ハーヴェイ・ロンズデール Elmes,
Harvey Lonsdale（1814-47）**
　イングランドの建築家．ジェームズ・エルム
ズの息子．リヴァプールのセント・ジョージ・
ホールの設計競技で勝利し（1839），翌年，巡
回裁判所をとり込む拡張工事を行った．ほぼ間
違いなく，イングランドにおける新古典主義の
建築の中で最高のもので，ロバート・ローリン
ソンとC・R・コッカレルによって1847-54年
に完成された．デザインは一部，クレンツェお

よびシンケルの出版物に影響を受けている．それらの記念碑的な作品のいくつかをエルムスは1842年の調査旅行時にみている．その他，ロンドンのケンジントンのエニスモア・ガーデンズおよびプリンス・ゲートの住宅のファサード（1843-46頃），チェシャーのワラシーの住宅（1845頃），ランカシャーのレインヒル，ランカシャー州立精神障害者施設（1847-51）がある．

エルムスリー，ジョージ・グラント　Elmslie, George Grant（1871-1952）
　⇨パーセル・アンド・エルムズリ

エルロン　aileron
　片流れ屋根，側廊屋根や同様のものを見えないようにする半ゲーブル，半ペディメント．

エレクトログラフィック・アーキテクチュア
electrographic architecture
　1969年にアメリカのトム・ウルフ（Tom Wolfe, 1930-2018）が初めて用いた語で，電気的な広告や高所看板を支持する構造体．

エレ゠ド゠コルニ，エマニュエル　Héré de Corny, Emmanuel（1705-63）
　フランスの建築家．1738年より，ポーランド王（1704-09: 1733-34），ロレーヌ・バール公（1736-66）であるスタニスワフ1世・レシチニスキ（Stanisław Leszczyński, 1677-1766）の建築家となる．公のために，ロレーヌに城館・庭園建築のための多くの優雅なデザインを監修した．しかし，彼の傑作は，ナンシーの都市空間のシークエンスにある．王の広場（現スタニスラス広場），遊歩道あるいはカリエール広場，そしてエミシクル（1752-56）．これらすべてが，ロココの都市計画の中でも世界で最も精妙で印象深い作品を形作っている．自らのデザインを『集成（*Recueil*)』（1753-56）と『ポーランド王・ロレーヌ公の命によって建設されたナンシーの王の広場と周辺の建物の平面図と立面図（*Plans et élévations de la place royale de Nancy & des autres edifices à l'environment bâtis par les ordres du Roy de Pologne duc de Lorraine*)』（1753）で出版した．それ以前には，ナンシーのノートル・ダム・ド・ボン・スクール（1738-41）を，公と家族のための追悼

礼拝堂として設計した．またシャントゥー，コメルシ，アンヴィル，リュネヴィル，マルグランジュといった公の領地に一連の庭園やファブリックを設計した．これらは異国趣味によるファブリックを建設した最初のデザインに連なり，影響力をもったトルコ風・中国風キオスクをリュネヴィルに設計している（1737と1740）．リュネヴィルでは「ロシェ」と呼ばれる石組構造物（1742-52）を建設しており，この種のものとしては早い例である．また同地のサン・ジャック聖堂を完成させている（1743-47）．

エレベーター　elevator
　建物内の上下に貫通した縦坑に設置した小室に荷物や人を載せ，階間を垂直に移動させる手段．イギリスではリフトと呼ばれる．初期の単純な昇降装置は19世紀初頭のものが知られているが（例：マサチューセッツ州チャールズタウンのバンカーヒル記念塔（1824-42，ウィラード設計)），アメリカではより精巧なものが1850年代までに使用されるようになった．ポスト設計によるニューヨーク市のエクイタブル生命保険ビル（1868-70，解体）はエレベーターを装備した最初のオフィスビルの一つ．当初は水圧式だったが，1880年代までには電気式の昇降装置が用いられるようになった．19世紀末までにエレベーターの使用は普及し，高層ビルの発展に寄与した．⇨穀物エレベーター

エレメンタリズム　Elementarism
　ファン・ドゥースブルフが用いた語で，建築に絵画平面と色彩を導入していくことを示す．ミース・ファン・デル・ローエ，ファン・エーステレン，リートフェルトの建築に顕著にみられる．エレメンタリズムの代表的作品として，ユトレヒトのシュレーダー邸（1921-24）とミース・ファン・デル・ローエによる煉瓦造のヴィラ（1923），バルセロナ・パヴィリオン（1928-29）がある．

エレーラ，フアン・デ　Herrera, Juan de（1530-97）
　16世紀スペインで最も名高い建築実務家．同国に厳粛な古典主義（その飾り気の無さから「無装飾様式」として知られる）を導入した．1563年にフアン・バウティスタ・デ・トレド

の助手となったエレーラは，トレドが没すると抜擢され重用されるようになり，1579年にはフェリペ2世（King Philip II, 在位1556-98）直属の建築家に任命された．エレーラの経歴は，マドリッド近郊のエル・エスコリアル修道院・宮殿・霊廟の建設と切っても切り離せない．この複合建造物の平面はソロモンの神殿のさまざまな復元図，中でもイエズス会士ヘロニモ・デ・プラド（Hieronymo Prado, 1547-95）およびフアン・バウティスタ・ビリャルパンド（Juan Bautista Villalpando, 1552-1608）によるものとよく似ており，ここで詳述はできないが，占星術的・魔術的・宗教的・幾何学的そして象徴的な引喩がさまざまに用いられている．教皇グレゴリウス13世（Pope Gregory XIII, 在位1572-85）がフェリペ2世に聖ラウレンティウスの溶けた脂肪を贈呈しており，エスコリアルの聖堂は同聖人に奉献されていることから，四つ角に塔を備えた格子状の平面という全体の形状に関しては，聖ラウレンティウスの殉教の引喩とも考えられる．エレーラによる王室関係の建設活動としては，ほかにもトレドのアルカサル完工（1585），エスコリアルのモチーフが多くみられるアランフエス宮殿での仕事（1571-86），優美なセビーリャの取引所（ロンハ1582-98），バリャドリッド大聖堂の一部（1585-97）などがある．エレーラが没した際には未完であったにもかかわらず，バリャドリッド大聖堂は広く模倣され，中でもサラマンカ，メキシコ市，プエブラ，リマの各大聖堂が特筆に値する．

エーレンスヴェルド，カール・アウグスト
Ehrensvärd, Carl August (1745-1800)

スウェーデンの新古典主義の建築家．カールスクローナの造船所の倉庫（1784）は，18世紀後半の建物としては最も装飾を抑えたものの一つである．1780年代にパエストゥムを訪れた彼は（『イタリアへの旅（*Journey to Italy*）』1780, 1781, 1782（1786）に所収），カールスクローナの造船所の入口ゲートを原始主義的なドリス式の案で設計したが，これはスターリングのシュトゥットガルト州立美術館（1977-84）に影響を与えた．ピラミッドや極端にずんぐりしたドリス式オーダーを含む彼の建築デザインは，当時の他のどれよりも先進的であり，なにかと論争の的となるその作品は，あたかも20

世紀の機能主義のような目を見張る進展を促したのである．

エンヴェロープ　envelope
1. 内部空間を包み込む，建物の外周部．
2. 軽量で，水密性と防御性をもつ外装材．ガラスや金属パネルのカーテンウォールなどで，構造体を保護する．
3. 幾何学において，薄い屈曲可能な実体で立体を被覆すること．

エンカーパス　encarpus
彫塑された花綱装飾で，果物，花，葉，古典主義建築における衣文などがモチーフとなる．

エーン，カール　Ehn, Karl(1884-1957)
オーストリアの建築家．ヴァーグナーのもとで学び，ウィーン市の建築家となり，1920-1930年代の数多くの公共的な住宅計画に携わる．当初，ヘルメスヴィーゼの住宅地（1923）が示すように，イングランドの田園都市運動に惹かれていたが，リンデンホーフのプロジェクト（1924）ではアムステルダムの住宅供給に影響を受けた．最も名高い作品は，ベーベルホーフ（1925），ハイリゲンシュタットに建つ巨大な表現主義的建築カール・マルクス・ホーフ（1927），そしてよりモダニズム的なアーデルハイト・ポップ・ホーフ（1932）である．ハイリゲンシュタットの建築は，半マイルほどの長さをもつ住宅街区に1382戸の住居，オフィス，洗濯場，図書館，診療所が設計されたいわばユニテ・ダビタシオンであり，ル・コルビュジエの作品の先駆けであると同時に，19世紀のシャルル・フーリエ（Charles Fourier, 1772-1837）らのアイディアを受け継ぐものであった．それは簡素なファサード，力強い立体，がっしりとした量塊，高度にまとめられた幾何学形態をもつ建築であった．

円剖形　common round
⇨コモン・ラウンド

縁剖形　edge-moulding
⇨エッジ・モールディング

円形浮き彫り　pellet
⇨ペレット

円形砦　ring-fort
　強固な円形壁で囲まれた場所．アイルランドに数例が残る．

エンゲージド　engaged
　壁や支柱に，とりつけられ，添えられ，挿入され，また部分的に埋められていること．ピラスターとは異なり，柱身の半分ないしはそれ以上の部分が突き出ている柱など．溝彫りが施されている柱が柱身の半分程度埋め込まれているような場合，壁に対して柱身全体が傾いで取り付けられるなどしないかぎり，壁との接合部における納まりがエンタシスのために難しくなる．エドワード朝期の大英博物館拡張工事（1904-14）において，バーネットはイオニア式の柱を用いて，上記の解決法を試みた．

エンゲル，カール・ルートヴィヒ　Engel, Carl Ludvig（1778-1840）
　ドイツ生まれで，フィンランドで活躍した建築家．フリードリヒ・ジリーの影響のもとのベルリンの建築アカデミーで学び，ロシアのサンクト・ペテルブルクでさらに新古典主義をきわめた．その後，当時のフィンランド大公国の新首都建設のための建築家に任命され，1816年にヘルシンキに定住し，上院議事堂（1818-22），ルター派の大聖堂（1830-40），大学図書館（1836-45），市庁舎（1827-33）を含めて多くの重要な建物を設計した．1824年にはフィンランド大公国の建設事業総監督官に任命され，フィンランド全体に新古典主義の建築言語を普及させるにいたった．彼の建築活動は多作であり，かつ傑出していた．

エンゲルベルガー，ブルクハルト　Engelberger, Burkhard（1450 頃-1512）
　ドイツの建築家．ハイルブロンにあるキリアンスキルヘ（ザンクト・キリアン聖堂）の内陣を，1480年に完成させた．また1492-94年には，ウルム大聖堂建設の相談役を務め，塔を強化させた．アウクスブルクのザンクト・ウルリヒ・ウント・アフラ聖堂においては，ヴォールトおよび塔（1475-1506）を含む主要作品に従事した．墓碑銘によれば，ザンクト・ウルリヒ聖堂を建設した棟梁であり，その構造のほとんどを設計したであろうことが知られる．

エンコースティック　encaustic
　1．熱を加えて固着させること．色蝋で描き，火であぶってその色を定着させるなどの手法．
　2．タイルの一種．ある色のタイルに，異なる色の粘土でつくった装飾パターンを嵌め込み，焼きつけて光沢を出したもの．暗赤色の地に黄色のパターンをもつ焼きつけタイルが中世の聖堂，またゴシック・リヴァイヴァルの聖堂でよく用いられた．

エンジェル・ライト　angel light
　とりわけ，垂直式の建築物において，トレーサリー窓の内部の小アーチの間の小規模で，ほぼ三角形の採光窓．

エンジンガー，マテウス　Ensinger, Matthäus（1390 頃-1463）
　ウルリヒ・フォン・エンジンゲンの息子．ストラスブールおよびウルムにおいて，父のもとではたらいたのち，スイスのベルンへ移り，大聖堂（1421 着工）を設計した．また，エスリンゲンのフラウエンキルヘ（聖母堂）（1429）およびウルム大聖堂（1446 より）の棟梁にもなった．父親と同様に，ドイツ中世の棟梁の中でも，重要な人物の一人である．

エンジンゲン，ウルリヒ・フォン　Ensingen, Ulrich von（1350 頃-1419）
　ドイツ中世における最も偉大な棟梁の一人．何年にもわたってウルム大聖堂（1392 より）に従事し，ゾンダーゴーティク様式の塔，および西の扉口を設計した．ただし，塔の上層部はベープリンガーによって建設されたものである．さらに，フランスにあるストラスブール大聖堂の塔を構成する，複雑なトレーサリーの格子で飾られた優美なる八角形層（1399 より）の建築家でもある．同様に，エスリンゲンのフラウエンキルヘ（聖母堂），およびプフォルツハイムにある修道院（1409 より）にも従事した．彼，あるいはその同名の息子ウルリヒ（Ulrich）が，1394年にミラノ大聖堂の顧問として活動したと記録されている．

円錐状建物　cone
　⇨コーン

エンタシス entasis

　古典主義建築では，柱身の直径は柱頭に比して柱礎のほうが大きい．したがって，先細りの柱となるが，かすかに傾いた直線的な傾斜というのではなく，エンタシスと呼ばれる，柱身がわずかに膨らむ曲線状のむくりがつくられる．パエストゥムの神殿で用いられたドリス式オーダーなど，ギリシア建築では柱頭の柱径が柱礎よりもはるかに細く，エンタシスも判別しやすい．エンタシスはまた，壁面，尖塔，塔などにも見出せる．エンタシスについては1814年頃にアラソンがはじめて着目し，つづいてC・R・コッカレルとハラー・フォン・ハラーシュタインが検証した．アラソンは『科学・芸術季刊誌（*Quarterly Journal of Science and Arts*）』（1821）に論文を発表し（コッカレルの資料に多くを負っている），1850年代になるとF・C・ペンローズが詳細な議論を展開した．

エンタブラチュア entablature

　古典主義建築のオーダーの中で，柱やピラスターで支持される，アバクス上部の水平帯部．アーキトレーヴ（柱間に横架された楣石），フリーズ（イオニア式オーダーを用いた神殿，とくにヘレニズム様式では省略されることがある），コーニス，の3層にさらに水平に分割される．無柱式（柱やピラスターをもたない）によるファサード頂部のエンラブラチュアはコルニチョーネと呼ばれ，フィレンツェにおけるルネサンス期のパラッツォなどにみられる．また，古典主義様式による室内頂部，天井と壁の狭間に設けられることもある．

円柱 column
　⇨コラム

エンデル，エルンスト・モーリツ・アウグスト Endell, Ernst Moritz August（1871-1925）

　アーツ・アンド・クラフツ運動に影響を受けたドイツの建築家，デザイナー，ミュンヘンのゼツェッシオンにかかわった．初期の代表作エルヴィラ写真スタジオ（1896-97）のファサードでは，エジプト様式のゴルジュ・コーニスの下に渦巻く波のような形態の装飾がスタッコであしらわれ，ユーゲントシュティールのデザインの記念碑的作品となった．1901年よりベルリンで活動して成功し，『大都市の美（*Die Schönheit der grossen Stadt*）』（1908）の中で精神的価値に対して感性について論じた．ドイツ工作連盟の1914年の論争では，定型化を論じたムテジウスに対し，デザインにおける個人主義を主張したヴァン・ド・ヴェルドに与した．1918年にブレスラウ（現ヴロツワフ）に移り，芸術アカデミーの長となった．

エンテンザ，ジョン・ダイモック Entenza, John Dymock（1903-84）
　⇨ケース・スタディ・ハウス

エンド end

　木造骨組みによる中世の住宅において，私室と設備諸室との区別を示すために用いられる語．アッパー・エンド，あるいはハイ・エンドは広間の中の私的領域，ロウアー・エンドは玄関，また設備諸室近くの領域を意味する．

煙道 chimney-flue
　⇨チムニー・フルー

煙突 chimney-shaft
　⇨チムニー・シャフト

煙突の煙道 vent
　⇨ヴェント（2）

煙突帽 cowl
　⇨カウル

エントリー entry

　木造骨組みによる中世の住宅において，主玄関の位置を示す語．以下の種類がある．
　エンド・ロビー・エントリー：　ロビー・エントリーと同様だが，側壁面の奥で一室のみへの出入りが可能．
　クロス・エントリー：　ホールへ反対側の扉から入るための玄関．間仕切り壁を設けない．
　クロス・パッサージュ：　クロス・エントリーと同じ位置にあるが，間仕切り壁を備え，ホールと仕切られた通路がつくられる．
　ゲーブル・エントリー：　破風面に位置する玄関．
　バッフル・エントリー：　軸上に並ぶ煙突の前にあるロビーへの玄関．扉を設けない．
　ロビー・エントリー：　ロビーへつながる扉

を備え，ロビーの奥に煙突が集められ軸上に並ぶ．扉は側壁面のいずれかに設けられる．

エンド・ロビー・エントリー　end lobby-entry
　⇨エントリー

エンバトルド　embattled
　⇨バトルメント

エンバートン，ジョセフ　Emberton, Joseph (1889-1956)
　イギリスの建築家．1918年から22年までバーネットとタイトの事務所で働き，ペルシー・ジェームズ・ウェストウッド（Percy James Westwood, 1878-1958）とともに事務所を設立した．彼らは，ミドルエセックスのウェンブリーで開催された大英博覧会のために設計したさまざまなキオスク（1924-25，現存せず）に，不正確ではあるがイスラーム様式を取り入れた．また，オースチン・リードのために，ホルボンにサミット・ハウス（1925）を設計し，バーネット・タウト事務所からの影響をみせている．エンバートンは，ロンドンのハンマースミス・ロードにあるオリンピアの展示ホールの増築と改修を担当した．それは，ペヴスナーがいうように，厳粛で主張の強い1929-30年のモダニズムの様式であり，コンクリートのように見えるが，実際は鉄骨と煉瓦壁でつくられている．細部意匠は，メンデルゾーンによるポツダムのアインシュタイン塔のようなヨーロッパ大陸の先進的なデザインから引用されている．背面にあるシンクレア・ロード側のエントランス・ホール（1936）は，やや落ち着いた雰囲気の端正なデザインである．このような国際的なモダニズムへの同調傾向は，エセックスのバーナム・オン・クラウチにあるロイヤル・コリンシアン・ヨット・クラブ（1930-31）でも同様で，イングランドにおける国際的モダニズムの初期の作例であり，ロンドンのピカデリーにあるシンプソンズ百貨店（1935-36）へつながっている．ペヴスナーは，この建物を「信念」にもとづき「新しい表現」を生んだ「革新的」作品と述べているが，実際，溶接された鉄骨構造として先駆的であった．ロンドンのオックスフォード・ストリート363-7番やノース・ランカスターシャーのブラックプール，サウス・

ショアにあるカジノなどを見ると，明らかにメンデルゾーンがエンバートンに強い影響を与えていることがわかる．

エンブレイジャー　embrasure
　1．バトルメント（狭間胸壁）の凸部（コップ）間の空所．
　2．開口部の断面を斜めに広げること．外部に面した側より，壁の内部側のほうが広い開口面をもつ．開口部は小さくとも，壁の内側から広い角度で外部を見通すことができる．また，壁体の防御性能を低減させることなく，採光量を増やすことが可能となる．

エンブレム　emblem
　1．訓言や寓意などを表す図像，記号，紋様．
　2．抽象概念を象徴的に表す物体の図像．
　3．人物や一族，聖人などを示す記章として使用される紋様．16世紀，および17世紀にはしばしば隠喩を含んだ．また，象徴的表現に富んだ書籍は建築装飾の重要な源泉となった．

エンリッチメント　enrichment
　刳形に施された，卵鏃模様やオヴォロなどの装飾．

オウアシヨ

オ

オーヴァーショット overshot
ジェティ.

オーヴァーストーリー overstorey
1. クリアストーリー.
2. 上階.

オーヴァースロー overthrow
1. 門のピアや支柱の間, 門の直上に配された装飾的な鉄製構築物.
2. 門のピアや支柱の間の照明のためのアーチ形状の鉄製支持材.

オーヴァーセール oversail
他の部材から突出した要素. メーソンリーの層が, その直下の層の表面からカンティレヴァー (片持ち梁) により突出して, コーニスやイーヴズ (軒) のようにコーベルにより持ち送られた, またはオーヴァーセーリングされた層となっている.

オーヴァードア overdoor
1. 扉枠直上の壁面. 装飾される場合とされない場合がある.
2. 内部にのみ配置されたソプラポルタ. 外部のソプラポルタはコロネットという.
3. ファンライト.

オーヴァーハング overhang
1. たとえば, 壁体下部のネイキッドから突き出たオーリエルやジェティのような, 下部から突き出た構築物の部分.
2. 直立するのではなく, 外側と上方に向かって傾いた化粧されない斜面による壁体. すなわち, バッター (控え壁) の逆である.
3. コーベル (持ち送り).

オーヴァーマントル overmantel
マントル・シェルフ直上の装飾枠を施したパネル, または建築的配列.

オーヴァーライト overlight
ファンライトと同様のもので, 正方形か長方形のもの.

オーウィングズ, ナサニエル・A Owings, Nathaniel A. (1903-84)
⇨スキッドモア・オウィングス・アンド・メリル

オウウム ovum
たとえば, エッグ・アンド・ダート (卵形・鏃形装飾) のような古典主義的刳形における卵形形状.

オーウェン (オーイン), ウィリアム Owen, William (1850-1910)
⇨オーエン, シガー

オーウェン (オーイン), ロバート Owen, Robert (1771-1856)
⇨カンパニー・タウン

オーヴォロ ovolo
エッグ・アンド・ダート (卵形・鏃形装飾), または同様のモチーフによって豊かに装飾されることの多い, 古典主義的な凸状刳形. 古代ギリシアのオーヴォロの輪郭はさらに卵形である一方で, 古代ローマのオーヴォロの断面は普通は四分円形である.

黄金宮 Golden House
⇨ドムス・アウレア

黄金長方形 golden rectangle
各構成要素の長さを規格化する原理の一つ. 短辺の長辺に対する比例が長辺の短辺＋長辺に対する比例と等しくなるようにする.

黄金比 golden section
「黄金分割」,「黄金内項」または「調和比例」ともいう. 前6世紀のピュタゴラス (Pythagoras) のサークルに由来するといわれ, エウクリデス (ユークリッド) (Euclid, 前325頃-前250頃) の時代には確実に知られていた. いく人かのルネサンス時代の理論家たちによって神聖なるものと考えられるようになった. とりわけ, ルーカ・パチオーリ (Luca

Pacioli, 1445 頃-1514 頃）の『神聖比例について（De Divina Proportione）』に顕著である．これは 1497 年に執筆され，ヴェネツィアで 1509 年に出版された．直線を短い線分と長い線分に二分し（または長方形の短辺と長辺），前者（a）の後者（b）に対する比例が後者（b）の前者＋後者に対する比例と等しいようになっている場合にそう表することができる．または a:b=b:a + b，または短い線分の長い線分に対する比例が後者の全体に対する比例に等しいということになる．この比例は代数学において Φ（ファイ，ギリシアの彫刻家フィディアス，またはフェイディアス（Phidias or Pheidias, 前 490 頃-前 430）の頭文字から来ている）と表記され，Φ=(1+√5)/2 であるゆえ，約 1.61803 となる．また，この比例は 8:13 と近似できる．

王政復古　Restoration

1660 年のブリテン島とアイルランドでのスチュアート朝の復古のことで，これに続くチャールズ 2 世（King Charles II）の治世（1660-85）はキャロリアン期とも呼ばれる．王政復古期建築は大陸の流行から強い影響を受け，これはフランスとオランダのバロックから派生した様式であった．典型的な王政復古期建築にはプラット（Pratt）とヒュー・メイ（Hugh May）の左右対称な住宅建築や，トールマン（Talman）の大規模な作品，そしてフランスとイタリアから多くを学んだレン（Wren）の業績があげられる．

横断アーチ，横断リブ　transverse arch or rib

ヴォールトの架けられた空間の主軸方向，あるいは外壁に対して，直交するように設けられたアーチ，あるいはリブ．ヴォールトの各ベイを分割する役割を担う．

オエクス　oecus

古代ローマの住宅におけるホール，または大広間のことで，通常はその内装まわりに円柱群が配された．インプルウィウムやコンプルウィウム〔ともに天井の開口のこと〕のないアトリウムのようなものである．オエクスには次の 4 形式がある．

オエクス・アエギュプトゥス（エジプト風オエクス）：　周囲に円柱群がめぐらされ（内部ペリスタイル），その上に載るもっと小規模な

ペリスタイルを支持している．後者の円柱群の間（一種のクリアストーリー）から採光できるようになっている．下層階を望む歩廊も設けられていた．エジプト風ホールとも呼ばれる．

オエクス・キュジケヌス：　庭園や田園を望むことができ，通常は折り戸を備えていた．

オエクス・コリンティウス：　ヴォールト天井を支持するオーダーが配されたもの．

オエクス・テトラステュロス，オエクス・テトラステュルス：　屋根架構を支持する 4 本の円柱を備えていた．

オー・エム・エー（OMA, オフィス・フォー・メトロポリタン・アーキテクチュア）　OMA（Office for Metropolitan Architecture）

1975 年にレム・コールハースによって設立された建築設計会社．

オーエン，シガー　Owen, Segar（1874-1929）

イギリスの建築家．父ウィリアム・オーエン（William Owen, 1850-1910）のもとで修業し，のちに（1896）チェシャーのウォリントンで共同事務所を経営した．1895 年から 96 年には，G・E・ストリートと仕事を行った．チェシャーのポートサンライトで，ウィリアムはウィリアム・ヘスケス・リーヴァー（William Hesketh Lever, 1851-1925）による街区計画をまとめ，最初の 28 戸の住宅とエントランス小屋を設計した．W&S・オーエンによるポートサンライトの住宅には，しばしばチェシャーのヴァナキュラー・スタイルであるハーフ・ティンバーの破風が使われただけでなく，オジー形破風，ガラスの菱形模様，煉瓦やテラコッタの壁が使用された．ポートサンライトのほかの建物には，ヒューム・ホール（1901），高貴なゴシック・キリスト礼拝堂（1902-04）などがあり，垂直式スタイルが際立ったものとなっている．シガー・オーエンは，ポートサンライトに厳格な新古典主義の美術館（1914-22）を設計した．

大刳（おおぐり）　scotia（pl. scotiae）

⇨スコティア

大高正人　Otaka, Masato（1923-2010）

日本の建築家で，メタボリズムのメンバー．作品は，千葉県文化会館（1967）にみられるよ

うに「群造形」の研究にもとづくものだったが，後年になると，福島県立美術館（1984）など，伝統的な様式を用いて，やや保守的になった．

大谷幸夫 Otani, Sachio (1924-2013)
　日本の建築家．当初，丹下の片腕としてはたらき，その影響が国立京都国際会館（1963-66）の力強い構造表現，ヴォリュームのまとめ方，機能の表現にうかがえる．しかしながら，斜め柱とプレキャストの壁板による台形状断面が繰り返すことで，必ずしもすっきりとした内部空間とはなりえていない．後年の作，たとえば，東京の文京スポーツセンター（1986）でも斜めの線を用いている．

大梁 summer
　⇨サマー（3）

大引 sleeper
　⇨スリーパー

オーガニック・モダニズム Organic Modernism
　たとえば，非対称な粒状形態と多方向に向かう曲線を用いた建築．⇨プロビスムス　オーガニック・モダニズムは，おもに 1940 年代から 1950 年代前半にかけての織物デザインと家具デザイン（すなわち，テーブル・トップス）の特徴を備えている．

牡瓦（おがわら） imbrex（*pl.* imbrices）
　半筒形に折り曲げられたタイルで，雨樋や隣り合う凹面や平板タイルの立ち上がりをカバーするために使われる．

オーキッド orchid
　ロマネスクのたこ足葉状装飾のことで，力強く丸くて肉厚なローブ（葉の裂片状装飾）をもつ葉状形態である．

屋上庭園 roof-garden
　建造物内の植物（たとえば中庭や鉢植え）は古典期から建築的特徴であった．バビロンの空中庭園は古代世界の七不思議に数えられたが，これはおそらくテラスにつくられたものだった．しかしながら，本当の屋上庭園であったか

どうかを知るすべはない．ローマ人は，巨大なコンクリート建設技術を用いて建物の上（テラスや屋根）に庭園をつくることが可能だった．複雑な構造をもつ，いくつかのルネサンスのヴィラは，庭園，グロット，テラスなどと一体化していた．建造物の屋根の上にある庭園は，近代建築運動の理念の一つになり，有名なものではル・コルビュジエのドローイングがあり，鉄筋コンクリート技術の発達により再びその実現が可能となった．ロンドンのケンジントン・ハイストリート 101-111 番地には，バーナード・ジョージ（Bernard George, 1894-1964）の手になるかつてのデリー・アンド・トムス百貨店（1929-31 に建設された簡素なボザールの古典様式建築）の屋上に屋上庭園がつくられた（1937-38 でイングランドでも最も早い例の一つ）．1930 年代にはバール・マルクスが屋上庭園を手がけ，有名なものではリオ・デ・ジャネイロの教育厚生省（1936-43 年にル・コルビュジエの助言を得てコスタが設計）にあるものがある．20 世紀後半には 1960 年代に屋上庭園が流行し（たとえばカイリー設計のカリフォルニア州のオークランド博物館），ほかにはカナダ・モントリオールのアフレックによるプラス・ボナバントゥール（1967-68, ササキ・アソシエーツのマサオ・キノシタ（Masao Kinoshita）設計）がある．

オクタゴン octagon
　正八角形のことで，古典古代の建築やそれ以降の建築物の平面形としてよくみられた．大聖堂の参事会棟（チャプター・ハウス）でよく用いられた．

オクタスタイル octastyle
　⇨ポルティコ〔「八柱式」の意〕

オクトパス・リーフ octopus-leaf
　⇨オーキッド

奥内陣 retrochoir
　⇨レトロクワイア

オクルス oculus（*pl.* oculi）
　1．ラウンデル，円形開口部，または窪み，牛眼，またはウイユ・ド・ブフ（仏語で「牛眼」の意）のことで，ペディメントのテュンパ

ヌムやドーム頂部（たとえば，ローマのパンテオン）に窓として設けられた．

2．ヴォリュート（渦巻装飾）の渦の中心にあるボタン，円盤，または「眼」．たとえば，イオニア式柱頭や古典主義建築のコンソール，モディリオン〔ともに「持ち送り」の意〕にみられる．

オコーナー，リアム　O'Connor, Liam (1961-)
　イギリスの建築家．作品は19世紀の新古典主義に強く影響を受けている．プロジェクトには，ベルギーのブリュッセルのラーケン通りに建つ2棟の住居兼商業建築（1989-92），ロンドンのベルグラヴィアに建つ2棟の住宅（1996-2000, 1999-2005），ロンドン，ホワイトホールのヴィクトリア・クロスとジョージ・クロス・メモリアル，防衛省建物（2002-04），ハイドパーク・コーナーのメモリアル・ゲートとパヴィリオン（1999-2002），サマーセットシャー，バースにあるテラスハウス（2002-04），ベルギーのノッケハイスト，ホウレブルグにある7棟の住宅（2004-），スタフォードシャー，リッチフィールド近郊にある戦後に亡くなったイギリス軍人への壮麗な記念碑（2004-07）などがある．

オゴルマン，フアン　O'Gorman, Juan (1905-82)
　メキシコの建築家．1920年代から30年代にかけ，ル・コルビュジエの影響を受けた機能主義の模範的実例とされる住宅や学校建築を設計した．1950年代にはインターナショナル・スタイルから方向転換する姿勢を明確にし，自身のデザインにプレ・コロンビア文化やヴァナキュラー建築のモチーフをとり入れるようになった（例：カラフルなモザイクに覆われたメキシコ国立自治大学中央図書館（メキシコ市，1952-53），第2オゴルマン邸（メキシコ市，1953-56，現存せず））．

オサテュール　ossature
　ヴォールトのリブやフレームのような，建造物の骨組．

オザンファン，アメデ　Ozenfant, Amédée (1886-1966)
　ル・コルビュジエとともに，ピュリスムを創始したフランスの画家．20世紀の近代主義の美学に，「そのすべての表現形態において」捧げられた最初の雑誌である『エスプリ・ヌーヴォー（*L'Esprit Nouveau*）』（1920-25）の創刊者．ル・コルビュジエとともに，後に『建築へ（*Vers une architecture*）』（1923）として出版される記事を寄稿した（ル・コルビュジエの形成にも影響を与えている）．おそらく彼の最も影響力の大きかった仕事は，1931年に英語で出版された『近代芸術の創設（*Foundations of Modern Art*）』である．

オジー　ogee
　2種の曲線，すなわち，上部では凹，下部では凸の曲線が鉛直に重なったもので，キューマ・レクタにみられる（上部は凸，下部は凹の曲線からなるキューマ・レウェルサ，またはレスボス・キューマティウムは反オジーと呼ばれる）．オジー断面をもつ刳形（くりかた）はオジー・モールディング，レサント，レソーント，またはルソー（フランス語）と呼ばれる．反オジー形アーチのキャノピー（天蓋）や開口は第二尖頭式の構築物の特徴であり，とりわけ，葬祭記念碑，ニッチ，セディリア，聖遺物箱．また，トレーサリーにもよくみられる．これは垂直式の時代にも引き続きみられる．ノディング・オジーは頂点で結合された二つのオジー・アーチのキャノピーであり，壁体から外側に向けて他のオジーの二つの曲線が弧を描いていて，ゆえに立面でも断面でもオジーとなる．

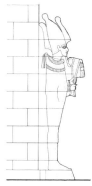

オシリス柱（テーベにおける作例に基づく）

オジーヴ ogive

ゴシックのヴォールトの対角線上のリブ，または一点で2本の円弧が結合して形成されたアーチ．オジーヴ建築とは，それゆえ，尖頭式建築，ゴシック建築のことである．

オシリス柱 Osiride

エンタブラチュアやその他の荷重を支持するピア（支柱）であり，古代エジプトの神オシリス像がそれにくっつけられてエンゲージされている（埋め込まれている）ものである．カリュアティデス（カリアティッド，女身柱）やテラモン柱（男身柱）と違って，それ自体は支持材として作用しない．（前ページ図）

オスアリウム ossuary

1. 埋葬に再利用すべく，教会堂の床面から掘り起こされた遺体・遺骨を収めて保存するための納骨堂（オスアリウム）．
2. たとえば，王や聖人のような個人の白骨化した遺体のための容器．

オースティン，ヒューバート・ジェームズ Austin, Hubert James (1841-1915)
⇨ペイリー，エドワード・グレアム

オースティン，ヘンリー Austin, Henry (1804-91)

コネチカット州生まれの建築家．タウン＆デーヴィスの事務所で修行し，複数の歴史的な様式を習得した．コネチカット州ニュー・ヘヴンにおける彼の作品には，ケンブリッジのキングス・カレッジ礼拝堂をモデルとしたイエール図書館（現在のドゥワイト礼拝堂, 1842-45）や，エジプト・リヴァイヴァルの傾斜したパイロンの形とパピルスのつぼみ状柱頭を取り入れたグローヴ・ストリート墓地の門（1848-49）がある．鉄道駅ではイタリア風，シノワズリそしてインド風といった複数の様式を用いたのに対し，市庁舎（1861-62）は盛期ヴィクトリア朝のゴシック・リヴァイヴァルとなった．彼は数多くの別荘建築において異国情緒ある複数の様式を使ったが，中でも最高の作品が，インドとイタリアのモチーフを組み合わせたコネチカット州ウォーリングフォードのモーゼス・イエール・ビーチ邸である．晩年の実践では，スティック・スタイルを用いたいくつかの木造住宅を設計した（たとえばコネチカット州ブランフォードのストーニー・クリークのW・J・クラーク邸（1879-80）など）．

オスマン建築 Ottoman architecture

14世紀から主に小アジアで発展し，ドーム，細いミナレット，タイル装飾と石の浮彫彫刻が特徴である．イズニクのイェシル・モスク（1378-92）は初期オスマン建築の典型例である．オスマン・トルコによるコンスタンティノープルの征服（1453）以降，オスマン建築はビザンツ建築の影響を受けて，イスタンブルにあるソコルル・メフメト・パシャ・モスク（1570-74）やスレイマニイェ・モスクなどのスィナーン（1489-1588頃）の作品に影響が顕著である．のちには，イスタンブルのスルタン・アフメト・モスク（1610-16）のような壮大な建築が生み出されるようになった．イスタンブルのチニリ・キョシュク（1472）は快活な建物で，アーケードを備えタイルで覆われた立面は大変美しい．オスマン建築のモチーフは，庭園に建てられたオリエント風の建物など，18-19世紀の西洋のデザインにもさまざまな影響を与えた（たとえば，チャンバーズらの作品）．

オスマン男爵，ジョルジュ＝ウジェーヌ Haussmann, Baron Georges-Eugène (1809-91)

1853年よりフランス，セーヌ県知事として，ナポレオン3世（Napoleon III, 在位 1852-70）の第2帝政期のパリの都市改良を指揮する．オスマンはパリを皇帝権力にふさわしい首都たらしめるという信念をもっていたが，そのモデルはアンリ4世（Henri IV, 在位 1589-1610），ルイ14世（Louis XIV, 在位 1643-1715），ナポレオン1世（Napoleon I, 在位 1804-14）らによって確立された都市モデルと，直線街路が円形広場（ロン・ポワン）につながるという18世紀末の古典的な類型であった．増大する人口と工業化の必要性からパリを近代化すること．交通問題を解決すること（とくに，広幅員道路による鉄道終着駅への接続）．モニュメントへ向かうヴィスタによってローマに匹敵する偉大さを創造すること．わずか17年の徹底的なクリアランスと再建によって，100マイル（約160km）近い新しい街路と，数千もの建物，4000エーカー（約1600ha）を超える公園

（⇨アルファン，ジャン＝シャルル＝アドルフ）がパリに設けられ，さらには 400 マイル（約 640 km）近い水道によって，何百万ガロン（1 ガロンは約 8 L）もの清潔な水が日々町へと送り届けられた．オスマンは，バルタールらによる鉄とガラスの建物など近代的な建設方式を奨励する一方で，等質的な古典ルネサンス・リヴァイヴァルによる都市景観を打ち立てようと苦慮した．彼の『備忘録（Mémoires）』（1890-93）は，彼のキャリアと思考の価値ある記録であり，さらに彼の庇護のもとで，『パリ全史（Histoire générale de Paris）』，『偉大なるパリ（Paris dans sa splendeur）』や『パリ散歩（Promenades de Paris）』（1867-73）などの，パリの歴史と建築についての記念碑的な著作が出版された．オスマンが古い建物や街区全体を破壊したことについては厳しい批判もなされ，また他方でオスマンの仕事が都市プロレタリアに敵対的であるとの批判もあった．しかしオスマンは，エコール・デ・ボザールの確立した原理にもとづいた，いまだ称賛に値する優雅で美しい都市を創造した．彼の街路システムは，自動車の過剰がもたらした交通渋滞と公害が無視しえなくなった 1960 年代まで，有効に機能し続けた．彼の事業はとくにフランスとアメリカで大きな影響力をもち，ウィーンでも都市計画に深大な影響を与えた．

オーソグラフィ　orthography
　正確な相対的比例が達成された建造物やその一部の立面〔「正書法」の意〕．

オーダー　Order
　1.　円柱と梁で構成された古典主義建築に欠くことのできない表現要素で，（普通は）柱頭と柱礎をそなえた円柱に加えて，エンタブラチュアも含まれる．古典主義建築には八つの異なったタイプのオーダーがある．ギリシアのドリス式，イオニア式，コリント式．ローマのドリス式とイオニア式とコリント式，そしてトスカナ式（巨大オーダーとしても知られている）とコンポジット式の八つである．18 世紀に古代ギリシア建築が系統的に再発見される前から五つのオーダー（トスカナ式，ローマのドリス式，イオニア式，コリント式，そしてコンポジット式）が認められていて，それらはアルベルティによって分類され，1537 年にセルリオ

によって図版化された．ギリシアのドリス式オーダーには柱礎がなく，（パエストゥムにみられるドリス式オーダーのように）エンタシスが強調され，柱頭がきわめて大きく，柱身から極端に突出していることがよくある．ギリシアのイオニア式オーダーには柱礎（アジア式とアッティカ式という二つのタイプ）や，柱頭（とりわけコーナーの渦巻きを扱う際のさまざまな方法に関連してアングル・キャピタル，近代イオニア式キャピタル，そしてバッサイ・オーダーがある）のデザインによっていくつかの種類がある．そして，ギリシアのコリント式柱頭（たとえば，紀元前 4 世紀に建てられたアテネのリュシクラテスの合唱競技記念碑）は，ローマのコリント式柱頭よりも細身で優雅である．ロンドン，ケント，そしてサセックスには，アンモナイト・オーダーとして知られるイギリス独自のイオニア式柱頭がみられる．⇨アメリカ式オーダー，アンモナイト・オーダー，イオニア式オーダー，イギリス式オーダー，コリント式オーダー，コンポジット式オーダー，大オーダー，トスカナ式オーダー，ドリス式オーダー，農耕式オーダー
　2.　通常，コロネット（小円柱）を備えたいく重ものアーチ開口部が重なったロマネスクとゴシックのアーチ開口部．前面から奥に行くほどアーチ開口部は小さくなっていき，オーダー・アーチを形成している．

オーダーの積重ね　assemblage of Orders, superimposed Orders
　複数の階をもつ古典主義ファサードにおいて階を区分しながら各階のコラムの軸が上下に整然とそろうように，オーダーを重層的に配置することを言う．このような配列をスーパーコラムニエーションあるいはスーパーインポーズド・オーダーと呼ぶ．階層秩序に従って最下層からトスカナ式，ドリス式，イオニア式，コリント式，最後にコンポジット式の順で重ねられる．そのような重層あるいは組合せの古代における先例はローマのコロッセウムである．ここではアーチ構法による建物の外壁にドリス式，イオニア式，コリント式のオーダーが適用されている．最上階のオーダーに再度コリント式が用いられるが，このオーダーはピラスターである．セルリオ（Sebastiano Serlio）は『建築書（L'Architettura）』（1584）の中で五つのオーダ

ーを初めて体系化した．この著作は 1537 年から 51 年の間に 6 書に分割されて出版され，1575 年に図版が増補された．このように上下に（上述の階層秩序に従って）重なる 5 種類のオーダーは本質的にルネサンスの発明であるが，以後広く普及した．

オーチャード，ウィリアム　Orchard, William （活躍 1468-1504 没）

イングランドの石工頭．オックスフォードのマグダーレン・カレッジ（1467 開始），神学校の美しいヴォールト（1480-83），オックスフォード大聖堂の内陣ヴォールト（1478 頃-1503）とクロイスター（1489 頃-99）などを設計した．これらのヴォールトの手法は，あたかも構造体を支えているかのようにみえる精巧なペンダントを有しており，つまり，ピアはとり除かれた．これは奇妙で，興味深いデザインである．また，オックスフォードシャーのウォーターストックの聖堂（1500 頃-02）も手がけており，オックスフォードのセント・バーナードのシトー派カレッジ（現セント・ジョンズ・カレッジ）の一部（1502 以降）を建て，スタントン・ハーコートの聖堂のハーコート・アイル（1470 頃）を設計した．オーチャードは，その時代の最も際立った建築家の一人であったとみなすことができるであろう．

屋階　Attic storey
⇨アティック

オックス・アイ，牛眼　ox-eye
⇨ウイユ・ド・ブフ

オックス・ヘッド，牛頭　ox-head
⇨ブクラニウム

オッツェン，ヨハネス　Otzen, Johannes （1839-1911）

ドイツの建築家．彼のゴシック・リヴァイヴァルによるルター派聖堂のための煉瓦建築は，北ドイツに影響を与えた．最良の作品はハンブルク＝アルトナの聖ヨーン聖堂（1868-73，1867 年の設計競技で獲得）である．彼はまた，ヴィースバーデンのベルクキルヘ（丘聖堂）（1876-79），ベルリン＝クロイツベルクの記念碑的なハイリヒクロイツキルヘ（聖十字聖堂）

（1885-88），ルートヴィヒスハーフェンのアポステルキルヘ（使徒聖堂，1892-94），ヴィースバーデンの集中式のリンクキルヘ（リンク聖堂，1892-94）を設計した．ベルリン郊外のリヒターフェルデやその他の郊外地においていくつかの邸宅の建設にもかかわっている．

オットー 1 世様式の建築　Ottonian architecture

オットー 1 世（Otto I., der große）治世下（皇帝在位 962-73）で展開した様式であり，10 世紀半ばから 11 世紀末にかけてのドイツでみられる．現存する最も良質のオットー 1 世様式のロマネスク聖堂建築は，ベルギーのニヴェル（ネイヴェル）にあるサント・ゲルトリュード聖堂（1046 献堂），ドイツのヒルデスハイムにあるザンクト・ミハエル聖堂，同じくドイツのゲルンローデの大修道院聖堂（959-63 着工）である．3 番目の建築物は，ヨーロッパで初めてトリビューン・ギャラリーを設けられた聖堂の一つだと思われる．⇨カロリング朝様式，ロマネスク

オットー，フライ　Otto, Frei (1925-2015)

ドイツの建築家であり，サスペンション構造によるテント風の屋根の開拓者である．当初は表現主義，とくにブルーノ・タウト（Bruno Taut）の幻想的な結晶形態に，また後にはカンデラ（Felix Candela）やフラー（Richard Buckminster Fuller）らから，さらには航空機にみられる軽量の構造（第二次世界大戦中にはドイツ空軍に所属）の可能性から影響を受けた．彼のデザインする構造は伝統的なテントを元としているが，形態，材料については無限に広がる．ローザンヌ市でのスイス国内博のレストラン館（1964）では網の目のケーブルが使われ，モントリオール万博 Expo67 でのドイツ館（1967）ではそのアイデアを発展させ（ロルフ・グートブロート（Rolf Gutbrod, 1910-99），フリッツ・レオンハルト（Fritz Leonhardt, 1909-99）と協働），プレストレスのロープの網による屋根をデザインした．ミュンヘンのオリンピック公園（1967-72）の設計では，ギュンター・ベーニッシュと協働し，数学的な方法で構造を決定した．ヘッセン州バート・ヘルスフェルト市の野外劇場を覆う可動式の屋根では，いかに屋根部材が容易に動かせるかを示し

てみせた．その後の作品には，サウジアラビア，メッカのホテル・会議場センター（1971-74，アラップ，グートブロートと協働），サウジアラビア，リヤドの政府庁舎（1978-92，同じくアラップ，グートブロートと協働），バート・ミュンダー市のヴィルカーン家具工場増築部（1986-88），イギリス，ドーセット市フック・パークのウッドランド・インダストリーズ学校（1988-89，アーレンズ，バートン・アンド・コラレック事務所と協働），ウルム市の高等専門学校（1990-91）がある．著書に『張力構造（*Tensile Structures*)』（1926-66），『著述と講演 1951-1983（*Schriften und Reden 1951-1983*)』（1984），その他がある．⇨張力構造

オットマー，カール・テオドーア Ottmer, Carl Theodor（1800-43）

ドイツの建築家．ブラウンシュヴァイクで宮廷建築家に任じられ（1824），この町に強壮な新古典主義（ベルリンでシンケルのもとで学んでいた）を導入した．若干の独立住宅（例：ツェラー通りのビュロウ邸（1839），ヴィルヘルムトーアヴァル 29 番地（1841））があるが，彼の傑作であるレジデンツ（宮廷の居館，1831-38）は 1939-45 年の間に戦災を被った．そこにはギリシア風のうずくまるようなドリス式円柱，重厚な格子天井をもつ美しい階段ホールがあった．また鉄道駅（1843-45，現在は銀行）は瀟洒なイタリア風の様式でデザインされている．

オップラー，エートヴィン Oppler, Edwin（1831-80）

19 世紀のハノーファーで活動した建築家であり，1872-78 年に編集を務めた雑誌『産業における芸術（*Die Kunst im Gewerbe*)』（1872）において，影響力のあるゴシック・リヴァイヴァルの家具デザインを発表した．

オデイオン，オデオン，オデウム odeion, odeon, odeum

古代ギリシアの小規模で屋根の架かった，音楽演奏や朗唱のための劇場．

オーディッシュ，ローランド・メーソン Ordish, Rowland Mason（1824-86）

イギリスの土木技師．パクストンによるクリスタル・パレス（ハイド・パーク，ロンドン，1851）の構造設計を手がけ，同構築物をシドナムに再建する際，監督をつとめたチャールズ・フォックス（Charles Fox, のちにサー・チャールズ）（Sir Charles, 1810-74）のために，施工図のほとんどを作成した．また，「オーディッシュのストレート・チェーン・サスペンション・システム」（1858）として知られる吊り橋の特許を取得した．これは，傾斜したまっすぐな鎖によって吊るされた棟桁によって構成される道路をもつ吊り橋である．オーディッシュの作品としては，ファーリントン・ストリート橋とホルボーン高架橋（ロンドン，1863-69），セント・パンクラス駅停車場の屋根（1866-68，W・H・バーロウと共同），アルバート・ホールの屋根（ロンドン，1867-71），フランツ・ヨーゼフ吊り橋（プラハ，1868），チェルシーのアルバート橋（ロンドン，1872-73）などがあげられる．

オーディトリー auditory

1．教会堂身廊の古い言い方で，ここで福音を聞くことができた．

2．17 世紀以降，改革派の教会は，聖書台と説教壇がはっきりとみえるように，また聖書の言葉がはっきりと聞きとれるように，ほぼ正方形の広々とした平面を採用した．そのような教会堂をオーディトリー・チャーチという．

オーディトリウム auditorium（*pl.* auditoria）

1．アウディトリウム（ラテン語，複数形はアウディトリア）．教会堂の身廊．⇨オーディトリー

2．コンサートホールや劇場などの聴衆が場所を占める部分．

3．修道院の応接室．

4．コンサートや演劇などのための建物．

オーディナト ordinate

1．すべての辺と角が等しい図形（たとえば正三角形）の，という意．

2．円錐形の断面の，一連の平行をなす弦のうちの 1 本．それぞれ二分される直径とかかわりがある．楕円を形成するのに用いられ，ヴォールトのデザインに適用することができる．

オテル hôtel

オテルテイ 182

1. フランスにおける大規模な私的居館，または都市住宅.
2. 公的人物や当局者の公邸.
3. 大学寮.
4. 旅行者の宿泊のための建築物であり，すなわち高級な宿屋. 19 世紀以来，きわめて大規模で豪華な施設となり，寝室，食堂やその他の設備を備えるようになった. 通常，アクサン・シルコンフレクスを除いた形でつづる.

オテル・ディウ hôtel-Dieu
フランスの病院.

オテル・ド・ヴィル hôtel de ville
フランス語圏諸国における市庁舎.

オテル・パルティキュリエ hôtel particulier
かなり壮大なフランスの都市住宅のことで，基本形態はセルリオによって構想され〔通常，セルリオ来仏より前，1519 年のビュリー城館に由来するといわれている〕，コール・ドゥ・ロジ（主棟）の両脇から主棟よりも低い翼棟が突出して前庭を構成している. 前庭の通り側は壁体によって閉じられていて，壁体に入口の門が設けられている. 主ブロックの反対側には壁で閉じられた庭園があることも多い. レスコによって設計され（1545 頃，および，後の増築部分あり），マンサールによって改築（1660-61）されたオテル・カルナヴァレの平面，およびマンサールのオテル・ド・ラ・ヴリイエール（1635-45，取り壊された）が好例である（ともにパリ）.

落とし錠 cremone, cremorne
⇨クレモン・ボルト

オド・ド・メス Metz, Odo of (792-805 頃活躍)
ドイツのアーヘンにある宮廷礼拝堂（現在の大聖堂）の建築家. 本作はカール大帝によって 790 年頃着工したものであり，ラヴェンナにあるサン・ヴィターレを手本としていたが，建設を通じて，より堅固な様相を呈したものとなった. これは同様に，皇帝の威光を顕示するために，コンスタンティノープルにある 6 世紀の政事堂（Chrysotriclinion）も手本としていたと推察される.

オドネル，ジェームズ O'Donnell, James (1774-1830)
アイルランド生まれの建築家. 1812 年にニューヨーク市に移住し，フェデラル（連邦）様式の住宅やブルーミングデール精神病院（1817-21），フルトン・ストリート・マーケット（1821-22）と教会をいくつか（クライスト教会（1820-21）など）設計した. 北アメリカ最初で最大のゴシック・リヴァイヴァルの聖堂である. カナダ，モントリオールのプラスダルムにあるノートルダム聖堂（1823-29）はオドネルの作品であり，カナダの教会建築に少なからぬ影響を与えた.

オト，ユイブ Hoste, Huib (1881-1957)
ベルギーの国際現代主義の開拓者. ゼレの自邸（1931），およびブリュッセルのシント・ピータース・ウォルーウェ，シント・ヤンスラーンのヴィラ・フーアルジュ（1935）にその主張がよく表れている.

オーナメンタリズム Ornamentalism
1960 年代以来のインターナショナル・モダニズムのいわゆる「機械の美学」に対する反応として建築装飾を復活させる動き. ポスト・モダニズムの多くの側面の一つである.

オーニング awning
1. 建物の正面に突出した銅や亜鉛などで葺かれたテント状の設備. キャンバス覆いの曲面形態を模倣し，リージェンシー（摂政時代）風の住居に一般的にみられる.
2. 仮設的なテント状の構造物.
3. 商店の窓の上につけられるキャンバス製の格納式覆い.

オーバーランダー，コーネリア・ハーン Oberlander, Cornelia Hahn (1921-2021)
ドイツ生まれのランドスケープ・アーキテクト. カナダを拠点とする前，アメリカ合衆国でカイリーと協働していた. 1970 年代後半，ブリティッシュ・コロンビア州ヴァンクーヴァーにエリクソンが設計した人類学博物館の外構（1974-76），同じく同建築家設計による州政府庁舎およびロブソン・スクエアの外構（1974-79）を手がけた. その他の作品に，ワシントン D.C.のカナダ大使館の外構（1980 年代，

建物はエリクソン設計），オタワのカナダ国立美術館の外構（1989-92，建物はサフディ設計），カナダ北西準州政府庁舎の外構（1992-93，建物はピン・マシューズ，ファーガソン・シメック・クラーク，マツザキ・ライト設計）などがある．

帯状開発　ribbon development
幹線道路に沿って連続して建てられた家屋．

帯状刳形　cordon
⇨コルドン

オピストドモス，オピストドムス　opisthodomos, opisthodomus
古代ギリシア神殿建築の後部の窪んだポーチ，またはエピナオス．ブロンズ柵で閉じられ，宝物庫として使用されることもあった．ポーチの場合は，神殿前部のプロナオスと釣り合うことになる．

オーブ　orb
1．十字架を頂いた球体．権力と主権の象徴であり，クーポラのランタン（頂塔），ピナクルやスパイア（尖塔）の頂部に置かれることが多い．
2．ペデスタル（台座）やピア（支柱）の上部の球形端部，または終端部．
3．ゴシックのヴォールトのリブの交点に固定された，花やハーブ（ボス）の円形のこぶ．刳形の継ぎ目を隠すのに用いられ，そのアバットメント（迫台）として作用する．
4．トレーサリーのブラインド・パネルを指す中世の用語．とりわけ，垂直式の構築物にみられる．

オフィス　office
1．私的，または公的業務を処理するための場所．たとえば，ある機関の書類関連業務を遂行する部屋や部署．
2．政府のある部署の業務を実施する建築物，または一連の部屋．たとえば，イギリス外務省庁舎，イギリス内務省庁舎など．
3．雪隠（せっちん）（つまり，便所のこと）．
4．教会の典礼・礼拝の公認された形式，すなわち，聖務日課，ミサ，または聖体拝領・聖餐式．
5．異端審問のための教会法廷（聖務省，または検邪聖省とも呼ばれる）．
6．複数形で用いられ，厨房，食料品貯蔵室，洗濯室，食器室などに用いられる住宅の一部分，または住宅に付属する建築物．テーブル，納屋，付属屋などを含むこともある．

オフェルトリウム窓　offertory-window
リクノスコープ．

オプス　opus
「ワーク」を意味するラテン語で，構造物，または構造物における建材の配置を指すのに用いられる．

オプス・アルバリウム　opus albarium
1．オプス・テクトリウムの一種（焼いた大理石粉末，石灰，砂と水をよくかき混ぜてつくられた薄いコーティング）であり，壁体表面に塗られて，完全に施された後に研磨されて艶をつけられた．
2．壁体表面に施された純石灰のコーティング．

オプス・アレクサンドリヌム　opus Alexandrinum
4世紀から13世紀にかけてみられる聖堂の舗装の形式．単純幾何学形態に切り出された黒石，斑岩，蛇紋石やそのほかの大理石製スラブからなり，明るい色彩の舗装スラブにおいて幾何学模様が繰り返されるように配列された．ギヨーシュ仕上げされることもあり，ときにはオプス・セクティルを含むこともあった．

オプス・アンティクウム　opus antiquum
古代ローマのメーソンリーの形式で，オプス・インケルトゥムとも呼ばれる．その表面には不規則に配置されたさまざまな大きさの石材がみられ（層状に積まないラブル・ワーク），また，煉瓦やタイルのバンド（帯状装飾）が層状に配置されて水平層をなし，壁体を強固に結びつけている．

オプス・イソドヌム　opus isodomum
規則的な層状のメーソンリーのことで，高さの等しい層と等しい幅のブロックが鉛直方向の

オプスイン

目地（ジョイント）でつなげられていて，目地は上下のブロックの中央を通っている．

オプス・インケルトゥム　opus incertum
⇨オプス・アンティクゥム

オプス・ウェルミクラトゥム　opus vermiculatum
きわめて上質で繊細な古代のモザイク．そのテッセラ群は湾曲し蛇行する曲線に沿って注意深く配置され，影の投影を表す暗めのテッセラ群を加えて強調することもある．

オプス・カエメンティキウム，オプス・カエメントゥム　opus caementicium, opus caementum
粗く仕上げを施されていない石材で構築された古代ローマの壁体．石材は石灰，ポゾラン，砂と水と混ぜられてコンクリートとなる．オプス・ストリュクティル，またはストルクトゥラ・カエメンティキアとも呼ばれる．

オプス・クアドラトゥム　opus quadratum
規則的に層状をなして配列された方形の石材からなるアシュラー（切石積み）．

オプス・シグニヌム　opus signinum
砕かれた焼物かタイルの破片を石灰モルタルと混ぜて製造するテラッツォの形式．石灰モルタルは破片をなめらかにする．

オプス・スカルプトゥラトゥム，オプス・スクルプトゥラトゥム　opus scalpturatum or sculpturatum
堅固な床面に紋様を刻み，色大理石の薄い片で満たしたインレイド・ワーク（象眼）．異種として，大理石表面に紋様を刻みつけ，着彩したセメントかスタッコで満たしたものもある．

オプス・スピカトゥム　opus spicatum
石材かタイルをヘリンボン紋様（ジグザグ紋様）に配列して化粧したメーソンリー．通常，さまざまな高さに水平層を施してバンド（帯状装飾）をなし，壁体を緊結させている．

オプス・セクティリス　opus sectile
大理石，石材，時にガラスのさまざまな色彩の部材（モザイクにおけるテッセラ群よりも大きい）による舗装，または壁面被覆．部材はいくつかの統一された大きさの標準部材に切り出され，幾何学紋様を描くように配置される．

オプス・テクトリウム　opus tectorium
⇨オプス・アルバリウム

オプス・テスタカエウム，オプス・テスタケウム　opus testacaeum or testaceum
完全なタイルか割れたタイルで化粧されたラブル（粗石）やコンクリートの壁体．通常，両面が化粧される．

オプス・テッセラトゥム　opus tessellatum
さまざまな色彩の材料（たとえば大理石）による規則的な形態の部材を用いた舗装，または化粧（仕上げ）．モザイクのテッセラ群よりも大きな部材が，セメントにより幾何学模様を描いて配置された．

オプス・トピアルム　opus topiarum
トレリス・ワーク（格子垣），木々，灌木などのある庭園を描いた，古代の壁画，またはフレスコ画．

オプス・プセウドイソドムム　opus pseudisodomum
各層では同じような石材ブロックからなるが，他の層の石材とは高さ，幅や厚みの異なるようなアシュラー（切石積み）．これにより，水平方向には目地が連続している一方で，高さ方向には多様性があって，その結果，幅の広いバンド（帯状装飾）と幅の狭いバンドが交互に重なった規則的な層構成によるメーソンリーとなっている．アレグザンダー・「ギリシア人」・トムソンはグラスゴーのカレドニア・ロード聖堂（1856）においてプセウドイソドミック・メーソンリーを使用した．幅の狭いバンドが幅の広いバンドの表面からわずかに突出していて，この建築物の水平方向に展開していく性質を強調している．⇨イソドモン，シューディソドモン

オプス・ポリュゴヌム　opus polygonum
多角形に切り出された石材によるメーソンリー．

オプス・マルモラトゥム opus marmoratum

粉末状の大理石と水を混ぜた煆焼石膏によるプラスター，またはスタッコ．こすって研磨し，乾燥したときに上質の大理石のような表面となる．

オプス・ミクストゥム opus mixtum

煉瓦（またはタイル）と方形に切り出したトゥファ（多孔性の石材）・ブロックによる壁体表面仕上げ．層状に交互に配列される．

オプス・ムシウウム，オプス・ムセウム opus musivum *or* museum

色彩ガラスかエナメル片でできたモザイク・ワーク．

オプス・ラテリキウム，オプス・ラテリティウム opus latericium *or* lateritium

煉瓦，またはタイルによって建造された壁体．煉瓦，タイル，またはその両者を混ぜて表面を仕上げたコンクリート壁体のこともいう．これらの壁体は，ほとんど表面に現れない材料よりも上記の仕上げ材によって構築されたような印象を与える．

オプス・ラテリトゥム opus lateritum

古代ローマの煉瓦構築物．⇨オプス・ラテリキウム

オプス・リスタトゥム opus listatum

交互に重なったメーソンリー，および煉瓦構築物かタイルの層によって構築された古代ローマの壁体．

オプス・リトストロトゥム opus lithostrotum

モザイクのような装飾的な舗装のある形式．図像か抽象的幾何学模様が施されている．

オプス・レティクラトゥム opus reticulatum

小さな方形石材（小さなピラミッドの基部であることもある）を化粧面全体にわたって対角線方向が鉛直・水平方向になるように配置されて仕上げられたコンクリート壁体．ロザンジュ（菱形）形態が交互に結合されて形成された目地のネットワーク，またはラティスがつくり上げられている．

オフ・セット off-set *also* set-off

壁体，バットレスなどの頂部のことで，壁体やバットレスの厚みを上にいくほど薄くするとつくられる．通常，中世のバットレスやプリンスにおいて斜面を設けた突出部の形をとる．ウェザー・テーブルとも呼ばれる．

オブセルウァトリウム observatory

1．自然現象，通常は天文現象，気象現象などを観測するのに用いられる建築物〔天文台，または気象台〕．特殊な器具，望遠鏡などを使用する．

2．広範囲に及ぶ眺望を望む建築物．たとえば，ベルヴェデーレやガゼボ．

オブテューズ obtuse

⇨アーチ

オプノール，ジル＝マリー Oppenord, Gilles-Marie（1672-1742）

レジャンス時代（1715-23）のフランドル系フランス人の建築家，装飾家．ベルニーニとボッロミーニの作品の影響を受け，ロココあるいはルイ15世様式の発展に大きな役割を果たした．いくつかの祭壇（たとえばサン・ジェルマン・デ・プレのもの（1704））を設計したが，その最も影響力を発揮した作品はラインラントのボン，ブリュールやファルケンルストで手がけた内装（ド・コットのもとで活動），パレ・ロワイヤル（1716-20），パリのリュー・ド・リシュリューにあるオテル・クロザ（1721-30）といった建築物の内装である．1719年以来，パリのサン・シュルピス聖堂建立事業に従事し，西側正面（設計はしたが，結局はセルヴァンドニとシャルグランによって大幅に改変された形で竣工）を除く建築物全体を竣工させ，主祭壇を設計した．彼の作品にもとづく銅版画集3巻（『建築細部図案集（*Livre de Fragments d'Architecture*）』，『さまざまな細部の図案集（*Livre de différents morceaux*）』，および『作品集（*Œuvres*）』）がガブリエル・ユキエ（Gabriel Huquier, 1695-1772）によって1737年から1751年にかけて出版された．これらによってその作品が広く知られるようになった．1755年には新古典主義の信奉者たち（たとえばシャルル＝ニコラ・コシャン（Charles-Nicolas Cochin, 1715-90）が古典主義建築を堕

オフヘルケ

落させた張本人の一人とみなすようになった．その作品は1880年代のロココ・リヴァイヴァルにも影響を与えた．

オプベルゲン，アントニウス・ヴァン Opbergen, Antonius van (1543-1611)
　フランドル地方の建築家．デンマークのヘルシンゲーにあるクローンボリ王宮（1677-86）の仕事に携わり，ダンツィヒ（現在はポーランドのグダニスク）の武器庫を設計したが，これはフランドル地方のルネサンス様式（1601-09）において最もすぐれた建物の一つである．ヤン・ストラコースキー（Jan Strakowski, 1640没）と協働で，1597年から1600年にかけてグダニスクに建てられた，すばらしい住宅をいくつか設計した．

オプリスト，ヘルマン Obrist, Hermann (1862-1927)
　スイスのアーツ・アンド・クラフツ運動のデザイナー．第一次世界大戦前の芸術，建築に影響力をもった．ミュンヘンの連合工房の設立に関わり，その作品はアール・ヌーヴォーの普及に貢献した．ベーレンスやエンデルに大きな影響を与えた．『造形芸術の新たな可能性（*Neue Möglichkeiten in der bildenden Kunst*）』（1903）を出版し，雑誌『装飾芸術（*Dekorative Kunst*）』への貢献は重要である．1900年頃から手がけた墓碑や記念碑のデザインは表現主義の初期の作例である．

オープン・イーヴズ open cornice *or* eaves
　⇨オープン・コーニス

オープン・ウェル・ステア open-newel *or* open-well stair
　⇨オープン・ニューエル

オープン・コーニス open cornice *or* eaves
　露出した垂木を備えた突き出た庇．下から丸見えであり，その端部は目を惹くブラケット（腕木）のような形態に仕上げられることもある．

オープン・ステア open stair
　踏面の端部が見えるオープン・ストリンガー階段．下面がコンソールに似たスクロールで装飾されることも多い．

オープン・ストリング open-string
　オープン・ストリンガー，またはカット・ストリンガー階段．そのストリングの上辺に切り欠きが設けられ，踏面や蹴上をそこに嵌めるようになっている．

オープン・ティンバー open-timbered
　1．パージェットによって被覆されていない露出した木骨．
　2．オープン・ルーフ．
　3．ソフィット上に露出されたジョイスト（根太）を備えた床．

オープン・ニューエル open-newel *or* open-well stair
　階段室（ウェル）の外縁に沿って設けられた階段（すなわち，側桁の内側に吹き抜けがある）．ウェル・レス・ドッグ・レッグとは異なる．

オープン・ハース open hearth
　通常，壁から離されて配置された炉床．チムニー・スタック（煙道）や直上のフード（覆い）がなく，それゆえ，フェマリル（煙出し），ランタンやルーヴァーが屋根になければならない．

オープン・ハート刳形 open-heart moulding
　ロマネスクの刳形（くりかた）で，ハート形やスペード形のような尖頭形態が重なり合ったもの．尖端部を上方に向けたもので，丸刳形（ロール・モールディング）の上に襞を形成するように帯状の要素が連なっている．

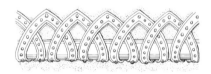

オープン・ハート刳形　リンカンのユダヤ人住宅（パーカーにもとづく）

オープン・プラン open plan *or* free plan
　壁やパーティションによって仕切られていない，建築物における空間．その内部空間は柱

天井高，さまざまな床面，スクリーン，調度品などによって区切られうる．審美主義運動やアーツ・アンド・クラフツ運動，そしてアール・ヌーヴォーと結びついた日本趣味の流行から着想され，1890 年代に F・L・ライトにより，また，シングル・スタイル（「こけら」様式）を実施した建築家たちによって採用された．ル・コルビュジエなどのモダニストたちが「プラン・リーブル〔フランス語で「自由な平面」の意〕」として取り上げ，ミース・ファン・デア・ローエによってきわめて効果的に用いられた（たとえば，ブルノのテューゲントハット邸 (1928-30)）．オフィス・ビルの特徴にもなった．

オープン・ペディメント open pediment
　⇨ペディメント

オープン・ホール open hall
　中世住宅の主たる居間．天井がなく，通常，オープン・ハース（炉床）やチムニー・スタック（煙道）が備わっている．オープン・ホール・ハウスにはこのようなホールが含まれ，かつてはホール・ハウスと呼ばれていた．

オープン・ルーフ open roof
　下方から垂木がみえるような露出した木造小屋組（すなわち，天井がない）．

オープン・ワーク openwork
　1．トレーサリーのように精妙に仕上げられた開口のある装飾物．ゴシックのキャノピー（天蓋），ゲーブル（妻），パラペットや内陣ストールによくみられる．
　2．バスティオンへの狭い入口のように，築城の防備されていない部分．

オベリスク obelisk
　高くそびえる，四面をもつ尖塔で，モノリス（一枚岩）であることもあった．正方形，または長方形平面であり，上に向けて細くなっていき，通常はヒエログリフが刻まれていて，ピラミッド形の頂部が載っている．オベリスクは古代エジプト固有の形態であり，神殿の参道（ドロモス）にみられるように中央軸を挟んで 2 本一組で配置されたが，アウグストゥス帝 (Augustus) 治世下（前 27-後 14）以来，すな

わち，前 10 年にエジプトのオベリスクが初めてローマに再建されてヨーロッパに導入されてからは，通常，単独の独立物として扱われてきた．これらはルネサンス時代のローマにおいて一つ一つ再建立され，このときはペデスタル（台座）の上に据えられた．現在でも主要な都市空間の中央の装飾として屹立している（たとえば，ピアッツァ・ディ・サン・ピエトロ，ピアッツァ・デル・ポーポロ）．また，北方ヨーロッパのマニエリスム作品においても，その形態は広く模倣された．のちにオベリスクはアイ・キャッチ，記念碑などとして用いられるようになった．作例としてはダウン州ロストレヴァーのモリソンによるロス・モニュメント (1826) があり，（多くの 19 世紀欧米のオベリスクと同様に）モノリスではなく，アシュラー（切石積み）によって建造されている．

オベール，ジャン Aubert, Jean（1702-41 活躍）
　フランスの建築家．アルドゥアン＝マンサールのもとではたらいたのち，ブルボン・コンデ家に仕官し，パリ近郊のサン・モール・デ・フォスのシャトーを改修した (1709-10)．シャンティイ（オワーズ）ではシャトー付属の厩舎を設計し (1719-35)，パリではパレ・ブルボンを手がけている（1724-，現存しない）．その最良の作品のうちの 2 棟がオテル・ド・ラセ (1724-28) とオテル・ペラン・ド・モラ (1728-32) であり，双方ともパリにある．シャンティイのプティ・シャトーの彼の手になる内装はみごとである (1718-22)．ルスティカ積みの壁体表面に力強い水平溝を用い，その内装は優雅なレジャンス様式の典型例となっている．

オーベルヘン，アントニス・ファン Obberghen, Antonis van（1543-1611）
　⇨オプベルゲン，アントニウス・ヴァン

母屋 corps de logis
　⇨コール・ドゥ・ロジ

親柱 newel
　1．らせん階段の中心軸を形成する連続した垂直部材．
　2．階段の曲がりめ，あるいはフライトの一番上か一番下に設置される直立した部材で，一

般には階段の枠組の一部を形成し，階段の踊り場や端で側桁や手摺りをつないで支える役割を果たす．⇨階段

オラトリウム　oratory
　1．私邸における祈禱のための家内礼拝堂，または広間．
　2．ある種の小規模礼拝堂．とりわけ，私的隠修士の信仰のためのもの．

オラトリオ会　oratory
　聖フィリッポ・ネーリ（St Philip Neri, 1515-95）の修士会（修道会ではない）に属する聖堂と建築物．会は1550年頃に設立され，**教皇グレゴリウス13世**（Pope Gregory XIII, 在位1572-85）によって1575年に認可された．これをオラトリオ会と称する．

オラリウム　ollarium(*pl.* ollaria)
　内部に骨壺や遺灰箱の対が置かれたコルンバリウムやヒュポガイオンにおける凹んだ部分のことで，アーチが架けられることも多い．

オランジュリー　orangery
　冬期に鉢植えの木々を収蔵するのに用いられるコンセルヴァトワール（温室）の性質を備えた建造物．通常，大規模で南面した窓を備え，建築にかかわる主張が込められていることも多い（たとえばロンドンのケンジントン宮殿（1704-05））．

オランス，オラント　orans, orant
　祈禱者の身振りをした人像．両腕を大きく広げて上に掲げている．

オリアジナス様式　Oleaginous style
　ロココに先立つ17世紀の様式．オーリキュラー様式，カーティラジナス（軟骨）様式，オランダ・グロテスク，キャブオーナメント（ロブ・オーナメント），あるいはロベート様式ともよばれ，マニエリスムの一派である．滑らかな流線で構成され，人間の耳，腸，海草のように互いに交差しあっている．低地地方〔現在の北フランス，ベルギー，オランダにあたる地方〕で構想され，一連の図版集によって広まった．たとえば，『多くの種類の新しい装飾部材（*Veelderhande Nieuwe Compartemente*)』

（1653)，ヘルブラント・ファン・デン・エークホウト（Gerbrand van den Eeckhout, 1621-74）の作品に基づく銅版画集，ダニエル・ラベル（Daniel Rabel, 1578頃-1637）による『さまざまな創意によるカルトゥーシュ（*Cartouches de différentes inventions*)』（1620頃-30）などがある．主導したのはファン・フィアネン家のパウルス（Paulus, 1570頃-1613)，アダム（Adam, 1569-1627）クリスティアーン（Christiaen, 1600頃-67)，および，大ヤン・リュトマ（Jan Lutma the Elder, 1584頃-1669）と小ヤン・リュトマ（Jan Lutma the Younger, 1624-85/89）である．

オリヴェイラ，マテウス・ヴィセンテ・デ　Oliveira, Mateus Vicente de（1706-85）
　ポルトガルのロココ様式の建築家．ルドヴィーセのもとではたらいたのち，独立した．ルドヴィーセの堅苦しいスタイルを受け継いだが，その後，より優雅なスタイルを確立していった．花綱で飾られた窓頂部をもつリスボン近郊のケルス宮殿（1747-52, ロビリオン（J.-B. Robillion, 1768没）が完工し，庭園をデザインした）は，オリヴェイラの優雅なロココ様式の代表例である．リスボンのエストレーラ聖堂（1779-90）も彼の設計．

オリーヴ形装飾　olive
　ベイリーフ（月桂樹の葉)，ローレル（月桂樹）やミュルトゥス（ギンバイカ）に似た古典主義装飾物．花冠やガーランド（花綱）に使われる．

オーリエル，オーリオル　oriel, oriole, oryel
　上階の壁体のネイキッドから突出した大規模なベイ・ウィンドウ（出窓)．ブラケット，コーベル（持ち送り)，ピア（支柱）やエンゲージド・コラム（壁中コラム）によって支持されている．

オリエンタリズム　Orientalism
　イスラーム，中国，日本，オスマン朝トルコなどの東洋の様式を引用した建築やデザイン．シノワズリやヒンドゥー様式のようなものがある．

オリエンテーション　orientation

コンパス上の特定の方位，とりわけ，日の出と日の入りの方向と関連づけて建造物を計画，配置，配列すること．教会建築において顕著であり，通常，主祭壇は東に向けて配置される．とはいえ，チャンセル（内陣）を東に向けないで配列された教会堂も正しいオリエンテーション（典礼的オリエンテーション）のもとに配置されたと記述される．

オーリキュラー様式　Auricular

16，17 世紀の滑らかにうねる曲線からなる装飾の様式で，人間の耳を思わせるような波形曲線や襞状の要素をもつ．カーティラジナス様式，オランダ・グロテスク様式，ロベート様式，オリアジナス様式とも呼ばれ，アンティック装飾や，グロテスク装飾，マニエリスム装飾の中に見出され，おそらくロココとアール・ヌーヴォーの細部に影響を与えた．

オリバー，バジル　Oliver, Basil（1882-1948）

イギリスの建築家．1910 年に建築事務所を設立し，20 年代，30 年代にアーツ・アンド・クラフツ運動の考え方にもとづき設計を行った．作品には，ケンブリッジにあるローズ・アンド・クィーンというパブ（1928），グリーン・キング・ビール醸造所などがあり，それらには，アーツ・ワーカーズ・ギルド（1932 年彼はそのマスターであった）の職人が制作した多くの調度品が組み込まれている．最もよく知られている建物は，サフォークのバリー・セント・エドモンド，エンジェル・ヒルにあるバロー・ビルディング（1935-37）で，ペヴスナーに，「ネオ・ジョージアンで，おさまりがよく，まったく破綻がない」と評された．オリバーは，サフォーク，グロトンにあるキャスリングズ・ホールをていねいに修復し（1933-34），古建築保護協会の委員を務めた（1912-48）．『イーストアングリアのオールド・ハウス・アンド・ヴィリッジ・ビルディング（*Old Houses and Village Buildings in East Anglia*）』（1912）など，ヴァナキュラー建築について多くの著書がある．また，『イングリッシュ・パブリックハウスの再生（*The Renaissance of the English Public House*）』（1947）も出版した．

オリヨン　oreillon, orillon
⇨オレイヨン

オリン，ローリー　Olin, Laurie（1939-）

アメリカのランドスケープ・アーキテクト．1976 年にペンシルバニア州フィラデルフィアにて，ボブ・ハンナ（Bob Hanna）とともにハンナ・オリンと名づけられた事務所を設立した．作品として，ワシントン州シアトルの「ウェスト・レイク・パーク」（1987-90），ニューヨーク市の「ブライアント・パーク」（1987-92），スキッドモア・オーウィングス＆メリル（SOM）と協働したロンドンのカナリー・ワーフにある庭園（1985-91），SOM およびフランク・ゲーリーと協働したバルセロナのヴィラ・オリンピカのグラウンドデザイン（1991-92），リカルド・レゴレッタと協働したカルフォルニア州ロサンゼルスの「パーシング・スクエア」（1992-94）がある．その他にも，カルフォルニア州ロサンゼルスの「ゲティ・センター」の外構デザインを担当している（1984-96）．これはリチャード・マイヤーとの協働である．

オルカーニャ（通称），アンドレア・ディ・チョーネ　Orcagna, Andrea di Cione, *called*（1308 頃-68）

フィレンツェ出身のゴシックの建築家．1355 年からフィレンツェのオル・サン・ミケーレ祈祷所の工匠長をつとめ，みごとな破風状のドームで覆われたタバナクルを設計した（1352 頃-59）．1358 年にオルヴィエート大聖堂ファサードのバラ窓の建設工事を監督した．また，このファサードの装飾にも貢献したかもしれない．1350 年からフィレンツェ大聖堂建設の顧問役の 1 人として，おそらく最終的な設計案に大きな影響を与えた．

オルガノ・テック　Organo-Tech

自由形態，粒状形態，および高度に複雑な（そして高価な）構築物を含む建築の様式．21 世紀初頭に流行し始めた．

オルガン　organ

多数のパイプを備えた大規模な楽器．パイプに送風し，鍵盤を押し下げてヴァルヴを開くと音が出る．聖堂やコンサート・ホールにオルガンを設置するには多くの空間を要し，パイプの配列により多くの印象的な建築的解法が導き出された．とりわけ，バロック時代に顕著であ

る．オルガン・ギャラリー，またはオルガン・ロフトとはオルガンを設置する場所のことであり，聖堂西端のパルピタム直上，またはチャンセル（内陣）側面に多く設けられた．

オルケストラ　orchaestra, orchestra

1. 古代ギリシア劇場における合唱隊と舞踏手たちのための円型平面の空間．
2. 古代ローマ劇場において，舞台・プロスカエニウム（プロセニアム）と半円を描く観客席第1列の間の半円形平面の水平面の空間．
3. 近世以降の劇場において，演奏家席のために確保された空間．
4. アメリカ合衆国において，劇場の主要階，パーケット，またはストール（座席）．

オルシーニ，ピエル・フランチェスコ（ヴィチーノ），ボマルツォ公　Orsini, Pier Francesco (Vicino), Duke of Bomarzo (1513頃-84)

イタリアの美術・文芸通．著名な一族の他のメンバーと同じく，彼もまた諸芸術の庇護者であった．ヴィテルボの近郊に，有名なボマルツォの怪物庭園を作らせたのも彼で，同園を指してはサクロ・ボスコ（聖なる森）と呼んでいた．この呼称は，この庭が単なるリラックスや娯楽以上のものであったことを示唆している．庭園内には古典スタイルの神殿，傾いた家，地獄の口，多数の屋外彫刻（そのいくつかは，マニエリスムの美学規範に照らし合わせても破格のものである），エクセドラ，ニンフェウム，グロット，噴水などがあり，さらにはアリオスト，ダンテ，ペトラルカの作品から抜粋した碑文がちりばめられている．ルネサンス期の多くの庭と同様，オルシーニのこの庭園も高度に知性的な構成となっている．あらゆる学芸を包括したその空間は，精神と五感を刺激する．それは自由の地であり，魂と身体の慰めであり，倫理的教化の源泉であり，そのほかにもさまざまな意味が込められているのである．

オールソップ，ウィリアム　Alsop, William (1947-)

イングランドの建築家．1981年オールソップ・アンド・ライアル事務所設立．2000年にオールソップ・アーキテクツに改名．フランスのマルセイユにおいてル・グラン・ブルー（ブーシュ・デュ・ローヌ県の庁舎）を計画

した（1994竣工）．2000年には，ロンドンのペッカムにあるライブラリー・アンド・メディア・センターでスターリング賞を受賞した．その他，明るい色彩と繭型の意匠がファッショナブルな作品として，次のものがあげられる．ロンドン地下鉄ジュビリー線のノース・グリニッジ駅（1996-99），ヨークシャーのアース・センター（1999），ロンドンのサザークのパレストラ（2001-04），トロントのオンタリオ・カレッジ・オブ・アート・アンド・デザイン（2000-04，テーブルの上板が高足の上に載った形をしており，万人に評価されているわけではない），ロンドンのクイーン・メアリー・カレッジのメディカル・スクール（2001-05），ロンドンのドックランドのヘロンズ・キー駅（2001-03），ロンドンのヴィクトリア・ハウス（2003竣工），ドイツのデュッセルドルフ・ハーバー・タワー（2002竣工），カーディフ湾堰の建物群（2000竣工），ロンドンのサザークのアリスバーリー・エステートの改修再生（2002），オランダ，アルメア（コールハースの「作品群」がある場所）のアーバン・エンターテインメント・センター（ポップミュージックのコンサートホール，ホテル，レストランやカフェからなる商業施設），ロンドンのニュー・クロスにあるゴールドスミス・カレッジのビジュアル・アーツ・コンプレックス（2002-05）．イングランドのウェスト・ミッドランド地方のウェスト・ブロムウィッチの「ザ・パブリック」とよばれる巨大なコミュニティー・アート複合施設は，基本的には大きな四角い箱に小滴形の空間が充填され，そのいくつかがファサードから飛び出しているもので，2005年に竣工した．

オールター　altar

神への捧げ物を置いたり犠牲を捧げたりするためのブロック，ペデスタル，スタンド，またはテーブル．ユダヤ教の祭壇は各隅部に角のような装飾物を備えている．この形式の装飾は古典古代にもみられ，単純化された角，または耳を備えており，アクロテリアとも呼ばれる．古代ギリシア・ローマの祭壇頂部はキネラリウム（納骨箱）やサルコファグス（石棺）の蓋に似ており，新古典主義の門柱，扉枠頂部などのデザインに影響を与えた．キリスト教の祭壇はエウカリスティア（聖餐，最後の晩餐）の典礼の

ために捧げられたものであり，平坦な頂部を
つ，高いテーブルである．宗教改革において，
木造のコンムニオ・テーブル（聖卓），または
ホーリー・テーブル（聖卓）にかえるよう主張
されたにもかかわらず，通常は石造である．聖
堂においては，ハイ・オールター（大祭壇）が
主祭壇であり，内陣の東端に置かれる．祭壇の
側面（ホーン）は「エピストラ」（使徒書簡）
（南側），「エウァンゲリウム」（ゴスペル，福音
書）（北側）と称する．

オールター・オヴ・クリーダンス altar of
credence
　クリーダンス・テーブル，またはテーブル・
オヴ・プロテシス．

オールター・オヴ・リポーズ altar of repose
　聖木曜日（洗足の木曜日）から聖金曜日（主
の金曜日）まで聖体が置かれるニッチ，または
サイド・オールター（脇祭壇）．⇨復活祭の墓

オールター・スクリーン altar-screen
　プレスビテリ，またはサクラリウムを，その
東側の周歩廊と分かつオールター・ウォール
（祭壇壁）．

オールター・ステア，オールター・ステップス
altar-stair, altar-steps
　祭壇が置かれている高所に上がる階段．

オールター・スラブ，オールター・ストーン
altar-slab, altar-stone
　祭壇頂部を形成する石造スラブのことで，メ
ンサ（伊語）とも呼ばれる．

オルタ男爵，ヴィクトル Horta, Baron Victor
(1861-1947)
　ベルギーの建築家．アール・ヌーヴォーの最
も才能あふれる中心人物のひとり．ヴィオレ＝
ル＝デュクの理論を吸収し，エッフェルとボワ
ローの作品を讃えていた．鉄とガラスについて
はバラを師と仰いで多くを学んだ．ブリュッセ
ルのリュー・ポール・エミール・ジャンソン6
番地オテル・タッセルの精妙な作品で名声を獲
得した．むき出しの鉄製の細部と曲線美を誇る
その装飾は，最も創意に富み，洗練されたアー
ル・ヌーヴォーの作例である．オテル・タッセ

ルの成功により，ブリュッセルの他の建築設計
の依頼が舞い込むようになり，パルマーストン
ラーンのハイス・ヴァン・エートヴェルデ
(1895-97)，アヴニュ・ルイーズ224番地の精
巧で美しいオテル・ソルヴェ (1894-1900)，そ
して，プラス・エミール・ヴァン・デル・ヴェ
ルドの輝かしき「メゾン・デュ・プープル」
（人民の家）(1895-99，恥ずべきことに1964年
に取り壊された）を手がけた．曲線を描く鉄
棒，ガラスと石造ファサード，それに，むき出
しの鉄製部材と大いに洗練された細部をもつ光
あふれる内装がそれらの特徴である．リュー・
アメリケーヌ22-23番地の自邸 (1898-1901,
現ミュゼ・オルタ）とアヴニュ・ルイーズ520
番地のオテル・オーベック (1899-1900) はと
もにブリュッセルに建っている．巧妙に計画さ
れ，驚くべき細部をもち，金属材と石材が軽や
かに接合されている．その後，オルタの作品は
もっと硬くなってくる．ブリュッセル中央駅
(1911-37)，およびブリュッセルのパレ・デ・
ボザール (1919-28) は鉄筋コンクリート構築
物で，アール・ヌーヴォー作品の優雅さと魅力
をすべて欠いたものとなっている．数多くの葬
祭記念物やその他の記念物も設計した．

オールター・テーブル altar-table
　木製の「ホーリー・テーブル」（聖卓）のこ
とで，宗教改革後の聖堂において石造祭壇にか
わって用いられた．

オールター・トゥーム altar-tomb
　祭壇に似た追悼記念碑のようなトゥーム・
チェスト，または大墓所のことだが，決してそ
のように使われることはない．横臥像が載って
いたり，真鍮製追悼記念碑を頂いていたりする
こともある．また，その傍らに設けられたニッ
チに嘆く人の像を置いて美装することもあっ
た．祭壇形墓所は装飾されたキャノピー（天
蓋）によって保護されることも多い．

オルタナティブ・アーキテクチャー alterna-
tive architecture
　自動車のパーツやその他リサイクルされた材
料によって構築される住宅建築．1960年代の
とくにアメリカにみられ，時にはフラーのジオ
デシックの理論にもとづいてつくられた．ただ
し，幾人かの批評家は，それをそもそも建築と

オルタニツ

みなすべきかについて，疑問を投げかけている．

オールター・ニッチ altar-niche

祭壇のための凹み．たとえば，アエディクラ（ラテン語）のような建築的な枠が施されることが多い．

オールタネーティング・システム alternating system

ロマネスクの聖堂において，円形断面のピアと複合されたピアが交互に交代する場合に，これをオールタネーティング・システムと称する．ダラム大聖堂のような作例がある．

オールター・ピース altar-piece

祭壇の直上や背後に設置される絵画，または彫刻．

オールター・フェーシング altar-facing

祭壇正面の着脱可能な仕上げや覆い．身廊に面し，非常に美しい手の込んだデザインを織り込んだ織物でできていることが多い．オールター・フランタル，またはアンテペンディウム（ラテン語）ともいう．祭壇側面にまで回り込んでいる場合は，パリオット（イタリア語）と呼ばれる．

オールター・レール altar-rail

エウカリスティア（聖餐）の間，コンムニオに与る者（聖体拝領者）が跪く場所であるサクラリウムをチャンセル（内陣）のその他の部分と分かつレール．

オールド・イングリッシュ Old English

サセックスやケントのウィールド地方の土着の要素を復興した建築様式．本質的には，19世紀のドメスティック・リヴァイヴァル，クイーン・アン様式，アーツ・アンド・クラフツ運動の一派．特徴としては，タイル掛けの壁（模様になっていることが多い），ひし型模様の煉瓦積み，鉛の格子枠でガラス割がされた開き窓，切妻や持ち送りといった木造の特徴（本物でなく単なる飾りの場合もある），破風板の透かし彫り，表面の粗い煉瓦仕上げ，急勾配のタイル葺屋根，型抜き煉瓦やテラコッタでできた装飾的で背の高い煙突があげられる．平面計画

は整形でなく，累積的なもので，ピクチャレスクな構成である．アメリカ合衆国においては，コロニアル・リヴァイヴァルは同様の傾向をもち，シングル・スタイルとなっていった．

オールド，エドワード・オーガスタス・ライル Ould, Edward Augustus Lyle (1853-1909)

⇨グレーソン，ジョージ・エノク

オルトスタータ orthostata(*pl.* orthostatae)

壁体基部に配された幾本かの鉛直方向に立てられた石材柱の1本1本のことで，化粧材の一部をなす．何かが刻まれることもある．たとえば，神殿のケラ（神室）基部のリヴェットメント（擁壁）の一部を形成したり，デイドー（台胴）の形態をとったりする．

オルトステュロス orthostyle

直線をなして並んだコラムの連なり．

オルドナンス ordonnance

1．建造物の各部分の適切な配置．

2．建造物とその形式に適合するように建築のオーダーを選択して適用すること．

オールド・フレンチ Old French

19世紀のロココ・リヴァイヴァル．

オールドリッチ，ヘンリー Aldrich, Henry (1648-1710)

オックスフォードのクライスト・チャーチの参事会員かつ首席司祭．オールドリッチは博学であり，芸術に関して造詣が深く，建築家でもあった．パッラーディオ主義の先駆者の一人であり，オックスフォードのいくつかの建築を設計するとともに，ウィトルウィウスとパッラーディオに傾倒した建築書『実用建築の要素（*Elementa Architecturae Civilis*)』（1789刊行）を著した．また，ウィリアム・タウンゼンドが建設したクライスト・チャーチのペックウォーター方庭（1707-14）を設計している．これは20年後のウッド父子によるバースのクイーン・スクエアを予見するものであり，イングランドで最初のパッラーディオ的な宮殿風正面の構成であった．コーパス・クリスティ・カレッジの研究員棟（1706-12）も，ペックウォーター方庭に酷似しており，オールドリッチによって設

計されたと思われる．オールセインツ聖堂（1701-10）に関しても，尖塔はオールドリッチの当初のデザインとニコラス・ホークスムアによる代案の妥協案であり，オールドリッチは建築家であった可能性も高い．

オルブリヒ, ヨーゼフ・マリア　Olbrich, Joseph Maria (1867-1908)

オーストリア＝ハンガリーの建築家で，ウィーンの分離派を率いた人物の一人．ハゼナウアーとジッテの弟子で，オットー・ヴァーグナーのウィーンの事務所に勤務（1894-98）し，ウィーンのシュタットバーン（市内電車）駅舎の設計に貢献した．彼の様式は徐々にヴァーグナーの威厳ある簡潔な新古典主義から離れ，アール・ヌーヴォーのモチーフを取り入れるようになった．分離派と関係する芸術家たちのための会館と展示ギャラリー（1897-98）で名声を得た〔いわゆる「分離派会館」〕．この建物の外観にはヴァーグナーの新古典主義からの影響もあるが，ユーゲントシュティールの装飾的効果，勾配のついた4本のパイロンのような形態の間に金メッキされた錬鉄のドームのような装飾を戴く構成，ウェル・サクルム（聖なる春，大きな反響を呼んだ分離派の著作のタイトル）を示唆するモチーフが，芸術の新しい時代の始まりを告げていた．イングランドのアーツ・アンド・クラフツに影響を受けたオルブリヒは，ヒンターブリュールのマックス・フリードマン邸（1898-99）で，建物だけではなくすべての家具と設備を設計した．

1899年，ヘッセン大公エルンスト・ルートヴィヒ・カール・アルブレヒト・ヴィルヘルム（Ernst Ludwig Karl Albrecht Wilhelm, Großherzog von Hessen, 在位 1892-1918）がオルブリヒをダルムシュタットのマティルデンヘーエ（マチルダの丘）の新しい芸術家コロニーに招待した．この地でオルブリヒが設計した共同のスタジオであるエルンスト・ルートヴィヒ・ハウス（1899-1901）では，強調されたアール・ヌーヴォーの入口が，1930年代の様式を予見させる2体の大きな新古典主義の像に挟まれている．自邸（1900-01）ではオーストリアとドイツのヴァナキュラーな形態を取り入れているが，青と白の正方形のタイル（ヴァーグナーやマッキントッシュが用いたモチーフ）を立面に付け加え，より生き生きとさせている．

マティルデンヘーエで彼が設計した7棟の住宅とベーレンスによる1棟の住宅（すべて完全に家具が備えつけられている）は，ヘッセンのモダン・デザインを喚起するために1901年に公共の目にさらされることになった．これはこの種の展覧会の最初の例である．彼はマティルデンヘーエの建築群にさらにホーホツァイツトゥルム（結婚記念塔，建設目的の一つはゾルムスのエレオノーレ・エルネスティーネ・マリー王女（Princess Eleonore Ernestine Marie）（1937没）との大公の2回目の結婚（1905）を祝うことであった）と展示館（1905-08）を加えた．塔の頂部は北ドイツ中世のステップ・ゲーブル（階段状妻壁）を受け継いでいるが，その「段」の上部には半円形の部分がついている．

1907年，ドイツ工作連盟の創始者の一人になり，作品はより厳格な，古典主義に影響を受けたものになる．その例は端麗なデュッセルドルフのレオンハルト・ティーツ百貨店（1906-09，現カウフホーフ）である．ケルンのヨーゼフ・ファインハルス邸（1908-09，現存せず）は，その後も彼が生きていたら発展したかもしれないその建築の方向性を示している．2棟の厳格な翼棟の間に古代ギリシア風ドリス式のコロネードがあり，マンサード屋根を戴く力強い新古典主義の構成であった．ヴァスムート社から豪華な作品集『オルブリヒ（*Architektur von Olbrich*)』（1901-14）が出版されている．

オルベ, フランソワ・ド　Orbay, François d' (1634-97)

⇨ ドルベ, フランソワ

オルムステッド, フレデリック・ロー Olmsted, Frederick Law (1822-1903)

19世紀のランドスケープ・アーキテクトの中で，ダウニング亡き後，最も重要な人物．その著書『イギリスにてアメリカ農夫の散歩がてらのおしゃべり（*Walks and Talks of an American Farmer in England*)』（1852）でみせた，イギリスのランドスケープ・デザインへの称賛で明らかなように，パクストンのチェシャーのバーケンヘッド公園に大きな影響を受けて，18世紀のイギリスの景観設計におけるピクチャレスク様式を発展させ，公園のデザインに革新をもたらした．（ダウニングの仲間

だった）カルヴァート・ヴォークスとともに
ニューヨーク市のセントラル・パークをつくっ
た（1858 より）が，それは滝のあるロックワ
ークや草地と水場のほか，視界に入らないよう
に工夫された交通網に散策路が高低差に合わせ
て上に下に通り抜けるなど，幅広く多様な地形
的景観をもつ独創的な計画であった．オルムス
テッドはカリフォルニア大学バークリー校の
キャンパスやカリフォルニア州オークランド市
のマウンテン・ヴュー墓地（1864）を設計し，
またヨセミテ渓谷の自然保護区創設を提案し，
後の国立公園設置運動につなげた．ふたたび
ヴォークスと組み，ブルックリンのプロスペク
ト・パーク（1865-73）を設計し，セントラ
ル・パークへの取組を再開．またイリノイ州シ
カゴ近くの〔住宅地〕リヴァーサイド（1868）
を計画した．リヴァーサイドでは，共有地や公
園，そして歩行者が歩きそうな道筋の計画の出
発点の周辺に住宅を提案した．ワシントン
D.C.の連邦議事堂周辺の景観設計にも着手し
（1874），その仕事は息子である F・L・オルム
ステッド・ジュニア（F. L. Olmsted, jun.,
1870-1957）の手で 1920 年代に完成した．なお
オルムステッド・ジュニアは，オルムステッド
の継子である兄ジョン・チャールズ・オルムス
テッド（John Charles Olmsted, 1852-1920）と
ともに実務を続けた．1881 年に（ニューヨー
ク州バッファローの州立精神病院（1871）など
の設計で協働したことがある）H・H・リチャ
ードソンにマサチューセッツ州に定住するよう
説得されたが，それに先立つ 1878 年にオルム
ステッドはボストンの公園どうしのシステムの
デザインに着手していた．それはチャールズ川
とフランクリン公園を結んで緑と水の曲がりく
ねった道をつくるすぐれた計画であった．カリ
フォルニア州パロ・アルトのスタンフォード大
学のキャンパス（1886）のデザインに貢献し，
またニューヨーク州のナイアガラ瀑布保護区
（1887）にヴォークスとともに携わり，またケ
ンタッキー州ルイヴィルのパーク・システム
（1891）を設計した．最後の大きな計画はシカ
ゴにおける世界コロンビア博覧会（1893）であ
り，マッキム・ミード＆ホワイトやダニエル・
バーナム他による新古典主義の建物のために森
林のような舞台をつくり出した．輸送，車道，
そして水上輸送でやってくる来訪者たちのため
の埠頭をつなぐオルムステッドのシステムは，

彼の他のほとんどの作品と同様，進歩的で，構
想力に富み，革新的であった．多産な著述家で
もあり，非常に重要な数多くの著作を出版し
た．

オルメカ建築　Olmec architecture
　メソアメリカ建築の一つで，トナラ川のデル
タ地帯の島につくられた儀礼上の中心ラ・ベン
タ（8 世紀初頭頃）にその事例をみることがで
きる．重要な建造物は軸線に対して対称に整然
と配置された．

オルル，オルレ，オルロ　orle, orlet, orlo
　1．境目をなす小さなフィレット（平縁）の
幅の狭いバンド（帯状装飾）の連なり．とりわ
け，柱頭のオーヴォロ（卵形装飾）直下のフィ
レットを指す．
　2．コラム・シャフトの上端と下端のシンク
チュア，またはフィレット（平縁）のことで，
アポフィジを区切るものである．
　3．コラム，またはそのペデスタル（台座）
の柱礎の刳形の下のプリンス．
　4．たとえば，柱身（シャフト）の平行なフ
ルート（溝）の間のフィレット（平縁）の表
面．

オレイヨン〔仏語の「耳」から派生〕　oreillon,
orillon
　1．側防壁に隣り合った，バスティオン（稜
堡）の正面端部の丸まった肩の部分．
　2．なんらかの耳の形をした付加物．

オロー，エクトール　Horeau, Héctor
（1801-72）
　フランスの建築家で，実作は少ないものの，
出版物の中で，たくさんの鉄とガラスの構造物
や，パリの市場デザインのための初期の提案な
どを含む都市改良のデザイン（1844），リヨン
のジャルダン・ディヴェール（冬の庭園，温
室，1846-47），さらに 1851 年のロンドン万博
のためにガラスの嵌め込まれた大量の鉄からな
る構造物のデザインを発表するなどしており
（1849），しかも最後のそれはパクストンによっ
て実現された計画に先行するものであった．彼
が手がけた建物のほとんどはとり壊されてし
まった．サセックスのナトリーにピッピング
フォード・パークを設計し（1857-58，第二帝

政様式によるものだったが現存しない），目を見張るほど美しく彩色された『エジプトとヌビアのパノラマ（*Panorama d'Égypte et de Nubie*）』（1841-46）を出版した．

オローク，ブリアン O'Rorke, Brian (1901-74)
　ニュージーランド生まれの建築家．大型客船オリオン号（1934-35），ロンドンのメイヤー・ギャラリー（1933）など，1930 年代以降のモダニズムのインテリア作家として知られる．ロンドンに創設された国立劇場の建築家に任命されたものの，計画は実施されなかった（ラズドゥンによる国立劇場は別な敷地に，条件もかなり変更され建設された）．しかしながらノッティンガム大学ダービー・ホール（1950 年代初頭）では，ソーンの作品を思わせる抑制された古典主義を用い，同大の校舎を手がけたマクモラン＆ウィットビーに影響を与えた．

音響壺 acoustic vases
　⇨アコースティック・ヴェース

音響板 sounding-board
　⇨テスター

温室 conservatory
　⇨コンサーヴァトリー

オンタニョン一族 Hontañon Family
　スペイン末期ゴシックの複数の建造物に携わった父子．フアン・ヒル・デ・オンタニョン（Juan Gil de Hontañon, 1480 頃-1526）はシグエンサ大聖堂ではたらき，バリャドリッド県メディーナ・デル・カンポの広間式聖堂サン・アントリンにおいて墓所礼拝室，またブルゴス県ブリビエスカのサンタ・クララ聖堂を設計・建造（ともに 1503 頃-1523 頃）．パレンシア大聖堂では回廊と参事会堂の建設にかかわる（1505-16）．1512 年に彼はサラマンカ大聖堂の石工親方に任命され，1520 年までに同聖堂の建設は副祭室のヴォールトが架けられるところまで進んだ．セビーリャ大聖堂では，崩落してしまったコロニアによる構築物に替えて，複雑なリブヴォールトをもつ交差部採光塔を新たに設計（1513-19）．1524 年からはセゴビア大聖堂の設計に携わったが，同聖堂の建設は息子の

ロドリーゴ・ヒル・デ・オンタニョン（Rodrigo Gil de Hontañon, 1500-77）によって進められることとなった．ロドリーゴは 1521 年に，おそらくはアラバとともにサンティアゴ・デ・コンポステーラ大聖堂ではたらいていたらしく，バリャドリッドに招聘されたのち 1530 年にアストルガ大聖堂の石工親方になり，同聖堂でおそらく身廊を建設したと考えられる．1537 年からはサラマンカ新大聖堂の翼廊にとり組み，その後，あるいは同時期に，サンティアゴ・デ・コンポステーラ大聖堂の回廊建設にかかわった．またプラセンシア大聖堂にもなんらかの貢献をし，1560 年頃からはセゴビア大聖堂のシュヴェ（後陣）を設計した．彼はサラマンカにおいてルネサンスのアイディアを取り入れ始めたが，マドリッド近郊アルカラ・デ・エナレスのサン・イルデフォンソ学館ファサード（1537-53）にいたっては，完全にプラテレスコ系のルネサンス様式となった．他の設計作品に，ともにサラマンカにあるパラシオ・デ・モンテレイ（1539-41）とベルナルダス・デ・ヘスス修道院（1542 以降）や，バリャドリッドのラ・マグダレーナ聖堂（1566-72）がある．1560 年代頃には『建築対称概論（*Compendio de Arquitectura y Simetría*）』を執筆した．同書については 1681 年にシモン・ガルシア（Simón García）によって曲筆された複製が存在する．

オーンブリー aumbry
　⇨アンブリ

カイ

カ

階 stage
⇨ステージ (1)

階 storey, story
　建物の床と床との間，あるいは床と天井との間の容積．階は地下階（全体ないしは一部が地下にある），地上階（アメリカ合衆国では1階，フランスでは車道と同じ階），1階（あるいは大広間を含む場合にはピアノ・ノービレ），2階，3階と続き，最後に屋階（おもなファサードのエンタブラチュアの上部）と定められる．屋根の内部空間については，屋階ではなく屋根裏部屋と呼ばれる．中2階やメザニンは，主要階どうしの中間の床を指す．塔では階よりもむしろステージと呼ばれるが，ステージも階のように水平なモールディングの帯模様やストリング・コース，コーニスなどによって区別されることが多い．ストーリー・ポストとは，木骨造の大黒柱を指し，一階分の高さでそびえ立つ．

外角 external angle
⇨エクスターナル・アングル

貝形柱頭 scallop *or* scalloped capital
⇨柱頭

貝殻状装飾 coquillage
⇨コキヤージュ

怪奇的 antic
⇨アンティック

開口部 aperture
　人の出入り，採光や換気（または両方）のために開けられた，あるいは防御上や美的な理由から開けられた開口．その両側は抱きとなり，頂部はヘッド（鴨居），楣，あるいはアーチとなる．また底部はシル（敷居）となる．

海戦勝利記念柱 columna rostrata (*pl.* colum-

nae rostratae *or* rostral columns)
⇨コルムナ・ロストラタ

凱旋門 triumphal arch
　勝利や個人を記念するために，軸線上に設置される公式の門の形式．記念門ともいう．古代ローマでは2種類の基本形があった．単独のアーチ開口を設けた背の高い直方体の構築物（ローマのティトゥス帝記念門（81頃）など），および中央に大きなアーチ開口を，その両脇にもっと小さく低いアーチ開口を設けたもう少し大きな建造物（ローマのセプティミウス・セウェルス帝記念門（203）など）である．建築史において凱旋門は，後世の多くの同様の構築物の先例だったからのみならず，アーチ構法と軸組構法を組み合わせたものだったゆえに重要である．古代ローマの形式は大規模な直方体の礎石造によるマッスの長辺側の1箇所か3箇所に平行なアーチ開口をあけることで成り立っており，そこにエンゲージ（コラムの一部を壁体に埋めること），またはアプライ（コラムを壁体に付すこと）されたオーダーを施したものである．オーダーは変わることなくペデスタルの上に据えられ，エンタブラチュアの上には大きなアティック層が載っている．アティックは通常，壮大な銘文を掲げている．ティトゥス帝記念門では，銘文を刻んだパネルが単独の幅の広いアーチ直上のアティックに設けられているが，セプティミウス・セウェルス帝記念門では，銘文はアティックのほとんど全幅にわたって配されている．3カ所にアーチを備えた形式の他の記念門としては，フランスのオランジュにある「ティベリウス帝記念門」（1世紀末）やローマのコンスタンティヌス帝記念門（312頃-15）がある．凱旋門モチーフは，リミニのサン・フランチェスコ聖堂の正面（1446以降），および，マントヴァのサンタンドレア聖堂の内部と西側正面（1470設計）のためにアルベルティによって引用された．数え切れないほどのルネサンス建築のファサードに多様な組み合わせと変形を伴って使用され，豊かに装飾するためにほとんど無限の可能性を示すこととなった．ファサード中央のデザインのために使用されることが多かったが（ロバート・アダムによるダービーシャーのケドルストンの南側正面（1759-70），および，ド グ ラ ー ヌ（Deglane），ル ー ヴ ェ（Louvet），ト マ

(Thomas) によるパリのグラン・パレのアヴニュ・ダンタン側の入口 (1900) など，新古典主義の時代には独立した記念碑としてもリヴァイヴァルされた (ペルシエとフォンテーヌによるパリのアルク・ド・トリオンフ・デュ・カルーゼル（カルーゼル凱旋門）(1805-09) など). 後世の凱旋門の中には，主軸線と 90°をなす追加アーチをもつよう設計されたものもある (シャルグランなどによるパリのアルク・ド・トリオンフ・ド・レトワール（エトワール凱旋門）(1806-36)，およびラチェンスによるソムのティーブヴァル記念門 (1920 年代) など).

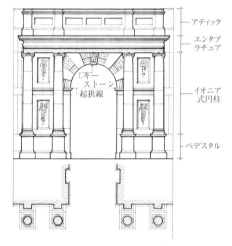

18 世紀の凱旋門の平面図と立面図（ラングレイにもとづく）.

凱旋門，記念門 arcus triumphalis
⇨アルクス・トリウムファリス

階段 stair
踏面と蹴上板で段をつくり，それが連続して一続きの階段となる．通例，構造体，もしくは柵で囲われ（階段室），ある階から他の階への移動手段となる．階段の一般的な構成要素は以下のとおりである．
　イージング： 階段が方向を変える際の側桁の接合部．
　踊り場： フライト間に設けられた小さな階 (c, d, e, g, i).

　親柱： 回り階段の中央のピア（支柱）で，楔形となった各段の狭いほうの端を支えるか，階段の終点でベアラー（回り階段の支え），手すり，側桁，トリマー（根太掛け）を支える材 (i).
　階段吹き抜け，階段室（ウェル）： フライトの外側の側桁に囲まれた吹き抜け，または階段が上昇していく竪穴区画のこと．ハーフ・ターン階段のように，内側の側桁は階段室の壁面についている．(d, e).
　笠木： 親柱の頂部 (i).
　側桁（ストリング）： 段板を支える傾斜した部材で，実際には登り梁となる (i).
　クオーター・スペース（ペース）： フライトが 90°に折れ曲がる際にできるハーフ・スペースの半分の大きさの踊り場（「ペース」参照）(d, e).
　蹴上板： 踏み段の前面のことで，下部が後ろに傾けられていることが多く，踏板の奥行きを増大させる (i).
　ゴーイング，またはラン（奥行き）： 階段の格段について使用する場合は二つの蹴上板の間の水平距離，フライトについて使用する場合は最上部の蹴上板と最下部の蹴上板の間の水平距離のこと．
　勾配： それぞれの段鼻線〔下記項目を参照〕と水平線がなす角度のこと．
　スコティア： 段鼻の下の凹面の刳型 (i).
　スパンドレル： 側桁の下で床との間にできる三角形．
　スレッド・エンド（踏面端）： ささら桁階段において，側桁から突出した踏面の一部であり，コンソールまたはモディリオンのように彫刻を施したブラケットとともに用いられることが多い (j).
　ソフィット： フライトの下の傾斜した表面．
　段鼻： 踏面の前面に突出した端部で，丸く仕上げられることが多く，蹴上板から迫り出す (i).
　段鼻線： 側桁に平行で，すべての段の先端を結んだ直線．
　ドロップ，垂れ飾り： 見える場合，親柱（欄干柱）の最下部 (i).
　ハーフ・スペース（または，ハーフ・ペース）踊り場： 二つの平行なフライトの幅をもつ踊り場で，一方が上に上り，他方は下に下る

カイタン

ため，180°回転することになる（ペース（3）参照）(c).

バラスター，手摺子： 手すりを支え，安全を確保するための一連の鉛直材の一つで，バニスターとも呼ばれる (i, j).

バラストレード： バラスターと手すりと親柱の組み合わせで，バニスターズと呼ばれることもある．側面では柵の役割を果たし，上り下りする際には手でつかむところとなる (i, j).

踏面： 踏み段の水平な上部表面 (i).

フライト（階段）： 踊り場から踊り場，階から階，または，階から踊り場へつながる一続きの階段．

ヘッドルーム（頭上スペース）： 段鼻線〔上記の項目参照〕から直上のフライト下面までの鉛直距離．

ライズ（高さ）： 連続した踏面の先端から次の踏面の先端まで，あるいは床から床まで，踊り場から踊り場まで，床から踊り場までの鉛直距離のことで，前者を「段のライズ」〔「蹴上」のこと〕，後者を「フライトのライズ」という．

ワインダー： 階段が曲がる際に用いられる，片側の幅がもう一方よりも幅広となった踏面（a, b, d, f）.

階段には次の形式がある：

ヴィス階段（フランス語で「螺子」の意味するVis（ヴィス）から）： 「回り階段」参照．

親柱階段： 段板の細い方の端を支えるがっしりとした中央のピア（支柱），または親柱にらせん状に巻き上がる回り階段（a），または，側桁の端を支えるために隅部に親柱を設けた矩形平面の階段 (i).

折り返し階段： 異なる方向のフライトからなるもので，分岐階段，ハーフ・ターン階段，片折れ階段，三連続の片折れ階段などがある．

カクル階段： 「回り階段」参照．

片持ち梁階段，フライング階段： 隅部または折り返し点で，親柱をもたず，階段室の壁から片持ち梁とされた石造段板によって構成される階段で，それぞれの段板は下の段板にのる．手すりは，通例，リースと呼ばれる短く曲がった部材で結合される (f, h).

側桁階段： 側桁から同じバラスターが並べられていて，その傾斜が手すりと平行になっている階段 (i).

幾何学階段： 片持ち梁（フライング）階段

のことで，通常は円形または楕円形平面となり，片持ち梁とされた段板の端は曲線を形づくる (f, h).

楔形踏板階段： 木骨建築で，一つの階を上るために，長方形平面の空間を占め，上部の段板が楔形となっている階段．

「皇帝の階段」： 一つのフライトで上り始めるが，踊り場以降，180°回転し，最初の階段と平行な二つのフライトによって次の階へと導かれる．おそらく，マドリード郊外のエル・エスコリアル宮殿（1563-84）の例が最初であり〔エスカレラ・インペリアル〕，のちの時代の華やかな例としてシュロス・アウグストゥスブルク（ケルン近郊ブリュール）の階段（1740年代）やヴュルツブルク司教宮殿の階段（1734）などがあげられる (g).

ささら桁（カット・ストリング／オープン・ストリング）階段： 踏面を支えるために刻みを入れたささら桁を用いた階段のことで，バラスターの長さはそれぞれ異なり，また，スレッド・エンド（踏面端）は手すりと平行ではなく，その下はコンソールのような装飾で飾られることが多い (j).

さらし踏み板階段，オープン・ライザー階段： 蹴上板がなく，踏面の間は空洞となっている階段．

ダブル・リターン階段，二重折り返し階段： 一つのフライトで上り始めるが，踊り場から二つのフライトに分かれて反対方向に上る階段 (g).

ターングレス階段： 「回り階段」参照．

ターンピース階段： 「回り階段」参照．

直進段： 一つのフライトからなる階段のこと．

ドック・レッグ階段，犬脚形階段，折り返し階段： 二つのフライトが平行して設置され，それぞれ階の1/2を上下し，踊り場で結合されたもので，側桁の間に吹き抜けをもたない階段 (c).

ハーフ・ターン階段： 隅部を踊り場とし，階段室の三面にフライトをもったもの (e).

吹き抜け階段： ハーフ・ターン階段など，親柱群によって吹き抜けをつくり，吹き抜けが1階以上にわたる階段 (d, e, f).

吹き抜け階段，オープン・ウェル階段： ドッグ・レッグ階段に似ているが，外側の側桁で囲まれた隙間，または吹き抜けがある階段．

カイタン

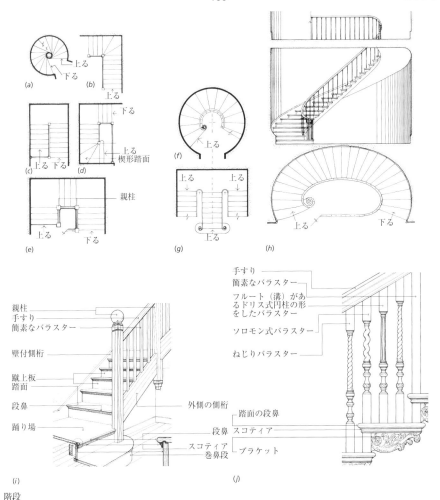

階段
階段の平面
(a) 楔形踏板と親柱をもつらせん階段．(b) 隅部に楔形踏板がある片折れ階段．(c) 踊り場（ハーフ・ペース）をもつドック・レッグ階段．(d) 踊り場（クオーター・ペース）と最初の隅部に楔形踏板がある吹き抜け階段．(e) 踊り場（クオーター・ペース）をもつ吹き抜け階段．(f) 連続する手すりをもつ幾何学階段．このような階段の平面は楕円形となることが多い．(g) 渦巻形の手すりをもつ幾何学形態をした「皇帝の階段」．(h) 楕円形平面の石造の幾何学階段，または片持ち梁（フライング）階段で，それぞれの段は下の段の上にのり，金属製のバラスターと1階から2階へとつながる刳形が施された連続した手すりをもつ（オズボーンにもとづく）．(i) 木造の側桁階段（オズボーンにもとづく）．(j) ジョージアン時代のカット階段，またはささら桁階段で，踏面端の下には彫刻されたコンソールのようなブラケット（持ち送り）をもち，この時代の4種の異なった形式のバラスターをもつ（オズボーンにもとづく）．

とくに大きな吹き抜けがあるものでは，それぞれのフライトはクオーター・スペース踊り場でつながれる（d, e）.

吹き抜け親柱階段，オープン・ニューウェル階段：　ハーフ・ターン階段，もしくは他の吹き抜けのまわりに設けられた階段で，ドック・レッグ階段とは区別される（d, e）.

分岐階段：　二つのフライトに分割されるか，分岐する階段.

ペロン階段：　エントランスの前に設けられたピアノ・ノビーレの高さまで一直線にのびる外部階段で，囲まれていないもの，または，両端から上ってくる二つの階段が合流してバルコニーとなる踊り場となっているものがある.

回り（らせん）階段：　円形または楕円形平面の階段で，とくに親柱階段をさす（a）.

らせん階段：　「回り階段」参照.

階段室　staircase

1.　階段を覆う構造体で，ステアケース・シェルやステアケース・ウェルとも呼ばれる.

2.　手摺り子をもつ階段.

3.　足場やバラスターなどを支える階段全体.

建築的な重要性を備えた壮大な階段室の歴史はかなり古く，古代のクレタやメソポタミアでも知られていた.　実に不思議なことだが，古典古代において階段室は建築の部位として活用されたことはなかった.　建築的に発展するのはようやくルネサンスの時代になってからであり，ブラマンテによるヴァティカン宮殿ベルヴェデーレの中庭の階段や，フアン・バウティスタ・デ・トレドとデ・エレーラによるマドリード近郊のエル・エスコリアル宮殿の王の階段（1563-84）が有名である.　18世紀に多く用いられたフライング・ステアや幾何学階段については，パッラーディオも取り組んでいたようである.　バロックの時代に階段室のデザインは進歩し，ノイマンによるヴュルツブルクのレジデンツ（宮廷の所在地）にあるトレッペンハウスのような傑作が生まれた.　20世紀にはグロピウスやメンデルゾーンなどの階段室がよく知られているように，階段室はしばしば効果的な建築部位として表現された.

階段状ピラミッド　step pyramid

マスタバの上にマスタバがいくつも積み重ねられたような形のピラミッド.　それぞれのマスタバは上に行くほど小さくなることで，イムホテプによるサッカラのジョセル王（King Zoser）のピラミッド（前2630頃-前2611）のような階段状の構造体を形成する.

階段の中桁　carriage

⇨キャリッジ

回転ドア　revolving door

通常4枚の板からなるドアで中央の軸に固定され，円筒内で回転して反対側に開いて往来が可能なもの.　騒音と換気の隔壁ともなる.

貝灰　shell-lime

ザル貝，牡蠣などの殻からつくられる石灰.　ロンドン，セント・ポール大聖堂の側廊に架かるドームのスパンドレルは煉瓦造であるが，煉瓦の表面には，ポートランド石と同じくらい硬いザル貝貝灰のスタッコが塗られている.

カイペルス　Cuypers

⇨カウパース，ペートルス・ヨーゼフス・ヒュベルトゥス

海洋装飾　marine decoration

海や航海を表す古典主義建築の装飾物.　碇，コルムナ・ロストラタ〔ラテン語〕，イルカ，魚，ヒッポカンプス〔ラテン語で「海の馬」の意〕，人魚，その持物（三つ又の矛）を携えたネプトゥーヌス，網，綱，貝殻やトリトンのようなものがあり，グロットで用いられることが多かった.

カイリー，ダニエル・アーバン　Kiley, Daniel Urban（1912-2004）

アメリカの建築家，ランドスケープ・アーキテクト.　オルムステッドの弟子にあたる.　1947年に行われたミズーリ州セントルイスの「ジェファソン・メモリアル・パーク」のコンペから，エーロ・サーリネンとの協働を始めたが，「ゲートウェイ・アーチ」を含むこのときの実際の計画はサーリネンによる提案のものであった.　カイリーは，サーリネンのインディアナ州コロンバスにある「アーウィン・ミラー邸」のランドスケープ（1955-57）や，ワシントンD. C.の「ダラス空港」のアプローチ部分

(1955-58) をデザインした．その他にもさまざまなアメリカの建築家と協働しており，ローチ＆ディンケル・アソシエイツの「オークランド博物館」におけるテラスと屋上庭園 (1961-69)，またペイによるテキサス州ダラスの「ファウンテン・プレイス」におけるウォーターガーデン（1980年代半ば）などを手がけた．他の作品で代表的なものは，ミズーリ州カンザスシティのネルソン・アトキンス美術館における「ヘンリー・ムーア彫刻庭園」(1987-89)，ニューヨーク市のマンハッタンにあるロックフェラー大学の「スコラ・ガーデン」(1990年代初頭)，ワシントン D.C.の「ナショナル・ギャラリー」におけるアトリウム (1970-71)，ニューヨーク市の「ピアポント・モーガン図書館」(1987-88)，フランス，ストラスブールの「欧州人権裁判所」(1991-92，リチャード・ロジャースと協働)，ワシントン D.C.の「国立彫刻庭園」(1982-83，SOM と協働) がある．カイリーの建築家としての初期の作品の一つには「ニュルンベルク法廷」(1945) がある．

開廊　loggia (*pl.* loggie)
　1.　屋根つきの構造で少なくとも一面が開放されており，基本的にはギャラリー，アーケードあるいはコロネードであって，眺めに対し保護された座席空間を提供するもの．イタリアに多くみられ，しばしば建築的な外観をとる．通常建物の一部でありその全体に従属するが，巨大な規模と圧倒的な存在感を備えた，プラハのヴァルトシュテイン庭園のサラ・テレーナ (17世紀) のような例もある．
　2.　公園内の建物の意味でのロッジ．

カウァエディウム　cavaedium
　「カウム・アエディウム *cavum aedium*」のことで，古代ローマの住宅の部分的に屋根が架かる主室またはアトリウムを指し，中央には長方形の天窓が開き（コンプルウィウム *compluvium*），床面には貯水池または貯水槽（インプルウィウム *impluvium*）が設けられた．

ガヴァム・アッディーン・シーラーズィー
Qavam al-Din Shirazi (活躍 1410-38)
　イランの建築家．ヘラートのマドラサ (1410-11，現存せず) やヘラート近郊ガズー

ル・ガーフのアブドゥッラー・アンサーリー廟 (1428-29 完成) を設計した．またおそらくマシュハドの金曜モスクと霊廟 (1417-18 完成) の建設にもたずさわった．最もよく保存されている作品はハールギルドのギャーティーイェ・マドラサ (1444-45 完成) である．作品は，とりわけヴォールト架構の点で，ティームール朝支配期 (1370-1506) の東部イランとトランス・オクシアナ地方の傑作である．

カヴェット　cavetto (*pl.* cavetti)
　凹状の「チャンファー（面取り）」や「ゴージ」，「ホロウ（えぐり）」，「スロート（溝彫）」，「トロキラス」のモールディングのことで，その断面は四分円で，多くはコーニスに使用され，断面が半円や半楕円，またはそれ以上となるスコティアとは区別される．普通はその下にトルスがあり，古代エジプト建築においては，コーニスの主要な要素で，簡素であるかまたは直立型の葉形で装飾された．

ガヴェル　gavel
　⇨破風

ガウディ，アントニ　Gaudí y Cornet, Antonio
〔Gaudí Cornet, Antoni〕 (1852-1926)
　カタルーニャの建築家．生涯にわたってバルセロナ市内とその周辺で活動．スペインのイスラームやゴシック建造物を奇妙で意図的な建築ドローイングに描くことで，ラナシェンサ〔レナシェンサ〕と呼ばれるカタルーニャの愛国的文芸復興運動にかかわった．最初の重要な作品であるバルセロナのカザ・ビセンス (1878-85) は，ゴシックとムーア建築の主題があからさまに用いられた，にぎやかなポリクロミーによる別荘である．これに続くサンタンデール近郊コミリャスの夏季別荘「エル・カプリッチョ」(1883-85) においても，前作同様に幾何学模様と色彩とが縦横無尽に使用された．1880年代前半からは実業家グエイ〔グエル〕がガウディのパトロンとなった．バルセロナのグエイ邸 (1885-89) は非常に独創的で複雑な建築で，放物線アーチが用いられ，タイルで覆われた煙突と通風口とが屋根を飾っており，街路側ファサードはいくらかヴェネツィアのゴシック様式による原型を想起させる．タイルで覆われているという点ではグエイ公園 (1900 以降) の蛇行

するベンチも同様である．1883 年からガウ
ディはサグラダ・ファミリア贖罪聖堂設計に取
りかかった．この聖堂は当初ゴシック様式で設
計されたが，アール・ヌーヴォーの風潮や，放
物線形と傾斜した支柱のもつ構造的可能性に刺
激されて徐々に変容し，ゴシック的な部分はあ
る程度残しながらも，ガウディの豊かな想像力
により多くを負う，きわめて自由な構成へと発
展した．構造的均衡を導き出すため，ガウディ
は紐におもりを結びつけて吊したカテナリー模
型をデザインし，紐のたわみ曲線を索状多辺形
の要素に分解して，石工がそこから寸法をとれ
るようにした．さらに驚くべき作品は「モデル
ニスモ」のアパートメント，カザ・バトリョ
(1904-06) である．既存の構造の改築であるこ
の作品のファサードでは，骨のような形状の石
造の支柱が，自由曲線を描くアーチ開口部を支
えており，その上層部のタイルで仕上げられた
壁面からは，人間の骨盤をも彷彿とさせる，仮
面のようなバルコニーが突出する．カザ・ミラ
(1906-10) はこれにも増して型破りな作品で，
各層は，内側に傾斜した石造の支柱にI形梁を
渡し，そこにタイル製ヴォールトを架けた構造
をもち，これらを積み重ねた建物全体の頂部
に，さまざまな形をもつ奇妙で超現実的なタイ
ル仕上げの煙突と通風口がいくつも並ぶ．また
内部の平面計画においては直角の部屋が忌避さ
れた．カザ・ミラは同時代で最も傑出した芸術
作品の一つであるといえる．ガウディは上記作
品のほかいくつかのプロジェクトでジュジョー
ルと協働した．1998 年にはガウディの列福が
提案されたが，これは建築家としては異例の栄
誉である．

カーヴド・ブレース　curved brace

多くの中世建築の木骨構造およびトラスにお
いて，ニー・ブレースやアーチ・ブレースのよ
うに曲線を描くブレース．大梁自体が曲がって
いることもある．

カウパース，ペートルス・ヨーゼフス・ヒュベ
ルトゥス　Cuijpers or Cuypers, Petrus
Josephus Hubertus (1827-1921)

ルールモント生まれのオランダの建築家．オ
ランダで数多くのネオ・ゴシックの教会を設計
し，アムステルダムのシント・ヴィリブロー
ドゥス＝バウテン＝デ＝フェステ教会 (1864)

では，ヴィオレ＝ル＝デュクの読解から導き出
された，素材と構造の誠実さに関する自身の興
味を示した．リンブルフ州出身のローマ・カト
リック教徒として，1853 年にローマ・カト
リックの主教制度が復活したとき，彼は理想的
な立場となり，教会建設に関する野心的な計画
を開始させた．最もよく知られている作品は，
アムステルダムに建つ国立美術館 (1877-85)
と中央駅 (1881-89) であり，ともに強力な左
右対称の構成をとり，様式的には自由で，生き
生きとした輪郭をもつものであった．国立美術
館は鉄製の屋根と内部のギャラリーにおいて
オックスフォードの大学博物館から大きな影響
を受けている．そのピクチャレスクな構成およ
び素材と表現の真実に対する信念から，「オラ
ンダのヴィオレ＝ル＝デュク」とよばれた．多
彩色のみごとな作品の中には，フォンデル通り
のヘインリヘ教会 (1870-73) とアムステルダ
ムのマリアマフダレネ教会 (1889-91，破壊さ
れた) がある．煉瓦による多色装飾を洗練させ
ることで，自身の作品が少なくともバターフィ
ールドやストリートの作品と同じくらいオリジ
ナルのものであることを示した．

カウフマン，リチャード（・イッハック）
Kauffmann, Richard (Yitzchak) (1887-1958)

ドイツ生まれのイスラエル人建築家．第一次
世界大戦 (1914-18) の以前にはエッセンのマ
ルガレーテンヘーエにある「クルップ社の労働
者用の住宅」(1920) を手がける．その後，パ
レスチナに移住してからは，ユダヤ人移住者の
ための農業居住地の計画にかかわった．これ
は，シオン主義的思想に田園都市運動の要素が
組み合わさったものである．確かなところで
は，パレスチナ土地開発公社のためにラマト・
ガンやヘルツリーヤやバト・ヤムを含む 80 近
くの開発，およびシオン主義団体のために 160
近いキブツの設計を手がけている．「ナハラル
農業居住地」(1920 年代初期) は厳密な幾何学
的形態を用いて考え出されている．

カウリクルス，カウリス　cauliculus (pl. cauli-
culae), caulis (pl. caules)

⇨コール，コールコール，コーリクル

カウリショウ，ウィリアム・ハリソン
Cowlishaw, William Harrison (1869-1957)

イングランドのアーツ・アンド・クラフツ建築家でウィリアム・モリスの弟子. 二つの建物で知られる. 一つはケント州のコッカム・ヒル, ケント・ハッチの「セアルネ」で, エドワードとコンスタンス・ガーネットのためにつくられた感じのよい住宅である. もう一つはハートフォードシャーのレッチワース田園都市のバリントン・ロードの「クロイスターズ」として知られる夏期学校である. これは折衷的でロマン主義的な建物である. 帝国墓地委員会の仕事をし, のちにホールデンのもとではたらいた.

カーヴリネア Curviliear ⇨トレーサリー

カウル cowl
煙突の煙道が開く頂部を覆うための笠やフードなどで, 循環を良くする回転翼をとりつけ, 通風を改良したものが多い.

カウル・ドーマー cowl-dormer
ドーマー・ウィンドウで, その屋根が煙突帽のような形体をし, 窓の正面から突き出す.

カウンター counter
向かい側のもの, または反対側のもの. したがって, 銀行やホテル, 商店において従業員を顧客から仕切る長く狭い平坦なテーブルを指す名詞として使われる.

カウンター・アーチ counter-arch
フライング・バットレスの原理で, アーチの推力に抗するためのアーチ.

カウンター・アプス counter-apse
ドイツの教会堂 (たとえば, シュパイヤー大聖堂, ヴォルムス大聖堂) における東端と西端のアプスのように, 一方のアプスとは反対側にあるアプス.

カウンター・ヴォールト counter-vault
城塞などにおいて使用される反転したアーチやヴォールト.

カウンター・スカープ counter-scarp
1. 城塞における堀の外壁や斜面.
2. 胸壁と斜堤の間の領域. 城塞内も該当.
3. 斜堤を意味する場合もある.

カウンター・チェンジ counter-change
色やテクスチャーを交互にしてつくられるくり返し模様. 基本型が格子縞〔市松模様〕.

カウンター・フォート counter-fort
1. 壁が動いたり膨らんだりしないように設けるバットレスや他の突出部 (控壁やピアなど).
2. スコンス〔張出し〕.

カウンター・ブレース counter-brace
木骨構造において, ある方向に入れたブレース〔筋かい〕の変形を防ぐために逆方向に入れるブレース.

カウンター・ミュール counter-mure
1. 城塞において, 最初の壁が突破された場合, ほかの壁の後ろで防御に備えるための壁 (対抗壁), または攻撃側が最初の壁を制覇するのを防ぐ外側の壁.
2. 防波堤.

カウンター・ラス counter-lath
1. 測量により (標準寸法により) 等間隔に並ぶ二つのバトン〔小割り板〕またはラス間に, 目分量で置かれるバトンまたはラス.
2. 一方に漆喰を塗った仕切り壁, 外側を仕上げた屋根において, 漆喰塗りを施そうとする片側をカウンター・ラスと呼ぶことがあった.
3. 漆喰のよりよい裏張りとなり, ひび割れが生じないように, ラスやバトンに直交して走るラスの一つ.

カーカス carcase, carcass
建物またはその一部で, 主要構造として仕上げられたもの. すなわち, 骨組 (シェル). 基本的には露出した, 基礎荷重を受ける部分 (骨組または他の部分) であり, 床張りや屋根葺き, 窓枠, 仕上げはない.

隔柱式 (ディアスタイル) diastyle ⇨インターコラムニエイション

桟 stave ⇨スターヴ (1)

桟 stop ⇨ストップ (2)

カケハナ

懸け花 encarpus
⇨エンカーパス

囲い堰 coffer-dam
⇨コッファー・ダム

囲い地 close
1. 庭，大学の方庭，構内．
2. 大聖堂の境内．

ガーゴイル gargoyle
パラペット背後の溝から水を流す樋．壁体から離れた位置で地上に注がれるようなっている．中世のガーゴイル（樋というより，むしろ単なる装飾物にすぎない場合もある）の多くは石造で，想像力豊かに悪魔やさまざまな要素を合体させた動物などの形に刻まれた．

花崗岩 granite
粗めの硬度のある結晶構造の火成岩．長石，雲母，石英によって構成される．通常は灰色か深紅色で，研磨して輝かしい光沢を出すことができる．古代エジプト人たちによって用いられ（オベリスクなど），古代ローマ人たちも円柱の柱身などの材料として使用した．19 世紀には截石術の工業化が進み，アシュラー・ワーク（切石積み）や，とりわけ，新設墓地の葬祭記念碑の材料として盛んに用いられるようになった．

籠織り basket-weave
イグサなどを織り合わせたものに似た模様一般．⇨煉瓦

傘 umbrella
⇨アンブレラ

笠石 cope, coping
⇨コープ，コーピング

傘形ドーム umbrella dome
⇨ドーム

カザコフ，マトヴェイ・フョドロヴィチ
Kazakov, Matvey Feodorovich（1738-1812）
ロシアの新古典主義の建築家で，18 世紀後半から 19 世紀初期のモスクワに古典主義の性格を与えるという影響を及ぼした．ドミトリー・ヴァシリエヴィチ・ウフトムスキ（Dmitri Vasil'yevich Ukhtomski, 1719-74）のもとで学び，後に 1762 年の大火後のトヴェリの再建（1763-67）でピョートル・ロマノヴィチ・ニキーチン（Pyotr Romanovich Nikitin, 1735-1790 頃）を補佐した．市庁舎，貴族会館，学校，塩の販売所の設計を行ったが，それらはそれまで適切とされてきたバロックよりも厳格な古典主義の線で構成されていた．1768 年から 74 年まで，バジェノフらと巨大なクレムリン宮殿の計画（1767-74）と（おそらく）モスクワのパシュコフ宮殿（1784-86，大胆で明瞭な古典主義の設計）で共働し，モスクワで独立するまでに宮殿，病院，公共建築や聖堂を純粋な古典主義様式でつくった．クレムリンの上院議事堂（1776-87）はドリス式のロトンダの内部にコリント式オーダーを用いており，ロシアの新古典主義で最も際立った作品の一つである．フランスとイタリアを旅行し，パッラーディオの作品に関心を寄せ，その影響はゴリツィン病院（1794-1801），デミドフ邸（1789-91），バタショフ邸（1798-1802）に表れている．ほかの作品には，フィリップ・ミトロポリタン聖堂（1777-88，ロトンダ），コスマ・イ・ダミヤン聖堂（1780 年代），昇天聖堂（1780 年代），「旧」大学（1786，のちに改装），印象的な貴族集会ホール（列柱のホール，1784-86）がある．
クァレンギらと共働したオスタンキノのシェレメチェフ宮殿（1791-98）は当時の最も壮大な住宅建築の一つで，広々とした劇場とさまざまなパヴィリオンが敷地内にあり，「イタリア風」，さらには「古代エジプト風」の点景建築（ファブリック）まであった．ゴシック主義者としてはモスクワ近郊のペトロフスキー宮殿（1775-82）で奇抜な効果を演出している．

風見 weather-vane
猿環により旋回する風見．交差する棒と組み合わされることも多く，方位を指し示すようになっている．おんどりの形をとることも頻繁であるため，風見鶏とも呼ばれる．

風見 vane
建物の頂部に備えつけられた風向きを指し示す，旗のような形をした金属製の風見鶏または風向計．

風見鶏　weather-cock
⇨風見

カシェル　cashel
アイルランドの環状堡塁，またはモルタルを用いずに自然石を積んだ石造の囲いで，「カヘル caher」ともいう．

カジータ　casita
ロッジアに似た小さなパヴィリオン．

カジノ　casino (*pl.* casinos)
1．小規模なカントリー・ハウスで，簡易に要塞化されている．
2．広大なカントリー・ハウスの敷地内にある娯楽用のパヴィリオン，サマー・ハウス，ヴィラなど．
3．さまざまな活動（たとえば，コンサートやダンスなど）のための施設のある，公共，もしくは半公共のレクリエーションの場所．
4．賭博が行われる建物もしくは建物の一部．
5．1層のようにみえるが，必ずしもそうではない住居．

鍛冶場　smithy
鍛冶屋の仕事場で，金属（とくに鉄）が鍛えられる．

カー，ジョン　Carr, John (1723-1807)
イングランドの建築家．有能な建築家でヨークシャーに多くの建築を残した（橋の監督官であり，最初にウェスト・ライディングではたらき（1760-73），次にノース・ライディングではたらいた（1772 以降））．北イングランド地方のパッラーディオ主義に関しては，ヨークシャーのウーズバーンにカービー・ホールを建てる際にバーリントン卿とモリス（1747-1755 頃）から習った．信用を得た彼はジェントリーから贔屓にされ，多くの作品が『ウィトルウィウス・ブリタニクス（*Vitruvius Britannicus*）』（第 4, 5 巻）と『新ウィトルウィウス・ブリタニクス（*New Vitruvius Britannicus*)』に載っている．ロバート・アダムの新古典主義にも影響を受け，必要とあらばゴシックを用いることもできた．彼の作品の中で言及すべきは，多くの橋，『ウィトルウィウス・ブリタニクス』（第 5 巻）にも載った住宅建築（たとえばノース・ライディングにあるコンスタブル・バートン（1762 頃-68），公共建築と教会建築（たとえばノース・ライディングにあるカークリーサム（1760 頃-63））である．ヨーク城の巡回裁判所（1773-77）と女子刑務所（1780-83）は美しく洗練された宮殿のような正面をもった構成をしており，ダービーシャーのバクストンにあるアセンブリー・ルームとクレセント（1780-90）は，イニゴー・ジョーンズによるコヴェント・ガーデンのアーケードのついたピアッツァに由来する立面を用い，ウッド（息子）によるバースの壮麗な住居ロイヤル・クレセントから影響を受けている．カーの公共建築には，ノッティンガムシャーのニューアークにあるパッラーディオ主義の市庁舎とアセンブリー・ルームがある（1773-76）．

ガース　garth
1．植栽による囲い．
2．クロイスターの周歩廊によって囲われた露天空間．

鎹（かすがい）　cramp
同じ層にある石材をつなぎとめるために使われる金属部品．

カステッラモンテ，カルロ 伯爵　Castellamonte, Carlo Conte di (1550/60-1639/40)
ローマで修行し，トリノを活動拠点とした．最初ヴィトッツィと協働したが，1615 年にヴィトッツィが没してからはサヴォイア公の建築技師になる．1627 年からは要塞建設の任にあたった．トリノの都市発展に多大な貢献を果たし，サン・カルロ聖堂（1619）とサンタ・クリスティーナ聖堂（1635-38）は，端正なサン・カルロ広場にとって祝祭的な玄関部となっている．巨大な長方形広場自体もカステッラモンテの計画であり，壮麗なパラッツォで取り囲まれている．他にもサン・ジョヴァンニ広場（1630 年代），フランスの技術を取り入れた要塞も数多く手がけた．水力学や一般工学の問題に強い関心を示した．息子アメデーオ（Amedeo, 1610-80）は，父の宮廷の職務を引き継ぎ，1656 年に聖骸布のある礼拝堂（サンティッシマ・シンドネ）を設計した．これを後

カステンセ

にグァリーニが完成させる．アメデーオは，トリノの王宮のファサード（1658）のほか，後期マニエリスム様式のパラッツォ・ベッジョイオーノ・ディ・サンタルバーノ（1665），数多くの祭壇も設計した．

カーステンセン，イォルグ・ヨーハン・ベルンハート Carstensen, Georg Johan Bernhard (1812-57)
アルジェリア生まれのデンマークの出版人で起業家．コペンハーゲンのチボリ遊園地（1842-43）やカジノ（1845-47，コペンハーゲンにおける最初の商業劇場）の創業者．これらの計画において，建築家ハラルド・コンラド・スティリングと協働したほか，チボリのパントマイム劇場における独特の中国趣味の幻想的な作品はイェンス・ヴィルヘルム・ダーレルップとオーヴ・ペーテルセンが設計したものである．カースラルセンは1852年から55年にかけてアメリカ合衆国のニューヨーク市に暮らし，多彩色なクリスタルパレス（1853-54，1858焼失）をドイツ人建築家カール（またはチャールズ）・ギルデマイスター（Karl（or Charles）Gildemeister, 1820-69）と共同で設計した．

カストゥルム castrum（pl. castra）
ローマの軍営地で，平面は長方形，帝政時代を通して標準化された．直行する二つの主要通りは「カルド・マクシムス cardo maximus」，「ウィア・デクマナ via decumana」であり，それぞれに2基の塔に設けた門が配置され，周囲全体は塔と壁で囲まれる．

カスピデーション cuspidation
ゴシック建築のアーチの内輪にみられる連続したカスプ．

カスプ cusp
二つの曲線や部材が交差して生じる点，たとえばゴシック建築のトレーサリにおける二つの小さな弧やフォイルの尖点，または葉飾りをほどこしたゴシック建築のアーチの内輪の装飾などで，その曲線はメイン・アーチの内側の端に接する（カスプド・アーチ〔尖頭アーチ〕）．

カスル qasr
イスラームの城や要塞，大きな住宅，または

宮殿．

カースル castle
⇨城郭

風 wind
風は擬人化表現されることが多かった．たとえばスチュアートとレヴェットによって〔その図面が〕出版されたアテネの風の塔（キュロスのアンドロニクスによる時計塔，前50頃）は，18世紀に広く模倣された．

風受け梁 wind-beam
垂木，またはクラックどうしをつなぐ小梁（カラー・ビーム）．

ガゼボ gazebo
1．庭園周壁の隅部に建てられる東屋．すべての面に窓があり，周囲の眺めを望むことができる．
2．住宅の屋根の上の小塔，ランタン（頂塔），または監視哨，または庭園内のベルヴェデーレ，あるいは夏の東屋．そこから広壮な眺めを望むことができる．
3．眺めのよい突き出したバルコニー，または窓．

ガーター gutter
導水溝．たとえば，屋根の庇に設けられる．形態はいくつかあり，たとえば，キューマ・レクタ刳形（ラテン語）のように成形されることもある．通常は金属製である．

ガーダー girder
1．大規模な主力となる木製の横架材．その間に直角に掛けられた副次的な横架材を支持している．
2．床や道路などを支持すべく支持力を付加するのに建てられる横架材．「プレート・ガーダー」は引き延ばされた鉄材や鋼材の板によって構築され，鉛直方向の「ウェブ」，およびその上部と下部に固定された平板からなっている．

片壁 leaf
⇨リーフ（2）

カタコンベ catacomb

1. 単層の地下のクリプトまたは歩廊，通路であり，死体を埋葬するために，岩を穿ち刳り抜き，長方形の凹所（「ロキュリュス loculus」）やアーチを架けたニッチ（「アルコソリウム」）を並べた．カタコンベは厳密には，ローマ郊外のアッピア街道沿いのサン・セバスティアーノ聖堂のバシリカの下にある公共の地下の共同墓地の名に由来するが，その中に死者の埋葬を受け入れていた初期教会堂のポルティコの正面のアトリウムにもまた関係している．それはまた，納棺された死体を埋葬するために使用された建物の地階を表すのにも用いられ，一般には19世紀の共同墓地または共同墓地礼拝堂を連想させる．好例として，ロンドンのケンサル・グリーンにある諸死者の共同墓地のアングリカン礼拝堂（1837）の下には，煉瓦のヴォールト架構のカタコンベがある．岩を穿ったロキュリュスなどを設けた小さな地下の埋葬場所は，ある集団や家族のために意図されたもので，公のカタコンベの大きな室（多くは入念な装飾が施されている）がキュビキュルムと呼ばれるのに対し，古代にはヒュポガイオン（埋葬用地下室）と呼ばれた．

2. 複数形の「カタコンベ catacombs」は，大規模な地下の公共の共同墓地のことをいい，ローマの近郊にあるように，巨大で迷路状となり，何層にも重なっている．

カタコンベ内墓室 cubiculum（*pl.* cubicula）
⇨クビクルム

カーター，ジョン Carter, John（1748-1817）

ゴシックに関する学術研究におけるイングランドの先駆者．巧みな製図工であり，『ビルダーズ・マガジン（*The Builder's Magazine*）』（1774-76）に想像力に富んだデザインを描き，中世の古事物に関する著作に素描を提供した．そのなかには，ゴフの『墓地の記念碑（*Sepulchral Monuments*）』（1786）がある．『イングランドの古代建築（*The Ancient Architecture of England*）』（1795-1814）が彼の主要な作品であり，カーターはここで「ブリトン，古代ローマ，サクソン，ノルマン時代における建築のオーダー」について解説することを試みた．彼は生前に古事物愛好家としての評判を確立した．ケントにあるサンドリッジ教会にあるフレデリック・キャンベル卿（Lord Frederick Campbell, 1729-1816）のための記念碑（1810頃）は，考古学的に正確な前例に基づいたゴシック・リヴァイヴァルの早い例である．彼はウスターシャーのリー・カースル（1809-16，解体）を城館風の擬似ロマネスク様式で設計した．

片流れ屋根 shed-roof

クリアストーリー壁と側廊屋根の場合のように，高い要素に寄せ掛けた一方向傾斜の下屋の屋根．

カターネオ，ピエトロ Cataneo, Pietro（1510頃-74頃）

シエナの建築家・軍事技師で，おそらくはペルッツィの弟子であった．ヴェネツィアで1554年に出版された『建築論・初期四巻（*Quattro Primi Libri di Architettura*）』の著者で，この本はのちにさらに四冊を加えて拡張され，1573年にヴェネツィアで『建築論（*L'Architettura*）』として出版された．同書では市民建築と軍事建築とが一緒に考察されているほか，都市平面図が，要塞と連携した防衛システムの一部として提示されている．カターネオは都市の設計を建築家の仕事とみなし，レイアウトにおける幾何学の重要性を強調した．

カタファルコ catafalque, catafalco

死者の棺や肖像が置かれる台または壇．装飾された掛け布をかけるなどして，葬儀の式典に用いて一時的な構造の形をとるものもある．また永続するものとして，頂部にローラーを設けて棺の移動を容易にし，さらには下方に運べるようにした．好例としてロンドンのケンサル・グリーンにおける諸死者のための共同墓地のアングリカン・チャーチの礼拝堂にあるように（1838），棺を下のカタコンベまで運べるようにした．ケンサル・グリーンのカタファルコはまた，棺を扱う補助となるように頂部が回転するようになっている．一時的なカタファルコが手の込んだ葬儀の式典の特徴であるのに対して，永続するカタファルコは火葬場にみられる特徴である．

片持ち梁 cantilever
⇨キャンティレバー

カタヤマト 208

片山東熊 Katayama, Tokuma (1854-1917)

日本の建築家．奈良国立博物館（1894），京都国立博物館（1908），東京の表慶館（1909）を，明らかにボザール的な新古典主義様式で設計した．東京の赤坂離宮（1903-09，現在は迎賓館）は，ハーゼナウアとゼンパーが設計したウィーンの美術史美術館（片山は設計前にウィーンを訪問していた），パリのルーヴル美術館に影響を受けている．

語る建築 architecture parlante
⇨アルシテクチュール・パルラント

型枠 formwork, shuttering

コンクリートを養生するのに組み立てられる，仮設の金属製または木製の枠．コンクリートが固まった後に（叩いて）撤去すると，コンクリート表面に型枠の跡が残る．それゆえ，木板はその凹凸が残る仕上げとなるように作られうるのであり，1950年代，1960年代にはブルータリズムの一環として非常によく用いられた．

カッサム cussom(e)

大きく重いスレート，または石板で，モルタルで平らに敷いて整層部分のように積み，わずかに傾斜をつけ，樋の上の勾配屋根の軒のすぐ上で，これがソフィットの張出しとなって，スプロケットや鼻隠し板，ソフィットのライニング〔裏張り〕が不要となる．

カッセルス（またはカッセル，キャッスル），リヒャルト Cassels, *also* Cassel *or* Castle, Richard(1690頃-1751)

ドイツ生まれの建築家で，1720年代にサーグスタフ・ヒューム準男爵およびペアース（カッセルスは彼から多くの実務を引き継いだ）の庇護を受けてアイルランドに移り住む．バロックの伝統の中で育ち，パッラーディオ主義の卓越した代表者となった．カッセルス自身による最初の作品は，ドリス式の神殿正面をもつダブリンのトリニティ・カレッジの印刷所である．しかしダブリンでの最も重要な建築は，マルボロ通りのティローン・ハウス（1740，そこでは彼の好むブラインド・アーチを載せたセルリアーナのパラディアン・モチーフが採用されている）と，おそらくロンドンのバーリント

ン・ハウスから影響を受けているレンスター・ハウス（1745-47）である．ダブリンの外では，キャバン州のバリーヘイスがカッセルによる最初期の田園の邸宅の一つであり，二つの重要な特徴をもつ．一つはドリス式とイオニア式の付柱を重ねた石造の正面である．もう一つは背面にみられる半楕円形の突出部もしくは弓形であり，それは大陸のバロックの模範例を暗示するとともに，背後にある楕円形の広間の存在を示唆している（イングランドにおける楕円形の広間の流行を40年ほど先取りしたアイルランドにとっての革新的な成果）．ウィックロー州ブレシントンのラズボローは，アイルランドのパッラーディオ風建築の最も成熟した例の一つであり，室内はバロックとロココのすばらしい漆喰仕上げとなっている．

カッソン，サー・ヒュー・マクスウェル Casson, Sir Hugh Maxwell (1910-99)

イギリスの建築家．英国祭（1948-51）建築部門の監督として任命された．その際，ヒュー・ネヴィル・コンダー（Hugh Neville Conder, 1922-2003）に加わってもらい，教育関連の重要な内部設計を任せた．1956年，カッソン・コンダー・パートナーシップを正式に設立し，ケンジントン・ゴアにあるロイヤル美術カレッジ（1962，主任建築家はヘンリー・トーマス・カドバリー＝ブラウン（Henry Thomas Codbury-Brown, 1913-2009），（カドバリー＝ブラウンの妻）エリザベス（Elizabeth, 1922-2002）も設計にかかわる）），オックスフォードのウォーチェスター・カレッジの建物（1963）や，ロンドン動物園の象とサイ舎（1964），ロンドン，サウスケンジントンにあるイスマーイール・センター（1984），ケンブリッジ大学芸術学部シジウィック・アヴェニューの建物（1952-70）などを手がけた．カッソンは，1970年代，1984年までロイヤル・アカデミーの会長を務め，すぐれた水彩画家としても有名である．

カッタウェイ図 cutaway
⇨切断図

ガッディ・タッデオ Gaddi, Taddeo (1297頃-1366頃以降)

フィレンツェ大聖堂の顧問建築家（1337以

降，おそらくジョットの鐘塔を完成させた）で，ポンテ・ヴェッキオの再建にも携わっていたようである（1333-45）．また，パラッツォ・ヴェッキオの建設にも関与していたかもしれない（1333頃）．アーニョロ・ガッディ（*Agnolo Gaddi*, 15世紀後半に活動）は，たぶんタッデオの息子であり，フィレンツェでいくつかの建築を設計したかもしれないが，証拠ははっきりとしていない．

カット・ウォーター　cut-water
　水切り，または川の満水時に水圧を軽減するための鋭く尖った橋脚．

カット・ブラケット〔**裁断した持送り**〕　cut brackets
　1.　棚の支えとして，コーベルやコンソールに似せて切り取った一枚の板，もしくは，軒の張出しを支える，同様に切りとられたより大きな木材．
　2.　同様な板であるが，階段の外側の側桁に載る各踏板の折返しの段鼻の下で，いっそう彫刻をほどこすこともあり，コンソールやモディリオンの側面に似たようにみえることもある．

カット・ルーフ　cut-roof
　繋ぎ小梁の上の部分が取り去られたかのようにみえる屋根．たとえば面取り〔切り落し〕屋根．

カップボード　cupboard
　1.　厳密には台，あるいはカップや他の容器を置くためのテーブル．
　2.　食器類を陳列するための家具の一種．
　3.　サイドボード．
　4.　皿やカップなどを保管する棚板をとりつけたクロゼットまたはキャビネット．1と4が合体した場合もあり，カップボードの扉となる板は，蝶番を回して下ろすと折りたたみの脚の上に載り，テーブルとなった．カップボード・ベッドは，凹所の内部に収めるか，不使用の際に折りたたんで収納できるベッド．

カップル　couple
　〔洋小屋に用いられる〕一対の垂木．したがってカップル・ルーフは敷桁の上に載る一対の垂木が棟を上げるようにつくられ，母屋桁の有無は場合による．クローズ・カップル・ルーフは，垂木の脚部につなぎ材を入れて三角形を形成し，脚部の広がりを防いだもの．

ガッリ・ダ・ビビエーナ一族　Galli da Bibiena Family
　重要なイタリアのクワドラトゥーラの画家であり，舞台デザイナー，建築家である．フェルディナンド（Ferdinando, 1657-1743）はパルマのサンタントーニオ・アッバーテ聖堂（1712-60）の建築家で，空間のイリュージョンを創作するさまざまな手法を論じた教本『世俗建築…（L'Architettura Civile…）』（1711）の著者である．フェルディナンドの弟フランチェスコ（Francesco, 1659-1739）は，いくつかの劇場（改変されずに残るものはない）を設計した．フェルディナンドの息子ジュゼッペ（Giuseppe, 1695-1747）は，バイエルンのバイロイトのマルクグレフリッヒェス・オペルンハウス（辺境伯のオペラハウス）に対して，ヨーロッパで最も美しい観客席といわれるほどの魅惑的なロココの内装をデザインし，息子カルロ・イニャツィオ（Carlo Ignazio, 1728-87）が指揮をとり完成させた．フェルディナンドのもう一人の息子アントーニオ（Antonio, 1697-1774頃）は，ボローニャのヌオーヴォ・テアトロ・プッブリコ（現在はテアトロ・コムナーレ）（1755-63），マントヴァのテアトロ・シェンティフィコ（1767-69，パッラーディオによるヴィチェンツァのテアトロ・オリンピコに啓発されたものであるが，現存せず），さらにサッビオネッタ近くヴィラ・パスクァーリにある教会堂（1765-84）を設計し，ドーム下に繊細な格子状のスタッコ細工を施した．彼はまた，ウィーンのペータースキルへにおいてプレスビテリを完成し，主祭壇をデザインし，聖歌隊席のヴォールトをフレスコで仕上げた（1730-32）．三男のアレッサンドロ（Alessandro, 1686-1748）はマンハイムの選帝侯に仕える宮廷建築家となり，その立場で計画したイェズイテンキルへ（イエズス会教会堂，1738-48）は，第二次世界大戦で酷く損害を被る前には，南西ドイツにおいて最も重要なバロック様式の教会堂の一つであった．

ガッロ，フランチェスコ　Gallo, Francesco
（1672-1750）

イタリアの建築家. 生地のピエモンテ地方に, 知られるだけでも 100 以上の建物を設計した. その中には, クーネオのアッスンタ・カッル教会 (1702-25) とサンタンブロージョ教会 (1710-43), モンドーヴィのサンタ・キアーラ教会 (1712), カヴァッレルマッジョーレのサンタ・クローチェ教会 (1737-43), ラッコニージのサン・ジョヴァンニ・バッティスタ教会 (1719-30) などがあり, さらにはヴィトッツィが設計したヴィコフォルテの聖地聖堂に, 楕円形のドラムとドームも架けている. このドーム架工は彼の最も偉大な業績といえるだろう.

カーディナル・ヴァーチューズ　Cardinal Virtues (Virtutes Cardinales)

正義, 思慮分別, 節制, 堅忍をいい, 神学的徳 (信仰, 希望, 慈愛) とは区別されるもので, 擬人化されることが多い.

カーディナル, ダグラス・ジョセフ　Cardinal, Douglas Joseph (1934-)

アメリカ先住民の血をもつ, カナダの建築家. 平坦な敷地に印象性の強い曲線をもつ, アルベルタのレッド・ディアにあるセント・メアリー教会 (1865-68) を手がけた. 他にアルベルタのグランド・プレーリー・リージョナル・カレッジ (1983), ポノカのアルベルタ公共サービスビル (1977), アルベルタのセント・アルベルト公共文化センター (1983) と, ノースウェスト・テリトリーズのヘイ川にあるダイヤモンド・ジェネス高校を手がけている. 1983 年と 1989 年の間, 彼はケベック州, フールにあるカナダ文明博物館を設計した. ル・コルビュジエのロンシャン教会から影響を受けた彼の作品にみられる強い曲線をもつ形態から派手な「プレーリー表現主義」と称されるようになる.

カーディナル・ポインツ　cardinal points

北, 南, 東, 西. したがってこれらの点に面する立面を「カーディナル・フロント (基本面)」という.

カーティラジノス　Cartilaginous

⇨オリアジナス様式

カーテイル　curtail

1. 階段の手摺りの外側への曲線または渦巻形の部分, および最下段の外側の端. 大規模な階段では, 最初の上りは壁から離れ, バラスターと最下段のそれぞれ両端に曲線部分があり, 「巻き鼻段」または「渦巻段」となり, 多くは親柱の中心線の周りを回る. ⇨階段の図 (i)

2. 渦巻の形体によりクーリキュー〔渦巻形装飾〕と呼ぶ渦巻形破風のファサード, 他にはベルギーやオランダにおいて一般に, 巻き鼻のファサードとして知られるもの.

ガデ, ジュリアン・アゼ　Guadet, Julien Azais (1834-1908)

フランスの建築家, 著述家. ラブルーストの弟子で, ほぼ生涯を通じてエコール・デ・ボザールと関係していた. 数少ない実作の中でも, 表面が石造で背後には部分的に金属の構造が使われたパリのルーヴル通りにあるオテル・デ・ポスト (1878-84) は, おそらくあげておくべきであろう. 理論家としての彼は, 建築に対する合理主義的アプローチの推進者として, かなり重要であるとみなされており, それは著作『建築のエレメントと理論 (Éléments et theories de l'architecture)』(1901-04, のちの版も存在する) に現れている. この著作は, 学生たちが将来遭遇するであろう, きわめて広い範囲の問題と解決策とを扱っており, 同時に歴史上のきわめて長い期間を対象としたビルディング・タイプの網羅的な研究をも含んでいた. 建築家は内容にふさわしい容れ物をデザインするばかりでなく, つねにその内容についても認めさせなければならないと論じた. その文脈を無視してこの発言だけがとり出された結果, その著作は機能主義の正典という誤った位置づけに置かれたが, 同時にクライアントに求められれば建物にどんな歴史的な装いも与えるということを推奨した (そしてこの事実はほとんどの評論家に見落とされがちであった). 教え子にはトニー・ガルニエやペレがいる. ペレはガデの息子ポール (Paul, 1873-1931) と, パリの先駆的なコンクリートの建物で協働している (1912). ポール・ガデはまた, 1900 年に焼け落ちた L-N-V・ルイのコメディ・フランセーズ劇場の再建で父と協働している.

カテトゥス　cathetus

1. イオニア式の渦巻 (ヴォリュート) の目

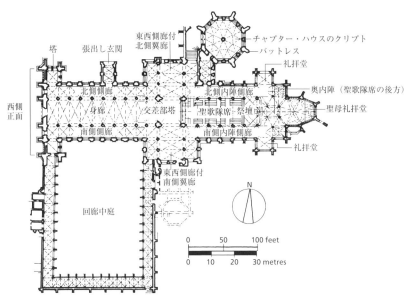

カテドラル　ウェルズ大聖堂（サマセット）

の中心線．
　2．円柱の柱身やコロネットのような，円筒またはドラムの形をしたものの中心軸線．

カテドラ　cathedra
　1．司教座聖堂における司教の席または座席．初期キリスト教時代においては，それはバシリカ式聖堂の主祭壇の背後のアプスに置かれていたが，後になって中世の時代には，それはクワイア（内陣）の内部に設けられ，ストール（聖職者席）と関連していた．
　2．司教（主教）の座または地位．

カテドラル　cathedral
　司教座（カテドラ）のある聖堂．したがって司教（大司教，主教）座や管区の主聖堂である．

カテドラル様式　Cathedral Style
　19世紀初頭のゴシック・リヴァイヴァル（1810頃から1840頃）の様式．教会建築学が到来する前で，モチーフの使い方は非考古学的，非学術的だった．

カテーナ・ダクワ　catena d'acqua
　階段状になった人工的なカスケード．

カテナリー　catenary
　たとえば同じ水平線面上の2点から吊り下げられたロープなどによって曲線を描くこと．⇨ アーチ

カテネイト　catenate
　1．連接した建物のように，一連として鎖の目のように連結すること．
　2．鎖状の形を吊り下げた装飾．

カーテン・ウォール　curtain-wall
　1．稜堡やバットレス，ピアのような前に張り出す二つの構造の間につくられたまっすぐな壁体の部分．城塞の中では最も弱い部材であり，一方教会堂においては垂直式ゴシック建築の側廊のように，大きな窓が開かれる．
　2．屋根を支持していない平坦で囲いの被膜となる壁体．
　3．二つの部屋の間仕切り，または空間を細分する仕切り．
　4．近代建築の構造において，支柱やほかの

カテンシテ

構造材の間の薄く副次的な壁体で，外被は充填材であり，建物のほかの部分を支持する負荷はかからない．この原理を徹底すると外壁は荷重を支えない皮膜になり，一般に金属，ガラスといった外装材によって造られ，構造体により支持される．

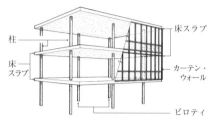

カーテン・ウォール　柱とスラブによる構造を被う．

ガーデン・シティ（田園都市）とガーデン・サバーブ（田園郊外）　Garden City *and* Garden Suburb

　ガーデン・シティのコンセプトは，都会と田舎の利点を結びつけるためにイギリスにおいてエベネザー・ハワードにより考え出されたもので，すべての施設と働く場所などを備えた町を田園地帯に創り出すというのがその内容であった．ガーデン・サバーブ（ナッシュらがブリストル近くのブライズ・ハムレットなどで考案した，庭の中に住宅を建てるというピクチャレスクの伝統に基本的に由来する低密度の住宅地）に影響を受け，最初のガーデン・シティがハートフォードシャーのレッチワースにパーカーとアンウィンにより設計された（1903 開始）．レッチワースの住宅のヴァナキュラー・リヴァイヴァル様式は，ロンドン，チジックのベッドフォード・パークのガーデン・サバーブや，バーミンガムのボーンヴィル（1879 から）とポート・サンライト（1888 から）のような住宅地や入植地に影響を受けたものである．ハムステッド・ガーデン・サバーブ（1906 から）は，ドメスティック・リヴァイヴァルの特徴を顕著に見せる低密度のすぐれた住宅地の例だが，基本的に郊外住宅地であり，理論的には大部分を自給自足としたガーデン・シティとは対照的なものであった．ドイツでは，リーマーシュミットとテッセノウの設計によりドレスデン近郊のヘレラウに重要な住宅地が建設された．ベルギーではゲデスの影響を受けたルイ・ヴァン・デル・スワールメン（Louis van der Swaelmen, 1883-1929，『公共技術序論 (*Préliminaires d'art civique*)』(1916) の著者）が，ヘント近くのゼルザーテ（1921-23），カペルヴェルト（1923-26），さらにシテ・フロレアルとボワフォールを含むブリュッセル近郊の 3 例という最初のガーデン・シティの計画において主要な役割を担った．アメリカ合衆国では，スタインがハワードの考えを推進した．

カドゥケウス　caduceus (*pl.* caducei)

1．2 匹のヘビが巻きついて双翼がある杖で，「ヘルメスの杖」と呼ばれる（この神のアトリビュートとなる）．⇨アーロンの杖

2．ヘラルドの杖．オリーブの枝がとり巻いている．もともとは翼がない．

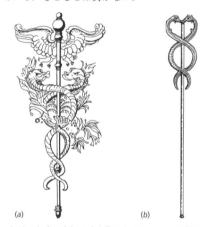

カドゥケウス(a) 1 ；(b) 葉のないアーロンの杖 2．

カード・カット　card-cut

　（とくに）シノワズリおよびゴシックのフリーズにおける（貫通されていない）浅浮き彫りの雷文（フレット）．

角金（かどがね）　corner-bead

　⇨コーナー・ビード

過渡期建築　Transitional architecture

　ある様式と別の様式が混合していることを示す概念．とくに 12 世紀においてロマネスクからゴシックへ移行した時期の様式を指すが，ほ

かの様式に用いられることも少なくない.

角ドーム square dome
正方形平面の上に形成されるクロイスター・ヴォールト. 正方形の四辺から曲線状のヴォールトが起ち上げられ, 交差するように結合される (真のドームではない).

カードボード・アーキテクチュア cardboard architecture
1. 最終的な建物の材料や機能といったことを考慮に入れず, 形態と空間の関係性だけをみせるために模型を用いるデザイン・プロセス.
2. 一連のダンボール箱にみえる簡素な暗い穴を開けた平らな表面の模型. この意味の用語は 1960 年代のカーンやその他の人びとの作品を表すために用いられた.

カドリガ quadriga
⇨クワドリガ

カトルメール・ド・カンシー, アントワーヌ゠クリゾストム Quatremère de Quincy, Antoine-Chrysostôme (1755-1849)
フランスのフリーメーソンで, 建築理論家. 『エジプト建築について (*De l'Architecture Égyptienne*)』(1785 年執筆, 1803 年出版) で, 新古典主義とエジプト・リヴァイヴァルに大きな影響を与えた. 『系統的百科全書 (*Encylopédie Méthodique*)』(1788-1825) の建築項目のほとんどを執筆し, 他にも『建築歴史辞典 (*Dictionnaire Historique d'Architecture*)』(1832-33) を含む多くの重要な著作を残した. また, 最初の庭園墓地の形成に中心的な役割を果たし, パリのサント・ジュヌヴィエーヴ聖堂のパンテオンへの改修責任者となった (実施はロンドレが担当). その際, しばしば誤って構造を補強するためだといわれているが, 実際には, 廟堂としての性格を与えるために窓を塞いだ (1791-92). 美術アカデミーの終身書記 (1816-39) として, フランスのあらゆる公式の建築に多大な影響力をもった. また古代ギリシアの美術と建築におけるポリクロミーを指摘した最初の人物の 1 人でもある.

カーナーヴォン Caernarfon
ウェールズのアーチ. ⇨アーチ

ガーナー, トーマス Garner, Thomas (1839-1906)
イングランド人ゴシック・リヴァイヴァルの建築家. ジョージ・ギルバート・スコット (父) の弟子. G・F・ボドリーと共同経営を行い (1869-98), 事務所の作品の多くを設計した. 有名なものに, マンチェスターのペンドルベリーのセント・オーガスティン教会堂 (1870-74), スタッフォードシャーのホア・クロスの優雅なホーリー・エンジェル教会堂 (1872-76) がある. 共同経営解消後, ガーナーはさまざまな仕事を請け負い, オックスフォードシャーのヤーントン・マナーやハムステッドのモートン・ハウスの仕事をした. ベントリーは彼を天才的なデザイナーとみなしていた. 確かに, 彼がボドリーと建てたものには温もりがあるが, ボドリーが 1 人で建てたものにはそれはない. 『チューダー時代のイングランドの民家建築 (*The Domestic Architecture of England during the Tudor Period*)』(1908-11) をアーサー・ジェームス・ストラットン (Arthur James Stratton, 1872-1955) とともに著した. ガーナーはローマ・カトリックに改宗し, サマセットシャーのダウンサイド・アビーの内陣 (1901-05) をデザインした. これは, 典礼学的かつ宗教建築学的に作られたイングランドの作品としては, 佳作である.

カナリキュラス Canaliculus (*pl.* canaliculi)
溝, あるいはドリス式オーダーのトリグリフにある細長いくぼみ.

カニーナ, ルイジ Canina, Luigi (1795-1856)
イタリア新古典主義の建築家. 19 世紀初頭のローマで活躍した新古典主義の作家としては, ヴァラディエと並び, 考古学的な正確さで重要. アスプルッチからヴィラ・ボルゲーゼ庭園の計画を引き続き, パイロン (おそらくイタリアで初) とオベリスクを備えたエジプト門 (1828 完成) を手がけた. これはエジプト・リヴァイヴァルの好例だが, ピアッツァ・フラミニアに考古学的に正確なイオニア式インアンティスによる門を設計してもいる. こちらはあきらかにカニョーラがミラノに建てたポルタ・ティチネーゼ (1801-14) に影響を受けたものである. ボルゲーゼ庭園には, 他にもアスクラピオスの泉水, 無柱式凱旋門 (いずれも

1818-28）をつくった．後者はパリのシャルグランの凱旋門を思わせる．『古代ローマの建築（*Gli edifizi di Roma antica*）』（1848-56），『ヴィラ・ボルゲーゼの新しい建築（*Le nuove fabbriche della Villa Borghese*）』（1828）を企画するなど，重要な建築史家でもある．また，フォルム，アッピア街道，ローマ平原において大規模な発掘調査（1823-46）も行った．

カニョーラ，ルイジ侯爵　Cagnola, Marchese Luigi（1762-1833）

イタリア新古典主義の建築家で，その作品は後代のイタリア人建築家に影響を与えた．ミラノには，イオニア式の市門ポルタ・ティチネーゼ（1801-14），アルコ・デル・センピオーネもしくはアルコ・デッラ・パーチェ（1806-38）を建てた．後者は美しいプロポーションと細部を備えた凱旋門で，ローマ建築に倣った作品である．カニョーラの自邸，インヴェリーゴのヴィラ・カニョーラ（1813頃-33）は，厳格な新古典主義の作品で，低いドーム屋根の付いた玄関ホールと，外観のイオニア式列柱が特徴．ギザルバにあるパンテオン型のサン・ロレンツォ聖堂（ラ・ロトンダとして知られる）（1822-33）は，古代建築の形態を使った純粋な作例である．ギザルバの聖堂にはカンパニーレを建てなかったが，ウルニャーノには，ドーム屋根をカリアティッドで支える5階建ての塔（1824-29）を建てた．⇨モースブルッガー，カスパー・アンドレアス

カヌヴァル，イジドル・マルセル・アルマン　Canevale, Isidore Marcel Armand（1730-86）

フランスの建築家．セルヴァンドーニのもとで学び，1760年にオーストリアに居を構え，ウィーンの宮廷建築家として働いた．作品の中でもインスブルックの凱旋門（1765）やさまざまなあずまや，アルゲマイネス・クランケンハウス（総合病院，1783），外科内科軍事学校（ヨーゼフィヌム，1783-85）（すべてウィーン）が知られている．彼の傑作はハンガリーのヴァーツ大聖堂（1763-77）で，その中央ドーム，格天井，広々としたコリント式のポルティコは，当時のヨーロッパのどこよりも進んだ新古典主義の作品であった．スロヴァキアのベルノラーコヴォ（1763），オーストリアのラクセンブルク（1782以後，イギリスの風景式を採用）

の庭園を設計した．

カネッラ，グイード　Canella, Guido（1931-2009）

イタリアの建築家で，強固かつ記念碑的で，論争を呼ぶ多くの作品を生み出してきた．その一つミラノのピエーヴェ・エマニュエレ市民センター（1971-81）では，防御や歴史的暗示，合成といった彼の理念の表現を，塔や重厚な壁，強固な造形による力強い複合体に結実させている．

カネフォラ　canephora（*pl.* canephorae）
　⇨カリアティッド

カーネル　carnel　⇨バトルメント

カノ，アロンソ　Cano, Alonso（1601-67）

スペインの画家，建築家．1620年代より父親の祭壇制作を手伝う．彼の設計によるグラナダ大聖堂西正面（1667以降）は，アーチを用いたロマネスクの聖堂正面を想起させる（たとえばリンカン大聖堂）．三つの巨大なアーチで構成されているこの見事な作品は，オーダーのかわりに一種のピラスターやパネルを用い，平面を積層させたデザインである．

カノーニカ，ルイジ　Canonica, Luigi（1762-1844）

ティチーノ州に生まれ，ピエルマリーニに師事．ミラノを拠点とし，同市の都市計画，街路計画の刷新を手がけたほか，洗練された新古典主義様式の建物を数多く建てた．パラッツォ・ブレンターニ＝グレッピ（1829-31），パラッツォ・アングイッソラ＝トラヴェルシ（1829-30）は，いずれもマンゾーニ通りにある．最も大規模な作品は，スフォルツァ城のそばにある市民アレーナ（1806-13）で，1813年には新古典主義のドリス式エントランスが付けられ，外周の壁には半円アーチが等間隔に開けられている．全体の印象はピラネージの版画にもひけをとらないほど力強いが，おそらくはフィッシャー・フォン・エルラッハの著書『歴史的建築の構想（*Entwurff*）』（1721）や，ジョヴァンニ・アントーニオ・アントリーニ（Giovanni Antonio Antolini, 1753-1841），ジュゼッペ・ピストッキ（Giuseppe Pistocchi,

1744-1841)の公共空間のプロジェクトに影響を受けたと思われる．1814年には，インノチェンツォ・ジュスティ(Innocenzo Giusti)とともに，スカラ座の増築を行った．

カノープス Canopus
1. 運河と町の美しさで名高い古代エジプトのアレクサンドリア郊外の町．
2. 球根状に丸く膨らんだ卵形の古代エジプトのカノープス壺．一般に石でつくられ，ミイラ化する過程の中で死者の内蔵を抜き出した後にその臓器を納めるもので，頭部のような形をした蓋がある．肝臓を納めた壺はホルスの息子イメスティの頭部を象り，このタイプは新古典主義時代およびエジプト・リヴァイヴァル様式の装飾として，一般に「蓋 lids」が固着したままであったが，広く模倣された．
3. ローマ近郊のティヴォリ(ティブル Tibur (ラテン語))におけるハドリアヌスのヴィラの庭園の一部で，後134-38年にエウリピュス(水路)の周りにはエジプト様式の彫像が並べて配置され，ワニや象の彫刻までも備え，ナイル川の景観とカノープス自体の記憶を留めるよう意図された．

カノープス(2)：エジプト風のローマのカノープスの壺(Tathamによる)．

カハー caher
⇨カシェル

カバー cover
継目の仕上げで，たとえばフィレット・カバー，刳形(くりかた)カバー，ストリップ・モールディング・カバーなどパネルの継目を隠すもの，あるいは上方を重ね合わせて覆ったタイルやスレートの部分．

ガービアー，サー・バルタザール Gerbier, Sir Balthazar (1592-1663)
オランダのミデルビュルフ生まれ．フランスのユグノーの子孫で，1616年にイギリスに移住し，29年に帰化した．ジョージ・ヴィリアーズ，初代バッキンガム公爵(George Villiers, 1st Duke of Buckingham, 1592-1628)の顧問となり，1624-45年に公爵のためにロンドンのストランド街のヨーク・ハウスと，エセックス州のニュー・ホールを大改修した(双方とも現存せず)．ロンドンにおけるエンバンクメント・ガーデンズのウォーター・ゲート(1626-27，以前はヨーク・ハウスにあり，パリのリュクサンブール宮のフォンテーヌ・デ・メディシスに由来する)はガービアーの設計とされていたが，ジョーンズとニコラス・ストーンは自分たちもその考案者であると主張した．オランダのバロックとマニエリストの主題をイギリスに導入する役割を担っていたかにみえるが，イニゴー・ジョーンズのパッラーディオ主義によって多少影が薄くなった．著書には『壮麗な建築の主要3原則に関する講話要約(A Brief Discourse concerning the Three Chief Principles of Magnificent Building)』(1662)，および『すべての建築者に向けての勧めと戒め(Counsel and Advise to All Builders)』(1663)がある．バークシャーのハムステッド・マーシャルにおける大規模なジャコビアン様式の邸宅(1662年に開始，1688年にウィリアム・ウィンドにより完成)の改修も手がけた(現存せず)．

ガビオ，ジャン・ミシェル・デル，またはダルガビオとも Gabio, Jean-Michel del also Dalgabio (1788-1828 より後)
フランスの建築家．ヴォドワイエの教え子で，師譲りの合理的な設計を行った．ロアール県のサンテティエンヌの建築家として，当地の建築学校で教授し，共同墓地礼拝堂，屠殺場，証券取引所(1820)，市庁舎その他の公立建物(1821-28)や，刑務所，穀物市場，兵舎(1823)を設計した．他にサント・マリ聖堂，サン・トマ聖堂を改修した．

カーフズ・タング calf's tongue
アーチを飾る場合に，平行な軸と半径と一致する舌のような形の長い一連続を特徴とする中

世の装飾的なモールディング.

カフタンツオグル, リサンドロス
Kaftantzoglou, Lysandros (1811-86)

ギリシアの建築家. ローマとフランスで教育を受けたのち, 1838年にアテネに移り, ここでのネオ・クラシシズムの普及と受容に大きな役割を果たした. 他の建築家によって設計されたさまざまな建物の施工に携わった. 一例にハンセンの眼科医院があり, バイエルン出身のオットー（オトン）王（在位1832-62）の指示のもと, 建設中にビザンツ風のルントボーゲン様式へと変更されている（1844-54）. 代表作にアルサケイオン学校（1845-52）, トシツェイオン学校（1865, のち破壊）, アテネ工科大学（1861-76）, 聖イレーネ教会（1846-92）, 聖コンスタンティーヌ教会（1869-93）がある.

ガフラ, フランティシェク・リディエ
Gahura, František Lydie (1891-1958)

⇨カンパニー・タウン

ガブリエル, アンジュ＝ジャック Gabriel, Ange-Jacques (1698-1782)

18世紀フランスの最も偉大な建築家の一人. 父のもとで修行し, そのあとを襲ってヴェルサイユ監督（コントロルール）（1735）, および王の首席建築家兼建築アカデミー総裁（1742）となる. ルイ15世様式の時代の最も洗練された古典主義建築のいくつかを手がけ, フォンテーヌブローのグラン・パヴィヨン（1749）にみられるように, フランソワ・マンサールによって確立された建築言語を継承してさらに洗練させていった. 王の建築家としてガブリエルは王の宮殿群の大改修事業や拡張事業を実行した. ヴェルサイユの歌劇場（1761-68）がその作例である. その最大規模の計画はパリのエコール・ミリテール（陸軍士官学校）（1750-68）とルイ15世広場（現在のプラス・ド・ラ・コンコルド）（1755-74）である. 後者では2棟の優雅で記念碑的な古典主義ファサード（オテル・ド・コワスラン（現クリヨン）, およびガルドムーブル（現海軍省）を建築した. 両端のパヴィリオン（突出部）の間に列柱廊が設けられ, これは前世紀のペローによるルーヴル宮殿東側ファサードに多くを負っている. もっと小規模なものとしては, ヴェルサイユのパヴィヨ

ン・フランセ（フランス亭）（1749-50）, ヴェルサイユ付近のヴォークレソンのル・ビュタール（1749-50）, サン・ジェルマン付近のパヴィヨン・ド・ラ・ミュエット（1753-54）, およびショワジーのプティ・シャトー（1754-56）があり,「高貴なる単純」を体現した表現にその才能をうかがうことができる. 代表作はヴェルサイユのプティ・トリアノン（1761-68）である. パッラーディオ主義にもとづく部分もあるが, 連続する水平線, 曲線要素がないこと, 極度の洗練によって, 優雅な高貴さと晴朗な荘厳さを備えた建築となっている. ロココとはかけ離れており, おそらく, 新古典主義の先駆的作品である.

ガブリエル, ジャック＝ジュール Gabriel, Jacques-Jules (1667-1742)

フランスの建築家. アンジュ・ジャック・ガブリエルの父であり, アルドゥアン・マンサールの助手だった. ド・コットのあとを襲って「王の首席建築家」（1734）, および建築アカデミー総裁（1735）となった. パリで何棟かの邸館（オテル・ペレンヌ・ド・モラ, 現ミュゼ・ロダンなど）を設計し, レンヌのプラス・ダルムやボルドーのプラス・ロワイヤル（王像広場）（1728-）も手がけた. おそらく, 後者はその最高傑作である.

壁 wall

石や煉瓦などでできた構造物であり, 部屋や住宅, そのほかの空間を囲う役割を果たす. 多くの場合それは耐力壁, すなわち, 床や天井などを支持するものであるが, プライバシーのためや囲いをつくるための遮壁（スクリーン）もある. 壁の種類には以下のものがある.

境界壁: 隣接する地所の間に設けられ, 通常は耐力壁で防火性をもつ.

空洞壁: 二つの片壁（リーフ）の間に空気層をもつもので, 断熱性を高め水の侵入を防ぐ.

クリンクル・クランクル: ⇨クリンクル・クランクル

支持壁: 単なるパーティションや仕切りとは異なる, 耐力壁または擁壁のこと.

スプリンギング・ウォール: バットレスのこと.

パーティション: 空間を分割する壁で, 必

ずしも耐力壁ではない.

ホロウ： 上記の中空壁と同様 ⇨煉瓦

擁壁： 土砂が崩れるのを防ぐ壁であり，庭園工事や根切りの際に用いられる.

貨幣紋様 money pattern
⇨コイン

壁構造 load-bearing
構造形式の一つで，開口があるなしにかかわらず，壁が床や屋根などを支える. 木骨造のようなフレーム原理にもとづく構造と対比される.

壁付側桁 wall-string
階段を支える傾斜した部材（側桁）のうち壁側のもの.

壁土 cob
⇨コブ

ガベッティ，ロベルト Gabetti, Roberto (1925-2000)
イタリアの建築家. アイマロ・オレリア・ディソラ（Aimaro Oreglia d'Isora, 1928-）と組んで，トリノのヴァローリ株式取引所（1953）やボッテーガ・デラスモ（1953-56）のような影響力ある作品を設計した. 後者はリバティ様式の例とみられ（じつはアール・デコ様式により負っている），ガベッティとディソラは実際，近代運動の理念や教義に異を唱え，地方的な建築の伝統を展開するのを好んだ. こうした態度はバンハムの主導する正統主義の信奉者たちから怒りを買ったが，それにもかかわらず，当時までに疲弊し不信の目でみられだした様式からさらに離反していく建築をつくり続けた. 上記以外で目立った作品に，トリノ馬術協会（1959-60），セストリエーレのコンカ・ビアンカ・コンドミニアム（1976-79），トリノのオルベッサーノ・アパート（1982-85），アオスタ渓谷クワルトの修道院（1984-89），ミラノのサン・ドナートのSNAMのための事務所と庭園（1985-91）がある.

ガーベット，エドワード・レイシー Garbett, Edward Lacy（1900 没）
イングランドの建築理論家. 『初学者および学生のための建築入門，自然物に起源をもつ建築デザインの原理，ギリシアおよびゴシックの建築家の作品を例に（*Rudimentary Architecture for the Use of Beginners and Students, the Principles of Design in Architecture as Deducible from Nature and Exemplified in the Works of the Greek and Gothic Architects*）』（1850）の著者. 様式は建設方法と切っても切れない関係にあり，現代的な建設方法は，新たな非歴史主義的な様式へと向かうと考えた.

カーペット・ベディング carpet-bedding
背丈の低い色とりどりの草花で花壇を満たした 19 世紀のパルテール・ドゥ・ブロドリ（刺繍花壇）の方式. 結果として過剰気味になることが多かった.

カーペンターズ・ゴシック Carpenter's Gothic(k)
1. バティ・ラングレイなどの教則本を参照した，風変わりで学問的ではないゴシック.
2. たとえば破風板（バージ・ボード）の中などを，ゴシック風にする傾向のある 19 世紀アメリカの木造建物.

カーペンター，リチャード・クロムウェル Carpenter, Richard Cromwell (1812-55)
イングランドの建築家. A・W・N・ピュージンの友人で崇拝者. イクレジオロジストから承認を得たゴシック・リヴァイヴァル初期の建築家の 1 人. ブライトンのセント・ポール教会堂（1846-48），ロンドンのミュンスター・スクエアのセント・メアリー・マグダレン教会堂でよく世に知られる. どちらも落ちついた学究的な中期尖頭様式である. 1848 年，サセックス州のランシングでセント・ニコラスのアングリカン・カレッジを設計した. 1854 年に着工，さまざまなゴシック様式で多くは大陸の 13 世紀のものに影響を受けたデザインとなっており，息子のリチャード・ハーバート・カーペンター（Richard Herbert Carpenter 1841-93）によって完成された. また他の作品は，弟子であり共同経営者のウィリアム・スレーター（William Slater 1818/9-72，従前に考えられてきたよりもずっと深くデザインで貢献していたようである），のちに S・E・ダイクス・バウ

アーとともに設計した.

カーペントリー　carpentry
1.　構造用の木材を選択・切断・接合する業種.
2.　大工により構築される木組.すなわち継手などにより接合する木の部材の組立.ジョイナリー(建具)とは区別される.

カボション　cabochon
1.　円形で真中が膨らんだ形態.とくに,ギョーシュ模様または帯模様の装飾.
2.　非常に小さいカルトゥーシュやフレーム.

カボット,エドワード・クラーク　Cabot, Edward Clarke (1818-1901)
アメリカの建築家.アセニアム図書館 (1846-49) が建てられた頃からボストンの建築界で指導的な人物となる.これは彼の最も重要な作品で,ロンドンにおけるチャールズ・バリーのイタリア風の住宅に影響を受けている.1850 年代にはギルマンと協働した.1870 年代の間は品のあるクイーン・アンの住宅をいくつか生み出し,またその後のデザインの一部はH・H・リチャードソンの作品と類似点がみられる.

カマリン　camarín
イベリア半島の教会で,教会本体からみえるように主祭壇の上や後ろに配置されている礼拝堂や神殿.

カミュ=ド=メジエル,ニコラ・ル　Camus de Mézières, Nicolas Le (1721-89)
フランスの建築家.巨大な円形平面のパリ小麦市場 (1753-57) の設計者.『建築の精髄 あるいは,この芸術と我々の感覚のアナロジー (Le Génie de l'architecture; ou, l'analogie de cet art avec nos sen-sations)』(1780) の著者.その著書の中で,建築は感覚を満足させ心と精神に感動を呼び起こさねばならないという新しい考えが示されている.この考えはブレなどによって「語る建築」の概念に翻案され,また建築の性格は光の神秘的な効果によって生みだされるという多くの重要な建築家達(少なくともソーン)に影響を与えた信念につながる.他

に,カミュは『建てたい人のためのガイド (Le Guide de ceux qui veulent bâtir)』(1781) や『木材強度論(Traité de la force des bois)』(1782) を著している.彼と同姓のルイ=ドニ・ル・カミュ (Louis-Denis Le Camus, 1742-75 活躍) は,シャントルーの城館庭園にシノワズリの塔(もしくはパゴダ,1775-78)を設計し,また,パリのシャンゼリゼに広大な複合建築である「コリゼ」(1769-71)〔フランス語で「コロセウム」の意〕を設計した.後者の巨大ドームの中には壮麗な光の効果が達成されている.

カム　came
Hのような断面をもつ鋳造,押出し,圧延し形成された鉛材で,ラティスともよばれる.(たとえばステンドグラスの窓のような)鉛の枠をもつ開口部において,窓ガラスや標準的なひし形のガラス板を枠どり,固定するために用いられる.

カムセッツェル,ヤン・クリスチャン　Kamsetzer, Jan Chrystian (1753-95)
新古典主義の重要な建築家.ポーランド王スタニスワフ・ポニャトフスキ (King Stanisław Poniatowski, 1764-95) のもとではたらき,ワルシャワの王宮 (1777-82),パヴォヴィツェのミェルジニスキ宮殿 (1789-92),メルリーニと共働した精巧なワルシャワのワジェンキ宮殿 (1784-93) で多くの洗練された内装を設計した.カムゼッツェルは簡潔なローマ風ドリス式を用いたポズナニの衛兵所 (1787),ワルシャワのティシュキェヴィチ宮殿 (1785-92),重厚で厳格なペトリコジのシフィエンタ・ドロタ(聖ドロタ)聖堂 (1791-95) の設計を行った.

カムペン,ヤーコブ・ファン　Campen, Jacob van (1595-1657)
オランダにおける古典主義の代表的人物.イタリアで建築を学び,スカモッツィとパッラーディオの作品に影響を受けた.アムステルダムのケイザース運河のコイマン邸 (1624) で彼はパッラーディオ様式をオランダに紹介した.彼の最も洗練された作品はハーグのマウリッツハウスであり,パッラーディオ風の平面,簡素な基礎の上に載ったイオニア式付柱のジャイアント・オーダーによって特徴づけられる立面,わずかしか強調されないペディメントのある中央

部, 寄棟屋根といった特徴をもつ. より壮大なものはアムステルダムの市庁舎 (現在の王宮) (1648-55) である. その建築は, 巨大な中央ホールによって分離される二つの中庭, ジャイアント・オーダーの付柱が上下に重ねられたファサード, ペディメントをもつ幅広の突出した中央部とその上のドームを戴いたランタンといった特徴をもつ. 彼のハールレムのニューヴェケルク (新教会) (1645-49) は, 五点形の平面 (基本的には正方形の中にギリシア十字が入った形) を基本としており, イオニア式の角柱が交差部を支え, 交差部の上には交差ヴォールトが架けられている. 彼はアムステルダムのアクセインスハウス (1638), ハーグのノールトエインデ宮殿 (1640) の建設に携わり, さらに他の人物と協働でユトレヒト近郊マールセンに建つポスト設計のハウス・テン・ボスの装飾 (1628 年頃) を手がけた. 彼による世俗建築はファン・スフラーフェサンデとフィンフボーンスに影響を与え, イングランドの多くの建築にとっての先例となった. 彼の様式はヒュー・メイとその同時代人によってイングランドに紹介された.

カメラ (他に camara カマラ) camera
　曲面もしくはアーチ状になった天井. ヴォールトのようにみえる天井や屋根をカメレーテッドと言うが, この言葉はヴォールトにみせかけた偽の天井を意味する用語である.

カメラ・オブスキュラ camera obscura
　外部からの光が両凸形状のレンズを通過し, 入ることで, レンズの焦点に設置された垂直面に外部の物体や景観などの像が映し出される, 暗い箱もしくは暗室.

カメラ・ルシダ camera lucida
　被写体からの光の光線がプリズムで屈折される器機で, 用紙上に画像を生成し, 物体の正確な描画を容易にする.

ガメレン, ティルマン・ヴァン Gameren, Tilman *or* Tylman van (1630 頃-1706)
　オランダの建築家, 画家. 17 世紀のポーランドを代表するバロックの建築家で, 招待 (1660 頃) されて定住し, ガメルスキという姓を得る. ポーランドで最初にペディメントとオ

ーダーを用いたヴィラ (1671-72) をプワヴィで設計した. ウヤズドゥフ地区のパヴィリオンで設計した三つの部屋はワジェンキ公園の中に残っており, ワルシャワ新市街 (ノヴェ・ミャスト地区) の聖跡の尼僧の聖堂 (サクラメント聖堂, 1688-92, ヨーロッパで最も完全な集中式聖堂の一つ), ワルシャワのチェルニャクフ地区のシトー会聖堂 (1687-92, ギリシア十字平面に八角形平面の至聖所) も設計した. ワルシャワのクラシニスキ宮殿 (1688-95) は, 大オーダーをポーランドで最初に取り入れた傑出した作品である. およそ 75 の建物を設計し, ニェボルフの宮殿の改築 (1695-97) も手がけている.

カラー collar
　水平にまっすぐか反りや屈折のある横材で, 一組のクラック・ブレードや垂木をそれらの基礎部分より上方かつ屋根の頂部よりは下方で繋ぐ. またカラー・ビーム, スパン・ビーム, スパー・ピース, トップ・ビーム, ウィンド・ビームと呼ばれることもあり, たとえばカラー・ビーム・ルーフまたはカラー・ルーフはその構造に繋ぎ小梁が使用される. カラー・ブレースやアーチ・ブレースは屋根トラスの構造補強材である. イクステンディド・カラーは, 主体構造を越えて大きな切妻屋根の切妻壁まで伸張するが, 主体構造の下方部分は省略されたものが多い. カラー・プレートやカラー・プーリン, クラウン・プレートは水平の桁で, トラスを緊密に繋ぐために繋ぎ小梁の上に載り, クラウン・ポストの上に配置される.

空石積み dry masonry
　モルタルを使わずに石 (通常は野石) を積み上げ壁を築くこと (空積み壁).

カ ラ ヴ ァ ン, ダ ニ Karavan, Dani (1930-2021)
　イスラエル人の彫刻家であり, ランドスケープ・アーキテクト. 彼の作品として, ベエルシェバ近郊のネゲヴ記念碑 (1963-68, 風のオルガンを内包する塔を伴う, コンクリート製の形態の集合体), ヴェネツィア・ビエンナーレにおける「平和のための環境」(1976, 流れる水によって分節されるコンクリートの造形によって, ミニマリズムを実践した), テル・ア

ビブのキカール・レヴァナ（白い広場）
(1977-88)，フランスのセルジ・ポントワーズ
における大都市軸（ボフィルによる塔と共に，
連続する空間を貫く軸をなす歩道）(1980-90)，
ニュルンベルクのゲルマン民族博物館における
「人権の道」(1990年代初頭)，そしてスイスの
チューリヒのコミュニケーション・センター広
場（1994-96）などがある．

カラコル caracol, caracole
⇨らせん spiral

ガラス glass
　半透明，または完全に透明であり，硬くて脆
く，光沢のある材料．二酸化ケイ素（通常は砂
粒状）をアルカリ性のナトリウム塩，またはカ
リウム塩，および石灰，酸化アルミニウム，酸
化鉛などのような添加物とともに加熱して溶解
し冷却してできる．色彩は酸化金属の添加に
よって施されたようである．古代ローマ帝政期
には大規模建築物の窓にガラスを填めるように
なったという．中世には彩色ガラスは面積の広
いものを製作するのは困難だったので，面積を
小さくして用い，鉛製の枠（桟）に填められ
た．多くは聖堂にみられ，現存する作例（シャ
ルトル大聖堂，ケンブリッジのキングズ・カ
レッジ礼拝堂，グロスターシャーのフェアフォ
ードの聖堂）は中世美術の精華である．住宅建
築に用いられたガラスも鉛製の枠か，桟で区切
られたサッシュに填められていた．ガラスの形
式には次のようなものがある．

　アーマープレート（装甲板金）：　厚みを増
して強化した光沢板ガラス．大規模な窓や扉な
どに用いられる．
　王冠：　管状のガラスから吹きの技法で球根
形にしたもの．片方を開き，高速回転させる．
外側は薄く澄んでおり，光沢があるが，ガラス
に厚みのある中央部（ハブ）（瓶，ブイヨン，
または牛眼）はきわめて不透明で，上質の仕事
には決して用いられない．1830年代半ばまで
イギリスの住宅建築で最もよくみられた形式の
ガラスである．
　強化ガラス：　さまざまな方法によって製作
される厚みのあるガラス．
　グラウンド：　透明性を損なうよう粗い表面
をもち，通常は研がれている．

　酸による食刻：　ガラスに蝋か類似の物質を
塗布し，図案を刻み込んだうえで，フッ化水素
酸を施すと，保護されていないところを腐食さ
せて図案を浮かび上がらせる．ヴィクトリ時代
以来，パブなどの装飾窓によく用いられた．
　虹色ガラス：　虹色の，石鹸の泡のような表
面をみせるコーティングが施されている．
　ステンドグラス：　ガラス本体ごと彩色され
ているか，表面に着色されたガラス．クリムゾ
ン（深紅色）は銅か錫の酸化物，青色はコバル
ト，紫色マンガンから生成され，その他の色彩
はさまざまな化学物質の化合物によってつくら
れる．
　シート：　溶解ガラスを吹きの技法で円筒形
にして直径を大きくしていき，長手方向に切断
して平らにした上で研磨したもの．これは「ブ
ロード」，または「マフ」ガラスを洗練させた
もので，バーミンガム近郊のチャンス社によっ
て開発された（1832-38）．「王冠」ガラスに比
肩する仕上げであり，しかも，さらに安価でさ
らに大きなシートを製作することが可能だっ
た．こうして，サッシュの桟が時代遅れのもの
になった．
　ジェラス：　ガラスをざらざらにして，光は
通すが透明性を損なうようにしている．
　積層ガラス：　積層工程によって強靱化した
ガラス．
　フリント：　白砂，カリ，硝石，赤鉛，およ
び，研いだ窓ガラスによって作成される．装飾
的なオールターピースなどのような，屈折させ
ることが望ましい場合に用いられる．
　プレート：　鋳鉄製テーブル上に溶解ガラス
を注ぎ，重量のあるローラーでならして両面を
研磨したもの．
　ブロード：　「マフ」，または「窓」ガラスと
よばれる円筒形の吹きガラス．これに切れ目を
入れて開き，平らにする．
　ワイヤ・ガラス：　安全性を向上させるため
に内部にワイヤ網を仕込んだガラス．
　まず，ガラスは温室の外壁の主要部材として
用いられ，屋根の部材としても使用された．当
初は木製の桟に填められたが，のちには鉄製と
なった．鉄道ターミナルや主要な博覧会会場
（パクストンによるロンドン万博のクリスタ
ル・パレス（水晶宮）(1851)など）の発展は
ガラスを建築に大々的に用いる可能性を高め，
デュテールによるパリ万博のガルリー・デ・マ

シーヌ（機械館）（1889）に結実した．ガラスによるカーテン・ウォールは温室から着想を得ており，エリスのような建築家たちによって用いられ，のちにはベーレンスやグロピウスなどの手で発展を遂げた．のちの展開としては費用のかかる太陽光反射するグレーのガラスも登場し（ノーマン・フォスターの作品など），一方で，ガラス・ブロック，ガラス・チューブやガラス・スラブも20世紀に広く使用された．

ガラス化 vitrified
　煉瓦を積んで菱形模様をつくる際，表面が変色してガラス状になったいくらかの煉瓦を用いるが，その煉瓦の製造過程に施される，高温の熱で煉瓦の面をガラス質に変化させること．

カラッティ，フランチェスコ Caratti, Francesco（1615頃-77）
　コモ近郊ビッソーネで生まれたカラッティはプラハに移りここで建築家として身を立て，プラハのノスティッツ宮殿（1658-60）で初めてコンポジット式大オーダーのピラスターを用いた．この主題を展開したチェルニン宮殿（1669-92）では，通りに面した正面にはダイヤモンド型粗面仕上げの上にコンポジット式半円柱が並べられ，庭園側正面では二つの巨大なセルリアーナが化粧のアーケードを支え，その全体が二つのパビリオンに挟まれている．ミクナ宮殿（1640頃）には，中央部分に美しい比例のオーダーの積み重ねがみられる．ロウドニツェのロブコヴィッツ宮殿（1665）や多数の教会堂も設計した．

カラトゥス Calathus
　⇨カンパーナ

カラトラバ，サンティアゴ Calatrava Valls, Santiago（1951- ）
　スペイン出身の建築家，土木技師，都市計画家．チューリヒ（1981）とパリ（1989）に建築・土木デザイン事務所を設立し，斬新で卓越したデザインの橋梁を多数設計した（バルセロナ，ビルバオ，コルドバ，イェイダ，メリダ，リポイ，セビーリャ，バレンシア，チューリヒほか）．ほかにもキャノピー，鉄道駅（とくに注目に値する作品にリオンのTGVターミナル（1989-94），およびチューリヒのシュターデル

ホーフェン駅（1988-90）がある），ミュージアム，コンサート・ホール，タワーの設計，さらに彫刻作品も手がけ，多くの賞を受賞．建築・土木デザイン・彫刻を融合することで，モダニズムの負の遺産であったこれらの分野を別々に扱うという傾向をひっくり返すことに成功した．近年の作品には，スペインのビルバオにつくられた翼のような屋根をもつソンディカ空港，およびカンポ・ボランティン橋（ともに1995）や，ミルウォーキー美術館（アメリカ・ウィスコンシン州，1994-2001），サンタ・クルスの音楽堂（テネリフェ，2000-03）がある．後二者はともに大きく張り出した翼状の構造をもち，生物形態に何かしらの想を得たものかと思われる．

カラムエル，フアン Caramuel de Lobkowitz, Juan（1606-82）
　スペイン出身の建築理論家．建築を知の全領域にまたがる包括的な学問体系の一部としてとらえた．代表的理論書に『民生建築（*Architectura civil, recta y obliqua, considerada y dibuxada en el Templo de Ierusalem*）』（1678-81，ラテン語版は『ソロモンの神殿…（*Templum Salomonis*…）』）．ソロモンの神殿をすべての建築の源泉であると唱え，また数学的・科学的問題に多くの紙面を割いた同書は，グァリーニに少なからぬ影響を与えた．しかし，実作としては，北イタリアのヴィジェーヴァノ大聖堂ファサード（1673-1680頃）が唯一のもので，これは前面の広場との幾何学的関連性においてそれなりの巧みさをみせる折衷的なデザインである．

がらり louvre, louver, luffer
　1．屋根にある煙の排出口．
　2．側面に開口のある排出口を覆うランタンやフェマレル．
　3．換気のための屋根上の構造で，水平に固定され外側に勾配をつけられた積層した羽板を備え，その間の隙間が雨水を外に流しつつ空気の流入を可能にする．

ガーランド garland
　1．花や葉などによる綱のような装飾物．
　2．フェストン（フランス語）．
　3．ゴシックの尖塔などの周囲に施される装

カリアテイ　　　　　　　　222
飾帯．　　　　　　　　　　　ネル．

カリアティッド　caryatid(e)(*pl.* caryatid(e)s)
　衣類をまとい直立する女性の彫像（「コレー（少女）」）のことで，その頭上にアストラガル（連球紋（ビーズ・アンド・リール）で豊かに装飾），オヴォロ（卵簇文（エッグ・アンド・ダート）で豊かに飾られる），および四角いアバクスを載せ，円柱の代用として使用され，エンタブラチュアを支持する．古代ギリシアにおいてカリアティドを使用した最も著名な例は，アテネのエレクテイオンの南側ポーチ（前421-07頃）であり，そこには6人の像が屋根を支えている．似たような衣装をまとった女性像であっても，「アストラガル―オヴォロ―アバクス」の柱頭の配置のかわりに，頭上に籠状の形を載せたものは，「カネフォラ canephora（複数形でカネフォラエ *pl.* canephorae）」である．⇨アトラス，アトランティス，ヘルメス柱，パージアン，テラモン，ターム

(a) アテネのエレクテイオンのカリアティッド．
(b) ピラネージによるカネフォラ．

カリオン　calion, calyon
　1．フリントの塊（ノジュール），玉石，または小石．
　2．フラッシュワークにおけるフリント・パネル．

カリクラテス　Callicrates, Kallikrates
　前5世紀のアテネ人建築家．パルテノン神殿（前447-436）として知られるギリシアのドリス式神殿をイクティノスとともに建設したとされるが，（おそらく）彼自身はプロピュライアの外側の稜堡の上にアテーナー・ニーケー（前450-424頃）の小さいイオニア式神殿を建設した．彼は，アテネとピレウスの間の城壁の建設を監督し，さらに，アテネの都市壁を修復した可能性もある．

カリダリウム　calidarium
　⇨カルダリウム

カリックス　calyx（*pl.* calyces）
　コリント式柱頭，または古代ローマのドリス式柱頭の頸状部のようなカップ（正式には杯，カリックス）状の花に似た飾り．

カリナン，エドワード　Cullinan, Edward (1931-2019)
　イギリスの建築家．作品の多くには矛盾した葛藤が表されている．何人かの批評家は，彼の仕事にはヴァナキュラーなテーマが認められるというが，これは精査に耐えうるものではない．最もよく知られた作品はおそらくヨークシャーにあるファウンテン・アビーとスタドレイ・ロイヤル・ビジターセンター（1987-92）である．最近では，ロンドン・シティ・エアポートに向かい合った風の強い敷地にある（以前はロイヤル・アルバート・ドックの一部），東ロンドン大学のキャンパスなど，ロンドンの東地区で新しいランドマークを設計した．

カリフォルニア派　California School
　アメリカのランドスケープ・アーキテクトのグループに対して用いられる名称．それぞれ別々に活動していたが，共通点としてリビングルームの外部への延長としてのテラスや水泳プールなど生活を楽しくするものがある庭，というカリフォルニアの人びとの求めに応えたことがある．ベイリスやチャーチ，エクボ，ハルプリンらがカリフォルニア派とみなされる人びとであり，彼らの仕事はカリフォルニアほど気候が快適でないところでも影響力があった．

カリマコス Callimachus（前 430 頃-前 400）

ウィトルウィウスによって，コリント式柱頭を発明したと言及されている，アテネの人. ⇨アカンサス.

カリヨン calyon
⇨カリオン

ガリラヤ Galilee

ナルテクス，または外部と身廊西端の間の大規模な空間. 改悛者や女性が入ることを許されていた. 埋葬に先立って遺体を安置し，祭礼の行進の後に聖職者が集合する場所でもあった. ダラム大聖堂ではガリラヤはアイルに分けられている.「天国」とも呼ばれる.

ガリレイ，アレッサンドロ・マリア・ガエターノ Galilei, Alessandro Maria Gaetano（1691-1737）

18 世紀前半に数多く活躍した才幹あふれるイタリア人建築家の 1 人で，その作風はバロックから新古典主義への移行をみせている.「建築のための新委員会」に選定された建築家として渡英しているが，この委員会は古典主義的スタイルを促進することを目的とした識者の集団であった. キルデア州セルブリッジのカッスルタウンに，スピーカー・ウィリアム・コノリー（Speaker William Conolly, 1662-1729）のために，パラッツォ風のカントリー・ハウスを設計（1718-19）―ペアースの監督下に 1722 年から建設開始―したほか，ハンツのキンボルトン城の東面に，初代マンチェスター公チャールズ（Charles, 1st Duke of Manchester, 1660 頃-1729）のために，ドリス式のポルティコも設計している. 1719 年にイタリアに帰国し，ローマのサン・ジョヴァンニ・イン・ラテラーノ教会の華麗なファサード（1732-36），および同教会の豪奢なコルシーニ礼拝堂（1731-33）を手がけた. また，ローマのサン・ジョヴァンニ・デイ・フィオレンティーニ教会の正面（1733-35）も設計した.

カルヴァリー Calvary
1. 三つの十字架が立つ岩，すなわちキリストの磔刑が彫刻として記念碑的に表現されたもの.
2. ルード.

カルヴァン主義的簡素 Calvinist austerity
⇨カルヴィニスト・オステリティ

カルヴィニスト・オステリティ Calvinist austerity

鋭く，粗く，ハードエッジのある 20 世紀後半と 21 世紀初期の建築で，とくにオランダ，アレッツに関係する.

カルケル carcer（*pl.* Carceres, Carceris）
1. 古代ローマの監獄.
2. 古代ローマのキルクスにおける戦車競走のスタート時に，戦車を待機させるために仕切った場所の一つ.

カルダリウム caldarium（*pl.* caldaria）

古代ローマのバルネアと公衆浴場（テルマエ）の中の，高温の蒸し風呂，またはそれらがあった建物.

カルチュラル・ツーリズム cultural tourism

建築的・歴史的に重要性の高い場所の来訪によせる特別な関心を示す国際用語. 訪問が過剰になると場所に損害を与えることがあるため，収益は地域の整備や修繕や管理の支出にあてられるべきである.

ガルデッラ，イニャツィオ Gardella, Ignazio（1909-99）

イタリアの建築家. 合理主義に賛同した作風で，アレッサンドリアの結核診療所（1936-38）で名声を得た. イスキア，ラッコ・アメーノにあるイザベラ女王温泉（1950-53），ミラノ，ヴィラ・レアーレの現代美術館（1951-54）は，作品の厳密さと明晰さにおいて高く評価された. 近年の作品，ジェノヴァ大学建築学部（1975-90）では，伝統的な形態を重視した.

カルデリーニ，グリエールモ Calderini, Gugliemo（1837-1916）

巨大で折衷的で威厳のあるローマ最高裁判所（1888-1910）を設計した建築家. ほかにも，第一次世界大戦前にはさまざまな作品を引用したルネサンス・リヴァイヴァルの建物がある. ローマ，アクイラ，キエーティの歴史的建造物の修復監督を務めたほか，サン・ジョヴァンニ・イン・ラテラノ修道院をはじめとする修復作品

カルト

には，細心の配慮がうかがえる．数多くの作品の中で，アレッシの影響がうかがえるサヴォーナ大聖堂のファサード（1880-86），ローマのサン・パオロ・フオーリ・レ・ムーラの中庭柱廊（1893-1910），ペルージャの二つのパラッツォ（ビアンキとチェザローニ）が代表作．後世にも少なからず影響を及ぼした（たとえば，ミラノ中央駅（1909））．

カルド cardo
ローマのカストゥルムにおける主要道路，または街を南北に走る通り．

カルトゥジオ会 Carthusian
聖ブルーノ（1030頃-1101）が1084年または1086年に，ベネディクトゥスの戒律をよりいっそう厳密に解釈しようと，ドーフィネのシャルトルーズに創立した修道士による修道会，またはそれに所属するもの．修道士は個別に霊魂の観想に専念し，個々に生活する部屋をもち，一般には客室は，中庭や回廊の周りにまとめられていて，共同の活動は聖務日課と典礼に限られていた．その建築は簡素で装飾がなく，修道会はとくにドイツ，フランス，イタリア，スペインで盛んに活動した．カルトゥジオ会の修道院建物の好例は，パヴィアのチェルトゥーザ（1396-1497），フィレンツェ近郊のチェルトゥーザ・ディ・ヴァル・デマ（1341創設），コロニア一族の者が設計したブルゴスのカルトゥーハ・デ・ミラフローレス（15世紀）である．イギリスではカルトゥジオ会の修道院施設をチャーター・ハウスといい，カルトゥジオ会修道院の敷地内にあるロンドン創設の学校の名は，ここからきている．

カルトゥーシュ cartouche
 1. 羊皮紙に似せて彫られたエレメントで，その端や角は巻き込まれ，一般には銘が刻まれる．
 2. 壁の墓廟の記念碑にあるような，装飾用または文字を刻んだ銘板で，縁が羊皮紙の一片が巻き上げてみえるように，手のこんだ渦巻装飾（スクロール）が施され，バロック期に広くつくられた．
 3. コンソールやイオニア式のヴォリュートのように，渦巻の形状の装飾．
 4. 円柱のかわりにエンタブラチュアを支持するアンコンやコンソレ，モディリオン，ムトゥルス，トラスのことで，とくに上方のエンタブラチュアに接するアーチの装飾つきキー・ストーンがあげられる．
 5. エジプトのヒエログリフで，王や神の名を表記した絵や図のまわりを囲む環状のフレーム．

カルトゥーシュ（2）：17世紀のハンプシャーのソーバートンにおけるセント・ピーター聖堂のサー・ウォルター・カール（1678没）の墓廟のカルトゥーシュ（渦巻装飾付銘板）．

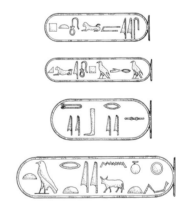

カルトゥーシュ（5）：エジプトのカルトゥーシュ．（上から下へ）プトレマイオス，クレオパトラ，ティベリウス，トラヤヌスと読む．

カルトゥーン cartoon
丈夫な紙の上に描いた実物大の下絵で，たと

えばステンド・グラスやモザイクなどの作業の
ためのもの.

ガルドローブ garderobe
1. 衣類を収める場所.
2. 中世のトイレ.

カルトン・ピエール carton-pierre
樹脂および接着剤と混ぜた製紙用パルプで,
型の中に押し入れ,接着剤につけた紙を薄板に
戻す.屋根ふき材として使用されていたもの
で,パピエ・マシェとは異なる.

ガルニエ,ジャン・ルイ・シャルル Garnier,
Jean-Louis-Charles (1825-98)
フランスの建築家.ルバの教え子.パンショ
ネール(給費留学生)としてローマ留学時代に
(1848-54)ギリシアとトルコに渡り,古代ギリ
シア建築以上にビザンティン建築に魅了され,
アイギナのアファイア神殿を,とくに古代にお
ける色彩という観点から調査した.パリに戻っ
て後は,一時期バリュのもとではたらいたが,
自ら獲得した個人的な仕事にも従事した.パ
リ・オペラ座の設計競技に勝って名を成す
(1861-75).第二帝政ならびにボザール様式の
最も絢爛な建物であり,また主要素の配置が直
接外観にも現れている建物である.ガルニエ
は,イタリア・ルネサンス,とりわけヴェネ
ツィアの画家パオロ・ヴェロネーゼ(1528-88)
の建築的ヴィジョンからインスピレーションを
得たが,一方でサンソヴィーノの影響も疑いえ
ない.惜しみない階段空間は,バロックとヴェ
ネチア・ルネサンスのテーマの混淆である.オ
ペラ座は驚異的な成功と影響力を誇り,確信的
な華美が,翻ってフランス合理主義の無味乾燥
な側面を葬り,1914年にいたるまでフランス
における公共建築の様式を決定づけることに
なった.オペラ座によってガルニエのその他の
建築的達成が陰に隠されてしまっているが,イ
タリアとフランスのルネサンス様式の闊達な解
釈は彼の多くの作品にみてとれる.たとえば,
ブルヴァール・ザン・ジェルマン117番地のセ
ルクル・ド・ラ・リブレリ(1878-79)や,同
195番地のメゾン・アシェット(1878-80),そ
してモンテ・カルロのカジノ(1876/78-79)が
あげられる.このカジノは,絢爛な祝祭の混合
物で,リヴィエラ川沿いだけでなくそれ以外の
シーサイド・リゾートの建築様式にまで影響を
与えた.1890年代には,しかしながらカジノ・
シアターはオペラも上演できるほどに拡張・改
変されてしまい,1897年にはガルニエ自ら,
改修建築家であったアンリ・シュミットに抗議
したが聞き入れられなかった.
彼の劇場設計理論は『劇場(*Le Théâtre*)』
(1871)や『パリの新オペラ座(*Nouveau
Opéra de Paris*)』(1878-81)として出版され
た.ガルニエは,アイギナ神殿の復元(ポリク
ロミー装飾による)を『アイギナの汎ギリシ
ア・ユピテル神殿(*Le Temple de Jupiter pan-
hellenique à Egine*)』(1884)で発表し,また
『シャン・ド・マルスの建物(*Constructions él-
evées aux Champs de Mars*)』(1890)や『人間
の住まい(*L'Habitation humaine*)』(1892)で
住宅建築作品を出版した.

ガルニエ,トニー Garnier, Tony (1869-1948)
フランスの建築家.フランスの都市リヨンに
生まれ,自分の事務所を設立する以前には,リ
ヨン市の建築家を務めた(1905-19).ガルニエ
が設計したリヨンのアバトワル・ド・ラ・ム
シュ(屠殺場)(1909-13)は,大きな鉄骨トラ
スで建設された天井採光の巨大なホールで,
デュテルがパリに設計した機械館(1889)を思
い起こさせる.リヨンでは他にもスタジアム
(1913-16),エドゥアル・エリオ病院
(1915-20),低廉住宅街区エタジュニ(アメリ
カ合衆国,1928-35)を担当した.彼の仕事で
第1にあげられるのは,実現しなかった工業都
市である.35000人のためのモデル都市で,そ
の大半はガルニエのローマ留学中に構想され
た.1904年に発表され,18年に出版された.
工業都市の着想は,イギリス的なアイデア(低
密度,機能的ゾーニングなど)とフーリエ他の
ユートピア的な概念にいくばくかを負うている
ものの,建築そのものは何かからの派生物では
なく,ほとんどの構造は鉄筋コンクリートで,
エコール・デ・ボザールで教授されていた都市
計画の原則は退けられている.工業都市はル・
コルビュジエらの近代主義者たちに影響を与え
た.1939-45年の第二次世界大戦中までモニュ
メント,学校などの建物の設計を続けたが,彼
が残した最大の功績は,建築と都市計画に関す
る20世紀の諸概念を形成したことにある.

カルバー・ハウス culver-house
鳩舎の意味のコルンバリウム.

カルフィーク, ヴラジミール Karfík, Vladimír (1901-85)
　チェコスロヴァキアのモダニズム建築家. アメリカでホラバード＆ルートとF・L・ライトのもとではたらき (1926-29), ル・コルビュジエの影響を受けて後に CIAM のメンバーになる. 1930 年に企業バチャの建築部門長となり, 田園都市の原理にもとづき, モダニズムの美学を前面に押し出した新しい住宅地をズリーン, パトリザーンスケ, オトロコヴィツェに設計した. バチャのために行った他の設計に, ズリーンのホテル (1932), 17 階建てオフィスビル (1937-38, シカゴ時代の自作に影響を受けた鉄筋コンクリートのフレームを使用), ブルノ (1930) や各地の百貨店, アメリカのメリーランド州のベルキャンプ, イングランドのエセックス州サーロックのイースト・ティルベリーの住宅地 (1932-38) がある. 戦後のブラチスラヴァで最初のプレハブ住宅建築を設計した.

カルミ家 Karmi Family
　イスラエルの建築家集団. ドヴ・カルミ (Dov Karmi, 1905-62) は, 1936 年にテルアビブで活動を開始し, ル・コルビュジエに影響を受け, ブリーズ・ソレイユやピロティなどをもつ, いくつかの居住用建築を実現した. 彼は, イスラエルにおけるモダニズムの推進に尽力し, テルアビブのイスラエル労働連盟本社 (1950-56), エルサレムのクネセト (議事堂) (1955-66, ジョセフ・クラバイン (Joseph Klarwein, 1893-1970) と共同) を設計した. 息子のラム (Ram, 1931-) と, Z.メルツァー (Melzer) は, 1956 年にドヴ・カルミの事務所に参加し, 打ち放しコンクリートと自然の木材を特徴とする建物を設計した. 例えば, テルアビブの EI AI オフィス (1962-63) である. ドヴ・カルミの娘, アダ・カルミ・メラメード (Ada Karmi-Melamede, 1936-) は, 1964 年にカルミ・アソシエイツの事務所に入所した. いずれもテルアビブにあるハーダー・ダフナ・オフィス (1964-68) や, ダビース・アマル婦人職業専門学校 (1970-74) などの作品は, ラム・カルミがロンドンで学んでいたときに感化されたブルータリズムの影響を示している. し

かしながら, 同事務所によるエルサレムのイスラエル最高裁判所 (1986-93) では, 矩形やアーチ形の開口で壁に穴をあけ, 水の使い方はグラナダのアルハンブラ宮殿や, ポツダムのシンケルによるシャルロッテンホーフ宮殿を思い起こさせ, 古典的な幾何学に基づいた伝統的で記念碑的な建築に回帰している.

カルモンテル, 本名ルイ・カロジス Carmontelle, Louis Carrogis, *known as* (1717-1806)
　フランスのディレッタントで英中式庭園であるパリのモンソー公園 (1773-78) を含むいくつかの庭園の設計者. 気まぐれに, 「廃墟」, 「オランダ風車」, 「タタール人のテント」や似たような思いつきの多くのファブリックをつくった. そのなかでもとくに奇抜でめずらしいのは, ピラミッドなどの墓の形をしたファブリックが設けられたボワ・デ・トンボー (墓の森) である. 1781 年頃, スコットランドの造園家トマス・ブレーキーが, カルモンテルのやや装飾過多の計画を単純化するために招聘されたが, カルモンテルの作品は, 庭園をモニュメントで飾り墓地へと転換する重要な触媒となった.

ガルリエ, ジェームズ (父) Gallier, James, sen. (1798-1868)
　アイルランド生まれの建築家で, イギリス, ハンティンドン近くのゴッドマンチェスターで〔ピクチャレスクな庭園でみられるような〕「中国風の橋」を設計し (1827), またロンドンのメイフェアのサウス・ストリートの住宅をいくつか設計した. 1832 年にアメリカ合衆国に移住してしばらくニューヨークで仕事をし, 一時マイナード・ラフィーヴァーと組み, 『アメリカの建築業者のための一般物価書と見積り法 (*The American Builder's General Price Book and Estimator*)』(1833) を出版した. 1834 年にニューオリンズに落ちつき, チャールズ・ビングリー・デイキン (Charles Bingley Dakin, 1811-39) と組み (翌年にはジェームズ・ハリソン・デイキンが加わった), その事務所は重要な建物を数多く設計して成功を収めたが, そのデザインはすべてギリシア復興様式によるものだった. 1836 年に協働関係が解消されたのち, 単独で設計を続け, ギリシアのイオニア式

のポルティコがある堂々たる建物であるルイジアナ州ニューオリンズの市庁舎（1845-50）を手がけた．

カルロ，ジャンカルロ・デ Carlo, Giancarlo de (1919-2005)
⇨デ・カルロ，ジャンカルロ

カルローネ一族 Carlone Familiy
ロンバルディアに発する大人数の一族であり，16-18世紀の中央ヨーロッパにおいて美術家，石工，スタッコ職人，画家，建築家として活躍した．カルル・マルティーン（カルロ・マルティーノ）（Carl(o) Martin(o), 1616-79）は，アイゼンシュタットにおけるエステルハージ家の邸館（1663-72）の建築家となり，栄誉の中庭を囲む広大なバロック様式の宮殿を建設し，双塔によって美しく飾った．またウィーンのホーフブルク（王宮）にも仕えた．カルロ・アントーニオ（Carlo Antonio, 1635-1708）は，オーバーエスターライヒ〔オーストリア北部の州〕のクリストキントルにザンクト・フローリアン大修道院（1686以降）と巡礼聖堂（1706開始）を計画し，いずれも弟子のプランタウアーが完成した．A. シルヴェストロ・カルローネ（A. Silvestro Carlone, 1610頃-71）はウィーンのアム・ホーフのイェズイテンキルヘ（イエズス会教会堂）のファサード，すなわちノイン・ケーレン・デア・エンゲル（九つの天使の聖歌隊）（1662）の建築家と考えられる．両翼が突出し，中央バルコニーの後ろにバロック様式の教会堂正面が建ち上がる．この配列法は部分的にマンサールによるパリのバロック様式のミニモ会の教会堂に由来し，さらに教会堂の正面を隣接する宮殿風ファサードと統合してい

ガレ　おおまかに直方体に加工された野石の壁体に施されたガレ．隅部は各片を面取りした石材で化粧されている．ホリー・トリニティー・チャーチ，ワリングスタウン，ダウン県．

る．このファサードはカルロ・アントーニオ・カルローネの作品とされることが多い．

ガレ gallet
野石積みの壁体のモルタル接合部に挿入された石材のかけら，フリント（火打ち石）の破片，小片，小石の一つ一つ．石材の間の隙間を埋めてモルタルの露出をおさえる．ここから「ガレを施す」ともいう．

カレッジ・ゴシック Collegiate Gothic
19世紀の教育そのほかの施設団体におけるリヴァイヴァルとして，オックスフォードやケンブリッジのカレッジなどの世俗ゴシック様式を指し，とくにチューダー・ゴシック様式がある．

ガレット garret
屋根の直下，最上階の平天井の部屋の直上の屋内空間．それゆえ，側面は傾斜している．採光されない場合もあり，屋根開口，ドーマー窓などから採光される場合もあった．アティックと混同してはならない．

カレファクトリー calefactory
修道院の人為的に暖められた部屋．通常，休憩室．

カレール，ジョン・マーヴァン（メルヴェン） Carrère, John Merven (1858-1911)
ブラジル生まれのアメリカ人建築家．パリのエコール・デ・ボーザルで学び，1883年にニューヨーク市のマッキム・ミード&ホワイト事務所に入所した．1886年にトマス・ヘイスティングス（Thomas Hastings, 1860-1929）と共同事務所を設立した．ニューヨーク公立図書館（1902-11）を筆頭に多くの建造物を設計することになるカレール・アンド・ヘイスティングス事務所の処女作は，フロリダ州セントオーガスティンに建てられたポンセデレオン・ホテル（1886-88）である．これは，ムーア風，スパニッシュ，そしてルネサンスの要素が混ざり合った折衷的な建築で，コンクリート構造に貝殻や珊瑚の骨材を用いたものであった．1890年代のほぼ全作品（それぞれがきわめて異なる）が，特大の装飾によって徹底的に飾り立てられていたのに対し，その後の作風は徐々に，

より節制されたフランス古典主義やジョージアン建築にもとづくアメリカン・コロニアルに想を求めるようになった. 1902 年にはニューヨーク市にブレア・ビルディング, 1905 年にはカナダのトロントにトレーダーズ・ブロックを建設した. いずれもシカゴの建築に影響を受けた高層建造物である. カレール・アンド・ヘイスティングスはカナダのロイヤル銀行おかかえの建築事務所となり, 抑制されたイタリア風の作品であるモントリオールのメインストリートに建てられた本店などを設計した.

カロエ, ウィリアム・ダグラス　Caröe, William Douglas (1857-1938)

リヴァプールにおけるデンマーク領事の息子であり, 多才に恵まれた礼拝堂建築家であり, 建物保存のパイオニアでもあった. 彼が手がけたものには, 田園邸宅, 教育施設, 事務所, 独創的な家具, 刺繍, 記念碑, 金属細工 (たとえば, サフォークのバリー・セント・エドモンドにある大聖堂内のハイ・アルター・クロスがある) などがある. 五つの大聖堂 (ウェールズのセント・デイヴィドやブレコン) とイングランドの礼拝堂委員会 (1895-1938) の建築家. 他にも, リヴァプールのスウェーデン礼拝堂 (1883-84), デーヴォン, エクセターのセント・デイヴィッド (1897-1900, 内部の設計はベンドルベリーにあるボドレイの作品からとっている) ウォルサムストウのセント・バルバス (1902-23, 巧みな構成をもち魅力的なクィーン・アン様式タイル張りの司祭館と付属ホールを有する), サマーセット州メンディップのセント・ヒューカルトゥジオ会修道院 (1908-30), マン島ダグラスにあるセント・ニニアン (1913), ランカシャー, セント・ヘレンズにあるセント・ヘレン (1920 年代) キプロス島トロードスにあるセント・ジョージ (1928-30), ケント, ハーン・ベイのベルテインにあるセント・バーソロミュー (1908-31, ペヴスナーに「非常に斬新」と記された), ケント, ダートフォードにあるクリスト礼拝堂 (1908-09), ドーセット, グリンガムにあるセント・メアリーズ礼拝堂 (1921), スタフォードシャー, エクレシャルにあるホリー・トリニティ (1929-31) がある一方, 修復例には, ケント, ロムニー・マーシュ, フェアフィールドにあるセント・トーマス・ア・ベケット

(1912-13) やウェールズ, ブレコンシャー (現在はポウィ) のパトリショウにあるセント・イシュー (1908-09) があり, 手の行き届いた巧みな作品である. 宗教以外の建物には, ロンドン, デューク・ストリート 75-83 番の頑強な建物, ロンドン, ミルバンク 1 番にある礼拝堂委員会の華麗な建物, サリー, ハンブルドン近くのヴァンにある自邸の増築, キプロス島キレニアのラトミアにある冬の別荘 (1933) などがある. 彼は 1890 年にアート・ワーカーズ・ギルドに参加し, 1910 年に脱退, 1933 年にラッチェンスがマスターとなった際, 再加入した.

カロット　calotte

円形平面で, ドラムをもたず, 低い弓形の曲線を描くドーム. 聖職者のかぶる頭蓋用帽子に似ていることからそのように呼ばれる. たとえば, パンテオンのドーム.

カロリティック　carolitic, carolytic

正しくは「コロリティック corollitic」といい, 柱身の周りに枝葉がらせん状に巻きつく装飾により, 柱身が葉でおおわれる円柱.

カロリング朝様式　Carolingian

シャルルマーニュ帝 (Emperor Charlemagne) の治世 (800-14) に関する建築様式を示す用語. カロリング朝建築は, 一般に 8 世紀末から 10 世紀初めまでの年代と解釈され, その実例はオランダ, フランス, ドイツ, とくにライン川に隣接する領域に建てられた. 様式的にはカロリング朝建築は, 初期キリスト教時代におけるローマ皇帝コンスタンティヌス (Emperor Constantine) の時代のバシリカ式聖堂 (324-37) を回顧したもので, サン・ドニ修道院聖堂の最初の建物 (754-75 頃), およびフルダ修道院聖堂 (790/2-819) が含まれ, 後者はローマのコンスタンティヌスによるサン・ピエトロのバシリカ (333 頃着工) に基づく. アーヘンでは, 宮廷礼拝堂 (792-805) はラヴェンナのサン・ヴィターレ聖堂に基づき, おそらくメッツのオドによる計画であった. ラインラントのロルシュ (8 世紀後半) はコンポジット式の円柱とアーチ (古代ローマからのモチーフ) からなるトーアハレ (門堂) であり, その上にはアーチにかわる一連の三角形を支持するフルーティンを施したピラスターが配列さ

れた（ローマの石棺からの主題）．790-99 年に
サン・リキエ修道院聖堂（サンテュラ）が建立
され，ネイヴ，下屋のアイル，二重のトランセ
プト（西側のものは西構えとよばれ，上部が礼
拝堂となる低い入口兼ナルテクスがある），4
本の丸い塔を備え，東端はアプス状で，各交差
部の上には塔が建てられていた．サン・リキエ
の教会堂は残存していないが，ロマネスク時代
のラインラントには似たような計画が発展し
（例としてヴォルムス聖堂），一方荘厳な西構え
はヴェーゼル河沿いのコルヴァイ（873-85）に
認められる．

側桁 string ⇨ ストリング（1）

側柱 durn
1. 大きくカーブするように成形された木材
で，アーチ形のドア枠に用いられる．左右対称
のアーチ枠の場合は，単一製材の側柱をペアで
用いることが多い．
2. 単一木材でできたドア柱．

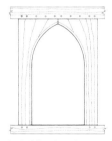

側柱　側柱を対称に組み合わせた出入口．

側窓 flanking window
扉や窓の両脇の，枠で囲われた，採光縁窓，
採光脇窓，採光翼窓のこと．

側面 flank
1. 構築物を横からみた面のこと．正面や背
面とは区別されるような端部または側面（稜堡
の側防壁など）．
2. テラスハウスの境界壁．
3. アーチのハンチ〔要石と迫元の間〕．
4. 屋根の谷．

瓦模様 imbrication
鱗や花びら形の幾何学模様がある装飾で，鱗
状瓦で葺かれた表面に似ている．古代石棺蓋や
アテネにあるリューシクラテース記念碑（前
334）の屋根に見られる．テラコッタ板やスク
リーン，トレーサリーなどにも使われている．
牡瓦を積み重ねてできた構造物に似ている．

カーン Caen
ノルマンディー地方のカーン付近から容易に
採掘できる石灰岩は，柔らかく，きめ細かいた
め，驚くほど多くのイギリスの中世の建物（た
とえば，カンタベリーとノリッジ大聖堂）の構
造に使用されている．

カーン，アルバート Kahn, Albert
(1869-1942)
ドイツ生まれのアメリカの建築家．1902 年
に兄弟のジュリウス（Julius, 1874-1942）とモー
リッツ（Moritz, 1881-1939 頃）とともに，
当時アメリカで最も多くの建築プロジェクトを
手がけることになる事務所を設立する．彼がミ
シガン州デトロイトに設計したパッカード自動
車工場は，鉄筋コンクリート構造の初期の例で
ある．1905 年から彼らの事務所は，工場デザ
インのための標準化と規格化を推し進め，ピア
スアロー自動車の製造元であるニューヨーク州
バッファローのジョージ・N・ピアス・カンパ
ニーでは，壁窓（wall-windows）を用いずに，
生産過程に応じて平面を拡張することが可能
な，トップライト式の工場を設計した．
モーリッツ・カーンは，カーン社の鉄筋コン
クリートによる「トラスコン」システムの市場
拡大のために，トラスド・コンクリート・ス
ティール・カンパニーの支社を 1909 年にイギ
リスに設立．1914 年にはウォリス，ギルバー
ト＆パートナーズを設立し，工業建築に特化
し，アメリカの工場とともに活動した．
1908 年に，カーンはヘンリー・フォード
（Henry Ford, 1863-1947）と契約を結び，有名
な T 型を生産したデトロイト・ハイランド・
パークの工場を設計し（取り壊し），ここで 1913
年に組立てラインのシステムを発展させた．こ
のシステムは，カーンによってミシガン州ディ
アボーンに設計された広大な平屋のフォード・
ルージュ・プラントでも採用され，さらに発展
した．鋼鉄製骨組み，長大な組立てラインを収
容するように考案された平面，トップライト，

カーテン・ウォールをもち，標準化されたプレファブリケーションの部品から組み立てられ，恐るべきスピードで建設された．カーン社は，効率的な方法で大量生産の商品を製造するための工場設計の手法を発展させていく．広い柱間，鋼鉄製キャンチレバーの使用，ガラス勾配屋根を備えた，ミシガン州ウォーレンのドッジ・ハーフ・トン・トラック工場（1937-38）は，彼らの手法の論理的な帰結といえる．カーンは他にもゼネラル・モーターズ，クライスラー，グレン・マーティン・エアクラフトなどの企業のために仕事をし，その長く輝かしいキャリアを通じて2000以上の工場を設計した．カーンは1932年にはソヴィエト連邦に事務所を開設し，その経営はモーリッツ・カーンが担った．そこからは多くの若いソヴィエトの建築家が育ち，500以上の工場を設計した．

カーン社のすべての建物が工業建築というわけではない．ミシガン州アナーバーのミシガン大学のクレメンツ・ライブラリー（1922）は，新古典様式である．その他の非工業建築も必ずしも凡庸なものではなく，いずれもアナーバーに建設された，エンジニアリング・ビルディング（1903），ヒル・オーディトリアム（1913），エンジェル・ホール（1922）などがあげられる．順応力のあるプラグマティストであり，時流に惑わされない精神をもつアルバート・カーンは，国際近代主義を，非知性的で，果たして建築というに値するものなのかと考えて一顧だにしなかった．

カンヴィンデ，アチュット　Kanvinde, Achyut (1916-2002)

インド人建築家にして，グロピウスの弟子である．彼の作品として，カンプールの工科大学（1959-65），ムンバイのネルー・サイエンス・センター（1971-82），ニューデリーのナショナル・サイエンス・センター（1975-84）がある．これらはすべて厳密に国際的なモダニズムに従っている。

カーン，エーリー・ジャック　Kahn, Ely Jacques (1884-1972)

アメリカの建築家．ニューヨーク市とパリのエコール・デ・ボザールにて教育を受け，その後1919年にニューヨークのブックマン＆フォックス（Buchman & Fox）事務所の共同主宰者となった（のちにブックマン＆カーン（Buchman & Kahn）となり，さらにもっと後（1942）でカーン＆ジェイコブズ（Kahn & Jacobs）となった）．1920年代から30年代にかけてニューヨーク市でアール・デコの摩天楼をいくつか設計した．最も知られた作品としてはパーク・アヴェニュー2番地（1924-27，外壁の処理はL・V・ソロン（L. V. Solon, 1872-1953）とともにデザインした）やバーグドーフ・グッドマン・ストア・ビルディング（1926-27），フィルム・センター・ビルディング（1928-29），スクウィブ・ビルディング（1928-29），ブロードウェイ1400番地および1410番地（1930-31）などがあり，いずれも大変質の良いものである．五番街と29丁目の角のオフィスビル（1929頃）やパーク・アヴェニュー2番地のエントランスのロビーはとくに彼のアール・デコのスタイルを示す好例である．彼の建物は整っており，技術的にも進んだものだった．豊饒なアール・デコを創意工夫をこらして生き生きとさせていた同事務所であったが，1950年代からインターナショナル・スタイルを遵奉する態度に手際よく移行した．同事務所はミース・ファン・デル・ローエ（1954-58，フィリップ・ジョンソンと協働）が設計したニューヨーク市のシーグラム・ビルディングを施工（一部計画）した．教養があり幅広い物事に関心を持っていたカーンは，『芸術と産業におけるデザイン（*Design in Art and Industry*）』（1935）や『オフィス・ビルが建てられるまで（*A Building Goes Up*）』（1969）などを出版した．

換気窓　vent　⇨ヴェント（3）

環境応答建築　Environmentally Responsible Architecture

グリーン・アーキテクチュアまたは持続可能な建築とも呼ばれる．1960年代以降の生態学的または環境学的問題についての懸念が増していったのに応答して発展していった．また，自然素材で建設された建物の実験を含む（たとえば，木材や土）．それらはエネルギー効率がよく（すなわち，十分に断熱され，太陽や風を動力としたエネルギー源を生かす），敷地条件を尊重する．国際的近代建築は，環境保護に関していえば，少しも責任を果たしていないことは

特筆される．エネルギーをむさぼり食い，垂れ流し，太陽熱負荷の増大のため過度な温度になりやすい．部分的に地下につくられた建物(風景への影響を減じ，断熱効率を改良するため)は，手法を前進させていると指摘できる．しかし，一般的にあまり好まれていない．アーコサンティにおけるソレリの計画(アリゾナ州)は，環境と協調する建築のアイデア(アーコロジー)を用い，それは1970年代より建設された．マキシマム・ポテンシャル・ビルディング・システム・センター(オースティン，テキサス州)は，この種の発展の先駆けとなった．近代運動と違って，環境応答建築は，「持続可能」にするために古い建物の維持においてそれ自身参加することを試みる(たとえば，ポストによるオーデュボン・ビル(ニューヨーク市，1891)はナショナル・オーデュボン協会により，修復され，再利用されている．同協会は住環境や生態系，価値のある建物の保護と管理にかかわっている)．

環境デザイン environmental design
　建築設計において環境制御に関わる分野(熱，空気質，湿度など)．パッシヴ環境制御は断熱性の高い，厚い壁体を前提とするのに対し，アクティヴ制御は機械的手段によって温度，湿度，照明などの調節(**環境制御**(enviromental control)と呼ばれる)を図り，空調を行う．**統合的環境デザイン**(IED：Integrated Environmental Design)は日射熱取得，人工光システムを備え，コンピュータを用いて昼夜作動やエネルギー消費を低減させる手段を補助的に導入している(インテリジェント・ビルの語のもととなった)．

ガンクホーファー，イェルク Ganghofer, Jörg (1488没)
　ドイツの建築家．イェルク・フォン・ハルスバッハ(Jörg von Halsbach)，あるいはポーリンクの石工マウラー・フォン・ポーリンク(Mason (Maurer) von Polling)としても知られる．1468年にミュンヘン市の棟梁となり，ゴシック様式のフラウエンキルヒェ(聖母聖堂)を設計し，建設した．また，同市のラートハウス(市庁舎)の建設にも寄与した．

カンケルス cancellus (*pl.* cancelli)

　1．格子状の内陣の仕切りで，とくにサクラリウム(聖所)やプレスビテリを教会の他の部分，つまり内陣から分割するもの(cancello)．
　2．複数形(キャンセリ)で用いられる場合，聖歌隊席(クワイア)の輪郭を示す欄干または柵．ふつうは，ローマのサン・クレメンテ聖堂(6世紀)のように，講壇(アンボ)についていた．

監視塔 watch-tower
　市壁上などにおいて，危険が迫っていないか継続的な観測をするための塔，あるいは，それに相当する哨所．

環状列石 cromlech ⇨クロムレック

カンタベリー，ウォルター・オヴ Canterbury, Walter of (1319-27活躍)
　⇨ウォルター・オヴ・カンタベリー，ウォルター(カンタベリーの)

ガンディ兄弟 Gandy Brothers
　イングランドの建築家で製図工．長男のジョゼフ・マイケル・ガンディ(Joseph Michael, 1771-1843)はC・H・テイタムとともにイタリアを旅し(1794-97)，ソーンの設計事務所の製図工となった．その後，1801年に自らの事務所を設立するが，時々ソーンの仕事を請け負い(とくにソーンのデザインの美しい完成見取図)，1789年から1838年にかけて折衷主義のみごとな建築の幻想を多く描いた．1805年に『田園の建築家(*Rural Architect*)』と『コテージ，農園，その他の田園建築のためのデザイン集(*Designs for Cottages, Cottage Farms and other Rural Buildings*)』を出版した．建築家としては，実務で成功するための鍛錬に欠けていたかもしれないが，いくつかの立派な作品を残している．たとえば，ランカスターにあるハリソン設計の裁判所と刑務所を完成させ(1802-21)，バースのサイオン・ヒルにある「ドーリック・ハウス」(1810頃-12，厳密なギリシア様式のすばらしい建物)，ウェストモランドのウィンダミアにあるストーズ・ホールとボート・ハウスを手がけた(1804-11)．
　マイケル・ガンディ(Michael, 1778-1862)は兄のもとで学び，ジェームズ・ワイアットの弟子となり，その後，インドと中国を旅した．

のちにワイアットヴィルの製図工となり，ボーとブリトンとともに『ウィンザー城の建築図集（*Architectural Illustrations of Windsor Castle*)』（1842）を出版した．ジョン・ピーター・ガンディ（John Peter, 1787-1850）は1828年に名字をディアリング（*Deering*）に変えた．彼はジェームズ・ワイアットの弟子で，1811-13年にディレッタント協会のためにサー・ウィリアム・ゲルとフランシス・オクタヴィアス・ベッドフォードとともにギリシアと小アジアを旅した．旅の成果は『アッティカの古代遺物（*Unedited Antiquities of Attica*)』（1817）と『イオニアの古代遺物（*Antiquities of Ionia*)』（1840）の第3巻として出版された．ゲルとともに『ポンペイアーナ（*Pompeiana*)』（1817-19）を出版したが，これは発掘に関する重要な著作であり，ギリシア建築の権威とみなされるようになった．ロンドンのノース・オードリー・ストリートに美しいセント・マーク教会（1825-28）を設計したが，これは彼の学術的アプローチの典型的な例であった．彼の作品にはリンカンシャーのスタンフォードにあるチューダー・ゴシック様式の診療所（1826-28），グラモーガンのカーディフにある州刑務所（1827-32），ロンドンのメイフェアにあるサウス・ストリートの邸宅（1828頃-30）がある．

カンディト，ペーター，またはペーター・デ・ヴィト（もしくはヴィッテ） Candid, Peter *also* known as Peter de Wit *or* Witte（1548-1628）

　オランダの建築家，画家．ヴァティカンでヴァザーリのもとではたらき，その後1586年にミュンヘンに移り，ズーストリスが設計したレジデンツ（宮廷の所在地）の中のグロッテンハレ（小洞窟のホール）のフレスコ画に従事する．実際，建築家としての役割も務めていたようである．1611年からは宮廷の第一画家として認められ，数多くのタペストリーやグロテスク装飾をデザインし，シュライスハイムのアルテス・シュロス（旧宮殿）（1617）やアウクスブルクのラートハウス（市庁舎）のゴルデナー・ザール（黄金のホール）（1619）のための絵画装飾の計画を受けもつ．

カンディ，トマス Cundy, Thomas（1765-1825）

　コーンウォール生まれの建築家．1821年にロンドンのベルグレーヴィアとピムリコにあるグロヴナー・エステートの監督官となった．ピクチャレスクなゴシック様式で多くのカントリー・ハウスを設計し，たとえばバークシャーのワイサム・アビー（1809-10）やオックスフォードシャーのミドルトン・ストーニー牧師館（1816-17）がある．

カンディ，トマス，ジュニア2世 Cundy, Thomas, Jun. II（1790-1867）

　ロンドン生まれの建築家．父親の事務所ではたらき，父の事務所を継いでグロヴナー・エステートの監督官となった．主としてトマス・キュービットによるベルグレーヴィアとピムリコの開発を監督した．彼のラトランドにあるノーマントン教会（1826）の塔は，アーチャーが設計したウェストミンスターのスミス・スクエアにあるセント・ジョン教会のバロック様式の塔に由来する．1840年代後半から息子のトマス3世（Thomas III, 1820-95）とともにはたらき，息子はやがて事務所と監督官の仕事を継いだ．トマス2世とトマス3世は多くのゴシック・リヴァイヴァル様式の教会建築の設計で共働したと考えられている．それらの中にはピムリコのセント・バーナバス教会（1847-50）があり，これはセント・ポール・イクレジオロジカル協会によると「宗教改革以来，イングランドに建てられた中で最も壮麗で正確な教会」と評された．トマス3世は，ケンジントンの高いスタッコ仕上げのテラスを自由なイタリア風の様式で設計し，これは広く模倣されることとなった．彼の手による最もすぐれた邸宅は，おそらくクイーンズ・ゲート22-24番地（1858-60）とコーンウォール・ガーデンズ（1866-79）であろう．

カンディリス，ジョルジュ Candilis, Georges（1913-95）

　アゼルバイジャン生まれで，フランスに帰化した建築家．パリとマルセイユのル・コルビュジエの事務所ではたらき（それぞれ1945-48, 1948-50），マルセイユではユニテ・ダビタシオン（居住単位）の建設中にル・コルビュジエの代理を務めた．彼は最初シャドラック・ウッズ（Shadrach Woods, 1923-73）とウラディミー

ル・ボ ジ ャ ン ス キ（Vladimir Bodiansky, 1894-1966）と協働関係に入り，のちにアレクシス・ジョシク（Alexis Josic, 1921-2011）が合流し，カンディリス-ジョシク-ウッズ（Candilis-Josic-Woods）としてパリで活動を行う（1955-63）．ボジャンスキとウッズと，カサブランカのマスター・プラン（1952-54）を作成し，さらにウッズとジョシクとともにバニョル・シュル・セズのニュータウン（1956-61）と トゥ ル ー ズ・ル・ミ ラ イ ユ（1956-61）の計画を担当した．彼らの事務所は，ベルリン・ダーレム自由大学を含む多くのマスタープランを手がけた．彼らの仕事は，アテネ憲章と CIAM の理論的な命題に忠実で，それらを現実化したものである．

カンデラ，フェリックス　Candela Outeriño, Félix（1910-97）

マドリード出身，同地で教育を受け，のちアメリカに帰化した建築家．トロハの構造デザインに影響を受け，生涯にわたってシェル・ヴォールトに関心をもち続けた．1939 年にメキシコに亡命し，兄弟のアントニオ（Antonio）とクビエルタス・アラ社を設立し，シェル・ヴォールトの普及に熱心にとり組む．メキシコ市の大学都市内に設計した宇宙線研究所（1951-52）では，柱脚上に載る双曲放物面コンクリート・シェル天井の大部分の厚みはわずか 15mm であった．エンリケ・デ・ラ・モラ（Enrique de la Mora y Palomar, 1907-78）とともに設計したビルヘン・ミラグロサ聖堂（メキシコ市，1953-55）は表現主義的であるが，ゴシック建築やガウディの作品の影響も感じられる．同じくデ・ラ・モラと共同設計したメキシコ市コヨアカンのサン・ビセンテ・デ・パウル礼拝堂（1960）では，乱積みの壁に逆 U 字型のキャノピーが載せられ，ヨーク・ローゼンバーグ＆マーダルと設計したハートフォードシャー，スティーヴニッジのジョン・ルイス倉庫（1963）ではキノコ状の傘のような形が用いられた．メキシコ市のオリンピック・スタジアム（1968）設計にもかかわった．

カンデラブルム　candelabrum
1. ランプを支えるための台.
2. シャンデリア.
3. 枝分かれした燭台

カンテリウス　canterius, cantherius
古代におけるプリンシパル・ラフター.

カント　cant
1. 部材・構材・面が，他の，とくに水平のものに対してなす角または傾斜.
2. 四角の角を切り落した斜面，あるいは多角形の一つの面のことで，したがって多角形の平面は「カンティッド（隅取り）」となる（たとえばカンテッド・ベイ・ウィンドウ）.

カント，イマヌエル　Kant, Immanuel（1724-1804）

ドイツの哲学者．『美と崇高との感情性に関する観察（*Observations on the Feeling of the Beautiful and Sublime*）』（1764）と『判断力批判（*Critique of Judgement*)』（1790）は，美学理論についての重要な基礎を築いた．美と崇高に関していえば，それより早くエドモンド・バークが 1756 年に論じている.

ガントリー　gantry
樽，棚，ラックなどの台．パブのバーの背後で精巧な建築装飾や鏡に設けられることも多い.

カントリア　cantoria
聖歌隊が使用するギャラリーやトリビューンのイタリア用語で，多くはクワイア（聖歌隊席）の北側（カントリス）にある.

カントン　canton
ピア，あるいはアンタや円柱，ピラスター，ルスティカ式隅石などのような建物の角における突出物．建築ではどれもこの状態のものを，フランス語の「カントネ cantonné（隅飾りを施した）」から，「カントンド cantoned」という．「カントンド・ピア cantoned pier（ピア・カントネ pier cantonné）」はゴシック建築にみられるのだが，ゴシック建築以外ではネイヴとアイルの上の横断ヴォールト，およびネイヴ・アーケードに繋がるマッシヴな中心部と四つの突出したピアまたはシャフトからなるコンパウンド・ピアがそれに該当する.

ガンドン，ジェームズ　Gandon, James（1743-1823）

ロンドン生まれのイングランドの建築家．チェンバーズの弟子で1765年頃に自らの設計事務所を設立した．ジョン・ウルフ（John Woolfe, 1793没）とともに『ウィトルウィウス・ブリタニクス（*Vitruvius Britannicus*）』の第4巻と第5巻（それぞれ1767, 1771）を出版し，『フリーズの6種のデザイン（*Six Designs of Frizes*）』（1767）と装飾に関する2冊の本（1788）を出版した．ノッティンガムのカウンティ・ホール（1770）を設計し，1781年に税関所の竣工を監督するためにダブリンへと赴いた．このデザインはチェンバーズによるロンドンのサマセット・ハウスに依拠している．卓越した人脈により多くの仕事に恵まれ，アイルランド最高法廷（1786-1802）やダブリンの議事堂（1785-89）の新しいポルティコやスクリーンを設計した．彼の建築はチェンバーズをとおしてフランスの新古典主義に影響を受けているが，レンも崇拝していた．彼はアイルランドの最もすぐれた建物のいくつかを設計した．

カンバー　camber

しばしば，トラスのカラー・アンド・タイ・ビームの下側でみられる非常に浅くてほとんど知覚できないほどの上曲がり曲線．したがって，カンバー・アーチとは，カンバー・ストリップを用いることでつくられたブリック・ラバーによる平らなアーチの下面を指す．このカンバー・ストリップとは，アーチ建設時にその内輪を支持するためのものである．

カンパー卿, ジョン・ニニアン　Comper, Sir John Ninian (1864-1960)

アバディーン生まれのイギリスの建築家．1882年から1887年までボドリーとガーナーの事務所にいたとき，後期イングランドのゴシックの複雑さと繊細さを学ぶ．ウィリアム・バックナル（William Bucknall, 1851-1944）と共同経営を行い，ロンドンのクラレンス・ゲイトに精巧なセント・サイプリアン教会堂を設計した．そこでは，祭壇は教会堂内どこからでもみることができるが，サンクチュアリーはボドリーが好んだ14世紀イングランドに典型的な金メッキのスクリーンで境界が示されている．教会建築学の学者として，「イングランド」式の祭壇を布掛け（リドル・ポスト）とともにヨー

クシャーのキャントリーの，セント・ウィルフリッド教会堂で復興させた（1892-94，北側のアーケードおよび側廊も設計した．内陣仕切とロフト，パークロース・スクリーン，リアドス，祭壇の天蓋はすべて考古学的に真正な後期ゴシック様式）．教会の聖具，家具とくにステンド・グラスの多作なデザイナーかつ権威となった．ノースハンプシャーのウェリングバラのセント・メアリー教会堂は最も豪華な作品である．古典的な要素が出てきているのは，祭壇天蓋であり，身廊の漆喰ヴォールトは吊り飾りがついている．英国国教会の教会堂で，祭壇に新たな優越性を与えるようになり，典礼の復活にも多大な影響を及ぼした．ハンプシャーのポーツマス，コシャムのセント・フィリップ教会堂では「包含による一体化」という理想のもと，さまざまな様式を用いつつ，独立した聖域と組み合わせて，祭壇の優越性を獲得する教会堂の平面計画を実現させた．彼の晩年の作品の一つに，ノーフォークのウォルシンガムにクレイズが設計したわれらの聖マリア聖堂の祭壇およびリアドスがある．

カンパーナ　campana

コリントの柱頭の鐘形（campaniform, campanuar）の中心部．

カンパニー・タウン　Company town

工場労働者を住まわせるために計画された住宅地．初期の例には，ルドゥーによるアルケ＝セナンのショーの製塩所（もしくは王立製塩所）（1773-78）やデイヴィッド・デイル（David Dale, 1739-1806）が1785年に設立したスコットランドのクライド川沿いのニュー・ラナークがある．デイルは自身の紡績工場で雇用し住まいを与えた労働者の子どもたちのために，教育も施した．1799年に彼はニュー・ラナークをマンチェスターの会社に売却し，同社がロバート・オーウェン（Robert Owen, 1771-1856）を経営者に任命した．デイルの娘と結婚したオーウェンは，託児所，集合住宅，性格形成のための施設（1812），そして新施設（1816）といった，この場所で雇用され居住する労働者階級を教育し，彼らの気風を向上させるための施設を加え，このカンパニー・タウンを発展させた．

非国教徒たちはカンパニー・タウンを作り出

す実験の先頭に立っていた。好例はクエーカー教徒のジョン・グラブ・リチャードソン（John Grubb Richardson, 1830-91 活躍）である。彼は 1846 年にアイルランドのアーマーにベスブルックを設立したが、そこはリネン工場の労働者のための学校、診療所、公民館などを備えた禁酒の町であった。ベスブルックはキャドバリーやラウントリーズなど他のクエーカー教徒へ刺激を与えていく。コロネル・エドワード・アクロイド（Colonel Edward Akroyd, 1810-87、ヨークシャーのハリファックス近郊にあるコプリー・ヒルの自身の工場労働者のための団地（1810-87、学校、教会、図書館を備える）やアクロイドン（1859 年頃から、サー・ジョージ・ギルバート・スコットによる素晴らしい教会堂の一つ（ヘイリー・ヒルのオール・ソールズ教会）がある）を計画した）やサー・タイタス・ソルト（Sir Titus Salt, 1803-76、彼は飲酒と色欲は下層階級におけるあらゆる問題の原因となっていると信じていた。彼の高潔なソルテアは 1851-76 年にシプリーのエア川沿いに建設され、学校、浴場、救貧院、病院、クラブがあった）のような家父長的で博愛志向の産業経営者は、多くの労働者を改善するためにできることを示した。アクロイドの 2 つの住宅地のための建築家がウィリアム・ヘンリー・クロスランド（William Henry Crossland, 1834 頃-1909、アクロイドンの設計に貢献した「偉大なるスコット」の教え子）であり、ソルトの建築家がブラッドフォードのロックウッド & モーソンである。フランスでは、フランソワ=マリー=シャルル・フーリエ（François-Marie-Charles Fourier, 1772-1837）と（間接的に）オーウェンから影響を受けた J-B-A.ゴダン=ルメール（J.-B.-A. Godin-Lemaire, 1817-89）が、サン=カンタンからさほど離れていないギースの鋳鉄工場に付属する労働者住宅、「ファミリステール」（1859-77）を建設した。ヘンリー・ロバーツの著作に影響を受け、フランス、オー=ラン県のミュルーズでは、「ミュルーズ産業協会（Société Industrielle de Mulhouse）」（指導者はジャン・ドルヒュス（Jean Dollfus, 1800-87））の支援のもと、エミール・ミュラーの設計で「シテ・ウヴリエール（労働者の街）」が建設された。ドイツでは、アルフレート・クルップ（Alfred Krupp, 1812-87、「大砲王」として知られる）が 1870 年代からエッセンで自

社の労働者のために住宅、協同店舗、学校、診療所などを大規模に建設した。イギリスでは、ジョージ・キャドバリー（George Cadbury, 1839-1922）がバーミンガム近くのボーンヴィルに 1879 年に自分の労働者のための入植地を設立し（ただし、その住宅地の多くはウィリアム・アレクサンダー・ハーヴェイ（William Alexander Harvey, 1874-1951）とヘンリー・ベッドフォード・タイラー（Henry Bedford Tylor, 1871-1915）によって設計された）、チョコレート製造業のもうひとりの有力者であるジョセフ・ラウントリー（Joseph Rowntree, 1836-1925）はヨーク近くのニュー・イアーズウィックにモデル・ヴィレッジを作った（1901 から、設計はパーカー＆アンウィン）。1888 年に着工したチェシャーのポート・サンライトは石鹸製造業者のウィリアム・ヘスケス・リーヴァー（William Hesketh Lever, 1851-1925、1922 年からリーヴァーヒューム子爵（Viscount Leverhulme））のために計画されたもので、彼は全体の設計を自分で行い、後にオーウェンとロマックス=シンプソンにより修正された。そこではウィリアム・オーウェンとシガー・オーウェン、ダグラス & J・P・フォーダム（J.P. Fordham, 1843-99）、グレーソン＆オールド、さらにロマックス=シンプソンや C・H・ライリーなど複数の建築家により非常に上質な住宅が供給された。S・S・ビーマンは、イリノイ州のシカゴ郊外に鉄道王のためのカンパニー・タウン、プルマン（1880-95）を設計した。N・F・バレットがその配置計画を行っている。当時オーストリア=ハンガリーに属していたブルノ（後にチェコスロヴァキアになる）の近くには、コチェラがバーチャ社のために工業都市ズリーンを設計したが、それはエベネザー・ハワードの考えに影響されたものであった。後にズリーンの建築は、シカゴで考案された骨組み構造の特徴をもつようになった。その建築の主唱者は、フランチシェク・リディア・ガフラ（František Lydie Gahura, 1891-1958。ズリーンでの活動は 1927 年から）とカルフィーク（1930 年から）であり、彼らはインターナショナルな近代様式を採用した。フィンランドでは、アールトがコトカ近くのスニラに 1937 年にセルロース産業のための住宅地と工業団地を設計した。

カンパニュラ（ツリガネソウのような形態）
campanula (*pl.* campanulae)
　ドリス式オーダーにおける円錐状のグッタ
エ，または，シノワズリ・スタイルにおけるパ
ゴダやその他の建築物のひさしの下にある構成
部材のような小型の鐘形の形態.

カンパニーレ　campanile (*pl.* campanili)
　イタリアの鐘楼．通常，独立して建ってい
る.

カンバーランド，フレデリック・ウィリアム
Cumberland, Frederic William (1820-81)
　カナダの建築家．カナダにおける最も熟達し
たゴシック・リヴァイヴァリストの一人．トロ
ントの聖ジェームズ大聖堂（1852-53）をゴ
シック様式で設計し，教会建設期間中，ウィリ
アム・G・ストーム（William G. Storm,
1826-92）と協働した．ストームとはトロント
大学のユニバーシティ・カレッジ（1856）もと
もに設計し，ラスキンの設計の原則をそこで示
した．それはディーンとウッドワードのオック
スフォードのユニバーシティ・ミュージアムよ
りもほぼ間違いなくすぐれた構成をみせてい
る．このトロントの建築は中央と角に塔を持
ち，盛期ヴィクトリア朝のピクチャレスクの作
風の好例となっている.

カンビオ，アルノルフォ・ディ　Cambio,
Arnolfo di (1245頃-1310頃)
　⇨アルノルフォ・ディ・カンビオ

カンピオネージ　Campionesi
　12世紀半ばから14世紀後半までロンバル
ディアで活動した彫刻家や建築家たちのグルー
プを指す19世紀の言葉．名前は，彼らの出身
地であるカンピオーネ・ダ・ルガーノに由来し
ている．モデナ大聖堂内陣仕切り（12世紀後
期）は，アンセルモ・ディ・カンピオーネ
（Anselmo di Campione）の作と考えられてい
る．祭壇，凹窩の柱頭，正面（円形窓を含む），
および身廊の南側側面のポルタ・レジア
（1209-31，そこには，一つの六角形の柱と一つ
のねじり柱が組み込まれたポーチがある）は，
彼の息子オッターヴィオ（Ottavio）を含む彼
の後継者によるものである．そしてギルラン
ディーナの鐘楼（1319）と身廊の説教壇の完成

はエンリコ（Enrico）の手による．ジョヴァン
ニ・ダ・カンピオーネ（Giovanni da
Campione）は，ベルガモのサンタ・マリア・
マッジョーレの洗礼堂（1340），および聖堂の
南側のポーチを設計した．ボニーノ・ダ・カン
ピオーネ（Bonino da Campione, 1357-97活動）
は，ヴェローナのサンタ・マリア・アンティカ
においてカンシニョーリオ・デッラ・スカラ
（1375没）の並はずれた墓に署名を残し，マッ
テオ・ダ・カンピオーネ（Matteo da
Campione, 1396没）は，モンツァとミラノの
大聖堂において，重要な作品をつくり上げた.

カンプマン，ハック　Kampmann, Hack
(1856-1920)
　デンマークの建築家．伝統，地域に根ざした
形態，そしてルントボーゲンシュティールを引
用したナショナル・ロマンティシズムの動向の
中心人物であった．オーフスにおいて，ヴィー
ボリ郷土資料館（1889-91），税関（1895-97），
劇場（1897-1901，ユーゲントシュティール
風），国立図書館（1898-1902）などを設計し
た．デンマークの強力な新古典主義の伝統に影
響され，コペンハーゲンの新カールスバーグ美
術館（1901-06，中央上部に段状ピラミッド型
の屋根をもつ）を設計した．アントン・フレデ
リクセン（Anton Frederiksen, 1884-1967），
ホルイェル・ヤコブセン，アーイェ・ラフィン
とともに，コペンハーゲンの警察本部
（1919-24）を設計したが，これはスカンジナビ
アにおける20世紀の新古典主義的な試みとし
ては名作の一つである．息子のクリスチャン・
ペーテル・イオルグ・カンプマン（Christian
Peter Georg Kampmann, 1890-1955）はヴィー
ボリに秀作の国立学校（1918-26）を設計した
が，新古典主義とモダニズムの要素とを混ぜ合
わせたものである．彼はイランのテヘラン鉄道
駅（1935頃）も担当した.

ガンブレル　gambrel
　⇨入母屋屋根

ガンベッロ，アントーニオ・ディ・マルコ
Gambello, Antonio di Marco (1458-81活躍)
　イタリアの建築家・彫刻家．1458年に，
ヴェネーツィアのサン・ザッカリア教会の主任
建築家に任命され，その生涯を同教会の建設に

捧げた（最終的にコドゥッチが完成させた）.

カンペン　Kampen
⇨カムペン，ヤーコプ・ファン

カンポ・サント　campo santo
ジョヴァンニ・ディ・シモーネ（Giovanni di Simone）によって設計され，1278年から建設が始まったピサの例のように，通常，墓碑のあるアーケードになった回廊や屋根つきギャラリーに囲まれるイタリアの墓地.

カンボジェ　cambogé
換気は可能だが，直射日光は遮るような横方向の開口部をもつユニットで構成されているブリーズ・ソレイユの一つのタイプ.

カンポ・バエザ，アルベルト　Campo Baeza, Alberto（1946-）
⇨ミニマリズム

カンポレーゼ一族　Camporese Family
ピエトロ・カンポレーゼ（Pietro Camporese, 1726-81）と，その息子ジュリオ（Giulio, 1754-1840），ジュゼッペ（Giuseppe, 1763-1822）は，スビアーコのサンタ・スコラスティカ修道院の改修，ガレリア・デイ・カンデラブリ（1786-88），ヴァチカン，ピオ・クレメンティーノ美術館にある新古典主義のクアトロ・カンチェッリのアトリウム（1793）を手がけた建築家である．孫のピエトロ（Pietro the Younger, 1792-1873）は重要な古代研究者で，ローマ都市拡張計画研究会委員にもなった．ローマでルネサンス・リヴァイヴァルの作品を手がけた．ピアッツァ・ニコシアのパラツェット，ピアッツァ・コロンナに面するパラッツォ・ヴェーデキント，ポルティコ・ディ・ヴェイオ（1838），サン・ジャコモ・デリ・インクラビリ病院のファサード（1843）などが代表作.

カーン，ルイス・イザドア　Kahn, Louis Isadore（1901-74）
エストニアに生まれ，1905年にアメリカへ移住．国際的に有名な建築家となったのは1950年代になってからであり，ニューヘブンのイェール大学アートギャラリー（1951-53）

でその活動を開始した．その後1957年から64年にかけて，大きな影響力をもったアルフレッド・ニュートン・リチャーズ医学研究所をフィラデルフィアのペンシルヴァニア大学において手がけた．そこでは塔状に集約された設備群と実験室とが明確に区分され，全体の構成に力強い象徴性を与えた．奉仕する空間と奉仕される空間は区分されるべきだ，というカーンの主張は，カリフォルニア州，ラ・ホイヤのソーク研究所（1959-65）において次の段階へと移った．配管群は実験室に架かる構造体の中に水平的に配置され，細長い棟には研究室が収められた．インディアナ州，フォートウェインの劇場（1965-74）においては，カーンはコンクリートブロックから上へと伸びる欠円煉瓦アーチを用いたが，それは近代運動によって生み出された人間味や表現をより上回る建築へと彼が回帰することを表明しており，伝統の表現でもあった．高度な幾何学と緻密なディテールによって，ニューハンプシャー，フィリップ・エクセター・アカデミー図書館（1967-72）はのちのカーンの作品にみられるオーダーの感覚と威厳を獲得した．アーメダバードのインド経営大学（1962-74）に施された伝統的な煉瓦の使い方は古代ローマや他のすぐれた質の作品を生み出した事例にまで迫るものであった．カーンによる他の建築にブリンモア大学エルドマン・ホール（1960-65），フォートワースのキンベル美術館（1967-72），イェール大学英国美術研究センター（1969-77）がある．彼は晩年，ダッカにバングラデシュ国会議事堂（1962-83）を手がけたが，それは多くの歴史的，伝統的な隠喩へと向けられた感動的な作品であった．しかし彼はそのときに給料面での問題を抱えてしまい，結果的に事務所は財政上の困難へと陥ってしまった．彼の作品は国際的な近代建築運動から新しい建築の方向性へと向かう重要な動きを形づくった.

ガン・ループ　gun-loop
射撃時に広い射界を得られるように城壁に開けられた，多くは水平方向に長軸を取った楕円形形態の開口部．スコットランド建築にみられ，19世紀にもリヴァイヴァルされた.

キ

キー key
　煉瓦や石などの粗い表面のこと．ほかの材料との確かな接着力のために，つなぎ目に石こうまたはプラスターが入る．

キアヴェリ，ガエタノ Chiaveri, Gaetano (1689-1770)
　ローマに生まれ，おもにサンクト・ペテルブルク（1717-27，トレッツィーニの助手を務めた），ワルシャワ，ドレスデン（1737頃-48）で活動した建築家．ドレスデンのカトリッシェ・ホーフキルヘ（ローマ・カトリック宮廷聖堂）（1737-53）はベーアによるルター派のフラウエンキルヘ（聖母聖堂）の引き立て役として建てられ，美しい塔，ヴェルサイユの王室礼拝堂の影響を受けた立面をもつ全ヨーロッパで最も優雅で成熟した後期バロックの傑作の一つである（戦争で大きく損傷し，修復された）．ワルシャワで王宮のヴィスワ川側の正面（1740），ドレスデンでまた別の王宮（1740年代後半）の計画案を作成したが，後者は実現しなかった．いずれの計画もバロックの細部が稀にみる洗練をきわめていた．ベルニーニ，ボッロミーニ，カルロ・フォンターナの作品の影響を受け，『戸口と窓の種々の装飾（*Ornamenti Diversi di Porte e Finestre*）』（1743-44）を出版した．

キアットーネ，マリオ Chiattone, Mario (1891-1957)
　イタリア人建築家．サンテリアとともに「近代的なメトロポリス」に関するドローイング展覧会を開催し，その一部が未来派の中核的なイメージとなった．1930年代，キアットーネの作品は，イタリア・ノヴェチェント・グループと関係をもち，抽象化された新古典主義の趣を急速に深めていった．

ギアリー，スティーヴン Geary, Stephen (1797-1854)
　イングランドの建築家，土木技術者，発明家．ロンドンのバトル・ブリッジのキングス・クロスを設計した（1830-36，A・W・N・ピュージンに1836年に揶揄された．1845年に取り壊された）．ロンドンのハイゲート墓地（1837年から）の当初の設計者としてもっともよく知られる．ここにおけるさまざまな設計作品のうち，カタコンベはエジプト・リヴァイヴァルおよびゴシック・リヴァイヴァルであった．『墓碑，記念碑のデザイン（*Designs for Tombs and Cenotaphs*）』（1840）を著した．この本で，彼はロンドン地域の他の墓地の設立者として記されている．ロンドンで最初のジン・パレスを設計したと考えられている（1829頃）．

キオスク kiosk
　1．東洋の夏の家，または一時的な行楽のための東屋．
　2．小規模で開放的な，あるいは部分的に開放的な自立した構造物であり，（しばしばテント状の）屋根が支柱または軽快な柱廊によって支えられ，庭の東屋や野外ステージや夏の別荘として用いられる．しばしばムーア風，ヒンドゥー風または他の異国的な東洋風な性格を伴う．
　3．公衆電話ボックス，または新聞などを販売する小さな売店．

機械の美学 Machine Aesthetic
　工業化，大量生産，工学技術を前提とし，機械生産品を連想させる建築．金属製の構築物（船，飛行機，自動車など）が備える要素を折衷的に使用する．機械的であることよりも，機械のようにみえることに関心が注がれる．建築における誠実さや真実性に対する要請と対立し，構造的原理を否定するという側面もある．たとえば，国際様式の近代建築は平滑な壁面や鉄製枠の横長窓を用い，それらはタイタニック号のような外洋定期船から連想されたものである．だが実際には，壁面は漆喰塗りの煉瓦壁であることが多かった．

ギガンティック・オーダー Gigantic Order
　⇨ギガンテス・オーダー

ギガンテス・オーダー Gigantic Order

〔古代ギリシア神話に登場する巨人族（ギガンテス）に由来する名称〕スカモッツィによるとトスカナ式オーダー．コロッサル・オーダーや大オーダーと混同しないこと．

起拱石 springer
1. アーチの迫元の上に最初に設けられる一番下の迫石．
2. 破風の傾斜面末端に設けられるニーラーやスキュー・ブロック．

起拱石 summer ⇨サマー（4）

起拱点 spring, springing
アーチやヴォールトがそれぞれの迫元と連結される面．⇨アバットメント，スキューバック

菊竹清訓 Kikutake, Kiyonori（1928-2011）
日本の建築家．メタボリズムの主導的建築家で，更新性に関心を寄せ，さまざまな空想的都市計画でそれを表現した．東京のスカイ・ハウス（1958-59，柱で1層分がもち上げられ，将来の増築はその下に吊るという計画）で名声を得た一方，1960年代になると，『メタボリズム：新しい都市計画の提案』（1960）において，共用部分を担う脊柱に円筒形の住居部分が取りつけられた塔状都市（1958）と，東京の海上拡張案である海上都市の関係資料を公表した．変化が想定される部分は取り替えがしやすいように設計されるべきと主張し，スカイ・ハウスの広々としたリビング周りにサービス部分が配置され，茅ヶ崎のパシフィックホテル（1966）では外壁にバスルーム・ユニットがとりつけられた．沖縄のアクアポリス（1975）では，部分的ではあったものの，海上都市構想が実現した．そのほかの作品として，都城市民会館（1966，軽い蛇腹状の屋根をもつ），出雲大社庁の舎（1963），米子市の東光園（1964）がある．イギリスのアーキグラム同様，メタボリストたちも，フレームや中央の構造体にプレファブの小空間や設備がとりつくような提案を行うのであり，構造体がしばしば堂々たる表現をみせるのに対し，（可変する）設備は確固たる建築として扱いにくいところがある．そのほかの作品として，三島市のパサディナハイツ（1972-74），江戸東京博物館（1980-92）がある．1978年には『菊竹清訓　構想と計画』が出版された．

記号学，記号論派 Semiological *or* Semantic School
記号の科学，もしくは記号の相互作用についての研究である記号論は，建築において重要な意味をもつものとして受け止められてきた．それは建設された環境を記号と象徴の呼応関係としてみることも可能だからである．デザインの中に同時代的な記号と象徴を捉える学派は，記号学，あるいは記号論派といい表されてきたが，こういった思想を推し進めた人の中にはホセ・ルイ・セルトやロバート・ヴェンチューリがいる．またこうした考え方自体はゼンパーに影響を受けたものである．

キーコース key-course
大きな深さのあるアーチにおける一つ以上のキーストーン，または筒型ヴォールトの頂部の石列．

キーコンソール key-console
持ち送り型のキーストーン（厳密には肘木）であり，時には彫像の台としても機能する．

擬人化 personification
「希望と錨〔望みをかける〕」のように，抽象的な表現が付属した人物像の表現．チェーザレ・リーパ（Cesare Ripa）の『イコノロギア（*Iconologia*）』（1593）は擬人化の重要な資料集であった．

キーズ，ジョン Caius, John（1510-73）
ケンブリッジのゴンヴィル・アンド・キーズ・カレッジ（1557）の再創設者で，そこにドイツのクレーフェの建築家兼彫刻家のテオドール・ド・アーヴ（またはハーヴェウス）（Theodore de Have, or Haveus, 1562-76 活躍）の助けを受けて，「名誉」・「謙虚」・「美徳」の三つの門を建てた（1560年代および1570年代）．セルリオに由来する初期の古典主義の細部の洗練さと正確さは，注目に値する．

キーストーン，要石 keystone
構造を強固にするためアーチ頂部に置かれたくさび形のキーブロック．

キースラー，フレデリック・ジョン Kiesler, Frederick John（1890-1965）

ウィーンに生まれた先見の明のあるアメリカの建築家. 1920 年代にロースのもとでしばらく働いたのちデ・ステイルに参加し, 後に当時一般的に好まれていたグリッドや長方形, フラットな壁面と対比的な, 果てしなく続く曲線と連続する壁面や天井面のあるデザインを行うようになる. 彼の「エンドレスハウス」(1923 年に建てられ, つい 1960 年代まで修正が加えられていた)では, 有機的な形態をする建築によって人間の環境状態を改善しようという彼の思想を反映している. キースラーは, 形態は目に見える力とみえない力の「目視可能な交換媒体」であり, 現実とはその二つの形態が, 彼がコルリアリズム (Correalism) と呼ぶ相互作用をすることにより, 構成されると考える. また, 人間はその環境に連続的に反応し, 空間と時間は連続的かつ無限であり, 建築の可能性を拡張させる能力を有すると主張した. 1966 年には『インサイド・エンドレスハウス：芸術, 人, 建築 (*Inside the Endless House: Art, People, and Architecture*)』を出版している. また 1960 年には, ハクスタブルによって彼の時代における「実作のない最も重要な建築家」と評された. 1920 年代から 1940 年代にかけて手がけた劇場用のステージデザインも, その革新性から重要ではあるが, エルサレムのヘブライ大学における「本の神殿」(1959-65) が, おそらく最も賞賛されるべきキースラーの実作である.

木摺土壁 wattle-and-daub *or* -dab
⇨ワトル・アンド・ドーブ

擬石 cast stone
細かい石の粉末や骨材をモルタルと混ぜ合わせ, 型に流し込んだもの. 中世またはそれより前には知られていなかった.

ギーゼル, エルンスト Gisel, Ernst (1922-2021)
20 世紀後半の最も成功したスイスの建築家の一人であり, 幅広い分野の建築を設計している. フレキシビリティーとテクノロジーに関心を寄せており, グレンヒェンのパーク・シアター (1949-55) にはこれがよく示されている. 基本的原則から出発する彼の作品は衝突しあう異質な形態から構成されることが多く, チュー

リヒ, エフレティコンの改革派教会 (1956-61) はその顕著な例である. ほかの作品としてチューリヒのギーゼル邸およびスタジオ (1972-75), リヒテンシュタインの高等学校 (1969-73), ドイツ, シュトゥットガルト近郊フェルバッハのタウン・ホールおよびセンター (1979-82) がある. 空間の上部に浮かべられたチューリヒの大学の新棟 (1991) は中庭への挿入という構成が端的に表現されており, またリヒテンシュタイン, ファドゥーツの庁舎 (1992) は包括的な開発プロジェクトである.

基礎 base
プリンス, 幅木などの壁体の最低・最厚部. あるいはプラットフォーム, プリンス, ボディウムなど建物で最も低い部分にみえている箇所で, ベースメントとも呼ばれる.

基礎 foundation
1. 直上に構築物が建てられているもの. 建築物の直下の堅固な地盤など.
2. 建築物の最下部. 地表面よりも下にあり, 直上にあるものの堅牢な基部となるもの. それによって荷重が直下の地盤に伝達される. 高層建築物のようなきわめて重い建築物は, 普通, 杭の上に厚みのある基礎を必要とするが, 平屋建てまたは 2 階建ての住宅のようなもっと軽量の構築物の場合は, コンクリートを流し込む溝を設け, 壁体のフーティングの基部となるようにすれば, 通常は十分だろう. 地盤の条件によっては, 鉄筋コンクリート造「べた基礎」が必要になることもある. 建築面積全体を覆い, 荷重を広く分散させるのである.

木象嵌 tarsia
寄木細工. 暗色を地に用いて, 明色にて描写する場合が多い. ルネサンスの時代に広く用いられた手法であり, アラベスクや渦巻文の使用をその特徴とするが, しかし何よりも, たとえばヴェローナのサンタ・マリア・オルガノ (15 世紀) のように, 遠近法を使った描写が好まれた.

貴族住宅 patrician house
イタリアの一部の中世都市にみられる世襲貴族, もしくはドイツ帝国内自由都市の貴族階級の住居. ボローニャやサン・ジミニャーノにみ

られるように，威厳を誇示するために塔状に建てられることもあった．

擬大理石　marbling
⇨マーブリング

北側採光　north-light
1.　北に面した屋根にガラス窓をとりつけること．南に面した屋根については，その窓の頂部から下へと傾斜する．たとえば工場では，一連の北側採光によって窓の底部と傾斜する屋根との間に谷間がしばしば形成されるために，断面図では屋根の形はぎざぎざの鋸と似ている（それゆえ，鋸歯形屋根とも呼ばれる）．
2.　芸術家のアトリエなどにみられるような北に面した大きな窓全般．

北側面　north side
聖堂の北側面のことで，冷風の発生源や悪魔の生息地（それゆえ，悪魔の扉とは北面の扉を意味する）とみなされていた．

忌中紋章　hatchment
⇨ハッチメント

キッチュ　kitsch
ドイツ語の用語で，がらくた，またはこれみよがしのくずを意味し，およそ偽物で安っぽく，感傷的で涙もろい，さらに悪趣味なもの．芸術に用いられる場合は，本物ではなく表面的で，真の芸術的創造の偽造品を意味する．そのためキッチュ芸術は，理解や深みを欠いたまま何かを模倣するが，同時に人を喜ばせ，落ち着かせ，安心させるニュアンスをもつ．また，労働者階級による文化的復讐ともいわれるが，その正体は粗野でみるも無様ないわばキャンプ趣味にすぎない．建築的には，ポスト・モダニズムにキッチュ的な様相がみられたが（とりわけ学識の裏付けを欠く古典主義へのほのめかし），設計者が商業的な理由から大衆向けの作品にキッチュの感覚を意図的に導入することもある．

ギッバード，サー・フレデリック・アーネスト　Gibberd, Sir Frederick Ernest (1908-84)
イギリスの建築家，都市計画家，ランドスケープ・アーキテクトで，F・R・S・ヨークと出会った後に，国際モダニズムを支持した最初の1人．1930年に事務所を設立し，ロンドンのストリーサムにあるプルマン・コート（1934-36）など，彼の名声を確立したローコスト住宅の設計を行った．第二次世界大戦後，ロンドンのポプラーにある，ランズベリー・ショッピングセンターとマーケット（1949-51）（ペヴスナーはなぜか裏をかいて「優美な」と評している）を，英国祭（1951）のサウスバンク博に使われたデザインでまとめた．また，エセックスのハーロー・ニュータウンの建築家・計画家としても任命された（1946-72）．他の作品としては，ロンドンのヒースロー空港（1950-69），バークシャーのディドコット火力発電所（1964-68），ベルファストのアルスター病院（1953-61），リヴァプールのキリスト・ザ・キング改革派大聖堂（1960-67），ロンドンのストランドにあるクーツ銀行（1966-75）がある．リージェンツパークのロンドン中央モスク（1969-70）とハイドパーク・コーナーのインターコンチネンタル・ホテル（1968-75）は，十分に彼の作風ではあるが，偉大な建築としてはみなされないだろう．

ギッブズ，ジェームズ　Gibbs, James (1682-1754)
スコットランド人でローマ・カトリック教徒のギッブズはローマで聖職者になる修行をしていたが，1704年に建築に転向し，カルロ・フォンターナの弟子となった．ローマのバロック様式に関する知識を徹底的に習得したのち，1709年にイギリスに戻った．レンの尽力により1713年に「ロンドンの50の新教会建築委員会」の監督官2人のうちの1人となった．彼はみごとなセント・メアリー・ル・ストランド教会（1714-24）を設計し，その力強くローマ的な立面と立体感はコルトーナやボッロミーニを想起させ，これにより彼の名声が確立した．1714年にアン女王が崩御し，ジョージI世（King George I, 在位1714-27）とホイッグ党の治世となると，トーリー党員でスコットランド人のローマ・カトリック教徒であるギッブズは疑いの目で見られ，解雇された．その後，バーリントン卿がパトロンとなったが，すぐにバーリントン・ハウスの設計においてキャンベルに地位を奪われてしまった．キャンベルの策謀により『ウィトルウィウス・ブリタニクス

(*Vitruvius Britannicus*)』で言及されることもまったくなかった．第2代アーガイル公爵ジョン・キャンベル（John Campbell, 2nd Duke of Argyll, 1680-1743）により，サリーのピーターシャムにあるサドブルック・ハウス（1717頃-20）の設計をまかされ，1720年にはロンドンのセント・マーティン・イン・ザ・フィールズ教会（1722-26）を設計した．そのローマ風の神殿のような正面，レンの作品に影響を受けた尖塔，2層の窓がある矩形平面の身廊は後の1世紀にわたって都市部における英国国教会の模範となり，大西洋を越えて広く模倣された．彼はまたダービー大聖堂（1723-25），ヨークシャーのカークリサム教会のマウソレウム（1740），アバディーンのセント・ニコラス・チャーチ・ウェスト（1741-55）を設計した．

彼の世俗建築は多くあり，イタリアでの修行により，生まれや宗教といった困難を相殺するだけの利点を他のライヴァルたちに対して持つことができた．彼はケンブリッジ大学のセナート・ハウス（1722-30），ケンブリッジ大学のキングス・コレッジにあるフェローズ・ビルディング（1724-49），オックスフォード大学のラドクリフ図書館（1737-38）を設計した．ラドクリフ図書館の初期のデザインの多くはホークスムアによるものであるが，完成した建物にはホークスムアの作品にはみられないイタリアの影響をみてとることができる．

ほかの作品にはノーフォークのホートン・ホールのクーポラ（1725-28），バッキンガムシャーのストウの庭園でのさまざまな庭園建築，たとえばゴシック様式の「自由の神殿」（1741-44），「友情の神殿」（1739），ベルヴェデーレ（1726-28，現存せず）がある．数多くの追悼記念碑をデザインしており，ウェストミンスター・アビーではドライデンの記念碑（1720）などいくつかを手がけた．ギッブズは彼の作品を『建築書（*A Book of Architecture*）』（1728，1739年に第2版）にて宣伝した．この書により彼の影響は深遠なものとなり，そしておそらく18世紀の建築書で最もよく使われるものとなった．彼はまた『建築部材作図法（*Rules for Drawing the Several Parts of Architecture*）』（1732-1736，1738，1753 に他の版）も出版している．

ギーディオン，ジークフリード Giedion, Sigfried（1888-1968）

スイスの美術史家．ル・コルビュジエとともにモダン・ムーヴメントの強力な唱導者となり，CIAM の創設に主導的な役割を果たし，1956年まで書記長を務めた．彼の影響は深大で，精選された建物のみ扱った主著『空間・時間・建築（*Space, Time, and Architecture*）』（1941）は，1940年代から建築学校で必須となった．その他の著書に『機械化の文化史（*Mechanization Takes Command*）』（1948），『永遠の現在（*The Eternal Present*）』（1964），『建築，その変遷（*Architecture and the Phenomena of Transition*）』（1970）がある．

キーナスト，ディーター Kienast, Dieter（1945-98）

スイスのランドスケープ・アーキテクト．いずれもスイスに所在するヴェッティンゲンのタウン・パーク（1980年代初頭），クールの精神病院の景観計画（1990年代初頭）は彼のミニマリズムの典型的な作例である．

キネティック・アーキテクチュア Kinetic architecture

静的で変化のない伝統的な建築は大きく変化する時代の中ではもはや適応しない，という考えから発した建築のこと．動的で適応性があり，増減築や使い捨てさえも可能なものとして，キネティック・アーキテクチュアは考えられた．アーキグラム，未来派，メタボリズム，そしてフリードマンやフラーの作品が，その例としてあげられている．

キネラリウム（複数で**キネラリアー**） cinerarium（*pl.* cineraria）

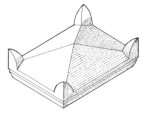

キネラリウムの蓋：キャッツ・イヤー・ホルン（猫の耳形の角状突起）のある蓋．門柱などに用いられた典型的な新古典主義のもの．

1．古代における遺灰箱または骨壷のことで，遺灰を納めるために多くは大変美しくつくられた．四角い箱型のタイプでは蓋に角状突起（ホルン）がつくことから，新古典主義建築において「キネラリウムの蓋」は，石棺の蓋に由来する要素を伴い，埋葬用記念碑および門扉柱，ペデスタルの頂上に載せる類のものにとっての原型となった．

2．遺骨を収容するための建物．コルンバリウムのこと．

記念建造物　monument
　⇨モニュメント

記念石柱　stele, stela(*pl.* stelai)
　浅浮彫りや碑文，装飾が施された直立する石材からなる古代ギリシアのモニュメント．頂上にはしばしばアンテミオンが設けられ，一般には墓石として用いられる．グリーク・リヴァイヴァルの時代にしばしば用いられた形態であり，すぐれた例はベルリンのシンケルの墓の上に建てられている．

記念柱　triumphal column
　きわめて大規模な独立円柱であり，通常，トスカナ式オーダーとなる（ジャイガンティック・オーダーと呼ばれる）．ペデスタルの上に据えられる．特定の個人や出来事を顕彰するための記念碑として建立されたものである．事例としては，ローマのトラヤヌス帝記念柱（112頃 -13）があり，皇帝によるダキア戦役（101-02, 105-06）を描写するフリーズが連続したらせんを描き，柱身を取り巻いている．また，かつては頂点にトラヤヌス（Trajan, 皇帝在位後 98-117）の彫像が載っていたという．ペデスタルにはトラヤヌスの墓室が入っている．これときわめて類似しているのがマルクス・アウレリウス（Marcus Aurelius, 在位後161-80）の記念柱である．かつてはアントニヌス帝記念柱と呼ばれていた．その形態はフィッシャー・フォン・エルラッハにより，ウィーンのカールスキルヘ（1715-25）の 2 本の記念柱のために用いられた．らせん状のレリーフにはカルロ・ボッロメーオ（St Charles Borromeo, 1538-84）の生涯における出来事が記録されており，記念柱自体は天国への入口，ソロモンの神殿，ハプスブルク家の紋章を表している．19

世紀の事例としては，ゴンドワンとルペールによるパリのヴァンドーム記念柱（1806-10, 1831 年に取り壊され，1874 年に再建立された）などがある．だが，多くの記念柱は無装飾であるか，柱身にフルート（溝）が施されているかであり，らせん状のレリーフは省かれている（ロンドンのザ・モニュメント（1671-77），および同じくロンドンのネルソン記念柱（1839-42）など）．

記念碑　monument
　⇨モニュメント

記念門　porta
　⇨ポルタ

機能主義　Functionalism
　良いデザインは機能的な有効性から生まれる，または有効に機能することこそが良きデザインであるという考え方のこと．すなわち，建築は機能のみによって設計されるべきという理論だ．かなり古くから存在し，ルイス・サリヴァンが「形態は機能に従う」（1896）という主張を掲げる前から，ヴィオレ=ル=デュクなどの 19 世紀の建築家たちによって推進されていた．ギーディオンやペヴスナーなどによって，国際モダニズムを正当化するために用いられた．とはいえ，この様式が他のものよりも「機能的」なのか否かは議論の余地があるし，「機能的」でないこともあるのだが．

茸形構造　mushroom construction
　⇨マッシュルーム構造

キーパターン　key pattern
　グリーク・キー．迷宮模様のフレット，あるいはメアンダー．

キープ　keep
　中世の城郭または要塞，領主館などにおいて，中枢部の最も強い部分（天主塔）．

ギブズ枠　Gibbs surround
　扉枠，ニッチ，窓のまわりに施された帯状装飾つきアーキトレーヴ．通常，アーキトレーヴ頂部に量感あふれる要石（キーストーン）や迫石（ヴーソワール）が貫入している．その名は

キフソンシ

(その図版を作成し，よく使用した) ギブズにちなむ．このような枠はそのほかの18世紀以降の建築家たちにも広く用いられた．

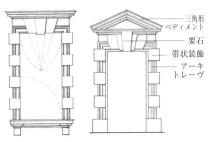

ギブズ枠　左：窓，右：ドア枠．

ギブソン，ジェシー　Gibson, Jesse (1748 頃-1828)
　イングランドの建築家．ロンドン・シティの東地区の監督官 (1774-1828)，サドラーズ・カンパニーの監督官 (1774 から)，ドレーパーズ・カンパニーの監督官 (1797 から) を務めた．ヴィントナーズ・カンパニーのためにロンドンのマイル・エンド・ロードに私設救貧院 (1802, 現存せず) を建て，ドレーパーズ・カンパニーのためにロンドンデリーのマニーモアに多くの建物を設計した (1818-23)．たとえば，アイルランドにドレーパーズ・カンパニーが所有する村や地所に建てられた，多くのランカスター・スクール，法曹学院，裁判所，ほかの建物などである．

ギブソン，ジョン　Gibson, John (1817-92)
　多作なイングランドの建築家．ハンサムおよびチャールズ・バリーのもとで修行した．作品のほとんどは銀行の建物で，バリーから学んだイタリア風邸宅式で仕上げている．典型的なものはロンドンのビショップゲイトの国立地方銀行 (1864-65)．印象的なヨークシャーのトッドモーデン・タウン・ホール (1860-75, 基本的にローマ神殿風で，壁に埋め込まれたコンポジット式の柱が基壇の上に据えられている) を設計した．また，ロンドンのブルームズベリーのルントボーゲン様式のセントラル・バプテスト聖堂 (1845-48) を設計した．

キブツ　kibbutz (*pl.* kibbutzim)

パレスチナ (のちのイスラエル) において，集団で所有される農村共同体であり，20世紀初頭にユダヤ人の移民によって開設された．ヨーロッパ出身の建築家 (たとえばカウフマン) により設計された事例もある．

キブラ　qibla
　すべてのイスラーム教徒が祈りを捧げる時に向く方角のこと．もともとはエルサレムの方角であったが，7世紀以降はメッカの方角となった．モスク内部では，一つまたは複数のミフラーブで飾り立てたキブラ壁によって，この方角が示される．

キーブロック　key-block
　キーストーンあるいは矢座 (⇨アーチ)．

ギベルティ，ロレンツォ　Ghiberti, Lorenzo (1378 頃-1455)
　フィレンツェ出身の金細工師．フィレンツェの洗礼堂青銅扉 (1403-24, 1424-32) を制作し，1420年以降 (ブルネレスキとバッティスタ・ダントニオとともに) フィレンツェ大聖堂のドーム建設の現場監督に任命され，36年までその地位に就いた．自叙伝の『回想録 (*Commentaries*)』で，ブルネレスキと同額の報酬でともにドームの建設に関与したと主張している．

キボリウム　ciborium (*pl.* ciboria)
　キリスト教の祭壇を覆う固定された天蓋のことで，普通4本の円柱に支持される．それは逆さにしたカップのようで，すなわち聖体を入れる器であるが，それがドームで覆われて，天蓋自体がドーム形の頂部のようになる．「バルダッキーノ」と比較せよ．

基本徳目　Cardinal Virtues (Virtutes Cardinales)　⇨カーディナル・ヴァーチューズ

基本方位　cardinal points
　⇨カーディナル・ポインツ

ギマール，エクトル　Guimard, Héctor (1867-1942)
　フランスのアール・ヌーヴォーの建築家で，ヴィオレ＝ル＝デュクとオルタに影響を受けた．

パリのド・ラ・フォンテーヌ街 16 番地に設計したカステル・ベランジェ（1894-99）は，割栗石，色煉瓦，石材，彩色陶器を用いたアパートメントで，盛期アール・ヌーヴォー様式の玄関によって，カステル・デランジェ（狂った城）とあだ名された．パリのメトロ駅入口（1899-1913）は，石から生えたような鉄材と，モデュラー・プレファブリケーションによる構法，奇怪な，ほとんど超現実的なランプとともに，ギマールの仕事を知らしめたが，その多くは取り壊されてしまっている．パリのアヴェニュ・モザールのギマール自邸（1912）の装飾は，彼の最も優れた作品である．

ギムソン, アーネスト・ウィリアム　Gimson, Ernest William (1864-1919)

レスター生まれのイングランド人建築家，デザイナー．ウィリアム・モリスの信奉者でセディングとともにはたらいた（1885-88）．バーンズリー兄弟と共同（1893），グロスターシャーのサパートンへ移住した．そこでリーソーズ・コテージ（1901 頃，その後かなり改変された）を設計するとともに，さまざまな美術作品を制作した．アーツ・アンド・クラフツ運動の熱心な支持者であった．住宅作品にレスターのラトクリフ・ロードのイングルウッド（1892），ノース・アヴェニューのホワイト・ハウスがあり，同じくレスターシャーのチャーンウッド・フォレストのストーニーウェルおよびリー・コテージは土着のコテージ様式の注目すべき作品である．1919 年以降，ハンプシャーのスティープのビーデイルズ・スクールのホールおよび戦争記念図書館を設計した．

木モザイク　wood-mosaic

マルケトリ（フランス語で象嵌に近い意），またはパルケトリ（フランス語）のこと．

キャヴァリエ　cavalier

要塞において見張りや銃の据付に使用する高台．

キャヴェーション　cavation, cavazion

1．地下室や建物の基礎のための地面の掘削．

2．建物の基礎部分に合わせた布掘りまたは根切り．

逆ヴォールト　counter-vault
　⇨カウンター・ヴォールト

キャスト　cast

物体の形態の複製で，通常時がたつにつれ固まる．本来，設定した型や形に流し込まれる（融解した金属のような）融解した液体や，（しっくいのような）塑性物質．

キャタフォイル　quatrefoil
　⇨フォイル，クォーター

キャッスル　castle　⇨城郭

キャット　cat

1．攻撃軍に対する防御用の強固な移動式ペントハウス．「キャット・ハウス」ともいう．

2．防御および包囲攻撃に使用する高い建造物．

3．6 脚からなる二重の三脚台．

キャット・ウォーク　cat-walk

橋の上にあるような狭い歩行用通路，あるいは天窓や軒樋などの建物の高所に至るためのもの．

キャット・ストーンズ　cat-stones

クロウ・ステップ（段状破風）に同じ．

キャット・スライド　cat-slide　⇨屋根

キャット・ハウス　cat-house

1．⇨キャット

2．売春宿．

キャッピング　capping　⇨コープ，コーピング

キャップ　cap

1．キャピタル（柱頭）の省略語．

2．キャピタル，コープ，コーニス，または最後の仕上げの端の造作で，どの部材にもぴったりと合わせるか，あるいは水平の次元でその向こうへと伸ばす．「キャップ・モールディング」とは，ディドーやペデスタル，入口の楣石（リンテル），手摺，または他の建築の造作のコーニス状の仕上げ．

3．風車小屋の円屋根．

キヤツフス

キャップ・ストーン cap-stone
 1. 楣石、またはドルメンにおいて二つかそれ以上の直立する石の上に水平に載る大きく平らな石。
 2. スタドル・ストーンのキャップ（笠石）。
 3. コープ（笠石）。

キャップ・ハウス cap-house
 パラペットや上部の歩廊の背後まで至る通行を確保した階段上部の壁で囲んだ部分。スコットランドでは多くが丸い階段塔に四角い頂部が載る形で、その名の由来となる。

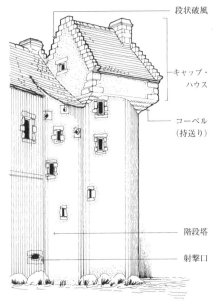

キャップ・ハウス：アンガスのブローティ・フェリーにあるクレイポッツ城における部屋のある丸い塔の上に載る四角いキャップ・ハウス（1519-88）（Mac G & R による）。

キャド CAD
 ⇨コンピュータ・エイディド・デザイン

キャナル canal
 1. 多くの液体、ふつうは水を通すための水路、溝、あるいはパイプ。
 2. 公園の中の装飾のため、もしくは内陸を航行するための長く狭い人工的につくられた水路。
 3. 円柱、あるいは付柱の柱身にある縦溝。
 4. 小さな凸状の剞形（くりかた）が付いたらせん状溝（キャナリス）で、中心から外側に向かって渦巻きが回転し、そしてイオニア式柱頭のアバクスとエキヌスとの間で、もう一方の渦巻きに繋がる。

キャニスター canister
 1. 花や果物を入れる籠。「カネフォラ」の頭上にその表現がみられる。
 2. 聖餐式のために聖別される前の聖餅を入れる金属の容器。

キャノピー canopy
 1. 祭壇や扉口、フロント、ニッチ、説教壇（テスター（天蓋）と呼ばれる場所）、聖職者席、彫刻、タバナクル、司教座、墓、窓による開口部などの上に置かれる屋根のような装飾された覆いで、ブラケットやコロネットなどで支持されるか、あるいは吊り下げられる。
 2. 「honour、や ceele、ceilure、celure、cellure、seele のキャノピー」とは、多彩色で、多くは金鍍金を施し、祭壇や聖堂内陣、チャントリー・チャペル（寄進礼拝堂）、モーチュアリー・チャペル（霊安堂）などの上に天井張りをしたもの。
 3. タウン・キャノピーとはアーケード状のゲーブルを戴く開口部に似た構造のことであり、しばしば精巧なピナクル・フィニアルなどがつき、建築模型のようにみえ、ニッチの頂部に設けられたり、彫刻を保護する。そのモチーフは葬祭建築に用いられ、多くは三次元の立体となるが、水平方向（天候から保護するために垂直方向から 90°）に展開することもある。すなわち、石棺の上、エフィジー（彫像）の頭上にみられたり、後には、彫刻の施された厚板や真ちゅう製の葬祭銘板にみられる。祭壇上のキャノピーは通常、バルダッキーノやチボリウムと呼ばれている。

キャノン cannon
 1. アンピール様式およびフェデラル・スタイルの構成要素で、軍事的装飾・トロフィーなど。
 2. 建築の基本要素で、その多くは砲弾や火薬樽などがともにみられる。

3. キャノンの形態のボラード.

4. 大砲の砲身のような形状の突出した水口.

キャビネット cabinet

1. キャビン.

2. たとえば, 国王によってインタビューや私的な会議に使われる比較的小さな部屋.

3. 価値のある品物を展示するために設計された, しばしば豪華に装飾された小さな部屋. ドイツのロココ様式の宮殿 (たとえば, アンスバッハのレジデンツ (官邸の所在地) (1739-40)) にある「陶磁器のキャビネット」は, その一例である.

4. 庭の区画, あるいはあずまや.

キャビネット窓 Cabinet-window

通常, 19世紀初期の突き出した陳列窓に共通してみられる湾曲した側面をもつ窓.

キャビン cabin

1. 小さくて, 単一の部屋からなる原始的な住居.

2. 装飾的であるが, コテージ・オルネよりはるかに簡素で, ピクチャレスクな風景の中の人工的な田舎風隠れ家.

キャメロット, ロバート Camelot, Robert (1903-92)

⇨ゼルフュス, ベルナール=ルイ

キャメロン, チャールズ Cameron, Charles (1745-1812)

スコットランド人の家系で, ロンドン生まれの建築家. 彼の重要性は新古典主義を優雅に洗練させ, ロシアにグリーク・リヴァイヴァルとイングランドの自然な風景式庭園を導入したことである. 1760年に父親の弟子となり, その後, アイザック・ウェアの弟子となった. 1766年にウェアが亡くなると, キャメロンはバーリントン卿の『古代建築 (Fabbriche Antiche)』 (1730) の新版を出すというウェアの計画を実現することを決意し, バーリントン卿が用いたパッラーディオによるローマのテルマエの不十分な図面を直し完成させるためローマへと赴いた. 1722年に『古代ローマの浴場, 訂正され改良されたパッラーディオによる復原案を伴う

注釈・図解付き (Baths of Romans Explained and Illustrated, with the Restorations of Palladio Corrected and Improved)』を英語とフランス語のテキストとともに出版した. これは新古典主義の重要な源泉となり, 1774年と1775年に再版された.

キャメロンは1770年代にしばらくアイルランドにいた可能性があるが, 1779年までにはロシアのエカテリーナ2世 (Catherine, 在位1762-96) の建築家となった. 彼女のためにサンクトペテルブルグ近郊のツァールスコエ・セロー宮殿に多くの建物を建て (1779-85), これらには列柱のついたキャメロン・ギャラリー, 冷水浴場, 瑪瑙の間, 個々の部屋, 聖ソフィア聖堂がある. ここで彼は, 当時のヨーロッパで最も美しい, 洗練された新古典主義の装飾家としての技を披露した. 色彩の使い方はとくにうまく, たとえば瑪瑙の間では, 金箔張りのブロンズの柱頭がついた赤瑪瑙の柱と, 背景の碧玉色の壁面とが驚くほど豪華な効果を生み出している. 1782-85年にはパーヴェル大公のためにパヴロフスクに宮殿を建て, 他にも劇場, タウンホールといった建物を多く建て, 英国式庭園に神殿を建てた. 円形平面のドリス式の「友愛の神殿」 (1780頃) はグリーク・リヴァイヴァルの重要な先駆的作品である. 1780年代にはクリミアにあるバッチサライ宮殿ため多くのデザインを生み出した. それらには凱旋門もあり, ジョン・リンネル・ボンド (John Linnell Bond, 1764-1837) による図面は, ロンドンのロイヤル・アカデミーで1793年に展示された.

エカテリーナが没すると (1796), キャメロンは寵愛を失い, 宮廷建築家としての座も弟子のヴィンチェンツォ・ブレンナに奪われた. しかし, 彼はロシアにとどまり, ウクライナのバトゥーリンのラズモフスキー家など幾人かのパトロンのためにはたらいた (1799-1802). 1800年にふたたびパヴロフスクで仕事をし, イオニア式の三美神のパヴィリオンを設計した. 1803年には海軍の建築家に任命され, クロンシュタットの帝国海軍基地で兵舎や病院など, さまざまな建物を設計した (1802頃-05).

多くの点において, 彼の構成は本質的にはパッラーディオ主義であるが, 新古典主義の古代の源泉に関する正確な知識により, (アダムのように) 建築細部と調度品をデザインすることができたのである.

キャラウア

キャラヴァンサライ caravanserai

北アフリカや西アジアでキャラヴァン（安全のため集団旅行をする商人や巡礼者やその他の人びと）のために，収容設備を提供する避難場所（funduq, khan, ribat とも呼ばれる）．一般的な形態は，防備を強化した壁が囲む長方形の土地であり，大きな中庭，給水設備，調理場，モスク，宿泊設備が備えられる．初期の残存するキャラヴァンサライは，中央アジアからペルシア北部へのルート上にあるイランのリバト・イ・シャラフ Ribat-i-Sharaf（1114 年から 1155 年）であり，四つのイーワーンをもち，豊かに装飾されている．

ギャラリー gallery

1. 大規模な内部の通路．エリザベス 1 世（エリザベサン）様式，またはジェームズ 1 世（ジャコビアン）様式の邸宅の上階にある大広間の多くはロング・ギャラリーと呼ばれ，ファサードの幅いっぱいに延びていた．絵画やタペストリーを掛け，気晴らしのため，また，接続廊として用いられた．ダービーシャーに建つハードウィック・ホールとヘイドン・ホールによき作例がある．

2. 絵画などが良好な状態で鑑賞できるように掛けられた大広間．平滑な壁面からなり，上方から採光する例が多い．それゆえ，このような広間のある建築物のことも指す．

3. アーケード，フランス語では「パサージュ」，または「ギャルリー」という．トップ・ライトにより採光し，両側に店舗が並ぶ．通りと通りを結ぶ歩道としても用いられる．

4. トゥムルス（ラテン語で「墳墓」の意）内部の玄室（ギャラリー・グレーヴ）へと続く通路．ドロモス（ギリシア語）と同義．

5. 大規模聖堂の身廊のアーケード上方，側廊直上のトリビューン．

6. 聖堂内の，座席が設けられる「桟敷」，または追加階．聖堂西端と側廊直上に設けられる．

7. 大ホール，または大広間の端部に設けられたメザニーノ（イタリア語で「中二階」の意）．広間間の連絡や音楽家たちを収容するなどの用途があった．

8. 劇場の上層の客席．

9. ルード・スクリーン，クワイア障壁，またはパルピタムの頂部の通路．

10. 大規模建築物，とりわけ，聖堂の付属建築物と緊密に接続されたなんらかの狭小な通路．⇨ドワーフ・ギャラリー

11. なんらかのアーケード，または列柱が施された長大な，しかし幅の狭い通路．たとえば，クロイスター内の周歩廊や建築物の間をつなぐ通路．

キャリア，ウィリス・ハヴィランド Carrier, Willis Haviland（1876-1950）
　⇨エア・コンディショニング

キャリッジ carriage

階段の段板を受け支える木の枠組．そのような部材の一つである「ラフ・ストリング（rough-string）」は，「キャリッジ・ピース（carriage-piece）」と呼ばれる．

ギャレット，ダニエル Garrett, Daniel（1753 没）

イングランドの建設業者，建築家．バーリントン卿の申し子で，多くのプロジェクトの現場監督をつとめた．1735 年頃に設計事務所を設立すると，イングランド北部で多くの建築を手がけた．ヨークシャーのカースル・ハワードにあるホークスムア設計の荘厳なマウソレウムに階段，手すり，外庭を加えた（1737-42）．これはチジックにある名高いヴィラからバーリントンの影響を受けたものであった．ロココ様式の漆喰装飾を使い，ゴシック風で設計することもあった（たとえば，ダラムのギブサイドにあるバンケティング・ハウス（1751）など）．農場建築に関しては初めての著作となる『農家のデザインと価値（*Designs and Estimates of Farm-Houses, etc...*）』（1747）を出版した．ジェームズ・ペインと関係があったか，あるいは仕事上の関係があったとみえ，多くの場所（ギブサイドなど）でペインが建築家としてギャレットの後任となった．

キャレル carrel, carol, carrol

1. アイルを区画してつくった礼拝堂や，それを区画する仕切り，またはそれらの区画自体．

2. クロイスター（回廊）における小さな囲まれた場所，または部屋，ニッチ，個室，書斎，あるいは図書館などにおける他の勉学用の

小空間
　3．ゴシックの窓のトレーサリのバーにより区切られた窓面．
　4．ベイ・ウィンドウ（張り出し窓）
　5．指定区域，すなわち横木で画定した空間など．
　6．鉛で枠付けされた窓の中で，ケーム（鉛縁）によって固定された窓ガラス

キャロリーン　Carolean
　国王チャールズ2世（King Charles II）の時代（1660-85）．「キャロライン Caroline」はチャールズ1世（King Charles I）の治世（1625-49）である．

キャンティレバー　cantilever
　壁などから突き出す水平材．突き出し部分全体では支えなしでどの点にも荷重をかけることができ，突出部分に対してもう一方の端，すなわち支点の反対側には，きわめて重い荷重をかけて落下を防いでいる．（たとえば）キャノピーやコーニス，軒を支持するブラケットやコーベル，モディリオン，ムトゥルスは，どれも基本的にはキャンティレバーである．

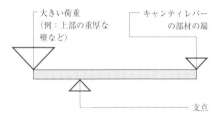

キャンティレバー：キャンティレバーの原理．

キャンデラ，フェリックス　Candela Outeriño, Félix（1910-97）
　⇨カンデラ，フェリックス

キャンパス　campus
　1．カレッジやユニバーシティの敷地，または，そのような機関の独立した，あるいは個別の部門．
　2．教育的な目的のために使用される一連の建物を有し緑を含む大きな広がりをもつ敷地．
　3．大規模で開放的な芝生の敷地がそれらの建物を取り囲む配置のこと．たとえば，ウィルキンスによるケンブリッジ大学のダウニング・カレッジ（1806年以降）があげられるが，それは大学校舎のための中世の中庭（court, quad）を特徴とする配置を継承するものである．最も有名なキャンパスの一つは，ジェファソンによるシャーロッツビルのバージニア大学（1817-26）で，アメリカ合衆国におけるそのほかの多くの先例となった．

キャンプ　camp
　1．傾斜した側面をもち，切頭のピラミッド型の内部を模した天井．
　2．垂木の位置によって傾斜面が形成された屋根裏またはギャレット（屋根裏部屋）の内側の天井．
　3．テントの側面のような傾斜した凸状の側面をもつ櫛天井．テント天井とも呼ばれる．

キャンプ　Camp
　背景から際立つこと，あるいは，大げさなポーズをとること．キャンプは，みせかけ，人工，遊び心，そして芝居風という意味に関係し，そのため，歴史的にシノワズリ，ゴシック，および異国風な流行と関連する．20世紀において，キャンプの趣向は，アール・ヌーヴォー，アール・デコ，バロック，キッチュ，ロココ様式だけでなく，途方もなくおもしろいものを含んでいるようにみえる．いくつかの批評では，建築においてハイ・キャンプ，ミドル・キャンプ，またはロー・キャンプさえも認めている．たとえば，ポスト・モダニズムにおけるキッチュの側面はロー・キャンプのカテゴリーに分類することができ，一方バロックはハイ・キャンプであるとされた．

キャンプ・シェディング　camp-shedding
　川の流れから土手の傾斜を保護するために，あるいは土手を崩壊から守るために，川の土手沿いにつくられる杭や板の止水壁．または，キャンプ・ショット（camp-shot），キャンプ・シーティング（camp-sheeting），キャンプ・シーティング（camp-sheating）とも．

キャンベル，ケネス・ジョン　Campbell, Kenneth John（1909-2002）
　イギリスの建築家．1949年からロンドン・カウンティ・カウンシル（後にGLC）におけ

る学校施設課の専門建築家であり，1958 年にはイギリス住宅局における専門建築家となった．政府の方針に従うべき立場で，建物の工業化システムが伝統的なものより経済的であるという見解には反対したが，にもかかわらず，彼の設計課は，多くの高層アパートを設計した．彼は，テムズ川沿いのデットフォードにある廃倉庫を集合住宅に転用した．そこはピープス団地の最もすばらしい地区となっている．

キャンベル, コリン Campbell, Colen (1676-1729)

スコットランドの法律家，土地所有者で，パッラーディオ主義の指導者となり，18 世紀におけるイギリス建築で最も傑出した人物の 1 人である．建築家になった経緯は謎に包まれているが，スコットランドの建築家ジェームズ・スミス（James Smith）となんらかの関係があったようで，スミスから建築を学んだと考えられる．イングランドにおけるキャンベルの最初の（そして最も重要な）邸宅はエセックスにあるウォンステッド・ハウス（1714 頃-20，1820 解体）である．これはジョージ王朝時代ほぼすべての時期における，古典主義の大邸宅の先例となった．1715 年にキャンベルは『ウィトルウィウス・ブリタニクス（Vitruvius Britannicus）』の第 1 巻を出版した．これは「見せかけの放縦な」バロック建築に対して「古代の簡素さ」の美徳を奨励し，「高名なパッラーディオ」と「有名なイニゴー・ジョーンズ」を称賛した．パッラーディオが『建築四書（Quattro Libri）』（1570）で彼の建築を宣伝したように，この著作もキャンベル自身の建築家としての専門知識を宣伝した．

1718 年にキャンベルはウィリアム・ベンソンのもとで現場監督と建築総監督官代理に指名されたが，翌年にはキャンベルとベンソン両者とも官職から罷免され，王室建築局からパッラーディアン・リヴァイヴァルが促進される可能性が失われた．しかし，キャンベルは 1719 年にジョージ・オーガスタス王太子（George Augustus, Prince of Wales, 1683-1760）の建築家となり，バーリントン卿の指名により，ピカデリーにある彼の邸宅をパッラーディオ主義で改築した．その後，バーリントン卿はフリットクロフトとケントを好むようになり，キャンベルは解雇されたが，彼の豪華な『ウィトルウィ

ウス・ブリタニクス』に魅了された，裕福で影響力のあるパトロンに欠くことはなかった．第 2 巻と第 3 巻は 1717 年と 1725 年に出版された．これらの著作にはキャンベルのデザインすべての挿絵が含まれており，多くの計画を傑出したホイッグ党員に提案した．彼は第 1 巻をジョージ I 世（George I, 在位 1714-27）に献呈すらしたのである．

キャンベルのパトロンにはサー・ロバート・ウォルポール（Sir Robert Walpole, 1676-1745）がおり，彼のためにノーフォークのホートン・ホール（1722 着工）を設計した．ヘンリー・ホーア（Henry Hoare, 1705-85）のためには，ウィルトシャーのスタウアヘッド（1720 頃-24）を設計し，ほかにも多くの建物を設計した．ヨークシャーのニュービー（現ボールダーズビー）・パーク（1720-28）はパッラーディオ主義のヴィラとしては重要な先例であり，ケントのメリーワース・カースル（1722 頃-25）は，ヴィチェンツァにあるパッラーディオのヴィラ・カプラを模倣した高雅な作品である．キャンベルはパッラーディアン・ムーヴメント全体を通して最も重要な作品を多く設計した．『ウィトルウィウス・ブリタニクス』の第 1 巻出版から 10 年後には多くの模範的作品を設計し，ここからイングランドにおけるパッラーディアン・リヴァイヴァルが発展した．

1726 年，彼はヴァンブラの後を継いでグリニッジ・ホスピタルの監督官に指名された．1728 年にパッラーディオの『建築四書』の第 1 書を出版し，これは 1729 年に改定されて『建築の 5 つのオーダー（The Five Orders of Architecture）』として出版され，キャンベル自身のデザインを特徴づける 5 枚の図版がつけ加えられた．

キャンベル, ジョン・アーチボルド Campbell, John Archibald (1859-1909)

スコットランドの建築家．グラスゴーで J・J・バーネットとともに実務を始め，1897-1909 まで 1 人で実務をしたのち，1909 年にアレクサンダー・デイヴィッド・ヒズロップ（Alexander David Hislop, 1876-1966）と協同経営を行った．ポロックショウズ・ロードのショウランド・オールド教区教会は第 1 尖頭式の作品で，通り側は閉鎖的であるが，ショウランド・クロス側の北立面は劇的で，ダンブレー

ン大聖堂から引用をしている部分がある. バロ
ニー教会堂（1886-89, 現在はストラスクライ
ド大学のセレモニアル・ホール）は, 第1尖頭
式の傑作で, ピアソン（建築設計競技の時の審
査員だった）の作品に多大の影響を受けてお
り, ここでも, ダンブレーン大聖堂からの引用
がある. これらのグラスゴーの作品には, バー
ネットが深く仕事にかかわっていた. キャンベ
ル自身が深く携わったのは, ホープ・ストリー
ト157-67番地で, ウェスト・ジョージ・スト
リートの角にある巨大な事務所建築（1902-03）
である. そのすさまじい高さは, 耐力石と, 鉄
の梁を支える内部の煉瓦造の柱の間に配された
鋳鉄製の柱で支えられている. 個人で手がけた
最後の作品, グラスゴーのセント・ヴィンセン
ト通り84-94番地の事務所建築は, この都市で
最初の鉄骨造の建物で, ポートランド石で仕上
げられている.

**キュヴィイェ, ジャン=フランソワ=ヴァンサン
=ジョゼフ** Cuvilliés, Jean-François-Vincent-
Joseph（1695-1768）
　最高に洗練されたロココの建築家. ブリュッ
セル近くのソワニー・アン・エノーで生まれ,
当時, フランスに亡命していたバイエルン選帝
侯マクシミリアン2世・エマヌエル（Max II
Emanuel, Elector of Bavaria, 在位1679-1726）
に宮廷ドワーフとして仕えるようになった
（1708）. 選帝侯家中の一員として, 最新のフラ
ンス趣味の建築に触れた. 1714年に宮廷が
ミュンヘンに復帰すると, ボフランの弟子だっ
たエフナーのもとで活躍した. 順風満帆のうち
に新進建築家キュヴィイェはパリにも派遣され
てジャン=フランソワ・ブロンデル（Jean-
François Blondel, 1683-1756）のもとで短期間
学んだ. バイエルンの首都に戻ってからはエフ
ナーとともに活動し, カール・アルブレヒト
（Karl Albrecht, 在位1726-45）が選帝侯位を継
承すると, 先輩建築家と同格だとみなされるよ
うになったようだが, 1763年まで「オーバー
ホーフバウマイスター」（首席宮廷建築家）の
称号を授けられることはなかった. 新選帝侯の
弟でケルン選帝侯・大司教（1723年から在位）
のクレメンス・アウグスト（Clemens August,
1700-61）のために, ケルン近郊のシュロー
ス・ブリュール（シュラウンによる設計で新た
に建築された）のロココ様式の内装（1728-30）

や, ファルケンルストの魅力的な狩猟館を設計
している. その内装はシノワズリやその他の東
洋趣味のモチーフがロココ装飾と巧みに混合さ
れて陽気な感じに装飾された. パルク（庭園）
内に雉舎「ヒネジシェス・ハウス」（中国風住
居）（1730頃）も手がけたといわれている.
　ミュンヘンに再招聘されると, 自らの最高傑
作群をものすることになる. それらを通じてバ
イエルン中にロココ様式の伝播を促進した.
1730年から1737年にかけて建築された, ミュ
ンヘンの「レジデンツ」（宮廷所在地）の「ラ
イヒェ・ツィマー」（国事広間）が代表例であ
り, 第二次世界大戦中に甚大な損害を被るまで
はヨーロッパ最高のロココの成果の一つとみな
されていた. 1733年からミュンヘンの大司教
宮殿パレ・ケーニヒスフェルト（あるいはホル
ンシュタイン）（1737年に竣工）の建築に携わ
り, 同時期にミュンヘン南方のプレモントレ修
道会傘下シェーフトラルン修道院計画案準備に
従事している. だが, 彼の最高傑作は間違いな
く, シュロース・ニンフェンブルク敷地内に建
つアマーリエンブルク（1734-39）だろう. 精
巧な平屋建ての狩猟用パヴィリョンであり, 中
央の円形平面広間（サロン）直上にはバルコニ
ー（「ティロ・フザン」, すなわち, そこから雉
撃ち可能）が設けられている. この円形平面広
間の一部は, 入口側ファサード中央で弧を描き
つつ外側に突出している. 魅惑的なロココの内
装装飾の壁面は青色, 黄色, および麦藁色で彩
られ, 銀鍍金（メッキ）を施した繊細な美装で
豊かに装飾されて, 鏡やシノワズリのモチーフ
で活気づけられている. J・B・ツィマーマン
がスタッコ仕上げを手がけたものの, 全体が際
立っている.
　建築家J・M・フィッシャーによるミュンヘ
ン・ベルク・アム・ライムのザンクト・ミヒャ
エル参事会聖堂（1738-51）の建立に際してケ
ルン大司教=選帝侯から助言を求められてい
る. また, 1737年頃に, やはりフィッシャー
によるディーセンの旧アウグスティヌス会聖堂
（現在は小教区聖堂）の美しい聖餐台を設計し
た.
　『リーヴル・ド・カルトゥーシュ（*Livre de
Cartouches*）』（カルトゥーシュ見本）は, 1738
年からキュヴィイェによって出版された. カル
トゥーシュ, 天井, 枠, および広間全体の, 家
具とパノー（パネル）も含む装飾デザイン図版

集シリーズの最初を飾っている．鏡，シャンデリアやその他のもののデザインを対象にした他のシリーズは 1745 年から出版され，1756 年からは，建築デザインを取り上げたさらに別のシリーズが始まった．これらの著作は中央ヨーロッパに巨大な影響を与えている．1740 年代半ばには多くのパトロンから助言を求められるようになり，ミュンヘン近くのハイムハウゼンの「シュルーサー」（城館群）（1747 年以降）やカッセル近くのヴィルヘルムシュタール（1750 年以降，控えめな古典主義的デザイン）の設計に携わったが，最高傑作群はミュンヘン市内とその周辺にある．ミュンヘンの「レジデンツ・テアーター」（宮廷劇場）（1750-53）は世界で最も美しい小劇場の一つであり，彼が出版したさまざまな「リーヴル」に載っている形式の装飾物が充満している．1944 年に甚大な損害を被ったが，当初の場所ではないものの「レジデンツ」建築物群の中に 1958 年に再建された．**選帝侯マクシミリアン 3 世・ヨーゼフ**（Elector Maximilian III Joseph, 在位 1745-77）によって「オーバーホーフバウマイスター」に任命されたのはキャリア末期だった．シュロース・ニンフェンブルクの中央広間（1756-57）を再建した後のことである．余命はわずかだった．最後の仕事はミュンヘンの「テアティーナーキルヒェ」（テアティーネ会ザンクト・カイェタン聖堂）のファサード（1767）を完成させることだった．息子のフランソワ＝ジョゼフ＝ルートヴィヒ（François-Joseph-Ludwig, 1731-77）は父の出版物のために図版の多くを作成しており，1750 年代の第 3 シリーズの大部分を手がけたものと思われる．そこではロココと新古典主義が融合している．彼は『エコール・ド・ラルシテクチュール・バヴァロワーズ（*École de l'Architecture Bavaroise*）』（バイエルン建築学派）（1770 以降）において父のデザインの多くを再掲した．

牛角堡　horn-work
築城において，2 基のハーフ・バスティオン（半稜堡）からなる外縁防御施設であり，要塞本体と連絡されている．

牛眼　bull's-eye
⇨ウイユ・ド・ブフ

給水塔　water-tower
高い位置に配された貯水槽を支える塔．水槽に貯められた水は，より低い位置にある地域に適度な水圧をもって供給される．たとえば，イースト・アングリア地方では重要なランドマークとなっていることが多い．

求積法　stereometry
立体を計測する技術や学問．立体の形態について論じる幾何学の一分野．それゆえステレオメトリックは，求積法ないしは立体幾何学に属する．求積法という点からみた純粋な形態に含まれるのは円錐や立方体，球であり，これらは新古典主義における重要な要素であった．

宮廷様式　Court style
フランスのゴシック様式において，レイヨナン・スタイルの最初期の段階であり，ルイ 9 世（King Louis IX）の治世（1227-70）と密接に結びついている．それは，できる限り大きな面がワイヤーのような細いトレーサリーで分割された窓面となるように，壁面を消滅させたところに特徴がある．トリフォリウム・ギャラリーでも壁に穴が穿たれ窓となり，ヴォールトのリブに対応する大量の細円柱が導入された．宮廷様式の最も輝かしい実例はパリのサント・シャペル（1243-48）や，トロワのサンチュルバン参事会堂（1262 起工），ノルマンディー地方のセエ大聖堂の東端部（1270 頃）などである．

宮殿　palace
貴族，君主，高位の人物などが住む公的な居館，もしくは並はずれて豪華な邸館一般．この語は，ローマのパラティヌス丘にあった皇帝の宮殿，パラティウムに由来する．

救貧院　workhouse
地方行政区内の貧しい失業者のために職の斡旋を行っていた建物で，のちに貧民救済法（救貧法）施行委員によって管理される施設となり，貧困者には宿泊場所と食事が提供され，労働可能な者には仕事が与えられた．貧窮者に対して住まい，食事，職を与え，世話をする場所の必要性自体は長い間認識されてきたものの，救貧院はときに矯正院を兼ねていたこともあり，貧者であっても，救済に値するか単なる浪費家と判断されるかによって，常に差別が存在

していた．19世紀初頭には，救貧院の管理体制改善のためには，複数の地方行政区を統合すべきであるということが明白となっており，1834年の貧民救済法成立を契機に，複数の行政区［救貧区］による連合（ユニオン）が形成され，ユニオン・ワークハウスと呼ばれる，より大規模な救貧院が建設されるようになった．最初の連合救貧院は1836年，貧民救済法委員会の主任建築家であったサンプソン・ケンプソーン（Sampson Kempthorne, 1809-73）が設計し，バークシャーのアビンドンに建設された．ケンプソーンが「大」スコットをアシスタントとして設計したいくつかの救貧院や学校は，1840年代に広く模倣されることとなる．1830年代の苛烈なまでの功利主義的風潮の中，健常者とその家族が生活困難な時期に救済を受けることができる唯一の場所は救貧院であったが，こうした健常者を排除するため，救貧院の組織体制は非常に不愉快なものになった．建築様式的にも，多くの救貧院は型にはまった陰気で味気ないチューダー朝風であったり，実用本位な混成建築であったが，運営体制と同様に建築そのものに人を寄せつけない雰囲気が漂っていることも多かった．救貧院が忌み嫌われ恐れられていたことを鑑みると，その外観をみるだけでぞっとさせられたというのも不思議ではない．1835年，ジョージ・ウィルキンソン（George Wilkinson, 1814-90）はオックスフォードシャーのテム救貧院設計競技に勝利し，さらに同州ウィットニーとチッピング・ノートンにおいても救貧院を設計することになった．1840年頃に貧民救済法委員会のアイルランド担当建築家に就任し，当地で無数の救貧院を設計したが，その多くは非常に陰気なものである（現存するものの大半は1945年以降，病院に転用された）．

穹稜 groin
⇨グロイン

キュークロープス式 cyclopean
1． 不規則もしくは多角形状の巨石を積んだ石積みで，互いにしっかりと嚙み合うようにするがモルタルは用いず，巨石式またはペラスギ式という．太古に認められるが，後の建築家が原初起源を示唆するために用いたこともあり，また，「ギリシア人」トムソンによるグラスゴーのカレドニア・ロード聖堂（1856）の土台などのように，岩のような造形とした例もある．
2． 岩石による表面仕上げの石造建築．粗い野石のようにみせるためのものであるが，実際にはその効果を狙って粗面仕上げをしたものである．

キュージコス・ホール cyzicene hall
オエクス・キュジケヌス，すなわち古代ギリシア住宅における庭園をみわたす大広間．

キュ・ドゥ・フル cul-de-four
1． アプスやニッチの上に使用される半ドーム．
2． 円形または楕円形の平面に架かる半球ヴォールトに対する誤った表現．

キュ・ドゥ・ランプ cul-de-lampe
1． ピラミッドや円錐のような形をした懸垂飾り．
2． 半円錐のような形のコーベル．

ギュナイケイオン，ギュナエケウム，ギュナエキウム gynaeceum
1． 古代ギリシア・ローマの住宅における女性のために確保された部分．
2． 女性専用の建築物一般．
3． 古代ローマの織物製作所．
4． ビザンツの聖堂の中の女性のためのギャラリー．

キュノケファルス cynocephalus
サルの体に犬のような頭部をもつ獣で，おそらくヒヒに由来する．古代エジプトや古代ローマの作品にみられる．

キュノケファルス　エジプト風の古代ローマの影像

キュービクル cubicle

更衣室やシャワー室，トイレなどの小さい個人用の区画．

キュビスム　Cubism

パブロ・ピカソ（Pablo Picasso, 1881-1973）とジョルジュ・ブラック（Georges Braque, 1882-1963）の作品を起源とする．おもに1905年から14年頃までの芸術運動．自然の模倣というルネサンス時代以来のヨーロッパの芸術の観念から離れ，伝統的な遠近法からも撤退した．その代わりに，空間を指し示すために立体とヴォリュームをいくつかの2次元の平らな面によって表すという，これまでと異なる方法で3次元形態の錯覚を達成しようとした．そのために，見慣れた物体のいくつもの側面がすべて同時に表現され，その形態はいくつもの視点からさまざまな幾何学的な平面に描き直されて新しい組み合わせがつくられるように示された．このようにして新しい見方を主張し，目にみえるものだけでなくその描かれた対象に対して知られていることすべてを示そうとした．

キュビスムと建築の関係は，むき出しにした新古典主義の建物にキュビスムの装飾を付加しようとするなど，試験的なものに過ぎなかった．キュビスムの主題は，アール・デコとモダニズムの建築にほのめかされているが，プラハの，チェコ・キュビスムのグループ（チャペック，ホホル，ゴチャール，ホフマン，ヤナーク，ノヴォトニー）さえも，表現主義と大した違いのない角錐形の装飾でファサードを操作する以上のことはほとんどしなかった．しかし，左右非対称の構成，ヴォリュームの相互貫通，透明性，さまざまな視点からの同時認識といったキュビスムの原則はモダニズム運動で重視され，その進化において少なからぬ役割を果たした．

キューピッド　Cupid

愛の神，一般に弓矢を持つ有翼の少年として描かれ，弓矢をもたないケルブや翼のないプットーとは区別される．⇨アモリーノ

キュービット，トマス　Cubitt, Thomas (1788-1855)

イギリスの大工棟梁．1814年頃，弟のウィリアム（William, 1791-1863）と協働するようになり，1815年には，あらゆる仕事をとり扱う建設会社を創設した．ロンドンの大規模な投機的開発にかかわり，1824年からはブルームズベリーのベッドフォード・エステートの大部分を建設した．これらはすべて卓越した水準の職人技で，設計は「社内」で行われ，おもに弟のルイス・キュービットがそれを担当した．キュービットは，ベルグレーヴィアやピムリコの広大な区画，および，ブライトンのケンプ・タウンの大部分の開発も行った．また，数棟の立派で堂々とした大規模住宅建築を自らの設計で建てた．これらの建物にはパッラーディオ風，またはイタリア風の趣があり，その中で最も著名なものが王子アルバートに寄贈したワイト島のオズボーン・ハウス（1845-48）であった．キュービットは公衆衛生の改善，都市公園建設の推進，建築規制の整備，煤煙の軽減に積極的であった．

キュービット，ルイス　Cubitt, Lewis (1799-1883)

イングランドの建築家．1815年，長兄のトマス・キュービットの徒弟となり，ヘンリー・エドワード・ケンダルの事務所ではたらいたのち，1824年に兄弟たちとともに共同経営を行った．1830年代に自身の事務所を開く．キュービット事務所が施工したベルグレイヴィアおよびブルームスベリーの多くの住宅を設計した．1837-39年，ロンドンのロウンデス・スクエアの南側にイタリア風住宅を設計施工した．1840年代，鉄道建築家として成功し，キングス・クロスのグレート・ノーザン鉄道終着駅（1851-52）を担当した．

キューマ　cyma, cima（*pl.* cymae）
⇨シーマ

キューマティウム　cymatium

古典建築のコーニスの冠剤形（くりかた）で，通常はシーマ〔反転曲線〕形式のものであるが，オヴォロ（トスカナ式オーダーにおいて）や，カヴェット（ドリス式オーダーにおいて）の場合もある．

ギュムナシオン，ギュムナシウム　gymnasium（*pl.* gymnasia）

古代ギリシアにおける身体運動や教育のための場所．パライストラ（ギリシア語），パラエ

ストラ（ラテン語）とも呼ばれる.

キュロ, モーリス Culot, Maurice (1939-)
　ベルギーの建築家, 理論家. ヨーロッパ諸都市の大規模再開発に反対し, 伝統的な都市構成を保存すべきだと主張した. 1969年, ブリュッセルにアルシーヴ・ダルシテクチュール・モデルヌ（近代建築アーカイヴ）を設立した. これは19世紀と20世紀の建築に特化した研究・資料保存センターである. レオン・クリエと共著でいくつかの著作を出版しており, 合理主義建築についての研究（1978）やアルベルト・シュペーアについての研究（1985）がある. いくつかの町や建築家についての建築アーカイヴの設立に重要な役割を果たした人物であり, ブリュッセルのミュゼ・デザルシーヴ・ダルシテクチュール・モデルヌ（近代建築アーカイヴ博物館）の設立（1984）を主導した.

境界石 boundary-stone
　土地や教区などの範囲を示すために設置される銘板や柱など.

教会堂前室 ante-church
　⇨アンティ・チャーチ

境界壁 party-wall
　二つの建物（たとえば, 仕切り壁で二軒に分けられた家）を隔てる壁や, 土地の個別所有を示すために設けられた土地区画間の壁のことで, 双方に共有され, またその使用に関しては双方が等しい権限を有する. 実質的には, 隣接するテナントのオーナーが共有する壁のことを指す.

凝結物 congelation
　⇨コンジェレーション

狭窄 contractura
　⇨コントラクトゥーラ

曲線様式 cyrtostyle
　⇨サートスタイル

鋸歯状装飾 sawtooth
　1. 横架材などにつけられた連続したV字型の切れ込みからなる鋸の歯の形をした装飾で, 鼠歯とも呼ばれる.
　2. コーギング（歯車を施す）の意.

ギヨーシュ guilloche
　1. 古典主義の装飾物で, 編み物状の帯状装飾. 通常, 曲線バンドで囲われた等間隔に並んだ同一直径の円形要素で構成され, 単一の, または二重のフィレットで豊かに装飾されている. フィレットは相重なりながら連続したストリップ（帯）を形成している. それぞれの円形要素も花形装飾で豊かに装飾されるか, または装飾なしで仕上げられた. フレットとも関連があるが, 直交するのではなく曲線で形成されている.
　2. フレットを指すあまり正確でない用語.

ギヨーシュの二つの形式

ギヨーム・ド・サンス Sens, William of (1174-80頃没・活躍)
　フランスの建築家. ケント州, カンタベリー大聖堂（1174-84）の主交差部以東のゴシック内陣（クワイア）と西側トランセプトを担当した. 名前が示すように, サンス大聖堂（1140頃着工）ではたらいた経験がある. 事実, サンス大聖堂は, カンタベリー大聖堂で用いられたのとよく似た要素をもっている. ギヨームはまた, パリのノートル・ダムをはじめランス, ソワソン, アラス, カンブレなどのゴシック建築や, ヴァランシエンヌのノートル・ダム・ラ・グランド（1171）などの北西フランスの聖堂を知っていた. 1177年に足場から転落したのち, 業務に耐えられなくなり, イングランド人ウィリアムが後任となって, 内陣ヴォールト, 東側トランセプト, トリニティ・チャペル, 「ベケッツ・クラウン」あるいは「コロナ」と呼ばれる内陣端部の円形祭室（1184）を完成させ, ランですでに用いられていたトリフォリウム・ギャラリーを採用した. ギヨーム・ド・サンス

キリイシ

が用いたモチーフのうちで影響力のあったのは，明るいカン産石灰岩の前面に据えられたパーベック大理石のシャフト，そして二つのベイを一組にまとめる六分 (sex-) ヴォールトである．カンタベリーの権威により，新しい様式はイングランド中にすみやかに広まっていった．

切石 common ashlar

槌や鶴嘴（つるはし）で成形した石．

切石乱積み random ashlar

切石の石工事で，石を連続した規則的な層では積まず，異なった高さと幅の加工石材をぴっちりと積み合わせたもの．ブロークン・アシュラー，ランダム・ボンド，ランダム・レンジとも呼ばれる．

ギリシア建築 Greek architecture

クラシシズムの揺籃期，ギリシアでは柱梁構造の建築が完成し，洗練されていった．各部分は，この構造のもつ長い歴史を表しており，全体は，比例の精妙なシステムによって関係づけられている．ギリシア建築はヒューマン・スケールと関連しており，また，本質的な構造要素と結びついた表現を有しているが，こうした点は，ギリシアの建築家の偉大なる業績であるところの，神の住居としての神殿建築において完成にいたった．ギリシアでは三つのオーダー（ドリス式，イオニア式，そしてコリント式）が発達し，それぞれが独自の特徴と規則をもち，洗練された細部と，各々に適合した装飾形態を備えていた．こうしたオーダーは，ローマ期にも用いられ，後に古典主義建築として知られることとなる，あらゆる要素を提供した．コリント式オーダーは，変形した柱頭を備えたイオニア式の発展形にすぎないとみなされることが多いが，しかし実際には，微妙な相違がある．

ギリシア建築は本質的に，前6世紀以降，木造構造の建築を石造へと発展させ，なおかつ徹底的に洗練させたものである．したがって単なる飾りにみえるオーダーの装飾も，大概は木工細工に由来する．すなわちトリグリフは梁の小口を示唆し，グッタエは釘，メトープは梁と梁の間の面（あるいは，何もない空間）を暗示しているのである．その多くは，古代エジプト建築，とりわけ柱梁構造の諸要素からもたらされたと推察されるが，同様にドリス式オーダーの基本的な形式についても，エジプトのベニ・ハサンにある岩窟墓（前2000初頭）や，デル・エル・バハリのハトシェプスト女王葬祭殿（前15世紀中葉）に，ある種の先例が認められる．しかしながら，なるほど部分的にはミュケナイのメガロンや，あるいはエジプトの柱梁構造を範としているにもかかわらず，ギリシアのドリス式神殿は統一的であると同時に独自性を有し，全体としてはギリシアが創出したものであって，こうした形式は前7世紀に確立した．初期のドリス式神殿としては，テルモンのアポロ神殿（前640頃），オリンピアのヘラ神殿（前600以前．オリジナルは木造円柱であったが，のちに石造にとりかえられた），ケルキラ島（コルフ島）に部分的に残る前580-前570年頃のアルテミス神殿（これは彫刻によって贅沢に彩られていた），パエストゥムのヘラ第一神殿（前550頃），アイギナのアファイア神殿（前500-前495頃），そしてシチリアのアクラガス（アグリジェント）にある巨大なゼウス・オリンピオス神殿（前510-前409頃）があげられる．これらの神殿には，がっしりとした頑丈な円柱が備わっていた．とりわけパエストゥムの円柱は，誇張されたエンタシスと，非常に幅広く張り出した柱頭によって，その力強さと，プリミティブさすらも際立たされており，これは18世紀の新古典主義建築において再現されることとなる．実際，パエストゥムのドリス式では，厳粛さや堅固さ，荒々しさ（石の荒々しい表層を覆っていた，滑らかなスタッコが失われているために，この点がいっそう強調されている），そしてその屈強さが，男性的な力強さを暗示しており，こうした表現は18世紀と19世紀の新古典主義の建築家たちによってとり入れられたのであった．さらに壮麗なのが，アテネのヘファイストス（テセイオン）（前449-前444）や，アテネのパルテノン（前447-前438）であり，とくに後者は，その優美なプロポーション，彫刻と構造の均衡，そして静謐さや安定を確保するための微妙な工学的調整があるゆえに（ただし，円柱とソフィットの関係など，いくつかの細部においては，必ずしも十分なものではない），多くの識者によって，これまで建設された建築の中でも最高傑作の一つとみなされている．あわせて言及すべきがプ

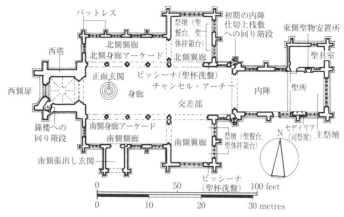

サンタンドリュー聖堂の平面，リンカンシャーのヘッキントン（14世紀頃）

ロピュライアであり，これは，翼屋を伴った，アクロポリスへのフォーマルな門の構造全体を指す複数形の名称である．この門は，ムネシクルスによって設計され，前437-前432年に建設された．そのドリス式オーダーの中央部分の柱間は，行進や供物の通行のために，ほかの部分より広く開けられ，また建築内部の中央通路の両側には，イオニア式オーダーが使用された．

ともにアテネのアクロポリスにある，イオニア式のアテネ・ニケ神殿（またはニケ・アプテロス，前448-前421頃）とエレクテイオン（前421-前405頃）は，最も洗練された傑作とされる，重要な作例である．エレクテイオンは，カリアティッドのあるポーチと，円柱の上部に張りめぐらされたフリーズと一体化した優美なオーダーを備えている．この神殿は，ギリシア復興の時代には広く賞賛され，その非対称な構成が，とくに注目された．他のイオニア式建築の重要作例は，小アジアのエフェソスにあるアルテミス神殿（前560-前450頃および前356-前236頃）と，ハリカルナッソスのマウソレウムである．

バッサイのアポロ・エピクリオス神殿（前450-前425頃）では，3種類のオーダーすべてが使用された．外周のオーダーは，ドリス式であった．内側のイオニア式オーダーは，渦巻装飾の施された独特の柱頭の備わった例外的なものであり，円柱はナオスの内部壁面に沿って設けられた角柱あるいは控え壁に付属するか，組み込まれていた．そして南端には，イオニア式の，あるいは，一部の権威がコリント式と指摘するところのオーダーが備えつけられた二つの控壁の間に，コリント式円柱が独立して立っていた．バッサイのごとく，コリント式オーダーを内部のみで使用することは，ヘレニズムの時代までは通例であり，その例としては，エピダウロスにあるトロス（前350頃）や，テゲアにあるアテナ・アレア神殿（前350頃）がある．一方，洗練されたコリント式オーダーは，アテネにある小さなリュシクラテスの合唱競技記念碑（前334）の外周で用いられており，これが18世紀に大絶賛されたであろうことは，これを引用した多数の作品が示すところである．

神殿，記念碑，および墓碑以外では，ギリシア人は劇場のデザインを完成させた．アテネのディオニソス劇場（前5世紀）およびエピダウロスの劇場（前4世紀）は，小アジアにおいて，最も印象的で影響力をもった作品である．ギリシア人は同様に，スタディウムやストア，その他の建築タイプのデザインも発展させた．精巧な公共の記念碑はギリシア建築の見せ場であり，その傑作が，生き生きとした彫刻の施されたポーディウムとイオニア式の上部構造を備えたペルガモンのゼウス大祭壇（前2世紀初頭）であり，これは現在ベルリンに置かれている．

キリシアシ

ギリシア十字　Greek cross　⇨十字

ギリシア復興　Greek Revival
⇨グリーク・リヴァイヴァル

キリスト教会学　Ecclesiology
　教会，教会史，教会の伝統や装飾，家具に関する研究．教会学協会はイギリスのゴシック・リヴァイヴァルの興隆の中で影響力をもつようになり，機関誌『教会建築学者（The Ecclesiologist）』（1841-68）はとくに建築分野での声望を得るのに（あるいは失うのに）大きく貢献した．

キリスト教聖堂，キリスト教会堂　church
　公的なキリスト教徒の礼拝用の建物，広義においてある局面では公的ではない礼拝堂やオラトリーとは区別される．教会堂平面には二つの基本的なタイプがある．そのバシリカ形式は，クリアストーリー（高窓）のある身廊，それを支える側廊，アプス状の東端部，それにある種のポルティコまたはナルテクスからなる．また，集中式平面は，ドームの空間が載るビザンティン式と，重要人物の廟やマルティリウムに関連する円形または多角形のマウソレウムに由来する．最も簡素な教会堂平面のタイプ（たとえばアングロ＝サクソン時代における）は，身廊（礼拝者用），祭壇とアーチによる進入路のある小さめの内陣（聖職者用）からなる．より大きな重要性の高い教会堂には，いくつかの礼拝堂，二つまたは四つのトランセプト，塔，および回廊やポルティコ，洗礼堂，チャプター・ハウスのようなその他の構成が設けられる．

キリストのモノグラム　Chrismon
⇨クリスモン

切妻屋根　ridge-roof
　勾配があって切妻壁がある屋根で，垂木が棟木から伸びるもの．

キーリング，イーノック・バセット　Keeling, Enoch Bassett（1837-86）
　イングランドの盛期ヴィクトリア朝の無頼派ゴシック・リヴァイヴァル建築家．ロンドンにいくつかの教会堂を建てた．それらは猛烈なポリクロミーの煉瓦の内装のものだったが，無傷

で残っているものはない．最も傑出した作品は，折衷的で，耽溺的，奇異で，醜く，そして途方もないロンドンのストランド・ミュージック・ホール（1864，現存せず）であった．

ギル，アーヴィング・ジョン　Gill, Irving John（1870-1936）
　アメリカの建築家．1893年に自身で開業する前にはサリヴァンのもとで修業し，ライトとともにはたらいたこともあった．初期の建物はアーツ・アンド・クラフツやシングル・スタイルおよびヴァナキュラー建築などに大きな影響を受けていたが，1907年からコンクリートの建設法の実験を始め，12年にはシステムを完成させ，15年までには結露と熱損失をなくすためのコンクリートパネルの断熱コアを発明した．ロサンゼルスのラフリン邸（1907）でコンクリート構造を採用する一方，ロサンゼルスのドッジ邸（1914-16，現存せず）とサンタモニカのホレイショー・ウェスト・コースト（1919）は，それまでにあったいかなる様式の影響もない，輪郭の鋭い立方体からなる様式でデザインされ，その時代としては非常に進んでおり，モダニズムは少なくともヨーロッパと同程度に早い時期からアメリカ合衆国でも顕在していたことを示している．そしてギルの場合，その建物は1920年代以降のものであるかのような外見をもっており，彼は疑いなく，近代建築とコンクリートを使った建物の先駆者であった．

キール・アーチ　keel-arch
オジー・アーチ．

キルクス　circus（pl. circuses）
　1．（キルクス）横長の屋根のない囲い地，すなわち古代競馬・戦車競走の競技場のことをいい，片方の端は半円形となり，両辺と円弧の周りには観客用の階段状の座席が設けられ，中央の分離帯（スピーナ）にはオベリスクやモニュメントなどが建つ．それは古代ローマ時代には二輪戦車競走やその他の曲芸に使われ，「カルケレス carceres」というスターティング・ゲートは，馬が競技のスタート地点で走るトラックの軸線上にその中心点がくる円弧を描くように調整され，各々の競技者は幅広の経路の中央部分まで到達するのに確実に等距離が守

られる.

2. （サーカス）ウッドによるバースやナッシュによるロンドンのような18世紀のタウン・プランニングの事業計画のように，円弧状のオープン・スペースに面して凹曲面の弧を描くファサードをもつことにより統合された建物群.

3. （サーカス）環状道路，または道路がそこから放射状に広がる連結点.

ギルドホール guildhall
1. ギルド，または同業組合が会合を行うホール.
2. 法人の会合場所（ロンドン市の場合，リヴリー・カンパニーズ（同業組合）が設置し，「ギルドホール」と呼ばれている）. 多くのギルドホールが現存しており，たとえば，ベルギーがそうである.

ギルバート，キャス Gilbert, Cass (1859-1934)
アメリカの建築家. ミケランジェロによるローマのサン・ピエトロ大聖堂をもとにしたドームのある，ボザール式大建築物であるミネソタ州セントポールのミネソタ州州議会議事堂（1895-1903）を設計して名声を得，ニューヨーク市の旧合衆国税関（1901-07）やフィレンツェのパラッツォ風のユニオン・クラブ（1902）などを依頼された. その後，ニューヨーク市のウェスト・ストリートに軽量なファヤンス焼きで耐火被覆したゴシックの摩天楼を建て（1905-07），それが巨大なウールワース・ビル（1911-13）の試作となった. ニューヨーク・ライフ・インシュアランス・ビル（1925-28）のピラミッド状の構成部分にはどことなくゴシック風の尖塔を頂いている. 一方，後期の作品はほとんど古典主義であった.

ギルマン，アーサー・デラヴァン Gilman, Arthur Delavan (1821-82)
アメリカの建築家. 同時期のイギリスとフランスの潮流に大きく影響されており，1840年代の『ノース・アメリカン・レヴュー（North American Review）』誌に寄せた記事で名を知られるようになった. チャールズ・バリーの友人で，ボストンのアセニアム図書館（1846-49）のデザインではE・C・カボットの影響を受け

た可能性があり，実際，1857年にはカボットの事務所で主宰者に次ぐ立場にあった. 最もよく知られる作品はマサチューセッツ州ボストンのアーリントン・ストリート教会（1859-61，ギブズによるロンドンのセント・マーティン・イン・ザ・フィールズ教会をもとにしている）で，とくにアメリカ合衆国において長く続いたギブズの強い影響の中でも遅い方の例である. ギルマンはボストンの建築的遺産の保存運動の初期段階で目立った活躍をした. ニューヨーク市のエキタブル・ライフ・アシュアランス・カンパニー・ビルディング（1867-70，現存せず）は世界で最初の摩天楼の一つである. ボストン市庁舎（1861-65）の設計でグリッドリー・ジェームズ・フォックス・ブライアント（Gridley James Fox Bryant, 1816-99）と協働し，フランスの第二帝政様式を用いて際立った作風をみせた.

ギレスピー，キッド・アンド・コイア Gillespie, Kidd, & Coia
グラスゴーを拠点とした建築事務所. ジョン・ガフ・ギレスピー（1870-1926）のもとではたらいた（1915-19）ジャック（ジャコモ）・アントニオ・コイア（Jack (Giacomo) Antonio Coia, 1893-1981，イタリア生まれ）を中心に，サルモンの事務所が発展した組織である. ギレスピーの死後，ギレスピーの共同者であったウィリアム・アレキサンダー・キッド（William Alexander Kidd, 1879-1928）がコイアに呼びかけたが，1928年からは，ギレスピー，キッド・アンド・コイア事務所はコイアが取り仕切る. コイアは，彼の名声を築いたRC造の教会を，すべて煉瓦の外観（グラスゴーでは広く使用されている赤茶の砂岩で，外国産の建設材料），ヨーロッパ近代のデザインに影響を受けた半円アーチ様式としている. デニストンのセント・アン（1931-33），ルサーグレンのセント・コラムキル（1934-40），グリーノックのセント・パトリック（1935），メアリーヒルのセント・コロンバ（1937）など. 最後の二つは表現主義様式といえなくもない. 1937年にコイアの事務所に，ワーネット・ケネディ（Warnett Kennedy, 1911-99）が共同者として加わった. 彼はのちに，アードロッサン，チェインにあるセント・ピーター礼拝堂（1938，ベーレンス，オストベルグ，デュドックの作品に

似ている）と，グラスゴー帝国博覧会のRC造パヴィリオン（1938）の設計を担当したと主張した．このパヴィリオンと同博覧会の産業パレス・ノースは，事務所の作品における様式的な変化を示す．

　第二次世界大戦の間，敵国人となったコイアは，事務所の閉鎖を余儀なくされた．1945年にふたたび事務所を開設し（ベルリン生まれのイシ・メッツスタイン（Isi Metzstein, 1928-2012）が見習いとして加わる）いくつかの礼拝堂の設計を行ったが，おそらく，グリーノックのセント・ローレンスだけが（1951-54, 内部に尖頭アーチがある）戦前のものに近い建物である．ダンバートンのセント・ミカエル（1952）は，間違いなく英国祭の様式となっている．1950年代，とくにアンドリュー・マクミラン（Andrew MacMillian, 1928-2014）が1954年に加わってから事務所はスコットランドの近代運動をリードする事務所となった．礼拝堂の設計は，グラスゴーの拡張とニュータウンの建設のため必要となり，すべて近代的な典礼規範に準拠したものとなっている．ファイフのグレンロスにあるセント・ポール（1956-57），ケルヴィンサイドにあるセント・チャールズ（1959-60, ペレの影響を受けている），キルシスにあるセント・パトリック（1961-65），イースト・キルブライドにあるセント・ブライド（1963-69, 部分的に解体），デニストンの聖母マリア相談所（1964-69），ドゥランチャペルのセント・ベネディクト（1964-69解体）などがあげられる．事務所はまたカードクロスのセント・ピーターズ・カレッジ（1958-66年で中止），カンバーランド，イースト・キルブライドに学校，公共住宅（だいぶ老朽化している）などの建物を設計している．また，オックスフォードのウォダムカレッジ（1969-70），ケンブリッジのホリウェル・ストリートにある元ブラックウェルズ・ミュージックショップ，ロビンソン・カレッジ（1978-81）を設計した．グレンロスのセント・ポール以降の作品は，ほとんど実質的にメッツスタインとマクミランが担当した．

キー煉瓦　key-brick

　先細りになる煉瓦，または迫石（⇨アーチ）．キーの煉瓦，すなわち長手の表面が石こうまたはスタッコのためのキーとなることを意図され

たものと混同されるべきではない．

木ロール　wood-roll

⇨ロール

キング・ペンダント　king-pendant

　棟の間のトラスを構成する垂直の木部で，最下部の横臥材の下に突き出る．

キングポスト　king-post

⇨真束

ギンズブルグ，モイセイ・ヤコヴレヴィチ
Ginzburg, Moisei Yakovlevich（1892-1946）

　ミンスク生まれのロシアの先駆的構成主義者，技師．『建築におけるリズム（*Ritm v Arkhitektura*）』（1923）と『様式と時代（*Stil′i Epokha*）』（1924）の著者．ヴェスニンとともに1926年に発刊したソ連の建築雑誌『現代建築（*Sovremennaye Arkhitektura*）』は，強い影響をもたらした．1927年以後は大規模集合住宅を専門とし，実験集合住宅群をモスクワ（1928-29）とスヴェルドロフスク（1928-29）に建設した．アヴァンギャルドの都市計画，とくにモスクワの線状グリーン・シティの提案（1930）に携わり，建築と都市計画に生涯精力的に取り組んだ．

金属構造　metal structures

　はじめは，プリチャード（1777-79）によって設計されたシュロップシャーのコールブルックデールの鉄構造のように橋梁だった．ついで，鋳鉄柱が梁を載せ，さらに煉瓦による背の低いセグメンタル・ヴォールトが架かったさまざまな工業建築や倉庫建築が建設された．シンケルは，鋳鉄のモニュメント（たとえば，グランセのルイーズ・プロシア公妃のためのモニュメント（ゴシックの石棺と天蓋，1811），グロースベーレンの戦勝記念碑（ゴシックの尖塔，1817），ベルリンのクロイツベルク・モニュメント（背の高いゴシックの尖塔状の十字架，1818-21））や，鋳鉄の正式の室内階段（ベルリンのプリンツ・アルブレヒト宮殿（1830-32））を設計した．他にも，19世紀にはバルタール，ベランジェ，バートン，フォンテーヌ，アビランド，ラブルースト，ラニョン，メネローズ，パクストン，スターソフ，ウッドワードなど多

くの設計者が鉄を用いた．ラウドンは，鉄とガラスの温室の発展に貢献した先駆者である．全体に鋳鉄が用いられたファサードは，グラスゴーのジョン・ベアードやアメリカのバジャー，ボガーダス，ケラムなどによって設計された．初期の鉄とガラスの壁としては，リヴァプールのエリスによるものがあげられる．ロンドンのパクストンによるクリスタル・パレス（1850-51）は，19世紀の博覧会の建物のプロトタイプとなった．博覧会場には多くの温室，駅舎，その他鉄とガラスを用いた構造物が立ち並んだ．サー・ウィリアム・フェアバーン（(Sir) William Fairbairn, 1789-1874）は，スコットランド出身の技師で，1839年にプレファブリケーションによる工場を設計し，40年にはトルコのイスタンブールにも建設した．1854年には重要な書物『鋳鉄と錬鉄の建設目的への応用（*On the Application of Cast and Wrought Iron to Building Purposes*）』を出版する．バジャーが出版した図版入りの『鋳鉄建築カタログ（*Catalogue of Cast Iron Architecture*）』（1865）も同様に注目すべき便覧である．ヴィオレ=ル=デュクは，自著『建築講話（*Entretiens*）』（1858-72）の中で，建築における金属材料の使用を訴え，彼の作品も影響力が大きかった．プレファブリケーションによる金属構造の教会なども設計され（たとえばR・C・カーペンターの教え子のウィリアム・スレイター（William Slater, 1819-72）が1856年に出版したものがある），そこで編み出された一連の手法は工業化建物に広く応用された．金属フレームの建物も発達した．はじめは錬鉄だったが，いずれ鋼鉄製スケルトンが，とくにシカゴとニューヨーク市の摩天楼を頂点とした高層建物で発展していく．この頃，鉄筋コンクリートの部材として鋼鉄が使用されるようになり，金属とガラスの軽い外被，つまりカーテン・ウォールで包まれた完全に骨組みだけからなる建物というコンセプトが現れる．さらに構造は，スペース・フレーム，軽量トラスなど，さまざまな展開をみせ，工期短縮だけでなく，プレファブリケーション，軽量化，可変性が実現していく．

近代運動　Modern Movement

すべての過去との様式的・歴史的な結びつきを断ち切ろうとした20世紀の建築運動（近代主義ともいう）．19世紀の理論家達は時代にふさわしい様式を探求したが，こうした手法はいずれ複雑な折衷主義へといたり，様々な様式を混淆していわゆる自由様式，混合様式を生むにいたった．新しい様式は，混ぜ合わせから生まれるという素朴な楽観主義である．理論家の中には，機能，構造と材料の素直な表現，第1原理によるデザインの問題への合理的なアプローチが，前途を指し示すと考える者もいた．

未来派や構成主義といった20世紀初頭の運動は，機械，科学技術，工業力の表現に答えを求めたが，機械の美学の探求それ自体が目的となってしまうこともあった．ある者たち（とくにル・コルビュジエ）にとっては，穀物サイロ，モーリタニア号やタイタニック号のような大西洋横断船，自動車，飛行機が，目指すべき新しい美学のパラダイムとなった．一方で，あらゆる芸術，あらゆる美学，あらゆる洗練は，ブルジョワ的な衒いであり，したがって拒絶されるべきであるという立場の者たちもいた．近代主義の目標は，極端で，あらゆる装飾，歴史的引喩，様式の抑圧を主張し，それと入れかわるようにザッハリヒトカイト（即物主義）と工業化建設方式の発展がみられた．デ・ステイルのような近代運動の中の諸集団は，表現の抽象化と純化を唱道するなど，運動全体を通じて主張するところはさまざまであったが，実際のところ，いずれも，近代的な材料・大量生産の建築部品・実験的=工業的な建設方式を用いて，現代的な要求に対して合理的な解答を与えることが必要である，という考えは共有していた．左翼的態度と結びついた観念論的な偶像破壊は限定的で，中には自分たちの目的を達するために暴力と革命を訴える極端な例もあったとはいえ，こうしたスローガンや論争はほとんどが合理的主張に譲ることになる．機能主義は広く支持された皆が同意するものではあったが，これさえも，建築は過去や美学だけでなく用途の制約からも自由でなければならないという反駁にみまわれることになる．最も純粋な建築は，紙の上か精神の中にこそ残るのであり，建設過程においても，ましてや杜撰な人間に用いられたからといっても，損なわれることはないと主張する者たちも近代運動の中にはいた．

1927年には，国際近代主義が興り，金属フレームの横連続窓をもつ陸屋根の白い立方体の建物が（1927年にシュトゥットガルトで開催

されたヴァイセンホーフ・ジードルンクやル・コルビュジエのデザイン），近代運動に参加する建築が到達すべき模範となった．実際には，純白の壁はコンクリートや鋼鉄などではなくブロック造に上塗りしたものであったことは問題とはされなかった．様式の廃棄を目指した運動から，新しいイメージが創られ，メンバーにも同意が求められた．アカデミックな建築と組織の打倒に向けて，新しい理論，教義，教育組織を打ち立てた．バウハウスが教育のモデルとなった．CIAM（1928）が議事をとり行い，綱領を定めた．著述家たち（例：ギーディオンやペヴスナー）は，デザインの「先駆者」たちによる18-19世紀の「機能的な」建物からの連続的・論理的・不可避的な発展として近代主義が生まれたという理論を展開した．この連続した「歴史」にすっきりと収まらない建築は，無視された．ここには，20世紀の政治的全体主義とその手法とのおぞましい並行関係がみられる．第二次世界大戦以後には，レジナルド・ブロムフィールドが1930年代に呼んだところの「モダニスムス」（この語には近代主義がドイツ起源であったことへのほのめかしがある）が，建築の主流派の教義となった．しかしやがて，近代主義からの背教者たち（フィリップ・ジョンソンのような）や対立と矛盾の煽動者たち（ヴェンチューリのような），また新合理主義建築の主唱者たち（とくにティチーノ派），あるいは運動の信奉者たちが信じていたようには必ずしも一貫しておらず，論理的でも客観的でも均質でもなかった運動の中に多くの困難を見出していたアカデミックな批評家たちが叛旗を翻すことになる．明らかなことは，近代性として知覚されるべきイメージと結びついた近代運動の強迫観念（宗教やカルトに似ている）が，職人気質の息の根を止め，エネルギーを浪費し，高い維持費を要求したということである．近代運動は，その信奉者たちが約束したような環境をもたらすのに何ら貢献しないような建物を推進したのだった．

近代建築国際会議 CIAM (Congrès Internationaux d'Architecture Moderne)
　⇨ CIAM

キーンのセメント keen's cement
　石こう（硫化カルシウムまたはパリのプラスター）を硫酸アルミニウム（硫酸複塩アルミニウムとカリウム）の溶液に浸し，強く加熱して粉になったものをふるいにかけたもの．1840年頃発明され，マーティンのセメントまたはパロス島のセメントとも呼ばれる．乾燥するときわめて固くなる．磨くとツヤを帯び，着色も可能である．掃除が容易なため，しばしば幅木や腰羽目，刳形（くりかた），さらには床の仕上材にも用いられる．ロンドンのマーガレット通りにあるバターフィールドのオールセインツ教会（1848-59）におけるインテリアの一部では，大理石と組み合わせて用いられている．

キンビア cimbia
　1．柱身周りのバンドまたはフィレット．
　2．フィレットで構成されるコーニスまたはバンド．

キンプトン, ヒュー Kympton, Hugh (1343-88 活躍)
　イングランドの石工頭．ウィンザー・カースル（バークシャー），ポーチェスター・カースル（ハンプシャー），サウサンプトン・カースル（ハンプシャー）の建設に携わった．ポーチェスター・カースルでは，イェヴェリーから手ほどきを受けた．

キーン, ヘンリー Keene, Henry (1726-76)
　イングランドの建築家．1746年からウェストミンスターの聖堂参事会と聖堂参事会長の監督官となり，1752年からはウェストミンスター・アビーの建設監督官となった．ジェイコブセンによるダブリンのトリニティ・コレッジの西正面のデザインを洗練させた可能性がある．彼は18世紀におけるゴシック・リヴァイヴァルの最初の唱道者の1人であり，1749年にはサンダーソン・ミラーがウスターシャーのハグリーの図面を準備するのを手伝い，1750年頃にはウスターシャーのハートルベリー・カースルの礼拝堂をゴシック様式で設計した．バッキンガムシャーのハートウェルにある八角形の教会（1753-55）を設計した．サー・ロジャー・ニューディゲイト準男爵（Sir Roger Newdigate, Bt., 1719-1806）は，1761年からウォリックシャーのアーバリー・ホールを改装するにあたりキーンを雇ったが，ここではいくつかの細部がウェストミンスター・アビーから

模倣された．彼はバッキンガムシャーのハイ・ウィコムにある美しい古典主義のギルドホール（1757）やオックスフォード大学のウスター・コレッジの学寮長邸（1773-76）を設計した．

グアス，フアン　Guas, Juan（1433頃-96）

スペイン後期ゴシックの最も偉大な建築家の1人．中世フランドル建築の要素とトレドのムーア建築の主題とを想像力豊かに混合し，イサベル様式に大きな影響を与えた．トレドのフランシスコ会修道院サン・フアン・デ・ロス・レイェスを設計し（1476以降），ヴォールトの迫元下部にムカルナスを組み込む．グアスの様式が最もよく現れている作品としては，型どりされた力強いムカルナスのコーニスをもつマドリード近郊マンサナレス・エル・レアルの城館（1475-79）や，ファサード壁面全体にわたって偏菱形の網の目状にピラミッド形の石の突起が施され，頂部に持ち送りのバルコニーを備えた連続アーチによるギャラリーをもつ，グアダラハーラのパラシオ・デル・インファンタード（1480-83）がある．またセゴビアとトレドの大聖堂ではたらき，バリャドリッドのドミニコ会サン・グレゴリオ神学校の礼拝堂（1487-89）を設計した．

クアトロチェント　Quattrocento

直訳すると「400」の意で，15世紀イタリアのルネサンス美術と建築を表す術語．

グァリーニ，グァリーノ　Guarini, Guarino（1624-83）

モデナで生まれ，同地でカミッロの洗礼名を受ける．長じて数学者，テアティン司祭，そして17世紀後半で最も独創的な建築家のひとりとなった．実際彼は洗練された幾何学者であり，著作『哲学原理（*Placita Philosophica*）』（1665），『エウクレイデス（*Euclides Adauctus*）』（1671），『市民建築（*Architettura Civile*）』（1686，ただし1737年まで出版されなかった）などから明らかなように，射影・画法幾何学の先駆者であった．その思想は，一般に画法幾何学の発明者とされるガスパール・モンジュ（1746-1818）の仕事を先どりするものである．ステレオトミーに関する著作は，なる

ほど，彼の建物がまとう桁外れの複雑さをうまく説明してくれる．彼の建築の主たる影響源は，ベルニーニ，ボッロミーニ，コルトーナである：トリノのコッレージョ・ディ・ノービリ (1679-83) にみられる彫りの深いファサードは，明らかにボッロミーニに負うものである．またパラッツォ・カリニャーノ (こちらも 1679-83) は，ベルニーニによるパリのルーヴル宮プロジェクト (1665) に影響を受け，さらにボッロミーニのサン・カルロ・アッレ・クァットロ・フォンターネ教会から借用した要素を加味した作品である．手がけた現存作品の最も興味深い事例は，すべてトリノ市にある．同市で彼は，ソリッド・ドームにかえて，交差リブによる透かし模様状架構システムを発展させたのだが，この構法はおそらく，ボッロミーニによるローマのオラトリオ会ならびにプロパガンダ・フィーデの礼拝堂に由来するものであろう．トリノ大聖堂では，聖骸布を奉納するための礼拝堂を建設した．そのドームは円錐形状で (1667-90)，漸減する弓型のリブ・アーチが上下に重なりつつ，窓枠としても機能する構成となっている (1997 年にそのいくつかが破損している)．また同じくトリノに建設したサン・ロレンツォ教会には，ほぼ八角形の中央空間があり，その各辺は内側に傾き，セルリアーナ・モチーフで構成されている．一方でその上方に架かるドームは，相互に組み合わさった半円状のリブで構成され，中央に八角形の開口をもつ八芒星を形成している．こういった構成手法に類似する事例は，スペインのムーア人の建築，たとえばコルドバのモスク (965 頃) に認めることができるほか，フランスのゴシック建築にもその類例をみることができる．実際，著作『市民建築 (Architettura Civile)』には，ゴシック建築を十全に理解した上での称賛が含まれている．彼の建築は中央ヨーロッパに大きな影響を及ぼし，とりわけヒルデブラント，フィッシャー・フォン・エルラッハ，ディーンツェンホーファー一族，ノイマン，J・M・フィッシャー，中でもとりわけサンティーニ＝アイヘルへの影響が甚大であった．というのもグァリーニはプラハのサンタ・マリア・ダ・アルトエッティング教会の設計を手がけているし，また彼のリスボンのサンタ・マリア・デッラ・ディヴィーナ・プロヴィデンツァ教会の平面図は，ノイマンが設計したドイツのフランクフルトの十四聖人教会のものと酷似しているからである．

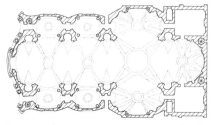

サンタ・マリア・デッラ・ディヴィーナ・プロヴィデンツァ教会の平面図（グァリーニによる）．

クァリーニ，マリオ・ルドヴィーコ Quarini, Mario Ludovico (1736-1800 頃)

イタリアの建築家．ヴィットーネとは建築設計と建築書で協働した．彼は，すべてキエーリにおけるものでは，サン・フィリッポ聖堂のファサード (1759)，市庁舎の側面の立面 (1771)，サン・ベルナルディーノ聖堂のファサード (1792) を設計した．晩年に手がけたフォッサノにおける建築 (アヌンツィアータ聖堂 (1777)，市庁舎 (1779-80)，大聖堂 (1779-81)) は，ヴィットーネのバロック色を完全に払拭することはなかったにせよ，かなり新古典主義的になった．

クァレンギ，ジャコモ・アントーニオ・ドメニコ Quarenghi, Giacomo Antonio Domenico (1744-1817)

ベルガモ生まれの建築家で，1779 年以降はロシアで活動し，発展途上にあったロシアの古典主義，パッラーディオ主義，新興の新古典主義を結合した．知られている最も重要な建築は，ローマ近くのスビアコにおけるベネディクト修道会教会堂のサンタ・スコラスティカ聖堂の再建で，明らかにパッラーディオによるイル・レデントーレ聖堂の内部に巧みな変化をつけたものである．しばらくの間イギリスの依頼人のために設計し（たとえばウィルトシャーのウォーダー・カースルの礼拝堂の祭壇 (1772-74)），その後ロシアに赴いた（そこで女帝エカテリーナ 2 世 (Empress Catherine II, 1726-96) の庇護を受けた）．当地で多作なデザイナーとなり，荘厳な新古典主義様式による最大規模の仕事をこなし，またサンクト・ペテル

ブルクとその周辺において一連の重要な建物をつくり上げた．たとえばペテルゴフのイギリス官邸（1781-89, 取り壊された）と，エルミタージュ劇場（1782-87）では，モニュメンタルなパッラーディオ主義を採用し，サンクト・ペテルブルクの国立銀行（1783-90）と科学アカデミー（1783-89）の双方では，簡素で装飾のない硬直した立面に対してモニュメンタルなコロネードを配置した．彼のフランス建築に感化された新古典主義が展開するにつれ，精確さ，明晰さ，厳格さが支配的となった．サンクト・ペテルブルクにおける皇室薬剤部（1789-96）とフォンタンカ川沿いのユスポフ宮殿（1789-92, 半円形の中庭をもつ），およびツァールスコエ・セローのアレクサンドロフスキー〔アレクサンドル〕宮殿（1792-96, 裏庭に優美なコリント式のコロネードを二つ配置した小庭がある）がその例である．M・F・カサコフとイワン・ペトロヴィッチ・アルグノフ（Ivan Petrovich Argunov, 1727-1802）とともに，オスタンキノにおけるシェレメーテフ宮殿（1791-98）を設計し，そこではパッラーディオ主義と最も壮麗な新古典主義を併合した．

クァレンギは，自身の近衛騎兵隊庁舎（1804-07）にはギリシアのドリス式を使用し，ナルヴァ凱旋門（1814）にはローマの帝政建築を用い，古代ローマのティトゥスの凱旋門とコンスタンティヌスの凱旋門をもとに，ペルシエとフォンテーヌによるパリのカルーセル凱旋門をアレンジした．彼の建築は，威容のある厳格な19世紀初頭のサンクト・ペテルブルクの特徴を定義づけ，ロシアの新古典主義の発展の方向を決定した．設計の多くは，1810年および21年に出版された．

ク ア ロ ー ニ, ル ド ヴ ィ ー コ Quaroni, Ludovico（1911-87）

イタリアの建築家，教育者，都市計画家で，ファシズム期には傑出した新古典主義者だった．ラティーナのガエータ地区の小別荘群（1936）やローマ近郊オスティア・リドの新駅広場の都市計画（1937, E・フゼッリ（Fuselli）と協働）を設計した．他にはフランカヴィラ・アル・マーレのサンタ・マリア・マッジョーレ聖堂（のちのサン・フランコ聖堂）（1948-58），ローマのヴァナキュラー様式を試みたティブルティーナ地区の住宅開発

（1950-, C・アイモニーノ（Aymonino），マリオ・リドルフィ他（Mario Ridolfi）と協働），マテーラのマルテラ居住区と教会堂（1951-52, 共同設計）がある．『バベルの塔（La Torre de Babele）』(1967)，『ローマのイメージ（Immagine di Roma）』(1976)，『物理的都市（La città fisica）』(1981)など多くの著作がある．

クイーン・アン様式 Queen Anne
　⇨アン女王様式

クイーン・ポスト queen-post　⇨屋根

グ ウ ィ ル ト, ジ ョ ゼ フ Gwilt, Joseph（1784-1863）

イングランドの建築家で，ジョージ・グウィルト（George Gwilt, 1746-1807）の息子．さまざまな折衷様式で設計したが，著作家としてより名高い．彼の作品には『アーチの均整に関する論文（*A Treatise on the Equilibrium of Arches*）』(1811)，チェンバーズ（Chambers）の『公共建築装飾論（*Treatise on the Decorative Part of Civil Architecture*）』(1825) がある．これには古代ギリシア建築に関する新しい部分が含まれた．ウィトルウィウスの翻訳（1826），『建築の基礎（*Rudiments of Architecture*）』(1826) の非常に貴重な拡大版と『建築百科辞典（*An Encyclopaedia of Architecture, Historical, Theoretical, and Practical*）』(1842, これは部分的に息子のジョン・セバスチャン・グウィルト（John Sebastian Gwilt, 1811-90）によって完成された）を出版した．これはその後，多くの版を重ねたが，最後の3作はワイアット・パップワース（Wyatt Papworth）によって増補された．兄のジョージ・グウィルト（George Gwilt, 1775-1856）はロンドンにあるレン設計のセント・メアリー・ル・ボウの尖塔を再建し（1818-20），1818-33年にサザク大聖堂（当時はセント・メアリー・オヴェリー教会）を修復した．

グ ウ ィ ン, ア ル バ ン・パ ト リ ッ ク Gwynne, Alban Patrick（1913-2003）

イギリスのモダニズム建築家で，ラズダンらとともにウェルズ・コーツの事務所ではたらいた．コーツと共同で，サリー，エシャーに両親のためのホームウッドを設計した（1938竣

工）．これはル・コルビュジエ風のピロティを備えた大変先進的な住宅で，1939 年，『アーキテクチュラル・レビュー（*Architectural Review*）』誌に大きく掲載された．第二次世界大戦後は，裕福な施主のために個人住宅を設計した（ボーンマスのジャック・ホーキンス邸など）．ほかに，ヨークにあるロイヤル・シアター（1967）の再建と増築がある．

クウェイント・スタイル Quaint style
　20 世紀初頭のアール・ヌーヴォーの末期状態を指す蔑称．

クウォラル quarrel, quarry
　1．明かりとり窓のカムにはめ込まれる菱形もしくは方形のガラスの破片．
　2．ゴシックのトレーサリーに設けられる，おおむね菱形や正方形の明かりとり窓．
　3．菱形もしくは正方形の床面タイル全般．

空気孔 air-hole ⇨エア・ホール

空気膜建築 pneumatic architecture, inflatable architecture
　⇨ニューマチック・アーキテクチュア

クォイン quoin (*also* coign, coin, coyn)
　1．外側の角，または構造体のコーナー部．
　2．石などの角の列．建物のコーナーに，通常小口のクォインと長手のクォインとがそれぞれ交互に配される．まわりを縁どる溝で装飾されることが多いため，壁のむき出し面からは突出した形になる（粗面仕上げのクォイン）．
　3．建物のコーナー部分を装飾，あるいは補強するために用いられる化粧用の石材の一種．
　⇨長短積み

クォーター quarter
　1．キャタフォイル．
　2．ティンバー・フレームの壁や間仕切りに使われる木の柱やスタッド．こうした一連の柱はクォータリングと呼ばれる．

クォーター・ペース quarter-pace
　直角に曲がる二つの階段間の踊り場のことで，それゆえ常に四角形平面となる．

クォーター・ホロウ quarter-hollow
　凹状のモールディングもしくはカヴェット，クォーター・ラウンドの対義語．

クォーター・ラウンド quarter-round
　凸状のモールディングもしくはオヴォロ，四分円の断面．

クォドリベット quodlibet
　余技としてのトロンプ・ルイユの風変わりなタイプで，見た目としては手紙やペーパー・ナイフ，トランプ札，リボン，ハサミが偶然散らばっている状態を示したものが多く，壁などに描かれる．

クオンセット・ハット quonset hut
　鋼材の下地を保護するための半円筒状の波形金属屋根で構成される，プレハブ式のもち運び可能な建物．ニッセン・ハットのように 1939-45 年の戦時中に広く使用された．アメリカ合衆国ロードアイランド州のクオンセット・ポイントにちなんで名前がつけられ，おそらく 1941 年に初めて使用された．

茎状飾り stalk
　コリント式柱頭において茎を表現したもので，渦巻装飾が立ち上がる箇所にフルートを備えていることもある．

クーク・ファン・アールスト，ピーター（ペーター） Coecke (*or* Coucke) van Aelst, Pieter (*or* Peter) (1502-50)
　低地地方南部の画家，建築家，言語学者．長期の旅行の末にアントウェルペンに居を定め，ウィトルウィウスの『建築十書（*De Architectura*）』のヴラーンデレン語翻訳（1539）やセルリオの複数巻にわたる概論のヴラーンデレン語，フランス語，高地ドイツ語翻訳（1539-53）を出版した．アントウェルペンやブリュッセルに古典主義建築を導入したのは彼だといわれている．

潜り戸 wicket
　より大きな扉や門の一部をなす小さな扉や門．とくに扉内の扉．

楔形踏板 winder ⇨階段

草葺　thatch

アシやイグサ，藁でできた厚手の材で屋根を葺くこと．ヴァナキュラー建築や，時には中世の聖堂に使用されることもあり，さらには，たとえばコテージ・オルネのごとく，ピクチャレスクな景観に建造物を溶け込ませるために用いられることも多い．

櫛形天井　comb
⇨コーム

クシネ　coussinet

1．イオニア式の方円柱頭．マットレスを巻いたような二つのヴォルート〔渦巻〕とそれらの連結帯を含む．

2．アーチの迫元に載る最下部の迫石．

グツェヴィチ，ヴァヴジニェツ　Gucewicz, Wawrzyniec（1753-98）

ポーランドの新古典主義者．記念碑的なヴィルノ（現ヴィリニュス）大聖堂（1777-1801）を，巨大なローマ風ドリス式ポルティコと長い側面のコロネードを備えた案で計画した．これはヨーロッパの他の地域に劣らず印象的な，新古典主義の明快な実践であった．同市に巨大なトスカナ式円柱を塔として用いた市庁舎（1785-86），司教館（同じく1780年代）を設計した．19世紀にいたるまで彼の建築はヴィリニュスと周辺地域において強い影響力があった．

クック，ピーター・フレデリック・チェスター　Cook, Peter Frederic Chester（1936-）

イギリスの建築家．セドリック・プライスから大きな影響を受けた．アーキグラムの創設者．コーリン・フルニエ（Colin Fournier, コリン・フォルニエール）とともに，1969年，アーキグラムはモンテカルロのアーツ＆レジャー複合施設コンペに勝ったものの，これは実現しなかった．クックは，のちに理論的プロジェクトを制作した（いくつかはクリスティーン・ホーレー（Christine Hawley）との協働による）．実作の例としては，ベルリンの集合住宅計画のほか，再びフルニエとともにグラーツのクンストハウス（オーストリア，2000-03）を設計した．生物的・動物的形態を持つ建築は「フレンドリー・エイリアン」（形態はおそらくプロビ

ズムズ系列の一つ）として知られている．ギャラリーには，天窓（あるいは建築家の呼び方では「ノズル」）は十分な光をもたらさず，建物が何のために使われるかということに十分応えたというよりは，むしろ先史時代の生物の甲羅を思わせる．

クッション　cushion

1．建物の凸状に張り出す部分（パルウィヌス），たとえば圧力を受けたかのように外側に膨らんでみえるフリーズなどで，クッション・コース，クッションド，パルヴネイティド・フリーズといい，またボルスターやパルヴィンのこともいう．

2．アーチの迫元の上の石塊で，アーチの起拱石．

3．コーベルまたはパッド・ストーン．

クッション・キャピタル　cushion-capital
⇨柱頭

クッション・コース　cushion course
⇨パルヴィネイティド・フリーズ

グッタ　gutta（pl. guttae）

古代ギリシアのドリス式オーダーのムトゥルス（ラテン語）とレグラ（ギリシア語，ラテン語）の下端の下に吊り下がった円錐台形の装飾物．ルネサンスやその後の時代のドリス式では，グッタエは円錐形か角錐台であることも多かった．通常，各ムトゥルスの下には18のグッタが，レグラの下に6，すなわち，3列に配列されたが，その数はさまざまだった．アテネのトラシュロス合唱隊記念碑（前319）では，連なったグッタエがアーキトレーヴ直上，タイニア（ギリシア語）直下に配列されていて，レグラはまったくなかった．これは19世紀のグリーク・リヴァイヴァルで再現されることも多く，シンケルによるポツダムのシャルロッテンホフ（1826）やベルリンのウンター・デン・リンデンにあるノイエ・ヴァッヘ（新衛兵所）（1816-18）がその代表作である．グッタエは「カンパヌラエ」（ラテン語），「滴」，「ラクリュマエ」（ラテン語），「釘」，「トラヌル」（「木釘」の意）とも呼ばれる．

グッタエ帯　guttae band

ドリス式オーダーにおいてグッタエが吊り下がっているレグラ，またはリステル（平縁）．タイニア（ラテン語）直下にあり，直上のトリグリュフォス（ギリシア語，トリグリフ）と並んで配置される．

グッダート＝レンデル，ハリー・スチュアート Goodhart-Rendel, Harry Stuart (1887-1959)

独創性に富んだイギリスの建築家．ロンドンのトゥーリー・ストリートにあるアール・デコ様式のヘイズ・ワーフ・ビルディング（1929-31）がおそらく最高の作品である．ほかの作品には，ハートフォードシャーのブラムフィールドにあるブロード・オーク・エンド（1921-23），サセックスのブライトンにあるセント・ウィルフィド礼拝堂（1932-34），サセックス，セントレオナルドにあるセント・ジョン福音伝道者礼拝堂（1946-58），ロンドン，バーモンジーのドックヘッドにあるホリー・トリニティ（1957-59），ロンドン，メリルボン・ロードにあるローザリー聖母教会（1958）がある．熟達した著述家でもあり，『ニコラス・ホークスムアー（*Nicholas Hawksmoor*）』（1924），『ヴィトルヴィアン・ナイツ（*Vitruvian Nights*)』（1932），『リージェンシー時代以降のイギリス建築（*English Architecture since the Regency*)』（1953）を出版した．彼は「ならず者のゴート人」という言葉をつくった．

グッドウィン，フランシス Goodwin, Francis (1784-1835)

イングランドの建築家．1819年に事務所を設立し，後期ゴシック様式で多くの教会を設計した．またいくつかの古典主義の建築も手がけており，なかでもグリーク・リヴァイヴァル様式で設計されたマンチェスター市庁舎（1822-25，現存せず）は最も洗練されたものであった．『住宅建築（*Domestic Architecture*)』（1833-34）を出版し，これは『田園建築（*Rural Architecture*)』（1835）として再版された．ロンドンの「偉大な国立墓地」のためのデザイン（1830）は実現しなかったが，これらは壮観で記念碑的なグリーク・リヴァイヴァル様式で設計された．彼の傑作はスライゴーにあるリサデル・ハウス（1831-32，アイルランドにある最も美しい新古典主義の邸宅）である．

グッドヒュー，バートラム・グローヴナー Goodhue, Bertram Grosvenor (1869-1924)

アメリカの建築家で，1892年から1913年までクラムと事務所を共同主宰した．二人で設計したマサチューセッツ州アシュモントのオールセインツ教会（1892-1941）は力強く学究的な作品で，これによって彼らの名声を確立し，さらにニューヨーク州ウェスト・ポイントの米陸軍士官学校（1903-10）やニューヨーク市のセント・トーマス教会（1906-13，ゴシック・リヴァイヴァルの卓越した作品）でそれを確固たるものとした．

クネウス cuneus

1．楔石または迫石．

2．古典建築における劇場の観客席の部分，楔のような形体をし，座席を含み，通路などで区画される．

3．平らなバンドの上に描かれたジグザグや雷文の模様で，古代ギリシア卍文はその一種．

クネッフェル，ヨハン・クリストフ Knöffel, Johann Christoph (1686-1752)

ドイツの建築家．彼の作品であるドレスデンのヴァッカーバルト宮（1723-26，1945に破壊されるが，1962に再建）にみられるように，フランスの古典主義に大きな影響を受けていた．ロングリュヌの弟子であり，建築家としての経歴のほとんどをドレスデンで過ごし，1734年に同地のオーバーラントバウマイスター（上級国家建築家）となった．彼自身によるすぐれた重要な作品はほとんどすべて破壊されているが，一方で彼は1748年以降，キアヴェリによる美しいドレスデンのホーフキルヘ（宮廷教会）を完成させ，さらにロングリュヌによるドレスデンのブロックハウス（丸太の家，かつてその場所に木造の税関が建っていたためそう呼ばれた）もしくは守衛の家（1749）を完成に導いている．ヴェルムスドルフのフーベルトゥスブルクの狩猟小屋（1743-51）を設計している．教え子にはクルプザキウスがいる．

クノープラウフ，カール・ハインリヒ・エドゥアルト Knoblauch, Carl Heinrich Eduard (1801-65)

ドイツの建築家．シンケルのもとで学び，ベルリンに多くの住宅を設計した．ヒッツィヒ，

シュテューラーとともに，プロイセンの首都で
19世紀中頃のイタリア風の趣をもつ住宅建築
スタイルを洗練させた．田園住宅も設計し，い
くつかではシンケルが設計したバーベルスベル
ク宮の城郭風のスタイルを用いた．ベルリンの
ユダヤ教会（1859-66，中世ムーア式のスタイ
ルで設計された）は彼の手になるが，息子グス
タフ（Gustav, 1836-1916）とシュテューラー
が完成させた（1938-45破壊，再建された）．
多年にわたって『ツァイトシュリフト・フュ
ア・バウベーゼン（建築誌，*Zeitschrift für
Bauwesen*）』の編集を行った．もう一人の息子
エドムント（Edmund, 1841-83）もまたベルリ
ンの建築家になった．

クノーベルスドルフ，ゲオルク・ヴェンツェス ラウス，フライヘル・フォン　Knobelsdorff, Georg Wenzeslaus, Freiherr von（1699-1753）

　プロイセンの貴族，建築家，軍人．プロイセ
ン皇太子フリードリヒ（Crown Prince
Fredrick of Prussia, 1712-86，後の国王フリー
ドリヒ2世（大王）King Frederick II,）の友人
であり，彼のためにブランデンブルクのノイ＝
ルッピンのアマルテ庭園にトスカナ式で円形の
アポロ神殿（1735）を建設した．イタリアへの
旅（1736-37）の後，ノイ＝ルッピン近郊のラ
インスベルク城を拡張し，そこでは水際にペロ
ーのルーヴル宮東側ファサードに由来する2対
の円柱を並べ，顕著なフランス風の表現を紹介
した．1740年にフリードリヒが国王になった
とき，建造物および庭園のオーバーインテンダ
ント（監督官）に任命された．ベルリンのモン
ビヨウ宮殿に新しい翼棟（1740-42）を増築し，
同じくベルリンのシャルロッテンブルク宮殿に
豪華なロココのインテリアをもつ棟を増築した
（1740-43）．さらにベルリンのウンター・デ
ン・リンデンの新しいオペラ・ハウス
（1740-43）を設計した．この劇場はプロイセン
における最初のパッラーディオ・リヴァイヴァ
ルの例であり，『ウィトルウィウス・ブリタニ
クス（*Vitruvius Britannicus*）』（1715および
1725）に図版で紹介されたコレン・キャンベル
によるウォンステッド・ハウスに非常に近いデ
ザインとなっている．
　国王が宮廷をポツダムに移したとき，クノー
ベルスドルフはシュタットシュロス（都市宮
殿）をロココのインテリアで改築した

（1744-51，破壊された）．魅惑的なサンスーシ
宮殿（ワイン貯蔵庫の形をした連続するガラス
のテラスの上に建っているためヴァインベルク
宮殿としても知られている）は現存する．これ
はロココの中でも最も魅力的な傑作の一つであ
る．中央に楕円形平面で1層の新古典主義によ
るマーモルザール（大理石のホール）があり，
その外壁には付柱のかわりに2体1組となった
境界柱像が施されている．さらにベルリンの聖
ヘートヴィヒ大聖堂（ボウマンとビューリンク
によって1742-73年に建設）を設計し，アンハ
ルトのデッサウの城館を改修し（1747-51），ポ
ツダムにその他数多くの建造物を設計した．

クーパー，サー・トーマス・エドウィン Cooper, Sir Thomas Edwin（1873-1942）

　スカボロ生まれのイギリスの建築家．サミュ
エル・ブリッジマン・ラッセル（Samuel
Bridgman Russel, 1864-1955）とパートナーを
組み，ハルにあるギルドホールや王立裁判所
（1903-14），ニューカースル・アポン・タイン
のロイヤル・グラマースクール（1904）などに
すばらしいエドワード朝スタイルの建物を設計
した．1912年にラッセルとのパートナーシッ
プを解消した後，クーパーはロンドンのメリル
ボン・ロードにあるセント・メリルボン・タウ
ン・ホールと図書館（1914-39），さらにロンド
ンのトリニティ・スクエアにあるロンドン・オ
ーソリティ本部事務所（1912-22），リーデンホ
ール・ストリートにあるロイズの事務所
（1925-28，現存せず）など多くの建物を設計し
た．彼の作品は，基本的に古典的であるが，力
強いバロック様式のものもある．

クーパー，ジョン　Cowper, John（1453-84 活 躍）

　イングランドの石工．1450年代にはイート
ン・カレッジで，1478年にはリンカンシャー
のタタシャルの聖堂ではたらき，同じ頃，ロバ
ート・ステインフォース（Robert Steynforth,
1480年代活躍）が住み込みの石工，または現
場監督であったレスタシャーのカービー・マッ
クスロー・カースルの建設に携わった．クーパ
ーはまた，イーシャー（サリー）の城門塔
（1475頃-80），ウェインフリート（リンカン
シャー）の学校（1484），バックデン（ハン
ティンドンシャー）の司教館のグレート・タワ

ー（1480年代）なども主導したと思われる．クーパーは，チューダー朝期に流行するようになった煉瓦造建築の発展に重要な役割を果たした．晩年はスコットランド王ジェームズ4世（King James IV, 1488-1513）に奉公し，1512年にビュート島のロセー・カースルの仕事を任され，そこで十分な報酬を受けるとともに，相当の地位を享受し，経歴を閉じたと思われる．

クビクルム cubiculum (*pl.* cubicula)
⇨カタコンベ

クーフィー体 Kufic
イスラーム建築の石細工やタイル碑文に用いられる書体．クーフィー碑文は装飾的（そして無意味）にイスパノ・モレスク建築で用いられることがしばしばあり，これはエジプトのヒエログリフが解読される以前に18-19世紀の芸術家に用いられていた点に類似する．19世紀のムーアや東洋風の復興主義建築で幅広く用いられた．

クーポラ cupola
1. 円形か楕円形，多角形の平面に載る半球状のヴォールト．
2. ドームの内側またはソフィット．
3. 墓などの上に建つ天蓋やキボリウムとして，並んだ円柱の上に載る半球状の部材．
4. 大ドームの中心に建ち上がるランタンに載る小ドーム．あるいは，ドームとランタン，あるいは屋根の上にみられる小型ドーム形状のもの．
5. 監視所の旋回ドーム，または要塞の銃眼上部の装甲旋回ドーム．

組合せ文字 cypher
⇨サイファー

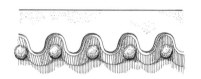

雲形装飾　セント・ピーター聖堂，ゴウツ，リンカン．

雲形装飾 nebule, nebulé, nebuly
ロマネスクの装飾で，山形モールディングを丸くしてうねらせた形に少し似ている．その下部は連続した波形の張出しで，普通はコーベル・テーブルにみられる．

クライヴ，ジョン Clyve, John（1362-92活躍）
イングランドの石工．バークシャーのウィンザー・カースル（1362-63）ではたらき，ウスター大聖堂の小修道院のマスター・メーソン（主任石工）となった．ウスター大聖堂では，塔，北ポーチ，参事会棟の改修，東クロイスター（1368-96），身廊の南アーケードとヴォールトの建設を主導していたと思われ，これらすべてを高水準の初期垂直式でまとめた．

クライス，ヴィルヘルム Kreis, Wilhelm（1873-1955）
ドイツの建築家．ヴィルヘルム時代ドイツの力強く好戦的で粗野な国家的記念碑（たとえばシュミッツの作品）を求める気風の高まりに影響を受け，数多くのビスマルク記念塔を自身の設計で建設させることに手腕を発揮した．ハレの州立先史博物館（1911-16）を設計したが，それはマッシヴなキクロプス風の石積みと隅部の塔で造り上げられており，トリーアの古代ローマ時代のポルタ・ニグラと少し似ている．第一次世界大戦後，作品のいくつかは表現主義に近づいていった．たとえばデュッセルドルフのライン河畔の展示建築と美術館（1925-26）がある．そこに建てられた円形のラインハレ（ライン・ホール）は，菱形煉瓦による壁，控え壁，上部が逆Vの字形の開口部，そしてペルツィヒの作品を連想させる鍾乳石状の内部のヴォールトといった特徴をもっていた．1930年代になるとクライスは，シュペーアによるベルリン新計画のための建造物の設計において記念碑的な飾り気のない新古典主義様式へと転向し，ブレやジリーの作品を，第二次世界大戦におけるドイツ人の「犠牲者と勝利」を記念するべく自身が計画した（しかし実現しなかった．クライスによる『兵士の墓と追悼の場所（*Soldatengräber und Gedenkstätten*）』（1944）を参照）巨大な発煙する円錐体やその他の記念物（トーテンブルゲンもしくは死者の要塞）の先行例とみなすようになった．

クライフス，ヨーゼフ・パウル　Kleihues, Josef Paul (1933-2004)

　ドイツの建築家．初期の作品はニュー・ブルータリズムおよび構造主義の影響下にあったが，1960 年代になるとネオ・ラショナリズムへの関心を深め建築を変化させはじめた．作品に，ベルリン市テンペルホーフのベルリン市清掃工場（1969-83），ベルリン，ノイケルンの病院（1973 以降），デュッセルドルフ近郊ゾーリンゲンの美術館コンプレックス（1981-85）などがある．ドイツにおいてウンガースとともに，厳格なる明快性，純粋幾何学，理性にもとづく建築を唱えた代表的建築家である．1979 年にベルリン国際建築展 IBA の計画主任に就任した．さらに，フランクフルト・アム・マインの先史・原史博物館（1981-89），コルンヴェストハイムの市立美術館（1990），イリノイ州シカゴの現代美術館（1991-95），ベルリンのハンブルク駅を改修した現代美術館（1980 年代後半）を設計した．厳格さ，単純性，手仕事による精巧な仕上げ，など古きプロイセン時代の徳目への信頼がその作品から明確にうかがえる．

クラウスラ　clausura, clausure

　修道院，中でも修道士または修道女のための場所として，俗人の立入りが禁止される区域．

グラウト　grout

　水を加えた流動性のあるモルタル．穴や接合部を充填するのに用いられる．

クラウド　croud, croude, crowd, crowde
　⇨クリプト

クラウン　crown

　1.　建物各部の頂部，とくにアーチやヴォールト（キーストーンおよび弧のほぼ中央三分点を含む）では迫頭といい，アーチの内輪と外輪の両方を含む．

　2.　教会堂の東端にあるアプス．

　3.　装飾的な頂端部で，尖塔を付ける代わりに，四隅のピナクルから立ち上がり中央で合わさる四つのフライングバットレスで支持される．その上に細い小尖塔が載ることが多い．好例としては，エジンバラのセント・ジャイルズ大聖堂（1486 頃），およびニューカースル・ア

ポン・タインのセント・ニコラウス聖堂（1475 頃），ロンドンのセント・ダンスタン・イン・ジ・イースト聖堂（1697，中世の先行するロンドンのセント・メアリー・ル・ボウ聖堂（現存せず）を基礎とする）がある．

クラウン・ガラス　crown glass

　輝きのあるイギリスの窓ガラスで，美しい仕上げの光沢をもち，一般に 19 世紀半ばまで使用された．⇨ガラス

クラウン・コーニス　crown cornice

　1.　コルニチオーネ〔軒蛇腹〕のように，ファサードの頂部を形づくるメイン・コーニスとフリーズ．

　2.　コローナとそれより上にあるものを含むコーニス上部．

グラウンズ，サー・ロイ・バーマン　Grounds, Sir Roy Burman (1905-81)

　オーストラリアの建築家．初期の住宅（1950 年代）やキャンベラの科学アカデミー・ビル（1957-59）によって，モダニズムがオーストラリアで，受け入れられるようになった．氏の後期の作品の中では，ヴィクトリア・アート・センター（1959-84）があげられる．

クラウン・スティープル　crown-steeple

　フライング・バットレスが支持する塔に載った尖頂屋根で，クラウンのようにみえる．

クラウン・ストラット　crown-strut

　クラウン・ポストのようにみえるが，繋ぎ桁を支持していない垂直材．

クラウン・タイル　crown-tile

　煉瓦または棟飾り．

グラウンド・プラン（敷地平面）　ground-plan
　⇨プラン〔平面〕

クラウン・プレート　crown-plate

　クラウン・ポストの小屋組における長手方向の桁．クラウン・ポストに支持され，繋ぎ小梁を載せる．繋ぎ桁，カラー・プレートともいう．

クラウン・ポスト crown-post

繋ぎ梁の上に載る支柱であるが，繋ぎ小梁の上に載ることもあり，クラウン・プレートを支持し，繋ぎ小梁より上にはいたらない．

クラウン・モールディング crown-moulding

コーニスのコローナのように，上に何かを載せる刳形（くりかた）．

クラカウアー，レオポルド Krakauer, Leopold (1890-1954)

オーストリア生まれのイスラエルの建築家．表現主義の実験を試みたのち，1925 年にパレスチナに移住してベーアヴァルトのもとで短期間働いた．デ・ステイルとピュリスムの影響を受けた厳格な建築はキブツ主義に合致し，キブツのために多くの建物を設計した．個人住宅やハイファのメギッド・ホテル（1930 年代）も設計した．キブツ・テル・ヨセフのレストラン（1933）では，45°の角度で 2 個の直方体がぶつかっており，デコンストラクティヴィズムを予兆しているようである．

クラーク，H・フラー Clark, H. Fuller (1869-1905 より後)

⇨フラー＝クラーク，ハーバート

クラーク，ギルモア・デーヴィッド Clarke, Gilmore David (1892-1982)

アメリカのランドスケープ・アーキテクト．パークウェイの最初の例であるニューヨーク州のブロンクス公園からケンシコ・ダムまでの区間（1913-25）を設計し，続いてコネチカット州のメリット・パークウェイ（1934-40）やニュージャージー州のパリセーズ・インターステート・ハイウェイ（1945-50），ニューヨーク市の北のウェストチェスター公園（1923-33）の責任者を務め，またニューヨーク市の国連本部の庭園（1948-52）を設計した．

クラーク，サイモン Clerk, Simon (活躍 1434-89 没)

イングランドの石工頭．1445 年からサフォークのバリー・セント・エドマンズ大修道院ではたらき，その後，イートン・カレッジ（1453 頃-61）にかかわった．また，ケンブリッジのキングズ・カレッジ・チャペル（1477-85）で雇用されていたことが知られており，そこでジョン・ウェイステルとともに仕事をし，著名なファン・ヴォールトの設計に関与した．おそらくサフォークのラヴェナムの聖堂の塔を設計しており，ラヴェナムの聖堂の身廊とケンブリッジのグレート・セント・メアリー聖堂の身廊に関しても，ウェイステルとともに主導したと思われる．エセックスのサフロン・ウォールデンの聖堂でもはたらいていた．

クラーク，サー・ジョン Clerk, Sir John (1676-1755)

クラーク・オヴ・ペニクックはエディンバラの博学なグループの指導的人物であった．ウィリアム・アダムとともに 1722 年からメイヴィスバンクにある彼の地所に新しい邸宅を設計した．これはスコットランドにおけるパッラーディニズムのヴィラの重要な先例となった．1727 年にクラークはチジックにバーリントン卿を訪ね，いくつかのパッラーディオ主義の邸宅を見たあと，『田園の邸宅（The Country Seat)』を出版した．これはバーリントン卿のデザインの原理が詳細に説明された長い詩であった．確かに，彼はカレドニア［スコットランドのラテン語名］においてバーリントン卿に相当する人物となったようである．彼はミドロウジアンのアーニストン（1726-38）のデザイン，アバディーンシャーのハドー・ハウス（1732-35）に影響を与えた．これらはウィリアム・アダムによって建てられ，スコットランド中に抑制されたパッラーディオ主義を促進した．彼の息子であるサー・ジェームズ・クラーク（Sir James Clerk, 1709-82）も教養ある人物で，アマチュア建築家であり，パッラーディオ主義でペニクック・ハウスを設計した（1761-69）．

クラーク，ジョージ Clarke, George (1661-1736)

オックスフォード大学で教育を受けたクラークは，たいてい巨匠として記憶されており，オールドリッチ学部長の死後，設計と建築にかかわる人々からよく相談を受けた．1710 年からオックスフォード大学のクラレンドン・ビルディングの創生にかかわっており，1716 年からクライスト・チャーチのペックウォーター中庭の南面のためのオールドリッチの提案に修正

を加えている．ミケランジェロのカンピドリオ広場に面した宮殿に基づいたクライスト・チャーチ図書館は，ほとんどがクラークのデザインによる（1717-38）．クイーンズ・コレッジ（1710-21）の計画に（ホークスムアとともに）重要な役割を果たし，1733年に熟練した石工のタウンゼンドによって始められたモードリン・コレッジの新しい建物のデザインを提供したようである．彼はおそらくオール・ソウルズ・コレッジの学寮長の邸宅を設計し，中庭を提案した．これは最終的にはホークスムアの設計（1715-40）によって実現した．クラークはホークスムアのパトロン・共働者として，また建築図面の蒐集家として重要な人物であった．彼はオールドリッチとともにイングランドにおけるパッラーディアン・リヴァイヴァルの初期の主導者とみなすことができる．

クラーク，ジョージ・サマーズ・リー Clarke, George Somers Leigh（1825-82）

イギリスの建築家．チャールズ・バリーの弟子で，限られた敷地に事務所建築を設計することにおいてすぐれた創意を発揮した．ロンドンのロスベリーのジェネラル・クレジット・アンド・ディスカウント・カンパニーの建物はヴェネチア風ゴシック様式で魅力的に構成されている．16世紀イタリア様式，エリザベス様式，フランソワ1世様式，オリエント様式にも通暁していた．住宅作品の傑作の一つはオックスフォード州のワイフォード・コート（1873-74）である．甥のジョージ・サマーズ・クラーク（George Somers Clarke, 1841-1926）も建築家であった．作品にバークシャーアーディントンのホーリー・トリニティ教会堂があり，1876-92年，ミクルスワイトと共同経営を行った．

クラーク，マイケル・デ de Klerk, Michel（1884-1923）

⇨デ・クラーク，マイケル

クラサン clachan

ゲール人による小規模な居住集落，変則的な編成であった．

グラシ glacis

1．風景式庭園において，ある高さから低い

ところへ降りていく険しい斜面．

2．城郭の城壁最下部，または塹壕頂部から降りていく同様の斜面．防御側，および，砲手に明瞭な視界を与えられるようになっていた．

3．バトルメント（鋸歯状胸壁），コープ（笠石など），コーニスや胸壁の上の斜面のことで，雨水をすみやかに下方に流すようになっていた．

グラスゴー派 Glasgow School

1890年代から1900年代初頭にかけてグラスゴーにおいて活動した建築家と芸術家，C・R・マッキントッシュ，マーガレット（Margaret, 1865-1933）とフランセス・マクドナルド（Frances Macdonald, 1874-1921），ヘルベルト・マクネア（Herbert McNair, 1868-1953）に与えられた名称である．彼らは，フェム・フルール，ローズ・ボール，長く流れる蔦などにみられるアール・ヌーヴォーの装飾的要素を使ったことで，グラスゴー奇人派集団ともいわれた．彼らは，大陸において展覧会を行い，ゼツェッシオン，とくにウィーンにおけるホフマンの作品にかなりの影響を与えた．建築において彼らのアール・ヌーヴォーは，その土地の建物やイングランドのアーツ・アンド・クラフツ運動と一体化される．実例に，マッキントッシュによるヘレンスバラのヒルハウスやグラスゴーのソーキーホール・ストリートのウィロー・ティー・ルームなど．

クラスター cluster

1．束ねた円柱や柱身を結合または混成させるか，中心のピアに付着させるかしてつくった垂直方向の支柱や建物隅部のピア（ピリイェ・カントネ，pilier cantonné）．

2．アニュレットつきピア，束ねたピア，またはバンドル・ピアとは別物として（何らかの原因による），環状刳形（くりかた）を用いて小円柱や柱身をピアに接合，または相互に接合した．柱身が結束するもの，やや離れているもの，ピアや中核部に部分的にまたは全体的に付着しているものもある．こうしたヴァリエーションの問題は，ヨーロッパ大陸では小柱がほぼ中心部に付着しているものの，イギリスでは第1尖頭式の例で，多くは暗いパーベック産大理石の柱が分離し環状刳形で結束する，という事実に発する．

クラスタフ

クラスター・ブロック cluster-block
階段やリフトなども含む中心部のサーヴィス・タワーを囲んでまとめられた数階建ての集合住宅.

クラスピング・バットレス clasping
⇨バットレス

クラスプ CLASP
(地方官庁特別計画事業団)ノッティンガムシャーで考案され,ハートフォードシャー,アスリンで展開された学校施設の組立式方法を実施するために,1957年,イングランドのいくつかの地方教育局によって組織された事業団.

クラーソン, イーサク・グスタフ Clason, Isak Gustaf (1856-1930)
スウェーデンの建築家で,アーツ・アンド・クラフツ運動と歴史主義による作品をつくった.ストックホルムの北方博物館 (1890-1907) は,北方の自由なルネサンス・リヴァイヴァル様式の軽妙な表現である.そのほかの作品では,ストックホルムにあるエステルマルムの市場 (1885-89) や大工組合 (1915-27),ヴェルムランドのモールバッカ邸 (1920-22) などがある.ナショナル・ロマンティシズムに影響を与えた.

クラック cruck
ブレード,または傾いた曲がった木材など,類似の形態の木材が組み合わされ,おおよそ三角形のフレームを形づくり,付随する構造体がその上に置かれる.フル・クラック,またはトゥルー・クラック(真クラック) (C) は,二つのブレードが小屋組の合掌の役割を担い,地面に近い位置から棟まで伸び,壁と屋根の双方を支える.クラック・トラスは二つのブレードと木製横架材からなり,横架材は,壁の頂部またはそのすぐ下ではタイ・ビーム(繋ぎ梁),高い位置ではカラー(繋ぎ小梁),頂部の下方ではサドル,頂部のすぐ下ではヨークとなる.つまり,クラック架構は,木造柱梁架構(ボックス・フレーム)のかわりに,クラックによって構成される架構である.
クラックには次のような形式がある.
アッパー・クラック (a): 脚部がタイ・ビームではなく,2階のシーリング・ビームに

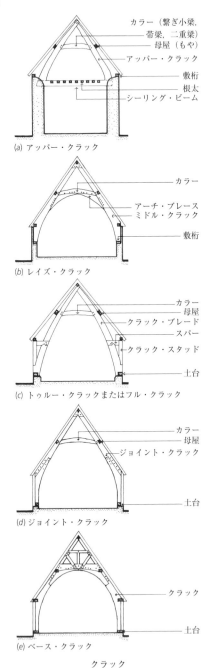

(a) アッパー・クラック

(b) レイズ・クラック

(c) トゥルー・クラックまたはフル・クラック

(d) ジョイント・クラック

(e) ベース・クラック

クラック

のったクラック.

エンド・クラック: クラック架構の妻壁を構成するクラック・ブレードのことで，棟木を支える.

ジョイント・クラック（接合クラック）(d): 複数の木材からなるブレードでできたクラック・トラスで，下の材は地表面から立ち上がり，壁上部でウォール・ポストとして二重となってつながれ，それより上部では屋根の勾配に沿ってクラックの方向が変えられる.

トゥー・ティアー・クラック（二段クラック）: カラーの上部でクラックの形をした一組の小さなブレードを支える.

ベース・クラック（e）: 地表面から最初の横架材まで伸び，壁を支える直立材となる.

ミドル・クラック: レイズ・クラック(b) と同じ.

レイズ・クラック（b）: ブレードが壁まで下がり，脚部を堅固な壁に固定されたクラック（ブレードが壁の中間までのものは，ミドル・クラックとよばれる）.

グラッシ, ジョルジョ Grassi, Giorgio (1935-)

ミラノ生まれのイタリアの建築家. ロッシとテッセノウの建築に影響を受け，イタリアのネオ・ラショナリストに分類される. キエーティの学生寮（1976）では長い柱廊のある街路の形式が，装飾を厳しくそぎ落とした古典主義で，ヴァインブレンナーがカールスルーエのランゲ通り（1808）のため提案した 19 世紀の設計案を思わせる. 著作に『論理的建築の建設（La Costruzione logica dell'architettura）』（1967）や『建築：死んだ言語（Architettura: lingua morta）』（1988）がある. 建築は社会的な条件に呼応し目的に沿う表現上の基本要素によって作られ，建築家の仕事はそれを明示することだと主張してきた. グラッシの建築は原初的形態から抽出される.

クラッディング cladding

切石の薄い表面や下見張り，カーテン・ウォールのように，目に見えるが非構造的な建物の外装材. クリーディングとは屋根に張る粗面板.

クラットン, ヘンリー Clutton, Henry

(1819-93)

イギリス人建築家. 1835-40 年，ブロアの弟子で 1844 年に自分の事務所を開設. リール大聖堂の設計競技でウィリアム・バージェスとともに 1 位を獲得した（1851 年から 1856 年までバージェスの共同経営者だった）. 弟子でアシスタントだったのはジョン・フランシス・ベントリーである. 彼とともにロンドンのノッティング・ヒルに感じのよい小さなローマ・カトリックのアッシジの聖フランチェスコ教会堂を建設した. クラットンはバーミンガム・オラトリー（1860）の重々しいロマネスクのクロイスターを手がけた.

クラッパー・ブリッジ clapper-bridge
⇨橋

クラップ・ボード clap-board

フェザー・エッジドの水平の木板を（鋸で切るより）裂いて加工して用いる外装材. 南京下見または鎧張り下見，横羽目ともいうが，後者は板傍（いたそば）を適切な接ぎとする.

グラディッジ, ジョン・ロデリック・ウォーロー Gradidge, John Roderick Warlow (1929-2000)

イギリスの建築家. ロンドンの AA スクールでの学生時代（1949-53），講師のロバート・フルノー・ジョーダン（Robert Furneaux Jordan, 1905-78）によるインターナショナルなモダニズムを推す姿勢に反対した. 以降，近代運動に敵意をもつことになる. 彼は多くのパブの内装や改修を手がけ，「モダニズムでは 1 杯のビターさえ売れない」という持論をもった. ヴィクトリア朝教会への修復はよく考えられたもので，ラムズゲートの A・W・N・ピュージンによるセント・オーガスティンの再構成（1970）や，バークシャー，レディングの高貴三位一体英国国教会礼拝堂には，1960 年代にバーミンガムのセント・チャッド改革派教会大聖堂から愚かにも取り外されたピュージンによるすばらしい内陣仕切りが移設された. さらに，ノーサンプトンにある E・W・ゴドウィンによるギルドホールの色彩豊かな内部空間を修復し（1992-93），ウェールズのフリントシャー，ボデルウィンダンにあるナショナル・ポートレート・ギャラリーの機知に富む装飾をデザ

インした（1986）．おそらく彼の作品で最も成功した内装デザインは，1964年デイヴィッド・ナイチンゲール・ヒックス（David Nightingale Hicks, 1929-98）とともに実施したノーサンプシャーのイーストン・ネストンの図書館である．著書『ドリーム・ハウス（*Dream Houses*）』（1980）は，ヴィクトリア時代末期からエドワード7世代のイングランドのアーツ・アンド・クラフツ住宅を賞賛する内容である．『エドウィン・ラッチェンス：名誉の建築家（*Edwin Lutyens' Arehitect Laureate*）』（1981）は，この偉大な建築家を再評価したものである．『サリー・スタイル（The Surrey Style）』（1991）は，彼が好む田園のドメスティック・リヴァイヴァルを賞賛したものである．グラディッジは（1987年から88年まで，アート・ワーカー・ギルドのマスターを務めた），「推持された状態を推持する」（モダニストとは対極の姿勢）という信念をもっており，サリーにあるラッチェンスによるフルブルックの増築にみてとれる．ほかのすぐれた作品には，ウェストミンスターのボーン・ストリートにあるセント・メアリー礼拝堂があり，地下納骨堂（1999）には彼の遺骨が安置されている．

グラディーノ　gradino, gradine
⇨プリデラ

クラブトリー，ウィリアム　Crabtree, William（1905-91）

イギリスの建築家．ロンドンのスローン・スクエアにあるピーター・ジョーンズ百貨店（1932-37）で名声を得る．この百貨店は，スペダン・ルイス（Spedan Lewis, 1885-1963, ジョン・ルイス・パートナーシップの設立者）のために，スローター＆モバリーと共同し，C・H・レイリー（リヴァプール大学でクラブトリーの師であった）をコンサルタントとして実施した作品である．20世紀にガラスのカーテンウォールを用いたイギリスで早い事例の1つで，メンデルゾーン（ケムニッツとシュツットガルトのショッケン百貨店）の作品に影響を受けており，イギリスにおいて近代運動を示す建築として際立ったものである．クラブトリーは，第二次世界大戦後，プリマスとサウザンプトンの復興計画においてアバークロンビーと協働し，エセックスのバジルドンとハーロー・ニュータウン他におけるいくつかの建物の設計にかかわったが，いずれもピーター・ジョーンズ百貨店の質に見合う作品ではなかった．

クラマー，ピーター・ローデヴェイク　Kramer, Piet(er) Lodewijk（1881-1961）

オランダ，アムステルダム派の建築家．アムステルダムのシェアファールフス（ナビゲーション・ハウス）（1911-16）でファン・デア・メイとデ・クラークとともに設計をし，アムステルダム南部のデ・ダヘラート集合住宅では，デ・クラークと共同で設計にあたり，表現主義の重要な作例とされる流線型の煉瓦壁を手がけた．彼はハーグのデ・ビエンコルフ・ストア（1924-26）でも，壁に対して手の込んだ表現を駆使した．アムステルダム公共事業課のために多数の橋梁（1917-28）も手がけている．

クラム，ラルフ・アダムズ　Cram, Ralph Adams（1863-1942）

アメリカ合衆国におけるゴシック・リヴァイヴァルの第一人者的な建築家．ボドリーやモリス，ラスキンに大きな影響を受けた．1889年にチャールズ・フランシス・ウェントワース（Charles Francis Wentworth, 1861-97）と共同で事務所を設立し，マサチューセッツ州ボストンのドーチェスター地区アシュモントのオールセインツ監督派教会を建てた（1891-1913）．このことで彼らは名声を得，才能あるバートラム・グローヴナー・グッドヒュー（Bertram Grosvenor Goodhue, 1869-1924）をひきつけ，パートナーに迎えることになり，事務所名はクラム・ウェントワース＆グッドヒュー（Cram, Wentworth, & Goodhue, 1892-1914）と改められた．ウェントワースが早世したのちは，フランク・ファーガソン（Frank Ferguson, 1861-1926）がこの共同事務所に参加してクラム・グッドーヒュー＆ファーガソン（Cram, Goodhue, & Ferguson）となり，この体制でニューヨーク州ウェストポイントのアメリカ陸軍士官学校のマスタープランとチャペル（1903-14）およびニューヨーク市五番街のセント・トーマス教会（1906-14）という二つの重要な作品を手がけ，全米で群を抜いた存在にまで成長した．同教会については，アメリカにおけるアーツ・アンド・クラフツおよびゴシッ

ク・リヴァイヴァル様式の最もみごとな例の一つである．プリンストン大学の大学院棟とチャペル（1911-29）も洗練されたデザインであるが，クラムの最も重要な業績は，ニューヨーク市のモーニングサイド・ハイツの聖ヨハネ大聖堂〔セント・ジョン・ザ・ディヴァイン教会〕の完成のための計画とそのデザインのゴシック化である．これはもともとハインズとラファージによるデザインにあわせて1892年にビザンティン風ロマネスク様式で始められたものだった．クラムはその学問的な見識についても尊敬されており，『教会建築（*Church Building*）』（1901）と『ゴシックの本質（*The Substance of Gothic*）』（1917）ほかさまざまな重要な書籍の著者でもあった．

グランジャン=ド=モンティニー，オーギュスト=アンリ=ヴィクトル　Grandjean de Montigny, Auguste-Henri-Victor（1776-1850）

フランスの建築家．ポルトガル王ジョアン6世（King John VI, 在位 1816-26）が公衆の趣味を教化するために派遣した芸術使節団に参加してブラジルに移住．新古典主義者であり，ペルシエとフォンテーヌのもとで学んだのち，1808年までナポレオンの弟ジェローム（Jérôme, ヴェストファーレン王，1807-13）の建築家となる．リオ・デ・ジャネイロにローマ風門（1816），税関（1819-26）など，多くの折衷的古典主義建築を設計した．リオの帝国美術アカデミーの最初の建築学教授となり，ボザールのカリキュラムを導入した．『15-16世紀にイタリアで建設された最も美しい墓碑の集成（*Recueil des plus beaux Tombeaux exécutés en Italie pendant les XVe et XVIe siècles*）』（1813）や，『トスカナの建築（*Architecture de la Toscane*）』（1815）を著した．

クランデール，リチャード　Crundale, Richard（活躍 1281-93 没）

イングランドの石工頭．ロバート・オヴ・ビヴァリーのもと，ロンドン塔（1281-83），およびウェストミンスター・アビー（1284-85）ではたらき，ビヴァリーからロンドンにおける王のチーフ・メーソンの地位を引き継いだ．また，チャーリング・クロスのエリナー・クロス（1290, のちに E・M・バリーの作品に置き換えられた）や，ウェストミンスター・アビーの

みごとな王妃エリナー（1290 没）の墓所を設計した．弟のロジャー（Roger, 1290-98 活躍）は，チャーリング・クロスを完成させ，ニコラス・ディミンジ・ド・レインズ（1290 年代活躍）とともに，リンカン大聖堂の王妃エレナーの臓腑を納めたの墓所（1291-94, 取り壊し）やウォールサム（ハートフォードシャー）のエリナー・クロス（現存）を制作した．

グランド・ツアー　Grand Tour

18 世紀の英国出身の若き貴顕の教育の本質的部分だと考えられていた必須の大陸旅行．とりわけ，イタリアとフランスを巡った．貴族や領地をもつジェントリーの間で洗練された趣味を涵養し，多くの偉大なコレクションを形成するのに貢献した．ガイドブックの編集者や出版者に多くの仕事をもたらし，パラディアニズム（パッラーディオ主義）や新古典主義への傾倒を深めた．1 年かそれ以上に及ぶ場合も多かった．グランド・ツアー経験者の一部が 1732 年にロンドンでディレッタンティ協会を設立している．

クランプ　clamp

1．日干し煉瓦や石炭岩で造った燃焼用の大きな塊．

2．建物における石材連結用の鋼鉄製の締めつけ棒．

3．シャッターのように，木板の一方の端に溝を彫り，他の木板の端の実〔さね, 凸形の突起〕を継ぎ合わせたもの．

4．クラスピング・バットレスのようなもの．

クランブルック美術学校　Cranbrook

クランブルック美術学校は，アーツ・アンド・クラフツ運動の影響下で 1920 年代にミシガン州ブルームフィールド・ヒルズに創立された．キャンパスの建物はサーリネン父子の設計による．その重要性はモダン・デザインの普及促進にあり，多くの実務家たちが何年にもわたってそれにかかわり連携した．

クリアストーリー　clerestor(e)y, clearstor(e)y, orerstorey

聖堂の身廊や，内陣，袖廊においてアーケードや柱廊の上に載る壁体部分のことで，側廊上

部の下屋よりも高く建ち上がり，採光用の窓が開かれる.

グリーヴス，トーマス・アフレック Greeves, Thomas Affleck (1917-97)

イギリスの建築保存家，ドラフトマン．ヴィクトリアン・ソサエティ (1957) の設立メンバーの一人．質の高い建築の大量破壊に抵抗した先駆的人物．とくに，19 世紀，アーツ・アンド・クラフツのリチャード・ノーマン・ショウらによって開発された西ロンドンのチジックのベッドフォード・パークの保存に取り組んだ．ヴィクトリア朝の都市的な建築をそれらが流行する以前，つまり偉大で善意を持った人びとが，大規模な破壊を計画している頃から評価していた．ピラネージの幻想画に影響を受け，自らも英国領インドのラジにおいて廃墟と化する建物をみる経験をする中で，力と想像力に満ちあふれた美しい建築的幻想画を描いた．それらは，しばしばヴィクトリア朝の建物が廃墟と化した様子を 18 世紀のカプリッチョ（奇想曲）の形式で構成したものとなった．出版物に『ベッドフォード・パーク (*Bedford Park*)』(1975)，『想像の廃墟都市 (*Ruined Cities of the Imagination*)』(1994) がある.

クリーヴランド，ホレス・ウィリアム・シェイラー Cleveland, Horace William Shaler (1814-1900)

アメリカのランドスケープ・アーキテクト．ロバート・モリス・コープランド (Robert Morris Copeland, 1830-74) とともにマサチューセッツ州グロスターのオーク・グローヴ (1854)，同州コンコードのスリーピーホロー (1855) などいくつかの墓地を設計した．また 1865 年からイリノイ州シカゴへ移る 69 年までオルムステッドとともにニューヨーク市プロスペクト公園に携わった．シカゴでウィリアム・マーチャント・フレンチ (William Merchant French, 1843-1914) とともに新しい事務所を設立した．彼にとって 1870 年代は最も創造的な時期であった．『西部におけるニーズに合わせたランドスケープ・アーキテクチュア (*Landscape Architecture as applied to the Wants of the West*)』(1873) を出版し，中西部の町を美しくするために並木が植えられた広幅員道路であるブールヴァールを配置する必要性

を論じた．また，景観設計は社会の要求に合わせて土地を最も快適に，経済的に，また美的に秩序立てる技術であると定義した．1886 年にミネソタ州ミネアポリスに移り，そこでセントポール・ミネアポリス・パークシステム (1877-95) を設計し，ミネハハ瀑布の保存を訴え，公共空間のデザインに多大なる貢献をした．また景観設計に有益な効果があることを信じて「公園による子供の性格への影響 (*The Influence of Parks on the Character of Children*)」(1898) という論文を発表した.

クリエ，レオン Krier, Léon (1946-)

ルクセンブルク生まれの建築家，理論家．デュランの影響により合理主義建築を支持した．また，工業化以前の文明化したヨーロッパ都市を回復するふさわしい手段として，19 世紀初頭の新古典主義を用いた．魅惑的なグラフィックと，論争を呼ぶ力強い文章は，街路や広場のそして街区の性質に対する新たな関心を呼び起こした．レオン・クリエの仕事は，世界の中でその価値を大きく喪失した都市的な主題に関する考察だといえる．都市を知性や記憶，喜びの記録としてみなす彼の視点は，使い捨て可能であったり可変性をもつアーキグラムのプラグインシティや，メタボリズムなどが提唱する概念に対するアンチテーゼとしてある．また，不真面目で反知性的なキッチュを非難するのと同様に，ポスト・モダニズムや様式の多元主義に対しても批判的な態度をもつ．レオン・クリエは，都市におけるアクティビティの本質を，ゾーニングされ得ない性質にみており，以下のような考えかたに対して根本的な反対の意を唱えている．すなわちル・コルビュジエ，CIAM，アテネ憲章にみられる考えかたである．こうした考えかたは，ジェイコブズやその他大勢が取り除こうと奮闘しているにもかかわらず，あらゆるところに埋め込まれているように思えるものである．レオン・クリエは，イギリスのドーセットのパウンドバリーにおける「コーンウォール公爵領の開発」(1988-91) のマスタープラン作成にかかわった．また，彼の最も魅惑的な計画に「プリニーの別荘」の快作 (1982) がある．より近年では (1988-2002)，ピエモンテ州アレッサンドリア県の県都であるチッタ・ヌオーヴァのマスタープランを手がけた．ガブリエーレ・タグリアヴェント

(Gabriele Tagliaventi, 1960-) との協働で，地中海地域の強い都市的伝統を引くことで，洗練された都市生活のためのモデルを作成している．

クリエ，ロブ（ロバート） Krier, Rob(ert) (1938-2023)

ルクセンブルク生まれのオーストリアの建築家であり，レオン・クリエの兄にあたる．クリエ兄弟は，産業化以前に存在した質を現代の都市に与えたいという思想を共有している．カミロ・ジッテの思想に影響を受け，歴史の中の事例をコピーするのではなく，そこから引き出された都市空間の類型化を発展させることに関心を置いている．ロブ・クリエは多くの集合住宅を手がけている．代表作として，ベルリンのクロイツベルク，リッテルストラッセにおけるIBAの実践的な展示（1978-80，これはテラーニのイタリア合理主義を想起させる），ベルリンティアガルテンの「ラウシュストラッセ」（1981-85），そしてクロイツベルクの「シンケルプラッツ」（1986-88）などがある．彼のルクセンブルク，ブライデルにある「ディケス邸」（1974-76）は，ボリュームが取り除かれた大きなキューブとして構成されており，ティチーノ派の作品と共通するものがある．彼は新合理主義に傾倒しているとされている．

クリオスフィンクス criosphinx

古代エジプトのスフィンクスのような形であるが，ライオンの身体に，雄羊の頭部が載る．

刳形（くりかた） moulding *or* molding

連続して突出した，または挿入された建築部材のことで，輪郭を描いたプロフィール（断面）をもつ．輪郭をはっきりさせ，影をつけ，豊かに飾り，強調し，区切りとなるもので，通常，水平方向か鉛直方向に展開するが，アーチやヴォールトをめぐることもある．アーキトレーヴ，ベース，エンタブラチュアやストリング・コースの不可欠な部分であり，ほとんどすべての時代の建築にみられる．インターナショナル・モダン・ムーヴメント（国際現代建築運動）は例外で，刳形は用いられなかった．古典主義オーダーの多くの形態（たとえば，アストラグルス（ラテン語），ビード（玉縁），カヴェット（イタリア語），シーマ（ラテン語），フィレット（平縁），フルート（溝），オーヴォロ（イタリア語で「卵形装飾」の意），スコティア（ラテン語），トルス（ラテン語））の中に現れ，ロマネスクの構築物（たとえば，ビーク・ヘッド，ビリット，シュヴロン（フランス語），窪み，円形開口，隅切り）やゴシック（深い円形開口や窪み，ボール・フラワー，太菌装飾，キール，ネイル・ヘッドなど）にもみられる．⇨雨押さえ石，浮き出し刳形，エキヌス，エッジ・ロール，オーヴォロ，オジー，カヴェット，カント，雲形装飾，ケーブル，ゴドロン，ゴルジュ，シュヴロン，ダヴテイル，ダンセット，チャプレット，ドッグ・トゥース，波形刳形，ネイルヘッド，バウテル，ビーク・ヘッド，ビード，ファスキア，フード，ペレット，ランニング，ルソー，ロール．⇨オーダー

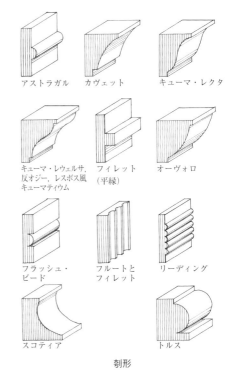

刳形

グリーク・キー Greek key

直角に交わる水平のフィレット（平縁）と鉛

直のフィレットからなる幾何学装飾物.「グレック」(フランス語で「ギリシアの」の意),または「ラビリンサイン」(「迷路風」の意)と呼ばれるさまざまなフレット(平縁).鍵のような形態が帯状(通常はフリーズやストリング・コース)に連なっている.

グリーク・キー　グリーク・キー,または迷路風フレットの2種の形式.

グリーク・リヴァイヴァル　Greek Revival

1750年代以降,古代ギリシアのモチーフの正確なコピーが建築デザインにとり入れられるようになり,そこに表れた建築スタイル.それは基本的に新古典主義の一部であり,古代建築に関する学術研究,とりわけスチュアート(ウスターシャー,ハグリィで,初のドリス式復興の事例となる,庭園に設置される初期のドリス式神殿を設計した(1758))とレヴェットの著作『アテネの古代遺物(Antiquities of Athens)』(1762以降の刊行)を参照していた.18世紀の中頃,ギリシアおよびかつてギリシアの領土だった地域のほとんどはオスマン・トルコ帝国の支配下にあり,そのため比較的,西側には知られていなかった.奇妙なことに,訪れることの可能だったイタリアのパエストゥムやシチリア島にあったギリシア神殿さえ,実際に一度も調査されたことがなく,またギリシアのドリス式はプリミティヴ(原始的)でかつ武骨であると考えられたから,時代が比較的に新しくなるまで真剣に注目されることはなかった.初期のギリシア建築の崇拝者にはヴィンケルマン,ルドゥー,ソーンが含まれるが,グリーク・リヴァイヴァルが普遍的に採用されるのはナポレオン戦争の後のことであり,それが国家主義に結びつけられた時のことだった.ほかの古い様式とは異なり,それはすでに価値を失った理念や体制に結びつけられることはなかったため,アメリカ合衆国,イギリス,プロイセン,バイエルンといった国々で活用された.その最も熟達した建築家には,ハミルトン,ハンゼン,クレンツェ,プレイフェア,シンケル,スマーク,ストリックランド,トムソン,ウィルキンスがいる.

グリザイユ　grisaille

1. 固体をレリーフ状に表現する灰色単色による絵画の様式.白とおぼしきものとそれが落とす影は適切な手法でさまざまな灰色の濃淡で表現される.中世のトリプティック(三連祭壇画)の扉の外側に用いられた.新古典主義の装飾構成においては,たとえば,古代エトルリア風やポンペイ風の内装で彫像を表現するのに使用された.

2. 灰色で濃淡をつけたステンドグラス.

クリスチャン,ユーアン　Christian, Ewan (1814-95)

イギリスの建築家.1842年に自分の事務所を開設し,1850年からはエクレジアスティカル・コミッショナーズの建築家および相談役を務めた.彼の教会堂建築は概して骨太で力強いゴシック・リヴァイヴァル様式で,たとえばレスターのセント・マーク教会堂(1869-72)がある.最もよく知られた作品はロンドンのナショナル・ポートレート・ギャラリー(1890-95)で,イタリア・ルネサンス様式である.数多くの中世建築の修復に携わった.その修復は他の人のものよりも激烈だった.ノッティンガムシャーのサウスウェル・ミンスターでは,二つの西塔を覆うピラミッド型の屋根をつくった.

クリスモン　Chrismon

神聖なモノグラム ☧ は,キリストの名前のギリシア語 ΧΡΙΣΤΟΣ の最初の3文字(「キーChi」,「ロー Rho」,「イオタ Iota」)の組合せであり,また「クリストグラム(キリストの象徴文字)」ともいい,「パクス pax」(加護)と同じように十字架を暗示する.このほかの解釈として ✶ は,Ιησούς Χριστος (イエス・キリスト)の頭文字であり,キリスト教の教義と洗礼を象徴する「魚」をギリシア語で表した ιχθύς の最初の2文字である.キリストにかかわる神聖な象徴には他に,A(アルファ)と Ω(オメガ)

—最初と最後，さらには INRI (*Iesus Nazarenus Rex Iudaeorum* (ユダヤびとの王ナザレのイエス) や，*In Nobis Regnat Iesus* (イエスはわれらに君臨する)，*Igne Natura Renovatur Integra* (神の恩寵なき自然は炎により甦らされる―聖霊と救済を表す)) がある．また IHS は，キリストのファーストネーム (IHC，イオタ Iota とエータ Eta と，Σ，C，あるいはラテン語では S となるシグマ Sigma) であるギリシア語 IHΣOYΣ の最初の 2 文字と最後の 1 文字として，また *Iesus Hominum Salvator* (われらの救世主イエス)，*In Hoc Signo* (このしるしのもとに「汝征服すべし」)，*In Hac Salus* (救いはこの「十字架」のもとに) として，多様に解釈される．

グリッグス，フレデリック・ランドシーア・モール Griggs, Frederick Landseer Maur (1876-1938)

イングランドの建築家，挿絵家．アーツ・アンド・クラフツの同胞から注目され，数多くの，当時，先導的な建築家やランドスケープ・アーキテクトから透視画の依頼を受けた．チッピング・カムデンに居を構え，生涯の大半をコッツウォルズの建物をモリスによって確立された原理にのっとって修復することに費やした．また，チッピング・カムデンにニュー・ドーヴァーズ・ハウスを建設した．彼のエッチングは大変な賞賛を受け，無数の本を装飾した．1934 年，アートワーカーズ・ギルドのマスターになった．

クリックメア，コートネイ・メルヴィル Crickmer, Courtenay Melville (1879-1971)

ロンドン生まれの建築家．1907 年にハートフォードシャーのレッチワース・ガーデン・シティで仕事を始める．そこではパーカー＆アンウィンによって設計が進められ，クリックメアはいくつかの住宅群と戸建て住宅，学校，ほかの施設の設計をヴァナキュラー・スタイルで行った．また，ハムステッド・ガーデン・サバーブにおいても多くの住宅を設計し，スコットランドのグレトナの新しい軍需都市の駐在建築家に任命された．

グリッシェン，クリスチャン・ヴァルター Gullichsen, Kristian Valter (1932-2021)

フィンランドの建築家．1961 年に自身の事務所を設立するまで，アールトのアシスタントを務めた．スータリアの集合住宅 (1977)，カウニアメンの教区センター (1983)，さらにユダーニ・パラスマー (Judani Palaasma) と協働で別荘の標準化システムであるモドゥーリなどを設計した．

グリッド，グリッドアイアン grid, gridiron

1．直交する多くの等間隔の平行線が織りなす網目状組織．これにより一様な正方形が形成され連なっていく．一つの平面パターンを確立し，たとえば，建築物平面に用いられたときは柱を並べた軸組構法ということになり，柱が交差点に置かれることとなる．都市平面に用いられた場合は規則的な間隔で道路が並び，それらが直角に交わることになる．

2．マリオンやトランサムを施された窓 (グリッド・トレーサリー)，またはスクリーン (障壁) の金属製か木製のグリル (格子)．

グリットストーン gritstone

強度と硬度がある砂岩．たとえば，ベリストール (ダービーシャー)，ブラムリー・フォール (ヨークシャー，リーズ)，ダン・ハウス (カウンティ・ダラム，ダーリントン) で採石される．

クリットール・ウィンドウ Crittall windows

第一次大戦直後に同名のイギリスの会社によって発展した金属製の開き窓．多くのアール・デコとモダニズムの建築 (⇨モダニスト)，無数の住宅に普及した．

クリデンス credence

教会堂の内陣の南側の台または棚 (奉献台という) で，主祭壇 (聖体奉納前のパンと葡萄酒が置かれる) の近くにあり，建築的に取り扱われることも多く，時にはピッシーナ〔聖水廃棄盤〕と組み合わされる．

クリート cleat

母屋が転ばないよう主材にとりつけたり，梁に柄穴が設けられない時に荷持ちの場所に取り付けたりする木の小材．

クーリー，トマス Cooley, Thomas (1740 頃

クリフ 282

-84)

　イングランドの建築家. 初期にはロバート・ミルンの事務所で実務経験をつんだ. ダブリンの王立取引所 (1769-79, 現市庁舎) の設計コンペに優勝したことがアイルランドの首都に引っ越す契機となった. 1775 年にダブリンの公共建築の現場監督と監督官に指名され, 数年のあいだ建築業界で最も重要な人物となり, アイルランドの新古典主義の創生において重要な役割を果たした. タイローンのカレドン・ハウス (1779) を設計し, これは 1812 年にナッシュによって増築された. 助手のフランシス・ジョンストンとともに, 1765 年からアーマー大主教であったリチャード・ロビンソン (Richard Robinson, 1709-94) のためにアーマー大主教区にいくつかの教会を設計した. それらには, 洗練されたアーマー大主教礼拝堂 (1785) がある. クーリーはいくつかカントリー・ハウスを設計しており, ダブリンの官庁 (1776-84), ザ・サブライム (現存せず), ニューゲート監獄 (1775-81), アイルランド最高法廷の初期の計画を担当した. 1781 年以降は, クーリーはガンドンにとってかわられた. ガンドンは後にアイルランド最高法廷 (1786-1802) を建て, ダブリンにおける重要な公共建築を多く手がけた.

グリフ　glyph
　⇨グリュフォス

グリフ　griffe
　⇨スパー

グリフィス, ジョン　Griffith, John (1796-1888)

　イングランドの建築家. ロンドンのケンサル・グリーンのオール・ソウルズ共同墓地 (1833 奉献) にあるグリーク・リヴァイヴァルの建物の設計で知られている. それらはイオニア式の非国教徒の礼拝堂 (1833-34), ドリス式の英国国教会の礼拝堂, カタコンベ, コロネード (1836-38), テラス式カタコンベとコロネード (1832-33), 地所を囲む壁と欄干 (門も含む), アーチのついた入口とロッジ (1833-34), 地所全体の配置と植栽である.

グリフィン, ウォルター・バーリー　Griffin,

Walter Burley (1876-1937)

　イリノイ州生まれのアメリカの建築家. 1899-1901 年にシカゴで, 続いて 1901-05 年に F・L・ライトのもとで働き, その後 1913 年にオーストラリア・キャンベラの連邦首都の設計と建設のための監督者に任命された. 彼の計画にみられる秩序だった幾何学は, 非常に美しい自然景観にうまくあてはめられた. おそらくそこにはルドルフ・シュタイナーの人智学の活動に対するグリフィンの興味が反映していたのだろう. 彼の最良の設計の中には, メルボルン大学のニューマン・カレッジ (1917), メルボルンのキャピトル劇場 (1924), さらにオーストラリアにおける複数の住宅がある. 彼は, 自らがニットロックと呼ぶ相互に連結された要素からなる構造システムを設計し, 特許をとった. 自身を受け入れた国のために非常に多くの設計を行い, その多くが実現した. グリフィンの妻はマリオン・ルーシー・マホニー (Marion Lucy Mahony, 1871-1961) であり, 彼女は 1898-1909 年にシカゴのライトのオーク・パーク・スタジオで働き, ヴァスムート社から 1910 年に出版された影響力のある作品集『フランク・ロイド・ライトの実現した建築と構想案 (*Ausgeführte Bauten und Entwürfe von Frank Lloyd Wright*)』の多くのドローイングを担当した.

クリプト　crypt

　1. 教会堂の床下にあるヴォールト架構の大空間 (クロフト, クラウド, シュラウド, アンダークロフト) で, 全体または部分が地下にあり, 一般には内陣の下で, 多くは身廊, 側廊, 礼拝堂に区分され, 祭壇を備え, 宗教的な勤めと地下埋葬のために使用される. ある程度の自然光が差し込むことが多く, 一般にコンフェッシオより大きく造られたが, ヘキサムのアングロ・サクソン建築 (7 世紀) の例では納骨堂よりも小さくかなり小規模である. 環状クリプトはアプスの内側の下にある半円形状のクリプトで, 590 年頃にローマのサン・ピエトロ聖堂から始まった. 外側の環状クリプト (周歩廊という) はカロリング朝時代とオットー朝時代の特徴をもつが, ヨーロッパ大陸に先行する最も早い例は, ノーサンプトンシャーのブリクスワースにおけるオールセインツ聖堂である (8 世紀頃またはそれより後).

2．墓室．

クリペウス　clipeus, clypeus
　古代ローマ建築におけるアーキトレーヴやフリーズに付加された円盾状の円形装飾．

グリマルディ，ジョヴァンニ・フランチェスコ
Grimaldi, Giovanni Francesco（1606-80）
　イタリアの画家・建築家．アルガルディが設計したローマのヴィラ・ドーリア・パンフィーリにおいて，現場建築家として活躍した（1645-47）．そしておそらく彼自身も，庭園のデザインに貢献したものと考えられている．また，ティヴォリの大聖堂の「無原罪のお宿り」礼拝堂の設計を行った（1656-59）ほか，フラスカーティのヴィラ・ファルコニエーリ（1672）などで，フレスコによる装飾を数多く手がけた．

グリムショウ，サー・ニコラス　Grimshaw, Sir Nicholas（1939-）
　イギリスの建築家．1965年からテリー・ファレルとともに建築をつくりながら，1980年にロンドンで独立（2003年にはニコラス・グリムショウ・アンド・パートナーズとなる）．彼の事務所では，ロンドンのウォータールー駅（1990-94），ロンドン，ドックランズにある，ファイナンシャル・タイムズ印刷工場（1986-88），セビリア万国博覧会における英国館（1992），ケルンにあるイグス社の工場および社屋（1993），デヴォン，プリマスにある，ウェスタン・モーニング・ニュース社の社屋（1993）といったような，いわゆる第2世代のハイテク・ビルディングと呼ばれるような設計を専門的に扱う傾向があった．またブリストルにあるRACモータリングサービスブリストル地域本社（1992-94）や，広く賞賛されている，コーンウォールにおけるエデン・プロジェクト（1996-2001）といった作品も手がけている．2003年には，バースに新しいスパが完成した．そのほかおもなプロジェクトにパディントン駅の第一期（1999），ベルリン証券取引所（1998），ロンドンのローズ・クリケット・グランドスタンド（1998），フランクフルトの展示物（2001），アムステルダムのアイブルグ橋（2000-01），ロンドンのジャイルズ・ギルバート・スコットの壮大であるが放棄されたバターシー発電所の新

しい利用のための提案（サッチャー首相が就任している間会社資産の収奪が行われた，2000年から），スペインのカイシャ・フォーラム・カルチャーセンター（1996-2004），ロンドンのミネルヴァ社屋（1997-2004），ロイヤル・カレッジ・オブ・アートの展示室および増設スタジオ（1999-2003），チューリヒ空港（1995-2004）がある．

クリュイスナール，ジャン＝ピエール
Cluysenaar, Jean-Pierre（1811-80）
　さまざまな様式を駆使してベルギーで活躍した老練な建築家．ブリュッセルのガルリー・サンテュベール（1837-47）は，天窓のある円筒形ヴォールトを備えており，ルネサンス・リヴァイヴァルによるショッピング・アーケードの記念碑的作例である．さまざまな作品の中でも，ブリュッセルの王立音楽学校（1872-77），ドイツ・ホンブルクの劇場とカジノ（1851-66），およびブリュッセル・コングレプランのパルクマルクト（1847）が代表作である．

クリュシ，マテュラン　Crucy, Mathurin（1749-1826）
　ナントの建築家，検査官．多くのすばらしい建物，パブリック・スペースを設計した．グラン・テアトルとグララン広場（1784-87），アルム広場（1786-90），ロワイヤル広場（1784-87），ブルス証券取引所（1790-1814），織物取引所（1821）などがある．市民のためのデザインを大きな規模で構想し，フランス人による古代ギリシア風の新古典主義の最高の例に数えられる．

クリュセレファンティノス　chryselephantine
　1．文字どおりに，黄金と象牙でつくったもの，さらに古代にそれらの材料を木製彫刻の上に薄く張ったものをいい，着衣の部分は黄金で，肌の部分は象牙で被われる（たとえばフェイディアス（Phidias）作のアテナ・パルテノス）．カトルメール・ド・カンシーはクリュセレファンティノスの彫刻の研究（1814）をしたが，これがイトルフの古典主義のポリクロミーに関する作品にとって出発点となった．
　2．この専門用語は，ポリクロミーが導入される前には，初期グリーク・リヴァイヴァルの

インテリアの上品な白と金の配色に対して，適用されることもあった.

クリュニー　Cluny

12世紀初めまでブルゴーニュ地方にベネディクト系のクリュニー修道院（現存せず）が所有していたヨーロッパで最大規模のロマネスク聖堂であり，二重側廊，アプス状祭室つき二重交差廊，放射状祭室つき周歩廊を備え，身廊には巨大な半円筒ヴォールトが架かる．この形式の平面はより多くの祭壇が祭室内に配置可能となるよう考案され，その効果が認められる．二重交差廊はクリュニー派の交差廊として知られる.

グリュフォス　glyph

チャネル，フルート，または溝のことで，普通は鉛直方向のもの．たとえば，ドリス式のフリーズにみられ，メトープをはさむブロックをトリグリュフォス（トリグリフ）という．なぜならば，それが2本のグリュフォスと2カ所の半グリュフォスを備えているからである.

クリュプタ　crypt
⇨クリプト

クリュプタ　crypta

1．長く狭いヴォールトで，全体あるいは部分的に地下にあり，古代ローマでは農場に関連し，倉庫として使用された.

2．両側に窓のある長く狭い柱廊で，大きい方の開口部が海または格別なすばらしい眺めに面し，散策や歓談のために使われる．古代ローマのヴィラに備わるものをクリュプトポルティクスという.

グリュプトテーカ　glyptotheca
彫刻ギャラリー.

グリル　grille
開口部装飾に用いられるラチス，またはスクリーン．通常は金属製である.

グリーン　green

1．とりわけ，村落や小規模な町によくみられる芝生で覆われた土地，ボーリングやクリケットのようなレクリエーションに使われること

ともあった.

2．同様のものだが，リネンを製作する場所の中で，かつてブリーチング（脱色）を行っていた場所．たとえば，アルスターにはその多くが現存しており，ブリーチ・グリーンと呼ばれている.

グリーン・アーキテクチュア　Green architecture

1．建築物群と密接な関係をもった幾何学式庭園，またはピクチャレスク庭園．そこではランドスケープ（風景）と建築が融合している.

2．省エネルギー基準に則り，環境破壊低減を目指して設計された建築物．⇨環境応答建築

グリーン＆グリーン　Greene & Greene

チャールズ・サムナー・グリーン（1868-1957）とヘンリー・マシュー・グリーン（1870-1954）はアメリカのアーツ・アンド・クラフツの重要な建築家であり，カリフォルニア州パサデナにおいて，キニー＝ケンドール・ビルディング（1896）で注目を集め，その実践が認められた．その建築はマリオン，広いフリーズ，頂部を飾られたエンタブラチュアにより構成される単純化されたファサードを持っていた．だがその後，彼らの作品はほぼすべてが住宅建築の領域に属すものとなる．その住宅は，スイスのシャレー建築やシンケルとトムソンのイタリア風様式，さらにF・L・ライトのプレーリー・ハウスを連想させる緩勾配の屋根をもつものであった．彼らの作品の良い例としては，いずれもパサデナに建つロバート・C・ブラッカー邸（1907），デイヴィッド・B・ギャンブル邸（1908），S・S・クロウ邸がある．この3例にみられる，特大のマッシヴな木材，突き出た屋根，入念に考えられた風景との結びつきは，彼らのスタイルの顕著な特徴となった.

グリーン，ウィリアム・カーティス　Green, William Curtis（1875-1960）

イギリスの建築家．ベルヒャーの弟子であり，1898年に事務所を設立し，多くの発電所，住宅，小住宅（レッチワース田園都市やハムステッド・ガーデン・サバーブなど）を設計した．彼はダン・アンド・ワトソンのロンドン事務所と共同で（1912），洗練された古典様式の建物を手がけた．たとえば，ピカデリーのウォ

ルスレイ・ハウス（1912，のちのバークレイ銀行）やナショナル・ウェストミンスター銀行（ペルッツィから詳細部分を引用），ポール・モールにスコットランド共済協会（フィレンツェ，サン・ロレンツォにあるミケランジェロの新聖具室からの引用がある）など．1930年代には，ロンドンのドーチェスター・ホテルの外観と内部を設計した．この建物の構造は，オーウェン・ウィリアムズが担当した．その他の作品に礼拝堂がある（ハンプシャーのコーブにあるセント・クリストファーなど（1934））．

グリーンウェイ，フランシス・ハワード
Greenway, Francis Howard (1777-1837)
　イングランドの建築家でナッシュの弟子．建設業者と石工の兄弟とともにブリストルで仕事を始め（1805年頃），彼自身は建築の専門技術を提供した．彼らの設計事務所はクリフトンのマルにあるホテルやアセンブリー・ルームを設計し，多くの宅地開発をおこなった．邸宅完成のための契約において文書を偽造して有罪となり，1812年にオーストラリアに流罪となった．1816年にはニュー・サウス・ウェールズ州の公共建築家となり，シドニーで多くの公共建築を設計した．たとえば，セント・ジェームズ教会（1819-24），バラックス（1817-19），マクアーリー・タワー，総督官邸の厩舎がある．厩舎は城館風様式で建てられたが，ほかの作品の多くは均整のとれた古典主義の作品である．ニュー・サウス・ウェールズ州のウィンザーにあるセント・マシュー教会（1817-20），同州のリヴァプールにあるセント・ルーク教会（1818）を設計した．

クリンカー・ブロック　clinker block
　⇨ブリーズ・ブロック

クリンクル・クランクル　crinkle-crankle, crinkum-crankum
　ガーデン・ウォールは，一般には1面が南に向くように東西方向に整列させるが，これはひきのばされたS字形が連続するリボンやヘビのような形状でつなげられたもの．堅固な壁は，安定に必要な壁厚を直線状の壁より薄くでき，バットレスは不要となる．

グリーン，ジョン　Green, John (1787-1852)

イングランドの建築家，土木技術者．2人の息子ジョン（John, 1807頃-68）とベンジャミン（Benjamin, 1813-58）も建築家．ベンジャミンはA・C・ピュージンの徒弟をし，1831年頃から1852年まで父のもとではたらいた．彼らはとくに目立ったところのない数多くの教会堂を設計し，中世の建物を破壊的で非学術的なやりかたで改変した．彼らの最上の作品は鉄道関連のもので，ダラム州のバーナード城近くのホールトンの錬鉄製吊り橋（1829-31），ノーサンプトン州のタインマウス鉄道駅（1847）である．ニューカッスル・アポン・タインにおいて文学哲学協会の図書館（1822-25），劇場（1836-37），グレイ卿記念柱（1837-38），穀物取引所および織物市場（1838-39，それぞれ1854年および1972年に取壊し），穀物倉庫（1848），ユナイテッド・セッション・ミーティング・ハウス（1821-22）を設計した．また，ペンショウ・ヒルのギリシアのドリス式神殿風（1840）は彼らの作品の中で最上のものの一つである．

グリーン大佐，ゴッドフリー　Greene, Colonel Godfrey T. (1807-86)
　イギリス海軍の技術・建築担当官（1850-64）として，ケント州シアーネスの工場全般や鍛造工場，鋳造所，艤装所，艇庫の建設の指揮をとった（1856-57）．これはすべて実用上の慣例の範囲において非常に単純に，しかし丁寧につくられた建物で，様式のてらいはない．艇庫は，鉄の骨組みに軽量の被覆を施した4層の構造物としては初めてのものとみられる．

クリント　klint
　⇨イェンセン=クリント，ペーデル・ヴィルヘルム

グリーンハウス　greenhouse
　⇨コンサーヴァトリー（温室），コンセルヴァトワール

グリーンバーグ，アラン　Greenberg, Allan (1938-)
　南アフリカで生まれ，1973年にアメリカ人となる．彼のモダニズムに対する揺るぎない拒絶は古典主義の再評価へと導き，彼はその実践者として最も著名な人物の1人である．彼の

ジョージア州，アテネのニュース・ビル（1992）では，溝のないギリシア・ドリス式柱廊玄関を要し，かつての新古典主義にふさわしい全体的な権威性をもっている．他にコネチカット州の農家（1979-83），ニューヨークにあるブレント出版社の事務所（1985），そしていくつかのワシントン D.C.にある米国国務省の内装（1984-87）がある．

グリーン・ベルト　green belt

町や都市の周囲を帯状に囲む未開発地（たとえば，農地，森林地，ヒース地，荒野など）．建設を禁止して保護されていた．ラウドンはそれによる恩恵をロンドンに施すよう提案した．その効能の一部として 1820 年代にはロンドンのスプロール現象を抑制することができると考えられたのである．やがて，この考え方は庭園都市やニュー・タウンの推進者たちによって採用された．ロンドンのグリーン・ベルトはいくつかの州にまたがる広大な農村地帯を保護した．それなくば，開発への抵抗は困難だっただろう．⇨ステイン，クラレンス・S

グリーン・ルーフ　green roof

植物が生えている屋根．環境的，また，美的に満足が得られるよう設計される．ロンドンのケンジントン・ハイ・ストリートにある旧デリー＆トムズ・ストア（1929-31）のアングロ・ヒスパニック・ルーフ・ガーデン（1937-38）はバーナード・ジョージ（Bernard George, 1894-1964）の手になり，この種のものとして英国最初の作例の一つである．

グリーン，レズリー・ウィリアム　Green, Leslie William（1875-1908）

イギリスの建築家．ロンドン地下鉄公社の建築家として知られ，建築家であるハリー・ワートン・フォード（Harry Wharton Ford, 1875-1947）とともに公社において設計にあたった（1899-1911）．ベイカー・ストリートやウォータール鉄道，グレート・ノザン，ピカデリー，ブロンプトン鉄道，チェアリング・クロス，ユーストン，ハムステッド鉄道の各駅舎の設計を行った．すべての駅舎が清潔で，明快で，機能的であり，ガラスブロックやタイルが使用され，簡素でわかりやすい表現となっている．

グルーエン，ヴィクター・デーヴィド　Gruen, Victor David（1903-80）

グリュンバウム（Grünbaum）家生まれのウィーンの建築家で，1938 年にアメリカに移住した．ロサンゼルスに会社を設立（1951）し，郊外のショッピングセンターを専門とした．ミシガン州デトロイトのノースランド・センター（1954），ミネソタ州ミネアポリスのサウスデール・センター（1956）を手がけ，さらに都心で初めての壁に囲まれたショッピング・モールとしてニューヨーク州ロチェスターのミッドタウン・プラザ（1968）を設計した．カリフォルニア州フレズノのザ・モール（1968）も設計している．その思想は著書『我々の都市の中心（*The Heart of Our Cities*）』（1964）に集約されているが，この著作にはさまざまな異議も唱えられている．功罪相半ばする 20 世紀中盤のショッピング・モールの事実上の発明者である．

クルック，ジョゼフ・モーダント　Crook, Joseph Mordaunt（1937- ）

イングランドの建築史家．イギリスにおける新古典主義の研究で多大な功績を残した．スマーク，大英博物館，グリーク・リヴァイヴァルについての著作がある．ウィリアム・バージェスについての明晰な書籍はヴィクトリア朝の建築家についての最も浩瀚な研究の一つである．様式に関する調査研究も名声を高めている．ジョン・カーターについての伝記は好古趣味およびゴシック・リヴァイヴァルについて新しい光を投げかけた．『王室建築の歴史（*History of the King's Works*）』（1973-76）の共同編集者．

グルッポ・セッテ　Gruppo 7

7 人のイタリア人建築家（ウバルド・カスタニョーリ（ほどなくアダルベルト・リベラに交代），ルイジ・フィジーニ，グイド・フレッテ（Guido Frette, 1901-1984），セバスティアーノ・ラルコ（Sebastiano Larco, 1901-），ジーノ・ポリーニ，カルロ・エンリコ・ラーヴァ（Carlo Enrico Rava, 1903-85），ジュゼッペ・テラーニ）によるグループで，1926 年に結成された．1927 年，モンツァで開催された展覧会，1926-27 年に『ラ・ラッセーニャ・イタリアーナ（*La Rassegna Italiana*）』誌上に載せられた宣言は，近代イタリアの合理主義を推進し

ようとしたもので，イタリアの古典的伝統と，ル・コルビュジエに由来する機械の美学が両立させられていた．イタリア合理主義建築運動（ミアール）（1930）は，グルッポ・セッテの発展形である．グルッポ・セッテに関係する作品としては，テラーニによるコモのノヴォコムン集合住宅（1927-29），リベラによるローマのファシズム革命展のファサード（1932）およびローマ大学都市（1930年代）がある．グルッポ・セッテのほとんどが，ムッソリーニのファシスト党を支持し緊密に連携した．

クルドサック　cul-de-sac

一端が行き止まりとなり，入口以外に出口がない路地，小道，通路，通りなど．

クール・ドヌール　cour d'honneur

大規模な邸館や宮殿の主要な庭．あるいは多くがその前庭で，主要前面，張り出した翼屋もしくはコロネード，そして，きわめて低い建物やロッジもしくは壁や柵で囲まれることが多い．ラトランドシャーのバレー・オン・ザ・ヒル（1696-1704）がその好例である．

クールトンヌ，ジャン　Courtonne, Jean (1671-1739)

フランスの建築家．その作品，パリのオテル・ド・ノワールムーティエとオテル・ド・マティニョン（ともに1720-24）は優雅で慎みある範例となっている．コラムのない連続した壁面デザインであり，そこに背の高い窓（半円形アーチを頂いたものやセグメンタル・アーチを頂いたものがある）が並んでいた．建築透視図についての概論でも重要な存在である．これは1725年に出版され，建築についての数多くの論評も掲載されている．そこでは建築物の外観は内部の形態によるべきであるという強い主張がみられる．

クルネル　crenel, crenelle

⇨バトルメント

クルー，バーティ　Crewe, Bertie (1860頃-1937)

エセックス生まれ，イギリスの建築家．100を超える劇場，ミュージック・ホール，初期の映画館などの設計にかかわった重要な建築家で

ある．彼の作品には，ロンドンのニュー・プリンス（後にシャフツベリー）・シアター（1911）やゴールダーズ・グリーンのヒポドローム（1910），イングランド初の映画館複合施設である，ストランドのニュー・チボリ（1923，57解体）がある．

クルプザキウス，フリードリヒ・アウグスト　Krubsacius, Friedrich August (1718-89)

ドイツの建築家，理論家．ロングリュヌとボトのもとで学び，1764年にドレスデンの芸術アカデミーの教授に，1776年にはドレスデンのオーバーホーフバウマイスター（主任宮廷建築家）に着任した．著作『建築における古代の真の趣味に関する考察（*Betrachtungen über den wahren Geschmack der Alten in der Baukunst*）』（1747）において，（フランスの原典を用いつつ）人体のプロポーションが建築創作の基盤となるべきことを提案し，1759年の他の本では，バロック様式がより純粋なものに置き換えられるべきであると述べた．この主張にもかかわらず，ドレスデンとその周辺に見られる彼自身のデザインの大部分はバロック風のものである．ただほぼすべての作品は破壊されたか損傷しており，ドレスデンのラントハウス（議会）（1770-76）が部分的に修復され，すばらしいロココの階段室を見せている．また1760年代にネシュヴィッツとオッターヴィッシュのシュロス（城館）で実作を手がけているが，それらはほとんど残っていない．『小プリニウスの別荘とラウレントゥム庭園の推定構想案（*Wahrscheinlicher Entwurf von des jüngern Plinius Landhause und Gartens Laurens*）』（1760）において小プリニウスの別荘に関する興味深い研究を，さらに1763年の別の書物でトスカナの別荘について出版している．クルプザキウスは造園においても重要な人物であった．

グループ柱　grouped

1．一組にされた2本の円柱やピラスターは「双子柱」と呼ばれるのに対して（たとえば，パリのルーヴル宮殿の東側正面），単一の柱礎，ペデスタル（台座）やプリンスの上にもっと近接して配置されたものを「グループ柱」という．

2．〔訳注：細い柱が〕房のように束ねられ

たようにみえるピア.

車寄せ porch
⇨ポーチ

グルリット, コルネリウス　Gurlitt, Cornelius (1850-1938)
ドイツの建築家, 建築史家. ほとんど 100 冊に及ぶ書籍と多くの論文を書いたが, 19 世紀には流行の去ったバロック様式の芸術, 建築についての, 最初の力のある礼賛者として記憶される. シンケルとその追従者の建築言語を拒絶し, より豊かで, 抑制的でない建築傾向を示したゼンパー, ヴァロットなどをひいきにした. 代表作は, 影響力をもった『バロック, ロココ, 新古典主義 (Geschichte des Barockstiles, des Rococo und des Klassizismus)』(1887-89, シュトゥットガルトで出版) であった.

クルンデン, ジョン　Crunden, John (1741 頃 -1835)
イングランドの建築家. パターン・ブックで有名であり, 『簡便で装飾的な建築, 農家から最も壮大なヴィラのデザイン (Convenient and Ornamental Architecture, consisting of Original Designs (from) the Farm House... to the Most Grand and Magnificent Villa)』(1767) はのちに 7 版を重ね, この種の最も成功した著作となった. これは幅広いパッラーディオ主義風の建築デザイン集であった. 彼は J・H・モリス (J. H. Morris) とともに『中国風の手摺と門のための大工の手引 (The Carpenter's Companion... for... Chinese Railing and Gates)』(1765) を出版し, ゴシック様式でも設計し, クラフツの『最も美しいピクチャレスクな庭園の図面 (Plans des plus beaux jardins pittoresques)』(1809) には彼の庭園建築がのっている. 彼の作品はそれほど多くはないが, ロンドンのセント・ジェームズ・ストリートにあるブードルズ・クラブ (1775-76) があり, これはロバート・アダムの作品に影響を受けた. 彼のパターン・ブックはとくにアメリカで影響力を有した.

クルンパー, ヨハン (・ハンス)　Krumpper, Johann (Hans)(1570 頃-1635)
ズーストリスによるミュンヘンの聖ミヒャエ ル・ホーフキルヘ (宮廷教会) (1583-97) のややぎこちないルネサンス様式のファサードの建築家. 他の作品としては, ポーリンクのシュティフツキルヘ (修道院教会) の塔, レーゲンスブルク近郊プリュールのカルトゥジオ会修道院の主祭壇 (1607), ミュンヘンのパウラーナー教会 (1621-23, 破壊された), ダッハウのプファルキルヘ (教区教会) (1624-25) があり, さらにミュンヘンのフラウエンキルヘ (聖母教会) のルートヴィヒ 4 世公 (Duke Ludwig IV) の墓などいくつかの記念碑的な墓がある.

グレアム, ジェームズ・ギレスピー　Graham, James Gillespie (1776-1855)
スコットランドの建築家. 大規模な事務所をもち, 城館風のカントリー・ハウスとゴシック様式の教会の設計を専門とした. 前者は本質的に対称的であるが, 片方に円塔を配することで, ピクチャレスクな効果が得られている. 外観はやや簡素であるが, 内装はしばしばみごとなゴシック装飾が施されている. 彼のカントリー・ハウスにはインヴァネスシャーのアクナカリー・カースル (1802-05), スカイのアーマデイル・カースル (1814-22), バリックシャーのダンズ・カースル (1818-22), アンガスのクレイグにあるダニナルド・カースル (1823-24) がある. 彼の最もすばらしいゴシック建築は, おそらくグラスゴーにあるローマ・カトリックの大聖堂 (1814-22) と, アンガスにあるモントローズ教会の尖塔 (1832-34, リンカンシャーのラウスにある先例に基づいている) であろう. 最も傑出した古典主義の作品は, モリシャーのエルギンにあるグレイズ・ホスピタル (1812-15), エディンバラ・ニュータウンのモリー・エステートのレイアウトと設計 (1821-28, 多角形平面のモリー・プレースも同様), チェシャーのバーケンヘッドの街路計画 (1825-28) である. もっとも, この街路計画ではハミルトン・スクエアのみが彼のデザインによって開発されたようである (1825-44). 彼はおそらくバロニアルという用語を使った初めての建築家であった (1813, 1846). デーヴィッド・リンドと何かしら仕事の計画があったようである.

クレアンティス, スタマティス　Kleanthis, Stamatis (1802-62)

シンケルに学んだギリシアの建築家．エドゥアルト・シャウベルト（1804-68）とともに，1832 年のアテネ改造案を計画した．ここで古代遺跡の保存に関する重要な提唱を行ったが，個人所有者の反対により挫折した．またアテネのビザンティン博物館（19 世紀半ば）を設計した．

グレイ，アイリーン Gray, Eileen (1879-1976)

アイルランド出身のデザイナー．彼女の国際近代建築の仕事には，フランスのロック・ブリュヌの E-1027 ハウス（1926-29），パリのバドヴィッチ・アパルトマン（1930-31），フランスのカステラルのタンプ・ア・パイラ・ハウス（1832-34），そして 1937 年のパリ万博で，ル・コルビュジエのパヴィヨン・デ・タン・ヌヴォ内に展示された文化センターがある．彼女は才能豊かな家具デザイナーでもあり，日本の漆に影響された漆作品も手がけている．第一次世界大戦後は，インテリア・デザイナーとして，デ・ステイルのテーマを彷彿とさせる，クロム・メッキのスツール，アルミニウム，ミラー・ガラスを用いた家具デザインを行った．

グレイヴス，マイケル Graves, Michael (1934-2015)

最も物議を醸すアメリカの建築家の 1 人である．ニューヨーク・ファイブの 1 人として認識され，ル・コルビュジエのテーマを再構築したいくつかの個人邸宅で名を馳せる（例．デ・スティルの面影も残す，ニュージャージー州，プリンストンのベナセラフ邸の増築（1969））．1970 年代から歴史的なイメージや引用を融合させた彼の作品は，ポスト・モダニズムとして分類される．オレゴン州，ポートランドの公共サービス事務所（1980-83）や，ケンタッキー州，ルイビルのヒューマナ・ビル（1982-86）は彼の代表作である．他の作品には，ニュージャージー州，ジャージーシティー，リバティ州立公園の環境教育センター（1981-83），ニュージャージー州，プリンストンのグレイヴス邸（1986-93），ミシガン州にあるデトロイト美術館（1990），カリフォルニア州，バーバンクのチーム・ディズニー・ビル（1985-91，破風の下もしくは，アティック階に男像柱のかわりに白雪姫の小人が立っている），ニュージャージ

ー州，トレントンの連邦裁判所（1992）などがある．

クレイグ，ジェームズ Craig, James (1744-95)

エディンバラ生まれの建築家．エディンバラのニュータウン（1766）の設計で名声を得た．1786 年に『エディンバラ市の改良計画（*Plan for improving the City of Edinburgh*）』を出版した．彼はまたセント・ジェームズ・スクエア（1773，現存せず），ジョージ・ストリートにあったパッラーディオ主義のフィジシャンズ・ホール（1775，現存せず），カールトン・ヒルの旧天文台（1766-92）を設計した．

クレイズ，ロミリィ・バーナード Craze, Romilly Bernard (1892-1974)

イギリスの教会建築家．彼が手がけた多くの教会建築が，第二次世界大戦で破壊され損害を受けた教会の再建や過酷な修復であったのは，彼にとっておそらく残念なことである．作品としては，カンバーウェル，ファーンバラ・ウエイのセント・ルーク（1953-54），ウェンブリーのワットフォード・ロードにあるセント・カスバート（1958-59），ケンジントンのケンサル・ロードにあるセント・トーマス（1967）があげられる．ロンドン主教区にある多くの礼拝堂の再整備では，サザークにあるピュージンによるセント・ジョージ大聖堂（1841-48 建立）の RC 造による再建があり，オリジナルのプランにもとづきながら，なぜかあまり生気を感じられないアーツ・アンド・クラフツのフリー・ゴシック様式を採用している．修復した多くの礼拝堂には，ノッティング・ヒルのタルボット・ロードにあるウィリアム・ホワイト設計のオールセインツ（1949-51），ケンジントンのオーブリー・ウォークにあるキーリング設計のセント・ジョージ（1947-49）がある．一方，ノーフォークのワルシンガムにある聖母マリア聖堂（1931-37）は，どことなくイタリア風であり，内部は小さな建物にしては空間が複雑に構成され，コンパーによるすばらしい装飾壁がある．聖堂が建っている場所は，サー・ウィリアム・フレドリック・ヴィクター・モードン・ミルナー準男爵 8 世（Sir William Frederick Victor Mordaunt Milner, 1896-1960）が寄贈したもので，彼は 1931 年からミルナー＆クレイズ建築

事務所で，クレイズの共同設計者であった．

クレイツァル，ヤロミール　Krejcar, Jaromír (1895-1949)

チェコスロヴァキアのモダニズム建築家．カレル・タイゲとともにグループ「デヴィエトシル」を率い，構成主義とピュリスムを推進する雑誌『ジヴォト II（*Život II*）』（1922）を編集した．作品にはプラハのオリンピック百貨店（1924-26，チェコスロヴァキア最初の鉄筋コンクリートのラーメン構造建築の一つ），トレンチアンスケー・テプリツェのサナトリウム・マフナーチ（1929-32，国際モダニズムの典型），パリ国際博覧会チェコスロヴァキア館（1937，現存せず）がある．

クレヴァリ，チャールズ・ピーター　Cleverly, Charles Peter (1923-2002)

イギリスの建築家．ル・コルビュジエや CIAM に影響された高層住宅が次々と建ち始めた 1960 年代のロンドンに辟易して，ロンドンからサフォークに仕事の場を移した．オックスフォード，ペンブルックカレッジのノース・クォード（1955-64）では，ビーフ・レーンに沿って変化に富む住宅を設計した．彼は礼拝堂や古い住宅の保存にかかわり，ナショナル・トラストと共同してノーフォークのフェルブリック・ホール，サフォークのイックワースとストーク・バイ・ネイランドのトリントン・ホール，エセックスのフラットフォード・ミルとバーン・ミル等の修復を行った．85 棟ほどの中世礼拝堂の修復に携わったほか，イングランド東部の伝統的な納屋を巧みに住宅に転用する運動を推進した．彼の曾祖父である，チャールズ・セント・ジョージ・クレヴァリ（Charles St George Cleverly, 1819-97）は，香港の最初の配置計画を委任され，彼の祖父，フレデリック・ムーア・シンプソン教授（Proffessor Frederick Moore Simpson, 1855-1928）は，『建築発展史（*A History of Architectural Development*）』（1905-11）の著者である．

グレゴッティ，ヴィットリオ　Gregotti, Vittorio (1927-2020)

ネオ・ラショナリズムのイタリア人建築家．一時期（1950 年代），ネオ・リバティ運動に感化されたこともある．作品は純粋なヴォリュームに傾倒するようになったが，その傾向はポルトガル，リスボンのベレン文化センター（1993）で頂点に達する．段々状の建物は，エジプトやギリシアといった古代建築を思わせる．ほかにも，ローマの ENEA 研究センター（1985），コゼンツァのカラブリア大学（1973-85）があるが，とくに後者は，巨大な橋梁状の基盤上に計画された全長 3 キロ（1.9 マイル）の長大な建造物群である．著書『建築の領域（*Territorio dell'architettura*）』（1966），『目に見える都市（*La Città Visibile*）』（1993）も重要な業績である．

グレーシュ，ルネ　Greisch, René (1929-2000)

ベルギーの建築家，技師．ベルギーとルクセンブルクでの多くの橋梁設計，および美学と技術革新の調和についての研究で著名である．手がけた吊り橋の中でも，ワンドルでムーズ川とアルベール運河に架かる橋（1989）とエルマル・スー・アルジャントーでアルベール運河に架かる橋（1983）が代表作である．

クレズウェル，ハリー・バルカリー　Creswell, Harry Bulkeley (1869-1960)

イギリスの建築家．アストン・ウェブの事務所で修業したのち，1899 年に自らの事務所を設立．植民地英国海外援助機関における技術検査の仕事を行いながら，フリントのクィーンズフェリーにあるタービン工場（1901-06）を設計した．そこには，巨大なパイロンに似た鉄塔やエジプト風の柱がついていた．クレズウェルは，『アーキテクチュラル・レビュー（Architectural Review）』誌への寄稿者であり，『ハニーウッド・ファイル（The Honeywood File）』（1929），『ハニーウッド・セトルメント（The Honeywood Settlement）』（1930）の著者であった．内容はいずれも，建築家，クライアント，積算士，ビルダーの間で行われる架空の話であり，ウィットに富んで，ユーモラスなものであった．

クレスト　cress, crest, cresting

1．クレストとは，花冠や宝冠，帽子に据える頂部飾りで，武装した鎧冑の上につける．

2．頂華〔フィニアル〕．

3．簡素なものから装飾的なものまで，多くは穴を穿ち，水平方向に続くレース状飾り．庇

や棟，衝立，壁体の上に付けられる．衝立によく用いられるのは，ブラティシング．

4. 煉瓦が敷かれるモルタルの床（おそらく水切りという言葉の由来）．

5. 中世にクレスト・テーブルと呼ばれた笠石．

6. 狭間胸壁．

グレーゼルネ・ケッテ　Gläserne Kette

1919 年にブルーノ・タウトによって設立されたドイツのグループ（ドイツ語で「ガラスの鎖」の意）で，グロピウスやシャロウンもいた．ガラス，鋼鉄，コンクリートを用いた水晶，貝殻，植物に由来する形態を好んだ．後に幾人かのメンバーは「リンク」に合流した．

クレセント　crescent

1. 前面が円または楕円の一部をなすような凹型の平面形状をもつ建物または建物群で，一般に庭園や散歩道に面する．最も早い例はウッド（息子）によるバースにおけるロイヤル・クレセント（1767-75）と，ヨークのカーによるダービーシャーのバクストンにおける半円のクレセント（1780-90）である．またジョン・イーヴリイ（John Eveleigh, 1756-1800 活躍）によるカムデン・クレセント（1788 頃），ジョン・パーマー（John Palmer, 1738 頃-1817）によるランズダウン・クレセント（1789-93）は双方ともバースにあり，19 世紀に普及した発展形の先行例である．正面が凸状の弧を描く一連の建物をクアドラント〔1/4 円〕という．

2. アーチの種類の一つで，馬蹄形アーチともいう．

グレーソン，ジョージ・エノク　Grayson, George Enoch（1833 頃-1912）

リヴァプールの建築家．エドワード・オーガスタス・ライル・オールド（Edward Augustus Lyle Ould, 1852-1909）と共同事務所を設立し，その後，1897 年ジョージ・ハストウェル・グレイソン（George Hostwell Grayson, 1871-1951）を加えた．事務所はチェシャーのポートサンライトにすぐれた住宅群を設計したが，そこには，ウッド・ストリートにある階段状の切妻屋根の住宅（1895）や固いテラコッタと煉瓦張りのゴシック・ハウス（1896）がある．ケンブリッジでは，セルウィン・カレッジのホール（1907），トリニティ・ホールの建物（1910）を設計した．

クレタ建築　Cretan architecture

巨大な宮殿施設が，クレタ島のクノッソスやファイストスに建設されたことが知られている．これらは前 2000 年頃にデザインされたもので，のちには，広大な廊下と，多数の私室，および内庭，そして円柱に囲まれたホールを，非対称に配置させた，より壮大な規模の宮殿となった．クノッソスにある「ミノア王の宮殿」には，軸線によって整然と計画された配置があり，大階段によって大広間と連結されている（いわゆる「ミノア」建築である）．壁画装飾が豊富で，生き生きとした力強い色彩で描かれている一方で，コントラクトゥラの円柱（その多くは糸杉製）は，エンタシスを採用せずに，下方に向かって先細るよう，柱礎になるほど直径が小さくなるように設計されたため，自然形態を逆転させるという珍しい現象が観察される．クレタ建築の細部に見られるプリミティヴな性質は，プレチニクら 20 世紀の建築家を魅了することとなった．

クレードル　cradle

1. プラスターのコーニスやヴォールトを支持するための軽量な構造や骨組（クレードリング）．

2. 花籠飾り．

3. 格間〔ケーソン〕．

クレードル・ヴォールト　cradle-vault

トンネル・ヴォールトの誤った言い方．

クレードル・ルーフ　cradle-roof

ブレースを用いる場合，下部にアーチを架ける木造屋根の形体．

クレピド　crepido

1. 高くした台座で，その上にはたとえばオベリスクや祭壇が載り，神殿が建立される．⇨ クレーピードーマ

2. 古代ローマ街道に平行する高さをつけた歩道．

3. 古代建築において，たとえばコーニスのように，突き出た装飾的な部分．

クレーピードーマ crepidoma
1. 古代ギリシア建築の基壇.
2. クレーピースまたはクレピドという基壇で, 古代ギリシア神殿がその上に建立され, 一般に高さのある3段の階段からなり, その最上壇の面はスタイロベートと称する.

クレープス, コンラート Krebs, Konrad (1491-1540)
ドイツの建築家. トルガウにあるハルテンフェルス城のヨハン・フリードリクス・バウ（ヨハン・フリードリヒ・ビルディング, 1533-36) を設計したが, これは中央に開口部を設けた階段塔を伴うもので, ザクセン地方におけるルネサンス様式の複合施設の中でも, 最初期の傑作の一つに数えられる.

グレベール, ジャック Gréber, Jacques (1882-1962)
フランスの都市設計者. カナダのオタワの首都計画を公園, 庭園とともに準備した.

クレ, ポール・フィリップ Cret, Paul Philippe (1876-1945)
フランス生まれのアメリカの建築家. リヨンとパリのエコール・デ・ボザールに学んだのち, 1903年にアメリカ合衆国に移住, ペンシルヴェニア大学で教鞭をとり, 07年に自身の事務所を開業した. 彼の指導のもと, ペンシルヴェニア大学の建築学科は名高い存在となり, ルイス・I・カーンを含む優秀な卒業生を輩出した. 彼はワシントンD.C.の堂々たる汎米連盟ビル (1907-10) でボザールで受けた教育をよみがえらせた. インディアナ州インディアナポリスの公共図書館 (1914-17) では簡素なドリス式の列柱廊の両側に角張った巨大なパヴィリオンを添えたが, ワシントンD.C.のフォルジャー・シェークスピア図書館 (1928-32) では, クレのスタイルはより余分なものがそぎ落とされ, 力強くなった. 彼の古典主義の慣用法を簡略化させた最も感動的な作品は第一次世界大戦における戦没者の記念碑群である. その中でもフランスのシャトー・ティエリーの近くのエーヌ・マルヌ川記念碑が好例である.

クレムリン Kremlin
ロシアの要塞または街中の砦で, とくにモスクワにあるもの. 1156年に成立した. 1367年には石の壁により, さらに煉瓦の壁と塔 (1489-95) によって強化され, 15世紀以降は多くのすばらしい建物によって美しく整えられた.

クレモン・ボルト cremone, cremorne
把手を回転させ操作するラック・アンド・ピニオン式のケースメント・ボルト. すなわち, フレンチ・ウィンドウなどのように1枚の扉にとりつけた2本のスライディング・ロッド〔上げ落とし〕は, 施錠のために枠の中の上下の反対方向にある軸受けに差し込まれる. その変化形はエスパニョレットといい, ボルト・ロッドの端には本体枠組の頂部と底部に設けた溝に填め込む留め金がつき, 扉および窓を施錠する.

クレリソー, シャルル゠ルイ Clérisseau, Charles-Louis (1721-1820)
パリ生まれの製図家, 学者, 建築家. ボフランのもとで学んだ. 彼の重要性は, 新古典主義の発展に深い影響を与えた教師・芸術家=考古学者としてである. ジェームズ・アダムとロバート・アダムに製図法を教え, スプリト〔現クロアチア〕のディオクレティアヌス宮殿の調査に協力して, 後にアダムの『ダルマチア, スプリトのディオクレティアヌス帝宮殿の廃墟 (Ruins of the Palace of the Emperor Diocletian at Spalatro in Dalmatia)』(1764) の図版の監修を務めた. またチェンバーズにもドローイングを教え（後に静いがある), ピラネージやエアトマンスドルフといった同時代の建築の重要な人物と知己であった. 実作において相対的に佳作ではあったものの（フランス, メスのパレ・ド・グーヴェルヌール（総督宮) (1776-89) など), 古代装飾の図像や細部, 現実の想像上の廃墟などの多くのドローイングや, 古代様式の建物のデザインは, 新古典主義の言語を形成するのを促進した. のちに, ロシア女帝エカテリーナ (Empress Catherine) のために「ローマのヴィラ」のデザイン・ドローイング集を企画し (1762-96, 未完), また, ジェファソンがヴァージニア州都を設計する際に助言した. 『フランスの古代遺物 (Antiquités de la France)』の第1部として『ニームのモニュメント (Monumens des Nismes)』(1778) を出版した.

クレール・ヴォワ claire-voie, clairvoyée

見通しの突き当たりに設け，向こう側の眺めが見通せるような透かし細工の塀，門，格子．堅固な壁体の中にパネルを嵌め込んでつくる．

クレンゲル，ヴォルフ・カスパー・フォン
Klengel, Wolf Caspar von (1630-91)

ザクセンの建造物監察官としてツヴィッカウ城など三十年戦争で破壊された建造物の修復を行った．またモーリツブルクの礼拝堂（1661-72）を設計している．ただし主要な作品が創作されるのは 1664 年から 1678 年にかけてであり，その例としていずれもドレスデンのコメディーンハウス（1664-67，破壊された），バルハウス（1668-），ライトハウス（1667-68），城館の改築（1674-78）がある．1685 年からはドレスデンのエルベ川北側地区（現在のノイシュタット）を再建し，ザクセンのバロック建築に重要な貢献を果たした．

クレンツェ，（フランツ）レオ（ポルト・カール）・フォン Klenze, (Franz) Leo (pold Karl) von (1784-1864)

ドイツの建築家．バイエルン，特にミュンヘンにおける 19 世紀の最もすぐれた建築のいくつかを創出し，この街を美しく洗練された宮廷都市および首都へと変容させることに貢献した．ベルリンで訓練を積み（1800-03，そこでジリー父およびその息子の設計に影響を受けた），パリでペルセとフォンテーヌとともにはたらき（そこでデュランの手法の多くを吸収した），その後 1807 年から 1813 年にかけてナポレオンの弟であるヴェストファーレン国王ジェローム（Jérôme, King of Westphalia, 1784-1860）の宮廷建築家となった．ジェロームのためにカッセルのヴィルヘルムスヘーエの宮廷劇場（1812）を設計し，1816 年にはのちに国王ルートヴィヒ 1 世（King Ludwig I, 在位 1825-48）となるバイエルンのルートヴィヒ皇太子の命を受けてミュンヘンへと招聘された．ルートヴィヒの庇護のもと，クレンツェはグリプトテーク（彫刻ギャラリー，1816-31）を皮切りに，ミュンヘンの堂々たる建築の多くを創出していく．グリプトテークは古代彫刻を収容するために建てられた建築で，ハラー・フォン・ハラーシュタインらが 1811 年に発掘したアイギナのギリシア神殿の一部を展示した．ハ

ラーは魅惑的なギリシア・エジプト風デザインを提案し，フィッシャーはパンテオン風ドームをもつ厳格なプロジェクトを提出したが，実現したクレンツェの建築は，ギリシア，ローマ，イタリア・ルネサンス様式を統合したものであった．ヴォールトをもつオリジナルの室内（第二次世界大戦で破壊され，不幸にももとには戻されなかった）は，ラファエロのグロテスクの作風で壁面や天井が装飾され，コレクションを解説する図像を提供していた．

同じく 1816 年に，レジデンツ（王宮）から北に伸びる幅広で直線的な新街路ルートヴィヒシュトラーセ沿いにロイヒテンベルク宮殿（19 世紀ドイツにおける学問的知見にもとづいた最初のイタリア風建築）を設計した．また，ルートヴィヒシュトラーセのためにいくつかのファサードを設計したが，その多くはフィレンツェのルネサンスからの引用だった．1822 年には王室コレクションを展示するためのネオ・ルネサンスのピナコテーク（絵画ギャラリー）を設計し，1826-36 年に建設された．その建築は，ローマのパラッツォ・カンチェレッリアやヴァティカンのベルヴェデーレの中庭に基づいてはいるが，その明快で論理的な平面構成やトップライトをもつギャラリーは影響力をもち，建築はその目的を表現するものでもあった．1825 年にルートヴィヒが王位を継承したとき，クレンツェはレジデンツに対するさまざまな増改築の依頼を受けた．具体的には，フィレンツェに建つパラッツォ・ピッティとパラッツォ・ルチェッライの要素を混合させたケーニヒスバウ（国王の建築，1826-35），さらにパレルモのパラティーナ礼拝堂，ヴェネツィアのサン・マルコ，そしてロンバルディアのロマネスクからの引用が見られるルントボーゲン様式の重要な試みであるアラーハイリゲンホーフキルヘ（諸聖人宮廷教会，1826-37），そして北側のファサード，フェストザールバウの改築（祝祭ホール棟，1832-42）がある．

最も卓越した建築は公共のモニュメント群であり，それらは彼のギリシア古代建築への深い思い入れを示すものとなっている．レーゲンスブルク近郊のヴァルハラ（1830-42）は，パルテノンにもとづいたグリーク・リヴァイヴァルの神殿であり，F・ジリーが提案したフリードリヒ大王記念碑（1797）のイメージやハラー・フォン・ハラーシュタインによる同じ敷地への

それより以前の計画（1814-15）から部分的に影響を受け，階段状の高い基壇の上に置かれている．多彩色の豊かな室内は上方から採光されており，C・R・コッカレルによるバッサイのアポロ＝エピクリオス神殿の繊細で学究的なドローイングに似ていないことはない．しかし一方で装飾が施されたむき出しのトラス小屋組は，イトルフによる同時代のパリのサン＝ヴァンサン＝ド＝ポールの建築を想起させる．その後クレンツェは，ギリシア・エジプト風のパイロン塔がギリシア・ドリス式のポルティコの側面に建つミュンヘンのケーニヒスプラッツ（国王広場）のプロピレーエン（プロピュライア）（1846-60），さらに両端部がペディメントをもつ突き出た翼棟の形式をとり，著名なバイエルン人の胸像を収容するギリシア・ドリス式のストア風柱廊，ミュンヘンのルーメスハレ（名誉のホール）（1843-54），そして上部にローマ・ドリス式の柱廊が配され，控え壁がついた円筒形建造物，ケルハイム近郊のベフライウングスハレ（解放のホール）（1842-63）を建設した．これら四つのモニュメントは全ヨーロッパの19世紀建築の中でも最も荘厳なものに含まれる．

国王ルートヴィヒ一世の2番目の息子であるバイエルン王子オットー（Prince Otto of Bavaria）が1832年にギリシア国王に選ばれたとき，クレンツェは壮大な新博物館の計画や古代記念物の保護に関する詳細な提案など，アテネに対する野心的な計画を用意したが，実際にはネオ・ルネサンスのバシリカであるローマ・カトリックの聖ディオニュソス教会のみが建設された．彼はロシアとの関係においてより幸運であり，サンクト・ペテルブルクのエルミタージュ美術館（1839-51）の設計では，新古典主義による大規模な増築を行う中でその能力を示した．この建築はヨーロッパの古典主義リヴァイヴァルの中でも非常に優れた作品の一つである．クレンツェは様式統合の達人であり，それらの様式の多くに同等に精通していた．しかし同時に新古典主義の建築家として一流だった．

グレンフェル＝ベインズ，サー・ジョージ Grenfell-Baines, Sir George (1908-2003)

イギリスの建築家．1961年にビルディング・デザイン・パートナーシップ（BDP）を設立．これは多くの専門分野にわたる設計チームとしてイギリスで最初の例であり，時代に先駆けて建築の国際化に取り組んだ．1951年，イギリス祭でパワー・アンド・プロダクション・パヴィリオンの設計を行い，チェシャー，スタンローにシェル・カンパニーの事務所を設計した（1956，ル・コルビュジエ風の試み）．主としてバウハウスや左翼思想への共感を主張しながらも，カンブリアのセラフィールドにある英国核燃料公社の施設など，大規模な公営施設，工場などを専門に手がけた．

グレンメ，エーリク Glemme, Erik (1905-59)

スウェーデンのランドスケープ・アーキテクト．湖畔沿いの散歩道であるノルモールストランド（さまざまな建物を含む）やテグネル果樹園（1940年代前半），ヴァーサ公園（1940年代後半）などのストックホルムの仕事を手がけた．

クロイスター cloister

修道院聖堂または参事会聖堂に付設の囲い込まれた庭．屋根を架けた列柱歩廊からなり，多くは（常にではないが）身廊の南側かつ袖廊の西側の開かれた領域（回廊中庭）を囲み，回廊中庭に面する壁（壁面区画）の構成に含まれる開口部には，簡素なものや網目模様のものがある（場合によってガラスを填めたり雨戸を設けたりもする）．クロイスターはさまざまな建物（チャプター・ハウスや食堂など）の間を連絡する通路としての役目を果たし，また多くはキャレルや椅子，食堂入室前に清浄を行うための洗盤を備える．バシリカ式と初期キリスト教様式の聖堂ではクロイスターは西端に位置し，回廊中庭に洗浄用の泉水盤を備えるものが多く，またアトリウムと呼ばれ，その一辺は二重のナルテクスの一つとなるか，あるいはナルテクスまで導くかであった．この型のクロイスターは，修道院の建物間の連絡手段として意図されたのではなく，時には埋葬に使われ，やがて独立した建物形式となって，ピサのカンポ・サントのように壁をめぐらした共同墓地として使用され，壁の周りに記念碑が並べられた．⇨コーヴド・ヴォールト

クロイスター・ヴォールト cloister-vault
⇨ヴォールト

クロイランド, ウィリアム・ド Croyland, William de (1392-1427 活躍)

　イングランドの石工頭. 現存する北側廊, 塔, 身廊スクリーン（ネイヴ・スクリーン）など, クロイランド・アビー（リンカンシャー）の垂直式の仕事のほとんどを手がけた. ほかの主要な建物はすべて取り壊されてしまったが, 明らかに優秀な設計者であった.

グロイン groin

　二つの半円筒形ヴォールトが直交して結合した交差ヴォールトの, 内側に突出した部分に形成されたアリス（稜線）.

クロウ・ステップ crow-steps

　コーベル・ステップ, あるいはキャット・ステップ, クロウ・ステップ, コルビー・ステップといい, 破風が階段状になり, 棟の最頂部の石がクロウ・ストーンである. 段状の破風はフランドルやオランダ, ドイツ北部, スカンジナヴィアの建築に一般的で, イングランド東部とスコットランド東部の建築意匠に影響した.

黒川紀章 Kurokawa, Kisho Noriaki (1934-2007)

　日本の建築家. メタボリズムの牽引者で, 彼の建物や出版物が大きな影響力をもっていた. 国際的な近代運動の根幹を問い直そうとした最初の日本人建築家の 1 人であり, メタボリズムの中で, 建築には機械の美学よりも生命科学のほうがふさわしいと主張した. 東京の中銀カプセルタワービル（1972）では, とり替えによってつねに最新の設備が保持できる建物の構想を形にした. 西洋と東洋の文化的融合を意識し, 国際的な建築文化の形として, ベルリン日独センター（1988）の新古典主義から, パリ, ラ・デファンスの高層建築パシフィックタワー（1991）まで, 多様な折衷主義的作風を展開した. そのほかの作品として, 福岡銀行本店（1975）, 大阪の国立民族学博物館（1978）, 浦和の埼玉県立近代美術館（1982）, 東京のワコール麹町ビル（1984）, 名古屋市美術館（1987）, 広島市現代美術館（1988）, 奈良市写真美術館（1992）がある. 著書の影響力も大きかった.

クロカン clochan

アイルランドの円形建物. 原始的なトロスのように, 環状に石材をもち送り積みにして蜂窩状建物をつくった.

クロクストン, ジョン Croxton, John (1411-47 活躍)

　イングランドの石工. 1411 年, ロンドンのギルドホールの建設が開始されるとともに, その工事に携わり, 生涯のほとんどをそれに費やした. クロクストンはまぎれもなく建築家であり, クリプトやポーチは垂直式の好例であろう.

クロケット crocket

　1. ゴシック建築の装飾で, 一般に木の芽や花, 葉, 葉飾りの束であり, 庇, 破風, 小破風, 水切り, ピナクル, 尖頂などの外側の端に一定の間隔をとって置かれる.

　2. ゴシック建築の葉形飾りをほどこした柱頭の四隅に生じるクロケットもあり, 確実にコリント式オーダーにもとづいている.

　3. アーチの内輪に葉形飾りをほどこしたクロケット・アーチにあるような葉形飾り.

クロシェ clocher

　フランス式鐘楼.

クロース close

　⇨囲い地

クロス・アイル cross-aisle

　1. トランセプト〔袖廊〕.

　2. ベンチ型座席の列の間に開けた通路.

　3. 劇場において座席列に並行に配置された出口へ至る明確な通路.

クロス・イン・スクエア〔内接十字式聖堂：ギリシア十字式聖堂のうちの 1 タイプ〕 cross-in-square

　一般的なビザンティン様式の教会堂の平面形式で, 中央の大ドームが載る正方形（ドームは四つのピアまたは柱により支持される）, および四隅の正方形（ドームまたは半円ヴォールトが架かる）, トンネル・ヴォールトが載る四つの長方形のベイからなり, 全体を内接十字式〔クロス・インスクライブド, クロワ・アンスクリト, クウィンカンクス〕という.

クロスウイ

クロス・ウィング cross-wing
中世の邸宅において大広間の区画に連結するウィングで，その軸線は大広間の区画に対して直角をなし，切妻屋根のことが多い．

クロス・ウィンドウ cross-window
マリオン〔竪子〕とトランサムにより十字形に区切られた採光窓．

クロス・エントリー cross-entry
⇨エントリー

クロス・クウォーター cross-quarter
カスプ〔突出部〕が対角線上にある四葉形（⇨フォイル）で，普通は帯状に連続して配置される．

クロス・ゲーブル cross-gable
クロス・ウィングにおけるように，建物の主屋部分の屋根の棟に平行する側．

グロスター，ジョン・オヴ Gloucester, John of（活躍 1245 頃-60 没）
イングランドの石工．1255 年から，ロンドン塔，ウィンザー・カースル（バークシャー）の建設に携わり，同時にウェストミンスター・アビーの建設も任されていたと思われる．とりわけ，王の城塞建築で頼りにされ，その活動や手がけた事業は幅広く，オックスフォード・カースル，ウィンチェスター・カースル，グロスター・カースル，ポーチェスター・カースル，ソールズベリー・カースルなどにかかわった．

クロス・ツリー cross-tree
1．クロス・ビーム．
2．タイ・ビーム．

クロス・ドーム 〔ギリシア十字式聖堂のうちの 1 タイプ〕 cross-domed
十字形平面の交差部にドームが載り，四つの腕の部分にトンネル・ヴォールトが架かる初期キリスト教時代またはビザンティン時代の教会堂の形式で，アンビュラトリー・チャーチとしても知られる．中心部の三方には階上廊のある側廊がつく．

クロス・バー cross-bar

トランサム〔まぐさ，横木〕．

クロス・パッセージ cross-passage
⇨エントリー

クロス・バンディド cross-banded
合板〔ベニア〕で，とくに階段手摺では，木目は長手方向に対し直角をなす．

クロス・ビーム cross-beam
壁から壁に架け渡された横断梁．

クロス・ブレース cross-brace
木造屋根において交差・横断するブレース．

クロス・ボンド cross-bond
1．フランス積み．
2．⇨煉瓦（の中の記載事項）

クロス・リブ cross-rib
身廊や側廊の中心軸線に対して直角をなすようなヴォールトの横断リブ．

クロス・レイル cross-rail
木骨構造において敷居と敷桁に平行する水平な中間の横材．

クローゼット closet
1．個人用謁見室．
2．オラトリー〔祈祷所〕．
3．より大きな部屋に隣接する化粧室．
4．食器戸棚．
5．閉ざされた書斎．
6．聖堂内の個人用信徒席．
7．収蔵庫．
8．水洗便所．

クロセット crossette
クロワゼットまたはクロゼットともいう．
1．古典建築における楣と抱きが連結する開口部周りのアーキトレーヴの最上部の両側の張出しで，そこではアンテパグメントゥムの向こうに平縁が突出して剞形（くりかた）が返り，イヤーやエルボー〔ひじ〕，ニー，ラグ，肩を形成する．
2．開口部周りのアーキトレーヴ最上部の両側に配置されたコンソールで，コーニスを支持

する．コンソールはまた，アンコン，イヤー，エルボー，ホークスビル（または猛禽類の嘴状突起），ニー，ラグ，プロテュリデ，トラスともいう．

3. 扁平アーチ，扁円アーチ，または迫石で構成するアーキトレーヴにおいて，その迫石につくられるショルダーや隆起状突起，イヤー，太柄，ラグで，隣接する迫石の凹所に埋め込み固定する．

4. 開口部の上の粗石の切石積みやピアの上のアーケードにおけるような，突出しや太柄のある迫石で，隣接する迫石の上に据えられる．

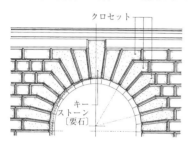

クロセット　Ｖ字形接合による石積みにおけるクロセット

グロッシュ，クリスティアン・ヘンリク　Grosch, Christian Henrik (1801-65)

ドイツ系のデンマークの建築家であり，北ヨーロッパの新古典主義に多大な貢献を果たした．Ｃ・Ｆ・ハンセンのもとではたらき，師からその厳格な新古典主義のスタイルを得た．1825年頃にノルウェーのクリスチャニア（オスロ）に移り，同地で王宮の建設（1824-27）においてリンストウを補佐し，しばらくの間，王立描画学校で教鞭をとり，さらに都市建築家（1828），のちに建設監督官（1833）となった．数多くの建築を建設しており，その中にはギリシア・ドリス式の証券取引所（1826-52），ノルウェー銀行（1826-30），エストフォルのハルデンに建つイマヌエル教会（1827-33，ハンセンによるコペンハーゲンの聖母教会に影響を受けている），そして記念碑的なオスロ大学（1838）がある．このオスロ大学の計画案については，シンケルに意見が求められ，その結果，完成した建築にはベルリンの劇場に由来する壁体による分節など，いくつかのシンケル的なテーマが

組み入れられた．グロッシュはさらにオスロの市場（1840-59）と消防署（1854-56）を赤レンガのルントボーゲン様式で設計した．数多くの住宅やその他の建造物とともに59棟の教会が彼の設計で建設された．またノルウェーの地方固有の建築に基づいた木造建築物を設計した．

グロット　grotto

1. 人工の洞穴，または洞窟．とりわけ，ピクチャレスクなランドスケープ（風景）における心地よい隠れ家のようなものをいう．

2. ロック・ワーク（岩石積み）によって建造された構築物，または岩石洞穴を模した穴．陶器の破片や貝殻で装飾されることも多く，それらによって紋様を構成している．水の流れる泉や滝を備えていることもあり，涼しげな隠れ家として用いられた．グロットは古代ローマの庭園においても用いられており，ルネサンス，マニエリスム，バロックの時代に盛んに復活を遂げた（バロック時代には宮殿の最下層，または入口のある階につくられることもあった．ドイツ・ポメルスフェルデンのヴァイセンシュタイン城館（1711-20）のような作例がある）．「コンジュレされた（凍結された）」ラスティケーション（ルスティカ積み）によってさらに美しく装飾されたものもあった．風景式庭園に多く設けられ，トーマス・ライトのような建築家たちは「グロット」のデザイン図集を出版し，庭園について影響力のあるヒルシュフェルトのような著述家たちもそれらを図解した．

クロップ　crop, crope

フィニアル，破風，尖塔などの上に載り，芽が開いた葉のような形に彫られたゴシック建築のクノップ〔頂華〕．さらに丸みを帯び葉形から遠のいたフィニアルをポンメルという．

クロー，ディム・シルヴィア　Crowe, Dame Sylvia (1901-97)

イギリスのランドスケープ・アーキテクト．1945年からニュータウン（バジルドン，ハーロウなど）や新しい発電所のランドスケープに対するコンサルタントを務める．1964年，彼女は森林委員会の諮問委員に任命され，そこでエコロジカルな考えを尊重するようになった．1969年から円形貯水池の設計にかかわった．彼女は，オーストラリア，キャンベラのコモン

ウェルス・ガーデンのマスター・プランの作成や，エディンバラにあるスコットランド未亡人基金施設の屋上庭園（1976）の設計にかかわった．著作には，『ガーデン・デザイン（*Garden Design*)』(1958, 1994)，『ランドスケープ・オブ・パワー（*The Landscape of Power*)』(1958)，『ランドスケープ・オブ・ロード（*The Landscape of Roads*)』(1960)，『ランドスケープのパターン（*The Pattern of Landscape*)』(1988)（M・ミッチェルと共著）がある．

グロテスク　grotesque

1. 綺想に富んだ（まさにグロテスクな）古代の装飾で，動物，人体，花，群葉，果実，スフィンクスなどから構成され，それらがすべて一体化したものとして描かれる．グロテスク紋様がアラベスク紋様と異なるのは，後者には動物や人体が用いられない点である．この名称で呼ばれるのは，ルネサンス期に再発見された（1488）古代の装飾によるもので，それらはグロット（伊：グロッタ）と呼ばれる古代ローマの地下遺跡群でみつかった．装飾パターンとしてのグロテスクは，ラファエッロによって復活され（そのためラファエッロ風装飾とも呼ばれる），ヴァティカンのロッジア（1515頃以降）や，ローマのヴィラ・マダーマ（1520-21）に用いられた．グロテスク紋様のデザインは出版されて広く流布し，ストラップワークとともに，ルネサンスおよびマニエリスム期の装飾スキームとして，とりわけ北ヨーロッパで広範に用いられた．

2. ピクチャレスクで不規則なランドスケープ（風景）．グロットを伴う場合が多い．

（通称イル・）クローナカ，シモーネ・ダ・ポッライウォーロ　Cronaca, Simone del Pollaiuolo *called* Il (1457-1508)

フィレンツェの建築家．ジュリアーノ・ダ・サンガッロとともにサント・スピリト聖堂の八角形の聖具室建設に関与し，パラッツォ・ストロッツィではベネデット・ダ・マイアーノとともに，巨大なコーニス（1489頃-1504）を担当した．1504年にサン・サルヴァトーレ（またはサン・フランチェスコ）・アル・モンテ修道院聖堂を完成させた．その上品な比例関係は，ミケランジェロによって賞賛された．パラッ

ツォ・グァダーニ（1504-06）の設計者はクローナカであるといわれている．

グロピウス，ゲオルク・ヴァルター・アドルフ　Gropius, Georg Walter Adolf (1883-1969)

ドイツ出身の建築家．後にアメリカに帰化した．国際的なモダニズムの普及を設計と教育の両面から推進したことで知られる．ベルリンのベーレンスのもとではたらき（1907-10），その後独立した．初期の作品で重要なのはアルフェルト・アン・デア・ライネのファグス工場（1911）で（A・マイヤーと共同設計），三層の鉄骨骨組構造にガラスのカーテン・ウォールが装着され，近代的な国際様式の始まりを告げる作品の一つである．ケルンで開催されたドイツ工作連盟展（1914）では管理棟を設計し（A・マイヤーと再び共同），階段室を包み込むガラスの曲面壁の造形は1920-30年代を通じて影響を与えた．だが，この建物のその他の部分は縞模様の目地をもつ，簡素化された新古典主義で，一面ではライトの作品を思い起こさせる．また平面は，エジプト，エドフのプトレマイオス朝ホルス神殿に似ている．1915年，ヴァン・ド・ヴェルデを通じてザクセン大公立ヴァイマール工芸学校の校長に推挙されたが，第一次世界大戦のため着任は適わなかった．1918年，君主制崩壊に続く興奮状態の中で，近代主義と左翼的な思想の展開をタウトとともに図るようになった．ガラスの鎖を経て，11月グループや芸術労働評議会がこうした活動を集約する場となった．左翼イデオロギーを広げていく場としての可能性をヴァイマール工芸学校に見出し，1915年の校長就任の要請を実現すべく講師招聘に着手した．1919年，ザクセン大公立工芸学校，ならびにヴァイマール造形美術大学の校長に就き，両校を合併して新たにヴァイマール国立バウハウスを発足させた．デ・ステイルの運動に影響を受け，また工業化や大量生産に対するグロピウスの信念から，バウハウスは工芸の精神からしだいに離反し，インダストリアルデザインを志向するようになっていった．

バウハウスがデッサウに移転した際，グロピウスは校舎を設計し（1926竣工），この建物は国際的なモダニズムの様式の模範となった．バウハウスに関わるようになってなお，グロピウスはマイヤーと共同で建築設計の仕事に取り組み，ベルリン，ダーレムのゾンマーフェルト邸

（1922）やヴァイマールの表現主義風の慰霊碑（1922），イエナの州立劇場（1923）を残した．ゾンマーフェルト邸は，軍艦に使われていたチーク材を転用し，表現主義に連なるヴァイマール時代の代表作となった．1927 年にはシュトゥットガルトで開催されたドイツ工作連盟の住宅展ヴァイセンホーフ・ジードルンクで住宅を設計した．1928 年にはバウハウスの校長を辞し，ベルリンでジーメンスシュタットの集合住宅（1929-30）の建設に参画した．2 棟の住棟を設計したが，平滑に仕上げられた壁面に長い水平連続窓が伸び，このデザインは広く参照された．CIAM においても活動的で，緑地帯に高層集合住宅を建設する構想は広まり，モダニズムの建築の典型的なアイデアとなっていった．バウハウスにおけるグロピウスの穏健な左翼思想，またハンネス・マイヤーのより明白な共産主義的立場は反動にさらされた．グロピウスはナチス体制下の帝国文化省に登録され，歓喜力行団（喜びを通じて力を）のための福祉・文化センター（ニュルンベルクにおけるナチス党大会を思い起こさせる）を設計したが（実現せず），さらなる設計の機会を得ることはなかった．

1934 年イギリスに移住し，ウェルズ・コーツ設計によるハムステッドのローン通りの集合住宅に居を構えた．MARS グループに加わり，マックスウェル・フライと共同してバッキンガム州デンハムのフィルム研究所（1936），ケント州シップボーンのウッド邸（1937），チェルシーの 66 オールド・チャーチ・ストリート（1935-36），ケンブリッジ州のインピングトン・ヴィレッジ・カレッジ（1936）などを設計した．インピングトン・ヴィレッジ・カレッジはグロピウスのイギリスでの作品の中で代表的なものである．また，ジャック・プリチャード（1899-1992）が率いたイソコン会社の顧問を務め（1934-35），コーツの設計によるハムステッド・フラッツを建設した．1937 年にはハーヴァード大学からの招請によりデザイン学科大学院教授に就任し，1938 年には建築学科主任教授となった．すぐさまボザール流の伝統的教育を廃し，これをきっかけにアメリカ全土の建築学科が従うようになった．マサチューセッツ州リンカーンでブロイヤーと共同でグロピウス邸（1937）を設計し，これはニュー・イングランドにおける国際的なモダニズムの最初の記念碑的作品となった．この後，個人住宅の設計を手がけ，ペンシルヴェニア州ピッツバーグ近郊のフランク邸（1939）などが知られる．また，ワックスマンと共同で，プレファブ住宅の建設システムを発展させた（1943-45）．

第二次世界大戦後は若い世代の建築家たちとパートナーシップを組み，アーキテクツ・コラボレイティヴ（The Architect's Collaborative, TAC）を結成し，マサチューセッツ州ケンブリッジのハーヴァード大学学生寮（1949-50）などを設計した．また，ベルリンのハンザ地区に集合住宅（1957）を，1960 年代にはベルリンのブリッツ＝ブーコウ＝ルードウの都市計画に携わった．グロピウスは，いつの時代も最も影響力のある建築の教師だった．だが，その声明や教えの多くは 20 世紀後半，そして 21 世紀初頭を迎えて疑義に付されている．グロピウスの影響により生み出された環境が賛同できるものであるか，あるいはたんに機能的なものであるかはいまだ証明されていない．

グロピウス，マルティン・フィリップ
Gropius, Martin Philipp（1824-80）
　影響力のあったドイツ人建築家，かつ教師．ベルリンのバウアカデミー（建築アカデミー）で学び，シンケルが発展させたギリシア重視の古典主義に染まった．のちにバウアカデミー教授，またベルリンの王立美術学校の校長，全プロイセンの美術学校の統括者に就任した．ベルリンで，ノイシュタット＝エバースヴァルデの精神病院（1862-63），フリードリッヒスハイン（1867-71），テンペルホフ（1875-78）の病院，傑作の一つである工芸博物館（現マルティン・クロピウス・バウ，1881）を設計した．彼の建築計画，構造システムの明快さの多くはシンケルに負っているが，他方で，彼が好んだテラコッタや赤，黄色の煉瓦は豊穣なポリクロミー（多色）建築を生み出した．1866 年以降，ヘイノ・シュミーデン（Heino Schmieden, 1835-1913）と協働した．

クロフト　croft
　⇨クリプト

クロム　chromium
　1798 年にルイ＝ニコラ・ヴォクラン（Louis-Nicolas Vauquelin, 1763-1829）と，マルティ

ン・ハインリヒ・クラプロート（Martin Heinrich Klaproth, 1743-1817）が別々に発見した金属の元素であるが，フリードリヒ・ヴェーラー（Fredrich Wöhler, 1800-82）が1859年に行うまで単離されることはなかった．その魅力的で明るく輝く銀白色のみかけと，腐食しにくさにもかかわらず，第一次世界大戦中に軍事産業に用いられるまでは，さほど多くは使用されなかった．1920年代以降それは商業用に使用され，スティールや銅の上の鍍金に用いられ（自動車産業において顕著），また建物（たとえば，ミース・ファン・デル・ローエ（Mies van der Rohe）のバルセロナ・パヴィリオンおよびテューゲントハット邸における柱の被膜）にも，家具（たとえば当時の椅子のスティール管のフレーム）にも好んで使用したモダニストの建築家もいた．それはアール・デコにおいて広く用いられた．

クロムレック　cromlech
　⇨ドルメン

グロリエッテ　gloriette
　庭園内のアイ・キャッチ，またはパヴィリオン．そこから眺望を楽しむことができる．作例としては，ヴィーンのシェーンブルン城館のホーエンブルクによるグロリエッテがある．

クロール，リュシアン　Kroll, Lucien (1927-2022)
　ベルギーの建築家．1957年，ブリュッセルで自らの活動を開始した．建築事業への「創造的関与」，すなわち使用者が設計に積極的にかかわることを提唱した．機能主義はもはや機能しておらず，現代主義は本質的に全体主義的で野蛮な行為だという信念を抱いていたのである．その作品は「統制された無秩序」と評された．ブリュッセルのウォルーヴェ・サン・ランベールのカトリック大学薬学部棟（1970-82）がその最も重要な建築作品で，おそらく，アドホック主義の作例であり，一種の即興でもある．その他の作品としてセルジ・ポントワーズの集合住宅計画（1977-83），マルヌ・ラ・ヴァレの集合住宅計画（1980-83）がある．どちらもフランスでの計画で，居住者たちが設計に参加した．また，ベトンクール・モンベリアールの第20号棟（1990-93），オランダ・ハールレ

ムの社会福祉住宅（1985-87），アルフェン＝アーン＝デン＝レインの「エコロニア」（1989-93），ベルフォールのラ・メゾン・ド・ラ・ナチュール（1990-92），コードリーのリセ・アン・オート・カリテ・アンヴィロマンタール（1991-2001）も手がけた．

クロワゼ　croisée
　⇨フランス窓

クロワゼット　croisette
　⇨クロセット

クロワゾネ　cloisonné
　1．壁面構造の彩色方式のことで，単色の石材を煉瓦で縁取りし，縞状の模様をつくる．特にビザンティン建築では，オシオス・ルーカス修道院主聖堂〔カトリコン〕（1020頃）など．
　2．平縁で仕切ってからエナメルで着色したパネルの表面．

クワイア　choir *or* quire
　1．大規模な教会堂において聖歌隊用に設けられた部分で，クワイア・ストールを備え，典礼用に身廊の東に位置し，部分的に仕切られている．
　2．十字形の教会堂における交差部より東の部分で，主祭壇まわりの聖歌隊席，高位聖職者席（プレスビテリ），聖所（サンクチュアリー）が含まれ，全体的にまたは部分的に仕切られている．

クワイア・アイル　choir-aisle
　聖堂内陣（クワイア）の身廊に平行する側廊で，主祭壇の背後に直角または半円を描いて結合することがあり，東側に礼拝堂を備えて周歩廊となるものも多い．

クワイア・ウォール　choir-wall
　クワイア・スクリーンと同じものであるが，クワイアとクワイア・アイルの間を石造の壁とする．

クワイア・スクリーン　choir-screen *or* -enclosure
　聖歌隊席（クワイア）をクワイア・アイルやアンビュラトリー（周歩廊），レトロクワイア

（奥内陣）から，また場合によって身廊から分離する区切り手すり，仕切，壁であるが，後者を説明する場合には，かつてはむしろ内陣仕切，ジュベ，ルード・スクリーン，パルピタムが使われた．

クワイア・ストール　choir-stall

高くした座席で，クワイアにおける一連の固定された聖職者席の一つで，背後はクワイア・スクリーン（クワイア・アイルのある場所）に隣接するか，またそれを設けたパルピタムを背にして接する．大聖堂では，クワイア・ストールに透彫のある豪華な天蓋が架けられ，ピナクルと装飾により高められている．普通，座席は折りたたみ式で，裏面には補助座板（ミセリコルディア）が付されている．

クワイア・レール　choir-rail

身廊からクワイアを仕切る低い手すり（バラストレード）や格子柵（カンケルス）．

クワイア・ロフト　choir-loft

聖歌隊席（クワイア）におけるバルコニー，またはクワイア・スクリーンやパルピタムの上方部分．

クワーク　quirk

1. ゴシックの作品に共通してみられる小さな鋭角の溝や筋，あるいは深い刻み目のことで，それによってモールディングが壁面から突出する．深い溝が一方のモールディングから他方のモールディングを分けるか，または平面や壁面から分ける．後者の場合，両面か片面が同一平面上になるように，両方あるいは片方に玉縁飾りが設けられる．

2. 規則的な形からとられた一部分としての凹角のこと．たとえば，階段室のように隅が囲われている矩形の部屋は，クワークをもつものとして分類される．

3. クウォラル（1）．

グワスミー，チャールズ　Gwathmey, Charles (1938-2009)

アメリカの建築家でニューヨーク・ファイブの一員として知られる．1966 年リチャード・ヘンダーソン（Richard Henderson）とともにニューヨークに事務所を設立し，のちの 1971

年にロバート・シーゲル（Robert Siegel）との協働となる．代表作のほとんどは個人住宅である（アマガンセットのグワスミー邸（1965-67），ブリッジハンプトンのスチールハウス（1968-69），イーストハンプトンのコーガン邸（1971-72），イーストハンプトンのド・メニル邸（1979-84）これらはすべてニューヨーク，そして，コネチカット州ケントのガレイ邸（1982-83））．規模の大きなプロジェクトではニューヨークのコロンビア大学のアカデミック・センターと大学寮（1976-81），マサチューセッツ州ケンブリッジのハーバード大学，フォッグ美術館（1989-90），フロリダ州オーランドのディズニー・ワールド・コンベンション・センター（1990-91），ニューヨークのグッゲンハイム美術館増築および改装（1991-92）がある．グワスミーとシーゲルによる台湾，台北のチェン集合住宅のデザイン（1992-94）は，モダニストの建築語彙を洗練させたものである．

クワッツリョ一族　Quaglio Family

イタリア系スイス人の一族で，17 世紀から 19 世紀にかけてマンハイムとミュンヘンの選挙侯およびウィーンの皇帝のためにオペラや演劇の舞台装飾を設計した．一族のうちには建築家もおり，ロレンツォ（Lorenzo, 1730-1805）はいくつかの劇場などを設計しており，この中にはいずれもマンハイムのシュロステアターの再建（1768），ナツィオナルテアターの建築（1777-78）も含まれ，推定ながらヴュルテンベルク，ラウプハイムのヴァイン城（1780），ラウインゲンの市庁舎（1783-90）も手がけている．アンジェロ（Angelo, 1784-1815）はネオ・ゴシックを導入するが，一方でシモン（Simon, 1795-1878）は 1818 年ミュンヘンにおけるモーツァルトの『魔笛』上演のために傑出したエジプト・リヴァイヴァルの舞台を設計し，これは 1816 年ベルリンにおけるシンケルの作品に並ぶ権威を獲得した．ジュリオ（Giulio, 1764-1801）はデッサウの宮殿劇場の装飾を手がけ，ゴシック・リヴァイヴァルのパイオニアであったドメニコ（Domenico, 1787-1837）は 1812 年に往古のミュンヘン風景を描くとともにドイツ中世芸術に関する貴重な業績である『中世の記念すべき建築（Denkwürdige Gebäude des Mittelalters）』（1818-23）を著した．彼はバイエルン，フュッセン近郊のホーエ

ンシュヴァンガウ城を魅力的なネオ・ゴシック様式で再建している（1832-37）．ジョヴァンニ・マリア（Giovanni Maria，ヨハン・マリア・フォン（Johann Maria von）とも，1772-1813）は『遠近法の実践的応用教程および建築への応用（*Praktische Anleitung zur Perspektive mit Anwendung auf die Baukunst*)』（1811，1823）を刊行している．

クワド quad
クワドラングル（quadrangle）の略語．オックスフォード大学構内の四方を建物に囲まれた中庭を意味する用語であり，門（多くは塔に設けられることが多い）から出入りする．

クワドラ quadra
1. ペデスタルやポディウムなどの無装飾のプリンスやソクルを指す．
2. とくにイオニア式オーダーとともにアッティカ式柱礎が用いられる場合，この柱礎のスコティアの上下いずれかの平縁を指す．
3. 彫刻が施された浮彫りやパネル，飾り板，石碑などを縁取る四角形の建築刳形．

クワドラトゥム quadratum
⇨オプス

クワドラトゥーラ quadratura
古代ローマ，ルネサンス，そして（とりわけ）バロック建築の天井面や壁面に透視図法を用いて描かれた絵画．非常に写実的であることが多く，A・ポッツォのような透視図法画家の作品にみられるように，（17-18世紀には）実際の建築の室内がそのまま外部まで広がっているかのようにみせかけた，卓越した技術による息を飲むようなトロンプ・ルイユの作品がしばしばつくられた．

クワドランギュラー・スタイル quadrangular style
四角形の中庭を囲む建物，あるいはH形平面の建物．

クワドラングル quadrangle
1. 四辺の長さがすべて同一の図形．
2. 広大な長方形の中庭で四辺を建物に囲まれたもの．オックスフォード大学でクワドと呼ばれ，ケンブリッジ大学でコートと呼ばれるような中庭を指す．

クワドラント quadrant
1. 四分円のことで，この円弧に沿って建物や通りが配置される．クワドラントは，1813-16年にジョン・ナッシュによって設計されたロンドンのリージェント・ストリートの一角につけられた名称で，円弧に沿った平面計画となっている．円弧の中心に向かってファサードを連ねる凹型の建物群はクレシェントと呼ばれ，その反対側の凸型の建物群はクワドラントと呼ばれる．クワドラントは，古典主義建築における平面構成の上で重要な手法である．パッラーディオによるヴィラ・モチェニーゴ（1544-64）や，ペインによるダービーシャーにあるケドルストン・ホール（1757-59）の構成にみられるように，パッラーディオないしはパッラーディオ主義の建築では建物の本館と別館や翼部とを接続する手法として用いられている．
2. クワドラングルやクワドを意味する中世の用語．
3. スパイアの八角形の部分．
4. 四半円まんじゅう刳形．

クワドリガ quadriga
四頭の馬が並んで引く二輪戦車に乗る御者を表した彫刻群のことで，凱旋門などの戦勝記念碑としばしば結びつけられる．二頭の馬が牽引している場合はビリガ，三頭の場合はトリリガと呼ぶ．新古典主義の時代に復活し，新たに活気のある古代ギリシア・ローマのモチーフとなった（例・カニョーラによるミラノのセンピオーネ門（1806-38））．

クワドリフォアーズ quadrifores
古代ローマの折りたたみ式扉．上下に二分されることで，それぞれの側には二つのヒンジやピヴォットが設けられる．

クワドリフロンズ quadrifrons
1. 古代エジプトのハトホル神の頭部をあしらった柱頭のような彫刻．通常はシャフトの頂上とアバクスの下との間に設置されて，四体の女神が後頭部を向かい合わせる形で接合され，それぞれ異なる方角を向いているが，ハトホル

神でない場合もある.

2. 四塔門建築. 2本の大通りの交差点上に建てられており, 四面すべてが同じファサードと門をもつ.

クワドリポルティクス quadriporticus

周歩廊やギャラリー, ポルティコによってそれぞれの側が覆われたクワドラングル. たとえば, ローマのサン・クレメンテ聖堂アトリウムは, アーケードとコロネードが支持する天井からなる構造体で囲まれている.

クワドレル quadrel

1. イタリアで製造される正方形の人工石材. 白亜質の粘土を暗所で2年間以上乾燥させたものを原料としている.

2. 四角形のクウォラル, またはタイル.

クワドロ・リポルタート quadro riportato

1. カンヴァスに描かれた絵画で, のちに天井などへ移動されるもの.

2. 短縮法による幻想的な効果を用いずに描かれた天井画のことで, 通常の目の高さでみられるという想定で設計された. これは新古典主義の側からの, バロックのクワドラトゥーラやトロンプ・ルイユの作品に対する反発であって, アントン・ラファエル・メングス (Anton Raffael Mengs, 1728-79) によって描かれたローマのヴィラ・アルバーニにある「パルナッソス」(1761) がその好例である.

グンプ, ヨハン・マルティン Gumpp, Johann Martin (1643-1729)

インスブルックのイェズイーテンキルヘ (イエズス会教会) のファサード (1635) および集中式のマリアヒルフキルヘ (マリアヒルフ教会, 1647-49) を設計したチロル・ハプスブルクの宮廷建築家. クリストフ・グンプ息子 (Christoph Gumpp the Younger, 1600-72) の子. インスブルックのフッガー・タクシス宮殿 (1679-80) とシュピタールキルヘ (病院教会, 1700-05) を設計し, 政府庁舎 (1690-92) を改築した. 彼, 彼の父, 彼の息子 (ゲオルク・アントン (Georg Anton, 1682-1754)) の3人は, シュタムスの修道院をバロックの装いを用いて変容させることに貢献した (1719-25 および 1729-32). 他方, ゲオルク・アントンは隣接す

るハイリゲンブルートカペッレ (聖血礼拝堂, 1715-17), 名高い聖ヨハン・アム・インライン教会 (1729-35), チロル領地のラントハウス (議会, 1724-28) を設計した. グンプ家はチロルにおけるバロック様式の先駆者であり, ヴィルテンのシュティフツキルヘ (修道院教会, 1649 から) など, この地域で数多くの計画に携わった. ヨハン・マルティン・グンプ息子 (Johann Martin Gumpp the Younger, 1686-1765) は, インスブルック宮廷の南翼 (1754-56) を設計した.

ケ

ゲアラッハ, フィリップ Gerlach, Philipp
(1679-1748)

ブランデンブルクのシュパンダウで生まれ,
1720年に王国建設行政の主任となり, 正方形,
八角形, 円形の都市空間で構成されるベルリン
のフリードリヒシュタット地区を計画した
(1732-36). この地区の最も重要な建造物を数
多く設計し, その中にはマーシャルの宮殿
(1735-36, 破壊された) や, フランスの強い影
響がみられたカマーゲリヒト (最高裁判所)
(1733-35) があった. 彼によるポツダムの駐屯
地教会 (1731-35) は, 第二次世界大戦で破壊
されるまでは, 北ドイツにおける最もすばらし
いバロックの塔を有していた.

景観建築 landscape architecture
⇨ランドスケープ・アーキテクチュア

ケイザー, ヘンドリク・コルネリス・デ
Keyser, Hendrik Cornelis de(1565-1621)

リーフェン・デ・ケイと並んで, 17世紀初
頭のオランダで活動した重要な2人の建築家の
1人. デ・ケイザーは, 1594年にアムステルダ
ム市の石工および彫刻家 (実質的には市の建築
家) に任命され, 同市で南教会 (1606-14) と
西教会 (1620-31) を建設した. この二つの教
会は, サロモン・デ・ブライ (Salomon de
Bray, 1597-1664) による『現代の建築
(*Architectura Moderna*)』(1631) で公表され
たことなどにより, オランダと北ドイツのプロ
テスタント教会のモデルとなった. 両教会は均
整のとれた尖塔をもっており, それが出版物を
通してレンによるロンドン市の教会の設計に何
らかの影響を与えた可能性がある. ギリシア十
字形平面で建設された西教会において彼のスタ
イルは成熟を迎え, オランダ・マニエリスムか
ら離れ, ファン・カンペンの古典主義へと向
かった. 最も重要な世俗の建築は, デルフトの
見事な市庁舎 (1618-20) である. さらに彼は,
それ以前の例に比べて騒々しくなく, より古典

主義的な表現をもったアムステルダムの住宅
(たとえば, ヘーレン運河) の破風の型を創り
出した. 弟子であり義理の息子となったのがニ
コラス・ストーンであり, 彼とケイセルの息子
ウィレム (Willem, 1603-78) はロンドン在住
時に協働していた.

傾斜状蹴込み板 raking riser
傾斜あるいは張り出した蹴込み板で, 垂直の
蹴込み板よりも広い踏面を確保するもの.

傾斜状水切り raking flashing
金属製の水切り (通常鉛製だが, 銅や亜鉛製
のことも) で, 煙突や切妻壁, 壁などに接した
急勾配屋根の傾斜に沿ってとりつけられ, 段状
水切り (通常レンガ製) がつくれない場所に, ラ
グレットとともに直線状に設置される (切石造
など).

芸術のための労働評議会 Arbeitsrat für
Kunst

ブルーノ・タウトによって設立 (1918) され
たドイツの建築家グループで, オットー・バル
トニック, ヴァルター・グロピウス, エーリ
ヒ・メンデルゾーン, マックス・タウトのほか
何人かの芸術家をメンバーに含む. タウトはこ
のグループが軍人評議会および労働者評議会と
同じように政治的な影響力をもつことを望んだ
が, その願望は不首尾に終わり, 1919年にグ
ロピウスが主導権を握った. グロピウスがヴァ
イマールのバウハウスに地位を得た時に, バウ
ハウスのプログラムは, 建築の翼下に芸術を融
合する象徴的なバウプロジェクトを謳った芸術
のための労働評議会の理念を反映した. このグ
ループは広く展示活動と出版活動を行ったが,
資金不足により1921年に解散した.

芸術労働者ギルド Art-Workers' Guild
1884年に建築家, 職人, デザイナーの議論
の場として設立された団体で, アーツ・アン
ド・クラフツの理念を奨励し, 21世紀初期に
おいてまだ存続している. その指導者にはラッ
チェンス, モリス, セッディング, グラディッ
ジがいた.

ケイ, ジョゼフ Kay, Joseph (1775-1847)
イングランドの建築家. S・P・コッカレル

の弟子で，のちにヨーロッパ大陸を（しばらくロバート・スマークとともに）旅した．1807年にポーデンの長女と結婚し，チェシャーにあるゴシック・リヴァイヴァルのイートン・ホール（1804-12，解体）の建設中，ポーデンの助手を務めた．ロンドンのメクレンバーグ・スクエアの東側にある美しい住宅群（1810-21），エディンバラのウォータールー・プレースにある郵便局（1818-19），ロンドンのグリニッジにあるネルソン・ストリートとマーケット（1829）を設計した．彼の傑作はサセックスのヘースティングズにある美しいペラム・クレッセント（1824-28）で，中央にはセント・メアリー・イン・ザ・カースル教会がある．この教会にはトップライトがつけられており，イオニア式の前柱式ポルティコがつけられている．全体構成の前にあるテラス下の階は独創的な構造をしており，店舗やサービス部分が入っている．長男のウィリアム・ポーデン・ケイ（William Porden Kay, 1809-97）は1842年にオーストラリアに移住し，公共事業局局長となった．

経線　meridian
　両極を通る大きな円環が地表をめぐる際に，南北方向を走る線．経線は，黄道十二宮や目盛りとともに聖堂の床に印されることもあった（たとえば，フィレンツェのサンタ・マリア・デル・フィオーレやローマのサンタ・マリア・デリ・アンジェリ）．

ゲイソン　geison
　1．古典主義建築のコーニスとそれを構成する各刳形の部分を形成する石材ブロック．
　2．壁体から突出した笠石．
　3．ペディメントの水平なコーニス．きわめて奥行きのある棚のような頂部を備え，ティンパヌムに彫像を配置できるようになっているものも多い（パンテオンではゲイソンの奥行きが1m近くある）．

啓蒙　Enlightment
　18世紀のフランスにみられる（のちにヨーロッパへ広がった）知的風土で，伝統や権威への疑義，系統的な蒐集と事物の類型化，科学的基礎に裏づけられた自然研究などが人間の進歩を保証する手段としての理性への信頼と結びつけられたもの．ドイツ語圏においては教化

（Aufklärung）と呼ばれた．建築的な表出としては，バロック様式やロココ様式への反動，合理主義の採用，古典主義の諸原理への回帰がみられた．新古典主義が国際的様式となり，ローマのフランス・アカデミーに根づきはじめ，ロージエのような著述家が誘因となって厳格さが求められるようになった．また，考古学の発展に支えられ，新古典主義の展開のための信頼できる基礎がつくられていった．ヴィンケルマンらは古代ギリシアの芸術に着目し，フランスの学者たちは厳格さについてさらなる議論を重ね，それは1798年以降のエジプト学の創始につなげられていった．さらには，18世紀における調査や探索は，折衷主義が台頭する中で知られるようになっていった．また，西欧文化圏外の建築への共感的な眼差しも生み出していった．これはしばしば風景式庭園のファブリック（人工物）デザインとして表出し，その最良の例の一つが，エアトマンスドルフ，アイザーベックらによる，ザクセン＝アンハルト州ヴェルリッツ庭園である．啓蒙の考え方はまたピクチャレスクの庭園デザインにも影響を与え，アングロ＝シノワの庭園は単なる流行を越えて興隆した．これらは，絶対主義に対するイギリスの抵抗や，教化された自立や教養を讃えるもので，幅広い理念や主題を視覚的に表現しようという試みと結びつけられていた．

ケイ，リーフェン・デ　Key, Lieven de（1560頃-1627）
　ヘント生まれで，1590年にオランダのハールレムに移り住み，市の石工・大工となる．ヘンドリク・デ・ケイザーと並んで，ヨーロッパのこの地域でルネサンス様式を用いて活動した最も重要な建築家だった．ライデン市庁舎（1594-97）のファサードを設計したが，そこで用いられた渦巻状のストラップワークをもつ破風，下に向かって徐々に細くなる付柱，そしてオベリスクには，フレデマン・デ・フリースの見本帳からの影響が顕著にみられる．また，壮観な階段状破風をもつハールレムの食肉業会館（1601-05）を設計している．その建築の外面は石の仕上げを施した煉瓦からなり，全体はスクロール，花綱装飾，カルトゥーシュで豊かに装飾されている．これらの装飾もデ・フリースに由来するものだが，ケイはそれを自身の技術と独創性で使いこなした．さらに，いずれもハー

ルレムに建つ聖アンナ新教会の異国風の塔（1613, 破壊された）, 市庁舎の翼棟の前面部分（1620）, 計量所（1598）を建設した.

ケーヴ, ウォルター・フレデリック　Cave, Walter Frederick (1863-1939)

イングランドのブリストル, クリフトンで生まれ, A・W・ブロムフィールドのもとで修行した. 1889 年に自分の事務所を設立した. ブロンプトンのグンター・エステイトのサーヴェイヤーとして, フラムのタムワース・ストリートでモデル住宅地の設計を行った. サリー州ウォルトン・オン・テームズに数軒のコテージ・ハウスを設計し, いくつかのすぐれたアーツ・アンド・クラフツの住宅を設計した. そのうち二つはムテジウスの『英国の住宅 (*Das Englische Haus*)』（1904-05）にとり上げられた. ケーヴの最も有名な建物はロンドンのヘイマーケットのバーバーリー店舗（1912）である. 端正なボザールの正面で, 骨組構造にオーダーが重ねあわされている.

ゲヴレキアン, ガブリエル　Guévrékian, Gabriel (1900-70)

アルメニア系のアメリカの建築家. ウィーンで学び, 1920 年にパリに居を構え, マレ=ステヴァンスの同僚になる. 1925 年のアール・デコ博（装飾芸術国際博覧会）のブティック・シミュルタネと庭園の設計で知られるようになり, その結果イエールの庭園（1990 年再建）の設計を依頼され, アール・デコと古代エジプト風の要素を用いている. パリ郊外のヌイイに設計したヴィラ・アン（1927-28）では, 庭が屋根の上の部分など小さな区画に分割されている. 1928 年, ル・コルビュジエによって CIAM の事務局長に任命されたが, 1933 年にイラン皇帝からテヘランを近代的な首都に改造するための市の建築家・都市設計家に指名されたため, 辞任した. 1937 年から短期間, イギリスのコンネル・ワード＆ルーカスとともに働き, 第二次世界大戦後はパンギュソンと共同でザールブリュッケンの再建に携わった. 1948 年にアメリカに移住し, 教育に専念した.

毛織物取引所　cloth-hall

商品取引所. 壮麗なつくりをほどこしたものが多く, ベルギーのブルッヘ（ブリュージュ）における毛織物取引所など. 毛織物製品の買い手と売り手が取引交渉する会合の場.

劇場　theatre

演劇などの公的な娯楽のための建物. 古典古代の劇場は, 円形の一部分を用いた弓形で設計され, 座席は, オーケストラをとり囲みながら上方および後方へと積み上がるように, 同心円状の段形を形成しており, 観客席と舞台は分離していた. ⇨円形競技場

ケケル　khekher

1. 古代エジプトの装飾的なフリーズで, 束ねたパピルスの茎と上部に花飾りがあるもの.
2. トーラスの刳形（くりかた）の上に, 垂直な葉の形に曲げたり塗られたりしている四分円刳形のゴルジュ・コーニス.

ケージ　cage

1. ウィンチェスター大聖堂にみられるチャントリー・チャペルを囲むスクリーンのように, おもにトレーサリーによって囲われた部分.
2. 木骨または鉄骨構造の建物の架構.

ゲ, ジャン=ルイ・ル　Legeay, Jean-Laurent (1710 頃-1786 頃)

⇨ル・ゲ, ジャン=ルイ

化粧材　dressings

1. あらゆる仕上げ, モールディング, 装飾, ドレスド・ストーン, ドアや窓などの開口部まわり（突出部）, 壁体の平滑な表面とは区別されるものを指す.
2. ドレスド・ストーンのこと. 装飾石の付く煉瓦ファサードは, 壁表面のほとんどを無垢の煉瓦で占めるものの, ドレスド・ストーンによる隅石, アーキトレーヴなどがみられる.

化粧仕上げ　face-work *or* facing

表面仕上げ. 質の劣る建材を覆う, それよりも質の高い材料や仕上げのこと. 煉瓦の表面を覆う切石（「擬切石」とよばれる）などのように, 薄い層として施されることが多い.

化粧谷樋　laced valley

二つの傾斜屋根がぶつかる場所に瓦やスレー

ケーシング casing
 木造住宅全体の漆喰塗りで，鋭利な器具により石の繋ぎ目にみえるようにする．

ケース case
 1．ドアや窓の堅固な枠．
 2．たとえばガーター（桁）などの木製の被覆．

ケース・スタディ・ハウス Case Study houses
 第二次世界大戦後に，最新の建設法と近代の素材を使用し，建築の上でさらに費用のかからない住居を促進するために，アメリカの雑誌『芸術と建築（*arts & architecture*）』による運動が開始された．その重要人物は，同雑誌の編集者かつ出版者のジョン・ダイモク・エンテンザ（John Dymock Entenza, 1903-84）であり，また最も広く宣伝された住宅はイームズ Eames，エルウッド Ellwood，ケーニッヒ Koenig（カリフォルニア州ハリウッドのケース・スタディ・ハウス 21 および 22（1958-60）によって，また一部はジュリアス・シュルマン（Julius Shulman, 1910-2009）の魅力的な写真を通して彼の名は知られるようになった）によるものである．

ケステル，シャルル＝オーギュスト Questel, Charles-Auguste (1807-88)
 フランスの建築家．アントワーヌ＝マリー・ペール（Antoine-Marie Peyre, 1770-1843，⇨ペール一族），ブルーエとデュバンのもとで学び，ニームのマドレーヌ広場のサン・ポール聖堂においてネオ・ロマネスク様式による堅牢な設計で才能を示してキャリアを開始した（1835-49）．同じくニームの古典的で端正な裁判所も彼によるものである（1833 より）．リヨンのサン・マルタン・デネの修復と，この聖堂のためにデザインした家具は，1855 年に公開されたときに高い評価を受けた．以後の作品にはクワトロチェント（イタリア語で 15 世紀建築のこと）の影響が濃い．ウール県ジゾーの病院（1859-61），イゼール県グルノーブルの市庁舎（1862-67）とミュゼ・ビブリオテクなどを設計した．

ケースメート casemate
 1．城砦において，ヴォールトを架構し爆撃に耐性をもたせ，外壁にはエンブレイジャーを開けた部屋のことで，銃砲の据え付け場所に使用された．一般にそれは要塞を構成する一般的な構築物の内部にある．「ケースメート」または「ケースメーティッド・ウォール casemated wall」とは，強固な外側と内側の壁の間に一連のケースメートをもつ城砦であり，それらの間には補剛材としてはたらくどっしりとした交差壁を備える．
 2．四分円を超えないカヴェットのモールディング．

ケースメント casement
 1．固定枠の垂直部材にとりつけた蝶番や旋回により開く窓面またはサッシュのある窓枠．
 2．ケースメート，または幅広く窪んだモールディングで，後期ゴシックのわき柱（ジャム）や束ね柱（バンドルーピア）のようなもので，四分円を超えることはない．

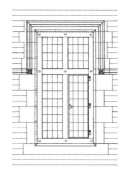

ケースメント　鉛で窓ガラスを枠づけし，錬鉄の開口サッシュを一つ設けた 17 世紀のオーク材による十字形ケースメント．石で仕上げをしたレンガ造の壁の中の開口部に設置され，頭部は雨だれ石で仕切って止めたフード・モールディングにより保護されている．

ゲゼリウス，ヘルマン Gesellius, Herman (1874-1916)
 フィンランドの建築家．ヘルシンキ鉄道駅とヴィープリ鉄道駅（1904 から）を設計した（エリエル・サーリネンと協働）．作品はナショ

ナル・ロマンティシズム様式であり，リンドグレンやサーリネンと共同で設計したヴィトレスクの邸宅（1901-03）や，ヘルシンキの国立博物館（1902-05）にみられるように，イギリスやアメリカ合衆国やウィーンの様式的特徴を引用している．作品はユーゲントシュティールの動向からも影響を受けているが，単独で設計したヘルシンキのウォーリオ・オフィスビルの場合は，ユーゲントシュティールやナショナル・ロマンティシズムとは一線を画している．

ケーソン caisson
  1. 水中の工事に用いられる防水室．
  2. 建設される橋脚の大きさをした密閉箱のような形態をしている水中や浸水した状況で基礎を沈めるための装置である．これに，コンクリートが充填されることで，基礎が沈められ，または水面に固定される．
  3. クーポラ，ソフィット，そしてヴォールトなどの天井の格間．

ゲデス，アマンシオ〔パンチョ〕 Guedes, Amancio d'Alpoim Miranda (1925-2015)
  ポルトガルの建築家．南アフリカで教育を受ける．モザンビークとアンゴラで多くの作品を残す（1949-75）．ル・コルビュジエ，ガウディ，カーンらの建築やアフリカ美術など多くの源から影響を受けた．代表作に，いずれもマプト（ロウレンソ・マルケス）にある「笑うライオン」アパートメント（1956-58），「プロメテウス」アパートメント（1951-53），トネッリ集合住宅，マチャヴァのサグラダ・ファミリア聖堂（1962-24）など．後期作品にはヨハネスブルグのフォレスト・タウンにあるコーエン邸（1987）や，ポルトガルのカリャンドリスにあるゲデス邸（1993）がある．

ゲデス，サー・パトリック Geddes, Sir Patrick (1854-1932)
  スコットランドの都市計画理論家．計画実施の前には必ず予備的調査と分析（社会学的調査を含む）があるべきと主張した．ダンファームリンに関する調査研究は，『シティ・ディベロップメント（*City Development*）』（1904）として出版され，それはアバークロンビーによって，いまだかつてなかった都市計画の報告書であるといわれた．ゲデスはロンドンの大規模な

「街と都市計画博覧会」（1910）を企画し，その後インドの都市に関する多くの報告書を作成した．彼がかかわった設計には，エディンバラ大学の最初の学生寮（1892）や同じくエディンバラにあるアウトルック・タワー（1895）がある．

ゲデス，ジョアキン・マノエル Guedes, Joaquim Manoel (1932-2008)
  ブラジルの建築家．1930年代後半以降のブラジル建築を規定していたル・コルビュジエの教義による締めつけを批判し，もっと風土や経済的現実に適合した建築のあり方を唱えてカライーバのニュータウン（1976以降）を計画した．同計画は，伝統的な都市モデルをもとにし，自動車と歩行者の交通のパターンについての研究にもとづくものであった．サンパウロの自邸（1974）は一連のピンと張った面で構成され，優雅でミニマルな構造をもつ．後期作品としては，ジャンジーラのサンパウロ州立小学校・高校（1991），リオデジャネイロの植物園パビリオン（1993），サンパウロのメスキータ邸（1994）などがある．

ゲデス，ノーマン・ベル Geddes, Norman Bel (1893-1958)
  アメリカのデザイナー．空気力学にもとづく「流線型」様式によって知られる．ニューヨーク世界博覧会のゼネラルモーターズ社のパヴィリオン（1939）を設計し，『魔法のような高速道路（*Magic Motorways*）』（1940）を出版した．またオハイオ州のトレド計量器社社屋（1929）など多くのインテリアをまかされ，またハウジング・コーポレーション・オブ・アメリカ社のためにプレファブ住宅のシステム案を作成した（1940）．

ゲニウス・ロキ genius loci
  「地霊」を意味するラテン語．鎮座する神や精霊のことをいう．あらゆる場所には自然条件の観点のみならず，それをいかに読み解くかという点でも固有の特質があり，それゆえ，これらの独特な性質に対して鋭敏で，それらを台なしにするのではなく強調することは（常にではなかったが）建築家やランドスケープ・デザイナーの果たすべき義務だった．アレグザンダー・ポープはロード・バーリントンに宛てたそ

の『倫理試論（*Moral Essays*）』中の「書簡IV」（1731）の「梗概」において「建築と庭園術を扱う際には，……すべてがその土地の神霊に適合していなければならず，……美がそれに強いられるのではなく，それに由来しなければならない」とのべている．

ゲーヌ gaine

〔フランス語で「鞘」の意〕逆鞘形の台座（ペデスタル），またはヘルメス柱（通常はその下部）．

ゲネッリ，ハンス・クリスティアン Genelli, Hans Christian（1763-1823）

ドイツの建築家，考古学者．グリーク・リヴァイヴァルの先駆者であり，1786 年にプロイセンのフリードリヒ大王（King Frederick the Great, 在位 1740-86）の記念碑として厳格なドリス式のギリシア神殿を提案し，そのアイディアが F・ジリーによる 1797 年のベルリンの記念碑の計画に影響を与えた．実現しなかったゲネッリの作品は，ドイツで提案されたギリシア・ドリス式神殿の最初の例であった．また，ウィトルウィウスの 1801 年の版においてハリカルナッソスの霊廟の復元を発表し，ウィトルウィウスについての注釈（1801-04）やアテネの劇場についての研究（1818）を出版した．さらに当時の新古典主義の邸宅の中では最も厳格なものの一つであるフランクフルト・アン・デア・オーダーのティービンゲン邸（1800頃）を設計した．

ゲピエール，ピエール=ルイ=フィリップ・ド・ラ Guêpière, Pierre-Louis-Philippe de la（1715 頃-73）

フランスの建築家．ピガジュとともにドイツにルイ 16 世様式を紹介した．レオポルド・レッティ（Leopoldo Retti, 1751 没）とともにシュトゥットガルトのノイエ・シュロス（1746-68，現存せず）に携り，またヨハン・フリードリヒ・ヴァイヒンク（Johann Friedrich Weyhing, 1716-81）とともにシュロス・ソリテュード（シュトゥットガルト近郊，1763-67）の設計を行った．後者は魅力的な単層建築で，楕円ドームを頂く中央部から二方に翼部が伸びている．ほかに彼の手によるものとして，ルトヴィクスブルク近郊の湖畔の古典主義建築であ

る魅惑的なモンルポ（1760-67）がある．これらの三建築はいずれもヴュルテンベルク公カール・オイゲン（Duke Karl Eugen of Württewbarg, 在位 1744-93）のためのものである．1768 年にフランスへ退いた後モンベリアルのオテル・ド・ヴィルを設計し，これは彼が没した後，1770 年代後半に一部変更された形で建設された．著作に『建築作品集成（*Recueil de projets d'architecture*）』（1750）および『建築設計集成（*Recueil d'esquisses d'architecture*）』（1759）がある．

ケピー，ジョン Keppie, John（1863-1945）

グラスゴーの建築家．1889 年にジョン・ハニマンの事務所に加わり，ハニマンが 1900 年に引退すると，C・R・マッキントッシュとともに，共同経営者となった．ケピーは，ミッチェル・ストリートにあるグラスゴー・ヘラルド・ビルディングの建て替えを行い（1893-95），1937 年までケピー，ヘンダーソン・アンド・パートナーズを存続した．

ゲーブリット gablet

1．初期ゴシック建築に広くみられる，バットレス頂部に形成された小規模なゲーブル（妻壁）．

2．屋根の隅棟から立ち上がった小規模なゲーブル（妻壁）を備えた形式の屋根（ガンブレル・ルーフ，またはゲーブリット・ルーフ〔入母屋屋根のこと〕）．

ケーブル cable

1．ロープを捻った捩れた鎖のようなモールディング（刳形，くりかた）は，古代ローマ（たとえば，ニームの公衆浴場のコリント式オーダー）で現れた．しかし，多くの場合ロマネスク建築のとくにアーチ周りに用いられている．

2．ケーブルド・フルーティング Cabled fluting，ケーブリング cabling，リベッド・フルーティング ribbed fluting，ルデンチャー rudenture，あるいはストップド・フルート stopped flute は，古典様式の柱や付柱の柱身につけられた縦溝で，表面よりも突出せず，フィレットとの間に凸状の形態で構成されている．そして，めったに柱身の高さの 1/3 以上まではつくられない．ボッロミーニが設計したロ

ーマのサンティーヴォ・アッラ・サピエンツァ聖堂（1643-60）のように，時にはケーブルが浮き彫りになり，ケーブルが縦溝ではない柱身にも生じる．

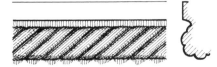

ケーブル：ハンプシャーのロムジー修道院より（パーカーにもとづく）

ゲーブル・エントリー gable-entry
⇨妻入り

ケーブル構造 cable structure
⇨オットーフライ，張力構造（張力構造建築）

ゲーブル・ショルダー gable-shoulder
⇨破風

下屋 lean-to
高い建物や壁面から片勾配で葺かれる屋根構造．たとえばバシリカ式聖堂の側廊がそれで，クリアストーリーの上を覆う．⇨差掛け屋根

ケラ cella (*pl.* cellae)
1. 修道院の独居房という意味でのセル．
2. ギリシア神殿やローマ神殿において聖室とポーチを含む囲まれた部分のことで，実際にすべて壁の内側にある．ギリシアではナオスという．

けらば verge
むき出しの切妻屋根の妻壁から少し突出した，勾配屋根の部分．屋根瓦と壁の上部の間の結合は，対角線状に煉瓦を斜めに積んでゆく，タンブル積みを施すなどして，タイルとモルタルを使った強い目地で，防水にする必要がある．もし壁から突き出た屋根の縁に，板がとりつけられていたら，それは，バージ・ボードまたはヴァージ・ボードという（装飾や彫刻が施され，フレット・ワークが設けられることも多かった）．

ゲラルディ，アントーニオ Gherardi, Antonio (1644-1702)
イタリアの画家・建築家．ローマのサンタ・マリア・イン・トラステーヴェレのアヴィラ礼拝堂の改築を手がけた（1686頃）．改築によって，空間が魔法にかかったように広がる効果が生まれ，とくに上方への拡張感が強く，上部では天使たちがクーポラの下のリングを支えている．さらに豊かな作品となっているのが，サン・カルロ・アイ・カティナーリ教会のサンタ・チェチーリア礼拝堂（1691-1702）である．作品には，ベルニーニ，ボッロミーニ，グァリーニの影響が強い．

ゲーリー，フランク・オーウェン Gehry, Frank Owen (1929-)
カナダ生まれのアメリカの建築家（元はゴールドバーグ）．カリフォルニアに定住し，そこに伝統的な形式を抹消したいくつかの戸建住宅を設計した．例としてビバリーヒルズのワスクハウス（1982-84），サンタモニカのゲーリー自邸（1978-88）があげられる．後者の自邸では，長方形の家が歪められ，傾けられた立方体がファサードから飛び出している．さらに家の外皮は，構造を明らかにするためにはぎとられた．彼は平凡な材料を奇抜な方法で使用し，構造的合理性の破壊，天候がもたらす問題の軽視，そして重力を無視したような形態を得意としてきた．他の作品には，サンタモニカのカリフォルニア航空宇宙博物館（1982-84），アイオワシティのアイオワ・レーザー研究所（1987），ブレントウッドのシュナベル邸（1990），オハイオ州トレドのトレド大学アートビルディング（1990-92），ドイツ，ハノーバーのEMRオフィス（1992），スイス，バーゼルのヴィトラ本社（1988-94），パリのアメリカンセンター（1988），カリフォルニア州ベニスのワイズマンセンター（1988），ミネアポリスのミネソタ大学美術館（1989-90），ドイツ，バート・オインハウゼンのミンデン・ラーヴェンスブルグ電気会社（1991-95），そしてスペイン，ビルバオにある断片化されたグッゲンハイム美術館（1991-97，複数のボリュームが中央部から突出し，展示空間はチタン，公共空間は砂岩，そして事務空間は青く染められた壁やガラスで被覆加工されている）などがある．彼の事務所は最近，ニューヨーク州アナンデール・オン・ハド

ソンの鉄板に覆われたパフォーミングアートセンター（2000-02），カリフォルニア州ロサンゼルスのウォルト・ディズニー・コンサートホール（1989-2003，これは建物が部分的に溶けた印象を与える），プラハのナショナーレ・ネーデルランデン・ビル（ダンシングハウスまたはフレッドとジンジャー，1989-2002，これも構造体が部分的に溶けたような印象を与える），そしてスコットランドのダンディーにある，マギーセンター，（2000-03，小さな建物であるにもかかわらず，やはり形状は大きな建物と同様おそらくはそれ以上に複雑）を完成させた．彼のシアトルにおけるエクスペリエンス・ミュージック・プロジェクトは，ブロビスメス（ブロブ主義）の例として少しやりすぎだとみなされている．2004 年に，カナダ，トロントのオルソップ設計によるオンタリオ芸術デザイン学校近くに位置するアート・ギャラリーの計画を明らかにした．ゲーリーは脱構築主義とみなされている．

ゲル, サー・ウィリアム　Gell, Sir William (1777-1836)

イングランドの考古学者，古事物愛好家．『トロイアの調査（*Topography of Troy*）』(1804)，『イタケーの地誌と古代遺物（*Geography and Antiquities of Ithaca*）』(1807)，『ギリシア旅行記（*Itinerary of Greece*）』(1810)，『モレア旅行記（*Itinerary of the Morea*）』(1817) などを出版した．ジョン・ピーター・ガンディ（後のディアリング）とともに出版した『ポンペイアーナ（*Pompeiana*）』(1817) と『ポンペイアーナ，地誌と装飾（*Pompeiana: the Topography, Ornaments, etc.*）』(1832) は，1819 年以降のポンペイの発掘調査の成果である．発掘と出土品をカメラ・ルシダを用いて描いたため，画像がきわめて正確であり，それゆえ彼の著作は特に興味深い．この著作は後期の新古典主義とネオ・グレック様式，そしてオーウェン・ジョーンズのような多くのデザイナーに影響を与えた．

ケルシフロン　Chersiphron（前 560 頃活躍）

クレタで生まれた建築家．エフェソスにある，アルカイックのイオニア式のアルテミス神殿（前 565 頃-前 550）の，基礎とコロネードに，（サモスのテオドロスとともに）従事した．息子であるメタゲネスがこの造営を引き継ぎ，エンタブラチュアを建設した．彼らは，（現在では失われた）神殿に関する理論書を執筆した．

ケルダーマン・ファン・マンスダーレ（ケルダーマンス）　Kelderman van Mansdale *or* Keldermans

ベルギーのメッヘレン（マリーヌ）出身の 15 世紀および 16 世紀の建築家として重要な一族．最も傑出した人物は大アントニス 1 世（Anthonis I, 1450-1512）およびロンバウト 2 世（Rombout II, 1460 頃-1531）．アントニスはさまざまな作品の中でも，とくにオランダのミデルブルグ市庁舎（1507-12）の塔を設計し，アルクマールにある聖ローレンス教会（1497-1512）の聖歌隊席も手がけた．一方，ロンバウトはワグヘマケレと協働してベルギーのゲント市庁舎（1517-26）を設計した．フランボワイヤンのゴシック様式によりメッヘレンのオテル・ド・サヴォイエ（1515-17）を設計したが，ギヨー・ド・ボールガール（Guyot de Beauregard, 1551 没）がベルギーで初めてルネサンス様式によるファサード（1517-26）をこれに付設した．ロンバウトは，さらにメッヘレンの聖ロンバウト教会における偉大な塔を完成させた．

ケルティック・リヴァイヴァル　Celtic Revival

主として大ブリテン島とアイルランドにおける 19 世紀のケルト芸術のリヴァイヴァルで，建築においてはヒベルノ・ロマネスクのリヴァイヴァルを巻き起こし，アール・ヌーヴォーの発展と同様にアーツ・アンド・クラフツ運動に影響した．ケルティック・リヴァイヴァルの装飾の例は，サリーのコンプトンにおけるワッツ礼拝堂（1896 以降）にみられる．

ケルト十字　Celtic cross

垂直な支柱と水平の腕からなる十字に円環をつけた，記念碑的に彫られた石の十字．円環の中心点は十字の交差部に中心あり，そこで先端がブロック状の両腕と，支柱，および勾配屋根の神殿風の装飾を戴く上部の構造とが連結される．「車輪十字 wheel-head cross」とも呼ぶ．

ケルト人 Celtic

　現在ブルターニュ人，コーンウォル人，アイルランド人，マン島人，スコットランド高地人として同定される人びとの通称であり，元来はアーリア人である．初期のケルト美術は広範囲に及んでいたとみられ，前5世紀頃からは，ラインラント全域，中央ヨーロッパ，バルカン半島，北イタリアに，さらに前3世紀頃よりのちにはフランス，アイルランド，大ブリテン島に広く影響を及ぼしていたとみられる．紀元後からの第1千年期の間に，その芸術形式は，ビザンティン，初期キリスト教，エトルリア，ギリシア，オリエント，シリアの前例からの影響を包含した．特徴的な要素は，「トライクウィトリック triquetrac」（三日月を組み合わせ3つの尖頭がある三角形の図式）や，「トリスキール triskele」（Y字形図式），「トランペット・パターン trumpet-pattern」（間が入り組んだ形のトランペット型）のような抽象的な模様，さらに複雑に入り組んだ茎とリボン，結び目，らせん渦巻，および高度に様式化された動植物の模様である．ケルト美術は，とくにアングロ・サクソン，ヒベルノ・ロマネスク，ロマネスクの建築装飾など，他の様式に影響を与え，カンバーランドにおけるビューカースル・クロス（7世紀）のような名作が生まれ，その建築上の発展は650年頃から1150年頃にかけて最高度に達した．

ゲルトナー，フリードリヒ・フォン Gärtner, Friedrich von (1792-1847)

　ドイツのロマン主義・新古典主義の建築家．クレンツェと並んで19世紀前半のミュンヘンで活動した最も著名な実践者であり，のちの世代に強力な影響を与えた．ミュンヘンのK・フォン・フィッシャー（1808-12），カールスルーエのヴァインブレンナー（1812-13），パリのペルシェとフォンテーヌ（1814）のもとで訓練を積んだのち，お決まりのイタリアへの旅（1814-17）を実施し，続いてオランダとイングランドを訪問した．イングランドでは産業建築と産業化の問題に興味をひかれた．その後，バイエルンの首都に居を定め，アカデミーで教鞭を執る．1819年に『最高に保存されたシチリアのギリシア記念物に関する見解（*Ansichten der am meisten erhalten griechischen Monumente Siciliens*）』を出版した．後の国王ルートヴィヒ1世（King Ludwig I, 在位1825-48）と出会ったのち，1827年になって建造物の設計依頼を受けるようになる．それは国立図書館（1827-43）とルートヴィヒ教会（1829-44）から始まったが，ともにフィレンツェのパラッツォとイタリアの初期キリスト教およびロマネスク建築から導き出されたルントボーゲン様式によるものとなっている．また，いずれもルートヴィヒ通りに建つ視力障害者施設（1835），婦女慈善団体（1835-39），食塩工場オフィス（1838-43）は，半円アーチをもつフィレンツェ風ルネサンスを用いていた．食塩工場の建造物では，イタリアの旅で見たボローニャの建築から着想を得たむき出しの煉瓦積み壁を採用した．また，大学（1835-40），ゲオルギアヌム（1835-40），女子学校（1837）を設計した．この豊かな都市的な計画は，ローマのコンスタンティヌスのアーチ門に由来する凱旋門，ジーゲストーア（勝利の門，1843-54）によって飾り立てられた．ルートヴィヒ通りのもう一つの端には，フィレンツェのロッジア・デイ・ランツィのコピーであるフェルトヘルンハレ（司令官のホール，1841-43）が同じくゲルトナーによって設計された．このように古典主義の要素とフィレンツェの中世およびロマネスクの建築が混合されたことは偶然の結果ではなく，ミュンヘンをヨーロッパの重要性を示す文化的・国家的首都へとつくり上げようとしたバイエルン国王の方針が表れたものだったのである．おそらくゲルトナーによるも最も洗練された作品は，アシャッフェンブルクのポンペイ住宅（1842-46）であろう．これはポンペイのカストルとポルックスの家にもとづくものであり，古代を想起させる独創性あふれる作品である．彼はまた，パラティナーテのエーデンコーベン近郊のヴィラ・ルートヴィヒスヘーエ（パッラーディオによるヴィチェンツァのパラッツォ・キエリカーティを想起させる）とバート・キッシンゲンのクアザール（1834）を設計している．

　ルートヴィヒの次男であるバイエルン王子オットー（1815-67）がギリシア国王オトン（King Othon of Greece, 在位1833-62）となったとき，ゲルトナーはアテネの新王宮（1836-41）を設計するために同国に赴いた．それは，多くがポンペイ様式によるすばらしいインテリアをもつ新古典主義の建築として実現し

た．ゲルトナーはまた新しいアテネの一部を計画し，そこにハンセンらによる数多くのすぐれた新古典主義の建築が建てられることになった．

ケルビム　Cherubim
ユダヤ教神殿の「契約の櫃」の上の有翼の像で，のちには天使の9つの階位の第2位の天使とされ，神の御業の知識と黙思という属性をもつ．そのため有翼の成人像で表される．

ケルブ　Cherub
まるまる太った有翼の男子の幼児，または翼をつけた幼童の頭部で，キューピッドともいわれ，古代およびルネサンス期の「アモリーノ」または「エロス」に似ていて，バロック様式の建築と装飾にはおびただしい数がみられる．「プット」と比較せよ．

ゲルフ風クレノー付き胸壁　Guelphic crenellation
⇨バトルメント
〔「ゲルフ」とは中世後期のイタリアにおいて「皇帝派」（ギベリン）と争った「教皇派」．〕

ケルム，ジョン　Kellum, John (1809-71)
ニューヨーク市の鉄骨建築で最もよく知られるアメリカ人建築家．その例としてフルトン・フェリー社とサウス・フェリー社のためのフェリー待合所（1864，現存せず）やチャンバーズ・ストリート105番地のケアリー・ビルディング（1856-57），大胆にモデル化されたブロードウェイのA・T・スチュワート（後のワナメイカー）百貨店（1859-62，現存せず）がある．スチュワートのモデル・タウンであるニューヨーク州ロング・アイランドのガーデン・シティも設計した（1870より）．

ケルン　cairn
面取り加工されるか立体そのままの裸石のテュラムス（古墳）であり，通常は埋葬もしくは何かを記念するためにつくられる．

ケレル　querelle
円柱や梁，構造体，（時には）床面のパターンによって境界が示される，アーケードやコロネードの区分や区画を形づくる四角形の空間．

ケレル　Celer (64 活躍)
⇨セウェルス

玄関前の基壇　stoup
⇨ストゥープ

幻視の建築　Visionary architecture
1．幾人かの新古典主義の建築家，とくにブレ，ルドゥー，ルクーの作品をいう．ブレの記念碑やモニュメントの誇大な計画案は，そのスケールと立体的純粋性が特筆され，ルドゥーの理想都市ショーの提案では，用途を表現する多くの建物が設計された（「語る建築」）．
2．幻想的で未来的な構造をもった想像的な計画案をいい，多くは20世紀のものをいう．

「原始の小屋」　Primitive Hut
18世紀を通じて，多くの建築理論家たち，とくにM・ド・フレマン（1702），J・L・ド・コルドモワ（1706），M・A・ロージエ（1753）らが，建築設計における包括的な合理主義，とくに不必要な装飾や過剰で表層的な装飾を排した古典的オーダーの構造的で真率な用法について議論を交わした．中でもロージエは，デザインを洗い直し，第1原理を再検討し，建築の起源と源泉とを研究することを提案して，建築の起源を大地に根ざし成長する4本の木の幹と，切られた丸太からなる楣，簡単な傾斜屋根を作る枝でできる単純な構造から発展した形態にみていた．これが，古典の神殿を含むあらゆる偉大な建築の原型として理解され，古典の建物の初期のオリジナルな範例を発見すべく考古学的な努力へと導いていった．そして古典の建造物において諸オーダーが，装飾的な効果を保証し，そのために適用されたというよりも，むしろ建設のために用いられていたことが明らかとなった．ここから必然的に古代遺跡，とくに古代ギリシア建築の研究に至る．たとえばパエストゥムは，堅牢で妥協するところない「原始の建築」であり，「原始の小屋」は新古典主義におけるオリジナルな形態，類型，つまり潜在的な理想とみなされるようになった．

建築　architecture
ジョン・ラスキンは『建築の七燈（*The Seven Lamps of Architecture*）』（1849）で，建築は「人間によって建てられた建造物に秩序を

与え，装飾をほどこす芸術で，その姿は人間の精神衛生，健康，そして喜びに資するものであり」，「その目的は美しさと慈善と精神的な側面にあり」，功利や機能主義を重要視するものではないと述べた．彼はまた同書の中で，「建築」は「建物に必要なこと，通常の用途を満たした上で，ある神々しさ，あるいは美しさといった，必ずしも不可欠というわけではない特質を形態としてもっていると印象づけられる芸術」と定義するべきだとした．さらに「胸壁の高さや要塞の位置を決定する法律を建築的なものとは呼ばない」とした．「そうではなく，要塞の石の表面に不必要なもの，たとえばケーブル状の刳形のようなものが付加されれば，建築になる．同様に，胸壁も刎ね出し狭間も，それらがただ本体から刎ね出された部分によって支えられたギャラリーの発達したもので，下部に攻撃のための空隙が一定間隔であるというだけでは，それらを建築的な特徴というのはおかしなことである．しかし，この飛び出した部分の下部に，何の役にも立たない円形の筋が彫刻されれば，建築になる．また，空隙の頂点に何の役にも立たないアーチや三つ葉飾りがつけられれば，建築になる」と述べた．このように単純化され，かつ冗長な定義はラスキンの考え方を示すものであるが，この定義がその後およそ80年間，これに関する一般的な見方となった．

建築とは（あるいは歴史的には），混沌から秩序を生み出すことであり，構成を重んじ，幾何学を巧みに使い，平凡な建物にみられるものとは及びもつかないほど大きな役割を美が果たしている作品を生み出すことである．ウォットンの「よい建物は三つのものをもっている．使いやすさ，強さ，そして喜び」という言葉はウィトルウィウスに起源を持つと思われる．ウィトルウィウスは建築はオーダー，配列，律動（比例の調和），均整性，正当性，そして経済性からなるとした．レンは建築における「美，強，用」について語った．これらの定義によれば，建造物の中には建築の範疇に入らない多くのものがあることになる．建築とは，建物をデザインする芸術および科学であり，美しさ，幾何学性，感覚的および精神的な力強さ，知的な内容，複雑さ，建設の堅牢性，利便性の高い計画など，さまざまな異なる種類の美徳をもつものであり，耐久性があって心地よい材料を使い，感じのよい彩色と装飾がなされ，落ち

つきと迫力があり，均整がとれ，受容できる規模で，膨大な先人たちの記憶が混じり合うものといってよいだろう．もちろん，上記のもの以外で欠かせないと考えられるものも数多くあるだろう．フィリップ・ジョンソンは『ニューヨーク・タイムズ』で「建築とはいかにして空間を無駄にするかという芸術である」という懐疑的な発言さえしている．21世紀，建築のなかには，広告とより密接にかかわるものが出て来ている．そして，象徴性が低下していることから，批評家たちは多くの建物を建築とみなすことに疑問を呈するようになっている．

建築家　architect

美的意図をもち，技巧を凝らした建物の平面図，立面図，および断面図などの設計図面を作成し，図面と設計仕様に従ってその建物の建設を指揮する能力のある人物．ソーンは建築家の仕事を，「設計と見積」を行い，「工事」を監督し，工事の「各部」を評価すること，と述べた．彼は建築家を「施主と職人を仲介する代弁者」であるとし，建築家は「施主の名誉と関心を追求しなければならず，その一方で職人の権利を守らなければならない」と明言した．ソーンは建築家の地位が大きな信頼関係にもとづくことを強調し，建築家は「雇った職人の間違い，手抜き，無知に対して責任を負う」，と述べている．ラスキンは，彫刻家でも画家でもない者は建築家ではありえず単なる建設者でしかないことをほのめかし，フランク・ロイド・ライトは，建築家は自分の過ちを医者と違って隠すことができない，と述べている．しかし，コンピュータの進歩とパトロネージの変化に伴い，建築家の役割は変化してきており，実際，今や建築家の多くがますますイメージを気にかけるようになっている．

建築家共同経営方式　Architects' Co-Partnership

⇨アーキテクツ・コ・パートナーシップ

建築線　building line

建物がこれを越えることが禁じられる線．これにより，たとえば街路におけるファサード前面の位置が規定される．

ゲンツ，ハインリヒ　Gentz, Heinrich

(1766-1811)

　ドイツの建築家．ゴンタルトのもとで学び，厳格なフランス系プロイセン新古典主義の主導者の一人となった．ベルリンのホーフバウマイスター（宮廷建築家）となり（1795），1797年のプロイセンのフリードリヒ大王（King Frederick the Great, 在位 1740-86）記念碑設計競技に参加し，称賛された．厳格で妥協しないスタイルはベルリンの新造幣局（1799-1806）で明瞭に示されている．この建築はゲンツと彼の義弟フリードリヒ・ジリーが教鞭を執ったバウアカデミー（建築アカデミー）も収容していた．ヴァイマールのシュロス（城館もしくは宮殿）では，東翼の階段室（グリーク・リヴァイヴァルの初期例）やフェストザール（大広間），シーダーの部屋，ファルコンのギャラリー（1800-03）を含む新古典主義の上質なインテリアを設計した．彼はまた，ベルリンのプリンツェッシンパレ（王妃の宮殿）の増築（1810）や，最愛のプロイセン王妃ルイーゼ（Queen Luise, 1797-1810）のためのシャルロッテンブルクに建つギリシア・ドリス式の霊廟（1810，シンケルと協働）を設計した．

ケント，ウィリアム　Kent, William（1685 頃-1748）

　イギリスの画家，デザイナー，造園家，建築家．経歴の早期に貴族に認められ，ローマに旅行し（1709 以降），そこで多くのイギリス人貴族と面識をもち，中でもバーリントン伯爵の庇護下に入るようになった．『いくつかの図版を追加したイニゴー・ジョーンズの図面集（Designs of Inigo Jones with some Additional Designs）』（1727）を出版し，「追加された」図版はバーリントン卿と彼自身によるもので，フリットクロフトによって描かれた．1730 年代までは建築家としての修練を積んでおらず，当時は第 2 期のパッラーディオ主義が最盛期であったが，様式に縛られず，いくつかの内装の装飾（および家具デザイン）は豪華で，イタリアで敬服したバロック様式を回顧した．ロンドンにおけるアーリントン・ストリート 22 番地（1741）と，バークレー・スクェア 44 番地（1742，堂々とした階段を備える）には，すばらしい内装がみてとれる．1726 年にバーリントン卿はその被擁護者を王室建築局に送り込み，1735 年にはケントは熟練石工となり，監

督補佐官となった．最も名高い建築は，ロンドンのホワイトホールにおける財務省（1733-37）と近衛騎兵隊本部（1748-59，ヴァーディーにより完成）であるが，バッキンガムシャーのストウにおけるいくつかの点景建築も設計した（ヴィーナス神殿（1732 以前）や，古代の美徳の神殿（1734 頃），著名なイギリスの偉人たちの神殿（1735 頃），コングリーヴの記念碑（1736），などの建造物がある）．パッラーディオ主義の進展において重要な作品は，ノーフォークのホーカム・ホール（1734-65）であり，M・ブレッティンガムがその実施建築家を務めた．ホーカムホールはイギリスにおける最も豪華なパッラーディオ様式の邸館であった（バーリントン卿が設計に関与していた）．贅を尽くした大理石でつくられたアプス状のエントランス・ホール（古代ローマのバシリカとウィトルウィウスによるエジプト・ホールとの混成）は，格間天井で，上階のピアノ・ノービレ〔主階〕へと導く壮麗な階段を備え，当時最も壮大な部屋の一つであった．邸館の外観はコンカテネーションの優れた一例であり，ケントはこの熟練者であった（たとえば，ロンドンの近衛騎兵隊本部）．

　庭園史でも重要人物だが，それは彼が 17 世紀の整形庭園を打破する革新的な先駆者だったからであり，パッラーディオ風の建築を庭園の人工的な「自然らしさ」と結合させたからである．クロード〔・ロラン〕やプッサンの絵画に匹敵する（オックスフォードのローシャム（1738-41）におけるような）ランドスケープを創造したがゆえに，イギリスのランドスケープ・デザインにおけるピクチャレスクの先駆とみなされるべきで，実際に 17 世紀の整形庭園に対抗する運動を牽引する立場にあった．またゴシック様式によっても設計し，とくにグロスター大聖堂の聖歌隊席仕切り（1741，現存せず）があり，さらにヨーク大聖堂の説教壇（1741，1829 焼失）は，ジョン・ヴァーディーによって出版（1744）され，ヘレフォードシャーのショブドンにおけるセント・ジョーンズ聖堂（1746-56）のゴシック的要素の先行例とされる．

　ケントがバロック様式に精通していたことは，墓廟建築によく示されている．たとえば，オックスフォードのブレニム宮礼拝堂にあるジョン・チャーチル初代マールバラ公爵

(John Churchill, 1st Duke of Marlborough, 1650-1722) に捧げられた巨大な記念碑 (1730-33) が好例で, 彫刻はジョン・マイケル・レースブラック (John Michael Rysbrack, 1694-1770) の手による.

献堂十字架 consecration cross
⇨十字

犬頭族 cynocephalus
⇨キュノケファルス

ケントのトレーサリー Kentish tracery
⇨トレーサリー

ケンドル, ヘンリー・エドワード Kendall, Henry Edward (1776-1875)
　イングランドの建築家. トマス・レヴァートンとおそらくジョン・ナッシュの弟子で, さまざまな仕事において成功をおさめた. リンカンシャーのスピルズビーにある裁判所と矯正院 (1824-26) はグリーク・リヴァイヴァルの美しい作品であるが, 彼はチューダー・ゴシックにも同じく熟練していた. それはリンカンシャーのスリーフォードにあるカーズ・ホスピタル (1830-46), ロンドンのケンサル・グリーン墓地のための優勝案 (1832, 実施されず) にみることができる. 息子のヘンリー・エドワード・ケンドル (Henry Edward Kendall, 1805-85, 彼も成功した建築家であった) とともに, サセックスのブライトンにあるケンプ・タウンの遊歩道とトンネル (1828-30) を造成した. 息子のケンドルの作品には, ウォリックシャーのシャクバラ・ホール (1844), ミドルセックスのトゥイッケナムのクロスディープにあるチューダー・ゴシックの「ポープのヴィラ」(1845頃), ケンサル・グリーンのハロー・ロードにある円形アーチのセント・ジョン教会 (1844, ペヴスナーは「身の毛もよだつ」と評した), さらに華麗なエジプト・リヴァイヴァル様式で建てられた, 第2代キルモリー伯爵 (2nd Earl of Kilmorey, 1787-1880) と夫人のためのマウソレウムがある. これはミドルセックスのアイズルワースにあるゴードン・ハウスに現在あるが, もともとは1854年にロンドンのブロンプトン墓地に建てられ, 1862年にはチャートシーのウォバーン・パークに移され, 最終的に

1870年にアイズルワースに移築された.

ケンプ, ジョージ・ミークル Kemp, George Meikle (1795-1844)
　スコットランドの建築家. 独学でゴシック・リヴァイヴァルを学んだ. ウィリアム・バーンの製図工を務め (1831-32), 1834年にはグラスゴーのセント・マンゴー大聖堂の修復のための図面を準備した. これは『グラスゴーの大聖堂のために提案された修復案と増築案の平面図と立面図 (*Plans and Elevations of the Proposed Restorations and Additions to the Cathedral of Glasgow*)』(1836) で出版され, J・ギレスピー・グレアムの計画案の基礎となったが, グレアムは下劣にもケンプを認めなかった. 結局, ブロアがこの仕事を請け負った. 1838年にケンプはエディンバラのプリンセス・ストリートにあるサー・ウォルター・スコット (Sir Walter Scott, 1771-1832) 記念碑の2回目のコンペで優勝した. 彼の提案は, ヨーロッパ大陸とスコットランドの後期ゴシック建築に関する詳細な研究に基づいたもので, 1840-46年に建てられた. これはゴシック・リヴァイヴァルの天蓋付き記念碑の中でも, 最初期の最も美しい作品の1つである. このような記念碑の中では, ロンドンにある「偉大な」スコットによるアルバート・メモリアル (1863-72) が最も有名である. ケンプはエアシャーのメイボール・ウェスト教会 (1836-40), ミドロウジアンのウッドハウスリーの南翼 (1843, 解体) を手がけた. スコット記念碑の成功が建築界での出世を約束したが, 建物の建設中にケンプは運河に転落し溺死した (1844).

ケンブリッジ・セヴン Cambridge Seven
　ルイス・J・バカノウスキー, ピーターとイヴァン・シェルメイエフ, オールデン・B・クリスティ, ポール・E・デイトリッチ, トーマス・ガイスマー, およびテリー・ランキンによって, 1962年にマサチューセッツ州ケンブリッジとニューヨークに設立された建築デザインのための共同事務所. この共同事務所において最もよく知られている作品は, グラフィックデザイン, 航空機のインテリアと同じく, エクスポ67のアメリカ・パヴィリオンやそのほかの展示施設などがある. より新しい作品には,

ローリーにあるノースカロライナ歴史博物館（1992）やオロノにあるメイン大学のビジネス・アドミニストレーション・センター（1992）などがある．

拳葉飾り crocket
⇨クロケット

ゴー Go
ヴィクトリア時代の批評家たち（ストリート（George Edmund Street）など）が「ローグ・ゴス」（ならず者のゴート人）の作品を指すのに用いた侮蔑的用語．落ちつきがなく，動きがあり，または「アクロバティック」で，困惑させるような作品だというのである．空虚な流行，不器用，不細工，不調和，うるさい色彩，過度なあざやかさ，粗野，やかましさ，デカダンス（虚無，退廃），激烈な勢い，無鉄砲，誇張，下品など，総じて自己顕示のためにやりすぎること（21世紀初めのある種の流行建築家たちにも容易に適用可能だろう）を含意していた．

コイア，ジャック（ジャコモ）・アントーニオ
Coia, Jack(Giacomo) Antonio (1898-1981)
⇨ギレスピー，キッド・アンド・コイア

コー，イサーク・ドゥ Caus, *or* Caux, Issac de（1612-55 活躍）
ディエップ生まれで，サロモン・ドゥ・コーの息子または甥である．イギリスに移住し，おもに造園建築家および水力学技師となったが，建築家とも記述された．イニゴー・ジョーンズと友好関係にあり，バンケティング・ハウスのホワイトホールの地下室のグロット（1623-24）をデザインし，コンヴェント・ガーデンにおける「ピアッツァ」周辺にあるジョーンズによる邸宅の建設の監督をした（1633-34）．サマセット・ハウスのグロット（1630-33），およびベッドフォードシャーのヴォーバーン修道院のグロット（1630）も手がけた．その後，ペンブルック伯爵に仕えるために移動し，ウィルトシャーにおけるウィルトン・ハウスの南面の再建と庭園の配置計画を行った（1635-37）．パヴィリオン・タワーを備えたパッラーディオ風の構成となったのは，おそらくスカモッツィによる『普遍的建築の理念（*Idea della architettura universale*）』（1615）から引用し，またお

そらくジョーンズが顧問建築家として関与していたためである．また，ドーセットシャーにおけるスタルブリッジ・パーク(1638)を創案し，1644年には水力学についての書物を出版した．

コイン coin
1. 硬貨形状の重ね合わせの帯の中にある円盤状飾りをいい，組紐飾りに似たもので，コイン・モールディングまたはマネー・パターンと呼ばれる水平帯や垂直帯の中に配置される．
2. 隅石．

コイン・モールディング〔硬貨形刳形〕

コーヴ cove, coving
1. 凹所の表面で，いく分か1/4の円筒形に近い形体をし，通常は壁と折上げ天井の間のカヴェットの刳形（くりかた）に適用され，コーヴィングという．多くの場合，コーヴィングは重厚に装飾される．
2. 階上廊の下の内陣仕切りが大きな凹所となる部分．多くはヴォールト架構となる．
3. 外壁と軒の間の湾曲した変り目で，コーヴド・イーヴズという．

コーヴィング coving
⇨コーヴ

公園 park
⇨パーク

公園 public park
一般に開放され，公共のために，ないしは公共の手によって維持管理されている庭園，オープンスペース，公園（パーク）のこと．18世紀の啓蒙時代以来，都市住人の福利健康のために公園を望む声があがっていた．ヨーロッパの都市の中にはプロムナードを整備するところが次第に出てくるようになり，ロンドンでは王室庭園（たとえばセント・ジェームズ・パーク）

が恩恵として一般に開放された．皇帝ヨーゼフ2世（Kaiser Joseph II, 1765以降母親と共同統治，1780-90単独統治）は，ウィーンの城壁外の広大なプラーター公園を，市民の娯楽の場と定め(1766)，また「農民」の綽名をもつワトレ（彼自身は庭師ではなかったのだが）は，フランスもイングランドのように，王室公園（パーク）を今よりもっと開放すべきだと1770年代に主張した．実際，18世紀には公園設置の提案が数多くなされたが，それらは人びとがレクリエーションに興じるための場所の提案ばかりでなく，社会の風紀を改善させる手段としても想定したものであった．公園開設の要求を最も声高に叫んだ人物としては，ヒルシュフェルトがいる．しかしながら，ランフォードとスッケルの2人こそが，(1789以降)最初の公園がゼロから建設される原因を生み出した人物であった：それが，ミュンヘンの「英国庭園(Englischer Garten)」で，カール・テオドール(Karl Theodor, 1724-99)の庇護下に建設された．カール・テオドールは，1742年以降プファルツ選帝侯で，77年以降はバイエルン選帝侯であった人物である．19世紀以降は，もはや無用の長物となったドイツ各都市の城壁の多くが，公共のための散策路になったり，公園につくりかえられたりした（たとえばフランクフルト・アム・マイン(1807-11)）．プロイセンでは，レンネが公園設置の提案を数多く行っており，実際にフリードリヒ・ヴィルヘルム3世(King Friedrich Wilhelm III, 在位1797-1840)のもとで，マクデブルクの古い城壁があった場所に公園をつくった(1824以降)．そののち1840年に，フリードリヒ・ヴィルヘルム4世(King Friedrich Wilhelm IV, 在位1840-61)が布告を発し，ベルリンにある動物園—レンネによって美しく改築されていた—が，公園として活用されるべくベルリン市に寄贈される旨を宣言した．ウィーンでは1820年に，対仏戦争の折に破壊された城壁跡に公園がつくられ，たちまち市民の憩いの場となった．これ以降，大西洋をはさんだ両大陸の諸国で，公園がぞくぞくとつくられていった．ラウドンは首尾一貫して公園の重要性をたびたび説いたが，それは単なるレクリエーションの場としてではなく，教育の場としての用途を主張したものであった（たとえば彼が手がけたダービー植物園など）．その結果として，公園としての墓

地というアイデアを提唱するようになったが，これは彫刻，墓碑記念碑，ふさわしい建物などを備えた墓地で，さらに多種多様な植物を植えることで，教育的な植物園や樹木園の機能も帯びさせようとするものであった（実作例の中でもとくに有名なのは，ボストン（マサチューセッツ州）近郊に位置するビゲローによるマウント・オーバン墓地（1831 オープン）と，ロンドンのストーク・ニューイントンに位置するホスキングとロディゲスによるアビーパークである）．公的基金を投入して公共のためにつくられたイギリスの公園の事例としては，ロンドンはイースト・エンドのペネソーンによるヴィクトリア・パーク（1840 年代初頭），パクストンによるチェシャーのバーケンヘッドに位置する公園群（1843-47）やシデナムのクリスタル・パレスの敷地（1852-58），そしてジョシュア・メージャー（Joshua Major, 1787-1866）によるマンチェスター公園群（1840 年代）などがある．アメリカ合衆国ではダウニングが，ラウドンにならう形で，成長途上にある都市の中心部に公園を設けることは，社会上の諸問題を軽減し，また利用者の教育にも役立つと主張した．またバーケンヘッドの公園を以前に訪れていた（1850）オルムステッドは，イギリスの先例から大きく影響を受けたのだが，それが最も顕著にみられるのが，彼がヴォークスとともに手がけたニューヨーク市のセントラル・パーク（1858 以降）であった．そしてこの公園が今度は，それに続く他の多くの計画に，着想を与えていったのである．1850 年代にはオスマンの指揮下に，パリでは公園がつくられていったが，中でもアルファンが手がけたものが名高い（ボワ・デ・ブローニュ）．一方ウィーンでは，古い城壁をとり壊して有名なリンクシュトラーセ（環状道路）を敷設する際に，都市公園の建設が開始された（ヨーゼフ・セレニー（Josef Selleny, 1824-75）ならびにルドルフ・シーベック（Rudolf Siebeck, 1812-78 以降）によって設計された）．また，1810 年に作庭されたホーフブルクのかつての帝室庭園は，ブルク庭園（Burggarten）として 1919 年に一般公開の運びとなった．20 世紀初頭になると，公園はヨーロッパや北アメリカの大半の都市を特徴づける要素となるとともに（たとえばクロード・ニコラ・フォレスティエ（C.-N. Forestier, 1861-1930）が手がけた，スペインはセビー

リャのマリア゠ルイーザ公園など），独立した施設としてゲームやスポーツに興じるためのエリアが徐々に加えられるようになっていった．第二次世界大戦の後には，プラザやベスト・ポケット・パークが多くの町や都市に設置されてゆく一方で，テーマ・パーク（ワシントン州シアトルのガス・ワーク・パーク（1970 年代にハーグの設計で建設開始），あるいはデュイスブルクのランドシャフツパーク（ラッツ設計，1990 年代））や，度肝を抜くパリのラ・ヴィレット公園（チュミ設計，1980 年代から 90 年代初頭）などもつくられていった．公園は現在では，ソフト・ランドスケープとハード・ランドスケープの両方を含めて，さまざまな姿をまとうようになり，またその含意も拡大している．

公園道路 parkway

　アメリカで先駆的に開発された景観道路で，保護林区域もしくは魅惑的な風景のただ中に敷設されるもの．前例となったのは，マサチューセッツ州のボストンに，オルムステッドがチャールズ・エリオット（Charles Eliot, 1859-97）とともにデザインした，道路で連結された一連の郊外公園である．しかしながらパークウェイと呼びうる最初期の作例は，G・D・クラークによってブロンクス公園からケンシコ・ダムまでレイアウトされた道路であると思われる．これは娯楽ドライヴ用につくられた道で，自家用車以外はいっさい通行が禁じられた．これに続いたのが，W・H・マニングによるミルウォーキー，ミネアポリス，シンシナティの各公園道路．次いで，コネチカット州のメリット公園道路（1934-40），そしてシェナンドアとグレート・スモーキー・マウンテンズ国立公園を結ぶS・W・アボットのブルー・リッジ公園道路（1935 設計）が続いた．公園道路のデザインは，やがて高速道路のデザインに影響を与えることになった．

高温浴室 caldarium(*pl.* caldaria)
　⇨カルダリウム

郊外 Suburbia
　1．19 世紀から発展した理想の居住地域のスタイルで，アーツ・アンド・クラフツ運動や耽美主義運動，ドメスティック・リヴァイヴァ

ル，田園郊外住宅地（例：ベッドフォード・パーク，チジック，ロンドン（1877 以降），ハムステッド・ガーデン・サバーブ，ロンドン（1906 以降））と結びつけられるが，美的価値観よりも商業性を優先した二番煎じに終わっているものもかなり多い．町の外縁部におけるこれらの低層型住宅の開発は，田園と都市両方の利点を組み合わせた試みと思われるが，それらの利益はしばしば希薄化され，無意味なものになった．庭つき一戸建て，ないしは半一戸建て住宅が建てられた郊外は，多くの人びとにとってのあこがれの居住形式を示した．まずは鉄道や路面電車の発展により，次には自家用車の普及により，郊外はいたるところに登場するようになったのである．一般に郊外には店舗やパブなどがなく，そのことがある面では恩恵を与えている．郊外を衛星都市や田園都市と混同してはならない．

2. 俗物主義や類似性，単調さと結びつけられる軽蔑語で，モダニストによって高層型住宅の都市開発を促進するために用いられた．しかしながら，あらゆる甘言を弄したにもかかわらず，郊外住宅（庭はずっと小さく，建物どうしの間はずっと狭くなり，建築の中身はすっかり消滅している）の要求が止むことはなかったようである．これにより，車の所有台数の増加，過剰なインフラ整備が大気汚染問題をますます加速させることになった．

高架橋　viaduct
⇨陸橋

後期近代建築　Late-Modern architecture
近代運動のイメージやアイデア，モチーフを有する建築は，モダニズムが疑問視されるようになった頃には，構造や技術やサービス機能が著しく誇張されることで，極端な方向へと向かった．ピアノとロジャースの作品であるパリの「ポンピドゥー・センター」（1971-77）は，ハイテク建築とみなされることもあるものの，この一例とされている．

工業化建築　industrialized building
プレファブリケーションによる建築・建設技術．大量生産の建物構成部材は 18 世紀から存在したが，とくに鋳造業で多様な工芸品が造られた（例：バルコニー手摺，欄干，棟飾り，手摺り）．ナッシュはロンドンのカールトン・ハウス・テラス（1827-33）で鋳鉄のギリシア・ドリス式柱（石よりもはるかに安く，複製できるので製造も容易であった）を用いた．バリーは大量生産の金属窓枠と鋳鉄の屋根パネルをウェストミンスター宮殿（1839-60）で採用した．パクストンによるロンドンのクリスタル・パレス（1851）は，ほとんどすべてプレファブ部材をモデュール・システムに則って組み立てて建設された．カーテン・ウォールのデザイン，パネル・システム，プレキャスト・コンクリートの他にも工業化建築は多くのあらゆる方面で，20 世紀の建設プロセスを加速化した．チャールズ・イームズ，E-D・エーレンクランツ，バックミンスター・フラー，グロピウス，ネルヴィ，ペレ，プルーヴェ，ワックスマンが20 世紀の工業化建築の発展の前線にいた．イギリスでは，アスリンとクラスプ（CLASP）がシステムビルディングを展開し，アラップ，フォスター，グリムショウ，ホプキンス，ロジャースらが工業化建築の技術を洗練させた．

工業建築　industrial architecture
製造機械を有する，製作所，機械工場，製陶所などの建物．

工業団地　Industrial Park
工業用途で計画された一地区．たとえば，マンチェスターのトラッフォード・パーク（19世紀後期）がある．20 世紀中頃から，とくに，軽工業や先進技術のための工業団地が多くの町の周辺部につくられ，建物周辺にはランドスケープ計画が行われた．このような開発例は相当数に及んだ．

考古学　archaeology
過去の時代の遺物やモニュメントの系統的で科学的な研究．建築様式の復興は普通，グリーク・リヴァイヴァルがそうであるように，現存する建物と細部の正確な記録が建築の設計を性格づけるような考古学的側面をもつ．

交差ヴォールト　cross-valt
トンネル・ヴォールトが交差して形成される穹窿（きゅうりゅう）ヴォールト．

交差部　crossing

十字形聖堂の内陣，身廊，袖廊が交差することにより四角形平面の上につくられたヴォリュームで，多くはその上に鐘楼，尖塔や，その他クーポラのような建築上特徴的なものが建つ．

交差廊　cross-aisle
⇨クロス・アイル

格子　lattice
1．ガラス窓の桟．
2．細く軽い線材を一定間隔で交差させた構造．しばしばラスや木の棒で正方形や菱形の規則的な開口をつくる．正方形断面の木材でつくられた正方形や長方形，斜めの格子は 18 世紀から 19 世紀のシノワズリに共通した特徴である．

後陣　chevet
⇨シュヴェ

構成主義　Constructivism
反美学，反美術の立場で，（人工の工業材料や溶接のような工程を論理的にみえるように使用することを好んでいたという点で）技術を支持していたと考えられている左翼運動で，1920年頃にソ連で始まり，後に西側諸国，とくにバウハウスで推進された．その視野は広く，明確に定義されることもなかったが，多くの構造主義者は，建築とは機械により工業的に生産された部品を用いてつくられた構造を表現する単なる手段であり，職人の技能とは無縁だと主張し，実用本位の側面，とくに建物の各要素の機能を強調することが多かった．ロシア構成主義で最もよく知られた計画には以下のようなものがある．V・タトリンによる第 3 インターナショナルのための巨大な記念碑（1920）は，徐々に小さくなっていくらせんによってつくられた歪んだ円錐台である．メリニコフによるモスクワのルサコフ・クラブ（1927-28）は，カンティレヴァーによってコンクリートの講義ホールが主立面に表現されている（ただし，1923年のモスクワ博覧会や 1924-25 年のパリ博覧会のパヴィリオンで木構造に携わったメリニコフはむしろ「生産主義者」（反美学的技術者）であり，構造主義者ではないとする解説者もいるかもしれない）．A・ヴェスニンによるモスクワのレニングラーツカヤ・プラウダ（レニング

ラードの真実）社屋（1923）は，広告の看板，時計，拡声器，エレベーター，サーチライトがデザインの不可分の要素としてとり込まれて表現されている．鍵となる人物の一人がエル・リシツキーである．彼はロシア構成主義とダイケル，グロピウス，マイヤー，スタムのような西ヨーロッパ人を繋いだ人物であった．スタムはブリンクマンとファン・デル・フルフトによるロッテルダムのファン・ネレ工場に携わっていたが，この作品は機能的，工業的要素が表現されているために，西側の構成主義における最高の例と評されることもあった．この運動は多くの副次的な理論や派閥を生み出し，そのいくつかはより過激になった．構成主義の主題は近年リチャード・ロジャースの作品，とくにパリのポンピドゥー・センター（1972-77）やロンドンのロイズ・ビルで再登場した．ロシア構成主義の反環境主義的な側面，ギザギザに重なった斜めの形態，機械的要素（配管やエレベーターなど）の表現は，それらがハイテク建築やより最近のデコンストラクティヴィズムの追随者，とくにハディド，コールハース，リベスキンドの潜在的な前例であることを示している．

高層建築物　tall buildings
⇨スカイスクレーパー

高層住宅　tower-block
住居用アパートとしての高層建築．第二次世界大戦の後，生活向上のために既存の低層住宅を建て替えるよう推進した．モダニストのプロパガンダの結果として広く採用された．共用空間（玄関ホール，階段とそのホール，エレベーターなど）の適切な管理を怠ったことにより，その誤用や，アパート住民の孤立化をもたらすこともあった．その他の主な問題としては，プレハブ・システムの失敗や，コミュニティの退化，伝統的な通りの喪失があり，これに対する反動を招く結果となった（たとえば，ニュー・アーバニズムや，通りに面した低層住宅の建設）．

構造主義　Structuralism
「アーキフォーム（原型や原始的な形態という意味）」から導き出される建築．もしくは，そうした原型な形態や記号体系，建築の歴史を理論上において決定づける指標に対する創造的

コウソクド

な探求. 構造主義の要素は, ル・コルビュジエによる動線のパターンの力強い重ねあわせなどの早期のデザインや, カーンやスミッソンによる作品の中に見受けられる. それらはチーム・テンや CIAM らによる議論から進化したものであり, またとくにブロムやファン・アイクあるいはヘルツベルハーらによる特定のオランダの建築物を説明する上でも使われているようである.

高速道路 motorway

　片側 2 車線, またはそれ以上の車線を備え, 高速走行自動車専用として設計され規定された高速道路. ドイツの高速道路のコンセプトは 1911 年に生まれ, 1921 年にはベルリンのヴィッレーベン=ニコラスゼー間の短い区間で高速道路が開通した. 北イタリアでは, アウトストラーダのプロトタイプが 1922 年に着工し, 1924 年には開通した. ドイツでは, 同様の道路 (アウトバーン) がハンブルク, フランクフルト・アム・マイン, バーゼルを結ぶものとして提案されたが, ドイツの高速道路網が急速に整備されたのは 1933 年にアドルフ・ヒトラー (Adolf Hitler, 1889-1945) が政権をとってからであり, 当初の計画はヴァイマル共和国時代 (1918-33) に私企業群によって実施されていた. 1933 年, トートがドイツ高速道路総監に任命されている. 彼の方では, ランドスケープ・アーキテクトのアルヴィン・ザイフェルトを登用し, ランドスケープ・デザインにあたらせた. フランクフルト=ダルムシュタット間のアウトバーンは 1935 年に開通した. ボナッツが橋梁, 高架橋, その他の構築物を設計した. リンブルクでラーン川に架かる彼の橋梁は, 高度な美質をもつ作品を制作するのに際してみせるその到達点を典型的に示している. 他の橋梁や記念碑的構築物はフリードリヒ (フリッツ)・タムス (Friedrich (Fritz) Tamms, 1904-80) により設計された. アウトバーン建設のおもな理由の一つはプロパガンダだったことは総じて認識されていない. ドイツの風景の美を愛でる手段を創造したのである. 新たな道路は祖国の統一を強調し, かつてのレンダー (領邦) の境界を霧消させるはずだった. また, それら自体が古代ローマ人が残したものと同様の高貴なる芸術作品たらしめんとしたのである. アメリカ合衆国では, 国立大陸横断高速道がマニン

グによって 1923 年に提案されたが, アクセス制限された真の自動車道システムは 1950 年代になって着工された. イギリスやヨーロッパ諸国では, 巨大な自動車道システムは 1950 年代以降に建設され, 他の例よりも成功裡に景観が整えられた. 同じ頃, 第二次世界大戦前のイタリアとドイツのネットワークは拡張されていった.

膠着 agglutinative
　⇨アグルーティネーティヴ

光庭 light-well
　建物の中の屋根のない空間で, 実際には周囲を高い建物で囲まれた小規模な中庭. これに面した窓に自然光や空気を供給する.

皇帝の階段 Imperial stair
　⇨階段

格天井 lacunar
　1.　ドームや平天井の格間.
　2.　格間形式の天井.
　3.　格子や格間を伴うコーニスの下端面.
　4.　格間を囲む梁型.

コーヴド・ヴォールト coved vault
　クロイスタード・アーチまたはクロイスタード・ヴォールトのことで, 四角形平面から四つの三角形の折上げがコーベル・コースにより頂点へと立ち上がって垂直の対角面で合わさり, 軸断面は弧を描くが, 実際には擬ヴォールトである.

合板 plywood or ply-wood
　強度や反りへの耐性を増すために, 3 枚以上の薄い単板 (ベニヤ板) を, 繊維方向が互いに直交するように接着剤で貼り合わせて 1 枚の板としたもの.

格間 lacuna
　字義どおりには古典的天井やコーニス, アーチ下面などあらゆる枠内側の段差ある水平面. ドーム下面ではケーソンとも呼ぶ. 格間はしばしば卵鏃 (らんぞく) 飾りや連球紋などで丹念に装飾され, 周囲の格子と底面を隔てる刳形の効果を表わすのにラクア (laquear) が使われる.

合理主義 Rationalism

この用語は 20 世紀の建築史の中で，さまざまな時代にさまざまなグループによって，さまざまな内容を意味してきたのだが，大きく言えば，グロピウスやミース・ファン・デル・ローエらが主導した国際的近代運動に従った建築原理を意味し，いわゆる機械の美学や機能主義に賛同するものである．ただ，この用語はこれまでかなり大雑把に用いられてきており，補足的説明を要する．

古典主義やルネサンスの建築論は，建築が原則を備えた科学であり，ある合理的基盤の上に理解されると主張した．18，19 世紀の理論家たち，デュラン，ヴィオレ=ル=デュク，ゼンパーたちも，ヨーロッパ啓蒙主義の成果を受けて，設計に際して理にかなったアプローチを示した．20 世紀合理主義を主張する者たちにひとつの一貫した理論があるわけではなく，建築や都市計画の問題がともかく歴史主義，アーツ・アンド・クラフツ，アール・ヌーヴォー，表現主義といった運動（いずれも行き詰まったと思われた）を捨て去り，タブラ・ラサの状態から再出発することによって解決をめざす，という共通の認識に立つ．彼らは往々にして救世主のごとく，新しい世界，よりよい建築，社会主義体制を渇望し，自分たちが追求する理想を訴え続け，機械の美学を頼りに，ふさわしいイメージを描いたのであった．

合理主義の主唱者たちは，目的に叶うようにいくつかの原則を展開した．第一に，建築，工業デザイン，プランニングは，社会構築や教育目的に用いられるため，デザインはある倫理的な意味を帯びた（ピュージンやラスキンの著書に倣った考え方である）．第二に，節約の徹底，安価で工業化された建設法，全面的な装飾の撤廃によって，万人に最低限の住宅が供給できる．第三に，プレファブリケーション，工業技術，大量生産を全面的に推進することで，新しい環境づくりが可能となる．ただし，伝統的な建設技術（結局，煉瓦は大量生産され，規格化され，プレファブに資する建材となった）が使われたとしても，建物は外見上，機械でつくられたように見えなければならない（したがって，煉瓦造は平滑な下塗りを施すことで偽装された）．第四に，大規模な再開発や整備，既存の都市構造の破壊は，広大な住宅地を建設するための前提と見なされた．最後に，形態そのものが，構造，経済，機能，政治，社会といったさまざまな要求に従って進化させられなければならず，（理論上）個人の好みで決められてはならない（ただし，実際には，数少ないパラダイムによってほとんどが決められていた）．

実際上，合理主義が推進しお墨付きを与えたのはインターナショナル・スタイルであり，歴史的要素や装飾を排除し，構成主義やデ・ステイルの影響を受けたものだった．重要な建築作品としては，グロピウスによるデッサウのバウハウス（1925-26），ル・コルビュジエによるガルシュのメゾン・シュタイン（1927），シュトゥットガルトのヴァイセンホーフ・ジードルンクの住宅群（1927）がある．理論的な基盤，共通認識は，CIAM や，ギーディオン，ペヴスナー等によって形づくられた．

合理主義の興味深い現象としては，ベニート・ムッソリーニ（Benito Mussolini）によるファシズム政権下のイタリア（1922-43）にも普及したことがあげられよう．実際，国際的モダニズムは，グルッポ・セッテによって合理主義と称されてもいた．テラーニはおそらく最も傑出したイタリアの合理主義者でありながら，コモのファシスト党本部を設計した（1932-36）．グルッポ・セッテは，ある面で未来派に感化されたところもあるが，最終的にイタリア合理主義建築運動（ミアール）へと発展した．第二次世界大戦後，合理主義は事実上，西洋世界の公式的な様式として普及した．これらは客観的に見れば，1920 年代に流行した建築の特徴を部分的に用いた別種の様式であり，合理主義を体現しているとはおよそ言えないが，当時ふさわしいと考えられたイメージには近いものである．いずれにせよ，大量生産，近代性，工業化の隠喩の表現にはなっている．

合理的建築 Rational architecture

20 世紀後半の建築運動で，建築設計が取り組む課題として理にかなった実現可能な対応を主張し，都市構造の秩序と建築の類型学を手がかりとした．1960 年代の展開は，アルド・ロッシの『都市の建築（*L'Architettura delle città*）』（1966，1982），第 15 回ミラノ・トリエンナーレ時に出されたロッシ他による『合理的建築（*Architettura Razionale*）』（1973）が理論的主導を担った．合理的建築は，ルネサンスの理論，18 世紀啓蒙主義下の大ぶりな新古典

主義，さらに，1920年代の建築理論の一部を取り込んでいた．合理的建築の主唱者たちによれば，本質，法則，歴史的連続において，理にかなった確固たる建築教義が約束されるということである．20世紀合理主義，あるいは，近代運動の理論家とは異なり，合理的建築の主張者たちはヨーロッパの歴史的都市を豊かな財産ととらえた．歴史的都市を形づくるさまざまなタイプは，建築における基本的，普遍的，歴史的な要素であり，それ以上の還元や分割を許さない．1920年代以降に徹底的に粉砕され（貶められ）てきた建築形態や建築言語を再発見し，再定義するなかで，建築家たちは，建築と都市と人間の調和をめざした．彼らが，ファンクショナリズム，国際的モダニズム，近代運動が人間を疎外したと批判するのはそのせいである．

合理的建築の実例としては，ロッシによるミラノ，アミアータ団地，ガララテーゼの集合住宅（1969-73），グラッシによるキエティの学生寮（1976-84）がある．他にも合理的建築の支持者として，ボッタ，クリエ兄弟（レオンが主導的な論客），ライヒリン，ウンガースらがいた．合理的建築のことをネオ・ラショナリズム，テンデンツァと呼ぶ批評家もいる．

光輪 aureole
キリスト，聖母，あるいは聖人の像を取り囲む円光（ハロ）や後光．二つの嚙み合うセグメンタル・アーチから形成されるアーモンド形のときは，像全体をマンドルラあるいはウェシカ・ピスキスという．頭部だけを取り囲む後輪はニンブスと呼ばれる．

コキヤージュ coquillage
貝殻の形状をした彫刻装飾で，しばしばニッチの頂部やロカイユ・デザインの部分にみられる．

コギング（歯形レンガ帯）

コギング cogging
コーニスや軒蛇腹において鋸状の形状とするために，対角に並べた煉瓦の突起の帯．歯形をつける一つの例（⇨歯状装飾）．

コーキング caulking, calking
填隙材．たとえば丸太小屋ではオーカム，樹脂，ピッチによって防水される．

コグ cog
1. 横材の端に設けた突起や柄．ほかの横材のV字型刻み目や柄穴によって受ける．したがって歯形継手とは，歯形突起を用いた接合を指す．
2. 煉瓦を対角線に積んだ突起．⇨コギング

国際近代，国際様式 International Modern or International Style
⇨インターナショナル・モダン（国際近代），インターナショナル・スタイル（国際様式）

小口 header
長手側が壁体に埋まっており，短手側の面が露出した煉瓦，または石材．⇨煉瓦

コーク，ハンフリー Coke, Humphrey（活躍1496-1531没）
イングランドの大工棟梁．イートン・カレッジ（1510-11）のクロイスターとオックスフォードのコーパス・クリスティ・カレッジ（1514-18）にとり組み，ウィリアム・ヴァーチューとともに，カレッジの設計図面を作成したと思われる．1525年に建設が開始されたオックスフォードのカーディナル・カレッジ（のちにクライスト・チャーチ・カレッジ）では，主任建築家の1人となり，中世の大工仕事の中でも最後にして最良の作品の一つであるグレート・ホールの屋根を設計した．コークの技能は，間違いなく建築的専門知識に裏づけされたものであった．

穀物エレベーター grain elevator
穀物を貯蔵するために機械的な昇降機構を備えたサイロ．大規模な鉄筋コンクリート造エレベーターがアメリカ合衆国に建設され，これら

の何の変哲もない構築物が一部の建築家たちによって手本とすべき例だとみなされるようになった．たとえば，メンデルゾーン（これらを多くスケッチした）やグロビウス（これらに古代エジプト建築に勝るとも劣らない印象を受けたと主張した）のような建築家である．

苔屋 moss hut ⇨モス・ハット

こけら板 shingle ⇨シングル

ゴーゲル，ダニエル Gogel, Daniel（1927-97）
⇨フェーリンク，ヘルマン

九つの祭壇 nine altars
　伝統によれば，神と人間とを仲介すべく，天使には九つの階級や序列があって，9は三位一体の2乗に由来するという．これが奥内陣の設計に反映されることもあり，例としてヨークシャーのファウンテンズ・アビー（1205頃-47）や，ダラム大聖堂（1242-80年代）があげられる．

コー，サロモン・ド Caus, or Caux, Salomon de（1577頃-1626）
　フランスの水力技師で造園家．プファルツ選帝侯（在位1610-20）であったフリードリヒ5世（Frederick V, 1596-1632）とイギリス人の妻のエリザベス（Elizabeth, 1596-1662）のためにハイデルベルクに整形式庭園（ド・ブリによってフランクフルトで出版された『ホルトゥス・パラティヌス（*Hortus Palatinus*）』（1620）に記述されている）を造園した．これらの驚くべき庭園には（三十年戦争のあいだに意図的に破壊されたため『ホルトゥス・パラティヌス』から知りうるだけであるが）彼の『動力の原理（*Les raisons des forces mouvantes*）』に掲載されたものと似たような巧妙な噴水や怪奇なグロットがあった．『動力の原理』はノートンによってフランクフルトで出版され（1615），セヴェストルとドゥルアールによってパリで出版された（1624）．

腰折れ屋根 curb-roof
　マンサード屋根．

腰壁 window-back

床面と窓開口の底面との間の骨組．

ゴシック Gothic
　建築様式の一つ．厳密には「ポインテッド」（尖頭式）という．12世紀後半から16世紀にかけてヨーロッパ中（フランスが起源）で展開した．場所によっては17，18世紀まで営まれた（たとえば，オックスフォードやその他の地域）．その厳密な名称が示すように，ポインテッド・アーチ，ポインテッド・リブ・ヴォールト，シャフトの束のようにみえるピア，大きく突き出たバットレス（フライング・バットレスの場合もある），窓のトレーサリー，ピナクル，尖塔，バトルメントからなる建築であり，高く鉛直方向にそびえている．古代エジプト建築や古代ギリシア建築が円柱の立ち並ぶ軸組構法の建築であるのに対して，ゴシックはアーチ構法による建築であり，スラスト（推力）とそれに対する応力の織りなす力学的な印象を与える．ゴシック聖堂建築の構成要素の中には，トリフォリウム，クリアストーリーや戸口にみられるオーダーのようにロマネスク建築で発展したものもある．ポインテッド・リブ・ヴォールトはブルゴーニュやダラムの聖堂で用いられており，中央で切断された形の半円筒形ヴォールトをバットレスのように用いる手法はイングランドとフランスのロマネスクの建築師たちが開発した．だが，完全なる発展を遂げたゴシックは折衷的なモチーフが単に寄り集まったものではなくなっていた．論理的なアーチ構法による形態をもつ顕著なまでに統合された様式であり，力の流れと応力が目に見え，構造とは関係のない壁体は巨大なガラス窓に場を譲った．
　ファースト・ポインテッド（第一尖頭式）のゴシック（前期イングランドゴシック）は12世紀末から13世紀末まで続いた．ただし，その特徴のほとんどはパリ近郊サン・ドニ修道院付属聖堂のシュヴェ（1135頃-44）の下層に現れていた．ランセットは窓に最初に現れたが，のちには平滑な形式の初歩的なトレーサリーが窓に含まれるようになった（⇨トレーサリー）．窓はさらに大きくなり，幾何学的なバー・トレーサリーを用いて開口が細分化されていった．ファースト・ポインテッドが幾何学的トレーサリーを伴って発展すると，ミドル・ポインテッド（中期尖頭式）と呼ばれるものとなった．14世紀のセカンド・ポインテッド（第二尖頭式）

の作品ではバー・トレーサリーにおいて耐えざる革新が行われ，「カーヴィリニア」（曲線），「フロウイング」（流線），「リティキュラティッド」（網目）といった形式が登場した．オジー形態の可能性がキャノピー（天蓋），トレーサリーやニッチで盛んに追求され，大陸ではフランボワイヤン様式（1375頃以降）に結実した．セカンド・ポインテッドはイングランドでは比較的短命であり，1332年頃からパーペンディキュラー（垂直式）（またはサード・ポインテッド（第三尖頭式））に場を譲っていった．ただし，これら二つの様式はある時期に同時にみられる．だが，大陸（そこではパーペンディキュラー・ゴシックは知られていない）ではトレーサリーのレース状パターンが発展し，きわめて高い聖堂が高度に複雑なヴォールトを伴って建立された．チェコのクトナ・ホラの聖バルバラ聖堂（1512）のような作例がある．ゴシック様式は完全な力学的構築体系を，高度に発展した幾何学的デザインや石材を用いた大胆な実験とともに包含している．とりわけ，中央ヨーロッパにおけるフランボワイヤンの最後の隆盛に顕著である．ゴシックはルネサンス時代以来，古典主義の語彙に対する関心が再興されるにつれて廃れたが，19世紀には広範に，また，学術的な観点からもリヴァイヴァルされた．⇨ゴシック・リヴァイヴァル

ゴシック　Gothick

18世紀の様式は考古学的に正確なゴシックにもとづいていたわけではなく，むしろ外来趣味，実際にはロココ的軽さの傾向と結びついていた．18世紀の様式は，サンダーソン・ミラーの作品，ホレス・ウォルポールのストロウベリ・ヒル（1750-70），そしてとくにバティ・ラングレイのパターンブック『修復された古代建築 …（Ancient Architecure Restored...)』（1741-42）および『ゴシック建築…（Gothic Architecture...)』（1747）と，密接に連携していた．ゴシックは，奇妙なことにシノワズリのモチーフと混合されることはあったものの，ジョージアンの折衷主義の一様式相であって，非常に繊細に扱われた．そのためゴシックは愛らしく，インテリアや庭の点景建築，そして廃墟建築にとって理想的であった．ピクチャレスクの重要な一部であった．ゴシックはイングランドで誕生したが，ドイツの建築（ヴェルリッツの

ゴシック・ハウス（1773頃））やポーランドの建築（アルカディア庭園の点景建築（1797)），あるいはほかのヨーロッパの国々の建築に影響を与えた．

ゴシック・コーニス　Gothic cornice

18世紀のゴシック・コーニス，またはフリーズ．下に何もない交錯しながら連続する尖頭アーチからなるが，吊り下がったペンダントも施されており，ふつうはそこからアーチが起拱している．20世紀のこのモチーフの興味深い作例は，レーモンド・フッドによるロンドンのグレート・マールバラ・ストリートのアイデアル（パラディウム）・ハウス（1928）のコーニスの下にみられる．

ゴシック・サヴァイヴァル　Gothic Survival

16世紀，17世紀の建築においてゴシック的要素が継続したもの．パリのサントュスタシュ聖堂（1532-1640），ロンドンのリンカンズ・イン礼拝堂（1619頃-23），ロンドンデリーのセント・コラム大聖堂（1628-33），オックスフォード大学にあるクライスト・チャーチの階段室（1640頃）が重要な例である．イングランドでは石工が設計して建てることでゴシックの伝統が続き，宗教改革，内戦と共和制における大変動を生き残った．これらの場所の１つがオックスフォードであるが，ほかにもゴシック様式で建てられた教会やその一部が多く存在した．その例としては，サマセットシャーのローハム教会（1669献堂），シュロップシャーにあるコンドーヴァの教会の塔（1662頃-79），ウィルトシャーにあるシャーストン教会の中央塔（1730-33，トマス・サムション（Thomas Sumsion, 1672頃-1744）設計）がある．しかしロンドンでは，1666年のロンドン大火以降，石工同業者組合は蝕まれていった．というのも，多くの熟練工（石工同業者組合とは関係ない）が雇われねばならず，彼らはレンの指示のもと，ゴシックの古い建築言語ではなく，ヨーロッパの古典主義の建築言語を用いて仕事をしたからである．ゴシック様式はよい石材が採れる場所（西部，北部，ミッドランド地方の一部）に残り，教会の修復や新しく教会を建てる石工たちによって生き残った．実際にはゴシックは18世紀にまで生きた伝統として存在したのである．真相は，石工が建築家に敗北し，建

築家は当世風の大陸の古典主義を推し進め，建築家がゴシックに手を染めるやいなや，その産物は石工が保ってきた本物のゴシックの伝統とはほとんど似ておらず，その結果としてゴシック・サヴァイヴァルの終焉へと導かれたのである．20世紀にインターナショナル・モダニズムが建築家によって採用されると，より破壊的な打撃が伝統的な工芸や技術になされた．ゴシック・リヴァイヴァルが始まった時，ゴシックは再び学ばれなければならず，ブロクサムやリックマンらによる入念な学識によって失われた素地は徐々に回復されていったのである．

ゴシック積み　Gothic bond
フランドル積みを指す用語（⇨煉瓦）．

ゴシック・リヴァイヴァル　Gothic Revival
18世紀後半と19世紀をとおしてゴシック様式を復興しようとする，イングランドで始まった意識的な運動．これはおそらくイングランドで生じた最も重要な芸術運動であり，これによりドメスティック・リヴァイヴァル，アーツ・アンド・クラフツ運動，審美主義運動，そのほかの芸術・建築における発展が生じた．ホークスムアによるオックスフォード大学のオール・ソウルズ・コレッジ（1716-35），ウェストミンスター・アビーの西正面の塔（1734）は初期ジョージ様式建築の例であり，さらにギッブズによるバッキンガムシャーのストウにあるゴシック神殿（1741-44），サンダーソン・ミラーによる作品（1740年代），キーンによるデザイン（1760年代）が続く．ミラーとキーンはサー・ロジャー・ニューディゲイト準男爵（Sir Roger Newdigate, Bt., 1719-1806）がウォリックシャーのアーバリー・ホール（1750頃-52）でゴシックのデザインをするにあたり助言を与えた．これはホレス・ウォルポールによるトゥイッケムのストロウベリ・ヒル（1760頃-76）とともに，この様式を当世風のものとし，ゴシック・リヴァイヴァルはドイツ，フランス，イタリア，ロシア，アメリカそのほかの国々で採用された．多くの「ゴシック様式」の教会が19世紀前半に建てられたが，これらは考古学的には説得力のないものが多く，中世建築には似てもいないものであった．たとえば，シンケルによるベルリンのフリードリヒスヴェルダーシュ・キルヘ（1821-31）がその例である．イ

ングランドでは簡素なジョージ王朝様式のコミッショナーズ・チャーチが多くみられたが，これらは初期垂直式もしくは第1尖頭式の窓だけがゴシックの趣を呈した．本物の中世建築がデザイン源となった，ゴシック・リヴァイヴァルの考古学的な段階と呼べるものは，イングランドにおいてはブロクサム，リックマン，ピュージンが始め，これは教会建築学やバリーとピュージンによるウェストミンスター宮殿〔国会議事堂〕（1836より）の人気が引き金となった．この頃から成熟しつつあった学識がゴシック・リヴァイヴァルを形成し，ヴィクトリア朝期の教会建築のための野心的な事業は，この様式に完全に熱中した建築家によって行われたのである．あらゆる類の工芸品，彫刻，ステンドグラスなどが必要となったため，建築業界，製造業者，職人たちはみなこの様式で訓練されなければならなかった．フランスでは，ゴシック・リヴァイヴァルの主要な提唱者はヴィオレ＝ル＝デュクであった．彼が行ったパリのサント・シャペルの修復（1840-49，デュバン，ラシュスと共働）はピュージンに大きな影響を与えた．国家的な威信から，もしくは啓蒙主義のあとの宗教復興により，19世紀のヨーロッパ（とくにイギリス，フランス，ドイツ）で中世建築が多く修復されたことは大きな影響力をもち，学問，考古学的調査，現存する建物の正確な測量，図版入りの本の出版を促した．修復により得られた経験から，この様式を同時代の建物に用いることに自信が深まった．まもなくゴシック・リヴァイヴァルはヨーロッパとアメリカ中で採用された．19世紀のイギリスにおける主要なゴシック・リヴァイヴァルは垂直式の復興とともに始まった．1840年代には（最初にイングランドの，次にヨーロッパ大陸の）第2尖頭式が復興された．これはおもに「未発達な」ランセット様式や「退廃的な」垂直式に対して，14世紀のゴシックは十分に発達しており，前者に対して優位にあるとピュージンやキリスト教会学者たちが主張したためであった．やがて大陸のゴシック，とくにイタリアのゴシックが復興された．構造的ポリクロミー〔多彩色〕の可能性は多くの論者を魅了したが，中でも最も有力な人物はラスキンとストリートであった．こうして1850年代，1860年代の「盛期ヴィクトリア朝」のゴシック・リヴァイヴァルは多く彩られたものとなり，磨かれた御影

石，大理石，多彩な煉瓦，タイルが用いられ，表現においてより自由度が増し，工程において考古学的模倣は少なくなった．新古典主義が原始的な初期の形態を探求したように，ゴシック・リヴァイヴァリストたちもより粗野で「プリミティヴな」ゴシックを探求し，13世紀のブルゴーニュ地方にみられた力強い第1尖頭式が復興され，ブルックス，ストリート，ピアソンの男性的なゴシックを生んだ．ジョージ・ギルバート・スコットは，大陸ゴシックの折衷的要素をロンドンのセント・パンクラスにあるミッドランド・グランド・ホテル（1868-74）に採用し，ウォーターハウスもヨーロッパの先例に倣ってマンチェスター市庁舎（1868-76）を設計し，ほかにも多くの例がみられた．イギリスとアメリカのゴシック・リヴァイヴァルが終焉に向かうと，ボドリーやほかの建築家たちは再び第2尖頭式を用い，ロンドンのスローン・ストリートにある，セッディング設計のホーリー・トリニティ教会（1888-90）にみられるように垂直式もまた復興された．ゴシック・リヴァイヴァルのほかの主要な建物としては，パリにあるゴーとバリュ設計によるサント・クロティルド聖堂（1846-57），シュミットによるウィーン市庁舎（1872-83），ブダペストにあるシュテインドル設計のハンガリー国会議事堂（1883-1902），ジャイルズ・ギルバート・スコットによるリヴァプール大聖堂（1902より），クラムによるニューヨーク市のセント・ジョン・ザ・ディヴァイン大聖堂（1911着工）がある．

コース　course

煉瓦，石などの高さが横方向に揃えられたもので，壁体の構成におけるなんらかの規則や秩序に従い配置され，均等に並ぶ．たとえば野石整層積みは，粗削りに仕上げた同じ高さの石が層をなして並ぶもので，層をなさずに石を組んで積む巧妙な技術を要する野石の乱積みのようなものではない．このように整層切石積みは，同じ高さの仕上げをした石の層（切石積み）であるが，各層の高さはさまざまである．コースは位置や機能によって区別され，ベースまたはプリンス，ブロッキング（片持ち石の端部を圧し下げるコーニス上の平らな層），ボンド（壁を築く際，規則的な間隔で並べられる石），レーシング〔帯層，補強層〕（組積法ではあるが，

帯状に連なる煉瓦やタイル，2mごとに配置したピアなど，フリント・ウォールに用いられる垂直，水平，補強の層），およびストリング・コース〔蛇腹層〕などがある．

コーズウェイ　causeway

1．土手や土塁の上につくられた通路や道で，低い場所または湿地を横切る高くした道．

2．突堤または水中に突き出した上陸用桟橋．

3．舗装した主要街道，または古代街道で，たとえばローマ街道や軍事道路など．

コスタ，ルシオ　Costa, Lúcio（1902-98）

ブラジルで最も影響力をもった建築家，都市計画家の1人．フランスに生まれ，ブラジルへ移住すると，グレゴリ・ヴァルシャヴシックのもとで一時はたらき，その影響を受けた．ブラジルにおける国際様式モダニズムの先駆者として，若手建築家（いずれもル・コルビュジエの弟子）のチームを率い，ル・コルビュジエを顧問建築家に迎え，ブルレ・マルクスをランドスケープ・アーキテクトとしてリオデジャネイロの教育保健省庁舎（1936-43）を設計した．ニーマイヤーと共同でニューヨーク万国博覧会ブラジル館（1939）を設計し，コスタ自身としてはリオの「エドアルド・ギンレ」集合住宅（1948-54）やパリ大学都市のブラジル館（1955）を設計した．1956-57年にコスタによる新首都ブラジリア計画が世界中の注目を浴び，建設事業が急ピッチで進められた．同計画は弓矢の形状をした対称形をしており，CIAMがアテネ憲章に掲げた多くの原則が盛り込まれていたが，その期待に応えるかたちにはならなかった．

ゴスペル・サイド　Gospel side

〔「福音書側」の意〕祭壇，または聖堂の北側．

コズマ一族　Cosmati

⇨コズマーティ

コズマーティ　Cosmati

12，13世紀のローマにおける大理石装飾家（大理石職人）の一族で，その名は主導的立場のコズマまたはコスマトゥスという者からとられた．コズマテスカやコスマテスクとして知ら

れるコズマーティ風作品は，石やガラス，モザイク，金箔による幾何学的で多彩な模様を大理石の中に嵌め込んでつくられる．その好例はウェストミンスター・アビーに残され，聖堂内陣の舗装（1268）と聖骨箱安置所〔フェリトリー〕（1267-68），懺悔聴聞司祭の祭壇の基壇（1270），国王ヘンリー3世（King Henry III, 在位1216-72）の墓廟がある．コスマテスクはまた，南イタリア，シチリア，ビザンティンの建築に由来する建築装飾の様式である．

コズミック・アーキテクチュア　cosmic architecture

日本の建築家，毛綱毅曠（1941-2001）が1970年代以降の自身の建築について語る際に用いた用語．宇宙論の影響を思わせる．

古代　Antique

ギリシア・ローマの古代に関すること，あるいはギリシア・ローマ時代の古代文明．

古代エジプト建築　Egyptian architecture

古代エジプト建築のほとんどは記念碑的な神殿と墓所の建築だ．オベリスク，転びつき壁体，ピュロン（パイロン）塔，ピラミッド，カヴェット・コーニス（またはゴルジュ・コーニス），ロータス（蓮），パピルス，シュロ形などの柱頭を備えた大円柱，多柱室，中庭，スフィンクスが両脇に配された広壮などこまでも続くかのような軸線（ドロモスと呼ばれる），様式化された彫刻，ヒエログリフが特徴である．軸組構法の建築である．サッカラにある初期の石造葬祭複合建築物群（前2630頃-11頃）には，階段ピラミッド，葦のようでフルート（溝）を施された壁中コラムを備えた奥行きのあるホール，中庭，全体を囲む広壮な城壁などの多くの建造物があった．これらはイムホテプによる設計である．階段ピラミッドはなめらかな側面をもつ形式のものにとってかわられ，ギザのピラミッド群（前2500頃）はその例である．デイル・エル・バハリの大神殿複合建築物群（前1500頃）は斜路によって結ばれた主要な3段階から構成され，それぞれ簡素な四角柱のある長大なファサードを備える．これは20世紀の新古典主義や合理論主義建築（ラショナル・アーキテクチュア）に大きな影響を与えた．カルナックとルクソールの神殿群も同じ頃に建立が開始され，現存する遺構はいまだ圧倒的である．古代ギリシア・ローマ時代（前332-後395）の建築物も，フィラエ神殿やエドフ神殿など，多く現存している．

古代エジプト建築は他の様式にも影響を与えた．たとえば，ベニ・ハサンの岩窟墓所はプロト・ドリス式円柱を備えており，非常に多くの古代エジプトのモチーフがヘレニズム時代の古代ギリシア文化や古代ローマ帝国の中に吸収され同化されていった．また，新古典主義，アール・デコ，合理論主義建築やポスト・モダニズムは古代エジプトのモチーフを引用してきたのである．

ゴダード，ジョゼフ　Goddard, Joseph（1839/40-1900）

イングランドの建築家．19世紀後半，レスターでゴシック・リヴァイヴァル作品をつくった最も傑出した人物．レスターシャーのツール・ラントンのセント・アンドリュー教会堂（1865-66）を煉瓦によるポリクロミーで設計した．レスターのグランビー・ストリートのレスターシャー（現ミッドランド）銀行（1872-74）は大陸のゴシック様式のポリクロミーの作品である．レスターの絢爛豪華なゴシック様式の時計塔（1868），レスターシャー近辺の数多くの住宅その他の建物を設計した．

ゴダード，ヘンリー・ラングトン　Goddard, Henry Langton（1866-1944）

イギリスの建築家．レスター出身で，ジョセフ・ゴダードの息子．最も有名な作品は，レスターのロンドン・ロードにある，バシリカ式のセント・ジェームズ・グレーター礼拝堂（1899-1914）であり，イタリア・ルネサンス様式の華麗で崇高な作品である．また，レスターシャーのホーニングホールドに，アーツ・アンド・クラフツでヴァナキュラー復興様式の魅力的な住宅を多く設計し，レスターのジロー墓地・火葬場（1901-02）の設計にもあたった．ノーサンプトンシャーのケタリングのカーネギー図書館（1903）や中部イングランドにおける多くの商業施設もある．

コチェラ，ヤン　Kotěra, Jan（1871-1923）

ブルノに生まれ，ウィーンのオットー・ヴァーグナーのもとで学ぶ．1898年頃から1905年

まで分離派の影響を強く受け，ユーゲントシュティールの主題を前面に出した設計を積極的に行い，一方で生まれ故郷の民俗芸術にも強い関心を示し，イングランドのアーツ・アンド・クラフツ運動と結びついた思想と主題にもとづいたドローイングを残している．『私と私の生徒の作品集 1898-1901 (*Meine und meiner Schüler Arbeiten: 1898-1901*)』(1902) で発表された初期の作品は，アーツ・アンド・クラフツとユーゲントシュティールの風味が圧倒している．この時期の設計の典型はプラハのヴァーツラフ広場にあるペテルカの家 (1899-1900) と，プロスチェヨフの民族の家 (1905-07) である．アメリカに旅行 (1903) してF・L・ライトの作品に触れ，オランダとイングランドを訪ね，煉瓦の建築とライト風の空間の理念をボヘミアに導入した．フラデツ・クラーロヴェーの市立博物館 (1906-12) がその例である．教育者としても影響を及ぼしており，フックス，ゴチャール，クレイツァルは彼の生徒である（ただし，彼らはコチェラの優雅な作品には背を向け，モダニズムを支持している）．ズリーンに設計したバチャのための企業都市は，エベネザー・ハワードの思想に影響を受けている．

コーチ・ハウス coach-house
　馬車用の離れ屋．

ゴチャール，ヨゼフ Gočár, Josef (1880-1945)
　チェコの建築家．キュビスムの実験を試み，民族様式を作品に取り入れようとした．たとえばプラハのチェコスロヴァキア退役軍人銀行 (1921-23) は，立方体，円柱，正方形で重厚に装飾され，時代に対して退行的な外観の建物である．フラデッツ・クラーロヴェーの高等学校 (1924) ではストリップト・クラシシズムとオランダの煉瓦建築の影響を受けているが，パリのアール・デコ博（装飾芸術国際博覧会）のチェコスロヴァキア館 (1924-25) ではモダニズムの建築言語を用いようとし，装飾的要素とぎこちなく組み合わせている．チェコスロヴァキア・ヴェルクブント（工作連盟）によるプラハのババの丘の住宅開発展 (1932-33) で，ゴチャールの作風は国際モダニズムの様式により近くなり（マウク＆グリュクリヒ邸，1932），さらにドヴール・クラーロヴェーのソホル邸 (1934 頃) ではさらにそれが進んでいる．影響

力のある教育者でもあった．

五柱式 pentastyle
　⇨ポルティコ

コーツ，ウェルス・ウィンタミュート Coates, Wells Wintemute (1895-1958)
　東京生まれのカナダ人宣教師の息子．カナダで芸術，科学，工学を学び，1920 年にロンドンに移った．1927 年からデザインの数多くの側面に取り組み，ル・コルビュジエらの作品に影響を受けた．1931 年にはヴェネスタ合板会社のジャック・プリチャード (Jack Pritchard, 1899-1992) とともにイソコン社を設立した．同社は住宅，アパート，家具，調度品に近代デザインを適用しようとした．ハムステッドのベルザイズ・パークのローン・ロード・フラット (1932-34, 2003-05 年にアヴァンティ・アーキテクツのジョン・アラン (John Allan) により修復) は，所有物や家具調度品をほとんど求めない住人のための「最小限住居」の先駆的な集合住宅であり，初期の住人にはブロイヤーやグロピウスがいた．コーツはさらにロンドン，ケンジントンの 10 パレス・ゲートにアパート (1939 年竣工, 2003-05 年にジョン・マクアスラン＆パートナーズのアラン・ブラウン (Alan Brown) により改修) を設計したが，それは 10 年前にシャロウンがテーマとしたもののヴァリエーションであった．サセックス，ブライトンのエンバシー・コート (1936) は 2004 年からコンラン＆パートナーズのポール・ザラ (Paul Zara) により改修が進められた．ウェルス・コーツはマース・グループの創設者の一人であり，1930 年代イギリスのインターナショナル・モダニズムの先頭に立った人物だった．

告解所 confessional
　⇨コンフェッショナル

コッカレル，サミュエル・ピープス Cockerell, Samuel Pepys (1753-1827)
　イングランドの建築家．サー・ロバート・テイラーの弟子で，1774 年からいくつかの重要な公職についた．テイラーが亡くなると，コッカレルはロンドンのファウンドリング・エステートとプルトニー・エステートの監督官となっ

た．また軍需部糧食課（1791 より）や東イン
ド会社（1806 より），カンタベリー主教区，セ
ント・ポール大聖堂（1811-19）の監督官と
なった．ロンドンの捨子養育院（1790 より）
の理事のためブルームズベリー・エステートを
設計し，大規模で成功した計画を実施した．
コッカレルの弟子には彼の息子，ラトローブ，
ポーデン，テイタムがいる．彼の建築は折衷主
義で，進歩的なフランスの新古典主義から異国
風なものまで多様であった．ラトランドのティ
ケンコートの教会（1792）では 12 世紀の内陣
がとりこまれており，荒削りなロマネスク様式
である．これに対しグロスターシャーのシジン
コート・ハウス（1805 頃）は，異国風のヒン
ドゥー様式の装飾があるカントリー・ハウス
で，これはイングランドにおけるこの様式の最
初の例となった．

コッカレル，チャールズ・ロバート
Cockerell, Charles Robert (1788-1863)

　19 世紀の古典主義の系譜にあり，イングラ
ンドで活躍した中で最も才能にあふれ，学究的
な建築家の 1 人．その作品は大胆でありながら
入念で，徹底的に考古学に証明された先例に基
づいたものであったが，退屈な衒学からは自由
で，優雅さにみちており，高貴な記念碑のよう
であった．彼は S・P・コッカレルの息子とし
てロンドンに生まれた．父のもとで修行する
が，1809 年にはロバート・スマークの事務所
に移った．ジョン・フォスターとともにアテネ
を旅し，そこで彼らはドイツ人考古学者ハラー
と ヤ ー コ プ・リ ン ク（Jakob Linckh,
1786-1841）に会った．彼らは共にアイギナ・
マーブル（現在はミュンヘン所蔵）を 1811 年
に発見し，アルカディアのバッサイでアポロ・
エピクリオス神殿を研究し（とくにイオニア式
のバッサイ・オーダー），フィガリア・マーブ
ルを発見した．ハラーとともにコッカレルは古
代ギリシアの柱身にエンタシスがあることに気
づいた（⇨アラソン，トーマス；ペネソーン，
サー＝ジェームズ；ペンローズ，フランシス・
クランマー）．1811-16 年に小アジア，ペロポ
ンネソス，エーゲ海，ローマ，フィレンツェを
訪れ，1817 年にはロンドンに戻り設計事務所
を開いた．1819 年には父親の後を継いでセン
ト・ポール大聖堂の監督官の職についた．レン
の作品をよく理解したコッカレルは，ホークス

ムアやヴァンブラの構成を早くから崇拝してい
た．彼のデザインはグリーク・リヴァイヴァ
ル，ルネサンス，バロックの折衷主義で，考古
学的調査から学んだ，洗練された細部を加え
た．彼の作品のすばらしい例としては，オック
スフォードのアシュモリアン・ミュージアムと
テイラー・インスティチューション（1841-45）
であり，ここではバッサイ・オーダーがはっき
りと見てとれるが，柱はローマの凱旋門のよう
にファサードの前に立っている．ここではイタ
リア・ルネサンスの影響が強く，堅牢なコーニ
スに如実に見られる．

　彼は 1833 年にソーンの後を継いでイングラ
ンド銀行の建築家となり，実に卓越した作品を
設計した．たとえばイングランド銀行ブリスト
ル支店（1844-46）やリヴァプール支店
（1844-47）では，古代ギリシア，ローマ，ルネ
サンスの特徴が大胆かつ知的に用いられてい
る．ケンブリッジの大学図書館（1837-40）も
設計し，ここでは格天井の円筒ヴォールトとと
もに，バッサイ・オーダーが再び用いられた．
バーセヴィの死後，ケンブリッジのフィッツ
ウィリアム・ミュージアム（1845-47）の内装
と，エルムズの死後，リヴァプールのセント・
ジョージ・ホール（1851-64）の内装を完成さ
せた．

　コッカレルは 1829 年にロイヤル・アカデミ
ーに選出され，1840 年に建築教授となった．
1840 年には王立英国建築家協会のゴールドメ
ダルを授与され，1860 年には協会初の専門職
の会長となった．また，フランスやほかのヨー
ロッパのアカデミーからも勲章を受けた．彼の
著作には『アテネとギリシアのほかの地方，シ
チリアなどの古代遺物（*Antiquities of Athens
and other Places of Greece, Sicily, etc.*)』
（1830），スチュアートとレヴェットの『アテネ
の古代遺物，アグリゲントゥムのユピテル・オ
リュンポス神殿（*The Antiquities of Athens;
The Temple of Jupiter Olympius at
Agrigentum*)』（1830）を補足する巻がある．
ほかにはウィリアム・オヴ・ウィカムによる
ウィンチェスター大聖堂への貢献に関する著作
（1845），リンカン大聖堂の彫刻に関する著作
（1848），ウェルズ大聖堂の西正面に関する著作
（1851，1862），古代建築の色彩に関する著作
（1859），『アイギナのユピテル・パンヘレニウ
ム神殿とバッサイのアポロ・エピクリオス神殿

(*The Temples of Jupiter Panhellenius at Aegina and of Apollo Epicurius at Bassae*)』(1860) があり, 彼の旅日誌は『南ヨーロッパとレヴァントの旅 1810-1817 (*Travels in Southern Europe and the Levant 1810-1817*)』(1903) として出版された.

コッキング・ピース　cocking-piece
⇨スプロケット

骨材　aggregate
コンクリートをつくるために石灰に加える材料 (たとえば, 砕いた煉瓦, タイル, 石材や砂).

コッチ, ガエタノ　Koch, Gaetano (1849-1910)
イタリアの建築家. 16 世紀様式風の設計で知られ, ほとんどの作品がローマにある. ナツォナーレ通りのパラッツォ・ヴォゲラ (1870年代), 四分円のファサードをもつ壮麗なピアッツァ・デセドラ (1880), ラルゴ・ゴルドーニにあるパラッツォ・ボンコンパーニ (1886-90), 小さなムセオ・バラッコ (1902 以降) や, 代表作である, ヴェネト通りにあるパラッツォ・マルゲリータ (1886) など. コッチは, サッコーニによるヴィットリオ・エマヌエーレ 2 世 (King Victor Emmanuel II, 1885-1911) 記念堂の完成を手伝った.

コッティンガム, ルイス・ナコールズ　Cottingham, Lewis Nockalls (1787-1847)
イングランドの建築家で古事物愛好家. ゴシック・リヴァイヴァルの先駆者で, 中世の教会を多く修復した. 中でもサフォークのセバトンにある教会 (1836, 南側廊の繊細な色彩と装飾は敬意に値する), ダービーシャーのアシュボーン (1839-40), サフォークのベリー・セント・エドマンズにあるセント・メアリー教会 (1840-43) が注目に値する. オックスフォード大学のモードリン・コレッジ礼拝堂 (1830-32) を改装し, アーマーのセント・パトリック大聖堂を事実上再建し (1834-37), ヘリフォード大聖堂で入念な修復を行った (1841 より). 彼の手によるものはダービーシャーのゴシック様式の邸宅スナルストン・ホール (1828, 現存せず), ベリー・セント・エドマンズのクラウ

ン・ストリートにある旧貯蓄銀行 (1846, チューダー・ゴシック様式), ロンドンのウォーター・ブリッジにある広大な地所 (1825 より) などがある. 中世の建築装飾のすばらしいコレクションを有し (これを記述した論文が 1850 年に出版された), これはのちにサウス・ケンジントン・ミュージアムの所有となった. 彼は何冊かの本を出版し, これらには『ウェストミンスターホールの図面集 (*Plans, etc. of Westminster Hall*)』(1822), 『ヘンリー 7 世礼拝堂の図面集 (*Plans, etc. of King Henry VII's Chapel*)』(1822-29), 『金属装飾職人の指針 (*The Ornamental metal Worker's Director*)』(1823, のちに再版), 『ゴシック装飾の図面集 (*Working Drawings of Gothic Ornaments*)』(1824), 『古代ギリシア・ローマ建築 (*Grecian and Roman Architecture*)』(1820) がある. 彼はゴシック様式を用いた学術的な建築家の最初の世代としてより認知されるべきであり, オックスフォード大学のモードリン・コレッジでの作品は当時のものとしてはとても美しい.

コット　cot
1.　きわめて質素で小さな田園のコテージ. 特に草葺き屋根に枝編みの壁, もしくは庭園や公園においてそれを模造した建物であるが, 保養地, 避暑地などの別荘として使用される.
2.　鳩小屋.

ゴッドウィン, エドワード・ウィリアム　Godwin, Edward William (1833-86)
ブリストル出身のイングランド人建築家, デザイナー, 著述家. ウィリアム・アームストロング (William Armstrong, 1858 没) のもとで初期研鑽を積む. 1856 年, 北アイルランドにいた兄弟のジョゼフ・ルーカス・ゴッドウィン (Joseph Lucas Godwin, 土木技師) のもとに行き, そこで三つのローマ・カトリックの教会堂を設計した. それらはすべてゴシック様式で, ドネガル州のセント・ジョンズタウン (1857-60, 1970 年代に理解のないやり方で現代化された), ニュータウンカニンガム (1857-61), トーリー島 (1857-61) に建設された. アームストロングが亡くなった 1858 年までにブリストルに戻り, マーチャント・ストリートに巨大な半円アーチをもつ商店 (1856-58)

を設計した．また，ストークス・クロフト104
番地の商店（1856-58），ジェイコブ・ストリー
ト醸造所（1863-65）を設計した．ノーサンプ
トンのタウンホール（1861-64，建築設計競技
で仕事を獲得）で名をあげた．それは，英仏伊
混合のゴシック・リヴァイヴァルのポリクロミ
ーの作品で，ラスキンの影響を受けたものであ
り，すべての装飾および家具（グラディッジに
よって1992-23年にていねいに修復された）の
デザインをした．ヘンリー・クリスプ（Henry
Crisp, 1825-96）を共同経営者に呼び入れ，設
計競技に専念させた．しかし，この新しい事務
所はいくつかの設計競技で1位を獲得したもの
の，チェシャーのコングルトンの作品
（1864-66，またしてもラスキン風の作品だが，
よりフランス的要素が強い）しか，設計競技で
優勝したものは実現しなかった．アイルランド
で二つの重要なカントリー・ハウスの仕事を得
たことで彼の仕事は軌道に乗ったようである．
リムリック州パラスケンリーのドロモア城
（1866-73，廃墟となっている），およびケリー
州グレンビーのグレンビー・タワーズ
（1867-71，1922年に焼失）である．後者は城
塞風住宅で量塊的な要塞の形をとっていた．前
者は，大変に質の高い作品で，考古学的に正し
いだけでなく，美しい構成で，一部防衛を旨と
して設計された作品である（当時，建物はフェ
ニアン団の襲撃に備える必要があった）．ゴッ
ドウィンはドロモア城に日本風の装飾を使っ
た．そのことで，彼は耽美主義運動の先駆け的
なデザイナーの1人とされた．惜しまれるの
は，どちらの建物も雨漏りがしたことである．
ドロモア城では漏水があまりに激しく，ヘンリ
ー・ステーシー・マークス（Henry Stacy
Marks, 1829-98）が描いたスペンサーの「妖精
の女王」の壁画が損傷を受けた．このような災
難で名声に傷がついた．しかし，彼はノーサン
プトンシャーのニューソープにボーヴェール・
ハウス（1872-73），チジックのベッドフォー
ド・パークのアベニュー通り1,2,3,5,7,9,12,14,16,
18,37,39番地その他の住宅（1875-77）を設計
した．また，チェルシーのいくつかの住宅は当
時としては大変に前衛的なものだった．たとえ
ば，ジェームズ・アボット・マクニール・ホ
イッスラー（James Abbot McNeill Whistler,
1834-1903）のためのタイト・ストリートのホ
ワイト・ハウス（1877-79，現存せず），芸術家

ジョージ・フランシス（通称フランク）・マイ
ル ズ（George Francis（‘Frank’）Miles,
1852-91）のためのタイト・ストリート46番地
のタワー・ハウス（1881-85），オスカー・ワイ
ルド（Oscar Wilde, 1854-1900）のためのタイ
ト・ストリート16番地の家の内装（1884-85）
がある．これらは，「ハウス・ビューティフル」
の思想を体現したものである．
　ゴッドウィンは間違いなく当時，最も独創的
なデザイナーの1人であった．また，イギリス
的日本趣味様式の装飾や家具の発展における先
駆者であった．家具デザインはとくにアメリカ
合衆国で広く複製され，ドイツおよびオースト
リアにも多大な影響を及ぼした．膨大な建築記
者としての著作，劇衣装，劇セットのデザイン
を手がけたが（彼は1868-75年まで，女優のエ
レン・テリー（Ellen Terry, 1847-1928）とと
もに住み，2人の子どもをもうけた．そのうち
の1人は劇場デザイナーのエドワード・ゴード
ン・クレイグ（Edward Gordon Craig,
1872-1966）），収入は十分なものではなく，負
債を残して死去した．

ゴッドウィン，ジョージ　Godwin, George （1813-88）

　イングランドの建築家．建築家ジョージ・
ゴッドウィン（George Godwin, 1789-1863）の
息子．19世紀イギリスにおける最も重要な建
築誌・ビルダー誌の編集者（1844-83）として
知 ら れ る．弟 の シ ド ニ ー（Sidney,
1828-1916），ヘンリー（Henry, 1831-1917）と
ともに実務にも携わり，セント・メアリー・ボ
ルトンズ教会堂（1849-50），レッドクリフ・ス
クエアのセント・ルカ教会堂（1872-74），コー
トフィールド・ガーデンズのセント・ジュード
教会堂，レッドクリフ・マンションズ（1871）
を設計した．これらはすべてロンドンのケンジ
ントンにある．1835年にコンクリートに関す
る重要ないくつかの論文を発表し，『ロンドン
の 教 会 堂（*The Churches of London*）』
（1838-39），『廃 墟 の 中 の 歴 史（*History in
Ruins*）』（1853）を出版した．労働者階級の住
宅改善活動にも積極的だった．

コット，ロベール・ド　Cotte, Robert de （1657-1735）

　フランスの建築家，都市計画家で，おそらく

最も影響力を発揮したレジャンス時代（摂政時代）のロココ様式のデザイナー．アルドゥアン＝マンサールの義弟であり弟子・助手だった彼はヨーロッパ中，おもにドイツ語圏諸国でフランス建築を推進した．1709 年，アルドゥアン＝マンサールのあとを襲って「プルミエ・アルシテクト」（首席建築家）となり，初の単独事業であるパリのオテル・デュ・リュードを翌年に手がけた（1861 年に取り壊された）．パリのリュー・ド・グルネルのオテル・デストレ（1711-13，パッラーディオ風の構成），シャロン・シュル・マルヌ司教宮殿（1719-20，未完），ヴェルダン司教宮殿（1724-35，建築中に案変更），ストラスブール司教宮殿（パレ・ロアン）（1727-42，18 世紀フランスのロココの高貴なる「単純性」のすばらしき作例）を設計した．パリの偉大なるバシリカ聖堂の一つ，サン・ロシュ聖堂のファサード（1728-38）を手がけてこれを完成させた．フランクフルト・アム・マインのトゥルン・ウント・タクシス宮殿（1727-36，一部破壊されている），ボン・ポペルスドルフのシュロース・クレメンスルーエ（1715-18），そして，ボンの選帝侯宮殿（1713-23）の設計は特筆に値しよう．シュロース・ブリュール，シュロース・シュライスハイムやヴュルツブルクの「レジデンツ」（宮廷所在地）の設計についても助言を求められているが，その影響はあまりなかったようである．

コップ cop
メルロン．⇨バトルメント

コッファー coffer
1. 格間または中くぼみのパネル，たとえば天井やドーム，ソフィット，ヴォールトに深く落とされた板のように，多くは中心部に，コリント式やコンポジット式のコーニスの底面にあるような様式化された花や同様の装飾が施されている．天井などコッファーを設けたものをコッファード，コッファーを配置することをコッファーリングという．
2. 野石やほかの素材で充填される厚みのある壁やピアなどに開けた空洞部分のことで，多くは外装仕上げ用石材およびクロス積みや組積みの石でつくられる箱形の区画である．

コッファー・ダム coffer-dam

2 列に杭を並べその間に粘土を詰めて固めた水密の囲い．水中における橋脚などの建設時に使用する．

コッペデ, フロレンティーン・ジーノ
Coppedè, Florentine Gino (1866-1927)
リバティ様式を代表するイタリア人建築家．ジェノヴァで，ネオ・ゴシックによる壮麗なマッケンジー城（1896-1906），マニエリスム風のパラッツォ・ツッカリーノ（1907），スタリエーノの英国人墓地に名家の霊廟および入口（1907）を手がけた．また，ローマのミンチョ広場周りに壮麗なコッペデ地区（1921-27）を整備し，新しい都市街区が豊かに装飾化されることによって古い街区と同様の魅力をもつことを示した．さまざまな時代，さまざまな様式に由来する特徴やイメージをコラージュすることで，建物には架空の歴史と，人間味のあるスケール感が付与された．結果的に，事業は成功だったにもかかわらず，彼の作品には「筋違い」や「古臭い」といったレッテルがはられることになった．弟のアドルフォ（Adolfo）は，ダリオ・カルボーネ（Dario Carbone）とともに，ジェノヴァにネオ・バロックのパラッツォ・ボルサ（1907-12）を設計したほか，フィレンツェのシーニャにはカサ・デル・ファッショ（1928）を手がけた．

コッホ, アレクサンダー Koch, Alexander
(1860-1939)
ドイツの出版者．1880 年代以降の新しい傾向の建築とデザインを喧伝するのに大きな影響力をもった．チューリヒとロンドンで活動したアレグザンダー・コッホ（Alexander Koch, 1848-1911）とは別人物．1880 年代に会社を設立し，『室内装飾専門誌（Fachblatt für Innen-Dekoration）』（1890 創刊），『ドイツの芸術と装飾（Deutsche Kunst und Dekoration）』（1897 創刊）の雑誌を刊行し成功を収めた．『室内装飾専門誌』はウィーン工房の作品を頻繁に扱った（1904 から 1911 の間に 12 回の特集が組まれた）．ヘッセン大公エルンスト・ルートヴィヒ（Ernst Ludwig, Grand Duke of Hesse, 在位 1892-1918）と親交を結び，芸術家村の建設をヘッセン大公国当局にはたらきかけ，1899 年にダルムシュタットのマチルデンヘーヘに実現させベーレンスやオルブリヒらが

設計を担当した．ヘッセン州の諸産業における
デザインの質を改善するため，規範的作品をつ
くり上げるのが目的だった．大公の庇護のもと
1901 年にダルムシュタットで高い評価を得た
展覧会が開催され（ユーゲントシュティールを
推進），コッホはその図録を刊行した．また，
『室内芸術の巨匠（Meister der Innenkunst）』
（1902, ムテジウス編）を出版したが，これは
『室内装飾（Innen-Dekoration）』誌主催で同誌
を通じて宣伝されていた設計競技「芸術愛好家
のための家」の入賞者のデザインを紹介し，ま
たベイリー・スコットやマッキントッシュの名
高いデザインを掲載していた．ダルムシュタッ
トの展覧会を成功に導いた後，トリノで開催さ
れた国際装飾芸術展（1902）の顧問にコッホは
招聘された．この展覧会はイタリアにスティ
レ・フロレアーレ（花の様式）やスティレ・リ
バティ（自由様式）を広めるのに貢献した．重
要で影響力をもったコッホのその他の出版物
に，『近代的な建築室内と室内の構成
（Moderne Innen-Architektur und innerer
Aufbau）』（1899），『新時代の住文化のための
ハンドブック（Handbuch neuzeitlicher
Wohnungskultur）』（1914）があり，ドイツに
おける住宅の室内について近年の事例を調べて
いる．その中の数例は実際最新のもので，一見
すると 1918 年以降の作品のようにみえる．没
後は息子（同名のアレクサンダー
（Alexander））が出版事業を引き継いだ．

コッホ, アレグザンダー Koch, Alexander
(1848-1911)
　スイス生まれの建築家．ダルムシュタットで
活動したアレクサンダー・コッホ（Alexander
Koch, 1860-1939）とは別の人物．チューリヒ
ではじめ教育を受け，ウィーンに渡りゼンパー
のもとでリンクシュトラーセ（環状道路）の整
備計画に携わった．ベルリンでさらに学んだ
（1870-71）のち，チューリヒで自らの事務所
コッホ＆エルンスト（Koch & Ernst，ハイン
リヒ・エルンスト（Heinrich Ernst）と共同）
を設立した．多数の作品を手がけ，アルペン通
りの小児用病院や集合住宅で知られる．1885
年にロンドンに移住し，サウス・ケンジントン
博物館でイギリス流の教育とデザインを聴講し
学んだ．1889 年以降『アカデミーの建築と建
築 批 評（Academy Architecture and

Architectural Review）』誌を編集，出版し，当
時の貴重な記録となっている．1905 年以降は
『イ ギ リ ス の 建 築 設 計 競 技（British
Competitions in Architecture）』誌を出版し，
デン・ハーグの平和宮殿（1905）など自身も設
計競技に参加した．息子たちは第一次世界大戦
に 際 し て 改 名 し マ ル テ ィ ン＝ケ イ
（Martin-Kaye）と名乗るようになった．ヒュ
ー・マルティン＝ケイ（Hugh Martin-Kaye,
1878-1954）は『建 築 図 解（Architecture
Illustrated）』誌を創刊し，また『アカデミー
の建築（Academy Architecture）』誌の出版を
1931 年まで続けた．

コッラリーノ　colarin, colarino
　⇨コラリーノ

コッラリーノ　collarino
　⇨ヒュポトラケリオン

コテージ　cottage
　1．小さな 1 階建の住居で，屋根裏に寝室が
あることもあり，農業従事者が住む．日干煉
瓦，コブ（壁土），ピゼ，野石など安い建材で
建てられ，草葺，芝土などで屋根がふかれてい
る．17 世紀には多くのコテージが織工のため
に建てられ，いくつかが現存する．これらには
織機や収納のための設備があり，たとえば，グ
ロスターシャーのストラウドにあるサパトンが
ある．かつては顧みられることのなかった建築
であったが，ジェームズ・モールトン（James
Malton, 1765-1803）の『イギリスのコテージ
建築：偶然の効果による特異な建築様式を不朽
にする試み（An Essay on British Cottage Ar-
chitecture: being an attempt to perpetuate on
Principle, that peculiar mode of building, which
was originally the effect of Chance）』（1798,
1804）と『おもにゴシック様式と城館様式によ
る田園の別荘のためのデザイン集（Collection
of Designs for Rural Retreats . . . principally in
the Gothic and Castle Styles of Architecture）』
（1802）によって称賛された．これらの著作に
より，モールトンはいわゆる「コテージ・オル
ネ」の先駆者となった．これは 18 世紀後半か
ら 19 世紀初頭にかけて田園や庭園に建てられ
た，非対称で不規則な小さな住居のことで，小
さな鉛窓，屋根，隅棟，破風，ドーマー，雷文

模様のバージ・ボード，大きな装飾された煙突，木の幹で支えられた粗野な木造ヴェランダなどがついており，ピクチャレスク崇拝の一部をなした．構造は煉瓦，木材（もしくはハーフ・ティンバー），野石などで，茅葺き屋根が多い．この純粋なヴァナキュラー建築は多くの建築家の興味をひき，美学的観点から意図的にピクチャレスクな建物が建造された．コテージ・オルネの流行は多くのパターン・ブック（プローによる著作で，彼が1795年に初めてこの用語を用いた）により促進された．これはおもにリージェンシー時代のイギリスにおいてであったが，アメリカのカーペンターズ・ゴシックにも影響を与えた．ピクチャレスクなデザインの源泉には，J・B・パップワースの『田園建築（*Rural Residences . . .*）』（1818, 1832）やほかの著作がある．コテージ・オルネの好例としては，ナッシュが設計したブリストル近郊のブレイズ・ハムレット（1811）が現存する．コテージ・オルネに似た大規模な建物で，庭園に建てられ，農場として使用されたものは「フェルム・オルネ」と呼ばれる．19世紀後半には，コテージ建築の要素が住宅デザインとして，アーツ・アンド・クラフツ運動やドメスティック・リヴァイヴァルの建築家によって用いられたが，その産物はコテージ・オルネの陽気な性質とはまったく異なるものであった．

　2．アメリカ合衆国の海辺や田舎などの夏の邸宅で，大抵の場合しっかりとしたつくりで調度も整っている．

　3．公衆便所．

コデルク，ホセ・アントニオ　Coderch y de Sentmenat, José Antonio (1913-84)

　カタルーニャのモダニズム建築家で，チームXのメンバー．あらゆる通俗的な伝統主義を拒否した．作品にはバルセロナ県シッチェスのガリーガ＝ノゲス邸（1947）や同県カルデタスのウガルデ邸（1951），ミース・ファン・デル・ローエの影響が明瞭に見られるバルセロナ市のトレード・ビル（1968）などがある．最晩年の作品の一つにバルセロナ建築学校（1978-84）がある．

五点形　quincunx

　五つの物体について，四つを四隅に，一つを中央に配置ないしは配列すること．植栽の配置によくみられるが，ギリシア十字形平面の多くのビザンティン様式の聖堂の基本でもある．すなわち，十字の4本の腕が円筒ヴォールトを支えるベイとなり，中央交差部が大ドーム，十字の四隅上部が小ドームを支えるベイとなる（正方形に内接する十字形）．

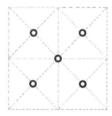

建築や植栽における典型的な五点形の配置のダイアグラム．

古典主義　Classicism

　古代ギリシア・ローマの芸術と建築の諸原理のこと．古典主義建築は，権威をもってすばらしいと考えられ尊重されてきた古代建築に由来する建築である．古典主義の後世のリヴァイヴァルは，古代建築の壮大さを乗り越えようとする希望だけではなく，芸術に関して法則，秩序，規則を確立しようという望みとも結びついていた．最初の古典主義復興はカロリング朝時代（帝権の再確立の野望と不可分ではなかった），次に11世紀トスカナのプロト・ルネサンスに起こったと考えられていて，後者は初期ルネサンス，おもに建築家ブルネレスキに影響を与えた．16世紀以降，ルネサンス建築とその出版物は古代の模範よりもデザインの世界で大きな衝撃を与えた．新たな理論書はウィトルウィウスの著作によって推進されたようにみえ，古代ローマの建築オーダーの規範的な性質について論じられたのである．17世紀末にはもっと厳格な古典主義への傾向が，マンサールやペローの作品において明らかに現れ，18世紀初めにはウィトルウィウス，古代，イタリア・ルネサンスの建築が，バーリントンの庇護のもと，また，キャンベルの作品によって推進されてリヴァイヴァルされるようになった．だが，おもに模範となったのはパッラーディオとイニゴー・ジョーンズの作品だった．バーリントンとその仲間たち（フリットクロフトとケントがいた）は，比例関係，細部，パッラーディ

オ主義と呼ばれる先例についてのきわめて精密な規則を伴う真に支配的な趣味を確立し，1714年以降，18世紀のほとんどの間，イギリス建築の支配的な動きとなった．これはレン，ヴァンブラ，ホークスマアのバロックに対する革命だった．パッラーディオ主義（あるいは，もっと正確にいえば第二パッラーディアン・リヴァイヴァル）が，1714年のハノーヴァー朝の到来とホイッグ党の政権獲得と同時にみられるのは偶然ではない．まさに，バーリントンによるパッラーディオ主義擁護により，ジェームズ1世（スコットランド王ジェームズ6世）治世下（James I and VI, 1603-25）の第一パッラーディアン・リヴァイヴァルから，1660年頃から1714年までのバロックの中断期をはさんでの継続性を保証する建築形態が生まれたのである．パッラーディオ主義を「過剰な」バロックの豊穣さを様式的に浄化したものとみなす論者もおり，とりわけ，20世紀半ば頃には支持された考えだったが，バロック建築も古典の先例にもとづくものだったことを忘れるべきではなく，バロックと同様の傾向をみせる古代ローマ建築の事例も，とりわけ，2世紀にはあった．

　パッラーディオ主義は新古典主義の初期の形式だとみなされてきたが，後者は厳密には18世紀半ばに始まったのであり，その時に建築家と芸術家は，（バーリントンやキャンベルのように）ルネサンスの先例から自身の古典主義を導いたのではなく，新たにもともとの古代の建築物を学び始めたのである．ピラネージの銅版画は古代ローマ建築の偉大さを明らかにしつつ誇張していた一方で，ヘルクラネウム，ポンペイ，スタビアでの発掘調査が古代ローマの建築とデザインの多くの側面を明らかにしていて，急速に建築家たちのレパートリーに入っていった．学術的に考古学がデザインの第一の出典となったのである．ヴィンケルマンに想を得て，古代ギリシア建築が評価されるようになり，パエストゥムの神殿群の荒々しく無骨で男性的な力強いドリス式が，人類そのものと同じく建築も原始の時代の単純な段階の方がすぐれているのだと考える人々の琴線に触れた．古代ローマ建築について考古学的に正確なモチーフを探求しようという試みは古代ギリシアの先例にも及ぼされるようになり，古代ギリシアの建築物についての調査が，おもにスチュアートとレ

ヴェットによってなされていった．彼らによる『アテネの古代遺物（Antiquities of Athens）』はグリーク・リヴァイヴァルの第一の出典となった書籍の一つであり，1762年に公刊された．コルドモワ，ロージエやロードリの著作に影響されて，建築家たちは浄化され純粋化された建築を構想した．それは古代を，また，しかるべき先例の原始的な形態にまで向かうものであり，古代ギリシアだけではなく，円錐，立方体，四角錐，球のような幾何学的に純粋な形態へと導かれていった．このような形態を最初に用い始めたのはブレ，ジリー，ルドゥーのような建築家たちだった．単純幾何学形態には，古代の主題の常軌を逸した統合が明確に表現され，促進されており，古代エジプトの要素が建築に導入された．一方，装飾は希薄になり，完全に廃されることもあった．オーダーが使用される場合は構造の一部をなして，エンタブラチュアか原始的なまぐさを支持しており，壁体の装飾として組み込まれていたわけではない．新古典主義は厳格であり，冷淡でさえあって，バロックの対極にあったのである．

　19世紀初頭には新古典主義は，さらなる豪奢さによって角がとれてきた．一方，構成はもっと自由になり，ピクチャレスクにも近づいて，強力に考古学的，感情的で幻想的な側面をもつようになった．古代の帝政ローマ，ギリシア，エジプトは，創意あふれるナポレオン時代のフランスの帝政様式と英国のリージェンシー様式の豊かなヴォキャブラリーを提供した．1815年以降の反動によりヨーロッパとアメリカにグリーク・リヴァイヴァルが広がっていき，多くの特徴的な建築物が産み出された．一方，プロイセンではシンケルが洗練と学術的正確さと豊穣な効果をあわせもった建築を創造していた．その手段は最も単純だったが，表現の明晰さ，論理的に展開する構造体，材料の使用についての真実性，外部と内部双方の空間表現といった新古典主義の原理に強く依拠していた．世紀の半ばには趣味は再びルネサンスの方に傾いて第二帝政（1852-70）のパリや皇帝フランツ・ヨーゼフ1世（Kaiser Franz Joseph, 在位1848-1916）のウィーンで花開き，バロック・リヴァイヴァルがそれに続いた．英国では「レネサンス」〔「レン復興」を意味する造語〕と関連づけられるが，フランスと米国ではボザール様式と呼ばれる．そして，さらにもう一

度，20世紀の新古典主義リヴァイヴァルへの反動があり，その建築言語から各要素がはぎとられ，過剰さのないものが発展した．この硬直した新古典主義は1920年代から1930年代にかけて，おもにスカンジナビア，フランスと米国で広まったが，ファシスト党のイタリア，ナチス・ドイツ，ソ連でもみられ，民主制において多くの卓越した実践者がいたのも事実であるにもかかわらず，憎悪を買うことになった．近年，古典主義の要素は，おもにアダム，ボフィル，ボッタ，クリエ，ウートラム，ロッシ，ステルン，テリーなどの作品や，ニュー・クラシシズムからポスト・モダニズムまでなんらかの用語で類型化されたさまざまに異なる建築において再登場した．

コート　court
1.　壁や建物で囲まれた空地で，採光と通風のために確保されたスペース，城郭の砦を囲む領域，大規模な邸館正面の前庭やクール・ドヌール，中庭，ケンブリッジ大学の中庭，回廊などがある．
2.　王家の（ハンプトン・コート・パレスにおけるような）邸館．
3.　法廷が開かれる建物．

コード　chord
1.　円弧上の2点と交わるまっすぐな線．
2.　一つのアーチのスパン．
3.　アプスや半円アーチの直径．
4.　トラスの合掌部材（プリンシパル），通常は頂部から基部に沿って張った2組のうちの一つ．
5.　「ベルファスト」式や「ボウストリング（弦）」式のトラスの下部のまっすぐな部分．

コドゥッシ，マウロ　Coducci or Codussi, Mauro (1440頃-1504)
ベルガモ近郊のレンナ生まれ．ヴェネツィアのクアットロチェントにおける最も偉大な建築家で，1469年頃から同地で活動した．コドゥッシは創造の才能にあふれた技術者でもあった．アルベルティの作品を知っていたが，ヴェネツィア・ビザンティン建築を尊重していたことは明らかであり，ルネサンスの形態と同地の過去の形態とを統合した様式を導入する上で大きな役割を果たした．サン・ミケーレ・イ

ン・イゾラ聖堂（1469-78）は，ヴェネツィアで最初のルネサンスの聖堂であり，アルベルティによるリミニのサン・フランチェスコ聖堂の影響を受けたファサードを備えているが，中央頂部には渦巻き装飾を備えた半円形ペディメントがそびえ立ち，その両脇にある半分ずつの櫛形破風は，両側廊の屋根をおおい隠している．コドゥッシはヴェネツィアのサン・ザッカリア聖堂（1480-1500）を完成させた．この聖堂はアントーニオ・ガンベッロの設計により，1458年に着工された．ファサードでは対になった円柱の上に，装飾が施された巨大な半円形ペディメントが載せられ，ここでもまた両脇に渦巻き装飾が設けられている．コドゥッシは，（サン・マルコ聖堂にみられる）ビザンティン建築のクインクンクス型平面を好んでいたと思われ，その変形版をサンタ・マリア・フォルモーザ聖堂（1492-1504）やサン・ジョヴァンニ・クリゾストモ聖堂（1497-1504）で採用した．

コドゥッシはおそらくパラッツォ・コルネル・スピネッリ（1493頃）やパラッツォ・ヴェンドラミン・カレルジ（1500頃-09）の設計に携わった．ただし，後者についてはピエトロ・ロンバルドによって着工されたともいわれている．パラッツォ・ヴェンドラミン・カレルジは，ヴェネツィアの豪奢な世俗建築のプロトタイプであり，3層にわたって積み重ねられたオーダーとヴェネツィアのアーチ列によるファサードを備えている．コドゥッシはスクォーラ・グランデ・ディ・サン・ジョヴァンニ・エヴァンジェリスタ〔福音書記者聖ヨハネ大同心会〕の左右対称をなす劇的な二つの階段室（1498-1504）の建築家である．この階段室では階段部は滑らかな円筒ヴォールト天井，踊り場はドームでおおわれている．他にもサン・ピエトロ・ディ・カステッロ聖堂の鐘塔（1482-88）や，スクォーラ・グランデ・ディ・サン・マルコ〔聖マルコ大同心会〕の大階段室（後に破壊）を設計し，このスクォーラの（半円形の破風を頂く）ファサードを完成させた．海からピアッツェッタを眺めたときサン・マルコ広場の消失点となる時計塔（1496-99）も，（おそらく）コドゥッシが設計した．

ゴド，エティエンヌ=イポリート　Godde, Étienne-Hippolyte (1781-1869)

フランスの建築家．パリ市の主席建築家 (1813-48) として，数多くの改修・改変を行った．とくに 1840-45 年のパリ市庁舎（ジャン・バティスト・シスロン・ルスール (Jean-Baptiste-Ciceron Lesueur, 1794-1883) と）が知られる．またペール・ラシェーズ墓地（追悼礼拝堂を設計）やモンパルナス墓地 (1840-45) の配置に改良を加えた．その他の仕事にはサン・シュルピスの礼拝堂と神学校 (1820-28)，サン・ピエール・デュ・グロ・カイユ聖堂 (1822)，ノートル・ダム・ド・ボンヌ・ヌヴェル聖堂 (1823-30)，サン・ドニ・デュ・サン・サクルマン聖堂 (1823-35)，サン・ピエール・ド・シャイヨ (1823-35) など，いずれもパリに立つ諸聖堂がある．

ゴドフロワ，マクシミリアン Godefroy, Maximilien (1765 頃-1840)
　フランスの建築家．ラトローブとともに，アメリカ合衆国に渡り (1805-19)，後期新古典主義を伝えた．その仕事のほとんどはボルティモアにあり，ゴシック様式のセント・メアリー礼拝堂 (1806-08)，コマーシャル・アンド・ファーマーズ・バンク (1812-13, 取壊し)，ユニテリアン・チャーチ (1817-18)，そしてアメリカ合衆国で最初に建立された市民記念碑である古代エジプト風の戦勝記念碑 (1810-27) がある．1819 年から数年ロンドンに滞在した後（この間，クラレンドン・スクエアにローマン・カトリック・チャリティーズ・スクールを設計 (1825-26, 取壊し)），1827 年にフランスに帰国．後半生の仕事には，マイエンヌの「オスピス・デザリエネ」（精神病院, 1829-36) や，ラヴァルのパレ・ド・ジュスティス（裁判所, 1829-36) の新翼棟，ラヴァル県庁舎 (1831-40) を設計した．彼の作品にはブロンデルとデュランの影響がみられる．

コード，ミセス・エリナー Coade, Mrs. Eleanor (1733-1821)
　1769 年からランベスでつくられた「コード・ストーン」と呼ばれる，上品で，硬く，耐水性のある人造石の製造業者・市場売買人．コード・ストーンは，中国産粘土，砂，窯で一度焼かれた原料を粉砕したものから生成される．柱頭やキーストーン（要石）などの建築装飾や建築部材に使用され，葬祭記念碑として用いられることもあった．製品は，二度焼きされた石という意味の「リソディピラ」と呼ばれることもあり，火入れの際の安定性のため，試作段階で完成品の仕上がり寸法を正確に試算することが可能となる．

コートヤード courtyard
　農場，城郭，邸宅，監獄などの構内にある壁や建物で囲まれた空地．コートよりも小さいものを指すことが多い．

ゴドロン gadroon, godroon
　連なっている親指のような刳形（くりかた）の一つ一つ．太い指が上向きの凸面刳形表面に並んでいるようにみえる．「ゴドロンを施す」（「しわしわ」〔ドイツ語 knüllen に由来〕装飾，または「ローブ」（葉形）装飾を施す）とは凸面上の杖状装飾，またはローブ装飾によって装飾することである．

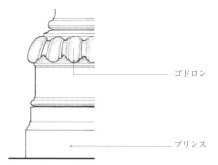

コーナー corner
　クォイン〔隅石〕．

コーナー・キャピタル corner capital
　⇨アングル・キャピタル

コーナー・ストーン corner-stone
　1．隅石．
　2．礎石．

コーナー・ビード corner-bead
　漆喰塗りの壁の隅部分が稜角にならないようつくる角金．

コーナー・ブレース corner-brace

コナヘシヨ

構造を固定するために小屋梁と敷桁の間に水平に配する短い斜材.

コナーベーション conurbation

複数の町がつながって形成される一つの都市域に対する1915年頃のゲデスによる造語で,スタフォードシャーの製陶地域や大ロンドンなどがその例である.

コーナー・ポスト corner-post

木骨造建物の隅に直立する構造部材.

コーニグ, ピエール Koenig, Pierre (1925-2004)

アメリカの建築家.鉄骨組みや工業化建築の技術を開発したことで知られ,カリフォルニア州ロサンゼルスにおける二つのケース・スタディ・ハウスで名をあげた.すなわち,1958年につくられたワンダーランド・パーク・アヴェニュー9038の「ケース・スタディ・ハウス No.21」と,1959年のウッズ・ドライヴ1635の「ケース・スタディ・ハウス No.22」であり,後者は市街地を見下ろす崖から片持ち梁によって浮かぶ.その後の作品には,カリフォルニア州ハリウッドの「ガンタート邸」(1981),ロサンゼルスの「コーニグ邸」(1984-85),カリフォルニア州サンタモニカの「シュワルツ邸」(1991)がある.

コーニス cornice

1. 古典建築のエンタブラチュアの最上部分.

2. ペデスタル(その笠石)や壁のように,建物やそのある部分の水平な最上端に刳形(くりかた)がつけられ突出した最頂部.壁にあるものを,ウォール・コーニス〔壁面上端の水平帯〕といい,また(非常に大きくパラッツォなどの主要ファサードの頂部なら)コルニチオーネと呼ぶ.屋根が壁に差し掛かる場所につくられた古典建築の刳形のある軒なら,イーヴズ・コーニス〔軒コーニス〕といい,内部の壁と天井の接合部であれば,クラウン・モールディングという.隅の周りや異なる方向に続くコーニスはコーニス・リターンであり,テラコッタやそのほかの材料で仕上げたものはエンケースド・コーニスである.ペディメントにおけるコーニスは,傾斜面の上にあるものはレイキング〔傾斜コーニス〕として区別される.ブロック・コーニスは,原始的なベッド・モールディング〔敷刳形(くりかた)〕から突出するモディリオンの代わりにきわめて簡素なブロックを用いたウォール・コーニスである.

コニンク, ルイ・エルマン・ド Koninck, Louis Herman de (1896-1984)

ベルギーの建築家.国際現代主義の初期の信奉者で,ル・コルビュジエ,グロピウスなどの大きな影響を受けた.ブリュッセル・ユークルのヴロネロデラーンの住宅(1924),ブリュッセルのプリンス・ヴァン・オラニェラーンのレイ・ヴィラ(1934),それに CIAM で展示された標準化され合理化されたキッチン(1930)が代表作だろう.『ラルシテクチュール・ドージュール デュイ(*L'Architecture d'aujourd'hui*)』(今日の建築)誌のベルギー特派員(1934-)として国際的な影響力をもった.

コヌフロワ, アベ・ピエール Conefroy, Abbé Pierre (1752-1816)

ケベック司教区のモントリオール地区のフランス系カナダ司教総代理.コヌフロワは,17世紀中頃のプロトタイプに基づいた聖堂の標準化平面を創案した.アプスを伴う内陣は身廊よりも狭く,トランセプトには祭室群が備えられる.ゲーブル(妻壁)をもつ西正面に中央扉が設けられ,両脇に小さな扉がつく.そして1基か2基のクロシェ(フランス語で「鐘楼」の意)が備えられる.好例として,ケベック,ラカディのサント・マルグリト聖堂(1800-01)ブシェヴィルのサンタ・ファミーユ聖堂(1801)がある.このような保守的な(時に後進的でさえある)建築が文化的・宗教的アイデンティティを強調した.

コーネル, アミアス・ダグラス Connell, Amyas Douglas (1901-80)

ニュージーランド生まれの建築家.1929年からロンドンで実務を行い,1932年にバジル・ロバート・ウォード(Basil Robert Ward, 1902-78)とパートナーシップを結んだ.1933年から1939年にはコリン・アンダーソン・ルーカス(Colin Anderson Lucas, 1906-84)も加わり,コーネル・ウォード&ルーカス(Connell, Ward, & Lucas)となり,ル・コル

ビュジエから多くの影響を受けつつ，1930年代イギリスにおける先進的で国際的な一連の近代住宅を設計した．コーネルの最も有名な住宅は，三方向に伸びる星形の平面をもち，鉄筋コンクリートのフレーム構造で建てられたバッキンガムシャー，アマシャムの「ハイ・アンド・オーヴァー」（1927）である．サリーのグレイズウッドの「ニュー・ファーム」（1932-33）は，人が循環する中央のエリアにキューブが連続して取り付く形状をみせていた．同社の後期の作品にはハートフォードシャー，ムーア・パークのテンプル・ガーデンズに建つターバーン邸（1937-38），ハムステッドのフログナルのウォルフォード邸（1937），サリーのサットンの「ポットクラフト」（1938），ロンドンのローハンプトンのプラウドマン邸（1938-39）がある．サリーのウェントワースにあったルーカスによるグリーンサイドは2003年に取り壊された．

コノイド conoid

ゴシック建築のリブの枝が広がるヴォールトの起拱部分のような円錐状の形体．

五葉飾り cinquefoil

⇨シンクフォイル

小柱 verge

⇨ヴァージ（3）

コバルビアス，アロンソ・デ Covarrubias, Alonso de（1488-1570）

スペインの石工，彫刻家．サラマンカ大聖堂（1512）建設に携わったのち，シグエンサ大聖堂の装飾を担当した．最も重要な作品であるトレドのアルカサル（1537-53，ただし1936-39のスペイン内戦で大きく損傷）では，最上階がルスティカ仕上げ，その下の二層の壁面が平坦に仕上げられており（通常の古典主義のやり方の反対），イタリア風の形状が，広く平坦なアシュラー（切石）でできたファサードの上に装飾的な意図で適用された．トレド大聖堂の石工親方としては，「歴代新王の礼拝堂」（1531-34）を担当した．

コブ cob

粘土，砂利，砂，藁，水からなる混成物．堅く塑性をもつようになるまでそれを完全に混ぜ合わせ，壁をつくるには層状に（型枠なしで）塗り重ね，それに屋根をかけ石灰塗料の被覆をして仕上げる．一般に，イングランド南西部にみられた工法で，建設費はおさえられ，雨から保護する備えをされて堅固であった．日干し煉瓦または練り土と比較せよ．

ゴーファー goffer

刻み，切り，刻印のような手法によって波打つ紋様やさざ波のような効果をつくり出すこと．このような処理を施されたものはゴーファーを施されたという．

ゴフ，アレクサンダー・ディック Gough, Alexander Dick（1804-71）

イングランドの建築家．R・L・ロミューの共同経営者．奇妙に不吉なイスリントンのミルナー・スクエア（1840年代）は装飾のない，かすかに古典主義の様式である．息子のヒュー・ロミュー・ゴフ（Hugh Rommieu Gough, 1843-1904）はロンドンのハマースミスのセント・ポール（1882-87，J・P・セッドンとともに）を設計した．最高傑作はゴシック・リヴァイヴァルのセント・カスバート（1884-88）で，ロンドンのケンジントンのフィルビーチ・ガーデンズにある．

コフィン，マリアン・クリューガー Coffin, Marian Cruger（1876-1957）

アメリカのランドスケープ・アーキテクト．この分野において，女性で初めて実務を行った．おもな仕事としてデラウェア州のデラウェア大学のデラウェア・カレッジおよびウィメンズ・カレッジのキャンパス（1918-52），同州ウィンタートゥールの植物園がある．彼女は裕福な施主のための庭園も多数デザインし，そこにはデラウェア州のデュポン家からニューヨーク市のフリック家，ハットン家，サバン家，ニュージャージー州のキニー家とフリーリングハイゼン家，ケンタッキー州のブリット家とバラード家などが含まれている．彼女のデザインはアメリカ東海岸の庭園の歴史とその発展において重要な要素を形成した．

コープ，コーピング cope, coping

石造や煉瓦造などの最上層（キャッピング）

で，一般に勾配があり，煙突や破風，パラペット，壁などに，水切りのためのキャップ・ストーン，あるいはコップストーン，コープストーンズ，コーピング・ストーンズがつくられる．薄刃べり形のコーピングは一方が他方より薄く，また両切妻形のコーピングは棟が三角形の断面となる．

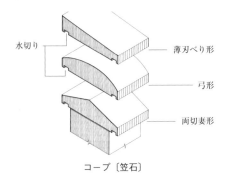

コープ〔笠石〕

コプト建築 Coptic architecture

キリスト教徒エジプト人の建築で修道士の独房，埋葬建築，修道院および都市型教会からなるもの．コプト教会は451年に独立して発展を遂げた．430頃-40年に建てられたヘルモポリス・マグナの大聖堂がコプト建築の代表例であり，単一のアプス，後陣，翼廊，桟敷，中庭を備えていた．三アプス式は5-6世紀のものと思われるソハグ近郊の白修道院と赤修道院で再び用いられた．さまざまな派生形を含むバシリカプランが採用され，コリント式とビザンティン駕籠式の柱頭様式がふたたびみられるようになった．ドームとヴォールトが一般的に用いられた（たとえば，エスナの聖殉教者教会（11世紀），ワディ・ナトゥルンのデイル・エル・バラムス修道院（12世紀））．⇨エチオピア建築

コープ・ヒンメルブラウ Coop Himmelb(l)au

脱構築主義と関連づけられる．ウィーン生まれのユートピア的で，またアクティビスト的な建築集団で，ライナー・マリア・ホルツァー(Rainer Maria Holzer)，ヴォルフ・プリックス (Wolf D. Prix, 1942-)，ヘルムート・シュヴィツィンスキー(Helmut Swiczinsky, 1944-)によって，1968年に設立された（ホルツァーは1971年に離れる）．彼らは，攻撃的なデザインによって，不安や恐怖，脅迫，損傷を呼び起こす誇張した表現を主張する（彼らは，ハウス・ルッカー・コーやハンス・ホラインの影響を受けた）．初期においては空気膜構造の空間に興味を示した．彼らの建築プロジェクトの中にはArchitektur muss Brennen（建築は燃えなければならない，1980）といった，炎上するものとして構想されたものもある．伝統的な集合住宅の屋上部分の改修で，不安定にみえる翼状の骨格による要素からなるルーフトップ・リモデリング（ファルケ通り6番地，ウィーン，1983-88）は，大きな影響を及ぼした．集合住宅（ウィーン，1986）は，50の住戸からなる四つの角度のある要素が互いに衝突するように合体されたものである．一方，ファンダーワーク3工場（ザンクト・ファイト，1988-89）やローナッハ劇場（プロジェクト設計，1987）もまた，不安定な構造によるものである．1994年に，経年により錆びるスチールパネル部材によってモンタージュ的に覆われたフローニンゲン美術館（オランダ）が完成した．プリックスは自身の作品はル・コルビュジエが主張した客船と建築の相同関係を満たすと主張する．それはコンピュータを援用したデザインの例である．

ゴフ，ブルース・アロンゾー Goff, Bruce Alonzo (1904-82)

アメリカ合衆国が生み出した最も特異な建築家の一人．当初はF・L・ライトの影響を受けていたが，次第に炭や綱，ゴミの山から取り出した物，航空機の一部などを建物に用いる独自の自由な様式を発展させた．オクラホマ州ノーマンのバーヴィンジャー・ハウス（1950-55）では，上方から光の入るヴォリュームを包み込むように粗石積みのらせん状の壁をつくり，それに付属するヴォリュームは中央の柱から吊した．他の作品にはイリノイ州オーロラのフォード邸（1948-50），オクラホマ州バートルズヴィルのプライス邸（1956-58），ミネソタ州マウンテン・レイク近くのグレン・ハーダー邸（1970-72），アリゾナ州ツーソンのバービー邸（1974-76），その他多くのプロジェクトがあるが，それらすべてが大いなる個性と活力によって扱われている．ピーター・クックは彼を実験建築の主導者と見なした．

ゴープラ　gopura
　ヒンズー教寺院の囲いの高く華美な門．

ゴー，フランツ・クリスチアン　Gau, Franz Christian（1790-1853）
　ドイツ生まれの建築家．1810年よりパリに移住し，イタリア，エジプトを旅行．『ヌビアの古代遺跡（*Antiquités de la Nubie*）』（1822-27）を出版し，のちに同じく重要なポンペイについての著作を出版する（1829と1839）．1839年には，学術的で卓越したゴシック・リヴァイヴァル様式のパリのサント・クロチルド聖堂（1846開始）の建築家に就任し，のちにバリュによって完成された．

古墳　barrow
　古墳（チュムラス），すなわち埋葬場所を石や土砂で大きく覆った小山．長方形古墳あるいはロング・ケルンは，木造あるいは石造の共同埋葬室を覆う長細い長方形の盛土を指す．グロスタシャー，チェルトナムに近いベラス・ナップの長方形古墳が好例である．

コフーン・アンド・ミラー　Colquhoun & Miller
　1961年に設立された建築事務所（アラン・ハロルド・コフーン（Alan Harold Colquhoun, 1921-2012）とジョン・ハームワース・ミラー（John Harmsworth Miller, 1930-））．主要な作品はロンドンにあり，ウェストハムのフォレスト・ゲート・ハイスクール（1962），ホワイトチャペル・アートギャラリーの改修と増築（1979-85），ハックニー，チャーチ・ストリートにあるアパートメント（1981）などである．コフーンは1989年に引退したが，事務所はジョン・ミラー＆パートナーズとして継続し，ノーウィッチのイーストアングリア大学，クィーンズ・ビルディング（1993）など多くのプロジェクトを手がけている．

コーベル　corbel
　壁面からの張出しで，壁体内部にブロックを組み込んでつくり，アーチやビーム，パラペット，トラスなどの上方からの荷重を支持することから，基本的には片持ち梁である．コーベリングとは，擬ヴォールトを形成したり，張出し式小塔のように下方の壁の上に張出す構成部材

を支持したりする連続的なコーベルの層からなる．⇨チェッカー・セット，張り出し櫓の図（a）

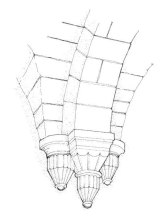

コーベル　12世紀のロマネスクの典型．ヨークのカークストール大修道院（パーカーによる）．

コーベル・アーチ　corbel-arch
　連続コーベルで形成される擬アーチで，実際には片持ち梁であり，後方に固定され，下方のコーベルから各々上に張り出す．

コーベル・ヴォールト　corbel-vault
　コーベル・アーチと同じ技法によりつくられたヴォールト．

コーベル・ゲーブル　corbel-gable
　いらか段破風に対する誤った表現．

コーベル・コース　corbel-course
　一体となって連続したコーベルの層で，張出しや張り出した刳形（くりかた）を形成する．

コベルジェ（クーベルハー），ウェンセスラス（ヴェンゼル，ヴェンツェル）　Coberger（*or* Coeberger, Coebergher），Wenceslas（*or* Wensel, Wenzel）（1560頃-1634）
　フランドルの建築家，画家，古物収集家，工兵（軍事技術）そのほか．イタリアで画業を成功させたのち，大公アルベールと大公妃イザベルによってブリュッセルに招聘された．1605年に大公の「建築家兼工兵」となり，数多くの

ことを依頼されて実行した．代表作はブラバン地方のスヘルペンフーヴェルのオンゼリーフェフラウウェケルク（聖母聖堂）（1606-24）であり，ここで彼はローマのイル・ジェズ聖堂に由来するイタリア・バロックのファサードを低地地方南部に導入した．中央にドームを頂いた平面となっている．1618年，公共質店総監に任命された．これは彼が低地地方南部に導入した考え方で，イタリアの「モンティ・ディ・ピエタ」にもとづくものである．自ら「ベルヘン・ファン・バルムハルティグハイト」を何棟か設計している（たとえば，ヘント（1622），アラス（1624），およびリール（1628）．そこにはバロックの特徴をある程度うかがうことができるだろう）．

コーベル・ステップ　corbie-step
⇨クロウ・ステップ

コーベル・テーブル　corbel-table
コーベルの列．多くは頭部が彫刻で飾られ，間隔をとって配置され，接合するアーチ（ロンバルディア帯）を支える場合もあるが，たいていはとくに胸壁やパラペットのような壁体からの張出しを単に支持する．
⇨アーケードの図（a）

コーベル・ピース　corbel-piece
粗面石仕上げにおけるように，表面から突き出す石を表す張り出した仕様．

コーベル・リング　corbel-ring
柱身の帯飾りやシャフト・リングを指す古い用語．

小堀遠州　Kobori, Enshu（1579-1647）
数多くの邸宅や庭を手がけた日本の建築家．精巧に仕上げられた木材，曲がりくねった横木，装飾的な床の間，襖や衝立を用いて，一つのスタイルを確立し，その影響力は21世紀まで含め後世に広く及んでいる．彼による作庭は彼自身が手がけた建物と密接に関係し，遠くの見晴らしを利用したもので，17世紀においてはかなり特殊なものだった．茶人としては，ゆったりとした茶室を考案した．

コーポレート・モダニズム　Corporate Modernism
大企業によってインターナショナル・スタイルの近代建築が用いられること．たとえばスキッドモア・オーウィングス＆メリルのバンシャフトによるニューヨークのリーヴァー・ハウスなど．20世紀中葉のマンハッタンにおいて，先進性と近代性を示すことを望む数多くの企業がガラスと金属で覆われたオフィス建築を建てた．しかし，たいがいは画一性を示す結果となった．

コマンデリー　commandery
1．一時保有される教会禄，またはそのほかの聖職禄（すなわち，正式聖職禄保有者が任命されるまでの間，適格とされた聖職者や平信徒に預けられるものか，または司教やほかの高位聖職者が所有する聖職禄）．
2．宗教騎士団（たとえば，エルサレムの聖ヨハネ騎士修道会）に属し，指揮官が管理下におく領有地または領地内屋敷．
3．小修道院，または非軍事的な修道会．
4．特定の大修道院や小修道院などの建造物．

コーミアー，アーネスト　Cormier, Ernest（1885-1980）
20世紀前半のカナダで活動したおそらく最も多才な建築家．熟練のプランナーであるのみならず，設計においてそれぞれ異なる部分を結合させたり，印象的な空間を創り出したり，美しい装飾を取り入れたりすることの名人であった．モントリオール大学に彼が設計したアール・デコの建築（1928-35）はおそらく彼の最高の作品であり，ボザールの原則にもとづいて計画されていた．一方でオタワの最高裁判所（1938-50）は，特にその急勾配屋根においてストリップト・クラシシズムと17世紀フランスの先例に近いものとなっている．モントリオールのコーミアー自邸（1930-31）はアール・デコに触発された室内を持ち，同時代のヨーロッパのモダニズムの影響を受けたものだったのに対し，ケベックのハルの国立印刷局（1950-58）ではカーテンウォールのような技術革新も取り入れた．

コミッショナーズ・チャーチ　Commissioners' Church

ナポレオン戦争後，イギリスではフランスと同様の動乱への不安があり，また無宗教，非国教徒，人口増加（その多くは反抗的で非文明的）に対し，当局によりイギリス国教会の聖堂建設が決定された．教会堂の多数（ワーテルロー・チャーチとしても知られる）は，1818年の「人口稠密な教会区における付加的教会堂の建設を奨励するための条例」（ジョージ3世制定法第58条第45項）で設立された新教会堂建設委員の指導のもとに建てられた．ほとんどが安価で実用主義の説教小屋であり，建築的な見せかけは西正面のみ．デザインは古典建築か，あるいは細く貧弱で非学術的なゴシック様式で，傾斜の緩い屋根が架かり，内部にギャラリーが設けられた．バットレスで区切られるベイには尖頭窓が配され，このタイプはコミッショナーズ・ゴシックと呼ばれた．

コミュニオン・テーブル Communion-table
プロテスタント教会において化体説〔全質変化，聖餐式上のパンと葡萄酒がキリストの肉と血に変わるという説〕の教義に対する審議否定として，石造祭壇に代わって導入された木製卓．

コミュニオン・レイル Communion-rail
祭壇前の手摺．

コミュニティ・アーキテクチュア community architecture
イギリスの住宅運動であり，住み手が設計に参加することを目指した．この用語は，おそらくチャールズ・ネヴィット（Charles Knevitt, 1952-）によるもので，彼は1975年ごろからザ・タイムズの建築記事を担当していた．ウォルター・シーガルが運動を先導し，1970年代は木造住宅に対して実践された．続いて1980年代には新築だけでなく既存住宅の改修にも広がりをみせた．クリストファー・アレグザンダーが取り上げた比較的単純な労働による住宅建設に関する議論が，コミュニティ・アーキテクチュアの運動と結びつき，設計プロセスにおける住民参加の概念が形成された．ニューカースル・アポン・タインのラルフ・アースキンによるバイカー集合住宅（1969-80）は，住民とのきめ細かい打ち合わせを経て建設された．コミュニティ・アーキテクチュアは1980年代に

チャールズ皇太子の支持を得た．

コーム comb
⇨キャンプ

ゴメス・デ・モラ，フアン Gómez de Mora, Juan（1580頃-1648）
17世紀スペインを代表する建築家の一人．叔父のフランシスコ・デ・モラ（Francisco de Mora, 1611没）よりエスコリアル修道院の建築主任と宮廷建築家の職を引き継ぐ．フアン・デ・エレーラの作風から強く影響を受けた．彼の設計によるマドリードのエンカルナシオン王立女子修道院聖堂（1611-16）は，スペイン，およびラテン・アメリカにおける修道院聖堂の重要な原型の一つである．またローマの「イル・ジェズ」聖堂をベースに，「クレレシア」と呼ばれるサラマンカのイエズス会神学校，および聖堂（1616-1750）を計画．マドリードのプラサ・マヨール建設にもかかわり（1617-19），1層目のアーケードとファサードをデザインした．

コモネン，マルック Komonen, Markku（1945-）
⇨ヘイッキネン=コモネン，ミコ・ヘイッキネン，マルック・コモネン

コモン・ジョイスト common joist
壁から壁へと架けわたす構造上の床梁．

コモン・ハウス common-house
カルファクトリー，すなわち修道院内の暖房室のことで，休憩室ともいう．大学の休憩室に先立つもの．

コモン・ボンド common bond
アメリカ積み，またはイギリス・ガーデン・ウォール積み，リヴァプール積みともいい，長手方向にして4～5層積むごとに小口をみせて1層を積む（⇨煉瓦）．

コモン・ラウンド common round
丸刳形（くりかた）．

コモン・ラフター common rafter
勾配屋根の長手方向に沿って，あるいは主要

コモンルフ

材の間に均等に配置される均一寸法の一連の垂木．その一方の端は敷桁に，他方は棟で反対側の垂木に連結する．対になった垂木を合わせ垂木という．

コモン・ルーフ common roof
　木造小屋組垂木のみで構成される屋根で，母屋桁の有無は場合による．合わせ垂木屋根ともいう．

コーラ cora (*pl.* corae)
　若い女人柱像（アテネのエレクテイオンの柱廊にあるようなもの）で，カリアティッドともいう．

コラジック choragic
　古代ギリシアの合唱隊の指導者（コラーグス）に関する言葉．ゆえに，（アテネのリュシクラテス（Lysicrates, 前334）やトラシルス（Thrasyllus, 前319-279）のような）「コラジック・モニュメント（合唱隊の記念碑）」は，「コラーグス」の名誉を称え創られたもので，

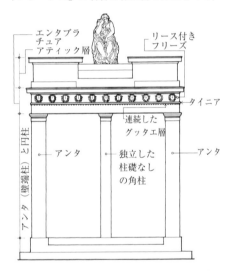

トラシルスのコラジック・モニュメント，アテネ．この記念碑にもとづいた形はパリのペール・ラシェーズ墓地のBasouinバズアンのマウスレウムにみられる．このデザインは新古典主義の建築家にとって，ドア枠および窓周りに対する効果的なディテールとなった．

賞品として与えられたブロンズのトリプース（聖鼎）を載せた．

コーラ（ディ・マッテウッチョ）ダ・カプラローラ Cola (di Matteuccio) da Caprarola (1494-1518 活躍)
　イタリアの建築家．アントーニオ・ダ・サンガッロ・イル・ヴェッキオとともに教皇の宮殿や，チヴィタ・カステッラーナの城塞（1494-1500）の建設に関与し，ネーピの城塞でもいくつかの仕事を成し遂げた．コーラはトーディのサンタ・マリア・デッラ・コンソラツィオーネ聖堂（1508-12，おそらくレオナルド・ダ・ヴィンチの素描やブラマンテによるローマのサン・ピエトロ大聖堂計画に由来する集中式平面の聖堂）の建設に関与した．フォリーニョ大聖堂（1512-15）を修復し，ポルト・エルコレの要塞（1518頃-21）も建設した．

コラッツィ，アントニオ Corazzi, Antonio (1792-1877)
　19世紀のワルシャワを代表するイタリア生まれの建築家．大劇場（1826-33），証券取引所（現ポーランド銀行，1828-30），スタシッツ宮殿（1820-23），ラドムの県庁舎（1822-27）など，多くの際立った新古典主義建築を請け負った．

コラム column
　1．垂直方向に細長く独立した構造部材で，一枚岩からなることもあり，平面は一般に円形で（しかし，時に四角形または多角形もある），普通エンタブラチュアや楣を支持するが，頂部に彫刻を載せモニュメントとしてそれ自身のみで建つ場合もある．古典オーダーでは，円柱は柱礎，柱身，柱頭からなり（例外的にギリシアのドリス式には柱礎がない），柱身は頂部へと先細りとなり，エンタシスと呼ばれる緩やかな曲線を描く．円柱はピアやピラーとは区別される．
　2．垂直方向に細長い構造部材すべてを指し，主軸方向の周囲にはたらく荷重を支持する．⇨アンギュラー・キャピタル，アントニヌス帝記念柱，イオニア式オーダー，インターコラムニエーション，エンゲージド，オーダー，カロリティック，記念柱，クラスター，グループ柱，コラムニエーション，コリント式オーダ

ー，コロネード，コンポジット式オーダー，ソ
ロモン神殿の円柱，ディタッチ，トスカナ式
オーダー，トラヤヌスの記念柱，ドリス式オー
ダー，トルソ，ねじれ柱，バーリー・シュガ
ー，バンド，ブロック，ポルティコ

コラムニエーション　columniation

円柱の配置法．⇨インターコラムニエーショ
ン，ポルティコ，神殿

コラリーノ　colarin, colarino

⇨ヒュポトラケリオン

ゴリンズ・メルヴィン・ワード事務所
Gollins, Melvin, Ward

1947年，フランク・ゴリンズ（Frank
Gollins, 1910-99），ジェームズ・メルヴィン
（James Melvin, 1912-79），エドマンド・ワー
ド（Edmund Ward, 1912-98）によってロンド
ンで設立された共同設計事務所．1957年，ロ
ンドンのニュー・キャヴェンディッシュにオ
フィスを建築し，そこには当時の英国でもいち
早く，かつ，最も洗練された形でカーテン・
ウォールを用いたオフィスもあった．また，ロ
ンドンのメリルボーン・ロードにあるカストロ
ル・ハウス（1960）はカーテン・ウォールを
もっと大胆に用いた事例である．ロンドンのコ
ヴェント・ガーデン王立歌劇場の増築部分
（1975）も設計し，事務所の活動期間を通じて
多くのオフィス・ビルを手がけた．GMW共同
設計事務所（のちに改称）は，グラスゴーのセ
ント・イーノック・センター（1988），ロンド
ンのロンバード・ストリートにあるバークレイ
ズ銀行本店を設計した．

コリント式オーダー　Corinthian Order

古典建築のオーダーで，ギリシアでは第3
の，ローマでは第4のオーダーである．ほっそ
りとして優美で，プリンス〔台座〕の上の柱礎
（通常はアッティカ式，多くはさらに豊かな装
飾か，スピラという精巧で変化に富むモール
ディング）に丈の高い柱身（フルートつき，ま
たは平滑なもの）が立ち，柱頭（一番の特徴
は，アストラガルの上に載る2段のアカンサス
の葉で，アカンサスの葉からはカウリクルス
〔茎〕が立ち上がり，各々つぼみ状装飾〔芽〕
をつけたカリュクス〔萼〕からはヘリクス〔ら

せん飾り〕やヴォリュート〔渦巻飾り〕の芽を
出す）の上に四辺が凹状のアバクス（角は45°
の面取りまたは尖った形状）が載る．アバクス
各面の中央には，ローマ式ではフリューロン，
ギリシア式ではアンテミオンやパルメットが配
される．エンタブラチュアは多くはきわめて壮
麗で，アーキトレーヴのファスキア間には連珠
文，フリーズは連続した浮彫りで飾られ，コー
ニスはコッファー〔格間〕で飾りモディリオン
を豊かにとりつける．

創案者はカリマコスと推定され，柱頭は基本
的には釣鐘形の芯（カンパーナ）であり，そこ
からアカンサスの葉，カウリクルス，ヘリクス
などが発生し，平板で蓋をした籠から生長した
植生としての由来を映し出している．最も早期
のギリシアのコリント式オーダーの例は，バッ
サイのアポロ・エピクリオス神殿（前429頃-
前400頃）のナオスの突き当たりに置かれる3
本（あるいは1本のみか）だが，アテネのリュ
シクラテスの合唱隊記念碑（前334）の美しい
柱頭は，それまでデザインされた中で最も格調
の高いもの（それにおそらく恒久的に使用され
る初めてのもの）としてあげられる．それらは
1762年にスチュアートとレヴェットによる
『アテネの古代遺物（The Antiquities of
Athens）』に記録されて以降，大変な賞賛を集
め手本とされた．リュシクラテスの柱頭は同
オーダーとして最も丈があり，柱身はフィレット
が葉状または舌状の形体で終結し，その上に帯
状のくぼみ（おそらくかつて金属環がつけられ
ていた），舌状の葉の段があって上部にアカン
サスの葉の段が載り，対になった葉のそれぞれ
の間に花が配され，最後に極上の美を誇るヴォ
リュートがあり，モールディングを施したアバ
クスの凹面中央部のそれぞれにアンテミオンを
つける．より簡潔な柱頭の形式は，多くが18
世紀イギリスの建築に認められるが，アテネに
おける風の塔（またはアンドロニクス・キュル
ルスの時計塔，前50頃）においては，アカン
サスの葉の列，それから棕櫚の葉の列，最後に
正方形のアバクスとなり，ヴォリュートはない
（⇨柱頭の図(h)）．

ギリシアのコリント式円柱の柱身には必ずフ
ルートがつけられていた．いうまでもなく，こ
のオーダーは常に美に準えられてきた．大きな
流れでいえば，コリント式を最上の建築の外観
に表現し，発展させたのは古代ローマ人だっ

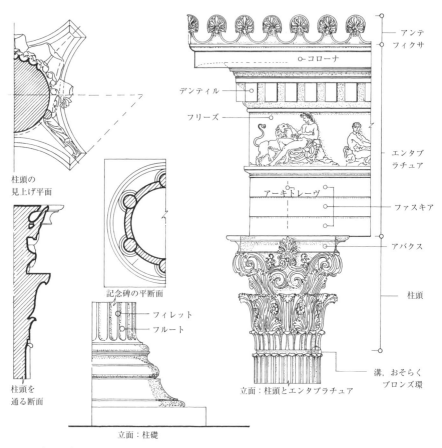

コリント式オーダー
リュシクラテスの合唱隊記念碑（前334）に見る古代ギリシア時代のコリント式オーダー（ノルマンによる）.

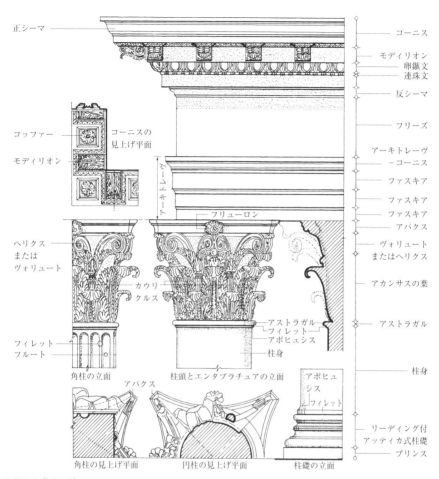

コリント式オーダー
パンテオンにみるローマのコリント式オーダー，ローマ（ノルマンによる）．おそらく1世紀初頭の神殿が再利用され2世紀初頭に再建されたもの．

た．

コルヴィン卿，ハワード・モンタギュー Colvin, Sir Howard Montagu (1919-2007)

イングランド人建築史家．様式的な特性に重きを置くよりも，綿密な文献調査へ関心を示し，イギリスの建築史研究を変えていった．『1660-1840年のイングランド人建築家の伝記辞書（Biographical Dictionary of English Architects 1660-1840)』(1954)は増補されて『1660-1840年のイギリス建築家の伝記辞書（Biographical Dictionary of British Architects 1660-1840)』(1978および1995年版)となった．これはその時代のイギリス人建築家に関する主要な基本図書となっている．『王室建築の歴史（History of the King's Works)』(1963-82)の総括編集者であり，一部執筆も行った．

コルヴィン，ブレンダ Colvin, Brenda

コルカット
(1897-1981)
　イギリスのランドスケープ・アーキテクト．1922年から1939年まで，プライベート・ガーデンの設計を主に行い，第二次世界大戦後，庭園設計の評判によって発電所，給水所，大学，病院，工場，鉱山施設などにある庭園の設計を行った．1962年より，ヨークシャー，エッグバラのゲイル・コモンにあるプロジェクトにかかわり，石炭火力発電所から出た廃棄物を使って，心地よい丘状地区をつくった．スタフォードシャーのラグレイ発電所（1962）など，いくつかの敷地ではエコロジカルな環境も手がけた．著作には，『ランド・アンド・ランドスケープ（*Land and Landscape*）』（1948）があり，エコロジカルで保全的要素が設計には重要であるという考え方が強調されている．

コルカット，トーマス・エドワード　Collcutt, Thomas Edward (1840-1924)
　オックスフォード生まれのイングランドの建築家で，ストリートの事務所ではたらき，1869年にロンドンで自分の事務所を設立する．コルカットの作品はフリー・ルネサンス様式であった．ロンドンのケンブリッジ・サーカスのロイヤル・イングリッシュ・オペラ・ハウス（のちのパレス・シアター）のファサード（1889），そしてロンドンのインペリアル・インスティテュート（1887-93，端正な塔以外は残念ながら取り壊された）はその最もよい例である．肩肘はらないアーツ・アンド・クラフツ様式も使い，ハートフォードシャーのトッタリッジの住宅（1904），ロンドンのミル・ヒル高等学校の図書館，売店，マリー文書室を設計した（同時期）．1906年からスタンリー・ヒンジ・ハンプ（Stanley Hinge Hamp, 1877-1968）と共同経営を行い，ロンドンのサヴォイ・ホテルの一部を設計した．それは単純化されたルネサンスの手法で，アメリカの先例に大きな影響を受けている．

ゴルゴタ　Golgotha
　1．埋葬地，または遺体安置所．
　2．ルード（キリスト磔刑像）の，曲線を描く木製基壇．そこから十字架に架けられたキリスト，聖母マリア，聖ヨハネの像が立ち上がっている．たとえば，デヴォンのガランプトンのセント・アンドリュー聖堂のものがある．

コール，コールコール，コーリクル　caul, caulcole, caulicole
　「コール」は，コリント式柱頭のアカンサスの葉の列の上層の背後に上る主要な茎．これらの「コールス」からより低い枝（コーリクルもしくはカウリクルス）が分かれ，ヴォリュートもしくはヘリクス（渦巻飾り）を支持する．

コルサ　corsa
　1．古典建築のアーキトレーヴのファスキア．
　2．張出しより高さの方が大きい蛇腹．

ゴルジュ　gorge
　1．カヴェット（イタリア語）の浅くなっている楕円形の部分．
　2．トスカナ式や古代ローマ風ドリス式オーダーのような円柱の柱身頂部の首（ゴルジュラン）．
　3．シーマ（ギリシア語）．
　4．アポヒュシス（ギリシア語）．
　5．ラヴェリンや半月堡のような外堡の，無防備になっている背面．

ゴルジュ・コーニス　gorge-cornice
　大きなカヴェット（イタリア語）．たとえば，古代エジプトのピュロン（ギリシア語）（パイロン）でコーニスとして用いられた．

古代エジプト，およびエジプト・リヴァイヴァル形式のゴルジュ・コーニス．有翼の球体と屹立するウラエウス（ギリシア語）（聖蛇）で装飾されており，直下にトールス（ラテン語）（円環）を備えている．

ゴルジュラン　gorgerin
　コラリーノ（イタリア語），ゴルジュ（フランス語），ヒュポトラケリウム（ラテン語），または「首」．柱頭と柱身を隔てるもの．たとえば，古代ローマ風ドリス式オーダーにおいて，アストラガルの直上，アニュレットとエキノス（ギリシア語）の直下のフリーズ状のカラー（襟）のようなものがある．

コール，ジョン　Cole, John (1501-04 活躍)

イングランドの石工頭．リンカンシャーのラウスの聖堂の洗練された尖塔屋根（スパイア）(1501-04) を建て，また，スカンとともに，ラウスの諸建築やリポン・ミンスター（ヨークシャー）の建設に携わった．

コールズ，ジョージ　Coles, George (1884-1963)

多才なイングランドの建築家．パーシー・ヘンリー・アダムス (1870-1934) と共同事務所をつくり (1912)，映画館の設計（アプトン・パークのカールトンやイスリントンのカールトンにエジプト風ファサードを付けた (1928-30)）ですぐに評価を得る．オスカー・ドイッチェ (1893-1941) のために，オデオン・シネマの設計をケントのウェリングから着手する．最も評価を受けたオデオンの設計は，アイルワース，サウソール（ミドルセックス），ムスウェルヒル（ロンドンにあるすばらしい力作），壮麗なウールウィッチ（ロンドンにあり直線的デザインとエジプト風の外灯が特徴），アクトン（ロンドン）など，すべて 1935 年から 36 年に完成している．

コルスモ，アーネ　Korsmo Arne (1900-68)

ノルウェーの建築家であり，同国において国際的な近代建築のスタイルで最も早く建築物を建てた一人．1929 年からスヴェッレ・アースランド (Sverre Aasland, 1899-1992) とパートナーを組み，フレーン住宅団地 (1929-30)，オスロのパヴェルス通り 6 番地のアパート (1930)，オスロのハヴナ団地 (1930-32 のダマン邸を含む)，そしてクリスチャンサンドではモダニストたちに大変好まれたビルディングタイプである穀物サイロ (1933-36) などを設計した．いずれもオスロに建ったダマン邸とハンセン邸 (1935) の双方とも，デュドックとメンデルゾーンから影響を受けている．1935 年からは独立して仕事をし，ベンジャミン邸 (1935) やヘイヤーダール邸 (1935-36) を設計したほか，1937 年のパリ万国博のノルウェー館を設計したが，その頃の作品にはル・コルビュジエの影響が明白であり，とくにピロティが採用された 1937-39 年のオスロのステーネルセン邸では顕著である．ギーディオンの招待によって，コルスモは 1950 年に CIAM のノル

ウェー支部である PAGON (Progressive Architects Group of Norway) を設立し，56 年までリーダーを務めた．他のメンバーは，クリスチャン・ノルベルグ＝シュルツ，スヴェッレ・フェーン，ゲイアー・グルンク (Geir Grung, 1926-89) であり，ウッツォンはゲストメンバーに数えられていた．ノルベルグ＝シュルツと協働した作品には，オスロのトーセンにあるアルフレッドヘイム少女の家 (1951-52)，同じくオスロのプラネットヴェイエンのテラスハウス (1952-55) がある．テルイェ・モエ (Terje Moe, 1933-) との協働作品には，トロンヘイムのホテルブリタニア (1961-63) がある．第二次世界大戦以降の建築教育に対して，少なからぬ影響を与えた．

コールチスター，ウィリアム　Colchester, William (活躍 1385-1420 没)

イングランドの石工．サウサンプトン・カースルの建設に従事したのち (1385-88)，1400 年にウェストミンスター・アビーのチーフ・メーソン（主任石工）となり，そこで身廊の建設に携わった．1407 年，ヨーク・ミンスターにおいて倒壊した鐘楼の再建を命じられ，1419 年までその仕事にかかわり，1418 年には，ウェストミンスター宮殿とロンドン塔で王のマスター・メーソンに任命された．コールチスターの最も注目に値する作品として，ヨーク・ミンスターにおける，周歩廊の入口の石造スクリーンや，塔の東ピアのバットレス，石造の祭壇スクリーンなどがあげられる．

ゴールディ，エドワード　Goldie, Edward (1856-1921)

イギリスのカトリック教会の建築家．ヨークシャー，シェフィールドに生まれた．父ジョージ (George) に師事し，教会のためにいくつか重要な建物を設計した．ロンドンのスパニッシュ・パレスにあるセント・ジェームズ (1885-1911)（チャールズ・エドウィン・チャイルド (Charles Edwin Child, 1843-1911) と共同）は，ゴシック・リヴァイヴァルをまじめに追求したものであり，大陸の建築家，とくにピアソンに影響を受けた．他の作品としては，ワーヴィックシャーのニューボールド・ペイシーにあるアショーン・ヒル・ハウス (1895-97) や，ランカシャーのブラックバーン，ラークヒ

コルテイシ

ルにあるセント・アルバーンズ（1900-01），サセックスのストーリントンにあるセント・メアリーズ・プライオリ（1904）がある．生涯，息子ジョゼフ（Joseph, 1882-1953）と共同経営体制をとった．

ゴールディ，ジョージ Goldie, George (1828-87)

イングランドの建築家．ジョゼフ・ボノミの孫．シェフィールドのローマ・カトリックの建築家ハッドフィールド・アンド・ウェイトマンの事務所で修行をし，共同経営者になり，1861年に自分の事務所を開いた．のちにチャールズ・エドウィン・チャイルド（Charles Edwin Child, 1843-1911），息子のエドワード（Edward）が加わった．教会堂作品にヨークの重厚なゴシック・リヴァイヴァルのセント・ウィルフレッド教会堂（1862-64），デヴォンのタイマウスのセント・スコラスティカ修道院（1863），リンカンシャーのスタムフォードのセント・オーガスティン教会堂（1864），ロンドンのケンジントン・スクエアの聖母被昇天堂（1875），南アフリカのダーバンのセント・ジョゼフ教会堂（1878）がある．すべてイギリスというよりは大陸的でゴシックの要素が強い作品である．

コルティーレ cortile（*pl.* cortili）

パラッツォの内部領域（コルティス，cortis）または中庭で，多くは数階分までアーケードやコロネードが建ち上がり，屋根は架かっていな

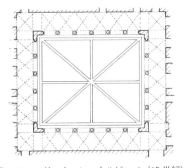

パラッツォ・ドゥカーレ，ウルビーノ（15世紀）オープン・スペースを囲むアーケードの歩廊の設計には，ルネサンスの幾何学と細部への関心が示される．

い（フィレンツェの多様なパラッツォのような）場合もあれば，架かっている（ロンドンにおけるバリーのリフォーム・クラブ（1837-41）のような）場合もある．

コールドウェル，アルフレッド Caldwell, Alfred（1903-98）

アメリカのランドスケープ・アーキテクト．イリノイ工科大学（1938より）でミース・ファン・デル・ローエと，ミシガン州デトロイトのラファイエット公園（1955-59）でヒルベルザイマーと協働した．イェンス・イェンセンと協働した初期の作品より，イェンセンのいわゆるプレーリー・スタイルを取り入れ，たとえばイリノイ州シカゴのリンカーン公園（1936-37頃）で用いた．またヒルベルザイマーより地域主義や地方分散論，低層高密型開発などの理論を学んだ．自作についての著書『建築と自然（*Architecture and Nature*）』（1984）を著した．

コール・ドゥ・ロジ corps de logis

カントリー・ハウスなどの大規模な建物の主屋で，副次的なブロックやパヴィリオン，ウィングからは分離され，建築的表現の核となる．

コルトーナ，ピエトロ・ベッレッティーニ・ダ Cortona, Pietro Berrettini da (1596-1669)

ベルニーニ，ボッロミーニと並ぶローマ・バロック期の偉大な巨匠の一人である．画家としての修業を積んだコルトーナは，1611年頃ローマに移り住み，サッケッティ家からの庇護を受け，彼らのためにパラッツェット・デル・ピニェート（1626-36）を計画した．建物はもはや存在しないとしても，それによって当時の名声が築き上げられた．斜路とテラスを通りエントランスのエクセドラまで上っていくアプローチは，疑いなくパレストリーナ（プラエネステ）における古代ローマのフォルトゥーナ神殿から影響を受けたデザインで，他にも円柱で仕切られた古代ローマ浴場由来の半円状のアプスをはじめ古代を暗示する要素がある．湾曲したファサードはローマで最も早い実例に数えられる．枢機卿フランチェスコ・バルベリーニ（Cardinal Francesco Barberini, 1597-1679）の目に留まり，枢機卿のために煽情的なバロック様式の天井画のフレスコ画（1639完成）をパ

ラッツォ・バルベリーニの大広間に創作した．最初に手がけた教会堂は，フォルム〔フォロ・ロマーノ〕におけるサンティ・ルカ・エ・マルティーナ聖堂（1634-69）である．正面中央部分が凸状とされ，円柱はミケランジェロによるフィレンツェのラウレンツィアーナ図書館前室の手法の通りに壁体の中に沈み込んでいる．教会堂（ギリシア十字形平面）の内部ではイオニア式の円柱とピラスター（柱頭はアンギュラー・タイプ）が壁体を分節し，色彩をおさえること（内部は白色に塗装されている）により全体の統一性が高められた．

教皇アレクサンデル7世（Pope Alexander VII, 1655-67）のもとで，ローマにおける二つの壮麗なバロック式教会堂のファサードを創出した．サンタ・マリア・デッラ・パーチェ聖堂（1656-59）の正面には，トスカナ式双柱による半楕円のポーチがつき，上層はセットバックして凸型の中央部が立ち上がる．その彫塑的な質はマニエリストとして頂点をきわめたミケランジェロを想起させる．ダ・コルトーナはファサードの主要な構成要素を隣接する建物にわたって繰り広げ，観客席の枡を設けた劇場のようにみえる統合した広場をつくり上げ，教会堂の正面は背景幕のようである．コルソ通りのサンタ・マリア・イン・ヴィア・ラータ聖堂のファサード（1658-62）において，イン・アンティス（⇨アンタ）のポーチと，エンタブラチュア中央がアーチ型になった上層部分によって，簡潔でありながら壮大でもある表現に達した．そのデザインはスパラートのディオクレティアヌス宮殿とバールベック神殿を思わせるものがある．

ゴールドバーグ，バートランド　Goldberg, Bertrand (1913-97)

ドイツ出身のアメリカの建築家．1930年代にバウハウスに入学し，1934年にイリノイ州シカゴに移住した．アメリカ政府からの委嘱によりプレファブ工法による住宅や産業建築を手がけた．シカゴのマリーナ・シティ・タワーズ（1959-64）の設計を担い，コンクリート・シェルの構造からこの建物は「トウモロコシの実」の愛称で親しまれた．同様の形態をレイモンド・ヒリアード団地（1964-66）やプレンティス婦人病院（1970-75）でも試みている．シカゴのリヴァー・シティ計画（1976-87）は一部

が実現している．

ゴールドフィンガー，エルノ　Goldfinger, Ernő (1902-87)

ハンガリー生まれのイギリスの建築家．パリではたらいた後，イングランドに1934年に定住した．最も知られている建物はロンドンのハムステッド地区のウィロー通り1-3番地にある3世帯のテラスハウスで，そのうち1軒は自邸である．この建物はモダン・ムーヴメントの住宅としては初めてナショナル・トラストに引き取られ，1990年代に公開が始まった．シャルロット・ペリアンとともにフランス政府在ロンドン観光局をヘイマーケット66番地（1958）とピカデリー177番地（1963）に設計した．他の作品にはアルベマール通り45-6番地の事務所建築（1956），エレファント・アンド・カースルのアレグザンダー・フレミング邸（1962-66），セント・レナーズ通りのローレット・ストリート・ハウジング（1966-78）とゴルボーン通りのチェルトナム・エステートにあるエデナム・ストリート・ハウジング（1968-69）があげられる（いずれもロンドン）．

コルドモワ，アベ・ジャン＝ルイ・ド　Cordemoy, Abbé Jean-Louis de (1660頃-1713)

フランスの司祭，建築理論家（L・G・ド・コルドモワ（L.-G. de Cordemoy, 1651-1722）とは異なる）．その著書『総建築新論（Nouveau Traité de Toute l' Architecture）』（1706）は，ペローの仕事を引きながら，ゴシック構造の洗練に対するいち早い理解を示し，形態の真実・単純性・誠実な表現の探求に重要な影響を与えた．その議論は，とくに構造的に用いられるオーダーの古典的明快さを擁護し，すべての不必要な装飾を忌避し，デザインは自然と古代を頼り，建物はその用途を表現すると説いた．新古典主義の重要な先駆者であり，ロージエに影響を与えた．

コルドン　cordon

1．ストリング・コース，あるいはベルト・コース．一般には壁からわずかに突出した帯状形で，通常は要塞に関連して用いられる．

2．段々になった傾斜路にあるわずかに突出した踏み面や蹴上げ．確かな足元とするために，各段の傾斜の方が全体より緩くなっている

（スカーラ・コルドナータ，またはスカーラ・ア・コルドーニという）．基本的には，傾斜面を段に分割したものである．

コルニチオーネ　cornicione
イタリア・ルネサンス建築において，大規模な建造物のファサードとマッスの全体にふさわしい頂部の特徴となるようにつくられたウォール・コーニス〔壁面上端の水平帯〕．フィレンツェのパラッツォ・ストロッツィ（1489 着工）などの邸館建築では無柱式が一般的．

コールハース，レム　Koolhaas, Rem（1944-）
オランダの建築家．マデロン・フリーセンドルフ（Madelon Vriesendorp）とエリア・ゼンゲリス（Elia Zenghelis），ゾーイ・ゼンゲリス（Zoe Zenghelis）とともに OMA（オフィス・フォオ・メトロポリタン・アーキテクチュア）を創立し，多くの先鋭的かつ理論的なプロジェクトを制作しており，その中には『錯乱のニューヨーク』（1972-76）も含まれる．これはのちに書籍として出版されており（1978），重奏するテーマとアイデアがコラージュのような効果を生んでいる．コールハースとその仲間たちは脱構築主義の宣伝者として成功し，とくにハーグの「オランダ国立ダンス・シアター」（1981-87）や，ベルリンを敷地とする複数のプロジェクトなど数々のコンペに勝利した．オランダのロッテルダムに構想された共同施設と展望塔をもつ高層集合住宅群，「BOOMPJES」（1982）では，形態が歪んだり，巻き込んだり，ねじれたりすることに対するコールハースの嗜好が現れており，本質的に一列に並んだ高層建築がスラブによって歪められているといえる．後の作品の中では，広大な展示施設をエントランススロープが分断し，いくつかのファサードではあえて粗いコンクリート仕上げになっているロッテルダムに建てられた「クンストハル」（1987-92）が言及されるべきであろう．また，ロンドンとブリュッセル，そしてパリを繋ぐユーロスター・レールの主要駅であるフランスのリールにある巨大な「グラン・パレ」（コングレクスポ，1990-94）と，ショッピングセンター，会議場，コンサートホール，展示場のほか，さまざまな施設が含まれる「ユーラリール計画」（1989-96）は，彼にとって最大規模のプロジェクトの一つとなった．コールハースは，

彼の同世代の建築家たちと同じように，鋭角な形や周辺環境に対して協調的でない方法（多くの場合はそれを無視する）を好む．興味深いことに，OMA は（おそらくキッチュの世界的首都である）アメリカ・ネバダ州ラスベガスにおける「グッゲンハイム・エルミタージュ美術館」（2000-02）ではミニマリストとさえ呼べるような抑制されたデザインを施しており，カリフォルニア州ビバリーヒルズ・ロデオドライブの「プラダ・ロサンゼルス・エピセンター」（2003-04）でも，こっそりと巧妙な空間をつくっている．その他の OMA の作品として，「在ドイツ・オランダ大使館」（2000-03），巨大な「中国中央電視台本部ビル」（2003-08）と「北京書店ビル」（未完），ワシントン州の「シアトル中央図書館」（2004），さらにはウィリアム・オールソップやデイヴィッド・チッパーフィールド，クリスチャン・ド・ポルザンパルクらの協働者とともに取り組み，コールハースが「コレクションズ（修正）」と名付けたオランダの「アルメラ計画」（1994-2007）があげられる．コールハースの文章は，彼の講演に似て多少の曖昧さを有しているが，多くの人は奥深いと感じている．

コルビー，ピエール・ド　Corbie, Pierre de（1215-50 活躍）
⇨ピエール・ド・コルビー

コルビュジエ，ル　Corbusier, Le
スイス生まれのフランスの建築家シャルル＝エドゥアール・ジャンヌレ＝グリ（Charles-Édouard Jeanneret-Gris, 1887-1965）が 1920 年から用いたペンネーム．彼は 20 世紀最大の建築家といっても過言ではない．最初の住宅は，スイスのラ・ショ・ド・フォンに建てたヴィラ・ファレ（1906-07，ルネ・シャパラズ（René Chapallaz, 1881-1976）と）で，アーツ・アンド・クラフツ運動とヴァナキュラー建築に強く影響されたものであった．その後，建築の勉強のための旅行へと幾度も出ることになる．1907 年のイタリア旅行では，中世のカルトジオ修道会修道院（エマ谷の修道院）を訪れ，そこに，居住単位の連続によってどのようにして一つのモニュメンタルな構成が組織できるかの例を見出し強い印象を受けた．1907-08 年の冬には，ホフマンなどのウィーン建築界の

主導的な人物達を訪問するとともに，ラ・ショ・ド・フォンに，ジャクマン邸やストッツァー邸（ともに1907-08）といったヴィラを設計した．スイスに戻る前の1908-09年には，パリのペレのもとで短期間働いた．1910年，ドイツを訪れ，ベルリンのベーレンス事務所ではたらき（1910年11月-11年4月），ムテジウスやテッセノウなどのドイツにおけるアーツ・アンド・クラフツ運動とドイツ工作連盟の主導者たちと出会う．この頃ヴィオレ=ル=デュク，ジッテ，ショワジーの著作を読み，ドイツの装飾芸術運動についての報告を著し，1912年に出版した．その中でドイツの体制への共感を表明している．また1911年には，ドナウ川からイスタンブールへと旅行し，ギリシアとイタリアを回って帰国した．両国でル・コルビュジエは五感を強く揺さぶられ，プリミティヴなもの，荒々しいもの，崩壊したものの力に気づくとともに，南方の光の性質を見出し賞賛するようになる．1911年の終わりにスイスへ帰国した後は，教育やスイス版工作連盟に従事する傍ら，ヴィラ・ジャンヌレ（1911-12），ヴィラ・ファヴル・ジャコ（1912-13），ヴィラ・シュウォブ（1916-17）などいくつかの建物を設計したことが特筆される．シュウォブ邸は，彼の最初の鉄筋コンクリート住宅で，その簡約化された新古典的な形態に，ペレとベーレンスの明らかな影響を認めることができる．この住宅でル・コルビュジエは認められ，メディアにも発表されることになる．ラ・ショ・ド・フォン時代の1914-15年に，彼は低廉住宅メゾン・ドミノを展開した．その名前は，ラテン語の家（domus）と，新開発の鉄筋コンクリート柱によるグリッドがドミノの駒のパターンを思い起こさせるところに由来する．本質的な点は，柱が床スラブを支えていることである．このデザインは，工業化された住戸ユニットのプロタイプを提供するものであり，部屋の配置と立面の扱いに自由度を与える．非構造壁はどこでも望むところに配置することができ，立面には自由にガラス窓がデザインされ，立体も構造的な要求に拘束されない．なぜなら柱はスラブの縁にではなく，その輪郭線から後退して立てられるからである．

ジャンヌレ・グリは1916年パリに移住し，自主出版人としての技術を高めていく．彼はペレを通じて画家のアメデ・オザンファンと出会い，キュビズムと未来主義を吸収してピュリスムを創始した．オブジェの優越が強調された．それらオブジェは黄金比にもとづいた比例法でキャンヴァス上に配置され，限られた純色のみを用いて着彩された．ピュリスムは，そのマニフェスト『キュビズム以後（Après le Cubisme）』（1918）とジャンヌレ・グリとオザンファン編集による『エスプリ・ヌーヴォー（L'Esprit Nouveau）』誌（1920-25）の中で発表された．後者には「ル・コルビュジエ」の筆名で発表された建築についての考察も収録された．エスプリ・ヌーヴォー誌への寄稿を集成して『建築へ（Vers une architecture）』（1923）が出版され，『新しい建築へ向かって（Towards a New Architecture）』（1927）として翻訳され，影響力をもった．これらにみられる，最新科学技術への傾倒，建築言語のもつ守るべき道徳と衛生学的美徳を言挙げする救世主的なスローガン，古代に由来する諸観念の主張などによって，多くの追従者を見出した．著作の中でル・コルビュジエは，建築を，光の中に集められた量塊の戯れとして規定している．そして，建物は近代機械と同じく実用的に建設されるべきである（おそらくはアルベルティに由来する考え），つまり，合理的な平面計画にもとづいて，大量生産部品によって組み立てられるべきだと主張した．

1922年には再度イタリアを訪れ，19年から展開していたメゾン・シトロアンの展覧会を開催した．長手方向に沿って構造壁が伸びる箱型の形態からスタートしたが，やがてピロティあるいは柱が導入されて，地面から持ち上げられた建物となった．名前は自動車メーカー，シトロエンを示唆し，大量生産と工業化，理論的な発展，経済性，効率性の換喩となっている．1921年からル・コルビュジエは，いとこのA-A-P・ジャンヌレ・グリと協働し，彼らのパロ事務所は多くの建築家の関心を引き，そこから近代主義の論争と，単純な形態と滑らかな表面が表現された実験的な住宅のデザインが生み出された．メゾン・シトロアンは『エスプリ・ヌーヴォー』誌と『建築へ』で紹介され，ヴォクレッソンのヴィラ・ベスヌス（1922-23）に実現し，その後ガルシュのヴィラ・シュタイン（1927）や，シュトゥットガルトのヴァイセンホーフ・ジードルンクの二つの住宅，ポワシーのヴィラ・サヴォワ（1928-31）など，さま

ざまに展開されたデザインの先行形態であった. ヴィラ・サヴォワは, 有名な「新しい建築のための五つのポイント」の, 決定的な例となるものであり, その形式的な建築言語―ピロティ, 内部空間と外部空間の接続, 横連続窓, 鋭く妥協のない直線―は, 建築における 20 世紀の合理主義の強力な模範となった. この五つのポイントは, 他のアイデアとともに, アルフレッド・ロートの『ル・コルビュジエとピエール・ジャンヌレの二つの住宅 (*Zwei Wohnhäuser von Le Corbusier und Pierre Jeanneret*)』(1927) に詳説された. 五つのポイントの本質は, 構造的要素としてピロティを使用することによって, 建物を持ち上げ, その下の空間を解放することにある. 柱・スラブによる構造によって, 平面は自由で変更可能なものとなり, (もし必要な場合は) 間仕切壁も非構造壁となる. 建物上部には屋上庭園が生み出され, 地上よりもよりよい光と空気が享受できる. この建設構法によって窓も横へと長く連続させることができ, ファサード・デザインに完全な自由をもたらす.

パリの国際アール・デコ＝近代産業展 (1924-25) で, ル・コルビュジエとジャンヌレ・グリはエスプリ・ヌーヴォー館を展示した. メゾン・シトロアンの住戸タイプの一つである L 型を元にした白い箱は, いわゆるパリのためのヴォワザン計画のモデルを含んでいた. この計画は, 建築と都市計画の時限爆弾で, パリのモンマルトルとセーヌ川の間のルーヴル美術館の東側にあたる地域を完全に破壊し, 18 棟の巨大摩天楼に置き換えるという提案である. これに先立つ 1910 年に, ル・コルビュジエは, ジッテに強く影響された『都市の建設 (*La Construction des Villes*)』を準備している. ここでは既存の歴史的中心市街地を考慮した都市計画を分析しているが, このようなアプローチは『ユルバニスム (*Urbanisme*)』が出版された 1925 年には完全に鳴りをひそめる (英訳『明日の都市とその計画 (*The City of Tomorrow and Its Planning*)』, 1929). 300 万人のための都市デザイン「現代都市」(1922) とヴォワザン計画は, 数えきれないほどの町や都市が災禍を被った第二次世界大戦以後, ほとんど普遍的に受容されることになる (その 1928 年の創設以来ル・コルビュジエとジャンヌレ・グリも緊密に関係していた CIAM の影

響力を通じて), 都市再開発と新都市建設のイメージとなる.

1935 年の著作『輝く都市 (*La Ville Radieuse*)』では, 彼の美学にかなう建物が建設されるユートピア都市の提案がなされた. 1930 年代には, パリに, 大学都市スイス館 (1930-33) や救世軍ビル (1929-33) などの模範的な建物を建設する機会を得た. これらの骨組み構造によるスラブ・ブロックは, 大きなガラス面 (カーテン・ウォール) とともに設計され, 太陽熱とグレアや, 断熱上の熱損失の問題などを引き起こしたが, それ以後のスラブ・ブロックのモデルとなっていく. この事実は, 「近代性」「進歩性」「清浄性」の指標としてのガラスに対する (おそらくはタウトのスローガンに由来する) 同時代的固執によってのみ説明できるだろう.

1920 年代後半からは, ジュネーヴの国際連盟宮殿のための計画案 (1927) やモスクワのソヴィエト宮殿 (1931) のような大規模なプロジェクトにもル・コルビュジエは挑戦した. 1929 年から 34 年にかけて建設されたモスクワのセントロソユース・ビルディングに始まり, ブラジルのリオ・デ・ジャネイロの教育健康省庁舎 (コスタ, ニーマイヤー, リーディによって実施, 1936-43), ニューヨークの国際連合本部ビル (最終実施案はハリソンとアブラモヴィッツ, 1947-50) などのプロジェクトを手がけた.

パリの国際博覧会 (1937) では, 鋼鉄とテント状のキャンヴァス屋根で新時代館を建設した. その全体は, 飛行機の構造的要素と混淆した, 荒野に建つユダヤ神殿のイメージに由来している. 壇上に掲げられたスローガンは人民戦線 (共産主義, 社会主義, 極左政党の連合) を喚起し, 内部には十戒のように CIAM の原則が掲げられ, その中にはアテネ憲章に含まれるものもあった. このように政治的には, ル・コルビュジエのモダニズムは, 1937 年には明らかに左翼と結びついていたようだが, 30 年代を通じた彼の立場は両義的なものであった. というのも, 彼は同時にサンディカリズム (ファシズムとも結合した) にも関係していたし, ヴィシー政権にも共感していたからである.

1945 年以後, ル・コルビュジエは, 従来の滑らかなイメージからの離脱を試みる. マルセイユのユニテ・ダビタシオン (住居単位,

1946-52)に始まる,過激で量塊的な表現の彫刻的な建物を設計し始める.もともとは,鋼鉄製の骨組みが提案されていたが,材料不足によって,型枠の痕を残した量塊的な打放しの鉄筋コンクリートが,用いられることとなった.他にも多くのブリズ・ソレイユや,黄金比から派生したル・コルビュジエのモデュロールにもとづいた比例体系などの使用が特徴である.ユニテは,自立した生活のための巨大な構造として構想され,部分的にはシャルル・フーリエ(Charles Fourier, 1772-1837)のユートピア理論に影響を受けており,商店街,ホテル,ジム,託児所,公共サービス,ランニング場などを備えていた.ほかにナント=ルゼ(1952-57),ベルリン(1956-58),モー(1957-59),ブリー=アン=フォレ(1957-60),フィリニミ・ヴェル(1962-68)にもユニテが建設された.アパート内の個々の住戸は2層吹抜けのリビングをもつメゾネットタイプであった.ロンドン州議会の建設局(1952-55)が,ローハンプトン・パークにひどくスケールダウンしたユテテのコピーを建てたりもしたが,直接的な国際的な影響は,打放しの生コンクリートを用いるニュー・ブルータリズムとして知られる様式として数えきれない建物にみられることになる.力強い,打放しコンクリートのがっしりとした形態は,リヨン近郊のエヴ・シュル・アルブレルにあるドミニコ会のサント・マリ・ド・ラ・トゥーレット修道院でも反復されている.

ル・コルビュジエによるロンシャンのノートル・ダム・デュ・オ巡礼聖堂(1950-54)は,割栗石を詰めてモルタルを吹き付けた(独特の荒塗り仕上げの)傾いた壁,サイロのような塔,ランダムに壁を穿つ形も大きさもさまざまな窓,まるで壁の上を漂う歪んだ舟のような屋根,それらすべてが反合理主義への完全なる移行を示しているようである(CIAMでも驚きを引き起こした).ニュイイ・シュル・セーヌのメゾン・ジャウル(1952-56)では,粗積み

コルビュジエ パリ近郊ポワッシーのヴィラ・サヴォワの平面図(ル・コルビュジエによる).(a) 1階平面図は,ピロティ,駐車場,玄関,中央斜路,階段からなる.(b) 2階平面図,(c) 3階平面図.

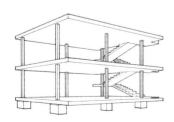

柱に支えられた床スラブによるドミノ構造(ル・コルビュジエによる)

の煉瓦造，巨大なコンクリート梁，弓形ヴォールトが試みられ，スペンスやスターリングのような建築家に影響を与えた．

1950年代にはル・コルビュジエは，ドリューやフライらとともに，インドのパンジャブ州の行政庁としてチャンディガールの計画を立案し，いくつかの巨大な公共建物を建設する（過剰なまでに重く，巨大で，がっしりとした打放しコンクリートが用いられた）．これらは，とりわけ日本で大きな影響力をもち，（ユニテと同様）モニュメンタリティの創造の試みであった．ル・コルビュジエは，イギリスとアメリカに輝く都市の原理を信奉する多くの追随者を生み，彼の仕事の影響を受けた数えきれないデザインが実現した．彼の最後の重要な建物の一つに，マサチューセッツ州ケンブリッジのハーヴァード大学カーペンター視覚芸術センター（1960-63）がある．

コルプ, ヘルマン Korb, Hermann (1656-1735)

ブラウンシュヴァイク＝ヴォルフェンビュッテル公に仕えたドイツの建築家，大工．ヨハン・バルタザール・ラウターバッハ（Johann Balthasar Lauterbach）が設計した大部分木造の巨大なザルツダールム城（1660-94，破壊された）の建設を指揮したが，そこで用いられた建築的モチーフはヒルデブラントによるウィーンのヴェルヴェデーレ宮殿に先んじるものであった．またヴォルフェンビュッテルの楕円形の図書館（1706-13）を設計したとされるが，唯一現存する作品は，八角形の空間に開いた階段状のギャラリーをもつヴォルフェンビュッテルのドライファルティヒカイツキルヘ（三位一体教会）（1716-22）である．

コルベイユ corbeil, corbeille

1. 花や果実を入れる籠のような形をした建築部材で，多くは浮彫りの中か，先端装飾としてペデスタルに配される．

2. カネフォラ〔籠負い女〕やコーラが頭に載せる籠の形をした柱頭で，大きさと種類は多様である．

3. カンパーナあるいはカラトゥス〔籠〕．

コール卿, ヘンリー Cole, Sir Henry (1808-82)

イングランドの工業デザイナー，博物館ディレクター，天才的な美術行政官．公文書館（1823-38）の改組を行い，ペニー・ポストの導入（1838-42）を助け，ジョン・カルコット・「クローセス」・ホースリー（John Calcott 'Clothes' Horsely, 1817-1903）を雇い，最初の商用クリスマスカードをデザインさせた．「フェリックス・サマーリー」の仮名で児童書，旅行ガイド，さまざまな分野のパンフレット，記事を執筆し，1846年にはフェリックス・サマーリー・ティー・セットをデザインした．それは，ハーバート・ミントン（Herbert Minton, 1793-1858）の陶器工場で製作され，大変な成功をおさめたので，1847年にフェリックス・サマーリーズ・アート・マニュファクチャーズを設立し，アーティストを雇用することで工業デザイン（およびひどく低俗な一般人の趣味）を改善することを目標に掲げた．ほどなくコールは政府のデザイン学校の教育は時代にそぐわないことに気づき，国会の専門委員会に状況を精査するよう促すとともに（1848），『デザイン・アンド・マニュファクチャーズ（*Design and Manufactures*）』誌で問題点を公表した（1849-52）．王立美術家協会を通じてアルバート公に会い，1850年に1851年の大博覧会の運営をまかされた．結果は大成功で，この博覧会は19世紀の一連の大規模な博覧会の最初のものとなった．この成功ののち，新しく設立された実用美術局の主任となった．また，1851年に出品されたさまざまなものを展示する博物館を設立し，学生に適切な手本を示すとともに，一般の好みのレベルを上げようとした．直後の1852年，この部局はウェリントン公爵の葬儀のための葬儀車と棺のデザインを依頼された．才能豊かなゼンパーを側におき，彼の仕事は再び大成功をおさめた．1853年に美術科学局となったこの部局の総部局長に任じられたときには，36の自治体にしか美術学校はなかったが，1861年には91に増えた．王国中（そして大英帝国全土）に多大な衝撃を与えたことは確かである．大博覧会は経済的にも大きな成功をおさめ，コールの部局はサウス・ケンジントンの新しい一角に移ることができた．やがてその場所は，1899年，壮大なヴィクトリア・アンド・アルバート博物館となった．1862年に行われたサウス・ケンジントンのロンドン博覧会のアドバイザーを務め，アルバート公の

国立の記念碑の一部として巨大なホールを建設することを提案した．コールは例によって，この計画の実現に尽力し，1867年にロイヤル・アルバート・ホールの礎石が据えられることになった（建物はフォークとH・Y・D・スコットの設計で1871年にオープンした）．国立の音楽訓練学校の設立もはたらきかけ，1876年に開設されたものが王立音楽院のもととなった（息子のヘンリー・ハーディ・コール（Henry Hardy Cole, 1843-1916）によって設計され，のちに王立オルガニスト学校となった．珍しいスグラッフィートの装飾はF・W・ムーディ（F. W. Moody, 1824-86）によるものである）．

コルムナ・カエラタ　columna caelata
　コロリティック・コラムにおけるように，柱身を彫刻により装飾した円柱．

コルムナ・コクリス　columna cochlis
　アントニウスの円柱やトラヤヌスの円柱のように，内部にひとつながりのらせん階段が設けられ，外面にはらせん状の一連の浮彫り帯がほどこされた巨大な戦勝記念円柱．

コルムナ・トリウムファリス　columna triumphalis
　戦勝記念柱．上記のコルムナ・コクリスのようなもの．

コルムナ・ロストラタ　columna rostrata（pl. columnae rostratae or rostral columns）
　台座に載るトスカナ式の円柱で，柱身には古代ローマの軍艦の船首の彫刻（船嘴装飾）を飾り，元来は海戦勝利を称えるものであった．この形式は17世紀，18世紀にリヴァイヴァルした．

コルメッラ　columella（pl. columellae）
　1．バラスター
　2．コロネット．

コルモン，トマ・ド　Cormont, Thomas de（1228没）
　⇨トマ・ド・コルモン

コルリアリズム　Correalism
　1939年にオーストリア系アメリカ人フレデリック・J・キースラーによって創案された用語．キースラーは機能主義を「衛生への妄信」として退け，それにかわるようならせん，無限，永遠などに関する思弁的建築を論じた．彼は形態を，目にみえる既知の力が，目にみえない，隠れた，精神的な力と出会う場所と捉え，また現実はこれらの力の実際の相互作用であると考えた．それらと人間や形態，空間，時間そして世界との関係や結びつきの性質をコルリアリズムと呼んだ．

コルン，アルトゥーア（アーサー・コーン）　Korn, Arthur（1891-1978）
　ドイツ生まれの建築家．ベルリンで（1919以降）メンデルゾーンと協働したのち，1922年にジークフリート・ヴァイツマン（Sigfried Weitzmann）とパートナーを組み，ベルリンにおいて，グリューネヴァルトのゴルトシュタイン邸（1922），コップ＆ヨゼフ社店舗（1922-30），ウルシュタイン・ビル（1928），ケペニックのフロム工場（1930），ウンター・デン・リンデン通りのインツーリスト店舗（1929）などを設計した．フロム工場は赤く塗装され，露出し，際立たせられた鉄骨の骨組みを有していて，他のいずれよりも強く，ミース・ファン・デル・ローエのこの種の主題の展開に対して刺激を与えるものだった．1929年に彼は影響力をもった著書『実用品としての建築におけるガラス（Glas im Bau und als Gebrauchsgegenstand）』を出版したが，彼にとって最も重要な時期は，おそらくはのちのイギリスで過ごした時期だった．MARSグルー

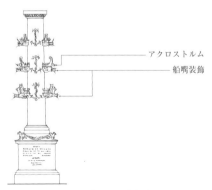

コルムナ・ロストラタ

プに所属し，その代表として，彼のヘーゲル的でマルクス主義的な考え方（かつてデア・リンクのメンバーだった）を内包したロンドン計画を作成し，またフライやヨークと協働した（1938-41）．教師としても活躍し，まずオックスフォード大学建築学部（1941-45）で，次にAA スクール（1945-65）で教え，ほとんど1980 年代にいたるまで建築・都市計画のコースの方向付けに大きな影響を残した．

コルンバリウム　columbarium（*pl.* columbaria）

1．鳩舎，鳩小屋．堅固なつくりの一般に円形平面の建物で，構造壁一面に飼いハトが巣づくりするためのニッチ（コルンバリア）が層をなして並び，またハトが出入りに飛翔できるように一つまたはいくつかの開口部が設けてある．

2．地上建物または地下穴を掘った墓で，古代ローマの火葬にした遺骨を入れるキネラリウム〔納骨箱〕や骨壷を納めるためのニッチが並び，鳩小屋に似ていることからそのように呼ばれたが，パリのペール・ラシェーズのように，そのような遺構を含み設計された 19 世紀や 20世紀の建物もそういわれた．

3．プットログ・ホールを，鳩小屋のニッチに似ていることからそのようにいう．

コレア，チャールズ・マーク　Correa, Charles Mark（1930-2015）

インドの建築家．バックミンスター・フラーやヤマサキのもとに師事．モダニズムを否定し，インドが抱える環境的，また経済的要因に対して地元の建築材料を使って応える，順応性のある地域伝統主義に進む．作品として，ニューデリーの国立民芸博物館（1975-91，空間と中庭のシークエンスが内部「道路」によって繋がるように構成されている），ジャイプールのジャワハル美術館（1986-92，平面の複雑性は迷宮を連想させる），ニューデリーのブリティッシュ・カウンシル（1990-92），プーン大学天文学・天体物理学センター（1988-92）があげられる．著書に『ニューランドスケープ（*The New Landscape*）』（1989）と『ザ・リチュアリスティックパスウェイ：ファイブ・プロジェクツ（*The Ritualistic Pathway: Five Projects*）』（1992）がある．

コレッティ　coretti

バロック様式の教会堂の聖歌隊席において桟敷席のようにみえるギャラリー（たとえば，ベールによるドレスデンのフラウエンキルへ）．

ゴーロソフ，イリヤ・アレクサンドロヴィチ　Golosov, Ilya Aleksandrovich（1883-1945）

モスクワの建築家．最初は新古典主義者で，のちに構成主義者になった兄のパンテレモン（Pantelemon, 1882-1945）とともにはたらいた．イリヤによるモスクワのズーエフ労働者クラブ（1926-28）は，構成主義でも大胆な試みの一つであった．スターリンの時代に社会主義リアリズムが主張されて新古典主義に回帰すると，イリヤもこの手法で設計した．1933 年からのモスクワ再開発にもかかわり，多くの住宅地計画や公共建築を担当した．作品には，ミンスクの劇場（1934），ゴーリキーの水力発電所（1936-40），モスクワのヤウスキー大通りの集合住宅（1934）がある．1940 年代の戦闘記念碑の壮大なデザインは堅固な伝統主義で，歴史の引喩がみられる．そのよい例は，モスクワ防衛記念碑（1941，実現せず）である．

コロッサル・オーダー　Colossal Order
⇨大オーダー

コローナ　corona（*pl.* coronae）

1．古典建築のコーニスの一部でラーミアと呼ばれ，敷刳形（くりかた）の上に載りキューマティウムの下にある．幅の広い垂直面が一般にはかなり大きく突出し，その下側を覆い，下にあるフリーズを保護するための水切り庇を形成する．

2．祭壇の上のように上方から垂れ下がる飾り輪やフープのこと．通常は蝋燭を載せるため，コロナ・ルキスといい，その好例がアーヘン大聖堂に残る．

コロニア　colonia

ローマの農場または農家，コロニカともいう．

コロニア一族　Colonia Family

フアン・デ・コロニア（Juan de Colonia, 1410 頃-81）は，その名が示すとおりケルン〔スペイン語で Colonia〕の出身．ケルンのハ

ンスの名でも知られた. スペインのブルゴスに移住し, その一族は同地の大聖堂建設に 1440年頃から 1540年頃までかかわることとなる. フアンは大聖堂西塔の尖塔屋根（スパイア）(1442-58) をドイツのトレーサリー形式で建造したほか, 1441年からブルゴス近郊ミラフローレスのカルトジオ会修道院を建設. フアンの息子で彫刻家・建築家のシモン・デ・コロニア (Simón, 1511頃没) は 1481年にブルゴス大聖堂の仕事を父から引き継ぎ, プラテレスコ, あるいはイサベリーノ様式と呼ばれる後期ゴシック様式によるみごとなコンデスタブレ祭室 (1482-94) を設計. 同祭室は巨大なスカッチョンで飾られ, 大聖堂西尖塔屋根のトレーサリーと似た透かし細工が施された八頂点の星形ヴォールトをもつ. シモンはまた, バリャドリッドのサン・パブロ聖堂の精巧なファサード (1486-1504) を制作した. これはリアドスを彷彿とさせる意匠で設計された聖堂正面の初期の例で, このタイプのファサードはスペインとラテン・アメリカで一般化した. 1497年にはセビーリャ大聖堂の石工親方に任命された. シモンの息子フランシスコ・デ・コロニア (Francisco, 1542頃没) はサン・パブロのファサード装飾においてシモンと協働したほか, ブルゴスのサン・ニコラス聖堂祭壇衝立 (1503-05頃) を, ゴシック様式に初期ルネサンス様式のモチーフを交えて設計・制作した. フランシスコは 1511年に父からブルゴス大聖堂の石工親方の役職を引き継ぎ, 1540年よりフアン・デ・バリェホ（Juan de Vallejo）とともにゴシック様式の交差部塔建設に携わり, 自身としては初期ルネサンス様式でペリェヘリアの門を制作 (1516). またフアン・デ・アラバとプラセンシア大聖堂やサラマンカ大聖堂において協働した.

コロニアル　Colonial
　植民地において母国由来の建築様式に用いられる語. アメリカン・コロニアルはイギリスのジョージアンあるいはクイーン・アン様式が変化したものであるが, パターン・ブックのデザインでは木構造のために大きく再解釈されることが多く, そうでなければその変更はわずかなものであったという点でとくに興味深い. アメリカのコロニアル建築は元来北アメリカのイギリス植民地 13州と関係するものだったが,

そのエッセンスは 20世紀になってアメリカ合衆国全土でしばしばリヴァイヴァルされた. コロニアル・リヴァイヴァルという用語はとくにアメリカ合衆国と南アフリカおよびオーストラリアの 19世紀後期から 20世紀初期の建築にあてられるものである. コロニアル建築の特質への関心は 1840年代よりさまざまな出版物において示されており, いく人かの著述家がそのリヴァイヴァルを唱えた. とくにそれを触発したのはペンシルヴェニア州フィラデルフィアにおけるアメリカ合衆国建国 100周年記念国際博覧会 (1876) であった. 同博覧会では「ニューイングランド地方のログハウス」と「コネチカットの家」や, イギリスのローグ建築の建築家, トーマス・ハリス (Thomas Harris, 1830-1900) が建てたハーフ・ティンバーの建物 2棟（イギリスの行政長官兼代表の邸宅）が大きな注目を集め, これらはヴァナキュラー建築への関心を促進した. コロニアル・リヴァイヴァルはピーボディ＆スターンズによって取り上げられた（例：マサチューセッツ州ミルトンのブラッシュ・ヒルにあるデニー邸 (1878) や全米規模のリヴァイヴァルのモデルとなるほど影響力のあったイリノイ州シカゴにおけるコロンビア万国博覧会のマサチューセッツ州館 (1893) など）. マッキム・ミード＆ホワイトなどの事務所はコロニアル・リヴァイヴァルやシングル・スタイルでのデザインを行った. アメリカ合衆国におけるコロニアル・リヴァイヴァルのみごとな例として, ジョン・ミード・ハウエルズと I・N・フェルプス・ストークス (I. N. Phelps Stokes, 1867-1944) によるコネチカット州リッチフィールドの下見板壁のメアリー・パーキンズ・クインシー邸 (1904) がある. アメリカのコロニアル・リヴァイヴァルはその他の地域での発展, たとえばロンドンのハムステッド・ガーデン・サバーブにおけるラッチェンズの仕事 (1908-10設計) やハートフォードシャーのウェルウィン・ガーデン・シティにおけるソアソンのデザイン (1920年代より) にいくぶん影響した. アメリカ合衆国の西海岸ではさらに二つのコロニアル・リヴァイヴァルの変種が進化した. すなわちミッション・リヴァイヴァル (1890年代より) とスパニッシュ・コロニアル・リヴァイヴァル（第一次世界大戦のすぐ後から）である. 後者の様式の好例はジョージ・ワシントン・スミス (George

Washington Smith, 1876-1930. スミスは中世, イスラーム, そして地中海風の別荘も手がけることがあった) のカリフォルニア州ラホーヤにおけるシャーウッド邸 (1925-28) である.

オーストラリアにおいては, 20世紀初めに一つの国家となってから国家的な様式の必要性が主張されるようになり, オーストラリアにおける後期ジョージアンの住宅建築がふさわしいモデルを提供するものとして選ばれた. オーストラリアのコロニアル・リヴァイヴァル (列柱廊のあるヴェランダや鎧戸のある上げ下げ窓, ドア上部につけられた扇形の明り窓などを備えたもの) のおもな実務家としてW・H・ウィルソン (たとえばシドニー市ゴードンにあるエリルデン (1913-14)), ロビン・ドッズ (Robin Dods, 1868-1920. たとえばブリスベンにおける一連の邸宅), レスリー・ウィルキンソン (Leslie Wilkinson, 1882-1973. たとえばシドニー市ヴォークルーズの「グリーンウェイ」(1923) のように, オーストラリアン・コロニアルの要素に地中海風の特徴を混ぜ合わせた) がいる. 南アフリカでは, 17世紀以降発展したダッチ・コロニアルあるいはケープ・ダッチ・スタイルが, ロンダボッシュのグロート・スカールにおいてベーカーによりリヴァイヴァルされ (1893-98にセシル・ジョン・ローズ (Cecil John Rhodes, 1853-1902) のための住宅として建てられた), まもなく他の南アフリカの建築家によっても用いられるようになった. スパニッシュ・コロニアルはアメリカ合衆国だけでなくラテンアメリカでもリヴァイヴァルされた. スパニッシュ・コロニアルはダッチ・コロニアルとともにスペインやオランダでみられる様式から離れて進化した. コロニアル・リヴァイヴァルは20世紀末と21世紀初頭にさらなるリヴァイヴァルと再解釈をされた.

コロニアル下見　colonial siding
同じ厚みの材を用いた幅の広い下見 (クラブ・ボードとは異なる) のことで, 縁は直角とし, 各板の下方部分を重ね合わせてとりつけ, 板の縁底面沿いにそれぞれ玉縁の刳形 (くりかた) を施すことが多い.

コロネット　colonette
小さな円柱やバラスター, または細い円形柱

身で, アニュレットつきピアにみられるようなもの.

コロネット　coronet
ペディメントや頂部に用いる部材を表し, 開口部の上の渦巻模様のようなもの, 一般には浮彫りとなり, 本物のコーニスやペディメントほどには突出しない. クレンツェがそれを用いた.

コロネード　colonnade
エンタブラチュアを支持する直線状に並ぶ列柱. 建物の前面に建つ場合は, 屋根を支え車寄せとしての機能をもつポルティコである. 建物外周の三方か四方にとりつく場合, または中庭や庭園を取り囲む場合はペリスタイルである. コロネードを定義づけるのは, その柱の数 (⇨ポルティコ) と, 柱間の空間 (⇨インターコラムニエーション) によってである. ⇨神殿

転び　batter
ウィトルウィウス式開口部や擁壁, エジプトのパイロンの塔などにみられるような, 垂直面からの傾斜あるいは勾配.

転び止め　cleat
⇨クリート

コロンナ, フラ・フランチェスコ　Colonna, Fra Francesco (1433-1527)
ヴェネツィアの聖職者, 著作家. 『ヒュプネロトマキア・ポリフィリ (夢の中の愛の戦い, *Hypnerotomachia Polifili*)』は1467年に執筆され, 99年にヴェネツィアでアルドゥス・マヌティウス (Aldus Manutius, 1450-1515) によって出版された. この書は空想の産物ではあるものの, ヒエログリフや古典古代の建築についての多くの記述や, 古典文学 (ウィトルウィウスも含まれる) や同時代のルネサンス建築に関する素描が明らかに含まれている. マヌティウスの有名な版には, みごとな木版画の挿絵が掲載されていて, のちに長い間にわたって大きな影響を及ぼした. ただし, 1499年以降に再び登場した図は二つのみであって, ベルニーニのオベリスクを支える象と, ピラミッドの頂上にそびえ立つオベリスクというオベリスクが共通のテーマであった. 『ヒュプネロトマキア・

ポリフィリ』はイタリアで最初の建築論とみなされている.

コロンビエ columbier
　鳩小屋, またはコルンバリウム.

コワニェ, フランソワ Coignet, François (1814-88)
　フランスの実験的なコンクリート構造のパイオニアで, 兄弟のルイ (Louis, 1819-), ステファン (Stéphane, 1820-) とともに, 1846 年リヨンにて家業の化学工業を継いだ. 1854 年にクリンカー骨材によるコンクリートの特許を取得, その生産のためサン・ドニに新しい工場を開設した. この工場もプレキャストのクリンカー・ブロックで建設された. 自分の商品を宣伝するため, コワニェはサン・ドニに住宅 (テオドール・ラシェズ (Théodore Lachèz, 1820-60 活躍) の設計による) を建設した (1853). これは全面的に人造石で建設された. この頃から, コワニェはコンクリートと人造石の研究にエネルギーを集中していくことになる. 彼の最も大きな計画の一つは, ヴァンヌ水道の建設である (1867-74). 全長約 140 km にも及び, アーチの高さは 40m に及ぶものもあった. またサン・ジャン・ド・リュズに防波堤 (1857-93) を建設した. 1862-65 年にはル・ヴェジネ (セーヌ・エ・オワズ) に, L-C・ボワロが設計したサント・マルグリト聖堂にコンクリート部材を提供した. しかしボワロからは, 粘着性の弱さと漏水に苦言を呈された. 彼の息子のエドモン・コワニェ (Edmond Coignet, 1856-1915) もまた発明家で, 建築家ジャック・エルマンと, 最初期の鉄筋コンクリート造となる二つの建物を建設している. 共にパリにある, サン・マルタン通りのル・マガザン・デ・クラス・ラボリューズ百貨店とサントノレ通りのコンサート・ホール, サル・ガヴォ (1906-07) である. エドモン・コワニェは自分のシステムの特許を 1892 年に取得した.

ゴーワン, ジェームズ Gowan, James (1923-2015)
　グラスゴー出身のスコットランドの建築家. スターリングとの協働 (1956-63) で, レスター大学, 工学棟 (1963, ル・コルビュジエとミース・ファン・デル・ローエの影響をイギリス建築が脱皮するきっかけとなった), サリーのリッチモンドのハムコモンにあるブルータリズム的 (ブルータリズムという言葉は, 彼らに嫌われたが) 集合住宅 (1958) を設計し, 多くの賞賛を得た. 単独での業績には, 分類が難しいほどさまざまな作品がある. 大規模な住宅である, ロンドンのハムステッドのウェスト・ヒース・ロード (1964-68, フランク・ニュービー (Frank Newby, 1926-2001) と協働) には熱心なファンがおり, ディテールまでみごとにつくりこまれている.

コーン cone
　1. タイル窯, ガラス炉などを囲い込むための円錐形建物.
　2. 円錐状構造物 (たとえば, ロンドンのセント・ポール大聖堂におけるランタンを支持する煉瓦造のコーン型中殻など).

コンヴェント convent
　1. 修道会会則に従い一人の院長のもとに生活する男子あるいは女子の修道団.
　2. 上記1を収容するための施設 〔修道院〕.
　3. 尼僧院, すなわち女子のみの修道院.

コンカテネーション concatenation
　長いファサードにおける別々の建築要素 (各々が独自の屋根をもち区分された構成からなる) による部分の連鎖的な結合を指し, 正面が出たり引っ込んだりするためスタッカート構成ともいう. 連鎖結合されたファサードは, ウィリアム・ケントやその他のパッラーディオ主義者らが分節 〔アーティキュレーション〕 のために好んで用いた. ⇨アディティヴ

コンク conch
　1. アプスやニッチの上に架けられた 1/4 球のクーポラまたはドーム.
　2. ペンデンティヴ.
　3. ニッチやそれに類するものの上部にある貝殻装飾.

コンクリート concrete
　硬質材料の欠片 (骨材, 多くは砕石) とモルタル (細骨材—多くは砂, 水と結着剤—今ではポルトランド・セメントが主) を混合してつくられる建設材料. 歴史的にみると, コンクリー

トは，石灰，砂，水に，煉瓦屑，砕いた火山岩，その他の物質を混ぜ合わせてつくられてきた．ローマ時代に建設で用いられたコンクリートは，オプス・カエメンティキウム (opus caementicium) と呼ばれ，石灰とポゾランの混合物に無垢の石を固定してつくられた．素早く乾燥するため，現場ですぐに組み立てねばならない．1世紀から，ゆっくりと乾燥するように調合が改良されて，乾燥時間を伸ばすことができるようになり，巨大な空間を覆う大きなヴォールト構造が発展することとなった．ローマ人は，石灰と石灰華（ローマ周辺から採掘される多孔性の軽い火山岩）と，その他骨材を調合したコンクリートを，これらのヴォールトのために用い，しばしば煉瓦や石によって補強した．このヴォールト構造によって，おそらくは外観よりも内部のヴォリュームが重要性をもつような建築が生み出された．コンクリート・ヴォールトによって覆われたローマ建築の初期の例は，セウェルスによるドムス・アウレア（黄金の家），格間ドームを戴いた威容を誇るローマのパンテオンである．

　種々のコンクリートはビザンティン建築の構造にも用いられたが，その後廃れ，18世紀に入って，とくにフランスとイギリスで復活することになる．スマークは，大英博物館の構造にコンクリートを用いた．また，1850年代にヘンリー・ロバートが労働者階級のために設計した住宅の耐火構造には，中空煉瓦によるヴォールトの上にコンクリートが用いられた．ジョゼフ・アスプディン (Joseph Aspdin, 1779-1855) が，石灰と粘土からなるポルトランド・セメントを発見したことで，従来よりもはるかに堅牢なコンクリート構造が発達するとともに，科学的な理論も発展していった．コンクリートは圧縮には強いが，引張りに弱い．この弱点は，梁のような引張材によってコンクリートを補強することで解消されるにちがいない．19世紀にはすでに，金属による補強が試みられたが，ラウドン (1832) は内部に鉄筋を組み合わせることで補強したコンクリート床について記録している．コンクリートの先駆者には，コワニェ，モニエ，ルイ＝ジョゼフ・ヴィカ (Louis-Joseph Vicat, 1786-1861, 水中で硬化するセメントを製造し，「水硬」セメントと分類した)，ウィリアム・E・ウォード (William E. Ward, 1821-1906, 1873にニューヨーク州

チェスターにコンクリート住宅を建設)，タデウス・ハイアット (Thaddeus Hyatt, 1816-1901) などがいる．ウォードとハイアットは，1870年代にアメリカで理論書を出版したが，鉄筋コンクリートの理論的基礎は，ウィリアム・ブートランド・ウィルキンソン (William Boutland Wilkinson, 1819-1902, 1854に鉄筋コンクリート床構法の特許取得) やジョゼフ＝ルイ・ランボット (Joseph-Louis Lambot, 1814-87, 1855のパリ万博でワイヤー・メッシュによる鉄筋コンクリート構法を発表) の初期の仕事から発展したものである．モニエは，ドイツでの特許を1885年にグスタフ・アドルフ・ワイス (Gustav Adolf Wayss, 1850-1917) に譲渡した．ワイスは，マティアス・クーネン (Matthias Koenen, 1849-1924) に，鉄筋コンクリートの理論研究を委託したが，鉄筋コンクリート理論の大きな飛躍は，エヌビクが鋼鉄による鉄筋コンクリートを発展させたことでもたらされた (1892)．アメリカでは，アーネスト・L・ランサム (Ernest L. Ransome, 1884-1911) とアルベート・カーンが，建設部材の規格統一と大量生産を主導し，コンクリート構造を推進していた．

　ボド設計のパリのサン・ジャン・ド・モンマルトル聖堂 (1894-1902) は，煉瓦・コンクリート構造を鋼鉄筋で補強したものである．マイヤールは，1905年から鉄筋コンクリートのためのデザインを発展させ，マッシュルーム・スラブとして知られる，柱とヴォールトを統合したテーマを展開した．マックス・ベルクは，1910-13年に鉄筋コンクリートでブレスラウ（現ヴロツワフ）に巨大なセンチュリー・ホールを建設した．オギュスト・ペレは，そのキャリアのほとんど最初の建物であるパリのフランクリン街のアパート (1903-04) から，鉄筋コンクリートを使い始めている．W・オーブリー・トーマス (W. Aubrey Thomas, 1859-1934) のリヴァプールのロイヤル・リヴァー・ビルディング (1908-10) は，エヌビクの原理にもとづいた鉄筋コンクリート構造のイギリスにおける初期の例である．近くに建つ同じ建築家のタワー・ビルディング (1908) の方が，骨組みをより明快に表現しており，さらに陶製タイルで覆われている．鉄筋コンクリートによって，とても長大なカンティレバーの建設も可能となったが，その最たる長所は，大きな圧縮荷

重にも，（鋼鉄のように）引張荷重にもともに耐えられることにある．さらに重要なのは高い耐火性を備えていることである．さらにフレシネによる橋梁と放物線ヴォールトのデザインによって，複合的な鉄筋コンクリート構造の展開の先鞭がつけられた．後に，キャンデラやネルヴィが鉄筋コンクリート構造をさらに発展させることになる（⇨ベトン）．

コンクリート・リージョナリズム　Concrete Regionalism
土地の環境にもとづいたコンクリートの活用である一方で，趣意，記念碑，象徴といった建築言語を目指している．とくに安藤，アレッツ，レゴレッタ，プレドックの作品らと関連づけられている．

混交様式　Mixed style
異なる時代，様式，さらには文化に由来する要素を混合して融合した折衷的な建築様式．これによって新たな様式の創造がめざされた．シンセティック・エクレクティシズム，またはシンクレティシズムとも呼ばれることがある．1970年代，1980 年代，1990 年代に盛んに議論されたが，おもにリージェンシー時代（摂政時代）から 19 世紀末にかけての時代の現象のことをいう．

コンコース　concourse
1.　大勢の人びとを収容するための建物内の大空間，たとえば鉄道の駅舎や空港など．
2.　ロン・ポワン〔円形交差点，ロータリー〕のように，何本かの通りや道路が一つの広場に合流する場所．

コーン・コブ〔トウモロコシの穂軸〕corn-cob
トウモロコシの皮つきの実に粒がついた硬い花床の木彫．1814 年以降にラトローブがワシントンの合衆国国会議事堂のために創造し，コリント式オーダーの変形として使用され，アメリカン・オーダーと呼ばれる．コーン・コブはラトローブのデザインにより普及し，19 世紀のフィニアル〔頂部装飾〕として繰り返された．

コンサーヴァティヴ・ウォール　conservative wall
ガーデン・ウォール．植物が育つように，それに対してガラス構造物を建て掛ける．

コンサーヴァトリー，コンセルヴァトワール　conservatory
1.　植物の保護・栽培のために使用されるグラス・ハウスやグリーン・ハウス〔温室〕をより壮大にして装飾性を増したもの．独立した構造もあれば住居に連結するものもあり，暖め湿度を保つ．初期のコンサーヴァトリーは大きな窓のある慣例に従った構成であったが，最もすばらしい例は，鉄とガラスによる創意工夫が展開された 19 世紀にさかのぼる．18 世紀にもシュトゥットガルト近くのホーエンハイムにおいて鉄とガラスによる初期のコンサーヴァトリーはあったが，曲線的な鉄製サッシュ・バーを発明したのは J・C・ラウドンで，バートンとパクストンによるダービーシャーのチャッツワース大温室（1836-40）など，その後の発展につながった．
2.　芸術科学，とくに音楽部門の教化育成のためにつくられた公共施設．

コンサーヴェーション　conservation
既存建造物や建造物群，ランドスケープなどの維持．たとえ修理変更が必要であっても，特性や細部を改造したり破壊したりしないように配慮する．センシティヴ・コンサーヴェーション（その先駆はモリスおよびアーツ・アンド・クラフツ運動の推進者たち）は，可能な限りオリジナルの建造物の保護に努め，何が新しいもので何が旧来のものか明確にしようとする．保存は必ずしも保護を意味するのではなく，ある程度の介入を伴い，場合によっては新築のようにもなるが，重要なのは，既存の特性を尊重し価値を高めることにある．保全地区は，特別な建築的または歴史的な重要性により指定され，変更に際しては，地区の特性を損なわず高めるように配慮されるべきである．

コンサーヴェーション・ベースド　conservation-based
関心と歴史的建造物と特色の維持に優先権が与えられている計画．そのような要求をすべき計画をコンサーヴェーション・ドリヴンという．

コンサウエ

コンサーヴェーション・マインディッド conservation-minded
　重要度の高い歴史的建造物の維持に対し，理性的に気持ちが向かうこと．

ゴンサレス・デ・レオン，テオドロ González de León, Teodoro (1926-2016)
　メキシコの建築家．ポーランド出身のメキシコ人建築家アブラハム・ザブルドフスキー (Abraham Zabludovsky, 1924-2003) と共同設計．形態が明瞭に表現されたメキシコのグアナファアート州立音楽堂 (1991) は，彼らの力強く彫塑的な作風の典型である．その他の代表作に，ブラジリアのメキシコ大使館 (1973-75)，タバスコ州ビリャエルモーサ市の州政府庁舎 (1984-88)，同市ガリード公園 (1984-86)，メキシコ市の国立音楽学校 (1992-94) がある．

コンジェ congé, congee
　1. アポヒュシスやスケープ，もしくは古典建築のフィレット〔平縁〕で止まる柱身の頂部または基部において外側へ向かう凹状の曲面．
　2. サニタリー・シュー，すなわち床と壁の間の凹状の接合点のことで，トイレにおけるように，直角をなす接合部が清掃しにくくなるような場所に用いられる．

コンジェレーション congelation
　噴水やグロッタにおけるような氷柱状の粗面．フロスティッドともいう．

コンシート conceit
　庭園にふさわしい点景建築．橋が何もまたがず純粋に装飾としてそこにあるような風変わりなものが多い．

コンジュ conge
　エキヌスやそれに似たモールディング（隆起状刳形（くりかた）），またはカヴェット（凹面刳形）．

コンスタンティニディス，アリス Konstantinidis, Aris (1913-93)
　ギリシアの建築家．明瞭な幾何学を用いて作品中での伝統と技術，簡明さの融合を模索した．代表作にアテネのシネ・ニュー映画館 (1940)，ギリシア国内での多くの住宅団地，ミコノスのクセニアホテル (1960)，アテネ近郊アナヴィソスの別荘 (1962)，コモティーニの博物館 (1967) がある．

コンセプチュアル・アーキテクチュア conceptual architecture
　実現していない建築のこと．1960年代からみられ，建築空間の解釈として様々な空間定義が試みられた．たとえば，レーザー光線による空中への仮想イメージの投射，空気膜によるボリュームの屋内化，火や水を用いた壁（たとえば，イブ・クライン (Yves Klein, 1928-62) やワーナー・ルーナウ (Werner Ruhnau, 1922-2015) による提案）などがある．構造にかわるものとして空気の噴射（エアー・ジェット）を用い，瞬間的な形態を生成する作品もある．そのいくつかは，最終的な建築物よりも，むしろプロセスそのものに引き付ける魅力を有する．

コンソール console
　古典建築のブラケット〔持ち送り〕やコーベル〔持ち出し〕の種類で，平行な側面は頂部と下部で渦を巻いて止まるオジー・カーヴとし，その上に水平な平板を載せる．多くは刳形（くりかた）がほどこされ，頂部のより大きく突出するところが上になるように壁に固定される．アンコン，クロセット，パロティス，肩，トラスともいうが，通例としては扉や窓のアーキトレーヴの頂部の両側に配され，コーニスを支える．横からみると，下に向かい曲線を描く部分と大きな渦巻の端が壁に固定され，バルコニーなどの建築部位を支えているように見え，片持ち梁の形態を示す．建物の蛇腹の下端につけら

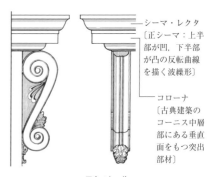

コンソール

れ，それを支持してみえる水平なコンソールは
モディリオンという．楔形の（側面が平行でな
い）コンソールやキー・ストーンはアンコンと
いう．

コンタマン，ヴィクトール　Contamin, Victor
(1840-93)
　フランスの建築家，技師．パリ万博（1889）
の機械館の設計においてデュテールの助手を務
めた．

**ゴンタルト，カール・フィリップ・クリスティ
アン・フォン**　Gontard, Karl Philipp Christian
von(1731-91)
　ドイツの建築家．パリの J-F・ブロンデルの
もとで学び，バイロイト侯爵および同夫人とと
もにイタリアを旅した（1754-55）．1763 年に
侯爵夫人の弟であるプロイセンのフリードリヒ
大 王（King Frederick the Great, 在 位
1740-86）によってポツダムによばれ，王室の
すべての建造物の責任を負う建設局の主任と
なった．サンスーシ庭園のノイエス・パレ（新
宮殿）の前に，ル・ゲの設計に手を加えてコム
ンスを建築し，さらに同庭園内に友愛と古代の
神殿を建てた．また G・C・ウンガーととも
に，ペローの作品を連想させるフランス風の凱
旋門である，均整のとれたポツダムのブランデ
ンブルク門を設計した．ベルリンの都市建造物
に対する最も重要な貢献は，ジャンダーメン
マルクトのフランス・プロテスタント教会（ジャ
ン＝ルイ・カヤール（Jean-Luis Cayart,
1645-1702）によって 1701-05 年に建設）と新
教会（ジョバンニ・シモネッティ（Giovanni
Simonetti, 1652-1716）がマルティン・グリュ
ーンベルク（Martin Grünberg, 1665-1707）の
設計に手を加えるかたちで 1701-08 に建設）に
増築した背の高いドームである．一方，ポツダ
ムのマーモルパレ（大理石宮殿）やベルリンの
シュロス（城館）（ともに 1786-89）といった
作品は，英国の新古典主義の影響を受けてい
た．

コンタン＝ディヴリ，ピエール　Contant
d'Ivry, Pierre（1698-1777）
　パリの建築家．はじめコルドモワの理論を発
展させた．コンデ・シュル・レスコのサン・
ヴァノン聖堂（1751）とアラスのサン・ヴァス

聖堂（1775-77，1833 完成）は，エンタブラ
チュアをのせた柱の連続列が並び，それらが
ヴォールトを支えている．対して，1747-56 年
のパンテモンの王立修道院（パリ・グルネル街
104-106 番地）では，洗練された建設技術・
ヴォールト技術への関心がみられる．パリのパ
レ・ロワイヤル（1756-70）に設計した大階段
室は，この時代の最も優雅なものの一つであ
り，またパリのマドレーヌ寺院のデザインも部
分的に手がけていて，スフロのサント・ジュヌ
ヴィエーヴ聖堂と同じ方法でヴォールトを支え
る柱とエンタブラチュアが用いられている．

コンディティウム，コンディトリウム　condi-
tivum, conditorium
　古代ローマの石棺を含む墓．

コンテクスチュアル・アーキテクチャー
contextual architecture
　「コンテクスチュアリズム」ともいい，既存
の周辺環境に敬意をもって応答する建築を指
す．確立された建築形態や歴史を故意に反する
構成主義や脱構築主義とは異なる．

コンテポラリー・スタイル　Contemporary
Style
　イギリスで（1945-56 頃）流行したデザイ
ン．建築では，1951 年の英国祭にみられる軽
量構造物のほか，当時のはやりとして博覧会の
デザイン・モチーフを用いたものも含む．1930
年代後半のスタイルを，戦後の薄板や合金の技
術で発展させたものであった．

コンドミニアム　condominium
　戸別ユニットが個人的に所有される大規模な
共同住宅であるが，所有者すべてに約款に従う
義務がある．通常は大規模な住宅建設計画にみ
られ，美的・社会的な理由のために建物の変更
は許可されず，公共空間は共有されねばならな
い．

コントラクトゥーラ　contractura
　古代クレタにおけるように，円柱の柱身が頂
部から底部へ向かって漸次窄まることで，エン
タシスはなく，頂部のほうがより広い．

ゴンドワンまたはゴンドゥアン，ジャック

Gondoin *or* **Gondouin, Jacques (1737-1818)**

フランスの建築家．J・F・ブロンデルの下で修行し，パリ外科学校（新医学校）を設計（1769-85）．フランス新古典主義の最も重要で影響力をもった建物の一つである．通り沿いの立面にイオニア式の列柱をもち，中央には凱旋門が開き，中庭へと誘われる．中庭を過ぎると，ローマのパンテオンに似た格間天井の半ドームにトップライトをもつ半円形平面の解剖学講堂がある．講堂の厳格な古代風の性格は，パリの国民議会議事堂（1795-97）や，ラトローブによるワシントンD.C.の国会議事堂の内部の様相にも先行するものである．ジャン・バティスト・ルペール（1761-1844）と，パリ・ヴァンドーム広場の記念柱を，アントニヌス記念柱とトラヤヌス記念柱の例にならって設計した．

コンパウンド・ピア compound pier
⇨クラスター

コンパス・ウィンドウ compass-window
ベイ・ウィンドウ．

コンパス・ルーフ compass-roof
⇨屋根

コンパートメント compartment
1．庭園内において明確に限定された領域で，生垣や壁で囲われることが多い．
2．建物内の部屋または仕切られた領域．
3．建物内の広い区画をさらに細分したもの．
4．天井の格間．

コンピューター・エイディド・デザイン computer-aided design
CAD〔キャド〕またはCAM〔キャム〕（コンピューター・エイディド・マニュファクチャー）ともいう．1970年代からデザインにコンピューターが使用されるようになり，複雑な3次元的形体の表現を容易に保管し操作することが可能となった．画像印刷や建築映像の制作，ヴァーチャル・リアリティにおける室内体験が可能である．ディテールは保管し再利用が可能で，くり返し手描きでドローイングをする手間が省かれる．デザイン・プロセスはある程度変化してきたが，CADが万能というわけではない．

コンフェッシオ confessio
殉教者や証聖者の遺体を安置する場所，または祭壇の地下につくられたクリュプタや墓廟で，その中に聖遺物を納める．広くは礼拝堂や教会堂の全体をコンフェッシオン，またはコンフェッショナル，コンフェッショナリーという．

コンフェッショナル confessional
教会堂内において告解者の聴罪が行われる区画，仕切り席，小部屋．

コンプルウィウム〔古代ローマ住宅のアトリウムの天窓〕compluvium
⇨カウァエディウム

コーン・ペーダーソン・フォックス Kohn Pederson Fox（KFP）
ユージーン・コーン（Eugene Kohn, 1930-2023），ウィリアム・ペーダーソン（William Pederson, 1938-），シャルドン・フォックス（Sheldon Fox, 1930-2006）により設立されたアメリカの設計事務所．彼らの作品のうち知られているものは，イリノイ州シカゴのワッカードライブ333超高層ビル（1979-83），オハイオ州シンシナティのプロクター＆ギャンブル社オフィス（1983-85），フランクフルト・アム・マインのウェステンドストラッセ1（1990-93）などがある．ペンシルバニア州フィラデルフィアのエジプト風なBNYメロン銀行（1988-90）は，曲面のコーニスが迫り出した超高層ビルであり，頂上には勾配のついたパイロン形の覆いがあるが，その上にピラミッドが載せられている．

コンポジション，コンポ composition *or* compo
1．白亜，接着剤，亜麻仁油，樹脂からなるパテの一種で，蒸気に2時間さらしてから，天井装飾や鏡板の刳形（くりかた）などの鋳型に圧力をかけて注入する．
2．18世紀にスタッコの代わりに使用された混合プラスター（通常は石膏と陶砂からなる）．

コンポジット式オーダー Composite Order

古代ローマのオーダーの中で最も壮麗なもので，基本的には対角柱頭またはスカモッツィ式オーダーとして知られる八つのヴォリュート〔渦巻装飾〕を備える装飾的なイオニア式柱頭で，その下に2層のアカンサスの葉飾りが付加された．エンタブラチュアもまた，大変装飾性が高い．コリント式オーダーとの類似性もあり，また複合式オーダーともいう．

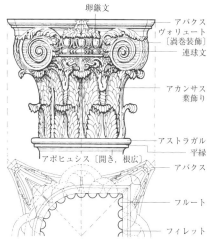

コンポジット式オーダー
オーダーの円形と四角形の柱頭の平面図および立面図（ラングレイによる）．

コーン・モザイク cone mosaic

黒，赤，淡黄褐色で彩色した長さ10cmほど（約4インチ）のコーン状粘土を数多く泥の壁に嵌めこんでつくるくり返しのジグザグ模様や菱形模様．前3500年～前3000年頃のウルク（現代名はイラクのワルカ）におけるシュメール神殿にみるように，建築装飾のきわめて早い例の一つである．

ザイオン，ロバート・L Zion, Robert L. (1921-2000)

アメリカのランドスケープ・アーキテクト．1957年にハロルド・A・ブリーン (Harold A. Breen, 1923-95) とパートナーを組み，最初の小公園であるニューヨーク市東53丁目のペーリー公園を設計した．小さなスペースに花崗岩舗装と植栽を施し，ツタやウォーター・ウォールでやさしい表情を加えた．その他の作品としては，ニューヨーク市の自由の女神の基壇部分にある広場 (1986) があげられる．

祭器卓 credence
⇨クリデンス

サイクロスタイル cyclostyle

壁のないヴォリュームを囲む環状の列柱のこと．18世紀の公園に多くみられる単列周柱式神殿など．

祭壇 altar
⇨オールター

祭壇画 altar-piece, pala
⇨オールター・ピース

祭壇階段 altar-stair, altar-steps
⇨オールター・ステア，オールター・ステップス

祭壇形墓所 altar-tomb
⇨オールター・トゥーム

祭壇甲板 altar-slab, altar-stone
⇨オールター・スラブ，オールター・ストーン

祭壇上天蓋 celure, ceilure, cellure
⇨セリュアー

サイタンシ　　　　　　　　　　　　370

祭壇障壁 altar-screen
⇨オールター・スクリーン

祭壇正面装飾 altar-facing
⇨オールター・フェーシング

祭壇彫刻 altar-piece
⇨オールター・ピース

祭壇手摺り altar-rail
⇨オールター・レール

祭壇ニッチ altar-niche
⇨オールター・ニッチ

**サイト（SITE：スカルプチャー・イン・ザ・
エンヴィロメント）** SITE (Sculpture in the
Environment)
　複数の学問領域にまたがって活動を進めるア
メリカの建築集団．1969 年にジェームス・ワ
インズによって始められた．以下であげるベス
ト・プロダクツのチェーン店舗で最もよく知ら
れている．ヴァージニア州リッチモンドの「ピー
ル・プロジェクト」（1976-78），テキサス州
ヒューストンの「インディターミネート・ファ
サード」（1974-75），メリーランド州トーソン
の「ティルト・ショウルーム」（1976-78），
ウィスコンシン州ミルウォーキーの「インサイ
ド／アウトサイド・ショウルーム」（1984）な
どである．これらのプロジェクトの中で，「壊
れた」壁や，あたかも段ボールのようにもち上
げられたファサードや，そのほかの奇抜な要素
が用いられることによって，その建物は悪名高
いものとなっている．ほかの仕事としては，ス
ペインのセビリアでの「アヴェニュー 5・エク
スポ 92」（1992）や，自然環境への考えが全面
に打ち出されたいくつかのプロジェクトがあ
る．

サイド side
　祭壇の隅にあるホーン（角状突出部）のこと
を指し，南隅のものを使徒行伝サイド，北隅の
ものを福音書サイドという．

サイド・ライト side-light
　ドアまたは窓の縁につけられた小窓，すなわ
ち，マージン・ライトのことをいい，通常は非

常に狭い．

ザイドラー，エバーハード・ハインリッチ
Zeidler, Eberhard Heinrich (1926-2022)
　ドイツ生まれでカナダ永住の建築家〔ドイツ
語読みは，ツァイトラー，エバーハルト・ハイ
ンリヒ〕．1954 年にヴァイマールで再開され
た，バウハウス〔の名残のある建築・造形芸術
大学〕で教育を受け，その後 51 年にカナダに
移住した（1956 帰化）．1960 年代後期から彼の
作品は国際近代主義から転換し，幅広い建築表
現言語を用いた実験的な参照手法をみせ始め
る．トロントのイートン・センター（1969-81，
ブレグマン（Bregmann），ヘイマン
(Hamann) と協働）が最もよく知られている
が，それは 19 世紀のアーケード式商店街を数
階にわたって貫かせ，巨大にしたものだった．
またトロントのオンタリオ・プレース
（1968-71），ヴァンクーヴァーのカナダ・プレー
ス（1983-86，協働作品）を設計した．仕事
は多様な建築類型に及んでいる．他にはエドモ
ントン市のアルバータ大学マッケンジー健康科
学センター（1980-82），トロントのショッピン
グモールのクイーンズ・キー・ターミナル・
ウェアハウス（1981-83），フロリダ州ウェス
ト・パーム・ビーチのレーモンド・F・クレー
ヴィス舞台芸術センター（1985）がある．著作
には『病院を治す (*Healing the Hospital*)』
（1974），『都市文脈における多機能建築
(*Multi-Use Architecture in the Urban Context*)』
（1984）がある．

サイドラー，ハリー Seidler, Harry
(1923-2006)
　ウィーン生まれ，オーストラリアの建築家．
カナダ，ハーヴァード（ブロイヤーやグロピウ
スの下）で学び，1948 年，オーストラリア，
シドニーに移住．シドニーのローズ・サイドラ
ー邸（1949）ではブロイヤーのスタイルをうま
く用いたほか，その他の作品でも戦前のインタ
ーナショナル・モダニズム，バウハウスの原理
がしっかりと踏まえられている．実作に，シド
ニーのオーストラリア・スクエア・タワー
（1960-67），シドニーの MLC センター・タワ
ー（1971），パリのオーストラリア大使館
（1973-77），香港クラブ・オフィスビル
（1981），ブリスベンのリヴァーサイド・センタ

ー（1983-86），シドニーのグローブナー・プレイス（1982），メルボルンのシェル・ハウス（1985）などがある．その他，ウィーンの大規模公共住宅地計画（1992-97），メルボルンの120階建ビルの提案（1996）もある．

ザイドル，ガブリエル・フォン　Seidl, Gabriel von (1848-1913)

ドイツの建築家，技師．バイエルン固有の建築（たとえばアルプスの木造建築，あるいは「スイスの小家屋」）のリヴァイヴァルを支持したことで最もよく知られる．ゲオルク・ヒルト（Georg Hirth, 1841-1916）が編集した『ルネサンスのドイツの部屋（*Das deutsche Zimmer der Renaissance*）』（1880）のために数多くのデザインを作成し，それがドイツ固有のルネサンスの事例をモデルとしたインテリアを世に広めることになった．実作では豪華なヴィラ・レーンバッハ（1887-89），芸術家会館（1893-1900，1945に大部分が破壊され，1961に再建），ロマネスク・リヴァイヴァルの聖アンナ教会（1887-92，戦災後に修復），バイエルン国立博物館（1897-99），ドイツ博物館（1906-25，鉄筋コンクリートが構造にもちいられた初期の建造物であり，彼の弟エマヌエル（Emanuel, 1856-1919）によって完成）をいずれもミュンヘンに設計し，さらに伝統的なブレーメンの新市庁舎（1909-12）など多くの作品を残している．テオドーア・フィッシャーとシューマッハーに影響を与え，住宅建築にもちいられた「バイエルン様式」は20世紀になっても建設されつづけた．そのすぐれた例は，エマヌエル・フォン・ザイドル（Emanuel von Seidl）によるムルナウのブライの別荘とリヒャルト・シュトラウス（Richard Strauss, 1864-1949）のためのガルミッシュ゠パルテンキルヘンの別荘（ともに1910年以前に完成）である．シュトラウス邸（そこで作曲家が余生を過ごした）はオペラ「サロメ」（1905年ドレスデンで初演）の収益で建設されたと言われている．

サイファー　cypher

一つのシンメトリーなデザインの中に織り混ぜられたアルファベットの大文字，あるいは二つ一緒の大文字の1つが反転し（たとえばL），花輪などで囲んだもので，とくにルイ14世式

の時代以降，一般に建築装飾の図式にみられる．

ザイフェルト，アルヴィン　Seifert, Alwin (1890-1972)

ドイツのランドスケープ・アーキテクト．ランドスケープと一体化させたアウトバーン（自動車高速道路）がきわめて秀逸である．ボナッツの橋，高架橋などとともに，ドイツのアウトバーンが広く賞賛の対象となるべきことを知らしめた．

サイフェルト，リチャード（ロビン）　Seifert, Richard (Robin, *originally* Rubin)（1910-2001）

イギリスの建築家．多くの悪名高い巨大開発にかかわり，その多くが，計画と建物に関連する法制度の専門的知識により，実現へと結びついた．最も有名な塔状建物は，ロンドンのトッテナムコート・ロードとニュー・オックスフォード・ストリートとの交差点にあるセンターポイント（1959-66）であり，十字形（短い腕がやや内側に傾く）プレキャスト・コンクリートでファサードを組み上げることによって，垂直なヴォリュームと水平のジグザグ・パターンをフロアごとに生み出し，人目を引くビルディング・タイプに仕上げた．このでこぼこしたフレームによって，建設中の仮枠を減じることができた．ロンドン・シティのオールド・ボンド・ストリートにあるナショナル・ウェストミンスター・タワーは（1970-81）は，当時ヨーロッパで最も高い建物であり，銀行のロゴにちなんだ平面形を有していた．その他，ケンジントンのロイヤル・ガーデン・ホテル（1960-65），グロスヴナー・スクエアのブリタニア・ホテル（1967-69），ナイツブリッジのパーク・タワー・ホテル，クロムウェル・ロードにある刺激的なデザインをしたロンドン・フォーラム・ホテル（1971-72），キングズウェイに近いスペース・ハウス（1964-68，センターポイント・ビルと同様の十字形プレキャスト・コンクリートを組んだ円筒形の外観で，全体がY字型の支柱で支えられている），ユーストン・ストリートに面したオフィス開発（1974-78，ハードウィック（Hardwick）による威厳のあるギリシア・ドリス式オーダーの門を保存することもできた開発だったが，保存運動にもかかわらず，1960-61年に門は解体された）などは，す

サイフクシ

べてロンドンのプロジェクトである．サイフェルトは，レン以来，どの建築家よりもロンドンのスカイラインに対し強い印象を与えている．しかしながら，彼の建築はやや軽卒で，それが建つ場所に対しての認識が少ない．1984 年RIBA のハインツ・ギャラリーでの彼の作品を集めた展覧会が開催されたとはいえ，1960 年代，70 年代，80 年代に彼の作品が紹介されることはほとんどなかった．センター・ポイントは，商業的どん欲さをもった開発のシンボルとみなされ，あまり良い評価がなかった（価値向上に努めたが 1975 年までは空き室があった）が，最終的に，建築的，歴史的価値を有するとして登録文化財になった．ペヴスナー（Pevsner）は，1973 年に，その建物の唯一の長所が南北方向からそれがスリムにみえることと書いたが，水平方向のジグザグ・ラインが，「あまりにも粗雑」として，「いったいだれがそのようなイメージにしたのか」と疑問符をつけてもいる．サイフェルトがつねに自身の作品がグロピウス，つまりペヴスナーにとっての英雄，に心底影響を受けていると主張した点を考えると，ペヴスナーの意見はおもしろい．しかし，サイフェルトは，明らかにル・コルビュジエやネルヴィ，ニーマイヤー，ブロイヤーにも影響を受けていることがみてとれる．サイフェルトは，多くの場所，ロンドン・シティ，バーミンガム，マンチェスター，ワットフォードに自身の足跡を残したのである．大西洋を股にかけて成功した建築家からヒントを受け，彼はその時代で最も大きな仕事をなしえたのである．

祭服室 vestry
⇨ヴェストリー（1）

サイマティウム simatium
⇨キューマティウム

材木 lumber
建設用に製材された木材．

サイモン・ザ・メーソン Simon the Mason
（活躍 1301-22 没）
イングランドの石工頭．1291 年からヨーク・ミンスターの身廊の建設にたずさわり，実質的に開始から完成まで工事を管理したと思われ

る．

サイロ silo
⇨穀物エレベーター

ザイロテクニグラフィ xylotechnigraphy
色づけをして，木目の模様をつけ，上塗りをし，より高価で上質な木に似せた木の装飾．イングランドで 1871 年頃特許が取られた．

ザイロナイト Xylonite
繊維質の植物材料（たとえば綿，亜麻のくず，あるいは古い敷物）を酸で溶かし，中和すると，パークザインというバーミンガム出身の発明者のエドマンド・アレクサンダー・パークス（Edmund Alexander Parkes, 1813-90）の名にちなんだ物質ができる．液体の時は防水剤として使われ，固形は断熱材として使われる．油，接着剤，色を付加して管や建築装飾材などをつくる．着色が可能で，研磨に耐える材料として，ロンドンのサウス・ケンジントンで行われた国際博覧会（1862）ではじめて展示された．1890 年代には漆喰の蛇腹，浮彫り，刳形その他の室内装飾にとって替わるものとして発達した．正確に 3m の長さ（118.11 インチ，9.843フィート）でプレファブリケートし，ねじを使って木の下地に留めるものが供給された．きわめて軽量のため，持ち運びやすく留めやすい．

サヴェッジ，ジェームズ Savage, James
（1779-1852）
イングランドの建築家．ダブリンのリッチモンド・ブリッジ（1813-16），ベッドフォードシャーのテンプスフォード・ブリッジ（1815-20）を建てた．これらは彼が構造において熟練していたことを示している．彼はチェルシーのセント・ルーク教会（1820-24）で有名である．これは学術的な（そして最初期の）ゴシック・リヴァイヴァル様式で建てられており，本物の石造ヴォールトがフライング・バットレスによって支えられている．ほかにも教会を設計しており，ロンドンのバーモンジーにある古典主義のセント・ジェームズ教会（1827-29），ミドルセックスのトッテナム・グリーンにあるゴシック様式のホーリー・トリニティ教会（1828-29）がある．彼はケントのテ

ンタデン救貧院（1843-47）やほかの救貧院を手がけた．彼は『建築様式に関する所見（*Observations on Style in Architecture...*）』（1836）やほかの著作を出版した．

サエンス・デ・オイサ，フランシスコ・ハビエル Sáenz de Oíza, Francisco Javier (1918-2000)

スペインの建築家．アランツァスのバシリカ設計競技を勝ち取った（1949，ラオルガ Laorga と共同設計）直後から，モダニズムの受容に向かう．1950 年代にはアールト，L. I. カーン，フランク・ロイド・ライトらに影響されて明らかに折衷的態度を示すようになり，その傾向はマドリッドの集合住宅「トレス・ブランカス」（1959-68）に結実した．サンティアゴ巡礼路の礼拝堂（1954，ロマニー Romaní，オテイサ Oteiza と共同設計）はミース・ファン・デル・ローエの影響下にあり，マドリッド・アスカ地区のビルバオ銀行ビル（1972-80）では高度な工業技術が採用された．

坂倉準三 Sakakura, Junzo (1901-69)

日本の建築家．1937 年のパリ万博で日本館を設計したが，ル・コルビュジエへの忠誠心からか（坂倉は 1931 年から 1936 年までル・コルビュジエ事務所ではたらいた）しだいにどっしりとしたコンクリートの造形に惹かれるようになり，それがしばしば重々しく過剰に表現された．こうした傾向を示す作品が，羽島市庁舎（1959），呉市庁舎（1962）だろう．

サーカス circus
⇨キルクス

砂岩 sandstone

固まった砂や細砂が結合したもので構成され，シリカや方解石を多く含む堆積岩．雨などで傷つきやすいほど柔らかいものもあれば，非常に硬いものもある．幅広い色のヴァリエーションがあり，ヨーク産の青色と茶色のアップルトン石から，ダンフリーズ産のサーモンピンク色のロチャーブリッグス石，リヴァプール産の赤いウールトン石までさまざまなものがある．

サギッタ sagitta

ラテン語で「矢」の意．アーチ頂部の楔形迫石，すなわち要石．

柵 palisade

1．地面に固定された杭による柵で，防衛のための囲い地を形成するもの．

2．鉄製の手すりによる柵．

3．軽量の柵もしくは格子状の柵で，その上に樹木や灌木を這わせて垣根風にする．

4．厚い障壁を形成する樹木ないしは灌木の列（フランス語では palissade）．枝葉の間に窓をうがった密な垣根となることもあれば，枝が刈り込まれて幹の部分がむき出しになり，上部にのみ密な葉が茂る場合もある．垣根として扱われたり，（枝どうしを編み合わせるか，からませるかして）枝を組み合わせた密な植物の障壁として扱われたりする．

5．枝を編んだ落葉樹の並木．

サグ sag

フェストゥム（ラテン語）やスワグ（北欧由来の英語）（ともに花綱装飾の意）のように，圧力あるいは自重によって中央部で下方に曲がる，あるいはたわむこと．

サクソン Saxon
⇨アングロ・サクソン建築

サクラリウム sacrarium

1．古代の礼拝堂，サケルム，または聖遺物堂．

2．古代ローマ神殿のケラまたはアデュトン．

3．主祭壇の近くの内陣あるいはクワイアの部分．一般的には祭壇柵で区画された部分，すなわち至聖所を指す．

4．教会堂の中のピッシーナ（ラテン語，ピスキナ）（聖水盤）．

5．サクリスティア（ラテン語）（聖具室）．

サクリスティア sacristy *or* sacristy
⇨サクリストリまたはサクリスティ

サクリストリまたはサクリスティ，サクリスティア sacristy *or* sacristy

教会堂内の内陣の近くにあって，聖職者の衣装や儀式で用いられる聖器などが保管される部

屋. ヴェストリー. 集会にも用いられることがある.

サケルム　sacellum

1. 古代ローマで家族の守護神（ラレスおよびペナテス）を祀るために設けられた小部屋すなわち礼拝室. アエディクラとして扱われることも多く, ララリウムとも呼ばれる.

2. 教会堂内の, 仕切りによって区画された寄進祭室, 墓廟祭室その他の小さな祭室.

3. 屋根のない囲まれた空間で, 古代エジプト寺院を連想させるもの, あるいは宗教的儀式に関連する古代ローマ建築にみられるもの.

ササキ, ヒデオ　Sasaki, Hideo (1919-2000)

日系アメリカ人のランドスケープ・アーキテクト. ピーター・ウォーカーとともに, サンフランシスコにササキ・ウォーカー・アソシエイツを立ち上げたが (1952), これはその後北米各地に展開する共同事務所の草分け的存在といえる. ランドスケープ・デザインの仕事としては, サンフランシスコのゴールデン・ゲートウェイ・センター (1959-60, SOM と協働), カリフォルニア州ロス・アルトスのフットヒルカレッジ (1960-62), ワシントン州タコマのワイアーハウザー本社 (1963-72), カナダ, モントリオールのボナヴェントゥーラ・ホテル屋上庭園 (1964-68, マサオ・キノシタが主担当, 建物はアフレック設計), ニューヨークのグリーンエーカー公園 (1970-72), コネチカット州ハートフォードのコンスティテューション・プラザ (1969-73), イリノイ州モリーンのジョン・ディア本社 (1957-63, 建物はサーリネン設計) などがある.

囁きの回廊　whispering

ある種の通路やギャラリーは, その中で発せられたほんの囁き声やかすかな音でさえ, その隅々まで容易に伝達するという特質を備え, 「囁きの」という通称で呼ばれる. その実例としてはグロスター大聖堂クワイア上部の東窓裏側の通路や, ロンドンのセント・ポール大聖堂のドーム内の, 円環形を描くギャラリーなどがあげられる.

簓桁 (ささらけた) 階段　cut-string stairs

側板の上側を段板に合わせて切った簓桁による階段で, 側板上面に踏板が載り, 段鼻は留継ぎとなって折り返し, 蹴上板は側板に留継ぎとなる.

サーサーン建築　Sassanian architecture

224-631 年のペルシア建築のことで, 煉瓦とアーチ, ヴォールト, 漆喰装飾の使用が特徴. 現存例にはクテシフォンの宮殿 (おそらく 6 世紀. ホールを覆う強固な煉瓦のヴォールトを根拠に 4 世紀とする意見もある), サルヴィスターンの宮殿 (350 頃. ドームと円錐形のスキンチアーチを使用), フィールーザバードの宮殿 (250 頃. 同じくドームと円錐形のスキンチアーチを使用) がある. サーサーン建築はイーワーンと円錐形のスキンチを用い, 後にはイスラーム建築の重要な特徴となる. サーサーン朝はゾロアスター教を国教としており, 拝火神殿が建てられた (たとえば, アゼルバイジャンのタハテ・スレイマン. 高いドームの部屋を有する).

差掛け屋根　pent

傾斜した差掛け屋根. ドアの上や, あるいは高い建物に対して立てかけるようにつくられた建築の上にかかる, 張り出し屋根のような形式. 差掛け屋根の中でも, 建物の周囲を囲うようにしたものや, 正面ファサードを横切るようにしたものを, とくにスカートと呼ぶ. また, スカートの中でも, 細い円柱に支えられ, 家の周囲をめぐっているものを, ベランダという.

差掛け屋根　shed-roof

⇨片流れ屋根

指物　joinery

建物の内外の仕上げのための木造作や寄木細工. 粗壁の内張りや被覆, 粗木材に対する被覆や, 扉, シャッター, 窓, 階段, 棚, パネル等々の造作をいう. 木工事よりも上位に置かれた.

サースク, ジョン　Thirsk, John (活躍 1420-52 没)

イングランドの石工頭. 主としてウェストミンスター・アビーの身廊の建設に携わり, 美しいヘンリー 5 世 (King Henry V, 在位 1413-22) の詠唱 (寄進) 礼拝堂やグレート・オールタ

ー・スクリーン（1441 完成）を設計した.
1449 年にはウィンザー・カースルでマスター・
メーソンに任命された.

サステイナブル・アーキテクチュア
Sustainable architecture

エネルギーを大量に消費せず，高額な維持費
も必要としない建築，あるいはわずかな断熱材
や過剰なガラス工事によって，大量の熱の損失
や取得を容易にする建築.このような建築は，
環境配慮建築，またはグリーン建築とも呼ばれ
る.

サセックス・ボンド　Sussex bond
⇨煉瓦

サッケッティ，ジョヴァンニ・バッティスタ
Sacchetti, Giovanni Battista（1690-1764）

イタリアの建築家.ユヴァッラの教えを受
け，師のもとで建築模型の制作や，図面作成，
重要作品の目録編集にあたった.サヴォイア家
のために仮設の葬儀建築をデザインし，またユ
ヴァッラの設計によるトリノのサン・フィリッ
ポ・ネーリ聖堂の建設を監督した（1734 以
降）.1736 年にスペインに移住し，ユヴァッラ
によるセゴヴィア近郊のサン・イルデフォンソ
におけるパラシオ・グランハ〔ラ・グランハ
宮〕の庭園側ファサード（1736-42）の仕事を
続行した.また，マドリードの王宮の仕事に携
わり（1738-64），ベルニーニの実現しなかった
パリのルーヴル宮の計画案を部分的に参考にし
て，ユヴァッラの計画を発展させた.この建築
構成はこの時代に成就した最も偉大な建築に位
置づけられる.

サッコーニ，ジュゼッペ伯爵　Sacconi, Count
Giuseppe（1854-1905）

イタリアの建築家.ローマのピアッツァ・
ヴェネツィアにパラッツォ・デッレ・アッシク
ラツィオーニ・ジェネラーレの優美なファサー
ド（1902-07）を設計したほか，アスコリ・ピ
チェーノとウンブリアでは歴史的建造物の管理
官（1891-1905）として，多数の建造物の保存
や改修にあたった.たとえば，アスコリ・ピ
チェーノ，フォルチェのサン・フランチェスコ
聖堂の再建（1878-83），サンテミディオ大聖堂
の修復（1888-90）など.また，ヴィットリ

オ・エマヌエーレ二世（Vittorio Emanuele II,
1820-78，サルデーニャ王，（1861 より）イタ
リア王）に捧げた新古典主義による巨大な記念
堂の設計でも有名.巨大な石の塊（ローマ人た
ちには「タイプライター」と揶揄される）はカ
ピトリヌスの丘を制圧せんばかりであり，サッ
コーニの死後に，ガエタノ・コッチやピオ・ピ
アチェンティーニによって大幅に改変の手が加
えられた.他の作品として，ローマのサン・パ
オロ・フォーリ・レ・ムーラの中庭
（1893-1910，カルデリーニと協働），ローマ・
パンテオン内にあるウンベルト１世（King
Umberto I, 在位 1878-1900）の墓碑（1910 完
成），モンツァの国王追悼礼拝堂（1910）があ
る.

サッシュ　sash

窓区画をなす単数または複数のガラス板を備
えつけた，固定または開放可能な整形枠のこと
をいい，窓や開口部の全周に嵌められたより大
きな枠組みの中に据えられる.開放可能なサッ
シュには，溝に沿って上下または左右にスライ
ドするタイプ，また上下左右の縁や中央につけ
られた蝶番あるいは軸によって回転するタイプ
がある.上下に移動できるサッシュをハング・
サッシュという.この場合サッシュは，サッ
シュ枠の裏面に固定された滑車と，主窓枠の
サッシュ・ボックス内にみえないように収めら
れた紐（または鎖）によって吊られ，その終端
につけられた錘によってバランスをとる.１枚
のサッシュだけが動く窓は，シングル・ハン
グ・サッシュ窓と呼ばれ，２枚のサッシュが動
く窓は，ダブル・ハングと呼ばれる.ヨーク
シャー・スライディング・サッシュは，水平に
動くものをいう.

ザッハロフ，アンドリアン（アドリアン・ド
ミットリ=イエビッチ）　Zakharov, Andreyan,
or Adrian Dmitri-yevich（1761-1811）

ロシアの建築家.はじめサンクトペテルブル
クで，1782-86 年にはパリのシャルグランのも
とで学んだ.その名声は，新海軍省（1806-23）
などの，サンクトペテルブルクに設計した巨大
な新古典主義の建造物による.おそらく世界中
の新古典主義建築の中でも最大の構造をもつ建
物で，ルソーによるパリのオテル・ド・サルム
（1782-85）のアーチやブレ，ルドゥーのデザイ

ンに影響されている．玄関部塔屋には重厚なイオニア式ペリスタイル（ラテン語で「周柱」の意）（ハリカルナッソス廟堂の記述に基づく）が設けられ，金箔を施した背の高い尖塔を支えている．両翼の突端のパヴィリオンは巨大なアーチの開いた直方体で，その上にドラムをのせ，両脇にはローマ・ドリス式の列柱が並んでいる．これは，18世紀後半のフランスの新古典主義の系統にある最も崇高な建築の一つである．他にクロンシュタットの聖アレクセイ聖堂（1806-11，取壊し），ロシアの地方の標準的な官公庁建物，プロヴィアントスキ島のネヴァ川に面した一連の倉庫（1806-09）を設計した．またトモンの設計によるサンクトペテルブルクの端正なブルス（証券取引所）の計画にも（ヴォロニーヒンとともに）参加している．

サテュロス Satyros（前4世紀半ば活躍）
　古代の優れた建築の一つとして名高い，ヘレニズムのイオニア式霊廟である．ハリカルナッソスのマウソロス（前353頃着工）に，フュテオスとともに従事した建築家．この霊廟は力強く生き生きとした彫刻で飾られており，その多くはロンドンの大英博物館に収蔵されている．

サートスタイル cyrtostyle
　1．ファサードから張り出す半円形平面のポルティコ．
　2．湾曲した列柱廊．

サドル saddle
　1．ドアのシル（敷居）すなわちドア枠の底部横木に被せる覆い．沓摺．
　2．入口の抱きの間の床に設けられる，両側に緩い傾斜をもつ薄い木の板，すなわち敷居．
　3．2本のクラック・ブレードの頂点に固定された短い構造木材で，Λ型の頂部を平らにし，棟木のための支持材となる．
　4．荷鞍形の断面を思わせるΛ型の形状一般をいうが，通常は棟を覆う両側に傾斜のついた部材，すなわちコープ・ストーン（笠石）を指す．

サドル・コーピング saddle-coping
　サドル・バックのコープ（笠石）．

サドル・ストーン saddle-stone

ゲーブル（妻壁）のコープ（笠）を構成する上端の石材．アペックス（ラテン語で頂点の意）の石材．

サドル・バー saddle-bar
　分割されたステンドグラスの窓面（ライト）を補強するために挿入された鉄製の水平の棒材で，ステンドグラスの鉛縁を固定する．

サドル・バック saddle-back
　1．教会堂の塔の上にあって，ゲーブル（妻壁）をもつ荷鞍型の両流れ屋根．
　2．中央の棟の両側に傾斜面をもつ三角形断面のコープ（笠石）．

サドル・ボード saddle-board
　勾配屋根の棟を覆う板．

サナトリウム sanatorium
　1．結核患者，あるいは回復期の患者のための病院．
　2．病弱な人などが訪れることのできる気候の快適な場所（たとえば暑い国の避暑地），すなわち保養地．

ザヌーゾ，マルコ Zanuso, Marco（1916-2001）
　イタリアの建築家，家具デザイナー．アルゼンチンのブエノスアイレスとブラジルのサンパウロのオリヴェッティの事務所（1955-59）を設計し，後者では薄いシェル構造のドームが主要部分を覆っている．サルデーニャ州アルザケーナの休暇用住宅（1963-64）は地元産の赤と黄，白の御影石で建設され，岩から自然に生まれ出た城塞のようにみえる．その後の作品にはローマのサント・ポロンバのIBMイタリア工場（1979-82）やレッジョ・エミリアの給水塔（1985）があげられる．『カーサベッラ（*Casabella*）』の編集長を務めた（1947-49）．

さねつぎ joggle, joggling
　木構法におけるさねつぎで，とくに垂直柱を接合する補強材を指す．

サハン sahn
　モスクの前庭．アーケードで囲まれ，中央に水泉設備（メダ）が設けられることが多い

（例：カイロのイブン・トゥールーン・モスク（876-79））．

サブ・アーチ　sub-arch
⇨アーチ

ザブウォツキ, ヴォイチェフ　Zabłocki, Wojciech (1930-2020)
ポーランドの建築家．ワルシャワのオリンピック・トレーニング・センター（1962），ズゴジェレツの水泳プール（1975），ビドゴシチの公会堂とスポーツ・ホール（1973，動物をかたどった要素がみられる），チェンストホヴァのスポーツセンター（1988），ザコパネのスポーツ・ホール（1990），シリアのラタキアの地中海競技大会の諸施設（1982-87）を設計した．シリアのダマスカスにある巨大な大統領宮殿（1985）も設計した．

サブ・オーダー　sub-Order
1.　構造の主体となるオーダーに比べると副次的な性格のオーダー．ヴィチェンツァのパッラーディオのバシリカにみられるように，副次的なオーダーがセルリアーナの一部を形成するのに対し，主体となるオーダーは各層全体を支え，エンタブラチュアがその上に載る．
2.　ロマネスクやゴシックの出入口で，小さなオーダーや従属的なオーダーなど，一連のオーダーを備えたもの．

サフディ, モシェ　Safdie, Moshe (1938-)
イスラエル系カナダ人建築家．1964 年にカナダのモントリオールにて自身の実践を始める以前には，ルイス・カーンのもとで働いていた（1962-63）．サフディは 1967 年のモントリオール万博における「ハビタ 67」と呼ばれる住宅計画で，名声を確立する．この「ハビタ 67」は，ブロックが積み上げられたような形で全体が構成されており，一つ一つが注目されるようになっている．それはスラブ状の形態を主張するル・コルビュジエ主義に対するアンチテーゼであり，プレハブ工法で組み上げる新しいメガストラクチャーの規範をつくるため，地中海のヴァナキュラー建築を引用した．その後の作品もプエルトリコの「サン・フアンの住宅」（1968-72）のようにヴァナキュラーな要素を探求するものとなっている．またサフディは，パ

ーキン・アソシエイツとの協働で，オタワの「カナダ国立美術館」（1993-98）を設計した．ほかの作品としては以下があげられる．「ヘブライ・ユニオン・カレッジ」（1972-78），ヤド・ヴァシェムにおける「ホロコースト記念碑」（1976-87）と「ホロコースト・トランスポート記念碑」（1994，ユダヤ人を死の場所へ運ぶために用いられた車両を展示），そして「マミラ・センター」（1975-96）という三つの作品は，すべてエルサレムにつくられた．さらに，カナダのケベックにある「カナダ文明博物館」（1981-86），「モントリオール博物館」の増築（1987-92），カリフォルニア州ロサンゼルスにある「スカーボール文化センター」（1985-95），ケンブリッジのハーヴァード大学における「ロソフスキーホール」（1991-94），カナダのバンクーバーにある「ライブラリー・スクエアとフェデラル・タワー」（1992-95），そしてイスラエルの「モディ・ニュータウン計画」（1989-）などである．著作には，『住居を超えて（*Beyond Habitat*）』（1970），『すべての人のための庭園（*For Everyone a Garden*）』（1974），『形態と目的（*Form and Purpose*）』（1982），『エルサレム：過去における未来（*Jerusalem: The Future of the Past*）』（1989）などがある．

サブトピア　Subtopia
1.　「サバーブ」と「ユートピア」に由来する軽蔑語で，都市でも田園でもない地域を意味する．⇨スラーブ
2.　郊外と都市の境界線の理想化と，それを象徴し代表するすべてのもの．

ザフファトヴィチ, ヤン　Zachwatowicz, Jan (1900-83)
ポーランドの建築家，建築史家．ワルシャワ工科大学建築学科卒業（1930）．1939 年に建築学科長になり，ナチスによる占領と恐怖政治の時代を通し，自身を常に非常に危険な状態に晒しながら秘密裏に学生を指導した．1945 年に歴史的記念建造物保存長官に任命され，ワルシャワ工科大学ポーランド建築学部主任にも指名された．国による保全の機構を組織しただけでなく，瓦礫となった建物と歴史的中心地区の復元のための戦略を立てたが，ナチスによる蛮行がスターリンによる抑圧に替わったため，そ

の道はいっそう困難を極めた.

「ポーランド保存学派」の指導的存在であったが，この用語をあまり好まなかった．復元はできる限り信頼できる，文献，建築，考古学などの歴史的証拠にもとづくべきであると考えていたのである．ザフファトヴィチの指揮のもと，ポーランドの復原再建のみごとな成果が国際的に知られるようになった．ワルシャワ旧市街全体が丹念に壮麗に復元され，いくつもの聖堂，王宮の再建（1981 完了，スタニスワフ・ロレンツ教授（Professor Stanisław Lorentz, 1899-1991）らによる）は，（とくに，共産主義当局は歴史を示すものを消し去るため，巨大なモダニズムの建物をこの敷地に建てることを提案していたため）偉業としかいいようがない．他の歴史的中心地区（例：グダニスク，ポズナニ，ヴロツワフ）もザフファトヴィチとそのチームの立てた原則にもとづいて修復，復元された．他の成果としてワルシャワのシフィエンティ・ヤン大聖堂（1960）がある．学者としても卓越しており，200 以上の著作に携わった．

サブ・プリンス　sub-plinth

円柱の柱礎やペデスタルにみられるように，主要なプリンスの下にある第 2 のプリンスを指す．

サブ・ベース　sub-base

ゴシック建築のピアなどの本来の土台下に設置される一番下の土台．

サーベイス　Surbase

台座，ペデスタル，またはステレオバータ頂上のモールディング.

サポテク建築 （サポテック）　Zapotec architecture

メソアメリカのサポテク文明は，マヤ，トルテカ，アステカ，その他の部族の建築と似て，下部構造と上部構造がはっきりと区別された建造物群をつくり出した．メキシコのオアハカ盆地におけるミステク・サポテク族の宗教的中心はミトラの「円柱の宮殿」（1000 頃）であり，凝った幾何学紋様で装飾された壁面をもつ基壇はみごとである．

サマー　summer

1. 楣．例，暖炉の上部．
2. 梁．楣とも呼ばれ，木材による軸組構造において片持ち梁のジョイスト（張り出し）先端に設置され，その上の壁と柱とを支える．
3. ある階における主要な梁や桁，または大梁全般を指す．床のジョイストを支えるものについては，サマー・ビームと呼ばれる．
4. ヴォールトの起拱部，あるいは破風の端に設置される大きな石．
5. 楣やアーチを支えるピアまたは抱きの頂上に設置される石．

サーマウンテッド　surmounted

1. ⇨アーチ
2. ソプラポルタが上に載る戸口のように，ある要素が別の部材の上部に設置されたもの.

サマー・ストーン　summer-stone

軒先の破風の一番下に設けられる石材，または傾斜したスキュー・ブロック．最初の笠石が軒からすべり落ちるのを妨げるために設置される．⇨ニーラー

サマーソン卿，ジョン・ニューナム　Summerson, Sir John Newenham (1904-92)

アングロ＝アイリッシュの建築史家．1926 年にジャイルズ・ギルバート・スコット（卿）の事務所で建築家としてはたらき始め，のちにエイドリアン・ギルバート・スコットを補佐してマンチェスターのハンサムが設計した聖御名聖堂の気品のある塔の上層部分の施工図を描いた．また，W・D・カレのもとでもはたらいたのちに建築評論家になった．『アーキテクト＆ビルディング・ニュース（*Architect and Building News*）』誌のアシスタント編集（1834-41）をし，独自の冴えた，ときに冷徹ともいえる批評のスタイルを確立した．また，インターナショナル・モダニズムに対する支持を開拓して行った（1957 年の講演「モダン・アーキテクチュアの理論の実相（*The Case for a Theory of Modern Architecture*）」において，孤軍奮闘してモダニズムの理論的基礎を堅固なものにしようとし，古典主義の建築もつねにモダンなものをもっていたということを指摘した．しかし，この点における彼の奮励はいまもってまったく説得力をもつものではない．

ジョン・ナッシュの伝記（1935, 1949,

1980）で名声を得たが，第二次世界大戦後，ナッシュの作品は，リージェンツ・パーク周辺の遠近法を使った建築作品の一部のみが保存に値すると述べた（モダニストの立場から予見できる発言．しかし，それは断片的になってしまえば遠近法的なものではなくなってしまう）．ジョージアン・グループ（1937）の設立者の1人だが，何でも良いというわけではなく，18世紀から19世紀の建物を厳しく選択して保持するという考え方だった．戦時中，国立建造物記録局（1941-45）を設立し，副主任を務めた．ジェームズ・モウド・リチャーズ（James Maude Richards, 1907-92）とともに，『英国の爆撃を受けた建物：建築的な損害の記録1940-41（*The Bombed Buildings of Britain: A Record of Architectural Casualties 1940-41*）』（1942，1947）を編集した．大著『ジョージアン・ロンドン（*Georgian London*）』（1945）（のちにコルヴィンによって編集され，2002-03年に再版された）を出版し，その年にジョン・ソーン卿博物館のキュレーターに就任し，1984年までその職を務めた．彼はソーンの作品に関していくつかの鋭い論文を書いたが，大著はまとめなかった．おそらく，ソーンの建築と人柄が好みにあわなかったのだろう．一方，彼はジョン・ソープ研究の先駆者であり，コルヴィンの正確無比の校訂のもと『王室建築の歴史（*History of the King's Works*）』（1975，82）に多くの素材を提供した．1953年，ペリカン社の芸術の歴史シリーズに貴重な貢献をした．『1530-1830年の英国における建築（*Architecture in Britain 1530-1830*）』は，何度か改訂されているが，その中で，彼は初期の時代（イニゴー・ジョーンズ，レン，その他の設計したものを含む）の作品を高く評価するとともにナッシュやソーンといった人物に対する微妙な感情を明らかにした．『ジョージアン・ロンドン』のヴィクトリア朝版続編を書こうという試みが『ヴィクトリア朝の建築：その評価に関する四つの研究（*Victorian Architecture: Four Studies in Evaluation*）』（1970），『1860年代のロンドンの建築界（*The London Building World of the Eighteen-Sixties*）』（1973），『ヴィクトリア朝のロンドンの建築（*The Architecture of Victorian London*）』（1976）となり，また，その他の著作を集めた『アンロマンティック・カースル（*The*

Unromantic Castle）』（1990）となった．明らかにサマーソンはヴィクトリア朝の建築を好まず，その種のものを（その騒々しさに疑念を示しつつ）不快に思っていた．反対に，イニゴー・ジョーンズ，レン，ヴィオレ=ル=デュクそのほかの人物に関する学問的な著作からは，これらの領域がより彼の好みにあっていたことがわかる．

　晩年，彼は自らが下した辛辣な評価の一部をいくぶん修正した．また，モダン・ムーブメントの諸相にも幻滅したようである．彼は「安っぽいモダン」こそが英国のすべてであることを認めていたが（この見解に異論を述べるのは難しいだろう），ロンドンのシティにおけるヴィクトリア時代の建物の取壊しは，新しい建物を建てるためにやむなしとの考えであった．

サマー・ハウス　summer-house
　暑い天候のときに，庭園や公園で日陰の座席を提供するための単純ないしは素朴な建物．アイキャッチャーにもなりうる．

サマー・ビーム　summer-beam
　⇨サマー

サーマル・ウィンドウ　thermal window
　⇨ディオクレティアン・ウィンドウ

サムモールディング　thumb-moulding
　⇨ゴドロン

サモナ，ジュゼッペ　Samonà, Giuseppe（1898-1983）
　イタリアの建築家，都市計画家．その多産な作品群は表現主義から折衷主義，国際近代主義，イタリア合理主義などを包含している．ファシスト時代にはローマのアッピア地区の郵便局（1933-36）を含む多くの設計競技に勝利した．1945年から71年までヴェネツィア建築大学の学長を務め，都市計画に関する多くの著作がある．メストレ（1951-56）やパレルモ（1956-58）をはじめイタリア各地の都市のため住宅供給計画を立案し，パドヴァのイタリア銀行（1968）やシチリアのシャッカの劇場（1974-79）を設計した．

サラウンド　surround

開口部周りのアーキトレーヴや暖炉正面のチムニー・ピースのように，建築的な特徴をもつ枠組.

サラセン建築　Saracenic architecture

西ヨーロッパでムーリッシュ，あるいはイスラーム建築をもとに 18 世紀に発展した異国風様式．近年までイスラーム建築全般をこう呼びならわした.

サラ・テレーナ　sala terrena

とくに 17 世紀と 18 世紀の大邸宅にみられる．直接出入りできるよう庭に面して開かれた正式の大広間で，グロットを思わせるようなトロンプ・ルイユ（だまし絵）などの装飾を備えることも多い．ピエローニの設計によるプラハのヴァルトシュタイン庭園（1624-27）はそのみごとな例である.

サリー　sally

1.　セーリエント，サイヤン（フランス語）に同じ.

2.　傾斜した木材，たとえば垂木などの下端部に用いられる部材の端部につけられた欠き込み.

サリヴァン，ルイス・ヘンリー　Sullivan, Louis Henri (1856-1924)

アイルランドとドイツの血を引くアメリカの建築家．一時ペンシルヴァニア州フィラデルフィアの F・ファーネスのもとではたらいた（1872-73）のち，イリノイ州シカゴに移り，W・ル・バロン・ジェニーの事務所ではたらいた（1873-74）．1874 年にはパリに滞在し，エコール・デ・ボザールにおいてヴォードルメのもとで学び，1875 年にシカゴに戻った．1979 年にダンクマー・アドラーの事務所に入所し，1883 年には共にアドラー・アンド・サリヴァン（Adler & Sullivan）事務所を結成した．彼らの最初の共同作品はシカゴのオーディトリアム・ビルディング（1886-90）であり，これは 4000 席の劇場，ホテルとオフィスを包含し，外観には H・H・リチャードソンの影響が見られ，内部は，アーツ・アンド・クラフツが創案したものとアール・ヌーヴォーの主題の要素を包含する，波打つような葉型飾りで飾られた折衷的な形態になっている．より強くリチャード

ソンの影響を受けたものとして，ミズーリ州セントルイスの力強いセントニコラス・ホテル（1892-94，現存せず）があり，堅牢な半円アーチを備えていた.

1888-1993 年までアドラー・アンド・サリヴァン事務所には若きフランク・ロイド・ライトがおり，彼はサリヴァンをリーバー・マイスター（親愛なる先生）と呼んで仕えたが，事務所ではたらくかたわら契約に違反して独自に設計を請け負い，そのため事務所を辞して自身の事務所を設立することになった．しかし，アドラー・アンド・サリヴァン事務所の仕事は堅調だった．彼らの最もよく知られた摩天楼は，ミズーリ州セントルイスのウエインライト・ビルディング（1890-91）とニューヨーク州バッファローのギャランティ・ビルディング（1894-95）である．それらは古典的な原則を遵守し，どちらも平坦なプリンスのような基壇をもち，上階は付柱の間の凹んだ溝に並ぶ一連の窓とパネル，アンタのように見える巨大な隅の付柱，最上部のコーニス（ウェンライト・ビルディングのコーニスはとくに装飾性が高い）によって連続的な統一感のあるものとなっている．しかしながら，一部の批評家はこれらの建造物を外皮の奥に隠れたフレーム構造を表現したものとみなしている.

1898 年から 1904 年の間，サリヴァン（アドラーとのパートナーシップを解消したのち，彼自身の事務所を設立した（1895））はシカゴのシュレジンガー＆メイヤー（後のカーソン・ピリー・スコット＆カンパニー）ストアを建てた．それは指向の変化を示しており，垂直性を強調せず，床と柱の骨組構造が縁取る横長の開口部をつくり出した．しかし，彼は依然として下部 2 層は豊かに装飾された巨大なプリンスとして扱い，上階は開口部にシカゴ窓を配した白い施釉材で覆い，屋根のように突き出たコーニスを最上部に据えた．これはシカゴ派の理論的枠組みである（⇨パーセル・アンド・エルムズリ）．エンジニアリング・マガジンにおいて（1892），装飾は暫くの間控えるべきであると決然と表明した一方で，豊かな建築表現を独創的で自由に使いこなし，力強くシンプルで幾何学的な量感のある形態と融合させた．それは，シカゴのグレースランド墓地のゲッティ霊廟（1890），ミズーリ州セントルイスのベルフォンテーン墓地のウエインライト家墓標（1891-92）

などにみられる．ゲッティ霊廟では，アーチの
モチーフはリチャードソンの作品を思い起こさ
せ，そして，装飾と一体化された力強くシンプ
ルな形態に，彼が設計した優美で彩り豊かな一
連の銀行群（たとえば，ミネソタ州オワトナの
ナショナル・ファーマーズ銀行（1906-08），ア
イオワ州グリンネルのマーチャンツ・ナショナ
ル銀行（1913-14），オハイオ州シドニーの人民
貯蓄貸付組合銀行（1919），ウィスコンシン州
コロンバスのファーマーズ・アンド・マーチャ
ンツ・ユニオン銀行（1919）など）においてサ
リヴァンが追求したテーマであった．サリヴァ
ンの活気にあふれた装飾は20世紀初頭のアメ
リカ中西部の商業建築に不可欠な部分となっ
た．それはとくにミッドランド・テラコッタ・
カンパニーといった企業の建築作品などにみら
れる．彼をモダン建築の「予言者」あるいは
「パイオニア」と主張する人びとにとっては，
こうした装飾の創出は不都合なことであろう．

　著書も多く，その著述は1885年から1924年
にわたっている．しかし，彼の冗長な記述は明
快さに欠け，彼の文体は意図的に曖昧で，深遠
な思想を暗示するものとして理解されてきた．
1896年の著書『芸術的に配慮された高層建築
（*The Tall Building Artistically Considered*）』
はリピンコッツ・マガジン社から発行され，そ
の中で彼は「形態は機能に従う」と宣言した．
この声明を国際的な近代建築運動の主唱者達は
熱意をもって捉えた．しかし，サリヴァンの記
述内容を注意深く読めば，彼の機能主義の理念
は，感性的で表現に富み，精神的・創造的な価
値を受け入れ求めるものであることが明らかで
あり，このような価値は後のモダニストが完全
に否定したものだった．サリヴァンの建築作品
をみるかぎり，バウハウスの教義や，1945年
以降世界中に浸透した様式の擁護者との共通性
があまりないことは明らかである．

サーリネン，エーロ Saarinen, Eero (1910-61)

　フィンランド出身のアメリカ人建築家であ
り，G・E・サーリネンの息子．パリおよび
イェール大学に学び，ミシガン州におけるG・
E・サーリネンの学校であるキングスウッドや
クランブルックにおいてチャールズ・イームズ
と協働した．1930年代後半には成型合板の椅
子をイームズと共同でデザインし，第二次世界

大戦後に活動の比重をより建築に移すまで数多
くの家具をプロデュースした．1937年からミ
シガン州のアン・アーバーにて父親と協働し，
1941年以降はパートナーシップとして1950年
に独立するまで協働は続いた．自身の事務所エ
ーロ・サーリネン＆アソシエーツ（Eero
Saarinen & Associates）を設立したのは，ミズ
ーリ州セントルイスにおけるジェファソン記念
公園のコンペ（1947-48）においてカイリーと
共同で受賞したためである．しかし，放物線を
描く巨大なゲートウェイアーチはサーリネンが
一人でデザインしたものであり，カイリーが植
樹計画には参加していなかったにもかかわら
ず，サーリネンはこのプロジェクトを続行すべ
きであると考えた．最初期の彼の建築は，ミー
ス・ファン・デル・ローエのような国際的なモ
ダニズムのスタイルであった．父親らと協働し
たミシガン州ワーレンのゼネラルモーターズ技
術センター（1947-56）が代表例である．しか
し，のちにはアメリカの多くの建築家と同様
に，機能主義がいまだに有効な形のまま，近代
建築をより表現豊かにすることにかかわるよう
になった．マサチューセッツ州ケンブリッジの
マサチューセッツ工科大学（MIT）クレスゲ
公会堂（1952-56）では，球体の一部を使った
三角の弧を描く屋根を生み出した．全体の統一
感はモダニストの原理から逸脱したと批判され
たものの，建築の自由な表現のパラダイムを生
み出すところまではいたっていない．まったく
試験的な表現にすぎない．ル・コルビュジエのロ
ンシャンの教会（1950-55）の事例で，建築に
おける強い感情表現に向けての欲望が明らかに
表出されていたように，サーリネンはアメリカ
におけるこの傾向の先駆者であった．彼の作品
はヒッチコックらによっては支持されたもの
の，多くの批評家はそこに悪趣味や過剰すぎる
形状や乏しすぎるアイデアをみてとったのであ
り，多くの作品はすぐに時代遅れになるとみな
された．MITにおける円形の礼拝堂
（1952-56）では巨大な煉瓦の壁を試み，イン
ディアナ州フォート・ウェインにおけるコンコ
ルディア・シニアカレッジの礼拝堂（1953-58）
においては尖った屋根を試みた．コネチカット
州ニューヘヴンのイェール大学におけるデイ
ヴィッド・S・インガルス・アイスホッケーリ
ンク（1953-59）では，カーブを描く屋根を支
える中央の巨大なアーチで建物のスパンをもた

せたが，これはニューヨーク市のケネディ国際空港 TWA ターミナルビル（1956-62）へと受け継がれた．ダイナミックな形状のピアから立ち上がる，その強大な帆のようなアーチ型の屋根は，翼と飛行を表現している．ニューヨーク州ヨークタウンのトーマス・J・ワトソン研究センター（1957-61）でも，やはりカーブが採用されており，それはワシントン D.C. 近郊のヴァージニア州チャンティリーにおけるダレス国際空港（1958-63）でふたたび用いられた．イェール大学のエルザ・スタイルス・アンド・モーセカレッジ（1958-62）では，構成は平面と垂直方向の断面を重ね合わせるようになっている．[U2]ロンドンのグロスヴェノール広場におけるアメリカ大使館（1955-60，ヨーク，ローゼンベリ＆マーダーと協働）では，幾何学的な断片を積み重ねるファサードの処理が見られる．サーリネンはカイリーとも何度か協働した．彼の死後は，ローチやディンケローによって仕事が継続された．

サーリネン，ゴットリーブ・エリエール
Saarinen, Gottlieb Eliel（1873-1950）
　フィンランド出身のアメリカ人の建築家．1896 年から 1905 年までヘルマン・ゲゼリウスやアルマス・リンドグレンと協働し，引き続きゲゼリウスとは 1907 年まで協働した．その後は，1923 年にアメリカ合衆国へ移住するまで独立して仕事をした．アメリカでは最初の事務所をイリノイ州エヴァンストン（1923-24）に設立し，1924 年にミシガン州のアン・アーバーへ移転した．その地ではミシガン大学建築学部で教育に携わった．1937 年に息子のエーロ・サーリネンが事務所に加わり，その後 J・ロバート・スワンソン（J. Robert Swanson, 1900-81）が 1941 年から 47 年までパートナーをつとめた．フィンランドにおける初期の作品は，ナショナル・ロマンティシズムによりフィンランドのアイデンティティを表現するものであった（当時，新古典主義は帝政ロシアの建築言語であるとみなされていた）．さらに，後期のゴシック・リヴァイヴァルやイギリスのアーツ・アンド・クラフツ運動，同時代のアメリカの作品，とくに H・H・リチャードソンによる丸いアーチのある建物などから影響を受けた．サーリネン，ゲゼリウス，リンドグレンが設計した 1900 年のパリ万国博におけるフィンラン

ド館は，どことなく東洋的な異国情緒を感じさせるものであった．ヘルシンキ近郊キルッコヌンミのアトリエであり住宅だったヴィトレスク（1902 以降）では，ウィーン分離派からの影響が明白である．彼らの事務所として設計されたヴィトレスクは，イギリスのアーツ・アンド・クラフツの主題を理想的に展開した姿であった．さらにアメリカ流のヴァナキュラーやシングルスタイル，ユーゲントシュティール，さらにフィンランドの民族的な要素などが強く混入している．1904 年には，サーリネン自身がヘルシンキ中央駅（1910-14 建設）のコンペを獲得した．これは当時の最も良質なターミナル駅の一つであり，ライプツィヒ駅（1905）やシュトゥットガルト駅（1911，ヘルシンキ駅の影響を受けたもの）と比肩できる．重厚な煉瓦の壁や気品のある構成は，オットー・ヴァーグナーやウィーン工房，とくにホフマンの作品から強い影響を受けている．シカゴ・トリビューン社ビルのコンペ（1922）では 2 等になり，アメリカでの知名度を確立できただけでなく，ミシガン州ブルームフィールドヒルにおけるクランブルック芸術アカデミーの設計依頼に結びついた．サーリネンは男子のためにクランブルック校（1926-30）を，女子のためにキングスウッド校（1929-30）を，続いて理学部（1931-33），博物館と図書館（1940-43）をその地に設計した．自由な感じで折衷的であり，表現主義や丸いアーチや，地域に根ざした要素も組み込まれている美しいこれら一連のピクチャレスクな建物群は，2 番目の妻であるルイーズ（ロージャ）・ゲゼリウス（Louise (Loja) Gesellius, 1879-1968）とのコラボレーションにより生み出されたものである．サーリネンは，1932 年から 42 年までクランブルック芸術アカデミーの学長を務め，息子のエーロとチャールズ・イームズもそこに参加して教員を務めた．著書には，『クランブルックの発展（The Cranbrook Development）』（1931），『都市：その成長，その衰退，その未来（The City: Its Growth, Its Decay, Its Future）』（1943），『形態の探求（Search for Form）』（1948），『美術と建築における形態の探求（The Search for Form in Art and Architecture）』（1985）がある．

サリー・ポート　sally-port
　城の内外を繋ぐ裏門または脇門あるいは地下

通路で，防御側が出撃するときに使う．

サルヴァール，ジャン Salvart, Jean（1390年代-1447活躍）

フランスの石工棟梁．ルーアン大聖堂の棟梁に指名され（1398），西側ポルタイユ（正面扉口）を再建し（1407），内陣（クワイア）の窓を拡大した（1430）．1432年以降はルーアンの町の顧問建築家であった．

ザルヴィスベルク，オットー・ルドルフ Salvisberg, Otto Rudolf（1882-1940）

スイス出身の建築家．1908年にベルリンに移住した．表現主義の作品とも評される，コンクリート構造によるリンデンハウス（1912-13）をベルリン市クロイツベルクに設計した．初期の作品は折衷的で，カミロ・ジッテからの影響がみられる．ベルリン市内および近郊に設計したヴィラの多くはユーゲントシュティールや表現主義によるもので，ムテジウスの出版活動を通じてアーツ・アンド・クラフツ運動からの影響もみられる．1920年代半ばには近代運動の影響を受け，ブルーノ・タウトのもとでベルリン市ツェーレンドルフの集合住宅の設計に参画した（1926-31）．最も華やかな住宅作品はベルリン市グリューネヴァルトのフレヒトハイム邸である．また，ベルリン市ライニケンドルフのヴァイセ・シュタット（白い都市）住宅団地において，シラープロムナードの大ジードルンクを設計した（1929-31）．1930年にカール・モーザーの後任として，スイスのチューリヒ工科大学（ETH）の教授となり，数多くの作品を残した．ベルン大学（1930-31），ETHの機械研究所および熱工場（1930-33），バーゼルのホフマン＝ラ・ロッシュ本社屋および工場（1936-40）は，いずれも厳格な合理主義の建築である．イギリスのハートフォード州ウェルウィン田園都市のロッシュ工場の設計も担った（1939）．

サルヴィ，ニコーラ Salvi, Nicola（1697-1751）

イタリアの建築家で，シーノグラフィーに通暁．1730年代に，クレメンス12世（Pope Clement XII, 1730-40）が企画した建築設計競技に参画して勝利し，トレヴィの泉（1732-37）を作成した．これは彼の傑作といえる作品で，

凱旋門の形式にもとづき，全体の構成はロック・ワークの基礎の上に築かれている．また，ヴィテルボにあるサンタ・マリア・デイ・グラーディ教会の内装をリフォーム（1737）した他，ポルトガルのリスボンでは聖ヨハネと聖ロクスの礼拝堂の設計を手がけ，またローマにあるベルニーニ設計のパラッツォ・キージ＝オデスカルキの増築を行った．

サルヴィン，アントニー Salvin, Anthony（1799-1881）

イングランドの建築家．エディンバラのジョン・パターソン（John Paterson, 1777-1832頃活躍）の徒弟としてダラムのブランセプス・カースルの修復に携わった（1817-21）．1820年代，デヴォンにマムヘッド（1826-38，チューダー様式の邸宅）を設計し，カントリー・ハウスの建築家としての名声を確立した．彼の最高傑作は間違いなくリンカン州のハーラクストン・マナー（1831-38）である．これはジャコビーサン様式の豪奢な大建築物で，模倣的であると同時に発明的な作品で，内部にはウィリアム・バーンのデザインした荘重なバロックの階段がある．ケントのランバーハーストのスコットニー・カースル（1837-44）はより控えめな17世紀のマナー・ハウスを再解釈した，巧妙な集積物で，さまざまな時代に必要に応じて増築したかのようにみえる．チェシャーのペックフォートン・カースル（1844-50）は13世紀城郭を喚起させるすぐれたもので，使い勝手よく計画されており，かつ，ピクチャレスクそのものである．ケントのキルンダウンのクライスト・チャーチの再装飾（1839年から）で重要な役割を果たした．教会建築学の考えに従って，内陣が改造されており，その種のものとしてはイングランドで最初の事例である．イングランド中世軍事建築の権威であり，ロンドン塔その他のさまざまな城で仕事をした．アニック，カナーボン，ダラム，ロッキンガム，ウォリック，ウィンザー城が含まれる．カントリー・ハウスとともに数多くの教会堂を建てた．最後の作品はノッティンガムシャーの空想豊かなジャコビーサン様式のソレスビー・ホール（1864-75）であった．弟子にイーデン・ネスフィールド，J・L・ピアソン，R・N・ショウがいる．

サルコファグス　sarcophagus(*pl.* sarcophagi)

　遺体を収めるための，石造あるいはテラコッタ製の墓容器で，遺体はさらに棺に入れる場合と入れない場合がある．彫刻が施されたり，あるいは建築的形態をとったりすることも多い（たとえば，シドンの泣き男の墓は，ヘレニズムの神殿のミニチュアに似る）．古代に共通する形式として，隅部に角状装飾を備えた勾配屋根状の蓋をもつ．その形態は，新古典主義建築において，とくにソーンが建築の要素としてよく用いた．

サルダー，イルダフォンス　Cerdá, Ildefonso (1815-76)

　⇨セルダ，イルデフォンソ

サルトリス，アルベルト　Sartoris, Alberto (1901-98)

　イタリアの建築家．経歴の初期に未来派と関係し，1928 年には CIAM の創設メンバーだった．1920 年代後半にイタリア合理主義と緊密に結びつき，おもにスイスに多くの建物を建てた．1938 年にはテラーニと一緒にコモ郊外レッビオの衛星都市を設計した（1938-39）．その作品であるスイスのヴァレー州セーヨンのモレル・パステール邸（1933-38）は国際様式の美学の観点から賞賛された．機能主義の熱心な擁護者であり，『機能的建築の要素（*Gli Elementi dell'architettura funzionale*)』（1932, 1936,1941）や『新建築事典（*Encyclopédie del'architecture nuvelle*)』（1948-54）といった著作がある．

サルモン，ジェームズ　Salmon, James (1873-1924)

　スコットランドの建築家．ウィリアム・レイパー（William Leiper, 1839-1916）に学び，グラスゴーで 1890 年頃から父ウィリアム・フォレスト・サルモン（William Forrest Salmon, 1843-1911）と共同事務所を開始した．事務所にはジョン・ガフ・ジレスピー（John Gaff Gillespie, 1870-1926）が加わり，サルモン，サン・アンド・ジレスピーとして 1913 年まで続いた．彼の作品は，（マッキントッシュを含む）スコットランドのどの建築家よりも大陸におけるアール・ヌーヴォーとの共通点があった．レイパーの事務所時代，彼はウィリアム・ジェー

ムズ・アンダーソン（William James Anderson, 1864-1900）のもと，グラスゴー・グリーンにあるイタリア・ゴシック風テンプルトン・カーペット工場（1888-92），グラスゴーのレンスフィールド・ストリート 38-42 番のフランソワ 1 世サン・ライフ保険ビルディング（1889-93）を担当した．彼自身の代表作は，ボスウェル・ストリートにあるマーカンタイル・チェンバーズ（1896-97）で，当時，グラスゴーでは最も大きな鉄骨構造の事務所建築であり，フランシス・ダーヴェント・ウッド（Francis Derwent Wood, 1871-1926）による彫刻がつけられていた．セント・ヴィンセント・ストリート 142-144 番にある建物は，掛けくぎのような外観から「帽子掛け」として知られる．この驚くべき複合施設は，ファサード全面が内部の鉄骨から張り出された片持ち梁となっており，石の外装が最小限に抑えられ，アール・ヌーヴォー様式の装飾をつけている．他には，上品に修復がなされたウェスト・リージェント・ストリート 79 の建物（1900-04）がある．ホープ・ストリート 170-172 番のライオン・チェンバーズ（1904-06）には，エヌビク方式に基づいた鉄筋コンクリートが使われた．事務所体制は，その後，ギレスピー，キッド・アンド・コイアに変わった．

サロモニカ　Salomónica

　⇨ソロモン神殿の円柱

サロモンス，エドワード　Salomons, Edward (1827-1906)

　イングランドの建築家でマンチェスターで実務をした．マンチェスターのキング・ストリートのリフォーム・クラブ（1870-71）は左右非対称のヴェネツィアン・ゴシック・リヴァイヴァル様式で設計した．作品として，トラッフォード・パークのクリスタル・パレス（1856-57，現存せず），ブース・ストリートの貯蓄銀行（1872），チータム・ヒル・ストリートのシナゴーグ（1858）があげられ，これらはすべてマンチェスターにある．ロンドンにおいてはラルフ・セルデン・ヴォルヌム（Ralph Selden Wornum, 1847-1910）とともにオールド・ボンド・ストリート 42-3 番地のアグニュー商店を設計した．これは，初期のクイーン・アン様式であった．また，同店のためにリヴァ

プールのデール・ストリートのカースル・スト
リートの角に煉瓦造で彫刻装飾のあるものを設
計した.

サロン salon, saloon

1. 天井の高い大きな広間. ヴォールト天井
をもつことが多く, 2階分の高さをもつことも
珍しくない. 宮殿や大邸宅の主要な応接室とし
て, あるいは複数の主室への連絡用に用いられ
る（イタリア語ではサローネと呼ばれる）. 円
形あるいは楕円形の平面をもつこともあった.

2. 会議や催事, 展示など, とくに公共によ
く利用されるホテルなどの大きな部屋あるいは
ホール.

3. たとえばビリヤードやダンス, あるいは
酒場（サロン・バー）などの特別の目的のため
の公共的な部屋.

4. 住居の中の応接室, 客間.

三角アーチ triangular arch

2本の平らな石を, およそ45°になるように
組み合わせ, 両者の合わさった頂点において
三角形の開口部ができ上がるように, その上部
を留め合わせたもの. アングロ・サクソン建築
に観察される. ただし, これはアーチではな
い.

三角雷文 triangular fret
⇨スワロウテイル

サンガッロ, アントーニオ・ダ, イル・ヴェッ
キオ Sangallo, Antonio da, the Elder (1460 頃
-1534)

フィレンツェ出身のルネサンスの建築家, 軍
事技術者, 彫刻家で, アントーニオ・ディ・フ
ランチェスコ・ディ・バルトロ・ジャンベル
ティ（Antonio di Francesco di Bartolo
Giamberti）という名でも知られている. 木彫
装飾師フランチェスコ・ジャンベルティ
（Francesco Giamberti, 1404-80）の息子. 多く
の軍事施設の建設に携わり, その中にはチヴィ
タ・カステッラーナの教皇の城塞（1494-97）
も含まれる. フィレンツェのサンティッシマ・
アンヌンツィアータ広場では, ブルネレスキの
孤児養育院の真向かいに, 広場に統一性を与え
るようにロッジア・デイ・セルヴィ（1517-29）
を建設した. アントーニオの最高傑作は, モン

テプルチャーノにあるマドンナ・ディ・サン・
ビアージョ聖堂（1518-34）である. この聖堂
は, ブラマンテによるローマのサン・ピエトロ
大聖堂計画とよく似ており, ギリシア十字形平
面でドームを備えている. 元の案では, 十字形
の腕の四隅にそれぞれ塔が設けられる計画で
あったが, 実現された塔は1基のみであった.
それぞれの腕の部分は円筒ヴォールト天井でお
おわれ, 交差部にはペンデンティヴで支えられ
たドラムの上にドームが設けられている. この
聖堂はジュリアーノ・ダ・サンガッロによるプ
ラートのサンタ・マリア・デッレ・カルチェリ
聖堂（1485 着工）の影響も受けているかもし
れない. 建設年代が早いわりに, 明確さや壮大
さ, 完全さ, 厳格さを備えている点には瞠目す
べきである.

サンガッロ, アントーニオ・ダ, イル・ジョー
ヴァネ Sangallo, Antonio da, the Younger
(1484-1546)

アントーニオ・コルディアーニ（Antonio
Cordiani）という名でも知られているフィレン
ツェ生まれの建築家で, ラファエロ没後の16
世紀第2四半世紀のローマにおける盛期ルネサ
ンスの最も傑出した建築家の1人. ブラマンテ
の工房でサン・ピエトロ大聖堂の建設事業に参
加する以前には, 伯父のジュリアーノ
（Giuliano）やアントーニオ・イル・ヴェッキ
オ（Antonio the Elder）から建築の基礎を学ん
だ. サン・ピエトロ大聖堂やヴィラ・マダマ
（1517-18）の建設にあたって, ラファエロの助
手もつとめた. 1514 年から枢機卿アレッサン
ドロ・ファルネーゼ（Cardinal Alessandro
Farnese, 1468-1549, のちの**教皇パウルス3世**
（Pope Paul III, 在位 1534-49））の建築家とな
り, ローマに壮大なパラッツォ・ファルネーゼ
を設計した. 広大な区画を占めるこのパラッ
ツォのファサードは無柱式で, 壮麗な中庭では
古代の先例にしたがったオーダーの組み合わせ
が用いられている. 1546 年〔のアントーニオ
没後〕にミケランジェロとデッラ・ポルタに
よって全体が完成された. このパラッツォは後
世に, とりわけチャールズ・バリーによって始
まった 19 世紀のイタリア風建築の流行に大き
な影響を及ぼした. ほかの世俗建築の作品とし
ては, ローマのパラッツォ・バルダッシーニ
（1515 頃-22）とパラッツォ・サッケッティ

(1542-46) が注目に値する. ラファエロが
1520 年に亡くなってから, ペルッツィとともに
にサン・ピエトロ大聖堂の建築家の地位を引き
継いだが, 1536 年にペルッツィが亡くなった
後は単独で担当することになった. 計画案は,
1538-43 年に制作された模型に示されているよ
うに, いささか煩雑な多層からなるファサード
とその両脇に 2 基の高い塔を備えたものであっ
たが, 実現はされなかった. というのも, この
案は美的観点からは不十分なものであって, ブ
ラマンテ案や後のミケランジェロ案が醸し出す
ような古代ローマ風の壮大さに欠けていること
は明白だったからである. アントーニオは, ロ
ーマの周辺地域で数多くの城塞建設に従事し
た. また宗教建築 (例: ローマのサンタ・マリ
ア・デッラ・パーチェ聖堂のチェージ家礼拝
堂, 1530) の設計や, ヴァティカン宮殿におけ
るさまざまな計画 (例: パオリーナ礼拝堂,
1540-46) にも携わった.

サンガッロ, ジュリアーノ・ダ Sangallo, Giuliano da (1445-1516)

フィレンツェ出身の建築家, 軍事技術者, 彫
刻家. フランチェスコ・ジャンベルティ
(Francesco Giamberti, 1404-80) の息子ジュ
リアーノ・ジャンベルティ (Giuliano Giam-
berti) として生まれ, アントーニオ・ダ・サ
ンガッロ・イル・ヴェッキオの兄でもある. ブ
ルネレスキの作品に影響され, ブラマンテやラ
ファエロによる盛期ルネサンス様式が支配的と
なった時期においても, ブルネレスキの初期ル
ネサンス様式でしっかりとつくり続けた. 1465
年にローマで城塞の建設に従事しながら, 古代
遺跡の一連の研究成果をまとめ上げた (これら
は現在, ヴァティカンとシエナの図書館に所蔵
されている). 1470 年代にはフィレンツェに戻
り, ポッジョ・ア・カイアーノのヴィラ・メ
ディチ (1480 頃-97 頃) を建設した. このヴィ
ラは, 古代と張り合うことを強く意識しながら
設計されたという点では, まさしく最初のルネ
サンスのヴィラである. ことにアーケードででき
きた基壇の上に設けられたテラスや, ファサー
ドに組み込まれた神殿の正面部のようなペディ
メントを備えたイオニア式のポルティコ, 左右
対称の配置, 円筒ヴォールト天井で覆われた広
間に古代の特徴がうかがえる. プラートではサ
ンタ・マリア・デッレ・カルチェリ聖堂

(1484-91) を設計した. この聖堂は, ギリシア
十字形平面で実際に建てられたルネサンスの聖
堂としては最初のものであり, 十字の腕の部分
はそれぞれ円筒ヴォールト天井でおおわれ, 交
差部はペンデンティヴの上にドラムを備えたド
ームで覆われている. 内観についてはブルネレ
スキに多くを負ってはいるものの, アントーニ
オ・ダ・サンガッロが設計したモンテプルチャ
ーノのマドンナ・ディ・サン・ビアージョ聖堂
(1518-34) に影響を与えた. フィレンツェのサ
ンタ・マリア・マッダレーナ・デイ・パッツィ
聖堂アトリウム (1591 頃-95) や, 同じくサン
ト・スピリト聖堂の八角形平面の聖具室とその
前室 (1489-95, クローナカと共同) にもブル
ネレスキの影響が見られる. ジュリアーノは,
パラッツォ・メディチ・リッカルディのファサ
ードに精巧さを加えた形で, パラッツォ・ゴン
ディ (1490-1501) を設計した. また, パラッ
ツォ・ストロッツィの模型 (1489-90) を制作
した. 実際の建物は後にダ・マイアーノとクロー
ーナカとによって実現されたが, 部分的にはサ
ンガッロの案にきわめて忠実であるらしい. サ
ヴォナのパラッツォ・デッラ・ローヴェレ (ま
たはアテネオ, 1494 頃) もジュリアーノによ
るものであるが, この建築主である枢機卿デッ
ラ・ローヴェレが**教皇ユリウス 2 世** (Pope
Julius II, 在位 1503-13) に選出された暁にはパ
トロンとして優遇してくれるだろうという見込
みは期待外れに終わり, サン・ピエトロ大聖堂
建設という大きな仕事はブラマンテに奪われて
しまった. しかしながら, **教皇レオ 10 世**
(Pope Leo X, 在位 1513-21) のもとでは, ラ
ファエロやフラ・ジョコンドとともにサン・ピ
エトロ大聖堂建設の工事監督を分担する任務を
負い, ミケランジェロの建築的発展にも影響を
及ぼしたと思われる. 実現されなかった設計案
のいくつかは, 古典古代の構成原理についての
深い知識を示すものであり, その中にはローマ
のナヴォナ広場に計画された教皇レオ 10 世の
宮殿案 (1513) が含まれる.

サンクティス, フランチェスコ・デ Sanctis, Francesco de' (1693 頃-1731)

イタリアの建築家. 18 世紀のローマで手が
けた, スペイン階段 (1723-26) の設計者とし
てその名を最もよく知られている. これはスパ
ーニャ広場とトリニタ・デイ・モンティ教会と

を連結する階段で，流動感あるバロック都市計画の傑作と評価されている．また，ローマのトリニタ・デイ・ペッレグリーニ教会のファサード（1722）も手がけている．

サンクトゥアリウム sanctuary
　1．教会堂または神殿の中のとくに神聖な場所．
　2．サクラーリウム，すなわち教会堂の中の主祭壇の周辺部．
　3．内陣あるいはプレスビテリ．

サンクト・コート Sancte-cote
　⇨ベル・コート

サンク・ドラフト sunk draft
　切石の表面が盛り上がり，その縁周りが沈んだ形となるもの．

サンク・パネル sunk panel
　引っ込んだ枠のパネル．

サンク・フェイス sunk face
　パネルを取り巻く縁が高くなったものや，縁が枠どりされたもの．

サンク・フェンス sunk fence
　隠れ垣．

サンク・モールディング sunk moulding
　壁の主要な表面，またはむき出しの背後に引っ込んだモールディング．

三心 three-centred
　⇨三中心

サンズ，フランシス Sandys, Francis
（1788-1814 活躍）
　アイルランド生まれの建築家．第4代ブリストル伯でデリー主教のフレデリック・オーガスタス・ハーヴィ（Frederick Augustus Hervey, 4th Earl of Bristol and Bishop of Derry, 1730-1803）に仕え，伯の援助でイタリアを旅行した（1791-96）．1796 年，サフォークのイクワースに楕円形平面のロトンダがクワドラント（四分円部）によって翼棟につながれたアール・ビショップス・パレスを建てたが，ロトン

ダには，明らかにマリオ・アスプルッチ（Mario Asprucci, 1764-1804）の設計をもとにしたと思われるパンテオンのドームが架かっていた．イクワースのアール・ビショップス・パレスは，ロンドンデリー県のバリースカリオンのアール・ビショップス・グレート・ハウス（1787 開始，おそらく，シャナハン，サンズと弟のジョージフ（Joseph），そしておそらくジェームズ・ワイアットによって設計された）に倣ったものであり，プローによるウィンダミアのベル・アイル（1774-75）に影響を受けたものであった．バリースカリオンのポルティコは，現在，ベルファストのハイ・ストリートのセント・ジョージ小教区聖堂の正面となっている．イクワースの建築はバリースカリオンの建築をより新古典主義的にした例である．サンズは，実務を始めたサフォークのバリー・セント・エドマンズに留まり，周辺地域にフィンバラ・ホール（1795，サフォーク），チッペンナム・パーク（ケンブリッジシャー）のエントランス・ロッジ（1800 頃），バリー・セント・エドマンズのアセンブリー・ルームズ（現アシニーアム）（1804），ウスター シャー刑務所（1809-13，現存せず），オックスフォードシャーのドーチェスター・ブリッジ（1813-15），ダラムの地方裁判所と刑務所（1809 開始）などを設計した．ダラムでは，サンズが治安判事裁判所の訴訟で敗訴し，解雇されたため，その仕事はジョージ・マニーペニーとイグナティウス・ボノーミに引き継がれ，1811 年に完成した．1814 年にサンズが経歴を閉じたのは，このできごとのためと考えられる．

三石塔 trilith, trilithon
　⇨トリリトン

サンソヴィーノ，ヤーコポ・ダントーニオ・タッティ 通称 Sansovino, Jacopo d'Antonio Tatti *called*（1486-1570）
　フィレンツェの建築家，彫刻家．その経歴の大半をヴェネツィアで過ごし，当地に盛期ルネサンスの最も卓越した建築を残した．もっとも，そのデザインにマニエリスム様式がまったく見当たらないわけではない．彼の最もすぐれた建築はビブリオテーカ・マルチアーナ〔サン・マルコ図書館〕（1537 着手，スカモッツィにより 1588 完成．イオニア式とドリス式のオ

ーダーを重ねた力強い構成が特徴的であり，その円柱の間はきわめて洗練されたアーチの配列である）．ゼッカ（造幣局，1535-47），およびロッジェッタ（1537-42，凱旋門を3層に重ねた構成），などすべては総督宮の近くに位置し，ヴェネツィアの輝かしい都市景観に寄与している．サン・マルコ図書館は完全に学究的な方法によってオーダーが使用された最初のヴェネツィア建築であり，パッラーディオは古代以降に建てられた最も権威ある建物の一つとして認めていた．実際にそのオーダーの配列はローマのマルケルス劇場から引用されていた．

サンソヴィーノは，さらにサン・フンチェスコ・デッラ・ヴィーニャ聖堂（1534，パッラーディオが完成）を設計した．また重大な影響力のあったパラッツォ・コルネル・デッラ・カ・グランデ（1537 着手）を建設し，そのルスティカ仕上げの地上階は，わずかながらサンミケーリによるヴェローナのパラッツォ・カノッサを連想させるが，中央の3連アーチの両側の開口部の上には奇妙にもマニエリストのコンソールが置かれている．上部では，ファサードにはオーダーが重なり，その面から奥まってアーチ窓が配置される．彼はまた，パドヴァ近くのポンテカサーレにヴィラ・ガルツォーニ（1540頃設計）を計画し，その入口上部の中央部は5連アーチを架けたロッジアとし，古代に匹敵する威厳のある静謐な構成とした．

サンダーボルト thunderbolt
　古典主義の装飾．ユピテルのアトリビュート．らせん状で，両端は尖頭となり，鷲の鉤爪につかまれているか，翼を備えていることが多く，矢尻型や熊手型，あるいは鋸歯型の稲妻を伴う．古典主義のコーニスのソフィット（下端）（たとえばヴィニョーラによるドリス式オーダーのムトゥルス）や，帝政の装飾体系に用いられることがある．

三柱式 tristyle
　⇨トリスタイル

三中心 three-centred
　⇨アーチ

サンティーニ=アイヘル，ヤン・ブラジェイ
Santini-Aichel, Jan Blažej (1677-1723)

プラハに生まれた，18世紀のボヘミアで最も個性的で独創的な建築家の一人．バロックとゴシックの様式を混合した例が，セドレツの昇天聖堂（1701-06），クラドルビの修道院聖堂（1712-26，リートのゴシックのヴォールトの影響を受けている），ジェリフの聖処女聖堂（1713-20），ジュジャール・ナト・サーザヴォウ近郊ゼレナー・ホラのスヴァティー・ヤン・ネポムツキー巡礼聖堂（1720-22）である．いくつかの集中式平面の聖堂はボッロミーニとグァリーニの幾何学を想起させ，ペヴスナーは彼をボヘミアのホークスムアと呼んでいる．宮殿建築ではフィッシャー・フォン・エルラッハの作品により近い傾向を示している．フルメッツ・ナト・ツィドリノフのカルロヴァー・コルナ（1721-23）はそのよい例である．彼の作品はその後の実験や発展への刺激にはならなかったようである．

サンテリア，アントーニオ Sant'Elia, Antonio
(1888-1916)
　⇨未来派

サンバースト sunburst
1. 中心から放射状に広がる細い棒の集まりによって太陽光線を表現したもので，普通は金色に塗られる．宗教的なコンテクストではバロック建築に共通してみられ，たとえば聖霊の象徴であるハトの周囲から発散される．
2. 世俗的なコンテクストでは，ルイ14世

サンバースト

様式のアポロン装飾にみられるアポロン像など
の頭部周りにいくつも出現する細い棒.

　　3.　扇形採光窓.

三分　tripartite
　⇨トライパルタイト

サンフェリーチェ, フェルディナンド
Sanfelice, Ferdinando (1675-1748)

　ナポリ出身の建築家で, シーノグラフィー,
とりわけ階段の巧みな演出で知られる. そうし
た作例のひとつとして挙げられるのが, ナポリ
のパラッツォ・サンフェリーチェ (1723-28)
で, 彼はここに中庭と庭園を連結する後期バ
ロック的なアーチ状の構築物を設計している.
またナポリのサン・ジョヴァンニ・ア・カルボ
ナーラ教会前の大階段 (1708, おそらくこれが
ローマのスペイン階段の原型となった) を設計
したほか, カッサーノのパラッツォ・セッラも
手がけた (1719-30 頃, 大変自由で独創的な構
成を見せる).

サンミケーリ, ミケーレ　Sanmicheli, Michele
(1487 頃-1559)

　イタリアの建築家, 軍事技師. ヴェローナで
生まれ, その場に残された古代遺跡を研究し,
1500 年代初頭にローマを訪れ, 古代ローマの
偉容を示す古典主義ブラマンテ建築に魅せられ
た. 1509 年にオルヴィエート司教座聖堂建設
の監督者となり, ヴェローナに戻る前の 1526
年にはパルマとピアチェンツァの城塞を建設し
た. サンガッロ一族とともに, マッシヴな三角
形の稜堡と巨大なカーテン・ウォールを用いた
軍事建築の進展により足跡を残した. その専門
的な技能をヴェローナの城塞化に応用し, マッ
ダレーナの稜堡や, ひときわ目立つドリス式オー
ダーによるルスティカ式の市門を含めて他の
多くの荘厳な建造物を構築した. これら市門の
中で秀作はポルタ・ヌオーヴァ (1533-51), お
よびポルタ・サン・ゼーノ (1547-50), ポル
タ・デル・パリオ (1548-59) であるが, 最後
のものはマニエリスムの傑作で, イン・アン
ティス型の厳格なローマ・ドリス式オーダーが
ルスティカ式の層をなす壁の付柱となり, 背後
に後退した三つのルスティカ式の壁があり, そ
の中に市門が配備される. これは明らかにマン
トヴァにおけるジュリオ・ロマーノのパラッ

ツォ・デル・テの参照である. 彼はまたヴェネ
ツィアにサンタンドレア・ディ・リドの要塞
(1535-71) を計画した. これらすべての建造物
は単に堅固なだけではなく, 難攻不落の様を呈
する. 担当したヴェローナのサンタ・マリア・
イン・オルガノ聖堂のファサード (1547-59)
も同様である.
　サンミケーリによる初期のパラッツォ建築に
はブラマンテおよびラファエロ, セルリオから
の影響がある. たとえばヴェローナのパラッ
ツォ・ポンペイ (1527 頃-57) では, ルスティ
カ式の地上階はピアノ・ノービレ〔2 階〕のド
リス式オーダーの付柱のためのポディウム〔基
壇〕の役割を果たし, ブラマンテによるローマ
の「ラファエロの家」の変形ではあるが, 中央
のベイの幅を広げ, ファサードを両端で限定づ
けるピア・ピラスターを置くことで, デザイン
上いっそうの静謐さを与えている. ヴェローナ
のパラッツォ・カノッサ (1533 頃着手) では,
ピアノ・ノービレにみられる 2 連のピラスター
とセルリアーナの応用がブラマンテの建築の影
響であるのに対して, 中央に 3 連アーチの開口
部があるルスティカ式の基部はパラッツォ・デ
ル・テからの引用である. ヴェローナのパラッ
ツォ・ベーヴィラクア (1530 年代後半) は,
ルスティカ式のドリス式ポディウム, ピアノ・
ノービレのバルコニーを支持するブラケット
〔腕木〕として前方に突き出るトリグリュフォ
ス (トリグリフ), その上には一連の三つの凱
旋門が重なるデザインの綿密な複合ファサード
という, はるかに豪華な造りである. ヴェネ
ツィアのパラッツォ・グリマーニ (1556, 完成
は他者による) では, 最下層の中央部分に凱旋
門のモチーフが用いられ, 上層では, 壁がある
はずの部分がほぼ消失し, 円柱とエンタブラ
チュアで囲まれる部分は複雑な窓割のシステム
で構成される.
　手がけた宗教建築には, ヴェローナのサン・
ベルナルディーノ聖堂におけるペッレグリーニ
礼拝堂 (1527 開始) があり, 頂部の魅力的な
丸いドームは明らかにローマのパンテオンを意
識している. そこで用いられた捻れ柱またはら
せん状のフルーティングを施した円柱は, パ
ラッツォ・ベーヴィラクアにも使用された.
ヴェローナの外側には, 円形の巡礼教会堂のマ
ドンナ・ディ・カンパーニャ聖堂 (1559 以降)
を設計し, そのドラムには窓三つ, ブライン

ド・アーチを二つ，そして窓一つ，それからブラインド・アーチ二つ，さらに窓三つというリズムを刻み，驚くべき力量が示される．

残余空間 SLOAP (Space Left Over After Planning)
　街路と，伝統的な街路や都市パターンに頓着に従うことのないインターナショナル・スタイルによる厳格な直線の建物とのあいだに残された，役に立たない地面の一部分．

CIAM, シアム CIAM (Congrès Internationaux d'Architecture Moderne)
　裕福なパトロン，エレーヌ・ド・マンドロ (Madame Hélène de Mandrot, 1867-1948) の求めに応じて，1928年ジークフリード・ギーディオンは，主導的な近代建築家達の会議を組織した．ベルラーヘ，ル・コルビュジエ，エル・リシツキー，リートフェルト，スタムらが参加した．カール・モーザーが最初の代表に選出された．CIAMは，1959年の解散まで国際近代主義の理論とドグマの権威者であり伝道者となっていく．CIAMは1930年台には機能主義，規格統一，合理主義を喧伝した．最初はドイツ人たちに，ついでル・コルビュジエによって主導された．1933年には，アテネ憲章が，都市計画の第1の機能を定めた．居住のための高層集合住宅と，交通の配備，余暇のための空間，それらの間に横たわる緑地帯による，厳格な機能的ゾーニングも提示された．この観点から，コスタのブラジリアの計画はCIAMの目標の実現とみるべきものであるが，CIAMのドグマへの厳格なまでの執着が，1945年以来の都市計画と建築の多くの問題の原因ともなり，その結果は美的にも，社会的にも機能的にも，そのほかにも多くの意味において幸福なものではなかった．さらに，グリッドプランに固執した結果，いたるところにどうしようもない残地が残された．CIAMはその最後の会議を1959年に開催した．これ以後，バケマやスミッソン夫妻のような建築家たちは，チームXとして合流し，近代主義を新しい段階へ進めようと企てる．

シーアグラフ sciagraph
　断面図の表現方法．

シーアグラフィー sciagraphy
　影の投影を扱った透視画法の学術分野．

シアン・アシ chien-assis

中世の小型の勾配屋根のドーマー・ウィンドウで，開口部には窓ガラスを嵌めずにフォイルで飾り，屋根の傾斜に載る小型の犬小屋にみえる．それによって屋根裏部屋に通風・採光が可能となる．

GEAM（グループ・デチュード・ダルシテクチュール・モビル）　GEAM (Groupe d'Étude d'Architecture Mobile)

1957年，ヨナ・フリードマン，フライ・オットーらによって，人口統計的・社会的・技術的な変化に対して起こりうる反応を調査するために設立された建築組織．

ジーヴス，スタンリー・ゴードン　Jeeves, Stanley Gordon (1888頃-1964)

⇨フッド，レイモンド・マシューソン

シェーアバルト，パウル　Scheerbart, Paul (1863-1915)

ドイツの作家，幻想主義者，表現主義の大司祭．ブルーノ・タウトとタトリンの助言者．著作の中で社会変革の手段としてのガラス建築のイメージにしばしば言及した．最もよく知られる著作はタウトに捧げられた『ガラスの建築 (Glass Archtecture)』(1914, 1972) で，一方，ケルンのドイツ工作連盟展 (1914) におけるタウト設計のガラスのパビリオンはシェーアバルトに捧げられたものである．グロピウス，ミース・ファン・デル・ローエ，国際様式の進展に大きな影響を与えた．

ジェイ，ウィリアム　Jay, William (1793頃-1837)

イングランドの建築家．ロンドンのモーフィールズにあるアルビオン・チャペル (1815-16，解体) はほかならぬジェームズ・エルムズによって賞賛された．しかし，ジェイは1817年にアメリカ合衆国のジョージア州サヴァナに移住した．この地でグリーク・リヴァイヴァル様式で最初期の邸宅をいくつか設計した（たとえばオーウェン・トマス・ハウス博物館，テルフェア・ハウス，スカーバラ・ハウス (1818, 1820)）．1822年にイングランドに帰国し，おそらくグロスターシャーのチェルトナムにあるウィンチカム・ストリートのコロンビア・プレースを設計した．グロスターシャーのサイレンセスターにあるウォータームーア・ハウス (1825-27)，チェルトナムのピットヴィル・パレード（現イーヴシャム・ロード）にある2軒の邸宅を手がけた．彼は破産し，モーリシャスで公職を得て，ここで亡くなった．

ジェイコブズ，ジェーン・ブツナー　Jacobs, Jane Butzner (1916-2006)

アメリカの都市計画家，評論家．都市は文明の基盤をもたらすものであると信じ，建築家や中央集権的な機関によって推進された「都市更新」への持続的な攻撃となる『アメリカ大都市の死と生 (The Death and Life of Great American Cities)』(1961) で有名になった．同書で彼女は，そうした政策が生きた組織である都市を死にいたらしめていると論じ，社会的，そして経済的多様性と健全さをつくりだすために自然発生的な都市の力を改めて大切にすることを求めた．1952年にアーキテクチュラル・フォーラム誌の評論家としてそのキャリアをスタートさせ，そこで政府と専門家の社会に深く浸透しているCIAMとアテネ憲章が正統とすること（たとえばゾーニング，自動車に対する規制のなさ，など）は都市を抑圧しており，その多様性を損なっていると気づきはじめた．彼女は『爆発するメトロポリス (The Exploding Metropolis)』(1958) の重要な章を担当し，伝統的な都市中心部が消滅しようとしているときに，「人びとのためのダウンタウン」というものを論じた．彼女は研究を重ねて，ル・コルビュジエやエベネザー・ハワードが唱導した原理が現実に適用された時（実際当時つねに行われていた），衰退を止めるどころか現状を悪化させ，甚大な社会的，経済的問題まで引き起こし，かつて魅力と多様性が存在した場所には退屈さと均一さが押しつけられた，という確信にいたった．彼女は，都市は計画家や建築家が考えるような単純な概念ではなく，生きた組織のようにはるかに複雑なものであると正確に見抜き，社会的，経済的な多様性を前進させる力を破壊するのではなく伸ばしてやるべきだと主張した．（彼女いわく，正統的な都市計画家が無視するという）都市の「現実の暮らし」を調査することを訴え，多くの実例の物語から彼女の重要な考えを説明し，人口密度が高いことは過密ということと必ずしも同じではないと指摘し，住んだりはたらいたりするのに心

地よい地域とそうでない地域があるのはなぜか，という点に目を向けさせている．『都市の経済学（The Economy of Cities）』（1969）で，彼女は都市の製造業と商業に関する側面を強調し，いかにこれらが田舎の発展を促進させ，またいかにある都市は繁栄し，ある都市は停滞したのかを示した．ここでも，彼女は多様性の重要さを強調し，経済的な健全さは大きな複合企業や独占企業ではなく多くの小さく進取の気概に富む，多様なビジネスに立脚するものであると力説した．

彼女の言説は受け入れられるようになり，広く読まれたが，彼女自身としては，ほとんど何も変わっておらず，「都市研究」が適用されたためではなく，効き目がなかった使い古しの万能薬を正当化するために無数の統計が使われるため，同じ間違いが「いやおうなしに繰り返されて」いると嘆いた．しかしながら，保存運動を促進したのは疑いなく彼女であり，バンハムらに手厳しく非難されたにもかかわらず，異端であった彼女の思想の多くが時とともに受け入れられるようになった．

ジェイコブセン，シエドール Jacobsen, Theodore（1772没）

ドイツ系のイングランドの建築家．ロンドンで仕事をし，最も有名な建物は捨子養育院（1742-52，1928解体）である．今日ではダブリンのトリニティ・コレッジの中庭（1752-59）で知られている．

シェーカー建築 Shaker architecture

シェーカー教（キリスト再臨信仰者協会）はイギリス生まれのアン・リー（Ann Lee, 1736-84）によって創始された．1774年にアメリカに移民した彼女のもとに追随者が集まり宗派にまでなった．シェーカー教徒はモールディングやコーニスなどの操作でもたらされる風変わりで奇抜な建築様式は慎むべきと信じたことから，聖堂は「輪になって踊る」儀式舞踊ができるような単純なものとなり，内部空間もほとんど飾り気のないものとされた．また，光と純潔が邪悪に抗すると考えたことから，建物には多数の窓がつけられた．代表例としては，マサチューセッツ州ハンコックのラウンド・バーン（1826，ダニエル・グッドリッチ（Daniel Goodrich, 1765-1835）の設計とされる）があ

り，ハンコックには他にも数棟シェーカー建築の秀作が存在する．ニューヨーク州ニュー（現在はマウント）レバノンの聖堂（1785，1824再建），ケンタッキー州プレザント・ヒルの聖堂（ミカジャー・バーネット（Micajah Burnett, 1791-1829）設計）も重要な作品である．バーネットおよびモーゼス・ジョンソン（Moses Johnson, 1752-1842）はもっとも重要なシェーカーの建築家，建設者であろう．落ち着きのある建物とは別に，シェーカーの家具は簡素で美しく作りもしっかりとしていたため，高く評価された．

ジェッソ gesso

パリ石膏，またはギュプスム（ギプス），膠（にかわ）や白亜（チョーク）と混合の上，絵画を描くための平滑面をつくるのに用いられる．表面の一部を盛り上げて絵画の装飾を強調するのにも使われる．サフォークのサウスウォルドのセント・エドマンド聖堂の内陣障壁にみられる中世後期の精妙なパネルのような作例がある．「ジェッソ・ドゥーロ」（硬ジェッソ）はさらに高品質であり，それをテラコッタやファイアンス（ファエンツァ焼き）に似せて塗って浅浮彫が製作された．

ジェティ jetty, jettie, jutty

1．木骨造において上層階が，下層階の壁よりも張り出すこと〔張り出し，はねだし〕．通常，壁から突き出した片持ち梁と根太が大梁（プレサマー）を支持して，そこから張り出した木骨造の壁が立ち上がる．関連用語は以下のとおり．

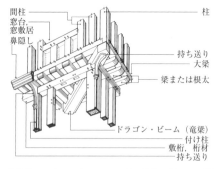

イギリス，イースト・アンフリア地方のジェティ構法による典型的な隅部（RAM, ABDM, CBA）

ジェティ・ブラケット（持ち送り）： 張り出しの下部に設けられる湾曲した腕木で，通常，大梁（プレサマー）やドラゴン・ビーム（竜梁）と支柱とを接合している．

ジェティ・プレサマー（大梁）： 壁から突き出した梁や根太の端に載せられるシル・ビーム（台梁），通常，ジェティ・ブラケット（持ち送り）で補強される．

ジェティ・プレート（敷桁，桁材）： ジェティが載っている階の敷桁．

ヒューン・ジェティ： 下層階から張り出し部にかけて太くなる壁柱．

2. ⇨突堤

シェーデル，ゴットフリート・ヨハン Schädel, Gottfried Johann（1680 頃–1752）

ドイツのバロック建築家．シュリューターが1713 年にサンクト・ペテルブルクに招聘された時に同行し，オラニエンバウムのアレクサンドル・メンシコフ公（Prince Alexander Menshikov, 1673–1729）の宮殿（1725 頃完成）の設計に携わったとみられる．それは西ヨーロッパの様式で建てられたロシアで最初の大規模な宮殿であり，市の西部のフィンランド湾が見下ろせる場所に建設された．後にウクライナのキエフで活動し，そこでキエフ・アカデミーの改築（1732–40）や，生神女就寝大聖堂（1731–45）とソフィア大聖堂（1744–48）の鐘楼の設計を行い，さらにしばしばバロックとビザンティンの要素を融合させつつ，その他の作品を実現させた．

ジェニー，ウィリアム・ル・バロン Jenney, William Le Baron（1832–1907）

アメリカの建築家．当時の建築界ではめずらしくパリの中央美術工芸学校に学んだ（1853–56）が，そこでは（エコール・デ・ボザールで強調された）意匠術ではなく，設計上の課題に対して経験主義的に，あるいは実際的にアプローチすることに重きが置かれていた．南北戦争後，1868 年にイリノイ州シカゴで開業し，オフィスビルのデザインに関心をもつようになり，構造をより経済的，効率的にし，窓割りを大きくしていった．その中でポートランド街区（1872，現存せず）が成功した結果，彼の事務所に若い建築家（バーナムやホラバード，マーティン・ローチ（Martin Roche, 1853–

1927），サリヴァンなど）がひきつけられるようになった．ファースト・ライター・ビル（1879，現存せず）は革新的で，内部には鉄の骨組みがあり，外壁にはほっそりとした鉄の柱を埋め込んだ（その外壁には背後にある骨組みがわずかに表現されている）．ホーム・インシュアランス・ビルディング（1883–85，1931 解体）では，柱は鋳鉄と錬鉄で，桁や床梁は6階まで錬鉄で，6 階以上では鋼鉄の桁としており，どうやら（橋など純粋な技術的建造物とは別に）建築物において鋼鉄が構造上大々的に用いられた最初のものである．彼はディアボーン・ストリート南 431 番のマンハッタン・ビルディング（1889–90）において，技術者ルイス・E・リッター（Louis E. Ritter, 1864–1934）とともにその問題を先に進め，建物全体のために斜め材の風受け梁とともに鉄と鋼の骨組みを用いた．そしてステートとヴァン・ビューレンの両ストリートの角のシアーズ・ローバック・アンド・カンパニー・ストア（1889–91）では，花崗岩貼りの外壁の背後にある鉄と鋼の骨組みを表現した．1891 年に，ウィリアム・B・マンディ（William B. Mundie, 1863–1939）を事務所の共同主宰者とし，同事務所はラディントン・ビルディング（1891，おそらく最も洗練された作品である）やモンゴメリー・ワード・ストア（1891–92，現存せず），モートン・ビルディング（1896），シカゴ・ガーメント・センター（1904–05）を設計した．ジェニーの事務所は摩天楼の原型を生み出し，彼らが行ったことはシカゴ派の業績へとつながる構造原理の進化の上で重要な一歩であった．高層の建物を設計する上での問題に関する重要な論文も発表した．

シェーヌ chaînes

ファサードの石積のピアのような構成要素で，並行する面となることもあるが，また（クォイン（隅石）の一般的な配置のように）広いブロックと狭いブロックが交互になることもあり，ファサードを煉瓦パネルに再分割する．17 世紀のフランス建築に普及し，パリのヴォージュ広場（17 世紀初め）にその好例がある．イギリスでは，間に色の異なる面を挟んだ，垂直の煉瓦積の区画であり，それはレンの時代から流行するようになり，アン女王時代とその 19 世紀のリヴァイヴァルの建築において

広くみられるようになった.

シェパード, エドワード Shepherd, Edward (1747 没)

イギリスの建築家・建設業者. 初代シャンドス公ジェームズ・ブリッジズ (James Brydges, 1st Duke of Chandos, 1673-1744) の壮大な邸宅であるミドルセックスのカノンズ (1723-25, 現存せず) を完成させた. また, ロンドンなどで公共建築工事を行い, ロンドンのグロスヴナー・スクエアでは宮殿風正面をもつ棟 (1728頃-30, 現存せず) を建てようとしたと思われる. ロンドンのキャヴェンディッシュ・スクエア (1724-28), ブルック・ストリート (1725-29), セント・ジェームズ・スクエア (1726-28), サウス・オードリー・ストリート (1736-37) に集合住宅を建設し, シェパード・マーケットと隣接するメイフェアの街路の開発を行ったが (1735 頃), これらの建築はほとんど残っていない. また, ミドルセックスのグレート・スタンモア司祭館 (1725) や, ベッドフォードシャーのフリトンではセント・ジョン・ザ・バプティスト聖堂においてド・グレイ・マウソレウムの追悼記念碑 (1739-40) を設計している.

シェパード, サー・ピーター・フォークナー Shepheard, Sir Peter Faulkner (1913-2002)

イギリスの建築家. リヴァプール大学でレイリーに学び, のちにアバークロンビーの大ロンドン計画, ハートフォードシャー, スティブニッジのニュータウンの全体計画 (1947) の策定にかかわる. (デレック・ローウェリ・ブリッジウォーター (Derek Lawley Bridgewater, 1899-1983) とドイツ生まれのガブリエリ・エプスタイン (Gabriel Epstein, 1918-2017) とともに) 設計事務所を設立し, 建築家, ランドスケープ・アーキテクト, 都市計画家として活動する. イギリス祭でランドスケープのかなりの部分を設計し (1951), ポプラーにあるロンドン, イーストエンド地区の北京広場 (1950-53) など, 多くの計画にかかわった. ほかの作品には, レスターのスクラップトフト・ホール (1957-60), ランカスター大学の全体計画 (1964-71), オックスフォードのハートフォード・カレッジにある新しい中庭, ウィンチェスター・カレッジのニュー・ホー

ル, ロンドン動物園の造園などさまざまな計画がある (すべて 1960 年代). 自然とエコロジーに傾倒するがゆえ, 彼の設計は, 建物と周辺環境とのかかわりを重視し, つねにゲニウス・ロキに敬意を払った. 1950 年代における高層集合住宅の問題点をいち早く認識した建築家の1人であり, 高密度中層住宅の必要性を強調した. 同世代の建築家たちとは異なり, グロピウスやル・コルビュジエらの建物を下手に真似たり, レトリカルで困惑させるような理論を展開することを嫌った. 最も成功した作品の1つは, サセックス, ルイス近郊のチャールストンにある庭園の改修であった.

シェパード, リチャード・ハーバート Sheppard, Richard Herbert (1910-92)

イギリスの建築家. ジェフェリー・ロブソン (Geoffrey Robson, 1918-91) とともに, ロンドンにリチャード・シェパード, ロブソン・アンド・パートナーズを設立した. 作品には, ケンブリッジのチャーチル・カレッジ (1959-73), サザンハンプトン大学, 航海学科 (1959-66), レスターのラフバラ大学の建物 (1961-66), レスター大学のディグビー・ホール (1958-62), スタフォードシャー, ウォルサル, ゴーウェイにあるウエスト・ミッドランズ教育大学 (1964-72), ロンドン, サウス・ケンジントンのインペリアル・カレッジの建物 (1964-68), ロンドン, クラーケンウェル, セント・ジョン・ストリートにあるシティ・ユニバーシティ (1969-76), ロンドン, ハムステッドのリミントン・ロード集合住宅開発 (1978) などがある. 近年では, ロンドンのフィッツロヴィアにあるアラップの事務所と, セント・ポール大聖堂とミレニアム・ブリッジの間にあるシティの救世軍本部を巧みに改装した.

ジェファソン, トーマス Jefferson, Thomas (1743-1826)

18 世紀後半のアメリカの才能ある独学の建築家. 彼は多くのことに秀で, アメリカ合衆国の建国の父の一人であり, 第 3 代大統領 (1801-09) であった. 建築書のすばらしい蔵書をもっていたことで知られ, 彼の技術はおもにここ (たとえばギブズやレオーニの著作) から得たものであった. たとえば, 初期の建物の一つとして, ヴァージニア州シャーロッツヴィル

の自身の住宅，モンティセロ（1768-82，1796-1809改造）があるが，その平面はギブズ由来の要素を付加し，レオーニ版の『建築四書（Quattro Libri）』からパッラーディオの雰囲気を加えた．ロバート・モリスの『建築精選（Select Architecture）』（1755）のある素案の変形といえる．モンティセロの平面は，利便性を最優先して収めるため内部の配置が巧妙に変更されてはいるけれども，まさにパッラーディオ風である．ただ，その最終案は，フランスの新古典主義（たとえば1783年のパリのサルム館）の影響が感じられる古代様式のヴィラになった．

1784年，ジェファソンは第2代フランス駐在アメリカ公使に任命されたが，この思いがけない幸運のおかげで最新の建築思想を直接吸収することができた．彼はまたイギリスを訪れることができる立場にあり，実際1786年に，とくに当時のヨーロッパで称賛の的であったピクチャレスクの庭園を研究するために赴いた．フランスではブレによるシャヴィルのシャトー（1764-66，現存せず）の天窓やルグランとモリノによるパリの小麦取引所（1782-83）に感服した．

ヴァージニア州リッチモンドに州議会議事堂が建設されることが決定した際には，それを差配する委員会の委員長を務め，彼自身もコリント式の古代ローマ神殿であるニームのメゾン・カレ（前16，彼はこの建物をクレリッソーの『フランスの古代遺物（Antiquités de France）』（1778）で知り，高く評価していた）をもとにした提案を行った．こうして，彼はギリシア・ローマ以降の西洋で矩形の神殿形式を（バッキンガムシャーのストウ園にみられるような庭園用の小さな点景建築ではなく）公共建築に持ち込んだ最初の人物となった．最終的に，州議会議事堂（1785-99）はクレリッソーを顧問としてジェファソンが設計し，スカモッツィ風のイオニア式アンギュラー・キャピタルをもつオーダーを用い，メゾン・カレのケラのようなエンゲージド・コラムではなくピラスターとした．

彼がアメリカ合衆国に戻り，ワシントン政権の国務長官になった1789年より，新しい連邦区の都市と建築の計画に関与し，可能な時にはフランス的な建築思想を推進した．とはいえ，建築に関してのジェファソンの最も重要な成果は，シャーロッツヴィルのヴァージニア大学

（1817-26）であろう．（最初のキャンパスの計画である）細長い矩形の芝生の両側には（別々のローマの建物からとられたオーダーでそれぞれまとめられた）ポルティコがつけられたいくつものパヴィリオンが列柱廊でつながっており，その長い軸線の一端にはローマのパンテオンの小型版が据えられている．このデザインでジェファソンはラトローブに助けられており，ルイ14世のシャトー，マルリー・ル・ロワをもとにしているかもしれないが，構想の主要な部分はジェファソン本人のものである．同大学のロトンダにはアメリカにおいて最も注目すべき楕円形の部屋があり，その配置はジェファソンが実際にみたことのあったパリのレの荒野におけるドリス式の柱基〔の平面〕に由来しているとみられる．同大学はまず間違いなくアメリカ大陸における最も美しい，調和のとれた建築群である．それはモンティセロやヴァージニア州議会議事堂同様，すぐれた古典主義の建築作品以上のものであった．すなわちこの三つすべてがアメリカ人が建築と土木設計のルールを学ぶべき手本となるよう意図されていた．

シェーフテリ，ヒョードル・オシポヴィッチ
Shekhtel', Fedor Osipovich (1859-1926)

ロシアの建築家．アール・ヌーヴォー様式の重要な建築家で，鉄，ガラス，鉄筋コンクリートを活用した．その作品に，モスクワ，スピリドノフカ街のZ・G・モローゾワのためのゴシック・リヴァイヴァルの壮麗な邸宅がある（1893-96，1995に火災で大きな被害を受ける）．グラスゴー国際博覧会（1901）でロシア・パヴィリオンを設計（伝統的な屋根形態を幾分踏襲しており，それをみた者から「粗野」だとみなされた）．翌年，彼が指導的役割を果たしてモスクワで開催された「新様式」博覧会では，マッキントッシュやオルブリヒなどのデザインが展示された．同時期に，モスクワのヤロスラヴリ鉄道駅（1902-03）を設計したが，アール・ヌーヴォー様式と，歴史主義的な屋根形態と古典主義が奇妙に混濁した建物で，全体としてみれば不恰好なものになってしまっている．モスクワのマラヤ・ニキーツカヤ街のS・P・リャブシンスキー邸（1900-02）とシャタニ街のA・I・デロージシスカヤ邸の二つの住宅は，同時代のヨーロッパには比較しうるもののない好対照をなしている．前者は，感嘆すべ

きアール・ヌーヴォーの階段とホールを中心に平面計画がなされており，後者はゴシック，ウィーン・ゼツェッシオン，とくにオットー・ヴァーグナーらが好んだモチーフから諸要素を引用している．ヴァーグナーの影響は，サンクト・ペテルブルクのヴィラ・クシェシンスカヤ（1904-06）にも明らかであった．モスクワの新聞社ウートラ・ロッシ（1907）もウィーンの趣きを示している．第一次世界大戦直前の彼の作品のほとんどは優美だが，時に禁欲的であった．一方で1910年前後に厳格な新古典主義をモスクワにもたらそうとした（ボリシャヤ・サドヴァヤ街の自邸（1909-10）や貿易協会本部（1909-11））．50以上のすばらしい建物がソヴィエト連邦時代を生き抜いたが，21世紀モスクワにおけるオフィス需要の高まりから存続の危機にさらされている．

ジェームズ1世様式の建築　Jacobean architecture

⇨ジャコビアン建築

ジェームズ，ジョン　James, John（1672頃-1746）

イングランドの建築家．ホークスムアとともに，グリニッジでジョイント・クラーク・オヴ・ザ・ワークスを務め，1715年には，ロンドンのセント・ポール大聖堂で，レンのアシスタント・サーヴェイヤーとなり，レンの死後は，サーヴェイヤーの役割を引き継いだ．1716年，ギッブズが解任された際，「50の新しい聖堂を建てる委員会」のサーヴェイヤーとなり，ホークスムアの同僚として，ハノーヴァー・スクエア（ロンドン）のセント・ジョージ聖堂（1720-25）を設計した．これは美しいコリント式のポルティコをもつ建築で，ギッブズのセント・マーティン・イン・ザ・フィールド聖堂の先例となった．また，ホークスムアとともに，きわめて独創的なオベリスクの尖塔をもつセント・ルーク聖堂（1727-33，オールド・ストリート，ロンドン：1999-2003年にレヴィット・バーンスタイン・アンド・アソシエイツの設計でロンドン交響楽団のための音楽センターに用途変更された）や，セント・ジョン聖堂（1727-33，ホースリーダウン，サザーク，現存せず）を設計している．ホークスムアが没すると（1736），ウェストミンスターの修道院長な

らびに聖堂参事会のサーヴェイヤーとなり，ホークスムアが設計したウェストミンスター・アビーの西塔を完成させた．また，グリニッジに建つホークスムアによる力強いセント・アルフィジ聖堂（1730）でも，申し分ないとは言い難いが，尖塔を増築した．ジェームズはまた，ポッツォの『透視画の法則と実例（*Rules and Examples of Perspective*）』（1707と1725，原著1693）やペローの『5種のオーダーに関する論文（*A Treatise on the Five Orders of Columns*）』（1693，原著1683）など，いく冊かの翻訳本を刊行している．

ジェメル　gemel

なんらかのものが対になったもの．たとえば，ヒンジや両開きの窓．

ジェリコー，サー・ジェフリー・アラン　Jellicoe, Sir Geoffrey Alan（1900-96）

イングランドの建築家，造園家にして著作家．処女作『ルネサンスのイタリア庭園（*Italian Gardens of the Renaissance*）』（J・C・シェパード（J. C. Shepherd, 1896-1978）と共著）を1925年に出版した．1930年代には造園家協会の設立に多大な影響力を有した．ウスターシャーのブロードウェイのためのヴィレッジ計画（1933）を準備し，1934年にはラッセル・ページ（Russell Page, 1906-85）とともにサマセットのチェダー渓谷にレストランとビジター・センターを建てた．これはイングランドにおけるインターナショナル・モダニズムの最初の例の1つであった．1930年代の彼の庭園の中でも，オックスフォードシャーのディッチリー・パーク（1935-39），バークシャーのウィンザー・パークにあるロイヤル・ロッジ（1936-39），ハンプシャーのモッティスフォント（1936-39）をあげるべきであろう．彼は住宅も手がけており（たとえばアクトン（1934-35），ノッティンガムシャーのベストウッド（1938-40）），産業施設も手がけている（たとえば，ノッティンガムシャーのカーヴァートン炭鉱（1937-40）があり，産業が風景をそこねるとは限らないことを証明した）．土と砂利が採掘された場所をとても多く改造し，娯楽施設とした．とくにダービーシャーのホープ・ヴァレーが有名である．第二次世界大戦後，景観と計画の仕事を多く依頼されるように

なり，それらにはハートフォードシャーのヘメル・ヘムステッド（1947-50），スタッフォードシャーのウォルソールにあるチャーチ・ヒル（1950年代），オックスフォードシャーのハーウェルにあるラザフォード高エネルギー研究所（1960年代初頭），バークシャーのラニミードにあるジョン・F・ケネディ記念碑（1963-65）がある．グロスター中心街に彼が加えた改変はあまり使われておらず，公共計画のいくつかはすぐに時代遅れとなった（たとえばイングランドの高速道路のための景観（1964-72））．彼は『モートピア（*Motopia*）』（1961）を出版し，車が高い道路を走り，ヘリコプターが旅の主要な手段となり，人々が正面玄関へと直接移動するという町を提案したが，これも時代遅れとなった．1980-84年にはサリーのギルドフォードにあるサットン・プレースに庭園を造成し（これは創造と人生における野望の寓意であった），モデナとブレシアというイタリアの都市に大きな庭園デザインを実施した．テキサスのガルベストンにムーディー・ヒストリカル・ガーデンズ（1984-92，ここでは景観設計の歴史が連想によってほのめかされている）のデザインをした．ウィルトシャーのドンヘッド・セント・メアリーにあるシュート・ハウスの庭園（1968-75）は，高く評価されている．彼の著作の中でも，『オーストリアのバロック庭園（*Baroque Gardens of Austria*）』（1931），『景観デザインの研究（*Studies in Landscape Design*）』（1959-70），『景観デザインに関するゲェルフ・レクチャー（*The Guelph Lectures on Landscape Design*）』（1983）をあげておくべきであろう．晩年には，彼は植物について知らないと主張し，庭園を「ひどく嫌い」だと述べるようになった．

シェル　shell

1．カンデラ（Candela），フレシネ（Freyssinet），メヤール，ネルヴィ，ノーウィッキー，サーリネン，トロハの作品によって発達したコンクリート構造で，卵の殻を手本とした．ストレスド・スキン（応力外皮）あるいはシェルは，フレームの操作によって，強力な構造システムを形成する．

2．スカラップと同義．

3．貝殻装飾．貝殻と真珠層の断片を用いてグロットや海洋装飾やニュンファエウムなどの効果をつくり出す．コキヤージュ（フランス語）と呼ばれる装飾．

シェル，ジャン・ドおよびピエール・ド　Chelles, Jean *and* Pierre de（13-14世紀活躍）

▷ジャン・ド・シェルおよびピエール・ド・シェル

シェルフ，ジョン　Shereff, John（1528-35活躍）

イングランドの石工頭．ケンブリッジのトリニティ・カレッジのグレート・ゲートの上部2層を完成させた（1528-35）．ケンブリッジシャーやロンドンの他の建設現場でもはたらいた可能性があるが，根拠に乏しい．

ジェンガ，ジローラモ　Genga, Girolamo（1476頃-1551）

ウルビーノの生まれで，そこで人生の大半を過ごした．建築はブラマンテやラファエロの影響を受けたもので，とくにペーザロのモンテ・デイ・インペリアーレにあるヴィラ（1530着工）が有名である．このヴィラは逆にローマのヴィラ・ジュリアに影響を与えた．1523年以降はウルビーノ公の宮殿の増改築を実施した．セニガリアではサンタ・マリア・デッレ・グラツィエ聖堂（1535以降），ペーザロではサン・ジョヴァンニ・バッティスタ聖堂（1543以降）を設計した．

ジェンクス，チャールズ・アレクサンダー　Jencks, Charles Alexander（1939-2019）

アメリカの建築家，建築批評家，歴史家．彼の仕事はたくさんのカテゴリーと専門用語をつくり出す研究を含んでいる．抽象表現，行動建築，アドホック主義，キャンプ，段ボールアーキテクチュア，模造建築，「スリックテック」と彼が定義するハイテクの進化系，レイトモダンアーキテクチュア，モダンムーブメント，ネオヴァナキュラー，新古典主義，ポップ建築，ポスト・モダニズム，合理主義建築，記号学派，スーパーセンシュアリスト，シンボリック・アーキテクチュア，偽のトロンプルイユ（彼は「スーパーデセプション」と呼ぶ）などその他多数を含む．彼の影響力のある本として，以下のものがあげられる．『ポスト・モダニズムの建築言語（*The Language of Post-*

Modern Architecture)』(1987),『今日の建築 (Architecture Today)』(1988),『ポストモダン建築：アートと建築の新古典主義 (Post-Modern Architecture: The New Classicism in Art and Architecture)』(1988). その後はモダニズムの単純な教義は変容し, 建築は生物学, 数学, 天体論などに基づく現実の複雑な解釈に対応すると主張する. この移行は, プロビスムス, 生物形態（もしくは動物をかたどった建築）, オーガノテック, 断片化を含んでいるが, 脱構築主義から「新しいパラダイム」が見出せるという彼の主張は人びとの説得に失敗した.

シェーンタール, オットー Schönthal, Otto (1878-1961)

オーストリアの建築家. ヴァーグナーの弟子で, 彼のもとでウィーンのシュタットバーン（市内鉄道）, 郵便局, アム・シュタインホーフ精神病院などの仕事に携わった. 彼自身もリンツァー通りのヴィラ・ヴォイチク（1901-02, 1975-82 修復）など, いくつものすばらしい建物を設計した. 1908 年に影響力のあった雑誌『建築家 (Der Architekt)』の共同編集者になり, 1909 年から 15 年の間は単独の編集者であった. エミル・ホッペ（Emil Hoppe, 1876-1957）とマルセル・カンメラー（Marcel Kammerer, 1878-1969）とともに事務所を開き, 第一次世界大戦直前のウィーンで活躍した. 戦間期にシェーンタールとホッペはウィーンの大規模な公共住宅地の計画に携わった. 1948-50 年に設計したヴィンマー通り 40-48 番地のアイゼルスベルク＝ホーフは, ヴァーグナーシューレ（ヴァーグナー派）の伝統の痕跡がみられる遅まきの例である.

ジェントリフィケーション gentrification

〔「高級化」の意〕かつての労働者階級地域に中流階級の人々が移住すること. 結果として地区の性格が変化する. たとえば, 従来の不動産が新式化され改修される.

ジオデシック・ドーム geodesic dome

半球形のスペース・フレーム. 六角形に配列され, 相互に組み合わされた軽量な要素でできている. バックミンスター・フラーによって発展をみた.

ジオード geode
⇨晶洞（石）

ジオメトリカル Geometrical
⇨階段, トレーサリー

ジオメトリック geometric
⇨階段

ジオラマ diorama

1. 視覚的幻影や照明によって本物らしさを加えた大きな絵画. 暗室において覗き穴を通してみる. 透過性もしくは半透過性の表面に光を加減し作用させることでくり返しの変化を起こさせる.

2. 上記の絵画のために特別に建設された建物. 見学者が歩きまわりながら眺められる円形の部屋が付属する場合がある.

視覚補正 optical corrections

水平面やそのほかの表面においてディストーション（歪曲収差）が知覚されうる場合に, そう見えないよう修正すること. エンタシス, 石材層の高さを壁体が高くなるにつれて増すことで各層の高さを同じにみせる手法, そして, スタイロベートの上面をわずかに凸面に仕上げる手法などがある. ペンローズの業績が視覚補正の理解に大きく貢献した.

シカゴ派 Chicago School

1. 19 世紀の最後の四半世紀におもにシカゴで活動した一群の建築家.

2. 1875 年から 1910 年頃の間にシカゴにおいて建てられた高層の商業およびオフィス用のビル群. エレベーターと金属フレームの構造の発明を利用した摩天楼はシカゴで生まれたという主張もある. ウィリアム・ル・バロン・ジェニーが鋼鉄のスケルトンを先駆的に用い, それをバーナム＆ルート（Burnham & Root）のような他の建築家が発展させた. シカゴ派の初期の最も重要な建物の一つとして H・H・リチャードソンによるマーシャルフィールド卸売店（1885-87, 現存せず）があり, 粗面仕上げの岩石で覆われたどっしりとした半円アーチのビルは, 古典主義あるいは歴史主義建築から解放された新しいタイプの大建築の先例となった. アドラーとサリヴァンのオーディトリアム・ビル

(1887-89) は，様式上はリチャードソンによる手本に負うところが大きいが，構造はより革新的である．バーナム＆ルートによるモナドノック・ビルディング（1889-91）は，外壁が耐力壁である高層ビルの最後の例であり，ほとんど装飾を排除している．バーナム＆Co.（Burnham & Co.）のアトウッドのデザインによるリライアンス・ビルディング（1894-95）の洗練された外壁では，摩天楼で金属のフレームを表現することが初めて行われた．1899年と1903-04年にかけてのサリヴァンによるシュレジンガー＆メイヤー百貨店（現カーソン・ピリー＆スコット）は，背後にある骨組みが表現され，またシカゴ窓を最大限にいかしており，おそらくシカゴ派の最も重要な建物の一つである．

シカゴ窓　Chicago window
　1899-1904年のサリヴァンによるシカゴのカーソン・ピリー・スコット百貨店のように，大きな四角い中央の窓ガラスは嵌殺しとされ，両側に幅の狭い上げ下げ用の滑り枠を設けた水平窓．それは一般に構造上のベイの幅いっぱいとされる．

シーガル，ウォルター　Segal, Walter (1907-85)
　ルーマニア系ドイツ人として生まれたイギリスの建築家．デルフト，チューリヒ，ベルリンで建築を学んだ．ベルリンではブルーノ・タウトに会い，表現主義に関心を示した．その後，ロンドンに定住して事務所を開設しており，1940年代，50年代の作品については著書がある．代表作にはスイス，アスコナ市のカサ・ピッコロ，ロンドン市ハイゲイトにあるセント・アンズ・クローズの住宅群，ミドルセックス州トゥイッケナム市ラグビー・ロードの住宅がある．1960年代にはローコストの住宅に興味を示し，安価な木造骨組み構造を得意とした．ハンティンドンシャー，イェリング，メイン・ストリートのティンバー・ハウス（木造住宅）は，ロンドンのルイシャム・セルフビルド住宅協会のためのコミュニティ・アーキテクチュアの実験へと続き，彼が有名になったのはこの安価で簡単な構法の住宅によってだった．

敷居　threshold

住居，あるいは建物の入口において，ドアの床面に敷かれたもの．

敷桁　wall-plate
　木骨，煉瓦造，または石造の壁体上部に渡された長い木材．その上にトラス小屋組，ジョイスト，垂木などが載る．⇨ウォール・ピース

敷き根太　ledger
　足場や扉などにおいて水平に設置されるさまざまな部材．

司教座聖堂　cathedral
　⇨カテドラル

支局　station
　⇨ステーション（4）

ジーキル，ガートルード　Jekyll, Gertrude (1843-1932)
　イングランドの造園家で著作家．とくに園芸に関する著作（彼女はウィリアム・ロビンソンに深く影響を受けていた）と，ラッチェンスとともに計画したさまざまな庭園で有名である．ラッチェンスには1889年に初めて会い，この新進気鋭の建築家を初期のクライアントに紹介する手助けをした．ラッチェンスはサリーのマンステッド・ウッド（1896-99）をジーキルのために設計した．ここでは，アーツ・アンド・クラフツ運動に触発されて（彼女はラスキンと知り合いであった），ジーキルは古風な花々を使ったコテージ様式の庭園をつくり，完全に非整形式アプローチを好んで，毛氈花壇やトピアリ，縁飾りなどは用いなかった．彼女により多年生の草花を植えた境栽花壇が有名となり，彼女自身もとくに影響力のある『森と庭園（*Wood and Garden*）』（1899，彼女自身が撮影した写真が掲載されている）により名を知られるようになった．ジーキルは約300もの庭園をデザインし，そのうちの約100はラッチェンスと共働した．そのよい例としては，バークシャーのソニングにあるディーネリー・ガーデン（1899-1901），サリーのゴダルミン近郊にあるマンステッドのオーチャード（1897-99），サマセットのトーントンにあるヘスタークーム（1903-06）であろう．ラッチェンスとは関係なくデザインされた，ジーキルによる庭園の最も

すばらしい例は，サマセットのバリントン・コート（1916-17）である．

ジキル，トーマス　Jeckyll（or Jeckell），Thomas（1827-81）

イングランドの建築家．ジャポニスムの先駆者．ロンドンのプリンセス・ゲイト49番地の「孔雀の間」（1876）を設計した．内装は同じく耽美主義運動の重要人物であったホイッスラー（Whistler）が担当し，現在は，ワシントンD.C.のフリーア・ギャラリーにある．折衷的な作品はしばしば苛烈で無神経な「修復」を含み，新築の教会堂は典拠が不十分である．エセックスのステイプルフォードのセント・メアリー教会堂（1862）は，ペヴスナーによって「ひどい」と評された．その他の作品では，ホルトのあるめずらしいポリクロミーの第1尖頭様式のメソディスト教会堂（1862-63），オーボエの質素なホーリー・トリニティ教会堂（1864）があり，どちらもノーフォーク州にある．ロンドンのバタシーのクイーンズタウン・ロード118-120番地に邸宅群（1875）を設計した．折衷的デザイナーとして，生前よりも注目して良いだろう．精神を煩い，1876年より前に発狂し，精神病院で亡くなった．

軸組　frame

コンクリート，金属，または木材による，骨格となる構築物．その上に床，小屋組と屋根，外装材が設けられ，建築物を形成する．重い荷重を支える壁体による構築物とは対極に位置する．

ジグザグ　zig-zag

1. 山形刳形（くりかた）．ロマネスク装飾におけるZ形，あるいはVと逆さV（Λ）による意匠（シュヴロンまたは山形刳形）で，刻印されるか浮彫にされる．（たとえばノッティンガムシャーのサウスウェル大会堂でみられるように）一続きの帯や列として現れ，アーチの周りの装飾の場合もあれば，（ダラム大聖堂にみるように）支柱の柱身に刻まれることもある．この建築的装飾物にはいくつかのヴァリエーションがある．

2. 雁行砦．防御用構築物における平面の形式．凸角部に外部にむけて砲床がつくられる．

軸線式　axial

バシリカ式教会堂など，軸線に対して左右対称に配置された構成．

仕口　mortice and tenon
⇨モーティス＆テノン

シークレット　secret

1. 世間から遠く引きこもった私的で親密な，いわば私的隠棲空間．

2. 外からみえないように隠された雨樋．

3. 控用の通路となる階段で，使用人専用となることが多い．

4. たとえばアデュトンなど，神殿の中の部屋．

シーゲル，ロバート　Siegel, Robert（1939-）
⇨グワスミー，チャールズ

シザ，アルヴァロ　Siza（Vieira），Álvaro Joaquim de Melo（1933-）

ポルトガルの建築家．1958年に設計事務所を開設し，ボア・ノヴァのシーサイド・レストラン（1958-63）とレサのスイミング・プール（1961-66）をマトジーニョシュに設計．地形に呼応した形で設計されたモレード・ド・ミーニョのアルシーノ・カルドーゾ邸（1964-68）やポヴォア・デ・ヴァルジンのベイレス邸（1973-76）などのいくつかの住宅作品は有名である．シザの銀行建築（ボルジェス・エ・イルマン銀行ヴィラ・ド・コンデ支店（1978-86）等）はインターナショナル・スタイルやイタリア合理主義の様相を呈する．またサン・ヴィクトル計画（1974-77）をはじめとする彼がポルトに設計した住宅団地の単純明快なデザインは高い評価を受けている．その後も，スペインのサンティアゴ・デ・コンポステーラにあるサント・ドミンゴ・デ・ボナバール修道院の三角形の敷地に建てられた，花崗岩仕上げのガリシア現代美術館（1988-95）や，Douroの Santa Ovidro Chapel（2001-02）において高い評価を受けた．

シザー・トラス　scissor-truss
⇨トラス

C字形渦巻　C-scroll

C字形とS字形の渦巻はロココ様式の装飾の基本的な構成要素であり，とくにカルトゥーシュや銘文を囲む額縁に用いられる．

歯状装飾 tooth
後期ロマネスクから初期尖頭アーチの時代にかけて見られた装飾で，ピラミッド型のくぼみを連続させた構成となっている．ドッグ・トゥースあるいは歯状装飾とも呼ばれる．ピラミッド形態の頂点と底辺が，技巧的な花模様に変形されることも多い．

四心アーチ four-centred
⇨アーチ

止水板 water-bar
シルに固定された通常金属製の小さな細長い板で，ドアがこの板に当たって閉じることで，水の侵入を防ぐはたらきをする．

ジスタス xystus, zystos
1．プラタナスの木を植えたローマ時代の庭．通常，花壇と列柱のある周歩廊が囲むクロイスターのようなものとなっている．
2．長い屋根つきの玄関，側面が吹き抜けのコロネード，あるいは古代ギリシアで体育修練のために使われたコート．
3．屋根つきのプロムナード．
4．教会の周歩廊．
5．長いロッジアあるいはヴェランダ．
6．屋根のない歩道で，樹々で陰をつくっているもの．
7．ローマの住宅の一部で，アトリウムより大きく，列柱で囲まれ，中央に植栽を置いた場所．

シスタン cistern
1．水を保管するための貯水槽，とくに建物の高層部において水道の蛇口に給水するタンク．
2．浴槽．
3．溜池．
4．麦芽製造の穀粒を水漬にする水槽．

システム建築 Systems architecture
1．プレファブリケーションのシステムと多種多様に構成された部分をもとにした建築のこ

と．
2．コンピュータ化されたデザインと関連して，論理的，合理的，分析的とされる手続きから導かれる建築のこと（その中で計測不可能な建築の側面はむろん排除されている）．3．より大きな，たとえば文化的，社会的，都市的なシステムの一部として設計された建築のこと．この意味において，システム建築は，利用者の美的，物理的，心理学的な必要性のみならず，機能の分析にも基づく性能のデザインに関連するものである．1960年代に流行したが，その指導者が望んでいたようなあらゆる目的にかなう解決法とはならなかった．

シスト cist
箱状の先史時代の墓穴で，縁においた石の長方形の厚板でつくられ，多くはケルン（石塚）の下に隠された．

ジストゥム xystum
1．屋根のない小径，壁，プロムナード，路地．
2．バシリカの前にあるアンビュラクルム，アトリウム，パーヴィス．

シスドニエ, C Sixdeniers, C. (1530年代活躍)
ベルギー・ブリュージュ（ブルッヘ）のアンシアン・グレフ（フランス語で登記所旧館の意，1535-37）の設計者．この建物では，ゴシックの要素がルネサンスのモチーフと頻繁に混合される．

至聖所 sanctuary
⇨サンクトゥアリウム

シー・ゼット・ダブリュー・ジー CZWG
⇨イングリッシュ・エクストリーミスツ

自然主義 Naturalism
芸術家が対象を表現するにあたって，様式化された手法によってではなく，ありのままに表現する芸術．

シタデル citadel
要塞都市の内部において稜堡（一般に四つか六つ）を備えた拠点要塞，通常は高台に設ける．

シタミ

下見 clap-board
⇨クラップ・ボード

下見, 下見板張り weather-boarding
1. 一般に, 横長の木板を重ね合わせた西洋下見の外壁.
2. 本来の意味での下見（ウェザー・ボーディング）は, 長方形断面（すなわち, 平行な辺）をもつのこ引きされた板でつくられたものを指し, したがって三角形断面に割られた下見板とは異なる.

下見タイル仕上げ weather-tiling
吊りタイルによる壁仕上げ.

下枠 window-ledge
⇨窓台

下枠 sole
⇨ソール（2）

下枠材 sole-piece
1. 木骨造において柱を支える水平の木材.
2. 壁を跨いで（すなわち, 壁のむき出し面に対して直交するように）設置される短い木材（ソール・プレートとも呼ばれる）で, 木造の屋根を架けるときに垂木の下部と切石とを支える部材.

四柱式 tetrastyle
⇨テトラスタイル

シッカールト・フォン・シッカールツブルク, アウグスト Siccard von Siccardsburg, August(1813-68)
オーストリアの建築家. ウィーンで学び, そこで出会ったエデュアルト・ファン・デア・ニュルとともにのちにイタリア, フランス, ドイツ, イタリアを旅した. 彼らはウィーン・アカデミーの教授に任命され, 後のウィーンの建築家たちに影響を与えた. ファン・デア・ニュルとともに, 武器庫とコマンダントゥアゲボイデ（司令部庁舎）(1848-55) などいくつかの建築を設計したが, 彼らの最もよく知られた作品は, 自由なルネサンス様式で設計されたリンクシュトラーセのオペラ・ハウス (1861-69) である. さらに彼らは 1873 年のウィーン万国博覧会のための巨大な施設を計画したが, それらは最終的にハゼナウアーの設計した建造物によって実現した. 彼はファン・デア・ニュルが自殺したすぐ後に他界した.

漆喰 plaster
⇨プラスター

シックハルト, ハインリヒ Schickhardt, Heinrich(1558-1635)
ドイツの建築家. ルネサンス時代の最も初期の建築家の一人であり, それゆえ彼の作品が実際にはわずかしか残っていないにもかかわらず重要な人物である. ヴュルテンベルク公爵の建築家 (1592 から) という立場で, シュトゥットガルトのシュロス（城館）(1600-11, 1778 に破壊) の増築のためのアイディアを集めるべくイタリアを旅した. その建築は左右対称で, 数多くのトスカナ式柱を用いたものとなった. さらに重要性をもつのは, 彼のフロイデンシュタット（喜びの街）の新しい市街のための計画である. この都市は 1599 年にザルツブルクからのプロテスタント避難民のために創設され, 1632 年の火災の後に再建された. 巨大な正方形広場のまわりに街が配置されており, 広場には部分的に庭園が配されていて, その広場をアーケードをもった住宅が取り囲んでいる. これは 16 世紀の理想都市, とりわけアルブレヒト・デューラー (Albrecht Dürer, 1471-1528) の計画に基づいていた. 似た計画は, 学者・人文主義者のヨハン・ヴァレンティン・アンドレア (Johann Valentin Andrea, 1568-1654) によるクリスティアノポリス (1619) にもみられる. フロイデンシュタットのプロテスタント教会は, 互いに直角をなす二つの身廊（一つは男性用, もう一つは女性用）から構成された L字形平面で, L字の角の部分に説教壇と祭壇が置かれ, それぞれの身廊の端部には塔が建つ. 街は 1945 年 4 月に火災に遭うが, 後に再建された. 他の作品としては, エスリンゲンの市庁舎のルネサンスのファサード (1586-89), 聖マルティン教会 (1601-07) を含むメンペルガード（モンベリアル, 当時はヴュルテンブルク公国の一部 (1793 まで)）の都市拡張, そしてシュトゥットガルトのカンシュタット教会の鐘楼 (1612-13) があげられる.

シック・ビルディング症候群　sick-building syndrome

　建物環境に対して人体が不快なあるいは受容できない反応を示す症状の総称.

ジッグラト　ziggurat

　古代メソポタミアにおける段状ピラミッド形の神殿. 各段は下段より一回り小さく, その周囲にテラスを備える. 各段は整然とした傾斜路でつながっている. その形態は, 前 2600 年頃, 現在のイラク南部においてシュメール人が最初に考案した.

実験建築　Experimental architecture

　コンセプトや物事の制約に異議を唱え, 専心的に, 形態や, 材料, 技術, 工法, さらには社会構造に対して実験を行う建築. これはピーター・クックの著書（1971）の題名となっており, そこではフリードマン, ゴフ, オットー, プライス, スミッソン夫妻, ソレリに, 丹下といった建築家に加え, グループでは, アーキグラム, ハウス・ルッカー・コー, そしてメタボリストが実験建築を試みていたとしている.

実施設計図　working-drawing

　建物を実際に建設するための図面. 建築家のデザインや意図に沿って現場でさまざまな作業を行うため, そして費用の見積もりを得るために描かれる. 平面図, 立面図, 断面図, 詳細図があり, 仕様書によって補完される.

ジッテ, カミロ　Sitte, Camillo(1843-1903)

　オーストリア＝ハンガリーの建築家・都市計画家. フェルステルの教え子であり, ウィリアム・モリスとゴットフリート・ゼンパーの信奉者. 彼の重要性は一つの著作, すなわち図版の豊富な『芸術的原理に基づく都市計画（*Der Städtebau nach seinen Künstlerischen Grundsätzen*)』（1889）にある. 同書は, 美学と組織を考慮しつつ都市構造を計画する必要性を強調したものであり, 複数の版を重ね, フランス語（1902）, ロシア語（1925）, スペイン語（1926）, 英語（1945, 1965）, イタリア語（1953）に翻訳された（邦訳は『広場の造形』1968）. 同書はまた, 都市景観として知られるようになったものを分析した最初の重要な本の一つであった. 彼の業績は, ル・コルビュジ

エ, CIAM, 国際近代主義の教義の結果として都市の破壊が進み, 1960 年代にそれに対する反動の気運が高まったときに再発見された. ルネサンス・リヴァイヴァルによるウィーンのメヒタリステンキルヘ（メヒタリスト教会, 1873-74）のほかに, オーストリア＝ハンガリーの他地域にいくつかの建築を設計している.

シーティング　sheeting

　1.　シート・パイリングとも呼ばれ, 並べて地面に固く打ち込まれた木材からなる. 最近では, 通常は木材の代わりに鉄が用いられる.

　2.　この用語は, 部屋の壁の下地となる鉛直方向に並べられた板にも用いられる.

ジーテク, ヨゼフ　Zitek, Josef (1832-1909)

　ボヘミアの建築家. ファン・デア・ニュルとシッカート・フォン・シッカーツブルクの弟子で, 彼らのウィーンのオフィスで働き（1857-58）, プラハの貯蓄銀行, ウィーンの証券取引所の設計競技案に取り組んだ. 数々の重要な建物を設計したが, とくにプラハの国民劇場（ナーロドニー・ディヴァドロ, 1866-81）の設計で記憶されている. ルネサンス・リヴァイヴァル様式による試みで, ウィーンのリンクシュトラーセの建物に強く影響を受けていた. この建物は 1881 年の火災で失われた後, 彼の弟子であるヨゼフ・シュルツ（Josef Schulz, 1840-1917）によって再建（1881-83）された. ジーテクはプラハのルドルフィヌム（1875-84, 同様にシュルツと共働）, カルロヴィ・ヴァリ（カールスバート）のムリーンスカー・コロネード（1871-78）など, 他にも多くの建物を母国で設計した.

シトー修道会　Cistercian

　ベネディクト会戒律の分派としてブルゴーニュのシトーに（1098）創立された修道会. シトー会建築は国際的で, 平面と立面は厳格に簡素である. 内陣はアプスというよりは平坦に終わり, さらにトランセプトに付随する礼拝堂もまた四角く区切られている. 最も初期の現存する完全なシトー会教会堂はフォントネー聖堂（1139-47）であるのに対し, 最もすぐれたものの一つはポンテニュー聖堂（1160-1200 頃）であり, 両者ともブルゴーニュにある. 大規模な施設の荘厳な廃墟は, イギリスにもベイランド

やファウンテインズ，カークストール，ヨークシャーのリーヴォ，ノース・ランカシャーのファーネス，カントリー・ダウンのグレーアビーにみられる．その他のシトー会修道院には，フォッサノーヴァ（イタリア），およびハイリゲンクロイツとツヴェットル（両者ともオーストリア）がある．

シナゴーグ synagogue

ユダヤ教の崇拝や宗教教育のために用いられる建物や集会場．現存する初期の例は，古代ローマのバシリカと共通点があり，律法の巻物が入った契約の箱がニッチかアプスに設置される．様式的には西洋のシナゴーグは，建てられた時代や場所に順応している．ただし，19世紀末の例についてはビザンティン様式やロマネスク様式の半円アーチが好まれる傾向にあり，とりわけドイツとイングランドでは東洋風の細部装飾が施されることもあった（例：ジョージ・アシュドーン・オーズレイ（George Ashdowne Audsley, 1838-1925）によるシナゴーグ（1874-82），プリンスズ・ロード，トクステス地区，リヴァプール）．木骨造によるシナゴーグのすぐれた例は，第二次世界大戦以前のポーランドに多く存在していたものの，ナチス台頭がシナゴーグにもたらした建築的損害は甚大なものだった．

しのぎ目地 weather-struck

煉瓦造の目地仕上げの一種で，モルタルが煉瓦の下部からその下段の煉瓦の表面に向かって外側へ傾斜をつけられ，どの煉瓦の上面にも水が溜まらないようにされたもの．（監修注：しのぎ目地には逆の傾斜をつけたものもあるが，それは「ウェザー・ストラック」とはいわない）

シーノグラフィ scenography

透視画または風景画．建物を透視図的に表現したもの．ナッシュによるロンドン，リージェント・ストリートの構成は，いくつかの宮殿風正面がエピソードの連続として透視図的にみられるように設計されたシーノグラフィー的構成の試行例である．

篠原一男 Shinohara, Kazuo (1925-2006)

日本の建築家．最も有名な作品が，東京の「上原通りの住宅」（1975-76）で，内部に太いトラス状の構造体があるが，これは「白の家」（1966）で初めて見せた独立柱という主題の発展形といえる．彼の作品は，建築的要素を力強く表現することによって特徴づけられるが，たとえば，東京の「未完の家」（1970）にも，そうした象徴的な用法がみられる．その後，「軽井沢旧道の住宅」（1975）の分岐した線にみられるように，作品はますます表現力を増し強めるようになった．彼は自身の作品からあらゆる感情を消し去ろうと努め，初期の頃に関心を寄せていた日本土着の伝統からも離れていった（たとえば1987年の東京工業大学百年記念館）．『住宅建築』（1964），『住宅論』（1970），『16の住宅と建築論』（1971）など，著作多数．

シノワズリ Chinoiserie

中国風によるヨーロッパの建築および工芸の様式で，中国を呼び起こそうとするものであり，17世紀に最初に出現し，18世紀と19世紀初頭に，とくにドイツにおいて，優美さと創意が絶頂に達した．中国風様式の庭園建築には，橋（多くは中国風雷紋の手すりを使用），サマー・ハウスとティー・ハウス，そしてパゴダが含まれる．最も名高い例としては，チェンバース（その1757年の『中国風建築のデザイン [Designs of Chinese Buildings]』は，中国風建築の絵画のより所とみなされていた）によるキュー庭園におけるパゴダ（1763）と，ポツダムの宮殿の庭園内におけるフリードリヒ大王（King Frederick the Great, 在位1740-86）とビュリンクがデザインしたティー・ハウス（1754-57），アーデルクランツによるスウェーデンのドロットニングホルムのチャイニーズ・ハウスがある．1750年代には中国風趣味とゴシック様式の建築は古典主義が弛緩したものとみなされ，ほとんどエキゾティックなロココの一つの支流として扱われた．ウィリアムおよびジョン・ヘイプニィによる『中国風趣味における農村建築（Rural Architecture in the Chinese Taste）』（1752-55）によって様式がいっそう大衆化されたにせよ，このことはウィリアム・ヘイプニィが書いた『中国風とゴシック様式の建築（Chinese and Gothic Architecture）』（1752）において明らかにされる．ブライトン・パヴィリオンのインテリアには，フレデリック・クレース（Frederick Crace, 1779-1859）によるい

くつかの派手な装飾を含めて，シノワズリの構成要素がある．アングロ＝シノワ庭園は形式ばらない，不規則に計画された18世紀の庭園で，その中にシノワズリの手法が認められる．⇨シャラワジ

シバルド，ウィリアム Sibbald, William (1809没)
スコットランドの建築家・建設業者．1790年から亡するまで，エディンバラの公共建築の最高責任者であり，ロバート・リードとともに，ニュー・タウンの最初の拡張計画を行った．また，ジャコビアン（ジェームズ1世）様式の初期の例であるエディンバラのレディ・イエスター聖堂（1803）を設計した．息子のウィリアム・シバルド（William Sibbald, 1823没）は，リードとリチャード・クライトン（Richard Crichton, 1771頃-1817）が設計したエディンバラのザ・マウンドのバンク・オヴ・スコットランド（1802-06）を建設した．

四半円まんじゅう刳形 quarter-round
⇨クォーター・ラウンド

ジブ gib or jib
扉表面と，それが設置されているパネルなどの間仕切りや壁の表面が連続しているような扉．このような処理によって統一感や対称性を保つことができるが，扉を開けるとそれらは損なわれる．

四分ヴォールト quadripartite
対角線上に交差するリブによって四分割された矩形平面上のゴシック様式のヴォールト天井のように，四つに分けられて使用される建設工法．

四分円凹面刳形 in cavetto
⇨イン・カヴェット

持物（じぶつ） attribute
⇨アトリビュート

四弁花形装飾 four-leafed flower
⇨フルーロン

四辺形 quadrangle
⇨クワドラングル（1）

シーマ cyma, cima, sima (*pl.* cymae)
一般に古典建築における突出した刳形（くりかた）で，オジー〔反転曲線〕の断面で，通例は等しい長さの凹と凸の曲線からなり，その上下に平らなフィレット〔平縁〕がある．主に2種類あって，正シーマすなわちドリス式シーマは，通常コーニスの最上部にみられ，上方が凹の部分となる（キューマティウムという）もので，また逆シーマやレスボス風キューマティウム，裏反曲は凸の部分が上方となり，一般にコーニスの敷刳形の部分やアーキトレーヴの外装の刳形の部分にある．

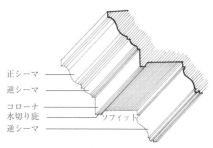

シーマ　正シーマと逆シーマの輪郭からなるコーニス

締切り coffer-dam
⇨コッファー・ダム

四面対称柱頭 angular capital
⇨アンギュラー・キャピタル

シモネッティ，ミケランジェロ Simonetti, Michelangelo (1724-87)
イタリアの建築家．教皇の宝物が収められているヴァチカンのピオ・クレメンティーノ美術館を新古典主義で手がけた．また，八角形の中庭（1771-73），サラ・ロトンダ（1776頃-80），サラ・ア・クローチェ・グレーカ（1776頃-79），サラ・デッレ・ミューゼ（1781頃-82）を整備したほか，新たに階段も設置した．以上の作品では，一部カンポレーゼと協働した．古代建築モチーフの使い方，明快でわかりやすい構造表現は，高く評価された．

シモンズ, チャールズ・イヴリン Simmons, Charles Evelyn (1879-1952)
⇨フィールド, ホレス

シモン・デ・コローニア Simón de Colonia (1450 頃-1511)
⇨コロニア一族

シモン・ド・ウェルズ Wells, Simon de (1240-57 活躍)
イングランドの彫刻師. サマセット州ウェルズ大聖堂西正面の彫像を彫り, 1257 年にはウェストミンスター・アビーでイングランド王ヘンリー 3 世 (King Henry II, 1220-72) の娘キャサリン (Katherine) の墓を設計していた.

ジャイアント・オーダー Giant Order
⇨大オーダー

ジャイガンティック・オーダー Gigantic Order
⇨ギガンテス・オーダー

ジャイン, ウタム・チャンド Jain, Uttam Chand (1934-)
インドの建築家. 代表作は, ジョードプル大学の建築群 (1968-85), ラージャスターン, バロトラのシティホール (1980-83), ムンバイのインディラ・ガンジー開発研究所 (1984-87), スーラトの集合住宅 (1988-92), その他多数. 彼は伝統的なインド建築と同様に, ル・コルビュジエやルイス・カーン等の建築家から学ぶことを支持しており, ジョードプルの開発などでそれらを統合し新たな形式に落とし込むことを試みた.

ジャウルダイン, フランツ・カリクステ・ラファエル Jourdain, Frantz Calixte Raphaël (1847-1935)
アントウェルペン生まれの建築家, 著述家. アール・ヌーヴォーによるパリのラ・サマリテーヌ百貨店の設計者として影響を及ぼした. この建築は彼によりさらに 1914 年と 1926-28 年に拡張されている. 彼はアール・ヌーヴォーを 19 世紀において 18 世紀のフランス・ロココに相当するものであると考え, 優雅な装飾が建築に気品をもたらすと主張した. 1914 年以前に

おけるボザール古典主義へのやみくもな固執に対する批判は当時影響力をもち, フランス文化の更新を追求するものと考えられた. 息子フランシス (Francis, 1876-1958) は近代運動の重要なインテリア・デザイナーの 1 人であり, 1925 年と 1937 年のパリ博覧会で展示している.

社会主義リアリズム Socialist Realism
旧ソヴィエト連邦とその他の共産主義国において, 公式に推奨された様式, 芸術, 建築, 文学など. 建築においては, 粗悪なストリップト・クラシシズムの形式を含むのが普通である.

斜角切り cut splay ⇨隅切り

ジャーキンヘッド jerkinhead
半切妻の寄棟屋根〔半切妻屋根のこと〕. 妻壁が傾斜部の途中から「切り取られて」おり, 勾配屋根は破風板のところでおわり, 寄棟屋根を構成する. けらばは軒先と融合している. シュレッド・ヘッドともいう.

ジャクソン, ジョン Jackson, John (1602 頃-63)
オックスフォードで活動したイングランドの石工頭. セント・ジョンズ・カレッジのカンタベリー方庭の建築 (1634 以降) を監督した. ソロモン神殿の円柱, 垂直式ゴシックのファン・ヴォールト天井, バロック的諸要素を興味深く組み合わされたセント・メアリー・ザ・ヴァージン聖堂の一風変わった南ポーチ (1637) は大傑作で, ジャクソンによって建てられたことが知られているものの, その設計はニコラス・ストーンともされている. ユニヴァーシティ・カレッジの塔や門 (1635-36) では相談役をつとめ, ブレイズノーズ・カレッジでは新チャペルと図書館の建設を監督し, ここで再び, 後期ゴシックとルネサンスの要素をかなりの情熱をもって混合している. ジャクソンはまた, バークシャーのウェルフォード・パーク (1660 頃, のちに改造) を設計した可能性がある.

ジャクソン, トーマス Jackson, Thomas (1807-90)
アイルランドの熟達した建築家. ダウン州

ニュリーのトーマス・ダフと共同経営を行い、ベルファストのカレッジ・スクエア・ノースにオールド・ミュージアム（1830-31）をグリーク・リヴァイヴァル様式で設計した。ベルファストに移住し、クリフトンヴィル・ロードにギリシア風の邸宅の立ち並ぶ住宅地の配置計画を行った（1831-32）。いくつかの新古典主義の良質な住宅、たとえばグレイマウント邸（1835）、マウント・チャールズの一対の邸宅（1842）、クロナード・ハウス（1843）を設計した。ユニヴァーシティ・スクエア 4-30 番地も設計したものと思われる。彼の最高傑作は魅力的なチューダー・ゴシック様式で精緻な漆喰の扇状ヴォールトを持つセント・マロライのローマ・カトリック教会堂（1840-44）である。一連の意欲的なイタリア風邸宅も設計した。グレンマカン・タワー邸（1860 年代）、アルトナ邸（1864）、クレイグエイヴォン邸（1870）はすべてベルファストにある。息子のアンソニー・T・ジャクソン（Anthony T. Jackson, 1910 没）とともに、トーマス・ジャクソン社を設立し、ベルファストで保険会社の目的に特化した初のオフィス（1863）をヴェネチア風邸宅の形式でヴィクトリア・ストリート 10 番地に設計した。ヴィクトリア・ストリートの半円アーチの元タウン・ホール（1869-71）も彼らの作品である。

ジャクソン卿, トーマス・グラハム Jackson, Sir Thomas Graham (1835-1924)

イングランドの建築家。ジョージ・ギルバート・スコット（父）の弟子で、1862 年に事務所を開設した。作品としては、ジャコビーサン様式の試験用校舎（1872-82）、おおよそゴシック様式によるブレイズノーズ・カレッジの新しい建物（1909-11）、バンベリー・ロードの女子高等学校（1879）、ジョージ・ストリートの男子高等学校（1880-81）、ハートフォード・カレッジの新しい建物（1887-1914、礼拝堂および「ためいき橋」など、ジャクソン自身が「イングランドのルネサンスの改良版」と呼んだ様式でつくられた）があり、これらはすべてオックスフォードにつくられた。その他、ラトランドシャーのアッピンガムのサイエンス・ブロック（1894-97）、バークシャーのラドリー・カレッジの礼拝堂等の増築（1891-1910）、ヨークシャーのギッグルズウィックの礼拝堂（1897）がある。『モダン・ゴシック・アーキテクチュ

ア（*Modern Gothic Architecture*）』（1872）、『建築の道理（*Reason in Architecture*）』（1906）、『ビザンツおよびロマネスク建築（*Byzantine and Romanesque Architecture*）』（1913）、『フランス、イングランド、イタリアのゴシック建築（*Gothic Architecuture in France, England, and Italy*）』（1915）など多くの書物を出版した。

シャークリフ（元シャートリフ）, アーサー・エイサヘル Shurcliff (*originally* Shurtleff), Arthur Asahel (1870-1957)

アメリカのランドスケープ・アーキテクト。1928 年以降、ヴァージニア州ウィリアムズバーグの庭園を設計した。この時期、多くの 19 世紀建築がとり壊され、18 世紀の建築を範としたコロニアル・リヴァイヴァル建築に置き替えられた。彼の庭園も 18 世紀庭園の有り様を再現するための研究にもとづくものだった。

遮光ガラス solar glass

太陽光のまぶしさを減らすための色つきガラス。

ジャコビアン建築 Jacobean architecture

イングランド王ジェームズ 1 世（スコットランド王ジェームズ 6 世）（King James I and VI, 1603-25）の治世におけるイングランド建築の様式。エリザベサン建築〔エリザベス 1 世様式の建築〕とたいして変わらず、チャールズ 1 世（Charles I, 1625-49）の治世まで続いた。これは本質的にフランドル、フランス、イタリアのルネサンスの影響を混ぜたもので、フランドルのマニエリスムからとられた主題を明白に強調しており、宝石模様のストラップワークやグロテスク装飾が含まれる。オーダーの積重ね、エンブレム、紋章、紋章の意匠、ヘルメス柱、オベリスクが多く混成され、湾曲したオランダ式破風も好まれた。ゴシック様式の痕跡、とくに垂直式の建築が残り、おもに縦仕切りと横仕切りのある窓が使い続けられ、中世後期の E 字形と H 字形の平面形態も使われた。ジャコビアン建築の良い例は、ハートフォードシャーのハットフィールド・ハウス（1607-12）、サリーのブラムズヒル（1605-12）、エセックスのオードリー・エンド（1603-16）である。イニゴー・ジョーンズもジェームズ 1 世とチャールズ 1 世

の治世に活躍したが，彼の洗練されたイタリア様式は「ジャコビアン」とは呼ばれない．19世紀にジャコビアン・リヴァイヴァルが起こり，とくにカントリー・ハウスにみられた．これはアン女王様式と混合し，奇妙な混成物を生み出した（たとえばR・N・ショウがロンドンに設計したニュージーランド・チェンバース（1872-73，解体））．

ジャコビーサン様式　Jacobethan

19世紀，20世紀におこった建築復興様式で，エリザベサン様式とジャコビアン様式の要素が自由に折衷された．ウィリアム・バーンがこの様式のカントリー・ハウスを専門とし，多くのほかの建築家もこの様式を用いた．

ジャスペ　jaspé

現在はジャスパードという．デードー（台胴）や柱身などの表面に，大理石にみせかけて，大理石模様の斑や縞などを着彩すること．

ジャック　jack

1．二つの屋根が重なるところに斜めにとりつけられる垂木（例：ドーマーや谷）．
2．軒先と隅棟の間にとりつけられる短い垂木．

シャッター　shutter

窓の内側または外側を閉じるための，スライド式，巻取り式あるいは折畳み式の扉．

シャットナー，カール＝ヨーゼフ　Schattner, Karl-Josef (1924-2012)

ドイツの建築家．アイヒシュテットの教会教区にて建築家として活動し，その中から作品が生み出されていった．職人集団を率いて，独自の大聖堂建築職人組合を組織した．アイヒシュテットの大学創設を契機に歴史的建築の保存と活用に取り組み，一方で新たに建設される作品は，歴史的文脈の中でなお徹底して急進的，近代的なものだった．ウィリアム・モリスの哲学に影響を受け，大規模な修復工事がしばしば行われるドイツで，古建築に積極的にかかわった建築家の一人．作品に，古文書館（1989-93），ヒルシュベルク城の増改築（1987-92），聖公会神学校（1981-93）がある．ティッツィアーノ派や，同時期に活躍したイタリアの建築家スカ

ルパと同様，合理的な設計手法を展開した．

斜堤　glacis

⇨グラシ

シャトー　château

1．フランスの城砦．
2．大規模なフランスのカントリー・ハウスで，16世紀には，たとえばシャンボール城など，ほかロワール河流域のさまざまな城の深い濠と四隅の塔のように，多くは引き続き砦であることを示すようなつくりを維持した．
3．城の表現を引用するものとそうでないものがあるが，大規模なフランスのカントリー・ハウスのこと．

シャトー・スタイル　château style

19世紀におけるフォンテーヌブロー城を典型とするフランス国王フランソワ1世の時代（1515-47）の建築様式のリヴァイヴァル，すなわちフォンテーヌブローに由来するゴシックおよびルネサンスの要素をとり入れたリヴァイヴァル．

ジャド＝ド＝ヴィル＝イセ，ジャン＝ニコラ　Jadot de Ville Issey, Jean-Nicolas (1710-61)

フランスの建築家．ボフランのもとで修行し，ウィーンに移住して，マリア・テレジア（治世1740-80）の夫であるロレーヌ公フランツ・シュテファン（1708-65）の庇護を受ける．ジャドは，フランツ・シュテファンのトスカナ大公継承（1739）を記念してフィレンツェにアルコ・サン・ガッロを設計（1738-39），ウィーン移住後は，アルテ・アウラあるいは旧大学（のちの科学アカデミー，1753-55），そしてシェーンブルン動物園の建築家となり，双方ともルイ15世様式でデザインした．彼はまたブダペスト王宮（1749）平面図の設計者と目されている．

シャトーヌフ，アレクシス・ドゥ　Châteauneuf, Alexis de (1799-1853)

ハンブルク生まれでフランス貴族の出の建築家．ヴァインブレンナー，ヴィンメルその他のもとで修行する．ハンブルクに戻ったのち，北ドイツのレンガ造建築の伝統とルントボーゲン様式およびルネサンスの要素が組み合わされた

ような建築を設計する．作品は多くをペルシェとフォンテーヌおよびシンケルに負っており，また影響力をもつものでもあった．その作品には，市郵便局（1830年代，破壊された），ノイ・ユンクフェルンシュティークの美しい住宅（1835頃，破壊された），キール近郊の公園に建つ独立したパヴィリオンからなる救護院（1842）がある．1842年の大火後にはハンブルクのアルスター湖周辺地区の建て替えを実施し，家具職人組合の建物，仕立屋組合本部，聖ペーター教会を含む数多くの建築を設計した．助手であるアンドレアス・フリードリヒ・ヴィルヘルム・フォン・ハンノ（Andreas Friedrich Wilhelm von Hanno, 1826-82）とともに，突出した玄関部，袖廊，内陣をもつ集中式八角形平面のゴシック建築である．ノルウェーのオスロのトリニティー教会（1850-58）を建設した．著書には，『住宅建築（*Architectura Domestica*）』と『田園の邸宅（*The Country House*）』（ともに1843）がある．彼はロンドンのためにいくつかの実現しなかった計画を作成しており，その中には王立取引所やネルソン記念堂の計画案がある．

シャトー様式　château style

フランス王フランソワ1世治世下（1515-47）の建築様式を19世紀にリヴァイヴァルしたもの．フォンテーヌブローのシャトー（城館）の様式が典型例であり，フォンテーヌブローに由来するゴシックとルネサンスの要素を包含してリヴァイヴァルしたものである．

シャナハン，マイケル　Shanahan, Michael（1770頃-90頃活躍）

アイルランドの建築家でおそらくコーク出身．デリー主教でブリストル伯爵である「啓発的な」フレデリック・オーガスタス・ハーヴィー（Frederick Augustus Hervey, 1730-1803）のために多くの建築を設計した．ロンドンデリーにある主教の大邸宅ダウンヒル（1775頃着工，1950年に屋根がはがされ現在は外観だけが残っている）の設計と建設にかかわったようであるが，ジェームズ・ワイアットが図面を作成したようである（細いピラスターなど，ワイアットの作品によく似た特徴がみられる）．彼の傑作はドームのついた円形のマッスンデン・テンプル（1783-85）である．これはダウンヒ

ルの岬にあり，海のすぐそばに位置する．これは古代ローマの模範に基づいた傑出したデザインである．また，プロヴァンスのサン＝レミにある古代ローマのユリのマウソレウムに基づいて，ダウンヒルの「マウソレウム」（実際には記念碑）（1779着工）を手がけた．この魅力的な建物の上部は1839年の「強風」により吹き飛ばされた．ダウンヒルにあるビショップ・ゲート（1784）とライオン・ゲート（1778-89）を設計したようであるが，どちらにもワイアット風の仕上げがみられる．シャナハンはおそらくデリー主教区の英国国教会の教会をいくつか設計し，監督した（たとえばガーヴァ近郊のデザートグヒル教会とバナハ教会（1775-76））．

ジャニンズ，ヘンリー　Janyns, Henry（1453-83活躍）

イングランドの石工．ロバート・ジャニンズの息子．1475年頃，ウィンザー・カースル（バークシャー）のセント・ジョージ礼拝堂で王営繕局のチーフ・メーソンに任命され，基礎工事，ならびに初期段階の建設工事を手がけた．ジェニンズは，カンタベリー大聖堂の枢機卿バウチャー（1486没）の墓所（1480頃）やウィンザーのエドワード4世（King Edward IV, 在位1461-83）追悼記念碑を設計した可能性がある．

ジャニンズ，ロバート　Janyns, Robert（1438-64活躍）

イングランドの石工．オックスフォードのオール・ソールズ・カレッジ（1438-43）の建設で，ワーデン・オヴ・ザ・メーソンズ（「石工たちの監督」の意）を務め，オックスフォードのマートン・カレッジの鐘塔（1448-51）の建設ではマスター・メーソンとなり，その後，イートン・カレッジでワーデン・オヴ・ザ・メーソンズとなった．また，オックスフォードの神学校（1452-53）の建設にも関与しており，マートン・カレッジでは門の上部に彫刻を制作し，とりつけた（1463-64）．

ジャニンズ，ロバート・ジュニア　Janyns, Robert, Jr. （1499-1506活躍）

イングランドの石工．ロバート・ジャニンズの息子．ウィンザー・カースル（バークシャー）のヘンリー7世（King Henry VII, 在位

1485-1509）の多角形平面の塔（1499）の建設でチーフ・メーソンを務め，1505 年までその地位にあった．おそらくオックスフォードシャーのバーフォード聖堂（1490 年代）の聖母礼拝堂の建設を主導したと思われ，この建物にはウィンザーのセント・ジョージ礼拝堂に似た四心窓がある．また，1497 年以降は，サリーのリッチモンド宮殿の建設に携わっていたと思われる．

シャフト　shaft
1．柱礎の上面から柱頭の下面までの円柱またはコロネットの本体，フュ（仏語で柱身の意），柱幹．古典主義のオーダーでは，上にいくほど細くなる（⇨ディミニュション，エンタシス）．
2．細長い円筒形の要素．ピアの周囲に束ねられ，シャフト・リングによってピアに結合されたうちの 1 本．パーベック大理石などの石材からつくられ，ピアの明色系の石材と対比をなすことが多い．
3．建物の隅部，たとえば壁と抱きの接合部などに据えられたコロネット，あるいは抱きを縁どるコロネット．

シャフトリング　shaft-ring
ゴシック建築におけるアニュレット（環），シャフトのバンド，バンド・リング，ブレスレット，あるいはコーベル・リング．

蛇壁　serpentine wall
⇨クリンクル・クランクル

ジャポネズリ　Japonaiserie
19 世紀半ばにいたるまで，日本はおおむね西洋世界にとって得体のしれない存在だった．1858 年，アメリカ合衆国（続いてヨーロッパの国々）が日本との通商条約に署名して，日本の工芸品がより親しまれるようになり，西洋の，とくに審美主義やアーツ・アンド・クラフツ運動の家具や建物のデザイナーに大きく影響した．
建築家のうち，日本のデザインからインスピレーションを受けたのは E・W・ゴッドウィンである．アール・ヌーヴォーもまた日本美術の諸相に影響を受けた．いくつかの博覧会（例：ロンドン（1862）やパリ（1867））を経て，服装などの流行でも日本の小芸術の簡潔さが称賛された．1870 年代までにジャポネズリ，すなわち日本美術に影響されたデザインはとくにイギリス，フランス，アメリカ合衆国の美術と建築に浸透した．この様式は，ラザフォード・オールコック卿（Rutherford Alcock, 1809-1905）の『日本の美術と工芸（*Art and Art Industries of Japan*）』（1878）や T・W・カトラー（T. W. Cutler, 1841/2-1909）の『日本の装飾とデザイン入門（*Grammar of Japanese Ornament and Design*）』（1880），ルイ・ゴンス（Louis Gonse, 1846-1921）の『日本美術（*L'Art Japonais*）』（1883），ジークフリート（サミュエルではない）・ビング（Siegfried Bing, 1838-1905）の『芸術の日本（*Artistic Japan*）』（1888-91，フランス・ドイツ語版あり）など，さまざまな出版物によってよく知られるようになった．パリのビングの店はジャポネズリを有名にし，また彼のニューヨーク市のティファニー（Tiffany）社とのつながりのおかげで，同様式はアメリカ合衆国に広がった．そしてさらにこれを促進させたのはドレッサーであり，彼は日本に精通しておりティファニー社に日本の工芸品を供給し，日本女性と結婚して『日本その建築，美術および美術工芸（*Japan, its Architecture, Art, and Manufactures*）』（1882）を出版した．

ジャーマン，エドワード　Jerman *or* Jarman, Edward（1668 没）
ロンドンのサーヴェイヤー・大工で，1666 年の大火後のシティの再建を統制するために任命された三名のサーヴェイヤーの一人（他の二人はフックとミルズ）．いくつかの同業組合のホールや，凱旋門から塔が立ち上がる美しいロイヤル・エクスチェンジ（王立取引所）（1667-71，現存せず）を設計した．

ジャーミイ　jami
ある地域の住民のためのモスク．マスジド・アル・ジャーミともいう．

シャム　sham
模造「廃墟」あるいは，たとえばバティ・ラングレイの「シャム・ゴシック」のような，みかけの効果のために建てられた建物を意味する 18 世紀の用語．

シャムスト，リバール=ド Chamoust, Ribart de (1776-83 活躍)
　　⇨リバール=ド=シャムースト

シャラワジ Sharawadgi, *also* Sharawaggi

　1.　ウィリアム・テンプル卿（Sir William Temple, 1628-99）が『エピクロスの庭（*Upon the Gardens of Epicurus*）』（1685）の中で，「各所の配置の秩序をもたず」みかけ上でたらめに植物を植える中国の方法を説明するために，初めて用いた用語．この用語は，18 世紀中頃のイギリスで，不規則性，非対称性，および優美な無秩序によるピクチャレスクの思いがけない性質を叙述するために流行した．フレットワーク（雷紋）の欄干をもつ橋と，枝垂れ柳の下に朱塗りのパゴダが配された中国庭園，あるいはジャルダン・アングロ・シノワ（フランス語で英中式庭園の意）として知られる不規則な庭園を形容するのに用いられた．しかしシャラワジは中国に由来するものではなく，17 世紀以降の「インド」あるいは「オリエント」の概念を含んだ「中国」という漠然とした概念に由来するように思われる．問題の鍵は，長崎の出島に商館を持っていたオランダの東インド会社にあるように思われる．ドイツ人エンゲルベルト・ケンプファー（Engelbert Kaempfer, 1651-1716）に雇われたオランダ人が 17 世紀末に京都の庭園を訪れたときに，「自然を模して人工的につくられた」「不規則だが快い」特質と，非対称を示す日本語のソロワジ〔揃わじ，すなわち不揃いのこと〕またはショロワジについて記録した．シャラワジは，京都の日本庭園を訪れた 17 世紀の人びとが聞き違えた日本語が，オランダ語のフィルターを通して訛った言葉であろうと思われる．

　2.　シャラワジという言葉は，1940 年代の都市計画のグループにおいて，不規則で，非対称の，形式張らない設計を（幾分大げさに）表現するためにも用いられた．

車輪十字形 wheel-head cross
　　⇨ケルト十字

車輪窓 wheel-window

　1.　スポーク状のコロネット，すなわち中央から放射状に伸びるバーを備えた円形の開口・窓．一例に，フランスのシャルトル大聖堂西正面（12 世紀後期）のものがある．

　2.　バー・トレーサリーを備えた初期の中期尖頭式の幾何学形窓の円形部分．

シャルグラン，ジャン=フランソワ=テレーズ Chalgrin, Jean-François-Thérèse (1739-1811)

　パリ生まれの建築家．セルヴァンドーニとブレのもとで学び，モロー=デプルのもとでパリ市公共事業監督官として働く（1763 以降）．彼が建設したパリのオテル・サン・フロランタン（1767-70）は，平面はガブリエルの設計だが，新古典主義の中庭仕切り，門，内部装飾などはシャルグランによる．重要な新古典主義者であり，バシリカ式のパリのサン・フィリップ・デュ・ルル聖堂では，コルドモワ，ロージエ，コンタン・ディヴリに大きな影響を受けた古代様式で設計をしている．内部には，イオニア式の独立柱が身廊の半円筒形ヴォールトを支え，アプスの曲面へと連続していく．一方でトスカナ式オーダーが入り口のポルティコに用いられている．この聖堂と同じような建物を，ボタンやトルアールが同時代に設計している．カトルメール・ド・カンシーは，1816 年にサン・フィリップを，初期キリスト教建築のバシリカ形式を適用してバロックの過剰さを排したことを理由にフランスの建築家が従うべきモデルとして賞賛した．サン・フィリップに従事するかたわら，セルヴァンドニが設計した巨大なサン・シュルピス聖堂を完成させた．北塔（1776-78）を建設し，柱にフルート（溝）のないセルヴァンドーニの西正面の初案に，フルート（溝）を施した．他にも，洗礼堂やオルガン・ケースを設計している．また，いくつかの庭園を設計している．ヴェルサイユには室内が庭園の中にあるように演出するトロンプ・ルイユの描かれたロトンダをもつ立派な音楽館（1784）を設計している．パリのリュクサンブール宮殿の改修（1787-1807）では，荘厳な新古典主義の元老院議場や大階段室（1803-07）を設計し，また，パリの巨大なエトワール凱旋門（1806）も彼の設計で，これはブルーエによって完成された（1836）．一つではなく二つの軸線をもち，壁面は無柱式である．

ジャルジー jalousie

　1.　外部のスラット・シャッター（羽板戸）もしくはルーヴァー・シャッター（鎧戸）．

2. 聖堂のギャラリーを保護する柵.

ジャルダン・アングレ　jardin anglais
イギリスの庭園を意味する. イギリスで生み出された曲がりくねった道, 木の茂みなどを備えた18世紀の「自然な」庭園類型を記述するためにヨーロッパ大陸で用いられた言葉.

ジャルダン・アングロ・シノワ　jardin anglo-chinois
フランス語で「自然な」庭園のくだけた型式に対して用いられた言葉. ⇨シャラワジ

ジャルダン, ニコラ=アンリ　Jardin, Nicolas-Henri (1720-99)
フランスの新古典主義の建築家. 1754年, デンマークに渡り, 王立アカデミーの教授として影響力をもった. エイクトヴェドによって着手されたコペンハーゲンのフレデリクス聖堂 (1749-1894) の工事を引き継ぎ, すばらしいドームによる新古典主義を試みた. 聖堂はのちに, ハースドルフ, メルダールらによって完成された. コペンハーゲンのアマリエンボー宮殿にジャルダンが設計した食堂 (1755-57) は, おそらく「フランス人建築家によって新古典主義様式で全面的に装飾された現存する最古の部屋」だとエリクセンは指摘している.

シャルトルーズ会　Carthusian
⇨カルトゥジオ会

シャルミユ　charmille
あずまや, 田舎家, または高く刈り込みをしたクマシデの生垣.

シャレー　châlet
スイスでは一般的な種類の木造住居で, 幅の広い庇が張り出す広々とした緩勾配の屋根を架け, 多くは木のバルコニーと外階段を備える.

シャロウン, ハンス・ベルナルト　Scharoun, Hans Bernard (1893-1972)
ドイツの建築家. 表現主義の影響を受けたとされることもあるが, 実際にはより折衷的で, ヘーリンクが唱えた「新建築」の考え方や近代運動の理念に引きつけられていった. 第一次世界大戦中は1918年まで東プロイセンで修復工事に携わり, その後も同地域で設計活動を実践した (1919-25). ガラスの鎖やデア・リンクへ参画し, シュトゥットガルトのヴァイセンホーフ・ジードルンクで住宅を設計した (1927). 1925年から32年の間, ブレスラウ (現ヴロツワフ) の国立芸術・工芸アカデミーで教鞭をとった. 同地で開催されたドイツ工作連盟の「住居と労働空間」展 (1929) では寄宿舎棟を設計した. ジーメンスシュタットほか, ベルリンで集合住宅の計画に参画した (1929-30). ジーメンスシュタットの住宅団地ではバルトニック, グロビウス, ヘーリンクらと協働した. 1930年代にはモダニズムの住宅を設計し, ザクセン州レーバウのシュミンケ邸 (1932-33) は片持ち梁による巨大なバルコニーをもち, 広大なガラス面で覆われた鉄骨構造の住宅である. 第二次世界大戦後は大ベルリン計画の建設・住宅局を指揮し, 被災した都市の再建計画に従事した. また, ベルリン工科大学の都市計画学科長に就任し, 1958年までの間多大な影響を及ぼした.

住宅 (シュトゥットガルト市ズッフェンハウゼンの「ロメオ」と「ジュリエット」の集合住宅 (1954-59), シュトゥットガルト市メーリンゲンの「サルーテ」の集合住宅 (1961-63), ベルリン, シャルロッテンブルク市ノルトの集合住宅 (1956-61)). 学校, またその他の計画に引き続き携わった. 最もよく知られた建築はベルリンのフィルハーモニー (1956-63, ベルリン・フィルハーモニー管弦楽団の音楽ホール) で, オーディトリアムをホワイエや事務室が取り囲み, また全体は自在に構成され, 表現主義の遅れてきた精華, あるいはシャロウンの「有機的建築」への関心を示すものと評価されている. ベルリンのプロイセン州立図書館 (1964-79) は, フィルハーモニーやミース・ファン・デル・ローエ設計の国立ギャラリーを含む文化フォーラムの一角に建設された. だが, これらの建築は互いに関連づけられてもいなければ, また記憶の場所としての都市とも結び付けられることなく, 都市の最も重要な歴史的軸線を無視して建てられていることを付記しておかなければならない. 他の作品に, ブラジリアのドイツ大使館 (1963-71), ブレーマーハーフェンの海運博物館 (1969-75), ヴォルフスブルクの州立劇場 (1965-74) などがある.

シャロー，ピエール Chareau, Pierre (1883-1950)

ボルドー生まれのフランスの建築家，家具デザイナー．1919 年のサロン・ドトンヌに展示された家具（合板，金属チューブ，黒檀）を用いて，パリのサン・ジェルマン通りのアパートメントを改修したことによって衆目を浴びることとなった．シャローは，1924-25 年の国際アール・デコ展でも家具を発表し，1928 年にはパリのサン・ギヨーム通りの住宅をデザインした．全面的にガラス・ブロックを用いて（ル・コルビュジエよりも早い），ガラスの家と名づけられた（シャローと 1925 年から 35 年まで協働したベルナール・ビジヴォ（Bernard Bijvoet, 1889-1979）とともに 1932 年に完成）．ガラスの家は，鉄の構造体も露出させていた．1940 年にアメリカへ移住し，ニューヨーク州イースト・ハンプトンに画家のロバート・マザーウェルのための住宅を設計した．

シャロン，アリエ Sharon, Arieh (1900-84)

ポーランド生まれのイスラエルの建築家．パレスチナに移住し（1920），ガン・シェムエルのキブツで一連の建物の設計と建設を行った．バウハウスのグロピウスとマイヤーのもとで学び（1926-29），マイヤーのベルリンの事務所を指揮し（1929-31），マイヤーによるベルナウのアルゲマイナー・ドイチャー・ゲヴェルクシャフツブント（全ドイツ労働組合総連合）の学校の実現を手伝った．パレスチナに戻り（1931），事務所を開いた．1948 年に国家計画局の局長兼主任建築家になり，イスラエル首相（在任 1948-63）のダヴィッド・ベン＝グリオン（David Ben-Gurion, 1886-1973）の指揮のもとで国土計画を担当した．他の設計者とともに，ナザレ・イリトの丘の斜面の住宅（1955-57），テル・アヴィヴのイヒロヴの病院（1954-60），1958 年ブリュッセル万博イスラエル館（1957-58），ハイファのテクニオン・イスラエル工科大学チャーチル講堂（1956-58），ティベリアの保養所（1965-71），エルサレムのイスラエル銀行本店（1969-74），エルサレム旧市街（1967-69）とエルサレム郊外ギロ地区（1973-76）の都市デザインのマスタープランを設計した．

シャンデリア chandelier

いくつもの照明（初めは蝋燭）を維持するための装飾的な枝状の支持材または骨組であり，天井から吊るされる．

シャンデル chandelle

円柱などのフルートにおけるケーブル（綱形剳形）の典型で，多くは植物文様で装飾される．

ジャン・ド・シェルおよびピエール・ド・シェル Chelles, Jean *and* Pierre de（13-14 世紀活躍）

ジャン・ド・シェル（Jean de Chelles）はパリのノートル・ダムのトランセプトを部分的に建てた石工棟梁である．北側トランセプトの工事は 1240 年代に，また南側トランセプトの工事は 1258 年に完成した．ピエール・ド・モントルイユは，ド・シェルと協働し，1265 年には石工棟梁あるいは建築家としてド・シェルの後任となった．血族のピエール・ド・シェル（Pierre de Chelles）は，14 世紀初期にノートル・ダムの石工棟梁であり，シャルトル大聖堂でも工事に携わった．

ジャン・ドルベ d'Orbais, Jean（13 世紀活躍）

ジャン・ド・ルー（またはジャン・ル・ルー），ゴーシェ・ド・ランス，ベルナール・ド・ソワソン，ロベール・ド・クーシ，アダム・ド・ランスとともに，1211 年以降ランス大聖堂の建築を任された建築家の一人である．ランス大聖堂の石工棟梁であったときに（1211-29 頃），おそらく大聖堂の当初の平面を作成した．

ジャンヌレ＝グリ，アルノール＝アンドレ＝ピエール Jeanneret-Gris, Arnold-André-Pierre (1896-1967)

スイスの建築家．インターナショナル・スタイルの最も重要な主導者の一人．ル・コルビュジエの従兄弟であり，ペレの事務所に入所，1921 年から 1940 年にかけてル・コルビュジエとともに建築設計，都市計画，家具その他のプロジェクトを行った．モダニズムのデザインで著名となったのみならず，近代主義の主張でも知られた彼らの事務所は野心的な若手建築家を引き付ける場となった（彼らの設計理論の基礎である建築の五原則など，二人がそろって署名

した文章も数篇存在する). 彼らの協働による
ヴォクレソンのヴィラ・ベスヌス (1922), パ
リ現代産業装飾芸術国際博覧会のエスプリ・ヌ
ーヴォー館 (1924-25), シュトゥットガルトの
ヴァイセンホーフ・ジードルンク (1927),
ジュネーヴの国際連盟本部 (1927, 実現せず),
ガルシュのスタイン邸 (1927-29), ポワッシー
のサヴォワ邸 (1928-31), モスクワのツェント
ロソユーズ (1929-33), パリの救世軍本部
(1929-33), パリ大学都市のスイス館
(1930-33), ジュネーヴのクラルテ・アパート
メント (1930-32) などの作品はモダニズム運
動の範例を示すものとなった. これらの設計は
共同作業によるものであるが, ジャンヌレ=グ
リはディテールの決定や建設現場の監督により
深くかかわっていたようである. 二人はともに
モダニズムのイデオロギー形成を推進した議論
や会合・イヴェントなどに参加しており, ジャ
ンヌレ=グリは CIAM (1928 以降) で常に発言
していた. ただしジャンヌレ=グリが合理主義
や工業化建築に深い関心を寄せる一方, ル・コ
ルビュジエはより感情的・象徴的にそれらを評
価していた.
　1940 年にフランスが占領されると, 権威主
義的であったル・コルビュジエが親ナチのヴィ
シー政権と強い紐帯をもち, これに接近して
いったことが大きな理由となり二人は別々の道
を歩むこととなる. ジャンヌレ=グリはプルー
ヴェなどと同様にグルノーブルに事務所を開設
し, ここで住宅のためのプレファブリケーショ
ン・システムを考案した. 1944 年にパリへ戻
ると, ル・コルビュジエのユニテ・ダビタシオ
ンを先どりする大規模な集合住宅を設計した
(1946-47, 実現せず). これはル・コルビュジ
エが実現したものと比較してより多くの日光を
内部に取り込むことができる設計であった. イ
ンド, チャンディーガルのパンジャーブ州州都
計画においてジャンヌレ=グリはル・コルビュ
ジエ, フライ, ドルーとの共同作業を行うこと
となった (1951). これを機会にル・コルビュ
ジエとの協働が再開され, ル・コルビュジエが
モニュメンタルな設計を行った最高裁判所など
の建設を監督した. 彼自身もここで多くの建物
の設計を行い, しばしばインド側の協力者とと
もに病院, 住宅, オフィス, 学校, 店舗, さら
に大規模なものとして州立図書館, 市庁舎, 知
事公邸などを設計している. 1961 年以降はパ

ンジャーブ大学の新設に携わり, とくに機械要
素を用いない環境制御法の試行を行った.
　ジャンヌレ=グリの業績はすぐれてカリスマ
的な宣伝家であったル・コルビュジエに覆い隠
されがちであるが, 彼が一般的にル・コルビュ
ジエの名のみによって語られている建築パラダ
イムの創成期に深甚な重要性をもつ人物であっ
たことは明白である.

シャンビージュ, マルタン Chambiges, Martin (1465 頃-1532)

　ゴシック期のフランスの建築家. サンス大聖
堂とボーヴェ大聖堂のトランセプトのファサー
ド (1494 頃と 1499 頃), およびトロワ大聖堂
の西ファサード (1506 頃) を設計した. 作品
は手の込んだ装飾をもつスクリーンから構成さ
れていたが, 1510 年以降の設計には, イタリ
ア・ルネサンスの最初の兆候がみられる. 息子
のピエール (1544 没) は, トロワおよびボー
ヴェで父と協働し, パリの旧市庁舎の事業に携
わり (1533-34), 1539 年からサン・ジェルマ
ン・アン・レの城館を建てた.

シャンブランル chambranle

　ドアや暖炉, ニッチ, 窓のような開口部の周
りを囲む額縁状の装飾で, アーキトレーヴと同
様なものであり, エンタブラチュアのアーキト
レーヴと同じ縦断面である. その垂直面は「ア
シェンダント」といい, 頂部の楣は「トランス
ヴァース」という.

シュヴァルツ, ルドルフ Schwarz, Rudolf (1897-1961)

　ドイツの教会建築家. ベルリンでペルツィヒ
のもとで学んだ. ドミニクス・ベームとともに
フランクフルト市の教会堂設計競技で賞を受け
たが実現しなかった (1926-27). ベームの影響
はアーヘンのコルプス・クリスティ (フロンラ
イヒナム：聖体) 教会堂 (1928-30) にはっき
りとみてとれる. それは単純明快な白い建築物
であり, 内部では数段登った基壇の上に黒い祭
壇が置かれている. 1938 年に教会堂のデザイ
ンに関する書籍を著し, そこで平面, 構造, 教
会堂に集まる会衆の関係について論じている.
第二次世界大戦の後, 多数の教会堂を設計した
が, それらは多くが鉄筋コンクリートの骨組み
をもち, 煉瓦, ガラス, 石材で内側が埋められ

ていた．代表作にはデューレン市の聖アンナ教会堂（1951-56），フランクフルト市の聖ミヒャエル教会堂（1953-54），およびオーバーハウゼン市の聖家族教会堂（1956-58）がある．1960年に『教会堂建築（Kirchenbau）』を著し，そこで彼は会衆を祭壇とより親密な関係に置くことが望まれると強調している．1945年以後，ドイツのいくつかの都市，とくにケルン市（ヴァルラフ=リヒャルツ博物館（1951-57）を設計）の復興に関与した．

シュヴァル・ドゥ・フリーズ　chevaux de frise

正面からの激しい襲撃を留まらせ，または遅れさせるために，要砦前の地面に設けた険しい障害物による防御用の配備．

11月グループ　Novembergruppe

第一次世界大戦でのドイツ敗北の直後に結成された同国の左翼的芸術家・建築家によるグループ．メンバーにバルトニンク，グロピウス，ヘーリンク，ヒルベルザイマー，ルックハルト兄弟，メンデルゾーン，ミース・ファン・デル・ローエ，タウト兄弟がいた．メンバーの多くが芸術のための労働評議会でも活動している．グループは展覧会を開催し，近代運動に賛同する議論を展開した．1931年までには影響力を失い，1933年にナチスによって活動を禁じられた．

シュヴィッタース，クルト・ヘルマン・エトヴァルト・カール・ユリウス　Schwitters, Kurt Herman Edward Karl Julius（1887-1948）

ドイツの美術家．1917年に発表したコラージュはごみ捨て場や街路から集めてきたがらくたを使ったもので，メルツと名づけられた．続いて，ハノーファーの自宅を埋め尽くすほどのメルツバウを制作した（1923-32，現存せず）．メルツバウに機能はまったくなく，表現主義，デ・ステイル，そして構成主義を混成させる実験だった．しだいに（絵画や著述から始まって），20世紀後半，また21世紀初頭の建築家の作品へも多大な影響を与えるようになった．イギリス湖水地方アンブルサイドにメルツの壁画（1947-48）を制作し，のちにニューカッスル・アポン・タインのキングス・カレッジに移築された．

シュヴェ　chevet

大規模な教会堂のアプス状になった典礼用の東端部分で，半円形になった内陣の端は周歩廊に囲まれ，そこから祭室が放射状にのびる．

シュヴェヒテン，フランツ・ハインリヒ　Schwechten, Franz Heinrich（1841-1924）

ドイツの建築家．マルティン・グロピウス，F・A・シュテューラー，J・A・ラシュドルフの弟子であり，1869年にベルリンで事務所を起こし，とくに鉄道建築を手がけた．ベルリンのアンハルト駅（1875-80，現存せず）の設計ではシンケルとM・グロピウスのポリクロミーから大きな影響を受けた．他にデッサウやヴィッテンベルクの駅を設計している（いずれも1875-80）．最も知られた作品はベルリンにあるロマネスク復興様式のカイザー=ヴィルヘルム・ゲデヒトニスキルヘ（ヴィルヘルム皇帝記念教会堂，1891-95，廃墟として現存）である．またエッセンの救世主教会堂（1905-09），ポーゼンの皇帝宮殿（1905-10，現在はポーランドのポズナニ）を設計した．ドイツ帝国全土で建築しており，成功した建築家となった．

集会室　assembly-room

大きな社交団体の受入れ，コンサート，会食，舞踏会などのための大きな1室または1組の部屋．バーリントン（1731-32）設計のヨークの集会室が良い例である．集会室は18，19世紀イギリスの社会生活の重要な施設であった．ドイツ語圏の国々ではスパ（温泉施設）に設けられることが多かった．

銃眼　gun-loop
⇨ガン・ループ

十字　cross

非常に古典的な装飾形態で，基本的に2本の直線，あるいは，ほとんどまっすぐな線で構成されており，これらは互いに直交し，一方は垂直に，他方は水平に配される．ただしヴァリエーションが多く存在し，たとえば以下のものがある．

アイゼンクロイツ：　プロイセンの鉄十字．パテ十字の一つの形態として，シンケルによってデザインされた．しかしアームの先端部分はまっすぐであり，あたかも，四つの広い，槍の

先端のごとく両側面の湾曲した断片を，正方形から切りとったかのような形である．

アリゼ・パテ：　矢穂形の断片を切り抜いたような，四つの曲線で構成された円形状の形態．

アンク：　生命と蘇生を意味する光輪のようなループを頂部に備えた，古代エジプトにおけるＴ字型の十字で，磔刑のシンボルの原型ともなった．3本のアームにはそれぞれ，（サン・セリフではなく）ひげ飾りのあるセリフのような（隅切りにされた）先端を備える．アンクの形は輪頭十字架となる．

アンサタ十字：　⇨アンク

エリナー：　階段状になった基壇の上に設けられた，豪華なスパイアをさまざまに組み合わせたかのようなゴシック様式の記念碑で，イングランド国王エドワード1世の王妃エリナー（1290 没）の葬列の道程上の12 カ所に建てられたもの．3基が現存する（ノーサンプトンシャーのゲディントン，ノーサンプトン，ハートフォードシャーのウォルサム・クロス）．ロンドンのチャリング・クロスにある記念碑は，このタイプを19 世紀に復興させたものである．

エルサレム：　十字軍十字と同義．

鉤十字（まんじ）：　アームを直角に折り曲げたギリシア十字で，その先端は反時計回り方向を指す．幸運や太陽と関連づけられた，古代の象徴．スワスティカとも呼ばれる．雷門，フレット，迷路文様，そして松葉杖十字と関連がある．

カルヴァリー：　信頼，希望，慈善をそれぞれ示す三段構成の基壇上に立てられた，大きな石造の十字架．

カントン：　アームによって区切られた部分それぞれに，小さなギリシア十字の配置されたギリシア十字．

教皇：　ラテン十字と類似しているが，しかし垂直材に対して水平に配置された3 本のうち，最下段の水平材が，中央の水平材ものよりも長く，なおかつ中央の水平材が，最上段のものよりも長い．もし一番下のアームを対角線状に配したならば，それはロシア正教十字となる．

ギリシア：　同じ長さのアームを備え，キリストの奇跡の力を表す．ビザンティンやルネサンスの聖堂プランの基本的な形として用いられる．

クロス・パテ：　側面のまっすぐな鋭角三角形を，対角線状に四つ切り取った正方形のような形状．したがってアイゼンクロイツにも似ているが，しかしアームの側面がまっすぐである点で異なる．

クローバー・リーフ：　後述のボトニーと同義．

グローリー：　ラテン十字で，2 本のアームが交差した部分から，日輪型のごとく，放射線状に線を放出させたもの．栄光を象徴する．

コンセクレイション：　聖堂の壁面に描かれた，あるいは彫られた十字架で，建造物を聖別する際に，聖油の塗られた場所を示す．合計12 あり，その多くが内装として恒久的に残される．

サルタイアー：　Ｘ字型で，聖アントニウス十字としても知られる．もしそれぞれのアームをラテン十字で終わらせたら，聖ユリアヌス十字となる．

シティ：　⇨マーケット

十字軍：　アームによって区切られた4 カ所それぞれにギリシア十字を付け加えた松葉杖十字．

聖アンデレ：　Ｘ字型，あるいはサルタイアー十字．

聖アントニウス：　Ｔ字型，あるいはタウ十字．

聖ペテロ：　ラテン十字を，上下逆にしたもの．

聖ヤコブ：　ラテン・クロス・フローリーで，それぞれのアームがユリ紋章のごとく三葉形に終結しているもの．ただしベースは尖っている場合が多い．

聖ユリアヌス：　Ｘ字型，あるいはサルタイアー十字で，それぞれのアームがラテン十字で終わっているもの．

総大司教：　ラテン十字にも似ているが，垂直材に交差して配された2 本の水平材のうち，下部の材が上部の材よりも長く，なおかつ中央よりもやや上方に配置されている．

タウ：　Ｔ字型．聖アントニウス十字としても知られる．

ダブル：　二つのギリシア十字を上下に組み合わせたもので，一方の十字の下方のアームが，もう一方の十字の上方のアームと連結したもの．

チャーチヤード：　聖堂の敷地内に設置され

た，階段状の基壇に立てられた大きな石造の十字架で，その場所の神聖化を図るとともに，その基壇が宣教師によって説教のなされる場所であることを示すもの．

鉄： 上記のアイゼンクロイツと同義．

ハーケンクロイツ： ポテント・ローテイティド十字で，鉤十字やスワスティカにも似ているが，折り曲げられたアームの先は，時計回りを示す．国家社会主義ドイツ労働者党（ナチス）が用いた．20世紀のプロパガンダにおいて，この十字は不幸な出来事と結びつけられた．

パテ： ⇨アリゼ・パテ

フォーク型： Y字型のもの．

フローリー： ギリシア十字のそれぞれのアームの先端がユリ紋章のごとき三葉形になったもの．それぞれの先端部分の中央の葉がない場合は，モーリン十字となる．

ポテント・ローテイティド： ⇨ハーケンクロイツ

ボトニー： それぞれのアームが，クローバーの葉を想起させるような三葉形になっている．ギリシア十字．

ポミー： ギリシア十字で，それぞれのアームが円形状の塊で終結するもの．

マーケット： 都市の主要な市場に設置された巨大な構造物で，基壇の上に，精巧につくられた高い上部構造を備えており，この上部構造は，基壇の上に設けられた天蓋として機能する場合もある．好例としては，ウェスト・サセックスのチチェスターにあるゴシック様式のシティ・クロス，あるいはマーケット・クロス（1501）がある．

松葉杖： ギリシア十字で，それぞれのアームがT字型のもの．

マルタ： 鋭角三角形あるいは矢尻のごとき四つの同一形態を，その最も尖った部分を一点で収束させたような形で，さらに，同一の長さであるアームそれぞれの先端に，V字の切れ込みを入れたもの．

モーリン： ⇨フローリー

ラテン： 上部のアーム3本が同じ長さのものであるが，時には垂直方向のアームが水平方向の2本よりも短い場合があり，下部のアームはこれらよりもずっと長い．ロマネスクの時代以降，西欧の聖堂の十字形プランの基本的な形態として多用された．

ラテン・クロス・フローリー： ラテン十字に似るが，しかし各アームの先端が，ユリ紋章のごとく三葉に分かれている．

ルード： チャンセルの西側の入口上部や，衝立あるいは十字架梁の上部に，設置されるか，あるいは吊り下げられている十字架．ルードには多くの場合，聖母マリアと聖ヨハネを両側に伴った磔刑像が備わる．

ロレーヌ： 総大司教十字と類似するが，下の長い方のアームが垂直要素に対して，より下方に配置される．

十字はキリスト教の紋章であり，また建築においても，翼廊を伴った交差型プランとしてのみならず，墓石や墓碑，そしてクーポラや破風，スパイアなどの頂点の飾りの上部にもとり

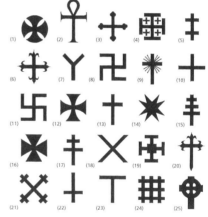

十字，十字架 (1) アリゼ・パテ，あるいはパテ．(2) 古代エジプトのアンク．(3) ボトニー，あるいはクローバー・リーフ．(4) 十字軍，あるいはエルサレム．ここから小十字架を除いたならば，松葉杖十字となる．(5) ダブル．(6) フローリー．ここから各アームの中央の葉を除いたならば，モーリンとなる．(7) フォーク．(8) 鉤十字，あるいはスワスティカ．(9) グローリー．(10) ギリシア．(11) ハーケンクロイツ，あるいはポテント・ローテイティド．(12) 鉄，あるいはプロイセンのアイゼンクロイツ．(13) ラテン．(14) マルタ．(15) 教皇．(16) クロス・パテ．(17) 総大司教．(18) 聖アンデレ，あるいはサルタイアー．(19) 聖チャド．(20) 聖ヤコブ．(21) 聖ユリアヌス．(22) 聖ペテロ．(23) タウ，あるいは聖アントニウス．(24) トリパーテッド．(25) 車輪，あるいはケルト．

シユウシカ

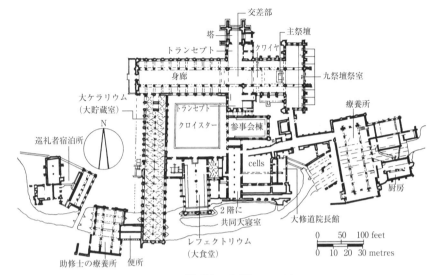

ファウンテンズ修道院の平面図. ヨークシャー.

入れられている. 同様に, チャーチヤード十字, エリナー十字, あるいはマーケット十字のように, 記念碑を取り囲むように設置されることもあった (上記参照).

十字架 cross
⇨十字

十字架の道行きの留 station
⇨ステーション (1)

十字架梁 Rood-beam
⇨ルード

十字軍城塞 Crusader castles
12世紀の中東における軍事建築で, 巡礼者の砦や沿岸防備施設, および大規模な城郭 (1150-1200 に建設されたクラック・デ・シュヴァリエはほぼ完全な形で残る) からなる.

十字形 cruciform
十字の形体で, たとえば袖廊のある教会堂のようなもの.

十字形聖堂 cross-church
袖廊〔翼廊〕のある十字形の教会堂.

集柱式 systyle
⇨インターコラムニエーション

集中式平面 centralized plan
軸線式平面 (バシリカ式聖堂のような) というよりも, 中心部を囲む配置のもので, たとえばトロスやローマのパンテオン, ヴィチェンツァのヴィラ・カプラのパッラーディオによる平面などである.

修道院 monastery
修道士, または, 修行者たちの居住のために計画された建築物, または建築物群. ヨーロッパ中世の修道院建築は, 聖ベネディクトゥスによって創設された修道院の戒律のもとに発展した6世紀の形式に由来し, 中でも, スイスのザンクト・ガレン修道院の9世紀の平面図は現存する最初期の図面の例である. 禁域回廊 (クロイスター), 参事会棟, 共同大寝室 (ドルミトリウム), 食堂 (レフェクトリウム), 施療院が南東に向かって適切に配置されている. 建築的組織としては, ベネディクト派の平面形式は高度に秩序化されたもので, シトー会修道院の平面の基礎となっている. そのすばらしき作例としてはヨークシャーのスタッドリー・ロイヤルのファウンテンズ修道院 (ほとんどが12世紀

と 13 世紀）がある．

修道院内禁域　clausura, clausure
　⇨クラウスラ

十二柱式（ドデカスタイル）　dodecastyle
　⇨ポルティコ

修復　restoration
　建物を当初の形に修復しようと改変および修理を行う一連の過程．しばしば，なくなった部分やひどく破損している部分を補う行為を含むため，複製，つまり古い様式で新たにつくったものを挿入することが多い．災害の後に必要になることが多いが，一般的に，保持，修理，維持を意味する保全よりも大々的なものと考えられている．ワイアットがヘアフォード（1788-96），ソールズベリー（1789-92），ダラム（1794年から）の大聖堂で行った介入はあまりにも情け容赦ないということで，古物愛好家たちの激怒を買い（おもにカーターの），のちにはA・W・N・ピュージンの逆鱗に触れた．ワイアットヴィルがウィンザー城で行った仕事（1824-37）は，ほぼ全体をつくりなおしたので，現在みられるのは，実質的にほぼ摂政期とウィリアム4世時代につくられたものである．19世紀の中世教会建築に対する興味の再興，典礼に関する研究は暗い部分ももつ．なぜなら，中世の構造体が建築家が認める形になるように破壊されることがしばしばだったからである（たとえばジョージ・ギルバート・スコット（父）が手がけたレスターのセント・メアリー・ド・カストロの北身廊アーケードの「修復」）．数多くの教会堂において17世紀および18世紀の内装がはぎとられ，無惨な姿になった．フランスにおいてはヴィオレ=ル=デュクがいくつかの中世建築にかつてあったこともない様式的統一を与えようと試みた．ウーズ県のピエルフォン（1858-70），カルカソンヌ（1844から城壁と要塞を再建した）は，考古学的な手法というよりは，彼自身の想像力に負うところが多かった．もう一つ大々的だがより成功に終わったフランスの事例は，アバディーによるペリグーのサン・フロンである．ラスキン，モリス，ウェブらはこの行為を批判し，スコットによるグロスターシャーのテュークスベリー・アビーの工事計画，イタリア人がヴェネツィアのサン・マルコ聖堂の「修復」を大々的に行なっていることに触発され，古建築保護協会（SPAB）を設立した．この協会は，古い構造体を残すことにより大きな注意を払うことを促すことをめざした．ボイトのような建築家は「修復」は徹底的にやりすぎないもので，破壊的でないものとするべきだと主張した．しかし，多くの教会堂は「当初の」姿になるようにつくりかえられるものが多かった．その過程でバロックやその他の時代に付加されたされたものがとり除かれ（ファサード全体に及ぶこともあった），憶測のデザインがとってかわることがしばしばあった．　⇨復元

周歩廊　ambulatory
　大規模聖堂において主祭壇背後の内陣側廊を結びつける周歩廊．その平面は，斜めになっていたり，半円形だったり，まっすぐだったりさまざまである．東側には祭室群，西側には聖所が設けられる．

シュヴロン　chevron
　1．ロマネスク建築において，一般にアーキヴォールトとストリング・コースの上に，一連に使用されて「ダンセット（山形刻形）」または「ジグザグ」を形成したV字形の装飾．そのほとんどは円弧の一部の区画にあり，「ブロークン・スティックス（バトン・ロンピュ）」と呼ばれるが，凹面と凸面の要素によってもまた構成されたらしい．
　2．一般にはアール・デコのデザインに用いられたV字形で，一つだけ孤立したものか，あるいは一連となったものである．それはまた古代ローマの装飾，とくにモザイクにも一連として使われているのが認められる．

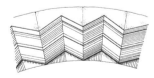

シュヴロン　出入口周りにあるようなロマネスクの典型（パーカーによる）．オックスフォード（かつてはバークシャー）のノース・ヒンクシーのセント・ローレンス聖堂．

ジュエル，リチャード・ローチ　Jewell,

シユクハ   420

Richard Roach (1810-96)

イギリス生まれの建築家．1852 年に西オーストラリアに定住し，同地で公共事業の主任になり，後に監督者になる．パースに裁判所と刑務所（1854），年金受給者宿舎（1863），トリニティー教会（1864），市庁舎（1867），オールド・トレジャリー（1874），女子学校（1877）などの数多くの公共建築を設計した．

宿場 stage
⇨ステージ (6)

主祭壇 high-altar

クワイア，または内陣の東側，主軸線上に位置する，聖堂の主たる祭壇．

シュジェール（大修道院長） Suger, Abbot (1081-1151)

パリ近郊のサン・ドニ大修道院聖堂（1135頃-44）が新様式ゴシックで再建されたとき，この大修道院長（1122 以降）であった．シュジェールが設計の任にあたった証拠はないが，成熟した尖頭アーチ様式を一貫して用いた最初の建物の建設を統括し，それについて記述した（1144-47）．

ジュジョール，ジュゼップ・マリア Jujol (i Gibert), Josep Maria (1879-1949)

カタルーニャの建築家．青年期にガウディの重要な協力者としてはたらき（1906-10），ガウディとともにサグラダ・ファミリアの工房を形成した．ガウディの作品のうちジュジョールがその創作に重要な役割を果たしたものとしては，バルセロナにあるカザ・バトリョ（1904-06），カザ・ミラ（1901-10），グエイ公園（1900-14），それにマヨルカ島パルマ大聖堂聖歌隊席（1904-14）をあげることができるだろう．ジュジョール自身の建築は，さまざまな典拠から取り集めた変則的で折衷的なモチーフを多く用いており，全体構成の中で要素を変形させ複合させる手法は一種の「コラージュ」に似ている．タラゴナ県パヤレスにあるブファルイ邸（1914-30）はその好例である．またタラゴナ県ビスタベイャの聖堂（1918-23, おそらく彼の最高傑作）やムンフェリリのムンサラー礼拝堂（1926-29）など，宗教建築もいくつか手がけた．晩年には同時代の多くの建築家と同様に古典主義に転向した．すぐれた素描家・画家でもあった．

シュースミス，アーサー・ゴードン Shoosmith, Arthur Gordon (1888-1974)

ロシア生まれのイギリスの建築家．1920 年から 1931 年までインドで活動をし，ニューデリーのラッチェンスによるヴァイスロイ・ハウスの建物の設計監理を行った．いくつか重要な建物を設計したが，中でもデリーの西駐屯地教会であるセント・マーチン礼拝堂は最もすばらしい（1928-30）．それは，巨大に積み上がった煉瓦の建物で，上方にセットバックしていく壁面と力強い塔，城塞のごとく時間を超えた真に崇高なものである．また，レディ・ハーディング宿舎（1930-31）を設計したが，旅行者がペット同伴で宿泊できる施設となっている．

シューセフ，アレクセイ・ヴィクトロヴィチ Shchusev, Aleksei Viktorovich (1873-1949)

サンクトペテルブルグとパリで修行したロシアの建築家．サンクトペテルブルグで教会建築を専門として建築実務をこなすようになった（キーウのオヴルチにある聖ヴァシリー大聖堂の修復（1903-11），モスクワのマルフォ・マリインスカヤ修道院聖堂（1908-12）など）．ヴェネツィア国際博覧会（1913-14）のロシア館，モスクワのカザン鉄道駅（1910-40）を設計した．どちらにおいても，17 世紀のバロック様式に由来する豊穣な美装とヴァナキュラーな主題を用いている．ロシア革命後はモスクワに住み，学界で輝かしいキャリアを歩んだ．1924-30 年には最もよく知られた作品である，力強い無装飾の新古典主義的なレーニン（Lenin）墓所を設計した．これは硬直した古代エジプト建築を思い起こさせるもので，ブロック状のポディウム（基壇）上に装飾のない軸組構法の建築物が載っている．全体は階段ピラミッド形の構成を形成している．スターリン時代の公式建築様式の重要な推進者であり，その建築様式はソ連時代をつうじて多くの建築物の先例となった．

シュタイナー，ルドルフ Steiner, Rudolf (1861-1925)

オーストリア＝ハンガリーの哲学者，芸術家，科学者で，人智学（人間の中にある高次の自我

によって生み出される認識）の提唱者であり，建築家でもあった．ヨハン・ヴォルフガンク・フォン・ゲーテ（Johann Wolfgang von Goethe, 1749-1832）の著作から大きく影響を受け，1907 年に感情移入，自然哲学，表現主義，象徴主義の思想に導かれた作品の設計を始めた．精神的な法則や価値が建築で表現できると信じており，ミュンヘンの神智学会議（1907）で集会ホールに連続して並ぶ 7 本の円柱を設計した．これらは人間の進歩を司ると信じられていた古来の 7 天体を表現していた．1910 年にはシュトゥットガルトの神智学協会に地下室を設計した．窓のない楕円形の空間で，2 列の円柱がアーチを支え，ヴォールトにはアーチと天体と星座の記号が描かれ，中央にガラスの多面体が配置されていた．1912 年にはすべての形態が互いに調和し，記憶を表現したドームの架かった講堂と劇場の計画を始めた．これは最終的にスイスのドルナハのゲーテアヌム（1913-20）として実現した．ドーム構造で，強い象徴主義とユーゲントシュティールの趣のある表現主義の典型であった．この少々不気味な「精神的知恵の神殿」は 1922 年の火災で焼失し，代わりに彼が建てた第 2 ゲーテアヌム（1924, 64 完成）は鉄筋コンクリートを用いた素晴らしい表現主義の構造体であった．

シュタインバッハ，エルヴィン・フォン Steinbach, Erwin von（1318 没）

　ドイツの建築家．代表作としては，フランスのストラスブールにある，ノートルダム大聖堂の西正面（現存）および聖母礼拝堂（現存せず）があげられる（1275 頃-1318）．史料では，マイスター・エルヴィン・ヴェルクマイスター（石工の棟梁エルヴィンの意）として言及されている．エルヴィンの名は，おそらくバーデンにある小さなシュタインバッハ村に由来するものであり，また，ヨハン・ヴォルフガング・フォン・ゲーテ（Johann Wolfgang von Goethe, 1749-1832）は，その著書『ドイツの建築芸術について（*Von deutscher Baukunst*）』（1770-73）において，エルヴィンを絶賛した．ストラスブールのノートルダム大聖堂付属美術館に現存する，「設計図 B」として知られる素描は，1275 年頃に描かれたもので，おそらくエルヴィンの手になるものである．扉口上部に壮麗なトレーサリーを設けたストラスブール大聖堂のファサードは，ドイツ後期ゴシックの多くのデザインに影響を及ぼした．

シュダンヌ，ジョルジュ Chedanne, Georges（1861-1940）

　フランスの建築家．パリのエコール・デ・ボザールで，ローマのパンテオンの復原図面（1887）によって衆目を集めた．建築家としての彼のデザインはアール・ヌーヴォーの影響下にあるが，剥き出しの鉄構造とガラスのインフィルの可能性を探求した作品も残した（パリ，レオムール街 124 番地の優美なパリジャン・リベレ・オフィス・ビリディング（1903-04））．パリのギャラリー・ラファイエットは，大型百貨店の中でも最も印象的で優美なものであり，鉄骨フレーム構造で設計された．

シューツ，フィリップ・トラメル Shutze, Philip Trammell（1890-1982）

　アメリカの建築家．1926 年にニューヨーク市の設計事務所ヘンツ・アドラー・アンド・シューツ（Hentz, Adler, & Shutze）のパートナーとなった．作品にはイングリッシュ・チャンバー・ハウス（1930），ヘブライ慈善信徒礼拝堂（1930-32），エモリー大学ホワイトヘッド記念堂別館（1945），および彼の代表作であるシティズンズ＆サザンナショナル銀行（1929, ローマ風の威厳あるみごとな内部空間がみられる）などがある．これらはすべてジョージア州アトランタにある．1977 年にシューツは「現在生きているアメリカで最も偉大な古典主義建築家」と称された．彼の作品はもっと評価されてもよい．

シュティーグリッツ，クリスティアン・ルートヴィヒ Stieglitz, Christian Ludwig（1756-1836）

　ドイツの建築史家．『市民建築の百科事典（*Encyklopedie der bürgerlichen Baukunst*）』（1792-98），『美しい建築のスケッチ（*Zeichnungen aus den schönen Baukunst*）』（1804），『ザクセンにおける中世建築記念物（*Denkmäler der Baukunst des Mittelalters in Sachsen*）』（1836-52），『古ドイツ建築について（*Von altdeutscher Baukunst*）』（1820）など数多くの重要な本を出版した．

シユテイソ

シューディソドモン pseudisodomon

低い位置では接合させ，高い位置では非接合とするような段から構成される古代の切石積み．その結果，高い位置の段は低い位置の段に比べて薄い石材で構成されるようになる．シューディソドモース（Pseudisodomous）もしくはシューディソドミック（pseudisodomic）はこの状態を説明する．⇨イソドモン

シュテインドル，イムレ Steindl, Imre (1839-1902)

オーストリア＝ハンガリーの建築家．彼によるゴシック・リヴァイヴァルの傑作はブダペストの国会議事堂（1883-1902）である．敷地はドナウ川沿いで，明らかにチャールズ・バリーによるロンドンのウェストミンスター宮殿の影響を受けているが，様式はイングランドの垂直式ゴシックではなく，左右対称に構成された大陸式ゴシックを試みている．巨大でいくぶん不釣り合いなドームはおそらくジョージ・ギルバート・スコットとジョン・オルドリッド・スコットによるベルリンのライヒスターク（ドイツ国会議事堂）設計競技案（1872）に由来している．

シュテートハイマー，ハンス Stethaimer *or* Stettheimer, Hans (1432 没)

ハンス・フォン・ブルクハウゼンとも呼ばれ，初期には，ホール式聖堂の傑作であるところの，バイエルン州ランツフートにある大きなプファールキルヒェ（教区聖堂）（1387）に従事していたようである．ドイツ後期ゴシックの建築家の中でも傑出した存在であり，ザルツブルクのフランツィスカナーキルヒェ（フランシスコ会修道院聖堂）の美しいホール式内陣を設計し，シュテファン・クルメナウアー（Stefan Krumenauer, 1460 頃）がこれを完成させた（1460 頃）．この内陣は，ネット状に編み上げられたリブのヴォールトを備えており，軸上の東端に柱の1本を独立させ，背の高い円柱形のピアから直接広がる星型のパターンを形成するものである．ブルクハウゼンは同様に，ランツフートにあるシュピタルキルヒェ（1407-61），およびノイエッティング，シュトラウビング，ヴァッサーブルクにある諸聖堂を設計した．

シュテファン，エーミール Steffann, Emil

(1899-1968)

ドイツの建築家．1941年以降，ロレーヌ地方に数々の作品を残した．1947年からはケルン大司教区において集合住宅の設計を指揮した．ケルンのフランシスコ修道会修道院の再建（1950）によって広く知られるようになった．オプランデンの聖エリザベト教会教区センター（1953-58），ザイブランツのカルトゥジオ会マリーナウ修道院（1962-64，ギスベルト・ヒュルスマン（Gisberth Hülsmann）と協働）など，数多くの教会の設計を手がけた．ルドルフ・シュヴァルツと親交があり，思想上の影響を受けた．

シュテューラー，フリードリヒ・アウグスト Stüler, Friedrich August (1800-65)

ドイツの建築家．ベルリンの建築アカデミーで学び，シンケルの弟子のうち，最も有能な建築家の一人であり，師のスタイルをしのばせるようなデザインをなした．ベルリンのカール王子邸改修（1827）の監督を担当したが，最初の独立した仕事は，フランクフルト・アム・マインの株式取引所ベルゼ（1839-44，現存せず）のポリクロミー作品だった．1841年，彼はシュプレー川の中州の北部，シンケルが設計したルストガルテンの博物館（現名称はアルテス・ムゼウム（旧博物館））の背後を，博物館群の文化センターに変える計画を作成した．そしてシンケルの偉大な建築に調和するよう，新古典主義様式でノイエス・ムゼウム（新博物館）を設計した（1843-50）．またそのそばに，基壇の上にギリシア・ローマ風の神殿建築を据える形式のナツィオナール・ガレリー（国民画廊）を設計したが，死去したためにシュトラックが完成させた（1866-76）．そのほか，アルベルト・ディートリヒ・シャドウ（Albert Dietrich Schadow, 1797-1869，ポツダムのホフバウマイスター（宮廷建築家））とともに，ベルリン西端，プファウエン・インゼル（孔雀島）の向かいのニコルスコーエにロシアの様式の聖ペテロ・聖パウロ教会堂，ベルリンのルントボーゲン様式の教会堂のいくつか（これら教会堂と，宗教建築に関する彼の著書は影響力があった），スウェーデン，ストックホルムの，クワトロチェント復興様式の国立博物館（1850-66），ベルリン，シャルロッテンブルクの王室親衛隊詰め所（1851-59，シャルロッテ

ンブルク宮の向かいにあり，現在は美術館に転用），その他の建築物を設計した．彼はまた，デムラーが設計したルネサンス復興様式による豪華なシュヴェリーンのシュロス（宮城）のインテリア（1851-57），また1845年以降にベルリンやポツダム周辺に愛らしい別荘建築のいくつかを手がけた．

シュード〔偽りの，にせの〕 pseudo-

偽りの，模造の，装った，もしくは何かに似せて人の目を欺くような状態．擬似二重周柱式（シュードディプテラル）は，二重周柱式（長辺に二重の柱列をもつ）の神殿にみえるが内側の柱列はなく，ケラとペリスタイルの間に広い通路が設けられた古代建築のことである．擬似ゴシック（シュード・ゴシック）は18世紀の偽りのゴシックへの軽蔑的な用語であり，シュード（pseudo-）という接頭辞は，たとえば擬似ジョージアン（シュード・ジョージアン）のように，誤って使われた他の様式にも用いられる．擬似周柱式（シュードペリプテラル）は柱列（ペリスタイル）がセルの壁面が一体化しているような古代神殿に対して用いられる．擬似前柱式（シュードプロスタイル）はプロナオスがない前柱式神殿を表す．その場合，ポルティコの柱列と背後のケラの壁との距離は柱間（インターコラムニエーション）より狭くなるか，もしくはポルティコの柱列がケラの壁と一体化する．シュードサイラム（Pseudothyrum）は偽りの扉，または秘密の扉のことである．

シュトゥルム，レオンハルト・クリストフ Sturm, Leonhard Christoph（1669-1719）

ドイツの数学者，建築家．エルサレムのソロモン神殿に関する論文（1694）を発表し，この建築にみられる神からもたらされた規模とプロポーションが古典主義建築の基盤になっていることを証明しようと試みた（この見解は以後しばしば現れてくる）．名高い絵画ギャラリーを含むザルツダールムのルストシュロス（喜びの城）（1694-1702）を部分的に設計した．後に1708年より，シュヴェリーンのシェルフェの聖ニコライ教会の完成に携わり，その後，『プロテスタント小教会の形と設えに関する建築的考察（*Architektonisches Bedenken von der protestantischen Klein Kirchen Figur und Einrichtungen*）』（1712および1718）を出版した．

シュート，ジョン Shute, John（1563没）

1550年代のイタリア旅行をもとに，英語による最初の建築書『第一にして主要な建築の基礎（*The First and Chief Groundes of Architecture*）』（1563）を著し，セルリオとウィトルウィウスを手本に多くの図面を描いた．主としてオーダーについて論じ，その挿絵（おそらくシュート自身によるもの）は明晰で独創的であるために重要であり，著作は版を重ねていった（1579, 84, 87）．その影響力については評価しにくいが，細部については典拠となっただろう．

シュトラック，ヨハン・ハインリヒ Strack, Johann Heinrich（1805-80）

ドイツの建築家．シンケルの弟子であり，後にシュテューラーと協働．彼のデザインはしばしばシンケルの洗練された新古典主義の影響の跡を見せるが，時々イタリア風を，また時には確信をもってルントボーゲン様式を試した．ベルリンにおける彼の多くの作品は第二次世界大戦を生きのびることができなかったが，それにはルントボーゲン様式のボルシッヒ工場（1858-60），またボルシッヒ家のためのイタリア風別荘型建築（1868-70）も含まれている．ペルジウスとともに彼は，ナッシュからヒントを受けたシンケルのバーベルスベルク宮（ポツダムの近く，1844-49）を，一部変更しつつ完成に至らせた．皇太子フリードリヒ・ヴィルヘルム（Kronprinz Frierich Wilhelm, 1831-88，後の皇帝フリードリヒ3世（Kaiser Friedrich III, 在位 1888））と彼の妃ヴィクトリア（Victoria, 1840-1901，イギリス王女だった）のために，彼はベルリン，ウンター・デン・リンデン通りのクロンプリンツェンパレ（皇太子宮殿）を改造し（1856-58），またシュテューラーの設計を引き継いでベルリンの端正なナツィオナール・ガレリー（国民画廊，1866-76）を設計した．ベルリンにおいてさらに，ブランデンブルク門に二つのパヴィリオンと翼部を増設し（1868），ジーゲスゾイレ（勝利の記念柱，1869-73）を設計している．感受性豊かな彩色家，室内装飾家であり，建築装飾（1858），ギリシア劇場（1843）に関する著作など，いくつかの本を出版している．

シュネブリ, ドルフ Schnebli, Dolf (1928-2009)

スイスの建築家. ル・コルビュジエやグロピウスなどの影響を受けながらもティチーノに事務所をおいてティチーノ派の形態言語に近い傾向の設計を行っており, とりわけチューリヒのマイヤー邸では古典主義的な対称性と形式主義を援用した厳密な設計を行っている. ティチーノ, カンピオーネ・ディタリアおよびカラッビーアの住宅プロジェクトは 1960 年代に大きく注目を集め出世作となった. ほかに作品としてリッタウのルオピジェン小学校などがある.

シュノー cheneau

1. 精巧につくられたコーニスの輪郭をもつ軒樋.

2. 屋根の棟の上に載ったり, 軒で樋に関連したりするような装飾された棟飾 (クレスト).

シュプレマティスム Suprematism

限られた色彩を用いて基本的な幾何学的形態に限定された絵画を作成したカジミール・マレーヴィチ (Kazimir Malevich, 1878-1935) によって始められた (1915) ロシアの芸術運動. 彼の作品「白の上の白の正方形」(1918) はこの運動の典型例とされている. シュプレマティスムは 1919 年には廃れたが, 西欧において, とくに国際モダニズム運動とデ・ステイルに決定的な影響を及ぼした.

ジュベ jube, jubé

1. フランスの聖堂のクワイア (内陣) 西端に設けられるパルピタム, もしくは内陣障壁.

2. クワイア西端に設けられる中 2 階のルード・ロフト (内陣桟敷) もしくはギャラリー (内陣高廊) で, しばしば内陣障壁の一部を構成する. 現存する最高のジュベの一つは, パリのサンテティエンヌ・デュ・モン聖堂 (1545 頃) のもので, ピア (支柱) をとり巻いて回りこむらせん状の二つの階段をもつ.

シュペーア, アルベルト Speer, Albert (1905-81)

ナチス時代 (1933-45) のドイツの建築家. ベステルマイヤー (Bestelmeyer), ビリンク (Billing), テッセノウ (Tessenow) のもとで学び, トロースト (Troost) の死によりその後継候補となり, 1934 年以降, アドルフ・ヒトラー (Adolf Hitler, 1889-1945) の友人, 側近, そして建築家となった. 考古学への関心から古代ローマが残した廃墟に比肩される表現力をもつ建築様式を生もうと考えるにいたり, 主にブレ (その巨大趣味のスケール感) やシンケル (その円柱と柱梁構造の新古典主義のスタイル) から影響を受けた. そしてサーチライトを夜空に立ち上げて「光の大聖堂」を演出し, また旗の群れ, 量塊風の建築形態を用いて, ナチス党大会の劇的な舞台を設計して著名となる. 巨大な観客席, その他の構造物を含むニュルンベルク党大会場 (1934 以降に建設, [第二次大戦後に] 部分的に破壊された) は, その単純化した新古典主義のスタイルによって印象深いものとなったが, それは古代エジプトのデル・エル・バハリのハトシェプスト女王葬祭神殿, 古代ローマ建築, またシンケルやブレの作品からヒントを得たものだった. 彼はパリ万博 (1937) ドイツ館を設計し, 当時においては大きく称賛されているが, 傑作といえるものはベルリンの総統官邸だった. そのプランは独創的なものであり, 安定, 豊かさ, 力を連想させ, 訪問者を畏怖させるような建築的なデザインとなっていた. 同時期にロンドン, カールトン・ハウス・テラス 7-9 番地のドイツ大使館のインテリアを改装している. その仕事の一部は今も見られる (1967 年以降は王立協会). 彼は巨大なドームを戴くホールから新しい鉄道駅までをつなぎ, 壮大な規模の官庁建築群を沿わせる巨大な南北軸を挿入するというベルリン改造計画のチームを率いていた. すべての建築物はストリップト・クラシシズムのスタイルであり, しかも巨大なスケールだった.

1942 年にフリッツ・トートが航空機事故で死ぬとシュペーアは, 150 万人の人力を注ぎ込み, 古代ローマ帝国以来, 最も野心的で壮大な建設計画を遂行したトート機関の長を引き継いだ. しかしながら, ジャスコットらが明かしたように, 石やその他の建設材料は奴隷労働 (ナッツヴァイラー, フロッセンブルク, マウトハウゼン, グロス・ローゼンといった強制収容所のいくつかは採石場の近くに置かれた) によって得られたものであり, シュペーアはそのことを知っていたはずとされる. 彼はまた帝国軍備・軍需大臣 (1942-43) となり, 1943 年には帝国の戦争経済の指揮を任され, シュペー

ア・プランのもとで予算は2年間に3倍となるに至った．シュペーアの組織能力は総統官邸の建築家として証されていたが，帝国全体へと向けられ，また占領地にも及ぶこととなった．とくに彼が指揮した人造石油の生産計画は，自然採取の燃料へのアクセスができなくなった後も長く，ドイツの戦争行為の継続を可能とした．彼はニュルンベルク裁判で禁固20年の刑を受け，獄中で執筆した『回想録（*Erinnerungen*）』（1969, 1970, 邦訳：『ナチス狂気の内幕』），『シュパンダウ日記帳（*Spandauer Tagebücher*）』（1976）を出版した．

シュペックレ（シュペックリン），ダニエル
Speckle *or* Specklin, Daniel（1535-89）

アルザスの建築家，技師，地図製作者．数多くの場所に要塞を設計し，重要な論文『要塞建築（*Architectura von Vestungen*）』（1584）を執筆した．この論文には理想都市の計画が含まれていたが，その平面は車輪のような形状をとり，その「スポーク」に当たる位置に沿って住宅が配置されていた．彼の都市計画と都市要塞に関する考えは18世紀に入るまで影響力を持ち続けた．また，自伝的な情報が含まれたストラスブールの建築史『コレクテイニア（*Collectanea*）』（1587）を執筆している．

シュペート，ペーター Speeth, Peter（1772-1831）

ドイツの建築家．フランクフルトのピガジュ（1788-94）のもとではたらき，1804年からヴュルツブルクに移るまでライニンゲン公のためにアモルバッハで活動した．ヴュルツブルクは，トスカナのフェルディナンド3世（Ferdinand III of Tuscany, 1769-1824）のもとでライン同盟に属す大公国の一時的な首都（1806-14）となった町であるが，そこでシュペートは聖ブルクハルト刑務所（1811, 1826-27に建設）を設計した．これはもともと衛兵の宿舎として建てられた建築であり，フランス系ドイツの新古典主義の作品の中でも最も急進的で衝撃的なものの一つである．それは司教領主の荘厳なマリエンベルク要塞へと登っていく坂道の下に建つ．三つの半円アーチによって強調された恐ろしく印象的な力強さを示すルスティカ積みの基礎をもち，入口となる中央のアーチの

上には，フルーティングのない原初的なドリス式列柱が後方に傾斜したギリシア＝エジプト風の要素の中にはめ込まれ，その上に簡素なペディメントが載っている．その上の何もない壁，大きなライオンの仮面，そして妙に不気味な建築の性格が，語る建築の一例としての大きな権威を与えている．シュペートはヴュルツブルクのツェラー門の守衛所を設計しているが，それもルスティカ積みと基礎のないドリス式という特徴をもち，むしろルドゥーによるパリの市門の一つと似ている．彼によるヴュルツブルクのトゥルムガッセ9番のゲリヒツディーナーハウス（廷吏の家）（1811-13, 大きく改変されている）は，彫りの浅いエジプトのパイロン塔として着想された．力強いルスティカ積みの基礎をもち，きわめて独特な窓割りがなされている．彼はまたハスフルト近郊ウンターホーヘンリートのバプティスト派の聖ヨハン教会（1812-17）とロシアのキシニョフの首都大司教座教会（1826から）を設計した．

シューマッハー，フリードリヒ・ヴィルヘルム，通称フリッツ Schumacher, Friedrich Wilhelm, *called* Fritz（1869-1947）

ドイツの建築家．ドレスデンで開催されたドイツのアーツ・アンド・クラフツ展（1906）を指揮した．ドイツ工作連盟（1907）の設立メンバー．ヘレラウの田園都市の計画に対し助言を与え，ドレスデンのクレマトリウムやライプツィヒの商科大学，またドレスデンに住宅を多数設計した．その後，ハンブルクの都市建設局長に就任した（1909-33）．ハンブルクでの作品は北ドイツの伝統的レンガ造の建築をとり入れたもので，急勾配のタイル屋根を特徴とした．第一次世界大戦後は直線的，フラット・ルーフのスタイルに転じた．著作『小住宅（*Die Kleinwohnung*）』（1917）では，工業化された大量生産方式の建設について論じた．他の著作では，大都市圏の諸問題，都市計画，政策，様式について検討されている．ハンブルクでの活動を通じて，地域計画の先駆者となった．最良の作品はハンブルクの都市公園（1910-24）と思われる．

シュミッツ，ブルーノ Schmitz, Bruno（1858-1916）

ドイツの建築家．モーゼル川とライン川が合

流するコブレンツのドイチェス・エックに建設された**皇帝ヴィルヘルム1世**（Kaiser Wilhelm I, 1871-88）の記念碑（1896-97, 第二次世界大戦で破壊されたが, 1990年代初めに復元された）など, 主として壮大なモニュメントの建設で記憶されている. テューリンゲンのキフホイザーの丘に, 皇帝フリードリヒ1世バルバロッサ（Emperor Friedrich I Barbarossa, 1123頃-90）の巨大なモニュメントを設計した. ライプツィヒ近郊に建設したフォルカーシュラハツデンクマル（諸国民戦争記念碑）（1896-1913）は, ドイツ史賛美の典型であり, 20世紀初頭における最も巨大で威嚇的なほどに記念碑的な国民記念碑である. この建築はマッシヴな花崗岩の量塊で覆われた鉄筋コンクリート造であり, 1813年に祖国からフランスを追い出すために立ち上がったドイツ人民の力を表現している. シュミッツの陰鬱な作品は, ヴィルヘルム・クライスに大きな影響を与えた.

シュミット, フリードリヒ, フライヘル・フォン　Schmidt, Friedrich, Freiherr von（1825-91）
　フランドルの織物取引所あるいは市庁舎と似たウィーンのネオ・ゴシックのラートハウス（市庁舎）（1872-82）の建築家. 中世風のディテールをもち, 通路のある八角形平面で建設されたヒュンフハウスの教区教会, 勝利のマリア（1867-75）によって, オーストリアにおけるゴシック・リヴァイヴァルの代表者としての地位を確立した. さらに1843年からケルン大聖堂の再建に従事し（彼は切石法の専門家だった）, イタリア, ミラノのブレラでは建築を教えた（1857-59）. またミラノのサンタンブロージョ教会を修復している. 他の建築には, ドイツのクレーフェルトの聖シュテファン教会（1854-81）がある.

シュムツァー一族　Schmu(t)zer
　バイエルン, ヴェソブルン出身の建築家とスタッコ職人の重要な一族. ヨーゼフ（Joseph, 1683-1752）は, ドナウヴェルトのヴァントプファイラー式の教会堂ハイリゲンクロイツキルヒェ（聖十字架聖堂, 1717-22）, オーバーアマガウの小教区聖堂（1735-42）を建て, 息子のフランツ・クサヴァー（Franz Xaver, 1713-75）と, ロッテンブフ（1737-50）およびエッタル（1744-52）などのみごとなロココの

スタッコ装飾で協働した. F・A・シュムツァーもまた, ヴァインガルテン大修道院, ミッテンヴァルト, オーバーアマガウで活動し, 多くのカルトゥーシュ（渦巻装飾）とC形巻軸装飾を多用した精気溢れる様式を発展させた. ヨーゼフの父ヨハン（Johann, 1642-1701）は, ヴェソブルン大修道院とその傘下の多くの教会堂で仕事をした. ウィルゲルツホーフェンの巡礼教会堂（1686-92）を設計し, 多くの現場で活動した. ヨハンの息子フランツ・クサヴァー（Franz Xaver, 1676-1741）は, 有名なスタッコ職人で, オーバーマルヒタール, ヴァイセナウ, シュタインガーデンなどで活動した. 一族は, 18世紀前半に驚くほどに愛らしい品々をつくり出したこの地域の多くのグループの一つである.

シュメール建築　Sumerian architecture
　前4千年紀にはすでにメソポタミアのシュメール人たちは, ほぼ煉瓦造でアーチ, ドーム, ヴォールトを使用した洗練された建築を生み出していた. シュメール人の最大都市であるウルク（旧約聖書のエレク）のエアンナ神殿域には, 煉瓦の円柱の勇壮な列柱廊で結ばれた二つの神殿群があり, 周壁が付け柱で装飾された中庭に面している. 内側の壁面はさまざまな色の円錐形のテラコッタ小片で幾何学的に装飾される. 建物の他の特徴には壁を区分するバットレスのような張り出しがあり, 紀元前末年にいたるまで壁面構成に用いられた. 前3千年紀半ばには, 絵画およびレリーフ装飾が広く使用されるようになった. 一例であるアルウバイドの神殿ではフリーズ, モザイクで覆われた自立柱, 銅の影像, および他の発展が多々見られた. ウルの大ジッグラト（前22世紀）は巨大な凹凸壁, モニュメンタルな大階段, 基壇の頂部の神殿をもつ. シュメール建築の基本原則は, 前2000年頃後継者である北メソポタミアのアッシリア人に受け継がれた.

シュラウン, ヨハン・コンラート・フォン
Schlaun, Johann Conrad von（1695-1773）
　ドイツのバロックの建築家. 作品の大半はヴェストファーレンにある. 初期の作品は単純な教会建築であったが, 1719年にパダーボーンおよびミュンスターの司教君主クレメンス・アウグスト（Clemens August, 1700-61）によ

りミュンスターの測量技師に任じられた. アウグストは彼に旅を勧め, 最初彼はヴルツブルクに赴き, そこでノイマンのもとで経験を積み (1720-21), その後, 建築的見識を広げるためにイタリアとフランスを訪れた. フランス=ドイツ・バロック様式のブリュール宮殿 (1725-28, のちにノイマン, キュヴィエによって大きく変更される) と, クレメンスヴェルトに建つ煉瓦づくりの魅惑的なロココの狩猟小屋 (1736-50) を設計した. 後者は中央に2層の建築が建ち, その周囲に八つのパヴィリオンが円状に配置されたもので, パヴィリオンの一つには女子修道院と礼拝堂が入っていた. 最も成功した宮殿の一つは, ミュンスターのエルプドローステンホーフ (1749-57) である. この建築は都市の三角形の敷地に建ち, 正面は前庭に面した凹んだファサード, 庭園側は凸状の立面となり, 全体は不規則な形の部屋から構成される独創的な平面となっている. シュロスとよばれるミュンスターの司教宮殿 (1767-73) は, 曲面状の正面や丸くなったコーナー部など, ノイマンのデザインに由来する要素をもち, 化粧石材とバラ色の煉瓦が用いられている. シュラウンの自邸であるミュンスター近郊のリュシュハウス (1745-48) とミュンスターのシュラウンハウス (1753-55) はともに煉瓦を用い, 前者はロココの中央部をもつヴェストファーレン地方の農家のような建築で, 後者は中央にマッシヴな2層のルスティカ積みのアーチが施された建築であった. ミュンスターのクレメンスキルヘ (クレメンス教会) (1745-53) は, 三角形状の敷地に建つ, 三角形を二つ重ねた六芒星形にもとづいた円形建造物であり, ボッロミーニによるローマのサンティーヴォ教会からの影響を明瞭に示している.

シュリーヴ, リッチモンド・ハロルド Shreve, Richmond Harold (1877-1946)

アメリカの建築家. ウィリアム・フレデリック・ラム (William Frederick Lamb, 1883-1952) とともにカレール&ヘイスティングズのパートナーとなり (1920), 1924年にカレール&ヘイスティングズ名を事務所名から外した. 彼らは多様な企業, 商店, 公共機関の建造物を設計した. その作品にはニューヨーク市のゼネラルモーターズ・ビルディング (1925-27), ニューヨーク市五番街のエンパイアステート・

ビルディング (1928-29 設計, このときはアーサー・ルーミス・ハーモン (Arthur Loomis Harmon, 1878-1958) がパートナーとなった) などがある. シュリーヴ・ラム・アンド・ハーモン (Shreve, Lamb, & Harmon) としては, ブリル・ブラザーズ紳士服店 (1933-34), ハンター・カレッジ (1939-40, ハリソン, フイョーと共同) のほか, ニューヨーク市内と周辺に多くの作品がある. ハーモン個人の仕事としては, ニューヨーク市のシェルトンタワーズ・ホテル (1923-24) があり, セットバック・デザインの好例となっている. 1943 年に事務所はシュリーヴ・ラム・アンド・ハーモン・アソシエーツ (Shreve, Lamb, & Harmon Associates) となった.

ジュリオ・ロマーノ Giulio Romano (1499頃-1546)

イタリアの建築家で後期ルネサンスの主要人物の一人. ジュリオ・ピッピ (Giulio Pippi) またはジュリアーノ・ジャンヌッツィ (Giuliano Giannuzzi) と呼ばれ, ローマに生まれてラファエロの弟子となり, 古典古代への憧憬にみちた盛期ルネサンスの只中で修練を積んだ. ローマのジャニコロのラファエロによるヴィラ・ランテ (1523) を完成し, やはりローマのサン・テウスタキオ広場のパラッツォ・マッカラーニ (1520 頃-24) を設計した. 後者の柱頭なしのあいまいなピラスターや, ストリングコース上に不安定に置かれた窓にジュリオの独創性が発揮されている. 古典による適正な規則へのジュリオの違反は過激なまでに達し, とりわけマントヴァに移住しそこで君主 (後のマントヴァ公爵) フェデリーゴ・ゴンザガ2世 (Federigo II Gonzaga, 1519-40) のためはたらくうち, 最も興味深いマニエリスム建築家の一人となった.

マントヴァの非凡なパラッツォ・デル・テ (1525-32) はマニエリスム建築の初期の例であり, 中庭を囲む1層構成の建物である. 正面入り口の玄関ではローマのマクセンティウスのバシリカの要素とジョコンド校注版のウィトルウィウス (1511) からとった平面を混ぜ合わせた. 中庭では丁寧に仕上げられた切石が念入りな「未完」工事と対比させられ, 二つの立面ではいくつかのトリグリフがエンタブラチュアからずり落ちそうに設計されて不安定感を誘う.

ジュリオはたぶんフリーズが壊れたローマの遺跡から着想を得たのだろう．こうした遺跡（たとえばフォルム・ロマーヌムのバシリカ・アエミリア）をサンガッロは素描に記録していた．庭園側正面はセルリアーナを複合して構成されており，庭園自体は付柱の列柱廊で飾られた半円平面で囲われている．平面は古代風ヴィラとラファエロのヴィラ・マダマ（これ自体，古代ローマの浴場建築の影響下にある）との巧みな混合である．パラッツォ・デル・テの成功によってジュリオの地位は向上し，マントヴァに一軒の住宅を贈られた．そのファサードでジュリオは，ブラマンテ設計のラファエロ邸（パラッツォ・カプリーニ）の主題を再構成した．マントヴァのパラッツォ・ドゥカーレ内の品評会（または馬術）の中庭（1538-39）では，ねじ曲がった異様な螺旋半円柱を採用し，これをずんぐりした粗面仕上げのもち送りにのった台座で支える一方，粗面仕上げのファサード開口のアーチは半円形でも橢円形でもない．これはブラマンテのラファエロ邸とコロッセウムの主題を変形し，ローマのサン・ピエトロ大聖堂のソロモン柱への暗示を加味したものである．偉大なブラマンテの重厚さや古代へのこうした執着は，一部の人が評するような古典主義への無関心からの行為とはほど遠く，博識で才気に富んだジュリオは自分の建物の権威づけのため多くの典拠から引いたのである．ヴィチェンツァの中央市場広場の設計を1542年以降に提供した．ヴィチェンツァのパラッツォ・ティエーネは古代ローマからの明らかな引用を含み，これを完成したパッラーディオよりむしろジュリオに多くを負っている．マントヴァ近郊サン・ベネデット・ポリローネの大修道院の改修（1540-46）を行い，マントヴァ大聖堂を再編成して（1544-46），二重側廊と重厚なコリント式円柱を組み合わせたバイエルン州ランツフートの宮廷のレジデンツ（1536 着工）はジュリオの建築に影響されているがその作品ではない．画家としても知られ，ヴァティカン宮殿（「ボルゴの火災の間」，1514-17）やマントヴァのフレスコ作品は生涯その名声を支えた．

シューリヒト，クリスティアン・フリードリヒ Schuricht, Christian Friedrich (1753-1832)

ドイツの建築家で，クルプザキウスの弟子．まずヒルシュフェルト著『造園芸術理論（Theorie der Gartenkunst）』（1779-85）を含め，書籍に挿絵を提供する仕事に就き，その後ザクセン国の宮廷監督官に就任した（1782）．そして，アレンスの設計図をもとに建てられたヴァイマール宮殿庭園にあるローマの家のために美しいドームを頂く青い部屋など，新古典主義様式でインテリアをデザインした．他の作品には，ザクセン国バート・ヴォルケンシュタインの温泉館があるが，また（カール・アウグスト・ベンヤミン・ジーゲル（Karl August Benjamin Siegel, 1757-1832）らとともに）ザクセン国ピルナ近く，リープシュタットのクックックシュタイン宮殿の再建に参画した（1798-1802）．彼はバウツェン近くのガウシッヒ宮殿をパッラーディオ風スタイルで改築し，またプラハ近くカチーナの大邸宅を設計したが（1802），そこでは新古典主義のテーマが支配的となった．そして，ドレスデン近くのピルニッツ宮殿の敷地内に中国風パヴィリオン（1804）を，またジリーの重厚な新古典主義から影響を受けて，ドレスデンのエルベ川沿いブリュールのテラスに建つベルヴェデーレ（1812-14, 1842 取り壊し）を設計した．1812 年には宮廷建築家に就任し，ピルニッツ宮殿のノイエス・パレ（新宮殿）を設計した．その屋根はペッペルマンが 1720 年代に確立したテーマに呼応するものだったが，建築物それ自体は新古典主義であり，玄関をはさむように原始的なドリス式円柱を備えていた．

シュリューター，アンドレアス Schlüter, Andreas (1659 頃-1714)

ダンツィヒ（現ポーランド領グダニスク）に生まれた，ドイツでもポーランドでも著名なバロックの彫刻家，建築家．代表作はグダニスクの王室礼拝堂装飾（1681），グダニスク近郊のオリヴァ大聖堂主祭壇（1688）で，1683 年にクラシニスキ宮殿の彫刻装飾を完成させるために招聘されたワルシャワでもさまざまな仕事を請け負った．フロンボルク大聖堂（1686）のアダム・コナルスキ律修司祭追悼記念碑（1686），ワルシャワのチェルニャクフ聖堂主祭壇（1690），ヴェングルフのプロテスタント聖堂の衝撃的に力強い礫刑像にも携わった．この礫刑像はベルリンのツォイクハウス（武器庫）の 22 点の「死に瀕した兵士の頭像」（1696-98）の様式のモデルとなった．ポーランド王のため

に4基の墓碑をルヴフ（現ウクライナ領リヴィウ）近郊のズウキエフ（ジョウクヴァ）に建てている．1694年にベルリンに移り，ブランデンブルク選帝侯フリードリヒ3世（Elector Friedrich III, 1688-1713）によってフランスとイタリアへの研究旅行に派遣された．帰国後の1698年，ネーリンクの跡を継いでツォイクハウスの建築家となり，精巧な頭像とトロフィーを彫った．同年，ベルリンのシュロス（城館）の建設工事の監督にも指名され，選帝侯のレジデンツ（居館）から王宮に改築した．さらに現在ベルリンのシャルロッテンブルク宮殿にある大選帝侯（フリードリヒ・ヴィルヘルム（Friedrich Wilhelm, 在位 1640-88））騎馬像も作成した．シュロス〔ベルリン王宮〕はシュリューターの最高傑作で，ワルシャワ時代の同僚だったファン・ガメレン，ベルニーニ，ル・ポートルからの影響が表れている．この偉大なバロック建築は選帝侯が1701年にプロイセン王フリードリヒ1世（King Friedrich I）となったときにはほぼ完成し，エオザンダーによって完成されたが，1945年に大きな被害を受け，50年に取り壊された（歴史的な都市組織の意味をなくそうとするイデオロギーにもとづいた行動であった）．1701年から04年にかけては美術アカデミー校長としてベルリンの美術活動に大きな影響を与え，ベルリンのヴァルテンブルク宮殿（1702-04，のちの郵便局，1889取り壊し），ベルリンのドロテーンシュタット地区のヴィラ・カメツケ（1711-12，現存せず）を設計した．ベルリンのミュンツトゥルム（造幣局塔）（1704）が倒壊したことで信頼を失い，1707年に王宮の建設監督の地位から退けられ，アカデミーも1710年に辞任した．1713年，サンクト・ペテルブルクに行き，この新しい首都の計画に大きな貢献をし，夏の宮殿であるペーターホフとモンプレジールの近くにグロットを設計した．彼のベルリンの作品はフィッシャー・フォン・エルラッハ，M・D・ペッペルマン，G・W・フォン・クノーベルスドルフに影響を与えた．

シュルツェ＝ナウムブルク，パウル Schultze-Naumburg, Paul (1869-1949)

ドイツの建築家，建築理論家．第一次世界大戦以前における彼の作品はほとんどが歴史的様式によるものであった．それにはポツダムの

シュロス・ツェツィリーエンホフ宮（1913-17）が含まれるが，これはムテジウスの著書から影響を受け，イギリスのアーツ・アンド・クラフツのスタイルのもとにハーフ・ティンバーを自由闊達に応用したものである．にもかかわらず，それはきわめてドイツ風となっている．シュルツェ＝ナウムブルクの著書には，『文化活動（Kulturarbeiten）』（1902-17），『建築のABC（Das ABC des Bauens）』（1927），『芸術と人種（Kunst und Rasse）』（1928および1938），『ドイツの住宅の相貌（Das Gesicht des deutschen Hauses）』（1929），『芸術の闘争（Kampf von die Kunst）』（1932），『血と大地からの芸術（Kunst aus Blut und Boden）』（1934），そして『シュルツェ＝ナウムブルクの建築作品（Bauten Schultze-Naumburgs）』（1940，これは彼の作品の図面，写真を紹介する包括的なリストとなっている）といったものがある．彼は，建築が人種的な表現であると（それはドイツに限ったものではなく，幅広い意味において考えられていた），そしてドイツ建築が原ドイツ的ならざるものの影響により，とりわけ国際近代運動を通して堕落したと主張した．バウハウスのあったヴァイマール芸術高等学校の校長となった期間に，彼はモダニストのすべてをその職から解いた．ただそのことは，ヒトラーが彼を「愚かな過去の模倣者」とみさせ，1933年以降，重要な仕事に就くことはなかった．

シュルツ，ロバート・ウィア Schultz, Robert Weir (1861-1951)

⇨ウィア，ロバート・ウィア・シュルツ

シュールテス，アクセル Schultes, Axel (1943-)

ドイツの建築家．彼の最もよく知られる建築は美術館であり，ボンの美術館（1985-92）のように，その多くは空間的深遠さや複雑さの可能性を探究するものである．シャルロッテ・フランク（Charlotte Frank, 1959-）とともに，1993年より彼は連邦首相府（1997-2001）を含むベルリンのシュプレー川近くの政府庁舎を設計し，同じチームがベルリンのトレプトウ火葬場（1996-98）を請け負った．その他の作品にハノーファーのヴェルフェン広場のオフィス地区（1993）やハンブルクの国際海洋法裁判所

(1989) がある.

シュワルツ, マーサ Schwartz, Martha (1950-)

アメリカのランドスケープ・アーキテクト. ヒデオ・ササキと協働し (1976-82), その後にはピーター・ウォーカーと協働した (1984-90). 以下の作品において, シュワルツは, ミニマリストとしての傾向を示している. たとえば, マサチューセッツ州ボストンのバックベイにある「ベーグル・ガーデン」(1979, シェラック塗装で仕上げたベーグルと砂利, 箱型の生け垣), ワシントン州シアトルの「キング郡刑務所の庭」(1982-87, セラミックを使用), マサチューセッツ州ケンブリッジの「生物医学研究所の屋上庭園」(1985-86), ニューヨーク市の「ジェイコブ・ジャビッツ・プラザ」(1996) などである. また, ジョージア州アトランタの「リオ・ショッピング・センター」(設計はアルキテクトニカ) では, 黄金の巨大なカエルが用いられた広場をつくっている (1988). ほかの計画でも, 野生の草花やセラミックタイルの丘や水の特徴を用い, ポピュラーアートやランドアート, さらにはキッチュなものまで, さまざまな側面を結合している. イギリスのマンチェスターにある「交易広場」は, 古い穀物取引所と爆破された「アーンデールセンター」(2000-02) の跡地に建てられた, 新しい建築群のあいだの残余空間 (SLOAP) につくられている.

シュントロヌス (複シュントロニ) synthronus (*pl.* synthroni)

司教の席と長老たちの席が結合した形のもの. 通常は初期キリスト教やビザンティン様式の聖堂アプス内の主祭壇の背後に置かれる司教座を中心に半円形の列をなすように並べられるか, ベーマに配置される.

シュンメトリア symmetry

建物の部分と全体との調和, つり合い, あるいは均一性.

巡礼教会 pilgrimage-church

(たとえばカンタベリー大聖堂のセント・トーマスとリンカン大聖堂のセント・ヒューのように) 聖遺物がそこにあることから大規模な教会の多くは巡礼地であった. 巡礼教会という語は, たとえばサンチアゴ・デ・コンポステラへ行く途上のような巡礼路沿いの教会を指す. 例として, サン・フォワ, コンク, サン・セルナン, ツールーズ, サン・マルタン, トゥールの教会などがある. のちの例として, ノイマンその他によるドイツのフランケン地方の18世紀の優美なヴァルファールツキルフェ (巡礼教会), フィアツェーンハイリゲン (14 聖人) 教会とローマ近郊のフラミニオのパードレ・ピオ教会 (1991-2003, ピアノ (Piano) による) がある.

ジョアス, ジョン・ジェームズ Joass, John James (1868-1952)

スコットランド人建築家. グラスゴーでバーネット, サン&キャンベル社ではたらき, 1889年にエディンバラのローワンド・アンダーソンの事務所に移った. 1893年にアーネスト・ジョージ卿の進歩的な事務所に加わったが, 1896年ベルチャーとともにはたらくため去り, のちにベルチャーの共同経営者となった (1905-13). 共同経営時の最も傑出した建物は, ロンドンのピカデリーとセント・ジェームズ通りの角のロイヤル保険会社オフィス (1907-09) であった. これは 20 世紀マニエリスムの頑健な作品である. このほか, ジョアスまたはベルチャーの作品では, ロンドンのオックスフォード・ストリートの元マッピン&ウェブ (1906-08), ランカスターのウィリアムソン・パークの豪奢なレン風ルネサンス様式のアシュトン・メモリアル (1907-09) がある.

ジョイ, ウィリアム Joy, William (1329-47 活躍)

イングランドの石工. 1329 年, ウェルズ大聖堂 (サマセット) のマスター・メーソンに任命され, クワイアを第 1 尖頭式で改修したほか, プレスビテリと新しいヴォールト, 奥内陣, パルピタム, 交差部の塔の著名なストレーナー・アーチといったものを建てるなど, 大聖堂の東頭端部のかなりの部分を手がけたと思われる. また, 1340 年代には, ウェルズのザ・クローズの城門棟と郭の建設を行ない, デヴォンのオタリー・セント・メアリーでは参事会聖堂 (1337-45) を設計したと思われる. ジョイの仕事は, ブリストルのセント・オーガスティ

ン聖堂（現大聖堂）と類似性がみられるため，
ジョイはその地方の出身と思われる．

ジョイスト　joist
⇨根太

書院　shoin
日本の上流階級住宅（とくに 16 世紀の）で，
厳格に適用された比例体系にもとづいており，
障子などの仕切りによって間仕切られた開放型
平面をもつ．

ジョインティング　jointing
⇨目地仕上げ

城郭　castle
1.　大規模で強固な要塞化された構造物．ま
たは攻撃に対する防御用の複合体建造物．中世
において城郭の最も重要な部分はドンジョンま
たはキープ（ドイツ語では「ベルクフリート
[Bergfried]」）であり，基本的には居住域に建
つ強固な塔である．イギリス，フランスのキー
プには集会のためのホールもまた含まれ，その
場合のものは「ホール・キープ hall-keep」と
呼ばれた．ロンドン塔にはきわめて壮麗なホー
ル・キープ（1077-97）があり，アプス状の端
のロマネスクの礼拝堂もまたそこに含まれる．
大陸で最も一般的な配置は，ホール区域が分離
して，キープ内にはないことである．おそらく
ホール区域で 14 世紀に最も荘厳なものは，ポー
ランドのマルボルク Malbork（マリーエン
ブルク Marienburg）であり，チュートン式の
オーダーで建てられた．キープはベイリー（城
郭中庭）または「ウォード（城内中庭）」の内
部に配置され，角部でも空間の中心部でも，そ
れ自体は壁で防御される．内部のベイリーの外
部には「外側のベイリー outer bailey」があ
り，多くの場合は厩やその他の機能を含むこと
から，壁に囲まれた別個の空間であった．壁の
外環には狭間胸壁にした頂部と歩道があり，間
隔をおいて塔が建つ―塔の間の壁はカーテン・
ウォールという．外側からベイリーへ，または
ベイリーからベイリーへと導く門は，塔とポー
トカリス（落とし格子門）で守られていた．城
郭への入口もまた，バービカン（物見櫓）によ
り特別な防御がなされていた．壁の周囲では，
通常勾配のある築堤や塁壁（「ウァルム」）の上
に立ち上がるもの自体は，一般に「フォッサ
（堀）」または掘割であるが，水が満たされる場
合（濠）もあり，濠の上には跳ね上げ橋が架け
られた．より小規模な重要性の低い城郭は，中
心部にキープ（控えめな大きさ）を構え，築山
の上に据えられ，柵をめぐらした土塁内に収ま
るベイリーが取り囲み，濠に囲まれていた．

2.　封建領土の城館に因んだカントリー・ハ
ウスや，どことなく城館のようにみえる大規模
な田園の邸宅．⇨城館様式

城郭風建築　castellated
銃眼付き胸壁（バトルメント）のあるもの．
城郭風建物とは，ふつうは 18 世紀末から 19 世
紀初めにおいて，城郭の外貌を得るために，銃
眼付き胸壁，小塔，バリストラリア，などを備
えたものである．多くは点景建築（フォリー）
である．

上載荷重　surcharge
アーチやペンデンティヴなどは，上載荷重な
しの自重のみでは不安定になりがちである．た
とえば，アーチについては安定性を得るために
迫腰の部分で部材の塊に加えて，迫腰の上に上
載荷重も必要とするが，アーチ自体は構造全体
を落ち着かせる上で役に立っている．ペンデン
ティヴについても同様の上載荷重次第で構造的
にしっかりとしたものとなる．

城塞様式　Castle style
18 世紀の建築様式で，要塞化された住居と
いう印象を与えるためにバトルメント，ループ
ホール（偽物であることが多い）とターレット
〔小塔〕が施されている．ただし，ロバート・
アダムによるいくつかの建物（たとえばエア
シャーのカルジアン・カースル（1777-92））に
見られるように，平面は規則的で，古典主義の
場合もある．中世の城塞建築に由来する要素
は，18 世紀のフォリー，門口，ピクチャレス
クなコテージ，人工の「廃墟」にも用いられ，
これらは漠然と狭間胸壁がついたと表現され
る．

障子　shoji
書院住宅で用いられるような日本のスクリー
ンで，光を透過する紙が充填されたパネル．

哨舎 sentry-box

王室の建築あるいは公共建築の前にあって、衛兵の待避所となる囲い。通常は塗装された木造であるが、建物の壁体に統合されることもある。

上柱頭 super-capital
⇨スーパー・アバクス

象徴建築 Symbolic architecture

1980年代にチャールズ・ジェンクスによってつくられた造語。過度な擬人化や文化的な着想へのほのめかし、歴史への参照、あるいは前近代の建築家などによる主題を用いた建築を指したり、もしくは視覚的な遊びや駄洒落、記憶を喚起するモチーフを含む建築を指す。

象徴主義 Symbolism

フランスの印象主義絵画、自然主義絵画の反動として19世紀末に開花した芸術運動。詩人ジャン・モレアス（Jean Moréas, 1856-1910）は1886年に出版したマニフェストの中で、芸術の本質的な目的は、観念を感覚的形態でまとい、現実と精神世界との間の二元論を解消することにあると宣言した。絵画においては、しばしば神秘主義やオカルティズムによって表現され、線と色彩による観念の表現は、描写や写実によってではなく暗示や展開によってなされる。象徴主義の絵画は多くファム・ファタル（運命の女）や死のイメージ、エロティックなもの、神秘的なもの、病的なもの、退廃的なもので彩られている。象徴主義の画家の中では、アーノルド・ベックリン（Arnold Böcklin, 1827-1901）、フェルディナント・ホドラー（Ferdinand Hodler, 1853-1918）、ギュスターヴ・モロー（Gustave Moreau, 1826-1980）、フランツ・フォン・シュトゥック（Franz von Stuck, 1863-1928）があげられよう。建築においては、アール・ヌーヴォーと表現主義に結びつけられる。その最も偉大な建築家は、ルドルフ・シュタイナーとアンリ・ヴァン・デ・ヴェルデであろう。

小塔 tourelle
⇨トゥレル

小塔 turret

⇨ターレット

晶洞（石） geode

「ドリューゼ」（ドイツ語で「腺」の意）をもつ岩石、または水晶の層がある空洞、または丸くなってでこぼこな鉄鉱石の団塊。後者は、たとえばロック・ラッシュ仕上げで使用される。

乗馬学校 riding-school

馬術を教える施設。例としてヨーゼフ・エマヌエル・フィッシャー・フォン・エルラッハ（Joseph Emanuel Fischer von Erlach, 1695-1742）が設計した冬期乗馬学校（1729-35）がウィーンにある。

小プリニウス（カイウス・プリニウス・カエキリウス・セクンドゥス） Pliny (Plinius) the Younger (Caius Plinius Caecilius Secundus) (62-116頃)

古代ローマの政治家、弁論家、作家。106年から水道行政の監督の地位に就いていたが、建築の分野での重要な業績はラウレントゥムとトゥスキのヴィラについての記述にあり、以降多くの学者たちの想像力を刺激した。

障壁 screen
⇨スクリーン

小ポリュクリトス Polyclitus the Younger（前370-前336活躍）

古代ギリシアの建築家、彫刻家。エピダウロスの劇場、およびトロス（前350頃）を設計した。トロスには、非常に美しいコリント式の柱頭を備えた14本円柱が円環状に並んでおり、また、外部のペリスタイルには、ドリス式オーダーが用いられていた。

正面並立装飾 affronted
⇨アフランティッド

ショウ, リチャード・ノーマン Shaw, Richard Norman (1831-1912)

スコットランド生まれの建築家、アイルランド人の父とスコットランド人の母をもつ。ウィリアム・バーンのもとで1849年から修行し、1854年から1856年にかけて大陸を旅し、『大陸の建築スケッチ（*Architectural Sketches*

*from the Continent)』(1858) を出版した.
1856 年にサルヴィンの事務所に入り, 1858 年
にはフィリップ・ウェブの後を引き継ぎストリート事務所に入った. A・W・N・ピュージンの著作に影響を受けていたが, 何といってもストリートの影響が大きく, ストリートが恩師であると述べた. 1862 年に自分の事務所を開き, 1863 年にイーデン・ネスフィールドとともにはたらいた. 住宅および商業的な作品に特化し, 互いに影響しあいつつ, 仕事は別々に行った. ショウの初期の作品にはヨークシャーのビングリーのホーリー・トリニティ教会堂
(1866-68, グッドハート=レンデルが「モダンの教会でこれ以上よいものはない」としていたが理不尽にも 1974 年に取り壊された) がある. これは, ゴシック・リヴァイヴァルの力強い作品であり, ストリートのデザインに大きな影響を受けていた. 彼の最も重要な作品は住宅作品だった. ゴシック・リヴァイヴァル, ピクチャレスク, 土着の建築, そしてドメスティック・リヴァイヴァルの要素があり, バターフィールド, ディヴィ, ネスフィールド, ストリートのデザインに影響を受けていた. 大規模なカントリー・ハウスにサセックスのウィールド地方の伝統的な住宅の要素を洗練させて使うことにかけては最も熟達していた (背の高い煉瓦の煙突, タイル掛けの壁, 鉛枠にガラスがはめられた方立て付きの窓が含まれる). 初期の作品にはグレン・アンドレッド (1866-68), レイズ・ウッド (1868-69, 大部分が取り壊された) があり, どちらもサセックスのグルームブリッジ近くにある. ハロウ・ウィールドのグリムス・ダイク (1870-72, おそらく彼の作品の中でドメスティック・リヴァイヴァルのオールド・イングリッシュに適用したもので最良のもの), そして, ノーサンバランド州ロサベリーの巨大な折衷様式のクレイグサイド (1870-84) がある. 地域の材料および土着の意匠を使ったもので, 住宅建築の発達とアーツ・アンド・クラフツ全般へ顕著な影響を与えた. ショウの住宅は『ビルディング・ニュース (*The Building News*)』誌にとり上げられ, ヨーロッパ, アメリカ両大陸でよく知られるところとなり, アメリカ合衆国におけるシングル様式の発展に影響を及ぼした.

ショウもネスフィールドもともにオランダおよびウィリアム, メアリー時代のイングランド (1689-1702) の住宅建築に倣っており, 彼らの 1870 年代の作品がクイーン・アン様式と呼ばれ始めた. ショウの主要なこの様式の作品は, ロンドンのレデンホール・ストリートのニュージーランド・チェンバース (1871-73, 現存せず), ケンジントンのロウサー・ロッジ (1873), ハムステッドのエラデール・ロード 6 番地 (1875-76, ショウの自邸), チェルシーのチェーン・ハウスおよびスワン・ハウス (1875-77), 有名な芸術家たちの家でノーザン・ケンジントンのメルベリー・ロード 8 番地 (1875-76), キャンプデン・ヒル・ロード 118 番地 (1876-78), メルベリー・ロード 31 番地 (1876-77) がある. ロンドンのベッドフォード・パーク, ターナム・グリーン, チジックでも仕事をし, 教会堂, クラブ, 宿屋, 店舗, いくつかの小住宅を設計した (1877-80). ベッドフォード・パークのセント・マイケルおよびオール・エンジェルス教会堂 (1879-80) は折衷で後期ゴシック・リヴァイヴァルとアーツ・アンド・クラフツの意匠を混合した. この時代の商業建築 (ニュージーランド・チェンバースやベッドフォード・パークのいくつかの建物) では, イプスウィッチ窓の意匠を使い, これは広く複製, 応用された. この頃, 『コテージおよびその他の建築スケッチ (*Sketches of Cottages and Other Buildings*)』(1878) を出版した.

1879 年から 1889 年にかけてレサビーがショウを補佐し, 作品の特徴に変化が現れた. ロンドンのケンジントン・ゴアのアルバート・ホール・マンション (1879-86) は赤煉瓦のフリースタイルという新しい様式を使った最初の集合住宅で, この種の開発事業で大きな影響力をもった. また, ロンドンのケンジントンのクイーンズ・ゲイト 170 番地は大変洗練されたもので, 18 世紀初頭の特徴 (軒蛇腹, 背の高い上下窓など) およびレン風ルネサンスのドアケースをもち, 全体としてコロニアル・ジョージアン・リヴァイヴァルの到来を感じさせた. ロンドンのセント・ジェームズ通りのアライアンス保険事務所 (1881-88) では, ハイブリッド様式を導入し, ルネサンスの渦巻き破風, 方立および欄間のついた窓, 帯形のついた煉瓦のファサードを取り入れた. ロンドンのニュー・スコットランド・ヤード (1887-90 および 1901-07) の壁面も縞状だった. この建物では, さまざまな折衷的要素が混在し, 小規模なフラ

ンスの城郭の小塔，スコティッシュ・バロニアル建築，また新たな要素としてバロックのドアケース，破風部分にエディキュラ（小祠）が用いられた．同じような手法がリヴァプールのホワイト・スター・ライン事務所（1895-98，J・F・ドイルと合作）でもみられた．のちには豪壮な古典主義の手法がより顕著になった．たとえばドーセットのブライアンストン・ハウス（1889-94，巨大な柱とバロックの意匠をもつ），ノーサンバランドのチェスタース（1890年代），セント・ジェームズ通りのアライアンス保険事務所（1901-05，前述のものの向かいに建てられた），ロンドンのピカデリーの巨大なピカデリー・ホテル（1900年代初頭）がある．

あと二つの教会堂建築が注目に値する．スタフォードシャーのリークのコンプトンにあるオールセインツ教会堂（1885-87，幅の広い教会堂で，第2尖頭式および垂直式を独自に解釈したもの．身廊アーケードはベッドフォード・パークの教会堂と同種のもので，いくつかの家具はレサビーによりデザインされた），サロップのリチャーズ・カースル，バチコットのオールセインツ教会堂（1890-93，これも第2尖頭式および垂直式の意匠を独自に解釈したもので，いくつかのその土地の先例を引き（円い花形など），全体としては時代を経て改変をされながらできたかのような印象を与える）である．どちらの作品でもボドリーおよびスコット（子）の影響が明らかである．

1896年に引退したとき，ショウは英国の指導的な建築家として喝采を受ける存在で，作品はムテジウスらの出版物によって世界的に知られていた．1892年にT・J・ジャクソンと『建築：職業か芸術か？（*Architecture: A Profession or an Art?*）』を共編し，建築家登録を義務づけることを批判した．最後期の作品としては，ロンドンのポートランド・ハウス（1907-08，イングランドにおける鉄筋コンクリートの骨組みをもつ最初期の建物の一つ），ロンドンのリージェント・ストリートのクワドラントの新しい立面の習作（1905-08，大部分は実現せず，ブロムフィールドらのデザインで最終的に建てられた）がある．

ジョウル jowl
⇨あご

初期キリスト教建築 Early Christian architecture

ローマ帝国の建築において，最も重要な要素．その建築タイプとしては，聖堂，記念碑的建築，有蓋墓地がある．4世紀にキリスト教が公認されたのちの聖堂の典型は，ローマのバシリカであった．その中でも，ローマにあるサン・ピエトロ（320-30頃，16世紀にとり壊し）は，多くの巡礼者が目にしたこともあり，影響力の強い作例である．ローマのサンタ・マリア・マッジョーレ（423-40）において，身廊にはクリアストーリーを設け，側廊には差掛け屋根を架け，端にアプシスを配するという，バシリカの標準的な形態が定まった．旧サン・ピエトロは，墓所の上に建てられており，その葬礼的性質は，片側に設けられた背の高い翼廊に付属する巨大なマウソレウムによって強調された．ローマのサンタ・コスタンツァ（350頃）は，円形のマウソレウムのもう一つの作例であり，クリアストーリーの設けられたドーム構造で，円環状の樽型ヴォールトによって囲まれている．これは元来，サンタニェーゼ（340頃）の墓所を覆うために設けられていたものである．初期キリスト教建築のバシリカでは，古い時代の建造物から持ち出された円柱を混在させた身廊・アーケードや，エンタブラチュアを再利用したコロネードを備えた身廊・コロネードを有することがあった．開口部の多くは，上部が半円形であった．

初期キリスト教建築の諸要素は，19世紀，とくにクレンツェやゲルトナーらによって推進されたルントボーゲン様式において，リヴァイヴァルした．その好例は，イギリスでも認められる（たとえばロンドンのストリーサム・ヒルにあるワイルドのキリスト教聖堂（1840-42）や，カンブリアのリーアにあるロシュのセント・メアリー（1842着工））．

ジョグル joggle, joggling
1.⇨だぼ
2.⇨さねつぎ

ジョコンド，フラ・ジョヴァンニ Giocondo, Fra Giovanni (1433-1515)

ヴェローナ生まれの建築家，技術者．フラ・ジョコンドの名は，初期の木版画の挿絵が掲載されたウィトルウィウス『建築十書』（1511）

とともに知られている. ナポリではマイアーノの後を継いで, ポッジョレアーレの建築家として現場を監督し, 1485 年にこれを完成させた. 1495-1505 年にフランス王に仕え, セーヌ川のノートル・ダム橋 (1499 頃-1512, 後に破壊) を設計した. イタリアに戻ってからは, トレヴィーゾで大砲を設置するための (多角形平面の稜保ではなく) 円形平面の稜保を備えた要塞 (1509-11) を設計した. 1514 年以降サンガッロやラファエロとともに, ローマでサン・ピエトロ大聖堂の建設に携わった.

ジョージ卿, アーネスト George, Sir Ernest (1839-1922)

　イングランドの建築家. はじめ, トーマス・ヴォーガン (Thomas Vaughan, 1836-74) とともに実務を始め (1861-71), その後 1876 年から 1890 年はハロルド・エインズワース・ピートー (Harold Ainsworth Peto, 1854-1933), 1892-1919 年の最晩期はアルフレッド・ボウマン・イェーツ (Alfred Bowmann Yeates, 1867-1944) と共同した. 事務所は, 高額な住宅建築に特化し, 煉瓦造テラコッタ仕上げで北ヨーロッパの後期ゴシックとルネサンス建築にならったフリー・スタイルが多かった. 好例として, サウス・ケンジントンのハリントン・ガーデンズおよびコリンガム・ガーデンズ (1880-90) がある. また, ロンドンのカドガン・エステートの住宅群, 中でもポント・ストリートの住宅はポント・ストリート・ダッチという様式となった. ハーバート・ベイカー, ラッチェンス, ウィアー・シュルツはみな名高い彼の事務所ではたらいた. そのほか, ゴールダーズ・グリーン・クレマトリウム (1901-05, ロンバルディア様式), ノッティンガム州ニューアークのオシントン・コーヒー・パレス (1882, 多くの切妻破風とさまざまなイプスウィッチ窓がついたかわいらしい建物) がある.

ジョージアン建築 Georgian architecture

　ジョージ 1 世から 4 世の治世 (1714-1830) におけるイギリス建築で, パッラーディオ主義の興隆, ロバート・アダムによる多彩で格調の高い様式, ロココやシノワズリ, ゴシック, インド様式の流行が認められる. 初期ゴシック・リヴァイヴァルとグリーク・リヴァイヴァル, ピクチャレスク, 折衷主義, 新古典主義, エトルリア風やポンペイ風デザインへの趣向が, 運河や鉄道, 産業に関係する無装飾で力強い新規の建築と同じく受容され, 崇高という概念には多くが含まれていた. 通常「ジョージアン」といえば, 無装飾の窓周り, 両吊りのサッシ, ドア枠, 後には明かり採りの窓などを特徴とする. 18 世紀から 19 世紀初頭にかけての邸宅建築を指すが, 中には円柱やピラスター, エンタブラチュア, ペディメント, コンソールなど凝った建築の特徴を備えるものもある.

女子修道院 nunnery

　女性が何らかの誓い (一般には清貧, 貞潔, 従順) を立てて, 特別な規則のもとで宗教的な生活に身を捧げる場所としての修道院.

ショー, ジョン Shaw, John (1776-1832)

　イングランドの建築家. グウィルト (父) に師事したのち, 1798 年にロンドンに設計事務所を開いた. 1803 年にセント・ジョンズ・ウッドにあるエア・エステートの監督官となり, 1 マイルにおよぶ円を描く道路の両面に並ぶ一戸建と二戸建住宅からなる「ブリティッシュ・サーカス」の計画を提案したが, 実現することはなかった. その後, 彼と息子ジョン・ショー (John Shaw, 1803-70) は不規則に湾曲した道路が並ぶ郊外住宅地の開発業者となった. 彼はロンドンのクライスト・ホスピタル (1820-32, 解体) でゴシック様式の改築を行った. ノッティンガムシャーのニューステッド・アビーを改築 (1818-30 頃) する際にもこの様式を用いた. ロンドンのフリート・ストリートにあるセント・ダンスタン・イン・ザ・ウェスト教会 (1831-32) によって彼の名は最も記憶されており, これは息子によって完成された. その細部は考古学的に正確なゴシック・リヴァイヴァルの初期の例である. 息子のジョン・ショーは 1825 年頃にイートン校の監督官となり, ウェストンズ・ヤードにチューダー・ゴシック様式の建物を設計した. またロンドンのチョーク・ファームにあるチャルコッツ・エステート (1840-45) を開発し, これにはアデレード・ロードやイートン・コレッジ・ロードも含まれた. 彼は教会建築委員会に雇われ, 『教会建築に関する書簡 (*A Letter on Ecclesiastical Architecture...*)』(1839) を出版

ショツトテ

し，ゴシック様式や古典主義様式よりも安いという理由で，ロマネスク様式が教会に使われるべきだと主張した．彼の「ノルマン・リヴァイヴァル」様式の作品には，ロンドンのゴフ・スクエアにあるホーリー・トリニティー教会（1837-38，解体），ロンドンのステプニーにあるウォトニー・ストリートのクライスト・チャーチ（1840-41，解体），エセックスのウォールサムストウにあるウッドフォード・ニュー・ロードのセント・ピーター教会（1840，改築）がある．もっとも，セント・ピーター教会はあいまいな初期キリスト教のイタリア風ルントボーゲン様式であった．彼は多くの建物を復興されたルネサンス様式で設計し，19世紀末に華開くレン風ルネサンスを先取りした．彼の最もすぐれた作品は，バークシャーのサンドハースト近郊にあるウェリトン・コレッジ（1855-59，ルイ13世様式，レンのハンプトン・コート宮殿，約12年後にネスフィールドがデンビシャーのキンメル・パークで用いたアン女王様式を彷彿とさせるイギリス・オランダ様式の混合），ロンドンのデットフッドのルイシャム・ウェイにあるゴールドスミス・コレッジ（旧王立海軍学校）（1843，1900年頃の建築といっても通用するほどに，明確なイタリア風の特徴を備えた，みごとに抑制されたデザイン）である．

ジョット・ディ・ボンドーネ　Giotto di Bondone（1267-1337）

フィレンツェ出身の画家，建築家．おそらくフィレンツェ大聖堂に隣接するゴシック様式の鐘塔（1334以降）を設計した．これはガッディ，ピサーノ，そしてタレンティによって完成された．ジョットが亡くなるまでに建てられたのは，土台と台石からなる最初の段階までにすぎなかったようである．

ショッピング・アーケード　shopping arcade

屋根覆いのある歩道で，歩道の両側または片側が商店となり，アーケードと呼ばれる．歩道は通常，クリアストーリーまたはガラス屋根のどちらかによるトップライトを備える．イスラムのバザールに由来する．ヨーロッパの初期のアーケードには，ロンドンのバーリントン・アーケード（1815-18，サミュエル・ウェア（Samuel Ware, 1781-1860）の設計），パリのギャルリー・ドルレアン（1828-30，フォンテ

ーヌの設計，1935に取壊し），パリの魅力的なギャルリー・ヴェロ・ドダ（1822，現存）がある．このようなアーケードのうちで最大規模のものは，ミラノの巨大なガレリア・ヴィットリオ・エマヌエーレ2世（1864-67，メンゴーニの設計，屋根構造は鉄とガラス）である．

ショッピング・センター　shopping-centre

小売店が1カ所の複合建築群にまとまったもの．20世紀の形式は，1920年代のアメリカ合衆国で始まり，自動車の利用の増大に応えるものであった．20世紀後期のショッピング・センターの急速な成長は，ショッピングの習慣だけでなく，伝統的な都市中心の特性と経済にもに大きな影響を与えた．ショッピング・センターのタイプには，以下のものがある．近隣周辺部への供給を行う近隣センター，より大きな地域をカバーする郊外センター，通常は都市の外縁部にあって，商店とサーヴィス業の大きな集合体をなす大規模地域センター，郊外ショッピング・センターを補完する都市小売業複合体で，商店，駐車場とともに，ホテル，オフィス，居住宿泊施設を含むことが多い．最初の大規模郊外ショッピング・センターの一つは，ワシントン州，シアトル外縁のノースゲート・ショッピング・センター（1950オープン）で，ペデストリアン・モールに沿って配置される．ミシガン州デトロイトのノースランド・センター（1952-54，グルーエンの設計）では複合体全体が，空調された建物の中にある．ミネソタ州ミネアポリスのサウスデール・センター（1954-61，同じくグルーエン設計）では，モールがもう一度現れたが，この時のモールは外周が囲われ，内部環境がコントロールされ，2階建ての高さをもち，屋内庭園を備えていた．ロッテルダムのレインバーン（1950-53，ファン・デン・ブルークとバケマの設計）のような，より小規模な都市内開発は，古色を帯びて優美になることはなかった．

ショッピング・モール　shopping mall

1．ショッピング・センター内の商店などの並んだ歩行者専用路．

2．郊外（あるいは「町の外」）ショッピング・センターに相当するものだが，都市内部に位置し，定着した商業センターと結びついている．実例としてニューヨーク州ロチェスターの

ミッド・タウン・プラザ（1960-63）, カリフォルニア州ロサンゼルスのフォックス・ヒルズ・モール（1970-75）—両方ともグルーエンの設計—および, カナダ, アルバータ州エドモントンのウェスト・エドモントン・モール（1981-86, モーリス・サンダーランド（Maurice Sunderland）の設計）があげられる. この最後にあげたショッピング・モールは, 豊富な樹木が植えられ, 1カ所のアミューズメント・パーク, 19の映画館, ディープ・シー・アヴェニュー・エリア（イルカのプールがある）, ファンタジーランド・ホテル（「テーマ」ルームを備える）を含む. 最大のモールの一つはモール・オブ・アメリカで, ミネソタ州ミネアポリスとセント・ポールの間の空港に隣接してある（1992オープン）. メルヴィン・サイモン＆アソシエイツ（Melvin Simon & Associates）の設計で, 4棟の大きなデパート, 350の商店, 娯楽センター, テーマパークをもつ. 他のモールには, カリフォルニア州サンタ・モニカのエッジマール・センター（1980-84, ゲーリーの設計）, ウィーンのハース・ハウス（1987-90, ホラインの設計）がある.

ジョハンセン, ジョン・マックレーン
Johansen, John Maclane（1916-2012）

アメリカの建築家. 1948年の事務所設立以前, ブロイヤー, ならびにスキッドモア, オーウィングス＆メリルのもとではたらいた. 円形の米国大使館（ダブリン, 1958-64）では, 上品でエレガントなプレキャスト・コンクリートフレームによる連続的波形を用いた. 同時期に, 彼は断片的形態による試みを行った. その頂点はママーズシアター（オクラホマシティ, 1970-71）である. 三つの劇場が, 通路やサービスを含むチューブによってゆるやかに結びつけられている様はアーキグラム, 構成主義, およびブルータリズムからイメージの影響を指摘できる. 他には, ヨハンセン邸（ニューヨーク州スタンフォードビル, 1974）, エルズワース邸（コネチカット州ソールズベリー, 1976）, バルナ邸（ニューヨーク州ベッドフォード, 1979）といった作品がある.

ショホ, ヨハネス, 通称ハンス　Schoch, Johannes, *called* Hans（1550頃-1631）

ドイツの建築家. 最も著名な建築はプファルツ選帝侯フリードリヒ4世（Elector Frederick IV, 在位1583-1610）のために設計したルネサンス建築の初期の力強い試みであるハイデルベルク城のフリードリヒス翼（1601-07）である. 彼はおそらくストラスブールのノイアー・バウ（新しい建築, 1582-85）とグロッセ・メッツィヒ（大畜殺場, 1586-88）の建設に携わった. 彼の作品はドイツにおける他の初期ルネサンスの建築に影響を与えたと考えられ, とりわけアンベルクのツォイクハウス（武器庫）（1604）とハイルブロンのフライシュハレ（肉市場）（1600頃）は彼の作品と考えられてきた.

ショホ, ヨハン・ゲオルク　Schoch, Johann Georg（1758-1826）

ドイツ, ヴェルリッツのアンハルト＝デッサウ侯の造園家. 全ヨーロッパ中最も魅惑的な庭園の創作につくしただけではなく, 1814年にはそこの植物に関する重要な目録を出版した.

ショホ, ヨハン・レーオポルト・ルートヴィヒ　Schoch, Johann Leopold Ludwig（1728-93）

ドイツ, ヴェルリッツのガルテンライヒの創作者の一人であるアンハルト＝デッサウ侯に仕えた造園家.

ジョリ, ジュール＝ジャン＝バティスト・ド　Joly, Jules-Jean-Baptiste de（1788-1865）

フランスの建築家. ペルシエとフォンテーヌの弟子で, パリのブルボン宮殿内の国民議会会議事堂, 玄関, 王の間, そして荘厳な図書館（1821-33）を設計した. 1840年には『国民議会議事堂改修の平面図, 断面図, 立面図とディテール（*Plans, coupes, élévations et détails de la restauration de la Chambre des Députés*）』を出版している.

ジョルジョ・ディ・マルティーニ, フランチェスコ・ディ　Giorgio di Martini, Francesco di（1439-1501/2）

シエナの建築家, 理論家, 技術者. 1475-92年に執筆した建築論と, 翻訳したウィトルウィウス『建築十書』は, 16世紀に大きな影響を及ぼした. 彼は古代建築の理論にもとづいたルネサンス建築について首尾一貫した理論を提案した. すなわち, 集中式平面の聖堂における祭

壇の設置場所について，キリスト教の象徴主義
という点から論理的に説明を施したのであっ
た．また，銃火器による攻撃を防ぎうる要塞を
発明した．1476 年にウルビーノに移り，パ
ラッツォ・ドゥカーレ（1476-82，おそらく優
雅なロッジア）の設計や，そのほかの建築設計
に尽力した．1484 年にコルトーナ郊外のサン
タ・マリア・デッレ・グラツィエ・アル・カル
チナイオ聖堂（1516 完成）を設計した．これ
は洗練されていて調和のとれたルネサンス建築
である．また（おそらく）アンコーナのパラッ
ツォ・デリ・アンツィアーニ（1493 完成，後
に破壊）や，簡素なデザインのイェージ市庁舎
（1503 完成）を設計した．そのほかにもフラン
チェスコ・ディ・ジョルジョの作品とみなされ
ているものは多く，シエナのサント・スピリト
聖堂（1498-1509）がこれに含まれるが，建設
活動については十分な記録がない．この聖堂は
円筒ヴォールト天井で覆われていて，その端部
は半円形窓で開かれている．ヴァザーリはフラ
ンチェスコ・ディ・ジョルジョを高く評価して
いる．

ショルダー shoulder

1. ブラケットまたはコンソールのことで，
ショルダー・ブラケット，ショルダー・コンソ
ール，あるいはショルダー・ピースとも呼ばれ
る．
2. クロセット．
3. ショルダー・アーチ（⇨アーチ）にみら
れるように，開口部の頂部を絞って突出させる
こと．

ジョルトフスキー，イヴァン・ヴラジスラヴォ
ヴィチ Zholtovsky, Ivan Vladislavovich
(1876-1959)

ベラルーシの建築家．1900 年にモスクワに
事務所を開き，古典主義に傾倒し，パッラー
ディオの『建築四書（*Quattro Libri*）』をロシ
ア語に翻訳（1936）した．サンクト・ペテルブ
ルクの新古典主義をロシアの様式とみなしてい
たが，彼の傑作であるタラソフ邸（1909-10）
ではパッラーディオのパラッツォ・ティエーネ
（1550 頃）を参照している．安定した古典主義
の形態によるモスクワの全ロシア農業家内産業
博覧会（1922-23），パッラーディオによるヴィ
チェンツァのロッジア・デル・カピタニアート

（1571-72）の大オーダーの構成にもとづくモス
クワのモホヴァヤ通りの住宅（1932-34），モ
スクワのボリシャヤ・カルシュスカヤ通りの住宅
団地（1940-49），社会主義リアリズムと同一視
された力強い新古典主義様式の構成がみられる
モスクワのスモーレンスク広場の大規模集合住
宅ブロック（1947-53）を設計した．スターリ
ンの死後（1953），ジョルトフスキーは古典主
義への執着のために弾劾されたが，いくつかの
作品，とくに初期のものは非凡なものとみなさ
れた．

ショワジー，オーギュスト Choisy, Auguste
(1841-1904)

フランスの考古学者，建築史家，技師．数年
にわたって土木局の主任技師を務めたが，彼の
名声は旺盛な執筆出版活動にあった．彼の思考
はヴィオレ＝ル＝デュクの仕事の影響下にあっ
た．また形態と構造は偶然や趣味の結果ではな
く社会の本質の表現であるとする彼自身による
分析は，ル・コルビュジエやペレのような後続
の建築家に影響を与えた．ショワジーによる美
しい挿画を施された『建築史（*Histoire de
l'Architecture*）』（1899）は建設技術の発展を
記述して続く世代を魅了した．この本にはヴィ
オレ＝ル＝デュクその他の建築理論の概要も収め
られ，それらは簡潔な文章とダイアグラムで表
現されている．ショワジーの議論は，建築を実
用性と分析的探求から発展したものとする功利
的観点を支持し，技師の仕事にこそそれが認め
られるとした．つまり，彼は建築を構造に還元
し，構造こそがいかなる様式や芸術よりも，あ
る時代の社会の真実を映すものだと主張した．

ジョン・オヴ・ラムゼイ John of Ramsey（14
世紀初頭活躍）

⇨ラムジー，ジョン・ド

ジョーンズ・イニゴー Jones, Inigo
(1573-1652)

ウェールズの血統を引くロンドン生まれの建
築家で，ジャコビアン時代のイギリスに対して
古典的なパッラーディオ様式を導入するための
重大な責務を負い，また実際に第 1 期パッラー
ディアン・リヴァイヴァルを牽引した．1605
年から 40 年にかけて，ジェームズ 1 世にして
ジェームズ 6 世（James I and VI, 1603-25）と

チャールズ 1 世（Charles I, 1625-49）ら国王宮廷のために 50 を超える仮面劇や演劇などを上演し（多くはベン・ジョンソン（Ben Jonson, 1572-1637）との協働による），残されたドローイングから，1609 年までに当時最新のイタリアのデザインを熟知していたと認められる．1606 年頃から建築躯体について多くのデザインを考案し，そこには彼がパッラーディオとサンガッロ，セルリオを参考に，部分的に会得した古典主義に対する理解がみられる．1610 年にウェールズ公であったヘンリー（Henry, Prince of Wales, 1593/4-1612）のための建築監督官に任命され，1613 年には国王の建築監督官の地位への復帰が許された．1603 年より前にイタリアを訪れていたが，当国への 2 回目の旅行（1613-14）が彼の建築の鑑識の形成上には重要であり，それはスカモッツィに出会い，またパッラーディオの『建築四書（*Quattro libri*）』の中の解説にあるきわめて多くの建築を訪れたからであった．1615 年に遂に必要な建築上の専門知識を身につけた彼は，王室建築監督官となり，グリニッジのクイーンズ・ハウス（1616-35），ホワイトホールのバンケティング・ハウス（1619-22），セント・ジェームズ宮殿内のクィーンズ・チャペル（1623-25）を建設した．それらすべては，イタリアの巨匠たちの作品の入念な研究と，自身による古典的なデザインの原理の理解を知る手がかりである．かつてイギリスで建てられていたものとはまるで異なり，さらに当時のヨーロッパはバロック様式が支配的だったため，フランスやイタリアにも類例はなかった．それらがすぐに影響力をもったわけではなく，ジャコビアン・マニエリスムが主流であった時代はおそらく風変わりな存在であったが，1660 年以降に無柱式住宅の規範的形式として多用されるようになり，さらに 18 世紀のキャンベル，バーリントン卿，および彼らの同時代人による第 2 期のパッラーディアン・リヴァイヴァルを実際に先導した．また，ケンブリッジシャーのニューマーケットにおける〔ウェールズ公〕のロッジ（1619-22, 現存せず）も設計し，17 世紀後半を通して，寄棟屋根を載せて化粧石で飾った多くの赤煉瓦住宅に影響力をもった．

1625 年から 40 年にかけて，ジョーンズはロンドンの旧セント・ポール大聖堂を古典風にする仕事に取組み，新たな装いの中に中世の骨組みを包み込み，当時アルプスの北では最大の巨大な前柱式のコリント式ポルティコを加え，ローマ建築に本来備わる権力と規模，実現性をイギリス人に見せつけ，またレンにとっては 1666 年以降に大聖堂を再建する際の重要な前例となった．フランシス・ラッセル第 4 代ベッドフォードシャー伯爵（Francis Russell, 4th Earl of Bedford, 1539-1641）のために，ロンドンの最初のスクエアであるコヴェント・ガーデンのピアッツァ（1631-37）の配置計画を行い，その地上階のアーケードと上階のジャイアント・オーダーのピラスターからなるファサードが統合され，おそらくある部分ではリヴォルノの広場〔ピアッツァ〕と教会堂，またある部分的ではアンリ 4 世のパリのヴォージュ広場（1605-12）を想わせる．それは 18 世紀のイギリスの都市計画と都市住宅を大きく予期させる非常に影響力の大きい発展であった．彼が設計したコヴェント・ガーデンのセント・ポール聖堂（1631-33）は，イギリスにおける最初の完全な古典様式の教会堂であり，バルバロ版のウィトルウィウスを参照してトスカナ式のポルティコが設けられた．しかしながら巨大な新しいホワイトホールの宮殿（1638 頃）の設計案をみると，彼の仕事が 17 世紀末までホワイトホールの発展に効力があったにせよ，大規模な複合施設の建築家としてはすぐれた手腕をもっていなかったことわかる．

ジョーンズはイサーク・ドゥ・コーの設計によるウィルトシャーのウィルトン・ハウスの南側正面（1636 頃）に対する顧問としての役割があったと思われるが，カントリー・ハウスの建築家としての彼の推定上の多産な活動（コリン・キャンベルが問題提起したらしい）は，近年の調査研究を通して，現在にいたっては大抵がつくり話として粉砕された．彼に帰されるものには，サリーのバイフリート・ハウス（1617 頃），バークシャーのコールズヒル・ハウス（1647 以降），ベッドフォードシャーのホートン・コンクエストにおけるホートン・ハウス（1615 より後），およびノーサンプトンシャーのストーク・ブルーアンにおけるストーク・パーク（1630 頃）があるが，証拠史料は不十分である．しかしながら，ハンプトンシャーのウィンチェスター大聖堂のきわめてみごとな古典様式の聖歌隊席仕切（1637-38）は，内部の装飾と改築の仕事を彼に与えたウォルター・カ

ール (Walter Curl, 1575-1647) の主教在位期間 (1632-45) にデザインしたものである. 仕切は 1820 年にとり除かれたが, 中央部分は現在, ケンブリッジ大学の考古学博物館に保管されている. 弟子で甥のジョン・ウェブに重大な影響を及ぼし, 彼を通してジョーンズの図案集は後世に受け継がれた. バーリントン卿が収集した多くの図面は, ケントの『イニゴー・ジョーンズの図面集 (*The Designs of Inigo Jones*)』(1727), ウェアの『イニゴー・ジョーンズおよびその他の建築家による図面集 (*Designs of Inigo Jones and Others*)』(1731), ヴァーディーの『イニゴー・ジョーンズ氏およびウィリアム・ケント氏による図面 (*Designs of Mr. Inigo Jones and Mr. William Kent*)』(1744) として刊行された. 既知のジョーンズによるドローイングはすべて, ジョン・ハリスとゴードン・ヒゴットの『イニゴー・ジョーンズ:建築図案集大成 (*Inigo Jones: Complete Architectural Drawings*)』(1989) の目録に載せられた. ⇨パエッシェン (パッセ), ハンス・ヘンドリク・ファン

ジョーンズ, ウィリアム Jones, William (1757 没)

あまり有名ではないイギリスのジョージ王朝期の建築家で, ロンドンのチェルシーにあるラネラ・ガーデンズにみごとなロトンダ (1742, 1805 解体) を建てたことで知られる. これは巨大な円形建築で, とても美しい明かり採りのついた回廊のある内装の豪華なコンサート・ホールであり, お茶を飲む場所でもあった. そのデザインは当時においてはめずらしいほど独創性にみちている. 彼はドア, 玄関, 他の建築要素に関するデザイン集を 1739 年に出版した. 彼の作品の多くは解体されてしまったが, ハンプシャーのアールズフォード・ハウス (1749-51) が現存する.

ジョーンズ, エドワード Jones, Edward (1939-)

イギリスの建築家. 1989 年からディクソン・ジョーンズとパートナーを組んでいる. 独自で設計した作品としては, ロンドン, チェルシーにあるスタジオ・ハウス (1975-77) がある. アメリカ人建築家, マイケル・カークランド (Michael Kirkland, 1943-) とともに, カナダ,

オンタリオにあるミシソーガ市庁舎 (1982-87) を設計した. これは, フランス 18 世紀の新古典主義を極度に抽象化させた非常に厳格な様式となっている. また, わびしい郊外の風景に, 市民広場を付属させた力強くわかりやすいモニュメントとして考えられており, ニュー・アーバニズムの一例ともみなされている. ディクソン・ジョーンズ担当の作品には, ヴェネツィアのバス・ステーション設計競技当選案 (1990), ロンドン, コヴェント・ガーデンのロイヤル・オペラ・ハウスの増改築 (1984-2000), ナショナル・ポートレート・ギャラリーのオンダーチェ棟 (1994-2000), ケンブリッジのダーウィン・カレッジの学習センター (1989-94) などがある.

ジョーンズ, オーウェン Jones, Owen (1809-74)

ウェールズ人の血をひくロンドン生まれの建築家, デザイナー. 色彩および装飾の専門家として著名. 精力的に旅をし, のちに『ナイルの景観 (*Views on the Nile*)』(1843), ジュール・ゴウリー (Jules Goury, 1803-43) とともに『アルハンブラの平面, 立面, 断面およびディテール (*Plans, Elevations, Sections, and Details of the Alhambra*)』(1836-45) を出版し, ムーリッシュ建築および建築における色彩の権威としての地位を確立した. 彼はタイルのデザインを依頼されることがあり, 『モザイクおよびテッセラ舗装のデザイン (*Designs for Mosaics and Tessellated Pavements*)』(1842) および『焼付タイル (*Encaustic Tiles*)』(1843) を出版した. ロンドンのケンジントン・パレス・ガーデンズ 8 番地および 24 番地にムーリッシュ様式の住宅を設計するとともに, 1850 年には, ハイド・パークの大博覧会の共同建築家に任命され, パクストンのクリスタル・パレス (1851) の赤, 青, 黄の色彩計画を担当した. この成功によって, シドナムのニュー・クリスタル・パレス (1854 年開館) の装飾ディレクターに任命された. ゼンパー, ディグビー・ワイアット, そしてジョゼフ・ボノーミ (息子) とともに, ジョーンズは「陳列場」の建設にとり組んだ. これは, 常設展示の一部としてさまざまな歴史的な建築様式を図解するものであった. エジプトの間 (1854) はボノーミとともにデザインしたもので, 目を見張

るポリクロミーの学究的な部屋である. ジョーンズは, 生前からとくにポリクロミー的装飾の発展に大きな影響力を及ぼした. ワイルドのストリーサムのクライスト・チャーチ (1841), エニスモア・ガーデンズのオールセインツ教会堂 (1850) のアプスの内部装飾を行った. 1852年からロンドンのサウス・ケンジントン博物館の科学および芸術学部で教鞭をとった. 『装飾の文法 (Grammar of Ornament)』 (1856) は, 彼の理論と講義にもとづいたもので, 当時知られたあらゆる歴史的様式の装飾をカラーで描いており, 図案集として国際的に重要なものとなった. 非ヨーロッパ圏, とくにイスラームの装飾方法の可能性を示した.

ジョンストン, フランシス Johnston, Francis (1760-1829)

アイルランドの建築家. クーリーのもとで修行し, アーマー大司教 (1765-94) リチャード・ロビンソン (Richard Robinson, Archbishop of Armagh) のためにはたらいた. 1805年にダブリンで建築局の建築家に任命された. ジェームズ・ワイアットとガンドンに影響を受けた彼の作品は折衷的である. それらにはダブリンのセント・ジョージ教会 (1802-17, ギッブズの作品を想起させる), ラウスのドロハダにある, 厳格であるが, 美しく均整のとれた新古典主義のタウンリー・ホール (1793より), グレンジ・ゴーマン・レーンにある厳格なリッチモンド刑務所 (1812-20) がある. 彼の監督下で, ダブリンにあるピアース設計の国会議事堂をアイルランド銀行に改築し (1804-08), ダブリン城のチャペル・ロイヤル (1807-14) を建て, アーマーの裁判所 (1809から) を設計した. 美しいグリーク・リヴァイヴァルのダブリン中央郵便局 (1814-18) は, おそらく彼の最高傑作である. とても可愛らしいストロウベリ・ヒルに似たゴシック様式の邸宅も設計していて, オファリーのタラモールにあるキャールヴィル・フォレスト (1800-12) は, 19世紀初頭のアイルランドにおける最も美しいピクチャレスクな邸宅である. ガンドンによるダブリンのキングズ・インズを1817年に完成させ, ロイヤル・ハイバーニアン・アカデミー (1824-26) を建てた.

ジョーンズ卿, ホレス Jones, Sir Horace (1819-97)

イングランドの建築家. 1843年にロンドンで実務をはじめ, 数多くの商業建築を設計した. 1864年にバニングの跡を継いでロンドンのシティの建築家・サーヴェイヤーに任命された. 中央肉市場 (1866-67) およびスミスフィールドの総合市場 (1879-83, 建設には, 1862年に特許がとられたアメリカの「フェニックス式」と呼ばれる丸い中空の鉄製柱を使っている), ビリングステイト魚市場 (1874-78, 1985-89年にリチャード・ロジャース・パートナーシップにより事務所に改修された), 魅力的なレドンホール市場 (1880-82, 昔ながらの路地方式の中に店舗やアーケードを見事におさめている) の責任者だった. ベイジングホール・ストリートに以前のギルドホール図書館および博物館 (1870-72) を設計した. また, フリート・ストリートのテンプル・バーの場所を示すため記念碑 (1880) をデザインした. 記念碑の上には, チャールズ・ベル・バーチ (Charles Bell Birch, 1832-93) による後ろ脚で立ったブロンズのドラゴンがのっており, 立像はジョゼフ・エドガー・ベーム准男爵 (Sir Joseph Edgar Boehm, Bt., 1834-90) によるものである. ギルドホールの12面の鉄骨で組まれた会議室 (1883-84) は1940年に破壊された. 1877年, ロンドン塔の所でテームズ川に架ける跳ね橋の提案がなされたとき, ジョーンズはジョン・ウルフ (ウルフ=バリー) 卿 ((Sir) John Wolfe Wolfe-Barry, 1836-1918) と協働していたが, 橋をどう動かすか, および建築的な取り扱いについては, ジョーンズが一人で考えた. 一部吊り橋, 一部跳ね橋で塔にはエレベーターがあり, 高所の歩道橋 (跳ね橋が開いたときに使う) を支えている. これらは, 鉄製で石で被覆されているため, ゴシックの市門に塔がついたもののようにみえる. ジョーンズとウルフ=バリーは, あらかじめ想定できたことではあるが, 塔が「不正直」につくられていることに対する非難に直面した. だが, ゴシックの外観は, 近接するロンドン塔をまもるため, 国会から命じられたことであった. モダニスト批評家たちが見落としていたのは, 二つの塔はロンドンの中で, 最初につくられた鉄骨造の構造物であり, 鉄製品が石造の上に取りつけられたものではないことである. 橋は1894年に完成した. ジョーンズの最後の重要な仕事は

テームズ・エンバンクメントのギルドホール音楽学校（1885-87）である．建物の3つのファサードは現存しており，南のタリス・ストリートに面したところには，かわいらしいテラコッタのパネルがついている．

ジョーンズ，ユーイン・フェイ　Jones, Euine Fay (1921-2004)

　アメリカの建築家．アーカンソー州ではよく知られている（ビル・クリントン（Bill Clinton）と彼の未来の妻，ヒラリー・ロダム（Hillary Rodham）の2人が彼の設計した家に住んでいた）．彼はF・L・ライトとガフの弟子である（彼は一時期ガフの事務所で働いていた）．代表的な作品にはアーカンソー州，フェイエットビルにある，自邸（1956），同じくアーカンソー州にあるオーバル・ファーバス邸（1964），そしてアーカンソー州，ユーリカ・スプリングス近くのソーンクラウン・チャペル（1978-80，20世紀のアメリカ人建築家による建物として5本の指に入る作品とされる）などがあげられる．彼の作品の多くは住宅，チャペル，教会であり，多くの賞を受賞した．

ジョンソン，ジョン　Johnson, John (1732-1814)

　イングランドの建築家で，多くの建物を設計した．1782年にエセックス州の監督官となり，チェルムズフォードのシャー・ホール（1789-91）を設計した．レスターのホテル・ストリートにある美しいカウンティ・ルーム（旧ホテル）（1792-1800）を手がけた．

ジョンソン，トマス　Johnson, Thomas (1800 没)

　イングランドの建築家．ウォリックの州刑務所（現カウンティ・カウンシル，1779-82）を設計し，これはイングランドの公共建築では最初期の古代ギリシア風ドリス式の1例であった．ウォリックのセント・ニコラス教会（1778-79）を建て，ウスターシャーのハンバリーでセント・メアリー教会を再建した（1792-95）．これらはゴシック様式で設計された．通説によるとウォリックの教会は彼の息子のジョン・リーズ・ジョンソン（John Lees Johnson, 1762-）によって設計された．彼は当時16歳にも達していなかったが，父親より先に亡くなったようである．

ジョンソン，フィリップ・コーテルユー　Johnson, Philip Cortelyou (1906-2005)

　アメリカの建築家．大衆の意見からは離れた傲慢さをもつ．彼の自立した心，広報に対する才能，政治的なスキルが，建築家と批評家の両方で建築界における彼の影響力のある地位を確立した．ハーバード大学で哲学の学生だった頃，アルフレッド・ハミルトン・バー（Alfred Hamilton Barr, 1902-81）に会った．バーはジョンソンを建築の職能へ向かわせた人物である．1928年，バーはニューヨーク近代美術館（MoMA）の創設に着手し，1929-67年までディレクターを務めた．そして，何人かの才能に恵まれた若者がMoMAを手助けするために呼びかけた．ジョンソンはその中の1人だったが，バーは第1にジョンソンにヨーロッパへ現代建築の動向を学びに行く旅に出かけさせた．H・R・ヒッチコックによる力を得て，ジョンソンはヨーロッパの前衛的な牽引者であるミース・ファン・デル・ローエらに会った（ミースはジョンソンのマンハッタンのアパートメントの設計に招かれた）．ジョンソンがニューヨークに戻ってから，彼はMoMAに勤務する一方，1930年にハーバード大学で学位を取得した．1932年，MoMAの建築部門長のポストに正式に就く以前のことである．そこで，ジョンソン，ヒッチコック，バーは重要な展覧会「近代建築：国際様式」展を企画した．同展はル・コルビュジエ，グロピウス，ミース，アウトらの作品を公表するものであった．国際様式という用語は，ジョンソンとヒッチコックによって1932年に刊行された出版物『国際様式：1922年以降の建築（*The International Style: Architecture since 1922*）』によって建築分野における一般用語として受け入れられた．

　1934年，ジョンソンはMoMAの地位を辞し，短期間，右派の政治活動を始め，フランクリン・デラノ・ルーズベルト（Franklin Delano Roosevelt, 1882-1945，第32代アメリカ大統領，1933-45）への異議申立てに加担した．1933年，ジョンソンはアドルフ・ヒトラー（Adolf Hitler, 1889-1945）の演説を聞き，その後，ナチス・ドイツ（1933-45）への賛美を増していった．彼はミースを支え，また，ナチス党が国際様式を採用することを試みた．結

局，グロピウス，ミースはドイツ銀行の設計競技で入賞したが，これは彼らの知られざる事実の一つである．権力とモダニズムの親密な結合を認識して，ジョンソン自身はシュペーアが摩天楼を形成する偉大な建築家になったであろうといった．40年代後半，彼は建築学を学ぶためにハーバード大学に戻り，ブロイヤーとグロピウスのもとで教育を受けた．1945年には，MoMAにおける仕事を再び始め，1947年に影響力をもつ展覧会を計画し，ミースの作品を取り上げたモノグラフを出版した．彼はミースの記念碑的で純粋で古典主義へのゆるやかなつながりに感嘆した．にもかかわらず，彼は，ミースが試みたヒトラー政権との親交関係に関する議論を避けるよう巧みに操作した．

ジョンソンは，ランデス・ゴアズ（Landes Gores, 1919-91）との協働（1946-51）による自身の事務所を開設し，すぐに「ガラスの家」（コネチカット州ニューカナン，1949）をつくった．これは明らかにミースの作品である「ファンズワース邸」（イリノイ州パルノ，1946-51）からの影響を受けたものであった．グラス・ハウスは当時，モダニズムの模範とみなされた．にもかかわらず，ジョンソンはその設計において，ル・コルビュジエ，ルドゥー，マレヴィッチ，シンケル，デ・ステイルより影響を受けたと主張した．ジョンソンは，シーグラムビル（ニューヨーク州，1954-58）の設計期間，ミースらと連携したが，一度，国際様式がアメリカにおいて陳腐なものになると，彼はそれにそっぽを向き，因習打破を表明した．このとき，ジョンソンの立場は複雑になっていた．彼はモダニズムを解釈してきたとみなされる一方で，同時に，機能主義，「社会的責任」に対する主張，詐欺的道徳に支えられてきたモダニズムを丸裸にしたともみなされた．ジョンソンは，建築的職能の偽善をさらけ出すことや，すべての主張を却下することに対して恐れをもたなかった．モダニズムは社会的，文化的，経済的運動であり，一つの様式として堅固に分類される．しかしながら，しばらくの間，ジョンソンは，その尾を巻きつける前までは国際様式の興行主になり，清教徒的な欧州のモダニストと（とくに）イギリス人信奉者（彼等に対する彼の見解は痛烈である）を持ち上げた．彼は以前の師であるグロピウスを嫌い，同様にグロピウスもジョンソンを憎んでいた．

ニューカナンの「ゲストハウス」（1952）で，彼はジョン・ソーンを手がかりとしながらヴォールトを導入した．その後は，（1960年代はリチャード・フォスター（Richard Foster, 1919-2002）と協働で）彼は弱い記念碑性（たとえば，ニューヨーク州立劇場，「リンカーン・センター」（ニューヨーク州，1962-64）や「ボストン公共図書館増築」（1964-73））へと変貌した．1967年から1991年まで，ジョンソンはジョン・ヘンリー・バーギー（John Henry Burgee, 1933-）と協働した．彼らはアメリカン・テレフォン＆テレグラフの摩天楼（旧AT&Tビル，ニューヨーク州，1978-83）をもって正当的モダニズムの居心地のよさに衝撃を与えた．

同ビルは，石に覆われた構造で，シンプルなセルリアーナの凱旋アーチの上に力強い中方立てをもち，頂部が開いたペディメントを乗せている．また，同ビルは最初のポスト・モダニズムのビル，「軽薄な」，「慢心し，単純な歴史の参照」（ハクスタブル），無知な，「偽りの古典」，などとさまざまに表現された．後期の作品（しばしば他の建築家と協働した）は，IDSビル（ミネソタ州ミネアポリス，1970-73），ペンツォイル・プレイス（テキサス州ヒューストン，1970-76）が含まれる．そして，クリスタル・カテドラル（カリフォルニア州ガーデン・グローブ，1976-80），リパブリック銀行センター（テキサス州ヒューストン，1980-84，北ヨーロッパにみられるゴシック風の階段状破風への回顧として），トランスコ・タワー（テキサス州ヒューストン，1981-85，ミネソタ州グッドヒューの古典主義を暗示させる），ピッツバーグ・プレートガラス本社（ペンシルヴァニア州ピッツバーグ，1983-84，歴史への一風変わった隠喩を用いる），ヒューストン大学，建築学部棟（テキサス州ヒューストン，1983-86）がある．

1988年，ジョンソンは展覧会「脱構築主義者の建築展」のゲストキュレーターとして再びMoMAに戻ることによって批評家を当惑させた．同展覧会は「ポスト・モダニズムの発展形」として告知され，ハディド，リベスキンドといった建築家にマスメディアの注目を引きつけた．また，名声のある文化に対する知識を有している（さらには創出しつつある）というジョンソンの能力を再び論証することになっ

た．実際に，彼の経歴は，趣味をつくり出すことを証明しており，建築が社会的技術でも「生活をよりよくするもの」でもなく，むしろ一つの美的経験であるとみなしていることを主張する．自身はゲート・ハウス（コネチカット州ニューカナン，1994-95，直角をもたないパビリオンで，脱構築主義への自身のオマージュ）を設計し，ドイツ表現主義から得たアイデアの展開を試みた．また，メトロポリタン・コミュニティ教会（未完）のユニバーサルフェローシップのためのホープ大聖堂（テキサス州ダラス，1996）を設計した．同作品は衝撃を与え，その後ジョンソンはほとんど上機嫌で，彼の航跡に批評家を残して当惑させ，他のどこかへ行ってしまった．彼はそれからさらに推し進めて，ポスト・モダニズムに対してと同様に国際様式を破壊し，脱構築主義によって偉業をくり返した．これらすべては当時の実際の論評と一致する．彼はしばしば自らを「売春婦」と表現した．彼はいいわけをさらし，どれが彼の立場（それはだれも止めることができない（（とくに）イギリスの批評家にとって強烈な頭痛の種となった）ほどに大きく変化した）なのかについて，冷笑と気まぐれな無視とによって影響を及ぼした．驚くことに，彼は自身を「よい建築家ではない」と告白した．実際に，彼のいくつかの作品（たとえばテキサス州ダラスの作品）は，彼の告白を証明している．それは，しばしば表面的で，奥行きに欠け，非常にはかなく，建築学的に思考していない（さらには図面も引いていない）と考えられた．しかしながら，彼は，一度流行した（しばしば支持しきれるものではなかったが）通説に対する信奉者の主張を引き下げたように，新しい傾向を創出し，理念を形成する成功者であった．彼の最も偉大な功績は，モダニズムの誤った倫理観と20世紀および21世紀の主要な建築潮流の怪しさを露わにしたことにある．

ジョンソン，フランシス　Johnson, Francis（1760-1829）

アイルランドの建築家．クーリイのもと，リチャード・ロビンソン，アーマー大司教（1765-94）の仕事を担当した．その後，ダブリンの庁舎や公共建築を設計する建築家に任命された（1805）．ジェムズ・ワイアットとガンドンに影響を受け，ダブリンのセント・ジョージ礼拝堂（1802-17，ギブスの作品にも相通じる）などは折衷的になり，ラウス州ドロエダにあるタウンレイ・ホール（1793から）は飾り気はないが端正な新古典様式の作品である．グレーンジ・ゴーマン・レインにあるリッチモンド刑務所（1812-20）は厳格な佇まいである．また，ダブリンのピアス議事堂をアイルランド銀行（1804-08）に転用する任にもあたった．さらに，ダブリン城（1807-14）のチャペル・ロイヤル，アーマーの裁判所（1809から）を設計した．ダブリンにあるグリーク・リヴァイヴァル様式の中央郵便局（1814-18）はおそらく，彼の設計では最もよくできた作品である．一方，オファリー州，タラモーのチャールビルにあるストロウベリ・ヒル・ゴシック城館（1800-12）は，19世紀初期アイルランドにおける最もすばらしいピクチャレスクの邸宅である．彼は1817年にガンドン設計のキングス・インを完成させたほか，ロイヤル・ヒベルニアン・アカデミー（1824-26）を建てた．

ジラルダン侯爵，ルネ＝ルイ・ド　Girardin, René-Louis, Marquis de（1735-1808）

フランスの著述家，ランドスケープ・デザイナー．1760年代初頭のイギリス旅行のあいだにいくつかのイギリス風景式庭園を実見し，1766年にオワーズ県のエルムノンヴィルに定住．この地に，風景式庭園を設けて，影響を与えた．1777年には『風景の構成について（De la composition des paysages）』を出版し，エルムノンヴィル庭園の記述とともに，自身の庭園理論を示した．彼は庭園において，記憶を呼び起こし，観念を惹起し，物語を創りだす連想の重要性を強く意識している．友人であるジャン＝ジャック・ルソー（Jean-Jacques Rousseau, 1712-78）はジラルダンの地所で没し，ジラルダンの造った「エリゼ」の「ポプラの島」に埋葬された．この葬送の島の景観は出版され，そのイメージは19世紀の墓地運動や，アンハルト・デッサウ大公のような他の領主達にとっても大きな刺激となった．

シリア式アーチ　Syrian arch
⇨アーチ

シリアル（連続）　serial
⇨アディティヴ

シリシ, クリスティアン Cirici Alomar, Cristián (1941-)

スペインの建築家. 1964 年にペップ・ブネット (Pep Bonet), リュイス・クルテット (Luis 〔Lluís〕 Clotet), オスカル・トゥスケッツ (Oscar Tusquets) とともにバルセロナに PER スタジオを設立 (1992 解散). 同設計事務所はバルセロナにおいて, ドゥメナク・イ・ムンタネーによるトマス邸の修復 (1979-80), ミース・ファン・デル・ローエによる著名なバルセロナ・パビリオンの復元再建 (1986), 動物学博物館の修復と増築 (1982) を行った. シリシは, 細心の注意が払われたディテールと非常に洗練された作風によって, その名声を確立した.

ジリー, ダーフィット Gilly, David (1748-1808)

ドイツの建築家. フランスから移住したユグノーの家系であり, 先祖は 1689 年に北ドイツのポメルン地方に定住した. 新しい建築分野の国家試験に受かり (1770), やがてポメルン地方の建築部長に就任し, また 1783 年にシュテッティン (現シュチェチン) で私立の建築の学校を設立した. 1788 年, エアトマンスドルフ, ラングハンスと一緒に, プロイセン国王のフリードリヒ・ウィルヘルム 2 世 (Friedrich Wilhelm II, 在位 1786-97) によってベルリンに召喚された. それはフリードリヒ大王 (Friedrich der Grope, 在位 1740-86) のフランス熱から解放されて新しい建築スタイルを確立するのを支援することを課題としていた. 彼はベルリンで私的な建築学校を設立したが (1793), それはやがて 1799 年にバウアカデミー (建築アカデミー) に改編されるところとなる. それはヨーロッパで最も重要な建築教育機関の一つとなり, 錚々たる学生たちを育てるが, そこにはシンケル, クレンツェ, ヴァインブレンナー, エンゲル, ハラー・フォン・ハラーシュタインがいた. ジリーはまた『建築芸術に関する有用な論文, 報告の集成 (*Sammlung nützlicher Aufsätze und Nachrichten, die Baukunst betreffend*)』誌を創設したが, それはドイツにおける最初の建築ジャーナルの一つとなり, 1797 年から 1806 年までベルリンで出版された. ポツダムの近くにパレッツ宮 (1796-1800), ベルリンの北にフライエンヴァルデ宮 (1798-99), ブラウンシュヴァイクにフィーヴェーク邸 (1800-07) を建築したが, いずれも重厚な新古典主義の様式によった.

ジリー, フリードリヒ Gilly, Friedrich (1772-1800)

ダーフィット・ジリーの息子であり, シュテッティン (現シュチェチン) で父親のもとで建築の実務と理論を学び, 1788 年にベルリンに移り住んだ. 16 才の時に王立建築部の監督官に採用され, エアトマンスドルフとラングハンスのもとではたらきつつ, 技能を磨いた. 彼自身のデザインは立体幾何学の純粋形態や, プリミティヴィズムの基本的な建築形式を試すものだった. 他方で, 東プロンセンにあった中世のマリーエンブルク (現ポーランドのマルボルク) 城の調査研究 (1794) は, 崇高さを具現する建築を保存する政策の始まりを告げるものであり, また北ドイツの煉瓦造ゴシックへの評価を高めさせるにいたった.

1796 年, ベルリン芸術アカデミーがフリードリヒ大王 (Friedrich der Große, 在位 1740-86) の記念碑のために設計競技を催し, ジリーのみごとなデザインは 97 年に展示されるにいたる. それはライプツィヒ広場を改造し, 大規模な演壇の上に, 力強くモニュメンタルな門, 蓋付き石棺, オベリスク, そしてドリス式神殿 (ハンス・クリスティアン・ジェネリによって 1786 年に設計されたものに触発されていた) を組み合わせてあった. その魅力的なイメージで, ジリーは, クレンツェ, シンケル, シュトラックとシュテューラーといった若い建築家の称賛を受け, また彼らに大きな影響を与えた. ジリーはフランスの理論や建築物 (とくにベランジェのもの) から大きな影響を受けており, また彼の義理の兄弟にあたる建築家ゲンツと親交があった. たとえば, ゲンツの建てた造幣局 (1798-1800) はジリーのデザインになるフリーズの帯状装飾を貼り付けていた. のちに描かれたベルリンの国民劇場案は, プリミティヴなドリス式の玄関廊, ディオクレティアヌスの窓, 明快に切りとられた露出する量塊といったものを具備し, 当時の最先端のデザインを示した. それはルグランとモリノの影響を受け, 他方で, 翻ってゼンパーに影響を与えることとなった. 彼の描いたストーンヘンジのような墓碑の重厚な (やはり実現しなかっ

た）スケッチは，むき出しの謹厳さにおいて前例がないものである．早過ぎる死の時まで，新しいバウアカデミー（建築アカデミー）で光学と透視図の教授を務めた．

ジリャルディ（ジラルディ），ドメニコ Gigliardi, *or* Gilardi, *or* Giliardi, *or* Zhilyardi, Domenico (1788-1845)

イタリア生まれの建築家．父ジャコモ（Giacomo）とともにモスクワに定住する．2人で未亡人の家（1809-18，フルート（溝）のついていないギリシア風ドリス式円柱の八柱式のポルティコが印象的である），後見評議会館（1823-26，イオニア式円柱のポルティコと，フルートのついていない円柱が2層になり，ヴォールトが架かった階段室が付属している）を建てた．最高傑作はおそらくルーニン邸（1818-23）であろうが，彼がかかわった最も大規模な事業はカザコフによるモスクワ大学の改築（1817-19）である．ここでは入口のポルティコのイオニア式オーダーをより堅固なギリシア風ドリス式オーダーに替え，両脇のパヴィリオンをより厳格なものに改築した．彼の設計したフルシチョフ邸（1814）とロプヒーン邸（1817-22）は，いずれも基本的にパッラーディオ主義であるが，帝政様式で装飾されている．彼の重要性は，大胆に新古典主義を促進し，プロイセンにおけるジリーと比較しうるような影響をロシア建築にある程度及ぼしたことである．カザコフによるクジミンキの邸宅の廏舎の音楽パヴィリオンを改築（1819）し，1788年にカザコフとクァレンギによって建てられ始めた郊外の宮殿を1820年代に完成させた．

シーリング・コーニス ceiling-cornice

部屋の垂直面と天井面の連結部分におけるカヴェット・コーニス．

シール ceil

1. 天蓋や仕切を備え付けること．したがって「シーリング（天井張りをする）」とは，その下の部屋やほかの空間に屋根をなすように下側の床に目にみえる覆いをすることで，多くの形状が可能である．

2. たとえばウェインスコットのように，木材の羽目板で覆うこと．

シル cill, *or* sill, sole, sule

1. 木骨壁の基部の水平梁（普通は「シル・ビーム（土台梁）」，「グランド・シル（土台）」，「ソール・ピース（根太／大引き）」，「ソール・プレート（敷板）」と呼ばれる）で，その中の枘穴に支柱と間柱が連結される．「シル・ウォール」とは，シル・ビームを支持する煉瓦や石で造った低い壁．木骨造においては「分断シル」が主要な支柱の間に走り，それらに枘継にされる．

2. 開口部（たとえば戸口や窓）の下部の水平な突出部分で，流れる水が下方の剥き出しの壁にかからないようにするためのもの．

3. 扉枠や窓枠の下部の水平材．

シルヴァ，エルコレ Silva, Ercole (1756-1840)

イタリアのランドスケープ・アーキテクト．ミラノ近郊のチニセッロに，ピクチャレスク・スタイルの「イギリス式」庭園（1799頃）を設計した（後に取り壊された）．著作『イギリス式庭園術（*Dell'arte dei giardini inglesi*）』（1801，以降増刷をくり返す）は，風景式庭園術についてのイタリア語で書かれた重要な作品である．その理論はヒルシュフェルトほかによったものであったが，イギリス式の庭園や異国産植物に対する興味を広めるのに貢献した．

シルヴァーニ，ゲラルド Silvani, Gherardo (1579-1675)

フィレンツェ出身の多作の建築家・彫刻家．サルヴィアーティ礼拝堂（1611，フィレンツェ市における後期ルネサンス建築の最も洗練された作例の一つ），およびカルデリーニ礼拝堂（1618-21，大理石に彫りこまれている）の内陣を設計した．ともに，フィレンツェのサンタ・クローチェ教会にある礼拝堂である．また，チェステッロにあるサン・フレディアーノ教会の重厚なクロイスター（1628），およびサン・ガエターノ教会の内装（1628以降）も手がけた．後者には聖具室（1633-48）も含まれるが，そこには師であったブオンタレンティからの影響がはっきりとみてとれる．サン・ガエターノ教会のために，頑健で重厚なバロック風ファサードも設計している．

シルクソヴァ，ヘレナ，および，シルクス，シ

モン Syrkusowa, Helena（1900-82）*and* Syrkus Szymon（1893-1967）

ポーランドの建築家. 第二次世界大戦で破壊されたワルシャワのシレシニスキ宮殿を再建（1947-48）しているが, よりよく知られているのは国際モダニズムの建物の設計である. ヴァレチニ通りの集合住宅（1930,「機能主義のイメージ」が誇張されている）やいくつかの住宅地（例：コウォ WSM 住宅地（1947-56）, プラガ I 住宅地（1948-52）, ラコヴィエツ住宅地（1931-36, ほかと共働）など）が言及に値する.

シルスビー, ジョセフ・ライマン Silsbee, Joseph Lyman（1843-1913）

アメリカの建築家. ニューヨーク州シラキュースにあるシラキュース・セービング銀行（1875）とホワイト・メモリアル・ビルディング（1876）はゴシック・リヴァイヴァル様式であった. しかし, 彼の名声はむしろ住宅作品によって築かれ, その多くはシカゴ郊外のエッジウォーター（1886-89）にある. 作品はなめらかで優美, かつ折衷的であり, シングル・スタイル, およびリチャードソンの作品の影響による半円アーチ様式の双方を試みている. F・L・ライトと G・G・エルムズリは 2 人とも彼の事務所でアシスタントとしてはたらいていた. シカゴのコロンビア万国博覧会（1893）では, 動く歩道を考案した.

ジルベール, エミール=ナルシス=ジャック Gilbert, Émile-Narcisse-Jacques（1793-1874）

フランスの建築家. デュランの教え子で, 病院, 収容所, 刑務所の設計の専門家となる. イトルフに影響され, シャラントンの巨大な精神病院（アジール・ダリエネ）内のポリクロミーの室内装飾を施された厳格なギリシア・ドリス式の礼拝堂にその影響を伺うことができる（連なった細長いブロックがコローナードの通路によって繋がれている）. ジルベールの建物は, 人道主義的な改革とその管理運営の表現であった. その中には, パリ, シテ島の警察署（1862-76）やその近くに娘婿のアルチュール=スタニスラス・ディエ（Arthur-Stanislas Diet, 1827-90）と設計し, 1864 年から 76 年に建設された堂々としたオテル・デュ（病院）がある.

シレン, ヘイッキ Siren, Heikki（1918-2013）

フィンランドの建築家. 妻のカイヤ（Kaija, 1920-2001）と 1949 年以来パートナーを組む. 彼らの作品は, シンプルさと伝統へのこだわりで特徴づけられるスカンジナビアのモダニズムにおける典型的な事例を提供し続けてきた. オタニエミにあるヘルシンキ工科大学の礼拝堂（1957）は, ミニマリズムによる祭壇や大きな窓越しにみえる松林を背景にした十字架などが, 完成時に大きな称賛を受けた. そのほかの作品では, タピオラにあるオトソンペサ連続住宅（1959）, オーストリアのリンツにあるブルックナーハウス・コンサートホール（1974）, ヘルシンキの KOP キャンピ事務所の花崗岩ビル（1985）などがある.

彼の父ヨーハン・シーグフリード・シレン（Johan Sigfrid Sirén, 1889-1961）も卓越した建築家であった. いずれもヘルシンキにある 1810 年創立のエンゲル大学増築（1931 竣工）と国会議事堂（1931 竣工）は, 1918 年から 39 年にかけて北欧新古典主義のリーダーとしての彼の地位を確実なものにした. ヴァーサにあるフィンランド銀行（1943-52）はストリップト・クラシシズムの気品ある作品である.

城 castle
　⇨城郭

シロエ, ディエゴ・デ Siloé, Diego de（1490頃-1563）

ルネサンス期スペインで活躍したフランドル系の建築家・彫刻家. イタリアを旅行後 1519 年にブルゴスへ戻り, 同地でいくつかの作品を制作した. 大聖堂内の左右対称な「エスカレーラ・ドラーダ」（黄金の階段）（1515-23）は, ヴァティカンのベルヴェデーレの中庭（1505 起工）におけるブラマンテの作品に部分的によっているが, おそらくミケランジェロやラファエロの影響による大量のグロテスク装飾に埋め尽くされている. 1528 年にサン・ヘロニモ聖堂を完成させるためにグラナダに招聘され, その後同地の大聖堂をルネサンス様式で設計した. ローマのサンタ・コスタンツァのような集中式構造物や, マルティリウム, あるいはエルサレムの聖墳墓教会堂のような墓所を暗示する, 周歩廊と祭室を備えた巨大なドーム屋根のチャンセルを, 五廊式バシリカと巧妙に結合

シロシヤル

するという，グラナダ大聖堂における シロエの みごとなデザインは，後世に大きな影響を残す こととなった．その他の作品に，サラマンカの フォンセカ学館のアーケードつき中庭 (1529-34)，ウベダのサン・サルバドール聖堂 計画 (1536，アンドレス・デ・バンデルビーラ (Andrés de Vandelvira, 1536-60 活躍) によ り建設され，先行する シロエのグラナダ大聖堂 に多くをよったロトンダをもつ) 等，プラテレ スコ様式の名手の1人に数えられる．

ジロー，シャルル＝ルイ Girault, Charles-Louis (1851-1932)
フランス・ボザールの古典的な建築家．彼の 作品は 19 世紀末から 20 世紀初頭の最も華麗に して祝祭的，そして豊かなネオ・バロック建築 に数え上げられる．1900 年のパリ万国博覧会 のためプチ・パレ (1897-1900) や，ベルギー のブリュッセルにあるパレ・デュ・サンカント ネールのサンカントネール凱旋門 (1905)，同 じくベルギーのテルヴュランのミュゼ・デュ・ コンゴ・ベルジュ (1904-11) を設計した．彼 の最も豊かでカラフルな設計は，パリのパス トゥール研究所に設計したルイ・パストゥール の墓 (1822-95) で，初期キリスト教様式のモ ザイクで飾られている．

ジンギャング，ジン・ケース，ジン・ハウス，ジン・リンク gingang, gin-case, gin-house, gin-rink
円形平面，または多角形平面の農場建築物．馬による動力で製粉機を作動させるようになっ ている．ミル・コース，ミル・ギャング，ミ ル・リンクともいう．

シンクチュア cincture
円柱やピラスターの柱身上端でアポヒュシス を受けるフィレットまたはリスト (平縁)．

シンクフォイル cinquefoil
⇨フォイル

シンクラスティック synclastic
ある曲面において，(ドームの半球内のよう に) あらゆる点を通って，あらゆる方向に曲が る凹凸の曲率が同じであるものを指す．⇨アン ティクラスティック

シングル shingle
1．基準寸法にカットされた薄い木の板 (通 常はオークやシーダー材) で，平行な二辺の片 方が他方よりも厚く，屋根を葺いたり壁を被覆 したりするために，スレートや瓦のかわりに用 いられる．ローマではスカンドゥラエと呼ばれ た．こけら板．
2．英語の複数形では，ラフな下打ちコンク リートの小石，砂利道，コンクリート混合物の 骨材を意味する．

シングル・スタイル Shingle style
ヴァナキュラーあるいはドメスティック・リ ヴァイヴァルを含む 1870 年代のオールド・イ ングリッシュ・スタイルのアメリカ版．イング ランドでは，タイル張りの壁と破風が当時の設 計に組み込まれることが多かったが，アメリカ ではシングル (薄板) がそれに置き換わった． 1876 年，アメリカ独立から百周年の気運の中 でコロニアル・ジョージアンの民家が多く建て られるようになり，シングルの外装，腰折れ屋 根のほか，屋根窓，出窓，イングランドで流 行っていたアン女王様式の特徴を備えていた． それらをシングル・スタイルと呼ぶ．H・H・ リチャードソン設計によるロードアイランド州 ニューポートのシャーマン邸 (1874-75)，マサ チューセッツ州ケンブリッジのストートン邸 (1892-93)，マッキム・ミード＆ホワイト設計 によるロードアイランド州ブリストルのロウ邸 (1886-87) などが好例である．シングル・スタ イルの多くの邸宅が内部を開放的な空間として 巧妙に計画されるが，それが後にフランク・ロイ ド・ライトやグリーン＆グリーンの作品につ ながっていく．

シングル・パイル・ハウス single-pile house
一部屋分の奥行きをもつ住居平面のタイプ で，ダブル・パイル平面に対比される．

シングル・ハング single-hung
開口用のサッシュが一つしかない窓．単純上 げ下げ窓．

シングル・フレーム single frame
桁や小梁を用いずに根太 1 列だけで支えられ た床．または，合掌を用いずに，二重梁 (カラー・ビーム) や筋交いなどで補強された 1 列の

垂木群からなる屋根.

新経験主義　New Empiricism

　エルスキンやマルケリウスらによる 1940 年代のスウェーデンの建築で,「新人道主義」や「福祉国家」の建築とみなされているもの. ある意味で新ブルータリズム主唱者に対抗する, あたりさわりのない表現といえる.

シンケル, カール・フリードリヒ　Schinkel, Karl Friedrich (1781-1841)

　プロイセンの建築家であり, 19 世紀前半のドイツで最も偉大な建築家. 才能ある建築家であるばかりではなく, 官僚であり, 知識人, 画家, 舞台背景画家, パノラマ画家, 有能な製図家でもあった. 彼の生み出したものは豊穣だが, その様式折衷的な作品は叙情的で, しかも論理的だった. 多くの建築を設計したが, 彼がプロイセン国家つきの建築家として国王と国家に奉仕した間, その建築物は秀逸さを表すパラダイムとなり, またドイツ全体の数世代の建築家たちが参照すべきスタンダードを確立した.

　1797 年に展示された, フリードリヒ・ジリーによるギリシア・ローマ・エジプト的な要素を含むプロイセン国王フリードリヒ 2 世 (大王, Friedrich II, 在位 1740-86) 記念碑案は若きシンケルに建築家になるという野心をかき立て, 1798 年にジリーの父ダーフィット・ジリーのアトリエ, かつ家庭の世話になる. そしてバウアカデミー (建築アカデミー) に入学し, そこで厳格な実践教育を受けたと同時に, アロイス・ヒルト (Alois Hirt, 1759-1834) によって説かれた古典主義の理論の基礎を習得した. 他の教師にはゲンツ, ラングハンスがいたが, バウアカデミーの気質はブロンデルやパリのエコル・ポリテクニク (理工科学校) の理論から多くを得ており, 若きシンケルはフランス・プロイセン的な新古典主義が育って行く中で, その合理的な建築観を体得していった.

　イタリアとフランスを旅行 (1803-05) した際に, 彼は土着的建築, 中世建築について知識を得, とくにナポリ周辺の田園住宅の構造原理やミラノ大聖堂のゴシック様式のヴォールト天井に関心を示した. 古代の遺跡にではなく, むしろそのピクチャレスクな美しさに感動し, またロマネスク様式やその他の建築物, また煉瓦造建築 (たとえば, ボローニャの) について研究した. ベルリンに帰還すると, ベルリンは疲弊しており, プロイセンが 1806 年にフランスに敗戦し, 首都が占領されたため, 建築の仕事が得られる見込みさえなく, シンケルはパノラマやジオラマ, また理想風景やその他の絵画の制作に没頭した. これらの仕事がシンケルの名を知らしめ, ケーニヒスベルクに避難していて帰還したばかりの王妃ルイーゼ (Königin Luise, 1776-1810) の目を引き, 彼女がシンケルにベルリンおよびシャルロッテンブルクのいくつかの宮殿の改装を依頼した. 1810 年, 彼は (教育省大臣だった (カール・) ヴィルヘルム・フライヘル・フォン・フンボルト ((Karl) Wilhelm Freiherr von Humboldt, 1767-1835) の支えもあって) 国家が建築する, また所有する建築物の美的な質について助言する役目をもつ上級建築局に雇用された. そこから彼は官僚機構の中で目を見張る出世をとげることとなり, そのことがのちに, 人間性を賛美し, プロイセンのプライドを表現するような建築物を創造することを可能にした. 広く愛されていた王妃ルイーゼが 1810 年に亡くなると, 愛国的な感情が高揚し, シンケルはゲンツや国王フリードリヒ・ヴィルヘルム 3 世 (Friedrich Wilhelm III, 1797-1840) とともに, シャルロッテンブルク宮庭園の中にギリシア・ドリス式の王妃霊廟を設計した. これに関しては, 彼はもう一つの (かつ魅惑的な) ロマン主義的なゴシック様式案も作成してみせた. それはゴシック様式の「自然」起源の仮説を暗示させるものであり, ヴォールトのリブを棕櫚の葉のようにデザインし, 王妃の亡骸を覆う平和の天蓋のようにしており, これ以後, ゴシックは広くドイツ的精神を具現するものとみなされるようになる. それは彼にとって古典とゴシックの総合を意味し, 彼の後の建築作品の多くに特別の装いを与えることとなった. 1811 年, 王妃の棺がシャルロッテンブルク宮に帰還する途中で一時降ろされたグランゼーに, ゴシック様式の鋳鉄製記念碑を設計したが, それは 13 世紀イギリスの「エレノア・クロス」の記念碑群にヒントを得たものだった. またシンケルは, 光を浴びる巨大なゴシック大聖堂に崇高さを帯びさせた一連の絵画を描いたが, そこには 1810 年にベルリンで展示されたカスパール・ダヴィッド・フリードリヒ (Caspar David Friedrich, 1774-1840) による絵画に比べられるものがあ

シンケルカ

る．

民族意識の高揚とともに国王は国民に対してナポレオンからの解放戦争のために金装飾を集めるように訴え，それに呼応しつつシンケルは1813年に鉄十字勲章をデザインしているが，そこからプロイセン国家の理念は倹約，剛健，自己犠牲と結びつけられるにいたる．シンケルの残りの人生において，鉄の活用，そして新技術と工業化への姿勢は熱心なものとなっていく．ナポレオンの一時の敗北はプロイセンの民族的な誇りを強く刺激し，建築にも表現されることとなった．1815年，シンケルはゲハイマー・バウラート（枢密建築監）に昇進し，ベルリンの都市計画を，および国家と宮廷のすべての建築事業を統括するという立場に立つ．彼はまた国家的な建造物の保存に関して影響力をもった報告の創案者となり，それはプロイセン全土における歴史的建築物の国家的保護を促すこととなった．彼が当時，とくに関心を示したものの中には，ケルン大聖堂の修復完成事業の開始（1816），およびかつてドイツ騎士団長の館であったマリーエンブルク城（1309-98，現ポーランドのマルボルク）の調査があった．後者の建築物について彼が提唱したことは，彼の死後，1845年以降になって実現し，そのプログラムは20世紀に入るまで継続された．画家，ジオラマとパノラマの制作者となった経験から，彼は舞台装置デザインを委託されるに至るが，そのうちモーツァルトの『魔笛』（1815-16）は最も想像力豊かなものだった．それはナポレオンのエジプト遠征による出版物をもとにしたエジプト・リヴァイヴァルの建築イメージを含み，またフリードリヒ・ハインリヒ・アレクサンダー・フォン・フンボルト（Friedrich Heinrich Alexander von Humboldt, 1769-1859）による南米およびメキシコ旅行（1799-1804）をもとにした出版物（1807）からヒントを得た異国情緒たっぷりの中米の熱帯風景を含んでもいた．

シンケルが残した主要な建築は1816年以降に設計されたものである．その最初のものは，ベルリン，ウンター・デン・リンデン通りのノイエ・ヴァッヘ（新衛兵所，1816-18）であり，単純な砦風の塊をなす建築物をもとに，柱廊玄関にやや自由なギリシア・ドリス式（トライグリフはなく，フリーズの下にグッタエ風のエレメントによる帯を添えてある）を用いたもの

だった．これに続いて，すべて鉄製のものであるが，ベルリン郊外シュパンダウのナポレオン戦争戦没者記念碑（1816），テンペルホフの丘（現クロツベルク）上に立つゴシック様式の記念碑（1818-21），グロスベーレンの教会堂境内に立つ小尖塔形の記念碑（1817）が建てられた．そしてベルリン市内の地区マスター・プランと一連の壮麗な建築物群が続く．ラングハンス設計の国民劇場が取り壊された跡には，シンケルのシャウシュピールハウス（劇場，1818-21）が建つ．そこには方立を連続させる柱梁のシステムを備えた見事なデザインがみられるが，それはイオニア式の柱廊玄関と，アテネにある古代ギリシアのトラシュロスの合唱団記念碑，古代エジプト神殿にある角柱を参照したものだった．この劇場はジャンダルメンマルクト広場の双子の教会堂とともに，ベルリンの最も高貴な都市的アンサンブルの一つをなす．

彼はまた，王宮の前にあるルストガルテン（快楽園）のために包括的な提案をなしたが，それには水路の整備，大聖堂の改変，その他の建築物群の建設，またルストガルテン通りとウンター・デン・リンデン（菩提樹の下）通りをつなぐ新しい橋の設置が含まれた．構想の一部として彼は新しい博物館のアイデアを描き，それが1823年に国王の承認するところとなる．この彼の傑作アルテス・ムゼウム（第二次世界大戦でひどく損傷し，その後改修）は，社会の文化的基盤を上げようとする高尚な意識から出た全体的なプログラムの一部をなすものであり，ヘレニズム的なストアにも似た長大なイオニア式柱廊を備えた．列柱廊の背後にある一対の大階段室を昇ると開放的なギャラリー状のテラスへと続き，そこから都市の景観を楽しむことができた．そのプランは設計者の高い理想にふさわしく，デュランなどのフランスの理論家から影響を受け，明快さと純粋さを見せるが，第二次大戦後の復興の際にはしばらくそういった品質はほとんど回復されていなかった．その大階段と玄関の背後には，立方体空間の中にパンテオンに似たロトンダが挿入されている．

そのほか，彼は二つのみごとな建築物を建てた．一つはフンボルトの住まいであるテーゲル宮（1820-24，ベルリン都心の北西にあり，シャウシュピールハウスの方立と柱梁のスタイル，つまりイギリスのパッラーディオ主義の要素でもあるヴィチェンツァのヴィラ・トリッシ

ーノ由来のテーマと，古代への連想を混ぜ合わせている）であり，もう一つはポーランドのポズナニにある．（プロイセン国ポーゼン地方長官アントン・ハインリヒ・ラツィヴィウ（Prince Anton Heinrich Radziwiłł, 1775-1833）のための）狩猟館アントニン（1822-24，外観は4階建ての木造八角柱形を核にして四つの四角な翼部を張り出させ，内部は中央の八角形ホールの中心に暖炉と煙突を収納する1本の巨大なドリス式円柱を立て，3層のギャラリーが巡る）である．彼はまた，ベルリンのインヴァリーデン＝フリートホフ（傷病兵墓地）に，ゲルハルト・ヨハン・ダーフィット・フォン・シャルンホルスト将軍（General Gerhard Johann David von Scharnhorst, 1755-1813）の墓碑（1820-24）を設計している．

ルストガルテンに博物館を建築していた（1824-30）時，シンケルはベルリンにネオ・ゴシック様式のフリードリヒ＝ヴェルデルシェ・キルヘ教会堂を建てることについて承認を得ているが，これは彼にとって重要なゴシック様式の例となった．その後ドイツ，フランス，イングランド，スコットランド，ウェールズへの調査旅行に出るが，それにプロイセンの技術官僚であるペーター・クリスティアン・ヴィルヘルム・ボイト（Peter Christian Wilhelm Beuth, 1781-1835）を伴っていた．シンケルの旅日記は，とくにイギリスの産業建築についての関心（例：ロンドンのドック，建築工法，スタッフォードシャーの陶器製造所，ガス工場，など）を含む自らの印象を記している．ベルリンに帰ってから，スマークの大英博物館で見た耐火構造の技法を応用し，またベルリン市中にイギリスの会社がガス灯を設置するのを支援した（1826-27）．

それに続いて，コルベルク（現ポーランド，コウォブジェク）の市庁舎（1826-27）など，ゴシック様式の小品，また，シャルロッテンホフ宮（1826-27），宮廷庭師の家（1829-33，トスカナ地方の土着建築を想い起こさせる），「ローマ浴場」（1830）といったポツダム庭園の一連の瀟洒な建築群が設計される．最後の3作品は庭園と見事に統合されていて，イギリスでとくにナッシュ，パプワースによって開拓された非対称のピクチャレスクな構成のアイデアに依拠していた．ポツダムのニコライキルヘ教会堂（1830-37）では，シンケルは18世紀フランス

の理論家が提唱した立体幾何学的な純粋さの理想を現実のものとし，大きな立方体にドラム（円筒部）とドームを乗せ，アプス形の内陣，古代風の柱廊玄関を備えさせていた．それはこの建築家がギリシア，ローマ，イタリア風，新古典主義の形態言語を完全にマスターしていたことを証している．

テラコッタや煉瓦に対する関心は，たぶんイギリス旅行で刺激を受けたものと考えられ，トビアス・クリストフ・ファイルナー（Tobias Christoph Feilner）邸のポリクロミーによる建築デザインに実現する（1828）が，それはイトルフやその他の建築家のアイデアを先取りするデザインとなっていた．ベルリンのバウアカデミー館（1831-36）はそのような傾向から生まれたものであり，古典的な厳格さ，ゴシックの支柱と控え壁のシステム，イギリスの産業建築といったものから影響を受け，ポリクロミーの煉瓦とテラコッタをもとにした建築デザインとなっていた．バウアカデミー館は建築の学校のほか，シンケルの住居を収容し，また国のオーバーバウデピュタティオーン（上級建築局）ともなっていた．〔東ドイツ時代に〕共産党政府によって不当にも完全取り壊しに至った（1961）が，それは彼の最もすぐれた作品の一つとすることができる．古典様式によるその他の傑作には，シャルロッテンブルク宮の新パヴィリオン（1824-25），グリーニケ宮（1824-32）およびそのカジノ（1824-25），ザクセン州ドレスデン市のハウプト・ヴァッヘ（衛兵所本部），クライン・グリーニケ宮パヴィリオンのグローセ・ノイギールデ（大いなる好奇心，1835-37）がある．その最後のものはアテネのリュシクラテスの合唱団記念碑（前334）を引用したものであり，ギリシア復興の様式の愛らしい美しさを見せている．

ハーフェル河畔のバーベルスベルク宮（1832-49）はイギリスに由来するロマン主義的な城郭様式でデザインされていた．あまり知られていないが同様のものに魅惑的なクルニク宮（現ポーランド）があるが，当初の建築物（1830年代）は改造を受けている．シンケルは他にもピクチャレスクでロマン主義的，古典主義的な夢の宮殿群をデザインしたが実現しなかった．それにはロシア，クリミア半島のオリアンダ宮案（1838，プリニウスの精神が垣間見られる），アテネのアクロポリス上の宮殿案

シンコテン

(1834) があり，彼の最も想像力にあふれ，優美なデザインに含まれた．これらはバウアカデミー館とともに，シンケルの生涯の最後の段階を示し，そこには折衷主義，成熟した古典主義，シンクレティズム（混交），そして多様な国々，様式，時代からの影響が渾然一体となっていた．1831 年から 37 年まで，オーバーバウディレクトーア（上級建築局長）として，彼はプロイセンのあらゆる建築事業に関与する立場にあり，歴史的建築物の保存にも助言を行い，そして 1838 年にはゲハイマー・オーバーランデスバウディレクトーア（枢密上級国家建築局長），つまり国家官僚機構の頂点のポストに立った．

シンケルが 1841 年に亡くなると，国葬とされた．ベルリンのドロテーエンシュタット墓地に葬られ，その墓石には，彼自身がジークムント・F・ヘルムシュテットの墓碑として，ギリシアの記念石柱をモデルとしてデザインしたもの（1833）が用いられた．1842 年，彼のよき友でもあった国王フリードリヒ・ヴィルヘルム 4 世（Friedrich Wilhelm IV，在位 1840-61）は彼のすべての作品を国家が買い上げるとする法令を発した．のちにロースは彼を「最後の偉大な建築家」と呼んだ．著作には，『建築設計案集（Sammlung Architektonischer Entwürfe）』(1819-40)，『実施のために設計された高級な建築芸術作品（Werke der höheren Baukunst für die Ausführung entworfen）』(1840-48)，ボイトと共著の『工場主，手仕事職人のための模範集（Vorbilder für Fabrikanten und Handwerker）』(1821-27) がある．最も有能な彼の弟子には，ペルジウス，シュトラック，シュテューラーがおり，また彼はルントボーゲン様式が形成される過程にかかわった重要な人物でもあった．

新古典主義　Neo-Classicism

18 世紀後期から 19 世紀前期にかけてのヨーロッパ，アメリカにおける主要な様式．主にイタリア・ルネサンスが古代の真正な建築形態言語を提供してはいないと思われるようになった際に，古代の古典主義に復帰しようとしたもの．趣味感覚もバロック，ロココから離れ，古代の精神により忠実な建築にたどり着こうとし，考古学やその他の学問の重要性をより強く評価する方向に進んだ．ロンドンのディレッタ

ンティ協会といった組織が建築や古代を扱う学問的，また正確な出版を支援した．その最も重要なものの一つは『アテネの古代遺物（The Antiquities of Athens）』(1762 以降) であり，そして新古典主義のうち，この傾向の主要な触媒となったものをグリーク・リヴァイヴァル（ギリシア復興）と呼ぶ．幅広い発掘活動が展開され，ローマやアテネのみならず，重要なローマ時代の遺跡であるヘルクラネウム，ポンペイなどについての多数の出版物が出され，いわゆるエトルスク・スタイルを導き出し，また少なからずアダム・スタイル，アンピール・スタイルといった流行に影響があった．古代，また当代のローマの建築に対する賛美は，ピラネージによる『ローマの古代遺跡（Antichità Romane）』(1748)，『ローマの壮麗と建築について（Della Magnificenza ed Architettura de' Romani）』(1761) などの銅版画集においても示され，また崇高（サブライム）に対する趣味感覚が浮かび上がってきた．なぜなら，ピラネージは描かれる対象の規模を誇張し，実際以上に印象的にしたからである．プリミティヴなもの，重厚なものが探求され，とりわけ古代ギリシア建築の柱基のないドリス式オーダーは，パッラーディオ主義の洗練さに慣れた目には奇異に映り，注目された．ヴィンケルマンに刺激され，ギリシア美術は真摯にとり組まれるようになり，ディレッタンティ協会の庇護のもとのスチュアートとレヴェットやその他による，まずパエストゥムやシチリア島の，さらにはギリシア本土の神殿の研究へと続き，ドリス式復興，そして建築構成における大胆でプリミティヴな形態の使用へと進む．コルドモワ，ロージエ，ロドリといった理論家たちは単純さへの回帰，不必要で混乱した装飾を排除した合理的デザイン，装飾のゆえにではなく構造的な理由から出たオーダーの使用へと議論を進めた．さらに幾何学的な形態が表現上に自己目的化され，量塊，建築物の各部位，各要素が明快に目に映り，理解されるようになってきた．シャルル＝ニコラ・コシャン（Charles-Nicolas Cochin，1715-90)，ジェローム＝シャルル・ベリカール（Jérome-Charles Bellicard, 1726-86) は著書『都市ヘルクラネウムの古代遺物に関する考察（Obervations sur les antiquités de la ville d'Herculaneum）』(1753, 1754, 1756, 1757, 1758) を出版して新古典主義の趣味感覚を広め

るのに貢献し，またル・ロワ，ペールはフランスの建築を，そのデザイン上の源泉をローマではなく，古代ギリシアに向けさせた．ロバート・アダムとクレリソーは『ダルマチア，スパラトロ（スプリット）のディオクレティアヌス帝宮殿遺跡（*Ruins of the Palace of the Emperor Diocletian at Spalatro*）』（1768）を出版して，古代後期ローマの遺構に目を向けさせた．スチュアート，スマーク，ウィルキンスのギリシア復興の建築作品にみられるように，新古典主義のある部分は古代の建築物や要素を学術的に複製することを意味したが，運動全体としては，コピーすること（正確な引用はその一部をなす）に限定されるものではなく，古代風にみえるようにするために，過剰の装飾や細部を省略し，形の明快さ，また立体幾何学的な純粋さを好んだのだった．この傾向はブレ，デュラン，アーレンスヴァルド，ジリー，ラトローブ，ルドゥー，ミラー，モンク，ソーンといった建築家の作品にみられる．1802年以降，フランスのドゥノンおよびエジプト記念物委員会は古代エジプトについての正確な調査資料を出版したが，それは堅固で強靱な形態を求めていた建築家のボキャブラリーにさらに多くの要素を加えることとなる（⇨エジプト・リヴァイヴァル）．新古典主義はペルシエ，フォンテーヌといったアンピール様式のデザイナーたちの手で，また建築ではクレンツェ，シンケルによって洗練を極めた．そしてそれは20世紀にもネオ・バロック，アール・ヌーヴォーといったスタイルに対する反動として，しばしば非常に省略され，単純化された形でリヴァイヴァルした（例：アスプルンド，ベーレンス，バーナム，トニー・ガルニエ，カンプマン，レヴェレンツ，ロース，マッキム・ミード＆ホワイト，ムツィオ，ペレ，ペーターゼン，ピアチェンティーニ，プレチュニク，シュペーア，テッセノウ，その他多数）．

人獣柱　zoöphoric column
ヴェネツィアのサン・マルコ広場でみられるような，動物の像を据えた円柱．

新造形主義　Neo-Plasticism
ピート・モンドリアン（Piet Mondrian, 1872-1944）に主導された，1914年以降の厳格な抽象主義芸術．新造形主義という語は，いかなる自然主義的表現からも自由な立場を取ることを示唆している．この目的のためモンドリアンは，垂直線と水平線，また原色と黒，灰，白の色彩のみを用いることに造形を限定し，3次元的形態を用いずに簡素化して，可塑的形態の基礎と考えた要素的平面に還元していった．新造形主義はデ・ステイルの美学となり，リートフェルトによって展開されていった．また，1920年代の建築に多大な影響を与えた．

新即物主義　New Objectivity
⇨ノイエ・ザハリヒカイト

真鍮　brass
銅と亜鉛の合金．磨くと光沢をもつ．

真鍮板追悼記念碑　monumental brass
儀礼的な図像や銘が刻まれた真鍮，またはラッテン（銅と亜鉛の合金）の板．葬祭記念碑として石材のスラブにはめ込まれている．

真束　king-post
⇨トラス

神殿　temple
異教の宗教儀式に用いられる建物，あるいは神性が宿る場所．この語は古代エジプト，ギリシア，ローマ，そのほかの宗教建築に適用される．古典古代の神殿は一般に矩形平面をもち，ケラ（ギリシアではナオスという），至聖所，ポルティコによって構成される．古代ギリシアの神殿では，エンタブラチュアを支える列柱廊（ペリスタイル）によって取り囲まれており，両端にペディメント（例：前5世紀のアテネのパルテノン神殿）を備えている点が共通している．しかし，平らな壁をもつポルティコが両端に設けられる（アンフィ・プロスタイル）こともある（例：前5世紀のアテネのニケ・アプテロス神殿）．一般に古代ローマの神殿では，一端に奥行きの深いポルティコ（エトルリアの原型に由来する），もう一端に平らなケラ（ときにはエンゲージド・コラムを伴うこともある．例：1世紀のニームのメゾン・カレ）を備え，いずれも高い基壇の上に建てられる．トロスというタイプの円形神殿は，ギリシア人とローマ人のいずれによっても建てられた（例：前1世紀のティヴォリのウェスタ神殿）．円柱の配列

シントラル

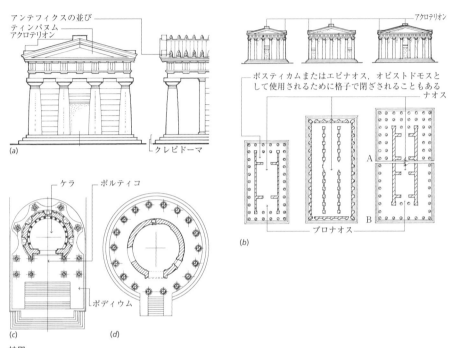

神殿

(a) ギリシアのドリス式のプロスタイル・テトラスタイル（前四柱式）神殿正面．ケラの壁端部がアンタとなっていることに注意せよ．(b) ギリシアのドリス式神殿のさまざまなタイプの平面図．（左）ペリプテラル・ヘクサスタイル（周翼六柱式），すなわち，ケラを列柱廊が取り囲み，6本の円柱がそれぞれ両端部に設けられることでポルティコを形成し，ペディメントを載せるタイプ．（中）プセウド・ペリプテラル・セプトスタイル（あるいはヘプタスタイル．擬周翼七柱式），すなわち，柱はすべて神殿の壁に半円柱として埋め込まれ，7本の半円柱がそれぞれ両端部に設けられることによって，入口が中心から外れた配置となるタイプ．（右）A ディプテラル・オクタスタイル（二重周翼八柱式）の半分の平面図．すなわち，ケラを二重の列柱廊がとり囲み，8本の円柱がそれぞれ両端部に設けられることでポルティコを形成し，ペディメントを載せるタイプ．B プセウド・ディプテラル・オクタスタイル（擬二重周翼八柱式）の半分の平面図．すなわち，ケラの壁とペリスタイルとの間に広い間隔を設け，8本の円柱がそれぞれ両端部に設けられることでポルティコを形成し，ペディメントを載せるタイプ．この広い間隔は，外側の列柱廊の背後にさらに列柱廊が設けられるべきであることを暗示している．(c) 古代ローマの「ウェヌス神殿」平面図，バールベック，レバノン（3世紀）．ポディウム，ポルティコ，そして階段からなる典型的な配列を示しており，円形の建物として用いられた．(d) ティヴォリのウェスタ神殿（前80頃）平面図．円形のペリスタイル（周翼式）を示している．

を表現するための用語は，いたるところで示されている（⇨アンタ，コロネード，インターコラムニエーション，ポルティコ）．

シンドラー，ルドルフ・ミヒャエル

Schindler, Rudolf Michael (1887-1953)

ウィーン生まれのアメリカの建築家．初期に影響を受けたのは，ロースやオットー・ヴァーグナー，そしてフランク・ロイド・ライトである．1916年からライトのオフィスで働き始め

たのち，1921年にはロサンゼルスに個人事務所を開設し，1920年代中旬からノイトラと協働し始めた．彼の作品のほとんどは住宅建築の領域におけるものであり，1920年にはコンクリート構造のシステムを採用していた．カリフォルニア州ハリウッドのノースキングス・ロードにある「シンドラー自邸」(1921-22)は，二つのL字型プランによって自由に構成されており，それらの中にスタジオが含まれ，かつ外部の生活空間への経路を与えている．しかし，当時の彼の最も代表的な作品はカリフォルニア州ニューポートビーチのオーシャンアヴェニュー1242にある「ローヴェル・ビーチ・ハウス」(1922-26)であり，これはデ・スティル運動や構成主義に影響を受けたものである．これは五つの露出したコンクリートによる枠組みで支えられており，プレファブリケーションの材料によって囲われた空間がつくられている．その後の彼の作品は，ロサンゼルスの「バック邸」(1934)から，よりいっそうブロックを積み上げたようなデザインになっていき，徐々にコンクリートを建築の主要な材料として使わなくなっていく．1930年代には木造とスタッコによる仕上げを，1940年代には合板パネルを使用するように変化する．カリフォルニア州カノガパークの「ヴァン・デッカー邸」(1940)からは屋根の表現を始めるようになり，ロサンゼルスの「ジョンソン邸」(1949)などではますます断片的にみえるような建築へと進展していった．その個性とユーモア，そしてインターナショナル・スタイルや近代運動に内在される全体主義に対する嫌悪を有していたことで，シンドラーの存在は一時期無視された．しかし後になると，近代建築の先駆的デザイナーとして認識されるようになった．

ジン・パレス　gin-palace

1830年代のイギリスで発展した華美なパブ．板ガラス，鏡面ガラス，バー，ガントリー，見目のよい精巧な備品が並び，ガス灯やライトによって照明されていた．ロンドン・ホルボーンのトンプソン＆フィーロンのジン・パレスは最古の例の一つであると思われる．スティーヴン・ギアリーはこの形式のもののデザイナーとして名声を得た．

シンプソン，アーチボルド　Simpson, Archibald (1790-1847)

スコットランドの建築家．アバディーンシャーにある多くのみごとな建物を手がけた．彼のグリーク・リヴァイヴァルのデザインには，アバディーン・ミュージック・ホール，もしくはカウンティ・アセンブリー・ルーム (1820-22)，ロンメイにあるカントリー・ハウスのクライモンモーゲート (1825頃) がある．これらは美しい御影石の石積みによって建てられており，記念碑的な厳格さが醸し出されている．キントー近郊のセインストン・ハウス (1847頃) は単純化された古典主義様式である．また，城館風建築 (カースル・フォーブス (1814-15))，ゴシック様式 (オールド・アバディーン・フリー教会 (1845-46))，チューダー・ゴシック様式 (ハントリーにあるゴードン・スクールズ (1839)) を実験的に用いた．ほかの作品には，モリーシャーのエルギンにある，美しいグリーク・リヴァイヴァルのセント・ジャイルズ教会 (1827-28) がある．彼のカントリー・ハウスやヴィラのほとんどは質素な古代ギリシア様式で，内装はとても美しく独創的な新古典主義である．

シンプソン，ジョン・アンソニー　Simpson, John Anthony (1954-)

イギリスの建築家．国際的なモダニズムを拒否し，新しい建物に古典建築様式をいかに用いるのかを追求した．彼の作品は，後期ジョージアン様式に由来し，ソーンの建築に感化されたウェスト・サセックスのアシュホールド・ハウスによって名声を高めた (1985-88)．シンプソンは，ロンドン，ビルディング・センターで「リアル・アーキテクチュア」展 (1987) を開催するなど，1980年代に新古典主義を一般に広める重要な役割を果たした．ケンブリッジのゴンヴィル・アンド・キーズ・カレッジ (1993-98) では，研究者のためのダイニング・ホールと読書室の詳細と色使いに彼の才能が発揮された．2000年には，ドーセットのパウンドヴァリーのプリンス・オブ・ウェールズの村に自身初の公共施設であるマーケット・ビルディングを，また同年，ロンドン，チェルシーのセント・メアリーズ・オールド・チャーチの新しいチャーチ・ホールを完成させた．1999年には，バッキンガム・パレスのクイーンズ・ギャラリーと厨房の改築のコンペに勝ち，2002

年の女王在位 50 周年記念にオープンした.
ギャラリーは, ギリシア・ドリス様式の柱廊玄
関で, 玄関ホールには彫刻家のストダートによ
る二つの大きな帯状装飾がつけられた. ストダ
ートはパトロン・セイントのパネル装飾のほ
か, パエストゥムのドリス式に着想を得た２本
の円柱上に優美な天使像も手がけた. シンプソ
ンは, 都市デザインにも重要な存在で, ロンド
ン, シティのセント・ポール大聖堂周辺地区ペ
イターノスター・スクエアに対して卓越した提
案を行った. 後に, いくつかの開発計画を主導
し, そこでは, 街区に対して伝統的なパターン
を混ぜながら, 最も持続可能な形として発展さ
せた. 彼による計画としては, バッキンガム
シャー, アイルズバリー近郊のコールドハーバ
ー・ファーム, ハートウェル・ハウス・エステ
イトがあり, おそらく最も注目すべきものであ
る.

シンボリオ cimborio

1. 屋根の上に載せられた採光可能なランタ
ン.

2. 主祭壇やクワイアなどの真上にあるクー
ポラまたはほかの装置, あるいはスペインの教
会堂で交差部の上を覆う構造.

シンボリック・アーキテクチュア Symbolic architecture

⇨象徴建築

シンボル symbol

1. 聖餐の要素のような何か聖なるものの象
徴.

2. キリスト教にとっての十字架や, (聖ラ
ウレンティウスにとってのグリルや, 聖バルト
ロマイにとっての皮はぎ用のナイフのような)
聖人が殉教したときの処刑法 (持物), 聖霊に
とってのハトなど, 行為や人物, 理念, その他
にまつわる記憶を呼び起こすために用いられる
おなじみの物.

3. 寓意 (物語などの主題を描写するにあ
たって, それとの類似性を暗示するにふさわし
い, 見かけ上は別の何らかの主題. それゆえ,
主題自体とは異なる別の何かを表現する) とは
異なり, それが何であるかを象徴しているも
の.

シンメトリー symmetry

軸線の両側の部分が正確に対応しているも
の. 例えば古代ギリシアの神殿.

身廊 nave

バシリカ式聖堂の中央部で, その両側に高窓
を備えたもの. または聖堂の西壁と内陣との間
の主要部のことで, 通廊の有無を問わず, 平信
徒によって用いられる部分. 身廊はしばしば障
壁によって聖歌隊席と分離され, 高窓の壁を支
える身廊のアーケードによって側廊と分離され
る. 身廊の礼拝堂は身廊のいずれかの側の一方
にあり, たとえば側廊では障壁によって分離さ
れる.

身廊前室 ante-nave

⇨アンティ・ネーヴ

スアソ, セクンディーノ　Zuazo Ugalde, Secundino (1887-1970)

スペインの建築家, 都市計画家. その作風は折衷的であり, 彼の手によるいくつかの郵便局（たとえば, ビルバオ, マドリッド, サンタンデール, 1924-27）においてはウィーンの影響を感じとることができるが, この影響がおそらくもっとはっきりと現れたのが, マドリッドの集合住宅カサ・デ・ラス・フロレス（1930-32）においてである. マドリッド近郊エル・エスコリアル修道院の構成および幾何学に関する自身の研究にもとづき, スアソはまた傑出した都市計画家として, ビルバオのインナー・シティを再整備し, 大セビーリャ都市圏計画を構想し, 新しい政府の省庁街を建設（1930-37）するためにマドリッドに新たにつくられたカステリャーナ通り（1933開通）のデザインを提供した. しかしながら, 石造建築による「節制と高潔の賛歌」というスアソのヴィジョンは庁舎の実施設計を担った建築家たちには共有されず, 実際の建物の様式は, イタリアのファシストやドイツのナチスによる 1930 年代の公共建築を連想させる陰鬱なストリプト・クラシシズムとなった. スアソ自身, 古典主義の名手であり, ともにマドリッドにあるパラシオ・デ・ラ・ムシカ（1924-26）やドミンゴ・オルテガ邸（1946-47）を古典様式で設計している.

スアルディ, バルトロメオ, 通称ブラマンティーノ　Suardi, Bartolomeo, called Bramantino (1465頃-1530)

ミラノの画家, 建築家. ブラマンテとレオナルド・ダ・ヴィンチの影響を受け, ローマで活動し（1508-13）, そこで古代遺物を研究した. のちにミラノの古建築も研究した. 絵画作品の背景にしばしば建築があしらわれるが, 今日残る唯一の建物はミラノのサン・ナザロ・マジョーレ聖堂にある八角形平面のトリヴルツィオ葬送礼拝堂（1512 着工）であり, これは洗練された古典主義の注目すべき初期例である.

スイカズラ　honeysuckle

古代ギリシアによくみられたスイカズラの花に似た装飾物. アンテミオン, またはパルメットとも呼ばれる.

水車　water-wheel

上部からの落水または下部を通過する流水の力で稼働する車輪.

水車場　water mill

水力によって車輪をまわして粉砕器を駆動させ, トウモロコシなどを挽く製粉場.

垂直式　Perpendicular

イングランド・ゴシックにおける 3 段階目で最後にあたる様式. 第 3 尖頭式, あるい直線式とも呼ばれ, 直前の華飾式, あるいは第 2 尖頭式に続くものである. 垂直式は 1332 年頃にウィリアム・ド・ラムジーが手がけたロンドンの旧セント・ポール大聖堂（現存せず）の参事会棟と回廊（クロイスター）のデザインとして最初に登場した. 垂直式では, 窓アーチの内輪にまで達するマリオンや, バウテルの多用, 発展的な二重半曲線の使用, 正方形に入れ込む四葉のモチーフ, 八角形平面の台座の上に円形平面の巻物形, ベル形, クッション形の柱礎を置く手法, 上部の円弧がつぶれたような四心アーチ, カスプの施されたブラインド・スパンドレルをもつ, 長方形の枠に嵌ったアーチなどの, 鍵となる細部が明瞭である. したがって, 垂直式は 14 世紀前半のロンドンで登場したものであり, グロスター大聖堂でさらなる発展を遂げた. とくにグロスター大聖堂の内陣（1337 頃-57）ではほとんどの特徴が表現されており, 鉛直, 水平の部材によってつくり出されるパネル状の効果が生まれている. これはイングランドに特有の様式であり, 大陸にもアイルランドにもスコットランドにも似たようなものはなく, 3 世紀以上にわたって続いた（オックスフォードのクライスト・チャーチのファン・ヴォールトで覆われた階段室は 1640 年頃のものである）. そして 18 世紀にリヴァイヴァルされた最初のゴシック様式でもある.

垂直式は, その名のとおりの（水平面に対する）垂直性と, 壁の表面を覆うブラインド・パネルとトレーサリー（トランサムにミニチュアのバトルメント装飾が施され, マリオンが窓開

スイチヨク

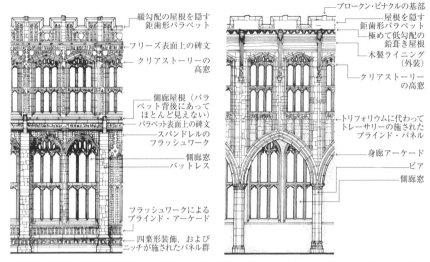

垂直式における典型的な外部ベイ（左）と内部ベイ（右）（イングランド，サフォーク県，ロング・メルフォードのホーリー・トリニティ教会）

口部の上端の内輪までまっすぐ伸び上がる）がつくり出す水平性によって即座に見分けがつく．開口の上部は四心アーチによってしだいに平坦になっていった．ヴォールトはリエルヌを用いた複雑で多様なものからファン・ヴォールトへと展開していった．後者はヘレフォード大聖堂の参事会棟（1769取り壊し）やグロスター大聖堂の回廊など（いずれも14世紀後半）で最初に登場し，ついにはケンブリッジのキングズ・カレッジ・チャペル（王の参事会礼拝堂，16世紀初頭）やウェストミンスター・アビー（大修道院）のレディー・チャペル（聖母礼拝堂）（あるいはヘンリー7世（King Henry VII, 在位1485-1509）礼拝堂）のような壮麗な事例が現れた．扉や窓の開口部を囲む長方形を描く刳形（くりかた）はスパンドレル（装飾されていることが多い）を形成しており，それが制御されたパネル風の見た目を補強している．これら開口部上部のフード・モールドの終端には，彫刻されたラベル・ストップが施されている．実際，これらのパネル状のモチーフはこの様式の中でも最もよく知られた特徴であり，それぞれの枠どりされたパネル頂部にはカスプの施されたアーチをもつものが多く，トレーサリーの内部で，あるいは壁上のブラインド・パネルとしてくり返される．窓はますます大きくなり，たくさんの開口から構成され（パネル状の形態をくり返し），時にはバットレスとバットレスの間のすべての壁面が窓となった．

垂直式は一般に小教区聖堂でみられ，とくにイーストアングリア，コツウォルズ，サマセットなどの羊毛貿易によって大きな富が築かれた地域に多い．クリアストーリーが既存の聖堂につけ加えられたが，それらの窓は巨大かつ軽快で明るいことが多かった．また，巨大な垂直式の窓列をクリアストーリーに並べるために身廊の高さも増していき，屋根は平坦に近くなってクレノーを設けた装飾的なパラペットの背後にみえなくなっていった．イーストアングリアではとくに，内陣が明瞭に区切られておらず，聖堂内の主要な空間の一部となっていたが，贅沢に装飾され彩色された精巧な木製のスクリーンによって境界が定められていたものも多かった．刳形は機械的になっていく傾向があり，葉形装飾の彫りは以前よりも浅くなり，一般的な刳形装飾は葡萄の蔓，あるいはトレールで，スクリーンや天蓋にみられた．

フード・モールドの使用，屋根やアーチの平坦化，広範囲にわたるクレノーつきパラペットの付加，そして，リエルヌを用いたものから後期のファン・ヴォールトに至るまでの精巧な仕上げといったものが垂直式に独特な趣きを与え

ている．15 世紀末からエリザベス様式までの
垂直式建築チューダー様式と呼ばれることも多
く，模様積み（ダイパー・ワーク）で装飾され
た煉瓦壁体，きわめて平坦なアーチ，突出した
フード・モールドなどを特徴としている．チュ
ーダー様式は 19 世紀にリヴァイヴァルして，
学校や救貧院，大学の建物などに多く用いられ
た．

水道橋 aqueduct
　⇨送水路

スィナーン Sinan（1489-1578/88）
　オスマン帝国の多作かつ傑出した建築家長
で，膨大な範囲に渡る公共事業を手がけた．イ
スタンブルのスレイマニィェ・モスク
（1550-57）は代表作で，とくにハギア・ソフィ
アなどにみられるビザンツ建築の形態と建設技
術の受容を示す一方で，スィナーンは中央ドー
ムの支持システムを改良・体系化して，副次的
建築要素を明確化した．トルコ・エディルネの
セリミィェ複合体では，ドーム構造と厳密な幾
何学が極限まで追求されて，大ドームで架構さ
れた中央のボリューム確保の問題解決にさらな
る成功をおさめた．論理性と明確性によって最
終的な解答を与えることで，二次的なボリュー
ムとの関連性を強めたのであった．スィナーン
は 460 もの作品を設計したとされ，この中には
モスク，病院，学校，公共施設，浴場，宮殿，
橋梁，墓廟，邸宅が含まれる．墓廟の傑作には
セリム 2 世（1577）や，スレイマン 1 世の墓廟
（スレイマニィェ複合体内にある八角形のドー
ム架構の建造物でタイルによって見事に装飾さ
れている）がある．スィナーンの作品はさまざ
まなスタイルをきわめて巧妙に統合しており，
ビザンツとトルコの様式が融合された．また，
とりわけ大規模開発においては複雑な配置問題
に対する優れた解決能力を示した．

水盤 basin
　泉におかれる水を受けるためのボウル．ある
いはカスケードや泉水の水を受ける人工の貯水
池．

水平アーチ straight arch
　⇨アーチ

水平コーニス horizontal cornice
　ペディメント下部の「傾斜していないコーニ
ス」．

推力 thrust
　アーチやヴォールトが外側へ推す力．これ
は，別のアーチやバットレスからの，逆方向の
トラストによって抑えられる．

ズィンバロ，ジュゼッペ Zimbalo, Giuseppe
（活躍 1659-86）
　イタリアのバロック期の建築家で，レッチェ
のプレフェットゥーラ（1659-95），大聖堂
（1659-82），サンタゴスティーノ（1660 頃-
63），ロザリオ聖堂（1689-91）を手がけた．や
や表現過剰な作風は，弟子のジュゼッペ・チー
ノ（Giuseppe Cino, 1645-1722）によって 18 世
紀まで受け継がれた．

スウィッツァー，スティーヴン Switzer,
Stephen（1683-1745）
　イングランドの造園家．ハンプシャーで訓練
を受けたのち，ロンドンとワイズのもとでブロ
ンプトン園ではたらき，ヨークシャーのカース
ル・ハワードの荒野〔ウィルダネス〕を造成し
た（1706 より）．その後，グロスターシャーの
サイレンセスター・パーク（1713 頃より），リ
ンカンシャーのグリムスソープ・カースル
（1716 頃）を手がけた．後者では，非整形式庭
園をつくり，邸宅の地所をさらなる田園へとつ
なげた．彼はイギリスの風景式庭園の発明者
（もしくは創始者）の１人としてとらえられて
いる．しかし，スウィッツァーの名声は，むしろ
著作によるところが大きい．中でも庭園の「実
用的で」「有用な」要素（農業，酪農，林業な
ど）を「悦ばしい」（たとえば装飾的な）部分
を増すため，デザインに用いることを提唱し
た．ここにおいて，彼はローマの古典主義理論
に依拠し，美的に悦ばしく有用であるフェル
ム・オルネを重要な要素として提案した．要す
るに，彼は自然と地誌を尊重し，農業用地，森
林，未墾地，水，娯楽のための地所が全体とし
て設計されるべきであると主張したのである．
『イコノグラフィア・ルスティカ
（*Iconographia Rustica*）』（1718，1741-42）が
彼の最も重要な著作である．

スウェイルズ, フランシス・S Swales, Francis S. (1878-1962)

アメリカの建築家. 合衆国内, ジャン＝ルイ・パスカルのアトリエ, そしてエコール・デ・ボザールで学び, シカゴとパリで推進されていた古典主義をしっかりと身につけていった. 1906 年にロンドンのチジックに事務所を開設した. 最も知られた作品（R・F・アトキンソンとともに設計し, バーナムをコンサルタントとして実施したもの）は, ロンドン, オックスフォード・ストリートのセルフリッジ百貨店（1907-09）である. これはボザール的な新古典主義の壮大な実験であり, フランス風アメリカ建築の影響を強く受け, 量感のあるプリンス上に建つイオニア式の大オーダーが, フリーズ部分に窓を嵌め込んだエンタブラチュアを支えている. スウェイルズはその基本設計を担当した. 用いられたオーダーはフィリベール・ド・ロロムによるパリのテュイルリー宮殿に由来するが, アンギュラー・キャピタルがつけられている. 建物の構造は, スウェーデンのエンジニアであるスヴェン・バイランダー（1877-1943）による鉄骨造である. バイランダーは, ミューズ・アンド・デーヴィスによるペルメルの RAC クラブとリッツホテルの鉄骨構造を設計した人物である. これらの建築はともにロンドンにあり, 確固としたフランスのボザールの古典主義様式である. スウェイルズによるほかの建造物には, ル・テュケパリブラージュとブローニュの作品群, ケント州サンドウィッチのホテル, そして, ホワイトシティで開催された英仏博覧会におけるグラモフォン社のヒズ・マスターズ・ヴォイス・パヴィリオン（1908）などがある. その後すぐにカナダに移住し, そこでカナディアン・パシフィック・レイルウェイ社の仕事を請け負った. とくにウォルター・S・ペインター（Walter S. Painter, 1877-1957）との共同によるカナダのホテル・ヴァンクーヴァー（1912-16, 現存せず）はすぐれていた.

スウェルド・チャンファ swelled chamfer
ウィトルウィウスの渦巻き.

スウェルド・フリーズ swelled frieze
⇨パルヴィン

崇高 Sublime

畏怖の念, 激しさや荒々しさ, 恐怖, 広大さの概念と結びつけられる 18 世紀の美的範疇. 人間は自然の前では相対的に卑小な存在であることを強調することによって, それらの感情を呼び覚まし, 想像力を刺激するのが特徴である. それゆえ, 美やピクチャレスクとは異なり, 自然現象の壮大さや猛烈さを観賞することと非常に重要な関連をもつ. 崇高のおもな弁護者は, エドマンド・バーク（Edmund Burke, 1729-97）とイマニュエル・カント（Immanuel Kant, 1724-1804）であり, それぞれ『崇高と美の観念の起源についての哲学的研究（*A Philosophical Enquiry into the Origin of our Ideas of the Sublime and Beautiful*）』（1756）と『美と崇高との感情に関する観察（*Beobachtungen über das Gefühl des Schönen und Erhabenen*）』（1764）を著した. 崇高は建築の分野では, 巨大な規模や圧倒的なスケール, 原始性（とりわけ装飾のないドリス式オーダー）, 立体幾何学的純粋性（新古典主義に多く見られるように, ブレの作品やピラネージによる牢獄の図など）と結びつけられる.

スカイ・サイン sky-sign

金属性の骨組をもつ文字あるいはその他の広告塔で, 空を背景として眺められるように, 独立して建つかまたは建物の上に載る. 構成主義とデ・ステイルの特徴で, ヴェンチューリらによって高く評価された.

スカイスクレーパー skyscraper

鉄またはコンクリートの骨組すなわちスケルトン構造にもとづく高層建築物. 伝統的な組積造建築が 10 階建てないし 12 階建てに到達した後, 18 世紀後半にアメリカ合衆国で発達した. 12 階を越える組積造建築を建てることは可能であったが, 大量の材料が必要となり, 不経済であった. スカイスクレーパーの発展において重要なのは, ポストの設計によるニューヨーク市のエキタブル生命ビルディング社屋（1868-70 に歩行者用リフトすなわちエレベーターを備えた建物として設計）. リフトは 1850 年代後期に発明されており, 1880 年代以降は昇降速度と信頼性が大いに改善され, この建築形式の一層の発展が可能となった. ウィリアム・ル・バロン・ジェニーによる, イリノイ州

シカゴのホーム・インシュアランス・ビルディング（1883-85，鉄製の円柱，楣，桁，鋼製の梁を統合した構造をもっていたが，とり壊された）は，シカゴ派の後期の建築の模範となった．鋼と鉄は，ホラバード・アンド・ローチによるシカゴの 22 階建タコマ・ビルディング（1887-88，1929 取り壊し）で，伝統的な煉瓦積み組積造とともに用いられた．ただし，L・S・バフィントンは，自分がスカイスクレーパー建築の基礎となる全体的システムを編み出したと主張し，また，さらに改良を加えたラウドン，パクストン，ソールニエなどによる初期の例が存在した．後期の重要なスカイスクレーパーには，カス・ギルバートによるニューヨーク市のウールワース・ビル（1911-13），シュリーヴ・ラム・アンド・ハーモンによるニューヨーク市のエンパイア・ステート・ビル（1928-29 設計，1930-32 建設），ソムによるシカゴのジョン・ハンコック・センター（1969-70）と，同じくシカゴのシアーズ・タワー（1972-74），ペリによるマレーシア・クアラルンプールのペトロナス・ツイン・タワー（ペリの項目内の表記にしたがう）（1991-97）がある．しかし，キャロル・ウィリスが「形態は財政に従う」と述べたように，ニューヨーク市，ワールド・トレード・センターのツイン・タワー（ヤマサキとエメリー・ロスによる 1964-74 の設計）の，旅客機を用いた周到な攻撃による崩壊（2001 年 9 月 11 日）は，鉄骨骨組とガラスの巨大面の将来に疑問を投げかけた．

スカイライン　skyline
屋根，チムニー・スタック（煙突），スパイア（尖頂屋根），その他の，空に対してしばしばピクチャレスクな一つのパターンをつくる建築構成要素の配列．

スカエノグラフィア　scenography
⇨シーノグラフィ

透かし板　claire-voie, clairvoyée
⇨クレール・ヴォワ

スカッチョン　scutcheon
⇨エスカッシャン

スカート　skirt

1. 庇の突出．
2. 窓の下のエプロン・ピース（腰壁区画）．
3. 室内の平坦な側面．

スカート屋根　skirt-roof
建物の周囲をめぐってつけられた屋根．たとえば，階と階の間のヴェランダなどの上につけられる屋根がそうである．

スカープ，エスカルプ　scarp, escarp
1. 堤などの勾配または傾斜．
2. 城壁下方の外側への急な傾斜面．
3. 要塞などの堀の内壁または斜面．

スカフォールド　scaffold
1. 建物の建設，修復，塗装工事において作業員を載せるための仮設的な台，あるいは支柱や架台に支えられた台．
2. 演説者が群集に演説できるように高くつくられた台．演壇．
3. 劇場演劇のための舞台．
4. 演奏が行われる高い台．舞台．
5. 遺体が安置される高い台．霊柩台．

スカベルム　scabellum（*pl.* scabella）
胸像を載せるための丈の高いペデスタルで，通常，ゲーヌ（フランス語で鞘の意）あるいはヘルメス柱の下部のような形をとる．

スカモッツィ，ヴィンチェンツォ　Scamozzi, Vincenzo（1548-1616）
イタリアの建築家，第 1 にパッラーディオの門弟として知られる．卓越したルネサンスの建築書の一つである『普遍的建築の概念（*L'idea dell'architettura universale*)』（1615）の著者としても名高く，著作には長年にわたって重大な影響を及ぼしてきた古典建築のローマ式オーダーの分析および法則が記される．経歴の早期に，ロニーゴのヴィラ・ヴェットール・ピサーニ（1576-79）すなわちロッカ（岩壁または要塞）を設計したが，これは 1592 年頃に完成させたパッラーディオによるヴィチェンツァ近郊のヴィラ・カプラ（ロトンダ）の翻案である．ロッカの計画では，三つの立面にセルリアーナを使用し，四つ目の立面にはペディメントを支持するコロネードの背後にロッジアを置き，四つの出入口からはドームにオクルスを設けて採

光する円形ホールへアクセスでき，全体は光に満ち通風の良い魅惑的な夏の避暑地として考案された．バーリントン卿は18世紀の自分のチジックのヴィラにヴィラ・カプラとともに，この建物を引用した．パドヴァに近いマンドリアのヴィラ・モリン（1597）もまた，中心部にきわめて大きいホールがある．彼による最も優れたタウン・ハウスは，ヴィチェンツァのパラッツォ・トリッシノ（1576-92）で，ペルッツィとパッラーディオの影響が明らかである．

1570年代の後半に，ローマと南イタリアに旅行し，ローマ来訪の機会は1585-86年および1590年代においてと，少なくとも3回以上になる．1580年にローマの浴場の版画を出版し，のちに『ローマの古代遺物に関する講話（*Discorsi sopra le antichità di Roma*）』（1582および83）として，ローマのさまざまな場所を描いた版画についての注解書を作成した．この頃，パドヴァにおけるテアティノ会の教会堂サン・ガエタノ聖堂の図案を作成し，またヴェネツィアのサン・マルコ広場におけるプロクラティエ・ヌオーヴェ（1592，1663にロンゲーナが完成）の設計競技で優勝した．広大なプロクラティエの立面は，サンソヴィーノによるサン・マルコ図書館（スカモッツィがその当時完成させた）にもとづくが，パッラーディオのデザインにもとづく（スカモッツィが計画した部分ではない）階が追加されている．また，パッラーディオによるヴェネツィアのサン・ジョルジョ・マッジョーレ聖堂を建設し，さらにパッラーディオによるヴィチェンツァのテアトロ・オリンピコのためのつくりつけの建築的な舞台一式（1584-85）を計画し，透視図法と錯視の技を操る精巧な構成とした．1588年にサッビオネッタにこれに似た劇場を設計し，透視図法と舞台美術に関する著作（『劇場と舞台背景について（*Dei teatri e delle scene*）』，1574頃）を執筆したが，残されなかったようである．

スカモッツィは中央ヨーロッパとフランスを旅行し（1599-1600），ザルツブルクのザンクツ・ルーペルト・ウント・ウィルギール大聖堂をデザインしたが，実施にいたらなかった．サンティーノ・ソラーリは，実施案において，パッラーディオのイル・レデントーレ聖堂とサン・ジョルジョ・マッジョーレ聖堂から引用したアプス状の袖廊や他のいくつかの特徴を採用した（1614着手）．スカモッツィはヴェネツィ

アにおいてサン・ラッザロ・デイ・メンディカンティ修道会の救護院と教会堂（1601-36），およびカナル・グランデ沿いのパラッツォ・コンタリーニ（1608-16）も設計，建設した．

スカモッツィ，オッターヴィオ・ベルトッティ
Scamozzi, Ottavio Bertotti（1719-90）

　⇨ベルトッティ＝スカモッツィ，オッターヴィオ

スカラップ　scallop
1．帆立貝（スカラップ）の貝殻に由来する古代建築の装飾技法で，アーチを頂いたアプスやニッチの半ドーム形頭部の装飾を含めて，多くの適用法がある．

2．ロマネスクの刳形の一種で，スケール・モールディングに似るが，エプロンの縁のように，一列だけからなる連続葉形の装飾帯．非常に大きなスケールでの異形として，新古典主義建築のフリーズによく用いられた．

スカリオラ　scagliola
模造大理石．古代より知られ，17世紀と18世紀に円柱やピラスターの柱身などに多く用いられた．砕いた石膏（または透石膏）を焼成して粉末すなわち焼き石膏にし，顔料を加えたアイシングラス（ゼラチン）類（フランドル膠または陶砂が通常用いられる）と混ぜてつくられる．縞大理石は，異なる色調を分離しながら混ぜ合わせて似せる．混ぜ合わされた材料を下地表面（通常は石灰と髪の毛の下塗りがされる）に塗って平滑にしたのち，軽石と濡れたスポンジで粗磨きする．次に柔らかい上質のリネンを用いて板状珪藻土（ディオトマイト）と活性炭で表面を研磨する．亜麻仁油を浸み込ませたフェルトと板状珪藻土でふたたび研磨したのち，最後に純粋な亜麻仁油で磨いて仕上げる．これは艶出しスタッコとも呼ばれる．大理石の薄い化粧板からつくられるフィレンツェ・モザイクすなわちオペレ・ディ・コマッソ（opere di commasso）と区別すべきである．

スカル　skull
1．フリーズなどにつけられる，アエギクラニウムあるいはブクラニウムなど，動物の頭蓋骨飾り．

2．頭蓋骨飾りが人の場合は，人の死すべき

運命，生の一時性，存在のはかなさを表現する．そのため葬祭建築では，とくにオベリスクの支持材として表現される．

スカルパ，カルロ Scarpa, Carlo (1906-78)

イタリアの建築家．ヴェネツィアで実務を開始し，のちにその地の建築大学を主導した（1972-78）．ファシズム期にはイタリア合理主義に献身的に尽くすとともに，近代運動の賛同者でもあった．戦後はシチリアのパレルモ国立美術館の改修（1953-54）をはじめとして，展覧会や美術館，博物館の設計者として名声を確立した．その他の作品に，トレヴィーゾ近郊ポッサーニョのカノーヴァ工房美術館（1955-57）やヴェローナのカステルヴェッキオ美術館内装（1964）などがある．創意や劇的感覚，繊細な詳細，さまざまな素材の使用によって，きわめて高密度で驚くほどみごとなデザインを生み出した．コレリアーノのヴィラ・ゾッパス（1948-53）やヴェネツィアのオリヴェッティのショールーム（1957-61），ウーディネのヴェリッティ邸（1957-61）といった作品は，スカルパの熟達した量感の対置の手法を証明している．最も成功した設計の一つがトレヴィーゾ近郊サン・ヴィート・ダルティヴォーレのブリオン家霊廟（1970-72）であり，ここでは力強い幾何学と堅牢なコンクリートが結合されている．

スカルファロット，ジョヴァンニ・アントーニオ Scalfarotto, Giovanni Antonio (1690-1764)

ヴェネツィアの建築家．ヴェネツィアに設計した新古典主義様式のサン・シモーネ・ピッコロ聖堂（1718-38）は，ドームを載せたロトンダで，正面のポルティコは四角柱面に4本のコリント式円柱を立てて構成した．

スカン，クリストファー Scune, Christopher (1505-21 活躍)

イングランドの石工．1505年，ジョン・コールからリンカンシャーのラウスのマスター・メーソンの地位を引き継ぎ，それ以降，ほとんど完成するまで（1512頃），尖塔の建設に携わった．1508年頃にはダラム大聖堂のマスター・オヴ・メーソンズに任命され，1514年頃からヨークシャーのリポンにてミンスター（現大聖堂）の身廊の新たな建設に携わり，1520年に完成させた．スカンは，たぶん，ヨークシャーのファウンテインズ・アビーの塔やタワー・アーチも手がけたと思われる（1494-1526）．

スキッドモア・オウィングス・アンド・メリル（SOM） Skidmore, Owings, & Merrill (SOM)

アメリカの建築事務所．ルイス・スキッドモア（Louis Skidmore, 1897-1962）とアレクザンダー・オウィングス（Nathaniel Alexander Owings, 1903-84）によってシカゴ（1936）とニューヨーク（1937）に設立され，のちにジョン・オグデン・メリル（John Ogden Merrill, 1896-1975, 1939 に加入）とゴードン・バンシャフト（1945 に加入）が参加した．事務所はチームワークを原則として組織され，アメリカのビジネス実務の思想を取り入れたものだった．SOM はニューヨーク市パークアヴェニューのレヴァーハウス（1952 年完成）で名声を得た．これは 21 層のカーテンウォールの高層階がポディウムのように低層建造物の上に据えられており，国際的な近代運動やミース・ファン・デル・ローエの影響を受けている．設計はほとんどがバンシャフトによるものである．彼らの作品はアメリカ合衆国の建築の発展に大きな影響を与え，景観的に整備された周辺環境の中の建造物（たとえば，コネチカット州ブルームフィールドのコネチカット・ジェネラル生命保険社（1953-57），イリノイ州デスプレーンズのユナイテッド航空ビルディング（1962）など）によって有名である．イリノイ州シカゴのジョン・ハンコック・センター（1969-70）によって SOM は外壁上に筋交いを露出させたチューブ構造を提起し，さらにシカゴのシアーズタワー（1972-74）も設計した．より近年では，大屋根付きのアトリウムを備えた一連のオフィスビルに携わっており，これにはカンザス州ウィチタのフォース・フィナンシャル・センター（1974），ウィスコンシン州マディソンのファースト・ウィスコンシン・プラザ・ビルディング（1974）などがある．サウジアラビアのジッダのナショナル・コマーシャル銀行（1982）は非常に高温の気候における高層オフィス街に新しい基準をもたらし，ロンドンのブロードゲート，キャナリーワーフの開発（1990 年代）では衆目を集め続けている．

スキャントリング scantling
1. 厚さと幅の小さな木片.
2. スタッドと同義.

スキュー skew
傾いているもの，あるいは斜めに据えられたもの．たとえば中世のバットレス（控壁）の頂部，あるいはゲーブル（妻壁）のコープ（笠石）.

スキュー・コーベル skew-corbel
スキュー・ブロックと同じものだが，とくにゲーブル（妻壁）の裸面を越えて突出するものをいい，軒，雨樋の終端となる.

スキュー・テーブル skew-table
スキュー・ブロック.

スキュー・バック skew-back
傾斜した床や線や台石，あるいはセグメンタル・アーチが発する傾斜したアバットメント（迫台）の表面. ⇨アーチ

スキュー・バット skew-butt
1. スキュー・ブロックに同じ.
2. ライジング・ヒンジ（せり上がり蝶番—自重で自動的に閉まる蝶番）.

スキュー・ブロック，スキュー・バット，スキュー・コーベル，スキュー・プット，スキュー・テーブル skew-block, skew-butt, skew-corbel, skew-put(t), skew-table
ゲーブル（妻壁）の笠石が滑り落ちるのを止め，これを保持するために，ゲーブルの傾斜頂線の下端部に据えられる大きな石．ゲーブル起拱石（ゲーブル・スプリンガー），ニーラー，起拱石（スプリンガー），サマー・ストーンとも呼ばれる.

スキリントン，ロバート Skillyngton, Robert
(1391-1400 活躍)
イングランドの石工．1391 年から，ウォリックシャーのケニルワース・カースルで，グレート・ホール，塔，ステート・アパートメント〔ひとまとまりの盛儀広間群のこと〕などの建設に携わった．また，ウォリックのセント・メアリー参事会聖堂のクワイア（1381-96）や，

コヴェントリーのセント・マイケル聖堂の塔（1373-94）を設計したと思われる．1397 年から 1400 年にかけて，レスターのニューワークのカレッジ・オヴ・セント・メアリーにかかわり，1400 年には，スタフォードシャーのタトベリー・カースルのマスター・メーソンとなって，新しい塔と城壁の一部を建てた.

スクィンチ squinch
⇨ドーム

スクイント squint
⇨ハギオスコープ

スクイント・コーナー squint corner
直角ではない建物の角.

スクエア square
1. 90°.
2. 四辺が等しく 90°をなす四角形.
3. 正方形平面や矩形平面の町中のオープン・スペース．2 本，あるいはそれ以上の通りの交差点に位置し，周囲は建物で囲まれている．イギリスのジョージアン建築のスクエアのように，中央に庭園が設けられているものもよくみられる.
4. 一連のモールディングにおけるフィレット.

スクエア・エンド square end
聖堂東端部がヨーロッパ大陸にみられるようなアプスをなす形とは異なり矩形平面となるもので，ブリテン島に共通してみられる.

スクエア・ターンド square-turned
レースの上に彫られた部材ではなく，四面の上に形成された部材．たとえば平面上の手摺り子の正方形.

スクエア・フレームド square-framed
縦框を備えたパネル状の戸口などのように，すべての角が直角でモールディングが施されていないもの.

スクエア・ヘッディッド square-headed
開口部の両側が垂直方向に平行となり，頂部が水平となるもの.

スクラッチワーク　scratchwork
⇨スグラフィート

スグラフィート　sgraffito
壁に色つきのプラスター（漆喰）を塗り，その上に白い皮膜を掛けた上でこの面にデザインを描く．次いで，まだ湿り気のあるうちに擦る（スクレープする）か引掻く（スクラッチ）かして，下層の色彩を露出させたスクラッチワーク．

スクリプトリウム　scriptorium
中世の修道院の中に設けられた，文献資料の書写と保管のための部屋．

スクリーン　screen
1.　教会堂の軀体構造ではなく，内陣（クワイア）から外陣身廊（ネーヴ）を区別するための，あるいは内陣側廊またはチャンセルの側廊から外陣身廊を区別するための木製，石造，または金属製のパーティションのことをいう．前者の場合はチャンセル・スクリーン，クワイア・スクリーン（内陣障壁），ルード・スクリーン（磔刑像付内陣障壁），パルピタム（ラテン語）など様々に呼ばれ，後者の場合はパークローズ・スクリーンと呼ばれる．あるいは詠唱祭室，追悼祭室などの境界を示すための同種のパーティションをいう．

2.　中世のホールなどで，スクリーンズ・パッセージの境界を示すための仕切り．

3.　クロイスター（回廊）などの中庭を取り囲んで開放されたコロネード（円柱列）またはアーケード．

スクリーン・ウォール　screen-wall
1.　たとえば住宅の前庭など，何かを隠すための，開口部のない閉じられた壁．遮壁．

2.　しばしばニッチなどで飾られた，庭園の中の固定壁．

3.　古代エジプトの神殿にみられるような，円柱と円柱の間に立ち上げられた壁．

スクリーンズ・パッセージ　screens passage
中世のホール建築の一端のバタリー（食料室）と厨房扉とスクリーン（背後の人の動きを隠すために置かれた）の間にあるスペースで，上にギャラリーをもつことが多い．オックス

フォードとケンブリッジの諸カレッジでは共通した構成である．

スクリーン・ファサード　screen-façade
背後の建物の形態や大きさや構造の実体を感知できる非構造的なファサード．リンカンやソールズベリー大聖堂の13世紀の西正面にみられるようなスクリーンがそれである．

スクレープド　scraped
1.　⇨スグラフィート

2.　すべての付加物が取り除かれた建物．この用語は，熱狂的すぎる「修復家」が実質的にすべてを除去して純粋な中期尖頭式を生み出したといえるゴシック・リヴァイヴァルの期間に流行した．その経緯の中で，すべての垂直式，ジャコビアン，ジョージアン様式の作品が無慈悲にも裸にされてしまった．19世紀に広まったこの傾向は，「偉大な」スコットがチュークスベリー大修道院を過修復する提案をした1877年に，ウィリアム・モリスが古建築保護協会を設立させる要因となった．SPAB（古建築保護協会）は，「反スクレープ」として好意をもって受け入れられた．

スクロール　scroll
1.　渦巻装飾のような曲線装飾で，ウィトルウィウス式渦形すなわち波形渦巻きのように，バンドあるいはフリーズ上で一つの渦巻きから別の渦巻きにつながる一連の反転曲線となることも多い．階段のバラストレードの手摺などのように，端部を目立たせる特徴としても用いられる．

2.　コンソール，モディリオン，あるいは柱頭（例：コンポジット式，コリント式，イオニア式などのオーダー）の渦巻装飾．

3.　ゴシックの刳形の一形式で，フード・モールド（訳注：雨水がかからないように開口部直上に突出した刳形），レーベル（雨押さえ石），ストリング・コースにみられる庇形の先端の下に，渦巻状の深い窪みをもつもの．

4.　トルサードすなわちらせん渦巻．

スクロール・ハート　scrolled heart
互いに反転した波形渦巻模様の2本の平行なバンドが形づくる，ハート型の並んだ古典主義の装飾で，フリーズや建物の縁によくみられ

スクロール・ワーク　scroll-work

バロック，ケルト，ジャコビアン，ロココの
デザインにみられるＣ字形，およびＳ字形の
ような，スクロール（渦巻形）またはスクロー
ルに似た形態から構成される複合的装飾要素の
総称．

スクワイアー，ラグラン　Squire, Raglan (1912-2004)

イギリスの建築家．ロドニィ・トーマス
(Rodney Thomas, 1902-96) とジョージ・エド
リック・ニール（George Edric Neel, 1914-52）
とともに設計したアルコン・ハウスは，第二次
世界大戦後の仮設住宅計画のもとに行われたプ
レファブリケーション住宅の１つである．1948
年にグロスヴナー・エステイトのために手がけ
た，ロンドンのイートン・スクエアの住宅群は
ファサードを残しながらアパートへ改修したも
のである．中東や極東にもプロジェクトがあ
る．パキスタンの建国者，モハメド・アリ・ジ
ナー（Mohammed Ali Jinnah, 1876-1948）の
霊廟設計競技（1957）の当選案は，ハイボリッ
ク・パラボロイド・コンクリート構造で構成さ
れる巨大な星形の建物であった（実施されず）．
著書に『建築家の肖像（Portrait of an
Architect)』(1985).

スケール　scale

1. モジュールすなわち寸法単位に照らし合
わせた，建物または建物部分の比率．
2. 建築図面において，描かれている建物の
実際の寸法に比較したときの，平面図，立面
図，断面図などの大きさ．
3. 図面の作成あるいは計測に役立てるた
め，木，金属，プラスチックなどに直線や曲線
に沿ってつけられた一組の目盛．
4. 建物は，周囲の環境を破壊的に支配し，
損ねてしまうことがありうる．また建物のプロ
ポーションは，建物を「アウト・オブ・スケー
ル」にし，視覚的な不安感を与えてしまうこと
がありうる．スケールを評価する鍵は，建物と
比較した人間の姿であることが多い．

スケルトン　skeleton

骸骨を意味する．死の擬人的表現で，葬祭建
築では一般的である．

スケルトン・フレーム　skeleton-frame

床，屋根，および外壁などを支持するコンク
リート，金属，あるいは木の構造骨組．骨組の
間は軽い材料が充填される．すなわち構造物全
体は，骨組の内側または外側に固定された外部
被覆，すなわちカーテン・ウォールによって保
護される．⇨スカイスクレーパー

スケル，フリードリヒ・ルートヴィヒ・フォン Sckell, Friedrich Ludwig von (1750-1823)

ドイツの造園家．シュヴェッツィンゲンでプ
ファルツ選帝侯カール・テオドーア（Karl
Theodor, 1743-99）に仕えた造園家ヴィルヘル
ム・スケル（Wilhelm Sekell, 1722-92）の息
子．選帝侯の援助を受けて旅をし，帰国後若き
スケルはシュヴェッツィンゲン庭園の周辺部を
イングランドの様式で造成した（1777-85）．人
工湖をつくり，さらに人目をひく構造物（神
殿，「モスク」，中国風の橋，廃墟など）を加え
た．1777 年にカール・テオドーアがバイエル
ン選帝侯になった時，ミュンヘンに招集され，
1792 年に宮廷庭師，1799 年に造園芸術監督官
に任命された．1804 年からはホーフガルテン
（宮廷庭園）とニンフェンブルク宮殿の庭園の
再設計を実施している（ただし彼はバロックの
力強い中央軸は残した）．ミュンヘンの広大な
エングリッシャー・ガルテン（イングランド庭
園）の作者として最もよく知られている．これ
は公共公園としてデザインされた最初の庭園で
あり，1789 年に始まるランフォードの提案に
よって設立された．小池，円堂の建つ丘，小川
はすべて彼のアイディアであり，北側への拡張
は彼の計画にもとづいている．彼が意図したホー
フガルテンとエングリッシャー・ガルテンを
結びつける計画は，残念ながらその間に建築が
建ったために実現しなかった．そのほかの作品
に，マンハイムの城砦に計画した遊歩道（1790
年代），ラインラントとバイエルンのいくつか
の公園や庭園がある．最初ケイパビリティ・ブ
ラウンに，後にヒルシュフェルトに影響を受け
（ただし彼はヒルシュフェルトが抱いていた点
景建築，モニュメント，感傷的な連想に対する
熱烈な興味は避けていた），『新進の造園芸術家
および庭園愛好者のための造園芸術への貢献
(Beiträge zur bildenden Gartenkunst für ange-

hende Garten künstler und Garten liebhaber)』(1818) を出版した. 同書は彼が実現したデザインの小さな似姿を伝えるものである.

スケール・モールディング　scale-moulding
　インブリケーション（瓦模様）あるいはペタル・ダイパー（花弁菱形模様）, すなわち整然と並んだ屋根瓦あるいは魚鱗に似た図柄をもつ装飾で, 古代のサルコファグス（棺）の蓋によく見られる. 最も有名な例は, アテネのリュシクラテス合唱競技記念碑（前 334）である. 最も単純なパターンは, 半円形の並んだ波形が, 半円形の半径分だけ横にずれながら重層するもので, この場合, 各半円形の起点から出る鉛直線と円弧頂点を通る水平線の交点に, 上列の半円形の中心が並ぶことになる.

スコインソン　scoinson
　窓側面の内側の縁. したがってスコインソン・アーチとは, 内部空間における窓開口内側上部の縁のことをいう. この縁の円弧は, 窓の抱きの水平断面が末広がりになっている場合には, 外側の円弧よりも大きくなることが多い.

スコット, エイドリアン・ギルバート　Scott, Adrian Gilbert（1882-1963）
　ジョージ・ギルバート・スコット（子）の息子, ジャイルズ・ギルバート・スコット卿の弟. テンプル・ムーアのもとで修行し, のちにミル・ヒルのグレイスタンズなどいくつかの兄のプロジェクトを補佐した. 最も大きな作品はエジプトのカイロの英国国教会大聖堂（1933-38, 現存せず）であった. しかし彼が多く設計したのはローマ・カトリックの教会堂だった. たとえば, マンチェスターのハンサムが設計した聖御名教会堂の端正な塔（1928）, ロンドンのポプラーのランズペリーにある集中式のセント・ジョゼフおよびメアリー教会堂（1951-53）である. サセックスのヘイスティングスのセント・レオナルド教会堂（1953-61, 生き生きとした航海に関する細部意匠, パラボラ・アーチの作品）, ロンドンのホルボーンのセント・オルバン教会堂（1959-61, バターフィールドの以前の教会堂の一部を残している）を設計した. これらはどちらも戦災を受けた建物の建て替えである. 自邸はロンドンのハムステッドのフログナル・ウェイのシェファー

ズ・ウェル（1930）で, 品のよいネオ・ジョージアン様式となっている（玄関のドア・ケースは取り除かれている）.

スコット, エリザベス・ホイットワース　Scott, Elisabeth Whitworth（1898-1972）
　イングランドの建築家. スコット（父）の甥の娘. 1926 年にウォリックシャーのストラットフォード=アポン=エイヴォンのシェークスピア記念劇場が焼失したのち, 新しい建物の設計競技が行われ, 1928 年, 彼女が 1 位を獲得した. 大きな設計競技で勝利し, イギリスの重要な公共事業を手がけた最初の女性となった. アリソン・スレイ（Alison Sleigh, 1920-32 に活躍）, J・C・シェファード（J. C. Shepherd, 1896-1978）（のちに結婚）が設計競技時にドローイングを補助した. 1929 年に劇場建設のためにシェファードとモーリス・チェスタートン（Maurice Chesterton, 1883-1962）と共同経営を始めた. 設計競技に勝利したとき, 彼女はチェスタートンの事務所ではたらいていた. 劇場は 1932 年に完成したが, 北ヨーロッパの先例に学んだその近代性は, 激しい非難の的となった. ストラットフォードの事業が終わると, スコットはジョン・ブレイクウェル（John Breakwell, 1905 頃-1960）と新たな共同経営体制を組み, 事務所はスコット・シェファード＆ブレイクウェルと改名した. この事務所は, ケンブリッジのニューナム・カレッジのフォーチェット棟を設計し 1938 年に完成させた. その他の作品では, オックスフォードシャーのヘンレイ=オン=テームズの学校（1935-36）, ヨークシャーのノースアラートンの学校（1939-41）, さまざまな住宅, たとえばサリー州モーデンの住宅があり, これは控えめなモダニスト作品である. 第二次世界大戦後, スコットはボーンマスではたらき, 1962 年以降, ボーンマスのパヴィリオンおよびハンプシャーのボスコンブ埠頭をデザインした. ドーセットのスワネージに住宅を建てたのち, 1968 年に実務から退いた.

スコット卿, ジャイルズ・ギルバート　Scott, Sir Giles Gilbert（1880-1960）
　イングランドの建築家. 20 世紀前半の最も傑出した建築家の 1 人. ジョージ・ギルバート・スコット（子）の息子で, 父の弟子であっ

たテンプル・ムーアのもとで修行し，父とムーアに多大な影響を受けた．20代前半の時（1903），リヴァプールの英国国教会大聖堂（1903-80）の2度目の設計競技で勝利し，以後，一生涯にわたってこの仕事にかかわった．若く，ローマ・カトリックを信奉していたため，リヴァプール大聖堂委員会はより年長の建築家が彼と協働すべきだと主張し，ボドリー（設計競技の審査員の一人）が任命されたが，スコットはこれに憤慨した．それは1907年ボドリーの死をもって終結した．美しいレディ・チャペルはすぐにスコットによってデザインしなおされ，ヴォールトはよりドイツの後期ゴシック風の出で立ちに変えられ，さらに精巧なフリューゲルアルター（3連祭壇画）によって増進された．ボドリーの死後，スコットは残りの建物を設計しなおし，崇高なモニュメントをつくり出した．息をのむような内部空間があり，ほかのゴシック・リヴァイヴァルのどの作品ともまったく異なるものだった．設計競技時に提案した双塔をやめ，1つの巨大な，上に行くに従って緩い勾配をつけた塔と2対の翼廊をつくり，中央に巨大な空間をつくった．同時に立面を単純化し，量塊的な装飾のない砂岩の壁と豪華な細部意匠，塔の立ち上る垂直性と思慮深い水平性とを対比させた．聖歌隊席と最初の1対の翼廊は1924年までに完成した．中央塔は1942年に完成した．身廊の最初の格間は1961年に開かれた．大聖堂の西側部分はフレデリック・トーマス（Frederik Thomas, 1898-1984）によって完成された．トーマスは1953年にスコットの事務所の共同経営者となり，1960年のスコットの死の際には，上席共同経営者であった．トーマスは1980年まで大聖堂の仕事に携わった．しかし，変更および縮小計画の図面の多くを描いたのはロジャー・アーサー・フィリップ・ピンクニー（Roger Arthur Philip Pinckney, 1900-90）だった．縮小されて実現されたが，それでも大聖堂は景観的にすばらしく，建築家の独創性，発想力を示した巨大な記念碑である．

スコットのその他の教会堂建築としては，ハンプシャーのボーンマスの受胎告知教会堂（1905-06），ノーフォークのセリンガムのクロマー通りのセント・ジョゼフ教会堂（1908-10，ゴシックの形態をかなり単純化しようとしている点で注目される），ケントのノースフリート

の巨大な聖母受胎告知教会堂（1913-16，リヴァプール大聖堂にも現れるデザインの特徴を示している），リヴァプールのストーニークロフトのセント・ポール教会堂（1913-16），ベッドフォードシャーのルートンのセント・アンドリュー教会堂（1931-32），バッキンガムシャーのハイ・ウィコンブのテリアースのセント・フランシス教会堂（1928-30），ロンドンのゴールダーズ・グリーンのセント・オルバン教会堂（1932-33），そしてアーガイル州オーバンの謹厳なローマ・カトリックのセント・コロンバ大聖堂（1930-53）があげられる．最も成功した教会堂の一つとしては，緩い勾配のついた壁をもつミドルセックスのアシュフォードのセント・マイケル教会堂（1927-28）がある．サマセット州のダウンサイド・アビーの身廊の完成時の設計をも行った（1917-39）．また，ヨークシャーのアンプルフォース・カレッジのいくつかの寄宿舎および礼拝堂（1922-60），サリー州のゴダルミングのチャーターハウス・スクールの品のよい礼拝堂（1922-27，おそらく彼の作品の中で最も成功しているものの一つ）も設計した．バースのセント・アルフェージ教会堂（1927-30），オックスフォードのレディ・マーガレット・ホールの礼拝堂（1931-32）では，ゴシックではなく単純な半円アーチ様式を使った．第一次世界大戦後はケンブリッジのクレア・カレッジのメモリアル・コート（1922-32）を設計した．これは，単純化されたネオ・ジョージアン様式で，中央軸線上には自ら設計した巨大なケンブリッジ・ユニヴァーシティー図書館の中央塔（1930-34）がある．オックスフォードではホークスムアのクラレンドン・ビルディングの向かいに新ボードリアン図書館（1935-46，大部分が地下になっており目にみえる建物の高さを低く抑えている），マグダレン・カレッジのロングウォール・クワッド（1928-29）を設計した．

彼のデザインしたものでとくによく知られるものは1924年および1935年の郵便局の鋳鉄製電話ボックスで，その頂部はロンドンのソーンの墓からデザインを引いている．1930年にスコットは新しいバタシーの発電所のためにロンドン発電所の顧問建築士に任命された．この巨大な構造物では，煙突が古典主義の柱のように扱われており，アール・デコの特徴をもっている．また，スコットが巨大なものの構成力およ

び量塊的なものを制御する力をもっていたことが示されている．ペヴスナーさえもが，それを賞賛した．そのほかの仕事の依頼がこれに続いた．すなわち，パーク・ロイヤルのギネス醸造所（1933-35），ウォータール一橋（1932-45，戦災後のウェストミンスター宮殿の下院の再建（1944-50，如才ない知的な介入．モダニストにはかなり嫌われた）の仕事である．ロンドンのシティの戦災をうけたギルドホールの再建（1950-54）も行い，ロンドンのセント・ポール大聖堂のテームズ川を隔てた南岸にバンクサイド発電所（1947-60）を設計した．崇高な「発電大聖堂」は煙突を壮大な鐘塔のように扱っている．この建物は現在はテート・ギャラリー・オフ・モダン・アートとなっている．これは，ヘルツォーク＆ド・ムーロンによる改修で，スコットの端正な階段状の立面を不適切な形で変えてしまった．

スコットが手がけた後期の宗教建築はロンドンのケンジントンのカルメル派教会堂（1954-59，第二次世界大戦で失われたものの再建），ランカシャーのプレストンのローマ・カトリック教会堂（1954-59），デヴォンのプリマスの小さいながら威厳のある王なるキリスト教会堂（1961-62）である．だが，第二次世界大戦後の彼の作品はインターナショナル・モダニズムが熱狂的に支持され，ほとんど全世界的に受け入れられた状況下では評価されなかった．彼自身は「知性のない伝統主義」にせよ「過激なモダニズム」にせよ教条主義的なことには我慢がならず，将来の建築が「最良のモダニズムの考えが過去の最良の伝統の上に受け継がれるならば」，そして「モダニズムが革命よりもむしろ進化によってもたらされるならば」より嬉しいと述べた．彼は1924年に叙勲され，1944年にメリット勲位を授けられた．また，トロンドハイム大聖堂完成の助言をしたことによりノルウェイでも表彰を受けている．

スコット（子），ジョージ・ギルバート　Scott, George Gilbert, jun. (1839-97)

イングランドの建築家．スコット（父）の5人の息子のうちの長男で「ミドル」スコットともよばれる．父のもとで1857年に修行し，のちにアシスタントとなって，スタッフォードシャーのチェドルトン・コートの修復（1863-66）に携わった．また，ケンブリッジの

ピーターハウスのホールおよびコンビネーション・ルームではていねいな修復および増築を行った（1868-70）．これらのどちらの仕事でもウィリアム・モリス商会のステンド・グラスなどの装飾を使った．同じくスコット（父）の弟子であったG.F.ボドリーはスコット（子）の建築にも多くの影響を与えた．また，ガーナー，ミックルスワイト，セッディングとともに1870年代からイングランドの教会建築学的デザインがめざすところを変え，それまで「必須」とされていた13世紀および大陸の先例でなく，イングランドおよび後期ゴシックの先例に目を向けさせた．とくに，スコットは垂直式を支持することにおいてはボドリーよりも熱心であった．垂直式はピュージンが糾弾して以来，退廃的だと蔑視されていた．彼の最高傑作は，間違いなく，ロンドンのケニントン・パークのセント・アグネス教会堂，学校および司祭館であった（1874-91，現存せず）．これは，イングランドの典礼およびアングロ＝カトリックの儀式に沿った設計がなされていた．美しい家具が備えつけられており，身廊アーケードの彫刻は柱頭なしに柱の中に「とけ込んで」いた．他の教会堂では，ウォリックシャーのレミントン・スパのニュー・ミルヴァートンのセント・マーク教会堂（1876-79），ロンドンのサザークのオール・ハロウズ教会堂（1879-92，現存せず），ヨークシャーのイースト・ムーアのセント・メアリー・マグダレン教会堂（1879-82，建設時にテンプル・ムーアが監修し若干変更した），ノリッジの第1尖頭式のセント・ジョン・ザ・バプテスト教会堂（1884-1910，J・O・スコットによって完成され，現在はローマ・カトリック大聖堂となっている）があり，13世紀様式の学究的な見事な作品である．ケンブリッジのペンブルク・カレッジで新しい建物を垂直式で設計した（1879-83）．また，当時，17世紀古典様式は多くの方面では尊重されていなかったが，レンの礼拝堂を注意深く増築した．オックスフォードのセント・ジョン・カレッジのためにセント・ジャイルズ教会堂に面する新しい建物も設計した（1881頃-99）．スコットはクイーン・アン様式にも熟達し，ノーフォークのガルボールディシャム・マナーではその技量を発揮した（1868頃-83，現存せず）．また，ハルのウェストボーン・パークの一連の注目すべき住宅群（1876-79）は「ア

ヴェニュー」と呼ばれているが，あまりよい使用状態ではない．

スコットは『ローマ教皇支配からイングランドが分離する以前のイングランドにおける教会堂建築の歴史に関する研究（*An Essay on the History of English Church Architecture Prior to the Separation of England from the Roman Obedience*）』(1881) を出版，その翌年，ローマ・カトリックに改宗した．また，父の『個人的および仕事上の回想（*Personal and Professional Recollections*）』(1879) の編集も行った．晩年はスキャンダルと精神的不安定によって傷つけられ，病院に収容された．傑出した作品の数々はノリッジのセント・ジョン教会堂以外はテンプル・ムーアによって完成された．彼は放蕩の末，心臓病で，消耗しきって，父の設計したセント・パンクラスのグランド・ミッドランド・ホテルで亡くなった．

スコット卿（初代），ジョージ・ギルバート
Scott, Sir George Gilbert（'Great'）(1811-78)
イングランドのゴシック・リヴァイヴァルの多作の建築家．1827 年にジェームズ・エドムストン（James Edmeston, 1791-1867）に弟子入りした．エドムストンは建築家としてよりも聖歌の作者としてよく知られている（「天なる父よ我らを導け」(1821) は彼の作品の一つ）．1832 年にヘンリー・ロバーツの事務所に入り，新しいロンドンの漁業組合ホールの新築，カンバーウェルの学校 (1834) の仕事に携わった．1835 年初頭には，サンプソン・ケンプソーン（Sampson Kempthorne, 1809-73）を補助した．ケンプソーンは，救貧法委員会の主任建築家でいくつかの貧民収容作業施設および学校を設計し，それらの作品は書籍として出版され，1830 年代から 1840 年代にかけてさまざまなところで複製された．1835 年末にはスコットは自分で実務を始めていたが，ウィリアム・ボニトン・モファット（William Bonython Moffatt, 1812-87）とともにはたらいており，1838 年には共同経営をするようになった．この共同経営時に 50 以上の救貧院その他の建物を請け負った．1838 年，スコットはハートフォードシャーのフラウンデンに小さなゴシック様式の教会堂，セント・メアリー・マグダレンを設計した．それ以来，おそらくはブロアの影響を受けつつ，建築実務を幅広く展開して行った．スコット＆モファットが真に成功した最初の事例は 1840 年のオックスフォードの殉教記念碑の設計競技の勝利であった（1840-42，13 世紀の「エレノア・クロス」の細部を品よく再現したもの）．同時に，スコットは近くのセント・メアリー・マグダレン教会堂の新しい北側廊（殉教者の側廊）を設計した．これは 19 世紀オックスフォードにおけるゴシック・リヴァイヴァルの考古学的に正しい最初の作品となり，彼自身が学究的なゴシック主義者としてみなされるにふさわしい十分な専門知識をもっていることを証明した．1842 年，事務所はロンドンのカンバーウェルのセント・ジャイルズ教会堂の設計者に選ばれた（1844 年に献堂，教会建築学者たちの賛意を得た）．1841 年までにスコットは A・W・N・ピュージンの著作に心酔するようになった．ピュージンの著作に感激し（雷を打たれたように眠りからめざめたと述懐している）．『イクレジオロジスト（*The Ecclesiologist*）』誌に執筆をするようになる．同誌はケンブリッジ・カムデン（のちのエクレジオロジカル）・ソサエティの発行した影響力の大きい雑誌であった．1844 年，スコット＆モファットはハンブルクのセント・ニコラス教会堂の設計競技に参加し 3 等入選した．しかし，ツヴィルナーの影響力で，彼らの学究的なドイツ・ゴシックのデザイン（端正な尖頭をもっており，これは第二次世界大戦を耐え抜いた）が受諾され，実現された（しかし，ルター派の教会堂であり，ルター派の教条にまったく価値を認めない教会建築主義者からはなんらの称賛も得られなかった）．1840 年代，スコットは教会建築の修復家としての実績もつくっていった．ダービー州のチェスターフィールドに始まり，ケンブリッジ州のイーリー大聖堂 (1848)，ウェストミンスター・アビー (1849) など，いくつかのよく知られた教会堂の修復も手がけた．モファットは浪費家で経済観念がなかったので，スコットは 1845 年に共同経営を解消した．同年にはバークシャーのレディング刑務所が完成した．

1850 年代，周囲の人物たちと同じく，スコットも大陸のゴシックに対する興味を深めた．ロンドンのホワイトホールの政府建物 (1856) のデザインは，フランドルとイタリアのゴシックの先例から引いてきたものであったが，古典主義にするよう強制された．結果，外

務省およびインド省（1863-68），本土および植民地省（1870-74）はイタリア・ルネサンスのピクチャレスクな作品となった．一方，ヨークシャーのドンカスターに端正なセント・ジョージ教区教会堂（1853-58，傑作の一つ），オックスフォードのエクセター・カレッジの礼拝堂（1856-59，パリのサント・シャペルにならったもの），ヨークシャーのハリファックスのハーレイ・ヒルの第2尖頭式のオール・ソウルズ教会堂（1855-59），ロンドンのケンジントンのセント・メアリー・アボット教会堂（1869-72），ニューファウンドランドのセント・ジョン大聖堂（1846-80）を設計した．また，ヘレフォード，リッチフィールド，およびピーターバラ大聖堂が増大しつづける彼の管理する建築リストに加えられた．

1861年，アルバート王太子が亡くなり，彼のロンドンの記念碑のデザインはスコットのものが選ばれた（図面を描いたのは息子のジョージ・ギルバート・スコット（George Gilbert, Jun.））．マンチェスターのワーシントン設計のアルバート記念碑（1862-63）と同様に，天蓋のついた聖堂の形をしているが，スコットのものは，イタリア・ゴシックの様式で，より色彩豊かで豪華になっている（1862-72）．この仕事により，スコットは盛期ヴィクトリア朝ゴシック・リヴァイヴァルの権威として1872年に叙勲された．

スコットは世俗建築でもかなりの成功を収めた．ノッティンガムシャーのケラム・ホール（1858-62），ロンドンのセント・パンクラスのミッドランド・グランド・ホテル（1868-74）は共通するところが多々みられる．どちらも自信に満ちた折衷の煉瓦造で，イープル，ルーヴァン，ヴェネツィアなどの大陸のゴシックを基本としてイングランドとフランスのゴシックを加えたもので，度を超えて豪奢・華美である．グラスゴーのギルモア・ヒルの大学も設計した（1866-70）．それには小塔がついており，地方色を出していたが，J・O・スコットが1887年にドイツ風のトレーサリーのついた尖塔を付加してしまった．ダンディーのアルバート・インスティテュート（1865-67）でもクロウ＝ステップの破風，スコティッシュ・バロニアル様式の円形の小塔などスコットランドの意匠を使った．そのほか，ケンブリッジのセント・ジョン・カレッジの礼拝堂（1863-69），エ

ディンバラ聖公会派のセント・メアリー大聖堂（1874-79）などがあげられる．後者は三つの尖塔をもつ気品のある構成となっている．

教会堂建築家としてスコットはいくつか不都合なことがあった．『わが国の古い教会堂の忠実な修復のための請願書（*A Plea for the Farthful Resteration of Our Ancient Churches*）』（1850）などの著作で古い建築を扱う際には繊細さが必要だと主張したが，彼自身の実務は必ずしもそうではなかった．レスターのセント・メアリー・デ・カストロでの仕事は機械的なものだった．古建築保護協会（SPAB）は，スコットのグロスターシャーのテュークスベリー・アビーの過酷な「修復案」に即応するかたちでウィリアム・モリスによって1877年に設立された．しかし，彼は300以上の教会堂，大聖堂を手がけ，その際，聖職者や建設委員会が破壊的な工事を所望するのに逆らえず自分の意見を飲み込まざるをえないこともあった．大聖堂では（これまでに指摘したもの以外では），カンタベリー（1860, 1877-80），チェスター（1868-75），チチェスター（1861-67および1872），ダラム（1859および1874-76），エクセター（1869-77），グロスター（1854-76），リポン（1862-74），ロチェスター（1871-74）の修復を行った．彼が古い建築に対して行った仕事の大半は，しっかりとした学問に裏打ちされており，細部意匠においても繊細であった．また，彼は当時の典礼にあわせる必要もあったことを忘れてはならない．当時，英国国教会は強力で活気があり，国民生活全般に浸透していた．彼は，ゴシックのみが，建設における唯一の様式であると，『現在および未来の世俗および住宅建築に関する見解（*Remarks on Secular & Domestic Architecture Present and Future*）』（1857）などの著作で根気づよく提唱した．『個人的および仕事上の覚え書き（*Personal and Professional Recollections*）』（1879）はおもしろくかつ興味深い著作である．勤勉で職業人として有能，かつ弟子および若い建築家に対しては謙虚で親切，寛大であった．『ウェストミンスター・アビー余話（*Gleanings from Westminster Abbey*）』（1860）は学術的な書物で，中世建築に対する大きな愛情が示されている．彼はその中世建築を理解することに生涯を捧げた．

スコット，ジョン・オルドリッド　Scott, John Oldrid (1841-1913)

イングランドの建築家．スコット（父）の次男．父および兄とともにさまざまな建築に携わった．壮観なノリッジのセント・ジョン・ザ・バプテスト教会堂（1884-1910）（現在はローマ・カトリック大聖堂）はその一例である．父が手がけたグラスゴー大学にドイツのゴシックのトレーサリーつき尖塔を付加した（1887）．スコットはケント州ハイセのセント・ジョン・ザ・バプテスト教会堂（1869）を担当した．しかし，彼の最高傑作は西欧におけるギリシア正教の大聖堂，ロンドンのベイズウォーターのモスクワ・ロードのセント・ソフィア大聖堂（1874-82）で，ビザンティン様式の作品である．

スコット・ブラウン，デニス　Scott Brown, Denise (1931-)

ザンビア生まれのアメリカの建築家（旧姓はラコフスキ（Lakofski））．南アフリカ，ロンドン，アメリカで教育を受け，数多くの建築家と協働した．そして1967年には，1965年から協働していたロバート・ヴェンチューリと結婚する．1980年からはヴェンチューリ・ローチ＆スコットブラウンのパートナーとして，そして1989年からはヴェンチューリ・スコットブラウン＆アソシエイツにおける都市計画と設計部門の代表として，スコット・ブラウンは会社の成功に多大な貢献を果たす．そして同時に，すぐれた学問的な業績を積みかさねてきている．またヴェンチューリの『ラスベガス（*Learning from Las Vegas*）』（1972）において，簡素な小屋に飾りと巨大な看板を取り付けたものの方がインターナショナル・スタイルよりもその当時の時代における適切な手本であるというアイデアの発表に影響を与えた．

スコット少将，ヘンリー・ヤング・ダッラ＝コット　Scott, Major-General Henry Young Darra-cott (1822-83)

イングランドの軍事技術者．コールの退職後，ロンドン大博覧会運営管理事長に就任した．また，フォークの跡を継いで科学芸術省に勤めた．ワイルドらとケンジントンのエキシビション・ロードのサイエンス・スクール（ハクスレイ・ビルディング）を設計した（1867-71）．これは赤煉瓦とテラコッタで仕上げられたルントボーゲン様式の建物である．またフォークとともにロンドンのロイヤル・アルバート・ホール（1867-71）を設計した．これは古代，ルネサンス，そしてルントボーゲン様式の混合である．ロンドンの大博覧会（1862）およびそのほかの国際博覧会で膨大な仕事をこなした．セメントの種類およびアルバート・ホールの建設に関する論文を書くとともに，サウス・ケンジントン・ミュージアムの完成に向けた計画も準備した．

スコット，マイケル・ジョン　Scott, Michael John (1905-89)

アイルランドの建築家．1930年代から国際的なモダニズムに帰依し，ラウス区，ドロヘダにあるセント・ローレンス・コミュニティ・スクール（1934）やダブリン区のサンディコウヴ・ポイントにあるスコット・ハウス（1938）など，グロピウス風の建物をアイルランドで最初に建てた．大規模な作品には，ポートローズのローズ地区病院（1936-37），タラモアのオファリ地区病院（1937），ウェスト区，アスロン，リッツ・シネマ（1940），ダブリン，ストア・ストリートのセントラル・バスステーション（1950-53），ダブリンのラジオ・テレフィス・エイリアン・スタジオ（1959-61），ブラウン・アンド・ポルソン工場（1959）がある．1959年以降，彼のスタイルは，ミース・ファン・デル・ローエに影響を受け，ルース区，ダンドークのキャロル工場（1970），ダブリン，バゴット・ストリートのアイルランド銀行（1968-73）を手がけた．1966年より事務所体制は，スコット，タロン，ウォーカーとなった．

スコット，マッケイ・ヒュー・ベイリー　Scott, Mackay Hugh Baillie (1865-1945)

イギリスの建築家．チャールズ・エドワード・デーヴィス（Charles Edward Davis, 1827-1902）のもとで修行をし，バースの建築技師となった．1889年にマン島のダグラスに移住し，1893年に実務を始めた．住宅建築に特化し，土着のモチーフを使い，アメリカの作品，とくにシングル・スタイルおよび一部ヴォイジーに影響を受けた．1895年に『ステューディオ（*The Studio*）』誌に住宅設計についての記事を執筆し始めてから世に知られるように

なり，エルンスト・ルートヴィヒ，すなわちヘッセン大公（Ernst Ludwig, Grand Duke of Hesse, 在位 1892-1918）の目に止まることとなった．ヘッセン公はスコットを雇い，ダルムシュタットの住まいの装飾および家具をデザインさせた（1897）．1901 年，スコットはコッホが主宰した芸術愛好家の家設計競技で最高賞を受賞した．この作品は『インテリアデザインの達人（*Meister der Innenkunst*）』（1902）にも紹介された．マッキントッシュは同じ設計競技で特別賞を受賞している．その後，仕事の依頼が続き，ウェストミッドランドのボウネスのブラックウェル（1898-99），バークシャーのワンテージのホワイト・ロッジ（1898-99），スコットランドのヘレンズバラのホワイト・ハウス（1899-1900）が建てられた．彼はハートフォードシャーのレッチワース・ガーデン・シティ，ロンドンのハムステッド・ガーデン・サバーブ，エセックスのギデア・パークでいくつかのモデル住宅を建てその作品は 1904 年，ムテジウスの著作にとり上げられ，賞賛された．他の作品に，サセックス州のセルシー=オン=シーのビル・ハウス（1907），サリー州ギルフォードのアンダーショウ（1908-09），オックスフォード州のシブフォード・フェリスのホーム・クロース（1910）がある．おそらく，彼の手がけた最もよい住宅は，庭と家具のついたスイスのウツヴィルのヴァルドビュール（1908-14）である．

スコットは本質的にはアーツ・アンド・クラフツの建築家でイングランドの土着の住宅建築に影響を受けており，最もよい作品は，1901 年から 1911 年の間に生まれている．その頃，彼はラッチェンスの影響を受けていたようである．彼の平面計画は巧妙で，空間が自由に流れてつながってゆく．また，散漫になるのを避けて建築にあわせた家具もデザインした．外観を単純なものにしようとする傾向と相まって，彼は最初のモダニストという不確かな評判を得ることになったが，これは誤った見解であり，彼の考えは，『住宅および庭園（*Houses and Gardens*）』（1906 および 1933）の中に明確に示されているとおりである．1919 年からアーサー・エドガー・ベレスフォード（Arthur Edgar Beresford, 1880-1952）と共同経営を始め，彼とともに『住宅および庭園』の第 2 版をつくりあげた．この本の中では，ペヴスナーら

が彼こそがその「開拓者」だとしたインターナショナル・モダニズムが明確に批判されている．

スコットランド，アイルランドの小村　cla-chan
　⇨クラサン

スコットランド積み　Scotch bond
　⇨煉瓦

スコット，リチャード・ギルバート　Scott, Richard Gilbert (1923-2017)
　サー・ジャイル・ギルバート・スコットの息子で，1952 年にスコット事務所に入所．彼の作品としては，ロンドン・シティ，ギルドホールの増築（1969-75，図書館を含む），ギルドホール中庭の父親の計画を完成させた新アート・ギャラリー（1988-2000）が知られる．アート・ギャラリーは，ピラネージ以降エジプト風様式によく見られる隅切り「アーチ」と，断片的で角ばったゴシックのトレーサリー装飾が使われている．

スコティア　scotia（*pl.* scotiae）
　トロキラスともいう．すなわち，古典主義の円柱のアティカ式柱礎を例にあげれば，トーラスの上下につけられる平縁にはさまれた，湾曲した窪み形の断面をもつ剜形．大剜（おおぐり）．

スコティッシュバロニアル　Scottish Baronial
　イギリスのジャコビーサン（エリザベス 1 世，ジェームズ 1 世）・リヴァイヴァルの期間に発達した 19 世紀の様式で，強いスコットランド趣味をまといバトルメント（鋸歯状胸壁），トゥーレル〔フランス語で小塔の意〕，マチコレーション（マシクーリ〔フランス語で石落としの意〕つき胸壁），円錐形の屋根をもつ．中世の防御機能をもつ塔状住宅と城塞に由来し，その主導者にはウィリアム・バーンとその弟子デーヴィッド・ブライスがいた．基本的には，スコットランドの伝統的な防御設備を備えた住宅建築と，ピクチャレスクの流行期間に共通する非対称の構成とを折衷的に混合した様式である．ラニョンとリンの設計によるダウン郡ニュータウンアーズのスクラボ・タワーや，その他

の大規模住宅のように，アルスター地方（北アイルランド）で流行した．

スコールズ，ジョゼフ・ジョン Scoles, Joseph John (1798-1863)

イングランドのローマ・カトリックの建築家．ジョン・カーターの影響で中世建築に興味をもつようになった．シチリア，ギリシア，エジプト，シリアをジョゼフ・ボノーミ（息子）と旅し，1826年には事務所を設立した．基本的な立面はナッシュのものであるが，ロンドンのリージェンツ・パークにあるグロスター・テラスを設計した．彼はローマ・カトリックの聖堂で最もよく知られており，ほとんどがゴシック様式であるが，いくつかはロマネスクで，古典主義でも少し設計している．彼の聖堂には，ランカシャーのストーニー・コレッジにあるセント・ピーター聖堂（1832-35，ゴシック様式），ランカシャーのプレストンにあるセント・イグネイシャス聖堂（1833-36，ゴシック様式），エセックスのコルチェスターにあるセント・ジェームズ聖堂（1837，ロマネスク様式），ロンドンのイズリントンにあるダンカン・テラスのセント・ジョン聖堂（1841-43，ロマネスク様式），サマセットのバースにあるプライア・パーク・コレッジ聖堂（1844-46，古典主義），リヴァプールのセント・フランシス・ゼイヴィア聖堂（1845-49，ゴシック様式）や，彼の傑作である，ロンドンのメイフェアにあるファーム・ストリートの無原罪懐胎聖堂（1846-49，ゴシック様式）がある．彼はロンドンのブロンプトンにあるオラトリー聖堂の居住部分（1849-53），ランカシャーのインス・ブランデル・ホールの礼拝堂（1858-59，古典主義）も設計した．

スコンス sconce

1．とくに城門あるいは主要防御物の前面に配置される土塁や要塞．

2．防御用の障壁またはシェルター．

3．たとえば祭室などの境界を明確にするための，パーティションという意味での障壁．

4．正方形の部屋の角を横切って上部に載るマッスを支える小アーチ，という意味でのスクィンチ（⇨ドーム）（例：八角形平面のスパイア（尖頂屋根）を支える教会堂の塔など）

5．壁面につけられた装飾的な持ち送り燭

台．

6．暖炉のそばの遮蔽壁に固定された座席あるいは腰掛．

ズーストリス，フリードリヒ Sustris, Friedrich（1540頃-99）

バイエルンのミュンヘンの選帝侯宮廷で活動したオランダ出身のマニエリスム建築家であり，カンディドの同時代人．ミュンヘンの巨大なイェズイーテンキルヘである聖ミヒャエル教会（1583-97，北ヨーロッパで最初の大規模なイエズス会の教会）の内陣と袖廊，そしてミュンヘンのレジデンツ（宮廷）のグロッテンホフ（グロット宮殿，1580-88）を設計したと考えられる．後者はいくぶんフィレンツェ風の様式で，像の置かれたニッチを有し，生き生きとした構成をとっている．またバイエルンのランツフートのレジデンツを改築し，1585-90年に建設されたミュンヘンのかつてのイエズス会大学（現在は科学アカデミー）を設計したと考えられる．

図像学 iconography

美術とデザインにおいて，人や物の表現形式，すなわち，象徴主義を扱う学問分野．たとえば，キリスト教図像学は限りなく広く複雑で，モダニズムによって否定されるまで，西洋の美術と建築の根幹を成していた．

スタイロベート stylobate

1．古代ギリシアの神殿や列柱廊，あるいはペリスタイルが立ち上がるところで基壇を形成する3段のクレピドーマ（⇨クレピド）の一番上の段．

2．古典（主義）建築におけるプリンス，あるいはペデスタルなどの連続した土台全般を指し，その上に円柱列が設置される．正しくはステレオベートの一番上の部分．

スタイン，クラレンス・S Stein, Clarence, S. (1882-1975)

アメリカ合衆国の建築家・プランナー．都市の過密化の解決策を提案するためにリージョナル・プランニング・アソシエーションを設立し，エベネザー・ハワードの田園都市の理念を二つの開発プロジェクト，すなわちニューヨーク市，クイーンズのサニーサイド・ガーデンズ

（1924 以降）およびニュージャージー州ラドバーンに応用した（1926 以降）．これらはいずれもヘンリー・ライト（Henry Wright, 1878-1936）との共同設計による重要なプロジェクトとなった．ラドバーンにおける歩車分離と広い共用広場は大きな影響力をもち，スタインはのちに著書『アメリカの新しい町に向かって（*Towards New Towns for America*)』（1951）でこれらについて説いている．フィラデルフィア州ピッツバーグのチャタム・ヴィレッジ（1930 以降），カルフォルニア州ロサンゼルスのボールドウィン・ヒルズ・ヴィレッジの創設（1941 以降）に携わった．仕事においてマンフォードらとかかわりをもっている．

スタイン，ジョセフ・アレン　Stein, Joseph Allen（1912-2001）

アメリカの建築家．インドに移住する（1952）以前には，エクボやノイトラと協働した．ニューデリーのローディ公園内にある複数の建物，たとえば「国際センター」（1959-62）や「フォード財団」（1965-68），「ユニセフ・ビル」（1978-81）などを手掛けた．1977 年にはドーシと協働し，シュリーナガルの「カシミア・カンファレンス・センター」（1977-89）をデザインした．ここではヴァナキュラーなテーマが明確に表れている．

スターヴ　stave

1．木目に沿ってまっすぐに裂かれた厚みのある木材で，普通は垂直の接合部となる溝を備えており，充填材よりもむしろ壁などの構造材として用いられる．

2．木材の枠組構造においてスタッドの間に設置される，端が尖った垂直の小さな木材のうちの一つ．絡み合う棒や，裏張りする充填材としてのパネルを調整する上で十分な間隔をあけて設置される．

3．厩で馬に干草を与えるために用いられる馬草棚を形成する部材となる小さな垂直の円筒状の棒．

4．木製の樽を形成する多くの板のうちの一片．

スターヴ教会　stave-church

木材による枠組構造や壁構造でつくられるスカンディナヴィアの聖堂タイプ（11 世紀初めにまでさかのぼる）で，スターヴで建てられる．後の時代の例では，精巧な層をなす屋根をもつものもある．

スターヴド・クラシシズム　starved Classicism

古典主義にかろうじてもとづいてはいるものの，粗末で，浅薄で，ひどいプロポーションで，節操がない．規則性や調和性，精巧さ，洗練さはほとんど感じられず，活力や情熱がまるで欠けている．一般に頑丈で，大胆で，力強く，しばしば崇高でもあるストリップト・クラシシズムと混同すべきではない．

スターク，ウィリアム　Stark, William（1770-1813）

スコットランドの建築家で，洗練された新古典主義の擁護者．現在となってはわからないが，ロシアのサンクトペテルブルグで，なんらかの立場についてはたらいていた（1798）．しかし，専門的なキャリアの大半はグラスゴーで送った．（中でもサー・ウォルター・スコット（Sir Walter Scott, 1771-1832）によって）生前から高く評価されるほど，彼の建物は傑出しており，その中にはヒューキャナン・ストリートのセント・ジョージ教会（1807-08），ソルトマーケットの裁判所，刑務所，官公庁（1809-11，のちに古代ギリシア風ドリス式ポルティコを残して再建され，イギリスの公共建築で最初期の例となった），エディンバラのパーラメント・スクエアにあるシグネット・ライブラリー（1812-15，現ロアー・シグネット・ライブラリー），弁護士図書館（1812-16，現アッパー・シグネット・ライブラリー）の美しい内装やほかの洗練された作品がある．彼による，エディンバラとリースの間の土地計画に関する重要な『レポート（*Report*)』が 1814 年に発表され，のちにタウンスケープと呼ばれるものへの分析，構成におけるピクチャレスクな側面についての分析がなされている．弟子の W・H・プレイフェアが後にスタークの『レポート（*Report*)』に影響を受けた計画を実現した．

スタジアム　stadium

現代のスポーツ用のアレーナ，またはフットボール用のスタジアム．

スタージス, ジョン・ハバード Sturgis, John Hubbard (1834-88)

アメリカの建築家. イギリスとヨーロッパ大陸で教育を受け, ゴシック・リヴァイヴァル, およびアーツ・アンド・クラフツ運動に関する思想を吸収した. 彼は 1861 年にマサチューセッツ州ボストンで建築設計実務を開始し, 1870 年にはボストン美術館の設計コンペで入選した. これは合衆国で初の公共美術館であり, そのデザインは典型的なコンチネンタル・ゴシックにもとづいており, おそらくイギリスのディーン&ウッドワードによるオックスフォード大学美術館の影響を受けていた. デザインに用いたイギリス風のテラコッタはポリクロミーへの試みとして早いものであった. その後の作例として, ボストンのアドベント教会 (1874-78) があげられ, ここではブルックス, ピアソン, ストリートなどの影響が認められる. 彼はまた興味深い海辺の住宅やカントリー・ハウスを多く設計し, 1870 年以降, それらにはイギリスのドメスティック・リヴァイヴァル, およびエデン・ネスフィールド, ノーマン・ショウの作品, とくにクイーンアン様式の建築の影響がみられた. スタージスは新しく独創的な作品を生み出すために, アメリカン・コロニアルやフェデラルといった様式も引用した. 最もすぐれた住宅作品には, ボストン, ダートマス・ストリート 306 番のエームズ邸 (1882) などがある. また, ボストン, ビーコン・ストリート 152-4 番のガードナー邸の美しい内装 (1882) も手がけた.

スタージス, ラッセル Sturgis, Russell (1836-1909)

アメリカの建築家. アイドリッツのもとではたらいたのち, ミュンヘンで学んだ (1859-). そこで彼は構造的な法則を身につけるとともに, さまざまな中世様式のエッセンスを吸収した. その後ニューヨーク市で設計実務を始めた (1863). コネチカット州ニューヘブンのイェール大学ファーナムホール (1869-70) には, 巧みに構成されたゴシック・リヴァイヴァルの試みがみられる. また, ニューヘブンのファーナム邸 (1884) はクイーンアン様式である. 彼の助手には G・F・バブ, (マッキム・ミード&ホワイトの) C・F・マッキム, W・R・ミード (W. R. Mead) がいる. 彼は貴重な建築事典 『*Dictionary of Architecture and Building, Biographical, Historical, and Descriptive*』 (1901-02) を編纂し, そしてコロンビア大学エイヴリー図書館を築き上げた.

スターソフ, ヴァシーリー・ペトロヴィチ Stasov, Vasily Petrovich (1769-1848)

ロシアの建築家. バジェノフとカザコフに学び, 後にフランス, イングランド, イタリアを旅行し, 1808 年にロシアに帰国した. 設計した多くの建物のうちいくつかは, ルドゥーの厳格な新古典主義の影響を明らかに受けていた. モスクワの兵糧倉庫 (1821-35) は控えめで単純だが, 鋳鉄製のサンクト・ペテルブルクのモスクワ門 (1834-38) は, 高貴で力強い古代ギリシア風ドリス式のプロピュライアであり, 興味深い. 1820 年代にグルジノで塔や聖堂などいくつかの建物を建てている. 聖堂の鐘楼 (1822) は, ザハロフによるサンクト・ペテルブルクの海軍省の尖塔屋根 (スパイア) と同様に第二次世界大戦で破壊された.

スタッカート staccato
⇨コンカテネーション

スタックスタンド stackstand
⇨サドル・ストーン

スタッコ stucco *also* stuc

古代から知られているゆっくりと固まるタイプのプラスターで, さまざまな材料でできている. スタッコには基本的に二つのタイプがある. 一方は石灰からなるもの, 他方はプラスターからなるもので, 前者はしばしばセメントに分類される. 一般のスタッコは, 石灰, 砂, 煉瓦の粉, あるいは焼き粘土の塊に水を混ぜ合わせた漆喰として, 石材にかわる外装用の仕上げ材として塗られるものであるが, 切石積みを模した線が刻まれることも多く, ストリング・コースやコーニスのように建築的な要素を形づくる刳形 (くりかた) となることもある. 18 世紀に広く用いられ, 精巧に型がつくられた内装用のスタッコは, カッラーラ産の白大理石を粉末にした非常にきめ細かい砂, 石膏 (硫酸カルシウム), アラバスターの粉, そして水からなり, 塗料のような金属の酸化物などが混入されることで他の材料もしばしば加えられる. ぬる

ま湯に溶ける糊やゴムが混ぜ合わされることも
あり，しばしば着色剤も加えられるが，これも
糊状の水に溶けるものである．スタッコはこす
られ磨かれることで完全に乾燥する．

歴史的にスタッコは，古代ローマやイスラー
ム建築で広く使用されたが，新たな高みに到達
したのはルネサンスやバロック，ロココの時代
であった．ことに南ドイツでは，ヴェッソブル
ン派のメンバー（とくにＪ・Ｇ・ユプレール
（J. G. Üblhör, 1703-63）とＪ・Ｍ・ファイヒト
マイヤー（J. M. Feichtmayr, 1696-1772））や
ツィンマーマンが巨匠としてあげられる．

スタッド stud

木材の骨組みにおける壁や間仕切り壁の補助
的な部材（通常は垂直の部材），または小割材．
スタッドが密に配置される場合，スタッドの間
隔はスタッド自体とほぼ同じ幅となり，実用性
よりも見た目を目的として木材を無駄に多く使
う．ヘリンボーン・スタッドは支柱に対して斜
め（通常 45 度）に設置され，支柱とレールで
囲まれた部分は充填される．クラック・スタッ
ドは，クラック・ブレードの外側に固定された
かたちで取りつけられる．

スタッド・パネル stud-and-panel

スタッドでできた間仕切りや壁で，垂直の厚
板やスターヴのパネルが溝に差し込まれるよう
になっている．ポスト・プランクやプランク・
マントィンとも呼ばれる．

スタディウム stadium

古典古代に徒競争で使用された広いオープ
ン・スペース．平面については一方は長く，他
方はそれよりも短く半円状の端部を備えてい
る．

スタドル・ストーン staddle-stone

雨仕舞に配慮し頂部が盛り上がった粗い円形
石板を支える短い先細りの石柱．それゆえカラ
カサタケに似た支柱を形成し，その上に木骨造
が載せられる．こうして湿気や害虫から建物が
保護される．スタックスタンドとも呼ばれる．

スタビンス，ヒュー・アッシャー Stubbins, Hugh Asher (1912-2006)

アメリカの建築家．1939 年にハーヴァード

大学でのグロピウスの助手となり，のちにマサ
チューセッツ州ケンブリッジにて自身の事務所
を設立し（1940），さらにグロピウスの後任と
して建築学部学部長となる（1953）．スタビン
スはグロピウスやアールト，ブロイヤーから影
響を受けており，その作品は住宅，教会，オ
フィスや学校などにわたる．作品としては，マ
サチューセッツ州ケンブリッジの「ローブ・ド
ラマ・センター」（1957-60）そしてニューヨー
ク市の「シティコープ・センター」（1978，エ
メリー・ロスとの協働）があげられる．横浜み
なとみらい 21 地区のランドマークタワー
（1988-92）は，その完成の時点では，日本で一
番高い建物であった．ベルリンにおける「コン
グレス・ホール」（1957）は，鞍の形をした懸
垂線の屋根を有するものである．これは竣工時
には歓迎された一方で，ベルリン市民からは不
敬にも「妊娠した牡蠣」として言及されてい
る．1976 年には『建築：デザインの経験
（Architecture: The Design Experience）』を出
版している．

スタム，マルティヌス・アドリアヌス，通称マルト Stam, Martinus Adrianus, called Mart (1899-1986)

オランダの建築家．作品の多くはほかの建築
家との共同作品で，ペルツィヒ，マックス・タ
ウト（1922），ブリンクマンとファン・デル・
フルフト（1925-28），エルンスト・マイ
（1930-34）らと協働した．シュトゥットガルト
のヴァイセンホーフ・ジードルンクで連棟型住
宅を設計し（1927），またハンネス・マイヤー
に招聘されバウハウスで教鞭をとった
（1928-29）．CIAM の設立メンバーで，左翼的
で堅固な政治信条をもち，マイとソ連に渡り新
都市の建設計画に従事した．エル・リシツキー
とともに，構成主義の運動にかかわった
（1924-25）．第一次世界大戦後はドレスデンで，
また 1952 年まで東ベルリンで活動し，その後
アムステルダムに短期間滞在したのちスイスに
移住した．最もよく知られている作品はロッテ
ルダムのファン・ネレ煙草工場で，ブリンクマ
ンとファン・デル・フルフトと共働したもので
ある（1926-30）．

スタラクタイト stalactite

1．ムカルナと呼ばれる持ち送りのシステ

ム，連なる鍾乳石と似たような形をしている
が，実際には煉瓦で精巧に穿たれたスクィンチ
（⇒ドーム）とヴォールトによる天井のことで，
イスラーム建築の，殊にムーア建築にみられ
る．

2．グロッタに見られる鍾乳石や氷柱と似た
ような形の石やスタッコで，フロステッドとも
呼ばれる．

スーター，リチャード　Suter, Richard (1797-1883)

イングランドの建築家．漁業組合のサーヴェ
イヤーとして，ロンドンデリー州にある組合の
地所内のバリーケリー（1825-27）およびバナ
ガー（1825）の長老派教会堂をそれぞれ設計
し，それらの図面は1827年にロイヤル・アカ
デミーで展示された．彼はバリーケリーにおい
て，モデル農場（1823-24），ランカステリアン
学校（1823-30），組合事務所（1830-32，現在
はホテル，大幅に改変されている），主要道路
の南側の一連の住宅（1823-24），長老派教会の
敷地内の宿舎（1928），診療所（1829）をすべ
て古典主義様式で設計した．トリニティ・ハウ
ス協会のサーヴェイヤーとして住宅を設計し，
それらは，トリニティ・ハウスの建つ敷地に隣
接して1821-23年にトーマス・キュービットに
よって建設された．漁業組合に対しては，ロン
ドンのワンズワースにセント・ピーター救貧院
（1949-51），ノーフォークのホルトのグレシャ
ム校の旧校舎（1859）をエリザベサン様式で設
計した．

スターリング　starling

1．橋脚を守るために周りに設置されるパイ
ル，あるいは橋脚から突出した尖った部分で，
水切りと呼ばれる．

2．流水を扱う建造物において水と連動する
パイルで形成された波除け．

スターリング，サー・ジェームズ・フレイザー Stirling, Sir James Frazer (1926-92)

スコットランドの建築家．リヴァプールで教
育を受け，ジェームズ・ゴーワンとの協働で，
複数の重要な建築を設計した（1956-63）．「ハ
ムコモンの集合住宅」（1955-58）はコンクリー
ト構造のあいだを煉瓦で埋めており，このスタ
イルは広くコピーされた．そして，ル・コルビ

ジュエの影響を受けているにもかかわらず，ブ
ルータリズムに分類された（彼らはこの分類を
ひどく嫌った）．「レスター大学工学部校舎」
（1959-63，メーリニコフと構成主義からの引用
をコラージュしている）は，角度をつけて面取
りされたような形態と，ガラス面と対照的な真
赤な煉瓦が用いられていることで，多くの注目
を浴びた．その後，スターリングは独自に活動
し，賛否両論の「ケンブリッジ大学歴史学部校
舎」（1964-68），「セント・アンドリュース大学
学生寮」（1964-76），オックスフォードのクイ
ーンズ大学における「フローリー・ビル」
（1966-71），「ランコーン・ニュータウンの集合
住宅」（1967-76）などを手掛けた．

1970年代のスターリングは，1971年からマ
イケル・ウィルフォードとの協働関係を結ぶ．
そしてドイツでの活動を進めるが，その中に
「シュトゥットガルト州立美術館」（1977年か
ら1984年に開館）がある．ここでは，エー
レンスヴァルドや古代エジプト建築や原始的な
建築，そしてシンケルによるベルリンの美術館
からの要素を下敷きにしている．おそらくコー
リン・ロウらが議論するところのコラージュの
技術に基づいた，明白に風変わりなやり方がな
されているのである．後期の作品の中には，
ティアガルテンの「ベルリン科学センター」
（1979-87），マサチューセッツ州ケンブリッジ
のハーバード大学にある「サクラー・ギャラリ
ー」（1979-84），ロンドンのテート・ギャラリ
ーにおける「クロア・ギャラリー」（1980-87），
ニューヨーク州イサカのコーネル大学にある
「パフォーミングアーツ・センター」
（1983-92），ロンドンのNo.1ポウルトリーにお
ける開発（1985-97），ドイツのメルズンゲンの
「ブラウン本社」（1986-92）がある．彼の後期
の作品は徐々に折衷主義的で表現的にもなって
おり，歴史主義的なテーマへの（皮肉的な）ほ
のめかしもみられる．

スタロフ，イヴァン・エゴロヴィチ Starov, Ivan Yegorovich (1745-1808)

ロシアの建築家．ド・ヴァイイの弟子
（1762-68）で，洗練されたフランスの新古典主
義を母国に紹介した．ニコリスコエの聖堂と鐘
楼（1774-76，一部取り壊し），イオニア式円柱
に縁どられた壮麗なエカテリーナの広間があ
る．サンクト・ペテルブルクのタヴリチェスキ

一宮殿（1783以後）が特筆すべき存在である．他の作品では，サンクト・ペテルブルクのアレクサンドル・ネフスキー修道院（1776-90），ペラの宮殿（1785，現存せず）が言及に値する．1770-90年代に都市改善に携わり，帝国全体に新しい都市を建設した．

スタンション　stanchion

1. 枠組構造において直立した構造材として設けられる鋼のような柱，または垂直の支持材．

2. マリオン．

3. ティンバー・フレーム構造の壁に設けられる間柱．

4. ゴシック様式の窓のマリオンの間に垂直に設けられる鉄棒．

スタンディング・タワー　standing-tower
⇨プロスペクト・タワー

スタンプ，ギャヴィン・マーク　Stamp, Gavin Mark（1948-2017）

イギリスの建築史家，ジャーナリスト．とくに19世紀と20世紀の建築に興味を有する．スタンプは，スターリングによる「ケンブリッジ大学歴史学部校舎」が開館した当初から働いており（1968），1976年にその欠点を単刀直入に指摘したことから名前が知られるようになる．第一次世界大戦戦没者記念碑についての先駆的な研究の書籍（1977），発電所の建築についての書籍（1979），そしてインドにおける英国建築についての書籍（1981）を出版している．かの有名なラッチェンス展（1981-82，ロンドンにて）を主催したひとりであり，ラッチェンスに関する内容を広範囲にわたって執筆した．また，アレクサンダー・トムソン協会の創設者として，ホルムウッドの保存に尽力し，彼や彼の作品について多くの研究成果を出版した．また，スタンプはジョージ・ギルバート・スコットの活躍した時代についても執筆しており，とくに「中期」スコットに関する主要研究（2002）がある．スタンプは，雑誌『プライベート・アイ（Private Eye）』に寄稿されたものが，自身が書いてきた文章のなかで最も影響力を有するものだろうと述べている．

スタンプ・トレーサリー　stump tracery

⇨トレーサリー

スタンリー，トマス　Stanley, Thomas（活躍1429-62没）

イングランドの石工．ケントのリド聖堂の塔を建て（1442-46），少なくとも1429年からの数年間はカンタベリー大聖堂でシニア・メーソンであった．また，ケントのテンタデン聖堂の塔（1444-61）とアシュフォード聖堂（1460-90）を設計したと思われる．

スターン，ロバート・アーサー・モートン　Stern, Robert Arthur Morton（1939-）

アメリカの建築家．大学卒業後，1977年に自身の事務所を設立するまでリチャード・マイヤーのもとではたらいた．インターナショナル建築への厳しい批判とポスト・モダニズムにおいて最も大きな影響を与えた1人と考えられてきた．知覚記憶を刺激し，文化に深く根ざした連想の建築を擁護し，建造物に意味を与えるための歴史研究と折衷的な形態の採用を強固に主張した．作品にはコネチカット州ワシントンのラング邸（1974），ニューヨーク州アーモンクのアーマン邸（1975），マサチューセッツ州フレーミングハムのポイント・ウェスト・プレイス（1983-85，プリミティブな角柱と石棺の蓋の断面様のペディメントからなる力強いポルティコをもち，全体としてルドゥーの作品を思い起こさせる）などがある．事実，スターンは18世紀後期および19世紀初頭のフランスの厳格な新古典主義の要素をうまく再現している．他の作品には，マサチューセッツ州ストックブリッジのノーマン・ロックウェル・ミュージアム（1987-93），ヴァージニア州シャーロッツビルのヴァージニア大学のオブザーヴァトリー・ヒル・ダイニング・ホール（1982-84），ニューヨーク市ブルックリンのコル・イスラエル・シナゴーク（1985-89），フロリダ州レーク・ブエナ・ヴィスタのディズニー・キャスティング・センター（1987-89），フランス，マルヌ・ラ・ヴァレのユーロディズニーのホテル・シャイアン（1988-92），イリノイ州シカゴのバナナリパブリック・ストア（1990-91），ニューハンプシャー，コンコードのセントポール校オルストロム図書館（1987-91），ヴァージニア州シャーロッツビルのヴァージニア大学ダーデン・スクール・オブ・ビジネス（1992-96），マサチュー

セッツ州ボストンのハーバード・ビジネススクールのスパングラー・キャンパス・センター（1999-2001）などがあり，すべて非常にきめ細かく設計されている．数多く手がけた住宅作品の中では，ニューヨーク州イーストハンプトン（たとえばアパクォーグのもの（1989-93）など），テキサス州ダラスのプレストン・ホロウ（2000），カリフォルニア州サンタバーバラのモンテチト（1999）といった邸宅があげられる．著書も多く，『アメリカ建築の新方向（*New Directions in American Architecture*）』（1969）などがある．

スチュアート，ジェームズ・「アシニアン」
Stuart, James 'Athenian' (1713-88)
スコットランドの家系のイギリス人建築家で，グリーク・リヴァイヴァルの重要な人物．おそらくガイドを務めたり，素描や絵画を制作したりして稼ぎながら，1742年にローマを旅した．1748年にM・ブレティンガム，ガヴィン・ハミルトン（Gavin Hamilton, 1723-98），レヴェットとともにナポリへ旅した．この遠征でアテネ（当時はオスマン帝国の支配下にあり，訪れるのが難しかった）を旅する計画が議論された．スチュアートとレヴェットは1748年にアテネの古代遺物に関する，信頼できる実測図を出版することを提案し，当時，グランド・ツアーに出ていた多くの貴族やジェントリーから援助を受けた．資金が調達されると，1751年にこの2人の若者はディレッタント協会に選出されて，協会の庇護のもと，ギリシアへと旅立った．危険な滞在を終えて，1755年に素描を出版するためにイングランドに帰国した．『ロイヤル・ソサエティ会員，古事物愛好家協会会員のジェームズ・スチュアートと画家，建築家のニコラス・レヴェットにより実測され描写されたアテネの古代遺物（*The Antiquities of Athens Measured and Delineated by James Stuart, F. R. S. and F. S. A., and Nicholas Revett, Painters and Architects*）』の第1巻はつつがなく1762年に出版された．これはル・ロワによる『廃墟（*Les Ruines...*）』（1758）のしばらく後に出版され，スチュアートはその不正確さを批判し，ル・ロワとスチュアートはそれ以降もしばらくお互いの著作を酷評し続けた．『アテネの古代遺物（*The Antiquities of Athens*）』は古代ギリシア建築に

関して，信頼できる初めての書籍であり，すぐさま重要な著作として認められた．スチュアートはレヴェットの利益を買い占めていたが，怠惰な性格から，第2巻は1789年まで出版されなかった．第3巻はウィリー・レヴリーが編集し，1795年に出版された．第4巻はジョサイア・テイラー（Josiah Taylor, 1761-1834）が1816年に出版し，最終巻はC・R・コッカレルが1830年に出版した．

スチュアートはウスターシャーのハグリー（1758），スタッフォードシャーのシャグバラで庭園建築（1760年代）を設計したが，これらは明らかに18世紀ヨーロッパで最初の古代ギリシア式オーダーのある建物であった．彼はロンドンのセント・ジェームズ・スクエア15番地に古代ギリシア様式の細部があるパッラーディオ主義の邸宅（1763-66，のちに改築）を設計した．また彼はロンドンのグリーン・パークにあるスペンサー・ハウス（1759-65）の洗練された室内装飾（ポンペイ様式のモチーフを18世紀で最も早く用いた），ロンドンのハートフォード・ストリートにあるホルダネス（のちのロンドンデリー）・ハウス（1760頃-65，解体），ロンドンのグリニッジ・ホスピタルの美しい礼拝堂（1780-88，ウィリアム・ニュートン（William Newton, 1735-90）が助けた），ダウンのマウント・スチュワートにある風の塔（1782-83）を設計した．もし，彼があれほど怠惰でなかったならば，その熟達した新古典主義，古代ギリシア・ローマの装飾の知識，さまざまな装飾を統合する才能をもってすれば，アダム兄弟をおびやかす好敵手となっていたであろう．

スチュアート，ジョージ Steuart, George (1730頃-1806)
ゲール語を話すスコットランドのハイランドの建築家．第3代（3rd Dukes of Atholl）および第4代アソル公爵（4th Dukes of Atholl）のためにはたらき，彼らのためにロンドンのグロヴナー・プレースに邸宅を設計した（1770，解体）．彼の重要な作品の大半はシュロップシャーにあり，洗練された華奢な新古典主義で設計した．彼の傑作にはシュルーズベリー近郊のアッティンガム・パーク（1783-85），シュルーズベリーにある独創的なセント・チャド教会（1790-92）がある．後者には，円形平面のギャ

ラリー付き身廊，中間の連廊，巨大で高貴な尖塔，フルートのない古代ローマ風ドリス式ポルティコがある．これはジョージ王朝様式の教会では最も独創的で愉快な建築の1つである．シュロップシャーのミリチョープ・パークにあるイオニア式神殿（1770），タイローンのバロンズコート（1779-82，のちにソーンとモリソンによって改築），シュロップシャーのウェリントンにあるオールセインツ教区教会（1787-89），マン島のラムジーにある裁判所（1798，解体），マン島のダグラスにあるカースル・モナ（1801-06）を設計した．

ズッカッリ，エンリーコ　Zuccalli, Enrico (1642-1724)

イタリアとスイスとの国境であるグリゾン地方出身の建築家の家系の一員．ミュンヘンでバレッリの後任として，バイエルン選帝侯フェルディナント・マリア（Elector Ferdinand Maria of Bavaria，在位1651-79）の宮廷建築家に任命され，選帝侯マクシミリアン2世・エマヌエル（Elector Maximilian II Emanuel，在位1679-1704，1715-26）に重用されたため，ミュンヘンで活動する建築家の中では，およそ四半世紀の間卓越していた．ズッカッリの重要性は，第1にイタリア，フランス，そしてオーストリアのバロック様式をバイエルンに導入したことにある．たとえば，初期の作品の一つである集中式平面で計画されたアルテッティンクの巡礼聖堂については，1679年に建設が中断してしまったとはいえ，これによりローマ・バロックの新しい聖堂の設計手法がバイエルンにもたらされた．1674年にミュンヘンのテアティーナーキルヘ（テアティーノ会聖堂），すなわちザンクト・カイエタン聖堂の建設をバレッリから引き継ぎ，双塔式のファサード（キュヴィエにより設計が変更され1765-68完成），交差部を覆う背の高いクーポラ，そして内部を設計した．ズッカッリの最高傑作は，ミュンヘン近郊にあるシュライスハイム城（1684-1704）である．この城は庭園に配置されており，ルストハイム城（1684-89）の建設とともに始まった．すなわち，シュライスハイム城は庭園内の長大な運河の一端に主屋にあたる宮殿（エフナーにより完成）と連結された形で配置され，ルストハイム城は運河のもう一端に配置されているのである．ズッカッリは，ミュ

ンヘンのレジデンツ（1679-1701年にかけて宮廷の本拠地であったが，第二次世界大戦中に破壊され，一部が修復された）の内装工事についても一部を監督し，その中には皇帝の間，アレクサンデルの間，そして夏の部屋が含まれる．ズッカッリによるミュンヘンのニュンフェンブルク城の増築（1701着工）については，主屋にパヴィリオンが接続された形で，マロが設計したオランダのヘット・ロー宮殿にもとづいている．また，ミュンヘンにフッガー・ポルティア宮殿（1693-94）を建て，ボンではレジデンツの増築（1697-1702）も手がけたが，これはコットによって完成された．最後の重要な任務はオーバーアマルガウ近郊のエッタール修道院の再建（1709-26）であり，これには湾曲したファサードや，ドームを備えた聖堂本体の設計が含まれる．

ズッカッリ，ジョヴァンニ・ガスパーレ（またはヨハン・カスパール）　Zuccalli, Giovanni Gaspare or Johann Kaspar（1654頃-1717）

エンリーコ・ズッカッリの従弟．ザルツブルクにバロック様式で集中式平面の聖堂を二つ設計した．一つは（ピエトロ・ダ・コルトーナによるローマのサンティ・ルカ・エ・マルティーナ聖堂に由来する）ギリシア十字形平面のエアハルツキルヘ（ザンクト・エアハルト聖堂，1685-89）であり，円形のドラムで支えられたドームを備えている．もう一つはさらに興味深いもので，テアティーノ会の聖堂であるカイェターナーキルヘ（ザンクト・カイェタン聖堂，1685-1711）であり，ベルニーニによるローマのサンタンドレア・アル・クィリナーレ聖堂に由来する楕円形のドームを備えている．これら二つの建物は，フィッシャー・フォン・エルラッハが設計したザルツブルクのドライファルティヒカイツキルヘ（聖三位一体聖堂，1694-1702）や，同じく後のウィーンのカールスキルヘ（1716から）に影響を与えた．オーストリアのリート・イム・インクライス近郊のアウロルツミュンスターの城（1691-1711）も，おそらくズッカッリによるものである．

ズッカー，ポール　Zucker, Paul（1888-1971）

ドイツ出身のアメリカの建築家，建築史家，理論家．1920年代に芸術労働評議会，11月グループに加わり，ベルリンの国立造形美術大学

などさまざまな教育機関で教鞭をとった．作品に，いずれもベルリンにて，エタム（1921-22）およびフェスタ（1928）のチェーンのための店舗，タウベン通りのレヴィンスキー銀行（1924），グリューネヴァルト，ハーゲン通りのヘンケル邸（1927），クライナー・ヴァンゼーのポスナンスキー・スタジオおよびボートハウス（1930）がある．また，ベルリンの西部で手がけた郊外住宅が最良の作品といえるだろう．著述も多く，『都市と広場：アゴラからヴィレッジ・グリーンへ（*Town and Square: From the Agora to the Village Green*)』（1959）ほか建築論に関する雑誌への寄稿も多数におよび，おもに都市の文脈と空間の関係を扱った．

スティーヴン・ザ・メーソン Stephen the Mason (1180-1228 活躍)

イングランドの（と思われる）石工．ウィンチェスター（ハンプシャー）のキングズ・フォージ（「王の鍛冶場」）の壁体（1180-81）をつくり，ドーセットのコーフ・カースルでは王室営繕局のマスター・オヴ・ザ・キングズ・ワークスとなって（1213），ウィンチェスター・カースルのグレート・ホールの一部を建てた（1220 年代）．おそらくウィンチェスター大聖堂の奥内陣（1202-35 頃）とセント・メアリー・オヴリー聖堂（現サザーク大聖堂，1208-35）の設計にも寄与したものと思われる．

スティーヴンソン，ジョン・ジェームズ Stevenson, John James (1831-1908)

スコットランドの建築家．ブライスおよびスコット（父）の事務所ではたらき，1860-69 年はキャンベル・ダグラス（Campbell Douglas, 1828-1910），1871-76 年はE・R・ロバートソンと共同経営を行った．1860 年にロンドンに移住し，ロバートソンとともにロンドン教育委員会の依頼でいくつかの学校を設計した．ロンドンのベイズウォーター・ロード 140 番地のレッド・ハウス（1871，現存せず）はクイーン・アン様式の最初期の事例で，ロンドンの住宅が漆喰から煉瓦へかわってゆくきっかけとなった．その他，ナイツブリッジのポント・ストリート 42-8 番地（1876-78），サウス・ケンジントンのロウサー・ガーデンズ（1878），メルベリー・ロード 14 番地（1876-78，現存せず）の住宅はすべてロンドンにあり，また，ノ

ーフォークのスネッティシャムのケン・ヒル（1879-80）の住宅がある．また，オックスフォードのバンベリー・ロード 27，29 番地に最初のクイーン・アン様式の住宅を建てた．これらは 1880-81 年頃の建築に着目した赤煉瓦の対の佳作で，通常より高価な赤煉瓦で仕上げられ，バルコニーをもち，窓枠は白く塗られていた．彼は『住宅建築（*House Architecture*)』を著した（1869-70 年に執筆を始め，1880 年に出版）．

スティーヴンソン，スティーヴン Stephenson, Stephen (1387 頃-1400 活躍)

イングランドの石工．アフォンソ・ドミンゲス（Affonso Domingues, 活躍 1387-1402 没）のもと，ポルトガルのバターリャ大修道院ではたらいた（1388 開始）．スティーヴンソンが主として設計に関与したに違いない建築の現場には多くのイングランド人がいた．

スティーヴンソン，ロバート Stephenson, Robert (1803-59)

イングランドの鉄道技術者．先駆的な鉄道建設者および機関車設計者であったジョージ・スティーヴンソン（George Stephenson, 1781-1848）の息子．ロバートはロンドンからバーミンガムにかけての主要各線（1833-38）およびイングランド北西など，あらゆる場所の鉄道建設の責任者をおもに務めた．大きな仕事はニューカッスルのタイン川，バーウィックのツウィード川などに架かる橋梁であった（1846-49）．傑作はブリタニア・ブリッジ（1845-50）で，函状の大梁構造でメナイ海峡をチェスターからホリーヘッドの間でつないだ．ブリタニア・ブリッジの設計でフェアバーンらに補佐された．ウェールズのコンウィでも函状大梁橋を設計した（1845-50）．モントリオールのセント・ローレンスにかかるヴィクトリア・ブリッジ（1854-59）は一時，世界で最も長い橋だった．

スティック・スタイル Stick style

スティック・スタイルはアメリカの住宅建築の 19 世紀後期の様式であり，一部はカーペンターズ・ゴシックから発展した．多くが木骨造であるが，この様式名は，細い方杖または「スティック」が（時には下見板の上部に）固定され，木骨造を暗示するような建造物にも用いら

れる．それらの部材は多くの場合非常に堅牢，荒削りで角張っており，張り出した軒庇や広いベランダを備えるものが多い．この様式は，イギリスの木造建築よりはフランスやスペインのものの影響を受けている．ロードアイランド州ニューポートにあるハント設計のグリスウォルド邸（1861-63）は好例である．

スティフ・リーフ　stiff-leaf
1.　12世紀末から13世紀のゴシック建築で様式化された三葉形の彫刻装飾．クロケット形柱頭から発展し，普通はボスや柱頭（⇨柱頭の図（1））を飾り立てる．ヨーロッパ大陸よりもむしろイングランドに大半がみられ，初期尖頭式アーチに特有のものである．
2.　新古典主義建築で，フリーズの上などに繰り返し用いられる一連の垂直な葉形や羽形の装飾．

ステイブル　stable
1.　馬を保護するための建物．
2.　馬を飼育する施設．普通は複数形で用いられる．

スティリング，ハラルド・コンラッド　Stilling, Harald Conrad (1815-91)
デンマークの建築家．ヘッチュの弟子であり，バザールのコンサートホールを設計したほか，実業家カルステンセンのためにコペンハーゲンのチボリ公園内のすばらしい後期古典主義の作品を残した（1843）．カジノ（1845-47）も設計し，のちにこれはコペンハーゲンにおける最初の商業劇場となった（1848）のだが，カルステンセンの当初の狙いは「冬のチボリ」であった．コペンハーゲンのスヴァエルテガーデ3番地のブティック・シュワルツは，シンケルの作品から強い影響を受けている．教会建築の歴史について著書（1870）も残した．

スティルティド　stilted
通常よりも高くもち上げられたという意味だが，この用語はもっぱらアーチの場合に限って用いられる．⇨アーチ

スティール，フレッチャー　Steele, Fletcher (1885-1971)
アメリカ合衆国のランドスケープ・アーキテクト．マサチューセッツ州ストックブリッジ，ナウムケーグにおいて中国風庭園，薔薇園，水場，シラカバ林などを折衷的に用いた庭園を設計した（1925-38）．著作『未来のためのランドスケープ・デザイン（*Landscape Design for the Future*）』（1932）および『現代の庭園設計（*Modern Garden Design*）』が影響力をもった．

スティルマン・アンド・イーストヴィック＝フィールド　Stillman & Eastwick-Field
イギリスの建築事務所．1949年にジョン・スティルマン（John Stillman, 1920-2021），ジョン・イーストヴィック＝フィールド（John Eastwick-Field, 1919-2003），エリザベス・イーストヴィック＝フィールド（Elizabeth Eastwick-Field, 通称ギー（Gee），1919-2003）によって設立された．カムデン女子学校（1956-57）など，ロンドン内教育局が指導する多くの学校建設にかかわった．ジブラルタルでは，マッキントッシュ・ホール・カルチュラル・センター（1964-67）を，デーヴォン，エクスターでは，視覚障害者のための寄宿舎（1965-66）を設計した．他の作品には，ウェストミンスター，リージェンシー・ストリートのハイド・タワー（1959-61，プレキャスト・コンクリート製の外装材としては先駆的な事例），ロンドン，ハムステッドにある，老人ホームであるクイーン・メアリーズ・ハウス（1991-92）がある．

スティル・モデルヌ　Style Moderne
アール・デコ．

スティーレ　Stile
スティーレ・フロレアーレは，初期アール・ヌーヴォーを意味するイタリア語．ただし，リバティ様式（この様式を広めたロンドン，リージェント・ストリートの店の名に由来）の方がよく使われる．

スティーンヴィンケル一族　Steenwinckel Family
オランダのルネサンス建築家，彫刻家の一族．デンマーク王室のためにはたらいた．ハンス・ファン・スティーンヴィンケル父（Hans van Steenwinckel the Elder, 1550頃-1601）は，ヘルシンゲルのクロンボー城を再建し（1629

から)，一方でハンス・ファン・スティーンヴィンケル息子（Hans van Steenwinckel the Younger, 1587-1639）とラウレンス・ファン・スティーンヴィンケル（Lourens van Steenwinckel, 1585 頃-1619）は，同時代のオランダ建築に多大な影響を受けた．精巧な塔や尖塔をもつ巨大な建築複合体フレデリクスボルフを設計した．ハンス息子の代表作は優美なコペンハーゲンの証券取引所（1619-25）と考えられるが，この建築は3本の竜の尾が絡みあう奇妙な尖塔，縦横の材で仕切られた大きな窓が反復する長大なファサード，精巧につくられた屋根窓といった特徴をもっている．

スティンフィールド, オリヴァー・ド Stainefield, Oliver de（1305-10 活躍）

イングランドの石工頭．1305 年からヨークシャーのビヴァリー・ミンスターにおり，おそらく，1308 年に建設が開始された身廊の建築家であった．

ステグマン, ポウル Stegmann, Povl （1888-1944）

デンマークの建築家．デンマークにおけるモダニズムの先駆者であり，オーフス大学を設計した（カイ・フィスケル，C・F・メーラーと協働，1931-33）．オーフス（1924-37）およびアールボリ（1937-44）において，教育者としても影響力があった．

ステーサム, ヘンリー・ヒースコート Statham, Henry Heathcote（1839-1924）

イングランドの建築家．1884 年に『ビルダー（The Builder）』誌（当時英帝国領内で建築についての最も影響力のあった雑誌の一つ）の編集長となった．数多くの雑誌や『グローブ音楽事典（Grove's Dictionary of Music）』に文章を寄せた（彼は熟達した音楽家でもあった）．彼が支援した多くの建築界の才能ある人物には，カーティス・グリーンおよびベレスフォード・パイトがいた．1903 年，『ビルダー』社屋および近隣のキャサリン・ストリートの建物のファサードをデザインした．彼が執筆した『建築の歴史（A History of Architecture）』（1912）は多くのすばらしい挿絵を含み，広く学生の教科書として使われた（1927 年，1950 年に改訂）．彼はラスキンを軽蔑していた．

ステージ stage

1. 建物の高さを水平に分割したときの，それぞれの部分．すなわち階．⇨塔
2. 水平の仕切り．
3. 持ち上げられた床，壇，あるいは足場．
4. 説教壇．
5. 劇場で俳優などが立つ場所．
6. 道路沿いに建つ宿場，あるいは駅馬車の路線上に規則的に設けられる停車場．

ステーション station

1. キリスト受難の各場面のことで，たいていは聖堂の壁の周囲や修道院の回廊に彫刻や絵画などの形で設置され，普通は 14 の場面からなる．
2. 牧畜農場．
3. 固定された停車場．たとえば，鉄道駅のような建物．
4. 地方の支所，集積所，あるいは特別な目的のための拠点．例えば，消防署，警察署，救急車の待機所など．
5. 集会所．

ステップ step

階段の踏み面と蹴上げや，たとえば戸口の踏み段のような単一の平らな構造物で，一段階上に進むことを可能にするもの．

ステープル staple

1. 卸売市場，ないしは市場の廃語．
2. 扉枠に仕舞い込まれる角括弧形の鉄片で，ボルトや鍵の止め金を押さえるために用いられる．

ステュアート朝建築 Stuart architecture

17 世紀，とりわけ，ジェームズ1世（ジャコビアン）様式とチャールズ1世（カロリン）様式の建築のことだが，ジェームズ1世（スコットランド王ジェームズ6世, James I and VI, 在位 1603-25）から女王アン（Queen Anne, 在位 1702-14）までのステュアート朝時代の建築を指すのにも使われる．だが，チャールズ2世治世下（1660-85）の建築は，通常，王政復古（レストレーション）様式かチャールズ2世（カロリーン）様式と称される．その後，ウィリアム3世・メアリー2世様式（1689-1702），クイーン・アン様式と続いてい

く.

ステラ, パオロ・デッラ Stella, Paolo della (1552 没)

イタリアの建築家. プラハのフラッチャニ（プラハ城内）にある美しいベルヴェデーレ宮殿（王妃アンナの夏の離宮, 1535-63）の設計者. この宮殿はハンス・チロル（1505 頃-75 頃）とボニファーツ・ヴォルムート（1522-1579 以前活躍）によって完成された. 優美なイオニア式アーケードに囲まれた長方形の区画で構成された, 純粋に 16 世紀のルネサンス建築（チンクエチェント）の小品で, 時代と場所を勘案すると比類なく洗練されている.

ステルン, ラファエロ Stern, Raffaello (1774-1820)

イタリアの建築家で, 新古典主義の重要人物の一人. ヴァティカン美術館のブラッチョ・ヌォーヴォという細長い新棟（1817-22）を設計した. これはミューズの間とギリシア十字平面の間（カンポレーゼとシモネッティによる）を含むものであり, 古代の先例にもとづいた記念すべき続き間となっている.

ステレオトミー stereotomy

1. アーチやヴォールト, らせん階段の石積みなどの複雑なブロックを裁断し整形する技術.
2. 立体の断面をつくる技法.

ステレオバータ, ステレオバーテ（複ステレオバータエ, ステレオバーテス） stereobata, stereobate(*pl.* stereobatae, stereobates)

1. 強固な基壇を形成する土台や下部構造体の頂上で, その上に古典（主義）の神殿が建てられる. それゆえクレピドーマの頂上, あるいはスタイロベートを指す.
2. 列柱廊を支える古代ローマのボディウムの壁.
3. ペデスタル.

ステンシル stencil

1. 穴が開けられた金属の薄いシートや厚紙などを指し, それを壁に貼って上からブラシで塗装することによって, 穴の形が下の壁に表現される仕組み.

2. ゴシック・リヴァイヴァルの室内によくみられるステンシルによって刷り出された模様.

ストア stoa

1. 古代ギリシアのポルティコのタイプ. 奥行きは限定されているが, 幅はかなり広く, 背後には長大な壁, 前面には列柱廊が設けられる. 一般には公共の空間に面していて, 散歩や交流の場として用いられる. 1 階ではドリス式円柱, 2 階ではイオニア式円柱が用いられた 2 階建てのものもある. たとえば, アッタロスのストア, アテネ（前 2 世紀, のちに修復）.

2. 神殿のポルティコにおいて, 正面の円柱列がかなり突出しているために, 正面の円柱列と背後のケラとの間にさらに円柱列が必要とされたもの. すなわち, 深い奥行きをもつプロスタイルのポルティコ.

3. 屋根が一列の円柱, またはそれ以上の平行な列をなす円柱で支えられたビザンティンのホール.

ストーウェル, ロバート Stowell, Robert（活躍 1452-1505 没）

イングランドの石工. 1452 年からウィンザー・カースル（バークシャー）のマスター・オヴ・ザ・ストーンメーソンを務め, 1468 年からはウェストミンスター・アビーではたらき, 1471 年にはマスター・メーソンとなった. おそらくウェストミンスターのセント・マーガレット聖堂の身廊と側廊を設計したと思われ（1488-1504）, その時点まで王のマスター・メーソンであった. 1488-89 年には, ウェストミンスター・アビーの身廊の 3 ベイのヴォールトをつくりあげた.

ストゥディオ・ペ・エ・エレ Studio PER

1965 年にペップ・ブネット（Pep Bonet, 1941-）, クリスティアン・シリーシ（Christian Cirici, 1941-）, リュイス・クルテット（Lluís Clotet, 1941-）, オスカル・トゥスケッツ（Oscar Tusquets, 1941-）によってバルセロナに共同設立された建築設計事務所. 良質のディテールと, 既成の概念や形態を疑問視する批判的態度とを特徴とするその作風は, 三角形平面で部分的に地中に掘り込まれたカルダデウのパニーナ邸（1968）や, 自動車に献げら

ストウハ

れたポスト・モダニズムの神殿たる「ジョルジーナ」のベルヴェデーレ（ヨフリウ，1972）にみることができる．イタリアのパンテッレーリアに建てられたヴィットーリア邸では，外部空間と邸宅とを関連づけるために円柱が使用されている．他の作品にプリーニャのプルフィトス社工場（1973）やバルセロナのトウキョウ団地（1974）など．

ストゥーパ stupa

仏教徒を埋葬するための土や野石でできた半球状の小山．最も初期のもの（前3世紀-前1世紀）は，表面が煉瓦や石で覆われた低いドラムの上に載せられる．ストゥーパの頂上は，ときには土台を備えた鐘のような形をとり（石造の欄干で取り囲まれる），傘（チャトラ）と似た形の一つ，または複数の天蓋で覆われた帆のように直立した石を載せる．ストゥーパのような要素は，ときにはインド様式に装飾として生ずることもある．

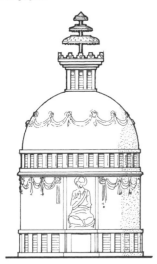

ストゥーパ　チャトラヴァリが上に置かれたストゥーパ．

ストゥープ stoep, stoop

オランダ，あるいは南アフリカのヴェランダ．

ストゥープ stoop, stoup

北米の住宅玄関前に設けられる床がもち上げられた露天の基壇で，階段を少し昇ってアプローチする．ストゥープ（stoep）に由来する．ポーチやヴェランダと混同してはならない．

ストウ，リチャード・ドゥ Stow, Richard de（活躍1270頃-1307）

イングランドの石工．リンカンのエリナー・クロス（1291-93，取り壊し）のマスター・メーソンを務め，1291年以降はリンカン大聖堂のマスター・オヴ・ザ・ファブリックの地位に就いた．1306/7年からは，イングランドで最も偉大なゴシック建築の一つである大聖堂の交差部の塔の鐘楼階の建設に携わった（1311完成）．

ストークス，アイザック・ニュートン・フェルプス Stokes, Isaac Newton Phelps (1867-1944)

⇨ハウエルズ，ジョン・ミード

ストークス，レオナルド・アロイシアス・スコット・ネイスミス Stokes, Leonard Aloysius Scott Nasmyth (1858-1925)

イギリスの建築家．鉄筋コンクリート造の礼拝堂を手がけたサミュエル・ジョセフ・ニコル（Samuel Joseph Nicholl, 1826-1905）のもとで修業し，その後，ストリート，コルカット，ボドレイのもとで経験を積んだ．1882年に自らの事務所を設立し，鉄筋コンクリート造でアーツ・アンド・クラフツ様式の多くの礼拝堂建築を設計した．代表作には，リヴァプールのセフトン・パークにあるセント・クレアズ礼拝堂（1888）があり，力強く立体感をもった壁にトレーサリーのついた窓がほどよく構成され，壁体と一体化されたバットレスは，マンチェスターのペンドルバリーにボドレーが設計したセント・オーガスティンズ（1870-74）に似ている．ハートフォードシャー，ロンドン・コルネイ，オールセインツ・コンヴェント（1899-1903）にみられるように，彼は複雑なプランを，長く低くどっしりとした構成でまとめることを好んだ．その他，サマーセット，バース近郊にあるダウンサイド・スクール（1910-12），ケンブリッジ，エマニュエル・カレッジにあるノース・コート（1913-15）を設計した．住宅建築は洗練され印象的なものが多く，ロンドン，ス

トリートハム，ウエスト・ドライブにあるユーツリー・ロッジ（1898-99），バークシャー，コールド・アッシュにあるサーティオーバー・ハウス（1898），サリー，ウォールディングハムにあるリトルショー（1902-04）は，ムテジウスによる『英国の住宅（Das englische Haus）』の中で紹介された．彼のデザインは伝統に根ざすが，革新的で想像力豊かなものである．

ストック・ブリック　stock brick
1. ストック・ボードの上に形成された手作りの煉瓦．
2. 地域ごとに定められる標準煉瓦．
3. ロンドンでよくみられる黄色の煉瓦．

ストッダート，アレグザンダー　Stoddart, Alexander（1959-）
スコットランドの彫刻家．建築と完全に融合した彫刻をデザインし制作することのできる，数少ない21世紀におけるイギリスの彫刻家として，本書に名を連ねる．スコットランド，ペントランドヒルズのストニーパスにある「リトル・スパルタ」におけるイアン・ハミルトン・フィンレイの庭園のための金色に塗られた英雄的な頭像（1985）は，早くに注目を集めた．代表する作品に，グラスゴーのイタリアセンターにおける彫像（1989-91），グラスゴーのアテナ館の「シニコ・ストック・アテナ」（1991-92），グラスゴーのイングラム・ストリート178-180の「ピ・ラスター・モニュメント」（1993），ビーダーラリー胸像柱の風刺的なモニュメント（1992-93．グラスゴー現代美術館），ペーズリーの「ウィザースプーン・モニュメント」（2000-01．ニュージャージー州プリンストン大学に同一の像がある），オックスフォードのサックラー図書館における「サックラー・フリーズ」（2000-01．建築家はロバート・アダム），そしてロンドンのバッキンガム宮殿にあるクイーンズ・ギャラリーのためのフリーズと彫刻（2000-02．建築家はジョン・シンプソン）がある．ストッダートによる高貴で英雄的かつ学術的な新古典主義は公的な記念碑には理想的なものであり，また古典主義に根ざした建築を統合的に高めることにこの上なく適している．

ストップ　stop
1. 扉またはサッシを回転させてから適当な位置に留めておくために用いられる小穴，押さえ玉縁，あるいは細片のようなもの全般を指す．
2. 上下窓のサッシをある位置で留めておくために用いられる連続した細片ないしは縁（押さえ玉縁）．
3. アーキトレーヴ，フード・モールディング，雨押さえ石，幅木，またはストリング・コースなどのモールディング全般を留めておくもの．たとえば，中世の窓の上に設けられる雨押さえ石は，雨押さえ石留めで終わる．

ストップ・チャンファ　stop-chamfer
中世の材木梁の稜線と斜角面または面取りとの間の推移地点に設けられるブローチ・ストップで，たいていは装飾的に彫られる．この用語は，八角形のピアが正方形のブロックへと変わる箇所に設けられる逆さブローチのような三角形平面にも適用される．

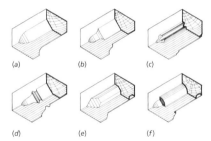

ストップ・チャンファ　材木梁にみられる面取りや切止め面のさまざまなタイプ．(a) 平らな面取り．(b) 反転曲線状の止めをもつ平らな面取り．(c) 反転曲線状の止めをもつ刳形状の面取り．(d) 刳形状の止めをもつ平らな面取り．(e) 落とし込み形の面取り．(f) くぼんだ形，または凹形の面取り．

ストップド・フルート　stopped flute
古典（主義）建築の円柱柱身の上部2/3に刻まれるフルート．下部1/3には（多角形状の）縦溝が刻まれるか，滑らかなままとなるか，あるいは綱形刳形（くりかた）を含むフルートとなる．

ストライア　stria（pl. striae）
1. 円柱の柱身にフルートの代わりに刻まれる平らな縦溝．⇨ストップド・フルート

2. 古典（主義）建築の円柱に設けられるフルートの間のあぜ．
3. ゴシックのヴォールト天井のリブ．
4. 小さな溝，フルート，あるいは一連の刻み目全般を指し，あぜなどによって分離される．

ストラップワーク　strapwork
　16, 17世紀の北ヨーロッパに共通してみられる装飾で，狭い帯飾りや平縁が折り曲がったり，交差されたり，カットされたり，からみ合わされた形で用いられ，細長い革のストラップないしは革ひもに似ている．15世紀スペインのムデハル様式に初期の例がみられるが，さらに一般的な形としては16世紀初期にイングランドのチューダー朝建築や，とりわけフランスのフランソワ1世様式（1533-35）で展開された．ストラップワークはフランドルで広く普及した．そこでは複雑なマニエリスム芸術が発展し，のちにディーターリン，フロリス，デ・フリースによってさまざまなパターン・ブックが出版された．イングランドではエリザベス朝建築やジャコビアン建築の，とりわけ聖堂内の墓碑に多く用いられた．宝石や，菱形模様，円形模様で飾り立てられることも多かった．

ストラップワーク　カロライン・ストラップワーク，クルー・ホール，チェシャー．

ストリジル　strigil
　一般には刻まれた形でS字に引き伸ばされたようなフルートで，古典主義や新古典主義の石棺や骨壺に頻繁に見られる．

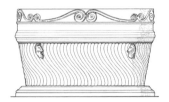

ストリジレーション　古代ローマの石棺．

ストリジレーション　strigillation
　1. ファスキアやフリーズのような平らな帯飾り上に，直立し連続した形で刻まれるフルートやあぜ．
　2. 狭い間隔で連続的に刻まれたS字形のフルートで，古典主義や新古典主義の石棺の側面装飾に共通してみられる．

ストリックス　strix
　カナーリス（⇨キャナル），フルート，またはストリジル．

ストリックランド，ウィリアム　Strickland, William (1788-1854)
　ラトローブの弟子であり，最も成功したアメリカ生まれの建築家の一人．第一にグリーク・リヴァイヴァル様式の建築設計で有名であるが，彼の初期の建築であるペンシルヴェニア州フィラデルフィアのマソニック・ホール（1808-11，現存せず）と新エルサレム教会（1816-17，現存せず）はゴシック的なところもある．優美な合衆国第二銀行（1818-24，アテネのパンテオンをモデルとしたポルティコをもつ）で名声を築き，続く作品には，合衆国海軍病院（1826-33，八柱式のイオニア式ポルティコをもつ），合衆国造幣局（1829-33，現存せず），および非常に美しい商品取引所（1832-34，アテネのリュウシクラテスの記念碑にちなんだギリシアのコリント式オーダーで円形張り出し部分を飾り，その頂部には記念碑のレプリカを据えている）などがある．これらはすべてペンシルヴェニア州フィラデルフィアに建てられた．事実，ストリックランドはおもな参照元として，スチュアート＆レヴェット著の『アテネの古代遺物（*Antiquities of Athens*）』を用いていたことは明らかであるが，それに彼の少なからぬ情熱と想像力が加えられた．テネシー州ナッシュヴィルの州議会堂（1845-59）のイオニア式円柱の頭頂部のデザインにおいて，再びリュウシクラテスの記念碑を引用した．才能あるネオ・グリークの建築家であるストリックランドはまた，フィラデルフィアのミクヴァー・イスラエル・シナゴーク（1822-25，現存せず），およびナッシュヴィルの第一長老教会（1848-51，古代エジプト建築を示す，ナポレオンおよびその他の文献にもとづいたポリクロームの内部空間をもつ）においてエジプ

ト・リヴァイヴァルも採用した．ナッシュヴィルの教会の様式は，エルサレムのソロモン神殿を示唆する意図であったと思われる．彼はナッシュヴィルの聖マリア RC（ローマン・カソリック）大聖堂（1845-47）を設計し，さらに同市の多くのイタリア風住宅も手がけたともいわれる．

ストリップト・クラシシズム stripped Classicism

剞形（くりかた），装飾，ディテールが省略され，構造的なシステム，比例のシステムのみが目に映るような古典様式の建築．ブレ，ルドゥー，F・ジリー，シュペート，J・J・バーネット，トロースト，シュペーア，スターン，L・クリエらがストリップト・クラシシズムを試みた．それは 18 世紀後期，19 世紀初期の新古典主義，また 20 世紀のグラッシやロッシといった合理的建築の特徴的な様相である．古典様式の装飾は，剞形の代わりに切り込みだけが用いられるような際に，暗示的に示されるだけだった．このストリップト（剥ぎ取られた），ないしはダイアグラマティック（図式的）な古典主義では，オーダーは最も巧みな方法でそれとなく暗示されるだけか，または各部位の比例や配置が許す時のみに付与されることとなる．ソーンによるロンドンのダリッジ画廊・墓碑はその一例である．スターヴド・クラシシズム（飢えた古典主義）と混同しないよう注意．

ストリップワーク stripwork ⇨柱型

ストリート，ジョージ・エドマンド Street, George Edmund (1824-81)

イングランドのゴシック・リヴァイヴァルの建築家．1841-44 年にかけてハンプシャーのウィンチェスターのオーウェン・ブラウン・カーター（Owen Browne Carter, 1806-59）のもとで修行し，のちの 1840 年代，スコット（父）の事務所でボドリーやウィリアム・ホワイトとともにはたらいた．初期の建物としてはコーンウォールのいくつかの教会堂（たとえば，パーのセント・メアリー教会堂，1847），バークシャーのワンテジの牧師館（1847-50）がある．ほぼ最初から彼の作品は強健で安定感があり得心のゆくものだった．彼はたくましいゴシックの進展に重要な役割を果たした．ブルゴーニュ

の先例から引かれた初期の第 1 尖頭式への回帰はヴィオレ=ル=デュクの影響を少なからず受けていた．1849 年に自らの事務所を設立，1852 年にはオックスフォード管区の主任建築家に任命され，いくつかの傑作をつくっている．たとえばカズドンの神学学校（1852-75），ミルトン=アンダー=ウィッチウッドのセント・サイモンおよびセント・ジュード教会堂（1854 年から），ウィートレイのセント・メアリー聖堂（1855-68），フィルキンスのセント・ピーター教会堂（1855-57）はすべてオックスフォード州にあった．また，セント・フィリップおよびセント・ジェームズ教会堂（1858-66）はオックスフォードにあった．セント・フィリップおよびセント・ジェームズ教会堂ではゴシック・リヴァイヴァルは決然としてイングランド起源のものからフランスの先例にならったものへと移行した．彼は短期間ウィリアム・モリス（1855-56），フィリップ・ウェッブ（1852-59）の補佐を受け，全国的な名声を確立し，1856 年にロンドンに事務所を移した．

ストリートは何度か大陸を旅行し，中世建築についての観察記を『イクレジオロジスト（The Ecclesiologist）』誌（1850-53）に寄せた．また重要かつ大きな影響力をもった『中世における煉瓦および大理石の建築：イタリア北部への旅の記録（Brick and Marble Architecture in the Middle Ages: Notes on Tours in the North of Italy）』（1855 および 1874）を生み出した．この本は合理的なデザインを訴え，幅広い大陸の先例を建築家たちは使えることに注意を促した．その後の重要な作品には，バークシャーのメイデンヘッドのボイン・ヒルのオールセインツ教会堂（1854-65），ハンプシャー（現在はドーセット）のボーンマスのセント・ピーター教会堂（1854-79），ウェストミンスターのセント・ジェームズ・ザ・レス教会堂（1859-61，力強い煉瓦ポリクロミーの内装およびプレート・トレーサリーをもつ），デヴォンシャーのトーキーのセント・ジョン・ザ・エヴァンゲリスト教会堂（1861-65，第 1 尖頭式），ロンドンのパディントンのセント・メアリー・マグダレン教会堂（1867-73，これも第 1 尖頭式で，構造ポリクロミーの塔をもつ），トルコのイスタンブールのクリミア戦争記念教会堂（1863-68），ローマのセント・ポール教会堂（1872-76，第一尖頭様式のイタリア

ン・ゴシック），同じくローマのオールセインツ教会堂（1880-1937，アーサー・エドムンド・ストリート（Arthur Edmund Street, 1855-1938）によって完成された）がある．ローマの二つの教会堂はどちらもストリートが『煉瓦および大理石の建築』の中で賞賛した縞柄を使っていた．ストリートは，オックスフォードのセント・フィリップ教会堂およびセント・ジェームズ教会堂ではフランスのブルゴーニュ式の第1尖頭ゴシックに興味を示していたが，一方で，荘重で巧みに計画されたロンドンのストランドの王立裁判所（1866-81）はブルコーニュ風フランス，イングランド，およびイタリアのゴシックが見事に統合されており，ゴシック・リヴァイヴァルの最後の偉大な記念碑的作品の一つとなった．その内部にはこの様式の世俗の部屋としては最も立派なグレート・ホールが入っている．古いものの扱いにおいては，ときに過酷（たとえばダブリンのクライスト・チャーチ大聖堂（1871-78，完全に改築してしまった）で，ときにきわめて独創的かつ学究的であった（たとえば1867-88年のブリストル大聖堂では新しい身廊および二つの西塔を建てている）．また，自らは目立たないようにしたものもあった（たとえばカーライル大聖堂）．キルデール大聖堂の大工事およびヨーク・ミンスターにもかかわった．

上述の『煉瓦と大理石の建築』以外にも多くの書物を出版した．中でも重要な著作として，「町の教会堂にふさわしい特徴（*'proper characteristics' of a town church*）」（1850，この著作はブルックスらによる「信仰の砦」の下地をつくった），エクレオロジスト誌に寄せられた建築の真の原理およびその進展に関する論文（1852），『オックスフォード大学の公共建築における真の建築原理復興のための緊急声明（*An Urgent Plea for the Revival of True Principles of Architecture in the Public Buildings of the University of Oxford*）』（1853），エクレオロジスト誌に寄せられた「住宅建築の古い様式」の復興に関する文章（1853，土着の建築，およびドメスティック・リヴァイヴァルの中で画期的な著作）そして，『スペインにおけるゴシック建築に関するいくつかの覚え書き（*Some Account of Gothic Architecture in Spain*）』（1865）がある．

ストリート・ファニチュア　street-furniture

歩道や通りに立つもの全般を指す．車止め，ガードレール，街灯柱，公衆便所，郵便ポスト，道路標識，電話ボックス，地下道や地下鉄の出入口が含まれ，鋳鉄でつくられることが多い．

ストリング　string

1. 階段の段を支える2本の斜めの桁（ストリンガー）．
2. ファサードから突出した水平の帯飾りやモールディング（ストリング・コース）．
3. トラスなどにおける水平のつなぎ材．

ストール　stall

1. 聖堂内陣や聖歌隊席におけるいくつもの固定席のうちの一つ．一般には床面が高くなっていて，背後と両脇とは壁で囲まれ，南北両側に座席が並ぶように設置される．立派な聖堂では，タバナクルのそびえ立つ天蓋によって覆われることが多い．座席は蝶番で止められていることが多く，下の側にミセレーレが設けられる．大きな聖堂では，座席の南北の並びが西端でそれぞれターンすることによって，説教壇や内陣障壁と平行となる位置にも座席が設けられる．
2. 劇場の舞台に最も近い位置にあるパーケット部分の座席（オーケストラ席）．
3. 廐において給餌や排水のために設置された間仕切り．

ストレスド・スキン　stressed-skin

湾曲部や屈曲部を含む複雑な建物のタイプで，外壁表面は堅固さや強力さ，湾曲部や屈曲部を生み出すためにフレームと組み合わせられる．

ストレーナー　strainer

⇨アーチ

ストローヴェン，ギュスターヴ　Strauven, Gustave (1878-1919)

ベルギーの建築家．アール・ヌーヴォー様式によるその作品はもともとはオルタ事務所に短期間在籍（1896-97）したことによる影響である．クローヴィスラーンのヴァン・デイク館，アンビオリクススクワールのきわめて異国趣味

あふれるサン・シール館（1900-02），およびスハールベークのルイ・ベルトランラーンのアパートメント・ブロック（1906）は彼の最良の作品であり，すべてブリュッセルにある．

ストーン，エドワード・ダレル Stone, Edward Durell (1902-78)

アメリカの建築家．1920年代の近代建築運動から多くを学び，ニューヨーク市のロックフェラーセンター（1929）の建設に携わり，とくにラジオシティ・ミュージックホールの内装を設計した．最もすぐれたインターナショナル・モダニズムの作品はニューヨーク州マウントキスコのマンデル邸（1932-33），および（フィリップ・リッピンコット・グッドウィン（Philip Lippincott Goodwin, 1885-1958）と共に設計した）ニューヨーク近代美術館（1936-39）である．第二次世界大戦ののち，インターナショナル・モダニズムから遠ざかり，彼の作品はむしろ彼独自の形式性を備えたものとなり，また地域的影響をとり入れるようになった．インド，ニューデリーのアメリカ大使館（1954）とワシントン特別区のケネディーセンター・フォー・パーフォーミング・アーツ（1961-71）は軸線をもち，左右対称で，古典主義の翻案となっている．

ストーン，ニコラス Stone, Nicholas (1587-1647)

イングランドの彫刻家，建築家．ロンドンのサザークの彫刻家アイザック・ジェームズ（Isaac James, 1600から1624-25以降活躍）のもとではたらいた．1606年からはアムステルダムでヘンドリク・デ・ケイザーのもとではたらき，その娘と結婚した．1613年にロンドンに定住し，古代に大きく影響を受け，記念碑の彫刻家としての名声を確立した．熟練した石工でもあり，ホワイトホールにパッラーディオ主義のバンケティング・ハウス（1619-22）を建てる際にイニゴー・ジョーンズに雇われた．1626年にストーンはウィンザー城の石工親方と建築家に任命され，1632年には王の石工親方となった．彼の作品にはオックスフォード植物園の印象的な門（1632-33），ノーサンプトンシャーにあるカービー・ホールの北正面の改築（1638-40）がある．ロンドンのエンバンクメントにあるヨーク・ウォーターゲート（1626）を設計したようであるが，オックスフォードのセント・メアリー教会のバロック様式の南玄関（1637）にかかわったかどうかは不明であり，これは現在，ジョン・ジャクソン設計とされている．彼の主なデザイン源はセルリオの作品である．おそらくロンドンのリンカンズ・イン・フィールズにあるリンジー・ハウス（1640頃）を設計した．彼はエリザベス1世の裁判所の検査官ウィリアム・カール（William Curl, 1617没）の記念碑（1617）をつくった．これはハートフォードシャーのハットフィールドにあるセント・エセルドゥリーダ教会で経帷子に包まれて横たわっている．

スネック sneck

1. 閂（かんぬき）の持ち上げレバー．
2. 方形野石の非整層積みにおいて，水平と鉛直の石組みをなす大きな石の隙間に詰められる小さな石．

スノッツィ，ルイジ Snozzi, Luigi (1932-2020)

スイスの建築家．ヴェルシオのスナイダー邸（1965-66），サン・ナッザーロの小学校（1973-78），ロカルノ・モンティのビアンケッティ邸（1975-77），ヴェルシオのキャヴァッリ邸（1976-78），アガロネのヘシュル邸（1983-84），モンテ・カラッソの小学校および聖アウグスチノ修道院の改修（1992）など，いずれもスイスに所在する作品がある．作品はいずれも環境への配慮や，建築家は新たに発明する存在ではないという信条，破壊はいかなる場合でも過去への配慮と一体でなければならないという彼の思想を表明するものとなっている．

スパー spar

1. 垂木
2. バー，レール，スタッドなど．

スパー spur

1. 短い水平の木材で，一端はクラック・ブレードの高さ1/3あたりに固定され，もう一端はウォール・プレートを支えるためクラック・スタッドに固定される．
2. 対角線をなす短い束．
3. 補強材としてのピア，あるいは斜めのバットレス．

スハアハク

4. 装飾が施された木材の持ち送りのことで，突出した上階の床を支えるために戸口の両脇に設けられる（14世紀のヨークにいくつかの例がみられる）.
5. 城塞の外塁凸角.
6. 橋脚の衝角，または水切り.
7. 中世のピアの下に設置される正方形のプリンス四隅の曲線状の爪，葉，あるいはけづめ.
8. スペア.

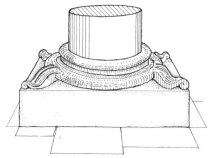

スパー（7） 13世紀の例．セント・メアリー・マグダレン聖堂，ストックベリー，ケント（パーカーによる）.

スーパー・アバクス super-abacus
アバクスの頂上に設置される迫元のブロック，ドサレット，あるいは副柱頭で，ビザンティン建築によくみられる.

スパイア spire
円形，多角形，あるいは正方形平面をもち，屋根や塔などから立ち上がる先端が尖った細身の垂直性の強い構造体．とりわけ尖り屋根の聖堂の先細りの部分を指す．石造となることが多いが，ときには煉瓦造となることもあり，銅，鉛，シングル，スレート，タイル，あるいは薄い石のスラブで覆われた木材の枠組構造でも建設される．正方形平面のスパイアは塔から直接立ち上がるが，八角形平面のスパイアでは，塔の頂きの正方形から八角形への移行部はピナクルで占められるか，スパイアに対して傾斜するピラミッドと似た形のブローチが配置され，ブローチ・スパイア（a）と呼ばれるものとなる．スパイアの他のタイプとしては，以下のものが含まれる.

クラウン・スパイア： バットレスのような要素を備えたもので，すなわち構造体がむき出しとなっており，王冠の上につくられるアーチと似た形のもの（b）.

スパイキ： スパイアの背が低いもの，フレッシュ，あるいはスパイアレット.

スプレー・フット： 平らな傾斜屋根へと広

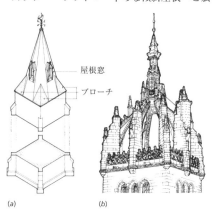

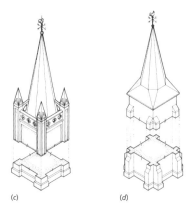

スパイア （a）バットレスが対角線上に設けられた塔に載るブローチ・スパイアで，屋根窓と風見鶏ないしは風向計をもつもの．（b）クラウン・スパイア（高教会派のセント・ジャイルズ聖堂，エディンバラ，15世紀末）．（c）四葉模様が刳りぬかれたパラペットの背後にそびえ立つニードル・スパイアで，ピナクルのようなクラスピング・バットレスからフライング・バットレスで連結されたもの．（d）角にバットレスが設けられた塔に載るスプレー・フット・スパイアで，風見鶏ないしは風向計をもつもの.

がり，塔の上に軒を形成する土台を備えたスパイア（d）．

ニードル・スパイア： 塔のパラペットの背後から立ち上がる非常に細身で背が高いスパイアのことで，ハートフォードシャー・スパイキと似ているが，もっと大きく，背が高く，そして細身である（c）．

ハートフォードシャー・スパイキ： 塔のパラペットの背後から立ち上がる小さなニードル・スパイア．

スパイア・ライト spire-light
スパイアの上に設けられた破風状の屋根窓．

スパイアレット spirelet
小さなスパイアやスパイキ，フレッシュ．

スパイク spike
⇨フレッシュ，プリケット，スパイア

スパー・ウォール spur-wall
聖堂の側廊を横切るために建てられたアーチ状の開口部を備えた壁面．これによってピアや側廊の壁，屋根を安定させる．

スーパー・オールター super-altar
1．聖別された祭壇の石，スラブ，あるいは聖体拝領台．
2．祭壇の背後上方の，聖堂東壁面に設けられる棚や水平部材．

スーパーコラムニエイション supercolumniation
⇨オーダーの積重ね

スーパースタジオ Superstudio
アドルフォ・ナタリーニ（Adolfo Natalini, 1941-）やクリスティアーノ・トラルド・ディ・フランチャ（Cristiano Toraldo di Francia, 1941-）などによって結成されたイタリアの建築家グループ．1966年に実験的な建築を生み出してデビューしたものの，1978年には解散した．提案された計画としては，「連続的なモニュメント」（イル・モヌメント・コンティヌオ）という地球の全表面を覆い尽くす無限の枠組構造（1969），宇宙に建設された都市，ベルトコンベア都市，その他の途方もない

考えがあげられる．その中には永久に洪水状態のままのフィレンツェで大聖堂のドームのみが水上に現れているような計画も含まれ，保存運動を嘲笑っているのである．スーパースタジオの作品は，資本主義体系に過激に反発するプログラムにもとづいた「オルタナティブ」ないしは「コンセプチュアル」アーキテクチュアとみなされており，超官能主義の一派に分類されている．

スパー・ストーン spur-stone
直立した石材で，平面はしばしば円形となる．車止めのように建物の角の道路や，乗車口のそれぞれの側で角を保護するために固定される．

スパニッシュ・コロニアル・リヴァイヴァル Spanish Colonial Revival
アメリカのコロニアル・リヴァイヴァルの一種で，かつてのスペイン植民地（例：ニューメキシコ州サンタフェ市庁舎（1610-14）．おもに日干し煉瓦でつくられている）から手本として参照したもの．精巧なバルコニーのレールや，彫刻あるいは型枠装飾，古典主義に由来する円柱，窓のグリルによってミッション・リヴァイヴァルとは区別され，これらの要素はすべてメキシコのスパニッシュ・コロニアル建築にみられるものである．リヴァイヴァルは，1915年にカリフォルニア州サン・ディエゴで開催されたパナマ・カリフォルニア展以降，有名になった．そのうちで最も成功した主人公の1人はジョージ・ワシントン・スミス（George Washington Smith, 1876-1930）であり，例としてカリフォルニア州ラ・ホーヤのシャーウッド・ハウス（1925-28）やモンテシトのスティードマン・ハウス（1922-25），テキサス州サン・アントニオのマーヴェリック・ハウス（1927-29）がある．

スパー・ビーム spur-beam
壁体の上に水平に架けられる木材（すなわち，その部材の長さが壁のむき出しと直角をなすように設置される）．垂木や切石仕舞いとともに三角形をなし，ウォール・プレートに固定される．下枠材（2）と同義．

スーパー・ブロック super-block

街路で囲まれた居住施設や店舗，学校，オフィスなどを含む地区で，公共のオープンスペース（例：緑地）を備えており，サービス用の袋小路が入り込んでいる．道路の上下に歩道を設けることによって，別のスーパー・ブロックや町の中心部とつなげられる（例：ラドバーン計画）．

スーパーマーケット supermarket

一般にはセルフ・サービス形式の大規模な小売店のことで，しばしばショッピング・センターを連想させる．スーパーマーケットは柱によって妨げられない空間を必要とするので，実のところその大半はスーパー・フレームの屋根などによって覆われる巨大な格納庫に過ぎない．

スーパーマニエリスム Supermannerism

1960年代以降のアメリカの室内装飾の様式．異様な視覚的トリック，輝輝く鏡のようであったり透明であったりする合成材，規格外の要素などを用いる様式であり，そのため「メガ・デコレーション」と呼ばれ，「マニエリスム」よりも漫画「スーパーマン」のイメージに近い．この用語は1970年代になってポスト・モダニズムに分類された大規模建築に対して用いられた．

スパン span

二つの支持材間の距離．とりわけアーチの開口幅，または梁や楣，トラスなどで覆われる空間の幅を示す場合に適用される．

スパンドレル spandrel

1．アーチの頂点を結ぶ水平線とアーチの迫元から起ち上がる垂直線，そしてアーチの外輪とによって枠取りされた，三角形のような平面をした迫腰またはハンチのことで，たいていは装飾が施される．

2．アーケードにおいて二つのアーチの外輪にできる同じような平面．

3．ヴォールト天井において二つのリブの間にできる網目．

4．階段の側桁と床面との間にできる三角形の部分．

5．枠組構造において，窓のシルとその下にある窓の上部との間にできるパネル．

6．中世の木造トラスにおいて，柱梁と筋交いの曲線との間にできるおおむね三角形のような部分．

スパンドレル・ウォール spandrel-wall

アーチの外側に建てられる壁で，スパンドレル（1，2）を形成する．

スパンドレル・ステップ spandrel-step

石造階段の下端の斜辺部分として，おおむね三角形の断面をもつ段．

スパンドレル・ストラット spandrel-strut

主体となる木造枠組の隅とアーチ状の筋交いとの間に斜めに置かれる短い木材．

スパンドレル・パネル spandrel-panel

1．2階建てあるいはそれ以上の階数をもつ建物，とくにカーテンウォールの建物で，窓の開口部の上と，その上にある窓のシルとの間にある壁の一部．

2．スパンドレル・ブラケット（1）と同じ．

3．スパンドレル（1，2，4，6）を充填するパネル全般．

スパンドレル・ブラケット spandrel-bracket

1．中世のトラスにおいて，構造を強化するために用いるスパンドレル（6）の充填材．

2．垂直方向の平面に設置された複数のブラケットのうちの一つで，水平方向の平面に設置された一つ，または複数の曲線と円弧との間に固定される．左官がコーニスやコーヴなどを建設するために用いられる．

スパン・ピース span-piece

つなぎ小梁．

スパン・ルーフ span-roof

一つの傾斜面のみの片流れ屋根に対するものとして，二つの傾斜面を備えた屋根．

スピーナ spina

古代ローマのキルクスにおいて，競技者が走路の端部でターンをするために中央部に沿って設けられた壁やバリア．オベリスクや，そのほかのモニュメントで飾られる．

スフィンクス sphinx
　古代エジプトの彫刻像で，横臥するライオンの身体と男性の顔（アンドロスフィンクス）をもち，しばしばネメスの頭飾りを備えている．エジプト様式のスフィンクスは，しばしば古代ローマ人によってつくられ，その形はルネサンスの時代に復活した．そのときから男性像と同様に女性像もつくられるようになったが，新古典主義建築，殊にエジプト・リヴァイヴァルの時代にはいずれも一般に用いられるようになった．他のタイプとしてエジプトのクリオスフィンクス（羊の頭をもつ）やヒエラコスフィンクス（鷹の頭をもつ），女性の頭部と胸部を備え，有翼で前脚を垂直に上げた座像型のギリシアのスフィンクスもある．

スプリンギング・ウォール springing wall
　控壁．

スプリンギング・コース springing-course
　迫元．

スプレー splay
　1．採光を増すために設けられる開口部の抱きのように，二つの壁面が斜角をなすときの斜角面や面取りよりも広い斜めの面．
　2．エブラズマン．⇨リヴィール，レヴィル

スプレッケルセン，ヨーハン・オットー・フォン Spreckelsen, Johan Otto von (1929-87)
　デンマークの建築家．作品では典型的な純粋形態（円柱，ピラミッド，球など）を用いることが多い．宗教施設では，ヴィドルヴの聖ニコライ教会（1960），コペンハーゲン北部のヴァンゲーデ教会（1974），ファルンのスタヴンスホルト教会（1981）などが特筆に値する．パリにあるラ・デファンスの凱旋門（1981-89，ポール・アンドリューと協働）は，おそらく最も有名な作品であろう．基本的にくりぬかれた立方体による巨大な構造物であるが，東のチュルリーガーデンから来る軸線の終点であり，その軸線はエトワールの凱旋門を通り抜け，西のラ・デファンス地区にいたる．

スプレッド・フーティング spread footing or foundation
　ピアの下に設置するために先端が切り取られ

たピラミッド状の構造体で，荷重を一点に集中させることなく分散させる役割をもつ．先端が切り取られた三角形のような断面であれば，このようなフーティングは壁の下にも用いることができる．

スプレード・アーチ splayed arch
　隅切り柱をもつ開口部の上に架けられるアーチ．すなわち，外壁のスパンよりも内壁のスパンのほうが大きくなる．

スプレー・フット splay-foot
　⇨スパイア

スプロケット sprocket
　軒先の屋根勾配をゆるやかにするために，垂木の先端近くの上面にぴんと立つように固定された小さな三角形や楔形の木材（スプロケッテッドとも呼ばれる）．

スフロ，ジャック゠ジェルマン Soufflot, Jacques-Germain (1713-80)
　フランスの新古典主義の建築家．ローマで学んだのち（1731-38），リヨンに移り，オテル・デュー〔病院〕（1739-48），ロージュ・デュ・シャンジュ〔証券取引所〕（1747-50），そして劇場（1751-56，1826年取壊し）を設計し，名声を確立した．この劇場の，とくに舞台と観客席の関係は，のちの劇場建築の発展の重要な典型となった．理論家でもあり，イタリアに9カ月にわたって滞在して（1750-51），ヘルクラネウムなどの最新の考古学的発見を報告するなど，古典古代の遺跡に関する知識を披瀝した．アベル゠フランソワ・ポワソン゠ド゠ヴァンディエール（Abel-François Poisson de Vandières, 1727-81），すなわち，ポンパドゥール夫人（Madame de Pompadour, 1721-64）の弟で後のマリニー侯爵の随員として参加した，この重要なイタリア研究訪問は，フランス建築の歴史においても最も重要な意味をもつ．ルイ15世のロココからルイ16世の新古典主義への転換を標すものとなったからである．ポンペイとヘルクラネウムの発掘のほかに，スフロは更に南へと旅を続けた最初の人物の1人であり，パエストゥムで描かれた古代ギリシア・ドリス式神殿のドローイングは，デュモン（Dumont）によって『パエストゥムの3棟の古代神殿の平面

図（続）（Suite de plans de trois temples antiques à Paestum）』（1764）に掲載された．1755年，マリニー（1751-73年まで王の「建造物総監督官」）はスフロをパリに招聘し，「パリ県の王の建造物監督官」に任命した．そしてフランス新古典主義の最初の建物となる，新しいサント・ジュヌヴィエーヴ聖堂のデザインを任せた．ギリシア十字形平面に，身廊と側廊はコリント式列柱によって仕切られ，それら列柱を繋ぐエンタブラチュアの上部には軽いドームと花模様のヴォールトが支えられている．スフロの弟子マクシミリアン・ブレビオン（Maximilien Brébion, 1719-96, 1780年からスフロ設計のドラムとドームを交差部に架ける工事を行った）は，聖堂建設の際に，スフロはゴシック聖堂に見出される構造の軽さと，古代ギリシア建築の純粋性と壮麗さとを再統合したのだと書いている．巨大な古代ローマ神殿建築の正面部，優美に列柱が廻る交差部上のドラムとドーム，幾何学的合理性によって，大きな衝撃を与え，ロージエは建築における完全性の萌芽的な範例であると称賛した．古代の「グラウィタス」〔ラテン語で「厳粛さ」の意〕が雄弁に表現され，とくに峻厳なクリプトにはパエストゥムの古代ギリシア・ドリス式オーダーの衝撃が明らかである．聖堂は1791年に世俗化され，カトルメール・ド・カンシーによって廟堂の性格を与えられて「パンテオン」へと改変された（たとえば下層部の窓は塞がれ，外壁はまったくの空白となった．サマーソンはここに建物を補強する意図をみている．「安全性があまりに低かったから」というのが理由であるが，これは誤解である）．スフロはまた，フォブール・デュ・ルルにマリニーの邸宅を設計（1769から），またシャトー・ド・メナール（1764から）に淡白な新古典主義でさまざまなファブリック（点景建築）（そのなかにはすばらしいニュンファエウムがある）をデザインした．他にパリのノートル・ダム大聖堂のサクリスティア（聖具室）（1756-60）がある．

スペア spere, speer, spier, spure

1. 中世のホール端の一つ二つの出入口のあたりに，一般に装飾的なものとして床から低い位置に設けられるスクリーンで，ホールとキッチンとの間のスクリーン・パッセージ，ないしはホールからの交差する出入口を分離するものとして定められる．その頂上はしばしば上部のトラス屋根のタイ・ビームと一致し，このような場合，スクリーンとトラスはスペア・トラスと呼ばれる．

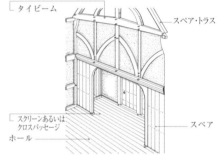

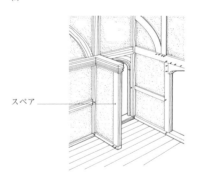

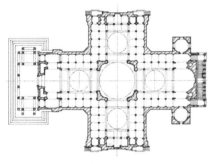

スフロ　パンテオン（旧サント・ジュヌヴィエーヴ聖堂），平面図，パリ

(a) スペアとスペア・トラス．(b) 独立したドラフト・スペア（JJSによる）．

2. 暖気を遮断するために戸口と暖炉との間にとりつけられる幅の狭いスクリーン，チェック，またはヘック．

スペイン式オーダー　Spanish Order
フルーロンの代わりにライオンの頭部装飾が施されたアバクスをもつコリント式オーダー．

スペース・フレーム　space-frame
複雑な3次元の枠組構造で，きわめて大きな空間を覆い包むことができる．四角錐や六角形，そのほかの幾何学形態を用いて建設され，軽量のチューブでつくられることも多い．さらに単一の構成ユニットとして作用するため，いかなる方向の荷重にも耐えうるという利点がある．スペース・フレームの設計者としては，バックミンスター・フラーやブルーノ・タウト，コンラード・ワックスマンがあげられる．

スペックラーゲン　speklagen
白い石の並びに赤煉瓦の並びを組み合わせて構成されたポリクロミーで，縞模様のベーコンに似ている．19世紀オランダやベルギーの建築によくみられ，とりわけネオフレミッシュ・ルネサンス様式と結びつけられる．

スペッツァ（スパツィオ），アンドレーア
Spezza *or* Spazio, Andrea（1628没）
プラハのバロック様式のヴァレンシュタイン宮殿（1624-34）を設計した建築家．この宮殿は，アルブレヒト・ヴェンツェル・オイゼービウス（Albrecht Wenzel Eusebius, 1583-1634），すなわち三十年戦争時（1618-48）の皇帝側の著名な傭兵隊長であったヴァレンシュタイン（Wallenstein）のためにつくられた建築であった．この記念碑的な建築は，五つの中庭と巨大な庭園を備え，スペッツァが引いた図面をもとに，G・B・ピエローニ他が実現した．ただし，庭園に面する魅惑的でモニュメンタルな大地の間を設計したのは，ピエローニである．

スペンス，サー・バシル・アーウィン
Spence, Sir Basil Urwin（1907-76）
イギリスの建築家．インドで生まれ，スコットランドとロンドンで教育を受ける．短い期間であるが，ラッチェンスの事務所ではたらく．ワーヴィックシャー，コヴェントリー大聖堂再建の設計競技に当選し，一躍脚光を浴びた（1950-51）．この再建プロジェクトは，第二次世界大戦後のイギリス再興の象徴でもあった．スペンスは，「イギリス再興」展覧会（1946-47）とスコットランド工業博覧会（1949）の担当建築家であった．彼は，ロンドン，サウスバンクで開催された英国祭では海洋と船舶パヴィリオン（1951）を設計した．それ以来，大規模な建物を首尾よく建てるようになった．作品には，ケンブリッジのクインズ・カレッジの学部学生寮（1960完成），リヴァプール大学，サザンプトン大学の建物（1960年代），サセックス大学の第一期配置計画（1962-72）がある．サセックス大学のファルマー・ハウスには，ル・コルビュジエによるジャウル邸のアーチ形状が使われている．また，ロンドン，スイス・コテージにあるハムステッド・シヴィック・センターの図書館とスイミング・プール（1970），ローマのイギリス大使館（1971）などをある程度象徴性をもたせるように設計した．スペンスの業績は，現代建築を大衆に身近にしたことにある．コヴェントリー大聖堂は，かなり人気を博した．しかしながら，この作品は，過去を振り返るよりは，北欧のデザイン風であり，それでいてなんとか威厳を獲得しようとしている．おそらく，それはスケールからくる問題，さらにいえば，近代運動の建築言語の貧困さに発する問題であろう．彼はすぐれたドラフトマンであり芸術家であった．

スポエリ，フランソワ＝アンリ　Spoerry, François-Henri（1912-99）
フランスの建築家．サン・トロペ近郊のポール・グリモのリゾートをヴァナキュラー・リヴァイヴァルで設計し建築界を驚かせた．この作品は近代運動の追従者からは軽蔑されたが，それ以上の広い支持も得ることとなる．次にアメリカのニューヨーク港にポール・リベルテ（1984）を設計した際には，着想をニュー・イングランドのヴァナキュラー建築に求めている．他に，ニュー・オーリンズ近郊のポール・ルイ（1982-84），スペイン，パルマ・デ・マヨルカ近郊のベンディナート（1982-88）を設計した．スポエリによる一連の仕事はソフト・アーキテクチュアとカテゴライズされるが，多くの追従者を生み出すことになる．

スポリア spolia

古い建物の部材を新しい建物に再利用すること. 例えば, 古代ローマの円柱の柱身を利用したスペインのコルドバにあるメスキータ.

スポンリー, ジョン・ド Sponlee, John de (活躍1350-86頃没)

イングランドの石工. その仕事のほとんどはウィンザー・カースル（バークシャー）にかかわるもので, 1350年に聖具室と参事会棟の建設にとりかかり, その後, カノンズ・ロッジングズ（1353）, ヴォールトの架かったポーチをもつ宝物庫（1353-54）, クロイスター, スパイシー・ゲート（1357-58）, ニュー・ゲートと鐘楼（1359-60）, ロイヤル・ロッジングズ（1358-65）を建てた. ウィリアム・ド・ラムジーは, 1348-49年にセント・ジョージ礼拝堂の平面を描き上げたが, それを実施に移したのはジョンであり, 十分に発達した垂直式ゴシックの初期の例の一つである礼拝堂を建設した.

スマーク, シドニー Smirke, Sydney (1798-1877)

イングランドの建築家. より有名な兄のロバート・スマークの陰になっているが, いくつかの重要な建築を設計した. ロンドンにおける作品としてはベツレヘム病院のクーポラおよび増築（現在の王立戦争博物館, 1838-46）, 二つの豪華なクラブ建築, すなわちセント・ジェームズ・ストリート74番地の元保守クラブであったパラディアン・クラブ（1843-54, バセーヴィとともに）, パル・マルのカールトン・クラブ（1854-56, 現存せず）である. 後者はヴェツィチアン・ルネサンス・リヴァイヴァルで研磨された花崗岩の柱がファサードについた立面で, サンソヴィーノによるサン・マルコ図書館に依るものだった. 彼はパル・マルのオックスフォードおよびケンブリッジ・クラブ（1835-38）では兄の補佐をした. 彼の最も有名な建物は大英博物館のドーム型の読書室（1854-57）で, これは鋳鉄を使った構造だった. また, 兄の大英博物館の仕事を完成させた. ロンドンのピカデリーのバーリントン・ハウスにあるロイヤル・アカデミーの展示ギャラリー増築の設計も行った（1866-76）. サリー州ウォーキングのブルークウッド墓地（1854-56）を設計した建築家でもあった.

スマーク卿, ロバート Smirke, Sir Robert (1780-1867)

イングランドの建築家. 短期間ソーン（彼とは口論に終わった）およびダンス（弟）のもとで修行したのち, フランス, ギリシア, イタリア, シチリアを旅し（1801-05）, 1805年に帰国後, 『大陸の建築の実例集（*Specimens of Continental Architecture*）』（1806）を出版した. ロンドンで事務所を開き, 支配層に支持された. 初期の作品にウェストモーランド州の城郭風のロサー・カースル（1806-11）, ヘレフォードシャーの同じく城郭風のイーストノア・カースル（1812-20）がある. しかし彼が名声を築いたのはロンドンのコヴェント・ガーデン・シアター（1808-09, 取り壊されたがE・M・バリーによって1856-58年に再建された）であった. これは首都ロンドンにおいて純粋なギリシアのドリス式ポルティコをもつ最初の公共建築だった. 以後, 彼はグリーク・リヴァイヴァルの重要な主唱者となった. 1813年にナッシュとソーンとともに王室建築局の3名の建築家に任命され, いくつかの重要なロンドンの仕事を得た. たとえば, セント・マーティン・ル・グランドの中央郵便局（1824-29, 現存せず）, カスタム・ハウス（1825-27, レインの建物の基礎の欠陥がわかったのちの再建）, ストランドのキングス・カレッジ（1830-35）, そして最高傑作として名高いブルームスベリーの大英博物館（1823-46）である. トラファルガー・スクエアの王立物理学校（現カナダ・ハウス）, （1822-25, 1925年に改変）, パル・マルのオックスフォードおよびケンブリッジ・クラブ（1835-38, 弟のシドニー（Sydney）とともに）も設計した.

30近いカントリー・ハウスの建設, 改修に携わり, ブリストル, カーライル, グロスター, ヘレフォード, リンカン, メイドストーン, パース, シュルーズベリーの8つの庁舎を設計した. いずれも, 個性と存在感をもっている. しかし, 彼の名声を築いたのはグリーク・リヴァイヴァリストとしての作品であった. 大英博物館はイングランドにおけるこの様式の最も偉大な建物の一つで, 高貴なギリシアのイオニア式で, 柱頭はプリエネのアテナ・ポリアス神殿（前338およびそれ以降）, 柱礎はテオスのディオニソス神殿（前130頃）のものを引いていた. また, キングス・ライブラリーも同様

であった（ほぼ間違いなくイングランドにおける新古典主義の内装の最良のものである）．グリーク・リヴァイヴァルはその幾何学的単純さと合理性においてスマークの好みにみごとに合致していた．さらに単純化し，きっぱりとした矩形の構成としたものとしては，ダンフリースシャーのキンマウント（1812），ヘレフォードシャーのストレットン・グランディソンのホームエンド（1814-21），ハンプシャーのワージー・ハウス（1816）があげられる．彼の最良の作品の一つはノッティンガム州のウェスト・マーカムのミルトンにある第4代ニューカッスル伯のための墓所および教会堂（1831-32）である．彼は建設において革新的で，コンクリートの基礎，耐火の中空粘土のヴォールト，鉄を建築の中で用いた先駆者であった．弟子および助手で成功した人物はウィリアム・バーン，C・R・コッカレル，ヘンリー・ロバーツ，ルイス・ヴリアミー，そして彼の弟シドニー・スマークであった．型にはまったデザインではあったが，1820年代から1830年代初頭にかけて彼の事務所は当時最も革新的とみなされていた．

隅石 angle-stone
⇨アングル・ストーン

隅石 coign
⇨クォイン

隅石 corner
⇨コーナー

隅切り cut splay
　笠石を据える前の切妻壁，または開口部の抱きのように，壁造りにおいて煉瓦の角を斜めに切り落とすこと．

隅切り splay
⇨スプレー（1）

隅切り柱 splayed jamb
　壁面に対して斜角をなすように設置される抱き．

隅切り窓 splayed window
　窓内に斜めに設けられる窓面を備えた窓枠を含む窓の開口部分．

隅切りマリオン splayed mullion
　斜めの出窓において，同じ平面上にない二つの窓面を分けるための側面が斜めとなったマリオン．

スミス，アーノルド・ダンバー Smith, Arnold Dunbar（1866-1933）
　イギリスの建築家．1895年にセシル・クラウド・ブリューアー（Cecil Claude Brewer, 1871-1918）とパートナーシップを組み，ロンドン，タヴィストック・プレイスにあるパスモア・エドワーズ・セトルメント（現在はメアリー・ワード・センター）設計コンペで当選する（1896-98）．華やかな作品で，コーニスや屋根にヴォイジーの影響が見られる．また，分離派風の玄関はおそらくハリソン・タウンゼンドであり，窓割りはショウの影響を受けている．スミス・アンド・ブリューアーはハートフォードシャー，トゥリングにあるリトル・ベアリー・エンドを設計し（1899），さらに，カーディフのキャセイズ・パークにウェールズ国立美術館（1910）では新古典主義復興の先駆者として，イングランドにアメリカン・ボザールスタイルを確立する重要な役割を果たした．代表作は，ロンドン，トッテナムコート・ロードのヒールズ（1916）で，ペヴスナーによって「当時の商業建築として最良の姿」として評されたように，抑えめなストリップト・クラシシズムのデザインとなっている．

スミス，ウィリアム Smyth, William（活躍1465頃-90没）
　イングランドの石工．1465年頃，サマセットのグラストンベリーのセント・ジョン聖堂の仕事に携わり，1480年以前にウェルズ大聖堂（サマセット）のマスター・メーソンになった．そこで，塔の下の交差ヴォールト，シュガー詠唱（寄進）礼拝堂（1489）のほか，大聖堂の一部を設計したと思われる．おそらく，サマセットのクルーカーン聖堂の建築家でもあり，ドーセットのシャーボーン・アビー（1486頃-93）やミルトン・アビー（1481以降）のヴォールト建設にも携わったと思われる．

スミス兄弟，フランシスとウィリアム Smith

Brothers. Francis (1672-1738) *and* William (1661-1724)

　フランシス (Francis) とウィリアム (William) は，18世紀の最初の25年間のイギリスのミッドランズ地方の重要な棟梁であり建築家であった．フランシスは「ウォリックのスミス」として知られ，ウォリックを拠点として活動し，1694年の火災後の町の再建に大いに貢献した．スミス兄弟は，サー・ウィリアム・ウィルソン (Sir William Wilson, 1641-1710) によって設計された，軽快だが，かなり独創的な漠然としたゴシック様式のセント・メアリー参事会聖堂を再建した (1698-1704)．また，ミッドランズ地方の多くの聖堂の委託業務を行ない，フランシスはリンカンシャーのゲインズバラの聖堂 (1736-44) を手がけ，ウィリアムはレスターシャーのスタンフォード・ホール (1697-1700) を設計するなど，2人は地理的にも広域にわたり活発に活動した．コルヴィンは『辞典 (*Dictionary*)』(1995) の中で，スミス兄弟の印象的な作品一覧を示し，ゴム (2000) はフランシスの全作品を詳細にとり上げている．フランシスは，ウォリックシャーのストンリー・アビー (1714-26) をバロック様式で設計したが，住宅の多くは簡素であった．フランシスによるウォリックの裁判所はパッラーディオ様式を洗練させたものである．フランシスの息子ウィリアム・スミス (William Smith, 1705-47) もまた，建築家・建設業者であり，パッラーディオ主義に精通していた．その作品には，ダービーシャーのカトン・ホール (1742頃-45)，オックスフォードシャーのカートリントン・パーク (1742-47)，同じくオックスフォードシャーのテーム・パーク (1745頃) などがある．

スミス，ジェームズ　Smith, James (1645頃-1731)

　スコットランドの建築家．若年の頃にヨーロッパ大陸に旅行したが，1679年までにはエディンバラに定住し，建築家であり建設業者のロバート・マイルン (Robert Mylne, 1633-1710) の娘と結婚し，83年に王家に仕える建築の検査官または監督官に任命された．ダンフリースシャーのドラムランリグ城館 (1680頃-90，おそらく義父の計画にもとづく) を建設し，ラナークシャーのハミルトン・パレス

(1693-1701，現存せず)，ファイフのメルヴィル・ハウス (1697-1700)，イーストロージアンのイェスター・ハウス (1700頃-15) を設計し，またミッドロージアンのダルキース・ハウス (1702-10) を改修し，エディンバラのフランシスコ修道会教会付属のマッケンジーの墓廟 (1690頃-92) をつくるなど他にも多くを手がけた．彼にはブルースがスコットランドに導入した古典様式を普及させる責務があったが，残されたドローイングによると，パッラーディオの建築に精通していたことは明らかで，さらにコリン・キャンベルに対して，それゆえイギリスのパッラーディオ主義に対して早期に造形上の影響を与えていたらしい．しかしながら，彼が実現した建物にはパッラーディオへの傾注はどこにも見当たらない．ジェームズの建築はバーリントン卿によるパッラーディアン・リヴァイヴァルのどの評論にも先行するため，スコットランドに始まるといえる．

スミス，ジョージ　Smith, George (1783-1869)

　イングランドの建築家．彼は織物商商会の監督官で (1814より)，この商会のために多くの建物と計画をデザインした．たとえば，ロンドンのステップニーの地所，ヨーク・スクエアと周囲のエリア (1820頃-35)，ロンドンデリーにある商会の土地などである．ここではパートナー (1836-1842) のウィリアム・バーンズ (William Barnes, 1807-68) に助けられた．バーンズとともにロマネスク・リヴァイヴァルでキルリアに教区教会 (1841-42) を設計し，ロンドンデリーの地所にほかの建物を設計した．最も重要な作品は，ロンドンのハイゲートにあるゴシック様式のウィッティントン救貧院 (1822，1966解体)，ハートフォードシャーにある，美しいグリーク・リヴァイヴァルのセント・アルバンズ裁判所とタウン・ホール (1829-33)，ロンドンのマーク・レーンにある古代ギリシア風ドリス式の穀物取引所 (1827-28，1941解体)，サセックスのホーシャムにあるグラマー・スクール (1840-41) である．1836年にロンドン・ブリッジのターミナル駅をデザインしたが，これはそれ以降何度も再建されている．グリニッジのモーデン・コレッジ・エステートを設計し，さまざまな様式で (たとえばブランド・ストリートやペルトン・ストリートの) 邸宅を設計した．

スミス, ジョージ・ワシントン Smith, George Washington (1876-1930)

　⇨スパニッシュ・コロニアル・リヴァイヴァル

スミス, ジョン Smyth, John (活躍 1429-60 頃没)

　イングランドの石工. 1429 年にはカンタベリーでロッジ・メーソン（住み込みの石工）であったが，その後，1441 年にバークシャーのイートン・カレッジでワーデン・オヴ・ザ・メーソンズとなり，1453 年にはウェストミンスター・アビーのマスター・メーソンに任命された.

スミス, ジョン Smith, John (1781-1852)

　スコットランドの建築家. アバディーンに定住し，1824 年にアバディーン市の建築家となった. 彼は約 30 年間アバディーンの建物の建設を監督し，唯一のライバルはアーチボルド・シンプソンであった. スミスは，いくつかのみごとなグリーク・リヴァイヴァルの建物を設計した. たとえばリトル・ベルモント・ストリートの学校（1841）である. しかし，16 世紀や 17 世紀のヴァナキュラーな様式でも多く設計を行ったため，「チューダー・ジョニー」と呼ばれることとなった. 彼はユニオン・ストリートのセント・ニコラス教会墓地の美しいイオニア式スクリーン（1830），ユニオン・ストリートのチューダー・ゴシック様式のトリニティ・ホール（1845-46）を設計した. 息子のウィリアム・スミス（William Smith, 1817-91）はアルバート公とともにスコティッシュ・バロニアル様式でバルモラル城（1853-55）を設計した.

スミスソン, ロバート Smythson, Robert (1535 頃-1614)

　エリザベス朝期の卓越したイングランドの建築家. 1568 年から 1575 年にかけて，ウィルトシャーのロングリートで仕事をした. この大邸宅は複数の軸に対してほぼ左右対称に配置され，きわめて大きな窓をもつなど，スミスソンの建築的特徴を示す最初の著名な独立作品である. ノッティンガムシャーのウォラトン・ホール（1580-88）の劇的な前兆となる作品であり，力強い構成（おそらく部分的にセルリオに影響を受けている），フランドル地方に由来する多彩な装飾（おそらくデ・フリースの影響），高い四隅の塔，周囲の建物より高く聳える中央にクリアストーリーのあるホール（ロングリートの中庭より高い）を特徴としていた. また，ノッティンガムシャーのワークソップ・マナー（1585 頃，取り壊し），最高傑作であるダービーシャーのハードウィック・ホール（1590-97, ウォラトンほどは強烈ではない構成），（おそらく）ヨークシャーのバートン・アグネス・ホール（1601-10）などを設計した. 息子のジョン・スミスソン（John Smythson, 1570 頃-1634）はロバートを手伝い，その後，ダービーシャーのボルソヴァー・カースル（1612 頃-34），ノッティンガムシャーのウェルベック・アビー（1622-23），（たぶん）ヨークシャーのスリングズビー・カースル（1630 頃）の建設で，カヴェンディッシュ一族に仕えた. ボルソヴァー・カースルは桁外れの建築で，外観は意識的にきわめて中世的にされており，18 世紀に大流行する疑似城塞の初期の典型例に分類されるであろう. ジョンの息子のハンティングドン（Huntingdon, 1601 頃-48）とその子ジョン（John, 1640-1717）もまた，建築家であった.

スミス, トーマス・ゴードン Smith, Thomas Gordon (1948-2021)

　アメリカの建築家. 彼は古典主義の建築言語（その姿や豊かさの全てにおいて）には継続的な関連性があると信じている. このことは彼を，単にうまく機能するだけでなく，同時に知的で情感のある建築を創造することへと導いた. そしてその成果は，予測され得る批判なしには達成することはできなかった. 彼の住宅のデザインは，カリフォルニア州サンフランシスコ近郊のリッチモンドにある「リッチモンド・ヒル邸」（1982-84），インディアナ州サウスベンドの「ヴィトルヴィアン邸」（1989-90, 内部のフレスコ画はスミス自身による制作），カリフォルニア州リバーモアの「ウィルソン邸」（1990 年代前半，古代ギリシアの前例を利用している），そしてサウスベンドに近いイリノイ州での「カルプ邸」（1990 年代半ば）などがある. スミスの最も重要な作品の一つに，インディアナ州ノートルダム大学の建築学部のためにつくられた「ボンド・ホール」（1994-97, ギリシアのモチーフが非常に目立っている）があ

る．アメリカにおける都市の中心部が直面する主要な問題の一つが「ゲニウス・ロキ」の欠如であるが，この問題を踏まえ，オークランドのMWMアーキテクツと協働して設計されたカリフォルニア州カテドラル市の「ニュー・シビック・センター」（1998年竣工）では，アーチとアーケードを上手く活用した．また，スミスはいくつかの宗教建築を設計している．二つの実現したプロジェクトは，ネブラスカ州リンカーンの「グアダルーペの聖母神学校」（1998-2000. 初期キリスト教建築およびイタリアにおけるロマネスク建築の前例に従う複数の建物によってつくられている）と，ジョージア州ドルトンの「聖ヨゼフ・ローマカトリック教会」（1998-2001）である．2004年には『ウィトルウィウスの建築（*Vitruvius on Architecture*）』を出版した．

スミス, ヘンリー Smyth, Henry（活躍 1506-17 没）

イングランドの石工．少なくとも1506年からヴァーチューとリーとともにケンブリッジのキングズ・カレッジ・チャペルの建設に携わり，1508年にはロンドンのサヴォイ病院の工事を開始して，没するまで従事した．1505年から1509年まではサリーのリッチモンド宮殿でマスター・メーソンとしてはたらいていたと思われる．

スミッソン, アリソンとピーター・デンハム Smithson, Alison (1928-93) *and* Peter Denham (1923-2003)

イギリスの建築家，論客．夫婦（1949年に結婚）で活動しており，ロンドンにて事務所を開設した（1950年）．チーム・テンおよびCIAMのメンバーとして，1950年代から1960年代のあいだイギリスにおける近代運動の代表としての名声を確立した．彼らがノーフォークで手がけた鉄骨造の作品である「ハンスタントン中学校」（1949-54）は，ミース・ファン・デル・ローエからの影響を大いに受けた煉瓦とガラスによる間仕切り，そして内部の露出された設備をもつ．これによって「本物の」機能主義の表現であるとか，新経験主義の拒否であるとか，もしくは新しいブルータリズムの模範であるとか，こうしたことがさまざまな領域において主張された．この作品はバンハムらによって

絶賛されたが，太陽熱の享受やプライバシーの欠如，鉄骨の熱によるひずみ，そしてそのひずみによる窓の破損など，多岐にわたる問題を抱えている．これらすべてはその建物が機能上は失敗していることを示していることから，ある現代批評家は実際に「この建物は使う子供たちを無視しているようだ」と指摘した．ロンドンのセント・ジェームスでの「エコノミスト・ビル」（1962-64）は，確立された環境の中における高質な建築として解釈された．また，ロンドンでの「ロビン・フッド・ガーデン計画」（1972）などの開発計画にみられるル・コルビュジエの作品に由来する粗野なコンクリートを露出させる方法は，スミッソン夫妻が「ニュー・ブルータリズム」の代表的建築であることを証明するものであった．「ニュー・ブルータリズム」は「ハンスタントン中学校」と関連して使われるが，ピーター・スミッソンのニックネームである「ブルータス」との関連はない．テラス・ハウスの街路に見立てたこの計画の高層回廊はその建物の性質とともに手放しで賞賛を得ることはなく，むしろ大方から非難を受けている．スミッソン夫妻は多作の著述家である．彼らは『都市の構造（*Urban Structuring*）』（1967）や『スミッソンの建築論 1955-72（*Without Rhetoric: An Architectural Aesthetic 1955-72*）』（1973），『近代建築の英雄的時代（*The Heroic Age of Modern Architecture*）』（1981）といった書籍を出版している．そのすべては妙に時代遅れのようにみえるが，当時は強い影響を及ぼしていた．スミッソン夫妻はラッチェンスの建築家としての資質を批判し，「責任感に欠けている」と評するが，このことは彼らの姿勢を明らかにするものである．

スミートン, ジョン Smeaton, John (1724-92)

スコットランド系イギリス人の土木技術者・発明家．1754年，運河と港湾について研究するために大陸を旅し，1755-56年，石積みの層や基礎などを岩盤に固定する石材を蟻継ぎする構法を用いて，デヴォンのプリマス近郊にエディストン灯台を設計した．この建物は1759年に完成したが，1877-82年に建て替えられた．橋脚もいくつか設計し，それらの中で最もすぐれているのが，スコットランドのバンフ

橋，コールドストリーム橋，パース橋などで，これらではセグメンタル・アーチを用い，スパンドレルには円形の穿孔を用いている．また，フォース・アンド・クライド運河（1768 開始，1790 完成）を設計した．

隅柱 angle-post
⇨アングル・ポスト

隅柱 corner-post
⇨コーナー・ポスト

隅柱 nook-shaft
⇨ヌック・シャフト

隅部渦巻装飾 angle-volute
⇨アングル・ヴォリュート

隅部玉縁 angle-fillet
⇨アングル・フィレット

隅部柱身 angle-shaft
⇨アングル・シャフト

隅部配置用柱頭 angle-capital
⇨アングル・キャピタル

隅部葉形装飾 angle-leaf
⇨アングル・リーフ

隅部バットレス angle-buttress
⇨アングル・バットレス

隅部ビーズ仕上げ angle-bead
⇨アングル・ビーズ

隅部持ち送り angle-modillion
⇨アングル・モディリオン

隅窓 nook-window
⇨ヌック・ウィンドウ

スモーク・ハウス smoke-house
1．肉，魚などを煙で燻製にする場所．
2．獣皮の毛抜きが行われる製革所の部屋．

スライプ slype

トランセプトと参事会堂の間の狭い通路（スリップ）で，修道院のクロイスター（回廊）から入る．

スラスト thrust
⇨推力

スラット slat
1．ルーヴァー，シャッターなどに使われるような木，金属などの細長い薄板．
2．天然スレートまたは屋根スラブ．

スラブ slab
材料の別を問わず平らで広く，かつ厚すぎない部材．石のスラブは舗装，祭壇上部のメンサ，西洋下見板，墓の蓋石，墓石などに用いられる．

スラーブ slurb
「スラム」という言葉と，アメリカの郊外住宅地（サブトピア）と同義の「郊外（サバーブ）」という言葉を結合した用語．スラム的郊外．

スラブ小屋 slab-house
粗く切り整えられた木の厚板で覆われた家．

スラブ屋根 slab-roof
スラブに類似したコンクリートその他の材料による「陸」屋根．

スラム的郊外 slurb
⇨スラーブ

スリット・アンド・タング slit and tongue
⇨タング

スリーパー sleeper
他の木材を支持するために用いられる木の部材．たとえば，地面直上の木骨壁のポスト（柱）とスタッド（間柱）が載る大きな水平の梁（パタンド）．または，地上階床面の下にあって根太を支える，より大きなスパンをもつ梁材．大引．

スリーパー・ウォール sleeper-wall
1．地上階の部屋の荷重が大きな場合，ある

スルステイ

いはスパンが大きな場合に，木造床の根太を支えるための壁で，通常，空気を自由に通すための通気口がとられる．
2．移動を防ぐために二つの構造要素（たとえばピア）の間に設けられる壁．
3．スリーパーを支持する壁．

スルーステイン　throughstane
1．平らな墓石，あるいはスラブ．"Thruch" とも呼ばれる．
2．卓状墓．

スルーストーン　through-stone
1．壁と同じ厚さの繋ぎ石，あるいはパーペンドで，切石あるいは化粧石を，内側あるいは裏側と結合させるもの．
2．スルーステイン．

スレート　slate
外装材（西洋下見），屋根材，舗装材，墓石などに用いられる薄い板，すなわちスラブ，に容易に分割できる堆積岩．

スレート仕上げ　slate-hanging, also slate-boarding, or weather-slating
天然スレートによる外装（西洋下見）．

SLOAP：スペース・レフト・オーバー・アフター・プランニング　SLOAP (Space Left Over After Planning)
⇨残余空間

スローン，サミュエル　Sloan, Samuel (1815-84)
アメリカの建築家．ペンシルバニア州フィラデルフィアを拠点に活躍し，1849年に実務を開始した．最初期の作品として，ウェスト・フィラデルフィアにイタリア的な半円アーチを備える豪奢なヴィラとして手がけたバートラム・ホール（1850-51），いくつかの学校，メソニック・テンプル（1853）がある．数多くの病院，精神科病院を設計し，彼の没年時点で全米各州に一つは彼の作品があったという．著書『模範的建築家（The Model Architect）』（1852-53）には，山小屋，別荘，田園住宅の設計案が載せられている．また，その後に出版された『都市と郊外の建築（City and Suburban Architecture）』（1859および1867），『スローンの建築（Sloan's Constructive Architecture）』（1859および1867），『アメリカの住宅（American Houses）』（1861および1868）ほかにも作品が紹介されている．1857年以降，著書出版を手助けしたのはパートナーのアディソン・ハットン（Addison Hutton, 1843-1916）だった．全米初の建築の定期刊行物となる『アーキテクチュラル・レビュー・アンド・アメリカン・ビルダーズ・ジャーナル（*The Architectural Review and American Builder's Journal*）』（1868-70）の編集（チャールズ・ジェファソン・ルーケンス（Charles Jefferson Lukens, 1827頃-98）と協働）にも携わった．ミシシッピ州ナチェズには代表作の一つ，八角ドームを頂くイタリア様式のロングウッド（1854-61）がある．作風は明らかに折衷主義で，ゴシック，イタリア風，その他多くの様式で設計することができた．

スワスティカ　Swastika
⇨十字

スワロウテイル　swallowtail
1．一連の二等辺三角形からなる鳩尾形，あるいは三角模様のモールディング．それぞれの三角形については頂点と底辺とが互い違いになるように並び，鋭角部が水平に結合された平縁を形成することによって，帯飾りとなる．
2．グェルフィ派〔正しくはギベリン派〕の城塞などの燕尾形鋸壁．⇨バトルメント

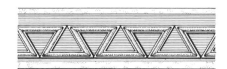

スワロウテイル　三角フレットと呼ばれるロマネスクの燕尾形・鳩尾形モールディング．例，イーリー大聖堂，ケンブリッジシャー（パーカーによる）．

スワン・ネック　swan-neck
1．二つの曲線にもとづいて建てられる部材．たとえば，階段の手摺りについてみると，凹形曲線の手摺りが親柱と連結するところでまっすぐにされる前に凸形曲線に曲げられるような場合．

2．雨樋を軒下の縦樋に連結するための曲がった形のパイプ．
3．渦巻形破風．

聖遺物堂 shrine
 1．聖遺物のためのフェレトルム（輿（こし））で，壮麗な建築的外観をとることが多い．
 2．聖遺物が保管される建物，フェラトリウム，祠堂祭室・祠堂礼拝堂．

聖遺物箱 reliquary
 聖人の聖遺物が保管される容器．箱や小箱のようにとても小さいこともあれば，ウェストミンスター寺院の聖エドワード廟のように非常に大きくて豪華に装飾されることもある．中世の大建築はしばしば廟や聖遺物箱を収容するために建設され，その結果として建物自体が聖遺物箱であるとみなされることがあったことには注意を払う必要がある（例：東方三博士の美しい聖遺物箱を所有するケルン大聖堂）．

聖歌隊ギャラリー singing-gallery
 1．教会堂内の聖歌隊のための床の高くなった内陣ロフト，トリビューン・ギャラリー，カントリア（イタリア語）．
 2．ルード・ロフト〔ルード・スクリーン（磔刑像障壁）の上にロフトが設けられ，そこに聖歌隊が配されることがあった〕．

聖歌隊席仕切 choir-screen *or* -enclosure
 ⇨クワイア・スクリーン

聖歌隊バルコニー coretti
 ⇨コレッティ

聖歌隊バルコニー choir-loft
 ⇨クワイア・ロフト

聖カタリナの車輪 Catherine-wheel
 車輪のようにみえる円形のゴシックのマリゴールドの窓または車輪窓で，放射状のコロネットが輻を示す．⇨ローズ

聖画壁 iconostasis

セイキウイ

⇨聖陣

盛期ヴィクトリア様式　High Victorian
　1850 年代から 1860 年代のゴシック・リヴァイヴァルの中で強烈ともいえるポリクロミー構造をもつ様式．当時ラスキンがその趣味の決定者として影響力を持っていた．「ロウ・ヴィクトリアン」とは何かという疑問がつきまとうため，ハイ・ゴシックと同様に用語としては不完全なものである．「ミッド・ヴィクトリアン」の方がより使いやすいかもしれないが，正確な年代，様式の説明をする方がより有効だろう．

盛期ゴシック　High Gothic
　1．1195 年頃から 1350 年頃にかけてのゴシック建築．ドイツではホーホ・ゴーティク（Hochgotik）と呼ばれる．
　2．ゴシック建築のいわゆる「古典」期．1195 年頃から 1230 年頃に建立されたフランス北部の大聖堂群（たとえば，シャルトル，ランス，アミアンやソワソン）がこれにあたる．この用語は問題をはらんでおり，「ロー・ゴシック」（低迷期ゴシック）とは何かという疑問が投げかけられることになるだろう．後期ゴシック，とりわけ，イングランドの垂直式の非凡なる成果が過小評価されることになる．

盛期ルネサンス　High Renaissance
　ルネサンスの発展の最盛期に当たる 16 世紀初頭の様式．チンクエチェントと呼ばれる．

聖具室　vestry
　⇨ヴェストリー（2）

聖具室　sacristry *or* sacristy
　⇨サクリストリまたはサクリスティ

聖餐台　Communion-table
　⇨コミュニオン・テーブル

聖餐卓　credence
　⇨クリデンス

聖室　Sancte-cote
　⇨サンクト・コート

盛飾式　Curviliear

⇨カーヴリネア

聖職者席　stall
　⇨ストール（1）

聖職禄　vicarage
　⇨ヴィカリッジ（1）

聖書朗読台　lectern
　1．勾配のついた高い読書机で，とくに教会内の祭壇右側に置かれたもの．しばしば柱や台座状のものが球体を支え，その上に福音書記者聖ヨハネの象徴である翼を広げた鷲が置かれる．
　2．説教壇．朗読台．アンボ．

聖陣　iconostasis
　ギリシア，ロシア正教聖堂における内陣と身廊との間にある仕切りで，3 つの門戸がついている．図像や聖像画がかかっていることでその名前がついている．

聖水盤　stoup
　聖堂内の入口付近に設けられる聖水容れの水盤．ニッチの中，ピアや壁からの持ち送り，あるいは自立したペデスタル，またはそれに類した構造体の上に固定される．聖水石とも呼ばれ，スカラップ・シェルのような形になることもある．

整層　rangework
　⇨整層積み

整層積み　ranged masonry
　直線状に層になった規則的な切石．レンジワークとも呼ぶ．

聖体拝領台　Communion-rail
　⇨コミュニオン・レイル

正柱式　eustyle
　⇨インターコラムニエーション

聖堂　Collegiate church
　法人または聖堂参事会長と参事会員からなる聖堂参事会のために基金寄付され，それに所属する聖堂．

聖櫃 ark
 1. シナゴーグの中の巻物を収納するための容器. ⇨エコル
 2. 教会堂の中にあって司祭の祭服を掛けるための洋服箪笥の一種.

製氷室 ice-house
 ⇨貯蔵庫

聖墳墓 Holy Sepulchre
 エルサレムの聖墳墓聖堂, またはアナスタシス (復活) 聖堂はコンスタンティヌス帝が建立した最も重要な聖堂だった (4世紀). 基本的にはドームを頂いたロトンダ (円堂) であり, 内部には列柱とピアが環状に連なり, ドームと壁体に囲まれた環状の周歩廊を支持していた. 周歩廊の壁体からは3カ所からアプスが突出していた. それゆえ, ローマの「サンタ・コスタンツァ聖堂」のように皇帝のマウソレウムに類似していた. 内部には墓所そのものを納めた小さな神殿のような構築物があった. 聖堂と廟は双方とも 1009 年に破壊されたが, ビザンチノ=ロマネスク様式で再建され (11 世紀), 平面は同様のものとされた. この基本形態は多くの墓所礼拝堂, マルテュリウム (殉教者記念堂) や聖堂 (代表例としてはケンブリッジ, ザ・テンプル (ロンドン), ノーサンプトンの円形平面の聖堂がある) の雛形となった. 一方, 廟の方は, アルベルティによるフィレンツェのサン・パンクラーツィオ聖堂内のルチェッライ礼拝堂 (1460-67) のような数多くの追随例を生み出した.

聖墳墓聖堂 Saint-Sepulc(h)re
 キリストの墓にちなんで名づけられた礼拝堂あるいは教会堂.

聖母礼拝堂 Lady-chapel
 比較的大きな教会堂にある, とくに聖母崇拝のための礼拝堂で, ウェストミンスター大修道院 (1503-12 頃) やヘリフォード大聖堂 (1220 頃-40) のようにしばしば内陣の東に置かれるが, 教区教会などではしばしば内陣側廊の東に置かれる. サフォーク州ロング・メルフォードでは聖母礼拝堂 (1496) は教会堂本体とは別の独立した建物である. さらに大規模なものがケンブリッジ州イーリ大聖堂の礼拝堂 (1321 頃-53) であり, 広い矩形平面の第2尖頭式の建物で, ほぼ独立して内陣の北側にあるが, 北袖廊から入る.

精密タイル mathematical tiles
 煉瓦の小口のようにみせる小規模な外装用タイル. 目地も表現されている. 木骨の壁面を化粧して上質な煉瓦構築物のようにみせるのに使用される. 18 世紀のすばらしい作例がサセックスのルーイスに数多くみられる. 煉瓦の長手のようにみせるタイルもある.

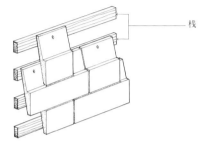

精密タイル (サセックス/ルーイスの作例にもとづく)

ゼーヴィ, ブルーノ Zevi, Bruno(1918-2000)
 イタリアの建築理論家. アメリカのハーヴァード大学で学び (1939-43), イタリアへ戻る. 『有機的建築をめざして (Towards an Organic Architecture)』 (1945, 1955), 『空間としての建築:建築の見方 (Architecture as Space: How to look at Architecture)』 (1948, 1980), 『近代建築史 (Storia dell'architettura moderna)』 (1950, 1973), 『建築の近代的言語 (The Modern Language of Architecture)』 (1973, 1978) などの著書がある. 国際的モダニズム, ポスト・モダニズム, 古典主義, 新古典主義に反対し, 定義があまり判然としない有機的建築 (ある面ではライトの影響) や自然形態への回帰を主張した. 建築が有機的であるといえるのは, それが人間の幸福を追求するときのみ, とゼーヴィは主張したから, その実現にあたっては, 過去の様式にとらわれない万人になじみのある現代的表現を支持したように見える. その他の著作として, ミケランジェロに関するもの (1964), メンデルゾーンに関するもの (1970), ライトに関するもの (1979) がある.

セウェルス Severus（1世紀中葉活躍）

　技術者のケレル（Celer）とともに，ネロ帝（Emperor Nero，37年生，在位54-68）のドムス・アウレア（黄金の家）の設計者であったと推測される．八角形広間を含むこの複合施設（64-68）は，20世紀初頭になってようやく再発見されたものであり，ローマのオッピウスの丘の斜面上にあるトラヤヌス帝の浴場の下部構造に組み込まれた形で埋まっていた．この巨大な宮殿では，間接光やトップライトによって照らされた幾何学的な形態が，内部のヴォリュームから引き立つように一連の部屋が設けられている．しかしながら，20世紀の多くの注解者たちが述べるように，ヴォールトやドーム，アーチで分割された室内から，円柱や梁の形が消し去られていたかどうかは定かでない．すなわち，現存しているむき出しの壁や，効果的で明快な幾何学性に惑わされてしまったにちがいないが，八角形の広間とそれに付随する小部屋はオリジナルの状態で，新たな美学の先駆けととらえてしまったのである．基本的な構造材としてはコンクリートが使われている．オーダーは外部に用いられているが，ティヴォリにあるハドリアヌス帝のヴィラ（118-34）の「ピアッツァ・ドーロ」入口にみられるように，内部でも同様に用いられていた可能性は高い．豪華な大理石やスタッコ仕上げが失われたのは遠い昔であるという事実は，それらの内部装飾が（オーダーも含めて）もともと存在していなかったことを意味するものではない．ドーム自体にはスタッコや大理石による仕上げの痕跡はみられない（そのような仕上げは壁面やいたるところに採用されてはいるものの）．けれども内部空間は，おそらく青銅でできたリブ状の構造で覆われていたようであり，そこから建設用のパネルが吊されていたのだろう．ディヴィッド・ヘムソルが説得力をもって示したように，ドムス・アウレアの八角形広間は，「建築史上の『革命』というにはほど遠く，実際には伝統に深く根ざした設計であった」ようである．そして，「建設技術の進歩と折り合いをつけることや，過去の束縛から建築を解放することを冒険的な試み」によるデザインとして定義づけるような「モダニストの美的基準」から判断するのは「正確ではなく，誤解である」という．ネロとその建築家は，伝統と確立した形態とを利用し，技術上の発展に便乗することによって，先達を乗り越えたのであった．結局のところ，洗練された幾何学性と空間操作の精巧さとを備えた広間と食堂は，ネロよりも前の時代からすでに知られていた．ドムス・アウレアが建てられる前から同じように巧妙な幾何学配列が存在していた証拠は，墓やその他のビルディング・タイプにみられるとおりである．セウェルスとケレルは，64年のローマ大火以後の復興作業や，建築規制法案の作成にも従事したかもしれない．また，ナポリ湾近郊のアヴェルノ湖とティヴェレ川とを結ぶ大運河（着工されたが，60頃中止）も提案した．セウェルスとケレルの業績は，タキトゥス（Tacitus，55頃-117頃）やスエトニウス（Suetonius，70頃-160頃）によって記されている．いずれの著者も，帝国の理念には特別な共感を抱くことはできなかったものの，ドムス・アウレアの壮大さ，内部装飾の豊かさ，浴場の設備，そして魅惑的な庭園にはともに感銘を受けたのであった．

セヴリ severy
　1．建物の構造区画（ベイ），とくにヴォールトの区画．
　2．キボリウムの頂部．

赤褐色砂岩 brownstone
　⇨ブラウンストーン

石材仕口 mason's mitre
　⇨メーソンズ・マイター

せき板 shuttering
　⇨型枠

セグメント segment
　円弧の一部と直線に囲まれた2次元的形態．したがってセグメンタル・アーチ（弓型アーチ）とは，アーチの起拱線のかなり下方に円弧の中心があるセグメントの形態をもつアーチ．

セコス secos, sekos
　古代エジプト神殿におけるアデュトン，ケラ，ナオス，あるいはサンクチュアリ．

ゼータ zeta
　1．上階．
　2．監視塔．

3. 庭園内のあずまや.
4. 教会のポーチ上部の小室.

セダン, ジョン・ポラード　Seddon, John Pollard（1827-1906）
　イングランドのゴシック・リヴァイヴァルの建築家. T・L・ドナルドソンのもとで修行した. 彼は1852年から1860年にかけてジョン・プリチャード（John Prichard, 1817-86）と, 1884年から1894年にかけてジョン・コーツ・カーター（John Coats Carter, 1859-1927）と共同経営を行った. プリチャードとともにウォリックシャーに盛期ヴィクトリアン・ゴシックのエッティントン・パーク（1856頃-62）を設計した. そのほか, ウェールズのアベリストウィスのユニヴァーシティ・カレッジ（1864-90）, ロンドンのフラムのパウェル救貧院（1869-70）, ハートフォードシャーのエイオト・セント・ピーターのセント・ピーター教会堂（1874-75）, ロンドンのハマースミスのセント・ポール教会堂（1880-88, H・R・ゴフとともに）, ヘレフォードシャーのホアウィジーの愛らしいセント・キャサリン教会堂（1874頃-85, イタリア・ロマネスク様式でビザンティンの細部意匠をもつ）を設計した.

ゼツェッシオン　Sezession, Secession
　⇨分離派

ゼッカ　zecca
　イタリアにおける硬貨の鋳造所. 実例に, 16世紀のヴェネツィアのサンソヴィーノによるものなど.

石灰　lime
　石灰石を焼成すると生石灰が得られる. これを水で消和すると水酸化カルシウムを生ずる. 石灰はモルタルやプラスター, スタッコの主成分である.

石灰石　limestone
　炭酸カルシウムを主成分とする堆積岩であり, 焼成して石灰を得る. 石灰石は建材にも使われてきた. 石灰石が粒状に結晶化したものが大理石である.

雪花石膏　alabaster
　⇨アラバスター

説教壇　pulpit
　⇨パルピット

舌状突起　languet
　舌の形をした縦長の装飾要素で, U字型の反復として古典建築の飾りにフリーズなどで使用される.

絶対建築　Absolute architecture
　機能主義に対するアンチテーゼ. 目的をもたない建築として1960年代にウォルター・ピッヒラーとハンス・ホラインによって提唱された. 客観主義（ザハリヒカイト）の反意語. その形態は機能的必要性からではなく, 想像性から得られる. この言葉はブルース・ゴフの構造と空間の研究に対して使われた.

切断図　cutaway
　建物または建物部分について, その内部, 構造を通る断面, および外観を表すために一部を切り取るドローイング（普通アクソノメトリックまたはアイソメトリック図）.

切断ペディメント　mutilated
　たとえば, 断絶し非連続のペディメント.

折衷主義　eclecticism
　⇨エクレクティシズム

セッディング, ジョン・ダンドー　Sedding, John Dando（1838-91）
　イングランドの建築家. 当時, 最も発明の才ある建築家の1人だった. ストリートのもとで修行し, のちにラスキン, モリスに多大な影響を受けた. ロンドンの事務所はアーツ・アンド・クラフツ運動に興味をもつすべての人びとにとって吸引力のある場所となった. 彼の助手, ヘンリー・ウィルソンがのちのデザインに多くの貢献をした. 初期の作品にはハンプシャーのボーンマスのボスコームのセント・クレメント教会堂（1871, 弟のエドムンド・セッディング（Edmund Sedding, 1836-68）とともに設計）があるが, 彼の最大の作品はロンドンにある. ロンドンのクラーケンウェルのエックスマウス・マーケットの聖なる救世主教会堂

(1887-88) は特筆すべきイタリア風初期ルネサンス・リヴァイヴァルの建物で，至極単純．西正面にはトスカナ式のペディメントが載せられている．ヘンリー・ウィルソンが初期キリスト教のイタリア・ロマネスクの鐘塔をつけた．セディングとウィルソンはロンドンのイーリングのマウント・パーク・ロードにセント・ピーター教会堂 (1889-93) を設計した．これは，後期ゴシックの曲線を使った形態に独創性と技巧性を付加した作品である．彼らの最高傑作は間違いなく，ロンドンのスローン・ストリートのホーリー・トリニティ教会堂 (1888-90) である．ここでは，後期垂直式ゴシック，ビザンティン様式，第２尖塔様式のトレーサリー，ルネサンス，アール・ヌーヴォー，アーツ・アンド・クラフツの要素がみられる．甥エドムンド・ハロルド・セディング (Edmund Harold Sedding, 1921 没) も建築家だった．

セッテルヴァール，ヘルヨ・ニコラウス
Zettervall, Helgo Nikolaus (1831-1907)
1870 年代および 80 年代におけるスウェーデンの重要な建築家であり，ヴィオレ＝ル＝デュクに強い影響を受けた．ルンド大聖堂の全面的な修復 (1860-80，歴史的な部材の保存より様式的な統一感を優先させる立場による大規模な再建を含む) でよく知られている．ウプサラ大聖堂では，軟石による伝統的な石積みのかわりとなると彼が信じたコンクリート混合物が，不適切な場所に用いられた．ストックホルムの国立公共建築局の局長として，すべてが折衷的であり，すべてが興味深い数多くの作品をプロデュースした．教会の建築家としては，スカーラ大聖堂を修復 (1886-94) したほか，ルンドのオールセインツ教会 (1861-91)，ノルシェーピングのセント・マチューズ教会 (1892 竣工)，イェーテボリのオスカー・フレデリク教会 (1887-93) を設計した．また，教会の修復に関して影響力のあった本を出版したほか，教会の家具や調度品などの数々を美しくデザインした (ルンドのオールセインツ教会)．

セット・オフ off-set *also* set-off
⇨オフ・セット

セットバック set-back
1. ⇨バットレス，オフ・セット，セットオフ，スケアスメント，ウェザー・テーブルとも呼ばれる．
2. 摩天楼などの建物で，街路に光と大気が届くよう下層部の壁面よりも後退させた上層部分をいう．摩天楼は，何段かのセットバックによって建てられることが多い．

セディリア sedile (*pl.* sedilia)
ラテン語で「座席」を意味する名詞であり，複数形で用いられる．教会堂内陣の南壁面に設置された石造座席の連なりのことであり（通常は３席），頂部が手の込んだキャノピー（天蓋）とピナクルで装飾されることが多かった．典礼や礼拝を執行する高位聖職者が使用する．セディリアは「プリズマトリー」とも総称され，アーチを頂いたニッチの連なりの中にピッシーナを備えることもある．

セディリア　14 世紀の第２尖頭式のプリズマトリー．ピッシーナとクレデンティアを内蔵した形式である．オクスフォードシャー，マートンのセント・スウィザン聖堂のもの（パーカーによる）．

セトルメント settlement
1. 不均等な基礎の圧力，収縮，あるいは基礎にかかる過度の重量が原因で生じる建物部分の歪みあるいは破壊．不同沈下．
2. 植民地，居留地，共同体．
3. 新しい村や町の核を形成する一群の建物．

ゼネトス，タキス，Ch. Zenetos, Takis Ch.

(1926-77)

ギリシアの建築家. 住宅は豪奢なまでに洗練されるべきとの信念の持ち主で, 低廉で最小限の住居を供給する西側諸国の潮流に反対し, 箱型のモダニズム住宅を嫌悪した. 代表作にはアッティカ・グリファダのクサントー通り21番地の住宅 (1961), アテネのアマリアス通り34番地のアパート (1959. マルガリティス・アポストリディスとの共作), アテネのスィングロー通り53番地のフィックスブルワリーのリノベーション (1957. アポストリディスとの共作) がある.

セノターフ cenotaph

空の墓室, すなわち死体が別の場所にある死者の為の埋葬用モニュメント. ロンドンのホワイトホールにあるラッチェンスのセノターフ (1919-20) はそのようなシンボリックな墓の一例である.

ゼノドケイオン, ゼノドカイム xenodocheion, xenodochium

修道院などのゲスト・ハウス.

セーフ・デポジット safe-deposit

貴重品の保管庫, 金庫. 建築的に偽装されることがある.

セプルクル sepulchre

1. 遺体の埋葬のためにつくられた墓所, 埋葬所, 建物, ヴォールト, あるいは掘削.
2. キリスト教の祭壇に安置された聖遺物のための容器.
3. イースター・セプルクル.
4. ホーリー・セプルクル.

セマーク, ヘンリー Semark, Henry (活躍 1482-1534 没)

イングランドの石工. 1508 年から 1515 年にかけて, ケンブリッジのキングズ・カレッジ・チャペルのワーデン・オヴ・ザ・メーソンズの一人であり, 1512 年からウェイステルとともにハイ・ヴォールトの仕事に携わった. また, ピータバラ大聖堂 (ケンブリッジシャー) の東礼拝堂やバリー・セント・エドマンズ (サフォーク) のアビーとセント・ジェームズ聖堂の建設に貢献し, ノーサンプトンシャーのフォザリ

ンゲイの聖堂では塔の下にファン・ヴォールトを建設した (1528) と考えられている.

セメント cement

1. コンクリートやモルタルなどにおいて素材を相互につなぐ物質で, 固形になる.
2. 外壁仕上げのために使われる下塗りで, スタッコともいう. 18 世紀の下塗りセメントの種類にある「リヤールデッツ・セメント」(油分が含まれる) は, アダム・ブラザーズによって広範に使用されたが, 耐久性がなく剥がれ落ちてしまった. より納得のいくものは「パーカーズ・セメント (ローマ・セメントまたはシュペリー・セメントとも呼ばれる)」で, 1796 年に考案され, ナッシュとその同時代人たちによって広く使用されたが, こげ茶色をしていたから, 「ブラック・セメント」と呼ばれることもあった. けれども, それには防水性という大きな利点があった.「アトキンソンズ・セメント」は「ヨークシャー・セメントまたはマルグレイヴァー・セメント」ともいい, ローマ・セメントより色がきれいで明るいが, 調合に多量の砂を使用しない限り, 収縮しひび割れする傾向があった. 1794 年にジョゼフ・アスプディン (Joseph Aspdin,1779-1855) が考案し, 1824 年に特許を取得した「ポルトランド・セメント」もまた, 下塗りとして広く使用されたが, これもまたきわめて弱く, ひび割れを避けるために大量の砂を混ぜなければならなかった.

セラー cellar

建物の内部で地下, または部分的に地階の部屋のことで, ふつう窓はなく, 生活空間というより燃料や食料, ワインなどの貯蔵用である.「ベースメント (地階, 地下)」と比較せよ.

セラーズ, ジェームズ Sellars, James (1843-88)

スコットランドの建築家. グラスゴーで実務を行い, キャンベル・ダグラス (Campbell Douglas, 1828-1910) と 1872-88 年に共同経営を行う. ダグラスは 1860-69 年まで J・J・スティーヴンソンと共同経営を行っていた. 彼らの最良の作品として, グリーク・リヴァイヴァルのセント・アンドリュー・ホール (1873-77), ベルマウント・ヒルヘッド教会堂

(1875-76), ベルヘヴン教会堂 (1876-77, のちにギリシア正教大聖堂), ケルヴィンサイド・アカデミー (1877-79, アレクサンダー・トムスンの作品に影響を受けている), アンダーソン薬科大学 (1888-89) があり, すべてグラスゴーにある. 彼の作品はギリシア風, フリー・ルネサンス, フレンチ・ゴシック様式のいずれかである. グラスゴー国際博覧会の建物 (1887-88) はエキゾチックで東洋趣味であり, サラセンの香りが強い.

迫石 voussoir
　（断面の）相対する長辺側の平面が一点に集中するような図形を形成し, 普通, 楔形となるクネウス（ラテン語で楔の意）, またはブロック（通常, 石, 煉瓦, テラコッタからつくられる）. アーチやヴォールトの構造を形成する部材となり, その側面はアーチの中心から放射上に伸びる直線と重なる.

セーリエント, サイヤン salient, saillant
　1. 突出, 張り出しあるいはセール・オーバー.
　2. 出っ張った角部, すなわち入隅（リエントラント）の反対の隅部. たとえば築城における砲床.

迫台 abutment
　⇨アバットメント

迫元（せりもと） impost
　⇨アーチ

迫元線 springing-line
　アーチが迫元から起ち上げられるときに出発点となる水平面で, 最初に積まれる両側の迫石は起拱石となる.

セリュアー celure, ceilure, cellure
　鏡板をはめ, 装飾し彩色を施した教会堂の屋根部分（とくに筒形穹窿ヴォールト）で, 祭壇または十字架の真上にある. ⇨キャノピー

セリュリエ=ボヴィ, ギュスターヴ Serrurier-Bovy, Gustave (1858-1910)
　リエージュ出身のベルギーの建築家. ヴィオレ=ル=デュクとイギリスのアーツ・アンド・ク

ラフツ運動の影響を受けた. その作品の中でもリエージュのアヴニュー・ド・コワントルにあるヴィラ・ローブ (1902) は自由に構成されており, フランス・ディエンヌにあるシャトー・ラ・シェレル (1903-09) では自然木と多色彩装飾がおもしろく融合している.

セリュール, テオドール Serrure, Théodore (1862-1957)
　ベルギーの建築家. 実現したその設計案の中でもブリュッセルの3棟の学校建築がすばらしい. そのうちのヴェロネーゼストラートの学校 (1903-07) が最高傑作であり, 新古典主義が鉄材およびガラスで構築された優雅な屋根と密接に融合している.

セリュール, ルイ=オーギュスト Serrure, Louis-Auguste (1799-1845)
　アントウェルペン生まれの建築家. ペルシエとフォンテーヌの大きな影響を受けた. その代表作はアントウェルペンのすばらしい新古典主義のショッピング・アーケードであるパサージュ・ドゥアーン (1838, 現存しない) である.

セル cell
　1. 寄宿舎や宿泊施設の部屋のように, どの種類のものでも小部屋のことをいうが, とくに修道院内で修道士または修道女に割り当てた禁足の独居房を指す. また中世では悔悟者が閉じ込められる悔悛の部屋でもあった.
　2. 刑務所における1台または複数の寝台付きの監禁室.
　3. 小さな空洞または室.
　4. ケラまたはナオス.
　5. 「リブ ribs」で縁取りをしたヴォールト天井の「ウェブ web」, または「穿稜 groin」ヴォールトの表面部分.
　6. 木骨造における1室または1ユニット. 「単一セル」平面は1ヴォリュームであるのに対し, 「2セル」平面には「クロス・エントリー」または「クロス・パッセージ」があり, 「3セル」平面では「クロス・パッセージ」, 「クロス・エントリー」, 「ロビー・エントリー」がある.

セルヴァ, ジョヴァンニ・アントーニオ

Selva, Giovanni Antonio（1751-1819）

ヴェネツィアで活躍した建築家. テマンツァ（Temanza）の弟子で, イタリア, フランス, オーストリア, オランダ, イギリスを周遊した後, ヴェネツィアで新古典主義の作品を手がけた. 作風はアントーニオ・カノーヴァ（Antonio Canova, 1757-1822）に大きな影響を受けている. ヴェネツィアのテアトロ・ラ・フェニーチェ（1788-92, 1996消失, その後修復された）に見るように, 初期の作風はあきらかにパッラーディオ様式を示しているが, 後期の作品は, ローマ建築風の堂々たるコロンナ・ヴェネタ大聖堂（1806-17）, ヴェネツィアのサン・マウリツィオ聖堂（1806-10）やサンティッシマ・ノーメ・ディ・ジェズ聖堂（1815-34）など, 力強い新古典主義を特徴とする. ヴェネツィアでは, カステッロおよびジュデッカの公園, サン・ミケーレ島の墓地を建設する任にも着いた（1815-19）. チェンバーズ, ペロー, スカモッツィの作品集を出版したほか, 『イオニア式のヴォリュートについて（*Sulla voluta ionica*）』（1814）を著した. ヤペッリ（Jappelli）の師でもある.

セルヴァンドーニ, ジョヴァンニ・ニッコロ・ジェローニモ　Servandoni, Giovanni Niccolò Geronimo（1695-1766）

フィレンツェ出身の建築家・画家. ジョヴァンニ・パオロ・パンニーニ（Giovanni Paolo Pannini, 1691-1765）のもとで修業を積んだ. パンニーニはローマの都市景観を写実と空想を織りまぜて描くことに長けた, 18世紀の傑出した画家であった. セルヴァンドーニは1724年にパリに移住し, 同地で舞台セットや花火仕掛け, 祝祭などをデザインした. これらの技術は, ヨーロッパの多数の都市でも需要があり, たとえば彼はロンドンでアーヘンの和約を祝う花火仕掛け（1749）をグリーン・パーク内に設計している. 1732年, パリのサン＝シュルピス教会の西側正面の設計競技に勝利したが, その案は, ジル＝マリー・オプノールの初期案をベースにしたものであった. 上下2層に重ねられたオーダーからなるこの列柱式のファサード（おそらくロンドンのセント・ポール大聖堂から影響を受けている）は, 同時代のフランスのどの建築と比べてもずっと高貴で厳格であり, 当時は古代との類似性をもつものと評された.

確かにこの作品は, ロココ様式に対する新古典主義からの対抗を示す, 最初期の作例の一つである. また, さまざまな教会において祭壇や調度品などを数多く手がけたほか, ロンドンはハンマースミスのブランデンブルク・ハウス内の彫刻ギャラリー内装（1751頃, とり壊されたが, 『ウィトルウィウス・ブリタニクス（*Vitruvius Britannicus*, IV）』（1767）28-9に図版が収録されている）も設計した. 弟子の中にはシャルグランやド・ヴァイイがいる.

セルヴェ, シャルル　Servais, Charles（1828-92）

ベルギーの建築家. 折衷的な異国趣味で著名であり, アントウェルペン動物園のために設計した「神殿」シリーズのような作品がある. その中でも最も知られているものは多色彩のエジプト・リヴァイヴァルの「象の家」（1855）であり, この建築物について書かれたヒエログリフも施された.

セール・ヴォールト　sail-vault
⇨ドーム, ヴォールト

セール・オーヴァー　sail-over

張り出し, すなわち下方の壁の裸面よりも前方に突出した要素.

セルジューク建築　Seljuk *or* Saljuk architecture

トルコ・イスラム王朝からとられた名称で, この王朝は, 分王朝をも含めて, 1038年から1194年までイラン, イラク, シリアを支配し, 1077年から1307年までアナトリアを支配した. セルジューク建築は主として, マドラサ, キャラヴァンサライ（隊商宿）, マウソレウム（廟堂）を含み, 通常上質の石造または煉瓦造で, 釉薬タイルによって装飾される. またセルジューク建築は, 中庭に面して四面にイーワーンを備え, 礼拝用イーワーンの背後にドームの架かる礼拝広間をもつモスクの形式（例：イスファハンの大モスク（11世紀））を発達させた. 廟堂は, セルジューク建築の最も特徴的な建物で, 精巧な銘文と装飾を備えた円形平面, または星形平面の塔となる（例：円錐形の屋根をもつグルガンのグンバド・イ・カブス（1006-07））. ミナレットは, 非常に入念につく

られることが多く，単なる塔ではなく，礼拝者への呼びかけのためのモニュメントとして創造された．例として，ジャムのグール朝のミナレット（1191-98）がある．他の廟堂は塔ではなく，ドーム建築で，ドームの外表面は光沢のある色鮮やかな釉薬タイルで覆われることが多い．メルヴのスルタン・サンジャール（1157）の墓はその例．セルジューク建築は，のちのイスラム建築，とくにイランとトルコの建築に影響を与えることとなった．

セールズ，マイケル Searles, Michael (1751-1813)

イングランドの建築家で監督官．ロンドンに大きな事務所を構え，おもにテムズ川南の住宅開発の設計と建設をうけもった．ここで1783年からロールズ・エステートの監督官を務めた．彼の建築は後期ジョージ王朝様式で，マッスの独創性と細部の簡素さにおいて傑出している．彼の傑作はブラックヒースのパラゴン（1793頃-1807）であり，これはクレセントにそってコロネードで結ばれた二戸建住宅である．彼はまたケントのイースト・モーリングにあるクレア・ハウス（1793）を設計した．これは円形，楕円，八角形平面の部屋からなる．彼はロンドンのサザークにあるサリー・スクエア（1792-93），グリニッジにあるザ・サーカス（1790-93）を手がけた．

セルソー一族，デュ Cerceau, Du, Family

フランスの建築家，装飾家の家系．大ジャック・アンドルーエ=デュ=セルソー（Jacques Androuet Du Cerceau the Elder, 1510/12-85頃）が創始した．著書『建築三書（*Les Trois Livres d'Architecture*）』（1559-72）は非常に大きな影響力をもっていた．「第一書」（1559）は本質的に住宅建築のパターン・ブックであり，セルリオの影響を受けたものもある．「第二書」（1561）は高度に装飾されたさまざまな工夫について言及している．「第三書」（1572）はフィリベール・ド・ロルムやパッラーディオの概説書に従っている．これらの書籍はフランスおよびヨーロッパ北部のグロテスク装飾やマニエリスムのデザインの重要な着想源となった．その著作『フランスの最もすばらしき建築物（*Les plus excellents bastiments de France*）』（1576-79）はフランス・ルネサンスのシャトー建築の

すばらしい記録となっている．シャトー・ド・ヴェルヌイユ（1568）を設計したといわれている．そこでは明らかにイタリアのデザイン（使用モチーフの重要な出典）に着想を得ており，フォンテーヌブローで活躍したイタリア人のマニエリスムの影響も受けている．

大ジャックの息子バティスト（Baptiste, 1544/47-90）は16世紀末にパリで活躍した主要な建築家となり，1575年に王に仕えるようになった．1578年，ルーヴル担当建築家としてレスコのあとを襲い，クール・カレ（方形中庭）に面した南翼棟の西側部分を完成させた（1582）．ポン・ヌフの設計も手がけたが（1578），1585年にプロテスタント亡命者としてパリを脱出した．バティストの弟ジャック（Jacques, 1550頃-1614）はアンリ4世（Henri IV, 在位1589-1610）の建築家となり，プラス・デ・ヴォージュ（ヴォージュ広場）のパヴィリオンを手がけた可能性が高い．バティストの息子ジャン（Jean, 1585頃-1649頃）は1617年にルイ13世（Louis XIII, 在位1610-43）の建築家に任命され，従兄弟のサロモン・ド・ブロスとともに研鑽を積み，共同でパリのパレ・デュ・リュクサンブール建築に携わった．また，マレ地区とイル・サン・ルイ地区の開発にもかかわり（1620年代-40年代），オテル・シュリ（現在のオテル・ベテューヌ=シュリ，1625-29）とオテル・ド・ブルトンヴィリエ（1637-43）を手がけている．双方ともパリにおいては，巧みに設計された軸線と豊かに彫刻された装飾によって卓越した作品である．ジャンはまた，フォンテーヌブロー宮殿のクール・デュ・シュヴァル・ブラン（白馬の前庭）のド・ロルムによる外部階段も再建し，複雑な馬蹄形配置とした．

セルダ，イルデフォンソ Cerdá, Ildefonso (1815-76)

スペイン・カタルーニャの建築家．バルセロナ県サンテイヤスに生まれ，マドリードで土木工学を学び（1835-41），国の土木技師としてはたらく（1841-49）．1849年から都市計画理論の形成にとり組み，バルセロナ新市街計画を提案．同計画は，碁盤目状の街路網に，対角線方向に走る2本の大通りが交差するというもので，それぞれの街区の四隅は面取りされている．原案ではそれぞれの街区（約100 m四方）

の2辺にのみ建設がなされ，中央は緑地として残される計画であったが，実際には地価の上昇により残りの部分も開発された．セルダが提唱した，都市を田園化し，田園を都市化することによって両者を統合するという思想の影響は，アルトゥーロ・ソリア・イ・マタの「線状都市」に見ることができる．セルダは都市計画や田園計画に科学的基準の適用を試みた最初の人物であり，また重要な理論書『一般都市計画理論（*Teoría general de la urbanización*）』(1867) を著したことでも知られる．セルダのバルセロナ都市計画は，マドリードやビルバオなど他のスペイン都市における新市街計画の模範とされた．

セルト，ジュゼップ・リュイス Sert i López, Josep Lluís (1902-83)

　カタルーニャ出身のアメリカの建築家．ル・コルビュジエとジャンヌレ＝グリのもとではたらいた (1929-32) のちバルセロナに戻り，集合住宅一棟 (1931) ほかいくつかの建造物を設計した．CIAMと関連する地元カタルーニャの建築家グループたち上げにかかわり，1937年パリ万国博覧会スペイン館をインターナショナル・スタイルで設計した（現存せず．ちなみにパブロ・ピカソ（Pablo Picasso, 1881-1973）の『ゲルニカ』が同館に展示された）．1939年にアメリカに移住すると，ル・コルビュジエの提唱した原理をもとに多くの都市計画構想（大半はラテンアメリカ）にかかわった．グロピウスのはたらきかけによってハーヴァード大学大学院デザイン・スクール校長・同大学建築学部長に就任 (1953-69) する一方，1955年にはマサチューセッツ州ケンブリッジに建築設計事務所を開設した．同事務所は成功を収め，ハーヴァード大学ピーボディ・テラス学生寮 (1963-65) など多くの建造物を設計した．その他の代表作品に，イラクのバグダッドのアメリカ大使館 (1955-58)，フランスのニース近郊サン＝ポール＝ド＝ヴァンスの美術館（マーグ財団）(1959-64)，フランスのクリュニーのカルメル会修道院 (1968-69)，バルセロナのミロ財団 (1972-75) がある．

セール・ドーム sail-dome
　⇨ドーム，ヴォールト

ゼルフュス，ベルナール＝ルイ Zehrfuss, Bernard-Louis (1911-96)

　フランスの建築家．1943年から48年まで，チュニジアで住宅，学校，病院，競技場など多くの建物を設計し，次いでチュニジアの都市計画の責任者となった（のちに実現する）．1948年にフランスに帰国し，トゥールのマム印刷所 (1950) やフランのルノー工場 (1952) を設計した．ついでブロイヤー，ネルヴィとともに，パリのプラス・ド・フォントノワにあるユネスコ本部ビル (1952-58) を設計し，名声を得た．その後は在パリ・デンマーク大使館 (1968)，在ワルシャワ・フランス大使館 (1970)，パリ近郊サン・ドニのジーメンス・フランス本社ビル (1972，ブルクハルトと協働)，フランス，リヨンのガロ・ロマン博物館 (1976) などを設計した．パリのラ・デファンスの国立工業・科学技術センター (1955，ロベール・カムロ (Robert Camelot, 1903-92)，プルーヴェ，ジャン・ド・マイイ (Jean de Mailly, 1911-75) と協働，ネルヴィの原案によるデザインをもとに，ニコラ・エキラン (Nicolas Esquillan, 1902-89) が巨大なヴォールトを設計した) は，その立地とパリのスカイラインに与えるインパクトから厳しい（かつ妥当な）批判を受けた．1980年代には，モンパルナスの包括的な再開発を訴えたが，それらの提案に表現された感性が認められることはなかった．

セルリアーナ serliana

　4本の円柱またはピラスターによって3分割された次のような特徴をもつ窓，扉，またはブラインド（盲）となる建築要素をいう．すなわち両側の区画にはエンタブラチュアが載り頂部

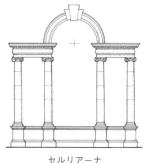

セルリアーナ

が平らとなる．両側の区画よりも幅の広い中央の区画には，両側のエンタブラチュア上から発する半円形アーチが架かる．パラディアン・ウィンドウ，あるいはヴェネツィア窓と呼ばれ，パッラーディオの作品に共通のモチーフで，17世紀，18世紀イギリスのパッラーディオ主義の建築に非常によく用いられた特徴であった．セルリアーナという名称は，セルリオの『建築論（*L'Architettura*）』（1537-75）の中で用いられたところから来ているが，おそらくブラマンテによって始められたものである．

セルリオ，セバスティアーノ Serlio, Sebastiano (1475-1554)

イタリアの建築家，理論家，画家であり，何よりも『建築書（*L'Architettura*）』（1537-75にかけて分冊の形で出版されたものが，1584年に1巻本としてまとめられた）の著者として記憶されている．実際，最初に出版されたのは『一般的な規則（*Regole generale*）』とよばれる第四書（1537）であり，後に出版される残りの書の概略を示すものとなった．しかし，さらに重要な点は古代ローマ建築の五つのオーダーを体系化し，図示したことにある．セルリオの『建築書』は，ルネサンスの建築理論という点のみならず，建築家にとって実用的な本であったという点でも，きわめて重要な理論書であった．すぐれた図版が掲載されていて，文章も近代の言語で記されているという事実こそ，この書が実用的とみなされたおもな理由である．この書は，パッラーディオの『建築四書（*Quattro Libri*）』の手本ともなった．第三書（1540）では，古代ローマの建築のみならず，ブラマンテやラファエロの建築についても記述され図示されている．セルリオは，この書では全体的に古典主義建築のディテール（グロテスクや粗面仕上げも含まれる）を広範にわたって網羅しており，古典主義建築が醸し出す情緒的な力や担う意味について論じている．『番外篇（*Livre extraordinaire*）』（フランスで1551出版）では戸口の挿絵が示されている．それらの多くは創意に富んだ想像力あふれるものであり，北ヨーロッパのマニエリスムに影響を及ぼした．

セルリオにとってペルッツィは第1の師匠であり，1514年頃にはローマのペルッツィのもとではたらいていた．そして，ペルッツィから

もらい受けた多くの素描を，すぐさま自分の『建築書』に活用したのであった．1527年のローマ劫掠の結果，セルリオはヴェネツィアへと移住した．というのも，当時ヴェネツィアは出版の大きな拠点の一つであり，建築の論文執筆に従事する者が生活する上では絶好の場だったからである．ヴェネツィア滞在中に，実際の建築設計にも少しは携わったかもしれない．ヴィチェンツァの「バシリカ」改築の競技設計（1539）にセルリオが参加したことは知られており，結果としてパッラーディオが勝利者となったけれども，パッラーディオの設計案にはセルリオが提案したような要素もみられ，セルリオの名にちなんだセルリアーナとよく似たモチーフがおもな特徴となっている．

1541年にフランスのフォンテーヌブローに招かれ，そこでは城館の建築設計の大部分に助言を与えた．また，城館に舞踏の間（1541-48，ド・ロルムによって完成）を設計したが，そこにはラファエロの影響が明らかにみられる．セルリオのグラン・フェッラール（1541-48，大部分は後に破壊）は，教皇特使がフランスを訪れる際の迎賓館としてフォンテーヌブローに建てられたものであり，17世紀フランスのオテル（邸館）建築の重要なプロトタイプとなった．一方，ブルゴーニュ地方のアンシ＝ル＝フランの城館（1541-50）については，四隅に塔，中央に中庭を備えており，マイアーノの影響を示している．セルリオの作品がパッラーディオの作品を特徴づけたことに疑いの余地はない．一方，『建築書』はさまざまな世代の芸術家にかなりの影響を及ぼした．最初に北ヨーロッパではピーテル・クック（Pieter Coeck, 1502-50）版を通じて，そして1611年にはロバート・ピーク（Robert Peake, 1551頃-1619）の英語版（『建築五書（*The Five Books of Architecture*）』）をつうじてであったが，この英語版はイニゴー・ジョーンズの時代から，続くパッラーディオ主義の第2世代であるバーリントン卿やキャンベルにいたるまで〔古典主義建築の〕主要な情報源の一つとなった．

膳板 window-board
内側にあるシル．通常は木造．

前衛構築物 advanced work
⇨アドヴァンスト・ワーク

1925 年様式 Style 1925
アール・デコ．

線形計画 linear planning
道路や鉄道，諸サービスの輸送機関（運河などそのほかの手段を含む）を基幹となる背骨として，その両側に展開する都市開発の概念．ソリア・イ・マタが『線形都市（*Ciudad Lineal*）』(1894) として定式化したが，この類例は 19 世紀都市の主要道に沿った多くの計画にみられ，そこでは電車と鉄道の軌道が発展を促進した．

前室 ante-chamber
アパルトマン（王侯貴族や富裕層の大規模住宅における使用者を一にする一連の広間群のこと）につながる前室で，控えの間（アンティ・シャンブル）に使われることが多い．

漸次的減少 taper
塔の屋根，オベリスク，スパイア，あるいはタームなどのように，一方向に対して長く伸びるものについて，幅や厚さが徐々に減少すること．円柱のシャフトは，その高さが連続的に減少するのではなく，曲線を描くエンタシスであるため，正確にはこれに該当しない．

洗手盤 lavabo
1. ミサの最中の聖体祭儀に，聖職者が儀礼的に手を洗うための水盤．
2. 中世修道院で手洗いのための石造の水槽や水盤．独立構造もあれば（たとえば，アイルランドのラウス県のメリフォント大修道院 (1200 頃)），回廊の壁に設けられるものもある（たとえばグロースター大聖堂，14 世紀）．

泉水 basin
大規模で装飾的な池．

全体主義の建築 Totalitarian architecture
独裁政権，いきすぎた中央集権的な政府，あるいは反対派に対して不寛容な政治団体のための表向きは承認されたとされている建築であり，とくにイタリアのファシスト，ドイツのナチ，ソヴィエト連邦のスターリニスト，中国のコミュニストなどの建築があげられる．一つの国際的な様式として，単純化された新古典主義がしばしば用いられ，重厚で特大の国家モニュメントのために 19 世紀のリアリズムと古典主義にもとづいた彫刻が利用される．

センターピース centrepiece
ファサード中央の入念に仕上げた出入口およびその上部構造や，天井の円花飾りのように，中央にある装飾的な要素．

センターブルック・アーキテクツ centerbrook architects
⇨ムーア，チャールズ・ウィアード

センタリング centering
建設中のアーチやヴォールトを支持する木造骨組や枠組で，モルタルを流し込みアーチの形態が完成した後には外すか撤去する．

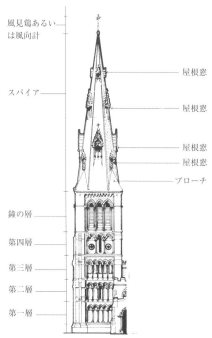

尖塔　セント・メアリーズ・チャーチの尖塔，スタンフォード，リンカンシャー．塔は五段階の発展を示しており，第 1 尖頭式アーチ（13 世紀）の塔と，第 2 尖頭式アーチ（14 世紀）の屋根窓を備えたブローチ・スパイアがみられる．

剪断力　shear

1．梁などの強度よりも大きい場合，梁の支持点近傍で破壊しうるような力．鋏が髪の毛を切る場合の作用に類似する．すなわち構造部材の軸を横切るようにはたらく力．

2．剪断変形．梁がいくつかの水平層からできているとしたとき，荷重は梁を曲げる原因となるので，水平層は相互に水平方向に滑る．剪断変形はしたがって切断あるいは滑りの進行である．

前柱式　prostyle
⇨プロスタイル

尖頭　cusp
⇨カスプ

尖塔　steeple
聖堂の塔やスパイアの総称．（前ページ図）

セント・ジョージ，ジェームズ・オヴ　Saint-George, James of（活躍1261-1309没）

石工頭．ピエモンテの出身と思われ，エドワード1世（King Edward I, 在位1272-1307）による北ウェールズの一連の城郭建設に携わった．フリント・カースルとリズラン・カースルの建設を監督し，おそらくアバリストウィス・カースルとビルス・カースルを設計したと思われる（1277-82）．その後，コンウィ，カーナーヴォン，デンビーの市壁（1282-83開始）や，コンウィ・カースル，ハーレフ・カースルを設計した．支払われた賃金から判断して，きわめて高く評価されていたことは明らかである．1290年代には，アングルシーのビューマリス・カースルの建設にとりかかり，1302年までにスコットランドのリンリスゴーのイングランド軍の砦の堅牢化に携わっており，また，キルドラミー・カースルの城門棟（1303）を設計した可能性がある．イングランドに来る前の1260年代には，おそらくサヴォイア伯に仕えていたと思われる．

ゼンパー，ゴットフリート　Semper, Gottfried（1803-79）

ハンブルク生まれのドイツの建築家．ミュンヘンでゲルトナーのもとで学んだ（1825）とされるが，これは疑わしい．しかし1826年から

パリでゴーのもとではたらいたことは確かである．そして，そこで彼は古代ギリシア建築におけるポリクロミーについてのイトルフの理論を知ることとなった．1830年から34年にかけて南ヨーロッパを旅行し，34年にはゴーに捧げる小論『古代における彩色した建築と彫刻に関する覚え書き（*Vorläufige Bemerkungen über bemalte Architectur und Plastik bei den Alten*）』を出版したが，これは大きな反響を呼び起こした．いく分かはこの出版物のおかげで，同年，ドレスデン芸術アカデミー教授として招聘された．ドレスデン時代（1834-49）に傑作のいくつかを設計しており，それにはホフテアーター（宮廷劇場，1838-41，現存せず）があるが，これは〔ネオ・ルネサンスの〕チンクエチェント復興様式の建築物であり，内部の構成を明示するように外観がデザインされていて，1790年代のF・ジリーによる国民劇場案からの影響が否定できない．この建物は火災の後に第2宮廷劇場（ゼンパー・オーパー）として改築されたが，これもまたゼンパーの設計になり，彼の息子マンフレート・ゼンパー（Manfred Semper, 1838-1914頃）の監督のもとに1871-78年に建築された．この建物は1945年に戦災を受けたが，80年代に再建された．それは議論の余地なく彼の最大の業績であり，世界で最も美しい劇場の一つといえる．ドレスデンで，他には，ビザンティン様式，ロンバルディア様式，ムーア様式，ロマネスク様式を混ぜ，ポリクロミーの豊かなインテリアをもつ折衷的なユダヤ教会堂（1838-40，1938取り壊し）を，クワトロチェント様式の住宅ヴィラ・ローザ（1839，現存せず），チンクエチェント復興様式の豪華なオッペンハイム宮（1845-48，現存せず），そしてペッペルマンによるツヴィンガー宮殿に接続するゲメールデガレリー（絵画館，1847-54，戦災を受けたが，1955-56修復）がある．1835年にはドレスデンのヤパーニッシェス・パレ（日本宮殿）の中にポリクロミーの「古代」室を設計し，その鮮やかな古典的美しさはセンセーションを呼び起こした．

ゼンパーは1848-49年の革命の後，ザクセン国政府と対立し，まずパリに，次にロンドンに逃れ，そこで1850年，ヘンリー・コールに出会う．彼は1851年万博の委員会の熱心なメンバーであり，ゼンパーはコールを通して貴重なアドバイスを得，1851年万博の水晶館でのカ

ナダ，デンマーク，スウェーデン，トルコの展示区画を設計することとなった．その人脈，および著書『科学，産業，そして芸術（*Wissenschaft, Industrie, und Kunst*）』（1852）はアルバート王子の目を引き，王子は建築，デザイン，産業，教育の間の関係についてのゼンパーの考え方に大きな関心を示した．ゼンパーはロンドン滞在中にデザインを教えたりしたが，当地での最も注目に値する成果はウェリントン公爵の葬儀のための大きな葬送車に施されたディテールくらいしかない．そしてロンドンではチャンスがなくて失望を味わったが，チューリヒの理工科学校に教職を見出し，そこに1871年まで留まった．そしてそこでチューリヒ理工科学校（1855-63，現 ETH（連合工科大学），チューリヒ）の瀟洒な建築物を設計し，また友人の作曲家リヒャルト・ヴァーグナー（Richard Wagner, 1813-83）のために，ミュンヘンにフェストシュピールハウス（祝祭劇場）を建てる企画（しかし実現せず）に設計図を提供した．ヴァーグナーはかわってバイロイトにそれを建築するにいたったが，ゼンパーの設計図はブリュックヴァルトが設計した劇場（1876）に影響を残した．ゼンパーはその頃，スイス，ヴィンタートゥール市庁舎（1862，実施1865-70）の設計競技に優勝していた．1851年には『建築の四要素（*Die vier Elemente der Baukunst*）』を著し，そこで炉，土台，屋根と支柱，そして気候の影響を遮る非構造材の（テキスタイルなどの）囲いを四要素としてあげた．彼はかの万博でカリブ海の小屋を目にし，そこにこれら四要素が完全に表現されているものと考えた．そして通常，進化過程というものは大きな外力に従うものであるため，各要素は別々に，また一緒に変形されていき，とりわけその変形は工業化と変革の時代には急速なものとなるとした．彼はその考えを自らの最重要な著書『技術的，構築的な芸術，あるいは実践的な美学における様式（*Der Stil in den technischen und tektonischen Künsten, oder praktische Ästhetik*）』（1861-63）において発展させ，そこにおいて，人工物，建築物はそれらが製作される方法およびその機能から意味を獲得するとし，デザイン・モチーフがいかに出現し，そのモチーフがいかにある材料や文脈から他のものへと移し替えられていくかを吟味しつつ，材料とその用途について克明に記述した．

建築に関して，彼は伝統的，慣習的な形態がいかに最初期のプリミティヴな用途の痕跡を残すかを説いた．そのゼンパーの理論においては人工物を製作する四つの基本カテゴリーが提示されていた．すなわち，織物術（テキスタイルや紋様パターンを生む），製陶術（土から焼き物をつくる），木工術（木材による基本的構造物，とくに壁，間仕切り，屋根をつくる），石工術（炉や壁，支柱などを石でつくることを含む）である．ゼンパーはこの四つのプロセスに，さらに金工術を加え，その結果として建築において使用される形態の大部分は実際のところ，これらのプロセス（ここでは五つ）から発しているとした．これらのことから，彼は自らの様式理論を立て，建築はその用途に関係する材料とプロセスに還元できるとした．ゼンパーは人類が建築物をつくる遥か以前から紋様パターン（たとえば織物があげられ，彼はそれをウルクンスト，すなわち原初の芸術と呼び，芸術の源泉であってプロトタイプの型を生み出すものとした）を進化させていき，そしてそれが構造形態の進化へといたったとし，したがって装飾は決して後知恵などではなく，実際に構造よりも基本的であり，象徴的であるとした．彼はさらにその理論を発展させ，いかに政治，宗教，社会制度が建築形態に的確で詩的な表現を与える条件をつくり出すかを論じた．建築はその目的を表現すべきであり，建築物の各部は容易に識別できるものであるべきとした．このことは彼がしばしば（明らかに饒舌な彼のテキストを理解できなかった，ないしは彼の言葉を自説に歪曲させようとした者によって）やゆされるような「唯物主義者」また「機能主義者」とは程遠いことを示している．実のところ彼は，基本形態とその起源についての自らの理論は，建築が構造物の進化したもの，つまり静力学と機械力学の自己表現，そして物質の純粋な摂理以上のものではないといった観念に対するアンチテーゼであると述べている．たとえば，テキスタイルを製作する際に使われる紋様パターンや装飾は，ほかの材料で構築された壁面に再現されたりし，またいくつかの建築物に見られる花綱模様や花輪模様はフリーズの彫塑的，絵画的要素としてしばしば再現されていたりし，その変形操作においては使用された材料は少しも重要ではないと，彼は記述している．ゼンパーを前期モダニストとする説は，ベイリー・スコット，

ヴォイジーらをバウハウスの先駆者だとする説と同じほどに愚かしい. なぜなら彼はヴィオレ=ル=デュクを唯物主義者と嘲笑し, またモニュメンタルな建築が鉄の構造物を使って創造できるということを受け容れなかった（彼はパクストンの水晶宮も認めなかった）. むしろ彼は意味論に影響を残した人物だった（⇨記号学, 記号論派）.

ゼンパーは建築家生活の晩年をウィーンで過ごしたが, そこで彼のスタイルはドレスデン時代より華いだものとなった. マリア・テレジア広場をはさんで向かい合う美術史美術館, 自然史博物館をカール・フォン・ハゼナウアーと協働で設計した（1872-81）. 両建築はイタリア盛期ルネサンス復興様式の見事な作品であるが, ハゼナウアーの監督のもとに実施されたものである. ゼンパーとハゼナウアーはブルクテアーター（宮城劇場, 1872-86）でも協働し, 確信をもったルネサンス復興様式のスタイルとし, ドレスデンの第2宮廷劇場を思わせる湾曲するファサードを備えさせている. 壮麗で誇り高いノイエ・ホフブルク（新宮城, 1870-94）は, ルーブル宮殿の東ファサードの双子柱, 古代ローマの凱旋門, その他の多様なルネサンス復興様式のモチーフを引用しており, 新しい両博物館建築を従えた皇帝宮殿と調和するように計画され, また壮大な広場デザインの一部をなすように造形されている. そのプランは基本的にゼンパーのものであるが, 建築物の実施はほとんどハゼナウアーの責任でなされた.

センムト（セネンムト）　Senmut *or* Senenmut（前1473頃-前1458頃活躍）

古代エジプトの廷臣. トトメス3世（Tutmosis III）と女王ハトシェプスート（Queen Hatshepsut, 前1479頃-前1458頃）の共同統治にかかわった. デール・エル・バハリにある巨大な葬祭神殿の建設を監督したか, あるいはなにかしらの形で従事した. この神殿は, 角柱が厳かに立ち並び, 巨大なテラスが主に三つのレベルを形成し, 厳格な対称性を備えたものである. この複合建築には, プロト・ドリス式, あるいはオシリス柱とも思われる特徴を備えた円柱と, 多くのスフィンクスが配されている. 新王国時代（前1540頃-前1075頃）のあらゆる建築物の中でも際立った独自性をもつ傑作であり, シュペーアの作品や, グラッシ

およびロッシによる合理的建築をはじめとする, 20世紀のストリップ・クラシシズムに強烈な影響を及ぼした.

洗礼堂　baptistery, baptistry, baptisterium

独立の建物もしくは聖堂の一部で, 洗礼のサクラメントに使用する洗礼盤を置くもの. バプティステリウム, すなわちローマ時代の公衆浴場のフリギダリウム（冷浴場）に範をとり, 円形の建築内部に堀り込みの円形水盤が設置されているものが多い. パルマやピサなどの洗礼堂は独立棟であり, それぞれ多角形平面・円形平面をしている. 聖堂の後陣に物理的に接合している洗礼堂においてもこの形態が再現されることがある. 洗礼盤が聖堂内部（通常は西端部）に置かれる場合もよくあり, 視覚的に隔離されることはないものの, 洗礼式に使用される領域がバプティスタリー・スクリーンなどで境界づけられるか, あるいは身廊や側廊から建築的に区別された部分に置かれる場合はバプティスマル・エンクロージャーと呼ばれる.

層 course
⇨コース

ソヴァージュ，フレデリク＝アンリ Sauvage, Frédéric-Henri (1873-1932)
　フランスの建築家．パリのエコール・デ・ボザールで学ぶ．初期の作品はアール・ヌーヴォー様式であり，ナンシーのマジョレル家の影響を受ける．マジョレル家やフランツ・ジュルダンらとともにナンシーにヴィラ・マジョレルを設計（1898-1901），アール・ヌーヴォーの「エコール・ド・ナンシー」の最良の例の一つである．ソヴァージュは，20世紀初頭には多くの室内装飾，生地，壁紙，陶器，宝飾品をデザインしていたが，パリ，アヴニュ・ヴィクトル・ユゴーにある天窓をもつギャルリー・アルジャンティヌを設計した頃から（1900頃）次第に建築設計へと向かっていく．そしてパリ，フェルナン・フロコン1番地低廉住宅街区が設計された．低廉住宅はソヴァージュが発展させたビルディング・タイプで，1903年には1898-1912年の協働者であるシャルル・サラザン (Charles Sarazin, 1873-1950)) と衛生住居モデルを建設するための会社（低廉衛生住居株式会社）を設立した．彼はいくつものモデル街区を建設した．そのなかのヴァヴァン街26番地 (1912) では，ステップ・テラスを開発し，ウィーンのヴァーグナーらの作品から学んだ方法で壁を処理するなどした．ソヴァージュはガンベッタ映画館 (1920) とレ・セーヴル映画館 (1922) を設計した後，パリ・アール・デコ万国博覧会 (1924-25) の様々なパヴィリオンを設計し，以後，彼の作品はアール・デコの趣きを纏うようになる．1926年には，カンパーニュ・プルミエール街の巨大なガレージや，フランツ・ジュルダンとともに，パリ，ポン・ヌフ街のラ・サマリテンヌ百貨店の拡張 (1926-29) を手がけた．ナントのマガザン・デクレでは剥き出しの鉄骨フレームを用いている (1931 取壊し)．

相阿弥 Soami (otherwise Shinso Soami) (1472-1523/5)
　日本の絵師．京都龍安寺庭園の作者とされ，傾斜した砂利地に巧みに岩を配置した．

象眼細工 inlaid work
　切り込みや，くぼみ，凹面がある一つの材料に，同じ深さで同面となるよう，別の材料を組み入れてつくられる装飾．堅い材料である黒大理石に白いものを入れたり，一つの色の木面に別の色のものを入れたり（象嵌），金属や鉄に金などのようなものを入れたり（金細工），真鍮に研磨した亀の甲羅を入れたり（鼈甲，象牙細工）したものがある．非常に小さな断片が集まってつくられた表面は背景の有無にかかわらずまさしくモザイクになり，イタリア・ルネサンスのデザインにおける表面にあるさまざまな色の木片は，象眼細工として高品質であり，インタルジア，インタルスタルーア，タールジアと呼ばれる．絵の具や天然樹脂，色つき糊のようにやわらかな材料は，白化後に堅くなるため，実際は，象眼細工というより彫り物の分類に入る．

双曲線 hyperbola
　二重の円錐（頂点，すなわち，先端を同じくし，その両側に同一の円錐が配されているもの）の双方と一平面の交線によって描かれる円錐曲線（コニック・セクション）．

双曲放物線 hyperbolic parabola
　連続的に流れるような二重の曲線的形態で，コンクリート・シェル・ルーフに用いられる．立面は翼のようであり，放物線アーチを基線にして上下逆さまの同一の規模の放物線へと展開する．鏡像のように二重になっていることも多い．その幾何学上の特性は複雑なように思われ

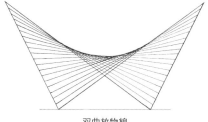

双曲放物線

るがじつはきわめて単純であり，その構造は直線に大きく依存する．ノヴィツキがその先駆者だった．

双曲面　hyperboloid

一平面で切った断面が双曲線になるものもあるような立体．

倉庫　warehouse

アルコール飲料，穀物などの物品を保管するための建物．運河やドックと密接な関係にあるものも多く，構造的，建築的に大きな重要性をもつものも少なくない．

総合建築　Total architecture

ヴァルター・グロピウスとブルーノ・タウトによって1920年代に主張された．（作曲家ヴィルヘルム・リヒャルト・ヴァーグナー（Wilhelm Richard Wagner, 1813-83）のゲザムトクンストヴェルク（総合芸術作品）の考えにもとづいて）すべての芸術と手工業を新しい建築において統合させることを提案したが，反対に建築から芸術と手工業を切り離すことになった．このような国際近代運動の明らかな失敗にもかかわらず，グロピウスは1955年に『総合建築の領域（*The Scope of Total Architecture*）』を出版した（1962に改訂版）．

装飾　ornament

装飾的な要素，構造には必須ではないが，構造的な要素の印象を強調または減少させるのにしばしば必要となる．時に図像学的役割ももつ．ほとんどの文化が独自の建築装飾のレパートリーを生んできた．唯一の例外は20世紀のインターナショナル・モダン・スタイルである．古典的な古代の遺物では，装飾（くり返し使われるものが多い．たとえば，アカンサス，忍冬紋と棕櫚紋，エッグ・アンド・ダーツ，パテラ，輪紋，ギリシア雷紋など）はオーダーという洗練された建築言語の本質的な部分をなしていた．しかし装飾はより早いメソポタミア文明（穀物模様のモザイク），古代エジプト文明（様式化された蓮，パピルスなど）の時代にもあった．ビザンティン，ロマネスクやゴシック様式も独自の装飾，たとえば古典的な要素から変形したもの，山形紋，長い嘴をもった獣頭紋，犬歯紋，釘頭紋などがあり，ルネサンス時

代には古典的な装飾が再発見され，マニエリスム，バロック，そしてロココ建築で使用され，変形された．18世紀半ばから新古典主義がいま一度アダム，スチュアート，ワイアットらの作品で考古学的に正確な装飾に立ち返った．ゴシックが復興されたときは，中世の装飾がふたたび研究され，複製され，新たな創造性がもたらされた．18世紀からはさまざまな様式（オリエンタル，インド，イスラムを含む）が異国趣味の折衷主義の興隆の中で使用された．19世紀には出版物により，幅広い建築的装飾が簡便な形で手に入るようになった．中でも有名なのはオーウェン・ジョーンズの『装飾の文法（*Grammer of Ornament*）』で，大量の解説とカラー挿絵がある．ラスキンは装飾は建築の最も重要な要素だと主張した．これはモダニストの嫌悪する見方だったラスキンは装飾を倫理や精神的な価値と結びつけていたので，おかしいと感じる人もいた．ゼンパーは，織物をつくるときに使われる装飾は，異なる材料を用いた壁に使えると指摘した．彼は，どのような材料が使われるかは，材料が形を変えてゆく過程においてなんら重要性をもたない，（20世紀の建物にはしばしばみられるように）建物にとりつけられた装飾は，付け足しなどではまるでなく，建築にとって，構造よりもずっと象徴的かつ本質的なものであると主張した．彼は，装飾は伝統や，原始芸術（Urkunst，例えば織物）に現れた紋様に始まる何百年にもおよぶ進化の歴史によって規定されるものであると主張した．ゼンパーはモダニストたちによって彼らの起源であると主張されてきたが，彼らは明らかにゼンパーの言説を読んでいなかったか，あるいは読んだとしても理解していなかった．ファーガソン（21世紀ではあまり読まれないが）は，装飾は建築における詩的な要素だとみなし，概して構造はより退屈なものだと考えていた．サリヴァンのようないくかの建築家は装飾は少なくともしばらくの間控えるべきだとしたが，彼ら自身，建築的に豊かな装飾をすることに想像力を発揮し，遠慮することはなかった．ロースはウィーンのケルントナー・バー（1908）で高級な素材を使い，素のままの新古典主義の言語を使ったが，ヒーツィングのショイ邸のイングルヌックと図書室は明らかにイングランドのアーツ・アンド・クラフツの住宅作品の先例になったものである．しかし，ロースの装飾に対

する非難はモダニストによっていつも引用される．モダニストは，ウィーンのシュタイナー邸（1910）にもよく言及し，モダン・アーキテクチュアの重要な作品としているが，左右対称のプランは新古典主義にルーツをもち，大梁と小梁が露出した内装は，これもまた，イングランドの先例にならったものであった．ペレは装飾をきわめて効果的に使った（パリのフランクリン通りのアパートメント（1902））．そして，重要な建築家 3 名を挙げるにとどめるが，ホフマン，マッキントッシュ，オルブリヒらの作品において，装飾は本質的な要素であった．最近ではアウトラムは，一部の人々の不興を買いながらも，知的な方法で装飾を使っている．

装飾式 Decorated style ⇨第 2 尖頭式

装飾式 Curviliear
⇨カーヴリネア

装飾主義 Ornamentalism
⇨オーナメンタリズム

送水路 aqueduct
水を人為的に導いて定常的に供給するための構造物．丘を貫通し，ピアに支えられて谷や道などを跨ぐ用水路（通常は水の蒸発や漏水を防ぐために蓋が被せられる）からなる．古代の送水路の遺跡は多く残るが，中でもローマ平野の巨大なアーケードをもつ水道橋と，フランスのガール川に架かる水道橋が最もみごとである．送水路を支持する 19 世紀の水道橋には，ランゴレン谷ディー川（ウェールズ地方クルーイド州デンビーシャー）に架かるテルフォード設計のポントカサルテのように，太いピアに支えられた鋳鉄構造をもつものがある．

層帯 lacing-course
粗いあるいは野石積みの壁面に接合材や補強帯としてしばしば一定の間隔に設けられる，煉瓦や平瓦などで形成した帯．水平線を保つのにも役立てられる．フリントの割り石や丸石の壁では層帯は堅牢性のため不可欠であり，仕上げ面を壁本体と緊結するため，煉瓦や平瓦，石材による支柱と組み合わせられる．

双柱 coupled columns
二つの円柱を近接させる工法，あるいは，二本一組の円柱を整列させたコロネード（またはアーケード）における円柱のこと．たとえば，パリのルーヴル宮の東側ファサード．エンタブラチュアの線に対して 90°の角度をなす双柱もある．

送熱管 caliduct
熱気を分配するための管．

造幣所 zecca
⇨ゼッカ

ゾウモルフ zoömorph
動物の姿を表現したもの．様式化した動物の姿を特徴とするものであればなんでも動物図形の装飾である（たとえばアール・ヌーボーやケルト族，ロマネスクのデザインなどにおけるもの）．

ゾウモルフィック Zoömorphic *or* New Animal architecture
波打ち流れるような線やゆるやかで無定形の形態特徴とし，そして時にカメの甲羅のような外観をもつ 20 世紀後半から 21 世紀初頭の建築．例として，フューチャー・システムズのバーミンガムのセルフリッジ百貨店（2001-03）やクック・アンド・フルニエのオーストリア，グラーツのクンストハウス（2000-03），またカラトラヴァやゲーリーによる作品の一部などがある．そのような構造は，すでにでき上がった都市構成に対して本質的になじまないものであり，ニュー・アーバニズムの主唱者にとっては呪うべきものである．⇨ビオモルフ

添え心板（直交単板）つき合板 cross-banded
⇨クロス・バンディド

ソーカー soaker
勾配屋根面と切妻壁あるいは貫通壁との交差部の防水を保つのに用いられる鉛の板．

そぎ継ぎ scarf
2 本の木材の端部を接合する継手の一種で，1 本の材にみえるように設計される．このタイ

プにはフェイス・ハーブド（両方の材の正面に直角の切り込みをもつ），サイド・ハーブド（両方の材の側面に直角の切り込みをもつ），スプレード（両方の材が材幅全体にわたる傾斜面で終わる），スプレー・アンド・テーブル（傾斜面の途中に段をもつ），ストップ・スプレード（傾斜面の両端に直角面を残した部分的な傾斜面をもつ）がある．これらの継手は非常に複雑で，木造軸組建築の専門領域に含まれる．

簇柱 compound pier　⇨コンパウンド・ピア

ソクル，ツォッコロ socle, zocle

1．ペデスタル（柱脚），胸像，壺などの支持台の役割を果たすブロックで，幅よりも高さの寸法が小さく，柱頭あるいはコーニスをもたない．事実上は，装飾をもたないプリンスである．

2．壁面最下層部の水平帯．

側廊 aisle

聖堂において身廊やクワイヤー（内陣）の両側の部分．クリアストーリーを支えるピア（支柱）や列柱，アーケードによりそれらと隔てられる〔この意味では「側廊」と訳される〕．おおむね，側廊は身廊よりも低く，通常のバシリカ式形態は，クリアストーリーを備えた身廊とその両側に接した側廊からなる．側廊が二重に設けられて，片側に2本ずつの側廊が配されることもあったが，イングランドでは片側に1本ずつ側廊を備えた無数の中世聖堂がある．トランセプト（交差廊と呼ばれる）は典礼上の東側と西側に側廊をもつ場合もあったが，祭室を収めるべく東側の側廊だけを備えることが多かった．ドイツのホール・チャーチ（ドイツ語で「ハレンキルヒェ」）では，側廊と身廊が同じ高さであり，クリアストーリーがないが，側廊窓が長く高い．側廊がない，すなわち，一つの主空間しかもたない聖堂もあるが，一方で，側廊を備えた建築物のことを「側廊を備えた」ということがある．アイル・ギャラリーとは側廊直上のギャラリーのことであり，18世紀のロンドンの聖堂群のように，通常，ギャラリー直上と直下の側壁に窓を必要とする．

粗硬岩 rag

硬く目の粗い石で，厚く平らな石片に加工できるもの．一般的なものとしてケント粗硬岩（粘りのある硬い石灰岩で容易に加工できるもの）やローリー粗硬岩（スタンフォードシャーで産出する玄武岩）や主にアメリカで産出する他の種類がある．粗硬岩は通常の方法では積層されず，ほとんどの場合，煉瓦やほかの種類の石壁の化粧材として用いられる．粗硬岩壁の外観は網状で多角形のパターンをつくり出し，モルタルによって粗く，もしくは丁寧に継ぎ目は処理される．ケント粗硬岩はロンドンとイングランド南東州にある19世紀のゴシック・リヴァイヴァルの教会でしばしば見出される．粗硬岩は野石積にも用いられる．

ソサエティ・オブ・ディレッタント（ディレッタント協会）Society of Dilettanti

もともとはグランド・ツアーを経験した富裕な若者たちによる懇親会で，1732年からロンドンで開かれていたが，その後，ギリシア，中東，イタリアの建築・考古学調査のための本格的な後援団体へと発展し，それに伴い，古典古代に関する体系的な学術研究のための基盤を整えていった．協会（ソサエティ）は一連の調査旅行の資金を融資し，その成果を出版した．注目すべき成功例は，『アテネの古代遺物（*The Antiquities of Athens*）』（1762-1814）と『イオニアの古代遺物（*The Antiquities of Ionia*）』（1769-1814）である．その活動は18世紀後半の新古典主義，とくにグリーク・リヴァイヴァルに対する強力な刺激となった．

ソーサー・ドーム saucer-dome
⇨ドーム

ソーシャル・アーキテクチュア Social architecture

1．社会的存在としての群集による利用を意図した建築で，支配階級のために形態と様式があると思われている建築に対する反動である．

2．第二次世界大戦後，モダン・ムーヴメントの一部として，科学的方法，プレファブ工法，工業化建築を総合して，イギリスで建てられた学校などの建物．

ソストラス，ジュゼップ・マリア Sostres (Maluquer), Josep Maria (1915-84)

カタルーニャの建築家．1952年にモダニズ

ムの復興と促進を目標に掲げるグルーポ・エレ（Grupo R）を共同設立した一方で，（モダニズムとは明らかに矛盾する）「非合理主義者」ガウディの建築への関心の火付け役にもなった．建築の実作は少ないが，いずれもスペインにあるアグスティー邸（シッチェス，1953-55），ムラティエール（M. M. I.）邸（バルセロナ，1955-58），ホテル・マリア・ビクトリア（プッチサルダー，1956-57），「エル・ノティシエーロ・ウニベルサール」新聞社（バルセロナ，1963-65），シャンペニ・カンパーナ邸（ジローナ県バントーラ，1971-73）などの作品は，いずれも高い評価を受けている．

ソスノフスキ，オスカル Sosnowski, Oskar (1880-1939)

ポーランドの建築家で，戦間期を代表する設計者の一人．彼の傑作であるワルシャワのシフィエンティ・ヤクプ聖堂（1909-23）は，厳格で記念碑的な角張ったネオ・ロマネスクの一種で，フィンランド，ロシア，スウェーデンのナショナル・ロマンティシズム建築の影響を強く受けている．ワルシャワで軍の聖堂（1923-33），新古典主義のパツ宮殿（1920年代），シフィエンティ・ヴァツワフ聖堂（1916-23）の修復（すべてワルシャワ）を行っている．ビャウィストクにある鉄筋コンクリートのシフィエンティ・ロッホ聖堂（1927-46）はまるで表現主義の試作のようであるが，後期ゴシックの形態も取り入れている．

組積法 bond

煉瓦や石材などの工事の際に部材の接合面の方向を振り分け，個々の煉瓦，石，タイルなどが互いに押えあうことで一体となるように構成する並べ方．強固で安定した配置であると同時に，接合面のパターンが建物の外観表現に大きく寄与する．石工術におけるボンド・ヘッダー，ボンダー，ボンド・ストーン，スルー・ストーン（スコットランドではインバンド）は石造壁の厚みを拡張し，緊結する部材．⇨煉瓦

疎柱式 araeostyle

⇨アライオステュルロス

ゾッコ，ゾッコロ zocco, zoccolo, zocle

ソクル，プリンス，ペデスタル基部の刳形

（くりかた）下に置かれる（幅に比べ高さがない）台座．

ソットサス，エットレ Sottsass, Ettore (1917-2007)

オーストリアに生まれ，イタリアで活躍した建築家．ミラノに事務所を構え（1947），工業産品や展覧会，内装を設計した．その作品にオリヴェッティの事務機器があるが，今日のために適合しないデザインだけが「永遠な」デザインであり，たとえばバウハウスの哲学がもっていたような一種の倫理的使命を果たすことができるとの考えから，次第に伝統的な近代主義から離れていった．その結果多くの時代や様式から引用するソットサスの仕事はしだいに折衷的となり，とりわけ1981年にデザイン共同組織メンフィスを設立したときまでに，合理主義の拒否がより十全なものとなった．その名が示唆するように，エジプト様式や新古典主義，アール・デコといった様相を一つの混成的統合にいたらしめ，パロディやキッチュとさえ考えられる（たとえばロックンロールのような）低俗なポップ文化の要素さえ盛り込んだ結果，ソットサスはポストモダニストに分類されるに至った．消費者やポップ文化をハイ・デザインと融合させるのにうまく成功した．その作品には，トリノ近郊カルマニョーラとマッジョーレ湖畔メイーナのイナ・カーサ集合住宅（1952-54），ヴェネツィアのガレリア・デル・カヴァッリーノ（1956），メンフィスの家具（1981以降）があり，これ以外ではナンセンス建築やポルノ建築といったさまざまな計画（1973-77）が注目に値する．スパークは批評の中で「反デザイン」や「デザインと実践，デザインと批評の間の境界のゆらぎ」を認め，ソットサスの作品が生んだ新しい何ものかを「メタデザイン」と名づけた．ジェンクスはソットサスを超感覚主義者の一人と位置づけた（1971）．

ゾテカ zotheca

1．アルコーヴ，あるいはニッチのうち，とくに影像や飾り壺を収めるもの．

2．通常大きな部屋から入るようになっている小さな娯楽室や書斎．つまり大きなアルコーヴかキャレルのようなもの．

ソトシヨウ 526

外城壁 counter-scarp
　⇨カウンター・スカープ

ソニエ，ジュール Saulnier, Jules (1828-1900)

フランスの建築家，エンジニア．二つの有名な工場を設計した．一つはサン・ドニの化学工場 (1861-62) で，金属骨組みの中に煉瓦を嵌めこんだもので，エミール・ミュレールに賞賛された．二つ目は，ノワジエル・シュル・マルヌのムニエ・チョコレート工場の製粉工場である (1869-72，川の中に置かれたピアの間に渡されたラティス梁に鋼鉄製骨組みを設置している．鋼鉄部材の間にはポリクロームの煉瓦を嵌めこんで，その上から構造の補強のために対角線に鋼鉄部材で押さえている)．後者の工場はおそらくは外部に金属骨組みを露出した最初の建物であり，ヴィオレ゠ル゠デュクが『建築講話 (*Entretiens*)』(1872) の中で言及するなど高い評価を得るだけでなく，20世紀初頭までヨーロッパに建ったポリクローム・煉瓦で装飾されたたくさんの鋼鉄製骨組みの建物のデザインに影響を与えた．屋根タイルは，ミュレールのラ・グランド・チュイルリー・ディヴリ製作所で製作された．他にもソニエは，ムニエの工場に庭園と適切な宿泊設備，託児所まで完備した労働者団地を設計した．この計画でソニエは，ミュレールによるミュルーズのデザインや，間接的にはヘンリー・ロバーツの仕事から影響を受けている．

ゾーニング zoning

都市計画および都市デザインにおいて，市や町の各部分を土地利用 (たとえば工業や住宅など)，あるいは高さや容積の制限により指定すること．もともとは，たとえば健康や快適さのために有害な製造業を住宅地から離すことなどが意図されていたが，アテネ憲章やCIAMによって法律による硬直的な適用が促進されると，ジェーン・ジェイコブズが示したように町の活気を損なう結果となった．なぜなら，都市の多様性や，生きた有機体として都市が発展していく機会を潰してしまうからである．

ソフィット soffit (a) *or* (e)
　1．天井 (板)．
　2．アーチ，バルコニー，梁，コロナ，コーニス，ヴォールト，その他，外に露出した建築要素における目にみえる下面．

ソフィット・カスプ soffit-cusp

アーチの面取りされた斜めの面からではなく，平らな下面すなわちソフィットあるいはイントラドスから発するゴシックのカスプ (棘状突起) で，付加物のようにみえる．

ソフィット・ロール soffit-roll

ロマネスク建築においてアーチの下面すなわちソフィットにつけられる丸剣形．

ゾーフォロス zoöphorus, zophorus

古典主義のフリーズで，とくに (しかし常にというわけではないが) 人間や動物の像の浮彫で装飾されたもの．

ソープ，ジョン Thorpe, John (1565頃-1655頃)

イングランドの土地と建物の測量士で，建物も (ほとんど監督はしなかったが) 設計したようである．カントリー・ハウスのための測量や計画の図面集を制作した (ロンドンのジョン・ソーンズ・ミュージアム所蔵)．彼はおそらくリンカンシャーのソーントン・コレッジ (1607頃-10)，エセックスのオードリー・エンドにある外庭 (1615頃)，ウォリックシャーのアストン・ホール (1618-35)，リンカンシャーのダウズビー・ホール (1610より)，ケントのトンブリッジ近郊のサマーヒル (1610頃-13) を設計した．これらはすべて派手なジャコビアン建築で，パッラーディオに起源のある図面もあるが，細部はデュ・ソルソーなどフランスから影響を受けている．レスターシャーのビーヴァー・カースルのロス・タワーとスタントン・タワーの間のギャラリー (1625-27) は彼によるもので，その図面が残っている．彼はハンス・ブルーム (Hans Blum) のオーダーに関する論文 (1550) の英語版，またデュ・ソルソーの透視図法の著作の翻訳をした可能性がある．したがって，彼は幾人かが主張してきたような「王室建築局の取るに足らぬ監督官」以上の人物だったのである．父親は石工親方のトマス・ソープ (Thomas Thorpe) で，ノーサンプトンシャーのカービー・ホールの建設にかかわった (1570頃)．

ソフト・アーキテクチュア Soft architecture
1. 固定された設備や仕切りをほとんどもたない生活空間．必要に応じ，コンピュータによって常時即座に制御される．
2. 自分で建てる低エネルギー住居．

ソプラポルタ sopraporta
上部扉．出入口のコーニス上部に設けられるアティックの一種で，スクロールや，その他の建築装飾をしばしば備えている．絵画や彫刻を含むパネルを形成することもある．

ソマリング sommering
スキューバック，またはアーチの迫石の間の放射状をなす接合部．⇨アーチ

粗面岩 trachyte
⇨トラカイト

粗面仕上げ rustication
石積みにおいて接合目地部を一種の溝のように窪ませ，仕上げ面をそこから突出させた処理．さらに，通常の切り石積みと対比させるために，この仕上げ面は荒らされる．粗面石積みは要石や柱礎，隅石，あるいは一つの階全体に適用されてこれを視覚的に強調し，ファサード全体に適用すると権力や堅牢さ，そして崇高ささえ暗示しうる．粗面加工は，彫りや荒らしによって表面に加えられる肌理である．粗面仕上げの種類には以下がある．

網目型：不規則な網目模様が広がるように，石材表面に溝を彫った仕上げ．

V目地積み：切り石に面取りを施してV字断面の目地を作った仕上げ．この目地は切り石の四周に施される場合も上下だけの場合もあり，後者はV字帯状積みとなる．

帯状積み：平滑な，あるいは陰影をつけた切り石の水平目地だけを窪ませて，帯のような印象を与えたもの．

岩石型：⇨巨石型
凝固型：⇨氷結型

巨石型：岩のような，また切り出したまま運んだような，荒々しく突出した表面をもつ切り石．とりわけ台座や水道橋の橋脚に用いられ，重くて力強く，堅牢な効果を与える．

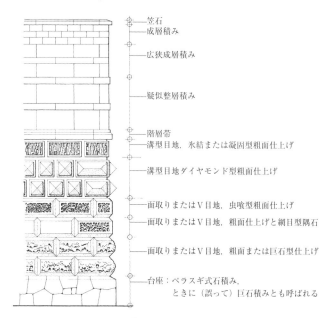

切り石積みと粗面石積みの種類

ソメンシア

ダイヤモンド型： 切り石を深く面取りして，壁面を無数のピラミッド型あるいは寄棟屋根を並べたような効果を与えたもの．プリズム型あるいはピラミッド型とも呼ばれる．

氷結型： つららや鍾乳石のように彫刻された石積み．凝固型とも呼ばれ，通常噴水やグロッタなど水との連想を伴う場所に使用される．

平滑型： 何らかの方法（溝型またはＶ字型）で目地を明瞭にみせながら，仕上げ面は平滑な石積み．

溝形目地積み： 目地を矩形の溝形に加工して積んだもの．目地は水平のみまたは全周に回る．

虫喰型： 表面全体の細部を虫に食われたような不規則な小穴や形状に加工し，木材や砂の名残を感じさせるもの．

粗面仕上げ picked
⇨ピックド

ソーラー solar, soler
1. 屋根裏，ロフト，またはルード・ロフト．
2. 中世住宅の２階にある私室で，交差する翼棟の形をとることが多い．
3. 小部屋ほどの規模をもつベイ・ウィンドウ（張り出し窓）で，中世広間の（主賓用）高脚食卓の終端側にとられるか，あるいは中世後期では応接室または食堂につけられる．

ソーラー・ハウス solar house
太陽光のエネルギーを利用して暖房を行う住居．

ソラリウム solarium
1. 太陽にさらされた陸屋根，バルコニー，テラス．
2. 上階にある部屋で，朝日を受けるために東側に面したテラスに開かれることが多い．
3. ソーラー．
4. ロッジア．
5. 日時計．建築のような大きな形となることもよくある．

ソラーリ，グィニフォルテ Solari, Guiniforte
(1429-81)

ミラノ出身の建築家．フィラレーテが設計したミラノの大病院オスペダーレ・マッジョーレをゴシック様式で完成させた．同じくミラノにあるサンタ・マリア・デッレ・グラツィエ聖堂のゴシック様式の身廊部（1463-90）の建設を担当した．この聖堂では，後にブラマンテがドームで覆われた交差部と内陣を増築した（1493以降）．ソラーリは，ミラノ大聖堂やパヴィアのチェルトーザの建設も実施したようである．

ソラーリ，サンティーノ Solari, Santino
(1576-1646)

コモ地域出身のイタリアの建築家．成熟したイタリアの古典主義をアルプス以北のドイツ語圏にもたらした最初の人物である．代表作は，聖ルペルトと聖ウィルギリウスに捧げられたザルツブルク大聖堂（1614-28）であり，明らかにパッラーディオによるヴェネツィアのイル・レデントーレ聖堂やサン・ジョルジョ・マッジョーレ聖堂の影響と思しきアプス状の交差廊を備えている．これはおそらくスカモッツィの初期の計画で提案されたものである．ソラーリは初期バロック様式で，ザルツブルク近郊のヘルブルン城（1613-15）も設計した．スイスではベネディクト会のアインジーデルン修道院に，黒聖母の像が祀られた礼拝堂ないしは至聖所（1617頃-20，のちに取り壊され，異なる形で再建）を設計した．

反り camber
⇨カンバー

ソリア・イ・マタ，アルトゥーロ Soria y Mata, Arturo (1844-1920)

スペインの発明家，公務員，都市計画家．鉄道交通に充てられた「背骨」に沿う形の線状都市を発案し（ソリアはマドリッドの路面軌道会社を運営していた），田園都市レッチワースに先行する1894年に低密・線状の郊外型住宅団地，「シウダ・リネアル」（線状都市）をマドリッドに開発した．ソリアが刊行した『ラ・シウダ・リネアル（La Ciudad Lineal）』誌（1897-1932）はフランク・ロイド・ライトや（初期の）ル・コルビュジエを含む多くの人物に影響を与えた．

ソリア，ジョヴァンニ・バッティスタ Soria,

Giovanni Battista (1581-1651)

イタリアの建築家. モンターノのもとで学び, そのモンターノの素描を編集して出版した. そうした刊行物の中には『さまざまな古代小神殿選集（*Scielta di varij tempietti antichi*)』(1624) がある. 1620年代中頃から建築の実施設計を手がけるようになり, ローマのディオクレティアヌス浴場そばのサンタ・マリア・デッラ・ヴィットーリア教会 (1625-27) や, トラステーヴェレのサン・クリソゴノ教会 (1626), モンテ・チェリオのサン・グレゴリオ・マーニョ教会 (1629-33) などのファサードを設計した. とくにこの最後の作品は, 前2作と比べるとはるかに洗練されていて, 2層構成で, 下層には三つのアーチが開き, 上層には破風つきの窓が並ぶ構成になっている. また, モンテ・コンパトリの大聖堂の身廊 (1630), パラッツォ・バルベリーニの図書館 (1635-38), サンタ・カテリーナ・ダ・シエナ教会のファサードなどを手がけた. このうち, 最後の2例はローマのものである.

ソリアーノ, ラファエル・サイモン　Soriano, Raphael Simon (1907-88)

ギリシア生まれのアメリカの建築家. 1932年から1935年までのあいだリチャード・ノイトラと協働し, 1936年に独立する. いくつかの住宅作品によって名前が知られる. たとえばディリオン通り1843における「リペッツ邸」(1936), クイーンズ通り1650における「ポリト邸」(1938), バレンタイン大通り2123における「ロス邸」(1938). 以上のすべてはカリフォルニア州ロサンゼルスに建てられている. 1945年以降は, ミース・ファン・デル・ローエからの影響によって, 彼はジョセフ・アイクラーのためにカリフォルニア州パロ・アルトに展開する大量生産のための鉄骨住宅のプロトタイプをデザインしている (1955). ケース・スタディ・ハウスのプロジェクトにも貢献をした (1950).

ソール　sole

1.　シル.
2.　ポストを支える基礎となる板. たとえばティンバー・フレーム構造.
3.　鉛直荷重を受け, 地面に接する部分.

ソルジャー　soldier

⇨煉瓦

ソレア　solea

1.　初期キリスト教やビザンティンの聖堂にみられるアンボとベーマとを結びつける一段高くなったポディウム.
2.　バシリカにおいて内陣や至聖所と外陣とを分断するバラストレードが設けられる階段.

ソレーリ, パオロ　Soleri, Paolo (1919-2013)

イタリア生まれのアメリカの建築家. フランク・ロイド・ライトのためはたらいた (1947-49) のちイタリアに渡り, サレルノ近郊ヴィエトリ・スル・マーレの陶磁器工場を建てた (1953). 幻視のデザイナーとしてアメリカに戻り, アリゾナ州スコッツデールにコサンティ財団を設立し (1955), 土の家を建設して (1956-58), 代替技術の可能性を示した. また建築とエコロジーが融合した, アーコロジーの概念を展開した. 多くのメガストラクチュアを設計し, ソレーリの理念を表明するためスコッツデール近郊に建てられたアーコサンティと呼ばれる一つの実例は, 1970年に着工した. 『アーコロジー: 人間のイメージにおける都市 (*Arcology: The City in the Image of Man*)』を出版した (1969).

ソーレンセン, カール・テオドール・マリウス　Sørensen, Carl Theodor Marius (1893-1979)

デンマークの造園家. 1914年から22年までエーリク・エルスタッド=ユルゲンセン (Erik Erstad-Jørgensen, 1872-1945) のもとではたらき, 独立後の1924-29年にはG・N・ブラント (G. N. Brandt, 1878-1945) とコラボレーションした. オーフス大学 (フィスケル, ステグマン, メーラーによる) の公園を設計し, 1931年から53年にかけてそこに校舎群が建設された. 他の作品には, クランペンボリ海岸公園 (1931-35), ユトランド島ヘニングのアングリゴーデン (1965-66), ホーセンスのヴィトゥス・ベリング公園 (1954-56) などがある. 彼の設計においては円形が用いられたが, そのうちのいくつかは円形競技場の形の庭園である (たとえばロシルド (1934)). 数多くのデンマークの建築家と協働した (たとえばラフン).

ゾロアスター教　Zoroastrianism

ゾロアスター（おそらく前2千年紀初期の人物．ツァラトゥストゥラとも）の教えから派生したイランの宗教で，今日でも信徒は存在する（たとえば，インドのパルシー教徒）．拝火神殿が最も重要な建築遺構であり，のちのイスラーム期の霊廟のもととなり，モスクのデザインの要素ともなった．

ソロモン神殿　temple

エルサレムの聖なる建物で，ユダヤ教徒のヤハウェ信仰の本拠地，とりわけソロモン神殿．

ソロモン神殿の円柱　Solomonic column

バーリー・シュガー，サロモニック，サロモニカ，ねじれ柱，トルソ，またはツイステッド・コラムとも呼ばれる．らせん状の帯をなすように柱身に彫刻パネルが巻かれたアントニヌス式円柱や凱旋柱，トラヤヌスの円柱とは異なり，柱身自体がゆがんで，ねじれている．その形態は古代の先例にもとづいており，1世紀にエルサレムに建てられたヘロデ王の神殿に由来するが，ソロモン王の神殿に由来するものとみなされていた．これらの柱は，コンスタンティヌス帝によるローマのサン・ピエトロ大聖堂のバシリカにある使徒［ペトロ］の墓の上にも建てられていた．それゆえ，それらの柱に触発された写しも含めて，ソロモン神殿の柱はヨーロッパ中でよく知られるようになり，しばしば祭壇飾りや廟などの類に用いられた．なぜなら，天国への門と結びつけられたからである．イングランドにおける最も初期の例は，ダービーシャーのレプトンにあるセント・ウィスタン聖堂クリプト（9世紀）にみられる，そこでは円柱（ソロモン神殿の柱とトラヤヌスの円柱との中間的なタイプ）がヴォールト天井を支えている．しかし，ねじれ柱はロマネスクの修道院回廊や，バロックの墓碑にもしばしば用いられる．ソロモン神殿の柱の形態は，ラファエロによって描かれた神殿にいるキリストのタペストリー下絵の銅版画を通じて，17世紀には広く知れわたるようになった．銅版画は，イングランドには国王チャールズ1世（King Charles I, 在位1625-49）の統治下にもたらされた．

ソワソン，オステル伯ロングロイ男爵ルイ＝エマニュエル＝ジャン＝ガイ・デザヴォア・カリ

ニャン・ドゥ　Soissons, Comte d'Ostel, Baron Longroy. Louis-Emmanuel-Jean-Guy de Savoie-Carignan de（1890-1962）

カナダ生まれの建築家．パリのエコール・デ・ボザールとロンドンのロイヤル・アカデミーで学んだ．サリー，バグショットの住宅（1914），ヨークシャー，シェフィールド，メドーヘッドにあるアール・ヘイグ・メモリアル・ホームズ（1928-29），デーヴォン，ダーリントン・ホールのブルーム・パークとハクサム・クロス・ハウス（1932-33）など，イングランドに多数の建物を設計した．最も知られているのは，イギリスで2番目の田園都市ウェルウィン・ガーデン・シティの建物で，植民地風の意匠を交えたネオ・ジョージアン様式を使った．

ソワソン，ベルナール・ド　Soissons, Bernard de（13世紀活躍）

⇨ベルナール・ド・ソワッソン

ソンク，ラーシュ・エリエール　Sonck, Lars Eliel（1870-1956）

フィンランドの建築家．彼の初期の作品における同時代のヨーロッパの様式とヴァナキュラー（地域に根ざした）な表現要素の組合せは，ナショナル・ロマンティシズムと結びつけて考えることができる．オーランド島フィンストレムのヴィラ・ソンク（1894）や同時期の他の住宅は，伝統的なログハウス構法の引用である（たとえば作曲家ジャン・シベリウス（Jean Sibelius, 1865-1957）のためのヤルヴェンパーにおけるヴィラ・アイノラ（1904））．彼の設計によるトゥルクの聖ミカエル教会（1894-1905）は，ドイツの煉瓦造教会の強い影響を受けており，傑作であるタンペレのセント・ジョンズ大聖堂（1900-07）では荒い表情の石と彫りの深いディテールがみごとに一体化されている．記念碑的なヘルシンキの証券取引所（1911）とヘルシンキの抵当協会ビル（1908）は，新古典主義へ向かう傾向をみせている．都市計画においてはジッテの影響を受けている．ヘルシンキ郊外のクロサーリ（1907-09）とテーロー地区の一部（1903）の都市計画を行った．

ソーン，サー・ジョン　Soane, Sir John（1753-1837）

イングランドの建築家で，ヴァンブラとホー

クスムア以降において，間違いなく最も偉大な
建築家の1人．ダンス（息子）の事務所とロイ
ヤル・アカデミーで訓練を受け，1772年にヘ
ンリー・ホランドの事務所に入り，ここで貴重
な経験を得た．1778年には国王の奨学金を授
与され，イタリアに赴き，グランド・ツアーに
来ていた影響力あるイギリス人と出会った．と
ても裕福で奇矯なフレデリック・オーガスタ
ス・ハーヴィー（Lord Frederick Augustus
Hervey, 1730-1803, デリー主教，後のブリス
トル伯爵）に雇用されることを期待して，愚か
にもローマでの滞在を1780年に終え，アイル
ランドへと旅した．ロンドンデリーのダウンヒ
ルで主教の邸宅を設計することを望んだが，無
駄に終わってしまった．その後の4年間，彼の
失望を聞いた知人に助けられ，損失を補うため
に小規模な仕事をした．そのいくつかはイース
ト・アングリア地方に建てられた．当時の彼の
作品には，ハートフォードシャーのバンティン
グフォードにあるハメルズ・パークのロッジや
素朴な貯蔵所（1781-83），ノーフォークのレッ
トン・ホールでの新しい邸宅（1783-89）があ
る．彼は誠実で有能であるとの名声を築き，ロ
イヤル・アカデミーに出品し，よい結婚をし
た．ローマ滞在中にできた友人の従弟で，首相
（1783-1801）となったウィリアム・ピット
（William Pitt, 1759-1806）のために，ケントの
ホルウッド・ハウスの改築と増築（1786-95）
を行った．1788年に『ノーフォーク，サフォー
ク等の州に建てられた建物の平面図，立面
図，断面図（Plans, Elevations, and Sections of
Buildings Erected in the Counties of Norfolk,
Suffolk, etc.）』を出版するつもりであったが，
これは1789年に出版された．ソーンはピット
の人脈を通して，サー・ロバート・テイラーの
死後，イングランド銀行の監督官の職を得るこ
とができた．この任命によりソーンは地位と保
証を得ることができ，イングランドの指導的建
築家となった．1790年に妻の伯父が亡くなる
と，その遺産でロンドンのリンカンズ・イン・
フィールズ12番地に自邸（1792-94）を建て
ることができ，芸術と書籍の膨大なコレクション
を始め，これは今日のミュージアムの収蔵品と
なっている．彼はその後も重要な官職を務め
た．

　保証されたことで，彼は独自の様式を発展さ
せることができた．それは古典主義にもとづき

ながらも，独創的でいくつかの主題からなるも
のであった．たとえば，セグメンタル・アーチ
の多用，ピアで支えられたセグメンタル・アー
チ上の浅い偏形ドームの天井（上部から明かり
がとられることがあった），ピアで支えられた
交差ヴォールト，トップライトがついた吹き抜
けの空間，パエストゥムのドリス式オーダーに
みられる原始的ではぎとられた建築言語，さら
にオーダーの替わりとして簡素で単純な要素に
刻まれた装飾，鏡（平たいものと凸状のもの）
や彩色ガラスがつけられることの多い採光に対
する注意深い配慮，そして何よりもサルコファ
グスや灰入れの壺，重苦しいヴォールトの架
かった空間など死に結び付いた調度への執着で
ある．

　彼の最も偉大な作品の中にはロンドンのイン
グランド銀行がある．この建物の中でも最もす
ばらしい空間は証券取引所（1792-93，1986-88
年にかけてヒギンズ・ガードナー（Higgins
Gardner）が改築）とロトンダ（1796着工）で
あり，両方ともオーダーはついていないが，簡
素な古典主義で設計されている．外観の大部分
は窓のない壁面であり，ティヴォリにあるウェ
スタ神殿のコリント式オーダーのコロネードと
壁龕によって活気づけられた．1920年代，
1930年代にベーカーによって徹底的に改築が
なされると，外壁の内側にソーンの作品は事実
上何も残らなかった．

　1800年以降，彼の作品はより強烈に個性的
なものとなり，たとえば，ミドルセックスのイー
リングにあるピッツハンガー・マナー
（1800-03），ダリッチ・ピクチャー・ギャラリ
ー，マウソレウム（1811-14，1953復元．ここ
で彼の建築用語が新たな簡素さと洗練に達し
た），ロンドンの自邸リンカンズ・イン・フィ
ールズ13番地（1812-13，現サー・ジョン・ソー
ンズ・ミュージアム）がある．これはかつて
考察された内装の中でも最も複雑に込み入った
独創的なものであり，多くの（彩色ガラスを用
いた）トップライト，鏡，折り畳み式の壁，吹
き抜けの空間があり，死への異常な執着がみら
れ，古代遺物で覆いつくされている．簡素な切
石が彫られた正面のある外観から，ソーンが彼
の新古典主義をどれだけ抽象するのに進歩した
のかがわかる．シンケルは1826年にこの建物
をみており，内部空間は墓地やカタコンベに似
ていて，どこもかしこも「小さな幻想」で充ち

ていると描写した．シンケルはソーンのイング
ランド銀行の装飾を「不思議なほど簡素」とし
ている．

1806 年にソーンはロイヤル・アカデミーで
建築の教授となり，綿密に準備された講義を
行った．彼は専門職的な最高水準を求め，建築
教育に情熱的な関心をもち，非常に博学であ
り，かつて蒐集された中でも最もすばらしい建
築の蔵書を有した．フランスの理論家の中でも
とくにロージエ，また何人かの建築家たち，ダ
ンス（息子），ルドゥー，ペイルから明らかに
影響を受けた．パエストゥムのドリス式の影響
は，バッキンガムシャーのターリンガム・ホー
ル（1793-1800 頃）の正面玄関や，ウォリック
シャーのソリホールにあるウォリック・ロード
936 番地に設計した原始的な「パエストゥム式
の納屋」（1798）に明らかに見てとることがで
きる．彼はピラネージによるパエストゥムの神
殿群のオリジナルのドローイングを所有し，こ
れらは現在でもジョン・ソーンズ・ミュージア
ムに所蔵されている．

最も美しい作品の 1 つは，ロンドンのグレー
ト・クイーン・ストリートにあるフリーメーソ
ン・ホールの会議室（1828，解体）である．こ
こではトップライトのある偏形ドーム，セグメ
ンタル・アーチ，簡素に彫られた装飾，壁と天
井における厳密な統一がみられる．ソーンが信
念のあるフリーメーソンであったにもかかわら
ず（フリーメーソンの正装をしたソーンの自画
像が現存している），不可解なことに伝記では
この事実に関してほとんど語られていない．し
かし，彼の個性的な様式の多くは，古代エジプ
ト，死，建築の倫理的意味に対するフリーメー
ソン的関心に関連づけてのみ説明しうるのであ
る．ロンドンのセント・ジャイルズ・イン・
ザ・フィールズ（現セント・パンクラス・ガー
デンズ）の墓地に自身と妻のために設計したマ
ウソレウム（1816）には，弓形ペディメントが
ついており，奇妙で独創的なデザインは疑う余
地もなくフリーメーソン的である．これはジャ
イルズ・ギルバート・スコットが 20 世紀にデ
ザインした中央郵便局の電話ボックスのモデル
となった．ソーンが設計した他の墓は厳格で威
厳があり，ロンドンのチェルシー・ホスピタル
の廐舎（1804-17）やスタッフォードシャーの
パタートン・グレンジの農家（1816-17）など
いくつかの作品はさらにミニマリズムであり，

装飾のない煉瓦が非常に簡素に扱われている．

ベーサーヴィ，J・M・ガンディ，ワイト
ウィックなど，ソーンには多くの弟子がいた
が，イギリス建築に永続的な影響を及ぼさな
かったようである．A・W・N・ピュージンは
ソーンの作品を風刺し，彼の名声をひどく傷つ
けた．それ以前に『擁護者（The Champion）』
（1815）にて匿名の攻撃がソーンの作品になさ
れたが，これは息子のジョージ（George,
1790-1860）によるものであることがわかり，
それ以降，彼はジョージとは疎遠になった．
1831 年にナイト爵を授けられるものの，息子
が称号を相続するのを防ぐために，準男爵の位
を断ったとされる．彼の苛酷な性格により，つ
きあいづらい人物であった．学識，感性，独創
性をもって古代ギリシア，古代ローマ，イタリ
ア，古代エジプト，およびフランス新古典主義
を統合した，新しい古典主義を発展させようと
する試みは，彼の死後どこにも着地しなかっ
た．しかし，20 世紀後半には彼の建築は再び
関心を呼ぶようになった．

ゾンダーゴーティク　Sondergotik

1380 年頃から始まったドイツの末期ゴシッ
ク様式．広大で天井の高い広間式聖堂や複雑な
ヴォールト天井，精巧な肖像彫刻，きわめて複
雑なフィリグラン装飾が施されたトレーサリー
が特徴である．

ソーントン，ウィリアム　Thornton, William
(1759-1828)

イギリス領西インド諸島で生まれ，エディン
バラで医学を学び，1788 年にアメリカの市民
権を得た．ペンシルヴェニア州フィラデルフィ
アの会員制図書館建物（1789-90．現存せず）
を設計したが，それはアブラハム・スワン
（Abraham Swan, 1745-70 頃活躍）の 2 巻組の
『建築設計集（Collection of Designs in
Architecture）』（1757）のある図版をもとにし
ている．1792 年にはワシントン D.C.の合衆国
議事堂の設計競技のために図面を準備したが，
そちらはコリン・キャンベルの『英国のウィト
ルウィウス（Vitruvius Britanicus）』（1715-
25）のいくつかの図版を参考にしたようだ．彼
の第 2 案は，彼が他の案をみた上で描き上げて
締め切り後に提出した不公正なものであった
が，1793 年に受理された．しかし提案の実現

可能性の点で大きな不備があったので，アレが手直しし，ソーントンの計画をより彼自身の考えに合うように変えた．ハドフィールドが建築監督官を解任された1795年に，ソーントンはまた第3案を制作し，それが，ペディメントのあるポルティコを中央部にもち，フランスのルイ15世様式の立面をもつ最終案のベースとなるものだった（とはいえ，国会議事堂はその歴史の中で何度か更なる変更を受けている）．ソーントンはまたワシントンD.C.にある都市型住宅であるオクタゴン（1797-1800．国会議事堂のデザインと同様に，ソーントンが楕円形や円形の内部空間に魅了されていることが示されている）や同特別区のジョージタウン地区チューダー・プレイスの住宅（1805頃-10．おそらく最もすぐれた作品であり，『新英国のウィトルウィウス（*New Vitruvius Britanicus*）』（1802-03）に掲載されているソーンのデザインに影響されたかもしれない）を設計した．さらにシャーロッツヴィルのヴァージニア大学の第7パヴィリオン（1817-21）も設計した．⇨ブルフィンチ，ホーバン，ラトローブ，ウォルター

ソーンネリー，サー・アーナルド Thornely, Sir Arnold (1870-1953)

イギリスの建築家．リヴァプールで教育・実践を重ね，1898年に自ら設計を始めた．ギルバート・ウィルソン・フレイザー（Gilbert Wilson Fraser, 1873-1954）とともに，リヴァプール近郊のブランデルサンズ，ワーレン・ロードにある長老教会婦人組織礼拝堂（1898-1905）を，自由な垂直式ゴシックで設計した．フランク・ガトレイ・ブリッグス（Frank Gatley Briggs, 1862-1921），ヘンリー・ヴァーノン・ウォルステンフォルム（Henry Vernon Wolstenholme, 1863-1921）とリヴァプールで共同事務所をつくる．事務所の作品には，リヴァプールのウェイバーツリーにあるレン風ルネサンスのブルーコート・スクール（1903-06），ピア・ヘッドにあるレン風バロックのドームと塔をつけたマージー・ドックスと港湾事務所（1907），ウォーカー・アート・ギャラリーの増築（1931-33），リヴァプール大学地理学部（1929）がある．代表作は，ベルファスト，ストーモントにある北アイルランド議堂（1927-32）であり，グリーク・リヴァ

イヴァルで，中央にイオニア式のポーチ，様式に忠実で荘厳な内部空間を備えている（1995年の火災で喪失した部分もある）．ラルフ・ノットが装飾意匠に寄与した．また，ソーンネリーはストーモントに端正な門とロッジを，また，マッシー・アヴェニューにある旧地方銀行の玄関部（1932）の設計を行った．

ソンマルーガ，ジュゼッペ Sommaruga, Giuseppe(1869-1917)

ミラノの建築家．バジーレやダロンコとともに，イタリアにおけるアール・ヌーヴォーの巨匠である．ミラノのパラッツォ・カスティリオーネ（1900-03）は優雅な装飾を備え，リバティ様式の傑作に数えられる．他の作品として，ヴァレーゼのアレッティの墓（1898），ミズーリ州セントルイス万博のイタリア館（1903-04），ミラノのパラッツィーノ・コーミ（1906），ヴァレーゼ，カンポ・デル・フィオーレのホテル・トレ・クローチ（1908-12），サルニーコのファッカノーニのマウソレウム（1907）がある．多くの作品が，フロレアーレ様式（⇨スティーレ）の装飾をまとっている．

タ

タ　t'a *or* taa
　パゴダを指す中国語．おそらくストゥーパに由来する．シノワズリの装飾や建築に使用されることもある．

タイ　tie
　傾斜屋根の両側が広がるのを防ぐために，引っ張り力に抵抗する部材．たとえばトラス構造において，タイ・ビーム（繋ぎ梁）はプリンシパル・ラフター（合掌）の脚部またはクラック・トラスのブレード（桁）をつなぐ主要な横架材である．

ダイ　die
1. デイドウ
2. アバクス

ダイアゴナル　diagonal　⇨バットレス，ヴォールト

ダイアコニコン（聖具保管室）　diaconicon
　初期キリスト教やビザンティンの教会もしくはその近辺の教会で，宝庫や図書室として用いられた聖具室．

ダイアモンド，アベル・ジョゼフ　Diamond, Abel Joseph（1932-2022）
　南アフリカ生まれの「ジャック」ダイアモンドは，カナダで最も有力な建築家の一人になった．彼の建物はディテールと仕上げが模範的なほど立派である．彼とパートナー（1969-74）のバートン・マイヤーズは，配置計画が酷い高層建築開発の敵として知られるようになる．事務所はトロントに，低いテラスハウス・ユニットの原型として発想したウルフハウス（1975）を設計した．その他，エドモントンのシタデル劇場（1976），さらに，アルバータ州立大学の住居組合棟（1972）も設計している．これらすべての建物は，細部設計が申し分なく，平面計画も洗練されている．近作の中にオンタリオのリッチモンド・ヒル中央図書館（1993）がある．

ダイアモンド・フレット　diamond-fret
　平縁あるいは細い玉縁が交差する形で構成される菱形のフレット．菱形もしくはダイアモンド形の模様をつくり，それがくり返される．ロマネスク建築のシュヴロンもしくはジグザグ・モールディングのヴァリエーションの一つとして現れ（丸みを帯びた棒のような要素を用いる），さらに 18 世紀のシノワズリやゴシックにおいてもみられる（平たく細い材，平縁，もしくは正方形断面を用いる）．

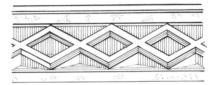

ダイアモンド・フレット．ラトランド州ティケンコートの聖ペーターおよび聖ポール教会（パーカーによる）

台石　summer
　⇨サマー（5）

第 1 尖頭式　First Pointed
　12 世紀末から 13 世紀末までのゴシック様式の初期段階で，イングランドでは初期イングランド式と呼ばれる．ウェルズ大聖堂の大部分（1180 以降），リンカン大聖堂（1192 以降），ソールズベリ大聖堂（1220 以降）などは，その好例である．ゴシックは尖頭アーチとヴォールトによって特徴づけられる．窓は壁に設けられたランセット形〔フランス語で「小さな槍」の意〕の開口部として始まり，鋭く尖っているものが多いが，等辺アーチを頂きあまり鋭く尖らないこともある．フォイル・アーチ（葉形装飾アーチ）も各地で用いられ，また多数のオーダーで飾られた壮大な扉口もあるが，扉口は彫刻で飾られアーモンド型（マンドルラ）もしくは四葉形のパネルを伴ったティンパヌムを支える中央のピア，もしくはシャフト（トリュモー）によって，二つに分けられるものが多かった．アーチの刳形（くりかた）は断面的に見ると凹凸のコントラストによって構成されることが多く，時にはフィレット（平縁）によって光と影

ダイイチセ

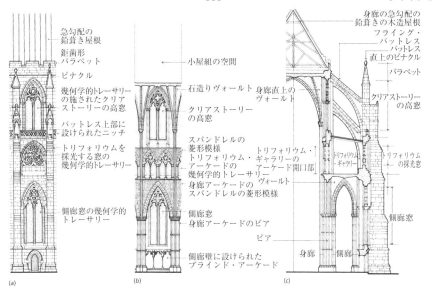

ウエストミンスター寺院（ロンドン）の典型的なベイ．(a) 外部立面，(b) 内部立面，(c) ベイ周辺部．

が強調される場合もあった．また，黒色か灰色の大理石からなる添柱の細円柱やシャフトは間隔をあけて取り付けられたバンド（柱身帯，柱身環，リング）によってピアに固定されており，豊かな建築的効果を生み出し，鉛直性を強調している．水平方向の（しばしば柱頭の上にみられる）刳形に共通する装飾は，底辺で接する小さな三角形の連続からなるネイル・ヘッドで，一方，扉口や窓，ニッチなどの周りでみられるカヴェット（イタリア語）では，一般により幅広で鋭い犬歯装飾が用いられる．最も単純な柱頭は逆さにしたベルのような形状だが，より多くみられるのは，ピンと張った葉（スティフ・リーフ）や三葉（トレフォイル），あるいは渦巻装飾（ヴォリュート）によって構成された生い茂る葉形装飾が様式化された彫りの深い彫刻である．細円柱やピアの柱礎は，トルスや時にはカヴェットを伴う円筒形で，ちょうどベル形や渦巻の柱頭が明らかに古代ローマの祖先に由来するのと同様に，古典建築に起源があることを示している．天井としてヴォールト架構されることが多く，リブつきのヴォールトは，おそらくダラムかロンバルディア地方で最初に登場した．尖頭ヴォールトは，長方形平面に半円形アーチのヴォールトを架ける際の

問題を克服した．なぜなら，曲面が相貫する際の頂点がよりフレキシブルになり順応性が高くなって，ロマネスクの半円形アーチが用いられていた時には避けることのできなかった，頂点となる幾何学的接合のやっかいな問題なしに，起拱点と頂点とをつなぐことを可能にする効果的な「ヒンジ」となるからである．ボス（鋲形装飾）はリブの交点における一般的な装飾である．大きな重量をもつヴォールトがもたらす外側へと働く推力は，大きく突出したバットレスの反力によって支えられなければならず，そのためにファサードはベイごとに分割され，またバットレスの上部には小破風（ゲーブリット）や群柱（クラスター・ピア）としてデザインされたピナクルが設けられる．屋根は，ロマネスクの屋根と同様に急勾配で，場合によっては（リンカン大聖堂のように）角度が 70° くらいにまで達することもある．とくにゲーブルの中で（交差廊の北側，南側壁面など）車輪形の丸窓が用いられる一方で，ランセット形から，初期のプレート・トレーサリーの中にみられるような小円盤（ラウンデル）を上部に頂く二つ1組のランセット開口へと進化した．ランス大聖堂（1211）以降は，刳形で装飾されたバー・マリオンで開口が分割されるようになり，そのバ

ーは上方で装飾的な紋様を形成していて，初期は円形や葉型，三角形などを象った単純な幾何学紋様だった．時が経つとこの幾何学的なバー・トレーサリーはいっそう発展し，その様式は中期尖頭式の中に現れるようになる．

大オーダー　Giant Order
古典主義建築のオーダーの一種であり，そのピラスター，またはコラムが地面，あるいはプリンスから複数階を貫いて立ち上がっているものをいう．コロッサル・オーダーとも呼ばれる．⇨ギガンテス・オーダー

対角線リブ　cross-springer
ヴォールトを対角線状に走るリブ．

タイガーマン，スタンリー　Tigerman, Stanley（1930-2019）
アメリカの建築家．1964年にイリノイ州シカゴに事務所を開設し，ミース・ファン・デル・ローエやスキッドモア・オーイングス＆メリル（かつてタイガーマンはこの事務所で働いていた）を連想させるデザインを生み出した．その後には，建築の中で表現される隠喩に興味をもつようになる．たとえば，ストリップショー・クラブのオーナーのために建てられたインディアナ州ポーターの「デイジー・ハウス」（1975-77）は，ルドゥーによる男根のイメージを想起させるようなものとなっている．タイガーマンの中で増大する折衷主義は，アメリカの多元主義の本質に関する彼の認識を反映している．『亡命の建築（*The Architecture of Exile*）』では，ソロモン宮殿の再建やユダヤキリスト教建築の伝統への関心を明らかにしている．イリノイ州ザイオンにおけるコモンウェルス・エジソン電力会社のための「パワーハウス・ミュージアム」（1988-92）は，バシリカ式教会の形態や重層したイメージを想起させ，建物に多くの意味を持たせている．物議をかもすタイガーマンの建築は，彼自身がこれを言語であり記号のシステムとみなしているいっぽうで，大きな議論を巻き起こした．

ダイク　dyke
自然石を積み上げて築いた壁．

ダイク　dike
1．溝，堀．
2．堤防，土手．
3．防御用の壁．
4．たとえば牧草地などの分割を示したり，囲い込みを行ったりする際の芝土や石による低い壁，柵．
5．海の拡張を防ぐための隆起あるいは障壁．
6．突堤や桟橋．
7．湿地の上にある隆起した土手道．
8．防壁．⇨ダイク（dyke）

ダイクス＝バウアー，スティーヴン・アーネスト　Dykes Bower, Stephen Ernest（1903-94）
イングランドの建築家．ゴシック・リヴァイヴァルの伝統を引き継ぎ，教会堂建築家，装飾家の第一線に立った．ハートフォードシャーのビショップ・ストートフォードに近いホッカリルのオールセインツ教会堂（1936）を現代的なゴシックで再建し，バークシャーのニューベリーのセント・ジョン教会堂をルントボーゲン様式で力強い作品に仕上げた．後者はおそらく彼の最高傑作であろう．そのほか，ロンドンのセント・ポール大聖堂の活気に満ちたバロック様式の高祭壇および祭壇天蓋（1949-58）がある．ロンドンのフォスター・レーンのセント・ヴェダスト教会堂（1953-60），ウェストミンスター修道院（1951年から22年間，建築構造のサーヴェイヤーを務めた），リヴァプールのテュー・ブルークのセント・ジョン教会堂のボドリーの手になるポリクロミーの内装の修復（1967年から．とくに巧妙な仕上げとなっている）を行った．1956年からサフォークのバリー・セント・エドマンズの大聖堂の優れた拡張を手がけ，それは21世紀に入っても，ゴシック・デザイン・プラクティス社のもとで続けられている．その責任者はダイクス・バウアーの元助手のウォリック・ペサース（Warwick Pethers, 1959-）である．1979年，サセックスのランシング・カレッジのR・C・カーペンターによる礼拝堂がダイクス・バウアーのデザインで竣工した．ここのバラ窓は，中世にウェストミンスター修道院のトランセプトのものがつくられて以来，イングランドにおいて最大のものである．

ダイク・ハウス　dike-house

護岸やダイクを見張るダイカーのための避難所，あるいはダイクの修繕に必要な資材を保管する建物.

ダイグリフ diglyph
縦溝が 2 本しかないドリス式のトリグリフ. 側面の二つの半溝を省略したためであり，誤用とみなされる場合もある.

タイゲ，カレル Teige, Karel (1900-51)
チェコスロヴァキアの共産主義の建築家，批評家，理論家. アカデミズムに反論する団体デヴィエトシルを仲間と設立 (1920) し，構成主義や他のモダニズムの動きを推進した. タイゲは建設を規定するいかなる美的配慮にも反対し，「新しい建築」は衛生的でなくてはならず，医学が配置，構造，都市計画を指揮するべきだと信じていた. 1922 年から 28 年にかけ，アヴァンギャルドの雑誌『スタヴバ (*Stavba*, 建物の意)』の編集者として，チェコのモダニストと海外の代表的人物 (例：ベーネ，ハンネス・マイヤー，ル・コルビュジエ，ヴェスニン兄弟) との関係を発展させた. 労働者階級のための新しい住宅地の枠組みを奨励し，個人のための「住居キャビン」を大きな「居住巣箱」にまとめ，家庭の廃止 (二人の人間が一緒に住む恒久的なユニットは不可能だとした) と子供の教育の完全な社会化を議論 (1932) した. ブリュッセルで開催された第 3 回 CIAM のために 一 般 報告書『生活最小限住宅 (*Die Wohnung für das Existenzminimum*』(1937 書籍として出版) を編集した. プラハを拠点とした左派前線の代表を務め，これをチェコのCIAM だと主張したが，極端で非寛容な視点のために，チェコスロヴァキア国内のみならず，CIAM 全体とも不和となった. それでもプラハとブルノの市当局はタイゲの反家族観を考慮に入れた集合住宅を建設することを決定した. しかし，1935 年までにチェコスロヴァキアの建築家たちは孤立し，建築を科学の一分野とみなすタイゲの考え方は流行遅れとなり，その 15 年前には影響力の強かった彼の影響力も衰えた. スターリン主義者の社会主義リアリズムに反対したために社会の片隅に追いやられ，21 世紀初期にその権威主義的な左翼思想が西側の新しい世代の関心を引いたことでようやく復権した.

第三次尖頭アーチ Third Pointed
⇨垂直式

大衆的建築 Pop architecture
⇨ポップ・アーキテクチュア

隊商宿 caravanserai
⇨キャラヴァンサライ

タイス・バーン tithe barn
聖職者を扶養するために課せられた，農業の年間の収穫量の割り当て分 (一割) である，十分の一税の穀物を貯蔵するための，中世の大きな納屋.

ダイダロス Daedalus
ギリシア神話の「狡猾な職人」. 発明家，芸術家，建築家であり，クレタ島のクノッソスの迷宮を建設した. 中世の建築家たちは自分たちがダイダロスの後継者であると考えた. 彼の伝説は，フリーメーソンの伝説とも関連づけられる.

タイト卿，ウィリアム Tite, Sir William (1798-1873)
イングランドの建築家. ミドルセックス州のクラシカル・ミル・ヒル・スクール (1825-27) から実務をはじめ，その後，ロンドンのノーウッドのサウス・メトロポリタン墓地 (1838) の配置計画およびゴシック・リヴァイヴァルの礼拝堂 (現存せず) および門の設計を行った. ロンドンのシティの王立取引所 (1842-44) で最もよく知られている. 豪奢な，幾分，粗野な意匠の建物で，巨大なコリント式のポルティコがある. ハンプシャーのゴスポートの端正な古典主義様式の駅 (1840-42) など，鉄道駅を数多く設計した. ルントボーゲン様式のビザンティン風ポリクロミーのバッキンガムシャーのジェラーズ・クロスのセント・ジェームズ教会堂 (1858-59) は最高傑作の一つであり，彼が折衷様式のデザイナーとして熟達していたことがわかる. ゴシック様式のカンバーランド州カーライル (1847) およびスコットランドのパース (1848) の鉄道駅は，様式に関しては，教会堂よりも建築的によりすぐれている. サリー州のロンドン・ネクロポリス墓地の配置計画 (1853-54) を行うとともに，カレドニアン鉄道

およびスコティッシュ・セントラル鉄道の大部分の駅舎を建てた．またフランスのル・アーブルからパリへの路線上の駅舎も手がけた．アイルランドのロンドンデリー州ターモンバッカの政府庁舎（1846-48，ロンドンのシティーの名誉アイルランド協会の本部）を設計した．また，首都建設局のメンバーとして，テームズ・エンバンクメント（1862-70）の建設に携わった．

タイト，トーマス・スミス　Tait, Thomas Smith（1882-1954）

スコットランドの建築家．グラスゴーで教育を受け，1904年にJ・J・バーネットの主任製図工となり，ストリップ・クラシシズムによる壮大かつ重要な作品，ロンドンのキングズウェイにあるコダック・ハウス（1910-12）を，さらに，洗練された古典主義で大英博物館の増築（1914完成）を手がけた．1918年，バーネットとパートナーシップを結び，ロンドン・ブリッジのギリシア・エジプト風アール・デコのアドレード・ハウス（1920-25）を含む，いくつかの重要な建物を設計した．タイトは，アメリカン・ボザールの古典主義に強く影響を受けていたが，フレデリック・マクマナス（Frederick McManus, 1903-85）との共同作ではインターナショナル・モダニズムに転じ，陸屋根の住宅（たとえば，エセックス，ブレイントリー近郊のシルバー・エンド（1926-28）は，ノーサンプトンにベーレンスが設計したウェマン・ジョセフ・バセット＝ローク（Wenman Joseph Bassett-Lowke, 1877-1953）のための住宅，部分的にはデュドックの作品にも影響を受けている）を設計するようになった．バークシャー，ニューベリーのタイダム，ウィルトシャー，アルドボーンに建てられた住宅は，イギリスにおけるモダニズムの住宅として初期の実例となった．1930年，タイト同様アメリカではたらいたことがあるフランシス・ローヌ（Francis Lorne, 1889-1963）がパートナーとなり，ロンドン，ラーフェンスコート・パークにあるロイヤル・メイソニック病院（1930-33，明らかにオランダ・アメリカの影響を受けている）や，エディンバラのセント・アンドリューズ・ハウス（1930-39）を設計した．タイトは，ロンドン，フリート・ストリートにあるデイリー・テレグラム・ビルディング（1927-29）の設計顧問となり，ギリシア・エジプト風アール・デコ装飾を手がけた．タイトは，1910年から39年に第一線で活躍した建築家である．

タイニア　taenia, tenia
⇨ドリス式オーダー

第2尖頭式　Second Pointed

13世紀末に登場するゴシック様式で，イングランドでは華飾式と呼ばれている．14世紀になるとその豊かさはいっそう精巧なものになり，模様積み（ダイパー・ワーク）で表面が覆われ，オジー形が広範に用いられた．13世紀末に第1尖頭式のプレート・トレーサリーが進化し，続いて中期尖頭式で幾何学形紋様のバー・トレーサリーへと展開した．ネイル・ヘッドや犬歯装飾などの装飾がフルーロンやボール・フラワーなどの装飾にとってかわる一方で，クロケットやピナクル，キャノピー（天蓋）などは豊富に用いられた．花形装飾や葉形装飾は写実的に扱われ，中でもノッティンガムシャーのサザル・ミンスターの参事会棟（1290頃，20世紀末に損壊）の魅力的な葉形装飾はどこよりも写実的である．第2尖頭式後期の段階では，曲線形，あるいは流線型トレーサリーの発達をみることができ，そのほとんどでオジー曲線あるいはS字形曲線が普遍的に用いられ，トレーサリーの中にムーシェット，あるいはダガー形が現れる．また，オジー形式の紋様によって網状あるいはネット状のトレーサリーが発明された．窓は大変大きくなり，トレーサリー窓の上部の開口が炎のような形態であることから，後期（15世紀）の精巧な（とくに大陸の）ゴシックはフランボワイヤンと称する（16世紀初頭まで続く）．ヴォールトのリブの間にもリブが施されるようになり，すなわち，リエルヌ・リブの形式となって，きわめて複雑な紋様（時には星形になる）を実現することが可能になった．第2尖頭式の著名な例としては，イーリー大聖堂の八角形平面の礼拝堂とレディー・チャペル（聖母礼拝堂）（14世紀前半），ヨークシャーのビヴァリーのパーシーの墓所（精巧な天蓋を備える）などがある．屋根はいまだ急勾配のままだった．

第二帝政様式　Second Empire
皇帝ナポレオン3世（Emperor Napoleon

III）治下の1852-70年のボナパルティズム期のフランスに特徴的な様式，またはそれらによって影響を受けた様式をいう．第2帝政は，本質的に折衷的で，とりわけバロック，アンピール，フランソワ1世，ルイ16世，ネオ・グレコ，ルネサンス各様式のリヴァイヴァルの時代である．エコール・デ・ボザールが奨励した歴史主義は，ナポレオン3世のためにオスマンが創造したパリ，とくに1853年以降のルーヴルの拡張にみることができる．高い屋根，ランタン，贅沢な装飾が当時のフランス建築に絢爛たる趣きを与え，広く称賛され，アメリカで模倣された．

ダイパー diaper

平らで簡素な表面に施された装飾模様で，シンプルな図柄をくり返すもの．その模様は互いにつながっており，様式化された花形で装飾される場合もある．ノッティンガムシャーのサウスウェル教会にあるゴシック様式のパルピタム（1320-40頃）にみられるように，軽く彫刻が施されることもあれば，壁面を塗る場合もあり，あるいは明るい煉瓦壁に色の濃い煉瓦を斜めのパターンとして配置する場合もある．後者はチューダー様式の煉瓦壁やバターフィールドの作品にみられる．

テューダー様式の煉瓦によるダイパーの例．濃色のガラス化した煉瓦が用いられている．

タイプ type

1. 建築を模倣するに際して，モデルとして使用される，典型やパターン，プロトタイプ，あるいは原型．

2. 理想的な特徴を例示するもの．たとえば神殿についていうならば，パルテノン神殿が，ギリシアのドリス式神殿のタイプとみなされる．

3. テスター．

4. 小さなクーポラあるいはターレットの頂点．たとえば，ロンドン塔にあるホワイト・タワー（1532）に備わっているような，チューダー朝のターレットの頂部．

5. たとえば聖堂，霊廟，タウン・ホール，神殿などといった，建物や建築タイプの種類やグループを区分する際に，基準となる形態や特徴．

対風構 wind-brace

通常は曲線形状をしたブレースの一種で，屋根面に沿って設置されて合掌（プリンシパル）を母屋につなぐか，あるいは小屋組構造を強化することにより屋根が横にずり落ちるのを防ぐ．

タイポロジー typology

象徴的な表現，あるいは型の研究．

ダイマクション Dymaxion

⇨フラー，リチャード・バックミンスター

松明 torch

フランボーとも呼ばれるモチーフで，古典主義的な装飾品によく使用される．下向きにすると生命の消滅を表すため，葬送建築に現れることがある．

大紋章 Achievement of Arms

⇨アチーヴメント・オヴ・アームズ

ダイヤモンド・フェイスト diamond-faced

⇨粗面仕上げ

ダイヨスタイル dyostyle

1. ディスタイルに同じ．⇨ポルティコ

2. 二柱式．

大理石 marble

結晶状，または粒状の石灰岩．艶を出すことができる．成分によって色彩は多様性に富んでおり，縞模様が入ることもあった．古代には広

く使用され，さまざまな白大理石（たとえばカラーラ産）が彫刻に用いられた．汚染大気の中で，または酸性雨の降るところでは急速に劣化する．ブリテン諸島の墓地でよくみられるとおりである．

大理石スタッコ marble-stucco
大理石を砕いたものを混ぜて作成したスタッコ．

タイル tile
粘土を焼いた板．薄く平らなタイルはプレーン・タイルと定義され，通常は屋根を葺いたり壁に貼りつけたりするのに使用される．後者の場合，その壁はタイルハング（タイル張り）と呼ばれる．色煉瓦のような厚手のタイルの場合は，舗装に用いられる．壁面の仕上げに利用される．釉薬がかけられ着色されたタイルは，古代メソポタミア建築で使用されており，この伝統は，イスラーム建築に引き継がれた．スペインでは，均一形態のアズレージョで形成された，きわめて美しい施釉タイル作品（アリカタード）によって，ムーア建築がしばしば装飾された．施釉タイルは，フランスやネーデルランドにおいて15世紀から17世紀にかけて多用され，そして19世紀にはヨーロッパやアメリカに広まり，とりわけ1890年代から1900年代にかけてのアール・ヌーヴォーやアーツ・アンド・クラフツの作品で使用された．

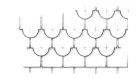

（上）鱗型タイル，（下）プレーンタイル

タイル・クリーシング tile-creasing
壁面を保護するために敷かれた，2列以上のタイルの段で，たとえば敷居やストリングコースに見られる．とりわけタイル製の屋根が破風と接続する箇所において，屋根がそれよりも張り出さず，むき出しの破風壁面とほぼ同じ高さまでしか伸びない部分に使用される．

ダイルマン，ヘラルト Deilmann, Herald (1920-2008)
ドイツの建築家．第二次世界大戦後のドイツでモダニズムの建築の再興に貢献した．ミュンスターの市立劇場（1952-56）に示されているように，形式にとらわれることのない設計を展開した．続いて，病院，文化施設，オフィスビルなど数多く手がけた．ドルトムント，ホーエンズィブルクのシュピール銀行（1981）は，建物各部の分節が際立つ，堅固な様式の好例である．

ダヴィウ，ガブリエル・ジャン・アントワヌ Davioud, Gabriel-Jean-Antoine (1823-81)
フランスの建築家．ヴィオレ=ル=デュク，ヴォドワイエらとともに学んだ後，バルタール設計のパリ中央市場建設に従事し，バルタールによって遊歩道監督官のポストに推挙される．ボワ・ド・ブーローニュのためにピクチャレスク様式の多くのパヴィリオンとロッジを建設，その他のパリの公園の計画もした．モンソー公園では，ナンシのエレ・ド・コルニの作品から着想した柵や門にその才能を示した．ダヴィウはシャンゼリゼ大通りのサーカスとパノラマや，パリのいくつかの大噴水を設計した（サン・ミシェル，ブルヴァル・サン・ミシェル（1858，ダリが称賛した）；シャトー・ド（1867-74）；ロブセルバトワール（1870-75）；テアトル・フランセ広場（1872-74））．ほかにテアトル・デュ・シャトレ（1860-62）とテアトル・リリック（1860-62，現在のテアトル・ド・ラ・ヴィル）の責任者でもあった．また百貨店マガザン・レユニ，レピュブリック広場（1865-67），パリ19区区役所（1876-78），1878年パリ万博のためのトロカデロ（1876-78）を設計した．彼の折衷主義（とりわけ劇場の設計における）はラグー様式と同じものである．

ダヴィッド，シャルル David, Charles (1552-1650)
フランスの建築家で，ニコラ・ルメルシエ（Nicholas Lemercier）（「ルメルシエ，ピエール」の項目参照）の義子．1585年に義父のあとを襲ってパリのサントゥスターシュ聖堂の建築家となり，内陣と身廊の建立（1637竣工）に携わった．

ダウ，オールデン・ボール Dow, Alden Ball

(1904-83)

アメリカの建築家. 1933 年に F・L・ライトと協働し, その後自身の事務所を構えた. その作品のほとんどはミシガン州ミッドランドかその近傍にあり, ライトのデザインからの影響やその払拭で知られている. ライトの影響が強いものとして, ライトと協働する前に建てられたミッドランド・カントリークラブ (1930) やミッドランドの自身のスタジオ (1935) が, そして完全にライト色を払拭しているものの代表としてミッドランド芸術センター (1970) があげられる.

ダウカー, ヨハネス Duiker, Johannes (1890-1935)

オランダの建築家. 最初 F・L・ライトに, のちにデ・ステイルに影響を受ける. 建築雑誌『8 と再建 (De 8 en Opbouw)』(1932-35) の編集者であり, 定期的な寄稿者であった. また両大戦間期の主導的な近代主義者の 1 人だった. ヒルフェルスムのゾンネストラール・サナトリウム (1926-28) は, 国際近代主義の好例であり, 巨大な空中広告のあるアムステルダムのハンデルスブラット＝シネアク・シネマ (1934-36) は, 構成主義とル・コルビュジエに多くを負っている. 協働者ベルナルト・ベイフォット (Berhard Bijvoet, 1889-1979) によって完成に導かれた彼の最後の作品は, ヒルフェルスムのグランド・ホテル・ホーイラント (1934-36) であった.

ダヴコット, ダヴハウス dovecot(e), dovehouse

円形, 多角形, 長方形, 正方形平面の背の低い塔状の建物で, コルンビアあるいはコルンバリウムとも呼ばれる. 内部には壁全体に鳩が休めるような小さなニッチが施されている. 背の高いものになると, ダヴ・タワーと呼ばれる.

ダヴテイル dovetail
1. ⇨スワロウテイル
2. 木材端部に施される楔形の突出部で, 同形の凹みをもつ別な木材に接合できるようになっている.

タウト, ブルーノ Taut, Bruno(1880-1938)
ドイツの建築家. 1904-08 年にテオドーア・フィッシャーのもとではたらいたのち, フランツ・ホフマン (Franz Hoffmann, 1950 没) と協働し, ライプツィヒの国際建築業展 (1913) の鉄鋼業パヴィリオンで批判的な注目を集める以前に, いくつかの建築を設計する. 1913 年にアドルフ・ベーネとパウル・シェーアバルトと出会い, そのガラス建築の考え方が, とくに彼の表現主義へと影響を与える. 1914 年に弟マックス・タウト (Max Taut) が事務所に加わり, タウト兄弟＆ホフマン社となる. さらにドイツの田園都市運動のアドバイザーとなった. ケルンの工作連盟展 (1914) で設計したドーム状の屋根 (菱形のガラス板を組み合わせたスペースフレームから構成された) をもつ多角形のガラスのパヴィリオンでは, さまざまな形状や色彩のガラスを使用し, 階段状に水が流れ落ちる仕かけ (カスケード) を導入した. この建築は話題を呼び, 彼の最も賞賛された作品となるとともに, 表現主義の一つの範例となった.

第一次世界大戦中には, 平和主義を論じる作品を発表し, その一部が『アルプス建築 (Alpine Architektur)』(1919) となった. そこでは, 巨大な建造物として設計されたアルプスが, 破壊的な戦争のアンチテーゼとして提示された. 戦争直後には芸術のための労働評議会や 11 月グループの設立メンバーとなり, さまざまな著作やガラスの鎖をはじめとした活動によって影響を及ぼし, アヴァンギャルドの代表的人物となった. しかしながら, 1921 年にマグデブルク市の建築局長になり, 合理主義的性向を強めるようになると, その空想的で表現主義的な傾向は弱まっていく. 1924 年にはベルリンに戻り, そこで近代運動の大規模住宅団地を数多く設計した. その中には, ベルリン・ツェーレンドルフの松林の中に配置された「アンクル・トムの小屋」ジードルンク (ヘーリンク他と協働, 1926-31) や, ベルリン・ノイケルンのフーフアイゼンジードルンク (馬蹄ジードルンク, その形状からそうよばれる)・ブリッツ (マルティン・ヴァーグナーと協働, 1925-30) が含まれる.

1932 年にはドイツを後にし, 初め 1933 年までソヴィエト連邦に滞在したのち, 日本 (同地で『日本の家屋と建築 (Houses and People of Japan)』(1937) ほかを執筆) に移住し, 1937 年に最終的にトルコに落ち着く. そこでさまざ

まな建築, 自邸, そしてアンカラの学校 (1938) を設計した. 著作は数多い.

タウト, マックス Taut, Max (1884-1967)

ドイツの建築家. 彼はフランツ・ホフマン (Franz Hoffmann, 1950 没) と兄ブルーノ (Bruno) に加わるかたちで 1914 年から協働を始め, ホフマンとは彼の死まで行動をともにした. 1914 年以前にはライプツィヒの国際建築業展のパヴィリオン (1913) を含むいくつかの建築を設計し, 1918 年には芸術のための労働評議会と 11 月グループ, そしてのちにはデア・リンクといったさまざまな左翼的団体の創設者の 1 人となった. 彼はブルーノ・タウトのグループ, ガラスの鎖に貢献し, 実現した数少ないガラスの鎖のデザインの一つである, ベルリン・シュターンスドルフのヴィッシンガー家の墓所 (1920) を建設した. また, 全ドイツ労働組合連合のオフィス (1923) や, その他労働組合や類似した組織のオフィスを設計した建築家として大変な評判を確立した. その一つにマルト・スタムと共同で設計した建築 (ドイツ印刷業連盟本部, 1922-25) があり, そこではコンクリートの骨組が表現されている. 彼が国際近代主義の様式で設計した作品には, シュトゥットガルトのヴァイセンホーフ・ジードルンクの二つの住宅 (1927), フランクフルト・アム・マインのドイツ労働組合 (1931), ベルリンの協同組合百貨店 (1932) がある. 第二次世界大戦後, 建築家・教師として活動し, ボンのロイター住宅 (1949-52) やデュイスブルクのアウグスト＝ティーセン・ジードルンク (1955-64) を設計し, 兄のベルリン＝ノイケルンのフーフアイゼンジードルンク (馬蹄ジードルンク) の拡張 (1954) を手がけた. ノイエ・ザハリヒカイトの展開において重要な人物の 1 人である.

ダウニング, アンドリュー・ジャクソン Downing, Andrew Jackson (1815-52)

19 世紀前半のアメリカの先導的な作家であり田園建築家. その『北アメリカに適合させた修景的造園の理論と実践についての論文 (*A Treatise on the Theory and Practice of Landscape Gardening Adapted to North America*)』(1841) はラウドンとレプトンの作品に大いに依拠するものだったが, 『コテージ風邸宅 (*Cottage Residences*)』(1842) と『カントリーハウスの建築 (*The Architecture of Country Houses*)』(1850) は (1839 年から 50 年までダウニングの出版物のために専門的な図面を作成した) A・J・デーヴィスのおかげで彼自身の思想とデザインを広めた. しかし, デーヴィスへの実務上の協力関係の提案はうまくいかなかったため, コッティンガムの弟子のイギリス人カルヴァート・ヴォークスを共同経営者として雇った (1850). (田園芸術と田園趣味の雑誌である)「園芸家 (*The Horticulturist*)」の論説を通して彼は建築と景観設計のデザインに大きな影響を与え, 重要性の点で (ダウニングがその考えの多くを得た) ラウドンと比肩するといえる. ダウニングはアメリカの公園の父であり, その理想はヴォークスとオルムステッドによってニューヨーク市のセントラルパーク (1857-60) において具現化された. ダウニングの庭園デザインを代表するものとしては, ニューヨーク州ポーキプシーのスプリングサイドにおける数例 (1850-52) とワシントン D.C.のホワイトハウス (1851-52) があげられる. のちのスティック・スタイルにつながる, 大きなヴェランダと持ち送りのある軒庇を特徴とするアメリカ型の木構造の住宅を推進し, それはデーヴィスやノットマンらの建築家によって改良された.

ダウバー卿, エドワード・ガイ Dawber, Sir Edward Guy (1861-1938)

ノーフォーク生まれのイングランド人建築家. 1882 年からジョージ＆ピートとともにはたらき, 1890 年に自分の事務所を設立した. 小規模で品のよいカントリー・ハウスで名声を得, そのいくつかはムテジウスの『英国の住宅 (*Das Englische Haus*)』(1904-05) でとり上げられた. ウィルトシャーのブラッドフォード・オン・エイヴォンのコンクウェル・グレンジ (1907) は彼の作品の中でも注目すべきものである. 『ケントとサセックスの古い民家および農家 (*Old Cottages, and Farmhouses in Kent and Sussex*)』(1900), 『コッツウォルズの古い民家, 農家, その他石造建築 (*Old Cottages, Farmhouses, and Other Stone Buildings in the Cotswolds*)』(1905) を著した.

ダウランド, トマス Dowland, Thomas (1490年代活躍)

イングランドの石工. ストラトフォード・アポン・エイヴォン（ウォリックシャー）のホーリー・クロス・ギルド・チャペルの西塔（1496開始）を建て, 同町の小教区聖堂の内陣やクリアストーリー建設を手がけたと思われる（1465頃-95頃）. 様式的類似性から判断して, ウォリックシャーやウスターシャーのいくつかの聖堂, とくに, 塔の建設にかかわっていたと思われる.

タウリフォルム tauriform
⇨ブクラニウム

タウン, イシエル Town, Ithiel (1784-1844)

多くの作品を残し大きな影響力をもったアメリカの建築家, 技術者. アメリカ合衆国におけるギリシア復興およびゴシック・リヴァイヴァルについて重要な人物であった. アッシャー・ベンジャミンとともに学んだ可能性があり, 1810年にマサチューセッツ州ケンブリッジのハーヴァード大学植物園付属住宅をフェデラル様式で建てた. 1813年頃にコネチカット州ニュー・ヘヴンに居を移し, 中央教会（1812-15）とトリニティ教会（1813-16）を建てた. ちなみに, 前者はギブスによるロンドンのセント・マーティン・イン・ザ・フィールズ教会（1722-26）のデザインを少し変えたものであり, 後者はゴシック・リヴァイヴァルの早い事例であった. 1816年より多くの橋梁を設計し, ラチストラスあるいはラチス梁を開発して1820年に特許を取得したため, 富と名声を獲得した. コネチカット州ハートフォードのゴシックのクライスト・チャーチ大聖堂（1827-28. ナサニエル・シェルドン・ホイートン（Nathaniel Sheldon Wheaton, 1792-1862）とともに設計）においては, 格子に組んだはさみ組みを採用した. ドリス式の州会議事堂（1827-31, 現存せず）を含む1820年頃のコネチカット州ニュー・ヘヴンのいくつかの建物では, ギリシア復興様式を参照した. 1825年にニューヨーク市に移り, おもに簡素なギリシア復興様式をベースにしばしば壁端柱のような巨大なピアをとり込む手法で, アメリカにとって重要な仕事を果たした. 1829年から35年の間, アレクサンダー・ジャクソン・デーヴィス

と組んで**タウン&デーヴィス**（Town & Davis）という名で実務を行い, インディアナ州インディアナポリスの州議会議事堂（1831-35, 現存せず）やノース・カロライナ州ローリーの州議会議事堂（1833-40）, ニューヨーク市の税関（1833-42）などのような傑出した記念碑的作品を生み出した. 同事務所はまたメリーランド州タウンソンのグレン・エレンでアメリカ合衆国において最初の非対称的なゴシックの大邸宅をつくった. タウンはまた1835年に美術アカデミーを創設することについての本を発表している. そのキャリアの中で形成した建築書の蔵書は価値があるものであったが, 1840年代の不況下で売却を余儀なくされた. 晩年の作品としては, コネチカット州ハートフォードのワーズワース図書館の中心部分の正面（1842-44）がある.

タウン・キャノピー town canopy
⇨キャノピー

タウンスケープ townscape

都市組織の中で, 同時に視界に入りうる範囲を指す. 1940年代以降に盛んに用いられるようになった概念で, ランドスケープと類似しており, 『アーキテクチュラル・レヴュー（*Architectural Review*）』や, トーマス・ウィルフレッド・シャープ（1901-78）の著書『村の構造（*The Anatomy of the Village*）』（1946）では, イギリスにおける都市環境の強化の促進を意図して用いられた. 多くの歴史的都市においては, 歩行者が足を進めるに従い, 次々と展開するタウンスケープを享受することができる. アーキテクチュラル・レヴューでは, 都市再開発, および第二次世界大戦の後のイギリスで計画されていた新しい町の建設の規範を, （ゲデスやパーカー, ジッテ, そしてアンウィンらが切り開いた）タウンスケープの研究に見出すことが提案された. しかしながらインターナショナル・モダニズムの主唱者はこの提案を拒否し, 1945年以降, その適用は却下された.

ダウンズ, ケリー・ジョン Downes, Kerry John (1930-2019)

イギリスの建築史家. 英国バロック建築を専門とし, ホークスムア, ヴァンブラ, レンに関する業績によって, この分野の発展に重要な貢

タウンセン

献を果たした．また，偉大なるフランドルの画家ピーター・パウル・リュベンス（Sir Peter Paul Rubens, 1577-1640）に関して鋭敏に書き綴ってきた．ダウンズの生産性は，先延ばしは気晴らしの一つであるという主張と矛盾しているように感じられる．

タウンゼンド, ウィリアム　Townesend, William (1676-1739)

オックスフォードで活動したイングランドの石工頭・建築家．コーパス・クリスティ・カレッジのフェローズ・ビルディングとそのクロイスター（1706-12），およびジェントルマン・コモナーズ・ビルディング（1737）を建て，おそらくその設計も行ったと思われる．また，クライスト・チャーチでは，オールドリッチによって設計された18世紀のイギリスのパッラーディオ主義の最初の宮殿風正面をもつペックウォーター方庭の建設工事を請負った（1706-14）．クイーンズ・カレッジでは，ドクター・クラークの監督のもと，前面の方庭，ホール，礼拝堂（1710-21），クーポラをもつエントランス・スクリーン（1733-36）を建て，その過程で，ホークスムアの設計を修正した．他の人物によって設計され，タウンゼンドによって建設された建築にはニュー・カレッジのガーデン方庭の北東ブロック（1707），ホークスムアによるクラレンドン・ビルディング（1712-15），ベイリアル・カレッジのブリストル・ビルディング（1716-20），オール・ソールズ・カレッジのホークスムアによる北方庭，ホール，バタリー，コドリントン図書館（1716-35），ユニヴァーシティ・カレッジのラドクリフ方庭（ドクター・クラークの監督による）（1717-19）などがある．オーリエル・カレッジのロビンソン・ビルディングを設計・施工し（1719-20），マグダーレン・カレッジのニュー・ビルディングズでは最終設計にたどり着いた（1733-34建設）．また，ウッドストック・ゲート（1722-23）やコラム・オヴ・ヴィクトリー（1727-30）など，ブレニム・パレス（オックスフォードシャー）の多数の仕事を行い，ドクター・クラークが設計したオックスフォードのクライスト・チャーチ図書館を建てた（1717-38）．要するに1720年から1740年にかけてオックスフォードで建てられた重要な建築作品のほとんどすべてに一枚絡んでいる．彫

刻家でもあり，いくつかの葬祭記念碑を制作していて，その一つとして，セント・ジャイル聖堂構内（オックスフォード）に建てた，オックスフォード市長（1682-83および1720-21）を務め，石工頭でもあった父のジョン・タウンセンド（John Townesend, 1648-1728）のものがある．（1728頃）．

タウンゼンド, ジェフリー・ポーソン　Townsend, Geoffrey Paulson (1911-2002)

イギリスの建築家でありディベロッパー．1945年に，エリック・ライアンズと，建て売り住宅地の設計と施工を行うスパン株式会社を立ち上げた．その仕事ぶりは，ほかの商業的な開発より格段にすぐれたものとされる．タウンセンドは，ライアンズのディベロッパーとしての方針に全面的に従った．スパンの計画には，パークレイ（1952）やブラックヒースのプライオリー（1953-56），ロンドンや南東部，オックスフォード，ケンブリッジ周辺の質の高い集合住宅がある．すべてを合わせると，住宅や集合住宅など2000件以上となる．

タウンゼンド, チャールズ・ハリソン　Townsend, Charles Harrison (1851-1928)

イングランドの建築家．1867年から1872年までリヴァプールのウォルター・スコット（Walter Scott, 1811頃-75）の事務所，1873年から1875年までチャールズ・バリー（子）（Charles Barry jun., 1823-1900）の事務所，そして1875年から1877年までE・R・ロブソンの事務所ではたらき，その後独立して事務所を始めた．1884年から1886年にかけてトーマス・ルイス・バンクス（Thomas Lewis Banks, 1842-1920）と共同経営を行うが，1887年までには1人で事務所を運営するようになった．彼の設計はしっかりとアーツ・アンド・クラフツの伝統に根ざしたもので，多くは小規模な住宅および教会堂の作品であったが，1892年にはビショップゲイト・インスティテュート（1891-94）の設計競技に勝利した．これは彼の名声を築いたロンドンにおける三つの公共建築の良品のうち最初のものであった．他の二つはホワイトチャペル・アート・ギャラリー（1896-1901），およびホーニマン・ミュージアム（1901-12）であった．ムテジウスは1900年，ヨーロッパの建築作品の中で最も意義のあ

るものとして，これらの作品に着目し，イングランド人の「新しい様式」の「予言者」の2人のうちの1人だとした（もう1人はヴォイジー）．これらの3作品はどれもアメリカとくにH・H・リチャードソンの影響が窺われる．また，アール・ヌーヴォー，ルネサンス，そしてゴシックの痕跡もみられる．タウンゼントは人造石，モザイク，テラコッタをこれらの建物の仕上げに使った．また，イングランドの建築家にはめずらしくアール・ヌーヴォーのモチーフを公然と外装に使った．代表傑作はほぼ間違いなく，エセックス州グレート・ワーリーの魅惑的なセント・メアリー・ザ・ヴァージン教会堂（1904年献堂）である．完全にアーツ・アンド・クラフツおよびアール・ヌーヴォーの内装で，ウィリアム・レイノルズ=スティーヴンス卿（Sir William Reynolds-Stephens, 1862-1943）のチャンセル・スクリーンがある．聖職者席および会衆席はタウンゼント自身のデザインである．住宅作品で最高のものは，デイヴィーおよびイーデン・ネスフィールドの様式に傾いた，サリー州チルワースのブラックヒースのものである．彼はそこでいくつかの住宅，セント・マーティン教会堂（1892-95，フレスコ画で装飾されている），会衆派教会堂（1893），ヴィレッジ・ホール（1897）を設計した．

ダウンパイプ　downpipe
雨樋あるいは水槽から水を下ろす排水管．

楕円　ellipse
一つの平面が，円錐をその軸に交わりながら斜めに切断したときに形成される切断面の形状．卵形とは異なり，中心軸に対して両側が同形となる．

ダガー　dagger
両端が尖り，そのうちの大きい方がオジー（葱花線）となる開口部．セカンド・ポインテッド式のトレーサリーにおけるダガーと似ている（⇨トレーサリー（d））．長軸に関して対称で，まっすぐであるため，ムーシェットとは異なる．ムシェットの方は，曲線を描き，端部が丸く，オタマジャクシに似た形となる．

高松伸　Takamatsu, Shin（1948-）
日本の建築家．1980年に設計事務所を立ち上げ，風景の中に彫刻を置くように多数の建物を設計した．「機能は形態に従う」を支持し，人間もしくは機械的な比喩を好んだ．実作は，京都市の織陣Ⅰ，Ⅱ，Ⅲ（1980-86），アーク（1983，蒸気機関車を思わせる歯科院），ファラオ（1984，客船を思わせる歯科院），キリンプラザ大阪（1987），尼崎のソラリス（1990），京都のシンタックス（1990），仁摩サンドミュージアム（1990），島根県の「くぬびきメッセ」（1991-93），東京のキリン本社ビル（1990-95），鳥取県の植田正治写真美術館（1993-95），ベルリンのクエーサー・ビル（1994）など．

高窓　clerestor(e)y, clearstor(e)y, orerstorey
⇨クリアストーリー

抱き　jamb
窓や戸口のような開口部の垂直部分で，基本的に垂直荷重を支える部材．外壁と戸枠・窓枠の間の抱きのことはリヴィールという．

抱き　ingo, ingoing
ニッチ，扉，窓のような部位における壁からの引っ込み．

抱き柱　jamb-shaft
中世建築におけるコロネット，もしくはシャフトで，多くは独立して立つか，抱きと内壁もしくは外壁との接合部にもたれて，あるいはその一部として設置される．

ダグラス，ジョン　Douglas, John（1829-1911）
イングランド人建築家．チェスターで育ち，その地方の土着の建築，とくに木造建築に影響を与えた．彼の傑作はJ・P・フォーダム（J. P. Fordham, 1843-99）と設立したダグラス＆フォーダムの作品，チェシャーのイートン・ホールのウェストミンスター・エステイトのコテージ，住宅，モデル農場である．また，リセウム（学校）（1894-96）など，ポート・サンライトにもいくつか良品がある．スタッフォードシャーのホップワスにセント・チャッド教会堂を設計した．木骨構造で民家風の雰囲気を与えた．

ダグラス，デーヴィット・ベイツ　Douglass, David Bates（1790-1849）

タケヤマミ

アメリカの軍事技術者で, ニューヨーク市ブルックリンのグリーンウッド墓地 (1838-48, パリのペール・ラシェーズ墓地の4倍の規模をもつ) とニューヨーク州メナンズのオルバニー田園墓地 (1841-45) の敷地計画を行った. 19世紀前半のアメリカにおいて現れたランドスケープ・アーキテクチュアの先駆者の中でも最も早い人物と考えられる.

竹山実 Takeyama, Minoru (1934-2020)

日本の建築家. 日本とアメリカで建築を学んだのち, ハリソン&アブラモヴィッツ, アルネ・ヤコブセン, ヘニング・ラーセン, セルト, ウッツォンの事務所ではたらく. 時代の流行を取り入れた作品で頭角を現すが, 1971年にアルキテクスト (ArchiteXt) のメンバーとなり, しだいに建築を記号と言語の体系として捉えるようになる. 主要作に, 東京の一番館と二番館 (1969-70), 京都の文化商業施設「ルネサンス」(1983-86), 晴海ターミナル (1989-91) など.

ダゴバ (仏舎利塔) dagoba

頂部がベル形もしくはドームのような形となり, その上に正方形の台あるいはティー, あるいは傘形のものを置いた, 背の低いドラムから構成されるストゥーパ. 仏教建築と関連づけられ, この名称は奇妙になまった言葉であるパゴダの語源となった.

タシェ, ウジェーヌ=エティエンヌ Taché, Eugène-Étienne (1836-1912)

カナダの建築家. 代表作にいずれもケベックのオテル・デュ・パーラメント (1876-87, フラーのオタワ州議会議事堂の平面にもとづきながらも, 立面はパリのルーヴルの先例に倣ったフランスの第二帝政様式である), 裁判所 (1883-87, 同じく第二帝政様式), 造兵廠 (1884-88, シャトー様式) がある.

タス tuss

⇨柄 (ほぞ), トゥーシングストーン

タスク tusk, tuss

壁面から突出している柄 (ほぞ), あるいはトゥーシング・ストーンで, もう一方の壁面に差し込み, 固定できるように設けられたもの.

畳 tatami

いぐさでできた, 日本のマット. その面積の倍数が, 伝統的な部屋の縦横比や大きさを決定する.

多柱式 hypostyle

古代エジプトの神殿にみられるような屋根の架かった列柱, または複数の列柱.

多柱式 polystyle

⇨ポリスティル

多柱室 hypostyle hall

連なった多くの円柱によって支持された平天井をもつ大広間. 中間の列が他よりも高い円柱で支えられてクリアストーリーが配置されている場合も多い. 作例としては古代エジプトの神々を祭る神殿群のものがあり, カルナックのアメン神殿 (前1570頃-前1200頃, 前323頃に増築) が代表例である.

脱構築主義 Deconstructivism *or* Deconstructionism

20世紀の後期にみられた傾向で, リシツキーや, マレヴィッチ, そしてタトリンの作品にみられるような対角線状に重複された長方形や台形の要素や, 湾曲した表皮といったロシア構成主義と形態的類似性を唱える者もいる. しかし, 多くの批評家や主唱者はそれを否定し, また脱構築主義とされるものも, 実情ではその関連性は確定的ではない. コープ・ヒンメルブラウ, アイゼンマン, ゲーリー, ハディド, コールハース, リベスキンド, チュミなどの作品が脱構築主義として分類される (必ずしも皆々がそのレッテルを貼られることを望んでいるわけではない). 脱構築主義は作品上の形態どうし, またはその形態とコンテクストと断絶している感覚を与える傾向がある. 連続性を断つことによって内部と外部との関係を乱し, 外観と社会との接続を分裂させることによって脱構築主義は慣例的な概念である調和, 統一性, そして明瞭な安定性といったものを無効にする. しかしながら, 脱構築主義は決して新しい運動でもなく, また各建築家が共感をもって首尾一貫した様式の発展でもない. むしろ, 馴染みのなさや, 騒々しさが, ゆがみ, ねじれ, 分裂や共通性のない不調和なグリッドを重複させること

などによって露呈している．もし，脱構築主義がロシア構成主義を原点とするのであれば，脱構築主義はジャック・デリダ（Jacques Derrida, 1930-2004）の理論と関連づけることができる．よって仮に建築は言語であると仮定すると，意味を伝達することができるということになり，また言語的哲学の手法によって取り扱うことが可能といえる．しかし，これによってある問題が生じる．はたして20世紀後期と21世紀初期の建築がとてもまだ言語とまでいかないが，せめて語彙を主張できるほどのものをもっているのかと，異論を唱えることが可能である．どちらにせよ，何人かは（たとえばジェンクス），脱構築主義を新たなパラダイムと主張している．しかし，その他は下の世代の建築家や建築環境に与える影響を考慮すると，そこに踏み入るべきか懐疑的である．脱構築主義を不安視する者にとって，それは過去を否定しても，そのかわりとなる価値を提示できていないため，基本的に破壊であった．確かに，脱構築主義は人間の感覚に対する恣意的な攻撃であり，ただ不安感と不快感を生み出すために知覚機能を乱用しているとみなされている．これが新たなパラダイムとなるならば，さらに大きな問題を引き起こすだろう．

タッチ　touch
　1.　たとえばハンプシャーにあるトゥルネーの洗礼盤などの洗礼盤や墓に使用される，彫刻に適した黒玄武岩．
　2.　ペットワースあるいはパーベック大理石のような，密度のある暗色の石．極度に磨き上げることができ，ゴシックの柱身に使用される．

ダッチ・アーチ　Dutch arch
　⇨アーチ

ダッチ・ゲーブル　Dutch gable
　両側が曲線で構成される背の高い切妻で，渦巻き装飾のついたオジーの頂部に三角形ペディメントがのるものが多い．シェイプド・ゲーブルと混同してはならない．

ダッチ・バーン　Dutch barn
　17-18世紀，ハドソン・ヴァレー，ニュージャージーに入植したオランダ人によって建て

られた．正方形平面で切妻を備えた小屋．母屋桁や横材の上に急勾配の屋根が載せられ，覆いは厚板が斜めに重ねて葺かれる．

辰野金吾　Tatsuno, Kingo (1854-1919)
　日本の建築家．海外で建築を学んだ第一世代（ロンドンのバージェス事務所）．ノーマン・ショウの影響を受け，赤煉瓦と白色石を多用した．主要作に，日本銀行（東京本店（1903），京都支店（1906），大阪支店（1911）），東京駅（1914）など．

タッパー卿，ウォルター・ジョン　Tapper, Sir Walter John (1861-1935)
　イングランドの建築家．ベイジル・チャンプニーズとともにはたらいたのち，ボドリー＆ガーナーではたらく．1893年にロンドンに事務所を開いたものの，1901年までボドリーのもとでもはたらき，宗教建築に特化した仕事をした．彼の手がけた教会堂に，ウースターシャーのモルヴァーン・リンクの昇天教会堂（1903），ヨークシャーのハロゲイトのセント・メアリー教会堂（1904），エセックス州サウスエンド＝オン＝シーのセント・エルケンヴァルド教会堂（1905-10），リンカンシャーのグリムスビーのリトル・コーツのセント・マイケル教会堂の大規模な拡張（1913）がある．作品の多くは煉瓦で，大変誠実につくられており，様式的にはほぼアーツ・アンド・クラフツのゴシックだった．いくつか精巧な教会の家具も設計した．リンカンシャーのグランサムのセント・ウルフラム教会堂では，1883年にアーサー・ブロムフィールド卿が設計したリアドスに美しい付加をした（1901）．だが，晩年はハンプシャーのクライストチャーチ・プライオリーのスクリーン（1920年代），レスターシャーのラフバラの記念鐘塔（1921）に見られるように，より古典主義的になった．

ダッリオ，ドナト・フェリーチェ　Allio, Donato Felice d' (1677-1761)
　オーストリアに定住したイタリア人家系の出身であり，ウィーンのサレジオ会女子修道院・教会（1717-28）を設計した建築家．この修道院は2層のスクロール型の教会ファサードをもち，長軸上に楕円形が置かれた平面をもつバロックのアンサンブルである．未完成でありな

がら彼の最も卓越した作品はクロスターノイブルクの修道院（1730 開始）であり，これはヨーゼフ・エマヌエル・フィッシャー・フォン・エルラッハ（1695-1742）によって設計変更された．

縦框 stile

戸口の垂直方向の枠組のことで，その中に水平方向の框の両端が固定される．それらのタイプには，つり元框（蝶番で固定される場合），中間型またはマウンティング（マントィンと略される），そして手先框がある．

ダート（矢） dart

エッグ・アンド・ダート（卵と矢）もしくはエッグ・アンド・アンカー（卵と錨）装飾の部分．

タドシャルジュ tas-de-charge

1. ゴシック様式のヴォールトのリブにおける，一番低い層の部分．壁面に固定され，堅固な塊を形成し，その上部にあるリブやパネルの荷重を受ける．

2. アーチ，あるいはヴォールトにおいて，一番低い位置にある迫石．

タトリン，ヴラジーミル・エヴグラフォヴィチ Tatlin, Vladimir Evgrafovich (1885-1953)

ウクライナの画家，彫刻家．キュビスムと未来派の影響を受け，1913 年以後に構成主義を推進した一人となった．彼の第 3 インターナショナル記念塔計画（1919-20）（大きな模型しか実現していない）は，高さ 400 m を超える鉄鋼の二重らせん構造からなり，その中でコミンテルンのための行政，立法，および広報の施設を含むガラスの建物が回転していた．技術の進歩の象徴とすることを目的としたこの提案（見本市会場の構造や油井のイメージをもとに，鮮やかな赤に塗られていた）は，レオニドフ，エル・リシツキー，ヴェスニンなどの建築家にとっての模範例となり，西側のアヴァンギャルドのサークルで称賛された．デコンストラクティヴィズムにかかわった人々にとっての潜在的なイメージにもなった．

ダナット，ジェームズ・トレヴァー Dannatt, James Trevor (1920-2021)

イギリスのモダニスト建築家．ロイヤル・フェスティバル・ホールの設計（1951 完成）においてレズリー・マーチンのもとではたらき，1952 年，自らの事務所を設立した．マーチンとともに，レスター大学（1960）の学生寮を設計し，1962 年にはレスターのヴォーン・カレッジをローマ遺跡の二面に接して設計した．1993 年，サリーのキュー・ガーデンにエントランス・ゲートとビジター・センターを建てた．

ターナー，トーマス Turner, Thomas (1820-91)

アイルランドの建築家．リチャード・ターナー（Richard Turner, 1798-1881, ダブリンの鉄建築の創始者．バートンおよびラニオンとともにはたらき，キューおよびベルファストの温室を設計・建造した）の親戚でラニオンのもとで修行した．トーマス・ターナーはアイルランド北部で多くの設計を行った．そのいくつかは 1861 年から土木技術者のリチャード・ウィリアムソン（Richard Williamson, 1874 没）と協働したものであった．ウィリアムソンは 1980 年からロンドンデリー州および名誉アイルランド協会のサーヴェイヤーだった．彼の代表傑作はおそらくロンドンデリー州コールレーンのタウン・ホールである．これは 1858 年から 1859 年にかけてアイルランド協会によって建設された．その他の作品ではロンドンデリーのシップキー・プレイスの端正なノーザン・バンク（1866, グラスゴーなら場違いではなかったと思われる作品）があげられる．バローリー，コールレーン，カルモアのアイルランド協会の学校も設計した．これらはすべてロンドンデリー州にあり，1860 年代の設計である．書類からみたところ，ターナーがデザインに手を加えたところはあるかもしれないが，大部分はウィリアムソンの設計であったようだ．ターナーはベルファストのストーモント・カースル（1857-58）を設計した．これはスコティッシュ・バロニアル様式の大きな作品である．ダウン州バリーウォルター・パークの温室（1863），クレイガヴァッド・ハウス（1852, 現ロイヤル・ベルファスト・ゴルフ・クラブ）も彼の設計した作品である．その他，彼のかかわったものは，カークビンの旧牧師館（1843），ヘレンズ・ベイのクレイグダラ・ハウス（1850

頃）である.

タナード, クリストファー Tunnard,
Christopher (1910-79)
　カナダ生まれのランドスケープ・アーキテク
ト. 1928 年にイギリスに移住し, いくつかの
近代的住宅のために庭園を設計した. タナード
の重要な著作『近代的景観の中の庭園
(*Gardens in the Modern Landscape*)』(1938)
において, その一つであるチェルマイエフによ
るサセックス州ハランドのベントリー・ウッド
(1938-39) のための庭園が解説されており, そ
れをみてグロピウスが彼をハーヴァードに招く
ことにしたのである. タナードはこの経験に懲
りたようで, 同書の 1948 年版では 19 世紀の庭
園デザインについての過激な言及をトーンダウ
ンさせ, はっきりと, インターナショナルな近
代主義建築を攻撃した. 晩年はイェール大学で
教鞭をとり, 歴史的建物保存の分野で活動し,
またアメリカ合衆国の都市発展の歴史について
著した.

ターナー, ヒュー・サッカレー Turner,
Hugh Thackeray (1853-1937)
　イングランドのアーツ・アンド・クラフツの
建築家. スコット（父）のもとで修行し, J・
O・スコットおよびスコット（子）を補佐した
後, 1885 年にアーサー・ジェームズ・バル
フォア（Arthur James Balfour, 1848-1930,
1902-05 年まで首相）の弟, ユースタス・ジェ
ームズ・アントニー・バルフォア（Eustace
James Anthony Balfour, 1854-1911）とともに
実務を始めた. E・J・A・バルフォアは 1890
年からロンドンのグローヴナー・エステイトの
サーヴェイヤーで, その立場でバルフォア＆ター
ナーはバルフォア・プレイス, バルフォア・
ミューズ, メイフェアのマウント・ストリー
ト, オルドフォード・ストリートの設計および
エステイトのさまざまな傑出した作品の設計に
携わった. 彼らはベルグラヴィアのウィルト
ン・クレセントの外壁改装も行った. ターナー
はサリー州ゴダルミングのウェストブルーク
(1902) の設計を行った. また, ゴダルミング
のレサビーの影響を受けた印象的な作品である
フィリップス記念クロイスター, セント・ピー
ターおよびセント・ポール教会堂 (1913, 1912
年にタイタニック号とともに溺死した無線交換

士の慰霊のために建てられた）の設計も行っ
た. サリー州ギルドフォードのワイクリフ・ビ
ルディング (1894), メッド・コテージ
(1895), ザ・コート (1902) も質の高い建築と
してあげられる.

谷 valley
　二つの傾斜した屋根面が接する部分の内角
で, 隅棟の反対語となる. 谷樋（たにどい）や
谷木（たにぎ）がある.

ダニエル, トマス Danyell, Thomas (1461-87
活躍）
　イングランドの石工. 1492 年, 王のマスタ
ー・メーソンに任命される. ロンドン・ブリッ
ジ, デトフォード, グリニッジなどの事業に携
わり, 1482 年には, メイドストーン（ケント）
のザ・モートの主要構築物の建設にかかわった
と考えられている.

ダニエル, トマス Daniell, Thomas
(1749-1840)
　イングランドの芸術家. 彼の中国における地
誌的風景画は, 甥ウィリアム・ダニエル
(William Daniel, 1769-1837) と共働して『東洋
の風景 (*Oriental Scenery*)』(1808),『インド
へのピクチャレスクな航海 (*Picturesque
Voyage to India*)』(1810) として出版され, こ
れらは 19 世紀におけるヒンドゥー様式とイン
ド様式に大きな影響を与えた.

谷樋 trough-gutter
　M 字型の断面をもつ屋根の中央に設けられ
た, 深く幅の広い樋.

ダネーリ, ルイジ・カルロ Daneri, Luigi
Carlo (1900-72)
　イタリアの建築家で, 円形平面のサン・マル
チェッリーノ聖堂 (1932-35, コンクリート造
ドームはネルヴィによる）の設計者. ジェノ
ヴァのストゥルラ地区のカサ・デル・ファッ
ショ「ニコラ・ボンセルヴィ」(1937-38) をふ
くむ, 1930 年代の合理主義の最良の作品をい
くつか建てた. その他にはヴィラ・ヴェントゥ
リーニ (1934-40), ジェノヴァのヴィラ・ヴィ
ターレ (1934-40), R・ロッセッティ広場
(1936-55), クイントのコンドミニアム

タハナクル

(1951-52), ジェノヴァのベルナボ・ブレア地区の INA・カサ低所得者住居 (1952-53), ジェノヴァ北郊のフォルテ・クエッツィ地区 (通称ビショーネ) (1956-57) がある.

タバナクル　tabernacle
1.　可動式の天蓋. 元来は, ユダヤの契約の櫃を納める幕屋.
2.　祭壇の上に捧げられた聖餅を納めるの, 扉付きの棚.
3.　聖体容器.
4.　像を安置するための, 天蓋つきの壁龕 (へきがん).
5.　厨子, あるいは天蓋つきの墓碑.
6.　バルダッキーノ, あるいはキボリウム.
7.　礼拝所で, たとえばミーティング・ハウスなどのように, キリスト教の教会堂ではない場所. とくに, 建築的な装飾を抑えた, プロテスタントの礼拝堂など.

タバナクルワーク　tabernacle-work
1.　壁龕 (へきがん) や厨子, 聖堂の内陣席, あるいは司教座の上部にある, 透彫りの天蓋.
2.　墓碑の上部を装飾する, ゴシック様式の天蓋.

束ね柱　inosculating column
複合柱.

タビー　tabby
砂利, 石灰, カキ, あるいはイシガイを砕き, 水と混ぜ合わせたもの. コンクリートの一種.

タピア　tapia
⇨版築

ダービシャー, ヘンリー・アストリー
Darbishire, Henry Astley (1825-99)
イングランドの建築家で, 多くは慈善事業に従事した. ゴシック様式のコロンビア・マーケット (1866), コロンビア・スクエアのゴシック様式の労働階級のための住宅計画はどちらもロンドンのベサナル・グリーンにあり, アンジェラ・ジョージアナ・バーデット=クーツ嬢 (のちに女男爵) (Miss Angela Georgina

Burdett-Coutts, 1814-1906) の出資で行われたが, いずれも現存しない. 同じ施主のもとで, ピクチャレスクなゴシック様式のホーリー・ヴィレッジ (1865) をロンドンのハイゲイトに設計した. 一群のつつましい家々が緑を囲んでおり, 明らかにナッシュのサマセット州のブレイズ・ハムレットに影響を受けている. ダービシャーは 1862 年にロンドンの貧民たちの生活改善のために設立されたピーボディ・トラストのために 5 階建て集合住宅の標準設計をつくり出した (平面計画は 1850 年代にこの分野の先駆者であったヘンリー・ロバートのものからとられている). これらのイタリア風の集合住宅の多くはロンドンに現存している.

タビュラ　tabula
1.　ニッチ, あるいはカップボード.
2.　金属製あるいは木製の祭壇前飾り.

ダヒンデン, ユストゥス　Dahinden, Justus (1925-2020)
スイスの建築家. 作品はアーキグラムとメタボリズムの影響を受けるとともに, 自身のキリスト教信仰にももとづく. 作品には多くの聖堂や教区センター (ドイツ, ヴァインガルテンのハイリゲ・ガイスト聖堂 (1977), スイス, オスタームンディンゲンのミグロス・センター (1988) など) がある. これらにおいて, 彼は「バイオテクニクス」(生命とその全過程),「ジオメトリクス」(秩序と形態の表現),「サイコ=ロジクス」(環境を特徴づける精神や理性のプロセス) および「コズミクス」(普遍的な秩序の力) への感受性を融合することを試みている. 三角柱にもとづくモジュールによる構成システム (トリゴン) を展開し, チューリヒ近郊ドルダータールの村でこれを実験している (1969).

タブ　tab
イアー, あるいは雨樋を壁に固定するもの.

ダフ, トマス　Duff, Thomas (1792 頃-1848)
アイルランドの建築家で, この国で初めて学術的なゴシック・リヴァイヴァル建築を建てた. ダウンにあるニューリーで開業し, ベルファストのトーマス・ジャクソンとパートナーを組んだ. 彼の傑作はラウスのダンドークにあ

るローマ・カトリックのセント・パトリック臨時司教座聖堂（1835-47）であり，これはイングランドの垂直式で設計された．1838年にアーマーのセント・パトリック大聖堂のデザインを垂直式で設計したが，マカーシーがこの建物を第2尖頭式で完成させたため，ダフが設計した垂直式の身廊の柱は，それより前の様式による要素を不調和にも支えることとなった．ジャクソンとともにダフは，ベルファストのコレッジ・スクエア・ノースにあるオールド・ミュージアム（1830-31）をグリーク・リヴァイヴァルで設計した．また，古典主義（たとえばダウンのヒルズバラ・カースルの増築（1830頃-40））とチューダーベサン様式（たとえばティローンのカースルコフィールドのパーカノア・ハウス（1839-48）や，ダウンのウォレンポイントにあるナロー・ウォーター・カースル（1831頃-37））のカントリー・ハウスを多く設計した．また裁判所や市場も設計しており，これらはたいていは質素な古典主義であった（たとえばダウンのヒルタウン（1828）やニューリー（1841）など）．彼の助手はW・J・バーリである．

ダフニス（ミレトスの） Daphnis of Miletus（前300頃没）
小アジアにおいては最も巨大な神殿の一つである．ディディムにあるイオニア式のアポロ神殿（前313頃着工）に，（エフェソスのパイオニオスとともに）従事した建築家．

タブラートゥム tabulatum
1. 床，階，層．
2. 木製の床，ウェインスコット，あるいは天井など．
3. バルコニーなどの突出部分．

タブラ・ラサ tabula rasa
1. 銘文が消されていて，再度銘文を記すことができる状態になっている銘板．
2. 歴史や集合的な記憶を消し去ること．

タブリーヌム tablinum, tabulinum
古代ローマの家屋において，アトリウムにつながっていた大きな部屋で，玄関ホールとして機能することが多い．

ダブル double
図形の鏡像（二重円錐など），あるいは，二重化．

ダブル・アーチ double arch
アーチを重ねた形式で，半径より短い柱間を実現することができる．ロマネスク建築にみられる．

ダブル・ウィンドウ double window
一つの統一的建築意匠の中に二つの明かり取りを備える窓．たとえばマリオンによって明かり取りが二分されるゴシックの窓などである．

ダブル・ヴォールト double vault
隙間を設けて立ち上げられる二つのヴォールト．実例として，ローマ，サン・ピエトロ大聖堂のドームがある．

ダブル・コーン double cone
円錐台を上下互い違いにして並べたロマネスク様式のモールディング．カヴェット内の水平飾りとなる．

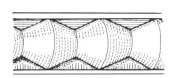

ダブル・コーン　ウォリックシャー，ストーンリー，セント・メアリー聖堂（12世紀）

ダブル・パイル・ハウス double-pile house
パイルとは部屋の列のこと．したがってシングル・パイル・ハウスとは，部屋が一列に並んだ邸宅のこと．ダブル・パイル・ハウスは部屋が二列に並ぶ．二列の間に廊下を設けることもある．史料によれば，最も古いダブル・パイル・ハウスがシュロップシャー，シュローズベリーに残るホワイト・ホール（1578-82）であるという．ただし，イニゴー・ジョーンズがグリニッジに手がけたクイーンズ・ハウス（1616-35）のほうが壮麗で，17世紀イギリスの典型的平面を予見するものである．

ダブル・ハング・サッシュ double-hung

タフルハン

sashes
　2枚のサッシュが入った窓. 滑車, ケーブル, おもりの装置により枠内で上下移動が自在である.

ダブル・ハンマー・ビーム　double hammer-beam
　⇨トラス

ダブル・ビード　double bead
　平行に並ぶ二つの玉縁装飾で, 通常はどちらかが一回り小さく, 溝で仕切られる.

ダブル・フレームド・ルーフ　double-framed roof
　⇨屋根

ダブル・フロア　double floor
　木材を水平方向に三層組み上げてできる床. 一番下にシーリング・ジョイント, その上にバインディング・ジョイント, フローリングもしくはブリッジング・ジョイントが組まれ, 一番上に床板が張られる.

ダブル・フロンティッド　double-fronted
　中央にドアを備え, その軸に対して正面を左右対称につくる住宅 (ロンドン, ノーザン・ケンジントン, ペンブリッジ・スクエアの住宅 (1857-79) など).

ダブル・ベリッド　double-bellied
　二つの長弓 (武具) からなる形状の手摺子で, 弓は対称に並び, 中央部より上部, 下部が同形, また, 中心線に対して同形となっている.

ダブル・マージン・ドア　double-margin door
　ドアが一対横並びに見えるようなドア. 中央のマントィンは玉縁によって垂直に二分される.

ダブル・ランセット　double lancet
　1.　マリオンによって明かり取りが二分されたゴシック様式の窓で, 上方に小円形もしくは菱形の明かり取りをつけることが多い.
　2.　壁に近接して設けられた二つのランセットのこと.

ダブル・レソント　double ressaunt
　二つのオジーを組み合わせた平縁モールディング.

タブレット　tablet
　1.　壁面, あるいは何かしらの巨大な塊に, 嵌め込まれたり, 貼られた, 小さな平板, あるいはパネル. 枠どられて, しばしば記念的な銘文が記される.
　2.　水平の笠石. ⇨テイブリング

タブレットトゥーム　tablet-tomb
　カタコンベあるいはヒュポガイオンに設けられ, 銘板を備えたロクルス (墓穴).

タブレットフラワー　tablet-flower
　四弁型の花を象った, 第二次尖頭アーチの装飾. おそらく玉花飾りの一変種.

だぼ　dowel(1)
　木あるいは金属などでできた頭部のない杭, 釘, ボルト. 各部にかませることで二つの材をしっかりと固定することができる. ⇨鎹 (かすがい)

だぼ　joggle, joggling
　隣接する二つの石材がずれないように施されるジョイント. 一方の石材のだぼ (突起) を, もう一方の石材の欠込みに嵌める. とくにフラット・アーチやいくつかの石材から構成される楣などに用いられる. 時にクロセットと呼ばれる.

だまし絵　trompe l'œil
　⇨トロンプルイユ

ダマスク模様　Damascene-work
　金属に切り込みを入れ, 金, 銀もしくは銅を埋め込んだ, 多くの場合アラビア唐草模様のデザイン.

玉葱形ドーム　onion-dome
　塔の頂上の先の尖った球根形の構築物. 玉葱に似ており, 中央ヨーロッパや東ヨーロッパの建築, それに低地地方〔現在の北フランス, ベルギー, オランダにあたる〕においてもよくみられる. 通常, 頂部は装飾にすぎず, 木製の下

部構造を鉛板，銅板や瓦で覆ったものであり，本物のドームではない．

玉縁　torus（*pl.* tori）
　⇨トーラス

ターミナル　terminal
　1．ターム．
　2．装飾的な末端部分．たとえば頂華，教会の使徒席の端，ノブなど．

ターミヌス　terminus
　⇨ターム，ターム像

ターミネーション　termination
　1．雨押さえ石留め，あるいは剞形（くりかた）を覆うもの．
　2．ターミナル．たとえばピナクルの頂華，あるいは柱脚の備わった壺など．

ターム　term, terminal
　古代の頭像および胸像で，（多くの場合はトルソとして）オベリスクを上下逆にしたかのような形状の，下方に向かって細くなる柱脚の上部に備えつけられている．時には，柱脚の基壇部分の下に，足が現れることもある（その場合，人体の下半身のようなプロポーションが採用される）．ターミナル・ペデスタルは，タームの柱脚に類似しているが，しかしこの場合は分離しており，胸部が柱脚の上に載せられる形式をとる．ヘルメーと比較せよ．

ダム　dam
　1．水の流れを堰き止め水位を上げる，貯水池をつくる，もしくは水車の回転に水を利用するなどの目的のために，水路と交わるように建設された，土，石積みなどによる堤あるいは防壁．
　2．沼地の上方に設けられた土手道．

ターム像　terminal figure, terminus
　タームの胸像部分，あるいは先端部分．

ダメム，ルイ＝エマニュエル＝エメ　Damesme *or* Damême, Louis-Emmanuel-Aimé（1757-1822）
　フランスの建築家．1780 年代にルドゥーによるパリの徴税請負人の門（入市税関）の建設を監督し，師の厳格な新古典主義様式に倣った．パリにいくつかの邸宅と街区や，ソシエテ・オランピック劇場を設計した．後者に感動したロシア皇帝アレクサンドル 1 世（Tsar Alexander I of Russia, 1801-25）は，ダメムに劇場のドローイング集を求めた．ブリュッセルには八柱式（オクタスタイル）のイオニア式ポルティコをもつラ・モネ王立劇場を設計した．この劇場やそのほかの作品はグートゲブルの『デリス（*Délices*）』（1819）に掲載されている．

タラス・ウォール　tallus wall
　転びのある擁壁．

タリェール・デ・アルキテクトゥーラ　Taller de Arquitectura
　1962 年にボフィールによって設立された複数分野にまたがる工房．スペインにおける作品にはバルセロナのバッハ通りのアパートメント（1964-65）や，レウスのガウディ団地（1964-67）等がある．またフランスにおいては，簡略化された新古典様式による壮大な作品レザルカッド・デュ・ラック（サンカンタン・アン・イヴリンス，1975-76）や，マルヌ・ラ・ヴァレにある集合住宅パレ・ダブラクサス（1978-83）が重要である．

ターリキュレイティッド　turriculated
　ターレットを備えた建物．

ダリ，セザール・ドニ　Daly, César-Denis（1811-93）
　19 世紀後半の最も重要なフランスの建築編集者・ジャーナリスト．イングランドで育ち，デュバンのもとで学び，のちにフランスで最初の図版入り建築雑誌である『建築・公共事業総合誌（*Revue Générale de L'Architecture et des Traveaux Publics*）』（1839-90）と『週刊建設業者（*La Semaine des Constructeurs*）』（1876-97）を出版した．最も影響力をもった仕事は『19 世紀の私的建築（*L'Architecture privée au XIXme siècle*）』（1864-77）であり，ナポレオン 3 世（Napoleon III, 在位 1852-70）統治期とそれ以後の，住宅建築のパターン・ブックとして多くの巻を数えた．『現代葬祭建築

(*L'Architecture Funéraire Contemporaine*)』（1871）は，当時のフランスの墓地について豊富な図版で伝える記録である．アルビ大聖堂の修復（1844-77）の責任者も務めた．そのキャリアを通じて，パリ，デュク，ガルニエ，ラブルースト，ヴォドワイエらを支持する批評を展開し，また社会思想家フランソワ=マリ=シャルル・フーリエ（François-Marie-Charles Fourier, 1772-1885）の支持者でもあった．フーリエの楕円への愛着はダリも共有していた．事実ダリは1830年代からフーリエ主義者たちのサークルに入り，『ラ・ファランジュ（*La Phalange*)』や『ラ・デモクラシー・パシフィック（*La Démocratie Pacifique*)』等に寄稿するとともに資金も援助していた．遅くとも1833年には，彼は400人の子どもたちのための協同のファランステールの計画を提案している．1849年には，テキサス州にフーリエ主義者の入植地を建設する計画が立てられ，55年にはダラス近郊にラ・レユニオンが創設された．テキサスに渡り，役員会のメンバーとなったが，おそらくは内部不和によって長くは留まらなかった．1856年には中米を訪れ，コロンブス以前の重要な廃墟を発見し，57年にパリに戻る頃には別人のようにフーリエ主義的考え方を放棄した．彼はファランステールよりも単一家族のための郊外のヴィラを理想の住宅として喧伝することになる．ダリとヴィオレ=ル=デュクはアメリカ・オリエンタル・エスノグラフィー協会の設立メンバーとなり，メキシコにおけるコロンブス以前の考古学調査を支援した．

ダーリング，フランク Darling, Frank (1850-1923)

カナダの建築家．ロンドンでストリートやアーサー・ブロムフィールドのもとで修行し，その後トロントで開業した．英国教会系の教会堂を含む初期の作品にはピアソンやストリートの影響がみられるが，彼の作品として最もよく知られているのは，すぐれたボザール風古典主義の銀行（1895年からの協働者のジョン・A・ピアソン（John A. Pearson, 1867-1940）とともに設計．代表例にマニトバ州ウィニペグのカナダ商業銀行（1910-11））や，現場にて一日で建設できるという一連のプレハブ式の木造の銀行である．同社はモントリオールのサン生命保険

会社の社屋（1914-31）も設計したが，それは当時の大英帝国における最も高さのある建造物の一つであった．

ダル dalle

1. 石材，大理石，テラコッタなどによる，床に用いられる平らな厚板．

2. 教会などの舗装として用いられる装飾された，もしくは彩色された厚板．ダレッジとはダルで床を張ったもの．

3. 幅の狭い箱樋．

樽板 stave

⇨スターヴ（4）

垂木 rafter

柿や瓦などの屋根葺き材を支持する，傾斜した屋根の建設に用いられる長くて斜めの長方形の木材．以下のタイプに分類される．

アングル・ラフター（隅垂木）： 主材垂木のうち隅木の下にあって通常の垂木を支える母屋桁（パーリン）を支持するもの．アメリカでは屋根の隅にある垂木は主材であるかないかにかかわらず，谷部ではヒップ・ラフターもしくはジャック・ラフターと呼ばれる．

ヴァージ・ラフター（けらば垂木）： 切妻の外側に屋根材を支持するために置かれた垂木で壁体の外側にあり，それ自体は壁板と母屋桁によって支持されるもの．

ヴァリー・ラフター（谷木）： 二つの屋根面が出会う谷に斜めに置かれる垂木のこと．たとえばドーマー窓ではジャック・ラフター1を参照．

オジリアリー・ラフター（補助垂木）： トラス構造において主材に重ねて強化するのに使われるもの．

コモン・ラフター（垂木）： 同規格の部材で，屋根の傾斜する部分に規則的な間隔で配置され，しばしば主材の間の中間部材となる．二つの垂木はセットでカップルと呼ばれる．

コンパウンド・ラフター（複合垂木）： 2本の垂木でうち1本が他方に差し渡され，クリートやディスタンスピース，スペーサーで仕切られるもの．内側にくるものは2次的垂木と呼ばれる．

コンパス・ラフター（反り垂木）： 下のほうが反っているか，トラスでは全体が曲線を描

く垂木.

ジャック・ラフター1（谷木）： ドーマー窓の上部のように，二つの屋根面が出会う屋根の谷に斜めに置かれて，コモン・ラフターの下端を支えるもの.

ジャック・ラフター2（配付垂木）： 壁板と隅木の間，あるいは屋根の谷と棟の間の短い垂木.

バインディング・ラフター（結束垂木）：母屋桁（パーリン）.

ヒップ・ラフター（隅木）： 対角線上に二つの屋根斜面が直角に交差する隅棟に配置される部材で，コモン・ラフターの上端を支える.

プリンシパル・ラフター（主材垂木）： 傾斜屋根にある大きな長方形の斜め木材部材で，母屋桁を支持し，コモン・ラフターとしても機能する．コモン・ラフターとして機能しないものは単に主材（プリンシパル）と呼ばれる.

ダルトン，ジョン　Dalton, John（1927-2007）
ヨークシャー生まれのオーストラリアの建築家．シンプルで控えめな形態を用いるとともに，太陽熱の収集を管理し，湿気の問題を解消するための通風を行うことでクイーンズランド州の気候条件に合うような建築を作り出すことに貢献した．いずれもブリスベンにあるグリフィス大学のユニバーシティ・ハウス（1975）とケルヴィン・グローヴ技術職業専門教育大学のホールズ・オブ・レジデンス（学生寮）は，彼にとって規模の大きな作品の例である．他方で住宅作品の多くは，気候を考慮したルーバー，ベランダ，その他の特性をもち，注目に値する．彼の住宅の中でも，いずれもクイーンズランド州に所在するダーリング・ダウンズのマウント・マニング・ホームステッド（1982）とポイント・ルックアウトのビーチ・ハウス（1988）は彼の建築哲学を示している.

ダルバール　Durbar
インド土侯が謁見用に使うホールまたは空間.

たるみ　sag
　⇨サグ

タレット　tallet, tallot, tallus, tallut, talus, talut
1.　転び.

2.　建物の，傾斜した屋根の下にある空間.
3.　干草置き場.

ターレット　turret
1.　小さな，あるいは副次的な塔．これよりも大きな構造物の一部分を形づくるのが通例で，とりわけ，建築の角に，丸みを帯びた形態で付加される．地上から一定以上の高さに設けられたコーベルから立ち上がる場合もある．螺旋階段を備えることが多い.
2.　直径に比して非常に高さのある円形の塔.
3.　巨大な塔の頂上にある，小さな円形の塔．建築の隅部に設けられる場合が多く，トゥーエルと呼ばれることもあり，しばしば円錐状の，あるいはドーム状の屋根を備える．ペッパー・ポット・ターレットとしても知られる．このように副次的な小塔は，銃眼を備えた建築や，スコティッシュバロニアルの建築にみられ，その頂部にはスパイアやピナクル，あるいはオージー状の頂点が設けられる場合が多い.

タレットステップ　turret-step
鍵穴にも似た輪郭の平面を有する石材．円形平面の方の一端は，円形の，あるいは湾曲した螺旋階段の角柱や親柱を形成し，扇形平面の方の一端は，階段を形成する.

垂れ布飾り　lambrequin
水平に伸びる装飾帯で，下端は房や突出，切り欠きで連続した前垂れや房飾りのように飾られる．コーニスの下によくみられる.

ダーレルップ，イェンス・ヴィルヘルム　Dahlerup, Jens Vilhelm（1836-1907）
デンマークの建築家．ヘッチュやネベロングの弟子であり，T・フォン・ハンセンやシンケルにも影響を受けたが，ゼンパーの作品に心を動かされて豊饒なイタリア・ルネサンス様式の方向に転進した．たちまち名声を確立し，次のような数多くの重要な建築を設計した．リングビーの農業学校やコペンハーゲンの王立劇場（1872-74，オーヴ・ペーテルセンと協働），コペンハーゲンのチボリ公園にあるパントマイム劇場（1870年代），新カールスバーグ醸造所（1880-83），ヴァルビーのイエス教会，王立美術館（1888-95，イォルグ・メーラーと協働），

ジプトテーケット（1891-95），さらにコペンハーゲン周辺の数多くの個人住宅がある．ヴェイレフィヨルドのサナトリウム（1899）も彼の設計である．デンマークにおける最後の歴史主義建築家の一人であり，建築言語の適用にあたっては名人的技巧を感じさせた．

タレンティ，フランチェスコ　Talenti, Francesco（1300 頃-69）

フィレンツェ出身の建築家．1320 年代にオルヴィエート大聖堂の建設に携わり，1343 年頃にフィレンツェ大聖堂の建設でピサーノの後を継いだ．そのときから鐘塔の建設にも携わり最上階を完成させ，大聖堂の建設（1351-64，1366-68）も続けながら，身廊を築き上げ，東端部の八角形平面も含めた最終的な形を決定することにも助力した．息子のシモーネ・ディ・フランチェスコ・タレンティ（Simone di Francesco Talenti, 1330-35 頃生，1383 年以降没）も大聖堂の建設に携わり，1360 年代にオルサンミケーレ聖堂のアーケードでできた 1 階部分を設計した．しかし，シモーネの最も有名な建物はフィレンツェのシニョリーア広場にあるロッジア・デイ・ランツィ（1376-81）であり，ベンチ・ディ・チョーネ（Benci di Cione, 1337-81 活躍）などとともに関与した．

タロン　talon

オジーと同義．

ダロンコ，ライモンド　D'Aronco, Raimondo（1857-1932）

イタリアの重要な建築家で，トリノ装飾美術万博（1902）において優美な建築群を設計した．この万博はアール・ヌーヴォー（イタリアではリバティ様式と呼ばれる）がはっきりとした形で現れたイベントであった．万博の中央ロトンダは溢れんばかりの装飾で飾られ，左右に低い両翼を張り出させていた．ダロンコの建物は，その建築的特徴がオーストリアのゼツェッシオンに大きく影響されていたとはいえ，リバティ様式の傑作に位置づけられる．一方，ダロンコがウーディネに建てた霊廟（1898）は，折衷主義的傾向の一面をうかがわせる．縦勾配の壁，エジプト建築のような頂部といった要素は，ヴァーグナーやヴィオレ=ル=デュクの影響を思わせる．

タワーハウス　tower-house

数階建ての，簡略ながら堅固な構造物で，下階にはヴォールトの架けられた部屋を設け，その上階には主要な応接室，あるいはホールを備えるのが常である．スコットランド（多数の壮麗な作例が現存する）やアイルランドに多く，17 世紀にまで建設されていた．

段　course

⇨コース

ダン，ウィリアム・ニュートン　Dunn, William Newton（1859-1934）

イギリスの建築家で鉄筋コンクリート造の推進者．ロバート・ワトソン（Robert Watson, 1865-1916）とともに，ジェームズ・マジョリバンクス・マクラーレン事務所をマクラーレンの死後も継続した．事務所の作品は，アーツ・アンド・クラフツにみられるヴァナキュラー復興様式を有する建物が多くあるが，古典主義の秀作もある．古典主義の作品としては，ロンドンのポール・モール 16-17 番にある，スコットランド・プロヴィデント協会ビルディング（1900 年にパートナーとなるカーティス・グリーンが部分的に設計）があり，フィレンツェのサン・ロレンツォ新聖具室にみられるミケランジェロ風マニエリスムのデザインを用いている．

タング　tongue

1．木材の端の中央より下にある，小さな突出部，あるいはフェザー．隣接することとなる板や床面などの端にある，溝や切り込みに対応する．ゆえにタング・アンド・グルーブド（凹凸面）なのである．

2．柄（ほぞ）の別名（⇨モーティス＆テノン（継手））．

丹下健三　Tange, Kenzo（1913-2005）

日本の建築家．東京大学卒業（1938）後，前川事務所に勤務し，ル・コルビュジエの教えを吸収．1940 年代初頭には伝統的な日本建築を思わせる造形を展開，1949 年に広島ピースセンターのコンペに勝利，これが出世作となり，1951 年の CIAM でも紹介するなど，国際的な建築シーンに踊り出ることになった．続く作品では，最新技術を駆使した形態を試み，あっと

いう間に日本における近代運動のトップランナーとしての地位を確立し，デザインにおける日本と西洋の統合についても議論を深めた．香川県庁舎（1955-58）では柱と梁の表現効果にこだわったが，高松市体育館（1962-64）や東京のマリア大聖堂（1961-64）になると，よりダイナミックな表現に転じ，とくにマリア大聖堂では十字形平面とパラボラ屋根を重ねあわせた．この主題がさらに発展したのが，代々木体育館（1961-64）で，二次曲線の吊り屋根の下に15000人が収容される．

丹下の業績には都市計画研究も含まれる．高速交通システムを基盤とする東京拡張計画は，高密度居住地区，東京湾へ都市街区がのびていく構想で，『東京計画1960』として出版された．さまざまな方向に接続される多目的ブロックの構想もあった．甲府市の山梨新聞放送センター（1964-67）は，サービス・コアと階段室が収められた16本の巨大円筒型柱の間に，機能別のフロアが架け渡されるものであった．本作と東京計画が，メタボリズムに多大な影響を与えた．1970年代になると，欧米の建築と強い類似性を示すようになった．初期の作品のダイナミズムに比べると細部の精緻さが勝るようになった．後期の作品には，ブルガリア大使館（1974），イラン大使館（1975），トルコ大使館（1977），東京プリンスホテル（1983-87），東京都庁（1986-92），国連大学（1990-92），メキシコシティの日本大使館（1976-77）などがある．機能主義を批判し，美しきもののみが機能的であると主張した．

ダンサー dancer

1．カーブした階段，もしくは，らせん状の階段．

2．カーブした階段にみられる，一方が狭く，もう一方が広がった，くさび形の踏み段．ダンスド・ステップ，ダンシング・ステップ，あるいはバランスド・ワインダーとしても知られる．

段状破風 crow-steps
⇨クロウ・ステップ

ダンシング・ステップ dancing step ⇨ダンサー

ダンス，ジョージ，父 Dance, George, sen. (1695-1768)

ロンドンの石工，記念碑彫刻家，建設業者にして建築家．義理の父ジェームズ・グールド（James Gould, 1734没）とともに，ロンドンのビショップスゲートにあるセント・ボトルフ教会（1725-28）を建てた．1735年にはロンドン・シティの現場監督に任命され，壮大なエジプシャン・ホールがあるマンション・ハウス（1739-42）を設計した．これがおそらく彼の代表作であろう．他の作品はギッブズ，パッラーディオ主義，レンから影響を受けている．中でもショーディッチのセント・レナード教会（1736-40）が最もよい例であり，その尖塔のデザインは明らかにレンのセント・メアリー・ル・ボウ教会（1680完成）という先例に基づいたものであった．彼はケントのファヴァシャムにあるセント・メアリー教会の身廊を再建し（1754-55），ロンドンデリーのコールレーンにあるマーケット・ハウス（1740頃-43，現存せず）をアイリッシュ・ソサエティのために設計した．

ダンス，ジョージ，息子 Dance, George, jun. (1741-1825)

父ジョージ・ダンスの末子．1758年にイタリアに旅し，兄のナサニエル（Nathaniel, 1735-1811）とフィレンツェで落ち合い，1759年にローマに到着した．ここで製図工としての技術を習得し，新古典主義の本質を吸収したあと，1764年にロンドンに帰った．最初の仕事はロンドン・ウォールのオール・ハローズ教会（1765-67）である．これは進歩的な新古典主義の建物で，円筒ヴォールトのある室内と簡素な外観からなり，ロージエやほかのフランスの著作家に影響を受けている．1768年に父親を継いでロンドン・シティの現場監督となり，驚くほどみごとなニューゲート監獄（1768-85，1902解体）を設計した．これは力強く崇高ともいえる構成をしており，量感的で窓のないルスティカ仕上げの壁面は，パッラーディオやジュリオ・ロマーノによる前例にもとづいており，いくつかの要素はピラネージの幻視の牢獄を想起させるものであった．これはイギリス人の建築作品の中で，デュランの『比較建築図集（Recueil et parallèle des édifices）』（1799）に掲載されたほんの一握りのうちの1つとなり，そ

の目的（この場合は刑罰）を表現した建築（「語る建築」）となった．ダンスは多くの都市計画の改良に着手し，ロンドンの中世的な街路計画の多くを変更した．彼はサー・ロバート・テイラーとともに建築条例（1774）を立案した．これは正面の壁厚を決め，サッシュ枠などの木材が露出せずに煉瓦の後ろに後退させるように規定するなど，70年にもわたってロンドンの景観に大きな影響を及ぼした．彼はマンション・ハウスの一部を改築し，中庭を屋根で覆い，壮大な階段室をとりはらい，エジプシャン・ホールの屋根を低くして格天井をつけた（1795-96）．1788-89年に古代ギリシア風の装飾をもつヒンドゥー・ゴシック様式でギルドホールの南正面を改築し，のちにA・W・N・ピュージンによって風刺されることとなった．彼の弟子で最も傑出した人物はソーンであり，ソーンの作品のいくつかにはダンスのデザイン（たとえばギルドホールの会議室における低いドーム（1737-38，1908解体））の影響がみてとれる．ダンスの作品のいくつかはグリーク・リヴァイヴァルを予見させる．たとえば，ハンプシャーにあるストラトン・パークの簡素なポルティコ（1803-06）や，ロンドンのリンカンズ・イン・フィールズの王立外科医協会（1806-13）がある．現存するポルティコはバリーによって再建されたものであり，彼は柱にフルーティングを施した（1835-37）．

ダンセット（山形刳形，雁木刳形）dancette
　ロマネスクのシュヴロン（ジグザグ形の刳形（くりかた））．

男像柱 telamon（*pl.* telamones）
　⇨テラモン

ダンテスク Dantesque
　ダンテ・アリギエーリ（Dante Alighieri, 1265-1321）の時代にイタリアで流行した飾り気のないゴシック様式の19世紀におけるリヴァイヴァル．

鍛鉄 wrought iron
　⇨錬鉄

単トリグリフ式 monotriglyphic
　⇨モノトリグリフィック

ターンパイク turnpike
　⇨階段

ターンバックル turnbout, turnbuckle
　鉄あるいは真鍮製の締め金具で，軸を中心に回転させ，窓やカップボードのドアを固定するもの．

段鼻 nosing
　階段の踏面やシル，あるいはドリップ・ストーン（雨押さえ石）のへりのように，部材の表面から上向きにわずかに出っ張った水平の丸縁で形成される突出部．

タンパン，ティンパヌム tympan, tympanum（*pl.* tympana）
　1．水平のコーニスと，勾配のついた登り蛇腹，あるいは水平のコーニスと，弓形のコーニスの内側に設けられた，三角形，あるいは扇形のペディメントの表面．浮彫彫刻で装飾されることが多い．
　2．開口部の上方にわたされた楣の上部に位置する，アーチの内部に納められた部分．たとえば，フランスのアルル近郊にあるサン・ジル・デュ・ガールの聖堂（12世紀）や，ヴェズレーのマドレーヌ聖堂（12世紀）の西扉口がある．

耽美主義運動 Aesthetic Movement
　1860年代を席巻したヴィクトリアン・デザインに対する批判から発したイギリスおよびアメリカの運動．美の崇拝運動，および芸術至上主義と連動した．過剰で不適切な装飾をするよりも，平明な材料，仕上げを好んだ．日本や中国の美術に影響を受け，アーツ・アンド・クラフツ運動，アール・ヌーヴォー，ジャポニスム，クイーン・アン様式とも密接な関係にあった．この運動に最も深くかかわった建築家は，E・W・ゴッドウィンであった．耽美主義が最もよく現れているのは，ヴィクトリア朝後期の装飾芸術および絵画で，それらは，異国風の東洋趣味に影響を受け，豊潤で奇怪，何か匂い立つような，頽廃的な香りが漂うものであった．

ダーンフォード，ニコラス・ド Derneford, Nicholas de（1309-31活躍）
　イングランドの石工．軍事建築や築城の専門

家であったと思われ，ウェールズにおいて，1316 年からビューマリス・カースルのマスター・メーソンを務め，1323 年以降は，カーナーヴォン・カースル，コンウィ・カースル，クリキエス・カースル，ハーレフ・カースルのマスター・オヴ・ザ・ワークス（工事主任）となった．1327 年には，アバリストウィス・カースル，カーディガン・カースル，カマーズン・カースルなどの城郭の建設を任された．また，卓越した独創性をもった建築家としても能力を発揮し，ブリストルのセント・オーガスティン聖堂（現在は大聖堂）のすばらしいクワイアを設計し，建てたと思われる（1298-1340）．

タンブリング帯 tumbling-course, tumbling-in

バットレスや煙突，破風，あるいはその類のものの，傾斜面に対して直角に置かれたブロックの列で，水平の列へと収束してゆくもの．19 世紀のゴシック・リヴァイヴァルにおけるマスキュラー・ゴシックの建築家が多用し，笠石の代わりに，密度の高いエンジニアリング・タイプのブロックが使用された．

タンブール tambour

1. シャフトを構成する部分．ドラムで構成される．
2. コンポジット式あるいはコリント式のキャピタルにおける，ベルや基礎，あるいはヴェース．
3. ロトンダ，あるいは，たとえばクーポラを支えるドラムなどの，円形の構造物．
4. 円形状の構造物の壁．

ターンブル，ウィリアム Turnbull, William (1935-97)

アメリカの建築家．建物は敷地に呼応すべきであり，また建築と呼ばれるものの多くは単なる包装であるという信念のもと，人びとが住みはたらく場所で楽しく過ごせるような建物によって，貧困により荒廃した環境を豊かにする試みを行ってきた．その作品として，ヴァージニア州フェアファックス郡のツィンマーマン・ハウス（1975）やミシシッピ州ビロクシの図書館兼文化センター（1977），カリフォルニア州モデストのアラヴェルト邸（1978），マサチュ

ーセッツ州チャパキディックのエドワーズ邸（1982），カリフォルニア州ソノマのアンドリューズ教会（1992）ほか多数がある．

タンプル，レモン・デュ Temple, Raymond du (1359-1403/4 活躍)
⇨レモン・デュ・タンプル

ダンマルタン一族 Dammartin Family

フランスの建築家一族．ギ（Guy, Gui）またはギョ・ド・ダンマルタン（Guiot de Dammartin, 1398 没）は，レモン・デュ・タンプルとパリのルーヴル宮殿（1362-72）で協働し，1367 年から 1372 年までは，ベリー公ジャン・ド・フランス（Jean de France, Duc de Berry, 1340-1416）に召し抱えられて公の野心的な建築計画を監督した．彼は平面計画にアンフィラード・システムを用いてブールジュの宮殿（1375-85）を設計したが，このシステムは，当時の邸館建築における革新的な配置システムであった．またリオン（1382-88）とブールジュ（1392-98）にそれぞれサント・シャペルを設計した．さらにムアン・シュル・イェーヴル，リオン，ポワチエの城館を大きな邸に改築して，バトルメントを取り壊してドーマーと窓をつくり，建築装飾をほどこした．これらはすべて 1380 年代の仕事である．兄弟であるドルーエ・ド・ダンマルタン（Drouet de Dammortin, 1413 没）もまた，パリのルーヴル宮殿とオテル・ド・ネール（後者はベリー公の建物）で，建築工事の監督を務めた．1380 年代後期にはブルゴーニュ公の建築棟梁となって，カルトジオ会修道院とともに，ディジョンのサント・シャペル（1387）を建てた．ドルーエの息子ジャン・ド・ダンマルタン（Jean de Dammantin, 1454 没）は，1421 年にル・マンのサン・ジュリアン大聖堂の主任建築家となり，北側トランセプトとバラ窓を手がけた．1432 年にはトゥール大聖堂の建築棟梁に指名され，外陣と西玄関を完成させた．

断面図 section

建物や建物部分の輪郭と（または）その内部形状を示すために，切断によって得られた切断面あるいは切断部分．したがって，矩形の輪郭を示すこともあれば，建物の想像上の鉛直切断面を示すこともある．この場合，切断面の後方

タンヨクシ

にあるものはすべて立面図のように描写される〔みえがかりのこと〕のが慣例なので，断面図は，部屋の内壁の立面を示すこともある．したがって平面図は，切断面が水平の断面図であり，床を立面図として示す．

単翼式 monopteron *or* monopteros
⇨モノプテロン，モノプテロス

小さき兄弟会 Minorite
フランンシスコ会．

チェア・レール chair-rail
室内の壁の回りに連続したペデスタルのように配置したコーニスのことで，デイドウ・レールという．

チェヴァキンスキー，サッヴァ・イヴァノヴィチ Chevakinsky, Savva Ivanovich (1713-74-78頃)
ロシアの建築家．ロシアで最高の後期バロック聖堂ともいわれるサンクト・ペテルブルクのニコリスキー（聖ニコライ）海軍大聖堂(1753-62)を設計した．また，1745年からラストレリに引き継ぐまで，ツァールスコエ・セロの初期の設計にも携わった．後期の作品は新古典主義の影響を受けている．

チェッカー chequer, checker
1．表面を同大の正方形（格子じま）に分割し，色やテクスチャーなどのさまざまな仕方で互い違いにしてつくった模様．それは一般に，タイルや石の舗装にみられ，チェス・ボードに似ているため，チェッカー・ワークと呼ばれる．
2．後期ロマネスク建築およびゴシック建築の表面彫刻のように，区画がすべて正方形につくられたダイヤパー・ワークの一形式．

チェッカー・セット chequer-set *or* staggered corbelling
コーベルの列またはマシクーリ (machicolation, はね出し狭間) のことで，それぞれ互い違いに突出部が隣のものより高くあるいは低くなるように，すなわち「市松模様式」に配置されたもの．

チェディ chedi
タイにおけるストゥーパで，まれに西欧にお

ける東洋風建築の中にみられる.

チェルトーザ Certosa
　イタリアにおけるカルトゥジオ会修道院.

チェルマイエフ, セルジェ・イワン
Chermayeff, Serge Ivan (1900-96)
　ロシア生まれ. 1910 年にイングランドに移
住. ロンドンの装飾事務所のデザイナーとして
勤務し (1924-27), その後モダン家具デパート
であるワーリング＆ジロー (1928) のディレク
ターとなり, 1930 年に建築事務所を設立した.
この頃の彼による作品には, ケンブリッジ・シ
アター (1930), BBC (1932) のインテリアが
あり, ともにロンドンにある. 彼はエーリヒ・
メンデルゾーンとの共同事務所 (1933-36) を
設立し, 近代建築を代表する, デ・ラ・ウエ
ア・パビリオン (1934-35) をサッセックス,
ベックスヒルに, ニモ・ハウス (1938-39) を
バッキンガムシャー, チャルホン・セント・
ジャイルに, ロンドンのチェルシー, オール
ド・チャーチ 66 番にも住宅を設計した. サ
セックス, ホランド, ベントレイ・ウッドにあ
る優雅な住宅は, アメリカ時代のものを先取り
しているようで, 木構造が使われている. 1940
年にアメリカに移住し, コネチカット州ニュー
ヘブンの自邸は (1962-63) は, おそらくアメ
リカにおける彼の代表作である. クリストファ
ー・アレグザンダーとともに, 『コミュニティ
とプライバシー (*Community and Privacy*)』
(1963) を, アレグザンダー・ツォニス
(Alexander Tzonis, 1937-) と, 『コミュニ
ティのかたち (*Shape of Community*)』(1971)
を出版した.

チェーン chain
　1. 鎖形に彫られたロマネスク時代のモール
ディング.
　2. 安定性と密着性を高めるために煉瓦の壁
につくり込まれた木や金属の部材で, 「チェー
ン・ボンド」と呼ばれる.
　3. 各々の対になった石をつなげる一つかそ
れ以上の締めつけ金具を用いた石積みの層.
　4. 完全な円環を形成する鎖で, たとえばロ
ンドンのセント・ポール大聖堂 (1675 着工)
のドームのように, 石造の円形建物が広がろう
とする力を防ぐのに使用された.

　5. ヴォールトとアーチが建設される間に,
ピアの頂部などの連結に使う鎖の連結材.
　6. 煉瓦造の膨らみを締めつけるために用い
るのであれば, 鎖や棒の端にアンカー (留め
具) を固定し, 壁の外側からみえるようにした
もの.

チェンバーズ, サー・ウィリアム Chambers,
Sir William (1723-96)
　イギリスの重要な古典主義の建築家. スウェ
ーデンのイェーテボリにてスコットランド人の
商人の息子として生まれ, ヨークシャーで教育
を受け, スウェーデンの東インド会社とともに
インドと中国を旅した (1740-49). 1749 年に
はパリにある J・F・ブロンデルのエコール・
デザールに入学し, 1750 年にはイタリアを旅
した. ここで 5 年間を過ごし, 古代や同時代の
建築を学びながら, クレリソーらに製図の技術
を学んだ. ヨーロッパに滞在中, 彼はやがて
18 世紀後半に新古典主義へとつながる多くの
概念を吸収した.
　1755 年にはロンドンに事務所を設立し,
1756 年には王太子 (のちのジョージ 3 世
(George III, 在位 1760-1820)) の建築教師と
なった. 1757 年には未亡人の王太子妃のため,
キューの地所を造園するよう委任された. 彼は
庭園に異国風の神殿や庭園建築を建て, そのな
かには中国風パゴダ (1761-62) も含まれた.
1757 年に『中国建築のデザイン (*Designs of
Chinese Buildings*)』を出版しており, それま
でにシノワズリの流行はほとんど終わっていた
にもかかわらず, この著作は中国建築の図面の
源泉とみなされた. 1759 年には『公共建築論
(*Treatise on Civil Architecture*)』を出版し,
これはオーダーとその使用に関する重要で標準
的な著作となり, 1768 年と 1791 年に再版され
た (『公共建築装飾論 (*A Treatise on the
Decorative Part of Civil Architecture*)』と改題
されたときに大幅に増補され, 修正された).
1760 年までに名声を確立しており, 2 名の王室
建築局の建築家 (もう 1 人はロバート・アダム
であった) のうちの 1 人に任命された. 『サリ
ーのキューにある庭園建築の平面図, 立面図,
断面図と透視図 (*Plans, Elevations, Sections,
and Perspective Views of the Garden Buildings
at Kew in Surrey*)』は 1763 年に出版され, 如
才なくパトロンの王太子妃に献呈された. 1769

年にフリットクロフトの後継者として建築検査官となり，1782年には建築総監督官になった．これらの職において，彼は偉大な公的建築家であると同時に一流の行政官としてただちに頭角をあらわした．

チェンバーズの建築はイングランドのパッラーディオ主義とフランスの新古典主義を折衷したものであり，ダブリン近郊にある，ギリシア十字平面をしたカジノ・マリオ（1758-76）や，ロンドンにある彼の最高傑作サマセット・ハウス（1776-96）にみてとることができる．これはおそらくロンドンに建てられた公的建築の中で最も壮大なものであろう．ジョン・ウェブによるサマセット・ハウスのクイーンズ・ギャラリー（1662）には，アーチのついたルスティカ仕上げの地階と，2階，3階には大オーダーがあったが，チェンバーズによる新しい建物にもその名残がある．エディンバラ近郊のミドロウジアンにある，チェンバーズによるカントリー・ハウスであるダディングストン・ハウス（1763-68）は，ウィルトシャーにあるキャンベルのスタウアヘッドに似ているが，ルスティカ仕上げの基礎はなく，コリント式のポルティコはたった4段の階段の上にたっている．彼は1775年にダブリンのトリニティ・コレッジでパブリック・シアター（1777-86）と礼拝堂（1787-1800頃）を設計した．これらはコレッジで最も傑出した建築である．しかし，古代ギリシア建築には不案内であったようで，「アテネの醜悪さ」と表現している．一方，ドーセットにあるミルトン・アビー・ハウス（1771-76）をゴシック様式で設計し，ゴシックに関する論文を出版する予定であったようである．キュー・ガーデンでは様式にとらわれず，伝統的な古典主義の建物だけでなく，アルハンブラ，ムーア風モスク，中国様式の建造物なども建てた．彼はキュー・ガーデンに建築様式の百科事典を示すつもりであったようである．当時のイングランドでは，彼だけが本物の中国建築を見たことのある唯一の建築家であったということが記憶されるべきであろう．彼は1772年に『東洋建築論（*Dissertation on Oriental Architecture*）』を出版した．これは実際には「ケイパビリティ」・ブラウンによって促進された造園様式を攻撃したものであったが，手本である中国庭園の弁解と誤解され，汚名をきせられることとなった．また，彼はミルトン・アッ

バスの村を造成（1774頃-80）した可能性がある．弟子にはガンドンがおり，チェンバーズの影響は重要で甚大なものであった．

チェンバリン，パウエル・アンド・ボン
Chamberlin, Powell, & Bon

ロンドンを拠点とし設立された共同設計事務所．ジェフリー・チャールズ・ハミルトン・パウエル（Geoffry Charles Hamilton Powell, 1920-99）が，ロンドン，シティにおける突出した空襲被災地域であるゴールデン・レインの新しい集合住宅の設計競技に当選したのちに設立された．集合住宅は1953年から57年に実施されたが，プロジェクト遂行にあたり，パウエルは2人の建築家，ピーター・ヒュー・ジラード・チェンバリン（「ジョー」として知られるPeter Hugh Girard Chamberlin, 1919-78）とクリストフ・ボン（Christoph Bon, 1921-99）の手を借りた．その後，ロンドン組合が広大なバービカン開発計画（1955-82）の設計にあたって事務所に話を持ちかけてきた．このプロジェクトは，高密度都市において，文化，住居，教育的施設を組み入れたものとして，またル・コルビュジエの理論に影響を受けたものとして，イギリスの中でおそらく最も成功した事例である．ほかの作品には，ロンドンのサウス・ケンジントンにあるボスフィールド・スクール（1955-56，ミース・ファン・デル・ローエによる建築が以前あった），ケンブリッジのニューホールにある建物（1962-63，ホール上部のドームと円形の階段塔は歴史的な引喩とみなされている），ヨークシャー，リーズ大学（1959-74），グリニッジのバンブラー・パーク住宅（1960年代），バーミンガム大学（1960年代）がある．

千木　chigi

日本の屋根の切妻破風の末端で，鋏のような形をしたもの，もしくは「叉状のフィニアル」と呼べるようなバージ・カップルが突出したものであり，時には西欧の東洋風の庭園建築においてもみられる．

チーク　cheek

正面向きは幅が狭く垂直で，開口部や突出部分（たとえばバットレス，ドーマー・ウィンドウ，チムニー・ブレスト）の両側にあるよう

に，一般に互いに呼応しあう二つのうちの一つを指す．

築城聖堂　fortified church
　南フランスやデンマークなどにおける，ドンジョン（方形，円形，または多角形平面）のように設計された聖堂．または，ドルドーニュやラングドックにおける，築城要素を伴った聖堂．アルザスとロレーヌでは，ロマネスクやゴシックの数例の「キルヒェンブルク」が都市囲壁にくっつけられており，ヴォールトを架けられた天井直上の空間はリダウトとして機能していた．

チッパーフィールド，デーヴィッド・アラン
Chipperfield, David Alan (1953-)
　イギリスの建築家．作品にはロンドン，カムデンにあるアガー・グローヴ・スタジオ（1987），東京にあるゴシック・プライベート・ミュージアム（1991），オクスフォードシャー，ヘンリー・オン・テームズにある，リヴァー・アンド・ローリング・ミュージアム（1985-97），サリー，リッチモンドにあるキリスト教科学第一礼拝堂（1995），デュッセルドルフにあるカイストラーセ・スタジオ（1994-97），ニューヨーク・シティにあるブライアント・パーク・ホテル，アメリカン・ラディエーター・ビルディング（フッド設計）の改修（1998-2001），ダブリンのヒュー・レイン・ギャラリー（2001），ドイツのゲーラにあるランデスツェントラルバンク（2001），ロンドンのゴームレイ・スタジオ（2003）がある．最も大きなプロジェクトとして，ベルリンの博物館島の再構成があり，半分壊れたノイエス・ムゼウム他の再建，有名なエジプト・コレクション（1997から始まり2009に完成）がある．他にも，ヴェネツィアのサン・ミケーレ墓地（1998-2006）がある．

智天使　Cherubim
　⇨ケルビム

チボー，ジャン=トマ　Thibault, Jean-Thomas (1757-1826)
　フランスの建築家．ブレの弟子で，J・N・L・デュランの共働者となり，1790年代の革命政府の主催したさまざまな設計競技に入賞す

る．チボーは，エリゼ宮殿やニュイィ宮殿などいくつかの重要な建物を改修し，また一時期，オランダで仕事をし，アムステルダム市庁舎を王宮に改修した．著書に『線遠近法のデッサン諸芸術への応用（*Application de la Perspective linéaire aux arts du dessin*）』（1827，1831，1833-34）がある．

チボー，ルイ・ミシェル　Thibault, Louis-Michel (1750-1815)
　フランスの建築家．ガブリエル，ミク，ル・ロワのもとで学び，1783年に南アフリカ，ケープタウンのオランダ東インド会社に雇用される．ケープタウンとその周辺に，最高裁判所や政庁舎など，いくつかの新古典主義の建物を残した．アンライトとともにヨーロッパの建築の考え方を南アフリカにもたらした．

チーム・ズー　Team Zoo
　1971年，象設計集団などによって設立された日本の共同設計組織．地方の特色に応じ，主要作に，今帰仁村センター（1975），名護市庁舎（1981），埼玉県の笠原市庁舎および小学校（1981-82），熊本県人吉市熊工業高校および伝統建築工房（1990-91）がある．

チーム・テン　Team X (10)
　20世紀半ばに結成された建築家集団．1956年に開催された10回目のCIAM会議を共同で計画したため，このように呼ばれる．彼らはCIAMが巨大になり過ぎ，その目的が漠然としていると信じたうえで，より熱意をもった国際的な近代運動の復活を主張した．メンバーの中にはファン・アイクやスミッソン夫妻がいた．

チムニー　chimney
　1.　暖炉または炉床．
　2.　煙道や通気口を上部にもつ暖炉のことであり，屋根の上に突き出た部分や，建物の外側にある構造物もそこに含まれる．チムニー・スタックとは，木骨造の建物に囲われた大きな構造物であり，それは熱を提供するだけではなく，構造を安定させるのにも役立ち，切妻壁の上に立ち上がるか，ファサードに沿って連続して設置される．その例は中世の病院や養老院にみられる（たとえば，スタッフォードシャーの

リッチフィールドにあるセント・ジョン病院（15世紀後半）ではチムニー・スタックがずらりと並ぶ）．エリザベサンとジャコビーサンの様式によるプロディジー・ハウスでは，チムニー・スタックは建築のまとまったスカイラインをつくり出すのに貢献していた．

　以下の用語はチムニーと関連するものである．ファイアプレース（暖炉）（チムニーの部屋への開口．装飾されているものも装飾のないものもある），ギャザリング（上昇するに従って狭まる煙道の部分），ハース（炉床）（暖炉の床面），イングルヌック（チムニーの隣にある小さなスペース．たいてい座席をもち，小さな窓によって採光される場合もあり，部屋の天井よりも低い天井をもつこともある．それゆえ「屋根付きイングル（ルーフド・イングル）」という別名もある）．

チムニー・アーチ　chimney-arch
　暖炉口上部のアーチで，チムニー・ブレストを支持する．

チムニー・ウィング　chimney-wing
　ギャザリングの側面もしくは横面の内の一つで，そこで煙道が狭まりチムニー・スロートに達する．

チムニー・ウェスト　chimney-waist
　チムニー・スロートと同じもの．

チムニー・カン　chimney-can
　1．上昇気流を増すために煙道頂部に設置した金属製パイプ．
　2．チムニー・ポットのこと．

チムニー・キャップ　chimney-cap
　チムニー・スタックを載せるアバカスまたはコーニス．

チムニー・クリケット　chimney-cricket
　チムニー・スタックが貫通する屋根の上に，防水性を増すために建てた保護用構造．

チムニー・クルック，チムニー・ホック　chimney-crook or -hook
　チムニー・クレーンのこと．

チムニー・クレーン　chimney-crane
　回り継ぎ手を付けた金属棒で，一端がかぎ形に曲げられ，それに料理鍋をつるして火にかけることができ，またの呼び名を「チムニー・クルック」や「チムニー・ホック」ともいう．

チムニー・コーナー　chimney-corner
　突出や後退をする暖炉または炉床の大きな口の隅または側面，あるいは火格子の両端に設けられた座席．「イングルヌック」または「屋根付イングル」などさまざまなヴァリエーションがある．

チムニー・シャフト　chimney-shaft
　「チムニー・ストーク」と同じようなものだが，さらに多いのは煙道が一つのみのチムニー・スタックのような例である．

チムニー・ジャム　chimney-jamb
　暖炉を囲い込む側面をつくるために後ろから突き出した壁のことで，アーチや梁，マントル，木材などを支持する．

チムニー・スタック　chimney-stack
　煉瓦造または石造のマスで，一つまたは「煙道仕切（withs）」で区分された複数の煙道を含み，屋根から突き出している．

チムニー・ストーク，チムニー・タン　chimney-stalk or -tun
　非常に高い煙突，またはチムニーの屋根から立ち上る部分．

チムニー・スロート　chimney-throat
　上昇するにつれて狭まるチムニー・フルー（煙道）の一部を「ギャザリング（集煙）」または「ギャザリング・オヴ・ウィングズ（集煙翼）」といい，そのギャザリングと排気管が互いに接合する部分は最も狭い部分であるから，「スロート（喉）」または「ウエイスト（くびれ）」という．

チムニー・チーク　chimney-cheek
　暖炉口の側面で，実際には，アーチや梁，マントル，木材などを支持するためのピアの表面であり，チムニー・ブレストである．

チムニー・トップ chimney-top
　チムニー・スタックやチムニー・ストークの頂部.

チムニー・バー chimney-bar
　チムニー・ブレストに対する支持材または楣で，多くは金属製の平型やH型やT型断面の部材，または「マントル・ツリー」と呼ばれるマッシヴな木材の梁であり，チムニー・チークに支持される.

チムニー・バック chimney-back
　1．「ファイアバック」，または暖炉の背面の壁のことで，多くは装飾的な鋳鉄製板でおおわれる.
　2．建物の外壁から外側に突出するチムニー・スタックの後部.

チムニー・ピース chimney-piece
　暖炉周りの飾り．水平部分が「マントル」，「マントル・ピース」であり，ひとそろいで建築的にかなり壮麗なものとなる.

チムニー・フード chimney-hood
　煙を集めるためにチムニー・ブレストから暖炉上部に突出した金属製または石造のフード状の構造で，中世にはありふれたものであった.

チムニー・フルー chimney-flue
　それを通して排煙できるようにしたチムニーの空洞部分．「漏斗（ファネル）」や通気筒，通気洞からそれが始まり，暖炉から上方に通じている.

チムニー・ブレスト chimney-breast
　1．チムニーをつくるために必要な基部から頂部までの正面壁で，暖炉を含む.
　2．暖炉上部の壁のことで，壁面からの突出のあるなしはあるが，アーチや梁，マントル，木材などで支持される．基本的には，室内に面しチムニーの一側面を構成する壁の部分である.

チムニー・ヘッド chimney-head
　チムニー・スタックの頂部.

チムニー・ポット chimney-pot

　チムニー・スタックの頂部の上に固定された煉瓦造または金属製，テラコッタ製の円筒形や多角形，四角形の構成部分．煙道を拡張し煙の吐き出し（抽出）を促す.

チムニー・マントル chimney-mantle
　1．チムニー・ピースの水平材.
　2．チムニー・ブレストを載せる梁または水平支持材.

チャージ charge
　1．盾（エスカッシャン）に描かれた，あるいはつけられた図案.
　2．たとえば石造建築の一部などの表面や天井から突出する装飾.

チャーターハウス Charterhouse
　カルトゥジオ会修道院，またはチェルトゥーザ，シャルトルーズ（フランス語）のこと.

チャーチ，トーマス・ドリヴァー Church, Thomas Dolliver (1902-78)
　アメリカのランドスケープ・アーキテクト．近代運動，とくにアールトに影響を受けた．カリフォルニア州ソノマのドネル庭園（1947-49）にあるインゲン豆形の水泳プールにみられるような曲線的形態の使用は，カリフォルニアのアッパー・ミドルのための一つのモデルとなった．カリフォルニアにおけるおもな作品としては，サンフランシスコのマーセド公園（1941-50）や，カリフォルニア大学バークリー校（1961）およびサンタクルーズ校（1963），クレアモントのハーヴィー・マッド・カレッジ（1963），パロアルトのスタンフォード大学（1965），クレアモントのスクリップス・カレッジのキャンパス計画がある．そのほかにはミシガン州デトロイトのゼネラルモーターズ社リサーチ・センター（1949-59）とウルスターによるサンフランシスコのヴァレンシア公営住宅（1939-43）における景観設計があげられる．景観設計におけるカリフォルニア派のリーダーと目される彼の考え方は著作や（ベイリスやハルプリンを含む）弟子を通じて世に広められた.

チャッタ，チャットラ chatta, chattra
　石造の傘状のもの．⇨チャトラ

チヤト

チャート　chert
フリントに似た石.

チャトラ　chat(t)ra
柱（「チャトラヤシティ chattrayashiti」）が支持する水平の平板の上の傘（「チャッタ」は傘のヒンドゥー語）のような形状で，一つ一つ上に重なり合うように配置した三つの傘を支持するのであれば「チャトラヴァリ chattraval(l)i」という．インド様式のリヴァイヴァルまたはヒンドゥー建築は，上にチャトリが載るパヴィリオンのような形状（チャヴァダ）である．

チャトラヴァリ（chattravalli）ストゥーパの上に載ったもの．

チャトリ　chatri
4本のコロネットに支持される水平のスラブ（板）からなるインドのパヴィリオンで，西欧においてはヒンドゥー式東洋風建築を想起させるものであり，また「チャヴァダ」とも呼ばれて，多くはオジー形を描く屋根をもつ．

チャトリまたはチャヴァダ

チャネル　channel
1. 円柱の柱身のようなものにつけた溝彫．
2. ドリス式のトリグリフのカナリクルス．
3. ルスティカ積における傾斜のついた溝彫または溝．
4. 外面から排水するための窪み，溝，排水路．

チャーネル・ハウス　charnel-house
1. 教会の墓地において新たな墓所が要求されて，死者の骨が掘り出されて収容されている建物（時にはその目的に応じて建てられることもある）やクリプト，納骨堂，地下納骨所．かつて中世のイギリスではチャーネル・ハウス（納骨堂）はきわめてありふれたものであったが，ロンドン近郊のデトフォード・グリーンのセント・ニコラス聖堂の教会敷地内に石で仕上げた煉瓦造の3ベイのチャーネル・ハウスが17世紀末に建立されたとはいえ，宗教改革によって故人に対する宗教的な礼拝式が変化するにつれ，16世紀以降は通例ではなくなってきていた．チャーネル・ハウスは今日では大陸において，アルプスの教会境内のように，とくに埋葬用の敷地が限られている場所に認められる．また，壁と天井が図柄に並べられた骨で覆われるような装飾的なチャーネル・ハウスも現存する（例としてはローマのカプチン会）．
2. シチリアのパレルモにおけるように，一定の状態まで乾燥させた遺体を安置する場所．

チャプター　chapter
⇨柱頭

チャプター・ハウス　chapter-house
集会，商取引，会議，教会規律維持などのための建物で，大聖堂および参事会聖堂，修道院聖堂とに関連し，多くは回廊の東側に位置するが，聖堂の北側に位置することもあり，ヴェスティビュル，トリサンティアを通って入る．大聖堂や規模の大きい聖堂には，イギリスのチャプター・ハウスは多くは平面が多角形で（たとえばリンカン大聖堂およびウェールズ大聖堂⇨「カテドラル」の図），ヴォールトを支持する中心のピアの有無はあるが，外辺のまわりにはストールが設けられていた．北側に位置する多角形の例は，おそらくコンスタンティヌス帝によるローマのサン・ピエトロのバシリカ

(333頃創立)の平面が着想源となったものである.

チャプトレル chaptrel
 1. 起拱点を支持するピアまたはアーチやヴォールトの柱頭,あるいはアンタやピラスターのようなピアの柱頭.
 2. 迫元(インポスト).

チャプレット chaplet
　アストラガルに施されるような数珠つなぎに似たモールディングで,「パーリング(連珠紋)」ともいう.

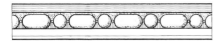

チャプレット

チャペル chapel
 1. キリスト教徒の礼拝用の建物で,教区教会や大聖堂とは異なり,その多くには通常の教区教会であれば備えている一定の特権がない.
 2. 城郭やカレッジ,屋敷,修道院,宮殿,学校,その他の施設の内部またはそれらに付属する礼拝用の空間または建物.
 3. 埋葬用通廊のオラトリー,マウソレウム,霊安室の礼拝所やその他の場所にあり,ミサが詠唱される祭壇を備え(すなわちチャントリー・チャペル),多くのものに葬儀用記念碑が設けられる.
 4. 大規模な教会堂内部の仕切られた区画で,ふつうは側廊内や翼廊の東端部分,主祭壇の東側部分にあり,独自の祭壇をもち,別々に献納されており,立派で壮麗なつくりのものが多い(たとえばウエストミンスター・アビーにおけるような聖処女マリア崇拝のためのマリア祭室).主軸が教会堂の身廊の主軸に重なる祭室を「軸線上祭室」と呼び,シェヴェの配置にみられるように,アプスの東端の半径上にある内陣の半円の端を囲むものを,「放射状祭室」とよぶ.また,教会堂の東端に互いに平行に配置されるが同一直線上にないものを(ウェールズ大聖堂(⇨「カテドラル」の図)のように),「エシュロン・チャペル」という.
 5. 教区教会に従属する礼拝用の場所で,「簡易礼拝堂 chapel-of-ease」のように,教区が相当に大きく距離が遠い場合,あるいは人口が増大した場所に,教区民の便宜上創り出された.
 6. イングランドにおける英国国教会建築以外のキリスト教の礼拝の場所,すなわち通常は非国教徒の施設に適用される.アイルランドでは,それは21世紀初めになってもローマ・カトリック教会を表す言葉として使われている.

チャルス charsu
　イスラム建築において,たとえば市場で2本の小路が交差する場所のように,ドーム空間の周囲に集中するバザール内の構造.その一例は16世紀のウズベキスタンのブハラにおけるタキ・ザルガランである.

チャールズ,フレドリック・ウィリアム・ボールトン Charles, Frederick William Bolton (1912-2002)
　イギリスの建築家で,木骨建築(とくに,クラック構造)の専門家.「経年による風格」や「歴史の積み重ね」は重要ではないと考えるとともに,古建築の修復への取り組む姿勢が少々厳格であったため,しばしば衝突を引き起こした.チャールズは,使用禁止を宣告されたコヴェントリーの木造建築を,ほかの敷地(スポン・ストリート)に移築しようと提案して,古建築保護協会(SPAB)と対立した.結果は納得のいくものではなかったが,移築されなければ,おそらくこの建物は壊されていたであろう.チャールズの修復の中で,比較的成功しているのは,シュルーズベリー(シュロップシャー)のベア・ステップス,アイアンブリッジ(シュロップシャー)のボーリング・ミル・コテージ,およびスタフォードのエンシェント・ハイ・ハウスであろう.チャールズはまた,ウスターシャーのエイヴォンクラフト歴史建築博物館の創設に中心人物として携わった.そこで行ったウスターシャーの14世紀のブレドン・ティス・バーン(十分の一税納屋)の復原はきわめて重要であり,1980年の火災後,被害を受けた建築をそのままにしようとするというナショナル・トラストの方針を転換させることとなった.チャールズの『中世のクラック建築とその派生(*Medieval Cruck Building and its Derivatives*)』(1967)は影響力が大きかったが,最大の出版功績は,二度目の妻で建築の協

働者であったメアリー（Mary）とともに書いた『木造建築の保存（Conservation of Timber Buildings）』（1984）であった. 息子のマーティン（Martin）（1940-2012）は著名な建築写真家である.

チャントリー　chantry

創建者の魂，創建者たち，またはほかのそれを望む人物にかわり，日々または度々ミサを唱えるために設立や寄付，創設されたもの. したがって「チャントリー・チャペル（寄進礼拝堂）」とは，この目的のために礼拝堂または教会堂から仕切られた部分であり，それらの多くは（キャノピーの有無はあるが）仕切に囲い込まれ，創設者の墓所の上に建てられることが多く，そのためウィンチェスター大聖堂における秀逸な中世の例のように，主祭壇は別にして，石棺と肖像が合体することもめずらしくはない.

チャントレル, ロバート・デニス　Chantrell, Robert Dennis (1793-1872)

サザーク生まれのイングランド人建築家. ソーンの弟子で1819年ヨークシャーのリーズに移住した. そこで一連のグリーク・リヴァイヴァルの公共建築を手がけたが，その大半は現存しない. 1823年から1850年にかけて建てられた数多くの重要な教会堂の設計者として大変重要な人物である. リーズのセント・ピーター教会堂（1837-41）は代表作で，ゴシック様式で学究的に建てられた作品である. 当時はこの規模と質の作品はめずらしく，1847年発行の『イクレジオロジスト（Ecclesiologist）』誌などで評価されている.

チャンファー　chamfer

稜線や隅角を斜め（ふつうは45°）に削り落としてつくる「ベベル bevel」，「カント cant」や斜めの面のことで，隅切りほどは大きくない. このように処理した石や木の部材（たとえば梁）は，「チャンファード」とよばれる. チャンファーには，フルートにみられるように，抉りとったり凹みをつけたりしたものもあり，それらは，「チャンフレット」もしくは「ホロウ・チャンファー」と呼ばれ，また「ビーデッド」（面取りから突出する凸形の玉縁のようなモールディング）もある. チャンファー

が対象（たとえば梁や斜めに開くように配置されたわき柱（ジャム））の長さ全体に及ばない場合，それは「ストップド・チャンファー」といい，簡素な扱いのものもあるが，多くは装飾が施されている（チャンファー・ストップ⇨ストップ）. ルスティカ積には「チャンファード・ラスティケーション（面取りを施したルスティカ積）」がある.「スウェルド・チャンファー」とは，ウィトルウィウス式渦巻のことである.

チャンプニーズ, ベイジル　Champneys, Basil (1842-1935)

ロンドン生まれのイングランド人建築家. 1867年に実務をはじめ，数多くの重要な建築を設計した. ケンブリッジのセルヴィン・ディヴィニティ・スクール（1878-79）は，初期チューダー様式で，オックスフォードのマンスフィールド・カレッジ（1887-89）はゴシック・リヴァイヴァル様式である. オックスフォードのインディアン・インスティテュート（1883-96）では，初期イギリス・ルネサンスとフランドルの細部を混ぜ合わせた. もっともすぐれた作品は，マンチェスターのジョン・ライランド図書館（1890-1905）であり，アーツ・アンド・クラフツの第2尖頭ゴシック様式の好例で，ティアセロン・ヴォールトがある. ケンブリッジのニューナム・カレッジは赤煉瓦で，クイーン・アン様式とオランダのドメスティック・リヴァイヴァルの要素が入っている.

柱環　colarin, colarino
⇨コラリーノ

中期尖頭式　Middle Pointed

13世紀後半の，第2尖頭式，あるいは華飾式ゴシックのこと. 第2尖頭式の中でも後期の流線形紋様や曲線形紋様ではなく幾何学形紋様を有する前期のことを指しているように思われる. そのためランセット様式とも呼ばれる第1尖頭式の直後に続くものである.

柱脚　pedestal
⇨ペデスタル

中空壁　hollow walls
⇨煉瓦

中空壁 cavity-wall
2枚の板または被膜でつくられた壁（二枚壁）であり，それらの間が中空となる．二枚壁は金属のつなぎ材により互いに連結し強度をもつ．中空壁は絶縁材および防湿の改良のために考案された．中空壁のある種のものは，温室などに使用され，温風を空洞部分に送ることができる．

中国風趣味，中国風装飾様式 Chinoiserie
⇨シノワズリ

中国風雷紋 Chinese fret
手すり，門，フリーズ，欄干に施した木材を四角く区切ってつくった格子飾りで，正方形と長方形の模様で構成され，対角線方向には三角形や他の形が加えられる．シノワズリに鼓舞されたデザインとして，18世紀に広く普及していた．

中国風雷紋

抽象 abstraction
⇨アブストラクション

中心 centre
その周囲に円弧が描かれる点，または球体の中心点．「集中式平面」の建物は，「軸線式平面」とは対照的に中心点を囲むものである．バシリカ式が軸線式平面であるのに対して，ドラムや八角形の構造は集中式平面である．

柱身 verge
⇨ヴァージ（2）

柱身 shaft
⇨シャフト

中世建築 medieval architecture
8世紀末から16世紀前半にかけての中世ヨーロッパ建築．ここにはロマネスク様式やゴシック様式（または尖頭式）も含まれる．

柱礎 base
コロネット，円柱あるいはピアなどの脚部あるいは最下部で，その上にシャフトが据えられ構造物の荷重を受ける部分．円柱の柱礎はしたがってシャフトの底と鋪石，ペデスタルあるいはプリンスに挟まれる部分である．オーダーによって柱礎は異なるが，ギリシアのドリス式オーダー（柱礎をもたない）とトスカナ式オーダー（純粋なもののみ）を除き，アッティカ式柱礎が用いられている．ギリシアのイオニア式オーダーのアジア式柱礎は水平のリード（胡麻殻刳形）などの刳形で飾られる．イオニア式，コリント式，コンポジット式オーダーに典型的な柱礎は「スパイラ」と呼ばれる．ピラスターの柱礎は基本的に同じポルティコや建物で用いられている柱と同一であり，連続的な幅木やウォール・ベースとして用いられる場合は同じ断面形を連ねて構成される．しかしアンタの柱礎は別とされる場合がある．中世の柱礎は大幅に多様になり，たとえばピアの柱礎は円形や多角形や方形のプリンスの上に据えられ，多くの刳形装飾が施されるのがつねである．

鋳鉄 cast iron
ねずみ鋳鉄としても知られている．それは，鋳型（通常は細かい圧縮された砂）で鋳造され，17世紀以降のストリート・ファニチャー，手すり，スクリーン，ゲート，そして装飾などの建築物において多く使用されてきた．これらはすべてオリジナル・モデル（多くは木製）からとられた型により複製される．圧縮には強い（しかし引張には弱い）ため柱に使用されるが，容易に破断するという問題を含んでいるため梁にはむかない．18世紀後半において，それは教会のギャラリーを支持するために使用されるようになり，ナッシュによるロンドンのカールトン・ハウス・テラスのモール（1827-33）で，モールの正面にあるギリシアのドリス式列柱において大きな効果をもたらした（個々に石で造る方が，はるかに高価だっただろう）．それはサロップで鉄橋が建造されたときから構造的に使用されるようになった（1777-79）（⇨鉄）．19世紀にバジャー，ベアード，そしてボガーダスによって設計された建築では，ファサード

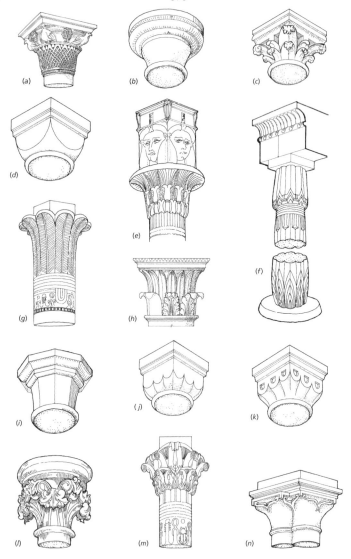

柱頭

(a) ビザンツの籠形柱頭. (b) 第一尖頭式ゴシックの鐘形柱頭. (c) ゴシックのクロケット形柱頭. (d) ロマネスクのリュネットを備えたクッション形柱頭. (e) 古代エジプトのハトホル頭部のあるベル形柱頭, フィラエ. (f) 古代エジプトのロータスのつぼみ形柱頭, 円柱, ゴルジュ・コーニス. (g) 古代エジプトのシュロ形柱頭. (h) 古代ギリシアのコリント式シュロ形柱頭, アテネの「風の塔」. (i) 垂直式ゴシックの刳形つき柱頭. (j) ロマネスクのスカラップ形柱頭. (k) スカラップ形式の変種であるロマネスクのトランペット形柱頭. (l) 第一尖頭式ゴシックのスティッフ・リーフ形柱頭, イーリ大聖堂のガリラヤ・ポーチ. (m) 古代エジプトのヴォリュート形柱頭, フィラエ. (n) ロマネスクからゴシックへの過渡期の水葉形柱頭, ダラム大聖堂のガリラヤ門.

全体が, 鋳鉄 (および一部の部材) でつくられていた. 膨大な数の鋳鉄製ランプ, ストリート・ファニチャー, 手すり, 便器, 建築装飾, グリル, ゲートなどが, スコットランドのキャロン・アンド・サラセン鋳造所やサロップのコールブルックデイル製鉄所のような工場で生産され, 大英帝国各地へ輸出された. 鋳鉄製の建築構成要素は, 都市景観の公益に多大な貢献をしたが, それは多くの被害によって失われた (とくに第二次世界大戦中の英国では, 戦争の遂行よりも, 社会技術やその宣伝をもっと行うべきだった).

柱頭　capital

コロネット (細円柱), コラム, ピラスター, ピア (支柱) などのシャピトー〔フランス語〕, 頭部, 最頂部の部材のこと. キャピタルともいう. とりわけ建築的な処理によって区切られ, 装飾されることも多い. 下記のような形式がある.

アイオリス式:　イオニア式の原始的な形式 (⇨アイオリス式).

イオニア式　⇨イオニア式オーダー

ヴォリュート形:　通常, イオニア式オーダーに関連している. 古代エジプト (m) や中世の作品でも変種がみられる.

鐘形:　逆さにした鐘のような形態であり, 古代エジプト建築 (e) や第一尖頭式ゴシック (b) にみられる. 籠形柱頭やコリント式柱頭の核の部分の実際の形態はこれである.

キューブ形:　⇨「クッション形」

クッション形 (ブロック形, キューブ形ともいう):　ビザンツとロマネスク (d) で用いられた形態. 基本的にキューブ形であり, 底辺の隅部を削って丸くしたもの. これは正方形の板アバクスと円形断面の柱身上部をなだらかにつなげるためである. ゆえに四面は半円形のリュネット〔フランス語で「小さな月」の意〕になっている.

剞形つき柱頭:　水平方向の剞形で形成された柱頭. たとえば, 垂直式ゴシックのものがある.

クロケット形:　小さなヴォリュート (渦巻装飾) に似た, 巻いた葉を様式化したもので装飾されたゴシックの柱頭のこと.

コリント式　⇨コリント式オーダー

コンポジット式　⇨コンポジット式オーダー

シュロ形:　シュロの木の頂部のような形 (パーミフォーム) の古代エジプトの形式. 縦方向のシュロの葉を密に詰めて囲ったもので, 柱身に縦方向の帯状装飾が施されたり, 大きく真ん中が膨らんだ葦形のものとなることが多い. アテネの「風の塔」(前 50 頃) の古代ギリシア風コリント式柱頭も一変種で, アカンサスの葉が一列に並び, その上の正方形のアバクス直下にシュロの葉が一列に並んでいる (h).

水葉形:　12 世紀末の過渡期, あるいは初期ゴシックの形式で, 大きく広い, リブをもたない葉形装飾が, 柱身頂部の凸形剞形直上から外側に広がっていき, アバクス隅部で上方と内側に方向を変えていくもの.

スカラップ形, 貝殻形:　クッション形のロマネスクの一形式 (j). 下部にトランペットに似た円錐形の一部を設けて曲線を描いているものもある (k).

スティッフ・リーフ形〔「ぴんと張った葉」の意〕, 硬葉形:　12 世紀末から 13 世紀初頭のゴシック, あるいはロマネスクからゴシックへの過渡期の形式で, 様式化された葉形装飾を備えたもの. 通常, 葉形装飾は大きく突出している (l).

つぼみ形:　ロータス (蓮) のつぼみ形の古代エジプトの形式 (f).

トスカナ式　⇨トスカナ式オーダー

ドリス式　⇨ドリス式オーダー

バスケット形:　ビザンツの鐘形 (a) は籐細工や籠編みに似た彫刻で装飾されている.

ハトホル頭形:　各面に女神ハトホルの像を刻んだ古代エジプトの形式 (e). 大きなブロックのようなアバクスを備え, さまざまな像が刻まれることもある.

ブロック形:　⇨「クッション形」

プロトマイ形:　頂辺隅部から彫像, ほとんどは動物の像が突出しているもので, 通常, ロマネスク時代の作品にみられる.

ロータス形:　ロータス (蓮) のつぼみ形 (f), あるいはロータスの花形で装飾された古代エジプトの形式のこと.

柱梁構造　columnar and trabeated

水平の梁や楣を支持する垂直な円柱や柱からなる, 拱式〔アーチ式〕構成に対するような構成形式.

チユタアチ

チューダーアーチ Tudor arch
⇨アーチ

チューダー朝建築 Tudor architecture
　チューダー朝時代（ヘンリー7世（Henry VII, 在位 1485-1509）, ヘンリー8世（Henry VIII, 在位 1509-47）, エドワード6世（Edward VI, 在位 1547-53）, メアリー1世（Mary I, 在位 1553-58）, エリザベス1世（Elizabeth I, 在位 1558-1603））のイングランド建築. エドワード6世時代は初期エドワード朝期と呼ばれることもあり, 教会の偶像破壊の時代として語られる. エリザベス1世時代は初期ルネサンスと豪華なカントリー・ハウスに連想されるような独自の様式があったとしばしば考えられている.「チューダー」は本来後期垂直式のゴシック様式の, とても平坦な四心アーチ, もしくはチューダー・アーチ（⇨アーチ）と関連があり, 幾何学模様, 彫刻が刻まれたり型枠で作られた煉瓦による精緻な煙突, 縦仕切り, 雨押え石, 雨押さえ留めのついた四角形の窓のある煉瓦造建築を連想させる. フォンテーヌブローとフランドルの事例が構想源となり（とくに版画本をとおして）, ストラップワークや北ヨーロッパのマニエリスムの多くの要素が伝わった.

チューダー朝花飾り Tudor flower
　茎を垂直にのぼるツルあるいは花を, 平らなトレフォイルのごとく菱形に定型化した, 後期ゴシックの装飾. 垂直式の聖歌隊席仕切や墓碑の天蓋で, 軒飾りや飾り彫刻（⇨クレス）として使用されることが多い.

チューダーベサン Tudorbethan
　地方に根ざした建築様式で, リヴァイヴァルしたエリザベス朝建築やジャコビアン建築, そしてチューダー朝建築などの要素（中でも, マリオンやトランサムによって区画化した窓割り）を自由に混在させて使用したもの. フリー・チューダーとも呼ばれる.

チューダー・リヴァイヴァル Tudor Revival
　19世紀にみられたチューダー朝建築の折衷的復興. これは明らかに2つの流れに分かれた. 1つ目は初期ゴシック・リヴァイヴァル様式で建てられた安価なコミッショナーズ・チャ

ーチ, および, 学校建築（学寮ゴシック）である. 2つ目はピクチャレスクの概念と関連して, 住宅や田園のコテージのためのドメスティック・リヴァイヴァルやヴァナキュラーな形態の復興である. チューダー朝建築がしばしば煉瓦造であったように, チューダー・リヴァイヴァルは学校, 救貧院（これによりこの様式に悪いイメージがついた）, 礼拝堂, ゲート・ロッジ, モデル・コテージに向いていた. コテージにはしばしば幾何学模様, 鉛桟のついた小さな開き窓, 型枠でつくられた煉瓦の煙突, さらには部分的に木骨構造が用いられた. このような住居建築を扱うデザイン集が多く出版された. 19世紀後半のチューダー・リヴァイヴァルはアーツ・アンド・クラフツ運動とドメスティック・リヴァイヴァルの一部であり, その最高峰においてチェシャーのポート・サンライト（1880年代-1914）やソーントン・ハフ（1890年代）といった傑作を生み出した. これらはグレーソン＆オールド社, ダグラス＆フォーダム社, ウィリアム＆シガー・オーエン社によるすばらしいデザインからなる. 20世紀にもさらなる復興がみられ（あまり成功しなかったが）, 1920年代と1930年代にとくにパブや住宅建築においてリヴァイヴァルが起こった.

チュミ, バーナード Tschumi, Bernard (1944-)
　スイス生まれのアメリカ人建築家. 最もよく知られた作品は「ラ・ヴィレット公園」（1982年に計画が開始）である. ランドスケープの構造物部分は, 近くのルドゥーによる「ラ・ヴィレットの関門」がもつ, 若干の幼稚な側面をパロディ化し, それに秩序となる三つのシステム（線, 点, 面）が重ね合わされている. 線は軸の集合によって構成され, 点は壊れたグリッドによって決められ, そして面は純粋な形態（円, 矩形, 三角形）の求積法的なコラージュであり, それによってグリッドの交差点に配置される赤く塗られた玩具のようなフォリーが作り出されている. これらのフォリーは, たとえ意味があったとしても判読不可能で, 笑いの起きないギャグのあとのような感覚はここの居心地の悪さを強調させる. チュミは, 1988年にニューヨークで開催された建築展で脱構築主義の建築家として特定された七人のうちの1人であった. コロンビア大学の「ラーナー・センタ

ー」（1999）は，いくぶん扇動的であり，周辺環境と調和しているとはいえない．また，アテネにおける「アクロポリス・ミュージアム」（2008）の提案は，一般的な賛同を得なかった．著作には『アーキテクチュラル・マニフェスト（*Architectural Manifestoes*）』（1979），『アーキテクチュラル・ライティング（*Architectural Writings*）』（1988），『マンハッタン・トランスクリプト（*Manhattan Transcripts*）』（1981），『クエスチョン・オブ・スペース（*Questions of Space*）』（1990）があるが，すべて難解である．

チュムラス tumulus
先史時代の墓などの上に盛られた土の山．これが石製の場合は，ケルン（石塚）と呼ばれ，また，長く引き伸ばされた場合は，バロウ（古墳）と称される．

チュヤジャ chujjah, chiyjah
インド建築，またはヒンドゥー様式において，大きく突出したコーニス．

チュリゲラー族 Churriguera Family
カタルーニャ出身の建築家．ホセ・ベニート（José Benito, 1665-1725），ホアキン（Joaquín, 1674-1724），アルベルト（Alberto, 1676-1750）の3人のチュリゲラ兄弟は，17世紀から18世紀にかけてのスペインとラテン・アメリカにおけるバロック美術と建築に決定的な貢献をした．彼らはまず，装飾で覆われ凝った彫刻が施された祭壇衝立の制作からその職能をスタートさせた．セゴビア大聖堂のアヤラ祭室（1686-87），サラマンカのサン・エステバン聖堂（1692-94），レガネスのサン・サルバドール聖堂（1701-04）などがその代表的な作例である．ホセ・ベニート・デ・チュリゲラは，3カ所の印象的な広場によって主軸が破られるヌエボ・バスタンの町（1709-13）を設計した際に，より建築的な問題に目を向けるようになった．ホアキン・デ・チュリゲラはともにサラマンカにあるコレヒオ・デ・アナヤ（アナヤ会館）（1715）とコレヒオ・デ・カラトラバ（カラトラバ騎士団会館）（1717）の一部を，より抑制されたデザインで設計し，アルベルト・デ・チュリゲラは連続アーケード（1728以降）をもつサラマンカのプラザ・マヨールやロココ様式のオルガスの聖堂（1738）を設計した．どっ

しりとした双塔に挟まれた扉口を持つルエダのアスンシオン聖堂の主ファサード（1738-47）も，アルベルトの設計による．スペインとその植民地（特にメキシコ）で17世紀後半から18世紀前半にかけて流布した，豊饒な装飾をもつバロック建築の通称「チュリゲレスコ」は，同一族の姓から派生した．

頂芽形装飾 crop, crope
⇨クロップ

超官能主義 Supersensualism
1970年代のあるデザイナーたち，たとえばアーキズーム，ホライン，ハウス・ルッカー・コーやソットサスらによる作品に対して，ジェンクスが与えた名称．ジェンクスはこれらの作品を，過度の官能性，ゆがんだ美，幻想性，ねじまがった意味，そして技術の洗練などといった表現のいずれもが極端化しているものとしてみなした．

彫刻石板 incised slab
表面に彫刻を施した石板で，故人を偲ぶ記念物には，影像，碑銘，紋章などがあしらわれ，彫込部は黒もしくは彩色に仕上げることが多い．インデントの仕上げはかなり多様で，真鍮や黄銅の合金板を埋め込むもの，それら自体に彫刻を施したものもある．

長短積み long-and-short work
アングロ・サクソンの石積み工法で，軟石による高くて薄い垂直積み材と短い水平積み材とからなり，野石積みの化粧材として，隅石や柱型に用いられて交互に積まれる．短い水平材は壁の中深く埋められ壁を緊結する．柱型は長短積みの形で浮き出た垂直方向の帯を形成し，浮き出た隅石とともに野石積みを覆う仕上げの枠組みとなった．

頂点 apex
錐体，破風，オベリスク，ペディメント，あるいはピラミッドなどの頂点．サドル・ストーンすなわちアペクス・ストーン（頂点石）は，破風やペディメントの頂点に置かれる石である．

張力構造（張力構造建築） Tensile architec-

チヨウリヨ 574

ture

主に圧縮力よりも張力のかかる部材で構成された構造．テント，吊り橋，吊り屋根（重量が構造の形態とその安定性を決定するものすべて），プレストレスがかけられた膜とケーブル屋根（ストレスによってつくられる引っ張りの力によって形態と安定性が生まれる），空気膜構造（張力のかかる表面を空気によって支える）のようなものが含まれる．20世紀の張力構造建築は（たとえば，ブルネルやローブリングの）吊り橋の設計から進化した．吊り橋の技術を建物に利用する方法は，1820年代に当時オーストリアだったボヘミア，モラヴィア，スロヴァキア地方でベドジフ・シュニルフ（Bedřich Schnirch, 1791-1868）が道を拓き，フランスのロリアンの海軍工廠（1840年代）や，ヴラジーミル・グリゴリエヴィチ・シューホフ（Vladimir Grigor'evich Shukhov, 1853-1939，タトリンの第3インターナショナル記念塔と比較されるモスクワのシャボロフスカヤ電波塔（1919-22）の設計者でもある）によるニジニ・ノヴゴロドの全ロシア博覧会の鉄鋼館（1895）に例がみられる．実のところ，シューホフのテント状の構造と吊り屋根に似た先駆的な例は1950年代まで再登場しなかった．1920年代にはフラーによるダイマキシオン・ハウス（1927-30）のような実験的な張力構造があり，1930年代にも多くの提案がなされたにもかかわらず，実例（例：ベルナール・ラファイユ（Bernard Lafaille, 1900-55）設計によるザグレブ博覧会フランス館（1935））が少ない大きな理由は，インターナショナル・スタイルの崇拝が求めたイメージのために，認められた雛形から外れることがためらわれたことであろう．第二次世界大戦中の発展によって張力構造についての理解が深まり，吊り屋根が利用された一連の建物で示された（例：ヴァージニア州シャンティリーにあるサーリネンのダレス国際空港ターミナル（1958-63））．ネルヴィはマントヴァの製紙工場（1961-63）で屋根を吊るシステムを用い，斜張橋のように支えられた構造，支柱から吊るされたケーブルに支えられたデッキなどのシステムについてのさまざまな実験も試みた．ケーブルを用いた張力構造はノヴィッキ（例：ノース・カロライナ州ドートン・アリーナ（1948-53）），サーリネン（例：コネチカット州ニューヘヴンのイェール大学デーヴィッ

ド・S・インガルス・ホッケーリンク（1953-59），丹下（例：東京の国立競技場（1961-64））が用いた．しかし，フライ・オットーがテントを手本として用いることで吊り橋の原理から脱却し，1950年代から60年代にかけて，67年のカナダのモントリオール万国博覧会ドイツ館（取り壊し），ミュンヘン・オリンピックの建物（1967-72）など数々の設計を行った．しなやかなワイヤー・ロープと，支柱から吊り下げられ，応力をアンカー・ポイントに伝えるケーブルで縁どられたケーブル・ネット（これに表面を覆う膜が固定される）を用いたオットーの作品はきわめて重要である．SOMはジェッダ国際空港のハッジ・ターミナル（1981-82）で鋼鉄のパイロンを用いて放射状にケーブルを支え，その上に円錐形のテントのようなファイバーグラスの屋根を載せ，この手法を他でも展開させている．ロンドン動物園鳥小屋（1961-62，プライス，スノードン伯爵（Lord Snowdon, 1930-2017），フランク・ニュービー（Frank Newby, 1926-2001））は，張力構造のよい例である．

空気膜構造建築（気球や飛行船のデザインが先駆けとなった）は支柱などを省く方法を示した．空気圧のみが包み込む膜を支えて必要な容積を覆っている．複数の区画が空気で膨らまされているタイプと，空気圧で支えられた膜が継続的な空気の供給によって保たれているタイプがある．空気膜構造は1950年代にアメリカとヨーロッパで導入され，オットーが空気で支えられた膜をケーブルで補強する実験を行って発展させ，空間の囲み方に多くの可能性をもたらした．

潮力水車 tide-mill

潮の干潮によって作動する水車を用いた製粉機．

調和比例 harmonic division *or* proportion
⇨調和分割

調和分割 harmonic division *or* proportion

連続して並んだ数字の間の関係．その逆数が等差数列になっており，それらの数字を弦楽器の弦の長さの比例に適用すると協和音に聞こえる．部屋の各寸法の比例を1:2，2:3，3:4にすると調和するという主張はルネサンスの理論

家たちによってなされ，アルベルティを含むいく人かは，これこそが古典主義建築における寸法と形態の関係を満足できるものにする基礎であり，じつに自然と宇宙を理解する鍵であると論じた．パッラーディオなどは 5:6 などのさらに複雑な比例体系を発展させている．

チョーク・ライン chalk-line
切断前の材料に直線を引くために使用する白墨をしみ込ませたひも．

貯水塔 water-tower ⇨給水塔

貯蔵庫 ice-house
夏に使用するために，冬の期間，氷を集めておく貯蔵庫．一般的には，全体あるいは部分的に地下にあり，おがくずなどの材料で二重壁にして断熱され，基礎部分に排水溝を設けている．円形ヴォールト状のものが多い．18世紀，19世紀の大農園にはよくみられ，頂部に飾り物を付けたものもあった．『農村の住まい (*Rural Residences*)』(1818) には，J・B・パップワースの手による凝った作品が載っている．都市住宅の地下に設置されることもあった (例：16世紀アントウェルペン)．

チョック chock
骨組や支柱，その他の凸凹する構造を充填するために用いる楔形をした木材または金属．

直径 diameter ⇨モデュルス

貯氷庫 ice-house ⇨貯蔵庫

地霊 genius loci ⇨ゲニウス・ロキ

チンク chink
丸太小屋の木材の間にある隙間のことで，「チンクする」とはそれらの隙間を埋めることである (⇨コーキング)．

チンクエチェント Cinquecento
イタリアの専門用語で，文字どおりには「1500」で，16世紀の盛期ルネサンス美術・建築，さらに 19世紀におけるそのリヴァイヴァルのことを指す．

ツァント, カール・ルートヴィヒ・ヴィルヘルム・フォン Zanth, Karl Ludwig Wilhelm von (1796-1857)
本名はツァニク (Zanik)．ジェローム・ボナパルト (Jérôme Bonaparte, 1784-1860, 1807-13 ヴェストファーレン国王) のユダヤ人医師の子．パリでペルシェおよびイトルフとともに学び，『シチリアの古代建築 (*Architecture antique de la Sicile*)』(1827) と『シチリアの近代建築 (*Architecture moderne de la Sicile*)』(1835) においてイトルフと協働した (1822-30)．イトルフはそこで自身のポリクロミーの研究を公表した．のちにツァントは，ポンペイの住宅建築に関する研究でテュービンゲン大学から博士号を受けている．1830年頃に宮廷建築家としてシュトゥットガルトに移り住み，ヴュルテンブルク国王ヴィルヘルム 1世 (King Wilhelm I of Württemberg, 1816-64) の引き立てを受ける．国王のために彼はローゼンシュタイン王立公園にヴィラ・ヴィルヘルマ (1837-51) を建設した．それはムーア様式による非常に豊穣な構造的ポリクロミーが施されたアシンメトリーの構成をとる建築 (そのデザインについてツァントは『ラ・ヴィルヘルマ (*La Wilhelma*)』として 1855年に色つきで出版した) であり，彼の最高の作品となった．またシュトゥットガルトとその周辺にいくつかの都市住宅や田園の邸宅を設計している．そしてクリスティアン・フリードリヒ・ラインス (Christian Friedrich Leins, 1814-92) に教えを授け，ラインスはヨハン・ミヒャエル・クナップ (Johann Michael Knapp, 1793-1861) によってすでに設計 (1857頃) されていたシュトゥットガルトの国王棟を建設した (1857-60)．ラインスはまた，(のちに国王カール 1世 (King Karl I, 1864-91) となる)ヴュルテンベルク皇太子カール (Prince Karl of Württemberg) のために) シンケルの作品に影響を受けたイタリア風の建築である，シュトゥットガルト近郊の魅力的なヴィラ・ベルク

ツイトウサ
576

(1844-53) を設計した.

追悼祭室　mortuary-chapel
　⇨追悼礼拝堂

追悼礼拝堂　mortuary-chapel
　1.　直下に墓所や廟がある単独の礼拝堂，または教会堂に付属する祭室．ある特定の一族の埋葬のために用いられた.
　2.　墓地内の礼拝堂，または建築物（たとえば病院）に付属する礼拝堂．埋葬前の短期間，遺体を棺に入れて安置する場所である.

ツィーブラント，ゲオルク・フリードリヒ
Ziebland, Georg Friedrich（1800-73）
　ドイツの建築家．カール・フォン・フィッシャーの教え子．いずれもバイエルンにおいて，フィッシャーによるミュンヘンのホーフテアター（宮廷劇場）（1820-），クワッリョーによるフュッセン近郊のゴシックの魅力的なホーエンシュヴァンガウ城（1839-50），そしてミュンヘン・アウのマリアヒルフ教会（1839-）を完成させた．しかし彼のおもな重要性はルントボーゲン様式への貢献にあり，とくにラヴェンナとローマ（たとえばサン・パオロ・フォーリ・レ・ムーラ）の例を参照したミュンヘンの聖ボニファーツ・バシリカにおいて，初期キリスト教建築とビザンティン建築にみられる（石材による仕上げを施した）あざやかな煉瓦とテラコッタの融合を示した．彼はまたミュンヘンのケーニヒスプラッツ（国王広場）のクレンツェによるより鮮烈なグリプトテーク（彫刻ギャラリー）の対面にコリント式の展示館を設計した.

ツィマーマン兄弟　Zimmermann Brothers
　バイエルンの芸術家．スタッコ制作者・石工のエリアス・ツィマーマン（Elias Zimmermann, 1656-95）の息子たちであり，南ドイツのロココ様式の巨匠．スタッコ制作者の最も重要で革新的な流派の中心地となっていた修道院があるヴェッソブルン近郊で生まれ，17世紀のヴェッソブルンにおける主導的な建築家・スタッコ制作者であったヨハン・シュムッツァーのもとで訓練を積んだと考えられる．兄弟は普段はそれぞれ単独で活動していたが，彼らの最高の作品のいくつかをつくる際に

は協力した（たとえばシュタインハウゼンとヴィースの巡礼教会）．彼らは，おそらくフランスの例から影響を受けた軽やかで繊細で優美なスタイルを習得し，発展させたが，シュムッツァーの作品のいくつかにみられるような17世紀ドイツ・バロックの重厚さからは明らかにかけ離れていた．ドミニクス・ツィマーマン（Dominikus Zimmermann, 1685-1766）はスタッコ制作者であり人造大理石制作者であったが，その後18世紀前半南ドイツで最も才能のある建築家の一人として頭角を現していく．彼の兄ヨハン・バプティスト・ツィマーマン（Johann Baptist Zimmermann, 1680-1758）は，スタッコ制作者・人造大理石制作者であるだけでなく，優れたフレスコ画家でもあった．ミュンヘンのアマリーエンブルク（1734-39），ニンフェンブルク（1755-57），レジデンツ（1733-37）における兄ヨハンのきわめて繊細なスタッコ装飾は，ヨーロッパの同種のものの中でも最も美しいものの一つであった.
　弟ドミニクスの最初の教会はディリンゲン近郊メーディンゲン（1716-21）であり，彼はそこでもスタッコ装飾を制作した．一方，兄ヨハンはフレスコとスタッコの残りの部分を担当している．兄弟による十分に発展したロココ様式は，ヴュルテンブルク州ビーバーラッハ近郊シュタインハウゼンの悲しみの聖母の巡礼教会（ヴァルファールツキルヘ）（1727-35，オルガン・ギャラリーの真下にある銘に建築家・スタッコ制作者として弟ドミニクスの名が記されている）に最初にはっきりとみることができる．その建築は，連続する側廊に囲まれた大きな楕円形のヴォリュームによって形成され，その楕円の長軸の両端に主祭壇と塔が置かれる（その配置はおそらく，モースブルッガーの初期案や，C・D・アザムのヴュルテンブルクの設計に示唆を受けたものと考えられる）．色彩は大部分が白と金であり，兄ヨハンによるすばらしい天井フレスコ画が描かれている．一方でマリアの表現と彩色が教会の至るところにみられ，すべてが見事に全体のデザインの中に統合されている．シュタインハウゼンは最初の真のロココ教会と呼ばれた.
　弟ドミニクスが単独で携わった次の重要な作品は，ウルムからドナウ川を下った位置にあるギュンツブルクのフラウエンキルヘ（聖母教会）（1736-41）である．外側からみるとその身

廊は長方形にみえるが，柱の位置と曲線的な要素によって楕円形空間が創り出され，さらにそれが側面祭壇の配置によって明確化されている．ただギュンツブルクの教会では，シュタインハウゼンのような活力が欠けていた．しかし，バイエルン・アルプス近くのフュッセンからさほど遠くない魅力的な牧草地に建つ（それゆえ一般に「ディー・ヴィース」という名で知られる）鞭打たれるキリストの巡礼教会 (1744-54) において，弟ドミニクスは再び大きな成果をあげた．多くの書き手がディー・ヴィースを南ドイツ・ロココの勝利を印すものとして高く評価している．シュタインハウゼンと同様にこの教会も，側廊に囲まれた楕円形に近い一つの大きな空間によって構成されている．そして玄関側正面の凸状の壁の奥には入口ホールがあり，長軸上に細長い矩形の内陣が置かれている．だがシュタインハウゼンとは異なり，巡礼者のための教会の主要部分は楕円形ではなく，長方形の両側にそれぞれ半円がついた形状となっている．そして支柱のかわりに二対の柱によって，その主要空間が側廊およびわずかに残る袖廊（交差軸上に置かれた長方形の両側にある）と分けられているのである．この二対の柱が内部空間の優美さと上品さを高めている．中央の会衆のための空間の上方には，兄ヨハンによる天井フレスコ画がある．そこには「最後の審判」の直前の様子を表現した天国のヴィジョンが描かれ，司教席に座る前に虹の上にいるキリストの姿が表されている．キリストの鞭打ちは，聖歌隊席に立つ白と濃赤色の人造大理石柱によって象徴化されている．そして主祭壇近くの伝道者の像がこのできごとを記した一節が開かれた福音書を手にもっているのである．それ以外はヴィース教会は大部分が白色であり，彩色されている部分は祭壇とみごとな説教壇（弟ドミニクスによる最も活気に満ちた作品の一つ），そして天井に限られる．建築の配置は，豊富な採光を可能にすることで，室内の並外れた明るさと優美さを高めるとともに，驚かせ，喜ばせ，魅了させるための創造的なエネルギーのあふれ出しそのものといえるような喜びに満ちたアンサンブルを生み出しているのである．

ツィマーマン兄弟は，フランツ・クサーヴァー (Franz Xaver, 1698-1763) とヨハン・ミヒャエル (1696-1772) のファイヒトマイアー (Feichtmayr) 兄弟やヨハン・ゲオルク・ユーブルヘール (Johann Georg Üblhör (r) 1703-63) といった同時代人とともに，それまで考案されたものの中でも最も心地よく優美な様式の一つである地方固有のロココを創作したのである．

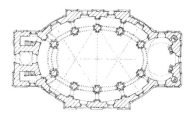

シュタインハウゼンの巡礼教会の平面

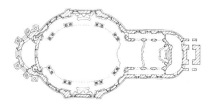

「ディー・ヴィース」の平面

ツィラー，エルンスト（通称エアネストス）・モーリツ・テオドーア Ziller, Ernst (*called* Ernestos) Moritz Theodor (1837-1923)

ドイツ生まれのギリシアの建築家．ドレスデンで学び (1855-58)，ウィーンでT・フォン・ハンセンと活動した．その後ハンセンに連れられて，アテネの科学アカデミーの建設 (1861-64) のためにアテネに赴く．1864-68年にかけてイタリアを旅し，さらにウィーンで学んだ後，ツィラーはギリシアに居を定めた．そして国王ゲオルギオス1世 (King George I) の治世 (1863-1913) にギリシアで活動した最も影響力のある建築家となった．彼の最高の建築の一つはハインリヒ・シュリーマン (Heinrich Schliemann, 1822-90, 考古学者でトロイの発見者）の邸宅イリュー・メラントロン (1878-80) であり，ここはギリシアの最高裁判所となった．他の作品に，いずれもアテネに建つパヴロス・メラスの住宅 (1884, のちに郵便局)，新宮殿 (1890-97)，王立（現在の国立）劇場 (1895-1901) がある．さらに，新古典主義によるシロスのエルムポリスの庁舎 (1870)，

新古典主義とバイエルンのアルプス地方の建築を融合させたようないくつかの別荘（たとえばタトイのゲオルギオス1世の夏の宮殿（1870）やキファシアのツィラー住宅地（1909-13））、そしてルントボーゲン様式によるいくつかの教会建築（たとえば，ピレウスのハギア・トリアダ（1915-16）やピルゴスのハギオス・アタナシウス（1911））も設計した．またテラコッタで製造され，ギリシア中で広く用いられた建築のディテール（柱，人像柱など）を数多くデザインした．彼は自身の帰化した国の考古学的発見（たとえば，ともにアテネにあるスタジアムの発掘（1869-70）およびディオニュソス劇場の研究（1862））に貢献し，同世代の中でも最も能力のある専門家の一人であった．

ツヴィルナー，エルンスト・フリードリヒ
Zwirner, Ernst Friedrich（1802-61）

ドイツの建築家．シンケルの弟子であり，シンケルは若い彼に大きな信頼を表し，当時未完だったラインラント州ケルン市の中世ゴシック様式のケルン大聖堂を担当するドームバウマイスター（大聖堂建築家）への任命（1833）を支援した．そしてツヴィルナーはそこで多くの主要な修復工事を遂行した．ボワスレーによる予備的な研究を土台にして，彼は1842年に最終的な決定がなされる前に，大聖堂の完成事業のための設計図を用意した．そしてそのようにして，彼の最も偉大な業績となるものを実現することのできる比類ない立場を獲得したのだった．彼の提案はセザール・ダリの『一般評論（Revue Générale）』誌（1856）において公表されたが，建築物そのものは〔死後の〕1888年まで完成しなかった（完成にはヴィンツェンツ・シュタッツ（Vincenz Statz, 1819-98）やその他の支援を受けた）．彼は他にも重要な新建築をいくつか設計したが，それにはレマーゲン近く，ザンクト・アポリナリスベルクのゴシック教会堂（1839-43），ドラッヘンフェルスの記念碑（1857），ケルンのユダヤ教会堂（1859-61，取り壊されるまではムーア様式，ビザンティン様式，ルントボーゲン様式による19世紀で最もみごとな作品の一つだった）が含まれる．設計した他の教会堂のいくつかはライン地方のロマネスク様式によっていた．

ツヴィルナーはゴシック様式のディテールを正確に再現するよう説き，ドイツのゴシック復興様式における主要な人物となっていた．それは彼自身の作品が模範的であったばかりでなく，シュタッツ（1863にケルン司教区建築家に就任），フリードリヒ・フォン・シュミットといった有能な実践的人物を幾人か育てたことにもよる．ツヴィルナーはハンブルクのニコライキルヘイ（聖ニコラス教会堂）の設計競技（1844）に際して助言を求められ，ジョージ・ギルバート・スコットの設計案が優勝作品とされるべき（審査委員会はゼンパー，シュトラックの案をそれぞれ1位，2位とし，スコット案は3位だった）であり，スコットが建築家となるべきとして推薦した．結果としてそのようになり，彼の見識がかなりの重みをもっていたことが明らかである．著書には『ケルン大聖堂建築の過去と未来（Vergangenheit und Zukunft des Kölner Dombaues）』（1842）があり，また『ケルン大聖堂新聞（Kölner Domblatt）』に進行状況を定期的に報告し，それは『ジ・イクリジオロジスト（教会建築学者：The Ecclesiologist）』誌に英訳して紹介され，イギリス，アメリカ合衆国でかなりの関心を呼ぶこととなった．

ツヴィンガー　Zwinger

1．城郭内における中心部から離れた庭，あるいはベイリー〔城の中庭〕．

2．大きな住宅に付属する犬舎のための場所．

3．たとえば馬上槍試合や行進，あるいは熊いじめなどの見世物のための大きな競技場．通常，観客のための屋根のある観覧席が取り囲む，左右対称のデザインをもつスペースである．18世紀のザクセン公国ドレスデンにおけるペッペルマン設計のツヴィンガー宮殿が，広い中庭の周辺に祝祭用の門（王冠の門）やパヴィリオン，ギャラリー，オランジュリー，ニンフェウムが群れをなすという普通でない構成であることによる．

通気孔　vent
⇨ヴェント（1）

ツォプフ・ウント・ペリュッケ　Zopf und Perücke

18世紀の後期ロココ建築の様式をさすドイツ語の用語（字義通りに訳せば「お下げ髪」や

「かつら」). ツォプフ・シュティールとも呼ばれる.

束 strut

二つの部材を離れた状態に保つための圧縮材全般を指す. たとえば, 屋根の小屋組では梁とつなぎ小梁との間にみられる. 束（ストラット）のタイプには, 以下のものが含まれる.

キング・ストラット： つなぎ小梁または梁の上に直立する木材で, 傾斜する屋根の頂上（棟木）に達するまで伸びる.

クイーン・ストラット： つなぎ小梁と梁との間に2本の部材が直立することで枠をなすタイプ.

垂木束： 斜め束が垂直になったもの.

斜め束： 直線ないしは曲線状の2本の部材が梁の上に斜角をなすように設置されることで主要な垂木の枠に組み込まれるタイプ. しばしば母屋桁を支える.

継手 mortice and tenon
⇨モーティス＆テノン

ツーク, ジモン・ゴットリープ（シモン・ボグミウ）Zug, Simon Gottlieb or Szymon Bogu-mil（1733-1807）

ドレスデン生まれのザクセンの建築家. ポーランドに居を構えて多くのすぐれた新古典主義の建物を設計した. ワルシャワのヴィラヌフ宮殿の守衛所（1775-76）や, ドリス式のポルティコと円形平面のドームを備えた, ポーランドの新古典主義の最初の例であるワルシャワのプロテスタント聖堂（1777-81, 1939 破壊, 1950 再建）を設計した. カジミェシュ・ポニャトフスキ（Kazimierz Poniatowski, 1721-1800）のためにソレツにイングランドのモデルに影響を受けた一連の魅力的な風景式庭園（1772）を, イザベラ・チャルトリスカ公爵夫人（Princess Izabela Czartoryska, 1746-1835）のためにヤン・ピョトル・ノルブリン（Jan Piotr Norblin, フランスの風景画家ジャン=ピエール・ノルブラン・ド・ラ・グルデーヌ（Jean-Pierre Norblin de la Gourdaine, 1745-1830））とともにワルシャワ近郊のポヴォンスキにジャルダン・アングレ（イギリス風庭園, 1770 年代, 現在は墓地）を設計し, 18 世紀後半のヨーロッパ庭園についての基本図書の一つであるヒルシュフェルトの『造園法理論（*Theorie der Gartenkunst*）』（1785）にポーランドの庭園についての記事を寄せている. ワルシャワ近郊ナトリンでは, 楕円形平面のドームの部屋がイオニア式円柱のスクリーンを介して庭園に半ば開かれた美しいパヴィリオン（1780-82）を設計した. この発想はおそらくド・ヴァイイのモンミュザール（1764）に由来するのだろう. 彼の作品で最も興味深い例（やはりノルブリンとともに設計した）は, ラジヴィウ家公女ヘレナ（Princess Helena Radziwiłł, 1745-1821）のためにニェボルフ近郊につくられたピクチャレスクな庭園アルカディア（1777-98）である. 湖やゴシック住宅, 折衷様式の「司祭長の聖域」, シビルの巨石グロット, アーケード, 「古代ギリシア風」アーチ, 水道橋, フランスのエルムノンヴィルにあるルソーの墓を連想させるセノターフ（戦没者記念碑）のある「イル・ド・プープリエ」〔フランス語でポプラの島の意〕, 湾曲した部屋の内装が奇抜なディアナ神殿といった, さまざまな点景建築（ファブリック）がみられる. やはり彼が設計したワルシャワの都市区画（1784-85）は, 地上階でプリミティブでフルート（溝）のついていない古代ギリシア風ドリス式円柱がアーチを支えており, ルドゥーの作品を想起させる.

つっかい shore

建物に倒壊する危険があるとき, あるいは建替えや修復を受けているとき, 支柱として建物の側面に斜めに設置される木材または鉄材（事実上のストラット（束））. つっかいを集合的に用いることにより, 不安定な壁や建物や掘削現場の側面を支持する一種の構造骨組となる. 通常は一時的な用途に使用されるが, このような構造骨組をなす場合は, 長年用いられることも実際にはありうる（たとえば第二次世界大戦後のロンドンでは, 被災現場にこのような骨組が 1970 年代まで存在した）.

繋ぎ小梁 collar
⇨カラー

繋ぎ小梁付き木造小屋組 common roof
⇨コモン・ルーフ

ツホミシヨ

つぼみ状装飾 bud
⇨バド

妻入り gable-entry
⇨エントリー

艶出しスタッコ stucco lustro
繊細な模造大理石仕上げ.

艶出しスタッコ scagliola
⇨スカリオラ

ツーライト・ウィンドウ two-light window
マリオン, あるいは（まれに）トランサムに
よって分割された二つの小窓から構成される窓
で, カップルあるいは双子窓と呼ばれる.

ツリー tree
木材の中でも巨大なもの. たとえば梁, 楣,
十字架梁, 楣など. ⇨ツリートランク

つり飾り pendant
⇨ペンダント

吊構造 suspended
橋脚からぶら下がった橋や, 分離された構造
体から吊るされた建物ないしは床のように, 高
所から支持された構造を説明する際に用いられ
る. 吊り天井は, 上階の構造体から下階の天井
として吊られるもので, サービス用のダクトな
どを覆い隠す. 一方, 吊り床は端の部分のみで
支えられる.

つり束 pendant-post
⇨ペンダント・ポスト

ツリートランク tree-trunk
枝の切り落とされた, 樹の幹の材. たとえ
ば, とくにプリミティブな雰囲気の柱が必要と
されるようなコテージ・オルネなど, ピクチャ
レスクな, あるいは田園風の建物に用いられる
場合もある. ルネサンスやマニエリスムのデザ
インでは, その形態を全く変更することなく使
用されることもあった.

ツリーネイル tree-nail
1. グッタエ.

2. 木材どうしを接ぎ合わせるために用いら
れる, 木製の合わせ釘, あるいは木製の留め
具.

ツリー・ハウス tree-house
1. 木の枝の間に建てられた住居で, 洪水や
野生動物などから身を守ることができる場所.
2. 16 世紀以降, ヨーロッパの庭園に建て
られた, 贅沢で装飾が豊かな夏の家（シュロッ
プシャーのピッチフォード・ホールにある, 18
世紀ゴシック様式の作例がある）. もし 1 が 2
の先行例だったとしても, これを立証すること
は難しい.

つる巻き文様 tendril
⇨テンドリル

テ

デア・シュトゥルム　Der Sturm
　言葉の意味としては，攻撃もしくは嵐．ベルリンのアート・ギャラリー（1912-14）の名称であり，ヘルヴァルト・ヴァルデン（Herwarth Walden, 1878-1941）によって創刊されドイツの前衛的芸術家に捧げられた雑誌（1910-32）の題名．デア・シュトゥルムを通して，未来派や表現主義の発展が促された．

デア・リンク　Der Ring
　1923-24 年に，ノイエス・バウエンを表現するべく「10 人のリンク」として設立された建築の圧力団体．1926 年に会員を増やし，バルトニック，ベーレンス，グロピウス，ヘーリンク，ヘスラー，ヒルベルザイマー，コーン，ルックハルト兄弟，E・マイ，メンデルゾーン，A・マイヤー，ミース・ファン・デル・ローエ，ペルツィヒ，シャロウン，タウト兄弟，テッセノウ，マルティン・ヴァーグナーらを含むグループとなり，デア・リンクと名乗ることとなった．このグループは，現在の問題を解決し，歴史主義にもとづく形態を拒絶し，「新しい科学と社会」の時代のためにデザインするべく，（実質的には国際的モダニズムとなった）「新しい建築」を推進した．デア・リンクの中でも多数を占めるモダニストたちは，ミースのもとに集まり，ヴァイセンホーフ・ジードルンク（1927）の建築的イメージを確立することになった．それはまた，ボナッツらによる反対勢力形成の要因ともなった．

デアンビュラトリ　deambulatory
　1．屋根つきの歩道．とくに，中庭（ガース）を取り囲む回廊（クロイスター）のように，何かのまわりを取り囲む連続する歩道．
　2．主祭壇の背後において内陣側廊（チャンセル・アイル）の典礼上の東端部と結合する側廊（アイル）もしくは周歩廊（アンビュラトリ）．とくに片方の端に放射状祭室をもつアプス状の配置をとったもの．

デイ　day　⇨窓面

ティアー　tier
　たとえば，劇場にある桟敷席やボックス席のように，互いに上下して配置される連続的なもののうちの一つ．

ティーアシュ，フリードリヒ・フォン　Thiersch, Friedrich von（1852-1921）
　ドイツの建築家，教師．ゼンパーの考えに大きな影響を受けた．南ドイツで最も影響力のあった建築家の 1 人であり，ルントボーゲン様式や，19 世紀ドイツにおいて広く影響力のあった新古典主義とルネサンスを統合した古典主義様式によって数多くの重要な建築を設計した．作品には，ミュンヘンの裁判所（1887-97 および 1902-05），ヨハン・クリスティアン・ツァイス（Johann Christian Zais, 1770-1820）が簡略化されたパラディアン様式で設計したヴィースバーデンのクアハウス（温泉地の療養施設）の改築（1904-07），フランクフルト・アム・マインのフェストハレ（1906-09）がある．教え子には，ボナッツ，テオドーア・フィッシャー，W・グロピウス，エルンスト・マイ，テッセノウがいる．彼の兄アウグスト（August, 1843-1916）も建築家であり，教会の設計で影響を与えた．最良の作品はミュンヘンの聖ウルズラ教会（1894-97，ルネサンス・リヴァイヴァル様式で建設）である．

ティアスロン　tierceron
　⇨ヴォールト

ディアフラム　diaphragm　⇨アーチ

ディヴァン　diwan, divan
　イスラムの集会所，会議室，法廷，謁見室．

デイヴィー，ジョージ　Devey, George（1820-86）
　ロンドン生まれの建築家．作品の中でヴァナキュラーな要素を使うことでドメスティック・リヴァイヴァルを推進した．最初の作品はケント州のペンズハーストにあり，そこで 1850 年からコテージやさまざまな邸宅作品を 15 世紀様式で設計した．より大規模な作品には，長期間にわたって建設し，増築されてきたかのよう

にみえるものがある．たとえば，ベッテスハンガー・ハウス（1856-82），ノニントンのセント・オブバンズ・コート（1874-78），そして，デネ・ヒル（1871-75）であり，これらはすべてケントにある．増築風の良作としてサウス・ランカシャーのボルトンのスミスヒルズ・ホール（1874-86），あり，これは中世の住宅に増築をしたものである．弟子のヴォイジーに影響を与え，アーツ・アンド・クラフツの重要な先駆者であった．

ティヴォリ窓，ティヴォリ・ウィンドウ
Tivoli window

ティヴォリのウェスタ神殿（前 80 頃）に見られる，ローマ建築に用いられたタイプの窓で，パッラーディオが広めたもの．底辺に比べて上辺の幅が狭く（換言すれば，両側が傾斜している），クロセットのアーキトレーブにコーニスが載せられている．ウィトルウィウス式開口部と呼ばれることも多い．

TAC（アーキテクツ・コラボラティヴ） TAC (The Architects' Collaborative)

1945 年にグロピウスが設立．その作品としてマサチューセッツ州ケンブリッジのハーヴァード・グラデュエート・センター（1949）がある．

庭園墓地 garden cemetery
⇨墓地

ディオクレティアン・ウィンドウ（ディオクレティアヌス窓） Diocletian window

二つの縦仕切りによって 3 部分に分けられた半円形の開口部（通常は窓）．ローマのディオクレティアヌス帝浴場（306 年）で用いられたことからその名前がついた．サーマル・ウィン

ドウともいう．一般に，パッラーディオ式の建築や新古典主義の建築にみられる．

ディオゴ・デ・アルーダ Arruda, Diogo de (1470 頃-1531)

ポルトガルのマヌエリーノ様式を代表する建築家．彼の設計によるトマールのクリスト騎士団聖堂の身廊およびチャプターハウス（1510-14）は，並外れて華麗な装飾にあふれかえっており，2 層分の空間を網の目のようなヴォールトがおおい，外部の装飾には王家の盾，紋章，楽器，縄，帆，海洋動植物等が組み合わせられたみごとなデザインである．ディオゴの弟フランシスコ（Francisco, 1480 頃-1547）は，リスボンへの進入経路を防衛するために建てられた奇妙で風変わりなベレンの塔（1515-20）を設計した．

ディオティサルヴィ Diotisalvi（12 世紀後半活躍）

ピサの円形のロマネスク様式の洗礼堂（1152-1265）の建築家であったとみなされる人物．またピサの八角形のサン・セポルクロ教会（1153 以降）の設計も彼に帰され，さらにはフィレンツェのサンタ・マリア・マッジョーレ教会でも作業に従事した．正式な名はディオティサルヴィ・デ・ペトローニ（Diotisalvi de Petroni）であったと思われる．

デイキン，ジェームズ・ハリソン Dakin, James Harrison（1806-52）

ニューヨーク市生まれ．エジプト，ギリシアおよびゴシックのいずれの様式も使いこなし，同時代のアメリカにおける最もすぐれた建築家の一人となった．1829 年にタウン＆デーヴィス事務所に加わり，1832 年には共同経営者となって，アメリカにおける世俗ゴシック様式の初期の事例の一つであるニューヨーク大学（1833-37）をイシエル・タウンとともに設計した．1833 年には独立して自身の事務所を構え，ニューヨーク州トロイのファースト・プレスビテリアン教会（1834）やケンタッキー州のルイヴィル銀行（1834-36），そして後にチューレーン大学となるルイジアナ大学（1847-55）など，すぐれたギリシア復興様式の建物をいくつか設計した．バトンルージュのルイジアナ州会議事堂（1847-46）はゴシック・リヴァイヴァルの

ディオクレティアン・ウィンドウもしくはサーマル・ウィンドウ

大胆な試みである．マイナード・ラフィーヴァーに影響を与え，デイキンが作成したドローイングはラフィーヴァーの2冊の書籍に収められている．

ディキンソン, クリストファー　Dickenson, Christopher（活躍 1528-40 没）

イングランドの熟練石工（フリーメーソン）．1528年，ヘンリー・レッドマンの他界にともなってウィンザー・カースル（バークシャー）のマスター・メーソンに任命された．その後，1531年に，ウェストミンスター（ホワイトホール）宮殿のマスター・ブリックレイヤー（主任煉瓦工）となり，1536年にはハンプトン・コート宮殿の建設に従事した．1539年，ディール・カースル，サンダウン・カースル，ウォーマー・カースルといったケントの3カ所の城塞の建設を任され，これらはすべてチューダー様式の軍事建築の傑作となった．

ディ・クー　di xue

庭園の壁に設けられた，風景を切りとる月形の戸もしくは円形の出入口．中国の言葉だが，このモチーフは西洋で用いられてきた．

ティーグ, ウォルター・ドーウィン　Teague, Walter Dorwin（1883-1960）

アメリカの工業デザインの先駆者．1903年ニューヨーク市に移住．1911年自分の事務所を開設し，書籍や広告のタイポグラフィ・デザインを専門とした．1926年に，事務所を工業デザイン事務所として改組．1927年にはコダック・イーストマンと契約し，ベイビー・ブラウニー・カメラのデザインを手がけた（1933-34）．続いてマーモン・カー（息子ウォルター・ドーウィン・ティーグ・ジュニア（Walter Dorwin Teague, jun., 1910-2004）と協働）や1939年のニューヨーク国際博覧会のためにパヴィリオンをいくつかデザインした．そのデザインの幅は広く，シェーファー・ビールの商標から，ボーイング707型機のVIPルームの内装に及ぶ．さらにはアメリカ海軍の兵器局で用いられていた，有名なポラリスも含むミサイルの複雑な発火機構の組立ての品質管理も担っていた．その著書『今日をデザインする―機械時代の秩序の技術（*Design this Day: The Technique of Order in the Machine*

Age）』（1946）では，近代工業文明と現代の工業デザインの役割を分析している．

ディクスナール, 本名ピエール＝ミシェル　d'Ixnard, Pierre-Michel（1723-95）

フランスの建築家（旧氏名ピエール・ミシェル（Pierre Michel））．ドイツにおける新古典主義の初期の主導者で，貴族風の名を名乗ることでアカデミックな教育を受けた建築家として売り出し（彼は当初舞台装飾を含むさまざまな仕事で指物師として働いていた），また自身のデザインをプレゼンテーション・ドローイングに仕上げてくれる有能なドラフトマンを雇うことで，キャリアを成した．1764年に大公ヨーゼフ・ヴィルヘルム・フォン・ホーエンツォレルン＝ヘヒンゲン（Prince Joseph Wilhelm von Hohenzollern-Hechingen, 1717-98）に雇われ，さまざまな室内装飾の改修（取壊し）を手掛けた．またシュヴァーベンの貴族階級のために雑多な仕事を手がけた．大きな転機は，シュヴァルツヴァルトに位置するヴァルツフート郡ザンクト・ブラジエンのベネディクト会ザンクト・ブラジウス修道院と聖堂の再建であった（1772年開始）．コリント式の独立柱に囲まれた巨大なドーム下の空間と，同じく柱をあしらわれたクワイアは，明らかにヴェルサイユの礼拝堂とパンテオンに着想を得たものである．ザンクト・ブラジウスは，南ドイツにおける最初の重要な新古典主義の建物であり，ディクスナールとの契約が1774年に解除された後は，ピガジュの監督のもと完成された．ディクスナールはバド・ブハオにザンクト・コルネリウス・キプリアヌス聖堂を設計し（1773-76），また1777年には，選帝侯・トリーア大司教クレメンス・ヴェンツェスラウス（Clemens Wenzeslaus, Elector and Archbishop of Trier, 1768-94）からコブレンツに広大な「レジデンツ」〔ドイツ語で都市内の宮殿を指す用語〕の設計を命ぜられる．ディクスナールは，全体の計画を統一する大オーダーのコラムとピラスター，そして主棟に架かるドームとを用いてこれを設計した．1778年に着工したものの，設計案が不運にも批判され，宮殿の縮小案がA・F・ペールのデザインによって1779年から建設される．ディクスナールは，また大司教・選帝侯の命で，コブレンツの広大な新しい町クレマンスシュタット（のちのノイシュタット）の

グリッド・プランの中に一連のクレッセントとサーカスの設計案を準備した. 彼の「レジデンツ」のためのデザインは『建築集成 (*Recueil d'Architecture*)』(1791) として出版され, その先進的な新古典主義様式が知られることとなった. ディクスナールによるその他の作品には, ストラスブールの商人組合会館「ツム・シュピーゲル」(1782-85), シュトゥットガルト近郊ヘンヒンゲンの聖堂 (1780-83), コルマールのコレージュ・ロワイヤル (王立学校) の図書館 (1785-87), エプフィグの聖堂 (1790-91) がある.

ディクソン, サー・ジェレミー Dixon, Sir Jeremy (1939-)

　イギリスの建築家. 1989 年からディクソン・ジョーンズ・アーキテクツの一員. 単独で設計を行った作品として, ノース・ケンジントンのセント・マークス・ロードにある集合住宅 (1975-79) があり, そこでは都市のソーシャル・ハウジングの特質を考慮しながら設計が行われた. その先駆的な事例としては, ジョン・ブースによるクラーケンウェルにあるロイドベイカー団地の住宅 (1819 頃-40) がある. 他の集合住宅としては, メイダバレのラナーク・ロード (1982), ドッグランドのダジャン・ワーフ (1986-88), これには 19 世紀初頭ロンドンの住宅を参照したものを含んでいる. これに続いて, 彼はロンドン, コヴェント・ガーデンにあるロイヤル・オペラ・ハウスの設計競技に当選した (1984-2000). ディクソン・ジョーンズ事務所としての作品には, ヴェネツィアのバスステーション設計競技への提案 (1990) や, ロンドンのナショナル・ポートレイト・ギャラリーのオンダーチェ棟 (1994-2000), ケンブリッジのダーウィン・カレッジの研究センター (1989-1994) がある.

ディゲージモン dégagement

　1. プライヴァシーを守るためにある, 二つの部屋, もしくは部屋と通路の間の狭い空間. ロビーやヴェスティビュール (玄関ホール) に相当する.
　2. 柱が壁にとりつけられた場合の逆の意味として, 自立した円柱に用いられる言葉.

ディスク disc

　1. 棒を薄切りしたもののような, 平らな円形の浮彫装飾. 円盤が互いに接するように連続して彫り込まれる. ロマネスクの作品 (たとえば, カンタベリー大聖堂, 1100 頃) にみられる.
　2. 円盤のような装飾. ⇨コイン

ディスチャージング discharging ⇨アーチ

ディステンパー distemper

　壁や天井への安価な塗装方法. サイズ (薄い糊) を混ぜた白亜 (たとえばチョーク) と水を用い, 色をつけるときもある. ファサードにも用いられたが, その場合, 頻繁な塗り替えが必要だった.

ディタッチト detached

　エンゲージド (壁にとりつけられた) とは反対の意味として, 孤立した, もしくは独立した状態を指す言葉. たとえば, コラム (円柱) という言葉とともに用いられる.

テイタム, チャールズ・ヒースコート Tatham, Charles Heathcote (1772-1842)

　イングランドの建築家. S・P・コッカレルのためにはたらき, のちに 1794 年のイタリア行きを助けたヘンリー・ホランドのために働いた. イタリアではグランド・ツアーに来ていた多くの貴族やジェントリーと知り合い, そのなかには第 5 代カーライル伯爵フレデリック・ハワード (Frederick Howard, 5th Earl of Carlisle, 1748-1825) がいた. 彼はテイタムの主要なパトロンの 1 人となった. テイタムは古代遺物と装飾の研究を行い, のちに『古代の装飾的建築のエッチング集 (*Etchings of Ancient Ornamental Architecture, etc.*)』(1799-1800), 『古代ギリシアとローマの装飾のエッチング集 (*Etchings Representing Fragments of Grecian and Roman Ornaments*)』(1806) を出版した. これらはかなりの成功を博し, 新古典主義のデザイン源として国際的に, とくにホープ, ペルシエ, フォンテーヌによって用いられた. ヨークシャーのカースル・ハワードの彫刻ギャラリー (1800-02) は厳格な新古典主義の初期の例であるが, 彼の傑作はスタッフォードシャーのトレンタムにある原始的な古代ギリシア・エジプト様式のマウソレウム (1807-08) である.

これはイングランドで最もすばらしい新古典主義の作品の1つである．また彼は，パースシャーのオクタタイアにもマウソレウム（1809，ゴシック様式）を設計した．

ディーターリン，ヴェンデル Dietterlin, Wendel (1551-99)

ドイツ・ルネサンスの建築家．彼の名声は，著作『建築と分配／対称および五柱のプロポーション（*Architectura von Außtheilung / Symmetria und Proportion der Fünff Seulen*)』(1593-94) によっている．同書はエキゾティックな図版を集めたものであり，そこにはストラップワークやディッターリンクと呼ばれる幻想的な装飾をもつフランドル・マニエリスムの細部に由来する建築的特徴が描かれている．

ティチーノ派 Ticinese School

1960 年代にスイスのティチーノ地方で活動した一群の建築家．建築様式の再考に関心をもち，歴史を強く意識していた．最も影響力をもった者としてはボッタ，ライヒリン，ロッシがいる．合理主義建築を推進した．⇨テンデンツァ

ディッターリンク Ditterling

ディーターリンの出版物にみられるグロテスク模様や帯模様に基づいた北ヨーロッパのマニエリスムの風変わりな装飾．16 世紀末および 17 世紀初期の英国と北海沿岸低地帯諸国に現れた．

ディッチ ditch ⇨ダイク

デイドウ dado

1．古典建築の台座の基部と頂部の間にある台胴もしくは表面平滑な立方体状の部材．

2．チェアレール（コーニス）と幅木（ベースもしくはプリンス）の間で室内をぐるっと 1 周するような壁面下部の表面の部分．木材板が張られたものを腰羽目（ウェインスコット）と呼ぶ．外壁にみられるものについてはデイドウとは表現しない．

3．長方形に彫られた溝をもつように切断したり成形したりすること．長方形の溝自体もデイドウと呼ばれる．

デイト・ストーン（日付石） date-stone

建設の年代が刻まれた，壁面につくりつけられた石．デイト・アンカーも年代を付したものであり，（普通は鋳鉄製の）金属製繋ぎ材の露出した頭部となっている．⇨アンカー（2）

ディトリグリフ ditriglyph ⇨インターコラムニエイション

ティーネン，ヤーコブ・ヴァン Thienen, Jacob van (15 世紀前半活躍)

フランドルの建築家．おそらく，ゴシックによるベルギーのブリュッセル市庁舎の左翼棟（1402 着工）を設計した．これはヨーロッパ北部における中世世俗建築の代表作の一つである．一方，鐘楼はジャン・ヴァン・ライスブルークによる設計で 1448-63 年に建築された．ブリュッセルのサント・ギュデュール聖堂の南側側廊を建設したといわれている．

ディノクラティス Dinocrates ⇨デイノクラテス

デイノクラテス Deinocrates (前 4 世紀半ば活躍)

ヘレニズムの建築家．おそらく，区画化されたアレクサンドリアの都市を計画した．ウィトルウィウスによれば，彼は，アトス山を彫ってアレクサンダー大王の巨大な影像をつくるよう進言した人物である．また，エフェソスにあるイオニア式の巨大なアルテミス神殿（前 356 より）の建設に（パイオニオスとともに）従事したと推察される．

ティバルディ，マルケーゼ・ディ・ヴァルソルダ，ペッレグリーノまたはペッレグリーニ Tibaldi, Marchese di Valsolda, Pellegrino or Pellegrini (1527-96)

ボローニャ出身の建築家，画家．最も初期の建築作品はボローニャのサン・ジャコモ・マッジョーレ聖堂のポッジ家礼拝堂（1556-58）のようであり，その後アンコーナで要塞の建設に携わった．1562 年頃にミラノに移住し，カルロ・ボッロメーオ（Charles Borromeo, 1538-84）の庇護を受けた（カルロは 1564 年からミラノ大司教，1610 年に列聖）．ティバルディは，パヴィアのコッレージョ・ボッロメー

オ（1564-92．洗練された2階建ての中庭を備えており、アレッシのパラッツォ・マリーノをいっそう簡素で軽快にしたタイプ）や、ミラノの大司教宮殿の司祭の中庭（1565-75）を設計した．他の作品としては、ミラノでは聖セバスティアヌスに奉献された円形の聖堂（1557-1617）やイエズス会のサン・フェデーレ聖堂（1569以降）、ミラノ大聖堂の地下にある内陣と内陣障壁（1567）があげられる．また、サロンノのマドンナ・デイ・ミラコリ巡礼聖堂ファサード（1583）もティバルディの作品であり、力強く分節されているのが特徴である．1586年以降、スペインのエル・エスコリアルで大規模な装飾計画を実施した．弟のドメニコ（Domenico, 1541-83）は、ボローニャでサン・ピエトロ大聖堂内陣を再建し、パラッツォ・マニャーニ（1560年代と70年代）を設計した．

ティビアージュ，ド Thibiage,-De（1840年代活躍）

フランスの作家．おそらくは筆名である．著書『古城の逸話とピトレスクな歴史（*Histoire pittoresque et anecdotique des anciens châteaux, etc.*）』（1846）はフランスにおけるゴシック・リヴァイヴァルの触媒となっただけでなく、ドイツでも『フランス、イギリス、ドイツ、スイス……の最も有名な城砦の歴史（*Geschichte der berühmtesten Ritterburgen und Schlösser Frankreichs, Englands, Deutschlands, der Schweiz etc.*）』（1846）として出版された．

ティファニー，ルイス・コンフォート Tiffany, Louis Comfort（1848-1933）

アメリカのデザイナー．アール・ヌーヴォー様式の作品で知られる．マッキム・ミード＆ホワイトやカレール＆ヘイスティングズ他の建築のインテリアを案出した．その作品のうち、イリノイ州シカゴのコロンビア万国博覧会のチャペル（1893）は一部現存しており、またニューヨーク市のローレルトン・ホールのロッジア（1903-05．メトロポリタン美術館のアメリカン・ウィングに再建されている）やニューヨーク州オイスター・ベイのハンリー邸（1921）などをみることができる．多くのガラスの工芸品を製作し、その作品は同時代のアール・ヌーヴォーの最もよい作品と好意的に比較される．

ディフェンシヴ・アーキテクチュア（防御建築） defensive architecture

1．軍事建築．たとえば、城、市壁、要塞など．

2．敵対する都市環境から離れ、内側へ目を向けるような建築．たとえば、古代ギリシア、ローマの住宅、あるいは日本人建築家（たとえば安藤忠雄）の作品のいくつかがあげられる．

ティブリオ tiburio

聖堂の交差部上方にある塔、あるいは頂塔（たとえばミラノ大聖堂）．

テイブリング tabling

笠石．

ディプレスト depressed　⇨アーチ

ディペンデンシー dependency

18世紀アメリカで用いられた言葉で、奴隷の居住区や学校などを含む一つの地所の中の離れ家、もしくはそのグループを指す．

堤防護岸 camp-shedding

　⇨キャンプ・シェディング

ディミニッシュト diminished

1．ディミニッシュト・アーチを指して用いられる言葉．⇨アーチ

2．上げ下げ窓において、ディミニッシュト・バーとは、そのような形状をもたない場合に比べて室内をよりきめ細かく、薄くみせるように形づくられたつや出しされた桟のこと．

3．徐々に減少する（ディミニッシンク）もしくは徐々に増加する列（コース）とは、それぞれの列の長さは同じだが、軒から棟にかけて各列の高さが次第に減少するようなスレートの層のこと．

ディミニュション diminution

円柱の直径が上方ほどしだいに縮小していくこと．コントラクトゥーラ．古代においては、柱身の最下部からそれが始まったが、18世紀においては柱身高さの1/3の場所から縮小していくようになる．エンタシスと関連する．

デイモン，アイザック Damon, Isaac（1812-

40 頃活躍）

アメリカの建築家．イシエル・タウンの弟子であり，30 年にわたりマサチューセッツ州西部建築を先導する建築家であった．ノーザンプトン（1811，現存せず）とスプリングフィールド（1818）のファースト教会，およびレノックスの教会と郡庁舎（1814 頃）を設計した．

テイラー tailloir

とくにイオニア式オーダーにおけるアバクスのこと．

テイラー，サー・ロバート Taylor, Sir Robert (1714-88)

イングランドの建築家．バーリントン卿のパッラーディオ主義と，彗星のごとく現れたロバート・アダムの間に位置し，チェンバーズとペインとともにこの世代で最も才能ある建築家の 1 人．彫刻家ヘンリー・チェーア（Henry Cheere, 1703-81）のもとで修行したのち，イタリアを旅し，1740 年代にはこの分野で名声を確立した．1750 年代に建築設計を始めると，才能とすこぶる勤勉さからたちまち成功をおさめた．アダムが「建築家リストに入る」まで，テイラーとナイトが建築設計の仕事を分け合っていたとされる．1764 年頃からイングランド銀行の監督官をつとめ，1769 年には建築局の 2 人の王室建築家の 1 人となった．ヴィラやカントリー・ハウスの建築家としては，彼の作品は独創的でこぢんまりとしており，図面には楕円や八角形，彼が好んだモチーフである斜壁のベイ（八角形の扉パネルと窓ガラスも好んで用いた）が用いられている．彼の作品の良い例としてはサリーのリッチモンドにあるアスギル・ハウス（1761-64，ムトゥルスには大胆な軒があり，独創的な形の部屋が内部にある），ケントのベクスリーヒースにあるダンソン・ヒル（現ハウス）（1762 頃-67，内部はチェンバーズによって完成され，長年放棄されていたが，部分的に復元され 2005 年に公開）がある．ハンプシャーのポーツダウン・ヒルにあるパーブルック・ハウス（1770，解体）では，イングランドの邸宅に初めて古代ローマ式アトリウムを設計し，新古典主義の歴史に名を残した．彼の最も美しいカントリー・ハウスには，サフォークのヘヴニンガム・ホール（1778-80 頃，ジェームズ・ワイアットにより完成されたが，1980 年

代にひどく損傷を受けた），ハートフォードシャーのゴーランブリー・ハウス（1777-90，のちに改築），デヴォンのシャーパム・ハウス（1770 頃，巨大なドームのついた楕円形の階段吹抜けがある）がある．イングランド銀行でのおもな仕事は弓形アーチ，横窓がついたクーポラであり，後のソーンの作品に明らかに影響を及ぼした．しかし，イングランド銀行でのテイラーの業績はソーンにより多く改変され，ハーバート・ベイカーにより消し去られ（1921-37），コート・ルーム（1767-70）だけが再建された．彼はロンドンのリンカンズ・インにあるストーン・ビルディングズ（1775-77），北アイルランドのベルファストにある旧証券取引所のアセンブリー・ルーム（1776，のちに建物が銀行となった時にラニョンとリンによって改築）を設計した．ほかの作品にはオックスフォードシャーのオズニー・ブリッジ（1767），バークシャーのメイデンヘッド・ブリッジ（1772-77），バークシャーのウォリングフォードにあるセント・ピーター教会のゴシック様式の尖塔（1776-77）がある．多くの墓碑を設計しており，それらのデザインは，オックスフォード大学のテイラー・インスティチュートに他の資料とともに現存している．これはオックスフォード大学にテイラーが遺贈して設立された．彼の弟子には S・P・コッカレルとジョン・ナッシュがいる．

テイラー，ジョージ・レドウェル Taylor, George Ledwell (1788-1873)

イングランドの建築家．1804 年にジェームズ・T・パーキンソン（James T. Parkinson, 1800 頃-40 頃活躍）と年季契約をし，ロンドンのモンタギュー・スクエアやブライアンストン・スクエアの建設，ポートマン・エステートのほかの部分の建設にかかわった．1816-19 年にエドワード・クレジー（Edward Cresy, 1792-1858）とともにイングランド，フランス，イタリア，ギリシア，マルタ，シチリアを旅し，その後，『ローマの建築的古代遺物（*The Architectural Antiquities of Rome...*）』（1821-22，1874）と『イタリアの中世建築（*The Architecture of the Middle Ages in Italy...*）』（1829）を出版した．これはイタリアの中世建築を賞賛する初期の著作である．1824 年に海軍省の土木建築家に任命され，チャタ

ム，シアネス，ウーリッチの造船所で堅牢で力強い建築を設計した．彼はハンティンドンシャーのゴスポートにある，美しいクラレンス軍需部倉庫（1828-32）を手がけた．1840年代にはパディントンにあるロンドン主教の地所の大部分を造成した（たとえばチェスター・プレース，ハイド・パークの一部，グロスター・スクエア）．また，『エトルリアの石と古代ローマの大理石（*Stones of Etruria and Marbles of Ancient Rome*）』（1859）を出版した．彼の最も非凡な作品はケントのハドロウ・カースルにあるゴシック・リヴァイヴァルの巨大な塔（1840頃）である．これはぜいたくさという点においてワイアットのフォントヒル・アビーに匹敵するほどのフォリーである．ケントのリーにある個人経営の学校（1836）では，先駆的にも建材としてコンクリートを現代的に用いた．これはアテネのプロピュライアを模したものである．

テイラス talus, tallus
1. 擁壁．
2. とくに要塞における，転びのある壁．

ディール deal
1. 軟材（たとえばマツ）．
2. 標準サイズのモミもしくはマツの板材．

ティルマン・ファン・ガメレン Tylman van Gameren（1630頃-1706）
⇨ガメレン，ティルマン・ヴァン

ディレクトリ Directory ⇨ディレクトワール

ディレクトワール Directoire
　フランスの総裁政府期（1795-99）に好まれた厳格で単純化された新古典主義．フランス革命と関連するモチーフ（たとえばフリジア帽）が控えめに装飾として用いられたり，1798年以降はエジプトの要素（たとえば，ハスやスフィンクス）が用いられるようになる．1800年までにはより贅沢な装飾が求められるようになり，続くエンパイア・スタイルではさらにエジプト風のディテールをもつようになる．とりわけデノンによるエジプトとヌビアに関する報告（1802）が出版されて以後，その傾向は強まった．ディレクトワール様式は，一般にアメリカのディレクトリー様式へと影響を与えたとされるが，合衆国で好まれたモチーフがフリーメーソンのものである点は異なっている．アメリカのディレクトリー様式は合衆国のフェデラル・スタイル（連邦様式）（1776-1830頃）の異形だったのである．

ディレムのエリアス，もしくはダラムのエリアス Dereham *or* Durham, Elias of（1188-1245に活動）
　ソールズベリーとウェルズの司教座聖堂参事会員で，ケント州カンタベリー大聖堂の聖トマス・ベケット（1118-70年頃）の霊廟（1220年完成）を設計したと考えられており，これは疑うことのない傑作であった．1220年頃からは，ウィルト州のソールズベリー大聖堂の建設にも携わったようで，新しい建物の監督を務めたとの記録もあり，少なくともレディ・チャペル（1225年）と大聖堂の東袖廊（1237年）の監督をしている．1233年には，ハント州ウィンチェスター城の国王の工事を担当している．歴史資料の行間を読むならば，彼はおそらく造詣深いアマチュアで，18世紀のディレッタント建築家の先駆けであり，13世紀におけるバーリントン伯爵のようなものであった．

ティロル，ハンス Tirol, Hans（1505頃-75頃）
⇨ステラ，パオロ・ディア

ディンケルー，ジョン（ジェラード） Dinkeloo, John（Gerard）（1918-81）⇨ローチ＆ディンケルー

ディーンツェンホーファー一族 Dientzenhofer Family
　バイエルンのローゼンハイム近郊バート・アイブリンク出自の石工の親方，建築家の一家．彼らの計り知れない貢献により，ドイツとボヘミアのバロック建築は複雑なものになった．ゲオルク（Georg, 1643-89）はヴァルトザッセンのシトー会修道院聖堂（1682-1704）をロイトナー（彼がディーンツェンホーファー一族に職人以上の地位を得る機会を与えたようである．その理由は，1678年にアンナ・ディーンツェンホーファーと結婚したという家庭の事情のた

めかもしれない）の設計にもとづいて建てた．
ゲオルクはヴァルトザッセン近郊カッペルの聖
三位一体巡礼聖堂（ヴァルファールツキルヘ）
(1684-89) も設計した．3つのアプスと3本の
細い円筒形の塔が付いためずらしい配置で，明
らかに三位一体を象徴することを意図してい
た．この聖堂は弟のクリストフ（Christoph,
1655-1722）によって完成された．クリストフ
はグァリーニ（1686年に著作を出版）の幾何
学に影響を受け，オボジシュチェのスヴァティー
・ヨゼフ聖堂（1699-1712），スミジツェの城
館の礼拝堂（1700-11），プラハのマラー・スト
ラナのスヴァティー・ミクラーシュ（聖ニコラ
ス）聖堂（1703-11），プラハ近郊ブジェヴノフ
のスヴァター・マルケータ（聖マーガレット）
聖堂（1708-15）など，多くの豪華な聖堂をボ
ヘミアで設計した．クリストフは楕円をヴァン
トプファイラーの構成と組み合わせて用いるこ
とで内部空間をとくに複雑なものにし，ボッロ
ミーニとグァリーニから受け継いだモチーフを
統合している．プラハのフラッチャニにあるロ
レート聖母修道院（ロレッタ）(1717-23) の
ファサードは美しく，その中央には中央ヨー
ロッパで最も優美な鐘楼がある．
　ヴォルフガンク（Wolfgang, 1648-1706）は，
シュパインスハルトの修道院聖堂（1691-1706）
やシュトラウビンクの巡礼聖堂（1705-07）な
どのいくつもの建物で記憶され，レオンハルト
(Leonhard, 1660-1707) は エ ブ ラ ッ ハ
(1686-1704) と バ ン ツ (1695-1705) の修道院
を請け負った．しかし，バンツを完成させたの
はヨハン（Johann, 1663-1726）で，彼の設計
した修道院聖堂（1710-19）は（クリストフの
オボジシュチェとは構成が異なる）複雑につな
ぎ合わされた楕円形が特徴的で，ディーンツェ
ンホーファー家の誰よりも洗練された設計とも
いわれる美しい内装になっている．ヨハンの手
がけた最初の重要な聖堂はフルダのシュティフ
トキルヘ（修道院聖堂，現在は大聖堂，
1704-12）で，サン・ピエトロ，イル・ジェズ，
サンティニャツィオ，そして（とくに）ボッロ
ミーニによるサン・ジョヴァンニ・イン・ラテ
ラノ聖堂改修（いずれもローマ）を反映したも
のであった．1711年，ヨハン・ディーンツェ
ンホーファーはバンベルク近郊のポンマース
フェルデンで働き，マインツ選帝大司教，バン
ベルク司教であったシェーンボルン伯ロータ

ー・フ ラ ン ツ（Lothar Franz, Graf von
Schönborn, 1655-1729）のためにヴァイセン
シュタイン城（1711-18）を建てた．この城館
はフランケン地方で最も立派なバロック宮殿の
一つで，建物全体の高さまで伸びたギャラリー
付きの広々としたホールの中に左右対称の巨大
なトレッペンハウス（階段室，ヒルデブラント
とシェーンボルン本人が一部設計した）があ
る．
　クリストフの息子，キリアン・イグナーツ
(Kilian Ignaz, 1689-1751) は，父とヒルデブラ
ントのもとで学んだ．ヒルデブラントによる驚
くべきウィーンのマリア・トロイ聖堂にも部分
的に関与していた可能性もあるが，単独で請け
負った最初の建物はプラハのヴィラ・アメリカ
(1715-20) で，そこではヒルデブラントの影響
が明らかであった．プラハのフラッチャニのロ
レートの建物で父と共働（1721-24）し，ウル
スラ会のフラッチャニのザンクト・ヨハン・ネ
ポムク聖堂（1720）とニツァウ（ニツォフ）の
巡礼聖堂（1720-26）は彼が独立して設計した
初期の聖堂の代表作であるが，いずれの建物で
もヒルデブラントによるガーベルのザンクト・
ラウレンティウスの平面（グァリーニの影響を
受けている）が，ディーンツェンホーファー家
がよく用いたヴァントプファイラーの主題と統
合されている．高貴なプラハのザンクト・ヨハ
ン・ネポムク・アム・フェルゼン（スヴァティー
・ヤン・ナ・スカルツェ）(1729-39) では，
キリアン・イグナーツのバロックのレトリッ
ク，演劇性，彫塑的な造形の熟達ぶりがみごと
に表現されている．彼によるスヴァティー・ミ
クラーシュ聖堂（聖ニコラス，プラハのスタレ
ー・ムニェスト地区（1732-37））にはいくつも
の楕円に囲まれた複雑な中央空間があり，驚く
べき独自性と豊かさを備えている．楕円の長軸
は対になった塔がついたファサードは建物の長
軸と平行になっている．楕円の要素はカルロ
ヴィ・ヴァリのスヴァター・マイダレーナ（聖
マグダレナ，1732-36）の平面の基礎にもなっ
た．また，父の建てたプラハのマラー・スト
ラナのスヴァティー・ミクラーシュ聖堂に美しい
クーポラ（1750-52）と塔（1755）をつけ加え
た．晩年手がけたクラドノのスヴァティー・フ
ロリアーン（1746-48）とパシュティキの洗礼
者聖ヨハネ聖堂（1748-51）では，節制と単純
化に進む傾向が示されている．

ディーン卿, トーマス・ニューナム Deane, Sir Thomas Newenham (1828-99)

アイルランドの建築家. トーマス・ディーン卿 (1792-1871) の息子. 父はアイルランドで最も成功した事務所の設立者で, コークの商業施設 (1811-13), ケンマールの城郭風チューダー様式のドロモア城 (1831-36) を設計した. トーマス・ディーン卿の事務所にはベンジャミン・ウッドワード (Benjamin Woodward, 1815-61) が 1841 年に加わった. ウッドワードはピュージンの弟子であり, ラスキン風の建物を推進した原動力で, ディーン&ウッドワード事務所はおもにその作品で知られている. 彼らはコークのクイーンズ・カレッジ (1845-49, 現在はユニヴァーシティ・カレッジ) を設計した. 1850 年からトーマス・ニューナム・ディーンが共同経営の中で力を発揮するようになった. 直後, ディーン&ウッドワードはダブリンのトリニティ・カレッジ博物館 (1852-57) を設計し, これにより名声が確かなものとなっただけでなく, ラスキンの支持を得た. ラスキンは細部を豊かにしているオシャー兄弟の生気にあふれた彫刻を賞賛した. オックスフォード・ユニヴァーシティ博物館 (1855-61) がこれに続き, 彼らの最も有名な作品となった. 記念碑的な世俗のゴシック様式の建造物で, 大陸的な特徴をもっている. 屋根が鉄, 木, ガラスの構造体でおおわれた中庭があり, ヴェネチア風ゴシックのクロイスターに囲まれている. 彼らはオックスフォード・ユニオン・ソサエティの討論室 (1857), ダブリンのキルデア・ストリート・クラブ (1858-61) を設計し, ウッドワードの死後, トーマス・ニューナム・ディーンがオックスフォードのクライスト・チャーチのメドウ・ビルディング (1862-66) を建設した. ディーン&ウッドワードはイングランドにおけるゴシック・リヴァイヴァルの歴史の中で重要な位置を占めており, ラスキンの理念の最初の重要な信奉者だった. 1871 年以降, T・N・ディーンが仕事を引き継ぎ, 1876 年からは息子のトーマス・マンビー・ディーン (Thomas Manby Deane, 1851-1933) が加わった. 彼らはダブリンの国立図書館および博物館 (1885-90) を設計し, これにより T・N・ディーンはナイトの称号を与えられた. この建物は, ラインスター・ハウスの周囲に同じく彼らの事務所が設計した端正な建物の一部をなして

いる. T・N・ディーンはアイルランドの古建築の保存にも積極的だった. T・M・ディーンはバージェスの弟子で, 1884 年から父の事務所で共同経営を行い, 1899 年からはアストン・ウェッブと共同経営を行った. 彼もまた 1911 年にナイトの称号を与えられた.

ティンバーフレーム timber frame
⇨木骨

デヴィエトシル Devĕ tsil Group

1920 年に設立されたグループで, 1918 年に生まれたチェコスロヴァキア共和国のアヴァンギャルドの中心となり, 国際モダニズムを受け入れた. ヨゼフ・ホホル, クレイツァル, カレル・タイゲの作品を称揚し, ドイツやオーストリアのモダニストと緊密な関係を育み, ソ連からの思想を宣伝した.

デーヴィス, アーサー・ジョゼフ Davis, Arthur Joseph (1878-1951)

ロンドン生まれのイングランド人建築家. エコール・デ・ボザールで教育を受け, 1900 年パリのシャルル・F・メヴェの事務所に入る. メヴェ・アンド・デイヴィス社はパリのボザールの古典主義をロンドンにもたらした. ピカデリーのリッツ・ホテル (1903-09) はこの首都で最初につくられた鉄骨造の建物の１つである. 次に彼らが手がけたのはストランドのオールドウィッチのインヴァレスク・ハウス (1906-08) で, パル・マルの王立自動車クラブ (1908-11) がそれに続いた. 1914 年メヴェの死後, デーヴィスらはリヴァプールのピア・ヘッドでクナード・ビルディングの邸宅 (1914-16) を設計した. これはスレッドニードル・ストリートのロンドン・カウンティ・アンド・ウェストミンスター銀行を含む, ロンドンにおける彼のイタリア風ルネサンス作品の先鞭となった.

デーヴィス, アレクサンダー・ジャクソン Davis, Alexander Jackson (1803-92)

その世代で最も創作力に富んだアメリカの建築家. 最初の重要な作品であるコネチカット州ニューヘヴンにおける住宅, ハイウッド (1829-31) で注目され, その結果, イシエル・タウンの事務所に共同経営者として招かれた.

タウン&デーヴィスは力強い古典主義を発展させ，彼らがデザインした一連の公共建築はアメリカ合衆国でギリシア様式に触発された建築の中で最も卓越した作品に類するものである．たとえば，八柱式のギリシア・ドリス式のポルティコや長手方向の立面における壁端柱，そして屋根の中央上部に据えられた円筒形台座とドームをもつ，インディアナポリスのインディアナ州会議事堂（1831-35）がある．同事務所はまたノース・キャロライナ州ローリーの同州会議事堂（1833-40）やギリシア復興様式で壁端柱の間に二柱の円柱を備えるタイプの教会をいくつか設計した．壁端柱はニューヨーク税関（1833-42，現在のフェデラルホール記念博物館）でもふたたび幅広く用いられた．デーヴィスは，角柱ではさまれたくぼみに複数層分の窓をもうけ，層の区切りに装飾的パネルをつける構成を創案し，その後さらに発展させた．デーヴィス式窓（と本人がそう呼んだ）はニューヨーク市の自然史会館（1835-36）の壁端柱で初めて用いられたようである．

タウンとの協働関係は 1835 年に解消され，デーヴィスはその後はほとんど一人で実務にあたった．彼はピクチャレスク風の住宅をいくつか設計し，その一つであるニューヨーク州バリータウンのブライズウッドにおける装飾的田舎家（1836）はほかに影響を与えた作品である．1836 年には『田園の邸宅（*Rural Residences*）』の執筆に着手した．これはアメリカ合衆国におけるピクチャレスク運動の誕生を示す，この主題についての最初の書籍である．それは第 2 部（1838）までしか出版されなかったが，巧みに設計された折衷的なデザインでよく図解されていた．1838 年から 1850 年まで，彼は A・J・ダウニングの著作にも挿絵を提供した．その後 20 年ほど，デーヴィスはピクチャレスク風の住宅を設計して実務上成功し，中でもゴシックとイタリア様式を好んで用いた．その最初の大邸宅はニューヨーク州タリータウンのリンドハースト（1838-42，後（1865-67）に増築）で，その非対称なゴシック様式が広く称賛された．多くの設計依頼において，デーヴィスはイギリスの「コテージ」様式を再解釈したが，一方ニューヨーク州バリータウンのモンゴメリー・プレイス（1843-67）では新古典主義に，ニューヨーク市のジョン・コックス・スティーヴンズ邸（1845-48）では洗練された美しいギリシ

ア復興様式に回帰した．デーヴィスは鋳鉄建築と部材一式の生産による組み立て式建築の可能性に関心をもっていた（彼は 1835 年に鋳鉄製の店舗外装を設計していた）．これらの他に特筆すべき作品として，コネチカット州ブリッジポートのトスカナ式の町役場と郡庁舎（1853-54）や，ニュージャージー州ウェスト・オレンジのルウェリン・パークの邸宅やコテージからなる屋敷町（1857-66）がある．

テオドトス　Theodotos（前 360 頃没）

ギリシアの建築家．エピダウロスにあるドリス式のアスクレピオス神殿（前 375 頃）を設計した．そのペディメントにある彫刻群，およびクリュセレファンティノスによる彫刻が賞賛されており，ならびに建設に関わる高額な支出記録が現存するという点でも興味深い人物である．

テオドロス（サモスの）　Theodorus of Samos（前 540 没）

ギリシアの建築家．サモス島にある巨大なイオニア式のヘラ神殿（前 575 頃より）を（ロイコス（Rhoecus）とともに）設計したほか，現在では失われたものの，古典古代においては最初期の例の一つとされる建築理論書を執筆した．さらには，エフェソスの第 4 アルテミス神殿（前 565 頃）の建設にも，ケルシフロンとともにかかわっていた．

テオレ　thé-au-lait

テラコッタ仕上げの建築物を表現するのによく用いられる，ミルクティーに似た色．

デカスタイル　decastyle　⇨ポルティコ

デ・カルロ，ジャンカルロ　de Carlo, Giancarlo（1919-2005）

ジェノヴァ生まれのイタリア人建築家．CIAM，チーム・テンのメンバーでもあった．最も有名な作品がウルビーノ自由大学（1973-79，後年も）で，美しい敷地に精緻なモダニズムの計画を実現してみせた．また，ヨーロッパとアメリカの両方で教鞭をとったこと，建築と地域計画を組み合わせた実務をこなした点も業績として特筆される．他の作品には，テルニのマッテオッティ・ニュービレッジ

(1972-75), ヴェネツィアの学校やミラノ病院 (1979), シエナ大学校舎 (1982), トレントのピアッツァ・デッラ・モストラ再整備 (1990) などがある.

デカローグ（十戒）Decalogue

十戒が提示される教会の装飾壁（リアドス）の部分. 17世紀の英国で一般にみられる. 独立した額縁つきパネルとして教会の壁に設置される場合もある.

デクストラル・ステア（右巻き階段）dextral stair

左から右に上る環状の階段.

テクトン Tecton

1932年, リュベトキンによって設立されたロンドンの建築家グループで, 1948年に解散するまで, イギリスで最も影響力のあるインターナショナル・モダニズムの推進役を担った. 一番よく知られているのは, リージェンツ・パークにあるロンドン動物園内の, ゴリラ・ハウス（1932）やペンギン・プール（1933-34）といったさまざまな構造物（1932-37）で, ほかにも, ハイポイントⅠ（1933-35）, ハイポイントⅡ（1936-38）として知られるロンドン, ハイゲートにある中層集合住宅棟, クラーケンウェル, スパ・フィールドにある低層集合住宅群（1939-49）, ロンドン, フィンスベリー・ヘルスセンター（1935-38）がある. 個人住宅のほか, ベッドフォードシャーのウィプスナード動物園とスタフォードシャーのダッドリー動物園にあるさまざまな施設も設計した.

デ・クラーク, マイケル de Klerk, Michel (1884-1923)

オランダの建築家でアムステルダム派のメンバー. 最もよく知られるのは, ピーター・ロデウィック・クラマーと共同して設計した表現主義的作品で, アムステルダムにある（ファン・デア・メイと協働, 1911-16）, シェアファールフス（ナビゲーション・ハウス）と, デ・ダヘラート集合住宅（1920-22）である. アムステルダム西部のスパーンダマーバートにある, エイヘン・ハールト集合住宅（1913-20）は, 塔や小塔, さまざまな意匠の開口部, 細部までデザインされた煉瓦壁により, 中世の街並みの豊かさを提示しており, 労働者階級用ソーシャル・ハウジングにありがちな祖末なつくりにならないよう建築家が配慮したことがうかがえる.

デクリネーション declination

ドリス式オーダーの傾斜したムトゥルスと壁の装飾のない部分との間にできる角.

デ・ケイザー, ヘンドリク・コルネリス de Keyser, Hendrick (1565-1621)

⇨ケイザー, ヘンドリク・コルネリス・デ

デ・ケイ, リーフェン de Key, Lieven (1560頃-1627)

⇨ケイ, リーフェン・デ

デゴデ, アントワーヌ・バビュティ＝ Desgodets *or* Desgodetz, Antoine Babuty (1653-1728)

パリ生まれの建築家. ローマの多くの古代構築物を記録し, 『ローマの古代建造物（*Les Édifices Antiques de Rome*）』（1682）によってそれらの図面を公刊した. 後に英語にも訳されている（1771-95）. この著作は彼の名声を高めた. 当時, 出版されていたものとしては, 古代ローマ建築の最も正確な図面だったからである. 多くの重要な18世紀建築物の細部の典拠にもなっており（たとえば, ノーフォークのホーカム・ホールのケント・エントランス・ホール）, 18世紀の様式, とりわけ, 新古典主義に重要な影響を与えた.

デザイエ＝ダルジャンヴィル, アントワーヌ＝ジョゼフ Dezailler d'Argenville, Antoine-Joseph (1680-1765)

フランスの作家, 版画家. 著書『庭園術の理論と実践（*La Théorie et la pratique du jardinage*）』（1709）では, 整形式フランス庭園を体系化し, 次の版では, 18世紀前半の造園術の発展を辿った. この重要な書物にはル・ブロンによるパルテール（花壇）の図版が含まれている.

デザート desert

「荒廃した」建造物を配置し, 荒れ果て, 見捨てられ, 無人で, 未開であるかのようにデザ

インされた 18 世紀のランドスケープ. その風景は，捨て去られてしまったような印象を与え，もの悲しさを誘う. 好例は，フランス，イヴリーヌ県シュンブールシーのデゼール・ドゥ・レ（1770 年代）である. そこにはフォリーとして非常に大きな崩れた円柱があり，その内部には，中央のらせん階段のまわりに 3 層の住居がある. 4 階の部屋は，「円柱」の崩れた頂部の奥にある天窓や，「フルーティング（縦溝）」に刻まれた「割れ目」を通して採光されている.

デ・サンクティス，フランチェスコ de Sanctis, Francesco（1693 頃-1731）

⇨サンクティス，フランチェスコ・デ

デース daïs

1．宴会場に設けられた，ハイ・テーブルが置かれる台座，壇，舞台.

2．講堂にあるような，同様の演壇.

3．ハイ・テーブルそのもの.

4．そのようなテーブルもしくは演壇の上に架かる天蓋.

5．王座などの上にかかる天蓋（テスター）もしくは保護用の屋根.

テスター tester

（アバ・ヴォワと呼ばれる）説教壇あるいは墓を覆う天蓋.

テスタ，クロリンド Testa, Clorindo（1923-2013）

イタリア生まれアルゼンチンの建築家. サンタ・ロサ・デ・ラ・パンパの市民センターとバス停留所（1955-63）は，アルゼンチンで初めてのブルータリズムによる試作となった. 他の作品にいずれもブエノス・アイレスのロンドン南米銀行（1959-66），国立図書館（1962-84），オランダ銀行（1970-75）がある. 作風としてはインターナショナル・スタイルを堅持した.

デ・ステイル Stijl, De

様式を意味し，この名称は物質主義や機能主義を推進したと誤解されているゼンパーの著書『様式（*Der Stil*）』（1861-63）におそらく由来するのだろう. デ・ステイルはオランダの芸術運動であり，ファン・ドゥースブルフが出版し

た同名の雑誌（1917）に始まる. 画家ピート・モンドリアン（Piet Mondrian, 1872-1944），リートフェルト，アウト，ファン・ト・ホッフが参画した. キュビスム，新造形主義から影響を受け，客観性，単純性，真実性などカルヴァン主義的な関心を背景にしていた. 20 世紀にみられる多くの運動と同様，歴史に対し否定的で伝統と対立した. 抽象化された明晰さをみせ，自然と決別し，直線，純粋平面，直角，原色，立方体の分解を特徴とした. 戦間期に，バウハウスや国際的な近代運動の建築に対し多大な影響を及ぼした. デ・ステイルの初期には，ファン・ト・ホッフ設計によるユトレヒト，ハウス・テル・ヘイデの住宅（1916，F・L・ライトの作品からの影響が顕著），実現しなかったがアウト設計によるプルメレントの蒸留所計画案（1919），軸測投象図法を用いたファン・エーステレンとファン・ドゥースブルフによる住宅のスタディ（1923）などの作品がある. リートフェルト設計によるユトレヒトのシュレーダー邸（1921-24）は最もよく知られ，板状の構成要素，フラット・ルーフ，原色，直角による構成，などの特徴がデ・ステイルの建築の典型となった. デ・ステイルの影響を受けた建築家に，ミース・ファン・デル・ローエ（とくにバルセロナ・パヴィリオン（1928-29）が顕著），アイゼンマン，ポルトゲージがいる.

デス・ランタン death-lantern

教会付属墓地や共同墓地にある，頂部にランタンを載せ，その上に十字架が置かれるような柱（通常は，透かし彫りのパネル（アジューレ・パネル）の背後にある）. 悪魔の精神をかわすために，時には構造体の中に階段を設けたり，基礎部分に聖書朗読台や説教壇があるほどの大きさをもつこともある. 状況に応じて標識灯としての役割をもつものもある（ゴットランド島のヴィスビューの例）. また，礼拝堂に組み込まれているものもある（パリのイノサン墓地の例）.

デソルナメンタード Desornamentado

フィリップ 2 世治世（King Philip II, 1556-98）のスペインのルネサンス建築にみられる厳格な様式. マドリード近郊のエレラのエスコリアル（1559-84）が好例.

テタイユイ

デタイユ，イポリッチ=アレクサンドル=ガブリエル=ウァルテル Destailleur, Hippolyte-Alexandre-Gabriel-Walter （1822-93）

パリ生まれの建築家．多くの都市住宅・田園住宅をルネサンス・リヴァイヴァル様式で建設した．代表作にオワーズ県フランコンヴィルのマサ公爵の城館（1880-85），バッキンガムシャー，アイルズベリー近郊のワデスドン・マナー（1888-90），ウィーンのプリンツ・オイゲン通りのアルベルト・フォン・ロートシルト宮殿（1876-82）がある．またハーンプシャー，ファーンバラにナポレオン3世と家族のための霊廟と司祭館をフランボワイヤン・ゴシック様式で設計した（1887-89年）．ほかにも，いずれもパリにあるペール=ラシェーズ墓地のエルサンの墓（1861年），モンパルナス墓地のコラールの墓（1864年）など，さまざまな霊廟や記念碑を設計している．出版物には『16, 17, 18世紀の室内装飾に関する版画集（*Recueil d'estampes relatives à l'ornamentation des appartements aux XVIe, XVIIe, and XVIIIe siècles*）』（1858-71）があり，家具や室内装飾のデザイナーとしても多くの人に支持された．

鉄 iron

広く建築に使われる材料．基本となる2種類がある．1つは鋳鉄であり，圧縮に強いが，引張りには弱い．そのため柱や繋船柱，レール，装飾として使われる．もう1つは練鉄で，門柱，渦巻き装飾，金銀線細工などに使われる．中世の鉄細工として名高いものが，イギリスの霊廟や礼拝堂に残されている．その後18世紀になると，鉄はバルコニー柵やレールなどに広く使われた．19世紀には，グラスゴーのジョン・ベアードの作品にみるように，鋳鉄が建物のファサード全体にむき出しで使われた．練鉄は，大空間を覆う大きなトラス架構として使われた．19世紀には多くの鋳鉄製品のカタログが出されたが，アメリカのバドガーやグラスゴーのサラセンファクトリーのものが有名である．フェアベアン（Fairbairn）の『鋳鉄および練鉄の建物への適用（*On the Application of Cast and Wrought Iron to Building Purposes*）』（1854）が重要な出版物であった．鉄とガラスによる構造物は，温室，駅舎，博覧会施設などに展開した．ロンドン他におけるパクストンの

業績が有名である．鉄は構造的には18世紀後期から，サロップ，コールブルックデイル（1777-79）やサンダーランド（1793-96），サロップのビルドワズ（1795-96）といった橋梁に，それから，ダービー，ウィリアム・スチュアーツ・ミル（1792）やサロップ，シュルーズバリーのマーシャル，ベンヨン・アンド・ベージ・ミル（1796）といった工場や倉庫に使われた．いずれにおいても，煉瓦ヴォールトを支える鋳鉄製の柱梁のシステムであった．鉄の構造は，梁と柱の複合体として発展し，リベットを用いながら，徐々に骨組構造として進化していき，工期の短縮と高層化，外装の軽量化をめざした．最終的には，スティール製の骨組構造によって，超高層ビルが可能となった．⇨金属建築

デッカー，パウル Decker, Paul（1677-1713）

ニュルンベルクで生まれる．シュリューターのもとでベルリンのシュロス〔城館〕の建設に従事し，1707年にバイロイトの宮廷建築家となった．建築理論家として，また著作『君主の建築家（*Fürstlicher Baumeister*）』（1711-16）の中で発表された，想像力に富み壮大なバロック・デザインによって記憶されている．同書は18世紀ドイツの上流階級の邸宅建築に大きな影響を与え，とくにフィッシャー・フォン・エルラッハのような特定の建築家に影響を与えた．第2版は1885年に出版されている．装飾に関する著作『理論的・実際的建築（*Architectura Theoretica-Practica*）』は1720年に出版された．

鉄筋コンクリート reinforced concrete

打設されたコンクリートは圧縮の積載荷重にはよく耐えるが，たとえば梁に使用されれば引っ張りには弱いため大きな荷重には耐えられない．一方で鉄は引っ張りには強い．そこで両者を合わせると，とくに梁や楣など，張力を増すために補強が必要となる箇所に鉄棒を配置することで，コンクリートは引っ張りにも圧縮にもよく耐えられるようになる．鉄筋コンクリートはあらゆる骨組フレームや床スラブ，壁などに使用でき，工場生産されるプレキャストか現場打ち工法の2種類がある．英語ではフェロコンクリートとも呼ばれ，構造的に安定した複雑な曲線の形状をつくることも可能であり，橋や

シェル構造の造形もできる. ⇨プレストレスト・コンクリート

鉄鉱石 ironstone
鉄鉱を含む石で,（茶色,赤茶色など）色が異なる.

テッシン, ニコデムス（テッシン父）Tessin, Nikodemus, the Elder (1615-81)
フランス系のスウェーデン人建築家であり軍事技術者.三十年戦争（1618-48）の戦果により,スウェーデンは芸術家を惹きつける地となり,創造的な分野で目に見える活動を繰り広げた.クリスティーナ女王（Queen Christina）統治下（1644-54）の1646年に王室建築家となり,趣味と見聞を磨くために旅に出た.必要不可欠な経験と文献,図面を携えて1653年に帰国し,国を代表するバロックの建築家となった.フランスのデザインに影響を受けて,ドロットニングホルム宮殿の庭園や,宮殿の建築そのものを設計した.宮殿はパヴィリオン,堂々とした階段などを備えた仕組みで,それらの構成はフランスやオランダ,イタリアなどの先例を参照していると考えられる（1660年代）.また,カルマルの大聖堂も設計（1660着手）したが,部分的にローマのチンクエチェント（16世紀ルネサンス）に影響を受けたものであり,ギリシア十字形の平面で小塔を備えているが,東西の翼を伸ばしアプスがつく.1661年から他界するまで,ストックホルム市顧問建築家を務めた.その他の作品には,リッダーホルム教会（1671-1740）における気品のあるカロリンスカ霊廟,ストックホルムにおける数多くの住宅,ストックホルムにあるスウェーデン国立銀行（1676）などがある.

テッシン, ニコデムス（テッシン息子）伯爵 Tessin, Nikodemus, the Younger, Count (1654-1728)
スウェーデンの建築家でテッシン,ニコデムス（大テッシン）の息子.父親によって教育を受けたほか,ローマ（1673-79）とパリ（1687-88）に学んだ.とくにローマとパリへの2度目の研修旅行（1687-88）以降,徹底してイタリアとフランスの古典主義を修得した.ローマではスウェーデンから亡命したクリスティーナ女王（Queen Christina of Sweden,

1626-89）の庇護により,ベルニーニやカルロ・フォンターナに紹介された.父親の後継者としてドロットニングホルムとストックホルム市の顧問建築家となり,さらに自身のためにストックホルムに美しい住宅（1692-1700）を建てたが,これは彼の技能と先進的な折衷主義建築家として最新のフランスとローマのバロック（とくに庭側ファサード）をマスターしていることを示すのに効果的な宣伝となった.1697年ストックホルムの古い王宮が焼失したことにより,現在その地に建っている偉大な王宮の設計にテッシンは身を投じた.建設に長い年月がかかったのは,チャールズ12世（King Charles XII, 1697-1718）の時代にスウェーデンはデンマーク,ポーランド,ロシアを相手に悲惨な戦争を戦い,破産したからである.王宮はテッシンの息子である伯爵カール・グスタフ・テッシン（Count Carl Gustav Tessin, 1695-1770）とカール・ホーレマンの手によって1753年にようやく完成した.テッシン息子は,スウェーデンのステニンゲ城（1681-1712）,フランスとイタリアの事例にかなり影響されたカントリーハウス,デンマークのコペンハーゲンにアマリエンボリ庭園の宮殿の計画（1694-97,実現せず）なども担当した.

テッセラ tessella（*pl.* tessellae）
小さなテッセラ.

テッセノウ, ハインリヒ Tessenow, Heinrich (1876-1950)
ドイツの建築家.ドイツにおけるアーツ・アンド・クラフツ運動の主要なメンバー.シンケル,ティーアシュの作品からも影響を受けた.『住宅建築（*Der Wohnhausbau*)』(1909,再刊もあり）を出版するが,それは彼自身の設計作品を図版に用いており,また伝統的な形式に則ったいくつかの傾斜屋根の住宅の図式を提示していた（たとえば,トリーアの国立電気会社従業員住宅（1906-07）,ドレスデン,ヘレラウの田園都市にあるアム・シェンケンベルクの住宅群（1910-11)).最も著名な作品はヘレラウのダルクローツェ体育学校（1910-12）であり,そこでは厳格で重厚なストリプト・クラシシズムが用いられており,とりわけ禁制の四柱式イン・アンティスとした神殿風柱廊玄関にそれが見られる.ドレスデン近くのクロッチェの学

校（1925-27），カッセルのハインリヒ・シュッツ学校（1927-30）では当時の合理主義に接近する傾向を示した．

彼は重きをなす，また影響力のある教育者であったが，1914-18 年の第一次大戦は深い影を落とし，その関心を小都市や地域共同体の創造へ，また手仕事志向の建築物へと突き動かせた．1930-31 年にはベルリン，ウンター・デン・リンデン通りにあるシンケルのノイエ・ヴァッへ（新衛兵所）を 1914-18 年の戦没者記念碑に改造した．ナチス体制下で活動することに困難を感じていたが，1939-45 年の第二次大戦後，ベルリンでの教育活動を再開し，リューベック（1947）などの旧市街の復興に関わることとなった．多くの著述を残し，また彼の建築への関心は 1961 年に開催された展覧会以来高まるところとなり，グラッシやその他の合理的建築の提唱者たちに影響を与えた．弟子の中にはシュペーアもいた．

テッセラ tessera（*pl.* tesserae）
ガラス，大理石，陶磁，石，タイルなどの小さな矩形（たいていは立方体）の多量の断片のうちの一つ．個別にはアバクルス，あるいはアバキスクスと呼ばれ，とても小さい場合は，テッセッラとも呼ばれる．モルタルに埋め込まれることで，モザイクを形成する．

デッド dead
1.　変化や特徴のないもの．たとえば，窓や戸がなく無表情な壁．
2.　光を通さないふさがれた開口部．たとえば，ふさがれた窓，あるいは窓のようにみえるが実際はふさがっている開口部など．
3.　すでに仕上がってしまったもののように単調もしくは退屈で輝きがないもの．
4.　無用なもの，あるいは本来の目的に用いられないもの．たとえば，煙突の煙道（チムニー・フルー）．

デッド・ハウス dead-house
1.　死体処理の前の一時的な死体置き場という意味での霊安室．
2.　納骨堂．

デッド・ライト dead-light
1.　開かない窓もしくは窓の一部．

2.　密閉されているか，もしくは窓のようにデザインされているものの実際には塞がれている盲窓，ブラインド・ウィンドウ．

デッラ・ポルタ，ジャコモ Della Porta, Giacomo（1532-1602）
⇨ポルタ，ジャコモ・デッラ

デディケーション・クロス（奉納十字） dedication cross
聖別された十字（コンセクレーション・クロス）．

テトラスタイル tetrastyle
4 本の柱を設けたもの．⇨ポルティコ

テトラスタイル・アトリウム tetrastyle atrium
四柱式アトリウム．コンプルヴィウム（古代ローマ住宅のアトリウムの天窓）の四隅に柱を設け，開口部を囲う屋根を支える形式のアトリウム．

テトラパイロン tetrapylon
1.　四つの入口を備えること．
2.　2 本の交差する軸上に，四つの（ほとんど）同形のアーチの架けられたファサードを備える建物（たとえば，ローマのサン・ジョルジョ・イン・ヴェラブロ近くにあるアルコ・ディ・ジアノ，あるいはヤヌスのアーチ）．

テトラプロステュロス tetraprostyle
ケラ（ラテン語）の前に 4 本の円柱を配した古典主義ポルティコのこと〔日本語では「四柱前柱式」〕．

テトラモルフ tetramorph
四人の福音書記者のアトリビュートを一体化させた合成の像．四つの顔をもつ生き物で，四つの福音書を表している．

デナム，サー・ジョン Denham, Sir John（1615-69）
イングランドの詩人，廷臣にして行政官．グリニッジ宮殿でジョン・ウェブを副官として王室建築総監督官を務めた（1660-69）．1669 年にはレンがデナムの唯一の副官に任命され，2

週間後にデナムが没するとレンがその後を引き継いだ. デナムは何も設計しなかったようであるが, おそらく有能な行政官であり, イニゴー・ジョーンズやレンと同じ職を務めた者として言及する価値がある.

デーニッシュ・ノット（デンマーク風飾り結び） Danish knot
葉形飾りのついたアングロ＝サクソンおよびケルト装飾にみられる複雑によりあわされた巻き毛. ルーニック・ノットともいう.

テネメント tenement
1. 土地あるいは建物などの不動産.
2. 小住宅.
3. 住宅, アパート, 賃貸用集合住宅の一部分.
4. 特定の目的で建設された集合住宅の一区画.

テーバー tebam
シナゴーグにおけるロストゥルム, あるいはデース.

テピダリウム tepidarium
古代ローマのテルマエにおける, 中温の部屋.

テーブル table
1. 中世の祭壇のメンザ, すなわち上面を形成する, 平らで幅広の板.
2. 壁面上に目立つように設けられた, 平らな矩形面, あるいは板で, 銘文が記されたり, 絵画や彫刻で飾られることが多い.
3. 祭壇前飾り, あるいはレターベル.
4. プロテスタントの祭壇.
5. 帯飾りやコーニス, あるいは胴蛇腹といった, 水平状の刳形全般を指す. 通常はベース・テーブルやコーベル・テーブルなどと, 具体的に表記される.

テーブルストーン table-stone
ドルメンや卓状墓の上部にあるような, 巨大で平らな石.

テーブルド tabled
1. 表面が平らで滑らかであること.
2. 水平の刳形で処理したり覆ったりされていること（⇨テーブル）.

テーブルトゥーム table-tomb
1. たとえばコロネットなどによって支えられた石造スラブで構成される, 埋葬記念碑. 17, 18世紀に多い.
2. ドルメン.

デプレ, ジャン・ルイ Desprez, Jean-Louis (1743-1804)
フランスの建築家, 図案家, 舞台芸術家. 1784年にスウェーデンに移住. 厳格な新古典主義的で古代エジプト風の墓所のためのデザインを生みだす. ウプサラ植物園（1788）では, 低い八柱式（オクタスタイル）の古代ギリシア・ドリス式のポルティコと古代エジプト風の柱頭をデザインした.

テーマ・パーク theme-park
歴史や空想上のものなど, あるテーマやアイディアに特化した, 公園や遊園地のタイプを指す1960年代の概念. ディズニーがカルフォルニアのアナハイムにおいて, ディズニー映画を想起させる建築群とともに, 伝統的なアメリカのヴァナキュラー建築や, 1895年頃のメイン・ストリートを再現したこと（1955）が, その始まり. チャールズ・ムーアはこれを, 建築による有効な教育, およびインターナショナル・スタイルを脱して新しい大衆化へ向かう刺激と見なし, さらには, 近代建築国際会議のドグマであるアテネ憲章, およびあらゆる享楽の抹消された, いわゆるファンクショナリズムの原則を, 隷属的なまでに厳守した直接的な結果として生まれた, 退屈で不快な環境に対する対抗策と考えた. その後, たとえばフロリダのオーランド（1970年代初頭）, パリ近郊マルヌ・ラ・ヴァレにあるユーロディズニーランド（1990

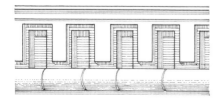

テーブル(5) ロマネスク様式のラベル・テーブル, セント・ジュリアン教会（部分のみ現存）, ノリッチ（パーカーによる）

年代初頭）など，さらなる「ディズニーラン
ド」のテーマ・パークの開園が続いた．参加し
た建築家としては，グレーヴス，ムーア，プレ
ドック，ロッシ，スターン，ヴェンチューリら
がいた．このように，魅力的な景観やファンタ
ジーの要素を創出できることへの可能性が，
ニュー・アーバニズムの諸側面を推進する助け
となった点については，疑念の余地がない．
ディズニーのテーマ・パークは，たとえばフラ
ンスのエルムノンヴィルにあるパルク・アステ
リックスなど，ヨーロッパのテーマパークの先
駆けとなった．

テーマ・パークの他のタイプとしては，古い
建物を再現したり，歴史的な建築を再構築した
博物館などもある．たとえばウスターシャーに
あるエイボンクロフト歴史的建築博物館（1967
設立，F・W・B・チャールズが重要な役割を
果たした）や，日本の名古屋近郊犬山市にある
美しい明治村の建築博物館，さらに最初期の例
としては，スウェーデンのストックホルム近郊
スカンセンにある博物館がある（1890 年代）．
ジェリコウによるテキサスのガルベストンにあ
るムーディー公園は，世界中のランドスケープ
の歴史や，人間の生活における植物の役割を解
説する公園として考案された．そのほかの多く
のテーマ・パークが，非常に幅の広い分野にま
たがって建設されている．

テマンツァ，トンマーゾ Temanza, Tommazo (1705-89)

ヴェネツィアの建築家．彼の建築は，パド
ヴァのサンタ・マルゲリータ聖堂のファサード
（1750 頃）と，ヴェネツィアのすばらしいサン
タ・マリア・マッダレーナ聖堂（1760-79，ロー
マのパンテオンとマゼールにおけるパッラー
ディオの礼拝堂の引用が認められる）に見るよ
うに，完全にパッラーディオ主義の様式であ
る．むしろ著述業績の方が有名で，『リミニの
古代遺跡について（Delle antichita di
Rimino)』（1741），また，さまざまな建築家た
ちの活動を後に『いとも高名なるヴェネツィア
の建築家および彫刻家列伝（Vite dei più celeb-
ri architetti e scultori veneziani)』（1778）とし
て取りまとめたことは，ヴェネツィアの建築と
彫刻についての学究的な功績である．さらに
『誉れ高き都市ヴェネツィアの古図（Antica
pianta dell'inclita città di Venezia)』（1781）に

明らかなように，新古典主義の原理の推進者で
あり，後世への影響は大きかった．

デミ・コラム demi-column

壁にとりつけられた半円柱．ピラスター（付
柱）と混同してはいけない．

デミ・メトープ demi-metope

ローマ・ドリス式のフリーズの角の部分にあ
る（もしくは入隅にある）断片的な，もしくは
ハーフサイズのメトープ．ルネサンスおよび
18 世紀の作品にみられる．

デミルーン（半月堡） demilune

要塞の中で，稜堡や城壁（カーテン・ウォー
ル）よりも前に突き出た外塁．ラヴェリン．一
般にみられる三角形の平面ではなく，半円もし
くは弓形の平面形状をとり，砲撃の方向転換を
容易にする．

デムラー，ゲオルク・アドルフ Demmler, Georg Adolph (1804-86)

ドイツの建築家．ベルリンの建築アカデミー
でシンケルのもとで学んだ．メクレンブルク-
シュヴェーリン大公の宮廷建築家となり，シュ
ヴェーリンのシュロス（宮殿）を北方ルネサ
ンス復興様式によるピクチャレスクの作品に変
貌させた（1844-57）．ただ，インテリアや建築
物の完成工事にはシュテューラーとシュトラッ
クがあたった．また建物全体の構成は 1842 年
のゼンパーによる初期の構想によっていた．彼
の師であるシンケルと同様に，デムラーもいく
つかの設計，とくにシュヴェーリンの市庁舎
（1835）やツォイクハウス（兵器廠，1840-44）
では，巧妙に中世と古典の要素を混ぜ合わせた．

テメナス temenos

ギリシア神殿，あるいはその他の聖域にみら
れる，閉じられた聖なる領域．

デュアニー＆プラター＝ザイバーク社 Duany & Plater-Zyberk, Inc.

D/PZ という表記でも知られるアメリカの建
築事務所．アンドレス・デュアニー（Andres
Duany, 1949-）とエリザベス・プラター＝ザイ
バーク（Elizabeth Plater-Zyberk, 1950-）が，
アルキテクトニカを辞めた後設立した（1980）．

アメリカの郊外が全体像がなく混みあっていて不満足なものであり，一方，都市中心部も崩壊しているのは，「都市計画課が熱心に執行した」ゾーニングと土地分譲にかかわる条例の結果であると信じ，より実効的で合理的な都市計画を促進するために，住まいを起点とした徒歩圏内の日常生活でのニーズを掘り起こし，自動車による移動を減らし，土地と資源を保全する伝統的近隣開発条例（TNDO）を提案した．建築にとってのその土地特有の伝統と古典主義を引きながら，フロリダ州マイアミのシーサイドをデザインし（1978-87），32ヘクタール（80エーカー）の土地で何が可能かを示した．この実験はニュー・アーバニズムの模範として称賛されたが，予想どおり，近代主義者たちからは「歴史主義」や「現実逃避」と非難された．こうした批評に対し，シーサイドやより都市型のフロリダ州クラブクリーク（1988）のようなD/PZ のデザインが「歴史主義」や「現実逃避」だというならば，われわれはそうしたものをもっともつべきであるという意見を述べる者もあった．この他の作品として，同州ウィンザーのウィンザーの家（1990）や同州コーラル・ゲーブルズのタヒチ・ビーチハウス（1991）などがある．また1991 年には『まちとまちづくりの基本原則（*Towns and Town-Making Principles*）』を出版した．

デュク，ルイ=ジョゼフ　Duc, Louis-Joseph (1802-79)

パリ生まれのフランス人建築家で，パリのパレ・ド・ジュスティス（1840-79）の修復と増築を担当した．中でもクール・デザジーズ（重罪裁判所），サール・ド・パ・ペルデュ，アルレー通り側のファサード（1857-68）はとりわけ力強く，40 年後のボザール風古典主義を先取りしている．デュバン，ラブルースト，ヴォードワイエとともに，1830 年代における最も急進的な建築家の 1 人だった．パリのバスティーユ広場に建立された 7 月革命記念柱（1835-40，最初のデザインは J-A・アラヴォワーヌ）を担当したが，それは古代エジプト風，古代ギリシア風，古代ローマ風，そしてルネサンスのモチーフを折衷的に混ぜ合わせたものだった．さらに，ヴァンブのリセ・ミシュレ（1862）をロンバルディア風ゴシック様式で設計した．

デュ=セルソー一族　Du Cerceau Family

⇨セルソー一族，デュ

デュットマン，ヴェルナー　Düttmann, Werner（1921-83）

ドイツの建築家．19 世紀に建設されたスタッコ仕上げの集合住宅の保存運動に，ベルリン市の建築家として 1960 年代に指導的な役割を果たした．また，ミース・ファン・デル・ローエに帰国を促し，新ナショナルギャラリーを建設する運動の主要な推進者だった．だが，新ナショナルギャラリーは，シャロウンのフィルハーモニーの建物とともに，ベルリンのこの地区の都市計画的観点からはその歴史的文脈を配慮したものにはならなかった．ハイリゲンゼーの低密度住宅地開発（1975），ベルリンのメルキッシェス地区とヴィッテナウの集合住宅（いずれも 1970）などの大規模開発に責任者としてかかわった．

デュテール，シャルル=ルイ=フェルディナン　Dutert, Charles-Louis-Ferdinand（1845-1906）

フランスの建築家．パリ万国博覧会の機械館（1889，1905 取壊し）を技師ヴィクトール・コンタマンとともに設計した．これは 19 世紀に花開いた鉄とガラスの構造の大いなる成果であった．前例のない 114m のスパンを誇り，4 点アーチ（⇨アーチ）の主トラスは，頂点と基礎でピン接合された．他に，パリの自然誌博物館の新ギャラリー（1896）では露出した鉄構造を用いた．

デュドック，ヴィレム・マリヌス　Dudok, Willem Marinus（1884-1974）

アムステルダム生まれのオランダの軍事技師．両大戦間期のオランダにおいて最も影響力のある建築家となった．1915 年にアムステルダム近郊ヒルフェルスムの公共事業監督官に任命され，そこで 250 ほどの建築を設計しだが，その多くがすぐれたものであり，さらにイングランドの田園都市運動に着想を得た都市拡張計画を作成した．当初ベルラーヘに影響を受け，その後アムステルダム派，そして 1920 年頃からはデ・ステイルに影響を受けた．彼の代表作はヒルフェルスムの市庁舎（1924-30）であり，この作品は F・L・ライトの作品と類似性をもち，とくに 1930 年代のイギリスで称賛された．

デュトワ, エドモン=アルマン=マリ Duthoit, Edmond-Armand-Marie (1837-89)

フランスの建築家. ヴィオレ=ル=デュクの弟子で, 歴史的建造物を研究することで, 卓越した折衷的建築ヴォキャブラリーを獲得した. 最も著名な設計作品は, ソンム県アルベールに建てられたノートル・ダム・ド・ブレビエール大聖堂 (バシリカ聖堂) (1884-96) である. ジロンド県ランゴン近くにあるシャトー・デュ・ロクテヤード (1864-70) は, ヴィオレ=ル=デュクの仕事を引き継いだものだが, その大部分はデュトワの手によるものである. それはエキゾチックできわめて凝ったつくりのゴシックであるが, そこにアラビア風やビザンティン風の主題も織り込まれており, 彼がバス・ピレネーのアンダイ近傍で再建した 15 世紀の城シャトー・ダラゴリ (1864 頃-79) で発展させた傾向を引き継ぐものである. それは同時代のバージェスの仕事にほとんど匹敵するほど華やかなものであった.

デュバン, フェリックス=ルイ=ジャック Duban, Félix-Louis-Jacques (1797-1870)

パリ生まれのフランス人建築家で, (デュク, ラブルースト, ヴォードワイエとともに) 1830 年代に重要人物となる若い世代の中の指導的な立場にあり, 豪華な内装の修復家として名声を勝ちとっていた. 1832 年にエコール・デ・ボザール (美術大学校) の指名建築家となった彼は, 作品にピクチャレスクの技術をとり込み, その細部はいっそう洗練されたものになった. ラシュス, およびヴィオレ=ル=デュクとともに, 13 世紀のサント・シャペルを修復し, その力強い色使いにはピュージンが偏愛を寄せるようになる. ただし, 彼にとってはイタリアの古典主義の方が心休まるものだったようだ. 最高傑作はおそらく, エコール・デ・ボザールの中にあるメルポメーヌの間 (1860-63), そして, 豊潤かつ豪奢に復興されたルーヴル内の数々のサロンであろう. 1845 年以降, ブロワ, シャンティイ, ダンピエール, フォンテーヌブローなどのシャトー (城館) の修復に力を注いだ.

デュプレックス duplex

二層からなるアパートメント住戸. 内側に専用階段を備える.

デュペラック, エティエンヌ Dupérac, Étienne (1525 頃-1604)

パリ生まれのフランスの建築家, 画家, 銅版画家にしてランドスケープ・アーキテクト. 現在はただ, ローマ滞在中 (1573-75) に制作した古代遺物の図版によって知られている. ローマでは考古学的根拠のある復元も準備していた. 彼はアネの庭園 (1580 頃) やサン=ジェルマン=アン=レの庭園 (1595) も設計した. パリのテュイルリー宮殿の 17 世紀前半に建築された部分の設計にも携わったのではないかと思われる.

デュラン, ジャン=ニコラ=ルイ Durand, Jean-Nicolas-Louis (1760-1834)

パリ生まれの建築家で, 19 世紀初頭の最も重要な理論家・教育者の 1 人. ブレのもとで, そして土木技師ジャン=ロドルフ・ペロネ (Jean-Rodolphe Perronet, 1708-94, パリのコンコルド橋をデザインした) のもとではたらき, 1795 年にエコール・ポリテクニーク (理工科学校) の建築教授となる. 彼の講義は『理工科学校で教授された建築講義要録 (*Précis des leçons d'architecture données à l'école polytechnique*)』(1802-05) として出版され, 広い範囲で, 中でもプロイセンにおいて影響を及ぼし, さらに『すべての種類の比較建築図集 (*Recueil et parallèle des édifices de tout genre*)』(1800) は歴史的建築をビルディング・タイプごとに編集し, 同じ縮尺の図版で表現した最初の書籍となった. 新古典主義における重要人物であり, 簡素化された反復的かつ組立式のデザイン・システムは, 建物要素の工業化を先どりしていた.

デュ・リ, シモン・ルイ, またはルートヴィヒ Ry, Simon Louis or Ludwig du (1726-96)

シャルル・ルイ・デュ・リ (Charles-Louis du Ry) の息子で, ホールマンや J・F・ブロンデルとともに研鑽を積み, カッセルに居を定めた. 最初はヘッセン=カッセル方伯ヴィルヘルム 8 世 (Landgrave Wilhelm VIII, 在位 1730-60) に, その後, 開明的な方伯フリードリヒ 2 世 (Landgrave Friedrich II, 在位 1760-85) に仕えた. 彼が建築した都市建築物は 1939-45 年の第二次世界大戦で破壊された. もともと彼の祖父が設計したオーバーノイシュ

タット（上新町）をさらに拡張し（1776 竣工），（フランスを模範とした端正な都市空間（広場）群によって）アルトシュタット（本町）と接続した．1767 年に都市城壁を取り壊した後のことである．フリデリキアヌム博物館と天文台（1769-79．18 世紀ヨーロッパで図書館・博物館として建てられた最初の建築物）も設計した．そこではイギリスのパッラーディオ主義とフランスの影響が顕著である．そのほかに非常に多くの質の高い建築物を手がけた．要するに彼はカッセルを魅力あるドイツ風宮廷都市としたのである．これは 1945 年まで大部分が残っていた．方伯ヴィルヘルム 9 世（Landgrave Wilhelm IX, 在位 1785-1821）のためにカッセル近郊にシュロース・ヴァイセンシュタイン（のちのヴィルヘルムスヘーエ）（1786-90）を設計し，その側面の翼棟群は背後の風景に対応して斜めに配置されている．これはイギリスとフランスの作例に着想を得た古典主義の偉大な作品だが，あまりにも記念碑的なコール・ドゥ・ロジ（1791-98）はユーソウによる．庭園内のいくつかのファブリック（東屋（あずまや））を設計したといわれており，ヘッセンのバード・ホーフガイスマーの泉がわき出るイオニア式モノプテロン（神室のない円形神殿）（1792）を手がけている．その作品の多くはもはや現存しないが，デュ・リの優雅な新パッラーディオ主義はホーフガイスマー近郊シェーンベルクの魅力あふれるシュロース・モン・シェリ（1787-89）にうかがえるかもしれない．

デュ・リ，ポール　Du Ry, Paul（1640-1714）

フランスのユグノ（プロテスタント）の建築家家系の一員．祖父シャルル（Charles, 1568 以前-1683 以後）はサロモン・ド・ブロスと関係をもってともに活動し，父マテュラン（Mathurin）はパリで宮廷建築家だった．ポールは N・F・ブロンデルとともに修行し，オランダ・マーストリヒトの築城構築で工兵（軍事技師）として活躍した（1665 以降）．やがて，1685 年にフランスを離れる．ナント王令廃止の後のことである．ヘッセン=カッセル方伯カール（Landgrave Karl of Hesse-Kassel, 在位 1670-1730）の宮廷建築家となり，カッセルのオーバーノイシュタット（上新町）を設計した．そこでは方伯の好意的な統治のもと，他の

ユグノの亡命者たちが居を定めた．この慎ましやかで人間的なスケールの新しい町はバロック様式と古典主義様式によっており，八角形平面のカールスキルヒェ（カール聖堂）（1698-1710）がおもな焦点の一つとなっている．さらにガルテンパレ（庭園宮殿）や伯子ヴィルヘルムの宮殿も建築し，ヘッセンのカールスハーフェンの町も設計した（1699-1720）．息子シャルル・ルイ（Charles-Louis, 1692-1757）は父の跡を継いでオーバーホーフバウマイスター（首席宮廷建築家）となり，運河システム（1739）を設計してカッセルのオーバーノイシュタットの拡張事業を続行した．その全作品は取り壊されて現存しない．

デュルファー，マルティン　Dülfer, Martin（1859-1942）

ドイツの建築家．ドレスデンで教鞭をとり，劇場設計の分野できわめて高い評価を得た．ドルトムント市立劇場（1903），ライプツィヒのドレスナー銀行（1910-12），ドレスデン工科大学（1912-14）などを手がけた．岩肌を露出させたような量塊的な組積造のデザイン，ユーゲントシュティールにもとづくモチーフ，ブロックを組み合わせたような力強い形態などに特徴があり，ボナッツやクライスとしばしば比較される．

テューロン，サミュエル・サンダース　Teulon, Samuel Sanders（1812-73）

イングランドの盛期ヴィクトリアン・ゴシック・リヴァイヴァルの建築家で，フランスのユグノーの系家出身．1838 年に実務を始め，膨大な驚くほどに独創的な教会堂その他の建物を設計した．代表作はロンドンのハムステッドのロスリン・ヒルのセント・スティーヴン教会堂（1868）であった．これはポリクロミーの煉瓦の内装で，力強い屋根構造をもっており，全体にわたり発明の才にあふれている点はイーストレークにも賞賛された．ロンドンのアーリングのセント・メアリー・ロードのセント・メアリー教会堂（1866-74）も創意に満ちた作品である．巨大な塔をもち，内部には 2 階席があり，それらが騒々しいほどに複雑な屋根構造の中に収められている．より穏やかだが印象的な作品はバークシャーのレックハムステッドのセント・ジェームズ教会堂（1858-60），グロスター

シャーのハントリーのセント・ジョン・ザ・バプテスト教会堂（1861-63，品のよいポリクロミーの内装）である．大きな住宅では，グロスターシャーのトートワース・コート（1849-53），ノーフォークの並はずれた華麗さを持つシャドウェル・パーク（1856-60）がとくに注目される．住宅地のモデル住宅に興味をもち，ピーターバラ近くのソーニーに100軒以上の住宅を建てた（1843-63，不適切に現代的な窓を入れたため多くが台なしになってしまった）．また，ヨークシャーのサンク・アイランド（1855-57）などいたるところに彼の作品はみられる．テューロンは無組派ゴシック作家とみなされる．晩年，死の5カ月前からおそらく梅毒による精神障害を煩った．弟のウィリアム・ミルフォード・テューロン（William Milford Teulon, 1823-1900）も建築家で，シティの教会堂および教会境内保護協会を設立した．

テラコッタ　terracotta

　硬質で釉薬の施されていない陶器（「焼いた」（火を通した）「土」が語源）で，装飾的なタイルや，建築的な装飾，彫塑，壺などの素材となるか，場合によってはファサード全体の構成要素となる．ファイアンス（施釉の焼き物）とは区別される．古代より広く使用され，とくにギリシアやエトルリアで多用されたほか，イスラム建築にもとり入れられ，また中世のヨーロッパでも，とくに煉瓦の使用されていた地域（たとえば北ドイツ）でふたたび使用されるようになった．最大のリヴァイヴァルは19世紀で，大規模なテラコッタの生産が行われた．エドモンド・シャープ（Edmund Sharpe, 1809-77）によって設計されたランカシャーのボルトンにあるリバー・ブリッジのセント・スティーヴン聖堂は，すべてがテラコッタで建設された．また，アルバート公がドイツにおける実験を賞賛したり，その芸術の助言者であったルートヴィヒ・グリュナー教授（Professor Ludwig Grüner, 1801-82）が編纂と挿図を手がけた『北イタリアのテラコッタ建築（*The Terra Cotta Architecture of North Italy*）』（1867）の出版により，この素材の使用が広く促進されることとなった．テラコッタが部分的に利用された重要作例としては，フォーク，H・Y・D・スコット，およびゴットフレイ・サイクス（Godfrey Sykes, 1824-66）が手がけたサウス・ケンジントン博物館（1856-65），およびケンジントンのイグジビション・ロードにあるハクスリー・ビルディング（1867-71，スコットおよびワイルドによる），ロイヤル・アルバート・ホール（1867-71，フォークとスコットによる），そしてヘルマン・フリードリヒ・ヴェーゼマン（Hermann Friedrich Waesemann, 1813-79）によるベルリンのラートハウス（市庁舎）（1861-69）がある．多くの建築家がファサード全体にテラコッタをとり入れたが，ウォーターハウスもその1人であった（ロンドンにある作例としては，ホルボーンにあるゴシック様式によるプルデンシャル・アシュアランス・ビルディング（1878-1906），ハムステッドのリンドハースト・ロードにあるフリー・ルントボーゲン様式による会衆派教会の聖堂（1883），メイフェアのデューク・ストリートにあるキングズ・ウェイ・ハウス（1889-91）がある）．テラコッタはアメリカでも，耐火性や，多様な装飾が可能であることから，摩天楼の被覆に推奨されたために，広く使用された．これらは釉薬を施し彩色したテラコッタの変型として仕上げられたが，これはファイアンスとして知られるものである（たとえば，イリノイ州シカゴにあるリグリー・ビルディング（1919-24））．

テラス　terrace

　1．たとえば庭園にあるような，盛り土，あるいは，整備したり平らに均した壇状の土．

　2．遊歩道のために人工的につくられ，平らに均された，壇状のもの．石垣や芝などに面した正面，あるいは両脇の断面が，垂直になるか，あるいはスロープが付けられる．時には手すり子が備わっていることもある．田舎の邸宅に隣接して設けられることが多い．

　3．丘の斜面やスタディウムなどに設けられた，数段で構成される壇で，座席が付属しているもの．

　4．開廊，あるいは外部にある有効空間．たとえば屋上庭園など．

　5．イギリス諸島のジョージアン・テラスのように，連結してひと続きになった住宅．

テラゾ　terrazzo

　床や腰羽目などに用いられる，現場打ちの，あるいはプレキャストの仕上げで，硬質のセメ

ントあるいは砂岩モルタルに大理石の破片を混ぜ込み，研磨して磨き上げたもの．

デラッリオ，ドメニコ　Allio, Domenico dell' (1505-63)

スティリア（シュタイアーマルク，現オーストリア），ケルンテン（現オーストリア），スロヴェニア，クロアチアの複数の町に対トルコの要塞を築いたイタリアの建築家，技術者．最も重要な建築作品はグラーツ（オーストリア）のラントハウス（地域統治の所在地）(1556-63)である．その中庭の北側と東側は三重のアーケードで飾られており，オーストリアにおいて最も早く用いられたイタリア・ルネサンスのデザインとして確実視されている例の一つである．

テラーニ，ジュゼッペ　Terragni, Giuseppe (1904-43)

イタリアの建築家．おもに合理主義，グルッポ・セッテ，「イタリア合理主義建築運動」（ミアール）に関与したが，いくらか未来派に触発されたところもあり，さらに CIAM においても活躍した．初期の重要な建物（イタリアにおいて国際的モダニズムを表明した先駆例のひとつ）はコモのノヴォコムン集合住宅（1927-28）とされていたが，現在はコモのカサ・デル・ファッショ（1932-36）が最も完成度の高い作品と評価されている．開放感のあるグリッド状のファサードをくぐると，ガラス屋根で覆われたアトリウムが 4 層のギャラリーと事務室の中央に配置されており，まさにファシスト党が近代運動の建物を擁護していたことを如実に示している．他にもコモには，サンテリア幼稚園（1936-37），ジュリアーニ＝フリジェリオ集合住宅（1939-40）がつくられた．また，セヴェーゾのヴィラ・ビアンコ（1936-37），リッソーネのカサ・デル・ファッショ（アントニオ・カルミナーティ（Antonio Carminati）と協働，1938-39）も手がけた．熱烈なファシズムの信奉を反映しつつ（この事実は，テラーニの作品に完全なるモダニストの資質を認めようとするのに不都合であるため，しばしば評論家たちに無視されてきたのだが），未完に終わったローマのダンテ記念博物館および研究センター計画（1937）は，無駄のない厳格な記念性と劇的な効果によって，建築表現の質をファシスト党の好みに合うように仕上げている．彼の作品は

1960 年代の合理的建築（とくにロッシの作品）に影響力をもったほか，ニューヨーク・ファイブ，とくにアイゼンマンにも大きな刺激をもたらした．

テラモン　telamon（*pl.* telamones）

体を折らない，直立した男性の全身像．頭部にて，エンタブラチュアを支える役割を担う．
⇨アトラス，カネポラ，カリアティッド

テリー，ジョン・クィンラン　Terry, John Quinlan (1937-)

イギリスの建築家．1962 年にエリスの事務所に入り，1967 年にはパートナーとなる．1973 年には彼自身の名前で仕事を始める．テリーは主にイギリスにおける新古典主義建築家とされている．作品には，「ハワード・ビルディング」(1983-86)，「レジデンシャル・ビルディング」(1993-95)，そしてケンブリッジのダウニング大学におけるグリーク・リヴァイヴァルの「メートランド・ロビンソン図書館」(1989-93) がある．ロンドンのリージェント・パークでイオニア（1987），ヴェネト（1988），ゴシック（1988），リージェンシー（2001）の邸宅を設計しており，これらはすべてジョージアン様式の建物を学術的に想起させるものである．初期のテリーは，グロスターシャーにある「ウェイバートン邸」(1979-80) とヨークシャーにある「ニューフィールド公園」(1980-81) などにみられるとおり，17 世紀におけるパラーディオ建築のモデルに惹かれていた．しかし 1980 年代に入り，大規模なオフィスビルの開発を手がけるようになるのと同時に，大衆化した古典主義を用いるようになる．こうした傾向は，ロンドンのソーホーにあるデュフォー地域における建物（1981-84）や，建築理論家のレオン・クリエと協力したリッチモンド・リバーサイドの開発（1985-88）にみられる．これ以後，テリーは国際的に知られるようになった．

デル・ドゥーカ，ジャコモ　del Duca, Giacomo (1520 頃-1604)

⇨ドゥーカ，ジャコモ・デル

テルフォード，トマス　Telford, Thomas (1757-1834)

スコットランド人石工・サーヴェイヤー・建

築家・天才技師. エディンバラのニュー・タウンの建築現場に従事したのち，1782 年にロンドンに移住する. その後，シュロップシャーのシュルーズベリー選出の国会議員サー・ウィリアム・パルトニー (Sir William Pulteney, 1729-1805) の斡旋によって，シュルーズベリーで城塞の改修 (1787) など，特定の工事を行うために雇われた. そこでジョン・ハイラム・ヘイコック (John Hiram Haycock, 1759-1830) によって設計され，刑務所改良家のジョン・ハワード (John Howard, 1726 頃-90) によって修正が施された刑務所を建てた (1787-93). また，力強い新古典主義のブリッジノース (シュロップシャー) のセント・メアリー聖堂 (1794-96) や，メイドリー (シュロップシャー) の実利的な八角形平面のセント・マイケル聖堂 (1792-94) を設計し，ビルドワズの均整のとれた構築物 (1795-96, 現存せず) では，橋脚の建設で鉄を用いることに先鞭をつけた (テルフォードはシュロップシャーの県のサーヴェイヤー・オヴ・ブリッジズの地位にあった). シュロップシャーのロングドン運河橋 (1793-94)，ウェールズのランゴゴラン近郊のポント・イ・シリル運河橋 (1795-1805)，デンビシャーのチーク運河橋 (1796-1801) は，世界で最もすばらしく威厳のある構築物である. テルフォードは，ウェールズのカーナーヴォンシャーのメナイの吊り橋 (1819-26) やコンウィの吊り橋 (1821-26)，スコットランドのバンフシャーのクレイジェラチーの鉄橋 (1814-15)，ウスターシャーのビュードリーのアーチ橋 (1797-99)，スコットランドのパースシャーのダンケルドのアーチ橋 (1806-09)，エディンバラのディーンのアーチ橋 (1829-31) など，1000 以上の橋脚を設計した. テルフォードが建設した道路や運河，設計した港湾やドックは，それまで建設されたその種の構築物のなかで最も完成されたものであった. これらの例として，ケイスネスのウィック (1808 以降)，アバディーン，ピーターヘッド，バンフ，レイスの施設や，きわめて重要なロンドンのセント・キャサリン・ドックズ (1825-28, ハードウィックによる煉瓦造の倉庫 (ほとんど現存せず) があった) などがあげられる. また，アーガイルのアカラクル，アードゴー，ポートナヘヴン，ストロンシアンや，ロスシャーのアラブールなど，30 を超すスコットランドのハイランド地方の聖堂と牧師館の建設を主導し (1825-34)，ケイスネスのウィック近郊のパルトニー・モデル・タウンでは，配置計画を行っている (1808).

テルマエ　thermae

古典古代の公共浴場. 帝国時代ローマの巨大なテルマエは，高温浴室，微温浴室，冷浴室を設けていたのみならず，運動や娯楽のための豪華な設備や，整然とした庭園を備えていた. さらには，多彩な幾何学形態の平面をもつ部屋が備わっており，これらはルネサンスおよび新古典主義の設計に影響を及ぼした.

デ・ロッシ，ジョバンニ・アントーニオ　de Rossi, Giovanni Antonio (1616-95)

⇨ロッシ，ジョヴァンニ・アントーニオ・デ

天蓋　canopy

⇨キャノピー

テングボム，イーヴァル・ユストゥス　Tengbom, Ivar Justus (1878-1968)

スウェーデンの建築家. 当時最も影響力のあった建築家の一人であり，戦間期における単純化された新古典主義の展開の主導者であった. 代表作はストックホルムのコンサートホール (1923-28) であるが，四角いマッスの建築の正面にか細い柱が並ぶ背の高いポルティコがついており，全体的にはベーレンスの作品を想起させる. 多作の設計者であった彼の初期の作品，たとえばストックホルムのヘーガリッド教会 (1911-23) など，エストベリのストックホルム市庁舎 (1909) に象徴されるナショナル・ロマンティシズムのスタイルを多用したが，彼自身はニーロップやヴァールマンからより影響を受けていた. テングボムによる他の重要な作品は，ストックホルム商科大学 (1925-26) やストックホルムのマッチ社事務所ビル (1926-28)，ローマのスウェーデン協会古典学研究所 (1937-40) などである.

天主塔　keep

⇨キープ

天井蛇腹　ceiling-cornice

⇨シーリング・コーニス

天井張り　ceil
　⇨シール

デンティル　dentil
　コンポジット式，コリント式，イオニア式，（たまに）ローマ・ドリス式のオーダーのコーニスの下，ベッドモールディングにつながる位置にあり，互いに近接して水平に並んだ小さなブロック状の材．デンティルをもつエンタブラチュアをデンティレイテト，もしくはデンティキュレイテトという．初期のギリシアのデンティルの例には，ともにアテネにあるエレクテイオン（前5世紀）のカリアティッドによって支えられたポーチやリュシクラテスのコラジック・モニュメント（前4世紀）がある．よりよいやり方としては，デンティルを建物の角の部分で終わるように配置する（結果として，建物の角部分は凹んだ形となる）とされ，デンティルそのものが建物の角を形成するべきではない．また，円柱の上のデンティルはその中心線上にくるように配置される．

デンティル・バンド　dentil-band
　エンタブラチュアのベッドモールディングの一部を形成する，正方形もしくは長方形の断面をもつ簡素な刳形（モールディング）．それはデンティルを形づくるために切りとられたのかもしれないが，スカモッツィによるイオニア式オーダーのヴァージョンにみられるように帯（バンド）として残されている．

デンティレーション　dentilation
　1．デンティルをもつこと，もしくはデンティルを並べること．
　2．トゥーシング．デンティル・バンド．エンタブラチュアのベッドモールディングの一部を形成する正方形もしくは長方形断面の簡素なモールディング．デンティルをつくるために切り出されたのかもしれないが，帯（バンド）のままのものであり，たとえばスカモッツィのイオニア式オーダーのヴァージョンにみられる．

テンデンツァ　Tendenza
　1960年代のイタリアにおけるネオ・ラショナリズム建築運動を指し，1970年代が全盛期．アイモニーノ，ボッタ，グラッシ，ライヒリン，ラインハルト，アルド・ロッシが主要メン

バーで，スイスのティチーノ州と連携していた．既存の都市街区がもつ社会的，文化的重要性，歴史的形態や特徴がもつ重要性を設計の手がかりとし，規則性やタイプによって建築を再定義しようとした．ファンクショナリズムによる強引な論法，大衆化されたハイテク，商業主義化する建築に反対し，カトルメール・ド・カンシーらが提示したアカデミックな理論への回帰をめざした．グラッシによるキエティの学生寮（1976）は，ヴァインブレンナーの提示した案（1808）を参考にしている．⇨合理的建築，ティチーノ派

テント　tent
　1．持ち運び可能な張力構造のもので，（多くの場合は木製の柱一本か，あるいは複数の）支柱によって，その上に張られたキャンヴァス地や獣皮，布製の膜を持ち上げると同時に，これによって安定し，さらに地面に打ち込まれた留め具によって固定されたもの．
　2．持ち運び可能なコンプレッション（圧縮）構造のもので，自ら支える枠組み，あるいは骨組みが構成され，その上では保護用の膜がドレーパリー状になる．テントはタイプとしては非常に古いものであり，きわめて精巧につくられたものが，宗教的，儀礼的，あるいは社会的理由から展開した．20世紀になると多くの建築家によって，テントに類似した形式から発展した張力構造が試みられている．

テント屋根　tent ceiling
　傾斜屋根裏天井．内側へとくぼんだ曲線をみせる形態は，18世紀後半の庭園建築，とくにシノワズリや東洋趣味スタイルの建物に多く見られたもので，作例としては，サリーのペインズヒル（1760頃から1990年代まで記録されている）がある．摂政時代風の覆いや，ヴェランダでも同様に用いられた（ただし布製ではなく，たとえば金属といった，より耐久的な素材でつくられている）．布地で制作されたテント屋根の好例は，ポツダムのシャルロッテンホーフにある，シンケルが手がけた青と白のツェルトツィンマー（テントの部屋）である．

テンドリル　tendril
　植物の擬似形態としてつくられた，広く普及した一般的な建築装飾．古典古代の建築におい

テンヒエツ

ては，アカンサス，忍冬模様，パルメットと関連づけられる．さらには，ケルトおよびアングロ・サクソンの装飾要素，中世のブドウの蔓文様やトレイル，ルネサンスやマニエリスムのアラベスクやグロテスク文様，アール・ヌーヴォーのホイップラッシュや，ケルトおよびノルウェー装飾から派生した文様があり，そのほかの様式でも，多彩な派生系が認められる．

テンピエット　tempietto

小さなルネサンスの神殿．円形であることが多い．たとえばローマ，サン・ピエトロ・イン・モントリオ修道院にある，ブラマンテによるテンピエットがある．

デンビー，エリザベス　Denby, Elizabeth
(1893-1965)　⇨フライ，エドウィン・マクスウェル

テンプル騎士団　temple

テンプル騎士団の本拠地，あるいはテンプル騎士団の分団が一度は置かれていた場所（ロンドンやパリのように）．

テンプルタワー　temple-tower

高層の壇で，階段状になっていることが多く，頂点には神殿モチーフが設けられているもの．たとえばメソアメリカ建築，あるいはメソポタミアのジッグラトなど．

テンプルフロント　temple-front

古典古代の神殿の正面に似せた，ファサードの要素．たとえばポルティコを備えたパッラーディオの構成のように，エンタブラチュアとペディメントを載せた柱，あるいはピラスターが立面に使用される（作例としては，オックスフォードのペックウォーター・クアドラングルにある，オールドリッチのキリスト教教会（1707-14））．

テンプレート　template, templet

1.　梁受石，木材や石材によるブロック，あるいは金属板．大梁やトラスなどの端の真下に置かれ，荷重を分散させる役割を担う．とくにクラック・ブレードの足元に置かれる，木材の塊を指す．

2.　輪郭線を正確に描いたり鋳造するための鋳型，型枠，あるいは型紙．

3.　梁あるいは楣．

天窓　skylight

ガラスの嵌められた屋根または天井の開口部．

典礼運動　Liturgical Movement

20世紀に起こった，在俗信徒の礼拝への参加拡大を目的とした運動．これによって物理的にも視覚的にも祭壇が信徒に近づくことになり，教会内部にも相当な配置変更が施された結果，（常にではないが）建築に悪影響を及ぼすこともあった．

典礼論　Liturgiology

典礼の研究は，とりわけ聖体祭儀との関係から典礼形式の復興（または解釈）につながる．19世紀末から20世紀の宗教建築においてこれが重要な役割を果たし，コンパーやミックルスウェート，そしてセディングの作品にとりわけ顕著である．

斗　dou
多くの組物を用いる中国および日本の木造建築において，上方の組物を支える刻み目のある方形部材．

トア　tore
トーラスと同義．

ドア　door
施錠可能な可動式の障壁で，木などの材料を単独もしくは複合的に用いてつくられる．通常は，ヒンジによる回転式か，溝によるスライド式により，出入を許したり妨げたりする．一般的に，側柱あるいはドア枠に固定されたヒンジ上に置かれることで上下の旋回軸まわりに回転するが（古代から用いられてきた），水平方向あるいは垂直方向にスライドもしくは巻き上がったり，ドア枠あるいはドア自体にヒンジが使われることで幾重にも折りたたまれたりもする．伝統的な木製ドアにおいて，水平の材をレイル，両端の垂直の材をスタイル，中央の垂直の材をマンティンという．
　伝統的なドアのタイプには次のようなものがある．
　ウィキット：　大がかりなドアの一部に開けられた小さなドア．チャーチ・ドアなどに設けられる．
　オーヴァーハング：　上部のヒンジにより外側へ跳ね上げられるドア．
　クラパディーン：　上下の旋回軸まわりに回転するドア．
　ケースメント：　上半分にガラスがはめられたドアで，通常はガラス両端のスタイルが細くなる（ガラス自体も桟によって小分けにされる）．
　サッシュ：　⇨ケースメント
　ジブ：　壁もしくは壁板に取りつけられた枠のないフラッシュ・ドア．ドアが目立つと困るような壁において，その外見を損なわないよう壁になじませてつくられる．
　シャム：　左右対称の意匠を重視し，片方が壁や障壁でありながらドアに似せてつくられたもの．ブラインド・ドアと同類．
　スウィング：　目立った特徴はなく，バネ付きのヒンジで双方向に開くドア．レストランなどで，キッチンとダイニングの仕切りに用いられる．
　ストーム：　寒冷期の防護用に外側に取り付けられる一重もしくは二重のドア．
　スライディング：　レール上を水平にすべるドアで，たいていは車輪付きブラケットによりぶら下げられる．壁内に収納されるタイプもある．
　ダッチ：　下部を締め切りにするため水平に2分割したもの．ハーフ・ドアともいう．
　ダブル：　2枚に折りたたまれるドア．
　ダブル・マージン：　2枚の扉のスタイルが中央で2倍の幅のスタイル，すなわちマンティンのように構成されるドア．中央は二つのスタイルが並ぶように接続もしくは隣接しているため，二重の余白として見える．
　トラップ：　地下室もしくは屋根裏へ行くためのドアで，水平面に付けられる．
　ハーフ：　ダッチ・ドアの半分，あるいは全体．もしくは，大きく開いた戸口に比べドア背が低いもの．
　バイヴァルヴ：　中央で折りたたまれるドア．
　バッテン：　⇨レッジド
　パネルド：　木枠と単一もしくは複数の壁板でつくられるフレームド・ドア．フレームド・ドア（下記）と同様，フレームを構成するのは，水平材であるトップ・レイル，ボトム・レイル（単一パネルの場合），取手や錠が付くミドルあるいはロック・レイル（4枚以上のパネルの場合），トップ・レイル近くのフリーズ・レイル（6枚パネルの場合），垂直材であるスタイル（一つがハンギング（ヒンジ側），もう一つがシャッティング）．4枚または6枚以上のパネルでは，レイルをつなぐように中央に垂直のマンティンが入る．パネルド・ドアでは，パネルを縁取るように枠が廻され，プレーン，デコレイティド，レイズドあるいはフィールディッドと呼ばれるものがある．
　ファルス：　開かない，ドアを模した壁．
　フォールディング：　ヒンジによって二重もしくはそれ以上に折りたためるドア．より正確

には，バイヴァルヴ，クワドリヴァルヴなどという．大がかりなドアになると，各扉は車輪で支えられるようになる．

ブラインド： ブラインドのような形状や機能を備える固定式もしくは可動式の鎧板をもつドア．シャム・ドアともいう．

フラッシュ： 構造体を平滑な一面，通常は合板で覆ったドア．

フラップ： 下端のヒンジにより下方に開く小さな垂直ドア．あるいは，水平ドア，上方に開くタイプもある．

フレームド： 木枠で囲まれたドアで，垂直なスタイル（ハンギング・スタイルにはヒンジが固定される）と，水平なトップ・レイルとボトム・レイルで構成される．さらに，ミドルあるいはロック・レイル（錠が固定される）がつけられることが多いが，パネルド・ドアの場合は中央に垂直のマンティンがつく．

フレームド，レッジド，ブレースド，アンド・バッテンド： トップ，ミドル，ボトム・レイルが2本のスタイルに，さらに，ヒンジ側より斜めに入れられた2本の筋かいがレイルに接合され，外側全体を垂直の帯板で覆ったもの．

ホリー： 聖堂内の聖画壁へ赴くドア．

リヴォルヴィング： 4枚のフラップあるいは扉が互いに直交するように接合され，中央シリンダー軸周りに回転するドア．円筒形のドア室を密閉することができるように扉の外縁にはゴムなどの素材が付けられる．回転ドアの要領で出入りする．エネルギー損失や隙間風を防ぐのに効果的．

レッジド・アンド・バッテンド： 水平のレイルあるいは水平材（ここにヒンジや金物がつく）をもち，外側を垂直な帯板で覆ったもの．

レッジド，ブレースド，バッテンド： レッジド・アンド・バッテンドと同様であるが，ヒンジ側より斜めに筋かい（程度のよいものは水平材と接合される）を入れることでさらに強固にしたもの．

ローリング： 細長い薄板をつないでできたシャッター式のもので，吊り下げられた回転軸によって巻き取られる．

ドア・ケース door-case
ドアの開口を縁取るケースもしくはフレームで，そこにドアが取りつけられる．アーキトレーヴ，パネルなどで構成され，場合によっては敷居も含む．

ドア・ジャム door-jamb
ドア開口の垂直部分で，たいていドア・ポストにつけられる．

戸あたり stop ⇨ストップ（1）

ドア・ノッカー door-knocker
レバーのついた重い金属で，レバーを付属板（ここがドアに固定されている）に打ちつけることで，家の中にいる人を呼ぶ装置．

ドア・ノブ door-knob
円形もしくは楕円形の握り部で，これをひねることでドアを開けることができる．

ドア・ハンドル door-handle
ドアを開ける際に用いるレバー．

ドア・ファニチャー door-furniture
ヒンジや錠など，ドアにつけられるもの．

ドア・フレーム door-frame
ドアが取りつけられる枠のことで，戸口の抱きに設置される．枠の垂直部材がドア・チェック，ドア・ジャム，ドア・ポストであり，頂部がドア・ヘッドである．敷居を含むこともある．ほとんどの場合，ドア・ケースに関連する．

ドア・ポスト door-post

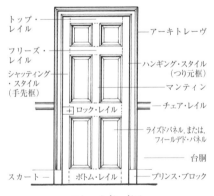

フレームド・ドア

戸口両側の柱で，いずれかにドアが取りつけられる．

ドイツ工作連盟　Deutscher Werkbund

芸術家，職人，製造業者の協働を通して産業品のデザインを高めるために，1907 年にミュンヘンで設立された組織．指導的人物として，ペーター・ベーレンス，テオドーア・フィッシャー，ヘルマン・ムテジウス，フリッツ・シューマッハーがいた．1914 年にケルンで大規模な展覧会を開催し，グロピウス，タウト，ヴァン・ド・ヴェルドによる建築物が展示されたが，その際，産業化されたデザインを推すムテジウスと創造的な芸術家・職人のあり方を主張するヴァン・ド・ヴェルドの間で論争が起きた．第一次世界大戦後，工作連盟は初期のアーツ・アンド・クラフツ的な立場から離れ，近代運動へと移行する．そのスタンスは 1925 年から 1934 年に出版された機関誌『ディー・フォルム（造形）（*Die Form*）』に明瞭に現れている．1927 年にはミース・ファン・デル・ローエの指揮下，シュトゥットガルトにおいて住宅展覧会，ヴァイセンホーフ・ジードルンクを開催し，そこでル・コルビュジエ，アウト，スタムによる影響力のあるデザインが提示された．さらにパリ（1930），ベルリンでも展覧会が開催されたが，1934 年に工作連盟は解散する．しかし第二次世界大戦後，主としてモダニズムのイデオロギーを促進するために復活し，1952 年より『ヴェルク・ウント・ツァイト（製作と時間）（*Werk und Zeit*）』を出版した．さらに同連盟は，オーストリア（1912），スイス（1913），スウェーデン（1913），イングランド（デザイン・産業組合，1915）における組織結成のきっかけとなった．

ドイツ式オーダー　German Order

18 世紀イギリスのコリント式オーダーの形式．ヴォリュート（渦巻装飾）のかわりに有翼のライオンやユニコーン，冠を戴いたフルーロン（フランス語で「花形装飾」の意）がみられる．王家の紋章に組み込まれており，ハノーファー選帝侯家との関係を思い起こさせるものとなっていて，その名はここに由来する．だが，イギリス式オーダーとも呼ばれる．

ドイツ・タイル　German tile

上端に凹部を備えたタイル．これは直上のタイルの下端の溝と合うようになっている．ドイツ・サイディングと呼ばれる木製板も上端と下端を上記と同様に仕上げている．

樋吊り具　tab　⇨タブ

ドイル，アルバート・アーネスト　Doyle, Albert Ernest（1877-1928）

カリフォルニア生まれ．1907 年にオレゴンでウィリアム・B・パターソン（William B. Patterson）を共同経営者として建築事務所を設立．ポートランドのメイヤー・アンド・フランク百貨店の 10 階建の増築を設計した．この事務所の商業建築は主としてリヴァイヴァル様式を用いた折衷的なデザインであったが，簡素な海辺の住宅（例：オレゴン州ニアカーニーのワンツ・スタジオ・ハウス（1916））は，ベルスキなどドイルと協働した建築家の着想の源となった．

ドイル，ジョン・フランシス　Doyle, John Francis（1840-1913）

リヴァプールで影響力をもった建築家．彼の教会堂は学究的なゴシック・リヴァイヴァルであったが，商業ビルでは，たとえばリヴァプールのデイル・ストリートのロイヤル・インシュランス・オフィス（1897-1903）のように，バロックの構成で設計した．ノーマン・ショウとつくったピア・ヘッドのホワイト・スター社屋（1894-96）はショウのロンドンのニュー・スコットランド・ヤードと似ている．地元の富裕層のために数々の住宅も設計したが，その多くは取り壊されたか，またはひどい改変がなされている．

塔　tower

さまざまな形態のプラン上に建てられた高層の建造物．横幅に対して高さがあり，（階というよりは，むしろ）段を昇る場合が多い．独立して立つか，あるいは別個の建造物の部分として立ち，要塞として機能するほか，景観の基準点となったり，あるいは聖堂に付属する鐘楼として使用される．聖堂の塔の場合はバットレスを有することが多く，胸壁や，あるいは副次的なスパイアを備え，建築的に重要な特徴となり得る．⇨尖塔

ド・ヴァイイ, シャルル　de Wailly, Charles (1730-98)

⇨ヴァイイ, シャルル・ド

トウィニング・ステム, トウィステッド・ステム　twining stem, twisted stem

　細長く円柱状の棒と, それに巻きつく枝を模した剖形で, 二つの連続的で平坦なバウテルの間のカヴェットに設けられた, 螺旋状の装飾を形成する. ロマネスク様式の作品に多い.

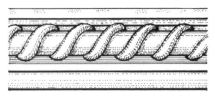

トウィニング・ステム　ノーフォーク, ウィンボットシャムのセント・マリー聖堂（パーカーによる）

等角投影法　isometric projection

　建物の投影法で, 直角ではない（水平位置から30°）方向に平面寸法をとり, 同寸法で垂直方向に立ち上げた立体像を描く. それゆえ平面は少しゆがむが, 不等角投影法よりは実際のものに近い. しかしながら斜線や曲線は正確には描けない.

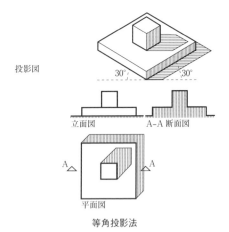

等角投影法

ドゥーカ, ジャコモ・デル　Duca, Giacomo del (1520頃-1604)

　ヤーコポ・シチリアーノまたはチチリアーノ（Jacopo Siciliano or Ciciliano）としても知られたようにシチリアのチェファルーに生まれ, ローマで最終的にミケランジェロに学んだ. ミケランジェロのピア門 (1562-65) を完成し, サン・ジョヴァンニ門 (1573-74) を設計した. またトラヤヌスの記念柱近くのサンタ・マリア・ディ・ロレート聖堂 (1573-77) のドラムとドーム, 頂塔を完成し, カプラローラのパラッツォ・ファルネーゼの前面広場 (1584-86) と両側に湾曲した斜路, そして上段の庭園の身をくねらすイルカ像を連ねた精巧な水路も設計した.

ドゥ・コー, イサーク　de Caus, Isaac (1612-55活躍)

⇨コー, イサーク・ドゥ

トゥーシャー, カール・マルクス　Tuscher, Carl Marcus (1705-51)

　ドイツの建築家, 画家. イタリアで活動し (1728-41), ユヴァッラの影響を受けた. ロンドン滞在 (1741-43) の後, 彼はデンマーク王クリスチャン6世（King Christian VI of Denmark, 在位1730-46）によって1743年にコペンハーゲンに呼ばれ, そこで主に画家として活動する. トゥーシャーの『市民建築入門書（Abbecedario dell'Architettura Civile）』(1743) に感銘を受け, 国王は彼にアマリエンボー宮殿の計画を依頼した. アマリエンボー広場が八角形となり, 四つの宮殿がパヴィリオンおよびギャラリーとして分節されているのは, おそらくトゥーシャーのエイトベードへの影響によるものである.

ドゥシーン　doucine

　正シーマ.

トゥーシング　toothing

　1. 大きな歯形飾り（デンティル）のような, 突き出した帯で, 庇あるいはコーニス, ストリングコースの下で, 交互に突出した小口積みのブロックで構成される. デンティレイションとも呼ばれる.

　2. トゥーシング・ストーンと同義.

トゥーシングストーン toothing-stones

壁面の端において，突き出た面を見せる石材．あるいは柄．別の建物や壁と接合し，連続的な表面をつくり出す必要がある場合に使用される．

ドゥースブルフ，テオ・ファン Doesburg, Theo van（1883-1931）

オランダのユトレヒトで本名クリスチャン・エミール・マリー・キュッパー（Christian Emil Maries Küpper）として生まれる．建築家ではないものの，彼は近代建築に大きな影響を与えた．アウトらとともに雑誌『デ・ステイル（De Stijl）』（⇨デ・ステイル）を創刊し，1920 年初頭にはヴァイマールのバウハウスに影響を与え，ファン・エーステレンとともにパリのデ・ステイル展のための住宅（1923）を設計した．また，画家ハンス・ペーター・ヴィルヘルム・アルプ（Hans Peter Wilhelm Arp, 1886-1966）とその妻ゾフィー・トイバー＝アルプ（Sophie Taeuber-Arp, 1889-1943）と共同で，カフェ・ドゥ・ローベットのインテリア（1926-28，破壊された）を設計した．また，ル・コルビュジエの 1920 年代初頭のシトロアン住宅にもとづく，フランスのムドン＝ヴァル＝フルーリーのスタジオ兼住宅（1929-31，未完成）を設計している．ユトレヒトのシュレーダー邸におけるリートフェルトの要素主義的なデザインに影響を与えた．

トゥナイユ tenaille

要塞において，稜堡の間のカーテン・ウォールの正面に設けられた，一つあるいは二つの角で構成された低い塁．

トゥナイヨン tenaillon

要塞建築の一部で，半月堡の両側を補強するもの．

トゥファ tufa

ローマのカタコンベが掘られたような，柔らかく多孔性の石．

ドゥーム Doom

中世における「最後の審判」の絵画的表現．聖堂においては，しばしば祭壇アーチ上の壁画のかたちをとり，中央にキリスト，キリストの左側に地獄（身廊から見ると右，南側），右側に天国（北側）が描かれる．ステンドグラスでも同様で，グロスターシャー，フェアフォードのセント・メアリー聖堂（15 世紀末および 16 世紀初頭）には壮麗なステンドグラスが残されている．

トゥームキャノピー tomb-canopy

祭壇型墓石，あるいは箱型石棺の上方に設けられた天蓋．安置された肖像を保護するかのようにみえ，非常に盛大なアンサンブルを構成することが多い．

トゥームストーンライト tombstone-light

墓石に似た形の，ランプの灯った小窓で，上辺は湾曲しており，戸口の上部に設けられることが多い．

トゥームチェスト tomb-chest

⇨箱型石棺

ドゥメナク・イ・ムンタネー，リュイス Domènech i Montaner, Lluís （1849-1923）

ガウディと並ぶモデルニスモ（19 世紀末スペインのカタルーニャにおけるアール・ヌーヴォーの異種）の最も独創的な建築家．ヴィオレ＝ル＝デュクの思想とともにロマネスクやゴシックの主題を引用した．1878 年という早い時期に，折衷主義をベースに，そこから何か新しく，かつ独特なものへと変化した，カタルーニャ独自の国民的建築を創造すべきと説いた論文を発表した．こうした考え方には，明らかに早期の批判的地域主義の兆候が見られる．バルセロナ万国博覧会のためのカフェ・レストラン（1887-88）では中世にモデルが求められたが，カタルーニャ音楽堂（バルセロナ，1905-08）では織り合わされた鉄骨構造という近代技術に範が求められ，彼の最高傑作となった．

トゥーラ，ローリッズ（ローリッズ）・ローリドソン Thura (h), Laurids (Lauritz) Lauridsen （1706-59）

デンマークの建築家．ヨーロッパ旅行（1729-31）の後，1733 年に王室建築家となり，当時のデンマークにおける最高の後期バロックの建築家として，人もうらやむような評価を築いた．極上の狩猟小屋エルミタージェ

トゥル

(1734-36)をコペンハーゲン北部の鹿公園内に設計したが,そのインテリアは当時のスカンジナビアで最高のものの一つである.1749年から50年にかけては,1696年に小塔なしで建設されていたコペンハーゲンの救世主教会に尖塔を追加した.例をみない外部階段(銅板仕上げの屋根と対照的に金めっきされた)は,おそらくボッロミーニによるローマのサピエンザ教会に触発されたものであろう.彼はデンマーク語の『ウィトルウィウスⅠ・Ⅱ(*Vitruvius I-II*)』(1746, 1749)を出版し,『ウィトルウィウスⅢ(*Vitruvius III*)』の草稿をカルトゥシュをつけて制作した.

トゥル thole

1. 木製ヴォールトにおいて,リブが交差する頂点上のボス,あるいは紋章盾.
2. 中世の時代,奉納物を収めるために設けられたニッチ,あるいはくぼみ.

トゥルアール,ルイ=フランソワ Trouard, Louis-François (1729-94)

フランスの建築家.ヴェルサイユのサン・サンフォリアン・ド・モントルイユ聖堂の設計者として重要で,当時,パリならびに近郊で建設された新古典主義のバシリカ式聖堂の最初期の厳格な例である.古代ローマ・ドリス式の身廊列柱が格間半円筒形ヴォールトを支えている.四柱式のポルティコは厳格なトスカナ式オーダーである.ほかに,ヴェルサイユのサン・ルイ聖堂のシャペル・デ・カテシズムでは,水平のエンタブラチュアにイオニア式オーダーを用いている.パリのフォブール・ポワソニエールの都市住宅(1758)では厳格で装飾のない古代ギリシア風様式の先駆者であり,またオルレアンの中世のサント・クロワ大聖堂(1766-73)ではゴシック・リヴァイヴァルの先駆者であった.ルドゥーの師である.

トゥルッロ(トゥルッリ) trullo (*pl.* trulli)

南イタリアに見られる素朴な乾式工法の建築物.円形平面であり,円錐形のコーベル・ヴォールトが施された屋根が付く.

トゥルバ turba

イスラムの霊廟(マウソレウム).

トゥルモウ trumeau

石造のマリオンや角柱で,幅広の扉口に設けられたタンパンを支える役割を担う.たとえば中世のゴシック聖堂などに見られる.

トゥレル tourelle

塔や壁面の高い場所の角に設けられ,持ち送り積みで支えられた小塔(ターレット).円形の平面をもち,円錐状の屋根をかけ,時には螺旋階段を備える.スコティッシュバロニアルの建築に多くみられる.

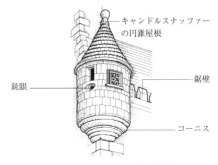

スコットランドの典型的な小塔

トゥーンプ一族 Thumb Family

ドイツの建築家,職人一家.フォアアールベルク派を含むブレゲンツ地方出身の支配的一族の一つ.トゥーンプ一族はベール一族と婚姻関係を結んでいた.ミヒャエル・トゥーンプ(Michael Thumb, 1640頃-90)はヴェッテンハウゼンの小修道院教会(1670-97),エルヴァンゲンのシェーンベルクの巡礼教会(ヴァルファールツキルヘ)(1682-92),オーバーマルヒタールのプレモントレ修道会のクロスターキルヘ(修道院教会)(1686-92)など,重要なバロックの設計を請け負った.シェーンベルクでは,ヴァントプファイラー型教会の構成を紹介した.それは,側面の壁から室内側に突き出るように設けられた奥行の深いバットレスが側廊を付属礼拝堂へと分割し,このバットレスの身廊側の側面が付柱によって飾られた形式である.外部では,窓間壁の位置に付柱が配置されている.シェーンベルクとオーバーマルヒタールの教会は,フォアアールベルガー・ミュンスターシェーマ(フォアアールベルクの大規模教会の

配置）として知られるようになるものを含む．フォアアールベルク派によるほかのヴァントプファイラー型教会の先例となった．なおフォーアールベルガー・ミュンスターシェーマとは，2階席が側廊を分割する壁とつながり，各礼拝堂の天井を形成するような形式である．

祖父と区別されるためにそうよばれたペーター2世・トゥーンプ（Peter II Thumb, 1681-1766）は，ミヒャエルの息子であり，1707年にアンナ・マリア・ベール（Anna Maria Beer, 1687-1754）と結婚し，フランツ・ベール（Franz Beer）によるスイスのライナウの教会の建設を指揮した．彼はフライブルク近郊の黒い森に建つベネディクト会の聖ペーター教会とその図書館を設計している（1724-53）．最大の作品はコンスタンツ湖（ボーデン湖）の北岸に建つノイ＝ビルナウの優美なシトー修道会の修道院と巡礼教会（1745-51）である．この教会は祈りのホールのような広い開放的な内部空間をもち（それはヴァントプファイラー型の配置をとっていないが，ギャラリーは空間全体に連続している），東側の湾曲したコーナー，西側の対角線，さらに退化した袖廊，平べったいヴォールト，部分楕円形の内陣といった特徴がある．内部の装飾は全ドイツで最もすばらしいロココによる作例の一つであり，大部分は白色だが，繊細な彩色により華やかさが加えられている．泡立つような特徴をもつ明るいスタッコ装飾は，ヨーゼフ・アントン・フォイヒトマイヤー（Josef Anton Feuchtmayr or Feuchtmayr, 1696-1770）の作であり，彼はさらに，有名なホーニヒシュレッカー（蜂蜜を吸う子供．古代のハルポクラテスを連想させる像）などの魅惑的な彫像をデザインし，制作している．また，フレスコはゴットフリート・ベルンハルト・ゲッツ（Gottfried Bernhard Götz, 1708-74）によるものである．トゥーンプは，当時最も規模が大きく壮麗な教会の一つであったスイスのザンクト・ガレンのベネディクト会修道院の建設にも貢献し，ここでも美しい図書館を設計している．モースブルッガーがその教会（1720-21）の計画をすでに作成していたが，トゥーンプはおそらく身廊とドームの部分を担当したと考えられ，ヴァントプファイラー型の教会をさらに発展させて，印象的な集中式のヴォリュームを用いることでより開放的なものとしている．

トゥーンプ家の他の人物としては，ヨハン・クリスティアン・トゥーンプ（Johann Christian Thumb, 1645頃-1726）がいる．彼はミヒャエルとともにシェーンベルクとオーバーマルヒタールで活動し，シュムッツァーによるスタッコ装飾があるフリードリヒスハーフェンのシュロスキルヒへ（城教会）（1695-1700）を設計し，さらにヴァインガルテンの修道院教会（1716-24）の建設に携わった．ガブリエル・トゥーンプ（Gabriel Thumb, 1671-1719以後）は，モースブルッガーの計画にもとづく，スイスのチューリヒ湖のラッフェンに建つプファルキルヒへ（教区教会）の建設に従事した．これもまたヴァントプファイラー型の教会である．ミヒャエル・ペーター・フランツ・クサーヴァー・トゥーンプ（Michael Peter Franz Xaver Thumb, 1725-69）は，父親によるザンクト・ガレンの図書館，および同教会の身廊とロトンダを完成させた．

とかげ模様 lacertine

ケルト美術における絡み合った渦巻き状装飾で，竜に似た頭部が尾を嚙んでいる．

ドキシアディス，コンスタンティノス・アポストロス Doxiadis, Constantinos Apostolos (1913-75)

ブルガリア生まれのギリシア人建築家，技師，都市計画家．ギリシアにおいて影響をもち，1939年に国家地域都市計画研究局を組織した．当初は第二次世界大戦後のギリシア再建に携わり，1951年には自らの建築・コンサルティング・技術会社を設立して国際的な名声を勝ち得た．エキスティックス理論を展開したことで有名である．エキスティックス理論はエキスティックス大学院やアテネのエキスティックセンター，そして著書『エキスティックス—人間定住科学入門（*Ekistics: Introduction to the Science of Human Settlements*)』（1968）や『エキュメノポリス（*Ecumenopolis*)』（1979）を通して知られる．

戸口 doorway

建物，付属屋，塀に出入りするための開口のことで，開口以外にその周辺部までを含むがゆえ，建築的な壮麗さを左右する．古典古代の戸口はほぼ長方形で（たまに変形もある），モー

ルディングで縁取られ，通常，断面においてエンタブラチュアのアーキトレーヴに調和するようなアーキトレーヴをつけ，さらに，イアー，ラグ，タブをつけるものもある．アーキトレーヴの上には，アンコンやコンソールで支えられたコーニスが載ることもある．古典様式の戸口周りは，円柱やピラスター，エンタブラチュアで飾られるので，開口が小神殿のようになる．ルネサンス様式の戸口になると，アーチを掲げることがある．戸口は建築の重要性をファサードにおいて強調すべくつくられるが，象徴的な要素が設計においてきわめて大きな役割を担う聖堂でも同じことがいえる．たとえばロマネスク様式の戸口では，たいてい半円形のアーチが何重にも重なるように架けられ，その重なりは小円柱，シュヴロン，ビーク・ヘッド，ビレット，その他の刳形（くりかた）装飾の並びにまで及んでいる．ゴシック様式の戸口では，尖頭アーチが架けられ，より壮麗なオーダー，豊かな装飾（ドッグ・トゥースなど），パーベック産大理石の小円柱が用いられる．開口を二分するように中央に柱（トリュモー）が置かれ，上部には凝った彫刻をつけたティンパヌムが置かれ，さらにその上を尖頭アーチが縁取る．

独立円柱 column
➡️コラム

ド・コット，ロベール de Cotte, Robert (1657-1735)
➡️コット，ロベール・ド

床の間 tokonoma
日本の部屋において，座ったり，（たとえば版画や花瓶などを）飾ったりするための，壁のくぼみ．

ドサレット dosseret
1．柱頭の上に置かれる副柱頭，あるいはスーパー・アバクス．初期キリスト教，ビザンティン，ロマネスク様式ではアバクスの上に置かれる迫元石でアーチを支える．
2．断面が円柱や支柱上のエンタブラチュアのように形づくられる部位．
3．抱石上の小突起で，リンテルなどを支えるピラスターのようにつくられる．

都市計画 16 の原則 Sixteen Principles of Urbanism
16の原則は，1945年以降西側諸国で非常に広く受け入れられたル・コルビュジエ - CIAM - アテネ憲章に急進的にとってかわるものとして，1948年にモスクワで合意され，共産主義東ドイツに引き継がれた．この原則には，都市を形づくる構成組織を切断する都市自動車道の拒絶，西側諸国の都市で荒廃を招いたゾーニングの放棄，根幹としての都市街区と伝統的街路の再構築が含まれるが，これらはすべて，ニュー・アーバニズムの一部として，20世紀末に再評価された．

都市景観 townscape
➡️タウンスケープ

都市更新 urban renewal
➡️アーバン・リニューアル

都市デザイン urban design
都市定住地の形態と利用に関して特定のデザイン原理を適用すること．形態はマス（建物，その容積，外形，高さ，その建物が所有する土地）と空間（たとえば建物によって境界づけられる道路と屋外空間）に左右され，建物と空間の利用もまた（それが集中的なものであろうとなかろうと）重要な役割を担う．都市の造形の関係性には五つの区分があるとする論者もいる．すなわち，道（たとえば小道，街路，運河など），境界（ウォーター・フロントのような自然もしくは建設された境界），地区（明確に範囲が定められた居住地区，中心地域など），結節点（スクエアのような道の合流点など），ランドマーク（たとえば，一般にモニュメンタルで，はっきりと目にみえ，象徴的もしくは美的なアイデンティティをもつ構造物）の五つである．町と都市は古代から存在していた．たとえばウル（現在のイラク）では，紀元前の第4千年期において，道（小道と街路），明確に範囲が定められた住宅区画，重要なモニュメントが存在していた．グリッド状に配置（開発のために土地を画定する一つの便利な手段）された定住地は，中国，古代エジプト，メキシコ，古代バビロニアに存在していた．ギリシアが一から新しい都市を建設した時（たとえばヒッポダマスによるミレトス（前5世紀）），グリッド，

合理性，幾何学が用いられ，社会秩序を表すような都市デザインの理論が発展した．アテネには多くの公共建造物とモニュメントが建設されたが，それらは相互には整然とした幾何学的な関係性をもっていなかった．ヴィスタをつくり出し，都市における豪壮な効果を演出するために幾何学を利用する方式は，ペルガモン（前3世紀）のようなヘレニズム期の定住地で発展したものである．ただし，左右対称に建物を並べ，行列用の道を驚くほど整然と配置することは，古代エジプト人によってカルナックの大神殿コンプレックスなどで試みられていた．幾何学的配置はさらにローマ人によって利用された．彼らはギリシア文明のテーマを発展させ，巨大な公共建築（たとえば浴場），フォルム，競技場，闘技場などをつくり出した．それらはすべて巨大なる建築の壮麗さを求めるものだった．高密度の都市居住は，街路と接する集合住宅（⇨インスラ）の建設によって可能となり，多数の観客のための建造物（たとえばローマのコロッセウム）が建設された．古代の基準ではローマは，都市に水を供給し，都市からの廃棄物を処分するために大規模な土木構造物が必要とされるような真の大都市であった．都市の防御壁だけでも巨大な事業であり，都市の死者たちは直線状の共同墓地（たとえばアッピア街道），地下納骨堂，地下埋葬所に処理された．つまり古代ローマは，19世紀の世界都市の多くに先行するような洗練され，よく組織された都市の注目すべき例だったのである．ローマ人はまた，数多くの新しい町を建設した．それらは，直角に交差する二つの主要道路，中心の広場そして論理的に導かれたグリッド・プラン内に配置された公共建造物（たとえば浴場，神殿など）をもつ，標準的なカストゥルムのプランにもとづくものであった．コンスタンティノープルも巨大な教会や公共建造物，そして多大な文化的影響力を及ぼすモニュメントによって華麗に飾られた世界都市であった．

　マドラサ，モスクなどを有する中央アジアなどのイスラム都市も，商業的，宗教的，社会的な交流（たとえばイスファハンにおけるもの）に対する洗練された建築的な応答を示した．他方，巨大なモスク（スペインのコルドバのメスキータ・アルハマ）は，都市のモニュメントを創出する際の幾何学的で形式的な軸線の重要さを証明した．対照的に西ヨーロッパの都市組織

はローマの崩壊以後衰退し，認識できるような数種の秩序が，フランス，イングランド，スペイン，ドイツにおいて要塞都市やその他の定住地（たとえばヴィルヌーヴ＝シュル＝ロット，フリントなど）のかたちで再び現れてくるのは12世紀になってからである．しかしながら一般的には中世のヨーロッパの町や都市は市壁の内側に密集して発展しており，そこでは，門から市場広場（たとえばブリュッヘ，アントウェルペン，ブリュッセルのように，そこは多くの場合，ギルド集会所や市庁舎が建ち，富裕市民の住宅に囲まれている）や大きな教会が建設される中心部へと続く主要道路が設けられていた．とくにフランドルでは，壮麗なギルド集会場と市庁舎が商業の富と力を証明し，北イタリアにおいてもシエナやフィレンツェのように，市民の願望によってみごとな空間と建造物が創り出された．

　15世紀半ば頃，ウィトルウィウス（彼は，町は防御のために中心に計画すべきと提案した）の理念に刺激され，多くの理論家（たとえばアルベルティやフィラレーテ）は，近代的兵器の威力に対抗するために堅牢な防御施設で囲われた，幾何学的で整然とした多角形の町のプランを提案した．これら「理想都市」の計画（たとえばカタネオ（Cataneo），ロリーニ（Lorini），マルティーニ（Martini），スカモッツィ（Scamozzi）によるもの）は広く出版され，シャルトルやランスの大聖堂の床に描かれたような中世のラビリンスと親近性をもつものであった．イタリアのウディーネ近くのパルマ・ノーヴァ（16世紀末，未完）は実現した最も重要な例の一つである．アルベルティは中央広場や，空間とファサードの関係を規定する比例のシステムを推奨し，われわれが都市景観と呼ぶものの重要性を強調することで，そのような計画に理論的基盤を提供した．ルネサンスの都市デザインの他の例としては，ロッセリーノによるピエンツァの中心部（15世紀後半）ともちろん**ローマ教皇シクストゥス5世**（Pope Sixtus V, 1585-90）のもとでのローマの改造があげられる．彼は水道を建設し，噴水を設置し，古代のオベリスクを重要な場所に配置し，新しい街路を建設した（たとえばポポロ広場から放射状にのびる街路）．先行するローマの例はフランスにおける発展の契機となり，アーケードで広場を取り囲み，その上階は建物と

なるヴォージュ広場が17世紀初頭に建設された．そしてイタリアの例に強く影響を受けたイニゴー・ジョーンズによるロンドンのコベント・ガーデンの発展がそれに続いた．アルドゥアン・マンサールによる均整のとれたパリのヴァンドーム広場（1699-）は，多くのフランス都市にみられる，隣接する街路もあわせて整備される規則正しいプラス（広場）の建設の契機となった．エレ・ド・コルニはナンシーにおいて，亡命中のポーランド国王でありロレールおよびバール公のスタニスワフ・レシチニフスキ（Stanisław Leszczyński, 1677-1766）のために壮麗な国王広場，カリエール広場，ヘミサイクル（半円形の建物）を建設した．それはロココの都市デザインとして世界でもっともみごとな例の一つである．ヴェルサイユ（1665-71頃創建）では，町と宮殿の関係（ローマのポポロ広場からの3方向への放射に着想を得て）がルイ14世（Louis XIV）の絶対主義を強調した．カールスルーエでは同じような放射状の大通りが宮殿に集まる配置をとった．17世紀，マンハイムでは巨大な防御施設，要塞（パルマ・ノーヴァと似たレイアウトをもつもの），グリッド・プランが結びつけられた．ファサードの様式，高さ，窓割りを整えるための統制が，同質性と調和を確保するために多くの都市で実施された．その一例は18世紀初頭からのロシアのサンクト・ペテルブルクの大規模な発展にみられる．街路，サーカス（円形広場），スクエア（方形広場），クレセント（三日月状建築）が統一された都市デザインの好例となったバースでは，均整のとれた規則正しいファサードがウッドによってつくり出された．デザインの統一が達成された大ブリテン島における最も大規模な発展は，19世紀まで続いたエディンバラ新市街である．18世紀ロンドンでは，正面煉瓦仕上げのテラスハウスで囲まれるスクエア（方形広場）が発展した．そこでは，広場を取り囲む街路がまたそれらの住宅に特徴を与えた．しかしナッシュがリージェント・パーク，ランガム・プレイス，リージェント・ストリート，ピカデリー・サーカスのために壮麗な遠近法による計画をつくり出したとき，彼は建築の性格にヴァラエティを与え，より壮大で人目をひく建築をつくり出すために化粧漆喰を選択した．英国のテラスとスクエアはもちろんジョージア州サヴァナのような北アメリカの居留地に輸出された．一方でワシントンD.C.では，ランファンがアメリカの新首都のためにグリッド・プランとバロックの放射状大通りとを組み合わせた（1789-）．

19世紀の都市デザインは数多くの古い都市を改良し，立派な公共建築で都市を飾ることとなった．たとえばベルリンでは，ナポレオン打破後（1815），シンケルによっていくつかのすぐれた新古典主義の建築物および多くの改良事業がデザインされた．そして同時期以降，ゲルトナーとクレンツェはミュンヘンをさまざまな様式（ルントボーゲン様式，新古典主義，ルネサンス・リヴァイヴァルなど）による数多くの建築作品の建つバイエルンの首都へと変貌させた．いくつかの都市では（その時までに）時代遅れになった防御施設を取り壊し，新しい遊歩道，大通り，壮麗な建造物を都市に建設した．そのもっともみごとな例は，フェルスターによって計画され，ハンゼン，ハゼナウアー，ゼンパー，シッカールツブルク，ファン・デア・ニュルらによる建造物が建設されたウィーンのリンクシュトラーセである（1858-）．パリもまたオスマンらにより，大通り，公園，ヴィスタ，美しい建造物をもつ洗練された都市へと変換された．そして新古典主義のサンクト・ペテルブルクはきわめて壮大なスケールでさらに美しく飾られた．壮大さと上品さが広く称賛されたそのような都市改造の例に附随して，都市デザインの古典的理論が，とりわけパリのエコール・デ・ボザールにおいて支配的となった．それはまた，イリノイ州シカゴで開催された万国博覧会（1893）に代表されるようなアメリカにおける計画にも多大な影響を与えた．バーナムはそのようなボザールの手法をシカゴのための彼の（エドワード・ベネット（Edward Bennett, 1874-1954）との）計画（1909）で適用し，アメリカにおいて非常に重要な都市美運動が，すでにパリでは認められていた原理から発展していった．しかし19世紀都市を形成したのは，巨大な公共建築や堂々とした街路の建設だけではなかった．この世紀は，居住，都市衛生，公共輸送に対する態度においても大きな変化がみられた時代であった．19世紀初頭においては，旅行手段はユリウス・カエサルの時代からさほど変わっていなかったが，同世紀末までには鉄道，市電軌道，蒸気船が旅行のあり方を変えた．他方でガス灯，電力の出現，清潔

な水の供給，人間の廃棄物を処理するための広大な地下システムの構築，巨大な共同墓地の建設は，都市の快適性と衛生における革命をもたらした．さらに学校や高等教育のための施設，公共の公園，知識を広げるためのミュージアムや動物園，公共の娯楽のための場所，これらすべてが都市大衆の気風を高め，彼らを洗練させるのに役立った．そのような変化は，社会の底辺にいる人びとに対して何かしなければならないと自覚する人々が現れたことにより始まった．スコットランドのクライド川近くのニュー・ラナーク（1800-）におけるロバート・オーウェン（Robert Owen, 1771-1858）やヨークシャーのブラッドフォード近くのソルテア（1851-）におけるタイタス・ソルト（Titus Salt, 1803-76）のような産業資本家たちは，モデルとなるカンパニー・タウンを建設し，工場を運営し，労働者に住居を与え，大人にも子どもにも教育を施すという慈善的な理念を紹介した．そのようなアイディアは大西洋の両岸に影響を与え，英国では労働者階級環境改善協会のような組織が，広く模倣される模範的な住居（ヘンリー・ロバーツによってデザイン）を建設した．そのような発展に加えて，19世紀には中流階級のための郊外の住宅地も発展した．その初期の例には，ナッシュによるリージェンツ・パークのピクチャレスクなパーク・ヴィレッジ（1824から建設，ペネソーンによって完成）や，デシマス・バートンによるケントのタンブリッジ・ウェルズにある美しいカルバリー公園（1828-）がある．ラウドンの著書は中流階級住宅の多くの模範例を示すと同時に，労働者の小家屋の例も提供し，間違いなく大きな影響を与えた．生活を快適にするものであると同時に教育の補助手段として彼がとり組んだ公共公園と共同墓地の普及促進は，多くの開発に影響を与え，彼はグリーン・ベルトの初期の主張者となった．アメリカのデイヴィスのような建築家は，ラウドンのアイディアと著作に多くを負っている．

都市デザインに関する理論的著作は19世紀を通じて出版された．セルダのバルセロナでの活動と著作『都市計画の一般的理論（*Teoría general de la urbanización*）』（1867）はソリア・イ・マタのような人物に影響を与え，彼は都市および田園の計画に科学的原理を適用しようとした最初の人間となった．ソリア・イ・マタの「線状都市」は，鉄道，道路，水・ガス・電気の供給システム，下水道網，そして場合によっては運河から構成される「背骨」を基盤とし，幅510 m（557ヤード）の線状地帯が既存の都市と都市を結び，田園を都市化し，町を田園化するものとして考案された．大きなスケールでみた時，ソリアの都市はカディスからサンクト・ペテルブルクまでを結ぶことが可能とされた．彼のヴィジョンは，ほぼ全世界的にみられる自動車所有の結果起こった制御不能な郊外化の急増と比べたとき，確かに経済的・美的に意味をもつものである．不幸なことに彼のアイディアは決して実現することはなかった．わずかに関係する例として，ニコライ・アレクサンドロヴィチ・ミリューチン（Nikolai Aleksandrovich Miliutin, 1889-1942）によるかつてのソヴィエト連邦のマグニトゴルスクにおける実践がある（1929-）．ソリアは，だれもが田園に容易に歩いていける距離にあり，仕事に行くために近くの線状の輸送システムをすぐに利用できるような線状都市を構想した．一方で中心をもった理想的な都市のタイプが，テオドーア・フリッチの『将来の都市（*Die Stadt der Zukunft*）』（1896）において再び現れる．それはE・ハワードの『明日—真の改革への平和的な道（*To-morrow; A Peaceful Path to Real Reform*）』（1898）へ影響を与えたと思われるが，ただしフリッチの考えはハワードのものよりもより進んだものであった．ハワードは，ハートフォードシャーのレッチワースにおいて最初の田園都市をスタートさせた（1903から）．バウマイスターは1876年に，その後長年にわたって建築的介入の社会的意味に関する標準的な著作となる，技術的・経済的観点から見た都市拡張に関するテキストを出版した．ヨーゼフ・シュトゥッベン（Joseph Stübben, 1845-1936）は，数多くの都市デザインの計画を実行し，1890年にはそのテーマに関して，のちに改訂が重ねられるような重要な著作を出版した．いく人かの論者は，科学的・経験的な方法に対してがくぜんとし，象徴的な意味や歴史的・文化的意義，連続性といった測定不可能なあらゆる重要な側面が無視されていると主張した．この観点での最も重要な出版物にジッテの著作がある．彼は中世の街の計画にみられる不規則性を理解し評価することを推進し，その著作はゲデスやカール・グルーバー（Karl

Gruber, 1885-1966, 彼の『ドイツ都市の造形（*Die Gestalt der Deutschen Stadt*）』はこれまでなされたものの中で最もきめ細やかな研究の一つに違いない）に影響を与えた．都市デザインに関するその他の理論的な業績としては，トニー・ガルニエの『工業都市（*Cité Industrielle*）』（1904），ヒルバースアイマーの「高層建築都市（Hochhausstadt）」（1924, 高層のガラス被覆の集合住宅街区が幅広の街路沿いに並び，相互にブリッジで結ばれるという国際近代主義者の必然的な解答），F・L・ライトのブロードエーカー・シティ（1931-35, 農産物を供給するために自身の所有する土地に建てられた「ユーソニアン」住宅が大部分低密度に展開するもの）があげられる．しかしながらおもにル・コルビュジエによって推進されたCIAMのアテネ憲章は，厳格なゾーニング，緑地の中に配置された高層の集合住宅，高速で移動する自動車のための道路，伝統的な街路の廃止を主張した．この信条は20世紀において地球規模で受容され（ただし一般市民によってではないが），決して幸せではない結果とともに，ますます暴力的になる都市において何が防御空間となるかという考えに人びとを導くことになる．クリエ兄弟らは，街路や伝統的なヨーロッパの都市計画がもつ文化的な余韻を回復させようとし，ジェーン・ジェイコブズのような論者は，ル・コルビュジエに感化された正統派たちの考え方に対して徹底的な攻撃を仕掛けた．当時その考え方は，それをまるで真実の言説のように信じている人びとによって学生たちに依然として詰め込まれていたのである．第二次世界大戦後のイギリスのニュー・タウン（低密度の住宅と明確ではない中心地をもつ）はその主唱者たちがかつて主張したような地上の楽園ではなかった．他方でディズニーランドのようなテーマパーク（さまざまな様式による伝統的な建物と人間味のある街路をもつ）は，心地よい環境を創造することができることを示した．ヴェンチューリのような著述する建築家は，複雑性，矛盾，多様性，そして，ラスベガスのような騒々しい大衆的な場所からも何か学ぶものはあるかもしれないという異端の見解さえも広め始めた．ロッシは都市の建築を発展させ，レオン・クリエは破壊ののちのヨーロッパ都市の再建と呼ぶべきものを提案し，ロブ・クリエは都市デザインのための理論的な基盤を提示

し，コーリン・ロウとフレッド・コッター（Fred Koetter, 1938-2017）は都市を一種のコラージュとして論じた（その手法はスターリングのいくつかの建築に明らかに影響を与えた）．しかしながら，それらの試みや，都市デザインを再活性化する上での古典主義言語がもつ可能性への興味の増大（たとえば，L・クリエ，ポルフィリオス，シンプソンらによるもの）にもかかわらず，技術を中心に置いた計画は，建築の出版物や学校において，また特定の建築家たちによってなおも積極的に推進された．たとえばアーキグラムはSF漫画の描写にヒントを得たいわゆるハイテク建築を広めた．日本のメタボリズムはプレファブリケーション，サービス用タワーに固定されたカプセルと循環領域というアイディアを産み出した．そして丹下のようなデザイナーは，東京を海上にまで拡張させるという広大な新しい発展の形を提案した（1959-60）．イングランドの第2世代のニュータウンでは，メガストラクチュアが出現した（たとえば，カンバーノールドでは線状の都市中心部がジェフリー・コプカット（Geoffrey Copcutt）によって計画された）．公害問題および環境制御の必要性を意識し，フラーやソレリのような理論家は解決策を試みるが，それらは広く受け入れられなかった．ニュー・アーバニズムが正統派計画に対立するものとして出現した．過密で断片化して退屈な郊外と崩壊した都市中心部は偶然の産物ではなく，ゾーニングの直接的な結果でありCIAMの遺産であるという考えのもと，デュアニー・アンド・プラター＝ザイバークのような建築家は，住宅からの徒歩圏内に日常生活の施設を備えた伝統的な近隣へ回帰すること，あらゆる種類の住宅タイプと商業的機会を用意すること，自動車を制御することを提案した．彼らによるフロリダ州マイアミのシーサイド（1987）は，何がなしうるかについての一つの例である．

ドーシ，バルクリシュナ・ヴィタルダス
Doshi, Balkrishna Vithaldas（1927-2023）

インドの建築家，都市計画家．ル・コルビュジエ（フランス，チャンディガール，アーマダバードで協働）とカーン（例として亜大陸において，その当時最も成功を収めた近代建築の一つである．アーマダバード（1967-81）の環境計画技術センターがあげられる）から影響を受

け，地下に部分的に沈められた一連の円筒アーチ状の構造が，造園されたテラスと水滝の中に配置されたアーマダバード近くのサンガス（1981）にある自身の事務所で，より個性的な表現手法に進化させた．同様のテーマは，アーマダバードのガンジー労働研究所（1980-84）でも探求されている．その他の作品にバンガロールのインド経営大学院（1977-85），ニューデリーの国立服飾技術研究所（1991-95），プネのマハーラーシュトラ開発機関研究所（1991），ジャイプル近くのビッドヒヤダー・ナガーの市街計画（1984-86），そしてインドールのローコストの集合住宅（1983-86）など．

都市美運動 City Beautiful

アメリカ合衆国の都市をヨーロッパ都市のように魅力あるものにしようと，建築家やランドスケープ・アーキテクト，そのほかの人びとが主導したアメリカの運動．イリノイ州シカゴの世界コロンビア博覧会（1893）や（オルムステッド・アンド・ヴォーによるような）大都市の公園システムの開発，多くの都市における芸術協会の創設が刺激となって勢力を増進し，さらにバーナム，マッキム，オルムテッドの息子が立案したワシントンD.C.の計画発表（1901-02）により，国全体にとっての重要性が示された．チャールズ・マルフォード・ロビンソン（Charles Mulford Robinson, 1869-1917）は1903年にその著作『モダン・シヴィック・アートあるいは都市がもたらす美（*Modern Civic Art or the City Made Beautiful*）』を出版し，この運動の代弁者となって自治体に助言し不断に運動を促進したが，社会改革とは無関係に，ただ威信を高め富を得るための美化を提唱するにとどまった．ケース・ギルバートによるミネソタ州セント・ポールの州議事堂の新たな環境設計（1903-06）は，ボザール風のブールヴァール，スクエア，建築物（拠出のほとんどが公的基金）により，都心改良のためのほかの多くの事業計画がふくまれる．バーナムとエドワード・H・ベネット（Edward H. Bennett, 1874-1954）のシカゴ計画（1906-09）において運動は全盛をきわめ，放射状アヴェニューや環状道路，鉄道網の完全な再編成，公園と公園道路の大規模なシステム，広々とした端正なシヴィック・センターが提案された．第一次世界大戦の末期には，運動は指導者たちのほとんどが職務の晩年にさしかかっていたが，国際的モダニズムによって完全消滅するまでは，その後何年にもわたりアメリカの都市計画に大きく影響を及ぼし続けた．

ドース dorse
　天蓋形の庇，あるいは，垂れ布．

トスカナ建築 Tuscan architecture
　⇨エトルリア建築

トスカナ式オーダー Tuscan Order

古代ローマ建築の五つのオーダーの一つで，ルネサンス期に確認され，最も簡素なもの．またトスカナ式円柱の変形が古代にアントニウス・ピウス帝やトラヤヌス帝の記念円柱に使用されたためでもあろうが，スカモッツィに倣って巨大オーダーと呼ばれる場合もある．ローマ・ドリス式オーダーに似ているが，無装飾のフリーズにはトリグリュフォス（トリグリフ）はない．柱礎はきわめて簡素で，四角いプリンスの台が大きなトルスを載せ，フィレットとアポヒュシスを介して，平滑なフルートのない柱身（多くはほかのオーダーより明瞭なエンタシスがある）へと推り変わる．柱身の頂部にはもう一つのアポヒュシスとフィレットがあり，さらに無装飾のアストラガルがあってその上にネックまたはヒュポトラケリオンを載せ，それから一つあるいは複数のフィレットと，平らなエキヌス，四角いアバクスとなる．頂部には一般に簡素なフィレットが載るが，モールディングのないブロックとなる場合もある．エンタブラチュアとしては平滑なアーキトレーヴと平滑なフリーズ，簡素な敷割形（くりかた）のコー

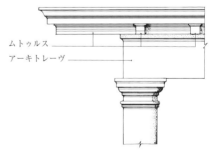

トスカナ式オーダー（イニゴー・ジョーンズによる）

ニスを載せ，その頂部は正シーマであるがモディリオン，デンティル，ムトゥルス装飾の類はない．しかしながら，ウィトルウィウスにもとづきパッラーディオが体系化した最も簡素なオーダーを，イニゴー・ジョーンズはロンドンのコンヴェント・ガーデンのセント・ポール大聖堂(1631-33)に使用し，慣習的なフリーズとコーニスを省略した．代わりに，軒コーニスがきわめて大きく張り出し，長く平らでブラケットのようなムトゥルスに支持され，直接アーキトレーヴの上に載っている．

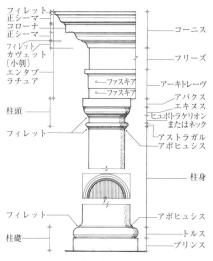

トスカナ式オーダー（パッラーディオによる）

ドス・サントス・エ・カルヴァーリョ，エウジェニオ dos Santos e Carvalho, Eugenio (1711-60)

ポルトガルの建築家．1755年のリスボン大地震後，テレイロ・ド・パソ（コメルシオ広場）地区とロシオ地区間を，整然とした街区に再整備し，質素で抑制されたフランス新古典様式で整えられた品のよい街並みとして復興した．18世紀後期の都市計画として最もみごとなものの一つであるこのリスボン復興計画は，のちのポンバウ侯爵であるセバスティアン・デ・カルヴァーリョ (Sebastião José de Carvalho e Melo, 1699-1782) の庇護下で実現された．

ドースル dorsel, dossal, dossel
1. 背障（リアドス）．
2. 祭壇の後背に掛けられる装飾布．
3. 内陣司祭席などの後背に掛けられる装飾．
4. 大学教会，大聖堂などの一番奥にある区画．
5. 室内で一際高く羽目板あるいは鏡板を施した部分．

ドーソン卿, フィリップ・マニング Dowson, Sir Philip Manning (1924-2014)

南アフリカ生まれの建築家．1953年からオーヴ・アラップとともに仕事をし，1963年にはアラップ・アソシエイツの創始者となる．アラップ・アソシエイツとしての作品はサフォーク，スネイプにある，モールティングス・コンサート・ホール(1965-67，デレク・サグデン (Derek Sugden) と共同），ハンツ，ハヴァントのIBM・プロセス・アッセンブリー・プラント(1966-72)，オックスフォードにある，セント・ジョーンズ大学のトーマス・ホワイト卿ビル(1970-76，優美なプレキャスト・コンクリートのフレームをもつ)，ロンドンのブロードゲート開発の一部(1983)がある．ほかにもサフォーク，ロング・メルフォードのモダニスト・ロング・ウォール・ハウス(1962-64)を設計した．

ドーソン，マシュー・ジェームズ Dawson, Matthew James (1875-1943)

イギリスの建築家．ロンドンのハムステッド・ガーデン・サバーブ(1909-14)の住宅を手がけた．ハムステッド・ウェイ87-9番の住宅にみるように，ヴァナキュラーをテーマにさまざまな設計を行った．

ドーター dorter, dortour
とりわけ修道院の寝室，宿坊，宿舎．

戸棚 cupboard
⇨カップボード

ドッグ・イアー dog-ear
アクロテリオンの古語．

ドッグ・ケネル dog-kennel ⇨シアン・シ

ドッグ・トゥース dog-tooth

1. ピラミッド形の装飾がカヴェット刳形（くりかた）に隙間なく連続して配置されたもの．そのピラミッド形は，葉のような形が四つ，ピラミッドの頂点から放射状に配置さているとも表現できるし，あるいはいい方をかえれば，頂点に向かうかたちでV字形の切れ込みが入れられたピラミッドに似た形状ということもできる．ファースト・ポインテッド式のゴシックに特徴的な要素であり，様式化された葉模様によって豊かに装飾されたものもみられる．

2. 角の部分が壁面から突きだすように，斜めに積まれた煉瓦．同様の煉瓦が横に連続することで，一続きの，あるいはコーニスの一部として，ノコギリ状の帯を形成する（⇨コギング）．

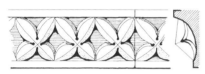

リンカン大聖堂にみられる13世紀の第1尖頭式のドッグ・トゥースの例．

ドッグホイール dog-wheel
　内部に入れた犬の歩行によって回転する踏み車のこと．台所の回転動力機として用いられた．

ドッグ・レッグ dog-leg　⇨階段

突堤　jetty, jettie, jutty
　港を守るために陸地から海へと建設され，桟橋として機能する構造物．

ドッティ，カルロ・フランチェスコ Dotti, Carlo Francesco (1670-1759)
　コモに生まれ，ボローニャに移住し，その地で主導的なバロック建築家となった．最も名高い作品は劇的なロケーションにあるボローニャ近郊のマドンナ・ディ・サン・ルカ巡礼聖堂 (1723-57) で，ドームを頂く大きな楕円形平面の教会堂と，アルコ・デル・メロンチェッロ (1722) である．

トッド，フレデリック・G Todd, Frederick G. (1876-1948)
　アメリカのランドスケープ・アーキテクト．オルムステッドのもとでそのキャリアを開始し，カナダで開業して，モントリオール周辺で公園やガーデン・サバーブのシステムを設計した．レジャイナのサスカチュワン州議会ビルの敷地 (1906) やオタワ周辺のパーク・システム (1903)，ケベック州モントリオールのモン・ロワイヤル地区 (1910-11頃，ガーデン・シティである)，ヴァンクーヴァーのグレー岬地区 (1907)，ウィニペグのタキシード・パーク地区 (1906-08) やその他多くについて配置計画を行った．都市美化運動に関わり，1902年よりオタワ改良委員会に雇われ，カナダで初めての常駐の専門のランドスケープ・アーキテクトおよび都市計画コンサルタントとなった．

トップライト skylight
　⇨天窓

トッリジャーニ，ピエトロ・ディ・トッリジャーノ Torrigiani, Pietro di Torrigiano d'Antonio (1472-1528)
　イタリアの彫刻家．1510年，リッチモンドおよびダービーの女伯爵であるマーガレット (1443-1509) (Margaret, Countess of Richmond and Derby, ヘンリー7世 (King Henry VII, 在位1485-1509) の母親) の墓の制作のために，イングランドにて作業に従事．また1512年には契約をとり交わし，ウェストミンスター・アビーにあるレディー・チャペル内に，国王と王妃エリザベス・オブ・ヨーク (Elizabeth of York, 1465-1503) の墓碑モニュメントの制作を請け負ったが，これは1518年に完成している．イングランド滞在中，他にもさまざまな仕事をこなしたが，その多くは肖像彫刻であった．彼が重要であるのは，手がけた作品が，イングランドで制作され実現した最初の成熟したルネサンスのデザインであったという点である．

ドディントン，ジョン Dodington, John (1412-27活躍)
　イングランドの石工．ケンブリッジのキング

ズ・ホール（現トリニティ・カレッジ）の多く
の新築建物に携わり，キングズ・ホステルとし
て知られるグレート・コートの裏側で北に伸び
る建物群（1417-22）などを建てた．1427 年に
は，カレッジの南口となる新たなゲート・タワ
ー（門塔）（1432 完成）の建設を開始した．こ
れは「エドワード王の門」と呼ばれ，隅にター
レット（小塔）をもつケンブリッジのカレッジ
のゲート・タワーの原型となったが，のちに取
り壊され（1600），礼拝堂の西にあるグレー
ト・コートの北側に再建された．

トート，フリッツ　Todt, Fritz (1891-1942)

ドイツの技術者．ナチス体制下の 1933 年に
アウトバーン（自動車専用高速道路）を担当す
る道路建設総監になり，ザイファーをランドス
ケープ建築家に指名した．その高速道路の高架
橋は少なからずサブライム（崇高）の美学に関
わる構造物となったが，そのいくつかはボナッ
ツのデザインだった．1938 年には帝国におけ
るすべての水路，発電所，軍事施設，その他各
種の建設活動，建設物を統括する立場となり，
1940 年に帝国軍備・軍需大臣に就任するまで
に大きな影響力をもつに至っていた．航空機事
故で死亡したのち，アルベルト・シュペーアが
後継者となった．

ドナルドソン，トーマス・レヴァートン
Donaldson, Thomas Leverton (1795-1885)

ロンドン生まれの建築家でユニヴァーシティ
ー・カレッジ・ロンドンの最初の建築学の教授
（1842-65）．作品にユニヴァーシティー・カ
レッジ・ロンドンの上品な古典主義の図書館
（1848-49），ロンドンのブロンプトンの退屈な
ゴシック様式のホーリー・トリニティ教会堂
（1826-29）がある．教師として重要な人物であ
り，『建築の格言と定理（*Architecutral
Maxims and Theorems*)』（1847），『造幣学
（*Architectura numismatica*)』（1859）の著者．
1830 年に刊行されたスチュアートとレヴェッ
トの『アテネの古代遺物（*Antiquities of
Athens*)』，『建築出版協会の辞書（*Dictionary
of the Architectural Publication Society*)』
（1853-92）に文章を寄せた．彼はイギリス建築
家協会の設立者の一人であった．

ドノン，男爵ドミニク・ヴィヴァン　Denon,
Baron Dominique Vivant (1747-1825)

フランスの碩学として知られ，古代エジプト
の建造物および建築を研究し，現代エジプト学
の誕生を告げるエジプト科学芸術委員会のリー
ダーとして，ナポレオンのエジプト遠征
（1798）に同行した．1802 年には著書『ボナパ
ルト将軍遠征における上下エジプト紀行』
（*Voyage dans la Basse et la Haute Égypte
pendant les Campagnes du général Bonaparte*)
を上梓している．本書は古代エジプト建築の精
確な情報源として非常な衝撃をもって迎えら
れ，当初，正しくは「エジプトマニア」と形容
されて新古典主義に大きな影響を与えた 19 世
紀エジプト・リヴァイヴァル（古代エジプト復
興様式）の引き金となった．ドノンはフランス
博物館局長を務め，ナポレオン美術館（現ルー
ヴル美術館）の運営責任者でもあった．また，
エジプト・リヴァイヴァルの頂点の 1 つである
セーヴル・セルヴィス・エジプシアン（古代エ
ジプトのテーマやモチーフで豪華に装飾された
セーヴル焼のディナーセット）のデザインおよ
び制作を監修し，帝政様式やペルシエ＆フォン
テーヌの作品に大きな影響を与えた．

扉板　leaf
⇨リーフ（1）

ドーブ（漆喰）　daub

泥，粘土など裏板の上に載せられるもの．⇨
ワトル・アンド・ドーブ

ドブソン，ジョン　Dobson, John (1787-1865)

19 世紀前半に北西イングランドで活躍し，
最も才能にあふれ多くの作品を残した建築家，
技術者，監督官．最もすぐれた作品は抑制され
た新古典主義様式で設計された．建設業者リ
チャード・グレインジャー（Richard Grainger,
1797-1861）とともに，ニューカースル・アポ
ン・タインのグレイ・ストリート，マーケッ
ト・ストリート，グレインジャー・ストリート
によって囲まれた地域の開発を手がけた（1835
頃-37）．これはウィリアム 4 世（King William
IV, 在位 1830-37）治世下のイングランドにお
ける都市開発で最も名高いものの 1 つである．
もっともエルドン・スクエアは 1960 年代後半
に壊されてしまった．彼の設計によるニューカ
ースル中央駅（1847-50）の平面は穏やかに曲

線を描き，グリーク・リヴァイヴァル建築に鉄とガラスの駅舎の屋根を混ぜあわせたものである．ジェスモンド・オールド・セメタリーの入り口（1836）は，当時のヨーロッパ大陸の建築と同様，簡素で厳格である．彼の手によるカントリー・ハウスで最もすぐれたものは，ノーサンバランドにあるナニーカーク・ホール（1825）とメルドン・パーク（1832）である．彼はベルセイ・カースル（1807-17）の設計でマンクに助言を与えた．

ドブレ，フランソワ Debret, François
(1777-1850)
　フランスの建築家．ペルシエの弟子で，彼自身，オスマンによるパリ改造に関わった多くの建築家の重要な教師となった．彼は，熱心さのあまり歴史的建造物の修復において時に物議を醸すこともあった．長年にわたってサン・ドニ聖堂に従事したが，1839 年に西正面の劇的な改修を始め，考古学的には支持できない細部を北塔につけ加えた．1846 年に塔が崩壊し始め，ドブレは解任され，彼をアカデミックな古典主義を信奉する反動主義者とみなしていたゴシック・リヴァイヴァルの支持者たちを喜ばせる結果となった．当時巻き起こった論争は，とくにゴーとバリュによるパリのサント・クロチルド聖堂（1846-57）建設とともにフランスにおける学術的なゴシック・リヴァイヴァルの起因となった．

ド・ブロス，サロモン de Brosse, Salomon
(1571 頃-1626)
　⇨ブロス，サロモン・ド

ド・ボト，ジャン de Bodt, Jean (1670-1745)
　⇨ボト，ジャン・ド

ドーマー dormer
　勾配屋根上に垂直に出っ張った骨組構造物で，それ自体に屋根（勾配あるいは水平），側壁（ドーマー・チーク）をつけ，正面には窓を設ける．母屋の屋根に対して屋根が直角になるときは，窓の上には小さなゲーブルもしくはペディメントを掲げることが多いが，キャットスライド屋根の場合は水平屋根になる．建物の壁面から軒上に直接立ち上がるルーカーンと混同してはいけない．

トーマス卿，アルフレッド・ブラムウェル
Thomas, Sir Alfred Brumwell (1868-1948)
　イングランドの建築家．1894 年に実務を始め，1896 年に新しいベルファスト・シティ・ホールの設計競技に勝利した．これは後期ヴィクトリア朝，エドワード朝で最も巨大なバロック・リヴァイヴァルないしレン風ルネサンスの作品である．内装，とくに巨大な階段室は外部と同じように雄大なもので，巨大なドームおよび隅の塔はともに，ロンドンのレンのセント・ポール大聖堂にならって建てられた．建物は 1906 年に開場し，トーマスは同年に爵位を与えられた．この快挙に続き，ほかの設計競技でも勝利した．チェシャーのストックポート・タウン・ホール（1903-08）はボザールの影響が明らかであるが，レンの様式が完全に消えたわけではなかった．ほかのタウン・ホールもすべて十分な力量，自信，市民の誇りを示すものであった．プラムステッド（現ウリッジ）タウン・ホール（1899-1908，華麗なバロック様式で，中空きの断片的なペディメント，非対称の塔，荘重で長大なエントランス・ホールをもつ），ロンドンのデプフォード，ルイシャム・ウェイの図書館（1911-14，これもバロック様式），エセックス州クラクトン＝オン＝シーのタウン・ホール（1931，ネオ・ジョージアン様式だが中央にペディメントつきの大きなポルティコ（屋根つき玄関）がある）といった作品がある．

トーマス，ウィリアム Thomas, William
(1799-1860)
　イングランドの建築家．1831 年からウォリックシャーのレミントン・スパで実務を始め，ランスダウン・クレセントおよびサーカス（1835-38）を含む数多くの邸宅，住宅を建てた．また，すべてレミントン・スパにあるもので，ウォリック・ストリートのバプテスト聖堂（1833-34），ヴィクトリア・テラス，パンプ・ルーム，浴場（1837）も設計した．レミントン・バンクの倒産後 1837 年に彼は破産した．1843 年に著書『記念碑，および煙突のデザイン（*Designs for Monuments and Chimney Pieces*)』を出版し，同年カナダに移住した．そこで建築実務で成功し，30 ほどの教会堂，数多くのタウン・ホール，監獄その他の公共建築とともに膨大な数のマンション，邸宅を設計

した．これらはすべてオンタリオ州の主要都市にある．作品には，トロントのコマーシャル・バンク（1844-45），オンタリオ州ロンドンのセント・ポール英国国教会大聖堂（1844-46），オンタリオ州ナイアガラの地方裁判所，タウン・ホールとマーケット（1846-48），トロントのセント・ミカエル・ローマ・カトリック大聖堂（1845-48），オンタリオ州クイーンストンの端正なブロック・モニュメント（1853-56，巨大なコンポジット式柱が高い基壇の上に乗っている）がある．息子のサイラス・ポール・トーマス（Cyrus Paul Thomas, 1833-1911），ウィリアム・トゥーティン・トーマス（William Tutin Thomas, 1829-92）も建築家だった．後者はモントリオールのドミニオン・スクエアにゴシック様式のセント・ジョージ教会堂（1870），モントリオールのドラモント・ストリートに豪華なイタリア風のマウント・スティーヴン・レジデンス（1881-84）を設計した．

トマス・オヴ・カンタベリー，トマス（カンタベリーの） Canterbury, Thomas of（1323-35活躍）

　1323年にウェストミンスター宮殿とロンドン塔で，ウォルター・オブ・カンタベリー（Walter of Canterbury）のもとではたらいた石工棟梁．1326年頃，ロンドンのギルドホールで新しい礼拝堂の建設を続行しており，1331年には，第2尖頭式ゴシックの典型とされる，ウェストミンスター宮殿，セント・スティーヴンズ礼拝堂の上階礼拝堂の工事を監督する石工棟梁であった．また，ウェストミンスター・アビーのジョン・エルサム（John of Eltham）の墓（1334頃）で責任ある役割を果たし，カンタベリーでは，セント・オーガスティンズ・アビーのゲートハウス（1308頃），大聖堂の内陣周囲のパルクローズ（フランス語．もともとは障壁の上下の貫の意）障壁（1304-20頃），大司教メファム（1333没）の墓，セント・アンセルムズ礼拝堂の大窓（1336）を含むいくつかの作品に中心的にかかわった．

トーマス，ジョン Thomas, John（1813-62）

　イングランドの石工，彫刻家，建築家．ピュージンのデザインしたバーミンガムのエドワード6世グラマー・スクールの彫刻装飾を手がけた．のちにバリーが彼をウェストミンスター宮殿の石彫の指導監督者に任命した（北および南面の彫刻の多くはトーマスの手による）．サフォーク州のサマリントン・ホール（1844着工）をジャコビアン・リヴァイヴァル様式で建設業者で起業家のサミュエル・モートン・ピート准男爵（Sir Samuel Morton Peto, Bt）（1851年の大博覧会の保証人の1人）のために設計した．また，ケント州のアリスフォードのプレストン・ホール（1850年着工，より嫌みのあるジャコビアン様式）をピートの共同事業者エドワード・ラッド・ベッツ（Edward Ladd Betts, 1815-72）のために設計した．アルバート王太子の庇護を受け，トーマスはバルモラル・ハウスおよびオズボーン・ハウスの彫刻を手がけた．また，バークシャーのウィンザーの謁見の間，モデル酪農場，自家用農場を担当した．1862年の大博覧会の際，中心に置かれたマヨリカ式噴水のデザインをした．

トマ・ド・コルモン Cormont, Thomas de（1228没）

　フランスの石工棟梁．アミアン大聖堂の建設工事でリュザルシュを助けた．1223年にリュザルシュの後任建築家となって，外陣の工事を身廊ヴォールト起拱点の高さまで監督した．息子のルニョー（Regnault）またはレノー（Reynaud）が1228年にアミアンで彼の後任となり，ヴォールトを完成させ，そしておそらく内陣，聖母祭室，北側トランセプトとそのバラ窓の工事を行った．また南側トランセプトの工事を開始し1296年に完成させた．

ドーマント dorman, dormant
　1．木造における大きな水平材あるいは大梁．
　2．小梁を支える主要な梁．
　3．ドーマー窓．

ドーミカル・ヴォールト domical vault
　⇨ヴォールト

ドミトリー dormitory
　1．ベッドを備えた大寝室（あるいは宿坊），または，そのような個室群．
　2．大学の寄宿寮．

ドミトリー・サバーブ dormitory-suburb

郊外住宅地のことで,住民のほとんどが別の場所に働きに行く.ドミトリー・タウンも同義だが,より大規模なものを指す.

ドーム dome

クーポラ.本質的には,ヴォールト架構の一種.円形,楕円形,あるいは多角形の平面をもち,たまねぎ形や弓形,半円形,あるいは尖頭形の垂直断面を有する.ドームの平面と合致する平面をもった下部構造の上部に,建設することが可能である.下部構造の壁面が円形ないし楕円形にめぐらされている場合,それはロトンダに備えられているような,(しばしば窓によって穴のうがたれた)ドラムである.ドームは,矩形ないし長方形プランの建造物あるいは区画の覆いとなる場合が多く,したがって矩形から,クーポラないしドームの円形,楕円形,あるいは多角形のベースへの移行の調節が必要となる.この問題を解決する手段としては,ペンデンティヴ(凹形の断片のような,ほとんど三角形のスパンドレルのようにたわめられた,セイル・ヴォールト(a,c)の一部分(b)が,直角になったコンパートメントの上部の角から,ドラムあるいはクーポラの円形ないし楕円形の基部へと立ち上がる),あるいは(d)スクィンチ(矩形コンパートメントの角に架けられた,小さなアーチ,ないし半径を増大させながら連続する平行アーチ)がある.ドラムもクーポラもともに,全構造が立ち上がる矩形の側面と同じ寸法の直径をもつことになる.ドラムのタイプとしては,次のものがある.

傘: パラシュートと同義.

カロット: 垂直状に分節化された低いクーポラ,あるいはソーサー・ドームで,スカルキャップに似たもの.

クロイスター・ヴォールト: ドーム状ヴォールトと同義.

セイル・ドーム(a): 矩形コンパートメントの上で,はためいて膨らんだ帆に似た形状のドーム.下部構造の矩形の一辺ではなく,対角線と同じ寸法の直径を備え,あたかもペンデンティヴの上にあるかのように,しかしながら途切れることなく連続的な構造の立ち上がりを可能にする.ペンデンティヴは,本質的にセイル・ドームの部分であり,セイル・ヴォールトの一種でもある.

ドーム状ヴォールト: クロイスター・ヴォールトと同じ.真のドームではなく,垂直状に接して穹窿(きゅうりゅう)を形成し,なおかつ頂点に向かって伸び上がる,四つ以上(ベースの形に依存する)のセル,あるいはヴェブによって形成されるもの.

パラシュート: メロン,パンプキン,あるいは傘型ドームと同じ.波状になった環状のベース上に立ち上がったドームで,個々の扇形平面のウェブによって形成されており,穹稜あるいはリブへと結合する.それぞれのウェブは,

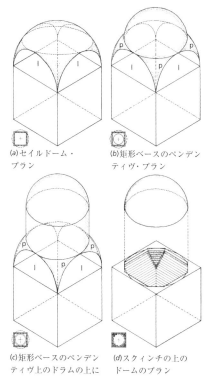

(a) セイルドーム・プラン

(b) 矩形ベースのペンデンティヴ・プラン

(c) 矩形ベースのペンデンティヴ上のドラムの上に架けられたドームのプラン

(d) スクィンチの上のドームのプラン

ドーム (a) セイルドーム・プラン.l=半月壁.(b) 矩形ベースのペンデンティヴ上のドームのプラン.l=半月壁,p=ペンデンティヴ.(c) 矩形ベースのペンデンティヴ上のドラムの上に架けられたドームのプラン.l=半月壁,p=ペンデンティヴ.(d) スクィンチの上のドームのプラン.

トムス

内側はへこみ，外側は膨らむので，したがって傘というよりはパラシュートに似ている．

パンテオン：　低いドームで，外側はローマにあるパンテオンのごとく階段状となることが多く，内側には格間天井が設けられる．新古典主義の建築家たちによって広く模倣された．

パンプキン：　パラシュートと同義．

メロン：　パラシュートと同義．

ドムス　domus
ローマ時代の富裕家族の単一住宅．⇨ローマ建築（古代），アトリウム

ドムス・アウレア　Golden House
ローマのエスクィリヌスの丘の上にセウェルス（1世紀中頃）の設計に則ってネロ帝が建築したドムス・アウレア〔ラテン語で「黄金の家」の意〕．風景豊かな庭園を伴う大規模宮殿であり，さまざまな幾何学形態の広間をもつ複雑な平面は注目に値する．それらの多くにはヴォールトが架けられ，豪勢に装飾されていた．

トムスン，アレクサンダー・「グリーク」
Thomson, Alexander 'Greek' (1817-75)
スコットランドの新古典主義の建築家で当時最も偉大な建築家．力強くかつ独創性のあるデザイナーで，いくつかの作品はシンケルに類似する．生涯のほとんどをグラスゴーで過ごし，そこで仕事をした．はじめはジョン・ベアードのもとではたらき（1836頃-49），その後自分の事務所を別のジョン・ベアード（John Baird, 1816-93，トムスンの義理兄弟）と共同経営で開設した（トムスンとベアードはそれぞれロンドンの建築家ミケランジェロ・ニコルソンの娘ジェーン（Jane, 1825-99），ジェシー（Jessie, 1827-66）と結婚した）．この共同経営は1857年までで，その後1857～71年は弟のジョージ・トムスン（George Thomson, 1819-78）と，最終的に1873-75年はロバート・ターンブル（Robert Turnbull, 1839-1905）と共同経営し，事務所はA.&G.トムスン＆ターンブルと呼ばれた．

「グリーク（ギリシア人）」・トムスンとして知られるのは，彼がしばしば建物にグリーク・リヴァイヴァルを使ったからである．しかし，彼の作品は折衷的かつ独創的で，エジプト，ペ

ルシャ，果てはインドの建築らしきものなどさまざまなものを引用し，それらを途方もない気迫と確かな技法で一つにまとめた．

ベアードとトムスンはグラスゴー郊外およびクライド川河口に数多くの邸宅を建てた．いくつかはかすかにゴシック風で，そのほかには半円アーチ様式の影響がみられる．しかし1857年までにトムスンは洗練されかつ単純化されたギリシアに発想を得た建築言語を編み出し，その後，彼はこれと関わっていった．傑出した住宅の中でダブル・ヴィラ（ラングサイドのマンションハウス・ロード25および25a番地，ブラッキーの『邸宅および住宅建築（*Villa and Cottage Architecture*）』（1868）に描かれており，同一のセミ・デタッチド・ハウスで反対の方向に面している．非対称型となっており，勾配の緩い屋根，石の方立てから絶妙に奥まったところにガラスがはめられている），カスカートのホルムウッド（1857-58，これもブラッキーの本に掲載された豪華な邸宅で，古典的かつピクチャレスクな作品．円形の張り出し窓が，独創的な柱で構成されたペリスタイル式平面に特徴を与えている．内部の豪華な彩色装飾および家具も建築家である彼がデザインした），ポロックシールズのニスデール・ロード200番地のエリスランド（1871，1階建ての左右対称の邸宅でギリシア・エジプトの細部意匠をもつ）がある．

彼はいくつかのテラスハウスも設計した．ストラスバンゴのモーリー・プレイス（1857-61）は疑いなく彼のこの種の建物の中で最良のものであり，ほぼ間違いなくあらゆる場所のギリシアに発想を得たテラス・ハウス群の中で最も傑出したものである．これは左右対称のデザインで端部にペディメントがついた張り出しがあり，角柱のジャイアント・オーダーで特徴づけられている．その間に長いファサードがあるが，2階部分の窓は規則正しく並べられた四角形の方立ての後ろに配置されている．これは，シンケルが1818-21年に建てたベルリンのシャウシュピールハウス（劇場）で使ったのと同じ手法である．建物の形はクレンツェの1850年代のミュンヘンのルーメスハレ（名声のホール），巨大なヘレニズム様式のペルガモンの祭壇（前180年頃，現在はベルリンのペルガモン博物館にある）を思い起こさせる．その他のトムスンのテラスハウスでは，グレート・ウェス

タン・テラス（1867-77），ハミルトン・ドライブのノースパーク・テラス（1866）があり，後者の最上階は四角の方立てがあしらわれている．これはベルリンのシャウシュピールハウス，そしてさらに遡ればアテネのトラシュラス合唱記念碑（前319）を引用したものである．また，角柱の長い列は古代エジプトのエレファンタインの神殿，デル・エル・バハリ神殿にみられるものである．厳格な円柱と楣のペイズリー・ロードのヴァルマー・クレセント（1857）は共同住宅ブロックで，これもシンケルのシャウシュピールハウスのモチーフを使っている．全体の構成は矩形の張り出し窓とともに，厳格な規律のもとに扱われている．エリントン・ストリートのクイーンズ・パーク・テラス（1856-60，現存せず）はグラスゴーで後に続く共同住宅の重要な先例となった．

トムスンの三つの統合長老派の教会堂，すなわちカレドニア・ロード（1856，大部分は火災で焼失），セント・ヴィンセント・ストリート（1859），クイーンズ・パーク（1869，第二次世界大戦中に破壊された）の教会堂は，当時，最も独創性のある創作物だった．クイーンズ・パークの教会堂はエジプト起源の要素をもち，中空のストゥーパのような頂部構成物でまとめている．カレドニア・ストリートの教会堂では，再びシャウシュピールハウスのような矩形の方立てを使ったクリアストーリーの層が使われた．しかしセント・ヴィンセント・ストリートの教会堂ではエジプトの塔門（パイロン）形式で，背の高いがっしりとした基壇の上に高度なイオニア式のポルティコが乗り，奇妙に創意に富んだ塔がついている．この塔には新古典主義の頭像が向き合ってT字形のくぼみの中に配されている．また，くぼみはH型の立面を持ったステージの上に据えられている．これらは，一種の暗喩として，おそらく，ソロモン神殿との結びつきを示そうとしている．基壇の配置はレーゲンスブルク近くのクレンツェによるヴァルハラ（1830-42）を思い起こさせる．この建物は，トムスンの華麗だが実現しなかったロンドンのサウス・ケンジントン・ミュージアムの計画（1864）にも影響を与えたものと思われる．さらに，クレンツェはサイクロプ式（あるいはペラスジック式）および半同形石積みをいくつかの作品で使っているが，トムスンもそれをカレドニア・ストリートの教会堂で使っ

た．おそらく，象徴的な目的で使ったのだろう（たとえば教会堂が岩の上に建てられているような）．セント・ヴィンセント教会堂の内部では鋳鉄の柱が基壇のホールから立ち上がり，2階席とクリアストーリーを支えている．また，創意に富んだ柱頭は尖った鳥の鉤爪の形，アカンサスと星がついており，何か異国的なもの，東洋的なもの，おそらくはソロモン神殿を暗示している．

トムスンがデザインした商業建築の中で重要な二つの事例がある．ソーキーホール・ストリートのグレシアン・チェンバーズ（1865-68，ずんぐりしたエジプト風の柱で最上階および屋根裏階は漠然とトラシュラス記念碑から引用したもの），ユニオン・ストリートのエジプシャン・ホールズ（1871-73，大変複雑なファサードをもつ．ギリシア・エジプトの要素を変形，展開したもの，ルネサンスの軒蛇腹を思わせるものが崇高に構成された全体の頂部を縁取る計画となっている）である．

1874年，トムスンはグラスゴーで一連の講演を行った．その中で彼は柱楣構造はアーチ形式よりもすぐれていると主張し，ラスキンの不寛容な主張を酷評した．建築家はギリシアの先例に続くべきだといっているのであり，彼らの作品を模倣するのではないと主張した．そして，「心を空間へ解き放ち，無限の思索世界へと向かわせる不可思議な水平要素の力」を賞賛した（この点に関してはジョン・マーティン（John Martin, 1789-1854）の絵画・銅板画に影響を受けたようである）．彼は初期にはいくつかの作品でアーチを使っていたが，のちにアーチによる建設を拒絶し，ギリシアの楣を使った建て方の方が，本質的に不安定なアーチよりも現代的な建築にふさわしいと主張した．多くのグリーク・リヴァイヴァリストと異なり，彼はその様式の奴隷となることはなかった．また，ラスキンとその門下と異なり，建築というものは「最も高貴な形においては，自然界の何ものとも類似することもない」，そして，建築とは「人間に特有かつ人間に限られた仕事」だと主張し続けた．グラスゴー大学の仕事が設計競技なしにスコット（父）に行ったとき，トムスンはゴシック・リヴァイヴァルとその主唱者の虚勢をあざ笑った．彼の見方は現在でも読んでおもしろい．講演の内容から，トムスンは幅広い知識を持ち，あらゆる時代の建築様式および建

築原理を理解していたことが窺われる．とくに，自らの建築においても大変重要なトラシュラス記念碑の分析を行った．彼は旅行はしておらず，地理的には狭い範囲で建築を行ったが，国際的な名声を得るにふさわしい建築家であったことは確かである．

ドーム・ポット dome-pot

土製の花瓶，樽，壺で，底の部分が別なものの頭の部分に合うようになったものを積み上げ，コンクリート・ヴォールト構造の曲線リブとして用いたものがある（たとえば，ラヴェンナのサン・ヴィターレ）．⇨アコースティック・ヴェース

止め stop

⇨ストップ（3）

ドメスティック・リヴァイヴァル Domestic Revival

ピクチャレスクやゴシック・リヴァイヴァルへの熱狂に由来する派生であり，本来，イギリス特有の建造物にみられる形態や細部や材料を用いたイギリス国内の建築様式を意味した．急勾配の瓦屋根，ドーマー，木構造，竪子や無目の付いた小ガラス窓（しばしばステンドグラスを伴う），装飾タイル壁，背の高い煙突（曲線や刳形の煉瓦でできたチューダー式が多い），注意深く練られた非対称構成を特徴とする．オールド・イングリッシュ・スタイルとも呼ぶ．

トメ，ナルシソ Tomé, Narciso (1694 頃 -1742)

スペインの建築家，彫刻家．父と兄弟たちとともにバリャドリッド大学の豪華な正面装飾に携わる（18 世紀初頭）．「大理石のフリカッセ」と称される彼の最高傑作は，トレド大聖堂内陣主祭室の「トランスパレンテ」（1721-32）であり，収められた聖体が周歩廊から見えるように，そしてまた主祭室内部において祭壇の背面にあるカマリンにも光が入るように，側面がガラスでできた容器が用いられていることからその名［透明の意］がついた．トメは，周歩廊側のガラス容器の周囲に，きわめてけばけばしいバロック装飾を造りこみ，さらにその部分を照らすために，ゴシック様式の周歩廊のヴォールトのリブとリブの間の石組みをとり除いて，上

部に一種のドーマーを設置した．

ドメニク，ギュンター Domenig, Günther (1934-2012)

オーストリアの建築家で，歴史主義の伝統に反抗し，コンテクストに拠らない個人主義的な建物を推進したグラーツ派の指導者．ウィーンのファヴォリーテン通りにあるツェントラルシュパーカッセ（中央貯金局）地方本部（1974-79）では，折りたたまれてしわになったような正面を設計した．彼の個人主義はより若いオーストリアの建築家に影響を与えた．シュタインドルフのストーン・ハウス（2002）は大きな注目を集めた．

ドメネク・イ・ムンタネール，リュイス Domènech i Montaner, Lluís (1849-1923)

⇨ドゥメナク・イ・ムンタネー，リュイス

トモン，トマ＝ジャン・ド Thomon, Thomas-Jean de (1754-1813)

スイス生まれの新古典主義の建築家．パリでルドゥーのもとで学び，イタリアではパエストゥムの古代ギリシア・ドリス式神殿がトモンの感性に大きな衝撃を与えた．1799 年にロシアに移住し，1802 年にはサンクトペテルブルクで皇帝アレクサンドル 1 世（Tsar Alexander I）の宮廷建築家に就任，大劇場（1802-05，取壊し）などいくつかの建物を設計した．トモンの傑作「ブルス」（証券取引所，1801-16）は，力強い新古典主義の円筒ヴォールトのホールが，周翼式のフルート（溝）のない古代ギリシア・ドリス式の列柱でとり巻かれている．これはルドゥーのショーの想像上の都市の中の証券取引所や手形割引銀行のデザインにほかならない．厳格で飾り気のない処理や，各要素の明瞭な表現，巨大なルスティカ仕上げの迫石によるアーチに嵌めこまれた巨大なディオクレティアヌス式窓や，手摺や腰壁をめぐらした基壇は，当時世界的にみても最先端の新古典主義の試みであり，ブレのデザインとの類似性も認められる．他の建物としては，サンクトペテルブルクにあるサルニ堤防の倉庫群（1804-05），パヴロフスクの皇帝パーヴェル 1 世（Tsar Paul I，在位 1796-1801）のためのドリス式廟堂（1805-08），ポルタヴァの戦勝記念柱（1805-11）がある．著書に『サンクトペテ

ルブルクとロシア帝国のさまざまな地方に建設された主要なモニュメントの平面図・立面図集成（*Recueil de plans et façades des principaux monuments construits à Saint-Pétersbourg et dans les différentes provinces de l'Empire de Russie*）』（1809）があり，また絵画論も出版した．彼の水彩画にはピラネージの影響が濃い．

トライアンギュレーション　triangulation
1．一つ，あるいは複数の面に，三角形を形づくるように配置された柱や連結材によって構成される，頑丈で安定した構造．
2．三角形の基準線をつなぎ合わせることによって，土地を測量する方法．

ドライ・エリア　dry area
1．建物の基礎壁（地下部分）と土の間に設ける空堀．地下空間へ水の侵入を防ぎ，光や空気をとり入れることを目的とする．
2．擁壁と基礎壁の間に設けられた空間で，建物内に湿気が流入しないように排水と通風の機能を備える．

トライパルタイト　tripartite
⇨ヴォールト

トラヴァース　traverse
1．進入を妨げる衝立や柵．あるいは，ある二つの地点を，人目を避けて通ることを可能にするもの．
2．トランサム，あるいはアーキトレーヴや扉枠に用いられる水平材．
3．たとえばホールを横断するような，二つの部分を結びつけるためのアーケード，あるいはロフト．衝立などで仕切られることが多い．

トラヴァーチン　Travertine
黄土色か琥珀色，あるいはクリーム色をした石灰岩（大理石とも呼ばれる）．さまざまな大きさをした孔が開いており，暗色の斑点が不規則に散らばっている．ローマ近郊のテヴェレの谷で産出され，古代より舗装や被覆材に用いられてきた．

ドラヴィダ建築　Dravidian architecture
インド南部ドラヴィダ族の建築．

トラヴェ　trave, travis
1．梁に直交する材．
2．天井において，桁によって形成される仕切り，あるいはベイ．
3．クワイアにある聖職者席の間仕切り．

トラカイト　trachyte
サニディン長石を主要成分とする火山岩．

トラケリオン，トラケリウム　trachelion, trachelium
ギリシアのドリス式オーダーの頸部で，柱身上部にあるヒュポトラケリオンの溝と，エキヌスの下にあるアニュレットとの間に位置する部分．

ドラゴン・タイ　dragon-tie
1．梁と敷桁を斜め方向につなぐ木材．
2．寄棟屋根の隅部において直交する敷桁を斜めにつなぐ木材で，ドラゴン・ピースの一端を受ける．ドラゴン・ピースのもう一端は隅部敷桁が支える．

ドラゴン・ピース，ドラッギング・ピース　dragon-piece, dragging-piece
隅部より対角線方向に架けられる短い水平材（ドラゴン・ビームよりも短いものを指す）で，二つの壁が接合する隅部と隅木を下支えするドラゴン・タイをつなぐ．

ドラゴン・ビーム　dragon-beam
木構造において，上層隅部の2本の水平材を補強，あるいは，寄棟屋根の隅木を支えるために斜め方向に架けられる横材のこと．

ドラゴン・ブラケット　dragon-bracket
突出した隅部を支え，隅柱から135°方向へ設置される持送りのこと．彫刻的あるいは曲線によって成形されることが多い．

ドラゴン様式　Dragon style
スカンジナヴィアのヴァイキング美術に影響を受けた装飾様式で，19世紀後半のノルウェーにおいて再興された．モチーフの中には，セルティック・リヴァイヴァル，アール・ヌーヴォーに共通するものがある．

トーラス torus (*pl.* tori)

半円形の断面図をもった，凸状の分厚い突起物．たとえばアッティカ式柱礎における，スコティアの上下に観察される．戦勝記念柱の柱礎のように，比較的大きなトーラスの場合，ベイリーフの花輪で飾られることが多い．

トラス truss

1. 木材で空間を架け渡す堅固な構造的架構のことで，コモン・ラフター（垂木）と，屋根葺材の荷重を負担する母屋（パーリン）などの桁行方向の材を支えるため，それぞれの端部は一定の間隔（しばしばベイと定義される）で支持材に固定される．三角形（トライアンギュレーション）を形成することにより安定性を確保し，屋根が広がることを防いでいる．

トラスには次の種類がある．

アイル架構： 木骨架構において，完全なアイル（側廊）構造はタイ・ビーム（繋ぎ梁）の上方に置かれる．

オープン・トラス： 部材の隙間が埋められていない架構（たとえば，2ベイのホールで，桁行方向の中央において一つのトラスがオープン架構となって構造体を支え，両側のトラスはクローズド架構となるなど）．

カット架構： トラスの先端が，カラー・ビーム（繋ぎ小梁）の上部で水平に切られたもの．

カップル・ラフター小屋組： 垂木（コモン・ラフター）屋根であるが，カラー（繋ぎ小梁）によって繋がれたもの．

カーブ・プリンシパル架構： クラウン・ストラットの両側で，タイ・ビーム（繋ぎ梁）からカラー（繋ぎ小梁）まで伸びる二つの曲がったカーブ・プリンシパルによるもの．

疑似ハンマー・ビーム架構： ハンマー・ポストは用いないが，ハンマー・ビームのように，梁間方向のブレースによって合掌（プリンシパル），またはカラー（繋ぎ小梁）を支えるもの．

キング・ポスト・トラス： 棟木を支えるために，タイ・ビーム（繋ぎ梁），またはカラー（繋ぎ小梁）の上に置かれ，頂部までのびる直立した小屋束（ポスト）〔棟木の直下に設けられた束を「キング・ポスト」といい，邦語では「真束」という〕によるトラス．

クイーン・ポスト・トラス： タイ・ビーム（繋ぎ梁）の上に置かれ，プレートまたは母屋（パーリン）を支える一組の鉛直材によるトラス〔このように対になった束を「クイーン・ポスト」といい，邦語では「対束」という〕．

クラック架構： タイ・ビーム（繋ぎ梁），カラー（繋ぎ小梁），サドル，ヨーク，スパーといった横架材とともに用いられる一組のクラック・ブレード．

クレードル（揺りかご）架構： 垂木（コモン・ラフター）の脚部からのびるタイ（繋ぎ梁）が，かなりの高い位置で反対の垂木（コモン・ラフター）に繋がれる構造．または，同様の構造で，タイ（繋ぎ梁）のかわりにカラー・ビーム（繋ぎ小梁），もしくはブレースが用いられたもの．その結果，上下を逆にすれば揺りかごのような多角形断面の一部のような形態となるので，クレードル（揺りかご）架構と呼ばれる．

クローズド架構： 部屋の間や妻面などにおいて，それぞれの部材の隙間が埋められた架構．

コンパス小屋組，またはコンパス・ヘッド小屋組： それぞれのトラスにおいて，ブレース，垂木（コモン・ラフター），カラー・ビーム（繋ぎ小梁）を組み合わせてアーチを形づくり，結果的に屋根構造の下で半円筒形をつくり出すもの．

シザー・トラス（鋏型トラス）： 互いに交差し，固定された2本のブレースによる架構で，これにより一組の垂木を結合する架構．

シングル・フレーム小屋組： 主要なトラスなしで構成される．それぞれの垂木が敷桁（ウォール・プレート）と棟木に固定されるか，横架材が完全に省略される．そのため，小屋組は屋根の頂部で結合された垂木（コモン・ラフター）のみからなる．

スペア架構： ホールの下座端部に置かれ，ホールとクロス・パッセージ，またはエントリー・パッセージ，スクリーン・パッセージを分割する．

ダブル・アーチ・ブレース架構： 迫元からカラー（繋ぎ小梁）の中間で接合されるまで，アーチ・ブレースが二重となり，連続した二つの曲線を形づくるもの．

ダブル・ハンマー・ビーム架構： ハンマー・ビーム・トラスであるが，上方のハンマー・ビームは上方のハンマー・ポストを支える

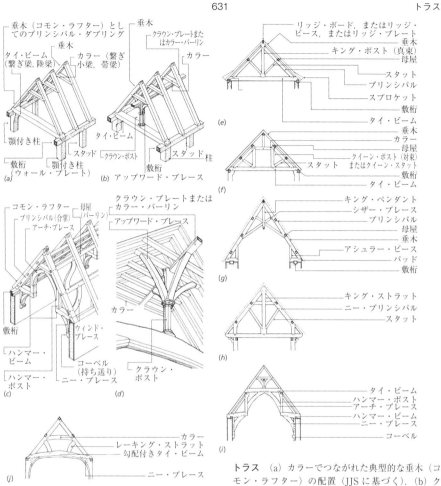

トラス (a) カラーでつながれた典型的な垂木（コモン・ラフター）の配置（JJS に基づく）．(b) クラウン・ポスト・トラス小屋組（JJS にもとづく）．(c) ハンマー・ビーム小屋組（JJS にもとづく）．(d) クラウン・ポスト構造の詳細（RAM, ABDM, CBA）．(e) キング・ポストトラス小屋組（JJS に基づく）．(f) クイーン・ポストトラス小屋組（RAM, ABDM, CBA）．(g) キング・ペンダントをもつシザー・ブレース・トラス．(h) ニー・プリンシパルとキング・ストラットをもつトラス（RAM, ABDM, CBA）．(i) トゥルー（真）・ハンマー・ビーム・トラス（RAM, ABDM, CBA）．(j) プリンシパル・ラフター・トラス（合掌トラス）の形式（多くの派生形がある）（RAM, ABDM, CBA）．(k) 疑似ハンマー・ビーム・トラス（RAM, ABDM, CBA）．

もの（例：センツ・ピーター＆ポール聖堂（ナプトン，ノーフォーク））.

ダブル・フレーム小屋組：　母屋（パーリン）など，コモン・ラフター（垂木）を支える横架材を合掌（プリンシパル，またはプリンシパル・ラフター）がさらに支持しているもの：合掌（プリンシパル・ラフター）は屋根を桁行方向でベイに分割する.

垂木（コモン・ラフター）架構：　対になった垂木（コモン・ラフター）で構成される小屋組の種類. 垂木がカラー（繋ぎ小梁）またはタイ・ビーム（繋ぎ梁）で繋がれた場合，それらの架構は，加えた材を強調するため，カップル・ラフター屋根またはトラス・ラフター屋根と呼ばれる.

中間架構，または2次架構：　主要なトラス（ベイと定義される）の間の比較的軽微なトラスで，地面から立ち上がる主要構造というよりは，主要なトラスの間に架けられた水平のプレート（桁）で支えられるもの.

ハンマー・ビーム架構：　梁間方向において，中間部をとり除かれたタイ・ビーム（繋ぎ梁）のように，ブレースによって化粧小屋組を形成するハンマー・ポストと上方のブレースを支えるもの.

プリンシパル・ラフター小屋組：　垂木（コモン・ラフター）がプレート（桁）と母屋（パーリン）で支えられる構造形式で，母屋（パーリン）は合掌（プリンシパル・ラフター）にのり，トラスを形づくる.

ベルファスト架構，または弓架構：　最上部の円弧状部材と，コード（弦），ストリング，タイ（繋ぎ梁）（しばしばわずかに上反りとなる）といった下方の横架材を，傾いた格子状の複数の材（ラチス）でつないだ架構で，15mまでのスパンに用いられる.

ポスト・アンド・ラフター架構：　ニー・ブレース，またはスリング・ブレースによって補強された合掌（プリンシパル・ラフター）とウォール・ポストによる架構のことで，タイ・ビーム（繋ぎ梁）をもたない.

ボックス・フレーム架構：　ボックス・フレーム構造では，建物の鉛直方向全体が完全に直交する軸組で構成される.

2．コンソール（渦形持ち送り），コーベル（持ち送り），モディリオン（持ち送り）など，壁の表面から突き出した部材.

トラセンナ　transenna
1．ローマ時代の大梁.
2．横木（トランサム）.
3．初期キリスト教時代において，廟を囲むために用いられた，大理石あるいは金属製の格子.

トラップ・ドア　trap-door
床や屋根，天井，あるいは劇場の舞台において，これらと同一平面に平らに設けられた，スライド式あるいは蝶番式の扉.

トラーナ　torana
ストゥーパ構内へと結びつけられた，インドの装飾性豊かな門.

ドラフォス，ジャン＝シャルル　Delafosse, Jean-Charles（1734-91）
フランスの建築家. ルイ16世様式の創造者の1人. 著書『イコノロジー（*Iconologie*）』でグリーク・キー（ギリシア雷文），ガーランド（花綱）やその他の古典主義的装飾を生みだした. その他にも5種のオーダーに関する論考を出版し，パリのフォブール・ポワソニエール街58-60番地の2棟の邸館（1776-83）を設計した.

ドラフト　draft, draught
角石の面に沿って均一につけられたノミ幅の抜きしろ，あるいは，ボーダーともいう.

トラフルーフ　trough-roof
鉢を逆さまにしたかのような形状の天井. ストリートらが使用した用法. トラフ・ヴォールトとも呼ばれる.

ドラペリー　drapery
古典装飾において，ブクラニウムなどの彫刻から花のかわりに布を下げた飾り綱.

ドラペリー・パネル　drapery panel
襞（ひだ）装飾に同じ.

ドラム　drum
1．柱身の一部をなす円筒形の部分.

2. 円形もしくは多角形平面の上に立ち上げられる壁体で，通常はその上にクーポラやドームが載る．しばしば窓が開けられる．

3. コンポジットもしくはコリント式柱頭の葉飾り基部．

トラメッロ，アレッシオ　Tramello, Alessio (1470 以前-1528 頃)

イタリア・ルネサンスの建築家．ピアチェンツァとその周辺でおもに活動し，ブラマンテの建築に強く影響された．ピアチェンツァではサン・シスト聖堂（1499-1514，身廊は，アルベルティによるマントヴァのサンタンドレア聖堂と似ており，格間が施された円筒ヴォールト天井で覆われている）や，サン・セポルクロ聖堂（1513 以降，身廊では正方形のベイと長方形のベイとが交互に並ぶ）を設計した．集中式平面をもつピアチェンツァのマドンナ・ディ・カンパーニャ聖堂（1522-26）の設計も担当した．この聖堂のギリシア十字形平面は，明らかにブラマンテの作品に由来する．ジョヴァンニ・フランチェスコ・ザッカーニ（Giovanni Francesco Zaccagni, 1491-1543）によって設計されたパルマのステッカータ聖堂（1521 着工）の建設にも関与した．

トラヤヌスの記念柱　Trajanic column

1 本の独立した大きな円柱による記念碑．トスカナ式オーダーを基本としており，巨大オーダーとも呼ばれる．円柱内にはらせん階段が設けられ，柱身外部では帯状の浅浮彫りが渦を巻くように並んでいる．そして，大きな台座と柱頭の頂上の記念像とを備えている．その名はローマにある古代のトラヤヌス帝（Emperor Trajan, 在位 98-117）の円柱（112 頃-13）に由来する．⇨アントニヌス式円柱，凱旋柱

トラルヴァ，ディオゴ・デ　Torralva, Diogo de（1500 頃-66）

ポルトガルの建築家．スペイン系とも考えられる．アルーダの義理の息子であるが，マヌエリーノから離れ，サンタレン県トマールのクリスト女子修道院の立派な回廊（1554-64）にみられるようにイタリア・ルネサンスの手法を用いるようになった．同作品の徹底して分節されたファサードの処理において，ブラマンテ，パッラーディオ，セルリオの影響が明らかであ

る．彼はまたおそらくリスボン近郊ベレンのジェロニモス修道院教会堂内陣を設計した（1571-72 建設）．そのほかにもトラルヴァに帰される作品がいくつかある．

トランサム　transom(e)

1. 横木，あるいは梁．

2. 窓を枠取る水平要素．垂直式の時代に多用され，またエリザベス朝建築やジャコビアン建築の分節化されたトレーサリーに見出されることも多い．マリオン（縦仕切り）およびトランサム（横木）による格子によって枠どられることで，窓の開口部は分割され，小窓が形成される．

3. 戸の出入口部分に用いられる水平材．枠組みの一部を構成し，その上部にはファンライトが設けられる．

トランスパレンテ　Trasparente
⇨トメ，ナルシソ

トランセプト　transept

1. 建築の主軸に対して直角に交差して置かれる，巨大な仕切り．初期キリスト教建築のバシリカでは，礼拝を行うアプシスの西側に，大きく高く構造物として設けられた．たとえば 4 世紀のコンスタンティヌスによるローマのサン・ピエトロ大聖堂のように，時には身廊と側廊をその壁によって塞ぐほどに高くなることもあった．

2. 十字架状の平面をもつ聖堂において，トランセプトは身廊と同じ断面を有することが多く，側廊をもたないか，あるいは 1，2 本の側廊を備える場合がある（これはクロスアイルと呼ばれる）．トランセプトの東の側廊は，再分割されてチャペルが設けられることも少なくない．トランセプトが交差部の両側へ枝分かれする部分は，クロッシングタワー（リンカン大聖堂など）や尖塔（フランスの大聖堂に多い），あるいは頂塔（イリー大聖堂など）によって，特徴づけられる場合が多い．クワイアは東側へと続くが，通常これは，パルピタムあるいは内陣衝立によって，交差部のちょうど東端で分断される．中世の比較的大きな大聖堂（たとえばリンカン大聖堂）では，時として身廊の西端や（実際にはナルテクスの形式をとる），交差部の東側の，内陣や内陣廊の両側に，副次的なトラ

トランセフ

ンセプトが設けられることがある．なお，その場合は，元来は東のチャペルがあったのであろう．

トランセプトアイル transept-aisle
トランセプトの東側か西側，あるいは両側に設けられた通路．

トランセプトチャペル transept-chapel
トランセプトの東側に設けられた礼拝堂．トランセプトアイルに設置されることが多いが，しかし時には，アプシスを張り出させるアレンジが加えられることもある（たとえばリンカン大聖堂）．

トランバウアー，ホレス Trumbauer, Horace (1868-1938)
アメリカの建築家．1890年から実務を行い，（ペンシルバニア州グレンサイドのハリソン邸（1892-93）をはじめ，フィラデルフィアやニューヨーク，ワシントンにて）数多くの住宅を設計した．ボザールのルネサンス・リヴァイヴァルに熟練した建築家であり，時に学究的アプローチでゴシックを取り扱うこともできた．最もすぐれた作品はノース・カロライナ州ダラムのデューク大学の二つのメイン・キャンパスやペンシルバニア州のフィラデルフィア無料貸出図書館（1917-27）である．トランバウアーのほぼすべての建物が，堅実に先例にもとづいて，巧みにつくられている．

トランペットアーチ trumpet-arch
⇨アーチ

ドリー dolly
1. 杭の頭に付ける短い木もしくは金属のことで，杭と槌の緩衝材．
2. 槌が届かなくなる場合に，杭を継ぎ足すように用いられるものがある．

鳥居 torii
聖域の入口に設けられた，日本の木造の門構え．2本の円柱が垂直に立ち上がり，これに2本の梁が交差する．上方の梁は，通常，湾曲している（湾曲部の一番低い部分が，中心に来る）．

鳥居　典型的な鳥居

ドリオピック Dryopic
古代ギリシア部族の一つ．エウボイアにある先史時代の円柱構造物などから，最初期の定住者とされる．

トリクリニウム triclinium
ローマ時代の住宅における食堂．

トリグリフ，トリグリュフォス triglyph
ドリス式のフリーズにおいて，メトープの両側に設けられた，垂直状のブロックの一つで，おそらくは木造の梁の小口を暗示するもの．トリグリフの表面には，2本のＶ字型断面の溝が垂直に彫られており，これはグリフと呼ばれる．トリグリフの両端は，ハーフ・グリフで面取りされるので，したがって合計で三つのグリフとなるわけである．ドリス式オーダーのいくつかのバリエーションでは，ハーフ・グリフは刻まれないため，各々のブロックはディグリフと呼ばれる．

トリケトラ triquetra
円弧あるいは葉型を三つ組み合わせた装飾で，本質的に三角形をしているもの．

トリコンチ triconch
たとえば，三つのアプシスが設けられているかのような，三葉形をした平面．

トリサンチア trisantia, *also* transyte, tresantia, tresauns, tressaunte
チャプター・ハウスとトランセプトの間，あるいはホールの衝立の後ろに設けられた，ヴェスティビュル，あるいは狭い通路．

ドリス式オーダー Doric Order

ギリシア様式とローマ様式の明確な区別があ
る建築の古典的オーダーであり，そのフリーズ
においてはトリグリュフォス（トリグリフ）が
木材の梁の端を表し，またグッタエは構造上の
太柄にあたり，木材の梁にはさまれた間はメト
ープとして示されるように，おそらく前6世紀
より前に木造の原型から発展したとされるが，
決してこの解釈が絶対的な真実とされているわ
けではない．古代エジプトの，とくに岩を切り
出した墓であるベニハサンの円柱（前 1900 頃）
と，デル・エル・バハリにおけるハトシェプス
ト女王神殿の 16 面柱（前 1479 頃- 前 1458 頃）
もまた，ドリス式円柱の原型と考えられてき
た．ギリシアのドリス式オーダーを構成する柱
身は柱礎がなく（通常はアリスによって分けら
れたフルーティングが刻まれるが，デロスのア
ポロ神殿（前 325 頃- 前 300）のように，フル
ーティングがない場合もある）．スタイロベー
トから直接建ち上がり，エンタシスと呼ばれる
外側へのわずかな膨らみ（パエストゥムの神殿
（前 565 頃-前 450 頃）に使用されたオーダーで
は大変際立っている）をつけ底部から先端へ先
細りとなり（遞減），トラケリオン（柱身を廻
る水平の条溝（ヒュポトラケリオン）とアニュ
レットの間にある柱身部分）で終わる．柱頭
は，柱身およびフルーティングを受け止める三
つから五つのアニュレット（環状平縁）があ
り，その上に無装飾の四角いアバクスを載せる
クッションのようなエキヌス（多くはパエス
トゥム神殿でかなり強調される）が置かれる．
エンタブラチュアは高さがオーダー全体の約
1/4 で，平らなアーキトレーヴ（リンテル
〔楣〕）にフリーズを載せ，頂部にコーニスを掲
げる構成である．アーキトレーヴの直ぐ上には
平坦なバンドまたはタイニア〔タエニア，水平
帯状の刳形（くりかた）〕があり，その下には
幅の狭いバンド（レーグラ）が上方のトリグ
リュフォスに則して並び，それらの下に六つの
グッタエまたは円錐状の露玉が垂れ下がる．タ
イニア上方のフリーズは，トリグリュフォス
（平らな縦長の厚板で，垂直なV字形のグリュ
フォス（溝彫）を2本と両端に半分のグリュ
フォスを刻み，頂部を平坦な帯状張出しとす
る）と，トリグリュフォスから後退し多くは浮
彫装飾（早期にはテラコッタのパネルに描い
た）を施したほぼ正方形のメトープが交互に繰
り返される．トリグリュフォスは一般に，古代

ギリシア建築における円柱の中心線の上および
柱間の中心線上に配置される（それぞれの円柱
の中心線の間には一つのトリグリュフォスのみ
が配置される）が，ヘレニズム期の建築では柱
間がさらに広くなるために，二つかそれ以上の
トリグリュフォスが載った．しかし，例外的
に，アテネのプロピュライア（前5世紀）に
は，中央の柱間に二つのトリグリュフォスが
あった．ギリシア・ドリス式においては，例外
なくトリグリュフォスがフリーズの末端，すな
わち建物の角に置かれる．円柱をトリグリュ
フォスの中心線上に配置すると，端部では柱が
不自然に張り出してしまうため，柱を内側に収
めると中心線の原則が角部では崩れ，結果とし
て端の円柱とそのすぐ隣の円柱の間隔が狭くな
る．フリーズの上にはコーニスが配置され，ソ
フィットには傾斜したムトゥルスがトリグリュ
フォスの上部およびメトープの中心線上に突き
出す．したがって，軒下はムトゥルス下面には
グッタエ，ムトゥルスのないソフィットの角部
には（場合によって）アンテミオンなどの装飾
がつけられるのみである．ギリシアのドリス式
オーダーの範例は，アテネのパルテノン神殿
（前 447-前 438）とされているが，その型が確
立されたのはアイギナのアファイア神殿（前
495 頃）においてである．

ローマ・ドリス式には，当初から柱礎があっ
たらしいが，柱身はもっと細身で，エンタブラ
チュアは（ラティウムのコラ〔現在のコーリ〕
の前柱式で四柱式の神殿（前1世紀）のよう
に）オーダーの 1/8 の高ささかなく，少々弱々
しい印象を与える．古代皇帝のもとでドリス式
は実際には使用されなくなり，いわゆるロー
マ・ドリス式オーダーとは，正確にはトリグ
リュフォスや他の装飾を付加したトスカナ式
オーダーの変種である．このいわゆるドリス式
は，ルネサンス期に体系化され使用され，柱
礎，ギリシア・ドリス式よりも細身の柱身（フ
ルートは有無の両方がある），柱頭からなり，柱
頭は，アポヒュシスによって柱身につながる
アストラガル（時には連球文で装飾される）
と，フリーズのようなヒュポトラケリオン（多
くは装飾つき），エキヌス（時には卵鏃（らん
ぞく）文により装飾），頂部にモールディング
を載せた正方形のアバクスからなる．アーキト
レーヴは平らな場合もあるが，普通はモール
ディングで分けられた2層のファスキアがつ

トリスシキ

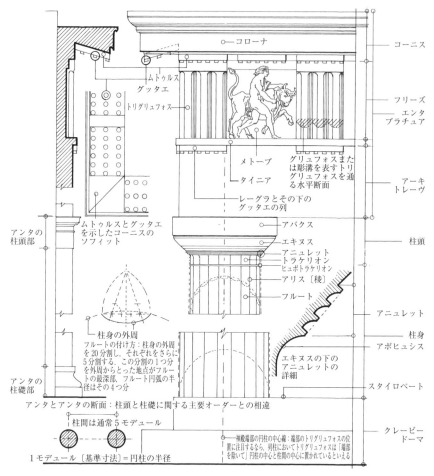

ドリス式オーダー
アテネの「テセウス」の神殿による前5世紀ギリシア・ドリス式オーダー（ノルマンによる）．

き，フリーズにあるトリグリュフォスは角部に寄せられることはないため，円柱の中心線を外れることがない．代わりに端部が半メトープとなるのは，ウィトルウィウスがおそらくヘレニズムの理論家から学んで提案した解決法である．したがって，ローマのドリス式円柱は端部であろうと常に等間隔に置かれる．柱間は二つ以上のトリグリュフォスが並ぶほど広くなるが，例外もあり，ホークスムアによるヨークシャーのカースル・ハワードのマウソレウム (1729-36) では，建築に厳粛さを求め，柱間を意図的に狭めている．メトープの多くはヘレニズム様式の典型，とくに小アジアに由来するブクラニウムや他の模様によって装飾された．ムトゥルスは通常トリグリュフォスの上にのみ置かれるから，ソフィットにはさまざまな装飾を付加できる．またムトゥルスはわずかに傾斜し，コーニス下にわずかに（普通はグッタエのみ）張り出す．ムトゥルスが強調されたヴィニョーラのオーダーは，水平のムトゥルスが張

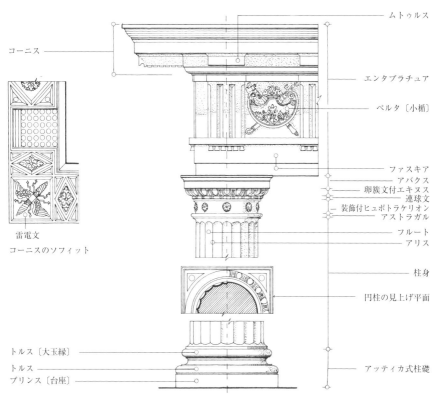

ドリス式オーダー
ヴィニョーラによるローマ・ドリス式オーダーの「ムトゥルス」(ノルマンによる).

り出し, 菱形文と雷電文の装飾を付けた, かなり立体的なソフィットである. スカモッツィもヴィニョーラもデンティルを敷刳形 (くりかた) のように扱うが, 明らかにこれは, デンティルに似たフレット装飾帯をもつローマのディオクレティアヌスの浴場 (306) の古代様式のオーダーに由来する.

トリスタイル　tristyle
⇨コロネード

ドーリック・リヴァイヴァル　Doric Revival
1570年頃まではギリシア・ドリス式・オーダーはほとんど知られておらず, パエストゥムのギリシア神殿がヴィンケルマンや18世紀の建築家によって重要視され, 議論を巻き起こした時でさえ, パッラーディオ的な流儀に慣れた人びとには不格好で, ぎこちなく, 醜いものとされた. 初源に遡る古代的な主題が追求されるようになって, ようやくドリス式は評価されるようになり, 新古典主義やグリーク・リヴァイヴァルにおいて力強い表現要素となった.

ドリッピング・イーヴ　dripping eaves
雨樋をもたない軒. 壁面より突き出し, 雨水はそのまま地面に落ちる.

ドリップ　drip
1. 雨水が壁体にかからないように放出する突出部. 下端に溝もしくは水切りを付ける.
2. 開口上に設けられる雨よけ石. ヘッド・

モールド，フード・モールド，レーベル，ウェザー・モールディング．

ドリップ・キャップ　drip-cap
開口上に設けられる水平の刳形，ヘッド・モールディング，レーベル．雨水を両端から落とし，開口への流入を避ける．

ドリップ・コース，ドリップストーン・コース　drip-course, dripstone-course
壁上につけられる水平連続なドリップ・モールディング．

ドリップ・ジョイント　drip-joint
防水機能をもたせるように，屋根上などに葺かれる金属板の接合部．

ドリップストーン　dripstone
とりわけゴシック建築の外部に付けられる雨よけのモールディングもしくは石．凸型につくられるが，壁との接点には深い溝もしくは水切りがつけられる．建物内部の意匠についていう場合は，レーベルもしくはフード・モールドという名称のほうが好ましい．

ドリップ・チャンネル　drip-channel
雨よけ石の下端につけられる水切り．

ドリップ・モールド，ドリップ・モールディング　drip-mould, drip-moulding
雨よけの機能をもつ刳形もしくは庇．

トリノ万博（1902）　Turin 1902 Exhibition
イタリア・トリノで開催された，アーツ・アンド・クラフツの重要な国際万博．これを通じて，イタリアではアール・ヌーヴォーが（スティーレ・リバティとの名称で）絶賛された．ライモンド・ダロンコによるメインの建物は，アール・ヌーヴォーの傑作であり，ウィーンの分離派から影響を受けたものであった．

トリビューン　tribune
1．バシリカのアプシスの部分．
2．バシリカ建築における説教壇，高くなった演壇，あるいは座席．
3．とくにアプシスが設けられている場合の，聖堂の東の部分．

4．パルピタム，あるいは説教台．したがって広く考えたならば，説教壇も該当する．
5．聖堂のギャラリー．座席が設けられていることが多い．

トリフォリウム，トリフォリウム・ギャラリー　triforium, triforium-gallery
ロマネスク様式およびゴシック様式の，比較的大きな聖堂における，独自のアーケードを伴った側廊の上階部分．身廊のアーケードの上方，かつクリアストーリーの下方に位置した，身廊内部の立面における重要な要素である．カンタベリー大聖堂の報告書の中でジェルヴァーズ（12世紀末に活動）は，「トリフォリウム」を，クリアストーリー・ギャラリー，あるいは上階にある通路か何かを表すのに用いている．しかしカンタベリー大聖堂の該当箇所は，二つないし四つの開口部を備えたものであり，したがってここでの使用は，「三つの開口部」を意図しているわけではなかろう．ゆえにこの概念を，身廊から視認できるトリフォリウム・ギャラリーを備えたアーケードに対して用いることは，不適切であるように思われる．可能な限り正確に定義するなれば，該当するアーケードとは，トリフォリウム・アーケード，あるいはトリフォリウム・ギャラリーに対して開いたアーケードということになろう．

トリプティック　triptych
「隣接して設置される三つのコンパートメントに収められた，絵画あるいは彫刻．両脇に配されたものは，副次的であることが多い」ものの，主題の上では互いに結びついており，「蝶番によって，中央のコンパートメントの上に，重ねるように折りたたまる」．中世末期の祭壇で使用されることが多い．ドイツ（良質の彫刻あるいは絵画の祭壇が現存する）では，多翼式祭壇と呼ばれる．扉を閉じた時にみえる部分（すなわち翼扉の裏側）には，グリザイユ画が描かれることが多い．

ドリフト　drift
アーチ，ヴォールトの推力もしくは外側に向かう力．控壁によって押し返される．

トリマー　trimmer
床に開口部を設ける際に，根太の端に取り付

けられ，根太と根太の間にわたされる，短い木材．トリマー・ジョイストとも呼ばれる．

トリム　trim
　1．開口部，あるいは何かしらの建築要素の周辺に設けられた枠．
　2．額縁のようなものを備えつけること．
　3．調整すること．
　4．建築の仕上げに用いられた，化粧材木．

トリリトン　trilith, trilithon
　2本の垂直に立てられた巨大な石が，その上部に水平に載せられた1本の石を楣として支える，先史時代の構造物．

トリロバーテ　trilobate
　三弁形の，トレフォイル．

トルサード　torsade
　ねじれた形状の綱形刳形．

ドルー，サー・トーマス　Drew, Sir Thomas (1838-1910)
　アイルランドの建築家．ベルファストに生まれ，1854年からランヨンのもとで働き，1875年ダブリンに事務所を設立した．作家そして蒐集家として（アイルランド古物蒐集家協会の会長），また，力強く堂々たるゴシック様式で有名である．最も評価を受けた作品はベルファストのセント・アン・アングリカン大聖堂の身廊（1898年から）で，重厚なロマネスク・リヴァイヴァルによる．ダウン，コナー，ドロモア管区の建築家として，ダウンのクロスガーにある見事なキルモア礼拝堂（1866-68），ベルファストのオルモー・ロードにあるセント・ジュード礼拝堂（1869-75），ダウンのダンドラムにあるセント・ドナルド礼拝堂（1886）など，多くの礼拝堂を手がけた．ダブリンのセント・パトリック大聖堂では大規模な修復にかかわった（1899-1904）．

ドルー，（デイム）ジェーン（ジョイス）・ベヴァリー　Drew, (Dame) Jane (Joyce) Beverley (1911-96)
　イギリスのモダニスト建築家．1940年女性所員だけの建築事務所を設立．のちにE・マクスウェル・フライ（1942年から夫）とともに

ロンドンにフライ・ドルー＆パートナーズ（1945）を起ち上げる．1951年にラズダンが加わった．事務所は，西アフリカまで仕事を広げ，ナイジェリア，ゴールド・コースト，シエラレオネ，ガンビアに教育施設を設計し，ロンドンの建築協会による熱帯建築学校の創設に強く貢献した．1950年代からフライとともにインドの新しいパンジャブ州都チャンディーガルの計画にかかわり，ル・コルビュジエ（ドルーは熱心に協力した）とピエール・ジャンヌレに協力した．ル・コルビュジエはオリジナルのマスター・プランをやり直し，ドルーは大学，ヘルス・センター，集合住宅，商業エリア，学校などの設計にかかわった．そのほか，イラン，セイロン，ガーナの建物に加え，ハーロウ（エセックス），ウェルウィン，ハットフィールド（ともにハートフォードシャー）における集合住宅を1960年代に設計し，当時多くの賞賛を受けた．バッキンガムシャーのミルトン・キーンズにオープン・ユニヴァーシティの建物（1969-77）の設計にあたった．MARSグループの一員で，『子どものための建築入門（*Architecture for Children*）』（1944），『台所計画（*Kitchen Planning*）』（1945）に加えて，フライと共著で熱帯建築に関する著作を出版した．

トルス　torus　(*pl.* tori)
　⇨トーラス

トルソ　torso
　ねじれ柱の柱身．

ドール，チャールズ・フィッツロイ　Doll, Charles Fitzroy (1850-1929)
　イングランドの建築家．ドイツおよびマシュー・ディグビー・ワイヤット卿の事務所で教育を受ける．ワイヤット卿の事務所では，ロンドンのホワイトホールのインディア・オフィス（1866-68）のドローイングを手がけた．1855年ロンドンのブルームスベリーのベッドフォード・エステートおよびコヴェント・ガーデンのサーヴェイヤーに任命された．また，ホテル・ラッセル（1898）を設計した．これはフランソワ1世様式の豪華な作品で，パリのマドリッド城（1528-1785）をもとにしており，ミルクティー色のテラコッタで覆われている．インペ

リアル・ホテルはこの数年後に建てられた．この作品をペヴスナーは「忌むべきアール・ヌーヴォーのゴシック様式とアール・ヌーヴォーのチューダー様式の混成」と評したのだが，これに，「バイエルン風尖塔」を加えてもよかったかもしれない．インペリアル・ホテルは 1960年代に取り壊されたが，ホテル・ラッセルとともにラッセル・スクエアに建っていた．建て替えられたものは平凡な建築である．ドールはフランドルのフランス風ゴシック様式でみごとに細部がデザインされたトリントン・プレイスの店舗および上階に住宅のあるテラスハウスも設計した．息子の C・C・T・ドール（C. C. T. Doll, 1880-1955）が仕事を引き継ぎ，クレタ島のクノッソス，ミノス王の宮殿の大階段の再建にも部分的にかかわった．

ドルツマン，アドリアーン　Dortsman, Adriaan *or* Adriaen (1625-82)

オランダの建築家，工兵（軍事技師）．フリシンゲンで生まれ，1665 年からアムステルダムで活躍，ニーウェ・ルーテルセ・ケルク（新ルター派聖堂）（1668-71）を設計した．これはドームを頂いたロトンダであり，全周の半分ほどが周歩廊で囲われている．彼はアムステルダムとナールデンの防禦施設の構築を監督し，アムステルダムのヘーレングラフトおよびケイザースグラフトのいくつかの住宅群を建築した（1665-72）．これらは洗練されて簡素で装飾のない様式で設計され，建築要素として力点が置かれているのは扉枠，バルコニーと頂部の要素だけである．

トルテカ建築　Toltec architecture
⇨アステカ建築

ドールトンウェア　Doultonware

高温加熱し気孔をなくし塩釉を施した磁器で，硬質の灰褐色の物質からなる（炻器）．その上に図柄を描くことで，部分的あるいは全体的に彩り豊かなものになる．ロンドン，ランベスのドールトン製品はジョン・ドールトン（John Doulton, 1793-1873）により創業，ヘンリー・ドールトン卿（Sir Henry Doulton, 1820-97）により改良され特許を得て，1871 年にスグラッフィートウェアとして出品された．さらにヘンリーはランベス・ファイアンス（釉薬のかかった色鮮やかな製品），ドールトン・インパスト（釉薬のかかった陶器で，色を厚塗りしたもの）を展開．両製品はパブや酒場などの華やかなファサードに用いられた．丈夫で洗浄も楽なため，ドールトンウェアは 19 世紀後半から 1914 年頃まで大流行した．

ドルベ，フランソワ　Orbay, François d' (1634-97)

パリ生まれの建築家．シャトー・ド・ヴァンセンヌ（1654-61）の事業でル・ヴォーを補佐し，ル・ヴォー没後にヴェルサイユ宮殿のエスカリエ・デザンバサドゥール（大使の階段）（1671-80，ペローによる 1667-68 年頃の設計案に由来するが現存しない），およびパリのコレージュ・デ・キャトル・ナシオン（1662-74，現在のアンスティテュ・ド・フランス（フランス学士院））の設計案を実行に移した．ヴェルサイユにおいてアルドゥアン＝マンサールの製図士となる．ヴェルサイユ宮殿の庭園側立面（1668 年着工），およびパリのルーヴル宮殿列柱廊（1667 年着工）を設計したというものもいる．これらの事業によってルイ 14 世治世下のフランス古典主義様式の発展に大きな役割を果たした．また，モンペリエのアルク・ド・トリオンフ・デュ・ペルー（ル・ペルー凱旋門）（1690）（ビュレの作品に大きく依拠している）を設計している．これはオーギュスタン＝シャルル・ダヴィレ（Augustin-Charles d'Aviler, 1653-1700）によって改変された形で建設された（1691-92）．モントーバン司教座聖堂（1691-1739，アルドゥアン＝マンサールによって改変を加えられた）も手がけている．

トールマン，ウィリアム　Talman, William (1650-1719)

イギリスのジェントルマンにして建築家．王政復古時代に名声を高め，1689 年に国王ウィリアム 3 世（King William III, 1689-1702）に仕える王室建築検査官となった．フランスとイタリアからの影響が明白な大規模なバロック様式のカントリー・ハウスを設計し，その立面にはピラスターの大オーダーとエンタブラチュアを好んで用いた．ダービーシャーのチャッツワース・ハウスでは，デヴォンシャーのウィリアム・キャベンディッシュ第 4 代伯爵（William Cavendish, 4th Earl of Devonshire）（のちに

(1694）初代公爵）のために，南面と東面を再構成（1687-96）したほか，リンカンシャーのスタンフォード近くのバーリー・ハウス内装のバロック様式化（1688 頃-90），サセックスのアップパーク（1690 頃，1990-93 修復），グロスターシャーのダイラム・パークの東面（1698-1704），ミドルセックスのハンプトン・コート宮の広間内装および庭園計画（1699-1702，彼はそこでレンの地位を脅かそうとした），ノーサンプトンシャーのドレートン・ハウス（1702）など，壮麗な邸宅建築に挑戦した．ドレートン・ハウスでは，建物を巧みに分節し堂々たる威風を付与した．ノーサンプトンシャーのイースト・ネストン（1695 頃-1702，一般にはすべてホークスムアによるとされる）の計画に，かなりの関与をしたと考えられる．1702 年に公職を解雇され，ヴァンブラとホークスムアが昇格したため愛顧を受けられなくなった．

トールマン，ジョン Talman, John (1677-1726)

イギリスの建築家，美術家．ウィリアム・トールマンの息子であり，その生涯の大半を建造物の記録のための旅行に費やした．イタリアへの長期旅行（1709）では，ウィリアム・ケントと同行し，鑑定家や美術愛好家との関係を進展させ，多くのドローイングを収集した．アルドリッチ・オックスフォード大学学部長を含むいく人かの重要人物に対してイタリア建築の形態を伝えていたようで，その意味ではイギリスの第 2 期パッラーディアン・リヴァイヴァルへの功績があったことになる（⇨パッラーディオ主義）．

ドルメン dolmen

先史時代の囲い（たいていは墓所）で，三つ以上の縦長巨石の上に水平な大石を載せて地面を覆う墳墓が多い．環状列石（クロムレック）としても知られる．

トレイル trail, trayle

水平に連なった，ブドウやブドウの葉，巻きひげ，柄などの連続紋様．ブドウのつる文，ヴィグネット，渦巻き文，ヴィネットとも呼ばれる．たとえば墓碑建築や内陣障壁といった，パーペンディキュラー（垂直式）の天蓋や衝立の装飾に多く見られる．その好例は，デヴォンの聖堂において観察される．本質的には後期ゴシックの形態であり，その後もヨーロッパ各地でくり返し使用された．

トレイル （上）サマセット，ウェルス大聖堂(15 世紀後半)，（下）オックスフォード，聖母聖堂(15 世紀末)（いずれもパーカーによる）

トレーサリー tracery

パネル，スクリーン，ヴォールト，窓などが別形の施された石造のバーやリブによってさまざまな形や大きさの部分に分割されたもので，中世にはフォーム・ピース，もしくはフォームと呼ばれた．複数開口のある初期ゴシックの窓にはバーがなかったが，主要開口（たいてい二つだった）直上には平坦な石造スパンドレルがあり，そこに四葉形，ラウンデル，あるいはその他の彫像がくりぬかれた．この形式のトレーサリーは第 1 尖頭式後期に属するもので，複数の開口からなる単純な透かし模様のような孔を開けた切石からなる薄いフラット・パネルで構成されたさまざまなプレートがある（図 a）．13 世紀初頭の実例になると，平らなプレートは放棄され，大きな開口が別形の施されたマリオンで分割されるようになるが，断面的には窓の上部で円形などの開口を設け，スパンドレルをさまざまな形や大きさの開口に分割するというやり方が続いていた．この形式の分割方式はバー・トレーサリーという術語で呼ばれ，ランスで最初に登場し，イングランドには 1240 年頃導入されたものであり，厳密な様式的意味を有するものとしてゴシック建築の装飾要素として最も重要なものの一つである．バー・トレーサリーが有する可能性は，大陸のゴシックにレ

ヨナン式（1230頃-1350頃）をつくり出させることになり，これはバラ窓において放射状に拡がる光線のようなモチーフがみられることからこのように呼ばれた．中期尖頭式の初期には単純なバー・トレーサリーの紋様によって幾何学形トレーサリーが産み出されたが，これは円形や葉型アーチなどで構成されるもので，主要な構成要素の隙間には三角形状の開口が設けられた．幾何学形トレーサリーのマリオンは一般に，湾曲したバーが立ち上がるポイントに柱頭を有している（図b）．13世紀末以降，幾何学形トレーサリーは交差トレーサリーとなるが，これはマリオンが（柱頭なしで）枝分かれし，窓上部の曲線から等距離になるように2本の同じ曲線を描いて1点で交わるというものである．交差トレーサリーのバーは同じ中心で異なる半径の同心円を描く（図c）．マリオンはこのようにY字の分岐点で連続的に曲線を描き（1300年頃には二つの開口からなる窓が多くみられることからY字形トレーサリーとも呼ばれる），窓の開口部の上端まで伸び上がるため，結果的に菱形の開口ができあがる．窓の開口部のバーと主アーチは，二つ，もしくは（通常）もっとたくさんの開口に分割され，それぞれが尖頭のランセット形アーチを形成する．交差トレーサリーにはカスプ（アーチ内側などに施される尖点装飾）やその他の装飾が付加されることが多く，それは1300年前後に一般的だった．14世紀に支配的となった第2尖頭式建築でみられる曲線形，流線形，または波形トレーサリーは（図d），交差トレーサリーの幾何学による基本配列にオジー形態が適用されたもので，そのため窓上部では精巧なネットのようなバーの構成がつくり出された．このタイプのトレーサリーはネットのようにみえることから網状トレーサリーと呼ばれ，とくに14世紀前半の作品に多くみられる（図e）．曲線形，あるいは流線形トレーサリーはさらに自由な発展を遂げ，オジー曲線を活用して，ダガー，あるいは炎のような形状の開口をつくり出したが，これはダガー，魚の浮き袋，ムーシェット（波形曲線モチーフ）などと呼ばれる．このようなデザインは15世紀を通じてヨーロッパでさらなる進化を遂げ，トレーサリーのバーによって縁取られる形状が炎のようであることからフランボワイヤンと呼ばれるようになった．14世紀末以降，イングランドでは垂直式，あるいは第3

尖頭式のトレーサリーが発達し，そこでは主要なマリオンが（しばしばトランサムとともに）直線的な鉛直部材として窓の主アーチの内輪にまで到達し，またいくつかのマリオンはそこから枝分かれして補助的なアーチを形成した．このシステムはパネル状の開口をつくり出すことになり，そのため，このトレーサリーは直線形トレーサリー，あるいはパネル・トレーサリーと呼ばれる．15世紀，あるいは16世紀初頭まで下ってくると，窓の上部はより平坦な四心アーチとなり，また，最大限広がった開口部（多くの場合バットレスとバットレスの間の壁全体に広がるようになる）は，ミニチュアの胸壁のようなクレノー（矢狭間）の施されたトランサムによってパネル状の光区画に分割され，また，それぞれのパネルの上部には四心アーチが設けられていた（図f）．これ以外のタイプのトレーサリーには次のようなものがある．

グリッド・トレーサリー：　マリオンとトランサムがグリッドをつくり出すもので，ゴシック末期あるいはルネサンス初期の窓で一般的なもの．エリザベス式，あるいはジャコビアン式の住宅で多くみられる．ダービーシャーのハードウィック・ホール（1590-96）など．

ケント式トレーサリー：　葉形装飾の間に矢尻形，あるいは割れ目つきカスプのあるもの（図g）．

スタンプ・トレーサリー，切り株形トレーサリー：　中央ヨーロッパでみられるゴシック末期のトレーサリーで，互いに密着して絡み合うバーの先端が切り株（スタンプ）のように切り落とされているもの．ベネディクト・リートが手がけたプラハのフラッチャニ城塞のヴラジスラフ・ホール（1487-1502）など．

ドロップ・トレーサリー：　マリオンによって支えられない垂れ下がったトレーサリーで，タバナクル（天蓋付き壁龕）や天蓋付きニッチなどで多くみられる．また，他にもオックスフォードの神学校の天井（ディヴィニティ・スクール，1483完成）や大聖堂（1478頃-1503）などでもみることができる．

ファン・トレーサリー（あるいはファンワーク）：　ヴォールトの下面の上にのるトレーサリーで，リブが扇状に広がっていくもの．イングランドの垂直式の発明で，ケンブリッジのキングズ・カレッジ・チャペル（王の参事会礼拝堂，1508-15）の天井で絶頂に達する．中世の

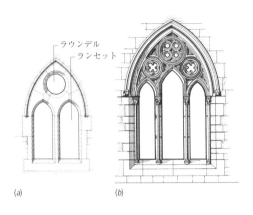
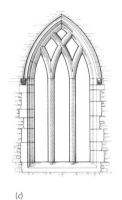

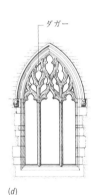

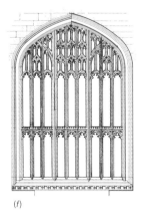

トレーサリー

(a) 第1尖頭式プレート・トレーサリー（聖ピーター教会，リンチミア，サセックス（1200頃）．

(b) 幾何学形バー・トレーサリー（南礼拝堂の西窓，聖マリー教会，ボイトン，ウィルトシャー（13世紀後半））．柱頭と際だった円形に注意．

(c) 交差バー・トレーサリー（聖ローレンス教会，ノースフィールド，バーミンガム，（1300頃））．

(d) フランボワイヤン（火炎式）曲線形バー・トレーサリー（聖マシュー教会，サルフォード・プライヤーズ，ワーウィックシャー（14世紀））．ダガーと呼ばれる炎のような形状の開口部（フランボワイヤンの名はこれに由来する）に注意．

(e) 網状流線形バー・トレーサリー（グレイフライヤーズ，リーディング，バークシャー（14世紀））．網目のような形態からこの名がついた．

(f) 垂直式あるいはパネル・トレーサリー（16世紀初期，キングスカレッジ礼拝堂，ケンブリッジ）．トランサムに架かるミニチュアの胸壁あるいはクレノー（矢狭間）に注意．また，低四心アーチへ真っ直ぐに立ち上がるマリオンに注意（いずれもパーカーによる）．

(g) ケント式トレーサリー．ケント式が付加されたカスプキャタフォイル（四葉飾り）（JJSによる）．

ファン・トレーサリーはイングランドだけで発生した.

ブランチ・トレーサリー，枝形トレーサリー： 交差トレーサリーから進化したもので，ピアや壁から柱頭なしでヴォールトまで伸び上がるリブを備える．大陸ではとくに中央ヨーロッパでみられ，プラハの聖ヴィート大聖堂のようにトレーサリーを木の枝に似せようとした流儀である.

トレジャリー　treasury
1. 高価な物品の保管された部屋，あるいは建物.
2. 公的な歳入を集め管理する国の機関が置かれた建物.

トレーシングハウス　tracing-house
中世の石工が，自身の意図に適った作用をもたらすように，トレーサリーや刳形などの細部を描いた作業場.

トレス　tresse
ギョーシュにも似た，織り交ぜ模様による装飾．トーラスの刳形に用いられることが多いが，しかし平らで水平な帯飾りや，あるいは側桁のコーニスに観察されることもある.

トレスク，サイモン・ド　Tresk, Simon de (1255 頃-91 頃活躍)
イングランドの石工頭．リンカン大聖堂のエンジェル・クワイアの建設を監督したことによって（1256-80），この時代の最も重要な設計者の一人とみなされるであろう.

ドレスド　dressed
壁に据えられる前に石に施される表面加工を表す．ドレスド・ストーンは化粧材.

ドレッサー，クリストファー　Dresser, Christopher (1834-1904)
グラスゴー生まれ．19 世紀，最も傑出した発明的な産業デザイナーの１人．著作に『美術および美術作品へ適用する植物学（Botany as Adapted to the Arts and Art Manufactures)』(1857-58)，『装飾デザイン（The Art of Decorative Design)』(1862)，『装飾デザインの原理（Principles of Decorative Design)』

(1872)，『日本：その建築，美術，および美術工芸（Japan, its Architecture, Art, and Art Manufactures)』(1882)『現代装飾（Modern Ornamentation)』(1886) がある．陰刻装飾，鋳鉄製品は広く複製された．彼がとくに影響を受けたのは，自然界，A・W・N・ピュージン，オーウェン・ジョーンズ，そして日本の美術工芸品である.

トレッツィーニ，またはトレッシーニ，トレツィーニ，ドメニコ　Trezzini, or Tressini, or Trezini, Domenico (1670-1734)
スイス・イタリアの建築家．ピョートル大帝（Tsar Peter the Great, 在位 1682-1725）によって，1703 年にコペンハーゲンからサンクト・ペテルブルク創設の地に招聘され，ロシアに定住した．そこで事務所を構え，夏の宮殿（1712-33)，要塞内のペトロ・パヴロフスキー大聖堂（1712-33)，そして巨大で開放的なギャラリーによって連結された一連の省庁舎（1722-41）を設計した．トレッツィーニの親戚であるピエトロ・アントーニオ（Pietro Antonio, 1726-51 活躍）は，サンクト・ペテルブルクの聖堂建築にクインクンクス式平面を導入した.

トレッドウェル，ヘンリー・ジョン　Treadwell, Henry John (1861-1910)
イングランドの建築家．レオナルド・マーティン（1869-1935）とともにロンドンで 1890 年から 1910 年まで実務を行った．おもにロンドンのウェスト・エンドで小規模で間口の狭い土地の開発に特化した仕事をした．彼らの作品は様式的にはアール・ヌーヴォー，バロック，大陸の後期ゴシック，その他さまざまな様式の折衷で，それらの様式をきわめて自由に扱った．彼らの傑作としては，ウッドストック・ストリート 23 番地，ダーリング・ストリート 7 番地，ハノーヴァー・ストリート 7 番地，ニュー・ボンド・ストリート 74 番地，コンデュイット・ストリート 20 番地，ウィグモア・ストリート 78 番地，ジャーミン・ストリート 106 番地，セント・ジェームズ・ストリート 61 番地（すべて 1900 年代初期）そしてシティのフェッター・レーン 78-81 番地がある．トッテナム・コート・ロード 46 番地のパブ，ライジング・サン（1904)，レスター・スクエアのリ

スル・ストリートのセント・ジョン病院 (1904)，バークシャーのウィンザーのザ・ホワイト・ハート，およびハーン・ヒルのセント・ジョン教会堂（1910）を設計した．

トレド，フアン・バウティスタ・デ Toledo, Juan Bautista de (1515頃-67)

スペインの建築家，数学者，哲学者．イタリアに一定期間滞在し，ルネサンス建築の本質を身につけると，1562年マドリッド近郊エル・エスコリアル修道院の主任建築家となり，エルサレムのソロモンの神殿の復元案をもとにグリッド状の地階平面を，サンガッロによるローマのパラッツォ・ファルネーゼのコルティーレをもとに「福音書記者の中庭」を設計した．この平面計画はまた，奉献されている聖ラウレンティウスのアトリビュートを暗示するものでもある（エル・エスコリアルの複合施設全体の中央に位置する主聖堂には，聖ラウレンティウスの溶けた脂肪が奉納されている）．抑制された表現の模範ともいえる巨大な外観立面をもつエル・エスコリアルは，トレドの死後フアン・デ・エレーラによって竣工した．

トレードホール trade-hall

手工業者や仲介業者が，交渉したり売買するための，都市にあるホール．いくつかの中世のトレードホールは（たとえば，ブルージュやイーペルの織物会館）は，建築作品としても，壮麗で卓越したものであった．

トレフォイル trefoil
⇨フォイル

トレリス trellis

1. 薄い片（木舞であることが多い）でつくられた衝立で，直交，あるいは対角線状に編み合わさることで，菱形の格子を形づくり，あずまや，あるいはブドウなどの植物を支える構造物を形成する．

2. 石造のフィレットで構成されたロマネスク時代の装飾物で，木製のトレリスに似せてつくられている．2本の水平な剥形の枠組みの間に設けられた，連続的に重なったシュヴロンの様相を呈す．シュヴロンの帯は，おそらく釘を暗示すると思われるボタン状の要素で飾られることが多い．

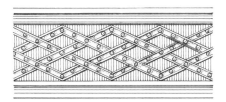

ウィルトシャーのマルムスベリー修道院にある，ボタン飾りのついたロマネスク様式のトレリス（12世紀初頭，パーカーによる）

トロキラス trochilus
スコティア．

トロス tholos

1. 円錐状，ドーム状，あるいはヴォールト状の屋根を備えた円形の建築物．たとえば，ミケーネにある「アトレウスの宝庫」（前1300頃）のような，持ち送りの施されたリングによる擬似ドームを備えた，屋根つきの円形墳墓．

2. 古代ギリシアの円形状建造物で，しばしばペリスタイルと円錐形屋根を備える．たとえばエピダウロスのトロス（前350頃）がある．

トロースト，パウル・ルートヴィヒ Troost, Paul Ludwig (1879-1934)

ドイツの建築家．1920年代，30年代の北ドイツ・ロイド汽船のインテリアをデザインした技巧的な装飾家でもあった．しかし，むしろミュンヘンにおいてのストリップト・クラシシズムの建築群で知られ，それにはドイツ芸術館 (1933-37)，クレンツェの手になるケーニヒスプラッツ（国王広場）を完結させるように配置されたエーレンテンペル（栄誉神殿，1923年のプッチュ（一揆）で死んだナチス党員を祀る）に接続する二つの事務所建築 (1933-7, フューラーバウ（総統館）を含むこの事務所建築は現存しているが，エーレンテンペルは1947に取り壊された）がある．彼の重厚で，角柱を用いたストリップト・クラシシズムはアルベルト・シュペーアにかなりの影響の跡を見ることができる．

ドロップ drop

1. アーチの一種．

2. ドリス式オーダーにおけるグッタ，カン

パニュラ，小滴，ラクリマ（垂玉）状の装飾，もしくは小さな垂れ飾り．

3．木構造において支柱や突出部の下につけられる垂れ飾り．

4．軒樋から縦樋への流出口．

ドロップ・オーナメント　drop-ornament
ゴシック・アーチの内輪，カスプにつけられる露玉のような装飾．

ドロップ・トレーサリー　drop-tracery
アーチ下端につけられる繊細なゴシックの格子飾り．

ドロップ・ポイント・スレーティング　drop-point slating
スレートを対角方向に重ねる屋根の葺き方．対角線を水平方向に向けることで，スレートの一角が下方向を向く．

泥と間柱　mud-and-stud
⇨マッド・アンド・スタッド

トロハ，エドアルド　Torroja y Miret, Eduardo (1899-1961)
スペインの建築家，エンジニア．シェルを含むコンクリート構造のデザイナー．グアダレーテ川に架かるプレストレスト・コンクリートの大梁を用いたテンプル水道橋（ヘレス・デ・ラ・フロンテーラ）が最初の大プロジェクトとなった．その後アルヘシラスの市場（1933）のコンクリート・シェル屋根や，マドリッド近郊ラ・サルスエラ競馬場観覧席（1935）の巨大なフルーティングの形をしたキャンティレヴァー屋根によってその名声を確立した．またバルセロナのサッカー・スタジアム（1943）の屋根におけるように，鉄骨の使用にも熱意を注いだ．モロッコやラテンアメリカを含む世界のさまざまな場所で革新的な構造デザインを行った．主著に『現代の構造設計（*The Philosophy of Structure*）』（1951, 1958）（邦訳，1960），『エドゥアルド・トロハの構造デザイン（*The Structures of Eduardo Torroja*）』（1958）（邦訳，2002）がある．

トロフィー　trophy
1．古代において，勝利を祝して樹の幹や枝に整然と掛けられた，武具や甲冑．

2．古典建築において，トロフィー1を彫刻で表現したもの．ただし武具展覧装飾とは区別せよ．

トロベイト　tholobate
1．ギリシアのトロスや円形状の歩道，あるいはスタイロベートの下部構造．

2．クーポラの円形状の下部構造．

ドロモス　dromos
1．エーゲ文明建築の諸室あるいは円形墳墓へ至る長く狭い通路．外に開くところ，地中にある部分がある．

2．格式をもった壮麗な直線状の参道で，沿道には，円柱，スフィンクス，彫像，オベリスクなどが並ぶ．デロス島のセラペイオン（セラピス神殿，前1世紀），ローマのカンプス・マルティウスのイサエウム（イシス神殿，1-4世紀）などが実例．この長い軸線を有するプランは聖域で神性を方向づけ，中庭，ポルティコ，列柱を伴い，名称はギリシアの競技用トラックに由来する．教会にドロミックあるいはドロミカルという形容詞がつく場合は，東方のバシリカ式教会を意味し，そのプランはギリシアでみられるイシス神殿のドロモスに近いものであった．

3．自由に移動可能な広さを備えたオープンスペース．前庭．

ド・ロルム，フィリベール　de L'orme, Philibert, *also given as* Delorme, De L'Orme, *or* de l'Orme (1514-70)
フランスの建築家．その著作によってのちの世代に大きな影響を与えた．ローマ遊学（1533-35）において古典主義に精通するようになり，その後，パリに戻ると何棟かの建築物（すべてまったくイタリア的ではない）を設計した．そのほとんどは原形をとどめていないか取り壊された．サン＝ドニのフランソワ1世（在位1515-47）墓所（1547-58）を（他の者たちとともに）手がけた．ローマのセプティミウス・セウェルス記念門から着想を得ているが，ここではイオニア式オーダーが用いられている．ドルーにあるアネのシャトー（1547-55）はおそらく彼の最高傑作で，中央のコール・ドゥ・ロジの正面建築物（現在はパリのエコー

ル・デ・ボザールにある），および入城門，礼
拝堂が現存する．正面建築物にはオーダーの組
み合わせがみられ，その厳格さと節度の前には
同時代のレスコの作品は凝りすぎでゴテゴテし
ているようにみえてしまう．門は古代ローマ時
代の凱旋門の興味深い変種である．マニエリス
ム風のアティックを備え，その上に牡鹿1頭と
猟犬群の影像が載っている．シャトー全体を貫
く狩猟と女神ディアナにかかわる完全なる図像
計画を予告するモチーフとなっていた．これら
の主題が採用されたのは，この城館はアンリ2
世（Henri II, 在位 1547-59）の愛妾（1533 頃
から）ディアーヌ・ド・ポワティエ（1499-
1566）のために設計されたからである．アネの
礼拝堂（1547-55）は円形平面形態の一変種で
あり，床の大理石による模様を反映しておおま
かに菱形を描く曲線で形成されたドームを頂い
ている．これはステレオトミー（截石術）の傑
作といえる．パリのサンテティエンヌ・デュ・
モン聖堂の著名なジュベ（内陣障壁）（1545
頃）はもはや彼の作品とは考えられていない．
シュノンソー城館の石造橋とギャラリーも設計
し（1556-59），ビュランがこれらを竣工させた
（1576-78）．ド・ロルムはフランス独自の古典
主義を確立し，18世紀にいたるまで影響力を
及ぼした．その作品はビュラン，サロモン・
ド・ブロスやF・マンサールによって親しまれ
追随されている．その出版された著作としては
『よき建築のための新たな革新（Nouvelles inventions pour bien bastir)』（1561）や『建築第
一書（Le premier Tome de l'Architecture)』
（1567, 重版あり）がある．有用な実践的考察
を別にすると公刊された建築物設計案の中には
奇抜なものもあり，19世紀の停車場のような
大きなアーチで支えられた木造屋根の架かった
バシリカ案も載っていた．古典主義の規則を緩
和するかのごとく，比例と寸法についての神の
システムやエルサレムのソロモンの神殿の重要
性についての言及もある．枝打ちをした木を柱
身（シャフト）とした円柱などの彼自身による
オーダーも案出しており，その「フランス式オ
ーダー」はバンドを装飾して，柱身を構成する
各ドラムの接合部を隠すというものだった．こ
のモチーフを自身の作品であるパリのテュイル
リー宮殿（1564-70, ほとんど破壊された）で
使用している．フランス合理主義建築はド・ロ
ルムに多くを負っており，彼による大スパンを

飛ばす木製トラスのシステムはルグランとモリ
ノによってパリのアール・オ・ブレ（小麦市
場）（1782-83）のドームのためにリヴァイヴァ
ルされた．彼の作品は米国のジェファソンやプ
ロイセンのダーフィット・ジリーに着想を与え
た．ヴィオレ゠ル゠デュクはその『講義録
（Entretiens)』（1858-72）の中で彼の重要性を
強調している．

泥煉瓦　mud brick
⇨アドビ

トロンプ　trompe
　エントランスやニッチが隅部に配されてる場
合のように，一部が取り残された建物の，外部
の隅部に張り出して設けられた，ヴォールト状
の構造物．したがってこのヴォールトは，事実
上ペンデンティヴやコーベルの一種であり，荷
重を受ける．

トロンプルイユ　trompe l'œil
　1．字義通り，目をだましたり，トリックを
仕掛けること．二次元の絵画で使用されるのが
一般的で，本物かと見間違えられることを目的
に，物体が描かれる．建築要素の表現が多い．
　2．描いて表現された，大理石や木目など．
　3．外観や質感を真似した，表面的な装飾．
たとえば，浮彫を模倣した新古典主義のグリザ
イユの人物像や，菱形状に突起のある粗面仕上
げに似せたスグラフィートの装飾（たとえば，
プラハのシュヴァルツェンブルク宮殿）
（1543-63），あるいは遠近法的に建築を再現し
たクワドラトゥーラなどがある．

ドワーフ・ウォール　dwarf wall
　床梁を中間点で支える穴の開いた背の低い
壁．

ドワーフ・ギャラリー　dwarf gallery
　屋根付きの外部通路，あるいは，片側がアー
ケードになっている回廊．ドイツ・シュヴァル
ツハインドルフのロマネスク教会（12世紀）
では，事実上，上部教会の全周がこれによる．

ドワーフ・スコッティング　dwarf wainscoting
　腰羽目．

トン　Thon

⇨トン，コンスタンチン・アンドレーヴィチ

トン，コンスタンチン・アンドレーヴィチ
Ton, Konstantin Andreyevich (1794-1881)

ドイツ系のロシアの建築家．伝統的なロシアの聖堂建築のリヴァイヴァルを先導した人物で，公的な政府の建物にも深くかかわった．彼の作品は「ロシア・ビザンティン」，「ロシア様式」などとさまざまに呼ばれている．初期の作品はサンクト・ペテルブルクにあり，芸術アカデミーのメイン・ホールや礼拝堂（1829-37）などでは一貫して古典主義の伝統に即しており，アカデミーの建物の前のモニュメンタルなドックでは新古典主義を試みている．五つのドームを戴く15世紀から16世紀の前例を意識的に活用した最初の建物は，サンクト・ペテルブルクのスヴャタヤ・エカテリーナ聖堂（1830-37）であり，これに続いて他の数々の「国民」様式の聖堂が建てられた．古いモスクワの例にもとづく五つのドームを戴く集中式平面の聖堂の設計図は出版され，反響を呼び，広く模倣された．伝統的な木造のヴァナキュラーな自国建築の研究の先駆者でもあった．彼の手がけた最も重要な建物は，モスクワの大クレムリン宮殿（1838-49）と巨大な救世主キリスト聖堂（1839-83）である．後者は，他の彼の作品の多くとともにソ連時代に取り壊された（1934）が，再建（1994-97）された．トンはルネサンスを主題にしたいくつもの鉄道駅（1844-51）も設計している．

ドンジョン　donjon, dungeon

1.　中世城郭の最も堅牢な部分で，通常は応接や居住区画を収めた塔もしくはキープを指す．城の外壁が突破されたとしても防御を可能とする．

2.　キープの最下層部分，通常は基礎のこと．

3.　複数あるいは単独の房からなる牢のことで，全体あるいは一部が地下にある．

ドンソーン，ウィリアム・ジョン　Donthorn, William John (1799-1859)

イングランドのノーフォーク生まれ．ワイアットヴィルの弟子で，彼のピクチャレスクな構成方法を発展させた．大規模な事務所を構え，カントリー・ハウスと牧師館を設計した．しかし，ダンス（息子）とソーンのデザインを想起させる新古典主義の作品のほとんどは解体されてしまった．その非常に厳格な新古典主義は，王立英国建築家協会の素描コレクションに所蔵されているドローイングと，いくつかの建物（たとえばノーフォークのウェスト・エーカーにあるハイ・ハウスの厩舎（1823 頃-29），ノッティンガムシャーのサウスウェル近郊のアプトン・ホール（1830 頃）など）にみてとることができる．ノーフォークのホーカムにレスター記念碑を設計したが，これはアグリカルチュラル・オーダー（アカンサスのかわりに甜菜と蕪の葉がついている）の柱であった．彼はまたハンプシャーにロマン主義的なゴシック様式でハイクリフ・カースル（1830-34）を設計した．これはノルマンディーにあるグランド・マノワール・デザンドリ（15 世紀）やロマネスク様式のジュミエージュ修道院から中世的な断片を借用したものであったが，内装はルイ15 世様式とアンピール様式を包含したものであった．多くの建築をチューダー・ゴシック様式で設計し，ノルマン・リヴァイヴァル（たとえばピータバラの刑務所と治安判事裁判所，1841-42）に着手した．彼は王立英国建築家協会の創設者の1 人であった．

トンド　tondo

円形のメダイオン，あるいは飾り額．スパンドレルに設けられることが多い．

ドント，エリック　Dhont, Erik (1962-)

ベルギーのランドスケープ・アーキテクト．歴史的な庭園デザインの自由で繊細な解釈によって著名である．彼の作品の中でも，ブリュッセル近郊ハースベークのバルユウスハイスにおける環境ランドスケープの修復，農作業場，庭園のすばらしさは特筆に値するだろう（1992-95）．ほかに，リールのリンゲンホフの庭園と公園の修復（1997-2000），および下記の場所にある私有庭園のような作品がある．すなわち，コルテンベルク，アンダーレヒト，マルデレン，ケールベルゲン，ウィルセレ，ステレベーク，シント・マルテンス・レニク，ドゥォルプ，メヘレン，ブリュッセルズ・エターベーク，ブリュッセルズ・エルセネ，ディルベーク，アントウェルペン，ヴォセラーレ，ルーセラー

レ，エセネ，およびシント・マルテンス・ラテルンである（1989-2001）．最近の計画（2002-05）としては，ステーンフッフェル・ロンダーゼールのディーペンステインにあるパルム・ビール醸造所周辺のランドスケープの修復，スハールベークの公共公園，それにハースベークの私有庭園がある．

トンネル・ヴォールト tunnel-vault
⇨ヴォールト

トンプソン，ベンジャミン Thompson, Sir Benjamin（1753-1814）
⇨ランフォード伯爵，サー・ベンジャミン・トンプソン

トンプソン，ベンジャミン Thompson, Benjamin（1918-2002）
アメリカの建築家．（グロピウスらとともに）TACの設立（1945）者の一人．都市更新の計画に携わることが多く，マサチューセッツ州ボストンのファニエル・ホール・マーケット・プレイス（1978）を設計している．ほかには，同州ケンブリッジ（1969）やメリーランド州ボルティモアのハーバープレイス（1980），ニューヨーク市ブルックリンのフルトン波止場（1982-84）での再開発，カナダ，オタワのアメリカ合衆国大使館（1982-84）の整備などがある．

内角 internal angle
部屋のコーナーのように，2つの壁がぶつかる際に隅部にできる形．リエントラント（凹部）とも呼ばれる．

内陣（チャンセル） chancel
典礼用の教会堂東側部分で，礼拝の儀式を執り行うために使用され，カンケルス（用語の由来となる），または内陣仕切でその範囲が画定されることが多い．聖所と祭壇が含まれ，また多くの場合，とくに内陣が交差部の東の建物主要部分をなす大規模な教会堂では，クワイア（聖歌隊席）が包含されている．

内陣アーチ chancel-arch
典礼用の身廊の東部分にあるアーチで，上部の切妻壁を支持し，チャンセル（内陣）から身廊を区分する．多くは壮麗なオブジェクトとなり，中世においては，身廊に面するアーチの上の表面に「最後の審判」（あるいは「世界の終末」）が表されることがある．その屋根（通常では身廊の屋根より高くも低くもある）の上は，鐘小屋（ベル・コート）を頂く切妻壁となることが多い．

内陣側通廊 chancel-aisle
チャンセル（内陣）に平行な側廊で，多くは周歩廊のように主祭壇の背後まで続き，もう一方のチャンセル・アイルと連結している．

内陣仕切 chancel-screen
聖堂全体からチャンセル（内陣）を区分する仕切．大きく石でできた内陣仕切はパルピタムである．多くのイギリスの木製の例では，丹念に彫刻され，トレーサリーが施され，ヴォールト架構の仕切となる頂部にブラティシングが設けられる．それらにはギャラリーがあって，小さな階段で登り（それらの多くは仕切自体より長く残っていた），また初めは「ルード（大十字架像）」を支持していたことから，「ルード・

ナイシンシ

スクリーン」と呼ばれることが多い.

内陣仕切桟敷　Rood-loft
⇨ルード

内陣正面仕切　Rood-screen
⇨ルード

内陣正面仕切　choir-rail
⇨クワイア・レール

内陣側廊　choir-aisle
⇨クワイア・アイル

内陣窓口　lychnoscope
　聖堂の内陣壁西端付近の南側または両側，場合によっては側廊の壁面に設けられた低い開口で，癩病患者の覗き窓，低窓窓，献金窓とも呼ばれる．その形状は多様であるが，ガラスが入れられた例は確認されておらず，むしろ内側から蓋で開閉され，外側はしばしば鉄格子で保護された．開口部の下枠は内側で座席として整えられることがあった（たとえば，オックスフォードシャーのエルスフィールド）．しばしば寄進礼拝堂祭壇から見えるようになっていた．その用途については，癩患者などさまざまな理由で教会に入ることを禁じられていた人びとの告解を聞くためとか聖餐式に参加させるため，施しのため，パンの顕示の間に鐘の音を伝えるため，さらには換気のためと説明されてきた．

内陣レール　chancel-rail
　身廊からチャンセル（内陣）を限定づけ分離するバラスターや障壁，または低い壁のことで，アルター・レールのように時には二重になることがある．

ナイト，リチャード・ペイン　Knight, Richard Payne (1751-1824)
　イングランドの庭園理論家で，ディレッタント協会会員で目利きであった．（T・F・プリチャードの助けを始めに受けて）ヘリフォードシャーのダウントン・カースル (1772-78) を設計した．これは（内部は新古典主義であったが）ゴシック様式のピクチャレスクな構成をしており，全体の計画において対称性は避けられたが，個々の部屋においては必ずしもそうではなかった．これを革命的たらしめたのは平面の非対称性であり，イングランドとヨーロッパの建築家に大きな影響力を与えた．ナイトによるとダウントン・カースルは，クロード・ジュレ (Claude Gellée, 1600-82) の風景画に描かれた邸宅に似せてデザインされた．ナイトは自らの趣味と経験から，『ランドスケープ-教訓詩 (*The Landscape - A Didactic Poem*)』(1794) において「ケイパビリティ」・ブラウンの庭園様式に異議を唱え，多くの建築と造園において非対称的であり，晴朗で，落ちついた，非整形的な要素が19世紀に発達する素地を用意した．ナイトの『趣味の原理の分析的探究 (*Analytical Enquiry into the Principles of Taste*)』(1805) では，同時代の建築概念でもとくにピクチャレスクに関する重要な議論が展開されている．エルギン卿 (Lord Elgin, 1766-1841) がパルテノン神殿から持ち帰った彫刻をロンドンで展示したとき，ナイトはこれらはハドリアヌス帝時代の古代ローマの作品であると独断的にも断言するという失態をおかし，これらの美的価値について，ほかのディレッタント協会員たちを議論に巻き込んだ．またディレッタント協会がナイトの『プリアポス信仰の名残についての論考 (*Account of the Remains of the Worship of Priapus*)』(1786) を出版した際には，神経質な人びとからは卑猥で不敬であるとみなされ，さらなる物議をかもした．

内拝廊　esonarthex

ナオス (3)（上）
ナエポルス像（右，ナポリ国立考古学博物館所蔵の例）

⇨エソナルテクス

ナオス naos
1. 古代ギリシア神殿内部の，神像が安置される神室や聖所で，古代ローマ神殿ではケラに相当する．
2. ビザンティンの集中式聖堂の聖所．
3. 小さな聖像の容器．移動可能なものであることが多く，たとえば縦勾配の面をもつエジプト型はナエポルス像が運ぶ形となる．

長手積み stretcher
⇨煉瓦

中庭 cortile（*pl.* cortili）
⇨コルティーレ

ナショナル・ロマンティシズム National Romanticism
19世紀末から20世紀初頭における動向であり，ヨーロッパ諸国の芸術，あるいはかつて他国の芸術的・政治的な支配を受けたことのあるヨーロッパの地域において現れた．ヴァナキュラーな要素を含む民族的あるいは地域の歴史的な建築の特徴が強調され，創造的かつ折衷的な方法で用いられた．ナショナル・ロマンティシズムは，カタルーニャ（⇨ムザルニズマ），フィンランド，オーストリア＝ハンガリー帝国の一部，ノルウェー，スウェーデン，ドイツ，ベルギーなどそれぞれに異なる国の表現として現れたが，とりわけノルウェーやスウェーデン，フィンランドの動向と関連が深い用語であり，そこでは前衛芸術的な意味合いをもつにいたる．おそらく最も知られた建築の事例では，エストベリの印象的なストックホルム市庁舎（1909-23）やヴァールマンによるストックホルムのエンゲルブレクト教会（1906-14）があげられるが，さらに多くのすぐれた建築の事例をこれに含めることができるだろう．

ナチ建築 Nazi architecture
ドイツにおけるヒトラーの第三帝国（1933-45）の建築．おおむね三つのタイプがみられ，一つはクライスやシュペーアの作品にみられるようなストリップ・ネオ・クラシシズム，二つ目は地方，とくにアルプス地方の形式を用いた土着的な様式，そして三つ目は工場に用いられた簡潔で実利的で工業化された形式である．シュペーアによる誇大妄想的なベルリン南北軸の基本計画（1937-45）は実現しなかったが，彼のベルリンの新総統官邸（1938-39，取り壊された）は巧みな平面をもつストリップト・クラシシズムの上質な試みであった．またマルヒによる印象的なベルリンのオリンピック・スタジアム（1934-36）は古代のテーマを斬新に翻案している．ボナッツのアウトバーン（自動車高速道）の橋は洗練された幾何学による記念碑的なものとなった．集合住宅のブロック（その多くが現存している）は，多くの場合，観音開きの窓，灰色に塗られた壁，勾配屋根をもつ標準化された形式をとっていた．しかしながら強調すべきなのは，国家社会主義ドイツ労働者党は建築に対して多元的な態度をとっていたということであり，工場のデザインに鉄とガラスを使用することに対して反対するような理由はもっていなかったのである．ヒトラー自身（彼は，自身が「過去の愚かな模倣」と呼ぶものに時間を割くことはなかった）が形態は機能に従うということを信じていた．政府と国家の建築は，簡素化され原始的とさえいえる新古典主義の様式によってつくられ，社会住宅や簡易宿泊所などは地方固有の伝統に従い，「党のフォーラム」もしくはパレード用広場を取り囲む建築と党の学校は，抑制され，力強く，機能的なものとなり，そして飛行場，鉄道駅，工場，アウトバーンの給油所と橋は清潔で近代主義的であるべきとされた．記憶されるべきだが，ヒトラーはロマン主義的な奇抜さや時代錯誤の建築とは何の関係もないのである．彼はギースラーとの会話の中で，給油所をデザインすることで「自動車に給油する」のであり，馬に「水をやる」のではないと宣言し，アウトバーン給油所の必要性にとくに注意を引き寄せたのであった．

ナッシュ，ジョン Nash, John（1752-1835）
イングランドの建築家，透視図法の巨匠，都市計画家にして，ピクチャレスクの重要な建築家．サー・ロバート・テイラーの事務所で訓練を受けた後，1775年に自分の事務所を開き，スタッコ仕上げの住宅の建築家，建設業者として活躍した．1783年に破産してからはウェールズに移住した．そこでユヴデイル・プライスと出会い，ピクチャレスク崇拝への手ほどきを

受けた．ウェールズではカマーゼンの州刑務所
(1789-92，解体）や他の建物を設計し，あまり
にも忙しくなったため，当時亡命者であった
A・C・ピュージンを製図工として雇わねばな
らなかった．彼は 1796 年にロンドンに帰り，
ハンフリー・レプトンと共働した．レプトンは
当世風の造園家で，建築の仕事を多く受けもっ
ていた．彼らは多くのカントリー・ハウスや地
所を改良し，ピクチャレスクの素質を高めた
が，1802 年に決別した．ナッシュはますます
活躍し，多くの邸宅やヴィラを設計した．それ
らにはティローンにあるキリームーン・カース
ル（1801 頃-03，円形アーチのついた城館風建
築），サロップシャーにあるとても美しいクロ
ンクヒル（1802 頃，非対称なイタリア風建
築），コーンウォールのケルヘイス・カースル
（1808 頃，城館様式）がある．これらの非対称
な構成は，ヘリフォードシャーにあるペイン・
ナイトの重要な邸宅，ダウントン・カースル
（1772 着工）に影響を受けたものである．ナッ
シュはブリストル近郊のブレイズ・ハムレット
にコテージの集落をつくった．これはピクチャ
レスクなヴィレッジの原型で，藁葺屋根，鉛桟
窓，手のこんだ煙突をもちあわせた，非対称で
ヴァナキュラーな形態に基づいた「田舎風の」
建築である．

ナッシュは 1806 年に林野局の建築家に任命
され，この頃から王太子（Prince of Wales，の
ちの摂政の宮，ジョージ 4 世（King George
IV，在位 1820-30））の寵愛を受けるようになっ
た．彼はロンドンのマーリボーン・パークを造
成し，この地所は 1811 年に王室の所有となり，
リージェンツ・パークとするよう提案された
(1819)．これは心地よく植栽されたエリアで，
周囲には大きなスタッコ仕上げの豪華なテラス
や個人のヴィラが並んでいた．コーンウォー
ル・テラスとクラレンス・テラスの正面はデシ
マス・バートンにより設計され，カンバーラン
ド・ゲートとテラスはジェームズ・トムソンの
もと建てられた．ナッシュ自身はアルスター・
テラス，ヨーク・テラス，ハノーヴァー・テラ
ス，ケント・テラス，チェスター・テラス，ケ
ンブリッジ・テラス，セント・アンドリュー
ズ・テラス，ヨーク・ゲート，サセックス・プ
レース，パーク・スクエアを設計した
(1821-30)．パーク・クレッセントは 1812-22
年に造成された．ヴィラに関しては，ナッシュ

はハノーヴァー・ロッジを設計し，まさに理想
的な郊外住宅地であるパーク・ヴィレッジ
（1824 着工）のレイアウトとデザインの多くを
担当した．これはペネソーンによって完成さ
れ，イタリア風でピクチャレスクな飾り破風が
発明された．この新しいパークをウェストミン
スターにつなげるべく，ナッシュは新しい道路
（リージェント・ストリート）を提案した．こ
れはランガム・プレース（1822-25，ナッシュ
自身による設計）にあるオール・ソウルズ教会
の独創的なポルティコと尖塔の周囲に敷設され
た曲線の大通りを，既存のポートランド・プレ
ース（1776-90，ジェームズ・アダムとロバー
ト・アダム設計）へと結ぶものであった．さら
に大通りはオックスフォード・ストリートと交
差し，クワドラントによってピカデリー・サー
カスで終わる．大通り沿いの壮麗な街区は遠近
図法の連続として設計された（1813 着工，し
かしすべてが解体され新築された）．

ナッシュは摂政の宮のお抱え建築家となり，
サセックスのブライトンにあるロイヤル・パ
ヴィリオン（1815-21）を設計した．これはヒ
ンドゥー様式と中国様式が異国風に混合された
ものであった．摂政の宮が 1820 年に国王とな
ると，ナッシュはバッキンガム・ハウス（のち
の宮殿）を最も贅沢な規模で改築するよう命じ
られた．ザ・マル側の正面はブロア，次にアス
トン・ウェブによって 2 度改築されたが，ナッ
シュ自身の建築（1820-30）の多くが現存して
いる．

ほかのデザインには，ヘイマーケットのロイ
ヤル・オペラ・アーケード（1816-18），ヘイ
マーケット・シアター（1820-21），サフォー
ク・ストリートとサフォーク・プレース（1820 年
代），セント・ジェームズ宮殿にあるクラレン
ス・ハウス（1825-28），ペル・メルのユナイ
ティッド・サーヴィス・クラブ（1826-28），
チャリング・クロスの向かいのウェスト・スト
ランドの改良（1830-32），ザ・マルのカールト
ン・ハウス・テラス（1827-33）がある．カー
ルトン・ハウス・テラスには鋳鉄製のギリシア
風ドリス式柱がザ・マル側の正面に並んでい
る．彼の最も洗練されたデザインの 1 つにマー
ブル・アーチがある．これはもともとバッキン
ガム宮殿の正面に建つよう設計されたが，1851
年には現在の不適切な場所に移された．

ナッシュの作品は多く解体や改築の憂き目に

あい，ウォータールー・プレースをリージェンツ・パークにつなげるというすばらしい計画では，建築はほとんど残っていない．彼の折衷主義，魅力，透視図法の効果，多くのスタッコ仕上げは若い建築家には好まれなかった．というのも彼らは純粋さ，モラリティ，構造と材料の表現，そしてゴシック・リヴァイヴァルに興味があったからである．しかし彼はロンドンに存在した中でも最も成功した都市計画家であり，ナッシュについて書いた人々からも，彼が値する高い評価をうけてこなかったことは不思議である．

ナッツォーニ（ナゾーニ），ニコラウ Nasoni, or Nazzoni, Nicolau（1691-1773）
イタリアの建築家．ポルトガルのポルトに移住（1723-73），後期バロックやロココの豊潤な形態を導入した．代表作はポルトのサン・ペドロ・ドス・クレリゴス聖堂（1732-50）であり，楕円形平面をもち，豊かに装飾された力強いファサードを備え，劇的な階段によって仕上げられている．またドウロ川に向かってテラス状の地面が段々下っていくという，印象的かつ劇的な構成をもつカンパニャンのパラシオ・ド・フレイショ（1749頃-54）も彼の設計である．

ナット nut
1. 建築装飾によくみられる硬い殻に入った種つきの果物．たとえば，ドングリ型装飾などのナットは，頂華あるいはその他の末端部として登場する．
2. 雌ネジ状の穴が開けられた金属片で，ボルトをしっかりと固定するために用いられる．また金属のタイの端部でも用いられる．

ナップ knap
石を割ったり砕いたりして，割れた火打石がなめらかで黒っぽい表面をさらして壁面に敷きつめられ，中世のフラッシュワークでみられたようにトレーサリーや基壇などの砂岩の割りつけと面を揃えて配置されること．

ナツメグ飾り nutmeg
北イングランドの初期尖頭アーチ形装飾で，一連の突出部からなる．突出部は半分にしたナツメグに似ており，それぞれが隙間を空けて配置される．好例はナン・モンクトン（ヨークシャー）のセント・メアリーズ・チャーチに見られる．

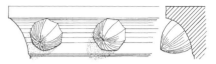

ナツメグ飾り　ナン・モンクトン（ヨークシャー）のセント・メアリーズ・チャーチ（パーカーによる）．

七不思議（古代世界の） Seven Wonders of the Ancient World
ギザのピラミッド，バビロンの空中庭園と城壁，エフェソスのアルテミス神殿，オリンピアのゼウス神像，ハリカルナッソスの廟堂，ロードス島のコロッソス（巨像），アレクサンドリアのファロス（灯台）．

斜めアーチ skew-arch
⇨アーチ

斜め笠木 splayed coping
一方向に傾斜して先が薄くなったコープ．

斜め積 raking course
煉瓦積みの積層で，通常の積み方で積まれた二つの壁面の間に斜めに積まれたもの．壁が3～4個分の場合はダイアゴナル（対角線）積，4個以上の場合はヘリン・ボーン（ニシンの骨）積と呼ばれる．

ナバーロ・バルデベッグ，フアン Navarro Baldeweg, Juan（1939-）
スペインの建築家．作品にカンタブリア州リエルガネスの「雨の家」（1978-82），17世紀の水車遺構を取り込んだムルシア市セグーラ川水車博物館（1984-88），サラマンカのコンベンションセンター（1985-92）など．古くからの街並みの中での設計や，古い建物を組み込んだ設計の巧みさにとりわけ定評がある．

鉛 lead
銀灰色の重金属であり，容易に打ち，曲げられ，融点が低いので熱すると接合できる．中世に屋根葺き材として使用され，また屋根とたと

えば煙突との接合部や縦樋，貯水槽などにも使われた．古代には水の運搬に使われたが，飲料水を汚染することはローマ人に知られていた．

鉛桟窓 leaded lights
　固定式または開閉式のあらゆる窓で，ガラス板が鉛の桟で固定され，しばしば格子状に，通常菱形に割りつけられたもの．

納屋 barn
　穀物などの農業生産物を天候による劣化から保護するために貯蔵する建物．中世の納屋は建築的な装いをもっている場合も多かった．例としてはバークシャー，グレート・コックスウェルの13世紀のものや，12世紀と推測されるエセックス，クレッシング・テンプルの大麦倉庫がある．いずれも木構造で，内部は身廊と側廊から構成されている．

ナルテクス narthex
　1．聖堂のウェスティブルムのことで，ビザンティンの聖堂では2種類ある．一方はエソナルテクス，または内ナルテクスという聖堂外側のポーチと聖堂本体との間の部分を指し，壁，アーケード，コロネード，または障壁によって身廊と側廊から分離される．他方はエクソナルテクス，または外ナルテクスという主要な壁体の外側の部分を指し，ポルティコ，または回廊状のアトリウムや四面のポルティコの一部として設けられることもある．
　2．中世の聖堂の前方部のことで，たいていは身廊と側廊とを備え，ダラム大聖堂のようなガリラヤ・ポーチを指すこともある．

ニー knee
　1．柱と梁の間や柱と垂木の間の短い筋交い，あるいは持ち送り材，または木構造における同様の箇所におけるあらゆる補強材（火打）．
　2．持ち送り積，または梁を支えるために突き出した部材．
　3．90°に曲げること．たとえば古典建築のアーキトレーヴの頂部における玄関周辺の楣の端部を示す耳や肘，突起などと呼ばれる部分．
⇨クロセット
　4．ラベル留め，とくにラベルや覆いの刳形（くりかた）が90°に曲っているもの．
　5．膝つき台．
　6．階段の手すりが凸型のカーブに曲げられた部分．階段の着地点にあたり，凹型の傾斜の反対．

二戸建住宅 semi-detached
　共有壁で分離された2戸一組の住宅に用いられる用語．ただしこの一組は他の建物とは結合しない．すなわちテラス・ハウスとは異なる．

ニコルソン，サー・チャールズ・アーチボルド Nicholson, Sir Charles Archibald, Bt. (1867-1949)
　イギリスの建築家．セディングのもとで修業し，彼が亡くなった後，ヘンリー・ウィルソンとともに事務所を継承した．1893年に独立事務所を立ち上げ，ベルチャーのもとで修業したオーストラリア人のヒューバート・クリスチャン・コレット（Hubert Christian Corlette, 1869-1956）が1895年に加わった．彼らによる最初の礼拝堂の設計は，エセックス，ウェスト・クリフ・オン・シーにあるセント・アルバン（1895-1908，フリー・ゴシック・スタイルの洗練されたデザインで，仕上げ材に赤煉瓦，構造材に堅石と小石が使われ，内陣仕切り壁や端正な装飾壁など，内部も巧みに仕上げられている）があり，教会建築の内装についても重要な論文を発表した（1907-12）．彼らは，ジャマ

イカのケンジントンにある政府施設と住宅を，初期鉄筋コンクリート造の複合施設として設計した（1910）．それは巨大なバットレスによって立面が分節された驚くべき作品である．最もすぐれた礼拝堂は，おそらくデーヴォン，トーキー，チェルストンにあるセント・マシューズであり（1895-1904），そこでは，アーツ・アンド・クラフツの影響が，自由なゴシック・リヴァイヴァル様式とともに現れている．ニコルソンはベルファストのセント・アンズ大聖堂の設計に寄与し，1924 年から 1948 年までそこで建築家としてコンサルタントをつとめた．

ニコルソン，ピーター　Nicholson, Peter (1765-1844)

スコットランドの建築家．ロンドンに移住し，ヴォールトとニッチの建設に関する新しい手法を示した『新大工のためのガイド（*New Carpenter's Guide*）』（1792）を著し，続けて『建築の原理（*The Principles of Architecture*）』（1795-98）と『大工と指物師の手引き（*The Carpenter's and Joiner's Assistant*）』（1797）を刊行した．1800 年からグラスゴーで建築家としての実務を開始し，ローリストンのカールトン・プレース（1802-18）をはじめとし，スコットランドとカンバーランド（ニコルソンは 1808 年から県のサーヴェイヤーであった）に，いくつかの建築を建てるとともに，エアシャーのアードロサンの都市計画を行った（1800-08，港湾はテルフォードによって設計された）．1810 年，ロンドンに戻り，重要な『建築辞典（*Architectural Dictionary*）』（1812-19）と『建築と技術の学校（*The School of Architecture and Engineering*）』（1825 開始，しかし放棄）を刊行した．ニコルソンは，いくつかの出版物の制作にあたり，息子のマイケル・アンジェロ・ニコルソン（Michael Angelo Nicholson, 1796-1842）の手助けを受けた．マイケルもまた，数冊の著作を発表している．彼らのすばらしい著作は，建築や建設に関する知識の貴重な蓄積そのものであり，『建築と技術の辞典（*An Architectural and Engineering Dictionary*）』（1835, 1852 改訂）もその一つである．マイケルの 2 人の娘のうちの一人が「古代ギリシア人」トムソンと結婚した．

西構　west-work

ドイツ語でヴェストヴェルクという．初期ロマネスクやカロリング朝様式の聖堂における，幅広でどっしりとした塔状の西側正面のこと．エントランス・ホールのほか，上階に身廊の上部に向かって開けた祭室その他の部屋を備える．現存するものでは，ドイツのヴェーザー川河岸にあるコルヴァイ修道院聖堂（873-75）が好例で，巨大なピアと円柱に支えられたヴォールト天井を架けた低いエントランス・ホールをもち，その上にアーケードと側廊に囲まれた 2 層の上部聖堂が設けられている．

二重折り上げ階段　double-return stair
⇨階段

二重回廊　double cloister
列柱もしくは支柱によって二分された周歩廊．

二重周柱式（ディプテラル）　dipteral
ケラの周囲を円柱列が二重に取り囲む形式の古代神殿．端部のペディメントの下に最小でも 8 本の円柱が並ぶこととなる（八柱式（オクタスタイル））．

二重聖堂　double church
1．二層構成の聖堂で，階ごとに別な聖堂が入る．実例として，ドイツ，ラインラントのシュヴァルツハインドルフ聖堂（12 世紀ロマネスク）．
2．別々な身廊が中央部で接合された聖堂．実例として，ドイツ，フロイデンシュタットにある L 字型のルター派聖堂（1601-08）．

二重梁　straining-piece
相反する向きからの二つの等しい力に対して作用し，その両端で力を分散させる木材の一部．基本的には束．

ニダム，ジェームズ　Nedeham, James (1514-44 活躍)

イングランドの大工・サーヴェイヤー．枢機卿ウルジー（Cardinal Wolsey, 1475 頃-1530）とヘンリー 8 世（King Henry VIII）のためにヨーク・プレース（1528-30）の建設に従事し，ロンドン塔で「裏切り者の門」（1532）の再建を行った．また，ハンプトン・コート宮殿のグ

レート・ホールの屋根を設計し，グリニッジ宮殿やホワイトホール宮殿の仕事に携わった．ほかにも，ヘンリー8世の治世（1509-47）の最後の15年間，王営繕局のクラーク＆サーヴェイヤーの地位で，イングランドの多数の建築工事に携わった．

二柱式（ディスタイル） distyle ⇨ポルティコ

日輪形 sunburst
⇨サンバースト（1）

日輪像 sun-disc
古代エジプトの円盤や球で，脇にはウラーウス（蛇形記章）が立ち上がり，翼が広がる．一般にはゴルジュ・コーニスの上にみられる．

ニッコリーニ，アントーニオ Niccolini, Antonio (1772-1850)
イタリアの新古典主義の建築家にして舞台デザイナー．フランスからの大きな影響下に，ナポリのサン・カルロ劇場の驚嘆すべきファサード（1810-12）を仕上げた．第1層は，頑健で，ルスティカ装飾が施されたアーチが並ぶ一方，第2層はイオニア式の列柱が走り，その上部に巨大なエンタブラチュアが乗る構成となっている．それから6年後に，ファサードの背後に新たな劇場を建設した．また，バーリにピッチーニ劇場とサン・フェルディナンド教会を設計し，またブルボン王室のためには，ヴィラ・フローリディアーナ（1817-19）を建設した．このヴィラにはピクチャレスク風の英国様式でレイアウトされた庭園が付属し，また新古典主義およびエジプト風の建築モチーフで豊かに飾られた広大な階段（1836）が，カポディモンテ通りから建物まで伸びる．

ニッセン・ハット Nissen hut
コルゲート鋼（瀝青質の塗料や，アルパックスと呼ばれるパテントされた物質を含むさまざまな薬物で保護されている）でつくられていて，セメントの床をもつトンネル形のプレハブ小屋．基本的には半円筒状であり，突出したドーマー窓が取り付けられることもある．ピーター・ノーマン・ニッセン中佐（Peter Norman Nissen, 1871-1930）によって発明され，

1914-18年と1939-45年の両大戦中に軍事目的（例：事務所やバラックなど）で広く使用された．

ニッチ niche
壁やピアに装飾的に設けられた浅いくぼみで，そこには影像，骨壷，あるいはその他の飾り物が置かれるのが通例である．古典的なニッチは一般にアーチ状で，平面が半円形である場合には頂部が四分球状になることもあり，ホタテの貝殻に似せて彫られた半ドームもしばしば採用される．アエディクラの内部に設けられるニッチもあり，ゴシックのニッチ（タバナクルと呼ばれる）は，小切妻や天蓋で覆われる．ニッチ状の墓は，ヒュポガイオン，カタコンベ，マウソレウム内のロクルスか，あるいはキネラリウムやオラリウム内の空間となる．

ニードル needle
⇨スパイア

ニブ nib
尖った先端．たとえば，急勾配のピラミッド形頂華は，それゆえニブ・ストーンと呼ばれる．

ニーブレース knee-brace
⇨ニー（1）

ニーマイヤー，オスカー Niemeyer, Oscar (1907-2012)
ブラジルの建築家．リオデジャネイロの教育保健省庁舎（1936-45）設計グループに加わり，ル・コルビュジエと協働．当初インターナショナル・スタイルの信奉者であったが，ベロ・オリゾンテ市パンプーリャのカジノ，ヨットクラブ，レストラン，サン・フランシスコ礼拝堂（1942-47）において直線的な形態から離れた．こうしたモダニズムの正統からの離脱はマックス・ビルのような批評家によって非難されることとなったが，それにもかかわらず1957年にニーマイヤーはコスタのマスタープランにもとづく新首都ブラジリア建設の主任建築家に指名された．集中式の大聖堂，「三権の殿堂」（大統領府，最高裁判所，国会議事堂），政府庁舎群などブラジルの主要な建物はすべてニーマイヤーが設計した（1957-64）．その他の作品には

パリの共産党本部（1965-75），ミラノのモンダドーリ社屋（1968-75），ル・アーヴル文化センター（1972-82），トリノのFATAビルディング（1977-80，モランディと共同設計），サンパウロのラテンアメリカ議会議事堂（1989-92）があげられる．ブラジルでの半生をまとめた本（1961）など書籍も多い．

ニュー・アニマル・アーキテクチュア
Zoömorphic *or* New Animal architecture
　⇨ゾウモルフィック

ニュー・アーバニズム　New Urbanism
　国際近代運動が生み出したものは，多くの場合，周囲のコンテクストから切り離された孤立した建物であった．近代主義建築の硬直性によって取り残された都市空間の断片（⇨SLOAPE：スペース・レフト・オーバー・アフター・プランニング）は，もはや都市空間を体験する者たちを失望させる能力以外の性質をもっていた都市空間，かつて何かを意味していた都市空間になりうることはない．5千年に及ぶ都市の歴史に現れる，街路，広場，公園，モニュメント，建物等々の複雑な諸関係は，単にコミュニケーションの手段にとどまるのではなく，都市という織物に，個性と場所の感覚を与え，同一性と方向性をもたらすのである．ニュー・アーバニストたちは，不快で，非人間的でちぐはぐな環境しか残さなかった，アテネ憲章，CIAM，ル・コルビュジエの信奉者たちの仕事に対する解毒剤として伝統的な都市街区，複合利用，一貫した文字通りの建築言語を，称揚した．ニュー・アーバニズムの主導者としては，クライアー兄弟，デュアニー＆プラター＝ザイバーグ，ジョン・シンプソン，ロッシ，ポリフィリオスらの名があげられよう．

ニュー・エッセンシャリスト・アーキテクチュア　New-Essentialist architecture
　バウハウスに触発された機能主義，ないしは1920-40年のインターナショナル・スタイルに相当するオランダ版の建築．

ニュー・クラシシズム　New Classicism
　古代に始まる古典建築は，その後ルネサンスの時代によみがえり，18世紀の古典主義と新古典主義の時代に新たな注目と関心とを獲得す

るにいたったように，非常に重要な役割を果たしている．ボザール，ネオ・バロック，そしてアール・ヌーヴォーに対する反応として，第一次世界大戦勃発前にも古典建築のリヴァイヴァルは存在しており，さらに新古典主義や1920年代と30年代に広まったストリップト・クラシシズムへといたった．ペディメント，オーダー，ポルティコ，そしてアエディクラのような古典主義の何らかの要素はポスト・モダニズム建築にも使用されたものの，本質的にそれがニュー・クラシシズムとなっているわけではない．それでもニュー・クラシシズムは，モダン・ムーヴメントによって廃止された古典主義の言語を復活させることと関係していた．ニュー・クラシシズムの最も有力な宣伝者として，ジェンクス，レオン・クリエ，シンプソン，そしてスターンがあげられる．

ニュー・ジョージアン　New Georgians
　1．スラム地区で18世紀の荒れ果てた家を修復する者に対する軽蔑語．
　2．ジョージアン・クラシシズムの復権をめざすアンチ・モダニスト．

ニュー・センシュアリズム　New Sensualism
　カンデラ，ル・コルビュジエ，ネルヴィ，ルドルフ，サーリネン，ウッツォン，ヤマサキ，その他による建築を指す．彼らは第二次世界大戦後に，ヴァイセンホーフ・ジードルンク（1927）の時代からインターナショナル・スタイルで採用されていた形態とはまるで異なる，造形力豊かな形態を駆使した建築を創造した．

ニューソン兄弟　Newsom Brothers
　サミュエル・ニューソン（Samuel Newsom, 1854-1908）とジョセフ・キャザー・ニューソン（Joseph Cather Newsom, 1858-1930）は，19世紀末のアメリカ合衆国で数多くの住宅建築を手がけた設計者，建設者．最も名高い住宅はカリフォルニア州ユリーカのウィリアム・カーソン邸（1884-85）であり，飾り破風のある切妻とふくれあがったコロネット，そして豊饒なフリースタイルとしかいいようがないような過度の装飾を特色とした作品である．彼らのデザインの多くがカリフォルニア・アーキテクト・アンド・ビルディング・ニュース誌で発表され，ジョセフ・キャザーは『ロサンゼルスの

芸術的な建物と住宅（*Artistic Buildings and Homes of Los Angeles*）』(1888) や『カリフォルニアの低価格の小別荘風住宅（*California Low Priced Cottages*）』(1888)，『カリフォルニアのピクチャレスクで芸術的な住宅と建物（*Picturesque and Artistic Homes and Buildings of California*）』(1890) など非常に多くのパターン・ブックを世に出した．二人による共同事務所を設立した (1878) 頃はイーストレイクあるいはスティック・スタイルで建てていたが，コロニアル風クイーン・アン様式に転向し，続いてリチャードソンのコピー，そしてコロニアル・リヴァイヴァルあるいはシングル・スタイルやシャトー様式，ジョージアン風コロニアル・リヴァイヴァル，そしてボザール風古典主義などに次々と手を出した．つまり彼らはどんなものでもその建築に利用した．のちに，ある地域ではミッション・リヴァイヴァル（スペインのコロニアル建築をもとにしている）に，また 1890 年頃にはアーツ・アンド・クラフツ様式にも傾いた．どのような様式を使ったとしても，抑制的なデザインにするということはなかった．

ニュータウン　New Towns

第二次世界大戦の後，新たなイギリス労働党 (1945-51) によってエベネザー・ハワードの理念がいくつか採用され，既存の大都市の欠点を取り除くべく，さまざまなニュータウンが計画され建設された．ロンドンには八つのニュータウン（スティヴネイジが最初）がもたらされ，残りはイングランド，スコットランド，ウェールズ，そして北アイルランドに建設された．⇨ガーデンシティ（田園都市）とガーデンサバーブ（田園郊外），衛星都市

ニュートン，アーネスト　Newton, Ernest (1856-1922)

イングランドにおいて同世代の中で最も成功し，影響力を持った住宅建築家の 1 人．ロンドンに生まれ，1873 年にノーマン・ショウのもとで修行し 1879 年に自分の事務所を開いた．サリー州ハスレメア近くのスコットランド・レーンのレッド・コート (1894-95) は張り出し窓，上げ下げ窓，その他の特徴をもつ．ペヴスナーは「やせ細ったネオ・ジョージアンの不吉な家がそこにある」といった．しかしながら，

一方で，ムテジウスによってとり上げられ，賞賛，描写されたのも事実である．その他の住宅に，ジャージー島のセント・ヘリアー近くのスティープ・ヒル (1898-1900)，シュロプシャーのチャーチ・ストレットンのバーウェイ・ヒルのスコッツマンズ・フィールド (1907-08) がある．『カントリー・レジデンスのためのスケッチ（*Sketches for Country Residences*）』(1882)，『カントリー・ハウスの本（*A Book of Country Houses*）』(1903) を出版した．息子のウィリアム・ゴッドフリー・ニュートン (William Godfrey Newton, 1885-1949) は『アーネスト・ニュートン　王立美術家協会会員（*The Work of Ernest Newton R.A.*）』(1925) を出版した．

ニュー・ヒューマニズム　New Humanism

新経験主義と関連して，1940 年代から広く行き渡ったスウェーデン建築の様式を示す用語．一般に信じられているところでは社会福祉を最優先するもので，第二次世界大戦後のイギリスで住宅やその他の建築に深い影響を及ぼした．

ニュー・ブルータリズム　New Brutalism
⇨ブルータリズム

ニューマチック・アーキテクチュア　pneumatic architecture

気球や飛行船など空気によって膨らますことのできる構造体は長年にわたって知られてきているが，ニューマチック・アーキテクチュア（空気膜建築）に関する最初の特許は，1917 年のフレドリック・ウィリアム・ランチェスター (Frederick William Lanchester, 1868-1946) によって取得されたものである．彼はヘンリー・ヴォーガン・ランチェスターの弟であり，ランチェスター自動車に勤める製造業者である．マイクロ波アンテナの保護を目的としたレイドーム（レイダー・ドーム）の開発によって (1940 年代)，空気膜構造の製造はさらに進化し，膜や袋などに対する空気や気体の圧力によって構造的な安定性が獲得された．空気膜構造がたいてい丸みを帯びており，加圧構造と互換性をもつドームやシリンダーといった形態になるのは，このためである．空気膜による建造物は展覧会やスタジアムの屋根，さらにはコンクリー

ト構造の型枠としても利用されている．ニューマチック・アーキテクチュアは，セドリック・プライスやハウス・ルッカー社，ユートピー・グループなどによって提案されている．

ニューヨーク・ファイブ　New York Five

建築作品の大部分が白いものであるため（とくにリチャード・マイヤーの作品），「ホワイト派」として知られる．1969 年，ニューヨーク市にて展覧会を開催したアメリカ人建築家たちで，緩く括られたグループである．マイヤーのほかにはピーター・アイゼンマン，マイケル・グレイブス，チャールズ・グワスミー，ジョン・ヘイダックがいる．ヘンリー・リートフェルトやジュゼッペ・テラーニの作品から影響を受けた 1920 年代のインターナショナル・スタイルの建築家たちによる白い建築を再解釈するグループとして認識されていた．また，新合理主義として扱われている．

ニュル，エデュアルト・ファン・デア　Nüll, Eduard van der (1812-68)

1840 年代のルントボーゲン様式の流行とかかわったオーストリアの建築家．ウィーンのアルトレルヘンフェルト教会（1848-61）の設計と建設において，ヨハン・ゲオルク・ヴィルヘルム・ミュラー（1822-49）を補佐した．この教会は，西側の二つの塔，八角形平面の円屋根（クーポラ），歴史主義のインテリア（そのデザインをファン・デア・ニュルが担当した）をもち，イタリア風半円アーチ様式としての特徴が明白で説得力のあるレンガ造建造物となっている．ウィーンのカール劇場（1847，破壊された，その中心となるファサードには 14-15 世紀のイタリア・ルネサンスの豊かなディテールが施されていた）の設計のために，彼はシッカールツブルクと提携し，1849 年に彼らはウィーン南の巨大な軍事コンプレックスの中心建造物であるコマンダントゥア・ゲボイデ（司令部建築）の設計競技で勝利する．多くの銃眼が設けられた部分と中央の巨大な出入口門（1849-56）は完全に彼らの作品だが，残りの大部分は他の建築家が実現させた．1860 年に彼らはリンクシュトラーセ沿いのホーフオパー（宮廷オペラ・ハウス，現在のシュターツオパー（国立オペラ・ハウス）（1860-69））の設計競技で勝利する．その最も目立った特徴は，ホールと舞台

天井の塔を収容する大きなブロックである．一方，外部の扱いとして彼らは自由な初期フランス・ルネサンス様式を選択したが，それは弱々しく退屈なものであり，建設中に厳しく批判された．そのような厳しい反応がファン・デア・ニュルを自殺に追い込み，シッカールツブルクもわずか 2 カ月後に後を追うように他界した．彼らは 1828 年から友人であり，同僚であり，ともに賞を獲得し，研究旅行をし，1850 年頃からのウィーンと帝国内主要都市の主要な建築の方向性を決めるのに貢献した（彼らのオペラ・ハウス（1945 に全焼，1955 に再オープン）はプラハ（1868-81）とブダペスト（1875-84）のオペラ・ハウスに影響を与えた）．また彼らは 1873 年のウィーン万国博覧会の計画を作成し，それがハゼナウアーによって実現した．

女人像柱　caryatid(e) (*pl.* caryatid(e)s)
⇨カリアティッド

ニーラー　kneeler, knee-stone

1．大きなほぼ三角形をした石で破風の足下にあり，水平な台をなすよう切られている．上部の全部あるいは部分が破風の斜面と同化している．この台石，迫受石あるいは斜台は，傾斜した笠石をしっかりと固定する効果をもたらす．

2．同様に，アーチまたはヴォールトの曲線が始まる点において，片側が傾斜角度にカットされ，しっかりと敷かれた石．

3．銃眼つきの胸壁（バトルメント）における凸部（コップ）．

4．後期ゴシックの開口部の上の四角く曲がった紋章．

ニール，ジョン・マクブライド　Neill, John McBride (1905-74)

アイルランドの建築家．1928 年にベルファストで事務所を始めた．初期の作品で最も重要なものの 1 つに，ダウン，バンガーにあるサヴォイ・ホテルの再建（1933）があり，それは水平連続窓と流線型の剖形を有するモダニズムのスタイルであった．彼の名前を広めたものとして，一連の映画館の設計があり，アール・デコの外観をしたベルファストのアポロ（1933），ピクチャードローム（1934，ジグザク模様のアール・デコ）がある．ベルファストには，ストランド（1935），マジェスティック（1936），ト

ロキシー（1936），クルゾン（1936）などの映画館があり，バンガーにはトニック（1936）がある．これらはインターナショナル・スタイルに影響を受けた．トニックはおそらく最もすばらしい映画館で（2250名を収容し最も規模が大きい），完成されたモダニズムの作品で，内部は当時最新の映画館としては最もよくできた作品とされた．彼の晩年の作品は，ベルリンにあって，広く知られているメンデルゾーンによるウニヴェルサム（1928）にいくらか影響を受けている．ニールの建物のほとんどが現存しないかかなり姿を変えている．

ニーロップ，マルティン　Nyrop, Martin (1849-1921)

デンマークの建築家．独立して最初に手がけた作品は，コペンハーゲンの東ガス工場のロトンダ（1881，今は劇場）であると考えられている．このドームはローマのパンテオンのそれとほぼ同じ大きさである．ダーレルップやヘルホルト，さらに旅行の影響により，作品は歴史的な先例を参照するようになっていった．ヴァレシルデ教育大学（1884，89増築），コペンハーゲンの国立資料館（ジーランド公立資料館，1891-92），一連の領主館（たとえばギッセルフェルト（1894）やヴァレシルデ（1889））などの作品がある．教会も手がけている（たとえばステンドルップ（1903-04）やコペンハーゲンのエリアス教会（1905-08），コペンハーゲンのルーテル教会（1914-18）などがある）が，彼の名を知らしめたのは北方博覧会（1888）であり，ナショナル・ロマンティシズムの代表者としての地位を確立した．とはいえ，代表作は，シエナのパラッツォ・プブリコと広場から着想を得たコペンハーゲン市庁舎（1892-1905）である．中庭の一つはガラス張りの屋根になっており，おそらくベルラーヘのアムステルダム証券取引所の先例となったもので，この建物は北ヨーロッパにおける公共建築にはかり知れない影響を及ぼした．ビスペビェーリ病院（1906-13）はデンマークの木構造の伝統を引用しており，分棟原理によって設計されている．

人間工学　ergonomics

はたらく人間と道具類，機械，計器パネルなどの関係について効率性やデザインの操作性を高めるための研究．

忍冬唐草模様　anthemion (*pl.* anthemia)

1. 忍冬とも呼ばれることのある植物（スイカズラ）の放射状の花房に似た形状をもつ同じ植物の群葉飾り．古典建築ではアクロテリアの上に載せられるか，アンテフィクスやコーニスにつけられるか，あるいはギリシアのイオニア式オーダーのいくつかの形式のヒュポトラケリオンにつけられる．またフリーズのような水平装飾帯の中でパルメットやロータスと交互に用いられたり，コリント式柱頭のフルーロンのかわりに用いられたりすることもある．

2. ウィリアム・ウィルキンスは，*Prolusiones Architectonicae* (1837)において，このモチーフはイオニア式のヴォリュートに関連すると考えたが，この説は疑わしい．

ニンフェウム　nymphaeum

ニンフの神殿，至聖所，あるいはグロッタで，しばしば古代ローマ建築の特徴を備えている（例：ドミティアヌス帝の宮殿（1世紀））．古代のニンフェウムに関する記述は，ルネサンスのニンフェウムや，さらに後の庭園の設計を

アンテミオンとパルメット（アテネのエレクテイオン神殿の例にもとづく）

特徴づけた．すなわち，エクセドラにはたいてい影像，水盤，そして噴水が組み込まれ，正式な古典主義の庭園と建物では鍾乳洞状の粗面仕上げによって水が暗示されたのである．ニンフェウムの好例は，ヴィニョーラほかによるローマのヴィラ・ジュリア（1551-55）や，ペッペルマンによるザクセン州ドレスデンのツヴィンガー宮殿（1710-32）に現存している．

ニンブス nimbus
⇨光輪

ヌーヴェル, ジャン Nouvel, Jean（1945-）
　フランスの建築家．作品としてパリのアラブ世界研究所（アーキテクチュア・スタジオと共同設計．1981-87．透明なエレベーター・シャフトを中心に循環するかのような建物），ニームの集合住宅通称ネマウサス（1987．フレキシブルな内部プランをもつ），ダクスのオテル・デ・テルム（1992），リヨンのオペラ・ハウス（1987-93．1831年のシュネヴァールとポレ設計（Chenevard & Pollet）による古典主義の石造構造の内側に新たに設計されたもの），トゥールの会議場（1989-93），パリのカルチエ財団（1991-94）などが知られる．スイス，ルツェルンのコンサートホール（1998開場）は湖畔に美しく配された建築であり，20世紀最高の演奏会場の一つと称えられている．モダニズムの主要な建築家の中で最も厳格で妥協を許さない人物の一人であり，建築を通じてほとんど論争的ともいえる思想を表明している．多くのプロジェクトはエマニュエル・カッターニ・アンド・アソシエイツ（Emmanuel Cattani & Associates）と共同で行われている．2004年に完成したバルセロナのトーレ・アグバールは，フォスターによるロンドンのスイス・リ本社屋よりもさらに特徴的なキュウリのような形状をしている．

ヌック nook
　1．部屋の隅，すなわち2枚の壁が直交することによって形成される内側の角．
　2．抱き壁の表面と接する場所や，凹角が形成される場所など，角から取り去られた部分で，1本であった稜線は2本となる．
　3．部屋の隅部分．暖炉のそばにあり，専用の窓を備えていることが多く，イングル・ヌックと呼ばれる．いっそう親密な空間を提供するために，部屋から分離されたアルコーヴとして扱われることもある．

ヌック・ウィンドウ nook-window

ヌックシヤ

暖炉に隣接する部屋の片隅に設けられるイングル・ヌックという窓で，たいていは引っ込んだ形となる．

ヌック・シャフト nook-shaft

建物外側の角，あるいは開口部の抱きと壁の表面とが接する場所など，隅（2）に設置される小円柱．

ヌック・リブ nook-rib

ゴシックのヴォールト天井の隅にあるリブ．

ヌフフォルジュ，ジャン＝フランソワ
Neufforge, Jean-François (1714-91)

リエージュ近郊で生まれ，パリに居を定めた（1738）．その『建築基本図集（*Recueil élémentaire d'Architecture*）』（1757-68，当時の初期新古典主義様式による最も大部の設計図案集）は900枚を超える図版を含み，考古学的古典主義者としてのその名声を高めた．それゆえ，「ルイ16世時代のヴィニョーラ」と呼ばれるようになったのである．ル・ロワの重要な著作『ギリシアの最も美しい記念建造物群の廃墟（*Les Ruines des plus beaux monuments de la Grèce*）』（1758）のために図版の製作を手がけてもいる．これは新古典主義とグリーク・リヴァイヴァルに重要な影響を及ぼした初期の出版物の一つだった．

ヌラーゲ nuraghe *or* nuraghi
⇨ビーハイヴ

ヌル knull

1. 丸ひだ装飾の一つ．
2. 玉飾りの一種であるが，構成要素が押しつぶされているようにみえ，きわめて薄く相互に接近している．

ネイキッド naked

装飾のない平らな面全般を指すが，とりわけ建物のファサード主要面．

ネイルヘッド nail-head

後期ロマネスク，および初期尖頭式ゴシックのモールディングで，小さなピラミッド状の突出部が連続した形のもの．中世につくられた鉄釘の頭に似ていることから，そのように呼ばれる．

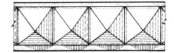

ネイルヘッド　セント・レナード聖堂，アプトン・セント・レナード，グロスターシャー．

ネオ・ヴァナキュラー Neo-Vernacular

1960年代と70年代のインターナショナル・スタイルへの一般的な反発として，煉瓦，タイル，その他の伝統的な建設材料や，ヴァナキュラー形態さえをも用いた建築を指す．アメリカ合衆国ではネオ・シングル様式やシェド・エステティック（掘立小屋の美学）とも呼ばれる．

ネオ・グレック Néo-Grec

フランス第二帝政期（1852-70）の新古典主義様式で，グレコ・ローマン，ルイ15世様式，ルイ16世様式，ポンペイ様式，アダム様式，エジプト・リヴァイヴァル，そのほかのモチーフが折衷的な多色混合のかたちで豊かに配置されている．A-N・ノルマンによるパリのメゾン・ポンペイエンヌ（1855設計，91破壊）がすぐれた例であった．この様式はアメリカ合衆国でも人気を博し，イングランドやその他のあらゆる場所においては短命でありながらもインテリア・デザインに影響を及ぼした．

ネオ・ゴシック様式 Neo-Gothic

⇨ゴシック・リヴァイヴァル

ネオ・ジョージアン　Neo-Georgian

18 世紀のイギリス国内のジョージアン建築に触発された 19 世紀末から 20 世紀初めのイギリスとアメリカの建築で，一般にはラブド・ブリックという化粧煉瓦の壁にサッシュ窓や，ファンライトつきの戸口を備えたファサードが特徴である．ときにはイギリス国内の建築よりも，むしろ大西洋両岸の植民地建築が着想の源となることもあり，基調となる古典主義建築にヴァナキュラーな要素が組み合わされた．この語は，とりわけイギリス国王ジョージ 5 世（King George V，在位 1910-36）統治下の建築を説明する際に用いられる．重要な主唱者としてはエリス，フランシス・ジョンソン，マクモラン，A・E・リチャードソンがあげられ，さらに後の時代のテリーも含まれる．

ネオ・チューダー　Neo-Tudor

1485-1547 年のイングランド中世末期の建築の 19 世紀におけるリヴァイヴァルで，とりわけアーツ・アンド・クラフツ運動，ドメスティック・リヴァイヴァル，オールド・イングリッシュ，そしてチューダーベサン様式と結びつけられる．チューダー・ヴァナキュラー建築は 1920 年代と 30 年代にも復活した．

ネオ・ノルマン　Neo-Norman

とりわけ 1820 年頃から始まったロマネスク・リヴァイヴァル．たとえば，ホッパーによる作品．

ネオ・パッラーディオ主義　Neo-Palladianism

1．18 世紀のバーリントン卿とその仲間たちによるパッラーディオ建築のリヴァイヴァル．

2．パッラーディオ建築の初期のリヴァイヴァルにもとづいた 20 世紀末の同じリヴァイヴァル．

ネオ・バロック　Neo-Baroque

バロック建築，あるいはそれに類する建築の要素を復興したもの．とくに 19 世紀の終わりから 20 世紀初頭にかけて盛んとなった．例としては，ブラムウェル・トーマスによるベルファストのシティ・ホール（1898-1906），ベル

チャーとジョアスによるランカスターのアシュトン・メモリアル（1907-09）（これら二つはともにレン風ルネサンスとも呼ばれる），ヴァロットによるベルリンのライヒスターク（議事堂）（1889-98），そしてカス・ギルバートのミズーリ州セント・ルイスで行われた万国博覧会のフェスティヴァル・ホール（1904）がある．ネオ・バロックはインペリアル・スタイル（帝国様式）としても知られる．

ネオ・ピクチャレスク　Neo-Picturesque

1940 年代のイギリスにおけるピクチャレスク的な要素のリヴァイヴァルで，とりわけ戦時中の爆撃による廃墟の保存と結びつけられる（例：スペンスのコヴェントリー大聖堂，1950）．こうした意味では幾分ばかげていて，18 世紀のもともとの意味は崩れたものとなった．

ネオ・ビザンティン　Neo-Byzantine

ビザンティンを復興した様式，あるいは 19 世紀のルントボーゲン様式のように，ビザンティンの特徴をもった様式を復興したもの．ネオ・ビザンティン様式の好例はベレスフォード・パイトによるロンドンのランベス，ブリクストン・ロードのクライスト・チャーチ（1898-1903），そして S・H・バーンズリーによるサリー州ロウアー・キングスウッドのセント・ソフィア教会堂（1891）である．

ネオ・ラショナリズム　Neo-Rationalism

1．1960-70 年代のイタリアの建築運動で，テンデンツァと呼ばれることもある．国際的モダニズムの教義や，建築を商品としてしか扱わないような一般の風潮に反して，建築の自律性を強調し，建築は各部を合理的に組み合わせるいくつかの規則的タイプによって再定義されなければならないと訴えた．建築が技術のみに終始するという考えに反対し，既存の都市構造に備わる文化的，社会的重要性を強調し，また，歴史にうかがえる多様な形態が多様な創造の原点となることを繰り返した．この姿勢が近代運動の主流派に対する反動と受け取られ，初期の宣言に対しては，バンハムらによってネオ・リバティという批判的なレッテルが貼られた．ネオ・ラショナリズムの重要な理論書としては，ロッシによる『都市の建築（*Architettura della* *città)』(1966)，グラッシによる『建築の論理的構築（La costruzione logica dell'architettura)』(1967)，グレゴッティによる『建築の領域（Il territorio dell'architettura)』(1966)がある．モデナにあるロッシの巨大な墓地（1971-85）は，この運動の傑作のひとつである．クリエ兄弟，クライフス，ライヒリン，ラインハート，ウンガースも，ネオ・ラショナリズムに関与した．

2．（おそらく故意に）まったく別の状況把握として，同じ用語が 1920 年代の国際的モダニズムやヴァイセンホーフ・ジードルンクを特徴づける「白い」建築に回帰しようとする（ニューヨーク・ファイブのような）建築家に対しても用いられた．

ネオ・リバティ　Neo-Liberty

1950 年代後半に起こったイタリアの建築運動で，国際的モダニズムに対する反動．とくに，CIAM やアテネ憲章の信奉者によって歴史的街区が破壊されようとしていたことがきっかけ．名称は，この運動がたんにイタリアのアール・ヌーヴォー（リバティ様式）の焼き直しだったとする（かなり誤った）解釈に基づく．こうした批判や攻撃はおよそバンハムによって導かれた．しかしながら，指導的立場にいたグレゴッティや，彼を支援したロッシ，アウレンティといった建築家たちにとって，この運動は，モダニズムの指針に当初から織り込まれていた事実の隠蔽や歴史の破壊に対する反駁として意図されていた．ヨーロッパやアメリカ合衆国の一部では成功を収めたが，バンハムの言説がいまだに尾を引き，21 世紀初頭でもなおその重要性は過小評価されたままである．ネオ・ラショナリズムと非常に近い関係にある．

ネオ・ロマネスク　Neo-Romanesque

とくに 1820 年代から始まったロマネスク，ないしはノルマン建築のリヴァイヴァルで，なかんずくホッパーの作品に見られる．ロマネスクの特徴はルントボーゲン様式や，アメリカ合衆国のリチャードソンの作品にも現れている．

ネクロポリス（複ネクロポレイス）　necropolis(pl. necropoleis)

死者の都市，あるいは墓地．ジェノヴァのスタリエーノ墓地（1844-51）や，その他 19 世紀

南ヨーロッパの墓地のように，部分的に地上に建てられることが多い．

ねじ形階段　screw stair

親柱またはピアのまわりに巻かれた，親柱階段，らせん階段，周回階段などの総称．

ねじれ階段　wreathed stair

幾何学階段．

ねじれ柱　wreathed column
⇨らせん円柱

ねじれ柱　twisted column
トルソ．

ねじれ柱　spiral column

バーリー・シュガー，ソロモン神殿の円柱，サロモニカ，トルソ，またはツイステッド・コラム．

ネスフィールド，ウィリアム・イーデン　Nesfield, William Eden（1835-88）

イギリスのアーツ・アンド・クラフツの建築家．ウィリアム・バーンのところで修行し（1851），すぐにサルヴィン事務所に移り，その後『中世建築図集（Specimens of Mediaeval Architecture)』(1862，幾度かのヨーロッパ大陸旅行の成果）を出版した．1863 年，ノーマン・ショウと事務所を立ち上げたが，実務は独立して行った．住宅作品の多くがクイーン・アン様式によるもので，ロンドン，リージェンツ・パークに手がけた 17 世紀様式のロッジ（1864，現存せず）にはじまり，代表作となるウェールズ，デンビーシャーのキンメル・パーク（1866-74），フリントシャーのボドリダン（1872-74）と続く．彼の重要性は，イギリスのドメスティック・リヴァイヴァルの進展へ貢献したことと，クイーン・アンによる建物のすばらしさにある．傑作の一つでもあるサロップ，ホイットチャーチのクロバリー・ホール（1862-68，現存せず）には，縦横の仕切りがついた窓が見られるほか，ゴシックや 17 世紀の特徴にもとづく創意もうかがえる．代表作はエセックス，サフロン・ワルデン，マーケット・プレイスのバークレーズ銀行（1872-75）など．ラドウィンター村にある聖母マリア教会は拡張

にして事実上の再建（1869-70，塔および他の部分はテンプル・ムーアによる（1886 以降））である．同村ではその他多くの建物を手がけた（1873-87）．

根太　common joist
⇨コモン・ジョイスト

根太　joist
水平材の一つで，壁や梁の間の空間に架けられ，床材や天井を支える．根太の種類には以下のものがある．

あご欠き，コグ・ジョイスト：　交差する梁に欠き取られた顎を嚙んで支えられたジョイスト．

クロス・ジョイスト：　同一階の他の区画のジョイストと直角になるように渡された一連のジョイスト．

トリマー・ジョイスト：　トリム・ジョイストとも．二つのジョイストの間に架けられ，短いジョイストの端を支えて，床に開口を設ける．

ロッジ・ジョイスト：　梁の上に置かれたジョイスト．

ネック　neck
ローマのドリス式やトスカナ式の円柱頂部において環状の帯を形成する上部の円筒状の要素．その部分はアストラガルで決定され，それと柱身頂部および柱頭のエキヌス下のモールディングとの間に位置する．アテネのエレクテイオン（前 421 頃-前 407）のようなギリシアのイオニア式オーダーのヴァージョンもいくつかあり，アンテミオンやパルメット装飾で繊細に飾られる．⇨ヒュポトラケリオン

ネーデルラント・グロテスク装飾　Netherlands Grotesque
ストラップワーク（紐状装飾）が組み合わされ，人像が巻き付いた 16 世紀のグロテスク装飾物のことで，デ・フリースのようなフランドルのマニエリスム建築家によって構想された．ゆえに「フランドル・グロテスク」という用語を使用すべきところである〔ここでいう「ネーデルラント」とはオランダのことではなく，北フランス，ベルギー，オランダを含む「低地地方」のこと〕．

ネノ，アンリ＝ポール　Nénot, Henri-Paul （1853-1934）
フランスのボザールで学んだ建築家．シャルル・ガルニエ，パスカル，ケステルの教え子で，当時最大の建物の一つである，パリのヌーヴェル・ソルボンヌ大学（1885-1901）を設計した．ボザール的理想の数々を華麗に繰り広げ，アメリカ，とりわけマッキム・ミード＆ホワイトの作品に影響を与えた．ほかにパリのアンスティテュ・オセアノグラフィック（海洋研究所，1910-11）とバンク・ドレフュス（1911-12）やジュネーヴの国際連盟ビル（1927-37）がある．

ネベロング，ニルス・ジークフリート　Nebelong, Niels Sigfried （1806-71）
デンマークの建築家．ヘチュとラブルーストの弟子で，シンケル的新古典主義（たとえば，コペンハーゲンのカールスベルグに建てられた J・C・ヤコブセンのヴィラ）の支持者だったが，のちに歴史主義の別の側面へと転向した．スレールスの新しい修道院（1857-58）でゴシック・リヴァイヴァル様式を用いている．その社会的なとり組みは，イギリスのヘンリー・ロバーツの仕事に影響を受けたクリスチャンシャウンの労働者階級のための慈善住宅（1851）へといたった．弟のヨハン・ヘンリク・ネベロング（Johan Henrik Nebelong, 1817-71）も兄の様式的展開の後を追った．ノルウェーに住んだ彼は（1840-53），オスロのビグドイ地区のオスカーシャルにロイヤル・サマー・レジデンスを設計し（1847-52，ネオ・ゴシックに古典主義的なインテリアを組み合わせたもの），また公共，私的を問わずたくさんの建物を設計した．デンマークに戻った後は，ビンデスボルと協働してオリンゲの精神病院を設計した（1853-57）．

ネーリンク，ヨハン・アーノルト（アルノルト）　Nering, or Nehring, Johann Arnold （1659-95）
オランダ系のドイツの建築家，軍事技師．ベルリンに居を定め，1679 年からシュロス（王宮）の建設に携わる．このシュロスはバロックで設計され，パッラーディオ風のインテリアをもつものだったが，それらはすべて破壊されてしまった．ベルリン近郊のケーペニック宮殿の

礼拝堂（1684-85）を建設し，オラーニエンブルク宮殿を拡張し（1689-95），1688年からベルリンのフリードリヒシュタットの計画に従事した．彼による現存する最も重要な建築は，N-F・ブロンデルの計画を発展させ，シュリューターとジャン・ド・ボトによって完成されたベルリンのバロックのツォイクハウス（武器庫）（1695-）である．ベルリン近郊のリュッツェンブルク宮殿の建設を開始するが，後にそれはエオザンダー・フォン・ゲーテによって改変され，シャルロッテンブルク宮殿と改称された．ザクセンにおいてバルビーの宮殿の設計を準備したとされる（1687頃）．

ネルヴィ，ピエル・ルイジ　Nervi, Pier Luigi (1891-1979)

　イタリアの土木技師．20世紀鉄筋コンクリート構造の大家として知られる．テラーニをはじめ，イタリア合理主義に影響を受けつつも，作風としては独自の世界を貫いた．フィレンツェのスタジアム（1930-32）は，巨大なキャンティレバーの屋根構造と，突出したらせん階段が特徴的で，数ある名作のうちで国際的な賞賛を得た最初の作品である．1932年には自身の構造事務所を開き，交差リブを備えたコンクリート・ヴォールト，フライング・バットレスのごとく全体を斜め方向に支える支柱を考案し，オルヴィエート，その他に巨大な航空機格納庫（1935-42，現存せず）を実現した．このとき，ネルヴィはコンクリートの中に網目状の鋼を入れ込むシステムに取り組んでいて，これがトリノ展示場の大ホールB（1947-49）に使われた，引張力にも強い波型のプレファブ・コンクリートへ展開した．同じ技術は，ローマの小体育館（1956-57，ヴィテッロッツィ（Vitellozzi）と協働），大体育館（1958-59，ピアチェンティーニと協働）にも用いられた．こうした体育館を見ると，巨大なドーム屋根があたかも空中に浮いているようである．ネルヴィは構造設計者として，ポンティがミラノに設計したピレッリ社高層ビル（1955-58）にも関与した．また，ブロイヤー，ゼルフュスらとともに，パリのユネスコ本部（1953-57）を手がけ，とくに屈曲した鉄筋コンクリート屋根を特徴とする会議場を担当した．著書に『建物における美と技術（*Aesthetics and Technology in Building*）』（1965）他がある．

ネルソン，ポール・ダニエル　Nelson, Paul Daniel (1895-1979)

　アメリカ生まれのフランスの建築家．パリでペレと協働し，ル・コルビュジエと親交を結んだ．1928年から，自身の事務所をパリに開設し，病院建築に先駆的な研究を残した．パリ近郊のプチ・メゾン・ド・サンテ（1930-32）は，彼の独立後の最初の設計の一つである．1946年から50年にかけて，サン・ロのフランス・アメリカ記念病院の共同設計に参加し，自身の開発によるフレキシブル・カーテン・ウォールの技術を用いた．彼は病院のための卵型の手術室を考案し，より光環境がよく，より衛生的な（掃除しにくいような角をもたない）環境を実現した．最も有名な計画は，鋼製のケージから吊るされたプレファブリケーションのユニットからなるメゾン・シュスパンデュ（1936-38）で，欧米で広く展示された．ディナンとアルルにもそれぞれ病院を設計している（1963-68, 1965-74）．

ノイエ・ザハリヒカイト　Neue Sachlichkeit
　美術と建築の分野で，ことにドイツのヴァイマール共和国において，いわゆる「新即物主義」を説明するために1923年に新造された用語．表現主義への反発は，合理主義やインターナショナル・スタイルへの展開と結びつけられる．

ノイエス，エリオット・フェット　Noyes, Eliot Fette（1910-77）
　アメリカの建築家，工業デザイナー．グロピウスとブロイヤーのもとではたらき（1938-40），1940年からはニューヨーク市近代美術館の工業デザイン部門のディレクターとなり，1947年にはエリオット・ノイエス＆アソシエーツ（Eliot Noyes & Associates）を設立して，すぐさま住宅，オフィスビル，インテリのデザイナーとしての名声を得る．中でもIBM，モービル・オイル，ウェスティング・ハウスのための工業デザインの仕事で国際的な知名度を得る．代表的な建物に，フロリダ州ホープ・サウンドのバブル・ハウス（1953），コネチカット州ニュー・カナーンのノイエス・ハウス（1955），カナダ，モントリオール万博のアメリカ・パヴィリオン（1967），コネチカット州グリーンウィッチのグラハム・ハウス（1970），ニューヨーク州アーモンクのIBMデヴェロップ・センター（1980）がある．1941年には『有機的デザインと家具調度（*Organic Design and Home Furnishing*）』を出版している．

ノイエス・バウエン　Neues Bauen
　1920年代と30年代のドイツの前衛建築を指し，もともとは芸術労働評議会に関する用語であったが，やがてはヘーリンク（Hugo Häring），ついには新しい建築全般，とりわけインターナショナル・スタイルと結びつけられるようになった．

野石　fieldstone
ラブル（荒石）の米語．

野石整層積み　ranged rubble
⇨野石積み

野石整層積み　squared rubble
粗く仕上げた四角い石材を用いた野石積み．

野石積み　rubble
異なる大きさと形状の粗い未加工の石材を用いて，太めのモルタル目地で処理した壁積み工法．石が特に不整形で隙間が大きな場合は，これを塞ぐため小石片（砕石片）がモルタルのなかに込められる．以下のような種類がある．
　矩形成層乱積み：　粗い直方体に整えられた塊を層状に積み上げた工法で，一つの層の石の高さは揃っているが，層自体の高さは互いに異なる．整層乱積みとも呼ばれる．
　矩形非成層乱積み：　粗い直方体に整形された大きさの異なる石材を，層を形成しないように，均し石（高さの低い石）や，繋ぎ石あるいは貫通石として働く上下石，そしてこうした大きな石の間に挿入される埋め石で積み上げる．矩形埋め石積みとも呼ばれる．
　成層乱積み：　基本構造は非整層の乱積みと変わらないが，この工法では隅石や脇石（しばしば仕上げを施した石や煉瓦積みが用いられる）の高さにそろえて積まれた石が，大まかな層を成す．こうした層は一つの大きな不整形な石の隣に2ないし3の石が積まれ，次には二つ，一つと，上端がほぼ水平になるように積んで構成される．
　乱積み：　形と大きさの不均一な石材を見た目も不ぞろいに，段をつくらずに組んだ石積み．垂直に連続したしたがって弱みとなる目地が生じないようその噛み合わせには細心の技術を要し，堅牢さを保つため繋ぎ石や笠石，壁の全厚を貫通する石貫通を用いる．乱積みは耕地の境界壁ではモルタルなしで使われることもあり（乾式乱積みあるいは乾式石積みとも呼ばれる），その安定性は入念な噛み合わせと繋ぎ石だけに依存する．
　これら以外に，広義の野石積みに分類される以下のような変種がある．
　湖水地方積み：　カンバーランドやウェストモーランド産の不定形または矩形のスレートの小口仕上げ面を処理し，目地を壁の表面から後

退させたモルタルで層状に積み，壁の中心部はモルタルなしの乾式工法で積む．石材相互は隙間に切片を詰めながら丹念に接合させ，防水のため外壁側に水勾配をつける．隅石には通常，表面処理した石灰石が使われる．

　多角形積み： スレートなどの石材を使って目地が網目状に壁全体を覆うように積み上げてつくった工法で，通常，仕上げとして使われる．

　フリント石積み： フリント石や丸石を積んだ壁面を煉瓦や整形石の補強帯層で枠取り，互いに緊結したもの．

　フリント割り石積み： フリント石を暗い内部面が見えるように割り，大まかに矩形に整えたものをモルタル目地があったとしても，ほとんど見えないほどきっちりと積む．フリントの割り石積みの周りを整形した石材で固めた壁は，とりわけ東イングランド地方の垂直式時代の教会堂に見られ，また安定性のためこの材料は必ず煉瓦や石材と組み合わせて使用すべきである．

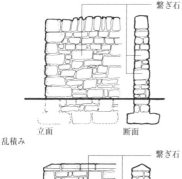
乱積み

成層乱積み

ノイトラ，リチャード・ジョゼフ Neutra, Richard Josef (1892-1970)

　ウィーン生まれのアメリカの建築家．ウィーンではロースのもとで (1912-14)，ベルリンではメンデルゾーンのもとで (1921-23) 勤めた後，1923 年にアメリカに移住し，最初ホラバード＆ローチではたらいた．この時の経験から『アメリカでいかにして建てるか (*Wie Baut Amerika?*)』(1927) の素材を得ることになる．その後，サリヴァンと F・L・ライトと出会い，1925 年には，ロサンジェルスでシンドラーと協働関係に入る．二人の協働からは，鉄筋コンクリートとキャンチレバーのバルコニー，そして金属窓枠による水平連続窓をもつジャルディネット・アパートメント (1927) が生まれた．これはアメリカでも最初の国際近代主義の建物の一つである．続いてロサンジェルスのハリウッド・ヒルズに，ほとんどカタログから選ばれた構成部品によってつくられた鋼製骨組みによるロヴェル「ヘルス・ハウス」(1927-29) を建設した．

　これによってノイトラは注目され，バウハウスに招聘され，CIAM のアメリカ代表を務めるに至った．建築家としての最盛期は，1930-40 年代であり，ハリウッドの著名人のために住宅を設計している（例：カリフォルニア州サン・フェルナンド・ヴァレーのジョゼフ・フォン・スタンバーグ邸，1935-36, 取壊し）．カリフォルニア州パーム・スプリングのカウフマン邸 (1946-47) には，ミース・ファン・デル・ローエの影響がみられる．後期の仕事には，パキスタン，カラチのアメリカ大使館 (1959)，ロサンジェルス，シルヴァー・レイクの自邸 (1932-33, 1963-64)，ロサンジェルス・レコード・ホール (1961) がある．著書には『デザインによって生き残る (*Survival Through Design*)』(1954) や『いのちとかたち (*Life and Shape*)』(1962) がある．

ノイマン，ヨハン・バルタザール Neumann, Johann Balthasar (1687-1753)

　ドイツの建築家，軍事技師．後期バロックおよびロココ時代の最も偉大な建築家の一人．司教君主シェーンボルン (Schönborn Prince-Bishops) のもとで，フランケンのバンベルクとヴュルツブルク周辺地域でおもに活動し，その職責は同地域の軍事，宗教，世俗のあらゆる建築に及んだ．最初の重要な建築作品は 1719 年から手がけたヴュルツブルクの新しいレジデンツ（大司教の宮殿）である．ただしこの建築

の設計については，ヨハン・ディーツェンホーファー，ヒルデブラント，ド・コット，ボフラン，フォン・ヴェルシュから助言を受けている．ヒルデブラントの影響は，優美な中央のパヴィリオン（屋根とペディメントはヒルデブラントによるウィーンのベルヴェデーレに似ている），カイザーザール（皇帝のホール），礼拝堂，美しいトレッペンハウス（階段室）に明瞭に表れている．ノイマンがこの設計を最終的に仕上げたのは 1735 年頃と思われる．ジョヴァンニ・バッティスタ・ティエポロ（Giovanni Battista Tiepolo, 1696-1770）の天井画を頂くヴュルツブルクの階段室は，ブルッフザールの聖ダミアンスブルク宮殿（1728-50）やケルン近郊ブリュールのアグストゥスブルク宮殿（1740-48）にみられるノイマンによるほかの壮麗な階段室と並んで，バロック時代における最も華やかなものの一つである．これらの 3 例は皆，広々とし，精巧につくられ，息をのむように美しく，優美なものであった．

ノイマンの教会は数多く，いずれも興味深いものとなっている．最初の教会はヴュルツブルクのロマネスク大聖堂に付属されたシェーンボルン霊安堂（1721-26）であり，これはフォン・ヴェルシュの設計で始められた建築を改作したものであった．その他の教会関連の作品には，ゲスヴァインシュタインの教区および巡礼教会（1729-39），ヴュルツブルクのレジデンツ礼拝堂（ホーフキルヘ）（1730-43），トリーアの聖パウリヌス大学教会（1734-54），ヴュルツブルクの聖母マリア訪問の巡礼教会（ケッペレと呼ばれる）（1740-81），ヘッセン州オッフェンバッハ近郊ホイゼンシュタムの聖セシリア・聖バーバラ教区・霊安教会（1739-56）がある．

フランケンのフィアツェーンハイリゲン（十四聖人）に建つ彼の著名な聖母被昇天の巡礼教会（ヴァルファールツキルヘ）（1742-72）は，その敷地から始まった計画だが，十四救難聖人が出現したといわれる場所は，当初意図された内陣ではなく，身廊の中心に残された．ノイマンはこの間違いを利点に変え，十字形バシリカ平面の中にノートヘルファー（救難聖人）の祭壇を中心とした大きな楕円形空間を創り出し，さらに身廊と内陣を楕円形を五つ重ねる形式とした．五つの楕円のうちの三つは，その長軸が教会の中心軸と重なり，残りの二つは長軸が教会の中心軸と直交する形をとっている．袖廊の

配置は，交差部にある楕円をもとに構成され，その楕円の両端部に円が交わることで形成される．その結果創り出されるつなぎ合わされたヴォールトは，ほとんどゴシックの趣をもつものであるが，華やかで楽しげなロココの装飾によって隠された．この装飾にノイマンはまったくかかわっていない．教会のヴォールトの構造を監督（1762-63）したのは，ヨハン・ヤーコプ・ミヒャエル・キュッヘル（Johann Jacob Michael Küchel, 1703-69）である．そしてフランツ・クサーヴァー・ファイヒトマイヤー（Franz Xaver Feichtmayr, 1698-1763），ヨハン・ミヒャエル・ファイヒトマイヤー（Johann Michael Feichtmayr, 1696-1772），ヨハン・ゲオルク・ユーブルヘール（Johann Georg Üblhör, 1703-63）がスタッコ装飾の契約書に署名している．しかしそのうちの 2 人が 1763 年に死んだため，J・M・ファイヒトマイヤーにスタッコ装飾の制作遂行が委ねられ，ジュゼッペ・アッピアーニ（Giuseppe Appiani, 1701 頃-86 頃）がフレスコ画を描いた．愛らしいグナーデンアルター（恵みの祭壇）は，キュッヘルによってデザインされ（1762），J・M・ファイヒトマイヤーとユーブルヘールによって制作された（1764 に完成している）．それは海産物の殻に覆われた一人乗り箱型椅子籠のような形状をとるロココの傑作であり，交差部の西側の楕円形空間に置かれている．ノイマンはこの建築によって絶賛されてきたが（とくにペヴスナーによって），しかしインテリアの美しさは，上述した人々にその多くを負っており，また平面そのものは，グァリーニの『市民建築（Architettura Civile）』（1737）に掲載されていた同作家によるリスボンのサンタ・マリア・デッラ・ディヴィーナ・プロヴィデンザ教会（1656-59 頃）と類似している．ただしノイマンが，1738 年に訪れたプラハのディーンツェンホーファーによる教会を参考にして彼の計画を発展させた可能性はある．

より規模が大きいのが，ネルトリンゲン近郊ネーレスハイムの巨大なベネディクト修道院教会（1745-92）である．この教会はノイマンの死後，ドミニクスおよびヨハン・バプティスト・ヴィーデマンによって完成された．ヴァントプファイラー型の教会であり，平面に七つの楕円形を内包し，身廊と内陣に二つずつ，二つ

の袖廊に一つずつ，そして「交差部」の広い空間に大きな一つの楕円が配置されている．ネーレスハイムにおいても，ノイマンの数多くの作品，とくに三つの卓越した階段室や，おそらく彼の全ての作品の中でも最もその効果が生かされているフィアツェーンハイリゲンと同じように，空間の相互貫入が豊かに示されている．彼の息子フランツ・イグナーツ・ミヒャエル・フォン・ノイマン (Franz Ignaz Michael von Neumann, 1733-88) は耐火性屋根構造の先駆者であり，ネーレスハイムで補強コンクリート・ヴォールト構造の初期のシステムを提案したが，実現はしなかった．

ノヴィツキ，マシュー（ノヴィツキ，マチェイ）Nowicki, Matthew (Maciej) (1910-50)

ル・コルビュジエとペレの影響を受けたポーランドの建築家．ウッチのオフィス・ブロック，ワルシャワのスポーツセンター（ともに1938），ニューヨーク万国博覧会ポーランド館 (1938, 現存せず) を設計した．ローリーのノース・カロライナ州博覧会ドートン・アリーナ (1948-53, 2本の双曲線が交差している) はこの種の構造デザインの先駆的存在とみなされている．マサチューセッツ州ウォルサムのブランダイス大学マスタープラン (1948-49) でサーリネンと共働し，インドのチャンディガールのマスタープラン (1948から) に携わっていたときに飛行機事故で死亡した．

ノヴェチェンティズモ Novocentismo

第一次世界大戦後，ミラノで結成されたグループで，「秩序の必要性」を訴えた．ムーツィオ，ポンティらが参加し，新古典主義への回帰が見られたほか，歴史的形態を象徴的に用いる一方で，新しい空間概念や建設技術に対しても順応的だった．同時代の他のグループ（とくにフランスやドイツ）とは異なり，主義主張は論考ではなく建築作品を通じて発信された．1920年代に用いられた古典主義形態は，アーキトレーヴ，アーチ壁龕を施したパネル，平滑で厚みのない装飾などに見てとれ，壁面の凹凸を強調していたが，1930年代に入ると，古典主義形態は，存在していたとしても，見分けられないほどに変形させられており，壁面も薄っぺらくなり，目立つのはせいぜいピアか，ベイ，階層を示す装飾くらいになった．ノヴェチェンティズモは，1933年までは，イタリア合理主義と歩調を合わせていたが，その後は（ほとんど不可避的に）ファシズムと緊密に連携した．

農耕式オーダー Agricultural Order

コリント式柱頭の一種であるが，渦巻き装飾が動物の頭部表現に，アカンサスの葉が飼料ビートやカブ，その他の農業を暗示させる装飾に置き換えられたもの．

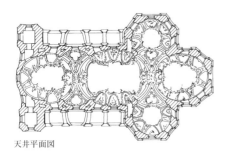

天井平面図

1階平面図

フランケンのフィアツェーンハイリゲン巡礼教会の平面図．楕円と正円が相互貫入する様子を示す．ノートヘルファー（救難聖人）の祭壇は最も大きい楕円の中央に置かれ，交差部から西に向かって典礼を行う．

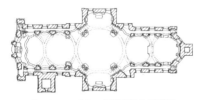

ネーレスハイムの修道院教会平面図

ノウルズ，ジェームズ・トーマス（父）

Knowles, James Thomas, sen. (1806-84)
イングランドの建築家．膨大な数の力量を感じさせる住宅を設計した．たとえばロンドンのケンジントン・パレス・ガーデンズ15番地のイタリア風邸宅（1854）．息子のジェームズ・トーマス・ノウルズ（卿）（(Sir) James Thomas Knowles, 1831-1908）とともに，ロンドンのヴィクトリア駅のグロスヴナー・ホテル（1860-62）を設計した．息子のノウルズはロンドンのクラッパムのシダーズ・エステイト（1860），ロンドンのバタシーのパーク・タウン・エステイト（1863-66）などの開発事業の配置計画を行った．『コンテンポラリー・レヴュー（*Contemporary Review*）』誌の編集者でもあり，『19世紀（*The Nineteenth Century*）』誌を発刊した．

軒　eaves
⇨イーヴズ

軒桁　rafter plate
⇨ラフター・プレート

軒下腕木　eaves-bracket
⇨イーヴズ・ブラケット

軒蛇腹　cornicione
⇨コルニチオーネ

軒蛇腹　eaves-cornice
⇨イーヴズ・コーニス

軒樋　eaves-gutter
⇨イーヴズ・ガター

軒の出　eaves overhung
⇨イーヴズ・オーバーハング

矢はず積み煉瓦ノギング

軒端　eaves-drip
⇨イーヴズ・ドリップ

ノギング　nogging
木造の骨組みにはめ込まれる煉瓦パネル．

ノギング・ピース　nogging-piece
木骨造で柱間に設置されて，ノギングのような充填パネルの枠組を形成する水平材．

ノグチ，イサム　Noguchi, Isamu (1904-88)
アメリカの彫刻家，デザイナー．日本人の父とアメリカ人の母をもつ．丹下の広島平和記念公園の中に橋（1951-52）を設計したほか，コネチカット州ブルームフィールドにあるSOM設計の損害保険会社ビルの彫刻（1956-57），ブロイヤー設計のユネスコ・パリ本部の日本庭園（1956-58），イェール大学のバイネッケ図書館の庭（1960-64），フォートワースのファースト・ナショナル銀行の広場（1960-61），ニューヨークのチェース・マンハッタン銀行のサンクンガーデン（1961-64），エルサレムにあるマンスフィールド設計のイスラエル博物館のための彫刻広場（1960-65），ニューヨーク州ロングアイランドにある自身のスタジオ兼彫刻広場（1985，一般公開）を手がけた．

鋸屋根　sawtooth roof
⇨北側採光

ノーズ　nose
端部が突出しているもの．

ノース，ロジャー　North, Roger (1653-1734)
イングランドの貴族階級のアマチュア建築家で，ロンドン大火後のザ・テンプルの再建（1678/9）において，バーボンとの交渉で重要な役割を演じた．フリート・ストリートからザ・テンプルに向かうグレート・ゲートウェイを設計し（1683-84），また，オックスフォードシャーのロクストン・アビーの改修（1680-85）や，ノーフォークのラファムの住宅（1690年代，取り壊し）など，優秀な古典主義建築の設計を手がけた．ノースによる『建物について』という小論が大英図書館に残っている．

ノッチ飾り　notch ornament

帯飾りや平縁などの端に沿った一連のV字形切り込みでつくられた装飾.

ノット　knot

1. ボス（アーチ頂点の要石）または頂華.
2. 装飾であり，一房の葉または花に似る.
3. 縛ったロープ建築の表現手法であり，ノット付きシャフトに似る.
4. 皮模様.

ノット付きシャフト　knotted shaft

ロマネスクの柱身がまるで結ばれているように曲げられていること．12世紀あるいは13世紀の好例がドイツのヴュルツブルグ大聖堂に残っており，同様の事例はイタリアのコモにあるブロレット（1215頃）の東端にもみられる.

ノットマン, ジョン　Notman, John (1810-65)

スコットランド生まれの建築家で，1831年にアメリカに移住するまでW・H・プレイフェアのもとではたらいていた．ペンシルヴァニア州フィラデルフィアのローレルヒル墓地（1836-39）を設計した．これは19世紀につくられたすべてのピクチャレスク様式の風景式墓地の中で最もすぐれたものの一つである．この後，ヴァージニア州リッチモンドのハリウッド墓地（1848）とキャピトル・スクエア（1850-60年代）を設計した．後者は合衆国内のインフォーマル様式でレイアウトされた都市公園の中で最もすぐれたものの一つである．設計した住宅にはニュージャージー州マウントホリーのネイサン・ダンの別荘（1837-38，リージェンシー風のエキゾチックな折衷様式）とバーリントンのリバーサイド（1839，イタリア様式）がある．どちらも現存していないが，A・J・ダウニングの著作『風景式庭園の理論と実践に関する論文（*A Treatise on the Theory and Practice of Landscape Gardening*）』（1841）に掲載されている．ニュージャージー州プリンストンのプロスペクト・ヴィラ（1851-52）は，エジンバラの郊外から容易に移入されたかと思えるような，洗練されたイタリア風の非対称形の邸宅だった．彼の大規模で優れた作品の中には，ニュージャージー州トレントンの州会議事堂（1845-46，大部分はすでに取り壊し）とニュージャージー州精神病院（1845-48），およびペンシルヴァニア州フィラ

デルフィアのアシニアム（1845-47）などがあり，アシニアムはロンドンのバーリーズ・クラブに刺激されたパラッツォであることは疑いない．彼の最もすぐれたゴシック・リヴァイヴァル様式の作品にはフィラデルフィアの聖マルコ教会（1847-52），デラウェア州ウィルミントンの聖ヨハネ大聖堂（1855-59）などがあるが，一方で円形アーチを用いた様式にも等しく精通していた（たとえば，フィラデルフィアの聖クレメント教会（1855-59）など）．新たな技術を好んで採用し，プリンストンのナッソーホールの再建（1855-59）では圧延鉄の梁を採用し，これは合衆国内で最も早期の例の一つであった．1860年代以降彼の設計活動は下降を辿り，そして，比較的早い死を迎えたのは，酒が一因とも考えられている.

ノット, ラルフ　Knott, Ralph (1879-1929)

ロンドン生まれ，イギリスの建築家．1908年にアストン・ウェブのもと，ロンドン・カウンティ・ホールの設計コンペに当選した．そのデザインは，バロック，新古典主義，さらに部分的にはマニエリスムが用いられた巨大な建物である．続いてノットは，アーネスト・ストーン・コリンズ（Ernest Stone Collins, 1874-1942）と共同で事務所を設立し，ロンドン，アッパー・グロスブナー・ストリート21番に優美な建物を設計した（1913）．ノットは，アーノルド・ソーネリーとともに，北アイルランド，ストーモントにあるグリーク・リヴァイヴァルによる議事堂を設計し，同じストーモントにスピーカーズ・ハウスをコリンズと設計した後（1926），早逝した.

ノットワーク　knotwork

織り合わされた曲がった紐またはリボンの装飾のことであり，さまざまな時代にさまざまな様式で現われる．わかりやすい事例としては，アングロサクソンやケルトの造形における複雑な模様があるが，アラビア装飾やアールヌーヴォー，ムーア建築などにもみられ，さらに帯模様もあげることができるが事例としては少ない.

ノップ　knop

頂華またはあらゆるものの膨らんだ端部.

野面仕上げ　quarry-faced

仕上げが非常に粗い石工術のことで，あたかも採石されてからそのまま加工されていない状態のようにみえるが，実際には接合部は整えられ，粗面仕上げに使用される．岩肌石工術とも呼ばれる．

ノッリ，ジョヴァンニ・バッティスタ　Nolli, Giovanni Battista (1701-56)

イタリアの測量技師，印刷技師，建築家．古代遺跡に関する正確で詳細な調査をもとに，ローマ都市図を制作．トラステヴェレに建てたサンタ・ドロテア聖堂（1751-56）は，堂々たる凹面状ファサード，それとは対照的に簡素な内装を特徴とする．

ノートル，アンドレ・ル　Nôtre, André Le (1613-1700)
　⇨ル・ノートル，アンドレ

ノービレ，ピエトロ（ペーター）・フォン　Nobile, Pietro (Peter) von (1774-1854)

スイス生まれで，19世紀のハプスブルク帝国で最も重要な建築家の一人になった．厳格な新古典主義の作風を学んで身につけ，オーストリアの港町トリエステで1807-17年の間，公共事業庁長官として影響力を及ぼした．トリエステ勤務中にアカデーミア・ディ・コメルチオ・エ・ナウティカ（商業海運アカデミー，1816以後）をはじめとした作品を手がけ，プーラとトリエステの多くの建物を修復した．1817年，ウィーンに召喚されてアカデミー・デア・ビルデンデ・キュンステ（美術アカデミー）建築学部で指導し，厳粛な古典主義で学生に大きな影響を与えた．ウィーン時代に2棟の重要な新古典主義の建築を設計している．フォルクスガルテン（市民公園）のテソイステンペル（テセウス神殿）（1819-22）とヘルデンプラッツ（英雄広場）のブルクトーア（城門，1821-24）である．前者はアテネにあるドリス式のヘファイストス神殿を縮小したもので，アントーニオ・カノーヴァ（Antonio Canova, 1757-1822）作のテセウスとケンタウロスの影像（1804-19）を収めるために建てられた．後者は皇宮（ホーフブルク）の前の空地へのアクセスとなる量感のある門（カニョーラによる厳格な設計にもとづく）である．残念なことに，城門が設けられた

城壁は1859年に取り壊され，現在ではブルクトーアだけが孤立した構造体になっている．他の作品には，ポーランドのクラクフ大聖堂のポトツキ礼拝堂（1830-32）や，カーサ・フォンターナ（1827-30），パラッツォ・コスタンツィ（1838-40），パンテオンに刺激を受けたサンタントニオ・ヌオーヴォ聖堂（1828-49）（いずれもトリエステ）がある．

ノブ　knob, knop
　頂華またはボス（アーチ頂点の要石）．

登り笠石　raking coping
　⇨レイキング・コーピング

ノルウェー装飾　Norse ornament
　⇨ヴァイキングの装飾

ノルベルグ＝シュルツ，クリスチャン　Norberg-Schulz, Christian（1926-2000)

ノルウェーの建築家，理論家，歴史家．ギーディオン，グロピウス，ミース・ファン・デル・ローエに影響を受け，モダニズムのみが20世紀において有効であると信じた徹底したモダニストであった．それだけに，バロックやロココの歴史に関する彼の業績や，ゲニウス・ロキへの関与はいっそう注目に値する．ギーディオンの影響下に，1952年にはPAGON（Progressive Architects Group Oslo Norway）をコルスモ，フェーンらとともに設立したのは，ノルウェー人の自前の出席者をCIAMに派遣するためであった．コルスモと共同で，オスロ近郊の丘陵地にガラスと鉄による3軒の住宅（1953-55）を共同で設計したが，その厳格なグリッドと建築的な処理は明らかにイームズやミース・ファン・デル・ローエの作品の影響を受けている．建築雑誌「建築芸術（*Byggekunst*）」の編集者をつとめ（1963-78），同じく1960年代にはオスロ建築学校での長期にわたる教員としてのキャリアを開始している．さらには影響力があった著書『建築における諸志向（*Intentions in Architecture*)』（1963）を出版した．これは空間と建築形態との構成理論の研究書であり，ゲシュタルト心理学やパウル・フランクル（Paul Frankl, 1879-1962），アウグスト・シュマルゾー（August Schmarsow, 1853-1936），ハインリヒ・ヴェルフリン

(Heinrich Wölfflin, 1864-1945) らの仕事の影響により，視覚的認識の重要性を強調している．また，都市についての現象学的分析手法を進展させ，『ゲニウス・ロキ (Genius Loci)』(1979, 80) を著した．不思議なことにノルベルグ＝シュルツの著書『近代ノルウェー建築 (Modern Norwegian Architecture)』(1986) や多くの論文では，母国の建築について伝統的な構法や，地元の材料の使用や，ヴァナキュラーな建築の美徳を強調して記述しているが，彼が CIAM や近代建築運動の熱狂を支持したことと矛盾するように思われる．ジェンクスの著書『ポスト・モダニズムの建築言語 (The Language of Post-Modern Architecture)』(1977) に影響され，表現の新しい可能性をそこにみてポストモダンを熱っぽく受け入れた．しかし，1990 年代になると孤立を深めたことによる傷心から，ポストモダンは「表面的な遊戯のうちに消え去った」と表明するにいたり，ふたたび最も専門とする理論的な方法によるモダニズム研究へと戻る．著書『近代建築の原理 (Principles of Modern Architecture)』を出版したのは，逝去の直前であった．

ノルマン，アルフレッド＝ニコラ Normand, Alfred-Nicolas (1822-1909)

フランスの建築家・著述家．建築家ルイ＝エレオノール・ノルマン (Louis-Eléonor Normand, 1780-1862) の息子．国外で学んだ後，1852 年にパリに移り，第 2 帝政期の重要な設計者の一人となった．生粋の古典主義者であり，作品から一切の中世的要素を排除した．彼の最大の業績はパリ，アヴェニュ・モンテーニュのメゾン・ポンペイエンヌ (1855 設計，1891 取壊し) で，ローマのヴィラの平面に影響を受けた，天窓のついた中央アトリウムをもつ．室内装飾は，グレコ・ロマン，ポンペイ，帝政ローマ，イスラム等々のリヴァイヴァルを重ね合わせ，豊饒な混淆を実現している．ナポレオン王子 (通称プロン＝プロン, Prince Napoléon-Joseph-Charles Paul (Plon-Plon) Bonaparte, 1822-91) のための邸宅は，ネオ・グレコ様式の典型となった．他に，1000 名収容の巨大な女性刑務所をレンヌに設計 (1867-76)．また，パリ近郊リアンクール・サン・ピエールにシャトー・ラトゥールを 17 世紀様式で設計，パリのヴァンドーム記念柱と凱

旋門を修復 (1871-78)，サン・ジェルマン・アン・レイの病院を設計した (1878-81)．『ル モニトゥール・デザルシテクト (Le Moniteur des Architectes)』(1866-68) の編集者でもあり，1867 年の万国博覧会に際して建設されたパヴィリオンの図版も出版した．息子シャルル＝ニコラ・ノルマン (Charles-Nicolas Normand, 1858-1934) とポール・ノルマン (Paul Normand, 1861-1945) もまた建築家である．

ノルマン建築 Norman architecture

11 世紀末から 12 世紀のノルマンディー地方やブリテン島のロマネスク建築を指し，一般には半円アーチ状の窓や戸口が刳りぬかれた量塊的な壁をもつ．19 世紀にノルマン・リヴァイヴァル (Norman Revival) という短い流行もあった．

ノルマン，シャルル＝ピエール＝ジョゼフ Normand, Charles-Pierre-Joseph (1765-1840)

フランスの建築家，技師，版画師．彼が制作したペルシエとフォンテーヌの『集成 (Recueil...)』(1801) の図版はアンピール様式をよく表現している．ノルマンの『さまざまな装飾ジャンル新集成 (Nouveau Recueil en Divers Genres d'Ornemens)』(1803) には，多くの総裁政府・第一帝政期のテーマが収められている．またピエール＝ニコラ・ボヴァレ (Pierre-Nicolas Beauvallet, 1749-1828) と『内部装飾・外部装飾 (Décorations intérieures et extérieurs)』(1803) を出版した．ノルマンの最も著名な書物は『オーダーの新しい比較図集 (Nouveau Parallèle des Ordres)』(1819) で，建築の諸オーダーを正確精巧に彫版したこの書物は，いまだ最良の原典の一つである．息子ルイ＝マリ・ノルマン (Louis-Marie Normand, 1789-1874) は，パリに新しくつくられた墓地のモニュメントや霊廟を版刻した重要な図集を 1832 年に出版している．

ノワイエ，ジョフロワ・ド Noiers, Geoffrey de (活躍 1189-1200 頃)

おそらくノルマン系フランスの石工棟梁で，1192 年からリンカン大聖堂のゴシック様式の再建の一部を担当した．聖ユーグの内陣のヴォールト (1192-1200) は彼の手によるもの

で，おそらくヨーロッパのゴシックにおいて初めて構造よりも装飾を強調したリブの実例である．またおそらく，聖ユーグの内陣の壁にみられる3次元的に重なり合ったブラインド・アーケードも彼によるものであろう．しかし，そこには石工リチャード（リチャード・ザ・メーソン，1190年代活躍）も参加していて，このゴシック大聖堂の当初のデザインは彼によるものであろう．

バー　bar
　1．門の横木のように水平に設置される単一の木あるいは金属製の部材．断面形はさまざまで，障害物としたり，扉の背後のほぞ穴に落し込まれるラッチ・バー（閂（かんぬき））となる．
　2．バード・ドアあるいはレッジド・ドアの裏側に水平に固定される棚状の水平材（レッジ）．ドアの仕上げおよび蝶番がこれに接合される．
　3．門あるいは門番小屋（ヨークのミックルゲートのものなど），障壁，あるいはハイウェイの料金所．
　4．法廷において判事席を隔てる囲繞物あるいは障壁．囚人が罪状認否，審理，判決や特別法廷の際に立つ位置を示す．あるいは判事や朗読者の席を残りの出席者から分けるものを指す．法廷弁護士（バリスター）の資格を得ることを「バーに呼ばれる」と表現するのは，法学徒が会衆の中からこのバーに「呼ばれる」ため．
　5．宿所やホテルなどで飲み物（あるいは食べ物）がその上に供される横木，あるいはカウンター．またはこれが置かれた部屋．
　6．格子状の窓サッシュを構成する木の水平・垂直材．バー・オブ・ア・サッシュ，グレージング・バー，サッシュ・バー，ウィンドウ・バーと呼ばれる．ベイ・ウィンドウの屈曲部の垂直部材はアングル・バーと呼ぶ．
　7．ゴシック建築のトレーサリーにおける流れ状の意匠．石材はすべて起ち上がりの起点のマリオンと同じ刳形を施される．錬鉄製の棒部材による形態と似た意匠となるため，全体はバー・トレーサリーと呼ばれる．

パイ　pie
　様式化された菊の模様またはロゼットに似た装飾．

バイイ，アントワーヌ・ニコラ=ルイ　Bailly,

ハイウイク

Antoine-Nicolas-Louis (1810-92)

フランスの建築家．ドブレとデュバンの弟子で，フランス・ルネサンス・リヴァイヴァルを専門とした．オスマンによって，パリの商事裁判所（1858-64）の建築家に任命され，ブレシアの市庁舎を参照して，相当な高さを誇る壮麗なヴォールト天井の階段を設計した．パリ4区の区役所（1862-67）がおそらくはバイイの最良の作品であり，フランス17世紀に多くを負っている．

ハイ・ヴィクトリアン　High Victorian
⇨盛期ヴィクトリア様式

バイオテクチュア　Biotecture
生物学の影響を受けた建築．ソレーリの作品など．⇨アーコロジー

パイオニオス（エフェソスの）　Paeonius or Paionios of Ephesus（活躍前350-前310）
古代ギリシアの建築家．エフェソスにある巨大なアルテミス神殿（前356-前236頃）の建設に，（デメトリウス，およびおそらくはデイノクラテスとともに）部分的にかかわっていた．さらに前313年より，ミレトスのダフニスとともに，ディディマにあるアポロン神殿を建設した．両者はともに，巨大な建築物である．アルテミス神殿では，優美なイオニア式オーダーが採用された．アポロ神殿は，ギリシアで唯一のイオニア式のデカスタイルの神殿であり，コリント式の半円柱が，神託室に通じる階段への入口に設けられていた．

ハイオーン一族　Hiorne Family
フランシス・ハイオーン（Francis, 1744-89）はウォリックで活躍した建築家・建設業者で，ゴシック様式で多くの建物を設計した．その中にはグロスタシャーのテットベリーにある美しいセント・メアリー教会（1771-81）があり，これは鉄芯の入った優美な木材ピアをもつ．彼はベルファストにある古典主義のセント・アン教会（1772-76，1900解体）の建築家であった．彼の父ウィリアム（William, 1712頃-76）と叔父デーヴィッド（David, 1715-58）はウィリアム・スミスのために働き，その後継者としてイングランドのミッドランド地方に多くの作品を設計した．ウィリアム・ハイオーンは，

ウォリックシャーにあるゴシック様式のアーバリー・ホール（1748頃-）をサー・ロジャー・ニューディゲイト（1719-1806）のために建てた．ウィリアムとデーヴィッドはノーサンプトンシャーのダヴェントリーにホーリー・クロス教会（1752-58）を古典主義で設計し，建てた．彼らはサンダーソン・ミラーのデザインによる建物をいくつか建てており，これらにはウォリックのシャー・ホール（1754-58）やウォリックシャーのパッキントン・ホールの厩舎（1756-58）がある．

拝火教神殿　fire-temple
イランには約50棟の拝火教神殿がある．火を信仰するゾロアスター教と関係がある．一般的には方形平面であり，4本の巨大なピアの上に，それぞれアーチが架かっている（「四つのアーチが架かっている」という意味で「チャハルタク」という）．建築物全体はスクウィンチによって支持されたドームによって覆われている．ササン朝時代から存在していたと思われる．7世紀のイスラーム教勢力の侵攻以後，多くの拝火教神殿が破壊されたが，モスクに用途変更されたものもあり，さらには礼拝室の原型となったものもあったかもしれない．

廃墟　ruin
注意深く考案され，特別に建設された「廃墟」（点景建築（フォリー）とも呼ばれる），あるいは本当の廃墟（たとえば城郭や修道院）は，しばしば18世紀イングランドのピクチャレスク・ランドスケープに組み込まれ，ヨーロッパ本土でも流行した．チェンバーズやソーンのような建築家は自らの作品を想像上の廃墟として表現することで，古典古代建築の傑作に値するものと認めさせようとしたが，これはグランド・ツアーやピラネージの銅版画から影響を受けてのことである．

パイクラスト　piecrust
ロココの，鏡などの周囲に施された扇形や渦巻き状の盛り上がった縁の形状．

ハイ・クロス　high cross
独立して屹立する，彫刻を施された石造十字架．通常，ケルトかアングロ・サクソンのもの．その作例はアイルランド（ラース県モナス

ターボイスのもの（9世紀か10世紀）など）やスコットランド（ダンフリース付近のラスウェルのもの（7世紀）など）に多い．一方，イングランドにも数例存在し，カンバーランドにある壮麗なるビューカースル・クロス（7世紀）のような作例がある．

配水塔　water-tower
⇨給水塔

ハイセンス，ペーター　Huyssens, Peter (1577-1637)
　フランドルの建築家，イエズス会士．マーストリヒトのイエズス会の学校の聖堂やその他の建築物を設計し（1606-13），アグイロニウスの没後にアントウェルペンのシント・カロルス・ボロメウス聖堂を竣工させた（1617-22）．さらに2棟の聖堂，すなわち1619年にブルッヘ（ブルージュ）のシント・ワルブルガ聖堂，1621年にナミュールのサン・ルー聖堂の設計案を準備したが，彼が没しても竣工しなかった．イタリアに遊学（1626-27）したのち，ヘントの現シント・ピータースケルクの建築物を設計し，1629年に着工した．その内陣はローマの先例の影響を受けている．18世紀には竣工したが，彼の計画案に完全に則っているわけではない．

配付け垂木　jack
⇨ジャック

ハイテク　High Tech
　（ある人はそれを様式と定義することを拒絶するかもしれないが，）建築構造や設備をむき出しにしたり，強調したり，もしくは明確化すること（いわゆる機械美学）によって，構造や設備を表現する様式のこと．ある言説によると，ハイテクはパクストンの水晶宮にみられるような19世紀の鉄とガラスの建築に端を発したとされているが，バックミンスター・フラー，フライ・オットー，アーキグラムから，未来派，ニュー・ブルータリズムでさえ，その攻撃的な造形は恩恵を被っているといわれている．最も典型的なハイテク建築としては，レンゾ・ピアノ，リチャード・ロジャースによるパリのポンピドゥー・センター（1977），ノーマン・フォスターによるノリッチのイースト・ア

ングリア大学にあるセンズベリー視覚芸術センター（1977），ロジャースによるロイズ・オブ・ロンドン（1986），フォスターによる香港上海銀行・香港本店（1986），マイケル・ホプキンスによるシュランバーガー・ケンブリッジ研究所（1985），グリムショウによるロンドンのドックランズにあるファイナンシャル・タイムズ印刷工場（1988）があげられる．また，ハイテクは工業美学としても知られ，本質的にはイメージづくりでしかない．建設や維持に費用が多くかかる傾向にある．

ハイデロフ，カール・アレクサンダー・フォン　Heideloff, Karl Alexander von (1789-1865)
　ドイツの建築家．1823年からニュルンベルクの技術学校の教授であり，『中世ドイツにおける建築職人組合（*Bauhütte des Mittelalters in Deutschland*）』（1844），『シュヴァーベンの中世芸術（*Kunst des Mittelalters in Schwaben*）』（1855）などいくつかの重要な研究書を執筆した．また，バンベルク大聖堂（1831-34），ローテンブルク・オプ・デア・タウバーの聖ヤーコプ教会（1854-57）など数多くの中世建築の修復を行った．後期ゴシックと新古典主義的な幾何学的原理にもとづいた彼の教会設計の中では，かつてのザクセン＝マイニンゲン公爵領のゾンネベルクに建つ聖ペーター教会（1843-44）がおそらく現存する最良の例である．

ハイデンライヒ一族　Heidenreich family
　ドイツの重要建築家一族．エアハルト・ハイデンライヒ（Erhard Heidenreich, 1524没）はレーゲンスブルク大聖堂においてロリッツァーのもとではたらき，ロリッツァーの処刑後の1514年には，その後を継いだ．エアハルトはおそらく，初期ルネサンス様式の細部を有した，回廊の六つの窓を設計したと推察される．また，アンベルクにあるザンクト・マルティン聖堂の塔や，インゴルシュタットのウンゼレ・リーベ・フラウ（聖母）聖堂（1509-24．この聖堂で彼とその息子ウルリヒ（1520年代活躍）は，ドイツ後期ゴシック様式の傑作の一つであるネット・ヴォールトに携わった）にも従事した．

パイト，アーサー・ベレスフォード　Pite, Arthur Beresford (1861-1934)
　卓越した建築と建築的空想によって記憶に残

るイギリス人建築家・ドラフツマン. 14 年間にわたり, ジョン・ベルチャーと協働するかたわら, 自身で実務もすすめ, また, 『ザ・ビルダー (*The Builder*)』のために図面を描き続けた. 1889-91 年, ベルチャーとともに, シティ (ロンドン) のグレート・スワン・アリーに公認会計士会館のホールを設計した. これは, ハリー・ベイツ (Harry Bates, 1850-99) やサー・ウィリアム・ハモ・ソーニクロフト (Sir William Hamo Thorneycroft, 1850-1925) などの彫刻が, マニエリスト・バロック建築と完璧に調和した作品である. この建築は, 主としてイギリスとドイツ, とくにベルリンで影響力が大きかった. パイトのマニエリスムは, ロンドンのモーティマー・ストリート 44・82 番地 (1890 年代) で最も顕著に現れた. これはフィレンツェのミケランジェロの作品を先例とするものであった. おそらく, ベントリーによるウェストミンスター大聖堂 (ロンドン, 1895-1903) に影響を受け, ロンドンのノース・ブリクストンの小教区ホール兼クライスト聖堂を設計した. 本人の説明によると, パイトは中東を旅し, この建築ではじめて, ビザンツ様式とマニエリスムとセルリアーナ・モチーフを一つの集中式の構成で統合して用いたということである. パイトはまた, ウガンダのカンパラに英国国教会の大聖堂 (1913-18) を, エンテベ, ウガンダ, ブカレスト, ワルシャワなどで聖堂を設計した. パイトは, その時代の他の建築家と同様に, のちに新古典主義に回帰し, ユーストン・スクエア (ロンドン) に建てたロンドン・エジンバラ・グラスゴー保険会社社屋 (1906-19) は, 1850 年以降で初のロンドンにおける学究的グリーク・リヴァイヴァルの建築であり, ここで C・R・コッカレルによるバッサエのオーダーの変形版を用いている. パイトの最も興味深い作品の一つに, セラミックで覆われたファサードをもつグレート・ポートランド・ストリート (ロンドン) のパガーニズ・レストラン (1904-05) があるが, これは第二次世界大戦中に壊されている. パイトはまた, ロンドンのバーリントン・アーケードににぎやかなピカデリー・エントランス (1911-30) を設計した.

ハイパーボラ hyperbola
　⇨双曲線

ハイパーボリック・パラボラ hyperbolic parabola
　⇨双曲放物線

ハイパーボロイド hyperboloid
　⇨双曲面

パイヒル, グスタフ Peichl, Gustav (1928-2019)

　オーストリアの主導的建築家. 初期の作品は 1930 年代の国際近代主義を参照するものだったが, 1960 年代にはウィーン・マイドリンクの知的障害者のためのリハビリテーション・センター (1965-67) でみられるように, サーヴィスの表現の実験を始める. 最もよく知られる建築は, オーストリア国営ラジオ (ÖRF) の地方放送局である. この建築ではさまざまな要素が背の高い大きなエントランスホールのまわりにまとめられ, そのホールを貫くように輝く金属の加工物が姿を現す. よい例はザルツブルク (1968-72) とアイゼンシュタット (1981-83) の ÖRF スタディオであり, ともに機械の美学がいかされたものとなっている. その後はフランクフルトのシュテーデル美術館増築 (1987-90) にみられるように, コンテクスチュアル・デザインにより興味をもつようになってきたようにみえる. そのキャリアをとおして風刺画家「イロニムス」としてよく知られてきた.

ハイベルガー, ヨハン・ゴットハルト Hayberger, Johann Gotthard (1695-1764)

　ヒューバーとともに, アトモント (現オーストリア) のベネディクト会修道院のバロック図書館 (1745 頃-66, 1776 にヒューバーによって完成) を設計したとされている. 彼はさらにザンクト・フローリアンのベネディクト会修道院図書館 (1744-50, プランタウアーの計画にもとづく) にも携わり, シュタイヤーのラートハウス (市庁舎, 1765-78, 均整のとれた塔をもつロココの造物) といくつかの都市住宅も設計した.

ハイポスタイル・ホール hypostyle hall
　⇨多柱室

背面並立装飾 addorsed

⇨アドースト

バイヤー，ヘルベルト　Bayer, Herbert
（1900-85）

　ザルツブルク近郊ハークに生まれ，建築を学んだ後 1921 年にヴァイマールのバウハウスに入学した．1925 年，デッサウのバウハウスで印刷・広告工房のマイスターとなり，雑誌『バウハウス（*Bauhaus*）』のデザインを担当した．サンセリフ体の単純なアルファベットを多用し，またユニヴァーサル体をデザインし賞賛を受けた（1925-28）．1928 年ベルリンでデザイン事務所を設立し，30 年にパリで開催されたドイツ工作連盟展ではグロピウス，ブロイヤーらと協働した．1938 年アメリカに移住し，ニューヨーク近代美術館で同年開催されたバウハウス展に協力した．1946 年，コロラド州アスペンでデザイン顧問となった．

バイヤルジェー族（バイェルジェー族）
Baillargé（*or* Baillairgé）Family

　2 世紀にわたってケベックで活躍したフランス系カナダ人の家系．ジャン（Jean, 1726-1805）とフランソワ（François, 1759-1830）は，ケベックのノートル・ダム大聖堂の修復の第 1 段階（1768-1818）の指揮をとり，トマ（Thomas, 1791-1859）はその簡素なファサードを設計した．トマはまた，ケベックの主教区建築家として，イル・ドルレアンのサン・フランソワ・ド・サル聖堂の優雅な内装（1835-44）を担当し，同じくイル・ドルレアンのサント・ファミーユ聖堂（1743 起工）のファサードで，ゲーブルの頂点に中央のクロシェ（鐘楼）（1843）を加えるなどの修正を加えた．彼が手がけたほかの聖堂には，ロトビニエールのサント・クロワ聖堂（1835）やサン・フランソワ・デュ・ラックのサン・フランソワ・グザヴィエ聖堂（1835-49），ピエールフォンのサント・ジュヌヴィエーヴ聖堂（1837-44），ローゾンのサン・ジョゼフ聖堂（1830-32）などがある．
　シャルル＝フィリップ＝フェルディナン（Charles-Philippe-Ferdinand, 1826-1906）は，建築家，土木技師，測量士であり，ミナード・ラフィーヴァーの影響を受けており，その影響は彼がケベックで手がけたグリーク・リヴァイヴァルの音楽ホール（1851-53）に現れている．

その他，ケベックのサン・ロミュアルド聖堂（1854-56）やニュー・ケベック監獄（1860-63）など，多くの建物を設計した．建築に関するすばらしい蔵書を有しており，また多数の論考を出版した．

ハイ・ライズ　high-rise
　多層構成の高い構築物，または摩天楼．

パイル　pile
　1．城やカントリーハウスのような特徴のある外見をもった建築物．
　2．海に設けられた石の防波堤もしくはピア．
　3．橋などのピア．
　4．スーパーストラクチャーを支持するために，沼地や不安定な地面に杭打たれた大きな上向きの木製の支柱．後には鉄製の円柱もしくは中が空洞の形になり，より最近では鉄筋コンクリートでつくられる．
　5．連続した部屋列．ダブル・パイルの家とは，奥行きが 2 部屋分あり，その間に廊下があるものとないものがある．

ハイ・ルネサンス　High Renaissance
　⇨盛期ルネサンス

バイレクション　bilection
　⇨浮き出し刳形

ハイ・レリーフ　high relief
　アルト・リリエーヴォ（イタリア語）ともいう．すなわち，背景からその形態の半分以上が浮き出たレリーフ状の彫刻．

パイロン　pylon
　1．上方に向けて傾斜した二つの巨大な塔から構成される古代エジプトの神殿の門．通常，浅浮彫りの彫刻とヒエログリフによって装飾されており，側面には枠付きの低い出入口が配され，この出入口の上部にも塔と同様にカヴェットやゴルジュ・コーニスの装飾が施された．塔の角はトーラスの刳形（くりかた）で仕上げられ，それが壁面の頂部において，ゴルジュ・コーニスの下側で水平に連続している．出入口（ゲートウェイ）のことをパイロン，プロパイロン，ピローンと呼ぶ専門家もいれば，出入口をパイロンと呼び，塔をプロピラと呼ぶ専門家

もいる．パイロンの形状は塔に似ており，事実，現在ではパイロンという用語は通常，塔を指すものとして用いられる．それは『エジプトの描写（*Description de l'Egypte*）』（1820年代）の編者による先例に倣うものでもある．（19世紀のチムニー・ポットによくみられる）パイロンの形状は，ブリストルのクリフトンの渓谷にかかったブルネル設計の構造物（1831-64）のように，吊り橋の塔に使われ，上に向かって傾斜した断面は19世紀のダムや擁壁に広く用いられた．

2．何かを支持するために建てられた背の高い構造物．とくに頭上の電線を支えるための格子状の鉄塔．

3．境界を示す標識もしくは人目を引く用途に使われる，背の高い構造物や柱．

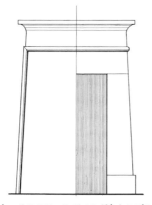

（左）トーラスのモールディングとシンプルなコーニスがついた典型的なエジプトのパイロンの形．
（右）アエディクラもしくはドア枠となる場合の形．

ハインズ&ラ・ファージ Heins & La Farge
アメリカの建築事務所．ジョージ・ルイス・ハインズ（George Lewis Heins, 1860-1907）とクリストファー・グラント・ラ・ファージ（Christopher Grant La Farge, 1862-1938）が1886年から共同主宰したもの．事務所はニューヨーク市の聖ヨハネ大聖堂〔セント・ジョン・ザ・ディヴァイン教会〕の設計競技（1889）で優勝し，H・H・リチャードソンの作品に影響された半円アーチとビザンティン建築が混ざった入口をつくった．1911年よりクラム・グッドフュー&ファーガソンが引き継ぐと当初の様式は支持されず，この建物はゴシック・リヴァイヴァルの傑作に姿を変えた．ハインズ&ラ・ファージはまた，ワシントンD.C.のセント・マシュー改革派教会大聖堂（1893-）や，ニューヨーク高速交通委員会指揮下の地下鉄駅（1904-），ニューヨーク動物園（1899-）を設計した．ラ・ファージはハインズが亡くなった後も実務を続け，ベンジャミン・ウィスター・モリス（Benjamin Wister Morris, 1870-1944）とともに，ワシントン州シアトルのセント・ジェームズ大聖堂やペンシルヴェニア州フィラデルフィアのセント・パトリック教会（いずれも1915-）を設計した．

バインダー binder
1．壁，ピア，楣（まぐさ）などに支持される主要なバインディング・ビームで，上に根太（ブリッジング・ジョイスト），下に野縁（シーリング・ジョイスト）を支持する．

2．桁に支持されるバインディング・ジョイストで，上に根太（ブリッジング・ジョイスト），下に野縁（シーリング・ジョイスト）を支持する．

ハインツェルマン，コンラート
Heinzelmann, Konrad（1390-1454頃）
ドイツ後期ゴシックの重要な建築家．1420年代にはウルム大聖堂に従事し，その後，1427年から38年にかけては，バイエルン州ネルトリンゲンにあるザンクト・ゲオルクの大きなホール式聖堂の建設に専念した．ローテンブルク・オプ・デア・タウバーでは，1438年にザンクト・ヤコプ聖堂の建設を監督し，また39年から没するまでの期間は，ニュルンベルクのザンクト・ロレンツのクワイア（ロリツァーによって完成）の建設に携わった．

ハインドリー，ウィリアム Hyndeley, William（活躍1466-1505没）
イングランドの石工．1473年，ヨーク・ミンスターのマスター・メーソンとなり，そこで南側にバトルメント（鋸歯状胸壁）を建設した．ハインドリーは，タイル職人ジョン・パトリックを殺害した容疑で刑務所に収監されたにもかかわらず，非常に高く評価されていたと思われ，ミンスターの塔の一つの下に埋葬された．

ハインドリー, トマス　Hyndeley, Thomas
（1401-33 活躍）

イングランドの石工. 1401 年から, クロイスターの建設など, ダラム大聖堂の小修道院で働き, 1416 年にはチーフ・メーソンとなった. クロイスターでは, 中央の八角形洗水盤（1433）を設計し, 1420 年代にはスカパラ・カースル（ヨークシャー）の仕事を任された.

バウ　bow

1.　壁において表面から突出している部分. 平面形は楕円の一部, 半円, 円弧の一部などで, その中の一部または幅の全体にわたって窓が設けられるのが普通. これをバウ・ウィンドウ, コンパス・ウィンドウと呼ぶ. 平面形が斜め（あるいは多角形の一部をなすもの）や方形をしている場合はバウではなくベイと呼ばれ, 突出部分の窓はキャンテッド・ベイ・ウィンドウ, レクタンギュラー（スクエア）・ベイ・ウィンドウと呼ばれる. ⇨ベイ・ウィンドウ

2.　フライング・バットレスの一部をなすアーチ状の形態.

3.　女神ディアナのアトリビュート. 狩猟と関連づけられる.

バウアー　bower

1.　中世の住宅における女性専用の部屋. ブドワールの前身といえる.

2.　田園地方の小住居, あるいはコテージ. ロマン主義的・ピクチャレスクな風景の中のコテージ・オルネ, すなわち趣向として粗野な造りとした建物.

3.　東屋や類似の庭園建築.

4.　庭園や風景の中で, 樹木の枝で囲ったり覆ったりして「自然」にみえるように造形された, 木陰の奥まった場所や隠れ家.

ハーヴァード建築　Harvard architecture

1940 年代から 1950 年代にかけてハーヴァード大学デザイン大学院においてグロピウスやブロイアーによりバウハウスの指針で養成された建築家たちの作品. その実践者としては E・L・バーンズ, フィリップ・ジョンソン, I・M・ペイ, ポール・ルドルフがおり, アメリカ合衆国において現代主義を推進した.

ハーヴィー, ジョン・フーパー　Harvey, John

Hooper（1911-97）

イングランドの建築史家, 庭園史家. 多作な著作家にして傑出した学者で, 長年にわたって建築史・庭園史に多大な貢献をなした. 最も偉大な功績は, 権威ある『イングランドの中世建築家：1550 年までの伝記辞典（*English Mediaeval Architects: A Biographical Dictionary down to 1550*）』であり, これは1954 年に出版され, その後, 改定された. これは文献史料に基づきながら, 丁寧に示された史実とともにイングランドの中世建築を解明している.

ハヴィランド, ジョン　Haviland, John
（1792-1852）

イギリスのサマーセットに生まれ, ジェームズ・エルメスの弟子となった. 1816 年にアメリカに移住し, そこで多くの建造物を設計した. その中にはペンシルヴァニア州フィラデルフィアのフランクリン・インスティテュート（1825-26）があり, アテネのトラシュロスのクラジック記念碑にもとづいた厳格なグリーク・リヴァイヴァル様式で設計された. 『建設者のアシスタント（*The Builder's Assistant*）』（1818-21）を出版したが, これは他の出版物や教育活動と同様に, 建築家としての乏しい収入を増やすことを意図した活動だった. 同書はギリシアのオーダーについて描写したアメリカで最初の出版物であり, 1830 年には 4 巻本として再版された. 彼はイギリス改革主義者の思想にもとづき, アメリカ最初の監獄であるフィラデルフィアの東部連邦刑務所（1821-37）をゴシック城郭風様式で設計した. 1830 年にはオーエン・ビドル（Owen Biddle, 1737-99）の『若い大工のアシスタント（*Young Carpenter's Assistant*）』（初版は 1805 年）に新たな図版を加え新版として出版した. そこには彼が設計したペンシルヴァニア州ポッツヴィルのマイナーズ銀行（1830-31, すでに取り壊し）の挿絵もあり, この建築のファサードが鉄板に覆われ, それを切り石積みのようにみせていたことを示している. 彼が設計した多くの教会や個人住宅はほとんどがグリーク・リヴァイヴァル様式であるが, 「トゥーム（墓）」として知られるニューヨーク市の法廷と刑務所を収容する建築（1835-38）はエジプト・リヴァイヴァルであり, みる者すべてに畏敬と恐怖を植えつけるよ

うに計算されていた．彼はトレントン近くの
ニュージャージー州刑務所（1832-36）でエジ
プト風のディテールを初めて採用した．それは
経済的な理由もあったが，投獄されるほど不運
で「不幸な存在を待ち受ける悲惨さ」を示唆す
る意図もあった．そしてこの建築は，二つのパ
イロンの間の開口部のない巨大な壁と陰湿な雰
囲気のポルティコによって，「崇高なほどの」
堅牢さと恐ろしさをもつものとなっている．エ
ジプト様式は，ニュージャージー州ニューアー
クのエセックス郡裁判所・刑務所（1836-38）
でも採用された．ハヴィランドはアメリカのエ
ジプト・リヴァイヴァルの最も偉大な建築家と
呼ばれている．

パヴィリオン pavilion
　1．　モニュメンタルな建物やファサードの，
中央あるいは側面あるいは中間部分の，外側に
突き出した分割部で，非常に入念な装飾（たと
えばオーダー，ペディメント，宮殿風正面な
ど）を施したり，あるいはパリのルーヴル宮殿
のようにスカイラインを非常に高くしてほかと
区別したりすることで，建築的に強調される．
　2．　建物の隅部を特徴づける要素，あるいは
左右対称形のパラディアン・スタイルのよう
に，巨大な構築物の翼棟の端部を特徴づける要
素．
　3．　病院や監獄などでみられる，廊下などで
連結された，衛生や安全目的のために他とは隔
絶した建物やブロックの一つ．
　4．　望楼やあずま屋などのように，独立した
装飾的な建物．いつもというわけではないが，
大きな建築や主屋に付属してつくられているこ
とが多い．
　5．　スポーツ競技場において，ベランダを備
えた建物．クリケット・パヴィリオンなど．
　6．　仮設建築．
　7．　覆い，ないしは天蓋，すなわちテント状
の構築物で，天蓋で覆われた輦台や，円形劇場
上の天幕．
　8．　パーク内の独立した建物で，娯楽や気晴
らし用に使用されることが多く，休息のための
大広間のほかに，二部屋を備える，一つは飲食
物の貯蔵用，もう一つは洗面室として．
　9．　（8）をさらに洗練させた施設で，複数の
部屋を備え，しばしば建築上の綺想を表現する
媒体となる．サセックスのバーリントン・パ

ヴィリオンなどがその例．

パヴィリオン・システム pavilion system
　「パヴィリオン」（3）の意．すなわち，病院
や類同施設の計画に用いられるシステム．ヘン
リー・カリー（Henry Currey, 1820-1900）に
よるセント・トーマス病院（1867-71）などが
その例（同院は部分的に取り壊されている）．
このシステムは18世紀に，感染を制御する手
段として推奨された．

パヴィリオン・シーリング pavilion-ceiling
　1．　頂点に向けて，全方向から等しく傾斜し
た屋根．方形屋根，テント屋根の下部など．
　2．　「キャンプ」（3）に同じ．コームあるい
はテント屋根などとも呼ばれ，テントのように
傾斜した凸型の側面をもつ．

パヴィリオン屋根 pavilion-roof　⇨屋根

パヴェ pave
　足下の表面を，煉瓦，敷石，タイルなどで敷
き詰めること．パヴェ（pavé）は，規則正し
いパターンの小さな石片を敷き詰めたもので，
北イタリアやベルギーに一般にみられる．

パウエル・アンド・モヤ Powell & Moya
　（サー）（アーノルド・ジョセフ）フィリッ
プ・パウエル（Philip Powell, 1921-2003）と
ジョン・ヒダルゴ・モヤ（John Hidalgo Moya,
1920-94）によって，1946年にロンドンのピム
リコー・ハウジング計画（1946-62）を実施す
るために設立されたイギリスの建築事務所で，
国際的モダニズムに影響を受けている．英国祭
における「スカイロン」タワーは（1951，現存
せず），当時，非常に評判となった．続いて，
病院，スイミングプール，チチェスター祝祭劇
場（1961-62）などの作品がある．評価の高い
作品には，オックスフォードのブレイズノー
ズ・カレッジにある建物（1962）とケンブリッ
ジ，セント・ジョーンズ・カレッジにあるク
リップス・ビルディング（1963-67），オックス
フォード，クリスト・チャーチのブルー・ボア
ー・クァッドとピクチャー・ギャラリー
（1966-68），オックスフォード，ウルフソン・
カレッジ（1972-74），ケンブリッジ，クィーン
ズ・カレッジのクリップス・コート（1976-78）

がある．また，ロンドン，バービカンのロンドン・ウォールにある，ロンドン博物館（1974-76），ウェストミンスターのブロード・サンクチュアリー，クィーン・エリザベス2世カンファレンス・センター（1980-86），グレート・オーモンド・ストリート病院（1990-94）も手がけた．

ハウエル，キリック，パートリッジ・アンド・エイミス Howell, Killick, Partridge, & Amis
イギリスの建築事務所で，1959年にウィリアム・ガフ・ハウエル（William Gough Howell, 1922-74），ジョン・アレクサンダー・ウェンツェル・キリック（John Alexander Wentzel Killick, 1924-71），ジョン・アルバート・パートリッジ（John Albert Partridge, 1924-2016），スタンレイ・フレドリック・エイミス（Stanley Frederick Amis, 1924-）によって設立された．ロンドン州建築部とともに，ロンドンのローハンプトン・レーン集合住宅（1951-60）の設計にあたり，ル・コルビュジエのユニテを小さくしたような住棟を建てた．その他，プレキャスト・コンクリートを使用したオックスフォードのセント・アン・カレッジの建物（1960-69），同じオックスフォードのセント・アントニーズ・カレッジの新しいホールと談話室（1966-67），ケンブリッジのダウニング・カレッジの個室，ホール，キッチンの複合施設（1965-70）がある．その後の作品には，チェシャーのワーリントン・クラウン・アンド・カントリー・コートハウス（1992）がある．

ハウエルズ，ジョン・ミード Howells, John Mead（1868-1959）
アメリカの建築家．マッキム・ミード＆ホワイトのもとで働いた後，ニューヨークでアイザック・ニュートン・フェルプス・ストークス（Isaac Newton Phelps Stokes, 1867-1944）と共同で事務所を設立した（1897）．この事務所はニューヨーク市のマディソン・スクエア教会伝道館（1898）やコネチカット州ニューヘヴンのイエール大学ウッドブリッジ・ホール（1901）を設計しており，後者は18世紀のパリの邸館の一つに似ている．全体として彼らの作品は控えめで折衷的であり，建物の立つ環境に気を配っている．コネチカット州ダンベリーの第一会衆派教会（1909）ではハウエルズのアメリカ

の18世紀のコロニアル建築への関心の反映がみられる．一方，ストークスは慈善的事業，とりわけ労働者階級向けの住宅供給への関心を深め，また『1498年から1909年までのマンハッタン島の図像集成（*The Iconography of Manhattan Island, 1498-1909*）』（1915-28）を出版した．共同事務所は1917年に解消されたが，ハウエルズは（レイモンド・フッドとJ・A・フイローとともに）フランスのフランボワイアントゴシックの先例を下敷きにしたシカゴ・トリビューン・タワー（1922-25）を設計した．ハウエルズとフッドはニューヨーク市のデイリー・ニュース・ビルディング（1929-30）でも協働し，一方アール・デコ的な量塊表現によるニューヨーク市の学生社交クラブ（のちにビークマン）タワー（1928）はハウエルズ単独の作品である．アメリカの初期の建築の巧みな修復家であり，また『失われたコロニアル建築の実例（*Lost Examples of Colonial Architecture*）』（1931）や『メリマックの建築遺産（*The Architectural Heritage of the Merrimack*）』（1941）など著作も多い．

ハウ，ジョージ Howe, George（1886-1955）
アメリカの建築家．彼が設計したペンシルヴェニア州フィラデルフィアのチェスナット・ヒルにあるハイホロウでは，パリのボザールでの修業（1908-13）やヨーロッパ旅行（とくにイタリア），ペンシルヴェニア州のヴァナキュラー建築からの影響が明らかである．1916年から28年までメロー・メグス＆ハウ（Mellor, Meigs, & Howe）事務所の共同主宰者であり，ラッチェンスの作品やアメリカのコロニアル建築，そしてイギリスのアーツ・アンド・クラフツ運動の影響がみられる住宅を得意とした．ハウを単独で扱った1923年の本にその頃設計した住宅の図版が含まれている（またアーサー・メグスの『アメリカのカントリーハウス（*An American Country-House*）』（1925）にも図版がある）．ハウはこうした建築上の立ち位置を捨て，インターナショナル・スタイルの建築言語をとるようになり，レスカーズとともに国際的モダニズムの摩天楼の模範となるフィラデルフィア貯蓄銀行事務所（1929-32）を設計した．1930年代をとおしてアメリカ合衆国でモダニズムを推進したが，1935年にレスカーズとの共同事務所を解消，個人住宅に回帰し，伝統的

な平面とモダニズムの形態，そして地元の素材を融合した（例：ペンシルヴェニア州ホワイトマーシュのスクエア・シャドウズ（1932-34）やメイン州マウント・デザート島のフォーチューン・ロック（1937-39））．1940年にルイス・カーンらと短期間提携し，1950年にはイエール大学建築学科の長となった．

バウストリング bowstring ⇨トラス

バウスヘイト，ヤン・ピーター・ファン
Baurscheit, Jan Pieter van (1699-1768)

ドイツ生まれの彫刻家ヤン・ピーター・ファン・バウスヘイト（Jan Pieter van Baurscheit, 1669-1728）の息子．父の弟子であり，アントウェルペンのイエズス会の聖カロルス・ボロメウス教会（1718-28）やその他の建築における仕事で父を補佐した．ルイ・カトールズ様式をハーグに紹介したマロの影響を受け，フランドルとドイツの装飾的な意匠を混合した自身の建築言語を発展させた．作品にフリッシンヘンのベーデルハウス（1730），アントウェルペンのフロウラ・ハウス（1737，復元されたファサード以外は大部分が破壊されている），アントウェルペン近郊スフラーフェンヴェツェルの城（1730-37頃）があり，これらはすべてレジャンス様式となっている．さらにロココ様式のリール（ベルギー）市庁舎（1740-44），壮麗なインテリアをもつファン・スステーレン=ローゼ（1745-48）やフローテン・ロベイン（1745-50）などのアントウェルペンのいくつかの都市住宅がある．彼によるヴリシンゲンのフェン・デ・ペレ邸（1763-65，現在は裁判所）は，新古典主義初期の試みである．

ハウス・ルッカー・コー（「住宅移動社」の意）
Haus-Rucker-Co (House-Mover Company)

1967年にラウリズ・オルトナー（Laurids Ortner, 1941-）とマンフレート・オルトナー（Manfred Ortner, 1943-），ギュンター・ツァンプ・ケルプ（Günter Zamp Kelp, 1941-），およびクラウス・ピンター（Klaus Pinter, 1940-）がさまざまな分野を代表する人びとと設立したウィーンの建築・デザイン集団．デュッセルドルフ（1970）とニューヨーク市（1971）に事務所を開設し，急速に国際的な存在となっていった．「使い捨て建築」，空気膜構造，エア・マットレス，生命維持システムに特化していき，手がけた事業としては（プラスチックを用いることが多い），バルーン・フォー・トゥー（1967），クレフェルトにあるハウス・ランゲ・ムゼウムを囲う外部シェル（1971），カッセルにあるオアシス5（1972）がある．実現しなかったが，注目を浴びた事業としては，ニューヨーク市の空気セルエクスパンション「ニューマコズム」（1967），巨大な梯子でアクセスする人口雲（「ビッグ・ピアノ」，1972）がある．クックはハウス・ルッカー・コーを「実験建築」に貢献したものと認識していた．

バウティスタ，フランシスコ Bautista, Francisco (1594-1679)

スペインのイエズス会士，建築家．ローマの「イル・ジェズ」聖堂をベースにマドリードのサン・サルバドール・デル・ムンド聖堂とサン・イシドロ・エル・レアル聖堂を設計した（1626-51）．これらはのちにスペインとラテン・アメリカに建てられた多くのイル・ジェズ形聖堂の先例となった．

バウテル bowtell, bowtelle

ロール・モーディング，オヴォロ，トルスなどの，凸形の断面をもつ平坦な刳形．ボルテル，ボトル，ボウルテル，ボウルティンともいう．アストラガルやビードより大きく，中世のクラスタード・ピア（束ね柱）においてコロネットやシャフトを指すために用いられていることがある．

バウハウス Bauhaus

ドイツのデザイン学校（名称の意味は，建築の家）であり，その理想は1914-18年の第一次大戦の後の20世紀建築界を支配した．広く信じられているのに反して，それは1927年まで，建築部門を持たなかった．ザクセン・ヴァイマール大公ヴィルヘルム・エルンスト（Grpßherzog Wilhelm Ernst von Sachsen-Weimar, 1873-1923, 在位1901-18）のもとで二つの学校，ザクセン大公立工芸学校（19084年公式創立）とザクセン大公立造形芸術高等学校（1860年創立，1900年改組）が，工芸産業を促進するべく，1919年に統合され，州立ヴァイマール・バウハウス（Staatliches

Bauhaus Weimar）となった．1915 年にヴァルター・グロピウスはアンリ・ヴァン・デ・ヴェルデから〔工芸学校の〕校長を引き継ぐよう要請されていたが，彼は兵役中であり，1919 年まで就任できなかった．グロピウスの指導のもとに統合されたこの学校は〔建築を中心とする芸術教育プログラムを創案した．〕彼はその革新的な政策がドイツ工作連盟が推進した考え方から出たものと主張した．

そして〔モダニズム芸術家を教師陣に配して発足した〕バウハウスは，とりわけファン・ドゥースブルフが 1922 年にヴァイマールに住み着き，構成主義とデ・ステイルの理念を加味した．そして〔近代生活において〕芸術と技術を統合するという考え方をもとに，職人技から「インダストリアル・デザイン」への進化を模索した．州政府の補助金を得ているものの，大方が左翼となったこの学校は，地域の民間の工房に対する脅威とみなされ始め（驚くことではないが），1925 年には反対派の圧力が強くなり，閉校させられ，その機能は，オットー・バルトニンクを校長とする「手仕事・建築高等学校」に引き継がれた．放蕩的として批判された経営や自己主張が強すぎるゆえにバウハウスを弾圧したのは，やがてナチスに吸収されていくこととなる保守的伝統に拘る職人や意匠家たちだった．

ヴァイマール市が敵対的となった後，工業都市のデッサウがバウハウスを招聘し，グロピウスが設計した新校舎が建築され（1925-26），その建物はインターナショナル・モダン（国際近代）の様式の模範となった．それは全面ガラスの大きな工房ブロックを含む，三つのウィングからなる複合建築であり，他に「マイスター」と称された教授たちの住居を備えていた．バウハウスはデッサウ市立の造形大学となり，1927 年には建築部門が設置され，ハンネス・マイアーが建築教育を担当した．彼は集産主義，社会主義の傾向を示し，とくに 1928 年，バウハウス校長をグロピウスから引き継いだ後にそれが顕著となった．マイアーの主張（建築教育を担当したルートヴィヒ・ヒルバースアイマー（ヒルベルザイマー）に支援されて）は，建築とは美学的なプロセスではなく，すべてが機能と経済の結婚に依存するというものであり，異論を招きもした．結果としてデッサウ市長は 1930 年にマイアーを解雇した．マイアーの後継者は

ミース・ファン・デル・ローエであり，彼は厳格な品質とともに，建設することと開発することに精神集中する厳しい製作活動倫理を求めた．そして彼の新体制は左翼主義者を遠ざけたが，それまでに高まりつつあったナチス（国家社会主義ドイツ労働者党）の影響もあって，デッサウ・バウハウスを閉校させるにいたる．ミース・ファン・デル・ローエ（彼はナチスとの妥協を図ろうとしたが）のもとで，1932 年，〔私立となった〕バウハウスはベルリンのシュテークリッツに移転したが，1933 年，最終的に閉校した．

その後，バウハウスの構成員たちは亡命するなどし，その理念は世界中に広まった．アメリカ合衆国ではその考え方は，ハーヴァード大学でグロピウスおよびブロイアーによって，シカゴではモホリ＝ナギ（モホイ＝ナジ）によって，またシカゴのアーマー・インスティテュート（現イリノイ工科大学）ではミース・ファン・デル・ローエ等によって推進された．バウハウスは，それをモダニズムの最高の教育機関としてとらえたギーディオン，ペヴスナーによって推奨された．第二次大戦後の 1950 年に設立されたウルム造形大学（ホッホシューレ・フュア・ゲシュタルツンク）において，ビルはバウハウスの教育プログラムを再生させている．

バウマイスター，ラインハルト　Baumeister, Reinhard（1833-1917）

ドイツの技術者および建築・都市計画の理論家．著書『技術的・建築警察的・経済的観点からみた都市拡張（Stadt-Erweiterungen in technisher, baupolizeilicher, und wirtschaftlicher Beziehung）』（1876，ベルリン）は都市デザインに合理的で科学的な基盤を創り出そうとしたものであった．1860, 1870 年代には南西ドイツでいくつかの鉄道線路を計画し，ヴィースバーデンの環状道路（1871）やカールスルーエの病院（1871）を設計した．彼の主要な関心事は，建設の自由と個人の建設の権利に対する公の干渉との間の均衡を見出すことであり，「芸術的」な都市計画をうながすことであった．後者はジッテの理念を先取りするものであった．

ハヴリーチェク，ヨゼフ　Havlíček, Josef（1899-1961）

チェコスロヴァキアのアヴァンギャルド建築

家．CIAM とル・コルビュジエの思想を熱心に推進した．カレル・ホンジーク（Karel Honzík, 1900-66）とともに国際モダニズムでプラハの総合年金局（1926-35）を設計．プラハの新市街（ノヴェー・ムニェスト地区）を取り壊してピラミッド形の摩天楼に置き換える，CIAM の教条に合致した提案（1950 年代）は幸い実現しなかった．その設計で最も優雅な作品は，プラハ＝レトナー地区の集合住宅（1937-38）であろう．他の作品には，ポジェブラディのサナトリウム（1936-40），プラハの二棟の集合住宅（1937-38）がある．

パウリック, リヒャルト　Paulick, Richard (1903-79)

ドイツの建築家．ドレスデンとベルリンで，デュルファーとペルツィヒのもとで学んだ．ゲオルク・ムッヘ（Georg Muche, 1895-1987）と共同し，デッサウ市テルテンのバウハウスで鉄骨部材を用いたプレファブによる住宅（1926-27）を設計した．また，バウハウスではグロピウスの助手を務めた（1927-28）．1929 年以降はベルリンのグロピウス事務所に加わり，大規模な集合住宅の計画に従事した．1933 年に中国に移住し，上海のセント・ジョン大学で教鞭を執り，また都市計画の策定，鉄道や港湾施設の建設に関わった．1949 年にヨーロッパへ戻り，ドイツ民主共和国で影響力のある立場を得た．住宅供給研究所所長（1952-54）を務め，体制が承認した古典主義風の様式を用いてスターリンアレーの大規模集合住宅を設計した（1952 以降）．また，ベルリン，ウンター・デン・リンデン通りに面する，クノーベルスドルフ設計による国立オペラ劇場の復元工事（1951-55，内部はオリジナル部分をほとんど残していない）を指揮した．同様に，戦前の都市計画を失ったドレスデンの復興に携わった．権力を少なからず行使し，工業化されたプレファブ工法を東ドイツに導入するのに役割を果たし，その結果熟練した職人たちが職を追われた．オーデル川流域シュヴェトの大規模集合住宅の設計に際し主任建築家を務めた（1962-64）．ハレ＝ノイシュタットで化学産業に従事する労働者のための集合住宅は 10 万人を収容する大規模計画で，工業化された建物やプレファブリケーションに対する長年の信念を主任建築家として実践した．1967 年以降はベ

ルリン，ウンター・デン・リンデン通りの「フォーラム」および皇太子宮殿の復元工事を監督した．1972 年以降は「実験的建築」を推進する研究所を指揮し，プレファブ技術の普及に尽力した．晩年にはヴァイマール国民劇場の復元（1972-73），ツヴィカウの町立劇場（1973）などの作品がある．

パウル, ブルーノ　Paul, Bruno (1874-1968)

ドイツの建築家．ドイツ工作連盟の会員．機械製作された定型家具を設計し，この定型化の考え方はル・コルビュジエに影響を与えた．建築作品はイタリアのルネサンス，ついで分離派（ゼツェッシオン），ネオ・ビーダーマイヤー，アール・デコ，ついには国際様式などの各様式を用いた．パリ万国博覧会ではユーゲントシュティールによって狩猟室を設計した（1900，印象的な展示で，1901 にはミュンヘンで，1902 にはトリノの各展覧会で再展示された）．また，ツェツィーリエ王女号（1907），フリードリヒ・ヴィルヘルム王子号（1908）など客船内部の設計も手がけた．ケルンのドイツ工作連盟展（1914）ではビアホール，食堂などを設計した．ドレスデン近郊ヘレラウのパネル式住宅（標準化住宅），数多くのインテリア（例：豪奢な定期船ブレーメン号（1927））とともに，ベルリン郊外には大規模な郊外型住宅（ヴィルマースドルフ（1925-26）のヴァルムボルト邸では伝統的な要素と近代的な水平窓を融合させている）を多数設計した．国際様式の事務所ビル（例：ケルンのディシュ事務所ビル（1929）），ストリップ・クラシシズムのビル（例：ケルンのゲーリンク保険会社ビル（1930））などの作品もある．1929 年にはミース・ファン・デル・ローエと共働した．

パエストゥム　Paestum

イタリアのナポリの南方にある古代ギリシアの植民市で，ドリス式神殿の遺構群が残っている（前 530 頃-前 460 頃）．同市のドリス式オーダーには，古代の事例中最も顕著なエンタシスが適用されており，柱身の上に載る非常に幅が広いずんぐりした柱頭は，プリミティヴな印象を際立たせている．このパエストゥム式のオーダーは，18-19 世紀の新古典主義者たちから大いに賞讃され，力強い印象が求められる場面で用いられた．

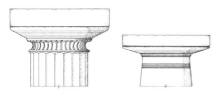

パエストゥムのプリミティヴなドリス式柱頭（ノルマンによる）

パエッシェン（パッセ），ハンス・ヘンドリク・ファン Paesschen (or Passe), Hans Hendrik van (1515頃-82頃)

　アントウェルペン出身のフランドルの建築家で，マニエリスムが優勢であった北ヨーロッパに，イタリアの古典主義を導入した．パッラーディオとデ・ロルムとは同時代人で，彼の建築の多くがコルネリス・フロリス・デ・フリーントによるとされてきたことから，その名声は過小評価されている．また，彼について（ヘンドリク・フレミング（Hendrik Fleming），ヘンリー・パッセ（Henry Passe），ほか）多くの名前が伝わる．フロリスによってアントウェルペン市庁舎（1561-66）の図面制作のために採用されたらしく，その間フロリスは彫刻を制作し，顧客に応対していた．ラードホイス（市庁舎）には，アントウェルペンのハンゼアテンホイス（ハンザ・ハウス，1564-66，1893とり壊し，これもまたフロリスによるとされるが，おそらくパエッシェンによる）のように，イタリアからの題材とモチーフが数多く用いられている．ありうることであるが，仮に彼がロンドンの王立取引所（1566-68，1666とり壊し）と，リンカンシャーのスタンフォード近郊のバリー・ハウス（1564-87），ハートフォードシャーのシオボールドの邸館（1560年代，現存せず）の計画にかかわっていたとすれば，彼にはイニゴー・ジョーンズが生まれる前にイタリアのルネサンス建築をイングランドに導入した功績が認められなければならないだろう．また，ウェールズのフリントシャーのトレマイルヒオンのバッヒェグライグ〔Bach-y-Graig はウェールズ語の Bachegraig〕（1567-69，現存せず）も計画したとされ，その場合でも彼は当地におけるルネサンスの開拓者であった．彼とイングランドおよびウェールズとの関係は，王立取引所の創立者で，有力なセシル一族と交友関係にあり，アントウェルペンの英国代理人であったサー・トーマス・グレシャム（Sir Thomas Gresham, 1519頃-79）を通して構築された．ロンドン近郊のミドルセックスのオスタリーの計画に関わっていたようである．デンマークのヘルシンゲルにおけるクロンボー城（1574）の計画に着手した．のちに，天文学者ティコ・ブラーエ（Tycho Brahe, 1546-1601）のために，デンマークのフェン島のウラニボリ（1576）を設計し，その館には天文観測用のドームを載せた．

墓石 tombstone

　墓の上に立てられ，銘文の記された，垂直，あるいは水平の墓碑，あるいは記念碑．

パーカー，ジョン・ヘンリー Parker, John Henry (1806-84)

　イングランドの建築に関する著作家．オックスフォード運動の指導者たちの著作を出版し，キリスト教会学，ゴシック・リヴァイヴァル，19世紀の英国国教会の国家的高まりにおいて大きな重要性を有した．1836年に『専門用語辞典（Glossary of Terms）』を出版し，これは何度も版を重ねた．これはブロクサムの著作とともに，キリスト教会学とゴシック・リヴァイヴァル運動の初期の（そして最も学術的に）影響力のある著作の1つとなった．1848年にリックマンの独創的な著作の第5版を編集し，1849年には『ゴシック建築研究入門（Introduction to the Study of Gothic Architecture）』を出版した．これは『専門用語辞典（Glossary）』と同様に多くの版を重ね，中世建築を学ぶ学生のための教育に大きな寄与をなした．1860年代，1870年代にローマとその近郊で古代建築と考古学的遺跡の写真を多く撮っており，これらの建築はその後，失われてしまったため，貴重な記録となっている．

パーカーズ・セメント Parker's cement

　1796年に特許が与えられ，またローマン・セメントやシェピー・セメントなどという呼び名でも知られた．灰褐色のスタッコで，焼いた粘土塊の粉末と石灰，砂，水を混合してつくった．素早く硬化し，一般に煉瓦造りの内壁ファサードに，切石の代用品として用いられ，その「継ぎ目」はセメントが乾く前につくられた刻

み目で表されていた. また（石灰を加えない状態で）水中の構築物にも用いられたが, これは水の中でも硬化するという特性を活用したものであった. のちにはポルトランド・セメントにとってかわられた.

葉型飾り　leaf
　⇨リーフ（3）

歯形突起　cog
　⇨コグ

歯形煉瓦帯　cogging
　⇨コギング

歯形煉瓦積み　cog
　⇨コグ

バーカーツ, グナー　Birkerts, Gunnar（1925-2017）
　ラトビア生まれのアメリカの建築家. 1949年にアメリカに移住し, エーロ・サーリネンの作品から多大な影響を受けた彼の建築は, 高い評価を受けている. ニューヨーク州コーニングのガラス博物館（1976）ではガラスの曲面形態を採用した. その他の作品には, ノースカロライナ州のデューク大学法学部図書館（1989）, ミズーリ州カンザスのケンパー現代美術館（1991）がある.

鋼　steel
　建物で鋳鉄や錬鉄が使用されたことに続いて, 鋼（強く可鍛性のある金属で, 大部分は鉄でできていて炭素が加えられるが, 他の金属が少し加えられることもある）は高層建築, 殊にアメリカで 1880 年代から摩天楼で使用された. 煉瓦積みや石積みによる補強材なしに, すべての床面を支える完全な骨組をもつ最初の例は, ジェニーによるイリノイ州シカゴのマンハッタン・ビルディング（1889-90）であるが, 骨組全体が鋼でできているのではなく, 鋳鉄や錬鉄も同程度に使われていた. ジェニーは, シカゴのホーム・インシュアランス・カンパニー・ビルディング（1884-85）最上階のあたりで鋼を用いた. 実際にこのビルは摩天楼の原型となったものの, 構造体は複数の材料からなり, 真正の鋼による骨組ではなかった. 鋼は強靭でただ

ちに組み立てることもできるため, 橋梁などのいたるところで使用が試みられた結果, 工業建築や摩天楼の建築部材としての鋼の潜在性は 19 世紀が幕を閉じる頃にはすでに明らかとなっていた. とはいえ, 鋼構造が完全に表現されるようになるには, 20 世紀まで待たなければならなかった. 鋼は高温時には弱くなりがちであるため, 何らかの防火対策が施されなければならない. これが理由で, 初めは鋼の骨組を石積みの壁やほかのファサードの背後に隠すように使用せざるを得ず, 設計者の選択肢は限定されていた. 洗練された形で鋼構造が使用できるようになったのはずっと後で, ミース・ファン・デル・ローエによってである. 酸化させることで茶色に仕上げられたコール・テン鋼は外部にも用いられ, 防錆塗料で仕上げる必要はない.

パガーノ, ポガチュニク, ジュゼッペ　Pagano, Pogatschnig, Giuseppe（1896-1945）
　イタリアの合理主義ファシスト建築家兼批評家として, 1930 年代のイタリア建築の復興に関する議論において, 影響力ある雑誌『カーサベッラ』をとおして（1931 以降）主導的役割を果たした. 初期作品はペレやベーレンスやウィーンの分離派から着想を得ていたが, 1928年にジノ・レヴィ＝モンタルチーノ（Gino Levi-Montalcini, 1902-74）と協働でイタリア建築の最初の作品の一つグアリーノ・ビル（1228-29, 現存せず〔2021 年時点で現存〕）をトリノに建てた. トリノのローマ通りの計画（1931-, MIAR のトリノ支部と協働）を作成し, 第 5回トリエンナーレでは住居建築用の標準化した工業化システムを設計し（1933）, 1932-35 年にはローマ大学の物理学棟（現存せず〔2012年時点で現存〕）を設計した. ミラノのボッコーニ商科大学（1937-41, 現存せず〔2020 年時点で現存〕）は全体をとおした幾何学と比例計画への固執で注目される. 1942 年にファシズムを放棄したのち, オーストリアのマウトハウゼン強制収容所で死んだ.

パーカー, リチャード・バリー　Parker, Richard Barry（1867-1941）
　イギリスのアーツ・アンド・クラフツ運動にかかわった建築家. 義兄にあたるレイモンド・アンウィンと手がけた建築において記憶に残る. アンウィンとは 1896 年にパートナーを組

み，1914年に解消した．初期の作品，シュロップシャー，チャーチ・ストレトンにある住宅，「ウッドコート」（1896-97）は，イギリスのヴァナキュラー建築をモチーフとし，彼の様式的な好みとなった．パーカー・アンド・アンウィン事務所による最初の大きな計画は，ヨーク近郊のニュー・イアーズウィックのモデル・ヴィリッジの建設で（1902開始），ボーンヴィルやポートサンライトの先例を参考にした，ヴァナキュラーな形態にもとづく低密度な住宅地であった．

1903年に，エベネザー・ハワードの考えにもとづく最初の田園都市ハートフォードシャー，レッチワースの設計コンペに当選し，1906年からは，ハムステッド・ガーデン・サバーブの計画にアンウィンとかかわった．パーカーは，そこでいくつかの住宅を設計した．彼らは，『住宅建設術（*The Art of Building a Home*）』（1901）を出版したが，第一次大戦後は，それぞれの道を進んだ．パーカーは，ブラジル，サンパウロのパカエンブのニュータウン計画（1917-20）にかかわり，イングランドでは，マンチェスター郊外のウィゼンショー団地（1927年から）とレスターシャー，ラフバラにあるシェルソープ・ロード団地（1926-39）の計画を取りまとめた．

ハギオスコープ　hagioscope

スクウィント（祭壇遙拝窓），ロリクラ，または壁体に開けられた台形平面の開口部（通常は内陣の壁体に設けられる）．主祭壇と側廊，または脇祭室の間の視覚的結合をもたらす．その機能の一つは，脇祭室（たとえば，詠唱（寄進）祭室）にいる祭式執行者が，主祭壇にいる司祭が聖別に至っているか否かがみえるようにし，聖別が同時に起きないようにすることだったが，主目的はおそらく保安だった．

パーキン，ジョン・バーネット　Parkin, John Burnett（1911-75）

カナダのモダニスト建築家．弟のエドムンド・T・パーキン（Edmund T. Parkin, 1912-94）およびジョン・クレスウェル・パーキン（John Cresswell Parkin, 1922-88）とともに，ジョン・B・パーキン・アソシエイツを設立した．ジョン・クレスウェル・パーキンは親戚ではなく，グロピウスのもとで修行した人物であ

る．事務所の作品には，「トロント国際空港」（1963-66），「トロント市庁舎」（1965．ヴィリオ・レヴェルとの協働），オタワの「ユニオン駅舎」（1967-69），そしてオンタリオ州ハミルトンの「貿易センターとアリーナ」（1985）などがある．

バーグ　bagh

ペルシアに起源をもつ囲続された庭園．チャハル・バーグは水路や小径によって四つの部分に分割されている庭園．たとえば，タージ・マハル（アーグラ）のパラダイス・ガーデン．

バーグ　bague
⇨バゲット

パーク　park

周囲を囲われた気晴らしのための屋外空間で，もともとは狩のために使用された．18世紀以降，パークはその美しさを愛でたり，気晴らしの楽しみを得たりする目的で，風景式庭園としてつくられた．19世紀からは公園がつくられるようになり，のちには広大なエリアが公衆の楽しみのために充てられるようになった．たとえばアメリカ合衆国の国立公園など．⇨ビジネス・パーク，工業団地，テーマ・パーク

パークウェイ　parkway
⇨公園道路

バーク，エドマンド　Burke, Edmund（1729-97）

イギリスの政治家にして著作家．彼の『崇高と美の観念の起原（*A Philosophical Enquiry into the Origin of our Ideas of the Sublime and Beautiful*）』（1756）は，古典主義からロマン主義への運動をつくり出すのに大きな影響力をもち，美学史においてはドイツの啓蒙思想家たち，とくにイマヌエル・カントに多大な影響を与えた．バークの「美」と「崇高」に関する美学的範疇に関する議論はとりわけ重要なものであった．

ハクスタブル，エイダ・ルイーズ　Huxtable, Ada Louise Landman（1921-2013）

アメリカの建築批評家．ピエール・ルイジ・ネルヴィに関する論文（1960）や，さまざまな

雑誌における数多くの記事を発表し，1963 年から『ニューヨーク・タイムズ（New York Times）』誌上で書かれた辛辣な一連の記事により，その名声を不動のものとした．『クラシックニューヨーク：ジョージア朝の上品さからギリシア風の優雅まで（Classic New York: Georgian Gentility to Greek Elegance）』（1964）では生まれ故郷に対する愛情が記されており，彼女のその率直な筆致は，アメリカの都市のさまざまな局面における，我慢ならない不愉快さを責め立てるものである．実際，『彼らはブラックナー大通りを終わらせられるのか？（Will They Ever Finish Bruckner Boulevard?）』（1970）は「都市破壊の手引き」として描かれているものである．またハクスタブルは，熱心な保護論者として，1965 年に設立された「都市景観保護委員会」の創設時における主要な人物であった．これは，ハクスタブルが述べるところの「都市再開発という名のもと」における自覚のない自傷行為に抵抗するための組織である．ただしハクスタブルは，現代建築のすばらしさを擁護する．彼女が批判するのは，「巨大で，方便的で，絶望的な普通さ」であり，平凡さを増殖させる米共通役務庁（アメリカのすべての公共事業に対する責任をもつ本部）に対して，率直な怒りを表明するのである．逆にミース・ファン・デル・ローエに対する賛辞を隠さず，摩天楼を「我々の文明における最大の技術的・建築的成果」の一つだとしている．彼女の『芸術としての高層建築：摩天楼様式を求めて（The Tall Building Artistically Considered: The Search for a Skyscraper Style）』（1982, 1984）はその題材を主としている．ニコラウス・ペヴスナーは，ハクスタブルを彼の生きた時代における「最高の建築批評家」としている．

パクストン，サー・ジョゼフ Paxton, Sir Joseph（1803-65）

イングランドの庭師．第 6 代デヴォンシャー公爵（6th Duke of Devonshire, 1811 年より）ウィリアム・スペンサー（William Spencer, 1790-1858）に見出され，1826 年にダービーシャーのチャッツワースの主任庭師に任命された．30 年以上ここで植物を栽培し，庭園の世話と改良をし，建物を設計した．完全に独学であったが，おもにラウドンやペイン・ナイトから影響を受けた．公爵にすすめられて『園芸誌（The Horticultural Register）』（1831-35）と『パクストンの植物学雑誌（Paxton's Magazine of Botany and Flowering Plants）』（1834-49）を出版した．

1831 年にチャッツワースに温室を建て始め，ラウドンが発明した（1817）うね状のガラス屋根を用い，1850 年には彼自身のデザインで特許を取得した．デザイナーとしてはチャッツワースの優雅な「グレート・ストーブ」という温室（1836-40，1920 解体）で名声を得た．これは当時のヨーロッパでは板ガラスを用いた最大の温室であり，ガラスの製造法はバーミンガムのチャンス兄弟社によって完成された．アーチ状の積層骨組みの上にカーブのついたうね状のガラス屋根がのり，これを鋳鉄の柱が支え，側面に立つアイルのアーチによりバットレスで支えられていた．デシマス・バートンが相談役として関与したが，デザインは本質的にはパクストンのものであり，彼はより多く建築を設計するようになった．

彼はチャッツワース近郊のエンザーのヴィレッジをつくり（1838-48），邸宅のデザインにはさまざまな様式，とくにイタリア風の様式を用いた．ここでは 1829 年からラウドンの製図工であったジョン・ロバートソン（John Robertson, 1829-50 活躍）が邸宅の図面を手伝った．パクストンはリヴァプールのプリンス・パーク（1842-44），チェスターシャーのバーケンヘッド・パーク（1843-47）を造成した．バーケンヘッド・パークはイングランドで最初の公園の例であり，そのレイアウトは F・L・オルムステッドに影響を与えた．これらの作例や，重要なコヴェントリー墓地（1845）においても，ロバートソンと共働した．1849-50 年に，パクストンは大きな葉をもつヴィクトリア・レジア（現ヴィクトリア・アマゾニカ）・リリーのために特別な温室を建設し，イングランドで初めてこの熱帯植物が開花した．この温室の構造的発展により，ロンドン万国博覧会におけるクリスタル・パレス〔水晶宮〕（1850-51 設計，建設）の建造が可能となった．この建設のためにパクストンはチャッツワースの温室での経験を活かした．この巨大な建造物はさまざまな理由においてすぐれていた．たとえば，すべての構成要素がその場でプレファブ工法で建てられ，解体できるよう設計されており，非常

に大規模な工業建築の最初の例であった．これは建てるのにたった 6 カ月しか要さなかった．そして，これは 19 世紀の巨大な博覧会場の模範となったのである．これによりパクストンは 1851 年にナイト爵を与えられた．ロバートソンがパクストンの事務所を去ると，パクストンは 1847 年に義理の息子ジョージ・ヘンリー・ストークス（George Henry Stokes, 1827-74）とパートナーを組み，サウス・ロンドンのシデナムに再建され拡張されたクリスタル・パレス（1852-54）の横に庭園を造成し，これは高く賞賛された．1851 年からパクストンは建築家としての仕事に集中し，彼とストークスはバッキンガムシャーにメントモア・タワーズ（1851-54）を設計した．これはロスチャイルド家のためにジャコビーサン様式で建てられた贅沢なカントリー・ハウスであった．パクストンはアイルランドのウォーターフォードにあるデヴォンシャー公爵のリズモア・カースルを改築し（1850-58），ロスチャイルド家のために，パリ近郊のフェリエールにフランス・ルネサンス様式で邸宅と庭園を設計した（1853-59）．先述したように，パクストンは庭園の造成において重要な人物であった．この分野での彼のデザインには（リヴァプールとバーケンヘッドに加えて），ダンディー，ダンファームリン，グラスゴー，ハリファックス，そしてもちろんシデナムの庭園があげられる．

バーク，ボーク　balk, baulk
1.　大きな角材．
2.　楣（まぐさ），大梁．
3.　小屋組上部で垂木を結ぶルーフ・タイおよびボーク・タイ．
4.　土地の境界を示す土の畝．

白墨線　chalk-line
⇨チョーク・ライン

バクラー　buckler
1.　アクロストリウム．
2.　古典主義のフリーズ（とくにヴィニョーラに拠るローマ時代のドリス式オーダー）によくみられるペルタ装飾．幅の大きな盾型の形態で，その両端は頭部の像や渦巻装飾として折り返される．
3.　小さな円形の盾．

ハーグリーヴズ，ジョージ　Hargreaves, George（1952-）
　アメリカのランドスケープ・アーキテクト．コロラド州グリーンウッドのハーレクイン・プラザ（1980-83）やカリフォルニア州パロアルトのビクスビー公園（1988-92，ごみ埋め立て地に計画），同州サンフランシスコのキャンドルスティック・ポイント公園（1985-93），同州サンノゼのグアダループ・リヴァー公園やその他いくつかの公園（1985-94），ケンタッキー州ルイヴィルのウォーターフロント公園（1990-97）などを設計した．

ハーグ，リチャード　Haag, Richard（1923-2018）
　アメリカのランドスケープ・アーキテクト．彼の作品の中には，シアトルのガス・ワークス・パーク（1970-78，使用されなくなった石炭ガス工場が計画にとり込まれた），シアトル近郊，ピュージェット・サウンド，ベインブリッジ島のブローデル保護区（1985，庭園と長い池，鳥の保護区域が続くさまが特徴的である），そしてエベレット・マリーナパーク（1970-72）があり，これらはすべてワシントン州にある．

パークローズ　parclose
1.　内陣とその脇祭室の間など，祭室や墓所を聖堂の他の部分から区切るスクリーン（障壁）．
2.　開いた，あるいは閉じたギャラリーの正面．

波形渦巻装飾　wave-scroll
　古典主義様式の装飾の一つ．連続するスクロール，または波形によって構成される．重なり合ったコンソールを横からみたような形か，横向きに置かれた長い S 字型が連続したような様相を呈することもある．ランニング・ドッグ，またはウィトルウィウス式渦巻とも呼ばれる．

波形刳形　wave-moulding
　第 2 尖頭式ゴシックにおいてピアの柱礎などにみられる刳形で，二つの丸刳形（くりかた）がお互いを追う形式をもつ，つまり，輪郭が波に似ているため，こう呼ばれる．

バゲット　baguet, baguette, *also* bagnet, bagnette

1.　半円形の断面図をした凸型の小さな刳形．ビード，アストラガルと同種．装飾を伴うものはシャプレと呼ぶ．

2.　ビードで刳形装飾を施された額縁．

パーケット　parquet

1.　硬材のブロックを，固い基礎の上に一定の模様（しばし矢筈模様）で敷きつめて研磨仕上げをした床．⇨プレーティッド・パルケ

2.　劇場のオーケストラ席．

パーケットリー　parquetry

薄い木材の化粧板からなる，パターン化された模様の床表面．寄せ木細工と呼ばれる．

バケマ，ヤコブ・ベーレント　Bakema, Jakob Berend（1914-81）

オランダ・フローニンゲン生まれの建築家．1948 年に J・H・ヴァン・デン・ブローク（J. H. van den Broek, 1898-1978）とパートナーを組む以前は，ファン・エーステレン事務所およびロッテルダム市役所で実務に従事した．1947 年に CIAM に，また 1963 年にチーム X（10）に参画するとともに，1959-64 年の間，フォーラム（*Forum*）誌（構造主義を引導した）の編集に従事した．両パートナーはモダニズムやデ・スティルの思想を支持し，デルフト派にみられた保守的な手工芸にもとづく考えを糾弾した．ロッテルダムのラインバーン中心街（1949-54，その経年は優美ではないけれども）は，多くのショッピング・「モール」の前例となった．ドイツ・マールの市民センター（1958-62，四つのタワー・ブロックと低層のスラブ・ブロックが連結されている）は，その後 10 年間以上にわたって大きな影響力をもつ典型例となった．テルヌーゼン市役所(1968)やミデルハルニスの精神病院(1973-74)は，いずれも構成主義を彷彿とさせる要素をもつ．事務所は，イギリスとドイツの発展にとって大きな影響力をもったが，建築は人間の振る舞いによる 3 次元の表現であるというクリシェなバケマの主張と，手工業による伝統や歴史的な参照を追放するという彼の運動は，同じくらい大きな損害を与えたともいえる．

箱型石棺　tomb-chest

墓の上部に設けられた矩形の石造の埋葬記念碑で，聖堂に多くみられる．上部には，横臥した肖像彫刻が備わる．あるいは，肖像画が上部のスラブに輪郭線で（彫り刻まれて）描かれるか，金属（真鍮）で作成される場合もある．石棺の両側はキャタフォイルなどで飾られることが多く，時には（直立の，あるいは跪いた）泣く人物像の収められたニッチが設けられる．しばしば，天蓋や手すりを含めたアンサンブルを構成する．箱型石棺は，寄進礼拝堂や葬儀所の礼拝堂にみられることが多い．18 世紀，19 世紀，20 世紀の聖堂内墓地や共同墓地の墓碑としては，武具や肖像，天蓋の表現を省いた，単純な箱型石棺が多く使用された．

パゴダ　pagoda

背が高く，しばしば多角形平面を持ち，それぞれに屋根をそなえた複数階からなる建物を指すヨーロッパ起源の言葉．反り返った軒，透かし彫りの腕木，そしてしばしば軒から吊り下がる鈴のような装飾（カンパヌラ）によって特徴づけられる．中国寺院の塔にもとづくパゴダは，18 世紀のシノワズリ様式において，庭園建築として用いられた（例：ロンドンのキュー・ガーデンにあるチェンバーズのパゴダ）．

箱樋　trough-gutter

矩形の断面をもった，木製の樋．

パゴ，フランソワ＝ナルシス　Pagot, François-Narcisse（1780-1844）

フランスの建築家．ド・ラ・バルの弟子で，オルレアンの建築家となり，パレ・ド・ジュスティス，小麦市場，屠殺場，図書館，精神病院を建設した．同じくオルレアンの植物園をデザインするとともに，カテドラルの正面玄関を完成させた．これらの作品のほとんどは 1820 年代のものである．

パーゴラ　pergola

平行に並んだ円柱ないしはピアの列が，梁および植物を這わせるための構造物を支えるもので，道沿いに置かれる．庭園に設けられるが，住居の壁沿いに置かれることもある．

狭間　loop

1. 弓矢による射的などのため手摺壁（時には狭間胸壁）に設けられた，両脇の壁を隔切りした狭い縦長の開口．矢狭間，狭間窓，狭間穴などとも呼ばれ，短い水平方向の開口により十字形開口部を形成することがある．（壁のスリットよりやや広い）開口部の端はしばしば丸い穴の形に広げられ，スリットが交差する部分が広げられて円形開口になることもある．⇨銃眼

2. 矢狭間.

狭間胸壁凹部 crenel, crenelle
⇨クルネル

バザール bazaar, bazar
1. 東洋の市場・恒設市場．通常は屋根をもち，通路に店舗や露店が並び，定時に閉鎖できるようになっている．場合によってはモスクおよびマドラサ（あるいはその一方）がバザールに併設され，店舗所有者や露天商の地代によって経営される（例：エジプト，カイロのスルタン・ハッサンモスクおよびマドラサ（1356 頃-63））．現存するもので傑出しているバザールの一つはイラン，イスファハンのもの（17 世紀初頭）である．これはアーチ架構のギャラリーとキャラヴァンサライを備え，商業エリアは長さ約 2 km に及び，多くの交差路にチャルスが設けられている．

2. 19 世紀の，慈善や宗教的な目的のためのバザー.

3. 主として小間物を扱う，大きな店舗や店舗の集合したもの一般.

橋 bridge
通路や道路などが，峡谷などの窪地や河川などの水路の上を越すための構造．地表より高い位置に二地点を結ぶ経路を提供し，その間の自由な通行を実現する．1 枚の板や 1 本の丸太といったものから両端を支持された石材スラブ（あるいは，土手から土手に架けられた単アーチ），さらにはピア，アーチ，ガーダー，チェーン，チューブその他のさまざまな建築的装いを施したものまで，橋の構造の複雑性には大きな幅がある．初期の橋はロープで製作されており，一方で多岐にわたる木橋も長い歴史をもつ．煉瓦造や石造のアーチ橋は古代までさかのぼり，ローマにはポンス・ファブリキウス（前

62），ポンス・ミルウィウス（前 109），ポンス・アエリウス（現在のポンテ・サンタンジェロ．134 完成）といったローマ時代のみごとな橋が残っている．一方でスペインのマルトレル近郊のプエンテ・デル・ディアブロはさらに古く（前 219 頃），大幅な修復を施されているものの現存する最古の橋と考えられている．同じくスペインには 6 連の美しいアーチでタホ川を越えるアルカンタラ橋（105）が知られる．フランス，カオールのロト川に架かるポン・ヴァラントレ（1308-80），テムズ川に架かるロンドン・ブリッジ（橋上には住居が建設された）など，中世には多くのすぐれた橋の建設が行われた．ロンドン・ブリッジはコール・チャーチの司祭ピーター（Peter）の設計により 1176 年から 1209 年にかけて建設された．17，18 世紀にはテルフォードによるパースシャー，ダンケルドのテイ・ブリッジなど，優美な古典主義の橋（基本的にローマ建築の先例に則ったもの）が建設された．鋳鉄が初めて橋梁に用いられたのは 18 世紀，サロップのアイアンブリッジ（1777-79）においてである．運河や鉄道の発展は橋の設計にも大きな影響を与え，とりわけテルフォード設計のウェールズのメナイ海峡に架かる吊り橋（1819-26），スティーヴンソンによる同じくメナイ海峡の箱桁構造の桁橋（1844-50），ブルネルによるブリストルのクリフトン吊り橋（1831-64）などが建設された．この他に 19 世紀の重要な橋梁設計者としてはエッフェルとローブリングがいる．20 世紀になるとフレシネ，エヌビク，メヤールなどが鉄筋コンクリートを活用した設計を行い，アマン，アラップ，ボナッツ，カラトラバなども洗練された構造設計を実現した．橋の主な類型は以下である．

アーチ橋： アーチやヴォールトに支持される.

大板石橋： 石板が橋脚に渡された石橋.

キャンティレヴァー： 橋脚から伸びる桁による橋．両側から伸びる桁が中間で結合されるものもある．

桁橋： 直線の梁状の構造が橋脚や柱などに支えられるもの.

水道橋： 運河などの水を通すためのもの．フランス，ニーム近郊のローマ時代（前 1 世紀）のポン・デュ・ガール，テルフォードによるポントカサルテ水道橋（1795-1805）が好例.

ハシ

旋回橋： 軸の周囲を水平に旋回する橋.

跳開橋（はね橋）： 下を船舶が通行できるよう，はね上げることのできるキャンティレヴァー構造の橋. ロンドン・タワー・ブリッジなど.

吊り橋： 高い橋脚に張られた鎖やケーブルに吊られたもの.

箱桁橋： 基本的には橋脚に支持された巨大な中空の桁で，この中が通路となる（例：スティーヴンソンによるメナイ海峡鉄道橋（1844-50））.

跳ね橋： 跳ね蓋のように引き上げたり降ろしたりできるもの.

パラディアン： 上部構築部にコロネードがあるもの（例：ウィルトシャー，ウィルトンのもの（1735-37））.

陸橋（高架橋）： 鉄道や道路を谷間に渡すための長い構造物.

バージ barge

1. 破風の笠木. 破風の頂部を構成する石材はバージ・ストーンと呼ぶ.

2. 煙突基部に棚状に設けられた横材もしくは水切り. 屋根の傾斜に沿い，雨押さえとも呼ばれる.

バージ parge

漆喰を塗ること.

パージアン Persian

1. ペルシアの起源を思わせる布が彫刻されたテラモン. パーシアは，たとえばハイデルベルク城（1601-07）のフリードリヒスバウの表玄関などにみられる.

2. 19世紀のパージアンスタイルは，イスラーム建築とムーア建築に関連するモチーフを包含する.

バージェス，ウィリアム Burges, William
（1827-81）

ロンドン生まれの建築家，ゴシック・リヴァイヴァリストの中でも最も奔放な建築家の1人. A・W・N・ピュージンの哲学に大きな影響を受けた. エンジニアとしての訓練を受け，1844年，ブロアのもとで修業をしたのち，M・D・ワイアットの事務所に移った. 1851年，ヘンリー・クルットンのもとに行き，のちに共同経営者となり，『フランスの民家建築（*Domestic Architecture of France*）』（1853）の出版を手伝った. 1854年，彼らはリールの新しい大聖堂の設計競技で骨太の13世紀ゴシックの提案をして勝利したが，実現されなかった. ある静いののち，バージェスは自らの事務所を立ち上げ，コンスタンティノープルのクリミア戦争記念教会堂の設計競技で勝利した. それは，13世紀ポリクロミーのすぐれた提案であったが，これもまた実現しなかった. この頃から，彼はヴィオレ゠ル゠デュクの著作に出てくる13世紀フランスのデザインの原型を家具によく使うようになった. 彼の作品は1859年のロンドンの建築展で展示された. その年，注目すべき，力強く，大変に逞しい造形の，エセックス州ウォルサム修道院の東面の工事が始まった. 1863年から1904年，巨大なセント・フィンバーの英国国教会大聖堂がアイルランドのコークに建設された. それは，3本の尖塔をもち，全体が明確な13世紀のフランス式でまとめられ，高貴で力強い内装となっている.

第3代ビュート侯爵（3rd Marquess of Bute, 1847-1900）のために，1866年からカーディフ城で改造，拡張，増築工事が彼のデザインで実施され，1872年から1891年にかけてウェールズのグラモーガンシャーのカステル・コッホの再建および装飾が行われた. これらの作品はポリクロミーの装飾とフランス式ゴシックの様式が惜しげもなく使われていることにおいて尋常の域を越えている. だが，アラブ・ホールと呼び習わされるカーディフ城の部屋（1881）はイスラムの影響を受けたことが明白である. 彼はジェームズ・マコノヒーのためにカーディフのパーク・プレイスにゴシック様式の住宅をデザインし実施した. また，ケンジントンのメルバリー・ロードに自邸のタワー・ハウス（1875-81）を建てた. これは，赤煉瓦のゴシック様式の建物で，丸い塔をもっている. 建築家が自ら施主としてデザインし，装飾し，家具をつくったこの家は，瞬時に名声を獲得し，その中世主義と量塊的な構成が賞賛された. それぞれの部屋に図像学的な意味があり，象徴性や寓意性が全体に散りばめられている. おそらくこれらのデザインをしたことが一因で，バージェスはアーツ・アンド・クラフツ運動の先駆者とみなされている.

量塊的で，力強い意匠はヨークシャーに建て

た二つの教会堂で顕著である．スケルトン・オン・ウーレの慰めのキリスト教会堂，オルドフォード・クム・スタッドリーのセント・メアリー教会堂である．スケルトンの方は，フランス風から1270年頃のイングランドのゴシック・リヴァイヴァルへの移行を示すものであるが，フランス風の要素がまだ残っている．たとえば，尖塔の細部デザインや，オルガン・ロフトのバルコニーなどである．豊潤で美しい内陣は19世紀の作品の中でも最も優れたものの1つである．スタッドリーでは，フランスとイギリスの意匠がふたたび混ざり合っている．柱はイングランド中世に起源をもつものである．だが，全体としてはすばらしく豊かに混成されており，楽園の喪失と回復についての複雑な図像が散りばめられている．これは，バージェスの宗教建築の傑作であり，彼の骨太のゴシック建築の中でおそらく最も完成度が高く，自由に想像力を羽ばたかせてつくられているが，真に学問に裏打ちされた作品である．アメリカ，コネチカット州ハートフォードのトリニティ・カレッジ（1873-82）のためのデザインは，部分的に実現したのみで，のちに，希釈された形となってしまった．しかしながら，彼の作品はトリニティ・カレッジを実施設計した建築家で，アメリカ人の弟子，フランシス・ハッチ・キンボール（Francis Hatch Kimball, 1845-1919）に影響を及ぼした．また，H・H・リチャードソンにも感銘を与えたと考えられる．

バージェス，エドワード　Burgess, Edward（1850頃-1929）

　イングランド人建築家．おもにレスターシャーで仕事をし，その作品の多くは大変優れたものである．いくつかはドメスティック・リヴァイヴァル様式だが（元ウィッゲストン女子学校（1877-78），1880年代にレスター・ココア・アンド・コーヒー会社のためにデザインしたコーヒー・ハウス），そのほかの作品はネオ・ルネサンス様式である（たとえば，テラコッタ仕上げのレスターのルットランド・ストリートのアレクサンドラ・ハウス（1895-98）は，おそらくイングランドで最も質の高い商業建築の1つである）．他の作品も質が高いもので，ビショップ・ストリートの参考図書館（1904），元イーストゲイツ・コーヒー・ハウス（1885，重要部分は破壊された），ハイ・ストリートの

前ハイ・クロス・コーヒー・ハウス（1880年代），グレイフライヤーズのゴシック様式の前レスター貯蓄銀行（のちのアイルランド銀行，1873），ミルストーン・レーン8-10番地（1864），ビショップ・ストリートの前リベラル・クラブ（1885-88），いくつかの学校（たとえば，ヘーゼル通りのヘーゼル小学校1880），住宅（たとえば，ラットクリフ・ロード6番地1880）はすべてレスターにある．

パージェット　parget

　1．漆喰ないしは装飾的な漆喰仕上げで覆うこと，あるいは塗り込めること．
　2．装飾によって覆ったり，飾り立てたりすること．たとえば金箔など．

バジェノフ，ヴァシリー・イヴァノヴィチ　Bazhenov, Vasily Ivanovich（1737-99）

　カルーガにて生まれる．最も偉大なロシアの建築家の1人であり，その新古典主義への貢献はきわめて重要である．1767年，モスクワのクレムリン再建を担当する建築家に任じられ，M・F・カザコフも担当班の一員だった（その1776年の元老院議事堂は全体計画において圧倒的な記念碑性を備えていた）．ツァリツィノのゴシック様式の宮殿（多色彩のレースのような細部）を設計し，一連の折衷的な庭園ファブリックを手がけたものと思われる．確信的なフリーメーソンであり，その厳格な新古典主義は全ヨーロッパの著名なフリーメーソン建築家の作品と比べても遜色がない．現存する最高傑作はドルゴフ邸とユシュコフ邸，スコルビャシュチェンスカヤ聖堂の鐘塔，1784-86年のパシュコフ宮殿（いずれもモスクワ）である．最後に手がけた大規模建築物はサンクトペテルブルグの堀を備えた聖ミハイル城郭，あるいは「工兵の城郭」であり，黄金のフレーシュ〔フランス語で「尖塔」の意〕と独立したパヴィリオンを備えていた．

ハシェンペルク，シュテファン・フォン　Haschenperg, Stephan von（1539-43活躍）

　ドイツの軍事技師．英国王ヘンリー8世（King Henry VIII, 1509-47）に雇用され，ケントにあるサンドゲイト城，ディール城，およびウォルマー城など，沿岸部の新たな防衛施設を部分的に設計した．これらはすべて，徹底して

ハシカツフ

幾何学的に設計された，16世紀の軍事施設の顕著な作例である．またカレーの調査を実施し（1540完了），またコーンウォールにあるセント・モウス城の建設にも従事した．同様に，スコットランドに対抗するためにカーライルを要塞化し，その後中央ヨーロッパへと戻り，オルミュッツ（現オロモウツ）司教に従事した．

バージ・カップル　barge-couple
バージ・コースの下の垂木で，バージ・ボードの基材となるもの．ソフィットが付されるか，あるいはバージ・ボードがない場合は単純に破風の上で屋根を支える．

バージ・コース　barge-course
1．屋根瓦がバージ・ボードを越えて突出している部分．あるいは，バージ・ボードがない場合は破風から突出した部分．後者はモルタルや漆喰でシールされパージド・ヴァージと呼ばれる．
2．斜めの煉瓦積みで構成された屋根の破風の笠木．

バージー，ジョン　Burgee, John (1933-)
⇨ジョンソン，フィリップ・コーテルユー

パーシック　Persic
ペルセポリスのアケメニアのプロトタイプに由来する蓮の葉状の装飾が施された釣鐘型の柱頭を持つ柱と同サイズの柱基．19世紀初頭にエジプト・リヴァイヴァルの装飾として流行した．

パージド・ヴェージ　parged verge
切妻において，傾斜のきつい屋根との接合部をモルタルでふさいだ頂部のことで，この部分では屋根のみが，壁のむき出し部分よりわずかに飛び出すかたちになる．

パージ，パージェット・ワーク　parge or parget work
木骨の建物に施した漆喰の塗布，ないしは外面部分の漆喰仕上げのことで，イングランドのチューダー朝後期から一般に用いられた．漆喰が乾く前に，曲面をもつ木の型枠を押し当ててパターン化した装飾模様（刻み目をつけるか，浅浮彫り状にする）をつくることもある．

バージ・ボード　barge-board
バージ（berge）・ボード，ゲーブル・ボード，パージ・ボード，ヴァージ・ボード，ウィンド・ボードとも呼ばれる．破風の上でバージ・コースの下に付される斜めの板材．しばしば装飾を伴う．バージ・カップルを覆うか，これに代わるものとして用いられる．

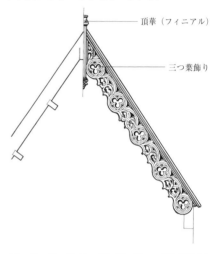

バージ・ボード（A・W・N・ピュージンに倣う）

馬車置き場　coach-house
⇨コーチ・ハウス

バジャー，ダニエル・D　Badger, Daniel D. (1806-84)
アメリカの設計者．ニューヨーク市に全米最大級の鋳鉄工場を立ち上げ，アーキテクチュラル・アイロン・ワークス社として，ニューヨーク市ブロードウェイ沿いに建つホーウォウト・ビルディングなどのための鋳鉄部材一式を生産した．

バシュリエ，ニコラ　Bachelier, Nicolas (1500-57)
アラス出身のフランスの建築家で，ルネサンス・デザインを主導した．トゥールーズのオテル・ド・バジ（1538-46），ビブラックの城塞（1540-45），カステルノー・デストレトフォン（1539-44），およびラセール・レ・モンタストリュック（1555-56）を設計している．

柱　column
　⇨コラム

柱型　lesene
　つけ柱に似た垂直方向の帯だが，柱基や柱頭は備えていない．アングロ・サクソン（たとえばノーサンプトンシャーのアールズ・バートン教会の塔（10世紀初））やロマネスク建築に特徴的である．アングロ・サクソン建築の柱型は野石積みの繋ぎ石（しばしば長短積みによる）で構成され，壁表面は漆喰で格子状に分割される．ストリップワークとも呼ばれる．

バシリカ　basilica (*pl.* basilicas *or* basilicae)
　古代ローマの建築類型の一つ．高窓が設けられた身廊，身廊の両脇に差掛け小屋の形で設けられた天井高の低い二つもしくはそれ以上の側廊，そして身廊の末端部のアプスからなる．本来は公共施設であったが，後にキリスト教の宗教儀式の場として適用され，中世の聖堂建築の設計に先立つものとなった．初期のバシリカには，ローマのトラヤヌス帝のバシリカ（113頃）やサン・ピエトロ大聖堂（333頃着工）が含まれる．後者は実に重要なコンスタンティヌス帝のバシリカであり，およそ2000年の間キリスト教の聖堂の手本となった．サン・ピエトロ大聖堂は，身廊の両脇にそれぞれ二つずつの側廊，そしてアプスと身廊との間に交差廊を備えていた．これは使徒ペトロの遺骸を含むマルティリウムの上にある聖所を崇拝しようと訪れる大勢の巡礼者たちを収容できるようにするためであった．身廊と側廊との前面にはナルテクスが設けられ，列柱廊で囲まれた実に広々としたアトリウムの中央には，儀式における洗浄を目的とした噴水が設けられた．南交差廊には二つのマウソレウムが隣接して建てられ，いずれも円堂となっている．それゆえ，サン・ピエトロ大聖堂は（現在の大聖堂を建設するために取り壊されたけれども），中世の大聖堂のあらゆるプロトタイプを備えており，その中には交差廊に隣接する参事会室や修道院回廊も含まれていた．それゆえ，「バシリカ式」という場合には，バシリカの特徴をもっていることを意味する．

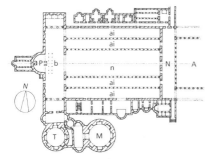

平面図は，中世の聖堂の手本となったバシリカの配置を示している（ただし，主祭壇が東側に設置される通常の聖堂の向きとは異なっている）．バシリカは，身廊（n）とその両脇の側廊（ai），聖ペトロの聖所（P）の上にベーマ（b）に主祭壇が設置された交差廊，アプス（a），ナルテクス（N）ないしは入口のポルティコ，そしてアトリウム（A）からなる．聖堂に隣接するのは，円形平面のホノリウスのマウソレウム（のちの聖ペトロニッラの墓，T）と，別のマウソレウム（後のサンタ・マリア・デッラ・フェッブレ聖堂，M）である．

大アーチをとおしてみた主祭壇とソロモン柱の方向に，高窓を備えた身廊とその両脇に差掛け小屋の形で設けられた二つの側廊を横断する形の推定断面図．
コンスタンティヌス帝のバシリカであるサン・ピエトロ大聖堂，ローマ（333頃着工）．

バジーレ，エルネスト　Basile, Ernesto (1857-1932)
　パレルモ生まれの建築家で，パレルモ博覧会（1891-92）のパヴィリオンをはじめ，ローマ，シチリアに数多くの作品を残した．イタリア版アール・ヌーヴォー，すなわちリバティ様式の代表的作家で，その作品は，トリノ博覧会（1902），ヴェネツィア・ビエンナーレ（1903），『ザ・ストゥーディオ（*The Studio*）』誌（1904）上を彩った．優美な曲線を特徴とする

バジーレのアール・ヌーヴォー建築は，パレルモにあるヴィリーノ・フロリオ（1899-1902），ホテル・ヴィラ・イジェア（1899-1901），ウトゥヴェッジオ邸（1901）に代表されるだろう．パレルモでは，他にもヴィリーノ・バジーレやヴィリーノ・ファッシーニ（1903）も手がけた．最も印象的な作品のひとつに，ローマにあるベルニーニのモンテチトーリオ宮の増築（1902-27）があるが，これは壮麗なルネサンス様式による．第一次世界大戦以降，バジーレの作風は古典主義に転じた．パレルモ県結核予防施設（1920-25）および保養施設（1925）は，しだいに影響力を強めつつあったファンクショナリズムに対するバジーレの抵抗を示す作品．

バジーレ，ジョヴァンニ・バッティスタ・フィリッポ Basile, Giovanni Battista Filippo (1825-91)

パレルモ生まれの建築家．新古典主義の作家．パレルモのテアトロ・マッシモ（1875-97）が最大の作品で，息子のエルネスト・バジーレによって完成させられた．数多くの作品のうち，パレルモの英国式庭園（1851-53），ピアッツァ・マリーナ（1861-64），ヴィリーノ・ファヴァローロ（1889-91）が代表作．ヴィリーノ・ファヴァローロには，異国風の意匠が用いられており，シチリアのアール・ヌーヴォーを示す最初の作品とされる．モンレアーレ墓地（1865）や，パリ万博イタリア館（1878）も手がけた．

パージング parging

煙道内側の漆喰による裏地．

バース石 Bath Stone

魚卵状石灰岩の一種で，切り出された当初は容易に加工でき，大気に曝されると硬さを増す．色は白色から薄クリーム色・黄土色で，サマセット地方バース周辺などイングランドで産出する．

パスカル，ジャン＝ルイ Pascal, Jean-Louis (1837-1920)

フランスの建築家で，ケステルのもとで学ぶ．シャルル・ガルニエとともにパリ・オペラ座に従事し，1870年以降はラブルーストと協働した．パリのペール・ラシェーズ墓地のさまざまな霊廟や国立図書館の増築（1878-81，コルベール街の書庫．1906-17，ヴィヴィエンヌ街の定期刊行物閲覧室・書庫）を手がけた．パスカルの最も重要な建物は，ボルドーのプラス・ド・ラ・ヴィクトワールの医学・薬学部の建物である（1880-88）．教育者としても重要で，非の打ち所のないボザール的古典主義を講じ，1870年代から1914年まで大きな影響力をもった．

ハスク husk

様式化された「ベル・フラワー」，「ナット・シェル」，「ウィート・イヤ」の形態の古典主義装飾物．通常，複数個連ねて，ドロップ（涙滴），フェストン（花綱），ガーランド（花綱）やストリングの中で相互に連結された形で用いる．ハスク・ガーランドを形成するのに構成される場合は，両側に「ぶら下がった」鉛直部分は，底部に近づくほど大きさを減じていくナット・シェルを備えていることが多い．ただし，フェストンのようにカテナリー曲線（懸垂線）の中央に近づくほど大きくなっていく．

新古典主義の楕円形メダイヨンを囲む縁を伴ったベル・フラワー，ハスク，ナット・シェル，またはウィート・イヤ・ガーランド（ロバート・アダムによる）．

パスクァリーニ，アレッサンドロ Pasqualini, Alessandro (1493-1559)

ボローニャ出身の建築家．オランダのユトレヒト近郊にあるエイセルスタインの聖堂の鐘塔（1532-35）を設計した．この塔ではオーダーが垂直に連続している．宮廷の本拠地であるユーリヒのレジデンツ（1548-71頃）は，ドイツに盛期ルネサンスのモチーフを導入したものであり，パスクァリーニがブラマンテの作品に精通していたことを示している．

バスケス, ペドロ・ラミレス　Vázquez, Pedro
Ramírez（1919-2013）
　⇨ラミレス・バスケス, ペドロ

バスケット　basket
　1．コリント式オーダーにおける柱頭のベル.
　2．籠織りに似た, 織り合わされた紐状の彫刻が施されたビザンティン建築やロマネスクの柱頭.
　3．コルベイユ, すなわち果物や花で満たした籠をモチーフとした装飾. しばしばフェストゥーン（花綱飾り）を伴う.
　4．バスケット・ハンドルド・アーチなどのアーチの種別.

バスタード兄弟（ジョン, ウィリアム）
Bastard　Brothers（John（1688-1770）*and*
William（1689 頃-1766）
　イングランドの建築家・建設業者. ドーセットで活躍し, 町が大火で破壊されたあと, 1731年からヴァナキュラーなバロック様式でブランドフォード・フォーラムの町を再建した. ボッロミーニに由来し, アーチャーが用いた内巻きのヴォリュートを柱頭に使い（⇨ボッロミーニ式柱頭）, ロココのモチーフも用いた. 彼らのより重要な建物としては市庁舎（1734）, 教会（1735-39）, イン〔宿泊所〕（1734-35）が 2 棟ある.

パスティーシュ　pastiche
　1．ひとつ, もしくは複数の何か別のものを丹念に模倣した作品で, それゆえに, 以前のスタイルに対する引喩をとり込んだ折衷的な構成となり, かなりの独創性をもって処理されることもある.
　2．あるデザインが, 別の表現媒体へと移されること. たとえば, モザイクのパスティーシュとしてのブック・カヴァーなど. (1)の意味においても(2)の意味においても, 非難・軽蔑の意はない.

パスティッチョ　pasticcio
　パスティーシュと同義.

パスティード　bastide
　1．バステルと同じ.

　2．南フランスの田舎の邸宅.
　3．南西フランスにおける防備を備えた中世の新都市. 中心部に市場広場を置くグリッド状の整形プランをもつものが一般的. モンパジエ（1284 にイングランド王エドワード 1 世（Edward I, 在位 1272-1307）が創設）など.

バスティーユ　bastille
　1．稜堡（1）に同じ.
　2．要塞化された塔.
　3．小規模な要塞.
　4．1789 年に破壊された, 14 世紀創設のパリの要塞刑務所の名. gaol（監獄）の類義語としても用いられる.

バステル, バースル　bastel, bastle
　ヴォールト架構の地階に家畜を収容する, 要塞化された農場内の家屋. スコットランドとイングランドの国境地帯に 16 世紀中葉から 17 世紀中葉のものがみられる.

パストフォリウム　pastophorium
　初期キリスト教もしくはビザンティンの教会における, チャンセルの両側にある部屋の一つ.

パストラル・コラム　pastoral column
　木の幹に似ている円柱で, 枝を切り落とした断面や樹皮などを備える. コテージ・オルネと関連づけられる.

ハースドルフ, カスパール・フレデリク
Harsdorff, Casper Frederik（1735-99）
　デンマークの建築家. N・H・ジャルダンおよび J・F・ブロンデルの弟子であり, 新古典主義様式における卓越した設計者. ロシルド大聖堂（1768-78）における国王フレデリク 5 世（King Frederik V, 1746-66）のための墓所礼拝堂を担当したが, 当時のヨーロッパにおける最も純粋な新古典主義の作品の一つであり, ローマのマクセンティウスのバシリカに由来する八角形の格間がある. この仕事は数年間ハースドルフの弟子であった C・F・ハンセンがアシスタントをつとめ, 最後はハンセンの手で完成した（1821-25）. 他の作品には, 王宮の間のプロピュライア, ドリス式のヘラクレス宮殿, コンゲンス・ニートルヴの建物などがあり, すべて

1770年代にコペンハーゲンにつくられた．コンゲンス・ニートルヴの建物は，新古典主義の原型とすることを意図したものであり，付柱状のイオニア式柱の柱頭がファサードに向かってヴォリュート（渦巻型装飾）をみせる通常の形式ではなく，ヴォリュートの側面をみせているのが異例である．

バス・ハウス　bath-house
1. 18世紀の庭園施設で，更衣室・暖炉・浴場を備えたもの．泉のある場所に建造されることが多い．
2. 浴室および化粧室への受付として建てられた建物．これらが構成する公衆浴場施設はヨーロッパ中でみられ，バーニョとも呼ばれる．
3. 気晴らし，放蕩といった連想から，バーニョは売春宿の同義語ともなっている．⇨テルマエ

バーズ・ビーク　bird's-beak
刳形の一種で，上部にオヴォロ，その下にオジーもしくは窪みを設け，それらの接合部に鋭角の凸部を形成した断面を有するもの．断面が鳥の嘴に似る．ルネサンス建築によくみられる．

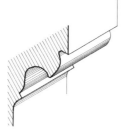

バーズ・ビーク

バズビー，チャールズ・オーガスティン　Busby, Charles Augustin (1786-1834)
イングランドの建築家で『ヴィラとカントリー・ハウスのためのデザイン集（Series of Designs for Villas and Country Houses)』(1808)と『近代装飾のためのデザイン集（Collection of Designs for Modern Embellishments)』(1810)を出版した．いくつかのヴィラを設計した後，ブリストルのコマーシャル・ルームズ（1810）を建てた．これには古典主義の神殿の正面があり，内部はカリアティッドが支えるランタンによって採光がとられている．1817年にアメリカにわたり，ヴァージニアで劇場を設計した．イングランドに戻ってからは，しばらくフランシス・グッドウィンと共働し，後にブライトンに定住してエイモン・ヘンリー・ワイルズと設計事務所を開いた．この事務所はブライトンのケンプ・タウンとブランズウィック・エステートを計画し，バズビーがデザインを提供し，ワイルズが建設業者としてはたらいた．彼の最高傑作はケンプ・タウンにあるサセックス・スクエア，ルイス・クレッセント，アランドル・テラス，チチェスター・テラス（1823-50頃），ホーヴにあるブランズウィック・スクエア，ブランズウィック・テラス，ブランズウィック・ストリート・イースト，ブランズウィック・ストリート・ウェスト，ローアー・ブランズウィック・プレース，ランズドーン・プレース，ランズドーン・スクエア（1823-34頃）である．

パースペクティヴ　perspective
1. 2次元平面において背後に後退するかのような錯覚を創造する方法（色彩のグラデーション，色調，後退する線を含む）．
2. 対象を目にみえるように3次元的に表現するために，紙の上に線を用いて図示する技術（ルネサンス期にブルネレスキやアルベルティによって発明された）．視点のある面と直交する平行線は消失点に集まるという定理にもとづく．⇨アクソノメトリック投影図，等角投影法，レンダリング

バーズ・ヘッド　bird's-head
⇨ビーク・ヘッド

バーズ・マウス　bird's-mouth
垂木などの木材の端に三角形をなすように切り込まれた直角の切込み．敷桁などの角材と堅固に固定するためのもの．

バセーヴィ，エリアス・ジョージ　Basevi, Elias George (1794-1845)
ロンドン生まれの建築家．ユダヤ人のディズレイリ家やリカルド家とは親戚関係．ソーンの弟子の1人．1816年のギリシアとイタリアへ

の旅行ののち，ロンドンに戻り，当時，需要が増えつつあった折衷主義の建築をよくこなした．1820年，自分の事務所を開いてから，いくつかのロンドンのスクエアやテラスハウスを設計した．たとえばベルグレイヴ・スクエア（1825-40），アレクサンダー・スクエア（1827-30），サーロウ・スクエア（1839頃-45），そして1833年からスミス・チャリティー・エステートのためにペラム・クレセント，ペラム・プレイス，エガートン・クレセント，ウォルトン・プレイスをデザインした．これらの開発事業の中で彼は18世紀後半のロンドンの住宅建築を再解釈し，考古学的あるいは古物愛好的な偏向に陥ることなく，清新さを与えた．同時代人たちと同じく，バセーヴィはゴシック様式を含むさまざまな様式でデザインをすることができた．リンカンシャーのスタムフォードのチューダー・リヴァイヴァルのフライヤー博士の救貧院とトゥールーズデイル病院も彼の作品であり，どちらも，その様式の佳作である．最もよく知られた作品は，ケンブリッジのフィッツウィリアム博物館（1836-45）である．この作品はC・R・コッカレルとE・M・バリーによって完成され，リージェンシー時代からヴィクトリア朝期への好みの変化を雄弁に物語っている．寒々しいグリーク・リヴァイヴァルが1815年からの約20年間は公共建築の必須事項となっていたが，それからはなれて，ギリシア・ローマとルネサンスの主題のみごとな統合の中で，新しい豊潤さが顕著となった．モニュメンタルなポルティコの脇には列柱が配され，パヴィリオンにいたる．これは，ブレシアの古代の先例にならったものであり，さらに屋根裏階をペディメントの上につくることによって荘重さが加えられた．シドニー・スマークと協同で，セント・ジェームズ・ストリートのコンサーヴァティヴ・クラブ（1843-44）をデザインした．ケンブリッジシャーのイーリー大聖堂の西塔の調査の際，早すぎる死を迎えなければ，同時代人の中で最も偉大な古典主義建築家となっていただろう．

長谷川逸子　Hasegawa, Itsuko（1941-）

日本の建築家．建築的名声を得た第一世代の女性建築家で，主要作に，神奈川県藤沢市の湘南台文化センター（1987-90，宇宙の縮図を表現），富山県射水市の大島町絵本館（1992-94），東京都墨田区のすみだ生涯学習センター（1991-94），山梨市の笛吹川フルーツ・ミュージアム（1993-95，温室の高度な発展形であり，全体をなじみのある形にすることで象徴機能をもたせている）がある．

ハゼナウアー，カール，フライヘル・フォン　Hasenauer, Karl, Freiherr von（1833-94）

オーストリアの建築家．ゼンパーによるウィーンの美術史美術館・自然史博物館（1872-79）の建設に携わり，ファン・デア・ニュルとシッカールト・フォン・シッカールツブルクによるウィーン万国博覧会場の巨大な提案，すなわち中央にロトンダを配した巨大な長方形建造物と，その両側に32のパヴィリオンを建設する計画を実現させた．さらに，ウィーンのブルク劇場（1874-78）をゼンパーの設計に手を加えて建設し，壮大な新王宮（1913完成）を含む建築複合体であるカイザーフォールム（皇帝のフォーラム）の建設をゼンパーの死後，指揮した．また，ウィーン近郊のナイトリンクに建つツァンク邸（1864），リュッツォウ宮殿（1870），ラインツのヘルメスヴィラ（1882-86）を設計したが，それらはすべてルネサンスに着想を得た室内装飾をもち，巧みな計画にもとづいている．美術史美術館とブルク劇場のインテリアは彼によるものであり，1880年代ウィーンの作品の中でも最もすばらしいものに含まれる．

パーセル・アンド・エルムズリ　Purcell & Elmslie

ウィリアム・グレイ・パーセル（William Gray Purcell, 1880-1965）とジョージ・グラント・エルムズリ（George Grant Elmslie, 1871-1952）によるアメリカの建築設計共同体で，とくに多くのすぐれたプレーリー派住宅で有名である．エルムズリはスコットランド出身であり，一時アドラー・アンド・サリヴァンの下ではたらき，たとえば，イリノイ州シカゴのケージ・ビルディング（1898-99）やカーソン・ピリー・スコット百貨店（1899-1904）などの装飾を担当した．パーセル・アンド・エルムズリは中西部に，ミネソタ州ルロイのファーストステート銀行（1914）といった小規模な銀行を数多く設計したが，その中にはサリヴァン設計の銀行に通じるものがある．代表作は，個

人住宅が中心である（たとえば，マサチューセッツ州ウッズホールのブラッドリー邸 (1912-13)，ミネアポリスのオーア邸 (1911-12)，ミネソタ州ミネトンカ湖ホルドリッジのデッカー邸 (1912-13)，ミネアポリスのパーセル邸 (1913)，ミネアポリスのバッカス邸 (1915)，ペンシルヴァニア州ローズバレーのパーセルのバンガロー式住宅 (1918) など）．アイオワ州スーシティのウッドベリー郡裁判所 (1915-17) は堅牢なストリップト・クラシシズムであり，煉瓦のファサードにはライトの作品を連想させるディテールがみられる．

パーソネージ　parsonage
1. 聖職者の聖職禄.
2. 司教館.
3. 司祭館，ないしは教区の牧師の家.

パタノスター　paternoster
1. アストラガルなどの上の，ビーズ状装飾の列.
2. プラットフォームの列が，常時循環する鎖に固定された昇降機で，つねに作動状態にある.

バターフィールド，ウィリアム　Butterfield, William (1814-1900)
最も多作で独創的なイングランドのゴシック・リヴァイヴァリストの1人．ロンドンに生まれ，しばらくインウッズとともにはたらいたのち，1840 年に自らの事務所を開設した．1842 年からケンブリッジ・カムデン・ソサエティ（のちのエクレジオロジカル・ソサエティ）と深くかかわり，『イクレジオロジスト (Ecclesiologist)』誌 (1842-68) と『インストゥルメンタ・エクレジアスティカ (Instrumenta Ecclesiastica)』誌のデザインを担当した．彼の最初の教会堂，牧師館作品はグロスターシャーのコールピット・ヒースにあるセント・セーヴィヤーズ教会堂 (1844-45) であった．これは，第 2 尖頭式でピュージンから大きな影響を受けており，敢えて平明なものとした．牧師館はフリー・ドメスティック作品の先駆的事例で，W・E・ネスフィールド，ノーマン・ショウ，フィリップ・ウェッブが彼に続いた．窓割りは必要に応じて行われ，左右対称の呪縛はいかなるところにもみられない．バター

フィールドが異なる要素をみごとに統合した傑作は，スコットランドのグレーター・カンブレ，ミルポートの島に建てられたホーリー・スピリットのカレッジおよび大聖堂 (1849-51) である．これは，ピュージンの理想とする「真のピクチャレスク」の構成となっており，形をグループでとらえ，機能で平面を計画したものである．

イクレジオロジストは儀式を完璧にとり行い，未来の国教会の標準形となるモデル教会堂を建設せねばならないと考えていた．バターフィールドがその建築家に任命され，ロンドンのマーガレット・ストリートのオールセインツ教会堂，牧師館，学校を設計した (1849-59)．都会的な特徴をそなえたポリクロミーの煉瓦作品であり，大陸のゴシック作品に多大な影響を受けた建物であった．ヴィクトリア時代の苛烈な都市環境の中に屹立する現代的な教会堂，信仰の砦，都市の中のミンスター（修道院付属大聖堂）が立ち現れた．建物の内装は硬質で鋭く，色つき煉瓦およびタイルで彩られ，いわゆる盛期ヴィクトリア朝のゴシック・リヴァイヴァルの嚆矢とされる．多くの教会堂がこれに続き，硬質で荒々しいまでのポリクロミーの内装であった．中でも特筆すべきは，デヴォンシャーのバッバコンブのオールセインツ教会堂 (1865-74)，グラモーガンシャーのペナースのセント・オーガスティン教会堂 (1864-66)，ベルファストのダンデラのセント・マーク教会堂 (1876-91) である．オックスフォードのキーブル・カレッジの騒々しいまでのポリクロミーの礼拝堂 (1867-83) や，ラグビー校の礼拝堂 (1872完成) は巨大な塔によって絶頂に達しており，「崇高性」の大家としてのバターフィールドの地位を示すすぐれた作品である．彼こそまさに，盛期ヴィクトリア朝ゴシックの代表的人物であった．材料を表現として正直に使い，構造ポリクロミーの荒々しい効果を得意とし，3 次元の形で構想を示し，明快かつ真正に建てるべしというピュージンの言葉に従った．大規模な住宅作品，ベッドフォードシャーのミルトン・アーネスト・ホール (1853-56) は，目をみはるような骨太のゴシックの大作で，ショウのクレイグサイドなど，のちの 19 世紀の作品を予感させる．全体としては，大陸的で非イングランド的雰囲気をまとい，断固として，明快，自信に満ちている．バターフィールドはハ

ンプシャーのウィンチェスターの州立病院
(1863-64, 20世紀に改悪されてしまった) を
設計し, 多くの修復事業に携わった. 有名なの
は, ウィンチェスターのセント・クロス病院
(1864-65), デヴォンシャーのオテリー・セン
ト・メアリーのセント・メアリー教会堂
(1847-50, 美しい聖水盤をデザインした) であ
る.

バタフライ・プラン butterfly plan
アーツ・アンド・クラフツ期に人気のあった
平面の類型で, 中央から角度をもった翼が左右
対称に伸び, 蝶のような形となるもの. プライ
アーの作品など.

バタリー battery
庭園において眺望を提供する, 稜堡や砲台に
似た高台. ガーデン・バタリーは本物の大砲で
飾られることもある.

バタリー buttery
1. ビールなどの酒類を保管する部屋.
2. 後に, 食糧保存室としてパン, バター,
チーズなどを保存する部屋を指すようになっ
た. 中世の住居や学校の大ホールのスクリーン
のすぐ裏に置かれる.

バタルドー batardeau
1. 防水堰 (コッファー・ダム).
2. 要塞の周囲の溝や堀を横切るように建て
られた壁.

パタンド patand
1. 円柱もしくはピアの柱礎.
2. 円柱, ピア, ピラスターを支えるプリン
ス.
3. 木骨壁のボトム・レイル, シル, スリー
パー, 敷板.

パターン・ブック pattern-books
出版されたデザインのコレクションで, 建設
者や職人が建築のディテールをコピーすること
ができた書物. とりわけ18世紀から19世紀初
頭にかけて, 古典建築やシノワズリやゴシック
趣味が普及する大きな要因となった媒体であっ
た.

パーチ perch
小さなブラケットやコーベル. 教会の祭壇の
そばにあって, 聖遺物箱や彫像などを支えてい
るものがこれにあたる. pearc もしくは
pearch とも称される.

バチーノ bacino (*pl.* bacini)
彩色され釉薬を施した陶製の板および円盤.
イタリア・ロマネスク建築で, 主に教会の外壁
に嵌め込まれた.

パチョーリ, ルカ Pacioli, Luca (1445頃-1514
頃)
イタリアの数学者. 著書『算術, 幾何, 比例
大 全 (*Summa de Arithmetica, Geometria,
Proportioni, etc.*)』(1494) と『神 聖 比 例
(*Divina Proportione*)』(1496執筆, 1509出版)
では, アルベルティやその他の建築家によって
採用された建築における数学の基礎についてく
わしく説明されていて, 黄金比についても記述
されている.

パッキング packing
粗石壁の大きな石の間にできた隙間を, モル
タルに混ぜた石の小破片で充填すること.

パッキング・ピース packing-piece
1. 梁などを必要な高さに持ち上げるための
木片などの部材.
2. 母屋桁を支えるクラック・ブレードの背
後にある木材.

バック back
1. 屋根におけるプリンシパル・ラフター.
2. スレートなどの上部あるいはみえている
部分.
3. 裏側, 隠れた側.

バック・アイル back-aisle
教会堂の構成において, 主屋の付属屋となっ
ている部分. たとえば, 内陣側廊から突出する
ように付加された寄進礼拝堂 (チャントリー・
チャペル).

バックシュタインゴーティック
Backsteingotik
煉瓦で建設された簡素な中世ゴシック建築.

例として，リューベックやトルンの市庁舎や，北ドイツおよびポーランドの大規模な聖堂など．

バックストレム，スヴェン・モーリッツ Backström, Sven Mauritz (1903-92)

スウェーデンの建築家．レイフ・アクセル・レイニウス (Leif Axel Reinius, 1907-95) とパートナーを組み，1940年代に最も影響力があったいくつかの建物を設計した．当時のスウェーデンは他国から孤立していたので，自然材料の利用，伝統的な屋根形状，木材の積極的な利用といった自国に固有の手法が奨励された時期であった．彼らの会社は，ストックホルムのグレンダール (1943-45) にみられるように，三つの翼部が中央の循環コアでつながったY字型の集合住宅棟を開発した．また，郊外都市ヴェリングビィ (1956-57) の計画をはじめ，数多くのプロジェクトを手がけた．

バック・トゥ・バック・ハウジング back-to-back housing

街区をなす住宅建築のうち，住戸群が互いの裏側で隣接するもの．19世紀イギリスの産業都市でよくみられた．塀で囲われた裏庭が通路を挟んで接している形のテラス・ハウスとは異なる．一部の通説に反し，本来のバック・トゥ・バック・ハウジングはほとんど失われている．

パック，ヤーノシュ Packh, János (1796-1839)

ウィーンで修行したハンガリーの新古典主義の建築家．伯父のキューネル・パール (Kühnel Pál)，(パウル・フォン・キューネル，Paul von Kühnel, 1824没) を補佐してエステルゴムの記念碑的なセント・アダルベルト大聖堂の設計と建設を行った．パックはクリプト (1823) を担当し，パールの死後は単独でこの当時のハプスブルク帝国で最大の建築事業の監督を引き継いだ．大きなポリクロームのドームと巨大なポルティコを備えた大聖堂はヒルド・ヨージェフの手で完成 (1840-56) した．パックの他の設計では，エステルゴムのセント・アンナ聖堂 (1828-31，ドリス式のポルティコのついたロトンダ)，パンノンハルマのベネディクト会修道院の増築 (塔，1828-32) と図書館増築 (1833-36)，実現はしていないがやはり新古典主義のエゲル大聖堂の提案 (1829) が言及に値する．

バックリン，ジェームス・チャンプリン Bucklin, James Champlin (1801-90)

アメリカのロードアイランド州で生まれる．彼は，ウェストミンスター通り側にあるプロビデンス・アーケード建物正面 (1928) と，ブラウン大学のマニングホール (1833)（どちらもロードアイランド州プロビデンスにある）など，グリーク・リヴァイヴァル・スタイルで記念碑的な建築を設計したことで知られる．

バッコス装飾 Bacchic ornament

ロバ，ブドウ，月桂樹，豹，羊，蛇，虎などをアトリビュートとするローマ神話の酒と豊穣の神バッコスに関連づけられる装飾．古代からみられ，ルネサンス以降は官能的な享楽を連想させるものとして用いられた．アポロン装飾の対極とみなされ，新古典主義のデザインに広く用いられた．

バッサイ・オーダー Bassae Order

ギリシアのイオニア式オーダーのうち，アンギュラー・キャピタルに似た，すべての側面に渦巻装飾があってアバクスの下部の接合部分が高く彫られている柱頭をもつもの．チャールズ・ロバート・コッカレルがバッサイのアポロ・エピクロス神殿の研究によって明らかにし

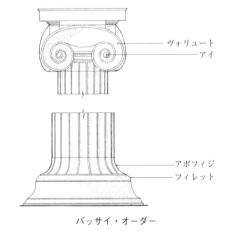

バッサイ・オーダー

た．

バッザーニ，チェーザレ Bazzani, Cesare (1873-1939)
ローマで活躍したイタリアの建築家．1911 年のローマ万博では，近代美術館を手がけた．歴史主義的な手法による折衷主義様式の作で，他にも，フィレンツェの国立図書館 (1907-35)，ローマの教育省 (1913-28) がある．

バッシ，マルティーノ Bassi, Martino (1542-91)
ミラノ出身の建築家．アレッシの後を継いで，ミラノのサンタ・マリア・プレッソ・サン・チェルソ聖堂の建設に携わり，1573年からはミラノの初期キリスト教時代の円堂であるサン・ロレンツォ聖堂の再建に携わった．1587年以降はミラノ大聖堂の建設にも関与した．また，1578年からヴァラロのサクロ・モンテで活動した．

パッセージ・グレーヴ passage-grave
新石器時代の墓室で，しばしば持ち送り積み屋根で覆われ，三方に副次的な部屋を備える．石の平板を並べ，天井も架けた長い通路を経て入る形式．墓全体は，盛り土で覆われる．壮観な事例は，オークニー諸島にあるメイズハウだが，北ヨーロッパには多くの事例があり，いずれも同様のテーマのさまざまなヴァリエーションをみせている．⇨メガリス（巨石記念碑）

ハッチメント hatchment
⇨アチーヴメント・オヴ・アームズ

ハッチンソン，ヘンリー Hutchinson, Henry (1800-1831)
イングランドの建築家．リックマンの弟子となり，1821年に共同経営者となる．ハッチンソンは事務所の発展に大いに貢献した．ケンブリッジのセント・ジョン・カレッジのゴシック様式の橋 (1827) は彼の作品である．1819年から1830年までデザイナーとして大変精力的にはたらいた．1830年，おそらく結核病に倒れた．

ハット（小屋） hut

⇨エルミタージュ，「原始の小屋」

パッド pad
1．壁に埋め込まれるか，梁または桁が載るピアの頂部に固定されたブロック（テンプレートもしくはパッドストーンともいう）．
2．切妻の軒の最も低い箇所にあるニーラーのことで，コープをその場に固定し，滑らないようにするもの．ニーストーンあるいはスキューとも呼ばれる．
3．敷桁もしくは垂木下部を支えるために，壁の上端に架けられる短い木材．
4．負荷を支える巨大なブロック片．

バット・ウィング bat's-wing
1．フルーティングを施したハーフ・パテラ．半円の扇に似た形状．18世紀後期の扉や壁龕，窓の上部にみられ，フルートは幅広で楔形をしている．
2．扇形明かり窓の構成の一．

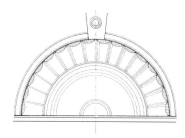

バット・ウィング　ジョン・ナッシュによるサフォーク・プレース（ロンドン，1820年代）の化粧漆喰の例．

パット・ドア patte d'oie
フランスの整形庭園でおなじみの要素で，庭ないしは公園の中心点から，3～5本の園路が放射状に延びるデザイン．その形状がガチョウの足に似ていることから，こう呼ばれる．その起源はおそらく都市計画にあり，たとえばローマのポーポロ広場のように，街路が一点に集中する空間の形式に由来するものと思われる．

パット，ピエール Patte, Pierre (1723-1814)
影響力のあったフランスの建築家，編集者，批評家．J・F・ブロンデルの『建築講義 (Cours d'architecture)』(1771-77) 出版を続行

し，建築材料や構造を対象とした部分の多くの執筆と図版を手がけた．その最も印象的な出版物は『ルイ15世の栄光のためにフランスで建造された記念建造物（*Monuments érigés en France à la Gloire de Louis XV*）』(1765)であり，パリの公共建造物の洗練された設計案も提案している．とりわけ，『建築叙説（*Discours sur l'Architecture*）』(1754)，『建築研究（*Études d'Architecture*）』(1755)，『道路計画論』(1766)，『サン・シュルピスの西側正面の建築物について』(1767)，および『劇場建築試論（*Essai sur l'Architecture Théâtrale*）』(1782)は高度に分析的な著作であり，新古典主義時代の18世紀後半のフランス合理主義建築に力強い影響を与えた．ゴシック建築を豊富な知識をもって分析し，作例としてディジョンのノートル・ダム聖堂を用いながらバットレス，ピナクル，リブ，ピアなどが論理的な構造システムの一環であると論じた．

バットレス Buttress

煉瓦，石材などの材料でつくられたピア状の突出構造．アーチ，ヴォールトなどによる外向きの推力に抵抗するため，補強を必要とする壁体と一体化して建てられるか，あるいは独立して建てられる．以下のタイプがある．

アーチ・バットレス： アルク・ブータン（フランス語）として知られる．⇨フライング・バットレス

アングル・バットレス(3)： 建物のコーナーに，互いに90°をなして，また壁に対してそれぞれ90°をなして据えられた一組のバットレス．

アングロ・サクソン： 真のバットレスではなく，当初漆喰塗りが予定されていた野石積み壁の壁面をいくつかのパネルに分割する，薄いフリーストーンの柱型やピラスター・ストリップを指す．⇨アングロ・サクソン建築

クラスピング・バットレス(2)： 建物のコーナーにある正方形平面のマッシヴなバットレスで，ロマネスク期およびゴシックの第1尖頭式期に普通にみられる．

初期イギリス式バットレス： ⇨第1尖頭式バットレス

垂直式，または第3尖頭式バットレス： 後期ゴシックのタイプのバットレスで，手の込んだ表面パネルと，しばしば非常に優美なクロケット型の頂華をもつ．

セットバック・バットレス(4)： アングル・バットレスに似るが，コーナーそのものに建てられるのではなく，コーナーを避け，小側面を残して建てられる．そのため建物の隅石部分がみえる．

装飾式バットレス： ⇨第2尖頭式バットレス

ダイアゴナル・バットレス(5)： 建物のコーナーに，壁と135°の角度をなして据えられるバットレスで，ゴシックの第2尖頭式期に普通にみられる．

第1尖頭式バットレスまたは初期イギリス式バットレス： 13世紀のタイプで，深い奥行きをもつことが多い．また面取りされたり，オフセットにより階層区分されたり，全体が急傾斜のゲーブルで囲まれることも珍しくない．

第2尖頭式，または装飾式バットレス： 段状の構造をもつ14世紀のバットレス．手の込んだ装飾をもつことが多く，クロケットのついた破風やピナクルや頂華を載せたり，さらにはクロケットのついた小尖塔を載せたりすることも珍しくない．多くの場合，このほかに彫像を

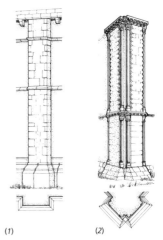

(1) ロマネスク・バットレス（または柱型）の平面図と透視図，ヨークシャーのファウンテン・アビー（12世紀後半）．
(2) アングル・シャフトとシュヴロン（山形装飾）をもつロマネスクのクラスピング・バットレスの平面図と透視図，レスターのセント・メアリー・デ・カストロ聖堂（1150年頃）．

納めたキャノピーつきニッチで飾られる．

バットレス・タワー： 門構えの両側にあってバットレスの機能をもつようにみせかけた塔．そのほとんどが防御のためのもの．

ハンギング・バットレス： コーベルに載る細い支柱のタイプ．

ピア・バットレス(6)： 建物から分離して設けられたピアで，アーチやヴォールトが横に広がるのを防ぐ．リンカン大聖堂のチャプター・ハウス（参事会堂）の例では，フライング・バットレスが用いられている．

フライング・バットレス，アルク・ブータンあるいはアーチ・バットレスとも呼ばれる(6)： 石造（通常は）ヴォールトの外向きの推力を安全に地面に伝達するために，壁体上部からマッシヴなピアに架渡されたアーチ構造．

ラテラル・バットレス： 構造物のコーナーに設けられ，壁の一方からの連続体のようにみえるバットレス．

ロマネスク・バットレス(1)： 11世紀と12世紀の突出の少ない柱型で，ベイ区分を明確にするためのバットレス．

(5) オフセットをもつダイアゴナル・バットレスの平面図と透視図（ノーサンプトンシャー，チャーチ・ブランプトンのセント・ボトルフ聖堂）．

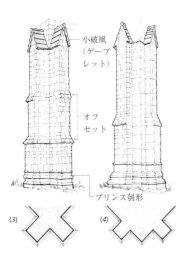

(3) アングル・バットレスの平面図と透視図，オックスフォード大聖堂．
(4) 13世紀初期のセットバック・バットレスの平面図と透視図，ノーサンプトンシャー，ハイガム・フェラーのセント・メアリー聖堂．

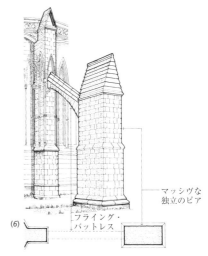

(6) フライング・バットレスとマッシヴなピアの平面図と透視図．リンカン大聖堂の13世紀のチャプター・ハウス．

バットン，ステファン・ディケーター
Button, Stephen Decatur (1813-97)

コネチカット州生まれで，ペンシルヴェニア州フィラデルフィアやニュージャージー州カムデンにおける業績で知られるアメリカの建築家．彼によるアラバマ州モンゴメリーの州議会議事堂（1847）やペンシルヴェニア鉄道ビル（1856-58）は現存していない．ニュージャージー州ホーボーケンやその周辺における住宅を多数と，フィラデルフィアのスプリング・ガーデン・ルーテル聖堂（1859 頃），カムデンの市庁舎（1874-75）などを設計している．

バッフル・エントリー　baffle-entry
⇨エントリー

パップワース，ジョン・ブオナローティ
Papworth, John Buonarotti (1775-1847)

ロンドン生まれのイングランドの建築家，造園家にして都市計画家．グロスタシャーのチェルトナムにモントピリアー・エステート（1825-30）とランズダウン・エステート（1825-28）を造成し，彼の世代で最も多く作品を残した建築家の1人であるとともに，家具，テキスタイル，暖炉などさまざまな工芸のデザイナーであった．

彼は熟練した漆喰職人ジョン・パップワース（John Papworth, 1750-99）の2番目の息子で，ジョン・プロー（John Plaw）の事務所で2年間はたらき，1794 年にロイヤル・アカデミーで美しい素描と水彩画を展示して，新しい構想と技術の推進者であった．1800 年までに自分の事務所をもち（おもに住宅建築を手がけた），弟子をとり，出版のために執筆し，デザインを作成し始めた．ウォータールーでのウェリントンとブリュッヒャーの勝利を讃えるための戦勝記念碑の素描（1815）により，彼の仲間から2人目のミケランジェロとの喝采を受け，つつましやかに名字に「ブオナローティ」を加えた．

ザクセン＝コーブルク王太子レオポルド（Prince Leopold of Saxe-Coburg, 1795-1865, のちのベルギー王（1831 より））と王太子妃シャーロット・オーガスタ（Princess Charlotte Augusta, 1796-1817）のために，サリーのクレアモントで温室，入口の門，馬車置場，厩舎，ゴシック様式の東屋を設計した．王太子妃が折悪しく亡くなったために東屋は追悼記念碑となった．1817 年から 1820 年にかけて，ヴィルヘルム 1 世（King Wilhelm I,

1816-64）のためにシュトゥットガルト近郊のバートカンシュタットに庭園と宮殿のデザインを準備した．庭園の一部のみが（英国様式で）実現し，パップワースは「ヴュルテンベルク王の建築家」という肩書を授与された．ロンドンのピカデリーにある，P・F・ロビンソンのエジプシャン・ホール（1811-12, 解体）に，有名なエジプト・リヴァイヴァル様式のギャラリーを設計した（1819）．エジプシャン・ホールの建設業者で所有者のウィリアム・ブロック（William Bullock, 1795 頃-1826 活躍）のためにシンシナティに臨むオハイオ川の岸辺に建てられる予定であったニュータウンをデザインした（1825-27）．これは「ヒュギエイア」と名づけられたが，実現することはなかった．パップワースはロンドンに多くの店舗正面やほかの建築を手がけ，構造として鉄を使用した先駆者であった．ベルギーのワーテルロー戦地に建てられたサー・アレグサンダー・ゴードン中佐（Lieutenent-Colonel Sir Alexander Gordon, 1786-1815）の記念碑（1815）は，切断された柱が記念碑に使われた（最初でなかったとしても）初期の例である．ロイヤル・コレッジ・オブ・アートの学長を務め（1836-37），王立英国建築家協会の創設者（1834）であった．

彼はルドルフ・アッカーマン（Rudolph Ackermann, 1764-1834）の『芸術の宝庫（*Repository of Arts*）』（1809-28）によく寄稿した．『建築ヒント集（*Architectural Hints*）』（1813, 1814, 1816, 1817）と題された論文は『コテージ，ヴィラ，その他の装飾建築のためのデザイン集からなる田園邸宅（*Rural Residences, consisting of a Series of Designs for Cottages, Small Villas, and other Ornamental Buildings*）』（1818, 1832）として出版され，1823 年には『装飾的な造園のヒント集（*Hints on Ornamental Gardening*）』で造園建築のためのデザインを出版した．『田園邸宅（*Rural Residences*）』はこれまで大半の批評家たちが指摘してきたよりもはるかに大きな影響力をもった．これはシンケルやペルシウスのデザインに影響を与えたようで，とくにポツダムにある宮廷庭師の家やローマ風浴場（1829-37），グリーニッケ庭園のゴシック様式のハンティング・ロッジ（1827-28）においてそうである．1815-40 年の時期に多くみられた合理的な古代ギリシア様式を創成することに貢献したが，彼

の重要性はまだ十分に認められていない.

パップワースはウィリアム・ヘンリー・パイン（William Henry Pyne, 1769-1843）が『宮殿建築（*Royal Residences*）』（1820）を出版するにあたり，モールブラ・ハウス，セント・ジェームズ宮殿，ケンジントン宮殿の描写を手伝い（1818-19），ブリトンとビュージンの『ロンドンの公共建築（*Public Buildings in London*）』（1825-28）に寄与し，チェンバーズの『公共建築装飾論（*Treatise*）』（1826）の第4版を編集して新しい資料を多く加えた．彼はまた重要な『木材の乾燥腐敗の原因に関する論文（*Essay on the Causes of Dry Rot in Timber*）』（1803）を執筆した．ラウドンの『百科全書（*Encyclopaedia*）』（1833）のデザインはパップワースによるものが多い.

息子ジョン・ウッディ・パップワース（John Woody Papworth, 1820-70）は建築家で古事物愛好家であった．紋章学における重要な著作『イギリスの紋章（*Ordinary of British Armorials*）』の著者であった．息子ワイアット・アンジェリカス・ヴァン・サンダウ・パップワース（Wyatt Angelicus van Sandau Papworth, 1822-94）は建築出版協会を設立し，偉大な『建築辞典（*Dictionary of Architecture*）』（1852-92）を編纂した．弟子には弟のジョージ（George, 1781-1855）とジェームズ・トムソンがいる．ジョージ・パップワースはアイルランドで活躍し，ダブリンのリフィー川に架かる有名な鋳鉄の橋（1822-27）を設計して，コナハトの英国国教会教務委員会のために多くの教会を設計した.

初穂　First Fruits

本来，教会領の初年度の税収を，2年目以降は税収の20分の1を教皇に納めるものであり，後には王に支払われるようになった．イングランドでは1704年に廃止され，アイルランドでは初穂評議会（Board of First Fruits）が設立されて（ジョナサン・スウィフト（Jonathan Swift, 1667-1745）の影響が大きかった），アイルランド聖公会（（ヴィクトリア治世第32-33年法令第42号により1869年まで）英国国教会）の教会領耕地および教会関係建築物の建築や補修の資金が手当されるようになった．18世紀末から19世紀初頭にかけて，評議会はアイルランド国会からかなりの補助金を受けてい

て，壮大な建築プログラムの実行が可能になった．評議会の機能と財源は，1833年，教会本部長職に移行された．ホイッグ党政権による重要法令（アイルランド）教会不動産法（ウィリアム4世治世第3-4年法令第37号）がアイルランド聖公会に課せられたのである.

パッラーディオ，アンドレア　Palladio, Andrea（1508-80）

16世紀のイタリアで活動した最も才能に恵まれ専門に精通した聡明な建築家の一人であり，その建築はパッラーディアン・スタイル（パッラーディオ主義）の規範となり，西洋の建築思考に深く影響を及ぼした．パッラーディオは古代ローマの建築遺跡を研究し，その崇高さと壮大さを再現したいと思うようになった．建築の実践と理論においてウィトルウィウスの建築書を手がかりにし，デザインにおけるシンメトリーの潜在的な可能性を探究し，調和的比例の理論を含むさまざまなルネサンスの関心事を進展させた．また，イタリアの建築家たち，とくにブラマンテ，ラファエロ，ジュリオ・ロマーノ，サンミケーリ，サンソヴィーノらの作品にも学んだ.

アンドレア・ディ・ピエトロ・デッラ・ゴンドラ（Andrea di Pietro della Gondola）としてパドヴァに生を受けたパッラーディオの経歴は石工として始まり，1524年にヴィチェンツァの石工および石切職人の組合に参加した．1536年頃に，若者を誘起し美術・科学・古典文学に対する鑑識眼をもたせようとしたヴィチェンツァの知的指導者ジャンジョルジョ・トリッシノ伯爵（Count Giangiorgio Trissino, 1478-1550）の庇護下に入り，ローマの古代建築を研究する機会を与えられ，「パッラーディオ」（知恵を司るギリシアの女神アテナの呼称パッラスに由来する）と名づけられた．パッラーディオはヴィチェンツァ市が運営する「バシリカ」（すなわちパラッツォ・デッラ・ラジオーネ）修復の設計競技に優勝し，1549年に着工した．そのデザインは，サンソヴィーノによるヴェネツィアのサン・マルコ図書館（1537以降）におけるアーチを使用した表現を応用した2層構成のスクリーンからなり，またセルリオによる1537年の『建築書（*L'architettura*）』（最終的にはブラマンテが起源とされるが）から引用した．アーチはその起点となるエンタブラチュア

の下に，より小さい長方形の開口部を両側に配した構成であり，本質的にはこのモチーフをセルリアーナというが，パッラーディアン・ウィンドウあるいはヴェネツィアン・ウィンドウともいう．気迫と鋭気によって古典建築の諸要素をまとめ上げた高雅な大傑作であるバシリカはパッラーディオの名を高め，1550 年以来，教会堂やパラッツォ，ヴィラの設計の依頼が跡を絶たなかった．

ヴィチェンツァにおける最初の大規模な邸宅はパラッツォ・ティエーネ（1542 年におそらくジュリオ・ロマーノの計画案により着手）で，重々しいルスティカ積外観のマニエリスム様式は，古代建築に着想を得た内部計画（たとえば，端がアプス状になったホールにつながる一連の長方形の部屋は，明らかに古代ローマ浴場に由来するニッチつきの八角形の空間）と一体化された．パラッツォ・イゼッポ・ポルト（1548 頃-52）では，周囲がジャイアント・オーダーの円柱となるような中央の中庭の両側に二つの独立したブロックを計画し，古代ローマ住宅のアトリウムとミケランジェロによるローマのカピトリーノ宮を想起させる．シンメトリーと一連の部屋（各々がその隣と釣合いがとれている）はパッラーディオの建築の特徴となるものであった．ほかのヴィチェンツァの建築では，パラッツォ・キエリカーティ（1550，しかし 17 世紀後半まで未完成）は，公共の快適さとしてのロッジアを 2 層のコロネードとして並べ，偉大な「フォルム」の一面であるかのようにデザインしたとの言及に値し，16 世紀の中では独創的で創意に富むデザインであった．ヴィチェンツァの「バシリカ」の向かいに建つロッジア・デル・カピタニアート（1571 着手）には，再度ジャイアント・オーダーが用いられ，建物が古代ローマ神殿の遺跡の中につくられたかのような印象を与え，さらにエンタブラチュアを中断する窓，バルコニーを支持するブラケットのような役割のトリグリュフォス，凱旋門の形をした両側の立面など，マニエリストの手法が認められる．凱旋門の古代のローマ遺跡は，パースペクティヴの技巧を使いヴィチェンツァのテアトロ・オリンピコ（1580 着手，スカモッツィにより完成）に再現され，その天井に塗装された天空も，古代劇場を連想させた．

パッラーディオはヴィラの設計では中央にシンメトリーに計画するコール・ドゥ・ロジをもとに考案し，多くは前柱式のポルティコにより美しく飾った．付随する建物は，副次的な用途（多くは農作業に関連）を含むウィングや曲面を描く四分円が拡がり，主要ブロックに連結された．田園生活と庭園を愛好した古代ローマ人の創意を彷彿とさせる場を選ぶことで，これらのヴィラはプリニウスの精神に近いものとなった．最も魅力的なデザインの一つであるマゼールのヴィラ・バルバロ（1560 頃）は，中央に神殿風正面の 2 層の主要部があり，その両側に 5 ベイのアーケードがついたウィングが伸び，両端にペディメントを載せたパヴィリオンを配した田園風ヴィラの好例である．パッラーディオはヴィラに関して多くの変化形を考案し，ヴィラ・ポイアーナ（1549 頃-60）では力強くほぼ新古典主義的な大胆さ，メストレ近くのマルコンテンタ・ディ・ミラのヴィラ・フォスカリ（1558 頃-60）では見かけ上の簡潔さ，そしてヴィチェンツァ近郊の郊外の別荘（1566 頃-70）で，高名なヴィラ・カプラ（通称ロトンダ）では，4 方向の立面それぞれを同一の 6 柱式のイオニア式ポルティコ（神殿風正面）で飾り，中央にはクーポラを被せ，2 層分の部屋で囲んだ．ヴィラに神殿風の正面またはポルティコを使用するのは，それらが古代ローマの住宅にあったとするパッラーディオの誤った思い込みにもとづく．それにもかかわらず，ポルティコと構成要素との関係は，部屋の大きさを含めて調和的比例の考えによって統制されている．

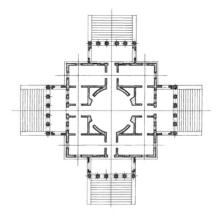

ヴィラ・カプラの平面，ヴィチェンツァ．

ヴィラ・カプラの唯一の機能は，美しい眺望を愉しむことができる気晴らしのパヴィリオンかベルヴェデーレとしてであった．

パッラーディオによるヴェネツィアの教会堂のサン・フランチェスコ・デッラ・ヴィーニャ聖堂（1562-70），サン・ジョルジョ・マッジョーレ聖堂（1564-80），イル・レデントーレ聖堂（1576-80）のファサードには，クリアストーリーのある身廊とそれに差し掛けた側廊からなるバシリカ形式に，古典的な神殿の正面を配置するという問題に対する独創的な解決が示されている．ペディメントを頂く背が高く狭い神殿の正面が身廊の断面に合わせて配置され，その「背後に」ペディメントを頂く背の低い広い正面が置かれ，両端が側廊のファサードとなるように設計された．サン・ジョルジョ聖堂およびイル・レデントーレ聖堂の内部空間には，当時のほかの教会堂にはない厳粛さと複雑さがある．

パッラーディオは1554年に，『ローマの古代遺跡（Le antichità di Roma）』（2世紀の間，地名辞典として評価された）と，『ローマの教会堂について（Descrizione delle chiese... di Roma）』を出版した．また，バルバロ版の『ウィトルウィウス建築書（Vitruvius Britannicas）』（1556）に重要な挿絵を描いた．1570年に彼は『建築四書（I Quattro libri dell'architettura）』を刊行し，自身による建築を公表し，自己の理論を詳説し，さらにさまざまな重要な建築物（ブラマンテのサン・ピエトロ・イン・モントーリオにおける円形のテンピ

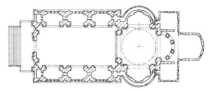

イル・レデントーレ聖堂の平面，ヴェネツィア．彫塑的な壁状のピアの間に礼拝堂が配置された．

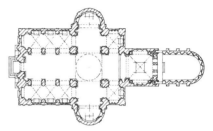

サン・ジョルジョ・マッジョーレ聖堂の平面，ヴェネツィア．主祭壇の背後の空間に修道士の聖歌隊席がある．

エットを含め，ほとんどがローマにおけるもの）について図版を描き解説をした．また，ローマ建築のオーダーの規範的な説明図，および自身の建築についての平面，立面，断面による一式の図を，寸法を入れ説明書を付して載せた．このようにしてこの書は，彼の設計を過去の偉大な建築と同等に位置づけ，名声を高めることになった．『建築四書』は，セルリオやヴィニョーラのものよりいっそう精密な専門書であり，何度か再版されたが，レオーニによるもの（1715-20，『A・パッラーディオの建築（The Architecture of A. Palladio）』として翻訳）は，英語，フランス語，イタリア語で出版され，1642年以来最初の適切な版であり，パッラーディオの木版に代わり初めて大判の銅版画を用いた．その書は大変な成功をおさめ，1721年に第2版が出版され，続く第3版は1742年に「イニゴー・ジョーンズの注解と所見」を添えて出版された．レオーニの版は，1738年にウェアがいっそう学術的な版を出すまでは，基準となる書とされてきたが，より支持を得たのは後者で，1965年にアドルフ・K・プラクツェクの序文つきでファクシミリ版により再版された．ウェアによる図版は，むしろ美化して仕上げたレオーニの版よりはるかに正確

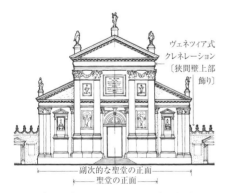

サン・ジョルジョ・マッジョーレ聖堂の立面，ヴェネツィア．

で，ウェアのオプス〔作品〕はさらに1767年と68年にも刊行された．バティ・ラングレイはこれらの出版物を彼自身の本に不正使用した（とくに『都市と田園の建設者と職工の専門書（*City and Country Builder's and Workman's Treasury*)』(1740)）ほか，パッラーディオの第一書にもとづき，ル・ミュエによる他の題材を加えたものが，1740年代にゴドフリー・リチャーズによって出版された．パッラーディオ主義をアメリカに導入したと思われるのは，この英仏語版であった．⇨パッラーディオ主義

パッラーディオ主義 Palladianism

16世紀のイタリアの建築家アンドレア・パッラーディオの建築にもとづく古典様式であり，主としてその著作『建築四書（*Quattro libri dell'architettura*)』(1570)によって広く行き渡った．同書にはパッラーディオによる計画図が収められ，その着想について説明されていたことにより，パッラーディオ建築の普及につながった．第1期パッラーディアン・リヴァイヴァルはジェームズ1世かつ6世（James I and VI, 1603-25）とチャールズ1世（Charles I, 1625-49）の治世下のイギリスにおいて，とくに『ローマの古代遺跡（*Le antichità di Roma*）』(1554)などのパッラーディオの著作とともに，1613-14年にヴィチェンツァとその近郊のパッラーディオの建築を研究していたイニゴー・ジョーンズによって先導された．主要な建物は，グリニッジのクイーンズ・ハウス(1616-35)，ロンドンのホワイトホール内のバンケッティング・ハウス(1619-22)，セント・ジェームズ聖堂のクィーンズ・チャペル(1623-25)である．パッラーディオの建築を参考にした確かな特徴がオランダのファン・カンペンの建築（ハーグのマウリッツハイス(1633-35)におけるイタリアのヴィラ建築との平面上の類似）や，ドイツのホルの建築（アウグスブルクの市庁舎(1615-20)の抑制のきいた厳格さ）に現れたが，これらの建築家の主な拠り所となったのはスカモッツィのようである．18世紀初頭の第2パッラーディアン・リヴァイヴァルはヴェネツィア（聖俗両界の建物において明らか）と，イギリス（主として邸宅建築，とくに大規模なカントリー・ハウスにおいて顕著）において始まった．イギリスのリヴァイヴァルの主要人物はコリン・キャンベルとバーリントン卿であり，ジョーンズによる第1期のリヴァイヴァルも積極的に再評価した．バーリントン卿はイギリスのパッラーディオ主義の指導者として，典型的な建物を設計しただけでなく，建築家の関心をこの運動に共感するように促し，この時代の趣向を左右（確定）するような建築の表現形式を確立する出版物を奨励した．神殿の正面やセルリアーナのような構成要素を普及させるのに重要であったのは，『ウィトルウィウス・ブリタニクス（*Vitruvius Britannicus*)』(1715-25)，およびレオーニの『A・パッラーディオの建築（*The Architecture of A. Palladio*)』(1715-20)であり，1738年にウェアによるよりいっそう学究的な大著が出るまでは標準的な教本であった．イギリスのパッラーディオによる規範は海外に，とくにプロイセン（クノーベルスドルフによるベルリンのウンター・デン・リンデンのオペラ・ハウス(1741着手，キャンベルのエセックスにおけるウォンステッド・ハウスにもとづく）は好例であった．一方，ポツダムではアルガロッティの影響を受けて1750年にパラッツォ・ティエーネやパラッツォ・ヴァルマラーナの変化形がつくられた．）をはじめ，アンハルト（ヴェル

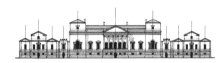

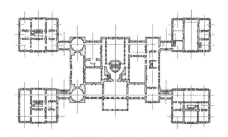

パッラーディオ主義　バーリントン卿とウィリアム・ケント，および実施建築家として協働したマシュー・ブレッティンガムによるノーフォークのホーカムホールの平面および立面(1734以降)．コンカテネーションの一例．立面の各々の構成要素が独立したシンメトリーの構成として成立しうる方法，さらに多様な軸線による平面の規律の確定の仕方に注意．

リッツにおけるエアトマンスドルフの邸館(1769-73, L・ブラウンとホランドによるサリーシャーのイーシャーにおけるクレアモント・ハウスに酷似)), ロシア（キャメロンとクァレンギの建築), そしてアメリカ（ジェファーソンの影響）に広まった.

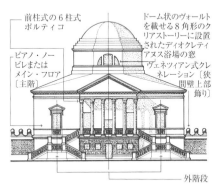

バーリントン卿によるチジック・ハウスの立面.

パテ　pattée
⇨十字

パティオ　patio
1. スペインの屋根なし中庭で, 家具やプールが置かれることが多い.
2. 家に隣接した舗装領域.

馬蹄形　horseshoe
⇨アーチ

パーティシパトリー・デザイン　Participatory Design
1960年代および70年代に, とりわけ公共部門の建築家やプランナーは, ハウジングや環境に関する協議に, 公衆の意見をとり込むようになった. アメリカやイギリスでは, そのような事例が数多くみられた.

パーティション　partition
1. スクリーン.
2. 空間の仕切りに使われる, 荷重を負担しない壁.

ハディド, ザハ　Hadid, Zaha (1950-2016)
イラク出身の建築家. ロンドンのＡＡスクールにおいてコールハウスのもとで学び, その後, イギリスの彼の事務所ではたらいた. 彼女は長い間, 脱構築主義の建築家として分類されている. 彼女の作品はしばしば不安定さをもち, ちょうど表面をナイフでバラバラに切り取られたような, 視覚的な安定性を失ったような形態をしている. 空間の外へ無限に広がるような明白な拡張性を基盤とするエネルギーに満ちた強いデザインが彼女の売りであると注目される一方, そのようなことは一切ないと意義を唱える人もいる. かなりとがった形態を持つ典型的な作品として, 香港のピーククラブ(1982-83, コンペ, ドローイング), 日本, 札幌のモンスーンレストラン(1988-89), ヴェイル・アム・ラインのヴィトラ社工場, 消防ステーション(1991-93), そしてカーディフ・ベイ・オペラハウス(1993-95, コンペ, ドローイング). 他の作品として, ハーグのオランダ議会場増築(1978-79), ベルリンのIBA集合住宅(1983), ヴェイル・アム・ラインのガーデンショー・パビリオン(1998-99), アメリカ, オハイオ州, シンシナティのローゼンダール現代美術館(2000-03)がある. もう一つの現代美術館である, ローマの国立21世紀美術館(2001着工)は, 2005年に完成した. また, ライプツィヒのBMWセントラルビルディング(2002-05), ウォルスブルクのファエノ・サイエンスセンター(2002-05), シンガポールのサイエンスハブのマスタープラン(2002-05)も完成した. ほかにも多くの計画があった. 例えば, 台湾, 台中のグッゲンハイム美術館(計画のみ), ファイフ, カーコーディのマギーがん福祉センター(2006), アブダビのシェイク・ザーイド橋(2010), ロンドン, ホクストンスクエアのギャラリー, バー, 集合住宅(計画のみ), フランス, モンペリエのピエールヴィーヴ(2012), グラスゴーのリバーサイド博物館(2011), ロンドン, サウスウォークのロンドン建築財団新施設(計画のみ), スイス, バーゼルのコンサートホールとカジノ(計画のみ)など.

バーティ, トマス　Berty, Thomas (1485頃-1555)
イングランドの石工頭. サザークのセント・メアリー・オーヴァリー小修道院において, 塔

の最上階（現在はサザーク大聖堂の一部となっている）などの建設に携わり，1530年代には，ウィンチェスター大聖堂のプレスビテリの側廊のヴォールト建設に従事した．バーティはまた，ワイト島のカウズ・カースルやカルショット・カースルなど，王の造営工事を任され，1540年代にはハースト・カースルを建てた．ウィンチェスター大聖堂の司教フォックスと司教ガーディナーの詠唱（寄進）礼拝堂の1520年代から1530年代にかけての変化にみられるように，バーティは垂直式ゴシックからチューダー・ルネサンスへの転換にとって重要な人物であったと思われる．

ハーディ，ヒュー・ゲルストン　Hardy, Hugh Gelston（1932-2017）

アメリカの建築家．1967年，ニューヨーク市で，マルコム・ホルツマン（Malcolm Holzman, 1940-）とノーマン・ヘンリー・ファイファー（Norman Henry Pfeiffer, 1940-2023）とともにハーディー・ホルツマン・ファイファー事務所（HHPA）を設立した．事務所は，オムステッド劇場，アデルフィ大学，ガーデン・シティー（ニューヨーク，1974），トレド舞台芸術センター大学増築（オハイオ州トレド，1967），コロンバス職業保健センター（インディアナ州コロンバス，1973），アートミュージアム改修（ミズーリ州セントルイス，1977），ロサンジェルス・カウンティ美術館（1987-91），フルト舞台芸術センター（オレゴン州ユージン，1978-82），ベッチャー・コンサートホール（コロラド州デンバー，1978-79）を手がけてきた．HHPAは，一般的なロードサイドの構成，サイン，コラージュの手法で知られている．掩蔽壕（えんたいごう）のようなWCCO-テレビ事務所（ミネソタ州ミネアポリス，1983）はその例である．

パテラ　patera（*pl.* paterae）

浅浮彫で表現される，円形もしくは楕円形の皿のような古典的装飾．たとえば，中央部に装飾が施された突起のある円形浮彫などで，これにはフルート装飾を伴うことがしばしばある．さらに豊かに装飾されて，花の模様を表現する場合には，ロゼットと呼ばれる．パテラが現れるのは，コッファーやフリーズであるが，とくに18世紀には壁面の分節点としても使用．

パテント・グレイジング　patent-glazing

パテを用いずにガラスを支える金属製の桟で，天井や壁に使用される．乾式構法のために，建設スピードを短縮できる．

ハーデンバーグ，ヘンリー・ジェーンウェー　Hardenbergh, Henry Janeway（1847-1918）

アメリカの建築家．ニューヨーク市の西55丁目にヴァンコリアと呼ばれるアパートメント（1879）を建てた後，シンガー・ミシン社の社長から，高級およびロウアー・ミドル・クラス向けのアパートメントとテラス・ハウスを含む住宅開発（1880-86）の設計を依頼された．この計画の一部が（折衷主義による）八番街のダコタ・アパートメントである．それ以来，ニューヨーク市のウォルドーフ（1893，現存せず）やアストリア（1896，現存せず），マルティニク（1897），プラザ（1907，のちに一部改造），またカナダ，モントリオールのウィンザー（1903），ワシントンD.C.のウィラード（1906），マサチューセッツ州ボストンのコープリー・プラザ・ホテル（1912）など，大規模で高級なホテルを得意とした．

バド　bud

コリント式オーダーの柱頭において茎の上端に付されるつぼみ状の形態．ここから渦巻装飾（ヴォリュート）が伸びる．

ハード・アーキテクチュア　Hard architecture

頑健で非人格的で窓のない建築物．グラフィティ対策を施した壁体を備える．通常，監獄，精神病院やその他の保安施設に関連する用語である．

ハードウィック，フィリップ　Hardwick, Philip（1792-1870）

イングランドの建築家で，父親のトマス・ハードウィック（Thomas, 1752-1829）と事務所を始めた．トマスはチェンバーズの弟子で，のちにロンドンにセント・マーリボーン教区教会（1813-17）を設計した．フィリップはいくつかの公務につき，さまざまな様式を用いた有能な折衷主義のデザイナーであった．ロンドンのユーストン駅に建てた高貴で記念碑的なドリス式のプロピュライア（1836-40，不必要にも1962解体）で最もよく知られているが，非常に簡素

でがっしりした新古典主義を駆使することができた．たとえばロンドンにある，実用的な煉瓦造のセント・キャサリン・ドックと倉庫群（1827-29）にみることができる．リヴァプールのアルバート・ドックにあるトスカナ式のドック・トラフィック・オフィス（1846-47）は力強いデザインで，倉庫群の設計ではジェシー・ハートリーと共働した．ロンドンのフォスター・レーンにあるゴールドスミス・ホール（1829-35），オールド・ブロード・ストリートにあるシティ・クラブ（1833-34）は彼の力強いバロック様式と古典主義様式の典型である．息子のP・C・ハードウィックとともに，ロンドンのリンカンズ・インにあるチューダー・ゴシック様式の大ホールと図書館（1843-45）を設計した．これは当時としては洗練されたデザインであり，若き日のピアソンもこの仕事に加わった．

ハードウィック，フィリップ・チャールズ Hardwick, Philip Charles（1822-92）

フィリップ・ハードウィックの息子．ブロアの弟子で，1843年に父親の設計事務所に加わった．ロンドンのユーストン駅にある壮大な大ホール（1846-49，解体），パディントン駅のグレート・ウェスタン・ホテル（1851-53），洗練されたゴシック・リヴァイヴァル様式でウスターシャーのニューランドにビーチャム救貧院と礼拝堂（1862-64）を設計した．

バドヴィッチ，ジャン Badovici, Jean（1893-1956）

ルーマニアの建築家，評論家．近代建築とモダン・デザインをプロモートし，パリの上流を紹介した雑誌である『ラルシテクチュール・ヴィヴァン（L' Architecture Vivante）』（1923-25）を出版した．セーブル橋の近くのヴェズレー市の自邸（1924）とパリの自邸（1934）を建てている．また，アイリーン・グレイと協働し，南フランスのロクブリュヌ＝カップ＝マルタンに海岸の家「E-1027」（1926-29）を設計した．これはこの時期のモダン建築の古典とされるものである．（ラルシテクチュール・ヴィヴァンの特集号としてファイリングされている．）バドヴィッチは（彼のロクブリュヌ＝カップ＝マルタンの家に壁画を描いた）ル・コルビュジエの友人でもあり，近代建

築運動の最も影響力のあるライターの一人であった．

パドゥーラ，エルネスト・ブルーノ・ラ Padula, Ernesto Bruno La（1902-69）

イタリアの建築家でイタリア合理主義建築運動（MIAR）のメンバーとなった．ローマのカヴァソエーリ・コロンボの施設（1934）とイタリア文明館（1938-39，「四角いコロッセウム」として知られる）を設計したが，これらはファシスト期の合理主義建築の最も力強い実例である．

パトカウ・アーキテクツ Patkau Architects

カナダの建築事務所で，1978年にジョン（John, 1947-）およびパトリシア・パトカウ（Patricia Patkau, 1950-）によって設立された．西洋建築の全般的傾向よりも，地域的状況からくる特殊性を強調するような作品づくりを行っている．作品には，オンタリオ州ウォータールーのカナダ陶器ガラス美術館（1986-92），ブリティッシュ・コロンビア州ヴィクトリアのストロベリー・ヴェイル小学校（1992-96），同州サリーのニュートン図書館（1990-92），同州アガシ近郊のシーバード・アイランド・スクール（1990-91）などがある．彼らの業績は，有機的建築，ズーモルフィック建築にも関連づけられる．

ハドフィールド，ジョージ Hadfield, George（1763-1826）

イングランドの建築家．イタリアで生まれ，ジェームズ・ワイアットの弟子となり，1759年にはアレトの後継者としてワシントンD.C.で首都建設を監督するためにアメリカに定住した．役人と職人の無知と無能さに対して戦うものの，これに負け，1798年には解雇された．ワシントンにいくつかの新古典主義の建物を設計し，これらには市庁舎（1820-26，現コロンビア特別区裁判所），アーリントンのカスティス・リー・マンションにおける，フルート装飾のないパエストゥム風のドリス式玄関（1818），アセンブリー・ルーム（1822），ジョージタウンのオーク・ヒル墓地にあるJ・P・ヴァン・ネスのマウソレウム（1826）がある．ゴドフロワとラトローブとともに，彼はアメリカにおけるグリーク・リヴァイヴァルの導入者としてと

ハトフイル

らえることができる.

ハドフィールド, マシュー・エリソン Hadfield, Matthew Ellison (1812-85)
⇨ウェイトマン, ジョン・グレー (1801-72)

ハートフォードシャー・スパイク Hertfordshire spike
聖堂の塔から立ち上がるフレッシュ（フランス語），または短い尖塔で，その基部がパラペット（胸壁）によって隠蔽されているもの．イングランドのハートフォードシャーによくみられる．

バトラー, ジョン・ディクソン Butler, John Dixon (1861-1920)
ロンドンの建築家．1895年メトロポリタン・ポリスの建築家およびサーヴェイヤーに任命された．ノーマン・ショウと協働して，ニュー・スコットランド・ヤードの増築（1904-06）を行った．また，ショーディッチのオールド・ストリートの警察裁判所および警察署の設計を行った．これはマニエリスムの建物で，バロックの中央飾りがある．

ハートリー, ジェシー Hartley, Jesse (1780-1860)
イングランド人で，リヴァプール・ドック協会のサーヴェイヤー（1824-60）．その立場で，P・C・ハードウィックとともにアルバート・ドック（1843-45）を設計した．これは，実用的な煉瓦造の建築が太い鋳鉄製のフルートのないドリス式円柱に支えられた力強い作品である．ヨーロッパでもまれにみる崇高なアンサンブルとなっている．リヴァプールでブランズウィック（1832），ウォータールー（1834），スタンレー（1850-57），ワッピング（1855），ウェスト・カナダ（1857）の各ドックも設計した．

パトリントン, ロバート Patrington, Robert (1352-85 活躍)
イングランドの石工頭．1368年，ヨーク・ミンスターのマスター・メーソンに任命され，そこでプレスビテリを完成させた．おそらく，ヨークシャーのパトリントンのセント・パトリック聖堂の建設後期を手がけたと思われる

（1368-71）．この建物は飛び抜けて美しく，非常に均整がとれており，パトリントンは同時代の最も熟達した設計者の一人であった．

バトルメント battlement
鋸歯形のパラペット（胸壁）のこと．鋸歯形胸壁ともいう．低くなっているところをクレノー（フランス語で「矢狭間」の意），アンブラ

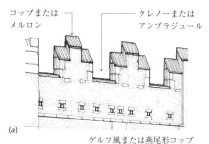

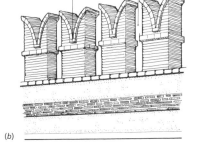

バトルメント
(a) アイルランドのクレノーつき胸壁（メルロン中央部がさらに高くなっている），ウェクスフォード州クールハル・カースル（16世紀末）．(b) ゲルフ風のクレノーつき胸壁，ヴェローナ．スカリジェ風，ラ・スカーラ風，燕尾形のクレノーつき胸壁ともも呼ばれる．

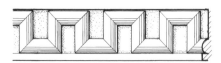

バトルメント
ロマネスクのバトルメント形刳形，リンカン大聖堂（12世紀半ば）（パーカーによる）

ジュール（フランス語で「発射口」の意），ループ（孔），ウィーラーといい，高くなっているところをコップ，ニーラー，メルロン（フランス語）という．それゆえ，クレネレート・ウォール，エンバトル・ウォールとは，四葉形装飾の施されることが多い垂直式聖堂におけるバトルメントつきの壁体のことである．垂直式ゴシックのトレーサリーのトランサムやピア（支柱）の柱頭などの建築細部において，縮小された装飾的バトルメントは数多くみられる．チューダー様式のチムニー・ポットにすらある．「アルメナ」とは，傾斜し，側面に刻み目のあるメルロンのことである．「ゲルフ風バトルメント」，あるいは「燕尾形バトルメント」は中世イタリア建築に広くみられ，メルロン頂部にV字形の刻み目が入っていて，角笛のような形にみえる．

バトン batten

1．ドアにおいて，レッジとよばれる横板に固定された縦板（⇨ドア）．

2．床張り材として用いられる角材．

3．屋根の瓦やスレートを固定するため，あるいは漆喰塗りのためのラスの支持材として使用される小さな角材．

4．薄く，細い木材一般．軸組構造の建物に施された羽目板貼りの接合部を覆うものなど．

バートン，デシマス Burton, Decimus (1800-81)

イギリスの建築家．邸宅，小規模のカントリー・ハウス，いくつかの傑出したグリーク・リヴァイヴァルの建物の設計者として成功をおさめた．鉄とガラスの温室の分野で名声を得た．ジェームズ・バートン（James Burton）（またの名をハリバートン（Haliburton）1761-1837）の10番目の息子．スコットランドの建築業者およびサーヴェイヤーで，ロンドンに移住，起業家として成功し，サセックスのセント・レオナルド・オン・シーのニュータウンを計画した．そこでは，フランスの先例に影響を受けた新古典主義の発展形が，さまざまな様式を折衷したものとともにみられる．デシマスは父の事務所，およびジョージ・マドックス（George Maddox, 1760-1843）のもとで修業したのち，1817年にロイヤル・アカデミー学校に入学した．ナッシュの指導のもと，リージェンツ・パ

ークのコーンウォールおよびクラレンス・テラスを設計した．23歳の時，彼はリージェンツ・パークのコロッセウム（1823-27）を設計施工した．これは，巨大なパンテオンのようなドームをもった構造で，セント・ポールのドームよりも大きく，ギリシアのドリス式のポルティコをもっていた．ロイヤル・パークの重要な仕事がこれに続いた．ハイドパーク・コーナーのイオニア式の列柱スクリーン，カンバーランド，グロスヴナーおよびスタンホープ・ゲートの詰め所，ウォータールー・プレイスの誉れ高いアセニアム・クラブは品のよい浮彫りと均整のとれた内装をもっている．コンスティテューション・ヒルの堂々たるアーチ（1827-28）は北側からバッキンガム宮殿へ入る皇室の入口で，1883年に現在の位置に動かされた．

邸宅および小規模のカントリー・ハウスの建築家として大きな成功をおさめた．ケント州のターンブリッジ・ウェルズのカルヴァリー・エステイトの配置計画では，古典的かつピクチャレスクでナッシュの影響が明らかであるが，二つが思慮深く混成されている．彼はニュータウンの設計も行い，ランカシャーのフリートウッドでは，セント・ピーター教会堂，ノースイースト・ホテル，クイーンズ・テラス，カスタム・ハウス，そして二つの灯台の設計を行った（1836-43）．そこは，鉄道がカーライルからさらにスコットランドまで伸びたときに，困難な時代を送った場所である．バートンは鉄とガラスを使った設計をする際の問題に興味をもった．その最良のものとして，チャツワースのグレート・ストーブ（温室）（1836-40，パクストンと共同設計，現存せず）リージェンツ・パークのリチャード・ターナー（Richard Turner, 1798-1881）と共同設計した温室（1845-46，現存せず），キュー王立植物園のターナーと共同設計したパーム・ハウス（1845-48）がある．

バトン・ロンピュ bâtons rompus

ロマネスクの，シュヴロンもしくはジグザグからなる刳形．

バナー banner

金属製の手摺にみられる，旗竿と旗の意匠の装飾．釣り合い錘を使用して風向計やバナレット（banneret）として使用される．

ハナカクシ

鼻隠板 eaves-board
⇨イーヴズ・ボード

パナシェ panache
ペンデンティヴのほぼ三角形の面.

花綱 garland
⇨ガーランド

花綱飾り swag
両端が支持されて中央が垂れ下がった衣文と似た形の花綱装飾.

バーナム, ダニエル・ハドソン Burnham, Daniel Hudson (1846-1912)
アメリカの建築家. 一級の経営者, 企業家であり, 協働する人びとの長所を最大限に引き出すことにおいて天賦の才があった. ニューヨーク州ヘンダーソン生まれ, ローリング・アンド・ジェニーの事務所に入り建築上の経験を得 (1867-68), 1873年にジョン・ウェルボーン・ルートと協同で事務所を設立した. このバーナム&ルート (Burnham & Root) 事務所はシカゴ派の誕生に重要な役割を果たした. 彼らの最初の摩天楼建築はイリノイ州シカゴのモントーク・ビルディング (1881-82, 現存せず) であり, その後骨組み構造に耐力壁が組み込まれた高層ビルが続いた. 続いて, 傾斜のあるベイ・ウィンドウの列による耐力壁で支えられ, 頂部には弓形折上げの巨大なコーニスをもつ16階建のモナドノック・ビルディング (1889-91) と, 鋼鉄のスケルトンによる22階建のマソニック・テンプル (1890-92, 現存せず) がシカゴで建てられた. ルートが早世した後は, 1891年にアトウッドとパートナーを組み, アメリカにおいて最も大規模な事業を築いた. アトウッドを得て, 事務所はシカゴのリライアンス・ビルディング (1891-94) を生み出し, 金属の骨組みを用いた建築をさらに発展させた. そのガラスとテラコッタで覆われた14層のタワーは, 構造上のフレームが明快に表現される20世紀における発展を予見するものだった. バーナムはシカゴにおけるコロンビア万国博覧会のコーディネーターに指名され (1890-93), 会場の建物で好まれたボザールの古典主義を推進することを開始した. このことはその後何年にもわたってアメリカの建築および都市計画に重大な影響を与えた. バーナム自身の事務所の作品 (例:ニューヨーク市のフラー (『フラット・アイアン』)・ビルディング (1902-03) とペンシルヴェニア州フィラデルフィアのワナメーカーの店舗 (1909)) にもルネサンス建築の要素が移植されている. 荘厳なボザールの古典主義と結びついた名声のおかげで, バーナムはセルフリッジ百貨店のロンドンのオックスフォード・ストリートの新しいビル (1907, アトキンソンとスウェイルズの設計) のコンサルタントとして雇われた. それは同時代に行われたバーネットによる大英博物館の増築と同じくらい革新的で大規模なものだった. バーナムはシティ・ビューティフル〔都市美化〕運動の中で提案した計画で, 強い軸線, シンメトリー, 古典主義的モチーフの大胆な使用といったボザールの原理を採用し, アメリカの都市に統一感と学究的なアプローチをもたらそうとした. そのうちワシントンD.C.の計画では, ランファンの計画のうち変更されて損なわれた部分を修復しようと試みた. ワシントンD.C.のユニオン駅 (1903-07) は, バーナム事務所がボザールのデザインを本格的に展開させた最初のものであり, 半円筒形ヴォールトの空間に接続して, 古代ローマの公衆浴場テルマエにふさわしいような五つのベイと3連アーチからなる玄関ファサードをもつ. バーナムのシカゴ計画 (1906-09) は博覧会の成功が効いて同時代に影響力をもった. 出版物としては『コロンビア万国博覧会—作品監督の最終報告 (*The World's Columbian Exposition: The Final Report of the Director of Works*)』(1898) や『シカゴ計画 (*Plan of Chicago*)』(1909, エドワード・H・ベネット (Edward H. Bennett, 1874-1954) との共著) などがある. 逝去時には彼の名は広くから敬意を表され, シカゴとワシントンD.C.の計画は1950年代まで両市の開発を方向づけた. しかし第二次世界大戦後にインターナショナルモダニズムが優勢になると, 彼に対する評価は低下した. しかしながら21世紀になってみれば, 彼の果たした仕事は, それをけなした人びとがつくり出した都市砂漠よりはほどよいであるようにみえる.

バナル・ミル banal-mill, bannal-mill
封建制度下において, 借地人が使用を義務づけられていた穀物製粉施設. こうした借地人は

パンを焼く際にはバナル・オーヴンを使用することとされ，いずれも地主に利益をもたらした．

パニエ　panier
1.　コルベイユの意．
2.　梁もしくはトラスを支える腕木ないしはコーベルで，部材間の角度を緩和するよう，かご状の形をもつ．

バニェット　bagnet, bagnette
⇨バゲット

バニスター　banister
⇨バラスター

バニー，マイケル・フランク・ワールトン
Bunney, Michael Frank Wharlton (1875-1926)
イギリスの建築家．最初ホレス・フィールドの助手となり，1902 年に自身の実務を開始し，1905 年からはクリフォード・コープマン・メイキンス（Clifford Copeman Makins, 1876-1963）と協働した．彼は控えめな住宅作品で記憶されているが，その代表がハムステッド・ガーデン・サバーブ（1907-14）で設計した住宅である．いずれもハートフォードシャーに固有の 17 世紀の住宅がモデルであった．バニーとフィールドは『17・18 世紀の英国の住宅建築（*English Domestic Architecture of the XVIIth and XVIIIth Centuries*）』（1905, 1928）に共同で取り組んだが，同書は過小評価されていた建築物の概要を示すものとしてきわめて貴重であった．

パニ，マリオ　Pani, Mario (1911-93)
メキシコの建築家．パリで建築を学び，1934 年メキシコに帰国した．モダニズムの原理にもとづきバウハウスの流れを汲む．その作品の大半は他の作家との共作である．初期の作品に，いずれもメキシコ市内にあるホテル・レフォルマ（1936）や，リオ・バルサス（1944），アベニーダ・フアレス（1945），パセオ・デ・ラ・レフォルマ（1946，現存せず）などの一連の住宅建設計画，国立師範学校（1945-47），国立音楽学校（1946）などがある．彼がメキシコ市南部に設計した広大な「アレマン大統領」団地（1947-50）は，ランドスケープ・デザインが施された敷地に配された 1000 戸を超える住戸と学校，商店などからなる．この計画に続き「ファレス大統領」団地（1951-52，一部取り壊し（1985）），巨大なノノアルコ・トラテロルコ団地（1964-66，100 棟を超える集合住宅に 12000 戸を数える）などの団地開発にかかわったが，後者はスケールが巨大すぎるためか，人を寄せつけない雰囲気を放っている．また，メキシコ市の大学都市マスター・プランを立案し（1947），政府の水資源省庁舎（1950-53）や国立自治大学学長館（1951-52），アカプルコ空港（1954-55）を設計．その他ユカタン（1951），アカプルコ（1952），シウダ・サテリテ（1954），チワワ州シウダ・フアレス（1963）においても CIAM に想を得たモダニズム的計画を立案．パニに対する賞賛の声は高かったが，彼の設計した建築の少なからぬ数がすでにとり壊しの憂き目にあっていることや，年を経て老朽化に伴って備わってくるべき風格がほとんどの作品において感じとれないことから，その名声はあるいは過大評価であったのかもしれない．

ハニーマン，ジョン　Honeyman, John (1831-1914)
スコットランドの建築家．1854 年からグラスゴーで仕事を始め，1885 年にジョン・ケッピー（John Keppie, 1862-1945），1904 年に C・R・マッキントッシュが事務所に加わった．1945 年，事務所はケッピー＆ヘンダーソンとなった．ハニーマンの最高作品のうち，第 1 尖頭様式のランズダウン・ユナイテッド・プレスビテリアン教会（1863）はグラスゴーのグレート・ウェスタン・ロードにある．これは，極度に高く細い尖塔をもっている．ゴードンおよびユニオン・ストリートのスミス百貨店（現カ・ドーロ，1872）は上層部のファサードが鉄とガラスでできている．ウェストボーン聖堂（1881），グラスゴー・ヘラルド社屋のミッチェル・ストリート側のファサード改修（1893-95，ケッピー，マッキントッシュと共同），マーター・パブリック・スクール（1896-98，ケッピー，マッキントッシュと共同）など数多くのすぐれた建物がある．彼は『町のオープンスペース（*Open Spaces in Towns*）』（1883）を著し，自治体の改良工事や労働階級の住宅作品についての論考を出した．

バニング，ジェームズ・バンストーン
Bunning, James Bunstone (1802-63)

ロンドン墓地会社や服飾小間物商人会社など複数の団体の建築士となったロンドンの建築家．ハイゲイト墓地のエジプト・リヴァイヴァルの街路やその他の建造物，ナンヘッド墓地の古典様式のギリシア風の詰所と門（1839-43）を設計した．1843 年には「都市事業事務官（Clerk to the City's Works）」（この称号は 1847 年に都市建築家（City Architect）に変わった）に任命され，複数の街路改良事業を担当した．1848 年にはホルボーン高架橋の最初の計画を準備した．一般に彼の代表作とみなされているのは，ロンドン石炭取引所（1846-49）である（1962 年に取り壊し）．この建築の外観はイタリア風の古典様式だが，内部はトップライトとギャラリーを持つ鋳鉄製のロトンダとなっていた．さらに彼はカレドニアン・ロードのみばえのいいイタリア風のメトロポリタン・キャトル・マーケット（大都市家畜市場）（1855, 時計台とコーナー・パブのみ残っている）と城郭風のホロウェイ刑務所（1849-52, 大部分取り壊された）を設計した．『墓とモニュメントの設計（*Designs for Tombs and Monuments*）』（1839）を著した．

バーネット，サー・ジョン・ジェームズ
Burnet, Sir John James (1857-1938)

ジョン・バーネットの息子としてグラスゴーに生まれる．パリのエコール・デ・ボザールに学び，1878 年，父の事務所に参加．グラスゴーのサウチホール・ストリートにある芸術協会（1879-80, 1967 解体）は，抑制されたグリーク・リヴァイヴァルの試みであり，長年におよぶイングランドの古典様式復興の流れに位置づけられる．1886 年，フランスで修行したスコットランド人，J・A・キャンベルがバーネットの新しい共同者となり，グラスゴーのバロニー礼拝堂（1886-89, 1898-1900, 現在ストラスクライド大学の百年記念館）設計競技に当選した．それはダンブレイン大聖堂，ヘローナ大聖堂，さらに（設計競技における審査員であった）ピアソンの作品に影響を受けていた．低く広い庇を有する礼拝堂には，アランのシスキン礼拝堂（1887），ブレシンのガードナー記念礼拝堂（1896-1900），ステンハウスムーアのマクラーレン記念礼拝堂と牧師館（1897-1907）

がある．また，事務所はグラスゴーに折衷様式のすばらしいチェアリング・クロス・マンション（1891）を設計し，そこには，16 世紀フランスの要素がうかがえる．1895 年，アメリカ訪問中に，バーネットはチャールズ・マッキムとルイス・サリヴァンに会ったことで，その後すぐに設計した彼の作品は，アメリカにおける先行例（ホープ・ストリートのアトランティック・チェンバーズ，ウォーターロー・ストリートのウォーターロー・チェンバーズ）に深く影響を受けた（1897 年にキャンベルとの協働関係を解消後，1899 年に完成，ともにグラスゴーにある）．

1903 年には大英博物館内のエドワード 7 世ギャラリー増築の設計者に任命された．そこでバーネットは，イオニア式ジャイアント・オーダーのフルートが奥の壁に並行になり，接合がうまくおさまるよう，3/4 円柱を少し内側に傾けている．このボザール様式の建物は，バロック・リヴァイヴァルとレン風ルネサンスに対するエドワード 7 世時代の新古典主義的反動であり，この功績によって 1914 年彼はナイト爵に叙された．それまでにはロンドンの事務所が開設され，1909 年にはグラスゴーの実務は，パリで教育を受けたノーマン・エイケン・ディック（Norman Aitken Dick, 1883-1948）に任せることにした．バーネットは，1903 年に彼個人の助手としてトーマス・S・タイトを雇い入れた．1910 年までにタイトはロンドン事務所の重要な所員となり，1918 年には共同経営者となった．ボザール様式の立面を有するアルドウィッチ 99 番のジェネラル・ビルディング（1909）は，タイトの影響を示す建物であり，キングスウェイ 65 番（1910-12, タイトによる設計）には，鉄骨フレームが使用されオーダーの引用が影を潜めた．ロンドン・ブリッジにあるアドレイド・ハウス（1920-25）は，意識的に壮大なエジプト様式を用いた 1920 年代最初の建物の 1 つであり，いくらかサリヴァン風であり，タイトがデザインのほとんどを担当した．戦間期における事務所（1930 年には，ローヌ（Francis Lorne, 1889-1963）がパートナーに加わったことからバーネット，タイト・アンド・ローヌとなった）の最も印象的な作品は，エディンバラにあるスコットランド省が入るセント・アンドリューズ・ハウス（1934-39）であり，ボザールの伝統によるシンメトリー構

成はタイトによるデザインである.

バーネット, ジェームズ・J Barnet, James J. (1827-1904)

スコットランドで生まれ,オーストラリアで活躍した建築家.ニュー・サウス・ウェールズ州の植民地建築家(1862-90)で,多くの立派な建築を建てた.それらはヴェネツィア建築に影響を受けたシドニー中央郵便局(1865-74),シドニーの国土局(1876-90),パラッツォのようなルネサンス・リヴァイヴァル様式の建物,バサーストにある裁判所や政府の建物,ヴェランダが特徴的な魅力的で左右対称の建物,ゴールバーンにあるアーケードのついた裁判所(1887)である.彼は,電車で葬儀に参列できるよう,シドニーのルックウッド墓地に通じる駅舎をゴシック様式でデザインした.

バーネット, ジョン Burnet, John (1814-1901)

スコットランドの建築家.カーク・オブ・ショッツで生まれる.1844年,建築家となり,グラスゴーで事務所を設立.初期の作品は,穏やかな古典主義様式で,エルギン・プレイス・会衆派礼拝堂(1856)やミラー・ストリート61-63番のイタリア風建築(1854)がある.後期の作品には,生き生きとしたイタリア・ルネサンス様式を有するセント・ヴィンセント・プレイスのクライズデール銀行(1870),美しく抑制の効いたクリヴェドン・クレセント(1876)がある.バーネットは,イタリア・ゴシック様式のグラスゴー株式取引所(1874)やウッドランズ教区礼拝堂(同じく1874),イングラム・ストリートにあるラナーク州住宅(1876)を設計した.最後のものはイタリア風マニエリスムの作品で,上部2層分のピラスターおよびコロネードが一定のリズムで配置されている.

跳ね橋 drawbridge

1. 堀,水路,川などに架けられる橋で,片側をヒンジとし,もう片側を鎖でつなぎ上げ下げできるようにしたもの.とくに要塞では,通行管理のために用いられた.

2. 1と同じだが,橋の下を走る船を通すためにつくられたもの.この場合,一つの橋桁はもう一つの橋桁と同調する.また,橋桁は軸周りに回転するが,軸の反対側で重さの釣り合いをとっている.このタイプをバスキュール・ブリッジという.

パネル panel

1. 刳形(くりかた)や溝,あるいは異なる平面に属する別の表面によって囲まれた,平坦な表面.建築におけるパネルは通常長方形であるが,円形,正方形,四つ葉型,そのほかの形状をとることもある.ブラインド・トレーサリーは,実際には羽目板の一種.パネルの沈み込んだ表面には,たとえばパルシュマンのように,しばしば装飾が施される(⇨ボワズリー).パネルは一般に天井,ドア,ウェインスコットなどにみられ,パネル・ディヴァイダーと呼ばれる枠によって区切られている.一方で,パネルを枠に固定するビードやその他の刳形のことはパネル・モールディングといい,これにはさまざまな種類がある(たとえば,浮き出し刳形,オジーなど).パネルの種類には次のようなものがある:

サンク: 枠の面よりくぼんだ平面をもつパネル.

フィールディッド: パネルの平坦な中央部分が縁から飛び出しているもので,しばしば枠の高さを超えて突き出る.

フラッシュ: パネルを囲む枠と同一の高さの面をもつもの.しばしば,接合部を隠すため

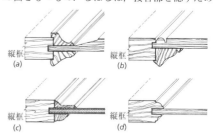

主なパネルおよびパネル・モールディング.(a)2種類のボレクション・モールディングで留められたレイズド・アンド・フィールディッド・パネル.(b)ボレクション・モールディングで留められた玉縁のついたフラッシュ・パネル.(c)2種類のプランテッド・モールディングで留められたフラッシュ・プライ・パネル.(d)ソリッドまたはストラック・オーヴォロ・アッパー・モールディングとカヴェット・ロワー・モールディングの付いた縦框(たてがまち)に固定されたフラッシュ・パネル.

に，パネル脇の縁上に平坦なビードが施される.

ライイング： 巨大な水平面をもつパネル.

リネン・フォールド： パルシュマン・プリエで装飾されたもの.

レイズド・アンド・フィールディッド： 上記のフィールディッドのように，持ち上がった平坦な面をもつが，くぼんだ縁，刳形縁，はす縁などによって周囲を囲まれるもの.

2. 間柱や框で区切った，ペインと呼ばれる木の骨組みの柱間の分割面.

パネル・トレーサリー panel tracery
垂直様式のトレーサリー.

パノプティコン Panopticon
1. 中央の管理拠点から棟が伸びる，放射状の平面をもつ建物，とりわけ監獄. ジェレミー・ベンサム（Jeremy Bentham, 1748-1832）によって考案された.

2. 珍奇なものなどをみせるための展示室，あるいはショールーム.

パノプリ panoply
さまざまな武器を添えた一そろいの甲冑を彫刻で表現したもので，軍事モチーフの装飾において，装飾的に重ねられた状態で表現される.

パノラマ panorama
巨大な絵を収めた建物. 中央に立つ鑑賞者をとり囲む，円筒表面上に絵画情景が描かれるもの（サイクロラマ）と，巻いてある絵を鑑賞者の前で徐々にスクロールさせて，さまざまな場面を見せるものとがある. 一方で，のぞき窓を通じて絵画情景（その一部は光を通す半透明になっている）をみる形式で，両側が奥の絵に向かって収斂してゆくものをディオラマといい，このタイプでは天候の変化もみせることができる. 最も有名なこの種の施設としては，パリの国立パノラマ館（1859）があった.

ハー・ハー ha-ha
風景式庭園において，たとえば，カントリー・ハウスからの眺望を妨げないようにデザインされた庭園境界. 一種の壕であり，急勾配の（またはわずかに転びをつけられた）眺望点に至近の側が煉瓦，または石材で化粧されて舗装

されており，反対側はなだらかな斜面になっていて芝生が植えられている. 邸宅に近接する区域に動物が入らないようにするもので，隠蔽されていた. アー・アーとよばれるフランス由来の用語だと思われてきた（驚きの叫び声だといわれていたが，境界を意味する古英語が訛ったものに由来する可能性の方が高い）. たとえば，ダルジャンヴィルの『造園術の理論と実践（La Théorie et la Pratique du Jardinage）』(1709) に「足下の空堀」(fosse sec au pied) と記述されており，英語での言及はおそらく，1698 年頃，ウェストモアランドのレヴィンス・ホールにおけるギョーム・ボーモン(Guillaume Beaumont, 17 世紀後半から 18 世紀前半活躍) によるものが初めてだろう. 多くのイングランドの風景式庭園において，おもにブリッジマンやケントによって用いられた.

幅木 skirting
漆喰壁と床との間の仕上げとして，壁の底部に固定される木のすそ板. 形式的には古典主義建築のプリンスに相当する.

ハバション，マシュー Habershon, Matthew (1789-1852)
イングランドの建築家. 16 世紀，17 世紀の建物に関する先駆的研究である『イングランドにおける中世のハーフ・ティンバー住宅（The Ancient Half-Timbered Houses of England）』(1836) を出版し，同年に A・W・N・ピュージンの『対比（Contrasts）』に敵対的な反応を示した. 1842 年にエルサレムに行き，ジェームズ・ウッド・ジョンズ（James Wood Johns, 1810 頃-63）が設計した英国国教会の大聖堂の建設を監督した. ダービーシャーのベルパーにあるセント・ピーター教会（1824），ダービーの州裁判所（1828-29），ダービーの市庁舎とマーケット（1828-30，部分的に破壊），ハンプシャーのブランプトンにあるコテージ（1837 頃），レスターシャーのバーベッジ教会（1842）を設計した. 彼の弟子には，ユーアン・クリスチャンと自身の息子ウィリアム・ギルビー・ハバション（William Gilbee Habershon, 1818/19-91）がおり，息子は 1863 年から 1878 年にかけてアルフレッド・ロバート・ピート（Alfred Robert Pite, 1832-1911）と共働した.

ハーバート，ヘンリー，第9代ペンブルック伯爵　Herbert, Henry, 9th Earl of Pembroke (1693 頃-1751)

ウィルトシャーのウィルトン・ハウスの所有者．オックスフォードのクライスト・チャーチ・カレッジでアルドリッチの在職中に学び，またイニゴー・ジョーンズに始まり，バーリントン卿によりハーバートの時代に再興しつつあったパッラーディオ主義の促進に積極的にとり組んだ．パッラーディオの愛好家となり，おそらくバーリントン卿やケント以上にその原理に忠実であった．彼とロジャー・モリスは，ウィルトンの格調の高い橋（1736-37）や，トウィッケナムのマーブル・ヒル（1724-29），リッチモンド・ニュー・パークのホワイト・ロッジ（1727-28）や，そのほかの設計をしたとされる．キャンベルもまた，とくにロンドンのホワイトホール（1724）におけるハーバートの邸館に関して，さらに推測ではマーブル・ヒルにおいて，ハーバートのためにはたらき，また共同で仕事をした．ハーバートは実践的な建築の技術に欠けていたから，サポート役のモリスと協働した可能性がある．

パピエ・マシェ　papier-mâché

樹脂と接着剤を混ぜた紙パルプ，あるいは接着剤で固めた紙の断片を圧縮して型にはめこんだもの．装飾の材料や，壁ないし天井のカヴァー材として用いられた．200 年頃に東アジアで発明され，ヨーロッパでは 16 世紀以来用いられ，とくに 18 世紀に多用された．

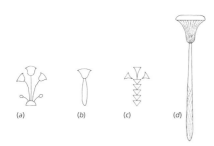

パピルス装飾の定型化された表現．(a) 下エジプトを表す五枝状形態．(b) パピルスの王笏．(c) 花付きパピルスの抽象化．(d) ベル・キャピタルに似たエジプトのパピルス装飾画．茎の長さは様々に変えられる．

バービカン　barbacan, barbican

1．門や橋の上に構築された要塞化された双塔．非常に堅固かつ高いことが多く，見張り台として用いられた．

2．要塞化された門へ続く通路の側面に配された外壁などの構造物．

3．バリストラリア（銃眼）．

パピルス紋様　papyrus

カミガヤツリ（*Cyperus papyrus*）の花と葉をスタイル化した紋様にもとづく装飾．エジプト建築にしばしばみられ，とくに柱頭部分に多用された．

バビロニア建築　Babylonian architecture

前 4000 頃-前 1250 年のメソポタミア建築．メソポタミア地方初期の住民はシュメール人で，前 4 千年紀にはすでに煉瓦を用いた洗練された建築を発達させており，実にヘレニズム期まで続く建築の基本方針をもたらした．迫石とヴォールトも用いたアーチが建設され，スギ材を大々的に用いた．重要な建造物では壁面は幾何学的に配置された円錐形の彩色テラコッタによって装飾され，その一方で装飾的でわずかに飛び出したバットレスのある壁，垂直な水路，2 段あるいは三角形の胸壁も特徴的な要素である．ジッグラトとして知られる階段上の塔は，各段が下の段よりも小さいように減衰する積み重ねられた正方形の基壇に類似しており，神殿と関連づけられている．前 22 世紀のウルの大ジッグラトは頂部の聖域へと続く巨大な階段を備えており，特徴的な一例である．バビロニア建築の主要要素は前 2 千年紀の終わりにアッシリア人によって受容された．

破風　gable, gavel

勾配屋根の端部を閉じる建物の壁（妻壁）．その頂部は屋根の二つの傾斜面によって区切られるので，飾り破風板あるいは迫り出した破風板を形づくることがあり，また背後の屋根の傾斜に（多かれ少なかれ）沿ったパラペットを形づくることがある．

したがって，ロマネスクの破風は（ノッティンガムシャーのサウスウェル・ミンスターのように）急傾斜で装飾されたものとなるのに対して，（リンカン大聖堂のような）第一尖頭式の破風は極端な急傾斜となり，内部に採光するた

めの窓が穿たれたものとなる．中世後期の破風は住宅建築にあってはきわめて急傾斜であるが，教会堂においてはほとんど例外なく緩傾斜で，狭間胸壁をもち，しばしば豊かに装飾される．煉瓦造の破風は，傾斜積みで仕上げられることがあり，笠木や傾斜積みは，破風の端部で「破風止め」「破風の肩」「止め石」「元石」「元止め石」などと呼ばれるものによって，滑り落ちたりずれたりしないようにされる．破風はすべてが三角形とは限らない．ほかの形式には下記がある．

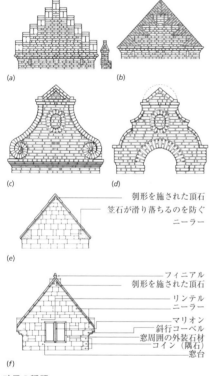

破風の種類
（a）コービー・ステップスまたはクロースステップスの破風（立面図と部分．1540年頃のケントの例より）．（b）傾斜積みの煉瓦をもつ破風（サフォーク，ノーフォーク，ケントの例にもとづく）．（c）飾り破風（1691年頃のケントの例にもとづく．ロイドによる）．（d）ダッチ・ゲーブル（ケントとサセックスの細部にもとづく合成図）．（e）止め石をもつ破風．（f）より華麗な破風．

入り母屋破風： 頂部に小さな入り母屋をもつもの．

飾り破風： 側面が凹凸の曲線からなりその間に段が入り，頂部が半円状あるいは櫛形になるもの．

クロースステップス： 頂部が段状になったもの．コービー・ステップス，いらか段ともいう．

ダッチ・ゲーブル： 両端が曲線（あるいは渦巻き状）になり頂部にペディメントをもつもの．

窓をもつ華麗な破風は北ヨーロッパ（とくにフランドルとドイツ）の16，17世紀の住宅建築の特徴であり，19世紀にリヴァイヴァルされた．

ハーフ　half
手摺子や円柱について用いられる場合は「壁体に半分埋まった」という意味である．

破風　pediment
⇨ペディメント

破風　verge-board
⇨ヴァージ・ボード

バフィントン，ルロイ・サンダーランド
Buffington, LeRoy Sunderland (1847-1931)
アメリカの建築家．1873年にミネソタ州ミネアポリスで開業し，とくにクイーン・アン様式やリチャードソンを有名にした半円形アーチ様式などいくつかの様式で数多くの建物を設計し，大きな成功を収めた．チャールズ・ペティットのための邸宅（1874）はパリのルーブル宮のヴィスコンティとルフュエルによる増築（1852-57）やハントによるロードアイランド州ニューポートのウェットモア家の住宅（1872-73）の様式に大きく影響されている．ミネアポリスにおけるウェスト・ホテル（1881-84，現存せず），ピルズベリー製粉場「A」（1880-83），ピルズベリー邸（1887）およびゲール邸（1888）のデザインは注目を集めた．バフィントンは摩天楼（スカイスクレーパー．彼は「クラウド・スクレーパー」とよんだ）の建造を実現するために金属の骨組みによる構造システムを発明した（1880-81および83-84）．それについて1888年に特許を取得し，

訴訟により特許権使用料を主張したが，ほとんどうまくいかなかった．

パーフォレート　perforate
　開口部を設けること．パーフォレーティッド・ウォールというのはしたがって，開口のある壁のことで，開口部の配列がパターン化されていることが多い．

バブコック，チャールズ　Babcock, Charles (1829-1913)
　アメリカの建築家．アップジョンと組んで仕事をし（1853-58），アメリカ建築家協会の設立メンバーであった．またのちに，ニューヨーク州イサカ市のコーネル大学で，学長のためのゴシック風住宅（1871），フランクリン・ホール（1881）など数多くの施設を設計した．

ハーフ・コラム　half-column
　⇨ハーフ

バブ，ジョージ・フレッチャー　Babb, George Fletcher (1836-1915)
　アメリカの建築家．ニュージャージーでいくつかの建築を設計した後，1877年にウォルター・クック（Walter Cook, 1846-1916）とニューヨーク市で共同経営を始め，バブ＆クック（Babb & Cook）として，ニューヨーク市のブロードウェイ55番に鋳鉄製のオフィスビル（1881，解体）を設計している．1884年にはダニエル・ウィーロック・ウィラード（Daniel Wheelock Willard, 1849-1902以後）が加わり，バブ・クック＆ウィラード（Babb, Cook, & Willard）となった．彼らの最も称賛された設計は，ニューヨーク市ラファイエット・ストリートのデ・ヴィンヌ・プレス・ビルディング（1885-86）であるが，他にも主にニューヨーク市内に多くの建築作品を設計した．

ハーフ・ティンバー　half-timbering
　1．木骨建築物を指す廃れた用語．軸組部材の間の隙間はなんらかのほかの材料，たとえば，木骨煉瓦，または網代状の下地や木舞の上に塗られたプラスターで充填されている．
　2．下層階が石造，または煉瓦造で，上層階，またはゲーブルのようなその一部が木骨建築物．また，そのようにみえる建築物．

　3．煉瓦造，石材ブロック造などだが，木材がある程度そこに施されて木骨にみえるようにした建築物．むろん，実際はそうではない．

ハーフ・バット　half-bat
　⇨半ます

ハーフ・フィギュア　half-figure
テルム柱〔日本語では「半人像柱」の意〕．

ハーフ・ペース　half-pace
　1．階段の2本のフライトが180度の角度をなして接合する踊場．
　2．ベイ・ウィンドウにおいて床面を形成するデース，または段．

ハーフ・ムーン　half-moon
　⇨デミムーン（半月堡）

ハブリク，ヴェンツェル・アウグスト　Hablik, Wenzel August（1881-1934）
　ボヘミアのアーツ・アンド・クラフツのデザイナー．1909年の結晶構造の素描シリーズ（1912展示）で反響を呼び，力強い空想上の建築を第一次世界大戦後に生み出した．そのいくつかは芸術労働評議会，「ガラスの鎖」と関連している．ツィクルス・アルヒテクトゥル（建築の循環，1925）などでは空中を移動する未来の集落を構想している．彼の作品はドイツ表現主義にある程度影響を及ぼした．

パーベック　Purbeck
　マーブル（大理石）と呼ばれる，濃い灰色もしくは灰緑色の硬い石灰岩．もともとはイギリスのドーセット州，パーベック島で産出されたもので，ほぼすべてが一枚貝と二枚貝の化石が合わさったものからなる．この石は，磨くと素晴らしい艶が出る特質をもっているため，とくにイギリス中世の建築家たちにより，コロネット，柱身（シャフト），モニュメント，彫像，墓をつくる際に，広く用いられた．暗く光る大理石の柱身には，化石の模様がみられ，通常の石灰岩に比して，第1尖頭式ゴシックの壮麗で豪華な内装を彩るのに貢献している．リンカン，ソールズベリー，ウィンチェスターなどの大聖堂などの束ね柱もしくは複合柱がこの材料の特質をよく表している．

パベナム，サイモン 1 世 Pabenham, Simon I
（活躍 1262 頃-80 没）

　イングランドの石工頭．ヨークのセント・メアリーズ・アビーの聖堂の建築に携わった．パベナム自身もしくはその親戚は，リンカン大聖堂やヨーク・ミンスターの建築工事に携わっていたと思われる．

パベナム，サイモン 2 世 Pabenham, Simon II
（活躍 1282-1334 没）

　イングランドの石工頭．1280 年代にロンドン塔ではたらき，1293 年にはジョン・ド・バータイルとともに，ノーサンプトンとセント・オールバンズでエリナー・クロスを建てた．その後，ロンドン塔のマスター・メーソンとなり（1307-11），1313 年以降，シティの建築規則の実現と履行にかかわった．

パーペンド parpend, perpend

　壁の両側にみえるつなぎ石，ないしは突き抜け石．それゆえ，両端部分で化粧仕上げを施したり，研磨仕上げをしたりする．例としてパーペンド・アシュラー．

バーボン，ニコラス Barbon, Nicholas（1638
頃-98）

　ロンドンに生まれ，ロンドン大火（1666）後の最も重要な住宅開発業者となり，さらに，火災保険制度を創設した．バーボンは，グレーズ・インのそばのレッド・ライオン・フィールズに集合住宅を建て，1690 年代には，チャンセリー・レーンとリンカンズ・インの土地改良を行った．バーボン自身が建築家であったかどうかは不明だが，バーボンが行った住宅開発はきわめて重要であり，数年後に到来するロンドンのテラス・ハウスの雛形を決定した．1678-79 には，建築家の資格でかかわったロジャー・ノースとともに，大火で倒壊したテンプルの再建に関与した．しかし，バーボンによるミドル・テンプルのポンプ・コートのクロイスター（1679）案は，レンによる「模型」が支持されて，採用されなかった．

パーマー，クレメント Palmer, Clement
（1857-1952）

　中国に拠点をおいたイギリス人建築家．パートナーであるアーサー・ターナー（Arthur

Turner, 1858-1945 頃）とともに，ボザール様式に影響を受けた重要な建物をいくつか設計した．それらには香港上海銀行（1921-23）がある．パーマー＆ターナーは古典主義で多くの銀行を設計しており，他には上海のサスーン・ハウス（現ピース・ホテル，1926-28，御影石で覆われアール・デコのモチーフで装飾された巨大な建物），上海のサスーン・ヴィラ（1930，木骨のチューダー朝建築を模倣したドメスティック・リヴァイヴァルの作品）を設計した．

パーマー，ジョン Palmer, John（1738 頃-1817）

　イギリスの建設業者であり建築家．トーマス・ジェリー（Thomas Jelly, 1781 没，ブロード・ストリートのエドワード国王のグラマースクール〔1752-24〕，アビー〔大寺院〕内およびミルソン・ストリートの邸宅を設計した有能なパッラーディオ主義の建築家）と一時共働する中で，サマセットシャーのバースやその近郊にいくつかの建築を建設した．最も重要なのはランスダウン・クレセント（1789-93）であり，平面上は凸–凹–凸で，地形の輪郭に対応し，古典とピクチャレスクを結合している．またセント・ジェームズ・スクエア（1791-94）と，モントピーリア・ロウのゴシック教会堂設計（1798）およびニュー・ボンド・ストリート（1805-07）の任にあたった．

パーマー，ジョン Palmer, John（1785-1846）

　イングランドの建築家．もともとは教養のない石工であったが，独学で読み書きを学び，ウィリアム・アトキンソン（William Atkinson, 1773 頃-1839）から建築の「基礎」を学んだ．1813 年にマンチェスターに事務所を開き（アトキンソンもこの地に事務所をもっていた（1812-16）），教会建築家として成功し，ゴシック・リヴァイヴァルの教会を専門とした．彼の作品の中でも言及すべきものは，ランカシャーのプレジントンにある野心的なローマ・カトリックのセインツ・メアリー・アンド・ジョン聖堂（1816-19，西正面に高貴な丸窓がある），ランカシャーのブラックバーンにあるセント・ピーター礼拝堂（1819-21），マンチェスターのグランビー・ロードにあるセント・オーガスティン礼拝堂（1820），ブラックバーンにある

セント・メアリー教会（現大聖堂，1820-26，1831年以降にリックマンそのほかによって再建され改築された），ランカシャーのアシュトン・イン・メーカーフィールドのノース・アシュトンにあるホーリー・トリニティ教会（1873-78）である．彼は建築史に関心があり，マンチェスターの参事会教会（現大聖堂）を再建，改築し（1814-15），『マンチェスターの参事会教会のガイド（*Guide to the Collegiate Church of Manchester*）』（1829）を出版した．またヒバート・ウェアとワトン著『マンチェスター創建史（*History of the Foundations of Manchester*）』（1834）に教会に関する詳細な記述を寄稿した．彼の出自の低さとスタートの遅さを考慮に入れるなら，彼の仕事は質と学識において傑出している．

ハミルトン，デーヴィッド　Hamilton, David （1768-1843）

19世紀初頭，グラスゴーで先導的であった建築家．イングラム・ストリートのハッチソン病院（1802-05）を新古典主義で設計し，グリーク・リヴァイヴァル様式の熟達者となった．元王立取引所（1829-30）は，豪華なギリシャ・ローマのコリント式であるが，ブキャナン・ストリートのウェスタン・クラブ（1840）はイタリア風である．グラスゴー・ネクロポリスの「ためいき橋」（1833-39）を設計した．彼のカントリー・ハウスは折衷的だった．ジャコビアン様式のエアシャーのダンロップ・ハウス（1832-34），ゴシック様式のアーガイルのダヌーンのキャッスル・ハウス（1823-24），ロマネスク様式のスターリングシャーのレノックスタウンのレノックス・カースル（1838-41）では，各様式を器用に使いこなして設計した．息子のジェームズ（James, 1818-61）もこれらの設計の多くに携わった．

ハミルトン，トマス　Hamilton, Thomas （1784-1858）

スコットランドの傑出した新古典主義の建築家．おもにエディンバラではたらき，その成功は1818年にエアシャーのアロウェイでバーンズ記念碑（1820-23）の設計コンペで優勝したときに始まった．これは開放型の円形神殿で，スチュアートとレヴェットの『アテネの古代遺物（*Antiquities of Athens*）』（1762）の第1巻に掲載されたリュシクラテス記念碑（前334）から自由にデザインを翻案したものであった．エディンバラのリージェント・ロードの南面，カールトン・ヒルの端に，2つ目のバーンズ記念碑を設計するよう依頼され，このときはリュシクラテス記念碑を大きくし，柱が円筒形のケラの周りを取り囲み，その中心には詩人ジョン・フラックスマン（John Flaxman, 1755-1826）の彫像（1822）が置かれた．現在，彫像はナショナル・ポートレート・ギャラリーにある．記念碑は1830年から1832年に建てられた．カールトン・ヒルの南斜面，バーンズ記念碑の向かいに建てられた，ハミルトンによるロイヤル・ハイスクール（1825-29）はグリーク・リヴァイヴァル様式で設計された建物の中でも最もすばらしく，国際的に重要である．そのテセイオンに似た神殿，コロネード，パイロンのような翼，階段のついた踊り場は，ヴァルハラ神殿のためのハラーのデザインを彷彿とさせる．ハミルトンは主要な「神殿」の壁の高い部分に窓を配置し（グリーク・リヴァイヴァルの難点の1つは，現代において，窓のないギリシア神殿をいかに翻案するかという点であった），ピクチャレスクな様式で構成した．ハミルトンによるほかのエディンバラにある建物として，ディーン・ブリッジの捨子養育院（1831-33，現在はファレル設計によるナショナル・ギャラリー・オブ・スコットランドのディーン・ギャラリー（1996-99））がある．その高い煙突はヴァンブラのバロック様式を想起させる．さらにクイーン・ストリートには，優雅な新古典主義のロイヤル・コレッジ・オブ・フィジシャンズ（1844-46）がある．彼はまたジョージ4世橋（1827-34）を設計し，これにより旧市街への南のアプローチを可能にした．エディンバラ以外では，グラスゴー・ネクロポリスにある古代ギリシャ風ドリス式のジョン・ノックス記念碑（1825），エアにある新しいアセンブリー・ルーム（1828-31，優雅な尖塔はギッブズのデザインを引き延ばしたものである），さまざまな学校，ヴィラ，教会を設計した．傑出したグリーク・リヴァイヴァリストであったが，ハミルトンのゴシック様式，ロマネスク様式，ジャコビーサン様式の作品はそれほど印象的ではない．

バーム　berm

1. 軍事建築の堀とランパートの斜路の間に設けられた水平な面.
2. 水路と土手の間の領域.
3. 壁体まで続く連続した斜面状の土手. 要塞化された市壁などでみられる.

パーラー　parlour
1. たとえば修道院などで, 部外者もしくは内部の者との懇談に用いる部屋.
2. 大広間とは離れて設けられた別室. たとえば市庁舎における市長室など.
3. 住居における居間.
4. 正餐用の部屋, もしくは食堂.

バラ, アルフォンス=ユベール=フランソワ　Balat, Alphonse-Hubert-François (1818-95)
ベルギーの建築家. 1852 年, ブラバン公 (後の国王レオポルド 2 世 (Léopold II, 在位 1865-1909)) の建築家となり, その巨大な影響を受けた. 合理的な設計手法や強まっていく単純性への探求の中でヴィオレ=ル=デュクの影響を受けたけれども, 古典主義の豊富な語彙をもって設計した. 一方で工学の進歩の活用を試みてもおり, この傾向は彼の弟子オルタやその後進のアール・ヌーヴォーの主唱者たちに影響を与えている. バラの古典主義はベルギーの貴族階級に好まれ, 数多くの事業 (たとえば, ブリュッセルのウェーテンスハプスストラートのヴァン・アスへ宮殿 (1856-58, イタリア風無様式ファサードをもつ) の実現を依頼されることとなった. 彼の最良の作品は王室の依頼によるものに多く, ラーケンの乗馬学校と冬庭園 (1873-74), 著名なガラス・ハウス群 (1883-87), また, ブリュッセル王宮の大階段, いくつかの公的広間 (たとえば, 玉座の間, 大理石ホール, 大ギャラリー), そして, 庭園側ファサードのような作品がある. 代表作はブリュッセルにある新古典主義のパレ・デ・ボザール (1875-88) (現在のミュゼ・ダール・アンシアン) だといってよいだろう.

ハラー, カール・クリストフ・ヨアヒム, フライヘル・フォン・ハラーシュタイン　Haller, Karl Christoph Joachim, Freiherr von Hallerstein (1774-1817)
ドイツの建築家. ダーフィット・ジリーの弟子であり, (T・アラソンとC・R・コッカレルとともに) ギリシアの円柱のエンタシスを最初に発見した人物の 1 人である. フォスター, ヤーコプ・リンク (Jacob Linckh, 1786-1841), コッカレルとともに, アイギナ島の大理石彫刻を発見し, バッサイのアポロ・エピクリウス神殿の調査を助けた. また, レーゲンスブルク近郊のヴァルハラのために, 上に行くほどセットバックする階段状の重厚な基壇, 3 本のパイロン形の塔を備えたプロピュライア, そして頂上に載せられたグリーク・リヴァイヴァルの神殿から構成される設計案 (1814-15) を提出したが, それは明らかにF・ジリーのフリードリヒ大王記念碑 (1797) に着想を得たものであった. 実現しなかったミュンヘンのグリプトテーク (彫刻ギャラリー, 1814) の計画では, ギリシアとエジプトの要素を組み合わせた. レオ・フォン・クレンツェはこの二つのプロジェクトを自らの設計で建設したが, ヴァルハラではハラーの基壇というアイディアを保持した.

バラガン, ルイス　Barragán, Luis (1902-88)
メキシコの建築家. 技術者として訓練を受け, 1936 年にメキシコ・シティに居を構えた. 初期の作品はメキシコ土着のヴァナキュラー建築を参照し, イスラーム建築にも主題を借りたものであった. しかし 1936 年になるとインターナショナル・スタイルとル・コルビュジエの理念に同調し, 1940 年には単純な幾何学形態と水・植栽・想像力豊かな色彩を結びつけた独自の建築言語を発展させた. メキシコ・シティ, タクバヤの自邸 (1947) はル・コルビュジエ的モチーフとヴァナキュラーな要素の混在を示している. メキシコ・シティ, ロス・クルベス, サン・クリストバルの邸宅と厩舎 (1967-68) ではほとんど夢のような情景をつくり出し, 後期の代表作となった. 一部の作品にみられる単純さと剥き出しの表現はミニマリズムに影響を与えた. パルク・レジデンシャル・ハルディネス・デル・ペドレガル・デ・サン・アンヘル (1945-50) は不毛な土地を中庭・水環境・噴水・建物を含んだ熱帯のガーデン・シティに変えるプロジェクトである. その他の主な作品にタクバヤのヒラルディ邸 (1976), モンテレイのヴァルデル邸 (1982) などがある.

ハラーシュタイン　Hallerstein
⇨ハラー, カール・クリストフ・ヨハヒム,

フライヘル・フォン・ハラーシュタイン

バラスター baluster
バラストレードにおける垂直材．正方形・円形や旋盤加工された断面をもつか，もしくは装飾を施された棒材で，階段のバラストレードのものように非常に細身．柱礎，柱身，柱頭からなり，平面は円形，多角形，正方形などで，縦断面は複雑な形状をしており，円柱の縮小版であったり，あるいは膨らみをもつ球根状のコロネット（コルメラ）であったりする．ほかの場所で用いられたオーダーに従った特徴的な外見が与えられる場合もある．バラスターの最も太い部分をベリー，最も細い部分をスリーヴと呼ぶ．バラスターのかわりにバニスターという語が用いられることがあるが，バニスターは複数形ではバラストレードを意味する．

⇨階段（図版）

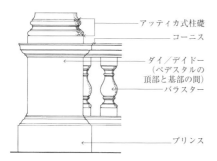

バラスター　アッティカ式柱礎の柱を支持するペデスタルを端部とするバラストレード．

バラスター・サイド baluster-side
イオニア式オーダーの柱頭のヴォリュート（渦巻装飾）をつなげている．丸めたマットレスのような形状．バラスターを横にしたような形であり，ボルスター，クッション，パルヴィンもしくはパルヴィナス（葉枕）と称されることもある．

バラスター・シャフト baluster-shaft
1．アングロ・サクソン建築で，開口部の間に置かれる明瞭なエンタシスをもつ短く太いコロネット．通常は塔に用いられる．
2．イタリアのカンパニーレにおけるバラスター・コラム．

パラスタス parastas
1．正面壁から飛び出した，ギリシア神殿入口の側壁の一部で，アンタで終わる．
2．ナオス外部の，2枚の隣接する壁の間のスペースで，プロナオスとも呼ばれ，ヴェスティビュルにあてられる．
3．パラスタータ．
4．広大で端正な階段の終端部にある巨大なペデスタルのような要素．

パラスタータ，パラスタティカ parastata, parastatica
1．非常に薄い折り返し面を備えるアンタと同義．
2．小さな折り返し面を備えるピラスター．

バラストレード balustrade
1．階段の手摺を支持する一連のバラスター．
2．ペデスタル，プリンス，コーピング（笠木），コーニスの間でパラペット様の形状をなす一連のバラスター．

バラストレード・オーダー balustrade Order
バラストレードに用いられる円柱のオーダー．実際上は古典主義オーダーの縮小版．

パラダイス Paradise
1．教会の西端にある，回廊で囲ったアトリウム，コート，中庭．
2．教会の西もしくは南の玄関口のことで，その上部のスペースも含む．語形が転訛してパルヴィと呼ばれることもある．
3．修道院施設内の埋葬地．
4．エルサレム，ないしは迷宮や迷路の最も奥の部分．
5．異国産の動物を飼育するパーク．
6．遊園地．
7．「天井桟敷」(gods) と呼ばれる劇場の最上部に置かれた桟敷で，最も価格の安い座席が設けられている．

パラダイス・ガーデン Paradise garden
ペルシアに起源をもつ，イスラムの幾何学的な囲われた庭．規則的にレイアウトされた水路と園路によって全体を四つの区画に分割し，それぞれがさらに園路によって再分割される．水

路は，エデンの園から流れ出る河川を表している．代表的な作庭例は，アーグラにある 17 世紀のタージ・マハルの庭．

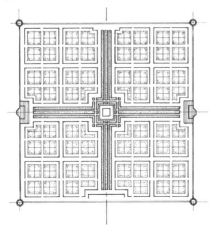

パラダイス・ガーデン 園路と植樹区画とが織りなす規則正しい幾何学形状に注目．園路と水路で十字形が構成されている（インド測量局長官 J・G・ホジソンによるアグラ，タージ・マハルの庭の調査（1818）にもとづく）．

バラック　barrack

本来は兵士のテントあるいは小屋のことで，兵隊の宿所や住居に供される建物を指すようになった．barracks と複数形で用いられ，非常に大規模なものを指すのが普通である．

パラッツォ　palazzo (*pl.* palazzi)

イタリアのパレスで，都市邸館（hôtel）もしくは，巨大な公館や行政庁舎の意味でのパレスに対応するもの．⇨イタリア風

パラッツォ・スタイル　palazzo style

⇨イタリア風，イタリア・パラッツォ様式

パラディアン・ウィンドウ　Palladian window

⇨セルリアーナ

バラ，トマス　Burgh, Thomas (1630-1730)

アイルランドの軍事技術者．サーヴェイヤー・ジェネラルであったウィリアム・ロビンソンのもとではたらき，1700 年にその地位を引き継いだ．ダブリンに，税関（1704 以降，1815 取り壊し），トリニティ・カレッジ図書館（1709-33），ロイヤル・バラックス（1701-07），トリニティ・カレッジの諸建築，ドクター・スティーヴンズ・ホスピタル（1718 以降）などを建てた．バラの唯一のパッラーディオ主義の試みは，キルデー県のオールドタウンの自邸（1715 頃）と思われる．

バラビーノ，カルロ・フランチェスコ　Barabino, Carlo Francesco (1768-1835)

イタリア新古典主義の建築家．1818 年にジェノヴァ市の建築家に任用される．ジェノヴァのカルロ・フェリーチェ劇場（1825-32）は，イタリアでのギリシア・ドリス式の復興を告げる初期作品として重要である．テンプルフロント（ロザリオ聖堂（1824），サン・シーロ聖堂（1820-21），サンティッシマ・アヌンツィアータ聖堂（1830-43），いずれもジェノヴァ）の聖堂を設計したほか，1825 年以前に計画を開始したジェノヴァのスタリエーノ墓地では，厳粛なパンテオン型のチャペル（ギリシア・ドリス式のポルティコを備える）を設計した．これは 1844-61 年にジョヴァンニ・バッティスタ・レザスコ（Giovanni Battista Resasco, 1799-1872）によって完成させられた．ヨーロッパで屈指の墓地に数えられるが，そのすべてがバラビーノによる構想である．

原広司　Hara, Hiroshi (1936-)

日本の建築家．東京都大田区のヤマトインターナショナル（1985-86），大阪の梅田スカイビル（1988-93），JR 京都駅（1991-97）といった作品には，最新技術が可能にした巨大な構造物に対する建築家のさまざまな処理がみてとれる．これらが若手建築家に与えた影響も見逃せない．

ハラー，フリッツ　Haller, Fritz (1924-2012)

スイスの建築家．大スパン向けの Maxi システムや家具の USM システムなど，スチールを用いた構造システムで著名．中スパン向けに高度に展開された構造システム Midi はムルテン近郊レーヴェンベルクのスイス鉄道訓練センターで最初に実用化された．ほかの作品としてミュンジンゲンの USM（1960-64），バーゼルのヴァズゲンリンク学校，バーデンの州学校（1958-64），ブルック＝ヴィンディッシュの高等

技術訓練センター（1961-66）などがある．

パラペット parapet
　バルコニー，橋，屋上，テラスの縁の部分や，ほかにも落差があり人が落ちる危険性がある場所に設けられる低い壁，ないしは柵．もともと城や市壁の防衛用建築を特徴づける要素であったため，たとえば教会などの防衛用途以外の目的に使用される際にも，狭間などの軍事的要素を残している場合がある．パラペットには装飾が施されたり，飾り穴をあけたりすることもあれば，平滑な場合もある．壁の背後にはパラペット溝が設けられるが，これは壁に空いた穴で，そこから排水を行う．

パラペット　イングランドの垂直式教会に特有の，成型された鋸歯状胸壁またはクレノーつき胸壁のある穴のあいたパラペット（サフォーク，ラヴナム，聖ピーター・アンド・ポール教会）

パラベーマ parabema
　バシリカ建築の内陣に連結した部屋，ないしは領域．

パラボラ parabola
　円錐曲線にもとづく曲線，すなわち円錐と，その側面に平行な平面との交差によってできる曲線．その形状は，垂直方向が強調された三焦点アーチに似ている．

薔薇窓 Rose-window
　⇨ローズ・ウィンドウ

パラン，クロード Parent, Claude（1923-2016）
　フランスの建築家で，ル・コルビュジエのもとではたらき，『アルシテクチュール・オジュルデュイ（*L'Architecture d'aujourd'hui*）』誌に参加．『斜めにのびる建築（原題：斜めに生きる．*Vivre à l'Oblique*）』，『都市の冒険（*L'Aventure Urbaine*）』（ともに1970），『建築についての五つの詳察（*Cinq Réflexions sur l'Architecture*）』（1972）などの著作がある．代表作にサンスの商業センター（1970）がある．彼の実現不可能なメガストラクチュアのドローイングには，アーキグラムの提案と類似するものがある．

バランスト・サッシュ balanced sash
　窓枠内に上下に動く2枚のサッシがあり，それぞれ重さと釣り合いをとるために鎮や紐によって枠の内部の滑車を介して錘と結合されたもの．軽く滑らかに動かすことができる．

バランスト・ワインダー balanced winder
　階段の屈曲部や折り返し部のダンシング・ステップあるいは楔形踏板のうち，踏板の最も細い部分が同じ階段の直線部分と同じ幅をもつもの．

ハーランド，ウィリアム Herland, William（活躍 1332-75 没）
　イングランドの大工．1332年，ウェストミンスターのセント・スティーヴン礼拝堂の模型をつくった．1350年，エルタム・カースルとウィンザー・カースルではたらき，1354年には，王のチーフ・カーペンターに任命されたと思われる．また，ロンドン塔とウェストミンスター宮殿の大工仕事を監督し，ウィンザー・カースル（バークシャー）ではグレート・ホールなどを設計した（1355-57）．エセックスのハドリー・カースル，ロンドン近郊のロザハイズ・マナー，ケントのロースター・カースル，ロンドン塔などにも関与していた．

ハーランド，ヒュー Herland, Hugh（1330頃-1411頃）
　イングランドの大工．おそらくウィリアム・ハーランドの息子．1650年にウィンザー・カースル（バークシャー）の礼拝堂のストール（座席）の制作に従事し，1360年代にはウェストミンスター宮殿とロンドン塔で雇われている．ウェストミンスター・アビーでは，王妃フィリッパ（Queen Philippa，エドワード3世の妃，1328-69）の墓所の天蓋を設計・制作した．1375年，王営繕局の「タッチング・ザ・アート，またはマスタリー・オヴ・カーペンタ

ー」の地位に推挙され，1378 年には，ケントのロースター・カースルの建設工事の指揮をとった．この頃，10 年後のウィンチェスター・カレッジの礼拝堂（ハンプシャー）の天井を予見させるエドワード 3 世（King Edward III, 在位 1327-77）の墓所の天蓋を設計している．1380 年代には，ロースター・カースル，リーズ・カースル，ポーチェスター・カースルの建設に従事し，1384 年頃は，オックスフォードのニュー・カレッジで，ウィリアム・オヴ・ウィカムのためにはたらいていた．1390 年には，ウェストミンスター・ホールの建築工事に携わり，そこで中世の大工仕事の最高傑作の一つとして知られる卓越したハンマー・ビームの小屋組を設計・制作した．ハーランドはまた，アランデル（サセックス）のフィッツァラン・チャペルの天井も設計したものと思われる．

梁　beam
　両端を壁・柱・ピアなどで支持された水平の構造要素．梱として使われる梁は荷重を負担する．語としてはタイ・ビームなどのように形容を伴って用いられる場合がある．⇨トラス

梁　summer
　⇨サマー（2）

バリアー　barrier
　1．　人や物の進行を妨げるため，あるいは接近を禁止するための垣根や障害物．
　2．　劇場などで群集の殺到を防ぐためのパサージュ・ド・ク．
　3．　外部空間に置かれる防御装置，杭による垣，砦柵．
　4．　通行料金や関税を徴収する関門．
　5．　境界．

バリア・フリー　barrier-free
　階段によるアクセスの代替対策（例：歩行困難者のための斜路，昇降機など）を含めた，身体その他に障がいをもつ使用者を考慮したデザイン．ユニヴァーサル・デザイン，バリアフリー・デザインともいう．

ハーリー，ウィリアム　Hurley, William（活躍 1319-54 没）
　イングランドの大工．1323-24 年，イーリ大聖堂（ケンブリッジシャー）の建設に相談役の立場で関与し，そこで交差部の上に八角形平面の塔を設計することによって，中世の最もすぐれた構築物の考案者の一人となった．また，ストール（座席）の設計もなし遂げた．ウィンザーでの仕事や，ウェストミンスターのセント・スティーヴン礼拝堂の仕事は残っていないが，イーリ大聖堂のストールは現存している．他にもロンドン塔（1324），カーフィリー・カースル（ウェールズ），ロンドンのギルドホール（1337 の完成まで工事を監督した）等の建設でも意欲的に活動した．ハーリーはまた，ケントのペンズハースト・プレースのグレート・ホール（1341-49）の小屋組を設計した可能性がある．

バーリ，ウィリアム・ジョゼフ　Barre, William Joseph（1830-67）
　ダウン州ニューリー出身のアイルランド人建築家．トーマス・ダフの助手を務め，ダフの死後，1850 年に自分の事務所を開いた．その後 1860 年，ベルファストに移転し，いくつかの重要な建築を設計した．たとえばイタリア風のアルスター・ホール（1859-62，竣工時はイギリス諸島内で一番大きな音楽ホールだった），第 2 尖頭式のダンケアン長老派教会堂（1860-62），オールド・ハリウッド・ストリートのポリクロミーの円形アーチの要塞（1863-64），クランウィリアム（のちにデーンズフォート）・ハウス（1864），ユニヴァーシティ・ロードのポリクロミーのロンバルディア風ロマネスクのメソディスト教会堂（1864-65），ベッドフォード・ストリートのヴェネチア風邸宅のブライソン・ハウス（1865-67），ゴシック・リヴァイヴァルのアルバート記念時計塔（1865-69　2000-02 年に美しく修復された），カースル・ジャンクションのどっしりとした，彫刻がふんだんに施された半円アーチの元銀行（1864-69）などである．彼の建てたものは華麗で折衷的で力強い装飾がなされている．

バリー，エドワード・ミドルトン　Barry, Edward Middleton（1830-80）
　チャールズ・バリーの息子．T・H・ワイヤットの事務所ではたらき，その後父のオフィスに加わりウェストミンスター宮殿および国会

議事堂のドローイング制作を手伝った．力量ある建築家であり，いくつかの絢爛たるヴィクトリア様式の建物を設計した．たとえば，コヴェント・ガーデンのロイヤル・オペラ・ハウス（1857-58），コヴェント・ガーデンのフローラル・ホール（1857-58），ロンドンのチャリング・クロス駅ホテル（1864）である．ウェストミンスター宮殿，折衷的なハリファックスのタウン・ホール（1859-62），そしてバセーヴィが設計したケンブリッジのフィッツウィリアム博物館（1870-75）を完成させた．

パリー，エリック・オーエン　Parry, Eric Owen (1952-)
　イギリスの建築家．1983 年にエリック・パリーアーキテクツを設立した．彼の作品として，フランスのタルヌ県にあるポーリン城の保存改修（1987-），ロンドンのストックリーパークにあるオフィス（1989-91）と，ロンドンのチジックパークの「クラブ・ビル」（1989-91），リンカンシャーのマーケットラセンにある「ヘルス・センター」（1989-91），ウィルトシャーのオールド・ワルダー邸における仕事（1990 から），ロンドンの「リプトン住宅」（1991），ケンブリッジにあるペンブルック・カレッジの「学寮長公舎と学生宿泊設備」（1993-98），サセックス，ファルマーの「サセックス・イノベーションセンター」（1994-96），南ケンブリッジのグランタ公園におけるマスタープラン（1996-99），が挙げられる．さらにロンドンでの仕事として「テイラー邸」（1997-98），「サザーク・ゲートウェイと観光案内所」（1997-99），マンダリン・オリエンタル・ホテルの改装（1997-2000），そして「ベッドフォード学校の図書館」（2001-04），フィンズベリー・スクエア，パタノスター・スクエア，ロンドン市壁（2003-05）がある．また，「セント・マーティン・イン・ザ・フィールズ教会と敷地」のリノベーションに関する設計競技に勝利し（2001），2007 年に完成している．パリーはそのすぐれた製図能力のいくつかの事例を示してきている．

パリオット　paliotto
　祭壇の正面のみを覆うアンテペンディウムとは異なり，四面すべてに吊るされた祭壇覆い．

バーリー・シュガー　barley-sugar
　コルク抜きのように捻りを加えた円柱もしくはコロネット．またはねじれ柱．

パリス，アレクサンダー　Parris, Alexander (1780-1850)
　アメリカの建築家．建築書（ニコルソン，ペインの著作など）から学ぶかたわら，ラトローブ（たとえば，ヴァージニア州リッチモンドのジョン・ウィッカム（John Wickham, 1763-1838）邸（1811-13）など）の影響を受けた．最もすぐれた作品は，マサチューセッツ州ボストンのセントポール教会（1819-21，ボストン初の新古典主義建築．現在のエピスコパル大聖堂），ボストンのファニュエルホールまたはクインシーマーケット（1823-26），マサチューセッツ州クインシーのユニテリアン教会（ストーン・テンプルとも呼ばれる，1827-28）などである．パリスは米国建築家協会の前身組織に参画していた．

ハリス，エマニュエル・ヴィンセント　Harris, Emanuel Vincent (1876-1971)
　イングランドの建築家．ロンドン・カウンティ・カウンシルの依頼で，トラム交通のために一連の質素な新古典主義の変電局を設計した（1901-07）．最も良いものの一つはイスリントンのアッパー・ストリートのもので，おそらく，ダンスのニューゲート監獄（1902 取壊し）の影響を受けている．カーディフのグラモーガン州庁舎の設計競技に勝利した（1908）．それは，ボザール風古典主義の確かな作品で，1912 年に完成した．このことがきっかけで，荘重な公共建築の建築家として成功を遂げて行った．当初，ジョン・スタンレー・トゥース（John Stanley Tewse, 1875-1951）と，その後 1909-11 年はトーマス・アンダーソン・ムーディ（Thomas Anderson Moodie, 1874-1948）と共同経営を行った．1914 年，ロンドンのホワイトホールの公正取引委員会の建物の設計競技に勝利した．かなり単純化された建物で，「ホワイトホールのモンスター」と呼ばれるようになり，1959 年に防衛省の建物として完成した．1914 年から 18 年の第一次世界大戦後，ハリスは都市計画において専門性を発揮するとともに，記念碑的な古典主義建築，および一連の公共事業を手がけた．シェフィールドのシ

ティ・ホール（1920-34），エセックスのブレントリー・タウン・ホール（1926-28），リーズのシヴィック・ホール（1930-33），タウントンのサマセット・カウンティ・ホール（1932-36），トレント・ブリッジのノッティンガム・タウン・ホール（1935-50）がある．彼の代表作は，間違いなくマンチェスターのタウン・ホール（1925-38，折衷様式であるが，ウォーターハウスの壮大なゴシックの建物に敬意をもって呼応している）の拡張，および円形の古典的な中央図書館（1925-38）である．タウン・ホールの拡張はヴィクトリア朝の建物に品のよい橋でつながっており，拡張部と図書館の間の歩道はマンチェスターにおける最もすぐれた都市空間の一つとなっている．長く円曲したブリストルのカウンシル・ハウス（1935-39），ロンドンのケンジントンの中央図書館（1955-60）も設計した．どちらも正面はおもに煉瓦で仕上げられている．南西部ユニヴァーシティ・カレッジ（現エクセター大学）の基本計画をし，シドニー・キッフィン・グリーンスレイド（Sidney Kyffin Greenslade, 1866-1955）とともにいくつかの単純化したチューダー・ゴシックおよびネオ・ジョージアンの建物を設計した（1931年から一1953年からホルフォードによって消し去られた）．自身はロンドンのセント・ジェームズのデューク・ストリート 2-3 番地の建物（1910-12）を自分の最高傑作とみなしていた．

バリストラリア balistraria *or* ballistraria（*pl.* balistrariae）

1. 中世に射手が弓矢や弩（いしゆみ）を放つために壁に設けられた銃眼様の開口で，しばしば十字架形をしていた．アルバレスティナ，アルバリステリア，アロー・ループ，ループ・ホールと同種.

2. 弩や同種の武器の貯納室．

パリス，ピエール＝アドリアン Pâris, Pierre-Adrien (1745-1819)

フランスの建築家．ルイ＝フランソワ・トゥルアールの弟子で，トゥルアールの後を襲ってオルレアンのサン・クロワ大聖堂の建築家となり，西正面を手がけた（1787-90）．パリスは，イタリアの古代遺跡のドローイングによって名を高めた．パリのオテル・クリヨンの内部装飾（1774）や，未完に終わったが素晴らしいポラントリュイのバーゼル司教宮殿（1776）をデザインした．スイスのニューシャテル市庁舎（1784-90）は，新古典主義の厳格な試みであり，玄関ホールは柱礎のない古代ギリシア・ドリス式の柱が，低いヴォールトを支える組み合せが力強い．パリスの異国趣味と考古学への関心は弟子のペルシエとフォンテーヌに影響を与えた．ローマでコロセウムを含む重要な考古学調査を指揮した（1806-17）．

ハリソン，ウォレス・カークマン Harrison, Wallace Kirkman (1895-1981)

アメリカ合衆国において実務上最も成功した建築家の一人．レイモンド・フッドらとともにニューヨーク市のロックフェラー・センター（1929-33）を手がけ，また 1941 年にはそこにアブラモヴィッツを迎えた．ハリソンとアンドレ・フイロー，そしてアブラモヴィッツによる事務所はロックフェラー・センターを拡大し，工事は 1974 年までかかった．フイローの死後（1945），事務所はハリソン＆アブラモヴィッツ（Harrison & Abramovitz）となり，ル・コルビュジエやニーマイヤー，マルケリウスとともにニューヨーク市の国連本部（1947-53）を設計し，そのうち事務局棟は同市において最初のカーテン・ウォールの摩天楼となった．そしてニューヨーク州コーニングのコーニング・ガラス・センターと管理棟（1955-56）やコネチカット州ハートフォードのフェニックス相互生命保険ビル（1960-64）が続いた．ニューヨーク市のリンカーン・センター（1959-66）のメトロポリタン・オペラハウスと音楽（現エイ

バリストラリア

ヴァリー・フィッシャー）ホールではより形式を意識した様式を採用した．この建物はトラヴァーチンで覆われ，様式としては極端に装飾をそぎ落しミニマリズム的なもので，新古典主義とは呼びがたいものである．ニューヨーク州オルバニーの巨大なサウス・モール（1963-78）は，おそらくチベット，ラサのダライ・ラマの宮殿から影響を受けたものであろう．

ハリソン，トマス Harrison, Thomas （1744-1829）

　イングランドの地方の建築家であったが，同時代における新古典主義の建築家の中でも最も進んだ人物の1人であった．リヴァプールのボールド・ストリートにあるライシーアム（1800-03），マンチェスターのモウズリー・ストリートにあるポルティコ図書館（1802-06），そして彼の傑作であるチェスターにあるチェスター城，州裁判所，刑務所，兵器庫，兵舎，財務裁判所，プロピュライア（1788-1822）を設計した．これらすべてにおいて，最も記念碑的な新古典主義建築の創造主としての才能を示した．チェスター城の建物群は間違いなくイギリスにおける最も美しいグリーク・リヴァイヴァルの建物である．彼はまた2つの巨大なドリス式の記念柱を建てており，1つはシュロップシャーのシュルーズベリーにある第1代ヒル子爵ローランド（Rowland, 1st Viscount Hill）の記念柱（1772-1842），もう1つはアングルシーのランフェアプルにある第1代アングルシー侯爵ヘンリー・ウィリアム・パジェット（Henry William Paget, 1st Marquis of Anglesey, 1768-1854）の記念柱（1816）である．ヒルとパジェットはナポレオン戦争で活躍した兵士である．ゴシック様式の建築家としてはハリソンはそれほど印象的ではないが，ランカスター城（1788-99）ではいくつかの美しい建物を設計し，多角形平面のシャー・ホールはとくに美しい．彼の土木技術は目をみはるものがあった．たとえばランカスターのスカートン橋（1783-88）は，イギリスで最初の巨大な石橋で，岸から岸にかけて平らな道路を通し，チェスターのグロヴナー橋（1827-29）は彼の作品でも最も大きなもので，建造された当時は世界で最も巨大な石造アーチであった．当時のどの建築よりも厳粛で，幻想にみちた国家的記念碑をいくつか設計しており，生前には高く評価さ

れ，とくにC・R・コッカレルによって評価された．多くの住宅建築の中でも，ファイフにあるブルームホール（1796-99），シュロップシャーのホークストンにあるザ・シタデル（1824-25）に言及するべきであろう．もし彼がチェスターで孤立して生きていなければ，おそらくソーンやスマークより輝く存在となったであろう．

ハリソン，ピーター Harrison, Peter （1716-75）

　イングランドのヨーク生まれ．1740年にアメリカに移住し，コロニアル時代の数多くのすぐれた建物を設計した．パッラーディオ主義の設計を行ったが，おそらく，バーリントン卿が出資した典型的な作品からこつこつと学んだものと思われる．彼はバーリントン卿の作品集を自分の図書館に備えていた．マサチューセッツ州ボストンのキングス・チャペル（1749-58）およびマサチューセッツ州ケンブリッジのクライスト・チャーチ（1760-61）ではギッブズに，また，ロードアイランド州ニューポートのトゥーロ・シナゴーグ（1759-63）ではギッブズおよびケントに倣った．ロードアイランド州ニューポートのブリック・マーケットでは，キャンベルの『ウィトルウィウス・ブリタニクス（*Vitruvius Britannicus*）』（第1巻）に描かれたジョーンズのオールド・サマセット・ハウスに影響を受けた．極めて先進的なロードアイランド州ニューポートのレッドウッド図書館（1748-50）の明解さは，新古典主義の傾向を示しており，ジェファソンに感銘を与えたようである．当時アメリカで仕事をした建築家の中で最も才能ある人物の1人であった．大変すばらしい建築図書館をもっていたことが知られるが，1775年，反ロイヤリスト集団に破壊されてしまった．

張り出し pavilion
　⇨パヴィリオン

張出し玄関 porch
　⇨ポーチ

張り出し櫓 bartisan, bartizan
　狭間胸壁（バトルメント）の施された屋根のない小塔（ターレット）やパラペットで，円形

ハリキヨウ

または方形の平面をもち，塔や壁体の頂部の隅部に，コーベルやはね出し狭間から突出して設けられる．⇨トゥレル

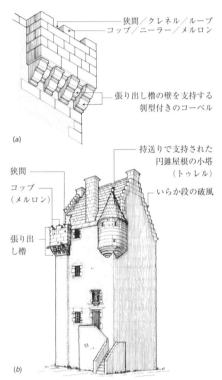

張り出し櫓　(a)通常の矢狭間のついた張り出し櫓．(b)スコットランド，マレーシャー，エルギン近郊ランブライドのコクストン・タワー（16世紀）．張り出し櫓とトゥレル（小塔）がみえる（両者はしばしば混同されるが，形態は著しく異なる）（Mac G & R, 1887 に倣う）．

バリー卿，チャールズ　Barry, Sir Charles (1795-1860)

ロンドン生まれの建築家で優れた製図家．ローマとフィレンツェでルネサンス建築を学び，ここでの調査は作品を制作する上で大きな重要性をもつことになる．ロンドンで事務所を開き，いくつかの力量のあるゴシック・リヴァイヴァルの教会堂を設計した．たとえば，ブライトンのセント・ピーター教会堂（1824-28），イスリントンのクラウデスリー・スクエアのホー

リー・トリニティ教会堂（1826-28）などである．その後公共建築に転じてからは，熟達した古典主義の作品を生み出した．ギリシア様式のマンチェスターの王立美術協会（現シティ・アート・ギャラリー）（1824-32）に続き，ロンドンのパル・マルのトラヴェラーズ・クラブ（1828-32）は10年前にレオ・フォン・クレンツェが開拓したイタリア15世紀様式を翻案したもので，イタリア・ルネサンス・リヴァイヴァルの嚆矢となった．1838-41年，トラヴェラーズ・クラブに隣接するリフォーム・クラブが続いたが，これは，巨大なイタリア16世紀様式邸宅で，ガラス屋根のかけられた大変豪華な中庭がある．また，この時期はちょうどバリーが浅浮彫りから高浮彫りへ移行するところで，高浮彫りはロンドンのグリーン・パークのブリッジウォーター・ハウス（1846-51）で頂点に達した．この時期，彼は北方ルネサンス建築をとり入れようとしており，その最もめざましい例は，ハンプシャーのジャコビーサン様式のハイクレア・カースル（1842-50頃），自由なイタリア16世紀様式のハリファックスのタウン・ホール（息子のE・M・バリーによって完成された）である．

バリーの最も有名な作品はウェストミンスター宮殿および国会議事堂（1835-60）である．巧妙かつ複雑な平面計画は本質的には古典様式のものである．バリーはイタリア風のデザインを好んだが，建設委員会の規定でゴシック様式またはエリザベサン様式を選ばざるをえなかった．確かに，河川側のファサードは左右対称で，後期ジョージアン様式の作法でつくられており，古典主義で被覆するのは容易であっただろう．しかし，この巨大な建物の重要性はゴシック・リヴァイヴァルのピクチャレスクな構成，そして建物の内外にちりばめられた精巧な垂直式ゴシックのディテール（大部分はA・W・N・ピュージンのデザイン）にある．このような権威ある建物にゴシック様式を採用したことがゴシック・リヴァイヴァルにはずみをつけた．また，バリーはこの作品により1852年ナイトに叙された．

バリーの裕福な施主は単に巨大なだけでなく，ふんだんな細部意匠をもった建物を創り出すことを可能にした．1840年以降，幾分，装飾過多になった．彼は庭園史でも重要な人物である．自身が設計した邸宅のまわりに豪華な花

壇を配した．それは，ピクチャレスクな風景の中に配置された住宅という繊細なジョージ朝時代の理念にとってかわるものとなった．

バリュ，テオドール　Ballu, Théodore (1817-85)

サン・ラザール駅近くにある，初期ルネサンス様式のラ・トリニテ聖堂（1861-67）で知られるパリの建築家．ゴーによるパリで最初のゴシック・リヴァイヴァル様式であるサント・クロティルド聖堂を完成（1846-47），トゥール・サン・ジャック・ド・ラ・ブシュリーを修復してフランボワイヤン・リヴァイヴァルの塔を設計した（1854-58）．またイトルフによるパリ第一区役所脇のサン・ジェルマン・ロゼロワ聖堂の遺構をランタン頂部を含めて修復した（1858-63）．パリのオテル・ド・ヴィルも設計している（1874-82）．

パーリン　purlin

水平の梁（母屋）．ブリッジング，リブ，サイド・ティンバー，サイド・ウェイヴァーとも呼ばれ，垂木を中間で支えるために，屋根トラスに継承される．

ハーリング　harling

壁面上のラフキャスト塗り．砂，石灰，水，細かい砂利を材料とする．

パーリング　pearling

ビーディングとも．真珠に似たビーズ細工のくり返しからなる刳形（くりかた）装飾．

バーリントン卿，リチャード・ボイル，第3代バーリントンにして第4代コーク伯爵　Burlington, Richard Boyle, 3rd Earl of, and 4th Earl of Cork（1694-1753）

1704年に伯爵領を相続したバーリントンは，計り知れないほどの富を手に入れ，1716年頃からパッラーディオ主義の代表として果敢に弁護し，その運動における異論のない指導者となり審美の権威となっていった．1719年にヴィチェンツァおよびその周辺のパッラーディオの建築作品を研究し，同年ののちには，歴史的な現場のための画家として雇っていたウィリアム・ケントを連れて戻った．1716年にピカディリーにある自らのタウン・ハウスを改修す

るためにギッブズを雇っていたが，キャンベルに交替させ，ケントにはインテリアの仕事を任せることにした．1720年代初頭以降，自分自身で建築のデザインを始め，フリットクロフトの助けを受け，22年にはその最初の公的な建築であるウェストミンスター・スクールの学生寮にとりかかり，それをパッラーディオ，スカモッツィ，イニゴー・ジョーンズの建築で実現されたように，ウィトルウィウスの建築原理を，イングランドに再興させる活動の手本とする意図であった．拠り所としたのはパッラーディオのドローイングと，出版された建築作品，およびジョーンズとウェブによるドローイングであった．ところで，ジョーンズによる最初のパッラーディアン・リヴァイヴァルがスチュアート王家のジェームズ1世〔イングランド王，アイルランド王〕にして6世〔スコットランド王〕（James I and VI, 1603-25），およびチャールズ1世（Charles I, 1625-49）に関連したから，第2のパッラーディアン・リヴァイヴァルは，中断した後の王位継承の意味合いを含み，おそらくはハノーヴァー王家による継承に正当性を与える必要に応じていた．というのも，この継承は国民全体の支持を得ておらず，1715年のジェームズ2世派〔スチュアート王家支持者〕による謀反のような混乱を招いていたからである．バーリントンはこうしたとり組みからさらに，ジョーンズとウェブによるドローイング集を創作し，ケント編集による『イニゴー・ジョーンズ図面集（Designs of Inigo Jones）』（1727）出版の準備を整え，自身のデザインもいくつか挿入した．また，パッラーディオによるドローイングを『アンドレア・パッラーディオにより描かれた古代建築（Fabbriche Antiche disegnate da Andrea Palladio）』（1730）として出版した．1720年代と30年代においては，実質的にはイギリスのパッラーディオ主義のモチーフは，すべてバーリントンのデザインに立ち返っていた．ウィルトシャーのトッテナム・パーク（1721以降）では，ウィルトン・パークをもとにしたパヴィリオン・タワーにセルリアーナを用いた開口部が設けられた．またミドルセックスのチジックにおける（ヴィチェンツァ近郊のパッラーディオによるヴィラ・カプラから影響を受けた）ヴィラ（1723-29頃）には，半円形を描く凹所がある部屋にセルリアーナが配置されている．

さらにヨークにおいては，ウィトルウィウス・パッラーディオ風のエジプト・ホールをアセンブリー・ルーム〔ヨーク市集会場〕(1731-32)に再現した．下層部のルスティカ仕上げ，より高く，より重要な主要階〔ピアノ・ノービレ〕（化粧仕上げを施したポルティコと窓をそろえ，大きく拡張する壁の中に配した）は，カントリー・ハウスだけでなく公的な建築物においても同様に普及した．1730年代までには，実際，アングロ・パッラーディアン〔イギリスのパッラーディオ式〕の慣習がイギリスのカントリー・ハウスにおいては礼法上必要なものになっており，絶対的な基準と建築の規範の主導者であるバーリントンは，よき趣味はそれに違反しないしないことを保証するために，意見が求められた．彼の弟子たちは王室建築局の重要な役割を果たす地位に就いた．たとえば，ケントは独自に建築家となったが，ノーフォークのパッラーディオ風住宅であるホーカム・ホールと同様に，近衛騎兵隊ビル，ロイヤル・ミューズ，大蔵省ビルを計画した．バーリントンはイギリス建築全史上その発展に最も大きく寄与した人物の一人であり，バロックを拒絶してより厳格な古典主義を嗜好した重要人物であった．イギリス新古典主義の展開に触媒としての役割を果たしたバーリントンを過小評価すべきではない．

パルヴィ　parvis(e)

1．パラダイスのなまった形で，しばしば不正確に，教会ポーチ上の部屋を指す言葉として使われる．

2．教会前面のオープン・エリア，コート，アトリウム，もしくは，とくにフランスにおいては教会周辺の領域全体．

パルヴィン　pulvin, pulvinata, pulvinus (*pl.* pulvins, pulvinatae, pulvini)

1．バルテウスと呼ばれる，バラスター（手摺り）に似たイオニア式の ヴォリュート（渦巻き形）の側面のように，クッションや枕に似た形態．それゆえパルヴィネーションとは，膨れた，まるでクッションが潰れたような形のことである．ローマの古典主義のオーダーに見られるフリーズは，時折このパルヴィン風になっていたり，凸型の膨らんだ断面をとっており，クッションのような（クッションド）もしくは

膨らんだ（スウェルド）と呼ばれることもある．

2．ビザンティンやルントボーゲン様式のアーケードにみられる柱頭とアーチの間の迫元の角材もしくはドサレット（副柱頭）．

3．パルヴィナス・エ・グラダス・インフェリア（Pulvinus et gradus inferior）とは，ローマ時代の温水浴室の周囲下方にある座席と段．

バルコニー　balcony

1．壁面の外側に設けられた足場や露天のギャラリー．ブラケット，コンソール，コーベルあるいは円柱に支えられるか，キャンティレヴァーで支持される．通常は窓など開口部の前面に設けられて屋根はなく，足場の周囲は手摺りやパラペット，欄干などがめぐり，一人あるいは複数人の重量を支えることができる．建物の床レベルからやや下方に設置されるのが普通である．

2．オーディトリアムで平土間の上方にある，座席が設けられたギャラリー．

バルコーネ　balcone

建築を特徴づける大きく重要な窓群．

バルコネット　balconet, balconette

1．床面まで開口した窓の外側に設けられた奥行きの浅いバルコニーや手摺で，窓が開いている時にバルコニーのようにみえるもの．フランス，スペイン，イタリアでよくみられる．

2．植木鉢の落下を防ぐための窓台のヴィネット飾り．

バルコン　balcon

1．劇場の平土間の上部，ボックス席より上に湾曲して配された座席．

2．劇場のプロセニアム上に設けられたボックス席．

パルシュマン　parchemin

16世紀における襞装飾の発展形で，葡萄や葉の模様などを含んだもの．

パルシュマン・プリエ　parchemin plié

リネンフォールドの意．

バルストラータ balustrata

内陣仕切.

バルストルム balustrum

祭壇の周囲をめぐる手摺,カンケルス,あるいは内陣仕切(チャンセル・スクリーン).最後のものは通常バルストラータと呼ばれ,バルストルムは通常低いバルストレードやクワイアを区切る壁体について用いられる.たとえば,サン・クレメンテ(ローマ)のもの.

バルダッキーノ baldachin, baldachino, baldacchino, baldaquin

常設のキャノピー.とくに祭壇や王座,墓所などに架けられるもので,通常は円柱で支持される.キボリウム(ciborium)と比較せよ.

バルタール,ヴィクトール Baltard, Victor (1805-74)

フランスのアカデミックな建築家.ルイ=ピエール・バルタールの息子.パリ市建築家として,多くのパリの教会を再建・改修したが,彼の代表作はフェリックス=エマニュエル・カレ(Félix-Emmanuel Callet, 1792-1854)との協働で設計した鉄とガラスのパリ中央市場(1852-59,取壊し)と,フランス・ルネサンス様式の外観に対して,内部に鋳鉄柱を備えるサントギュスタン聖堂(1860-71)である.ほかには,シャルグランによるサン・フィリップ・デュ・ルル聖堂に付加したカテキスム礼拝堂(1853)がある.出版には『ローマのヴィラ・メディシス(*Villa Médicis à Rome*)』(1847)や,カレと出版した『パリ中央市場のモノグラフ(*Monographie des halles centrales de Paris*)』(1863, 1873)がある.

バルタール,ルイ=ピエール Baltard, Louis-Pierre (1764-1846)

フランスのアカデミックな建築家であり理論家.1796 年,パリのエコール・ポリテクニークの教授に就任し,その後,ナポレオンによる『エジプト誌(*Description de l'Égypte*)』の多くの図版の準備に助力した.この書物はエジプト・リヴァイヴァルの主要なソースブックとなった.バルタールは,リヨンのパレ・ド・ジュスティスを設計した.そのファサードは 24 の巨大なコリント式柱の列柱で構成され,

サル・デ・パ・ペルデュは,連続する背の低いドームで覆われた空間となっている.彼のデザインは,カトルメール=ド=カンシーによって推進された公共的な建築類型の典型的なものであり,古代ローマにもとづくものであった.その他の建物に,カルティ・ペラシュの監獄(1830)や砲兵工廠(1840-46)など,リヨンの多くの重要な建物の責任者となった.いくつかの出版も手がけ,その中には『古代モニュメント集成(*Recueil des Monuments Antiques*)』(1801)がある.

パルティ parti

選択,手段,方法.パルティ・プリは先入観や偏見を意味し,建築批評においてはパルティといえば,あるデザインを特徴づけたり,ある図式を実現する際のアプローチの選択に影響を与えたりする.根拠のない前提を意味する.プランドル・ル・パルティといえば,建築デザインの場面などにおいて,決定を下すこと,あるいは指針を定めることを意味する.

バルディ,リナ・ボ Bardi, (Achil) Lina Bo (1914-92)

イタリア出身でブラジルの女性建築家.雑誌『アビタ』を創刊・編集(1949-53)し,サンパウロ美術館の新しい巨大な建築を設計(1958-68)した.設計作品に,バイーア州サルヴァドールのウンニャン民芸博物館〔のちのバイーア近代美術館〕(1960 年代),サンパウロ州サン・ベルナルド・ド・カンポのヴェラ・クルス文化センター(1977-91),バイーア州サルヴァドールの旧市街再生計画(1986-88)がある.

バルテウス balteus

1. バラスター・サイド,クッション,クシネットの周囲やイオニア式オーダーの柱頭の渦巻装飾に用いられる革紐状の要素.後者においては,柱頭側面の中央部にみえる紐様の部分およびヴォリュート(渦巻装飾)の正面側でクッション端部にヴォリュートを接合するようにみえる部位の両方を指す.

2. 古代劇場や円形闘技場で座席 8 列ごとに設けられるプレケンティオ.幅広の段あるいは踊り場.着席者の邪魔をせずに通行するためのもの.⇨階段(図版)

バルデッサーリ, ルチアーノ Baldessari, Luciano(1896-1982)

ロヴェレート生まれ, イタリア人建築家. ルイジ・フィジーニ, ジーノ・ポッリーニ(Gino Pollini, 1903-82) とともに, ミラノに合理主義的なデ・アンジェリ社ビルを設計した. ジオ・ポンティとは, ミラノに Cima チョコレート工場 (1932-33) を建てた. 展覧会建築も数多く手がけた. 中でもミラノ見本市 (1933, 1951, 1952, 1953, 1954) のブレダ・パヴィリオンが有名. バルデッサーリは合理主義の代表格であるが, 初期の頃はファンクショナリズムに傾倒していた. 作品としては, ベルリン, ハンザ地区の集合住宅 (1957-58), ロヴェレートの F. & G. フォンターナ工科大学 (1961-73) などがある.

パルテノン Parthenon

アテネのアクロポリスの丘に立つ, 前5世紀のアテナ・パルテノス神殿で, ギリシア・ドリス式建築の特徴を備えた, 最も洗練された建造物と一般に広く認められる. またその細部には, たとえば円柱とソフィットの関係のように, 決して満足とはいえない部分も多くあるが, それでもこの神殿はグリーク・リヴァイヴァルの作品の多くにモデルを提供した. パルテノンは, ナオスと処女神の間を取り囲むペリスタイルをもち, 側面に17本, ペディメントをいただく両端部にそれぞれ8本の円柱がある. メトープには, ペディメント部分と同様の大変優雅な彫刻が施されていた (現在, その大部分がロンドンの大英博物館に所蔵されている) 一方で, エンタシスや曲線を描くスタイロベートなどの繊細な光学的な調整が, この神殿の規範的な作品としての名声に貢献している. 処女神の間には, かつて4本の優雅なコリント式円柱が立っていたことから, この建物はドリス式とイオニア式の折衷といえないこともない.

パルテール parterre

1. 家のそばの平坦なテラスに, 花壇ないしは装飾的な植え込みを整形にととのえて, 上から模様を鑑賞できるようにしたもの. 以下のタイプがある.

イングランド風パルテール：　プラットないしは芝を敷き詰めた地の中に, 模様を刻んだもの. あるいはもっと面積の広い草地のこともあり, 草を緩やかに刈り込んで模様を描き出す. その周囲を道がめぐり, 草地の反対側には花々の植え込みを設ける.

コンパートメント・パルテール：　二つの軸の周囲に対称形に配された刺繡パルテール.

刺繡パルテール：　採色土を敷き詰めた花壇の縁にツゲを植えて刈り込み, 模様を描くようにしてつくる刺繡パルテール. 芝の帯でつくることもある.

水のパルテール：　池を対称形に配置し, 道で囲んで, 彫刻や噴水を置いたもの.

2. 劇場のオーケストラ席 (⇨パーケット(2)).

バルテレミー, ジャック＝ウジェーヌ Barthélèmy, Jacques-Eugène (1799-1882)

フランスの建築家. ルーアン近郊のノートル・ダム・ド・ボンセクール聖堂は, フランスにおける13世紀ゴシック・リヴァイヴァル初期の最も重要な例の一つである. ルーアンの教区建築家として, ルーアンのサン・マクル聖堂などの多くの改修を手がけた.

ハルトゥング, フーゴー Hartung, Hugo (1855-1932)

ドイツの建築家. 主として住宅建築の設計者であり, その作品の多くは中世的な地方固有のモチーフ, 急勾配の屋根, 小塔を有する. 彼の『ドイツの中世建築の主題 (*Motive der mittelalterlichen Baukunst in Deutschland*)』(1896-1902) と『イタリア・ゴシックの目標と成果 (*Ziele und Ergebnisse der italienischen Gotik*)』(1912) は, 20世紀初頭の建築家の一部に, 中世建築がいかに現代デザインの出発点となりうるかを探求させるきっかけを与えた. 彼が描いたエジプトおよび中東の建造物のスケッチ (1907出版) は, 設計をがっしりとしたキューブ状の形態に単純化しようとしていたベーレンスらに影響を与えた. 彼の建築の中では, ベルリン・グリューネヴァルトの邸宅地区に1900年代初頭に建設された自邸や他の邸宅が言及に値する.

バルトニンク, オットー Bartning, Otto (1883-1959)

カールスルーエ生まれのドイツ人建築家. 表

現主義の建築家として出発した．バウハウスが移転した後には後継のヴァイマール手仕事・建築高等学校の校長を務めた（1926-30）．〔デア・リンクのメンバーでもあって革新的なモダニズム建築家だったが，〕彼は集中式のプランを含む幾何学的形態によるプロテスタントの教会堂の設計者として最もよく知られている．ケルンのプレッサ（国際報道展）教会，別名シュタールキルヘ（鉄鋼教会，1928）は鉄鋼の骨組みとガラス壁面からなり，低い矩形の土台の上に双曲線プランをなす．他方，エッセンの復活教会，別名ルントキルヘ（円形教会，1930）は円形だった．両方とも強固で単純な建築デザインではあり，バロック感覚を残す表現主義建築だった．1939-45年の第二次大戦後に，バルトニンクはドイツ福音教会救援組織のためにプレハブの木造教会を提供するプログラムに密に関与していた．

バルバロ，ダニエーレ　Barbaro, Daniele (1514-70)

イタリアの芸術のパトロン，建築家，理論家．ウィトルウィウス『建築十書（*I dieci libri*）』（1556）をイタリア語に翻訳し，詳細な注解を施した．この書にはパッラーディオの挿絵が掲載されていたこともあって，バルバロ自身による調和比例についての論文と同様に，出版された『建築十書』の多くの版のうちでは，最も有益なものの一つとなった．1568年に透視図法についての著書（『透視図法の実践（*La pratica della perspettiva*）』）を出版した．また，おそらくパッラーディオによるマゼールのヴィラ（1550年代）や，ムラーノのパラッツォ・トレヴィザン（1557完成）の設計になんらかの点で関与した．

バルビエ，ジュール　Barbier, Jules（1865頃-1910）

ベルギーの建築家．その作品としてブリュッセルのフローテ・ヘルトストラートのガルリー・ルロワ（1900）やブリュッセルのエイゼルラーン・エターベークの住宅（1905-06）がある．双方とも自由に構成され，みごとに作り込まれていて，モチーフの選択には折衷的な部分もある．

パルピタム　pulpitum

1．修道院教会の身廊と聖歌隊席の間にある石のスクリーン．聖歌隊席の背後の部分として機能し，その上にはギャラリー，ルード（十字架のキリスト像），またはオルガンがある．

2．古代劇場で，役者によって使われる舞台の一部．プロセニウムとも呼ばれる．

パルピット　pulpit

教会（普通，その身廊の北東側）にある部分的に囲まれた木または石による説教者用の机．装飾の凝ったものが多く，反響効果も考慮して（テスターと呼ばれる）天蓋が覆っている場合がある．英国国教会の3段の説教壇は，最下段に聖職者の席が設けられ，その上に読書用の机，そして最上段には説教壇そのものが配置され，全体を包括してデザインされている．

ハルプリン，ローレンス　Halprin, Lawrence (1916-2009)

アメリカの建築家，ランドスケープ・アーキテクト，計画家で，ブロイヤーとグロピウスの教え子である．ワシントン州，シアトルセンターのマスタープラン（1957），シアトル万国博覧会（1962），バート（鉄道）の一部（1966，カリフォルニア州，サンフランシスコ），シアトル・フリーウェイ・パーク（1970-76）を手がける．ハルプリンによる個人住宅の庭はカリフォルニア・スクールの類例である．他にも作品をあげると，ラブジョイ・プラザ（プールと彫刻を含む）（1963-66，オレゴン州，ポートランド），ルーズベルト記念公園（1974-78，ワシントン D.C.），ハース・プロムナード（1984-86，イスラエル，エルサレム）があり，チャールズ・ムーアなどが住棟を設計したサンフランシスコ近辺のシーランチ・コンドミニアム（カリフォルニア）への貢献で一躍有名になる．サンフランシスコの都市再開発計画に参加し，いくつかのショッピングモールを手がける（たとえばミネアポリス（1961-67，ミネソタ州）やシャーロッツビル（1971-75，バージニア州））．

バルベ，ジャン　Barbet, Jean（1591-1650頃）

枢機卿リシュリュー（1582-1642）に仕えたフランスの建築家．著書『祭壇と暖炉の建築書（*Livre d'Architecture d'Autels et de Cheminées*）』（1632）では祭壇と暖炉の作品を図解しており，多くは精妙なるマニエリスム様式に

よっている．イニゴー・ジョーンズはバルベのデザインの影響を受けており，中にはロバート・プリック（Robert Pricke）の『建築家たちの宝庫（*The Architects Store-House*）』(1672) に再掲されたものもあった．

パルムステッド，エーリク　Palmstedt, Erik (1741-1803)

スウェーデンの建築家．ストックホルムの証券取引所(1767-76)，グリプスホルム城の劇場（ヴィチェンツァにあるパッラーディオのオリンピコ劇場がモデル，1781-84)，リッダーホルム運河の橋(1784)，ストックホルムにある記念碑的なドイツの泉(1785)などの作品がある．スウェーデンにおける新古典主義の中心人物の一人であった．

パルメイト　palmate

アンテミオンやパルメットのように，扇状の突出部や葉を備えたもの，もしくはヤシ形状柱頭のようにヤシの木の葉を備えたもの．

パルメット　palmette

様式化した扇状のヤシの葉の装飾（パルメット palmetto と呼ばれる）で，スイカズラの花の形状に似ているタイプと，総状花序（ラセミ）状の構成をとるタイプとがある．しばしば古典主義のフリーズにおいて，アンテミオンやロータスとともに用いられるが，特定の要素を装飾するために，単体で用いられることもある．浮き彫りに刻まれたり，描かれたりする．

(左)蓮花と渦巻きを用いたエジプト風デザイン．
(右)キプロスでの別デザイン．

パルラー一族　Parler Family

ドイツの石工一族で，シュヴァーベンとボヘミアで14世紀から15世紀初頭に活躍した．ハインリヒ1世（Heinrich I, 1300 頃-71）はケルン大聖堂のパルリアー（石工工房の棟梁）で，1322年頃に内陣を完成させているが，それ以外の工事はなかなか進行しなかった．シュヴェービッシュ=グミュントに移住し，シュタットキルヘ・ツム・ハイリゲン・クロイツ（市の聖十字架聖堂）の身廊 (1330頃以後) と（おそらく）内陣（ハレンキルヘへの原理にもとづいて設計された）を建てた．これはゾンダーゴーティク様式で最も影響力のあった建物の一つである．彼はアウグスブルク大聖堂，ニュルンベルクのフラウエンキルヘ（聖母聖堂），ウルム大聖堂の内陣を手がけた可能性もある．

ハインリヒの息子ペーター・パルラー（Peter Parler, 1333/5-99）は，一族で最もよく知られている．シュヴェービッシュ=グミュント，ケルン大聖堂（おそらく），ニュルンベルクのフラウエンキルヘで働いた後，1356年，皇帝カール4世（Kaiser Karl IV, 在位 1346-78）によってプラハに招聘され，44年にアラスのマティアスによって始められたスヴァティー・ヴィート（ザンクト・ファイト）大聖堂の工事に携わった．内陣(1385)，ヴァーツラフ礼拝堂，後に南の袖廊を完成させている．ヴルタヴァ（モルダウ）川に架かるカレル橋の設計と建設 (1357 開始) も行い，コリーンのスヴァティー・バルトロムニェイ聖堂に内陣を加え(1360-78)，クトナー・ホラのスヴァター・バルボラ聖堂 (1388 開始) を建設し，多くの墓所，聖遺物容器，彫刻に携わった．

ハインリヒの長男ヨハン (Johann) はバーゼル大聖堂を修復 (1363 完成) し，フライブルク=イム=ブライスガウで1359年から大聖堂の工匠となった（内陣を設計した可能性がある）．ヨハンの息子であるグミュントのミヒャエル2世 (Michael II, 1387 頃没) は，1383年からストラスブール大聖堂の工匠であった．エルヴィン・フォン・シュタインバッハ設計の西正面の変更を行った可能性がある．フライブルクとウルムの大聖堂建設にも携わり，おそらくバーゼル大聖堂の塔を完成(1380頃)させた．彼の弟であるグミュントとフライブルクのハインリヒ2世 (Heinrich II, 1392 頃没) は，アウグスブルク，ウィーン，ケルン，プラハで活動し，ミヒャエル2世の後継として1387-91の間にウルム大聖堂に携わった．ケルンで活躍した義父ミケーレ・ディ・サヴォイア (Michael of Savoy) を通じてミラノ大聖堂 (1391-92) の顧問の職も得ていたようである．

ヴェンツェル（Wenzel, ウェンケスラウス (Wenceslaus)）・パウラー (1360 頃-1404) は

ペーターの次男で，プラハのスヴァティー・ヴィート大聖堂の南塔の工事に1375年頃から98年まで携わった．ウィーンに居を構え (1397頃)，シュテファンスドーム (ザンクト・シュテファン大聖堂) の工匠となり，南塔下層を担当したようである．弟のプラハの小ヨハン (Johann the Younger, 1405頃没) は父と兄の跡を継いでスヴァティー・ヴィートの工匠となり，南塔の建設を進め，南の交差廊部を完成させた．クトナー・ホラにも関与した．

パルラー一族は上品な流線形トレーサリー，複雑なヴォールト架構，精巧な彫刻の達人であった．彼らの作品は15世紀から16世紀にかけてのドイツ，オーストリア，ボヘミア各地で強い影響を与えた．

ハル，ロバート　Hulle, Robert (活躍1400-42没)

イングランドの石工．1400年，ウィンチェスター (ハンプシャー) で，ウィンチェスター・カレッジとセント・クロス・ホスピタルの建設に従事し，1411/12年に，ウィンチェスター大聖堂のマスター・メーソンとなった．グランストンベリー (サマセット) のセント・ジョン聖堂のルード・ロフトの制作にとり組むとともに，シャーバン (ドーセット) のセント・ジョンズ・ホスピタル (1439-40) の工事を監督した．

バルーン　balloon

1. 柱やピアの上端に置かれる大きな玉，バルーン，地球儀などの球体．
2. 聖堂のスパイアやドームの頂部に設置される十字架下部の地球儀．
3. スカンディナヴィアやアメリカ合衆国でよくみられる木骨構造システム．隅部のポストや束が土台あるいはソール・プレートからルーフ・プレートまで通し材になっており，中間層の床を支える小梁はほぞ継ぎなしでこれに結合される．

バレクション　balection

⇨浮き出し刳形

パレクレシオン　parekklesion

ギリシア正教会の礼拝堂．

バレ，ジャン＝ブノワ＝ヴァンサン　Barré, Jean-Benoît-Vincent (1732頃-1824)

フランスの建築家．その都市住宅の最良の作品群 (たとえば，パリのシャンゼリゼのオテル・グリモ・ド・ラ・レニエール (1769)) は図面によってしか知ることはできないが，巧妙に設計されたアンジューのシャトー・モンジョフロワ (1771-76) は現存している．著名なパルク・ド・メレヴィルのファブリックのいくつかを設計し，パリ南方ルマルドのシャトー・デュ・マレを建築した．ベルギー・ブリュッセルのプラス・ロワイヤルも設計しており，ジル＝バルナベ・ギマール (Gilles-Barnabé Guimard, 1734頃-92) によって1770年代に実現された．

パレス　palace

1. ⇨宮殿
2. 大規模な公共施設．たとえば裁判所など．
3. 娯楽のための施設で，通常はみかけ倒しの建築．映画館やダンスホールなど．

パレストラ　palaestra

古代のレスリング訓練場ないしは運動競技者のための建物で，しばしば列柱廊などで囲われ

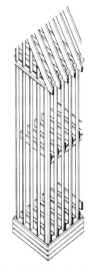

バルーン・フレーミング　典型的なアメリカン・タイプ．

たオープンスペースの形をとった.

パレス・フロント　palace-front

巨大な建物の,古典的な対称形の正面.たとえばバースにおけるウッド親子の作品では,複数の住宅が全体として一つの宮殿のようにみえる構成となっているが,これは壁に取り付けられたポルティコ,神殿風正面,端部のパヴィリオンといった要素によって,正面と両端が強調されていることによる.

バレット,ネイサン・F　Barrett, Nathan F. (1845-1919)

アメリカのランドスケープ・アーキテクト.プルマン寝台車の発明者である鉄道産業資本家,プルマンの工場ではたらく労働者のために,イリノイ州シカゴ近郊のプルマン・ガーデン・サバーブをビーマンとともに設計した(1880-84).このガーデン・サバーブは,〔イギリス〕チェシャー,バーケンヘッドにつくられたリーヴァーのポートサンライトのように企業によって運営されるモデル住宅地である(⇨カンパニー・タウン)が,プルマン氏への不満から1889年にシカゴへの合併が行われた.しかしプルマン社は1910年までほとんどの地所を所有し続けた.

バレッリ,アゴスティーノ　Barelli, Agostino (1627-79)

ボローニャ生まれのイタリアの建築家で,生地にはテアティノ修道会の教会堂であるサン・バルトロメオ聖堂(1653)を設計したが,彼の主たる重要性はイタリアのバロック様式をバイエルンに伝えたことであり,とくにミュンヘンにおける聖カエタノスのテアティーネルキルヘ(テアティノ修道会教会堂)の計画(1663-90)は,テアティノ修道会の母教会であるローマのサンタンドレア・デッラ・ヴァッレ聖堂に倣ったものである.このミュンヘンの聖堂はエンリコ・ツッカッリにより完成された.また,ミュンヘンではニュンフェンブルク宮の高い屋根が架かる中央棟を請け負い(1663以降),エフナーとキュヴィイエにより改築された.

パレード　parade

1.　軍隊が閲兵のために集結する場所(観兵式場).

2.　要塞の内部もしくは囲われたエリアを形成する平坦な空間.

3.　公共の広場もしくはプロムナード.

バレル　barrel

半円筒形や,下面が滑らかで奥行のある半円アーチの形態(バレル・ヴォールト)を表す.バレル・シーリングはバレル・ヴォールトの下面のような形状をした天井.

ハレンキルヘ　Hallenkirche
　⇨ホール・チャーチ

パレンテ・ダ・シルヴァ,ドミンゴス　Parente da Silva, Domingos (1836-1901)

ポルトガルの建築家.フランスの影響の強いルネサンス様式による上品なリスボン市議会場を設計(1865-80).ほかリスボンにプラゼレス墓地の門などいくつかの重要な建造物を建てた.

バーロウ,ウィリアム・ヘンリー　Barlow, William Henry (1812-1902)

イングランド,ウールウィッチ生まれの土木技術者.ミッドランド鉄道の顧問技術者として,ロンドンのセント・パンクラス駅(1864-68)での鉄とガラスを使った駅舎の設計にあたり,巨大な尖頭ヴォールト構造の屋根は,その後広く模倣された.彼は構造物に鉄骨を使用することを唱導し,科学技術を主とする雑誌に広く論文を発表した.また1879年に崩壊したテイ・ブリッジ(1882-87)の再建に助言を行った.

バロック様式　Baroque

17,18世紀のヨーロッパ建築の様式で,後期ルネサンス様式・マニエリスム様式から派生して成立し,ロココへと展開,新古典主義様式にとって代わられた.劇的かつ豊穣な様式であり,平面・立面・断面の流れるような凹凸の曲線,錯視,楕円の組み合わせによる平面(しばしば変型された集中形式),複雑な形状,形態・規模が異なる空間の錯綜する関係,誇張された感情効果,大胆な色彩,強調された立体表現,その他さまざまな建築的・象徴的修辞を用いる.この様式は対抗宗教改革と結びついたもので,17世紀のベルニーニとボッロミーニ

の作品によって成熟に達した．中欧とりわけオーストリア，バイエルン，ボヘミア地方（例：アザム兄弟，ディーンツェンホーファー一族による教会堂）では創意の豊かさと美的表現が極みに達し，イベリア半島およびラテン・アメリカでは奇抜で過剰な装飾性が殊に発展した．古典主義が根強いフランスでは抑制的な様式として洗練された．一方で対抗宗教改革が建築に直接的影響をほとんど与えなかったイングランドにおいては，一般的に曲線的・揺動的・誇張的な形態は忌避され，ホークスモアの作品のように壁面の彫塑性を強調することが好まれた．ヨーロッパではバロック・リヴァイヴァルがあり，1900年の前後短期間に顕著であった．ランドスケープ・デザインにおいては，バロック様式はフランス，とくにヴェルサイユなどの大規模な整形式庭園と関連づけられている．

パロティス parotis
人の耳の形に似たアンコン，ブラケット，コンソール．

バロニアル Baronial
⇨スコティッシュバロニアル

バワ，ジョフリー Bawa, Geoffrey (1919-2003)
イギリスで教育を受けたスリランカの建築家・弁護士．近代の技術と関心事がスリランカの土着的なテーマと思慮深く融合されたような建築によって，彼は有名になった．騒がしい都会の環境の中での静謐な内向きのオアシスとしてのコロンボの自邸は，既存の長屋状の4軒のバンガローを一体化させることで生じた一連の中庭，ヴェランダ，ロッジアを取り囲むように作られており，塔からは街の家並みを眺めることができる．1962年のコロンボのエナ・デ・シルヴァ邸は，開放的なプランニングという近代的な考え方と伝統的なシンハラ人の住宅建築を融合させたバワの最初の設計であり，広さの制限された都市内の敷地でいかに屋外空間を享受できるかを示した．彼の他の作品としては，ベントータ・ビーチ・ホテル（1969），コッテに建つ国会議事堂（1979-82），アフンガラのトリトン・ホテル（1981），マタラのルフナ大学（1980-86），カンダラマ・ホテル（1995），そして海を見下ろす崖の上に建つミニマリズムの

ジャヤワルダナ邸（1999-2002）がある．半世紀以上にわたって彼は，ベントータのルヌガンガの自然の庭園に一連のエピソードを創作していった．

ハワード，サー・エベネザー Howard, Sir Ebenezer (1850-1928)
イギリスの田園都市運動の生みの親．エドワード・ベラミー（Edward Bellamy, 1850-98）によるユートピア小説『顧みて 2000-1887（*Looking Backward 2000-1887*）』（1888）で描写された，ある工業化時代における社会の変容と共同社会の可能性に影響を受け，『明日：真の改革にいたる平和な道（*To-morrow : A Peaceful Path to Real Reform*）』（1898）を出版し，後に『明日の田園都市（*Garden Cities of Tomorrow*）』（1902）として再版された．ハワードは，高密度につめこまれた病的な都市生活と，落ちぶれいく田園生活を回復するために，都市と田園のよさを結びつけ，適切なサイズの田園都市として提案した．彼のアイデアは注目され，田園都市協会が1899年に設立し，ハートフォードシャーにレッチワース・ガーデン・シティが建設された（1903年から）．2番目の事例としては，同じハートフォードシャーにウェルウィン・ガーデン・シティ（1919）が建設された．低密度，集合住宅と工業地区の分離，生活に必要なあらゆる施設が揃えられた．ハワードのアイデアは，第二次世界大戦後のイギリスにおけるニュータウン政策につながり，フランス，ドイツ，アメリカなどの諸国に影響を与えた．

ハワード，ジョン・ガレン Howard, John Galen (1864-1931)
アメリカの建築家．パリのエコール・デ・ボザールに学び（1891-93），H・H・リチャードソンやマッキム・ミード＆ホワイトのもとで働いたことがあった．1901年にカリフォルニア州に移り，カリフォルニア大学のハースト鉱山学科棟（1901-07）やギリシア劇場（1920-23），カリフォルニア・ホール（1903-05），建築学科棟（1906-12），ドウ図書館（1907-17），セイザー門（1908-10），ボールト・ホール（1908-11），セイザー・タワー（1911-14），ヒルガード・ホール（1916-17），スティーヴンズ・ホール（1921-23），女性教員クラブ

（1923）を設計した．またサンフランシスコのベイエリアの住宅をいくつか設計した．商業建築や公共建築では，疑いなくフランスでの修行で得たものであろう古典主義の安定したアプローチをみせた．

ハワード，ジョン・ジョージ　Howard, John George（1803-90）

旧名ジョン・コービー（John Corby）．イギリスに生まれ，1832 年にカナダに移住し，トロントに定住して実務的に成功した．商業建築や公共建築の様式として新古典主義を根付かせた（例：英領北米銀行（1845）や精神病院（1846-49），第 3 刑務所（1838），いずれも現存せず）．現存する建物の中で最も良いものとしてオンタリオ州ブロックヴィルにあるリーズおよびグリーンヴィル郡庁舎（1841-45，立派なイオニア式のポルティコがついている）がある．またいくつかの教会をゴシック・リヴァイヴァルで設計している（例：ホランド・ランディングのキリスト教会（1843））．

ハーン　khan

中東における旅行者滞在用の簡素な建造物．たとえばキャラヴァンサライなど．

パン　pan

1. 敷桁．
2. 外壁の一部，とくに木造軸組の建物における垂直・水平構造体の間のパネル．

半アーチ　semi-arch

フライング・バットレスなどの 1/2 のアーチ．

パン・アンド・ロール　pan-and-roll

両端に出っ張りのある平坦な瓦を繰り返し並べる瓦屋根．継ぎ目部分は，直立するフランジの上にきちんと嵌めこまれた，先細りの半円形輪郭の瓦で覆われる．

バーン，ウィリアム　Burn, William（1789-1870）

エディンバラ生まれの建築家，ロバート・スマークのロンドンのオフィスではたらき（1808-11），その後エディンバラに戻り父のロバート・バーン（Robert Burn, 1752-1815）とともにはたらく．父はカールトン・ヒルのネルソン記念碑（1807-16）をデザインした．ウィリアム・バーンの最初期の仕事は，公共建築で，グリノックのカスタム・ハウス（1817-18），カノンミルスのタンフィールドのルドゥー作品のようなガス工場（1824 竣工，1826 年にシンケルによって描かれた），インヴァーネスのカウンティ・ホール（1834-35），そのほかがある．しかし，大規模で，並はずれた成功をおさめたのは，おもにカントリー・ハウスの仕事である．エアシャーのブレアクーハン（1820-24 頃）はチューダー・ゴシック様式の作品であったが，1825 年頃にはジャコビーサン様式で作品をつくっており，それがのちに彼の得意とするところとなった．スコットランドの土着的な建築とタワー・ハウスが 1829 年からの作品には加わった（パースシャーのファスカリー，イースト・ロジアンのタイニンガム・ハウス）．しかし，サルヴィンの広大なリンカンシャーのハラクストン・マナー（1838 以降）を完成させた後，より威勢のよい最高傑作が生まれた．ファイフのフォークランド・ハウス（1839-44），ミッドロジアンのホワイトヒル・ホール（1839-44），リンカンシャーのストーク・ロッホフォード・ハウス（1841 年から，2005 年火災で大きな被害をうける）とレヴァスビー修道院（1844），アイルランドのモナガン県のダートリー（1844-46）はすべてジャコビーサン様式だが，他の様式も混じっている．スコティッシュ・バロニアル風のデザインも行い，弟子でのちに共同経営者となったデイヴィッド・ブライスがその名手となった．スターリングシャーのステンハウス（1836，現存せず）はその例である．バーンはかなり多作であったが，偉大な建築には至らなかった．彼の作品は力作であり，だいたいにおいて納得のゆくものであるが，退屈なものになることもあった．甥の J・マクヴィカー・アンダースンの共同経営者となり，バーンの死後業務を引き継いだ．弟子にはイーデン・ネスフィールドとノーマン・ショウがいる．

半円形アーチ　semicircular arch

アーチの弧が半円形のアーチ．

半円柱　semi-column

エンゲージド・コラム，すなわち壁面に部分

的に埋没した円柱.

半円筒ヴォールト　tunnel-vault
　⇨トンネル・ヴォールト

ハーンカー　khanaqah
　イスラーム神秘主義者（スーフィー）の宿泊施設で，通常中庭があり，三方に個室を配し，キブラ方向に集会部屋を置く形となる．一例としてカイロのバイバルス・アルジャシャーンキール・コンプレクス（14世紀初頭）があげられる．ブハラ近郊のチャール・バクル廟（1559-69）ではハーンカーはモスクとマドラサの間に配置され，接続されることによって大きな建築複合体を形成している．

ハンガリー行動主義　Hungarian Activism
　構成主義，キュビスム，表現主義，バウハウスの思想と結びついた運動で，未来派と左翼のイデオロギーにも影響を受けている．ブダペスト（1916-19）とウィーン（1920-25）で『今日（*MA*）』を発行し，ブロイヤーなどの建築家に影響を与えた．エル・リシツキー，アウト，モルナール，タトリン，タウト兄弟やほかのモダニストはこの運動とゆるい結びつきがあった．

パンカルピ　pancarpi
　花綱，果実の花綱装飾，花，葉からなる古典的装飾．

バンガロー　bungalow
　ヒンドゥスターニー語のバングラが転訛した語で「ベンガルのもの」を意味し，簡易的な構造の単層独立住宅について用いられる．草葺きの屋根をもち，ヴェランダが周囲をめぐっているものが多い．語としては1676年に東インド会社の使用人の住居に関してバンガル（Bungales）という呼称がみられ，1711年にはバンガローと呼ばれるようになっている．後に大英帝国とアメリカ合衆国において単層の住宅を示す語として用いられるようになり，単層の独立住宅一般を意味するものとなった（海辺のセカンド・ハウスについて用いられることが多く，またとくに第一次世界大戦直後には郊外の本宅を指すことも普通であった）．1860年代の後半以降にはノースイースト・ケント，バーチントンのJ・P・セダンの地所に規模の大きな

バンガローが複数建設された．これはジョン・テイラー（John Taylor）およびセダン自身の設計によるもので，タワー・バンガローズには幅の広い軒の張り出した屋根や側面のヴェランダなど，インド建築のイディオムが残されている（建設は1880年代．木材の装飾にはスグラフィートもみられる）．

バンガロー的成長　bungaloid growth
　投資の対象としての，美的・建築的質を欠くバンガローの開発を軽蔑して呼ぶ語．主に郊外についていわれるが（例：ロンドン，ゴールダーズ・グリーンの周辺部），よく知られるのはイースト・エセックスのピーチヘヴンである．これは第一次世界大戦の直後に建設され，オーストラリアの郊外に似ていることから「ニュー・アンザック・オン・シー」と呼ばれることもあった．

斑岩　porphyry
　⇨ポーフィリー

半球形ドーム　semicircular dome
　最大直径での断面図が半円形となる，すなわち半球形のドーム．

パンギュソン，ジョルジュ＝アンリ　Pingusson, Georges-Henri（1894-1980）
　フランスの建築家・都市計画家．ル・コルビュジエのもとではたらいた後，客船を浮かんだ集合住宅だと喩えたル・コルビュジエの考えをもとにして，独自のパクボ・スタイル（パケット・ボート・スタイル）を展開する．主な仕事は，モゼル，ロレーヌ，サール地方の戦災地域の復興計画で，いくつもの工業都市を計画した．建物としては，サン・トロペのオテル・ラチチュード43（1931-32），パリ万博の近代芸術家館（1937，取壊し），ブリ・アン・フォレの衛星都市（1953-59，ル・コルビュジエと協働）などがある．代表作の，パリのシテ島の東端にある強制収容所犠牲者慰霊碑（1962完成）では，厳かな地下のクリプトが精神に大きな衝撃を与え，フランスのナチの犠牲者を記憶する．

ハンギング　hanging
　広間の壁面を覆って装飾するタペストリー，

ハンキンク

壁紙，またはそのほかの材料．

ハンギング・ステップ hanging step

一方の端部を壁にくっつけて建造した段．カンティレヴァーのやり方で支持されているか，直下の段の上に載っているものもある．

ハンギング・バットレス hanging-buttress

本物のバットレスではなく，連続性を維持するために設置されたもので，コーベル（持ち送り）の上に支持されている．ヴォールト構築を補助することもあり，そのような場合，リブと対応する部材を備える．

ハンギング・ポスト hanging-post

扉や門が吊り下がっているポスト（束）．

ハングリー hungry

煉瓦積みを接着するモルタルの表面を煉瓦表面から奥深いところに設けて，各煉瓦の輪郭が明確に区切られたままになっているようなものをいう．風雨に弱く，あまり推奨されない．

バンケット banquet, banquette

1. 水道橋や道路の脇の細い歩行者用通路．
2. 城壁の背後の高く支持された足場や舞台．
3. 窓腰掛け，あるいは壁に接するかはめ込まれるかした長座席．

半月堡 ravelin

⇨ラヴェリン

番小屋 sentry-box

⇨哨舎

ハンサム，ジョゼフ・アロイシアス Hansom, Joseph Aloysius(1803-82)

イングランドの建築家で，エドワード・ウェルチ（Edward Welch, 1806-68）と共同経営を行い，バーミンガムのタウン・ホール（1830-34）を設計した．それは，巨大なペリプテラルの平面をもったコリント式ローマ神殿で，粗石積の高い基壇の上に据えられている．この建物は，1849年にチャールズ・エッジ（Charles Edge, 1801頃-67）によって完成された．エッジはバーミンガムの先導的な建築家と

なった（だが，彼の唯一の重要な作品はヨークシャーのファイリーのザ・クレセントである）．バーミンガム投機事業で破産し（1834），共同経営が解消され発明（ハンサム型2輪馬車を設計）や，ビジネス（1842年『ビルダー（*The Builder*）』誌創刊）に転じた．ウェルチはリヴァプールで実務を行い（1837-49），さまざまな住宅の暖房システムで特許を取った（1850, 1865）．ハンサムは建築の実務を再開すると，どっしりとした古典主義のパティキュラー・バプテスト聖堂（1845）をレスターのベルヴォア・ストリートに設計した．この建物は現在は「ポーク・パイ」という世俗の建物として使われている．彼の作品でよく知られるのは，ゴシック様式のローマ・カトリックの教会堂で，ランカシャーのプレストンのセント・ワルブルガ教会堂（1850），マンチェスターのイエスの御名教会堂（1869-71），サセックス州アランデルのセント・フィリップ・ネリ教会堂（現聖母マリア大聖堂）およびセント・フィリップ・ハワード教会堂がある．

判じ物 rebus

あるもの名の暗号的な表現や，建物とかかわりのある人物の名前の語呂合わせ的な図像表現のことで，通常は彫刻装飾である．たとえばケンブリッジシャーのエリー大聖堂のアルコック付属礼拝堂には雄鶏の表現が多くみられる．

バンシャフト，ゴードン Bunshaft, Gordon (1909-90)

アメリカの建築家．1937年スキッドモア・オーウィングス＆メリルに加わり，ヨーロッパのインターナショナル・モダニズム（とくにグロピウスの作品）に影響を受け，事務所にその様式を紹介した．彼は1949年に同事務所のパートナーとなり，ニューヨークのレバーハウス（1950-52）を設計し，有名になる．この作品ではプレハブのアルミ製枠材とガラスのカーテンウォールを用いており，アメリカや世界中の多くの超高層ビルの先駆的な作品となった．そのほか，SOMの建築家としてのバンシャフトの作品は，ニューヨークのチェース・マンハッタン銀行ビル（1960-62），ブリュッセルのランバート銀行（1961-66），ニューヨーク州バッファローのオルブライト・ノックス美術館の増築（1960-62），テキサス州オースティン，テキサ

ス大学のL・B・ジョンソン記念図書館とS・W・リチャードソン記念博物館(1969-71), そしてサウジアラビア, ジェッダの国立商業銀行ビル(1977-84)があげられる.

バーンズ, エドワード・ララビー Barnes, Edward Larrabee (1915-2004)

シカゴ生まれの建築家. ハーバード大学でグロピウスとブロイヤーのもとで教育を受けた. のちに, ニューヨークで自身の事務所を開設した. バーンズは, ル・コルビュジエに用いられた形態を呼び起こすような, はっきりした幾何学的形状を使用する. しかし, ヴァナキュラー建築に感化されたバーンズのデザインは, しばしば環境に繊細に反応する(たとえば, ヘイスタック・マウンテン工芸学校, メイン州ディアー・アイランド, 1958-62). 確かに, バーンズはモダニズムの傾向をもつ建築家として, コンテクスチュアル・デザインを提唱した最初の一人である. ミネアポリスにあるウォーカー・アートセンター(ミネソタ州, 1971-74)は, 最も単純な形態を用いている. 1988年, バーンズはそれを高めるため都市型の彫刻庭園を設計した. 彼の手がける美術館の内部はできる限り単純に処理されるが, 外観はダラス美術館(テキサス州, 1983-84)のように公共的な前面を構える. 彼の後期の作品は歴史主義に近づいていった. たとえば, ワシントン大学アレン図書館(シアトル, 1991)では, ネオ・ゴシックの破風や頂華をもち, ワシントンD.C.の裁判事務所では, 新古典主義およびボザールの影響がみられる. マディソン通りにあるIBMオフィス・ビル(ニューヨーク市, 1973-83)は, 巨大なアトリウムを内包したものとして設計された. 都市計画における能力は, ジェファソンの作品(バージニア州シャーロッツビル)を参照した. ニューヨーク州立大学のキャンパス(ニューヨーク州パーチェス, 1966-77)によって明らかにされた. それは, また, エクイタブル・タワー・ウエスト(ニューヨーク市, 1987)にて大胆にポスト・モダニズムに向かっていった.

バーンズリー, アーネスト・アーサー Barnsley, Ernest Arthur (1863-1926)

バーミンガム生まれのイギリスの建築家で, アーネスト・ギムソンとのちにパートナーを組

んだセディングの事務所で修業した. アーツ・アンド・クラフツ的ヴァナキュラー・スタイルの多くの建物を設計し(いくつかは弟のS・H・バーンズレーと共同で), それらにはグロスター州, サッペルトンのヴィリッジ・ホールがある(1910-14, ノーマン・ジューソン(Norman Jewson, 1884-1974)と共同, 17世紀の切妻スタイルの試み). 彼が手がけた最も大規模な建物は, サイレンスター近郊のロッドマートン・マナー(1912-36)であり, ジューソンによって完成された. これはイングランドで建てられたカントリー・ハウスの中で最も偉大なものとされている.

バーンズリー, エドワード Barnsley, Edward (1900-87)

イギリスの建築家. シドニー・バーンズリーの息子であり, 父の死後ビーデイルにある事務所を受け継ぎ, ハンプシャー, ピーターズフィールド近郊のフロックスフィールドに自らの事務所を構え, そこで家具を製作した.

バーンズリー, シドニー・ハワード Barnsley, Sidney Howard (1865-1926)

バーミンガム生まれのイギリスの建築家. ロイヤル・アカデミーにて教育を受け, R・ノーマン・ショーのところで修行を行う. ロバート・シュルツ・ヴィアと連れ立ってギリシアを旅行し, 彼と共同でギリシアのビザンティン建築について研究を行った(1901). 主な作品には, サリー州ロウアー・キングスウッドにあるセント・ソフィア礼拝堂(1891)がある. のびやかなビザンティン様式ながら, いくつかの古代的断片が含まれている. バーンズリーは, 彼の兄(E・A・バーンズリー)とギムソンの事務所に加わり, コッツウォルズに移動した. そこで, シドニーが自身のビーチェインジャーの別荘を設計したサパートンに定住した. 彼はまた多くの建物をアーツ・アンド・クラフツ的ヴァナキュラー・スタイルで設計した. 彼は, ギムソンの死後, ハンプシャー, ピーターズフィールドにあるベデイル・スクールでの現場を監督し, 兄の死後, グロスター州, サイレンスター近くのロドマートン・マナーの仕事を受け継いだ. グロスター州, ペインウィックのロッジ・ファームとガイド・アームズハウスの増築を巧みにこなした. ベデイルでの作品は,

彼の死後，息子のエドワード・バーンズリーによって継続されている．

ハンセン，クリスチャン・フレデリク
Hansen, Christian Frederik (1756-1845)

　デンマークにおけるグリーク・リヴァイヴァルを主導した建築家．ホルスドルフのもとで学び，フレデリク5世教会（結局は彼が1821-25年に完成させた）の終盤でアシスタントをつとめたほか，イタリアへ旅する（1782-84）前にロシルデ大聖堂にも手を貸した．彼の最高傑作は，コペンハーゲンのヴォーフルー教会（聖母教会，1808-10設計，1811-29建設）であり，パエストゥムを参照した原始的なドリス式のオーダーによるポルティコが適用されている．同じくコペンハーゲンに，アーチ道のあるすばらしい裁判所，刑務所，市庁舎を設計しているが，ジリーらによりドイツで展開された厳格な新古典主義様式を採用している．ホルシュタイン地方の測量責任者の公職として，彼はシュレースヴィヒに精神病院（1818-20）を設計したが，田舎に建つ穏やかな左右対称の建物群でありながら強い興味をかき立てる．1784年から1844年にかけては，デンマークの建築潮流を司る代表的な権威者であった．彼の作品には，ハンブルクのアルトナ（たとえばパルマイレ116番地の自邸，1803-04）やエルベ川堤防沿い（たとえばヒルシェパルクハウス，1798頃）のさまざまな心地良い古典的な建物があり，またドイツのヒュースム（1828-33）やニューミュンスター（1828-34）などの教会もある．

ハンセン，テオフィルス・エドヴァルド・フォン　Hansen, Theophilus Edvard von (1813-91)

　H・C・ハンセンの弟であり，兄の影響を受けた．彼が学んだ当時のコペンハーゲンでは，C・F・ハンセン（血縁関係はない）やG・F・ヘッチュのような主導的な立場にあった人物が，意欲あふれる建築家であったハンセンに，しっかりとした新古典主義を伝えた．1838年にハンセンはギリシアへ行き，アテネで兄と合流してデメトリオス邸（1842-43，のちにホテルとなったが1958解体）を，その後に学術アカデミー（1859-87）や国立図書館（1859-91）を設計した．1846年にはフェルスターの招聘でウィーンに居を移したが，のちに（1851）その娘と結婚している．フランスの新古典主義や

シンケルの建築，ギリシアの古典建築やビザンティン建築の研究などに影響を受け，当時のウィーンで最も注目すべき数多くの建物を生み出した．フェルステルと協働して，ビザンティン式のルントボーゲンシュティールによりアーセナルの陸軍博物館（1850-56）を設計したほか，リンクシュトラーセの発展に貢献したが，そこでは彼の最高傑作とされる国会議事堂（1874-83）において，グリーク・リヴァイヴァルの至高のインテリアといえばいつも思い浮かぶ，古代ギリシアの精神をいかしたあの均整のとれた構成を成し遂げた．1856年にイタリアを訪問したのちは，スタイルを豊かなイタリア・ルネサンスへと変転させた（たとえば1859年のカールスプラッツのプロテスタント学校と，1861年のリンクシュトラーセにおけるハインリヒホーフでは，その後数年間にわたってリンクシュトラーセに現れたチンクエチェント（イタリア16世紀）風のたくさんのアパート群がある．しかし同時に，ハンセンは多彩装飾の導入における先駆者でもあったが，それはまぎれもなくゼンパーの影響であった．ウィーンの美しい楽友協会ホール（1869-70）や芸術アカデミー（1872-77）では，ギリシアとルネサンスのテーマを調和させている．

ハンセン，ハンス・クリスチャン　Hansen, Hans Christian (1803-83)

　特筆すべきデンマークの新古典主義者であり，T・E・ハンセンの兄．初期にはC・F・ハンセン（血縁関係はない）から，さらにデンマークの建築界にシンケルの影響をもたらしたG・F・ヘッチュから薫陶を受けた．ハンセンは修業の仕上げとしてイタリアとギリシアを旅し，1834年にアテネのギリシア裁判所を手がけて建築家となったが，その地に18年間留まり考古学的な調査を実施した（ニケ・アプテロスの神殿を再生し，エデュアルト・シューベルト（Eduard Schaubert, 1804-60）やヨーゼフ・ホファー（Joseph Hoffer, 1810頃-51以前）とともにギリシア神殿の水平曲率や視覚補正に関する1838年のホファーの報告書のために事例を収集した）．さらに，造幣局（1834-36）やアテネ大学（1839-50）をはじめとする数多くの重要な建築を，シンケルの影響による洗練されたグリーク・リヴァイヴァル様式で設計した．また，C・R・コッカレルらとともに，英国国

教会であるアテネのセントポール（1841）を設計した．トリエステではルントボーゲンシュティールによる武器貯蔵庫と造船所（1852-56）を設計し，コペンハーゲンではビザンティン風のルントボーゲンシュティールによる市立病院（1856-63）を設計した．その他の作品には，コペンハーゲンの天文台（1859-61）や動物博物館（1863-70）などがある．建築における多彩装飾（ポリクロミー）の研究とその応用における先駆者であった．

パン・タイル　pan-tile
平坦な屋根葺きタイルで，その側面形状が"S"字を寝かせた姿に似ているもの．屋根に葺かれた際に，波打つような効果をみせる．

半楕円形アーチ　semi-elliptical arch
1．1/2楕円形のアーチ．
2．3点または5点に中心をもつ円弧を組み合わせたアーチ（⇨アーチ）．

版築　tabia, tapia, tappia
型枠を使用したラムド・アースによる，壁の築造方法．石灰や砂利が加えられることが多く，石灰の塗装で仕上げられる．

パンチド　punched
切石をつくる工程で，仕上げの前に施される最初の加工．通常は尖ったのみで加工される．

半柱　half-column
⇨ハーフ・コラム

パンチョン　puncheon
スタッド（鋲），もしくは木造骨組み（ティンバー・フレーム）の柱より短くて軽い垂直の木材．

パンテオン　Pantheon
1．ハドリアヌス帝（Emperor Hadrian, 在位117-38）によってローマに建立されたロトンダ（円堂）で，格間天井のコンクリート製ドーム（頂部のオクルスから採光している）が，非常に厚い円形ドラム（その内径はドーム頂部から床面までの高さに等しい）の上に載り，八柱式の神殿前面のポルティコが，外側のドラムに取り付けられている．似たような形式の建物

はいずれもパンテオンとして知られている．
2．一般的な埋葬地用の建物，ないしは偉大なる故人を記念する建造物のことで，たとえばパリのパンテオン（かつてのスフロ設計のサン・ジュヌヴィエーヴ教会）など．

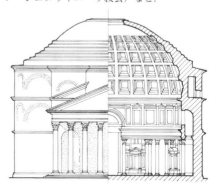

パンテオン　（左半分）ポルティコと低い階段状ドームを示した立面図で，この構成は新古典主義期に高く評価された．（右半分）オクルスとコッファーを示す断面図．

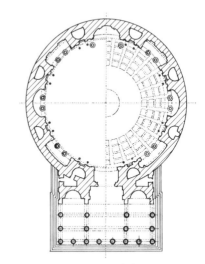

パンテオンの平面図．

パンテオン・ドーム　Pantheon-dome
内側が格間模様のドームで，外部は偏平の形状を持ち，平滑で装飾がみられず，円弧状に分

割され，同心円状にひろがる数段のステップによって囲まれる．ローマのパンテオンのものに類似．この形式のドームは18世紀および19世紀初頭に，新古典主義の形態言語の一つとして頻繁に使用されたが，必ずしもオクルスをともなうわけではなかった．

バンデッド banded
　⇨バンド

バンデッド・インポスト banded impost
　中世のピアにおいて，アーチの迫元においてピアの断面が上部のアーチ，水平方向の刳形などと同一であるとき，バンデッド・インポストとよばれる．

反転オージー reversed ogee
　⇨シーマ

反転ジグザグ reversed zig-zag
　ジグザグ模様の刳形（くりかた）で，お互いに違った方向に重なるもの．V字型の代わりにZ字型の連続をつくる．

バンド band
　1．ファサードにおいて薄く突出する水平の帯状要素．装飾を施される場合や，シルや床レベルと一致する高さに設けられることがある．バンド・コース，バンド・モールディング，ベルト・コース，ストリング・コースとも呼ばれる．この語はアーキトレーヴのファスキアにも用いられ，稀ながらフィレット，平縁，あるいはタイニアについても使用される．こうしたバンドに古典主義オーダーのデンティル（歯形飾り）やモディリオンが付されているものはデンティル・バンド，モディリオン・バンドと呼ばれる．
　2．コラムなどの建築要素を分節する平坦なブロック．この状態を指す語としてバンデッドが用いられる．たとえば，バンデッド・アーキトレーヴ（ギブス枠のようにアーキトレーヴに等間隔にブロックが置かれるもの），バンデッド・コラム，ブロックド・コラム，リングド・コラム，ラスティケイテッド・コラム（平滑あるいは粗面仕上げの直方体もしくは円筒形のブロックによって分節された柱．大小の円筒形石材を交互に組み合わせた円柱をバンデッド，円筒形と直方体のブロックが組み合わされたものをブロックドと呼ぶ向きもある），バンデッド・ピラスター（方形のブロックで規則的に分節された付柱．バンデッド・コラムに対応する），バンデッド・ラスティケーション（平滑な切石と，壁面から突出した粗石のバンドあるいはブロックが交互に組み合わされたもの）．
　3．スコットランドのボンド（煉瓦積み）．インバンド（小口）およびアウトバンド（長手方向を表面に向け短手を奥行方向とした煉瓦もしくはクォイン）がある．

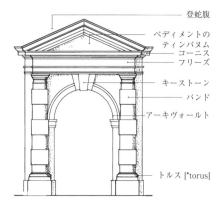

バンド　バンドを施された（バンデッド）トスカナ式の柱をもつ門．

バンド・オブ・ア・シャフト band of a shaft
　ゴシック建築において，コロネットや細身のシャフトの周囲に設けられるアニュレット，バンドレット，あるいはシャフト・リング．束ね柱（クラスター）のように，石材の接合部でシャフトを中心のピアに結合するように使用されていることが多い．

バンド・オブ・ア・シャフト

バンド・スタンド　band-stand

舞台もしくは側面を開放したパヴィリオン．多角形の平面をしたものが多く，公園において楽隊が演奏する際に用いられる．

ハント，トマス・フレデリック　Hunt, Thomas Frederick（1791頃-1831）

彼はピクチャレスクなチューダー様式に関する著作を何冊か出版した．たとえば『ピクチャレスクな住宅建築のための6つのヒント集（*Half-a-Dozen Hints on Picturesque Domestic Architecture...*）』（1825，その後，重版），『牧師館のためのデザイン集（*Designs for Parsonage-Houses, etc.*）』（1827），『チューダー朝建築の模範（*Exemplars of Tudor Architecture...*）』（1830, 1841）である．ダムフリースのセント・マイケルの墓地にロバート・バーンズ（Robert Burns, 1759-96）のマウソレウム（1815）を新古典主義で設計し，ダンフリースのバックルー・ストリートにはイオニア式ポルティコのある旧監督教会（後にウェスリー派）を設計した．

半ドーム　semi-dome

ヘミ・ドーム．すなわちアプスやニッチに架かる1/4球をいう．

ハント，リチャード・モリス　Hunt, Richard Morris（1827-95）

アメリカ人で，初めてパリのエコール・デ・ボザールで学んだ（1846-）建築家．ルフュエルの事務所に入り，1854年からのルーヴルの修復に参加，図書館棟を設計した．1855年にアメリカ合衆国に再定住し，フランス・ルネサンスのリヴァイヴァル建築の知識を最大限に生かした．その作品にはニューヨーク市のスタジオ・ビルディング（1857-58，現存せず），レノックス図書館（1870-77，現存せず），トリビューン・ビルディング（1873-76，現存せず，「エレベータ」を備えた最初の高層建築の一つである）があり，またノース・キャロライナ州アシュヴィルのフランスのゴシック様式のヴァンダービルト邸（ビルトモア・ハウス，1888-95）や，スティック・スタイルによるグリスウォルド邸（1861-63）や新古典主義のヴァンダービルト邸（マーブル・ハウス，1888-92）などロード・アイランド州ニューポートでいくつかみられるような広壮な個人の邸宅も設計している．その時代には国内外で最も尊敬されたアメリカの建築家であったが，設計した建物のうちかなり多くがとり壊された．ニューヨーク市のメトロポリタン美術館におけるボザール式古典主義の堂々たるエントランス棟（1894-1902）は彼が設計し，息子リチャード・ハウランド・ハント（Richard Howland Hunt, 1862-1931）が完成させた．

バンドル　bundle

ゴシック建築のピアで，コロネットの緊密な束に似るもの．内部ではコロネットは分離しておらず，波状の平面形で形成されている．クラスタード・ピア，コンパウンド・ピア（束ね柱）と比較せよ．

バンドレット　bandelet

1．小さめの平坦で簡素な刳形．フィレットより大きくバンドやファスキアより小さい．たとえばドリス式オーダーのタイニア．

2．アニュレット．

3．シャフトにおけるバンド．

バンドロール　banderol, banderole, bannerol

1．彫琢の施されたバンド．とくに飾り紐や連続的ならせんスクロールのように彫り込みがなされることが多い．

2．装飾を施されたストリング・コース．

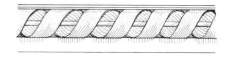

バンドロール　リボン・モールデイングとも呼ばれる．

バンド・ワーク　band-work

アラベスクの一種で，ロココのC字形渦巻を用いた扉枠やパルテール・ガーデンにみられる．

バンハム，ピーター・レイナー　Banham,

ハンヒヌス

Peter Reyner（1922-88）

イギリスの建築批評家，歴史家，論客.『ア
ーキテクチュラル・レビュー（*Architectural
Review*）』誌などにおけるニューブルータリズ
ムと機械美の提唱者であり，その記録者であ
る. いち早く現代の建築とデザインに影響力を
もつ論客として認められた. 彼の『第一機械時
代の理論とデザイン（*Theory and Design in
the First Machine Age*）』（1960）は，近代運動
の歴史的再評価であった. それに続いて，
『ニューブルータリズム（*The New
Brutalism*）』（1966），『環境としての建築
（*The Architecture of the Well-Tempered
Environment*）』（1969, そこでは建築を機械的
設備によって定義している），『ロサンゼルス：
四つのエコロジー建築（*Los Angeles : The
Anchitecture of Four Ecologies*）』（1971），『巨
匠の時代（*Age of Masters*）』（1975），『メガス
トラクチャー（*Megastructure*）』（1976）を著
した. 彼は，ロンドン大学建築学部バートレッ
ト校（主任を務めた）を離れ，1976 年にアメ
リカの大学のポストに着いた. その後,『アメ
リカ荒原（*Scenes in America Deserta*）』
（1982）を出版し，アメリカの生活と都市発展
に情熱ある解釈をみせた.『ニューソサエティ
（*New Society*）』などの雑誌に寄稿する多作の
ライターであった. 彼は，イタリアのネオ・リ
バティとして知られる近代運動からの撤退に対
して手厳しく，「幼稚な回帰」とまでいいきっ
た. 冷蔵庫のような機械のデザインは，建物や
絵画と同様，研究や分析の対象となりうると信
じて，資料からの正確な読み取り（師であるペ
ヴスナーからの教え）を行い，新しい視点を
もって問題に取り組んだ. しかしながら，21
世紀初頭までに，彼の判断と意見は，いくらか
流行遅れとなったようである. おそらくは，彼
が注目していた新しいものやトレンディなも
の，人気のあったものや流行したものが，1960
年代，70 年代における未来的なものであった
からである.

パンピヌス pampre

1. 実をつけた葡萄の枝の模様. しばしば円
柱表面をらせん状に覆い，トラヤヌス帝記念円
柱やソロモン神殿の円柱を暗示させる.

2. トレイルと呼ばれる垂直式ゴシックの内
陣仕切り頂部のカヴェットや帯状列形に施され
る葡萄の葉や蔓を模した装飾.

バンフィ, ジャンルイジ Banfi, Gianluigi
（1910-45）
　⇨ビ・ビ・ピ・エッレ

反復装飾 repeating ornament
　無限の伸展が可能な文様. たとえば，市松文
様，菱形文様.

半ます half-bat
　スナップ・ヘッダー（⇨煉瓦）.

ハンマー・ビーム hammer-beam
　繋ぎ梁（タイ・ビーム）の位置に設置され
た，横に突き出しているが，空間全体を横断し
ない短い木材. 基本的には壁体とブレース〔斜
めに架けられた部材〕の上に支持されたブラ
ケット（持ち送り）であり，ハンマーポストを
支持している. 擬ハンマー・ビームは真のハン
マー・ビームのようにみえるが，直上にハンマ
ー・ポストがない. むしろ，直下にブレースを
施されて合掌やつなぎ小梁（カラー）の下部を
支持している. ⇨トラス

ハンマー・ポスト hammer-post
　ハンマー・ビームの端部に設置された直立す
る木製ポスト（束）. 合掌，ハンマー・ビーム
とともに三角形の一辺を形成する. ⇨トラス

ハンマーム, ハマーム hammam
　イスラーム教徒たちの浴場複合建築物. 通
常，更衣室，トイレ，ヒュポカウストン（床下
加熱装置）によって暖められた蒸し風呂があ
る. すぐれた作例としてはヨルダンのヒルバ
ト・アル・マフジャール（8 世紀後半）があ
る. イスタンブルのすばらしい公衆浴場の一つ
にハセキ・ヒュッレム（1556）があり，シナン
の作とされている. 1 本の軸線上に並んだ 4 基
のドームを備えている. イスラーム様式の豊か
な装飾を施され，タイルや大理石を貼り，モザ
イクが施された. いわゆる「トルコ風呂」は
19 世紀後半に欧米中で人気を博した.

ヒ

美　beautiful

ピクチャレスク，崇高に並ぶ 18 世紀の三つの美的カテゴリーの一つ．エドマンド・バークは 18 世紀イギリス美学に大きな影響力をもった著作『崇 高 と 美 の 観 念 の 起 原（*A Philosophical Enquiry into the Origin of our Ideas of the Sublime and Beautiful*）』（1756，とりわけ 1757 の増補版）において，美についてのあらゆる「内的感覚」の存在を否定し，建築的美を理想化された人体の比例に関連づける考えを退け，数学的な手段によってそれが計測できるという考えに反駁した．バークによれば美は愛を喚起する性質であり，相対的な小ささ，滑らかさ，繊細さ，そして明るく晴れ晴れした色彩のうちに存在する．ウヴェデール・プライス卿およびリチャード・ペイン・ナイトは，美は厳しさや驚き，折れた線ではなく，滑らかさと波のような印象にあると主張し，風景論でこれを展開した．アーチボルド・アリソン（Archibald Alison, 1757-1839）は，比例にもとづく建築的美は形態・様態・大きさ・スケールと機能性の適合性と調和に依拠するものであると述べた．アリソンは，美の感得は歓びを伴わねばならないとし，これを「趣味感情」と定義した．⇨カント，イマヌエル

ピア　pier

1．通常，支持としての役割を担う独立した建設物．二つの開口部の間の堅固な部分，もしくは橋のアーチの曲線が始まる量塊部分．

2．中世の反復する身廊アーケードにみられるような支柱．頑丈で大きなロマネスクの例から，より軽く，高く，細身で，いくつもの刳形（くりかた）をもつ垂直様式のものまで多様である．角柱は円柱より量感がある．

3．煉瓦造りの垂直壁を強化するために表面に火打石もしくは割石を配した壁．

4．石，コンクリート，金属，もしくは木造の構造物．海などの水面に防波堤，桟橋，遊歩道として張り出す．

5．防波堤もしくは波止場．

ピア・アーチ　pier-arch

ピアを起点に伸びるアーチ．

ピアース，サー・エドワード・ロヴェット　Pearce, Sir Edward Lovett（1699 頃-1733）

ヴァンブラの親族で，ヴァンブラを通じて建築の素養を（おそらく 1716-23）得たとみられる．18 世紀のアイルランドで活躍した最も重要なパッラーディオ主義の建築家である．最初の重要な任務は，ガリレイが着手したキルデア州のキャッスルタウン・ハウスの内装と翼屋（1726 頃-27）であったと考えられる．円柱のスクリーンによる均整のとれたエントランス・ホールは，のちにいくつか手がけるアイルランドのカントリー・ハウスの先例となった．1731 年にバラの後任としてアイルランドの建設・防備省の監督に任命され，1732 年に騎士の爵位が与えられた．カヴァン州のベッラモント・フォレスト（1729 頃，アイルランドにおける初の成熟したパッラーディオ式ヴィラ），およびダブリン州のドラムコンドラ・ハウス（1727），ティペラリー州のキャシェルにおける大主教館（1727 頃-32）を設計したが，代表作は間違いなくダブリンの議事堂（現在はアイルランド銀行，1729 着手，没後はアーサー・ドブス（Arthur Dobbs, 1689-1765）の指揮下で完成）で，マッシヴなイオニア式のポルティコと張り出したウィングをもつ．ベルニーニによるローマのナヴォーナ広場の噴水を参考にしてダブリン州のローガンにおけるオベリスクとグロット（1733 頃）を制作した．死後にはドイツ人の助手のカッセルスがその仕事を引き継いだ．

ピアソン，ジョン・アンドリュー　Pearson, John Andrew（1867-1940）

1888 年にトロントへ移住したイギリス人建築家で，ダーリングのもとで修行し，1892 年にパートナーとなった．オタワの議事堂中央ブロック（1916-24），トロントの商業銀行（1929-31）を再建した．

ピアソン，ジョン・ラフバラ　Pearson, John Loughborough（1817-97）

イングランドで最も傑出したゴシック・リ

ヴァイヴァルの建築家の1人．イグナティウス・ボノーミのもとで修業し，サルヴィンやP・C・ハードウィックと働いたのち，1843年に事務所を開いた．最初はA・W・N・ピュージンに影響を受け，1850年代までには大陸のゴシックに先例を見出すようになった．最初の重要な教会は，ロンドンのヴォクソールにあるセント・ピーター教会（1859-65）である．これは初期フランスの第1尖頭式による堅牢な作品で，煉瓦と石造のリブ・ヴォールト，プレート・トレーサリー，アプスのついた内陣があり，プロポーションは黄金比で分割された．彼の最も偉大な作品群は，おそらく世界で最も美しいゴシック・リヴァイヴァルの教会である．彼の作品にはロンドンのキルバンに聳え立つセント・オーガスティン教会（1870-97）がある．その塔と尖頂はノルマンディ地方のカンにあるサン=テティエンヌ聖堂に由来し，側廊をベイに分割する内部のバットレスはフランスのアルビ大聖堂の様式が用いられている．彼の手によるコーンウォールのトルーロー大聖堂（1880-1910）は英仏に源泉があり，彼のゴシック・ヴォールトへの理解が他に類をみないほどよく示されている．彼はイングランド北西部における最も高貴なヴィクトリア朝建築を設計した．これはリヴァプールのセフトン・パークのアレット・ロードにあるセインツ・アグネス・アンド・パンクラス教会（1883-85）である．オーストラリアのブリスベンにあるセント・ジョン大聖堂（1886より）を設計したが，彼の作品は息子のフランク・ラフバラ・ピアソン（Frank Loughborough Pearson, 1864-1947）によって変更された．フランクは第1段階（1906-10）と第2段階（1964-68）に大きく関与し，大聖堂は1988-2001年に完成した．J・L・ピアソンはいくつか邸宅も設計しており，グロスタシャーのストウ・オン・ザ・ウォルドにあるコア・ウッド（1845-49，1954-58年に判別できないほど改築された）やサセックスのカードフォードにあるラウンドウィック（1868-70）がある．彼の作品リストはクイニーの著作に掲載された（1979）．

ピアチェンティーニ，マルチェロ Piacentini, Marcello (1881-1960)

イタリアの建築家で，ピオ・ピアチェンティーニ（Pio Piacentini, 1846-1928）の息子．父親はイタリア統一（1861-71）後半世紀のあいだローマで主導的な建築家だった．作品には，いずれもローマにあるパラッツォ・デッレ・エスポジツィオーニ（1880-82）やパラッツォ・スフォルツァ・チェザリーニ（1886-88），法務省（1913-20）があり，どれも正当な折衷主義によっている．

マルチェッロの評価を定めたのはローマのヴィラ・アレグリ（1915-17）や「アル・コルソ」映画館（1915-17），メッシーナの裁判所（1912-28），ローマのガルバテッラ田園都市の中心部（1920）である．この頃の意匠は堅実なアカデミズムと折衷主義にもとづくものである．1920年にはローマ大学の建築教授となり，1921年にグスターヴォ・ジョヴァンノーニ（Gustavo Giovannoni, 1873-1947）とともに雑誌 *L'Architettura* を創刊して編集長を務め（1922-43），若い建築家たちの作品の紹介に影響力を示したが，その中には合理主義者周辺も含まれていた．ベニート・ムッソリーニ（Benito Mussolini, 1883-1945）が権力を握ると（1922），ピアチェンティーニはファシズム下の国家建築の様式となった，装飾を剥ぎとった新古典主義の主役となった．実際にその影響力の大きさから，ピアチェンティーニは「ムッソリーニのアルベルト・シュペーア」とさえ呼ばれた．ピアチェンティーニが決して凡庸な建築家でなかったことは，ローマのアンバシャトーリ・ホテル（1926-27）の力強いマニエリスム風ファサードに認められる．この時期の重要作にはこれ以外に，伯爵ルイジ・カルドーナ元帥（Marshal Count Luigi Cadorna）の堂々たる霊廟（1850-1928）やブレッシャの整然としたヴィットリア広場（1927-32），ジェノヴァ（1927-34）とボルツァーノ（1926-28）の戦争記念碑，ローマのアウグストゥス帝廟周辺地区の整備と再開発（1934），ローマのカサ・マドレ・デイ・ムティラーティ（1928），ストリップト・クラシシズムによるミラノの裁判所（1933-40），ジェノヴァのダンテ広場に建つオロロージオ高層ビル（1937-41）がある．1933年には（アッティリオ・スパッカレッリ（Attilio Spaccarelli, 1890-1975）とともに）ヴィア・デッラ・コンチリアツィオーネ通りによってベルニーニのサン・ピエトロ広場からの視界を開く工事を開始したが，これはベルニーニの意図への配慮不足やその敷設のための歴史

的建物の破壊によって非難されてきた（1950完成）．ピアチェンティーニはローマの大学都市マスタープランも計画し（1932-35），大学本部棟をストリップト・クラシシズムで設計した（1932-33）．E42博覧会（第二次世界大戦のため実現せず）の計画のためローマ万国博覧会（EUR）会場の設計でパガーノやピッチナート等と協働し，同地のパラッツォ・デッロ・スポルト（1958-59）ではネルヴィと協力した．著書の『今日の建築（*Architettura d'oggi*）』（1930）は当時高く評価され，1870年から第二次大戦後までのローマ建築を扱った著作も出版した（1952）．ピアチェンティーニが被った「悪評」は，パガーノやテラーニのような筋金入りのファシストが受けた扱いとは異なり，建築批評家たちからの告発によってである．

ピアッツァ　piazza

1. 大きい建物に囲まれ，何本もの道からアクセスできるオープンスペース，広場，または市場．
2. 17世紀と18世紀に建設された，上階に建物がある，屋根のついたアーケード，またはコロネード．例として，イニゴー・ジョーンズによるロンドンのコベント・ガーデン（1631-33）．
3. 屋根つきの回廊，柱廊，もしくはペンティス．
4. 開放されたポーチまたはヴェランダ（米）．

ピアノ・ノービレ　piano nobile

儀式やレセプション用の部屋がある，建物の主要な階．通常，下の階を伴い，しばしばペロンとして表現される地上階から階段を上って行けるようになっている．ピアノ・ノービレは上階と下階の階高より高くなっており，たとえば窓などに施された建築装飾の豪華さで，その重要性が強調された．

ピアノ，レンゾ　Piano, Renzo (1937-)

イタリアの建築家．リチャード・ロジャースをパートナーとして（1970-77）パリに建てたハイテクのポンピドゥー・センター（1971-77）は，未来派や構成主義，アーキグラムから多く影響を受けている．独立して設計するようになってから多数の計画でP・R・ライスと協働

し，その中にはテキサス州ヒューストンのメニル・コレクション展示場（1981-86）やイタリア，バーリのサッカー競技場（1987-90）がある．さらに近年では，リヨンの巨大なシテ・インテルナシオナル（1985以降）は会議場や事務所，現代美術館，映画館，ホテルを含み，テラコッタのパネルで外装を仕上げた複数のパビリオンを含む．その他の作品には大阪の関西空港（1988-94，大阪湾の人工島上に建設された）や，アムステルダムの新メトロポリス科学技術センター（1995-97），ローマのフラミニオ地区パルコ・デラ・ムジカ音楽堂（2000-02），イタリア・プーリア州のパドレ・ピオ巡礼教会堂（1991-2003，貝のような平面で，銅板葺きの浅い曲面屋根の支持部材として，独立した大理石アーチをもつ），そしてロンドン・ブリッジ・タワー（2002-06）がある．

ピア・バットレス　pier-buttress

フライング・バットレスの推力に抵抗するために設けられたピア．これでフライング・バットレスを支持する．

ビアンキ，ピエトロ　Bianchi, Pietro (1787-1849)

ティチーノ州出身のイタリア新古典主義の建築家．ルイジ・カニョーラの弟子で，ナポリのサン・フランチェスコ・ディ・ポポロ聖堂（1817-31）を手がけた．背の高い窓なしのドラムの上に，パンテオン型のドーム屋根がのせられ，内部は美しく落ち着きのある雰囲気に仕上げられた．フランスの建築家にかなり影響を受けているが，ポルティコ左右に張り出す湾曲したコロネードは，ベルニーニによるサン・ピエトロ広場に基づく．この部分は，フランス治世に提案された案をもとに，1808年以降，レオポルド・ラペルタ（Leopoldo Laperuta, 1771-1858）とアントーニオ・デ・シモーネ（Antonio de Simone, 1759-1822）が実施案をまとめた．

ビアンコ（またはビアンキ），バルトロンメーオ　Bianco *or* Bianchi, Bartolommeo (1590頃-1657)

コモ生まれの建築家で，ジェノヴァではバロック様式で建築を設計した．ビアンコによるイエズス会のコレギウム（1630-36）は，現在

大学の校舎となっているが，斜面上の敷地に劇的な効果をもたらすように建てられた．すなわち，ヴォールト天井でおおわれた入口部分からアーケードで囲まれた中庭にいたるまで階段が上昇し，遠く離れたその到達点では，豪華な左右対称形の階段が建物の高さいっぱいまで上昇するのである．ビアンコに大きな影響を与えたのは，ガレアッツォ・アレッシである．アレッシもまた斜面上の敷地にいくつかのパラッツォを設計した．

ビーヴァー・テール beaver-tail
露出する部分の形がビーヴァーの尾に似ている瓦．

ビヴァリー，ロバート・オヴ Beverley, Robert of (1253-85 活躍)
イングランドの石工頭．ヨークシャーのビヴァリー・ミンスターのクワイアやトランセプト（1260 頃完成）の建設に携わり，1253 年からはウェストミンスター・アビーとウェストミンスター宮殿の建設に従事した．1260 年には，王のマスター・メーソン（石工棟梁），およびウェストミンスター・アビーのチーフ・メーソン（主任石工）となり，1271 年には，ロンドン塔，ウィンザー・カースル，ロースター・カースル，ハドリー・カースル，ギルドフォード・マナー，ケンプトン・マナー，ヘーヴリング・マナーで，王営繕局のサーヴェイヤー〔「検査官」の意だが，事実上の長官〕となった．ロンドン塔では，バイワード・タワーとミドル・タワーを設計し，みごとな室内ヴォールトを完成させた．これらの作品やウェストミンスター・アビーでの貢献によって，ビヴァリーは，英国建築史上の確固たる地位を確保した．彫刻家としても重要であり，有名なエフィジー〔墓所などの肖像彫刻〕の複製元となったヘンリー 3 世（King Henry III）の彫像（1276）の制作を主導した．

火打ち梁 corner-brace
⇨コーナー・ブレース

ビエガニスキ，ピョトル Biegański, Piotr (1905-86)
ポーランドの建築家．ワルシャワ旧市街修復（1947-54）に貢献し，ヤン・ザフヴァトヴィチとともにポーランドの保存理論発展の一助となった．1952 年にドイツのライブツィヒの新オペラ座設計コンペに入賞したが，ドイツの建築家クンツ・ニーラーデ（Kunz Nierade, 1901-76）の指揮によって建設（1956-60）された建物は，彼の案にはほとんどもとづいていなかった．歴史的建造物の多くの側面について述べた多数の著作を残している．

ピエティラ，フランス・レイマ・イルマーリとライリ・パーテライネン Pietilä, Frans Reima Ilmari (1923-93) *and* Raili Paatelainen (1926-2021)
建築家のフィンランド人夫婦であり，内側に湾曲した壁と高いスリット窓があるタンペレのカレヴァ教会（1966）を担当した．他の建物では，タンペレのヘルヴァンタ・ニュータウンにある住民集会所，レジャーセンター，ショッピングホールなど（1979）や，マンティニエミの大統領公邸（1984-93）がある．

ピエトラ・セレーナ pietra serena
暗く，つるつるした，緑灰色のフィレンツェ郊外のフィエゾーレ産のマシニョ石．フィレンツェにあるブルネレスキのパッツィ家礼拝堂とミケランジェロのメディチ家礼拝堂の内装のピラスター，エンタブラチュアなどの建築のエレメントに使用されている．

ピエトラ・ドゥーラ pietra dura
硬い石（瑪瑙，碧玉，大理石など）による象嵌細工．16 世紀以降，フロレンティンモザイク，オペラ・コメッソ，ピエトラ・コメッセ，ラボロ・ディ・コメッソとも呼ばれ，モザイクに使われた．フィレンツエのサン・ロレンツォ教会のカペラ・ディ・プリンチピ（君主の礼拝堂）はそのような装飾が施されている（1604から）．

ピエドロワ piedroit
柱型もしくは柱基または柱頭をもたないピラスターの種類．

ピエール・ド・コルビー Corbie, Pierre de (1215-50 活躍)
フランスの石工棟梁．ランス大聖堂内陣（1215）の予備設計でヴィラール・ド・オヌクー

ルと共同し，カンブレ大聖堂(1230-43)の建設
工事でもヴィラールとともにはたらいた．

ピエール・ド・シェル Pierre de Chelles
　⇨ジャン・ド・シェルおよびピエール・ド・
シェル

ピエール・ド・モントルイユ Pierre de
Montreuil, (1267没)
　13世紀のパリで活動したフランスの建築家．
アミアンでおそらく経験を積んだが，パリ，サ
ン・ジェルマン・デ・プレの食堂（1239）と聖
母礼拝堂（1245）が，記録に残る最初の仕事
（大部分が取り壊された）となった．サン・ド
ニ（1247）ではカエメンタリウス（石工）とし
て記録されたが，パリのサント・シャペルとの
かかわりははっきりしない．パリ，ノートル・
ダムの南側トランセプトの上層部（1258-67）
は，ジャン・ド・シェルの後任となったモント
ルイユにより設計され，建築された．サン・
ジェルマン・デ・プレの墓石（現存せず）は，
彼が石工博士として認められていたことを教え
てくれる．
　ウード・ド・モントルイユ（Eudes de
Montreuil, 1250頃-87活躍）は，おそらくピエ
ールの息子で，マギステル・カエメンタリウ
ス・オペルム・ドミニ・レギス（王の建築の石
工棟梁）であった．そしておそらくパレスティ
ナのヤッファで城塞の建設に携わった．ボー
ヴェ大聖堂の一部が彼の作とされるが，その証
拠，そしてエグ・モルトの都市築城建設に関っ
たという証拠は，実質的には存在しない．

ピエルマリーニ，ジュゼッペ Piermarini,
Giuseppe(1734-1808)
　イタリアの建築家．1765年頃からヴァン
ヴィテッリのもとで働き，1769年より拠点を
ミラノに定める．宮廷の建築家となり，数多く
の建物を設計したほか，他の建築家の作品に対
する助言役も務めた．ミラノに大規模なパラッ
ツォ・ベルジョイオーゾ（1772-81）をはじめ，
パラッツォ・グレッピ（1772-78），パラッ
ツォ・モリッジャ（1770年代），カサ・カスネ
ディ（1776頃）といった邸宅を手がけたほか，
モンツァには，パラッツォ・ドゥカーレ（1773
以降，内装はジョコンド・アルベルトッリ
(Giocondo Albertolli, 1742-1839))，ヴィラ・

ドゥカーレ（1776-80，アルベルトッリとの協
働）を設計した．また，ミラノのスカラ座
（1776-79），テアトロ・カノッビアーナ
（1777-80）をはじめ，多数の劇場をノヴァーラ
（1777），モンツァ（1778），マントヴァ
（1782-83），クレーマ（1783-85，現存せず），
マテリカ（1803-12）に残した．いずれもが端
正な新古典主義様式による．その作風は広く模
倣された．

**ピエローニ・ダ・ガリアーノ，ジョヴァンニ・
バッティスタ** Pieroni da Galiano, Giovanni
Battista (1586-1654)
　プラハのヴァルトシュテイン宮殿に巨大な3
連アーチのロッジアであるサーラ・テッレーナ
（1624-27）を設計した建築家．ピエローニとニ
コロ・セブレゴンディ（Nicolò Sebregondi,
1610-51/2活躍）によって設計されたバロック
の庭園に面したこのロッジア（ジュリオ・ロマ
ーノの影響を受けている）は，その雄大さにお
いても洗練においても同時代のウィーンのどの
作品をも凌ぐものであった．ボヘミアの都市イ
チーン（1623以後）やハプスブルク家領域内
の多くの築城の設計も行った．

ピエン pien, piend
　1．先端，出隅，端，または突角．
　2．屋根の隅木．
　3．コーピング．
　4．幾何学形状の石造階段の平行に傾斜した
接合部．一つの段が次の段にはまり，ずれ落ち
るのを防いでいる．

ビオモルフ biomorph
　生物にもとづいた形態．生物建築，ビオモル
フ建築，動物建築は有機的建築の一側面とも共
通し，自然発生的で非幾何学的な造形に依拠す
る．例としては飛翔中の鳥の形態から着想され
たカラトラバのミルウォーキー美術館（ウィス
コンシン州，2000-03）がある．こうした建築
ではグリッドに代わって不定形な造形がベース
となり（⇨ブロビズム），インターナショナ
ル・スタイルの厳格な線によるデザインではな
く湾曲した形態や波打つような輪郭が主役とな
る．フューチャー・システムズによるセルフ
リッジ・ストア（バーミンガム，2003）の爬虫
類的な外観など，特定の生物との類縁性が論者

ヒカエハシ

によって指摘されるものもある.

控え柱　shore
　⇨つっかい

ピガジュ, ニコラ・ド　Pigage, Nicolas de (1723-96)
　フランスの建築家. J・F・ブロンデルの弟子. 1749 年, 造園家としてプファルツ選帝侯カール・テオドール (Karl Theodor, Elector Palatine, 1743-99) の宮殿に招聘され, 1752 年, 宮廷建築家となった. マンハイム近郊のシュヴァイツィンゲンを魅惑的な数々の庭園で飾り (1752-95), 壮麗な宮廷劇場 (1752), ミネルヴァ神殿とアポロン神殿 (1761), 浴場 (1766-73, ルイ 16 世様式の室内装飾), 曲線を描く水盤と, そこに水浴する鳥達の噴水, 滝, 廃墟の水道橋, 「モスク」(1778-95), そして古典主義的なメルクリウス神殿を手がけた. これらはヨーロッパで最も洗練されたファブリック (点景建築) の集合体を形成している. ピガジュは, マンハイムのプファルツ選帝侯宮殿の美しい室内装飾を創造 (1752-96, 1943 破壊, 1947-72 再建) するとともに, デュッセルドルフ近郊に最大の仕事となる愛らしいシュロス・ベンラートとその庭園を, 初期の古典主義によって抑制されたロココ様式で実現した (1755-65).

光電池　photovoltaic cells
　太陽エネルギーを電気に変換するためのシリコンベースの装置. 建物全体のエネルギー戦略の一環として屋根や壁の被膜加工内に, 設けることができる. ノッツのサウスウェルにある, ロバート (Robert, 1948-) とブレンダ (Brenda, 1949-) ヴェイル (Vale) による自律する家 (1990-93) は, この光電池が用いられた先駆的な事例である.

ピキオニス, ディミトリウス・A　Pikionis, Dimitris A. (1887-1968)
　ギリシアの建築家. 現代ギリシア建築に多大な影響を与えた. サロニカ大学の研究開発校舎 (1933-35) や, デルフィのホテル・クセニア (1953), ヴォロスの市庁舎 (1961), エスティア・エトニキの聖ポール教会 (1960-68) が代表作. 多数の墓を設計したことでも知られる

が, いちばん有名なのはアテネのアクロポリスのマスタープランとランドスケープデザインである (1950-57).

挽き材　scantling
　⇨スキャントリング

ピクス　pyx, pyxis
　教会における聖体を保管する箱, 小箱, 聖遺物容器, タバナクル.

ピクチャー・ウィンドウ　picture-window
　分割されない, 1 枚ガラスによって構成される大きい窓.

ピクチャー・レイル　picture-rail
　部屋に絵を掛けるために壁にとりつけられたレール. フリーズの下方部分になる.

ピクチャレスク　Picturesque
　18 世紀イギリスにおける美学概念で, ヨーロッパ中に多大な影響を与えた. これは趣味の基準であり, 風景と感情や出来事を想起させる感応に大いに関係した. これは「ピトレスコ」(「画家の様式で」) に由来し, 周到に考案された風景画とも関係しており, とくにクロード・ロラン (Claude Lorraine, 1600-82), サルヴァトール・ローザ (Salvator Rosa, 1615-73), 2 人のプッサン (Poussins, 1615-75, 1593-1665) の風景画と関連がある. ピクチャレスクは本質的に感性と結びついた反都市的な美学であり, 絵画的構成により目を悦ばせるという概念に関与した. サー・ユヴデイル・プライスにとって, ピクチャレスクとはティツィアーノ (Titian, 1485 頃-1576) の時代から絵画にみられた自然と人工の特徴をすべて含むものであった. プライスは『ピクチャレスク試論 (Essay on the Picturesque)』(1794) において「自然な」美を好み, 風景画の原理とはまったく異なることから, 「ケイパビリティ」・ブラウンによって確立された庭園にみられるような当時の流行を嘆いている. プライスの議論はリチャード・ペイン・ナイトの教訓詩『ランドスケープ (The Landscape)』(1794) で述べられ, この 2 人がのちの庭園と風景のデザインにおいて強い影響力をもち, 建築と庭園デザインにおける非対称で非整形的な要素が 19 世紀に発展する風

潮を創りだした．しかし，プライスとナイトは，多くの絵画にみられるように，ピクチャレスクな風景には左右対称で整形的な部分があることも認めた．ピクチャレスクな景色は多様さ，興味深い細部，さまざまな源泉から得られた要素でみちており，（「美」にみられるような）穏やかさや，（「崇高」にみられるような）畏怖の念とは異なる．

　建築においては，たとえばジョン・ナッシュの非対称のヴィラがピクチャレスクの産物であった．対称性という抑圧から建築的構成を自由にすることがまさにピクチャレスクの理念であり，この用語は多様さ，小ささ，非対称性，粗さを意味し，想像力を刺激する力と連想づけられた．ピクチャレスクは多様さと非対称性を認めることから，折衷主義を導き，やがてゴシック・リヴァイヴァルやほかのリヴァイヴァルへと続いた．

ピクノスタイル pycnostyle, picnostyle
　⇨インターコラムニエーション

ピクノスル pycnostle
　⇨インターコラムニエーション

ビーク・ヘッド beak-head
　動物，鳥あるいは人間のような動物の頭部を並べるロマネスクの彫物．聖堂の戸口などの下端のロール・モールディングに沿って尖った嘴

ロマネスクのビーク・ヘッド装飾．オックスフォード，セント・エッブ聖堂．一つだけ異なるものはキャッツ・ヘッド．

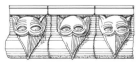

ロマネスクのキャッツ・ヘッド装飾．ラトランド，ティケンコートのセンツ・ピーター・アンド・ポール聖堂．（パーカーによる）
ビーク・ヘッド

（あるいは舌）のような造形がなされる．鳥の頭はバーズ・ヘッド，太く短い円錐形の嘴のあるものはキャッツ・ヘッドである．

ビーク・モールディング beak-moulding
　ラーミアの縁から下がるフィレット．ドリス式のアンタ柱頭でのように，裏側に溝が彫り込まれる．

ビゲロー，ジェイコブ Bigelow, Jacob (1786-1879)
　ハーヴァード大学のランフォード教授として，マサチューセッツ州ケンブリッジのマウント・オーバーン墓地を手がけた．とくにエジプト・リヴァイヴァルによる入口と守衛小屋が有名で，アメリカで最初の公園墓地である．

ピサーノ，アンドレーア Pisano, Andrea (1295頃-1348/9)
　1337年頃以降，フィレンツェ大聖堂の石工長をつとめ，おそらく鐘楼の壁龕の段をデザインした．また1347年以降，オルヴィエート大聖堂の石工長をつとめた．

ピサーノ，ニコーラ Pisano, Nicola（1220/5頃-80頃)
　トスカナの彫刻家・建築家で，イタリアにおけるゴシック建築の発展に影響を与えた．ピサの洗礼堂にある六角形の説教壇（1260）を作成し，またおそらくピサの洗礼堂の2階のアーケード部分（1260-64）を建設したと考えられる．シエナ大聖堂の巨大な八角形説教壇の作者とも目され，同大聖堂西側ファサードのデザインを部分的に手がけたようである．このファサードは，同現場の石工長であった息子のジョヴァンニ・ピサーノ（1248頃-1314頃）によって着手されたものであったが，そのジョヴァンニは西側ファサードの下層部分（1287-96）を担当している．ジョヴァンニは1299年にピサ大聖堂の現場棟梁となり，説教壇（1302-11）を設計している．

ビザンティン建築 Byzantine architecture
　ビザンティン帝国，あるいは東ローマ帝国は，紀元324年のコンスタンティノープル（旧ビザンティウム）の建設によって始まり，オスマン軍による陥落にて1453年に終焉を迎える．

ビザンティン様式は，ユスティニアヌス（Justinian, 527-65）の時代に始まったものであるが，しかしその要素は4世紀からすでに認められ，コンスタンティノープルが陥落したのち，とくに正教会が優勢であった地域においては，長きにわたり続いた．ローマ帝国のコンスタンティヌス帝（Emperor Constantin, 324-37）が，ボスポラス海峡に新しい帝国と行政上の首都を建設した時，ギリシアが東側を支配し，ラテンが西側を支配するという，帝国の東西分離の種が蒔かれた訳だが，この分裂は，11世紀，キリスト教世界が東西教会の分裂（大シスマ）を経験し，正教会とローマ・カトリック教会（のちにローマが中心となる）とに分離した際に，さらに悪化した．

コンスタンティノープルが建設された時，東に新しいローマを建設すべく，さまざまな努力がなされた．新都を豊かに飾るため，多くのローマの建築物が略奪され，いわゆる初期キリスト教の建築様式ばかりではなく，古典的なオーダーも広く使用された．ただし，とりわけビザンティンの教会建築の発展においては，二つの建築タイプが重要な役割を担った．すなわち，バシリカと集中式神殿である．集中式神殿は，キリスト教が浸透する以前から知られていたが，しかし4世紀になり，クリアストーリーの施された円形のドーム建築（たとえば，ローマのサンタ・コスタンツァのように）が，最初は墓所として，やがて，集中式プランのマルティリウム（記念礼拝堂，あるいは巡礼教会堂）として発展した頃には，より巨大な複合性を獲得するにいたった．マルティリウムが，通常の教会とは異なった手法で設計されていたことは明らかであり，4世紀以降になると，マルティリウムを十字形プランにするために，四方に伸ばしたアームを伴った八角形プランとして建設されたことが知られている．

バシリカ・タイプの聖堂は，ラヴェンナのサンタポリナーレ・イン・クラッセ（534-49）に観察される．この聖堂では，矩形の柱脚の上に立てられ，コンポジット・タイプにもとづき非古典主義的な珍しい柱頭を伴った円柱の列の上に，アーケードが設けられ，さらにこの上に，クリアストーリーが施されている．アバクスの上には，ブロック（框）あるいはドサレットがあり，ここからアーチが伸びる．この建築は，本質的にイタリア風であるが，しかし一方で，

同じラヴェンナにあるサン・ヴィターレ（532頃-48）は，まったく異なるものであった．こちらは集中式で設計されており，角柱の上には，クリアストーリーの施された八角形ヴォールトが設けられ，廊には背の低いギャラリーが備わり，後陣にはチャンセルを伴うというものであった．柱はブロック状の柱頭を有し，円形の柱身から矩形の副柱頭へと移行するなど，古典主義とは事実上なんの関係性ももたず，さらには，柱礎は階段状に加工された八角形であった．サン・ヴィターレは「殉教者廟」であったようであり，そして建築的には，クリアストーリーを備えた八角形プランの，コンスタンティノープルにあるセルギウスとバッカス聖堂（525頃-36頃）に由来する．セルギウスとバッカス聖堂における，美しいレースのような柱頭のみが，古典性を示唆をするわけである．

ビザンティン建築の偉大なる成果は，科学者にして数学者であったトラレスのアンテミオス，およびミレトスのイシドロスによって設計された，コンスタンティノープルのハギア・ソフィア（聖知）大聖堂（525頃-36頃）であった．この聖堂では，当時よく知られていたさまざまなモチーフが一つのデザインの中で統合されており，その形状は，いわば，セルギウスとバッカス聖堂の基本形態を二つに割って大幅に膨張させ，巨大な矩形空間の両辺に配し，これをペンデンティヴの上に設けられた低いソーサー・ドームで覆ったかのようである．このような，矩形空間の上に巨大なドームを架構する構造は，先例のないものであり，しかるにバシリカと集中式プランの完全なるジンテーゼが，この偉大なる建築に見出されうるのである．聖堂の内装は，有色の大理石や斑岩，その他のさまざまな石によって豊かに装飾され，一方，ヴォールトとドームは，ビザンティン聖堂に特徴的な，壮麗なモザイクによって覆われた．

コンスタンティノープルにおいて，ハギア・ソフィアの次に大きな教会は，ハギア・エイレーネー（聖和）聖堂で，これは532年に着工され，564年および740年に改装されたものである（8世紀の改装に際しては，身廊上部を覆うドームが加えられ，さらに縦長のプランへと変更された）．11世紀までには，典型的なビザンティン聖堂のプランが，正方形内に収められたギリシア十字形となり，中心部はドームで覆われ，これを4本の円筒形ヴォールトで囲み，さ

らにドームが架構された矩形プランを隅に配するものであった. このプランは五点形としても知られており, さまざまなヴァリエーションがあった (三つの東へ向かうアプシスと, 一つないし複数の西へ向かうナルテクスで構成されることが多い). 好例はテサロニキにある使徒聖堂 (14世紀初頭) であり, そこでは, エマーユ・クロアゾネ (個々の石材を, レンガで水平・垂直に縁取ったもの) や, 杉綾文様をはじめ, さまざまな装飾パターンが観察される. 初期のビザンティン聖堂の外観からは, あたかも豪華な内装をしまい込むためだけの, 単なる装置であるかのような印象を受けることが少なくない. しかしながらのちの聖堂では, 外装に対しても大いに関心が寄せられるようになり, その結果として, クリアストーリーの施されたドームのドラムはいっそう高くなり, 壁面にはしばしばエマーユ・クロアゾネが施され, 一方で, クーフィーにもとづくモチーフが, 壁面表面の帯へととり入れられた. その典型的な作例は, フォキスにあるオシオス・ルカス修道院の生神女聖堂 (10世紀あるいは11世紀) であり, これは, その後ギリシアにおけるビザンティン建築を支配することとなる建築モチーフを実行した, おそらく最初期の例である.

キリスト教の北方への伝播を通じて, ドームを伴った背の高いドラムは, ウクライナやロシアでも用いられた. キエフのハギア・ソフィア (11世紀) は, 矩形に十字形の収められた矩形のプランであったが, しかし, それぞれに独自のアプシスを備えた五つの身廊が設けられ, この構造の上に, 13のドームがピラミッド状に配列されて架構された. ロシアにおけるビザンティンの聖堂は, クロス・イン・スクエアの形式で構成されるのが一般的であり, たとえばノヴゴロドにあるハギア・ソフィア (1045-50) や, チェルニーヒウにある救世主の変容の大聖堂 (1036頃) などのように, 豊富なヴァリエーションが存在する. しかしながら11世紀以降, ビザンティンのモチーフが複雑化するとともに, 建築の様式も, 国や地方ごとの個性をいっそう強めるようになった. ロシアの特徴的なモチーフは, 大きな擬似アーケードによって細分化された壁面のベイと, 13世紀のヘルメット状のドームからの発展形である「たまねぎ型」ドームである. 五点形プランのヴァリエーションの一つとして建設されたのが, 11世

紀のヴェネツィアのサン・マルコ聖堂であり, 身廊の中央と四つのアームそれぞれに, ドームが設けられた. これは, コンスタンティノープルにあるユスティニアヌスの使徒大聖堂をモデルとしていた. このようにサン・マルコ聖堂があえて古代趣味的に設計された背景には, (聖アンデレおよび聖ルカの聖遺物を所蔵していた) コンスタンティノープルの使徒大聖堂と同様に重要な聖堂を建設し, 聖マルコの聖遺物を安置するという目論見があったのである.

7世紀以降, 東ローマ帝国は, 内外の脅威にさらされており, さらに1204年, 十字軍によるコンスタンティノープルの陥落を経て, 致命的な弱体化をみた. これは同時に, ローマンカトリックと正教会の間に深い亀裂をもたらす出来事でもあった. しかし逆説的ながら, 帝国が縮小したにもかかわらず, 布教活動は活発になったようであり, ビザンティン様式は広範囲にわたって急増することとなったのである. アルメニアおよびグルジア (4世紀よりキリスト教化) ではともに, バシリカ式や集中式の聖堂が数多く建設されたが, しかし6世紀末より, シリアの建築から多大な影響を受けたドームの架構された集中式プランが, 建設の最盛期を迎えた. アルメニアとグルジアでは, ドームの架けられた内部空間が, 半円ドーム (「テトラコンク」のアレンジメント) によって覆われた四つのアプシスによって囲まれ, 全体が矩形としてまとめられるのが一般的であった. こうした特徴を顕著に示しているのが, アルメニアのエチミアジンにあるリプシメ聖堂 (618-30) と, グルジアにあるジワリ修道院の十字架聖堂 (605以前) である. アルメニア建築とヨーロッパ建築との間に, どれほどの影響関係があったのかについては, 明らかではない. しかしながら, 確かに11世紀初頭までには, ドームの架構されたバシリカ (たとえばアニ遺跡 (988-1000)) が, ヨーロッパのロマネスクやゴシックの形態を想起させる, バンドルのような角柱やヴォールト・システムなどの特質を備え始めたのである. 一方ザカフカース (アルメニアおよびグルジア) では, 特徴的な聖堂建築のタイプが発達した. これはテトラコンクのプランを基本とする珍しいタイプで, 窓の空けられた背の高い多角形のドラムを中心に備えており, この形式は驚くほどの長きにわたって踏襲され続けた. 作例としては, アルメニアのアク

ダマル島にある十字聖堂（915-21）があり、やはり人像彫刻や様式化された薄いレリーフ装飾によって、外観が豊かに飾られている。ブルガリアでは、印象的なビザンティン建築が発達した。作例としては、プレスラフの、例外的に円形をした聖堂がある（これは900年頃に建設された十二角形のロトンダで、周囲にニッチを伴い、ここからアプシスが突き出て、その内側の円柱は円環を形成し、この上にドームが架けられている。西側のナルテクスは円形の塔に挟まれており、またアトリウムは、円柱とニッチで豊かに装飾された、奥行きのある壁に囲まれている）。黒海沿岸の町メネブリア（ネセバル）は「ブルガリアのラヴェンナ」として知られているが、そこにはビザンティンの教会がいくつかあり、たとえば洗礼者ヨハネ聖堂（おそらく10世紀、クロス・イン・スクエアのプランで、トンネル・ヴォールトの架けられた側廊を伴う）がある。

セルビアの聖堂建築は、三つの流派に分類することが可能である。すなわちラシュカ派の建築（1170-1282）、セルビア・ビザンティン建築（1282-1355）、そしてモラヴァ派の建築（1355年からオスマン帝国の支配の始まる1459年まで）である。ラシュカ派は、ロマネスクの要素（破風や庇、窓割り、アーケード）を、ビザンティンのドームや装飾と組み合わせた。その好例は、ストゥデニツァ修道院の生神女聖堂およびソポチャニ修道院（ともに13世紀）であり、さらには回顧主義的なデチャニ修道院（1327-35）もある。その後、クロス・イン・スクエア・タイプの聖堂に、ピラミッド状に積み上げられたドームが設けられるようになった。作例としては、トンネル・ヴォールトの上層に尖頭アーチを備えたグラチャニツァ修道院（1318頃-21）がある。モラヴァ派の代表作はおそらく、ラバニツァ修道院の昇天聖堂（1375頃）であろう。もう一つ、五つのドームを有する聖堂としては、レサヴァ（マナシア）の要塞内にある1406-18年に建設された聖堂があり、その長く伸ばされたドラムに深く窪んだアーチが施されている。モルダヴィアおよびワラキア（ルーマニア）では、ビザンティンの影響を受けて、非常に異国情緒あふれる聖堂が建設された。クルテア・デ・アルジェシュにある司教座修道院聖堂（16世紀）は、モラヴァ派の系譜にあり、聖堂本体は三葉形プランで、周歩廊を

伴った巨大なナルテクスを備えている。デアルにある修道院聖堂（1502）も同様に、モラヴァ派の系譜であり、これはコジア修道院聖堂（1386）のプランに由来している。モルダヴィア派の16、17世紀の聖堂は、着想源が明らかにビザンティンというわけではなく、独特の装飾を有しているが、その好例は、ヴォロネツ修道院の聖堂である（1488頃）。この聖堂は、ドーム状のヴォールトにて覆われた巨大な矩形のナルテクスと、背の高いドラムを中心に設けた三葉形の身廊を備えていた。また、三葉形プランにもとづく三つのアプシスは、背の高いブラインド・アーケードによって処理された。そして外観は、精巧なフレスコ画で覆われており、これは広く突き出した軒で保護されていた。同様の構造は、スチェヴィツァ修道院聖堂（1602頃-04）にも踏襲された。

ビザンティン・リヴァイヴァルは、ギリシアおよびバルカン半島の国々が独立したのちに出版された、19世紀の学術書によって促進されることとなる。作例としては、ジョン・オルドリッド・スコット（1841-1913）が手がけた、ロンドンのベイズウォーターのモスコウ・ロードにある、ギリシア正教の司教座聖堂のハギア・ソフィア（1877-82）、そしてジョン・フランシス・ベントリーによるウェストミンスター大聖堂（1895-1903）がある。

ビザンティン建築　コンスタンティノープル、ハギア・ソフィア、構造の図解

菱形模様　lozenge
ダイヤモンド型または等辺平行四辺形で、二つの内角が他の二つより大きいもの。菱形模様

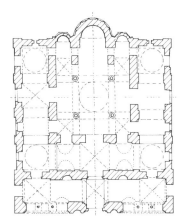

テサロニキ，使徒聖堂．平面図 (1310-14)．五点形およびクロス・イン・スクエア・プランの例．

は剝形や寄木模様，宝石型の帯模様，鉛の細窓枠（⇨格子）など，さらにはゴシック様式トレーサリーのランセット窓や網目型ヴォールトなどのさまざまな小区画にみられる．

菱形紋　lozenge-fret

ダイヤモンド紋あるいは菱形を反復した二重山形紋に似た剝形で，ロマネスクやロマネスク・リヴァイヴァルの作品にみられる．

ビジネス・パーク　business park

事務所や軽工業施設などが建設される，環境整備を施した区域．道路交通をもち，開発はマスター・プランにもとづく．アラップ・アソシエイツのマスター・プランに従って開発されたロンドン，ヒースローのストックリー・パークが好例である．ここにはアラップ，フォスター，スキッドモア・オウイングス・アンド・メリルなどの設計による建物がある．ケンブリッジ・サイエンス・パーク（1970年代），ブリストル近郊のアズテック・ウェスト（1980年代）なども同様のビジネス・パークである．アメリカ合衆国やフランスにおいても魅力的な環境整備計画を伴った大規模なビジネス・パークが形成されている．

柄杓紋様　scoop pattern

緊密に並んだ縦溝による帯状装飾または装飾フリーズ．18世紀の古典主義に共通の要素で，通常は溝の上端部が湾曲する．

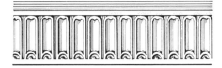

柄杓模様（ローマ，ユピテル神殿の例による）

びしゃん　bush-hummered

1．コンクリートの仕上げ（通常は現場施工）の一つで，溝を施した形状の機械式のびしゃん（ブッシュ・ハンマー）によって形成される．打設後の平坦なコンクリート面は打撃によって粗い骨材を部分的に露出するようになり，ざらざらとした表面となる．

2．石材の仕上げの一つで，打撃面に複数の四角錐状の突起を並べたハンマーを用いる．

ビージョ，ナンニ・ディ・バッチョ　Bigio, Nanni di Baccio (1568没)

フィレンツェ出身の建築家で，1540年代にローマに定住した．ポポロ門 (1561-64) を設計したが，これがビージョの最高傑作であることに疑いの余地はない．1567年に教皇宮殿の終身建築家に任命され，その任務としてサンタンジェロ城やさまざまな城塞，サン・マルティン・デリ・ズヴィッツェリ聖堂の建設工事を監督した．

ヒスパノ・モレスク様式　Hispano-Moresque

8世紀から15世紀までのイベリア半島に建てられたムーア建築にもとづいた建築様式．初期の作品はロマネスクと同時期にあたり，モサラベ建築と称される．後期のゴシックをとり入れた建築はムデハルとして知られる．グラナダのアルハンブラ宮殿（おもに1338-90）はこの様式の好例であり，19-20世紀のヨーロッパ各地でリヴァイヴァルされ，とくにシナゴーグの様式として用いられた．またカタルーニャ・モデルニスモの要素の一つにもなった．

ピゼ　pisé

壁体の構造法の一種．硬い粘土か土（ピゼ・ド・テール）を練って，たまに砂利と混ぜ，それらを2列になった網代や板の間に打ち込み，素材が固まった後，その型枠をとり外す構法．

ヒタソウシ

⇨日干煉瓦,コブ

襞装飾 linenfold
　板状のものに波型の羊皮紙やリンネル襞を添え,垂直方向の緩い襞に似せた後期ゴシック様式の装飾.フランドル地方で15世紀から発達し,チューダー朝期の建築にも普遍的となった.19世紀に復興された.

襞装飾　またはナプキン模様.16世紀の例,エセックス,レイヤ・マーネイ・ホール(パーカーによる).

ビーダーマイヤー様式 biedermeier
　1815年頃から60年頃までの中央ヨーロッパ,とりわけベルリン,ウィーン,ミュンヘンにおける建築,装飾芸術,絵画,インテリア・デザインの様式.名称はフィクション作品(1854)の登場人物ヴィーラント・ゴットリープ・ビーダーマイヤー(Wieland Gottlieb Biedermaier)に由来する.ビーダーは有徳の意,マイヤーはありふれたドイツ語の姓であり,この人物は人当たりがよく楽しみに生きる中産階級の人間である.この様式は慎しい佇まいで質実・快適なものであり,基本的にはアンピールおよびリージェンシーの趣をもつ新古典主義である.

ピーチ,チャールズ・スタンレー Peach, Charles Stanley (1858-1934)
　イギリスの建築家.1882年からロンドンでH・R・ゴフとともにはたらき,1885年頃自分の事務所を始める.発電所の設計を専門とし,ロンドンなどで設計アドバイスをした.驚くべき発明の才を示し,ロンドンのブラウン・ハート・ガーデンズでは変電所の上に空中庭園をつくり,豪華なマニエリスムのドーム状パヴィリオンを両端につけた(1904).ロンドンのスタムフォード・ストリート127番地(1915)を,エジプト風の意匠を使ってデザインした.ウィンブルドンの芝生テニス協会のセンター・コートの設計を担当し,「ボード仕上げ」の鉄筋コンクリートをオーウェン・ウィリアムズのウェンブリー・スタジアム(1934)より早く使った.

ビチューメン bitumen
　1.　漆喰工事や防水などに使用されるアスファルトに似た鉱物性の瀝青物質.ビチューメン・ジュダイクムとも呼ばれる.
　2.　タールに似た天然の瀝青物質で,主に炭化水素で構成され,さまざまな色や硬さのものがある.加熱により溶解し,固化すると硬い.自然条件によって,あるいは人為的に石灰岩や頁岩などと混合されるとロック・アスファルトと呼ばれるものになり,これは18世紀後期から道路の舗装に用いられている.

ピックド picked
　小さいスケールで岩状にみえる,いくつもの小さい穴隙が穿たれた石造壁の仕上げ.⇨粗面仕上げ

ビックネル,ジュリアン Bicknell, Julian (1945-)
　イギリスの建築家.ジュリアン・ビックネル・アンド・アソシエイツとしての作品に,アビングドン(オックスフォードシャー)の19世紀の旧刑務所の芸術・スポーツ・センターへの修復・コンヴァージョン(1972-80),カースル・ハワード(ヨークシャー)の厩舎の改修(1977),ガーデン・ホールの改造(1980),新図書館の設計(1982-83),グレート・ホールの改装(1982-83)などのベッドフォード・スクール(ベッドフォードシャー)の修復,ハイエンベリー・ロトンダ(1983-87,マクセルズフィールド近郊,チェシャー:キャンベルによるケントのメリワース・カースルとパッラーディオによるヴェチェンツァのヴィラ・カプラをもとにした20世紀のパッラーディオ主義とみなすことができる新築住宅),アプトン・ヴィーヴァ(1987-89,ウォリックシャー:新

築のカントリー・ハウス)，ハイ・コーナー (1987-89, アシュテッド，サリー：新築住宅)，ジョージアン・クラブ (1994-95, 東京) などがある．ビックネルはまた，18 世紀のジョン・ウッドのオリジナルのドローイングをもとにして，ウィルトシャーのウォーダ・カースルに新築のステーブル・コート〔中庭を伴った厩舎〕(2002 完成) を設計した．ロンドンのハム・コモンのフォーブズ・ハウス (1998)，チジックのレドクリフ・カレッジ (2000)，高崎(日本)のロイヤル・コート・ハウス (2002) といったすでに竣工している建物の中にも，何かを引用した部分があるかもしれない．ビックネルの作品は，アーツ・アンド・クラフツ，古典主義建築，ヴァナキュラーな伝統などを利用したもので，職人との親密な協同作業によって成り立っている．ドーセットのクランボーン・マナーの図書館 (1998-2000) や，サリーのチャートシー博物館の改修・刷新などが，よい例である．ビックネルの事務所では，作品の広がりを示す美しく印刷されたモノグラフを出版している (2000)．

ピッシーナ piscina (*pl.* piscinae)

石の水盤．ミサで利用した容器を洗浄するための水や司祭の手を洗う水を流すための排水管に接続されている．通常は教会のチャンセルの南の壁のニッチの中という，祭壇のそばに置かれたが，短いコロネットに続いて置かれたり，壁の表面から突出して設置されることもあった．ピッシーネにはしばしば容器のためのクレデンス・テーブルが配備され，精巧な天蓋で装飾されることが多く，たまにセディーリアという装置の一部としてデザインされることもあった．その場合，全体をプリスマトリーと呼んだ．

ピッシュタック pishtaq

イスラーム建築で，通常イーワーンと関連づけられるアーチがついた開口の周りの長方形の枠．

ピッチ pitch

1. 屋根の勾配の程度．
2. 強く黒い樹脂製の物質．寒い時には硬くなり，温めると濃い粘着性の半液体状になる．タールを沸騰させるか，もしくは蒸留した時の残留物として抽出される．溶けた状態で，屋外の木材を保護するために用いられる．たとえば，クラップ・ボーディングまたはウェザー・ボーディング，そして挽いたチョーク，砂，タールと混ぜた場合は道路の表面の保護に用いられる．

ヒッチコック，ヘンリー＝ラッセル Hitchcock, Henry-Russell (1903-87)

アメリカの建築評論家，建築史家．1929 年に『近代建築 (*Modern Architecture*)』を発表したが，これはこの分野の英語の書籍としては最初のものであった．1932 年には，フィリップ・ジョンソンとともに「近代建築-国際展覧会」と題する有名な展覧会をニューヨーク市の近代美術館 (MoMA) で開催した．この展覧会によって，ル・コルビュジエやグロピウス，アウト，ミース・ファン・デル・ローエなどのヨーロッパの建築家がアメリカの一般の人びとにも知られるようになった．同年，ヒッチコックとジョンソンは『インターナショナル・スタイル：1922 年以降の建築 (*The International Style: Architecture since 1922*)』を出版した．インターナショナル・スタイルという用語はアルフレッド・H・バー (Alfred H. Barr, 1902-81, MoMA の館長，ヒッチコックとジョンソンを招き展覧会を準備させた) とヒッチコックが創り出した言葉である．F・L・ライト (1928, 1942) やアウト (1931)，H・H・リチャードソン (1936) について書いた後に，格調高い『初期ヴィクトリア朝建築 (*Early Victorian Architecture*)』(1954) や『19・20

ピッシーナ 14 世紀の例．オックスフォード近郊のクムノーのセント・マイケル教会．

世 紀 の 建 築 (*Architecture: Nineteenth and Twentieth Centuries*)』(1958) で 19 世紀の建築に注目するようになった. 後年, 南ドイツのロココ建築, とくに実務家, ツィマーマン兄弟についても著して (1968) 洞察力を示し, 晩年になって初めてドイツのルネサンスについて著作を発表した (1981). 彼の学識と興味の範囲は広く, その知的生産物は膨大である. 1983 年には, ヘレン・シアリング (Helen Searing) の編集で『近代建築を求めて：ヘンリー=ラッセル・ヒッチコック追悼論文集 (*In Search of Modern Architecture: A Tribute to Henry-Russell Hitchcock*)』が出版された. 彼は 19 世紀の建築研究の先駆者であり, 個人として, 学者として強い印象を残していった人物である.

ピッチド・ストーン pitched stone
　角を斜めにして, 表面を粗面にした石. ルスティカ積みの一種.

ピッチナート, ルイジ Piccinato, Luigi (1899-1983)
　イタリアの建築家, 都市計画家. 戦間期には合理主義的傾向の建築家として, E42 博覧会のためのローマ万国博覧会場 (EUR) の計画でパガーノやピアチェンティーニらと協働した (第二次世界大戦のため実現せず). 都市計画作品にはサバウディア (1936-38) やカターニア (1960-62) の計画がある.

ピッチフェイス pitch-faced
　石の面のすべての端部を周囲の出隅まで削り整え, 緊密でぴったりした接合部とする細工. 面の残りの部分は周縁から突き出て粗いままになる. ルスティカ仕上げの一種.

ヒッツィヒ, ゲオルク・ハインリヒ・フリードリヒ Hitzig, Georg Heinrich Friedrich (1811-81)
　ドイツの建築家. シンケルのもとで学び, また一時, パリに滞在し, ペルシエとフォンテーヌの作品から影響を受けた. クノーブラウフらとともに, 1840 年代から 50 年代にかけて一連の瀟洒な別荘建築を設計し, ベルリンに形成されてきていた住宅建築のスタイルをより強固なものにするのに貢献した. シンケルの設計した

バウアカデミー (建築アカデミー) 館 (1831) からヒントを得て, 煉瓦を実に効果的に使った. 彼の建物の大部分は取り壊されたが, ワルシャワのクローネンベルク宮殿 (1866-70, 1875 にモノグラフを出版), ベルリンの株式取引所 (1859-64, 同じく 1867 にモノグラフを出版) などがあった.

ヒップ (隅棟) hip
　1. 側面 (スカート) 2 面の結合部で屋根勾配のなす角度が劣角となっているところ.
　2. 上記の角度で設けられた垂木.

ヒップ・タイル hip-tile
　隅棟の上に並べられたいく枚かの曲線状瓦, または斜め瓦のうちの一枚.

ヒップ・ノブ hip-knob
　屋根のリッジ (棟木) とヒップ (隅棟) が接合するフィニアル.

ヒップ・ベヴェル hip-bevel
　1. 隅棟によって分かたれた屋根の斜面 2 面の間の角度.
　2. ヒップ・ラフターの端部における斜角.

ヒップ・ラフター hip-rafter
　隅棟のある屋根の隅部における垂木. 垂木の上端はそこに固定されている.

ヒップ・ルーフ hip-roof
　すべての側面が傾斜し, 隅棟で結合しているような屋根.

ヒップ・ロール hip-roll
　ヒップ・ラフター直上に固定された, 長い曲線を描く木製部材. その上には鉛かそのほかの金属を葺いて隅棟の防水としている.

ヒッポカンポス, ヒッポカンプス hippocamp
　上半身が馬, 下半身が魚のような生物で構成された「海馬」. 古典主義装飾においてよく用いられた.

ヒッポダモス (ミレトスの) Hippodamus of Miletus (前 500 頃-前 440 活躍)
　ギリシアの建築家, 都市計画家. 都市の設計

は社会秩序を明示することが可能であり，それは合理的かつ幾何学的に明快でなくてはならず，格子状であるべきだと提言した．おそらく小アジアのミレトス（前475頃より），アテネ近郊にあるピレウス（前470頃），およびイタリアのトリオイ（前443頃）を設計した．あわせて，理想都市についての最初期の理論家の一人でもあり，アリストテレスの著書を通じて，とりわけルネサンス時代以降の後世の思想家に影響を及ぼした．

ヒッポドロモス　hippodrome
　古代ギリシア人たちが競馬や戦車競争，または馬術訓練に用いた場所．

ビード　bead, bede
　1．しばしば半円形断面をした凸型の刳形．アストラガル，バーグ（バゲット），ハーフ・ラウンド，ラウンデルとも呼ばれる．装飾を施したものはシャプレである．ビード・モールディングは突出しない玉縁で，平行してくり返される場合はリード（胡麻殻刳形）ともよばれる．ビーディングは数珠に似た小さな玉の並びを用いた装飾であり，ビードワーク，パーリングと呼ばれてロマネスク建築によくみられ，18世紀に再び流行した．
　2．祈りのこと（数珠を祈祷の記憶の助けとすることから）．ビード・ハウスは救貧院の一種であり，収容された者は付属の礼拝堂や聖堂で創設者の魂に祈りを捧げることを求められた．

ビード・アンド・リール　bead-and-reel
　連ねられた数珠玉や糸巻のような形態に彫り込まれたアストラガル．数珠玉一つと糸巻二つを繰り返すのが普通．

ビード・アンド・リール（連球紋）

ピートー，ハロルド・エインズワース　Peto, Harold Ainsworth (1854-1933)
　⇨ジョージ卿，アーネスト

ヒトルフ，ヤーコプ・イグナーツ　Hittorff, Jakob Ignaz, *known as* Jacques-Ignace (1792-1867)
　⇨イトルフ，ジャック=イニャス

ビドレイク，ウィリアム・ヘンリー　Bidlake, William Henry (1861-1938)
　ウルヴァーハンプトンの教会建築家だったジョージ・ビドレイク（George Bidlake, 1829-92）の息子．1887年にバーミンガムでジョン・コットン（John Cotton, 1844-1914以降）と建築設計の実務を始め，手がける作品の規模がしだいに拡大していった．アーツ・アンド・クラフツ運動の流れを汲む住宅作品に佳品が多く，サットン・コールドフィールドのハートップ通り37番地「ウッドゲイト」はムテジウスの『英国の住宅（*Das Englische Haus*）』の中で紹介されている．

ビドンヴィル　Bidonville
　石油用ドラム缶やガソリン用ブリキ缶などでつくられた貧民街（これらの缶を意味するビドンから来た名称）．その連想から，金属くずなどで建てられた住宅やシェルターが集まったものを指すこともある．インドのカルカッタやヴェネズエラのカラカスなどにその例がみられる．

ピナクル　pinnacle
　装飾されたピラミッドまたは三角錐．バットレス，パラペットアングル，スパイア，ターレットなどの終端を特徴づけるものであり，し

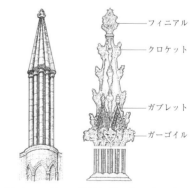

ピナクル　(a) 13世紀初頭の第1尖頭式の例．オックスフォード大聖堂．(b) 14世紀のフィニアルがつき，クロケットが施された第2尖頭式のタイプ．

ばしばクロケットで装飾される.（イラスト参照）.

ピナコテカ　pinacotheca
絵画が展示される場所.

ピナン，ピニョン．テーブル　pynun- or pignon-table
ゲーブル（破風）の傾斜した石（ピニョン「ゲーブル・エンド（破風の端部）」）.

ピノー，ニコラ　Pineau, Nicolas (1684-1754)
フランスの建築家．ボフランとアルドゥアン＝マンサールのもとで修行し，ロシアに移住した．ツァーリ・ピョートル大帝（Tsar Peter the Great, 1672-1725）のために，ペテルゴフの装飾豊かな陳列室（1721）や大帝の墓所（1725）を設計する．1726 年にパリに戻り，いくつかの邸館を設計した（オテル・マザラン（1741）など）．精巧なロココの室内装飾の創造者としてよく知られ，多くのドローイングが残されて，後に J・F・ブロンデルの『メゾン・ド・プレザンスの平面計画と建物一般の装飾について（De la distribution des maisons de plaisance et de la décoration des édifices en général）』（1737-38）の中に掲載された．バティ・ラングレイもコンソール・テーブルのためにピノーのデザインをコピーしている.

ビーハイヴ　beehive
円形平面の構造物で，荒石を一層ずつ徐々に半径を狭めて持ち送り積みすることにより，ほぼ円錐形あるいは蜂の巣状のトゥルもしくはトロスを形成したもの．頂部は持ち送り構造もしくはドーム様の構造によって覆われる．古代から遺る好例としてはミケーネの「アトレウスの宝物庫」（前 13 世紀）がある．イタリア南部の住居用ビーハイヴ・ハウスはトルッリと呼ばれ，先史時代のサルディーニャのものはヌラーギと呼ばれる.

批判的地域主義　Critical Regionalism
普遍的な抽象性や国際的な常套表現に対し，より人道的な建築を成し遂げるための戦略．1981 年にアレクサンダー・ツォニス（Alexander Tzonis, 1937-）とリアンヌ・ルフェーヴル（Liane Lefaivre）によって命名され，フランプトンによって確立された．彼は，建築家は国際的な単一性の様式ではなく，地域の多様性を求めるべきだと唱える．また「文化とみせかけた消費者主義的図像」を批判し，それぞれの「場所がもつ独自性」を間接的に読み込んだテーマを引き出すことによって，普遍的な文明がもたらす「衝撃を和らげる」と論じる．産業化と技術の危険を理解するものの，だれもが知る歴史的な様式や，より謙遜的であるヴァナキュラーな建物の復活を唱導していない．根本的に彼は国際的なモダニズムの脱構築を求め，建築を単なる「記号を伝達する道具」へと衰退させたポスト・モダニズムを批判し，外的なパラダイムをその土地固有のゲニウス・ロキにとり入れることを提唱した．この批判的地域主義の例として，その地域性と普遍性が統合されたアールトやウッツォンの作品をあげている.

ビビエーナ　Bibiena
⇨ガッリ・ダ・ビビエーナ一族

ヒピースラル　hypaethral
⇨ヒュパエトルム

ビービー，トマス・ホール　Beeby, Thomas Hall (1941-)
アメリカの建築家．ジェームズ・ライト・ハモンド（James Wright Hammond, 1918-86, スキッドモア，オーウィングス＆メリルでの元パートナー）により設立されたジェームズ・ライト・ハモンド＆ローシュ事務所（1961）のデザインディレクターであった．ハモンド＆ローシュ（1961-71）はのちに，ハモンド・ビービー・アソシエイツ（1971-77）となる．その後（バーナード・F・バブカ（Bernard F. Babka, 1933-88）と）有限会社ハモンド・ビービー＆バブカ（1977-98引退，2019没）となり，事務所はさらに 1999 年にデニス，R・ルパート（Dennis R. Rupert, 1955 年生，79 年入所）とゲーリー・M・エインジ（Gary M. Ainge, 1958 年生，84 年入所）とともに，株式会社ハモンド・ビービー・ルパート・エインジと変遷する．事務所の建築は，コンテキストが形態決定における重要な要因であるという信念に起源がある．生命にかかわる病気を伴う子どものために俳優のポール・ニューマン（Paul Newman）

が設立した，コネチカット州，アシュフォード／イーストフォードにある，ホール・イン・ザ・ウォールギャング・キャンプでは，ヴァナキュラーなテーマが探られ，管理棟と体育館（1988-98）には強健で原始的な古典主義の様式が使用された．1988年に事務所はSEBUSグループの一部として，イリノイ州シカゴのハロルドワシントン図書館の設計競技に勝利し，1991年に完成した．この強大な構造は，花崗岩の台座に巨大なアーチ状の開口が貫かれた煉瓦のファサードが乗り，強い市民のイメージを提出した．建物は巨大なコルニス（蛇腹）に覆われ，最上階（9階）は，ウィンターガーデンと特別なコレクション用のさまざまな部屋が配置されている．少なくともフィレンツェ，ローマ，ギリシアそして19世紀の鉄とガラスの構造といった歴史上の先例から引用した彼らの業績は，古典主義にしっかりと根づいており，感銘を与えるものである．とりわけ成功したものは，主要天井にかけられた巨大な金属製のアクロテリア装飾である（ブルーマー・スタジオが制作）．同時期にシカゴ美術館のダニエルとエイダ，ライス館がある．これについてビービー自身の言葉の中では，「それは増加するわかりやすさの概念とともに減少された抽象性を示している」と語る．そのほか古典主義が現れている作品として，カンザス州マンハッタン，カンザス州立大学のヘール図書館（1997），テキサス州ヒューストン，ライス大学ジェームズ・A・ベイカーⅢ公共政策研究所（1997），そしてテキサス州ダラス，南メソジスト大学におけるメドーズ博物館（2001）があげられるだろう．

ビ・ビ・ピ・エッレ　BBPR

1932年にミラノで結成された建築家の共同事務所．事務所名は，ジャンルイジ・バンフィ（Gianluigi Banfi, 1910-45），ロドヴィコ・バルビアーノ・ディ・ベルジョイオーゾ（Lodovico Barbiano di Belgiojoso, 1909-2004），エンリコ・ペレッスッティ（Enrico Peressutti, 1908-76），エルネスト・ナータン・ロジェルスの頭文字をとっている．多くのイタリア人モダニストたちと同様，ビ・ビ・ピ・エッレもファシズムを後押しし，それが進歩的な建築の奨励につながると信じた．初期の作品の多くがファシズム体制に関係している．ルガーノの保養施

設（1937-38，現存せず）では知的で繊細な計画を行う一方，ミラノのサン・シンプリチャーノ修道院の修復（1940）（この一角に建築事務所が入った）では，歴史的建造物に対する愛着を雄弁に示し，正統派のモダニズムとは異なる方向性を示した．ファシズムに染まったイタリアがナチスと緊密な連携を深めるにつれ，イタリア建築の「進歩的な」傾向は薄れていったが，それでもビ・ビ・ピ・エッレはローマのEURに中央郵便局をかろうじて実現させた．EURで唯一ピアチェンティーニのストリップト・クラシシズムに屈しなかった作品であるが，これによってビ・ビ・ピ・エッレは微妙な立場に置かれた．第二次世界大戦後，ビ・ビ・ピ・エッレは厳格な幾何学のなかにも情感を表現する道を模索し，ミラノの記念墓地に強制収容所犠牲者の記念碑（1946）を実現した（バンフィがマウトハウゼン収容所で絶命した）．1954-56年には，スフォルツァ城を美術館に改修する計画で，再び歴史的建造物に対する繊細な感性を発揮した．また，ミラノのトッレ・ベラスカ（1954-58）では，高層部を迫り出させることで中世の塔のような造形を試み，国際的モダニズムの厳格な教義に対する抵抗を示した．これを機に，ビ・ビ・ピ・エッレの路線に従って，建物が喚起する物語性を重視する英米の建築家が急増した．その後，ミラノのチェーズ・マンハッタン銀行（1969）では，湾曲したファサードを鉄骨やガラスをむき出しにし，新しい表現の可能性を試みた．

ビフォリス，ビフォルス　biforis, biforus（*pl.* bifora）

1．古代の2枚扉や2枚窓．ウィトルウィウスによる．

2．扉等の開口部を二つもつ建物や部屋．

被覆　cover
⇨カバー

ヒベルノ・ロマネスク様式 Hiberno-Romanesque

10-12世紀アイルランドの宗教建築様式の呼称．非常に単純な長方形平面の建物，円錐屋根をもち独立して立つ背の高い円筒形の塔，半円形の頂部をもつ開口部，通常通り並べられたロマネスク装飾，それに豊かに彫刻されたケルト

十字架といった構成要素を特徴とする（例：ラウス州モナスターボイス［Monasterboice, Co. Louth］の遺跡（9または10世紀））．最もすぐれた事例にファーマナ州デヴェニシュ［Devenish, Co. Fermanagh］にある遺構群（10〜12世紀）やティペレアリー州カッシェルにあるコーマックの礼拝堂［Cormac's Chapel, Cashel, Co. Tipperary］（1127-34）などがある．同様式は19世紀にケルト・リヴァイヴァルの一環で復興されたが，その最も典型的な事例としては，追悼記念碑的に用いられた共同墓地のハイ・クロスや，無数の聖堂があげられる．20世紀以降建造のものも多い．ヒベルノ・ロマネスク様式とケルトの意匠はアール・ヌーヴォーの進化に一定の役割を担い，またアーツ・アンド・クラフツ運動とも関連していた．アイルランドとアングロ・サクソンの装飾に類似点があることから，ヒベルノ・サクソン様式とも呼ばれる．

ピーペル，フレドリク・マグヌス　Piper, Fredrik Magnus (1746-1824)

スウェーデンの建築家であり，ストックホルム郊外ハーガにエキゾチックな点景建築をもつ風景式庭園（1780-1820）をつくったことにより，イギリスの成熟したピクチャレスクの動向（ストーヘッドや他の庭の研究成果）をスウェーデンに紹介した．また，ストックホルムのリストンヒル（1790-91）や東ゴットランド島のビャルカセビー（1796頃）など，新古典主義による住宅をいくつか設計した．

日干煉瓦　adobe

焼成しない日干しの粘土や土でできた建築物用の煉瓦，またはブロック（クレー・バット）で，麦藁を混ぜて製造される．イングランド，スペイン，ラテン・アメリカ，低地方，アメリカ合衆国南部，中東（たとえば，イエメンの高層建築物），青銅器時代のメソポタミア，アフリカなどでみられる．コブ，ピゼ・ド・テールやタビアと比較せよ．

ピーボディ＆スターンズ　Peabody & Stearns

ロバート・スウェイン・ピーボディ（Robert Swain Peabody, 1845-1917）とジョン・ゴダード・スターンズ（John Goddard Stearns, 1843-1917）が設立したボストンの建築事務所で，1886年頃から1914年まで全米に国家的に重要な作品を手がけた．アメリカのコロニアル・リヴァイヴァルの先駆だったほか，ゴシック・リヴァイヴァルの作品によってクラムなどに影響を与えてもいる．マサチューセッツ州マンチェスター・バイ・ザ・シーのクラグサイド（1883-85，現存せず）は，シングル・スタイルとイギリスのアーツ・アンド・クラフツの特徴を組み合わせており，彼らの代表的住宅作品である．1890年代までに，事務所はシカゴ万国博覧会での作品（1892-93）に見るように古典主義を用いるようになったが，いくつかの住宅作品にはフェデラル・スタイルやコロニアル・ジョージアン・スタイルが用いられた．全体として見ると，ピーボディ＆スターンズは世紀転換期のニューイングランドに重要度の高い作品を残したと言える．また，駅舎の設計もマサチューセッツ州ボストン（1872-74，現存せず），ニュージャージー州ジャージー・シティ（1889-90），ミネソタ州ダルースのユニオン駅（1890-91）で行った．

皮膜構築物　membrane structures

⇨メンブレイン・ストラクチュア

ビーマン，ソロン・スペンサー　Beman, Solon Spencer (1853-1914)

アップジョン事務所出身のアメリカの建築家．有名なイリノイ州プルマン（バレットとの協働，1880-95）や，オハイオ州アイヴォリーデール（1883-89）などのモデル産業都市を設計し，シカゴ派の業績を下支えした．イリノイ州シカゴ，サウス・フォレストヴィルのフローレンス・スクエアの住宅にみるように，おくすることなくさまざまな様式を用いた．シカゴのグランド・セントラル駅（1890）は，鉄とガラスの覆い屋根にネオ・ロマネスクの時計塔がつき，建築と工学がみごとに統合された作品である．コロンビア万国博覧会における鉱山・鉱業パヴィリオンと仕立パヴィリオン（1893）は場にふさわしく華やかなものだったが，その後の作品は厳粛な古典主義となった（たとえば，シカゴのクリスチャン・サイエンスの第1聖堂（1895）ではグリーク・リヴァイヴァルが支配的である）．ビーマンによるシカゴのスチュードベイカー（現在はブランズウィック美術）ビルディング（1895）は，繊細に分節された窓割

りとテラコッタによるゴシック風の細部を特徴とする.

ピュー pew

13世紀に教会で使用された, 背もたれとベンチエンド (しばしばブラインドトレーサリーによって精巧に装飾され, ポピーヘッド・フィニアルによって仕上げがされている) がついた, 固定された木造座席. 18世紀以降のボックスビューには高い背のパネルの内部に, 背の高い仕切りとドアがついていた.

ピュージャン, オーギュスト・シャルル Pugin, Augustus Charles (1769-1832)

ピュージン, オーガスタス・チャールズ. フランスで生まれ, フランス革命期にウェールズに渡る. ナッシュのアシスタントとなり, ルドルフ・エッカーマン (Rudolph Ackermann, 1764-1834), ジョン・ブリットン (John Britton, 1771-1857), エドワード・ウェドレーク・ブライリー (Edward Wedlake Brayley, 1773-1854) といった出版者のためにドローイングやエッチングを作成して, ドラフトマンとしての名声を確立する.『オックスフォードのゴシック建築帖 (*Specimens of Gothic Architecture ... at Oxford*)』(1816),『ゴシック建築帖 (*Specimens of Gothic Architecture*)』(1821-23),『ゴシックの家具 (*Gothic Furniture*)』(1827),『ノルマンディーの古代建築の遺物帖 (*Specimens of the Architectural Antiquities of Normandy*)』(1827-28),『ゴシック建築の例 (*Examples of Gothic Architecture*)』(1828-36),『イングランドとフランスの古い建物のゴシック装飾 (*Gothic Ornaments from Ancient Buildings in England and France*)』(1828-31),『イングランドとウェールズに現存する装飾的な木造切妻 (*A Series of Ornamental Timber Gables, from Existing Examples in England and Wales*)』(1831) など, 考古学的に正確な中世建築のイメージをはじめて生みだした. ゴシック・リヴァイヴァルに対するこれらの仕事の重要性は, スチュアートとレヴェットがグリーク・リヴァイヴァルに果たした役割に比肩しうる. チャールズ・ヒース (Charles Heath, 1785-1848) とともに,『パリとその近郊 (*Paris and its Environs*)』(1829-31) を出版し

た. またロンドンのケンサル・グリーン・セメタリーを含む墓地のデザインを残した. 彼の弟子にはフェレー, ベネソーンそして息子のA・W・N・ピュージンがいる.

ピュージン, エドワード・ウェルビー Pugin, Edward Welby (1834-75)

イングランドの建築家. A・W・N・ピュージンの息子で弟子. 才能あるゴシック・リヴァイヴァリストで, 数多くのローマ・カトリック教会堂を設計した. それらのほとんどはアイルランドにある. 初期の作品, セント・ヴィンセント・ド・ポール教会堂 (1856-57), 我らが和解の聖母教会堂 (1859-60) はどちらもリヴァプールにある. より豪奢な教会堂 (コークのセント・ピーターおよびポール教会堂 (1859-66), マンチェスターのバートン・オン・アーウェルのオールセインツ教会堂 (1865-68)) は, 彼の様式的な熟達度を示している. 彼はベルギーのダディツィーレに無原罪の御宿り教会堂 (1857-59) を, アイルランドのコーク州クイーンズタウン (現在のコーブ) にセント・コールマン大聖堂 (1868-1919), イングランドのマンチェスターのゴートンにセント・フランシス教会堂 (1864-72, 21世紀初頭現在, 荒廃した状態) を設計した. イースト・サセックス州ロサフィールドのマーク・クロスのセント・ジョセフ大学は活力にあふれた煉瓦によるポリクロミーのゴシック建築である. 1860-69年からアシュリンと共同経営を行い, アシュリンはピュージンの死後アイルランドで実務を続けた. イギリスにおける仕事は弟のピーター・ポール・ピュージン (Peter Paul Pugin, 1851-1904) が引き継いだ.

ピュージン, オーガスタス・ウェルビー・ノースモア Pugin, Augustus Welby Northmore (1812-52)

イングランドの建築家, 論客. A・C・ピュージンの息子. ゴシック・リヴァイヴァルの中心人物の1人. 1835年頃にローマ・カトリックに改宗したのち, 教会建築学の先導者となった.

1836年,『対比, あるいは14, 15世紀の高貴な建造物と今日における同様の建物との平行関係; 今日における趣味の悪化について (*Contrasts; or, a Parallel between the Noble*

ヒュシンオ

Edifices of the Fourteenth and Fifteenth Centuries, and Similar Buildings of the Present Day; Shewing the Present Decay of Taste)』を出版した．彼は尖頭アーチの建築（ゴシック）はローマ・カトリックの信仰から生まれたものであり，古典主義建築は異教のもので，宗教改革は忌むべき社会悪，中世建築のほうがルネサンスや古典主義復興によって生み出されたいかなるものよりもずっとすぐれていると訴えた．建築の美を測る上で重大なものは，求められる目的にデザインがあっているかであり，建物の様式は，見る人にその目的が何であるか一目でわかるようなものでなくてはならないとした．19世紀の建物（とくに当時有名だった建築家たちの建物）が14世紀の建物と比較され，それに及ばないことが示された．『尖頭式の，あるいはキリスト教の建築の真の原理の説明（The True Principles of Pointed or Christian Architecture set forth)』（1841），『イングランドにおける教会建築の現況について（The Present State of Ecclesiastical Architecture in England)』（1843），『イングランドにおけるキリスト教建築の復興に対する弁明（An Apology for the Revival of Christian Architecture in England)』（1843）といった著作において，ゴシックは単なる様式ではなく，一つの原理，倫理社会改革運動，キリスト教の国家において可能な唯一の建築形式であることを明らかにした．彼の主張そしてゴシックのデザインのあらゆる側面に関する深い知識は英国国教会の建築家にも多大な影響を及ぼした．ジョージ・ギルバート・スコットは「ピュージンの著作によって雷に打たれたように眠りから目覚めさせられた」と述べることになった．

ピュージンはウェストミンスター宮殿（1840-70建設）の細部と内装でチャールズ・バリーを補佐した．むしろバリーよりもピュージンが精巧な建築的な装飾，色彩計画を手がけ，この建築をゴシック・リヴァイヴァルの偉大な記念碑としたといってよい．しかし教会堂の建築家としてのピュージンは恵まれていなかった．彼の手がけた教会建築の多くは資金難により，やせ細り，困窮した様相を呈している．ローマ・カトリックの聖職位階の中では，最近になって改宗した人間の激しい主張は必ずしも受け入れられなかった．しかし，チェシャーのチードルのセント・ジャイルズ教会堂

（1840-46）では，彼のパトロンのジョン・タルボット，すなわち16代シュルースベリー伯爵かつウォーターフォード伯爵（John Talbot, 16th Earl of Shrewsbury and Earl of Waterford, 1791-1852）が，（理性に反して）潤沢な資金を出したため，ピュージンは学問的に正しく豪華なエドワード1世（King Edward I 1272-1307）治世時の教区教会堂を復興することができた．鮮やかなポリクロミーの内装，チャンセル・スクリーンなどすべて第2尖頭式で完成された．その他，バーミンガムのセント・チャッド大聖堂（1839-41），チェシャーのマックレスフィールドのセント・オルバン教会堂，ノッティンガムのセント・バルナバス大聖堂（1841-44），ダービーのセント・メアリー（またはマリー）教会堂（1837-39）がある．

彼の世俗建築および論考は大変に重要なものである．なぜなら，彼は歴史的な事例（たとえばダービー州のハドン・ホール（12～17世紀））および，自作（たとえばスタッフォードシャーのオールトン城（1840-52），ケント州ラムズゲイトのザ・グレンジとセント・オーガスティン教会堂から成る複合体（1843-52，ここに彼は埋葬されている），ランカシャーのオルムスカークのスカリスブリック・ホール（1836-47））によって，建物の3次元形態は平面計画から自然と立ち上がってくるべきだということを実践してみせているからである．これを彼は「真のピクチャレスク」とよんだ．一方で「客間が入っているにすぎない櫓，召使いの寝室になっている望楼」，「執事が食器を保管している」砦などをもっている数多くの邸宅を偽物のピクチャレスクだとして批判した．このような建物（たとえばG・L・テイラーのケント州のハドロウ・タワー（1840年頃））は「単なる仮面」にすぎず，「できの悪い嘘」であり，美しいものは必要から成長するものでなくてはならないとした．パターン・ブックの類，歴史的建築のイラスト集はピュージンにとっては危険なものであった．なぜなら，それらは考えなしに複製され，ごたまぜにされて新しい混合物ができるからであった．このような出版物が建築家や建設業者に所有されることには，「聖書がプロテスタントの手の中にあると同じくらい悪いこと」だとされた．彼の主張は自由に構成された左右非対称の建物（たとえばバターフィールドの牧師館建築）やドメスティック・リ

ヴァイヴァル，クイーン・アン，フリー・スタイルを生むことになった．

ヒューズ，ジェームズ・クウェンティン
Hughes, James Quentin (1920-2004)

イギリスの建築家．雑誌『フォート（*Fort*）』の最初の編集者．要塞都市の保存を訴えた．また，チェスターのブリッジ・ストリート（1962-64）やウィラルのネストン（1967），リヴァプールのセフトン・パークのグリーンバンク・ハウスなど多くの保存にかかわった．著書に『マルタ島の建物 1530-1795（*The Buildings of Malta 1530-1795*）』（1956），『港：リヴァプールの建築と都市計画（*Seaport : Architecture and Town Planning in Liverpool*）』（1964，後に『リヴァプール：建築の都市（*Liverpool : City of Architecture*）』），『要塞都市：マルタ島の建築と軍事史（*Fortress : Architecture and Military History in Malta*）』（1969），『軍事建築（*Military Architecture*）』（1974）．リヴァプールの歴史的建築に対して多く寄与した．

ピュックラー＝ムスカウ侯，ヘルマン・ルートヴィヒ・ハインリヒ Pückler-Muskau, Herman Ludwig Heinrich, Fürst von (1785-1871)

ドイツの造園家．1811 年にムスカウの広大な土地を相続し，自身がイングランドでみたものに多大な影響を受けつつ，J・A・レプトンの助力を得ながら，1816 年からその場所を巨大な風景式庭園につくりかえた．1845 年にはその土地を売却し，1846-71 年に彼の一家が所在するコトブス近郊のブラニッツに壮大な庭園を創作した．そこで彼は湖を造成し，数多くの点景建築を建設した．その中には三つのピラミッドもあり，その一つに彼自身が埋葬されている．またグリーネッケ（ここでも J・A・レプトンと協働）やバーベルスベルクなど，プロイセンのさまざまな王立庭園に関して助言を行い，レンネの初期の取り組みに対しては批判的な態度をとった．さらに 1852 年からパリの公共公園に対して助言を行ったが，その点に関してオスマンとアルファンに影響を与えた．ブローニュの森は彼に多くを負っている．1834 年には重要な『風景式庭園に関する提案（*Andeutungen über Landschaftsgärtnerei*）』を

出版したが，それは（数ある中でもとくに）レプトンの考えを発展させたもので，アメリカの造園に強力な影響を与えた．

ヒュパイトロス，ヒュパエトルス hypaethros, hypaethrus

1．露天の建築物のことだが，とりわけ，庭園のポルティコや列柱の間の散策路を指す．
2．中間部分に屋根の架かっていない古代の神殿．
3．中間部分に 2 層のペリスタイルを備えた古代の神殿．そこではオーダーを積層させることも多かった．

ヒュパイトロン hypaethron

1．露天の中庭，または囲郭．
2．建築物の露天になっている部分．

ヒュパエトルム hypaethral

屋根の架かっていない構築物，または部分的に露天になっている構築物．

ヒュパエトルム hypaethrum

古代ローマにおいて，扉の直上，および扉口のアーキトレーヴ内に設けられた格子づくりの扇形採光部．ヒュパエトリルーメンと呼ぶ方がふさわしい．

ヒューバー，ヨーゼフ Hüber, Joseph (1716-87)

オーストリアの建築家．オーストリアのアトモント修道院（1745 頃-66）のハイベルガー図書館を 1776 年に完成させ，おそらくその室内の細部の設計も担当した．また，グラーツのマリアヒルフキルヘ（マリアヒルフ教会，1742-44）の優美な双塔を設計および建設し，聖ヴァイト＝アム＝フォアガウ教会（1748-51）とヴァイツベルク教会（1756-58）を含むシュタイヤーの造造物の建設に携わった．

ビュフェ・ドー buffet d'eau

段状のケーキ・スタンドのような形態の噴水．下には水盤がある．

ヒュプシュ, ゴットリープ・ハインリヒ・クリスティアン Hübsch, Gottlieb Heinrich Christian(1795-1863)

ドイツのルントボーゲン様式の熟達した実践者であり, バーデンとプロイセンにおいて支配的だった新古典主義に対抗する風潮をつくり出した理論書『いかなる様式でわれわれは建設するべきか? (*In welchem Style sollen wir bauen?*)』(1828)の著者. 合理主義的なフランスの議論, とりわけデュランの考えに刺激され, 様式が注意深く考えられた構造方法と費用に関する実際的なアプローチから導かれるべきであると主張した. ビザンツ・ロマネスクの半円アーチ形態を支持したのは, その様式のためというよりは, 建設素材としての煉瓦の質にもとづくものであった. 最良の建築作品は間違いなく, 弓形アーチのアーケードをもつバーデン=バーデンの優美なトリンクハレ (飲泉堂) (1837-40) である. 1827年にヴァインブレンナー (そのもとでヒュプシュは学んだ) の後を引き継いで, バーデンのカールスルーエの建築監督官となった.

ヒュペルテュリス hyperthyris

古典主義の扉口やその他の開口部のアーキトレーヴのまぐさ (リンテル), またはスーペルキリウム (平縁).

ヒュペルテュロン, ヒュペルテュルム hyperthyrum

古典主義建築の扉口やその他の開口部の直上のアーキトレーヴとコーニスの間のフリーズ.

ヒュポガイオン, ヒュポゲイオン, ヒュポガエウム, ヒュポゲーウム hypogaeum, hypogeum

1. 地面より下の古代の建築物, またはその一部. すなわち, セラー, 地下など.
2. 地下の岩石を掘削した墓所, または地下に建築した墓所. 火葬した遺灰を納めるニッチ, または遺体を納めるロクルスを備える. カタコンベよりも小規模で, 通常, 一家族や一集団のためのものである.

ヒュポカウストン, ヒュポカウストゥム hypocaust

古代ローマの建築物の床下に空いた空間. そこを対流によって熱気が通って部屋を暖房した.

ヒュポステューリオン, ヒュポステューリウム hypostyle

⇨多柱式

ヒュポトラケリオン, ヒュポトラケリウム hypotrachelion(um)

古典主義建築においてオーダーの柱頭そのものと柱身の間の部材, または部分. 「首の下」, または「首の下部」を意味する古典語である. 正確な語義は参照された出典や使用されたオーダーによってわずかにぶれがあるように思われる. ウィトルウィウスはアポフィジのことを指すと考えていたようだが, ルネサンスのウィトルウィウス註解者たちはアポフィジとアポヒュシスの関連を認めつつ, アストラガルとエキノスの間の柱頭下部にもこの語を適用した. それゆえ, トスカナ式, 古代ローマ風ドリス式, 古代ギリシア風イオニア式 (エレクテイオン) の各オーダーのフリーズのようなコラリーノ, ゴルジュラン, または「首」のことも指すようになった. 古代ギリシア風のドリス式オーダーの場合は円柱を取り巻く水平の溝, リードやフィレットを指す. フルート (溝) を備え, トラケリオン (トラケリウム) となるエキノスの下のアニュレまで続く円柱の上の部分のことである. だが, アルカイック期のギリシアのドリス式オーダーの中には (パエストゥムの前6世紀の「バシリカ」など), 様式化した葉のような形態の鉛直方向の中空の「ネックレス」がヒュポトラケリオン (ヒュポトラケリウム) と定義されているものもある.

ヒュポヒュギス hypophyge

アポヒュシス.

ヒュポポディオン, ヒュポポディウム hypopodium

高いボディウム (基壇) の下のボディウム. 建築的手段 (たとえば, ストリング, バンドなど) によって水平に区切られている.

ビュラン, ジャン Bullant, Jean (1515頃-78)

フランス・ルネサンスの建築家. ド・ロルムの大きな影響を受け, フランスに大オーダーを

導入した．セーヌ・エ・オワーズのエクーアン城館の南棟入口ポルティコ（1560頃）がそれである．フェール・アン・タルドノワの記念碑的なギャラリー（歩廊）（1552-62）を設計した．築城を施された城塞をその付属建築物と接続するためであり，高い連続したアーチの上に歩廊を設けて古代ローマの水道橋のような印象を与えている．シャンティイの小城館（1560頃）を設計しており，ファサードを活気づけるべくマニエリスムの手法である双子柱と組み合わされた記念碑的なアーチの際立つ正面をもつ．母后カトリーヌ・ド・メディシス（Catherine de Médicis, 1519-89）のためにシュノンソー城館のド・ロルムの橋上ギャラリー（1576-78）も竣工させており，マニエリスムの手法とリズムがふたたび取り上げられている．様式の観点からは彼のマニエリスムは大ジャック・アンドルーエ＝デュ＝セルソーのものと接近している．著作としては『建築総則（*Reigle Générale d'Architecture*）』（1563），および『幾何学概論（*Petit Traicté de Géometrie*）』（1564）がある．

ピュリスム　Purism

おおよそ1918-25年に，オザンファンとル・コルビュジエによって興った機械の美学と結びついた，フランスの芸術運動．キュビズムが単なる装飾に堕しつつあることを批判し，芸術は「時代精神」を反映して，感傷主義と表現を排して機械の正確さが孕む教えを学ばなくてはならないと主張した．『キュビズム以後（*Après le Cubisme*）』（1918），『エスプリ・ヌーヴォー（*L'Esprit Nouveau*）』（1920-25），『近代絵画（*La Peinture Moderne*）』（1925）などの著書を通じて主張され，構成主義の建築理論やバウハウスの教育に影響を与えた．

ビューリンク，ヨハン・ゴットフリート　Büring, Johann Gottfried（1723-88以後）

ハンブルク生まれの建築家．主要ファサードがヨークシャーのヴァンブラ設計のハワード城にもとづくポツダムのノイエス・パレス（新宮殿）（1763-68），同じくポツダムの中国茶屋（1754-57）とパッラーディオによるヴィチェンツァのパラッツォ・ティエーネにもとづいたポツダムのアム・ノイエン・マルクト5番地の建築に関与する．また，ベルリンのローマ・カト

リック聖ヘートヴィヒ大聖堂（1772-73）でボウマンと協働し，ポツダム，サン・スーシの優美な絵画ギャラリー（1755-63）を設計した．後者はミュージアムの歴史の中でみたとき，絵画展示のためだけに建設された初期の建築の一つである．

ビュルクライン，ゲオルク・クリスティアン・フリードリヒ　Bürklein, Georg Christian Friedrich（1813-72）

ドイツの建築家．ミュンヘンのルートヴィヒ通りの設計においてゲルトナーを補佐する．フィレンツェのパラッツォ・ヴェッキオにもとづいたヒュルトのラートハウス（市庁舎）（1840-43），ポリクロミーのルントボーゲン様式によるミュンヘンのハウプト・バーンホーフ（中央駅）（1847-49，破壊された）を設計した．彼によるマキシミリアン通りのための新しい建築様式は，イングランド，ドイツ，イタリアのゴシックの煉瓦とテラコッタによる表現である（1852-75）．

ビュルス，シャルル（カレル）・フランソワ・ゴメール　Buls, Charles (Karel) François Gommaire（1837-1914）

ベルギーの都市計画家，教育者．ドイツの美術史家カール・シュナーゼ（Karl Schnaase, 1798-1875）とヴィルヘルム・リュプケ（Wilhelm Lübke, 1826-93），およびゼンパーの理論の影響を受けており，装飾芸術については合理主義的，国家主義＝伝統主義的な見解を推進した．ブリュッセルの巨大な地域を一掃しようという傾向を覆し，都市の歴史的構成や規模を残そうとする試みを推し進めるのに大きな役割を果たした．彼のグラン・プラス保存計画は国際的な名声をもたらした．国王レオポルド2世（Léopold II, 在位1865-1909）が好む壮大な計画のいくつかに反対し，歴史的都市の特徴だった敏感で有機的な発展の仕方を支持した．この点についてはジッテの著作の影響を受けていた．ローマのピアッツァ・ナヴォナやブリュッセルの大司教座聖堂周辺地区〔ブリュッセルに大司教座が置かれたのは1960年代〕の保存計画に助言を与えている．

ヒュルツ，ヨハン　Hültz, Johann（1390頃-1449）

ウルリヒ・フォン・エンジンゲン没後 (1419) の，ストラスブール大聖堂における北塔の建築家．トレーサリー状の尖塔と，八角形階から立ち上がる螺旋階段を設計した (1439完成)．

ビュレ，ピエール　Bullet, Pierre (1639-1716)

フランスの建築家（N・F・ブロンデルの弟子）．1672 年からパリで活動した．パリのプラス・ヴァンドーム〔ヴァンドーム広場〕にある彼の作品オテル・クロザ（現在のリッツ）とオテル・デヴルー（1702-07）は内装の配列においてのちのパリの住宅の先駆けとなった．『暖炉新読本（*Livre Nouveau de Cheminées*）』，および，『実践建築（*L'Architecture Pratique*）』(1691) の著者でもある．息子のジャン=バティスト・ブレ=ド=シャンブラン (Jean-Baptiste Bullet de Chamblain, 1665-1726) は父を助けてヴァンドーム広場の住宅群の建築にあたったが，彼自身の仕事としてはオテル・ポワソン・ド・ブールヴレ（1703-07）を設計した．そのシャトー・ド・シャン（1703-07）には庭園側正面に円弧形平面をなして張り出してみえる楕円形平面の広間があり，また，パリのオテル・ドダン（1715-）はロココの内装を備えたすばらしい創造物である．

ビューローラントシャフト　Bürolandschaft

1950-60 年代にドイツで展開されたオフィス・プランニングのタイプの一つ（「オフィスの風景」の意味）．1940 年代にアメリカで開発されたオープン・プラン・オフィスをもとに，エバーハルトおよびヴォルフガング・シュネレ (Eberhard & Wolfgang Schnelle) により提案された．部屋の分割をなくすことで，採光や利便性の優れた大きな空間の設計を可能とした．

　形式ばらない空間のレイアウトによって風景のような印象を生み，その効果は鉢植えの植物を巧みに配置するなどして強調された．

ヒューン　hewn

切断，加工，化粧された石材，またはアシュラー（切石）．

表現主義　Expressionism

北部ヨーロッパ，とくにドイツとオランダにおける，1905 年頃から 30 年頃までの芸術運動で，建築デザインにおいては機能を強調せず，自由で力強い彫塑的な形態を創造することに重点を置き，しばしば水晶のような，時には鋭角的な，また鍾乳洞のような形態をみせた．オランダでの主唱者たる建築家たちはアムステルダム派のメンバーであり，その特徴を示す作品は，シェープファールトハイス（海運館，1913-17），またマイケル・デ・クラークによるアムステルダムの住宅団地である．デンマークにおける表現主義（強くゴシック風を示す）の最傑作はイェンセン=クリントによるコペンハーゲンのグルントヴィ教会（1913-26）であった．一方，ドイツではいくつかの傑出した作品がある．水晶の六角形にも似た多角形の鉄鋼の構造体をなす，ペルツィヒによるポーゼン（現ポズナン）給水塔と展示館（1911），ブルーノ・タウトによるドイツ工作連盟ケルン展ガラス館（1914），鍾乳洞のようなインテリアを持ったペルツィヒによるベルリンのグローセス・シャウシュピールハウス（大劇場，1918-19，現存せず），メンデルゾーンによるポツダムのアインシュタイン塔（1919-21），フリッツ・ヘーガーによるハンブルクのチリハウス（1922-23），ベーレンスによるフランクフルトのヘキスト染料工場事務所棟（1920-25），ミース・ファン・デル・ローエによるベルリンのリープクネヒト・ルクセンブルク記念碑（1926，現存せず），バルトニンクによる教会堂，ドミニクス・ベームによる教会堂，ヘーリンクによるガルカウ農場がある．ルドルフ・シュタイナーによる，スイス，ドルナッハにあるゲーテアヌム（1924-28）はこの運動の最も偉大な作品の一つである．ちなみに，後年のゴットフリート・ベームの建築言語は，いくらかが表現主義から派生している．

ピラ　pila

1. 簡素で，刳形（くりかた）をもたず，無装飾の，離れて配置された長方形や四角形の石を積み上げたピア．平面上では四角形や長方形．オーダーの表現はもたない．ピラーとも呼ばれる．

2. 壁かブラケットに造りつけられたものではなく，自立する柱の上に置かれた洗礼盤．

3. 屋根を支える，円柱などの上の台盤．

4. 古代のモルタルか漆喰の仕上げ．

ピラー　pillar

1．自立する無装飾のピラーもしくはピア．一枚岩もしくは組み立てられたものであり，通常は長方形や四角形の平面をもつ．

2．自立する記念柱を表現した不正確な語．たとえばライルトンによるロンドンのトラファルガー・スクエアのネルソン提督の柱（1840-43）があるが，このような語の使用は避けるべきである．

3．教会の身廊アーケードのようなピア．ただし，そのような用語の使用法は時代遅れで混乱を招くと考える評論家がいる．

平石　ledger

祭壇型の墓や煉瓦下地墓地の頂部仕上げに使われる，大型の平たい石盤．通常真鍮などで刻み文字や象嵌（ぞうがん）が施される．

開き戸・折り戸の扉　valva, valve
⇨ヴァルヴァ，ヴァルヴ

ピラスター　(a) 典型的な古代の例．(左) 溝と構造装飾をもつ場合．(右) 平滑な表面の例．両側ともアティクの台座をもつ．(b) 16世紀初頭のアラベスク装飾のピラスター．パリ近郊，サン・ドニのルイ12世の記念碑．(c) ジャコビアン・ピラスター，チェスのアストバリー教会．

平条　reglet
⇨レグレット

ピラスター　pilaster

ローマ版アンタ．通常は円柱，シャフト，台座からなるオーダーに準拠し，エンタブラチュアを支持する．壁にとりつけられており，壁からはほんの少しだけ突出し，図面上では長方形になっているので，円柱の形とは違う．エンゲージド・コラムと間違えてはならない．多くの場合，正確には，アンタとは違い，ピラスターシャフトはエンタシスを伴っている．ピアとは違い，ピラスターには構造的な意味はなく，純粋に建築や装飾的な理由のために，円柱や天井の下端のデザインに呼応するために使われている．

ピラスター・サイド　pilaster-side

壁と直角に置かれるピラスターの側面部分．

ピラスター・ストリップ　pilaster-strip

アンタやピラスターと違い，台座や柱頭，エンタシスがなく，真正のピラスターではない，柱型もしくはピエドロワ．アングロ・サクソンの建築の一つの特徴であり，プリンスとコーベル・テーブルをもち，ロマネスクのベイのパネルを構成する．ピラスター・マスよりほっそりしている．

ピラスター・フェイス　pilaster-face

背後の壁と平行な，最も長いピラスターの表面．

ピラスター・マス　pilaster-mass

1．ピラスターがとりつけられたピア．

2．迫元の刳形（くりかた）がついたピアもしくは壁の塊．

3．ピラスター・ストリップと同類であるが，より量塊的なもの．

ピラストレイド，ピラストラ　pilastrade, pilastra

ピラスターの連続した列．

平土間席　stall
⇨ストール (2)

ピラネージ, ジョヴァンニ・バッティスタ
Piranesi, Giovanni Battista (1720-78)

ヴェネツィア生まれの技師, 建築家, 天才的
版画家. ローマの崇高なイメージによって, 新
古典主義に多大な影響を与えた. 1749-50年に
制作した「Invenzioni」(創作あるいは架空の
風景), とくに「Carceri」(牢獄) には, 広大
な空間, 巨大な構造物のイメージが力強く描か
れ, 全体として恐ろしく誇大妄想狂といえるほ
どのスケールを感じさせる. さらに, 『ローマ
の景観 (Vedute di Roma)』(1745) の初版は,
ローマを凄まじく崇高なイメージによって表現
し, その版画はヨーロッパ中に広まった. 中で
も, ローマのフランス・アカデミーにいた若い
建築家たちに決定的な影響を与えた. ピラネー
ジの思弁的考古学はかなり独特な幻想的図像へ
と展開した. 『作品集 (Opere Varie)』(1750)
を見ると, ド・ヴァイイやペール一族に大きな
影響を与えたことがわかる. 古物研究の成果は
『ローマの古代遺跡 (Antichità Romane)』
(1756年に4巻にまとめられた) にうかがえ,
大きな反響を呼んだ. そこには, ローマ人の構
造技術や装飾技術が解説されている. ギリシ
ア・ローマ論争にも関与し, ヴィンケルマンに
よるギリシア擁護論に反対して, ローマ擁護派
の急先鋒役を担った. 1761年に出版した『ロー
マ人の偉容と建築について (Della
Magnificenza ed Architettura de'Romani)』で
は, ローマ建築の優位を主張した. 続く『古代
ローマのカンプス・マルティウス (Il Campo
Marzio dell'Antica Roma)』(1762) はロバー
ト・アダムに献じた作品だが, ここには都市建
築が想像力豊かに描きこまれた. コンスタン
ティヌス帝時代のローマが想定されているが,
古代ローマ人が建造した都市よりもはるかに大
きなスケールのものである.

1760年頃「Carceri」を重版し, 新しいイメ
ージといくらかの修正を加え, 進歩的な新古典
主義者, とくに, ジョージ・ダンス (息子),
デプレらと歩調を合わせた. 『建築に関する所
感 (Parere su l'Architettura)』(1765) では,
新しい様式を生み出すためにローマの建築要素
を自由に使用することが宣言された. 1763年,
教皇クレメンス13世 (Pope Clement XIII, 在
位 1758-69) に任用され, サン・ジョヴァン
ニ・イン・ラテラノ大聖堂の新しい祭壇を設計
した. ピラネージの巨大な祭壇はトランセプト

の東側をすべて改変するものであったが, 実施
されなかった. 同じ時期に, マルタ騎士団修道
院の改築に携わり, サンタ・マリア・アヴェン
ティーナ聖堂のファサード (1764-66, 詳細な
指示書が残されている) を造り替えるととも
に, ステラ (記念石柱) 装飾によって彩られた
壁面によって広場を整備した. 聖堂内の祭壇と
採光の取り入れ方には技巧の跡がうかがえる.
このアヴェンティーノの作品が, ピラネージが
残した唯一の建築作品であるが, 最も力強く独
創的な18世紀の建築に数えられる.

『暖炉装飾のさまざまな技法 (Diverse
Maniere d'adornare i cammini)』(1769) は,
室内装飾および工芸に関して最も重要な著作で
ある. アダムの暖炉装飾やエトルリア様式の発
展形として重要であり, ベランジェをはじめフ
ランスの建築家に刺激を与えた. この書には
「エジプト風」暖炉装飾も含まれ, エジプト・
リヴァイヴァルを誘発したほか, 1920-30年代
のアール・デコ様式にも少なからず影響を与え
ている. さらに, ピラネージの描いたローマの
Caffè degl'Inglesi (英国式カフェ) のエジプト
風内装案も収録されている. 『花瓶, 燭台, 墓
碑, 石棺 (Vasi, Candelabri, Cippi,
Sarcophagi)』は, 1778年から1791年の間に
出版され, ナポレオン時代, リージェンシー時
代のデザイナーたちに多大な影響を与えた. そ
こには, 少なくとも1760年代からピラネージ
が制作してきた膨大な作品とともに, ピラネー
ジによる古代芸術の復元的作品も含まれてい
た. ギリシア芸術に対して好意的ではなかった
にもかかわらず, パエストゥムのギリシア・ド
リス式神殿のすばらしい描画を残しており, こ
れがソーンに影響を与えた. こうした銅版画は
1778年に『Différentes Vues... de Pesto』とし
て出版され, ドリス式の再流行やグリーク・リ
ヴァイヴァルを大きく後押しした. 版画の一部
は, 息子フランチェスコ (Francesco, 1758-
1810) の指導下で出版された. フランチェス
コ・ピラネージは『Vasi...』をはじめ, 父の後
期の作品の集成に尽力したほか, ティヴォリの
ヴィラ・アドリアーナの地図 (1781) の出版
や, 『ローマの景観 (Vedute)』, 『ローマの古
代遺跡 (Antichita)』等に新しい図版を追加し
新板を制作した. フランチェスコの一番の業績
は, 27巻になる膨大な図版コレクション
(1800-07), 父のポンペイの業績に基づき, 3

巻の『マグナ・グラエキアの古代遺跡（*Antiquités de la Grande Grèce*）』（1804-07）を出版したことである.

平縁 list, listel, listella
他の刳形の最上部あるいは中間部にある環状平縁（アニュレット）や幕面.

平縁 supercilium
1. 開口部の上の楣（⇨アンテパグメントゥム）.
2. エンタブラチュアの頂上の部材を形成するコーニスの上に設けられるシーマ上部の平縁.
3. アッティカ式柱礎のスコティアの上下に設けられる平縁.（2）と（3）についての信憑性は疑わしい.

ピラミダル・ヒップド・ルーフ pyramidal hipped roof
⇨屋根

ピラミダル・ラスティケーション pyramidal rustication
⇨粗面仕上げ

ピラミッド pyramid
正方形の基礎と, 頂点に向かって徐々に後方に傾斜する急勾配の三角形の側面をもつ記念碑的な建造物. この形状は古代エジプトの葬送用の建造物に使われた. 有名な例として（前2551頃-前2472頃）のエジプト・カイロ近くのギザのピラミッドなどがある. 他のピラミッドのタイプとしては, 古代エジプトやメソアメリカのプレ・コロンビア建築にみられる階段状ピラミッドがあるが, 後者の南米の例は, 墓というよりは神殿の基壇であった. 最もよく知られている階段状ピラミッドは, イムホテプによりジェセル王（King Zoser, 前2630頃 - 前2611頃）のためにつくられたサッカラにある古代エジプトのピラミッドと, メソアメリカのアステカとマヤ文明（6-16世紀頃）の神殿ピラミッドである. ピラミッドは新古典主義建築においてしばしば重要な役割を担うようになり（前12世紀頃のケスティウスのピラミッドなどのローマの事例）, その純粋な幾何学的形態がデザイナーを魅了し, ロージエが賞賛した原初

的で純粋な建築に応えるものとなった. ピラミッド型の構成は, ベルニーニの時代から葬送用モニュメントによく使用され, あまたの18世紀の例がある.

ピラミディオン pyramidion
オベリスクの頂上に載っているような, 小さいピラミッド.

ピリエ・カントネ pilier cantonné
大きい中央の核と四つの付属のコロネットからなるゴシック・ピア. 身廊アーケードの迫元および身廊・側廊天井のヴォールトと連結する.

ビリット square billet
小さな立方体が連続して, たいていは水平の列をなすように設置されるモールディングで, ロマネスク建築にみられる.

ビリャグラン, ホセ Villagrán García, José （1901-82）
メキシコの建築家, 教師. 1923年に公衆衛生局の主任建築家に任命され, その権限でメキシコ市に衛生研究所を設計（1925-27）. メキシコにおける近代的な機能主義や合理主義の父と目される. 彼の設計による巨大な国立心臓病研究所（メキシコ市, 1937-44, のちの増築あり）や, メキシコ国立大学建築学部（1951）などその他種々の作品には, インターナショナル・スタイルの遺産, とくに全面的に浸透したル・コルビュジエとグロピウスの影響が明らかである.

ビリャヌエバ, カルロス・ラウル Villanueva, Carlos Raúl （1900-75）
ベネズエラの建築家. イングランド生まれ. ベネズエラの公共事業省主任建築家となり（1929-39）, 同国において精力的にインターナショナル・スタイルを広めた. カラカスに彼が設計した巨大な住宅団地, ドス・デ・ディシエンブレ団地（1943-45）とエル・パライソ団地（1951-54）（前者はホセ・マヌエル・ミハレス（José Manuel Mijares）, ホセ・ホフマン（José Hoffman）, カルロス・ブランド（Carlos Brando）と, 後者はミハレスおよびカルロス・セリス・セパーロ（Carlos Celis Ceparo）

との共同設計）は，大胆で荒々しくもあるその構造表現により，近づきがたい様相を呈することとなった．またカラカス大学都市のために設計した作品に，シェル・コンクリートのキャンティレヴァー部位をもつオリンピック・スタジアム（1950-52），講堂（アウラ・マグナ，1952），屋内広場（プラザ・クビエルタ，同じく 1952）がある．1944 年にはベネズエラ大学に建築学部を創設した．終生そこで教鞭をとったほか，学部のために新しい建物を設計し（1950-57），その後のラテンアメリカの建築界に影響を残した．とはいえ，ビリャヌエバの切り拓いた道を受け継いだ世代は，いまだ偉大な建築をつくりあげていないようである．

ビリャヌエバ, フアン・デ Villanueva, Juan de (1739-1811)

スペインの建築家．チュリゲレスコやバロック様式で設計していたが，ローマを訪れた（1759-65）のち新古典主義に転向した．兄ディエゴ・デ・ビリャヌエバ（Diego de Villanueva, 1715-74）とともに建築批評論文集を出版し（1766），その中で当時のスペインにおける古典様式よりもっと純粋な形の古典主義を提唱した．ヒエロニムス修道会によりエル・エスコリアル修道院の建築家に指名されると，すぐにスペイン王室の目にとまるところとなり，カルロス 3 世（King Carlos III, 1759-88）およびその息子である将来のカルロス 4 世（Carlos IV, 1788-1819）がビリャヌエバのパトロンとなった．設計作品に，ブルゴ・デ・オスマ大聖堂パラフォックス礼拝室（1770-83），エル・エスコリアルのカシータ・デ・アリーバ（1771-73），エル・パルド宮のカシータ・デル・プリンシペ（1784-88），そして彼の最高傑作であり，スペイン全土を見渡しても最良の新古典主義作品である，力強い構成のマドリッドのプラド美術館（1787-89）がある．その他，ともにマドリッドにある天体観測所（1750）やフエンカラール門の共同墓地およびチャペル（1804-09）がある．

ビリャルパンド, フアン・バウティスタ Villalpando, Juan Bautista (1552-1608)

スペインのイエズス会士，建築家，著述家．エレーラの弟子．またヘロニモ・デ・プラド（Jerónimo del Prado, 1547-95）に影響され，デ・プラドとともにエゼキエル書の分析を通じてソロモンの神殿を研究し，古典建築がソロモンの神殿に由来する，そのために神に由来すると論じた．彼の著作『エゼキエル書注釈ならびに壮麗なるエルサレムの都市と神殿について（In Ezechielem explanationes et apparatus urbis ac Templi Hierosolymitani)』は 1596 年に刊行され，1604 年に続刊された．実作に，いずれも古典様式で，抑制されたデザインの，コルドバのイエズス会聖堂（1578 完工），バエサ大聖堂の主扉口（1585 設計），セビーリャのサン・エルメネヒルド学館（1587 建設）がある．

ビリングス, ロバート・ウィリアム Billings, Robert William (1813-74)

イングランド人建築家．『セント・ポール大聖堂の歴史と叙述（History and Description of St. Paul's Cathedral)』（1837），『ロンドンの教会堂（Churches of London)』（1839），『ダラム大聖堂（Durham Cathedral)』（1843）のすぐれたイラスト，製図の技量でより知名度が高い．最も有名な著作は『スコットランドの男爵貴族および教会の古物（Baronial and Ecclesiastical Antiquities of Scotland)』（1845-52）で，スコットランドにおける古物収集に関する重要な書物であり，スコティッシュ・バロニアル様式の主な参照元である．ゴシック建築についての著作をいくつか出版した．修復に特化した数多くの仕事をこなした．レンフルーシャーのウィームス城のデザイン，ラナークシャーのマザーウェルのダルツィエル城におけるさまざまな仕事を手がけ，カンブリア州のクロスビー・オン・エデンのセント・ジョン教会堂，2 本のオベリスクがしっかりと浸透し合ったピーター・ニコルソンを顕彰するカーライル墓地の記念碑（1856）を設計した．

ビリンク, ヘルマン Billing, Hermann (1867-1946)

20 世紀の初期に，しばしば趣のあるユーゲントシュティールのスタイルの住宅で，また，インテリアのデザイナーとして有名になる．すぐ後に，重厚で単純な独自のルントボーゲンシュティールのスタイルを開拓した．作品にはキール市庁舎（1903-11），力強いマンハイム・クンストハレ（芸術館，1906-07），フライブルク（イム・ブライスガウ）の大学施設

（1907-11）がある．1920年代に単純化された新古典主義に移行した．

ピール　peel, pele

要塞化された塔状の建物で，1階部分に，牛の飼育や貯蔵庫として用いられるアーチ形天井の部屋がある．とくに，スコットランドとイングランドの境界上の地域にみられる．

ピルキントン，ウィリアム　Pilkington, William（1758-1848）

イングランドの建築家．サー・ロバート・テイラーの弟子で助手を務めた．ウィルトシャーのソールズベリーのカウンティ・カウンシル（1788-95）のためにテイラーが設計した建物，新古典主義とチューダー様式の多くの邸宅の建設を監督した．彼の建物には，ケントのオタデン・プレース（1802，チューダー様式），ノーフォークのクレアモント・ロッジ（現ホール，1812），バッキンガムシャーのカーヴァトン教会（1818-24，ネオ・ノルマン様式の塔がついたゴシック様式）がある．息子のレドモンド・ウィリアム・ピルキントン（Redmond William Pilkington, 1789-1844）が，ロンドンのチャーターハウスの監督官を引き継ぎ，ここに説教者の中庭と居住者の中庭（1825-30）を造った．このデザインにはブロアが貢献した．

ピルキントン，フレデリック・トーマス　Pilkington, Frederick Thomas（1832-98）

イングランドの盛期ヴィクトリア朝無頼派ゴシックの建築家でスコットランドではたらいた．代表作にエアシャーのアーヴィンのトリニティ教会堂（1861-63），エディンバラのバークレー聖堂（1862-63）がある．どちらも部分を過度に強調した構成となっている．

ピルグラム，アントン　Pilgram, Anton（1450頃-1515）

モラヴィアのブルノに生まれたとされる石工職人，建築家．最初の作品はハイルブロンのザンクト・キリアン聖堂（1482頃-90）で，ブクスバウムの作品から大きな影響を受けている．ハイルブロン近郊ヴィンプフェン＝アム＝ベルクの小教区聖堂（1493-97）の建設にも携わり，ブルノのスヴァティー・ヤクプ聖堂（1502）にも関与した．ブルノではユーデントーア（ユダ

ヤ門，1508）とスヴァティー・ヤクプ学校（1510）階段室も設計した（いずれも19世紀に取り壊されている）．ウィーンに移住し，シュテファンスドーム（ザンクト・シュテファン大聖堂）でオルガンの基部（1513）と自身の像が彫り込まれた説教壇（1514-15）の彫刻を手がけた．ウィーンのニーダーエスターライヒッシェス・ラントハウス（ニーダーエスターライヒ州議事堂，1513-15）の諸室を設計しており，おそらくオーストリアのフライシュタットの小教区教会内陣（1513-15）も彼の手によるものである．

ヒルザウ様式　Hirsau style

フランスのクリュニー大修道院の影響を受けたドイツやオーストリアのロマネスク建築の一種で，ドイツのヒルザウで発展した（1082以降）．ヒルザウ型の教会堂は，アンテチャーチ，西側に2棟の塔を有し，身廊のアーケードには巨大な四角柱ではなく円柱形のピア（支柱）を並べる．柱頭は飾り気のないブロック形で，側廊の東端部の上には細長い塔が立ち上がる．

ヒルシュフェルト，クリスティアン・カイ（カイウス）・ローレンツ　Hirschfeld, Christian Cay（Caius）Lorenz（1742-92）

ドイツの知識人．『別荘と造園芸術に関する所見（*Anmerkungen über die Landhäuser und die Gartenkunst*）』（1773）と『造園芸術の理論（*Theorie der Gartenkunst*）』（1775）に始まる出版物を通して，造園設計の推進に努めた．これらの著作に続き，5巻からなる長大な『造園芸術の理論（*Theorie der Gartenkunst*）』（1779-85，同書は *Théorie de l'Art des Jardins* としてフランス語でも出版）が出版された．イングランドの著作を大いに活用し，バロックのフランス庭園（それを彼は絶対主義とはっきりと関連づけた）と対比させながら，模範的な庭園の例について叙述した．そして記憶，連想，雰囲気，感情を誘引するという点において，点景建築を含めた庭園の価値を強調した．とりわけ，社会の気風を養い，広く精神を向上させるような教育の場所としての庭園に興味をもった．そして公共の公園が民衆の道徳改善が達成される場所であると主張した．彼の業績は，イングランド式の造園のコンセプトがドイツ語圏の国々に普及する上での主要な源泉となった．

また間接的にではあるが，彼の著作は最初の庭園墓地の形成を促す理念の推進に役立つものであった．

ヒルデブラント，ヨハン・ルーカス・フォン
Hildebrandt, Johann Lukas von（1668-1745）

　イタリアのジェノヴァ生まれ．軍事技師として訓練を積み，のちに（フィッシャー・フォン・エルラッハと並んで）オーストリアで最も独創的で優れた18世紀初頭のバロック建築家の一人となる．彼はローマでカルロ・フォンターナとともに学び，ボッロミーニやグァリーニの作品から相互に重なる楕円形平面や波打つようなファサードを用いる可能性など，多くのことを吸収した．1690年代の従軍中に将来のパトロンとなる偉大なる司令官サヴォイのオイゲン公（Prince Eugen of Savoy, 1663-1736）と出会い，1696年にはウィーンに居を定め，1700年に宮廷技師となった．1697年から1715年にかけて，マンスフェルト＝フォンディ（のちのシュヴァルツェンベルク）宮殿の設計に携わった．その建築では，とりわけ庭園側の弓形のファサードとして外部に現れる2層の楕円形サロンにおいて，ボッロミーニとグァリーニの影響が明瞭にみて取れる．斜路，高さの異なる地面，そしてテラスを配した軸線をもつ庭園配置は，イタリアの原型，とりわけローマのヴィラ・ジュリアから導かれたものであり，宮殿とともにまさにヒルデブラント・スタイルの特徴となるイタリア，フランス，ドイツのモデルの統合を示すものとなっている．事実そこにはル・ヴォーのヴォー・ル・ヴィコント宮殿，グァリーニのパラッツォ・カリニャーノ，ベルニーニのパリのルーヴル宮東翼計画の形跡をみることができる．ヒルデブラントのグァリーニに対する称賛は，北ボヘミアのガーベルに建つドミニコ会の聖ラウレンツ教会にさらに明瞭に現れている．この建築は凹状のコーナー部と凸状のバルコニーをもち，両横に楕円を配し，対角の位置に礼拝堂が設けられた円形平面を内包している．この平面はとりわけボヘミアのディーンツェンホーファー家の作品に影響を与えたと考えられる．
　1703年には，ヒルデブラントはウィーンの聖ペーター教会の設計（ガブリエレ・モンターニ（Gabriele Montani）により1702開始）を請け負う．この教会はドームを頂く長楕円形の平面をもち，その横に二つの矩形の区画とアプス状の聖歌隊席が配置されている．背の高い入口側ファサードには一対の塔が角度をもって配置され，建築の構成に劇的効果を与えている．フランツ・イェングル（Franz Jänggl, 1650-1734）がこの建築の建設にかかわった．ペーター教会の平面を変形させたものが，リンツのゼミナーキルヘ（神学校教会）（1717-25）で用いられている．1698年よりヒルデブラントは，ウィーンのマリア・トロイの美しいピアリステンキルヘ（ピアリスト会教会）に携わる（おそらくK・I・ディーンツェンホーファーの助力があったと思われる）．それはガーベルの教会と似た平面をもつものであった．ピアリスト会のマティアス・ゲール（Matthias Gerl, 1712-65）によって完成（1751-53）されたこの教会は，バロックが重苦しくなりがちな町において，はるかに明るく喜びに満ちたものとなっている．
　ヒルデブラントの最高の作品はおそらく，オイゲン公の夢の宮殿，ウィーンのベルヴェデーレ（1717-24）であろう．その建築は東洋風ともいえる屋根をもち，造形されたペディメントや隅部に塔を配した軽快なファサードが特徴的である．ここにはベルヴェデーレの上宮と下宮（1714-16）という二つの建築があり，彫像と植栽を配した連続するテラス状の庭園によって結ばれている．下宮には，もがき苦しむ巨大なアトラス像が重いヴォールトを支えるヒルデブラントの作品の中でも最も著名な階段室がある．彼はさらに，飾りつぼとプットで装飾された，ザルツブルクのミラベル宮殿（1721-27）の階段室もデザインしている．その他の美しい階段室の例としては，ウィーンのダウン＝キンスキー宮殿（1713-16）や，ポマースフェルデンのヴァイセンシュタイン宮殿（1711-15）があげられる．後者では，中央のパヴィリオン（張り出し部）も設計している．1720年から1723年，さらに1729年から1744年にかけて，ヴュルツブルクの司教君主のレジデンツの建設においてノイマンと協働した．彼の関与は中央のパヴィリオンの造形されたペディメントに加えて，カイザーザール（皇帝のホール）や礼拝堂に明瞭に現れている．1719年からはゲットヴァイクのシュティフト（修道院）の再建に携わった．そこでの計画は野心的なものであったが，完全には実現しなかった．しかし1738年

に建設されたカイザーシュティーゲ(皇帝の階段)を含むその建築は,彼が考えたものと同様にすばらしい作品となっている.

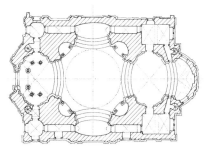

ガーベルの聖ラウレンツ教会

ヒルド・ヨージェフ Hild, József (1789-1867)

ハンガリーの建築家.1820年代にペシュトで実務を開始し,多くの新古典主義の集合住宅を設計した.1830年代にはハンガリーで最も重要な聖堂建築家になり,コリント式のポルティコ,ドーム,内陣両脇の塔を備えたエゲル大聖堂(1831-37)を設計した.パックの死後(1839),エステルゴムのセント・アダルベルト大聖堂(1822-69,もともとの設計はキューネル)の責任者となり,列柱の並ぶドラムの上にドームを設計した.19世紀前半のハンガリーで最も成功した多作の建築家の一人である.

ヒルバースアイマー(ヒルベルザイマー),ルートヴィヒ・カール Hilberseimer, Ludwig Karl (1885-1967)

ドイツ生まれで,後にアメリカに移住した建築家.バウハウスで教え,芸術労働評議会に,また表現主義のデア・シュトゥルム,デア・リンクの前衛グループに関係した.またCIAMに参画し,それによって国際近代主義と呼ぶに十分であるが,実際,そのスタイルの創設者の一人だった.彼の「高層建築都市」(1924)の提案はル・コルビュジエのアイデアに対向するものであり,またシュトゥットガルトのヴァイセンホーフ・ジードルンク(1927)では実験住宅を展示した.ミース・ファン・デル・ローエと親交があり,1938年にはイリノイ工科大学(当時はアーマー・インスティテュート)に加わった.著書には『大都市の建物(Grossstadtbauten)』(1925),『大都市建築芸術(Grossstadt Architektur)』(1927),『現代の建築—その源流と傾向(Contemporary Architecture: Its Roots and Trends)』(1964)他があり,国際近代主義をさらに推進するべく,多くの論争的な書物を著した.1938年から死ぬまで,アメリカ合衆国の多くの開発計画にも携わった.

ビル,マックス Bill, Max (1908-94)

デッサウ・バウハウスで教育を受けたスイスの建築家.1940年代に多くの木造家屋を設計したが,ドイツのウルムにホッホシューレ・フュア・ゲシュタルツンク(造形大学)を設立し,バウハウスの教育プログラムを復活させ,またその新校舎を設計している(1953-55).ニューヨーク万博スイス・パヴィリオン(1938),ミラノ・トリエンナーレ(1951),ヴェネツィア・ビエンナーレ(1952),シュトゥットガルトでのバーデン・ヴュルテンベルク博(1955)のウルム市パヴィリオン,ローザンヌでのスイス全国博での建設・造形セクション(1964)といった,いくつかの博覧会施設を設計した.多作の文筆家であって,モダニズムの諸相について多くの出版物がある.

ビレクション belection
⇨浮き出し刳形

ビレット刳形 billet

凸状に形成され,面取りされた短い角柱・円筒・プリズム形・四角形・円弧・方形などで構成される連続的な刳形で,個々の要素は全体の方向と一致するように配置され,凹凸を互い違いにしたものが数列平行して並ぶものもある.ロマネスク建築に顕著である.円筒状のビレットは短い棒材を並べたように見える.

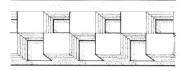

互い違いに構成された立方体状のビレット.ケント州カンタベリーのセント・オーガスティン聖堂.

ヒロウキヤ

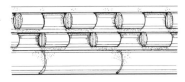

円筒状のビレット．ノーフォーク，ビナム小修道院．

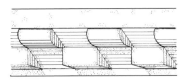

半円筒およびプリズム形ビレット．レスター，セント・メアリー・ド・カストロ聖堂．
ビレット（パーカーにもとづく）

ピロウ・キャピタル　pillow capital
ロマネスクの建築にみられるような，クッション状の柱頭，もしくは下側の角に丸みのある立方体状の柱頭．

ピロウド　pillowed
クッションのように膨らみをもったもの．たとえば，断面において外側に向かって膨らみをもったフリーズなど．

ピロティ　piloti
建築物を地面から離す形で支える複数の円柱または支柱のうちの1本．ピロティにより最下階を2階のレベルまで持ち上げることで，建築物の直下に開放的な空間を生む．ル・コルビュジエが好んだ手法だが，英国内では広く採用されたことで好ましくない空間も数多く生み出された．

ビンデスベール，ミカエル・ゴットリーブ・ビルクネール　Bindesbøll, Michael Gottlieb Birkner (1800-56)
デンマークの新古典主義の建築家．1820年代のパリで，当時流行していた古典主義多彩装飾（ポリクロミー）の新しい理論に影響を受ける．建築助手として働いたり勉学に励んだりしたコペンハーゲン時代（1824-33）ののち，数年間にわたり旅に出た．首都コペンハーゲンに戻り，その地に傑作となったベルテル・トーヴァルドセン（Bertel Thorvaldsen, 1770-1844）の彫刻美術館（1839-47）を手がける．ビンデスベールの設計案は1839年にコンペで選ばれ，1840年に計画が完了した．完成した建物では，ギリシア・エジプト様式の転びのついたウィトルウィウス風の五つの開口部が正面入口側に向かって並んで設けられ，先例に倣ってイン・アンティス形式になっており，アンタの間でイオニア式のエンタブラチュアのドにフリーズが省略されて置かれている．このポルティコは，ウンター・デン・リンデンにあるノイエ・ヴァッヘ（新衛兵所）のためのシンケルの最初の計画案（1816），およびルストガルテンにあるアルテス・ムゼウムの正面，という二つのベルリンの建物を統合したものである．同じモチーフが（より小さなスケールで）側壁の二つの階の窓まわりでくり返されている．スタッコ仕上げの外壁は黄土色に，建築的要素は青，緑，白に塗られている．ヴォールト天井になっている室内が赤，緑，黄土色に塗られているのは，白い大理石の彫刻にとって見事な設えである．広々とした中央の中庭（そこにトーヴァルドセンが埋葬されている）をとり囲む壁には樹木のイメージが描かれているが，この壁画は彫刻家の墓所に他にはない印象的な背景を生み出している．建物の三面には柱礎の真上にフリーズが描かれており，ローマからコペンハーゲンまでの展示物の移動を表現している．この美術館は，古典主義建築のポリクロミーに関する19世紀の論争に重要な貢献をなした．ビンデスベールはまた，オーフスの近くに精神病院（1850-51）を設計したが，煉瓦づくりのきわめてシンプルな建物群を魅力的に複合した施設であり，特に趣向を凝らしたランドスケープはその美しさと眺めが患者のためになるよう意図されたものである．ジーランド島のオーリンガにあるもう一つの精神病院（1854-57）や，システッド（1851-53），フレンスブルク（1852），ステーィェ（1853-54），ナエストヴェッド（1855-56）における一連の庁舎建築，コペンハーゲン医師会の住棟群などは，いずれも卓越した作品である．息子のトーヴァルド（Thorvald, 1846-1908）も建築家であり，アール・ヌーヴォー様式によりきわめて多くの作品を残したデザイナーでもあった．カールスバーグ・ラガービールのラベルも彼の作品である．

ヒンドゥー様式　Hindoo

異国的で東洋風の建築様式であり，18世紀のピクチャレスク崇拝と結びついた折衷主義の一派である．最初期のものとしてダンスによるロンドンのギルドホールのヒンドゥー・ゴシック様式のファサード（1788-89）がある．ホッジスやダニエルズによってインドのさまざまな景観画が出版されると，ヒンドゥーもしくはインド様式は勢いを増した．S・P・コッカレルが設計したカントリー・ハウスである，グロスターシャーのシジンコート（1805頃）がこの様式の最も美しい例であろう．

ファイトヘルベ，リュカス Faid'herbe, Lucas (1617-97)

建築家．アントウェルペンのルーベンス (Rubens) の工房で修行した．ベルギーのメッヘレンでオンゼ=リーフェ=フラウ・ファン・ハンスヴェイク教会（1663-87）やそのほかのバロック教会を設計した．

ファウラー，チャールズ Fowler, Charles (1792-1867)

デヴォンシャー出身のイングランド人建築家．ロンドンに移住し1818年に事務所を開く．コヴェント・ガーデンの建物群（1828-30），ミドルセックスのアイルワースのサイオン・ハウスの熟達した鉄とガラスの温室によって名声を確立した．ロンドンのハンガーフォード市場（1831-33），デヴォンシャーのエクセターのローワー市場（1835-37）はどちらも現存しないが，彼が上品な鉄骨造だけでなく，デュランに倣った単純化して直接的な新古典主義を把握していたことが分かる．デヴォンシャーのトットネス橋（1826-28）の設計者でもある．ラウドンは彼の作品をその合理性，および時代遅れの決まりや先人たちのやり方に諾々として従わなかったものとして賞賛している．ヘンリー・ロバーツは弟子の1人である．

ファウルストン，ジョン Foulston, John (1772-1842)

イングランドの建築家．デヴォンシャーのプリマスで育ち，そこで指導的な仕事をなした．ロイヤル・ホテル，アッセンブリー・ルーム，劇場（1811-22，現存せず）は鋳鉄と錬鉄を多用して建設され，三つの建物がひと続きの建築として建てられているところが興味深いものだった．作品の多くは摂政時代の古典主義の手法によっており，ギリシアのオーダーとディテールが漆喰塗りのテラスに使われている．しかし，プリマスのデヴォンポートのケール・ストリートでは，ピクチャレスクの折衷的な建物群

をつくった．エジプト・リヴァイヴァルの図書館（1823），ヒンドゥー様式のバプテスト聖堂（1824），ギリシアのドリス式のタウン・ホール（1821-23），そしてドリス式の円柱碑（1824）が含まれる．『西イングランドにおける J・ファウルストンによる公共建築作品（*The Public Buildings erected on the West of England, as designed by J.Foulston*）』（1838）を出版した．1830 年頃からはジョージ・ワイトウィックと共同経営を行った．

ファエンツァ焼き　faïence
ファイアンス．エナメルとよばれるつや消しコーティングを施された陶器．通常，色彩を帯び，ガラス化されていて，化粧仕上げに用いられる．基本的にはテラコッタの一形式だが，彩色されガラス化されていて，通常，2 回焼成される．

ファーガソン，ジェームズ　Fergusson, James（1808-86）
スコットランドの建築著作家．処女作は『ヒンドゥスタン古建築の絵画的描画（*Picturesque Illustrations of the Ancient Architecture of Hindustan*）』（1847）．有能なドラフトマンで，自らインド建築の挿絵，実測図を描いた．その多くは出版され，インド建築の権威としての名声を確立した．1849 年，『芸術における真の美しさの原理についての歴史的考察（*Historical Inquiry into the True Principles of Beauty in Art*）』を出版した．この著作は自身の最高傑作と認識していたが，商業的には成功しなかった．この著作には，後に彼が深耕することになるテーマ，たとえば，ギリシア神殿の照明方法などについての最初期の解説がある．1840 年代，50 年代に城塞およびエルサレムの地誌に関する考えについてさまざまな文章を発表し，その結果，エルサレムで数多くの調査が行われることになった．のちの 1878 年，ユダヤ神殿とその他の建物についての本を出版した．しかし，何といっても彼のおもな著作は『全世界の建築の歴史（*A History of Architecture in All Countries*）』である．これは，『建築図解集（*Illustrated Handbook of Architecture*）』（1855），『モダン・スタイルの歴史（*History of the Modern Style*）』（1862）として始まり，改訂を重ね，3 巻本の『歴史

（*History*）』（1862-67）となった．学生に有益な著作で，この分野についての最初の包括的な研究書である．正確さ，そして，とくに質の高い挿絵が多数あることで評価されている．ただし，ファーガソンは推測や独断的な見解ももっていた．たとえば，建築の構造は散文で，装飾は詩である，といった見解である．のち 1876 年，インドと東方の建築についての巻を加えた．1871 年，王立建築家協会のゴールド・メダルを授与され，晩年には，ウィトルウィウスに比され，著作は多くの国々で賞賛されている．考古学者でトロイの発見者であるハインリッヒ・シュリーマン（Heinrich Schliemann, 1822-90）は，ティリンスに関する著作をファーガソンに捧げている．

ファクタブル　factable
フラクタブルを指す誤った用語．

ファサーディズム　Façadism
建物の前面もしくは外観の保存のことで，建物内部が完全に様変わりしたり置き換えられたりする場合も含む．すなわち，建物の外観やファサードが表通りやタウンスケープに何らかの役割が期待される場合に検討されるのだろう．純粋主義者であればファサーディズムという手法に疑義を呈するのかもしれないが，たとえばロンドンのリージェンツ・パーク辺りの連続住宅群に関して言えば，もしナッシュなどの作品が完全に取り壊されてしまったら場所の魅力が失われるのは間違いないだろう．

ファサード　façade
建築物の外壁面，または立面．とりわけ，主要な正面．

ファスキア　fascia（*pl. fasciae*）
1．古典主義のアーキトレーヴの 2 本，または 3 本の帯のうちの 1 本．上のファスキアは下のファスキアよりも少し突出している．豊かに装飾された刳形によって区切られることが多い．

2．平滑な鉛直面を持つ帯状，ベルト状装飾のこと．軒の先端のファスキア板のようなもの．

3．店舗正面直上の幅広の板のこと．その上にレタリングが配される．

ファスケス　fasces

まっすぐな棒を一緒に縛り付けて束にしたもの．棒が斧を囲んでいることが多い．古代ローマの正当な権力の表象であり，帝政様式や新古典主義デザインで頻繁に使用された．また，1920年代のイタリアでファシズム（その名の由来はファスケス）の表象として復活した．

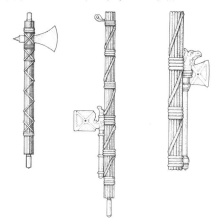

ファスケス　古典的な束と斧の3つのタイプ．

ファスティギウム　fastigium

1. 表面や平面の斜面，または下り勾配面のこと．
2. ゲーブル（妻壁），またはペディメント．
3. ペディメントの，傾斜のついた刳形，とりわけ，シーマのこと．
4. 4本の円柱の上に載せられた天蓋．とりわけ，頂部にペディメントを頂いたもの．
5. 勾配屋根の棟．
6. アクロテリオンをなす塊のこと．

ファーティマ朝　Fatimid

969年から1171年までエジプトを統治したイスラーム王朝．969年にカイロ市を創設し，アル・アザール（960-73）とアル・ハキム（990-1013）の記念碑的なモスクを建立した．その他にも，宮殿群（取り壊された）などの偉大な建築作品を建築した．

ファトヒー，ハサン　Fathy, Hassan (1900-89)

エジプトの建築家．貧困層向けの廉価建築を模索し，伝統的材料，工法，土着様式を用いた．ルクソールの新グルナ（1945以降）ではモデル集落を日干し煉瓦で建設し，冷気の自然対流を促す伝統的手法を採用した．さらにカイロにおいて適性技術研究所（1977）を創設し，自身の考えをさらに発展させることを目指した．『貧者の建築（*Architecture for the Poor*）』（1973）や『自然エネルギーと土着建築（*Natural Energy and Vernacular Architecture*）』（1986）などの著作があり，個人住宅作品としてカイロの近郊にあるサイド邸（1945），ストプレア邸（1952），リアド邸（1967），サミ邸（1979）があげられる．他にはガルフ・フサインの大統領別邸（1981）やアブー・シエルのグレイス邸（1984）がある．

ファーナム，リチャード・ド　Farnham, Richard de (1242-47活躍)

ダラム大聖堂のナイン・オールターズ（九祭壇）の礼拝堂（1242開始）のマスター・メーソンと思われ，その設計はディレムのエリアス（ダラムのエリアス）に帰される．同時代の文献には「ダラムの新しい建物の建築家」と記述されるなど，きわめて重要視されていた．

ファーネス，フランク　Furness, Frank (1839-1912)

アメリカの建築家．ハントの事務所ではたらいたのち1866年にフィラデルフィアに落ち着き，それ以後その地の建築界の最も有力な人物であった．フィラデルフィアとその周辺で400近くの建物を設計し，それらは記憶に残るような，あるいは猛々しく，個性豊かなものが多い．その事務所ではサリヴァンも短期間働いたことがあり，ファーネスの創造性はその若者に刷り込まれた．最初の成功はフィラデルフィア美術アカデミー（1871-76）であり，そこではヨーロッパ大陸風のポリクロミー・ゴシックが荒々しい趣で扱われており，キーリングやテューロンのようなローグ・ゴシックに分類されかねないようなどっしりとした折衷的モチーフへの好みをみせている．ラスキンやヴィオレ＝ル＝デュクに影響を受け，彼らの知恵を熱心に吸収し，それを大胆で強烈な創造性のある作品に変換した．総合的な建築的影響の話題から離れれば，彼は多くの出版物から得た細部や幾何学的装飾を翻案し，そのうち著しいのは，1876年

に日本への途上でフィラデルフィアを訪れ，翌年ニューヨークのティファニー社とロンドンのロンドロス社のために工芸品のコレクションを携えて戻ってきたクリストファー・ドレッサーの作品であった．1870年代と1880年代に銀行を設計したことで新しい顧客層がもたらされ，アレン・エヴァンズ（Allen Evans, 1849-1925）が1881年に共同主宰となると彼の社交性もあって，事務所（ファーネス＆エヴァンズ（Furness & Evans））は大きな成功を収めた．この共同事業の成果の中では，らせん階段の塔が立面に露出して分割された正面と，ヴィオレ＝ル＝デュクとバージェスの作品を思わせる，どっしりとして必要以上に大きい細部をもつフィラデルフィアのナショナル・バンク・オブ・リパブリック（1883-84，現存せず）がとくに生き生きとしたものである．フィラデルフィアのプロヴィデント・ライフ・アンド・トラスト・カンパニー（1876-79，1888-90，および1902，現存せず）では，楣と敷居を必要以上に大きくし，建物に圧倒的に力強い個性をもたらした．合理的な平面計画と大胆な細部をもつペンシルヴェニア大学のための図書館（現在のファーネス図書館，1888-91）は，彼の業績の頂点といってよい．

ファビアーニ，マックス Fabiani, Max (1865-1962)

　スロヴェニアの建築家．ウィーンのオットー・ヴァーグナーの弟子で，1899年からヴァーグナーの事務所のシニアメンバーとして，とくにポルトワ＆フィクス百貨店（1899）とアルタリア集合住宅（1900）（いずれもウィーン）に携わった．皇太子フランツ・フェルディナンド大公（Archduke Franz Ferdinand, 1863-1914）の個人的な建築アドバイザーとして，かなりの影響力をもっていた．しかし，彼の最も重要な建物の多くは第一次世界大戦後にリュブリャナとトリエステで建てられたもので，リュブリャナとゴリツィア（トリエステ近郊）ほかのマスタープランを準備した．

ファブリック fabric

　1．建築物の構造体．調度品，あるいは動産の反対語．
　2．窓，扉，仕上げを含む建築物．アーバン・ファブリックという場合は，道路，建築物，オープン・スペースなどを指し，それらが町，または町の一部を形成している．
　3．工場．

ファブリック fabrique

　アイキャッチャー，フォリー，神殿のような，風景式庭園の中の建築物を指すフランス語．

ファム＝フルール femme-fleur

　植物の巻きひげに似た髪型の，脚の長い夢みる少女を象った装飾〔「花の娘」という意味の仏語〕．舟形植物形装飾と絡み合わされていることが多い．アール・ヌーヴォーのデザインにみられる．

ファランド，ベアトリクス・カドワラダー・ジョーンズ Farrand, Beatrix Cadwaladar Jones (1872-1959)

　アメリカのランドスケープ・アーキテクト．作家イーディス・ウォートン（Edith Wharton, 1862-1937）の姪であり，ファランドは彼女からヨーロッパの庭園の知識を得ていた．1895年にニューヨーク市で開業．ニュージャージー州のプリンストン大学（1913-41）やワシントンD.C.の邸宅，ダンバートン・オークス（1922-33）にみられるように，イタリア風と英国風の庭園を融合させた．またメーン州シール・ハーバーの〔ロックフェラー家の別荘〕エアリー（1926-39頃，ここには月亮門をはじめとする東アジアの庭園をほのめかすような要素が含まれている）や〔イギリス〕デヴォンの〔私立中高等学校〕ダーティントンホール校（1933-38），そしてコネチカット州ニューヘヴンのイエール大学のキャンパス（1924-47）を設計した．

ファーリー，リチャード・オヴ Farleigh, Richard of (1332-65 活躍)

　イングランドの石工．レディング修道院（バークシャー）とバース修道院（サマセット）の建設に従事し，その後，1334年にソールズベリー大聖堂のマスター・メーソンに任命された．ソールズベリー大聖堂では，おそらくグレート・タワーと尖塔屋根（スパイア）を建て，ウスターシャーのパーショア修道院の塔の建設も主導した．また，ソールズベリーのザ・クロ

ーズのセント・アン門と礼拝堂（1350-54）を設計したと思われる．1352-53年には，エクシター大聖堂（デヴォン）のマスター・オヴ・ザ・ワークス（工事主任）となった．

ファルコネット，ジョヴァンニ・マリア
Falconetto, Giovanni Maria (1468-1535)

　ヴェローナ生まれの建築家，画家．作品は，ブラマンテやラファエロによるローマの古典主義を想起させる．ファルコネットは，北イタリアでこの様式を実践した重要な人物であった．現在ではパドヴァのパラッツォ・ジュスティニアーニの一部となっているロッジア・コルナーロとオデオ（1524）は，ファルコネットが手がけた庭つき住宅である．これらの建築にはパッラーディオやサンソヴィーノの作品と同じ特徴がうかがえるが，これらの巨匠よりも前の時代に設計されたものである．ファルコネットは，田園のヴィラという形式を確立した最初の人であったかもしれない．すなわち，パドヴァ近郊のルヴィリアーノに設計したヴィラ・デイ・ヴェスコヴィ（1529頃-35）のことであるが，ここでは建築的特徴としてアーチでできた洗練されたロッジアが注目に値する．サン・ジョヴァンニ門（1528）とサヴォナローラ門（1530）というみごとな都市門を設計し，サンタントニオ聖堂のイル・サント礼拝堂（1533以降）の建設に携わった．これらはすべてパドヴァにある．

ファルシオン　falchion
　「ムーシェット」と同意．

ファルス　false
　そうでないものをそうであるかのようにみせるもの．たとえば，ファルス・アーチまたはプセウド・アーチ〔「擬アーチ」の意〕，ファルス・アティック（屋根を隠蔽する壁体で，その背後に部屋を含まないもの），ファルス・ドア，また，ファルス・フロント（実際よりも建築物を大きく見せるよう，建築物の側壁や屋根の範囲を超えて拡張されたファサード）といった用例がある．

ファレル，テリー　Farrell, Sir Terry (1938-)
　イギリスの建築家．1965年に（ニコラス・）グリムショウとともにファレル＆グリムショ

ウ・パートナーシップを設立するが，1980年には，現在のテリー・ファレル＆パートナーズの原型となる彼自身の事務所も始めた．初期の作品であるクリフトン養樹園（1979-80）やコベント・ガーデン（1980-81，すでに取り壊し，ロンドン）には，両者ともに古典建築への参照がみられる．また，たとえば線路の上部につくられたチャーリング・クロス，ターミナル駅のエンバンクメント・プレイス（1987-90）や，同じようにシティ・オブ・ロンドン内のロンドン・ウォール通りを跨ぐアルバン・ゲート（1987-92）といった大規模な開発プロジェクトでは，両者ともにブリッジによる解法が採用されることにより，ロンドンの都市構成に多大な貢献を果たしている．ファレルによる最もすぐれた表現の建物の一つとしては，Oxonのヘンリー・ロイヤル・レガッタ本部（1983-85）があげられる．そのほかにはキャムデン・タウンのTV-AMビルディング（1981-82）やヴォクソール・クロスのSISビルディング（1988-92），ザ・ポイント（2001-03）などがあり，これらはすべてロンドンに建てられている．ファレル＆グリムショウ・パートナーシップでは，世界中のさまざまな場所において，膨大な量のマスタープランをデザインしている．その多くは，交通機関と絡まってつくられる．たとえば中国の九龍に計画された駅舎の複合施設（1992-98）は，オフィス，ホテル，小売店，バス乗り場，ガレージ，駐車場や4000戸の住居などによって，新しい都市の地区の一部ともなるような広大な案である．この以前にも，ファレル個人にとって中国での最初のプロジェクトとして，現在は香港のランドマークにもなっているピーク・タワー（1991-95）がある．香港ではほかにも，イギリス領事館・イギリス議会場（1992-96）をデザインしている．またファレルは，エディンバラ中西部にあるカレドニアン鉄道の古い駅舎の，大規模な開発も手がけている．ここでのファレルの提案は，ヴィクトリア朝期の鉄道技師によってつくられた新旧市街地を結ぶ路線を再構築すると同時に，新しく公共的なオープンスペースおよび立派な会議場（1989-95）をつくり出すものである．エディンバラでファレルの事務所は，（トーマス・）ハミルトンによる特異なディーン孤児院（1831-33）を，美しいアート・ギャラリーへと変えている（1996-99）．ファレルらの仕事は総

じて刺激的なものであり，その計画案の多く
は，名誉ある賞を受賞している．

ファーレンカンプ，エミール Fahrenkamp, Emil（1885-1966）

ドイツの建築家．デュッセルドルフ工芸学校
およびデュッセルドルフ美術アカデミーでヴィ
ルヘルム・クライスの助手を務め，後にその職
を引き継いだ．代表作にライン鉄鋼連盟のため
の工場・社屋（1920年代），フランクフルト・
アム・マインのI・G・ファルベン社発電所
（1945-56），また教会も手がけデュッセルドル
フ（1926）とエッセン（1927）のルター派教会
が知られている．

ファロス pharos

1. アレキサンドリア湾にあったような古代
の灯台．
2. 灯台のシンボル．
3. 目立つ灯台やかがり火．

ファン・ヴォールティング fan-vaulting
⇨ヴォールト

ファン・ヴォールト fan
⇨ヴォールト

ファン・エイク，アルド van Eyck, Aldo（1918-99）
⇨アイク，アルド・ファン

ファン・エーステレン，コル（ネリス） van Eesteren, Cor（nelis）（1897-1988）
⇨エーステレン，コル（ネリス）・ファン

ファン・カンペン，ヤーコプ van Campen, Jacob（1595-1657）
⇨カムペン，ヤーコブ・ファン

ファン・スフラーフェサンデ，アレント Gravesande, Arent van's（1600頃-62）

ハーグ，ライデン，ミッデルブルクなどのい
くつかのオランダの町で活動した都市の建築
家．主導的な古典主義者であり，ファン・カン
ペンの弟子であった．最良の作品は，ビブリオ
テカ・テイシアナ（1655），レッケンハレ
（1639-40），八角形のマレ教会（1639-49，イオ

ニア式円柱がドームを支える）など，ライデン
にある．さらにミッデルブルクの東教会
（1646，マレ教会を変化させたもの）を完成さ
せ，ハーグのセバスチァンスドゥレン
（1636）を設計した．

ファンタジー建築 Fantastic architecture

常軌を逸した，想像力豊かな建築．ガウ
ディ，ブルーノ・タウト，ハンス・ベルツィヒ
の後期作品のような例がある．未来的なハイ
テックな大規模構造物（⇨ハイテク）．異様な
感じのフォリー．あるいは，用途についての配
慮や論理を無視した非合理的な構造物．

ファンツァーゴ，コジモ Fanzago, Cosimo（1591-1678）

ベルガモ近郊のクルゾーネ生まれ．1612年
以降のナポリで，とりわけ祭壇の設計におい
て，バロック建築の最も重要な唱道者となっ
た．ファンツァーゴは，一連の華麗な聖堂ファ
サードをつくりあげた．現存している有名なも
のとして，凱旋アーチを備えたチェルトーザ・
ディ・サン・マルティーノ（1623-56）や，3
連アーチのロッジアを備えたサンタ・マリア・
デッラ・サピエンツァ聖堂（1638-53），ポンテ
コルヴォのサン・ジュゼッペ・デリ・スカル
ツィ聖堂（1643-60）があげられる．ナポリ近
郊のポジリポにある巨大なパラッツォ・ドンナ
ンナ（1642-44）は完成にはいたらなかったが，
ファンツァーゴがまさしく最初に設計したもの
であり，3層にわたるロッジアでできた巨大な
ベルヴェデーレや，斜めに面取りしたコーナー
部を備えている．精巧なサン・ジェンナーロの
尖塔型記念碑（1637-60）は，ファンツァーゴ
特有の自信にあふれた凱旋者の手法を示してい
る．

ファン・デア・ニュル，エドゥアルト van der Nüll, Eduard（1812-68）
⇨ニュル，エデュアルト・ファン・デア

フアン・デ・アラバ Juan de Álava（1537没）
⇨アラバ，フアン・デ

フアン・デ・コローニア Juan de Colonia（1511頃没）
⇨コローニア一族

ファン・デル・ローエ，ルートヴィヒ・ミース van der Rohe, Ludwing Mies（1886-1969）
⇨ミース・ファン・デル・ローエ，ルートヴィヒ

ファン・ドゥースブルフ，テオ van Doesburg, Theo（1883-1931）
⇨ドゥースブルフ，テオ・ファン

ファント・ホフ，ロベルト van't Hoff, Robert（1887-1979）
⇨ホフ，ロバート・ヴァント

(a)

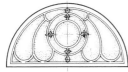
(b)

(c)

ファンライト (a) 蝙蝠翼形，1820 年頃（JJS に基づく）．(b) 涙滴形，1820 年頃（JJS に基づく）．(c) 18 世紀型の広壮なファンライト．マージェントやウィート・イヤー・ドロップで飾られたピラスターの間にあるドアの上に，マージン・ライトとともに設置されている．この例のような控え目な優雅さはアダム様式の典型である．

ファン・トレーサリー fan tracery
⇨トレーサリー

ファン・バウルスヘイト，ヤン・ピーター van Baurscheit, Jan Pieter（1699-1768）
⇨バウスヘイト，ヤン・ピーター・ファン

ファンライト fanlight
1．扉の直上のガラスの嵌った採光窓．その頂部は，半円形，または，その他の曲線を描き，開いた扇の形を思わせる放射状の桟が施されて，その間にガラスが嵌っていることが多い．サンバースト・ライト（日輪形彩光窓）ともいう．英国 18 世紀の住宅によくみられる．1800 年頃から，蝙蝠翼形や涙滴形のデザインが導入された．
2．扇形であるなしに関わらず，扉の直上のガラスの嵌った採光窓のこと．また，蝶番で開くようになっている，窓の上部のこともいう．

フィオラヴァンティ，アリストーテレ Fioravanti, Aristotele（1415 頃-86）
ボローニャ出身の建築家，技術者．ボローニャ，マントヴァ，ヴェネツィア，ローマ，そしてナポリで技術的な多くの問題に携わり，ミラノのスフォルツァ家に仕えた（1458-64）．1467 年にはハンガリー，そして晩年の 10 年間はロシアで活動し，さまざまな計画に関与した．その中にはビザンティン様式によるモスクワのクレムリンの聖母被昇天大聖堂（1475-79）が含まれる．

ブイガス，ウリオール Bohigas (Guardiola), José Oriol（1925-2021）
⇨ボイガス（・グアルディオラ），ホセ・オリオル

フィギュラティブ・アーキテクチャー Figurative architecture
1970 年代末，グレイヴスや，ロッシ等に影響を受けたパオロ・ポルトゲージが，当時の建築的意匠の特徴を述べたとされる造語である．これまで近代運動によって排除されてきた伝統的な建築の壁や柱，ドア枠，ペディメント等にみられる隠れた類型の復活を試みた．これはポスト・モダニズムの一環とみなされている．

フィゲロア, レオナルド・デ Figueroa, Leonardo de (1650-1730)

バロック建築家. 主要作品はいずれもスペインのセビーリャにあり, 赤色の施釉タイルで縁取った黄色または白色の切り出し煉瓦造による壁体を特徴とする. 彼の建築では, ソロモン柱, エスティーピテ, 複雑にねじ曲げられたコーニス, 多くの彫像と彫刻装飾が好んで用いられたほか, 場合によってはムデハル様式の装飾が少々加えられ, これらすべての要素が抑制されることなく自在に混交された. ベネラブレス・サセルドテス病院 (1687-97), マグダレーナ聖堂 (1691-1709), サン・サルバドール聖堂 (1696-1711) などは, フィゲロアのこうしたデザイン手法を示す好例である. そのほかサン・テルモ館西扉口 (1724-34) も彼の作品であり, また徹底的に飾り立てられた集中式平面のサン・ルイス聖堂 (1699-1731, ボッロミーニとライナルディからの影響が感じとれる) もおそらく彼の設計である. 息子のアンブロシオ (Ambrosio, 1700-75) も装飾的なセビーリャ・バロック様式によりサンタ・カタリーナ聖堂 (1732) などの作品を残し, 孫のアントニオ・マティアス (Antonio Matías, 1734頃-96頃) はラ・パルマ・デル・コンダードの聖堂カンパニーレ (鐘楼) (1780頃) を設計した.

V字形 V

V字形目地とは, くちばし形断面の目地のことをいう. いい換えれば, V字形の目地は, さね継ぎによる床張りの代わりに, 芋目地に用いられるものである. V字形トレーサリーはY字形トレーサリーに似ているが, 側面はよりまっすぐな形状をしている.

フィジーニ, ルイジ Figini, Luigi (1903-84)

イタリア人建築家. 1929年, ジーノ・ポッリーニ (Gino Pollini, 1903-91) とパートナーシップを結んだほか, 1926年にテラーニ, その他とグルッポ・セッテを結成. イタリア合理主義の指導的建築家だった. 1934-57年, ポッリーニとともにイヴレアのオリベッティ工場の設計と拡張に携わり, 近代運動の原理を展開した. ミラノのマドンナ・デイ・ポーヴェリ聖堂 (1952-54) では, 工業施設や官庁施設に用いられる主題を聖堂の配置に応用し, 後世に影響を与えた.

フィスケル, カイ・オットー Fisker, Kay Otto (1893-1965)

デンマークの建築家. その発想は, デンマークのヴァナキュラー建築とドイツのモダニズムに由来する. 最も知られているのはオーフス大学 (ポール・ステグマンおよびクリスチャン・フレデリク・メーラーと協働, 1932-45) であり, 伝統的な素材 (たとえば煉瓦) とシンプルな形態が採用されている. 集合住宅, 戸建住宅を問わず住宅建築では高く評価された. とくにコペンハーゲンのボルップスアレーとステファンス通りのコーポラティブハウス (1918-21) やヒュースムのヴォルドパルケンの集合住宅と学校 (1945), その他, 数多くのベルリンのインターバウ集合住宅 (1956-57) などがある. 著書『現代デンマーク建築 (*Modern Danish Architecture*)』(1927, フランシス・ローランド・イェーブリ (Francis Rowland Yerbury, 1885-1970) と共著) では, デンマーク人の業績をイギリスやアメリカに発信した.

フィッシャー, テオドーア Fischer, Theodor (1862-1938)

ドイツの建築家, 教育家. ドイツ工作連盟の創設メンバー (1907). ロイトリンゲン近郊グミンダースドルフの集合住宅 (1903-8) にみられるように, 作品はヴァナキュラーな形態をしばしば示す. 地域に固有の景観や建築の造形要素を重視し, 応用していくべきだと主張した. ジッテの理念からの影響がみられ, 近代運動とは一線を画する. マンハイム (1916), アウグスブルク (1926) など, ドイツ諸都市の拡張計画に携わった. また, シュトゥットガルトのヴェーバー通り (1904-06), ランゲンザルツァ (1907-08), ミュンヘンのノイ・ヴェストエント (1909-10) などの都市で労働者用集合住宅の設計を手がけた. ボナッツ, ブルーノ・タウト, メンデルゾーン, アウトに影響を与えた. 著書『ドイツの建築芸術のために (*Für die deutsche Baukunst*)』(1917) の中では, 構法と工芸に関する研究を奨励した. 一方, 空間を創造することへの理解を阻むという理由により, 数学, 自然科学, 製図法, そして建築教育のなかで「デザイン」を過度に重要視することを非難した. 国際的に広がるモダニズムの普遍性に対抗し, 郷土様式 (地域的様式), また南ドイツとスイスにおけるアーツ・アンド・クラ

フツ運動に深くかかわった.

フィッシャー, ハインリヒ・カール・フォン
Fischer, Heinrich Karl von(1782-1820)

　ドイツの建築家. 1796 年にミュンヘンに居を定め, バイエルンの首都で最初の著名な新古典主義の建築である, 美しいポルティコをもつカール皇子宮殿（1803-06）を設計した. 国王マクシミリアン 1 世ヨーゼフ（King Maximilian I Joseph, 在位 1806-25）下の都市計画において都市の改善に大きく貢献した. その業績にはカロリーネン広場（1808-12）やホーフテアター（宮廷劇場, 1810-18, 1823 年に火災に遭い, クレンツェによって再建される. その際クレンツェは外観を部分的に保持した. その後第二次世界大戦で再び破壊され, ナツィオナルテアター（国民劇場）として再建された）が含まれる.

フィッシャー・フォン・エルラッハ, ヨハン・ベルンハルト　Fischer von Erlach, Johann Bernhard（1656-1723）

　オーストリアの著名なバロック建築家. 1671 年からローマで学び, 同地でベルニーニとカルロ・フォンターナの作品を知り, 古代の遺物や建築への興味を発展させた. 1683 年にトルコが敗北し, オーストリアがヨーロッパの大国として繁栄を迎えると, ウィーンに居を定める. ローマ滞在の影響を示すような楕円形ホールをもつモラヴィアのフライン城（1688-95）を設計し, その後ザルツブルクの三つの教会において主題を発展させた. 楕円形のドライファルティヒカイツキルヘ（三位一体教会, 1694-1702）では, 長軸が入口から主祭壇へと向かっており, その一方で（グァリーニにヒントを得ている）一対の塔が凹んだファサードの両脇に立っている（それはボッローミーニとライナルディによるローマのサンタ・ニェーゼ教会から得られたテーマである. ただし, ファサードの中央はアルドゥアン＝マンサールの作品から影響を受け, 基本的な平面はヴィニョーラによるローマのサンタ・アンナ・デイ・パラフレニエーリに影響を受けている）. そこには彼の総合の能力が示されているが, 彼はまたツッカーリのザルツブルクの教会からも影響を受けていたと考えられる. それに続くのがコレーギエンキルヘ（大学教会, 1694-1707, 長手の平面

と集中式の平面が組み合わされた平面をもち, 中央の空間に高くそびえるドームが置かれる）とヨハネスシュピタルキルヘ（聖ヨハン病院教会, 1699-1704, そこにもボッローミーニの影響が再び明瞭に現れる）である. ザルツブルク滞在時に, フランツィスカナーキルヘ（フランシスコ修道会教会）の優れた主祭壇（1709）を設計している. ウルズリーネンキルヘ（ウルスラ会教会, 1699-1705）もまた彼の作品と考えられている. これらのザルツブルクの建築は, 一面では, ウィーンのカールスキルヘ（聖カール教会）（1715 年から）のための試行であった. この教会は古代ローマ風のポルティコ, 聖書に描写されたソロモン神殿の引用（ヘラクレスおよびヤキンとボアズの柱としての一対のトラヤヌス柱によりその引用は高められた）, ドームで覆われた中央の楕円形空間, そして幅広の正面ファサードという特徴をもち, 全バロックの作品の中でも最もオリジナルで力強いデザインの一つとなっている. ブレスラウ（現在のヴロツワフ）大聖堂の聖歌隊席に隣接する選帝侯礼拝堂（1715-24）も言及されるべき作品である. それはパッラーディオおよびボッローミーニ的な主題を組み合わせたものであり, ここでもまた楕円を用いている.

　世俗建築としては, ベルニーニとル・ヴォーに影響を受けたウィーンのサヴォイのオイゲン公（Prince Eugen of Savoy, 1663-1736）都市宮殿, プラハのクラム＝ガラス宮殿（1713-25 頃）, ウィーンのシェーンブルン宮殿の設計（部分的に実現しており, 多くは変更された）（1696 年から）, ヨーロッパにおける最も美しいバロックの室内空間の一つであるウィーンのホーフビブリオテーク（宮廷図書館）（1722-30）がある. カールスキルヘとホーフブルク（皇帝の宮殿）では, 作業の多くが彼の息子ヨーゼフ・エマヌエル・フィッシャー・フォン・エルラッハ（1695-1742）によってなされた. ヨハン・ベルンハルトの『歴史的建築の構想（*Entwurff einer Historischen Architectur*）』（1721）は, 1730 年に英語版『市民建築および歴史的建築の計画（*A Plan of Civil and Historical Architecture*）』として出版されている. これはエジプトおよびオリエントの建築の図版を掲載した最初の本であったが, その描写はきわめて空想的であった. それにもかかわらず同書は後の世代, とりわけブレに大きな影響

フイツシヤ
を及ぼした．

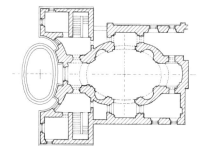

ザルツブルクのドライファルティヒカイツキルヘ（三位一体教会）の平面．正面が凹み，教会は楕円形平面となっている．

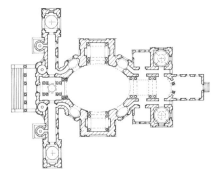

ウィーンのカールスキルヘ（聖カール教会）の平面．塔とソロモン/トラヤヌス柱をもつ幅広の正面，基壇に載った六柱の前柱廊式ポルティコ，中央の楕円形平面がみられる．

フィッシャー，ヨハン・ミヒャエル Fischer, Johann Michael (1692-1766)

バイエルンにおいてロココ様式による32の教会，23の修道院，数多くの世俗建築の建設に携わった重要な建築家．ツヴィーファルテン (1741-64) とオットーボイレン (1748-68) のベネディクト会修道院教会が代表作であり，その二つの室内は，ドイツの中でも最も優雅で軽やかな表現をもつロココのインテリアに数えられる（そのスタッコはJ・M・ファイヒトマイヤー（J. M. Feichtmayr, 1696-1772）による）．ともに装飾の混乱の中で建築形態が見失われることなく，それを力強くコントロールしている．ロット＝アム＝イン (1759-63) とベルク＝アム＝イン (1738-51) では長手方向の軸と中央の空間を融合させ，オットーボイレンでは楕円形もしくは円形平面のヴォリュームが連続し相互に浸透しあう空間を創出した．ツヴィーファルテンでは，壁から突き出た柱によって身廊横に複数の礼拝堂の空間が設けられ，袖廊が交差部ドームの横に配置され，聖歌隊席と至聖所が交差部の奥の縦長の空間に配置された．2階席は，2本対になった人造大理石付柱のペアとペアの間の位置に配され，身廊へと傾き突き出ている．その他の作品にアルトミュンスター (1763-66)，ドレスデン (1732-39, 主祭壇はキュヴィイエによる)，フュルステンツェル (1739-48)，オスターホーフェン (1726-40) の教会がある．例外なく彼の教会は詳細に研究する価値のあるものである．

フィッシュ＝ブラッダー fish-bladder

オタマジャクシのようにみえる，第二尖頭式の曲線トレーサリーにみられる形態．頂部は半円形または尖頭形で，先の尖った曲線の尾部を備える．「ムーシェット」ともいう．ゾンダーゴーティクのトレーサリーのコンマ形を指すドイツ語「フィッシュブラーゼ」に由来すると思われる．

フィニアル finial

ベンチ両端，天蓋，妻壁，ピナクル，尖塔などの頂部におけるボス，クロップ，ノブ，ポメ

14世紀のゴシック建築のフィニアル・ウィンボーン，ドーセット．

ルのこと．通常は装飾されている．

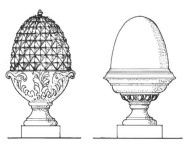
フィニアル（左）Pine-coneフィニアル，
（右）Acornフィニアル

フィラデルフィア派 Philadelphia School
　ルイス・カーン，そしてギルゴラをはじめとするカーンの弟子たちによる建築家の一派．

（通称イル・）フィラレーテ（アントニオ・ディ・ピエトロ・アヴェルリーノ） Filarete, Il (Antonio di Pietro Averlino) (1400頃-69)
　フィレンツェ出身の彫刻家，建築家．通称のフィラレーテとは，「徳を愛する者」という意味．重要な業績は，初期ルネサンス様式を促進したことと，『建築論（*Trattato d'architettura, Libro architettonico*）』（1461-64）を著したことにある．この書は広く知れわたったものの，19世紀にいたるまで出版されることはなかった．ヴァザーリはこの書に高い評価を与えていない．この書には，展望台を完備した美徳の家と，売春宿を完備した悪徳の家という独創的な10階建ての建築のみならず，理想都市（スフォルツィンダとプルシアポリス）の平面図も掲載されている．また，ギリシアのオーダーを用いることによって，観念連合説の一形態である社会階級を暗示させることも提案されている（おそらく基本的な考えはウィトルウィウスに由来する）．フィラレーテはベルガモ大聖堂（1455年から関与したが，17世紀に大幅に改築）を設計したと思われるが，主要な建築作品はミラノのオスペダーレ・マッジョーレ（カ・グランダ）という大病院である．これは複雑な左右対称形の平面で設計されたが，実際に建てられたのは一部にすぎない．アーケード（1456）を備えてはいるものの，ブルネレスキ

のフィレンツェの作品に比べると，いささか質は劣る．しかしながら，患者を病棟に隔離するという設計案により，ミラノのこの建築は科学的な近代の病院建築としては，おそらく最初の例とみなされ，後の何世紀にもわたって大きな影響を及ぼした．フィラレーテは，ヴェネツィアのカ・デル・ドゥーカ（1445-61）の設計にも関与したかもしれない．

フィランデル（フィランドリエ），ギヨーム Philander *or* Philandrier, Guillaume (1505-65)
　フランスの建築家で，ウィトルウィウスの翻訳と注解（1544，およびのちの版）が，建築理論や慣例の主要な参照源として16世紀に大いに尊敬を集めたセルリオのもとで学び，トゥールーズ大聖堂のアルマニャック枢機卿の墓所を設計したといわれている．

フィールド仕上げ fielded
　面取りされた縁よりも厚みのある，パネル中央の盛り上がった平滑面のこと．

フィールド，ホレス Field, Horace (1861-1948)
　ロンドン生まれのイングランド人建築家．レン風ルネサンスを洗練させた様式の作品が多い．たとえば，ロンドンのロスリン・ヒルのロイズ銀行（1891）ヨークのノース・イースタン鉄道会社の事務所（1904）など．バニーとともに，『17, 18世紀のイングランドの住宅建築（*English Domestic Architecture of the XVII and XVIII Centuries*）』（1905, 1928）を編纂した．チャールズ・イヴリン・シモンズ（Charles Evelyn Simmons, 1879-1952）とともにハートフォードシャーのレッチワース田園都市，ハムステッド・ガーデン・サバーブの住宅，そしてスコットランドのイーストリッグスおよびグレトナの複数の教会堂を設計した．

フィルフット fylfot
　鉤十字．⇨十字

フィレット fillet
　幅の狭い平らな刳形（くりかた）．通常，刳形群の中の平滑な装飾帯のことをいう．直方体を描いて突出した部分，あるいは，単に他の刳形の間の平らな面を指す．たとえば，コラムの

シャフト（柱身）のフルート（縦溝）の間の平滑面や，アッティカ式ベース（柱礎）の，トルスとスコティアの間の刳形要素の一つのようなものがある．これは各刳形を明確に区切り，強調することが多い．たとえば，コーニス上端において，キューマ・レクタの上にみられる．その場合，「リスト」または「リステル」と称する．また，ドリス式オーダーのキャピタル（柱頭）のエキノス直下の溝の間にみられるような，非常に小さなフィレットはアニュレットとよばれる．

フィレンツェ風アーチ　Florentine arch
⇨アーチ

フイロー，ジャック＝アンドレ　Fouilhoux, Jacques-André（1879-1945）
パリ生まれのフランスの建築家．1904年頃よりアメリカ合衆国におり，1924年にレイモンド・フッドと事務所を共同主宰する．フッドとともにニューヨーク州タリートンの聖ヴァンサン・ド・ポール孤児院（1924）やペンシルヴェニア州スクラントンのマソニック・テンプル（1929），ニューヨーク市のマグロウヒル社の摩天楼（1930-32）などを設計した．またニューヨーク市のロックフェラー・センター（1931-34）も一部は彼の業績である．1934年にフッドが亡くなると，ウォレス・K・ハリソンと協働するようになり，ロックフェラー・センターに携わり続けた．ニューヨーク博覧会（1838-39）に貢献し，また1940年代にニューヨーク市のフォート・グリーンとクリントン・ヒルの住宅供給の計画を手がけた．

フィロン　Philo or Philon（前4世紀活躍）
アテネの建築家．エレウシスにある秘儀堂（テレステリオン）のポルティコ（前330-前310），およびアテネ海軍の帆船やロープなどを保管するための，アテネ近郊のピレウスにある巨大な工廠（前346頃-前328）を設計した．プロポーションに関する本の著者であり，また工廠に関する解説を作成した．もう1人の，ビザンティウムのフィロン（Philo of Byzantium）とは，紀元前2世紀頃に，数学および建築に関する書物を著した人物である．

フィンガー＝プレート　finger-plate
扉の手先框を指の汚れから保護するための（金属製，陶器製などの）プレート．扉のノブや取手と繋がっていることも，隔てられていることもある．

フィンステルリン，ヘルマン　Finsterlin, Hermann（1887-1973）
幻想的な建築ドローイングで知られるドイツのデザイナー．ドローイングの多くはブルーノ・タウトを介して知られるようになり，また芸術労働評議会を通じて広められていった．フィンステルリンのドローイングに対する関心は1960年代にふたたび高まったが，実在の建造物を設計することはなかった．

フィンボーンスまたはフィンケボーンス，フィリ（ッ）プス　Vingboons, or Vinckeboons, Philip(pu)s（1607/8-78）
オランダの住宅建築家．とくにイングランドで影響力をもった1648年と1674年の2巻の著作によって，主として知られる．アムステルダムの運河沿いに建つ背の高く幅の狭いファサードに古典主義のヴォキャブラリーを適用した．具体的にはペディメント，スクロール，そして質素な装飾を用いて大きな効果をもたらした．彼の作品の典型的な例はアムステルダムに建つヘーレンフラスト168（1638），ケイザースフラスト319（1639），ヘーレンフラスト364-370（1662）である．弟のユストゥス（ヨースト）・フィンボーンス（Justus (Joost) Vingboons, 1620/1-98）は，付け柱状のジャイアント・オーダーが2.5層立ち上がるアムステルダムの美しいトリッペンハウス（1660-62）を設計した．彼はジャン・ド・ラ・ヴァレによるストックホルムのリーダーフュス（高潔な住宅）を完成させたが，そこではオランダのパッラーディオ主義を連想させるジャイアント・オーダーが用いられた．

フィンリー，イアン・ハミルトン　Finlay, Ian Hamilton（1925-2006）
スコットランドの作家，出版者，詩人にして造園家．1966年よりエディンバラ南西部のダンシャー近郊にあるストーニーパス（あるいはリトル・スパルタ）で，夫人とともにすばらしい風景式庭園を造成した．ここでは，水，木々，植物が点景建築，石に刻まれた碑文，建

築の断片，日時計などを引き立たせ，彼の庭園を18世紀の引喩に満ちた庭園へと結びつける記憶術の誘因にみちた，喚起させる場所を創りだした．記念碑の彫刻や美しい文字は，さまざまな芸術家によってつくられた．そのなかにはマイケル・ハーヴィー（Michael Harvey, 1931-2013）やアレグザンダー・ストッダートがいる．フィンリーは1982年にオランダのオッテルローにあるクレラー・ミュラー美術館に「聖なる森」をつくり，他にも作品を残した．

風化　weathering

　天候の作用によって［建造物が］変化を被るプロセス．いくつかの事例においては時間が建造物に及ぼす効果は有益なものとなりうる．たとえば，石灰岩のアシュラー（切石）の表面が人為的にはつくり出せないような美しさを獲得する場合などである．

風化状態　weathered

　風雨にさらされることによる変化のこと．適度に色あせ，けばけばしさや真新しさが抑制された状態から，ボロボロに使い古され，腐食されている状態までが含まれる．

風景式庭園　landscape garden

　クロード・ロラン，プッサンなどの古典主義の風景画から影響を受けた庭園で，曲線，注意深く配置された木々の塊や植栽，湖や川，そして時には巧みに配置された点景建築がある．遠景は耕された農地に広がっており，農園の建物が特徴（フォルム・オルネ）となるよう設計されていることもあるが，全体の構成は非対称である．このような庭園はイングランドで初めて造園され（たとえばウィルトシャーのスタウアヘッド，バッキンガムシャーのストウ），サー・ウィリアム・テンプル（Sir William Temple, 1628-99）がこれを推奨した．彼は『エピクロスの庭（*Upon the Garden of Epicurus*）』（1685）で，ヨーロッパの整形式庭園の「対称性」と，不規則で非対称的でない，いわゆる中国庭園（「秩序や部分の配置がない」と表現しており，これをシャラワジと呼んだ）を比較している．第3代シャフツベリー伯爵アントニー・アシュリー・クーパー（Anthony Ashley Cooper, 3rd Earl of

Shaftesbury, 1671-1713）は『モラリスト（*The Moralists*）』（1709）の中で，「君主の」庭園の「整形的な模造」を嘲り，これらと風景式庭園の美とを比較した．風景式庭園の「純粋な秩序」は人工や「気まぐれ」によって損なわれることはないのである．『モラリスト』と『人間，作法，意見，時代の諸特徴（*Characteristics of Men, Manners, Opinions, and Times*）』（1711）において，彼は美学と道徳的な観念とを関連づけ，「荒野（ウィルダネス）」を神の創造物として賞賛し，庭園において神の創造物である真の秩序は整形式の配置の厳格さの外に存在すると主張した．彼はジョージ王朝期の庭園デザインに哲学的な理論を与え，庭園デザインにおいて整形式よりも自然を好むという点において，のちの著述家よりも先鞭をつけた．たとえば，ジョゼフ・アディソン（Joseph Addison, 1672-1719）は，風景式庭園についての彼の理論を詳細に説明し，トピアリが多く用いられていることを嘆き，フランスの整形式庭園を非難した．1713年にアレグザンダー・ポープは流行の整形式庭園とトピアリを攻撃し，「飾り気のない自然の愛すべき単純さ」に戻り，ゲニウス・ロキ〔地霊〕を尊重するよう主張した．まもなく，風景式庭園は美学的観点だけでなく道徳的，政治的観点からもフランスの「不自然な」整形式庭園よりもすぐれているとされた．風景式庭園は絶対主義に対して自由を表象したのである．スウィッツァーはイギリスの風景式庭園（たとえばヨークシャーのカースル・ハワードの「ウィルダネス」，リンカンシャーのグリムスソープ）を創成した1人であり，『イコノグラフィア・ルスティカ（*Ichonographia Rustica*）』（1715-18）の著者としても影響力を有した．この中で庭園，林地，農地をあわせたすべての地所は自然な特徴に敬意をもってデザインされるべきであること，地所の「実用的で有益な」部分もまた庭園全体の美的な快に寄与できることを指摘した（たとえばフェルム・オルネ）．ほかの18世紀の著作は庭園や建築のデザインに関して実用的な助言を与えたが，英国式庭園のさらなる変容はウィリアム・シェンストーン（William Shenstone, 1714-63，たとえば彼の『造園断想（*Unconnected Thoughts on Gardening*）』（1764）），ウィリアム・メイソン（William Mason, 1725-97，『イングランドの庭園（*The*

*English Garden)』(1772-81)), ホレス・ウォルポール (『現代造園史 (*On Modern Gardening*)』(1780), のちに『現代造園論 (*Essay on Modern Gardening*)』(1785) として出版), ナイトとプライスによるピクチャレスクに関する試論によって促された. 自然な風景に改良が加えられる場合, ゲニウス・ロキはつねに尊重すべきであると広く受け入れられた. (スウィッツァーとともに) ブリッジマンが初期の実践家であったが, ケントはさらに発展させ, ハーハを用いて庭園が周囲の風景と一体となり, カントリー・ハウスが威圧することなく風景式庭園に溶け込むようにした. ランスロット・「ケイパビリティ」・ブラウンは, 芝生や湖が配された森のあるデザインを発展させた. これに対し万人が納得したわけではなかった. たとえばチェンバーズ (シノワズリの建物で, 彼が言うところの「中国風」様式を促進した) やピクチャレスクの信奉者たちは, ブラウンの庭園はあまりにも退屈で想像力に乏しいと感じ, 多様性や時には荒々しさを促した. レプトンは整形式テラスや対称的な花壇といったものに立ち返り, たまに木々のアヴェニューをつけることもあって, ブラウンの手法に見られた特徴により厳格な幾何学性を加えた. 記念碑 (たとえばウスターシャーのシェンストーンの庭園にある壺) や, バッキンガムシャーのストウの庭園にあるさまざまな庭園建築は, しだいに変化をもたらした. 風景式庭園における建物, 記念物, 死者の記念碑といったものは, 庭園の魅力を増すだけでなく, 記憶を誘発することができたのである. (アディソン, ポープ, シャフツベリーの翻訳を通して) イングランドの風景式庭園がヨーロッパ大陸でも受け入れられると, わずかに変化していった. 重要な「荒れた」もしくは「自然な」庭園 (エリゼの庭) が J・J・ルソー (J.-J. Rousseau, 1712-78) の『新エロイーズ (*La Nouvelle Héloïse*)』(1761) に描かれており, これはジラルダン侯爵によるワーズのエルムノンヴィルの庭園デザイン (1766-76) に影響を与えた. これは侯爵の『風景構成論 (*De la composition des paysages*)』(1777) で説明されている. プロテスタントとして生まれたルソーは「異端者」ととらえられ, エルムノンヴィルで亡くなったとき, 侯爵は彼をエリゼのポプラの島に埋めた. これは友情の証として, また彼の心の広さを公に示すものでもあった.

これはエドワード・ヤング (Edward Young, 1683-1765) の『夜想詩 (*Night Thoughts*)』(1742) の「ナルシッサの埋葬」の描写に呼応したものであった.『夜想詩』は 1751-52 年にドイツで出版され, 1769 年にフランスで出版された. この詩は「異端者」に対するローマ・カトリックに配慮して, 秘密裡に夜に恋人を埋葬しなければならない苦悶を描いた作品であった. ポプラの島にあるルソーの墓の図像が出版されると, これはとても影響力をもち, イデアや死者を庭園で記念するだけでなく, 政治的・哲学的主張をするために, 庭園の記念碑の下に死者を埋めるというアイディアが鼓舞されるようになった. モーペルテュイにあるコリニー提督 (Admiral de Coligny, 1517-72, フランスでサン・バルテルミーの日に虐殺された) の記念碑がその 1 例であり, ほかにはフランコンヴィル・ラ・ガレンヌにあるアルボン伯爵クロード=カミーユ=フランソワ (Claude-Camille-François, Comte d'Albon, 1753-89) の庭園のアントワーヌ・クール・ド・ジェブラン (Antoine Court de Gébelin, 1725-84) の墓所がある. さまざまな理論書がこれに続いた (これらは記憶や連想を惹起する庭園という概念を強調した). これらのうちトマス・ウェイトリー (Thomas Whately, 1772 没) の『現代造園論 (*Observations on Modern Gardening*)』(1770), ワトレの『庭園論 (*Essai sur les Jardins*)』(1774), ヒルシュフェルトの『造園理論 (*Theorie der Gartenkunst*)』, ジャン=マリー・モレル (Jean-Marie Morel, 1728-1810, とくに建築について興味深い) の『庭園論 (*Théories des jardins*)』(1776), ジョルジュ=ルイ・ル・ルージュ (Georges-Louis Le Rouge, 1712-78) の『イギリス・中国式庭園, 当世風の新しい庭園の細部 (*Jardins anglo-chinois ou détails des nouveaux jardins à la mode*)』(1776-87) をあげておこう. ヴェルリッツにあるアンハルト=デッサウのエルベ川の英国式庭園では, イングランドとフランスの構想 (たとえばエルムノンヴィルのルソーの島もしくはポプラの島) が連合主義者のテーマと混ざりあい, 偉大な美と惹起する力をもつ庭園王国を生み出した. パヴロフスクやツァールスコエ・セロー (1780 年代, キャメロンらによる) などの風景式庭園や, ワルシャワ近郊のポヴォンスキ (1770 年代, ツークと J・P・ノルブラン・

ド・ラ・グルデーヌ（J. P. Norblin de la Gourdaine, 1745-1830）が設計．現在は墓地），ポーランドのニエボルフ近郊のアルカディア（1777-19世紀初頭．ツーク，イッタル，ノルブランらが設計．エルムノンヴィルの例に基づいたポプラの島があった），ミュンヘンの英国式庭園（1789年より，ランフォード，スケル設計．これはイギリスの風景式庭園様式が公園に採用された最初の例であろう），パリのバガテルにある英国式庭園（1778-80，ベランジェ設計，ブレイキーにより完成），そしてほかの庭園が後の発展に影響を与えた．たとえばキャンパス・デザイン，墓地，田園都市，郊外，公園などである．

風水　Feng Shui

「風」と「水」という意味．2000年近い歴史のある中国の信仰と関係している．すなわち，大地に存在する生きとし生けるものは人生の質に影響を与えうるのであり，建築物，とりわけ，住宅や墓所を設計し，配列し，方位づける際には考慮に入れるべきであるという考え．一種の土占い（geomancy）のようなものである．たとえば，住居は西からは保護されるべきであり，南に正面を向けるべきである．邪悪な霊の侵入を防ぐために重厚な障壁がなければならない（彼らはひたすらに直進する）．また，建築物は周辺の地形だけでなく，風や水にも照応しているべきである．興味深いことに，21世紀の西洋の環境デザインの多くの面は，風水の幾分かの原理を支持しているようにみえる．風水信仰は中国系の人々の中ではなお強力であり（共産主義者によって弱まってはいるが），フォスターの香港上海銀行（1979-86）の設計にあたっては，その方位について風水師が助言していたほどである．

フェアバーン，サー・ウィリアム，準男爵　Fairbairn, Sir William, Bt. (1789-1874)

スコットランドの土木技師．メナイ海峡とコンウィに架かる橋の設計においてロバート・スティーヴンソンを助け，その功績を『ブリタニアとコンウィの下路橋の建設に関する説明とその進歩に関する完全なる歴史（*An Account of the Construction of the Britannia and Conway Tubular Bridges, with a Complete History of their Progress*）』（1849）にて詳述した．鉄構造に関係した様々な実務に関する膨大な数の論文や著作は，ヴィクトリア朝期の技術の発展に貢献した．

フェイス　face

壁体，メーソンリーや煉瓦等による構築物の，装飾され仕上げられた外壁面のことで，見られることが意識されている．

フェイス・ワーク，またはフェイシング　face-work *or* facing

⇨化粧仕上げ

フェイン　fane

1. キリスト教とは異なる宗教の神殿．それゆえ，18世紀の庭園ではファブリックを指した．
2. 風見鶏，または風向計．

フェザー・エッジ　feather-edged

1. 上端よりも下端を厚くした，水平に配置される木製板．たとえば，断面が斜めになるように配列して，普通，下見板に用いられる．
2. 他方よりも一方の端部を厚くする，ある部材の上端の笠の形式．こうすることで一方に排水できる．

フェザリング　feathering

カスプによって隔てられた小さな葉形装飾の配列のこと．通常，ゴシック・アーチの内側の剝形に用いられた．

フェストン　festoon

衣の襞，花，果物，群葉を表した古典主義装飾物．同一水平面上の2点から自然な懸垂曲線を描いて垂れ下がっているように表現される．両端にてリボン装飾で結ばれている．吊り下げ

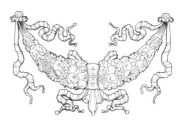

フェストン（ノルマンによる）

られている点においては軽快で幅が狭く，吊り下げられた中間部分では厚く重々しくなっている．古代，ルネサンス，および，新古典主義の建築でよくみられる．

フェスル・フリジェシュ　Feszl, Frigyes (1821-84)
ハンガリーの建築家．クレンツェとゲルトナーに学び（1839-41），ハンガリー帰国後にブダペストでいくつもの住宅（例：ペシュトのヴァーツィ通り 57 番地のバラッショヴィチ邸 (1848-49)）を建てた．ブダペストの市立コンサートホール（1859-64）のように，ミュンヘンで学んだルントボーゲンシュティール（ルントボーゲン様式）にムーア風その他の要素を混ぜたエキゾチックな変種を好んでいたようだ．1845 年から 1854 年にかけてカウゼル・リポート（Lipót Kauser, 1818-77），ゲルシュテル・カーロイ（Károly Gerster, 1819-67）と共働関係を結んでいた．

フェデラル・スタイル　Federal style
1776 年の独立宣言から 1830 年頃までのアメリカ合衆国で流行した建築と装飾の様式．パッラーディオ主義，ジョージアン建築，ロバート・アダムの作品，フリーメーソンの象徴主義，フランスの諸様式（とりわけディレクトワール様式と帝政様式），さらにジェファソンによって推進された新古典主義といったさまざまな要素を参照していた．アメリカのディレクトワールもしくはディレクトリという表現は，フランスのディレクトワールもしくは帝政様式の趣味に影響を受けた 1805-30 年頃の様式を説明する際に役に立つ言葉である．

フェネステッラ　fenestella
1. 祭壇や聖遺物櫃に開けられた小さな開口部（カタラクタ（cataracta），またはフォラメン（foramen））．そこから内部の聖遺物を見ることができるようになっている．
2. 内陣の南壁面に設けられたニッチ．ピッシーナと（時に）クレデンティア卓が納められている．
3. 妻壁直上の小鐘楼の鐘のための開口部．

フェネストレーション　fenestration
建築物のファサードの窓の配列，またはそれによって形成されるパターンのこと．

フェノーリオ，ピエトロ　Fenoglio, Pietro (1865-1927)
イタリア人建築家．トリノ，シッカルディ通りにカサ・ベソッツィ（1904, ルネサンス様式のパラッツォだが，両翼にネオ・ロマネスクの開口をもつ城郭風パヴィリオンが付く）を設計したほか，ランツァ通りのパラッツィーナ・スコット，フランチャ通り／プリンチピ・ダカイヤ通りのカサ・フェノーリオ（両作ともにトリノ，1902-33）など，リバティ様式の作品も多数．

プエブロ　pueblo
1. スペインもしくはラテンアメリカの村．
2. とくにアメリカのアリゾナ州やニューメキシコ州にみられる共同体もしくは集落の住居．通常は日干し煉瓦でつくられ，時には，部分的に掘削した崖面に建設されることもある．

フェミュール　femur
ドリス式オーダーのトリグリフの，溝（グリフ）と溝の間の，鉛直方向の平滑面．

フェリス，ヒュー　Ferriss, Hugh (1889-1962)
アメリカの卓越した建築素描家，幻視者．装飾を抑制した摩天楼のイメージは大きな影響力をもち，とくに『明日のメトロポリス（The Metropolis of Tomorrow）』（1929）に最もよくみられる．『建物における力―ある芸術家の現代建築の展望（Power in Buildings:An Artist's View of Contemporary Architecture）』（1953）は後期の成果の一部の記録として重要である．1920 年代におけるアメリカ建築の発展に対する影響は多大なものがあった．

フェリビアン＝デザヴォー，アンドレ　Félibien des Avaux, André (1619-95)
フランスの建築家，作家．その『建築の諸原理　用語事典を含む（Principes de l'architecture... avec un dictionnaire des termes propres)』（1676）は当時の最も重要でよく参照された著作である．彼の息子ジャン＝フランソワ・フェリビアン＝デザヴォー（Jean-François Félibien des Avaux, 1656 頃-1733）は著名な建築家たちの生涯と作品についての正確

さに欠けるところのある著作を 1699 年に出版
した．だが，そこにはゴシック建築とイスラー
ム建築の通観的な議論が含まれていて，これは
出版されたものとしては最も初期の試みの一つ
である．

フェーリンク，ヘルマン　Fehling, Hermann
(1909-96)
　ドイツの建築家．ベルリンでダニエル・ゴー
ゲル（Daniel Gogel, 1927-97）と共同で 1953
年に設計事務所を設けた．ベルリン，ダーレム
のマックス・プランク教育研究所（1965-74），
ミュンヘン近郊ガーヒンクのヨーロッパ南方天
文台（1976-80）は表現主義の傾向を示し，
シャロウンからの影響がみられる．事務所で手
がけた作品は様式的には多岐にわたっている．

**フェルスター，クリスティアン・フリードリ
ヒ・ルートヴィヒ，リッター・フォン**
Förster, Christian Friedrich Ludwig, Ritter von
(1799-1863)
　バイエルン生まれの建築家．ウィーンのリン
クシュトラーセ（1858 開始）とロマネスク・
ビザンティン・リヴァイヴァルのアーセナル
（1850-56，テオフィル・フォン・ハンセンと協
働）を設計する．ウィーン・アカデミーの教授
を務め（1843-46），『アルゲマイネ・バウツァ
イトゥング（一般建築新聞，*Allgemeine
Bauzeitung*)』（1836 年創刊）と自身のアトリ
エを通して，続く世代のウィーンの建築家たち
に影響を与えた．彼の息子エミール・フォン・
フェルスター（Emil von Förster, 1838-1909）
は，一時父と協働し，その後，ウィーンのホー
フブルク（皇帝の宮殿）とブルクテアター（宮
廷劇場）（1895-97）の改築，同じくウィーンの
アルゲマイネ・エスタライヒッシェ・バウゲゼ
ルシャフト（全オーストリア建設組合）
（1872-74）とドローテウム（1898-1901）の設
計に携わった．

**フェルステル，ハインリヒ，フライヘル・フォ
ン**　Ferstel, Heinrich, Freiherr von (1828-83)
　オーストリアの多作の建築家．双塔式のゴ
シック・リヴァイヴァルのフォティーフキルヘ
（奉献教会）（1856-82），イタリアのルネサン
ス・リヴァイヴァルによる巨大なウィーン大学
（1873-84）など数多くの歴史主義の建造物を設

計した．彼の重要な作品の多くはリンクシュト
ラーセに隣接する場所に建設されたが，同時に
オーストリア・ハンガリー帝国内のいたるとこ
ろに多くの建造物を設計している．住宅改革の
主張者で，イングランドの低密度住宅地を称賛
し，それが小規模な一家族用住宅の建設に従事
したウィーンのコテージフェライン（小家屋協
会）（1872-74）に影響を与えた．また，イング
ランドの公共公園の系統に属するテュルケン
シャンツパークの計画を進めている（1883 年
から）．著書の中では，『様式と流行について
（*Über Styl und Mode*)』（1883）が彼の姿勢を
明らかにしている．

フェルデラー，ヴァルター＝マリア　Förderer,
Walter-Maria（1928-2006）
　スイスの建築家．設計したザンクトガレンの
商業高校（ロルフ・ゲオルグ・オットー（Rolf
Georg Otto, 1924-）およびハンス・ツヴィンプ
ファー（Hans Zwimpfer, 1930-）と協働，
1957-63）では，コンクリートの力強い形態が
大胆に表現されている．エレメンスの教会セン
ター（1963-71）はその遅咲きの表現主義が賞
賛されており，ヴォリュームの自由な扱いとい
う意味では彼の作品の中で最も冒険的な試みと
いえよう．

**フェルテン，ゲオルク・フリデリク（フェリテ
ン，ユーリ・マトヴェーヴィチ）**　Velten,
Georg Friderick, *known as* Fel'ten, Yury
Matveyevich（1730-1801）
　ロシアの建築家で，ダンツィヒ出身のドイツ
人の子であった．ラストレリのもとで働き，後
（1762）に彼の後を継いでサンクト・ペテルブ
ルクの冬宮を担当した．小エルミタージュの一
部（1765-66）とペトロゴフ宮殿の内装
（1770-79）を設計したが，その最高傑作は聖堂
建築（例：スヴャタヤ・エカテリーナ
（1768-71），スヴャタヤ・アンナ（1775-79），
アルメニア教会聖堂（1770-77），すべてサンク
ト・ペテルブルク）である．公共建築の中では
サンクト・ペテルブルクのアレクサンドロフス
コエ高等専門学校（1765-75）と旧エルミター
ジュ（1771-87），モスクワの孤児養護施設
（1765-74）が言及に値する．ネヴァ川沿いの腰
壁と階段を備えた花崗岩の岸壁（1762-80），王
宮広場（1779），サンクト・ペテルブルクとペ

トロゴフの多くの住宅と工業建築などを設計した．様式には束縛されず，ツァールスコエ・セロ（現プーシキン〔ソ連崩壊後はツァールスコエ・セロに戻っている〕）ではゴシックの門（1777-80）や中国風のパヴィリオン（1778-86）を設計し，バロックによる彼の試みが時代遅れになると優雅な新古典主義を受け入れた．

フェルナー，フェルディナント Fellner, Ferdinand (1847-1916)

ウィーンの建築家，批評家．ゼンパーから大きな影響を受け，ルネサンスとバロックの表現や，のちにはユーゲントシュティールを用いて，劇場設計の専門家として活動した．ウィーンのドイチェス・フォルクステアター（ドイツ民族劇場）（1887-89），グラーツのシュタットテアター（市立劇場）（1898-99），ウィーン近郊バーデンのユビレウムスシュタットテアター（記念祭市立劇場）（1908-09），クラーゲンフルトのシュタットテアター（市立劇場）（1909-10）などオーストリア国内に約50の劇場やコンサートホールを設計・建設したが，それらすべてはヘルマン・ゴットリープ・ヘルマー（Hermann Gottlieb Helmer, 1849-1919）との協働であった．

フェルム・オルネ ferme ornée

機能性と美をともに備えるようにデザインされた農場を指すフランス語．建築物は装飾的に扱われ，ピクチャレスクな風景の中で美的効果を上げている．⇨コテージ

フェレトラリウス feretory

たとえば，幕を伴って，通常，何らかの方法で用途が定められた，教会堂または礼拝堂に置かれたもの．フェレトルムを含む．

フェレトルム fereter

1. 教会堂の中の常設聖遺物櫃．
2. 可搬式聖遺物櫃．
3. カタファルクまたは棺のような，葬儀の際に用いる象徴や用具などとして構築されたもの．

フェレー，ベンジャミン Ferrey, Benjamin (1810-80)

イングランドの建築家．ゴシック・リヴァイヴァルの熱心な開拓者となる．A・W・N・ピュージンに大きな影響を受け，1825年，A・C・ピュージンのもとで修行をする．ウェストミンスターのセント・スティーヴン教会堂（1847-50）は，初期復興時代の最も重要な宗教建築である．その厳格な内装は後の作品の手本となり，当然のことながら，『イクレジオロジスト（*The Ecclesiologist*）』誌において賞賛された．ほどなく学究的なゴシック・リヴァイヴァルのもっとも有能な先駆者と目されるようになった．シュロプシャーのチェットウィンドのセント・マイケルは考古学的な研究方法でとり組み，部分的な意匠はいくつかの歴史的建造物からとられている．『A・W・N・ピュージンの思い出（*Recollections of A. W. N. Pugin*）』（1861）を著した．息子のエドムンド・ベンジャミン・フェレー（Edmund Benjamin Ferrey, 1845頃-1900）は1862年から1869年まで彼の事務所ではたらき，ギルバート・スコット（父）のもとに移った後，自分の事務所を設立した．

フェロ＝コンクリート ferro-concrete
⇨鉄筋コンクリート

フェーン，スヴェッレ Fehn, Sverre (1924-2009)

ノルウェーの建築家．コルスモラとともにCIAMのノルウェー支部設立時のメンバーであったが，それは新経験主義に反対し近代建築運動を促進するのが主な目的であった．ゲイル・グルング（Geir Grung, 1926-89）とともにリレハンメルのマイハウゲンの工芸館（1949-56）を設計したほか，オスロの老人ホームであるエーケルンホーム（1955）では，生い茂った公園の中に低く構えた巨大なコンクリートとガラスの塊を構想している．それとは対照的に，オスロのスコダーレン寄宿学校（1976-77）は小さな建物の集合体であり，赤煉瓦と木とコンクリートで建てられている．ハーマルのハッドマルクス美術館（1973）は，中世の建物に部分的に手を加えたものであるが，一部で強調されるほどには成功していない．フェーンは，ブリュッセル万国博のノルウェーパヴィリオン（1958）や1959年から64年にかけてヴェネツィア・ビエンナーレの北欧パヴィリオンを担当した．

フォア fore

何らかのものの正面に位置する状態. 通常, 接頭辞として用いられる. 次のような事例がある.

フォア・クワイア: アンテ=クワイアのこと.

フォア・チャーチ: ナルテクスのようなアンティ=チャーチのこと. ただし, 身廊と側廊を備える.

フォア・コート: 大規模建築物や複合建築物群の外庭のこと. さらに壮大な複合建築物においては, クール・ドヌールという.

フォア・フロント: 建築物の主要ファサード, またはエントランス・フロントのこと.

フォアアールベルク派 Vorarlberg School

オーストリアのフォアアールベルクと関係する建築家, スタッコ製作者, 画家, 職人らの複数の家族を表す言葉. フォアアールベルクはボーデン湖に面したチロル西部の地域. おもな一族に, ベール一族, モースブルッガー一族, トゥーンプ一族があり, 彼らは 17 世紀末から 18 世紀にかけての南ドイツとスイスにおけるバロック建築に多大な貢献を果たした. フォアアールベルク派の教会全般にみられるおもな特徴としては, 袖廊と結びついた集中式の空間をもつ縦長の平面, ヴァントプファイラー型の配置, (中世のホール式教会と同様に) 柱の間に配置された身廊と同じ高さをもつ退化した側廊, ヴォールトとほぼ同じ高さの身廊のアーケード, 柱 (ピア) の間に設けられた 2 階席 (多くの場合, 視線を主祭壇へと向けさせるために置かれた重要な要素をもつ), 袖廊のわずかな突出, 身廊よりも狭い聖歌隊席, 双塔式のファサード, 建築に従属する装飾などがある.

フォアチャーチ forechurch

⇨アンティ・チャーチ, フォア

フォイエルシュタイン, ベドジフ Feuerstein, Bedřich (1892-1936)

チェコの建築家. プラハで教育を受け, チェコスロヴァキア成立後にいくつもの重要な建物を設計した. プラハ=ブベネツの軍事地理研究所 (1921-22) は, ややストリップト・クラシシズムの重たい変種であった. フォイエルシュタインはベーネ, ホホルその他のプラハのアヴァンギャルドのメンバーと関係をもってい

た. ニンブルクの火葬場 (1921-23, ボフミル・スラーマ (Bohumil Sláma, 1887-1961) と共働) は 18 世紀末に支持された厳格でむき出しの幾何学的に純粋な立体を連想させ, ピュリスムの影響を受けた. 彼の最高傑作の一つとみなされている. 後年, パリでペレ, 東京でレーモンドと共働し, 東京ではソヴィエト大使館 (1928) と聖路加病院 (1928-30) を設計した.

フォイト, アウグスト・フォン Voit, August von (1801-70)

ドイツの建築家. ゲルトナーのもとで学び, その影響でルントボーゲン様式に愛着をもつようになる. 彼による建築の中で言及されるものには, ホムブルクの聖ミヒャエル教会 (1839-41), シュパイヤーの聖ルートヴィヒ教会 (1834-36), ヴァイセンホルンの市教区教会 (1864-69) がある. バイエルン国王ルートヴィヒ 1 世 (King Ludwig I of Bavaria) によって 1841 年にミュンヘンによばれ, 際立って厳格なグラスマーララライ・アンシュタルト (1843-46, 1945 に破壊, シンケルのベルリンのバウアカデミー (建築学校) に影響を受けている), 洗練されたノイエ・ピナコテーク (1843-45, 1945 に破壊, 複数の監獄 (たとえばニュルンベルク (1864-67), ミュンヘン (1866-70)), ミュンヘンのガラスパラスト (1853-54, 1945 に破壊, パクストンによるロンドンのクリスタル・パレスに着想を得た) を設計した. 彼はまた, ミュンヘンの植物園に国王マクシミリアン 2 世 (King Maximilian II, 在位 1848-64) のための水生植物園と複数の温室を設計し (1851-53), さらに国王ルートヴィヒ 2 世 (King Ludwig II, 在位 1864-86) のためにミュンヘンのレジデンツ屋上に巨大で豪華な温室 (1866-68, 1897 に破壊) を設計して, 広く名声を得た.

フォイル foil

ゴシックのトレーサリーにおいて, 大きな弓形またはアーチの内側に接する丸い葉形装飾. アーチからその内側に突き出したカスプとよばれる点で他の葉形装飾と接する. フォイルの数によって, それを表現するのに次のような形で接頭辞が用いられる. すなわち, トレフォイル (3), キャトルフォイル (4), サンクフォイル (5), セクスフォイル (6), マルチフォイルな

どだ．それゆえ，キャトルフォイルは葉形装飾が四つついており，それらはカスプで隔てられ，四弁花の形態である．それぞれの花弁の中心には鉛直軸線または水平軸線が通っている．キャトルフォイルの連なった帯状装飾は垂直式の時代の美装に多く用いられた．花弁の中央軸線が対角線上に配置される場合のキャトルフォイルは「クロス=クオーターズ」とよばれる．

フォークナー，ハロルド　Falkner, Harold (1875-1963)

　イギリスの建築家．多くの作品は，サリーのファーナム・ガダルミングにある．アーツ・アンド・クラフツのデザイナーであるが，そのデザインはすばらしい質をもったコロニアル・リヴァイヴァルのネオ・ジョージアン・スタイルへ発展した．その後，フリー・チューダー・ヴァナキュラー様式（ファーナムのディッペンホールにある九つの住宅（1921-63）は，地元と他地域の特徴をあわせもつ木骨造で，納屋の端と端をつなぐグロスターシャーの二つの作品はバールズと呼ばれる（1937完成））に変化した．フォークナーの作品には，ファーナムにあるタウン・ホール（1930-34），ラッチェンス風スイミング・プール（1897），サリー＆ハンプシャー・ニュース・オフィス（1930年代），マンステッドのノール・マンステッド（1920頃），ティルフォードのタンクレッズフォード（1920頃）などがある．すべての作品が高い質を有している．近代運動への反対者であり，しばしば建築の権威を攻撃した．

フォーク，フランシス大尉　Fowke, Captain Francis (1823-65)

　アルスター生まれの軍事技師．プリマスのデヴォンポートのラグラン基地（1853-55，現存せず）を，先進的な衛生規準を用いて設計した．独創的かつ発明的な彼のアイディアは，しばしば保守的な陸海軍組織から実現を阻まれていたが，ヘンリー・コール卿の庇護を受け，1856年から没年までロンドンのサウス・ケンジントンの文化施設群「アルバートポリス（アルバート公の都市）」の建築指導監理者を務めた．煉瓦とテラコッタを使った，ルントボーゲン様式で，ドイツの先人，とくにゲルトナーとゼンパーに影響を受けた．サウス・ケンジントン（現在のヴィクトリア・アンド・アルバー

ト）博物館のギャラリー，中庭，劇場風講義室（1856-65，ゴドフリー・サイクス（Godfrey Sykes, 1824-66）と共同），ロンドンのサウス・ケンジントンの国際博覧会のための建築群（1862，1863-64 解体），ロイヤル・アルバート・ホール（1867-71，ヘンリー・スコット中佐と共同）が彼の作品である．また，1861年からエディンバラに端正なロイヤル・スコティッシュ博物館を設計した．これはロンバルディア風ルネサンス様式の大規模な作品で，品のよいギャラリーのあるグレート・ホールは鉄とガラスでつくられている．ダブリンのナショナル・ギャラリーの改修および増築（1860年代）も行った．彼のデザインは正当な評価をされてこなかったが，巨大な構造の建物，および印象的な公共建築をつくることにかけての手腕のよさは議論の余地がない．1856年，フォークは折りたたみ式カメラの特許をとり，さらに研究を深めて大きな「蛇腹式」カメラを開発した．このカメラは一般的に使われるようになり，建築写真の撮影に広く使われた．

　⇨アルバート公，フランシス（・アルバート）・チャールズ・オーガスタス・エマニュエル殿下

フォス　foss, fosse

　防禦のための水堀，または空堀．

フォス・コミューヌ　fosse commune

　墓地の中の共同墓所．通常，7年ごとに片付けられて再利用される．

フォスター，ジョン　Foster, John (1759頃 -1827)

　イングランドの建築家．1790年からリヴァプール市の監督官をつとめ，とくにドックの監督官になった後，リヴァプールの建築事業における有力な人物となった．リヴァプールにジョージ王朝後期の公共建築と趣味のよい邸宅を多く建てた．公共建築にはジェームズ・ワイアットと共働した取引所（現市庁舎，1789-1811）があり，これは最も印象的な作品である．彼の2番目の息子ジョン・フォスター（John Foster, 1787頃-1846）は父親の業績を凌いでいる．彼はジェフリーと（おそらく）ジェームズ・ワイアットの弟子であった．1809年に外国を旅し，ハラー，ヤーコブ・リンク（Jakob

Linckh, 1786-1841）, C・R・コッカレルとギリシアで発掘調査をし, 1816年にリヴァプールに戻った. 1824年に父親を継いでリヴァプール市の建築家と監督官となり, この都市で最もすぐれた建築の多くをグリーク・リヴァイヴァル様式で設計したが, 多くは解体されてしまった. 使用されなくなった採石場に造成されたリヴァプールのセント・ジェームズ墓地（1823-24, 部分的に壊され, 徹底的に破損された）は, 彼の最も傑出したデザインの1つであった. この墓地には現存するドリス式の追悼礼拝堂, 入り口のアーチ, 管理人の家, 国会議員ウィリアム・ハスキスン（William Huskisson, MP, 1770-1830）のマウソレウム（1834）があった. 彼はリヴァプール・マンチェスター鉄道の開会式（1830年9月15日）で殺害された人物である. フォスターの最も偉大な作品はリヴァプール税関（1828-35, 第二次世界大戦で破壊）である.

フォスター卿, テムズバンク・ノーマン・ロバート Foster of Thames Bank, Norman Robert, The Lord（1935-）

イギリスの建築家. ハイテク様式の最も有名な実践者の一人. 最初の妻（1989年に死去）, リチャード・ロジャースとともにチーム4（1963-67）を立ち上げ, スウィンドン, ウィルツにむき出しの鉄骨と軽い工業部材で被覆されたリライアンス・コントロール工場（1965-67）を設計した. チーム4が解散してからフォスターの作品は徹底的な近代主義者の建築となる. サフォーク, イプスウィッチのウィリス・ファーバー事務所（1975）と, ノリッチのイースト・アングリア大学のセンズベリー視覚芸術センターにより名声を獲得した. 彼の最大の仕事は香港に建つ香港上海銀行本店（1979-86, 風水コンサルタントと共同設計）である. はっきりと表現された構造をもち, 堂々として細部まで洗練されたタワーである. スウィンドンの英国ルノー社部品配送センター（1981-83）, エセックスのスタンテッド空港ターミナルビル（1981-91）, ロンドンの王立美術院のサックラー・ギャラリー（1985-92）, フランス, ニームにある前16年の古代ローマ神殿のそばに建つカレ・ダール（1985-93）, バルセロナのコルセローラのテレビ塔（1988-1992）, そしてベルリンでのヴァロットのライヒスターク改修（連邦

議事堂）（1992-99）の一連の作品は, 20世紀後半を牽引する建築家としての地位を強固にした. **フォスター＆パートナーズ**（彼の会社として知られる）によるプロジェクトは以下になる. ダックスフォード, ケンブリッジシャーのアメリカ航空博物館（1987-97）, シティ・オブ・ロンドンにある1ロンドン・ウォールのオフィスビル（1988-2002）, ロンドン, 地下鉄ジュビリー線のカナリ・ワーフ駅の増築（1991-99）, 香港新国際空港（1992-98）, ロンドン・スクール・オブ・エコノミクス図書館（1993-2001）, ドイツ, デュッセルドルフのARAG2000本部（1993-2001）, 大英博物館エリザベス2世グレート・コート（1994-2000）, ドイツ, ハンブルクのマルチメディアセンター（1995-99）, アメリカ, スタンフォード大学臨床科学研究センター（1995-2000）, ロンドン, カナリ・ワーフのシティグループセンター（1996-2000）, シティ・オブ・ロンドンのグレシャム・ストリート・オフィス（1996-2003）, ミレニアム・ブリッジ（1996-2000）, 新ロンドン市庁舎（1998-2002）, ロンドン, カナリ・ワーフの香港上海銀行本部（1998-2002）, エディンバラのスコティッシュ・ガス本部（2001-03）, シティ・オブ・ロンドンのセント・メアリー・アクスにある, スイス・リ本社（2000-04, 通称「ガーキン（胡瓜）」であるが, 実際にはモミの球果に似ている）, ゲーツヘッドのセージ・ゲーツヘッド（2001-04, いく人かはその敷地との関係性に落胆している）.

フォート fort
1. 要塞. 陸軍のための築城化された駐屯地または基地.
2. 庭園の中の, 城塞を模したようなフォリー, またはファブリック.

フォートレス fortress
1. 城塞, または稜堡, 土塁, ランパート（塁壁）, 城壁などの強力な軍事防禦構築物. フォートよりもはるかに大規模.
2. シタデルを備え, 築城で囲われた町または都市.

ブオナローティ Buonarotti
⇨ミケランジェロ・ブオナローティ

フォノイル, レイナード　Fonoyll, Raynard
(1331-62 活躍)

　イングランドの石工頭. スペインのカタルーニャ地方のサンテス・クレウス修道院の南クロイスター (1331-41) やモントブランチュのサンタ・マリア聖堂 (1352 以降) を建てた. また, タラゴナ大聖堂とレリダ大聖堂, バルセロナのペドラルベス王修道院, ポブレ王修道院, モレラの町の聖堂などの建設にも携わっていたと思われる. フォノイルの作品は, 知られる限りイベリア半島における「曲線形」ゴシックの最初期の例であり, そのためスペイン建築史における重要人物として位置づけられている.

フォーブール　faubourg

　中世の囲壁外の準市街地.

フォーマン, ジョン　Forman, John (活躍 1515-58 没)

　イングランドの石工. ハンプトン・コート宮殿でリーボンズのもとではたらき, 1523 年頃, ヨーク・ミンスターのマスター・メーソンに任命された. 1525 年以降は, ヨークのセント・マイケル・ル・ベルフリー聖堂の建設に携わった (1536 完成). また, メアリー1世 (Queen Mary I) の治世下 (1553-58) にあって, ローマ・カトリックが一時的に復権した 1557 年には, ヨーク・ミンスターの再装飾の仕事に携わった.

フォミン, イヴァン・アレクサンドロヴィチ　Fomin, Ivan Aleksandrovich (1872-1936)

　ロシアの建築家. 一時期シェフテリのもとではたらいていたが, 1910 年には古典主義者と自覚し, ソヴィエト連邦成立後, ストリップト・クラシシズム (プロレタリア古典主義と呼ばれた) の作品を発展させた. 作品の中でもブリャンスクのソヴィエトの家 (1924), エカテリンブルクの工業銀行 (1925), イヴァノヴォ=ヴォズネセンスクのポリテクニーク (1927-32), モスクワ・ソヴィエト本部 (1928), モスクワのディナモ・スポーツクラブ (1928) が知られている. モスクワ地下鉄のレルモントフスカヤ (クラスニエ・ヴォロタ) 駅 (1935), テアトラリナヤ駅 (1938) を薄暗い宮殿のような古典主義で設計した.
〔竣工当時も現在も駅名はクラスニエ・ヴォロ

タで, レルモントフスカヤは 1962-86 の間の呼称〕

フォーム=ピース　form-piece

　ゴシック・トレーサリーを構築するための石造部材.

フォムロール, フェムレル　femerall, femerell, fomerell, fumerell

　ルーヴァーを設けたランタン, または屋根上に半分突き出たなんらかの工夫のこと〔ラテン語「フマリオルム」に由来〕. 通気や排煙のためのもの. 煙突が一般化する前, 中世の建築物にはよく配置されていた.

フォリー　folly

　通常, 工夫を凝らした景観の中に建つ, アイキャッチとなる建築物. とくに用途のない場合が多い. ピクチャレスク庭園に配置された, 廃墟もどき, 古代神殿, 東方のテント, シノワズリのパゴダやその他の魅力的なファブリックの形をとる. 心地よい眺望を楽しむことができる座席や屋根のかかった場所ともなりうるが, ただ単に, その奇抜さによって楽しみを与えて注目を浴びるためのものの方が多い. 英国における最古のフォリーの一つは, スコットランドのスターリング州ダンモー・パークの巨大なパイナップル (1761) だ. その後, この用語は, 景観の中に不必要に配置された, 既存のどの様式にも合わない, 普通ではない建築物を指すようになった. チェシャーのナッツフォードのキング・ストリートにある楽しげなキングズ・コーヒー・ハウス (1907-08) は, W・ロングウォース (W. Longworth) の設計によりリチャード・ハーディング・ワットによって建築された. これもフォリーとみなしてよいだろう. カリフォルニア州ロサンゼルスのワッツ・タワーズという. サイモン (サム)・ロディア (Simon (Sam) Rodia, 1879-1965) による鋼鉄製の透かし細工風小塔群もそうだ. これらの屋根は粉々になった陶片とガラス, 海の貝殻, その他の瓦礫で覆われている. その他の 20 世紀のフォリーとしては, カリフォルニア州サンタ・スザーナのシモにあるボトル・ヴィレッジもあげられる. トレッサ・プリスブリーによって建築され, コンクリートにボトルを埋め込んでいる. 彼女がごみ捨て場からあさってきた珍

妙なコレクションを収容するためのものだ. 1974 年にエスター・マッコイは愛を込めて「グランマのボトル・ヴィレッジ」について述べている. フランスのドローム, オートリーヴのパレ・イデアル (理想宮) (1879-1905) にも言及せねばならないだろう. これは, 幻想的で夢のようなコンクリートと石材による城であり, 装飾豊かに美装されている. 郵便配達員フェルディナン・シュヴァル (Facteur Ferdinand Cheval, 1836-1924) による大いに複雑な計画に基づいて建築された. 彼はまた, オートリーヴ墓地に自身の墓所 (1913-15) を設計して建立している. フォリーが単なる気まぐれの産物以上のものであることを示す, 驚くべき発想による創造物は他にもあるが, 人間精神が切望し創造した成果は, 「ファンタジー建築」というカテゴリーにおいて登場することも多い.

フォリエイト　foliate
1. ゴシック・トレーサリーのように, 葉形装飾によって形成された, または飾られたもの.
2. キャピタル (柱頭) にみられるような, 葉を象った装飾物.

フォリエイト仕上げ　foliated
1. 葉形装飾物を伴った装飾仕上げ.
2. 開口部やトレーサリーにおける, カスプによって隔てられた葉形装飾を伴った仕上げ.

フォリエイト・マスク　foliate mask
群葉で囲われた, 彫刻された男性の顔形装飾またはマスク装飾 (グリーン・マン, マスク・フイユ, またはテット・ド・フイユともいう). 口と鼻から葉が芽吹いていることもある.

フォルクスガルテン　Volksgarten
ドイツ発祥の公共庭園. ウィーンのものが有名.

フォルタリティア　fortalice
小規模の要塞, または要塞の小規模外部築城.

フォルム　forum (*pl.* fora)
古代ローマの町や都市における, 公的な市場広場, 開放空間, または裁判などの公的行事のための集会広場. 重要な建築物群, 列柱, ポルティコによって囲われており, 記念物群によって装飾されていた. 皇帝のフォルム群では, 左右対称で, 幾何学的で, 軸線の通った平面計画がなされた. ヘレニズム期の前例に多くを負っていた.

フォルムレ　formeret
壁面と接合したヴォールトの中のゴシック・アーチ・リブのこと. 壁面リブともいう. ヴォールトを構成する他のリブよりも小さい.

フォレスティエ, ジャン=クロード=ニコラ　Forestier, Jean-Claude-Nicolas (1861-1930)
フランスの造園家. ヴァンセンヌの森 (1887 より) などアルファンのパリでの仕事の助手としてキャリアを開始し, その後, シャン・ド・マルス (1908-28) その他のオープン・スペースの設計を手がける. パリのアール・デコ展 (1925) では, マレ・ステヴァンスらとともに造園展示のディレクターを務めた. 他に, 1929-30 年にバルセロナで開催された万国博覧会の会場公園を設計した. アルゼンチンのブエノス・アイレスでは, リオ・デ・ラ・プラータ河岸の広々としたコスタネラ大通りの設計を行う. 1908 年に出版した巨大都市と公園システムについての本は大きな影響力をもった.

フォンス　font
洗礼の秘跡に用いられる聖水のための洗礼盤. 大きな石塊から作られることが多く, 中が深く掘り込まれ, キリスト教の象徴群が精妙に刻まれて, 階段状の基部や基盤の上に据えられた短いピアかコロネット (小円柱) の束によって支持されている. ピナクルやフィニアルで装飾され, 綱と滑車で上に掲げられ, 彩色されることもあったフォンス覆いは, 中世には珍しくなかった.

フォンターナ, カルロ　Fontana, Carlo (1638-1714)
イタリアのバロック建築家. コモ近郊に生まれ, 1650 年代初頭にローマに移住し, コルトーナ, ライナルディ, ベルニーニの助手となった. ベルニーニによるサン・ピエトロ広場, スカラ・レジアなどの仕事に携わり, 1697 年に

サン・ピエトロ大聖堂の主任建築家を引き継ぐことになった．多作の建築家であり，その名声は1671年に始まる一連の作品による．サンタンドレア・デッラ・ヴァッレ聖堂のジネッティ礼拝堂には，色大理石による豊かな内部空間をつくり上げ，そのほかにも手がけた礼拝堂はあったが，中でもサンタ・マリア・デル・ポポロ聖堂のチーボ礼拝堂（1682-84）が最高傑作であろう．同時期にサン・マルチェッロ・アル・コルソ聖堂の凹曲面のファサードを建設した．サン・ピエトロ大聖堂内の洗礼礼拝堂（1692-98）の改造では，巧妙な採光技法を駆使する．ベルニーニが未完のまま残したパラッツォ・ディ・モンテチトーリオの増改築（1694-96），オスピツィオ・ディ・サン・ミケーレ〔サン・ミケーレ救護院〕の拡張（1700-11），サンタ・マリア・イン・トラステヴェレ聖堂のファサードとポーチの改築（1702）を果たした．また，サン・ピエトロ大聖堂に関する著作（1694）や洗礼礼拝堂に関する著作（1697）などを出版した．長きにわたる生涯の晩年を迎える頃には，ローマにおける主導的建築家として多大な影響力をもったが，とくに彼の考えを広範に伝える才能に秀でた者を教育したことも大きい．弟子の中には，フィッシャー・フォン・エルラッハ，ヒルデブラント，およびギップズが数えられる．

フォンターナ，ジャコモ Fontana, Giacomo (1710-73)

イタリアの建築家．ポーランド王スタニスワフ・アウグストゥス・ポニャトフスキ（King Stanisław Augustus Poniatowski, 在位 1764-95）治世下の同国で活躍し，洗練された初期新古典主義の作品を手がけた．聖十字架聖堂のファサード（1756），クラシニスキ宮殿の内装（1766-73）（いずれもワルシャワ）を設計した．

フォンターナ，ドメニコ Fontana, Domenico (1543-1607)

スイスのティチーノ地方生まれの建築家，技術者．ローマに移りそこでモンタルト枢機卿ののちの教皇シクストゥス5世（Pope Sixtus V, 1585-90）に仕え，クイリナーレ丘のヴィラ（1576-88）を設計した．1585年から翌年にかけて，ネロ帝のキルクスにあった巨大なエジプト産赤御影石のオベリスク（アレクサンドリアから運ばれた）をサン・ピエトロ大聖堂の正面に移設する工事で名声を挙げ，そのほかにもサンタ・マリア・マッジョーレ聖堂の前（1587）やサン・ジョヴァンニ・イン・ラテラーノ広場（1587-88），ポポロ広場（1589）にもオベリスクを建てた．その後はラテラーノ宮殿（1585-89）やヴァティカン図書館（1587-90）を建設し，デッラ・ポルタ設計のサン・ピエトロ大聖堂のドーム（1588-90）の工事を監理した．ローマにおけるフォンターナのもう一つの主要な貢献は，フェリーチェ通り（1585-89）など新しい街路の敷設を含む都市改良工事であり，いずれもシクストゥス5世の命による．1593年にはナポリに移って王宮（1600-02）を建設した．

ブオンタレンティ・デッレ・ジランドレ，ベルナルド Buontalenti delle Girandole, Bernardo (1531-1608)

フィレンツェの建築家で，絵画や彫刻も手がけ，宮廷仮面劇の舞台デザインや仕掛け花火の作成（「ジランドレ」とは回転花火の意），その他にもさまざまな祝祭の演出を，パトロンであるメディチ大公のために行った．彼のマニエリスト風のディテールが最もよく表れているのが，フィレンツェのウッフィーツィ宮にある風変わりなスップリケ（嘆願）門（1580）—この門では，弓形のペディメントが切断され，反転したスクロールが翼のような形状を描き，その上にフランチェスコ大公の胸像が乗っている—と，（現在はサント・ステーファノ教会にある）かつてのサンタ・トリニタ教会のための新しい祭壇用階段（1574-76）—ここではトロンプ・ルイユでつくられた階段は実際には昇ることができなくて，本物の階段は両脇にみえない形で設置されている—である．ボーボリ庭園のために設計した綺想あふれるグロット（1583-88）では，軽石による被覆がエントランス部分を侵食し，内部では隠された光源と不気味な彫像群が，圧倒的な劇場効果を生み出している．また，ウッフィーツィ宮にトリブーナを設置（1574-89）した他，プラトリーノのメディチ家のヴィラでは装飾と豪華な庭園を手がけ（のちに破壊された），さらにメディチ家のカジノ（カジノ・ディ・サン・マルコ）をフィレンツェに建築した（1574）．これらと比べてずっと抑制された作風なのがサンタ・トリニタ教会

のファサード（1593-94）で，4 本のジャイアント・ピラスターがエンタブラチュアを支え，その上にペディメントを頂いたアティックが載り，両脇をスクロールではさまれている．優雅にして簡素でもあるのが，ピッティ宮殿の防衛のために丘上に建てられたベルヴェデーレの要塞（1590 年代）である．他にも要塞建設や土木工学関連の仕事をこなし，運河の管理も行った．彼の，マニエリスム風のゆがんで溶けたような宮廷仮面劇の装飾は，オーリキュラー様式を先どりしている．

フォンテーヌ，ピエール＝フランソワ＝レオナール　Fontaine, Pierre-François-Léonard (1762-1853)

　フランスの建築家・室内装飾家．ペールのもとで学び，そのアトリエでペルシエと出会い，2 人の名前はその後切り離せないものとなる．1786 年にローマに渡り，ペルシエと合流，新古典主義の原理を吸収した．1792 年にはオペラ座のための装飾で協働し，1793 年には国民公会のために家具をデザインした．ローマ滞在中のドローイングから 2 人の最初の著書『ローマで描かれた宮殿，邸宅，その他の近代建築集成（*Recueil des palais, maisons, et autres édifices modernes dessinés à Rome*)』(1798) を出版．この頃から，フォンテーヌはすぐれた家具のデザイナーとしての名声を確立し，ナポレオンとのつながりを得ることになる．ペルシエとフォンテーヌはマルメゾンの室内装飾のデザインを任され（1800-02），ここで実現した卓越した仕事からアンピール様式が創り出される．これ以後，彼らは実質的にナポレオンの公式建築家となり，とくに 1801 年に出版された『室内装飾集成（*Recueil de décorations intérieures*)』の出版以後，その影響力は広がっていった．この集成の中で彼らは，折衷的な新古典様式を発展させ，エジプト，ギリシア，ローマ，ルネサンスの装飾を抱き合わせて魅力的に展開した．1812，27 年に再版され，43 年には増補イタリア語版も出版された．彼らは，革命期に破壊された多くの宮殿を修復するとともに（サン・クル，チュイルリーなど），ナポレオンによる二つの偉大な公式行事—戴冠式（1804）と 1810 年のマリー・ルイーズ・ドートリッシュ（Marie Louise of Habsburg-Lorraine, 1791-1847）との 2 度目の結婚式—の舞台装置・演出を手がけた．

　フォンテーヌは経営者的立場だったようで，ペルシエが細部のデザインを担当したようである．しかしながら，彼らはアンピール様式の室内装飾を手がけるに留まらず，（わずかではあるが）美しい比例をもつ優美な建物を残した．パリのカルーゼル凱旋門（1806-08，ローマのセプティミウス・セウェルスの凱旋門をモデルに，ポリクロミーで翻案した）があげられる．一連のパリ改造では，リヴォリ街とピラミッド広場（1802-03）が最もよく知られている．さらに大学，エコール・デ・ボザール，公文書館を含む巨大複合建築に長大な軸線を通すシャイヨ宮をヴェルサイユよりも大きな規模で計画したが未完に終わった．

　ナポレオン退位後は，フォンテーヌはルイ 18 世（King Louis XVIII, 在位 1814-24）の建築家となり，ルイ 16 世と王妃マリー・アントワネットが火葬された地にシャペル・エクスピアトワル（贖罪礼拝堂，1815-26）を建設した．他にパレ・ロワイヤル（1814-31）の改修と，ポントワーズのオテル・デュ（1823-27）の改修を行い，『パ レ・ロ ワイヤ ル（*Le Palais-Royal*)』(1829) と『君 主 の 住 まい（*Résidences de Souverains*)』(1833) を出版した．追悼文の言葉によればペルシエとフォンテーヌは「結婚はしなかった」が，パリのペール・ラシェーズ墓地の同じ墓に埋葬された．

フォンテーヌブロー派　Fontainebleau

　イタリア人（とくにロッソ・フィオレンティーノ（Rosso Fiorentino, 1495-1540)，フランチェスコ・プリマティッチョ（Francesco Primaticcio, 1504/05-70)，セルリオやヴィニョーラ），フランス人，フランドル人の芸術家によって創造された．1528 年から 1558 年にかけてのフランソワ 1 世らのための，フランス王家のシャトーにおける建築装飾様式．これは，盛期ルネサンス・デザインの，マニエリスムの独特の形態への折衷的な変容であり，過剰なカルトゥーシュ，カリアティッド（女身柱），グロテスク装飾，スクロール，紐状装飾，ほの白いスタッコ像を特徴としている．フォンテーヌブロー派は 16 世紀末にいたるまでフランスのデザインに影響を与えたが，この様式は，アントウェルペンから発信された印刷媒体によって広く伝播していき，フランドル・マニエリス

ムや英国，ドイツ，低地地方の建築に影響を与
えた．

ブオン，バルトロメーオ　Buon, Bartolomeo
(1405 頃-67 頃)
　⇨ボン（ボーノ，またはブォン），バルトロ
メーオ

深浮彫　high relief
　⇨ハイ・レリーフ

フーガ，フェルディナンド　Fuga, Ferdinando
(1699-1781)
　フィレンツェ生まれの建築家．初期の作品は
ローマでのもので，独創的な平面をもつパラッ
ツォ・デッラ・コンスルタ（1732-37）をクィ
リナーレ丘に設計し，またパラッツォ・コルシー
ニ（1736-54）や，壮麗で，沸き立つようで
さえあるサンタ・マリア・マッジョーレ教会
ファサード（1741-43）や，サンタポッリナー
レ教会などを手がけた．1750 年にローマを
去ってナポリにおもむき，巨大なアルベルゴ・
デ・ポーヴェリ（1751-81）を設計．これは
8000 人を収容する救貧院で，18 世紀の最も巨
大な建築プロジェクトのひとつであったばかり
か，ブレの大胆極まる新古典主義を先どりする
作品でもあった．ナポリでは他にも，ジェロロ
ミーニ教会のファサードや，パラッツォ・ジョ
ルダーノ（ともに 1780 年頃）を設計している．

ブキャナン，サー・コーリン　Buchanan, Sir
Colin (1907-2001)
　スコットランドの建築家・都市計画家．1958
年に『ミックス・ブレッシング（一長一短）：
イギリスにおける自動車（*Mixed Blessing：
The Motor in Britain*）』を出版したことで，保
守政権における交通省の都市計画諮問委員とし
て任命され，長期にわたる都市の交通問題を研
究するグループのリーダーとなった．その研究
成果として出された『都市における交通
（*Traffic in Towns*）』と題する「ブキャナン・
レポート」は，1963 年ペンギンブックスに
よって出された本として表彰され，都市計画の
最優先事項がもはや交通ではなく，都市計画が
土木技術者だけに支配される（それまではそう
であった）時代ではなくなりつつあることを示
した．ブキャナンはロンドン大学インペリア

ル・カレッジの教授となり（1963），同時に計
画コンサルタント会社コーリン・ブキャナン・
パートナーズを設立し，イギリス（カーディフ
など）や海外の都市開発計画にあたった．1950
年代，60 年代の彼の活動が伝える多くの教訓
は，21 世紀に忘れ去られようとしているよう
に思われる．

復原　restoration
　⇨修復

復元　reconstruction
　建造物とその周辺の再建を意味し，保存とは
区別される．グロスタシャー・チュークスバリ
ー近郊にある 14 世紀建設のブレドン=タイス=
バーンが 1980 年に焼失した際，F・W・B・
チャールズはナショナルトラストを説得して，
彼自身の記録にもとづく再建許可を得て，再建
に反対する原理主義的な態度を変えることに一
役を買った．第一次世界大戦後，戦闘によって
壊滅的被害を受けた町（たとえばイープル）は
写真やその他の記録を用いて完全に再建され
た．これはベルギーにおいては何にもまして国
の誇りとなっている．第二次世界大戦後のワル
シャワでは類似の，しかしさらに大規模な再建
が，戦前の建築を学ぶ学生たちによる旧市街調
査の記録や，写真史料，そしてカナレットの甥
としても知られる 18 世紀ベルナルド・ベロッ
ト（Bernardo Bellotto, 1720-80）による都市
の細部にわたる記録にもとづいて行われた．こ
れもまた，国家の記憶を存続させるための不可
欠なものとみなされた．ほかの著名な復元に
は，20 世紀初頭ヴェネツィアのサンマルコ広
場にあった鐘楼の崩落後の再建，同じくヴェネ
ツィアのラ=フェリーチェ劇場が 1990 年代半ば
に焼失したのちの再建がある．庭園もまた再建
の対象となり，オランダ・アペルドールンの
17 世紀建設のヘット・ロー宮殿庭園や，ポー
ランド・アルカディアの 18 世紀末から 19 世紀
初頭に建設された庭園の例がある．モダニスト
たちは完全に再建行為を否定する．

フクサス，マッシミリアーノ　Fuksas,
Massimiliano (1944-)
　イタリアの建築家．その作品にはアナーニの
小体育館とサン・ジョルジェット学校
（1979-88）やカッシーノの市庁舎と図書館

(1985-90),ナント近郊ルゼのメディアテーク (1987-91),ブレストの国立技術学校(通称 ENIB-1992),アリエージュ県ニオーの洞窟群入り口(1988-93),ボルドーのミシェル・ド・モンテーニュ大学アートセンター(1993-95),リモージュ大学の法経済学部(1990-96)がある.ローマのイタリア会議センターはガラスの箱の中の凝縮した立体であり,2000-04年に設計された.

ブクスバウム,ハンス・フォン Buchsbaum, Hans von(1390頃-1456頃)
　ドイツの建築家.初期にはウルムにて(1418),のちにシュタイアー(1440年代)にてプファールキルヒェ(教区聖堂)を建設するなど,ドナウ流域で活動した.ウィーンのシュテファンスドーム(ザンクト・シュテファン大聖堂)において,おそらくは1430年代より従事し,1446年には同所にて棟梁の契約を結んだ.身廊ヴォールトの建設の監督を行ったようである.

武具装飾 military decoration
　甲冑,旗,銃砲,兜,刀剣などを組み合わせたように表現している建築装飾物.トロフィー(戦利品装飾)とも呼ばれ,兵器廠,兵舎などのほか,軍人や戦争を記念する記念碑や葬礼記念碑でもよく用いられた.

副壁 counter-mure
　⇨カウンター・ミュール

ブクラニウム bucrane, bucranium(*pl.* bucranes, bucrania)
　雄牛の頭部もしくは頭蓋骨の形態をした装飾.フェストゥーン(花綱飾り)やガーランド(花綱)と組み合わされることが多く,ローマ時代のドリス式オーダーのメトープにとくにみられる.⇨アエギクラニウム

副リブ tierceron
　⇨ティアスロン

袋小路 cul-de-sac
　⇨クルドサック

藤井博巳 Fujii, Hiromi(1933-2023)
　日本の建築家.構成主義やテラーニといった建築家に影響を受ける.主要作に,東京都新宿区の宮島邸(1973),岡山の牛窓国際芸術祭事務局(1985),埼玉県大宮の芝浦工業大学(1988)がある.

ブシュコ,ヘンリク Buszko, Henryk(1924-2015)
　ポーランドの建築家.1950年にアレクサンデル・フランタ(Aleksander Franta, 1925-2019)との共同事務所をカトヴィツェに設立し,幅広いビルディング・タイプの設計を行った.この会社によるカトヴィツェのローマ・カトリック聖堂(1993)は劇的な曲線の形態の可能性を追求している.

ブース,ウィリアム・ジョセフ Booth, William Joseph(1796頃-1871)
　イギリスの建築家で,ジョン・ブースの息子.1822年,ドレイパーズ・カンパニーの建築担当となり,カンパニーにおける数多くの仕事を手がけた.ロンドンデリー,簡素なプレスビテリアン・ミーティング・ハウス(1843,簡略化した新古典主義の作品として顕著な試み)とドレイパーズ・タウンのマーケット・ハウス(1839)を含み,マニモアのモニュメンタルなコーン・ストア,マーケット・ハウスとその付属屋(1839),数多くの住宅(いくつかは17世紀のゴシック様式),コモン・バーンズ(1843),セカンド・プレスビテリアン礼拝堂(1829-32),堂々たるセント・ジョン教区教会(1830-32,どっしりしたロマネスク様式)がある.また,彼は住宅地にかかわる何枚かの水彩画を描き,いくつかを出版した.

ブクラニウム (左)ベルフラワーあるいはハスク・ガーランドで飾ったもの.(右)松明を下向きに飾ったもの.

ブスケト（ブスケトゥス） Buscheto *or* Busketus（1063-1110 活躍）

ピサのロマネスク様式の大聖堂で仕事（1063-1116）をした建築家で，彼の名前が大聖堂に刻まれている．

ブース，ジョン Booth, John（1759-1843）

イギリスの建築家，ドレイパーズ・カンパニーと緊密な関係にあった．ロンドンのクラーケンウェルにあるロイドベイカー地区に，ロイド・スクエア，ロイドベイカー・ストリート，ウォートン・ストリートのテラスハウスを設計したが，それらは創意に富んだものであるが，デザインのいくつかは，ジェレミー・ディクソンから明らかに影響を受けていた．また，彼はロンドンのクイーン・スクエア，セント・ジョージ礼拝堂を再建した（1817-18）.

襖 fusuma

日本家屋における，スクリーン状の引き戸．

フスレイ，ヤコブ・オッテン Husly, Jacob Otten（1738-96）

オランダの建築家，教師．作品はパッラーディオ主義，続いて新古典主義に影響を受けており，オランダにおける新古典主義の最初期の実践者の 1 人だったとされる．いずれもオランダ国内のウエースプおよびフローニンゲンの市庁舎（それぞれ 1771-76 と 1793-1810），ハールレムのファン・タイラース美術館の室内（1780），アムステルダムのフェリックス・メルティス協会の建築を設計した．

舞台 stage
⇨ステージ（5）

復活祭の墓 Easter Sepulchre

キリストの「埋葬」の儀式は中世を通じて最も荘厳な祭式で，この儀式のために「墓所」が必要だった．聖金曜日に行われる礼拝の最後に（そこでは十字架に向かってゆっくり歩み寄り礼拝する儀式も行われる），司祭は裸足でサープリス（白い法衣）に身を包み，第 3 のホスティア（洗足木曜日に聖別されたもの）を容れた聖体容器と十字架を亜麻布で覆って教会内陣の北側に運び，そこに設えられた仮設の「墓」（木製で棺衣によって覆われる）の中に置く．

この「墓」は香を焚いて清められ，手前には多くの蝋燭が灯され，ホスティアと聖体容器（良質のもの）を保護するため絶えず監視される．復活祭の早朝，教会は蝋燭の火で照らされ，香を炊いた「墓」に聖職者が歩み寄る．ホスティアは祭壇のうえの聖体容器に移され，十字架は「墓」の中から奉挙され，聖職者たちが列をなして教会の周廊を巡行する．そのとき鐘が響きわたり，キリストの復活が祝福される．つづいて，北側に設けられた祭壇の上に十字架が置かれ，ふたたび祈りが捧げられる．「墓」の中にはもはや何も置かれていないが，聖週間の間礼拝の対象とされる（香が炊かれ，火を灯された蝋燭が手前に設置される）．復活祭のための墓は教会建築の一部として組み込まれ建築表現の対象となることも多く，この場合は部屋の中の凹所に置かれ，上部に天蓋が設けられる．富裕な教会支援者が復活祭の奥義に触れようと，自身の墓を復活祭のためにも利用できるようにしたこともあるが（たとえば，サフォーク州ロング・メルフォードのクロプトン家の墓（1497頃），サセックス州ウエストハンプネットのサックビル家の墓（1535 頃）），通常は人々の墓とは区別される．装飾がふんだんに施された例としてリンカンシャー，ヘッキントンの教会では，眠り込む番兵，三人のマリア，天使，そして上部に昇天するキリストが精巧な曲線の細工で彫り込まれている（16 世紀に大きな損傷を受けた）.

フックス，ボフスラフ Fuchs, Bohuslav（1895-1972）

コチェラの弟子の中で最も才能に恵まれた一人で，チェコスロヴァキアのモラヴィア地方のブルノでアヴァンギャルドの指導者になった．ブルノには 1923 年に居を構え，モダニズムのアヴィオン・ホテル（1927-28）で影響を与えた．ブルノで開かれたチェコスロヴァキア・ヴェルクブント（工作連盟）展（1928）では，ヨゼフ・シュチェパーネク（Josef Štěpánek, 1889-1964）とともに建てた「トロイドゥーム」（3 世帯住宅）が評判を呼んだ．ブルノの自邸（1928-29），国際モダニズムの模範例とされているブルノ＝ピサールキの女子専門学校（1929-30，ヨゼフ・ポラーシェク（Josef Polášek, 1899-1946）と共働），ブルノのモラフスカー（モラヴィア）銀行（1930-31），エレガ

ントなトレンチアンスケー・テプリツェの温泉建築ゼレナー・ジャーバ（緑の蛙，1936-37）を設計した．

フック，ロバート Hooke, Robert（1635-1703）

イングランドの科学者でレンの同僚．1666年のロンドン大火後のシティ再建のための3人のサーヴェイヤーの一人で（他は，エドワード・ジャーマンとピーター・ミルズ），実現はされなかったが，ロンドンの新たな都市計画案（現存せず）を作成した．レンとともに，ザ・モニュメント（1671-76）を設計したと思われ，いくつかのシティ・チャーチの建設に協力している（おそらく，ポールズ・ウォーフのセント・ベネット聖堂の建設を主導した）．また，ロンドンのムーアフィールズのベスリヘム・ホスピタル（1675-76，現存せず），デヴォンのエスコット・ハウス（1677-88，現存せず，『ウィトルウィウス・ブリタニクス（*Vitruvius Britannicus*）』第1巻に図解），ロンドンのウォリック・レーンの王立内科医師会（1672-78，現存せず），ウォリックシャーのラグリー・ホール（1679-83，のちにギッブズ（1750-55）とジェームズ・ワイアット（1780頃）によって改修された）など，多数の建築を設計した．これらのほとんどは取り壊されたか，原形をとどめないほど改造されてしまった．フックの設計は，フランスの先例に強く影響を受けている．また，フックは，とりわけ懸垂曲線（カテナリー）と楕円を利用したアーチ構造物の真の原理を主張した最初の人物であった．

プッチ・イ・カダファルク，ジュゼップ（ホセ） Puig i Cadafalch, Josep *or* José（1867-1956）

カタルーニャの建築家．スペインのバルセロナとその周辺部でその活動の大半を行う．ドゥメナク・イ・ムンタネールの生徒であった．彼がバルセロナに設計したアマトィェール邸（1898-1900）は，段状破風の引用にいたるまでドイツ・ゴシックを模範としている．のちにはムダルニズマ（⇨アール・ヌーヴォー）様式によるガリ邸（アルジャントーナ，1898）やマカーヤ邸（バルセロナ，1901）といった住宅建築において，カタルーニャのヴァナキュラー建築

を翻案．1904年頃からはウィーンのゼツェッシオンからの影響が色濃くなり，1921年のピッチ・イ・ポン邸（バルセロナ）はアメリカのサリヴァン風のデザインである．カザラモーナ社工場（1911-12）はプッチ最良の作品の一つ．またカタルーニャのロマネスク美術についての包括的研究書を出版した（1909-18）．

プッチドゥメナク，アルベール Puigdomènech i Alonso, Albert（1944- ）

カタルーニャの建築家．1985年よりエメ・ベ・エメ・アルキテクタス共同主宰．⇨エメ・ベ・エメ・アルキテクタス

プットー putto（*pl.* putti）

古典主義やバロックの彫刻（とくに葬送用のモニュメントに多い）に見られる，翼を持たない，多くの場合，太日の少年．翼をもったアモリーノ，ケルブ，キューピッド，ラブと混同してはならない．

フッド，レイモンド・マシューソン Hood, Raymond Mathewson（1881-1934）

アメリカの建築家．1922年，ジョン・ミード・ハウエルズとともにイリノイ州シカゴのシカゴ・トリビューン・タワー（1923-25建設）の設計競技で優勝した．このタワーは，ゴシックの上部構造のあるボザールの折衷主義の頂点であった（フッドは（1905-06と1908-10に）パリで学んでいた）．1924年よりフレデリック・A・ゴドリー（Frederich A. Godley, 1886-1961）とフイローと，31年からはフイローとのみ，事務所を主宰した．トリビューン・タワーの後は，黒い外壁とメッキされたピナクルや装飾部をもつニューヨーク市のアメリカン・ラジエーター・カンパニー・ビルディング（1923-25，現ブライアント・パーク・ホテル．デイヴィッド・チッパーフィールド事務所が改装（1998-2001））と，こちらもゴシックのペンシルヴェニア州スクラントンのマソニック・テンプル（1929）が続いた．ロンドンのアーガイルとグレート・マールボロの両ストリートの角にあるアイディール（現パラディウム）・ハウス（1929）は，黒いスウェーデン花崗岩で完全に覆われ，金メッキとエナメル加工を青銅の鋳物に施したアール・デコの細部をもつ建物で，スタンリー・ゴードン・ジーヴズ（Stanley

Gordon Jeeves, 1888 頃-1964）との共同設計である．ニューヨーク市のデイリー・ニュース・ビルディング（1929-30，ハウエルズとの共同設計）ではいかなる歴史的意匠への参照はなく，途切れることのない垂直の壁と垂直の窓のストライプからなる摩天楼であった．これはその後 30 年間デザインに影響を与え，とくにフッドとフイローがコンサルタントとしてかかわったニューヨーク市のロックフェラー・センター（1931-34）において顕著であった．ニューヨーク市のマグロウヒル・ビルディング（1930-32，フイローらと協働）では水平の帯と中央部の垂直なストライプを組み合わせ，摩天楼のデザインへの軽量の被覆とインターナショナル・スタイルの適用への道を開いた．

プットログ・ホール　putlog hole
　クロスティンバーもしくは足場の水平の腕木を支えるための壁の穴．足場板は足場用腕木に支持されていた．

ブディスト・レーリング　Buddhist railing
　木柵に似た石の障壁で，鉛直の柱を貫いて水平材が連なる．通常はストゥーパを囲むもの．

フーティング　footings
　壁面またはピアの底部において突出した水平方向に伸びた装飾．壁面下部のものは連続するフーティングになっており，単独コラムのフーティングは，コラムやピアのような荷重を受ける材の直下にあることになる．フーティングは壁体やピアよりも幅が広く作られ，荷重を分散させる．

プテロマ，プテロマータ　pteroma, pteromata
　古代ギリシア神殿で，ナオスもしくはセルの壁とペリスタイルの柱列の間の空間．　⇨プテロン（wing）

プテロン　wing
　長方形平面の古代ギリシア・ローマ神殿建築の側壁，またケラ（ラテン語で神室の意）の壁面とペリスタイルとの間の空間のこと．　⇨プテロマ，プテロマータ

プテロン　pteron
　ギリシア神殿の外側の周柱式のコロネード．

フード　hood
　1．通気量を増大させ，煙を除去するために暖炉に設けられた突出したおおい．背後の壁体とくっついている．
　2．扉口のような開口部の直上に設けられるキャノピー（庇），またはおおい．風雨から開口部を保護する．
　3．開口部のヘッドの直上に設けられるドリップ・ストーン，またはラベル．アーチ形，または長方形であり，通常，両端に「ラベル・ストップ」が施されている．

不同沈下　settlement
　⇨セトルメント

葡萄の蔓　grapevine
　⇨トレイル

ブノワ＝レヴィ，ジョルジュ　Benoît-Lévy, Georges（1880-1971）
　フランスの理論家．イギリスのエベネザー・ハワードによる田園都市構想にもとづいた，フランス田園都市協会の設立者（1903）．この活動からは，わずかばかりの気持ちのよい庭園を実現しただけであったが，ブノワ・レヴィは多産な著述家であり，彼の考えは広く普及した．

プペー　poupée
　⇨ポピー・ヘッド

扶壁　counter-fort
　⇨カウンター・フォート

ブーベリ，フェルディナンド　Boberg, Ferdinand（1860-1946）
　スウェーデンの建築家．初期の作品はヴィオレ＝ル＝デュクの建築理論や H・H・リチャードソンおよびサリヴァンの作品に影響を受けていたが，最も重要な成果はストックホルムの中央郵便局（1898-1904）をはじめとする，いくつかの公共建築である．マルメのバルティック博覧会（1914）をはじめとしていくつもの博覧会を手がけ，きわめて多くの個人住宅も設計したが，中でもヴィラ・ベリスガルデン（1905-06）は注目に値する．熟練したデザインには装飾や素材感が豊かで，スウェーデンの新古典主義の伝統である単純でどっしりとしたマッスの形態

でありながら，さらにそこにアール・ヌーヴォーを咀嚼してエキゾチックで東洋的とさえいえる香りを添えている．彼の評判は，アスプルンドやレヴェレンツ，エストベリやテングボムの作品の前ではすっかりかすんでしまうが，1884年から1915年の間のスカンジナビアにおいて，最も重要な建築家の一人であった．1915年に事務所を畳んだのちは，スウェーデンの歴史的な建築を予約購読形式の一連の画集にまとめる形で記録した．

踏み板 tread
　⇨踏面

踏面 tread
　⇨階段

フュ fust
　1．コラムのシャフト（柱身），またはピラスター・トランク．
　2．屋根の棟．

フュザロル fusarole
　古代ローマ風のドリス式，イオニア式，コンポジット式オーダーのエキノス直下の半円形断面のリングのこと．装飾物の施されていることが多い．

フューチャー・システムズ Future Systems
　1979年，ヤン・カプリツキー（Jan Kaplicky）やデイヴィッド・ニクソン（David Nixon）によって設立された英米系の建築コンサルタント業者．環境，大衆建築，技術を統合し，場所を移動できる軽量住宅，ローコスト・シェルターや，「グリーン」で環境に優しいオフィス棟のようなものを構想した．1980年代，NASA米国航空宇宙局のために乗組員居住区を設計した．1989年以降，フューチャー・システムズはロンドンを拠点とし，プラハ出身のカプリツキー（1937-2009）とロンドン出身のアマンダ・リヴェット（Amanda Levete, 1955-）がパートナーとして務めた．後期作品には，バーミンガムのブル・リング再開発構想の一部としてセルフリッジ百貨店（2003）がある．酸化被膜を施したアルミニウム製円盤で覆われた外観は爬虫類のようで，付近の建築物の質量感，材質感，スケール感を無視したデザイ

ンだ．⇨ビオモルフ，ブロビズム．2005年，イタリア・モデナのマセラティ・ミュージアムの競技設計に勝利した．大きく圧倒的な青い屋根とうねるファサードを備えている．これはフェラーリのボンネットとラジエーターに敬意を表したものと思われるが，おそらく，その結び付きは一見しただけでは弱いようだ．

フュテオス Pythius *or* Pytheos（前370-前330頃活躍）
　ヘレニズムの建築家．サテュロスとともに，古代七不思議の一つであるハリカリナッソスのマウソレウム（前354着工）を設計し，これについて記した．彼が手がけたプリエネのアテナ神殿（前334）は，イオニア式神殿の傑作の一つであり，したがって，イオニア式オーダーのカノンを完成させた人物として賞賛される．著作は現存しないものの，ウィトルウィウスによる言及では，ギリシア建築の重要な理論家であることが示唆されている．

フュネラル・ボード funeral board
　⇨アチーヴメント・オヴ・アームズ

プライアー，エドワード・シュレーダー
Prior, Edward Schroeder（1852-1932）
　イングランドのアーツ・アンド・クラフツの建築家．ノーマン・ショウのもとで修行し，1880年に自分の事務所を開く．アートワーカーズ・ギルドの設立メンバー．デヴォンシャーのエクスマスのザ・バーン（1895-97）は，X型プラン（バタフライ・プラン）の一連の住宅の最初のもので，当時広く複製された．サンダーランドのモンクウェアマス，ローカーのセント・アンドリュー教会堂を設計した．これは，アーツ・アンド・クラフツ運動の教会堂の中でも最良のものの一つであり，中にバーン=ジョーンズ，アーネスト・ギムソンほかの作品がある．A・ランダル・ウェルズはセント・アンドリュー教会堂，ノーフォーク州のホルトのケリングのヴォーウッド（のちのホーム・プレイス，1903-05）でプライアーを補佐した．後者は，コンクリート造で丸い火打石の仕上げでカーストーン（白亜紀前期の砂岩で，酸化鉄で固められ，濃茶色，粗い砂の質感をもったもの．ノーフォークにみられる）の帯型がついている．この住宅のいくつかの部分では，コンクリ

ートがそのまま見えるようになっており，型枠の跡がみえる．その他，ハーロウの音楽学校（1890-91），ハンプシャーのウィンチェスター・カレッジ（1901-04）が特筆に値する．プライアーは『イングランドにおけるゴシック芸術の歴史（*History of Gothic Art in England*）』（1900）などの著作を出版した．

フライ，エドウィン・マクスウェル　Fry, Edwin Maxwell（1899-1987）

　イギリスの建築家でモダニズムの牽引者．ウェルズ・コーツに刺戟を受け，リヴァプール大学時代にレイリーのもと身につけた古典主義様式を徐々に脱し，ル・コルビュジエの作品を手本としながら，CIAM のイングランド支部である MARS グループのメンバーとなった．1934 年にロンドンで自身の事務所を設立し，ペッカムのサスーン・ハウス（労働者階級のための住宅，1934）や，ハムステッドのフログナル・レーンにあるサン・ハウス（1936），キングストン・アポン・テムズのミラモンテ（1937）において国際モダニズムの受容を示している．そこにはミース・ファン・デル・ローエによるブルノのテューゲントハット邸の影響が明らかである．エリザベス・デンビー（Elizabeth Denby, 1893-1965）らとロンドンのラドブローク・グローブにあるケンサル・ハウス（1936-37）を設計したが，本作は近代運動を示す労働者住宅として，フライの施主であるガス・ライト社，コーク社らによってその先進性が広く伝えられた．1934 年には，イングランドに移ってきたグロピウスを手伝い，ケンブリッジシャーのインピントン・ヴィリッジ・カレッジのドイツ的なデザインを修正し，現場を監督した．フライは，MARS 展覧会（1938）の責任者として，CIAM の考え方を促進し，国際的モダニズムを広めた．1942 年，ジョイス・ベヴァリー・ジェーン・ドルーと結婚し，『乾燥地帯および湿地帯の熱帯建築（*Tropical Architecture in the Dry and Humid Zones*）』（1966）などを共著で執筆した．1945 年にフライードルー事務所を設立，のちにラズダンを加え，ルイシャムのパスフィールド・フラッツ（1949），英国祭のリバーサイド・レストラン（1951），ナイジェリアのイバダンにある大学校舎をはじめ，ガーナ，ナイジェリアにいくつかの計画（1953-59）を手がけた．1951 年，フラ

イとドルーは，パンジャブの新しい州都チャンディーガルにおける設計チームに任命され，ル・コルビュジエとピエール・ジャンヌレが主要な建物を設計する建築家に指名されるのに大きく関与した．後年，フライはランカシャーのセント・ヘレンズにおいて，ピルキントン・ブラザーズ本社（1959-65），ウェールズのミッド・グラモーガンにある火葬場（1966）を設計した．著書に『自伝的スケッチ（*Autobiographical Sketches*）』（1975）がある．

プライス，サー・ユヴデイル　Price, Sir Uvedale（1747-1829）

　『ピクチャレスク試論（*Essay on the Picturesque*）』（1794）の著者で，ピクチャレスク運動に多大な影響を与えた（彼はこれをバークの「美」と「崇高」の概念とは異なる美学概念として定義した）．すぐれた風景画家の作品を先例として学ぶよう，だれよりも造園家に奨励した．R・ペイン・ナイト，ナッシュ，レプトンとともに「自然な」イングランドの造園の発展に影響を及ぼした．

プライス，セドリック・ジョン　Price, Cedric John（1934-2003）

　革新的で型破りなイギリスの建築家で，映画館設計の建築家 A・G・プライス（A. G. Price, 1901-53）の息子．1960 年に事務所を設立し，フランク・ニュービー（Frank Newby, 1926-2001）とロード・スノードン（Lord Snowdon, 1930-2017）とともにロンドン動物園の鳥類舎を設計した（1961）．「ローコスト，短期間，柔軟」な建築を主張し，ジョーン・モード・リトルウッド（Joan Maud Littlewood, 1914-2002）のためにロンドンのストラッドフォード・イーストにファン・パレス（ヴォクソール・ガーデンズの 20 世紀版で，格子状のフレームでつくられる「広大な街路」に多目的な移動可能カプセル（外観は用途によって決定する）が吊り下げられる）を計画した．これは（実現していないが），彼の作品の中でも最も影響力のあったハイテック（彼がきらった言葉）計画である．プライスにとって，変わりゆく世界のなかでは可変性がすべてであった．1967年，彼がデザインしたビニール製椅子は，空気で膨らますことのできるお気に入りの椅子で，夜の外出時に携帯できるものであった（つま

り，固定の椅子は家の貴重な空間を占有してしまう）．さらに，人体を空気膜で包み込むシステムを考案することで，ベッドさえ要らないものにした．こうしたアイデアにもかかわらず，あるいは，そのおかげで，プライスはカリスマとなった．プライスは，建物は可変性と解体可能性をもつ軽量で簡単に取り外しができる部材で建てられなければならないと主張する．彼は反美学的，反様式的立場をとり，建築における永遠性や記念性，保存性は説得力のないものだと信じた．「建築の目的は永遠性にある」というレンの格言は彼にとって意味をなさなかった．たとえば，彼はヨーク大聖堂の解体を擁護した．なぜならば，建物が建てられた当時の存在意義がなくなれば，その建物は改変あるいは取り壊されるべきと考えたからである．そのようなモニュメントに，用途を超えた多くの存在意義や理由があるという考えがプライスにはなかったようである．テクノロジーに対する熱狂的かつ熱烈な信奉は，アーキグラムやフォスター，ロジャースなど多くの建築家に多大な影響を与えた．プライスの作品には（ファン・パレスをはじめ）「相互作用」，「移動」，「融通」，「一時的」というイメージが強いが，それはプライスのアイデアを拡大解釈したロジャースとピアノによるところが大きく，たとえば，パリのボーブルグあるいはポンピドー・センター（1971-77）はプライスのイメージを取り入れてはいるものの，ジョルジュ・ジャン・レイモン・ポンピドー（Georges Jean Raymond Pompidou, 1911-74）と中央集権的な国家フランスに捧げられたモニュメントであり，不動の建築物である．1960年代，プライスは，インフォメーション・テクノロジーの到来を予言し，1964年に，陶器生産地区研究所を計画した．これは製造業が衰退した地域に政府主導でつくられる失業者の再訓練所を「動く都市」として提案したものであった．1965年には，ウェストミンスター・パレス（国会議事堂，彼が軽蔑したもう1つの建物）のかわりに，すべてに開かれた民主主義的スーパーマーケット「ポップアップ・パレス」構想がある．1972年には，ケンティッシュ・タウンのインターアクション・トラストのために，交流施設としてきわめて「柔軟な」コミュニティ・センターを提案した．また1971年には，政府のために空気膜構造を研究し，1973年に深化させた．プラ

イスにとって建築は，健康的な生活に貢献するものであり，社会自体が上位になってはならなかった．彼にとってそのことは，生命の尊厳を意味するものであった．もう少し時間が経たなければ彼の業績をきちんと評価することはできないだろう．（しばしば学生を魅了した）多くのアイデアは，実を結ぶことなく，いまだほぼアイデアのままである．⇨ニューマチック・アーキテクチュア

ブライス，デーヴィッド Bryce, David (1803-76)

スコットランドの建築家．ウィリアム・バーンの弟子でありアシスタントであった．数多くのすぐれた建築を設計した．スコティッシュ・バロニアル様式の王立療養所（1870-79）や，フェットゥ・カレッジ（1863-70），スコットランド銀行本店（1864-71），セント・ジョージズ・ウエスト礼拝堂（1867-69）などはすべてエディンバラにある．彼はカントリー・ハウスで最も有名であり，そのほとんどが，スコティッシュ・バロニアル様式であり，ビリングスのバロニアル古代遺跡（1845-52）に影響を受けている．その中で，最もすぐれた建物は，アングスのブレヒンにあるキンナード城（1853-57）である．ラナーク州にある巨大で古典的なハミルトン宮殿の霊廟（1848-51）は古代ローマの威光を有している．兄であるジョン（John, 1805-51）は，グラスゴーで活動し，マクギャヴィン記念碑（1830年代）やクィーンズ・クレセント（1840）など古典的な住宅を設計した．

プライス，ブルース Price, Bruce (1845-1903)

アメリカの建築家．ニューヨーク州ロックランド，タキシード・パークに40棟もの豪壮なシングル・スタイルの住宅群（1885-90）を設計しており，フランク・ロイド・ライトやプレーリー・スクールの影響を感じさせる強い軸線が特徴となっている．カナダ，モントリオールのウィンザー駅舎（1888-89）にはH・H・リチャードソンの作品に影響を受けた半円アーチ様式が強くうかがえる一方，アルバータ州のバンフ・スプリングス・ホテル（1886-88）やケベックのシャトー・フロンテナック・ホテル（1892-93）には印象的な構成のために（とくに

フライタル

フランスやスコットランドの作例にもとづく）積極的な折衷主義がめざされた．晩年に手がけたニュージャージー州レイクウッドのグールド邸（1897-98）は古典主義による壮麗な作品である．

ブライダル・ドア bridal door
聖堂の側部の，婚礼が行われる入口（例：ニュルンベルク，聖ゼーバルト聖堂のブラウトポルタル）．

フライト flight
階段の，踊り場や各階床面によって中断されない，たとえば，各踊り場や各階床面の間の，真っ直ぐ連なる段の集合体．

ブライドン，ジョン・マッキーン Brydon, John McKean (1840-1901)
スコットランド，ダンファームリン生まれの建築家．デーヴィッド・ブライスの弟子．グラスゴーのJ・J・スティーヴンソンとカンベル・ダグラス（Campbell Douglas, 1828-1910）の建築事務所に加わり，その後3年間，ロンドンのエデン・ネスフィールドとノーマン・ショウとともにはたらく．1880年にウィリアム・ウォレス（William Wallace, 1871-1907）と建築事務所を設立．1898年，ウェストミンスターのパーラメント・ストリートとパーラメント・スクエア一角における新政府庁舎（1898-1912）のコンペに勝ち，チェンバーズ，レンとウェブの影響がみられる調和のとれた建築を設計した．これより小規模なチェルシー・タウンホール（1885-87）は，レンの作品に影響を受けた「フリー・クラシック」である．一連の講演や論文において，ブライドンは後期ヴィクトリア朝時代の奔放さに対して，古典的な建築秩序の回復を呼びかけ，バースのギルドホール（1890年代）のような，パッラーディオ主義とイングリッシュ・バロック的要素の復興をめざした．

無頼派建築 Rogue architecture
正しくは「はぐれ象（Rogue Elephant）」という用語で，H・S・グッドハート＝レンデル（H. S. Goodhart-Rendel）が，ゴシック・リヴァイヴァルの建築家で熱狂的な「ゴー（Go）」で，学究的な態度や晴朗さ，如才なさとは無縁

のもの．最も有名な無頼派としては，E・バセット・キーリング（E. Bassett Keeling），E・B・ラム（E.B. Lamb），S・S・トゥーロン（S. S. Teulon），ジョージ・トゥルーフィット（George Truefitt, 1824-1902）があげられる．彼らはみな実務家であった．また，トーマス・ハリス（Thomas Harris, 1830-1900）は『ヴィクトリア建築（*Victorian Architecture*）』（1860）および『ヴィクトリア時代の建築作品例（*Examples of the Architecture of the Victorian Age*）』（1862）を著し，公然たる非難を浴びた．キーリングとラムは福音教徒のための教会堂をいくつか設計した．2人とも，くり返し切り欠き模様および溝条模様を使い，風変わりで不安定な方法で屋根構造を示し，鋸の歯のような稜線，鋏型のトラス，粗雑で粗野なポリクロミーで目に不快を与えようとしているかのようであった．彼らのほとんど狂気の独創性は曲芸的なゴシックへと堕落した．粗削りな構成は教会建築学者たちを激怒させ，以来，まじめな作品とみなされるものはほとんどない．⇨ラゲ（Rageur），ラゲ（Raguer）

フライング・バットレス flying buttress
⇨バットレス

フライング・ファサード flying façade
「ファルス・ファサード」と同意．

ブラインド blind
1. ブランクに同じ．壁に装飾としてとりつけ（エンゲージド）または設置された開口やガラス材を伴わない部位で，アーケードやトレーサリーなどに設けられる場合はそれぞれブラインド・アーケード，ブラインド・トレーサリーなどとよばれる．
2. 開口部からの光の入射を完全に，もしくは部分的に遮るための装置．上部の巻取装置に連結された膜状のものや，羽板を固定もしくは可動できるよう装着したスクリーン（ヴェネツィアン・ブラインド）など．

ブラインド・ストーリー blind storey
1. 建物の最上部の外壁面．高さをもたせたパラペットによって背後に部屋などが存在するようにみせるもので，屋根はなく，建築表現上の効果や屋根などを隠すためのもの．

2. 聖堂のトリビューン.

プラウ prow
円柱の両側に突き出た，三組の古代の軍艦の船首（ロストラ）とラムから構成されるコルムナ・ロストラタの基本的な装飾．ロストラは要石にほどこされる彫刻や商業や貿易に関連のある建築にもみられる．

プラウシェア・トゥイスト ploughshare twist
スティルティド・ウォールリブ（通常より高い位置にある壁リブ）と対角線リブで囲まれたゴシック・ヴォールトの歪んだ網目．この形式は，クリアストーリー（高窓）からの採光を確保するために，壁リブが対角線リブよりも高い位置から立ち上がるときにみられるものである．網目が鋤の刃のように曲がっているようにみえることから，プラウシェア・ヴォールトとも呼ばれる．

プラウドワーク proudwork
チューダー・ゴシックの建築に時々みられる石積み．フラッシュワークに似ているが，フリーストーン・パターンとトレーサリーがフリント・パネルよりも高い位置のフリーズにあるところが異なる．平面から突き出していることを意味するプラウドという言葉から，おそらく限られた地理的範囲の中だけで用いられた表現だと考えられる．

ブラウニアン様式 Brownian
ランドスケープ・デザインにおいて，“ケイパビリティー”・ブラウンの様式に似ているもの．

ブラウン，サー・ジョージ・ワシントン Browne, Sir George Washington (1853-1939)
スコットランドの建築家にして著作家．彼の成長に大きな影響を及ぼしたネスフィールドとロンドンで仕事をしたあと，1881 年から 1895 年までローワンド・アンダーソンの若きパートナーを務めた．1887 年にジョージ 4 世橋通りにエディンバラ中央図書館を設計するコンペで優勝し，これをフランソワ 1 世様式で仕上げ，エディンバラのジョージ・ストリートとフレデリック・ストリートの交差点に，同じ様式でブリティッシュ・リネン・バンク（1902-05，現

スコットランド銀行）を設計した．彼の作品の中でも，モーニングサイドのブレード教会（旧統一長老派教会）（1886），陽気な小児病院（1892），ホリールードにあるエドワード 7 世の記念碑（1912-22），セント・アンドリュー・ストリートにある美しい YMCA の建物（1914-15）（これらはすべてエディンバラにある）に言及すべきであろう．1895 年頃から 1907 年まで J・M・D・ペディーとパートナーであった．

ブラウン，ジョージ Browne, George (1811-85)
ベルファスト生まれの建築家．1830 年からカナダで活動する．最も知られた作品は，オンタリオのキングストンにあるセント・ジョージ礼拝堂（1859）で，ギッブズによるセント・マーチン・イン・ザ・フィールズを変えたものである．また，キングストンのシティ・ホールやマーケット・プレイス（1842-44）は，新古典主義様式と後期ジョージアン様式が荒々しく混じっており，これはダブリンにおけるガンドンの作品を想起させるものであるが，ホークスムアやヴァンブラによる様式を振り返ったものと考えられる．

ブラウン，ジョゼフ Brown, Joseph (1733-85)
アメリカの素人建築家．ロードアイランド州プロヴィデンスでいくつかの重要な建物を設計した．たとえば，ギッブズの『建築書（Book of Architecture）』（1728）をもとにした尖塔をもつファースト・バプティスト礼拝堂（1774-75）．その他の作品には，ブラウン大学ユニヴァーシティ・ホール（1770-71），立会所（1773-77），ブラウン邸（1786-88）がある．

ブラウンストーン brownstone
暗い赤褐色の砂岩で，19 世紀の中葉から末期にかけてアメリカ合衆国東部で使用された．ニューヨーク市の典型的なテラス・ハウスはこの石を張られている．

ブラウン，ランスロット・「ケイパビリティ」 Brown, Lancelot called Capability (1716-83)
ノーサンバランド生まれ．建築家にして，最も影響力のある風景式庭園の造園家の 1 人で

あった. 1741 年にバッキンガムシャーのストウで主任庭師となり, ブリッジマン (Bridgeman) とウィリアム・ケント (William Kent) とともに庭園を「自然のごとく」造園した. この大いに賞賛された庭園によって, ブラウンは 1749 年からこの道で身を立てることとなり, その後の 30 年間, 人工の湖, みた限り不規則に配置された木々の塊, 広大な芝生のある庭園を多く造園した. これらは時代を特徴づけるパッラーディオ主義の邸宅にみごとな背景を与えた. それまで庭園に聳え立っていたカントリー・ハウスは, いまや構成されたピクチャレスクな風景の中に半ば埋もれるように立ち, ブラウンの名高い「自然な」庭園 (ここでは雑然とした「自然」は馴致され, 注意深く構成された) はイングランド中で大変な人気となり, 大陸にも影響を及ぼした. 彼のあだ名は, 彼が顧客に対して, 彼らの地所を改良「することができる capable」あるいは改良の「可能性 capability」があると言ったという有名な習慣から生まれたとされる. 現存する風景式庭園の中で最も美しいものは, おそらく, ヘリフォードシャーにあるベリントン・ホール (1780 年代), ウスターシャーのクルーム・コート (1751-52), ウィルトシャーのボウド (1760 年代), オックスフォードシャーのニューナム・パーク (1778-82) であろう. 彼の作品と構想に影響を受けた庭園は「ブラウン派」と称される. 彼は建築も設計しており, その作品の多くはフラムのヘンリー・ホランド (Henry Holland, 1712-82) によって実施された. 1771 年にブラウンはその息子ヘンリー・ホランド (1773 年にはブラウンの娘婿となった) と共働し, しだいに彼に作品の建築部分を任せるようになった. ブラウンの建築作品には, ウスターシャーのクルーム・コート (1751-52), ウォリックシャーのコンプトン・ヴァーニーにある橋と礼拝堂 (1770-78), サリーのイーシャーにあるクレアモント・ハウス (1771-74, ヘンリー・ホランドと共働) がある.

ブラウン, リチャード　Brown, Richard (1804-45 活躍)

おそらくデヴォンシャー出身で, 建築実務も行ったが, その名声はおもに製図の教師と著作家としてのものである. 弟子には M・A・ニコルソンがいる. 彼は『実用的な遠近法の原理 (*The Principles of Practical Perspective...*)』 (1815) や, 雑多で折衷的な『住宅建築 (*Domestic Architecture*)』 (1842), 『宗教建築 (*Sacred Architecture*)』 (1845) を執筆した. 『飾り棚と室内装飾家具を描く基本 (*The Rudiments of Drawing Cabinet and Upholstery Furniture*)』 (1822, 1835) は, 19 世紀初期のイングランドにおける家具のパターン・ブックとしては最も美しいものであり, 新古典主義の趣味が前面に押し出されている.

ブラガール, ルネ　Bragard, René (1892-1971)

イギリス生まれ, ベルギーの建築家. ハンカーに影響を受け, すぐれた住宅を設計した. ブリュッセル, イクルにあるモリエール通りの住宅 (1923) など.

プラーク　plaque

記念碑や装飾として壁表面, 舗石などに固定され, 通常文字が刻まれた金属プレート, 石のスラブ, あるいは銘抜.

フラクタブル　fractable

パラペットとして嵩上げされた妻壁の上の最上部の部材. この用語は, とりわけ, スクロール装飾付き妻壁, 何らかの形をデザインされた妻壁, あるいは階段形妻壁の場合に用いられる. 妻壁の水平方向の底辺を「フット・テーブル」, 曲線を描いた部分を「ボルテル」または「ボトル」, 階段形になっている部分を「スクエア」という.

フラー＝クラーク, ハーバート　Fuller-Clark, Herbert (1869-1912 以降)

イギリスのアーツ・アンド・クラフツの建築家. ロンドンのブラックフレアズにあるパブ, ブラックフレアズの 1 階内装設計 (1905) を, ヘンリー・プール (Henry Poole, 1878-1928) とともに手がけた. ロンドンには, ライディング・ハウス・ストリート, フォーリー・ストリート 40, 41 番に非常に自由な構成のボールティング事務所ビル (1908 頃) を設計した. 1912 年, 西インド諸島ジャマイカに行ったとされる.

ブラケット　bracket

1. 壁の表面から突出して，梃子の要領で上部に張り出した要素を支える部材（ブレースの一種といえる）.

2. 支持構造やキャンティレヴァーを構成するアンコン，コンソール，コーベル，モディリオン，ムトゥルスなどの要素.

ブラケット，エドモンド・トーマス Blacket, Edmund Thomas (1817-83)

イギリス生まれのオーストラリアの建築家. 1842 年からシドニーに定住し，ニューサウスウェールズにおける主要な建築家の一人となった. 1847 年には教区建築家に任命され，その立場で 50 以上の教会を設計した. その中では，いずれもシドニーに建つチャーチ・ヒルの聖フィリップ教会（1848），ウラーラのオールセインツ教会（1874），ダーリング・ポイントの聖マーク教会（1847-75），聖アンドリュー大聖堂（1847 頃から）や，西オーストラリアのパースの聖ジョージ大聖堂（1879 着工）があげられる. 彼の代表作はチューダー・ゴシックのシドニー大学（1854-60）であり，その大ホールはロンドンのウェストミンスター・ホールをモデルとしてハンマービームをもつ屋根構造により完成した. 同大学のセント・ポール・カレッジもゴシック様式で設計したが，その一方でシドニー・グラマー・スクール（1856）の増築では古典主義を扱った. 1850 年代からは非常に多くの住宅と商業建築を設計し，彼の事務所は若いオーストラリア人建築家の訓練において重要な場となった. 後年には息子シリル（Cyril, 1857-1937）が事務所を補佐し，業務は 1930 年まで続けられた.

ブラケット・モールディング bracket moulding

1. 二重反転曲線（オジー）の形態をしたブレース.

2. 先端で接合された二つのオジーの形態をした刳形. フィニアルなどを支持する.

プラザ plaza

1. とくにスペインやラテン・アメリカの公の広場や市場.

2. 彫刻，噴水，植栽で彩られた建物によって囲まれるか，それに隣接した広い舗石が敷かれた場所. とくに北アメリカにみられるもの.

3. 店舗で囲まれた広大な駐車場をもつ郊外のショッピング・エリア.

4. 多くは天井採光の屋根が架けられた店舗などのための場所.

5. 橋，トンネル，高速道路の料金所.

ブラス brass

石材やアルター・トゥームの上部に嵌め込まれた銘板などの要素. 実際には真鍮（ブラス）ではなく銅と錫の合金，すなわちブロンズやラテンである. 人物像，タウン・キャノピーや文言を彫り込んだ例が数多くあり，黒松脂，琺瑯，マスティックを充填したものが多い. 19 世紀のゴシック・リヴァイヴァルにおいて記念碑や記念物に付す「ブラス」が再び流行したが，この時は真鍮が用いられた.

プラスター plaster

柔らかく，可塑性および粘性の特質をもった物質で，表面に延ばされ，塗りつけられると固まる性質を持つ. 伝統的には，焼成された石灰石（生石灰か酸化カルシウム）を砂と水，さらに装飾を施しやすい滑らかな表面にするために，毛髪を混ぜてつくっていた. プラスター・オブ・パリは，石灰硫酸塩（石膏）で，熱によって自然の水分組成をなくし，細かいパウダー状に挽き，水と混ぜ，ペースト状にしたものである. 準備するとすぐ延び始め，すぐ用意できる. この特質によって，単にひび割れを埋めることができるだけでなく，刳形（くりかた）に，鋭く，デリケートな表現をもたらすことができる. ⇨スタッコ

プラスチック plastic

通常，炭素系の重合体（すなわち，大部分もしくは全体が数多くの類似した多分子の結合単位から構成されるような分子構造をもつもの）である. 多様な種類をもつ人工素材. 合成樹脂や修正天然高分子から得られ，着色したり，性能を高めるために物質が追加される. 液状時に加圧，押し出しなどの方法で成形することにより，恒久的な固まった形状を得ることができる. 19 世紀に発見されたが，1930 年代から開発され，第二次世界大戦（この時には，とくに航空機などさまざまな目的に使われた）以後，外素材，成形品，管，樋などのために建物に用いられた. 建物に用いられるプラスチックには

通常二つのタイプ，サーモセット（熱によって柔らかくしたり，溶かしたりすることができないもの）とサーモプラスチック（熱を与えると柔らかくなり，冷ますと硬くなり，何回も熱したり成形しても，元の性質を失わないもの）がある．20世紀には張力構造をつくるために特定のプラスチックが使われた（例：フライ・オットーの作品）．また，バックミンスター・フラーのジオデシック・ドーム，屋根などでは透明なポリカーボネートが用いられた．透明なプラスチックは，曲面をつくることができるが（例：レンゾ・ピアノとリチャード・ロジャースによるパリのポンピドゥーセンターの外側のエスカレーター用のチューブ），頑丈でも傷がつくので，時が経つと見栄えが悪くなる．プラスチックは製造段階で汚染を引き起こし（リサイクルも処分も難しい），環境建築の提唱者からは嫌われている．また伝統的な建築方法を好む人びとからもプラスチックはよく思われていない．プラスチックの見かけは新しいからといってどこでも賞賛されるわけではなく，時を経ると劣化し，多くの場合，変色したり，完全に色落ちするために期待に沿うものにならない．とはいえ，プラスチックは（たとえば，ペンキなどの）塗装膜に，また電気や配管のシステムや断熱のために，さらには防水シーラント，ガスケット，膜として広く使用されている．成形されたプラスチックのパネルはグラスファイバー（GRP）で強化され，壁や屋根に利用されている．また液体プラスチックを吹き付け成形する方法で建物全体をつくることができる．建築にさらなる可能性をもたらすために，さらなるプラスチックの研究が進められている．

フラッグ，またはフラッグストーン flag or flagstone

歩道などの舗装に用いられる大きな石造スラブ．

フラッグ，アーネスト Flagg, Ernest (1857-1947)

アメリカの建築家．フランスのボザールの美の規範をアメリカで普及させることを推進し，またニューヨーク市のシンガー・ロフト・ビルディング（1902-04）とシンガー・タワー（1906-08，現存せず）で最もよく知られてい

る．これらの作品で，ヴィオレ＝ル＝デュクの研究から吸収した構造的合理性という考え方を広めた．これらの他には，ワシントンD.C.のコーコラン美術館（1892-97）やメリーランド州アナポリスのUS海軍兵学校（1896-98）（これらの両方で彼が学究的古典主義に精通していることが示されている），〔ニューヨーク市の〕スタテン島の二つの美しい住宅であるボウコット（1916-18）とウォルコット（1918-22）があげられる．

ブラックバーン，ウィリアム Blackburn, William (1750-90)

イギリスの建築家．1779年の懲治監獄法にもとづく刑務所の設計者として名を馳せ，放射状の設計手法の先駆者となった．作品としては，オックスフォード（1785頃-1805），サフォークのイプスウィッチ（1786-90），グロスターシャー（1788-91），モンマス（1788-90），ドーセットのドーチェスター（1789-95）の郡刑務所がある．他の設計としてとくにグロスターシャーのノースリーチ（1787-91）およびホースリー（1787-91）のハウス・オブ・コレクションがあげられる．

ブラックバーン，ジェームズ Blackburn, James (1803-54)

イギリス生まれのオーストラリアの建築家．小切手の偽造のため1835年にヴァン・ディーメンズ・ランドに移送された後，道路・橋梁の部局に雇われ，道路建設や技術的作業を指揮した．1839年からは数多くの建造物を設計し，ラウドンの著作の影響を受けてピクチャレスクの主唱者となった．ラウドン風のイタリア風様式が目立つキャンベル・タウンのローズデールの拡張（1848-50）にそれが顕著である．グリーク・リヴァイヴァルによるホバートのレディ・フランクリン・ミュージアム（1842-43）はドリス式の際立った作品であるが，ゴシック・リヴァイヴァル（J・L・アーチャーの作品に影響を受けた）とノルマン・リヴァイヴァル（フェレーらに影響を受けた）にも取り組む力があった．1849年にはメルボルンに移り，市の建築士となり，その立場により市庁舎を設計した．彼による折衷主義の大規模な図書館は，オーストラリアで建設された最初の主要な建築作品の一つとなった．

フラッシュ flush
1. 何らかのものと同一平面上であること．表面が周囲の枠と同一平面上のパネルなど．または，煉瓦積みの表面と同一平面上のフラッシュ・ポインティングのこと．
2. 目地がきわめて狭くなるように，モルタルで囲まれて並べられた石材または煉瓦．

フラッシュ・ビーズ形刳形 flush bead moulding
その両側の平滑面と外面レヴェルを揃えた，二重の深溝を施されたビーズ形装飾．⇨刳形

フラッシュ=ポインティング flush-pointing
煉瓦積み（と同一）の表面のような，同一平面上に表面を揃えられたモルタルのこと．

フラッシュワーク flushwork
ゴツゴツな表面のフリントを砕いて（スポールターという），暗色面を外に向けて，みごとに結合されたパネルに埋め込んで並べたもの．トレーサリーに似せたフリーストーン外装によって枠取られている．フリントも石材もすべて同一平面上に表面仕上げされている．図版も参照．

典型的な東イングランド地方のフラッシュワーク．ゴツゴツしたフリントと石灰岩の化粧仕上げを使っている．

フラッシング flashing
煉瓦積みの目地，石積みのラグレットに挿入される金属（通常は鉛）．勾配屋根に煙突を通す場所などで用いられる．これによって目地に水密性がもたらされる．

フラット flat
⇨アパートメント，アパルトマン

プラット plat
1. 平面図，ドローイング，もしくは建物のための指示．
2. 庭の芝生の平らな部分．
3. 地所や風景式庭園の地図など．

フラット・アーチ flat arch
⇨アーチ

プラット，サー・ロジャー Pratt, Sir Roger (1620-85)
イギリスの上流階級の建築家．17世紀のイギリスにおける古典主義の先駆者の一人であり，広範な旅行をしローマに在住．ヨーロッパ大陸の建築を研究した．さらに1666年の大火後にロンドン市街地の再建を監督するために任命された一人であった．建築書を著そうとしていたらしく，ノートの中にはカントリー・ハウスの建設に関することや，建築家の手引となるいくつかの規範が記されている．彼は無柱式のカントリー・ハウスを4作残し，それらはバークシャーのコールズヒル（1650頃-62，1952とり壊し）と，ドーセットのキングストン・レイシー（1663-65，1835-39バリーにより改築），ケンブリッジシャーのホースヒース・ホール（1663-65，1792年とり壊し），およびノーフォークのライストン・ホール（1669-72，1786-88ソーンにより改築）である．ロンドンの最初の真に古典的な住宅であるピカディリーのクラレンドン・ハウス（1664，現存せず）もまた彼によるものである．すべての住宅は，ホールと大広間が中心軸線上にある2列型方式により計画された．その特徴は，とくにリンカンシャーのベルトン・ハウス（1685）や，バッキンガムシャーのデナム・パレス（1688）など晩年のデザインにもみてとれる．

プラット，チャールズ・アダムス Platt, Charles Adams (1861-1933)
アメリカの建築家，ランドスケープ・デザイ

フラットハ

ナー．1890年代から1900年代初頭にかけて設計したイタリア風庭園が有名で，建物と庭園がみごとに調和している（マサチューセッツ州ボストン近郊ブルックラインのフォークナー・ファーム（1897-98），オハイオ州クリーヴランド近郊のグウィン（1907-08）など）．ダートマス大学，ジョンズ・ホプキンズ大学，ロチェスター大学のキャンパス計画の助言をしたほか，ワシントンD.C.のフリーア美術館（1913-18）を設計した．初期の建築作品は古典主義，とくにイタリア的特徴が色濃いが，ニューヨーク州グレンコーヴのプラット邸および庭園（1910-13）では抑制されたジョージアンによるコロニアル様式も手がけた．イリノイ州アーバナにおけるイリノイ大学ではキャンパス計画および校舎（1919-30，軸線，左右対称性，ヴィスタがよく計画された秀作）を手がけたほか，マサチューセッツ州アンドーヴァーのフィリップス・アカデミー（1922-33），ワシントンD.C.議会図書館のクーリッジ講堂（1925），マサチューセッツ州のディアフィールド・アカデミー（1930-32）ほか，多数の作品を設計した．1892年のイタリア旅行にもとづき1894年に『イタリア庭園（*Italian Gardens*）』を出版したほか，1913年には自身の作品集を出版した．

プラットバンド　platband
　1．平らな，四角いバンド，ファスキアもしくはストリング．たとえばアーキトレーヴ，もしくはファスキアのように，その高さに比して突出が少ないもの．
　2．リンテルまたは装飾のためのリンテル．
　3．古典的な柱における柱身の縦溝を区分するフィレットもしくはストライア．
　4．幅広の段．
　5．踊り場と同義．
　6．「フラット」アーチまたはソルジャーアーチ．⇨アーチ

ブラッドフォード，ウィリアム　Bradford, William（1845-1919）
　イングランドの建築家．醸造所の設計に特化し，70以上の設計および改築を行った．ノッティンガムシャーのニューアーク・オン・トレントのホールズ・カースル醸造所（1882，豪華なフレンチ・ルネサンス様式の石造作品で，ヴェーミキュレーション（虫食い模様）で装飾されており，大きな時計塔がある），オックスフォードシャーのフック・ノートン醸造所（1870頃，煉瓦，鉄鉱石，鋳鉄，木，下見板のめずらしい建物）がある．事務所は息子たち，W・ストーヴィン（W. Stovin）およびJ・W・ブラッドフォード（J. W. Bradford）によって続けられ，いくつかの豪華な装飾のパブをデザインした．

ブラティシング　brattishing
　1．装飾のためのパラペット．とりわけ胸壁．
　2．ゴシックのコーニス，パラペット，スクリーンなどの上部に付される装飾的なクレスト．普通は葉形飾りや花模様（チューダー・フラワーが多い）が施されたオープンワーク．

ブラティシング　クレスティングともいう．(a)典型的な垂直タイプ．(b)チューダー・フラワーのタイプ（16世紀初期）（ウェストミンスター，ヘンリー7世の礼拝堂より）．

ブラティス　brattice
　1．張り出し櫓．
　2．要塞の壁から張り出した木材による構造物．

フラーテル　frater, fratery, fraterhouse
　修道院のレフェクトリウム（大食堂）のこと．

プラテレスク　Plateresque

16世紀初期のスペイン建築の複雑で大変装飾的な様式で銀細工師の見事な仕事と共通点があると考えられている．古典，ゴシック，ムーア式，ルネサンス建築に由来する豊かな装飾をもつ．後期ゴシックの建築の壁に過剰なほどに用いられるが，通常構造の表現とは関係がみられない．

フラー，トーマス　Fuller, Thomas（1823-98）

イングランド人建築家．カナダに移住し（1857），カナダ生まれのシリオン・ジョーンズ（Chilion Jones, 1835-1912）と共同経営を行う．トロントのセント・スティーヴン・イン・ザ・フィールズ（1858）をゴシック様式で設計したのち，最大の作品オタワの議事堂（1859-67）を設計した．それは，ゴシック・リヴァイヴァルの様式で，大英帝国とイギリス領カナダの伝統の結びつきを強調するものだった．図書館部分（中世のチャプター・ハウスを思わせるもの）のみが現存する．なぜなら，建物は1916年に大火事にあい，単純化された線でJ・オマー・マーチャンド（J. Omar Marchand, 1873-1936）とジョン・A・ピアソン（John A. Pearson, 1867-1940）により再建されたからである．1863年，フラーはアルバニーのニューヨーク州議会議事堂の設計競技に勝利したが，のちにエイドリッツとリチャードソンにより改変された．これは，フラーと当時，共同経営をしていたオーガスタス・レーヴァー（Augustus Laver, 1834-98）に対して，新たに結成されたアドバイザリー・ボードが平面計画と様式について大規模な変更を求め，彼らは解雇されてしまったからである．フラーとレーヴァーはサンフランシスコ市庁舎および法廷の設計競技にも勝利した（1871，1906取壊し）が，その建設は困難をきわめた．1881年，フラーはカナダに帰国し，公共建築営繕局の主任建築家となった．彼のもとで140もの建物が設計され建設された．さまざまな様式で建てられた郵便局など，どれも実質的な建築作品である．

プラハティツ，ハンス・フォン　Prachatitz, Hans von（15世紀活躍）

ウィーンのシュテファンスドーム（ザンクト・シュテファン大聖堂）（1349-1433）の南塔と，最も完璧なドイツ・ゴシックの尖塔の一つである洗練された尖塔（シュテッフルと呼ばれている）を完成させた建築家．北側廊の石造の祭壇のキャノピー（天蓋，1437頃）も彼が設計した可能性がある．

ブラマンティーノ　Bramantino（1503-36活躍）

⇨スアルディ，バルトロメオ，通称ブラマンティーノ

ブラマンテ，ドナートまたはドナート・ディ・アンジェロ・ディ・パスクッチョ・ダントニオ　Bramante, Donato, *or* Donato di Angelo di Pascuccio d'Antonio（1444-1514）

盛期ルネサンスの建築家の中で，同僚や後継者たちから，ラファエロを例外として古代人に比肩するただ1人の建築家と尊敬され，とりわけ古代ローマ建築のような力と情感性，荘重さを表現したのはブラマンテだった．ウルビーノ近郊で生まれ，画家として修練し，ウルビーノのフェデリーゴ・ダ・モンテフェルトロ（Federigo da Montefeltro, 在位1444-82）の宮廷でおそらくピエロ・デッラ・フランチェスカ（Piero Della Francesca, 1410/20頃-1492）やフランチェスコ・ディ・ジョルジョに接したが，最初に記録に残るのはベルガモのパラッツォ・デル・ポデスタのフレスコ（1477）の画家としてである．1479年頃ミラノのルドヴィーコ・スフォルツァ（Ludovico Sforza, 1452-1508）に仕え始めここで建築に関心を向け，レオナルド・ダ・ヴィンチに会ったが，レオナルドはブラマンテを集中式教会堂の設計の問題に向かわせた．最初の重要作はミラノのサンタ・マリア・プレッソ・サン・サーティロ（1481頃着工）であり，ブラマンテはここで古代以来初めて格間天井のドームを建設し，浅い東端部を劇場的な透視図法技術を用いて深い内陣があるかのようにみせ，身廊には（アルベルティから影響を受けて）半円筒ヴォールトを架け，9世紀のサン・サーティロ礼拝堂をドラムの形につくりかえ，外観をピラスターとニッチで飾った．またレオナルドとともにミラノのサンタ・マリア・デッレ・グラーツィエ聖堂の集中式による再編成（1490年代）を設計し，その上にはペンデンティヴを介してドラムつきのドームを載せた．

スフォルツァ家の没落に伴ってブラマンテはミラノを脱してローマに赴き，サンタ・マリア・デッラ・パーチェの優美な回廊(1500-04)を設計した．これは先行作品のミラノのサン・タンブロージョの回廊(1492)よりはるかに洗練されている．デッラ・パーチェの回廊ではイオニア式のピラスターを伴う角柱と連続アーチ（コロッセウムにもとづく）がエンタブラチュアを支え，そのフリーズには碑文が刻まれている．さらにその上には開放的な列柱廊のギャラリーがあり，角柱のあいだの中心線上に円柱が配されている．次にくるのがサン・ピエトロ・イン・モントリオの回廊の驚嘆すべきテンピエット(1502-10)であり，ドームを戴くドラムをトスカナ式円柱の列柱廊が囲み，円柱はローマ・ドリス式のエンタブラチュアを支えている．その効果は優雅で清澄，古代風である．トスカナ・ドリス式オーダーは聖ペトロの強い男性的性格との関連から採用された．テンピエットはその殉教場所と信じられた敷地に建てられた．実際にセルリオはドリス式の神殿をキリスト教の目的に適合させた功績をブラマンテに帰しており，ウィトルウィウスもかつてドリス式を英雄や男神にふさわしいと推奨していた．その円形平面は古代神殿にもとづくが，初期キリスト教の殉教記念堂にも重要な先行例があった．ブラマンテはこのようにキリスト教殉教聖堂とローマの円形神殿，古典古代の建築とを結びつけて，この小建築を盛期ルネサンス最初の偉大な建築に仕立て上げた．

教皇ユリウス2世（Pope Julius II, 1503-13）の選出によってブラマンテはヴァティカン宮殿とサン・ピエトロ大聖堂の建設という野望をもつパトロンを手に入れ，その設計案を作成した．ヴァティカン宮の一角の3層に重ねられた柱廊はのちにサン・ダーマソの開廊に組み込まれ，これに広大なベルヴェデーレの中庭が続いたが，原設計を比較的保つのはそのらせん階段(1505頃)だけである．しかしその最大の作品はサン・ピエトロである．コンスタンティノープルの巨大なハギア・ソフィアは15世紀中頃にイスラームの手に落ちたことで，コンスタンティヌス帝のバシリカ（それは実際，聖ペトロの墓のうえに建てられた殉教記念碑だった）を壮大な集中式平面聖堂で建て替えることは政治的にも象徴的にも重要となった．ブラマンテは力強いギリシア十字平面（その腕の端部はアプスで終わる）を提案したが，その四隅は小さなギリシア十字（各々が小ドームを戴く）を形成し，中央部は古代ローマのパンテオンに匹敵する大ドームで覆われたが，このドームは列柱を巡らしたドラムで支えられるはずだった．ブラマンテのデザインはテンピエットに由来しており，コンスタンティヌス帝創建の別の聖堂（聖墳墓と生誕記念聖堂）を参照しつつこれによって殉教記念堂を設計し，それを神の完全性を象徴する集中式平面の数学的完全さに投影した．ブラマンテと教皇が死んだとき建設は部分的にしか進んでいなかったが，交差部の巨大な支柱と横断アーチは現在もドームを支えている．

それ以外の作品には，巨大な格間ヴォールト天井とアプスを備えたサンタ・マリア・デル・ポポロ聖堂の内陣(1505-09)や，1508-09年のパラッツォ・カプリーニ（ラファエロ邸）がある．後者は短期間で姿を消したが，連続アーチの重厚な粗面石積みの基部のうえにドリス式二連柱を備えていた．パッラーディオはこの構成をいたく賞賛し素描を残しており，また後代の建築家たち，とりわけバーリントン卿に影響を及ぼした．

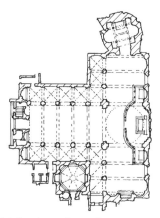

ミラノのサンタ・マリア・プレッソ・サン・サーティロ聖堂の平面図．上部のサン・サーティロ礼拝堂と聖堂内の非常に浅い内陣に注目．

フラー，リチャード・バックミンスター
Fuller, Richard Buckminster (1895-1983)
航空機と自動車の組み立て技術からダイマキ

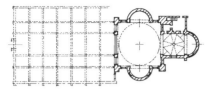
ミラノのサンタ・マリア・デッレ・グラーツィエ聖堂の集中式東端部．

シオン・ハウス（1927）を発明したアメリカの発明者．大量生産を指向し，プレハブの規格寸法体系による浴室（1929-36，特許取得）の導入を図った．安価で，工業化された住居ユニットに関心をもつ．一方で，材木，ベニヤ板，金属，コンクリートほかの材料を用いて，スペースフレームの原理で建設されるジオデシックドームによって広い範囲を覆う手法を発展させた．これらのドームは精巧な土台を必要とせず，単に地面に固着するだけでよい．カナダ・モントリオール万博のアメリカ館（1967）はその典型である．このシステムは，きわめて明確な構造を実現させる．それゆえ，都市全体を屋根で覆うことができ，環境制御およびエネルギー保全の面において，大きな可能性をもつ．彼の息もつけないほどの文体が集められ，1970年に発行された．

プーラール（プーラールト），ジョゼフ・フィリップ Poelaert, Joseph Philippe (1817-79)
　ベルギーの建築家．シンケルとヴィスコンティの影響を受けた．1856年にブリュッセル市の建築家となっている．ブリュッセルでコロンヌ・デュ・コングレ（1850-59）などの建築物を設計したが，その最も偉大な作品は高貴なるボザール・バロックのパレ・ド・ジュスティス（裁判所）（1866-83）である．量感あふれるドームを頂いたピラミッド構成の巨大な大建築物であり，おそらくブロドリックによるリーズ市庁舎（1852-58）やジョン・マーティン（John Martin, 1789-1854）の幻視的な絵画の影響を受けている．内部のいくつかの公共空間にはピラネージを思わせる古代ローマ的壮大さがうかがえる．また，ブリュッセルのノートル・ダム・ド・ラーケン（1851-65）をネオ・ゴシック様式で設計し，ミュンヘンのハインリヒ・フォン・シュミットなどの手で竣工した（1865-1907）．

プラン〔平面〕 plan
　建物を水平に切断した面で，部屋の配置などを示す．一定の縮尺で対象物を水平に投影した図を表し，垂直の断面や立体を表す図とは区別される．屋根伏図のように，上からみた対象物の外観をみせることがある．⇨ E字形平面，ウィールデン・ハウス，H字形平面，エンド，エントリー，オープン・ホール，軸線式，セル，ソーラー，ダブル・パイル・ハウス，中心，ベイ，ホール，ロングハウス

フランカー flanker
　ボーン（外周壁）の隅部における，円形，多角形，あるいは方形の突出部（3あるいは4）のうちの一つ．それらを繋ぐ直線状のカーテン・ウォールを守るのに役立つ．

ブランカ，アレクサンダー，フライヘル・フォン Branca, Alexander, Freiherr von (1919-2011)
　ミュンヘン生まれの建築家．1950年にバイエルン州都で活動を開始し，伝統を介した連続性を必要とするという信念，および「時を超越した」建築のもつ象徴的価値に対する信念を表現するような数多くの優れた建築を生みだした．
　いずれもシェーンシュタットに建設された修道院と教会（1965-68），礼拝堂と学校（1973-77），ゲストハウスと霊安堂（1980-82），ヨーゼフ・ケントナイヒ神父レセプション・ホール（1982-83）などの宗教的な建築は力強い構成を示す（霊安堂はとくに感動的である）．その一方でレーゲンスブルク旧市街での（1981年からの）保存活動は，包括的なアプローチと入念な細やかさの両面を示している．傑出した作品はミュンヘンの美術館ノイエ・ピナコテーク（1973-81）であり，絵画鑑賞のための優れた採光を備えた，大胆に形づくられた建築となっている．その他の作品としては，アウクスブルクのノイゼスの聖トマス・モア教会と教区センター（1970-74），レーゲンスブルク大学図書館（1970-74），アウクスブルクの聖ウルリヒ・ローマカトリック・アカデミー（1971-75），ヴュルツブルクの学生会館（1977-79），ロイトキルヒの森林墓地（1977-82），ミュンヘンのライフアイゼン中央銀行オフィス（1978-81），ヴァティカン市国教

皇庁のドイツ大使館（1979-84），ミュンヘンの
WVG のオフィスと商業建築（1980-83），フラ
ンケンタールの市民ホール（1989）がある．
（作品をみれば明らかだが）ブランカにとって，
建築とは目的に対する高度な真剣さを必要とす
るものであった．なぜなら建築は生きているも
のであり，それは人生についての多くのことを
明らかにしうるし，人生を高めるものでもある
からである（もちろん逆にいえば，悪い建築は
人生を落ち込ませ，喜びを打ち砕く）．彼が獲
得した数多くの賞と名声は，1950 年以降のド
イツ建築に対する彼の顕著な貢献を証明するも
のである．しかし彼の業績はイギリスやアメリ
カではあまり知られていない．

ブランク　blank
ブラインド，すなわち開口がないこと．ブラ
ンク・ドア，ブランク・ウィンドウはファサー
ドに対称性をもたせるためのドアや窓に似せた
窪みを指す．ブランク・ウォール，ブライン
ド・ウォール，デッド・ウォールはいずれも開
口部のない壁面．

フランク，ヨーゼフ　Frank, Josef（1885-1967）
オーストリアの建築家．第一次世界大戦前に
はヴィラ・ホッホ（1912），ヴィラ・ヴァッサ
ーマン（1914）など住宅に佳品を残した．ロー
スとともに田園都市運動にかかわり，関連して
田園郊外の形成にも指導的役割を果たした．工
作連盟のメンバーで，ドイツのバウハウス，
ル・コルビュジエ，CIAM が主導する，先鋭
的で教条的な傾向に警鐘を鳴らした．1933 年
にスイスに移住した．

フランケ，パウル　Francke, Paul（1538-1615）
後期ルネサンスの重要なドイツの建築家．ヘ
ルムシュテットの大学校舎（1592-97）および
ヴォルフェンビュッテルのプロテスタントのマ
リーエンキルヘ（聖マリア教会）（1604-26）を
設計した．

プランシーア　planceer
1．たとえばコーニスのように突出した部材
の下方側．
2．ソフィット．

フランス式オーダー　French Order
1．雄鶏とフルール＝ド＝リスをあしらったコ
リント式柱頭．
2．フィリベール・ド・ロルムによって構想
されたオーダー形式．柱身の膨らみを隠すよう
に葉形装飾が彫刻された帯状装飾を伴う．
3．正三角形平面を形成するように配列され
た 3 本のコラム（∴）からなる古典主義オーダ
ー．柱身の周りをつる植物がらせん形を描いて
這っている（ソロモン柱またはらせん柱を想起
させる）．リバール＝ド＝シャムーによって構想
された（1783）．

フランス第二帝政様式　French Second Empire style
バロック様式，帝政様式，フランソワ 1 世様
式，ルイ 15 世様式，ルイ 16 世様式，新古典主
義様式，ルネサンス様式の折衷的な混合様式で
あり，ナポレオン 3 世（Napoleon III）治世下
（1852-70）のフランスで広まった．

フランスのプロテスタント教会　temple
フランスのプロテスタントの聖堂，あるいは
英国国教徒ではないプロテスタントの宗派によ
る公的な礼拝用の建物全般をさし，とりわけ巨
大なもの．

フランス窓　French window
床面にまで達する開き窓のこと．「クロワゼ」
ともいう．庭園，ヴェランダやテラスに通ず
る，2 枚ガラス扉のような開口部である．

フランス屋根　French roof
⇨屋根

フランス・ルネサンス・リヴァイヴァル　French Renaissance Revival
パリのルーヴル宮殿の拡張部のような 16 世
紀の様式群の 19 世紀におけるリヴァイヴァル
のこと（1853 年以降）．

フランソワ 1 世　François Ier, or François Premier（在位 1515-47）
フランス王．その名は，フォンテーヌブロー
において出現した盛期ルネサンスおよびマニエ
リスムの建築・装飾の様式名となっている．こ
のフランソワ 1 世様式は 19 世紀にリヴァイ

ヴァルされ，これは「シャトー」様式とも呼ばれる．

プランタウアー，ヤーコプ Prandtauer, Jakob(1660-1726)

オーストリアの最も偉大なバロック建築家の一人．ムンクゲナーストとかかわりをもち，ウィーンから50マイルほど西側のドナウ川南岸の崖上に建つメルクの巨大なベネディクト会修道院を設計した．この修道院をペヴスナーは「バロックのダラム」と呼んだが，事実，その建築構成は敷地の壮観さを存分にいかし，崇高な衝撃を産み出しており，その判断はだれもが同意しうるものである．一対の塔と背の高いドームをもつ均整のとれた修道院教会は，修道院の二つの翼棟（そこに図書室とカイザーザール（皇帝のホール）がある）の間に配置されている．この翼棟は教会のファサードの前に突きだし，崖の突端に向けて収斂していくようになっている．そしてその先，この二つの翼棟は教会の前方において基壇の上に載せられ，大きなアーチ（その形はセルリアーナに由来する）によって接続されることで，教会前の中庭を抱え込むような形になっている．プランタウアーとムンクゲナーストは，おそらくフィッシャー・フォン・エルラッハによるザルツブルクのドライファルティヒカイツキルヘ（三位一体教会）に影響を受けたファサードをもつ，ゾンタークベルクの教区および巡礼教会（ヴァルファールツキルヘ）(1706-32)を建設した．さらにプランタウアーは，C.A.カルローネによるザンクト・フローリアンの修道院においてマーモールザール（大理石のホール）と非常に美しい屋外階段(1718-24)を設計し，カルローネによるシュタイヤー近郊クリストキンドルの巡礼教会(1708-09)を完成させ，デュルンシュタインの教会(1717-)ではマティアス・シュタインドル(Matthias Steinl, 1644-1727)とムンクゲナーストと協働し，そしてザンクト・ペルテン大聖堂(1722-)をバロック建築へと変容させた．またザンクト・ペルテンのいくつかの住宅を建設している．

ブランチ branch

1. ゴシック建築においてピアの上部から途切れずに伸びてきたヴォールト内のリブ．ピアの上に柱頭がない場合．

2. ゴシック建築のヴォールトにおけるリブ一般．⇨トレーサリー

フランチェスコ・マウリツィオ・ディ・ジョルジョ＝マルティーニ Francesco Maurizio di Giorgio Martini (1439-1501/02)

⇨ジョルジョ・ディ・マルティーニ，フランチェスコ・ディ

プランテイン plantain

広い平らな葉からなる建築の装飾．

プランテッド planted

鍛造され，糊づけや釘打ちなどで装着されたもの．たとえばパネルのまわりの刳形（くりかた）．

ブラント，ヴァン Brunt, van

⇨ウェア＆ヴァン・ブラント

フランドル積み Flemish bond

⇨煉瓦

フランドル・マニエリスム Flemish Mannerism

フランボワイヤン・ゴシック，イタリア・ルネサンスのマニエリスム様式，フランス・ルネサンスのフォンテーヌブロー派の様式を混合した北ヨーロッパの変種．カルトゥーシュ，カリアティッド（女身柱），グロテスク装飾，ヘルメス柱，帯状装飾を施したピラスター，オベリスク，ストラップワーク（紐状装飾）を用いて，放埒ともいえる自由さで構成される．おもにイングランドと18世紀のスペインで，ディーターリンやデ・フリースなどのパターン・ブックによって広まり，スペインでは「エスティーピテ」〔スペイン語で「逆ざや形の角柱」のこと〕のようなバロック的細部に深く影響した．この様式の事例としては，ブリュッセルのグラン・プラスのいくつかのギルドハウス（1690年代以降）とライデンのタウン・ホール(1597)がある．

フランドル・リヴァイヴァル Flemish Revival

⇨ポント・ストリート・ダッチ

ブランドン＝ジョーンズ，ジョン
Brandon-Jones, John（1908-99）

イングランド人建築家．アーツ・アンド・クラフツの伝統を長く厳しい時代をとおして受け継ぎ，弟子たちに 19 世紀後期から 20 世紀初頭にかけてこの運動に生命を吹き込んだ建築家たちのことを確実に伝えた．いわゆる「様式を売る人」には反対で，「よく行い，正しく理解する」ことの重要性を強調した．1933 年から，チャールズ・コールズ・ヴォイジー（Charles Cowles Voysey, 1889-1981，Ｃ・Ｆ・Ａ・ヴォイジーの息子）のところに助手として加わり，その後共同経営者となって，建築に生涯を捧げた．タウン・ホールをケント州のブロムリー（1937-39），ハートフォードシャーのワットフォード（1939-40），サセックス州のワージング（1935 頃）でデザインし，またケンブリッジのギルドホール（1936-37），ハルのフェスティヴァル・ハウス（1949-53）をデザインした．戦役についた後は，ヴォイジーと仕事を再開し，そこにロバート・アシュトン（Robert Ashton, 1906-95）やジョン・デズモンド・ブロードベント（John Desmond Broadbent, 1920-94）が加わった．爆撃されたモーリー・カレッジを再建し（1958），いくつかの地方自治体の庁舎，ハンプシャーのウィンチェスターのすぐれたカウンティ・オフィスを設計した（1959-60，のちにひどく不調和な増築で形が崩れてしまった）．アートワーカーズ・ギルドの会合の常連で，マスターの役を務めた．

ブランドン，デーヴィッド　Brandon, David
（1813-97）

⇨ワイアット，トマス・ヘンリー

ブランフォー，ジュール　Brunfaut, Jules
（1852-1942）

ベルギーの建築家．一時，ベヤールとともにはたらいていたことがあり，この時は中産階級の施主のための住宅，富裕層のためのもっと大規模な住宅，産業建造物，および博覧会の建築物の設計に打ち込んでいた．その最良の作品はアール・ヌーヴォー様式によるブリュッセルのリュー・ド・ラ・ジョンクシオンのオテル・アノン（1902）である．影響の大きかった建築雑誌『レミュラシオン（L'Emulation）』誌（1885-90）を発行した．

ブランフォー，フェルナン　Brunfaut,
Fernand（1886-1972）

ベルギーの建築家．ブリュッセルの公的あるいは私的住宅，ディナンのメゾン・デュ・プープル（1922）を設計し，国会議員の権限でベルギーの労働者階級住宅の開発を統括する法律（1949）を手がけた．1930 年から息子でオルタの弟子であるマクシム（Maxime, 1909-2003）と共同で諸建築物の設計にあたるようになり，その中にはヘントの『ヴォーライト（Vooruit）』紙社屋（1930），ブリュッセルの『ル・プープル（Le Peuple）』紙社屋（1931）がある．マクシムはオルタのブリュッセル中央駅（1946-53）を竣工させた．フェルナンの弟ガストン（Gaston, 1894-1974）は国際現代主義者で，オーストダインケルケの自身の子どもたちの家（1933-39），およびブリュッセルのアンスティテュ・ジュール・ボルデ・エ・ポール・エジェ（1937-39，スタニスラス・ジャザンスキ（Stanislas Jasinski, 1901-78）と共同）がその様式のよき作例である．『ル・ドキュマン（Le Document）』編集を通じてベルギーの建築に著しい影響を及ぼした．

フランプトン，ケネス・ブライアン
Frampton, Kenneth Brian（1930-）

イギリス生まれで，長くアメリカ合衆国を拠点とするモダニズムの建築批評家，歴史家．多くの出版物の中で，彼は近代建築をより広い文脈の中に位置づけた．これらの出版物には，『現代建築史（Modern Architecture: A Critical History）』（1980 刊，1985 年版以降では何をおいてもイデオロギーを強調した）や『現代建築と批評的現在（Modern Architecture and the Critical Present）』（1982）への寄稿，ほか『テクトニック・カルチャー，19-20 世紀建築の構法の詩学（Studies in Tectonic Culture）』（1995），『労働・仕事・建築（Labour, Work, and Architecture）』（2002）がある．1980 年代に世界的な均質化とデザインの凡庸化への解決法として批判的地域主義を採用し，地域性と普遍的な影響を及ぼす力が統合されている成功例としてアールトやウッツォンをあげている．しかしながら，いかなるヴァナキュラー建築への回帰や歴史主義を匂わせるようなものには反対を示し，「異質な起源から引き出されたパラダイム下における土着的な要素」を提案した．考

えてみればこのことは，ゲニウス・ロキへの配慮はほとんど顧みられていなかったものの，近代主義者が50有余年忙しく取り組んできたことである．フランプトンはその著作で，ル・コルビュジエの全体主義的な建築は（ジュネーヴの国際連盟のコンペ案（1937）についての記述にあるように）やや「人間主義的」であると考えているようである．しかしまたカーンのダッカにおける仕事とル・コルビュジエのチャンディガールにおけるそれは，「多くの人びとがまだ自転車すらもてない土地で自動車向けに」デザインしているという点で，どちらもその土地の科学技術の現実を無視しているとも指摘しており，そこに矛盾があるようにみえてしまうのかもしれない．

フランボワイヤン　Flamboyant
　大陸側の後期ゴシック様式（1375年頃-16世紀半ば）．第二尖頭式の曲線デザイン，とりわけ，トレーサリーの流線型から発した．その名称は曲線バーによって区切られた炎のような形態に由来する．フランスで最も代表的な事例はルーアンのサン＝マクルー聖堂の西側ポーチ（1500頃-14），および，シャンビージュによるトロワ大聖堂の西正面（16世紀初頭）である．フランボアイヤンのトレーサリーは，ブリテン諸島を含む（ヨーク・ミンスターの西窓など），いたるところでみられる．

ブリアリー，ウォルター・ヘンリー　Brierley, Walter Henry（1862-1926）
　イギリスの建築家．イギリス北西部へのレン風ルネサンス様式の導入に指導的役割を果たした．ヨークシャー，ノース・アラートンのザ・クローズ（1895-1904）はアーツ・アンド・クラフツ運動の流れを汲む佳品で，ムテジウスも言及している．

フーリエ，フランソワ＝マリー＝シャルル　Fourier, François-Marie-Charles（1772-1837）
　⇨カンパニー・タウン

フリギダリウム　frigidarium
　古代ローマのテルマエ（大浴場）の，広くて立派に装飾された冷浴室のことで，大きなプールのこともいう．

プリクス，ウォルフ D.　Prix, Wolf D.（1942-）
　⇨コープ・ヒンメルブラウ

フリークラシシズム　Free Classicism
　19世紀末期イングランドの様式．基本的に，古典主義，マニエリスム，ルネサンス，バロックの要素の混成．ジョン・マッキーン・ブライドン（John Mckean Brydon, 1840-1901）のロンドンのチェルシーのタウン・ホール（1885-87），ロンドンのホワイトホールの政府庁舎（1898-1912）が例としてあげられる．後者はよりバロックの要素が強い．

プリケット　pricket
　1．キャンドルを刺すための金属性の釘．例としてエルス（カトリックの多枝燭台）のプリケットがあげられるが，そこでは釘の下に縁の付いたプレートが置かれ，その中にワックスが流れ込むようにしてある．
　2．教会などの尖塔の頂部．

フリー・ゴシック　Free Gothic
　1．ゴシックの形態とモチーフのリヴァイヴァル．さまざまな要素が入り混じった折衷的デザインにおいて自由に用いられた．ジョージ・ギルバート・スコットによるロンドンのセント・パンクラス駅ミッドランド・グランド・ホテルのような事例がある．
　2．アーツ・アンド・クラフツ運動とその他のさまざまな影響が混ざった19世紀後半の様式．考古学的学術的に正確ではないが，高度に個人的な様式を産み出した．カロー，テンプル・ムーア，チャールズ・ニコルソン，セディング，ショーなどによる作品群がその事例．

フリーズ　frieze
　1．古典主義のエンタブラチュアの，コーニス直下，アーキトレーヴ直上の中央の水平帯．古代ギリシアのイオニア式オーダーでは省略されることもあった．トスカナ式オーダーでは平滑で装飾物が施されていない帯．ドリス式オーダーでは，メトープとトリグリフが交互に配される．イオニア式，コリント式，コンポジット式オーダーでは，無装飾，あるいはレリーフが彫刻されて豊かに装飾されている．断面が膨らんでいることもあり（「クッション」式等），その場合，通常はイオニア式，コンポジット式オ

ーダーの範疇において現れる.

2. イオニア式オーダーにみられることもある，キャピタル（柱頭）直下の，フリーズに似たヒュポトラゲリオン.

3. 絵画の額縁直上の，内壁面のコーニス直下の紐状，帯状装飾.

ブリーズ・ソレイユ brise-soleil

バッフル型・格子型・垂直・水平などの形式の固定もしくは可動のルーヴァーなどの設備，もしくは建築の一部で，窓への過剰な日射を防ぐためのもの.

フリースタイル Free style

19 世紀の，古典主義，ドメスティック・リヴァイヴァル，ゴシック，クイーン・アンそして土着建築の主題，モチーフ，構成要素が錯綜して混じり合い，折衷的な様相を呈する様式.時に，エリザベス朝様式やルネサンスからの隠喩も付加される. 例えば，フィリップ・ウェブの作品（とくに，ウィルトシャーのイースト・ノイルの「クラウズ」邸 (1871-91) のように）.

プリス＝ダヴェンヌ，アシル＝コンスタン＝テオドル＝エミール Prisse d'Avennes, Achille-Constant-Théodore-Émile (1807-79)

フランスの芸術家，デザイナー，技師.『エジプトのモニュメント (Les Monuments Égyptiens)』(1847) と『モニュメントによるエジプト美術史 (L'Histoire de l'Art Égyptien, d'apres les Monuments)』(1878-79) などの著書をもつ. 後者は浩瀚な 2 巻本で多彩色のリトグラフで挿画された. また，『カイロのモニュメントによるアラビア美術 (L'Art Arabe d'après les monuments de Caire)』(1869-77) を出版. 学術的な著作で，いまだイスラーム装飾についての驚くべき原典の一つであり，バージェスがウェールズのカーディフ・カースルのアラブ・ホールをデザインする際に影響を与えた (1881).

プリースツ・ドア priest's door

教会の内陣につながる入口. 通常南側にある.

フリーストーン freestone

あらゆる角度で容易に切断，加工可能な石材のこと. 上質な石灰岩や砂岩のようなものがある.

フリース，ハンス・フレデマン・デ Vries, Hans Vredeman de (1527-1606)

オランダの建築家，画家，装飾家，多作の著述家. 彼の版画はヨーロッパ中に広く流通し，セルリオに由来するその建築意匠はフォンテーヌブローで発展した様式をよく知られたものにした. 彼の建築に関する論文と見本帳は，北ヨーロッパ中，とくにイングランドに多大な影響を与え，同国でストラップワークやそのほか多くのものが直接引用されたことが，エリザベス朝様式とジャコビアン様式の建築の多くを特徴づけるようになった. 彼の出版物はフランドルとオランダがマニエリスムにいかに重要な貢献を果たしたかを示すものであり，その中には『ウィトルウィウスにもとづく古代の建築もしくは建設 (Architectura oder Bauung der Antiquen aus dem Vitruvius)』(1577) や『様々な建築形態 (Variae Architecturae Formae)』(1601)，その他多くの著作（たとえば，『建築 (Architectura)』(1606, 息子パウル (Paul, 1567-1630 以後) との共作)）がある. スマイズソンとソープは彼の著作に影響を受けており，彼によるパルテールのデザインは多くの場所で採用された（たとえば，ハイデルベルク城の名高い庭園 (1615 頃-20) など）.

プリスブリィ，トレッサ Prisbrey, Tressa (1895-1988)

アメリカのデザイナーで，カルフォルニア州サンタ・スザーナに，コンクリートと空き壜を用いた小規模建物群を建設した. ゴミ捨て場から拾ってきたオブジェ・コレクションを収めるために考えられた. 周囲には庭園がとりまき，ところどころに配された祠やミニチュアのファブリック（点景建築）は，割れた陶器や車のヘッドライト，ナンバープレートなどの廃棄物からつくられていた.

ブリーズ・ブロック breeze-block

ブリーズはガス製造所やコークス炉で発生する，煉瓦の焼成時に燃焼させた石炭の灰や燃え残りで，これをセメントと混合し（破砕したブリーズ 6 から 8 に対してセメント 1），木型で

鋳造してブロックとする．建物の壁や仕切り壁などで大きな荷重を受けない部分に使用される．同種のものとしてセメントとクリンカーで製造されるクリンカー・ブロックがある．クリンカーは炉で発生する石炭・石灰岩・鉄鉱石等の不純鉱物や灰の混成物であり，スラグともよばれる．ブリーズやクリンカーは硫黄分を多く含有するためコンクリートの骨材には不適当であり，使用した場合鉄骨の腐食やコンクリート表面の剥離をもたらす．

プリズマティック・オーナメント prismatic ornament

ピラミッド形の面取したラスティケーション（粗面仕上げ）や石などで飾られた帯模様，ローゼンジ（菱形飾り）などを含む単純な幾何学模様の繰り返しが浅浮き彫りで施された，16世紀および17世紀の装飾．20世紀初頭に再度流行した．

プリズマティック・ビレット prismatic billet

ロマネスク建築にみられる，一列ずつ互い違いになったプリズムの列に似たビレット・モールディング．

プリズマティック・ラスティケーション prismatic rustication

⇨粗面仕上げ

プリズマトリー prismatory

⇨セディリア

フリーズ・レール frieze-rail

6枚パネル枠付き扉の最上部の横框真下の中間の横框のこと．

プリズン prison

刑務所，監獄，もしくは犯罪者を監禁して，社会から隔離する場所．プリズンは，収容者を効率的にコントロールする目的から，合理的な計画への視野を早くから持ち，18世紀末の数十年および19世紀前半には素晴らしいデザインのものが数多く設計された．荘厳なヴォリュームをもつ，ピラネージの幻想の牢獄のイメージ（カルチェリ）は，新古典主義の建築や舞台装置にも大きな影響を及ぼした．⇨パノプティコン

フリゾーニ，ドナト・ジュゼッペ Frisoni, Donato Giuseppe (1683-1735)

北イタリアの建築家．ドイツで活動し，規則的な街路と庭園を配したヴュルッテンベルクのルートヴィヒスブルク（1715-35）を計画した．前任の建築家ヨハン・フリードリヒ・ネッテ（Johann Friedrich Nette, 1672-1714）を引き継ぎ，ドゥーカル宮殿（ルートヴィヒスブルク宮殿，1714-35）を，計画された都市へと注意深く組み入れながら改築した．さらにルートヴィヒスブルクのファヴォリーテ宮殿（1718から）を設計した．また，ヴァインガルテンのベネディクト会大修道院のファサード，破風，ドーム，塔の上階を設計し，現在の形状を決定づけた．

プリチェット，ジェームズ・ピゴット Pritchett, James Pigott (1789-1868)

ウェールズ生まれの建築家．ヨークシャーで手広く実務を行い，すぐれた作品を数多く残した．ヨーク墓地の設計を手がけ，グリーク・リヴァイヴァルの礼拝堂（1836-37）を設計した．また，ハダスフィールド鉄道駅（1846-47），ヨークのアッセンブリー・ルームのポーチ（1828）を設計した．

プリチャード，トマス・ファーノルズ Pritchard, Thomas Farnolls (1723-77)

イングランドの建築家．ロココとゴシック様式にたけており，地元のシュロップシャーでおもに仕事をし，ここに彪大な建物とほかの構造物を設計した．その中にはセヴァーン川のコールブルックデールにある世界初の鋳鉄橋（1775）がある．これはエイブラハム・ダービー（Abraham Darby, 1750-91）によって1777-79年に施工され，『フィロソフィカル・マガジン（*The Philosophical Magazine and Annals of Philosophy*）』（1832）とジョン・ホワイト（John White, 1850没）の『橋の構造に適用できるセメント質の建築について：1773年トマス・ファーノルズ・プリチャードによる，巨大スパンのアーチのための構成要素として初めて使用された鉄に関する序文つき（*On Cementitious Architecture as applicable to the Construction of Bridges, with a Prefatory Notice of the First Introduction of Iron as the Constituent Material for Arches of Large Span,*

by Thomas Farnolls Pritchard in 1773)』
(1832) にイラストが載った. ほかの作品には,
シュロップシャーのラドローにあるホジヤーの
救貧院 (1758-59), ミル・ストリートのギルド
ホール (1774-76) がある. ピクチャレスクの
重要な建物である. ヘリフォードシャーにある
ペイン・ナイトのダウントン・カースル
(1772) の初期のデザインをプリチャードが作
成したが, 実現した建物はほとんどナイトの作
品であった.

フリー・チューダー Free Tudor

19 世紀末から 20 世紀初頭にかけての, 後期
垂直式, チューダー様式, またはエリザベス 1
世様式の形態が自由な手法で混合された様式.
レナード・ストークスの作品群のような事例が
ある.

ブリック・ア・ブラック bric-à-brac

フランスの旧態を範とした装飾過剰のルネサ
ンス・リヴァイヴァル建築に対する軽蔑語.

プリック・ポスト prick-post

1. 木造骨組み (ティンバー・フレーム) の
中で副次的な柱, もしくはトラス. 例としてク
イーン・ポストなど.
2. 柱に横木がほぞ継ぎされて構成されるポ
スト・アンド・レール・フェンス (柱と横木に
よる柵) の短い柱. 先が尖り, 地中に打ち込め
られて, より堅固に固定されるようになってい
る.

ブリッジマン, チャールズ Bridgeman, Charles (1738 没)

イングランドの造園家で, 非整形式なイギリ
ス式庭園のデザインに甚大な影響力を有し, ブ
ラウンやケントによる, より自由な計画に先立
つ特徴を導入した. 1719 年にバッキンガム
シャーのストウの庭園で, イングランドにフラ
ンスのハーハを導入したとされ, そしてこの
後, 18 世紀によくみられるような簡便な形で
これを用いた. また彼はフランスの「パット・
ドワ」(文字通りでは「ガチョウの足」である
が, お互いに交差するアヴェニューを意味す
る) を用いて, さまざまなアイ・キャッチャー
に視線を集めた. ブリッジマンが最初に注目を
浴びたのは 1709 年以前であり, この年にオッ

クスフォードシャーのブレニムでヴァンブラと
ヘンリー・ワイズ (Henry Wise, 1653-1738)
のもとではたらいていたようである. 1714 年
にコバム子爵 (1669 頃-1749) のためにバッキ
ンガムシャーのストウではたらき始めた. これ
は当時の最もすぐれた風景式庭園であり, その
「非整形式」な散歩道, 入念に考案された植栽,
水の使い方, そして多くの点景建築とともに,
その大半が文学, 神話, 政治, 歴史的な引喩で
満ちている. 彼は多くの建築家と共働し, その
中にはギッブズやケントがおり, クレアモント
(サリー), イーストベリー (ドーセット), ラ
ウシャム (オックスフォードシャー), ウィン
ポール・ホール (ケンブリッジシャー) (すべ
て 1720 年代) など多くの庭園を手がけた. ア
レグザンダー・ポープにトゥイッケナムの庭園
について助言をしたと思われ, おそらくバーリ
ントン伯爵のチジック庭園の造園にかかわっ
た. 1727 年にワイズとともに王室庭園の管理
において評判をあげ, 1728 年にワイズの後を
継いで, ジョージ 2 世 (George II, 在位
1727-60) の王室庭師となった. 多くの庭園で
仕事をし, それらにはハンプトン・コート, ケ
ンジントン宮殿, セント・ジェームズ・パー
ク, リッチモンド・パーク, ハイド・パーク
(すべて 1727 頃-38) がある.

フリッチュ, テオドーア Fritsch, Theodor (1853-1933)

ドイツの理論家. 1896 年に『将来の都市
(*Die Stadt der Zukunft*)』を出版した. この本
はエヴェネザー・ハワードの『明日—真の改革
への平和的な道 (*To-morrow; A Peaceful Path
to Real Reform*)』に 2 年先行するものであっ
た. ただしフリッチュの計画では円形平面の半
分は緑地とされ, さらに共有庭園, 地下鉄道,
工業団地のある大規模な居住地区が提案され
た.

フリットクロフト, ヘンリー Flitcroft, Henry (1697-1769)

イングランドの建築家. バーリントン卿の製
図工となり, ケントの『イニゴー・ジョーンズ
のデザイン集 (*The Designs of Inigo Jones*)』
(1727) のドローイングを描いた. バーリント
ン卿によって王室建築局に職を得, 一生涯「バ
ーリントンのハリー」と呼ばれた. ケントに継

いでマスター・メーソンと監督官代理となり，リプリーに継いで建築検査官となった．彼はパッラーディオ主義の有能な実務家であり，装飾的な外観のデザインからは，イニゴー・ジョーンズをよく研究したことがうかがえる．彼が設計したロンドンのセント・ジャイルズ・イン・ザ・フィールズ教会（1731-34）は，ギッブズのセント・マーティン・イン・ザ・フィールズ教会で確立された様式を踏襲している．彼はヨークシャーのウェントワース・ウッドハウスの東正面と翼（1735頃-70頃），ベッドフォードシャーのウォバーン・アビー（1747-61）を設計した．前者はイングランドで最長の正面をもったパッラーディオ主義の建築である．

プリデラ predella
1．祭壇画を支える，祭壇のてっぺんにあるグラディーノあるいは段．聖人の生涯の出来事を描いたパネルが付随したりトリプティックとの関連がある場合もある．
2．祭壇の立つ壇や階段．
3．十字架像，絵画等を置くための祭壇の上にある棚．

フリード，ジェームズ・インゴ Freed, James Ingo（1930-2005）
ドイツ生まれのアメリカの建築家．ミース・ファン・デル・ローエの弟子であり，1956年にイオ・ミン・ペイの事務所に共同主宰者として入った．関係した作品としてはニューヨーク市のジェイコブ・ジャヴィッツ・コンヴェンション・センター（1985-56）やワシントンD.C.のホロコースト記念博物館（1986-93），カリフォルニア州のサンフランシスコ公共図書館（1992-96）などがあげられる．この建築事務所は後にハリー・N・コッブ（Harry N. Cobb, 1926-2020）を迎えて三頭体制となり，ペイ・コッブ・フリード（Pei Cobb Freed）となった．

フリードバーグ，マーヴィン・ポール Friedberg, Marvin Paul（1931-）
アメリカのランドスケープ・アーキテクト．ニューヨーク市においてキャンパー・プラザ（1967）やカドマン・プラザ（1970）そしてリヴァー・プラザ（1972）などの舗装された広場を数多く設計した．ニューヨーク州のナイアガラの滝では広大な温室の庭園を設計し，並木のある大通りや水を使ったしかけ，熱帯植物などがペリの設計による構造体の中に収められている．このほかの作品として，ワシントンD.C.のペンシルヴェニア・アヴェニューにあるパーシング公園（1979）とカナダ，アルバータ州カルガリーにあるオリンピック・プラザ（1988）があげられる．

フリードマン，ヨナ Friedman, Yona（1923-2019）
ハンガリー生まれ．1957年にパリに移り，建築理論家および空想的なデザイナーとしての名声を手にした．フライ・オットーらとグループ・デチュード・ダルシテクチュール・モビル（GEAM―移動建築に関する研究グループ）を設立し，常設の主要構造体または，フレームワークに利用者によって選定される変わりやすい一時的な二次構造が，単純な技術を用いて組み立てられる都市についての概念を発展させた．彼は『可動建築（L'Architecture Mobile）』（1970）と『代替エネルギー（Alternatives Énergétiques）』（1980）など，自分の考えを詳しく解説する本をいくつか出版した．彼はメガストラクチャーや，移動建築と関連づけられ，実験建築に寄与したとみなされている．

ブリトン，ジョン Britton, John（1771-1857）
イングランドの建築著作家，景観画家．『イギリスの古代遺物（Architectural Antiquities of Great Britain）』（1807-26）と『大聖堂の古代遺物（Cathedral Antiquities）』（1836）は，ゴシック・リヴァイヴァルのおもな原典となった．ブリトンはR・W・ビリングズを指導した．⇨ピュジャン，オーギュスト・シャルル

フリー・プラン open plan or free plan
⇨オープン・プラン

プリマティッチョ，フランチェスコ Primaticcio, Francesco（1504/5-70）
イタリアの画家，彫刻家，建築家であり，盛期ルネサンスとマニエリスムの意匠を北ヨーロッパにもたらした重要人物である．マントヴァでジュリオ・ロマーノに協力（1526-31）したのち，1532年からフォンテヌブローでフランソワ1世のために「美しい暖炉の翼廊」

フリミテイ

(1568) や，重厚な粗面石積みの「松のグロッタ」(1543 頃) を含むその他の部分をジュリオ・ロマーノの作品を思わせる様式で設計した．サン・ドニに設計したヴァロワ家葬送礼拝堂 (1563-，現存せず) は，明らかにブラマンテとサンガッロ，ヴィニョーラの影響下にある．ヴァザーリはプリマティッチョをフランスにおいて言及にあたいする最初のスタッコとフレスコの装飾家としている．絵画をスタッコ装飾と結びつけたことで大いに影響力があったことは間違いない．

プリミティヴ primitive
　原始，初期，オリジナル，加工していない，根本的といったものに関する記憶を呼び起こす建築のタイプ．誇張されたエンタシスをもつパエストゥムの原始的なドリス式にみられるような粗雑や未開を想起させる，18 世紀後期の進化した新古典主義の特徴であった．

フリーメイソン Freemason
　1. フリーストーンを切断し，表面を仕上げ，配置することのできる職人．
　2. 石工ギルドから「自由」な人物，すなわち，自由人．
　3. 遍歴する石工．何ものにもとらわれず，遍く旅をして仕事を実施し，職人たちの中で特権的な地位を享受した．
　4. 秘密の口外しない結社の会員．グループ (ロッジ) に編成される．象徴，アレゴリー，儀式によって教化される一種の道徳的体制．おそらく，16 世紀末のスコットランド発祥．

フリーメイソンのロッジ temple
　フリーメイソンのロッジとして，ソロモン神殿と関連する特別な儀式に用いられる建築的なみかけの構造物．

ブリュアン，リベラル Bruant *or* Bruand, Libéral (1635 頃-97)
　パリのオテル・デザンヴァリード〔廃兵院〕(1670-77) の建築家で，荘重な古代風のアーケードで囲われた「クール・ドヌール」(中庭) とその周囲の建築物を手がけた (「ドーム」聖堂はアルドゥアン=マンサールによってのちに増築された)．ブリュアンはサルペトリエール病院のサン・ルイ礼拝堂 (1670 頃) を，ギリ

シア十字形平面を形成する四つの部分に囲まれたロトンダや，中央の空間の隅部に設けられた 4 箇所の祭室とともに手がけている．八つの部分が形成され，入院患者はそれぞれ別々に収容されるようになっている．

フリューゲルアルター Flügelaltar
　⇨トリプティック

ブリュックヴァルト，オットー Brückwald, Otto (1841-1904)
　ザクセン国 (ドイツ) の宮廷建築家であり，作曲家リヒャルト・ヴァーグナー (Richard Wagner, 1813-83) のために建築されたバイロイト祝祭劇場の設計者となる．彼自身，ゼンパーやヴァーグナーの作品や著作から大きな影響を受けており，そこには巨大なステージが設けられ，観客席は半円形をなし，オーケストラは観客から見えなくし，また一部が舞台下にある．それは劇場デザインにおける重要な革新であった．

ブリュッグマン，エーリク・ヴィリアム Bryggman, Erik William (1891-1955)
　フィンランドの建築家．トゥルクに生まれ，ヘルシンキで建築を学んで 1916 年に卒業した．1923 年に自身の設計事務所をトゥルクに構え，そこでアイノとアルヴァのアールト夫妻と短い期間協働し，1929 年のトゥルク 700 年祭のための重要な設計を行った．1930 年にはアントウェルペン万国博において，カバ材の成型合板を使った軽妙なフィンランド館によりグランプリを受賞した．また，有名なトゥルクの墓地礼拝堂に 1938 年に着手し，41 年に完成を見た．その他の作品では，ヴィエルメキのスポーツクラブ (1931-36)，トゥルクにあるオーボーアカデミーの図書館 (1933-36)，リイヒメキの水道塔 (1952) などがある．

プリュメ，シャルル Plumet, Charles (1861-1928)
　フランスの建築家．設計に際しては中世ならびにフランス初期ルネサンスのテーマを用いる一方，店舗装飾や家具デザイン (トニ・セルメルシャム (Tony Selmersheim, 1871-1971) と) にはアール・ヌーヴォーを用いた．設計の中で応用芸術・装飾芸術のリヴァイヴァルに関心を

もち，ファサードにはポリクロミー，ロッジ，ベイ・ウィンドウを用いた．パリのアヴニュ・ド・マラコフ 67 番地（1895），アヴニュ・ヴィクトル・ユゴー 50 番地（1900-01），ブルヴァール・ランス 15 番地，21 番地（1906）の住宅は彼の代表的な仕事である．フランスのロワール・エ・シェールにあるシャトー・ド・シェヌモワロ（1901）やパリ，ルーヴル街 33 番地のオフィス街区（1913-14）を設計した．パリ・アール・デコ国際博覧会（1924-25）の主任建築家で，アール・デコ様式に影響を与えた．

ブリュワー，セシル・クロード　Brewer, Cecil Claude（1871-1918）
　⇨スミス，アーノルド・ダンバー

ブリンクマン，ヨハネス・アンドレアス　Brinkman, Johannes Andreas（1902-49）
　ロッテルダム生まれの建築家．1925 年から 36 年の間レーンデルト・コルネリウス・ファン・デル・フルフト（Leendert Cornelius van der Vlugt, 1894-1936）と，また 1937 年から 48 年の間ファン・デン・ブルックと協働した．ロッテルダムのファン・ネレ煙草工場（1926-30）は記念碑的な作品で，設計にはマルト・スタムが協力している．構成主義の特徴を端的に示してこの時代を代表し，近代建築の先駆的作品となった．マッシュルーム・コラムを用いた鉄筋コンクリート造で，外壁の大部分がガラスのカーテン・ウォールとなっている．工場と倉庫の間には，ガラスで覆われた搬送用斜路が設けられている．ブリンクマンとファン・デル・フルフトはヴィレム・ファン・テイエン（Willem van Tijen, 1894-1974）と協働し，スラブを外観に見せるベルフポルダー高層集合住宅をロッテルダムに設計した（1933-34）．これは，ル・コルビュジエによって一般的となったピロティの考え方にもとづく最初期の建物の一つである．

プリンサス〔ドリス式オーダーのアバクス〕　plinthus
　ギリシアのドリス式オーダーのアバクスを指す，ウィトルウィウスによって使われた語．

プリンシパル　principal
　母屋桁を支える屋根トラスの中の傾斜した木

材．ただし，垂木としては機能していないもの．

プリンシパルス・オヴ・ア・エルス　principals of a hearse
　エルスの中央の柱の上に立つターレット（小塔）もしくはピナクル（小尖塔）．

プリンシパル・ビーム　principal beam
　屋根トラスの主要な繋ぎ梁で，より小さい傾斜した構造材を支えるもの．

プリンシパル・ブレース　principal brace
　プリンシパル・ラフターの下の筋交い．

プリンシパル・ラフター　principal rafter
　一般的な垂木としての役割をもつプリンシパル．

プリンス　plinth
　1．壁，ペデスタルあるいはポディウム・クアドラの基部の刳形（くりかた）の下にある連続する簡素な突出面．建築材と地面もしくは床をつなぐ役割をもつ．
　2．古典のオーダーで，円柱，ペデスタル，またはピラスターの基部の刳形（くりかた）の下方にある簡素な角材．
　3．彫像などを支えるための堂々とした支持物．
　4．壁の厚さが減少する時に，オフセットを支える壁の基部．
　5．イーヴズ・コースと同義．
　6．ギリシアのドリス式オーダーのアバクス（プリンタス）．

プリンス・コース　plinth-course
　プリンスの刳形（くりかた）の一番上の段，もしくはプリンスを含む，石積みの連続する段．

プリンス，バート　Prince, Bart（1947-）
　アメリカの建築家．1970 年からゴフと協働し，彼の自然の形態に対する強い思い入れを吸収してから，1973 年に独立する．敷地の特徴を活かし，環境に優しい材料を活用するという意味において，有機的建築の一種である．ゴフが手掛けた「ロサンゼルス郡立美術館の日本

館」（1979-89）を完成させたほか，ニューメキシコ州アルバカーキーにある「自邸と事務所」（1980-83），カリフォルニア州コロナ・デル・マールの「ジョー＆エツコ・プライス邸」（1983-90），アルバカーキーの「プリンス邸」（1985-88），「ミード・ペンホール邸」（1992-93），カリフォルニア州メンデシーノ郡の「ハイト邸」（1994-95），アリゾナ州ケアフリーの「シコライ邸」（1996-97），オハイオ州コロンブスの「スキルケン邸」（1996-97）など，いくつもの興味深い作品を設計している．

プリンス・ブロック　plinth-block
接合部に不具合のないようアーキトレーヴ，プリンス，幅木などに対して設けられる単純な方形台座．たとえばアーキトレーヴと床もしくは地面との間に配置され，プリンスあるいは幅木と同じ高さに設けられる．

フリント　flint
鋼のような灰色の硬い石材．さまざまな大きさの団塊の中に生ずる．通常，白色の外被に覆われている．建築物において，煉瓦または石材による外装と組み合わせて用いられる．容易に割られたり砕かれたりする．フリーストーン外装とともにフラッシュワークで用いられる．

フリーント，コルネリス・フロリス＝デ＝
Vriendt, Cornelis Floris de（1514-75）
⇨フロリス，コルネリス

プリント・ルーム　print room
直接描かれるかもしくは印刷された装飾的なプリント柄の壁紙を，壁に配置し，貼り付ける形で装飾した枠組みのインテリア．

ブールヴァール　boulevard
1．街路樹を伴なった大通り，遊歩道，歩道．19世紀パリにオスマンが敷設したものなど．
2．市壁の水平な部分．ドイツの多くの都市にあるリンク通りなどのような，要塞部分を撤去した跡に敷設される歩道．最初期（1670）のブールヴァールの一つは歩行者専用道路とすることを意図してパリに敷設されたもので，ヴォーバンが撤去したサン・ドニ門からバスティーユまで伸びる市壁の跡に設けられた．

3．幅の広い通り一般．特にアメリカ合衆国のもの．

プルーヴェ，ジャン　Prouvé, Jean（1901-84）
フランスのプレファブリケーションと工業化建築の先駆者．ル・コルビュジエ，トニー・ガルニエ，ピエール・ジャンヌレ，シャルロット・ペリアンらと協働した．プルーヴェは，カーテン・ウォール，メタル・クラッディング・システム，インフィル壁パネルといったコンセプトを発展させた（例：ビュクのローラン・ギャロス・アエロ・クラブ（1936-37，取壊し）．可動するクリシーの人民の家（1937-39，ボドゥアンとロッズと協働），ムドンのアルミの家（1949-50）などは時代を先駆けるものだった．エヴィアン・スパではポンプ室を建設（1956-57，建築家モーリス・ナヴァリナ（Maurice Novarina, 1907-2002）と協働），さらに「サハラ」プレファブ住戸ユニット（1958）を展開した．彼自身が自らを建設者と呼び，発明家，職人頭，技師，デザイナーとしての役割を建築家よりも強調したことは示唆的である．

ブルーエ，ギヨーム・アベル　Blouet, Guillaume-Abel（1795-1853）
19世紀中葉のフランスの建築家・理論家．ローマでジルベールとともに学び，のちパリに戻り1831年にエトワールの凱旋門の建築家に就任（補佐にジルベールが就いた）．ブルーエはシャルグランのアーチに屋根裏階を付加した．1828年にギリシアを旅し，アイギナのドリス神殿についての研究に着手（1838年出版）．その中で，強い青と赤を主体に鮮やかに着彩された建物を示した．ジルベールとイトルフとともに，ブルーエはギリシア建築における色彩の使用を主張した．古代建築の学究としての名声は『ローマのアントニウス・カラカラの浴場の復原（*Restauration des thermes d'Antonin Caracalla à Rome*）』（1828）によっていっそう高まった．
ブルーエは，建築の用途を社会的・道徳的目的に定め，フランソワ＝マリ＝シャルル・フーリエ（François-Marie-Charles Fourier, 1772-1837）とクロード＝アンリ・ド・ルヴロワ，サン＝シモン伯爵（Claude-Henri de Rouvroy, Comte de Saint-Simon, 1760-1825）の考えを

発展させた. 1836 年にはアメリカに渡り監獄を視察, 帰国後 (1839), トゥール近郊のメトレの刑事犯収容所など多くの幾何学的な集合的施設を設計した. ブルーエは刑務所設計の権威となる. 彼の功利主義的目的は, 教育を通じて広められ, 1846 年には L・P・バルタールの後を襲って, エコール・デ・ボザールの建築理論教授に就任, 亡くなるまでこの地位にあった. 1847 年には『ジャン・ロンドレの理論的・実践的建設術論補遺 (*Supplément à la traité théorique et pratique de l'art de bâtir de Jean Rondelet*)』の刊行を開始. これは, 工学における 19 世紀前半の成果を示す必携のカタログとなった.

ブルガリア建築　Bulgarian architecture
⇨ビザンティン建築

ブルカルスキ, スタニースワン　Brukalski, Stanisław (1894-1967)

ポーランドの建築家. 彼とその妻バーバラ (Barbara, 1899-1980)はポーランドにおけるインターナショナル・モダニズムの先駆者であり, 公営住宅を専門とし, また CIAM メンバーでもあった. 彼らはまたバトリーや, ピウスツキ, ソビエスキー, フローブルイ (1927-38)などの客船のインテリア・デザインも行っている. 彼らの作品の中でワルシャワ・ジョリボルシェのワルシャワ住宅協同組合, ハウジング・コロニー VII (1930-34)は特筆に値する.

ブルークス, ジェームズ　Brooks, James (1825-1901)

イングランドで最も傑出したゴシック・リヴァイヴァルの教会堂建築家の一人. バークシャーに生まれ, 1851 年に自分の事務所を設立した. 13 世紀の第 1 尖頭式ブルゴーニュ風ゴシックを好み, おもにロンドンで仕事をし, しばしば煉瓦を用いた. 彼のいくつかの教会堂はバターフィールドがマーガレット・ストリートのオールセインツ教会堂で確立した都市部の修道院付属教会堂の原型に従うもので, 力強いセント・チャッド教会堂 (1867 着工)やキングス・ロードのセント・コロンバ教会堂はともにハガーストンにある. 後者は大規模で, クリアストーリーにプレート・トレーサリーの窓やランセット窓が東西にあり, 印象的な光が差し

込むようになっている. のちの教会堂作品では, ラヴェンダー・ヒルのアセンション教会堂 (1874), ルイシャムのトランスフィグレイション教会堂 (1880 年代)がある. ゴスペル・オークのオール・ハロウズ教会堂 (1891 着工)は, 石造ヴォールトをもつ予定だったが, 第一次世界大戦で中止になった. しかしケンジントンのホランド・ロードのセント・ジョン・ザ・バプテスト教会堂 (1872-1911)はすべて石造ヴォールトでつくられており, 壮大で荘厳な雰囲気をつくり出している. 息子のジェームズ・マーティン・ブルークス (James Martin Brooks, 1852-1903) と共同経営を行った.

ブルクハウゼン, ハンス・フォン　Burghausen, Hans von (1432 没)
⇨シュテートハイマー, ハンス

ブルーク, ヨハネス・ヘンドリク・ファン・デン　Broek, Johannes Hendrik van den
⇨バケマ, ヤコブ・ベーレント

フルクルム　fulcrum
てこの運動の支点となる固定された点. すなわち, そこを基点にしててこが回転する. カンチレバーはこの点を超えて空間に突き出している. その反対側の端部はフルクルムの反対側に固定されている.

ブルゴー, ヴィクトール　Bourgeau, Victor (1809-88)

フランス系カナダ人で, モントリオールの司教区建築家. ノートル・ダム聖堂の主だった改修に従事し (1872-80), ゴシック・リヴァイヴァルにふさわしい内部装飾をつくり出した. この他にも彼は 23 の既存建築の改修を手がけている. 加えて彼は, 20 以上の新しい教会を設計し, その中でもゴシック・リヴァイヴァル様式の最大の仕事は, モントリオールのサン・ピエール・アポトル聖堂 (1851-53) である. 後に, 彼のデザインはゴシック色を弱めた. おそらくはイギリス・プロテスタントのカナダ人たちによって, この様式が熱心に受容されたからであろう. たとえばケベック州ベルティエのサン・バルテルミー聖堂 (1866-67) は, 古典的であり, 西正面の二つの塔はトマ・ベラル

ジェの仕事を思い起こさせる．1854 年にモントリオール大聖堂が焼失すると，司教はローマのサン・ピエトロのバジリカでこれを再建する構想を抱き，建て替えを行った．そのために，ブルゴーはヨーロッパへ教会研究のために派遣されたが，ローマ滞在わずか一週間にして帰国，偉大なるローマの教会の再生産は誤りであると考えるに至った．結局，司教はジョゼフ・ミショー神父（Father Joseph Michaud, 1823-1902）にレプリカの設計を命じ，1870 年に建設が始まる．しかしミショーに現場経験が不足していたため，ブルゴーが再び建築家に就任．バジリカ・ド・サン・ジャック・ル・マジュー大聖堂（現在のマリー・レーヌ・ド・ラ・モンド大聖堂）は 1894 年に竣工，後半には部分的にエティエンヌ＝アルシビアド・ルプロン（Étienne-Alcibiade Leprohon, 1870-99 活躍）が監督した．

ブルゴスのリカルド　Ricardo of Burgos（1180 頃-1226 活躍）

おそらくイングランドの石工頭．イングランド王ヘンリー 2 世（King Henry II, 在位 1154-89）の娘のカスティーリャ王妃レオノール（Queen Eleanor of Castile, 1162-1214）との関係で，カスティーリャに移住したと思われ，スペインのブルゴス近郊のラス・ウエルガス修道院を設計・建設した．アギラル・デ・カンポーのサンタ・マリア修道院（1222 完成）の建設も手がけたと思われ，その設計は数年間にわたり影響力を保っていた．

ブルジョワ，ヴィクトール　Bourgeois, Victor（1897-1962）

ベルギーのシャルルロワに生まれ，1920 年からブリュッセルで建築家としての活動を始める．ベルギーにおけるル・コルビュジエの主導的な支持者となる．CIAM の副代表も務めベルギーにおける国際的な近代主義の重要な提唱者であった．最も有名な作品は，トニー・ガルニエの工業都市とフランク・ロイド・ライトに影響を受けて提案されたブリュッセル近郊のシント・アガサ・ベルヘムの市立住宅計画シテ・モデルヌ（近代都市）である（1922-25）．ほかの作品には，シュトゥットガルトのヴァイセンホーフ・ジードルンクの住宅（1927）がある．彼は多くのビルディング・タイプを設計し，生涯建築家・都市計画家として活躍した．

ブルース，サー・ウィリアム　Bruce, Sir William（1630 頃-1710）

スコットランドにおける古典主義建築の創始者．もともとパースシャーの地主で，スコットランドの王室建築の総監督官となり（1671-78），ホーリールードハウス宮殿の対称的で，とてもフランス的なファサード（1671-79）を設計した．邸宅を改良したいと願うスコットランドの多くの貴族から相談を受けた．キンロス・ハウス（1686-93）では，高度に洗練されたプラットとウェブの様式を採用し，整形式庭園により建物が際立っている．主要なヴィスタはロックレーヴェン・カースルの廃墟で終わり，ここにおいてウィリアムは，ヴァンブラのようにピクチャレスクの歴史の中に位置づけられる．彼はベリックシャーにあるローダーの教会（1673），ウェスト・ロウジアンのホープトン・ハウス（1699-1710），スターリングのタウン・ハウス（1703-05），そしておそらくウェスト・ロウジアンにあるアバーコーンの教会のホープ・アイル（1707-08）を設計した．

フルストゥム　frustum

1．ベース（柱礎）とそれとの平行面の間，または，2 枚の平行面の間の，堅固な本体の一部．とりわけ，コーンかピラミッドの形に切り出されて形成された形態．

2．コラムのシャフト（柱身）のドラム．

ブルータリズム　Brutalism

とてもルーズに使われた言葉であるため，使う人によってどんなものにもその意味を付与することができる．この語はおもに荒々しいコンクリート打ち放しや，ずんぐり，または，がっしりした形態が同時に存在した 20 世紀の建築様式，とくに 1945 年以降のル・コルビュジエに影響を受けた作品（とくにベトン・ブリュ（コンクリートの荒い仕上げ）が容赦なく扱われ，単に型枠のパターンをみせるだけでなく，それを意図的に強調しているもの．これは，ル・コルビュジエによるマルセイユのユニテ・ダビタシオン（1948-54）でみられる）を意味してきたと思われる．ブルータリズムはその言葉が 1950 年代にイギリスで最初に使われてから

広く流行した．ブルータリズムに影響を受けた建築家の中には，カーンや前川，ルドルフ，スミッソン夫妻，スターリング＆ゴーワン，丹下がいるが，そのほかにもその影響を受けた建築家は多い．しかしながら，ニューブルータリズムとして知られているものは，とくにル・コルビュジエの弟子と考えられるイギリス人と結びつけられ，あるいはピーター・スミッソンのニックネームである「ブルータス」とも関係しているかもしれない．そしてまたスカンディナビアでの展開より影響を受けた「新人間主義」,「新経験主義」の建築に相当する存在でもある．スミッソン夫妻のノーフォーク・ハンスタントンのスミスドン高校（以前の近代中等学校，1948-53）は，むき出しの鉄骨骨組にガラスパネルと黄色の煉瓦の建物で，明白にル・コルビュジエよりもミース・ファン・デル・ローエによっているにもかかわらず，（なぜか）「ブルータリスト」とみなされている．ペヴスナーはそれを「無慈悲に完璧で，無慈悲に対称的」と表現した．したがって，この言葉がコンクリートでつくられていない建物に使用される場合，厳格さの表現，構造や設備を露わにすること，スミッソン夫妻による，または夫妻の影響を受けたとされる作品を指すと思われる（夫妻はニューブルータリズムを「美学ではなく倫理」と尊大に表現したが，かつてピュージンとラスキンが展開した「倫理的な」主張に通じるところがある）．この「倫理的」アプローチについて，批評家たちは，むき出しの鉄骨骨組の歪み，太陽熱による教室の温度上昇といったメンテナンスに難点があることを指摘した．ニューブルータリズムという言葉は，もともとスミッソン夫妻のアイデアの形として使われるようになったと思われる．ピーター・スミッソンは実施されなかった作品（煉瓦，木，コンクリート打ち放しが特徴の住宅）について，建築されていればイギリスにおけるニューブルータリズムの最初の例となったであろうと主張していた（内部仕上げをなくし，構造を完全にむき出しにする予定であった）．そこからの連想，意味の定着過程において，構想が実施作品に反映されるはずという考えにもとづいて，スミスドン高校がニューブルータリズムと結びつけられるようになった．したがって，ニューブルータリズムという言葉があいまいで，不思議なほど包括的な言葉で，ルーズに適用されるならば，コ

ンクリート打ち放しの建物（カーンのイェール大学アートギャラリー（1951-53）や，スターリング＆ゴーワンによるハムコモンの集合住宅（1955-58）（当然のごとく）クライアントへの印象が悪いため，スターリング＆ゴーワンはこの言葉を嫌った），とくに巨大な荒々しいコンクリートの要素が粗野に組み合わされ，また一方で，設備配管や換気塔などの設備機械がむき出しになっているような建物も該当例になる．ヘイワード・ギャラリーやクイーン・エリザベス・ホール，ロンドンのサウスバンクにおける，外周歩廊やパラペット，階段（1968-69）など．批評家バンハムによれば，「ブルータリズム最大の不名誉は……数え切れないほどの集合住宅のブロックを世界中につくった者達が安普請な表面仕上げの言い訳として，ル・コルビュジエのコンクリート打ち放しの名声を利用したことだ」という．このような用語の意味内容の取り違えが災いし，ニューブルータリズムの評判はかなり傷ついた．この用語については，怪しげなものいいとあやふやな出自ばかりが目立ち，厳格さや倫理性の意義はきわめて薄くなってしまった．

フルーツ・ウォール　fruit-wall
　曲がりくねり蛇行した平面を描く壁体のこと．

フルッテンバッハ, ヨーゼフ　Furttenbach, Josef(1591-1667)
　ドイツの建築家．イタリアについてのガイドブック（1626）を準備し，ウルムを拠点として建築に関するいくつかの本を執筆した．その中には，『市民建築（*Architectura Civilis*）』（1628），『軍事建築（*Architectura Martialis*）』（1629），『普遍的建築（*Architectura Universalis*）』（1630），『余暇建築（*Architectura Recreationis*）』（1640）がある．ウルム市建設局の主任となり，ブレッヒハウス（1634），後期イタリア系統のデザインの病院，1000人の座席をもつ劇場（1641）を設計した．盛期ルネサンス建築をドイツに紹介した．

プルーテウス　pluteus
　コロネード（柱廊）において，古典主義の柱と柱の間に設けられた，柱の1/3の高さの低い壁．

フルート flute

断面が半円形, 円弧形, または楕円形の一部分の形態になっている溝 (ストライア) で, 互いに平行に (またはそれに近く) なっているものの一つ一つを指す (全体としては「フルーティング」という). 古典主義のコラムのシャフト (柱身) に施され, トスカナ式オーダーを除くすべてでみられる. 古代ギリシア風のドリス式オーダーでは, 浅い円弧形断面のフルートはアリスによって隔てられており, 両端はアニュレットで押さえられている. 一方, 他のオーダーでは, さらに深く彫り込まれ, フィレットによって隔てられており, 両端は四半球形になっている. 事例によっては, シャフトの3分の1の高さまで, フルートの中に凸形断面の剞形, またはビーズ形装飾 (綱形装飾) が埋め込まれることもある (「ケーブルド・フルーティング」, または「フルーティング」とよばれる). イオニア式オーダーのアジア式ベース (柱礎) にみられるような, ささやかな水平方向のフルートは「リーズ」(葦形装飾) という. 鉛直方向に伸びる平らな帯状装飾を装飾する場合のフルートは「ストリジル」といい, 複数の連続するフルートの断面が細長いS字形 (古代ローマの棺の側面にみられるような) の場合は, まとめて「ストリジレーション」と称される.

ブルトン, ジル・ル Breton, Gilles Le (1553没)

⇨ル・ブルトン, ジル

ブルナチーニ, ロドヴィコ・オッタヴィオ Burnacini, Lodovico Ottavio (1636-1707)

ウィーン中心部グラーベン通りにある, ペスト征圧を示すバロック様式の記念碑である聖三位一体柱 (Dreifaltigkeitssäule, 1687-93建立) の設計者 (フィッシャー・フォン・エルラッハが補佐). 宮廷建築家であったが, 劇場設計者および技術者としての業績が大半を占めた.

ブルネル, イザバード・キングダム Brunel, Isambard Kingdom (1806-59)

19世紀において最もすぐれ構想力に富んだ技術者であるブルネルは, ハンプシャー, ポーツマスの生まれ. フランス出身の技術者サー・マルク・イザバード・ブルネル (Sir Marc Isambard Brunel, 1769-1849) の息子である.

私塾およびパリのアンリ・キャトル校で学び, 1823年, 父の事務所に入所し, ワッピングからロザーハイスをつなぐテムズ・トンネル建設に従事する. 1829年, クリフトンのエイヴォン川に架かる吊り橋を設計し, 1831年に修正を加えた. 1836年の着工後, 変更があったが1864年に完成した. 1833年にグレート・ウェスタン・レールウェイ社の技術者になった. 路線調査だけでなく, チッペンハムとバース間のボックス・トンネルやメイドンヘッドのテムズ川に架かる橋, さらにロンドンとブリストル間の路線における駅舎において, ある程度の標準設計を導入した. 彼は, ブリストルのテンプル・ミーズ駅 (1839-40), ロンドンのパディントン駅 (1850-55年に M.D.ワイアットとオーエン・ジョーンズが関与), 同じくサルタッシュのテーマー川に架かるロイヤル・アルバート橋 (1857-59) を設計した. これは最も賞賛された鉄骨構造の橋である. 彼は, ウィルト州のスウィンドンに鉄道会社の町を (ふたたびワイアットとともに), そしてモンクエアマウス・ドック (1831), さらにプリマスとミルフォード・ヘヴンにも作品を残した. とりわけ, プレファブによる病院建築 (クリミアのレンキオイ病院 (1855) ではタールを塗った木製の下水管と機械式換気設備がつけられ, 彼自身熱心にかかわった1851年の万博におけるクリスタル・パレスの成功の影響と思われる), 海洋蒸気船 (グレート・イースタン号 (1858) など) が, 既存のものより大規模で技術的に進んだものであった.

ブルネレスキ, フィリッポ Brunelleschi, Filippo (1377-1446)

フィレンツェの出身で, おそらくルネサンス期で最初の傑出した建築家. 彫刻家か金細工師として修業し, 幾何学を学び, 透視図の技法や原理を発展させた. 建築についても徐々にいっそうの関心を抱くようになり, 1417年から提案されたフィレンツェのサンタ・マリア・デル・フィオーレ大聖堂のクーポラ建設に助言を与えるようになった. ブルネレスキの建築は確かに過去の建築から着想を得ているとはいえ, 帝政期ローマの建築遺構よりも, むしろフィレンツェのサン・ミニアート・アル・モンテ聖堂や洗礼堂 (いずれも11-12世紀) のようなトスカナ地方のロマネスク建築やプロト・ルネサン

ス建築に由来する．というのも，当時これらは実際に建てられた年代よりもずっと古いものとみなされていたからである．事実，古典古代についての知識という点で，ブルネレスキは後の世代のアルベルティやミケロッツォには一歩譲るけれども，むしろ構造技術の問題や，輪郭線による建築部位の定義，そして空間の制御や操作にいっそうの関心を抱いていたように思われる．1420年に大聖堂のクーポラ建設を（ギベルティと共同で）開始した．規格外の八角形の構造体の頂上には，ブルネレスキが1人で設計した巨大なランターン（1436-67）が設置された．八角形の二重殻構造で尖頭状の外観は，ブルネレスキが関与する前から決定されていた．しかし，クーポラを一体のものとして束ねるために，煉瓦を魚の骨のように組み合わせてから渦巻き状に積み上げてゆく方法，鉄鎖の使用や斜めの組積構造，そして外殻と組み合わせたリブについては，ブルネレスキが古代ローマ建築の研究に多くを負っていることを差し引いても，やはり自分自身で考案したものといえる．ブルネレスキが天才であるゆえんは，古代の美学的，建築的，そして技術的な原則を近代のそれらと組み合わせたことによる．

フィレンツェのオスペダーレ・デリ・インノチェンティ（孤児養育院，1419-44）は，コリント式の円柱による洗練されたアーケード，スパンドレルに設けられた釉薬で塗られたテラコッタのメダイオン，第1層と第2層とを分離するアーキトレーヴ，そしてペディメントを載せた小さな矩形の窓を備えており，まさしく最初の正当なルネサンス建築とみなされてはいるものの，地元の建築が手本となっている．ブルネレスキは，サン・ロレンツォ聖堂（1418以降）とサント・スピリト聖堂（1436以降）という二つのバシリカ式聖堂を設計した．いずれにおいても身廊には，エンタブラチュアの断片を支える古典主義の円柱によるアーケードが設けられており，その断片からアーチが起ち上げられている．いずれの聖堂も交差廊とドームでおおわれた交差部とを備えている．ただし，サント・スピリト聖堂では側廊と側面の半円形の礼拝堂が聖堂全体を取り囲んでおり，サン・ロレンツォ聖堂にはみられないリズミカルな統一感をもたらしている．ブルネレスキは，サン・ロレンツォ聖堂にメディチ家の菩提所でもある旧聖具室を設計した．この建築はリブを備えたドームで覆われた立方体状の空間であり，中央のランターンから放射状にリブが広がることによって，リブの上に帆が掛かっているような印象を与える．内部では，主要な建築部材が灰色の帯をなすように，全体的に白く塗られており，このような装飾の枠組みが採用されたのは初めてであった．フィレンツェのサンタ・クローチェ修道院回廊にあるパッツィ家礼拝堂（1429-61）は，ブルネレスキが設計したのかもしれない．というのも，旧聖具室のテーマを発展させたものとなっているからであり，ドームでおおわれた中央の空間の両脇には円筒ヴォールト天井で覆われたベイがあり，中央のアーチ背後の奥まった場所には小さなドームでおおわれた第3の空間がある．この礼拝堂には入口のロッジアからアプローチできるが，ロッジアは中央のアーチ両脇のエンタブラチュアをそれぞれ3本ずつで支えるコリント式円柱のグループからなる．アーチの後ろには円盤型ドームがある．みごとな内観については，付柱，エンタブラチュア，アーキヴォルト，そのほかの建築部位で分節されている．すべてにピエトラ・セレーナという地元産の灰色の石が用いられて，白い壁や，白の釉薬で塗られたテラコッタによる円形パネルから際立つように配置されている．

カマルドリ修道会の祈禱所であり，未完に終わったサンタ・マリア・デリ・アンジェリ聖堂

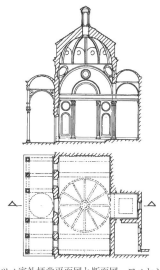

パッツィ家礼拝堂平面図と断面図，フィレンツェ

(1434-37) は，ルネサンス期では最初の純粋な集中式平面の建築である．8本のピアの上には八角形ドームが設けられると同時に，これらのピアの間には礼拝堂が放射状に設けられている．古代の先例に従っていることはまず間違いなく，とりわけローマの通称「ミネルウァ・メディカ神殿」がそれにあたる．フィレンツェのパラッツォ・ピッティは無柱式のルスティカ仕上げとなっており，その一部はブルネレスキが設計したのかもしれない．というのも，簡素な古代風の特質や，入念に整えられた比例関係については，少なくともまさにブルネレスキの影響を暗示させるからである．ブルネレスキの建築では一貫して単純な比例関係が用いられており，この比例関係が心地のよい調和の特質をもたらしている．この特質こそルネサンスの芸術家たちが探究したものであった．

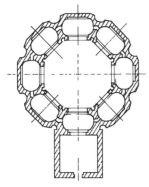

サンタ・マリア・デリ・アンジェリ聖堂平面図，フィレンツェ

ブルフィンチ，チャールズ　Bulfinch, Charles (1763-1844)

ボストン生まれ．アメリカ生まれの最初の職業建築家の一人である．その作品は，ヨーロッパ旅行（1785-87）で刺激を受けたため，簡素な新古典主義の中にコロニアル，ジョージアンおよびアダムの各様式を混合させたものになることが多かった．コネチカット州ハートフォードの旧州議会議事堂（1793-96），続いてボストンのマサチューセッツ州議会議事堂（1795-97）を設計しているが，これらは明らかにチェンバーズのロンドンのサマセットハウス（1776-86）に影響されている．また一体的に建設されたテラスハウス群を何件かと教会をいくつか（マサチューセッツ州ランカスターのクライスト教会（1816）を含む）を設計したが，多くが取り壊された．1818年からワシントンの連邦議事堂の建築家を務め，1830年にその任務を終えた．

プルマン，ジョージ・モーティマー　Pullman, George Mortimer (1831-97)

アメリカの工業デザイナー，慈善活動家．1855年からイリノイ州シカゴに居住し，そこで道路建設事業，および建造物をミシガン湖水位より高く引き上げる事業で成功を収めた．1858年に鉄道の寝台車を製造する会社を設立し，鉄道旅行に快適性，そして高級感をももたらしたことで評価された．1869年からシカゴ南部の土地開発を始め，イギリスにおける実験，たとえばリバー・アンド・ソルトなどから手がかりを得て，彼の工場ではたらく労働者のためのカンパニータウンの建設を決定した．その実現に向けて，バーネットをランドスケープ・アーキテクト，ビーマンを建築家として雇った．イリノイ州のプルマンは1880-95年に建設され，ほかにはみられないほどよく計画されたモデル工業都市として知られている．

ブルーム，ハンス　Blum, Hans (1550活躍)

セルリオの著作に基づいた，オーダーに関する書籍『*Quinque Columnarum exacta descriptio atque deliniatio cum symmetrica earum distributione*』（1550）のドイツの編纂者．本書は，多数発行されて影響力をもち，のちにはロンドンにおいて，『古代の著作にもとづきH・ブルームによって編纂された，建築の五本の円柱の本（*The book of Five Collumnes of Architecture …Gathered…by H. Bloome out of Antiquities*）』として出版されており，中でも1608年版が最も良好なものと推察される．いくつかのドイツ語版も，ブルームによるデザイン画を含んでいる．

ブルラ，ピエール・ブルノ　Bourla, Pierre Bruno (1783-1866)

パリの建築家で，アントウェルペンに卓越した新古典主義様式をもたらした．代表作はアントウェルペンのテアトル・ロワイヤル・フランセ（1829-34）で，2階のホワイエがとくにす

ばらしく，外部も端正で，気品がある．

プルーラリズム　Pluralism
ポスト・モダニズムの様相を定義する1970年代の用語であり，さまざまな様式やモチーフが折衷的に組み合わされたドローイングを意味する．

フルール=ド=リス　fleur-de-lis or -lys
3枚の花弁のような尖頭形の部分からなる装飾物．

元々，ユリを様式化したものであり，後期ゴシックのトレーサリー，また，中世のベンチ両端の人形頭形フィニアルによくみられる．とりわけ，聖処女マリアと関連がある．

ブルレ・マルクス，ロベルト　Burle Marx, Roberto (1909-94)
ブラジル，サンパウロ生まれ．ベルリンのダーレムで植物学を学ぶ（1928）．1934年からブラジルのレシフェで公園局長となった．1937年にランドスケープ・アーキテクトとして自身の設計事務所を設立した．ブラジル固有の植物の熱心な擁護者として，土着の品種をデザインにとり入れ，色調の構成に厳正な注意を払った．ニーマイヤーらとリオデジャネイロの教育保健省庁舎の庭園デザインにおいて協働し，ブラジリア計画でもニーマイヤー，ルシオ・コスタに協力した．ともにリオデジャネイロに設計されたグローリア=フラメンゴ公園の湾岸遊歩道（1961）やコパカバーナ・ビーチ沿いの舗装デザイン（1970）は，ブラジル産の石，岩，植物を用いた彼のデザイン手法をよく示している．ブルレ・マルクスのエコロジーへの深い関心をもっとも強く反映しているのは，おそらくリオ近郊グアラチーバにある彼自身のための庭園群であるかもしれないが，最も有名な作品は，リオデジャネイロのコペーアスにつくられたオデット・モンテイロ庭園（1947-48）である．

フルーロン　fleuron
1. 屋根の棟の端部装飾物．クロップ，フィニアル，エピともいう．
2. 様式化された正方形の四弁花形装飾物．後期ゴシックの棟飾り，瓦，クロケット，カヴェット刳形に用いられた．
3. コリント式オーダーのアバクスの各凹面の中央にみられる装飾物．
4. アンテミオンのこと．

フルーロン　ダブレットフラワーとも呼ばれる．ウェルズ大聖堂の聖母礼拝堂，サマセット（パーカーによる）．

フレアール=ド=シャンブレ，ロラン　Fréart de Chambray, Roland (1606-76)
古典主義の主導者であり，著作『古代建築と現代建築の比較（*Parallèle de l'Architecture Antique et de la Moderne*）』(1650)は，パッラーディオ，スカモッツィ，セルリオ，ヴィニョーラなどの作品を学ぼうとする者にとって重要な参照源となった．ジョン・イヴリンによって英語に翻訳されている（1664）．

ブレイキー，トマス　Blaikie, Thomas (1750-1838)
スコットランドの造園家．ラウドンの『百科事典（*Encyclopedia*）』ではフランスの重要な庭師とされており，1776年にはパリで造園家としての名声を確立した．いくつかのすばらしいフランス式庭園の造成にかかわり，とくにバガテル（ベランジェと共働），モンソー，プチ・トリアノンが有名である．ジョン・フォザーギル博士（Dr John Fothergill, 1712-80）とウィリアム・ピトケアン博士（Dr William Pitcairn, 1711-91）のため，アルプス山脈の植物蒐集家としても傑出しており，ラウドンの『ガーデナーズ・マガジン（*Gardener's Magazine*）』にも多くの記事を寄稿した．

ブレイズン　blazon
描かれた盾の紋章．⇨アチーヴメント・オヴ・アームズ

プレイティング　plaiting

三つ編みのように編みこまれた装飾. たとえば, バンドのギヨーシュ, すなわちプレイト・バンドなど.

プレイナー・グレイジング　planar glazing

ピルキントンズによって開発された窓枠のないガラス工事のシステム. このシステムの採用によって, ファサードのデザインが自由にできるようになった.

プレイフェア, ウィリアム・ヘンリー　Playfair, William Henry（1790-1857）

ジェームズ・プレイフェアの年少の息子. ウィリアム・スタークの弟子で, その後, ワイアット（おそらく, ベンジャミン・ディーン・ワイアット（Benjamin Dean Wyatt））とスマーク（おそらく, ロバート・スマーク（Robert Smirke））の事務所ではたらいた. 1818年にスコットランドに戻り, エディンバラのカールトン・ヒルの計画に携わり, そこで, ブレニム・パレス, ブランズウィック・ストリート, ブラントン・パレス, カールトン・テラス, エルム・ロウ, ヒルサイド・クレッセント, レオポルド・プレース, モンゴメリー・ストリート, リージェント・テラス, ロイヤル・テラス, ウィンザー・ストリートなどを建てた（1821開始）. また, 1820年から, ロイヤル・サーカス, サーカス・プレース, サーカス・ガーデンズを設計した（1821-23）. その後30年間, バーンとギレスピー・グラハムとともに, スコットランドの先導的建築家として, エディンバラに多数のすばらしい建築を建てた. これらの例として, エディンバラ大学のコンペ案（1817-26）（1789-93, ロバートとジェームズ・アダムによって開始された）, 華麗なグリーク・リヴァイヴァル（わずかに古代エジプト風の感性をもつ）のロイヤル・インスティテュート（1822-35, 現ロイヤル・スコティッシュ・アカデミー）, 未完ではあるが古代ギリシア風ドリス式でパルテノン神殿をもとにしたカールトン・ヒルに建つナショナル・モニュメント（1824-29, C・R・コッカレルと共同）, ニコルソン・ストリートの外科医会館（1830-32）, カールトン・ヒルに建つグリーク・リヴァイヴァルのデューゴルド・スチュワート・モニュメント（1831, アテネのリュシク

ラテス合唱競技記念碑をもとにしている）, ジャコビーサン様式のドナルドソンズ・ホスピタル（1842-54）, 透視図法をいかしたゴシック様式のフリー・チャーチ・カレッジ（1846-50）, 新古典主義様式のナショナル・ギャラリー・オヴ・スコットランド（1850-57）などがあげられる. また, エディンバラのディーン墓地のピラミッド形のラザファード墓所（1852頃）や自らの墓所（1857頃）など, 多くの追悼記念碑を設計した. プレイフェアの図面の多くはエディンバラ大学の図書館に残っている.

プレイフェア, ジェームズ　Playfair, James（1755-94）

スコットランドの建築家で,『蒸気風呂の建設の方法（*A Method of Constructing Vapour Baths*）』（1783）の著者としても有名である. ルスティカ積みの石壁にとりつけられた古代ギリシア神殿建築の正面をもつ力強いグラハム・マウソレウム（メスヴァン, パースシャー）は, 明らかに最後の新古典主義建築であった. アバディーンシャーのケアネス・ハウス（1791-97）では, 半円形平面の事務所, 原始的なドリス式円柱, 桁外れのエジプト・リヴァイヴァル（古代エジプト復興様式）のビリヤード・ルームなど, 興味深い設計をし, アンガスのファーネルの聖堂（1789-1806）では, 初期ゴシック様式を用いた.

ブーレウテリオン　bouleuterion

ギリシア都市における元老院の集会場や会議場.

ブレ, エティエンヌ＝ルイ　Boullée, Étienne-Louis（1728-99）

パリの建築家で, 1747年から教鞭もとった. その重要性は, 理論的な著作と幻想的なドローイングにより, シャルグラン, ブロンニャール, デュランらを輩出した世代に薫陶を与えたことにある. 彼自身は, ブロンデルとル・ゲから17-18世紀の偉大なフランスの古典的伝統を吸収した. 1762年から78年にかけて, いくつかの個人住宅を設計した. その多くは失われたが, パリのオテル・アレクサンドル（1763-66）が現存している. ルドゥー, ペール, ド・ヴァイイらとともに, ブレは住宅建築に厳格さをもたらした. ジャイアント・オーダーによって主

屋をモニュメンタルなものにする一方で，格子垣もしくは壁によって両翼を隠すことによって，この構成の中心部を強調したのである．アンチ・ロココの先陣を切って，ブレは光の効果を追求して華々しい成果をあげ，室内装飾家としての名声を確立した．1778年から88年にかけて，教育目的や，設計競技に応募するためにとても幅広い幻想的なドローイングを生みだした．彼はロージェの還元主義的なテーマに答えるべく，すべての不必要な装飾を取り払って，メガロマニアックなスケールにまで膨らませた（ピラネージの影響による）．規矩術的に純粋な形態を露わにするとともに，柱のようなエレメントをひたすら反復し，建築自らその用途を表現させるにいたらしめたのである（語る建築）．幻想的な建築の中でも最も成功した（しかし実現するはずもなかった）例は墓，廟，慰霊碑，墓地で，代表作はニュートン廟である（糸杉を頂いた円形基壇の上に載った巨大な球体）．ブレの建築論『建築，藝術についての試論（*Architecture. Essai sur l'art*）』は1790年代に書かれ，20世紀まで出版されなかった．

プレキャスト・コンクリート　precast concrete

建物に使われる前に型枠成形されたコンクリート．

プレ・コロンビアン建築　Pre-Columbian architecture

15世紀にコロンブスがアメリカを発見する前にアメリカ大陸に存在していた建築．

ブレサマー　breastsummer, bressummer, brest summer

外壁や暖炉の開口部の上，あるいは木骨構造の建物の下部において張り出し壁の全体を支えている部分から出ている，水平な梁・シル・楣・プレートの類．最後のもの（ジェッティー・ブレサマー）はキャンティレヴァーで突き出した床根太の上に設置される場合があり，ほぞ継ぎで根太と固定されるものやジェッティー・ブラケットに支持されるものがある．ブレサマーは張り出した壁のポストを支える．キャンティレヴァーの張り出し構造は装飾であるフェイシア・ボードの背後に隠される場合があり，後者が本来のブレサマーであると誤認され

ることが多い．

プレザンス　plaisance, pleasance

風景式庭園で奥まったところにある，芝生，日除けのある散策路，樹木，低木といった部分，あるいはペデスタル，アーン，アーチ，噴水，プール，ガゼボ，座席といった建築要素．

プレザンス　pleasance *or* pleasaunce

1. 庭．とくに中世の城やマナーハウス，または墓地の庭．
2. プレザンス（plaisance）と同義．

フレジエ，アメデ＝フランソワ　Frézier, Amédée-François（1682-1773）

フランスの軍事技師．とくに，軸組構法よりもアーチ構法を優位に置いたこと，とりわけゴシック建築について，『ヴォールト構造のための石材と木材の切断についての理論と実践，あるいは建築に用いる規矩術（*La Théorie et la pratique de la coupe des pierres et des bois pour la construction des voûtes ... ou, traité de stéréotomie, à l'usage de l'architecture*）』（初版1737-39）において，通史的な記述を残したことで知られる．ゴシック建築は，作用と反作用の平衡を慎重に保たれたシステムにもとづいて精密に構想されているとし，また独自の形態分析からゴシック建築におけるオーダーと構築の規則を明らかにした．一方で，その形態を同時代の作品に再導入することには否定的であった．コルドモワの見方に異議を唱えた，ロマンティック・クラシシズムの先駆ともいいうる存在である．また建築のオーダーについての書物を出版し（1738），ブレストのサン・ルイ聖堂（1742-58，とり壊し）の主祭壇と天蓋を設計した．

フレシネ，ウジェヌ　Freyssinet, Eugène（1879-1962）

フランスのエンジニアで，鉄筋コンクリート構造の先駆者．いくつもの橋梁を設計した．代表作にプルガステル橋（1924-30），マルヌ川に架かる五つの橋（1947-51），トゥルズのサン・ミシェル橋がある．1914-18年の第一次世界大戦中は，鉄筋コンクリート屋根による工場建築を設計し，これが後のオルリー空港の航空機格

納庫の二つの巨大な放物線アーチ（1916-24）へと展開していく．フレシネはプレストレス・コンクリートを発展させ（1928年には特許を取得），1921年から54年まで自らのアイデアや手法について多くの書物を著した．主著は『コンクリート技術の革命（*Une Révolution dans les techniques du béton*）』（1936）．

プレジャー・ガーデン　pleasure-garden

1．リラクゼーションなどのための庭もしくはプレジャー・グラウンド．野菜畑，家庭菜園，果樹園とは区別される．

2．王政復古時代（1660）から19世紀中頃まで，ロンドンで商業的な事業として管理された庭．スプリング（後にヴォクソール）ガーデンはその初期の例の一つであり，直線の歩道，樹木の規則的な列，戯れのための人目につかない場所をもつ．具体的には，中国ゴシック風のサパーボックス，透視図的な効果を高めるためのさまざまな庭の建物，影像，オーケストラの正面観覧席．プレジャー・ガーデンは，多様な社会階層の人びとのために音楽，食べ物，飲み物を提供し，男女がお互いに秋波を送ったり，からかいあったりする場ともなったので，しばしば品の悪い場所という風評があった．他のプレジャー・ガーデンの例としては，巨大なロトンダ（ウィリアム・ジョーンズ（William Jones, 1757没）設計，1742開館，1805撤去）をもつ，チェルシーのラヌラー・ガーデンがある．そのロトンダには，優美なギャラリーのある内装があり，上流階級の人々が音楽を聞きながら，お茶や軽食をとることができた．もう一つの流行のプレジャー・ガーデンは，メリルボーン（メリボーン）である．他のロンドンの庭園（例：バグニッジ・ウェル，アイリントン・スパ，またはいかがわしいロンドンのスパ）は泉を伴っていた．それはおそらく薬効のためで，アトラクションの一助になった．ロンドンのこういった土地の使い方は，イギリス全土また大陸にまで広まった（例：コペンハーゲンのカーステンセンのチボリ庭園．この庭園は18世紀のロンドンの庭園よりも，より広大で洗練されていた）．プレザンスと同義．

ブレース　brace

1．補助的な構造材で，水平材と垂直材がなす角部に三角形を構成するように設置され，木材の軸組みを堅固なものとする．真っ直ぐあるいは湾曲した木材からなる．垂木を支持する場合，ストラットと呼ばれる．⇨トラス

2．⇨ブラケット・モールディング

フレスコ　fresco

漆喰が乾燥する前の状態で描く壁画（ブオン・フレスコ）．乾いた漆喰に描く壁画（セッコ）は塗料がはがれたり色あせたときに用いる質の劣る代用品である．

プレストレスト・コンクリート　prestressed concrete

鉄筋コンクリートの一種．荷重が作用する前に鋼材に引張力を与えることで，コンクリートの引張応力がかかる部分に予め圧縮応力を与えるもの．それを可能にするために，棒鋼を用いる代わりに鋼線を鞘の中に配する形式を用いる．これによって正確性とコンクリートと鉄の経済的な使用が可能となる．

プレスビテリ　presbytery

1．教会のクワイア（聖歌隊席）の東の主祭壇がある部分．通常，床面より高い位置に設けられ，祭壇の儀式で聖職の役割をする者だけによって使われる．

2．司祭の家．

プレチニック，ヨージェ　Plečnik, Jože（1872-1957）

スロヴェニアの建築家．20世紀に古典主義の手法を用いた人物の中で最も際立った，創意に富んだ設計者であった．リュブリャナに生まれ，ウィーンのオットー・ヴァーグナーのもとで1895年から研鑽を積み，コチェラと親交を深めた．1900年にウィーンに事務所を設立した後，1901年に分離派の書記に指名された．ウィーンで設計したヒーツィンクのヴァイトマン邸（1902），ウィーンの富豪ヨハネス・ツァッハルのための事務所兼集合住宅ブロック（1903-05）のいずれにも，ヴァーグナーの強い影響が表れている．

ウィーン時代の最高傑作はヘルプスト通りのハイリヒガイスト（聖心）聖堂（1908-13）で，鉄筋コンクリートを用いてむき出しの新古典主義の外観と結晶のような表現主義に近い形態を用いたクリプトをつくり出している．ウィーン

のアカデミーからヴァーグナーの後任の建築家教授に指名（1911）されたが，その指名はオーストリア＝ハンガリー帝国の「一級の学校」でスロヴェニア人が長に立つべきではないという理由で宮廷から差し止められた．コチェラに招かれてプラハ工芸学校（1911）で教鞭を執り，チェコスロヴァキア独立（1918）とともにプラハのフラッチャニ城の大統領官邸としての修復，改築，増築（1920-36）に携わり，古典主義の引喩を建物や庭で自由に用いて，ヨーロッパ全体でも最も愛らしいアンサンブルの一つをつくり出した．ラーニに大統領のヴィラと庭園（1920-30），プラハのヴィノフラディ地区に力強い新古典主義の聖心聖堂（1928-31）も設計した．

1920 年にプラハ市の名誉建築家の地位を維持したまま，スロヴェニア（新たにユーゴスラヴィアの一部になった）のリュブリャナ大学建築学科の学科長となった．リュブリャナで新古典主義の傑作をいくつも手がけた．シシュカのスヴェティ・フランチシェク聖堂（1926-27），橋や市場地区のコロネードなどの川沿いの多くの構造物（1930 年代），ジャレのスロヴェニア国立墓地（1937-40），国立・大学図書館（1936-41）など多くの建物を設計している．ボゴイナの昇天聖堂（1925-27）ではプリミティブなドリス式の円柱が内部で（柱の上のアーチともに）用いられ，リュブリャナのバリエ地区のスヴェティ・ミハエル聖堂（1937-40）では力強いカンパニーレ（鐘楼）と木組みの非常に優雅な内装がみられる．1920 年以後，死去までの彼の設計には，アイオリス式とイオニア式の形態からの展開など，一貫して古代ギリシアのオーダーの自由な解釈が行われ，古拙な力強さを示している．古典主義の言語を原則通りに用いる建築家とは違い，プレチニクは可能性を発展・拡張することで，無限の多様性と感情的な表現力が得られることを示した．20 世紀最大の建築家の一人としてあげるに値する人物である．

フレッシュ　flèche
1．尖塔．
2．屋根，とりわけ，フランス・ゴシックの大聖堂の交差部直上に載っている小尖頭．

フレッチャー，バニスター　Fletcher, Banister
（1833-99）

イングランドの建築家・サーヴェイヤー．ニューカッスル・アポン・タインでいくつかの工場建築を設計したのち，1870 年にロンドンに移住し，『労働階級のためのモデルハウス（*Model Houses for Industrial Classes*）』（1871）を出版した．この本はヘンリー・ロバートの影響を受けたことが窺える．精力的に建築およびサーヴェイヤーとしての仕事を行ったが，それを支えたのは 2 人の息子バニスター・フライト・フレッチャー（Banister Flight Fletcher，後述）とハーバート・フィリップス・フレッチャー（Herbert Phillips Fletcher, 1872-1916）だった．1890 年，ロンドンのキングス・カレッジの学科長に任命され，建築教育に大きな功績を残した．不撓の勤勉さで，数多くの著作を出版した．『荒廃（*Dilapidations*）』（1872），『賠償（*Compensations*）』（1872），『調停（*Arbitrations*）』（1875），『積算（*Quantities*）』（1877），『光と空気（*Light and Air*）』（1879），『首都建設法（*The Metropolitan Building Acts*）』（1882）など．また，息子のバニスターとの共同で有名な『建築の歴史（*A History of Architecture*）』（1896）を著し，これは瞬く間に重版され，数世代にわたり学生の基本図書となった．

フレッチャー卿，バニスター・フライト
Fletcher, Sir Banister Flight（1866-1953）

イギリスの建築家，法廷弁護士，建築史家．バニスター・フレッチャーの息子であり，1884 年に父親の事務所に入る．初期の仕事は質の高さで知られる．ロンドンのオックスフォード・ストリート 111-25 番地（1887），ウィンブルドンのキングス・カレッジ・スクールの一部（1899），ロンドンのハーレイ・ストリート 20-46 番地，ウィンポール・ストリート 30 番地（1890），ロンドンのチャリング・クロス・ロード 127-131 番地のゴスレット商店（1879），ハムステッド墓地に建てた父のための感じのよい慰霊碑（1900 年頃），ロンドンのシティ，カーターレーンのセント・アン教会教区ホール（1905），ハートフォードシャーのポッターズ・バーの大通り 23 番地の「セルダウン」，「ティヴァートン」といった気持ちの良い住宅（1909），ケント州のハイセの端正な元ウェストミンスター銀行（1912），1914～18 年の第一次

世界大戦後の，グリニッチのローアン・スクールでの仕事（1926-28），ブラックヒースのモーデン・カレッジの増築（1933），記念碑的なオステリーのギレット工場（1936-37，ペヴスナーは首尾一貫しない，小心モダニズム風の壮大さと評した）は注目に値する．しかしながら，ペヴスナーは全体としては，バニスター・フレッチャーの作品については尊敬の念をもって語っている．建築作品でも熟達していたが，彼がよりよく知られるのは父との共同で書いた『比較の手法による建築の歴史（*A History of Architecture on the Comparative Method*）』（1896）によってである．1921 年版は彼自身と彼の最初の妻アリス・モード・マリー（Alice Maud Mary, 1932 没）が改訂し，ジョージ・ギルバート・ウッドワード（George Gilbert Woodward, 1861-1936 頃）らの有名な線描画が入れられた．この版は 1924 年版，1928 年版でも底本となり，1931 年に文章改訂が行われた．1938 年の第 10 版はその後若干の改訂を加えたが，1961 年のレジナルド・アナンデール・コーディングリー（Reginald Annandale Cordingley, 1896-1962）の改訂まで決定版であった．その後，1975 年，1987 年，1996 年に改訂された．情報量が豊富で，幅広い視野をもったこの本は（ペヴスナーのいうところの「建築の歴史についてのかけがえのない歴史的な編纂物」），初版が出てから，数えきれないほど多くの建築学を学ぶ学生に使われ，数多くの言語に翻訳されている．フレッチャーの他の著作には，大きな批判を呼んだパッラーディオについての研究書（1902），弟のハーバート・フィリップス・フレッチャー（Herbert Phillips Fletcher, 1872-1916）とともに書いた『建築衛生学（*Architectural Hygiene*）』（1899），『大工仕事と建具仕事（*Carpentary and Joinery*）』（1898）がある．『大工仕事と建具仕事』と『建築作品集（*Architectural Work*）』（1934）は彼自身の見事なスケッチが添えられている．後進の職能確立と教育に多大な貢献をし，RIBA およびロンドン大学に惜しみない支援を行った．1919 年にナイトに叙された．

フレット　triangular fret
　⇨三角雷文

フレット　fret, frette, fretwork
　1．浅くて短いフィレットが直角をなして接している帯状装飾物，あるいはメアンダー．形式に応じて，直角ギョーシュ，ギリシア雷紋，ラティスなどというようにさまざまな呼称がある．対角線上に配置されたフィレットがある場合は，中国風雷紋とよばれ，シノワズリやリージェンシー様式の作品にみられる．
　2．格子細工．
　3．織り合わされたような浮き彫り細工．
　4．ゴシックのヴォールト上の複雑なリブのパターン．
　5．トレーサリーなどにみられる網目のような形態．

フレットナー，ペーター　Flettner *or* Flötner, Peter（1485-1546 頃）
　ドイツ・ルネサンスの建築家，彫刻家．マインツのマルクトプラッツにある泉（1526），およびニュルンベルクにあるヒルシュフォーゲルの間（1534，のちに取り壊される）を設計した．彼のクンストブーフ（素描帳，1549）は，アラベスクやグロテスク装飾の入念にしてすぐれたデザインが収められており，没後も長きにわたり影響力を保ち続けた．

プレーティッド・パルケ　plated parquet
　寄木細工の床でコントラストのある木材の断片が模様としてレイアウトされているもの．

プレーティ，フランチェスコ・マリア　Preti, Francesco Maria（1701-74）
　イタリアの建築家で，パッラーディオによる調和的比例の原理を，さらに入念な体系に発展させた．業績には，イタリアのストラにある壮大なパッラーディオのヴィラ・ピサーニの完成と，1720 年頃にジロラモ・フリジメリカ伯爵（Girolamo Frigimelica, 1653-1732）によって着手されたさまざまな離れ屋が含まれる．また，カステルフランコにおける大聖堂（1723）と劇場（1754）のための計画案の作成をはじめ，ヴァッラ（1730 年代）および，トンボロ（1750），サルヴァトロンダ（1751-76），カセッレ（1757）の教区教会も請け負っていた．音楽的比例と建築に関する彼の理論的研究は，1780 年に『建築の基本構成要素（*Elementi di architettura*）』として出版された．

ブレティンガム一族　Brettingham Family

マシュー（Matthew, 1699-1769）は, 建築家, 建設業者, サーヴェイヤー〔検査官, または測量技師の意〕として, イースト・アングリア地方で多数の実務に携わった. 1734 年以降, ケントのパッラーディオ主義の大邸宅であるホルカム・ホールで, 現場監督を務めた. 1761 年に『故レスター伯の邸宅：ノーフォークのホルカムの平面図・立面図・断面図（*The Plans, Elevations, and Sections of Holkham in Norfolk, the Seat of the late Earl of Leicester*)』を出版するが, その図版からケントの名前を省き, 設計は「建築家」である自分に起因するものだとした. ホルカムでの仕事は, 結果として, セント・ジェームジズ・スクエアのノーフォーク・ハウス（1748-52, 現存せず）, パル・マルのヨーク・ハウス（1761-63, 現存せず）, セント・ジェームジズ・スクエア 5 番地（1748-49, 現存）など, 他の依頼に結びついた. マシューの最も重要な作品の一つとして, ダービーシャーのケドルストン・ホール（1758 頃）があげられる. これはもう一つのパッラーディオ主義のすぐれた試みであったが, ペインによって設計変更され, さらにロバート・アダムに設計者が変更されて完成されることになった. そのため, マシューの設計で実際に建てられたのは翼棟のみである.

息子のマシュー（Matthew, 1725-1803）は, ウィルトシャーのチャールトン・ハウスで新古典主義の仕事を請け負った. また, 先代のマシューの孫にあたるロバート・ウィリアム・ファーズ・ブレティンガム（Robert William Furze Brettingham, 1750 頃-1820）は, 堂々たる正面をもつダウン県のダウンパトリック刑務所（1789-96）など, いくつかの刑務所を設計し, また, S・ウーリー（S. Woolley）とともに, ダウンパトリックのホーリー・アンド・アンディヴァイディド・トリニティ大聖堂の魅力的なゴシックのクワイアの改修工事（1795）を主導した. ロバートはまた, 第 2 代ダウンシャー侯アーサー（Arthur, 2nd Marquis of Downshire, 1753-1801）のために, ヒルズバラ・ハウスの拡張を行い, その際の図面が, 1797 年にロイヤル・アカデミーで展示された. ジョージ・スミスは, ロバートの事務所で修業をしている.

ブレテス　bretess, bretesse, bretex, bretise bretisse, brettys

1. 胸壁. ブレテクスト（bretexed）は「胸壁を備えた」「狭間形の」といった意味.

2. ブラティス.

フレーデマン　Vredeman

⇨フリース, ハンス・フレデマン・デ

ブレード　blade

1. バック・ラフターもしくはプリンシパル・ラフター.

2. クラック・トラスの主要部材.

プレート　plate

木材一般. たとえば上部の木材の支えのために, 柱や壁の上に水平に置かれたウォール・プレート. その主な機能は, 固定し, 積載重量を分散させることにある.

アイル・プレート aisle-plate：　アイルド・ビルディングのウォール・プレート.

アーケード・プレート arcade-plate：　アイルド・ビルディングのアーケード・ポストの上のプレート.

ウォール・プレート wall-plate：　ティンバー・フレーム構造の頂上のプレートもしくはルーフ・ティンバーが搭載されるロード・ベアリング・ウォール.

カラー・プレート collar-plate：　カラーの上に載っているプレート. カラー・パーリンと呼ばれた.

クラウン・プレート crown-plate：　クラウン・ポスト・ルーフにみられるプレートで, クラウン・ポストの上に置かれ, カラーを支持する. カラー・パーリンとも呼ばれる.

ジェッティー・プレート jetty-plate：　ティンバー・フレーム構造の下階のウォール・プレート（根太）で, その上階にジェッティード・フロアが乗っかる. まさにヘッド・プレートの一つのタイプである.

ソール・プレート sole-plate：　壁面に対して直角に配された短い木板（ソール・ピース sole piece）で, 垂木 rafter とアシュラー・ピース ashlar-piece の基盤を支えるプレート.

ヘッド・プレート head-plate：　ティンバー・フレーム構造の壁のてっぺんの梁, もしくは内部のパーティッション.

プレート・ガーダー　plate-girder
⇨ガーダー

プレート・グラス　plate-glass
シート状に作られ，磨かれた上質の，強い，厚板ガラス．1830 年代以後，広く用いられるようになる．

プレドック，アントワン　Predock, Antoine (1936-2024)
アメリカの建築家．プレドックの作品はアメリカ南西のヴァナキュラー建築に強く通じるものがある．そして強い形態言語をもち，地域の環境へ適応することが多い．また，プレドックは，持続可能性や生態系や環境に関する問題について，強い関心をもっている．彼の作品として，アリゾナ州テンピーにある「アリゾナ州立大学ネルソン芸術センター」(1986-89)，ネバダ州ラスベガスの「市立図書館とライドこども博物館」(1987-90)，アリゾナ州フェニックスの「ズーバー邸」(1986-89)，フランスのマルネ・ラ・ヴァレにある「ユーロディズニーのホテルサンタフェ」(1990-92)，ワイオミング州ララミエの「市民芸術広場」(1989-94)，同じくララミエにある巨大な丘のような建物の「アメリカ文化遺産センター」(1987-93)，カリフォルニア州サザンオークスの「市民芸術センター」(1989-94)，アリゾナ州ツーソンの「ヴェンタナ・ヴィスタ小学校」(1992-94) などがあげられる．彼の作品には幅広い建築表現があるが，20 世紀後期にしては珍しく，強い象徴性をもっている．

プレート・トレーサリー　plate-tracery
⇨トレーサリー

フレートナー　Flötner
⇨フレットナー，ペーター

プレート・バンド　plate-bande
パルテール・ド・ブロドゥリーのボーダー．ツゲで縁取られた帯状の花壇，または，二列の帯状の花壇のうち一列は砂で，もう一列は植栽になっているもの（例：オランダのヘットロー宮殿）．

プレート・レール　plate-rail
磁器の皿を壁に固定して展示するために，壁の上方に埋め込まれた溝がつけられた細いレール．

プレファブ　prefab
第二次世界大戦中に受けた空爆被害に対して，イギリス政府は臨時の住宅建設のプログラムをつくる必要に迫られた．この事業は，工場でプレファブリケイトされた平屋の住宅の生産という形を取った．その住宅は，外観はアルミニウム，アスベスト・シート，またはコンクリートで覆われ，バスルームとキッチン（小さいが）を完備していた．

プレファブリケーション　prefabrication
現場に運ばれる前に，工場で建物の部品もしくはすべてを製造すること．工業化された建築とは，可能なかぎり多くのプレファブ製造された部材をもつものである．完成したバスルームのようなユニットは，建物の中に組み込まれ，設置される前に工場でつくられる．プレファブ工法は新しくない．なぜならすでに木造骨組み（ティンバー・フレーム）は前もって製造され，現場に運ばれていたからである（たとえば，17 世紀初頭の骨組み（フレーム）はロンドンデリーのコロレーン社で製造され，建設のために西方に船で輸送されていた）．またパクストンの有名なクリスタル・パレス (1850-51) は，プレファブ工法のみごとな例であった．ただし，すべての建物には現場以外で製造された部品（たとえば煉瓦，窓枠など）があるため，プレファブリケイトされた住宅とそうでない住宅との違いが曖昧となってしまうという議論がある．

フレマン，ミシェル・ド　Frémin, Michel de (18 世紀初めに活躍)
フランスの批評家．その著書『建築の批評的覚書（*Mémoires critiques d'architecture*)』(1702) で，場所，材料，コスト，使用者のニーズから生じる制約に注意を促す，合理的なデザインアプローチを唱えた．オーダーと古典主義の規則にはさしたる重要性のないこと，パリのサント・シャペルやノートル・ダムのような中世ゴシック建築を，パリのサン・シュルピス聖堂のような古典主義建築よりも，より論理的な建築作品だとみなした．新古典主義に影響を

与えた. ⇨「原始の小屋」

フレーム frame
1. 扉の枠.
2. 開口部の周囲の部材. 通常はアーキトレーヴ, 額縁, あるいはボーダーにあたる.「フレーム＝ハウス」とは, 木造軸組によって建造され, 下見板または柿板で外装を仕上げられた住居のことで, 米国東海岸でみられる.

ブレーム, レナート Braem, Renaat (1910-2001)
ベルギーの建築家, ライター. ロシア構成主義とル・コルビュジエ(1936-37 は彼のもとではたらく)に影響を受け, 1939 年からは CIAM の一員となる. 作品にはアントウェルペンにある, キール地区計画(1949-58, 経年とともに改善しなかった)と, 靴市場管理センターの巨大なタワー(1951)がある. その他, ルーヴェンのサン・マーテンダール地区計画, ボームのローコスト住宅(1965-70), そしてスコーテン地方図書館(1968-74), ブリュッセル自由大学管理棟(1971-78)がある. 彼の経歴の中でも極端な理想主義の態度をとったことが目立つ.

フレーム・ワーク cradle
⇨クレードル

プレーリー・スタイル Prairie style
アメリカ中西部で展開された建築様式. 名称は『レディーズ・ホーム・ジャーナル(*The Ladies' Home Journal*)』(1901)に掲載されたフランク・ロイド・ライトの設計案からきている. ライトがイリノイ州シカゴに設計したロビー邸(1909), グリーン＆グリーンがカリフォルニア州パサデナに設計したギャンブル邸(1908-09)が典型的な作品である. 特徴としては, ゆるやかな傾斜の屋根, 大きく突き出した軒, 水平性の強調, リビング・エリアを区分けする大きな暖炉, 伝統材料の使用がある. ちなみにランドスケープ・デザインでプレーリー・スタイルを推し進めた建築家としてジェンセンがあげられることがある. ⇨プレーリー派

プレーリー派 Prairie School
サリヴァンやフランク・ロイド・ライトに触発されたアメリカ合衆国中西部の建築家グルー

プで, 1890-1920 に活動した. エルムズリ, グリフィン, パーセルらが含まれる. 言葉としては 1914 年頃つくられたが, プレーリー派建築家の作品を扱った雑誌『プレーリースクール・レビュー』(1964-76)が登場する 1960 年代になるまで広く受け入れられることはなかった. 長く低く, 水平に拡がる特徴をもった住宅建築は, 広大で平坦な草原に由来しているとみなされた. ⇨プレーリー・スタイル

プレーン・タイル plain tile
焼成された泥もしくはコンクリートでつくった屋根のタイル. コモンタイルもしくはフラットタイルと呼ばれる.

プレンティス, マーティン Prentice, Martin (1459-87 活躍)
イングランドの大工. ケンブリッジのキングズ・カレッジ・チャペルではたらき(1459-62), 建設工事が再開された 1480 年に, そこのマスター・カーペンターとなった. ヴォールト上部の木造小屋組の設計を手がけた.

ブレンナ, ヴィンチェンツォ Brenna, Vincenzo (1745-1820)
フィレンツェ生まれの建築家. 1767 年までローマに定住し, フランツィシェク・スムグレヴィチュ(Franciszek Smuglewicz, 1745-1807)とともにローマの壁画やその他の遺跡の素描を制作し,『ティトゥス帝の浴場跡(*Vestigia delle Terme di Tito*)』(1776-78)として出版した. 1777 年にスタニスワフ・ポツキ伯(Count Stanisław Potocki, 1755-1821)に雇われ, ポーランドに移住した. ルボミルスカ王女(Princess Lubomirska), ポトツキ家(Potockis), そしてスタニスワフ・ポニアトフスキ王(King Stanisław Poniatowski, 在位 1764-95)のために新古典主義のグロテスク装飾画を制作した. ポーランドの内部装飾でブレンナの最高傑作のいくつかは, アイグナー設計のワンツト城にある. それからサンクト・ペテルブルクに行き, カメロンの案をもとに装飾画家として活動した. ブレンナはカメロンから建築の技法を学び, 1796 年には宮廷芸術家の地位を引き継いだ. 代表作はガッチナ宮殿にあり, そこでは若い頃の考古学研究の成果から派手な帝政様式を展開することによって, 多くの

フロア

新古典主義の内部装飾を手がけた．1802 年にドレスデンに移住し，その地で亡くなった．

フロア　floor
1．階と階の間の区切り．英国では 1 階を「地上階」，2 階を「第一階」，3 階を「第二階」等と表現するが，多くの国々では，「第一階」が「地上階」，すなわち，1 階を指す．
2．同一レヴェル，すなわち，同じ階における諸室，廊下などのまとまり．
3．人々が暮らす板材などの層．すなわち，部屋の床の表面．

ブロア，エドワード　Blore, Edward (1787-1879)
イングランドの建築家．サー・ウォルター・スコットのアボッツフォードの最終案に貢献し，『地方の古代遺物（Provincial Antiquities）』，『スコットランドのピクチャレスクな風景（Picturesque Scenery of Scotland）』のための建築図面をすべて描き，自らの著作『高貴で傑出した人物の記念碑（The Monumental Remains of Noble and Eminent Persons）』（1824）を出版した．まもなく信頼のおける建築家として認められるようになり，バッキンガム宮殿のザ・マル側の正面（現存せず）とほかの部分（1832）を設計して，ウェストミンスター・アビーの監督官となり（1827-49），ハンプトン・コートとウィンザー城の仕事を手がけた．膨大な仕事をこなし，お気に入りのチューダー様式とエリザベス 1 世様式でカントリー・ハウスを設計し（アイルランドのファーマナにあるクロム・カースル（1838-41）がよい例である），教会を設計，修復した．

フロア＝スラブ　floor-slab
聖堂内の石造の葬祭記念物．櫃の蓋や平らなスラブのような形をとる．銘が記されており，彫刻が施されることもある．床に配置される．

ブロイヤー，マルセル　Breuer, Marcel Lajos (1902-81)
アメリカの（1944 年に米国籍取得）モダニスト建築家でありデザイナーで，ハンガリーのペーチで生まれた．彼は 1924 年にヴァイマールのバウハウスで家具工房のディレクターになっ

た．曲げられたスチール管をクロムメッキで仕上げ，それを骨組みとする一連の家具のデザインを発明し，これらはデッサウのバウハウスで実現化した．1928 年に彼はベルリンに建築事務所を設立し，ヴィースバーデンでハルニッシュマッハー邸，（ロス兄弟とともに）チューリヒに格式高いドルダータールハウス（1935-36）をギーディオンのために設計した．1935 年にロンドンへ移動し，F・R・S・ヨークと共同したが，1937 年に大西洋を横断しハーバードでグロピウスとパートナー（1937-40）になった．さらに同大学で助教授として教鞭を振るった彼の生徒の中にはフィリップ・ジョンソンやポール・ルドルフもいた．その後，マサチューセッツ州のケンブリッジに事務所を構え（1941），1946 年にニューヨーク市へと移った．本当に独立した建築家としての彼の経歴は 1945 年に瓦礫や木材が多用されている（コネチカット州，ニューカナンの自邸（1947）を含む）個人の家をニューイングランドで設計したことから始まる．ネルヴィとゼルフスとともにブロイヤーはパリのユネスコ本部の設計（1952-58）にとり組み，エイブラハム・アルザス（Abraham Elzas, 1907-95）とともにロッテルダム（1953-57）でデ・バイエンコルフ内の店舗を設計した．スタイル的に彼の仕事はこの頃から国際的なモダニズムの色が薄くなる．例として，ミネソタ州のカレッジビルにある，セント・ジョーンズ大学と修道院（1953-70，ハミルトン・P・スミス（Hamilton P. Smith, 1925-）と協働），ブロンクス地区，ユニバーシティ・ハイツにある，ニューヨーク大学の講堂（1956-61）など．晩年の仕事は，フランス，ヴァール県のラ・ガルドにある IBM リサーチセンター（1961，ロバート・F・ガージュ（Robert F. Gatje, 1927-2018）とともに），ニューヨークのホイットニー美術館（H・スミスとともに，1963-66）などである．彼は 1955 年に冗長で自己満足な本を出版した．

フローイング　flowing
⇨トレーサリー

ブロウ，デトマー・ジェリングス　Blow, Detmar Jellings (1867-1939)
ロンドン生まれのアーツ・アンド・クラフツの建築家．1889 年にラスキンとイタリアを旅

行し，その後ウィルトシャーのイースト・ノイル教会においてフィリップ・ウェブのために仕事をした．1892年からはアート・ワーカーズ・ギルドのメンバーとして，ジムソンによるレスターシャーの2棟のコテージのために石積み工事を行い，その後ヘレフォードシャーのブロックハンプトン教会においてレサビーのために工事係を務めた．ハートフォードシャーのレッチワースでの低価格コテージ展覧会のために1棟のコテージ（1905）を設計し，（ボザール建築家フェルナン・ビレリー（Fernand Billerey, 1878-1951）と協働）1906年からは数多くのタウンハウスやカントリーハウスの建設に取り組んだ．その代表例としてウェストミンスター公の屋敷がある．ウィルトシャーのソールズベリ近くのウィルズフォード・マナー（1904-06, アーツ・アンド・クラフツ様式による彼の最高の住宅）やノーフォークのクローマーのヘイズブラ・マナー（1900, 藁葺屋根でバタフライ状平面をもつフリントと煉瓦で作られた住宅）を設計するとともに，数多くの教会の慎重な修理や改修を行った．その時代の最も才能のある建築家の一人だった．

ブロークン　broken
⇨破れ

ブロケージ　blocage
さまざまなサイズの荒石をモルタルと混ぜたもの．ロマネスク建築の壁やピアの仕上げ面（ドレスド・フェイス）の内側によく使用される．必ずしも堅固なものではなく，構造的欠陥の原因となることも多い．

プロジェクション　projection
1．透視図法（パース），斜投影図法（アクソメトリック），等角投影図法（アイソメトリック）または正投影図法を用いたデザインの表現方法．
2．ジェティ（張り出し），キャンティレヴァー（片持ち梁），オーリエル（出窓）などのように，ファサードの主要壁から突出している構成要素．

プロー，ジョン　Plaw, John（1745頃-1820）
イギリス人の建築家，芸術家．業績としては『農村建築，すなわち簡素なコテージから装飾的なヴィラにいたるまでの図面集（*Rural Architecture: or Designs for the Simple Cottage to the Decorative Villa*）』（1785, および他に5版）と，『装飾された農村，あるいは農村の改良（*Ferme Ornée or Rural Improvements*）』（1795, 1813），『カントリー・ハウス，ヴィラ，および農村住居のためのスケッチ（*Sketches for Country Houses, Villas, and Rural Dwellings*）』（1800, 1803）がある．これらの著書は19世紀初頭に影響力をもつコテージとヴィラに関する図案本として最も早い例であった．彼が設計したのは，ウェストモアランドのウィンダミアのベル・アイル島のパンテオンをもとにした珍しい円形住宅（1774-75, 1996焼失）と，パディントンのセント・メアリー聖堂（1788-91），さらに1809年以降に居住したカナダのプリンス・エドワード島のシャーロットタウンにおけるいくつかの建物（立法府と裁判所（1811）など）である．

ブロス，サロモン・ド　Brosse, Salomon de（1571頃-1626）
フランスの建築家で，マニエリスムから古典主義への過渡期における重要人物．ヴェルヌイユ・シュル・オワーズで建築家の息子および孫（祖父はA・アンドルーエ＝デュ＝セルソー）として生まれ，1590年代にパリに移住した．作品はマニエリスムの装飾的効果を控える傾向があり，直接の先輩たちのものよりも構成的で落ち着きがあって記念碑的だった．彼が設計した3棟の城館，すなわち，エーヌのブレランクール城館（1611-19），セーヌ・エ・マルヌのクーロミエ・アン・ブリー城館（1613），パリのリュクサンブール城館（1614-）のうち，リュクサンブール城館，および，ブレランクール城館のパヴィリヨン1棟だけが現存している．リュクサンブール宮殿にはファサード全面にわたってルスティカ積みが施されており，おそらくはブロスの施主であるフランス王アンリ4世（Henri IV, 在位1589-1610）の未亡人マリー・ド・メディシス（Marie de Médicis, 1573-1642）が幼少期を過ごした居館であるフィレンツェのパラッツォ・ピッティに倣ったものである．ブロスの他の現存する作品としてはレンヌのパレ・ド・ジュスティス・ド・ブルターニュ〔ブルターニュ高等法院〕（1618）がある．おそらくきわめて初期の真のフランス古典主義の作

フロスタイ 858

例で，フォンテーヌブローの事業やヴィニョーラの影響を受けた．パリのサン・ジェルヴェ聖堂の整った西側正面（1616-23）では独立したオーダーが積層されており，ローマにあるヴィニョーラの「イル・ジェズ」聖堂の正面とド・ロルムのアネ城館の正面入口の影響も受けている．これはブロスによって設計されたが，おそらく最終仕上げは J・C・メトゾーの手になる．彼自身は建築家では決してなく請負業者だったけれども，ブロスによるシャラントンのプロテスタントの聖堂（テンプル）（1623，現存しない）はその後のヨーロッパ北部のプロテスタント聖堂の設計に影響を与えたものと思われる．

プロスタイル prostyle
前方にコロネードがある建物．通常はポルティコ．両側にポルティコがある神殿はアンフィ・プロスタイルである．

フロスト仕上げ frosted
⇨粗面仕上げ

プロスト，レオン=アンリ Prost, Léon-Henri (1874-1959)
フランスの建築家，都市計画家で，ベルギーのアントウェルペンのインフラ計画の設計競技に当選，旧市街を取り巻く運河を開設して，ベルヘムの工業団地との接続を図った．モロッコでもカサブランカ，フェズ，マラケシュ，メクネス，ラバトの都市計画（1913-17）を手がけるとともに，パリの地域計画（1928-39）やイスタンブールのマスター・プラン（1936-58）も策定した．

プロスペクト・タワー prospect tower
眺望のいい，高い場所にある，背の高い建物で，ルックアウトまたはスタンディング・タワーとも呼ばれる．⇨ベルヴェデーレ，ガゼボ

プロセシス Prothesis
聖変化の儀式の時にパンとワインをとり出す，バシリカ教会のビーマまたはアプスの北側にある壁龕．もしくはその壁龕があるチャペル．

プロセッショナル・ウェイ processional way
古代エジプト神殿のパイロンの前のドロモス

のように，儀式の行進に利用される荘厳な記念碑的な道．

プロセッション・パス procession path
1．修道院教会で，宗教儀式としての日々の祈りへの参加者が行進するための列状に舗装した床．
2．大聖堂や修道院教会におけるアンビュラトリ（屋根付き回廊），あるいは主祭壇とその装飾壁（リアドス）の東側の通路．

プロセニアム proscenium
1．役者がセーナの前で演技をした舞台，または古代劇場の一部．
2．のちの劇場では，カーテンとオーケストラの間の舞台の部分．

ブローチ broach
1．石材の表面から荒削りの痕を消すこと．この仕上げの状態をブローチド・ワークと呼ぶ．
2．石切場で石材に穴を開け，それらを手掛かりにブロックを切り出すこと．
3．スパイアのうち，とくにパラペットのない塔では方形平面の塔から八角形のスパイアの基部への移行に石工の技術が要請され，ここに現れる四角錐の一部のような形態をブローチとよぶ．ブローチ・スパイアは普通第 1 尖頭式で，第 2 尖頭式のものもある．
4．尖った先端をもつ装飾的な構造物．たとえばオベリスク．
5．面取りの施された部分と角のままの部分が接する箇所（ブローチ・ストップもしくはチャンファー）．ここで斜度のついた面取り部分が直角の角へと移行する．

ブロッキング・アウト blocking-out
石工術におけるボースト，すなわち木による足場や小割り板を用いて壁面の仕上げの準備をすること．

ブロッキング・コース blocking-course
1．コーニスの上部に据え，これを下方に押えるための石造または煉瓦造の部位．大きく突出しているコーニスは実際上キャンティレヴァーとなっており，崩落を防ぐためには適当な荷重や固定力が必要とされる．

2. 建築の基部に一連の石または煉瓦によっ
て形成される突出したバンドで，刳形のないも
の．刳形を欠いたプリンスともいえる．
3. 平坦なバンドやストリング・コース．

ブロック block
1. 建設用の石やテラコッタのうち，煉瓦よ
り大きいもの．
2. ドア・アーキトレーヴの底部の平坦な四
角形をした部分．古典主義建築のスカートやプ
リンスの端部にもある．
3. テラス・ハウスのように，連続的に配置
され道路によって区切られた列や塊を形成する
ようになっている建築．多用途であることが多
い．
4. 建築の構成において最も主要な建物．
ウィングを伴う場合のコール・ドゥ・ロジな
ど．
5. アーキトレーヴ，柱，ピラスターにおい
て突出しているブロック．ギブス枠におけるも
のなど．こうした構成におけるアーキトレー
ヴ，柱，ピラスターはバンデッドあるいはブ
ロックトと形容される．⇨バンド
6. クラック・ブレードの頂部など，二つの
木材がなす角の部分に使用される小さな三角形
の木材．

ブロック・キャピタル block-capital
クッション・キャピタル．

ブロック・コーニス block-cornice
イタリア・ルネサンス建築のエンタブラチュ
アで，通常のコーニスを支持するコーベルとし
て一連の無装飾のモディリオンを用いているも
の．ベッド・モールディングが省略されている
か，単純なアーキトレーヴに変更されているこ
とが多い．

ブロックザム，マシュー・ホルベッシュ
Bloxam, Matthew Holbeche（1805-88）
イギリスの古物収集家，作家であり，キリス
ト教会研究および典礼学のサークルにおける権
威．リックマンの影響を受け，1829 年に彼は
『ゴシック教会建築の原理（The Principles of
Gothic Ecclesiastical Architecture）』の初版を
出版した．それは当時 20 代の若者にとって卓
越した学術的な業績であった．この重要な著作

によってブロックザムはゴシック・リヴァイ
ヴァルの権威となることが保証されたのであ
る．彼の学術書はピュージンのさらに称賛され
た出版物よりも数年早く，ジョン・ヘンリー・
パーカーの影響力のある著作よりも 20 年先行
していた．ブロックザムの『原理』の新版は
1836 年と 1838 年に出版され，1841, 1843, 1844,
1845, 1846, 1849 年の版はオックスフォード大
学出版局より出版された．彼は「偉大なる」ス
コットに促され，この著作を増補改訂し，1882
年にロンドンで 3 巻からなる第 11 版を出版し
た．トマス・オーランド・シェルドン・ジュー
イット（Thomas Orlando Sheldon Jewitt,
1799-1869）による見事な木版画の図版が多数
入ったこの偉大な書籍は，キリスト教会研究の
全般的な活動およびゴシック・リヴァイヴァル
における最も早い（そして最も学究的な）テキ
ストの一つと位置づけられるに違いない．

ブロック柱頭 cushion-capital
⇨クッション・キャピタル

ブロック，デア Block, Der
モダニストのグループ「デア・リンク」に対
抗して 1928 年に結成された，ベルリンに拠点
を置く伝統主義建築家のグループ．パウル・ボ
ナッツがドイツ工作連盟の要請を受けてシュ
トゥットガルトのヴァイセンホーフ・ジードル
ンクのための計画を準備したときに生じた辛辣
な批判に端を発する．提案されたのは勾配屋根
をもつ住宅であり，その後論争の末にミース・
ファン・デル・ローエのモダニズム的提案が受
け入れられた．ボナッツおよび彼の仲間であっ
た パウル・シュミッテナー（Paul
Schmitthenner, 1884-1972）は抗議の意から計
画を取り下げ，ベステルマイヤーやパウル・
シュルツェ＝ナウムブルクら他の建築家ととも
に，普通の人びとの趣味や必要に合った建築の
促進を提案するグループをつくった．左翼エリ
ートが一般大衆に押しつけるものではなく，地
域や国の状況に応じた建築を重視した．この流
れは後にドイツのナショナリズムと結びついて
いった．

ブロックト blocked
コラム，ピラスター，ギブス枠などで，柱，
ピラスターあるいはアーキトレーヴの面から突

出するブロックによって分節されているもの.
⇨バンド（とその挿図），ギブス枠

ブロック・ハウス　block-house
丸太を用いて建造された構造物．多くは木造
で，防御を目的とするもの.

フロックハート，ウィリアム　Flockhart, William（1854-1913）
スコットランドの建築家．1881年にロンド
ンに事務所を開設，数多くの質の高いデザイン
の建物をつくった．ロンドンのランスダウン・
ロード11，13番地のランスダウン・ハウス，
フラット，およびステュディオは，フリー・ル
ネサンス様式である．最高傑作は，1890年代
に建てられたロス・アンド・クロマーティ州ア
ヴォックのローズホウであろう．これは巨大な
住宅で，敷地設計は若きアズヘッドが行った.
オールド・ブロンプトン・ロード108,110番地
（1885-86）は質の高い手仕事がなされた建物で
ある.

ブロック・プラン　block-plan
細部を省き単純化した形式の建物のドローイ
ングや計画図.

ブロッホ　broch
円形平面をした先史時代の構造物で，自然石
の石壁で構築され，内側に個室（おそらくは居
住のため）をもつ．スコットランドのものは，
おそらく家畜がいたと思われる場所を囲む壁の
内側に築かれている.

プロディジー・ハウス　prodigy-house
マリオンとトランサム（縦横の仕切り）をも
つ窓などのように，北ヨーロッパ・ルネサンス
の細部とポスト・ゴシックの特徴を伴った，大
きく，人目をひく，後期エリザベス朝もしくは
ジャコビアン様式の住宅．たとえばノッティン
ガムのウラトン・ホール（1580-88）など.

プロテクトレイト　Protectorate
オリバー・クロムウェル（Oliver Cromwell,
1599-1658）とリチャード・クロムウェル
（Richard Cromwell, 1626-1712）に護国卿と
いう肩書きがあった頃（1653-60）のイギリス
連邦時代（1649-60）に建てられたいくつかの
カントリー・ハウス．とくにピーター・ミルズ
によって建てられたピーターバラのソープ・ホ
ール（1653-56）にみられるような建築は，そ
の時代の名称からプロテクトレイト・スタイル
と称されるようになった．この様式はオランダ
の建築，とくにフィングブーンの作品や，1630
年頃から誕生したアーティザン・マネリズムの
影響を受けた.

プロト　proto-
原始の，最初の，初期のもの，もしくは何か
の先駆者．プロト・ドリス式はドリス式オーダ
ーの最初の兆しであり，エジプトのベニ・ハサ
ンの岩を切り出した墓（前2133-前1786頃）
に見られる．プロト・イオニア式はイオニア式
オーダーの特徴の先駆けを指し，とくにアイオ
リスの柱頭形式やメソポタミアのある種の特徴
を指す．プロト・ロマネスクは，初期キリスト
教とビザンティンの例から発展した多様な半円
アーチの様式を指し，カロリング朝，ロンバル
ディア地方，オットー朝の建築が含まれる．プ
ロト・ルネサンスは，古代の要素が模倣された
11世紀末の様式である．例として，フィレン
ツェのサン・ミニアート教会とサンティ・アポ
ストリ教会の洗礼堂，また13世紀末のローマ
のチビタ・カステラーナ大聖堂とサン・ロレン
ツォ・フオーリ・レ・ムーラ大聖堂のファサー
ドがある.

プロトマ　protoma（*pl.* protomai）
影像の前面部分もしくは上部．たとえばロマ
ネスクの柱頭の角に載っているもの.

プロドムス，プロドモス　prodomus *or* prodo-mos
神殿のケラまたはナオスの入口にある開放さ
れた玄関．ポルティコの背後に配置される．ア
ンティカムもしくはプロナオスとも呼ばれる.

ブロドリック，カスバード　Brodrick, Cuthbert（1821-1905）
ハル生まれのイギリスの建築家．1852年に
リーズ市庁舎の設計競技の勝者となった（審査
員はチャールズ・バリー）．このすぐれた公共
建築は，柱の並びにおいてフランス（ブロン
ニャールのパリの証券取引所）からの顕著な影
響を示しており，同時にエルムズによるリヴァ

プールのセント・ジョージ・ホールへの応答も
みられる．彼の設計したリーズの穀物取引所
（1860-63）はイタリア・ルネサンス様式で，楕
円形平面と独創的に構成された鉄骨の屋根構造
をもつ（おそらくパリのアール・オ・ブレ（小
麦市場）の影響だろう）．ヨークシャーのスカ
ボローに建つクリフス・ホテル（現在はグラン
ド・ホテル）（1863-67）は，第二帝政様式の
マッシブな屋根を持つ，さらに明白なフラン
ス・ルネサンスである．

プロナオス　pronaos
　古代神殿において，正面のポルティコとケラ
もしくはナオスの間にある，三つの壁と一つの
柱列に囲まれたヴェスティビュール（玄関）．
またはポルティコのコロネードとセルの正面壁
の間の空間．アンティクムまたはプロドムスと
も呼ばれる．

ブロビズム　Blobismus, Blobism
　20 世紀末期から 21 世紀初期に流行した，巨
大なブロブに爬虫類の甲皮を想起させる反都
市，反コンテクストの建築．この種は鱗をもつ
建物もあるが，そうでないものもある．

プロピレウム　propylaeum, propylon（pl. pro-pylaea, propyla）
　古代エジプト神殿のパイロン・タワーの前に
ある上方が狭まった入口門やアテネのアクロポ
リスの入口に建つドリス式の大きな門のよう
に，神殿，神聖なる中庭，または囲い込まれた
空間にいたるための，記念碑的で堂々とした入
口門．

プロファイル　profile
　1．コーニスなど，建築の部材の輪郭もしく
は断面．
　2．高さや凹凸などを示す建物の外形．

プロポーション　proportion
　建築における部分同士または部分と全体との
関係性に関する秩序．しばしばモデュールと呼
ばれる長さの基準単位によって統御される．モ
デュールは，たとえば古典主義の円柱の直径の
半分の値を基準としている．

ブロムステッド，アウリス　Blomstedt, Aulis

（1906-79）
　フィンランドの建築家であり理論家．建築作
品は影響力があった．エスポー市タピオラにお
けるアパートメント棟やテラスハウス
（1962-65）は，力強くリズミカルな形態で大胆
に計画されている．

プロムナード　promenade
　1．歩くため，または「遊歩する」ための場
所．とくに社交的なプロムナードのための舗装
された公共の歩道．
　2．しばしば使われなくなった市壁に（また
はその敷地に）計画され，砂利敷きまたは舗装
して，樹木で日差しが遮られるようにつくられ
た歩道．ブールヴァールとも呼ばれ，公共公園
の初期の形である．
　3．19 世紀の多くの海浜リゾートにつくら
れた，海岸の上に散策のためにつくられた遊歩
道．

ブロム，ピエト　Blom, Piet（1934-99）
　オランダ・アムステルダム生まれの建築家．
オランダ構造主義における最も重要な主唱者の
一人．ヘンゲロの「カスバ」集合住宅
（1965-73）と，ヘルモンドのスピールハウス・
センターと集合住宅（1975-78）が最も知られ
ている．

ブロムフィールド卿，アーサー・ウィリアム　Blomfield, Sir Arthur William（1829-99）
　イングランド人建築家．慣例義務的な大陸旅
行ののち，ロンドンで事務所を開設し，教会
堂，個人住宅，学校，その他の数多くの仕事を
こなし成功した．最もよく知られる仕事は，セ
ント・メアリー・オヴェリー（現在のサザーク
大聖堂）の身廊と南翼廊をゴシック様式で巧み
な再建を行ったものである（1890-1907，ここ
は，1839-40 年，ヘンリー・ローズ（1853 没）
により，ひどい取り扱いを受けており，ピュー
ジンの『対比（Contrast）』（1836）で揶揄され
ていた）．オックスフォードのジェリコーのイ
タリア風の，セント・バルナバスのバジリカに
はすばらしいゴシックの鐘塔がある．

ブロムフィールド，チャールズ・ジェームズ　Blomfield, Charles James（1862-1932）
　アーサー・ブロムフィールド卿の長男．父の

もとで修行をし，サザーク大聖堂の司教座聖堂参事会に仕える建築家となった．ウィンチェスターのセント・クロス聖堂，ブリストルのセント・メアリー・ラドクリフ聖堂の慎重な修復を行った．新築では，バッキンガムシャーのイートン・カレッジの増築，およびバークシャーのウェリントン・カレッジの増築があり，後者では，フリー・ルネサンス様式で新しいダイニングホールを建設した．

ブロムフィールド卿，レジナルド・セオドア
Blomfield, Sir Reginald Theodore（1856-1942）

C・J・ブロムフィールドの従兄弟．1881年おじのアーサー・ブロムフィールドの事務所に入所した．2年後，ロンドンで自分の事務所を開設し，出版物に文章を寄せたり，挿画を描くとともに，アートワーカーズ・ギルドの設立に携わった．ハムステッドのフログナル51番，53番地，オックスフォードのレディ・マーガレット・ホールのタルボット棟（1910-15），サフォーク・ストリートとパル・マル・イーストの角にある前・ユナイテッド・ユニヴァーシティ・クラブ（独自のシャンゼリゼ様式の作品として知られる）（1906），リージェント・ストリートの四分円の建物およびピカデリー・サーカスの一部（1910-23）をデザインした．その他の作品に，ベルギーのイープルの戦没者墓地およびメニン門（1926）がある．著作として『イングランドの整形式庭園（*The Formal Garden in England*）』（1892），『イングランドにおける1500-1800年のルネサンス建築の歴史（*A History of Renaissance Architecture in England, 1500-1800*）』（1897），レン風ルネサンスおよびジョージアン・リヴァイヴァルの参考集である『フランス建築史1494-1661（*A History of French Architecture, 1494-1661*）』（1911）と『フランス建築史1661-1774（*A History of French Architecture 1661-1774*）』（1921），『建築家回想録（*Memoirs of an Architect*）』（1932）がある．当時，『アーキテクチュラル・レビュー（*Architectural Review*）』誌で推進され，流行していたインターナショナル・モダニズムについての機知に富んだ酷評を書いた．同誌はいみじくも「モデルニスムス」誌（ドイツ語のモダニズムにあたる言葉）と呼ばれた（1934）．またヴォーバン（1938）やノーマン・ショウ（1940）について

の明晰な書物を著した．彼の庭園デザインはフランスおよびオランダの整形式に負うところが大きい．彼の作品はジーキルやロビンソンによって推進されていた様式と対照をなすものだった．

ブロム，ホルィェル　Blom, Holger（1906-96）

スウェーデンの建築家．ストックホルムの公園ディレクターとして，都市緑化の総合計画（1937-72）を作成した．彼のアイデアは第二次世界大戦以降に広範囲に適用された．

フロリエイト　floriate

花や葉，郡葉を象った装飾物の形式．

フロリス，コルネリス　Floris, Cornelis（1514-75）

コルネリス・フロリス2世（Cornelis Floris II），あるいはフロリス・デ・フリーント（Floris de Vriendt）はアントウェルペンで生まれた．葬祭記念碑の設計・彫刻で名声を博し，ラスキレ司教座聖堂内のデンマーク王クリスティアン3世（King Christian III，在位1535-75）墓所（1568頃-75），プロイセン公アルブレヒト1世（Duke Albrecht I，在位1525-68）が依頼した公妃ドロテア（Dorothea）墓所（1549頃），2番目の公妃アンナ・マリア（Anna Maria）のための増築部分（1570頃），そして，公自身の墓所（1569-73，現存せず）（ケーニヒスベルク（現カリーニングラード）のドムキルへにあった）が代表作である．ローマ来訪後はフランドルにおけるルネサンスおよびマニエリスム装飾の最も影響力あるデザイナーとなった．アントウェルペン市庁舎（1561-66）はイタリアの要素を北方ヨーロッパの要素と融合させた重要な作例であり，6層構成のファサードにみられる双子柱や凱旋門アーチのようなブラマンテやセルリオに由来する要素が組み込まれている．だが，フロリス自身が建築家として設計したのか，もっぱら彫刻を手がけたのかについては議論がある．実際に設計したのはハンス・ヘンドリク・ファン・パースヘンだったのではないかとみられる．フロリス・デ・フリーントに帰せられるアントウェルペンの「ハンゼハイス」（ハンザ同盟館）も彼が設計したと思われる．フロリスはベルギー・トゥルネ司教座聖堂の内陣障

壁（1573-74），同国ゾウトレーウのシント・レオナルドゥスケルクの石造天蓋を設計し制作した．その装飾様式はデ・フリースによって広く伝播し，北ネーデルラントのデザイナーに影響を与えた．また，その記念建造物はヒエロニムス・コック（Hieronymus Cock, 1510 頃-70）によって出版された銅版画集（1557）を通じてよく知られるようになった．その作品は典型的なアントウェルペン・マニエリスムである．

フロレアーレ　Floreale

豊穣に装飾された建築の様式で，とくに裕福なイタリアのブルジョワ階級の住居に用いられた．基本的にはアール・ヌーヴォーの一支流であり，アメリカ，ベルギー，イギリス，フランス（とくにヴィオレ=ル=デュク），（とりわけ）オーストリアで生まれた．歪んだ刳形，条虫形リボン装飾，生い茂った植物形態を特徴としている．1902 年のトリノ装飾芸術博覧会，ライモンド・ダロンコの作品群で頂点を迎えた．その遺産はいたるところでみられ，1898 年頃から 1914 年までのイタリア建築は，豪勢な帯状装飾，ガーランド，花や果物の茂った装飾物によって装飾されることが多かった．ミラノに建つソマルガのパラッツォ・カスティリオーニ（1901-03）は，一般的にスティーレ・フロレアーレの極致だとみなされている．パレルモのヴィラ・イジエア（1901）のバジーレによる食堂も，この様式の素晴らしい事例だ．かなり不気味に思われるほど装飾物が過剰で，部屋と正餐客を飲み込まんばかりである．

ブロン，ジャン=バティスト=アレクサンドル・ル　Le Blond, Jean-Baptiste-Alexandre（1679-1719）

⇨ル・ブロン，ジャン=バティスト=アレクサンドル

ブロンズ　bronze

銅と錫の合金．建築装飾，扉やその付属品，墓所の記念物，格子や手摺，壁に設置する飾り板（記念物，その他），窓枠などに使用される．石工術においてもかすがいや目釘などに使用される．⇨真鍮

フロンタル　frontal

1．アンテペンディウム．可動式または固定式．教会堂の祭壇の正面，祭壇卓の下方に配されている．刺繍された布であることが多いが，装飾を刻まれたり彩色されたりすることもある．

2．扉口やニッチなどの小規模ペディメント，あるいは何らかの頂部装飾．だが，この用法は「フロントン」〔「ペディメント」を指す仏語〕の転訛かもしれない．

フロンティスピース　frontispiece

1．建築物の主たる正面またはファサード．

2．主ファサード中央を美装する，技巧を凝らしたエントランス，センターピース，門扉．

フロンティヌス，セクストゥス・ユリウス　Frontinus, Sextus Julius（35 頃-105）

古代ローマの著作家．ローマやそのほかの都市への水の供給について，現地調査をもとに明確に記述，整理された『都市ローマの水道について（De Aquaductibus Urbis Romae）』という重要な論文（現存しているのはその一部）の著者．水道管の設置法についてはもとより，水道橋についても有益な説明が記されている．

ブロンデル，ジャック=フランソワ　Blondel, Jacques-François（1705-74）

ルーアン出身のフランスの建築家．重要な教師，理論家，著述家である．フランス建築，とりわけ，ガブリエル，マンサールやペローの作品を高く評価していた．その独立した建築学校が 1743 年にパリで開設され，学生の中にはブレ，チェンバーズ，ルドゥーやド・ヴァイイもいた．1762 年に王立建築アカデミー（Académie Royale d'Architecture）の教授に任命され，その講義と理論は著作『建築講義（Cours d'architecture）』（1771-77）において活字化され，ピエール・パットによって完成された．その多くの著作の中には『メゾン・ド・プレザンス（遊興館）の配列と一般的建造物の装飾について（De la Distribution des Maisons de Plaisance et de la Décoration des Édifices en Général）』（1737-38），記念碑的な 4 巻本のフランスの建築物についての百科事典『フランス建築（L'Architecture Françoise . . .）』（1752-56），そして，『建築を学ぶ方法についての叙説（Discours sur la Manière d'étudier l'Architecture）』（1747）と後の 1754 年版があ

る．現存する作品としてはメスのプラス・デザルムの一部（1760 年代）とストラスブール大司教座聖堂の内陣障壁（1767 頃）がある．

ブロンデル, ニコラ=フランソワ　Blondel, Nicolas-François (1617-86)

　フランスの軍事技術者（工兵），数学者．王立建築アカデミーの初代総裁．「王の技師（工兵）」（Ingénieur du Roi）となった．その『建築講義（Cours d'Architecture）』（1675，1683，1698）は重要な建築著述である．オーダーが重要視されていて古典主義の原理と建築への合理論的な取り組みが推奨され解説されている．多くの建造物を設計したわけではないが，巨大で記念碑的なパリの「門」（Portes），すなわち，サンタントワーヌ門，サン・ベルナール門やサン・ドゥニ門をすべて 1671 年に手がけた．

フロント　front

　1．建築物のファサードのこと．ガーデン・フロントのようにいう．だが，ストリート・フロントのような，とくに最重要のファサードのことである．
　2．聖堂の東端面のこと．

フロントン　fronton

　扉口，ニッチ，ドーマー窓などの直上の小さなペディメントまたは同様の要素の意味での「フロンタル」のこと．

ブロンニャール, アレクサンドル=テオドル　Brongniart, Alexandre-Théodore (1739-1813)

　フランスにおける新古典主義の最も卓越した主導者の 1 人．パリに生まれ，ブロンデルとブレのもとで学ぶ．サン・ドミニク街のオテル・ド・モナコ（1774-77），ムシュ街のオテル・ド・ブルボン・コンデ（1780-83），そしてムシュ街のオテル・ド・モンテスキュー（1782）などのパリの邸宅は，単純で洗練された新古典主義様式であり，とくにド・ヴァイイの影響を受けている．ブロンニャール自身も建築の厳格な原初的類型を発展させた．フルート（溝）と柱礎のないドリス式の列柱をパリ，サン・ルイ・ダンタン修道院（現在のリセ・コンドルセ）の回廊（1779-83）に用いている．パリ，ロマンヴィルのサン・ジェルマン・ロクセロワ聖堂（1785-87）では，身廊に堅固なドリス式柱を用いているものの，明らかにシャルグランのサン・フィリップ・デュ・ルル聖堂（1768-84）に影響を受けている．また，ブロンニャールはモーペルテュイに公園（もしくは「エリゼ」）をデザインしており，そこにはピラミッドが聳えている．これがまた原初主義的で驚異的な階段状ピラミッドで，その中に，円弧状のペディメントを支える荒々しいドリス式の四柱式ポルティコが据えられている．1804 年からパリのペール・ラシェーズ墓地の設計に取り組む．英中式庭園を墓地として設計するコンセプトは，後の墓地設計に深い影響を与えた．パリの「ブルス」（証券取引所）（1807-13）も重要な建物で，コリント式円柱を並べて，古代ローマ帝政の偉大さに対するナポレオンの趣味を満足させ，コルドモワやペローの理論の多くを具現化した．

分　minute

　角度を測定する場合における 1 度の 60 分の 1 の単位．

分子構築物　molecular structure

　⇨モレキュラー・ストラクチュア

分節　articulation

　⇨アーティキュレーション

フンデルトヴァッサー, フリーデンスライヒ　Hundertwasser, Friedensreich (1928-2000)

　オーストリアの芸術家，建築家．本名はフリードリヒ・シュトーヴァッサー（Friedrich Stowasser）．彼は直線やモダニズムの硬直性を嫌悪した．ウィーンのケーゲルガッセとレーヴェンガッセの交差点に建つフンデルトヴァッサーハウス（1977-86）は，不規則な窓割りや色彩の帯，玉ねぎ形ドーム，屋根上の樹木といった要素をもち，類まれな創作力をもつという彼の評価を築き上げた．1990 年代には同様の活力と創作力をバート・フィッシャウの高速道路休憩所（1989-90）やウィーンの新しい地域ゴミ焼却施設（1988-92）に注ぎ込んだ．その他のプロジェクトにフォアアルベルクのムントリクスのリュッフ工場（1982-88），シュタイヤーマルクのベルンバッハのザンクト・バルバラ教会の改修（1984-88），ウィーンのクンスト・ハウス（1989-91），ウィーンのフンデルト

ヴァッサーハウス近くのヴィレッジ (1990-91), バート・ゾーデン・アム・タウヌスのヴィーゼ住宅団地 (1990-93), ブロッキンゲン=アム=ネッカーの住宅団地 (1990-94) がある. 彼は, 建築はより人間的であるべきで, 自然と調和するべきと考えていた. そしてモダニズムの教義をうのみにし, その他のすべてを排除してきた建築家たちはもはや美しい建築を作り出せないという理由から, 建築家は画家に従わなければならないと考えた.

分離派 Sezession, Secession

1890年代にドイツやオーストリア=ハンガリーで結成された複数の芸術家グループによって用いられた言葉. 彼らは伝統的で保守的なアカデミーから離脱し, 自分たちの作品を表現することを目指した. 最初の団体は1892年にミュンヘンで結成されたが, 最も有名な分離派は1897年にウィーンで結成されたものであり, そこには芸術家のグスタフ・クリムト (Gustav Klimt, 1862-1918) や建築家ヨーゼフ・マリア・オルブリヒ (1867-1908) が含まれていた. オルブリヒはウィーン分離派のための展示ギャラリーおよび施設を設計し, 名声を確立した. 分離派芸術家たちがアール・ヌーヴォーに強い興味を示したことから, オーストリア=ハンガリーではこの様式が分離派様式と呼ばれた.

ペア pair

ある階から別の階にいたる, 階段もしくは一続きの階段.

ベア一族 Beer Family

南ドイツおよびスイスを中心に, ドイツ語圏におけるバロック聖堂の名品を建設した著名な一族. ゲオルク・ベア (Georg Beer, 1527-1600) は16世紀のシュトゥットガルトで活動したが, もともと一族の出自はブレゲンツァーヴァルトで, モースブルッガー一族やトゥーンプ一族とともにフォーアールベルク派の中心的な存在になった. 17世紀に最初に名声を獲得したのはミヒャエル・ベア (Michael Beer, 1605頃-66) で, ケンプテンの聖ロレンツ修道院聖堂ではたらいた (1652-66). これは長軸形式と集中形式の混淆的な平面型で, チャンセルと身廊の間に八角形ドームを頂くものである. 一族で最も才能に恵まれていたその息子フランツ (Franz, 1660-1726) は範例的なオーバーマルヒタールのフォアアールベルク修道院聖堂で徒弟修行をした (1686-92). これはミヒャエル・トゥーンプの設計によるヴァントプファイラー (ウォール・ピア) の聖堂で, わずかに張り出した袖廊ベイ, 三つのベイからなる身廊, 三つのベイからなるクワイアをもつ. 続くフランツ・ベアの仕事はトゥーンプの影響の大きなかつてのイルゼーのベネディクト会修道院聖堂 (1699-1704) である. これもヴァントプファイラーの聖堂で, 袖廊に礼拝堂があり, 後陣にクワイア, ファサードには双塔をもつ. 内部には舟を象って帆や縄梯子を登るプットを配した魅力的な説教壇がある. フランツのヴァントプファイラーの聖堂としてはさらにドナウヴェルトのハイリゲンクロイツキルヒェ (聖十字聖堂, 1717-22) があり, これはヨーゼフ・シュムッツァーが完成させた. ベアの最も傑出した作品群はスイスにあり, これはシャフハウゼン近郊ライナウのかつてのベネディクト会修道院聖堂 (1704-11) に始まる. これはやはり

双塔のあるファサードをもったヴァントプファイラーの聖堂であった．内部にはギャラリーがピアからセットバックして設けられ，ベイや垂直性を強調している．ベアの傑作はランゲンタール近郊ザンクトウルバンのかつてのシトー会修道院聖堂（1711-36）である．これはウォール・ピアに二連のピラスターのある聖堂で，ライナウのものと同様にセットバックしたギャラリーをもつ．ベアはボーデン湖（コンスタンス湖）の北のヴァインガルテンのベネディクト会大修道院聖堂（1714-24）の設計にも関わっており，またそこからほど近いラヴェンスブルク近郊ヴァイスナウにプレモントレ会聖堂（1717-24）の設計も行った．ヨハン・ミヒャエル・ベア（Johann Michael Beer, 1700-67）はその甥ヨハン・フェルディナント・ベア（Johann Ferdinand Beer, 1731-89）とともにスイス，ザンクトガレンのかつてのベネディクト会修道院聖堂（1760年代，現在は大聖堂）のみごとな双塔ファサード（およびおそらくはクワイア）の設計にあたった．

ベーアヴァルト，アレクサンダー　Baerwald, Alexander（1877-1930）

ドイツ人建築家．いずれもイスラエルのハイファにあるテクニオン大学（1912-24）とアルトゥーア・ビラム実科学校（1910-14）を設計した．いずれもイスラム的モチーフとユダヤ的象徴主義の強い影響のもとにある歴史主義の意欲作である．同じくパレスチナに，多数の建築物を設計して，アカデミックな素養に根ざした建築をイスラエルに導入した20世紀の最初の人物の一人となった．作品には，アングロ・パレスタイン銀行（1924），ヘルマン・シュトゥルーク（Hermann Struck, 1876-1944）の邸宅，その他のハイファの建築物がある．彼はドイツの首都ベルリンでイーネの設計になるネオ・バロック様式の王立図書館の建築工事を担当した（1908-13，現ベルリン州立図書館ウンター・デン・リンデン館）．またいくつかの他の作品を設計した．1925年にパレスチナに移住し，アフラの中央病院（1928），ハイファのフィリップス邸（1929-30）を設計した．テクニオン大学の建築学教授としてプロイセンのアカデミックな規律と厳格さをイスラエルにもたらした．

ベアズリー，サミュエル　Beazley, Samuel（1786-1851）

イギリスの建築家，脚本家，小説家であり才人．その時代の劇場のすぐれた設計者であった．彼の作品にはロンドンのロイヤル・ライシアム（1816年，1831-34年に再建，1902年にポルティコを取り去り復元），バーミンガムのロイヤル劇場（1820年，1956年に解体），ウォリックシャーのレミントン・スパの州図書館と閲覧室（1820-21），ロンドンのドゥルリー・レーン劇場（1822年，1831年にイオニア式の柱廊を付加）に加えて，ベルギー，ラテン・アメリカ，インドに数多くの劇場がある．さらに，ケント郡アシュフォードの北ケント鉄道従業員のためのニュータウンや，ドーヴァーのロード・ウォーデン・ホテル（1848-53）を設計した．彼はまた，複数のカントリーハウスや商業建築，その他多くの建築の設計者であり，多くのテーマについて出版を行った．

ベアード，ジョン　Baird, John（1798-1859）

スコットランドの建築家．グラスゴーでの活躍は，デイヴィッド・ハミルトンに次ぐ．彼の作品は落ちついた古典主義を離れることはほとんどなかったが，エイドリーのケアンヒル・ハウス（1841）ではジャコビーサン様式，キンカーディンシャーのフェッテレッソのウリー・ハウス（1855）では，チューダー・リヴァイヴァルに挑戦した．現代においては，何よりも，鉄構造を実験的にとり入れたことで知られる．グラスゴーのアーガイル・アーケード（1827-28）の鋳鉄製ハンマービーム，グラスゴーのジャマイカ・ストリート36番地の鋳鉄による外装のガードナー商店（1855-56）がその例である．ジェームズ・トムソン（1855-1905）はベアードの助手，のちに共同経営者となり，アレクサンダー・「グリーク」・トムソンは1836〜48年にかけて彼のオフィスではたらいた．

ヘア，ヘンリー・トーマス　Hare, Henry Thomas（1861-1921）

イングランドの建築家．いくつかの傑出した建物を設計した．たとえば，オックスフォードのルネサンス・リヴァイヴァルのタウン・ホール（1893-97）はノーサンプトンシャーのカービー・ホールからとられたエリザベス様式の切妻がついている．ウェールズのバンゴールのユニヴァーシティ・カレッジ（1907-10）および

ケンブリッジのウェストミンスター・カレッジ（1897-99）では後期チューダー朝のゴシック様式を用いた．力強いマニエリスムやバロックの作品をつくることもできた．ロンドンのストランドの巨大な英国連邦共済組合（1906-07，質の高い彫刻および内装絵画があったが，1961年に取り壊された），イスリントンの中央図書館（1905-08）がその例である．

ベアリング　bearing
1．トラスや梁のうち，支持材に載っている部分．
2．上記の場合の支持材の間の距離（すなわち空隙のスパン）．
3．古代のものから複写された図案．
4．紋章学において，大紋章あるいは紋章のサポーター（盾を左右から支える人や獣）．

ベイ　bay
1．聖堂などの建築を分割する規則的な構造．聖堂の例では，建物はバットレス，ピア，ヴォールトが区切るベイによって長軸に沿って分割され，それぞれのベイのカーテン・ウォールには窓が嵌め込まれる．古典主義建築では，ベイはオーダー，ヴォールト，屋根トラス，梁によって示されるが，たとえば18世紀ジョージア朝時代の英国風ファサードをベイという語で説明するのは誤りである（窓の個数が構造単位に対応していないため）．後者の場合，たとえば窓五つ分の幅，と述べる方がより正確．
2．軸組構造の建物における，主構造材の間の部分．用語としては「2ベイのホール」など単位として用いられ，またクロス・エントリーのことをハーフ・ベイともいう．
3．サッシュ窓におけるフリーもしくはライト・スペース．⇨ベイ・ウィンドウ

ペイ，イオ・ミン　Pei, Ieoh Ming
（1917-2019）
中国出身のアメリカの建築家．ウィリアム・ゼッケンドルフの契約会社（ウェブ＆ナップ株式会社）の建築部門で働く（1948-60）以前は，ハーヴァード大学のグロピウスのもとで学んだ．ゼッケンドルフにおいてペイは，数多くの大規模プロジェクトを手がけるが，その中にコロラド州デンバーの「マイル・ハイ・センター」（1952-56）がある．この作品は，ヴォール

ト空間の中央にシリンダー状のエレベーターが置かれる低層の輸送機関用の建物と，黒いフレームと設備配管が露出されたタワーオフィスから構成されており，ペイの名を馳せるものとなった．モントリオールのヴィル・マリー広場におけるデザイン（1953-63）ではアフレックと協働しており，この建物はカナダにおけるビルディングタイプに新しい洗練をもたらした．1955年になると，ペイは，ヘンリー・N・コッブ（Henry N. Cobb, 1926-2020）やジェームズ・I・フリード（James I. Freed, 1930-2005）などとともに，自身の事務所を開設する（イオ・ミン・ペイ＆パートナーズ）．初期の作品はミース・ファン・デル・ローエを模範としたものが大部分であったが，1970年代には三角形をデザイン上の主要モチーフとして用いるようになる．こうした特徴は，ワシントンD.C.の「ナショナル・ギャラリー東館」（1971-78），香港の「中国銀行香港支店ビル」（1982-89），パリの「ルーヴル美術館」の増築（1983-93．金属とガラスによるピラミッド型のホール，すなわち三角形というペイのテーマの発展でつくられており，最終的なデザインはピーター・ライスとの協働作業によるものである），そしてオハイオ州クリーブランドの「ロックの殿堂」（1993-95）などに顕著である．ほかの作品としては，マサチューセッツ州ボストンの「ジョン・ハンコック・タワー」（1967-76），テキサス州ダラスのモートンの「モートン・マイヤーソン・シンフォニー・センター」（1981-89），マサチューセッツ州ボストンの「ボストン美術館」の増築（1980-81），ニューヨーク市の「ジョン・F・ケネディ国際空港ターミナル」（1984-95），マサチューセッツ州ボストンの「ジョン・F・ケネディ図書館」とその拡張（1979-90），メイン州ポートランドの「ポートランド美術館」（1978-83），中国北京近郊の「香山飯店」（1979-82），そして日本の「ミホ・ミュージアム」（1990-97）などがある．

ベイ・ウィンドウ　bay-window
円弧，方形，半円より小さな円弧あるいは斜行する平面形で建物の正面から突出する部位．多くの部分を窓が占める．半円より小さな円弧のものはバウと呼ばれ，摂政時代に広くみられた．上階のみに設けられたベイ・ウィンドウは

出窓である.

ベイカー, サー・ハーバート　Baker, Sir Herbert (1862-1946)

　イングランド, ケント生まれの建築家. アーネスト・ジョージ, ハロルド・ペイト (1882-87) の事務所ではたらいた後, 自分の事務所を設立. その後南アフリアのケープ・コロニーに移住した. 早くにセシル・ジョン・ローデス (Cecil John Rhodes, 1853-1902) やロード・ミルナー (Lord Milner, 1854-1925) がパトロンとなり, 彼らの庇護のもと, 英国領南アフリカにおいて, イギリス的ヴァナキュラー, アーツ・アンド・グラフツ運動, オランダ植民地様式, レン・リヴァイヴァルのバロック建築など, さまざまな建築を建てた. その後ケニアのローデシア, インド, イングランドにおいて折衷様式の建物を広めた. パトロンであるローデスのためにローデボッシュのグローテ・シュアー (1893-98) として知られる住宅を建てた. そこでは, オランダ植民地様式の要素がよく現れており, その後, ブロムフォンテインの政府庁舎やプロトリアの連合庁舎 (1909-13) に受け継がれている. それらにはグリニッジにあるレンによる作品の二つのドーム屋根が引用されている. その後ベイカーは, (ラッチェンスとともに) インドのニューデリーの首都計画の建築家として任命され, (1913 年から) 事務局庁舎の南北棟とともに円形をした法務省庁舎の設計を行った. ニューデリーでは, チャトリ (傘) などのようなインド建築にみられる特徴を使い, 西洋的要素と東洋的要素を巧みにつなぎあわせた. ベイカーは 1912 年にロンドンに事務所を設立し, 1917 年には帝国戦争墓地委員会の主任建築家に任命され, 最も質の高い設計を行った. その後は, ソーンの建物を壊し (隠し塀を除く) イングランド銀行の大改修 (1921-39), インディア・ハウス (1925), またトラファルガー広場のサウス・アフリカ・ハウス (1930-35) など, ロンドンの壮大なプロジェクトを行った. ただ, これらの建物が大成功とはいえない. というのもベイカーは, アーツ・アンド・クラフツの要素を強調した古典主義を使いたかったようだからである. その点でいえば, ハンプシャーのウィンチェスター・カレッジ (1922-25) の戦争記念回廊は優美にまとめられ, 大規模な建築にはなかった繊細な感覚が示されている.

兵器工場　arsenal
　⇨アースナル

ヘイクウィル, ヘンリー　Hakewill, Henry (1771-1830)

　イングランドの建築家. 2 棟の建物を高雅なグリーク・リヴァイヴァルで設計した. それらはウェールズのデンビシャーにあるコイド・コッホ (1804, ポルティコ (解体) と階段とが斜めに配置されたカントリー・ハウス) とロンドンのイートン・スクエアにあるセント・ピーター教会 (1824-27, 1987 年の火事のあと再建) である. 彼の事務所は大規模で隆盛をきわめ, カントリー・ハウスをおもに扱った. 彼はオックスフォードシャーのノースリーにある古代ローマのヴィラに関する解説を出版した (1823). 弟のジェームズ・ヘイクウィル (James, 1778-1843) は建築設計をし, それらはすべて建築的に十分なものであるが, むしろ多くの建築や地誌学に関する著作でおもに知られている. それらにはパリの屠殺場に関する著作 (1828) や『デシマス・バートンのデザインより配置されたリージェンツ・パーク (*Views... in the Regent's Park, laid out from the Designs of Decimus Burton*)』(1831) がある.

平衡錘　counter-poise
　跳開橋などの吊橋にあるように, 一方の荷重や力に対して釣合いをとる錘.

ヘイダック, ジョン・クエンティン　Hejduk, John Quentin (1929-2000)

　アメリカの建築家. グレイヴス, アイゼンマン, マイヤー, グワスミーらとともに, ニューヨーク・ファイブの 1 人として数えられる. 1965 年に自らの事務所を設立した. 作品には, デムリン邸(ニューヨーク州ロングアイランド, ロカスト・バレー, 1960), ホンメル・アパートメント (ニューヨーク市, 1969), クーパーユニオン財団ビル修復 (ニューヨーク市, 1974-75) を含む. のちに, テーゲル開発およびクロイツベルク・タワー＆ウィング, IBA の集合住宅 (ベルリン, 1987-88), タワー・オブ・カード計画 (フローニンゲン, オランダ, 1990) を設計した. ヘイダックは著作, 理論,

およびプロジェクトを通して最もよく知られている．それらのうち，ランカスター／ハノーバー仮面劇(1982-83)は，多様な住民のための住宅を含めた都市計画の実験である．これらには，自殺者の家および自殺した母の家を含んでおり，そこには空間を限界まで押し出すという理論的・教訓的な奮闘が明示されている．

ヘイッキネン＝コモネン，ミコ・ヘイッキネン，マルック・コモネン　Heikkinen-Komonen, Mikko Heikkinen (1949-), Markku, Komonen (1945-)

フィンランドの建築家たちであり，1978年からパートナーシップを組む．彼らのスタイルはフィンランドおよび国際的なモダニズムの伝統に根ざしている．彼らが認められたのは，ヘルシンキにあるヘウレカ・フィンランド科学センター (1986-88) のコンペ受賞作であり，交錯する建物ヴォリュームが秩序と無秩序のテーマを感じさせる複合体を構成していた．近年の作品はさらに禁欲的な作風で実現している．デンマークのエベルトフトにあるヨーロッパ映画学校 (1990-93) や，アメリカ合衆国ワシントン D.C. のマサチューセッツ・アヴェニューにあるフィンランド大使館 (1989-94，外観は厳格な直線的形態でありながらインテリアは軸を振ったプランと曲がりくねった階段になっている)，ヘルシンキのマクドナルド社本社 (1977) などがある．

ベイトマン，ジェームズ　Bateman, James (1811-97)

イングランドの植物学者，土地所有者で，蘭の権威となった．1840年代初頭にスタッフォードシャーのナイパーズリー近くのビダルフ・ムーアの地所を購入し，ビダルフ・グレンジを建て，その周囲に中国や古代エジプトを表象した，驚くべき庭園をつくった．エジプト庭園には卓越した趣きと力がある．

ヘイプニー，ウィリアム　Halfpenny, William (1755 没)

イギリスの建築家・大工．別名マイケル・ホア (Michael Hoare)．一連のすぐれた住宅建築のパターン・ブックの作者として知られる．処女作は『建築の実務 (Practical Architecture)』(1724 頃) で，これはキャンベルの『ウィトル

ウィウス・ブリタニクス (Vitruvius Britannicus)』(1715) に描かれたオーダーや建築の諸要素に関する安価でわかりやすい手引き書であった．また，『ゴシック趣味の農村建築 (Rural Architecture in the Gothic Taste)』(1752, 息子のジョン・ヘイプニー (John Halfpenny) と共著)，『適切に装飾された中国建築およびゴシック建築 (Chinese and Gothic Architecture properly ornamented)』(1752, 息子のジョン・ヘイプニーと共著)，『中国趣味の農村建築 (Rural Architecture in the Chinese Taste)』(1752-55, 一部ジョン・ヘイプニーによる) などをつうじて，ゴシックやシノワズリのデザインを広めた．『建築および大工仕事の改良 (Improvements in Architecture and Carpentry)』(1754)，『健全な建物の技術 (The Art of Sound Building)』(1725) などの著作に代表されるように，ヘイプニーは，ラングレイとともに，当時のパターン・ブックの作者として突出していた．『新しく完璧な建築のシステム (A New and Campleat System of Architecture)』(1749-59) には，アイルランド人のパッラーディオ主義建築家ピアースを知っていたことを匂わす記述があり，ヒルズバラの馬兵舎 (ダウン県) (1732) やウォーターフォード (1739) (実現はしなかったが，大聖堂を調査し，古典主義の新たな建築の図面を描いた) など，アイルランドで実設計にも携わっていたと思われる．ヘイプニーは，キャンベルに負うところが大きいにもかかわらず，決してパッラーディオ主義を洗練させることはせず，作品にはバロックの要素を用いていた．ヘイプニーの著作は，明らかに，イギリス中の多数の大聖堂がある町やマーケット・タウンの外観に強く影響を与えたが，一方で，『農家の12の美しいデザイン (Twelve Beautiful Designs for Farm Houses)』(1750) などの著作は，田園の建築に関しても同様に高い設計能力があったことを示している (1752 頃，ウスターシャーのクルーム・コートで中国様式の橋を設計している)．1730年頃から，ブリストル (おそらく，そこからアイルランドに赴いた) に移り住み，そこでレッドランド・チャペル (1740-43 頃) など数棟の建築を設計したが，特段，際立ったものはなかった．ヘイプニー，もしくは息子は，グロスターシャーのフランプトン・オン・セヴァンで魅力的なゴシックの温室 (1750 頃)

を手がけたと思われる．ヘイプニーの著作のうち少なくとも 12 冊は，1776 年以前にアメリカの植民地で知られており，アメリカでも影響力があった．

平面 plane
平らな表面．たとえば壁や屋根．

ベイリー bailey
1. 中世の城塞においてキープやモットを囲む外壁あるいは防御装置．
2. 城塞における周壁や防御装置の間の領域．ウォードとも．あるいは壁と壁の間の任意の中庭を指す場合もあり，アウター・ベイリー，もしくはインナー・ベイリーなどともいう．

ペイリー，エドワード・グレアム Paley, Edward Graham (1823-95)
イングランドの建築家．エドマンド・シャープ (Edmund Sharpe, 1809-77) の弟子で，彼とともに 1845-51 年にシャープ＆ペイリー (Sharpe & Paley) として仕事をした．1851 年からは E・G・ペイリー (E. G. Paley) として仕事をしており，1868 年にヒューバート・ジェームズ・オースティン (Hubert James Austin, 1841-1915) をパートナーとすると，社名はペイリー＆オースティン (Paley & Austin) となった．1896 年にハリー・アンダーソン・ペイリー (Harry Anderson Paley, 1859-1946) が事務所に加わると，これはペイリー，オースティン＆ペイリー (Paley, Austin, & Paley) となり，1895 年からはオースティン＆ペイリー (Austin & Paley) と呼ばれた．ヘンリー・オースティン (Henry Austin, 1865-1946) が 1914 年にパートナーになると，事務所はオースティン，ペイリー＆オースティン (Austin, Paley, & Austin) と呼ばれ，1915 年にはオースティン＆ペイリー (Austin & Paley) と名づけられた．これらさまざまな名前のもと，当時のイングランドで最も傑出した事務所の 1 つであり，北部とミッドランド地方北部の英国国教会の仕事を専門とした．ボドリー＆ガーナーの豊麗な後期第 2 尖頭式と初期垂直式によるイングランドのゴシック・リヴァイヴァル様式を模倣したようである．彼らの傑作は，チェシャーのストックポートのバクストン・ロードにあるセント・ジョージ教会 (1893-97) である．

ベイリー・スコット，マッケイ・ヒュー Baillie Scott, Mackay Hugh (1865-1945)
⇨スコット，マッケイ・ヒュー・ベイリー

ベイリス，ダグラス Baylis, Douglas (1915-71)
いわゆるカリフォルニア派と呼ばれるアメリカのランドスケープ・アーキテクトであるが，そのキャリアは教会建築から始まった．1946 年に妻とともに事務所を立ち上げ，カリフォルニア州サンフランシスコのシヴィック・センター・プラザやワシントン・スクエア，同州内を走るモンテレー・フリーウェイ，同州サンノゼの IBM 本社の庭園を設計した．ランドスケープ・アーキテクチュア誌の定期的寄稿者であった．

ベイ・リーフ bay-leaf
ベイ・リーフ（乾燥させた月桂樹の葉）をモチーフとした古典主義の装飾．花綱に用いられることが多く，通常はトルス刳形あるいはパルヴィンを施したフリーズに適用される．

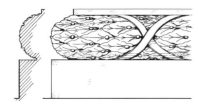

ベイ・リーフ・ガーランド　ベイ・リーフ装飾を施した花綱．

ペイン pane
1. 窓における明かりとりの穴，もしくは明かりとり窓を形成する枠組み内のガラス．
2. 大きな物体の側面．たとえばスパイアや塔の一つの面など．
3. 木の骨組みの構造部材の間のスペース．
4. 中庭に面するクロイスターの，穴が開いた壁．

ペイン，ウィリアム Pain, William (1730 頃-90 頃)

イギリスの建築家・指物師・大工.『建設者必携と職人総手引き（*The Builder's Companion and Workman's General Assistant*）』（1758），『建設者のポケット秘法，またはパッラーディオが表現・解説したもの（*The Builder's Pocket Treasure: or, Palladio Delineated and Explained*）』（1763），『実践的建設者（*The Practical Builder*）』（1774），『大工と指物師の知恵袋（*The Carpenter's and Joiner's Repository*）』（1778），『建設者の黄金の法則（*The Builder's Golden Rule*）』（1781），『英国のパッラーディオ（*The British Palladio*）』（1786），『建設者のスケッチ・ブック（*The Builder's Sketch Book*）』（1793）などのアダム様式を流布させることになる多数のパターン・ブックを著した. 1946 年には，これらの本から図版が厳選され，A・E・リチャードソンによる序文が加えられて，『ウィリアム＆ジェームズ・ペインによる 18 世紀の装飾細部（*Decorative Details of the Eighteenth Century by William and James Pain*）』として刊行された.『英国のパッラーディオ』を刊行する際，息子ジェームズ（James）の手助けを借りるが，彼はナッシュの弟子となるジェームズ・ペイン（James Pain），ジョージ・リチャード・ペイン（George Richard Pain），ヘンリー・ペイン（Henry Pain）三兄弟の父親である. ジェームズ（1779-1877）とジョージ・リチャード（1793-1838）は，しばらくの間，弟のヘンリーを助手とし，アイルランドで成功した建築家・建設業者となり（ジェームズは，カシェル県にとって最初の成功した建築家であった），多数の聖堂や城塞風の住宅を設計した. ジェームズ・ペインによるティペラリー県のクロクジョーダンの礼拝堂（1830 頃）は，垂直式のすばらしい試みであり，心地よく構成されている. ジェームズはまた，ジョージ・リチャードとともに，コーク県のビュートヴァントの小教区聖堂（1826）を設計した. ペイン兄弟は，他にもコーク県のマロウとカリガラインにゴシック様式の英国国教会の聖堂を設計し，コーク県のバントリー，ダンマンウェイ，ミルズストリート，オーフェンスにはローマ・カトリックの聖堂を，ダブリン県のブラックロックの女子修道院では優秀な古典主義デザインをつくり出した. コーク刑務所では，デロスのアポロン神殿をモデルとしたフルーティングがない円柱を使うなど，ペイン兄弟は厳かな古代ギリシア風ドリス式を選択することもあり（1818-23），コーク地方裁判所（1830 取り壊し）ではオクタスタイル（8柱式）のコリント式オーダーを用いている. 住宅建築としては，クレア県のドロモランド（1826，城塞化された）をあげることができるだろう.

ペイン，ジェームズ Paine, James（1717-89）
　イギリスの建築家. ヨークシャーのノステル・プライオリにおける建設事務官（1737 頃-50）として，バーリントン卿を取り巻く人たちの中で自己の地位を築いたが，ジェームズ・モイサー（James Moyser, 1693 頃-1753）による大規模なパッラーディオ式の邸宅建築は，おそらくコリン・キャンベルの設計にもとづくものであった. 1750 年代にペインはダニエル・ギャレットの実務を引き継ぎ，数多くのカントリー・ハウスの設計や改築に携わった. 彼とサー・ロバート・テイラーには，ロバート・アダムが登場するまで競合者がほとんどなく，彼らの間で建築の「実務がほぼ二分されている」といわれた. 彼の建築は基本的にパッラーディオ式で，中央主屋（多くはみごとな階段を備える）に翼屋がつく構成により，求められる理に適ったヴィラを計画した. ダービーシャーのケドルストン・ホール（1759-60）では，マシュー・ブレッティンガム（東側の翼屋を建てた人物）の地位を奪い，クワドラント〔四分円〕によって翼屋に連結される大規模な中央主屋を設計した. 彼による最も大きな革新は，コリント式のポルティコの背後にコロネードをつけたウィトルウィウスの「エジプト式」広間を再建するという発案であった. これによってシンメトリーに配置した階段へと導かれ，その向こうには古代ローマの円形神殿のように，南側正面から円形の大広間が張り出すはずであった. しかしながら（今度は彼の地位を奪った）アダムが，階段を片側に移動し，方形ブロックの上にはロトンダを載せ，南側正面を凱旋門とした. ペインは決して新古典主義者ではなく，古代遺跡の追究に重きを置かず，外国旅行も実用的な経験に劣るとし，またギリシアの建物は「卑しむべき廃墟」であるとした. しかしながら，ウィルトシャーにおけるウォーダー・カースル（1770-76）において，パンテオンのようなドームの下に堂々とした階段を設計した. その他の

建築では，ヨークシャーのモルトビーにおける
サンドベック・パーク（1763-68），エセックス
のソーンドン・ホール（1764-70）がある．室
内装飾では，ロココの形態に関心をもったイギ
リスで最初の建築家とされる．多くの作品は，
『貴族および上流階級者の邸宅建築の平面図，
立面図，および断面図（*Plans, Elevations, and
Sections of Noblemen and Gentlemen's
Houses)*』（全2巻，1767および1783）の中で
図解されている．1770年代から，アダムの運
勢が上昇するにつれて彼の実績は減退し，外国
旅行には懸念を抱いていたにもかかわらずフラ
ンスで死去した．

ペイン・ワーク　pane-work

　外壁をペインもしくはパネルに分割したもの
で，木骨構造などにみられる．

ペヴスナー，ニコラウス・ベルンハルト・レオン　Pevsner, Sir Nikolaus Bernhard Leon（1902-83）

　ドイツ生まれのイギリスの美術史家．近代運
動の強力な支持者であり，初期の著書に疑いよ
うもなくその傾向性を示した．それには非常に
影響力のあった『近代運動のパイオニア：ウィ
リアム・モリスからヴァルター・グロピウスま
で（*Pioneers of the Modern Movement from
William Morris to Walter Gropius)*』（1936，の
ちに『近代デザインのパイオニア*(Pioneers of
Modern Design)*』（和訳『モダン・デザインの
展開』）として再刊），たいへん成功した（やは
り影響力のあった）『ヨーロッパ建築序説（*An
Outline of European Architecture)*』（1942，こ
れは何度も改訂版が出た）がある．そして『ア
ーキテクチュラル・レヴュー（*Architectural
Review)*』誌が1940年代に近代運動推進派に
なってイギリスの建築界を変えた時，大きな影
響を示した．また彼は20世紀において出版さ
れた最も優れた美術・建築系の叢書の一つであ
る『ペリカン美術史（*Pelican History of Art)*』
（1953以降）のシリーズを創設し，編集した．
おそらく彼の最大の貢献というべきものは，地
方ごとのガイドブックである『イングランドの
建築（*The Buildings of England)*』（1951以
降）であり，その多くを彼自身が執筆したが，
そのきわめて主観的な評言は後の版では影を薄
くした．『美術，建築，デザインの研究

（*Studies in Art, Architecture, and Design)*』
（1968），『ビルディング・タイプの歴史（*A
History of Building Types)*』（1976）としてま
とめられた比類ない論文集は，情報の宝庫でも
ある．彼は亡命先であるイギリスの建築（とく
に教会堂）の研究に身を献げ，数えようのない
ほどの学問的な貢献をなした．しかし彼がドイ
ツでライプツィヒの学生だった時に吸収した考
え方（とくに師であるゲオルク・マクシミリア
ン・ヴィルヘルム・ピンダー（Georg
Maximilian Wilhelm Pinder, 1878-1947，彼は
ドイツの芸術を他のヨーロッパ諸国よりも過大
評価し，ナチスから高く評価された）の影響が
あった）は，「時代精神」や「民族性」の概念
に対する信念を含め，おそらく彼の歴史感覚を
偏らせるような土台をつくった．たとえば，彼
はグロピウスの建築デザイン上の先祖はイギリ
スのアーツ・アンド・クラフツ運動のメンバー
たちにあるとしたが，それは彼自身が英雄とす
る者たちを浮かび上がらせるのに，過去とのつ
ながりを見つけてくる，彼がよくやるやり方
だった．なぜなら，アーツ・アンド・クラフツ
の建築家たち（例：ベイリー・スコット，ヴォ
イジー）はグロピウスと彼が擁護したすべてを
否定したからである．グロピウスと彼の理論は
伝統的な手仕事にもとづく建築を破壊する（ペ
ヴスナーによればウィリアム・モリスが多くの
着想の源の一人だったというグロピウスの主張
にもかかわらず）結果となった．にもかかわら
ず，彼の数限りなく膨大な成果は尊敬に値す
る．

ペーヴメント　pavement

　石またはその他の材で覆われた道．用いられ
る材としては，セメント，大礫，敷石，粗硬
岩，スクエア・セッツ，タールマカダム，など
がある．

ペーヴメント・ポール　pavement-pole

　安全柱などのように，垂直に立てられた石や
金属で，鎖や棒で隣どうしが連結される．たと
えば，公私の空間の境界などを指し示すために
設置される．

ペーヴメント・ライト　pavement-light

　鋳鉄製の枠にはめこまれるか，あるいは舗装
路に固定された鉄筋コンクリートの格子にはめ

込まれた堅固なガラスブロック．地階に光を透過させることができる．

ヘカトンプ hecatomped

長さ100アッティカ・フィートを基準とする寸法．たとえば，アテネのパルテノン神殿においてオクタスタイル（八柱式）となっている正面幅とナオス（神室）の奥行きがそうなっている．「ヘカトンペドン」とは100フィート（ペンローズによれば100アッティカ・フィート＝101.241イングランド・フィート）が比例の本質的要素となっている神殿のことである．

ヘーガー，ヨハン・フリードリヒ，通称フリッツ Höger, Johann Friedrich, *called* Fritz (1877-1949)

ドイツの建築家，表現主義の代表的存在．北ドイツの煉瓦造建築から多くを学び，とくに煉瓦処理による装飾の伝統や，光と影の効果に関心をもった．ハンブルクのコントアハウス（商館）の様式を発展させ，クロスタートアホーフ・コントアハウス（1910-11），また（とりわけ）チリハウス（1923-24）で知られる．チリハウスは12階建ての大規模ビルで，湾曲するファサードと船のような形態に特徴がある．他の作品に，ハンブルクのシュプリンケンホーフ・コントアハウス（1927-43），ヴィルヘルムスハーフェン・リュストリンゲンの市庁舎（1928-29），ベルリンのヴィルマースドルフにあるホーヘンツォレルン広場の福音教会（1929-30），デルメンホルストの市立病院（1930），ヴィルヘルムスハーフェンのジーベツブルク団地（1935-38）などがある．

壁画 mural painting

外壁や内壁の表面に描かれた装飾．古代世界においてもみられ，建築要素，風景や人物像などが描かれた壁面装飾が古代ローマ住宅ではよく設けられた．いくつかの壮大な作例が，たとえばポンペイにおいて現存している．壁画は中世聖堂にも活気をもたらしており，多くの断片がおもにドームに現存していて，とりわけ，イングランドで顕著である．19世紀には西洋全体で壁画が，おもにリヴァイヴァリストの建築運動と密接に結びついた啓蒙画や歴史画において，熱狂的にリヴァイヴァルされた（たとえば，ミュンヘンのグリプトテークやロンドンの

ウェストミンスター宮殿）．多くの壁画において，フレスコ画の技術が用いられたが，フランスではマルーフラージュもよく用いられた．イングランドでは，ゴシック・リヴァイヴァルが進展するにつれて，いっそう，史学研究と学術的な応用が求められていった．一方，内装には色彩が施された（たとえば，トマス・ガンビア・パリー（Thomas Gambier Parry, 1816-88）によるグロスターシャーのハイナムのホーリー・イノセンツ聖堂（1850-71）には「スピリット・フレスコ」が施されており，バドリーによるリヴァプール・トゥーブルックのセント・ジョン・ザ・バプティスト聖堂（1868-71）のような例もある．後者は1970年代にダイクス・バウアーによってみごとに修復された）．壁画リヴァイヴァルの最盛期は1890年から1914年にかけて訪れた．芸術，工芸，建築を完全に統合すべきであるというアーツ・アンド・クラフツ運動の主張は，第一次世界大戦（1914-18）以前の時代に豊かな土壌において花開いたが，バウハウスとインターナショナル・モダニズムの教義がそれを断ち切った．1920年代末には，さらに内省的，排他的になっていく傾向のあった「モダン・アート」が発展する一方で，公に開かれた芸術創作への新しい傾向がみられた．啓蒙的な壁画はファシスト党執政下のイタリア，ナチス政権下のドイツ，スターリン政権下のソヴィエト連邦において重要なもので，このような試みはさまざまな国や地域で同種の作品を推進し産み出していった．私的住宅のための内装壁画も制作されることがあった（レックス・ウィスラー（Rex Whistler, 1905-44）によるウェールズのグウィネス州のプラース・ネウイズの食堂（1937）など）．また，スタンリー・スペンサー（Stanley Spencer, 1891-1959）のような芸術家たちは，ハンプシャーのバークレアのサンダム記念礼拝堂において戦争を主題とした油絵による壁画（1927-32）を描いた．ポスト・フェスティヴァル・オヴ・ブリテンの壁画は全体的に弱々しいが，ロンドンのタワー・ハムレッツのセント・ジョージズ・タウン・ホールにおける「ケーブル・ストリートの戦い」（1978-83）のような作品群で，政治的，社会的問題はあまり精緻でない手法で描かれることとなった．また，（たいていは意識的に避けられているが）ベルファストとロンドンデリーの党派色の強いゲーブル

ヘキタンチ　　　　　　　　　　874

（妻壁）壁画においては，21 世紀になっても部族的・宗教的境界が示され，強烈な憎悪が表現され続けている．だが，このような壁画は，壁体を煉瓦や石膏で覆い，油彩で塗りつぶすことによって消えていっている．中央ヨーロッパでは，とりわけ，スグラフィート（イタリア語）が壁画に用いられてきた（今も用いられている）．

壁端柱　in antis
　　⇨イン・アンティス

ベギナージュ　beguinage
　12 世紀のオランダで創設された世俗の女子修道会的集団ベギン会の施設や住居．

壁面アーケード　wall-arcade
　ブラインド・アーケードのこと．

壁面アーチ　wall-arch
　ブラインド・アーケード中のアーチ．

ヘクサスタイル　hexastyle
　　⇨ポルティコ〔「六柱式」の意〕

ペクティネイティッド　pectinated
　間隔のせまい並行部材でつくられた装飾で，櫛の歯に似た形状のもの．フリーズやストリングコースなどにみられる．

ヘーゲマン，ヴェルナー・マンフレート・マリア・エリス　Hegemann, Werner Manfred Maria Ellis (1881-1936)
　ドイツの建築家，都市計画家．アメリカのガーデン・サバーブの設計を（エルバート・ピーツ（Elbert Peets, 1881-1936）と共同）手がけた．また，著書『アメリカのウィトルウィウス－市民芸術についての建築家による手引き（*The American Vitruvius: An Architects' Handbook of Civic Art*）』（1922）は都市計画に関する主要文献で，ボザール流の考え方やジッテからの影響が顕著である．1922 年よりベルリンでヴァスムート社の『建築・都市計画のための月刊誌（*Wasmuths Monatshefte für Baukunst und Städtebau*）』を編集し，建築と都市計画に関する多くの論考を残した．1933 年の巻ではナチズムを非難し，当局からの弾圧

によりアメリカにふたたび渡り，その後影響力のある存在となっていった．

ベーコン，エドマンド・ノーウッド　Bacon, Edmund Norwood (1910-2005)
　米国，ペンシルベニア州フィラデルフィア生まれ．建築と都市計画において，とくに生まれ故郷であるフィラデルフィアに多く作品で貢献．都市再生の熱心な支持者であるが，彼の手がけた計画の多くは逆に批判された．

ベーコン，ヘンリー　Bacon, Henry (1866-1924)
　イリノイ州生まれのアメリカの建築家で，1880 年代の小アジアへの考古学調査旅行にかかわった建築家の兄フランシス・ヘンリー・ベーコン（Francis Henry Bacon, 1856-1940）に多くの影響を受けた．1889 年に自身もギリシアと小アジアを旅した後，著名な建築事務所マッキム・ミード＆ホワイトに戻り，ロードアイランド州会議事堂（1891-1903），コロンビア万国博覧会とブルックリン美術館（ともに 1893），J・P・モーガン図書館（1902-06）の設計に貢献した．1897 年に自らの事務所を開き，学術的正確さをそなえたみごとな細部をもつ建物，多くの追悼記念碑やマウソレウムを生み出した．こうした分野に精通していたために，ワシントン特別区のポトマック河畔にある「モール」の軸線をしめくくるリンカーン・メモリアル（1911-22）の設計を依頼された．この建物は，世界的にみても最もすぐれた新古典およびグリーク・リヴァイヴァル建築の例である．

ペース　pace
　1．通常の床面より高くなった部分．高座とも．
　2．墓碑や祭壇などの周囲で，持ち上がった幅の広い段．
　3．階段の床面，とくに階段が向きを変える箇所．半段とは，一続きの階段が終わり，別の一続きの階段が始まる部分で，180°の回転を伴う．

ベステルマイヤー，ゲルマン　Bestelmeyer, German (1874-1942)
　ドイツの伝統主義の建築家．デア・ブロック

の創設者として，またモダニズムの批判者としてよく知られる．ミュンヘン大学のいくつかの新しい建造物と既存建築の改築の設計を行い（1906-22），ローマ国際美術博覧会（1911）のドイツ・パヴィリオンの建設に携わった．彼のジャーマン・ミュージアム（マサチューセッツ州ケンブリッジのハーヴァード大学にある現在のブッシュ＝ライジンガー中央・北ヨーロッパ美術館）はよく知られている．1916年に彼はトルコ・イスタンブールに計画された友好の家の設計競技の勝者となり，戦間期にはミュンヘンの航空管区司令部（1933-39）を含むいくつかの大規模なプロジェクトを設計している．それらはすべて単純化された新古典主義様式によるものであった．

ベースメント basement
1．建物の壁体の下部を指し，とりわけパッラーディオ風の構成のように粗面仕上げや転びによって建築的に区別された部分．
2．上記の壁の背後の階，すなわち地上あるいは部分的・全体的に地下で，主階を支えている階層．

ベースメント・テーブル basement-table
⇨ステレオバータ，ステレオバーテ

ヘスラー，オットー Haesler, Otto（1880-1962）
ドイツにおける工業化住宅建設の先駆者で，1926年からデア・リンクに参加した．グロピウスと共同してカールスルーエのダマーシュトック団地（1927-28）を設計し，またツェレ（1920-31），カッセル（1929-31），ミスブルク（1931），ラテノウ（1946-51）などで近代運動の発展に寄与する作品を残した．

ベセーラ，フランシスコ Becerra, Francisco（1545頃-1605）
スペイン出身の建築家．1573年，メキシコに移り，おそらくクラウディオ・デ・アルシニエガによって設計されたプエブラ大聖堂の建設に携わった．ともに1598年に建設が開始されたペルーのクスコ大聖堂（1582-1654），およびリマ大聖堂（1582-1662）は彼のデザインによるものと考えられる．クスコ大聖堂のファサードは華美で多少ぎこちなさのあるバロック様式

であるが，ベセーラが用いたのは16世紀半ばスペインの比較的質素な様式であった．

べた基礎 raft
⇨ラフト

ペタル petal
鱗状配列，花弁の菱形紋様，折り重なる鱗状パターンの装飾．前4世紀のアテネのリュシクラテスの記念碑にみられるような屋根のタイルに代表される．しばしばサルコファガス（石棺）などローマの遺構にみられる．花弁の菱形紋様のパターンは，屋根の葺き方やタイルの貼り方にもみられる．

ペチュニッヒ，フーベルト Petschnigg, Hubert（1913-97）
1953年以降，ヘルムート・ヘントリヒと共働した．

ヘッカー，ツヴィ Hecker, Zvi（1931-2023）
ポーランド生まれのイスラエルの建築家．国際モダニズムの厳格な直角を避け，ネゲヴ砂漠の軍事アカデミー・キャンパスのシナゴーグ（1969-71）などで自然界にみられる結晶の幾何学に注目した．他の作品には，特異なラマト＝ガンのらせん型集合住宅（1981-89）やベルリンのユダヤ人小学校（1992-95）がある．

ペッキング pecking
粗面仕上げの意．

ベックハード，ハーバート Beckhard, Herbert（1926-2003）
アメリカの建築家．第二次世界大戦後の一時期ブロイヤーと協働し，1981年にコネチカット州ニューカナンのブロイヤー邸の改修を行った．

ヘッセ，ルートヴィヒ・フェルディナント Hesse, Ludwig Ferdinand（1795-1876）
ドイツの建築家．ベルリンでシンケルのもとではたらき，彼の設計したゴシック様式のフリードリヒ・ヴェルダー教会堂の監督をし，また細部を設計した（1825-31）．ポツダム（1831）でホフバウマイスター（宮廷建築家）となり，ペルジウスとともに働き，彼の別荘建築を自ら

の建築の模範とした．彼自身，ベルリン市シャルロッテンブルクにある王妃ルイーゼの霊廟の増築部（1841），ポツダムのサンスーシー宮にある喫茶室（1847），プフィングストベルクの丘のベルベデーレ（展望所，1847-52），温室とテラス（1851-60）を設計した．その最後の二つ（シュテューラーと共同設計）は 16 世紀ルネサンス期の建築をモデルにしていた（例：ローマのヴィラ・マダマ，ヴィラ・パンフィーリ）．

ヘッチュ，グスタフ・フリードリヒ Hetsch, Gustav Friedrich（1788-1864）
　ドイツの建築家．1815 年にデンマークのコペンハーゲンに定住する前にドイツと（ペルシェとフォンテーヌとともに）パリで訓練を受ける．コペンハーゲンでは C・F・ハンセンと協働し，その娘と結婚した．同地でローマ・カトリックの聖アンサガー教会（1840-41）とシナゴーグ（1829-33）を設計している．家具，金属細工，陶磁器をデザインし，影響力の大きい数多くの図案を出版しており，応用芸術の業績の方でより知られている．後期古典主義の代表者の 1 人として，彼の作品は精妙な細部をもち，厳格で合理的である．彼の多くの弟子の中にはヘルホルトがいた．

ペッディー・アンド・キネア Peddie & Kinnear
　1845 年にジョン・ディック・ペッディー（John Dick Peddie, 1824-91）とチャールズ・ジョージ・フッド・キネア（Charles George Hood Kinnear, 1830-94）によって設立されたスコットランドの事務所．キネアは 1855 年に共同経営者となった．ペッディーはリントのもとで修行し，そこでギリシア・ローマに関する確かな知識を吸収した（たとえばグラスゴーのデューク・ストリートのシドニー・プレイス・ユナイテッド・プレスビテリアン教会堂（1857-58，現在はオフィスとして使われる））．また，イタリア風も学んだ（数多くの銀行建築，例えばスターリングの銀行 1854 や，エアシャー（現在のストラスクライド）のメイボールの銀行 1856）．時折，ロマネスクとゴシックの要素がルネサンス建築に混ぜ合わされる．たとえば，シャルマーズ病院（1861），王立回復期患者療養所（1866，現在のコルストファイン

病院），そしてセント・カスバート救貧院（1867，現在の西部総合病院，大幅に改修されている）がそれにあたるもので，すべてエディンバラにある．おそらく彼の最もよい作品は，エディンバラのスコットランド中央局の王立銀行のアトリウムとドームのある業務室（1857）である．キネアはブライスの弟子で，フランス＝スコッティシュの後期ゴシックそしてスコティッシュ・バロニアル様式を学んだ．彼の作品としては，ダンディーのモーガン病院（1863，現在はアカデミー），アバディーンのタウン・ハウス（1868-74），いくつかの住宅（1887，ロックスバラシャーのドライグレンジ（現ボーダーズ））があげられる．また，バロニアル様式のものとして，エディンバラのコックバーン・ストリートの住宅がある（1859-64）．事務所はエディンバラのピルリッグ・フリー・チャーチ（1861-63，プレート・トレーサリーがついたトゥーロンの無頓派作品を思わせるもの）を含む数多くの教会堂を設計した．また，グラスゴーのホープ・ストリートのブライズウッドホルム・ホテル（1875-77，現在はオフィスビル）は，当時イギリスで最も大きなホテル事業の一つであり，アレクサンダー・トムスンの 1870 年代半ばから後半の仕事の影響を示している．また，その他のおもな作品として三つの水治療法施設がある．すなわち，ダンブレーン（1875-78，イタリア風），エディンバラのクレイグロックハート（1877-79，トムソン風新古典主義），パースシャーのちのスターリングのカランダー（1879-81，フランスの第 2 帝政様式．土木技術者のフランシス・マッキソン（Francis Mackinson）と共同）の施設である．1879 年から事務所はキネア＆ペッディーと改名した．これはジョン・モア・ディック・ペッディー（John More Dick Peddie, 1853-1921，ペッディーの息子，ジョージ・ギルバート・スコット（子）のもとで修行，ドイツで学ぶ）とキネアである．キネアの死後，ジョージ・ワシントン・ブラウンが 1895 年頃から 1907 年まで共同経営者として活動した．のちの作品に，エディンバラのジョージ・ストリートのスコットランド銀行（1883，イタリア風邸宅様式でルネサンスの細部で増強されている），エディンバラのカレドニアン駅のポザールの古典的な玄関（のちの 1899-1903 年にカレドニアンホテルの一部になった），グラスゴー

の国立銀行（1899，バロックの仕立ての建築，現在コーポラティブ銀行）がある．息子ペッディーの晩年の作としては，ロシアンのノース・バーウィックのウェスターデューン（1908，ジャコビアン様式のすぐれた住宅）がある．キネアは建築においてカメラを使った先駆者で，もち運びができるように，1857年に蛇腹式カメラを発明した．これは，フランシス・フォークによって発明されたより重い折り畳みカメラを改良したものだった．

ベッティーノ，アントーニオ　Bettino, Antonio（活躍 1650-80）

イタリアの建築家で，キエリにサン・フィリッポ・ネーリ聖堂（1664-73）を計画し，トリノのサンティ・マウリツィオ・エ・ラッザロ聖堂（1679-1704）は，一般にその代表作であるとされる．また，トリノにおけるサン・フィリッポ・ネーリ聖堂（1675開始）も請け負っていたが，グァリーニに引き継がれた．

ヘッド　head

1.　扉口や窓開口などの頂部，または上部.
2.　庇における屋根の第1層を形成する瓦葺の部分.
3.　煉瓦積みの小口（ヘッダー）のように，壁体表面に露出した側を仕上げた石材.
4.　チムニースタック（煙突の屋根状に出た部分）の上部.
5.　「レインウォーター・ヘッド」，または「ホッパー・ヘッド」と呼ばれるガーター（溝）から流れる水を受ける雨水管頂部の小さな貯水槽.

ベッド　bed

煉瓦や石材，タイルなどが据えられる，漆喰の素地を施した水平の材料面．または漆喰と接合される下面．ベッド・ジョイントはこれらの面が接合する箇所のことであり，アーチの迫石についても用いられる．古典主義建築におけるベッド・モールディングとは，エンタブラチュアのうちコロナとフリーズの間の部分および，水平の凸型の刳形（くりかた）を上部に施されるような刳形の一般をいう．

ヘッド・ストーン　head-stone

1.　埋葬地の墓の頭部に置かれて直立した，

銘文を刻んだ追悼記念石碑.
2.　コーナー・ストーン（隅石），または礎石.
3.　アーチの要石.

ベッドフォード，フランシス・オクタヴィアス　Bedford, Francis Octavius（1784-1858）

イギリスの建築家．サー・ウィリアム・ゲルのギリシアおよび小アジアへの資料収集旅行に同行するために，J・P・ガンディとウィリアム・ウィルキンスとともにディレッタント協会に参加した．彼らの調査は『アッティカの未編集の遺物（*The Unedited Antiquities of Attica*）』（1817）と三巻本『イオニアの遺物（*The Antiquities of Ionia*）』（1840）の出版版へと結実した．それからだいぶ後の1912年には，ベッドフォード，ガンディ，ゲルの成果を含む『イオニアの遺物（*The Antiquities of Ionia*）』の第5部がレサビーの編集により出版された．

建築家としては，ランベスのウォータール ー・ロードの聖ジョン教会（1823-24），キャンバーウェルの聖ジョージ教会（1822-24，破壊された），サザークの三位一体教会（1823-24，アラップ・アソシエーツの設計で現在はヘンリー・ウッド・ホールへと転用），ウェスト・ノーウッドの聖ルカ教会（1823-25，ストリートにより1870-79年に改造）といったグリーク・リヴァイヴァル様式の最上級の作品をいずれもロンドンに設計している．キリスト教会研究以前の時期の彼のゴシック・リヴァイヴァルの教会堂は細く，華奢である．

ヘッド・モールド　head-mould

開口部のヘッド直上に設けられたフード・モールド，ドリップ・ストーン，ラベル，またはウェザー・モールディング．

ペッパー・ポット　pepperpot

円錐屋根を備えた，小さな円形の小塔，ターレットもしくはトゥレル．ペッパーボックス・ターレットと呼ばれる．

ペッペルマン，マテウス・ダニエル　Pöppelmann, Matthäus Daniel（1662-1736）

ヴェストファーレンのヘアフォルト生まれ．1680年にドレスデンに居を定め，1705年からザクセン選帝侯（1694-1733）でありポーラン

ド国王（1697-1704 および 1709-33）となったフリードリヒ・アウグストゥス 2 世（Friedrich Augustus II, 強健王）の宮殿再建を担当した．代表作はドレスデンのツヴィンガー（1711-28）で，2 層のパヴィリオンに接続する 1 層のギャラリーと並外れて独創的なロココの活力を示す門に囲まれた空間となっている．その各部はオレンジ温室，観覧席，ニンファエウム，ギャラリーから構成され，ローマの劇場，フォルム，公衆浴場を暗示させることで，アウグストゥスの地位を強化するように意図されていた．バルタザール・ペルモーザー（Balthasar Permoser, 1651-1732）による建築彫刻で豊かに装飾され，ツヴィンガーは彼が設計した巨大な新宮殿の一部となる計画だった．その宮殿はヒルデブラントとカルロ・フォンターナからの影響を示していたが，ツヴィンガーのクローネントーア（王冠の門）（1713）は，1708 年にドイツ語版が出版されたポッツォの『透視図法の実際（*Prattica della Perspectiva*）』の図版 60 と図版 100 から導き出されたものであった．

エルベ川上流に建つ「インド風」のピルニッツ宮殿は屋根などにシノワズリーの要素がみられるもので，オリエンタルな様式で建設された 18 世紀ヨーロッパの建築の中では最も大きなものの一つである．ペッペルマンは 1715 年よりドレスデンのオランダ（後の日本）宮殿の設計変更を任されるが，しだいにロングリュヌに追いやられることになる．ロングリュヌによる平坦な立面は彼の案とは対照的なものであった．そしてこの建築はデ・ボットによって完成した．1722 年からは，モーリツブルクの狩猟小屋の設計修正と改築を請け負うが，これもロングリュヌが完成させた．さらにドレスデンのエルベ川に架かる 12 世紀の橋では，古い構造体の両端に片持梁状に持ち上げられた歩道を加えることで橋の幅を広げた．そこでは重さを軽減するために鉄製の手すりが用いられている．この橋（1727）はベルナルド・ベロット（Bernardo Bellotto, 1720-80）による都市風景画の中で最高に引き立てられた姿をみることができる．ペッペルマンが設計したドレスデン＝ノイシュタットのドライケーニヒスキルヘ（三国王教会）（1731-39）は，ゲオルク・ベールによって建設され，建設中にベールによって計画が変更された．最後の作品はロングリュヌと協

働したもので，ワルシャワの巨大な宮殿の設計を用意したが，実現しなかった．

ベッリーニ，マリオ　Bellini, Mario（1935-）

イタリアの建築家で，家具デザインで名声を得た．ミラノのクリスチョフ通りにある自らの事務所兼工房（1984-88）は，建築の複合性と歴史に準じた細部において注目に値する作品．他にも，東京デザインセンター（1992），ミラノ，ジュッサーナの小学校（1991-95），小淵沢のリゾナーレ八ヶ岳（1992）がある．

ペッレグリーニ，ペッレグリーノ　Pellegrini, Pellegrino（1537-90）

⇨ティバルディ，マルケーゼ・ディ・ヴァルソルダ，ペッレグリーノまたはペッレグリーニ

ベティヒャー，カール・ゴットリープ・ヴィルヘルム　Bötticher, Karl Gottlieb Wilhelm（1806-89）

ドイツの建築家，学者．彼の『中世の木造建築（*Holzarchitektur des Mittelalters*）』（1835-40）は，中世の木骨造建築に関する初期の重要な研究である．また『ギリシア人の構築術（*Der Tektonik der Hellenen*）』（1844-52, および 1869）は，ギリシアの建築芸術，構造法を理解する上できわめて重要な文献である．彼はまさにそれを完全に構造的な概念で説明しようとした．

ペディメント　pediment

屋根の勾配に従って，古典建築のポルティコやファサード上に置かれた，傾斜のゆるい三角形の破風．基部の水平エンタブラチュアと同一断面上にある傾斜コーニスで形成され，エンタブラチュアとは部分的に留め継ぎされる．ドリス式の事例では，傾斜コーニスの下のムトゥルスをしばしば省略する．傾斜および水平コーニスによって囲まれた三角形のティンパヌムは，平坦な面として残されるか，高浮彫りの彫刻で飾られるかした．ギリシア建築およびグリーク・リヴァイヴァルの建築では，ペディメントの傾斜がローマ建築のものよりも緩やかであった．ペディメントは，戸口やニッチや窓などの副次的な要素の頭上に置かれることもあり，その場合にはフロントンと呼ばれた．三角形のペディメントが最も一般的であるが，弓形のタイ

プも古代ローマ建築で1世紀に発展し，三日月と関連づけられたイシス女神崇拝に関する建物に用いられた．ペディメントのタイプには，以下のものがある．

スクロールド： 頂部が開いた半円形ペディメントで，スクロールのように内側にカーブした半円形頂部をもつか，もしくは，ボンネット・スクロール，グース・ネック，スワン・ネックなどと呼ばれる．スクロールで終わる二つの反転曲線がつくる頂部を伴う．

ブロークン： 下側の水平コーニスの中央に隙間があり，かつ傾斜コーニスが頂部で接続する直前で止まり，頂点がないもの．

ブロークン・アペックス： 傾斜コーニスの出が短く，頂部で接合しないもの．オープン，あるいはオープン・トップとも呼ばれる．

ブロークン・ベース： 水平基部の中間部分がないもので，オープン・ベッドとも呼ばれる．18世紀のファンライト付きのドア枠によく用いられ，ファンライトがペディント下端のコーニスを突き破る形をとる．

三角ペディメント（破線で示す部分）
頂部開口型あるいはブロークン・アペックス三角ペディメント（実線のみの部分）
頂部開口型あるいはブロークン・ベース三角ペディメント（破線で示す部分）
トゥルー・ブロークンあるいは開口三角ペディメント（実線のみの部分）
いずれの場合も角のエンタブラチュアは傾斜している．

セグメンタル・ペディメント（破線で示す部分）
頂部開口型セグメンタル・ペディメント（実線の部分）
渦巻形ペディメント

ペディメント・アーチ　pediment-arch
⇨アーチ

ペデスタル　pedestal
古典建築における基礎部分で，柱基の下のプリンス，デイドウ（あるいはダイ），コーニスからなる．オベリスク，彫像，壺などの支持台として用いられる．あるいはバラストレードに用いられ，バラスターの列の端部に置かれて，壺などを支える．古典的なポディウムは，連続的な，長く引き伸ばされたペデスタルで，建物の内部ではチェアレイル，デイドウ，スカーティングとして表現される．凱旋門で使用されるオーダーにはペデスタルがあるが，これは構成上の理由，ならびにアーチ構法と軸組構法の形状を組み合わせる際の結合上の理由から使われているものである．⇨バラスター

ペーデ，ヘンドリク・ヴァン　Pede or Peede, Hendrik van (1527-30 活躍)

フランボワイヤン・ゴシックによるベルギーのアウデナールデ市庁舎（1525-36）の建築家．1516年からはブリュッセルでも活躍し，とりわけ，ブロードハイス（1516-36）を手がけた．また，ベルギー・ルーヴェンの城塞の礼拝堂を改修した（1531-32）．この地方で活躍したゴシック最後の大建築家の一人である．

ベテューヌ男爵，ジャン＝バティスト＝シャルル＝フランソワ　Béthune, Jean-Baptiste-Charles-François, Baron (1821-94)

ベルギーの建築家でデザイナー．ゴシック・リヴァイヴァルにおけるその知見とピュージン一族との関係から「ベルギーのピュージン」と呼ばれている．定期的に彼のデザインを実行する職人たちのチームを立ち上げ，イギリス，フランス，ドイツ，オーストリアやイタリアのゴシックと対照を描きつつベルギーにおけるそのリヴァイヴァルにフランドル風の性格を付与していった．その最良の作品のうちの2点としてブルッヘ（ブリュージュ）付近のヴィヴェンカペレ複合建築物群（1860-69）とロペムのカラン・ド・グールシー城館（1857-63）があるが，彼の重要性はおもに故国でのリヴァイヴァルの推進において後進への指導と奨励にあたった点にあるだろう．

ペーテルセン，ヴィルヘルム・ヴァルデマール　Petersen, Vilhelm Valdemar (1830-1913)

デンマークの建築家．初期の作品はヘッシュに影響を受けているが，重々しいイタリア風である．コペンハーゲンのエスプラナーデンに旧気象庁（1872-73）を，また，コペンハーゲンのダンテスプラズにある王立科学アカデミー（1894-98，イタリアのパラッツォ風，のちに建替え）を設計した．

ペーテルセン, オーヴ Petersen, Ove (1830-92)

デンマークの建築家. ヘルホルトとメルダールの影響を受け, 自由な歴史主義様式で設計する一方, デンマークの煉瓦建築（たとえば自身によるコペンハーゲンのヒルシュスプリング・タバコ工場, 1866, 丸いアーチと装飾的な煉瓦細工をもつ）への関心を復活させるにあたり強い影響力があった. また, ダーレルップと共同でコペンハーゲンの王立劇場（1872-74）をイタリア・ルネサンス様式で設計したが, そのインテリアは19世紀後半のデンマークにおける最も良質な作品と目されている.

ペーテルセン, ヨーハン・カール・クリスチャン Petersen, Johan Carl Christian (1871-1923)

デンマークの建築家であり陶器作家. 同国において1910年頃以降の新古典主義の潮流において卓越した存在であった. C・F・ハンセンやM・G・ビンデスベールの作品に関する専門的な研究を行う. 代表作は, フネンにある洗練されたフォーボリ美術館（1912-15, カーレ・クリント（Kaare Klint, 1888-1954）の家具が用いられる）であり, 偉大な先人たちの影響が明らかである. ペーテルセンは精力的な論客であり, 建築に関する論考は多く, とくに雑誌『建築家（*Architekten*)』で活動した. 彼の計画案（たとえば実現しなかったコペンハーゲン駅周辺の提案（1919, イーヴァル・ベントセン（1876-1943）と協働))は, ロッシら1970年代の新合理主義を先どりするものであった.

ベト, ジャン Betto, Jean (1647-1722)

ベト家は17世紀から18世紀にかけてロレーヌのナンシーとその周辺で活動する多くの建築家たちを輩出した. ジャンが最も著名であり, 司教座聖堂の内装デザイン（1699-1736)〔ナンシーに司教座が置かれたのは1777年〕によってよく知られているが, 息子のジャック（Jacques）と孫のこれまたジャック（Jacques, 1714-)もナンシーのさまざまな聖堂の設計を行っている.

ベトン béton

コンクリート. ベトン・ブリュは素のコンクリートのことで, 型枠が外されるとそのまま露出し, 型枠に用いられた木材の痕跡を残すこともある（ボード・マークド・コンクリート).

ベーニッシュ, ギュンター Behnisch, Günter (1922-2010)

ザクセン州, ドレスデン市近くで生まれたドイツの建築家. シュトゥットガルト市にあるベーニッシュ＆パートナーズ（Behnisch & Partners）の事務所の最傑作は, 1972年のミュンヘン・オリンピックのために設計したオリンピアパルク（1967-72）である. スタジアム, 体育館, プールを覆うテント屋根構造はフライ・オットーとの共同設計である. 同事務所はまたプレファブ部材を用いつつ, ゲッピンゲンのホーエンシュタウフェン高校（1956-59), ロルフの中学校（1973), シュトゥットガルト市ビルカッハのルター派教会堂学習センター（1977-80）といった学校建築を設計した. 続いてはブルッフザールの工業学校（1983), アイヒシュテットのカトリック大学図書館（1987), フランクフルト・アム・マインのドイツ郵便博物館（1990）ミュンヘン市シュヴァービングにあるバイエルン中央銀行（1992), またニュルンベルク, ザルツブルクの事務所建築があり, 設計事務所の評判を高くした. ボンの連邦議会棟（1992）はそれを確固としたものとした. 他に, リューベック市のシュレースヴィヒ・ホルシュタイン保険会社（1992-97), シュトゥットガルトの行政本部棟（1992-97), フランクフルト・アム・マイン市のゲシュヴェスター・ショル学校（1993-94), ドレスデンの聖ベンノ・ローマカトリック学校（1992-96), シュトゥットガルトのハイソーラー研究所（1987）がある.

ベーネ, アドルフ Behne, Adolf (1885-1948)

ドイツの建築理論家, 建築批評家, 建築家. 1914-18年の第一次世界大戦の前後に前衛芸術家と連携し, ドイツ工作連盟, 芸術労働評議会, ガラスの鎖に関与した. そのすべてを彼は著書『芸術の再来（*Die Wiederkehr der Kunst*)』(1919）で奨励した. 彼はメンデルゾーンらの建築作品を描写するのに, レクラーマー・アルヒテクツーア（広告的建築）という言葉を使用した. 1920年には『建築への呼びかけ（*Ruf zum Bauen*)』を著したが, 1923-25年の最も著名な『近代の目的建築（*Der moderne Zweckbau*)』で, 機能主義, 近代運動を称

揚した. 〔第二次世界大戦後,〕『堕落芸術 (*Entartete Kunst*)』ではナチスによって追放された芸術, 建築について論じ, また死ぬまでに多くの記事や評論を著した.

ペネソーン, サー・ジェームズ　Pennethorne, Sir James (1801-71)

　イングランドの建築家, 都市計画家. 彼の仕事のほとんどはナッシュか政府のためのものであった. ナッシュの家庭で育ち, 1820 年にナッシュの事務所に入り, A・C・ピュージンとともにはたらいた. のちにリージェンツ・パークのピクチャレスクなパーク・ヴィレッジを完成させた. 1832 年に林野局に雇われ, 1843 年には林野局の建築家となった. 彼はヴィクトリア・パーク, ベスナル・グリーン, ケニントン・パーク, バターシー・パークを設計し, 都市整備のための多くの計画を立案した. 彼の手による最も有名な公共建築は, ロンドンのチャンセリー・レーンにある公文書館 (1851-70) である. 煉瓦造の浅いヴォールトで覆われた鉄製の小室がモデュールとなり, 全体の耐火構造を可能とした. 彼はまたバッキンガム宮殿の壮麗な舞踏室 (1853-55), バッキンガム・ゲートにあるコーンウォール公領館 (1854), ロンドンの人類学博物館 (1866-70) を設計した. 弟ジョン・ペネソーン (John Pennethorne, 1808-88) もまたナッシュの弟子であった. 彼はアテネのパルテノン神殿で視覚補正に関する詳細な研究を行い, これを 1844 年に出版し, ペンローズがこの問題をさらに追究するのを促した.

ベネディクト会　Benedictine

　聖ベネディクト (St Benedict, 480-543) の戒律にもとづく修道会. 聖ベネディクトがモンテ・カッシーノに創設した修道院は農業・建築・著述の諸技芸の普及発展の原動力となった. 9 世紀に戒律が整えられ, 修道会の活動は西ヨーロッパに限定されることとなった. スイス, ザンクト・ガレンのベネディクト修道院の範例的なプランが遺されており, 820 年頃に早くも建築が高度な水準に達していたことを示している. 聖堂自体のプランはいくつかの後代の聖堂に使用されたものに類似している.

ベネデッド・ダ・マイアーノ　Benedetto de

Maiano (1442-97)
　⇨マイアーノ兄弟

ヘノスタイル　henostyle

　一柱式. それゆえ, 「ヘノスタイル・イン・アンティス」とはアンタの間に円柱 1 本が建っていることをいう.
　⇨コラジック

へび　serpent

　1. 古典主義建築において, 治癒, 知恵, 預言者 (ヘルメス, 聖ヨハネなど) の表象として, 翼の生えた杖すなわちカドゥケウス杖の一部として表現される.
　2. 口に瓦を咥えて円を描くへびは, 不死を暗示する (⇨ウロボロス).

蛇形記章　uraeus (*pl.* uraei)

　⇨ウラエウス, ウラーウス

ヘプタスタイル　heptastyle

　⇨ポルティコ〔「七柱式」の意〕

ベープリンガー一族　Böblinger Family

　南ドイツの石工・棟梁の一族. 主要人物としては, ハンス (Hans, 1412-82) と, その息子マテウス (Matthäus, 1505 没) がいる. ハンスはエンジンガーのもとで, エスリンゲン・アム・ネッカーにあるフラウエンキルヒェ (聖母聖堂) に従事した. マテウスはケルンで修行を積んだのち, エスリンゲンにて父の仕事に参加し, その後, ウルム大聖堂の棟梁となり (1480 頃), エンジンガーを引き継いで壮大な西塔の上層階をデザインした. しかし壮麗な八角形層と石造透彫りの尖塔については, ベープリンガーの素描にもとづきつつ, このようなアンサンブルとしてはヨーロッパで最も高いものとして, 1890 年代にアウクスト・フォン・ベイヤー (1834-99) の手によって, ようやく完成にいたった.

ペブル・ウォール　pebble-wall

　モルタルに埋め込んだ小石で上塗りをした壁, もしくは小石や未加工の火打石でつくった壁.

ペブル・ダッシュ　pebble-dash

ヘマ

仕上げの第2層上に小石を嵌めこんだ外壁仕上げ．粗塗り仕上げ，荒塗り仕上げなどともいう．

ベーマ　bema

1. バシリカのアプスの床に設けられた壇や説教壇あるいは床を高くした箇所．
2. 聖堂において祭壇を設ける内陣，サンクトゥアリウム，あるいは床面が高くなった箇所．
3. バラストレードやカンケルスあるいはスクリーンで囲われた，身廊で床面を高くとっている箇所．聖職者の席となる．
4. シナゴーグにおいて，読誦のための高く持ち上げられたパルピット（説教壇）．

ベーマー（1915 以降はボマー），エドワード　Boehmer (Bomer after 1915), Edward (1861-1940)

ペンシルヴェニア州生まれの建築家で，シュトゥットガルト，ハンブルク，ベルリンで学ぶ．1889 年にロンドンでパーシー・クリスチャン・ギブズ（Percy Christian Gibbs, 1864-1904）とともに事務所を開業．堂々としたアパートメント建築であるメリルボン・ロードのハーリー・ハウス（1904）とグレート・ポートランド・ストリート 160-200 番地のポートランド・コート（1904-12）を設計した．ポートランド・ストリート 80 番地（1909）の威厳ある古典主義のファサードはフランスとアメリカの影響が強い．

ヘミ　hemi-

「半」を意味するギリシア語．建築用語において他の語の前につく．たとえば，次のような例がある．

ヘミ・グリフ：　ドリス式オーダーのトリグリュフォス（トリグリフ）の両側のハーフ・グリフ，または面取りした面．

ヘミ・サイクル：　半円形平面の部屋，または部屋の一部が半円形平面になっているところ．また，中庭，フォルム，庭園などの半円形平面になっている場所．大規模な「エクセドラ」．半円形断面のヴォールトやアーチのことも指す．

ヘミ・スファイリオン，ヘミ・スファエリウム：　ドーム．

ヘミ・ドーム：　アプスやニッチの上部にあるようなハーフ・ドーム．

ヘミ・トリグリフ：　谷折りになったフリーズの隅部にあるようなハーフ・トリグリフ・ブロック．別の面のヘミ・トリグリフとくっついている．

ベーム，ゴットフリート　Böhm, Gottfried (1920-2021)

ドミニクス・ベームの息子．オッフェンバッハ・アム・マインで生まれ，1952 年に父の事務所に参加し，父の死後彼が事務所を率いた．初期の作品は大部分が教会建築家としてのものであり，そこで彼は父の表現主義の側面を再解釈した．フェルベルト近郊のネヴィゲスに建つ平和の女王マリア巡礼教会（1963-68）は，ごつごつした岩のような形状であり，彼が用いる尖った不規則な形態の一つの劇的な例である．似たような例としては並外れた要塞のようなベンスベルクのラートハウス（市庁舎）（1963-69）があるが，それは中世のシュロス（城館）の廃墟と接続し，木造骨組みの家屋の上方にそびえ立つものである．デュッセルドルフのデータ処理・統計のためのオフィス（1969-76）やルクセンブルクのドイツ銀行のような後期の作品では，表現主義から鉄とガラスを用いたより合理的な建築へと転向するが，他方ザールブリュッケン城の転用と修復（1979-89）では，新旧の要素を混合させる中での手法の確かさを実践してみせた．ほかの設計に，ブレーマーハーフェン（1982-89）やマンハイム（1986-88）の大学の建物，シュトゥットガルト＝メーリンゲンのチューブリン建設会社本部（1982-84），ラインベルクの市庁舎（1977-80）がある．

ベーム，ドミニクス　Böhm, Dominikus (1880-1955)

ウルム近郊のイェッティンゲンで生まれる．20 世紀ドイツにおける重要な教会建築家である．彼の初期のデザインは歴史的な様式を参照するものだったが，1920 年代からの作品は，平面計画では慣習的なものが残るものの，まず表現主義の要素をもつようになり，続いて抽象化されたゴシックの要素を包含するようになる（ケルン近郊のフライリングスドルフの教区教会（1926-27）のように）．おそらく彼の建築の

中で最良なものの一つは，ノイ=ウルムの聖ヨ
ハン教会（1921-27）であり，それは煉瓦と石
による縞模様のファサードと，三連の尖頭アー
チによって貫かれたずんぐりとした中央部が特
徴的である．彼は信者を祭壇に近づけるために
楕円や円形の平面を用い，集中式のプランニン
グを試みた．それは第二バチカン公会議
（1962-25）で形成されたローマ・カトリックに
おける典礼の変化を先取りするものだった．そ
の他の作品には，ケルン=リールの聖エンゲル
ベルト教会（1930-33），ケルン=マリーエンブ
ルクの聖マリア=ケーニギン教会があげられる．
1928 年からは彼の作品はその特徴においてよ
りモダニズム的になるが，ナチス政権下には冷
遇される．1945 年以降，彼とその息子ゴット
フリート（1920-2021）は被害を受けた教会を
修復し，数多くの新しい教会を建設した．

ベヤール，アンリ Beyaert, Henri (1823-94)
　ベルギーの建築家．同時代のバラと同様，ブ
リュッセルの「ファン・デュ・シエークル」
〔世紀末〕の建築シーンに対して折衷主義を
もって応えた．白石，青石および煉瓦を調和す
るように組み合わせることが多く，とりわけ，
建築における鉄材の使用に大きな関心を抱いて
いた．フランスおよびフランドルの先達の例に
もとづいて設計し，ルネサンス・リヴァイヴァ
ル様式によく通じていた．その作品としてブ
リュッセルのアドルフ・マックスラーンの「ヒ
ール・イスト・イン・デル・カーテル・エン・
デ・カート」（1874），トゥルネ駅（1874-79），
および，代表作であるブリュッセルのバンク・
ナシオナール〔国立銀行〕（1875-79，小塔（タ
ーレット），リュカルヌ，および急峻な角度の
屋根を備えた特異で手の込んだ建築）があげら
れる．彼のもとで設計に従事した建築家として
アンカールとオルタがいる．

ベランジェ，フランソワ=ジョゼフ Bélanger,
François-Joseph (1744-1818)
　パリ生まれの建築家．ルイ 16 世時代の最も
重要なランドスケープ・アーキテクトであり，
最も洗練された新古典主義者である．1767 年
にムニュ・プレジール・デュ・ロワのデザイナ
ーに任命され，1769 年にリーニュ公シャルル=
ジョゼフ（Charles-Joseph, Prince de Ligne,
1735-1814）の知己を得る．彼のためにベラン

ジェは，有名なベルギーのベルイユの庭園のた
めのファブリックを設計した．1770 年から 71
年には，パリのロラゲ伯のオテル・ド・ブラン
カのために愛らしい古代風のあずまやを設計し
た．アルトワ伯シャルル=フィリップ
（Charles-Philippe, Comte d'Artois, 1757-1836
のちの王シャルル 10 世（Charles X, 1824-30
在位）で，ベランジェはその主席建築家とな
る）のためにパリのブローニュの森に設計し
た，「小さいけれどちょうどよい」新古典主義
様式のパヴィヨン・ド・バガテルは 1777 年に
64 日間の工期で建設された．建築家は王妃マ
リー＝アントワネット（Queen Marie-
Antoinette, 1774-93）と工期について賭けてい
たのだが，結果，この賭けに勝つことができ
た．主寝室はテントとしてデザインされ，建物
全体は，ベランジェがデザインし，スコットラ
ンドの造園家ブレーキーによって造られたゴ
シック，シノワズリ他のファブリックが設けら
れた．当時最ももてはやされた「イギリス式」
庭園の中に建てられた．ニュイィには，広大な
英中式庭園の中にフォリ・サン=ジェームズ
（1780 頃）をはじめとして，キオスク，グロッ
ト，中国式パヴィリオン，そして浴室や貯水
池，グロット，アート・ギャラリーをもつ巨大
な人工石（世界の 8 番目の不思議として知られ
ている「グラン・ロシェ」）を含む多くの有名
なファブリックが建設された．ベランジェは，
エタンプ近郊のメレヴィルにもすばらしい庭園
とファブリックを，宮廷銀行家ジャン=ジョゼ
フ・ド・ラボルド侯爵（Jean-Joseph, Marquis
de Laborde, 1724-94）のために設計した．
1784 年，ウィリアム・ケントのものを超えよ
うとして着手されたが，引き継いだユベール・
ロベールは，不遜にも自分ただ 1 人のデザイン
によると喧伝した．ルグランとモリノスによっ
て設計された木とガラスのドーム（1782）にか
わってベランジェがパリの小麦市場の中庭にか
けたドームは（1808-13），おそらく世界最初の
鉄とガラスによる建築である．

ペリアン，シャルロット Perriand, Charlotte
(1903-99)
　フランスの建築家，家具デザイナー．同世代
の中でも最も影響力をもったインテリア・クリ
エイターである．ル・コルビュジエとピエー
ル・ジャンヌレと協働して，サロン・ドトンヌ

の展覧会（1928），ラロシュ邸（1928），スイス館（1930-32），救世軍（1932）をすべてパリに実現した．1950年代にはジャン・ブルーヴェと「シリアル」家具（モデュール化された壁ユニットなど）のデザインで協働する．他にル・コルビュジエのマルセイユのユニテ・ダビタシオン（1950）のキッチン・デザインを手がけるなど，この時期に彼女が発表したデザインは卓越していた．エルノ・ゴールドフィンガーとは，ロンドンのハイマーケット66番地（1958-60）とピカデリー177番地（1963-64）のフランス政府観光局のインテリアを手がけた．フランス，サヴォワのメリベル＝レザリュのバンガローでは，日本の伝統的なデザインと国際近代主義様式とを融合させた．

ヘリオシーン　helioscene
ルーヴァーのついた外部ブラインドの一形式．適切な通風を確保しつつ，太陽光線を遮断するようになっている．

ペリカン　pelican
ゴシックの彫刻で，自らの胸をくちばしで傷つけ，血を子に与える鳥の姿を象ったもの．慈悲と聖体のシンボル．

ヘリクス　helix (*pl.* helices)
1．　コリント式の柱頭のアバクス直下にある小さなヴォリュート（渦巻装飾），またはウリッラ．合計16個（各端部に2個，各面に2個）あり，いずれも茎につながっている．内側にあるらせん形態のもの8個をヘリケス，隅部のものをヴォリュートという人もいる．
2．　イオニア式やコンポジット式，コンソールやモディリオン〔共に「持ち送り」の意〕にあるようなヴォリュート．
3．　親柱直上でヘリクスを形成する階段手摺の手摺部分．

ヘリゴイェン，エマヌエル　Herigoyen, Emanuel Joseph von（1746-1817）
ポルトガルの建築家．アシャッフェンブルク近郊のシェーンブッシュの庭園をイギリス式で設計し，そこに初期の新古典様式でパヴィリオンを一棟建てた（1778-79）．またアシャッフェンブルク城階段室のほか，エッセルバッハ（1779）やズルツバッハ＝アム＝マイン（1786）

の聖堂を設計した．のちレーゲンスブルクにおいて劇場（1804，1849焼失）や円形平面のケプラー記念堂（1808）などを建てた．ミュンヘンではフォルクス劇場（現存せず），ギリシア復興様式による植物園入口（1812），パレ・モンジュラ（1810-11）を設計した．

ペリ，シーザー　Pelli, Cesar（1926-2019）
アルゼンチン生まれのアメリカの建築家．ロサンゼルスに移る以前の1954年から1964年まで，エーロ・サーリネンのもとで働く．ロサンゼルスではダニエル・マン・ジョンソン＆メンデンホール社にてデザインディレクターを務め（1964-68），その後は，グルーエン・アソシエーツにてデザインパートナーを務めた（1968-77）．そして1977年にコネチカット州ニューヘブンにて自身の事務所を設立する．ロスアンゼルスの「パシフィック・デザイン・センター」（1971-75）は，ペリの名を知らせるものとした．ここでペリは，ミース・ファン・デル・ローエを模範とする外装を用いているにもかかわらず，その主題のいくつかを，19世紀の鉄とガラスによる展覧ホールに置いている．パクストンの水晶宮のアイデアは，ニューヨーク市のブルック・フィールド・プレイス（ニューヨーク世界金融センター）につくられた超高層ビルと広場（1981）に付随する温室でも，再び登場している．ペリの建物外装に対するデザインの能力は，この建物において明確に示されることになった．ロンドンのドッグス島における巨大な「カナリー・ワーフ・タワー」（1986-91）は，より簡易な形状でピラミッド型の屋根を有するものとなっているが，残念ながら，イギリスのグリニッジにみられるすぐれたバロック的構成の基軸とはあまり調整がとれずにいる．そのほかの作品としては，アメリカ西部にある，木の柱梁によってつくられている匿名のパトロンのための家（1990-93）や，マレーシアのクアラランプールにある「ペトロナス・ツインタワー」（1991-97）があげられる．

ペリスタイル　peristyle
建物または中庭を囲んでいるペリプテリー，ペリスタシスまたはコロネード．ペリドロームはギリシア神殿に見られるような柱とその背後の壁との間の空間を指す．ペリスティリウムは，コロネードに囲まれた中庭を指す．

ペリスライデス perithyrides
アンコンと同義.

ヘリテージ・アセット heritage asset
歴史的な興味と価値をもつ，明記された構築物，特徴，および対象．興味を引きつけるものとして生き残ることができるものをいう．

ペリドローム peridrome
⇨ペリスタイル

ペリプテラル peripteral
周柱式．ペリプテリーまたはペリスタイルなどのように，1列の列柱で囲まれた建物．

ペリプテリー periptery
寺院の周囲を囲む列柱．ペリスタイルとも呼ばれる．ギリシア神殿のようなペリプテラルな建物は，連続するコロネードが周りを囲んでいる．

ペリボルス peribolus
ギリシア神殿や聖地の周囲の壁もしくはコロネード，あるいはそのスペースそのものを指す．

ペリメター・ブロック perimeter-block
中庭や庭の周りを囲むように計画されたアパートメント・ブロック．

ヘーリンク，フーゴ Häring, Hugo（1882-1958）
ドイツの建築家．テオドーア・フィッシャーに教えを受けた．デア・リンクの事務局長を務め，CIAMの創設に参加した．ベルリン＝ツェーレンドルフ（1926-27），ベルリン＝ジーメンスシュタット（1929-31）でモダニズムの作品を手がけた．後年，有機的建築に関する理論を展開した．ヘーリンクの有機的建築は，目的への適合と，形態に関する美的な観念をあらかじめ排除することを意図していた．作品のいくつかは表現主義の代表的作品として知られる．作品に，リューベック近郊グート・ガルカウの農場施設（1923-25），ホルシュタインのノイシュタット煙草製品工場（1925），ベルリンのベーレント邸（1930），トゥツィンクのフォン・プリットヴィツ・ビル（1937-41），ベルリンの芸術・工芸学校（1942），ビベラハのシュミッツ邸（1949-50）などがある．

ヘリンボーン紋様 herring-bone
全体の列，または段の方向と45°の角度をなすように煉瓦，石材，タイルや木製ブロックの段，または列を交互に斜めに配列したもの．隣り合う列，または段は直角をなす．このように各列，または段がその両側，あるいは上下とは異なる方向に傾き，ジグザグ・パターンを形成する．

ベール bale
イングランド，コッツウォルズ地方にみられる墓の形式．羊毛の梱に似た半円筒形の石材を保持するオールター・トゥームが基本形．

ベル bell
1．古代エジプトの鐘のような形状の柱頭．
2．コリント式およびコンポジット式オーダーの柱頭におけるバスケット，コルベイユ，あるいは花瓶のような形状をした部分．ここから葉や渦巻き模様が伸びる．
3．第1尖頭式ゴシックの鐘状柱頭．
4．シノワズリ建築のパゴダの軒などから吊られる小さな鐘のような形状をしたもの（カンパヌラエ）．
5．ドリス式オーダーのグッタエ．

ベル・アーチ bell-arch
曲線状の端部をもつコーベルから延びるアーチ．鐘のような形状の開口部を形成する．

ペール一族 Peyre Family
ルイ14世治世下（1715-74）から，ルイ＝フィリップ1世（Louis-Philippe）治世下（1830-48）まで活躍したフランスの建築家一族．最も著名なのはマリー＝ジョゼフ（Marie-Joseph, 1730-85）とその弟アントワーヌ＝フランソワ（Antoine-François, 1739-1823）である．マリー＝ジョゼフは，ブロンデルの弟子で，広く新古典主義の計画を集めた『建築作品集（Œuvres d'architecture）』（1765）で名声を高め，影響力をもった先駆者となり，続く数世代の建築に大きな影響を与えた．とりわけ，マリー＝ジョゼフは古代ローマ遺跡の研究によって（ド・ヴァイイとモロー・デプルーとともに），

ヘルウエテ 886

独創的なアトリウムによる設計を広め，アダ
ム，ダンス（子），ゴンドワンなどに影響を与
えることになる．パリ近郊クロ・ペイアンにあ
るオテル・ルプレトル・ド・ヌブール（1762，
取壊し）は，フランスにおける初期の新古典主
義の一例であり，高い独創性，密度とともに慎
ましさも備え，一般の邸宅にも応用可能なもの
であった．ド・ヴァイイとともに，厳格な新古
典主義のテアトル・フランセ（のちのテアト
ル・ド・ロデオン）を設計した（1768-82，
1799 年の火災後シャルグランによって再建）．
アントワーヌ・フランソワ・ペールは，ペルシ
エ，フォンテーヌ，A・L・T・ヴォドワイエ
を教え，トリーア選帝侯・大司教であったクレ
メンス・ヴェンツェスラウス（Clemens
Wenzeslaus）のためドイツ，コブレンツに選
帝侯宮殿と礼拝堂を設計した．これは 1777 年
にディクスナールによって出された大規模な計
画を単純化したものであった．ペールはトリー
アの古代ローマ遺跡を発掘し，1785 年に出版
した．マインツのマインツ選帝侯宮殿内に気品
あるアカデミーザールを設計し（1786-87），コ
ブレンツの新古典主義のクレメンスシュタット
（のちのノイエシュタット）の増築部を担当し
た（1782-83）．
　M・J・ペールの息子アントワーヌ・マリー=
ペール（Antoine-Marie Peyre, 1770-1843）は，
一時，ラファイエット侯爵 M=J=P=Y・ロ
シュ・ジルベール・デュ・モルティエ
（General M.-J.-P.-Y. Roch Gilbert du Motier,
Marquis de La Fayette, 1757-1834）の副官を
務め，のちにパリで一建築家としてキャリアを
過ごした．

ベルヴェデーレ　belvedere
　住居の屋上あるいはランドスケープにおける
観望地点に設けられた足場や塔．眺望を提供す
る．庭園においては古典主義的な神殿の形をと
ることもあり，ガゼイボ，ミラドール，サマ
ー・ハウスなどの呼称も使用される．

**ベル，エドワード・イングレス　Bell, Edward
Ingress（1837-1914）**
　⇨ウェブ卿，アストン

ベル・キャスト　bell-cast
　1．スプロケットをもつ軒．軒上の垂木の先

端にスプロケットもしくはコッキング・ピース
と呼ばれる部材を固定し，屋根の軒先部分の傾
斜を緩やかにする．
　2．壁面の下部を突き出るように仕上げるこ
と．ベル・キャスト・ピースともいう．ハーリ
ング，レンダリング，ラフキャストといった壁
面仕上げの底部になされる．ベルの底の部分に
似ていて，水切りとなる．

ベル・キャノピー　bell-canopy
　一つあるいは複数の鐘を保護するための屋
根．しばしば破風を伴う．

ベル・キャピタル　bell-capital
　⇨ベル

ベルク，マックス　Berg, Max（1870-1947）
　シュテッティン（現シュチェチン）に生まれ
たドイツの建築家．ブレスラウ（現ヴロツワ
フ）の市建築監に就任し，同市に巨大なヤーレ
フンデルトハレ（百年記念ホール）（1910-
13）を設計した．これは鉄筋コンクリートによ
る大規模なアーチ形構造物の可能性が活用され
た最初の建物の一つであり，巨大なリブ・ドー
ムをなし，クリアストーリーの採光窓がリング
状に高々と覆った．それはライプツィヒ会戦に
おけるナポレオンの敗北の百年祭を記念するべ
く設けられた巨大な公園の中心モニュメントと
して計画され，このような名を与えられた．そ
れは 1914 年以前に建築された最も冒険的で進
歩的な構造物の一つだった．また 1918 年に設
定されたいわゆるポーランド回廊から多くのド
イツ人がシュレージエン（シレジア）地方に移
り住むこととなり，彼は人口の増大したブレス
ラウ市内および周辺に多数の建築物を建てた．
その後，1925 年に引退してベルリンに定住し
た．

ヘルクラネウム　Herculaneum
　ナポリ近くの古代ローマ都市．79 年のウェ
スウィウス山の噴火後に埋没した．18 世紀に
再発見されて発掘（1738 以降）されたことに
より新古典主義が強力に推進されることとなっ
た．とりわけ，発掘品が『エルコラーノの古代
遺物（*Le Antichità di Ercolano*)』（1757-92）
に記録され，豊富な図版で紹介されて以来，こ
の動きは加速した．とくに工芸品は影響を与え

た．普通の古代ローマ人の家庭の調度品と生活について多くを明らかにしてくれたからである．ポンペイ（じつはヘルクラネウムよりも後に発見された）とともにその発掘はデザイナーたちに数え切れないほどのモチーフを提供し，主としてエトルリア様式，ポンペイ様式，アダム様式，帝政様式，リージェンシー様式のような新古典主義の構想の中で重要な構成要素となった．ヴィルヘルム・ツァーン（Wilhelm Zahn, 1800-71）の『ポンペイ，ヘルクラネウム，および，スタビアエで出土した最も美しい装飾物と最も注目すべき絵画（*Die schönsten Ornamente und merkwürdigsten Gemälde aus Pompeji, Herkulanum und Stabiae*）』（1828-59）は多くの多色石版刷りの図版によって19世紀のデザイナーたちに豊富で正確な情報源を提供した．

ベール，ゲオルク　Bähr, Georg (1666-1738)
　ドイツにおける最も才能のあるバロック建築家の1人．ザクセンのヒュルステンヴァルデで生まれ，大工としての訓練を受け，1705年にドレスデン市のラーツツィマーマイスター（大工棟梁）となった．平面がバロックの楕円の変形（歪められた八角形）となるドレスデン近郊ロシュヴィッツの教区教会（1705-08），そしてともにギリシア十字形平面をとるドレスデン南部のシュミーデベルクのドライファルティヒカイツキルヘ（三位一体教会）（1713-16）とケムニッツ近郊フォルヒハイムのドルフキルヘ（村教会）（1719-26）の建設に携わった．彼の名声は，彼の最高の作品であり，考えうる限り最もみごとな集中式のプロテスタント教会であるドレスデンのフラウエンキルヘ（聖母教会）（1722-43）によっている．この一つの建築の力によって，ベールは複雑な幾何学と構造を完全に掌握したバロック様式の巨匠とみなされるべきであり，エルベ川岸近くに堂々と立ち上がる巨大なドームをもつ教会をドレスデンに与えたのである．その平面は正方形平面内部に配された円形となり，楕円形部分に内陣が，さらに優美な尖塔で覆われた階段室が正方形の四隅に対角の位置に配置されている．八つのマッシヴな支柱が巨大なランタンをもつ石造円天井の背の高いドームを支え，その支柱の間に3段の階上席が配置された．その一番下の座席の前にはガラスがはめられており，ベットシュテューブヘン

（小寝室）もしくはホーフローゲン（宮廷桟敷席），ランクローゲン（階上桟敷席）として知られている．祭壇は演壇の上に置かれることで際立たせられ，オルガンのパイプがその後に立ち上がり，魅力的な堂内の演出効果が増大させられている．この建築はプロテスタントのオーディトリー・チャーチの典型例となった．

ベル・ケージ　bell-cage
　ベルフリー内部で鐘を支持する構造．

ベル・ゲーブル　bell-cote *or* bell-gable
　⇨ベル・コート

ベルケル，ベン・ファン　Berkel, Ben van (1957-)
　オランダの建築家．設計したロッテルダムにおけるエラスムス橋（1990-96，カラトラバの作品から影響を受けた）で，名が知れ渡る．またオランダのアメルスフォールトにおける，カルボウ・オフィスとワークショップ（1900-02）でその名が知られる．

ベル・コート　bell-cote *or* bell-gable
　小さな破風で，聖堂の西外壁か，内陣アーチのすぐ上の身廊の東壁の上部に延びる．アーチを設けた開口部に一つあるいは複数の鐘が吊られる．内陣アーチ上方のベル・コートは，サンクトゥス・ベルを収容するため，サンクト・コートと呼ばれる．

ベル・コート　典型的な13世紀ラトランドのタイプ（ラトランド，リトル・キャスタートンのオールセインツ・チャーチの例による）．

ペルジウス，フリードリヒ・ルートヴィヒ
Persius, Friedrich Ludwig (1803-45)

ポツダム生まれのプロイセンの建築家．シンケルの最も有能な弟子であり，師の作品であるハーフェル河畔のグリーニケ宮（1824-26），ポツダムの優雅なシャルロッテンホフ宮（1826-27）の建築において監督した．また，シンケルのデザインである，ポツダムのレーミッシェ・ベーダー（ローマ浴場，1834-35）を建築した．自身の傑作は，ルントボーゲン様式で，かつ初期キリスト教教会堂のスタイルである，ポツダムのフリーデンスキルヘ（平和教会，1845-87），ザクロウのハイランツキルヘ（救世主教会堂，シュテューラーらが完成）のほか，シンケルが開拓した，しかし部分的にはパップワースに由来する，トスカナ風の土着的なスタイルにもとづいたスタッコ仕上げの魅惑的な別荘建築を設計した．ポツダム，サンスーシ宮に付属するオリエンタルで異国情緒のある蒸気エンジン館を手がけ，またシンケルによるポツダム，ニコライ教会（1843-50）のドーム，小塔の建築に携わった．プロイセン国王フリードリヒ・ヴィルヘルム4世（Friedrich Wilhelm IV，在位1840-61）のもとで，レンネとともに，ポツダムのハーフェル河畔の風景を19世紀前半における最も魅惑的な光景につくり替えるのを指揮した．

ペルシエ（＝バサン），シャルル　Percier (-Bassant), Charles (1764-1838)

フランスの新古典主義の建築家で，A・F・ペールとともにローマに学んだ後，1794年パリでフォンテーヌと実務を開始した．ペルシエ＆フォンテーヌとして，彼らはナポレオン時代の主導的な建築家となり，帝政様式の創出に大きな役割を果たした．その典型はマルメゾン城館，とりわけテント・ルーム〔ジョゼフィーヌの部屋〕で，その他の内部装飾も魅惑的である（1799-1803）．1801年に統領政府建築家に登用され，パリのチュイルリー宮殿の内部装飾やサン・クルー宮殿，ルーヴル宮殿の拡張などを設計した．他にも，地上階にアーケードの並ぶパリのリヴォリ街の設計や，フォンテーヌブロー，コンピエーニュ，ヴェルサイユなどの城館を手がけた．カルーゼル凱旋門（1806-08）は細部まで洗練され，古代ローマの古典主義に精通していることを示した．『ローマで描かれた近代の宮殿，邸館，その他の建物（*Palais, maisons, et autres édifices modernes dessinés à Rome*）』（1798）と『家具に関わるすべてを収めた内部装飾集成（*Recueil de décorations intérieures, comprenant tout ce qui a rapport à l' ameublement*）』（1801）は欧米に影響を与え，帝政様式が広く伝播することとなった．

ペルシェンヌ　persienne

細長い板でつくられたブラインドの一種．側面に蝶番があるか，または頂部で固定され，ゆるく吊るされている．

ペルシコ，エドアルド　Persico, Edoardo (1900-36)

イタリアの建築家，批評家．パガーノから建築雑誌『カーサッベラ（*Casabella*）』の編集者に迎えられ（1929），これをその時代の指導的な定期刊行物のひとつに鍛え上げた．同時期に，影響力あり広く読まれた『ドムス（*Domus*）』を含む他の雑誌にも批評文を寄稿した．ペルシコは合理主義者と伝統主義者が自らをファシズムと同一視するのを潜在的な危険とみなすとともに，近代主義運動のある種の側面を痛烈に批判した．その判断によれば，近代建築は（多くのアメリカ人が考えたように）建築的問題への単なる技術的解決ではなく，またル・コルビュジエの教義的アプローチやブルーノ・タウトの社会的関心が指し示す先にも存在しなかった．ペルシコによればそれは，いかなる教義的な音調と無縁な，人間精神の開放のための手段だった．最良の作品はおそらく，マルチェッロ・ニッツォーリ（Marcello Nizzoli）とともに実現したミラノの二つのパーカー社の店舗（1934-35）と，主要な国際展覧会のための様々な展示デザインである．

ベルシュ，エミル　Belluš, Emil (1899-1979)

スロヴァキアの国際モダニズム建築家．作品の中でもバンスカー・ビストリツァの国民の家（1925），ピエシュチャニの屋根付きの橋（1932），トルナヴァの製粉工場（1936）ブラチスラヴァの国立銀行（1938）が知られている．スロヴァキア国会議事堂，バロックのグラサルコヴィチ宮殿の修復（いずれもブラチスラヴァ，1940）を手がけた．トルナヴァの水道施設（1946），ブラチスラヴァのスロヴァキア工

科大学の諸施設（1948 など）を設計した.

ベルジョジョーゾ, ロドヴィーコ・バルビアーノ・ディ Belgiojoso, Lodovico Barbiano di (1909-2004)

⇨ビ・ビ・ピ・エッレ

ベル, ジョン Bell, John (1478-88 活躍)

イングランドの石工頭. ダラム大聖堂の交差部の塔の上階（1483-90）の建設に従事した. 1472 年にヨーク・ミンスターで, 1480 年代にはケンブリッジのキングズ・カレッジ・チャペルで, 1503 年まではケンブリッジのグレート・セント・メアリー聖堂ではたらいていたベルと同一人物の可能性がある.

ベルスキ, ピエトロ Belluschi, Pietro (1899-1994)

イタリア生まれの建築家, 技術者. 1920 年代にアメリカに移り, 1925 年にアルバート・アーネスト・ドイル（Albert Ernest Doyle, 1877-1928）のポートランド（オレゴン州）の事務所に加わり, 1943 年にこの事務所を自らの名前に改組した. 1930 年代にベルスキは一連の商業, 住居, 宗教作品で建築家としての名声を確立した. その中では, いずれもポートランドにある美術館（1931-38）, フィンレイ墓碑（1936-37）, ストー邸（1937-38）, セント・トマス・モア聖堂（1939-41）が重要である. サーレムのオレゴン国立銀行（1940-41）には国際近代様式への傾倒がみられ, この傾向はポートランドのエクイタブル生命保険ビル（1944-48）で強まった. 後者はコンクリートフレームの高層建築をアルミニウムとガラスのカーテンウォールで包んだ最初期の例の一つであり, のちにきわめて普遍的な建築類型となった. 1951 年にはマサチューセッツ工科大学（MIT）建築都市計画学部の学部長に就任し, ベルスキの実践はスキドモア・オウィングズ・アンド・メリル（SOM）によって吸収された.「削り, 純化し, 統合せよ」という語句を好んだベルスキは, 膨大な数の商業建築の経験をへて, MIT にかかわるあいだに多くの協力者を得た. エドゥアルド・カタラーノ（Eduardo Catalano, 1917-2010）やヘルガ・ウェスターマン（Helga Westermann）はそうした人物であり, 彼らと協働したニューヨークのリンカー

ン・センターのジュリアード音楽院とアリス・タリー・ホール（1955-70）では, 背後の建物をトラバーチンのファサードで覆い隠している. 1965 年に MIT における地位を退くとポートランドでの建築活動を再開し, しばしば他の建築家と協働した. 後期作品には多数の教会堂やカリフォルニア州のサンフランシスコ・シンフォニーホール（SOM と協働-1980）, メリーランド州のボルティモア・シンフォニーホール（ユング・ブラナン・アソシエイツ（Jung, Brannen, Associates）と協働-1982）がある.

ベルソー berceau

1. 植物で覆われた格子垣の東屋.
2. エスパリエ風に剪定された立木. 枝はアーチ状にし, 東屋を形成する.

ペルソナ persona

1. グロテスクなマスクとしてガーゴイルが彫塑されたもの.
2. コーニスのシマティウムまたはコロナに現れる, アンテフィクスまたは古代神殿のジョイント・タイルの端の止め具.

ペルタ pelta

鷲や羊の頭のように左右が反り上がった三日月形の盾を模した装飾で, しばしば新古典主義にみられる. ⇨ドリス式オーダー

ベル・タワー bell-tower

高塔で, 聖堂などの付属屋あるいは独立棟であり, 鐘を納めるベルフリー・ステージをもつもの. イタリア語ではカンパニーレと呼ばれる.

ベル・チェンバー bell-chamber

籠や枠組み状の構造から吊られた一つまたは複数の鐘を収容する部屋. 聖堂から独立した建物の低層部に置かれるベル・チェンバーもあり, 例としてはサフォーク, イースト・バーゴルトのベル・ハウスがある.

ベルチャー, ジョン Belcher, John (1841-1913)

後期ヴィクトリア朝およびエドワード朝のイギリス人建築家の中で最もすぐれた 1 人. 1865 年からロンドンで父のジョン（John, 1816 頃

-90) の仕事を手伝い，1875 年までそこではたらいた．彼は，ベレスフォード・パイトとともにデザインしたロンドンのグレート・スワン・アリーの公認会計士会社のためのジェノヴァ風マニエリスム・バロックのホールで名を成した．この建物は，ウィリアム・ハモ・ソーニクロフト（卿）（William Hamo Thorneycroft, 1850-1925）の生気あふれる浮彫りで飾られるとともに，ハリー・ベーツ（Harry Bates, 1850-99）が持ち送りの彫像をデザインした．この建物では，古典主義の復興とアーツ・アンド・クラフツの理念が融合されている．それはベルチャー自身の職歴にもよく表れている．彼はイタリア・ルネサンスの精神（とくにジェノヴァの邸宅の）に呼応しただけでなく，アート・ワーカーズ・ギルドの設立メンバーでもあった．1898-1902 年，彼の事務所はコルチェスター・タウン・ホールを生み出した．それは，美しい鐘楼，迫力あるメイン・ファサードをもち，大オーダーの柱とブロークン・ペディメントで活気づけられている．1897 年から，J・J・ヨアスがベルチャーの事務所に加わり，1905 年には共同経営者となった．事務所は堅固で力強いバロックを展開し，ランカスターシャーの巨大なレン風ルネサンスのアシュトン・メモリアル（1904-09）に結実した．彼は『建築の本質（*Essentials in Architecture*）』（1893），メルヴィン・E・マカートニーとともに写真およびドローイングから成る『イングランドの後期ルネサンス建築（*Later Renaissance Architecture in England*）』（1901）を出版し，当時の建築界に大きな影響を与えた．ベルチャーとヨアスは 1908 年，ホワイト・シティの英仏博覧会のデザインを行い，豪奢な後期バロックの技量を余すことなく披瀝した．

ペルツィヒ，ハンス Poelzig, Hans (1869-1936)

　ベルリン生まれのドイツの建築家．世紀の変わり目にブレスラウ（現ポーランド，ヴロツワフ）の工芸学校（のちに建築・工芸アカデミーに改称）の教授（1903 からは校長）に就任した（ムテジウスの介在のもとに）．1916 年まで当地に自らの事務所ももった．ブレスラウにいた時，シュレージエン州ポーゼン市（現ポズナニ）に表現主義的な給水塔・展示場（1910-11）を設計したが，それは十六角形の鉄骨構造をもとにし，矢筈模様の煉瓦積み壁パネルを充填してある．ほかに，水平の窓列をもつ（十余年後に現れるインターナショナル・スタイルを予感させる）ブレスラウの事務所（1911-12），ルーバンの化学工場と労働者住宅（1911-12），コンクリート構造にギリシア・ドリス式オーダーを単純化して用いたブレスラウの（ナポレオン戦争戦勝百年祭展覧会会場の）施設群（1913）がある．

　ドレスデン市の都市建築監に就任し（1916-20），また当地の工科大学教授を務め，この時代にドレスデンのガス工場（1916）を建築した．1918 年に 11 月グループ，また芸術労働評議会に参加し，19 年にはドイツ工作連盟の会長に就任，そしてデア・リンクの積極的なメンバーでもあった．1919 年，演出家マックス・ラインハルト（Max Reinhardt, 1873-1943）のためにベルリンのシューマン・サーカスの建物をグローセス・シャウシュピールハウス（大劇場，現存せず）に改造し，観客席を表現主義的な鍾乳洞のような大ドームに変貌させた．この頃にザルツブルクのフェストシュピールハウス（祝祭劇場）案（1919-20）など，幻想的な表現主義のデザイン（実現せず）をいくつか残している．1920 年にベルリンに戻ってプロイセン芸術アカデミーで建築アトリエを主宰し，1923 年からはベルリン-シャルロッテンブルク工科大学の教授となり，その学生にはアイアーマン，ワックスマンがいた．他の作品にはベルリンの映画館カピトール（1925），ケムニッツのジグムント・ゲリッツ工場（1927），シュトゥットガルトのヴァイセンホーフ・ジードルンク展住宅（1927），ベルリンの放送局（1930），フランクフルト・アム・マインの巨大な IG 染料会社本部（1928-31）がある．最後の作品では装飾を省いた新古典主義型のデザインを見せた．

ヘルツォーク＆ド・ムーロン Herzog & De Meuron

　スイスの建築家ユニット．ジャック・ヘルツォーク（Jacques Herzog, 1950-）とピエール・ド・ムーロン（Pierre De Meuron, 1950-）は 1978 年に共同事務所を結成し，のちの 1991 年にハリー・グッガー（Harry Gugger, 1956-）が，1994 年にクリスティン・ビンスワンガー（Christine Binswanger, 1964-）が加入した．

ミュンヘンのゲーツ・コレクション近代美術ギャラリー(1992)，フランス，ミュルーズのチョコレートとカラメル工場(1993)，スイス，バーゼルのハウプトバーンホフのシグナルボックス(1995)，の仕事を手掛けた．1995年にロンドンのサー・ジャイルス・ギルバート・スコットのバンクサイド発電所内に入るテート・モダンのコンペに勝利し，その建築(1995-99)はとても有名になった．この成功に続いてフランス，ライン上流のレイマンの住宅(1996-97)，バーゼルの漫画・戯画博物館の改造と新館(1994-96)，フランス，ミュルーズ-ファスタットのスタジオ・レミ・ザウッグ，カリフォルニア州，ヨントビルのドミナス・ワイナリー(1995-98)，ドイツ，デュイスブルクのキュッパースミューレ美術館(1996-99)，ミュンヘン，劇場通りのヒポ銀行(1996-2002)，スイス，アーラウのクンストハウス(1997-2001)，ロンドンのラバン・ダンス・センター(1997-2002，RIBA スターリング賞を2003年に受賞)，東京のプラダ青山(2002-03)，ドイツ，ミュンヘンのアリアンツ・アレナ(2003-05)を手がける．彼らの仕事は大西洋の両岸から絶賛されている．

ヘルツォーク，トマス Herzog, Thomas (1941-)

ドイツの建築家．環境応答建築の先駆者であり，とくにレーゲンスブルクの住宅(1977-79)が有名である．

ペルッツィ，バルダッサーレ Peruzzi, Baldassare (1481-1536)

イタリア盛期ルネサンスの「万能人」で，ブラマンテとラファエロから影響を受けた．その最初の大作はローマのパラッツォ・デッラ・ファルネジーナ(1505-11)であり，ウーゴ・ダ・カルピ(Ugo da Carpi, ?-1532)やペルッツィ自身，ラファエロ，ジュリオ・ロマーノ，ジョヴァンニ・アントニオ・バッツィ(Giovanni Antonio Bazzi, 1477-1549，通称ソドマ（男色者))によってフレスコ画で装飾された秀麗な住居である（ヴィラと呼ばれることもある）．矩形平面を基礎とし，二つの突出した翼部のあいだに庭園を望む開廊がある．1520年にサン・ピエトロの建築家に（サンガッロとともに）任命されたが，ローマ劫掠(1527)後にローマを離れてシエナへ逃れ，ここで1532年まで城塞の強化やサン・ドメニコ聖堂の改築(1531-33)にかかわった．1531年から再びローマのサン・ピエトロでもはたらき，1534年にはこのバシリカの建築家に任命された．しかし彼の傑作とされるのはローマのパラッツォ・マッシモ・アッレ・コロンネ(1532-37)である．複雑な敷地に巧みに計画された建物であり，通りに沿って曲がったファサードをもち，1階は2本ずつ対になったトスカナ式オーダーの円柱とつけ柱を備えている．正面全体は石積みで仕上げられ，主階はエンタブラチュアで1階と区画されている．主階の上には2段の小窓が並ぶが，下段の窓は繊細な装飾を施した額縁を備えている．このパターンはセルリオによりストラップワークとして展開され，その建築論の出版によってヨーロッパ中に広まった．古代ローマのアトリウムに似せて整えられた複数の中庭は，二つの異なる軸線に沿っている．このパラッツォのいくつかの細部(3階の窓枠やオーダーの自由な使用法など)は，マニエリスムの先駆けともみられる．

ペルッツィ，パラッツォ・マッシモ・アッレ・コロンネ，ローマ，1532．不規則な敷地の中に複数の中庭を配したきわめて巧みな平面計画．異なる二つのパラッツォの入口から，軸線がどのように設定されているか注意．左がアンジェロ・マッシモの，右がピエトロ・マッシモのパラッツォ．

ヘルツベルガー，ヘルマン Hertzberger, Herman (1932-)

オランダの建築家でバケマ，ファン・アイク

とともにチームX（テン）の一員であり，1953-63 の間，建築雑誌『フォーラム（Forum）』の編集を行う．1958 年にはアムステルダム，ウィーバー通りの学生寮(1966 竣工)のコンペに勝利し，自身の事務所を設立する．デルフトのヤコバ・ファン・ベイルンラーンのモンテッソーリ小学校(1960-66, 1968-70 と 1977-81 に増築)の設計を行う．これらの建築で自身の論理である構造主義の考え方を発展させる．それは未完結の構造体と外皮を(個々の住民により占有，調整される)個室空間の規則的なグリッドにもとづいて配し共有空間に接続することによりプライベート，セミプライベート，パブリックという私的空間の階層が確立されるというもの．この考え方はアムステルダム，スロッターヴァートでの老人と身体障害者のための集合住宅，デ・ドリー・ホーフェン(1964-74)，アペルドルンのセントラル・ビヘーア保険会社(1968-72)，ユトレヒトのフレーデンブルク音楽センター(1973-78)，デルフト，ゲベンラーンのディアグーン集合住宅(1969-71)などの作品においてさらに発展する．ほかの作品ではユトレヒト，ウエストブルク(1978-80)，カッセルのハインリヒ・シュッツアリー(1979-82)，ベルリンのクロイツベルク，リンデン通り／マルクグラーフェン通り(1982-86)，アルメーレ・ハーヴェン，ボーグ通り，デ・オーフェルロープ(1980-84)に住宅作品があり，ハーグの厚生省新庁舎(1979-80)，アンボン広場(1984-86)，ウィレムスパーク(1980-83)とアポロ(1980-83)，の学校はすべてアムステルダムに建った．他にもハーグのシアター・センター(1986-93)，ブレダ図書館・視聴覚センター(1991-93)，ブレダのシャッセ映画館(1992-95)がある．著作『都市と建築のパブリックスペース-ヘルツベルガーの建築講義録（Lessons for Students in Architecture）』(1991)は今でも影響力を保っている．

ベルト・コース belt-course
⇨バンド

ベルトッティ＝スカモッツィ，オッターヴィオ Bertotti-Scamozzi, Ottavio (1719-90)
イタリアにおけるパッラーディオ建築のリヴァイヴァルの第一人者であり，パッラーディオの建築作品集を出版し，『アンドレア・パッ

ラーディオの建築・図面集成および図解（Le fabbriche e i disegni di Andrea Palladio raccolti e illustrati)』(1776-83)，『古代ローマの浴場，アンドレア・パッラーディオによる挿絵（Le terme dei Romani, disegnate da A. Palladio）』(1785) が重要な所産であるが，出版により彼自身の建築的な意義が曖昧にされがちであった．縁故に恵まれ，アルガロッティ，クァレンギのような著名人と知り合いで，案内人としてグランド・ツアーの「鑑定家」といわれる人たちから引く手数多であったようであり，1761 年にヴィチェンツァの建築名所のガイドブックを制作した．ヴィチェンツァおよびその周辺における彼自身の建物は，意表を突くほどではないが，強くパッラーディオ主義の影響を受けている．ヴィチェンツァにおけるパラッツォ・フランチェスキーニ・ア・サン・マルコ (1770)が構成において基本的にはパッラーディオ主義ではあるが，ネオ・クラシシズムのある種の実験的な側面を表しているにしても，彼のリエッロにおけるカーサ・ムッツィ (1770) は，明らかにモンテッキオ・プレカルチーノのヴィッリーノ・チェラート (1540 頃) にもとづいたものである．人生最後の 10 年間における作品はいっそう厳格でむき出しの状態になった (たとえばパラッツォ・ブラゲッタ・スル・コルソ (1780)，およびテアトロ・エレテニオ (1781-84)).

ベルトラーミ，ルカ Beltrami, Luca (1854-1933)
イタリアの建築家・著述家．15 世紀ロンバルディアの建造物について多数の研究書があり，なかにはパヴィアのチェルトーザ修道院 (1891) のように研究成果が建築修復にまで展開したものもある．緻密で正確な調査内容は，エクレクティシズムの実作にも反映している．有名なものとしては，ミラノのスカラ広場に面したアレッシのパラッツォ・マリーノのファサード (1890)，同じくミラノのサンタ・マリア・デッレ・グラツィエの修復 (1892-95)，スフォルツァ城の改修 (1893-1911) などがあげられる．1896 年以降，ベルトラーミは新築も数多く手がけるようになった．ミラノ美術学校常設展示館をルネサンス・リヴァイヴァル様式で手がけた後，同じ様式で，ヴェネツィア損害保険会社ミラノ支店 (1897-99)，カサ・ダリオ

=ビアンドラ（1902），コッリエレ・デッラ・セーラ新聞社（1904），イタリア商業銀行（1907）を設計した．1920 年にはローマに移り，友人のアンブロジオ・ダミアノ・アキッレ・ラッティ（Ambrogio Damiano Achille Ratti, 1857 生まれ）が教皇ピウス 11 世（Pius XI）として即位（1922-39）すると，ヴァチカンの建造物に携わった．たとえば，ミケランジェロおよびデッラ・ポルタが手がけたサン・ピエトロ大聖堂のドーム屋根，ブラマンテが手がけたベルヴェデーレ中庭の修復（いずれも 1928-29），さらに，巨大なヴァチカン図書館の修復（1929-33）など．とくに美しいプロポーションをもつ図書館は，ベルトラーミの力量を伝える傑作である．他にも雑誌『エディリツィア・モデルナ（*Edilizia Moderna*, 近代建築）』を発刊（1891-1914）するなど，後世に与えた影響は大きい．

ベルトー，ルイ・マルタン Berthault, Louis-Martin（1770-1823）

フランスの建築家，ランドスケープ・アーキテクトでペルシエの弟子．パリのリュー・ド・モン・ブランの住宅の装飾を手がけ，ロシアの家，グロットや鉄橋のあるランシーの著名な庭園を設計した（すべて 1790 年代から 1800 年代初頭）．シャンティイ付近レ・フォンテーヌの庭園（1792-1822）はピクチャレスクおよび新古典主義の特徴を備えている（たとえば，釣り人の家，ボート・ハウス，墓や島に建つオベリスク）．これは『イギリス式庭園の 24 景（*Suite de Vingt-Quatre Vues de Jardins Anglais*)』（1812）に掲載された C・ブルジョワ（C. Bourgeois）とベルトーのおじピエール＝ガブリエル・ベルトー（Pierre-Gabriel Berthault）による図面によって知られている．ベルトーはいくつかのフランス式庭園をもっと打ち解けた雰囲気をもつように配置転換した．代表例としてはクールソン庭園がある（1820-）．1805 年，皇妃ジョゼフィーヌ（Empress Josephine, 1763-1814）の首席建築家となり，皇妃のためにラ・マルメゾン庭園の造営を実施している．彼が従事したその他の庭園としてはボールガールのサン・ルー・タヴェルニー（ヴィルヌーヴ・サン・ジョルジュ付近），および，コンピエーニュの庭園がある．多様な異国の灌木や木を幅広く折衷的に用いる

ことで，豊かで時に圧倒的な効果を生み出した．

ベルナール・ド・ソワソン Bernard de Soissons（13 世紀活躍）

ランス大聖堂の床のラビリンス（迷路模様）（取り壊された）に記録されていた同大聖堂の石工棟梁の一人．1253 年頃から 90 年頃に活動したように思われるが，どの部分の建設にかかわったかは明確にはわかっていない．

ベルニーニ，ジョヴァンニ・ロレンツォ Bernini, Giovanni Lorenzo（1598-1680）

彫刻家，建築家，画家，詩人であり，バロックの発展に対して際だった貢献をした．ナポリで生まれ，家族とともにローマに移り住み（1605 頃），終生そこで過ごした．20 歳を迎える頃には有名になり，教皇ウルバヌス 8 世（Pope Urban VIII, 1623-44）が選出されてからは，流星のごとく昇進した．1624 年にローマのサン・ピエトロ大聖堂における巨大なバルダッキーノの制作にとりかかり，4 本のバーリー・シュガー〔ねじれ柱〕の円柱からなる大傑作はエルサレムのヘロデ大王の神殿から採った円柱を暗示し，またのちの教会堂の前身であるコンスタンティヌスのバシリカにおける使徒ペテロの墓を覆うように配置された．それらの円柱と対象の豪華壮麗さによって，教会堂の旧約聖書からの連続性が明らかにされ，対抗宗教改革における教会の勝利が賞賛された．

ベルニーニが劇的な演出に長けていたことは，ローマのサンタ・マリア・デッラ・ヴィットーリア聖堂における煽情的なコルナロ礼拝堂（1645-52）により実証される．「聖女テレサの法悦」において，微笑む天使が恍惚状態の聖女の胸を矢で射抜き，天空へと舞い上がった聖女は，金色に輝く管の光線と光源を隠した自然光によって照射され，祭壇の上のアエディクラ〔エディキュラ〕の中に据えられている．この全体の光景を，劇場の桟敷席にいるかのようなコルナロ家の人びとが眺めている．それは（禁欲的な意向の者にとっては大きな撹乱を捲き起こすものであったが）驚愕すべき，記憶に焼きつく神秘的な創造である．また，ヴァチカン宮殿のスカラ・レジア（1663-36）において，壮大な距離と規模のイリュージョンを強調するために，遠近法的錯覚，光源の隠蔽，視覚的装

置による演劇的な技法を使用した.

ローマのナヴォーナ広場における（発掘により復旧した古代のオベリスクのための力強い台座である）「四大河の泉」(1648-51) を制作し，またサンタ・マリア・ソプラ・ミネルヴァ聖堂の外にもう一つ別の古代のオベリスクを背に載せた象を制作した．彼が制作したサン・ピエトロ大聖堂における教皇の墓（ウルバヌス8世，1627-47，およびアレクサンデル7世，1671-78）には，基本的にピラミッドの構成が採用され，そこにずんぐりしたオベリスクの形を背景に人物像が配置された．これらは，それ以降ヨーロッパ中の教会堂に設置された（イングランドには多数の実例がある）無数のピラミッド型の墓碑の先例となった．

ベルニーニは建築家としてもまた傑出していた．その最もすばらしい教会堂であるサンタンドレア・アル・クィリナーレ聖堂 (1658-70) は，その短軸上に主祭壇を置く楕円と，集中化したヴォリュームから外れた一連の礼拝堂からなる．意気高揚し活気に溢れ，豪華に彩られた空間は，バロック時代の間にプロテスタントの国々，とくに中欧に広く影響を及ぼした．さらに楕円としては，サン・ピエトロ広場があり，その中央の古代エジプトのオベリスク（ドメニコ・フォンターナにより再配置，1586）はバシリカの主軸上にある．楕円のより幅広い部分をとり巻く厳格なトスカナ式オーダーによる巨大なコロネードは，マデルノのファサードにアプローチするために直線のコロネードとなるが，それらは平行ではなく，楕円から枝分かれしたところが相互により接近している．これらの点と，ファサード前の階段まで地面が上り勾配としたことは，教会堂へのアプローチがいっそう長く荘厳にみえるように使用された劇的な技法であり，同時にマデルノのいくらか弱々しい正面をより高めるようなイリュージョンを創造した．また象徴的な側面もあり，信者たちを母教会の胸に抱擁するためにコロネードの偉大な湾曲した両腕が差し伸べられている．

世俗建築において，彼は同様に重要な役割を果たした．1664-66 年におけるパラッツォ・キージ（のちにオデスカルキ）は，8本のジャイアント・ピラスターのある中央部と，その両側にルスティカ風のウィングがあり，多くのヨーロッパの王侯の宮殿の先例となった．同時にパリのルーヴル宮の東側ファサード案も計画した．それは実現することはなかったが，ほかの建築家たちにとっての重要な模範となった．

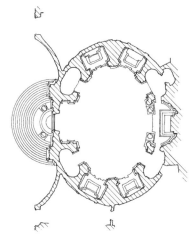

サンタンドレア・アル・クィリナーレ聖堂の平面，ローマ．楕円形の身廊が礼拝堂と入口に対面する短軸線上の主祭壇に囲まれていることが示される．

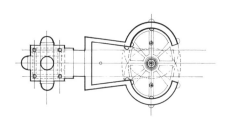

サン・ピエトロ大聖堂と広場の図式的な平面，ローマ．ベルニーニによる楕円の都市空間と教会堂前面の収束するコロネードを示す．

ベルファスト　Belfast
⇨トラス

ベル・フラワー　bell-flower
⇨ハスク

ベルフリー　belfry
 1. 鐘楼．聖堂その他に付随して建てられるのが一般的だが，独立している場合もある．

2. 鐘楼において，鐘が吊られ，音が発せられる階．ベルフリー・ステージと呼ばれる．通常はルーヴァーをもった開口部でそれと分かる．

3. 鐘を吊る枠組み．

ヘルペストン，ウィリアム・ド Helpeston, William de（1319-75 活躍）

イングランドの石工．ウェールズのカーナーヴォン・カースルではたらき（1319-20），1359年からは，チェシャーのデラミアのヴェイル・ロイヤル・アビーの東端に 12 の祭室を建設した．これらの平面は，スペインのトレド大聖堂の特徴と類似している．ヘルペストンはまた，チェスターの市壁の建設を管理した．

ベル，ヘンリー Bell, Henry（1647-1711）

ノーフォークのキングズ・リン生まれのイギリスの紳士建築家．1675 年の火災後，ノーサンプトンの再計画と再建を部分的に担当し，オールセインツ教会（1677-80）や市場の複数の建物のファサードを設計したとみられる．キングズ・リンにある彼の他の作品としては，取引所として建設された魅力的な税関（1683）やマーケット・クロス（1707-10，破壊された），二つの祭壇飾り，そしておそらくデュークス・ヘッド・イン（1684 頃）も彼によるものであり，加えて複数の住宅がある．さらにノーフォークのノース・ランクトン教会（1703-13）を設計し，他にもハンティンドンシャー，ノーフォーク，サフォークに建築を設計した可能性がある．絵画についてのエッセイを書き，死後の 1728 年に出版された．

ヘルホルト，ヨーハン・ダニエル Herholdt, Johan Daniel（1818-1902）

デンマークの建築家．ビンデルベールとヘッチュの弟子であり，デンマークの古い煉瓦造の建物や北イタリアのルネサンス建築を学び，それらを融合させたデザインに特徴がある．19 世紀のデンマーク建築において，煉瓦の壁が大流行したのは一つにはヘルホルトの影響であり，また鋳鉄製の部材を露出させて使うことの先駆者でもあった．最も知られた作品はコペンハーゲン大学の図書館（1857-61）であり，丈夫な煉瓦のルントボーゲンシュティールとともに，露出した上品な鉄の部材が内部にみられ

る．コペンハーゲン中央駅（1863-64）もやはり名作だったが，1917 年に取り壊された．おそらく代表作は国立銀行（1865-70）であるが，15 世紀フィレンツェのルネサンスの影響が強い．オーデンセでは市庁舎（1881-83，カール・ヴィリアム・フレデリク・レンドルフ（Carl William Frederik Lendorf, 1839-1918）と協働）を設計した．数多くの邸宅や個人住宅の仕事では，イギリスの展開，とくにドメスティック・リヴァイヴァルに影響を受けており，さらにマルティン・ニーロップに顕著なように，次の世代に対して影響を与えた．

ヘルマー，ヘルマン・ゴットリープ Helmer, Hermann Gottlieb（1849-1919）

⇨フェルナー，フェルディナント

ヘルム helm

1. 方形平面で，各面の頂部にゲーブル（⇨屋根）を備えた塔の上の尖塔．

2. 塔や小塔の球根状になった先端部．中央ヨーロッパと東ヨーロッパでよくみられる．

ヘルメス柱 herm, hermes

四角柱と接合された頭部と頸部，または頭部と肩部からなる彫像（ヘルメス，あるいはメルクリウスを表現していることが多い）．四角柱の柱身は人体と同じ高さの比例をとり，わずかに逆鞘形になっている．古代では柱身前面から突き出した男性生殖器を伴う形のものがよくみられる．ルネサンス時代以来，この形態はリヴァイヴァルされ，庭園装飾物としてよく使用

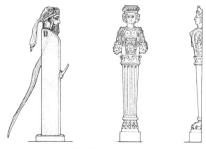

ヘルメス柱　(a) 陰茎が立っている古代ギリシアの形式．(b) ジェノヴァのヴィラ・カンビアーゾにある 16 世紀のテルム柱ピラスターの正面立面図と側面立面図．

された（たとえば，カプラローラのパラッ
ツォ・ファルネーゼ (1547-49)). 18 世紀以
来，よくみられるモチーフとなって，女性の頭
部がよく使われるようになり，柱礎に足が見え
る形も頻繁に現れるようになった（ふつう，古
代より後では男根イメージは避けられるように
なった）. ヘルメス柱には胴部と腰部がないゆ
えにテルム柱とは区別される. 腕も存在しない
が，肩のかわりにヴォリュートのような形態が
施されている.

ヘルメリーン, スヴェン Hermelin, Sven (1900-84)

スウェーデンの造園家. マラボン・チョコレ
ート工場のために，ストックホルムのスンドビ
ーベリ公園 (1935-37) を設計した.

ヘルモゲネス Hermogenes (前 220 頃-前 190 活躍)

ヘレニズムの建築家，理論家. ウィトルウィ
ウスによって言及されており，テオスにある
ディオニュソス神殿 (前 220-前 205 頃)，およ
びメアンダー川沿いのマグネシアにあるアルテ
ミス神殿 (前 205-前 190 頃) を設計した. 均
等な柱間と，フリーズにおけるトリグリフとの
整合性が，隅において問題化することを理由
に，ドリス式オーダーの使用には異議を唱え，
イオニア式オーダーを多用した. 疑似二重周柱
式プランを推進したようである（イオニア式の
巨大な神殿は，ナオスを取り囲んで円柱を二列
にめぐらせるものであるが，しかしヘルモゲネ
スは内側のコロネードを省略し，ペリスタイル
によって囲まれた広大で開放的な空間を提供し
ようとした）. 同様に eustyle の柱間（円柱の
間のスペースを，円柱の直径の 2 と 1/4 とす
る）を奨励し，均衡を保ちつつも，優美な様相
をコロネードにもたらした.

ベルラーヘ, ヘンドリク・ペートルス Berlage, Hendrik Petrus (1856-1934)

アムステルダム生まれ，オランダで最も影響
力をもった建築家の一人. サリヴァン，またラ
イトの作品から影響を受けた. 1884 年にテオ
ドルス・サンダース (Theodorus Sanders,
1847-1927) とパートナーシップを組み，89 年
に独立して事務所を開設した. 初期の作品の多
くはルネサンス復興様式，1890 年代に入ると

アール・ヌーヴォーを取り入れて平面的なデザ
インを志向し，ハーグのヘニー邸 (1898) がこ
の時期の代表作である. 家具もあわせアール・
ヌーヴォーの典型的な作品で，モリスやピュー
ジンのデザイン理念からの影響も強い. 代表作
とされるのがアムステルダム証券取引所
(1897-1903) で，アーチ構造の煉瓦処理など表
現力豊かな造形が展開されている. 堅牢な細部
処理，多用される煉瓦，機能の明快な表現（ホ
ール内部の弓形アーチが掛かる踏止め石（ニー
ラー），耐力壁と鉄製トラスの接合部など）の
特徴はアムステルダム派に引き継がれ，ベルラ
ーヘはその先駆者としての役割を果たした. 執
筆活動も旺盛で，アヴァンギャルド運動に関
わった野心的な若い世代の建築家たちに影響を
与えた. ベーレンスと同様ベルラーヘは，家
具，グラフィックなど広範囲にわたる製品のデ
ザインを手がけ，また都市計画家としても重要
な足跡を残した. 1928 年の CIAM 第 1 回会議
にオランダ代表として参加したが，積極的にそ
の活動にかかわることはなく，前近代的な建築
家というベルラーヘに対する批判も強まって
いった. リートフェルトは 1929 年の CIAM 第
2 回会議の際に，ル・コルビュジエ，リュル
サ，ハンネス・マイヤー他モダニズトの建築家
からなるグループに加わって写真撮影すること
をベルラーヘに打診した. その際ベルラーヘ
は，自分が設計した建物はみなこれらの建築家
たちによって破壊されていくだろう，と語って
断ったという.

ベル・ルーフ bell-roof

外形の輪郭が鐘のような形をした屋根.

ペレ, オギュスト Perret, Auguste (1874-1954)

フランスの建築家，建設業者. 弟のギュスタ
ーヴ (Gustave, 1876-1952)，クロード
(Claude, 1880-1960) とともに，エヌビクが展
開した鉄筋コンクリートの建築的可能性を探求
した先駆者に数えられる. ペレ兄弟による最初
の鉄筋コンクリートの複層階の建物は，パリの
フランクリン街 25 番地 b の有名な集合住宅
(1903-04) で，外装パネルには陶製タイルがみ
られる. パリのシャンゼリゼ劇場 (1911-13)
は，ロジェ・ブヴァール (Roger Bouvard) と
アンリ・ヴァン・デ・ヴェルデのデザインを翻

案して建設された．ペレと，その技師ルイ・ゲ
リュソー（Louis Gellusseau）による，鉄筋コ
ンクリート技術の改良は，打放しを実現し，
（理論上は）十分なコンクリート厚さによって，
内部の鉄骨が湿気から守られることを立証し
た．ル・ランシーのノートル・ダム戦争記念聖
堂（1922-24）によって，すべて打放しコンク
リートでつくられた，ほんとうのモニュメンタ
ルな建築作品が生まれた．この建物は広く知ら
れ，ペレ事務所の名声を確立することになる
（しかしながら 1985 年には鉄筋は錆び，コンク
リートの表面は崩れてしまっていた）．パリの
レヌアール街 51-5 番地の集合住宅では，いく
つかのコンクリートを叩き仕上げにして，セメ
ント被覆を取り除き，粗骨材を露わにしてい
る．この種の技術の最初の例の一つである．ペ
レはまた，モビリエ・ナシオナル（国有動産管
理局）（1934-35）と公共事業博物館（1936-57）
というともにコンクリートの建物を，いずれも
パリに設計している．彼の最後の仕事は，第二
次世界大戦により破壊されたル・アーヴルの復
興計画（1949-56）で，中心街区と集中式のサ
ン・ジョゼフ聖堂（1952）を設計した．彼は，
あらゆる仕事で，古典主義の原則から逸脱する
ことはほとんどなく，ときに極端に簡素な形態
さえ用いた．1952 年には『建築の一理論への
貢献（Une Contribution à une théorie de
l'architecture）』を出版した．

ペレッスッティ，エンリーコ Peressutti, Enrico（1908-75）

⇨ビ・ビ・ピ・エッレ

ペレット pellet

円盤もしくは半球を密に並べて装飾した帯
で，ロマネスク建築にみられる．

ヘレニズム的 Hellenistic

東地中海世界において，アレクサンダー大王
（Alexander the Great, 前 356- 前 323）が率い
たマケドニア王国による統一から，前 27 年以
降のアウグストゥス（Augustus）のもとでの
ローマ帝国の建設にいたるまでの期間の，ギリ
シアの建築と文化．したがってヘレニズム時代
は，ギリシアが相対的に衰退し，小アジアおよ
びエジプトにおけるヘレニズム諸王国が芸術お
よびパトロネージの中心地として発展するとい

う，二面性をもつ．ヘレニズム建築は，ギリシ
ア建築にみられるよりも，多彩な方面からの影
響を受けている点が特徴であり，いっそう豪奢
で上品かつ優雅なものである．さらには，ヘ
レニズム建築はギリシア建築にみられるよりも広
い柱間であるがゆえに，より軽やかな印象であ
ることが多い．たとえばドリス式オーダーは，
華奢になって厳格さが弱まり（各柱間の上には
二つ以上のトリグリフが設けられることが多
い），徐々に「純粋さ」を失い，イオニア式オー
ダーとしての特徴を獲得するにいたる．その
例としては，非常に細身の円柱（柱高比が 7 と
1/2）と，比較的低いエンタブラチュアを備え
た，ペルガモンにあるヘラ神域の神殿（前 2 世
紀中葉）がある．イオニア式オーダーを組み込
んだ華麗なヘレニズム建築の好例が，生命力み
なぎる彫刻を多く盛り込んだハリカルナソスの
マウソレウムと，エフェソスにあるアルテミス
神殿である（ともに前 4 世紀中葉のもので，古
典古代の「七不思議」に数えられている）．ヘ
レニズムのイオニア式オーダーの特徴として
は，プリエネにあるアテナ・ポリアス神殿（前
335 頃より）にみられるように，アジア風の台
座が用いられたり，フリーズが省略される点が
あげられる．コリント式オーダーは，アテネに
あるリュシクラテスの合唱競技記念碑（このオー
ダーの非常に優美で繊細なヴァリエーション
である．前 334），およびアテネにあるオリン
ピアのゼウス神殿（のちのオリュンペイオン，
前 174 着工）で使用された．後者は主要建築に
オーダーが用いられた，最初の例である．

エフェソス，プリエネ，およびペルガモンと
いった都市が，壮大で優美なヘレニズムの宗教
建築（巨大で豪奢なペルガモンのゼウスの大祭
壇（前 180 頃，現在はベルリンが所蔵）など）
で飾りつけられた一方で，多くの構造物は都市
的な性質を備えており，ミレトスやプリエネの
ような格子状の都市計画が通例となり，また，
エジプトのアレクサンドリアのような巨大都市
は格子状の区画のみならず，実質的には現存し
ないものの，壮大な行進用の大通りや，記念碑
的建築が設けられた．ペルガモンには図書館，
劇場，宮殿，祭壇，その他の建築が連続的に構
成され（前 2 世紀），シーノグラフィーの眺望
の壮大な効果は，ローマ帝国の都市を想起させ
るものであった．多くの手の込んだ都市建築の
中でも特筆すべきは，ミレトスにあるブーレウ

テリオン（前175-前164）で，これは劇場風に
座席が配置されたものである．

　ヘレニズムの要塞，門，公共建築，そして記
念碑は，多岐にわたるモチーフやテーマから導
き出されたものであり，目もくらむほどの技術
と技巧によって提示された．住居はきわめて豪
奢であり，ローマの贅沢なヴィラを予期させる
ものであった．アーチやヴォールトも，とくに
墓所や地下構造で使用され，この点についても
ローマ建築につながるものである．レバノンに
あるバールベックの神殿群（1，2世紀）のよ
うに，ローマ建築はヘレニズムのデザインの多
くの特質を吸収したのであった．

ヘレニック　Hellenic
　前11世紀から前323年までの古代ギリシア
建築・文化．

ヘレフォード，ウォルター・オヴ　Hereford,
Walter of（活躍1277-1309没）
　イングランドの石工．チェシャーのデラミア
のヴェイル・ロイヤル・アビーのマスター・オ
ヴ・ザ・ワークス（工事主任）（1278-90）をつ
とめ，1304年からはカーナーヴォン・カース
ル（ウェールズ）の建設工事を任された．ま
た，1285年から1309年にかけては，王にプリ
ンシパル・マスター・アーキテクトとして雇わ
れている．ロンドンのニューゲートに，グレ
イ・フライアー聖堂を設計し（1306以降），お
そらくウィンチェスター（サセックス）のセン
ト・トマス聖堂やハルのホーリー・トリニティ
聖堂の設計に影響を与えた（1295-1300）．ま
た，城門棟など，1300年頃開始されたデンビ
ー・カースルの計画を考案したと思われる．

ベーレンス，ペーター　Behrens, Peter（1868-
1940）
　ドイツのハンブルク生まれの芸術家であり，
画家から建築家に転じた．1893年，ミュンヘ
ンにゼツェッシオン（セセッション）が設立さ
れた時のメンバーであり，初期のグラフィック
作品はアール・ヌーヴォーから強い影響を受け
た．1899年にはヘッセン大公エルンスト・ル
ートヴィヒ2世（Ernst Ludwig II，在位
1892-1918）に招かれてダルムシュタットに移
り，マティルデンヘーエの芸術家コロニーの自
邸を設計した．それはゴシック様式のオジー・

アーチの破風，ドーマー・ウィンドウと重厚な
幾何学を融合させたものだったが，全体とし
て，内外とも，ヴァン・デ・ヴェルデやマッキ
ントッシュ風の考え方にもとづいてデザインさ
れていた．1907年以降，彼の作品はより新古
典主義的になっていった．ヴェストファーレン
州ハーゲン近郊デルシュテルンの火葬場
（1906-07）はその好例である．ドイツ工作連盟
の共同設立者となり，またベルリンの最初の電
気企業であるＡＥＧに建築家として招聘され，
1914年まで，タービン・ホール（1908-10），
工場，事務所，商店，労働者住宅，およびあら
ゆる種類の工業製品をデザインした．

　ベルリンの彼の事務所は進歩的なデザインで
国際的な評判となり，1910年頃にはル・コル
ビュジエ，Ｗ・グロピウス，ミース・ファン・
デル・ローエが働いた．彼のＡＥＧ関連の作品
には新古典主義的なものが大きく影を落とし，
またヴェストファーレン州ハーゲン市エッペン
ハウゼンのシュレーダー邸（1908），ベルリン
のヴィーガント邸（1911-13）にはシンケルの
影響が見られる．サンクト・ペテルブルクのド
イツ帝国大使館（1911-12）はストリップト・
クラシシズムを具現する見事な作品であり，
1920年代，30年代のスカンジナヴィア地方の
新古典主義系の建築家たちを含め，多くの建築
家に影響を及ぼした．1920-24年にはフランク
フルト・アム・マイン市にあるＩ・Ｇ・ファル
ベン（現ヘキスト）の染料会社の事務所を設計
し，前期アール・デコの装いをみせる表現主義
の傑作を生んだ．

　1922年，ベーレンスはウィーン芸術アカデ
ミー建築学校の校長となり，36年にベルリン
のプロイセン芸術アカデミー建築部門長に就任
するまで在任した．イングランドにも住宅を一
つ設計しているが，それは〔模型技術者〕ウェ
ンマン・ジョセフ・バセット＝ローク
（Wenman Joseph Bassett-Lowke, 1877-1953）
のための，ノーザンプトン市ウェリングバラ通
り508番地住宅「ニュー・ウェイズ」である．
これは1907年にマッキントッシュが設計した
同市ダーンゲイト通り78番地にあった部屋を
組み入れたものだった．彼はシュトゥットガル
ト市のヴァイセンホーフ・ジードルンクでのド
イツ工作連盟博覧会の実験住宅（1927），また
ベルリン市シュラハテンゼーにレーヴィン邸
（1929-30），同ヴェストエンドにアパート建築

(1930), クロンベルク・イム・タウヌス市にガンツ邸（1931-34）を建てた. これらすべてはインターナショナル・モダン（国際近代）の様式の影響を受けており, リンツ市のオーストリア国立タバコ会社管理事務所棟（1936；アレクサンダー・ポップ（Alexander Popp, 1891-1945）と協働）にもそれが見られる. 1937-39年, 彼はシュペーアの構想したベルリン南北軸計画の一端をなすＡＥＧの新管理事務所棟を設計したが, それはストリップト・クラシシズムによっていた.

ベーレント, ヴァルター・クルト Behrendt, Walter Curt (1884-1945)

ドイツ生まれで, のちにアメリカに移住した建築著述家, 建築家. 住宅・都市計画省（1919-26）と協働し, また財務省（1927-33）に勤め, その立場からプロイセン州およびヴァイマール共和国全体の公共建築プロジェクトを通じて近代運動を奨励した. 他の前衛的な建築家たちと同様, ドイツ工作連盟に関与し, のちにデア・リンクに参加した. 1934年にはドイツを離れ, アメリカ合衆国に移住し, ニューヨーク州のバッファロー大学（1937-41）, ハノーヴァーのダートマス大学（1941-45）などで教鞭をとった. フランク・ロイド・ライトの支持者でもあった. 著作には, 『アメリカ合衆国における都市計画と住宅政策（*Städtebau und Wohnungswesen in den Vereinigten Staaten*）』（1926）, 『新しい建築様式の勝利（*Der Sieg des neuen Baustils*）』（1927）『近代の建築物—その特性, 問題, 形態（*Modern Buildings: Its Nature, Problems, and Forms*）』（1937）, 『現代アメリカ建築のルーツ（*Roots of Contemporary American Architecture*）』（1972）がある.

ペロー, クロード Perrault, Claude (1613-88)

フランスの外科医, 建築愛好家. ウィトルウィウスのすばらしいフランス語訳（1673）で名声を獲得し, 今なお尊敬されている. 1665-74年, パリのルーヴル宮殿の著名な東側正面の設計に（ル・ヴォーとル・ブランとともに）一定の役割を果たした. これは当時としては驚くべき「現代的」古典主義建築物であり, 平滑な基壇の上にコリント式の双子柱が並んでいる. だが, 彼一人でこれを手がけたわけでは

ない（じつは, 弟のシャルル（Charles, 1628-1703）はその設計案を構想したのは自分であると主張し, クロードは実現案でこれを用いたのだと述べている）. ベルニーニの設計案の影響も受けた高貴なファサードは大いにレンの印象に残り, ロンドンのセント・ポール大聖堂の西側正面で双子柱を使用したほどである. ペローは『5種類の円柱の秩序（*Ordonnance des Cinq Espèces de Colonnes*）』（1683, のちにさまざまな言語に翻訳された）を出版し, その中でオーダーの比例が美を規定することに対する疑義を表明した. これがＮ・Ｆ・ブロンデルの非難を招いている. ペローはフランス合理主義建築の発展において重要な人物であり, また, 啓蒙思想の父の一人でもある.

ベロ師, ポール Bellot, Dom Paul (1876-1944)

フランスの建築家で, ベネディクト会修道士. ショワジーとヴィオレ=ル=デュクの弟子で, パリのエコール・デ・ボザールで学んだ（1894-1901）. ベルギー, イングランド, フランス, オランダ, ポルトガルに多くの建築を残した. オランダのブラバント州のオーステルハウトにあるベネディクト会のサン・ポール・ド・ウィスク修道院の建築家となり（1906-20）, この建物はベルラーヘに影響を与えた. ワイト島のクウァール修道院（1907-14）は, 彼が実現した建物で最もよいもので, 短く低い身廊, 長い内陣, そしておそらくはスペインのムーア様式の建築に影響された煉瓦アーチの魅力的な東塔は, 煉瓦による表現主義の傑作でありペヴスナーをも驚嘆させた. ベロはオーステルハウトにスタジオを設立し, のちに（1928から）フランスのサントメール近郊のウィスクのサン・ポール修道院に移った. そこで煉瓦による放物線アーチと持ち送りの耐荷重性についての建築的可能性を探求し, このような調査は厳密に考古学的なゴシック・リヴァイヴァルよりも中世建築の精髄の中でこそなされるべきだと主張した. フランスにある, 高く伸び上がるポリクロミーのトロワのノートル・ダム・デ・トレヴォワ聖堂（1931-34）, ヴァンヴのサント・バティルド修道院聖堂（1933-36）, オランダの愛らしいブロエメンダール聖堂（1923-24）などが, 彼のすばらしい建物の中に数えられる.

1934 年にはカナダのモントリオールを訪れ，連続講演を行った（1939 出版）．その中で彼は，近代の建築家は，中世の教えを模倣するのではなく，それと競わなければならないと強調し，またル・コルビュジエを「暴力的なボリシェビストの建築家」と呵責なく弾劾した．これらの講演によって，自ら設計した教会建築が広まり，放物線アーチ，ポリクロミーの煉瓦，力強い幾何学を誇る「ドン・ベロ様式」として知られるようになる．ベロの教え子であるアドリアン・デュフレンヌ（Adrian Dufresne, 1904-82）は，ベロによるオランダのノールドホークの聖堂の部分的な影響がみられるベロ様式で，ケベック市近郊のボボールにサント・テレーズ・ド・リジウー聖堂を設計している．ベロ自身は，フェリックス・ラシコ（Félix Racicot, 1903-73）と，もう一人の修道僧建築家であるドン・クロード＝マリ・コテ（Dom Claude-Marie Côté）とともにサン・ブノワ・デュ・ラック修道院の壮観な増築を設計した．1939 年に始められたこの作品は，またもや放物線アーチによる煉瓦のクロイスターを備え，劇的に構成された．モントリオールのサン・ジョゼフ礼拝堂では，ルシアン・パラン（Lucien Parent, 1893-1956）とともに，建物の完成を手がけ，巨大な多角形のコンクリート・ドームと内部のカント・アーチを主に担当した．

ペロー，ドミニク Perrault, Dominique (1953-)

フランスの建築家．マルヌ＝ラ＝ヴァレの高等電子技術学校（1984 コンペ優勝，1987 完成）やパリのベルリエール工業館（1986 コンペ優勝，1989 完成）などを含む多くの建築コンペに参加した．近年ではフランソワ・ミッテラン大統領（President François Mitterrand, 1916-96）によるグラン・プロジェの一環であるパリのフランス国立図書館のコンペに勝って名声を獲得した（1989-96．巨大な四つの L 字型のタワーが基壇で接続されている形式で，機能性をめぐっては議論があった）．さらに最近ではオーストリア，インスブルックの市庁舎・ホテル・店舗などを設計している（1996-2003．インスブルックの歴史地区にやや驚きをもって導入されたもので，「新旧の活気ある緊張感をつくり出す」とみる者もいれば，場違いとみる

者もある）．

ペロネ，ジャン・ロドルフ Perronet, Jean-Rodolphe (1708-94)

フランスの建築家，軍事技師．1745 年，アランソン大聖堂のクワイア（内陣）を建設し，1747 年には，エコール・デ・ポンゼショセ（国立土木学校）の校長に就任した．この学校で，技師と建築家達は橋梁建設，堤防建設，道路建設を学んだ．ペロネの重要性は橋梁設計を発展させたことにある．橋梁を支えるアーチが，隣のアーチと互いに推し合うことで，スパンを大きくし，高さを低くし，構造を軽くすることが可能となった．ゴシックのデザインと本質的に同じ原理である．彼の理論の影響は大きく，とりわけテルフォードがあげられる．ペロネが設計した橋には，ポン・ド・マンテ（セーヌ川，1757-65），ポン・デ・シャトー・ティエリ（マルヌ川，1765-86），パリのポン・ド・ニュイイ（セーヌ川，1768-74），シャンティイのポン・デ・フォンテーヌ（1770-71），オワーズのポン・ド・サント・メクサンヌ（オワーズ川，1771-86，取壊し），ラニイ近郊のポン・ビエ（ビシュレ川，1775），ポン・デ・ブリュノワとポン・デ・ロゾワ（ともにイエール川，1785-87），ポン・ルイ・セーズ（現在のコンコルド橋，セーヌ川，パリ，1787-91）がある．ブルゴーニュ運河も設計した（1775-1832）．『ポン・ド・ニュイイ，ポン・ド・マント，ポン・ドルレアンそのほかの計画と建設の記述（*Description des projets et de la construction des ponts de Neuilly, de Mantes, d' Orléans et autres*）』（1782-83）を著した．ペロネは，スフロとその考えを擁護した新古典主義の創始者の一人でもある．弟子のエミリアン＝マリ・ゴテ（Émiliand-Marie Gauthey, 1732-1808）とともにフランス国内で最良の建設石材を求め，科学実験にかけ，サント・ジュヌヴィエーヴ聖堂が構造的に安定することを確かめた．構造理論・構造実験・構造計算の発展の歴史においても非常に重要である．

ペロン perron

1．ピアノ・ノービレにまで通ずる屋外のシンメトリーな階段の基壇．パッラーディオの建築の特徴．

2．基壇に至るまでの階段．

3. 基壇一般. マーケット・クロス（市場の十字模）の土台，墓碑などの基壇.

ヘロン，ロナルド（ロン）・ジェームズ Herron, Ronald（Ron）James（1930-94）

ロンドン生まれの建築家で，1960年代にアーキグラムの一員となる. 大ロンドン議会で働いていた時期にサウスバンク・センターの草案に部分的にかかわったとされる（1960年代初期）. 彼の最も著名な作品としてロンドン，ブルームズベリーのストア通りにある，既存のオフィスビルを改装し，中庭をテント生地で覆ったイマジネーション社の社屋（1989）があげられる. 彼は富山県でも作品を残した.

偏円アーチ anse de panier, surbased arch
⇨アーチ（アンス・ド・パニエ，四心アーチ，三心アーチ）

ベンガル・コテージ Bengal Cottage
19世紀半ばのヨーロッパの庭園における建築で，コブ（荒壁）もしくは類似の壁，竹製の扉，窓枠，藁葺きの屋根をもつ.

ベンジャミン，アッシャー Benjamin, Asher（1771-1845）

マサチューセッツ州生まれのアメリカの建築家. ニューイングランド地方の無数の建物の参照源となった『田舎の大工の手引き（The Country Builder's Assistant）』（1797），『アメリカの大工の必携書（The American Builder's Companion）』（1806）などを出版した. さらに5冊が続いて出版され，いずれも版を重ねた. それらは後期ジョージアンからグリーク・リヴァイヴァルまでのさまざまな建築様式の例を収録し，明快で実用的で，図解の豊富な書物であった. ベンジャミンはチャールズ・ブルフィンチのフェデラル様式の建築を高く評価した. 1803年からボストンで建築家の実務を開始した. アフリカン・ミーティング・ハウス（1805）やウェスト・チャーチ（1806），チャールズ・ストリートの礼拝堂（1807）などが現存する. 控えめだが均整のとれたビーコン・ストリート54-5番地と70-5番地の建物も彼の手による. 建築家としてマサチューセッツ州，ヴァーモント州，コネチカット州，ロードアイランド州およびニューハンプシャー州に建物を残し

たが，同時に彼の『実用的住宅の大工（Practical House Carpenter）』（1830）は19世紀のアメリカにおいて最も人気があった建築書であり，広範囲にわたる建物や街路設備の参考書となっている. また，鋳鉄使用についての注釈，技術的情報を記載した『建築の基礎（Elements of Architecture）』（1843）を出版した. 著書のほとんどが再版された.

ベンシュ，アドルフ Benš, Adolf（1894-1982）

チェコの建築家. 簡潔で最新の国際モダニズム様式で数多くの建物を設計した. プラハのホレショヴィツェ地区の電気管理局（1926-35, ヨゼフ・クシーシュと共働），プラハのトロヤ地区のヴィラ（1928），プラハのババ地区の自邸（1937）などがその例で，最もよく知られた作品はプラハ空港（1931-35）である. プラハ工芸学校の建築科教授（1945-70）を務めた.

ペンシリング pencilling
煉瓦造りにおけるモルタルのジョイント部分で，目立たせるために彩色されたもの.

ペンシル・ラウンディッド pencil-rounded
研磨して角を鈍らせた稜線で，わずかに丸みを帯びた縁を形づくる.

ヘンゼルマン，ヘルマン Henselmann, Hermann（1905-95）

ドイツの建築家. 理論家. 旧ドイツ民主共和国において1951年から73年にかけて最も影響力をもった. ヴァイマール建築・造形芸術大学の学長を務め（1945-50），その後東ベルリンの都市計画に数多く携わり（1951-72），スターリン通り（のちにカール・マルクス通り）の設計では主導的立場でかかわった. 共産主義政権当局の要請により，「国民的伝統」と呼ばれた様式（古典主義様式にもとづきながら細部を省略し，より荒々しい印象を与える）を創始し，ベルリン，ヴェーバーヴィーゼの高層集合住宅（1951）はその第1作とされる. また，ベルリンのシュトラウスベルガー通り（1952-53），およびフランクフルト門（1955-56）の高層ビルを設計した. 都市計画・建築局の主任建築家として新たな高層ビルの建設を計画し（1966-72），これらは破壊された都市の中で歴史を参照することなく都市の構造を顕在化さ

せ，その中核的建物として独自の「個性」を表出するよう考えられていた．その他，ベルリンのアレグザンダー広場に面して，ドイツ民主共和国で最初の鉄とガラスによる骨組構造をもつ高層ビル（教師の家，ベルリン（1964）），ベルリン会議センター（1964），ベルリン・テレビ塔（1969）を手がけた．また，ライプツィヒ大学の施設計画（1969-74），円筒形をしたイエナ大学研究所ビル（1969-75）の設計に携わった．歴史的関連の重要性を認識し，楕円形をしたシュトラウスベルガー広場の設計ではメーリンクの1920年の計画が参照され，またフランクフルト門の二つのクーポラがゴンタールによるジャンダルメン広場の優美な増築部分（1780-85）に由来していることは明らかである．1949年以降に実現した作品は工業化された建物で，プレファブリケーションの技術を用いていることが多い．

ベンソン，ウィリアム Benson, William (1682-1754)

イングランドの建築家．ウィルトシャーのウィルベリー・ハウス（1710）を設計し，これは18世紀イングランドの邸宅建築におけるイニゴー・ジョーンズ様式のリヴァイヴァルの最初の例となった．この邸宅はウィルトシャーにある，ジョン・ウェブのエームズベリー・ハウス（1661）に影響を受けている．ウィルベリー・ハウスは『ウィトルウィウス・ブリタニクス（*Vitruvius Britannicus*）』（1715，図版51-52）の第1巻に描かれた．水力学に興味をもったベンソンは，ドーセットのシャフツベリーにパイプによる給水システム（1715）を供給し，ジョージ1世（George I, 在位1714-27）のためにハノーファー近くのヘレンハウゼン庭園に噴水をデザインした．ベンソンは王の機嫌をとり，80代のレンを免職させたあと，1718年に王室の監督官となった．代理としてコリン・キャンベルを指名したものの，15ヵ月後には才能ある部下をだれでも免職できる地位についた．ベンソンとキャンベルは壮大で新しいパッラーディオ主義の建物をデザインするという計画を推進するために（貴族院は構造的に腐敗しているという理由で）国会議事堂を取り壊そうと目論んだようであるが，彼らの主張は異議申し立てを受け，1719年に免職に追いこまれた．これは，おそらくキャンベルのデザインにより，ケンジントン宮殿の新しい大広間（1718-20）が始められた後であった．レンが40年かけて「誠意ある努力」で得たよりも多くを，ベンソンは1年間で「王室建築を混乱させること」で得たとホークスムアは述べている．ベンソンはウィルトシャーでキャンベルによるスタウアヘッドの設計に加わったようで，ハンプシャーのクォーリーにある教区教会の新しい内陣（1723）の建設に貢献した．

ペンダント pendant

長く引き伸ばしたボスに似た，固定された懸垂状の装飾．垂直式のファン・ヴォールト架構，ジャコビアン建築の天井，木造屋根トラスのポスト，階段の親柱などから吊るされるか，あるいは破風の頂点にあるバージ・ボードの留め継ぎとして用いられる．

ペンダント・フリーズ pendant frieze

ゴシックのフリーズ，もしくは18世紀のゴシック・アーチの織り交ぜ模様のように配置された，ペンダントの透かし細工の列．

ペンダント・ポスト pendant-post

壁に対して直立したポストで，下端はコーベルや柱頭に載り，片持ち梁トラスのように，片

ベンチ・エンド ブラインド・トレーサリーのパネル，ケシ飾りの頂華（フィニアル），オジー・ヘッドのニッチに収まる人物像をもつ中世の一例（サフォーク，ブリスバーグのホーリー・トリニティの例より）．

持ち梁やつなぎ梁で上端に固定される.

ベンチ　bench
聖堂のベンチ型の座席（ビュー）．ベンチ・エンドはしたがって信徒席の端面を納める木材であり，ポピー・ヘッド，ブラインド・トレーサリーなどで装飾されることが多い．ベンチ・テーブルあるいはベンチ・テーブル・ストーンは石造りの壁の連続する凸状の部分であり，下端は面取が施され，クロスターなどの中世の壁面に座席を形成する．

ペンディル　pendill
階段の張り出しもしくは親柱などにおける垂直ポストの基部で，装飾的に彫られている．ペンダント，あるいはペンディクル．

ペンデンティヴ　pendentive
⇨ドーム

ペントハウス　penthouse, pentice
1.　別の建物の側面を利用して，片流れ屋根ないしは差掛け屋根をかけて建てられた構築物．
2.　巨大な建物に対して，もしくは複数の建物をまたぐように設置された，屋根つきの歩道．
3.　建物の屋根の一部を占有する構築物で，周囲からは切り離された高級居住区として使われる．
4.　ドアもしくは窓の上に設けられる，（差掛け屋根と同等の）風雨をしのぐ構築物．

ベントリー，ジョン・フランシス　Bentley, John Francis (1839-1902)
ドンカスター生まれのイングランドの建築家．ヘンリー・クルットンのロンドンの事務所に入り，ファーム・ストリートのイエズス会教会堂をつくり，ロンドンのノッティング・デールの感じのよい小さなアッシジの聖フランシス教会堂では，高祭壇，洗礼堂などをデザインした．1862年，ローマン・カトリックに改宗し，自分の事務所を開き，多くの仕事を所属教会から得た．たとえば，ハートフォードシャーのワットフォードのホーリー・ルード教会堂（1883-90）はきわめてイングランド的な第二および第三尖頭ゴシックの混合であり，見事な高祭壇，祭壇背後の飾り壁，内陣仕切り，十字架をもっている．代表作ウェストミンスター大聖堂（1894-1903）はイタリア・ビザンツ様式の建物で，赤白縞の外装はノーマン・ショウのニュー・スコットランド・ヤードに影響を受けたものである．折衷的な力作であり，その他，ヴェネツィアのサン・マルコ聖堂，ラヴェンナのサン・ヴィターレ聖堂，ピサのロマネスクのドゥオモ，シュパイヤーのドームキルヘ（大聖堂），ミラノのサンタンブロジオ聖堂，パヴィアのチェルトーザ聖堂，コンスタンティノープル（イスタンブール）のハギア・ソフィアを参照している．ロマネスクとビザンツの要素が融合しているが，ローマのヴィニョーラによるイル・ジェズ聖堂の平面計画に似ていなくもないソーサー型ドーム（コンクリート造）が連なる様子は，ペリグーのサン・フロン大聖堂を想起させる．

ヘントリヒ，ヘルムート　Hentrich, Helmut (1905-2001)
ドイツの建築家で，デュッセルドルフのヘントリヒ＝ペシュニッヒ・アンド・パートナーズ（Hentrich-Petchnigg & Partners, HPP）の代表．国際的モダニズムの様式に則り，大企業のために大規模な計画を数多く手がけた．デュッセルドルフのティッセンハウス（1957-60），ベルリンのオイローパ・センター（1957-60），百貨店を経営するホルテン社のための標準化されたファサード部材，デュッセルドルフのガラートにあるディートリヒ＝ボンヘファー教会（1964-65），ハンブルクのフィンランドハウス（サスペンション・システムによるヨーロッパで初めての高層ビル（1966）），南アフリカ共和国ヨハネスブルグのスタンダード銀行センター（オーヴ・アラップと共同（1967-70）），デュッセルドルフのコンツェルトハレ（1978）などの作品がある．また，デュッセルドルフ，ケルン他西ドイツの諸都市で大規模なオフィスビルの設計に携わった．

ペンブルック，第9代伯爵　Pembroke, 9th Earl of (1689頃-1750)
⇨ハーバート，ヘンリー，第9代ペンブルック伯爵

ペンローズ, フランシス・クランマー
Penrose, Francis Cranmer (1817-1903)

イングランドの建築家で考古学者. ブロアのもとで働いたのち, ヨーロッパ大陸を多く旅した. 古代ギリシア建築の視覚補正についてのジョン・ペネソーンの論文 (1844) の重要性に気づき, ディレッタント協会の庇護のもと, アテネのペリクレスの遺跡の正確な記録をトマス・ジョン・ウィルソン (Thomas John Willson, 1824-1903) とともに作成した (1846-47). 調査の結果は最初に 1847 年に出版され, 1851 年には厖大な学術書の『アテネ建築の原理 (*Principles of Athenian Architecture*)』が出版され, この増補版が 1888 年に出版された. 彼はケンブリッジ大学のマグダレン・コレッジの玄関, ロンドンのセント・ポール大聖堂のクリプトにあるウェリントン公爵の厳粛な石棺をコーンウォール産の斑岩を用いて設計した.

ホ

ボー＆ヴォーレルト　Bo & Wohlert

ユルゲン・ボー (Jørgen Bo, 1919-99) とヴィルヘルム・ヴォーレルト (Vilhelm Wohlert, 1920-2007) により設立されたデンマークの建築会社. エルシノーレの近くのフムレベックに設計したルイジアナ美術館 (1958) は, 1960 年代および 80 年代を通して断続的に増築が行われた. それ以外の作品では, ビニエヘイ (1962), ルングステッド (1964), ヘイスホルムのシャスティーネパルケン (1964) における一連のテラスハウスがある. また, チュニジアのモナスティールにおける家具職人養成センター (1973), ブラジリアのデンマーク大使館 (1973), ドイツのボーフム美術館 (1977-83) などが特筆に値する. ボーはブリュッセルの IBM 研修センター (1965-75, アンデルシュ・ヘーゲルンド (Anders Hegelund, 1938-) と協働) を, ヴォーレルトはコペンハーゲンにある聖母教会 (1979) をはじめとするいくつかの重要な修復工事を担当した.

ボイガス (・グアルディオラ), ホセ・オリオル　Bohigas (Guardiola), José Oriol (1925-2021)

⇨エメ・ベ・エメ・アルキテクタス

ボイタック, ディオーゴ　Boytac, Diogo (1490-1525 活躍)

フランスの石工棟梁で, リスボン近郊ベレムのサンタ・マリア聖堂 (1502 着工) とセトゥーバルのジェズース聖堂 (1494-98) の建築工事に携わった. サンタ・マリア聖堂はポルトガルのマヌエル様式最初期の例の一つである. またジェズース聖堂は, ポルトガル人の探検航海を記念し, 建物の形態と細部にそれを表現している.

ホイットフィールド, サー・ウィリアム
Whitfield, Sir William (1920-2019)

イギリスの建築家．彼の設計手法は，おもに機能を分化させ（たとえば，「従となる」部分と「主となる」部分），それらを建築的形態で表現することにあった．作品には，グラスゴー大学のハンター博物館と図書館の増築計画（1962-81）があり，びしゃんたたきコンクリート仕上げの力強い塔状の群造形として表現されている．ギャラリーは，サウスパーク・アヴェニュー78番にあり，大学によって1963年に解体されたマッキントッシュの家（1906）が再現されている．彼はまた，ブレスフォード・バイトとジョン・ベルチャーによるすばらしい勅許会計士協会ビルディング（1892）の増築部分の設計を行い，バイト＝ベルチャーの作風をもとに新しいエントランスをつけた．ロンドンのホワイトホール，リッチモンド・テラスにある厚生省（1987）は，近くにあるノーマン・ショウのニュー・スコットランド・ヤードに対応するように，細長く切り取られた外観と注意深く垂直に構成された要素を有しており，おそらく，なくなったチューダー様式の建物であるホワイトホール・パレスをほのめかすべく，ゴシック的な造形が提案されている．ウィットフィールドはしばしば永続性と記念性を示す耐荷重構造を好み，たとえば，ハートフォードシャー，セント・アルバンズ大聖堂にある力強い煉瓦が特徴のチャプターハウス（1975-83），ロンドン，ピムリコー，ベスバラ・ストリートにある大規模なテラスハウス（1980-84）は，いずれもセグメンタル・アーチをうまく使っている．近年では（1995），ヘレフォードの大聖堂図書館に赤砂岩を使い，周辺環境に細やかな設計者の評判を高めた．スカルパやシャットナーといったヨーロッパの建築家のごとく，ウィットフィールドは，歴史的な環境にある既存の建物に対して，知的に対応しながら，活気のある洗練された建築を創り出している．

ボイト，カミッロ Boito, Camillo（1836-1914）
　イタリアの建築家．国家主義者．ヴィオレ＝ル＝デュクに影響を受けた理論家．初期の秀作として，化粧材と煉瓦を半円アーチ様式でまとめたミラノ北部ガッララーテの墓地（1865）がある．6年後に同地に病院も手がけるが，こちらは厳格さと堅苦しさがやや目立つ．より装飾的な作品としては，パドヴァのパラッツォ・デッレ・デビテ（1872-79）がある．中世ヴェネツィアの半円アーチ様式を用いるが，その装飾性と表現力をもって，盛期ヴィクトリア朝建築のイタリア版，「ボイト様式」として知られる．パドヴァ市立美術館（1879）でも半円アーチを用いたが，ミラノではゴシック様式で，音楽家のための養老院，いわゆるカサ・ヴェルディ（1899-1913）を設計した．この建物には作曲家ジュゼッペ・ヴェルディ（Giuseppe Verdi, 1813-1901）を記念した彩色豊かな礼拝堂が設置された．ヴェルディの曲に詞をつけたのはカミッロの弟アリゴ（Arrigo, 1862-1918）であった．さまざまな時代の様式混在，構成的な色使いは，フロレアーレ様式の影響を思わせる．またボイトは，パドヴァの聖アントニオ聖堂の修復（1892-96）にも従事した．ボイトは多数の著書で，歴史的造物のあらゆる修復行為には歴史的裏づけが必要であること，また，修復行為は次世代に向けてきちんと資料化されなければならないことを訴えた．代表的な著書は，『美術の実践的問題（*Questioni pratiche di belle arti*）』（1893），『意匠の原理と装飾の様式（*I principii del disegno e gli stili dell'ornamento*）』（1882），『イタリアの中世建築（*Architettura del Medio Evo in Italia*）』（1880）など．

ボイル Boyle
　⇨バーリントン卿，リチャード・ボイル，第3代バーリントンにして第4代コーク伯爵

ホイールハウス wheelhouse
　先史時代の空積み石造住居．おおよそ円形平面で，放射状の間仕切り壁と中央部のスペースを特徴とする（例：オークニー諸島カーフ・オヴ・イーデイ島の住居）．

ポインター，アンブローズ Poynter, Ambrose（1796-1886）
　イングランドの建築家．ナッシュの事務所で働き（1814-18），イタリア，シチリア，イオニア諸島を旅し（1819-21），帰国するとロンドンに事務所を開いた．彼の作品の中でも，ロンドンのリージェンツ・パークにあるセント・キャサリン病院と礼拝堂（1826-27，チューダー・ゴシック様式のパッラーディオ主義の建物），ケンブリッジにあるニューマーケット・ロードのクライスト・チャーチ（1837-39），セント・

アンドリューズ・ロードのセント・アンドリュー・ザ・グレイト教会（1842-43），ヒルズ・ロードのセント・ポール教会（1841）に言及すべきであろう．ケンブリッジの建物はすべて垂直式で設計された．クライスト・チャーチとセント・ポール教会は幾何学模様のついた明るい赤煉瓦で仕上げられており，この時代の教会にはあまりみられない材料が用いられている．ウェストミンスターのクライスト・チャーチ（1841-44）は非対称性，粗硬岩の外装材，13世紀のゴシック・リヴァイヴァル様式を用いた初期のデザインである（1941年に爆撃され1954年に解体）．彼はまたナショナル・プロヴィンシャル銀行のための建物をいくつか設計した．王立英国建築家協会（1834）の創立メンバーであり，『建築構造への鉄の導入について（*On the Introduction of Iron in the Construction of Buildings*)』（1842）の著者でもあった．1860年に視力を失い始めるまで，大規模で成功した事務所をもった．息子のサー・エドワード・ジョン・ポインター準男爵（Sir Edward John Poynter, Bt., 1836-1919）は傑出した画家であり，彼の《エジプトのイスラエル人》（1867）は古代エジプトをテーマとした，入念で学術的な絵画の良い例である．孫のサー・アンブローズ・マクドナルド・ポインター準男爵（Sir Ambrose Macdonald Poynter, Bt., 1867-1923）はロンドンで成功をおさめた建築家で，セント・ジェームズ・ストリートのパーク・プレースにあるロイヤル・オーヴァーシーズ・リーグ（1906-08）や多くの作品を手がけた．

ポインティング　pointing
　煉瓦積みや石積みにおける，モルタルの継ぎ目の作成過程や材料もしくは完成された仕上げ．⇨煉瓦，ポインテッド

ポインテッド　pointed
　1．ピクト・フェイス（すなわち，最も粗い突起部のみ取り除いた表面）をもつ，ピックまたは先端が尖った道具で仕上げられた粗面の石工仕上げ．ペッキングとも呼ぶ．
　2．アーチの一種．
　3．大文字のPで始まるポインテッド（Pointed）についてはゴシック様式を参照．それは，ファースト（初期），ミドル（中期），セ

カンド，サード・ポインテッドに分けられる．最後のものは，イギリスでは通常垂直式と呼ばれる．
　4．煉瓦積みや石積みで，継ぎ目がかき出され，モルタルで尖らせられたもの．⇨煉瓦

ポイント　point
　レンガ積みや石積みのモルタルにおける接合部のように，隙間を塞ぎ丁寧に仕上げること．天候から材料を保護するとともに，美的効果を狙ってなされる．

ポイント・ブロック　point-block
　設備と動線が中央のコアに集中し，その周囲に居住空間が配された階が何層かに積み重なって配置された高層集合住宅．⇨高層住宅

方円柱頭　cushion-capital
　⇨クッション・キャピタル

放射原理　radiating principle
　監獄や病院など特定の建築類型に用いられる設計手法で，中央棟ないしコアから翼廊が数方向に向かって放射状に伸びるもの．
　⇨パノプティコン

放射状祭室群　radiating chapels
　教会において，東端にある半円または多角形の周歩廊の周囲に放射状に配置された祭室．
　⇨シュヴェ

放射状踏み板　radial step
　⇨レディアル・ステップ

宝石模様　jewelled
　16世紀後半から17世紀初頭にかけて，菱形や半球によって装飾された複雑なストラップワーク（帯紐模様，プリズマティック・オーナメント）で宝石を思わせる．

放物線　parabola
　⇨パラボラ

ボウマン，ヨハン・A　Boumann, Johann A.（1704-76）
　アムステルダム生まれの建築家．彼によるポツダムのアム・アルテン・マルクトに建つラー

トハウス（市庁舎）は，パッラーディオの未実現のパラッツォ・アンガラーノにもとづいている．ベルリンのローマ・カトリック聖ヘートヴィヒ大聖堂（1770-73）では，ビューリンクと協働した．彼の息子ミヒャエル・ダニエル・フィリップ（Michael Daniel Philipp, 1805 没）は，ベルリンのフォールム・フリデリチアヌムの王立図書館（1774-80）においてウンガーのデザインを遂行し，またベルリンのベレヴュー宮（1785）を新古典主義様式で設計した．

ボウル bowl
1. 講堂の斜路状の床面．音響的な理由により逆円錐形をしている場合がある．
2. 泉などにおける水盤．
3. ボウルや水盤に似た装飾のない柱頭．

堡塁 vallum
⇨ウェルム

ホーエンブルク，ヨハン・フェルディナント・ヘッツェンドルフ・フォン Hohenburg, Johann Ferdinand Hetzendorf von（1732-1816）
ウィーン・シェーンブルン庭園内で人目をひく著名な建築物．連続アーチのアーケードを配したグロリエッテ（1773-75）の建築家．この建築はチンクエチェント様式のリヴァイヴァルの初期例であり，ピラネージに影響を受けた「ローマの廃墟」（1778）でもある．ホーエンブルクはシェーンブルンの風景式庭園を新たに計画し，シェーンブルン宮殿の劇場のインテリアの設計者とされる．さらにヴェスラウ（1774から）とシェーナウ（1796 から）の庭園を計画したが，そこでは点景建築を構成するものとして小洞窟も設けられていた．ラクセンブルクの「奇想の家」（1799）は（ゴシックやエジプト・リヴァイヴァルを含む）多様な様式による際立った点景建築である．実際，彼は 19 世紀の折衷主義を先取りしており，多様式に精通した建築家であった．モラヴィアのアウステルリッツに建てた新古典主義の教会（1786）は著しく純粋なものであり，彼によるウィーンのヨーゼフ広場のフリース＝パラヴィチーニ宮殿はそのきわめて簡素なファサードゆえに非難をよんだ．

ボガーダス，ジェームズ Bogardus, James

（1800-74）
アメリカの発明家，設計家，技術者，産業資本家．1847 年に鉄骨プレファブ工場の試作を公表した後，ニューヨークのブロードウェイでジョン・ミルハウ博士（Dr John Milhau, 1785-1874）の薬局の 5 層のファサードを鉄で装飾した（1848）．本作がきっかけとなり，その後の鋳鉄建築，鋳鉄によるプレファブ構造，現場で手早く組み立てることが可能な部品一式に展開していった．1853 年のニューヨーク博覧会で中央の塔から吊り下がる屋根がある展示用住宅を提案した．著書に『鋳鉄建築：その構造と利点（*Cast Iron Buildings: Their Construction and Advantages*）』（1856, 1858 改訂）がある．残念ながらほとんどの作品は取り壊されたが，マンハッタンに 2 棟とニューヨーク州クーパーズ・タウンに 1 棟がかろうじて残っている．

ポーク，ウィリス・ジェファソン Polk, Willis Jefferson（1867-1924）
アメリカの建築家．1890 年にサンフランシスコで開業するまでに多くの建築家（ヴァン・ブラントを含む）のもとではたらいた．非常に多くの建築を設計し，その中で最もすぐれたものはマッキム・ミード＆ホワイトの影響を受けていた．バーナムのサンフランシスコ計画（1904-05）を補佐したこともあり，第一次世界大戦までは，バーナムの洗練された古典的手法を倣った．しかし，サンフランシスコのハリディービル（1917-18）からはそれまでとは異なり，主要構造から吊り下げられた全面ガラスのカーテンウォールを用い，この種の建築の最初の例に数えられている．一方で，アールヌーヴォー的なディテールをもつサリヴァン風の装飾も施している．

牧師館 Rectory
教区教会，あるいは通常教会に勤める英国国教会の牧師（rector）の教区ないし住居．牧師は十分の一税収受の権利をもち，永年牧師補の資格を有する．

牧師館 vicarage
⇨ヴィカリッジ（2）

ホークスビーク，ホークスビル hawksbeak,

ホクスヘル

hawksbill

1. ビーク・ヘッドで豊かに装飾されたロマネスクのオーヴォロ（卵）形刳形.

2. 頂部が凸面，下面が凹面になっていてそれらが一点で接合された刳形. その断面が猛禽の嘴に似ており，ストリング・コースの上にある.

3. キューマ・レクタに関連したドリス式の刳形.

4. 扉，または窓のアーキトレーヴの上部隅部にあるヴォリュート（渦巻装飾）という意味におけるクロセット.

ホークスベル hawksbell
ボールフラワー形の装飾物.

ホークスムア，ニコラス Hawksmoor, Nicholas（1661-1736）

イングランドのバロックの建築家で最も独創的な2人のうちの1人（もう1人はヴァンブラ）. ロンドンのチェルシー・ホスピタル，セント・ポール大聖堂，シティ・チャーチにおいてレンと共働した. ケンジントン宮殿（ここでオランジェリー（1704-05，おそらくレンの設計によるが，ヴァンブラとホークスムアによる改変）の建設を監督した）の現場監督（1689-1715），グリニッジ・ホスピタルの現場監督（1698-1735）をつとめ，ここではクイーン・アン・コートの東部分とキング・ウィリアム・コートの寝室部分の設計において主要な役割をになった. 1715年にはウェストミンスターのホワイトホール，セント・ジェームズ宮殿の現場監督，および建築局の書記となり，これによって王室建築局の上官となった. ヴァンブラはヨークシャーのカースル・ハワード，オックスフォードシャーのブレニム・パレスでホークスムアを雇った. 彼がレンのもとで培った才能が，建築的訓練を受けていないヴァンブラの計画を実現させたことは明らかである. 1700年までにホークスムアは独自の様式を発展させた. これはノーサンプトンシャーの巨大なカントリー・ハウス，イーストン・ネストン（1695頃-1702，このデザインにおいては，これまで考えられてきたよりもトールマンが大きな役割を果たしたかもしれない）にみてとることができる. その後，何十年にもわたって古典主義を想像的に応用するとともに，確かな様式言語を

披露した. 彼は石の塊を並置することで生み出される緊張と可能性について熟知しており，その力強いデザインにおいて立体感，光と影の力と劇的効果を表現した.

ホークスムアは，1711年に条例化された「ロンドンの50の新教会建築委員会」の監督官2人のうち1名に指名され（もう1人はギッブズ），ロンドンの中もしくは近郊にある最も独創的な教会のうち6棟を設計した. それらはグリニッジにあるセント・アルフェッジ教会（1712-14），ライムハウスのセント・アン教会（1714-30），ウォッピングのセント・ジョージ・イン・ディ・イースト教会（1714-29），スピタルフィールズのクライスト・チャーチ（1714-29），ロンドン・シティのセント・メアリー・ウールノス教会（1716-24），ブルームズベリーのセント・ジョージ教会（1716-31）である. セント・アルフェッジ教会は神殿の形態をしており，東端には巨大なセルリアーナがつけられている. セント・アン教会の力強い塔の頂上にはランタンがあり，中世の要素が古典主義をまとってつけられている. セント・ジョージ・イン・ディ・イースト教会には4つの胡椒入れのような階段塔があり，西塔の奇妙な頂部には祭壇のような円筒がついている. スピタルフィールズのクライスト・チャーチでは，巨大なセルリアーナのついた玄関の上に八角尖塔がある. セント・メアリー・ウールノス教会には力強いバロック様式の表現がみられ，ブルームズベリーのセント・ジョージ教会には巨大な古代ローマ神殿風のポルティコと，ハリカルナッソスのマウソレウムに由来する階段状のピラミッドがついた塔がある. これらの建物からホークスムアの興味を推し量ることができる. 彼は本好きで（多数の蔵書を有していた），古事物愛好家で，イングランド中世の建築に魅了されており，描写された過去の偉大な建物を自由に解釈することの可能性に興味をもっていた. 彼の作品のいくつかは，おそらく古代遺物の図版が掲載されたフランスの初期の出版物に由来しており，これにより彼のデザインの幻想的要素が部分的に説明できる.

ホークスムアは力強く，感情に訴えかけるような要素を用いることが多かった. たとえば，カースル・ハワードのマウソレウム（1729-42）では，古代ローマの円形神殿の形をしたペリスタイルはドリス式オーダーであるが，フルート

の施されていない柱には，それぞれの柱間の上に1つのトリグラフしかなく，建築に陰鬱な荘厳さを与えている．これはおそらくローマにある，ブラマンテが設計したサン・ピエトロ・イン・モントリオ聖堂のテンピエットに影響を受けたものであろう．オックスフォードのクラレンドン・ビルディング（1712-65）でも，フルートの施されていない古代ローマ風ドリス式の柱が狭く並んでおり，独創的で大きすぎる要石と奇妙に配置されたグッタエがある．彼はゴシック様式でも設計しており，たとえばオックスフォード大学のオール・ソウルズ・コレッジ（1716-35）、ロンドンのウェストミンスター・アビーの西塔（1734設計，1745年頃 J・ジェームズによって完成）がある．カースル・ハワードのカーマイア・ゲート（1730頃）には，セルリオに由来する力強い形態をした急勾配のピラミッドや際立った特質がみられるが，このようなホークスムアによる発明は，原始的なものと古代遺物への引喩，幾何学への魅惑を混ぜ合わせたものであり，18世紀後半の新古典主義にみられる最も力強く簡素な建築言語を予期させる．彼はまたカースル・ハワードにアイ・キャッチャーとしてのピラミッド（1728）を設計し，ヨークシャーのリポンにあるマーケット・プレースのオベリスク（1702），ロンドンのオールド・ストリートにオベリスクのような尖塔のついたセント・ルーク教会（1727-33，ジェームズと共働）を設計した．その本質において，ホークスムアの建築は幾何学があらゆる秩序，あらゆる創造において重要であることを示している．最後に実現したデザインは（建設業者のタウンゼンドによる修正があるが），オックスフォードのハイ・ストリートに面するクイーンズ・コレッジの壁と玄関（1733-36）である．

ボーク・タイ baulk-tie
⇨屋根

ボサージュ bossage
⇨ボースト

ボザール様式 Beaux-Arts
1795年に旧王立アカデミーから分離して創設されたフランス随一の公的美術学校である国立高等美術学校（エコール・デ・ボザール）で展開された，華やかな古典主義様式．エコール・デ・ボザールの影響力はきわめて強く，アカデミックな修練の伝統の永続化を企図して設けられたローマ賞（1723以降）からキャリアをスタートする若手建築家も多かった．ボザール様式として知られるようになった様式は，19世紀の後半にとりわけパリにおいて発展し，重要な建築家のほとんどはパリで学んだ．これにはアメリカ合衆国の者も含まれている（ハント，マッキム，リチャードソンなど）．ガルニエのオペラ（パリ，1861-75），ポレールのパレ・ド・ジュスティス（ブリュッセル，1866-83），ジローのプチ・パレ（パリ，1897-1900）などがボザール様式の代表的な例である．この様式は学究的で自信に溢れ，また壮大でみずみずしく，ヨーロッパとアメリカの1914年にいたるまでの20年間の空気にみごとに調和している．

ボサン，ピエール=マリ Bossan, Pierre-Marie (1814-88)
リヨン生まれの建築家で，ラブルーストの教え子．1844年リヨンの教区建築家に任命され，サン・ジョルジュ聖堂（1844）ほかのいくつかの復古的な建物を設計した．1852年からは，ビザンティン風ネオ・グレコ様式による一連の聖堂を設計した．代表的なものは，クゾンの聖堂群（1854-56），アルスのサント・フィロメヌ聖堂（1862-65），ラルーヴェスクのサン・ジャン・フランソワ・レジス聖堂（1865），そして後にペランが完成させるリヨンのノートル・ダ

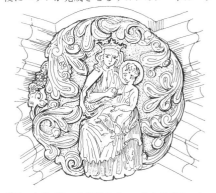

ボス　中世ゴシック建築のヴォールトのボス．オックスフォード，クライスト・チャーチ大聖堂，13世紀（パーカーによる）．

ホシカタウ

ム・ド・フルヴィエル聖堂がある.

星形ヴォールト　stellar vault
　⇨ヴォールト

ボス　boss *formerly* boce
　1.　中世建築において，ヴォールト・リブの接合部などに使用される，湾曲した凸状のブロック．豊かな装飾が施されていることが多い.
　2.　⇨ボースト（1）

ホスキング，ウィリアム　Hosking, William (1800-61)
　イングランドの建築家．ジョン・ジェンキンス（John Jenkins, 1844 没）とともに『ギリシア，ローマ，イタリアの建築およびその他装飾選集（*A selection of Architecture and Other Ornaments, Greek, Roman, and Italian*)』(1827) を出版した．1834 年，バーミンガム，ブリストルおよびテームズ・ジャンクション鉄道会社の技師となり，1840 年にはロンドンのキングス・カレッジの教授に就任した．『建築の原理と実践（*The Prenciples and Practice of Architecture*)』(1842)，J・ハン（J. Hann）と共著で『橋の理論，実務および建築（*The Theory, Practice, and Architecture of Bridges*)』(1843) を出版し，これらは基本図書となった．町の建物規制に関する著作も出版した．ロンドンのストーク・ニューイントンのアブニー・パーク墓地 (1839-43) の建築家として最もよく知られている．ジョゼフ・ボノーミを迎え，エジプト・リヴァイバルの入場門と門衛所の検討に携わってもらった．アブニー・パークは墓地であるばかりでなく，研究用植物園として構想され，教育的な配慮がなされており，植生計画はラウドンの影響を受けている．1849 年，大英博物館の中庭を円形のパンテオン風の建物で埋めることを提案した（この案は 1850 年に出版された）．この案が S・スマークの円形の読書室 (1854-57) の実現を促したと考えられている.

ボスケ　bosket, bosquet
　1.　庭園においてパリセードもしくは樹木を用いた高い生垣に囲まれた部分で，芝生の上に囲われた空間（キャビネ・ド・ヴェルドゥー

ル）をつくり出したもの．東屋や思想・印象・人物などを記念する記念碑が置かれることが多い．18 世紀のヨーロッパ大陸におけるランドスケープ・デザインでは珍しくなかった.
　2.　公園における木立や低木の茂み．入念に設計されており，小径が通り抜けているものも多い．ウィルダネスとも呼ばれるが，木陰や安楽を提供するためのもので，耕作されていない荒地とは異なる.

ホース・シュー　horseshoe
　⇨馬蹄形

ポスターン　postern
　1.　軍事建築にみられるような補助的なドアまたは門．非常に簡素で，メインゲートから離れたところに配置されている.
　2.　住宅建築では，たとえばポルト・コシェールの横の歩行者用の扉など，大きな入口のそばに配置されている出入口.
　3.　戦時の逃亡用に設けられた市壁の背後にある門.

ポスティカム　posticum
　1.　古代神殿のケラまたはナオスの背後にある開放された玄関．エピナオスまたはオピストドムスとも呼ばれる．背面のポルティコの部分であるプロナオスに相当する.
　2.　古代ローマの住宅にある小さい，補足的な，もしくは背後のドア.

ポスティーシュ　postiche
　建築が完成した後の増設．とくに不適切な増設である場合.

ボースト　boast
　1.　材料（とくに石材）に，大雑把な造形を施すこと．この後にたとえば柱頭の彫り込みなどを行う．仕上げを待つこうした状態をボーステッド，ボサージュと呼ぶ.
　2.　大きな鑿（ボースター）や荒削り用石切り鑿（ドローヴ，幅の大きな鑿）を用いて石材を整えること．ボーステッド，ドローヴドと称される仕上げはリバンド（⇨リボン）や小さな格子縞のような規則的な痕が残る．不規則で粗い仕上げはランダム・ツールド，ランダム・ドローヴドと呼ばれる.

ポスト post

桁を支えたり，門や柵にみられるように水平方向の部材を固定する役目をもつ，垂直の構造木材．この用語は普通，木造骨組み（ティンバー・フレーム）構造や屋根トラスの主要な垂直部材に用いられる．ポストの種類には以下がある．

アイル・ポスト： アーケード・ポストと同じ．

アーケード・ポスト： アーケードにあるポスト．ポストが並んで構成される木造骨組み（ティンバー・フレーム）建造物において，区切りの意味をもつ．

キング・ポスト： タイ・ビーム（繋ぎ梁）もしくはカラーに載る水平の木材．屋根の頂部まで達し，棟材を支える．棟材がない場合は，キング・ストラットとなる．

クイーン・ポスト： タイ・ビーム（繋ぎ梁）の上に載る二つのポストの内の一つであり，プレートもしくはパーリンを支える．

クラウン・ポスト： タイ・ビーム（繋ぎ梁）もしくはカラーに載る水平の木材．クラウン・プレートを支える．

ポスト・アンド・ビーム post-and-beam

水平の梁を支える柱からなる木造骨組み（ティンバー・フレーム）．

ポスト・アンド・ペイン，ポスト・アンド・パン post-and-pane, post-and-pan

柱が外に表れ，柱間が漆喰，煉瓦などで充填された，木造骨組み（ティンバー・フレーム）の建物．ボックス・フレーム（箱枠）建築を指す時代遅れの用語．

ポスト・アンド・リンテル post-and-lintel

木造骨組み（ティンバー・フレーム）の建築や柱・桁式の建築にみられるように，柱が水平な梁や桁を支える単純な構造形式．古代エジプトや古代ギリシア建築はこのタイプであり，石を使用した．

ポスト，ジョージ・ブラウン Post, George Browne (1837-1913)

アメリカの建築家，エンジニアで，1870年以降の初期「超高層建築」の発生と発展に寄与した．折衷主義の有能な建築家であるが，計画

的・構造的な原則を把握していたことで著名である．

多くのホテルを設計し，すべての客室に浴室を備えた近代的なホテル計画を発展させた（たとえば，ニューヨーク州バッファローのスタットラーホテル（1911-12）など．初めてリフトあるいは「エレベーター」を備えた構造物の一つであるニューヨーク市のエキタブル生命ビルディング（1868-70，現存せず）の設計に携わっており，高層建造物の計画・構成の発展を促進した．ニューヨーク市のウェスタンユニオンビルディング（1873-75，現存せず）は，ハントのトリビューンビルディングとともに，基部，中間部（シャフト），頂部（コーニス）で構成された古典主義的な超高層建築の最も早期のものの一つである．モニュメンタルなニューヨーク・プロデュース・エクスチェンジ（1881-85，現存せず）は外側を耐力壁，内側を完全なメタル構造とし，サリヴァンに影響を与えた．ニューヨーク市の証券取引所（1901-03，おそらく彼の最もよく知られる現存する建造物）の正面は，優美なコリント式列柱とペディメントで構成されている．その他の作品には，ヴァンダービルト邸（1879-94），ピュリッツァー・ビルディング（1889-90），セントポール・ビルディング（1897-99）などがあり，すべてニューヨーク市にあったが，現存しない．ポストの初期の建造物（たとえば，ニューヨーク市ブルックリンにある丸屋根のウィリアムズバーグ（のちのリパブリック）セーヴィングス銀行（1869-75），ニューヨーク州トロイのセーヴィングス銀行（1871-75）など）はフランス第二帝政様式であった．ウィスコンシン州マディソンの州議事堂（1906-17，古典様式）とニューヨーク市のシティカレッジ（1897-1907，施釉材による外装を施したゴシック様式）は特徴的な作品である．

ポスト，ピーテル Post, Pieter (1608-69)

オランダの建築家．デン・ハーグのマウリッツハイス（1630年代）や，アムステルダム市庁舎（1648-55）でファン・カンペンの助手をつとめ，デン・ハーグのノルデインデ宮殿（1640年代）で建設工事を監督した．この宮殿は威厳のある落ち着いた建物である．ポストはデン・ハーグのハウス・テン・ボス（1645-51）を設計した．これにはパッラーディオによる

ヴィチェンツァのヴィラ・カプラの影響がみられ，十字形平面の中央にドームで覆われたオレンジ・ホールを備えている．ルスティカ式の基礎部分の上にトスカナ式オーダーが設けられたライデンの計量所（1657-59）や，堂々としたマーストリヒト市庁舎（1656-64）も設計した．ポストによる洗練されたパッラーディオ様式は，ドルトレヒトのヴェインストラート（ワイン通り）123-125番にあるデ・オンベスファームデ・ハウス（1650-53）にもみられる．ブラジルのマウリッツスタット〔現在のレシフェ〕では，都市計画や建築の設計に携わったかもしれない（1630年代）．ポストの手法はイギリスの建築家，とりわけメイにかなりの影響を及ぼした．ポストはドイツでも建設に携わった．

ポスト・モダニズム Post-Modernism
　近代運動やモダニズムやインターナショナル・スタイル，あるいはとくにバウハウスによって展開された教義に反抗する建築や装飾芸術のスタイルのこと．ミノル・ヤマサキによる「プルーイット・アイゴー団地」（1958）が，住民によってそれ以上住むことを拒絶され，1972年に解体されたとき，ポスト・モダニズムは始まったとする論者もいる．基本的にポスト・モダニズム（P-Mや「ポモ」，「ザ・ポスト」のようなさまざまなかたちで知られる）は，かつて絶対とみなされていた確信が失われたことと結びついており（たとえばデザインにおける進歩や想定された合理性および「科学的」なアプローチ（実際にはそのすべてにふさわしいイメージの探索）と称されるものである），あきれるほど多種多様なイメージ，サイン，製品が世界史上かつてない規模で売り込まれ，次第に受容されるようになると，幾人かは（たとえばヴェンチューリ）デザインにおける「多様性」と「対立性」を提供するものとして歓迎した．1960年代にはポップ・アーキテクチュアがいわゆる合理主義から多元論へとシフトする傾向を始めており，その後の建築は，考古学的または歴史的には正確ではないものの，オーダーやコーニス，ペディメントなどといったかつては身近であったモチーフを参照するようになる．この参照はしばしば強引で乱雑であった．ポスト・モダニズムは西洋文化における大きな変化として歓迎されているようで，変化を受けた状

況とは生活の隅々にさえ行き渡っているものであり，シニシズムや断片化や未消化な折衷主義，さらにはある論者（たとえばフレドリック・ジェイムソン）が述べるところの「後期資本主義の文化理論」を含むものである．ポスト・モダニズムというレッテルは，近代運動やハイテク建築などと距離をとった建築家に対して，その応答の仕方がそれぞれ大きく違ってはいるものの，曖昧に貼りつけられている．ポスト・モダニズムの建築家とみなされているのは，ボフィル，ファレル，グレイブス，ホライン，フィリップ・ジョンソン，チャールズ・ムーア，そしてスターンらであるが，彼らのすべては非常に個性的な建築をつくっており，そのレッテルはあまりに広範囲で，多くの意味をもってしまっており，インターナショナル・スタイルへの確信を否定する20世紀後期の建築，という以上の意味はもたない．たとえばイタリアにおけるロッシのような建築家は，都市は有機的な美術作品であるから，その性質や歴史や文脈はいかなる建築的介入においても応答する，と主張している．これは，インターナショナル・スタイルの建築家の態度とは完全に相反するものである．ボッタ，グラッシ，クライフス，クリエ兄弟，ライヒリン，ウンガースなどそのほか多くの建築家も，こうした規範に賛同している．しかし彼らの作品は商業的ポモなどより，ずいぶん高度なものである．商業的ポモとは，低俗な広告と，21世紀のはじめには断固として拒否されたとんでもない想像上の古典主義に対する無知な肯定である．そのような偽物の古典主義化としてのポモは，数少ない実践者によって進められた学術的な古典主義的建築とは，明確に区別されるべきである．⇨ネオ・ラショナリズム，テンデンツァ，ティチーノ派

ポーゼナー，ユリウス Posener, Julius（1904-96）
　ドイツ出身の建築家．1929年にパリに移り，影響力のある雑誌『現代建築（*L'architecture d'Aujourd'hui*）』で建築批評を展開した．1935年にはパレスチナに移住し，メンデルゾーンの事務所で働いた．表現主義，とりわけベルツィヒの研究で知られる．

保全 conservation

⇨コンサーヴェーション

枘（ほぞ） tenon
1. ティンバーの端にある突出部．その横断面はティンバーよりも小さく，したがって，たとえば木造ドアのように，別部材の穴やほぞ穴に対応して差し込むことができる．
2. 壁の端にある突出した石材．⇨トゥーシングストーン

舗装用材 pavior, paviour
舗装に用いられる煉瓦や石．ペイヴァーとも呼ばれる．

ポソーヒン，ミハイル・ヴァシーリエヴィチ
Posokhin, Mikhail Vasil'yevich (1910-89)
ロシアの建築家．1930年代にシシューセフと共働し，その後アショット・ムンドヤンツ（Ashot Mndoyants, 1909-66）とパートナーになった．モスクワ市議会（1943-45），モスクワのズナメンカ通りのオフィスビル（1943-45，重々しい新古典主義の構成）を計画した．ポソーヒンは歴史的都市組織の残酷な破壊とカリーニン大通り（1962-68，現ノーヴィー・アルバート通り）の設計の都市更新で西側の注目を集めた．巨大な住宅と事務所のタワー・ブロックがそびえ，低層階には商店，映画館，レストランなどが配置された．これは規範とされ，気候的・文化的文脈と全く調和しないにもかかわらず，ソ連中で広く強制された．

ポゾラン pozzolan, pozzolana, pozzuolana, puzzolana
粉末煉瓦に似た焼成した微粒を含む，火山性の砂の一種．石英質の素材，もしくは石英質とアルミニウムの素材であり，水硬性石灰と水を混ぜた場合，水の中に入れても大丈夫なセメントのような合成物となる．古代に用いられていた．人工ポゾランは耐火粘土を煆焼し，石灰，砂，水と微粒の煉瓦の粉末を混ぜたものである．

保存 conservation
⇨コンサーヴェーション

保存 preservation
建物，地域，風景などの保持，維持，再生

を，歴史的，建築的そのほかの理由から行うこと．古い建物の保存はローマ帝国においてもみられないことではなかったが，ルネサンス時代に古物の再発見とともに，古代ローマの工芸品や建物などの記録，救出，発掘，そして保存が多くの人々の関心を集めた（ラファエロもある時期このような作業に携わった）．18世紀には中世廃墟や建造物に対する興味が高まり，ゴシック建築についての熱心な研究によって，建物や墓を記録したいくつかの書物が出版された．フランス革命によってヨーロッパ中で恐ろしい破壊活動が爆発的に行われるようになったが，これにより古建築の失われやすさが認識されるようになった．いくつかの国々，すなわちプロイセン，バイエルン，ヘッセン＝ダルムシュタット国ではナポレオン戦争後，残っているものの記録と保存の試みが行われた．これらの努力は，一部はロマンティシズム，一部は高まりつつあったナショナリズムの認識によって促進され教会建築学の研究へとつながった（とくにイギリス諸島，ドイツ，フランスにおいて）．自国の仲間たちが引き起こした度を越した破壊を重く見て，フランスでは1830年に歴史的記念物総監が設置された．プロスペル・メリメ（Prosper Mérimée, 1803-70）が30年近く総監長を務めた．

ゴシック・リヴァイヴァルは中世建築に対する脅威にもなった．なぜなら，多くの知識に乏しく，誤った考えをもった建築家たちが，近傍で熱狂的に古い教会堂の「修復」を行うことで，多大な破壊を行ったからである．彼らは自分たちは「保存」していると考えていた．ダービーシャーのレプトンのセント・ワイスタン教会堂ではアングロ・サクソンの構造体が1850年代に失われた．スコット（父）のグロスターシャーのテュークスベリー・アビーに対する提案はモリスらに衝撃を与え，これが古建築保護協会（SPAB）の設立につながった．この協会は20世紀に保存とできる限り多くの歴史的構造物に敬意を払う保全の理念の発展に重要な役割を果たした．多くの廃墟となった宗教建築（大修道院，小修道院など），軍事施設（城など）が政府によって，イギリス諸島中で保護をされるようになった．これらはさらなる荒廃を防ぐための手入れが必要とされていた．ナショナル・トラストは19世紀末に自然の美しい場所を保存するために設立された．1930年代か

らはカントリー・ハウスを取得し，一般に公開し始めた．しかしながら，遺憾なことに，失われたものも数多くあった．

人間の侵出におかされていない風景が失われたことが，アメリカ合衆国における巨大な国立公園の設立につながった．1872年のイエローストーンに始まり，保存に値する地域を政府が，私的所有であっても指定した．さらに，良質な建物が失われたことで，「ランドマーク」的な建物の保存のための協会がアメリカ合衆国において，民間資金による私設団体として誕生した．第一次世界大戦および第二次世界大戦のヨーロッパにおける歴史的建造物の破滅的な損失に直面し，歴史的建造物の保存は国際的な重要性をもつことが遅まきながら認識された．20世紀半ばから各国がこの目的のために協力を始めた．国際的な救済策がとられた一例は古代エジプトのアブ・シンベルおよびフィラエの神殿をアスワンにおけるダムの建設による浸水から保護したものである．1966年から1968年にかけて，部材を解体しより高い位置に建物を再建した．このことが，世界文化遺産および世界自然遺産の保護保存のための世界遺産リストおよび基金の設立を促した．1964年に国際記念物遺跡会議（ICOMOS）が設立され，保存に携わる人に対するガイドラインをつくり，知識の共有，若者の育成を促している．1965年にワールド・モニュメント財団が設置され，いくつかの建造物および場所の保存に携わっている．1995年に数年のうちに何をすべきかを決定するために，ワールド・モニュメント・ウォッチが設立された．

個別の建物の保存のほか，より大きな町や都市といった単位で保存されるのがその特性上望ましいものがある．1967年のシヴィック・アメニティーズ法によりイギリスにおいて保全地区の指定制度が導入された．フランスでも，アメリカでも，さまざまなところでこのような地域は保護され，保存され，再生されている．ジェーン・ジェイコブズは北アメリカにおいて，建築家や都市計画家が都市再生という不適切な名のもとで戦争と同じくらい破壊的に都市に破壊をもたらしていることに警鐘を鳴らした点において大変重要な人物である．彼女はバンハムのようなモダニストによる憎悪に満ちた非難の的となったが，しだいに彼女のいくつかの考えは受け入れられるようになった．例えばロ

ンドンのコヴェント・ガーデン市場やパリのマレ地区のように，都市の中で機能しなくなった場所が，保存計画によって再生された事例もいくつかある．これらの地域は，ほんの数年前には大規模な破壊，「再開発」の危機に直面していた．

ポーター，ジョン　Porter, John（活躍 1423-65没）

イングランドの石工頭．リンカン大聖堂ではたらき，その後，1542年頃にヨーク・ミンスターに招聘された．ポーターはリンカンシャーのラウスの小教区聖堂の美しい尖塔の設計者であった．

ポータル　portal

1．記念碑的な性格をもつ玄関口や出入口．とくに荘厳な建築表現によって強調された場合は，ファサードの主要な建築的モチーフとなる．

2．玄関塔（ゲートウェイ・タワー）につうじる小さい入口．

3．ポルティコ．

4．玄関口や出入口の上のアーチ．

5．二つの支柱とそれを結合する梁によって構成される構造骨組み．その梁は，屋根勾配と同じ角度で架けられており，梁の端部が支柱の頂部と緊密に連結される．

6．門の枠．

7．羽目板によりアパートメントの残りの部分から切り離され，範囲が明確にされた部屋の中の小さなロビー．

ポタン，ニコラ＝マリー　Potain, Nicolas-Marie（1713-96）

フランスの建築家．ガブリエルのもとではたらき，1754年から1770年にかけてパリのルイ15世広場（現在のコンコルド広場）の計画を補佐する．1767年に建築オーダーについての書物を出版．1764年にサン・ジェルマン・アン・レのサン・ルイ聖堂をバシリカ式で設計，1823-24年に完成した．またレンヌ大聖堂（1764-1844）も設計し，両者とも新古典主義の聖堂デザインとして重要な例となっている．彼の仕事はトモンに影響を与えた（サンクトペテルブルグの株式取引所など）．

墓地 cemetery

1. 埋葬地. とりわけ, 礼拝の場に付属する教会付属墓地ではなく, 景観整備された広い園地をとくに死者の埋葬のために整えたもの. キリスト教において教会から独立した墓地の最初のものはプロテスタントによって創設された. その理由の一つは体裁であり, 都市部の教会付属墓地が手狭になり状況が悪化していたという事情があった. 今一つの理由は教義に関するもので, 死者を生者から遠ざけることでローマ・カトリックの煉獄の信仰を弱化させようとしたためであった. ジュネーヴ (1536), カッセル (1526), マールブルク (1530, 1568), エディンバラ (1562) などがそうした例である. 18世紀には郊外に壁で囲われ限定された区域をもつ墓地がいくつも形成された. これは純粋に必要に迫られたためであり, プロテスタントの国々に加えてローマ・カトリック圏でも同様であった (パリ, ウィーン, ベルリン, デッサウ, ベルファストなど, すべて 1780〜90 年代). 一方でインドではヨーロッパ人は 17 世紀には墓地に埋葬され, その墓所には記念碑が建てられている (スーラトなど). カルカッタには 1767 年にサウス・パーク・ストリート・セメタリーが創設され, これはすぐれた古典主義の霊廟とモニュメントが通りを形づくる真のネクロポリスであり, 同時代のいかなるヨーロッパの墓地よりもはるかに壮麗なものであった. ヨーロッパの都市の状況を改善しようとする試みは, 散発的で, およそ満足のゆく結果をもたらすことはなく, 審美的にも劣悪なものであったが, イギリスの風景式庭園と死者の適切で衛生的な埋葬という要請が出会うことによって進展をみることになった. これは詩や文学を通じて醸成された新たな感性を端緒とする複雑な経緯の結果である. フランスでは革命暦 7 年牧月 23 日 (1804 年 7 月 12 日) のデクレの結果として, 都市域の外部に墓地が創設されることとなった. ブロンニャールはパリ市域の東, モン=ルイの大きな墓地の設計を任され, これは後にペール=ラシェーズとなった. これはまさしく革命的といえるもので, 世界的な知名度と甚大な影響力をもつ墓地となった. リヴァプールのセント・ジェームズ・セメタリーは使用されなくなった採石場の跡地につくられた (1825-29, フォスターの設計). グラスゴーのネクロポリス (1831-32) がこれに続き, 1831

年にコレラが流行した後, ロンドン最初の大規模なガーデン・セメタリーがケンサル・ガーデン (1833), ノーウッド (1837), ハイゲート (1839), ナンヘッド (1840), ブロンプトン (1840), アブニー・パーク (1840) にそれぞれ設立された. これらはすべて景観整備され, 美観を考慮した建築が建てられている. ヨーロッパやアメリカ合衆国の大都市の十全な都市機能にとって墓地は不可欠であり, すぐれたものが数多く設計された. アメリカにおける好例にはマサチューセッツ州ボストンのマウント・オーバーン (1831, ビグローその他による見事な造園), ペンシルヴァニア州フィラデルフィアのローレル・ヒル (1839, ノットマンによる森林園を伴う卓抜なレイアウト), ヴァージニア州リッチモンドのハリウッド (1848, 同じくノットマンによる. ノットマンはアメリカのランドスケープ・アーキテクチュアの始祖の一人とみなされるべきである), ニューヨーク市ブルックリンのグリーン=ウッド (1838 以降, ダグラスによる優れた設計), ニューヨーク州メナンズのオールバニー・ルーラル・セメタリー (1844 以降, 同じくダグラスによる大規模なランドスケープド・セメタリーの極致) がある. しかしながら急増したモニュメントは土地の維持管理の障害となり, ダウニングは記念碑類の設計は管理の妨げとならないようにすべきであると述べている. いわゆる「芝生墓地」(ローン・セメタリー) の嚆矢の一つはオハイオ州シンシナティにアドルファス・シュトラウヒ (Adolphus Strauch, 1822-83) によって創設された (1855).

イタリアでは墓地はカンポ・サントの形式が多いが, これは中世ピサの原型よりも相当に大規模なものとなっている. ボローニャのチェルトーザ (1801-15), ブレシア (1814-49), ヴェローナ (1828), そしてジェノヴァの傑出したスタリエーノ (1844-51, バラビーノとレザスコ (Resasco) による新古典主義のギャラリーとロトンダがある) がその例である. 20 世紀の墓地には第一次世界大戦の後につくられた戦没者墓地もあり, これにはラッチェンス, ベーカーなどが貢献している. ほか主要なものにストックホルム近郊のアスプルンドとレヴェレンツによるすぐれた森林墓地 (ウッドランド・セメタリー, 1917-41), ジャーレのスロヴェニア国立墓地 (1937-40, プレチニクの疑いなき傑

作),モデナのサン・カタルド墓地(1971-76, 1988-90, ロッシによる),イタリア,トレヴィーゾ近郊のサン・ヴィート・ダルティヴォーレ(1970-72, スカルパによる),ロイトキルヒの森林墓地(1977-82, フォン・ブランカによる),広島県三良坂町の無縁墓地(2001-02, 吉松秀樹とアーキプロによる自然・喪失・死を巡る瞑想の地)などがある.
2. カタコンベ.
3. 死者を埋葬するための聖別された囲い地.

ポーチ　porch
1. 建物に付属し,本体から突き出た,入口と出口のある屋根付きの場所.例として中世の教会の南面ポーチがあるが,そこでは部屋が上階に配置されることが多い.
2. 玄関として利用される屋内の空間.
3. 教会のトランセプト(袖廊)や側面にある礼拝堂.
4. (いずれも円柱をもつ)クロイスター,コロネード,ガリラヤ,ナルテックス,ポルティコ,ストア,ヴェランダ.円柱のあるポーチまたはポルティコには通常ペディメントがあり,神殿の正面に似ている.

ボックス　box
1. 田舎の気取らない小さな住居.狩猟愛好家の狩猟小屋(シューティング・ボックス)など,普通は一時的な使用のためのもの.
2. 劇場において,両側と後ろを仕切って少数の席を置くボックス席.
3. ボックス・ピュー.

ボックス,ジョン　Box, John(活躍1333-75没)
イングランドの石工.ウェストミンスター宮殿とカンタベリー(ケント)のクライスト・チャーチの小修道院の建設に携わった.おそらく,カンタベリー大聖堂では,大司教ストラトフォードのすばらしい詠唱(寄進)礼拝堂(1350頃)を設計し,クリプトのエドワード黒太子の詠唱礼拝堂(1363以降)の建設ではイェヴェリーとともにはたらいている.

ボックス・ビーム　box-beam
4枚の錬鉄あるいは鋼鉄板を長い箱状に加工して製造される四角形断面の梁.ボックス・ガーダーともいう.

ボックス・ピュー　box-pew
18世紀のイングランドおよびアメリカ合衆国でよくみられた信徒席(ピュー)の類型.家族の全員を収容できるほどに大きなものもある.背の高い木製パネルで仕切られ,丁番つきの扉をもつ.

ボックス・フレーム　box-frame
1. 箱を並べたような構成の構造.ファサードに直角方向に配される構造壁(クロス・ウォールと呼ぶ)を含み,その反復的な構造から,用途はホテル,小規模なアパート,簡易宿泊所などに限定される.
2. 木骨構造の一つで,屋根トラスがポスト,タイ・ビーム,およびウォール・プレートで支持されるもの.

ボックス・フレーム　ピロティに支持された20世紀の典型的なボックス・フレーム構造.

ホッジス,ウィリアム　Hodges, William(1744-97)
イングランドの画家.地誌的景観画を専門とし,公式の画家としてジェームズ・クック船長(Captain James Cook, 1728-79)に同行して太平洋に遠征した(1772-75).ウォレン・ヘースティングズ(Warren Hastings, 1732-1818)の庇護のもと,1779年にインドに渡り,『インドの風景(*Select Views in India*)』(1785-88),『インド旅行記(*Travels in India*)』(1793)を出版した.これらは多大な影響力を有し,ヒンドゥー様式とインド様式の建築を普及させた.

ボッシング　bossing
窓の下部の,両側よりも壁が薄くなっている

空間.

ポッター, ウィリアム・アップルトン Potter, William Appleton (1842-1909)

アメリカの建築家. E・T・ポッターの腹違いの兄弟. アメリカ合衆国における盛期ヴィクトリア朝ゴシックに相当するすぐれた建築を多く設計した. それらにはニュージャージー州のプリンストン大学チャンセラー・グリーン図書館 (1871-73), マサチューセッツ州スプリングフィールドの南部会衆派教会 (1872-75, プレートトレーサリーの大胆なポリクロミーと巨大な車輪窓によっておそらく彼の最もすぐれた作品である), インディアナ州エバンズビルの税関 (1875-79) などが含まれる. ロバート・ヘンダーソン・ロバートソン (Robert Henderson Robertson, 1849-1919) を 1875 年にパートナーにし, そのため事務所の作品は H・H・リチャードソンの影響を強く受けた. 円形アーチで構成されるプリンストン大学アレクサンダーホール (1891-94) が有名である. プリンストンのパイン図書館 (1896-97) とニュージャージー州サマービルの第一オランダ改革派教会 (1895-97) はゴシック・リヴァイヴァルである. 彼は住宅建築では典型的なアメリカン・コロニアルとともに, 英国ドメスティック・リヴァイヴァルを使用した.

ポッター, エドワード・タッカーマン Potter, Edward Tuckerman (1831-1904)

アメリカの建築家. 建築への鉄の使用に関するヴィオレ゠ル゠デュクの主張と, イギリスの「盛期ヴィクトリア朝ゴシック」と呼ばれる建築に影響を受けた. たしかにニューヨーク・スケネクタディの第一オランダ改革派教会をみると, ラスキンの著書の影響がうかがえるほか, ディーン&ウッドワードのオックスフォード・ミュージアム (1855-60) を彷彿とさせる部分もある. コネチカット州ハートフォードのグッド・シェファード教会 (1867-69) は彼のポリクロミー様式の好例であり, ニューヨーク市ヨンカーズの聖ヨハネ教会 (1871-72) は高く評価されている. ニューヨーク州スケネクタディの多角形のノット記念堂 (1858-78) は, 鉄材の露出した内部, ドームの下の高窓, ムーア風ゴシックの多彩装飾を施した外観をもち, 最も興味深い作品となっている. しばしば教会にお

いて鋳鉄の袖壁を採用しており, これはイギリスのローグ・ゴシックの建築に類似している. ハートフォードのマーク・トウェイン邸 (1873-81) は北フランスの土着建築, および前面に多彩装飾を施したスティック・スタイル様式に影響を受けている.

ボッタ, マリオ Botta, Mario (1943-)

スイスの建築家で, 60 年代にはル・コルビュジエ, ルイス・カーンのもとで働き, 両者の影響下で自らの建築を発展させた. またスカルパのデザインも彼の思考に影響を与えた. 1969 年にルガーノに事務所を設立し, ランドスケープと一体となった個人住宅によって, ティチーノ・スクールあるいはティチネーゼ・スクールの最も影響力のあるメンバーの一人としてすぐに頭角を現した. これらの建物は, 明快で, 力強い幾何学形態からなり, 上質の職人仕事をみせている. たとえば, リヴァ・サン・ヴィターレの住宅 (1971-73) は, 正方形平面をもち, 中央に非対称に階段を配し, モニュメンタルで, 立面において深く力強いヴォイドをもつ. リゴルネットの住宅 (1975-76) は, 長いはっきりしたストライプを施されている. スタビオのカーザ・ロトンド (1980-82) は, 構造上深く穿たれた窓割りが特徴的な巨大な円筒である. 他にもプレガッソナの住宅 (1979-80), ヴィガネッロの住宅 (1980-82), オリリオの住宅 (1981-82), モルビオ・スペリオーレの住宅 (1982-84), ブレガンゾーナの住宅 (1984-88), マンノの住宅 (1975-90), ロゾーネの住宅 (1987-89) など, いずれも, 18 世紀後半から 19 世紀初頭のモニュメンタルなストリップト・クラシシズムについての研究を喚起する, 華々しい成果である. ルガーノに設計した力強いゴタード銀行 (1982-88) は, 側面に大きな楔形の切り込みが施された四つのパヴィリオンが連結しており, ボッタの関心が, 幾何学とオーダーと入念な細部に根ざした合理的建築の形態言語を確立することにあったことを示している. 近年では, カリフォルニア州サンフランシスコの近代美術館 (1989-95) や, フランスのエヴリィ大聖堂 (1995 竣工) などが, 完成度の高い技術で仕上げられた簡素で単純な幾何学形態を備えている. ルガーノのバス停 (2002-03) は, その経済性によって注目を浴びた.

ポッチャンティ，フランチェスコ・グッリエーリ・パスクァーレ Poccianti, Francesco Gurrieri Pasquale (1774-1858)

イタリアの建築家．ガスペロ・マリア・パオレッティ（Gaspero Maria Paoletti, 1727-1813）の弟子．トスカナ公国に任用された最初の建築家（1817-35）として，大公の宮殿群の改修・改善にあたった（フィレンツェのパラッツォ・ピッティ（1818-47），ポッジョ・ア・カイアーノのヴィラ（オランジュリー，貯蔵庫，厩舎，礼拝室の整備），プラトリーノのヴィラ，アンブロジャーナのヴィラ（いずれも 1822 頃-36）など）．また，フィレンツェのパラッツォ・ストロッツィをオフィスに改造，サンタ・マリア・ヌォーヴァ病院内の解剖学校，ラウレンツィアーナ図書館の増築および円蓋のあるサラ・デルチ（1817-41）を手がけた．このようにトスカナの建築物に大きな貢献をしたのであるが，最大の業績はリヴォルノ市内および郊外に完成させた送水路，濾過，浄水の広域システムであり，そのなかで，イル・チステルノーネ（1829-41，浄水施設）は，ブレ，ルドゥーらが構想した厳粛な新古典主義を現実化させた傑作のひとつである．平滑なファサードの前面につけられたポルティコはペディメントを備えず，ローマ・ドリス式の八柱式，その上方には半分に切断されたパンテオン・ドームが据えられた．ドーム内部にはあたかも内部空間のごとくコッファー装飾が施されている．ポッチャンティが手がけたリヴォルノ市拡張計画には，調和，安定，機能，合理性といった新古典主義的な理想をうかがうことができる．

ポッツォ，アンドレア Pozzo, Andrea (1642-1709)

イタリアのイエズス会の平信徒で，最もすぐれたバロックの画家の一人であり，イリュージョンと高度な演出法を使用した天井画を描いた．代表作はローマのサンティニャツィオ聖堂（1684-94，おそらくそれまでにつくられたクワドラトゥーラの最もすぐれた天井画），モンドヴィのサン・フランチェスコ・サヴェーリオ聖堂（1676-79），およびウィーンのリヒテンシュタイン城のガーデン・パレス（1704-08）である．1703 年よりウィーンに定住し，大学付属教会堂（1703-09）に豪華なバロック様式の内装を制作した．作品は中央ヨーロッパへのバロック様式の普及を促したが，それはとくに彼の『絵画と建築におけるパースペクティヴ〔透視図法〕（*Perspectiva pictorum et architectorum*）』（1693-1700）の果たした役割が大きく，中国語を含むいくつかの言語に翻訳された．教会堂と祭壇の設計例は，ローマのイル・ジェズ聖堂の傑出した聖イグナティウスの祭壇（1695-99），ウィーンのフランツィスカナーキルヘ（フランシスコ会の教会堂）の主祭壇（1706），クロアチアのドブロヴニクにある聖イグナティウス聖堂（1699-1725），およびスロヴェニアのリュブリャナ大聖堂（1700-05）がある．

ホッパー，トマス Hopper, Thomas (1776-1856)

イングランドの折衷主義的なリージェンシー様式の建築家．ロンドンのフラムにあるクレイヴン・コテージ（1806，解体）における大規模な作品群には，異国風で悪趣味なエジプト・リヴァイヴァル様式の部屋，ゴシック様式の食堂がある．ペルメルのカールトン・ハウスにゴシック様式の温室（1807，1827-28 解体）を，ウェストミンスター・アビーのヘンリー 7 世礼拝堂の様式で設計したが，偽物のファン・ヴォールトにつけられた鋳鉄のトレーサリーには彩色ガラスが嵌められていた．この建物は先駆的な金属とガラスの構造物として，より高い評価に値するであろう．これ以降，彼はカントリー・ハウスの建築家として成功をおさめ，多くの様式で流暢に設計した（「どれかの様式を好んで偏るのではなく，すべての様式を理解する」ことが，建築家の仕事であると主張した）．それらには，サマセットのブリストル近郊にあるリー・コート（1814，古代ギリシア風イオニア式），アーマーのゴスフォード・カースル（1819-21，ロマネスク・リヴァイヴァル），カナーヴンシャーのペンリン・カースル（1819 頃-1844 頃，ロマネスク・リヴァイヴァル），グラモーガンのマーガム・アビー（1830-35，チューダー・ゴシック様式），エセックスのウィヴンホー・パーク（1846-49，ジャコビーサン様式），ウィルトシャーのエイムズベリー・ハウス（1834-40，パッラーディオ主義）がある．ほかの作品としては，エセックスのチェルムズフォードにあるスプリングフィールドの州刑務所（1819-26，1845-48，巨大で陰鬱

なトスカナ式オーダーをもつ），ロンドンのセント・ジェームズ・ストリート69-70番地にあるカールトン・クラブ（1826-27，パッラーディオ主義），エセックスのサウスエンドにあるセント・ジョン・ザ・バプティスト教会（1841-42，ゴシック・リヴァイヴァル），スタッフォードシャーのバタートンにあるセント・トマス教会（1844-45，堅牢なネオ・ノルマン様式）に言及すべきであろう．

ホッパー・ヘッド hopper-head
⇨レインウォーター・ヘッド

ポップ・アーキテクチュア Pop architecture
1．ひろく公衆に知られる建築．
2．たとえば靴の形をした靴屋のように，形態が機能を表す建物．「奇抜な」，「非正統的な」，「プログラムに従った」，「ロードサイドの」建築とも呼ばれる．ヴェンチューリはアメリカでよくみかける大きなイルミネーションが施された広告が付けられた「オートスケープ」アーキテクチュアを，ポップ・アーキテクチュアのカテゴリーに加えた．
3．人気のある建築に影響された作品，またはハイテク建築やアーキグラムが推進したイメージに呼応する作品．

北方ルネサンス・リヴァイヴァル Northern Renaissance Revival
19世紀末に（とりわけイングランドで）生じたフランドル地方，オランダ，そして北ドイツのルネサンスやマニエリスム様式のリヴァイヴァル．とくにサー・エルンスト・ジョージやその他の同時代人によって進められ，ポント・ストリート・ダッチやフレミッシュ・リヴァイヴァルとも呼ばれる．テラコッタ製のディテールを頻繁に取り入れるのが特徴である．

ポラック，レオポルド Pollack, Leopoldo (1750-1806)
ウィーン生まれの建築家で，1775年にミラノに拠点を移し，ピエルマリーニのパラッツォ・ドゥカーレの建設を手伝った．ムッジョのヴィラ・カサーティ（1790年代），ボルゴヴィーコのヴィラ・ロッカ-サポリーティ，通称ラ・ロトンダ（1790年代）を手がけたが，いずれにも楕円形のサロンが備えられている．

最大の業績は，ミラノのヴィラ・レアーレ・ベルジョイオーゾ（1790-96）で，その立面はガブリエルによるパリのコンコルド宮殿（1753-75）に着想を得たものである．ただし，ポッラックが用いたオーダーはコリント式ではなくイオニア式であった．また，英国のピクチャレスク様式で整備した庭園は，大きな反響を呼んだ．ベルガモのテアトロ・ソチャーレ（1805，息子のジュゼッペ（Giuseppe, 1779-1857）によって完成）をはじめ，劇場建築も手がけた．

ボッロミーニ式柱頭 Borromini capital
コンポジット式オーダーの柱頭で，内曲がりの渦巻装飾を用いたもの．1730年代にバスタード兄弟がドーセットのブランドフォード・フォーラムで用い，トマス・アーチャーも1720年代に使用した．ボッロミーニの好んだ柱頭に由来する．

ボッロミーニ，フランチェスコ Borromini, Francesco (1599-1667)
ローマにおけるバロック建築の最も偉大な主唱者の一人で，コモ近くのビッソーネにフランチェスコ・カステッロとして生まれ，ミラノで彫刻を学び（おそらくドゥオモにおいて後期ゴシックに従事する石工たちに出会った），1620年頃から，親戚関係にあったカルロ・マデルノのもとで修業し，その後1629-33年にローマのサン・ピエトロ大聖堂においてベルニーニ（彼に対しては批判的で嫉妬心を抱いた）の助手に就いた．ガリレオ・ガリレイ（Galileo Galilei, 1564-1642）の教えに熱中し，そこでは数学は自然を解く手がかりであり，幾何学的な形体は自然の象形であるととらえられていた．結果として，ボッロミーニはその建築を高度に幾何学と連結した複合体を通して発展させ，連鎖の方法をとるルネサンスのデザインとはまったく異なった，力強く動きのある，ダイナミックな形体を創造しルネサンスのデザインの連鎖する方法とはまったく異なった．ほかに彼がより所とするのは，ティヴォリにおけるハドリアヌスのヴィラのような古代の建物であった．

1633年に独立し，いくつものパラッツォやヴィラの設計に関与したが，彼を最も著名にしたのはその教会堂の設計であった．1634年にローマにおけるスペイン系の跣足三位一体修道

会のためのサン・カルロ・アッレ・クアット
ロ・フォンターネ修道院（1634-43）の計画の
依頼を受けた．小規模であったにもかかわら
ず，回廊と教会堂の複合体はきわめて独創的
で，幾何学的な複雑さに対するボッロミーニの
関心を例証する．教会堂は楕円形の中央の空間
がそのほかの楕円を溶け込ませ，オーダーの柱
は壁体の表面が内外に曲がり込むように，平面
上反対側に曲がる曲面に配置された．建物の
ファサード全体（1655以降）は動いているか
のようにみえ，下のイオニア式の層は凹−凸−
凹の平面で，上層のコンポジット式のファサー
ドは凹−凹−凹の平面である．アエディクラ
〔エディキュラ〕のミニチュアのオーダーは，
ボッロミーニにとっての偉人ミケランジェロ
と，そのカンピドリオにおける建築を想起させ
る．サン・カルリーノの仕事開始から間もな
く，オラトリオ会のためのカーサ〔居住棟〕と
オラトリオの計画の指名を受け（1637-50），
ファサードは，まるで曲がっていたかのよう
に，わずかに曲線を描くが，平面は巧妙であ
り，すばらしい論理にもとづいている．アウグ
スティノ奉献修道会の修道院は，サンタ・マリ
ア・デイ・セッテ・ドローリ聖堂（1642-49）
を含み，未完のまま残されるが，いくつかの重
要な特徴が示される．エントランス，教会堂，
凹面ファサードの前の空間は，それぞれ互いの
形体を決定し，あるものを凹曲面としてつくっ
てもほかのものにとっては凸曲面となり，ほぼ
伸縮自在の素材のような印象を与える．

サンティーヴォ・アッラ・サピエンツァ聖堂
（1642-62）の平面は，二つの重ねられた正三角
形から導き出された6頂点の星の上に描かれた
六つの円にもとづく．結果として並外れたダイ
ナミックな空間が生じ，ドーム内部で支持さ
れ，そのドームにはランタン（後期ローマ時代
のバールベックにおけるヴィーナスの神殿に似
た形体をもつ）を被せ，先端にはらせんの塔
（バベルの塔に関係するとされる）が載り，上
には真実の炎が立ち上る．平面は蜂の姿をし
て，ボッロミーニを古代の大学（サピエン
ツァ）の建築家に指名した**教皇ウルバヌス8世**
（Pope Urban VIII, 1623-44）の紋章の図案の
ようである．ドームにおけるケルビム〔智天使〕，
棕櫚（しゅろ），柘榴（ざくろ），星にはソロモ
ンの知恵（したがってその神殿）との関連があ
る．この折衷的な象徴主義は建築においては前

例がない．サピエンツァにおけるアレッサンド
リーナ図書館（1660-66）はのちの多くの修道
院および大学の図書館の模範となった．

これらバロックの傑作から育まれた名声に
よって，旧来のサン・ジョヴァンニ・イン・ラ
テラーノ聖堂の修理・改新を含めて，他にも教
会側の委託を受けた（大部分は彼のパンフィー
リ家のパトロンである**教皇インノケンティウス
10世**（Pope Innocent X, 1644-55）を通してで
あった）．そこでは，身廊と側廊の構造をバ
ロックの装いですっかり覆い，さらにアルベル
ティが15世紀にマントヴァのサンタンドレア
聖堂で採用した凱旋門の主題と重ね合わせた．
計画には多くの墓廟を新たな設定の中に再編成
して適応させることも含まれ，ボッロミーニは
すぐれた腕前によって成し遂げ，体系に首尾一
貫性を与えるためにプットとバロック様式の装
飾をつけ足した．しかしながら，意図していた
身廊を覆うヴォールト架構が建設されることは
なかった．彼はライナルディによる未完のナ
ヴォーナ広場におけるサンタニェーゼ・イン・
アゴーネ聖堂（1653-57）の完成を委託された．
建物はギリシア十字形平面で，ボッロミーニは
本質的にはそれを維持したが，ドームを載せる
ドラムを立ち上げ，また創意に富む双塔を脇に
配置し凹曲面を描く正面を分節した．結果とし
て，傍観者たちは偉大な集中的な空間に引き込
まれていくかのようにみえ，それはサン・ピエ
トロ大聖堂の集中式平面の盛期バロック版で
あった．この建物が及ぼした影響は大きく，と
くにオーストリアにおいては大きかった（⇒
フィッシャー・フォン・エルラッハ，ヨハン・
ベルンハルト）．

1647年からパラッツォ・ディ・プロパガン
ダ・フィーデの仕事にとりかかり，その主要
ファサードにはジャイアント・オーダーのピラ
スター（柱頭は5本のフルーティング〔縦溝装
飾〕に縮小）が使用され，その間には奇妙なド
リス式のエディキュラが平坦な壁体から突然は
じけ出す．コーニスはある部分はまっすぐで，
ある部分は揺れ動き，より大きくなったムトゥ
ルスに支持され，全体の効果は超現実的で，重
苦しく不吉な感じがする．複合体の内部は東方
三博士の礼拝堂で，ジャイアント・オーダーの
ピラスターに接続するリブ・ヴォールトで覆わ
れ，本質的にはバロック的な全体的効果に対し
て，ゴシック的嗜好が加えられている．

ボッロミーニに対する仕事の依頼は，パトロンである教皇の1655年の死以降は枯渇してしまい，穏やかな成功を収めた10年間であったにもかかわらず，67年に彼は自害した．ゴシックと後期ルネサンスの要素を融合させた彼のスタイルは，慣習に従うものではないが，壁を揺り動かし楕円を相互貫通させる試みは，18世紀の中央ヨーロッパに影響を及ぼした．流動的な形態と力強い彫刻との混合の成功もまた，アルプスの北に力強い刺激を与えた．

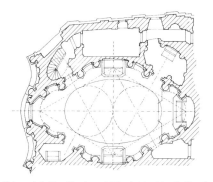

サン・カルロ・アッレ・クアットロ・フォンターネ聖堂の平面．ローマ．弧がぶつかる円と楕円を描く中心点，および平面内部における中心点の各構成要素に対する幾何学的な関係を示す．エントランス正面の凹-凸-凹の配列に注目．

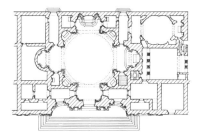

サンタニェーゼ・イン・アゴーネ聖堂の平面．ナヴォーナ広場，ローマ．凹曲線の正面および集中化する空間が読みとれる．

ポーディウム　podium
1. ベース（基礎），プリンス，ダイ，コーニスをもつ連続する台座（ペデスタル）．モニュメンタルな建築において，地面より高い位置に古典主義の柱が置かれる時などに用いられる．古典主義建築では基本的に，ローマ神殿，もしくはドームを支える柱列（ペリスタイル）が載る基壇のことである．
2. ローマの円形競技場のアリーナの周囲に設けられた壇．その上に貴族の席が設けられた．

ポーデン，ウィリアム　Porden, William (1755頃-1822)
イングランドの建築家．ジェームズ・ワイアットのもとで修行した．王太子（Prince of Wales，のちのジョージ4世（King George IV, 在位1820-30））に雇われ，彼のためにサセックスのブライトンにあるロイヤル・パヴィリオン（1804-08）で厩舎，乗馬用の建物，テニスコートなどの建物を設計した．彼はここでヒンドゥー様式（S・P・コッカレルと共働したとされる）を用いた．彼はゴシック建築の建築家として名高く，チェシャーの立派なイートン・ホール（1804-12, 1870年代に解体）を建てた．

ボーデン，ジョン　Bowden, John (1821没)
アイルランドのファースト・フルーツ委員会の建築家であったため，多くの英国国教会の教会を設計した．彼は世俗建築でも多くの作品を残した．その標準的なゴシック様式の作品には，ロンドンデリーにあるアガルー（1823），ボーヴィヴァ（エグリントン）（1821）フォーンヴェイル（1820），フォーン（1820），マゲラ（1819）の教区教会がある．彼は美しいグリーク・リヴァイヴァル様式のロンドンデリー裁判所（1813, 1817竣工）と，ロンドンデリーのフォイル・コレッジ（1808-14）を設計した．ベルファストにあるセント・ジョージ教区教会（1811）の設計もしており，その美しいコリント式のポルティコは，ロンドンデリーのバリスコリオンの大邸宅（1787着工，フレデリック・オーガスタス・ハーヴィー（Frederick Augustus Hervey, 1730-1803），第4代ブリストル伯爵にしてデリー主教のために，サンズ，シャナハン，サンズの兄弟ジョゼフ（Joseph）が設計したと思われる）のものを再利用した．エドワード，もしくはロバート・パーク（Edward or Robert Parke, 1787-1818活躍，ダブリンの下院（1787-94，現在はアイルランド

銀行）の西正面とイオニア式コロネードを設計）とともに，ボーデンはラウスにて，厳格な古代ギリシア風ドリス式のダンダーク裁判所（1813-18）を設計し，ジョゼフ・ウェランドとともにダブリンのセント・スティーブン教会を設計した．これは美しいグリーク・リヴァイヴァル様式の英国国教会の教会であり，2柱式のポルティコがある（1824年に献堂されたが，その後，内部が改築された）．

ポテンス　potence
1．Tもしくは「型の松葉杖のような形状で絞首刑のさらし台，支持体などに用いられる．
2．十字架の一種．より正確にはポテントクロスとして知られる（⇨十字）．
3．円形のカランベリア，カランベリアム，ダフコートの中にある回転する構造体．すべてのニッチに簡単に到達することができるように設置されている．
4．ベアリングを支える鋲．

ボード　board
厚さ5cmを越えない，薄く長い平板状の木材．

ボドゥアン，ウジェーヌ゠エリ　Beaudouin, Eugène-Elie（1898-1983）
パリ生まれのフランスの建築家で，ローコスト住宅を専門とし，なかでもドランシーのシテ・ド・ラ・ミュエット（1934から）では，工業化部品を用いた．その他の作品の中では，クリシーの人民の家（1937-39，プルーヴェと）やスイス，ジュネーヴのパレ・デ・ナシオン〔旧国際連盟本部〕の拡張計画（1967-73，ネルヴィ他と）があげられる．彼の作品は厳しく妥協を許さない環境を造り出す．

ポートカリス〔昔の城門などの落とし格子，つるし門〕　portcullis
中世の要塞の出入口に設けられた頑丈なドア．縦方向にスライドし，普通は鉄で補強された木材による重厚な格子となっており，底に先が尖った鉄の棒がついている．通常は上げた状態にしてあるが，防御のために急に落とすこともできる．⇨イェット

ボト，ジャン・ド　Bodt, Jean de（1670-1745）
ユグノーの軍事技師，建築家．1685年にフランスを離れ，オランダで教育を受けたのち1688年にイングランドに入り，ウィリアム3世（King William III）軍に仕えてアイルランド（1690-91）およびフランドル（1692-95）に従軍した．またイングランドでしばらくはたらき，ホワイトホールおよびグリニッチ宮殿のために壮大なバロック様式のデザインを提案（1698）したが，いずれも実施にはいたらなかった．最終的に1699年にベルリンに移ると（ベルリンではヨハン・フォン・ボット（Johann von Bodt（Bott））として知られる），ウンター・デン・リンデン通りに（ネーリンクの手によって起工し，シュリューターが彫刻を担当した）バロック様式の「ツォイクハウス」（武器庫）を完工し（1706頃），ポツダムの「シュタットシュロス」（王宮）の立派なフォルトゥーナ門を建設し（1701），さらにネーリンクによるポツダムの教区教会堂に尖塔（レンによるロンドンのフォスター・レーンにあるセント・ヴィーダスト聖堂のものに似る）を付加した（1695-1703）．イギリスからプロイセンへの特命全権大使（1703-11）であり，ウィリアム王の軍事遠征にも多く参加していたレイビー卿トーマス・ウェントワース（Thomas Wentworth, 1672-1739）は，ボトの設計によりヨークシャーのステインボロー・ホール（ウェントワース城）東翼を建設した（1710頃-20）が，その立面はほぼ純粋なフランス゠プロイセン風であり，イングランドの建築としてはきわめてめずらしい．プロイセンにおけるボトの作品の大半は城塞建築であるが，ベルリンのシュヴェーリン邸（1700-02）やラデマッヒャー邸（1701-04），東プロイセンのフリードリヒシュタイン城（1709-14）やデンホーフシュタット城（1710-16）など，いくつかの上品な住宅も設計した．1728年にボトは王室の建設事業最高責任者の任に就くためドレスデンに移り，ペッペルマンの設計したオランダ宮殿（のち日本宮殿）の拡張および修復工事を監督した（1730頃）．またドレスデン近郊のケーニヒシュタイン城の一部を設計した（1734-36）．

ボド，ジョゼフ゠ウジェーヌ゠アナトール・ド　Baudot, Joseph-Eugène-Anatole de（1834-1915）

フランスの建築家．ラブルーストとヴィオレ＝ル＝デュクの弟子であり，パリのサン・ジャン・ド・モンマルトル聖堂（1894-1902）で鉄筋コンクリートと鉄骨で補強された煉瓦を用いたことで，最もよく知られている．この建物はヴィオレ＝ル＝デュクの『建築講話（Entretiens）』（1863-72）からの影響を受けており，構造が表現される合理的建築をボドが探求していたことを証明している．その時になってもなお，サン・ジャン聖堂は中世のゴシックの原型に多くを負っていたし，実際のところ，これ以前にボドが手がけたランブイエのサン・リュバン聖堂（1865-69）は，精神においてはゴシックであったが，鉄の支柱を用いていたのである．

ボード・マークト・コンクリート
board-marked concrete
⇨ベトン

ポートマン，ジョン・カルヴィン，ジュニア
Portman, John Calvin, jun. (1924-2017)

アメリカ合衆国の建築家・ディヴェロッパー．ジョージア州アトランタのハイアット・リージェンシー・ホテルなどの大規模な都市建築で知られる．同ホテルは内部に多層のアトリウムが設けられ，これを植物を配した各部屋のバルコニーが囲み，アトリウムを上下するガラスのカプセルのようなエレベーターが各バルコニーや最上階の回転レストラン「ポラリス」へ接続している．アトリウムのフロアには多くの植物が置かれ，内部の広場のようにラウンジやカフェが開かれている．水や照明効果のアトラクションを用いる形式は広く成功をおさめており，ポートマンはこれをほかの種々の方式と組み合わせている．一方で彼の作品のエクステリアは内部空間ほどには魅力的ではないとの見方もある．ジョナサン・バーネット（Jonathan Barnett）との共著において建築家とディヴェロッパーを兼ねる利点を述べている（1976）．

ポートランド，ニコラス　Portland, Nicholas
(1394-1406 頃活躍)

イングランドの石工頭．1394 年からソールズベリー大聖堂ではたらき，そこで交差部の塔を補強した．また，1396 年から 1405 年にかけてウィンチェスター（ハンプトンシャー）のセ

ント・ジョンズ・ホスピタルの再建工事に従事し，そこで礼拝堂とは別棟とされた主要部の建設を手がけたと思われる．

ボドリー，サー・ヨシュア　Bodley, Sir Josias
(1550 頃-1617)

エクセター生まれの軍事技師で，オックスフォードのボドリアン図書館の創設者の弟．彼は 1598 年からアイルランドにて，1603 年まで続くヒュー・オニール，第 2 代「偉大なる」ティロン伯（Hugh, The O'Neill, Second 'Great' Earl of Tyrone, 1540 頃-1616）に対する戦争に従軍した．枢密院より城の管理者に任命されたため，その後もアイルランドに残った．1609 年にアルスターの入植地の測量を任され，1612 年にはアイルランドの築城および建設を統括する立場となった．彼はさまざまな要塞を建設したが，最大のものは，特別に作られたロンドンデリー郡（大部分がロンドンのシティと同業組合により入植された）にあるシティ・オブ・ロンドンのニュータウン，コールレーンのランパート（城壁）と要塞である．

ボドリー，ジョージ・フレデリック　Bodley, George Frederick (1827-1907)

ハル生まれのイングランド人建築家．ゴシック・リヴァイヴァルで最も成功し，繊細な感覚をもった人物の 1 人．1840 年代は，ジョージ・ギルバート・スコットの徒弟として過ごす．彼の初期の教会堂，ブライトンのセント・マイケルおよびオール・エンジェルス教会堂（1859-61）は，13 世紀の「たくましい」タイプのポリクロミーの作品である．ケンブリッジのジーザスレーンのオールセインツ教会堂（1862-69）では，ボドリーは大陸からの影響を拒否し，イングランドの第 2 尖頭様式を採用した．リヴァプールのトゥ・ブルークのセント・ジョン洗礼者教会堂はイングランドの 14 世紀の第 2 尖頭様式復興の洗練されたもので，繊細きわまりないものであり，壁，屋根，家具（S・E・ダイクス・バウアーにより美しく修復された）はみな，輝くばかりの彩色がほどこされている．1869 年から 1897 年トーマス・ガーナーと共同経営を行い，いくつかの教会堂をデザインした．たとえば，スタフォードシャーのホア・クロスの精巧で学術的なホーリー・エンジェルス教会堂（1872-1900），マンチェスター

のペンドルベリーのセント・オーガスティン教会堂（1870-74）はアルビ大聖堂の内部にバットレスを置く方法（バットレスが側廊の通り道を形づくるように貫通している）をイングランドの第2尖頭様式に適用したものである．ノッティンガムシャーのクランバー・パークのセント・メアリー・ザ・ヴァージン教会堂（1886-89）は，十字架形平面の聖堂で，中央塔と尖頭があり，ボドリーの第2尖頭様式の作品で最も気品にあふれ，よどみなく調和した作品となっている．ボドリーはクランバーの作品はほとんど自分で設計した．チェシャーのエクレストンのセント・メアリー教会堂（1894-99）も同様で，ここでも，明らかな14世紀様式で，石のリブヴォールトが全体に使われている．ロンドンのケンジントン，プリンス・コンソート・ロードのホーリー・トリニティ教会堂（1902）は明るく軽く，彼の初期の作品とはかなり異なったものになっている．最後の大きな教会堂作品は，ワシントンD.C.のセント・ピーター・アンド・ポール大聖堂（1906-76，最終的に1990年完成）である．

ポートル，アントワーヌ・ル Pautre, Antoine Le（1621-79）
⇨ル・ポートル，アントワーヌ

ボトル・ダンジョン bottle-dungeon
瓶のような断面をした不快な独房で，細くなった上部から囚人を落とし入れるもの．地下牢の一形態．

ホートン，トマス・ド Houghton, Thomas de（1288-1318活躍）
イングランドの大工・技術者．1288年，ウェストミンスター宮殿の建築工事に携わり，1292年には，ウェストミンスター・アビーの王妃エリナー（1290没）の墓所に木製のスクリーンと天蓋を制作した．その後の経歴は王への奉仕に費やし，ロンドン塔をはじめとし，ビューマリス・カースル，エディンバラ・カースル，リンリスゴー・カースル，ドーヴァー・カースル，カーライル・カースル等ではたらいた．1298年から1318年にかけては，イングランド軍に従事し，スコットランドとの戦争のための建設工事に携わるとともに，物資供給，輸送，軍装備品の制作などに従事した．

ボナッツ，パウル・ミヒャエル・ニコラウス Bonatz, Paul Michael Nicolaus（1877-1956）
独仏国境近くのロレーヌ地方ソルニュで生まれ，ミュンヘンで勉強し，1902-06年の間，シュトゥットガルト工科大学でテオドーア・フィッシャーの助手を務め，1908年に自ら教授に就任する．フリードリヒ・オイゲン・ショラー（Friedrich Eugen Scholer, 1874-1949）と共同事務所を設立し（1913-27），彼はハノーヴァーの都市ホール（1911-14），シュトゥットガルトのハウプトバーンホフ（中央駅，1911-28）を設計した．後者はサーリネンのヘルシンキ駅，ベーレンスのAEG工場建築群に負うところがある．この共同事務所からは，ネッカー運河の水門，橋，堰，その他の構造物（1926-36），シュトゥットガルトのグラフ・ツェッペリン・ホテル（1929-31），またいくつかの個人住宅を含めて多数の建築物が生まれた．ボナッツの他の建物にはビーブリッヒのヘンケル倉庫（1908-09），テュービンゲン大学図書館（1910-12）があげられるべきであろう．後に，ボナッツはフリッツ・トートがアウトバーン（高速自動車道路）とその華麗な陸橋を設計した際に芸術顧問を務めた（1935-41）．彼はデア・ブロックの建築家グループの宣言署名者であり，その住宅作品の大部分が伝統的な形式に根ざしていた．パウル・シュミットヘナー（Paul Schmitthenner, 1884-1972），ハインツ・ヴェッツェル（Heinz Wetzel, 1882-1945）とともに，ボナッツはシュトゥットガルト派の建築家グループを打ち立て，国際モダニズムが激しく席巻する中で，伝統主義の砦とした．したがってシュトゥットガルトで挑発的にヴァイセンホーフ・ジードルンクが建設され，宣戦布告に等しいものとされたのは偶然のことではなかった．地域の材木産業と共同して，ボナッツと彼の仲間たちは，コッヘンホーフ・ジードルンク（1933，コッヘンは料理するという意味であり，生活の現実を暗示するのに対し，相手方のジードルンク（定住地，植民地，住宅団地といった意味）が，白を意味するヴァイセンの言葉で非実用性を表すのと対照的だった）の建設で応え，地域の土着的建築，伝統的な木造構造，職人技を強調して，ミース・ファン・デル・ローエやその仲間たちの異邦人的な夢想に対置させた．
国家社会主義のナチスのもとで，ボナッツ

は，シュペーアのベルリン改造計画に含まれる海軍最高司令部（1939-43）の基本設計案，ミュンヘン中央駅案（1939-42）を作成したが，いずれも実現しなかった．また，ハイルブロンの戦争記念礼拝堂（1930-36），デュッセルドルフのシュツム社ビル（1935，F・E・ショーラー（F. E. Scholer）と共同），スイス，バーゼルのクンスト・ムゼウム（芸術博物館，1936）を設計した．1939-45 年の第二次大戦の間には重用されず，また建築委託がなくて憔悴し，43 年にトルコに移住した．そしてそこでアンカラ市建築家に任命され，また 1946 年にイスタンブール工科大学の教授に就任した．アンカラの国立歌劇場（1948）は彼の手になる．1953 年にシュトゥットガルトに帰り，そこで彼の初期作品で戦災を受けたものの修復に没頭し，50 年には『生涯と作品（Leben und Bauen）』の出版を行った．1950 年代にはデュッセルドルフのオペラ劇場の再建に取り組んだ．

ボナヌス（ボナンノ）（ピサの） Bonanus or Bonanno of Pisa（1179-86 活躍）

イタリアの建築家，デザイナー，彫刻家．ブロンズ製の扉を三点残している：ピサ大聖堂の西面ファサードのレージャ門（1180，のちに取り壊された），同じく南翼廊のサン・ラニエーリ門（1180 頃），そしてシチリアのモンレアーレ大聖堂の西門（この門には署名と 1186 年の年紀が入っている）．ピサの鐘楼（いわゆる「斜塔」）（1174-1271）を設計したのも彼だと考えられている．ピサの大聖堂と洗礼堂の設計に，どこまで関与していたのかについては明らかになっておらず，議論が続いている．

ボーノ Bono
⇨ボン

ボノーミ一族 Bonomi Family

ジョゼフ（1739-1808）．イタリア生まれの建築家．ローマで教育を受け，ある期間アントーニオ・アスプルッチとクレリソーとともに学んだ．1767 年にアダム兄弟のもとではたらくためにイギリスに赴き，その後おそらく，ロンドンのベッドフォード・スクエアの建設においてトーマス・レヴァートンの助手を務めた．エールズフォード伯爵のために，パッキントン・ホール（175-78）における新古典主義的なインテ

リア，さらにグレート・パッキントンのセント・ジェームズ聖堂をデザインし，両者ともにウォリックシャーにある（1789-90）．教会堂はリュネットの窓を設けた厳格な煉瓦の建物で，大陸では好まれていた装飾のない前衛的な新古典主義のイギリスにおけるただ一つの例である．また，ノーフォークのブリックリングにピラミッド形の墓廟（1794-96）も計画した．ロイヤル・アカデミーに出品する常連で，カントリー・ハウスについては流行の建築家でもあり（たとえば，カウンティ・ダラムのラムトン・ホール（1796-97）），ジェーン・オースティン（Jane Austen）による『分別と多感／知性と感性（Sense and Sensibility）』（1811）の第 36 章に言及されている．

彼の長生きした次男イグナティウス（Ignatius, 1787-1870）は，ニューカッスル・アポン・タイン周辺に広範囲に実作をつくりあげた．彼はダーリントン近くのスカーンに，イングランドにおける最も早期の鉄道橋の一つを建設し（1824），多くのスタイルについて適任の多作なデザイナーであった．ダラムのバーン・ホール（1821-34）は，先進的なフランスの古典主義様式であったが，ヨークにおけるロマネスク・リヴァイヴァルのオクセンホープ聖堂（1849）では，本物のディテールが適切に使用されていた．彼の弟子であり 1831 年から 41 年にかけて助手を務めたのは J・L・ピアソンである．ジョゼフの末の息子もまたジョゼフ（Joseph, 1796-1878）と名乗り，著名なエジプト学者で，サー・ジョン・ソーン博物館の館長となった．彼の最もすぐれた作品はリーズにおけるマーシャル・ストリートのテンプル・ミルズ（1842）であり，学究的にエジプト・リヴァイヴァルの様式であった．ロンドンのストーク・ニューイントンにおけるアブニー・パーク墓地（1840）には門衛所と出入口がエジプト様式となり，シドナムのクリスタル・パレスにはエジプト宮が（オーウェン・ジョーンズとともに）1854 年に完成された．

ホーバン，ジェームズ Hoban, James（1758-1831）

アイルランドに生まれ，1785 年にアメリカに移住した．ワシントン D.C. の大統領公邸の設計競技で，当初ダブリンの国会議事堂，レンスター・ハウスをもとにした案で優勝したが，

ワシントンとジェファソンの要求で設計変更した．完成したホワイトハウス（1793-1801, 1814-29 再建）は，ギブズの『建築の書（*A Book of Architecture*）』（1728）の図版 41 番に由来するものとなった．彼が設計したワシントンの他の建物（ホテルや住宅，政府施設）は現存してない．

墓碑　tomb

亡骸を囲み，あるいは覆った，死者のことを記憶に留めるための，垂直に立つ記念碑．埋葬のための，あるいは葬祭のための構造物．⇨霊廟，卓状墓

ポピー　poppy

長年，麻酔薬とされていたアヘンの鞘や花は，新古典主義では寝室の装飾や葬送用建築の装飾に一般に用いられ，双子の兄弟のイメージ，すなわち夜，睡眠，死の子どもたちのイメージと結びつけられた．ポピーのモチーフは，ペルシェとフォンテーヌによってアンピール様式のデザインで多く用いられ，アール・ヌーボーでもよくみられる要素となった．

ポピー・ヘッド　poppy-head

15 世紀または 16 世紀初頭のゴシックのベンチまたはピュー（信者席）の端部の彫られたフィニアル（頂華）．フルール・ド・リスに似ているが，しばしば彫像，葉飾り，果実，花などによって豊かに装飾されている．この名称は，棒に結びつけられた大量の大麻や亜麻を意味するフランス語のプペー（poupée）に由来し，ポピーとは何の関連もない．

ポープ，アレグザンダー　Pope, Alexander （1688-1744）

イングランドの詩人で造園家．彼はミドルセックスのトゥイッケナムに自身の重要な庭園を造成した．これは光と影の原理，配置と遠近法を体現しており，記念碑的なオベリスクや壺がおかれ，記憶術的で哀調に満ちた雰囲気を呈した．ゲニウス・ロキ〔地霊〕を重んじよという彼の主張は（より魅力的にできるかもしれない）土地の自然な特徴への感性を高めるのに寄与し，彼の主張は 18 世紀の庭園デザインに大きな影響を及ぼした．

ホープ，アレグザンダー・ジェームズ・ベレスフォード　Hope, Alexander James Beresford （1820-87）

イングランドの著作家，蒐集家，パトロンで，トマス・ホープの息子．ケンブリッジでベンジャミン・ウェブ（Benjamin Webb, 1819-85）を助けた．ウェブはジョン・メーソン・ニール（John Mason Neale, 1818-66）とともにケンブリッジ・キャムデン協会（のちのイクレジオロジカル協会）を創設した（⇨キリスト教会学）．継父であるベレスフォード子爵（General Viscount Beresford, 1768-1854）のイングランドの地所を相続する際に，名前をベレスフォード・ホープ（Beresford Hope）に変えた．ホープは協会で最も精力的で影響力のある平信徒のメンバーとなり，『イクレジオロジスト（*The Ecclesiologist*）』の編集を手伝い，硬い材料と構造的ポリクロミーを用いた「都市の大聖堂」を推進した．協会の模範となる，ロンドンのマーガレット・ストリートにあるオールセインツ教会（バターフィールド設計）を建造するにあたり指導的な役割を果たした．『19 世紀のイングランドの大聖堂（*The English Cathedral of the Nineteenth Century*）』（1861）やほかの著作は，ゴシック・リヴァイヴァルの発展，英国国教会の計画，高教会派の発達に重要な影響を与えた．高教会派は象徴主義や適切な建築的背景の中での儀式に重みをおいた．彼は王立英国建築家協会の会長をつとめた（1865-67）．

ポーフィリー　porphyry

1.　古代エジプトで産出した美しく，非常に硬い岩石．濃い赤紫色で，研磨によく耐える．

2.　サルデーニャ，ギリシアなどで切り出された黒色か緑色の斑岩．

3.　一種もしくは多種の鉱物の結晶を含んだ，均質な成分をもつ火成もしくは無成層の岩．例として，長石斑岩（フェルスパー・ポーフィリー），粘土斑岩（クレイストーン・ポーフィリー），斑状花崗岩（ポーフィリティック・グラニット），斑状緑色岩（ポーフィリティック・グリーンストーン）がある．よく知られるのは，ポルフィード・ロッソ（濃淡で白い水玉がある），ポルフィード・ネロ（黒で白い水玉がある），サーペンティーノ・ネロ・アンティコ（黒で淡い楕円形の点がある），ポル

フィード・ヴェルデ（ほとんど黒に近い暗い色で細かい緑の色がつく），ポルフィード・ディ・ヴィテライ（薄緑色で小さな薄緑の点がある），そしてフレジュスでローマ人が発見した青い斑岩である．いわゆるロッソ・アンティコ（rosso antico）は斑岩ではなく，実際はギリシアやイタリアでみつかった大理石のことであり，安く加工がしやすかった．最も素晴らしいロッソ・アンティコはブレシア産のものであった．細かい粒子を含んだ血のように濃い赤色もしくは肝臓の色をしており，磨くほどつやが増すような性質をもっていた．

ボフィール，リカルド Bofill Levi, Ricardo (1939-2022)

バルセロナ出身の建築家．1962 年に複数の専門分野にまたがるデザイン事務所「タリェール・デ・アルキテクトゥーラ」を設立した．同事務所は伝統的な建材を用いた安価な住宅の創出で成功を収め，地歩を固めることとなった．バルセロナのサン・ジュスト・ダスベルンにあったセメント工場を転用したラ・ファブリカ（1973-76）は，大聖堂，城塞，カタコンベ，さらにはヴェネツィア式アーチをもつロマネスク・リヴァイヴァルなど，多くの歴史的引用で構成されている．この後続いた作品群は，いずれもポスト・モダニズムによる巨大な集合住宅で，色濃い古典様式をベースとした形態上の演習である．サンカンタン・アン・イヴリンヌにあるレザルカッド・デュ・ラックおよびマルヌ・ラ・ヴァレにあるパレ・ダブラクサス（ともにパリ近郊，1978-84）は，ボフィール流のモニュメンタルでむき出しにされた新古典様式の好例である．実施作品はしばしばプレファブ・コンクリートの部材によって建設された．1978 年には『リカルド・ボフィール—建築を語る（*L'Architecture d'un homme*）』（邦訳，1987）を出版した．後期の作品にはランフィテアトル・ヴェール（セルジ・ポントワーズ，パリ，1981-86），レゼシェル・デュ・バロック（モンパルナス，パリ，1979-86），ライス大学シェパード音楽学校（テキサス州ヒューストン，1992）などがある．

ボフィンガー，ヘルゲ Bofinger, Helge (1940-2018)

ドイツの建築家．その作風はベルリン，ヴィ

ルヘルム通りのオフィスビル（1992）に見られるように，1920 年代に追随するような，幾何学的な明快さを特徴とする．他の作品には，ミュンヘンの BMW 本社ビル（1987），マインツ駅，（1988）など多数がある．

ホプキンズ，サー・マイケル Hopkins, Sir Michael (1935-2023)

イギリスの建築家．N・フォスターとともにはたらいたのち，1976 年に妻パトリシア（パティ）（Patricia (Patty), 1942-）と事務所を設立した．ロンドン，ハムステッドの自邸（1976）はガラスを多用した鉄骨構造で，コルゲート板による 2 枚の壁をもち，ハイテックの建物として分類される．続いてサフォーク，バリー・セント・エドモンドにあるグリーン・キング醸造所を増築（1977-78）した．彼らは，工場建築のためのパテラ・システムを考案し，1980 年代初期，スタフォードシャーのストク・オン・トレンドとロンドンのカナリ・ワーフにいくつかの作品を完成させた．ロンドンのメリルボーン，ブロード・テラスに建てられた自身の事務所は，このシステムが応用されたものである．1980 年代後期からの作品には，ケンブリッジのシュルンベルガー研究所（1982-85），ロンドン，ロード・クリケット場のマウンド・スタンド（1984-87，耐荷重アーチ，軟鋼性座席部，テント状の屋根などが使われた），オックスフォードシャーのベグブローグにあるソリッド・ステート・ロジック社ビル（1986-88），ロンドンシティにあるサー・アルバート・リチャードソンのブラッケン・ハウスの改修（1987-92，古い建物を残しながら新しい構造を組み入れた），ロンドン，シャド・テムズにある事務所・集合住宅（1987-91），ダービシャー，ハザーセージにあるデイヴィッド・メラー刃物工場（1987-89），サセックス，グライドボーンにある新オペラハウス（1988-94），ノッティンガム，インランド税務署ビルディング（1992-94），ウェストミンスター・パレスの向かいに建つ国会議事堂ビルディング（1992-94），ギリシア，アテネにある GEK-テルナ・ビルディング（2001-04），ヒースロー近郊ベッドフロント・レイクにある工業団地の中央地区建物がある．最近では，ノーウィッチ大聖堂の回廊南側部分に新しい食堂（2004）を，中世の壁体を残しつつ完成させた．しかしなが

ら，ロンドンのユーストン・ロードとガウワー・ストリートにあるウエルカム・トラストのためのビルディング（2002-05）などは，おそらく周辺環境をそれほど考慮していないと考えられる．

ポープ，ジョン・ラッセル Pope, John Russell（1873-1937）
　アメリカの建築家で，この時代のアメリカ合衆国における最も偉大な学究的古典主義者．マッキム・ミード＆ホワイトの弟子であり，パリのエコール・デ・ボザールで学び（1897-99），1903年に実務を始め，国内的にも国際的にも重要な新古典主義建築をつくり出した．それらには，ワシントンD.C.のスコッティッシュ・ライト教会（1910-，ハリカルナッソスの霊廟を暗示するような巨大なピラミッド状の構成）や，彼の最もよく知られた二つの作品である，ワシントンD.C.のジェファソン記念館（1935-43）と国立美術館（1936-41）がある（両方ともオットー・エガース（Otto Eggers, 1882-1964）とダニエル・ポール・ヒギンズ（Daniel Paul Higgins, 1886-1953）によって完成した）．彼はまた，ロンドンのテート・ギャラリーの彫刻館（1935-38），大英博物館の彫刻ギャラリー（1936-38，アテネのパルテノン神殿からの彫刻群「エルギン・マーブル」を収納するために建てられた）を設計した．両ギャラリーともジョセフ・ドゥヴィーン・オブ・ミルバンク男爵1世（Joseph, 1st Baron Duveen of Millbank, 1869-1939）によって寄付されたものだった．また，ニューヨーク市のフリック・コレクションを納めるための邸宅の改修も計画した．

ホープ，トマス Hope, Thomas（1769-1831）
　イギリス人の目利きで美術愛好家．アムステルダムに生まれる．彼の家系はスコットランド出身であったが，何世代にもわたりアムステルダムに住み，商人，銀行家としてはたらいた．新古典主義の彫刻とともに古事物の熱心な蒐集家であったホープは，コレクションを展示し，建築と家具に関する著作を出版することで，趣味の目利きとなった．著作には『家庭用家具と室内装飾（*Household Furniture and Interior Decoration*）』（1807），『古代の衣裳（*Costumes of the Ancients*）』（1809），『建築史試論（*An Historical Essay on Architecture*）』（1835），『アナスタシオス，あるいは18世紀末に書かれた当世風ギリシア人の回顧録（*Anastasius, or Memoirs of a Modern Greek, written at the Close of the Eighteenth Century*）』（1819）がある．ホープはディレッタント協会の会員で，ケンブリッジ大学のダウニング・コレッジのためのジェームズ・ワイアットのデザインについて意見を求められ，『ダウニング・コレッジのための平面図と立面図に関する省察（*Observations on the Plans and Elevations... for Downing College...*）』（1804）を出版した．これはグリーク・リヴァイヴァルを最屓して，ローマ風ドリス式の提案を非難するものであった．その結果，ウィルキンスによって，ギリシア様式のコレッジが建てられ，ホープは当世風の勝者，建築の目利きとして不動の地位を確立した．

　またいとこのヘンリー・ホープ（Henry Hope, 1735-1811）に影響を受け，ホープは彼のコレクションのために2棟のみごとな邸宅を設計した．ロンドンのポートランド・プレースにあるダッチェス・ストリートでは，ロバート・アダム設計の邸宅を改築し，増築した（1799-1804，1819，1851解体）．ここに新古典主義で装飾された絵画ギャラリー，古代ギリシア様式の彫刻ギャラリーと絵画ギャラリー，ヒンドゥー様式の部屋，エジプト・リヴァイヴァルの部屋（ホープがデザインした非常に力強い古代ギリシア・エジプト様式の家具が備えつけられていた），フラックスマン・ルーム，また古代ギリシアの壺を展示するためのさまざまな部屋を増築した．これらの室内装飾は『家庭用家具（*Household Furniture*）』（1807）にて出版された．ソーンの邸宅のように，この建物は一般公開され，新古典主義を普及させるのに大きな役割を果たした（絵画ギャラリーは古代ギリシア風ドリス式オーダーが用いられ，イングランドで最初期の室内装飾の1つであった）．もう1棟の邸宅はサリーのドーキング近郊にあるザ・ディープディーンである．これはウィリアム・アトキンソン（William Atkinson, 1773頃-1839）の助力を得て1818年から1819年，1823年にかけて，古典主義でありながら非対称なピクチャレスク様式で建てられた．ここでは多くの古代エジプト様式の装飾が用いられ，たとえばフランスの出版物にデザイン源のある

ベッドがある．ホープのデザインの多くは，ペルシエとフォンテーヌのアンピール様式と関連がある．

ホフマン，ヨーゼフ・フランツ・マリア
Hoffmann, Josef Franz Maria（1870-1956）

オーストリア＝ハンガリーのデザイナー，建築家．モラヴィアに生まれ，ウィーンのハゼナウアーとヴァーグナーのもとで学んだ．ウィーン分離派に参加し（彼はC・R・マッキントッシュを非常に称賛し，友好関係をもった），1903年にコロマン・モーザー（Koloman Moser, 1868-1918）とフリッツ・ヴェルンドルファー（Fritz Wärndorfer, 1868-1923）とともにウィーン工房を創設した．ボザールの構成の方法や，古典に着想を得たヴァーグナーのスタイル，さらにイギリスのアーツ・アンド・クラフツ運動のより自由な様式を吸収したが，20世紀初めには分離派初期のアール・ヌーヴォーから離れ，自身の建築を単純化し，純化させ始めた．プルカースドルフのサナトリウム（1903-05）の白いキューブ状の建築は，ブリュッセルのアドルフ・ストックレー邸（1904-11）を代表とするブロック状のスタイルへと発展していった．ストックレー邸ではホフマンとウィーン工房の芸術家たちがほとんどすべてをデザインしている．この住宅は銅で縁取られた大理石パネルで豪華に仕上げられており，室内においてもいくつかの内装は大理石で仕上げられ，特に食事室はグスタフ・クリムト（Gustav Klimt, 1862-1918）がデザインしたきらびやかなモザイク画で飾られた．ウィーンのアスト邸（1909-11）とスキューヴァ＝プリマヴェージ邸（1913-15）には，当時の一般的な流れであった新古典主義への大きな変化がみられる．だが後期の作品にはそのような特徴は二度と現れなかった．その例として，壁に強い横縞が描かれ，左右非対称の構成を取るパリ装飾芸術国際博覧会のオーストリア・パヴィリオン（1924-25）や，オーストリアのヴェルデン近くのアスト邸（1923-24），ヴェネツィア・ビエンナーレのオーストリア・パヴィリオン（1934-35）がある．1953-54年には，ウィーンのハイリゲンシュテッターシュトラーセに集合住宅を設計した．

ボフラン，ガブリエル＝ジェルマン　Boffrand, Gabriel-Germain（1667-1754）

フランスの彫刻家で建築家に転じた．ときに複雑な幾何学形態を組み込んだ巧妙な平面でパリの多くの邸館を設計し建築することに才能を発揮した．中でもオテル・ダメロ（1712-14）とオテル・ド・トルシー（1713-15）が代表例である．そのロココ様式は最高度に洗練されており，パリのオテル・ド・スービーズ，現在のアルシーヴ・ナシオナール〔国立公文書館〕の楕円形平面の魅力的な広間群（1732-39）に最良のものをみることができる．これらの広間はフランソワ・ブーシェ（François Boucher, 1703-70），シャルル＝ジョゼフ・ナトワール（Charles-Joseph Natoire, 1700-77），および，シャルル・アンドルー・ヴァン・ロー（Charles Andrew van Loo, 1705-65）によって装飾を施された．ボフランの外装は一見単純で控えめであるが，ローマにあるベルニーニのパラッツォ・キージ＝オデスカルキの影響を受けており，中庭や広間の平面に楕円形を多用することもこの偉大なるイタリアの巨匠の作品を思い起こさせるものである．ヴュルツブルクの「レジデンツ」（宮廷所在地の意）の平面についてノイマンから助言を求められ，バイエルン選帝侯マクシミリアン2世・エマヌエル（Elector Maximilian II Emmanuel of Bavaria, 1679-1726）のためのさまざまなデザインを手がけた．ロレーヌ公の宮廷のためにナンシーのパレ・デュカル〔公の宮殿の意〕（1715-22）やリュネヴィルの城館（1702-22）と礼拝堂（1720-23）を設計した．後者はアルドゥアン＝マンサールによるヴェルサイユの礼拝堂の影響を受けている．また，コルドモワが提唱した独立円柱と直線状エンタブラチュアを備えた理想の聖堂の影響も受けており，その優美な光あふれる様子はスフロによるパリのサント・ジュヌヴィエーヴ聖堂を予期させるものだった．2003年，城塞と礼拝堂はともに火災によって甚大な損害を被っている．パリ近郊サントゥーアンの魅力的な住宅（1717）は賓客のための翼棟群とサーヴィス棟群に囲まれた中庭にパヴィリオンを備え，彼の最も才気あふれる創造の一つだが，その作品の多くと同様，もはや現存していない．著作『建築の一般原理を含む建築書（*Livre d' architecture contenant les principes généraux de cet art*）』（1745）は重要な理論的試論集である．

ポープ, リチャード Pope, Richard（1442 頃活躍）

イングランドの熟練石工（フリーメーソン）. サマセットのダンスター聖堂の塔を設計し, おそらく, ドーセットのシャーバンのシャーバン・アビーとセント・ジョンズ・ホスピタルでマスター・メーソンを務めたと思われる（1440 年代）. もしそうであれば, シャーバン・アビーの壮大なクワイアの設計を手がけたことになる. トマス・ポープ（Thomas Pope）とウォルター・ポープ（Walter Pope）（おそらく親戚）は 15 世紀前半にエクシター大聖堂ではたらいていた.

ポープ・リドル, セオデイト Pope-Riddle, Theodate（1868-1946）

⇨リドル, セオデイト・ホープ

ホフ, ロバート・ヴァント Hoff, Robert van't（1887-1979）

オランダの建築家. イングランドで学び, 最初はアーツ・アンド・クラフツ運動に, そのあとグラスゴー派, レサビー, さらに前衛的な考え方に影響を受けた. 最初期の作品に, ロンドン, チェルシー, マロード・ストリート 28 番にあるオーガスタス・ジョン（Augustus John, 1878-1961）のための住宅とスタジオ（1913-14）, ユトレヒト近郊のユイスター・ハイデのロフダラ邸（1911）がある. ホフは, 1914 年にアメリカを訪れ, フランク・ロイド・ライトによる有名なユニティ・テンプルやイリノイ州, シカゴ, オークパークにある住宅をみた. ヨーロッパに帰ると, ハイス・テル・ハイデに建てた, ヴァント・ホフによる J・N・ヴェルロープのためのサマー・ハウス（1914）や A・B・ヘニー邸（1915-19）に, ライトの影響が明らかであり, とくにヘニー邸は, オランダの建築家の評価を高めるものとなった. 1917 年からヴァント・ホフはデ・ステイルとの関係を密接にもつようになり, 資金的なサポートやデ・ステイル誌に寄稿を行っている. 1918 年, 彼は共産主義者となり, 建築および芸術の前衛はプロレタリアートと結束し, 革命, 芸術の理想郷をめざすべきと考えた. 大革命が失敗に終わると, デ・ステイルをやめ, 1933 年, アナキストの仲間たちとともにイングランドに移り住み, ハンプシャーで亡くなった.

ボー, ベンジャミン Baud, Benjamin（1807 頃-75）

イングランドの建築家. バークシャーのウィンザー城の改造時, ワイヤットヴィルの助手を務めた（1826-40）. 1838 年, ロンドンのブロンプトンのウェスト・ロンドンおよびウェストミンスター墓地の設計競技で勝利した. そこには, 無数のカタコンベ式の「埋葬」のための建物があり, 首都がそれ以上広がる可能性を阻んでいた. 墓地会社との悲惨な訴訟の後, ボーはさほど重要でない建築をいくつか実施し, 数多くのドローイングおよび絵画を制作した. 彼は第 2 代ロンズデール伯爵ウィリアム（William, 2nd Earl of Lonsdale, 1787-1872）のために, 奇抜なマウソレウム（霊廟）をウェスト・ミッドランドのローサー教会墓地にデザインした. また, マイケル・ガンディとともにジョン・ブリットンの解説を含む『ウィンザー城の建築画（*Architectural Illustrations of Windsor Castle*）』（1842）を出版した.

ホホル, ヨゼフ Chochol, Josef（1880-1956）

オットー・ヴァーグナーの弟子であったヤン・コチェラを介してヴァーグナーの作品の影響を受け, ボヘミアとモラヴィアで重要な人物になった. 1914 年以前, 表現主義に手を出し, とくにプラハのネクラノヴァ通りの集合住宅ブロック（1913）は, 角錐状の形態と傾けられた面が特徴的であった. プラハのヴィシェフラットの丘の麓のヴィラ（1912-14）に示されるように, 建築においてキュビスムを実践した代表者であった. 適用された装飾には直角がなく, 実質的に表面のどの部分も平面図の輪郭と平行ではない. 歴史主義を排除しファサードを基本的な形態に削減する考えを推し進め, 1920 年代には構成主義を実験するようになった.

ポメランス, ラルフ Pomerance, Ralph（1907-95）

アメリカ合衆国の建築家. 1933 年にニューヨークで独立して多くのプロジェクトを手がけ, 評価の高いインターナショナル・スタイルの住宅も複数設計している（コネチカット州コスコブの自邸など）. マルケリウスとともに 1939 年ニューヨーク万国博覧会のスウェーデ

ン館を設計した. ニューヨーク市, クロトン・オン・ハドソンの単層住宅は高く評価された. また, ニューヨーク市, グリニッジの住宅政策にも関与した.

ポメル pommel, pomel
1. クロップと同じ.
2. ピナクル (尖塔), ピラミッド状屋根などのフィニアル (先端部の装飾) に用いられる球, ボス (装飾突起), ノブ (球状装飾) もしくは結び目状装飾による端部.

ポモ PoMo
ポスト・モダニズム.

ホライン, ハンス Hollein, Hans (1934-2014)
オーストリアの建築家. ウィーンのレッティ蝋燭店 (1964-65) やファサードに亀裂が入ったシュリン宝石店 (1972-74), 椰子の木状の柱をもつオーストリア国営旅行代理店 (1976-78) などの小さくて精巧に作り込まれた店舗建築で名声を確立した. そこでは大理石, 真鍮, ステンレス鋼, クロムのような素材が用いられ, 最新の注意を払いつつ細部の装飾が施されていた. だがあまり適切ではないのは, 新しいファサードとそれが挿入される既存のファサードとの関係である. その一方で, あきらかに無計画に亀裂を入れるという主題の用い方は, 緊張関係と完璧さの崩壊を暗示している. 大いに称賛されてきた作品は, コーナー部分で崩壊するグリッド構造をもつメンヒェングラートバッハのアプタイベルクの市立美術館 (1972-82) や, フランクフルトの近代美術館 (1987-91) である. ウィーンの大聖堂近くのハースハウス (1987-90) は, 店舗ファサードのスケールでは有効であった考え方が, 歴史的な都市中心部の重要な場所に建つ, 人目を引くような大規模建築ではあまり成功しないことを示唆しているのかもしれない. ザルツブルクのメンヒスベルクに切れ込む美術館の提案 (1990) は独創的であり, 劇的なインテリアを内包するものであった.

ボラ, ジョヴァンニ・バティスタ Borra, Giovanni Battista (1713-70)
ピエモンテ地方の建築家, 製図工 (ヴィットーネの弟子) で, 「イル・トルケリーノ」と呼ばれ, 小アジアにロバート・ウッド (Robert Wood, 1716-71) とジェームズ・ドーキンズ (James Dawkins, 1722-57) に同行した (1750-51). 1751 年からイングランドに滞在し, 『パルミラの廃墟 (*The Ruins of Palmyra*)』(1753) と『バールベックの廃墟 (*The Ruins of Balbec*)』(1757) のドローイングを描いた. 彼はおそらくセント・ジェームズ・スクエアにあるノーフォーク公爵の邸宅 (ブレティンガムによる) の主要な部屋の建築家であった (1755). これらのモチーフはパルミラの古代遺跡とイタリア風ロココの主題を混ぜ合わせたものであった. 似たような意匠はトリノのラッコニージ宮殿 (1756-57), ハンプシャーのストラトフィールド・セイ, バッキンガムシャーのストウにもみられる. ボラはストウで大寝室と化粧室を改装し, いくつかの新古典主義の点景建築を建てた (「調和と勝利の神殿」をデザインし, ロトンダを改装し (1752, ボイコット・パヴィリオン (1758), オックスフォード・ゲート (1760 頃), レイク・パヴィリオン (1761 頃) を改変した). リチャード・チャンドラー (1737-1810) が『イオニアの古代遺物 (*Ionian Antiquities*)』(1769) を出版するため蒐集に遠征したおりには (1764-66), レヴェットとウィリアム・エドマンド・パーズ (1742-82, ボラの作品に影響を受けた人物) が同行した.

ポラック, ヨハン・ミヒャエル, 通称ミハーイ Pollack, Johann Michael *called* Mihály (1773-1855)
ウィーン生まれの建築家. レオポルド・ポラックの異母弟. 1798 年にペスト (現ブダペスト) に移り住み, そこで新古典主義の建築家として成功する (たとえば, 福音主義教会 (1799-1808)). ペストにおける作品の大部分は控えめなファサードと中庭をもつアパートや邸宅 (たとえば, ヨシュア・アティラ通り 6 番地のポラック・ハウス (1822) やフェシュタティーチュ邸 (1802-06)) であった. また, セクサールドの庁舎 (1828-36), エニング近郊ディーグのフェシュタティーチュ宮殿 (1811-15), ペストのルドヴィツェウム (1828-36), ペストのヴィガドー・コンサートホール (1829-32, 破壊された) とハンガリー国民博物館 (1836-46, 彼の代表作であり, ローマのパンテオンをモデ

ルとしたドームつきの円形ホールを内包してい
る）なども設計した．ペーチュ（フュンフキル
ヘン）では，大聖堂のためにゴシック・リヴァ
イヴァルのファサードを設計した（1807-25，
シュミットがネオ・ロマネスク様式で再建した
とき（1882-91）に破壊された）．

ボラード bollard
　1．港の埠頭に固定された低く頑丈な柱．係
船のためのもの．
　2．公共街路設備の一つ．鋳鉄製でドリス式
オーダーに準拠した小柱や大砲などの形状をし
ているものが多く，道路や歩道あるいはその境
界に設置し，車の通行を制限する．

ホラバード＆ルート Holabird & Root
　ホラバード・アンド・ローチを引き継いだ設
計事務所．1927年にジョン・オーガー・ホラ
バード（John Augur Holabird, 1886-1945）と
ジョン・ウェルボーン・ルート・ジュニア
（John Wellborn Root Jr., 1887-1963）により設
立された．この設計事務所は，イリノイ州シカ
ゴのパルムオリーヴ・ビルディング（1928-29）
や商品取引所ビル（1929-30），デイリー・ニュ
ース・ビルディング（1928-29），トラベル・ア
ンド・トランスポート・ビルディング
（1930-33）など，アール・デコの摩天楼を設計
した．またのちに，イリノイ州ノースブルック
のイリノイ・ベル電話会社ビル（1970-73）や
同州リバティヴィルのホリスター社ビルディン
グ（1979-81），同州シャインバーグのモトロー
ラ・センター（1990-94）を担当した．

ホラバード＆ローチ Holabird & Roche
　アメリカの建築事務所．ウィリアム・ホラバ
ード（William Holabird, 1854-1923）はシカゴ
に拠点を定め，1875年にウィリアム・ル・バ
ロン・ジェニーの事務所ではたらいたのち，
1880年にオシアン・C・シモンズ（Ossian C.
Simonds, 1857-1931）とともに事務所を立ち上
げ，翌年，そこにマーティン・ローチ
（Martin Roche, 1853-1927）を迎えた．1886年
に同事務所は12階建てのタコマ・ビルディン
グ（1889完成，1929解体）の依頼を受け，煉
瓦やコンクリート，そして鋼鉄に加えて鋳鉄の
柱と錬鉄の梁による構造体を設計し，テラコッ
タとガラスで覆った．これにより，摩天楼とシ

カゴ派にとって重要な，骨組みだけの構造体が
確立された．同事務所が手がけた数多くのシカ
ゴのオフィスビルの外壁では，シカゴ窓や地上
から連続する角柱とそこから内側に後退した壁
板，そしてテラコッタの装飾が採用された．その
好例はマーケット・ビルディング（1894-95）
であり，経済的に設計され，効率よくつくられ
ている．その他にはケーブル・ビルディング
（1898-99，1961解体）や，リパブリック・ビ
ルディング（1904-05，1961解体），ブルック
ス・ビルディング（1909-10），マックラーグ・
ビルディング（1899-1900）などがあり，これ
らはのちの摩天楼のデザインを予感させる．

ホランド，ヘンリー Holland, Henry
（1745-1806）
　イングランドのジョージ王朝期における指導
的建築家．1771年にランスロット・「ケイパビ
リティ」・ブラウンのパートナーとなり，その
娘と結婚した．ブラウンとともにサリーのエ
シャーにあるクラレントン・ハウス（1771-74）
を建てた．ホランドはアダム兄弟に匹敵するほ
ど優雅な新古典主義を発展させた．たとえば，
ロンドンのセント・ジェームズ・ストリート
60番地にあるブルック・クラブ・ハウス
（1776-78）である．この建物の成功により，彼
の名前は貴族社会に知れ渡ることとなり，多く
の心地よいカントリー・ハウスを設計した．た
とえば，ヘリフォードシャーのレミンスター近
郊にあるベリントン・ホール（1778-81）や，
ベッドフォードシャーのウォバーン・アビーの
改築（1787-1802）である．ここでは玄関のポ
ルティコ（解体），温室（のちに彫刻ギャラリ
ーとなった），中国風の貯蔵室も設計している．
ほかにはノーサンプトンシャーのオールソープ
の改築（1787-89，ここでは精密タイルで外張
りを行った），ハンプシャーのブロードランズ
の改築（1788-92），ベッドフォードシャーのサ
ウスヒル（1796-1800）がある．彼の最も偉大
な作品はおそらくロンドンのペルメルにあるカ
ールトン・ハウスの改築（1783-96）であろう．
これにはコリント式のポルティコとイオニア式
スクリーンも含まれる（1827-28にすべて解
体）．彼はまたロンドンのピカデリーにあるオ
ールバニー（1803-04）も設計した．
　ホランドは1771年からチェルシーのハン
ズ・タウンを開発し，これにはスローン・スト

リートやカドガン・プレース，多角形平面のハンズ・プレースなどがあったが，建物はほとんど再開発されてしまった．建築家としてはフランスから影響を受けており，とくにゴンドアン，パット，ペールからであったが，チェンバーズとは異なり，設計においてギリシアの要素をデザインに用いた．

堀 moat
防御のために町や建築物の周囲に設けられる幅の広い溝．その両側は斜面を形成しており，水で満たされることもある．

ポリクロミー polychromy
古代ギリシア建築に見られるような多彩色の精巧な建築の装飾で，イトルフ，ビンデスベールやそのほかの建築家によって復興された．ストラクチュラル・ポリクロミーとは，色彩が建設後に施されるのではなく，建物に用いられる煉瓦，石，またはタイルによって彩色されるものを指す．これは盛期ゴシック・リヴァイヴァルの特徴であった．

ポリゴナル・メイソンリー polygonal masonry
滑らかで，多面の（具体的には四つ以上の角や側面をもつ）石材が緊密に組み合わされてつくられた石積み．古代では，オパス・ポリゴナム（opus polygonum）と呼ばれた．サイクロピアン・メイソンリーまたはペラスジック・メイソンリーとしても知られる．

ポリシー policy
1．地所や町の改善・美化．
2．地所内の建物や庭園など．
3．カントリー・ハウスの周囲にある囲われた庭園または占有地．

ポリス polis
古代ギリシアの都市または都市国家．他の語と組み合わせて町の愛称として使われることが多い．たとえば19世紀のベルファストに対してリネノポリスと呼ぶなど．metro という接頭辞がつくと，首都，母市市，中心地，または主要な都市という意味になる．⇨アクロポリス，ネクロポリス

ポリスティル polystyle
多くの円柱によって構成されたもの．

ポーリッシュ・パラペット Polish parapet
ルネサンスのパラペットの一つで，ブラインド・アーケード，アエディクラ，ピラスター，ペデスタル，ペディメント，ピラミッドなどで装飾され，屋根を隠すような形式のもの．ポーランドでよくみられる．代表的な例はクラクフの織物会館（1555-58），ヴィスワ川上流のヘウムノの市庁舎（1567-72），カジミエシュ・ドルニの市場の立つ広場の二つのすばらしいファサード（1615 と 1635）がある．

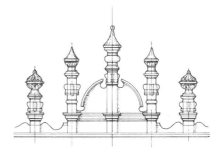

ポーリッシュ・パラペット（ポーランドのカジミエシュ・ドルニの例より）．

ポリトリグリファル polytriglyphal
一つの柱間につき一つ以上のトリグリフをもつドリス式のフリーズ．

ポリーニ，ジーノ Pollini, Gino (1903-91)
⇨フィジーニ，ルイジ

ポリフォイル polyfoil
多くのフォイル（葉飾り）をもつもの．マルチフォイルともいう．

ホーリー・ロフト Holy Loft
ルード・ロフト，ルード・ビーム，またはルード・スクリーン．〔「ルード」とは「キリスト磔刑像」〕

ホール hall
1．中世邸宅の主要な広間，またはカレッジなどの大規模な共用広間．屋根に開口のあるオ

ープン・ホールであることも多く，上に開けた炉床を備えていることもあった．

2. 公的ビジネス，法廷の開廷，公的会議，会合，または遊興（たとえば，音楽ホール）を行うための大規模広間，あるいは建築物．

3. ギルドや兄弟会のための建築物．たとえば，ロンドンのリヴリー・カンパニー・ホール（魚商組合ホールなど）のような作例がある．また，自治体のための建築物（市庁舎，町庁舎）も指す．

4. マナー（荘園）の主立った家屋敷．たとえば，地主の居館．

5. 学生たちの寮や教室のある大学付属の建築物．

6. 使用人たちが食事をとるための，邸宅内の共用部屋．

7. 屋根の架かった大空間．

8. エントランス・ルーム（またはエントランス・ホール）．

ホール，ウィリアム・ハモンド Hall, William Hammond (1846-1934)

アメリカのランドスケープ・アーキテクト．カリフォルニア州サンフランシスコのゴールデン・ゲート・パーク（1865-76）を設計した．この公園は砂丘の上に計画されたもので，ニューヨーク市のセントラル・パークに続くアメリカ合衆国の2番目の公共公園である．

ホル，エリアス Holl, Elias (1573-1646)

アウクスブルク生まれ．イタリア訪問（1600-01）後，ドイツにおける主導的なルネサンス建築家となる．1602年からアウクスブルク市の公的な建造物を請け負うこととなり，ギースハウス（鋳造所，1601），ツォイクハウス（武器庫，1602-07），ジーゲルハウス（市紋章局，1604-06），メッツゲ（畜殺場，1609），その他多くの建造物を設計した．最も重要な建築はラートハウス（市庁舎，1614-20）であり，その中央部分はまさに切妻のドイツ家屋の垂直性を有しているが，両サイドの立面はより古典主義的であり落ち着いたものとなっている．ハイリゲ・ガイスト・シュピタール（聖霊病院，1626-30）は，明瞭なキューブ状の形態，個々の要素の分離，装飾の副次的な位置づけ，そして中庭を囲む二層のアーケードによって特徴づけられる．アウクスブルク外の作品では，アイ

ヒシュテットのヴィリバルツブルク城（1609-10）の設計が建築的に最も重要である．

ボールガール，ギヨ・ド Beauregard, Guyot de (1551没)

ベルギー・メヘレンのオテル・ド・サヴォワのルネサンス様式のファサードを手がけたフランスの建築家．⇨ケルダーマン・ファン・マンスダーレ（ケルダーマンス）

ポルザンパルク，クリスティアン・ド Portzamparc, Christian de (1944-)

フランスの建築家．1973-74年のマルヌ=ラ=ヴァレのシャトー・ドーのプロジェクト（瑞々しい緑を配した給水塔のコンヴァージョン）が出世作となった．機能主義のドグマを拒絶して断片化やインテリアとエクステリアの再定義を試み，建築の象徴的な次元に関心を抱く．作品としていずれもパリのオート・フォルム集合住宅（1975-79）やチュミによるラ・ヴィレット公園に所在するシテ・ド・ラ・ムジーク（1985-95）があり，後者は20世紀後期のパリにおける最良作の一つともいわれる．ナンテールのオペラ座バレエ学校（1983-87），リール・ユーロスター鉄道駅の「スキーブーツ型」のタワー（1992-95），パリのパレ・ド・コングレの拡張（1990年代初頭），グラースの裁判所，パリ・ベルシーのZAC住宅（1991-94），ニューヨーク市のLVMHタワー（1995-98）も言及に値する．

ポルシェック，ジェームズ・スチュアート Polshek, James Stewart (1930-2022)

アメリカ合衆国の建築家．L・カーンのもとで働き，1962年に独立した．作品に帝人研究所（東京1963-64，大阪1964-71），コネチカット州ウォリングフォードのローズマリー・ヒル・ドミトリーとアカデミック・ビルディング（1971），ニューヨーク市のパークアヴェニュー500番地のオフィス（1980），ニューヨーク市のシーメンズ・チャーチ研究所（1991-92），カリフォルニア州サンフランシスコ，イェルバ・ブエナ・ガーデンズの芸術劇場（1993），オハイオ州アクロンの全米発明家の殿堂（1992-95），コネチカット州のマシャンタケット・ピクォート博物館・研究所（1992-97）などがある．コンテクストの重要性に関心をも

ち，これは著作『コンテクストと責任
(*Context and Responsibility*)』（共著，1998）
にも表明されている．

ボルスター　bolster

1．バラスター・サイド．

2．パルヴィネイテッド・フリーズ（膨らん
だフリーズ）の膨らみをもった側面．

3．ボルスター・ワーク，クッション・ワー
ク，ピロウ・ワークはいずれも石工術の粗面仕
上げのうち，ローマ建築の水道橋のピアのよう
に粗石の層が膨らみをもっているものを指す．

4．トラスなどを支持する木製のコーベルあ
るいはプレート．

ホール，スティーヴン　Holl, Steven (1947-)

アメリカの建築家．日本人建築家の伊東豊雄
はホールの建物について「視覚的というより
は，聴覚的である」と説いている．ホール自
身，テキサス州ダラスのストレットハウス
(1989-92) と，ベーラ・バルトーク (1881-
1945) の「弦楽器と打楽器とチェレスタのため
の音楽」(1936) にあるフーガ様式のような，
ある対象の重複反応を示唆する，「ストレット」
という音楽用語と比較し，同様に重複している
建物内の空間の様子が相似していると唱える．
それに加え，住居のプロポーションは黄金比で
決められている．ホールが手掛けた他の作品に
九州の福岡にあるネクサスワールドプロジェク
トの一部となった辛辣な28戸の集合住宅棟
(1989-91)，ニューヨーク市のD・E・ショー
社の事務所 (1991-92)，同じくニューヨーク市
のソーホー，ケンメール通りに建つ，ファサー
ドの多くの部分が回転するストアフロントの美
術・建築ギャラリー (1994) があげられる．

ポルタ　porta

ローマの都市や要塞，あるいは大きな入口
（たとえば教会への入口など）にある記念碑的
な門．

ポルタ，ジャコモ・デッラ　Della Porta, Giacomo (1532-1602)

ヴィニョーラの死後 (1573)，ロンバルディ
ア生まれのこの人物はローマにおけるマニエリ
スムの主導的人物となった．カピトリーノ丘の
ミケランジェロの建物の工事を監理し，パラッ

ツォ・デイ・コンセルヴァトーリ (1561-84)
とパラッツォ・デル・セナトリオ (1573-1602)
の工事を（いく分の変更を加えて）完成させ
た．広場と大階段の変更にも関与した．ヴィ
ニョーラの崇高なるイル・ジェズ教会堂を完成
させ，ファサードを設計 (1571-73) した．こ
のファサードはのちにローマ，中央ヨーロッ
パ，ラテンアメリカのイエズス会の教会堂の手
本としてきわめて重要なものとなった．壮大な
半円筒ヴォールト (1577) も彼の設計である．
サン・ピエトロの建築家として 1573 年以降に
交差部西側の腕と小ドーム (1578-85) と，ミ
ケランジェロの設計した庭園側の外観を建設し
た．ドメニコ・フォンターナと協力して大ドー
ムを建設したが (1586-92)，その輪郭をミケラ
ンジェロが意図したものより（フィレンツェ大
聖堂のような）尖った形に修正した．グレゴリ
ウス 13 世 (Gregory XIII, 1572-85) とクレメ
ンス 8 世 (Clement VIII, 1592-1605) の礼拝堂
も完成した．

ナヴォナ広場の北と南の噴水 (1574-78) を
はじめとする多くのローマの噴水や，サンタ・
マリア・アイ・モンティ聖堂 (1580 以降)，サ
ン・ルイジ・デイ・フランチェージのファサー
ド (1580-84)，（おそらく）サンティッシマ・
トリニタ・デイ・モンティ (1583 頃)，サン・
ジョヴァンニ・デイ・フィオレンティーニ
(1582-1602) とサン・タンドレア・デッラ・
ヴァッレ (1591-，マデルノにより 1608-23 に
完成) の外陣，フラスカーティのヴィラ・アル
ドブランディーニ (1594-1603，マデルノと
G・フォンターナにより完成) も設計した．そ
の作品は膨大であり，ポルタはチンクエチェン
トからバロックの興隆にいたる過渡期において
並はずれて重要な建築家だった．

ホール・チャーチ　hall-church

側廊はあるが，クリアストーリーをもたない
聖堂．その内部はほぼ一定の天井高になってお
り，たとえば，身廊と側廊の高さが同じか，ほ
ぼ同じである．ドイツのゴシック形式の特徴で
あり，「ハレンキルヘ」と呼ばれる．非常に高
い窓で側廊に採光し，交差廊を備えておらず，
内陣がはっきりと空間を分かつ建築的仕切りで
はなくあとづけの造作によってのみ区切られて
いることもある．作例としては，ネルトリンゲ
ンの聖堂 (1427-1505)，ディンケルスビュール

の聖堂 (1444-92), ピルナの聖堂 (1546 献堂) がある.

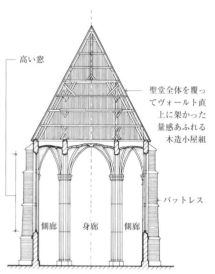

典型的なドイツのホール・チャーチの身廊・側廊断面図

ホルツバウアー, ヴィルヘルム Holzbauer, Wilhelm (1930-2019)

オーストリアの建築家. ホルツマイスターの教え子であり, おそらくロースの理論の更新である「構造的機能主義」を掲げたアルバイツグルッペ 4 (ワークグループ 4) の創設メンバー (他のメンバーにフリードリヒ・クレント (Friedrich Kurrent, 1931-2022), オットー・ライトナー (Otto Leitner, 1930-), ヨハネス・シュパルト (Johannes Spalt, 1920-2010)). 彼はザルツブルク=アイゲンのザンクト・ヨーゼフ神学校 (1960-64) の設計を部分的に担当したが, そこでは形態が完全に構造によって決定されており, ワックスマンの影響を示唆している. 1964 年にはウィーンに事務所を設立し, アルバイツグルッペ 4 から離れ, ル・コルビュジエの影響が窺われる立場へと移行していった. その傾向はザルツブルク=アイゲンのザンクト・ヴィルギル学校 (1966-76) にみて取れる. 他の建築家とともに手がけたウィーン地下鉄網 (1971 から) の中で彼が設計した駅舎は, 明瞭さの手本となっている. オランダではユトレヒトのデ・バイエンコルフ百貨店 (1978-82) とアムステルダムの市庁舎およびオペラ・ハウス (1979-88) を設計した.

ホルツマイスター, クレメンス Holzmeister, Clemens (1886-1983)

オーストリアの建築家. 経歴全体にわたって数多くの建築を設計する一方で, 影響力の大きい教師でもあり, その教え子にホライン, ホルツバウアー, パイヒルがいる. 彼の設計の多くは歴史的な先例を参照するものであり, ウィーン市火葬場 (1921-23) のように表現主義に惹かれていたときでさえその傾向がみられる. ゼエヴァルヒェンのリッツルベルクに建つカントリーハウス, アイヒマン邸 (1926-28) は自然との結びつきにおいてほとんど田園風であるのに対して, トルコのアンカラの政府庁舎 (1931-34) のようなより記念碑的な建築は, 彼が古典主義に基づいた伝統を理解していたことを示している. ザルツブルクのホーフシュタールガッセでは, 隆起した岩とフィッシャー・フォン・エルラッハのコレーギエンキルヘ (大学教会) の間に挿し込まれるように建つフェストシュピールハウス (祝祭劇場) (1926-60) の建設に携わり, その一方でブレゲンツ=フォアクロスターのマリア・ヒルフ教会 (1924-31), ウィーンのユーダス・タデウス・イン・デア・クリム教会 (1924-32), ベルリンのザンクト・アダルベルト教会 (1933), ウィーンのザイペル=ドルフス記念教会 (1933-34), キッツビューエルの福音派教会 (1960-62) などの数多くの教会を建設した. 彼の制作量は並外れたものであった.

ポルティカス porticus (*pl.* porticus, porticuses)

1. 教会の入口のポーチ.
2. 教会のアプス.
3. 中世の墓を覆う構造物 (ポルティカラス (porticulus) とも呼ばれる).
4. コロネードの上に屋根が配された長い回廊 (アンビュラトリ) で, 建物に付属する場合もあれば, 建物と離れた構造物となる場合もある.
5. 教会の身廊から突き出た部屋もしくは側面礼拝堂 (サイド・チャペル) であり, 身廊壁面に設けられたアーチから中に入る. ノーサン

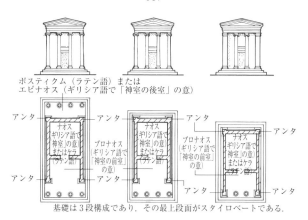

ポルティコ
神殿における円柱の配列。左：アンフィプロスタイル・テトラスタイル（両前柱四柱式），あるいはアンフィテトラプロステュロス（両四柱前柱式），すなわち，ケラの正面と背面に4本の円柱が立っている。中央：プロスタイル・テトラスタイル（前柱四柱式），あるいはテトラプロステュロス（四柱前柱式），すなわち，ケラの正面に4本の円柱が立っている。右：ディスタイル・イン・アンティス，すなわち，ケラの正面で，ケラの側面から前方に突出した壁体前端のアンタの間に2本の円柱が立っている。小規模神殿，墓所，祠にしかみられない配列である。

ブトンシャーのブリックスワースのアングロサクソン系の教会にその例がみられ，身廊の南側と北側にこのポルティカス群があったようである。

　6．アーチのついたあずま屋（たまにポルティーク（portique）と呼ばれることもある），またはパーゴラ下の園内通路。
　7．ポルティコと同義。

ポルティコ　portico
屋根を支える一定間隔に配置された一連の円柱からなる，屋根に覆われた歩廊のこと〔「ポルティコ」はイタリア語で「柱廊」の意〕。ふつう，列柱を備えたポーチとして建築物にくっついているが，独立した構築物をなす場合もある（ジェームズ・スチュアートによるウスターシャーのハグリーにあるドリス式神殿（1758）など）。そのように形成された空間は開放されているか，側面が閉じられて一部開放されるかであり，神殿のような建築物の前に立っていて，正面直上にペディメントを頂くことが多く，そのような場合は「神殿正面」と称される。古典主義ポルティコ各種は正確に定義づけられ，おもな形式は下記のとおりである。

壁中・ポルティコ：　建築物の正面に独立して立っているわけではないポルティコのことだが，円柱，エンタブラチュア，ペディメントすべてが正面の壁面からレリーフのように浮き出ている，つまり，「エンゲージ」（壁面に埋め込む）されている。

イン・アンティス：　ポルティコの側面を閉じる，前に突出した壁体の間，すなわち，壁体のアンタ（⇨アンタ）の間の一直線上に円柱が配されているもの。

プロステュロス，前柱式：　背後の建築物の正面の壁面の前面に離されて一直線上に立っている一群の円柱を備えたもの。

イン・アンティス，プロステュロス双方の形式のポルティコとも，正面の立面にみえる円柱の数によってデザイン形式がさらに定義されている。よく行われる類型としては，ディスタイル（2本，通常，イン・アンティス），トリスタイル（3本），テトラスタイル（4本），ペンタスタイル（5本），ヘクサスタイル（6本），ヘプタスタイル（7本），オクタスタイル（8本），エネアスタイル（9本），デカスタイル（10本），そしてドデカスタイル（12本）である。通常，円柱の数は扉の前をあけるために中

央軸を避けるよう設定される．背後の建築物の主壁面の正面に4本の円柱が立つポルティコはプロスタイル・テトラスタイル（前柱四柱式）であり，側面の壁体前端のアンタの間に2本配される場合は，ディスタイル・イン・アンティスという．⇨列柱，インターコラムニエーション

ホールデン，チャールズ・ヘンリー　Holden, Charles Henry (1875-1960)

イギリスの建築家．ランカシャー，ボルトン生まれ．ホールデンは，しばらくアシュビーとはたらいたのち，1899年にアシスタントしてヘンリー・ペルシー・アダムズの事務所に加わった．初期に手がけた作品としては，ロンドン，ランベス，クラパム・ロードにあるベルグレーブ小児病院（1900-03）があり，狭い敷地の中で構成された建物は，フィリップ・ウェブとヘンリー・ウィルソンに影響を受けたアーツ・アンド・クラフツの外観となっている．ブリストルのディーナリー・ストリートにある中央資料館（1906）では，流行していたネオ・バロック様式ではなく，そぎ落とされたネオ・チューダー様式が採用された．ロンドンのチャンスリー・レーンにある合同法律協会（1902-04）には，マニエリスムの十分な理解がみてとれる．サセックス，ミッドハーストのエドワード7世サナトリウム（1903-06）を実施する頃，事務所には，ライオネル・ゴッドフレイ・ピアソン（Lionel Godfrey Pearson, 1879-1953）が加わった．ホールデンは，1907年，アダムズのパートナーとなった．

アダムズ・アンド・ホールデンによる，ザ・ストランドのイギリス医学会本部（1906-08, 現ジンバブエ大使館）はマニエリスムによる力強い構成であった．この建物には，（サー・）ジェイコブ・エプスタイン（Jacob Epstein, 1880-1959, 1911-12, パリのペレ=ラシェーズ墓地にオスカー・ワイルドの墓をホールデンと共同制作した）による裸像彫刻（現在は損傷がはなはだしい）がつけられ，当時はかなり問題となった．事務所は，1913年にアダムズ，ホールデン・アンド・ピアソンとなり，ホールデンは，帝国戦争墓地委員会の4人の主任建築家に任命され，67カ所の墓地を設計した．1924年からホールデンは，フランク・ピック（Frank Pick, 1878-1941）とともに，50カ所以上のロンドン地下鉄駅を手がけ，イギリスの合理的デザインのピークを示した．アーノス・グローブ（1932），ボストン・マナー（1934），サウスゲート（1935），サドバリー・タウン（1930-31）などの駅は，スカンジナビアやオランダの近代建築に影響を受け，明確で整った幾何学的なデザインである．ホールデンはまた，避難所，サイン，街灯，プラットフォームなどのほか，ロンドン運輸公社関連の設計を行った．

事務所は，つねに立方体を重ね記念性を演出することに定評があった．ピアソン設計による，ハイドパーク・コーナーのロイヤル砲兵隊記念碑（1921-25）がその好例で，チャールズ・サージャント・ジャガー（Charles Sergeant Jagger, 1885-1934）の彫刻が施された．ウェストミンスター，55番地にあるホールデンによるロンドン交通局本社ビルディング（1927-29）は，建物の立体構成にさらに磨きをかけた試みで，エプスタイン，エリック・ギル（Eric Gill, 1882-1940），ヘンリー・ムーア（Henry Moore, 1898-1986）が屋外彫刻を担当した．1931年からホールデンは，ロンドン大学の事務棟（象徴的な彫刻はない）をはじめ，新校舎を設計した．第二次世界大戦後は，ウィリアム・ハルフォード（後にロード）とともにロンドン復興計画に参画した．

ポルトゲージ，パオロ　Portoghesi, Paolo (1931-2023)

イタリアの建築家で1958年にローマで実務を始め，1964年にはヴィットリオ・グレゴッティ（Vittorio Gigliotti）とパートナーを組んだ．いわゆる合理主義から離脱して歴史的先行例に関心を向け，ゴシックやバロック，アール・ヌーヴォー，その他様々な様式に接近していった最初のイタリア建築家の一人である．作品にはそうした様式からの影響が認められるが，直接的な引用はない．サレルノの聖家族教会（1968-74）は複雑に絡み合った円形表面の要素でできている．一方モンテカティーニの浴場（1989）では屋根を支える木々のような尖頭型の構造材が採用されたが，これはローマのイスラーム・センターのモスク（1976）にも使用されていた．他にはシチリアのポッジョレアーレの市民センター（1986-91）やローマの力強いバルディ邸（1959），ローマのパラッツォ・

コローディの，バロックの流れをひく楕円形階段がある．国際近代様式の抑圧的効果への認識から，ポルトゲージは有機的建築やポスト・モダニズムと同一視されており，自身が，意味のある建築は歴史的先例への参照によらずして生み出されないと断言している．研究者としても非凡であり，ルネサンスやバロック，19世紀に関する多くの書物を出版し，ボロミーニやグアリーニ，ミケランジェロ，折衷主義，ポスト・モダニズムに関する研究が含まれる．

ポルト・コシェール porte-cochère

1．家や中庭への出入口で，道路から車輪のついた乗り物（馬車など）が入れられるように，非常に大きいものであることが多い．

2．馬車を入れられるぐらいの大きさの，突き出たキャノピーやポーチとして誤って用いられている言葉．

ポルトランド（ポートランド） Portland

イギリス，ドーセット州，ポートランドで産出される魚卵状の白い石灰岩．レンの時代の公共建築の切石積みファサードに使用するために頻繁に切り出された．チョークもしくは石灰岩と粘土でつくられるポルトランド・セメントは，明るい灰色で，人工的な水硬セメントとして分類され，1821年頃に発明された．大変強度が高く，水中でも使用が可能である．

ホール・ハウス hall-house

オープン・ホールを指す廃れた用語．

ホルフォード卿，ウィリアム・グレアム
Holford, William Graham, Lord（1907-75）

南アフリカに生まれ，リヴァプールのチャールズ・ライリーのもとで修行した．1939-45年の戦時期にイギリスの都市計画法となる骨格を策定することに寄与し，アバークロンビーとともにカウンティ・オブ・ロンドンと大ロンドン計画にかかわった．彼はリヴァプール（1949-54），エクセター（1955-75，この計画は繊細なハリスの計画を損ねた），ケント（1958）の大学計画を提案し，さらにホルデンとはロンドンの都市計画（1946-47）を行った．彼の決して成功したとはいえないセント・ポール大聖堂の区域における計画では，時代を超えた評価を得ることができず，20世紀の終わりに再計画された．それでも彼の建築家と都市計画家としての影響はとくに1945年以降の30年においてのイギリス国内では幅広かったが，彼の評判は同世代には受けても，その輝きは長くはなかった．

ポルフュリオス，ディミトリ Porphyrios, Demetri（1949-）

ギリシア生まれの建築家．建築は持続可能な自然素材を用いてしっかりした施工技術と技巧によって成立されなければならないという信念を有し，「堅固さ，有用性，喜び」を本質とする原則へと回帰することを臆さない．主要な作品の中に，ギリシアのスペツェスにあるピチオウサ街（1993年竣工）がある．ここでポルフュリオスは，連続する二階建てのコンパクトな住宅を用いて，ヨーロッパにおける伝統的都市パターンにしっかりと基づく構築された環境をつくり出した．この住宅は，シンケルによるデザインの置き換えを含む新古典主義の前例を参照としている．その計画はニューアーバニズムの一事例とみなされてきているといってよい．伝統を発展させることに基礎が置かれたポルフュリオスによる建築言語の習熟は，以下の作品でさらに示されている．ロンドンのケンジントンにある「チェプストウ邸」（1988-89），バークシャーのアスコットにある「ベルヴェデーレ・ヴィレッジ」（1989），ケンブリッジにあるセルウィン・カレッジにおける新しい路地と映画館と図書館（1995-．第一期工事は2003年に始まった）である．また，オックスフォードにあるマグダレン大学の「ニュー・グローブ・ビルディング」は居住区（1991-96．17世紀の建築言語が使われている）とフェローのための建物（後期ゴシック式）を含み，これらと隣接する講堂（1995-99）は明快な新古典主義である．ポルフュリオス・アソシエイツ（1981年に設立）による他の作品に，バーミンガムの「スリー・ブリンドリー・オフィスビルディング」（1998年竣工），オックスフォードにあるワーンフォード病院の「セーン・リサーチ・センター」（2001年竣工），アテネの「インターアメリカン本社ビル」（2002年竣工），サリー州クロイドンの「オールド・パレス・スクール」（2001年竣工），アメリカのネブラスカ州にある「ダンカン・ギャラリー」（2002年竣工），バークシャーのリーディングにある

「フォーベリー・スクエア・オフィス」(2003年竣工) があげられる. 2003年には, アメリカのプリンストン大学の「ニュー・ホイットマン・カレッジ」, パリのヴァル・デュ-ロップにおけるさまざまな都市開発, ドイツのフランクフルト・アム・マインにおける豪華なホテル, そしてベルリンのヨハンサトル・オフィスビル開発などのデザインを用意した. さらにポルフュリオスは, ウィルトシャー, トロ-ブリッジのマスタープランの制作およびロンドンのキングス・クロス・セントラルの開発にもかかわっている.

ポルフュリオスは学術界における活動も活発であり, 古典主義や合理主義などの建築史および自身の仕事に関する本をいくつか発行している. そして多くの賞を受賞している.

ボール・フラワー ball-flower

ゴシックの第2尖頭様式 (14世紀) に特徴的な装飾で, 三弁あるいは四弁の開口部を有する球体からさらに小さな球体が覗くような造形. 通常は刳形の連続的な窪みに沿って等間隔に並べられる.

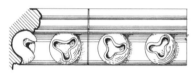

ボール・フラワー　セント・ニコラス聖堂 (オックスフォードシャー, キディントン) のストリング・コースより (パーカーによる).

ボレクシオン bolection, bolexion
⇨浮き出し刳形

ボレス＆ウィルソン Bolles & Wilson
オーストラリア生まれのピーター・ウィルソン (Peter Wilson, 1950-) とドイツ生まれのジュリー・ボレス・ウィルソン (Julie Bolles Wilson, 1948-) は1987年にロンドンで設計事務所を設立した. 1988年にドイツのミュンスターに事務所を移し, 代表作のミュンスター市立図書館 (1987-93) を設計する. 図書館は二つの棟からなり, それらは修復された中世のサン・ランパート教会堂への軸線を跨ぐブリッジによって結ばれている. 他の作品にはミュンスターの

WLVオフィス (1995-96), 東京の鈴木邸 (1993), 1990年に大阪で開催された国際花と緑の博覧会における「ガーデン・フォリー」がある.

ホーレマン, カール Hårleman, Carl (1700-52)
スウェーデンの建築家. 造園家のヨーハン・ホーレマン (1662-1707) の息子. ストックホルムの王宮の仕事においてテッシン息子の助手を務め, ストックホルムやドロットニングホルムの自身の仕事においてフランスのロココを導入した. さまざまなカントリーハウスを設計する際にブロンデルの考えに立脚したが, それはアーデルクランツらに影響を与えた. 1740年代には, カロリンスカ墓所礼拝堂やもともとはテッシン父により設計されたストックホルムのリッダーホルム教会のような感受性豊かな作品を実現した. ほかの作品には, スヴァルトシェーの上品な別荘 (1735-39) や, 4階建ての気品ある産業建築であるイェーテボリの東インド会社倉庫 (1740頃) などがある.

ホロー・ゴルジュ hollow gorge
カヴェット, または古代エジプトのゴルジュ (喉形断面の刳形 (くりかた)).

ポロス polos
1. カリアティッド (女人像柱) の円柱状の頭飾り.
2. 柱身のドラムを接合する時に使われる, ギリシアのセンタリングピンまたは太柄 (だぼ).

ホロー・スクエア hollow square
ピラミッド状の窪みが連なってできたロマネスクの刳形. 基部が表面と同一平面となる.

ホロー・モールディング hollow moulding
トロキラス, カヴェット, またはスコティア.

ホワイエ foyer
1. 劇場やその他の公共建築物のロビーまたはエントランス・ホール.
2. 聴衆が集い, 歩き, 交わり, 語らうなどのための, オーディトリアムの外側の空間. 屋

外とオーディトリアムの間の音響障壁としての役割を持つ.

3. 大規模な公共建築物または民生建築物における, 屋外と建築物の主要部分の間の公共空間. すなわち, 拡張されたエントランス・ホールなど.

4. 人々が集合したり話し合ったりする部屋.

5. 劇場において, とりわけ, 俳優や演奏者が集う部屋.

ポワイエ, ベルナール Poyet, Bernard (1742-1824)

フランスの建築家. ド・ヴァイイとともに学んだ. パリに巨大な円形平面のオピタル・サンタンヌを設計した (1788). デュランの理論に深く影響された計画だったが, 未完に終わる. また現在フランス下院となっているパリのパレ・ブルボンの巨大なポルティコ (1804-08) を設計した. 1790 年代には修復・再建されたパリのフォンテーヌ・デジノサン周辺の重要な都市計画に参加. またリュー・デ・コロンヌのプロポーザルにも参加し, 最終的にヴェスティエによる修正を受けて建設された (1793-98).

ホワイト, ウィリアム White, William (1825-1900)

イングランドのゴシック・リヴァイヴァルの建築家. ジョージ・ギルバート・スコット (父) の事務所で修行 (そこでボドリーおよびストリートと出会った), その後 1847 年にコーンウォールで実務を始めた. 作品にはノッティング・ヒルのオールセインツ教会堂 (1852 から), アバディーン・パークのセント・セイヴィヤー教会堂 (1865, ポリクロミーの煉瓦の内装をもつ) があり, どちらもロンドンにある. しかし彼の最高傑作はハンプシャーのリンドハーストのセント・マイケル教会堂 (1858-70) である. これは, 大きな赤と黄の煉瓦造の建物で第 1 尖頭式, 風変わりなトレーサリー, 奇妙な交差破風をもち, ぜいたくなポリクロミーの内装をもつ. それには, エドワード・コーリー・バーン=ジョーンズ (Edward Coley Burne-Jones, 1833-98), モリス, レイトン卿 (Lord Leighton, 1830-96), そしてストリートの作品が含まれる. 彼はコーンウォールのセント・コロンブ・メジャーのオールド・レク

トリー (1849-50), エセックスのリトル・ハッドウのヴィカレージ (1858), アイルランドのウィックロウ州のヒュームウッド (1873-77) など, いくつかの住宅も設計した.

ホワイト, スタンフォード White, Stanford (1853-1906)
⇨マッキム・ミード＆ホワイト

ホワイト, スタンリー White, Stanley (1891-1979)

アメリカのランドスケープ・アーキテクト. オルムステッドとスティールのもとで経験を積み, 後にササキやウォーカーといった次の世代の設計者を育てた.

ボワズリー boiserie

1. ウェインスコッティング (羽目板張り).

2. 板張り. 通常内部空間の床から天井までを覆い, 浅浮彫りや金箔, 象嵌などで飾られる. 17, 18 世紀によくみられた. ロココのボワズリーとしてフランソワ=アントワヌ・ヴァセ (François-Antoine Vassé, 1681-1736), ジャック・ヴェルベール (Jacques Verberckt, 1704-71), およびジュール・ドゥグロン (Jules Degoullons, 1671 頃-1737) の傑出した仕事が知られ, これらはミュンヘンおよびベルリンのキュヴィエやクノーベルスドルフに顕著な影響を与えている. 最上のものとしてはミュンヘン, ニンフェンベルク宮殿のアマーリエンブルクのボワズリーがあり, これはキュヴィエのデザインにもとづいてヴェンツェスラウス・ミロフスキー (Wenzeslaus Miroffsky, 1759 没) とヨハン・ディートリヒ (Johann Dietrich, 1753 没) が製作 (1734-39) したもので, J・B・ツィマーマンがスタッコの仕事に参加している. このように, フランスに影響を受けた技はドイツにおいて繊細な優美さを一層極めた.

ボワスレー, ズルピツ・メルヒオーア・ドミニクス Boisserée, Sulpiz Melchior Dominicus (1783-1854)

ケルン生まれの中世建築の学者. 1808 年にケルン大聖堂の実測を始め, 1813 年に調査の成果をプロイセン皇太子フリードリヒ・ヴィルヘルム (Crown Prince Friedrich Wilhelm of

Prussia, 1795-1861, 1840 から国王フリードリ
ヒ・ヴィルヘルム 4 世（King Friedrich
Wilhelm IV）)へ提出した. 皇太子の影響によ
り大聖堂を完成させるための計画が推進され,
シンケルによる詳細な報告に続いて, 1823 年
に中世の構造の修復が開始された. 1821 年に
出版された大聖堂の図集（Domwerk）は, ケ
ルン大聖堂の内観・外観が完成すればどのよう
にみえるかを魅力的に示すものであった. ズル
ピッと彼の弟メルヒオーア・ヘルマン・ヨーゼ
フ・ゲオルク（Melchior Hermann Josef Georg,
1786-1851), そしてゲオルク・モラーは, ボワ
スレーの提案の根拠となった中世の建築図面を
発見し, ボワスレー自身はオリジナルの設計に
関与した中世の石工たちに関する価値ある研究
を行った. 1833 年には建築家エルンスト・ツ
ヴィルナーがドームバウマイスター（大聖堂建
築家）として作業を監督するよう命じられた.
ボワスレーは, 『ケルン大聖堂の歴史と説明
（*Geschichte und Beschreibung des Doms von
Köln*)』（1823-32）を, ドイツ語・フランス語
のテキストと, 聖杯神殿を報告した論文を含む
中世建築の諸相に関するさまざまな研究を加え
て出版した. これは中世建築に関する重要なモ
ノグラフとなり, ドイツを越えてその影響が広
がった. 1840 年にフリードリヒ・ヴィルヘル
ムが国王になったとき, 彼はケルン大聖堂を完
成させるよう命じ, 19 世紀末にそれが成し遂
げられた. ボワスレーはゴシックおよびロマネ
スク・リヴァイヴァルの歴史において重要な人
物であった.

ボワソー, ジャック・ド・ラ・バロードリー
Boyceau, Jacques de la Barauderie（1562 頃-
1634 頃）
　フランスの造園家, 理論家. ルイ 13 世
（Louis XIII, 在位 1610-43）治世下に王の庭園
総監を務め, フランスの趣味に対して著しい影
響を及ぼした. 『作庭論（*Traité du jardin-
age*)』（1638）ではフランスの庭園史をまとめ
たのみならず, 庭園デザインがきわめて重要な
ものとして扱われるべきものであり, 独自の理
論を備えた完結したものとして確立された. と
りわけ, 新進の造園家を訓練する方法に言及し
ており, それは建築, 芸術, 製図, 幾何学, 園
芸学, および水利学をも含むものだった. 彫
像, アイキャッチ, 泉水などの設置についての

議論も避けてはいない. おそらく, パリのリュ
クサンブール宮殿の庭園（1611 頃-29, モレと
共同）のデザインを手がけており, 最初の「パ
ルテール・ド・ブロドリー」（parterre de
broderie）〔刺繍花壇〕を含むものだったと思
われる. 甥のジャック・ド・ムヌール
（Jacques de Menours, 1591-1637）と共同で初
期のヴェルサイユ庭園（1631 頃-36）の配置計
画を手がけ, おそらく, フォンテーヌブロー,
サン・ジェルマン・アン・レー, ルーヴル, お
よびテュイルリー（後二者はパリ）のパルテー
ル〔花壇〕のデザインの創造に貢献した.

ボワロー, ルイ＝オーギュスト　Boileau,
Louis-Auguste（1812-96）
　フランスの建築家で, 聖堂の建設において早
い時期に鉄を使用した人物. たとえばマタンク
ール（ヴォージュ県）では, 座席すらも鋳鉄で
つくられていた. パリで手がけたサントゥジェ
ーヌ聖堂（1854-55）では, 細い鋳鉄でつくら
れた円柱, ヴォールトのリブ, そしてトレーサ
リーまでもが可能な限り優しくはめ込まれ, ゴ
シックのパラフレーズとなっている. そしてそ
のことは, ダリのような建築批評家からの猛烈
な怒りを買うことになった. このやり方はモン
リュソン（アリエ県）のサン・ポール聖堂
（1864-69）にも引き継がれ, これは様式として
は初期ゴシックであったが, それにもかかわら
ず非常にか細いものとなっていた. 彼は『新し
い建築形態（*La nouvelle forme architectur-
ale*)』（1854）を出版したが, そこには弧を描
くリブやアーチが積層するワイヤー・システム
からなる尋常ではない鉄の聖堂が描かれてお
り, その悪夢のような堕落は慈悲深くも実現さ
れることはなかった. しかしながら, 彼はこの
テーマをあたため続けており, 『鉄骨建築の原
理と実例（*Les principes et exemples d'architec-
ture ferronière*)』（1881）では, いっそう文学
的なプロパガンダに耽ることになる. 息子のル
イ＝シャルル（Louis-Charles, 1837-1910）との
協働で, ジャン＝アレクサンドル・ラプラン
シュ（Jean-Alexandre Laplanche, 1839-1910）
の設計によるパリのボン・マルシェ百貨店
（1867-76）を建設した. ルイ・シャルル・ボワ
ローによるル・ヴェジネ（セーヌ・エ・オワー
ズ県）のサント・マルグリット聖堂（1862-65）
もまた, 鉄骨フレームを有するけば立ったゴ

シック様式であったが，その「石積み」はコワニェの特許によるクリンカーコンクリートが用いられ，ヴォールトには（同じくコワニェの特許による）初期の鉄筋コンクリートが用いられた．しかし，ボワローはすぐに水の浸透の問題と粘着力の悪さについて不満を漏らすようになり，その問題はおそらくクリンカーを使用したためであった．

ポワンテル　pointel, poyntell, *or* poyntill
1. 絵が描かれたモザイクというよりは，対角線状の模様として小さいタイルがしきつめられた舗装．
2. 菱形のタイルによる舗装．

ホーン　horn
1. イオニア式，コンポジット式やコリント式のヴォリュート（渦巻装飾）のことだが，とりわけ，イオニア式の場合にいう．
2. 13世紀のゴシックの柱頭やクロケットによくみられるこわごわした葉形装飾にある，茎の強い突出した終端部．
3. 祭壇，遺灰箱，サルコファゴス（石棺）やステーラ（記念石柱）の各隅部の突出．アクロテリオン，または「耳」とも呼ばれる．
4. 湾曲した平面のアバクスの突出した四隅のそれぞれ．
5. 「コルヌコピア」，すなわち「豊穣の角」．
6. 扉枠のヘッドのように枠の造作の突出した部材，または19世紀のサッシュ・ウィンドウのホーン．

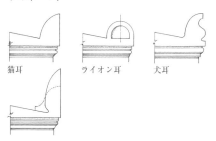

猫耳　　ライオン耳　　犬耳

ホーン（3）　左図：「ロバ耳」（ソリッド），および，新古典主義の形式，1820年頃，通常は門のピア，墓所などにみられる（くり抜かれる）．

ポーン　pawn
1. 貸付けなどに対する補償として与えられる担保．それら担保の営業取引きを行う質屋というのはしたがって，借入金の担保の品物が預けられ，それらが引き取られるか，売却されるかする施設をいう．最も初期のこの手の施設は，13世紀にランゴバルド人によって設立されている．また中世の質屋（モンティ・ディ・ピエタと呼ばれた）の多くがイタリアにつくられている（例：ペルージャ．また大規模なものが一棟ナポリに設立されている）．
2. とくにバザールなどのように，商品が並べられたギャラリー，コロネード，屋根つきの歩道．

ボーン　bawn
壁で囲まれ，隅部を円形，多角形あるいは方形の堡塁（フランカー）で守られた場所．要塞化された住宅，とくに17世紀のウルスターのものについて用いられる．

ホーンチ　haunch
1. アーチの「冠」と迫台の間の，すなわち，「冠」とピアの上の「起拱点」の間のおおまかに三角形を描く部分，または「フランク」．
2. リンテル（楣）の下の，下面がわずかにアーチを描く，または凹面になった木材．
3. 床の直下で突き出した横架材の一部．通常，わずかにアーチを描いている．

ポンツィオ，フラミニオ　Ponzio, Flaminio (1560-1613)
ロンバルディア出身のポンツィオは1580年代中葉にローマに移り，ここで後期マニエリスム様式の多くの建物を設計した．サンタ・マリア・マッジョーレのパオリーナ礼拝堂 (1605-11) は色大理石や金色のスタッコ，象眼細工できわめて豊かに飾られている．パラッツォ・ボルゲーゼの一部を再建し (1605-13)，その長手の立面はおそらくポンツィオによるものであり，ジャニコロの丘の優美なアックア・パオラの噴水 (1608-11) も設計した．優雅な西側正面を含むサン・セバスティアーノ・フオーリ・レ・ムーラの改築 (1609-13) やラファエロとペルッツィによるサン・テリジオ・デリ・オレフィチの改修 (1602) も設計した．

ポンティ，ジオ（ジョヴァンニ）　Ponti, Gio (Giovanni) (1891-1979)

イタリアの建築家, デザイナー. 初期の作品はまずウィーンの分離派から, ついでオットー・ヴァーグナーの明瞭な合理主義建築から影響を受けた（たとえばミラノのランダッチョ通りの住宅（1924-25）やパリ近郊ガルシュのヴィラ・ブイエ（1925-26）のいずれにも, 簡略化された新古典主義がうかがわれる）. ポンティは影響力ある雑誌ドムスの創設者兼編集人であり（1928-79）, この雑誌はおそらく彼の最大の遺産だろう. また合理主義的で古典主義的な実績はローマ大学の数学科棟（1934）に示されている. 1936-39 年に設計したミラノのモンテカティーニ・ビルでは標準化が主要主題となった（同社の第 2 ビルは 1951 年竣工）. 第二次大戦後の作品が古典的形式主義のいかなる痕跡も放棄したことは, ミラノのピレリ・ビル（1956-58, ネルヴィらと協働）に見られる. この建物は国際近代主義で一般的な板状の直方体以外の方向性を示した最初の摩天楼の一つである. 他にはオランダのアイントホーフェンのビエンコルフ・ショッピングセンター（1967-, 他と協働）やターラント大聖堂（1969-71）, コロラド州デンヴァーの近代美術館（1972-, 他と協働）がある.

ポンティング, チャールズ・エドウィン Ponting, Charles Edwin (1850-1932)

イギリスの教会を専門とする建築家だが, ウィルトゥシャー, マルボロにはイプスウィッチ窓を用いたエドワード様式のタウン・ホール（1901-02）など, 教会以外の建物も設計している. ドーセット, ドーチェスターのウェスト・フォーディントンにあるセント・メアリーズ礼拝堂が, 彼の最高作であろう.

ポンテッリ, バッチョ Pontelli, Baccio (1450-94/5)

フィレンツェの建築家・彫刻家・技師. 圧倒的な威圧感をほこる要塞建築の作者として知られ, たとえば魁偉なマシクーリを備えたオスティアの要塞（1483-86）などが作例としてある. 1479 年以降, F・ディ・ジョルジョ・マルティーニやラウラーナとともに, ウルビーノのドゥカーレ宮殿で作業にあたった. そして 1481 年頃にローマに移住し, おそらく同地でサン・ピエトロ・イン・モントーリオ（1481-94）の設計を行い（あるいはデザインに

影響を及ぼした）, さらにカンチェッレリーア宮（1480 年代）の設計も行った. ヴァザーリはポンテッリが, 莫大な量の仕事をこなしたと書いているが, これは誤りと思われる.

ポント・ストリート・ダッチ Pont Street Dutch

1870 年代から 1980 年代のフランドルと北ドイツのルネサンス建築の復興様式で, 高い階段状の装飾のある切妻をもち, 表面の粗い型抜きの煉瓦, テラコッタなど, ベルギーやオランダの同じような復興様式からとられた要素をもつ. イングランドでは, アーネスト・ジョージ卿と彼の事務所によってロンドンのケンジントンおよびナイツブリッジにおいて, とりわけ豪華なものとなった. これにより, ポント・ストリートの名が冠された. 北方ルネサンス・リヴァイヴァルとも呼ばれる.

ボンヌイユ, エチェンヌ・ド Bonneuil, Étienne de (1287-88 活躍)

⇨エチェンヌ・ド・ボンヌイユ

ボンネット bonnet

1. 屋根の隅棟において, 平瓦の接合部を覆うコーン・タイル, カーヴド・ヒップ・タイル.

2. 煙突を覆うもの（チムニー・キャップ）.

ボンネット・トップ bonnet-top

渦巻装飾のあるブロークン・ペディメント.

ボーン・ハウス bone-house

⇨チャーネル・ハウス, オスアリウム

ボン（ボーノ, またはブォン）, バルトロメーオ Bon, Bono, or Buon, Bartolomeo (1405 頃-67 頃)

ヴェネツィア出身の建築家, 彫刻家. 父ジョヴァンニ（Giovanni, 1362 頃-1443）とともに, カ・ドーロ（1421-40）という名で知られる有名なゴシック様式のパラッツォに続いて, （ピアッツェッタという小広場に面した）パラッツォ・ドゥカーレの西翼部（1424-43）の建設に携わった. この西翼部においてボンのゴシック様式は完成にいたったといえる. このパラッツォとバシリカ〔サン・マルコ聖堂〕との

間に位置するカルタ門（1438-43）は，ゴシックから初期ルネサンスへの過渡期を示している．バルトロメーオは，サンティ・ジョヴァンニ・エ・パオロ聖堂の西正面入口（1458-63）や，サン・クリストフェロ・マルティーレ聖堂（マドンナ・デッロルト聖堂という名でも知られている）の建設にも関与した．アルコ・フォスカリ（1440 頃-64 または 67）という名で知られるカルタ門の東端部のように，二つの聖堂はいずれも基本的には古典主義である．カ・デル・ドゥーカ・スフォルツァ（現在はパラッツォ・コルネル）の最下層の立面から判断したかぎり，もしこの建物（1456-57）が完成されていたなら，実に進歩的な初期ルネサンスのパラッツォとなっていただろう．ヴェネツィアで最も早いルネサンス建築の一つであるアルセナーレ（1460）の門もバルトロメーオの作品とみなされている．

ボン（またはボーノ），バルトロメーオ　Bon or Bono, Bartolomeo（1463 頃-1529）

ロンバルディア地方出身の建築家で（ベルガマスコとも呼ばれるが），ヴェネツィアで活動した．ヴェネツィアでは初期ルネサンスのスクォーラ・ディ・サン・ロッコ（1516-24）の１階部分を設計したが，これを完成させたのは別の人物である．サン・マルコ広場の鐘塔の上層部（1510-14）を設計したが，これは1905-11 年に再建された．

ポンプ，アントワーヌ　Pompe, Antoine（1873-1980）

ベルギーの建築家．ブリュッセルにあるヴァン・ネック博士のためのオルトパーディク・クリニック（1910）は注目すべき構成をみせ，通風坑を外部に露出させている．その経済的集合住宅計画案（たとえばブリュッセルのシント・ランブレヒト・ウォルーウェの計画（1922-26））は繊細に設計され人間味があり，自邸群（たとえばブリュッセル・ウックルのフロリダラーンのもの（1926，現存せず））にはつねにおもしろい設計がみられた．機能主義と国際現代主義の，最小限に還元しようとする傾向に抗して，現代主義者の建築家によって再設計された悲惨な人間を描き出して衝撃的な論争を仕かけた．

ポンペイ（様式）　Pompeian

古代ローマの都市ポンペイは，79 年にウェスウィウス山が噴火したときに降り積もった火山灰によって埋没したために，部分的には後世にいたるまで凍結保存された．ポンペイは1748 年に再発見され，1755 年から発掘作業が開始された．ポンペイやヘルクラネウム，スタビアで発掘された建築，工芸品，そして部屋の内装や紋様，細部装飾について，それらの成果が出版されるようになると，新古典主義のデザインに絶大な影響を及ぼした．たとえば，『ヘルクラネウム出土の古代遺物（Le antichità di Ercolano esposte）』（1757-92）は，両シチリア王国の国王シャルル 7 世（Charles VII，在位1734-59，のちにスペイン国王カルロス 3 世（King Charles III）となった，在位 1759-88）の後援で設立されたヘルクラネウム・アカデミーによる大きな研究成果の一つである．フレスコ画による壁面装飾というポンペイ様式の理論体系には，鮮やかな黒や緑，赤，黄色の使用も含めて，繊細な輪郭線やグロテスク装飾が主要なテーマとして規定されることになった．なお，グロテスクは 18 世紀におけるエトルリアやポンペイ様式の重要な部分を占めるようになった．ゲルとガンディの『ポンペイ様式（Pompeiana）』（1817-19，後に版を重ねた）は，ヴィルヘルム・ツァーン（Willhelm Zahn, 1800-71）の『ポンペイ，ヘルクラネウム，そしてスタビアから発見された卓越した装飾と瞠目すべき絵画（Die schönsten Ornamente und merkwürdigsten Gemälde aus Pompeji, Herkulaneum und Stabiae）』（1828-59）や，シャルル＝フランソワ・マゾワ（Charles-François Mazois, 1783-1826）の『ポンペイの廃墟（Les Ruines de Pompéi）』（1809-38）と同様に重要な史料集であった．ポンペイ様式を用いた建築家としては，ウォリックシャーのグレート・パッキントン（1785-88）のジョゼフ・ボノーミ，ベルリン近郊のグリーネッケ城（1824-29）のシンケル，そしてアシャッフェンブルクのポンペイの家（1842-46）のゲルトナーがいるが，これらはきわめて多くの例のうちの三つにすぎない．⇨ネオ・グレック

本丸　keep
⇨キープ

ホンワク

ホーン・ワーク　horn-work
　⇨牛角堡

マイアーノ兄弟　Maiano Brothers
　15世紀フィレンツェ出身の建築家．ジュリアーノ・ダ・マイアーノ（Giuliano de Maiano, 1432-90）は，サン・ジミニャーノの参事会聖堂にサンタ・フィーナ礼拝堂（1466-68）を設計した．この礼拝堂にはブルネレスキやミケロッツォの影響がみられる．シエナではパラッツォ・スパンノッキ（1473-75）を設計した．このパラッツォの滑面仕上げのテーマは，アルベルティによるフィレンツェのパラッツォ・ルチェッライに由来する．フィレンツェではおそらくブルネレスキのパッツィ家礼拝堂のポルティコ（1472）を設計した．1474年にファエンツァに招聘され，大聖堂を設計した．1485年以降はナポリで活動し，カプアーナ門やポッジョレアーレのヴィラ（1488頃，のちに破壊）を設計した．このヴィラは古典古代に由来する初期ルネサンスのヴィラのうちでは最も重要なものの一つであり，後のペルッツィによるローマのヴィラ・ファルネジーナ（1509-11）に影響を与えた．
　ジュリアーノには，ジョヴァンニ（Giovanni, 1439-78）とベネデット（Benedetto, 1442-97）という2人の弟がいる．前述のサンジミニャーノの礼拝堂で，ベネデットはジュリアーノと共同で設計に関与した．また，アレッツォのサンタ・マリア・デッレ・グラツィエ聖堂のポルティコ（1490-91）もベネデットが設計したのかもしれない．フィレンツェではパラッツォ・ストロッツィの建設にも関与したが，この建築の大部分はクロナカの設計によるものである．

マイェフスキ，ヒラリ　Majewski, Hilary (1837-92)
　ポーランドの建築家．ポーランドのウッチに並はずれて広大なポズナニスキ綿工場と住宅群（1872以後）をルントボーゲンシュティール（ルントボーゲン様式）とゴシックを組み合わせて建設した．入口の門ではずんぐりとした量

感がある．変形した，ややトスカナ風の円柱が尖頭アーチを戴いており，その上に煉瓦のバトルメント（鋸歯状胸壁）などの装飾が施されている．

マイ，エルンスト May, Ernst (1886-1970)
　ドイツの建築家．田園都市運動の継承者．はじめロンドン（1907-08），ダルムシュタットで学び（1908-10），ついでアンウィンのもとではたらいた（1910-12）．その後さらにミュンヘンでフィッシャーならびにティーアシュに学んだ（1912-13）．1919-25年の間ブレスラウ（現ヴロツワフ）のシレジア建設局長を務め，ポーランドからのドイツ人難民の流入に備えるためブレスラウ市の都市計画案を策定した．1925-30年にかけてフランクフルト・アム・マインの都市建設局長となり，広く知られたレーマーシュタット住宅団地（1926-30）の計画などを通じて，イギリスの低密度居住のアイデアを実践した．それらは，国際様式のスタイルにもとづき，またプレファブリケーションなど工業化された建設システムを採用したものだった．1926-30年の間，『新しいフランクフルト（*Das neue Frankfurt*）』誌の編集に携わり，住宅，交通，公害の問題について提言し，またベルリンの都市計画案や都市計画全般についての提案を発表した．1930年にソヴィエトに移り，一連の新都市計画案（「マイ」の都市）を立案した．1934-45年にはアフリカに赴き，タンガニーカで農業に従事し，ケニアで建築家，都市計画家として活動したが，1940-42年の間，敵性外国人として抑留された．1953年にヨーロッパに戻り，ハンブルクや西ドイツ諸都市で住宅地の開発計画に携わった．『シレジア地方の家（*Das schlesische Heim*）』（1919-25），『新しい故郷（*Die Neue Heimat*）』（1954-60）の雑誌編集に関わった．

マイケル・オブ・カンタベリー，マイケル（カンタベリーの） Canterbury, Michael of (1275-1321 活躍)
　中世の石工棟梁．カンタベリー大聖堂で工事を行い，ウェストミンスター宮殿のセント・スティーヴンズ礼拝堂の建築家（1292以降）であった．第2尖頭式ゴシックの発展において，とくにオジー・アーチの使用により非常に重要な役割を果たした．以下の作品を設計した．ロ

ンドン，チープサイドのエリナー・クロス（1291-94，現存せず）．ウェストミンスター・アビーのエドマンド・クラウチバックとエーヴリン・オブ・ランカスターの，それぞれキャノピーつきの墓（1296頃）．ロンドン，イーリ・プレースのセント・エセルドレーダ礼拝堂（1290-98）（おそらく）．ロンドン，セント・ポールの聖母礼拝堂（1307-12，現存せず）．ケンブリッジシャー，イーリ大聖堂の司教ウィリアム・オブ・ラウスの墓（1298頃）．ケント州，カンタベリー大聖堂の大司教ペッカム（1292没）の墓もおそらく設計した．

マイズナー，アディソン Mizner, Addison (1872-1933)
　アメリカの建築家．サンフランシスコでの波乱に富んだ経歴の後に，カリフォルニア北部とカナダのクロンダイクで金の探鉱者となり，それから骨董商となってニューヨーク市に落ち着いた（1904）．そして金持ちの依頼人のために種々さまざまな様式で建物を設計するようになり，それは第一次世界大戦で依頼が少なくなるまで続いた．今度はフロリダ州パームビーチに腰をすえると，企業帝国シンガー・ミシン社の相続人の一人であるパリス・シンガー（Paris Singer, 1865頃-1932）に出会い，重用されるという幸運を得た．マイズナーはエヴァグレーズ・クラブを建設し，それが大いに成功したため，その後パーム・ビーチの金持ちを施主として何百もの住宅を依頼され，設計した．それらはおもに1919-26年に建てられ，ピクチャレスクか人目を引くサラセン風スパニッシュ様式であった．マイズナーはまたテラコッタの部材や人工石の飾り，鉄の装飾などを彼の建築に合うように製造した．パーム・ビーチでの活動の成功によって，その南にあるボカラトンの土地を買うことになり，1926年に土地バブルがはじけるまで多くの開発を行った．マイズナーは破産し，亡くなるまでの数年間は回顧録を書いて過ごした．

マイター mitre
　⇨ミトラ

マイターニ，ロレンツォ Maitani, Lorenzo (1270頃-1330)
　シエナの建築家で，同市の大聖堂においてピ

サーノのもとではたらいた．その後 1310 年に
オルヴィエート大聖堂の現場に呼ばれ，袖廊を
拡張した．また正面ファサードのデザインも手
がけたが，これはイタリア・ゴシックを代表す
るみごとな作例となっている．この他にも依頼
をこなしたマイターニは，あらゆる点において
オルヴィエート市の専任建築家であった．

マイター・ヘッド mitre-head

後期垂直式チューダー・ゴシックのピナクル
（尖塔）やターレット（小塔）のオジー（葱花
線）状の球根形頂部の形式．ロンドンのウェス
トミンスター・アビー内のヘンリー 7 世礼拝堂
のような作例がある．その名称は司教冠（マイ
ター，ミトラ）に似ていることに由来する．

マイター・リーフ mitre-leaf

18 世紀から 19 世紀初頭にかけての装飾豊か
な刳形のことで，その基部に組み継ぎされた葉
形装飾が強調されている．ベッド・アンド・リ
ーフ刳形のようなベッディングとともにみられ
ることが多い．

マイダン maidan, maydan

1．インドや中央アジアの町の内側，または
すぐ外側のオープン・スペース．儀式のときや
パレードなどに用いられる．

2．エスプラナード（フランス語で「広いオ
ープン・スペース」のこと）．

3．市場を開く場．

マイヤー，アドルフ Meyer, Adolf (1881-1929)

ドイツの建築家．ラウヴェリクス（1907 以
前），ベーレンス（1907-08），パウル
（1909-10），グロピウス（1911-14，1919-25）
と協働した．アルフェルト・アン・デル・ライ
ネのファグス靴型工場（1910-11），フランクフ
ルト・アン・デル・オーダーのヴィッテンベル
クの集合住宅（1913-14），ドラムブルクのク
レッフェル綿工場（1913-14），ケルンのドイツ
工作連盟展モデル工場及び事務所ビル（1914）
はいずれもグロピウスとの共同作品だが，後年
にグロピウスが単独で設計したものと比べ，よ
り抑制され，また優美な作品である．ファグス
靴型工場のカーテン・ウォール，ドイツ工作連
盟展モデル工場の階段室を囲う曲面ガラス壁

は，国際様式の成立に大きな影響を与えた．
1925 年にはイエーナのツァイス工場の設計に
かかわった．また，バウハウスで教鞭をとった
（1919-25）．

マイヤーズ，バートン Myers, Barton (1934-)

アメリカの建築家．1968 年にカナダに移住
し，バートン・マイヤーズ・アソシエイツを設
立する．トロントのヨークビルにある「マイヤ
ーズ自邸」（1970）では，小住宅を確立された
都市環境の中に繊細な方法で配置する模範を示
した．カナダの気候に順応したマイヤーズの作
品の中には，南アフリカ生まれのカナダ人であ
るアベル・ジョセフ・ダイアモンドとの共同設
計によるエドモントンの「アルバータ大学学生
組合棟」（1972-74）がある．この建築は，大き
な内部動線空間と精巧な環境制御装置が設けら
れている．実作に，アルバータのコンサートホ
ール（1991）とラスベガスにあるネバダ大学の
建築学部棟（1991）がある．

マイヤー，ハンネス Meyer, Hannes (1889-1954)

スイス出身の建築家，マルクス主義者．デッ
サウのバウハウスで 1927 年より教鞭をとり，
グロピウスを継いで校長に就任した（1928-
30）．その集産主義的な設計手法により多くの
人がマイヤーと距離を置くようになり（マイヤ
ーはマルクス主義とレーニン主義を必修科目と
した），建築は形式的美学とは一切関係をもた
ないというその主張はほかの教員との軋轢を生
んだ．1930 年にバウハウスを解任された後，
ソヴィエトに赴いて栄誉と特権を手にしたが，
スターリン主義者たちは古典主義を望むように
なりスイスへの帰還を余儀なくされた
（1936-39）．その後メキシコに 10 年間滞在し，
スイスにふたたび戻った（1949）．ベルリン近
郊ベルナウのドイツ労働組合連合学校
（1928-30），デッサウのテルテン集合住宅
（1928-30）が最も広く知られている．

マイヤー，リチャード・アラン Meier, Richard Alan (1934-)

アメリカの建築家．1963 年に自身の事務所
をニューヨーク市に設立するが，その以前に
は，ブリューワーやスキッドモア・オウィング

ス＆メリルのもとで活動していた．ニューヨーク・ファイブの中で最も多作であり，作品にはあくまでも白色を用いている．たとえばニューヨーク州イーストハンプトンの「サルツマン邸」（1967-69）や，ミシガン州ハーバースプリングの美しい場所に建つ「ダグラス邸」（1971-73）などである．このことによって，ニューヨーク・ファイブ・グループは「ホワイト派」というニックネームをもった．また公共建築においても，多くの注目をひきつけている．たとえば，インディアナ州ニューハーモニーの「アセニアム」（1975-79）や，フランクフルト・アム・マインの「装飾工芸博物館」（1979-84），ジョージア州アトランタの「ハイ美術館」（1980-83），オランダの「ハーグ市庁舎と図書館」（1986-95），「バルセロナ近代美術館」（1987-95），カリフォルニア州ロサンゼルスの「ゲティ・センター」（1984-97）などである．ティヴォリのヴィラ・アドリアーナが有する複雑性と関連づけられる「ゲティ・センター」は，マイヤーの最も野心的な作品である．ローマの中で陰気な地域であるトール・トレ・テにおいて「ジュリビー教会」（1996-2003）を設計した．

通称マイヨー，デムーラン，ジャン＝バティスト Maillou, *called* Desmoulins, Jean-Baptiste（1668-1753）

　フランス系カナダ人．18世紀の前半にケベックで活動し，ニュー・フランスにおける王の建築家の称号をもつ最も重要な建築家となった．その作品として，ケベックの総合病院（1710-12）や〔ケベック市〕オルレアン島のサン・ローラン教会のファサード（1708），ケベック市のサン・ニコラ教会と聖具室（1720頃），そして数多くの要塞やその他の建物（1668-1753）がある．

マウソレウム mausoleum（*pl.* mausolea）

　〔「廟堂」〕墓所として用いられるなんらかの屋根のついた建築物．他の建築物（たとえば聖堂）から離される場合も結合される場合もある．棺，サルコファグス（ラテン語），または骨壺を収容し，それらが棚に置かれることもよくあった．この用語の由来は前4世紀のカリア王マウソロスのヘレニズム期のイオニア式墓所である．ハリカルナッソスにあり，古代世界の

七不思議の一つである．

マウントフォード，エドワード・ウィリアム Mountford, Edward William（1855-1908）

　イングランド人建築家でいくつかのゴシック・リヴァイヴァルの教会堂を設計したが，最もよく知られるのは公共建築によってである．フリー・ルネサンス様式のシェフィールド・タウン・ホール（1890-97，スペイン，フランス，イングランド，オランダの要素を集めた作品），ギッブズの復興様式のランカスター・タウン・ホール（1907，トーマス・ジェフリー・ルーカス（Thomas Geoffrey Lucas, 1872-1947）と共同）がある．ロンドンのフィンズベリーのノーサンプトン・インスティチュート（1893-96）もフリー・ルネサンス様式で設計した．ロンドンのオールド・ベイリーの中央刑事裁判所（1900-07）は堂々としたエドワーディアン・バロック様式でレンの作品を参照したクーポラをもつ．

前壁 ante-mural(e)
　⇨アンテ・ミュラル

前川國男 Maekawa *or* Mayekawa, Kunio（1905-86）

　日本の建築家．ル・コルビュジエ，レーモンドのもとで修行し，1935年に独立．国際的モダニズムを日本にもち込み，ネルヴィの考えを発展させる形で，日本における鉄筋コンクリート造のパイオニアとなった．京都会館（1958-60）や東京文化会館（1958-61）など力強い造形が作品を特徴づけ，丹下をはじめ次世代の建築家に影響を与えた．そのほかの作品として，福岡市美術館（1979），宮城県美術館（1980），国立音楽大学講堂（1983）がある．

前中庭 ante-court
　⇨アンティ・コート

マーカット，グレン・マーカス Murcutt, Glenn Marcus（1936-）

　オーストラリア人の親をもつイギリス生まれの建築家．オーストラリアに定住し，1969年に事務所を設立する．ニュー・サウス・ウェールズの南ケンプシーにある「郷土資料館と観光情報センター」（1981-82）において，オースト

ラリア固有の建築タイポロジーをつくろうと試みているが，この作品までは，ミース・ファン・デル・ローエ流派のインターナショナル・スタイルの追随者であった．マーカットは，ミース風のパヴィリオンとオーストラリア調のベランダを融合することを実験しており，波板鉄板で覆われた住居の形式を生み出している．その代表的な事例はおそらく，シドニーのグレノーリーにある「ボール・イースタウェイ邸」(1980-83)，ニュー・サウス・ウェールズ州ジャンバルーにある「フレデリックス／ホワイト邸」(1981-82) と，ニュー・サウス・ウェールズ州ビンジィ岬にある「マグニー邸」(1985) であろう．また，マーカットはいくつものタウンハウスを手がけており，中でもモスマンの「ケン・ドーン邸」(1988-92) とメルボルンのキューにある「リチャード・プラット邸」(1988-92) が最も興味深いものであろう．

マカートニー卿, メルヴィン・エドマンド
Macartney, Sir Mervyn Edmund (1853-1932)

アイルランドのアーマー州の家族の出身で，ロンドンに生まれ，ノーマン・ショウの弟子．アートワーカーズギルドの創設者となった．1882 年に実務を始め，作品には，17 世紀後半，18 世紀初頭の力強い建築要素が，ショウの影響とともにみられる．作品としては，ロンドンのクイーンズ・ゲイト 169 番地 (1899)，エガートン・プレイス 1-6 番地 (1893)，イスリントンのエセックス・ロードの公共図書館 (1916) があげられる．しかし，彼は出版物の方でより知られる．『実務的な建築事例集 (*The Practical Exemplar of Architecture*)』(1908-27)，ベルチャーとともに書いた『イングランドにおける後期ルネサンス建築 (*Later Renaissance Architecture in England*)』(1898-1901) はレンの時代のイングランドの建築の豊かさを賞賛している．『アーキテクチュラル・レヴュー (*Architectural Review*)』誌の編集長を務め (1905-20)，ロンドンのセント・ポール大聖堂のサーヴェイヤーとしてドームの補強を含むレンの建物の重要な修復工事を行った (1906-31)．

曲がり方杖　curved brace
⇨カーヴド・ブレース

巻き鼻　curtail
⇨カーテイル

槇文彦　Maki, Fumihiko (1928-2024)

日本の建築家．同世代の建築家同様，西洋モダニズムの造形を展開．1960 年のメタボリズム結成にかかわった．京都国立近代美術館 (1978-86) は，彼の 1960 年代，1970 年代を象徴する作品で，力強い彫刻的形態と造形言語は，セルトをはじめ，あきらかにアメリカの建築家から影響を受けている．彼の中で日本的発想が大きな役割を果たすようになった作品が豊田市のトヨタ鞍ヶ池記念館 (1974) で，異なる二つのグリッドシステムを交差させることで不完全性を表現している．その後の作品には，サンフランシスコのイエルバブエナ公園視覚芸術センター (1991-93)，東京都墨田区の YKK R & D センター (1993)，鹿児島県の霧島国際音楽ホール (1993-94)，ドイツ，ミュンヘンのイザール・ビューロ・パーク (1993-95)，慶應義塾大学湘南藤沢キャンパス (1994) がある．

マーク　mark

1. たとえば，村落共同体によって共有されている地所．

2. 特定の君主領の固有名（辺境伯領のこと）．たとえば，ブランデンブルク辺境伯領．

3. たとえば，ポストや石造マーカーのような境界を示すもの．

4. 石造記念碑・建築物．

5. 証や徴．

6. 所有や起源を示す図案，または刻印された文字．たとえば，中世の建築物のように，なされた仕事が誰によるものかを示すのに用いられた石工のマークがある．

7. フリーメーソンにおいて，位階，職階やマーク・メーソンのランクを示す称号．それゆえ，マーク・ロッジはマーク・メーソンのロッジということになる．

8. 重量の呼称単位（ほとんど金や銀のためのもの），すなわち，貨幣価値．中世において 1 マークは 2/3 ポンド・スターリングだった．

マクアスラン, ジョン　McAslan, John (1954-)

グラスゴー生まれの建築家．ジョン・マクアスラン & パートナーズ (JMP) の設立者

（1996）であり，既存の建物の知的な改築作品と洗練された新築作品の両方の実践で知られる．JMP の主な作品として，以下があげられる．サセックスのベクスヒルにあるエーリヒ・メンデルゾーンとアイヴァン・シャマイエフが設計した，ひどく朽ちてはいるが象徴的な「デラワー・パヴィリオン」（1933-35）の保存と改修（1991-），ロンドンのスローン・スクエアおよびキングスロードにあるウィリアム・クラブトリーによる「ピーター・ジョーンズ百貨店」（1932-37）の再建（2000-04），イタリアのレッジョ・エミリアにある「マックスマーラ本社ビル」（1996-2003），ロンドンのフェンチャーチ・ストリートにある「ヴィトロ・タワー」（2000-03），トーマス・キュービッツが手がけた「ロンドン・キングス・クロス駅」（1851-52）の再開発（1998-），マンチェスター・メトロポリタン大学の新校舎（2000-03），アメリカのフロリダ州サザンカレッジにあるフランク・ロイド・ライトによる「ポーク群科学センター」の改築（1993-），ロンドンの英国王立音楽院の改築（2000-01），ケンブリッジ大学歴史学科シーレイ歴史図書館の改築（2004-）がある．

マクグラス，レイモンド McGrath, Raymond（1903-77）
オーストラリアの建築家．ロンドンのニューボンド街にある「フィッシャーズ・レストラン」のモダニスト的な内装（1932）やロンドンにある BBC 放送局の内装を，シュマイエフおよびコーツとともに設計した．また，出版物として国内にインターナショナル・スタイルを促進した『20 世紀の住宅（*Twentieth Century Houses*)』（1934-）と，アルバート・チルダーストーン・フロスト（Albert Childerstone Frost）との共著である『建築と装飾におけるガラス（*Glass in Architecture and Decoration*)』（1937）がある．マクグラスの傑作住宅として，サリーのチャートシーにあるセント・アン・ヒルにおける RC 造の建物（1937-38）と，レスターのギャルビーにあるキャリーゲートにおける住宅（1938-42）があげられる．1940 年には，ダブリンの「公共事業局」に加わり筆頭の建築家となるが（1948-68），その後は個人の実践に戻る．マクグラスは他には，ダブリンのギャリックマイン

ズにある住宅（1974）と，ダブリンにある王立アイルランド・アカデミーの新本部（1979）を設計した．

楣 lintel
開口の上にあり上部の壁面の荷重を支え，脇壁や柱の間に開口をつくる水平材（ここから柱梁構造あるいは楣式構造が生まれる）．

楣 summer
⇨サマー（1）

楣式 trabeated
柱と楣（まぐさ）による構造で，アーチ構造に対置される．⇨柱梁構造

楣帯 lintel-course
ファサードの楣に沿って連続する階層帯あるいは層帯．

馬草棚 stave
⇨スターヴ（3）

マクスウェル，エドワード Maxwell, Edward（1867-1923）
カナダの建築家．半円アーチ様式とイタリア風様式を混ぜ合わせて使うことに長けていた（たとえばモントリオールのヘンリー・バークス商店（1893-94）など）．その兄ウィリアム・サザランド・マクスウェル（William Sutherland Maxwell, 1874-1952. パリのエコール・デ・ボザールで学んでいた）と 1902 年から事務所を共同主宰し，自信に満ちた古典主義のデザイン（例：レジャイナのサスカチュワン州立法府ビル（1907-10）やモントリオールの J・K・L・ロス邸（1908-09），モントリオール美術協会ギャラリー（1910-12））を多数生みだした．ブルース・プライス（1845-1903）のケベックのシャトー・フロントナック・ホテル（1892-93）への増築としてセント・ルイス翼とタワー棟（1920-24）があり，そこではフランスのシャトー様式とスコットランドの城郭風住宅由来の要素を混合させて，カナダの歴史におけるスコットランド人入植者とフランスの植民地化の重要性をこめた表現とした．事務所は実務的に成功して規模は大きく，商業建築およびその他の建物を数多く設計した．

マクスラ maqsura

1. モスクにある囲いで，ミフラーブとミンバルの側にあり，金属製か木製のスクリーンで囲まれ，支配者が地位を誇示し安全に礼拝するために用いられた（たとえば，チュニジア・カイラワーンの大モスク（11世紀））．

2. 大規模なドームを戴いた部屋．共同体の信徒が使用した（たとえば，カイロのバイバルス・モスク（13世紀））．

マクハーグ，イアン・レノックス McHarg, Ian Lennox (1920-2001)

スコットランド生まれのアメリカのランドスケープ・アーキテクト．1963年にペンシルベニア州フィラデルフィアにて，ウォレス・マクハーグ・ロバーツ＆トッドを設立する．その仕事の大部分は都市デザインに関するものであるが（メリーランド州ボルチモアの内港と市街地中心部や，テキサス州ヒューストンのザ・ウッドランズのニュータウン（1970-74）など），経済や政治への近視眼的な考えかたによってもたらされる環境被害に関する認識に対して，重要な影響を及ぼした．自然との積極的な協調と生態環境への敬意を主張することで，緑化建築や持続可能な建築に影響を与えた．

マクマードゥ，アーサー・ヘイゲート Mackmurdo, Arthur Heygate (1851-1942)

ロンドン生まれの建築家，デザイナー．最初の作品はノーマン・ショウの影響を受けたものであったが，イタリア・ルネサンス，クイーン・アンそしてレン風ルネサンス様式にも影響を受けた．1882年，アーツ・アンド・クラフツの原理に基づいたセンチュリー・ギルドを設立し，デザインのよい家具を含む製品をつくった．これらは『ホビー・ホース（*The Hobby Horse*）』誌に1884年からとり上げられ，ヴォイジーやマッキントッシュに影響を与えた．彼のデザインの中で，とくに『レンのシティの教会（*Wren's City Churches*）』（1883）の表紙などは，明らかにアール・ヌーヴォーの形態である．作品に，エンフィールドのプライヴェート・ロード6番地（1874-76，現存せず），同8番地（1883），ハムステッドのレディントン・ロード16番地（1889），チェルシーのハンス・ロード12番地（1894），チェルシーのカドガン・ガーデンズ25番地（1893-94），そして

チャーターハウス・ストリート109-13番地（1900）があり，これらはすべてロンドンにある．

マクモラン・アンド・ウィットビー McMorran & Whitby

イギリスの建築家（ドナルド・ハンクス・マクモラン（Donald Hanks McMorran, 1904-65）とジョージ・ウィットビー（George Whitby, 1916-73））による建築事務所で，第二次世界大戦後に質の高い建築作品をもたらした．部分的にヴィンセント・ハリス（1927年から35年までマクモランがはたらいた事務所），全体的にはラッチェンスに影響を受け，しっかりとした古典主義建築を設計する事務所として評価される．良作としては，エクスターのデーヴォン・カウントリー・ホール（1957-64），サフォークのバリー・セント・エドモンドにあるシレ・ホールの増築（1968）がある．ロンドン，シデンハム・ヒル，ラマス・グリーンの集合住宅（1957）では伝統的な材料が使われ，全体的にはロンドンの他の地区にあるものとは異なる集落的景観を有している．さらに，ロンドンのパークハースト・ロードにあるホロウェイ・エステイト（1950年代後半）も，同時代に普及した近代運動による集合住宅より（社会的，建築的に）はるかに成功している．1950年代には，ノッティンガム大学の建物（社会科学学部のクリップス・アンド・レントン・ホールと教育センター）もあり，ソーン風のストリップト・クラシシズムを基本に，中庭への入口には基礎のないイオニア式オーダーや，食堂上にはラッチェンスを思わせるすばらしい鐘塔が設計された．ロンドン・シティにはほかにも，ウッド・ストリートの警察署（1966）やオールド・ベイレイにある中央刑事裁判所（1972）がある．これら後期の作品はほとんどジャーナリズムに無視されてきたが，少しずつ進歩的古典主義者として賞賛されつつある．

マクラーレン，ジェームズ・マージョリバンクス MacLaren, James Marjoribanks (1853-90)

スコットランドのアーツ・アンド・クラフツ建築家．E・W・ゴッドウィンの事務所に短期間いたあと1886年にリチャード・コード（Richard Coad, 1825-1900）とともにロンドンで実務を始めた．スコットランドのスターリン

グ高等学校の新設部分（1887-88）ののち，マクラーレンはいくつかの農場建築，小住宅（1889-90，農場主の家を含む）をパースシャーのフォーティンガルに設計した．また，アバーフェルディーのタウン・ホールも含め，これらはすべてスコットランドの土着のデザインが根底にあることは明らかで，マッキントッシュの住宅作品の先例となった．ロンドンのベイズウォーターのパレス・コート 10-12 番地（1889-90），サセックス州のクローリー・ダウンのヘザーウッド邸（1890-91）のようないくつかの独創的な住宅を設計した．W・N・ダンとロバート・ワトソン（Robert Watson, 1865-1916）がダン＆ワトソンとして実務を続け，1900 年には W・カーティス・グリーンが共同経営に加わった．

マーケット　market
1.　商品売買のための定期的な人々の集まり．
2.　このような集まりのために使用される建築物，公共の場（たとえば，マーケット・スクエア）など．例として魚市場がある．
3.　マナー（荘園）の領主，市当局などに保証されたマーケット（1 の意）設立の特権．

マーケット・クロス　market-cross
「マーケット・ピース」（市場の平和）を示す高く直立する石造の十字架．12 世紀以来，北西ヨーロッパでみられるようになり，市場が開設される場所に公正な商取引を意識させ，高潔さへの訓告を与えるものとして立てられた．ロマネスクのよき作例としてドイツ，トリーアに現存するものがある．「十字架」の中には建築物となるものもあった（たとえば，サセックスのチチェスターの八角形平面マーケット・クロス（1501）がある．中央のピア（支柱）とバットレスで区切られた外部アーケードを備えている．ウィルトシャーのソールズベリーの 15 世紀の家禽のクロスもその例である）．

マコヴェツ，イムレ　Makovecz, Imre （1935-2011）
ハンガリーの建築家．F・L・ライトの作品とルドルフ・シュタイナーの思想の影響を受けている．ハンガリーのパクシュのローマ・カトリック教会（1987-90）は，地面から生え，巨大な反転曲線型の屋根を尖った窓が貫いているようにみえる．三日月，太陽の象徴，ラテン十字を戴く 3 本の尖塔は動物のような形の躯体から立ち上がっている．彼の作品は原始的な形状や形態，自然にみられる要素を利用している．ドイツのユーバーリンゲンのナトゥーラ夕店舗，レストラン（1992），スペインの '92 セビーリャ万国博ハンガリー館（1992，7 本の聖堂のような尖塔が屋根から立ち上がっていた）などがある．

マコーマック・ジャミソン・プリチャード　MacCormac Jamieson Prichard（MJP）
イギリスの建築事務所で 1972 年に，サー・リチャード・マコーマック（Sir Richard MacCormac, 1938-2014），ピーター・ジャミソン（Peter Jamieson, 1939-），デイヴィッド・プリチャード（David Prichard, 1948-）によって設立され，1980 年に共同経営となった．プロジェクトには，オックスフォード，ウォーチェスター・カレッジにあるセインズベリー・ビルディング（1978-83），ブリストル大学芸術学部（1982-83），ロンドン，ドックランドにあるシャドウェル・ベイスン・ハウジング（1984-87），ケンブリッジにある円形をしたフィッツウィリアム・カレッジ礼拝堂（1989-91），オックスフォード，セント・ジョーンズ・カレッジにあるガーデン・クワドラングル（1989-93），コヴェントリー，ケーブル・アンド・ワイアレス・ビルディング（1990-93），ケンブリッジ，トリニティ・カレッジにあるブレルズ・フィールド（1993-95），ランカスター大学にある図書館増築（1994-96），ラスキン史料館（1995-97），ロンドン地下鉄，ジュビリー・ラインのサウスウォーク駅（1991-99），ロンドン，科学博物館のウェルカム棟（1995-2000），サロップ，ラドロウにあるテスコ・スーパーストア（1999-2000），コヴェントリー中心地区にあるフェニックス・イニシアティブ再生計画（1997-2004），ダブリン，バリーマン地区再生計画（1998-2003），ロンドン，ペイターナスター・スクエア（2001-03），ロンドン，ブロードキャスティング・ハウスの大規模増築計画（2001-08），オックスフォード，セント・ジョーンズ・カレッジのシニア・コモン・ルーム（2001-04），ベイリオル・カレッジ計画

(1996-2000) などがある．MJP の作品は多くの賞を受賞し，作品集も出版されている．

マコーミック，ウィリアム（リアム）・ヘンリー・ダンレヴィ　McCormick, William (Liam) Henry Dunlevy (1916-96)

アイルランドの建築家．鉄筋コンクリート造のモダニズム礼拝堂の設計で評価を受け，その中にはバートにある円形のセント・エインガス (1964-67) やクリースラフにある扇形をしたセント・ミカエル (1970-71)，これらはともにドニゴールにある．またタイロン，クロガーにある円形のセント・パトリック (1979)，ドニゴール，グレンティーズにあるセント・コナル (1974-75) がある．

マージェント　margent

鉛直方向に伸びた花や葉の装飾物（ウィート・イヤー・ドロップ（小麦耳涙滴），またはハスク（籾）と呼ばれる）．弓，マスク，パテラ（皿），リングやロゼットのような装飾から垂れ下がっている．通常はフェストン（花綱）から発している（花綱とよく用いられる）．開口部の両側やパネル中央に施された．

左図：イングランドのロココ様式のペデスタル（台座）．ハスク，またはウィート・イヤーのマージェントが施されている．右図：マージェント細部．

マシクーリ　machicolation

1．パラペット（胸壁）を支持するコーベル（持ち送り材）の間の開口部．築城の城壁や城塔の裸壁に正対して設置され，直下のあらゆる攻囲兵に飛翔体を落下できるようにしている．

2．そのような開口部が連なった部分を含む構築物．

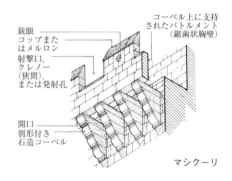

マシクーリ

マシュー，サー・ロバート・ホッグ　Matthew, Sir Robert Hogg (1906-75)

スコットランド出身で，ロンドン州政府の建築家として，ロンドンのロイヤル・フェスティバル・ホール設計を担当した (1948-51，マーチン，モロー，エドウィン・ウィリアムズ (Edwin Williams, 1896-1976) らと共同)．それと同時に集合住宅開発計画にもかかわった．1953 年，ロバート・マシュー，ジョンソン-マーシャル・アンド・パートナーズを設立し，ヨーク大学 (1963) をはじめ，ロンドンデリーのコルレインにある大学施設 (1970 年代) など，イギリス全土に広くプロジェクトを設計した．ロンドン近くのアクスブリッジにあるヒリンドン・シヴィック・センターは，ネオ・ヴァナキュラーを志向した作品で，事務所の方向性が変化した節目にあたる．

マシュラビーヤー　mushrabeyeh

イスラーム住宅の上層階の窓にみられる木製のラチス・ワーク（格子細工）．通常，このようなスクリーン（障壁）で保護されて内からは外が見えるが，外からは内がみえないようになっている．上階の突出したバルコニーやベイを指すのに用いられる用語．

マジョリカ焼き　majolica

1．不透明な白色エナメルでコーティングされたイタリアの上質な陶器．金属色で装飾されている．

2．上薬をかけて着色した軟陶，またはファエンツァ焼き（ファイアンス）．ラファエッラ焼きともいう．

マージン・ドラフト　margin-draft
アシュラー（切石）のブロック表面全周にわたって施された鑿の幅の装飾帯．外壁石材の残りの部分と対照をなす．

マージン・ライト　margin-light
1.　幅の広い扉や窓の両側の背の高くて細い傍らの窓，またはウィング・ライト．18 世紀後半から 19 世紀前半のイギリスにおける偉大なかんじのある住宅でよくみられる（⇨ファンライト）．

2.　サッシ窓の縁まわりのガラス製バーによって囲まれた細い採光窓．彩色ガラスとよく用いられ，19 世紀のグリーク・リヴァイヴァル建築，または，1810 年頃に流行した横に広くひしゃげた比例の長方形窓への嗜好の影響を受けた建築で共通にみられた．

マス　mass
比較的大量の凝集した物質からなる本体．実質を有する固体．「建築物のマス」というように建築された形態に対して用いられる表現．

マスカロン　mascaron
人間の顔全体，または一部を，いく分戯画化して表現したもの．たとえば，アーチ直上のキーストーン（要石）のようなところに建築装飾物として用いられている．

マスキュラー・ゴシック　muscular Gothic
13 世紀のブルゴーニュ・ゴシックに由来する原始的な初期ゴシックを採用した，ゴシック・リヴァイヴァルの段階の一つ．ポリクロミーの煉瓦積み，量塊的な円筒形の支柱（ピア）やずんぐりした部材を用い，飾り気がなく，幅広で，力強く，厳格で強靱なデザインとなる．ストリート＆ブルックスのいくつかの作品は，様式的には「マスキュラー・ゴシック」と呼ぶことができる．

マスク　mask
1.　人間，動物や幻想上の生物の顔を表現したもの．建築装飾物として用いられ，グロテスク装飾の一部としてよく使用されている．⇨マスカロン

2.　頭部を模して彫刻されたラベル・ストップ（⇨雨押さえ留め(2)）．ヘッド・ストップ，またはマスク・ストップと呼ばれる．

マース（近代建築研究）グループ　MARS (Modern Architectural Research) Group
建築家（アラップ，コーツ，リュベトキンら）のグループで，1933 年に，イギリスに国際的なモダニズムや合理主義を普及させるために設立された（CIAM のイギリス支部）．ル・コルビュジエによるヴォワザン計画や都市理論に影響を受け，ロンドンの再建計画を提案した（1942）．マース・グループは 1957 年に解散した．

マスケリーノ，オッタヴィアーノ　Mascherino, Ottaviano (1536-1606)
ボローニャに生まれたマスケリーノは 1574 年にローマに移り，ここでブラマンテのベルヴェデーレの中庭に増築し（1578-85），おそらくサン・サルヴァトーレ・イン・ラウロ聖堂を建て（1591-1600），パラッツォ・デル・クイリナーレを再編成した（1583-85）．サンタ・マリア・デッラ・スカラ聖堂のファサード（1592）とサント・スピリト・デイ・ナポレターニ聖堂（1593）も設計した．いずれもローマにある．

マスジド　masjid
字義どおりには起拝する場所のことで，日常の礼拝を行うモスクを示す．

マスター・オヴ・ウェルズ　Wells, The Master of (1175 頃-1215 頃活躍)
サマセット州ウェルズ大聖堂の，西正面と東側の腕（内陣（クワイア））にはさまれた部分は，設計と様式の点で，珍しく一貫性をもって統一されている．残念ながら建築家は特定されていないが，おそらくイングランド出身であった．というのは，様式にフランス・ゴシックとの類縁性がみられず，水平性が強調されているからである．すなわち，トリフォリウム・アーケードは長い水平帯として扱われ，ヴォールトの起拱点はクリアストーリーの高さのすぐ下まで押し上げられており，大陸の手法にまったく似ていない．加えて，第 1 尖頭式のスティフ・リーフ柱頭は，イングランドで最も美しくかつ力強い柱頭の一つである．建築家はマスター・オブ・ウェルズと呼ばれているが，おそらく，12 世紀末にバース大修道院で仕事をしたマス

マスタハ

ター・トマスという人物である.

マスタバ mastaba

古代エジプトのマウソレウム（廟堂）．その外部の側面は上すぼまりになっており，陸屋根を備え，その他のところは平坦である．玄室は地下深くに掘削された．サッカラの階段ピラミッドはマスタバ形態から発展したものである．

マスティン mastin
⇨メストリング

マタス，ニコロ Matas, Niccolò(1799-1872)

イタリア人建築家で，フィレンツェのサンタ・クローチェ聖堂にポリクロミーのゴシック・ファサード（1857-63）を設計した．フィレンツェには他にも作品があり，サン・ミニアート・アル・モンテの墓地（1848-59）にも関与した．

マチューカ，ペドロ Machuca, Pedro（1485頃-1550)

スペインの建築家．グラナダのアルハンブラ宮殿内にカール5世（Charles V, 皇帝在位1519-55，1558没）のための立派な宮殿を設計（1527-68）．同宮殿はラファエロあるいはブラマンテに比肩する熟練したイタリア・ルネサンス様式の建築で，コロネードを備えた円形の中庭（1540開始）は格別にすぐれている．

マッカイ，デーヴィッド・ジョン Mackay, David John (1933-2014)
⇨エメ・ベ・エメ・アルキテクタス

マッカーシー，ジェームズ・ジョゼフ McCarthy, James Joseph (1817-82)

間違いなく，アイルランドの最も偉大なゴシック・リヴァイヴァル建築家で「アイルランドのピュージン」と呼ばれた．ダブリン生まれで，1829年の「カトリック解放令」後，印象的なアイルランドのローマ・カトリック教会堂の建設計画に携わっていた頃活躍した．これは，骨太の第1および第2尖頭式でピュージンやイングランドの教会建築学派が先導したものに倣ったものである．1840年代はじめにはイングランドにいたこともあったようだが，1846年にはウィックロウ州のグレンダーロッホでセント・ケヴィン教会堂の建設が始まった．厳格な第1尖頭式で，アイルランド生まれの建築家が教会建築学の原理にもとづいて建てた最初の作品である．マッカーシーは1849年に設立されたアイルランド教会建築学協会の3人の共同幹事の1人で，『教区教会の配置および意匠に関する提案（Suggestions on the Arrangement and Characteristics of Parish Churches)』（1851）を著した．1853年彼はダウン州ニューリーにおいてトーマス・ダフを継いでアーマーのローマ・カトリック大聖堂の建築家に任命された．建設は順調に進んでいたが，マッカーシーはダフの垂直式を教会建築学的に好ましい第2尖頭式に変え，西に二つの尖塔をつけ，中央塔をなくし，屋根の勾配をきつくした．その過程でイングランド的なものからフランス的な特徴をもったゴシックに改変した．非イングランドの先例を用いることで，アイルランドとしての国民感情を高めていたことが窺える．しかしながら，様式的により早いものの上にあとの様式の建築が乗る様相は視覚的におかしい．数多くの聖堂をダブリン（ドミニック・ストリートのセント・セイヴィアー教会堂が最良のものである）およびケリー州に建てた．デザイン要素として，きわめて豊かなアイルランドの教会に伝わるデザインを用いた．時にダブリンのグラスネヴィン墓地の礼拝堂（1878完成）やティペラリー州サールズの聖母被昇天大聖堂（1865-72）のように，ロマネスク・リヴァイヴァルを使ったりしたが，大部分の作品は自信に満ちたゴシック様式である．例として，ティロン州ダンガノンのセント・パトリック（1870-76），キルデール州メイヌース・カレッジの礼拝堂（1875-1903），そしてモナガンのマカルタン大聖堂（1861-92）がある．

マッキム・ミード＆ホワイト McKim, Mead, & White

米国の建築設計事務所で，当時の最も傑出した事例．ニューヨーク市を本拠地としていた．チャールズ・フォーレン・マッキム（Charles Follen McKim, 1847-1909)，ウィリアム・ラザフォード・ミード（William Rutherford Mead, 1846-1928)，および，スタンフォード・ホワイト（Stanford White, 1853-1906）は米国における古典主義回帰の最前線に立っていた．マッキ

ムとホワイトはリチャードソン事務所で働いており，マッキムはパリのエコール・デ・ボザール（美術学校）の出身だった．最初期の事務所作品は米国の植民地建築様式を活用したものだったが，やがてイタリア盛期ルネサンスが諸様式の選択肢の中に加わった．それは，ニューヨーク市マディソン通りのヘンリー・ヴィラードのための6棟の住宅（1882-85）に現れているとおりだ．だが，ピクチャレスクへの，また，色彩と材質感の多様性へのホワイトの趣向は，シングル様式（柿板様式）の数多くの建築物を産み出していった．それらは一部米国植民地様式のプロトタイプから派生したものであり，また，フランス中世農村建築物を少々まぶした，アーツ・アンド・クラフツ運動の英国ドメスティック・リヴァイヴァルの影響を受けてもいた．ルネサンスの建築物を研究することで，さらに形式的になった幾何学にもとづくデザインへと到達した．それは，ロードアイランド州ブリストルの美しきウィリアム・G・ロウ邸（1886-87）にみられるとおりだ．

一方，ボストン・パブリック・ライブラリー（1887-88）では，パリのラブルースト設計サント=ジュヌヴィエーヴ図書館に由来するファサードの扱いがみられるが，それよりもイタリアの古代ローマ風な香りをまとっている．その名高いデザインが事務所の名声を確立させた．ニューヨーク市マディソン・スクエア・ガーデン（1887-91, 現存せず）では，その高くそびえる塔に際立ったセビージャ風の香りが窺えるが，プロヴィデンスのロードアイランド州会議事堂（1891-1903）は，レネサンス（レン風ルネサンス）様式のドームを備えていて，ワシントンD.C.の連邦議事堂の影響を受けている．ニューヨーク市のコロンビア大学では，パリのソルボンヌ新校舎とシャーロッツヴィルにあるジェファソン設計ヴァージニア大学の両者が，その平面構成に前例として影響を与えており，図書館棟はパンテオンのようなドームとイオニア式コラムの並んだ長大なポルティコを備えていて，新古典主義の手法が導入されていた．このように古代への関心が増していき，ニューヨーク市の巨大で輝かしきペンシルヴェニア駅舎（1902-11, 現存せず）で頂点を迎えた．その巨大なホールはローマのカラカラ帝大浴場にもとづいていたのである．これはきわめてよくできているだけでなく，米国建築の中で最も「崇高」な作品だった．その取り壊しは悲嘆に暮れるような喪失だったのだ．ニューヨーク市の完璧なマディソン・スクエア長老派聖堂（1904-06）の取り壊しも同様である．これはパンテオン風デザインの別形態だが，多色彩で豊かに装飾されていた．ジョージアン・リヴァイヴァルのボストン・シンフォニー・ホール（1892-1901）はもっと抑制されているが，1880年から1910年にかけての30年間の偉大な作品群（ニューヨーク市の非常に洗練されたJ・ピアポント・モーガン図書館（1902-07）など）によって，マッキム・ミード&ホワイトは当時の世界の建築家たちの最先端に立つこととなった．

スタンフォード・ホワイトは，1906年，恋愛問題において嫉妬に狂ったライバルにより，マディソン・スクエア・ガーデンにて公衆の面前で射殺された．それに続いた醜聞により巨大な損害を被った．だが，事務所自体は20世紀後半までよく生き残り，その成果は『マッキム・ミード&ホワイトの作品研究1879-1915』（1915, 1973）で顕彰されている．

マッキンストリー，ロバート・ジェームズ
McKinstry, Robert James (1925-2012)

アルスター（北アイルランド）の建築家．1950年代にリンチ-ロビンソンの事務所ではたらき，1956年，ベルファストに自らの事務所を設立した．作品には，アッシュフィールド女子中学校（1973）や同男子中学校（1975），エニスキレンのポートラ・ロイヤル・スクールの増築（1964-72），ベルファスト，ユニヴァーシティ・ロードにあるオープン・ユニヴァーシティ地域本部，マウント・チャールズ2番にある王立アルスター建築家協会の本部（1976年と1982年で，テロによる爆破によって被害を受けた建物を模した建物），さらに，ベルファスト・クィーンズ大学のランヨン・ビルディングの中心に位置する新しいカウンシル・チャンバー，カナダ・ルーム，エクストラ・ムラル・デパートメント棟（1986）がある．修復作品でよく知られているのは（彼は1971年から83年までナショナル・トラストの嘱託建築家であった），ベルファストにあるマッチャム・グランド・オペラ・ハウス（1980, 妻のチェリス・ロザリンド（Cherith Rosalind, 旧姓ボイド Boyd, 1928-2004）と共同），ベルファストのE&J・

バーンズ（E. & J. Byrne）のにぎやかなクラウン・リカー・サロン（オリジナルは1885年および98年，1983年修復），またダウン，ランベグ，コロム・ヒルにある自邸（1967-），アーマにあるアードレス・ハウス（1962-，ナショナル・トラストの依頼），ダウン，キャッスルワード，テンプルウォーターにあるテンプル（1971），ベルファストにあるマロン・ハウスの再建（1983）など．ベルファストのセント・アンズ大聖堂の北側袖廊（1981）も完成させた．

マッキンタイア，サミュエル　McIntire, Samuel (1757-1811)

アメリカの建築家，大工．マサチューセッツ州セイラムやその周辺で活動し，上品な後期ジョージアン様式で，主に3階建ての端正な住宅を数多くつくった．そのデザインの出所は，ラングレイやウェアのものを含むパターンブックのようであり，そしてマッキンタイアはパース・ニコラス邸（1782）でパッラーディオ様式を用いているところからみて，実に同様式をわかっていた．またその住宅のデザインでは，アダム様式を導入したと思われるブルフィンチの作品からの影響も明白である（たとえば，外側に曲がっている玄関ポーチのある洗練された構成をもつジョン・ガードナー邸（1804-05）など）．

マッキントッシュ，チャールズ・レニー　Mackintosh, Charles Rennie (1868-1928)

スコットランドの建築家，インテリア・デザイナー，水彩画家．おもにグラスゴーとその周辺で活躍した．1889年，ハニーマン＆ケッピー事務所に入り，グラスゴー美術学校で学んだ．1891年，イタリアに旅行し，翌年，マーガレット（Margaret, 1865-1933）とフランシス（Frances, 1874-1921）のマクドナルド（Macdonald）姉妹およびハーバート・J・マクネアー（Herbert J. McNair, 1868-1955）とともに水彩画，ポスター，美術工芸品を制作し始めた．これらの友人たちは「ザ・フォー」，「マック・グループ」，グラスゴー派，あるいは「幽霊派」として知られるようになった．（最後の幽霊派は，細身の花の乙女，長い渦巻，バラの蕾模様，その他若干不吉な感じのある要素を使っており，これらが彼らのアール・ヌーヴォーに触発された様式の中心的な部分であったた

めである．）1897年，『ステューディオ（The Studio）』誌で認められたことで，彼らの作品はアメリカ，オーストリア，ドイツのアヴァンギャルドたちに知られることとなった．

マッキントッシュがハニーマン＆ケッピー社で最初に手がけた作品はグラスゴーのミッチェル・ストリートのグラスゴー・ヘラルド紙の建物の塔（1893）のようである．次にマーガレット女王医療学校（1894-96），殉教者パブリック・スクール（1895）が続いた．どちらも本質的に伝統にのっとって建てられているが，様式は自由であった．マッキントッシュはスコットランドの土着の建築から発想を得るようになった．主題として，中世の塔状住宅，要塞住居（マッキントッシュはこれをスコッティッシュ・バロニアルという間違った名称をつけた）に目を向けた．彼のデザイン源はスコットランド以外にもあり，後に彼の折衷はより広範なものになる．本質的に，マッキントッシュはアーツ・アンド・クラフツのデザイナーであり，アール・ヌーヴォーの装飾的な手法を使ったが，つねに自分の出身地の伝統的な建設の形式を使った．

1896年，ハニーマン＆ケッピーが新しいグラスゴー美術学校の設計競技に勝利したが，これは，マッキントッシュのデザインだった．巧みな計画で，スタジオは大きな北面の窓から明かりをとる一方で，中央部では，ドーセット（あるいは，おそらくヴォイジーの作品）由来の土着的な張り出しのベイ・ウィンドウ，アール・ヌーヴォーの要素，イングランドのレン風ルネサンスを引用したアーチのモチーフも使った．1897-99年にこの学校が建てられたとき，マッキントッシュはミス・クランストンの喫茶店の家具および装飾を手がけていた．その後，自由なアーツ・アンド・クラフツのゴシック様式でアール・ヌーヴォーの影響もあるガルスキューブ・ロードのクイーンズ・クロス教会堂（1897-1900）が続いた．1899-1902年には，レンフリューシャーのキルマコームに彼の最初の重要な住宅作品ウィンディー・ヒル邸が現れた．また，彼のデザインした家具のいくつかは『デコラティヴ・クンスト（Dekorative Kunst）』誌（装飾芸術の意，1898および1899年）に紹介された．1900年，マッキントッシュはマーガレット・マクドナルドと結婚し，2人は自邸であるグラスゴーのマインス・スト

リート（現在のブライスウッド・ストリート）
120 番地のアパートの内装を行った．白く，気
品のある家具，すべての内装は彼ら自身によっ
てデザインされた（現在は，グラスゴー大学の
ハンタリアン・アート・ギャラリーになってい
る）．2 人はウィーンの分離派展に参加した．
彼らの作品は好意的に受け止められ，ホフマン
やその他の分離派の人たちと親しくなった．
1901 年に分離派の雑誌『フェル・サクルム
（Ver Sacrum）（聖なる春）』誌がグラスゴーと
マッキントッシュを取り上げ，マッキントッ
シュは 1900 年に『インテリアデザイン
（Zeitschrift für Innen-Dekoration）』誌の出版
者コッホによって開催された芸術愛好家の家設
計競技で特別賞を受賞した．このデザインはマー
ガレット・マクドナルドも協力し，1902 年
に出版された．そして 1980 年代から 1990 年代
にかけて，グラスゴーのベラハウストン公園に
建設された．

　1902 年，トリノの国際装飾展でスコットラ
ンド館のデザインを担当するとともに，ヘレン
ズバラのヒル・ハウスの仕事を得た．これは，
彼の住宅建築の中でおそらく最もすぐれたもの
であろう．外装は，全体が漆喰の荒い吹き付け
の仕上げとなっており，美しい内装は，パネル
あるいは，ステンシル仕上げの壁である．白の
寝室はマッキントッシュの最も巧みな創造物の
一つである．その後，ミス・クランストンの
ウィロウ・ティールームが続く．1903 年から
1919 年にかけて建てられた最初のものは，グ
ラスゴーのソーキーホール通りにある．マッ
キントッシュの住宅作品はムテジウスの『英国の
住宅（Das Englische Haus）』（1904-05，およ
び 1908-11）でとり上げられた．また，ムテジ
ウスおよびそのほかの評者がマッキントッシュ
のデザインについて『ドイツの芸術および装飾
（Deutsche Kunst und Dekoration）』誌，『装飾
芸術（Dekorative Kunst）』誌に書いたことで，
彼の名前とグラスゴー派は広く知られるところ
となった．

　おそらくドイツ人，オーストリア人の影響
で，マッキントッシュは 1904 年頃から，より
フォーマルで角張った幾何学を使うようにな
り，アール・ヌーヴォーの曲線をしだいに使わ
なくなる．たとえば，グラスゴーのスコットラ
ンド・ストリート・スクール（1904）は城の建
築に影響を受けており，左右対称で二つの円錐

屋根のついた階段室塔が石造りの正面の脇につ
いている．しかしながら，伝統的な建物とは正
反対に，頑強なカーテンウォールには窓が穿た
れ，塔にはガラスがはめられている．1906 年
にグラスゴー美術学校を完成させることが決ま
り，マッキントッシュは西端のもとのデザイン
を変更し，垂直に高くのびたオーリエル窓とし
た．おそらくこれはラッチェンスのル・ボア・
ムーティエ（1898）に影響を受けたものであ
る．一方，南側は窓が壁に埋め込まれ，片持ち
の温室が作られている．明らかにスコットラン
ドの張り出し櫓から発想を得たものである．こ
の西増築部にはマッキントッシュの図書館が
入っている．ここでは，角張った様式がギャラ
リーとなった木造部分に余すところなく示され
ており，それは，ほとんど日本的な部材の有機
的統合を思わせるものとなっている．

　マッキントッシュはおそらく 1902 年に事務
所の共同経営者となったが，そのことは，1904
年にハニーマン・ケッピー＆マッキントッシュ
事務所が設立されるまでは公にされなかった．
しかし 1909 年までの彼の建築家としての業績
はひどいものだった．それは，彼の同業者に対
する批判が仲間を遠ざけたからだけではなかっ
た．イングランドのアーツ・アンド・クラフツ
の建築家たちはマッキントッシュに疑いの目を
向けた．なぜなら，彼の作品は「頽廃的」な
アール・ヌーヴォーにまみれており，また，建設
における真正性や堅牢性にとくに関心があるよ
うに見えず，A. W. N. ピュージンやウィリア
ム・モリスらが唱導した考えを信奉する純粋主
義者を批判していると考えられたからだった．
1913 年に実務から退き，サフォークのヴァル
バースウィックで一時（1914-15）過ごしたの
ち，夫妻はロンドンのチェルシーに居を構え
た．

　1916 年，「CRM」はウェンマン・ジョゼフ・
バセット・ローク（1877-1953）からノーサン
プトンのダーンゲイト 78 番地の家の改修と内
装の仕事を依頼され，マッキントッシュはウィー
ンのデザイン界で流行していた三角形の繰り
返しモチーフを使った．客室（1919 頃，現在
はグラスゴーのハンタリアン・アート・ギャラ
リーにある）は，平行線の縞を黒と白とウルト
ラマリンの色使いで表した驚くべきもので，
『理想の家（The Ideal Home）』（1920）でも紹
介され，ロースやベーレンスとの親近性が見ら

れる．ダーンゲイトのいくつかの三角形のステンシルのパターンはＦ・Ｌ・ライトの作品で，1911 年にベルリンの出版物に発表されたイリノイ州スプリングフィールドのダナ・ハウス（1903）に影響を受けているかもしれない．1914 年からマッキントッシュはすばらしいドローイングと水彩を描き，1923 年から 1927 年は絵画に専念した．

1930 年代からは初期モダニストの一種だといわれることがあったが，この説はまじめな検証に耐ええるものではない．彼はウィーン，ベルリン，ミュンヘンにおける世紀末のユーゲント・シュティールおよびゼツェッシオン派としてよりよく知られ，そこにおいて，彼の作品は最も賞賛された．

マックルアー，サミュエル Maclure, Samuel (1860-1929)

カナダの建築家．1890 年から没するまで，ブリティッシュ・コロンビア州ヴィクトリアを中心にシングル・スタイルによる興味深い住宅作品を多数設計した．後年，チューダー風でアーツ・アンド・クラフツの細部意匠を好むようになった．ビガースタッフ・ウィルソン邸（1905-06）は現存するその代表的作品であり，自然材の使用，敷地の丁寧な読み込み，二軸を交差させ中央に階段室兼ホールを配置する平面構成が見て取れる．ヴォイジー事務所で働いていたセシル・クローカー・フォックス（Cecil Croker Fox, 1879-1916）と協働し，ブリティッシュ・コロンビア州ヴァンクーヴァーにハンティング・ハウス（1911）などいくつかの邸宅を設計した．第一次世界大戦後はラッチェンスの古典的作品に影響を受けた元弟子のロス・A・ロート（Ross A. Lort, 1889-1968）が事務所を切り盛りした．マックルアーは庭園やランドスケープ・デザインでも重要な業績を残した．

マッケンジー，アレクサンダー・マーシャル Mackenzie, Alexander Marshall (1848-1933)

スコットランドの建築家．アバディーンのジェームズ・マシューズ（James Matthews, 1820-98）のもとで 1877 年から実務をし，グレイフライヤーズ教会堂（1906），マリシャル・カレッジ（1904-06）の設計を行った．後者はきわめて厳格な垂直式ゴシックの作品であり，

すべて花崗岩でつくられている．1903 年，パリで修行をした息子のアレクサンダー・ジョージ・ロバートソン・マッケンジー（Alexander George Robertson Mackenzie, 1879-1963）が事務所に加わり，彼とともにロンドンのアルドウィッチにボザール様式の古典的なワルドルフ・ホテル（1906-07），オーストラリア・ハウス（1913-18）を設計した．後者は帝国古典主義様式である．この様式は，帝国中で広く使われた．とくに，パルマー＆ターナー社はこの様式をよく使った．

マッコイ，エスター McCoy, Esther (1904-89)

アメリカの，独学の建築史家，評論家．シンドラーの事務所ではたらいたことで建築の世界への洞察を得，その後 1960 年に『カリフォルニアの 5 人の建築家（*Five California Architects*）』と『リチャード・ノイトラ（*Richard Neutra*）』を出版した．同書で名声を確立し，さらに 20 世紀初頭からのカリフォルニアの前衛建築についての著書につなげていった．マッコイは小説家でもあり，またさまざまな本や雑誌，展覧会のカタログなどに数多くの記事を寄せているが，これらの散文にも無駄がなく，熟達した書き手であったことが示されている．彼女は社会史を建築に関係づけることに成功し，近代建築運動は少なくともヨーロッパと同じ程度の早い時期からアメリカでも展開していたと大胆に論じた．カリフォルニアの建築についての著作では，普通の，なじみ深いものの重要さをうまく示し，その分析によって地味な建築がどんなに重要になりうるかを示した．

マッサーリ・ジョルジョ Massari, Giorgio (1687-1766)

ヴェネツィアの建築家．ジェズアーティ聖堂〔サン・ジロラモ司祭会聖堂〕（サンタ・マリア・デル・ロザーリオ聖堂，1725-36）を設計し，そこにはパッラーディオのイル・レデントーレ聖堂からの引用とともに，ロココ様式の要素もみられる．教会堂はイル・レデントーレ聖堂とはジューデッカ運河をわたった対角に位置する．サンタ・マリア・デッラ・ピエタ聖堂（1735）を計画し，またロンゲーナによるパラッツォ（またはカ）・レッツォーニコ（1748-66）を完成させ，さらにパラッツォ・グ

ラッシ（1748-60）の設計では，落ち着いた新古典主義のファサードと，四辺を列柱で囲むアトリウムを設けた．

マッシュルーム構造　mushroom construction

20世紀初頭の鉄筋コンクリート構造の一形式で，円柱頂部がその直径よりもはるかに大きな円盤を形成しているもの．その形状はマッシュルームを思わせる形態となっており，または古代エジプトの鐘形柱頭の上部に似ているが，もっとほっそりとしている．これらの円盤が床スラブを支持していて，荷重が分散されて横架材が不要となっている．1908年，マイヤールが先駆的に試み，F・L・ライトがそれを活用して，ジョンソン・ワックス・ビルディング（ウィスコンシン州ラシーン，1936-39）において大きな効果を上げた．

マッチボード　matchboard

一方の縁に「舌」が刻まれ，他方の縁には「溝」が刻まれている木製ボード．外装面の縁が斜面仕上げになることが多く，ボードが固定されたときにＶ字形断面の目地ができるようになっている．デイドー（台胴），天井，パネル，壁面などの装飾となり，これをマッチボーディングという．

マッチャム，フランク　Matcham, Frank (1854-1920)

後期ヴィクトリアおよびエドワード朝の劇場および音楽ホールの主導的な建築家．彼のデザインは華やかで贅沢なもので，しばしば（ぶざまなくらいに）純重で，ゆがんだオーダーを使った．最もよく知られた作品はベルファストのグランド・オペラ・ハウス（1894-95），ロンドン・コリシアム（1902-05），ダービーシャーのバクストン・オペラ・ハウス（1902-04），そしてロンドン・パラディウム（1909-10）である．

マッテ＝トゥルッコ，ジャコモ　Matté-Trucco, Giacomo(1869-1934)

フランス生まれのイタリア人建築家．代表作，トリノのフィアット・リンゴット工場（1914-26）のコンクリート造形は，未来派やペレから影響を受けていることがわかる．自動車の試験走行をするサーキットが建物の屋上につくられた．

マッド・アンド・スタッド　mud-and-stud

木骨壁体構造であり，フレームの間には泥仕上げの下地として小舞が設けられた．クラムスタッフ・アンド・ドーブ，またはラドル・アンド・ドーブとも呼ばれる．

マティアス・オヴ・アラス，マティアス（アラスの），マチュー・ダラス　Arras, Mathias of (1342-52 活躍)

フランスの建築家．ボヘミアに属するプラハで，ゴシック様式の聖ヴィート大聖堂を建てた．1342年に着工されたこの大聖堂には，ナルボンヌ，ロデズ，トゥールーズの各大聖堂からの影響が認められる．

マーティン，サー・（ジョン）・レスリー　Martin, Sir (John) Leslie (1908-2000)

イギリスの建築家．ロバート・マシューのもとで，LCC（ロンドン商業会議所）における代表建築家の補佐として，彼の最も著名な作品である「ロイヤル・フェスティバル・ホール」（1948-51．ピーター・モローとエドウィン・ウィリアムズ（Edwin Williams, 1896-1976），他の建築家とも協働）を設計した．1953年には，マシューの後を継ぎ代表建築家となる．1956年にケンブリッジ大学の教授となり，同年には独立する．そして，ケンブリッジのゴンヴィル・アンド・キーズカレッジにある「ハーヴェイ・コート」（1957-62），オックスフォードのマナー街にある図書館（1964-70．コリン・セント・ジョン・ウィルソンとパトリック・ホッジキンソン（Patrick Hodgkinson, 1930-2016）との協働），ケンブリッジのピーターハウスにある「ウィリアム・ストーン・ビル」（1960-64．こちらもウィルソンとの協働），オックスフォードの「動物学・心理学ビル」（1964-70），そしてグラスゴーの「ロイヤルコンサートホール」（1983-90．アイヴァー・リチャーズ（Ivor Richards, 1943-2020）との協働）などを設計した．1972年までケンブリッジ大学の終身学部長という立場から，マーティンが建築と都市計画に大きく影響を及ぼしたことは間違いない（その後は名誉教授として在籍）．しかし，建築の要素として，数理性，測定可能な合理性を重要とするべきだとする彼の

マテインレ

試みは成功したとはいえない.

マーティン, レオナルド　Martin, Leonard (1869-1935)

イングランドの建築家. ロンドンにて H・J・トレッドウェルとともに 1890 年から 1910 年まで実務を行い, 多くの精緻な建築をウェスト・エンドのニュー・ボンド・ストリートやジャーミン・ストリートにつくった. チューダー, バロック, そしてアール・ヌーヴォー様式がきわめて自由に使われている. トレッドウェルの死後マーティンは 1 人で実務を続け, ケンジントンのイルチェスター・プレイス, その他多くの場所に住宅を設計した.

マテ, ジャン＝バティスト　Mathey, Jean-Baptiste (1630 頃-95)

フランスのディジョンに生まれ, プラハで働き (1675-94), トロヤ宮殿 (1679-96) を設計した. 中央のブロックにはペロンがつき, 両翼には主棟と結ばれたパヴィリオンが左右対称に配置されている. フランスのシャトー (城館) の計画理念とイタリアのディテールを組み合わせたものである. クロイツヘレンキルヘ (十字軍騎士聖堂, 1679-88) とトスカナ宮殿 (1689-90) (いずれもプラハ) も設計している. その聖堂建築はフィッシャー・フォン・エルラッハの影響を受けている.

マテュー・ダラス　Matthias of Arras

⇨マティアス・オブ・アラス, マティアス (アラスの), マチュー・ダラス

マデルノ, カルロ　Maderno, Carlo (1556 頃-1629)

1570 年代半ばから, ベルニーニやボッロミーニ, コルトナがバロック様式の最高潮を築くまでのあいだ, ローマで活動した指導的建築家. 叔父のドメニコ・フォンターナのもとで活動を開始し, 古代エジプトのオベリスクをサン・ピエトロ広場 (1586) やエスクイリーノ広場 (1587), サン・ジョヴァンニ・イン・ラテラーノ広場 (1588), ポポロ広場 (1589) に建てる工事を補佐した. 多数の技術的な仕事を完成したのち, クイリナーレのサンタ・スザンナ聖堂 (1593-1603) の改築を手がけた. この傑作の劇的なファサードはイル・ジェズのものを下敷きにしているが下層には半円柱のオーダーを備え, 広い下層と狭い上層ファサードの付け柱とを渦巻き模様で連結している. 中央部と垂直性の強調はイル・ジェズよりも決定的である. パウルス 5 世 (Pope Paul V, 1605-21) の登位ののちマデルノはサン・ピエトロの主席建築家に任ぜられ, その身廊 (1609-16) を建設し, 交差部の装飾の仕事に取りかかり, 殉教者礼拝堂にいたる曲線階段を建設し, 広場に面するファサードを設計し (その巨大な横幅は, 二つの鐘塔を加える必要から強いられたものだが, 鐘塔は初めの 2 層だけしか建設されなかった), 噴水を建てた (のちにベルニーニによってオベリスクの横に移され, 対にされた).

テアティノ修道会の母教会サン・タンドレア・デッラ・ヴァッレではマデルノは身廊を完成し, 袖廊と内陣を加え, 決然とした美しいドームと頂塔 (1608-28 頃) を建設した. ファサードも設計し 1620 年代中頃に着工したが, ライナルディが修正を加えた完成したのは 1660 年代のことである. ローマのパラッツォ・マッテイ・ディ・ジョーヴェ (1598-1617) とフラスカーティのヴィラ・アルドブランディーニ (1603-20 頃) もマデルノによる. 後者の見事な半円形の水上劇場は連続アーチのニッチやグロッタを備え, 水泉は段状の連鎖カスケードから給水され, その頂上には一対の螺旋円柱がある. 晩年の作品の一つパラッツォ・バルベリーニ (1626-28) は, ベルニーニが完成した.

摩天楼　skyscraper
⇨スカイスクレーパー

窓　window

1.　光と空気とが建物内に入るよう壁体にあけられた開口. 窓開口がマリオンとトランサムなどでいくつかの部分に分割されている場合, 各部を窓面 (ライト) と呼ぶ. 最も単純な形状の窓は, 壁体にあいた単なる穴であり, その頂部にアーチ, あるいはまぐさを配する. 古代ギリシア建築における重要な建物の一部の窓は, ときに底部より頂部の方が幅が狭く (⇨ティヴォリ窓, ウィトルウィウス式開口部), クロセット (⇨クロセット (1)) つきのアーキトレーヴを備えることが多かった. 一例にオリュンピアのフィリッペイオン (前 339 建設開始) がある.

古代ローマ建築の時代になると，とくに窓ガラスが容易に入手可能となった65年頃以降，窓はずっと大きくなり，その形式もさまざまになった．ただしガラス以外の材料も18世紀初頭までは引き続き使用された．ガラスのほかに窓に用いられたのは，薄い羊皮紙を伸ばして窓枠に張り，塗料とニスを塗ったもの；塗料を塗りアマニ油で表面を覆った羊皮紙；亜麻布に塗料を塗り，卵白とゴムの水溶液で表面を覆ってからニス仕上げしたもの；ケシ油，羊脂，またはロウを染みこませた紙；ミツロウに浸すかそれを表面に塗った亜麻布などである．多くの場合，窓ガラスは窓の上部にだけ用いられ，下部には木製よろい戸が用いられたが，この組合せは，スコットランドの王宮群においてさえ，比較的近年（18世紀）まで一般的なやり方であった．古典主義建築においては，窓はアーキトレーヴだけでなくエンタブラチュアを戴き，さらにペディメントがつくこともあった．とくに壮麗な窓開口部においては，円柱やピラスターが両脇に配されてエンタブラチュア，ゲーブル（妻壁），ペディメントなどを支えることもあり，そのような窓はアエディクラ化した窓と呼ばれる（⇨アエディクラ）．

中世初期の建築の窓は小さくて幅狭く，採光性を高めるためにシルと抱きのリヴィールに隅切りを施すことが多かった．この形式の窓の建造年代はかなり古いものと考えられる．このような形状が採用されたのは，一つには雨水が建物内に入らないようにするためであり，同時に防備の問題も関係していた．アングロ・サクソン建築の窓はこのタイプであり，多くの場合粗雑なアーチをかけたり，小さなアーチ開口に見えるようソフィット上に楣をかけたり，あるいは頂部が三角形になるように二つの石を斜めに配したりした．この時代の塔においては，旋盤で削られた誇張されたエンタシスをもつバラスター（コロネット）を境にした二つの異なった隙間を組み合わせた開口部がみられることが多い．ロマネスクの窓はより大きくなるが，それでもなお壁体に穿たれた穴という類型から脱していない．それらは，隅切りされ，頂部は半円形であり，ビリットやシュヴロンといった刳形（くりかた）で装飾されていることが多い．ロマネスクの半円形頂部の開口は，1本の柱身を境にして二つが一対で用いられることもあり，その場合は全体を一回り大きな半円形頂部の開

口部が包含する．円形の窓開口も一般的であり，多くは破風に配されるが，場合によってはノッティンガムシャーにあるサザル・ミンスターの高窓面のように，そのほかの部位にも用いられた．第1尖頭式ゴシックにおいては，初期の窓開口は細長く（ランセット），ほぼ例外なく隅切りされた抱きを備え，鋭く尖った頂部をもっており，単独で用いられるほか，ときには三つか五つで一つのグループを形成していた（例：ヘレフォード大聖堂の聖母礼拝堂（1220-40頃）の内陣東面ゲーブル）．一方で，円形，四葉形その他の単純な形状も用いられ，とくにプレート・トレーサリー内に散見される．中期尖頭式の初期段階への移行期には，「幾何学形」バー・トレーサリーやY字形トレーサリーが生じ，第2尖頭式になると曲線形，流線形，交差，網状の各トレーサリーが登場し，マリオンやバー・トレーサリーで囲われた種々の開口がつくられるようになった．イングランドの垂直式ゴシックにおいては，それまでよりも大規模なものとなった窓が，マリオンとトランサムによってパネル状の開口に分割され，さらに同様のデザインが隣接する壁面上へも連続し，ブラインド・パネルとしてくり返されるようになった．主たるマリオンはシルから頂部まで立ち上がるが，中世末期にかけて窓頂部のアーチは一般に非常に扁平した形状となった．トランサムは小型のバトルメント（鋸歯状胸壁）によって装飾されることが多かった．チューダー・ゴシックの窓頂部は四心アーチ形が多かった．一方，マリオンで分割された窓が長方形の開口に入れ込まれることもあり，そのような形式において上部を縁取るよく目立つフード・モールド〔庇状刳形〕は，両脇部分で下方に垂れ下がりラベル・ストップ（雨押さえ石留め）を下端とする．これは中世後期の住宅建築において一般的に見られた手法である．比較的立派な邸宅建築のエリザベサン（エリザベス1世）様式やジャコビアン（ジェームズ1世）様式の窓には，マリオンとトランサムによって分割された広大なものが散見されるが，この形式をグリッド・トレーサリーと呼ぶ．

2．窓開口部を充塡する，窓枠，または木製・金属製のサッシュに固定されたガラス，およびその付属品のこと．窓枠は通常ケースメントとサッシュの二つの形式をとる．後者はガラスがはめこまれた枠で，はめ殺しのものと開閉

可能なものとがあり，窓開口部やそれに相当する開口部全体を包含する大きな枠に取り付けられる．開閉可能な場合，その操作は鉛直方向または水平方向のガラス窓の滑動か，あるいは側部・頂部・底部，または中央部につけられた蝶番やピボットを軸とした旋回によって行われる．ケースメント窓は，以上のようなサッシュを一つまたは複数備えている．上下に動くサッシュは箱形スライディング，ダブル・ハング，鉛直スライディングと呼ばれる．17世紀においては，窓枠は十字形に交差していることが多く，それぞれの開口の内部で窓面が窓枠によって保持されていて，さらに主枠に固定されたサドル・バーによって支えられた鉛のカムに，クォラル，すなわち菱形のガラス片がはめ込まれていた．長方形サッシュの少なくとも一つには内開きか外開きができるよう蝶番が備わっており，そのため，ケースメント〔近世・近代築城の砲郭のこと〕と呼ばれた．

　17世紀にクラウン・ガラスでできたより大きな窓ガラスが出現すると，窓のデザインは変化し，サッシュは木製の桟でつくられた長方形の区分に分割され，そこにガラスがはめこまれるようになった．一枚のサッシュが，がっしりとしたつくりの窓枠に刻まれた溝を滑って，もう片方のサッシュの前面を垂直に上下する仕組みであり，このサッシュは滑車に通された紐で吊されていて，紐の反対側には中空になった窓主枠の内部を自由に上下する重りがつけられて釣り合いをとる．箱形スライディング，ダブル・ハングなどと呼ばれるこのサッシュ窓は，どうも1670年代にイングランドで発明されたものらしく（もっとも一部の研究者によるオランダ起源との説もある），パッラーディオ主義建築であるロンドンのホワイトホールにあるバンケッティング・ハウスにおいて，それ以前の窓が交換された際（1685）に採用された．それ以降，ダブル・ハングのサッシュ窓は人気を博すようになり，古い形式の窓に取って代わることが多かった．しかし，ガラス製造技術には限度があり，個々の窓ガラス板は比較的小振りなままであったので，窓の桟は普遍的な存在であり続け，それが巧く用いられていない場合には，分厚く，何かと目立ちすぎてしまうきらいがあった．18世紀を通じて，窓の桟（スコットランドではアストラガルと呼ばれる）は洗練され，剖形状の断面をもつようになり，見た目

の押し出しの強さは軽減されていった．この優美になった断面とガラス製造術の改良によって，より大きな窓ガラスがつくられるようになったので，ジョージアン建築のスライド式サッシュ窓のとくにすぐれた事例においては，見た目上の桟の存在感は最小限に抑えられており，桟そのものも，全体の外観の洗練やプロポーションの整った工芸作品の実現に寄与した．19世紀の最初の数十年間には，窓開口部のプロポーションが変化した．18世紀の開口部は一般に背が高く幅が狭かったが，新古典主義，そしてとりわけグリーク・リヴァイヴァルの到来により，高さに対して幅が広くなり，サッシュの側部に細い帯状のガラスが追加された．色ガラスが用いられることが多かったこの部分はマージン・ペインと呼ばれた．ガラス製造技術のさらなる改良により，1830年代以降には，手ごろな費用で手に入る大きなガラス板がつくられるようになり，桟を用いずに窓の幅をより大きくすることができるようになったので，プロポーションの変化をさらに促進することとなった．既存の窓の多くから桟が取りはずされ，縦長の長方形ガラス板の反復によって強調されていた鉛直性が破棄されて，窓面の幾何学的なリズムが変更された．ジョージアン住宅建築のプロポーションを確立するのにきわめて重要な役割を担っていた18世紀の窓ガラス，サッシュ，窓開口，そしてファサード相互の関係は崩れ去った．これに加え，イングランドにおける税制の変化（例：窓税の廃止（1851））も，窓数の増加とその巨大化を促し，建築デザインをそれまでの制約から解放するさらなる後押しをした．歴史的には，窓の幅は楣の大きさや強度，あるいはアーチの安定性によって決定されていたが，そうした伝統的な窓開口部と稠密な壁との関係性は，ラーメン構造の進歩，上述したさまざまな変化，そして19世紀の様式上の折衷主義により崩壊した．多くの現代建築においては，外側のクラディング（外装）（カーテン・ウォールのようなある種の軽いフレームにはめ込まれたガラスでできている）が，内部のヴォリュームを囲う被膜を形成している．

　3．窓の形式には以下のようなものがある．ベイ窓，バウ窓，ケースメント窓，聖カタリナの車輪窓，シカゴ窓，クリアストーリー（高窓の連なり），十字形窓，ディオクレティアヌス窓，または浴場窓，ドーマー窓，ファンライ

ト，フランス窓（またはクロワゼ〔フランス語で十字形の意〕，イプスウィッチ窓，縦縞窓，ランセット窓，ラチス（格子）窓，イーペル窓，ロー・サイド窓，リュカルヌ〔フランス語で屋根窓の意〕，リクノスコープ（聖堂下窓），マリゴールド窓，オクルス（ラテン語），ウイユ・ド・ブフ（フランス語），出窓，パラディアン窓，ピクチャー窓，薔薇窓，サッシュ窓，セルリアーナ，天窓，トレーサリー窓，ヴェネツィア窓，車輪窓，ワイアット窓，ヨークシャー窓.

窓格子　window-guard
とくに地上階において用いられる，窓を防護する鉄格子の類.

窓格子　window-screen
⇨ウィンドウ・スクリーン（1）

窓台　window-ledge
内壁側または外壁側のシル.

窓柱　window-post
⇨ウィンドウ・ポスト

窓面　light
昼光が通過するガラスの開口部（デイと呼ばれる）を指し，その周囲は方建てや無目で囲まれる．あるいはトレーサリー・バーで区画された開口部.

マドラサ　madrasa, madrassa, madraseh, medresseh
イスラーム神学・法学の教育機関で通常中庭とイーワーン，宿泊施設，学習室で構成される．最大級のマドラサは4イーワーン式のモスクに類似し，2層の個室が中庭に沿って並ぶ（たとえば，シリア・ダマスカスのマドラサン・ヌーリーヤル・クブラー（1171-72）とウズベキスタン・サマルカンドのウルグベグ・マドラサ（1417-20）），いくつかの例では中庭が小さなドーム架構の部屋で代用され（たとえば，トルコ・コンヤのインジェ・ミナーレ・マドラサ（1260-65頃）），他にもより大きな複合施設の一部となる例もある（たとえば，スィナーン作のトルコ・イスタンブルのスレイマニィェ・モスク（1550-57）），イラン・イスファ

ハーンのマダリシャー・マドラサ（1706-14）は，より後世の大変美しい4イーワーン式マドラサの一例で，高い尖頭ドームと，2層のアーケード，そして軸となる水路で分割される庭園式中庭を備える（真のパラダイス・ガーデンである）.

窓枠　window-frame
窓開口部に取りつけられたスライド式のサッシュのための枠，あるいはケースメント窓の場合のように溝がつけられたもの.

マナー・ハウス　manor-house
中世イングランドにおいて，「領主裁判権」が及ぶ区域の住宅．または，このような諸侯に属する地所にある住宅．通常，築城は施されておらず，中程度の規模で，その建築は慎ましやかなものである.

マニエリスム　Mannerism
ミケランジェロの時代に始まる16世紀の建築様式で，古典的要素の奇妙で異様な，あるいは文脈を逸脱した使用法で特徴づけられる．たとえばずり落ちたトリグリフや要石，壁面の深い窪みに挿入されたり渦型持送りで支えられたようにみえる柱，変形されたアエディクラなどの要素がそれであり，マントヴァのジュリオ・ロマーノの建物やフィレンツェのミケランジェロのサン・ロレンツォ聖堂の仕事にみられる．北部ヨーロッパではフランソワ1世様式の一派によって実現された作品が，低地地方（とりわけアントウェルペンとフランドル全般）の奇妙な創造的マニエリスムに貢献し，そこではカルトゥーシュやグロテスク装飾，胸像，花網飾り，境界柱が豊富に配され，使用例がパターンブックとして出版され，ドイツやイギリスなどの設計に影響を及ぼした.

マニオン　munnion
マリオン，またはマンティン.

マニペニー，ジョージ　Moneypenny, George（1768-1830頃）
イングランドの刑務所の指導的な建築家として，ブラックバーンの後継者となった．彼の作品は傑出しており，同時代人からも「恐ろしい」と評される．これは見る者を「崇高」な恐

怖で圧倒することを意味する．チェシャーの
ナッツフォードにある裁判所や刑務所
（1817-19）は，ハリソンによる作品と同じほど
すばらしい．レスターの州刑務所（1790-92，
解体）は，マニペニー自身が借金のために投獄
され（1792-93），シンケルによって描写された
（1826）という点で有名である．彼とイグナ
ティウス・ボノーミは，サンズが解雇されたあ
と，ダラムの州裁判所と刑務所を完成させた
（1811）．

マニューライン　Manueline
　⇨マヌエル1世様式

マニング，ウォレン・ヘンリー　Manning, Warren Henry（1861-1935）
　アメリカ合衆国の東と西の海岸を結ぶ州間高
速道路の提案を発表したアメリカの都市計画
家．ミルウォーキーとミネアポリス，そしてシ
ンシナティのパークウェイ・システムを設計し
た．

マニング，エレノア　Manning, Eleanor（1884-1973）
　アメリカの建築家．ルイス・ハウ（Lois Howe, 1864-1964）と事務所を共同主宰して成
功し，またのちにメアリー・アルミー（Mary Almy, 1883-1967）を迎えた．事務所は，ジョ
ン・ノレン（John Nolen, 1869-1937）が都市計
画を行ったオハイオ州シンシナティの郊外工業
地区，マリエモントにおける仕事のように，ロー
コストの住宅供給で知られるようになった．
その他の住宅建設計画ではマサチューセッツ州
ボストンのハーバー・ヴィレッジ（1934-37）
がある．

マヌエル1世様式　Manueline
　ポルトガル王マヌエル1世（King Manuel I）
治世下（1495-1521）のポルトガル後期ゴシッ
ク様式．高度に装飾的で，綱紋（ロープ），珊
瑚，ねじり柱（ピア），およびキリスト騎士団
の十字架がみられる．最良の作例はトマルのク
リスト修道院（1510以降）である．

マハー，ジョージ・ワシントン　Maher, George Washington（1864-1926）
　プレーリー・スクールのアメリカ人建築家．
イギリスのアーツ・アンド・クラフツ運動，オー
ストリアのオルブリヒなどの建築作品に影響
を受けた．作品はほとんどが住宅（イリノイ州
オーク・パークのファーソン邸（1897）など）
で，端正かつ丁寧に仕上げられており，どこと
なくグリーン＆グリーンやフランク・ロイド・
ライトの作品を思わせるところがある．

マピルトン，トマス　Mapilton, Thomas（活躍1408-38没）
　イングランドの石工頭．ダラム大聖堂のクロ
イスター（1408-16）を建て，1416年から1418
年にかけて，ウェストミンスター・アビーとロ
ンドン塔で雇われている．1420年にフィレン
ツェに行ったと思われ，そこで大聖堂のドーム
の設計に関する相談役の一人として活躍し，
1421年には，ロンドンで王営繕局のマスター・
メーソンに昇進した．その後，カンタベリー大
聖堂の南西の塔を設計し（1423-34），ロンドン
のランベス宮殿のローラーズ・タワーを手がけ
たと思われる．また，ロンドンのウォールブ
ルックにセント・スティーヴン聖堂（1429-39，
1666年の大火後，レンによる聖堂に建て替え
られた）を建て，バリー・セント・エドマンズ
大修道院（サフォーク）では顧問役を務めて，
亡くなる直前まで，オックスフォードのセン
ト・バーナーズ（現セント・ジョンズ）・カ
レッジやオール・ソールズ・カレッジの初期の
計画に関与していたと思われる．

マーフィー／ヤーン　Murphy/Jahn
　1959年にチャールズ・フランクリン・マー
フィー（Charles Franklin Murphy, 1890-1985）
が設立した，シカゴの建築界をリードした事務
所．マーフィーはバーナムとの仕事をつうじて
シカゴ派と直接のつながりがある建築家であっ
た．この事務所にドイツの建築家，ヘルムー
ト・ヤーンが1967年に加わり，73年に共同主
宰者となって，81年に事務所名はマーフィー
／ヤーンに変更された．1960年代に同事務所
はコンチネンタル・インシュアランス・ビル
ディング（1962）やオヘア国際空港（1965），
シカゴ・シヴィック・センター（1965），マコー
ミック・プレイスのエキシビション・ビル
ディング（1971）など，ミース・ファン・デ
ル・ローエに大きく影響を受けた建物をシカゴ
にもたらした．ヤーンが事務所の指導的立場に

なると，アール・デコの要素をはじめとする歴史的引用が建物にとり込まれるようになった．ヤーンはハイテク建築とも結び付けられることが多く，フランクフルト・アム・マインのメッセタワー（1991）などの摩天楼が高く評価されている．またヤーンはベルリンのクアフュルステンダム通りに連続して建物を設計しており，たとえばアデナウアー・プラッツとブランデンブルギッシェ通りの交差点の鉄とガラスの建物（1995）などがそうである．他には，ミュンヘンのフランツ・ヨーゼフ・シュトラウス空港（1993-96．屋根の構造体についてはアラップをコンサルタントとした），ドイツ，ボンのポスト・タワー（1999-2003，2層のガラスとそれを支える構造体からなり優美な曲線を描く外壁は，建築的細部への細心の配慮と洗練された環境コントロールを結びつけている）などがある．

マーブリング　marbling
着色することにより，大理石のような仕上げにみえるようにする手法，実践，工夫や仕上げ．熟練の画家や装飾師は，たとえば円柱の柱身，デイドー（台胴）などを驚くほど本物そっくりにみせることができる．この技法はおそらく古代から存在する．

マヤ建築　Mayan architecture
メソアメリカの民族であるマヤ族は，非常に急峻な転びをもった基壇を造営し，上部に記念碑的な構造を載せた（前2世紀頃-900頃）．こうした神殿の遺構の多くは内部にコーベル・ヴォールトを備える（4世紀頃）が，開口部の大半は楣（まぐさ）か三角形の頂部をもつ．マヤとアステカの建築は1920-1930年代のヨーロッパのアール・デコに影響を与えた．

マリオン　mullion
窓やスクリーン（障壁）の開口の間の鉛直方向のポスト．通常，石造や木造のマリオンには剟形が設けられている．角材によるマリオンを対角線上に配置した中世の開口部のことをダイヤモンド・マリオンと呼ぶ．また，4カ所以上の開口を備えた窓には補助マリオンが設けられ，窓を開口と太いマリオンの部分に細分化していた．後者は「キング・マリオン」と呼ばれるもので，これが厳密な意味での開口部にあた

る．

マリゴールド　marigold
古代ギリシア建築における類型化した円形花形装飾で，ロゼットに似ている．だが，たとえば，アテネのエレクテイオンの北側ポルティコ（列柱廊）のアーキトレーヴにみられるような，連続して繰り返されるクリュサンテムム（ラテン語），またはマリゴールドにもっと類似している．

マリゴールド窓　marigold window
中世の円形窓．その表面はトレーサリーの放射状のバーによってさらに分かたれている．マリゴールドに似ている場合も，薔薇にもっと類似している場合もある．さらに複雑なものは薔薇窓と呼ばれる．

マルヴィル，シャルル　Marville, Charles（1816-79頃）
フランスのイラストレーター，写真家．本書に彼が掲載されるのは，パリの主要な建物の建設過程を記録するために，アバディなどいく人かの建築家と共働したからである．その最も重要な作品は，オスマンによるパリ改造で破壊されたパリの街路の400点を超える写真を収録した書物である．

マルヴーリア，ジュゼッペ・ヴェナンツィオ　Marvuglia, Giuseppe Venanzio（1729-1814）
シチリア出身の建築家．パレルモ植物園において，ギリシア式のドリス式を用いた簡素な新古典主義様式で，微温浴室ならびに浴室（1789）を設計した．そのほかの作例では，バロックと古典主義の要素をとり込んでいる．たとえばパレルモのサン・マルティーノ修道院（1762-74）や，同じくパレルモに建つパッラーディオ風ヴィラであるベルモンテ・アックアサンタ（1801以降）などがその種の作例である．マルヴーリアの作品中最も驚嘆すべき建物が，ラ・ファヴォリータ（パラッツィーナ・チネーゼ，1799-1802）である．これは，古典主義とシノワズリを混ぜ合わせた様式で，おそらくジュゼッペ・パトリコラ（Giuseppe Patricola，1846-84活躍）が一部の設計に加わっている．また，パレルモのヴィラ・ファヴォリータにあるドリス式のヘラクレスの噴水

マルキウイ

（1814 頃）の設計も手がけた.

マルキ, ヴィルジリオ　Marchi, Virgilio (1895-1960)

イタリア未来派の建築家, 論客. 『未来派建築（*Architettura Futurista*）』（1924）, 『新しいイタリア, 新しい建築（*Italia Nuova, Architettura Nuova*）』（1931）では, スピード, 近代的な技術を賛美し, 機械の「正式な格上げ」を説いた. マルキは建築を住むことのできる彫刻ととらえ, 巨大な空間や誇大妄想狂のごときイメージを描いた. ローマのブラガリア美術館およびインディペンデンティ劇場（1921）は, おそらく最初のファシズム建築である. またローマでは, テアトロ・オデスカルキにイル・テアトロ・デイ・ピッコリ・ヴィットリア・ブロデッカ（1924-25）を手がけた.

マルキオンニ, カルロ　Marchionni, Carlo (1702-86)

イタリアの建築家, 装飾家. 最もよく知られた作品はローマのヴィラ・アルバーニ（現在のトルロニーア）であり（1746 以降）, カジノや喫茶室, 神殿, 水泉を含むその全体は, 設計者の舞台的効果への精通を示している. カジノの連続アーチの正面はミケランジェロによるローマのパラッツオ・デイ・コンセルヴァトーリに多くを負っているものの, 神殿の建築, 中でも古代の断片で構成された人工の廃墟であるディルートの小神殿（1751-67）はヴィンケルマンの新古典主義の影響がみられる. ローマのサン・ピエトロの新聖具室（1776-83）も設計した.

マルキーズ　marquise

1.　テントのようなキャノピー（天蓋）.
2.　通常, 金属, または金属とガラスがあわせて用いられて, さらに恒久的なものとなった防護キャノピー.

マルケリウス, スヴェン・ゴットフリード　Markelius, Sven Gottfrid (1889-1972)

スウェーデンの建築家, 都市計画家. エストベリのもとではたらき, その後ル・コルビュジエの影響を受け CIAM に加入する（1928）. ヘルシングボリのコンサートホールのコンペに勝ち（1925, 1932-34 建設）, さらにニューヨーク万国博のスウェーデン館（1939）で名声を得る. 1944 年から 54 年までストックホルムの都市計画局のディレクターを務め, 都市と完全に一体化されるような「街区」を建設する政策を実施した. ヴェリングビー（1953 より）の中心部の歩行者領域はその事例である. ニューヨークの国連本部とパリのユネスコ本部の建築では顧問建築家をつとめた.

マルシェッリ（マルチェッリ）, パオロ　Maruscelli *or* Marcelli, Paolo (1596-1649)

ベルニーニ, ボッロミーニ, コルトーナと同時期のイタリアのバロック建築家. ペルージアのキエーザ・ヌオーヴァ聖堂（1629-65）, およびローマのカーサ・デイ・フィリッピーニ〔オラトリオ会士の居住棟〕（1622-36）を設計したが, 後者は 1637 年より後にボッロミーニにより設計変更された. ローマのパラッツォ・メディチ=マダマ（1637-42）において, 建物を拡張し荘厳なファサード（1638-39）をつくり上げたが, おおよそはパラッツォ・ファルネーゼからの引用である. 1633 年から死にいたるまで, パラッツォ・スパーダ・カーポディフェッロの再建に携わった. その他の作品としては, ローマのサンタンドレア・デッラ・ヴァッレのテアティノ会修道院（1629 以降）, サンタ・マリア・デッラニマ聖堂の聖具室（1636-44）, サンタ・マリア・ソプラ・ミネルヴァ聖堂の回廊に接続するウィング（1638-42）があげられる.

丸太組み　log

工法の一つで, スカンジナビア移民によって 18 世紀にアメリカに導入されたようである. 壁はまっすぐな丸太を水平に積み上げて, 建物の隅で重複させる. 接合面には泥や厩肥, 苔などを詰める.

マルタ十字架形　Maltese cross

⇨十字架

マルチフォイル　multifoil

〔「多葉形装飾」の意〕多くのフォイル（葉形装飾）を伴うもの.

マルティネッリ, アントン・エアハルト　Martinelli, Anton Erhard（1684-1747）

オーストリアの棟梁, 建築家. 18 世紀初頭

ウィーンの重要な建造物の建設の多くに携わった．中でも注目すべきものにフィッシャー・フォン・エルラッハのカールスキルへ（カール教会）（1715-37）とフィッシャーとヒルデブラントのシュヴァルツェンベルク宮殿（1697年着工）がある．ペストのインヴァリーデンハウス（のちの市庁舎）（1721-37）を設計し，エスターハージー家のために数多くの仕事を行った．

マルティネッリ，ドメニコ Martinelli, Domenico (1650-1718)

イタリアの建築家．1678年以降はローマでカルロ・フォンターナとともにはたらく．彼の重要性は，中央ヨーロッパのバロック様式に与えた影響にあり，とくにウィーンのリヒテンシュタイン家のシュタットパレ（都市宮殿）は，精巧につくり上げた階段を備え，全体としてはベルニーニによるローマのパラッツォ・キジ=オデスカルキを参考にしている．おそらくウィーンのリヒテンシュタイン家のガルテンパレ（庭園宮殿，1694-1711）であるハルラッハ宮殿（1690頃）を計画し，またスラフコフ（アウステルリッツ）のカウニッツ・パレでは，クール・ドヌールを導入した（1698年，一部分のみ完成）．

マルティーノ，スティーヴ Martino, Steve (1947-)

アメリカのランドスケープ・アーキテクト．デザート・ガーデンの設計で知られ，アリゾナ州フェニックスとスコッツデールの間にパパゴ・パーク（1990年代初頭）を手がけた．

マルティーンセン，レックス・ディスティン Martienssen, Rex Distin (1905-42)

南アフリカにおけるインターナショナル・スタイルの先駆者．ル・コルビュジエやグロピウス，ミース・ファン・デル・ローエの作品から数多くの引用を行った．また，『サウスアフリカン・アーキテクチュラル・レコード（*South African Architectural Record*)』（1931-33）に数多く寄稿している．作品には，ヨハネスブルク，ホートンの「スターン邸」（1934-35），ヨハネスブルク，グリーンサイドの「マルティーンセン邸」（1939-40）がある．彼の著書である『ギリシア建築における空間のアイデア：ドリ

ス式神殿とその背景を中心に（*The Idea of Space in Greek Architecture: with Special Reference to the Doric Temple and its Setting*)』は，アメリカの作家とくにヴィンセント・スカリーの『大地，神殿，神々（*The Earth, the Temple, and the Gods*)』（1962年版を1979年に改訂）などに影響を与えた．

マルテッロ塔 Martello tower

1804年以降，フランス軍の侵攻に備えてブリテン諸島の海岸に数多く建設された築城塔の一つ．それらは上すぼまりの2層の円筒形，または楕円筒形だった．その名はコルシカ島のモルテッラ岬にちなむ．そこには同様の形態の監視塔があり，1794年にイギリス軍守備隊が駐屯していた．オールドブラとバウジーの間のサフォーク海岸によき作例がみられる．そのほとんどは将軍ウィリアム・トゥウィス（1745-1827）と隊長フォードの指揮下に建設された．

マルテュリウム martyrium (*pl.* martyria)

1．キリスト教の殉教者の墓の上に建設された，通常，円形平面か多角形平面の構築物．本質的にはマウソレウム（廟堂）である．数百のキリスト教聖堂の存立がこのマルテュリウムによっているのであり，その形態は確立された古代ローマ時代の埋葬形式に由来する（エクセドラ，八角堂，ロトンダ（円堂）など）．トルコ，フリュギアのヒエラポリスの複雑なマルテュリウムの平面は，ネロ帝によるローマの黄金宮（1世紀）にもとづく．

2．聖堂内の，聖遺物が保管されている場所．

3．キリスト教信仰の証が示された場所．

マルテランジュ，エティエンヌ Martellange, Étienne (1568/9-1641)

フランスの建築家．パリのイエズス会修練院（1630，現存しない）を設計した．のちに，（ル メルシエ（Lemercier）とともに）ロラン・フレアール=ド=シャンブレ（Roland Fréart de chambray, 1606-76）によって『古代建築と現代建築の比較（*Parallèle de l'Architecture*)』（1650）の中で示されたような洗練された古典主義の申し子となった．マルテランジュは17世紀と18世紀のフランス教会建築に大きな影

マルトレイ

響を及ぼした.

マルトレイ, ジュアン　Martorell y Montells, Joan (1833-1906)

　カタルーニャの建築家. ヴィオレ＝ル＝デュクの信奉者で, バルセロナ折衷派の最も卓越した建築家の1人. ガウディを指導した. マルトレイのゴシック様式の作品には, イギリス建築界, とくにバターフィールドの影響がみられる. 彼の最高傑作は, ゴシック, ロマネスク, ムデハルの各様式が融合した［バルセロナにある聖母訪問会修道院の］サレサス聖堂 (1882-85) である. バルセロナの商業信用組合ビルディング (1896-1900) においては, 新古典主義やそのほか当時の流行から影響を受けた.

マルトレル, コディナ・ジュセップ・マリア Martorell, Codina Josep Maria (1925-2017)

　⇨エメ・ベ・エメ MBM アルキテクタス

マルヒ, ヴェルナー　March, Werner (1894-1976)

　ドイツの建築家. オットー・マルヒの息子. 力強い, 装飾を省略した新古典主義のスタイルで設計した. 印象的なデザインの, ベルリンのオリンピア・シュタディオン (オリンピック競技場) (1934-36) で知られる. これを含め, 前身のドイツ・スポーツ・フォーラム (1925-28) をもとに, 1936年のベルリン・オリンピックのためにライヒス・シュポルトフェルト (帝国スポーツ広場, 現オリンピアパルク) の多数の建築物や施設を弟のヴァルター (Walter) とともに設計した. 彼はヘルマン・ゲーリンク (Hermann Goering, 1893-1946) の大邸宅カリーンハル (1935-36) を設計した. 後にミュンスター市にヴェストファリア州のランデス・ツェントラールバンク (州立中央銀行, 1949) を設計し, またヴェッツラー市の都市計画案 (1952) を作成した.

マルヒ, オットー　March, Otto (1845-1913)

　ドイツの建築家. 1878年からベルリンでレギールングス・バウマイスター (行政府付き公的建築家) になり, いくつかの官庁施設, 劇場, そしてまた個人住宅 (これについては業務実績においても成功した) を設計した. ヴォル

ムスの市立劇場 (1889-90) は大きい構造的な形式をもっており, そしてまたベルリンのノイエ・フリードリヒ通りの商店 (1895) は鉄とガラスの3階分の柱間ユニットを連ねた建築物であってクロピウスの作品の先駆けとなるものだった. 設計した個人住宅は通常, 急勾配の屋根をもち, 張り出す柱間があり, 2層分の高さの広間のまわりに部屋を展開するプランとなっていた. その代表的な例はケルンのフォルスター邸 (1891-94, イギリスの影響が顕著), アイゼナハのホルツ邸 (1892-94), ベルリン, グリューネヴァルトの独立住宅団地にある双子住宅 (1892-94) である. またベルリン, シャルロッテンブルクのシラー劇場 (1895頃), ポツダムのジーメンス邸 (1900頃) を設計した.

マルーフラージュ　marouflage

　1.　絵の描かれたカンヴァスをマルーフルという糊を使って糊付け, または張り付ける手法. マルーフルは白鉛の下地を油に浸し, ライ麦粉をペースト状にして, いくつかのニンニクか他の成分を加えたものである.

　2.　強力な防水カンヴァスの上に描かれた装飾からなる, 壁面, または天井の仕上げ. 本物の表面のようにみえる. 設置場所以外のところで装飾を準備することができるのが利点であり, カンヴァスをはずして撤去し, 清掃や修復を実施することができる.

マルホランド, ロジャー　Mulholland, Roger (1740-1818)

　18世紀末にベルファストで活躍した最も著名な建築家で, 重要なディヴェロッパーでもあり, ドニゴール・プレースなど, 発展しつつあったジョージアン時代の都市のいたるところに, 多数の集合住宅を建てた. おそらく, アントリム県のダンマリーに第1長老派の聖堂 (1779, ギッブズの弟子たちによって完成される) を設計し, ベルファストでは, ローズマリー・ストリートの美しい楕円形平面の長老派の聖堂 (1781-83, 彼の作であることが比較的明確), ホワイト・リネン・ホール (1785-1802, これも記録に残されておらず, のちにシティ・ホールへの道路建設のため取り壊された), サブライムリー・グリム・ハウス・オヴ・コレクション (1814-18, 現存せず) などを設計している.

マレーヴィチ, カジミール・セヴェリノヴィチ
Malevich, Kazimir Severinovich (1878-1935)

ロシアの芸術家. 図面で示すのは難しい計画の多くの建築模型 (アルヒテクトニキ) を制作した. シュプレマティスムの先駆者であった. エル・リシツキーやバウハウスの活動に, また間接的にはデコンストラクティヴィズムの一面にも影響を与えた.

マレ=ステヴァンス, ロブ (ロベール)
Mallet-Stevens, Rob(ert) (1886-1945)

フランスの建築家. 1920 年にみずからの事務所を立ち上げるまでは, ブルジョワ, シャロー, ジュルダンらとさまざまなプロジェクトで協働した. 第一次世界大戦以前はホフマンとマッキントッシュの影響を受けたが, パリ現代産業・装飾芸術国際博覧会 (アール・デコ博覧会, 1924-25) における観光館によって, アール・デコの主導者としての位置を占めることになる. 代表作は, パリ, マレ・ステヴァンス通りの自邸その他の建物群 (1926-27) で, キュビスト的要素がみられた. のちに国際モダニズムの先駆者ともなった.

マロウズ, チャールズ・エドワード   Mallows, Charles Edward (1864-1915)

イングランドのアーツ・アンド・クラフツの建築家で 1892 年からベッドフォードで実務を行った. 才能ある製図工で, 数多くの建築透視図を描き, 1898 年にジョージ・H・グロコック (George H. Grocock, 1892-1904 活躍) と共同経営を行うことになった. 彼の作品で最もよいものは, 住宅および庭園で, ベッドフォードのビッデンハムにあるスリー・ゲーブルズ, キングズ・コーナー, ホワイト・コテージ (1899-1900), およびチェシャーのターポーリーのティーリー・ガース (1907) が挙げられる.

マロ, ダニエル   Marot, Daniel (1661-1752)

ジャン・マロ (Jean Marot, 1619-79, 『フランス建築 (L'Architecture Française)』 (通称「グラン・マロ」, 1670 頃), および『計画図図面集 (Recueils des plans)』 (通称「プティ・マロ」, 1654 頃-60) を出版した. 双方ともパリとその周辺の最も重要な建築物群の平面図, 立面図, 断面図を掲載したもの) の息子で, パリで生まれたが, 1685 年にナント王令 (1598) が廃止された後, オランダに亡命した. この王令はアンリ 4 世 (Henri IV, 在位 1589-1610) が発布し, フランス人プロテスタント (ユグノ) の権利と市民権を保証していたのである. 彼はイングランドとオランダにバロック的なルイ 14 世様式を導入した. その銅版画は 1687 年から 15 年以上もかけて『装飾物図版集 (Livre d'Ornemens)』, 『天井装飾新図版集 (Nouveau Livre de Placfond)』, 『アパルトマン図版集 (Livre d'Appartement)』として出版され, さらに『D・マロ氏作品集 (Oeuvres du Sieur D. Marot)』 (1703, 1713, およびそれ以降) として集成されていて, ルイ 14 世様式を完全に記録するものとなっている. その作品はオランダ, ドイツ, オーストリア, デンマーク, スウェーデン, およびイングランドで影響力をもった.

マロはデン・ハーフに居を定め, ライデンの建築家ヤーコプ・ロマンと協働して, 1690 年代, アペルドールン付近ヘット・ローのウィレムおよびメアリーの宮殿・庭園設計, およびデン・ハーフ・ビネンホフの謁見の間の改修 (1695-98) を手がけた. 1688 年, ウィレムとメアリーに随伴してイングランドへ行き, ミドルセックス州のハンプトンコート宮殿において庭園の一部 (グラン・パルテール) と, おそらくは内装のいくらかを設計したものと思われるが (1689-98), 正確にどこを手がけたのかは明らかではない. ノーサンプトン州のボウトン・ハウス, ロンドンのモンタギュー・ハウス, サセックス州のペットウォース・ハウス (いずれも 1689 頃-96) も彼の手になるものと考えられてきた. また, ロンドンのパール・モールのショーンバーグ・ハウス (1698 頃) も, 史料はないが, 彼の様式に多くを負っているものと思われる. デン・ハーフ近郊のハイス・テン・ボシュ宮殿の拡張事業 (1734-39) を手がけ, デン・ハーフにあるハイス・スハイレンブルフ (1715), ハイス・ワセナール・オブダム (1716-17), スタッドハイス (市庁舎) (1734-35), そしてハイス・ユグタン (1734-37) も設計した. 多年にわたって息子の小ダニエル・マロ (Daniel Marot the Younger, 1695-1769) が助手を務めていた.

まわり階段   winding stair

マワリフミ

⇨階段

まわり踏板 wheeler
⇨ウィーラー

まわり踏板 wheel-step
⇨ウィーラー (1)

マンサード屋根 mansard
⇨屋根

マンサール, ジュール・アルドゥアン=
Mansart, Jules Hardouin (1646-1708)
⇨アルドゥアン=マンサール, ジュール

マンサール, フランソワ Mansart, François
(1598-1666)
　フランス古典主義を主導した建築家. 1624
年には自身の活動を開始し, サロモン・ド・ブ
ロスとデュ・セルソーの影響を受けた様式を発
展させた. 最も重要な作品の一つがパリのヴァ
ル・ド・グラース聖堂 (1645-) であり, その
建立が身廊のエンタブラチュアに達した後はル
メルシエなどが竣工させた. 当初のデザインは
パッラーディオによるヴェネツィアのイル・レ
デントーレ聖堂に由来するものだったと思われ
る. 初期作品の一つにカルヴァドス・バイユー
付近のシャトー・ド・バルロワ (1626 頃) が
ある. 量感あふれる中央棟の前面に平屋のパ
ヴィリオン翼棟が伸びていて, 全体が確信を
もって構成されている. シャトー・ド・ブロワ
のオルレアン棟 (1635-38) において, マンサー
ルはサロモン・ド・ブロスに由来する建築様
式を円熟の域にまで高めたが, 簡潔な古典主義
的荘厳さを建築物に付与する細部の純粋さに
よって際だった才を示した. のちの作品の立面
はもっと手の込んだ造形となった. パリ近郊の
シャトー・ド・メゾン (1642-51) のような作
例があり, 晴朗できわめてフランス的な構成を
備え, 前方に突出した翼棟には楕円形平面の広
間が設けられている. 立面は規則的なグリッド
に沿ってデザインされ, ピラスター, 独立円
柱, エンタブラチュアやアーキトレーヴで区切
られた平面の連続によって構成されている. 中
央部ではオーダーを 3 層積層させている.
　パリのサント=マリー・ド・ラ・ヴィジタシ
オン聖堂 (1632-34) も設計している. これは

小規模な祭室に囲われた, 円形平面のドームを
備えた聖堂である. また, サン・ドニのブルボ
ン家墓所 (1665) の設計案も準備した. 巨大な
ドームを備え, 中央の円形平面の空間のまわり
に祭室群が配置されるというものだったが, 実
現はしなかった. それでも, この案からは彼が
才能ある建築家だったことがうかがえる. ま
た, J・アルドゥアン=マンサールの廃兵院ドー
ム聖堂に影響を与えた. 創意にあふれ, 確実性
の高い幾何学に則った設計は, 彼が手がけたパ
リの邸館群にもみられたけれども, そのほとん
どは取り壊された. オテル・カルナヴァレの改
修部分 (1660-61) が一部現存しているのみで
ある. 彼はすべての広間を中庭を囲うように配
置し, 通りに面した, 門を備えた通常の塀を廃
した. ルーヴルの野心的な計画案 (1660 年代)
は紙上でのみ今に伝わっている.

マンジャロッティ, アンジェロ Mangiarotti,
Angelo (1921-2012)
　イタリアの建築家. ミース・ファン・デル・
ローエ, ネルヴィから多大な影響を受け, プレ
ファブ・コンクリート・ユニットを用いて, 洗
練された建設システムを展開した. ブルーノ・
モラッスッティ (Bruno Morassutti, 1920-
2008) とともに, バランザーテに殺風景なくら
い簡素なミゼリコルディア聖堂 (1957) を設計
したほか, 単独では, カッラーラに大理石・機
器見本市会場施設 (1989-92) を手がけた.

マンス manse
　教会関係の居館, とりわけ, 長老派の牧師の
住居 (牧師館).

マンスフェルド, アルフレッド Mansfeld,
Alfred (1912-2004)
　ロシア生まれのイスラエルの建築家. 初めて
ヨーロッパのモダニズムをパレスチナに紹介し
た一人であり, 本人も 1935 年から居住した.
ムニオ・ギチア・ワインラーブ (Munio Gitia
Weinraub, 1909-70) とともにエルサレムの
「ヘブライ大学ヘブライ学研究所」(1956), ハ
イファのマウント・カーメルにある「自邸」
(1957), そしてハイファのテクニオンにある
「ハイドロテクニカル研究所」(1957) を設計し
た. また, ドーラ・ガット (Dora Gat,
1912-2003) とともに, エルサレムの「イスラ

エル博物館」(1960-65) を設計している.

マンソール mensole
フランス語でキーストーン.

マンダパ mandapa
ヒンドゥー教寺院におけるホール. 時にピラミッド形の上部構築物を備え, 複雑な形状の天井 (石造コーベル (持ち送り) がいく重にも環状になっていることが多い) を支持する円柱が配されている. ラジャスターン, アブ山, ディルワラの寺院群 (12 世紀) に良好な作例がみられる.

曼荼羅・曼陀羅 mandala
円や正多角形, 正方形のように中心をもつ幾何学図形. 象徴的意味を伴ってラビリントス (迷宮) やメイズ (迷路) の形態においてよく使用される.

マンティン muntin
1. 扉のパネルや外部の縦框の間の鉛直方向の中間の木材, またはマリオン. 上端と下端が水平方向のレールに取り付けられている.
2. 窓サッシュのガラスを填めたバー.
3. 窓マリオン.

マンデー, リチャード Munday, Richard (1685 頃-1739)
アメリカの建築家. ともにロードアイランド州ニューポートにある, コロニー・ハウス (1739-41, 未完. バロックの置物のようなささやかな作品である) とトリニティー・チャーチ (1725-26, レンのロンドン, ピカデリーのセント・ジェームズ聖堂に倣った木造の建物で, マサチューセッツ州ボストンのオールド・ノース・チャーチに展開 (1723 着工)) を設計した. ニューポートのジョージアン様式のコロニアル建造物 (多くが住宅) の責任者でもあった.

マントル mantel
1. 暖炉開口直上の石造部分を支持する構築物. アーチ形状, または横架材 (マントル・ツリー) によることもある.
2. 暖炉直上の, 集煙するための突出したフード (覆い).
3. 構造を覆い, 壁体自体とは異なる材料でできた外壁面の仕上げ.

マントル・ピース mantelpiece
1. 支持材を伴ったマントル. たとえば, 暖炉の「抱き」.
2. マントル正面の棚.
3. 暖炉開口周りの装飾的構築物・枠. 棚も含まれ, マントルと構築物を隠蔽し,「オーヴァー・マントル」が載ることもあった.

マンドルラ (イタリア語で「アーモンド」の意) mandorla
鉛直方向に描かれた円弧 2 本によって構成されるアーモンド形状の図形. それぞれの円弧の中心を互いの円弧が通っている. パネルを囲うものであり, 光輪 (アウレオルス (ギリシア語)), 後輪 (ハロ), またはウェシカ・ピスキス (ラテン語) と呼ばれる. ゴシックの扉口のティンパヌムによくみられる.

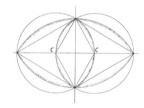

マンドルラ形　アーモンド形状 (正三角形と関連づけられる) がどのように作図されるのかを示す図解. c：相互に中心と交わり合う二つの円の中心.

マンフォード, ルイス Mumford, Lewis (1895-1990)
アメリカの建築および都市計画の評論家. パトリック・ゲデスの信奉者であり, マンフォードの都市計画についての考え方はゲデスに由来するものである.『ユートピアの系譜 (Story of Utopias)』(1922) を皮切りに『スティックス・アンド・ストーンズ (Sticks and Stones)』(1924) や幅広く読まれた『都市の文化 (The Culture of Cities)』(1938),『歴史の都市, 明日の都市 (The City in History)』(1961) など多くの本を発表した.『都市の文化』や『褐色の 30 年 (The Brown Decades)』(1931),『技術と文明 (Technics and Civilization)』(1961) などで明らかなように, その知識と関心は幅広

く，はるか遠くのことまでがその視野にあった．また多くの雑誌に寄稿し，「スカイライン」と題するニューヨーカー誌の建築と環境についてのコラムを連載し（1930 年代から 50 年代）その洞察力もみせた．

技術が人間性をうばう性質を批判するが，しかし大規模な地域，あるいは国レベルの都市計画が必要であると信じ，ニューヨーク市クイーンズのサニーサイド・ガーデンズのガーデン・シティ的な複合体の建設を後押しした地域計画協会の設立メンバーとなり，またニューヨーク住宅供給および都市計画委員会のために活動することもあった．マンフォードはエベネザー・ハワードやアバクロンビー，アンウィンらの低密度な都市を目指す拡散主義の伝統に属するが，しかし大規模な都市計画の必要性も信奉していたため，その思想的立ち位置は矛盾したものにみられた．とくに彼がニューヨーク市でMoMA の「インターナショナル・スタイル」展（1932，ジョンソンやヒッチコックらと共同にて）の開催を手伝ってから，その矛盾は深まった．というのも，1940 年までに，CIAM=ル・コルビジュエに触発された都市計画のドグマが主導的になるのをみて，マンフォードはそれを声高に批判するようになったからである．マンフォードは，ニューヨーカー誌の記事で，自動車と大都市の自動車専用道路が都市の衰退の上で演じる役割を 1943 年という早い時期から予言していたが，同時に大規模な中央集権的介入も支持していることについて，ジェーン・ジェイコブズをはじめとする他の論客が問題にした．マンフォードとしてはジェイコブズの都市更新についての考え方を認めていたが，一方，『アメリカ大都市の死と生（*The Death and Life of Great American Cities*）』が 1961 年に発表されると，都市の密度に関する彼女の理論を攻撃せざるをえなくなった．マンフォードは，建築と都市計画は社会的な責任を負わなければならないと一貫して主張し，『機械の神話（*The Myth of Machine*）』（1967）と『権力のペンタゴン（*The Pentagon of Power*）』（1971）で個人としての人間が置かれている危機的状況について強調した．

ミアール（イタリア合理主義建築運動）
MIAR

イタリア合理主義は，リベラとグルッポ・セッテがローマで開催した展覧会（1928）によって開始された．その後，マール MAR（合理主義建築運動）が結成され（1930），全イタリアの合理主義建築家が結集し，1931 年にあらためて展覧会を開催．この展覧会時に出された「合理主義建築宣言」は，ファシスト党党首ベニート・ムッソリーニ（Benito Mussolini, 1883-1945）が力強く後押ししたものだった．

ミーク，リシャール Mique, Richard (1728-94)

18 世紀フランスの「ルイ 16 世様式」の創始者の一人．J・F・ブロンデルのもとで修行し，一時，ナンシーで亡命したポーランド王（在位 1704-09, 1733-34）スタニスワフ・レシュチニスキ（Stanisław Leszczyński, 1677-1766）に仕えた．1766 年，スタニスワフの娘でルイ 15 世（Louis XV, 在位 1715-74）の王妃マリー・レクザンスカによってヴェルサイユに招聘された．そこではヴィチェンツァ近郊のパッラーディオ作ヴィラ・カプラを参考にウルスラ会女子修道院とその付属聖堂を設計した（1772 竣工）．サン・ドニのカルメル会の聖堂（1775）やサン・クルー療養院付属礼拝堂（1788）も設計した．1775 年，ガブリエルのあとを襲って王の首席建築家となり，ユベール・ロベールと協働してヴェルサイユ内のトリアノンの事業の基本計画（1777）を「イングランド風」に練り上げた．タンプル・ド・ラムール（愛神の神殿），劇場，滝を備えたグロット，ベルヴェデール亭，それにピクチャレスクなアモー・デュ・トリアノンを建設している（1778-82）．後者では露わな木材と農村風の屋根が用いられ，ブリストル近郊のナッシュ作ブレーズ・ハムレット（1811）の先駆けとなっている．ヴェルサイユ宮殿の小アパルトマン群の内装（1779）は 1774 年にフランス王妃となったマリ

ー・アントワネット（Marie Antoinette, 1755-93）のために設計された（メリディエンヌ（午睡の間），図書室 2 室，キャビネ・アンテリウール（私的小間）またはプティ・サロン），すべて新古典主義様式であり，あまり評価されていないが彼はその熟達者だった．恐怖政治の時代にギロチンで処刑された．

ミケッティ，ニコラ（ニッコロ）　Michetti, Nicola *or* Niccolò（1675 頃-1759）

イタリアの建築家．カルロ・フォンターナの弟子で，ローマ・バロックのデザインを的確に 18 世紀に伝えた．彼によるイタリアのザガローロにおける楕円形のサン・ピエトロ聖堂（1717-23）は，ユヴァッラのデザインと類似した構想である．1718 年から 23 年にかけて，ロシアのピョートル大帝（Tsar Peter the Great, 1682-1725）に仕え，エストニアのタリン近くのキャサリンの夏の宮殿，およびサンクト・ペテルブルク近くのストレルナの宮殿（1720-23）を建設した．また，ペテルゴフに（フランスの前例に倣い）噴水のある壮大な庭園（1719-23）を計画した．彼の建築はラストレッリにとっては従うべき重要な規範であった．ローマに帰還した彼は，パラッツォ・コロンナの堂々とした西側ファサード（1731-32）を設計し，18 世紀のローマに宗教建築以外では最も荘厳な内装を備えたパヴィリオンをつくり上げた．テアティノ会のサンタンドレア・デッラ・ヴァッレ修道院を，豪華な階段（1755-57）を含めて部分的に設計した．

ミケーネ建築　Mycenaean architecture

前 1500-1200 年頃のギリシアのミケーネおよびその周辺の建築．モニュメンタルな建築の特徴としては，メガロン，プロピラエム，アンティス（⇨アンタ）によるポルティコ，内庭，トロスがあげられる．ティリンスでは，二つのプロピラエムが，要塞化した宮殿施設へと通じており，外側の入口は，アテナのアクロポリスをはじめ，あらゆるギリシアの門の手本となった．宮殿の中心部には，ディスタイル・イン・アンティスを伴った，巨大で印象的なメガロンがあった．ミケーネ建築において現存する中で最もすぐれた円形墓は，アトレウスの宝庫（前 15 世紀頃）と呼ばれるものである．これは，整層積が円環状に配された構造で，各々の整層

積が徐々にその直径を減少させることで，ヴォールトあるいは疑似ヴォールトが構築されるというものであり，これに石づくりの羨道あるいは開かれた通路が備わっている．羨道の端にある墳墓の入口には，鋸歯状の刻みが施されたシャフトをもつ 2 本の先細りの円柱によって枠どられていた．ミケーネ建築によって，建築プランが洗練された高次元のレベルに達することとなる．

ミケーラ，コスタンツォ　Michela, Costanzo（1689-1754）

イタリアの建築家．グァリーニに感化され，トリノ周辺にバローネの教区教会（1729-39），リヴァローロ・カナヴェーゼのサン・ジャコモ聖堂（1728-39），アリエのサンタ・マリア聖堂（1739-60）など，いくつかの教会堂を設計した．最後のものは三つの内部のヴォリューム（直線の代わりに凹面と凸面が囲む六角形，および凸面が囲む正方形，円）からなる複合幾何学の並外れた例であり，後期バロックの傑作である．

ミケランジェロ・ブオナローティ　Michelangelo Buonarroti（1475-1564）

イタリア 16 世紀前半の詩人，画家，彫刻家だったミケランジェロは，当時最も独創的で創造性に富み影響力ある建築家でもあった．建築家としてのその経歴は，ローマのサン・タンジェロ城のレオ 10 世（Pope Leo X, 1513-21）の礼拝堂ファサード（1514）の設計でやっと始まった．この関連からフィレンツェのサン・ロレンツォ聖堂の仕事が，1516 年に聖堂のファサードの設計（建設されず）で始まった．実質的に最初の建物は同聖堂の，メディチ家の葬送礼拝堂である新聖具室（1519-34）だったが，その外壁はすでに築かれていた．この内装のためミケランジェロは壁の表面を，フリーズもアーキトレーヴもなしで渦型持送りに支えられたコーニスとペディメントや，底の抜けた櫛形ペディメントに貫入するパネルといった建築言語の濫用で飾り立てた．こうした省略や歪曲は，初期ルネサンスにはみられない強力な緊張を生んだ．アエディクラは下にある建築的要素を押し潰しているように見え，多数の層を重ねた壁面のそれぞれに（ピエトラ・セレーナのオーダーで画定された）凱旋門が重ねられ，その上に

ミケランシ

ペンデンティヴで支えられた格間天井のドーム
が建ちあがるが，それが始まるコーニスの下に
は大アーチを含む中間階が挿入されている．暗
いピエトラ・セラーナの効果は伝統的なもの
で，ブルネレスキの処理に似ているが，ミケラ
ンジェロは壁面の要素を白大理石でつくること
で，これが混み合いオーダーの枠取る領域から
はみ出すように見せた．
　ラウレンツィアーナ図書館（1524-71）の設
計も委託されたが，その閲覧室ではピラスター
が天上の構造を支えているようにみえ，同じパ
ターンが床のデザインにも反復されて，この部
屋を先例のない統一感で満たしている．前室で
は渦型持送りで支えられた円柱が壁の中に埋め
込まれたようにみえ，一方ではオーダーに挟ま
れた壁パネルのブラインド・アエディクラは下
細りの柱身で設計された．前室の階段（アンマ
ナーティが1559年以降に完成した）は，途中
の踊り場から外側に二つの段が伸び，段床の形
状も異様である．構造全体が前室の中心を構成
し，建築デザインの主役として扱われたルネサ
ンス期の階段のまさに最初の例だった．新聖具
室もランレンツィアーナ図書館前室もマニエリ
スムの例である．
　1534年にミケランジェロはフィレンツェを
後にしてローマに移り，**教皇パウルス3世**
（Pope Paul III, 1534-49）のためシスティーナ
礼拝堂の天井画を描いた．フィレンツェではそ
の建築はほとんどが内装であり，クアトロチェ
ント風の色彩処理を施されていたが，ローマの
ミケランジェロの建築は公的で壮大で，大規模
なものだった．1539年には**皇帝マルクス・ア
ウレリウス**（Emperor Marcus Aurelius,
161-80）の古代騎馬像を，カピトリーノ丘のパ
ラッツォ・デル・セナトリオ正面の中心に新し
い基壇を設けて設置し，この騎馬像を中心とし
た台形状のカンピドリオ広場の設計を開始した
が，これが完成したのは17世紀中頃ライナル
ディ父子によってであった．パラッツォ・デ
ル・セナトーレに鋭角をなすパラッツォ・デ
イ・コンセルヴァトーリの新しいファサード
（1584完成）を設計し，これに均衡させるため
広場の反対側に同じファサードを設計したが，
これがカピトリーノ博物館（1654完成）の正
面となった．これらのファサードでミケラン
ジェロはこの後広く採用される大オーダーを用
い，それに2階の床を支える小オーダーやアエ

ディクラのさらに小さなオーダーを重ねた．広
場自体は矩形の空間に見えるよう設計され，そ
の中央部は騎馬像を囲む楕円形パターンで仕上
げられた．これらは正方形と円であるようにみ
え，楕円形の使用はこの図形のルネサンス期に
おける最初の設計例である．台形も楕円形も，
ローマのサン・ピエトロ大聖堂正面広場のデザ
インの先例である．
　1546年にミケランジェロはサンガッロ設計
のパラッツォ・ファルネーゼを完成する仕事を
命じられた．まず無柱式ファサード上端の巨大
なコルニチオーネを設計し，中庭の上2階を設
計し直し，そこにひねくれたマニエリスム的処
理のいくつかを導入した（窓のアーキトレーヴ
から滴り落ちたかにみえるグッタエを伴う持送
りなど）．同じ年ミケランジェロはサンガッロ
とジュリオ・ロマーノを継いでサン・ピエトロ
を完成するよう任命され，ただちにサンガッロ
の仕事の一部を破棄してブラマンテのギリシア
十字平面に戻そうとしたが，その案はブラマン
テのものよりはるかに雄渾だった．ミケラン
ジェロの設計は外観と上層部に限定されたが，
基礎となる幾何学を単純化し明瞭にした．外観
ではかつてカピトリーノ丘で用いた大オーダー
で立面を統一し，16角形平面のドラムを二連
柱で設計した．デッラ・ポルタが1588-90年に
建設したドームは，原設計より高く尖頭型に修
正され，二連柱の垂直線はドームと頂塔のリブ
に連続している．ミケランジェロが提案した巨
大なポルティコは実施されず，マデルノが身廊
とファサードを建設して偉大な建築家のデザイ
ンの清明さを曇らせた．
　教皇ピウス4世（Pope Pius IV, 1559-65）に
ちなんで名づけられたローマのポルタ・ピア
（1561-64）では，ミケランジェロのマニエリス
ト的傾向がより端的にみえる．櫛形で渦巻きと
花房飾りつきの分断されたペディメントが三角
ペディメントの内側に設置される一方で，ティ
ンパヌムの両側の塊には肥大化したグッタエが
垂れ下がっている．自由に解釈されたイオニア
式柱頭が狭間胸壁の笠石になっている．アエ
ディクラと開口周りの枠は入念に肥大化されず
んぐりしている．枠の上両脇には渦巻き型の断
片的なペディメントが置かれ，その間に切断さ
れた櫛形ペディメントをはさみ込んでいる．ク
イリナーレから新たに整備された直線路の突き
当たり市内に向いた門は，バロック期の都市計

画の開始を予期させる．

ピウス4世はミケランジェロに，ディオクレティアヌス帝の浴場の微温浴室を，古代ローマの建物のヴォールト架構と8本の丸彫り花崗岩円柱を用いながら教会堂に改造する仕事も委託した．これはサンタ・マリア・デリ・アンジェリ聖堂と呼ばれ1561年に着工したが，18世紀に改装された．

ミケルッチ，ジョヴァンニ Michelucci, Giovanni (1891-1991)

イタリアの建築家．1920年代にピアチェンティーニに出会い，影響を受ける．ローマ大学都市の抽象化された新古典主義に倣い，後年，生理学，心理学，人類学の校舎をはじめ，鉱物学，地質学，化石学研究所 (1935) も手がけた．また，ミアールのトスカナ・グループとともに，フィレンツェのサンタ・マリア・ノヴェッラ駅舎 (1935-36) を設計した．大規模なイタリア合理主義の重要作である．アレッツォの庁舎 (1939) は，落ち着いた古典主義による作品である．第二次世界大戦後は，それまでの建築表現を一切捨て去った．フィレンツェ近郊のアウトストラーダ・デル・ソーレ，サン・ジョヴァンニ・バッティスタ聖堂 (1960-63) は，表現主義に近づいている．

ミケロッツォ・ディ・バルトロンメーオ（通称 **ミケロッツォ・ミケロッツィ**） Michelozzo di Bartolommeo *called* Michelozzo Michelozzi (1396-1472)

フィレンツェ出身の初期ルネサンスの建築家・彫刻家で，ブルネレスキの同時代人．はじめはギベルティ (Ghiberti, 1417-24)，後にドナテッロ (Donatello, 1425頃-32) とともに活動し，一連の墓碑建築を設計した．1427年あたりにフィレンツェ郊外のカレッジにメディチ家のヴィラのロッジアと中庭を設計したが，すでに1422年頃にトレッビオでもヴィラの改築を手がけていた．ミケロッツォは，フィレンツェのサン・マルコ修道院 (1437頃-52) に回廊，食堂，修道士の個室，そして共同の部屋を再建した．これらにみられるルネサンス建築の特質とブルネレスキの作品の影響は明らかであり，この修道院の軽やかで洗練された三廊式のヴォールト天井で覆われた図書館も，ミケロッツォが設計した部分に含まれる．作品のうちで最もよく知られているのは，無柱式の巨大なパラッツォ・メディチ (1444-59, のちにリッカルディ家が所有) である．外壁の最下層は岩のような表面の粗面仕上げで，アーチ状の開口部が設けられている．ピアノ・ノービレのある中間層の壁面は滑面仕上げで，フィレンツェのアーチ状の開口部が規則的に並んでいる．最上層の壁面は目地をみせない切石で仕上げ，頂上の量塊的なコーニスで全体が締めくくられる．この力強い外観の背後に，アーケードを備えた中庭（ブルネレスキの孤児養育院の影響）をつくり，のちに大きな影響を与えるにいたった．ミケロッツォはフィレンツェのサンティッシマ・アンヌンツィアータ聖堂の有名な内陣 (1444-55) の設計にも関与した．これは集中式平面で計画されたルネサンスのドーム建築としては最初の一つに数えられ，多角形平面の中心部から放射状にアプスをなす礼拝堂がめぐらされている．未完に終わったブルネレスキによるフィレンツェのサンタ・マリア・デリ・アンジェリ聖堂 (1434) に触発されたものであるが，前250年頃の古代ローマの「ミネルウァ・メディカ」神殿との関係がいっそう強いものであり，アルベルティによって完成された．ピストイアのサンタ・マリア・デッレ・グラツィエ聖堂 (1452以降) では，正方形に十字形が内接し，四つの小さなドームを備えた平面を用いた．

ミケロッツォはフィレンツェ大聖堂の工匠長 (1446-55) として，ドームのランターン建設工事を監督した．ムジェッロでは砦のようなカファッジョーロのヴィラ (1452以降) を，

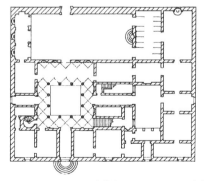

パラッツォ・メディチ平面図，フィレンツェ．中央部が中庭を示している．

ミシユテク

フィエーゾレではいっそう洗練されたヴィラ・メディチ（1458頃-61）を設計した．モンテプルチャーノでは市庁舎（1440）を改築し，フィレンツェではサン・パオロ・デイ・コンヴァレシェンティ病院（1459）を設計した．ミケロッツォは，ロンバルディア地方にフィレンツェのブルネレスキ風のデザインを導入したとみなされており，ミラノのサンテウストルジョ聖堂のポルティナーリ家礼拝堂（1460年代）はフィレンツェのサン・ロレンツォ聖堂旧聖具室が手本となってはいるものの，この設計者がミケロッツォであるという説は，ミラノのミディチ銀行の場合と同様に現在では否定されている．

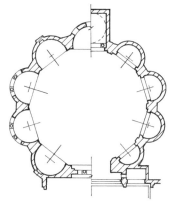

（左）「ミネルウァ・メディカ」神殿，ローマ（紀元前250頃）．
（右）サンティッシマ・アンヌンツィアータ聖堂，フィレンツェ，ミケロッツォ・ディ・バルトロメオ設計，1444年着工．古代ローマ建築を直接参照することによってできたルネサンスの回廊．

ミシュテク　Mixtec architecture
⇨ミステク建築

ミショー，ジョゼフ　Michaud, Joseph (1822-1902)
⇨ブルゴー，ヴィクトール

水　water
ウィトルウィウス式渦形のような古典主義建築の装飾には波が表現されることが多く，古代エジプト人は平行するジグザグ線を水の象徴とした．彫刻によって表現された流水の象徴はグロットやニュンファエウムなどにはつきものであり，氷結型や凝固型の粗面仕上げに見出すことができる．

水切り　throating
笠石あるいはストリングコースの下につけられた，長く伸びる溝，あるいはドリップ．雨水が壁側へ戻らないようにするためのもの．

水切り勾配　weathered, weathering
⇨水垂れ

水勾配　weathered, weathering
⇨水垂れ

水垂れ　weathered, weathering
一般に，[建物] 上面に施された傾斜のこと（例：オフセット）．

水垂れ勾配　weathered, weathering
⇨水垂れ

ミステク建築　Mixtec architecture
メソアメリカの民族であるミステク族は近代のメキシコにあたる地域のうち太平洋岸部に居住した．アステカと異なり，ミステク族はピラミッドのような構築物を建造しなかった．ミステク文明の主要な集落の一つであったミトラには，洗練された幾何学紋様で装飾された「円柱の宮殿」（1000頃）を含む大邸宅の遺構がいくつか残っており，みごとな建築を生み出す力をもった高度な文化があったことを示唆している．

水葉形装飾　water-leaf
1. 移行期にあたる12世紀の初期ゴシック建築で柱頭の各隅部に施された彫刻装飾．基本的にスイレンの葉に似た大きく広がった平坦な葉形装飾で，アストラガル上部から出て凹型のカーヴを描き，そこから上方へ凸カーヴに変化して，アバクス下で各隅部内側に収まる．
2. 古典主義様式の装飾．キューマ・レウェルサ（ラテン語）刳形上に施されることが多い．下に向かって尖った舌のような形で，ダート（投げ矢）のモチーフと交互に並べられる．

ハーツ・タング（コタニワタリ），レスボス風，リリー・リーフ（ハスの葉）とも呼ばれる．それぞれの舌形は縦の切り込みで分割される．ハスの葉，またはツタの葉と関連があると考えられる．

3．パッラーディオが用いた切り込みをもたない長い羽毛のような葉形装飾．イオニア式，コリント式，コンポジット式のオーダーにおいて，フリーズ内の鉛直的な装飾モチーフなどに用いられた．スティフ・リーフ（硬葉形装飾）とも呼ばれる．

ミース・ファン・デル・ローエ，ルートヴィヒ
Mies van der Rohe, Ludwig (1886-1969)

ドイツの建築家．国際近代主義の最も影響力をもった１人．正式の建築教育を受けることなく，ブルーノ・パウルのもとではたらくため1905年にベルリンにいたる．次の年にベルリン近くのノイバーベルスベルクにリール邸を設計した（1907完成）．それはムテジウスが著書『英国の住宅（Das Englische Haus）』（1904-05）で提唱したイギリスのスタイルを用いていた．1908年にベーレンスのアトリエに加わったが，そこでグロピウス，アドルフ・マイヤーらに出会い，ベーレンスのスタイルを，ベーレンスが傾倒していたシンケルの厳格な建築についての感覚をまじえ，幾分か吸収した．ベルリン，ツェーレンドルフのペルルス邸（のちにフックス邸，1911）など，いくつかの郊外別荘建築が続くが，そこではシンケルによる住宅建築を模範としたことが明白であった．ビンゲン・アム・ラインの岬状の岩場に建つビスマルク記念碑案（実現せず）を設計したが，それはしばらく後のシュペーアのストリップト・クラシシズムを予感させるものだった．実際，1911年以降，彼のデザインは，ロシアのサンクト・ペテルブルクにあるドイツ大使館（ミースが監督したのは1911-12）にみられるような，ベーレンスの単純化された古典主義の趣味から影響を受けていた．彼は自らの個人の仕事として（当時，そのように設計活動を行っていた）オランダ，デンハーグ市近郊におけるクレーラー＝ミュラー邸の画廊付き住宅のプロジェクトに取り組んだ（1912-13）．それはポツダムやグリーニケにあるシンケルの作品から，またヴァスムート社の出版物（とくに1910年の）や1911年の展覧会を通して知られていたF・

L・ライトのデザインから影響を受けていた．1912年に自身の事務所を開設し（クレーラー＝ミュラー邸のプロジェクトが失敗に終わったけれども），飾り気のない新古典主義のスタイルで三つの住宅（ベルリン，ヘール通りの住宅（1913），ノイバーベルスベルクのウルビヒ邸（1914），ヴェルダーの自邸案（1914））を設計した．第一次大戦後に建ったベルリンのケンプナー邸（1920，すでに取り壊し）は，戦前の住宅とスタイル上は似ていたが，平らな屋根とアーチ形のロジアを備えていた（これもシンケルのイタリア風半円アーチのスタイルから影響を受けていた）．

1914-18年の第一次大戦の後，ドイツの政治情勢が左傾化していたとき，クロピウスは新時代にふさわしい建築の展覧会を組織化した（1919）．ミースは1912-13年のクレーラー＝ミュラー邸設計案を提出したが，グロピウス（確信に満ちたタブラ・ラサの歴史否定を提唱する人）は歴史的な先例から脱していないとして受け入れを拒否した．その結果は路線転換をもたらした．ミース（この語は，イギリスではかわいいお人好しを連想させて好まれたものの，惨めで，元気がない，みすぼらしいものという意味があった）は，ルートヴィヒ・ミース・ファン・デル・ローエと名乗るようになり（貴族風に見えを張った「ファン・デル」はやや尊大に聞こえ，「ローエ」は，むき出し，生々しさ，荒さを暗示する（彼の母親の姓はローエであった）），そしてこの新しいミース・ファン・デル・ローエが急進的な左翼的近代主義者として登場することとなる．彼は11月グループ（1921）に加わり，1923年にはその代表となった．この期間（1921-23）の彼の「五つのプロジェクト」には，実現しなかったフリードリヒ通り駅前のガラス張りの高層事務所案を含んでいたが，それはブルーノ・タウトによって雑誌に掲載された．ガラス高層建築案（1922），コンクリートの事務所建築案（1922，インターナショナル・スタイルの帯状ないしリボン風の窓配置を示す最初のデザインの一つ），煉瓦造田園住宅案（1923，キュービックな量塊の構成はファン・ドゥースブルフとデ・ステイルの影響），コンクリート造田園住宅案（1923，緩く傾斜する敷地に，鉤十字に似たプランをもつ）がそれに続いた．この最後のプロジェクトは，ライトの作品の名残ともいえる，力強く誇

張された片持ち梁の水平部材を備え，大きな煙突の垂直的な塊とバランスさせていた．他方，煉瓦造田園住宅では，Ｌ字形，Ｔ字形の壁の配置がデ・ステイルの構成原則に従った壁配置デザインの最初の一例となっていた．1923年，彼はパリにおけるデ・ステイルの作品展示会で出品し，ロシアの構成主義，崇高主義の主唱者たちと接触した．彼はベルリンとヴァイマールでも展示した（後者はグロピウスの招待によるが，彼はミースの変身に心穏やかにさせられていた）．にもかかわらず，実は彼は戦前の伝統的な，また新古典主義のモードで郊外住宅を設計し続けていたが，ミースについて語られることとなる後の聖人伝説ではこのことは密かに隠された．

バルトニンク，ベーレント，ヘーリンク，メンデルゾーン，ペルツィヒ，タウト兄弟や他の人たちとともにデア・リンクを結成するが，それは急速に全国的な組織になり，あらゆる歴史的な暗示や様式を拒絶し，現代的な技術を前提に，新しく依拠すべき（あるいは，依拠するかのようにみえる）新時代の建築の土台を準備することとなる．1926年にミースはベルリン，フリードリヒスフェルデ墓地に，社会主義者でスパルタキストのカール・リープクネヒト（Karl Liebknecht, 1871-1919）およびポーランド出身の共産党扇動家ローザ・ルクセンブルク（Rosa Luxemburg, 1870-1919），そして1918年11月革命を偲ぶ記念碑（1933取り壊し）を設計した．それは煉瓦の張り出しと後退面でデザインされ，表面に浮き立つように金槌と鎌が張りつけられていたが，にもかかわらず鋼鉄の構造体を土台にしていた（建築における「正直」さの表現はそのようなものだった）．同じ年，グーベンにヴォルフ邸（現存せず）を設計したが，そこでは煉瓦の量塊に窓で穴をうがった形とされ，すべての歴史主義的な引用は削除された．

ミースとデア・リンクの他のメンバーは1926年にドイツ工作連盟の役員に選ばれ，結果として，それは良き工業デザインと職人技を促進するという歴史的使命から，「新建築」，つまりミースとそのサークルが承認するものを促進する圧力団体へとその性格を変えた．工作連盟の副会長として，また提案されていたシュトゥットガルトのヴァイセンホーフ・ジードルンク展覧会（1927）の担当者として，前衛派の

リーダーたる評判を確固なものとすることとなる．彼はその展覧会のマスタープランを描き，その最も高い土地に細長いアパート建築を設計したが，全体計画は一時的な建築の他に，独立住宅を含む20以上の恒久的な建築物を含んでおり，それはドイツおよびブールジョワ，ル・コルビュジエ，オウト，スタムといった他国の指導的な近代主義者たちによって設計された．主なモチーフは細長い水平帯状の窓，滑らかな白い壁，平らな屋根であり，すなわち国際近代主義の常套句となったイメージそのものが見られた．ミースはまた，彼を20世紀の最も重要な家具デザイナーの一人とすることとなるスチール・パイプ椅子の初期のヴァリエーションを展示することができた．クレフェルトにランゲ邸を完成したすぐ後に，彼はバルセロナ万国博のために，クロム・メッキで覆われたスチール柱とオニックスと大理石の壁（その一部は屋根の外まで延長される）で陸屋根を支える形のドイツ館を設計した（1928-29）．この小さい建物（1930取り壊し，1983-86再建）は完璧な，そして費用をかけたディテールをもち，即座に賛美されるところとなり，1920年代後期の最も称賛されるパラダイムの一つになった．そこには，クロム・メッキされたフレームに，黒い革張りされた座面と背もたれからなる，ミース自身のデザインになる「バルセロナ・チェア」が備えつけられていた．これにチェコスロヴァキア，ブルノのテューゲントハット邸（1930）が続いたが，それは前面道路側は1層で，庭側は2層となっていた．リビングルームは，バルセロナでのデザインから得られた手法を用い，クロムで覆ったスチールの柱と独立する間仕切り壁を配した，連続する空間となっていた．他方，階の全面を覆うガラス窓は完全に床下に下ろして見えなくすることができ，内部空間を庭のテラスに広げることができるようにしてあった．住宅のすべての細部は目的にかなうように作られており，建築家自身によって設計されていた．

1930年にミースはハンネス・マイヤーの解雇後，グロピウスの推薦によってデッサウ・バウハウスの運営を指揮するべく，校長に指名された．そして，より明確に定義された教育システムのもとで指導性を強調しようとしたが，前年までの誤った管理運営からもたらされた混乱が響き，1932年にデッサウ市議会の過半数を

なす民族社会主義者が学校を閉校とした．ミースはベルリン・シュテークリッツの使われなくなった工場でバウハウスの再興を試みたが，それも1933年に閉じられた．ミースが彼の仕事に対するナチスの敵意のためにドイツを去ったと広く言われているが，ミースはさらに5年間ドイツに留まり，パウル・フォン・ヒンデンブルク大統領（Paul von Hindenburg, 1847-1934, 在位は1925以後）の死後，アドルフ・ヒトラー（Adolf Hitler, 1889-1945）を支持せよと有権者たちに訴えたドイツの指導的芸術家たちの宣言文において，実はミースは署名者の一人となっていた．ミースもクロピウスも，ナチスが資金援助する帝国文化院の視覚芸術部門に加盟し，建築設計競技に設計案（指定通り鉤十字章で飾られた）を提出していた．アウトバーン（自動車専用高速道路）のサービス・ステーションのためにミースが設計したいくつかの近代主義的なデザインはヒトラーによって個人的に承認されてもいた．確かにミースは近代主義が政治に中立であることを示そうと試みたが，それは10年前に示した彼の姿勢を完全に転倒させるものであり，そのような棄教のようなふるまいは気づかれずにはすまなかった．しかしながら，ヒトラー（建築家の間の教義論争には無関心だった）が近代主義を工場，橋，空港，アウトバーンの構造物などに適していると考えたことは明確になってきている．他方，ストリップト・ネオクラシシズムが（その緊張感，力強さ，単純さのゆえに）国家と党のために使われ，そして住宅（とくに地方の）のためには土着的なスタイルが使われるべきであるとされたが，そのような姿勢はこの時期の他の多くの国々（民主主義国家を含めて）における公式的な方針とそれほど違いはないものだった．さらに，建築が「空間に翻訳された時代の意志」であるというミースの格言的なフレーズは，ほとんど逐語的にヒトラーによって使われており，また彼の権威を背景にした発言にはバウホイスラー（バウハウス構成員）たちから飛び交ったものに非常に近いものがあった．しかしながら，ますます戦争に動員される経済下にあって建築の仕事が多くはないということが明らかになってきて，ミースは自らのキャリアを積むべくドイツを去ろうと決断した．1938年に彼はイリノイ州シカゴ市に移住し，アーマー・インスティテュート（後のイリノイ工科大学）の建築部門長に就任した．1940年以降，彼はキャンパスと建物のデザインを改変し，全体的な格子パターンの上に長方形のブロックを配置し，スチールの骨組みを露出させ，そして習慣ともなっていた細心の注意（彼は「神は細部に宿る」と主張した）をもってすべての接合部をデザインした．彼は金属とガラスの建築において洗練された言語を創造したが，それはイリノイ州プラノ市フォックス・リヴァーのファーンズワース邸（1946-50）において最も効果的に実現しており，そこではテラスのスラブ，床スラブ，屋根スラブはすべて地面から持ち上げられており，I型鋼の支柱で支えられている．この完璧なディテールをもつ，ガラス壁面で囲われた開放的なパヴィリオンのアイデアは，いくつかの作品で，たとえばシカゴのイリノイ工科大学クラウンホール（1952-56）とベルリン市ティーアガルテンのナショナル・ギャラリー（1962-68）で使われている．シカゴのレイクショア・ドライブのアパート（1950-51）はスチールの骨組みをもち，他方，ニューヨーク市の巨大な超高層建築シーグラム・ビル（1954-58，ミースのキャリアについて権威ある解説文を残したフィリップ・ジョンソン，およびカーン＆ジェイコブスと協働）は青銅とガラスで覆われた．ミースの影響は過大評価されることはありえないし，ル・コルビュジエ，グロピウスを含めて近代主義の三位一体と見なされてよいものを実現した．彼の世界的影響は明確である．そして彼の金属とガラスで装われた建築物は幅広く（そしてしばしば知的でないやり方で）コピーされてきた．

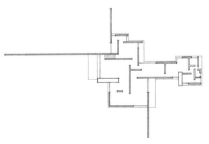

煉瓦造田園住宅案の平面図（1923）．モンドリアンとデ・ステイルの影響が表れている．

ミスヨケ

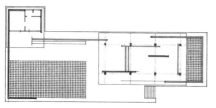

バルセロナ・パヴィリオンの平面図．構造柱と間仕切り壁で空間が縁どられている．

水よけ cut-water
⇨カット・ウォーター

ミセリコルディア miserere, misericord
⇨ミセレーレ

ミセレーレ miserere, misericord
 1．憐れみの座，スブセリウム（ラテン語）ともいい，クワイアに置かれた中世の折り畳み椅子の下面に設けられた小さな出っ張り．これにより，椅子が上向きに畳まれた時，ミセリコルディアが立っている人物を支えられるようになっている．出っ張りの下には彫刻を施したコーベル（持ち送り）のような部材がある．日常生活，喜劇のエピソード，ファンタジーの生物，寓話，淫らなことさえも表現されることが多かった．中世の彫刻されたミセリコルディアの名品は，たとえば，シュロップシャーのラドローのセント・ローレンス小教区聖堂に現存している．
 2．修道院戒律が緩和される部屋．

ミックルスウェート，ジョン・トーマス
Micklethwaite, John Thomas (1843-1906)
 イングランドの建築家，スコット（父）の弟子．1869 年に実務を始め，のちの 1876-92 年にジョージ・サマーズ・クラーク（George Somers Clarke, 1841-1926）と共同経営を行った．重要な著作に『現代の教区教会堂（*Modern Parish Churches*）』（1874）などがある．"Go" とよばれた無頼派ゴシック，衒学的にすぎる古物主義，そして趣味の悪い商業主義は，よい建築の敵だと公然と批判し，醜い見せびらかしは独創性，趣味のよさ，強さの現れではないとした．彼はスコットの建築にも他の同世代の人たちとともに批判の矛先を向け，ほぼすべての中期ヴィクトリアン・ゴシックの建築作品は何にも到達しえない常軌を逸したものだとして拒絶した．合理的な教会学的デザインへの回帰，教会堂の平面計画と大きさを決定する典礼上の要求の研究，将来のために建築的な解決案を生み出す必要性，教会建築学的な古物主義（夢見る中世趣味）を捨てることを主唱し，また，最も意義深いこととして，ピュージンや R・C・カーペンターが確立したデザイン原理に立ち返ることを訴えた．そうして，後期ヴィクトリア朝の教会堂建築誕生の道を拓いた．サマーズ・クラークとともにロンドンのウィンブルドン・パークのオーガスタス・ロードのセント・ポール教会堂（1888-96）を設計した．これは第 2 尖頭式と垂直式がうまく混合されており，ルード・スクリーンおよびより豊かな彩色を木造屋根に使うことによって，内陣が区別されている．ミクルスウェイトの教会堂建築は学術的で正確である．彼の作品リストは ODNB（2004）にあげられている．しかし，おそらく彼の最も重要な役職は，1898 年，ピアソンの死を受けて任命されたウェストミンスター修道院の監督官の役職である．南翼廊および西正面の改修は W・D・カレとともに行ったもので，保全を第一に意図したものであった．1893 年にアートワーカーズギルドのマスターとなった．

ミッゲ，レーベレヒト Migge, Leberecht (1881-1935)
 ドイツのランドスケープ・アーキテクト，理論家．1912 年にドイツ工作連盟に加盟．著書『だれもが自給自足者！（*Jedermann Selbstversorger !*）』（1918），『20 世紀の庭園文化（*Die Gartenkultur des 20. Jahrhunderts*）』（1913, 1920）において，共用のオープン・スペース，また田園を破壊しない都市改造についてのアイデアを提示した．1920 年代には，ツェレ市（ヘスラーと連携），ベルリン市ノイケルン区ブリッツ（B・タウト，M・ヴァーグナーと連携），フランクフルト・アム・マイン市（E・マイと連携し，ここでは自転車道，歩道，リクリエーション地などを含む全域を計画）で，近代運動の住宅地計画に対応したランドスケープを設計した．また，ヴォルプスヴェーデ市ゾンネンホフ（1920 年代），アルトナ市レームツマ（1931-33）でも仕事した．

ミッション・リヴァイヴァル　Mission Revival

アメリカにおけるコロニアル・リヴァイヴァルの一つで，カリフォルニアの鉄筋コンクリート造のキリスト教伝道施設をモデルとし，1890年代，イリノイ州シカゴにおけるコロンビア万国博覧会（1893）後に広まった．アーケード，バルコニー，中庭，塔といった要素のほか，平滑な壁，西洋瓦をのせた屋根，装飾の抑制，といった特徴がある．代表例として，ヘンリー・チャールズ・トロースト（Henry Charles Trost, 1860-1933）によるカリフォルニア州リヴァーサイドのユニオン・パシフィック鉄道駅（1904）がある．

ミッチェル，アーノルド・ビドゥレイク　Mitchell, Arnold Bidlake（1864-1944）

才能あるイギリス・アーツ・アンド・クラフツの建築家．1886年に実務を始め，地区ホール，住宅，学校を専門とした．最もすぐれた作品に，サフォーク，サウスウォルドにあるセント・フェリックス学校（1902），ケンブリッジの農業学校（1909-10），ロンドン，ハムステッドのフログナルにあるユニヴァーシティ・カレッジ・スクール（1905-07）があり，最後の学校は，本格的でがっしりとしたレン風ルネサンスの建築である．住宅作品には，ハムステッド・ガーデン・サバーブ，ミードウェイ・クローズ1番（1910），テンプル・フォーチュン・レイン34番36番（1908），ロンドン，ブロンプトンのバジル・ストリートにある住宅（1900年代）があり，いずれも連続する格子窓や背の高い切妻屋根が特徴である（第二次世界大戦で損害を受けた）．

ミッチェル＆ジョゴラ　Mitchell & Giurgola

ローマ生まれのロマルド・ジョゴラ（Romaldo Giurgola, 1920-2016）とペンシルヴェニア州生まれのアーマン・バークマン・ミッチェル（Ehrman Burkman Mitchell, 1924-2005）が設立した（1958）アメリカの建築事務所．その作品はおもにカーンの作品からの影響を受けながら，一貫性と様式的枠からの自由さという点で根強く称賛されてきた．設計した建物として，スウェーデンのエーテボリのヴォルヴォ本社（1984）やキャンベラのオーストラリア国会議事堂（1988），オーストラリアのシドニー市，ダーリンパークのIBMのオフィス（1993）などがある．

三葉飾り　trefoil

⇨トレフォイル

ミーティング・ハウス　meeting-house

非国教徒（通常，長老派かクエーカー教徒）の礼拝のための建築物．

ミード，ウィリアム・ラザフォード　Mead, William Rutherford（1846-1928）

⇨マッキム・ミード＆ホワイト

ミトラ　mitre

〔「マイター」とは「司教冠」〕2本の部材が直角に接合している部分．両部材のチャンファー（面取り）や刳形は対角線上において接合している．⇨アーチ，メーソンズ・マイター

ミトラエウム　Mithraeum

ミトラス神信仰に捧げられた建築物．古代ローマ帝国において広まり，一部が地下化して，「ロクリ」という壇と壇の間の軸に沿って平面計画されることが多かった．秘儀の際には，それらの上に信徒たちが横たわった．一方の終点にはアプスも設けられた．1870年にローマのサン・クレメンテ聖堂の下から発見されたものが好例である．

ミナレット　minaret

通常，モスクに連結して設けられた高くて細い塔（平面は円形，長方形，または多角形）．1カ所，または複数カ所でバルコニーが突き出ており，そこからムスリムたちに祈祷を呼びかける．

ミニマリズム　Minimalism

厳粛な近代建築（ミース・ファン・デル・ローエ作品の至純性，バラガンのデザインの剥き出しのイメージ），伝統的な日本建築や禅宗庭園に着想を得た様式．ミニマリズムは雑然さ，装飾物，それに色彩さえも避けようとし，所有物は最小限に抑えられている．最高級で贅沢なものを示すために使用されることもある．1920年代以降のモダン・ムーヴメントの特徴であり，1960年代と1980年代にも再び出現した（ヘルツォーク＆ド・ムーロン，ホール，磯崎，

ミヌト

槇, シザ, ウンガースなど).

ミヌート minute

モードゥロ (ラテン語モドゥルスのイタリア語) を細分化した単位. コラムの柱身の, 柱礎直上における直径の1/60にあたる場合が多い. 2モードゥロがこの直径にあたる場合には, 1ミヌートは1モードゥロの1/30にあたるだろう.

ミノア建築 Minoan architecture

古代クレタ建築. クノッソス宮殿 (前15世紀) がよき作例である. ⇨クレタ建築

ミフラーブ mihrab

半円形, 多角形, もしくは長方形のニッチや壁龕, 部屋, あるいは板で, モスクでメッカの方角を示すキブラ壁にあるもの. 平らな壁面にくぼみで示唆されるだけのこともある. しばしば聖地に装飾される. 開口部はアーチ部を上に置く柱頭つきの柱で縁どられたり, ニッチの天蓋部はムカルナスで装飾されることもある.

ミュエ, ピエール・ル Le Muet, Pierre (1591-1669)

⇨ル・ミュエ, ピエール

ミューズ mews

1. ロンドンのタウン・ハウス (町屋) の背後に設けられた, 厩舎, 車庫や使用人たちの宿所を伴ったコート (中庭, 前庭), 通りやヤード (構内).

2. 主要道路ではなく, コート (中庭), またはキュ・ド・サック (フランス語で「袋小路」の意) に面して密集している小規模なテラス・ハウス群.

ミュラー, クリスチャン・フレデリク Møller, Christian Frederik (1898-1988)

デンマークの建築家. カイ・フィスカーに学び, 1928-43年彼と協働する. ポウル・スターグマン (1844-1944) と共同でミュラーは, ハンネス・マイヤーのベルリン, ベルナウの労働組合学校に影響を受けたオーフス大学を設計する (1932着工). 1965年まで建設が続いた (1943からはメラーが単独で請け負った) そのプロジェクトは, ソーレンセンが顧問としてか

かわった起伏するランドスケープの中にさまざまな (黄色い煉瓦の) 建造物が配置されるものであった. 彼はまたオーフスの近代美術館 (1963-65) やデンマーク, ヘアニングのカール=ヘニング・ペダーセン美術館 (1973) を設計した.

ミュレット, アルフレッド・バルト Mullett, Alfred Bult (1834-90)

イギリス生まれのアメリカ合衆国政府建築家 (1866-74). フランスの第二帝政様式から派生したボザール・ルネサンス風の作風で知られる (第二帝政様式は, ユリシーズ・シンプソン・グラント (Ulysses Simpson Grant, 1822-95) の大統領任期 (1868-77) との一致からアメリカではグラント将軍様式とも呼ばれる). 1875年以降は二人の息子とともに民間で仕事をした. 彼の典型的なスタイルはワシントン D.C.の旧行政府ビル (1871-89) やミズーリ州セントルイスの郵便局および税関 (1872-84) に表われている. 最初の超高層建築としてしばしばル・バロン・ジェニーの作品と並び称されるワシントン D.C.のボルチモア・サン社屋の設計も行った (1885-86). 先行する世代の多くの建築家 (ラトローブなど) と同様に緊縮路線の合衆国政府に冷遇され, 破産に直面して自殺した.

ミュレール, エミール Muller, Émile (1823-89)

フランスの建築家, 実業家. ミュルーズの郊外に企業都市 (労働者都市) を設計した. これはジャン・ドルフュス (Jean Dollfus, 1800-87) のための住居を含むモデル工業都市 (友人であるヘンリー・ロバーツの先駆的な仕事の影響下にある) で, ミュルーズ労働者都市協会の後ろ盾を得て1852年に着工した. 1854年, ミュレールは, タイル工場を設立し, 55年にはそのデザインを発表した. ソニエの設計になるノワジ・シュル・マルヌのムニエ・チョコレート工場 (1869-72) に使われたポリクロームの煉瓦やタイルは, ミュレールの工場で制作された. 彼は耐久性の高い陶製の建築部材のデザインと開発を続け, 1889年のパリ万博で受賞した.

ミュンツ, ヨハン・ハインリヒ Müntz, Johann Heinrich (1727-98)

ドイツ系スイス出自の芸術家．フランス軍において技師として勤務する．1755 年にイングランドに行き，リチャード・ベントリー（Richard Bentley, 1708-82．1751-61 年にホレス・ウォルポールによるミドルセックスのストロウベリ・ヒルにおいてさまざまなものをデザインし，ミュンツをそこではたらくように推薦した人物である．ミュンツは中国風の部屋の描かれた天井や，ゴシックの特徴をもついくつかのものを制作した）に受け入れられた．バークシャー，オールド・ウィンザーのリチャード・ベイトマン（Richard Bateman, 1774 没）による「半分ゴシック，半分アッティカ，半分中国風のまったく不真面目な」邸宅グローヴ（1761-62）のために八角形平面のゴシックの部屋を創作したのも，ベントリーを通じてであった．ダブリン近郊のマリノにジェームズ・コールフィールド（James Caulfield, 1729-99）第 4 代シャールモント子爵（1734-）・第 1 代シャールモント伯爵（1763-）のために「エジプト」（実際はエジプト風の形態をもつゴシック）の部屋のデザインを準備した（1762）が，これは実現しなかったと思われる．ただしコールフィールドのために 1768 年に別のデザインを作成した．キュー・ガーデンで「ゴシック大聖堂」（1759 頃，取り壊された）を担当し，おそらくチェンバーズのためにムーア風の「アルハンブラ」（1758，取り壊された）の素描を提供した．異国風のものに関する独創的な才をもつ彼は，1760 年に『ゴシック建築講座（*A Course of Gothic Architecture*）』の出版を計画した．もしそれが出版されていれば，そのようなテーマに関する最も初期の著作の一つとなったと考えられるものである．ポーランド滞在時（1778-85）にスタニスワフ・ポニャトフスキ公（Prince Stanisław Poniatowski, 1754-1833）のために別荘を設計し，最終的にドイツのカッセルに居を定め，同地でヴィルヘルムスヘーエの庭園などを記録し，他界した．

未来派 Futurism

1909 年，フィリッポ・トンマーゾ・マリネッティ（Filippo Tommaso Marinetti, 1876-1944）により創始されたイタリアの建築運動．産業施設（ダム，水力発電所，サイロなど），スカイスクレーパー，高架高速道路，流線形状の工場といったイメージを広く発信するとともに，機械，スピードを賛美し，第一次世界大戦においては好戦的姿勢を示した．建築分野の代表者は，アントーニオ・サンテリア（Antonio Sant'Elia, 1888-1916）とマリオ・キアットーネ（Mario Chiattone, 1891-1957）で，彼らの描いた未来都市は，ウィーン・ゼツェッシオンやメンデルゾーンの建築を思わせるところがある．未来派はファシズムと緊密な関係をもつようになったが，その発想の多くがロシア構成主義，ル・コルビュジエ，アーキグラム，その他のアヴァンギャルドによって吸収された．

ミラー，サンダーソン Miller, Sanderson (1716-80)

イングランドのアマチュア建築家で目利きであり，ジョージ王朝期のゴシック・リヴァイヴァル（⇨ゴシック様式）における重要な人物である．ウォリックシャーのラドウェイ・グレンジにある自身のマナー・ハウスにゴシック様式の装飾を加え（1744-46），バトルメントとマシクーリのついた八角形平面のゴシック塔をウォリックシャーのエッジヒルに建てた（1745-47）．ウスターシャーのハグリー・パーク（1747-48）では「廃墟となった」城を建て，これは同時代人により「まことに諸侯の内乱を思い起こさせる」と評価された．まもなくこのラドウェイのスクワイア〔郷紳〕は，地所を当世風のゴシック様式にしたいと切望する多くの人々から，専門家として相談を受けるようになった．2 層のベイ・ウィンドウのモチーフが多くの地所で使われた．その中には，ウォリックシャーのラドウェイ・グレンジ，アーバリー・ホール（1750 頃-52），グロスターシャーのアドルストロップ・パーク（1750-62），ウスターシャーのハグリーにあるロッキンガム・ホール（1751）がある．彼がかかわった建物は多数あり，たとえばウィルトシャーのレイコック・アビー（1754-55，大ホールとゴシック様式の門のために助言を与えた），ウォリックシャーのキネトンの教会の身廊とトランセプト（1755-56），ケンブリッジシャーのウィンポール・ホールにある廃墟の城（1749-51）がある．

ミラー，ジェームズ Miller, James (1860-1947)

スコットランドの建築家．グラスゴーのヒルヘッドにあるベルモント・パリッシュ礼拝堂

(1893)，地下鉄会社のためにセント・エノク・スクエアにアーツ・アンド・クラフツのスコティッシュ・バロニアルの建物を設計した (1896)．また，グラスゴー国際展示場 (1898-1901)，グラスゴー王立病院 (1907)，ロンドン，グレート・ジョージ・ストリートに力強い古典主義の建物（マニエリスム風）土木技術者協会 (1910) を設計した．1900年以降，グラスゴーで活躍した重要な商業建築家であり，設計した住宅は，グラスゴーのラウザー・テラス，パースシャーのフォートエヴィオットにあるヴィリッジ・エステイト (1908) など，非常に魅力的なものである．ボーダーズにあるザ・ピープルズ・ハイドロ，エアシャーのターンベリー・ホテル，バーミンガム，ボーンヴィルにあるヴィリッジ・ホール（すべて1908）も彼の作品．

ミラー，ジョン　Millar, John (1807-76)

　アイルランドの建築家でホッパーのもとで訓練を受けた．ホッパーがアーマーで設計した巨大なロマネスク・リヴァイヴァルのゴスフォード・カースル (1819-21) の仕事をしたあと，ベルファストに定住した．厳格で高貴なグリーク・リヴァイヴァル様式で，傑出した長老派の教会をいくつか設計しており (1830年代)，これらにはアントリムにあるファースト・プレスビテリアン教会 (1834，スチュアートとレヴェットが1794年に出版した，デロス島のアポロン神殿に由来すると思われるドリス式の柱がついている)，ダウンにあるすばらしいポータフェリー教会 (1841，両面前柱式の6柱式神殿で，高い基壇の上に厳格なドリス式柱がついており，イギリスでも最高級の新古典主義の建物であり，内部のオーダーはバッサイにあるアポロン・エピクリオス神殿に由来）がある．彼はアントリムのクラムリンにゴシック・リヴァイヴァル様式の可愛らしいプレスビテリアン教会（「エクレシア・スコシア」と彫られ，ミラーによるサインがある，1839）を設計し，カースルリーに新古典主義の教会 (1834-35) を設計した．これは美しいイン・アンティス式の2柱式イオニア式オーダーのエンゲージド・コラム〔壁面から浮き出た柱状装飾〕がついており（これもバッサイの神殿に由来するが，おそらくイギリスでこのオーダーが使われた最初の例），正面上の四角い基部の上に厳かな円形の鐘楼がついている．この建物は2001年の不適切な改築により損なわれてしまった．ミラーは美しい邸宅もいくつか設計した．それらはダウンのホリウッドにあるカルトロのマリノ・ヴィラ (1830頃，チューダー・ゴシック様式)，1845年頃に建てられたウィンドラッシュ（旧アードヴィル）・ハウス（正面の弓形部分にイオニア式の大オーダーのエンゲージド・コラムがついている）である．1849年にはニュートナーズのチャールズ・キャンベル (Charles Campbell)（彼はダウンのマウント・スチュアートでも仕事をした）が設計し建てたと思われるアントリムのカーンロク近郊にあるガロン・タワーの進捗を報告するよう求められた．ミラーは1856年にアンティポディーズ諸島に移住した．

ミラーリェス・モヤ，アンリク　Miralles Moya, Enric (1955-2000)

　スペイン（カタルーニャ）の建築家．1984年に活動を始め，カルメ・ピノス (Carme Piños, 1954-) と協働した (1983-92)．両者による作品にはバルセロナ近郊イグアラーダの墓地 (1985-92，コンクリートの埋葬室による壮大な擁壁)，バルセロナ・オリンピックのアーチェリー競技場 (1992)，バルセロナ近郊オスタレッツ・デ・バレニアの行政センター (1988-94，これを脱構築主義と関連づける批評家もある)，アリカンテの国立新体操トレーニングセンター (1989-93) がある．1998年にミラーリェスはエジンバラのロイヤルマイル沿いに建つスコットランド議会議事堂の設計競技に，RMJMスコットランド事務所（ロバート・マシュー・ジョンソン-マーシャル・アンド・パートナーズの継承組織）とともに勝ち取ったが，この建物と建設費は論争を呼ばずにおかなかった．その装飾的な外装がヘンリー・リーバーン卿 (Sir Henry Raeburn) の絵画作品「スケートをするロバート・ウォーカー師」から着想されたという主張の根拠は希薄であるし，開館 (2004) した建物の無意味でほとんど読解不能な，転覆した船のような暗示は都市の文脈から完全に逸脱しているようみえ，スコットランドのヴァナキュラー建築とも，エジンバラに不可欠な要素となっている新古典主義の偉大な伝統ともいかなる関連ももたない．むしろこれは，歴史の抹消たるタブラ・ラサ以外のな

にものでもない.

ミルズ, ピーター　Mills, Peter (1598-1670)

イングランドの建築家・煉瓦製造者・建設業者・サーヴェイヤー. イニゴー・ジョーンズとともに, ロンドンのセント・マイケル・ル・クウェーン聖堂 (1638) の建設にかかわった. また, ロンドンのリンカンズ・イン・フィールズのグレート・クイーン・ストリートの南側の集合住宅 (1640 年代, ロンドンの集合住宅の一様な立面の初期の例, 現存せず) など, ロンドン各所に集合住宅を設計した. ミルズの最も偉大な作品は, ノーサンプトンシャーのピータバラのソープ・ホール (1653-56) で, これは無柱式アルチザン・マニエリスムで建てられ, かつ護国卿様式〔清教徒革命時の護国卿クロムウェルの時代の様式〕の重要なモニュメントでもある. ミルズはまた, ケンブリッジシャーのウィズビーチ・カースル (1658 頃, 現存せず) を設計したと思われる. ミルズは, メイ, プラット, レンとともに, ロンドン大火 (1666) 後のシティ再建を指揮するサーヴェイヤーの一人となった. 後期の作品は, ケントのコバム・ホール (1661-63) などのように, 多少, メイやプラットの作風が現れるようになり, アルチザン・マニエリスムを追及することはほとんどなくなった.

ミルズ, ロバート　Mills, Robert (1781-1855)

アメリカの建築家. ジェファソンに重用された. ホーバンとともに仕事をし, ワシントン D.C.の連邦議会議事堂 (1803-08) ではラトローブの補佐についた. いくつかの住宅とフィラデルフィア銀行 (1807-08) の監理のため, ラトローブによってフィラデルフィアに派遣され, この地に落ち着くことになる. フィラデルフィアのワシントン・ホール (1809-16) は, ルドゥーにも比肩される厳格な新古典主義様式であったが, 円形平面のサンソン・ストリート・バプティスト・チャーチ (1811-12) や, オクタゴン・ユニタリアン・チャーチ (1812-13) は, さまざまな引用元からの折衷であった. ヴァージニア州リッチモンドのモニュメンタル・チャーチ (1812-17) は, 八角形平面の集中式平面に, デロスのアポロン神殿に範をとったフルート (縦溝) のない古代ギリシア・ドリス式コラムをもつディスタイル・イ

ン・アンティス (⇨アンタ) 式のどっしりとしたポルティコが備えられたもので, ラトローブのたくましいデザインに比肩する. このドリス式オーダーは, ミルズが多くの建物を設計したメリーランド州ボルティモアのワシントン・モニュメントにも用いられた.

ミルズの最も有名な仕事は, ワシントン D.C.のモニュメンタルな建築である. ワシントン・ナショナル・モニュメントの長大なオベリスク (1833-84), 巨大なストアを正面にもつイオニア式のテレジャー・ビルディング (1836-42), ドリス式のパテント・オフィス・ビルディング (1836-40, 現在のナショナル・ポートレート・ギャラリー), そしてコリント式のオールド・ポスト・オフィス (1839-42) である. 彼がすぐれたグリーク・リヴァイヴァルの建築家であったことは明らかである. その最良の建物の一つは, サウス・キャロライナ州コロンビアの精神病院 (1821-27) である. 古代ギリシア・ドリス式で, 病棟は南面している. このような施設に往々にして見られる厳格な規律がまったくみられない. そのほか, いくつかの税関を設計し, また耐火構造のパイオニアでもあった.

ミルン, ウィリアム・チャドウェル　Mylne, William Chadwell (1781-1863)

ロバート・ミルンの息子. 父のもとで初期の経験を積み, 1811 年にニュー・リヴァー・カンパニーのサーヴェイヤーの地位を引き継いだ. 1819 年から, 会社の資産をロンドンのクラーケンウェルに投資し, 心地よいジョージ朝後期様式のミドルトン・スクエアやアムウェル・ストリート, イングレバート・ストリート, リヴァー・ストリート, チャドウェル・ストリートなどを開発した. この地域の雰囲気を高めるために, ミルンは自身の手によって, ミドルトン・スクエアにセント・マーク聖堂 (1826-28) を教会建築学派以前のゴシック様式で設計した.

ミルン, ロバート　Mylne, Robert (1733-1811)

スコットランドの建築家. 少なくとも 17 世紀初頭までさかのぼることができる石工頭や建築家として活躍した名門一族の一人. 弟のウィリアム (William, 1734-90) とともに, フラン

スとイタリアで修業をし，その際，ピラネージに会い，ローマのアカデミア・ディ・サン・ルカで真価を認められ，貴族との有益な関係を築いた．ミルンはシチリア島の数棟の古代ギリシア神殿建築の図面を描き（1757），ピラネージやヴィンケルマンに，それらを使用することを許した．1759 年，ロンドンに来ると，ブラックフライアーズでテムズ川を横断する新たな橋脚（1760, 1769 開通，1868 破壊）のコンペに応募し，楕円形アーチを採用した美しく，経済的な設計で勝利した．それ以来，橋脚や運河の建設が主要な仕事となった．ミルンは，ロバート・アダムやジェームズ・ワイアットと同世代であり，流行のカントリー・ハウスの建築家になることは困難だと悟っていたが，それでも，1790 年代の新古典主義を先どりした洗練さをもち，抑制のきいたウッドハウス（1773-74, ホワイティングトン近郊，シュロップシャー）など，数棟の住宅建築を設計した．ミルンのインテリアは繊細ながら装飾的な手法を用いたもので，アダムとよく似ていた．それは，ミルンがしばしばアダムのドラフツマンのジョージ・リチャードソンに製図のための賃金を支払っていた事実で説明されるであろう．アーガイル（スコットランド）のインヴァラレイの作品群は，間違いなくミルンの最高傑作である．ここで，ミルンはアレイ橋（1774-76）とダブ・ロック橋（1786-87）の二つの洗練された橋梁，聖堂（1795-1800），アークランドとリリーフ・ランド二つの集合住宅（1774-76），ロック・ファインへの印象的な正面となるアーチが架けられたスクリーン・ウォールなど，多数の建造物をつくり，これらすべてが心地よく調和している．インヴァラレイ城塞（1782-89）では，モリスによる窓（1777）を改修し，さらに主要室の大規模な改装を行った．また，ハートフォードシャーのグレート・アムウェルのニュー・リヴァーの島に，サー・ヒュー・ミドルトン（Sir Hugh Myddelton, 1560 頃-1631, ロンドンに新鮮な水を供給するための新しい川を制作した人物）を記念した装飾壺を設計しているが，これはおそらくエルムノンヴィルのルソーの墓所から着想したものと思われる．

ミレトス式平面　Milesian plan

　古代ギリシアの植民都市ミレトスに由来する，規則的な格子状平面に基づいた都市計画．

ヒッポダモスにより推進されたが，その発明者というよりは普及させたにすぎない．

ミンスター聖堂　minster

　1. 修道院，またはその付属聖堂．
　2. 大修道院付属聖堂，または小修道院付属聖堂．厳密には大規模な参事会聖堂，または女子修道院付属聖堂のことであり，小教区聖堂や司教座聖堂とは区別される．

ミンストレル・ギャラリー　minstrel gallery

　楽士のためのバルコニー，ギャラリー，またはロフトのことであり，楽士ギャラリーともよばれる．たとえば，聖堂やホールに設置される．

ミンバル　mimbar, mambar, minbar

　モスクにある説教壇の一種で，階段の頂部に欄干を巡らせた小さな立席があり，天蓋で覆われる．

ム

ムーア，チャールズ・ウィアード Moore, Charles Willard (1925-93)

アメリカの建築家であり，ポスト・モダニズムにおける主要な人物である．1970 年に自身の事務所を設立し，その後にもほかの専門家たちとともに組織をつくっている．ムーアの作品は多様なものであり，隠喩的な表現にあふれ，舞台美術的である．カリフォルニア州オリンダの「ムーア自邸」(1962) を含む初期の作品は，生活空間が歴史建築への参照によって特徴づけられている．このことは，建築史学への知識が少なからず用いられ，また空想や神話，あるいは記憶の結合がしばしば組み込まれ，彼の後期作品の指針を示すものである．そのほかの計画には，サンフランシスコ近郊の「アスレチッククラブ・シーランチ」(1964-66. 建物は海岸沿いの夏の別荘などのイメージを呼び起こすものである)，サンタクルーズにあるカリフォルニア大学の「クレスゲ・カレッジ」(1973-74) など．ロサンゼルスのニューオルレアンにある「イタリア広場」(1975-80) は，古典主義を想起させる芝居がかった構成（ほとんどコラージュ）であり，インターナショナル・スタイルに衝撃を与えた．近年の作品には，カリフォルニア州パシフィック・パリセードの「セント・マシュー教会」(1979-83)，ベルリンのテーゲル・ハーバーにある「フンボルト図書館と住宅」(1987-88)，カリフォルニア州ランチョ・サンタフェの「降誕教会」(1989)，オレゴン州ユージーンにあるオレゴン大学の「サイエンス・コンプレックス」(1990) があり，こうした作品すべてに歴史からの参照がみられる．ムーアの影響力は重要なものであり，彼の用いるモチーフは非常に論争的である．また，ムーアはいくつかの公園も設計している．たとえばテキサス州ヒューストンの「ヘルマン・パーク」(1982) などである．

ムーア，テンプル・ラシントン Moore, Temple Lushington (1856-1920)

アルスターにゆかりのある重要な教会堂建築家．ジョージ・ギルバート・スコット・ジュニアのもとで修行し，1879 年に自分の事務所をひらいた．彼の作品は学術的なゴシック・リヴァイヴァルと巧妙な発明の混合で，ボドリーの様式とムーアの弟子であったジャイルズ・ギルバート・スコットに典型的にみられる復興様式の最終段階をつなぐものであった．建築作品としては，ヨークシャーのバーンズリーのセント・ピーター教会堂 (1893-1911)，ロンドンのトゥーティングのオールセインツ教会堂 (1904-06)，ヨークシャーのハロゲートのセント・ウィルフリッド教会堂 (1905-14)，オックスフォードのピュージ・ハウス (1911-14, 彼の作品の中で最良かつ最も繊細な作品の一つ) がある．

ムーア風アーチ Moorish arch
⇨アーチ

ムウェス，シャルル・フレデリック Mewès, Charles Frédéric (1860-1914)

フランスの建築家．パリで修行し，優美な古典主義様式（ルイ 16 世様式をとることが多かった）でデザインした．いくつもの国の建築家と共働しながら 1890 年代以降，国際的に活躍した．イギリスでの共働者アーサー・J・デーヴィスとは，それ以前からパリで共働していた．ムウェスはパリのリッツ・ホテル (1898) を設計し，1900 年にはヘンリー・ルイス・フローレンス (Henry Louis Florence, 1843-1916) によって設計されたロンドンのカールトン・ホテルの室内装飾を手がけた．ムェウスとデーヴィスによる，ロンドン，ピカディリーのリッツ・ホテル (1903-06) は，優美なフランス風ファサードをもつ鉄骨フレームの建物で，パリのブールヴァールの建築の高い屋根を喚起するものだった．他の共同作品には，ガブリエルの作品を想起させるファサードをもつポール・モールのロイヤル・オートモービル・クラブ (1905-06) や，ストランド，アルドウィッチの「モーニング・ポスト・ビル」(1905-06) がある．ムウェスは，ドイツ客船「アメリカ」(1905)，「カイゼリン・アウグステ・ヴィクトリア」(1907-08)，「インペラートル」(1911-12)，「ファーターラント」(1913)，そして「ビスマルク」(1914) の豪華な室内装

ムカルケン

飾も手がけた．ほかにもキュナード客船の「アキタニア」(1914) の装飾もデザインしている．

ムガール建築　Moghul, Mogul *or* Mughal architecture

16世紀から18世紀のインド・イスラーム建築で，アフマドによって設計されたタージマハル (1630-53) が傑出した例である．厳格な幾何学性，扁平な四心アーチ，チャトリ，玉ねぎ型のドーム，そして精巧で規則的な装飾が特徴となっている．西洋ではいわゆるヒンドゥー・スタイル（実際のところはムガール様式とヒンドゥー様式の融合）に影響を与え，ナッシュのブライトン・パヴィリオン (1815-22) やグロースターシャーにあるコッカレルのシジンコート (1805-20) が例である．

ムガール建築　Mughal architecture

インド亜大陸を1526年から1857年にわたって支配した中央アジア起源の王朝名に由来する．アクバル (1556-1605) 治世下には，アグラ，ラホール，ファテープール・シークリーに城塞や宮殿の傑作が建てられた．またシャー・ジャハーン (Shah Jehan, 1628-58) 治世下にもムガール建築の代表例がある．アグラのタージマハルは前庭を備えた大霊廟で，疑うまでもなく最高傑作といえる．

ムカルナ　muqarna(*pl.* muqarnas)

イスラーム建築における装飾上の工夫のことで，小さな尖頭ニッチのようなものである．上にいくほど突出して段のようになっており，通常，コーベル（持ち送り）状の煉瓦材，石材，スタッコ，または木材によって建設されている．ムカルナはコーニス，ペンデンティヴ，スクウィンチ，また，アーチやヴォールトのソフィット（下面）に適用された．表面は波形に仕上げられ，ペンダント（吊り下がった装飾要素）を備えていて，下から見上げた時にきわめて豊穣な光景を現出させる．鍾乳石のようにみえることもある．最も壮大なムカルナは，スペイン・グラナダのアルハンブラ宮殿の14世紀の諸室やエジプトのカイロのスルタン・カーイトバーイ廟堂の15世紀のドームにみられる．

ムザルニズマ　Modernisme

1880年頃から1920年頃にかけてのスペイン・カタルーニャにおける文化上の運動．ナショナル・ロマンティシズム（カタルーニャ文化とカタルーニャ語を推進・賛美した「ラ・ラナシェンサ」）とプログレッシヴィズム（アーツ・アンド・クラフツ運動，アール・ヌーヴォー，それに科学研究，技術進歩や工業化の利点への信仰といった，ヨーロッパの多くの傾向を包含するようなものだった）に分類できる．カタルーニャの知識人たちはプログレッシヴィズムによってマドリードの抑圧的な中央集権的構造から解放されるのではないかと考えた．それゆえ，ムザルニズマは地域主義的（ナショナリスト的でさえある）誇りとアイデンティティの主張と結びついていた．その建築表現は歴史上の諸様式，おもにスペインのイスラーム建築とゴシック建築に由来する要素を折衷させ融合させたものにもとづいていた．また，諸材料（とりわけ煉瓦とタイル）で構造を表現すると同時に構築物の目に見える部分すべてを美装するのにも用いた．美装材を過剰なまでに用いて構造体に被せたり，それと一体化させたりした．その主導者の中でも最も著名なのはドゥメナク・イ・モンタネル，ガウディやプイジ・カダファルクである．

ムーシェット　mouchette

14世紀の開口（少なくとも一方はオジー形になっているものが多い）のことで，曲線を描く短剣に似た形態であり，一方の端にフォイル（葉形トレーサリー）を備えている．第二尖頭式の曲線形，または流線形のゴシック・トレーサリーにみられる．

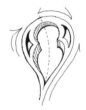

ムーシェット

無柱式　astylar

コラムもピラスターももたない古典主義建築の外部または内部．

ムーツィオ，ジョヴァンニ　Muzio, Giovanni

（1893-1982）

　イタリアの建築家．新古典主義の作風は，ミラノ，トゥラーティ通り，モスコーヴァ通りに面した集合住宅カ・ブルッタ（1919-23）に認められる．マニエリスムを思わせる二つの建築ブロックの間には抽象的造形の凱旋門が付けられているが，これは都市の街区構造に対応しつつ，歴史的な文脈にも応じた処理である．他にも，ベルガモのベルガモ人民銀行本店（1924-27），ミラノのカトリック大学（1928-36，これに隣接する戦没者記念碑もムーツィオの作．アテネにある風の塔の翻案），トリエンナーレ美術館（1932-33），イタリア人民新聞社（1937-38），ソンドリオの庁舎（1934-35），クレモナの聖アントニオ聖堂（1935-36），イスラエル，ナザレの受胎告知聖堂（1967-69）がある．1920-30年代の作風は，美術における形而上運動（日常と幻想の並置において，ジョルジョ・デ・キリコ（Giorgio di Chirico, 1888-1978）がその代表格），さらに，ファシズムとも関係をもっていた（このせいで，1945年以降，独特で才気あふれる彼の建築は無視されるか，非難されることがあったが，近年はもう少し冷静な目で再評価されるようになっている）．

ムテジウス，ヘルマン　Muthesius, Hermann
（1861-1927）

　ロンドンのドイツ大使館付技官として，ドイツ政府のためにイギリスの建築とデザインについて調査した（1896-1903）．その成果は『現代のイギリス建築（*Das Englische Baukunst der Gegenwart*）』（1900-02）や『イギリスの新しい教会建築（*Die Neuere Kirchliche Baukunst in England*）』（1903）など，F・L・ライトの作品集を刊行したドイツの出版社ヴァスムート社から公刊された．中でも広く知られるようになったのが『英国の住宅（*Das Englische Haus*）』（1904-05）で，イギリスの住宅建築の要素，歴史，平面，様式，タイプについて記し，多くの建築家の作品を紹介し，またアーツ・アンド・クラフツ運動を賞賛した．この本は大陸の（とりわけドイツの）住宅建築の発展に多大な影響を与え，18世紀にイギリスの風景式庭園が流行したように，「イギリス風の」住宅が広く流布するきっかけとなった．また，イギリスの住宅建築や工芸品にみられる簡素

さ，機能性への着眼は，ザハリヒカイト（即物性）の理念を導き，ドイツ工作連盟の設立（1907）に結びつけられていった．1914年までにムテジウスは，大量生産，標準化，建築の工業化の推進を主張するようになった（プロイセン政府の官僚として少なくとも10年にわたり大きな影響力をもち，それはその死まで続いた）．この考えは，アーツ・アンド・クラフツ運動とは正反対のもので，ヴァン・ド・ヴェルドらと対立したが，1920年代になると近代建築運動を推進しようとする立場の信条となっていった．

　ムテジウスは建築家として設計活動も行い，ベルリン郊外の初期の住宅は「イギリスのカントリーハウス風」のものだが，よりドイツ風に手が加えられているようにみえる．ニコラスゼーのフロイデンベルク邸（プライアーの設計を思い起こさせるバタフライ形平面をもつ），グルーネヴァルトのベルンハルト邸，同じグルーネヴァルトのブロイル邸，ニコラスゼーのセトベア邸，ツェーレンドルフ・ヴェストのコッホ邸とフェルゼン邸，ダーレムのノイハウス邸などがある．また，リューベックのシュターフェ邸，トラヴェミュンデの夏の家などの作品がある．これらはいずれも1904-09年の間に建設され，入念に設計された庭園の中に配置された．自身の作品のうちいくつかは著書『郊外住宅と庭園（*Landhaus und Garten*）』（1910），『美しい住居（*Die schöne Wohnung*）』（1922，1926）の中で紹介されている．

ムデハル様式　Mudéjar

　建築と装飾芸術の様式の一つで，部分的にイスラム建築（ムーア建築とモサラベ建築の伝統に基づく），部分的にゴシックの要素からなる．イベリア半島でキリスト教徒により再征服された地域で発達した（11-16世紀）．馬蹄形アーチ，クーファ体で書かれた銘文，アラベスク，スタラクタイト，すなわちムカルナス，陶器タイルなどを組み込む．セビーリャのアルカサルの「大使の間」（14世紀）はムデハル様式の最も豪華な事例の一つである．ムデハル様式は16世紀のプラテレスコ様式の中でも生き残り，また19世紀から20世紀初頭にかけてリヴァイヴァルされ，主としてムーア建築様式と呼ばれた．

ムトゥルス mutule

ドリス式コーニスのソフィット（下面）の平滑で傾斜したブロック．下面にいくつかのグッタ（ギリシア語，ラテン語）を備え，その直下のフリーズのトリグリュフォス（ギリシア語，トリグリフ）と同一線上，すなわち，メトペ（ギリシア語）とメトペの間の中央線上に配置される．トスカナ式ムトゥルスは平面的で水平方向に並んでいる．⇨ドリス式オーダー，モディリオン

棟飾り ridge-crest
⇨リッジ・クレスト

棟瓦 ridge-tile
⇨リッジ・タイル

棟木 ridge-beam
⇨リッジ・ビーム

棟木 ridge-piece
⇨リッジ・ピース

ムネシクレス Mnesicles（前437-前420活躍）
ペリクレスの時代（前460-前429）におけるアテネの建築家．記念碑的なドリス式のプロピラエム，あるいはアクロポリスの門（前437-前432）を設計した．これはベルリンにあるラングハンスによるブランデンブルク門や，ミュンヘンにあるクレンツェによるプロピュレーン門など，新古典主義様式による多くの門の範となった．ムネシクレスには，アテネにあるアゴラの北西の角に位置する，両端に翼屋を配したゼウス・エレウテリオスのストア（前430頃）のデザインが帰属されており，さらにはエレクテイオン（前421-前405）との関連が推察されるが，証拠は見当たらない．

村野藤吾 Murano, Togo（1891-1984）
日本の建築家．そごう大阪店（1936，商業建築としては大阪で最初の近代的建物）を設計した．その後，神戸，名古屋，東京でも百貨店を手がける．その他，広島の世界平和記念聖堂（1953），大阪の新歌舞伎座（1958），東京の日本生命日比谷ビル（1963）などがある．

ムーリッシュ建築 Moorish architecture

ムーア人が支配的だった北アフリカおよびイベリア半島地域のイスラーム建築（711-1492）．傑作例には，精緻なグラナダのアルハンブラ宮殿（大部分は1338-90に建設された，もともとは宮殿というよりマドラサ建築）や，コルドバのラ・メスキータ（785-987）があげられる．モレスク様式はムーリッシュ建築，あるいはもっと大雑把にはイスラーム建築に似た，あるいは派生した建築様式で（⇨ヒスパノ・モレスク様式），アラベスクとしても知られる定型的な絡み合う植物文様ととりわけ関連づけられる．19世紀における異国的なピクチャレスク建築の大流行にかなりの影響を及ぼし，オーウェン・ジョーンズのようなデザイナーによって利用された．

ムールトリエール meurtrière
銃眼．

ムンゲナスト，ヨーゼフ Munggenast, Joseph（1680-1741）
チロル生まれの建築家．プランタウアーのもとで働き，ドナウ川沿いの高台に建つメルク修道院を完成させた．彼が受け持った部分として西塔上部の優美なデザイン（1738）がある．そのほかにヘルツォーゲンブルクやザンクト・ペルテンの修道院建築などに携わった．マティアス・シュタインル（シュタインドル）（Matthias Steinl or Steindl, 1644-1727）とともに，ツヴェットル修道院教会の塔（1722開始）やデュルンシュタインの愛らしいアウグスティニアン教会（1718開始）に取り組んだ．後者は全オーストリアで最も均整のとれたバロックの塔（1721-27）をもつものとなっている．自身では，ザイテンシュテッテンの修道院の建築（1718-）に従事し，上部オーストリアのアルテンブルク修道院（1730-）の改築では中世の教会堂を豪華なバロックの建築で覆い，同時代において最も適切な表現をもつ図書館の一つを創出した（フィッシャー・フォン・エルラッハによるウィーンの宮廷図書館（1730完成）に影響を受けている）．さらに，ヴィルヘーリンク修道院教会（1733-）とマリア・ランゲックの修道院教会（1733頃）の設計，ゲラス修道院の増築（1736-40），モントゼーの修道院および教会の再建（1736-38），そしてジーベンリンデンの新教会（1740）の設計を用意した．18世

紀前半のウィーン外の低地オーストリアにおける主導的建築家に数えられる彼の息子フランツ (Franz, 1724-48) とマティアス (Matthias, 1729-98) は，同地で父の仕事を継続した．

メアンダー meander
バンド（帯状装飾）のように水平方向に展開する装飾物で，直角に曲がっていく直線，または対角線を描くように刻まれた直線（フレットやキー・パターン），または曲線（ウィトルウィウス式渦巻装飾，ランニング・ドッグや波形渦巻装飾）によって構成される．フリーズ，ストリング・コースなどで用いられる．

メイ，エドワード・ジョン May, Edward John (1853-1941)
デシマス・バートンの弟子でイーデン・ネスフィールドおよびノーマン・ショウのもとで働いた．ショウのもとでは，ロンドン近郊のチジックのベッドフォード・パーク・エステートのいくつかの建物を 1870 年代から 1880 年代にかけて設計した．ヴィカレージ (1882 頃)，クラブ・ハウス (1879)，ホッグ・ハウス，プライオリー・ガーデンズ (1883)，クイーン・アンズ・グローブ (1883) が含まれる．

メイズ maze
フレット，グリーク・キー，ラビュリントス，メアンダーのことだが，とりわけ，教会堂や庭園の迷宮的図像のことをいう．

銘版 label
長方形の小板で枠つきあるいは枠なしで，両端に楔型の突出がある．新古典主義建築に一般的にみられるが，その起源はローマ建築にあり，碑文が刻まれていた．

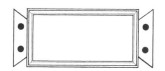

古典的な銘版．しばしば碑文が刻まれる．

メイ, ヒュー　May, Hugh (1621-84)

イニゴー・ジョーンズによる第1期パッラーディアン・リヴァイヴァルと, ヴァンブラやホークスムアによるバロック様式をまたぐ時期のイギリスの建築家. 1668年に建設省監督官となり, 1666年の大火の後, 都市再建の監督官の一人に任命された. オランダの精巧なパッラーディオ主義をイギリスに導入するかたわら, プラットとともに, レン様式として (不正確に) 知られるようになるものを推進する立場にもあったとみられる. しかしながら, ケントにある2列型のエルサム・ロッジ (1664, おそらくフィンフボーンズの建築を参考にした) を除くと, 現存する主な作品はオックスフォードのコーンベリ・ハウスの東側正面と, 厩舎, 礼拝堂 (1663-68) だけである. バークシャーのウィンザー宮において, 内庭とジョージズ・ホール, 王室礼拝堂を改築し (1675-84), アントニオ・ヴェッリオ (Antonio Verrio, 1639頃-1707) の絵画と, グリンリング・ギボンズ (Grinling Gibbons, 1648-1721) の彫刻とともに, かつて完成度の高いイギリス・バロック様式の統一体を実現したが, 現在はほとんどが破壊されてしまった.

メイベック, バーナード・ラルフ　Maybeck, Bernard Ralph (1862-1957)

住宅建築のデザインに大きく貢献した, アメリカの折衷主義の建築家. パリで教育を受け, ヴィオレ=ル=デュクの思想に影響を受けた. そして1886年にニューヨークに戻り, カレール＆ヘイスティングズと共働で仕事をしたのち, カリフォルニア州で彼自身の事務所を立ち上げ (1902), ほとんどの作品をスティック・スタイルで設計した. カリフォルニア州バークリーの第一科学者キリスト教会 (1910-12) においては, ゴシックとヴァナキュラー, スティック・スタイルに加えて日本に刺激を受けた木組みを少なからず用いた. 多くの住宅は似たようなものであるが, バークリーのA・C・ローソン邸 (1907) では鉄筋コンクリートも使用しており, この材料を使用した建築としては早い例である. メイベックはサンフランシスコの万国博覧会のために建てられた美の殿堂 (1913-15) に代表されるように, ボザールの古典主義も使用した.

メイ, ヨハン・メルヒオール・ファン・デル　Mey or Meij, Johann Melchior van der (1878-1949)

オランダの建築家. デ・クレルク, およびクラーマーと協働し, 煉瓦とテラコッタの仕上げによる表現主義の作品, アムステルダムの海運協会ビル (1912-16) を設計した. また, ティティアン通り (1925-30) やホーフドルプ広場 (1928) の集合住宅などの作品がある.

迷路模様　labyrinth fret

鍵型やギリシア雷文, 曲折模様など, ラビリンスに似たパターンの模様.

メガストラクチュア　megastructure

非常に巨大な全体が囲われている複合建造物. 通常, 単数, または複数の屋根の下に多数の機能が盛り込まれている. 作例としては, アンドルー, メタボリストやソレーリのアーコロジーによる構築物がある.

メカノー　Mecanoo

クリス・デ・ウェイエアー (Chris de Weijer, 1956-), エリック・ファン・エヘラート (Erick van Egeraat, 1956-), フランシーヌ・フーベン (Francine Houben, 1955-), ヘンク・デル (Henk Döll, 1956-) によって設立されたオランダの建築会社 (1980). デ・スティルや, ブリンクマン, ファン・デル・フルート, スタムの作品から影響を受けた. 彼らの建築物の中でも, ウェヘニンゲンの植物学校・図書館 (1989), ロッテルダム港のボームピェス・レストラン・パヴィリオン (1990), ロッテルダムのメカノー・ハウス (1991), ロッテルダムのプリンセンランド・ハウジング (1988-93), デルフト工科大学図書館 (1995-99), アムステルダムの18世紀の聖堂のデ・トルスト劇場へのコンヴァージョン (1995-99) が特筆される.

メガリス　(巨石記念碑)　megalith

化粧していない, または部分的に化粧した石材による大規模なブロック. 単独で用いられるか, または他のメガリスと組み合わせられる. 前4000年から前1000年にかけての先史時代の記念碑である. 単独で屹立する石材はメンヒルといい, 規則的に列をなして配列されることも

ある（ブルターニュ，カルナックの例）．メガリスはウィルトシャーのストーンヘンジ（前1800年頃）のように円形平面を描くように配置されることもある．その場合，まぐさがメガリスの頂部をめぐって連続する帯状体を形成している．大規模で平坦なスラブを支持する鉛直材からなる構築物は，通常，チェインバー・トゥーム（部屋型墓所）であり，クロムレク（環状列石），またはドルメンと呼ばれる．

メガロポリス　megalopolis
多くの町や村を飲み込んだきわめて肥大化したメトロポリス（ギリシア語）によって形成されるきわめて広大な都市域．または融合した一連なりのメトロポリス群（たとえば，ワシントンD.C.とニューヨークの間にスプロールしている都市域）．

メガロン　megaron
1.　古代ギリシア住宅における主要な男性用の部屋，またはホール．または，神官のみが入室できる神殿の部屋．
2.　中央に盛り上がった炉床を備えることの多い，正方形平面，または長方形平面の部屋．4本の円柱が屋根を支持している．側面の壁体が正面の壁体から突き出ていて，部分的に円柱を備えたポーチを両側から囲っている．おそらく，これがドリス式神殿の祖形である．

メザニーノ　mezzanine
主要階の階高の中に挿入される，建築物平面の一部を占める天井高の低い階（1階直上にある場合はアントルソル（フランス語で「中二階」の意）という）．または主要階2層の中間に位置する副次的な階．

目地仕上げ　jointing
煉瓦造や石造でモルタルがまだやわらかいうちに施される継仕上げ．先つけ（ポインティング）をみよ．⇨煉瓦

目地仕上げ　pointing　⇨ポインティング

メージャー，ジョシュア　Major, Joshua（1786-1866）
イングランドの造園家で，マンチェスターに最初期の公園のいくつか（フィリップス・パークとクイーンズ・パーク，サルフォードのピール・パーク）を設計した．ヨークシャーにあるオークス・ノートンの庭園（1832），ダービーシャーのダーウェント・ホール（1833），リーズ植物園を設計した．彼は『造園の理論と実践（*The Theory and Practice of Landscape Gardening*)』（1852）の著者で，ラウドンの出版物によく貢献した．

メストリング　mestling
マスティン，マストライン，または黄色金属．真鍮かラッテン（銅と亜鉛の合金）のようなものがあり，中世の真鍮墓所装飾に用いられた．

メソアメリカ建築　Meso-American architecture
16世紀のスペイン人による征服以前の，アステカ，マヤ，その他前10世紀以降の中央アメリカ文明下でつくられた建築．平坦な頂上部へ昇るための斜路，および／または階段を備えたピラミッド状基壇など，現存する構造物の大半は，祭礼上の機能を備えていた．多くの建造物は，彫刻が施されたフリーズ，縁取り，パネルをもつ．神殿建築の単純・直線的・ブロック状の形態は，ヨーロッパで18世紀以降建てられたストリップ・クラシシズムの建築と似通ったところがある．一方，幾何学的に左右対称に配置された建物群（メキシコ市近郊の巨大都市テオティウアカン（1-8世紀頃）のような集落を含む）は，儀礼道路とグリッド状平面を備えていた．メソアメリカ建築はアール・デコの意匠に少なからぬ影響を及ぼした．

メソニエ，ジュストーレル　Meissonnier, Juste-Aurèle（1695-1750）
イタリア・トリノで生まれたフランス系の建築家．1714年頃にパリに居を定め，内装デザイナー，建築家としての活動を開始した．直線と左右対称形態を避け，無個性に陥らないように心がけた洗練されたロココ・デザインを手がけた．フランス・バイヨンヌの手の込んだレオン・ド・ブレトゥース邸（1733）には不規則平面の構成に通じ甘美な曲線を好んでいたことがうかがえる．その作品のほとんどは取り壊されてしまったが，ガブリエル・ユキエ（Gabriel Huquier, 1695-1772）の手で1750年頃に出版

メタイヨン

された『ジュストーレル・メソニエ作品集(Oeuvre de Juste-Aurèle Meissonnier)』にその姿をうかがうことができる.

メゾネット　maisonnette
1. 小規模住宅.
2. 居住棟の一部. 1層にすべてを収めないがゆえに, アパートメントやフラットとは明確に区別される. すなわち, 2層構成の配列をもつ.

メソポタミア建築　Mesopotamian architecture
⇨アッシリア建築, バビロニア建築, シュメール建築

メーソンズ・マイター　mason's mitre
石材の刳形, シル, ストリング・コース(縞層)などが角をめぐる際に, その角のところに目地を設けるべきではない. なぜなら, 石材の鋭角部は痛みやすく, 折れやすいからである. それゆえ, 目地は角から距離をとり, 裸壁面に対して直角をなすように設けることになる. 刳形(くりかた)の折れ曲がりはこのように裁石することによって形成される. ⇨レプリーズ(フランス語)〔「マイター」とは「司教冠」. その形状からこのように呼ばれる〕

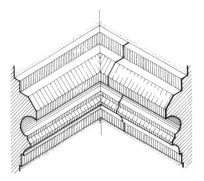

メーソンズ・マイター

メーソンズ・マーク　mason's mark
石工が自らの作品であることを証すために石材に刻んだ図案. 中世の建築物によくみられる.

メーソンズ・ロッジ　mason's lodge
⇨ロッジ

メーソンリー　masonry
1. 自然石や人造石を用いて建造する技術, 工芸, 実践. 石材の採石, 裁石, ドレッシング(化粧), 結合や積みからなる.
2. アシュラー(切石)壁, 化粧石材などのような, 石工によって生み出された構築物. メーソンリーの形式には次のようなものがある.

アシュラー(切石)積み： 角を直角に正確な形態に裁石され仕上げられた石材. モルタルによって本格的な段をなして平坦な基礎上に積まれ, 上質の目地によって注意深く接着される.

キュクロープス積み： 1. なんらかの多角形石材によるメーソンリー(石積み)のことだが, とりわけ, 大規模で不定形な石材によるメーソンリーのことをいう. 2. 採石場から運ばれてすぐに自然にできたような粗いロック・フェース(岩石表面)仕上げの構築物のようにみえるよう仕上げられたルスティカ積みメーソンリー.

ラブル(野石)積み： 化粧されていない, または粗く化粧された石材による石造構築物. コース・ラブル(野石段積み)(段を形成するように石材を積んだもので, 幾分かの準備作業により, その目地を水平にし, 石材が適切に積まれるかを確かめねばならない), ドライ・ストーン(空石積み)(粗い石材をモルタルなしに積む), ランダム・ラブル(野石乱積み)(きわめて粗い石材を段をなさずに積む), スクエア・ラブル(野石整層積み)(石材は粗く裁石されて, 縦の列が横の段に対して直角をなすようにしたもの)といった種類がある.

ルスティカ積み： 面取りなどによって目地を強調して積むメーソンリー(石積み). 表面が目地から突出している. ⇨ルスティカ積み

3. 煉瓦造構築物, またはブロック造構築物のような組積造構築物のことだが, この意味でメーソンリーという用語を用いるのは望ましくないだろう.

4. Mが大文字になっている場合(⇨フリーメイソン).

メダイヨン　medallion
1. 通常, 円形, 楕円形, 卵形, または正方形のパネルやタブレット. その中には肖像や人

物像のレリーフが施され，まさに大きなメダルのようなものである．古典主義建築の装飾として用いられる．

2．たとえば，フリーズにおいて円形装飾物が繰り返されたもの（とりわけ，ロマネスクの構築物において）．

メタゲネス　Metagenes

この名の古代ギリシアの建築家は，2人存在した．アテネのメタゲネス（Metagenes of Athens, 前5世紀後半頃活躍）は，エレウシスにあるペリクリスの時代のテレステリオン，あるいは秘儀堂（前430頃）に携わった建築家の一人である．ケルシフロンの息子であるクノッソスのメタゲネス（Metagenes of Knossos）は，エフェソスにある前6世紀のイオニア式による巨大なアルテミス神殿に従事し，さらに，建築理論書（現存せず）を執筆した．

メタボリズム　Metabolism

1960年に開始された日本の建築運動．菊竹清訓，黒川紀章，槇文彦らが中心となり，公私空間の性格と表現，柔軟性，可変的使用といった主題が追求された．プレファブ，最新技術，工業化の流れをくんで，私空間としての小カプセルあるいは居住ユニットが設備タワーや導線空間に組み込まれた．実例に，黒川による中銀カプセルタワー（1972）など．

メッセル，アルフレート　Messel, Alfred（1853-1909）

ベルリンで事務所を開設し（1886），数多くの集合住宅や個人住宅を設計した．ダルムシュタットのヘッセン州立博物館（1890年代）は初期の代表作で，当時用いられていた諸様式で装飾された諸室からなる．この時期，ヴェルトハイム百貨店のための仕事に携わるようになった．ベルリンのライプツィヒ広場に面したヴェルトハイム百貨店（1896-97）は，ドイツの首都ベルリンで初めての鉄骨骨組構造の建築で，広く影響を与えた．後期の作品は簡素化された新古典主義によるもので，AEG本社ビル（1906-07），国立銀行（1907-08）などがあり，ペルガモン博物館はヘレニズム様式の祭壇や建築の一部を収蔵していることでよく知られている（ルートヴィヒ・エルンスト・エミール・ホフマン（Ludwig Ernst Emil Hoffmann,

1852-1932）が監理し1909-30に建設）．

メッド，ヘンリー・アレクサンダー・ネスビット　Medd, Henry Alexander Nesbitt（1892-1977）

イギリスの建築家．1919年からインドを中心に活動し，ハーバート・ベイカーの図面の手直しや修正などを行ったが，ニューデリーの総務省や法務省の建物についてはほとんどの詳細設計を担当した．彼自身の作品としては，設計競技によって，ニューデリーの英国国教会救済礼拝堂（現在は大聖堂）（1928-31．みごとなドームをもつ建物で，明らかにラッチェンスによるハムステッド・ガーデン・サバーブにある作品や，レンの作品に影響を受けている），RC造の聖心会礼拝堂（1927設計，1930-34施工．2つの塔を有する典礼用西側ファサード，交差部上のドーム，水平が強調された長軸方向の側面などすべてがラッチェンスのごとき崇高さをもつ）がある．また，ナグプルに高等法院（1935-42．ラッチェンスの総督府に似た様式（メッド自身は「すべて真似た」といった）），ローマ・ドリス式オーダーを用いた新古典主義のカルカッタ・ミント（1940-49）も手がけた．シュースミス同様，本国帰還後は，彼の作品および帝政様式への拒絶もあってかなり肩身の狭い思いをし，ドラフトマンに甘んじた．1959年，アートワーカーズ・ギルドのマスターになった．

メトゾー，ジャック＝クレマン　Métezeau, Jacques-Clément（1581-1652）

フランスの建築家．ルイ・メトゾーの弟で，アンリ4世（在位1589-1610）によるパリの都市計画と建築設計案の作成に携わった．そのデザインはル・ヴォーの様式を予期させるもので，パリのリュクサンブール宮殿（1615）をともに手がけたサロモン・ド・ブロスの様式に由来する．シャルルヴィルのプラス・デュカル（公の広場）（1610），オランジュリー・デュ・ルーヴル（ルーヴル宮殿のオレンジ温室）（1617），パリのオテル・ド・ブリエンヌ（1630-32），そして，シャトー・ド・ラ・メイユレ（1620-．現存しない）といった建築物も手がけた．パリのサン・ジェルヴェ聖堂の端正な西側正面（1616-23）の建立を請け負った．背の高いゴシックの聖堂にオーダーの組み合わ

せを適用したもので，それゆえ，ヴィニョーラとデッラ・ポルタによるローマのイル・ジェズ聖堂のように2種類のオーダーではなく3種類のオーダーを必要とした．サン・ジェルヴェ聖堂のこのデザインはブロスに帰せられてきたが，メトゾーが貢献したと思われる．ジャン・ティリオ（1590頃-1647）とともにラ・ロシェルの海岸囲壁（1627-28）を設計して名声を得た．

メトゾー，ルイ Métezeau, Louis (1559-1615)

フランスの建築家，ジャック・クレマン・メトゾーの兄．オテル・ダングレーム（1584着工）を設計したと思われる．パリで初めてジャイアント・オーダーのピラスターを使用した作例であり，おそらくド・ロルムの『建築書』「第一書（*premier Tome*）」（1567）から着想を得ている．1594年からルーヴル，テュイルリーやそのほかの王宮で活躍し，1603年頃からプラス・デ・ヴォージュ（レ・ヴォージュ広場）の設計に貢献している．さらに，弟と同様，デュ・セルソーとともにアンリ4世のパリの都市計画に参画した．また，ルーヴル宮殿のグランド・ガルリー（大ギャラリー）の南側ファサードを手がけ，同宮殿のプティット・ガルリー（小ギャラリー）とサール・デザンティーク（アンティークの間）の内装設計にも貢献したと思われる（1601-08）．パリのオテル・ド・ジャン・ド・フールシーの内装（1601-10）をデュペラックとともに手がけた．1611年にフィレンツェを訪問してパラッツォ・ピッティを研究し，パリのリュクサンブール宮殿の設計の着想を得た．フランス・マニエリスムの発展に大きく貢献した．

メトペ，メトパ，メトープ metope

1. ドリス式オーダーのフリーズにおいてトリグリュフォス（ギリシア語，トリグリフ）の間にある，平滑な，または装飾されたスラブ（厚板）．

2. デンティル（歯形装飾）の間のインテルセクティオ（ラテン語），メトケー（ギリシア語），すなわち空間．

メドレセ medrese

⇨マドラサ

メトロポリス metropolis

1. 管区主教・司教（周辺の教区を管轄する主教・司教）の座，または位．

2. 地方・地区の中心となる町・都市．とりわけ，政府が置かれている都市，すなわち，首都．

3. 郊外を伴ったきわめて大規模な都市．通常，グレーター・ロンドンのようにいくつかの町村と一体化している．

メニローズ，アダム Menelaws, Adam (1749頃-1831)

スコットランドの建築家で，キャメロンの招聘によってロシアに移住した数人の一人．1818年までに，キャメロンのお抱えの先導的宮廷建築家の地位を手に入れ，1825年からはアレクサンドリア（フィンランド湾）でゴシック様式の内装のカントリー・ハウスを設計した．また，ツァールスコエ・セローのアレクサンドル庭園に，いくつかの装飾的な建築を設計している（たとえば，廃墟の礼拝堂（1827），トルコ象の小屋（1828），ヴァシリー・イワノヴィッチ・デムト＝マリノフスキー（Vasily Ivanovich Demut-Malinovsky, 1779-1846）によってデザインされたエジプト象形文字で飾られた鋳鉄製の板碑で覆われたパイロンをもつ全体的に並外れた規模のエジプト門（1827-30）など）．

メーベス，パウル Mebes, Paul (1872-1938)

20世紀ドイツの重要な建築家，理論家で，集合住宅の設計が影響を与えた．『1800年頃—前世紀の建築と手工芸における伝統の展開（*Um 1800. Architektur und Kunsthandwerke im letzten Jahrhundert ihrer traditionellen Entwicklung*）』を著し，ドイツのビーダーマイヤー様式の建築を例示しながら，ユーゲントシュティールや当時流行していたそのほかのスタイルよりも，簡素で抑制された新古典主義のほうが近代的な要求により適応し得ることを説いた．この見解はベーレンス，ボナッツ，トローストらに影響を及ぼした．パンコウ（1907-09），ツェーレンドルフ（1912-33），リヒターフェルト（1920-29），ライニケンドルフ（1920-29），テンペルホーフ（1920-29），ヴァイセンゼー（1930-32）など，拡張された大ベルリン域における集合住宅の設計が知られている．

メヤール, ロベール Maillart, Robert (1872-1940)

スイスのエンジニア．湾曲した鉄筋コンクリート部材を用いた橋梁のデザインを展開した．キノコ状の形態で床スラブを支持する柱も設計し，チューリヒのギースヒューベル倉庫でこれを使用している（1910）．とりわけタヴァナーサのライン橋（1905），ドナートのヴァルトシールバッハ橋（1925），シエールスのザルギナトーベル橋などの橋梁にその名を留める．

メリディアン meridian
⇨経線

メーリニコフ, コンスタチン・ステパーノヴィッチ Mel'nikov, Konstantin Stepanovich (1890-1974)

ロシアの建築家で，1920年代のソヴィエト連邦の頂点にいた．初期の作品にはタトリンの影響がみられ，荒く挽かれた木材を用いた，伝統的な田舎風のティンバー様式からも部分的に影響を受けた建築を展開した（たとえば，1925年のパリ万国博覧会のソヴィエト連邦館は，力強い対角線によって切り裂かれた矩形で（おそらく脱構築主義を予告していた），これによって彼は前衛たちの間で国際的な名声を得ることになる）．彼の仕事は構成主義に連なるとはいえ，むしろプロダクティヴィストたちとの繋がりが強く，彼らは自らを反芸術的構成主義技術者と規定していた．代表作はモスクワの工場付属労働者クラブで，フルンゼ（1927），カウチュク（1927），ルサコフ（1927），スヴォボーダ（1927-28），ブレヴェスニク（1929）などに建設された．ルサコフ・クラブは，力強い単純形態で外部に表現されたオーディトリウムと動線空間をもつ．モスクワの自邸（1927-29）は，二つの結合した円筒の組合せという，ほかの建物でも反復しているテーマを展開している．

メリル, ジョン・O Merrill, John O. (1896-1975)
⇨スキッドモア・オウィングズ・アンド・メリル

メーリンク, ブルーノ Möhring, Bruno (1863-1929)

ドイツの建築家．いくつかの国際展覧会（たとえば1904年のミズーリ州セントルイス）の設計に従事したが，第一に都市計画の権威として，そしてアルフレート・グレナンダー（Alfred Grenander, 1863-1931）とともにアール・ヌーヴォー（もしくはユーゲントシュティール）の主唱者として記憶される．それらはおもにベルリンの高架路面軌道システムの橋や駅舎において表現された．ジッテの弟子である彼は，大ベルリン計画（1910）を提案し，グルリットとともに『古い時代と新時代の都市建築芸術（*Stadtbaukunst alter und neuer Zeit*）』（1919から）を創刊した．

メルス meros, merus
⇨メロス

メルダール, フェルディナンド Meldahl, Ferdinand (1827-1908)

デンマークの建築家．とくにペルシウス，シンケル，ゼンパーらの作品の影響を受け，デンマークにおける歴史主義の主導的な提唱者となった．ローランドのペーデルストルップの領主館（1859-62）では，フランス・ルネサンスの原型を参照し，コペンハーゲンの航海術学校（1864-65，のちに生命保険協会）では，ランバルドが設計したヴェネツィアのパラッツオ・ヴェンドラミン＝カレルギ（1500-09頃）のファサードを引用した．そのほかの作品には，オールボリ市庁舎（1857-61），フレデリカ市庁舎（1859-60），王立造幣局（1872-73）などがある．さらに，ジャルダンとエイクトヴェッドが設計した高貴なクーポラをもつフレデリクス教会（別名，大理石教会）を輝かしい完成へと導いた（1878-94）．

メルリーニ, ドメニコ Merlini, Domenico (1730-97)

イタリア生まれで，ポーランド王スタニスワフ・アウグスト・ポニャトフスキ（King Stanisław August Poniatowski, 在位1764-95）の宮廷建築家を1773年以降務めた．カムセッツェルと共働し，ワルシャワ王宮の内装をルイ16世様式で愛らしく仕上げ（1776-85），ワルシャワのウヤズドゥフの王立公園で多くの建物を設計した．美しい湖畔のワジェンキ宮殿の改装（1775-93）もその一例である．メルリーニは湖畔のオランジュリー劇場（1775-93）をヤ

ン・ボグミウ・プレルシュ（Jan Bogumił Plersch, 1737-1817）と共同で設計し，小さなロッジ（1765 頃-74）を設計した．さらにバロック的な手法で建てられたのがミシュレヴィツキ宮殿（1775-76，湾曲した正面，両隅のパヴィリオン，3 階部分までアプスのような形にくぼんだ入口），ヤブウォンナ宮殿（1775-79），クルリカルニャ宮殿（1782-86，イオニア式のポルティコとドームを戴くロトンダがある）である（すべてワルシャワ）．ラツォトのヤブウォノフスキ宮殿（1785 頃）は，構成はおおむねパッラーディオ主義だが，田園風の趣がある．

メルロン merlon
コップ（城壁頂部）．⇨バトルメント

メロヴィング朝建築 Merovingian architecture
ガリアにおけるフランスの最初の王朝（500 頃から 751 または 752）の建築．古代ローマの初期キリスト教建築のプロトタイプの影響を受けた．一般に 5 世紀から 8 世紀末までの建築を指す．5 世紀の建物の中では，エクス，フレジュス，メラスの洗礼堂はイタリアの同種の構造物と似ており，明白に古代ローマの先例からの影響を受けている．モー近郊にあるジュアールの地下祭室（クリプト）やポワティエのサン・ジャン聖堂の洗礼堂など（いずれもおそらく 7 世紀）が現存している．

メロス meros, merus
トリグリュフォス（ギリシア語，トリグリフ）の中で，グリュフォス（ギリシア語）の間の平滑な表面の部分．

メロン・ドーム melon-dome
⇨ドーム

メンゴーニ，ジュゼッペ Mengoni, Giuseppe (1829-77)
イタリアの建築家．代表作は，ミラノのガレリア・ヴィットリオ・エマヌエーレ 2 世（1861-77）で，19 世紀のガレリアとしては最大級であり，鉄とガラスで覆われた印象的な街路空間である．大聖堂広場側には，イタリアのルネサンス様式によるファサードがつけられ

た．また，ボローニャには，端正なパラッツォ・デッラ・カッサ・ディ・リスパルミオ（1868-76）や，カンポ・サントの印象的な古典主義アーケード（1860 年代）も手がけた．

メンサ mensa
聖堂における祭壇の頂部を構成する石造の上部スラブ．

メンディーニ，アレッサンドロ Mendini, Alessandro(1931-2019)
イタリア人建築家．アルキミアの創始者で，オランダのフローニンゲン美術館（1988-94，コープ・ヒンメルブラウ他と共作），広島のパラダイスの塔（1989，共作）で名声を得た．メンディーニは，フローニンゲンの中央タワーも手がけている．

メンデルゾーン，エーリヒ Mendelsohn, Eric (h)（1887-1953）
ドイツ出身の建築家．後年，アメリカに帰化した．表現主義の建築家として活動を始め，ドイツ帝国軍で兵役に服しながら（1914-18），流線形をした建造物のイメージを数多く描いた．ポツダムのアインシュタイン塔（1919-24）は，初期のこの類型的なスケッチと共通する要素をもつ．煉瓦およびブロック造でありながら，あたかも鉄筋コンクリート造であるかのような表現がなされ，一般的にはそのようにみなされている．平面は 18 世紀の南ドイツにおけるバロック様式の階段のデザインを彷彿とさせる．ルッケンヴァルデのシュタインベルク=ヘルマン帽子工場（1921-23）も表現主義の作品で，ジグザグ形や鋭角の形態が用いられた．曲面形態の使用は，ベルリンのウニヴェルズム映画館および WOGA 集合住宅（1925-28），シュトゥットガルト（1926）およびケムニッツ（1928-29）のショッケン百貨店にもみられる．ウニヴェルズム映画館は 1930 年代のヨーロッパ，アメリカにおける映画館の先駆となった．また，ショッケン百貨店にみられるような，ストライプ状に設けられた横長の水平窓も少なからぬ影響を与えた．国際様式の要素も作品にしだいにみられるようになった．1933 年イギリスに移住し，チェマイエフと共同した．広く知られたサセックス州ベックスヒルのデ・ラ・ウェア・パヴィリオン（1933-35）は，帯状の窓や流線

形の曲面ガラスを用いた階段室などシュトゥットガルトのショッケン百貨店を参照したデザインとなっている．チェマイエフとの共同作品にモダニズムのスタイルの住宅があり，バッキンガム州チャルフォント・セント・ジャイルスのシュルブス・ウッド（1934-35），ロンドン，チェルシーのオールド・チャーチ・ストリート64番地（1936，1990年代に改修）のいずれも重要である．1930年代後半にパレスチナに赴き，エルサレムのヘブライ大学（1937-39）を設計した．1941年にはアメリカに移住したが，ドイツ時代のデザインの精彩は失われていった．サン・フランシスコ，パシフィック・ハイツのラッセル邸（1950-51）が，アメリカ時代の最良の作品といえるだろう．

メンヒル menhir
⇨メガリス

メンブレイン・ストラクチュア membrane structures
⇨張力構造（張力構造建築）

モア，エドマンド More, Edmund（活躍 1523-36没）
イングランドの熟練石工（フリーメーソン）．1523年から1533年にかけて，イーリ大聖堂（ケンブリッジシャー）で，司教ウェストの非常に美しい詠唱（寄進）礼拝堂の建設に従事した．これは，後期垂直式ゴシックと初期ルネサンスが融合した壮麗な作品（とくに，ヴォールト天井）であった．モアが制作した彫像は，実質的にすべてがとり壊されてしまったが，モアと助手のピーター・クリーフト（Peter Cleyft, おそらくクレーフェ出身のドイツ人）が組んでなんらかの建築的行為のようなことを行うと，すぐれた職人集団となり，イングランド全土の16世紀初頭の空間で最も愛すべき空間をつくり出すこととなった．

モーガン，ジュリア Morgan, Julia（1872-1957）
アメリカの建築家，技師．パリのエコール・デ・ボザールで建築を学んだ最初の女性であり，カリフォルニア初の建築士にもなった．カリフォルニア州オークランドのミルズ大学に，鉄筋コンクリート造の建物，鐘楼（1903-04），図書館（1905-06），体育館（1907-08）などを手がけた．サン・フランシスコ一帯に多くの個人住宅（ミッション・リヴァイヴァル様式など）を設計したが，施主の要望を受け折衷主義的要素を付けたり，地域特有の材料を使ったりしながらも，パリで培った技能によって全体の仕上がりは良好である．カリフォルニア州パシフィック・グローヴに設計したアシロマYWCA施設（1913-28）は，現在，国の記念建造物にして会議場になっている．建築細部への強いこだわり，人間および敷地への細かな目配りをすることで，折衷主義による幻想的な場所を創り出すことができた．その最たる例がカリフォルニア州サン・シミオンであり，ウィリアム・ランドルフ・ハースト（William Randolph Hearst, 1863-1951）のためにさまざ

まな文化的要素を参照し組み上げられた魅惑の丘となっている．カリフォルニア州バークレーにあるセント・ジョン長老派聖堂（1908-10）は，アーツ・アンド・クラフツに影響を受けた秀作で，現在，ジュリア・モーガン舞台芸術センターになっている．

木材　timber

　針葉樹（あるいは常緑樹）の木材が，軟材として知られる（たとえばマツ）．落葉樹の木材は，硬材として知られる（たとえばブナ）．軟材は古今において，床構造や屋根構造に広く使用されている．一方で硬材（とくにオーク）は，かつては木骨構造に使用されていた．18世紀に入り，構造用の金属の導入が進む以前は，木材（あるいは製材）は，構造的な骨組みに使用される唯一の素材であった．

木造小屋組垂木　common rafter
　⇨コモン・ラフター

木彫紋様　woodshaving pattern
　渦巻装飾のような要素を重ね合わせた紋様．ロマネスクのコーベルの側面を飾る．部分的にかんなをかけられた材木についたままの削りくずに似ている．

モザイク　mosaic
　床，ヴォールト，壁面などの，紋様を描く表面．規則的な正方形のガラス，石材，陶片，大理石などの小片（テッセラ（ラテン語））で構成される．セメントかプラスター（石膏）の基盤にはめ込まれている．

モザイク式乱積み　Kentish rag
　きわめて固い小型の灰白色の石灰石を，多角形の粗石積または互角に積んで壁をつくること．しばしばロンドンにおけるゴシック・リヴァイヴァルの聖堂で，一般的な煉瓦壁に面するところに用いられた．その不規則な形態がモルタル目地の網目を生み出した．

モーザー，カール　Moser, Karl (1860-1936)
　スイスの近代建築運動の先駆者，CIAM の初代議長（1928-30）．スイスではじめてコンクリートを露出させて建設された，バーゼルのアントニウス聖堂（1924-31）を設計した．初期

の作品（ロベルト・クリエル（Robert Curjel, 1856-1925）と共働）はあまり知られていないが，アーチの使用などアメリカのリチャードソンからの影響がみられる（例：バーゼルのパウルス聖堂（1897-1901））．しかし，チューリヒのクンストハウス（芸術の家，1907-10）では，簡素化された新古典主義の造形言語を用いた．チューリヒ大学本館（1911-14）ではドリス式のギリシア建築のスタイルによるものとアーチを組み合わせていて，モーザーの折衷主義的手法の特徴がよく示されている．ヴェルナー・マックス・モーザー（Werner Max Moser, 1896-1970）は息子で，やはり建築家として成功した．エミール・ロート（Emil Roth, 1893-1980）と共同して，近代建築運動の初期を画する作品を設計した．チューリヒ，エルレンバッハのハークマン・ボート・ハウス（1929），バーゼルのエグリゼー集合住宅（1930），チューリヒのノイビュール集合住宅（1932）などの作品がある．また，フランクフルト近郊の養老院（マルト・スタムと共働，1930），バーゼル，リーヘンのコルンフェルト聖堂（1962）を設計した．

モサラベ様式　Mozarabic
　9 世紀から 11 世紀初頭にかけてのスペインでイスラーム教勢力下にあったキリスト教建築の様式．馬蹄形アーチなどを特徴とするが，基本的にはロマネスクとイスラーム建築の要素の融合であり，おもな遺構にレオン近郊のサン・ミゲル・デ・エスカラーダ（913）やレオン県ポンフェラーダ近郊のサンティアゴ・デ・ペニャルバ（931-37）がある．

モス，エリック・オーエン　Moss, Eric Owen (1943-)
　アメリカの建築家．素材を普通ではないやり方で用いる傾向から，フィリップ・ジョンソンに「ガラクタの宝石職人」と呼ばれる．モスは，建築をいかに「脱・構築」できるかを模索しているといってよい．カリフォルニア州カルヴァーシティのナショナル大通り 8522 にて進められた廃墟の倉庫とビルの増改築（1986-90）では，新たに楕円形平面の空間を創出する一方で隠れていた構造体を表出させるなど，新旧の興味深い対比を生み出している．同じくカルヴァーシティにある「ゲーリー・グループ」

(1988-90) では，パラマウント・ランドリーとリンドブレード・タワーを含む4棟の建物に手を加え，そのうちの一つの壁は，鎖や鉄棒でつくられた梯子や車輪などで飾られている．他の作品に，カリフォルニア州ロサンゼルスの「ローソン・ウェステン邸」(1988-93)，そしてカルヴァーシティにある「サミタウビル」(1990-2006)，「ザ・ボックス」(1990-2004)，「IRSビル」(1993-94) がある．「IRSビル」では，角部にある玄関に再利用された，鉄製の構造部材が勢いよく使われている．

モスク　mosque

メッカの方角に向けられたイスラーム教徒の祈祷所．二つの異なる形式がある．日常の祈祷のためのマスジド，および大モスク，または金曜日のモスク（マスジド・アル・ジャーミー）と呼ばれるものである．後者では共同体の礼拝とミンバルからのイマームによる説教が行われる．非常に多くの信徒が集まるモスクには，多柱形式（つまり，8世紀のダマスクスの大モスクのように多くの円柱を備えている），4カ所にイーワーンを備えた形式，すなわち，大規模中庭へと通ずる入口としてヴォールトを架けたホールがあって，中庭の中央にイーワーンがある形式（たとえば，イランのイスファハンの「金曜日モスク」(11-15世紀)），およびドームを架構したモスクがある．後者は整然たる大規模空間を覆うドーム群や半ドーム群を備えた集中形式のモスクとして結実した（たとえば，イスタンブルのスィナン (1550-57) によるスレイマン・モスク）．8世紀以来，モスクには最低1本のミナレットが設けられるようになり，通常，最も近代的なモスクはミナレットとドームを備えている．

モス・ハット　moss hut

原始の田園的様式によるファブリック（点景建築）．通常，木の枝でできていて，隙間には苔がつめられている．藁や檜皮で葺かれていることもある．「原始の小屋」を思い起こさせるもの，または単純なコテージ・オルネ（仏語で「装飾されたコテージ」の意）かもしれない．

モースブルッガー，カスパー・アンドレアス　Moosbrugger or Mosbrugger, Caspar Andreas (1656-1723)

ドイツの建築家．助修士としてスイスのチューリヒ湖南のアインジーデルンのベネディクト会修道院への入会が認められ (1682)，そこで（最初はヨハン（・ハンス）・ゲオルク・クーエン (Johann (Hans) Georg Kuen, 1642-91) のもとで) 1674年から死ぬまで活動した．ボーデン湖（コンスタンツ湖）東岸とその周辺においてバロックおよびロココ様式を用いて活動し，フォアアールベルガー派として知られる建築家たちの中でも，ベール一族とトゥーンプ一族と並んで最も重要な貢献を果たした人物の1人である．彼は円形，楕円形，多角形のヴォリュームを紹介することでバシリカ式の平面を改めた中央ヨーロッパで最初 (1680年代) の建築家の1人であった．彼の最大の作品はアインジーデルンの大規模な修道院であり，その計画は1691年のクーエンの死から始まり，壊滅的な火災の後，1704年から建設を開始し，聖堂自体に関する作業は1719年に始まった．彼の修道院計画はマドリッドのエル・エスコリアルといくつかの類似点をもつものであるが，聖堂自体は建築家の偉大な独創性を示すような内部空間の構成を有している．その聖堂はベネディクト会修道院の聖堂であると同時に巡礼の場所でもある．というのも，そこにはチューリヒの大修道院長ヒルデガードが853年にズルゲンのマインラート伯爵 (Count Meinrad of Sulgen 797

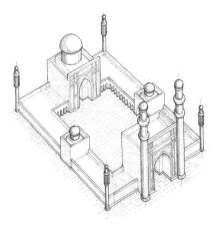

ミナレットをもち4カ所にイーワーンを備えた典型的な金曜日のモスク．

頃-861）に贈った霊験あらたかな聖母の影像があるからである．グナーデンカペッレ（奇跡の像の礼拝堂）は，ベネディクト会隠遁者（アインジードラー）の男子修道院との関係で建設されたものであった．やがて（13世紀に）その男子修道院は独立した公国として創設され，大勢の巡礼者のおかげで地域の中でも最も豊かな場所となった．1617年頃にはソラーリが像を収容するために豪華な聖所を設計し，礼拝堂は古代のホーエンツォレルン家の創設者，すなわち聖マインラートの墓と関連づけられた（ソラーリの作品は1798年に破壊され，ヤーコプ・ナッター（Jakob Natter, 1735-1815）とルイージ・カニョーラの計画によって縮小された形で再建された）．しかし，祭壇の位置は固定されており，その東に17世紀の内陣があった．モースブルッガーの解答は，至聖所の周りに八角形に近似したヴォリューム（そのうちの一つの面は湾曲した正面の裏側にあたる）をつくり出し，その東側に，側廊をもつ2ベイの身廊を配置することで，聖堂を一つにまとめることであった．祭壇と巡礼者を収容する西側のヴォリュームには，祭壇から立ち上がるようにヴォールト・アーチを支える2本の支柱が置かれ，複雑な幾何学形態を生みだしている．身廊の東には内陣と主祭壇が置かれ，内部空間全体はとても長く見えるが，その効果は手の込んだ遠近画法に加えて，アザム兄弟（1724から）によるスタッコその他の装飾がつくり出す豊かで泡立つような表現によって高められている．

彼は地域のいくつかの修道院において顧問建築家として活動した．スイスのムーリに建つロマネスクのかつてのベネディクト会修道院聖堂を改築し（1684-1719），もともとあった身廊と側廊をバロックによる八角形の中央の空間へとつくり替えた．さらにスイスのザンクト・ガレンの修道院聖堂の計画を準備している．その中央の空間は彼の考えから発展したものと考えられるが，この巨大な建造物に最も関与した建築家はペーター・トゥーンプであった．ヴュルッテンベルクのヴァインガルテンに建つ広大なベネディクト会修道院聖堂の設計に対する彼の助言は実らなかったようだ．しかし彼の影響は，いずれもスイスに建つライナウのかつてのベネディクト会修道院（現在の教区聖堂）（1720），ラッヘンの教区聖堂（1703），エンゲルベルクのベネディクト会修道院教会（1704），ドミニ

コ会女子修道院（現在の教区）聖堂の聖カテリーネンタール（1690），かつてのイッティンゲンの修道院聖堂（1698，フランツ・ルートヴィヒ・ヘルマン（Franz Ludwig Hermann, 1710-97）らによる精緻なインテリアをもつ），そしてフィッシンゲンのかつてのベネディクト会修道院（1685, 1706, 1716）において認められる（そして彼の関与が記録されている）．さらに，ディーゼンティスのベネディクト会修道院聖堂（1696-1712）やスイスにおけるその他の建築の設計に関与している．モースブルッガー家のほかの人物，たとえばアンドレアス（Andreas, 1722-87）とペーター・アントン1世（Peter Anton I, 1732-1806）は1780年代にスタッコ装飾を制作し（たとえばスイスのホルゲンの聖堂），J・S・モースブルッガー（J. S. Moosbrugger）はザンクト・ガレンの新古典主義の主祭壇（1810）を設計した．1845-46年にはヒエロニムス・モースブルッガー（Hieronimus Moosbrugger, 1807-58）が，ウィーンに建つ低地オーストリアのラントハウス内にネオ・バロックの集会ホールを創作した．

模造建築 Ersatz architecture
多種多様な所からモチーフを得た（厳格性や理解，そして学識をもって摸倣したものではない），見境なく折衷主義な建築で，ポスト・モダニズムによくみられるキッチュの領域に近い．この造語はチャールズ・ジェンクス（1973）の数ある発明の一つであるようだ．

モーソン，ウィリアム Mawson, William (1828-89)
⇨ロックウッド，ヘンリー・フランシス

モーソン，トーマス・ヘイトン Mawson, Thomas Hayton (1861-1933)
イギリスのランドスケープ・アーキテクト．主として公共公園（ブラックプール，ボルトン（レヴァーハルム・パーク），バースレム，ニューポート，プレストン（ハスラム・パーク），ストークオントレント（ハンレイ・パーク），ティプトン，ウォルサル，ウェンズバリー，ウォルバーハンプトン等）を手がけた．個人庭園としては，ウィンダミアのグレイスウエイト・ホール（1889），シュルブランド

(1905-07），ランカシャー，リヴィントン・ホール，チェシャー，ソートン・マナー（ともに1905-10），ボドルウィドン・カースル（1910）がある．モーソンは，アテネのロイヤル・パレスの庭園とアクロポリス周辺地域の計画も行った（1914以前）．またカナダの都市計画や庭園設計も行ったほか（バンフ，カルガリー，オタワ，レジーナ，ヴァンクーバーなど），デンマーク，ギリシア（サロニケ），オランダ（ハーグの平和宮）の計画もある．著書に『造園におけるアーツ・アンド・クラフツ（*The Art and Craft of Garden Making*）』(1900)，『シビック・アート（*Civic Art*）』(1911)，『あるイギリスのランドスケープ・アーキテクトの生涯と作品（*The Life and Work of an English Landscape Architect*）』(1927) など．息子のエドワード・プレンティス・モーソン（Edward Prentice Mawson, 1885-1954）が事務所を継いだ．

モダニスト Modernist
1. 1920年代から1930年代にかけて，アール・デコ，アステカ様式や古代エジプト様式に少なからず負っている装飾上の工夫を融合させた建築様式のことで，1925年のパリ博覧会で推進された．共通するモチーフとしてはシュヴロン（山形装飾），傾斜をつけてコーベルで支持された「アーチ」，メダイヨン（フランス語），波形渦巻装飾，フルート（溝），表面から階段上に盛り上がった剣形や幾何学模様がある．色彩は生き生きとしていて，1922年に発見されたトゥト・アンク・アメン（ツタンカーメン）の墓所の工芸品群に影響を受けていた．つまり，黒色，朱色，緑色，黄色，青色，金メッキやクローム・メッキの数々が，多くはエナメル部位について，また，ガラスをはめた開口部においても必要不可欠なものとなっていた．モダニスティック・ビルディング（そうよばれることが多い）はまた，流線型の曲線を描く壁面を融合したものでもあった．そのよき作例としては，ウォリス・ギルバート&パートナーズによるロンドンのウェスタン・アヴェニューの旧フーヴァー・ビルディング（1931-38）がある．
2. モダン・ムーヴメントの教義や原理に賛同する人びと．

モダニズム Modernism
1. ⇨近代運動
2. 「モダニスト」と表記される1920年代から1930年代にかけての様式．

モダン・スタイル Modern style
アール・ヌーヴォー．

モダン・ムーブメント Modern Movement
⇨近代運動

持ち送り modillion
⇨モディリオン

持出し corbel
⇨コーベル

モーチュアリー・チャペル mortuary-chapel
⇨追悼礼拝堂

木骨 timber frame
　時にはハーフティンバーとも称される，建築構造のタイプ．壁や仕切り部分が木骨でつくられ，基礎の上に建ち，詰め煉瓦や漆喰，荒うち漆喰などで，隙間が埋められる．木骨建築は，

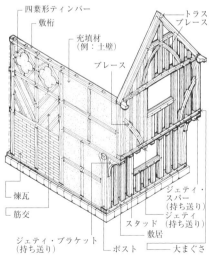

木骨　典型的な要素の図示（JJSによる）

マセマティカル・タイルを使用するのと同様に、タイル張りや漆喰、下見板、あるいは他の手段によって、気候から保護されることが多い。⇨梁、筋交い、まぐさ、シル、繋ぎ小梁、横木、クラック、ドラゴン・ビーム、張り出し、根太、ポスト、主材、パーリン、垂木、框、スタッド、トラス、ウィールデン・ハウス

モット　motte

峻険な人工の土造丘、またはトゥムルス（ラテン語で「墳墓」の意）のことで、11〜12世紀の軍事構築物において、その上にはキープ、または城郭が建っていた。通常、ブリテン諸島のアングロ・ノルマン人とのかかわりが強い。壕で囲われていることもあったが、ベイリー（曲輪）を伴うことがさらに多かった。モット・アンド・ベイリーとは、モット上の城塔（木製が多かった）を含む防備構築物であり、それは壕、堤、パリサード（防柵）に囲われたベイリーの内側に設けられていた。

毛綱, モン太・毅曠　Mozuna, Monta Kikoh (1941-2001)

日本の建築家。釧路市の反住器（1972）で脚光を浴びる。その他の作品として、釧路市の「陰陽の間」（1980-83）、釧路市湿原展望台（1984）、釧路市立博物館（1984）、秋田県の鵜木小学校（1988）がある。彼は作品を仏教や自然の象徴主義からとらえており、釧路市立博物館の三つの展示フロアは「天」、「地」、「人」を、らせん階段はDNAの二重らせん構造を模しているとされる。彼は自身を、「ウィトルウィウスやアルベルティに従う誇大妄想狂の建築家」と記している。

モッリーノ, カルロ　Mollino, Carlo (1905-73)

イタリアの建築家。クーネオに農協事務所（1933-34）、トリノに競馬協会事務所（1935-39、現存せず）を手がけた。後年は、新造形主義や合理主義を独自に解釈し、情熱的で個性的な作品を手がけるようになる。自然風景に対しても丁寧な配慮を見せた（ラーゴ・ネーロのケーブル鉄道駅（1946-47）、チェルヴィーナ、フルゲンのケーブル鉄道駅（1950-53）など）。トリノのカメラ・ディ・コンメルチョ（1968-73、アルベルト・ガラルディ（Alberto Galardi, 1930-）、カルロ・グラッフィ（Carlo Graffi, 1925-1985）と協働）では、内部に柱が出ないように工夫した。また、アルフィエーリのテアトロ・レジオ（1738、1936破壊）の再建にもかかわり、18世紀の外観の裏側に近代的な内装を実現した。

モーティス&テノン　mortice and tenon

モーティスとは何かロック状のもの、または別の木材のテノン（端部の突出部）を填めるほぞ。

モディネイチュア　modinature

なんらかの建築物、その一部、またはオーダーに適用される刳形（くりかた）の配列、位置、形式。

モディリオン　modillion

鉛直方向よりも水平方向に長いコンソール（持ち送り）に似た突出した持ち送り部材。コンポジット式、コリント式、また（時折）古代ローマ風イオニア式オーダーのコーニスのソフィット（下端）の面に連なって設置されている。カンティレヴァーを表したものである。規則正しく並べられており、その中心線が円柱の鉛直方向の中心軸と重なっている。また、コロナ下面のモディリオンの間には格間（コッファー）が設けられた。同じ位置に簡素な直方体ブロックを設けた場合は、「ブロック・モディリオン」または「アンカット・モディリオン」と呼ばれ、またはムトゥルスの変種ということになる。

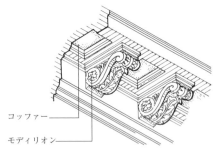

モディリオンはコーニスを支持しており、その間には格間（コッファー）が配されている。

モデュラー・デザイン　modular design

モデュール，または，ある標準寸法とその寸法の乗数にもとづいたもの．工業化建築物やプレファブリケーションと関連することが多い．

モデュール　module
モデュラー・デザインにおいて，プレファブ化された構造物，または工業化された建築物における基準寸法．これにより標準部材を繰り返し用いて再建造するのが容易になる．

モデュロール　Modulor
『ル・モデュロール（*Le Modulor*）』（1948）に示されたル・コルビュジエの比例システム．黄金比，および腕をあげた男性の身体（身長 183 cm，腕までの高さ 226 cm）にもとづいている．

モデルニスモ　Modernismo
スペインのアール・ヌーヴォーのことで，エスティロ・モデルニスタともいう．ほとんどはカタルーニャとかかわりがあり，当地ではムザルニズマと呼ばれていた．

モデルヌ様式　Moderne
アール・デコ様式．

モドゥルス，モードゥロ　module
古典主義において比例を定めるために，整数を乗ずる形で用いられる長さの基準単位．コラムの柱礎と接する部分の柱身の直径か半径を 1 モドゥルスとし，60 か 30 ミヌートに分割される．

モート・セーフ　mort-safe
墓穴や地下埋葬室を囲み，覆っている防護鉄柵．

モーナー　mourner
⇨ウィーパー

モニエ，ジョゼフ　Monier, Joseph (1823-1906)
鉄筋コンクリート構造の先駆者で，1860 年代にいくつかの特許を取得，さらに柱梁の生産システムの特許を取得した（1877）．後者はドイツのヴァイスに引き継がれた．ヴァイスは，モニエの理論的な仕事をまとめた『モニエ・システム（*Das System Monier*）』を出版した（1887）．

モニター窓　monitor
屋根から上に突き出た部分のことで，両側に採光と通風のための開口部が全面にわたって設けられている（アメリカの鉄道車両や工場にみられる）．

モニュメンタル　monumental
1．モニュメントとして建設された建造物，またはそのように見える建造物．
2．儀礼的で印象深く，非常に大規模，かつ永続的な，また，威圧感を与えるような建造物．

モニュメンタル・ブラス　monumental brass
⇨真鍮製追悼記念碑

モニュメント　monument
1．ある出来事や人物の記憶を永遠に伝えていくための建造物，または記念碑．儀礼的記念碑や葬祭記念碑などがある．
2．歴史的価値，または建築的価値を備えたものだとみなされている構築物．

モネオ，ラファエル　Moneo Vallés, José Rafael (1937-)
スペインの建築家．ウッツォンのもとではたらいたのちマドリッドで自身の事務所を開設した（1965）．古典主義的なプロポーションの伝統に則って設計された彼の最良の作品のいくつかは，煉瓦でつくられている．作品に，サラゴサのディエストレ社工場（1965-67），ログローニョ市庁舎（1973-81，格別にすばらしいメリダのローマ美術館（1980-86，古代ローマの事例を彷彿とさせるどっしりとした煉瓦のアーチを採用），セビーリャのプレビシオン・エスパニョーラ社屋（1982-87），スペイン銀行ハエン支店（1983-88），マヨルカ島パルマのミロ財団（1987-93），アメリカ合衆国マサチューセッツ州ウェルズリー大学デーヴィス美術館（1989-93），カリフォルニア州ロサンゼルスのカトリック大聖堂（1997-2002，美しい仕上がりのコンクリートの壁をもち，1580 平米のアラバスターを透過して室内に間接光が射し込む），スペイン北部ナバーラ州のワイナリー

（地域的条件に対応して建物が設計されている）など.

モノトリグリフィック monotriglyphic
隣り合うドリス式円柱の中心線の間のフリーズ上に1カ所だけトリグリュフォス（トリグリフ）を配したようなインターコラムニエーション（柱間内法寸法）.

モノプテロン，モノプテロス monopteron *or* monopteros
屋根を支持する円形平面を描いた列柱で，壁体は備えない. ゾーンは壁体ではなく円柱群で支持された建築物を「モノプテラル」建築物と呼び，円形平面の建築物に限定しなかった. ロンドンのオールド・セント・パンクラスのセント・ジャイルズ・イン・ザ・フィールド墓地の彼自身の（正方形平面による）マウソレウム（1816）の一部を表すのにこの用語を用いている.

モノリシック monolithic
1. 1体の石でできていること.
2. 巨大で均一なブロックのようにみえる建築物.
3. 現場で打たれ養生されたコンクリートで建築された建築物.
4. 岩石を掘削してできた建築物.

モノリス monolith
1体の石でつくられたもの. たとえば，オベリスクや円柱の柱身のようなものがある.

モバイル・アーキテクチュア Mobile architecture
ヨナ・フリードマンなどによって提唱された概念で，建築物や居住地の使用者がその計画や変更について発言権を有すべきであると主張した. 可動建築ともいう. 建築は大地の上に立ち上がった構造的なフレーム・ワーク，インフラ，サーヴィスで構成されるのであり，無限に適応できるのだという. このような視点は1960年代，1970年代の，おもにメタボリズムの思想に影響を与えた.

モファット，ウィリアム・ボニトン Moffatt, William Bonython (1812-87)
イングランドの建築家. スコット（父）と1835年から1844年まで共同経営を行った. ワークハウス（救貧院）の設計に熟達し，バークシャーのオールド・ウィンザー（1835），エセックスのグレート・ダンモウ（1840）など，約50の設計を行った.

モーフォシス Morphosis
トム・メイン（Thom Mayne, 1944-）とマイケル・ロトンディ（Michael Rotondi, 1949-）によって率いられるカリフォルニアの建築事務所. 1979年に設立された. テクノロジーの脅威的な側面を引き出すことによって，「特異なものを吸収する能力」の探求を目指している. カリフォルニア州モンテシートの「クローフォード・ハウス」（1987-92）は，機能的かつ経験に基づいた軸線と，メルカトル式図法の相反する幾何学形状を重ね合わせることによって作られている. 壊れたグリッドやバラバラになった壁は，それら自身で非常に複雑な幾何学を構成するが，他方では変化や非永久性，不完全性などをも示唆する. カリフォルニア州ヴェニスの「ヴェニスⅢハウス」（1982）は錘と滑車のシステムを有しており，そのシステムが，建物の外見を未完成の構造体から一時的なテントへと変化させる帆を制御している. モーフォシスの建築作品は広範な種類にわたっており，それらは変化の可能性に関するものである. その他の作品として，ビバリーヒルズの「ケイト・マンティリーニ・レストラン」（1986），「シーダーズ・シナイ包括癌治療センター」（1987），カリフォルニア州ゴレタの「ブレイド・ハウス」（1992-94）がある.

モーフ，サー・エドワード・ブラントウッド Maufe, Sir Edward Brantwood (1883-1974)
イギリスの建築家. スカンジナビアでみられるゴシックの礼拝堂を簡素化した様式を使ったことで知られ，サリーのギルフォード礼拝堂（1932-66）の設計で有名である. 他の作品には，ノーフォークのケリング・ホール（1912-14），ロンドン，クラハムにあるセント・ベーデス礼拝堂，燧石で壁を築いたアーツ・アンド・クラフツ様式の住宅，ロンドン，アクトンにあるセント・サヴォワール礼拝堂（1924，モーフが賞賛したストックホルムにあるテンボムズ・ヘーガリ礼拝堂（1917-23）を

思わせる），ドーセット，ブロードストーンの
ヤッフル・ヒル（1929年につくられた住宅），
オックスフォードのプレイハウス・シアター
（1937-38），ケンブリッジのセント・ジョーン
ズ・カレッジにある，チャペル・コートとノー
ス・コート（1937-39）がある．第二次世界大
戦後，ロンドンのグレイズ・インとミドル・テ
ンプルをネオ・ジョージアン様式で再建した．
ジョン・マッギース（John McGeagh,
1901-85）とともに，ベルファスト大学のサ
ー・ウィリアム・ウィトラ・ホール（1937設
計，1938-49竣工）にかかわった．1943年から
69年まで，帝国（のちに英連邦）戦争墓地委
員会に入り，多くの記念碑を設計した（サリ
ー，ラニーミードにあるクーパーヒル王立空軍
記念碑（1949-51）など）．

モホイ=ナジ・ラースロー Moholy-Nagy,
László（1895-1946）
　ハンガリー出身のアメリカの芸術家，理論
家，教育者．バウハウスで重要な役割を果た
し，グロピウスを支えた．バウハウス叢書の編
集を担い，『材料から建築へ（*Von Material zu
Architektur*）』（1929）など，うち2巻をみず
から執筆した．ハンネス・マイヤーが1928年
にバウハウスの校長に就任してからは，フリー
ランスのデザイナーとして実務に従事した．

モヤ，ジョン・ヒダルゴ Moya, John Hidalgo
（1920-94）
　⇨パウエル・アンド・モヤ

モラヴァ派 Morava School
　⇨ビザンティ建築

モラー，ゲオルク Moller, Georg（1784-1852）
　ドイツの建築家．カールスルーエのヴァイン
ブレンナーのもとで訓練を積んだ（1802-07）
後，1810年にヘッセン=ダルムシュタット大公
国の建築監督官となり，ダルムシュタットの市
中心部を新古典主義でつくり上げる．彼の建築
は厳格で印象的なものであり，その例として数
多くの住宅（1811-25），フリーメイソンのホー
ル（1817-20），宮廷劇場とオペラ・ハウス
（1818-20），新官房（1826-31）がある．ロー
マ・カトリックのルートヴィヒスキルヘ
（1820-27），カール王子のための簡素な宮殿

（1837-41），ローゼンヘーエのグリーク・リ
ヴァイヴァルの霊廟（1826-31），ドリス式の勝
利の円柱（1841-44），そしてカジノ（1812）は
みな優れた建造物であったが，ダルムシュタッ
トが第二次世界大戦で激しく破壊されたため，
彼の作品は部分的にしか残っていない．
　ダルムシュタット外では，ともにハンブルク
に建つゴシック・ハウス（1823-24）とシュロ
ス（宮殿もしくは城館，1825-41）改築など重
要な作品をいくつか設計し，ヴィースバーデン
ではシュロス（1837-41，現ヘッシャー・ラン
トターク（ヘッセン州議会））を再建してい
る．ホールと舞台上部のブロック状の構成が明
瞭に表現されたマインツの劇場は，デュランの
『概要（*Précis*）』（1802-05）に由来するもので
あり，F・ジリーによる実現しなかったベルリ
ン国民劇場の設計（1799）を連想させる．外側
にアーケードを配したこのジリーの劇場案は，
ゼンパーの著名なドレスデンのオペラ・ハウス
に影響を与えた作品である．
　モラーはドイツ新古典主義の最も偉大な建築
家の1人であるが，他方で彼は中世建築の先駆
的研究者の1人でもあった．ボワスレーととも
に彼は，後に建設設計競技の基礎として用いら
れるケルン大聖堂のオリジナル図面を発見した
（1814）．さらに『ドイツ建築の記念物
（*Denkmäler der deutschen Baukunst*）』（1815-
21）を出版するが，それは『モラーによるドイ
ツ・ゴシック建築の記念物（*Moller's
Memorial of German Gothic Architecture*）』
（1836）として英語版が出版され，ゴシック・
リヴァイヴァルの原典として大きな影響力を
もった．彼はまた構造の進歩にも興味をもち，
マインツ大聖堂のドーム復元に鉄材を用い，
『構造教義に関する寄稿（*Beiträge zu der Lehre
von den Construction*）』（1832-44）などを出版
した．

モランディ，リッカルド Morandi, Riccardo
（1902-89）
　イタリアの土木技師．鉄筋コンクリート構造
で名声を得た．代表作に，ベネズエラのマラカ
イボ橋（1957-62），ジェノヴァ近郊ポルチェ
ヴェラ高速高架（1960-67），ローマ・フィウミ
チーノ空港整備格納庫の帆形の屋根（1970），
トリノ，ヴァレンシア公園の地下ショールーム
（1959）がある．

モリス，ウィリアム　Morris, William (1834-96)

　イングランドの芸術家，詩人，工芸家，中世主義者，印刷工で，建築に多大な影響を及ぼした．経歴の初期にはイングランドとフランスの中世建築を研究した．1856年に短期間，ストリートの事務所ではたらき，フィリップ・ウェブと出会い，友人となり，ラスキンの考えに影響を受けた．当時の建築とデザインに失望し，ウェブにケントのベクスリーヒースの自邸，レッド・ハウス（1859-60）の設計を依頼した．ありのままの煉瓦の壁に，必要に応じて窓を配し，タイル屋根をかけたもので，土着のもの，ゴシック，そのほかの伝統的なものに影響を受けつつ，自由に展開された作品で，様式によらない建築を求める動きの中で大きな影響力をもった．この家にふさわしい家具および調度をみつけることが困難であったことから，モリスはロンドンに「絵画，彫刻，家具，金属製品の芸術家集団」であるモリス，マーシャル，フォークナー商会を設立した（1861年設立・1874年からはモリス商会）．

　モリスは古建築保護協会（SPAB，1877）を設立し，熱狂的かつ破壊的な教会「修復家」に対抗した．彼は「保全」の理念を（大規模な修復に対するものとして）世に知らしめることを切望していただけでなく，ともすれば見落とされがちな土着の建築の価値を訴えようとした．これらのすべての活動により，アーツ・アンド・クラフツ運動，ドメスティック・リヴァイヴァル，保全，そして，はたらくことが喜びとなる社会を求める運動の父とみなされるようになった．アートワーカズ・ギルド（1884），最初のアーツ・アンド・クラフツ展示協会の展覧会（1888），そして19世紀末にデザイン，手工芸，そして芸術への認識を高める目的で設立された数多くの団体は彼に影響を受けた．著作には『地上の楽園（*The Earthly Paradise*）』（1868-70），ケルムスコット・プレスのさまざまな美しい書物（タイポグラフィーに大きな影響を与えた）がある．ユートピア的な『無可有郷だより（*News from Nowhere*）』（1891）では，21世紀終わりのロンドンは中世建築から触発された方法で再建されている．（このことから，グロピウスがモリスに影響を受けたという主張は，見当違いであるといえよう．）

モリス，ロジャー　Morris, Roger (1695-1749)

　ロンドン生まれの建築家で，パッラーディオ主義，ゴシック・リヴァイヴァル，城館様式の歴史における重要な建築家．ロバート・モリスの親戚で，コリン・キャンベルや第9代ペンブルック伯爵ヘンリー・ハーバートと関係がある．彼はハーバートの書記と建築デザインの説明者の役割を果たした．彼はサセックスのグッドウッド・ハウスのデザインにおいてキャンベルを助けたようである．その後，彼はハーバートと多くのプロジェクトで共働し，たとえばミドルセックスのトゥイッケナムにあるマーブル・ヒル（1724-29），リッチモンド・ニュー・パークのホワイト・ロッジ（1727-28），オックスフォードシャーのブレニム・パレスにある勝利の柱（1730-31），ウィルトシャーのウィルトンにあるパッラーディアン・ブリッジ（1736-37），ケントのブラックヒースにあるウェストカム・ハウス（1730頃，解体）がある．モリスは第2代アーガイル公爵（the 2nd Duke of Argyll, 1678-1743）のために，オックスフォードシャーのアダベリー・ハウスを増築し（1731），ノーサンプトンシャーにあるオールソープ・ハウスの厩舎（1732頃-33）を設計した．これにはロンドンのコヴェント・ガーデンにあるイニゴー・ジョーンズのセント・ポール聖堂（これ自体はパッラーディオに源泉をもつ）に由来するトスカナ式ポルティコがつけられた．第3代アーガイル公爵（the 3rd Duke of Argyll, 1682-1761）のために，モリスの最高傑作である，アーガイルのインヴェラリー・カースル（1745-60）を生み出した．これより前に城館風のゴシック様式で，グロスターシャーのクリアウェル・カースル（1728頃）を建てたが，インヴェラリーは左右対称のジョージ王朝様式の「城館」の先駆けとなり，ヴァンブラのスケッチに由来すると考えられる．

モリス，ロバート　Morris, Robert (1702頃-54)

　イギリスの第2期パッラーディオ主義の理論家であり，『古代建築の防衛論（*Essay in Defence of Ancient Architecture*）』（1728），『建築講義（*Lectures on Architecture*）』（1734），『調和について（*Essay on Harmony*）』（1739），『建築芸術（*Art of Architecture*）』（1742），『田園建築（*Rural Architecture*）』（1750），『建築

備忘録（*Architectural Remembrancer*）』
(1751) は，（ジェファソンら）広く多くの関
心と尊敬を集めるほどに説得力のある美学理論
によって，パッラーディオの建築の価値を増大
させた点で重要である．建築家としての重要性
は小さいが，リンカンシャーのカルヴァーソー
ルプの南面（1730-35 頃）を設計したとみられ
る．

モリソン，ウィリアム・ヴィトルーヴィウス
Morrison, William Vitruvius (1794-1838)

アイルランドの建築家．リチャード・モリソ
ンの息子であり協働者．父よりは新古典主義的
であったものの，多数のチューダーベサン様式
の建築を設計している．バロンズコート（ティ
ロン県，1835 以降）のような父と共同で設計
した特徴的な建築とは別に，クロンターフ・カー
スル（クロンターフ，ダブリン県，1836-37，
チューダーベサン様式），グレナーム・カース
ルおよび「バービカン」（グレナーム，アント
リム県，1823-24，チューダー・ゴシック，カー
ロウ県ボーリスにおける作品と似てなくもな
い），ホーリーブルーク・ハウス（ブレイ，
ウィックロウ県，1835 頃，チューダー・ゴ
シック），マウント・スチュワート（ニュータ
ウナーズ，ダウン県，1825-28，新古典主義様
式，基本的に 1803-06 年にジョージ・ダンスに
よって増改築が行われ，さらにその後，チャー
ルズ・キャンベル（Charles Campbell）による
改造が加えられていた）など，非常に興味深い
多数の住宅を創造した．また，カーロウ県の地
方裁判所（1828，美しいイオニア式のポルティ
コ，エントランス，階段によって分割された二
つの半円形平面の裁判部屋），トラリー県の地
方裁判所（ケリー県，1828，平面がカーロウの
裁判所と関係がある）などの公共建築も建てて
いる．古代エジプト的な基壇の上に建つ量塊的
なオベリスクからなるロス・モニュメント（ロ
ストレヴァー，ダウン県，1826）は，陸軍少将
ロバート・ロス（1766-1814）を追悼して建て
られたもので，アイルランドで最も堂々とした
記念碑の一つに数えられる．

モリソン，サー・リチャード Morrison, Sir
Richard (1767-1849)

アイルランドの建築家．カントリー・ハウス
を専門とし，カースルズとピアースによって確

立された形式の図面を用いた．モリソンの『古
代の手法で構成される役に立つ装飾的な建築デ
ザイン（*Useful and Ornamental Designs in
Architecture composed in the manner of the
Antique*）』(1793) は，アイルランドで試みら
れたこの種の最初の著作である．モリソンは，
魅力的なベアフォーレスト（マロウ，コーク
県，1807-08 完成，正面を強調する楕円形平面
のエントランス・ホールをもつ），城塞化され
たチューダー・ゴシック様式のカースル・フレー
ク（ロスカーベリー，コーク県，1814 頃
-20，廃墟），カースルガー（アハスクラ，ゴー
ルウェイ県，1801 以降，ここでも楕円形平面
のエントランス・ホールを用いる）などの住宅
を建てるとともに，カースル・クールの厩舎
（ファマナ県，1817 以前），地方裁判所（クロ
ンメル，ティパレアリー県，1800 頃），ダブリ
ン の サー・パトリック・ダンズ 病院
(1803-16)，ファマナ刑務所（エニスキレン，
ファマナ県，1812-15，現存せず），ゴールウェ
イの地方裁判所（1812-15）などの公共建築を
美しい古典主義様式で設計した．また，バリー
フィン（マウントラス，リーシュ県，1822，ア
イルランドで最も大規模な 19 世紀の古典主義
様式のカントリー・ハウス），バロンズコート
（ニュータウンスチュワート，ティロン県，
1835，スチュワート，ソーンなどが関与した），
ボーリス・ハウス（ボーリス，カーロウ県，
1813 頃），フォタ・アイランド（カーリントゥ
ヒル，コーク県，1825 頃，たいへん美しい古
代ギリシア様式のエントランス・ホールをも
つ），ゴシック様式のシェルトン・アビー
（ウィックロウ県，1819 頃，ヴォールトが架
かったギャラリーをもつ）など，多数のカント
リー・ハウスを，息子の W・V・モリソンと
共同で建てた．モリソンの魅力的な作品とし
て，巧妙なジョージアン時代のゴシック様式で
まとめたウォーターフォード県リズモーのセン
ト・カーザ大聖堂の身廊とトランセプトの修復
と内陣の再建工事の完成（1810 頃）があげら
れる．

モリノ，ジャック Molinos, Jacques
(1743-1831)

フランスの建築家．J-G・ルグランと多くの
プロジェクトで協働しており，当時にしてはき
わめて先進的とみなされたパリの小麦市場の中

庭を覆う巨大な木造ドーム架構（1782-83，1803破壊）もその一つである．同じくルグランとの共同設計としてエピネのジュリアン庭園，F・ジリーに影響を与えたフェドー劇場がある．個人の作品としてはヴィレール=コトレ近郊のピュイジュー城（1780-85）を建設している．セーヌ県の建築家および公共建築調査官として，実現をみなかったものの実験的な新古典主義による墓地や火葬場の設計を行っており，パリのモンマルトル墓地の原型はこの中で最初に提案された（1799）．息子オーギュスト＝イジドール・モリノ（Auguste-Isidore Molinos, 1795-1850）はパリの建築家となり，ヌイイのサン・ジャン聖堂（1827-31），バティニョールのサント・マリー聖堂（1828-29）を設計した．

モルガート，ルイス・クリスチャン
Mullgardt, Louis Christian (1866-1942)

アメリカのドイツ系建築家．訪英し（1904-05），アーツ・アンド・クラフツ運動から影響を受けた．1906年にカリフォルニア州サン・フランシスコに設計事務所を開設した．カリフォルニア州ミル・ヴァレーに設計した住宅（1907）は，木造の骨組構造の中に煉瓦造の煙突が据えられ，アルプス地方の佇まいを醸し出している．だが，その後数年にわたり設計された住宅は，モルガートの名前を広く知らしめるようになったものだが，スタッコ仕上げの壁，緩い傾斜屋根，方立のついた横長の窓，などを特徴とし，シンケルや「ギリシア人」のトムソンを連想させる様式が用いられた．カリフォルニア州バークレーのヘンリー・W・テーラー邸（1908-10，現存せず）は，モルガートの作品の中で最も壮観なデザインの一つである．後期の作品は折衷的だが創意に富み，自在な手腕をみせた．ハワイ州ホノルルのテオドール・H・デイヴィス・ビル（1917-21）は，コンクリートによる巨大な構造体をもち，表面はファイアンス焼きで仕上げられてスペインのルネサンス建築を思い起こさせる．1920年代にはサン・フランシスコに対する一連の創造的提案を行い，24車線の高速道路で結びつけられた橋や橋脚に住居を組み込む案などを発表したが，実現にはいたっていない．

モルタル mortar

石材や煉瓦材を結合するために用いる可塑性のある材料．通常，20世紀以前には石灰岩を砕いて火を入れたものに砂と水を混合して製作していた．さらに煉瓦粉か石粉を加えることも多かった．今日ではポルトランド・セメントが砂と水とともに用いられており，石灰かそのほかの添加剤が混合されることもある．

モールディング moulding *or* molding
⇨刳形

モルトゥアリウム mortuary
1. 識別や検視のために一時的に遺体を安置する建築物．
2. 埋葬場，墓所．
3. デッド・ハウス．

モールド，ジェイコブ・レイ Mould, Jacob Wrey (1825-1886)

イギリス生まれの建築家，デザイナー．1852年にアメリカ合衆国に移り住んだ．オウエン・ジョーンズの弟子といわれており，ロンドンの水晶宮（1851）のポリクロミーの装飾や出版物の図版に関してジョーンズの助手を務めた．ロンドンのドーチェスター・ハウス（1853-55，1929解体）の大階段でルイス・ヴァラミーと共同設計もしている．ニューヨーク市において，イタリアのロマネスク様式でポリクロミーのオールソウルズ・ユニテリアン聖堂と牧師館を設計し（1853-55，「聖なるシマウマの聖堂」として知られた），アメリカ合衆国に初めて構造的ポリクロミーをもち込んだ．1860年代までにゴシックの中でも盛期ヴィクトリア朝として知られる様式で設計するようになっていたが，ニューヨーク州バースのファースト・プレスビテリアン聖堂（1874-77）をみると，モールドがヴィオレ=ル=デュクの挿絵をよく知っていたことがわかる．また，オルムステッドとヴォックスの助手（1858-）として，ニューヨーク市のセントラルパークの〔ベセズダ〕テラスの，ラスキンに着想を得たとみられる彫刻（1858-70）など数多くの装飾をデザインした．ヴォックスとはメトロポリタン美術館と自然史博物館でも協働している（いずれもニューヨーク市で1874以前．ただし，二人のプランに合わせて完成したのは，それぞれ一翼ずつのみ（1880））．1870年代前半の短期間，モールドは

ニューヨーク市のセントラル・パークの主任建築家であり，（一部は単独で，一部はヴォークスと共同で）いくつかの建物を設計している．その多くは現存しないが，羊小屋（1870-71）が現在タヴァーン・オン・ザ・グリーン・レストランになっている．1875 年から 79 年までペルーの首都リマの公共事業課の責任者となり，そこで公園やポリクロミーの大邸宅を設計した（1879 頃）．ニューヨーク市に戻り，モーニングサイド公園の建築的構造物を設計し（1880-82），また公共事業課のためのデザインも行った（1885-86）．現存する建物では，ニューヨーク市のホーリー・トリニティ教区学校（1860，現在はセント・サヴァ・セルビア正教会大聖堂）やニューヨーク州ラザーンのセント・メアリ監督派聖堂（1873-80）などをあげることができる．その，非建築的な純粋な装飾は審美主義運動を先取りするものがある．モールドの経歴は変化に富んでおり，建築家，デザイナーであると同時に，作詞作曲家であり，オペラの脚本の翻訳家であって，一種の天才とみなされていたようであったが，その型にはまらない，むしろエキセントリックな生活スタイルのために施主となるような人びとから敬遠されてしまった．

モールトン，ウィリアム・ド Malton, William de（1335-58 活躍）

イングランドの石工．1335 年からビヴァリー・ミンスター（ヨークシャー）のマスター・メーソンとなり，そこで身廊の完成を監督し，レディ・エリナー・パーシー（Lady Eleanor Percy）の墓所（1340）を設計したと思われる．これは，黒死病流行以前の 14 世紀イングランドの葬祭建築の中で最もすばらしい創造物の一つに数えられる．モールトンはまた，ビヴァリー・ミンスターで北側廊とウォール・アーケードを建て，1320 年代には，ヨークシャーのヨーク・ミンスターとベイントンの聖堂ではたらいたと思われる．

モールトン，ジョン Molton, John（活躍 1524-47 没）

イングランドの石工頭．ウェストミンスター（1524-28）とバース・アビー（1526-39）ではたらき，ヘンリー・レッドマンから王室営繕局とウェストミンスター・アビーのマスター・メ

ーソンの地位を引き継いだ（1528）．ウェストミンスター・アビーでは，大修道院長ジョン・イズリップ（Abbot John Islip, 1532 没）の詠唱（寄進）礼拝堂（1530 年代）を設計したと思われ，1532 年からは，オックスフォードのカーディナル（現クライスト・チャーチ）・カレッジやウェストミンスター宮殿ではたらき，ハンプトン・コート宮殿ではグレート・ホールを設計した．また，セント・ジェームズ宮殿，ブライドウェル宮殿，ノンサッチ宮殿などの王宮建築，ディール要塞やウォーマー要塞やサンダウン要塞といったケントの要塞建築など，ヘンリー 8 世（King Henry VIII, 1509-47）の主要な建築すべてを主導した．後者 3 棟の要塞建築はフォン・ハシェンペルクによって設計され，おそらくリチャード・リーに負うところが大きい．とはいっても，モールトンは，疑いなくイングランド中世における最後の偉大な建築家である．

モルナール，ファルカシュ Molnár, Farkas（1897-1945）

ハンガリーの建築家．戦間期のモダン・ムーヴメントを率いた一人．バウハウスで設計した赤い立方体の家（1922）は，出版されてハンガリー行動主義と結びついた．1929 年にグロピウスの招待で CIAM の「最小限住宅」の会議に参加し，その後，仲間と CIAM ハンガリー支部を結成した．国際モダニズムを強く推進したモルナールは，デ・ステイルの影響を明らかに受けた．白く仕上げられた直方体形に，大胆なカンティレヴァーと奥行きのあるテラスを加えた多くの住宅作品をブダペストの丘陵部に設計した．いくつかの設計（例：ブダペストのチェルリェ通り（1931），レイテー通り（1932）の住宅）は，1927 年のシュトゥットガルトのヴァイセンホーフ・ジードルンクで形をなしたインターナショナル・スタイルの典型である．ロッツ・カーロイ通り（1933）とパシャレーティ通り（1937）の集合住宅も重要な作品である．1933 年に短期間，アメリカに移住する前のブロイヤーと共働している．ソヴィエトによるブダペスト包囲（1945）で落命した．

モルフュー，レジナルド Morphew, Reginald（1874-1971）

イギリスの建築家．ロンドン，ジェルミン・

ストリート 111-112 番の建物 (1901-03) を設計し, 当時「フィレンツェ風パラッツォ」といわれた. 1902 年に設計した, ジェルミン・ストリート 7-12 番の建物は自由なチロル風の様式, アール・ヌーヴォーの細部を備えていた. 作風は折衷主義で, つねに人の関心をひくものであった.

モレー族　Mollet

フランスの芸術家・庭園デザイナーの一族. ジャック (Jacques, 1580 年代, 1590 年代に活躍) はデュペラックとともにアネのシャトー (城館) を手がけ, そこで初の「パルテール・ド・ブロドリー」〔仏語で「刺繍花壇」の意〕を造園したといわれている (1580 年代). だが, ボワソーもその栄誉を授けられる強力な候補者であり続けている. ジャックの息子クロード (Claude, 1564 頃-1649 頃) はアネ, フォンテーヌブロー, サン・ジェルマン・アン・レ, モンソー・アン・ブリー, パリのテュイルリーを手がけたが, 数多くの庭園デザインも残しており, 没後, 『平面図と作庭の劇場 (Théâtre des plans et jardinages)』(1652) という形で出版された. 彼のデザインのいくつかはオリヴィエ・ド・セール (Olivier de Serres, 1539-1619) の『農業と畑の管理の劇場 (Théâtre d'agriculture et mesnage des champs)』(1600) でも出版されており, 息子たちの助けを得て作庭されている. 息子としてはピエール (Pierre, 1659 没) とアンドレ (André, 1665 没, その論考『遊興の庭園 (Le Jardin de plaisir)』(1651) はドイツ語とスウェーデン語にも翻訳され, 1670 年には英語版が登場した. それゆえ, フランス風整形庭園は広い地域に広まっていった) がいる. アンドレはイングランド (ウィンブルドン・ハウスとセント・ジェームズ宮殿 (1630 年代と 40 年代) など), オランダ (ホンセラールスデイク (1633-35) など), スウェーデン (ストックホルム王宮の「王の庭園」(1646-52) など) で庭園を設計した. その兄弟シャルル (Charles, 1600-93 活躍) とともに, グレート・ブリテンとアイルランドの王チャールズ 2 世 (Charles II, 在位 1660-85) のため, ロンドンのセント・ジェームズ宮殿とハンプトン・コート宮殿において作庭した. 低木と木は建築的な方法で植えられるべきであり, 建築物, その庭園と付属構築物の間に目にみえる調和がとれて

いなければならないというアンドレのこだわりは, クロード・モレの, ある助手の息子アンドレ・ル・ノートルに大きな影響を与えた.

モレキュラー・ストラクチュア　molecular structure

チューブと球体による建築物. 分子のダイアグラムに似せて配列されている. ブリュッセル博覧会 (1958) のために建築された「アトミウム」のような作例がある.

モレスク　Moresque
⇨ムーリッシュ建築

モレッティ, ルイジ・ヴァルテル　Moretti, Luigi Walter (1907-73)

イタリアの建築家. 初期の作品は, ファシズム時代の合理主義建築, すなわち, 抽象化された新古典主義様式による. ローマ, フォロ・ムッソリーニの建物や計画 (1927-32) が象徴的なもので, 1930 年代後半になると, ギリシア建築に接近するようになった. 第二次世界大戦後の作品は, 水平性と垂直性が強調されるようになり, 各要素がほとんど暴力的に並置されるようになった. ローマ, モンテヴェルデ・ヌォーヴォのアストレア協同組合ビル (1949), イル・ジラソーレ・ハウス (1950), さらに, サンタ・マリネッラのヴィラ・ラ・サラチェーナ (1954) には, 独特の個性が発揮されている. 1940, 50 年代は影響力のある重要な論客としても活躍し, 国際的モダニズムの批判や, ミース・ファン・デル・ローエに代表されるミニマリズムへの抵抗を表明した. その他, ワシントン D.C. のウォーターゲート・コンプレックス (1960-63, 建築と関係のない部分で有名), カナダ, モントリオールの証券取引所 (1961-67) (ネルヴィと協働) を手がけた.

モレル, ジャン＝マリー　Morel, Jean-Marie (1728-1810)

フランスの造園家. その『庭園の理論 (Théorie des Jardins)』(1776) は影響力をもった. モレルは, ルネ・ルイ・ジラルダン侯爵が, オワーズ県エルムノンヴィルの名高いピクチャレスク庭園を造園するのに助力した.

モロー＝デプルー, ピエール＝ルイ

Moreau-Desproux, Pierre-Louis (1727-93)

フランスの建築家. パリのブールヴァール・デュ・タンプルにあるオテル・ド・シャヴァンヌ (1756-58) を設計し, ロージエにより新たな「古代ギリシア風」流儀の例として讃えられた. だが, 2階の窓の下のキー・フレット (雷文) による帯状装飾を除けば, 古代ギリシア風のところはほとんどない. パリのパレ・ロワイヤルにてテアトル・ド・ロペラ (歌劇場) (1763-70, 1781 取り壊し) の再建を手掛け, パレ・ロワイヤルの正面を改修した. 1793 年にギロチン刑に処された.

モロ, ピーター　Moro, Peter (1911-98)

ドイツ出身のモダニスト建築家. 1936 年にイギリスに移住し (1947 帰化), テクトンではたらく (1937-39). ロンドン・カウンティ・カウンシルの建築セクションのチームで, ロイヤル・フェスティバル・ホールのインテリア設計を担当する (1948-51). 1952 年にロンドンで自らの事務所を設立した. 作品には, ロンドン, ブラックヒースの自邸 (1957), ノッティンガムのプレイハウス (1952-64), レスター大学の学寮 (1965), ヨークシャー, ハル大学のグルベンキアン・センター (1969), デーヴォン, ポリマスにあるシアター・ロイヤル (1977-82) がある.

モンク, サー・チャールズ・マイルズ・ランバート, 第6代準男爵　Monck, Sir Charles Miles Lambert, 6th Bt. (1779-1867)

イングランドの土地所有者で建築家. 1804 年に結婚すると, 彼と妻ルイーザ (Louisa, 1824 没) はギリシアを訪れ, ここでゲルに会い, 多くの古代遺物を見た. 彼らはドイツにもわたり, ここでモンクは新古典主義の建物をいくつかスケッチした. そのなかにはベルリンにあるラングハンス設計のブランデンブルク門もある. 1806 年にモンク夫妻がノーサンバランドにある地所に (膨大なドローイングのコレクションと, チャールズ・アッティクス (Charles Atticus, 1805-56) と名づけられた息子とともに) 帰ると, ベルセイに新しい邸宅を建てることを決め, 1817 年に完成させた. これはグリーク・リヴァイヴァル様式で建てられ, 世界で傑出した建物の1つとなった (そして高貴な簡素さと明快さをもち, 衒学的ではな

かった). モンクはこの建物を設計し, すべての仕事を監督した. この美しく簡素で独創的な邸宅は, ジョン・ドブソン設計とされてきた. ドブソンはニュー・カースル・アポン・タインやその周辺で仕事をしたすぐれた建築家である. ドブソンはモンクに対してイオニア式柱頭の細部や職人のために, いかに正確に描写するかに関して「助言する」ことはあったが, ほかのすべての点ではベルセイは完全にモンクの作品である (コルヴィンによると, 彼の製図工としての技術は「巧妙で正確な」ものだった). ただ, 彼はこの建物に関してゲルと議論し, ゲルはいくつかの改良を助言したようである. イングランド中どこを探してもベルセイほど, ロマン派の新古典主義の牧歌的な風景がうまく表現されたところはないし, 切石積みの作品でこれほど美しいものはない. ベルセイでモンクは厩舎 (八角形のランタンはアテネの「風の塔」に依拠している), グリーク・リヴァイヴァルのロッジ, 採石場にはすばらしい庭園を設計した. この採石場から邸宅のための石が切り出されたのである. モンクはモーペス近郊にギリシア・ドリス式ポルティコのあるリンデン・ハウス (1812-13) を設計した. おそらく 1830 年から翌年にかけてシチリアとイタリアを訪問して思いつき, ベルセイ・ヴィレッジにアーケードのついた地階のあるイタリア風の長いテラスハウスやオールド・スクール (1829, 1841) を設計した.

紋章　blazon
　⇨ブレイズン

紋章の杖　herald's rod
　⇨カドゥケウス

モンターノ, ジョヴァンニ・バッティスタ　Montano, Giovanni Battista (1534-1621)

イタリアの建築家で, 古代ローマの建築遺跡の記録者として, 最重要の地位を占める人物. モンターノが残した素描をもとに, 弟子のG・B・ソリアが版画に起こした作品は, 『さまざまな古代小神殿選集 (*Scielta di varii tempietti antichi*)』(1624) と題して出版された. モンターノはグロットや洞窟ほか, 数多くの遺跡の記録を残しているが, 調査した題材に, たくましい想像力で再現した立面図と断面図を添えて

情報を拡張した. つまり, 主観に基づいた審美的な理由から, 現実に「修正」を加えたのである. 彼はおそらく, 古代ローマのコンクリート構造を理解していたと思われ, またヴォールト架構や複雑な階段なども記録している. 他の作品には, 『聖遺物箱ないしは祭壇のための綺想に富んださまざまな装飾 (*Diversi ornamenti capricciosi per depositi o altari*)』(1625), 『さまざまな廟 (*Tabernacoli diversi*)』(1628), 『古代より得られた, さまざまな装飾をともなう建築 (*Architettura con diversi ornamenti cavati dall'antico*)』(1636) などがある. 彼の作品は, コルトーナによるサンティ・ルーカ・エ・マルティーナ聖堂 (1634-69) や, ベルニーニによるサンタンドレア・アル・クィリナーレ (1658-70) に着想を与えた. また, グァリーニやボッロミーニにも影響を及ぼしている.

モンティニー, A・H・V・グランジャン・ド Montigny, A.-H.-V. Grandjean de
　⇨グランジャン=ド=モンティニー, オーギュスト=アンリ=ヴィクトル

モンテイロ, ジョゼ・ルイス Monteiro, José Luis (1849-1942)
　ポルトガルの建築家. パスカルのもとで学び, パリのオテル・ド・ヴィル再建に携わった (1874-78) のち, リスボンへ移住し, フランスの新潮流に大きく影響されたいくつかの公共建造物を設計した. リスボンでの作品にはロシオ中央駅 (1886-87, マヌエリーノ・リヴァイヴァルによるファサードをもつ), ホテル・パラス (1890-92), リセウ・セントラル (1887), アンジョス聖堂 (1908-11) などがある. その作風は折衷的で, 新古典様式, フランス第2帝政様式, はてはイギリスのアーツ・アンド・クラフツ (とくに個人住宅において) までもとり入れた. 中央駅やリスボンの地理学会館「ポルトガルの間」(1897) では金属をインテリアに用いた. リスボン美術学校において建築学教授を務め (1881-1920), 後進のポルトガル建築界に影響を与えた.

モントゥオーリ, エウジェニオ Montuori, Eugenio (1907-82)
　ローマのテルミニ駅 (1947以降) の設計者として知られるイタリア人建築家. テラーニに近いイタリア人建築家数人とともに, サバウディアのニュータウン設計競技に勝利. これは, ファシズム政権下, ローマ近郊ポンティノ湿原干拓に由来する5つのニュータウンのひとつであった. 飾り気のない無骨な表情の建築は, 1930年代のイタリアに見られる合理主義や新古典主義の傾向に強く根ざしている. ほかにも, ヴェネツィア鉄道駅コンコース (1934), ボルツァーノ地区計画 (1936), カルボニア地区計画 (1940), ローマ大学の古典主義風の校舎 (1935), ローマのピアッツァ・インペリアーレ (1940年代) を手がけた.

モントファト, ジョン Montfort, John (活躍1376-1405頃没)
　イングランドの軍事建築家. ウスターシャーのエルムリー・カースル (1391-96) やウォリック・カースルなどの城塞建築の建設を手がけ, ウォリック・カースルではガイズ・タワー (1390年代) と東棟の一部を建てた.

モントルイユ, ピエール・ド Montreuil, Pierre de (1267没)
　⇨ピエール・ド・モントルイユ

モントワイエ, ルイ=ジョゼフ Montoyer, Louis-Joseph (1749頃-1811)
　フランドルの建築家. 修業時代のことはほとんどわかっていないが, ルーヴェンのコレージュ・デュ・パープ (1776-78) を後期バロック様式で設計している. 1780年頃, オーストリア領低地地方総督チェシン (テシェン) 公アルブレヒト・フォン・ザクセン (Duke Albrecht of Sachsen-Teschen, 1738-1822) の建築家となり, 現在のベルギーにあたる地域の建築界を主導する人物となった. ラーケンのスホーネンベルフ宮殿 (1782-84) やブリュッセルのサン・ジャック・シュル・クーデンベール聖堂 (1776-85) を設計している. さらにブリュッセル・イクセルの陸軍士官学校 (1791) に着手し (未完), 公とともに中央ヨーロッパへ赴くと, バーデンのルドゥート (孤立築城) (1799), ラクセンブルクの公園内にあるコンコルディア神殿 (調和の神殿) (1795), ウィーンのアルベルティヌムの大改修 (1801-04, 公の偉大な美術コレクションを収蔵するため), そして, ウィーンのホーフブルク宮殿の古典主義

の大ホール（1804-07）を設計した．ボヘミア（チェコ）最高の新古典主義の作例の一つ，プラハのパレ・ロアンの広間（1807）を手がけた．

モンフェラン，アンリ＝ルイ＝オーギュスト＝リカール・ド Montferrand, Henri-Louis-Auguste-Ricard de (1786-1858)
　フランス生まれのロシアの建築家．パリで学んだ後ペルシエとフォンテーヌの事務所で働き，続いてヴィニョンのもとでパリのラ・マドレーヌ聖堂に携わった．建築ドローイングを皇帝アレクサンドル1世（Tsar Nikolai I, 在位1801-25）に提示し（1814），1816年にロシアに渡り宮廷建築家に任じられた．サンクトペテルスブルクにおける重要な作品にはロバノフ＝ロストフスキー邸（1817-20），聖イサアク大聖堂（1818-58，スフロによる鉄のフレームを用いたドームをもつパリのサント・ジュヌヴィエーヴ（1841頃-42）の影響を受け，外観はレンによるロンドンのセントポール大聖堂を範とする），およびアレクサンドル柱（1829-34）がある．聖イサアク大聖堂における鉄材の使用はウォルターによるワシントンD.C.のアメリカ合衆国連邦議事堂のドームの重要な先例となった．モンフェランはゴシック建築やロシアのヴァナキュラー建築，ムーア建築やシノワズリ様式も試みており，冬宮室内のデザインもいくつか行っている（ピョートル大帝のホール，元帥の間とロトンダ，皇后アレクサンドラとマリーヤの私室．1827-30年代初頭）．聖イサアク大聖堂およびアレクサンドル柱についてはそれぞれ1845年，1836年に豪華本のモノグラフを刊行した．

ヤコブセン，アーネ・エミール Jacobsen, Arne Emil (1902-71)
　デンマークの建築家．1920年代の国際的なモダニズムに影響を受けた．コペンハーゲンにある自邸（1928）やクランペンボリのベラヴィスタ集合住宅（1934）で示されたように，シュトゥットガルトのヴァイセンホーフ・ジードルンクのスタイルを受容していた．1930年代にはアスプルンドの影響を受けて，オーフス市庁舎（1937-42，エリック・メーラー（Erik Møller, 1909-2002）と協働）やセーレレッド市庁舎（1940-42，フレミング・ラーセン（Fleming Lassen, 1902-84）と協働）を設計した．1950年代からは，見事に洗練されたカーテンウォールを使った，いずれもコペンハーゲンにあるイェスペンセンビル（1955）とレッドブレ市庁舎（1955）が好例である．ディテールへの傾注ぶりは，オックスフォードの聖キャサリンカレッジ（1960-64，クヌット・ヘルムーテ・ホルッシャー（Knud Helmuth Holscher, 1930-）と協働）において明らかであり，煉瓦細工とプレキャストコンクリートがあらゆる場面で細心の注意を払って使われている．ヤコブセンはまた，そこであらゆる家具と造作をデザインしている．ロンドンのスローネ通りにあるデンマーク大使館（1969-77），さらにドイツのマインツ市庁舎（1970-73）もヤコブセンの作品だが，同僚だったハンス・オルフ・ディッシング（Hans Oluf Dissing, 1926-98）やオットー・ウェイトリング（Otto Weitling, 1930-）と協働したものである．

ヤコブセン，ホルイェル・アルフレッド Jacobsen, Holger Alfred (1876-1960)
　デンマークの建築家．折衷主義的なモチーフによるコペンハーゲンのビスペビェーリ火葬場（1905-07）により名をなす．後に手がけたコペンハーゲンの警察本部（1918-24，アントン・フレデリクセン（Anton Frederiksen, 1884-1967），ハック・カンプマン，アーイェ・

ラフンと協働）は，20世紀における新古典主義の建築として重要である．代表作は，コペンハーゲンの王立劇場への主要な増築であるニーイェシーンであり，1919年に設計され1931年に完成した．そこではマニエリスムと装飾をはぎとった新古典主義が顕著であるが，インテリアではデンマークにおいて例をみないカラフルなアール・デコ調になっている．（1926年のコペンハーゲン自邸を含む）1920年代の新古典主義的な住宅作品では，平面計画における合理的な立場と学究的なディテールの洗練が併用されている．

ヤシ palm
ヤシの葉は，古代エジプトの装飾に現れる（とくにヤシ型の柱頭）．アテネの風の塔にみられる大変珍しいコリント式柱頭の一つには，端部が湾曲した平坦なヤシの葉の形状がみられ，18世紀の柱頭，フリーズ，その他の刳形（くりかた）においてこの形がしばしば模倣された．

ヤシ温室 palm-house
ヤシをはじめとする植物を生育し，保護するための温室．

ヤシ形状 palmiform
ヤシ状柱頭などにみられる，ヤシの木の頂部のような形状で，掌状に構成された葉脈をもつ．

ヤード yard
1. 壁体や建造物によって囲われた，屋根の架かっていない屋外の部屋のような空間．コートやクワドラングルのような建築的要素はみられない．
2. 3フィート（約90cm）に等しい長さの単位．
3. なんらかの商取引や商行為のために別に設けられたエンクロージャー（囲われた空間）．たとえば，ブリック・ヤード，ドックヤード（船舶），シップヤード，タン・ヤードなどがある．
4. 屋根のスパーやラフター（垂木）．

屋根 roof
屋根とは構造体や居住者を天候の厳しさから保護するための建物の覆いのことである．ここでは屋根を形態と仕上げによって考察し，小屋組（屋根の構造）はほかで扱う．屋根葺材は，金属（とくに，アルミニウム，銅，鉛，鉄，鋼，亜鉛），ガラス，スレート，石，草，タイル，芝，木，その他の材料からなるであろう．古代ギリシア神殿建築では大理石製屋根を用い，屋根板は雨水が漏れないように機能していた．古代ローマ人はタイルを用い，中世の聖堂は鉛，タイル，草で葺かれていた．19世紀以降はさまざまな材料が使用されるようになる．たとえば，バリーによるウェストミンスター宮殿では鋳鉄のパネルで屋根が覆われた．

屋根の形式は以下のとおり．

アペンティス（差し掛け）屋根：「差し掛け屋根」参照．

ヴァリー屋根： M字形屋根，または主要な屋根に取りつけた補助的な屋根で，谷を必要とする突出した翼部をもつ建物を覆う屋根．

M字形屋根： 二つの平行する切妻屋根が，谷またはガーター（雨樋）によって結合される屋根．

カット屋根： ⇨トラス

カーブ屋根，縁付屋根： 両側ともに腰折れとなった二組の屋根面からなる切妻屋根で，外側の面は勾配がより急となる．マンサード屋根と似ているが，二つの傾斜面の接合部に鉛直面を備えた縁，あるいは水平帯が設けられる．

ガンブレル屋根： アメリカ合衆国では単に二つの傾斜面からなるカーブ屋根（例：切妻カーブ屋根）であるが，イギリスでは棟の片端または両端の下に小さなゲーブルかゲーブリット（小妻壁）をもつ寄棟屋根〔すなわち入母屋屋根〕となる．

キャットスライド屋根： 屋根の片面を片流れ屋根で覆い，同じ勾配が後方の拡張部まで続く屋根．一般に，ニュー・イングランド（アメリカ）のコロニアル建築でみられ，そこではソルトボックスと呼ばれる．キャットスライド屋根には，主要な屋根より緩勾配で，同じ方向に傾斜するドーマー窓をもつものもある．

切妻屋根または勾配屋根： 最も一般的な形式で，傾斜する面が棟で合わさり，両端部はゲーブル（妻壁）となる．

クレードル屋根，揺りかご形屋根： ⇨トラス

勾配屋根： 切妻屋根の一種．

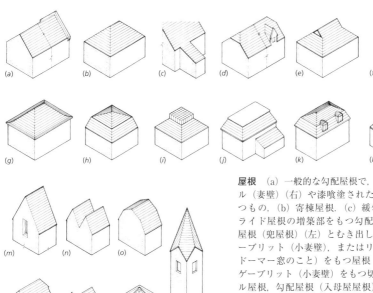

屋根 (a) 一般的な勾配屋根で，高くなったゲーブル（妻壁）(右)や漆喰塗されたけらば(左)をもつもの．(b) 寄棟屋根．(c) 緩勾配のキャットスライド屋根の増築部をもつ勾配屋根．(d) 半寄棟屋根（兜屋根）(左)とむき出しの壁から延びるゲーブリット（小妻壁），またはリュカルヌ（仏語でドーマー窓のこと）をもつ屋根(右)．(e) 頂部にゲーブリット（小妻壁）をもつ切妻屋根，ガンブレル屋根，勾配屋根（入母屋屋根）．(f) 突き出した寄棟屋根．(g) スプロケット・イーヴ（鋸歯車庇）をもつ寄棟屋根．(h) 寄棟（宝形）のガンブレル（マンサード）屋根．(i) 中央部分に天窓をもつ寄棟（宝形）屋根．(j) 片流れの増築部分がつくパイ・エンド陸屋根がのる寄棟屋根．(k) 頂部が円弧形のドーマー窓がつくマンサード屋根．(l) M字形の寄棟屋根(m) 塔に用いられるサドルバック屋根．(n) M字形の切妻屋根．(o) 切妻のガンブレル（マンサード）屋根．(p) 同じ勾配のキャットスライドをもつ半寄棟屋根（兜屋根）．(q) ゲーブルをもつ単一勾配屋根にM字形の切妻屋根の増築部が直角につく．(r) バラストレードで囲まれたピラミッド屋根．(s) 聖堂の塔に用いられたヘルム屋根．

コンパス屋根： ⇨トラス

差し掛け屋根： 一方向に傾斜した片流れ屋根であり，バシリカ式聖堂の側廊の上部でクリアストーリーにもたれかけて設置されるなど，高い壁に差し掛けられる．

サドルバック屋根： 通例，頂部に塔をもった切妻屋根．

シェド： ペントハウスの一種．

シングル・フレーム屋根： 「トラス」参照．

スパン屋根： 2枚の等しい傾斜面からなるリッジ（棟）屋根で，差し掛け屋根やペントハウス屋根とは区別される．

スラブ屋根： 1枚のコンクリートのスラブからなるか，または数枚のコンクリートのスラブが結合された，壁の間に架け渡された陸屋根．

ダブル・フレーム屋根： ⇨トラス

吊り屋根： 支柱に固定された太いケーブルと地面との間で引っ張られたケーブル・ネットに掛けられた1本か複数のウェブによって支えられる屋根で，オットーによるものはテント屋根と呼ばれる．

テラス屋根： わずかに傾斜しているか，傾いている陸屋根で，防水加工され，自由に座ることなどができるもの．

テント屋根： キャンプ屋根のように表面が

凹面となったものか，またはリージェント様式のバルコニーやベランダの屋根のように表面が凸面となり内側に傾斜したもの.

トローフ屋根：　M字形屋根のこと.

パヴィリオン屋根：　ピラミッド屋根のように，ピラミッドかほとんどピラミッドのような形になった，すべての面が下り棟で結合されている屋根.

バレル屋根：　半円筒形態で，室内からはバレル・ヴォールトのようにみえる屋根.

半寄棟屋根（兜屋根）：　端部が寄棟屋根のようになった切妻屋根.

ピラミッド屋根：　パヴィリオン屋根と同様に，ピラミッドのような形態の屋根，もしくは棟が短い寄棟屋根で，傾斜面はほとんど一点で交わる.

フランス屋根：　きわめて急な角度（ほとんど鉛直な）で側面がとりつけられたカーブ屋根で，切妻か寄棟となった勾配屋根の頂部はほとんど平らとなる.

ヘルム屋根：　4枚の傾斜面がピラミッドのように頂点で集結し，各面にゲーブルを備えた四角形平面の塔の上に，それぞれの傾斜面の結合部の線が切妻の頂点と一致するように置かれる屋根.傾斜面はゲーブルの頂部へと下向きにのび，直交するゲーブルが結合する部分で終結する.

ペントハウス：　差し掛け屋根の一種だが，聖堂と必ずしも関係はなく，単なる片流れの屋根のこと.

マンサード屋根：　F・マンサールにちなんで名づけられた.急勾配の切妻屋根，もしくは曲線状の緩やかな勾配によって，切妻屋根または寄棟屋根となったカーブ屋根で，ほとんどの場合，ドーマー窓をもつ.上部がより急な勾配になっているところがフランス屋根との違いであり，アメリカ合衆国ではガンブレル屋根と呼ばれる.

寄棟屋根：　4枚の傾斜面がゲーブルなしで，下り棟で結合される屋根.

リッジ（棟）屋根：　棟で傾斜面が結合される勾配屋根.

　⇨クラック，トラス

屋根裏　garret
　⇨ガレット

屋根裏階　Attic storey
　⇨アティック

屋根窓　lucarne, luthern

　1.　勾配屋根の内部空間に採光するため設けられる，楕円形や長方形で上端部が櫛形や半円形の窓.その正面は通常建物の主要ファサードの壁面上部に，それと同じ材料でその延長上に設けられ，この結果しばしば（フランドル建築の破風のように）強い建築的特徴として，エンタブラチュアの上に設置される.屋根の傾斜面上に設けられ，通常軽微な構造からなるドーマー窓とは異なる.

　2.　ゴシック建築の尖塔の傾斜面に，塔と同じ材料で設けられる小規模な破風つきの開口部.

破れ　broken

　要素の中断を意味する.ブロークン・アーチ（円弧の中央に彫刻モチーフを置くものが普通），ブロークン・アシュラー（層状でなく不規則な並べ方で石を配する石工術），ブロークン・コラム（シャフトが中途で切れており，死を想起させるモチーフとして記念建造物によく用いられる），ブロークン・ペディメント（⇨ペディメント），ブロークン・レンジワーク（メーソンリーの石の並べ方のうち，層状に配置するものの異なる高さのブロックを使用するため，水平の目地が通らないもの）など.

ヤペッリ（ヤッペッリ），ジュゼッペ　Japelli or Jappelli, Giuseppe（1783-1852）

　イタリアの19世紀早期のまれにみる折衷的な建築家で，セルヴァのもとで修業を積んだ後に，その最も名高い建築であるパドヴァのカフェ・ペドロッキ（1816-31）を設計し，H=R・ヒッチコックによって「世界の流行の最先端を行く19世紀カフェ」，「イタリアの最も素晴らしいロマンティックな古典主義の建物」と評価された.それは新古典主義にギリシアのドリス式，コリント式，および帝政式，パッラーディオ式，ゴシック式，ムーア式，エジプト風のテーマを合わせた試みである.1837年の増築部分のペドロッキーノは，ヴェネツィア風ゴシック様式でデザインされた.1816年からパドヴァ近郊のサオナーラのヴィラ・デイ・コンティ・チッタデッラ・ヴィゴダルツェレを設

計し，パンテオンのようなドームを礼拝堂の上に載せ，パッラーディオ主義の強い旋風をいたるところに巻き起こした．ヴィラの庭園部分はイギリス式で，ピクチャレスクな構成といくつかの様式を用いた点景建築によって完成された．また，パドヴァのヴィラ・デイ・バローニ・トレヴェス・デ・ボンフィーリ（1810年代後半-20年代）の庭園を設計した．ヤペッリはパドヴァに厳格なグリーク・リヴァイヴァルによる肉市場（1819-24）と，ローマのヴィラ・トルローニア（1830年代，その庭もまたイギリス式庭園である）にムーア式の温室，新帝政式のロココ式によるパドヴァのテアトロ・ヌオヴォ（1846-47）を設計した．そのほかの庭園設計には，パルマ近郊のカステルグェルフォ（1830年代前半），およびヴァレーセ近くのトラダーテと，パドヴァ近くのヴァッカリーノ，フリウリのプレチェニッコにおけるもの（すべて1830年代）がある．

ヤマサキ，ミノル　Yamasaki, Minoru（1912-86）

日系アメリカ人建築家．ジョージ・フランシス・ヘルムス（George Francis Hellmuth, 1907-99，1954までパートナー），ジョセフ・ラインウェバー（Joseph Leinweber, 1959までパートナー）とともに，セントルイスのランバート空港ターミナルビル（1953-56）で脚光を浴びた．メイン・コンコースがコンクリート・シェルの交差ヴォールトで覆われる作品だった．セントルイスのプルイット・アイゴー団地（1950-58）は複数の建築賞を獲得した作品だったにもかかわらず，住民たちに嫌われ（度重なる放火事件もあって），1972年に取り壊された，という不名誉で歴史に名を残す．この事件をもって，近代運動への反動たるポスト・モダニズムの始まりとみる人も多い．その後の建物は，内部構造を覆い隠すスクリーンのようなファサードを備えるようになった．たとえば，デトロイトのアメリカン・コンクリート・インスティテュート（1958）では穴あきのコンクリート・ブロックが，ミシガン州サウスフィールズのレイノルズ・メタルズ・リージョナル・セールス・オフィス（1959）では金属製グリルが使われた．また，エメリー・ロス＆サンズと協働で設計したのが，ニューヨークのワールド・トレード・センター（1946-74，2001年9月11日に倒壊）である．著書に『建築とともに生きる』（1979）がある．

山本理顕　Yamamoto, Riken（1945-）

日本の建築家．日本の現代都市環境がしだいに悪化していることを受け，中庭や空中テラスを備えた内向きの住宅を設計した．実作に，横浜の山本邸（1978），藤井邸（1982），ロトンダ（1987），東京の久保田邸（1978），川崎の石井邸（1978）がある．また，熊本県に保田窪公共住宅（1991），横浜に緑園インタージャンクション・シティ（1992-94）も手がけている．初期の作品はミニマリズムに関係していた．

ヤング，アマイ・バーナム　Young, Ammi Burnham（1798-1874）

アメリカの建築家．その初期の作品では抑制的なフェデラル（連邦）様式であったが，ギリシアのドリス式のポルティコと背の低いパンテオンのようなドームを備えた（後者は現存せず）モントピーリアのヴァーモント州議会議事堂（1833-36）は，やや先進的な新古典主義の試みであった．ヴァーモント州バーリントンのセント・ポール聖堂（1832）ではゴシック・リヴァイヴァルを参照し，その後マサチューセッツ州ボストンの税関（1837-47，ピーボディ＆スターンズによる1915年の増築に圧倒されている感じだが）では再びギリシアのドリス式とパンテオン風ドームに引き返した．1852年には財務省の建設部門の建築監督官に任命され，数多くの連邦政府の建物を建て，とくに税関，郵便局，連邦裁判所を手がけ，それらの多くはイタリア風様式であった．そのうちすぐれたものとしては，ヴァーモント州ウィンザーの税関兼郵便局（1856-58）があり，鉄を構造と内外装での装飾にも用いている．彼のデザインの多くは『財務相長官の指示の下アメリカ合衆国のために建設中の公共建築の計画図（*Plans of Public Buildings in Course of Construction for the United States of America under the Direction of the Secretary of the Treasury*）』（1855-56）でみることができる．

ヤング・アンド・マッケンジー　Young & Mackenzie

1870年に2人の建築家ロバート・ヤング（Robert Young, 1822-1917，ラニョンの弟子）

およびジョン・マッケンジー（John Mackenzie, 1844-1917）によって設立されたベルファストの事務所．1880 年にヤングの息子ロバート・マギル・ヤング（Robert Magill Young, 1851-1925）が加わった．事務所は教会建築，商業建築いずれの分野でも多作だった．フィッツロイ長老派聖堂（1872-74，ゴシック・リヴァイヴァル様式），ロビンソン＆クリーヴァー商店（1886-88），アンダーソン＆マコーレー商店（1890），スコットランド共済組合（1897-1902），オーシャン・ビルディングス（1899-1902），長老派集会所（1900-05）は，すべてベルファストにあるヤング＆マッケンジーの作品である．オーシャン・ビルディングス（事務所建築）はゴシックの様式でつくられており，当時としてはめずらしいものだった．

ヤング，ウィリアム Young, William (1843-1900)

スコットランドの建築家．イギリスに多くのタウン・ハウスとカントリー・ハウスを設計した．彼の最も輝かしい業績は，スコットランドのイースト・ロウジアンのロングニドリー近郊にある，ロバート・アダムによるゴスフォード・ハウスの改築（1891 竣工）である．サフォークのエルヴェデン・ホールでは，すでに贅沢な邸宅を豪華なイタリア風バロック様式で拡張した（1899-1903）．彼はおもにジョージ・スクエアにあるグラスゴー市議会堂（1883-89）で記憶されている．これはフランス，フランドル，ヴェネツィア，スペインのルネサンス様式の豪華な建物で，サンソヴィーノや「ギリシア人」トムソンから，折衷的な影響を受けた驚くべき建物である．この建物により彼の名声は確立し，ロンドンのホワイトホールに新（現・旧）陸軍省（1899-1906）を設計するよう任命された．ここにはパッラーディオ主義，マニエリスム，バロック様式が大胆に混合された．隅にはクーポラがつけられ，全体的にはレンの作品を想起させる．この建物は当時あまりに感銘を与えたため，サミュエル・スティーヴンソン（Samuel Stevenson, 1859-1924）によってベルファスト・コレッジ・オブ・テクノロジー（1900-07）の外観で模倣され，レン風ルネサンス様式の良い例であった．ウィリアム・ヤングが早くに亡くなると，陸軍省はヤングの息子クライド・フランシス・ヤング（Clyde Francis Young, 1871-1948）によって完成された．ウィリアム■ヤングはロンドンのストランドとホルボーンを結ぶため，キングズウェイとオールドウィッチの道路の敷設を提案した．彼は何冊か本を出版し，その中には『町と田園における邸宅と郊外住宅（*Town and Country Mansions and Suburban Houses*）』（1879）がある．

ヤーン，ヘルムート Jahn, Helmut (1940-2021)

ドイツ出身の建築家．ミュンヘンで学び，その後アメリカに渡りイリノイ工科大学でミース・ファン・デル・ローエに師事した．C・F・マーフィーが 1937 年に設立した，イリノイ州シカゴの設計事務所に参画した（1967）．1973 年にパートナー，副所長，設計部長となり，1981 年に事務所はマーフィー／ヤーン（Murphy/Jahn）に改称した．ヤーンの指導のもと，カンザスシティのケンパー・アリーナ（1974），インディアナ州ノートルダムのセント・メリーズ・カレッジのスポーツ・ホール（1977），シカゴのゼロックス・センター（1980），イリノイ大学の農業技術科学ビル（1984），シカゴのイリノイ州センター（1985），ドイツ，フランクフルトのメッセタワー一帯の広大な開発（1985-91），シカゴのオヘア国際空港の拡張（1983-87），ベルリンのソニーセンター（1995-97），ドイツ，ボンの優雅な ECO オフィス（1999-2003）など多種におよぶ大規模プロジェクトを手がけ，すべてを列記することはできない．作風はミースにみられるような厳格さからアール・デコ調の豊饒な表現へ至り，フランクフルトの見本市タワーにその特徴がよく示されている．

ユ

ユー・イー・シー　UEC

都市娯楽センター．アメリカの複合利用開発のことで，テーマパーク，ショッピング・センター，ショッピング・モールなどに，娯楽施設（映画館等）が組み込まれたもの．

ユヴァッラ，フィリッポ　Juvarra, Filippo（1678-1736）

カルロ・フォンターナの弟子で，イタリアの後期バロック時代では，おそらく最もすぐれた建築家．ベルニーニのバロック的伝統を進化させた．ユヴァッラの建築は，明快な形態，創意の連続，調和のとれたヴォリュームに特徴づけられる一方，装飾術も奥深く創意に富むものである．

1714 年，サヴォイア公ヴィットリオ・アメデーオ二世（Duke Vittorio Amedeo II of Savoy, 1675-1730）（1713 年にサヴォイア公はシチリアとピエモンテの王となっていた）付きの建築家となり，王国の首都のために，多数の聖堂，離宮，宮殿，別荘の建設に加え，都市拡張計画までを担った．代表作として，トリノのスペルガ修道院聖堂（1716-31）があり，神殿型のポルティコ，背の高い優雅なクーポラ，見栄えのよい一対のカンパニーレを備える．一方で，サン・フィリッポ・ネーリ聖堂（1717，さらに 1730-36，アルベルティがマントヴァに建てたサンタンドレア聖堂の翻案），カステッラモンテによるサンタ・クリスティーナ聖堂に付加された力強いファサード（1715）にも，ユヴァッラのバロック様式の熟達ぶりが十二分にうかがえる．

ユヴァッラは，ヴェナリア・レアーレに城館（1714-26），壮麗な礼拝堂（1716-21），パラッツォ・ビラゴ・ディ・ボルガロ（1716），パラッツォ・マダーマ（1718-21），リヴォリにもカステッロ・レアーレ（1718-21）等を設計した．王のために設計した離宮ストゥピニージ（1729-33）は，楕円形平面の中心部から四方に翼部がのびている．ヨーロッパで最大級の狩猟

用離宮で，贅を尽くしたサロンを備える．また，ユヴァッラは，スペイン，セゴビア近郊，サン・イルデフォンソにグランハ宮殿庭側のファサードも設計したほか，没するまでマドリッド王宮の造営に携わった．スペイン王宮は，ベルニーニがルーブル宮殿のために考案した第 3 案に着想を得たもので，ジョヴァンニ・バッティスタ・サッケッティによって完成させられた．

ユヴェ，ジャン＝ジャック＝マリー　Huvé, Jean-Jacques-Marie（1783-1852）

フランスの建築家．父ジャン＝ジャック・ユヴェ Jean-Jacques Huvé，とペルシエのもとで学び，ヴィニョンとともにパリのタンプル・ド・ラ・グロワール（栄光の神殿）の建築家となり，後に唯一の担当となって，壮麗な古代ローマ神殿建築風のラ・マドレーヌ聖堂としてこれを完成させる（1817-42）．またパリの病院と郵政部門の建築家でもあった．

有機的建築　Organic architecture

20 世紀の用語であり，事実上意味をなさないくらい実にさまざまに用いられている．有機的とは，あたかも自然のプロセスによって形づくられるような組織を示唆し，ゆえに有機的建築は，あらかじめ考えられ強制された計画によるものではなく，むしろ自然の要因による発展の中で決定されるような建築を意味する．形態と機能が一つのものであるべきと主張したサリヴァンからヒントを得た F・L・ライトは，全体に対する部分の関係，そして自然成長の感覚が得られる敷地と建築の部分および全体との特別な関係が有機的建築を構成すると示唆した．ヘーリンクは探し続けることで形態が発展するという考えから，建築は探究という行為を暗示するものであると述べ，まさしく形態の発見こそが自然の調和と関連していると提言した．アールトは幾何学的な手段による形態の決定を拒み，独自の方法（必ずしも成功しなかったが）で自然の素材を用い，敷地の性質へと応答することを主張した．シャロウンの建築は，そのデザインの扱い方がヘーリンクのものと似ていたため，「有機的」と主張されてきた．曲面をもつ鉄筋コンクリートのシェル構造とテント形状（たとえばフライ・オットーの作品）も有機的と考えられてきた．その一方で，自然素材，と

りわけ地域固有のものを使用することが有機的な建造物をもたらすと主張する人びともいる. また,「有機的建築」は合理的で幾何学的な建築とは反対のものを意味すると思われており, おそらく直感, 不規則性, そして自然のものを用いてつくられた人工物がもつ曖昧さと関連するものである. マコヴェツの作品は「有機的」といわれてきたが, それはおそらく, 彼のデザインには, どこで岩や大地や植物が途切れ, どこから構造物が始まるのか理解するのが難しいものがあるためである. 他方, クロールの建築は, 必要に応じてゆっくりと発展し, 利用者によって変更されるものであり,「有機的」と称されてきた. より最近では, いわゆる動物の形状からインスピレーションを得た建築(ズーモーフィク・アーキテクチュア)の展開や, 生物の形態に関する探究などがみられ, この用語はさらなる連想性を獲得している.

有孔煉瓦 air-brick

孔を穿たれた煉瓦やテラコッタ, または煉瓦の大きさの金属部材. 外面はグレーチングのように形成され, 空気の通り道となって倉庫や木製床直下の空間などの通風を確保する.

釉薬煉瓦 glazed brick

煉瓦にセラミック・コーティング, または仕上げを施し, 2度目の焼成で定着させたもの. このような処理を施された焼き物は輝かしい色彩をまとい, 装飾的なファサードに使用することができた. 多色彩の釉薬煉瓦はアッシリアやバビロニアの建築で用いられ, コルサバード(前8世紀), もちろんバビュロン(前6世紀)にも, そして, スーサ(前5世紀)におもな作例がみられる.

有翼円盤 winged globe

円盤, あるいは天体の表象で, 通常鎌首をもたげたウラエウス(蛇)が脇を固めている. 古代エジプト建築と関連があり, カヴェット(イタリア語)や喉形(ゴルジュ)コーニスに表れることが多い.

ユーカリスティック・ウィンドウ eucharistic window

ハギオスコープ, あるいはリクノスコープ.

ユーグ・サンバン Sambin, Hugues (1520頃-1601)

フランスの建築家, 彫刻家, 技師. デュ・セルソーやフレデマン・デ・フリースの仕事に通じていたことは, 彼が手がけたディジョンのパレ・ド・ジュスティス(高等法院)の扉口(1583)や, その手によるものと考えられている, いずれもディジョンにあるフォルジュ通りのオテル・ミルサンド(1561), ステファン・リエジャール通り8番地のメゾン・カスレ(1560), ヴァヌリー通り66番地のオテル・ル・コンパスール(1560年代)や, ブザンソンのパレ・ド・ジュスティスからも明らかである. フランスのマニエリスムの巨匠として, その作品は影響力を有した.『多様なテルム柱図集(Œuvre de la Diversité des Termes)』(1572)を出版している.

ユーゲントシュティール Jugendstil

文字通りの意味は「青春様式」. ドイツ版アール・ヌーヴォーで, この様式を広めた『ユーゲント(Die Jugend)』誌(1896-1914)に因む. フランスやベルギーのアール・ヌーヴォーに比べて曲線が少なく, より角ばっているのが特徴である(すなわち古典主義化された要素をもつ). とくにウィーン(ここではゼツェッシオンシュティールと呼ばれた), ミュンヘン, ドレスデンなど, 各地のゼツェッシオン運動と結びつき, スカンジナビア半島に深い影響を及ぼした. 建築における主導者はエンデル, ホフマン, コチェラ, オルブリヒ, そしてO・ヴァーグナーである.

ユースタイル eustyle

⇨インターコラムニエーション

ユーソニアン Usonian

⇨ライト, フランク・ロイド・リンカーン

ユーダ窓 judas

扉やシャッターに設けられた小窓, 覗き穴, 格子のことで, もう片方から気づかれることなく, 覗きみることができる.

ユッソウ, ハインリヒ・クリストフ Jussow, Heinrich Christoph(1754-1825)

ドイツの新古典主義の建築家. S-L・デュ・

リのもとで修行し，彼からイングランド由来の
パッラーディオ主義を習得する．しかしユッソ
ウは，パリでC・ド・ヴァイと過ごした時期
に発展させた．さらに簡素で厳格な様式をより
好んだ．彼はデュ・リによるカッセルのヴィル
ヘルムスヘーエ城の仕事を完成させたことで知
られ（1791-98），堂々とした中央棟と，噴水や
さまざまな外来の様式の点景建築を備えたピク
チャレスクな庭園の創作に携わった．同じく
カッセルでレーヴェンブルク城（1793-98，ド
イツにおけるゴシック・リヴァイヴァルの初期
例であり，イングランドの先行例に大きな影響
を受けピクチャレスクに構成されている）や，
カッセルのルター共同墓地に建つ選帝侯夫人
ヴィルヘルミーネ・カロリーネ・フォン・ヘッ
センの魅力的な霊廟（1820）など，その他多く
の建築を設計した．

ユートピア建築　Utopian architecture

使い手にとって，理想的または理想的に近い
環境を創出する建物や都市の計画のことで，通
例，それ以前は何も存在していない場所，もし
くは建造物の大規模な破壊によって用意された
敷地での開発を暗に意味しており，社会工学と
関連している．

ユートピー・グループ　Utopie group

1967年にパリで設立されたフランスの建築
グループ．使い捨て式で膨張性があり，空気膜
の仮設的かつ輸送可能な構造を推進した．彼ら
の出版物にはコラージュがしばしば使用され
た．

ユニヴァーサル・デザイン　universal design
⇨バリア・フリー

ユニット・システム　unit system

きわめて大きなガラスがはめ込まれたプレ
ファブ部品のことで，建物の構造体にとりつけ
られてカーテン・ウォールとなる．

ユルコヴィチ，ドゥシャン　Jurkovič, Dušan
（1868-1947）

スロヴァキアの建築家．ヴァナキュラーな木
造建築に着想を得て，当初はユーゲントシュ
ティールの要素を吸収したが，最高傑作はスロ
ヴァキアのブラドロ近郊にある古典主義のシュ
テファーニク記念碑（1926-28）である．

ユルト　yurt

フェルト，または獣皮で覆われた，頂部が円
錐形の中央アジアのテント〔ゲル，パオともい
う〕．この形態は，11世紀にはイスラーム教勢
力による煉瓦づくりの墓所で盛んに用いられた
ものである．

ヨウセツ

羊舌 lamb's tongue
1. 摂政（リージェンシー）時代の窓桟で，二つの長いオジー・アーチが，見付けに比べて見込みがとても深い平縁で分けられている．
2. 先細りになった階段手すりの舌状の先端部．凹曲線から上昇し，凸曲線で手摺に接続する．

要素主義 Elementarism
⇨エレメンタリズム

ヨーク yoke
1. 2本の木材，とりわけ，クラック・ブレードの頂部をつなぐ短い木材．
2. 両吊りのサッシ窓の枠上部を形成する水平方向の木材．

ヨークシャー・ライト Yorkshire lights
マリオンによって隔てられた二つの開口をもつ窓．一方ははめ殺し，他方は溝を備えて水平方向にスライドするサッシとなっている．

翼棟 wing
中央にある主棟から突出し，そこに従属する建物の一部，またはそれに類する建物の特徴．古典主義建築，中でもパッラーディオ風の建築構成においては，コール・ドゥ・ロジの両側に配され，場合によってはクワドラントやコロネードによってそこに接続された小さな建造物がウィングを形成し，前方に突出してコート，またはクール・ドヌール（前庭）を部分的に囲い込む．

翼部窓 wing-light
サイド・ライト．

ヨーク，フランシス・レジナルド・スティーヴンス Yorke, Francis Reginald Stevens (1906-62)
イギリスの建築家．1930年代のイングランドで近代運動を支持した少数派の1人（彼はMARSグループの創設メンバーの1人で（1932），鉄筋コンクリートの使用（1933年から）に，モダニストぶりがうかがえる．著名な『近代住宅（The Modern House）』(1934) では，ヨーロッパ大陸のインターナショナル・モダニズムを紹介した．A・アダム，W・ホルフォード，G・ステファンソンとともに，2戸1の住宅（平面は慣習的であるが，外観は1927年ヴァイセンホーフ・ジートルンクのスタイルに従っている）をイースト・ロンドンのギディア・パークで開催された近代住宅展（1934年開催）に出品した．1935年には，より洗練された鉄筋コンクリート造住宅を，ハートフォードシャー，ハットフィールドのナスト・ハイドに建てた（1980年代に解体）．同年より1938年まで，バウハウスの元教師であったブロイヤーとパートナーシップを組み，ブリストル，ロイヤル・ショーの展示用住宅（1936）と，サセックス，イースト・プレストンの，シーレーン・ハウス（1937，ピロティを備えたインターナショナル・モダン）を設計した．同じくドイツから逃れてきたアーサー・コーンとは，ロンドン，カンバーウェルにいくつか共同住宅を建てた（1940）．著書『イングランドの近代住宅（The Modern House in England）』(1937) と，『近代共同住宅（The Modern Flat）』(1937，ギッバードと共著)，『近代建築への鍵（A Key to Modern Architecture）』(1939，コリン・トロートン・ペン (Colin Troughton Penn, 1907-97) と共著)，『新しい小住宅（The New Small House）』(1951と54，ペネロープ・ムリエル・ウェズバラ・ホワイティング (Penelope Muriel Wesbrough Whiting, 1918-2017) と共著) はすべて重要で，1945年以降のイギリス建築に多大な影響力をもたらした．1944年，ヨークはユージン・ローゼンバーグ，シリル・ジョストローム・マーダル (Cyril Sjöström Mardall, 1909-94) とパートナーシップを組み，第二次世界大戦後のイングランドにおける大建築事務所，ヨーク，ローゼンバーグ，マーダル（YRM）となった．彼らが手がけた学校（たとえばハートフォードシャー，スティーヴネッジにあるバークレイ中学校，1950-)，集合住宅計画，工場（たとえばダーラム区，ゲーツヘッドのジグムンド・パンプス工場，1948），事務所，病院などは，1950年

代と60年代のイギリス建築の典型的作品といえるが，ロンドン，グレイストーク・パレスにある彼らの事務所（1960-61），セント・トーマス病院（1966以降），ワービック大学（1960年代）では，表面を白いタイルで覆う手法がとられた．ガトウィック空港（1967年以降）には，ミース・ファン・デル・ローエの作風がうかがえる．

横木受穴 culver-hole
梁や桁の端を受けるために壁に開けられた穴．プットログ・ホール．

横桁 cross-rail
⇨クロス・レイル

吉阪隆正 Yoshizaka, Takamasa (1917-80)
日本の建築家．パリのル・コルビュジエ事務所ではたらき（1950-52），晩年のブルータリズム的手法で設計した（たとえば，東京の吉阪邸（1955））が，その後は，そのスタイルから離れていった．ほかの作品には，牛頭市庁舎（1961），東京の小静亭（1976）などがある．

吉田五十八 Yoshida, Isoya (1894-1974)
日本の建築家．木造住宅の設計者として名をあげ，本来は柱が建つ建物の隅部を開口部として開放するなど，しばしば伝統的な型を逸脱した．1950年代より，コンクリートを用いて公共建築も手がけるようになる．主要作に，東京の関谷邸（1931），新喜楽（1940-62），梅原龍三郎画室（1951-58），鈴木邸（1957），猪俣邸（1967），満願寺（1969），御器谷邸（1971），秩父宮邸（1972）がある．彼がめざしたのは，国際的モダニズムや外来要素の入らない，真に近代的な日本建築であった．

寄棟屋根 hip-roof
⇨ヒップ・ルーフ

四葉形 cross-quarter
⇨クロス・クウォーター

ヨハン，マイスター（親方ヨハン） Johann, Meister (14世紀活躍)
オーストリア，ニーダーエスターライヒ州ツヴェットルのシトー会修道院内陣（1343-83）

の設計者．周歩廊と放射状祭室からなるシュヴェ（後陣）の配置は，おそらくパルラー一族の作品の影響であろう．

よろい戸 window-shutter, shutter
窓開口部両側の蝶番に吊られた開き戸．内側または外側につけられ，開口部を守る．折り畳み構造になっているものもある．⇨シャッター

ラ

ライアンズ, エリック・アルフレッド Lyons, Eric Alfred (1912-80)

イギリスで近代運動にかかわった建築家. グロピウス, フライを含む多くの建築家と仕事をした後, 1945 年から 1950 年まで, G・P・タウンセンドと共同事務所を設立した. 以降, ライアンズは独りで仕事を行ったが, 1963 年にアイヴァー・リチャード・カニンガム (Ivor Richard Cunningham, 1928-2007) と共同事務所を設立した. 彼らは, モダン・デザインによる投機的集合住宅として, ロンドンにブラックヒース (1959-63), サリーにウェイブリッジ (1964-65) などを手がけた.

ライオン lion

1. 古典建築において, とくにコーニスに施されたライオンの面を表徴する彫刻 (たとえばアイギナのアファイア神殿 (前 420 頃)).

2. キリスト教図像学で広くみられる聖マルコの象徴.

ライザー riser

1. 階段の踏み板の間にある垂直部材.

2. 階段の踏み板の間の垂直部分全体の名称.

3. 粗石積みの石材で, 通常はボンダーやスルーストーンと呼ばれ, ジャンパーと呼ばれることもある.

ライズ rise

1. アーチやヴォールトの起棋点から要石の下端 (ソフィット) までの垂直距離.

2. 階段の連続する踏み板あるいは踏み面の間の垂直距離. もしくは踊り場間の垂直距離を指すこともある.

ライス, ピーター・ローマン Rice, Peter Roman (1935-92)

ダブリン生まれ, ベルファストで技術教育を受け, アラップに加わる. 多くの計画にかかわり, その中には, ウッツォンによるシドニー・オペラ・ハウスのシェル・ヴォールト (1957-73, 1963 年からライスは現場常駐となる), ピアノとロジャースによるパリのポンピドー・センターの構造設計 (1971-77), ロンドンのロジャースによるロイズ・ビルディング (1979-87), エセックスのフォスターによるスタンステッド空港 (1981-91), スプレッケルセンによるパリのグランド・アルシュ (1986), セビリアの MBM による未来館 (1992) がある. ピアノと共同したものとしては, バリのスタジアム施設, 関西国際空港 (1988-96), テキサス州ヒューストンにあるメニル・ギャラリー (1981-86) がある. リッチーとマーチン・フランシス (Martin Francis, 1942-) とともに, パリのラ・ヴィレットにある科学技術産業国立博物館の設計にもかかわった.

ライスブルーク, ヤン・ヴァン Ruysbroeck, Jan van (1396 頃-1486)

ブリュッセル市庁舎の尖塔 (1449 頃-55) を手がけたフランドルの建築家. これは中世後期のゴシックによるヨーロッパ世俗建築の中でも最も優雅な作品の一つである. アウデナールデの聖母病院のラヴァトリウム (泉水堂) (1442-45), ルーヴェンのサント・ジェルトリュード聖堂の鐘楼 (1453 竣工), および, ブリュッセル・アンデアレヒトのサン・ピエール・エ・グイード聖堂の一部も彼の作品である. ブリュッセルの現大司教座聖堂 〔当時は参事会聖堂〕 でも活躍したけれども (1470-85), どの部分を手がけたのかは知られていない. 混乱の要因の一つだが, ヤン・ヴァン・デン・ベルへ (Jan van den Berghe) とも呼ばれていた.

ライタ, ベーラ Lajta, Béla (1873-1920)

ライタはハンガリーの建築家. またの名はレイテルスドルフェル (Leitersdorfer). シュテインドルやレヒネルなどのもとで学び, 短期間 (1898-99), ノーマン・ショウのもとではたらいた. 作品としてはユダヤ人盲人研究所 (1905-08), シャルゴータルヤーン通りのユダヤ人墓地のさまざまな墓廟と葬儀場 (1908), ユダヤ人慈善院 (1909-11), ヴァシュ通りの学校 (1909-12), 厳格なネープシーンハーズ通りの集合住宅 (1911), セルヴィタ広場のロージャヴェルジ・ハーズ (1911-12) (いずれもブ

ダペスト）があげられる．レヒネルとともにブ
ダペストのラーコシュケレストゥール墓地に奇
妙なシュミードル・シャーンドル廟堂（1903）
を設計している．

ライト，カーネル・ウィリアム Light,
Colonel William（1784-1838）
　南オーストラリア州の測量長官で，1837 年
より州都アデレードの基本計画および設計に携
わった．6 つの大きな四角形広場をもつ雄大な
計画で，市街地を取り囲むようにパークランド
と呼ばれる緑地帯が回っており，この種の計画
としては実現された最初の例である．

ライト，ジョン・ロイド Wright, John Lloyd
（1892-1973）
　アメリカ人建築家．フランク・ロイド・リン
カーン・ライトの息子．イリノイ州シカゴ，オ
ーク・パークの父のスタジオで修練し，カリ
フォルニア州サンディエゴのゴールデン・ウェ
スト・ホテル（1912）を鉄筋コンクリート造の
初期作品として設計した．カリフォルニア州エ
スコンディードのウッド邸（1912）は『レディ
ーズ・ホーム・ジャーナル（*Ladies' Home
Journal*）』誌のために父が手がけたプレーリ
ー・ハウス（1901）が元であった．東京の帝国
ホテル建設（1915-22）では父の助手を務めた．
1926 年までに独立し，アール・デコ，表現主
義の趣の強い建物をいくつか手がけた．1945
年以降，父のユーソニアン住宅に着想を得た作
品（カリフォルニア州ラ・ホーヤのコンプトン
邸（1948）など）を残したほか，地衣類に由来
する装飾性に関する論考（1952）を出版した．
1920 年に著名な玩具リンカーン・ログをデザ
インしたほか，1949 年には父が幼少期に熱を
上げたブロック玩具に着想を得たライト・ブ
ロック（初版）を制作した．

ライト，トマス Wright, Thomas（1711-86）
　イングランドの建築家，古事物愛好家，天文
学者（銀河を初めて説明した），造園家．1748
年に『ルーティアーナ，あるいはアイルランド
の 古 代 遺 物 入 門（*Louthiana, or an
Introduction to the Antiquities of Ireland*）』を
出版し，これは 18 世紀における多くの研究の
中でも先駆的著作となった．彼はノッティンガ
ムシャーのナットール・テンプル（1754-57，

現存せず，『ウィトルウィウス・ブリタニクス
（*Vitruvius Britannicus*）』第 4 巻（1767）を参
照）を設計した．これはヴィチェンツァにある
パッラーディオのヴィラ・カプラと，ロッカ・
ピサーナと呼ばれるスカモッツィによるヴェッ
トール・ピサーニのヴィラ（1575-78）を精巧
に模したものであった．しかし彼の名声はすぐ
れた庭園建築の設計者としてであり，彼の作品
は『東屋の 6 種の独創的なデザイン（*Six
Original Designs of Arbours*）』（1755）と『グ
ロットの 6 種 の 独 創 的 な デ ザ イ ン（*Six
Original Designs of Grottos*）』（1758）に収めら
れている．これらは『普遍的建築（*Universal
Architecture*）』の冒頭となる予定であったが，
残念ながらこの著作は完成されることはなかっ
た．彼のデザインの多くは城の廃墟，ゴシック
様式のフォリー，門，アイ・キャッチャーのた
めのものであり，これらは野石や粗い材料で建
造された．彼は原始的なドリス式の「羊飼いの
墓碑」を設計した．これはプッサンの絵画『ア
ルカディアの牧人たち（*Et in Arcadia Ego*）』
にもとづいたレリーフのついた哀調に満ちた点
景建築であり（1756 頃），スタッフォードシャ
ーのシャグバラに建てられた．アイルランドの
ダウンのトリーモア・パークにあるゴシックの
庭園建築（1740 頃-80），ラウスのダンダーク
にある庭園建築（1746-47），ウェストミーズの
ベルヴェデーレ・ハウスは彼のドローイングに
もとづいたものである．ドローイングの多くは
ニューヨーク市のコロンビア大学エイヴリー建
築・美術図書館に所蔵されている．彼は最初期
のゴシック・リヴァイヴァリストの 1 人であっ
た．

ライト・フォー・ピリオド right for period
　建造物などを最初に建設されたときのデザイ
ン，技術，素材を反映させるかたちで修復する
こと．

ライト，フランク・ロイド・ジュニア
Wright, Frank Lloyd, jun（1890-1978）
　アメリカ人建築家．フランク・ロイド・リン
カーン・ライトの長男．父のスタジオで修練を
積み，ヴァスムート社から出る立派な作品集
（1910）のための準備を手助けした（1909）．そ
の後，ボストンにあるオルステッドの事務所に
務めるかたわら，カリフォルニア州における父

の仕事，すなわちバーンズドール・ホリーホック邸（1916-21）やその他コンクリート・ブロックによる邸宅の建設に携わった．彼自身の作品としては，プレキャスト・コンクリート・ブロックを用いた住宅（カリフォルニア州チェビー・チェイスのダービー邸（1926））もあれば，ロサンゼルスのソーデン邸（1926），カリフォルニア州ハリウッドのサミュエル・ナヴァロ邸（1926-28）のようにアメリカ先住民およびアール・デコの装飾を持つものもある．カリフォルニア州のハリウッド・ボウル（1924-25および1928）では，シェル・コンクリート構造を用いた．カリフォルニア州パロス・ベルデスのスウェーデンボリ・メモリアル・ウェイフェアラーズ・チャペル（1946-71）は，建築がランドスケープと一体化しており，彼の代表作といえよう．

ライト，フランク・ロイド・リンカーン
Wright, Frank Lloyd Lincoln (1867-1959)

20世紀でもっとも偉大との呼び声もあるアメリカ人建築家．クイーン・アン様式やシングル・スタイルによる作風で知られるジョセフ・ライマン・シルスビー（Joseph Lyman Silsbee, 1845-1913）から基本的な素養を学んだ．その後，ルイス・H・サリヴァンの助手となり（1888年），1893年までアドラー＆サリヴァン事務所（Adler & Sullivan）で働いた．サリヴァンを尊敬する一方で，ライトはオーエン・ジョーンズ，イギリスのアーツ・アンド・クラフツ運動，ラスキン，ヴィオ＝ル＝デュク（あるいは，ヴィオレが書いたとされるもの），組み合わせ形態（幼少期に遊んだフレーベル社のブロック玩具がきっかけかもしれない），日本建築（1893年のシカゴ博における日本館が刺激となった）からも影響を受けた．1889年，独立後はじめての作品となる自邸兼スタジオをイリノイ州シカゴのオーク・パークに設計した．これはシングル葺きの外観をもつ折衷様式の作品（1889-1911年に改修・増築）であった．1894年には，シカゴのアーツ・アンド・クラフツ協会の創立メンバーとなり，この頃，プレーリー・ハウスと呼ばれるようになる作品に着手している．中央のコア部分からいくつかのボリュームがのび，構造を覆うように低く長い屋根がのび，隅部が開放され，取り囲む壁は独立したスクリーンとなるようなもの（ライト

が「箱の解体」と呼ぶ技法）である．さらに，住宅の主要な軸線が庭やテラスにまで及ぶ手法は，ライトが『レディーズ・ホーム・ジャーナル（*Ladies' Home Journal*）』（1901）に掲載した図面上に示されており，第一次世界大戦までに手がけた一連の住宅作品に展開された．とはいえ，ラッチェンスもバークシャー，ソニングのディーンリー（1899-1902）では同様の方向性を示していたし，シンケルもポツダムのコート・ガーデナーズ・ハウスおよびローマ浴場のプロジェクト（1820年代）では整然とした幾何学により庭園や水辺やテラスを整備していた．プレーリー様式によるライトの初期作品としては，イリノイ州ハイランド・パークのウィリッツ邸（1902），シカゴのロビー邸（1908），イリノイ州リヴァーサイドのクーンリー邸（1908-12）がある．オーク・パークのユニティー・テンプル（ユニタリアン・チャーチ）（1906），ニューヨーク州バッファローのラーキン・ビルディング（1904，現存せず）を見ると，格子状の幾何学が強く押し出された記念的建築になりえているほか，建築言語としてはシンケル，オットー・ヴァーグナーなどの作品が有するストリップト・クラシシズムに相通じるところがある（とくにユニティー・テンプルに並ぶ角柱は，シンケルによるベルリンのシャウシュピールハウス（劇場），ヴァーグナーによるウィーンの地下鉄駅舎を思わせる）．

ライトの作品は広く宣伝され，1910年にはベルリンのヴァスムート社から『フランク・ロイド・ライトの実現した建物と構想（*Ausgeführte Bauten und Entwürfe von Frank Lloyd Wright*）』と題する二巻本の美しい画集が，翌年にはイラストと図面を載せたペーパーバック版が出版された．イギリスのアーツ・アンド・クラフツ運動の中心人物であったC・R・アシュビーによる前書きがついており，これらの出版物がライトの作品の知名度を押し上げることとなった．ライトの作品はとくにドイツ（影響を受けた建築家にグロピウスやミース・ファン・デル・ローエがいた）でかなりの好感をもって受け止められたようである．オランダでも，ロバート・ファント・ホッフ，デュドック，デ・ステイルのメンバーがライトの作品に間違いなく影響を受けており，それは作品にも見て取れる．1911年，ライトはウィスコンシン州郊外に移り，タリアセンにプレーリ

ー・ハウスにもとづく住宅兼スタジオを設計した（1914年に焼失したが，再建しその後1920年代に増改築を施した）．ライトはそこで弟子たちを指導し，その体制はタリアセン・ウェストへと展開していく．

　私生活ではスキャンダルに見舞われたにもかかわらず，ふたつの重要な仕事を得ている．シカゴのミッドウェイ・ガーデン（1913年，現存せず）と東京の帝国ホテル（1915-22年，アントニン・レーモンドと協働，現存せず）である．双方ともに軸線が際立つ考え抜かれた平面計画であり，シュヴロン（ジグザグ模様）のついた多角形，三角形などで豊かに装飾されている．こうした装飾はシカゴに建てた住宅作品の鉛製窓枠にすでに現れていたほか，アール・デコ装飾の先取りともいえる．カリフォルニア州ロサンゼルスのホリーホック（あるいはバーンズドール）邸（1916-21）では，型取りによって成形される（タチアオイの形状を抽象化した）モチーフ（建物全体はコンクリート造）を試み，アメリカ先住民の建築を思わせるような建物としたほか，ロサンゼルスのエニス邸（1923-24）では，装飾されたコンクリート・ブロックの構造で，傾斜した壁がテラス上に立ち上がるような表現を生み出した．ライトは，カリフォルニア州パサデナのミラード邸（1923）やロサンゼルスのフリーマン邸（1923-24）などでもコンクリート・ブロックを用いたが，続く1920年代の作品は初期の作品ほど注目を集めることはなかった．しかしながら1930年代，ライトの作品が再び注目されるようになった．ペンシルバニア州コネルズビルのカウフマン邸，「落水荘」（1935-48）では，ベア・ランと呼ばれる小川の上に水平・垂直の造形が織りなす傑作を生み出した．表面的なデザインは当時の国際的モダニズムに似ているが，荒石を積み上げた壁や手仕事で作り上げられた細部はおそらくアーツ・アンド・クラフツの伝統に由来しており，各要素の配置はプレーリー・ハウスから来たものであろう．1936-39年にライトは，ウィスコンシン州ラシーンにジョンソンワックス本社を設計し完成させた．天井の高い内部空間は茎の細いキノコ状の柱によって支えられ，壁は外光を採り入れるガラスが煉瓦部分を帯状に切り取っている．同時期にライトは，アメリカの土着的建造物に基づく低価格のユーソニアン住宅に力を入れ，プレファブリケーションの

可能性を追求した．その試作品がウィスコンシン州マディソンのジェイコブス邸（1936-37）で，ライトは1938年の『アーキテクチュラル・フォーラム（*Architectural Forum*）』誌に自身の考えを寄せている．また，ユーソニアン住宅が大規模に展開された低密度の都市計画であるブロードエーカー・シティ構想も発表された．1937年，冬場に自身と弟子たちが過ごす拠点としてタリアセン・ウェストを構想し，アリゾナ州スコッツデールに完成させた．1942年より，ニューヨーク市のグッゲンハイム美術館の設計に取り掛かった（完成は1960年）．らせん状の斜路は美術鑑賞の場としてあまり適切ではなかったとはいえ，形態を幾何学的にまとめ上げる業は当時注目を集めた．オクラホマ州バートルズビルにはプライス・タワー（1953-56）を設計したが，これは当時普及していたスラブの積層とは違う方法で美しい高層ブ

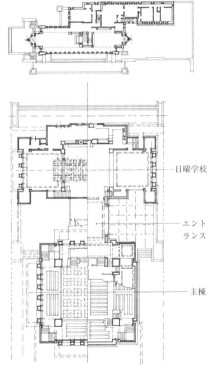

日曜学校

エントランス

主棟

ユニチャーチ平面図

ロックをめざした作品で，タリアセン・ウェストにも認められるライトの鋭角への関心を映し出している．最晩年の作品としては，カリフォルニア州サン・ラファエルのマリン・カントリー・シビック・センター（1957-66），ペンシルバニア州エルキンス・パークのベス・ショーロム・シナゴーグ（1954-59）があげられよう．

ライトは有機的建築の主唱者とされてきたが，言わんとするところは，変わりゆく人間および周辺環境の質からデザインが生まれる，ということだったように思われる．著作（『自伝（*An Autobiography*）』（1943），『有機的建築（*An Organic Architecture*）』（1939），『民主主義が築かれる時（*When Democracy Builds*）』（1945）など）に対してはうぬぼれ，冗長，不明瞭などといった苦言が呈されることがあるものの，『フランク・ロイド・ライト建築論選集1894-1940（*Frank Lloyd Wright on Architecture: Selected Writings 1894-1940*）』（1941）や『建築のために：フランク・ロイド・ライト論集「アーキテクチュラル・レビュー 1908-1952」（*In the Cause of Architecture: Essays by Frank Lloyd Wright for the Architectural Review 1908-1952*）』（1975）に再録され出版されている．

ライト，ヘンリー　Wright, Henry（1878-1936）

アメリカのランドスケープ・アーキテクト，都市計画家．ラドバーン計画など，歩車分離の実現に携わった．イギリスのガーデン・シティの理念をアメリカに持ち込もうとしたほか，ゲデスやマンフォードからも影響を受け，ニューヨーク州ニューバーグのディフェンス・ハウジング（1918-19），ニュージャージー州カムデンのヨークシャー・ビレッジ（1918）ほかの全体計画を手がけた．著書に『リハウジング・アーバン・アメリカ（*Rehousing Urban America*）』（1935）がある．

ライナルディ，カルロ　Rainaldi, Carlo（1611-91）

ローマ生まれの建築家．作風はマニエリスム後期とバロック期の様相を呈する．ジロラモ・ライナルディ（Girolamo Rainaldi, 1570-1655，カプラローラのサンタ・テレーザ聖堂（1620以降）と，ローマのナヴォーナ広場のパラッツォ・パンフィーリ（1645-50）の建築家）の息子で，ローマのナヴォーナ広場におけるサンタニェーゼ・イン・アゴーネ聖堂（1652以降）では，父親（1644年に教皇インノケンティウス10世（Innocent X, 1644-55）により，その主任建築家に任命された）と協働した．1653年にボッロミーニがその座を奪ったが，1657年に解雇され，そののちにはベルニーニとコルトーナが諮問ではあったが，カルロ・ライナルディが召還された．平面と正面，巨大なピアはライナルディによる功績とされている．ほかの建物では，鮮やかな分節のサンタ・マリア・イン・カンピテッリ聖堂（1662-75），サンタンドレア・デッラ・ヴァッレ聖堂のファサード（1656-65），およびコルソ通りの軸線に接するポポロ広場の双子のような教会堂（1662-79）がある（そのうちの一つ（サンタ・マリア・イン・モンテサント聖堂，1673年にベルニーニがライナルディの後任となった）には，敷地の大きさが違っていても「もう片方」と同じ直径にみえるように楕円のドームが架かる）．

ライナー，ローラント　Rainer, Roland（1910-2004）

オーストリアの建築家，都市計画家．設計者としてだけではなく，教育者としても第二次世界大戦以来，かなりの影響力をもっていた．ウィーン都市計画委員長（1958-63）となり，エコロジーを意識した設計手法を論じた．彼は（ほかの設計者とともに）ウィーンのファイティンガー通りの住宅地（1953-54），オーストリアのリンツ近郊の田園都市プヘナウ（1964-93）に携わった．いずれにも，1920年代のウィーンで，エーンなどによって推進されていた高密度な住宅に反対し，分散型の発展を擁護する立場が表れている．行政建築をウィーン（1958），ドイツのブレーメン（1963-64）とルートヴィヒスハーフェン（1962-65）に，住宅地をドイツのカッセル（1980），ウィーンのタマリスケン通り（1985-93），リンツのアウヴィーゼン地区（1990-93）に設計した．『生きることのできる環境（*Livable Environments*）』（1972）など，多くの本を出版した．

ライヒリン，ブルーノ　Reichlin, Bruno（1941-）

スイスの建築家で，ティチーノ派やテンデン

ツァとの結びつきが強い．1970 年からファビオ・ラインハルト（Fabio Reinhart, 1942-）とともに活動し，両者はロッシのもとでチューリヒの連邦工科大学で教えた（1972-74）．パッラーディオのヴィラ・カプラに倣ったトリチェッラのトニーニ邸（1972-74）を設計し，リヴェオのサルトーリ邸（1976-77）を含むその他の別荘では，古典主義が裸にされ最も基本的な要素に還元されている．二人は合理主義，あるいは新合理主義建築の傑出した推進者である．1976 年にマリー＝クロード・ベトリス（Marie-Claude Bétrix）とエラルド・コンソラシオ（Eraldo Consolascio）がパートナーに加わり，新メンバーによる作品にコルタイヨのスフェラクス工場（1978-81）がある．

ライリー，ウィリアム・エドワード Riley, William Edward（1852-1937）
イギリスの建築家．1899 年にロンドン・カウンティ・カウンシルの建築家であったトーマス・ブラスヒル（Thomas Blashill, 1831-1905）を受け継ぎ，ショアーディッチのバウンダリー・ストリート（1893 年から）とミルバンク（1897 年から）といったロンドンの 2 地区のスラムクリアランスと再建を担当した．両方とも折衷的クィーン・アン様式により，人間味のあるよくデザインされた集合住宅とされている．ライリーは，E・R・ロビンソンによって 1904 年に始まったロンドン学校委員会の建物の設計を受け継いだ．代表的作品は，ロンドン消防隊ビルディングで，ロンドン，ユーストン・ロードのセント・パンクラス教会の反対側に建つバランスのいい建物である（1902）．

ラインハルト，ファビオ Reinhart, Fabio（1942-）
⇨ライヒリン，ブルーノ

ライン煉瓦 Rhenish brick
ライン地方で中世期からとくに 16-17 世紀につくられた塩釉煉瓦で，ケルンのものが有名．広く輸出され，しばしば装飾された．

ラヴァトリー lavatory, lavatorium
1．手洗いのための水盤や場所．
2．ピッシーナ（ラテン語，ピスキナ，複数形ピッシーネ（ピスキナエ））．

3．洗手盤(2)に同じ．
4．手や顔を洗うための水盤を備えた部屋．19 世紀から 20 世紀には水洗便所も含めて使われる．
5．洗濯室．

ラウヴェリクス，ヨハネス・ルドフィクス・マティユー Lauweriks, Johannes Ludovicus Mathieu（1864-1932）
オランダの建築理論家．神秘学への関心にもとづいてプロポーションについてのシステムを展開し，立方体，正方形，長方形を複雑に組み合わせたデザインを生み出した．ハーゲンのクレマトリウム（1906-07）などベーレンスや，ル・コルビュジエのモデュロールへ影響を与えた．雑誌『デア・リンク（*Der Ring*）』（1909）に作品が発表されている．

ラヴェリン ravelin
要塞において，二つの傾斜面をもつ外塁で突角を形成するもの．スカープや主壕の斜面後ろに建設され要塞外壁前面にある．ルネサンス期ならびにのちの軍事建築によくみられる特徴．

ラウトナー，ジョン Lautner, John（1911-94）
アメリカの建築家．F・L・ライトのもとに学んだ（1933-39）．ロサンゼルスで開業し，1973 年のメキシコのアカプルコのアランゴ邸（テラスでは下方の湾への眺めをいかしている）や 1960-63 年のカリフォルニア州ビヴァリー・ヒルズのシーツ・ゴールドスタイン邸（岩の中から生えているようであり，折り重なったコンクリートの屋根の塊で覆われている）などの非常に独自な個人住宅を設計した．最もよく知られた建物は，一つの角柱によってすべての構造体が支えられている，ロサンゼルス市トリーソン・ドライブのマリン氏の住宅である「ケモスフィア」（1960）や，コンクリートの車輪のような屋根がかかりその巨大な「スポーク」が楔形の窓を形づくっているパーム・スプリングスのエルロド邸（1968）がある．エスター・マッコイはラウトナーを「技術の詩人」と呼んだ．

ラウドン，ジョン・クローディアス Loudon, John Claudius（1783-1843）
スコットランドの農学者，百科事典執筆者，造園家，園芸学者，雑誌編集者，墓地の専門

家，建築家にして影響力のある批評家．1803年にロンドンに定住し，熱狂的に執筆活動を始めた．彼の最初の著作である『造園の理論と実践，有益で装飾的な植栽の形成と管理についての省察（*Observations on the Formation and Management of Useful and Ornamental Plantations, on the Theory and Practice of Landscape Gardening... etc.*）』は 1804 年に出版された．これに続き『温室にて近年なされた改良に関する小論文（*A Short Treatise on Several Improvements Recently Made in Hothouses*）』（1805），『田園住宅の建設，改良，管理に関する論文（*A Treatise on Forming, Improving, and Managing Country Residences*）』（1806）を出版し，この著作の中で，彼は建築への情熱的な関心を示した．この時までに彼は建築活動を始めていた．父親が亡くなると，ミドルセックスのピナー教会墓地に新古典主義の記念碑（1809）を設計した．これは勾配のついた垂直のマッスで，両側面からサルコファグスが突出しており，この時代としてはどの建築よりも進歩的であり，原始的で簡素で装飾がはぎとられている．

1811 年に鉄の桟を発明し，これにより曲線形の板ガラスが可能となり，自らの構造的な・実践的アイディアを用いて，さまざまな温室の試作品を建てた．1817 年に『温室の構造に関する所見（*Remarks on the Construction of Hothouses*）』を出版し，1818 年には『曲線形の温室のスケッチ集（*Sketches of Curvilinear Hothouses*）』，『温室屋根の一般様式と曲線様式の対比（*A Comparative View of the Common and Curvilinear Modes of Roofing Hothouses*）』を出版した．ラウドンが発展させた原理は，より有名な温室の基礎となった．それらはチャッツワースの（最終的には 1851 年の万国博覧会での）パクストンによる温室，ベルファストにおけるラニョンとターナーによる温室，キュー・ガーデンのターナーとバートンによる温室である．そしてラウドンの原理は 19 世紀のヨーロッパとアメリカにおける無数の温室と展覧会建築に適用されたのである．

当時始められた厖大な『造園百科事典（*Encylopaedia of Gardening*）』（1822）はすぐさま成功をおさめ，ラウドンはロンドンのポーチェスター・テラス 3 番地と 5 番地に「セミ・ディタッチド・ヴィラ」（1823-24）を自らのために設計し建てることができた．これはイタリア風の古典主義の外観をもつ，進歩的で便利な建物であった．1826 年に『ガーデナーズ・マガジン（*The Gardener's Magazine*）』を出版し，これは趣味と専門技術に多大な影響を与えた．1829 年にはロンドンをとりまく半マイル幅のグリーンベルト，義務教育のための国立学校の設立，農業目的のための汚水肥料の有効利用を提案した．1830 年に『造園と庭園建築の図版集（*Illustrations of Landscape-Gardening and Garden Architecture*）』の最初の部分を出版し，バーミンガムにボタニック・ガーデンズを造成して，非凡なジェーン・ウェブ（Jane Webb, 1807-58）と結婚した．彼女は未来小説（1827）の作家であり，これは 21 世紀のイングランドでは一般的となった飛行機旅行，世界的に瞬時に送れるコミュニケーション・システム，法外な税の重圧，インフレーションの蔓延に苦しめられているという物語であった．ジョンとジェーン・ラウドンは『コテージ，農場，ヴィラ建築の百科事典（*Encyclopaedia of Cottage, Farm, and Villa Architecture*）』（1833）で共働した．厖大な図版（多くは E・B・ラムによる）とともに，儚い建築の多くを記録し，ヴィクトリア朝期の郊外建築の趣味を形成することに重要な役割を果たした．1834 年から 1838 年にかけてラウドン夫妻は『建築雑誌（*The Architectural Magazine*）』を出版し，これはイギリスで初めて建築だけに捧げられた定期刊行物となった．造園家としては，ラウドンはペイン・ナイト，レプトン，ユヴデイル・プライスから影響をうけ，彼自身ピクチャレスクな構成を提唱した．ラウドンは植物学的，科学的，園芸学的特質から選ばれた木々と植物による植栽をピクチャレスクと混合させる「ガーデネスク」様式を発明した．ヴィクトリア朝期の庭園，公園，植物園の特質を確立し，ダービー植物園（1839-41）のデザインは彼の様式の良い例である．

『墓地の設計，植栽，管理と教会墓地の改良について（*On the Laying Out, Planting, and Managing of Cemeteries; and on the Improvement of Churchyards*）』（1843）は，この分野に関して書かれたものでは最も網羅的な著作であり，墓地の造園のための詳細なアイディアを載せており，これらは広く模倣されることとなった．美化された庭園や（すべての植

物にラベルがつけられる）植物園としての墓地というラウドンの考えは，大衆教育や社会改良に関する彼の概念の一部であった．彼はケンブリッジのヒストン・ロード墓地，バース修道院墓地，サウザンプトン墓地（すべて 1842-43）を設計した．

ラウ，ハインリヒ・ハインツ　Rau, Heinrich Heinz（1896-1965）

ドイツ生まれのイスラエルの建築家．1933年に移住して 35 年には自らの事務所を開設した．初期の住宅作品はシンケルの影響を受けた，簡略化されたドイツ・ネオクラシシズム風である．エルサレムの都市計画を立案し，政府庁舎区画と大学キャンパスに注力した．代表作にはエルサレムのヘブライ大学のシナゴーグ（1957）やアインシュタイン研究所数学棟（1959），同じくエルサレムのエブライ・ユニオン・カレッジ（1963）がある．1960 年代に客員講師としてマンチェスターに滞在した折には『イングランドの改良住宅（*Better Housing in England*）』を出版した．ドイツのシュヴァルツヴァルトで隠居生活を送り，ここで亡くなった．1950 年代の短期間，レズニックとともに働いた．

ラウフ，ジョン　Rauch, John（1930-2022）
⇨ヴェンチューリ，ロバート・チャールズ

ラウラーナ，ルチャーノ　Laurana, Luciano（1420 頃-79）

ダルマティア地方の生まれ．初期ルネサンスからレオナルドやブラマンテの盛期ルネサンスへといたる過渡期の重要な人物である．1465年にウルビーノ公の宮殿を設計し，洗練されたアーケードを備えた中庭（1465-79）を建てた．この宮殿のすぐれた細部意匠（例：戸口や暖炉など）の大部分も，ラウラーナによるものである．

ラウンデル　roundel
1. 小さな円形のパネルか窓で，深い円形のくぼみがあって胸像が置かれるもの．
2. 円形窓（ウイユ・ドゥ・ブフ）ないしオクルス．
3. アストラガルないし大きな玉縁（ビーズ）．

ラウンド　round

円あるいは円に近い形のもので，たとえばラウンド（すなわち半円）アーチや，ラウンドアーチ・スタイル（ルントボーゲン様式），ラウンドビレット（角柱状ではないもの），ラウンド・チャーチ（平面が円のもの），ラウンド・モールディング（たとえばトーラス），ラウンド・ペディメント（弓形もしくは半円形のもの），ラウンド・リッジ（たとえば半円筒系のクレスト（棟飾り）やリッジ・タイル（棟瓦）があるもの），ラウンド・タワー（アイルランドにあるような円錐屋根のあるものや，イングランドやイタリアの鐘楼），そしてラウンド・ウィンドウ（聖カタリナの車輪窓やローズ・ウィンドウ（薔薇窓）など）がある．

ラグ　lug
1. 管を壁に固定するためその両端部に設けられる板状の突起で，耳またはタブとも呼ばれる．
2. クロセット．

ラグ　rag
⇨粗硬岩

ラクア　laquear
（⇨格間）

古代のグロッタなどの天井面に用いられたらしい，おそらく網のような装飾の形式．ウェルギリウスの語句は鎖のような形態を示唆しているが，ほかの古典期の原典ではこの語は曖昧に使われている．

ラグッツィーニ，フィリッポ　Raguzzini, Filippo（1680 頃-1771）

教皇ベネディクトゥス 13 世時代（Benedict XIII, 1724-30）のローマにおいてロココ様式により創作した最も著名な建築家．サンタ・マリア・ソプラ・ミネルヴァ聖堂内のサン・ドメニコ礼拝堂（1724-25）と，サン・ガッリカノ施療院（1725-26，巧みな換気システムを備える）を設計し，また有名なサンティニャツィオ広場（1727-36）では，五つの住宅棟のファサードが，巨大なサンティニャツィオ聖堂の正面の空間をとり囲むように楕円形状に区画された平面から立ち上がる．そのほか多くの建築があるが，サンタ・マリア・デッラ・クェルチァ聖堂

のファサード（1727-31），サン・フィリッポ・ネーリ聖堂のファサード（1728），サンティ・クィリコ・エ・ジュリッタ聖堂のファサード（1728-30）と，スペイン階段の修復（1731）があげられ，すべてローマにある．

ラグトン，アイヴォ・ド Raghton, Ivo de（1317-39 頃活躍）

イングランドの石工頭．第2尖頭式・ゴシックの「曲線形」様式でつくられたグレート・ウェスト・ウィンドウ（1338-39）など，ヨーク・ミンスターの西正面を設計したと思われる．また，カーライル大聖堂の東正面（1318-22），ヨークシャーのビヴァリー・ミンスターのリアドス（1324-34），ヨークシャーのセルビー・アビーの東窓（1330 頃開始），ノッティンガムシャーのサウスウェル・ミンスターのパルピタム，リンカン大聖堂の南バラ窓などを実際に設計したか，設計になんらかの影響を与えた可能性がある．

ラクナリウム lacunarium (*pl.* lacunaria)

格間や格天井のシステム．複数形は古代神殿の周歩廊の格天井やペリスタイルと神室（ケラ）との間のペリドロームを指す．あるいはおそらく多数の格間をもつゆえに，主コーニスの下端面も指す．

ラグル raggle

石材の溝，ないしラグレット．

ラグレット raglet

石材やモルタルジョイントなどにある連続したラグルや溝で，鉛製の水切りがとりつけられるもの．

ラゲ Rageur

古典主義様式，ルイ14世様式，イタリア様式，ルネサンス様式，そしてゴシック様式の要素がごたまぜになった19世紀フランスの建築様式．フランス語でラゲとは怒りっぽい人物を意味し，ラゲ様式にはたしかに誇張気味で歪なプロポーションという側面がある．例として，パリのペール＝ラシェーズ墓地にあるヴィオレ＝ル＝デュク設計のド・モルニー伯墓廟（1865-66）がある．⇨ラゲ（Raguer）

ラゲ Raguer

フランス語で「苛立たせる」の意味をもつ言葉で，類をみない倒錯，不調和，攻撃的な特色を有する19世紀半ばのフランスにおけるゴシック・リヴァイヴァル期を示すもの．キーリングらによるイングランドとアメリカのロー・ゴシック様式との共通点が多い．⇨ラゲ（Rageur）

ラコート，アンリ Lacoste, Henry（1885-1968）

ベルギーの建築家．その作品を言葉で表現することはできない．ある明確な様式や運動に属していたわけではなく，国際現代主義ともかかわりがないからである．ブリュッセル・ジェットのジャン・ジャック・クロックラーンにある王妃エリザベート薬科学校（1927）にはアール・デコの要素もみられるが，トゥルネのリュード・ランクロ・サン・マルタンにある粗石と煉瓦でできたずんぐりした構築物ビオン邸（1935）では伝統的な材料に頼るのではなく，部分を過度に強調している．これはベルギー領コンゴの建築物の特徴からの影響だと思われる．その影響はベリンゲンの聖堂のポルタイユ（大扉）（1938-48）にもうかがえる．力強い模様と生き生きとした造形は，同じく特異なベロの力強い作品を思わせるものである．

ラザレット lazaretto

語源的にはらい病患者が収容される施設を意味したが，のちには感染症用のあらゆる病院を指した．

ラジヴィウォヴァ（ラジヴィル家公女），ヘレナ Radziwiłłowa, Princess Helena（1753-1821）

ポーランドの貴族で，ワルシャワのグランド・ロッジ（フリーメーソン本部）に属しており，ニェボルフ近郊の引喩の庭園（1776-1821）をつくった．アルカディアと呼ばれるこの庭園には，イッタル，ツークらの設計した点景建築（ファブリック）があり，自由で，哀愁を帯びた，民族主義的な，文学の記憶を想起させるプログラムを含む．18世紀のこの種のもので最も興味深い例の一つである．ポーランドでは，暗示的な意味を持つ庭園が他にも3箇所，女性によってつくられた．イザベラ・チャルトリス

カ公爵夫人（Princess Izabela Czartoryska, 1746-1835）のためにつくられたプワヴィ（アイグネルと画家ヤン・ピョトル・ノルブリン（Jan Piotr Norblin, 1773-1830）による）とポヴァンスキ，イザベラ・ルボミルスカ公爵夫人（Princess Izabela Lubomirska, 1736-1816）のためにつくられたモコトゥフである．

ラジェ，アナント　Raje, Anant（1929-2009）

カーンに影響を受けたインド人建築家．代表的な作品として，ボパールの「森林監理研究所」（1984-98．カンヴィンデとの協働），アーメダバードにある「インドマネジメント研究所の食堂，宿舎，マサイ・センター」（1975-94），デリーの「インド統計研究所」（1970-76）がある．ラジェはドーシを含むほかの建築家とも協働している．

ラシュス，ジャン＝バティスト＝アントワーヌ　Lassus, Jean-Baptiste-Antoine（1807-57）

フランスの建築家．ルバとラブルーストの弟子で，早くにゴシック建築を学んだ人物だった．パリのサント・シャペルの修復を担当し（1838 以降），中でもデュバン，ヴィオレ＝ル＝デュクと協働して（1844 年にピュージンによって「荘厳な」と喝采された）大きな影響を及ぼしたポリクロミー装飾は重要である．1849年から単独でこの任にあたり，優雅な尖塔（フレーシュ）を設計した．1844 年にパリのノートル・ダム大聖堂の修復という大事業でヴィオレ＝ル＝デュクとの協働を始め，フランスのゴシック・リヴァイヴァリストたちは彼らの仕事から多くを学ぶことになる．活発な修復建築家で，パリ，ル・マン，シャルトルの教区で活躍した（シャルトルでは大聖堂の尖塔を修復した）．学究肌の教会建築研究者でもあり，『教会建築研究者（The Ecclesiologist)』（1856）を含む多くの教養ある論文からさまざまな出版物にまで貢献した．リール大聖堂の設計競技（1855）でのデザインは 3 等に終わったものの，その一部は実現した．ほかにもムーランのサクレ・クール聖堂（1849 以降），パリのサン・ジャン・バティスト・ド・ベルヴィル聖堂（1854-59），ナントのサン・ニコラ聖堂（1844-69），ディジョンのサン・ピエール聖堂（1853-58）などを含むいくつかのゴシック・リヴァイヴァルの聖堂も設計した．

ラシュドルフ，ユリウス・カール　Raschdorff, Julius Karl（1823-1914）

ドイツの建築家．ケルン市建築家の職に就き（1854-72），市内の教会堂やその他の建築物の修復を行った．フランス，ドイツの要素を交えた豪華なルネサンス様式を自らのスタイルとした．1878 年からはベルリンのテヒニッシェ・ホッホシューレ（工科大学）の教授を務めた．そしてベルリンのモンビジュー公園にアングリカン・チャーチのセント・ジョージ教会堂を設計，ポツダムにあるペルジウス設計のみごとなフリーデンスキルヘ（平和教会堂）の中の，皇帝フリードリヒ 3 世（Kaiser Friedrich III, 1831-88，在位 1888），イギリス王室王女からその妃となって一時女帝となったヴィクトリア（Kaiserin Victoria，在位 1888），その二人の子供ジギスムント（Sigismund, 1864-66），ヴァルデマール（Waldemar, 1868-79）の霊廟を設計し（1884-89），そしてベルリンのルストガルテンの庭園に，シンケルによって改築されていた前身建物を改めて改築した新教の大聖堂（1888-1905，1939-45 の第二次大戦中に戦災を受け，その後，修復されたが，ドーム，ランタンは当初とは似ていない）を建てた．この大聖堂はプロイセン王室の面々の棺を収容する大きな納骨堂を有するが，その全体を覆う帝政バロック様式は当時のドイツの時代と社会をしのばせる．著書には『16，17 世紀のライン地方の木造，木骨造の建築物（Rheinische Holz- und Fachwerkbauten des XVI. und XVII Jahrhunderts)』（1895），『ベルリン大聖堂（Der Dom zu Berlin)』（1896），『ポツダムの皇帝フリードリヒ 3 世の霊廟（Kaiser Friedrich III. Mausoleum zu Potsdam)』1899），その他がある．

ラシュス，ベルナール　Lassus, Bernard（1929-）

フランスの造園家．彼が設計した，シャラント県のロシュフォール・シュル・メールのパルク・ド・ラ・コルドリ・ロワイヤル（1982-96）は，かつての海軍工廠に隣接するテーマ・パークである．フランス高速自動車道のランドスケープを手がけた（例：アンジェ～トゥール間（1990 年代))．意味と連想に関心を示し，『想像的庭園（Jardins imaginaires)』（1977）その他の著作で，18 世紀の観念を 20 世紀に持ち込

ラシュラン
んだ.

ラシュランス (通称), 本名ピエール・カイユトー Lassurance, Pierre Cailleteau (1650-1724)

ジュール・アルドゥアン=マンサールの助手を務め, ヴェルサイユで活躍した (1684-1700). 内装の一部として鏡を効果的に配置するというアイデアは彼によるものだと思われる. パリで何棟かの邸館を設計し, それらはブロンデルによって図版で紹介された. その多くの特徴がボフランやド・コットに影響を与えている. オテル・パルティキュリエ (都市邸宅) についてのさまざまな形式の試みとして, リュー・ド・サン・マルクのオテル・デ・マレ (1704), リュー・サントノレのオテル・ド・モンバゾン (1719), および, リュー・サン・ドミニクのオテル・ド・ロクロール (1722) があげられる.

ラス lath

1. 漆喰仕上げの下地に使われる細長い木材.
2. やや太い木材で, 梁の補助や垂木, 間柱として, 瓦やスレートなどの仕上げをとりつける下地に使われる.

ラース rath

アイルランドにある土ないし石でできた, しばしば円形をした囲みで, 砦として機能するもの.

ラスキン, ジョン Ruskin, John (1819-1900)

イングランドの学者, 評論家. 建築様式のみならず美の基準をいかに判断するかということについても多大な影響力をもった. 予言的かつ論争的な論調でものを書き, 多くの読者を得, 教会建築学者からも賞賛を受けた. 初期にはJ・C・ラウドンにすすめられ, ラウドンの出版物に文章を寄せたが, ラスキンの重要な著作が現れたのは1840年代後半から1850年代にかけてである. ラスキンが『建築の七燈 (The Seven Lamps of Architecture)』(1849) を出版した頃にはゴシック・リヴァイヴァルは確固たるものとなっていた. この著作はすぐに大きな成功を収めたが, 新しい考えを生み出すというよりは時代の雰囲気をつかんだものだった. 彼

は建築というものは真実性を持つべきで, 隠れた構造, 表面だけの仕上げや飾り, 機械でつくられた彫刻をもつべきではないと主張した. また, 建築における美は自然から発想された場合にのみ獲得できると主張した. 模倣するに値する先例として, (彼はすでに人類は十分な様式を知っており, 新しい様式など必要ないと主張していた), ピサのロマネスク, 西部イタリアの初期ゴシック, ヴェネツィアン・ゴシック, そしてイングランドの初期第2尖頭式が挙げられた. イングランドの初期第2尖頭式すなわち13世紀末から14世紀初頭の様式を選んだ点では, 彼はA・W・N・ピュージンの好みと一致しており, また, G・G・スコットら, もっとも教会建築学的な思考をもったゴシック・リヴァイヴァリストとも同じだった.

『ヴェネツィアの石 (The Stones of Venice)』(1851-53) はゴシック・リヴァイヴァルの中で大陸 (とくにヴェネツィア) のゴシック優位の時代を促進するのを助けた. ディーン&ウッドワードのオックスフォードのユニヴァーシティ博物館 (1854-60) はヴェネツィアンあるいはラスキニアン・ゴシックの例である. とくに着色するよりも使われる材料そのものの色をそのまま使う構造ポリクロミーは, ラスキンの著作により広まったものである. 『ヴェネツィアの石』にはゴシックの本質に関する節があり, ラスキンは中世建築の賞賛すべき特質は, 建設に携わった職人たちの献身, 創造的な自尊心, 自由にあると主張した. この考えからモリスは自分の理論を展開させ, アーツ・アンド・クラフツ運動が進化し始めた.

ラスキンはある様式 (たとえばバロック) は受け入れがたいと考えた. なぜなら, バロックは幻視を利用しているため, 「真正」ではないからである. このように倫理的観点から美的側面を判断し, 受け入れないというやり方はインターナショナル・モダニストの間でも強力な武器となった. たとえばグロピウスはラスキンの著作に影響を受けたと述べている.

ラスティケーテッド・コラム rusticated column

1. 柱身部分に簡素な切石の角材が間隔をあけて並ぶ柱.
2. 上述と同じだが, 石材が粗面仕上げ (ラスティケーション) になったもの.

ラスティック rustic, rustick

1. 石積みの種類で，人工的に粗く仕上げられたか粗く削られたままの表面をもつもの．あるいは，とくに水平方向の目地が深く沈むか面取りされたもの．⇨粗面仕上げ

2. 簡素で，無地で，洗練されておらず，粗い材質をもつもの（たとえば粗く削られた木の幹）で，ルーラル・アーキテクチュアやピクチャレスクを連想させるもの．

ラスティック・アーチ rustic arch

ロック・ワークなどで，野石積み（ラブル）によって建設されたアーチ．

ラスティック・ウッドワーク rustic wood-work

木造建築に使われる樹皮を残したままの柱や粗く挽かれた木材．コテージ（コテージ・オルネ）や東屋のような慎ましやかなルーラル・アーキテクチュアのようにみせるために用いられる．しばしば格子窓やねじった煙突，草葺き屋根，装飾的な柵囲いや破風板などの装飾とともに用いられる．

ラスティック・コイン rustic quoin

建物の外側の角で，いくつかの隅石（コイン）が（たとえば面取りされたり，あるいは縁が面取りされた岩状の表面をもつことにより）粗く仕上げられてせり出したもの．そのためむき出しの壁体から隅が飛び出す．

ラスティック・ジョイント rustic joint

石積みにおいて，石の稜線を面取りすることで強調される目地．

ラスティック・ストーン rustic stone

ラブル（野石積み）．

ラスティック・スレート rustic slate

スレートのうち異なる厚みをもち，屋根や壁体にでこぼこした見かけを与えるもの．

ラスティック・ブリック rustic brick

砂の層で表面が覆われるか，焼成前に表面が引っ掻かれた化粧煉瓦で，しばしばさまざまに彩色される．

ラズドゥン，サー・デニス・ルイス Lasdun, Sir Denys Louis（1914-2001）

第二次世界大戦後のイギリスを代表する建築家の1人．ウェルズ・コーツ事務所ではたらいた後，1948年までテクトンに加わり，自らの事務所を設立した．リュベトキン，ル・コルビュジエの影響を受けており，ロンドン，パディントンのニュートン・ロード32番の住宅（1937-38）は，10年ほど前に建てられたル・コルビュジエによるクック邸のデザインに負っている．1952年から55年にかけて，ベスナル・グリーンにクラスター型の集合住宅を設計し，動線と設備を有する中央コア部分に居住空間がつながった形になっている．1958年，セント・ジェームズパーク26番に集合住宅を設計し，一面からはグリーン・パークを望むことができる．これもル・コルビュジエ風であるが，ベスナル・グリーンの荒々しいコンクリートとは異なり，なめらかで繊細な材料が使われている．王立医科大学（1960）も，ロンドンのリージェンツパークに臨むことができるように配置が考えられた．1960年代にラズドゥン事務所が手がけた主要作品には，ノーウィッチのイーストアングリア大学（1962-68），レスター大学のチャールズ・ウィルソン棟（1963），ロンドン，ブルームズベリーにあるロンドン大学，東洋アジア研究学科，教育学科，専門法科学院（1965），ウォータールー橋脇のナショナル・シアター（1967-76），サウスバンクのIBM中央ロンドン経営センター（1978-84）などがある．ほかにも，ルクセンブルクのヨーロッパ投資銀行（1973），ロンドン，チズウェル・ストリートにあるミルトン・ゲートの事務所（1986-91）などがあり，またいくつかの著書がある．

ラストレッリ，バルトロメーオ・フランチェスコ 伯爵 Rastrelli, Count Bartolomeo Francesco（1700-71）

イタリアの建築家．18世紀半ばのロシアにおける最も優れた実務家．彫刻家，建築家であった父バルトロメオ・カルロ（Bartolomeo Carlo, 1675頃-1744）が1715年にサンクト・ペテルブルクに呼び寄せられてから，そこに在住していた．1720年代にパリでロベール・ド・コットに学んだらしく，1730年にロシアに帰還する前におそらくドイツ，イタリアに旅行を

した. 女帝アンナ・イヴァノヴナ（Empress Anna Ivanova, 1730-40）と彼女の「寵臣」のクルランド公爵エルンスト・ジョハン・ビレン（Ernst Johann Biren, ビロンまたはビューレン, 1690-1772）の庇護を受け, 建築界に台頭し, ラトヴィアのミタウ〔ドイツ語〕（イェルガヴァ〔ラトヴィア語〕）のビロン宮殿（1736-40）などいくつかの重要な建物を設計した. 宮廷建築家としての地位は女帝エリザベータ・ペトロヴナ（Empress Elisabeth Petrovna, 1741-62）のもとでも続き, 壮麗にして優美なバロック様式の一連の重要な建物もこの時期につくられた. そのほかの作品としては, キエフのアンドレアス聖堂（1747-68）, サンクト・ペテルブルクの夏の宮殿のペテルゴフ宮殿の増改築（1747-52）, サンクト・ペテルブルクのボロンツォフ宮殿（1743-57）およびストロガノフ宮殿（1750-54）, サンクト・ペテルブルクのスモーリヌイ大聖堂と修道院（1748-64）, ツァールスコエ・セロー（現在はプーシキン, 1749-56）の大宮殿, サンクト・ペテルブルクにおける第4の冬の宮殿（1754-62）があるが, 最後のものがおそらく最高作である.

たびたびフランス, イタリア, 南ドイツ, ロシアの様式を統合した建築をつくり, 多くを拠り所としていた. 長大なファサードを垂直性を強調し分節する手法に熟達し, 舞台美術のような冬の離宮にそれが最もよく表された. キエフのアンドレアス聖堂とサンクト・ペテルブルクのスモーリヌイ修道院においては, ギリシア十字形平面, 聳え立つ中央のクーポラと小ぶりなドームは, 17世紀ロシアの教会建築から引用された. 彼の独創性の高い様式は大きな魅力をもつ建築を生み出した. 彼のロココの内装は大部分（1753年のツァールスコエ・セローの名高い「琥珀の部屋」を含めて）が取り壊され, あるいは改築が行われた.

ラセミ　raceme
植物をもとにした装飾で, 花や葉が植物の先端方向に枝分かれしない主茎から伸びるもの（例：アンテミオン, パルメット）.

らせん円柱　wreathed column
1. 柱身にらせん状の溝が刻まれた円柱. 溝はふつう平坦な帯状をしているが, 13世紀のコズマーティのように, 1条か2条のアニュ

レットがつき, その間にモザイクが施されることもある.

2. 葉のついた巻きひげがらせん状に巻き付けられたモチーフの柱身.

らせん階段　winding stair
⇨まわり階段

らせん階段　vice, vis, vyse
⇨ヴィス

らせん階段　spiral stair
⇨階段

ラーセン, ヘニング・イェーベル　Larsen, Henning Göbel（1925-2013）
デンマークの建築家. 1956年にコペンハーゲンで自身の事務所を設立した. セーレレッドの小学校（1958）では, 各教室を独立した建物に分離し, それぞれにコートを配した. ラーセンは, 変化と融通が利く柔軟性のある建築への取り組みを重ねてきた. コペンハーゲン近郊のヘイエ・トストルップ小学校（1978-82）, コペンハーゲンのゲントフテ図書館（1979-84）, サウジアラビアはリヤドのデンマーク大使館（1982-86）, ベルリン自由大学の学部棟（1982-88）ケンブリッジ大学チャーチルカレッジの会議場（1994）, エスビェーリの会議場（1982-88）などの作品がある. ウォリックシャーのキネトン近郊のコンプトン・ヴァーニーのオペラハウスはコンペで受賞したにもかかわらず, 現在のところまだ実現していない.

ラタ　ratha
インドの石窟寺院で, 彫刻装飾でびっしりと覆われ, 大きな天蓋を頂く巨大なチャリオットに似たもの（たとえば, ママラプラムのダルマラジャ・ラタ（7世紀））.

ラタン　latten
真鍮に似た黄白色の金属で, 実際には銅と錫の合金. 中世の葬送記念碑によく使われた（教会堂内のいわゆる「真鍮製品」は石版に刻み, 着色し, 象嵌（ぞうがん）したもの）.

ラチス　lattice
18世紀の劇場型音楽堂の, ボックス席と

ピットが分化していない部分.

ラチス刳形　lattice-moulding

平縁など直線状の刳形を斜めに交差させて格子のように構成した，網目状の装飾.

ラチス梁　lattice-girder

フランジ相互を，交差する斜め格子ブレースまたは単純なジグザグ配置のウェブで結合した金属製の梁.

ラチス窓　lattice-window

固定式あるいは開閉式のサッシを含めて，開口部に菱形のガラスを鉛製の格子桟で固定した窓.

ラッタンベリー，フランシス・モーソン
Rattenbury, Francis Mawson（1867-1935）

イングランドの建築家，おじのウィリアム・モーソン（William Mawson, 1828-89），リチャード・モーソン（Richard Mawson, 1834-1904, ロックウッドとともに 1858 年からヨークシャーのモデル企業町ソルティアを設計）のもとで修行した．ヨークシャーのクレックヒートンのタウン・ホール（1891）をクイーン・アン・リヴァイヴァル様式で設計したのち，ラッタンベリーは 1892 年にカナダのブリティッシュ・コロンビア州のヴァンクーヴァーへ移住した．翌年ブリティッシュ・コロンビア州ヴィクトリアの議事堂の設計競技に勝利した（1893-98）．それは，イングランドのルネサンスの要素が，リチャードソンがアメリカ合衆国で使ったのと同じような量塊的なアーチと混ぜ合わされた端正なものであった．ボザール，シャトー，スコティッシュ・バロニアル，そのほかさまざまな折衷様式を銀行など数多くの作品で使った．代表的なものとして，エンプレス・ホテル（1903-08，1909 以降に増築），モントリオール銀行（1906-07），政府庁舎（1901-03，マクルーアと共同，現存せず），カナダ太平洋鉄道終着駅（1923，Ｐ・Ｌ・ジェームズ（P. L. James, 1879-1970）と共同）があり，これらはすべてヴィクトリアに建てられた．1930 年に退職後，イングランドのボーンマスにおり，そこで起こった有名な殺人事件の犠牲者となった.

ラッチェンス卿，エドウィン・ランドシーア
Lutyens, Sir Edwin Landseer（1869-1944）

レンののち，最も偉大なイングランドの建築家とみなされる．ジョージとピートの事務所で実務を始め，そこでハーバート・ベーカーと出会った．1889 年に自分の事務所を立ち上げ，サリー州のクルークスベリーに住宅，庭園，厩舎を設計した．これらはジョージ，ノーマン・ショウ，フィリップ・ウェブの影響を受けている．確かに，初期の住宅は気持ちのよいアーツ・アンド・クラフツの建物で，急勾配のタイル屋根，背の高い煉瓦造煙突，水平開き窓で鉛のガラス枠をもつものなど，サリー州の土着の要素と混じり合っている．しかし，真の頭角を現し始めたのは，ガートルード・ジキルと出会い協働するようになった直後である．ジキルは美術工芸家・庭園デザイナーで，この後 20 年間，ともにはたらき，数多くの庭園を設計した．ジキルはサリー州のミュンステッドのミュンステッド・ウッド邸（1896-99）の仕事を請け負った．そこでラッチェンスは精緻に作られた伝統的な建設材料を用いた．また，住宅と庭園の精妙な関係は，ラスキンに触発されたジキルの信念に刺激されたもので，新たな感性を示すものとなった．後期ヴィクトリア朝期の彼の住宅作品の傑作は，エルステッド近くのフルブルック邸（1897-99），ゴダルマイング近くのミュンステッドのオーチャーズ邸（1897-99）（いずれもサリー州），スコットランドのダンバートン州ローズニース邸（1898）である．フランスのヴァレンジュヴィル＝シュル＝メールのル・ボア・デ・ムーティエの住宅（1897-98）では，マッキントッシュのグラスゴー美術学校（1907-09）の図書館の背の高い窓などを先取りしている.

サリー州ウィトレーのティグボーン・コート（1899-1901）では古典的に構成され，整然とした左右対称という新たなテーマが現れ始める．バークシャーのソニングのディーナリー・ガーデンでは土着の要素を再び使ったが，明快な軸線を用いて建物の内外の要素をつなぐ手法は，当時，Ｆ・Ｌ・ライトが追究していた考えと似通うところがある．同じ施主のエドワード・バージェス・ハドソン（Edward Burgess Hudson, 1854-1936）は『カントリー・ライフ（Country Life）』誌を 1897 年に発刊したが，ラッチェンスは彼のためにノーサンバランド州

のホーリー・アイランドのリンデスファーン城を再建・修理した（1903-04）．この頃から，彼の作品はより幅広い様式にもとづくものとなった．たとえば，サセックス州のリトル・セイカム（1902）では，外観は土着の後期チューダーの手法であるが，内部には，2層吹き抜けのホールと階段があり，古典マニエリストの要素がある．ハートフォードシャーのネブワースのホームウッド（1901）では古典的な付柱で優雅に飾られている．ノーフォーク州クロマーのオーヴァーストランド・ホール（1899-1901）では，マニエリスムの側面が探求されている．

さらにヨーク州のイルクリーのヒースコート（1906）では，作風が転換する．この邸宅はパラッツォ様式で，ヴェローナのポルタ・パリオ（1545頃）でサンミケーリが使ったようなドリス式オーダーの柱がある．しかし，ラッチェンスはオーダー柱の一番端の柱の柱身を壁の中に埋め，柱基と柱頭だけが外に現れるという手法をとっている（この手法は，他の多くの彼が手がけた建物のピラスターでも使われており，たとえばロンドンのポートリーのミッドランド銀行（1924-39）がそれである）．ヒースコートはラッチェンスが「大物を仕留めるならば，志を高く」という考えで古典主義に熱狂的に取り組んでいた時期の作品である．バークシャーのサラムステッドのフォリー・ファーム（1906）ではウィリアム＝メアリー様式を用いたが，バッキンガムシャーのタップロウのナシュダム（1905-08）は，初期ネオ・ジョージアン様式による巨大な建築であった．ウィリアム＝メアリー様式はケント州サンドウィッチのザ・サルテーション（1911）では細心の注意を払って使われていた．これは，彼の作品の中でも最も静謐な作品の一つである．デヴォン州ドリュースタイトンのドロゴ城（1910-32）は，中世の住宅建築からの引喩で，花崗岩でつくられ，方立付欄間窓があり，力強い内装および階段がある．ハドソン氏のカントリー・ライフ誌のオフィス（1904）はロンドンのコヴェント・ガーデンのタヴィストック・ストリートにあり，ファサードには，レンのハンプトン・コート宮殿からの引用がみられる．また，ロンドンのハムステッド・ガーデン・サバーブ（1908-10）では，二つの教会，会館，周辺の住宅によって整然とした中心部を設計した．

1912年，ラッチェンスはインドのニューデリー計画の建築家に任命された．ベイカーがそれに加わり，いくつかの建物を設計した．2人は壮大なボザールに触発された公共建築作品を生み出した．その中心には，ラッチェンスの設計した巨大な総督府（1912-31）が据えられた．この総督府は，官邸および大広間とともに確かな技術で計画されており，ラッチェンスの建築家としての偉大さの雄弁な証となっている．チャトリスやチュジャーといったいくつかのインドの建築要素も使われている．ドームはストゥーパからとられたものである．またラッチェンスは「デリー・オーダー」を発明した．これはローマのドリス式を変形した高さの異なるもの，すなわち柱頭は同じ高さだが，柱基が違う高さになっているものである．庭園も，東洋と西洋の主題が巧妙に統合されている．

ラッチェンスは1917年からベイカー，レジナルド・ブロムフィールド，ホールデンとともに帝国戦没者墓地委員会の主任建築家の1人に任命され，数多くの墓地を設計した．フランスのエタープル（1923-24）では，背の高い棺の上に石彫の軍旗と記念碑を捧げ持つ2つのアーチから成るパヴィリオンも設計した．ロンドンのホワイトホールの記念碑の設計にも携わった（1919-20，高い腰壁には若干エンタシスがつけられ，その上に棺が抱えられている）．また，戦没者墓地に建てられる記憶の石碑，ティプヴァルの行方不明者（ソンムの戦いの行方不明者を含む）のための記念碑（1927-32）の設計もしている．後者は，凱旋門の変化形で，中央アーチの両脇にさらに凱旋門がついている．

1920年代，ラッチェンスは商業建築に転じた．ロンドンのピカデリーのミッドランド銀行（1921-25），ロンドンのフィンズベリー・サーカスのブリタニック・ハウス（1920-24），マンチェスターのミッドランド銀行（1920年代後半），ロンドンのパル・マルの事務所建築（1929）がある．ワシントンD.C.の英国大使館（1927-28）では，アメリカ・コロニアル・ジョージアン様式を用いた．ケンブリッジのマグダレン・カレッジ（1928-32），オックスフォードのチャンピオン・ホール（1935-42）では繊細な細部を持つ建物を設計した．晩年は，リヴァプールのローマ・カトリック大聖堂の設計に没頭した（1929年～）．巨大な建物で，ティプヴァルの記念碑と同じ考えに基づいており，すべての構造体の上にローマのサン・ピエトロ聖

堂のよりも巨大なドームが戴るものだった．大聖堂地下室の一部のみが建てられただけだが（1933-41），崇高な黒色ヴォールト，独創的なオーダー，マニエリストのディテール（キーストーンが「垂れ下がった」無目など）が印象的である．ラッチェンスのもっとも偉大なデザインは，1939-45 年の第二次世界大戦後，断念された．ギッバードの煮え切らないディテールの円形の構造物が代わりに建てられ，基壇の上にぎこちなく載っかっている．ラッチェンスは，ロンドンのトラファルガー広場のビーティとジェリコー記念噴水（1937-39），ダブリンのフェニックス・パークのアイルランド国立戦争記念碑（1930）の設計も行った．

ラッチェンスの死後，インターナショナル・モダニズムの台頭により，名声は落ちたが，ニューヨーク市（1978）およびロンドン（1981）での大規模な展覧会ののち，名声をとり戻し始めた．

ラッチメント　ratch(e)ment

フライング・バットレスの一種に似た湾曲した部材で，棺を覆う金属格子の角にある直立材上部から立ち上がるもの．中央の直立材のところで反対側から立ち上がる同様の部材とぶつかる．ラッチメントは飾りや垂れ幕，棺覆いを支え，しばしば燭台もとりつけられる．

ラッツ，ペーター　Latz, Peter (1939-)

ドイツのランドスケープ・アーキテクト．妻アンネリーゼ（Anneliese）と協働して，廃墟となっていたザールブリュッケンの産業港に，既存の建物を利用した市民公園を設計した（1979-89）．また，デュースブルクの未活用地に設計した公園は，鋳鉄の建造物など工業化時代の町の歴史を物語るものとなった．代表作の中でもう一つの傾向を示すのがルクセンブルクの森林公園で，自然の景観と幾何学的造形が併置されたデザインとなっている（1991-2000）．ラッツ夫妻は環境保護の問題に関心をもち続け，住宅の美化運動に建築家たちと共同でとり組んだ．

ラッフル・リーフ　raffle-leaf

1．ぎざぎざ，鋸歯状，あるいはしわ状の葉形の装飾で，縮れた鋸歯状のシダのような（ラフルとも）縁をもつもの．ラッフリングとは建築装飾の葉飾りの鋸歯状縁を指す（例：アカンサスの葉）．

2．非対称にオジーや C 字形に配置された曲がりくねった渦巻形のぎざぎざな葉飾り．とりわけ丸い枠やカルトゥーシュなどのロココ装飾によくみられる．

ラディカル・アーキテクチュア　radical architecture

1960 年代，1970 年代において，ある種の極端な形態・構造を指すのに使われることが多かった用語．あるいは，それよりもその設計者の政治的に左翼的な立場を指すのに用いられた．急進建築ともいう．この概念はイタリアの建築系雑誌『カーサベッラ（Casabella）』で大きく取り上げられた．じつは，ラディカル・アーキテクチュアは，あるグループ（アルキゾームなど）による諸計画を引用したりコラージュしたりして示されたものであることが多く，何が建築を構成しているのか問いかけるもので，通常，フォーマルな言語として考えられている「建築」に対する攻撃を含んでいた．

ラテライト　laterite

赤色で多孔性，鉄分を含む岩で，インドから東南アジア各地に分布する．切り出すのは容易だが，空気に触れるとすぐにきわめて硬くなる．塊のままモルタルなしで壁の建設に用いられるが，硬過ぎて彫刻には向かないので，装飾したい場合は柔らかい石や石灰で仕上げる必要がある．

ラテン十字　Latin cross

⇨ 十字

ラドバーン　Radburn

アメリカ合衆国ニュージャージー州ラドバーンで展開した計画原則で，エベネザー・ハワードによって提唱され，ルイス・マンフォード，クラレンス・スタインらによって推進された方法に則ったものである．1929 年の計画案（のちに郊外住宅地として一変）では袋小路の支線道路と歩道橋，地下通路によって歩車分離が行われた．ラドバーン方式として知られるこの分離の原則は，イギリスおよびヨーロッパで第二次世界大戦後に建設されたさまざまなニュータウンでも採用された．

ラトローブ, ベンジャミン・ヘンリー・ボネヴァル Latrobe, Benjamin Henry Boneval (1764-1820)

イングランド生まれのフランス系のモラヴィア人建築家. イングランドとザクセン (ここではフリーメーソンを通して, 多くの進歩的なアイディアを吸収した) で教育をうけ, アメリカに進歩的で簡素な新古典主義を導入した. S・P・コッカレルの弟子であったが, 1790 年に事務所を開き, これ以降, サセックスのイースト・グリンステッドにハマーウッド・ロッジ (1792) を設計した. これは新古典主義の作品で, フルートの施されていない「原始的な」パエストゥムのドリス式オーダーがあり, これはルドゥーらフランス人建築家から多大な影響を受けた. ラトローブはサセックスのフォレスト・ロウにあるアシュダウン・ハウス (1793) を設計した. これはコード・ストーンの細部が施された, 古代ギリシア風イオニア式の円形ポーチがついた美しい建物である. これら 2 棟が当時のイギリスで最も注目すべき邸宅である. ラトローブは新古典主義の前衛であり, イングランドのより著名な同時代人よりもはるかに大胆であった.

彼は 1796 年にアメリカに移住し, フリーメーソンの人脈を通してジョージ・ワシントンに会い, 影響力のある友人の輪を広げた. 彼はとても進歩的なリッチモンド刑務所 (1797) で成功した. これはジェファソンのアイディアを多くとりいれたものであった. そして, フィラデルフィアにあるペンシルベニア銀行 (1798) は, アメリカにおける最初のグリーク・リヴァイヴァルの偉大な記念碑となった. 翌年, スクールキル川の河畔にウィリアム・クラモンドのための邸宅セジリーを設計した. これはアメリカで初めてのゴシック・リヴァイヴァルの邸宅建築であった (のちに取り壊された). 彼は 1803 年にジェファソンにより公共建築の監督官に任命され, 首都ワシントン D.C.ではたらき, アメリカで最も美しい新古典主義の部屋をいくつか設計し (1812-15 年の戦争でイギリス人によって破壊されたが, 修正されながら再建された), アメリカ式古典主義オーダー (たとえばトウモロコシやたばこの柱頭など) を発明した. ジェファソンにヴァージニア大学 (1817-26) の設計に関して助言を与えており, これはアメリカで最も美しい建築の 1 つとして, 称賛されるべきであろう. 彼の最も完璧な作品はボルティモアにあるローマ・カトリックの大聖堂 (1804-18) であろう. 弓形の格間が施されたヴォールト, ミニマリズムの古典主義, 当時としては簡素な浅いドームの天井がつけられている. 彼は庭園デザインにも貢献し, ワシントン D.C.のホワイト・ハウスの庭園も手がけた. ニュー・オーリンズのルイジアナ州立銀行 (1820) が最後の建物であるが, 彼がアメリカに導入した威厳のある洗練された古典主義に忠実なデザインであった. 弟子にはミルズ (Robert Mills) とストリックランド (William Stickland) がいる.

ラニョン卿, チャールズ Lanyon, Sir Charles (1813-89)

イングランド生まれの建築家, 技師, サーヴェイヤー. アイルランドに移住し, アントリムのカントリー・サーヴェイヤーとなった (1836-60). ラーンからバリーキャスルに至る息を呑むアントリム海岸道路を建設し (もとはウィリアム・ボールド (William Bald, 1789-1859) が計画し着工した), 端正なグレンダン水道橋 (1837) の設計をした. 職務として, ベルファストのクラムリン・ロードの監獄 (1841-45, ロンドンのペントンヴィル監獄の計画に影響を受けたものだが, 20 世紀にひどく改変されてしまった) を設計した. また, 監獄の向かいにイタリア風の裁判所 (1848-50, 2004 年現在使われていない) を設計した. ラニョンは実務において成功し, 膨大な数のさまざまな様式の作品をつくった. また, 技師としていくつかの鉄道会社の仕事をし, 駅舎や新線の建設に携わった. ベルファストの植物園のパーム・ハウス (1839-40, 1852) は, 曲線の鉄骨およびガラス構造物の初期の上品な作品である. これは, ダブリンのリチャード・ターナー (Richard Turner, 1798-1881) とともに建てたもので, ターナーがバートンと協同したロンドンのリージェンツ・パークおよびキュー・ガーデンに先立つものである. ラニョンはチューダーベサン (チューダーおよびエリザベス朝) 様式の聾唖盲協会 (1843-45, 1965 年に残念ながら取り壊された), チューダー・ゴシック様式のクイーンズ・カレッジ (1846-49, 現在クイーンズ大学のラニョン棟) を設計し, ロバート・テイラーの取引集会所をベルファスト銀行

協会のために改装し（1844-46，イタリア風邸宅様式で，バリーの作品を引用している），長老派（のちにユニオン神学派）カレッジ（1852-53，力強いローマのドリス式柱が添えられたポルティコおよびバロックの屋上階がある），以前のノーザン銀行本店（1851-52）を設計した．これらはすべてベルファストにある．イタリア風邸宅様式をいくつかの建物で採用した．たとえば，ダウン州のバリーウォルター・パーク邸，アントリム州ブッシュミルズのダンダレイヴェ邸（どちらも1840年代），そして，広大なベルファストのカスタム・ハウス（1854-57）である．また，ダウン州のキリリー・カースルを頑健な，フランス=スコティッシュ様式で改装した（1849-51）．これは，はじめて氷堆丘を越えてきた時に驚くべき景観を見せる．ダブリンのトリニティ・カレッジの力強い鐘楼も彼の設計である（1852-54）．

1854年に弟子のW・H・リンを共同経営者とし，事務所をラニョン＆リンと改称した．彼らは数多くの質の高いヴィクトリアン建物を設計した．たとえば，ベルファストのコーポレーション・スクエアのロンバルド風ゴシックのシンクレア・海員教会堂（1856-57），ダウン州ニュータウナードおよびティロン州ダンガノンの感じのよいヴェネツィアン・ゴシックの銀行（いずれも1855頃）がある．1860年息子のジョン（John, 1839-1900）が共同経営者に加わり，事務所はラニョン，リン＆ラニョンとなった．いくつかの傑出した作品が続いた．ポリクロミーのヴェネツィアン・ゴシックのクラレンス・パレス・ホール（1865-66），ドネガル・スクエアのイタリアン・ゴシックのリチャードソン＆オウデン社の店舗（1865-69，現マークス＆スペンサー）はどちらもベルファストにある．また，精巧なアントリム州ジョーダンズタウンのセント・パトリック教会堂はアイルランド・ロマネスクで，円形の塔が掉尾を飾った（1865-68）．

ラ・パドゥーラ，エルネスト・ブルーノ La Padula, Ernesto Bruno (1902-69)
　　⇨パドゥーラ，エルネスト・ブルーノ・ラ

ラ・バール，エロワ・ド Barre, Eloy de la (1764-1833)
　　フランスの建築家．J・D・アントワーヌ（J.

D. Antoine）とシャルグラン（Chalgrin）の弟子であり，パリ証券取引所の建築家としてA・T・ブロンニャール（A.-T. Brongniart）の仕事を引き継いで，この重要な新古典主義の建築物を真の完成へと導いた．1810年くらいからパリの建築の発展に重要な役割を果たしている．

ラピダス，モリス Lapidus, Morris (1902-2001)
　　ロシア生まれのアメリカの建築家．店舗の内外装を得意とし（1927-45），アール・デコによるニューヨーク市の「パリの靴屋」（1928）や同エベール高品質ダイヤモンド店（1930），そしてスワンク宝石商の事務所（1931）などの作品がある．またニューヨーク市のダブルデイ・ドラン書店（1934）やフロリダ州タンパのシュウォビルト衣料品店（1936）などの舞台風の照明も試みている．その才能はフロリダ州マイアミ・ビーチのフォンテーヌブロー・ホテル（1952-54）のデザインでふたたび明らかとなり，その壮観のために映画007シリーズの「ゴールド・フィンガー」で使用された．ほかにはニューヨーク市のサミット（1957-61）やアメリカーナ（1964-66）などのホテルがある．『喜びに満ちた建築（*An Architecture of Joy*）』（1979）や『建築：ビジネスとしての知的職業（*Architecture: A Profession and a Business*）』（1967）などの著書を発表した．

ラビリウス Rabirius（1世紀後半活躍）
　　古代ローマの建築家で，その名は詩人マルティアリス（Martial, 39頃-102頃）のエピグラムによってのみ知られている．ドミティアヌス帝（Emperor Domitian, 在位81-96）のためにローマのパラティヌスの丘に新しい宮殿を設計した．その敷地はドミティアヌス以前の皇帝たちによって建てられた宮殿の南にあたる．ドミティアヌス帝の宮殿は遅くとも6世紀までは存在しており，「パレス（palace）」という英語の語源となったほど，じつに大きな影響を及ぼした．宮殿は巨大な複合施設であり，囲まれた庭園，馬場，図書館，そして私的な居室部分のみならず，帝国の儀式の場となる公的な大広間をいくつも備えている．コンクリート造のヴォールトやドーム天井がいたるところで用いられていて，表面は煉瓦でできているが内部にコンクリートが充填された壁体は，さらに色大

理石の装飾で覆われている．比類のない豪華絢爛な空間をつくるためには，ヴォールトという新しいタイプの構造にオーダーを適用するのが妥当な手段であることを示す上で，ラビリウスはなんらかの役割を果たしたようである．平面図に目をとおしてみると，規則的な軸線が手際よく配置されていて，アプスや八角形，そして正方形や長方形と組み合わされた弓形の曲線が使われていることがわかる．ラビリウスの名は，コロッセウム，ティトゥス帝の浴場，アルバーノ近郊にあるドミティアヌス帝のヴィラなどと同時代の建築作品と結びつけられるが，証拠となる記録はない．

ラビリンス　labyrinth
1. キーパターン（鍵形紋様），メイズ，またはメアンダー．
2. 庭園の植栽を，中心に向かう迷路上の通路の間に生垣として整えたもの．17世紀の庭園デザイン，たとえばハンプトン・コートに特徴的にみられる．
3. 教会堂内部に儀礼上の巡礼路としてつくられた場所．たとえばフランスのシャルトル大聖堂の，身廊の床に青と白の石で象嵌（ぞうがん）された迷路図．こうしたラビリンスの中心は巡礼者たちが切望するエルサレムや天国，神の国であった．
4. 教会堂内部のラビリンスと同じように，芝生を刈って描いた迷路．イギリスのラトランドのウィングやエセックスのシャフラン・ウォールデンにみられる．キリスト教の解釈が重ねられてきたが，起源は非キリスト教かもしれない．

ラファエレスク　Raphaelesque
ラファエロやほかの人たちによってルネサンス期に復興された古代の装飾のうち，グロテスク様式のもの．

ラファエロ・サンツィオ（サンティ）
Raffaello Sanzio（or Santi）(1483-1520)
ウルビーノ生まれの盛期ルネサンスの偉大な建築家，画家．父親ジョヴァンニ・サンティ（Giovanni Santi, 1494没）とピエトロ・ペルジーノ（Pietro Perugino, 1445/50-1523）について学び，のちに後者の助手となり，すぐにこれを凌駕した．初期の絵画『聖母の結婚（The marriage of the Vigin)』(1504，ペルジーノの同主題の作品をはるかに凌ぐ）には多角形ドームを戴く建物が描かれているが，これは建築への，とりわけ集中式平面の建物へのラファエロの十分な理解を示している．1508年にローマに移り，教皇ユリウス2世（Pope Julius II, 1503-13）からヴァティカン宮の署名の間を絵画で装飾する仕事を任された．その一つ『アテネの学堂（The School of Athens)』には卓越した透視図法で描かれた建築空間に古代哲学者たちが配され，古代風の古典主義を喚起している．

建築の最初の実作はローマのサン・テリジオ・デリ・オレフィチ聖堂（1511-，のちにペルッツィがドームを架け，17世紀にポンツィオが全面的に改修した）である．続くローマのサンタ・マリア・デル・ポポロ聖堂のアゴスティーノ・キージの葬送礼拝堂（1512以降）も集中式平面の作品だが，現況にみられる際立った威厳は，これを完成した（1652-56）ベルニーニに負っている．フィレンツェのパラッツォ・パンドルフィーニ（1518着工）はパラッツォ・ストロッツィのようなフィレンツェ様式とブラマンテの「ラファエロ邸」（パラッツォ・カプリーニ）が要約するローマ様式を混ぜ合わせているが，ラファエロが手本としたのはまさにブラマンテの作品だった．そして数こそ少ないがラファエロの作品自体も，すぐに古代の遺構やブラマンテの作品と同様に重要な模範と認識されるようになった．メディチ家出身の教皇レオ10世（Pope Leo X, 1513-21）から1515年に古代ローマ遺物の監督官に任命されたラファエロは，あらゆるローマ遺跡を記録し，いくつかの修復を提案したらしい．ジュリオ・デ・メディチ枢機卿，のちの教皇クレメンス7世（Pope Clement VII, 1523-34）のためローマ郊外に着工したヴィラ・マダマ（1516頃），とりわけ庭園に面する開廊は，古代に対するラファエロの感覚を存分に伝えている．このヴィラの様々な特徴は，発見されてまもない皇帝ネロのドムス・アウレア（黄金宮）やいわゆるティトゥス帝の浴場のヴォールト天井，あるいはラウレントゥムの別荘に関するプリニウスの記述に由来している．ラファエロの助手たち（ジュリオ・ロマーノを含む）によるスタッコ浮き彫りや描かれたグロテスク模様で装飾されたこの全体は（一部しか実現されなかったも

のの)，古代の内部装飾に関する信頼すべき再現であった．ブラマンテの死後ラファエロはサン・ピエトロの首席建築家に任命され，ブラマンテの平面をバシリカ式に修正した案を提案した．

ラフィーヴァー，マイナード Lafever, Minard (1798-1854)

アメリカの建築家．ニューヨーク市で開業し，さまざまな様式による幅広い種類の建物を設計したが，彼が重視される最たるところは，『修行中の大工のための総合的教育書（*The Young Builder's General Instructor*）』(1829)や『現代の大工のための手引き（*The Modern Builder's Guide*）』(1833)，『現代建築の美（*The Beauties of Modern Architecture*）』(1835)，『現代的な階段と手すりの工事（*The Modern Practice of Staircase and Handrail*）』(1838)，『建築の教科書（*The Architectural Instructor*）』(1856)など，その数多くの著書によってギリシア復興様式およびゴシック・リヴァイヴァルを普及させたことにある．ラフィーヴァー自身もスチュアートとレヴェットの『アテネの古代遺物』やピーター・ニコルソンによる出版物を大いに利用したが，そのギリシア風の作品は独創的で，考古学的な正確さをはるかに超えていた．そして，ディテールにおいてアレグザンダー・「ギリシア」・トムソンとラフィーヴァー（彼の方が早い）の間に類似性があるのは興味深い．ニューヨーク市における主要な建物としては，ブルックリン・ハイツで建てられた，均整のとれた聖トリニティ教会 (1844-47) やセイヴィア教会 (1842-44，第1ユニテリアン教会) などのゴシック・リヴァイヴァルの教会がある．また（シールズ・オベリスク (1845)，ロング・アイランドのサグ・ハーバーにおける捕鯨者のための第1長老派教会 (1843-44) といった）エジプト・リヴァイヴァルやイタリア風，ルネサンスなどの様式でもデザインした．

ラーフェス，ゲオルク・ルートヴィヒ・フリードリヒ Laves, Georg Ludwig Friedrich (1788-1864)

ドイツの建築家．同時代の中で最も際立った新古典主義者の一人である．ユッソウの教え子である彼は，1814 年にハノーファーの宮廷建築家となり，同地でライネ宮殿 (1817-35，破壊されたが，1959-62 に再建) を改築するとともに，ヘレンハウゼンの図書館翼 (1818-19)，ヴァンゲンハイム宮殿 (1829-33，その建物の1階上には半円形のガラスの温室が設けられていた)，ウォータールー広場と円柱 (1825-32，ナッシュによるロンドンの開発に影響を受けている)，オペラ・ハウス (1845-52，彼の最高の作品) とヘレンハウゼンの霊廟 (1842-46) を設計した．彼はシンケルとベルジウスの作品に由来する新古典主義様式を専門とし，半世紀の間にハノーファーをベルリンのライバルとなるような美しい新古典主義の首都へと変容させたが，作品の多くは第二次世界大戦で破壊された．オストシュタットとノルドシュタットというハノーファーの東と北の郊外地を計画し，リンデンの労働者住宅地を計画した (1853-54)．彼によるみごとなエルンスト＝アウグスト地区 (1843 から計画) は非常に壮大で広々としているが，そこに現在ある構造物のごくわずかな部分が彼によるものである．また鉄とガラスの構造にも取り組み，1851 年のロンドン万博のために古い鉄道線路からつくられるプレハブ構造物を提案 (1850) するなど，「クリスタル・パレス」のためのいくつかのデザインを作成した．1839 年にはトラス梁の一つの型を発明している．それは，木製の梁をその全長に沿って二つに切断し，その二つを互いに革紐で固定し，そしてトラス梁の上面と下面が凸状になるように二つの部材の間に角材を配置するというものであった．その利点は，そうすることでより強力になり，屈折があまり生じず，そしてきわめて安価であるという点にあった．

ラフキャスト roughcast

外壁の漆喰塗りやレンダリングの種類で，石灰，砂，水，それに砂利や小石の破片や砕いた石からなるもの．レンダリングの下塗りが乾く前にその上に打ち込まれ，ペブルダッシュ，スラップダッシュあるいはウェットダッシュとも呼ばれる．⇨ハーリング

ラフター rafter
⇨垂木

ラフター・プレート rafter plate

垂木を支持する木材．たとえば，敷桁（しき

ラフト
げた）．

ラフト　raft

　鉄筋コンクリート製の1枚のスラブ，梁付き
スラブ，あるいは地下室を含むボックススラブ
からなる基礎の一種．建物の荷重を地面に伝
え，沈下を防ぐ．

ラブド　rubbed, rubber

　ラブド・ブリック，ブリック・ラバー，カッ
ター，あるいはマルムとは，良質のローム質の
粘土と多くの砂を十分に混合したものからなる
やわらかい煉瓦であり，窯で焼き（燃焼させる
のではなく），切断し，こすりとることで必要
とされる形にすることができる．規格化された
煉瓦アーチなどをつくるのに使われ，精巧な継
ぎ目には粗い通常のモルタルではなく，石灰ペー
ストが用いられる．

ラブルースト，ピエール・フランソワ・アンリ
Labrouste, Pierre-François-Henri (1801-75)

　フランスの建築家．A-L-T・ヴォードワイ
エとイポリット・ルバのもとで学び，その後駐
ローマ・フランス・アカデミーで将来のフラン
ス建築界のリーダーとなる人びととともに学ん
だ．（正確な実測にもとづくにもかかわらず）
理論的なパエストゥムのドリス式神殿群の復元
（1829）は，のちにヴィオ=ル=デュクによって
「数枚の図面の束の上での革命」と称された．
なぜならそれは，当時信じられていた神殿の通
史の順序を再考するものであり，この建築形式
を，植民都市という位置づけの中で新たな環境
的，社会的，政治的状況に当てはめようとした
ものだということを示したのであり，したがっ
て，フランスの学界で当時確立していた意見を
動揺させるものだったからである．実際のとこ
ろ，この業績は（彩色も含む）フランス建築界
の転機と考えられるもので，古典主義の優越に
挑戦する新たな体制の先駆けとなるものだっ
た．パリに帰った彼は1830年にアトリエを開
設し，合理主義的理念を推進していった．その
名声は，石造の籠の中に優雅な鉄骨の構造体が
嵌め込まれたようにみえるみごとに明快なデザ
インの，パリのサント・ジュヌヴィエーヴ図書
館（1838-50）によるものである．それは鉄骨
の骨組みが剥き出しになった最初の（実用的と
いうよりは）記念碑的な公共建築であった．石

造の外観は，大閲覧室に採光するために半円形
アーチの窓列が並ぶ力強いチンクエチェント
（イタリア語で16世紀の建築の意）で，同時に
以下の建築を思い起こさせるわずかなほのめか
しを有していた．アルベルティによるリミニの
テンピオ・マラテスティアーノ，サンソヴィー
ノによるヴェネチアのビブリオテカ・マルキア
ーノ，レンによるケンブリッジのトリニティ・
カレッジ・ライブラリーなどである．この図書
館によって，フランス政府の最高ランクの建築
家に位置づけられることになり，1854年から
1875年にかけてパリのリシュリュー通りの国
立図書館に鉄とガラスの閲覧室，および同じく
鉄を使った書庫をつくることになる．1877年
にはパエストゥムに関するその仕事を出版し，
また，パリのモンマルトル墓地やモンパルナス
墓地の墓所など，いくつかの建物を設計した．
　兄のフランソワ＝マリー＝テオドール
（François-Marie-Théodore, 1799-1885）も建築
家で，同じくヴォードワイエとルバのもとで訓
練を積んだ．1845年からゴーを引き継いで，
パリの病院建築主任建築家として活躍した．

ラフン，アーイェ　Rafn, Aage (1890-1953)

　デンマークの建築家．20世紀における新古
典主義者として最も名声を得た一人であり，カ
ンプマンによるコペンハーゲンの警察本部
（1919-24）における円形の中庭を設計した．ハ
ンス・ユルゲン・カンプマン（Hans Jørgen
Kampmann, 1889-1966），クリスチャン・カン
プマン（Christian Kampmann, 1890-1955），
ホルイェル・ヤコブセン，アントン・フレデリ
クセン（Anton Frederiksen, 1884-1967）と共
同で，その偉大な建築を完成させた．デンマー
クにおけるそのほかの新古典主義の建築も担当
した（たとえばコペンハーゲンのガンメル・
ヴァルトヴヴェイ22番地，1919-20，とても簡
素化されたスタイルによる）．実現はしなかっ
たが，きわめて美しい火葬場のデザイン
（1921）により，王立芸術アカデミーのゴール
ドメダルを受賞した．コペンハーゲンの美術工
芸学校の校長（1925-30）をつとめたほか，す
ぐれた家具をいくつかデザインした．

ラベット　rabbet, rebate

　木材や石材などの角に刻まれた長方形の溝
で，他部材の角や舌，先端を受けるもの．たと

えば，戸枠のドア．

ラーミア　larmier, lorimer
1.　古典様式のコロナあるいは同様な水平刳形で，水切りとして機能する．ロリマーとも呼ばれる．
2.　中世の刳形で，上端は曲面で下はリサウント・ロリマーと呼ばれる深い窪みになっている．水切りや水切り石の基礎として機能する．

ラミレス・バスケス，ペドロ　Ramírez Vázquez, Pedro (1919-2013)
メキシコの建築家．メキシコ市の国立医学校(1953) は彼の設計によるが，ラミレスの作品で最もよく知られているのは博物館建築であり，とりわけ切石を多用した巨大な前庭を備えたメキシコ市国立人類博物館 (1963-64) が有名である．その他の作品に，テントのような構造をもち，その内部に 10000 人，外部の敷地部分に 30000 人を収容できるメキシコ市のグアダルーペ廟（聖堂）(1975-76) や，下院と上院を含む国会議事堂 (1976-80) がある．セビーリャ万国博覧会メキシコ館 (1991-92) も彼の設計による．

ラム　ram
1.　古典的なフリーズにある雄羊の頭部をかたどったもの．通常はアエギクラニウムやブクラニウムの語が用いられる．
2.　クリオスフィンクス．
3.　古代戦艦の強化された船首で，敵艦に衝突して穴を開けるもの．コルムナ・ロストラタに装飾として用いられる．
4.　土や粘土などを重量のある器具で打ち固めて，硬く強くすること．⇨ラムド

ラム，エドワード・バックトン　Lamb, Edward Buckton (1806-69)
イングランドの無頼派ゴシック・リヴァイヴァリスト．コッティンガムのもとで修行をした．巨大な教会堂は集中式平面で，装飾を凝らした木造屋根がかかっている傾向にある．たとえば，サフォーク州レイストンのセント・マーガレット教会堂 (1853)，サリー州クロイドンのアディスクームのカニング・ロードのセント・メアリー・マグダレン教会堂 (1868-70)．彼の作品はとくに『イクレジオロジスト（*The Ecclesiologist*)』誌で非難の標的となった．彼は当時のより平凡な作風には興味がなかったようである．ラウドンの『百科事典(*Encyclopaedia*)』(1833) に多くの挿絵を描いており，『ゴシック装飾（*Gothic Ornament*)』(1830)，『古代の住宅建築（*Ancient Domestic Architecture*)』(1846) を出版し，数多くの記事およびラウドンの回想記を『アーキテクチュラル・マガジン（*Architectural Magazine*)』誌に発表した (1834-38)．ベンジャミン・ディズレイリ (Benjamin Disraeli, 1804-81) のためにバッキンガム州のヒューエンデン・マナーの改装 (1863-66) を行った．また，サフォーク州のアイのタウン・ホール (1857，ペヴスナーはこの作品を「醜悪」と評した)，ハートフォード州のバークハムステッドのタウン・ホール(1859) を設計した．

ラムジー，ウィリアム・ド　Ramsey, William de（活躍 1323-49 没）
イングランドの石工頭．1320 年代に，ジョン・ド・ラムジーのもと，ノリッジ大聖堂のクロイスターではたらき，おそらく，教会地への門の先に建つセント・エセルバート礼拝堂の建設に携わった．しかし，ラムジーのおもな重要性はロンドンでの作品にある．1323 年にはウェストミンスターのセント・スティーヴン礼拝堂で雇われている．1326 年から 1331 年までは，ノリッジ大聖堂のヴィジティング・マスター（すなわち，コンサルタント）の地位にあったが，1332 年には，ロンドンでセント・ポール大聖堂のマスター・メーソンを務め，そこで参事会棟とクロイスターの建設に従事している．1335 年，ロンドン塔の建造物について報告書を作成する任に当たった 4 人の石工からなる委員会の委員となり，1336 年には，ロンドン塔のチーフ・メーソンおよびロンドン塔とトレント川の南の城塞群に関する王営繕局のチーフ・サーヴェイヤーに任命され，没するまでその地位にあった．1337 年，プレスビテリが建設中であったスタフォードシャーのリッチフィールド大聖堂の建設の顧問を務めるようになり，同年にウェストミンスターのセント・スティーヴン礼拝堂の建設を任された．ケントのペンズハーストのホールをはじめとする諸建築の設計にもかかわったと思われる (1341-48)．ラムジーは垂直式ゴシックの発展においてきわ

めて重要である．現存する図面や石工工事の断片によって，とり壊されたセント・ポール大聖堂の参事会棟は垂直式ゴシックで建てられたのであり，ウェストミンスターのセント・スティーヴン礼拝堂とともに，その最初の事例であることがわかる．それゆえ，ラムジーは垂直式ゴシックの創案者であり，もしそうであれば，イングランドがこれまでに生んだ最も影響力がある建築家の一人であった．

ラムジー, ジョン・ド Ramsey, John de (1304-39 活躍)

イングランドの石工頭．リチャード・カーティーズ（Richard Curteys, 1300 頃に活躍, おそらく，1285 年から 1290 年までノリッジ大聖堂の石工であったリチャード・ル・マシュン（Richard Le Machun））の息子で，1304 年にノリッジでマスター・オヴ・ザ・ワークス（工事主任）となり，独立して建てられた鐘楼の建設に携わった．また，ノリッジ大聖堂のクロイスターの南部分の建設にかかわり（設計したと思われる）（1324-30），おそらくイーリ大聖堂の建設にも従事していた（1322-26 頃）．ロンドンに住まい，そこでいくつかの重要なプロジェクトにとり組んだ同名の石工頭（1349 没）と同一人物の可能性がある．

ラムド rammed

壁などの構造体で，型枠の間に入れられた土を重量のある器具で打ち固めてつくったもの．セメントや他の強化剤が加えられれば，ラムドの土はピ・ドゥ・テル（pise de terre）と呼ばれる．アドビ，コップ，ピゼと比較のこと．

ラメ, ジョゼフ Ramée, Joseph (1764-1842)

フランスの建築家，造園家．ベランジェのもとで学び，またルドゥーの影響を受けた．リュ・デュ・マイユのオテル・ベルト・レカミエ（1780 年代後半から 1790 年代前半），シャン・ド・マルスの建国記念日の巨大な祭壇（1790, 取壊し）をいずれもパリに設計した．恐怖政治を逃れてドイツへ移住，ハンブルクに株式取引所（1803）を設計，折衷様式によるファブリック（点景建築）とピクチャレスクの公園をデザインした．シュヴェリン近郊のルートヴィヒスルストに，フリードリッヒ・フランツ（Friedrich Franz, 1756-1837），メクレンブ

ルク・シュヴェリン公（のち大公）（Duke (later Grand Duke) of Mecklenburg Schwerin）のための廟堂（1806 より．ドリス式のポルティコをもつ先進的な新古典主義様式）を設計した．1800-06 年頃にはデンマークでも活動した（コペンハーゲン近郊のカントリー・ハウス，ソフィーエンホルムは，ゴシックとヴァナキュラーなファブリックを備えた庭園とともに彼の作品の好例である）．1812 年には，ハンブルクのデイヴィッド・パリッシュ（David Parish, 1778-1826）のためにニューヨーク州に新しい都市と建物を計画するために渡米したが，折しもイギリスとの戦争のために計画は実現しなかった．しかしニューヨークのパリッシュタウンにいくつかの建物を残している．アメリカ合衆国における現存する作品のうち最良のものの一つは，ニューヨークのスケネクタディにあるユニオン・カレッジ（1813）で，のちにシャーロッツヴィルにヴァージニア大学を計画するジェファソンに影響を与えたと考えられる初期のキャンパス計画である．ラメは 1816 年にヨーロッパに戻り，最初オランダで活動，ついでフランスに戻り（1823），再度ハンブルクに赴いた（1830 年代）．晩年は，庭園に関する著作をパリで出版するための準備を続けていた．『あらゆるジャンルとあらゆる大きさの非整形庭園とメゾン・ド・カンパーニュ（*Jardins irréguliers et maisons de campagne, de tous genres et de toutes dimensions*）』（1823），『コテージとメゾン・ド・カンパーニュ集成（*Recueil de cottages et maisons de campagne*）』（1837），『公園と庭園（*Parcs et Jardins*）』（1836）などである．息子ダニエル（Daniel, 1806-87）は，建築史史研究と様々な大聖堂（ボーヴェ，ノワイヨン，サンリスなど）やサン・リキエ修道院，アベヴィルのサン・ブルフラン修道院の修復に貢献した．1868 年にラインワルトによってパリで出版された彼の『建築用語一般辞典（*Dictionnaire général des termes d'Architecture*）』は，すぐれた印象深い辞典である．他にもフランス中世建築，ハイデルベルクの城館，建築と実際的な建設についての著作を出版している．

ラ・モート, ジャン・バティスト・ミシェル・ヴァラン・ド・ Mothe, Jean-Baptiste-Michel Vallin de la (1729-1800)

⇨ヴァランド・ラ・モト，ジャン＝バティスト＝ミシェル

ララリウム　lararium（*pl.* lararia）

1.　ローマ時代の住宅で私的な礼拝堂あるいは祠として使われた小部屋またはニッチで，ラレースやパナテス（家事の神々）の神像が祀られていたアレクサンデル・セウェルス帝（222-35）はラララリアに折衷的なローマの主要な神々とともにアブラハムやアキレス，アレクサンダー大王，キリスト，キケロ，オルフェウス，ウェルギリウスを祀っていた．

2.　古代彫像を陳列するための場所や部屋．たとえばロンドンのデューセス通りのみごとなトマス・ホープ邸（1799-1819）．

ラルー，ヴィクトール＝アレクサンドル＝フレデリック　Laloux, Victor-Alexandre-Frédéric（1850-1937）

フランスの建築家．キャリアの初期に，ギリシア建築に関する書物を出版（1888），ポール・モンソー（Paul Monceaux, 1859-1941）とはオリンピアに関する書物を出版した（1889）．おそらく，これらの研究の結果，ラルーのボザール古典主義は威厳ある生硬なものとなり，シャルル・ガルニエやその追従者たちのバロック的放恣は一切排されていた．彼の設計に，パリのオルセー河岸駅（1896-1900）とトゥール駅（1895-98）がある．双方とも学術的で端正な才能溢れる作品である．最も際立った作品のいくつかは，出身地であるトゥールにあり，ビザンティン・ロマネスク様式のサン・マルタン聖堂（1887-1924，彼の最初の重要な作品で，アバディによるデザインを偲ばせる）と市庁舎（1896-1904）などがある．

ラング，デーヴィッド　Laing, David（1774-1856）

ロンドン生まれの建築家．ソーンの弟子となったのち，さまざまなタイプの住宅のための独創的なデザインを『住宅のためのヒント集（*Hints for Dwellings*）』（1800）として出版した．1810 年には税関の監督官となり，デヴォンのプリマスにある税関（1810）を設計した．これは明らかにフランス建築の研究に基づいた，洗練された新古典主義建築であった．テムズ川岸にある巨大なロンドン税関（1813-17）

も新古典主義であるが，1825 年に中央部分が崩壊すると，ラングは没落し，R・スマークがこの建物を再建するよう命じられた．

ラングハンス，カール・ゴットハルト　Langhans, Carl Gotthard（1732-1808）

シレジア（現ポーランド領）出身のドイツ人建築家．ブレスラウ（現ヴロツワフ）のオーバーバウラート（主任建築監督官）となり，エアトマンスドルフのヴェルリッツ宮殿に影響を受けたパッラーディオ風の建築を数多く設計する．その例として，ブレスラウのパレ・ハッツフェルトの新翼（1765-75，破壊された），正面の玄関部分がセルリアーナの形式をとるサモトフル宮殿（1776-81），主屋がアーケードをもつクワドラントによって優美なサービス翼と連結されているパブウォビッツェの高貴なミルジンスキー宮殿（1779-87），さらにいくつかの楕円形平面の新教教会がある．1788 年にプロイセン王フリードリヒ・ヴィルヘルム 2 世（King Friedrich Wilhelm II of Prussia）は，首都を一流の文化中心地とするべくラングハンスを（ダーフィット・ジリーとエアトマンスドルフとともに）ベルリンへと招集する．そこでラングハンスはグリーク・リヴァイヴァルの先駆的モニュメントであるブランデンブルク門（1789-94）を建設した．それは，ル・ロワの『ギリシアの美しい記念物の遺跡（*Ruines des plus beaux monuments de la Grèce*）』（1758）の中でのアテネのプロピュライアの復元に刺激を受けたものであり，古代の原型にもとづいた最初の建造物であった．この門は，それをみたすべての人から大いに称賛され，トマス・ホープがケンブリッジのダウニング・カレッジの設計でグリーク・リヴァイヴァルのデザインを主張する際に影響を与えた．さらにトマス・ハリソンによるチェスター城のプロピリーアム（1811-13）とクレンツェによるミュンヘンのケーニヒスプラッツ（国王広場）のプロピレーエン（1817，建設は 1846-60）のモデルとなった．

ラングハンスはいくつかの劇場を設計しており，その例として厳格な新古典主義のファサードをもつポツダムの国立劇場（1795）とベルリンのジャンダルマンマルクトに建てられた冒険心の乏しい王立劇場（1800-02，1817 年に焼失し，跡地にシンケルによるシャウシュピールハウス（劇場）が建設された）がある．彼はベル

リンのマリエン教会の塔頂部をゴシック様式で設計した（1789-90）.

ラングハンス, カール・フェルディナント
Langhans, Karl Ferdinand (1781-1869)

　C・G・ラングハンスの息子. ベルリンにおいて父およびダーフィット・ジリーのもとで学び, 1815 年にブレスラウ（現在のヴロツワフ）に移り住む. 同地に建つ彼自身の住宅とその他の建造物は, ゲンツとF・ジリーの厳格な新古典主義に明らかに影響を受けていた. 劇場設計に関する著作を出版し, ホール計画に影響を与える音響科学を最初に研究した人物の1人となった. そのテーマは 1810 年の著作の中で概説されている. ブレスラウ（1838-41）, リーグニッツ（現レグニツァ, 1841-42）, シュテッティン（現シチェチン, 1846-49）, デッサウ（1855-56）, ライプツィヒ（1864-48）といった都市に劇場を設計した. またウンター・デン・リンデンのヴィルヘルム公宮殿（1834-36）など, ベルリンのいくつかの建築にかかわった. しかし作品の多くは現存していない.

ラングレイ, バティ　Langley, Batty
(1696-1751)

　イングランドの造園家, 建築家, 著作家で, 建築書を多く出版した. 著作には『実践的な幾何学（*Practical Geometry*）』（1726）,『建築業者必携の書（*The Builder's Chest Book*）』（1727, 1739）,『新造園原理（*New Principles of Gardening*）』（1728）,『土地所有者の有用な手引（*The Landed Gentleman's Useful Companion*）』（1741）,『建築業者の正しい手引（*A Sure Guide to Builders*）』（1729）,『若い建築業者のための入門書（*The Young Builder's Rudiments*）』（1730, 1734）,『都市と田園の建築業者と労働者のためのデザイン集（*The City and Country Builder's and Workman's Treasury of Designs*）』（1740, ほかの版）がある. 彼の最も豪華な本は, 約 500枚の図版がのっている（ほとんどは他の著作から盗用された）, おそらくイングランドで最も厚いパターン・ブックの『古代の石工（*Ancient Masonry*）』（1736）であろう. 彼の著作は製図の書き方やさまざまな要素を構成するための実用的な助言でみちている. 今日, 彼はおもに『ゴシック様式の壮大で有用なデザインによって復興され改良されたる古代建築（*Ancient Architecture Restored and Improved by a Great Variety of Grand and Usefull Designs, Entirely New in the Gothick Mode*）』（1741-42）によって記憶されている. これは『多くの壮大なデザインで法則と比例により改良されたるゴシック建築（*Gothic Architecture, Improved by Rules and Proportions in Many Grand Designs*）』（1747）として再版された. これは 5 つの古典主義的オーダーの系譜にゴシックを体系化する試みであった. ラングレイの源泉は, ケントらによって発明されたジョージ王朝初期のゴシックであったため, この本には本物のゴシックなど実際にはなく, その作品は嘲笑されることとなった. しかし,「ラングレイ」,「石工」あるいは「偽のゴシック」はかなりの成功をおさめ, そのデザインは広く模倣された. サンダーソン・ミラーとホレス・ウォルポールは, 認めたくはなかったであろうが, 彼らのゴシックにおいてある程度ラングレイにおうところがあった. 彼はアーティナチュラルもしくは「規則的な不規則性」とラングレイが表現したものの先駆者であり, 18 世紀の大きな特徴である「自然な」風景を信奉した最初の人物の1人でもあり, おそらくパッラーディオ主義への反発としてロココの唱道者でもあった. 彼自身の建築活動については議論すべきでないが, ジョージ王朝期の建築に与えた影響の重要性は非常に大きい.

蘭形装飾　orchid
　⇨オーキッド

ランサム, アーネスト・レスリー　Ransome, Ernest Leslie (1852-1917)

　イギリスのエンジニア. 父は, 鉄筋コンクリートの一種である「コンクリート石」の特許を取得し, 大量生産した人物. E-L・ランサムは 1869 年にアメリカに移住し, この発明を有効活用して, カリフォルニア州サン・フランシスコのゴールデン・ゲート・パークに初期の鉄筋コンクリート橋を設計した. 他にも, ニュー・ジャージー州ベイヨンのボラックス・ファクトリー（1897, 構造は 1902 の大火にも耐えた）, マサチューセッツ州ボストン近郊ビヴァリーのユナイテッド・シュー・マニュファクチュアリング・カンパニーの工場（1903-05）などで鉄

筋コンクリートを追求した．これと，いくつか
の穀物倉庫，そしてアルバート・カーンによる
ミシガン州デトロイトのパッカード工場は，鉄
筋コンクリートで建設された巨大工業建築の最
初の到達点である．ランサムが，組積造壁の代
替として考案した，露出骨組みとガラス・パネ
ルという経済的な手法は，グロピウスやル・コ
ルビュジエの模範となり，1920 年代の国際近
代主義のイメージのパラダイムとなった．デン
マーク生まれのヘンリー・アレクシス・ソーブ
リー（Henry Alexis Saurbrey, 1886-1967）と
の共著で，ランサムは『鉄筋コンクリート建築
（*Reinforced Concrete Buildings*）』（1912）を出
版し大きな影響を与えた．

ランス，アンリ・ド Reyns, Henry de
（1243-53 頃活躍）
　⇨アンリ・ド・ランス

ランセット lancet
　第 1 尖頭ゴシック期の高くて狭い窓開口で，
頂部に尖頭アーチがある．壁面中に単独でも，
同型の開口を反復した窓としても使われる．

ランセット様式 Lancet style
　トレーサリーが導入される以前の 12 世紀後
半の第 1 尖頭式ゴシックのこと．

ランソー rinceau
　古典主義の装飾で，帯飾り状に連続した渦巻
き状のぶどうなどの葉飾りがあるもの．
　⇨トレイル

卵鏃紋様 egg-and-dart
　⇨エッグ・アンド・ダート

ランダム・アシュラー random ashlar
　⇨切石乱積み

ランダム・コース random course
　高さが異なる複数の層によって構成された壁
面の中にある，同じ高さの石材による石積みの
層．

ランダム・ツールド random tooled
　表面が不規則に仕上げられたような切石．ス
コットランド地方ではランダム・ドロヴィング

と呼ばれる．

ランダム・ボンド random bond
　⇨切石乱積み

ランダム・ラブル random rubble
　⇨野石積み

ランダム・レンジ random range
　⇨切石乱積み

ランタン lantern
　1．建物の屋根上にあり，側面に内部への換
気や採光のための開口部をもつあらゆる構造
物．たとえばイーリ大聖堂（1322-44 頃）の八
角形のランタン．
　2．採光機能をもつものもそうでないものも
含め，大聖堂や教会堂の塔の上部を構成するよ
うな構造物．軽快でほとんど透明につくられ最
上段は通常八角形である（たとえば，リンカン
シャー，ボストンのセント・ボトルフ聖堂
（1510 頃-20）やノーサンプトンシャー，フォ
ザリンゲイのセント・メアリー・アンド・オー
ルセインツ聖堂（15 世紀末），ヨークのオール
セインツ聖堂（15 世紀末），フランス，ルーア
ンのサン・トゥーアン聖堂の交差部の塔（15
世紀））．
　3．さらに広く，ドーム頂部の構造を指す
（たとえばフィレンツェ大聖堂（15 世紀）やロー
マのサン・ピエトロ聖堂（16 世紀），ロンド
ンのセント・ポール大聖堂（17 世紀））．

ランタン十字 lantern-cross
　中世教会堂の中庭に建てられた石造の十字架
で，周囲の建築にあわせるとともに灯明を保護
する目的で，頂部がランタンのようにつくられ
たもの．

ランタン・タワー lantern-tower
　採光窓をもつ高い交差部の塔，あるいはリン
カンシャーのボストンのセント・ボトルフ聖堂
（1510 頃-20）のように，通常優美な八角形平
面の上段を伴うあらゆる種類の塔．

ランチェスター，ヘンリー・ヴォーン
Lanchester, Henry Vaughan（1863-1953）
　イギリスの建築家．1887 年に事務所を立ち

上げ，1896 年にジェームズ・S・スチュアート（James S. Stewart, 1865-1904）と E・A・リチャーズが共同者として加わった．カーディフ，キャセイ・パークにある市庁舎と裁判所（1898-1906）のコンペに当選し，ボザール的平面と華麗なバロック様式のファサードを有した建築を建てた．続いて，ウェストミンスターのウェールズ・セントラルホールでは，さらに壮麗なものを設計した（1905-11）．1919 年に，レッチワース・ガーデン・シティとハムステッド・ガーデン・サバーブに住宅を設計していたトーマス・ジェフリー・ルーカス（Thomas Geoffrey Lucas, 1872-1947）が共同者として加わり，続いて 1923 年にはトーマス・A・ロッジ（Thomas A. Lodge, 1879-1967）が加わった．ランチェスター・ルーカス・アンド・ロッジとして，事務所は大成功し，ルーカスが退いた後は，ランチェスター・アンド・ロッジ事務所として，多くの大学関連施設や病院などを設計した．

ランディ，ヴィクター・アルフレッド
Lundy, Victor Alfred（1923-）
　アメリカの建築家．グロピウスのもとで学び，ブロイヤーとともにはたらいた経験をもつ．1953 年にニューヨーク市に開業した．最もよく知られた作品はニューヨーク市五番街の I・ミラーの靴のサロンであり，木材のリブと多くの鏡がふんだんに用いられている．ロードアイランド州イースト・グリニッジのウェストミンスター・ユニテリアン教会（1964）など彼のさまざまな教会建築は，大胆でシンプルな要素を特色としている．ワシントン D.C. の連邦租税裁判所（1976）では，片持ちの大きな塊が不安になるほどに張り出している．

ランド　rand
　とくにランドスケープガーデニングにおける境界，平縁，余白，ふち．

ランド・アート　Land art
　1960 年代と 1970 年代における，土木作業用の機材を用いて作られた実験的な芸術作品．しばしば雨風による風化や侵食にさらされ，短命である．アース・アートとも呼ばれる．図像や馬といったものを切断し，地面の中に戻すなど，原始的な芸術の形態に戻ろうとする側面を

もつ．ロバート・スミッソン（Robert Smithson, 1938-73）は，ユタ州グレート・ソルト・レイクのロゼルポイントで，石や土そして塩の結晶による大きならせんである「スパイラル・ジェティ」を制作した．クリスト（・ヤヴァシェフ，Christo Javacheff, 1935-2020）とジャンヌ＝クロード（Jeanne-Claude, 1935-2009）は，蛇行する白いナイロン生地の構築物を 40 キロ（25 マイル）近く，カリフォルニアから太平洋へと走らせた「ランニング・フェンス」（1972-76）などのランド・アートを試みた．彼らは，パリの「ポン・ヌフ」（1975-85）や，ベルリンの「ライヒシュタット」（1971-95）など，建物を布で包むことでも知られている．

ランドスケープ・アーキテクチュア　landscape architecture
　庭園，公園，キャンパス，墓地などにおいて，その中を散策し，あるいは遠くから眺めて楽しむための場所の設計．逍遥や，精神的な救済，娯楽のための庭園は，古代から知られてきたし，中には宗教的な意味合いを秘めた庭園も存在した．しばしば水が，水路や細流，噴水などの形で用いられ，庭の魅力の増大に貢献してきた．たとえばティヴォリのヴィラ・デステ（1565-72，リゴーリオ設計）のような庭園は，現在と過去とを結びつけることに設計の主眼が置かれ，園内の各所に，歴史・哲学・宗教的な熟考を引き起こす複雑なプログラムが仕掛けられている．厳格な幾何学平面の庭園はイスラーム建築においてすでに知られていたが，フランスにおいては，パルテール等の特徴を伴ったバロック期の整形庭園は，ル・ノートルのような造園家によって大規模なスケールで作庭された．こうした厳格な形式性に対しては，主としてイングランドにおいて反発が起こり，同地では風景式庭園が主流となった．風景式庭園では，ピクチャレスクな手法で空間を構成すべく，より「自然な」やり方で庭のレイアウトがほどこされ，点景建築を伴うことが多かった．ラウドンはレプトンの作品との関連でランドスケープ・アーキテクチュアという語を用いており，またオルムステッドとヴォークスは，ニューヨーク市のセントラル・パークのデザインにおいて，「ランドスケープ・アーキテクト」という言葉を使用している．ランドスケープ・ア

ーキテクトを養成する専門教育機関の先駆となったのは，19 世紀末から 20 世紀初頭にかけてのアメリカ合衆国であった．20 世紀のランドスケープ・アーキテクトの多くは，エコロジーや自然保護の諸問題に自覚的であり，とりわけ産業地区や高速道路などの設計にそういった配慮が見られる（コルヴィンやジェリコウなどがその例）．

ランニング　running

なめらかに連続ないし循環する非対称な流れるようなモチーフと関連のあるものを表す言葉．帯飾り（バンド）に用いられ，どちらか一方に明確に傾いている．ランニング・オーナメントの種類には以下のものがある．

ランニング・ヴァイン：　葡萄のつる，房飾り，唐草文様などで，パーペンディキュラー（垂直式）ゴシックのスクリーン上部によくみられるもの．

ランニング・ドック：　古典主義のウィトルウィウス式スクロールか波型スクロールで，帯飾り上に様式化された波型が続くもの．

ランパート　rampart

1.　防衛用の城塞にある厚い壁で，上部に守備兵用の通路やデッキがあり，胸壁を備えたもの．

2.　防御用の土手で，外側に向かって傾斜面をもち，胸壁によって保護された頂部が平らで大砲設置と軍隊移動に十分な広さをもつもの．

ランパント　rampant

⇨アーチ

ランピング　ramping

1.　あるレベルから別のレベルへ上ったり下りたりすること．

2.　ランパント・アーチのうち，傾斜路の勾配や階段に対応した非対称なもの．⇨アーチ

ランプ　ramp

1.　二つの異なるレベルをつなぐ傾いた平面．

2.　階段手すりの一部で，接地したり階段の楔状踏板がある部分において，上に凹であるきついカーブを描くもの．ニーの反義．

ランファン，ピエール＝シャルル　L'Enfant, Pierre-Charles (1754-1825)

フランス人．1777 年からアメリカ独立戦争のあいだアメリカ軍に志願兵として参加．フィラデルフィアにフランス王太子誕生を祝す新古典主義の大きなパヴィリオンを設計した（1782）．またニューヨーク・シティーホールのアメリカ合衆国議会議事堂への改修を担当した（1788-89，1812 取壊し）．1789 年からワシントン D.C. の新首都計画に参加．バロックの先行例，とくにヴェルサイユを参考に，巨大な軸線を計画した．

ランフォード伯爵，サー・ベンジャミン・トンプソン　Rumford, Sir Benjamin Thompson, Graf (Count) von (1753-1814)

イギリス系アメリカ人の兵士，科学者，発明家，博愛主義者，行政官にして博識家．王党派としてイングランドに定住し，王立協会の会員に選出され，ヨーロッパでオスマン帝国と戦うことにより軍で出世することを決意する．ミュンヘンに定住すると，陸軍大臣，警察大臣，バイエルン選帝侯の侍従長となった．彼はバイエルン軍を再編成し，労働者階級の状況改善に貢献して物乞いを禁止した．1791 年に神聖ローマ帝国の伯爵となり，最初の妻の家族が属したアメリカ群区（現ニュー・ハンプシャーのコンコード）より「ランフォード」の肩書きを得た．暖炉の構造の改良と煙突から出る汚染物質の削減にかかわり，アイルランドの病院と救貧院の改良に貢献した．サー・ジョゼフ・バンクス（Sir Joseph Banks, 1743-1820）とともに王立研究所を設立し（1799），ロンドンのアルバーマール・ストリート 20-21 番地にある研究所の講義室のための最初のスケッチ（王立英国建築家協会所蔵）を作成した．ミュンヘンではバイエルン選帝侯カール・テオドール（the Elector Karl Theodor of Bavaria, 在位 1777-99）が所有した広大な土地を造成した．デザイナーはスケルで，これはエングリッシャー・ガルテンと呼ばれている．これは公園として設計された最初の例であり，ピクチャレスクなイングランドの風景式庭園の様式でつくられた．ランフォードは『政治，経済，哲学に関する論文（*Essays Political, Economical, and Philosophical*）』（1796-1802）で公園の恩恵に関する思想を出版した．この著作のアメリカ版は

リアアチ

1798-1804 年に，ドイツ版は 1797-98 年に出版された．彼の仕事はダウニング，オルムステッドらに多大な影響を及ぼした．1805 年には，卓越したフランスの科学者アントワーヌ=ローラン・ラヴォワジエ（Antoine-Laurent Lavoisier, 1743-94, 恐怖時代にギロチンで処刑された）の未亡人マリー=アンヌ・ピエレット=ポールズ（Marie-Anne Pierret Paulze, 1758-1836）を 2 番目の妻として迎えた．

リア・アーチ　rear arch　⇨アーチ

リア・ヴォールト　rear or rere vault
　外広がりのゴシック様式開口部の頂部に用いられる内部アーチないしヴォールト（アリエル・ヴッショーやスコワンソン・アーチと呼ばれる）で，抱き，持ち送り，あるいは抱きと内壁の隅にある付け柱（エスコワンソン）から立ち上がるもの．

リアーキテクチュア　Re/architecture
　質の良い古建築の再利用と改装のことで，もとの意図とは異なる機能をもつこと（例：ハートリーのアルバート・ドック，リバプール）．

リアドス　reredos
　教会の祭壇後方にある装飾的な飾りないし衝立で，自立するかリテイブルの一部になるもの．リアドスは大規模な教会では内陣を奥内陣，聖母礼拝堂，他の典礼上の東方にある各部から分離し，しばしばニッチに置かれた彫像や尖塔（ピナクル）などで装飾される．中世のリアドスの他の形態にはトリプティックがある．

リアドーター　reredorter
　修道院の寮の裏手にある便所．

リヴァイヴァル　Revival
　とりわけ考古学研究の分野に現れるような過去の様式の復活で，エジプト・リヴァイヴァル，ゴシック・リヴァイヴァル，グリーク・リヴァイヴァルなどがある．

リヴィーリング・ライニング　revealing lining
　羽目板張りやシャッター・ケースなど，窓の内側のリヴィールなどの仕上げになるもの．

リヴィール　reveal, revel
　壁面の飾りのない部分とドア枠などとの間にある，垂直なリターンもしくは開口部の側面．

通常立面は四角形で，ドア枠や窓枠でリヴィールから内側にリターンするものはリベート，そして内側のリターンが抱き（ジャム）であり，これはしばしば斜めになるので，スプレイド・リヴィールと呼ばれる．

リヴェストリー　revestry
ヴェストリーの古い言い方．

リヴェットメント　revetment
1．石造建築で，背後にある面を覆い隠す薄い表層．たとえば，コモのカサ・デル・ファッショ（1932-36）の大理石の被覆．
2．リテイニング・ウォール．

リヴリー，ヘンリー・ウィリー　Reveley, Henry Willey (1788-1875)
イギリスの建築家．ウィリー・リヴリーの息子．南アフリカのケープ・タウンおよびケープ・コロニーで土木技師として働き，この地でドリス式オーダーのセントアンドリュース長老派聖堂（1827）およびイオニア式オーダーのセントジョージ聖堂（1828）を設計している．後にオーストラリア西部に渡り，フレマントルの刑務所（1830）やパースの裁判所（1837）などの公共建築を建設した．1838 年にイギリスに帰国した．

リエルヌ　lierne　⇨ヴォールト，リブ

リエントラント　re-entrant
建造物の二面が出隅で接合する時，これは突角と呼ばれるが，入隅で接合するときはリエントラントと呼ばれる．出隅，あるいは突角の中に入隅があるもの，つまり平面上は小さな四角形が建造物の隅から切り欠かれたものは，リエントラントである．

リカード，エドウィン・アルフレッド　Rickards, Edwin Alfred (1872-1920)
イギリスの建築家．ヘンリー・ヴォーン・ランチェスター（Henry Vaughan Lanchester, 1863-1953），ジェームズ・スチュアート（James Stewart, 1860-1904）とパートナーシップを組み，ランチェスター・スチュアート・リカードとして，多くのコンペティションに当選した．その中にはウェールズ，カーディ

フの新市庁舎と裁判所（1898 年から）があり，イギリスにおける最初の市民センターとして計画された．ヘンリー・プール（Henry Poole, 1873-1928）による彫刻を配した華麗なエドワード・バロック様式の建物で，プールとはロンドンのデットフォードのタウン・ホール（1908）でも協働した．これはやはりバロックであるが，レンの時代の 17 世紀アングローオランダ様式の作品に似ている．スチュアートの死後，ランチェスター・アンド・リカードとして，ウェストミンスターにあるウェスレー主教区会議ホール（1907）の設計コンペに当選し，エドワード時代のすばらしいモニュメントに仕上げた．現在のある批評家は，リカードの作品について，「富と上品な雰囲気が分かちがたく結びついている」と実にうまく表現している．

リカード，ハルゼー・ラルフ　Ricardo, Halsey Ralph (1854-1928)
イギリスの建築家．ポルトガルとオランダのユダヤ家系．1878 年に事務所を設立し，1888 年から 1898 年まで，ウィリアム・フレンド・デ・モーガン（William Frend de Morgan, 1839-1917）と共同し，リカードは，レリーフ・タイル，瓶飾りなどの装飾デザインを担当した．リカードは，19 世紀の街の荒廃に対して，あざやかな色で焼かれた陶器やガラス材などを使うことを主張した．これら色彩を有する材料は，コーニスやピラスターや刳形がつくる陰影やハーフトーンとともに街の雰囲気をつくる．この点で，リカードは，ウィーンのオットー・ヴァーグナーの作品より早く，壁やつけ柱に彩色タイルを付すことによって建築的特徴をつくりだした．主要作に，インドのカルカッタにあるハウラ・ステーション（1901，煉瓦と彩色タイルのあざやかな外観を有する），ケンジントンのアディソン・ロード 8 番の建物がある．後者は屋根も含め全体が釉薬タイルで覆われている．アーツ・アンド・クラフツの建築家として，作品は大変繊細で，想像力に富み，独創的なものであった．また，サセックス，ペットワース近郊のグラッファムにある自邸「ウッドサイド」も注目に値する作品である．

リゴーリオ，ピッロ　Ligorio, Pirro (1513頃-1583)
イタリアの建築家，考古学者，書誌学者，画

家．1534年にローマに移ったのち古代遺跡や遺物を探求・記録するようになり，古代の工芸品に関するのちの膨大な百科全書のための素材の収集を始める．1553年にローマの古代遺物に関する本を出したが，これは彼の広範な知識をその生前に世に知らしめる唯一の出版物だった．この分野で彼の仕事は，古代遺物についてこの時代にどこまで知られていたかについて貴重な情報源である．1549年にイッポーリト・デステ枢機卿（Cardinal Ippolito d'Este, 1509-72）の古物蒐集の責任者となり，そのためにティヴォリの古いフランチェスコ会修道院を大きく改造してヴィラ・デステとその庭園を創造した（1550-72）．これはリゴーリアオが記録した近在のヴィラ・アドリアーナから大きな影響を受けている．ヴィラ・デステの噴水やカスケード，水道施設は16世紀ヨーロッパ庭園で最上の例となった．1558年には教皇パウルス4世（Pope Paul IV, 1555-59）のためヴァティカン庭園にあずまやの建設を始めた．この仕事はピウス4世（Popa Pius IV, 1559-65）が教皇に選ばれた後1560年に再開され，1562年までにマニエリスム建築の最も魅力あふれる産物である．精妙なピウス4世のカシーノを生み出した．スイスの美術史家ヤーコプ・ブルクハルト（Jacob Burckhardt, 1818-97）はこれを史上最も美しい「午後の隠れ家」と呼んだ．これは古代のディアエータすなわち余暇のための贅沢な付属建物の類型の引用である．これと同時にリゴーリオはヴァティカンのブラマンテのベルヴェデーレの中庭の改築を開始し，下段の中庭の南側に湾曲した観客席を加え，北端のエクセドラを巨大なニッチを形成するように修正した．また無柱式粗面石積みのパラッツォ・ランチェロッティ（1560頃）を設計し，パンテオンを修復し（1561），パラッツォ・チェンチ（1564頃）を建てた．いずれもローマにある．1564年にはミケランジェロを継いでサン・ピエトロの主席建築家になったが，翌年詐欺と窃盗で告発され，教皇庁の仕事から離れた．再度ティヴォリの庭園の仕事に力を注ぎ，いくつかの噴水を設計した．1569年にフェラーラに移り，公爵家の見事な古代収集物の管理者に任ぜられた．

リー，サー・リチャード　Lee, Sir Richard（1513頃-75）

イングランドの建築家・軍事技師．おそらくジョン・リーの孫で，イングランドで最初にナイト爵を叙された建築家であった．1536年から1542年にかけて，カレの築城のサーヴェイヤーをつとめ，1558年から1565年にかけては，ベリック・オン・トゥィードの印象的な築城ではたらいた．リーはまた，サンダウン・カースル（ワイト島）（1540年代）やメドウェイ川のアップノール・カースル（ケント）（1560年代）を設計したと思われる．

リージェンシー　Regency

厳密には，ジョージ3世（King George III）の発病後（1810-20）にウェールズ公ジョージ（George, Prince of Wales, 1762-1830）が摂政となった期間に流行したイギリス建築と装飾の様式．広義には1790年代後半からウィリアム4世（King William IV, 1830-37）の即位までの期間を指す．基本的にはエジプト，ギリシア，ポンペイのモチーフをとり入れた新古典主義であり，フランスのアンピール様式の影響を強く受けた．リージェンシーは華麗で折衷的，絢爛な傾向をもち，東洋風のシノワズリやヒンドゥー，あるいはゴシックなど多様なスタイルの奔放な引用を特徴とする．とりわけピクチャレスクやナッシュの建築と関連が強い．

リシツキー，エラザール（ラザーリ，通称エル）・マルコヴィチ　Lissitzky, Eleazar (Lazar' called El) Markovich（1890-1941）

ロシアの建築家，グラフィックデザイナー，画家，理論家．シュプレマティスムの初期の信奉者で，その後，構成主義を推進した．1909年からダルムシュタットで学び，旅行を経て15年にリガで建築の過程を卒業した．その後，1919年にマルク・シャガール（Marc Chagall, 1887-1985）とともにヴィテプスク美術学校に勤め，芸術作品を絵画と建築の「乗換駅」とみなす思想を発展させ，それを彼は「プロウン」（「新しいものを支持するプロジェクト」を意味するロシア語の頭字語）と名づけた．この時期の彼の絵画は3次元の構造体の図面のようであった．画家カジミール・マレーヴィチ（Kazimir Malevich, 1878-1935）とタトリンにある程度影響を受けており，リシツキーはマレーヴィチのシュプレマティスムのマニフェスト「芸術における新しいシステムについて」

(1919) の作成を手助けした．レーニン演説台計画 (1920) は，ヴェスニンによるレニングラードのプラヴダ（真実）社屋 (1923) の先駆けとなった．西側のファン・ドゥースブルフ，スタムらとの接触を通して，その思想はデ・ステイルやバウハウスに浸透した．大ベルリン芸術展ブロウン展示室 (1923, オランダのエアントホーフェンのステデレイク美術館（市立美術館）に再建)，ドレスデン (1926) やハノーファー (1928, ハノーファーのランデスムゼウム（州立美術館）に再建) の国際芸術展の小展示室など，展覧会のための空間を多く設計している．彼のイメージ，とくにグラフィックは20世紀後半に広く影響を及ぼし，その作品にみられる断片化はデコンストラクティヴィズム，とくにリベスキントらのデザインを啓発している．

リシャール・ド・ウォルヴェストン Wolveston, Richard de (1170-82 頃没・活躍)

イングランドの技師，建築師．ダラム大聖堂の見事なガリラヤのポーチ (1170 頃)，また大広間の美しい扉口などダラム・カースルの一部を設計した．1182 年頃までダラム大司教に召し抱えられ，当時の最も有能な専門家の1人であったに違いない．ヨークシャーのバウエス・カースルのキープ（主塔）を建てた．

リー，またはアリー，ジョン Lee or Alee, John (活躍 1487-1522 没)

イングランドの石工頭．1506 年から，ウェイステルとともに，ケンブリッジのキングズ・カレッジ・チャペルの建設の最終段階にかかわった．また，セント・オールバン大聖堂（ハートフォードシャー）のラムリジ詠唱（寄進）礼拝堂を設計したと思われる．

リース wreath

1. 親柱をもたない幾何学階段の各隅部の転回に沿ってカーヴした手すりの一部．または円形や楕円形平面の階段などにおいて，手すりの連続した曲線．
2. 花，葉，リボンなどを盛り込んだ円形または楕円形を描く花綱．古典主義建築の装飾に用いられる．

リース Rieth

リーズ，ウィリアム・ヘンリー Leeds, William Henry (1786-1866)

イングランドの建築批評家．『年鑑案内 (*Companion to the Almanac*)』(1838-50) に書かれた公的改善事業に関する記事は重要である．『ドイツ式ゴシックのモラー記念碑 (*Moller's Memorials of German Gothic*)』(1836)，ブリットンとA・C・ピュージンの『ロンドンの公共建築図集 (*Illustrations of the Public Buildings of London*)』(1838)，『トラヴェラーズ・クラブ・ハウス…およびイタリア様式の復興 (*The Travellers' Club House . . . and the Revival of the Italian Style*)』(1839)，『鉄道建築 (*Railway Architecture*)』(1848) の補遺，『ウィリアム・チェンバーズによる市民のための建築の装飾部分に関する論文 (*A Treatise on the Decorative Part of Civil Architecture by William Chambers*)』(1862) を出版した．彼の『トラヴェラーズ・クラブ (*The Travellers' Club*)』についての著作は，バリーのイタリア風様式を宣伝するのに大きな役割を果たした．また，「コーニシオーネ」のような建築用語をつくった．

リース・コラム wreathed column
➡らせん円柱

リース，ジョージ・エセルモンド・ゴードン Leith, George Esslemont Gordon (1885-1965)

すぐれた南アフリカ出身の建築家で，ハーバート・ベイカーのもと，南アフリカに古典主義建築を設計した．イングランドで帝国戦没墓地委員会の依嘱建築家をつとめた後 (1918-20)，南アフリカへ戻り事務所を設立した．フランスの南カレー戦没者墓地 (1918-20) やヨハネスブルグ中央駅 (1927-32)，ブルームフォンテーンの市庁舎 (1920-40)，ヨハネスブルグの南アフリカ準備銀行 (1938) といった作品は，スカンジナビアやホールデンの作品の影響がある簡素な新古典主義となっている．

リスポンド respond
アーケード端部の壁にとりつけられた，コーベル（持ち送り），半柱やほかの建築部材で，

リセストハ

そこから最初のアーチが立ち上がるもの．古典建築ではアンタやつけ柱状のモチーフで，その部分においてアーケードやコロネードが壁に接続する．

リセスト・バルコニー　recessed balcony
ロッジアの一種．

理想　ideal
完全なものを表す概念．あるいは，最上の自然形態の再現．不備をなくし改善をめざす作品．ヨーロッパにおいてはルネサンス以来，古典古代の芸術が理想であった．

理想都市　Ideal City
観念ないしは原型として存在する都市で，完全状態として想定されるか，もしくは卓越さの基準として目指すべき目標とされる．理想都市という言葉は，何か全体的で完全なものを示唆する．たとえば，ルネサンス期にさまざまに提案された幾何学的で対称形状の各種都市平面などがそうで，これらはいずれも，ウィトルウィウスによって確立されたパターンの異種ととらえることができる．そのウィトルウィウス自身は，現在では失われてしまった，彼以前の時代の典拠から，そのタイポロジーの多くを引き出したのであった．ルネサンス期の理想都市の設計者たちは，個々の要素を整然とした幾何学的パターンへと凍結し，秩序の表現とした．その秩序の中において，人は，各種の理想や，英雄的な特性といったものを課してゆく．その際，社会秩序を可視化するものとして，都市中心部にモニュメンタルな構築物が設置されることが多かった．このような完全な幾何学平面はまた，ユートピアへの希求，すなわち完璧な国家や，神の都市としての新エルサレムを渇仰する人々の心を象徴化してもいるのである．

リダウト　redoubt
1．要塞内部の最終避難所．
2．斜面後方に設けられた全方向が囲まれた四角形ないし多角形の仮設陣地あるいは外塁で，ディタッチト・リダウトとしても知られる．
3．稜堡（バスティオン）ないし半月堡（ラヴェリン）から突出あるいは内包された堡塁．
4．公共の集会所で，とくにドイツにあるも

の（例：ウィーンのレドゥーテンザール）．

リダン　redan
1．小規模な半月堡（ラヴェリン），あるいは突角を形成する二面からなる仮設陣地．
2．パネル隅の出っ張りや隙間．
3．基壇上の壁に設けられた段差．

リターン　return
建物のすべての部分は，ピラスターの側面や開口部の抱き（ジャム）のように，通常90°で主要面から折れ曲がる．それが主要面から斜めに折れ曲がるような場合はスプレイド・リターンと呼ばれる．たとえば，ラベル・ストップに向けて下向きにリターンしていく中世の窓や扉の上のフード・モールディング（雨押さえ刳形）のように，刳形（くりかた）が主方向とは別の方向に伸びていく場合，リターンド・モールディングと呼ばれる．同様に，教会の内陣の，内陣と内陣廊間のスクリーンに面してある聖職者席が，90°の角度でパルピタムや内陣スクリーンの後ろで折れ曲がるものは，リターンド・ストールズと呼ばれる．

リーチ・ゲート　lych-gate, lich-gate
墓地の正面入口に位置し，通常広い勾配屋根で覆われた出入口．慣例上，棺桶を運ぶ人びとが門の下で休みながら，葬式を司る聖職者を待つ場所であった．

リチャード・ザ・メーソン　Richard the Mason（1195頃活躍）
イングランドの石工頭．リンカン大聖堂の当初のゴシック様式による設計の考案者である可能性が高く，トランセプトの南東部に彫られているのが，おそらく彼の肖像と思われる．

リチャードソン，サー・アルバート・エドワード　Richardson, Sir Albert Edward（1880-1964）
イギリスの建築家，教師，作家であり，エヴリン・ヘリカー（Evelyn Hellicar, 1862-1902）の事務所（1898-1902），ストークス（1902-03），ヴェリティ（1903-06，ここでフランス古典主義建築，とくにネオ・グリークに感化された）の各事務所ではたらいた．初期の作品には，ロンドン，リージェンツ・ストリート・ポ

リテクニークのファサード設計（チャールズ・ロヴェット・ジル（Charles Lovett Gill, 1880-1960）と共同事務所を設立した後の1908-09年に完成），マンチェスターのニュー・シアター（1911-13，C・R・コッカレルとイトルフ双方の影響が認められる），ロンドンのフィンスベリー・ペイヴメントにある，ストリップト・クラシシズムのモーゲイト・ホール（1913-17, 88解体）がある．1914年には『18・19世紀イギリスとアイルランドにおける記念的古典建築（*Monumental Classic Architecture in Great Britain and Ireland during the Eighteenth and Nineteenth Centuries*）』を出版し，コッカレル，ソーンらの作品，古典主義（新古典主義）の再評価に貢献した．第一次大戦後，リチャードソンはロンドン大学バートレット建築学科の教授となり，1946年までその地位にあった．リチャードソン・アンド・ジル事務所では，数多くの作品を手がけ，グレシャム・ストリートのリース・ハウス（1924），ウェルズ・ストリートのセント・マーガレット・ハウス（1930-32），ミドルエセックス，グリーンフォードにあるフォリー・クロス礼拝堂（1939-42，木組みの建物としてきわめて興味深い）がある．第二次世界大戦後，事務所にはジルのかわりにリチャードソンの義理の息子であるエリック・アルフレッド・ショールフィールド・ホウフェ（Eric Alfred Scholefield Houfe, 1911頃-95）が入り，チャンスリー・レーンのチャンスリー・ハウス（1946-53）やベルグラビアにあるグロブナー・プレイス（1956-58，ウィンペリス・シンプソン・アンド・ファイフェとの協働．ペヴスナーに「グロテスクなくらいに復古的」と評されたが，時代の試練に耐えた）などをロンドンに手がけた．リチャードソンによる国内における多くの作品は，後期ジョージアン様式あるいはリージェンシー様式を洗練したものとされるが，彼がかかわったストリップト・クラシシズムの作品は，ペレの影響がみてとれる．1950年代，60年代の作品は，国際モダニズムの信奉者たちによってののしられることが多くあった．彼自身は，近代運動の知的熱狂に対しては冷ややかで，とくにル・コルビュジエやグロピウスの信奉者たちによって環境が破壊され都市が荒廃したと捉えた．そのような立場にもかかわらず，彼がつくった多くの作品は幾度となく賞賛を集めてきた．理由は，彼が批判

的だったモダニズムの建築とは異なり，十分に長持ちしたがゆえである．キャノン・ストリートにある堂々としたブラッケン・ハウス（1955-59，ファイナンシャル・タイムズの社屋（ペヴスナーはこれを「わけがわからない」と評した）だったが，コア部分をホプキンズが改修し大林組のビルとなった（1988-91）），また，（空襲被害による）修復・拡張の事例としては，トリニティ・スクエアにあるトリニティ・ハウス（1952-53），スレドニー・ストリートにあるマーチャント・テイラーズ・カンパニー（1953-59）のリヴェリー・ホールの改修があり，その他多くの特徴のあるすぐれた建物がある．彼は，戦争で被害を受けた礼拝堂の修復にもかかわった．著作には，『ロンドンの住宅，1660年から1820年まで（*London Houses from 1660 to 1820*）』（1911，ジルと共著），『イングランド西部の建築（*Regional Architecture of the West of England*）』（1924，ジルと共著），『ジョージアン様式建築入門（*An Introduction to Georgian Architecture*）』（1949），『サウスヒル，リージェンシー様式の住宅（*Southill, A Regency House*）』（1951），『ロバート・ミルン，建築家・技術者，1733-1811年（*Robert Mylne, Architect and Engineer, 1733 to 1811*）』（1955），そして（ヘクター・コルフィアート（Hector Corfiato）と共著で）『建築芸術（*The Art of Architecture*）』（1938），『公共建築のデザイン（*Design in Civil Architecture*）』（1948）がある．また，（ハロルド・ドナルドソン・エーベライン（Harold Donaldson Eberlein, 1875-1942）と共著で）『イングランドの宿屋，昔と今（*The English Inn Past & Present*）』（1925）を著した．

リチャードソン，ジョージ　Richardson, George（1736頃-1813）

　影響力のあったイギリスの製図工，著作家にしてデザイナー．ジョン・アダムのためにはたらき，ジェームズ・アダムとグランド・ツアーに出かけた（1760-63）．この間にアダム様式の古代の源泉を知った．極度に倹約家のアダムから寛大な扱いは受けなかったようであるが，自分自身で出世する望みがほとんどなかったため，ロンドンの事務所ではたらいた．彼が図面を描いた作品には，ダービーシャーのケドルストンがある．ここでは彼は単なる製図工以上の

役割を果たしたようである．というのも，いくつかの天井等のデザインには彼の署名があり，現存するからである．1765年までに製図工として身を立てていたようで，彼の名前を出している．おそらく，美しいジョージアン・ゴシック様式でレスターシャーのステープルフォードにある教会（1789），ラトランドのティーにある教会（1782）を設計し，レスターシャーのサクスビーにある古典主義の教会も設計した．

リチャードソンは何冊かの本を出版し，それらには『古代グロテスク様式で構成された天井についての書（*A Book of Ceilings composed in the Stile of the Antique Grotesque*）』（1774，1776，1793），『マントルピースの新しいコレクション（*A New Collection of Chimney Pieces*）』（1781），『建築の5つのオーダーに関する論文（*A Treatise on the Five Orders of Architecture*）』（1760-63），『建築の新しいデザイン集（*New Designs in Architecture*）』（1792），『田園の邸宅もしくはヴィラのための独創的なデザイン集（*Original Designs for Country Seats or Villas*）』（1795），非常に重要な『新ウィトルウィウス・ブリタニクス（*New Vitruvius Britanicus*）』（1802-08，1808-10）がある．これは，キャンベルやウルフ，ガンドンがより初期のデザインを促進したように，18世紀後半の美しいイングランド建築を促進した．

リチャードソン，チャールズ・ジェームズ
Richardson, Charles James (1806-71)

イングランドの建築家．ソーンの弟子であったが，偉大な師からは様式や洗練さにおいて，ほんの少ししか吸収しなかったようである．ロンドンのケンジントン・パレス・ガーデンズ13番地（1851-53，現ロシア大使公邸）を雑な擬似チューダー様式で設計し，ケンジントンのクイーンズ・ゲートにさまざまな邸宅を設計した．これらには1860年頃に古典主義様式で建てられた豪華な「アルバート・ハウス」（47-52番地）がある．アダム，テイタム，ソープ，ヴァンブラの建築図面を蒐集し（ヴィクトリア・アンド・アルバート・ミュージアム所蔵），『エリザベス女王とジェームズ1世の治世における建築に関する省察（*Observations on the Architecture of England During the Reigns of Queen Elizabeth and King James I*）』（1837），

『エリザベス女王とジェームズ1世の治世における建築遺物（*Architectural Remains of the Reigns of Elizabeth and James I*）』（1840），『古いイングランド邸宅の研究（*Studies from Old English Mansions*）』（1841-48），『装飾デザインに関する研究（*Studies of Ornamental Design*）』（1848，1852），『邸宅，ヴィラ，ロッジのためのピクチャレスクなデザイン集（*Picturesque Designs for Mansions, Villas, Lodges, etc.*）』（1870），『イギリス人の家，コテージから邸宅まで（*The Englishman's Home from a Cottage to a Mansion*）』（1871）を出版した．これらの図版の何枚かはノース・ケンジントンのノーランド・エステートにあるチューダーベサン様式のセント・アンズ・ヴィラ（1840年代）に似ている．これらの著作により，ジャコビーサン建築の専門家としての名声を確立した．

リチャードソン，ヘンリー・ホブソン
Richardson, Henry Hobson (1838-86)

輝く才能をもち，大きな影響を残したアメリカの建築家．エコール・デ・ボザールに学び（1860-62），パリにてラブルーストの兄テオドール（Théodore, 1799-1885）のもとで，続いてイトルフのもとではたらき，アメリカ合衆国に帰国した（1865）．チャールズ・デクスター・ガンブリル（Charles Dexter Gambrill, 1834-80，以前はポストと組んでいた）と共同で事務所を興したが，ガンブリルはほとんど事業の管理者という役割を担ったため，リチャードソンはそうしたことから解放され設計に専念することができた．マサチューセッツ州ボストンのブラトル・スクエア教会（1870-72）とトリニティ教会（1872-77）によって，非常に力量があり，学究性や独自性がある建築家としての名声を確立した．トリニティ教会はロマネスク・リヴァイヴァルを自由に扱った確信的な試みであり，堂々とした交差部の塔や後陣のチャンセル，そして迫力ある外部などは，パリのサン・オーギュスタン教会やヴォードルメの作品のような同時代のフランスの半円アーチの教会から明らかに影響を受けている．しかしその量塊性や力強さはまたバージェスからの影響も暗示しており，実際リチャードソンは蔵書にその出版物を所有していた．半円アーチを用いるということに内在する幾何学的形態の強さを残し

つつ徐々に彼独自の様式を進化させる方向に進み，7階建てのイリノイ州シカゴのマーシャル・フィールド卸売店（1885-87，1930取り壊し）にみられるように，その建物に付加重量を加えるような岩石そのままの粗面仕上げを用いるなどした．半円アーチといえばアレゲニー郡庁舎と監獄（1883-88）もあげられるが，その階段は空間の相互貫入という点で独創的でわくわくするものがある．監獄では，明らかにフィレンツェの先例由来と思われる桁外れに大きな迫石が崇高性を暗示している．リチャードソンはまたアーツ・アンド・クラフツ運動にも魅かれており，洗練され独自性のある住宅を数多く設計した．そのいくつかはシングル・スタイルによるものだったが，いずれも独創的に美しくつくり上げており，立地を非常に敏感に感じ取った上でまとめられていて，とりわけニューイングランドの海岸地域の作品はこれらがあてはまる．住宅建築の例としてはロードアイランド州ニューポートのワッツ・シャーマン邸（1874-75）や，マサチューセッツ州ウォルサムのペイン邸（1884-86），シカゴのグレスナー邸（1885-87），マサチューセッツ州ケンブリッジのストートン邸（1882-83）などがある．リチャードソンの作品はとりわけマッキム・ミード＆ホワイトやルート，サリヴァンに影響を与えた．

リッキーノ，フランチェスコ・マリア Ricchino, Francesco Maria（1583-1658）

ロンバルディアにおける初期バロック時代の代表的建築家．ミラノのサン・ジュゼッペ聖堂（1607-30）は，八角形の中心部と四角形のプレスビテリ，アエディクラ風のファサードといった要素を備えるが，これらはその後中央ヨーロッパで流行するモチーフである．ミラノのコッレジオ・エレベティコ聖堂の凹面状ファサード（1627）は，イタリアで最も早い実例に数えられ，さらに，パラッツォ・ディ・ブレラのコルティーレ（1651-86）も秀逸なもの．

陸橋 viaduct

橋のことで，多くの場合，アーチを連ねた構造となっている．谷の上に道路や鉄道などを架ける際に建造される．

リックマン，トマス Rickman, Thomas

（1776-1841）

イングランドの建築家で，ゴシック・リヴァイヴァルの歴史において重要な人物．1811年に中世の様式を「ノルマン様式」，「初期イギリス式」，「華飾式」，「垂直式」ゴシックに分類した初めての人物である．チェスター大聖堂の建築史について書き（1812），『スミスによる芸術と科学の概観（*Smith's Panorama of Arts and Sciences*）』（1812-15）にゴシック建築について長い寄稿をよせている．のちにこれを『ノルマン・コンクエストから宗教改革までのイングランド建築様式識別試論（*An Attempt to Discriminate the Styles of English Architecture from the Conquest to the Reformation*）』（1817）と題された別の著作として出版した．これはのちに多くの版が出版された．彼はそれまでほとんど曖昧にとらえられていた分野に純然たる科学的な方法論を適用し，細部を理解することで，正当に信頼できる様式的発達について結論づけることができたのである．考古学的に正確な華飾式で設計した最初期の作品は，ジョナサン・ヘンリー・ロヴェット（Jonathan Henry Lovett, 1805没）のための美しい墓碑で，これはウォーターフォードのリズモアにあるセント・カーセージ大聖堂に眠っている．これにはサインがしてあり，これがロヴェットの死とほぼ同時代であるならば，この時代としては驚くべきものであった．リックマンはリヴァプールのジョン・スレーター（John Slater, 1812-23活躍）に助言を与え，彼はランカシャーのスケールズブリック・ホールを改築した（1812-16，のちにA・W・N・ピュージンが改築）．リックマンは製鉄業者のジョン・クラッグ（John Cragg, 1767頃-1854頃）とともにエヴァートンのセント・ジョージ教会（1813-16），トクステスのセント・マイケル教会（1814-15），ハードマン・ストリートのセント・フィリップ教会（1815-16，1882解体）を設計した．これらはすべてリヴァプールにあり，内部空間に構造的に鋳鉄が用いられた．

リックマンの『試論（*Attempt*）』の出版は甚大な影響力をもち，この分野の信頼を勝ちえることができた．建築家としては独学であったものの，思い切って1817年にリヴァプールに事務所を開き，弟子としてハッチンソンを雇った．ゴシックの権威としての名声により多くの設計依頼がくるようになり，教会建築委員会の

リッシ

庇護をかなり受けた．最初に手がけた教会は，垂直式の装飾がついた，いかにもジョージ様式であったが，のちの作品はより堅牢で，これはおそらくハッチンソンの影響であろう．1820年にバーミンガムに（ここでセント・ジョージ教会（1819-22，1960解体）の設計依頼を確保したあとで）2つ目の事務所を開き，ハッチンソン（1821年にパートナーとなった）を責任者とした．こうしてリックマンはウェスト・ミッドランド地方とランカシャーにおいて多くの建築設計の依頼を得ることができ，彼の事務所は1820年代，1830年代のイングランドにおいて最も成功した事務所の1つであった．実施された教会建築の中でも，ウスターシャーのオンバズリーにあるセント・アンドリュー教会（1825-29），ウォリックシャーのハンプトン・ルーシーにあるセント・ピーター教会（1822-26），ヨークシャーのオールトンにあるセント・ジョン教会（1827-29），エセックスのサフロン・ウォールドンにあるセント・メアリー・ザ・ヴァージン教会の美しい鐘楼と尖塔（1831-32）に言及すべきであろう．事務所の最も成功した作品の1つは，ケンブリッジ大学のセント・ジョンズ・コレッジにあるゴシック様式のニュー・コート（1827-31）である．ここにはハッチンソンがデザインした魅力的な「ため息橋」がある．リックマンがピクチャレスクを十分理解していたことは，オックスフォードシャーにあるグレート・チューのヴィレッジに設計したいくつかの建物（1820-21）にみることができる．

弟のエドウィン・スワン・リックマン（Edwin Swan Rickman, 1790-1873）はリヴァプールの事務所を手伝い，バーミンガムの事務所ではパートナーをつとめた（1831-33）．バーミンガムにすべての事務所が移されたが，彼は精神的にまいってしまい，リチャード・チャールズ・ハッシー（Richard Charles Hussey, 1802-87）が後任となった．1835年にトマス・リックマンのパートナーとなり，1838年にはリックマンはハッシーに事務所をまかせた．リックマンの息子トマス・ミラー・リックマン（Thomas Miller Rickman, 1827-1912）は1842年にハッシーと徒弟契約を結び，ロンドンに事務所が移されると彼とともに1849年にロンドンに移り，1855年まで事務所にかかわった．T・M・リックマンは，パップワースの偉大な

『辞典（*Dictionary*)』のために父親の作品リストを編集した．

リッジ　ridge

1.　勾配屋根の頂部で，二つの斜面がぶつかるところ．とくに水平な棟はしばしばリッジ・クレスト（棟飾り）が施される．

2.　勾配屋根の構造的な頂部で，ここには木材や棟木が含まれ，垂木の上端が置かれる．

3.　尖頭ゴシックヴォールトの内側の頂点で，しばしばリッジリブで覆われる．

リッジ・アンド・ファロー　ridge-and-furrow

1.　多数の棟（リッジ）と谷部（ファロー）が連続する屋根．たとえばパクストンのロンドン・クリスタルパレス（1851）に用いられた．

2.　パン・タイル屋根．

リッジ・キャップ　ridge-cap

金属やタイルの部材で棟を覆い，勾配屋根の両面の間のつなぎ目を密閉するもの．

リッジ・クレスト　ridge-crest

装飾的なリッジ・キャップ，もしくは勾配屋根の棟上に置かれた装飾的な飾り．

リッジ・コース　ridge-course

屋根板やスレート板，瓦の最上端で，勾配屋根のリッジ・キャップやリッジ・クレストのすぐ下の部位．

リッジ・サドル　ridge-saddle

⇨イェルム

リッジ・ストーン　ridge-stone

1.　整形された石で，(1)棟を覆う部材の一つか，(2)棟そのものを構成するもの．

2.　井戸の井桁石．

リッジ・タイル　ridge-tile

しばしば半円筒状の瓦で，時に尖っていて棟飾りで装飾されたもの．クラウンタイルとかリッジ・ロールとも呼ばれ，勾配屋根の棟や隅棟のつなぎ目を覆うのに使われる．隅棟にあるものはヒップ・ロールとかヒップ・タイルと呼ばれる．

リッジ・パーリン ridge-purlin
　正方形断面の棟木で，棟の下に斜めに置かれるもの．

リッジ・ピース ridge-piece
　勾配屋根の頂部にあって垂木が接する長辺方向の部材を意味する一般的な用語．長方形で，薄く，縦長であったり（リッジ・プランク），正方形で水平に置かれるもの（リッジ・プレート），あるいは正方形で斜めに置かれるもの（リッジ・パーリン）がある．

リッジ・ビーム ridge-beam
　屋根面下の桁上端を受ける木製部材の旧名．
⇨リッジ・ピース（棟木），リッジ・プレート，リッジ・パーリン

リッジ・フィレット ridge-fillet
　たとえば古典主義建築の柱心の縦溝のような，二つのくぼみの間の平縁．

リッジ・プランク ridge-plank
　縦長に置かれる棟木．

リッジ・プレート ridge-plate
　正方形断面の木材の棟木で，棟の下に水平に置かれるもの．

リッジ・ポール ridge-pole
　リッジ・ピースの旧名．

リッジ・リブ ridge-rib
　ゴシック建築のヴォールトの頂部にあるリブで，身廊や側廊の主軸と平行に走るもの．

リッジ・ロール ridge-roll
　1．木製の丸い部材で，棟にあって金属に覆われるもの．あるいは金属の覆い自身を指す．
　2．棟に葺かれる瓦ないし棟の丸い部分を覆う金属製の覆い．

リッチー，イアン Ritchie, Ian（1947-）
　イギリスの建築家．パリ，ラ・ヴィレットにある国立科学技術博物館の設計で国際的な名声を得る（1982-85，ライスと共同）．続いて，ロンドン，ヒリンドン，ストックレーの工業団地のB8ビルディング（1989-90），フランス，ア

ルベールにある文化センター（1989-91）を設計した．ロンドンのサウス・ケンジントンの自然史博物館の東ギャラリーの改修し（1990），そこでは，ウォーターハウスによる落ちつきのある合理的な幾何学と採光に（いくらか）ゆさぶりをかける手法がとられた．フォン・ゲルカン，マルグ・アンド・パートナーと，ドイツ，ライプツィヒ・メッセのために巨大な中央グラスハウスを設計した（1994-98，彼自身「世界で最も大きなガラスの宮殿」と呼んでいる）．また，ダブリンのオコンネル・ストリートに「スパイク」モニュメント（1999-2001）を設計したが，ウィルキンズのネルソン記念円柱（1808-09，1966年に爆破された）ほどの存在感ではないようである．デヴォン，プリマスにあるロイヤルシアターの制作センター（2000-04）は，ブロンズ被覆のリハーサル棟を備え，絶賛された．

立面図 elevation
　1．建物の正面，その他の面外観，あるいは建物内部において，水平面に対し直交する垂直面を一定の比率に縮小して，正確に描いた幾何投影図．
　2．建物の正面外観．

リティキュレイテッド reticulated
　1．全表面や平面上で同じモチーフを繰り返し用いて，網に似た形につくられたもの．その例は，仕切りや格子にみられる．あるいは，粗硬石のような多角形の石材で構成された壁や，正方形の石材を斜めに並べた壁などがある．
　2．大文字のRで始まる用語で，曲線状のゴシックのトレーサリー．網状の織り交ざったオジー曲線が模様を構成する．⇨オプス・レティクラトゥム

リテイニング・ウォール retaining-wall
　1．土盛りなどが崩壊するのを防ぐ通常は突き固められた壁で，リヴェットメントとも呼ばれる．傾斜したアーチ状のピアでその後ろには土圧に耐えるため部分的にくぼんだ壁（ヴォールトのようなもの）がある．しばしば19世紀の鉄道建築に用いられる．
　2．ダム．

リテイブル retable

リテインカ

1. 祭壇裏に立ち上がる仕切りで，しばしば豪華に装飾・彫刻されて，背障を含むもの．

2. 祭壇裏の棚ないしパネルのための装飾的な設置物．

3. リアドスの彩色ないし装飾パネルの周囲の枠組み．

リーディンガー，ゲオルク Ridinger, or Riedinger, Georg（1568-1628 頃）

ドイツ・ルネサンスの建築家．代表的傑作であるところの，アシャフェンブルクにあるヨハニスブルク城（1605-14．マインツの大司教にして選帝侯だったヨハン・シュヴァイカルト・フォン・クロンベルク（Johann Schweikert von Kronberg, 在位 1604-26）のために建設された）は，中央の中庭を囲んで 4 本の堅固な塔が四方に設けられたもので，おそらくデュ・セルソーの出版物において奨励された形式をアレンジしたものである．その破風は，ディーターリンの作品の一部を彷彿とさせるような，マニエリスムの手法で装飾された．このルネサンス様式建築は，次世紀のドイツにおいても影響力を保ち続けた．

リーディング reeding

連続した並行する直線のリードからなる装飾的な刳形（くりかた）．イオニア式オーダーのアジア式柱礎における重要な要素である．

リデル riddel(1) or riddle

教会において，祭壇周辺にはカーテンがめぐらされ，これはしばしば背後の壁に据え付けられた棒に支えられるが，大抵の場合，リデルポストと呼ばれるものの間に何らかの手段で吊るされることが多い．リデルポストは通常 4 本の柱があり，多角形の平面で，彩色・メッキされて上には天使の像がのり，しばしば枝付き燭台を支持する．祭壇の後ろや周囲にリデルを配置することは，16 世紀の聖像破壊運動直前のゴシック建築末期までイングランドでは一般的によくみられ，20 世紀初期にゴシック・リヴァイヴァルが流行した際に復活した．コンパーやテンプル・ムーアのものが有名．

リード reed

小さな凸面の刳形で，オヴォロやビーズよりも小さく，通常これにいくつかの刳形（くりか

た）が並行する．リーディングとも呼ばれる．

リード，サー・ハーバート・エドワード Read, Sir Herbert Edward（1893-1968）

イギリスの批評家・作家．1930 年代のモダニズムの指導的支持者であり，『ユニット・ワン：イギリスの建築・絵画・彫刻における近代運動（*Unit One : The Modern Movement in English Architecture*）』（1934）を編集した．著書『芸術の意味（*The meaning of Art*）』（1931），『アート・ナウ（*Art Now*）』（1933），『芸術と産業（*Art and Industry*）』（1934），『シュルレアリスム（*Surrealism*）』（1936），『芸術と社会（*Art and Society*）』（1936），『芸術による教育（*Education Through Art*）』（1943）は再版を重ね，英語圏ではモダニズムの教義を広める上で重要な役割をもった．『近代絵画略史（*Concise History of Modern Painting*）』（1959），『近代彫刻略史（*Concise History of Modern Sculpture*）』（1964），はさらに彼の評価を確かなものにした．『バーリントン・マガジン（*Burlington Magazine*）』（1933-39）の編集もした．

リード，ハーバート Read, Herbert（1861 頃-1935）

イギリスの建築家．ジョージ・アンド・ペトの事務所で修業をした後，1891 年に，ロバート・ファルコナー・マクドナルド（Robert Falconer Macdonald, 1862-1913）と共同で事務所を設立した．ロンドンのカドガンとグロスブナーに精巧な住宅を設計した．代表作に，ロンドンにあるピカデリー 57-59 番（1904），オールド・ボンド・ストリート 45-60 番の角にある建物群がある．

リートフェルト，ヘリット・トーマス Rietveld, Gerrit Tomas（1888-1964）

オランダのデザイナーであり，デ・ステイルにおける重要な建築家．構造の要素をはっきりと表現するいくつかの家具をデザインした（たとえばレッドアンドブルーチェア（1918））．ユトレヒトのプリンス・ヘンドルカーンに有名なシュレーダー邸（1924 完成）を設計するにあたり，1921 年以降，デザイナーであるトルス・シュレーダー（Truus (G. A.) Schröder-Schräder, 1889-1985）と協働するようになっ

た．この作品によりデ・ステイルの原理が初め
て建築に適用され，用途に合わせて変化するイ
ンテリア空間や可動式間仕切．左右非対称，白
いスラブ，大面積のガラスというその特徴が，
国際的なモダニズムのパラダイムとなった．リ
ートフェルトの家具と同様に，薄いカードのよ
うな要素たちが面と面を重ねるようにして組み
立てられているが，これらほぼすべてが伝統的
な材料で建設されており，その「近代性」は主
にメタファーにより表現されている．ユトレヒ
トのエラスムスラーンのテラスハウス（1934），
同じくユトレヒトのヴレーブルグ映画館
（1936）も設計した．これ以外にも，アムステ
ルダムのヴィンセント・ヴァン・ゴッホ美術館
（1963-72）を設計した．CIAM の設立時のメ
ンバーであった．

**リート（ライト）・フォン・ピースティンク，
ベネディクト** Ried *or* Rieth, von Piesting,
Benedikt（1454 頃-1534）

　ドイツの建築家．ボヘミアとモラヴィアのゾ
ンダーゴーティクの最終局面で最大の人物で，
広く影響を及ぼした．プラハの王宮であるフ
ラッチャニ城塞の仕事が最もよく知られてい
る．この城塞で彼の名は 1489 年に最初に記録さ
れている．重厚な城塞と塔以外に，ここでの彼
の最もすぐれた仕事は，ウォール・ピアから生
えているようにみえる優雅な複曲面の枝分かれ
したリブ・ヴォールトと，ルネサンスの窓割り
が特徴の騎士の（またはヴラディスラフの）ホ
ール（1502 完成）である．リートはさらに騎士
の階段でリブを切り詰めて分断した天井ヴォー
ルト（1501 頃完成）も設計した．クトナー・ホ
ラのスヴァター・バルボラ聖堂の内陣はマチェ
イ・レイセク（Matěj Rejsek, 1445 頃-1506）の
指揮のもとで 1499 年にほぼ完成していた（網状
ヴォールトを用いていた）が，リートは身廊を
完成させる契約を結んだ．リートの身廊とギャ
ラリーのヴォールトは際立ったもので，リブが
ピアから立ち上り，波打つように流れ，その緩
やかなカーブに縁どられて洗練された天井面が
つくられている．プラハ大聖堂の装飾的に枝分
かれしたリブが用いられた素晴らしいオラトリ
ウムもリートの作品とされているが，レイセク
が設計者であった可能性も指摘されている．

リトリーヴァル retrieval

歴史的な特徴や物体，あるいは，とくにラン
ドスケープを以前の状態や見かけに戻す一連の
復元作業．

リドル，セオデイト・ポープ Riddle,
Theodate Pope（1868-1946）

　アメリカ合衆国で活躍した女性建築家の草分
け的（もっとも傑出した）存在．材料の用い方
にすぐれた知性を発揮し，住宅や学校などを手
がけた．代表作はコネチカット州エイボンのエ
イボン・オールド・ファームズ・スクール
（1920-29）で，イギリスの土着的な型にもとづ
き堂々たる姿に仕上げている．

リドルフィ，マリオ Ridolfi, Mario（1904-84）

　イタリアの建築家で MIAR のメンバー．ロ
ーマのノメンターナ地区のボローニャ広場に設
計した郵便局（1932-33）はドイツ表現主義と
イタリア合理主義の影響が認められるが，前者
の痕跡はドイツ人技術者ヴォルフガング・フラ
ンクル（1907-94）との協働が始まるとすぐに
消えた．この協働は 1930 年代からリドルフィ
が死ぬまで続いた．たとえばフランクルととも
に設計したローマのヴィラ・マッシモ通りのレ
ア邸（1934-37）は完全な合理主義近代様式で
ある．第二次大戦後に出版した『建築家ハンド
ブック（Manuale dell'architette)』（1946）で
は様式上の多元主義を擁護するようにみえ，ロ
ーマのティブルティーナ地区にアイモニーノや
クアローニとともに設計した INA 集合住宅
（1949-54）では多元主義への傾向がより明瞭で
ある．しかし同じ時期にフランクルと一緒に設
計した，ローマのエチオピア大通りの高層住宅
（1950-54）はまぎれもない近代主義であり，多
元主義は認められない．1960 年代までにその
作品の細部は大変ぞんざいになり，ポッジボン
シの幼稚園（1960-61）などはほとんど意図的
に粗雑である．リドルフィは溺死した．

リトレンチメント retrenchment

　通常防御用の塹壕と胸壁からなる構造物で，
とくに防衛施設の内側に置かれる．

リード，ロバート Reid, Robert（1774-1856）

　19 世紀前半のスコットランド政府の主任建
築家．アダム兄弟の様式に影響を受けており，
リードが建てた公共建築はアダム兄弟の作品に

匹敵する．単調さが同世代の人びとに非難されることがあったが，エディンバラの都市建築に対するリードの貢献は計りしれない．作品として，パーラメント・スクエアの裁判所（1804-40），ザ・マウンドのバンク・オヴ・スコットランド（1802-06，リチャード・クライトン（Richard Crichton, 1771 頃-1817）と共同），パーラメント・スクエアのシグネットおよびアドヴォケイツ邸の外装（1810-12），シャーロット・スクエアのセント・ジョージ聖堂（1811-14，クーポラがゴンタルトによるベルリンのジャンダルメンマルクト広場（1780-85）のものと類似しており，このことをシンケルが1826 年にエディンバラを訪れた際に指摘した），リースの美しい税関（1811-12）などがあげられる．また，カンバーランド・ストリート，ダブリン・ストリート，ダンダス・ストリート，ダンドナルド・ストリート，グレート・キング・ストリート，インディア・ストリート，ネルソン・ストリート，ノーサンバーランド・ストリート，スコットランド・ストリートをはじめとし，アバークロンビー・プレース，ドラモンド・プレース，フェティズ・ロウ，グロスター・プレース，ヘリオット・ロウ，マンスフィールド・プレース，ロイヤル・クレセントなどのエディンバラのニュー・タウンの北部の拡張計画（1802 以降）を行っている．ニュー・タウンの計画は，ウィリアム・シバルドによって基本計画が行われたもので，リードはおもに立面の設計を行った．また，エディンバラのシャーロット・スクエア 33-46 番地（1807-15），パースのアカデミー（1803-07），パースの刑務所（1810-12），アイルランドのダウン県のダウンパトリック監獄の一部（1824-30）にも責任があった．ベリックシャーのパクストン・ハウスで設計した図書館と写真ギャラリーは，間違いなくリードの最高傑作である．1809 年には『精神病患者の治療のための病院建築に対する所見（*Observations on the Structure of Hospitals for the Treatment of Lunatics*）』を刊行し，エディンバラのモーニングサイドに精神科病院（1809-10，現存せず）を設計している．

リナウ, デトレフ　Lienau, Detlef（1818-87）

シュレスヴィヒ・ホルシュタインで生まれ，ドイツで，またパリではラブルーストのもとで訓練を積んだ（ラブルーストからは彼の古典主義を学んだ）．1848 年にアメリカ合衆国に移住し，ニューヨークでさらに実りある実務経験を積んだ．その作品は折衷的で，ルントボーゲンシュティールからゴシック様式，フランスの第2 帝政様式，イタリア風，左右非対称のピクチャレスクからあまり特徴のないつまらない作風まで多岐にわたるが，フランスからの影響が完全に消滅しているわけではない．ニューヨークでフィフス・アヴェニューと 55 番街の角に設計し，大きな影響を及ぼしたレベッカ・ジョーンズ街区（1868-79，現存せず）を含む，タウン・ハウスからなるいくつかの大きな街区を設計した．1870 年代と 80 年代の彼の活躍は，マンハッタンの急速な成長と結びついている．

リナルディ, アントーニオ　Rinaldi, Antonio（1710 頃-94）

イタリアの建築家で，ヴァンヴィテッリのもとで修業した．キリル・グリゴリエヴィッチ・ラズモフスキー（Kirill Grigoryevich Razumovsky, 1728-1803）によってロシアに招かれ，ウクライナのバトゥールィンの宮殿（1752-53）を設計し，1755 年からはサンクト・ペテルブルクで過ごした．1756 年からオラニエンバウム（現在はロモノーソフ）における宮殿の複合建築と庭園の設計に参加し，最初の建物として小さな石の館（1758-60）をロココ様式で装飾した．またエカテリーナ 2 世（Catherine II）の「ダーチャ」〔ロシアのカントリー・ハウス〕と中国宮殿を設計した（1762-68，この上なく美しいロココ様式とシノワズリの内部装飾）．1766 年からはグリゴリー・グリゴリエヴィッチ・オルロフ伯爵（Count Grigory Grigoryevich Orlov, 1734-83）のためのガッチナ宮殿の仕事に携わり，1781 年に完成させた—それはパッラーディオ主義と新古典主義の趣向に感化されていた．代表作とされるサンクト・ペテルブルクの大理石の宮殿（1768-85）は，外観のある部分はバロック様式であるが，またある部分は新古典主義であり，さらに鋳鉄製の梁を用いた最初の宮殿建築としても重要であり，さらにユヴァッラの影響も認められる．

リバス　rebus
⇨判じ物

リバット　ribat
1. イスラームの砦で，防備された宗教施設．
2. ⇨キャラヴァンサライ

リバティ　Liberty
1. フランス革命期の芸術家が好んで描いた寓意的な女性像で，たいまつとフリギア帽を伴う．
2. イタリア語でアール・ヌーヴォー様式を指し，リバティ様式と呼ばれる．

リバール＝ド＝シャムースト　Ribart de Chamoust（1776-83活躍）
フランスの建築著述家．著書『自然のなかにみいだされたフランス式オーダー（*L'Ordre François trouvé dans la Nature*）』（1776）のなかで，正三角形の頂点に3本の柱を配した（∴）奇妙なフランス式オーダーを提示した．柱身のまわりにはらせんに蔦が絡まり，柱頭はコリント式オーダーに似ており，柱礎は押しつぶされ逆さまにされたイオニア式の柱頭に似た三つのヴォリュート（渦巻装飾）を備えている．木とのアナロジー（柱頭＝葉形装飾，柱身＝幹，渦巻状の柱礎＝地上に顕になった根）はロージエの考え方を拡張したものである．リバールのファースト・ネームは，財務についての著作をもつシャルル＝フランソワ（Charles-François）か，あるいは（よりたしからしいのは）『特異な建築（*Architecture Singulière*）』（1758）や『リバール氏への書簡（*Lettre de M. Ribart*）』（1770頃）の著者であるフランソワ＝ジョゼフ（François-Joseph）であろう．この書簡でリバールは「エンジニア」（Ingénieur）〔「技師」とも「工兵」とも訳しうる〕とされている．

リパレーネ　riparene
古典主義の装飾で水に関連するもの．モチーフには川の擬人化，水を注ぐ壺，ネプチューン，トリトンと人魚，イルカ，魚，葦と海藻，カエルなどがある．チェザーレ・リーパ（Cesare Ripa, 1560頃-1625以前）によってつくられた用語である．著書『イコノロジア（*Iconologia*）』（1593，再版では1603と1779-80のものが有名）は擬人化，エンブレム，装飾モチーフの資料集として絶大な影響を

与えた．

リヒト，フーゴー　Licht, Hugo（1841-1923）
ドイツの建築家．ベルリンおよびウィーンのフェルステルのもとで学び，のちにライプツィヒ市の建設局長となり（1879-1906），そこで音楽学校（1885-87），警察本部（1889-90），グラッシ美術館（1892-95），新市庁舎（1898-1912）といった一連の記念碑的な建築を建設した．新市庁舎は折衷主義的で，中世建築の外見が用いられ，アメリカのリチャードソンの作品を連想させるような意図的に力強く特大サイズで扱われた石造建築の表現がとられている．多くの出版物でも重要であり，中でも大規模出版社ヴァスムートのために制作した出版物が注目される．その一つである『20世紀の建築――近代の建築芸術のための雑誌（*Die Architektur des XX. Jahrhunderts : Zeitschrift für moderne Baukunst*）』は，彼が編集した図版豊富な雑誌であり，同時代に関する情報が数多く提供され，多くの建築家の活動を推進するのに役立った．

リーフ　leaf
1. 扉やシャッターの一部で，開閉するためにヒンジやピヴォットで吊られた部分．
2. 中空壁の片面または両面を構成する，煉瓦やブロック造の壁体．
3. アカンサスや月桂樹，オリーヴ，ヤシなどの植物の葉に由来する装飾．⇨水葉形装飾

葉矢刳形

4. 化粧貼り薄板や金箔のような，非常に薄い仕上げ材．

リブ　rib
平天井や刳形（くりかた・モールディング）．中世建築では隆起した刳形がヴォールトの一部を形成し，パネルやウェブのフレームとなる．しばしば精緻な交差部を備え，頂部の交差点には彫刻が施されたボスが置かれる．ゴシックの

リブには以下のものがある.

枝リブ: 放射状に広がる副次的なリブで, たとえばピアからリッジ・リブへと伸びるもの.

横断リブ: ピアから立ち上がり, 身廊や側廊の主軸に直交するもので, 両側の側廊との間に架け渡される形となる.

壁リブ: フォルメレ, あるいはヴォールトの各区画の壁につけられたリブ.

交差リブ: 正方形ないし長方形の区画を対角線上に走る主要なリブ.

リエルヌ・リブ: 主要なリブの間, もしくは2本の枝リブの交差部とヴォールト頂点の間をつなぐ補助リブ.

リッジ・リブ (隆起リブ): 中世のヴォールト頂部にあるリブ. たとえば身廊や側廊の主軸に並行なもの.

リブ・アーチ ribbed arch

数本のリブで構成されたアーチ, ないしはリブの集合体のようにモールディングが施されたアーチ.

リブ・ヴォールト ribbed vault

セヴリやウェブの枠となるリブによって下面が分割されたヴォールト.

リフェクトリー refectory

大学や修道院などの公堂ないし食堂.

リフト lift

⇨エレベーター

リブ・ドーム ribbed dome

ヴォールトの一種でドームのような印象を与えるもの. もしくはドームかクーポラの下面が放射状のリブで分割されるもの.

リブ・フルーティング ribbed fluting

1. 古典主義の柱身のように, 縦溝が平縁で分割されるもの.

2. ケーブルド・フルーティング.

リプリー, トマス Ripley, Thomas (1683頃-1758)

イギリスの大工. 意外なことに, ヴァンブラの後継者として, 王営繕局のコンプトローラー（会計監査官）の地位を引き継いだ. リプリーの華々しい出世はサー・ロバート・ウォルポール (Sir Robert Walpole, 1676-1745) の引立てによるものであり, ウォルポールの大邸宅のホートン・ホール (ノーフォーク) で, キャンベルやケントのデザインに従って建設工事をすすめた (1722-25). 才能に恵まれていないことは明確であったが, グリニッジ・ホスピタル (1729) とキングズ・プライヴェート・ローズ (1737) のサーヴェイヤーの地位も掌中にしている. リプリーの建築は同時代の人びとには好まれず, それ以降も評価されなかった. とくに, ロンドンのホワイトホールの海軍提督府のポルティコ (1723-26) は非難を浴びてもしかたなく, ロバート・アダムが設計した列柱スクリーン (1760) を隠してしまっている. しかし, ノーフォークのウォルタートン・ホール (1727-41) はぶざまな邸宅ではなく, ホートン・ホールでの仕事以来, なんらかのパッラーディオ主義の優雅さが受け継がれたことをほのめかしている. ポープは, バーリントンやジョーンズやレンと比較して, リプリーを「愚鈍」の代表とみなした. さらにヴァンブラは, 大衆紙にリプリーは「まるで糞だ」と書かれているのを偶然見つけ, 大笑いをした.

リベイト rebate

⇨ラベット

リベスキンド, ダニエル Libeskind, Daniel (1946-)

ポーランド生まれのアメリカの建築家. ジョン・ヘイダック (ニューヨーク・ファイブで知られる) のもとで学び, 多様なアカデミックなキャリアを積んだ. このことは彼に「実務上の制約や, 実際の建物に生じる妥協から隔離されてきた」といわれている. 彼の作品であるベルリンの「シティ・エッジ・プロジェクト」 (1987) は, 領域を切断するベルリンの壁の論理に応答し, 確立された都市構造の配置を切り裂く影響力をもった提案であった. こうした彼のアプローチは, レオン・クリエや他の建築家のように, 都市の再発見を行うことや, 伝統的な形態, 空間, 量塊や道を修繕あるいは修復することを主張することへのアンチテーゼとなっている. 1989年にリベスキンドはベルリンの「ユダヤ博物館」のコンペで勝利した. 2001年

に開館したが，ホロコーストが残した沈黙を表現しているとされる空虚な内部空間や，切り傷のような複数の線は，ベルリンで殺されたユダヤ人の住所を結ぶものであるとされるが，これをどう解釈するかは議論の余地がある．またここでみられた殺伐とした形態はドイツ，オスナブリュックの「フェリックス・ヌスバウム美術館」(1998 年に竣工．その内部空間は訪問者の方向感覚を失わせるようにつくられている）にも用いられている．またとくに，破片のような形態をした断片の連続として構成されているマンチェスターのサルフォードキーズの「帝国戦争博物館」(2000-02 年) に顕著なように，彼は脱構築主義の建築家として考えられている．ニューヨーク市にあるミノル・ヤマサキによるワールド・トレード・センター跡地に対するマスタープラン (2002-03, これは負のシンボルをもつものとされているが，それは意図されてないという解釈もある）とマヨルカ島のダンアンドラッチ港にある「スタジオ・ヴァイル」(2001-03) の二つのプロジェクトは，まったく異なる規模における彼の処理の仕方を示すものである．グラウンド・ゼロにおいては，リベスキンドは大方のアイデアに反して概念的なデザインである「フリーダム・タワー」を提案した．ただし，スキッドモア・オーウィングス＆メリルのデビッド・M・チャイルズ (David M. Childs) が大部分をデザインしたため，最終的な結果は大きく違ったものとなった．リベスキンドのロンドンでの最初の作品は，ホロウェイ・ロードにある「ロンドンメトロポリタン大学大学院棟」(2001-04) である．これはリベスキンド自身がオリオン座から発想を得たと述べている．この建築におけるギザギザした外部形態は，無関係な要素による異種の集合体を描こうとしたというよりも，むしろストリートにおける出来事として存在する．カナダの「王立オンタリオ博物館」の増築 (2002-05) では，彼のほかの作品と同様の人目をひく派手なデザインが用いられている．リベスキンドの設計手法は模範的とみなされる場合もあるが，都市の中に穏やかなかたちで共存させるものではないため，脱構築主義の建築が増殖していくことに幾人かはある種の不安を抱くようになっている．

リベラ，アダルベルト Libera, Adalberto (1903-63)

イタリアの建築家．1927 年にグルッポ・セッテに参加．当初から合理主義に深く関与し，それをファシズムの公式表現として普及させようとした．ミース・ファン・デル・ローエが取り仕切ったシュトゥットガルトのヴァイセンホーフ・ジードルンク (1927) に参加した後，第 1 回合理主義建築展 (1928) をローマで企画した．カプリ島のマラパルテ邸 (1938) は，ごつごつとした自然地形に建築を融合させようとした興味深い取り組みだった．戦後の作品は，ローマ・オリンピックの関連施設 (1959-60)，数棟の建物（トレントのトレンティーノ州庁舎 (1954) など）があるものの，1932 年にローマで開催されたファシズム革命展会場に比肩するような記念的な作は見当たらない．ファシズム革命展はムッソリーニが企図したもので，「過去の装飾的な様式に鬱々と倣うのではなく，近代的にして大胆ないまの時代の様式」を推進する目的があった．リベラの革命展会場は，未来派，構成主義，ストリップト・クラシシズムに感化された作品で，戦後になってもなお影響力をもった．代表作は，ローマの新都市 EUR にある会議場 (1937-40) である．リベラは E'42（ムッソリーニ (Mussolini) が企画した 1942 年の万博，実現せず）のために巨大なゲートウェイ・アーチを構想したが，これがエーロ・サーリネンのゲートウェイ・アーチ（ミズーリ州セントルイス，1954）へ影響を与えた．その造形は，リベラの家族が訴えを起こしかねないほどに酷似していた．

リベーラ，ペドロ・デ Ribera, Pedro Domingo de (1681-1742)

カスティーリャの建築家．主としてマドリッドで活動した (1719 年よりマドリッド市の建築家に登用された)．後期バロック様式のデザインの中にチュリゲラ様式の装飾を多用した．彼のスタイルの典型に，花綱装飾，エスティーピテ，額縁形状，壺型装飾そのほかのモチーフがにぎやかに折り重ねられた，マドリッドのサン・フェルナンド病院の精巧な主扉口 (1722 以降) がある．のちに新古典主義者によって「ヨーロッパの汚点となるような作品群でマドリッドを埋め尽くした」と非難され，建築学生に対する緊急警告としてその作品がリスト化されたため，結果的にリベーラについてはかなり

よく知られているが，その作風は当時の潮流からすると驚くほど時代遅れなものである．その他の作品に，いずれもマドリードにあるビルヘン・デル・プエルト聖堂（1718，八角形の内部にカマリンが付属する），モンセラット聖堂（1732-40），パラシオ・デ・ミラフローレス（1725頃）や，トレドの巨大な橋（1718-35）がある．

リベルジエ，ユーまたはユーグ　Libergié or Libergier, Hue or Hugues（1263没）

フランスの石工棟梁．ランスのベネディクト会大修道院聖堂サン・ニケーズ（1231-63，現存せず）を設計した．この教会堂の魅力的な西正面は，トレーサリー・スクリーンを組み入れ，当時一般的であったバラ窓の代わりにオクルスをもつ巨大な二連ランセットを包含していた．リベルジェは，ランス大聖堂の彫刻床板に，模型と検尺を手にもった姿で讃えられており，足元には曲尺とコンパスが描かれている．

リ，ポール・デュ　Ry, Paul Du（1640-1714）
⇨デュ・リ，ポール

リボン　ribbon

1. リボン状の帯型の装飾で，リバンドともいう．
2. 鉛製の桟で，鉛枠の窓のガラスのパーツを縁どるもの．
3. 花綱装飾や，花輪，トロフィー，飾り環などに現れる結束リボン．
4. アメリカのバルーンフレーム構法において，間柱の面に固定された軽い木材で，建物のまわりに連続したつなぎを構成し，横材の端部を支持するもの．

リボン壁　ribbon-wall
クリンクル・クランクル．

リーボンズ，ジョン　Lebons, John（1506-29活躍）

イングランドの石工頭．ジャニンズやヴァーチューとともに，ヘンリー7世（King Henry VII, 在位1485-1509）のため，ウェストミンスター・アビーに建てる新たな聖母礼拝堂の見積もりの作成にかかわった．1515年からは，ハンプトン・コートで枢機卿ウルジー（Cardinal Wolsey, 1475頃-1530）に雇われ，1525年まで，オックスフォードのカーディナル（現クライスト・チャーチ）・カレッジの常設マスター・メーソンをつとめた．また，オックスフォードのベイリオル・カレッジやウィンザー・カースル（バークシャー）の建設に携わった．リーボンズが設計者であった証拠として，1515年にリーボンズが使ったとされる「設計図書」が残っている．

リボン・モールディング　ribbon-moulding

リボン状の装飾でリボン・アンド・スティックと呼ばれる細い柱状材のまわりにゆるやかならせんを描くもの．しばしば胡麻殻筋模様がつき（リード），結び目や銘板，円花飾りなどが付属する．

リーマーシュミット，リヒャルト　Riemerschmid, Richard（1868-1957）

ドイツにおけるアーツ・アンド・クラフツ運動の建築家．ミュンヘン手工芸連合工房（1896）およびドイツ工作連盟（1907）の創設メンバーの一人（ベーレンスらとともに）．世紀転換期から1920年代半ばにかけてのドイツで影響力をもった．作品にミュンヘンのシャウシュピールハウス（劇場）内のユーゲントシュティールによる室内楽ホール（1901），ドレスデン近郊ヘレラウの田園都市（1907，テッセノウらとともに）への貢献がある．パスィンクの自邸（1896）にみられるように，ドイツのヴァナキュラーな様式とイギリスのアーツ・アンド・クラフツ運動からの影響が融合しているのが特徴である．ヘレラウで一連の建物を設計する頃には，簡素化された新古典主義（ストリップト・ネオクラシシズム）を用いるようになった．

リミンジ　Lyming
⇨リミンジ，ロバート

リミンジ，ロバート　Lemyinge or Liminge, Robert（1628没）

ハットフィールド・ハウス（ハートフォードシャー）（1607-12）を設計し，建設工事を監督するために雇われた大工．南立面については，イニゴー・ジョーンズに相談している．リミンジはまた，もう一つの住宅であるジャコビアン

様式（ジェームズ1世様式）のブリックリング・ホール（ノーフォーク）（1616-17）を設計した．

竜骨　keel

ヴォールトのリブあるいはその他における，第1または第2の尖った骨組みのことであり，船の竜骨に似ていて，二つの半曲線または凸型の曲線が出隅まれに平縁で交わる．一部の専門家は，キール骨組みとは二つの曲線が平縁ではなく，出隅で交わるものであると考えている．

流線形　streamlining

1920年代と30年代の空気力学にもとづいたデザイン．湾曲した壁や長い連続窓（しばしば建物の部位を取り囲むような曲線を描く），かなり目立った張り出しをもつ薄い平らな屋根が使われ，工場ではたいてい清潔感や現代風であることが暗示されている．モダニズムの特徴の一つであり，ローウィやティーグのようなデザイナーによって推進された．

リュザルシュ，ロベール・ド　Luzarches, Robert de（1236頃没）

⇨ロベール・ド・リュザルシュ

リュダンチュール　rudenture

ケーブリング．⇨ケーブル

リュベトキン，バーソルト・ロマノヴィッチ　Lubetkin, Berthold Romanovitch（1901-90）

ロシア生まれ．1930年代にイギリスへ移住し，インターナショナル・スタイルを導入する最も影響力のある社会主義の建築家であった．1920年代にロシアで教育を受け，その後はベルリン，ワルシャワと移り，そしてパリのオーギュスト・ペレのもとで修行した（1925-27）．その後には，ジャン・アーネスト・ギンズバーグ（Jean Ernest Ginsberg, 1905-83）とともに働き，そこで制作された強烈な水平連続窓のあるパリのベルサイユ通り25番地のアパートメントは反感を買った．にもかかわらず，これは1930年代のリュベトキンのスタイルの原型となっている．

リュベトキンは1931年にはロンドンに移住し，1932年にテクトンのシニアパートナーとなる．テクトンはAAスクールの卒業生で組織された会社である．また，リュベトキンはMARSグループの創立メンバーであり，CIAMにも参加していた．1932-33年にテクトンはロンドン動物園の「ゴリラ舎」を設計し，1934年にはオーヴ・アラップとの協働で，らせん状のコンクリートの傾斜路による優美な「ペンギン・プール」を制作した．その他の動物園建築として，ベッドフォードシャーの「ホィップスネイド動物園」（1933-36年），スタッフォードシャーの「ダドリー動物園」（1936-37年）の制作が続いた．そして，ふたたびオーヴ・アラップとともに設計された住宅街区は，強い影響を与えるものとなった．ロンドン市ハイゲイト地区の「ハイポイントⅠ」（1933-35年）は，続いて作られた「ハイポイントⅡ」（1936-38年）といった同類の開発の模範となっているが，その立面は煉瓦やガラスやタイルによるパターンとなっている．このことは，テクトンが，インターナショナル・スタイルである白くペイントされた平らな建築外装がロンドンにはふさわしくないということを，はっきりと理解したことを示唆するものである．入口のキャノピーはアテネのエレクティオンにみられる女人像柱に支えられているようであり，このことに関して，ある者は気の利いた古典主義への参照とみなす一方で，ある者は下品なキッチュの出現か，あるいはモダニズムへの背信とみなしている．

テクトンの最も有名な建物はロンドンの「フィンズベリー・ヘルス・センター」（1935-38年）である．これは軸線をもとに計画された建物であり，撮影される際には，その規模の小ささをごまかす方法で数多く撮影されている．また，ロンドンのプライオリー・グリーン地区（1937-51）とスパ・グリーン地区（1938-46）の二つは，彼の初期にみられる典型的なスラブブロックのデザインとなっている．1948年にリュベトキンは，ダラム州のペーターリー・ニュータウン開発会社の主任建築家に任命されたものの，高密度の開発を提案する彼のアイデアは実現されず，1950年に辞任した．

リュルサ，アンドレ・エミール・リュシアン　Lurçat, André Émile Lucien（1894-1970）

フランスの建築家．ル・コルビュジエらの主張を受け入れ，CIAMの創設メンバーの1人となった．彼はいくつかのヴィラやスタジオを

設計した．代表作にはパリのシテ・スーラにあるハグラー邸（1925-26），ヴェルサイユのヴィラ・ミシェル（1926），パリのグッゲンビュール邸（1927）であり，いずれも近代運動の先駆的な仕事である．多くの議論を巻き起こしたが，共産主義と近代主義を熱狂に支持し，ヴィルジュイフのエコール・カール・マルクス（1931-33）では，建築形態と革命的労働者運動とを連合させる試みを行った．1934年にはモスクワに招聘されバウハウスとCIAMの考えをもたらしたが，それらが，力強く簡素な新古典主義が幅を利かせていたスターリンによる社会主義リアリズムの立場とは相容れないことを確認するだけに終わった．彼が，スターリン時代（1925-53）に建築に求められたモニュメンタリティの必要性を認めていたことは，後年サン・ドニやモブジュで設計した多くの建物にみてとれる．

稜線　arris

二面が会合してできる折線のような鋭いエッジのことで，たとえば煉瓦の角やギリシア・ドリス式コラムのフルートの間にみることができる．

両開き窓　biforate window

イタリアでよくみられる中世の窓の形式の一つで，窓面は中央のコロネットによってアーチを頂く二つの開口に分割されている．ヴェネツィア・アーチもしくはビフォーレともいう．

稜堡　bastion

1. 要塞の隅部に突出して設けられる防御のための構造物で，通常斜行する平面形と転びの施された側面をもつ．ここからランパートの前方領域の監視と火器による攻撃を行う．
2. 庭園の隅に設けられる，観望地点や矢尻形稜堡などの小高い突出部．

リー，リチャード　Lee, Richard（1525-35活躍）

イングランドの石工頭．おそらく，ジョン・リーの息子．現在では取り壊されてしまったが，ケンブリッジのセント・ジョンズ・カレッジ・チャペルにロースター司教フィッシャーの墓所を設計した．これはイーリ大聖堂の司教ウェストの詠唱（寄進）礼拝堂の墓所によく似た初期ルネサンスの特徴を有していた．そのため，リーはイングランドで最初にルネサンスのモチーフを用いた人物とみなすことができる．

リール　reel
⇨ビード

リワーン　liwan
⇨イーワーン

リン，ウィリアム・ヘンリー　Lynn, William Henry（1829-1915）

アイルランドの建築家．1846年，ベルファストのラニョンに弟子入りし，1854-72年，共同経営者となる．ダウン州ニュータウナーズおよびティロン州ダンガノンの愛らしい銀行（ともに1855）は，アイルランドにおけるヴェネツィアン・ゴシックの最も初期の2例といってよいだろう．実際，ラニョン＆リン事務所，ラニョン・リン＆ラニョン事務所が手がけた数多くのイタリアに想を得た作品は，彼の技量に負うところが大きい（⇨ラニョン卿，チャールズ）．ラニョンとの共同作品の中では，ダブリンのセント・アンドリュー教会堂（1860），アントリム州ジョーダンズタウンの愛嬌のあるアイルランド式ロマネスクのセント・パトリック教会堂（1865-68，丸い塔をつけて完成），チェシャーのチェスター・タウン・ホール（1863-69）をあげねばならないだろう．おそらく，彼が担当した作品中で，一番よいデザインのものは，ベルファストのカーライル・サーカスの第1尖頭様式のカーライル・メモリアル・メソディスト教会堂（1872-75，2004年現在遺棄状態）だろう．ベルファストの中央図書館（1883-88，古典様式），いくつかの銀行建築（1895-1900，古典様式）キャンベル・カレッジ（1891-94，チューダー・ゴシック様式）を設計した．また，スコットランドのペーズリーのタウンホール（1875-82），およびノース・ランカシャーのバロウ・イン・ファーネスのタウン・ホール（1882-87，ゴシック様式），そして，ベルファストのイタリア風港湾オフィスの増築（1891-95）の設計をした．ドリューの死後，ベルファストのセント・アン大聖堂建設の仕事を続け，美しい後陣の洗礼所（1915-24）の設計をした．

リング・ウォール ring-wall
ある場所をとり囲む壁.

リング・ヴォールト ring-vault
環状ヴォールト.

リング・クリプト ring-crypt
クリプトまわりの地下通路. 半円形の平面となり通常環状ヴォールトの架構をもつ. 8-10世紀に多く建設された.

リング・ビーム ring-beam
ドームが置かれるドラムなどのまわりの横材で, ドームの底部が広がるのを防ぐもの. 横材が正方形や長方形区画を取り囲む場合は, エッジビームと呼ばれる.

リンストー, ハンス・ディットレーヴ・フランツ (フランシスクス) Linstow, Hans Ditlev Frants (*or* Franciscus) (1787-1851)
デンマーク生まれの建築家で, ノルウェーのオスロにある新古典主義による王宮 (1824-48) を設計した. 同国においてギリシアに影響を受けた建物としては最もすぐれたものであり, 印象的なイオニア式のポルティコを備える. この建物はドイツの事例に影響を受けており, とくにシンケルの作品の影響が強く, デザインに対して助言も受けている. 1824年から27年には, ノルウェーに25年から住んだデンマークの建築家グロッシュの助力を得た. 1840年代から, ナショナリストとしての願望によりヴァナキュラーな先例に則った木造建築を奨励した.

リンチ＝ロビンソン, ヘンリー Lynch-Robinson, Henry (1920-84)
アルスター (北アイルランド) の建築家で, モダニズムを第二次世界大戦後アルスターに導入した代表的人物. 初期の住宅として, ベルファスト, マロン・ロード110番にある住宅 (1949), ネー湖沿岸にある平屋建ての自邸 (1952) がある. マキンストリーと共同して, ベルファスト, アッパー・ニュータウンアンズにあるグリーンウッド・スクールを設計した (1954-57). 英国祭期間中 (1951) は, プロダクション・アンド・デザインの地域アドバイザーに任命され, ファーム・アンド・ファクトリ

一博では未来の農場 (支柱でもち上がっている) を設計した. アントリム, リズバーンにある北アイルランド消防局の本署など, 消防署も手がけた. 彼の作品には, ラウンジバーやカフェ (たとえばベルファストのハワード・ストリートにある典型的な1950年代の様式であるスーザンズ) といった短命のものが多い. さらに, ガーナで病院の設計も依頼されたが (1966-70年代初期), 多発性神経炎にかかり二度と歩行ができなくなった.

リンドグレン, アルマス・エリエール Lindgren, Armas Eliel (1874-1929)
フィンランドの建築家であり, ヘルマン・ゲゼリウスおよびエリエル・サーリネンとパートナーシップを組んだ. 彼らの会社の作品は折衷的であり, アーツ・アンド・クラフツ, 中世, ヴァナキュラー, アール・ヌーヴォーなどのスタイルを引用しており, ナショナル・ロマンティシズムの一派として認識されている. ヘルシンキのポヒョーラ保険ビル (1900-01), キルッコヌンミのスタジオと住宅 (1902-03), ヘルシンキの国立博物館などの作品がある. 彼らのパートナーシップは1905年に解消され, フィンランドにおける最初の女性建築家の一人である ヴィニ・レーン (Wivi Lönn, 1872-1966) と新たなパートナーシップを組んで, エストニアにおいてタルトゥのヴァネムイネン劇場 (1906) とタリンのエストニア劇場 (1912) を設計したが, いずれもユーゲントシュティール風である. そのほかの作品では, ルネサンスの要素を抑制が行き届いたユーゲントシュティールと融合しており, ヘルシンキにおけるスオミ保険会社ビル (1911) やカレヴァ保険会社ビルはその具体的事例である. 晩年の作品では中世の先例を引用しており, とくにトゥルク大聖堂 (1923-28) の修復や, セイナッツァロ教会とヴァルケアラ教会 (いずれも1926, バーテル・リリェクヴィスト (Bertel Liljeqvist, 1885-1954) と協働) が顕著な例である. 主にヘルシンキにおいて住宅も設計した.

リンド, デーヴィッド Rhind, David (1808頃-83)
スコットランドの建築家, A・C・ピュージンおよびエディンバラの建築家ジョージ・スミ

ス（George Smith, 1793-1877）のもとで学んだ．1834年に自分の事務所を開き，ギレスピー・グラハムとある種のビジネス契約を結んでいたようである．端正なドリス式のスコット記念碑（1838）をグラスゴーのジョージ・スクエアに設計した．そのスコットの立像を彫刻したのはアレクサンダー・ハンディサイド・リッチー（Alexander Handyside Ritchie, 1804-70）だった．コマーシャル銀行のために二つのすばらしい建築を設計した．1つはエディンバラのジョージ・ストリートにある本社（1843-47，のちのスコットランド王立銀行で現在はドーム・レストラン，ローマのコリント式ヘクサスタイルでポーチをもち，デイヴィッド・ラムジー・ヘイ（David Ramsay Hay, 1798-1866）の装飾による宮殿のような内装をもつ），もう1つは，巨大で豪奢なグラスゴーのゴードン・ストリートの支店（1853-57，ぜいたくな邸宅様式で，リッチーの彫刻がある．彫刻のいくつかは，バリーの被後見人ジョン・トーマス（John Thomas, 1813-62）による）だった．エディンバラのディーンのダニエル・スチュアート・カレッジ（1846-48）では，豪華なジャコビーサン様式をとり，スコットランドのライフ・アソシエイションの本社では，バリーとともに豪奢なヴェネツィアン・ルネサンスの邸宅をエディンバラのプリンセス・ストリート82番地に設計した（1855-59，残念ながら1960年代に取り壊された）．リンドはいくつかの住宅も設計した．最良のものはおそらくスコティッシュ・バロニアル様式で建てられたウェスト・ロシアン州のカーロウリー城（1851-55）であろう．都市計画では，グラスゴーのポロックシールズの住宅地におけるピクチャレスクな配置計画をあげるべきだろう．

ルイ 15 世様式　Louis Quinze

フランス王ルイ15世（Louis XV）治世下（1715-74）のフランス古典主義，ロココ，および，新古典主義初期の建築様式のこと．スティル・ルイ・キャンズともいう．その魅力，明るさ，優雅さが特徴である．ロココの内装装飾のいくつかの洗練された配置のほか，特徴的な建築物としては，ヴェルサイユ城館礼拝堂の内装，ナンシーとリュネヴィルのシャトー群，パリのパンテオン，同じくパリのプラス・ド・ラ・コンコルド（コンコルド広場）の宮殿正面のような建築物があげられる．

ルイ 13 世様式　Louis Treize

フランス王ルイ13世（Louis XIII）治世下（1610-43）と同時代のフランス・ルネサンスの建築様式のことだが，1660年代まで続いた．スティル・ルイ・トレーズともいう．スティル・ルイ・キャトルズ（ルイ14世様式）はそのときまで本当に始まってはいなかったのである．この時代の最もよく知られた建築物はパリのリュクサンブール宮殿，および，同じくパリのサン・ジェルヴェ聖堂西側正面である．

ルイ 14 世様式　Louis Quatorze

フランス王ルイ14世（Louis XIV）治世下（1643-1715）のフランス・バロック，および古典主義の建築様式のことで，1660年代に始まった．スティル・ルイ・キャトルズともいう．偉大な記念碑的事例としては，パリのソルボンヌ付属聖堂，ヴァル・ド・グラース修道院聖堂，フランス学士院，ルーブル宮殿東側正面，そしてもちろん，ヴェルサイユのシャトー（城館）がある．

ルイ 16 世様式　Louis Seize

実はフランス王ルイ15世（Louis XV）治世下に始まっていたが，ルイ16世治世下（1774-92）に展開した新古典主義の建築様式のこと．スティル・ルイ・セーズともいう．単純

性，あるいは厳粛性によって特徴づけられ，ルドゥーの「バリエール」（パリ入市関税徴収門群）や同じ建築家によるアルケ・スナン製塩工場（1775-80）の極端な形態にその特徴が表明されている．内装デザインの配列にも洗練された細部がつくりこまれていて，ルイ15世治世下よりも装飾物の使用がかなり控えめだった．

類推的建築　Analogical architecture

　1970年代，アルド・ロッシがイタリアにおける自身の作品について使った用語．ここでロッシが想定していた類推は，歴史的建造物，ヴァナキュラー建築へつながるようなものだった．

ルイ・リヴァイヴァル　Louis Revivals

　19世紀と20世紀には4種すべてのルイ様式のリヴァイヴァルがあった．

ルイ，ルイ＝ニコラ＝ヴィクトル　Louis, Louis-Nicolas-Victor (1731-1800)

　フランスの新古典主義の建築家．1765年ワルシャワ王宮の室内装飾のいくつかをルイ15世様式でデザインした後，フランスに帰国し，ブザンソンに総督館（1770-76）などいくつかの邸宅を設計した．彼の最も影響力のあった建物は，ボルドーの大劇場（1773-80）である．ファサードいっぱいに広がるコリント式オーダーの巨大列柱や，左右対称の階段をもつ高いホワイエは当時の劇場の中では最も巨大であった．オーディトリアムの平面は端を断ち切られた円形平面で，コンポジット式のジャイアント・オーダーが周囲をとり巻き，玄関上部には長方形平面のコンサート室が設けられた．後世の劇場，とくにガルニエのパリ・オペラ座への影響が随所にみられる．都市邸宅やカントリー・ハウスを設計し，パリのパレ・ロワイヤル庭園の優美な列柱と周囲を取り囲む建物をデザインした（1780-85）．ルイによるパレ・ロワイヤル劇場（1786-90，再建）は，後にコメディー・フランセーズの本拠地となるが，錬鉄によるトラスや，コンクリート仕上げされた中空素焼き煉瓦の床など，耐火構造の初期の実践例がみられる．

ルーイン，ジョン　Lewyn, John (1364-98頃活躍)

イングランドの石工頭．14世紀後期のダラム大聖堂の中心的な石工で，ダラムのグレート・キッチン（1374完成），バンバラ・カースルの修復（1368-72），ダラム・カースルの新キープ（主塔），カーライル・カースルおよびロックバラ・カースルの建設（1378以降），ボールトン・カースル（ヨークシャー）の多くの構造物の建設，ダンスタンバラ・カースルの改修（1380-87）など，北部地方で多くの仕事を行った．疑いなく，イングランド北部でその時代に活動した最も重要な地方建築家であった．

ルーヴァー　louvre, louver, luffer

　傾斜した板を固定したあらゆる開口部．とりわけ教会の鐘楼の側面開口．

ルヴァスール一族　Levasseur Family

　ノエル（Noël, 1680-1740）と従兄弟ピエール・ノエル＝ルヴァスール（Pierre-Noël Levasseur, 1690-1770）は，カナダのケベックで活躍したフランス出身のデザイナー兼職人．ケベックの聖ウルスラ修道会修道院の礼拝堂のための祭壇，ルターブル（装飾衝立），建築装飾（彫刻）を手がけた．建築家はパリのフランソワ・ド・ラジュ（François de Lajoüe, 1656頃-1719頃）．ケベック，イル・ドルレアンのサン・フランソワ・ド・サル聖堂の主祭壇（1734-36）は，フランソワ・ノエル・ルヴァスール（François-Noël Levasseur, 1703-94）によって設計・制作された．

ル・ヴォー，ルイ　Le Vau, Louis (1612-70)

　フランス・バロックの建築家．装飾家，彫刻家，造園家や画家からなるチームとともに，1667年以来，ヴェルサイユの大宮殿においてルイ14世様式の創造に大きく貢献した．初期の作品としてはパリの邸館群があり，とりわけ，イル・サン・ルイ（サン・ルイ島）のオテル・ランベール（1639-44）がすばらしい．大階段の両側には八角形平面のヴェスティビュール（玄関）と楕円形平面のヴェスティビュールがあり，後者から長大なギャラリーに続いていて，端部の張り出し窓からはセーヌ川を望むことができる．1656年にはニコラ・フーケ（Nicolas Fouquet, 1615-80）のために名作ヴォー・ル・ヴィコント城館に着手し，内装はシャルル・ル・ブラン（Charles Lebrun, 1619-90）

などが手がけた．大ヴェスティビュールと階段からドームを頂いた広間に続いており，広間は背後の庭園側正面に対して若干突出している．全体はル・ノートルが設計した幾何学式庭園の中に組み込まれている．ル・ヴォーとル・ブランはパリのルーヴル宮殿でガルリー・ダポロン（アポロンのギャラリー）(1661-64) を再建し，ペローとともにルーヴル宮殿の著名な東側正面 (1665-74, 18 世紀古典主義建築の先駆けといわれる) を設計した．これはレンなどが賞賛している．パリのコレージュ・デ・キャトル・ナシオン (1661-74, 現在のアンスティテュ・ド・フランス（フランス学士院）) ではペディメントを頂いた正面中央（その背後に背の高いクーポラがそびえている）の両脇に四分円を描く 2 棟の翼棟を設け，それらの端部にはセーヌ川に面してパヴィリオンを配した（それゆえ，全体の構成は翼棟によって抱かれたような凹面ファサードとなっている）．ル・ヴォーはイタリア・バロックとの強い親和性を顕わにし，ベルニーニやボッロミーニの影響を強く受けていた．正面中央とパヴィリオンはジャイアント・オーダーによって優雅に装飾され，四分円の翼棟には従属的な 2 層のオーダーが施された．だが，彼の最も野心的な作品はヴェルサイユにあり，そこでシャトーを増改築した．ル・ヴォーの新たな庭園側正面は，アルドゥアン＝マンサールによって大幅に改変され拡張されたけれども，今もみることができる．ヴェルサイユ城館とコレージュ・デ・キャトル・ナシオンではフランソワ・ドルベの補佐を受けた．おそらく，ドルベはその設計全体にも貢献大だったと思われる．

ルーカス，コーリン・アンダーソン Lucas, Colin Anderson (1906-84)

イギリスの建築家で鉄筋コンクリート構造の先駆者．インターナショナル・モダニズムの建築をコンクリートで建てる会社を設立し，バッキンガムシャー，バーンエンド，スペード・オーク・リーチにあるノアズ・ハウスや，ケント，ローサム，セント・メアリーズ・プラットにあるホップフィールド・ハウス (1933, アミヤス・コーネルとバシル・ワード (1902-76) と共同設計) を手がけた．1933 年，コーネル，ワードとともに，コーネル・ワード・アンド・ルーカスを設立，一連のインターナショナル・

モダニズムの住宅の設計に経験を活かした（バッキンガムシャー，アマーシャムのハイ・アンド・オーバー住宅 (1934)，ブリストルのウェストバリー・オン・トリム，リッジウェイにあるガン・ハウス (1936)，ハートフォードシャー，ムーア・パーク，テンプル・ガーデンにあるタルバーン・ハウス) (1937-38)，ロンドン，ハムステッド，フログナル 66 番地にあるウォルフォード・ハウス (1937)，サリー，サットンにあるポットクラフト，トーマス・ハウス (1938))．第二次世界大戦後，ロンドン州庁舎の建築課に勤務し，若い世代の建築家を牽引し，ロンドン，ローハンプトンにあるル・コルビュジエ風のアルトン・イースト・エステイト (1951-78) にかかわった．ル・コルビュジエのユニテ・ダビタシオンを規模的に小さくした住居棟で外見上はよく似ている．

ルーカス，トーマス・ジェフリー Lucas, Thomas Geoffrey (1872-1947)

⇨マウントフォード，エドワード・ウィリアム

ルクー，ジャン＝ジャック Lequeu, Jean-Jacques (1757-1826)

先見性のあるフランスの新古典主義者．パリのフランス国立図書館に所蔵される非凡なドローイングで知られている．これらには風変わりな「ゴシック・ハウス」も含まれる．それ自体はゴシック的な要素は何もなく，実際は火，水，土，空気によるフリーメイソンの試練を行うルートのデザインであり，その由来は明確にアッベ・ジャン・テラッソン (Abbé Jean Terrasson, 1670-1750) の長編小説『セトス (Séthos)』(1731) における描写に認めることができる．この小説は，1791 年にモーツァルト (Mozart)，ギーゼッケ (Giesecke)，シカネーダー (Schikaneder) によって歌劇としてつくられた〈魔笛〉の文章の原典にもなっている．他のデザインにはエジプト風の神殿や庭園の東屋，球形の建物，陰茎状の構築物，あるいは巨大な牛の形をした牛小屋さえ存在する．ルクーの奇怪で淫らなドローイング（淫らな人物）は，少なくとも彼が非常に風変わりな人柄であったことを示唆している．ルクーの建築で現存するものはないが，「静寂の神殿」(1786) として知られる田舎の邸宅を建てている．それ

は側面に沿って半円柱を配したローマ風の神殿であるが，犬，亀，梟などその他多くのものによって飾られている．内部はフリーメイソンの集会所だったようである．

ルグラン，ジャック＝ギヨーム Legrand, Jacques-Guillaume (1753-1807)

　フランスの建築家．J・F・ブロンデルのもとで学んだのち，クレリソーの娘婿となった．モリノスともに，ル＝カミュ＝ド＝メジエールによるパリの小麦市場（1782-83）の中庭に木造ドームを建設した．当時，ローマのパンテオンに比肩され，その大胆な幾何学が激賞された．イノサン修道院墓地が閉鎖する際に，グージョンとレスコによるイノサンの噴水（1788）を移築・改修した．また『新旧建築比較図集（*Parallèle de l'architecture*）』（1799-1800）を含む，いくつかの書物を出版した．

ル・ゲ，ジャン＝ローラン Le Geay, Jean-Laurent (1710 頃-86 頃)

　フランスの建築家．1732 年に建築アカデミーのグランプリを受賞，ローマのフランス・アカデミーで学ぶ（1738-42）．パリに帰国後，新古典主義の主導者の 1 人として名声を得る．クノーベルスドルフとともに，ベルリンのザンクト・ヘドヴィヒ大聖堂（ローマ・カトリック教会）の平面を準備（1747-48）した（修正の上，バウマンとビューリンクによって建設，1772-73）．1748 年より一時，メクレンブルク・シュヴェリン公クリスティアン・ルートヴィヒ 2 世（Duke Christian Ludwig II, 1756 没）の建築家となった後（ここで彼はシュヴェリンの水園と，ルートヴィヒスルストのための未完に終わったより大きな計画を作成した），1756 年にプロイセン王フリードリヒ 2 世（大王）（King Frederick the Great, 治世 1740-86）の主席建築家に任命された．大王のために，ル・ゲはポツダムのノイエスパレ（新宮殿）の前に立つ，ドームとポルティコのついたパヴィリオンにはさまれた，半円形のコロネード（列柱）の形をした，優雅な「コマン（付属建物）」（もしくはサービス翼棟）を設計し，後にわずかな改変を受けてゴンタルトによって実現された．1763 年にフリードリヒと諍いがあった後は，建設することはわずかであったが，ピラネージの作品を中心に噴水，廃墟，墓碑，壺などを蒐集した

『建築家 J・L・ル・ゲによって考案され彫られた，芸術家に有用な壺，墓碑，廃墟，噴水のさまざまな主題のコレクション（*Collection de Divers Sujets de Vases, Tombeaux, Ruines, et Fontaines Utiles aux Artistes Inventée et Gravée par J.-L. Le Geay, Architecte*）』（1770）を出版し，新古典主義に幅広いモチーフを準備した．ブレ，モロー・デプル，ペールそしてド・ヴァイイがル・ゲに師事し，彼らを通じて新古典主義が広められていった．

ル・コルビュジエ Le Corbusier, Charles-Édouard (1887-1965)

　⇨コルビュジエ，ル

ルコワント，ジャン＝フランソワ＝ジョゼフ Lecointe, Jean-François-Joseph (1783-1858)

　フランスの建築家．イトルフの初期の同僚であり，マザスの監獄ラ・ヌーヴェル・フォルス（1843 着工）でジルベールと協働し，サール・ファヴァール（1825）やアンビギュ・コミーク（いずれも現存せず）など，いくつかのヴィラ（邸宅建築）や劇場建築を設計した．

ルサン ressant, ressaut

　オジー（反転の線）．

ルースヴオリ，アルノー・エミール Ruusuvuori, Aarno Emil (1925-92)

　フィンランドの建築家．最初期の作品は国際的なモダニズムの様式がしっかりと確立されており，1960 年代の合理主義に引き継がれ，ブルータリズムを採用した際にはさらに禁欲的になった．ヒヴィンケー教会や教区センター（1961）などのように，立方体やピラミッド形などの型にはまった純粋な形態を好んだ．ほかの作品では，ヘルシンキ市庁舎の増築と改修（1970-84）やヘルシンキの国立博物館増築に対する独創的な提案（1987）などがある．影響力のあった教育者であり，実務家でもあった．

ルスコーニ・サッシ，ルドヴィーコ Rusconi Sassi, Ludovico (1678-1736)

　イタリアのバロック時代の建築家．ローマのヴィア・デル・ペッレグリーノのアエディクラ（1715-16）とサンティッシミ・アポストリ聖堂のオデスカルキ礼拝堂（1719-22）には，ボッ

ロミーニの影響が明らかに読みとれる．ほかに，ローマのサン・ロレンツォ・イン・ダマゾ聖堂の聖秘跡礼拝堂（1732-36），ポルト・フィウミチーノにおけるサンタ・ルチア聖堂（1735）をつくった．

ルスティカ rustica
⇨ラスティック，粗面仕上げ

ルソー ressault, ressaut
1. チムニー・ブレスト（炉胸）やピラスター（つけ柱）のように突出しているものや，建物の一部のうち壁などの前にあるもの．例として，刳形（くりかた）のうち，ほかの刳形のさらに前まで飛び出すもの．
2. 古典建築において，エンタブラチュアの連続を，柱とピラスター（つけ柱）の二つのリターン，あるいは突出部を支える一対の柱で中断すること．
3. 丸刳形（ロール・モールディング）．

ルソー，ピエール Rousseau, Pierre (1751-1810)
フランスの建築家．ペールから大きな影響を受けた．彼の傑作はオテル・ド・サルム（パレ・ド・ラ・レジオン・ドヌール，パリ，ド・リール街 64 番地（1782-85））で，中央にモニュメンタルなアーチをもつイオニア式の列柱のスクリーンを前面に配した．ルソーは，ヴォルテール河岸 25 番地，ロワイヤル街，ド・ベルシェーズ街など，多くのアパルトマンを建設した（1770 年代から 1780 年代前半）．他に，パリ，ブールヴァール・モンマルトルのオテル・ド・モンモランシーのシノワズリのパヴィリオンを設計している．クレルモン・フェラン市の建築家とともに，ピュイ・ド・ドーム県の建築家も務め，その資格で，イソワールの市場建築やリオンの刑務所を設計した．

ルックアウト look-out
⇨プロスペクト・タワー

ルックハルト兄弟 Luckhardt Brothers
ハンス（Hans, 1890-1954）とヴァッシリ（Wassili, 1889-1972）のルックハルト兄弟はベルリンで生まれ，おもに同地で活動した．1920年代および 30 年代にはブルーノ・タウトと協

働した．第一次世界大戦後にはガラスの鎖を通じて表現主義についての理論的アイデアをタウト他のメンバーたちと共有した．1921 年から 54 年まで建築家として活動し，近代建築運動初期の代表的作品の一つとなる住宅（1924）をベルリン市ダーレムに設計した．これは，直方体形の建築を発展させたもので，帯状の水平窓をもち，国際様式の特徴を先駆けて示すものだった．ベルリンのショルレメアアレーの住宅（1925-28），アム・ルッペンホルンの三つの住宅（1928）は鉄骨による骨組構造で，広大なガラス面が設えられた．建築についての彼らの構想は『新たな居住形態について（Zur neuen Wohnform）』（1930）に記されている．ハノーファーで開催された構築（Constructa）展のベルリン・パヴィリオン（1951）は，鉄骨造でガラスを多用するミース・ファン・デル・ローエのスタイルによる作品である．ハンスの没後，ヴァッシリは設計活動を続け，ミュンヘンのバイエルン社会福祉管理センター（1957），ベルリン自由大学の植物生理学・獣医学研究所（1962-70），ブレーメン市議会ホール（1962-69）などの作品がある．

ル・デュク，ガブリエル Duc, Gabriel Le (1704 没)
フランスの建築家．パリに何棟かの住宅を設計し，ほとんどは取り壊されたが，パリのヴァル＝ド＝グラースにおける 1658 年頃の作品によって最もよく知られている．ル・ミュエとともに，マンサールやルメルシエのデザインを洗練させ改良しながら，この聖堂のヴォールト，ドームやその他の上部構築物を建設した（1654頃-65）．

ルード Rode ⇨ルード（Rood）

ルード Rood
古英語および中世英語で十字架を意味する語から派生した用語で，現在では教会の内陣入口上に吊るされるか，壁の間に渡されたルード・ビーム（十字架梁）に支持されるか，ルード・スクリーン（内陣正面仕切り）の上のルード・ロフト（内陣仕切り桟敷）から立ち上がる大きなキリスト受難像を意味する．中世期には，ルード・スクリーン，もしくは内陣，聖歌隊席のスクリーンが身廊の端部で聖歌隊席が始まる場

所に置かれた．司教座聖堂や大規模な教会では通常石でつくられてパルピタムと呼ばれ，小規模な教会では単なるスクリーンとされる．スクリーンの頂部には回廊や桟敷が置かれて階段で上り，聖書朗読や聖歌合唱に使われた．

ルードは通常木製だが時に石造で，キリストの十字架貼り付けの彫刻からなり，しばしば聖母マリアと聖ヨハネの像がどちらか側に付随する．この二つの像とキリスト受難像はときにはゴルゴダを意味する岩と頭蓋骨の彫刻の台座に支持される（デヴォン州カロンプトンの聖アンドリュー教会が唯一の現存例）．

木製のスクリーンは（とくにデヴォン州に多数の現存例がある），トレーサリー，彩色パネル（サフォーク州サウスウォルドの聖エドムント教会に秀作が残る）とほかの装飾で豪華に飾られ，桟敷あるいは回廊はスクリーンから前方に飛び出した弓形ヴォールト構造によって支持される．イングランドのルード・スクリーンの現存例はほとんどが 15-16 世紀のものであるが，ゴシック・リヴァイヴァル期にも多数が作成され，ボドリー，カンパー，A・W・N・ピュージンによる美しい作品例がある．

ルード・アーチ　Rood-arch

1．ルード・スクリーンの中央開口部ないしアーチ．

2．ルードがある場合のチャンセル・アーチ．

ルード・アルター　Rood-altar

1．ルードの下につくられた身廊祭壇．

2．身廊方向に向かってルード・スクリーンにとりつけられた祭壇．グラスゴーの聖ケンティゲルン（マンゴ）司教座教会に，時の大司教ブラックアダー（Archbishop Blackadder, 1483-1508）によってつくられた，パルピタムの祭壇基部にその例がある．

ルドヴィーセ，ジョアン・フレデリコ（ヨハン・フリードリヒ・ルートヴィヒ）　Ludovice, João Frederico（born Johann Friedrich Ludwig（1670-1752））

ドイツ生まれ，18 世紀ポルトガルを代表する建築家．イタリアのバロックをポルトガルへ導入した．ルドヴィーセの最も偉大な作品はリスボン近郊マフラの修道院宮殿である．平面はマドリッドのエル・エスコリアル修道院のものに似ており，したがってエルサレムのソロモンの神殿の復元であるが，その構成には中欧のデザインが反映されており，とくにヴァインガルテン，アインジーデルン，ゲトヴァイヒの各修道院の影響が感じられる．マフラの聖堂は，リスボンの他の聖堂やリオデジャネイロの聖堂デザインに影響を及ぼした．その他の作品に，ともにポルトガルにある豪華で美しいコインブラ大学図書館（1716-23）やエヴォラ大聖堂アプス（1716-29）がある．

ルドゥー，クロード＝ニコラ　Ledoux, Claude-Nicolas（1736-1806）

多作なフランス新古典主義の建築家で，その時代の最も偉大な建築家の 1 人と考えられている一方で，現存する作品はごくまれである．J・F・ブロンデルのもとで修行し，初期の作品はルイ 16 世様式の優美な範例となっている．これらの中には，パリのミシェル・ル・コント街のホテル・ダルウィル（1766），ノルマンディのシャトー・ド・ベヌヴィル（1764 年頃から 1770 年頃），パリ，モンマルトル街の精巧なオテル・ドゥゼ（1768），そしてブールヴァール・モンマルトルとショセ・ダンタンの向かいにあった，対角線の軸線と長方形の「サロン」をもつ独創的なオテル・ド・モンモランシ（1769-71）がある．しかし，1771 年からマダム・デュ・バリー（1746-93）のために設計した，魅力的なルーヴシエンヌのパヴィリオン（1771-73）は，彼による純粋な新古典主義様式の最初の試みであり，内部装飾は当時の完璧な例であった．パリのプロヴァンス街とシャントレンヌ街のあいだのオテル・テリュソン（1778-83，取壊し）では，ルスティカ風の巨大な星形のドリス式アーチからのアプローチを創りだし，邸宅を石組みで完成された「イギリス風」様式の不整形な庭園で取り囲んだ．彼の厳格な幾何学は，後に内部に古代ギリシア・ドリス式の列柱をもつブザンソンの半円形平面の劇場や（1775-80，1957 焼失），「フランシュ・コンテ地方の製塩監督官」として設計した，おそろしく堅固な「アルケ・スナンの製塩工場」（1773-78）へと発展していく．厳格な幾何学にまで単純化された帯状装飾が施されたコラム，縦溝のない古代ギリシア・ドリス式円柱によって強調されたプリミティヴな性質が新しかった．これらの建築群は，1804 年，1847 年に出

版された『芸術，慣習，法制との関係の下に考察された建築（*L'architecture considerée sous le rapport de l'art, des mœurs, et de la législation*)』のなかのショーの理想都市の核をなすことになる．本書においては単純化され簡約化された新古典主義をその言語とし，古代エジプトのピラミッド，男根の形をした売春宿，輪状の樽職人の家，球体構造，といった截石法を駆使した純粋幾何学が呼び起こされる．これと連関して，その道行きは明らかにフリーメーソン的な起源と意図をもつ様々な記憶術的装置をめぐっていく．ショー（「石灰」を意味する．組積造における接着剤であり，したがってフリーメーソン的な連帯のプログラムを示唆している）の，そのほとんどは奇妙で不思議な夢に留まったが，最も卓抜な着想の多くを，パリをとり巻いて建設された一連の「市門」(1785-89)で実現することができた．その中には，セルリアーナ式に並べられた縦溝装飾のない古代ギリシア・ドリス式コラムに支えられた巨大なドラムを擁し，正方形平面の各立面には四角柱形のドリス式コラムが加えられたロトンド・ド・ラ・ヴィレットや，峻厳で力強いパッシー，ロンシャン，ロブセルヴァシオン，ショピネットなどの市門が含まれていた．ここに示された「プリミティヴな」新古典主義は，18世紀の最も偉大な建築的創造の中でも最も厳格で洗練されたものである．

ルート，ジョン・ウェルボーン Root, John Wellborn (1850-91)

アメリカの建築家．イギリスとニューヨーク市で教育を受ける．1873年にダニエル・H・バーナムと共同事務所バーナム＆ルート(Burnham & Root)を設立し，同事務所は実務的に成功し，シカゴ派の展開に影響を与えた．⇨バーナム，ダニエル・ハドソン

ルード・スクリーン Rood-screen
　⇨ルード

ルード・スパイア Rood-spire
　教会の十字形交差部上のフレッシュ（尖塔）ないしスパイア．

ルード・タワー Rood-tower
　十字形交差部上の塔．

ルドネフ，レフ・ヴラジミロヴィチ Rudnev, Lev Vladimirovich (1885-1956)

旧ソ連の建築家．スターリン時代に好まれた過度で粗野なストリップ・クラシシズムでつくられた巨大なモスクワ大学コンプレックス(1948-53)を設計したチームの一員であった．1950年代には大きな塔を戴く同様の建物がソヴィエト圏の各地で建てられた（例：ポーランドのワルシャワ文化科学宮殿(1951-53)).

ルード・ビーム Rood-beam
　⇨ルード

ルドルフ，ポール・マーヴィン Rudolph, Paul Marvin (1918-97)

アメリカの建築家．ハーヴァード大学でグロピウスのもとで学び，1947年に事務所を開設．イェール大学建築学科長(1958-65)となり，コネチカット州ニュー・ヘヴン市のモニュメンタルな芸術・建築棟(1958-64)を設計した．それは階段と橋でつなぎ合わせたマッシヴな塔と多数のスラブ，衝突しあう形態，強く波打ち，はつり上げた表面，そしてドラマティックなインテリアを特徴とする．この建物は1969年，学生の不穏な行動によって一部が火災を起こしたが，そのことはルドルフの心を痛め，話したがらない逸話となっていた．しかしながらその建築デザインは影響が大きく，独特の幾何学はイギリスでラズダンの作品に影を落とした．公式にニュー・ブルータリズムやチーム・テンと連携したことはないものの，彼の設計したイェールの学生宿舎(1958-61)はそれらと近いテーマを表明するものとなった．鉄筋コンクリートの素材を強調するという意味でのブルータリズムはニュー・ヘイヴンのテンプル・ストリート駐車場(1959-62)がそうであり，伝えられるところではそれは自動車への賛辞というものではなく，実のところ，周囲の環境を小さくみせてしまうために巨大で彫塑的な構造体としたものだった．マサチューセッツ州ボストン市の政府庁舎の複合体建築(1962-72)は広場を囲むように配されており，おそらくシエナの都市広場にヒントを得たものとされるが，類似性は見出しにくい．他の作品には，フロリダ州のサラソタ高等学校(1958-59)，ニューヨーク州ガーデン・シティのエンドー実験所(1960-64)，マサチューセッツ州ノース・ダー

トマスの南西マサチューセッツ大学主要棟
(1961-63) がある. 1960 年代に彼は, 建築界
を苦しめた困難の多くが「形態を決定する唯一
のものとしての機能主義の概念から」発生した
としたが, それはグロピウスの影響への拒絶で
あるかのように聞こえる.

ルード・ロフト Rood-loft
　⇨ルード

ルードン中空壁 Loudon's hollow wall
　二枚のフランドル積み (⇨煉瓦) からなる煉
瓦壁で, そのストレッチャー相互間に 2 インチ
(5.08cm) の間隔が保たれ, 中空部分を埋める
にはヘッダーに 2 インチのクローザー煉瓦が必
要となる. 変異形にはクローザーなしでヘッダ
ーを置くものや, ヘッダーを外側表面から 1 イ
ンチだけ窪ませて積むことで, 漆喰やスタッコ
の下地として格好の付着面を形成する. 園芸目
的で中空層を温めることがある. ルードンはこ
れ以外にもダーン積みやシルバーロック積みと
いった中空壁を考案した.

ルナール, ブルーノ Renard, Bruno
(1781-1861)
　ベルギーの建築家. ペルシエとフォンテーヌ
のもと, パリで修行した. モンス近郊のグラ
ン・オルニュ (1820-32) を設計した. これは
集合住宅を含む巨大工場群 (真に「企業城下
町」(カンパニー・タウン) といえるもの) で
あり, デュランやルドゥーの大きな影響を受け
ている. トゥルネ市庁舎の庭園 (1822-24) と
同じくトゥルネのサール・デ・コンセール
(1820-28) は特筆に値する. 後者の建築物では
地上階に屋根つき市場, 上階にオーディトリア
ム (音楽堂) が設けられ, 通常の単一目的をも
つホールとは一線を画している. ルナールによ
るトゥルネのアバトワール (食肉処理場)
(1833-35, 1982 に取り壊された) はこのビル
ディング・タイプのフランスにおける作例の影
響を受けた. 数多くの論文や手引書を出版し,
その教えを通じて次世代の建築家たちに影響力
を及ぼした. ベルギーのコミシオン・ロワイヤ
ル・デ・モニュマン (王立記念建造物委員会)
の創立会員であり (1835), この国の歴史的建
造物の保存・保全のために活躍した. トゥルネ
司教座聖堂を修復し (1840-45), 事業報告書を

執筆した (1852 出版).

ルーニック十字 runic cross
　ケルト十字.

ルーニック・ノット Runic knot
　アングロサクソンやケルト美術の複雑な組紐
装飾. とくにハイ・クロスに用いられるが, ロ
マネスクのデザインにもみられる.

ルネサンス Renaissance, Renascence
　⇨ p.1154 参照

ルネット lunette
　1. 櫛形または半円ヴォールトがぶつかる垂
直平面の, 内弧面と起拱線で囲まれる部分.
　2. アーチやヴォールトで囲まれた, 櫛形や
半円形の開口部. たとえば円筒ヴォールトの端
部の壁面開口や, アーチ型開口部の扉上の明か
り窓など.
　3. 櫛形または半円形ペディメントのティン
パヌム部分.
　4. 城塞建築における独立した稜堡で, 通常
半月型平面のもの.
　5. ロマネスク様式の方円柱頭の半円形面を
さし, 円柱と接続する下部の形状から生成され
る.

ル・ノートル, アンドレ Le Nôtre, André
(1613-1700)
　17 世紀フランスの幾何学式庭園の創意あふ
れるデザイナー. その最も偉大な計画はヴェル
サイユ庭園 (1661-87) であり, 多くの泉水,
運河, 園路やパルテール (花壇) が設けられ
た. ルイ 14 世のためのその作品はヨーロッパ
中に巨大な影響を及ぼした. 1657 年に「フラ
ンスの建築物, 庭園, タペストリーおよび製作
所 総 監」に 就 任 し た. ニコラ・フーケ
(Nicolas Fouquet, 1615-80) のためにヴォー・
ル・ヴィコント庭園 (1656-61 造営) の設計に
従事し始めた後のことである. 新たに王政復古
した後のグレート・ブリテンおよびアイルラン
ドの王チャールズ 2 世 (Charles II, 在位
1660-85) のためにグリニッジ庭園 (1662, 多
くが当時の姿を保っていない) を設計した.
シャンティイ (1663-88), サン・ジェルマン・
アン・レ (1663-73), そして, パリのテュイル

リー庭園の造営事業を実施した．クラニー庭園（1674-76），マントノン庭園（1674-78），ムードン庭園（1654，および1679-82），パレ・ロワイヤル庭園（1674），サン・クルー庭園（1665-78），およびソー庭園（1673-77）も彼の作品である．1698年にはイングランド王ウィリアム3世（William III, 在位1689-1702）のためにバークズのウィンザー庭園を設計した．その思想と設計の本質的原理はアントワーヌ・ジョゼフ・ドザリエ＝ダルジャンヴィル（Antoine Joseph Dezallier d'Argenville, 1680-1765）による『造園術の理論と実践（La Théorie et la pratique du jardinage）』（1709）の中にうかがえる．これは18世紀に出版されたフランス幾何学式庭園についての最も重要な概論である．英語やドイツ語にも翻訳され，いくつも版を重ねた．それによってあらゆる文明世界にフランス式庭園のデザイン原理が伝播していった．

ルバ，ルイ＝イポリート Lebas, Louis-Hippolyte (1782-1867)

フランスの建築家．A・L・T・ヴォドワイエとペルシエ，フォンテーヌのもとで学ぶ．パリのノートル・ダム・ド・ロレット（1823-36）をコリント式オーダーの高貴なポルティコとバシリカ式平面で設計し，内部がすべて多彩色の初期キリスト教様式とした．イオニア式列柱で支えられたクリアストーリー，格天井，東正面にはアプスを配している．1825年には，パリのラ・ロケットの敷地にモデル監獄を設計するコンペティションに応募し，中央の礼拝堂と連結した6棟の翼棟からなる巨大な六角形平面の案で当選した（1973年に取壊し）．弟子の中にはラブルースト兄弟とシャルル・ガルニエがいる．

ループホール loop-hole

倉庫の外壁に上下へ列に揃えられた扉の並び．通常ヒンジつきの荷捌き台を備え，開口の最上部には荷物の揚げ降ろしと部屋の中への釣り込みのための滑車が設けられている．

ルフュール，エクトル＝マルタン Lefuel, Hector-Martin (1810-80)

フランスの建築家．L・ヴィスコンティの後を襲ってルーヴルとチュイルリーの建築家とな

り（1854-80），R・M・ハントの補佐を受けた．ルフエルの背の高いマンサール屋根と豊かな（時に行き過ぎた）ルネサンス・リヴァイヴァル様式の装飾は第二帝政様式の表徴であり，影響力をもった．他に，18世紀様式で設計したフォンテーヌブローの劇場（1853）や1855年のパリ万国博覧会のための建物群がある．

ル・ブルトン，ジル Le Breton, Gilles (1553没)

フォンテーヌブローのフランソワ1世による建築を監督した石工棟梁．フォンテーヌブローに現存する設計には，重層するロッジア（1528-40）をもつ黄金門，楕円の中庭への入口（1531頃以降，ポルティコと階段を含む），白馬の前庭の北面がある．彼の比較的率直なルネサンスの古典主義はセルリオの影響を受けたが，その一方で，レスコの作品の先例となった．

ル・ブロン，ジャン＝バティスト＝アレクサンドル Le Blond, Jean-Baptiste-Alexandre (1679-1719)

フランスの建築家．パリで修行し，リュー・ド・ヴァレンヌにオテル・ド・クレルモンを建築している（1708-14）．その優雅な建築はシャティヨン・シュル・バニューのレノー邸以降（1709-14頃），高く評価されるようになった．1716年か1717年にはピョートル大帝に仕官してロシアのサンクト・ペテルブルクでの諸事業を宰領した．ペーターホフ宮殿にロココ様式を導入している（のちにラストレッリによって幅が2倍に拡張された）．すぐれた製図師でもあり，フェリビアンのサン・ドゥニの歴史についての書籍（1706），および彼自身も編集に携わったダヴィレの『講義録（Cours）』1710年版の図版を手がけている．

ルペール，ジャン＝バティスト Lepère, Jean-Baptiste (1761-1844)

1798年のナポレオンのエジプト遠征に同行した学者の1人で，19世紀のエジプト学の最重要文献の一つとなる『エジプト誌（Description de l'Égypte）』の準備に参加した．フィラエのキオスク，ルクソールのオベリスク，エドフの神殿の塔門（パイロン）を表す，

「エジプト探検隊」（1811-12）の図案で精巧なセーヴル焼の装飾皿をデザインした．また，ナポレオンの第1帝政の歴史における輝かしいできごとを象ったメダルのデザインも多く手がけた．1802年にはペルシエとフォンテーヌとともにマルメゾンの設計に参加，さらにゴンドアンとともにトヤラヌス記念柱に基づいたパリ，ヴァンドーム広場の記念柱（1806-10）の責任者となった．さらに，シャルグランによるサン・フィリップ・デュ・ルル聖堂（1768-84）の様式にもとづいて，パリのサン・ヴァンサン・ド・ポール聖堂（1824）の初期デザインも手がけた．イトルフの義父にあたる．

ル・ポートル，アントワーヌ Le Pautre, Antoine (1621-79)

　ル・ヴォーとマンサールに次いで最も創意にあふれた17世紀フランスの建築家．パリのシャペル・ド・ポール・ロワイヤル（1646-48）を設計したが，最も著名な作品は2本の通りに面したありえないほど不規則な敷地にたつパリのオテル・ド・ボーヴェ（1654-60）である．強い軸線に沿って敷地内部に中庭を設けて全体に秩序を与え，この中庭や主階段室では印象的な創意の多様性を示した．『多くの宮殿の設計案（*Desseins de plusieurs palais*）』（1652-53）や『アントワーヌ・ル・ポートル建築作品集（*Les œuvres d'architecture d'Anthoine Le Pautre*）』（1681）を出版した．そこにはル・ヴォー以上にさえバロック的な豊饒さで彩られた巨大な城館や宮殿の設計案も含まれている．これらの出版物はレンやシュリューターに影響を与えたように思われる．サン・クルーにおける彼のバロック的な滝（カスケード）（1662頃-64）はその最高傑作の一つである．甥のピエール・ル・ポートル（Pierre Le Pautre, 1648頃-1716）はアルドゥアン＝マンサールのもとでヴェルサイユで活躍し，サロン・ド・ルイユ・ド・ブフ（牛眼の間）（1701）や礼拝堂（1709-10）の装飾を手がけた．これらはロココ様式の始まりにおいて重要な作品である．

ル・ミュエ，ピエール Le Muet, Pierre (1591-1669)

　フランスの建築家，作家．最も重要な著作は『あらゆる種類の人々のための建築手法（*Manière de bastir pour toutes sortes de personnes*）』（1623）であり，おそらく，セルリオの当時未完の『建築書（*Architettura*）』「第六書」，およびデュ・セルソーの『建築三書（*Trois Livres d'Architecture*）』，とりわけ「第一書」（1559）に基づいて執筆された．ル・ミュエの書籍には，きわめて狭小なものから非常に広壮なものまでさまざまな敷地にあわせた都市住居群の設計案が掲載されていて，3回再版され，1670年には英訳された．1728年には『現代建築，あるいは，あらゆる種類の人々のためのよき建築術（*Architecture moderne ou l'art de bien bastir pour toutes sortes de personnes*）』と題した設計図集によってとってかわられることにはなるが，彼が設計したパリの数多くの町屋（その多くはマニエリスムの傾向をもつ）の中で当時の姿のまま残っているものは多くはない．リュー・デュ・タンプル71番地の端正なオテル・ダヴォー（現サンテニャン）（1644-50，ルーヴル宮殿の影響を受けた庭園側ファサード，およびジャイアント・オーダーのピラスターで活気づけられたファサードをもつ中庭を備えている），そして，リュー・ヴィヴィエンヌ16番地のオテル・テュブーフ（1648-54）は数少ない例外で，どちらも古典主義による優雅な試みである．ル・ミュエはノートル・ダム・デ・ヴィクトワール聖堂（1629）の敷地平面を設計し，1655年から1666年までル・デュクを助手としながらルメルシエの跡を継いでパリのヴァル・ド・グラースを手がけ，修道院の建築物群，および聖堂の上層オーダーとドームを竣工させた．

ルメルシエ，ジャック Lemercier, Jacques (1585頃-1654)

　17世紀半ばのフランスの重要な建築家．レスコによって着工したパリ・ルーヴル宮殿クール・カレ（方形中庭）整備事業で活躍し，パヴィヨン・ド・ロルロージュ（時計のパヴィヨン）（1641竣工）を手がけた．アティックの上にカリアティッド（女身柱）のオーダーを導入し，その上には三角形のペディメントを設け，その中にさらに小さな三角形と円弧形のペディメントが施された．これはローマのイル・ジェズ聖堂のデッラ・ポルタによるファサードに由来するものである．ルメルシエは枢機卿リシュリュー（Cardinal Richelieu, 1585-1642）の建築家となり，パリのパレ・カルディナル

（のちのパレ・ロワイヤル）（1624-36，外壁以外は取り壊された），およびパリ・ソルボンヌのドームを備えた聖堂（1626 着工，おそらくローマのサン・カルロ・アイ・カティナーリ聖堂にもとづく）を建立した．後者では中庭側にすばらしいコリント式オーダーを備えたポルティコを設けた．ヴァル・ド・グラース聖堂では端正なドームを設計した（1646-）．ドームのドラムは力強いバットレスで支持されていて，バットレスは古典主義オーダーのように扱われており，美しい造形となっている．1631 年以降，シノン付近のリシュリューのシャトー（城館）（ほとんど取り壊されている）と町を設計・施工した．後者は厳格なグリッド状都市計画の試みである（ほぼ無傷で現存する）．枢機卿リシュリューのため，ルイユのシャトーを拡張し，壮大な付属庭園を計画して，聖堂も建立した（1633-）．また，オテル・ド・リアンクール（1623，現存しない）など，パリの何棟かのオテル・パルティキュリエ（都市邸宅）の建築家としても知られ，1655 年，マロの出版物の中で紹介されている．

ルメルシエ，ピエール　Lemercier, Pierre（16 世紀前半から半ばにかけて活躍）

フランスの建築家で，おそらくパリのサン・トゥースターシュ聖堂（1532 起工）の設計者だと考えられる．これは典型的なフランス・ゴシック建築の平面，アプスを備えた東端部，周歩廊，放射状祭室，交差廊を備えているにもかかわらず，そのディテールはほとんど完全なルネサンス様式で，トレーサリーは表面的にはゴシック的であるがその紋様や装飾はルネサンス風に変化しているという興味深い建物である．1552 年にポントワーズのサン・マクルー聖堂の塔を完成させるという仕事を引き受けた．そのサン・トゥースターシュ聖堂やサン・マクルー聖堂での仕事は息子のニコラ・ルメルシエ（Nicolas Lemercier, 1541-1637）に引き継がれたが，その仕事は主に 1578-80 年頃と推定されるパリのサン・トゥースターシュ聖堂の身廊であった．ニコラの息子は高名なジャック・ルメルシエである．

ルラーゴ一族　Lurago Family

イタリアの建築家一族で，ボヘミアで活動．カルロ（1618 頃 -84）はクラドノ修道院

（1663-68）とプラハのコレギウム・クレメンティヌム（1654-58）を設計した．一家で最も知られているのはアンセルモ・マルティーノ（Anselmo Martino）で，プラハで 1765 年まで活躍した．ルラーゴ一族はボヘミアのバロック，ロココの建築の発展にとって重要な存在だった．

ルラーゴ，ジョヴァンニ　Lurago, Giovanni（1548-71 活躍）

ジェノヴァの彫刻家，石彫職人でアレッシ設計のストラダ・ヌオーヴァの多くの建物，とりわけ 1564-66 年のパラッツォ・グリマルディ（現市庁舎）のファサードを制作した．その弟ロッコ（Rocco, 1558-97 活動）はパラッツォ・デル・ムニチピオの設計者とされてきた．この建物は急な斜面に段状のテラスを大階段と組み合わせて巧みに計画されたが，記録によればその建築家はドメニコ・ポンツェロ（Domenico Ponzello, 1548-71 活躍）とジョヴァンニ（Giovanni, 1549-96 活躍）の兄弟である．

ルーラル・アーキテクチュア　rural architecture

田園と関連づけられた建物で，とくに 18-19 世紀の装飾コテージ（コテージ・オルニ）や装飾農場（フェルム・オルニ）やその他の建物で，田園の理念を示唆するもの．ピクチャレスク・ランドスケープと同様に，自由な構成，非対称性，ヴァナキュラーな細部とラフキャスト，草葺き屋根，野石積み（ラブル）などの材料が用いられる．⇨ラスティック

ル・ロワ，またはルロワ，ジュリアン＝ダヴィッド　Le Roy also Leroy, Julien-David（1724-1803）

フランスの建築史家で，J・F・ブロンデルの後を襲ってアカデミーの建築学教授となった．恐怖政治下に革命派が王立アカデミーを廃止したときには，建築学校を閉鎖から守った．ルロワの古代ギリシア建築研究は，必ずしも正確ではなく，そのために批判を招きもしたが，新古典主義とグリーク・リヴァイヴァルに深大な影響を与えた．1758 年に出版された著書『ギリシアの最も美しいモニュメントの廃墟（Les Ruines des plus beaux monuments de la Grèce）』によって，同時代人はドリス式オー

ダーをはじめて理解したのだった．『コンスタンティヌス大帝から現在までに，キリスト教徒が聖堂に与えた平面と多様な形態の歴史 (*Histoire de la Disposition et des Formes Différentes que les chrétiens ont données à leurs temples depuis le règne de Constantin le Grand jusqu'à nous*)』(1764) と『古代の人々の建物についての省察 (*Observations sur les édifices des anciens peuples*)』(1767) の二書において，第1巻が1762年に出版されたスチュアートとレヴェットの『アテネの古代遺物 (*Antiquities of Athens*)』の中でなされた前著への批判に対して応答している．

ルントボーゲン様式（ルントボーゲンシュティール）　Rundbogenstil

半円アーチ様式のドイツ語．この様式はビザンティン，初期キリスト教，イタリア・ロマネスク（とくにコモやその周辺の北イタリアの建造物），フィレンツェ・ルネサンス（たとえば半円アーチのパラッツォ）といった先例を用いた本質的に折衷主義的なものである．その名称が示すように，19世紀のドイツ，とりわけバイエルンとプロイセンで発展した．バイエルンでのおもな実践者は，クレンツェ（ミュンヘンのケーニヒスバウ（国王の建築）とアラーハイリゲンホーフキルヘ（諸聖人宮廷教会）(1826-37)）とゲルトナー（国立図書館 (1827-43)，ルートヴィヒキルヘ (1829-44) とその他のミュンヘンの建築）であり，プロイセンではシンケルとペルジウスがこの様式でいくつかのすぐれた建造物を建てた（たとえばポツダムのフリーデンスキルヘ（平和教会）(1850 竣工) など）．この様式はヒュプシュによって推進され，さらにイングランドにおいて，ルートヴィヒ・グリューナー教授（Professor Ludwig Grüner）とアルバート公の支援のもと模倣されるなど，注目すべき成功を収めた．このルントボーゲン様式は，ロマネスクのテーマをとり入れてはいるが，ネオ・ノルマンやロマネスク・リヴァイヴァルと混同されるべきではない．さらに強調すべきなのは，それが決して歴史のリヴァイヴァルではなく，実用性に関する抽象的な考えと設計のための合理的アプローチから導かれたということである．

レイアー，ウィリアム　Layer, William（活躍 1419-44 没）

イングランドの石工．イーリ大聖堂の聖母礼拝堂の修復 (1439-40) にかかわり，バリー・セント・エドマンズ（サフォーク）のセント・メアリー聖堂のすばらしい身廊 (1424-44) や，ラファムの聖堂（サフォーク）の塔を設計したと思われる．

レイヴィスケー，ユーハ　Leiviskä, Juha (1936-2023)

フィンランドの建築家．その独特の平面による建築は，デ・ステイルの動向への傾倒からもたらされており，光の操作に対する生涯を通しての関心の結果でもある．宗教建築以外では，キューヴォーラ市庁舎 (1964-68，バーテル・サーミオ (Bertel Saarmio, 1912-69) と協働) がある．とはいえ，彼は教会建築と教区センターの仕事で知られており，ナッキーラ (1968-70)，ヴァンターのミリメッキ (1980-84)，キュオピオのメニステー (1986-92) など，いずれもフィンランドにおいて教区センターを手がけた．とくにキュオピオの作品では，明るい光に満ちた空間が世界的な称賛を集めた．フィンランドのヘルシンキにあるドイツ大使館 (1986-93) も彼の作品である．

レイキング・アウト　raking out

煉瓦積みのモルタルを塗る前に，モルタルを除去すること．

レイキング・アーチ　raking arch

ランパント・アーチ．⇨アーチ

レイキング・コーニス　raking cornice

三角ペディメントの傾斜頂面上のコーニス．

レイキング・コーピング　raking coping

切妻壁など傾斜のある面上の笠石（コーピング）．

古代ギリシア様式ではあるが，グリーク・リヴァイヴァルで設計された最初期の建物の1つである．

レヴェリー，ウィリー　Reveley, Willey (1760-99)

イングランドの建築家．ロンドンのサマセット・ハウスの建築でチェンバーズの助手を務めた．1784年から1789年まで，建築家，製図工としてイタリア，ギリシア，エジプトを古事物愛好家のサー・リチャード・ワースリー準男爵 (Sir Richard Worsley, Bt., 1751-1805) とともに旅した．イングランドに帰国すると，レヴェリーは古代ギリシア建築の専門家としての名声を確立した．サウザンプトンにある新古典主義のオールセインツ教会 (1792-95, 解体)，サセックスのウィンドミル・ヒルにある邸宅 (1796-98) を設計した．後者は『新ウィトルウィウス・ブリタニクス (*New Vitruvius Britanicus*)』(1810) に掲載されている．彼の名声はおもにスチュアートとレヴェットによる『アテネの古代遺物 (*The Antiquities of Athens*)』の第3巻 (1794) を編集し準備したこと，ギザのピラミッドのドローイング (現存せず) を描いたことにある．

レヴェール，ヴィルヨー・ガブリエル　Revell, Viljo Gabriel (1910-64)

フィンランドの建築家．ヘルシンキの「ガラス宮殿」オフィスビル (1935, ニーロ・コッコ (Niilo Kokko, 1907-75) およびヘイモ・リーヒメキ (Heimo Riihimäki, 1907-62) と協働) により名をなす．1937年のパリ万国博におけるフィンランド館の仕事でアールトの助手をつとめ，第二次世界大戦以降は多くの建物 (ヘルシンキのテオリスースケスク・オフィスビル (1952)，ケイヨ・ペテーイェ (Keijo Petäjä, 1919-88) と協働) における横連窓とピロティの多用により，国際的なモダニストとしての評価を確立した．1958年にはヘイッキ・カストレン (Heikki Castrén, 1929-80)，ベングト・ルンドステン (Bengt Lundsten, 1928-)，セッポ・ヴァリュース (Seppo Valjus, 1928-2014) と共同でカナダのトロント市庁舎のコンペに勝った．弓形平面の二つの高層棟がドーム型のホールを包み込むようなデザインであり (1964完成)，ジョン・B・パーキン・アソシエーツ

と共同で実現した．また，建築における工業化や標準化の導入に関して影響力があった．

レヴェレンツ，シグルド　Lewerentz, Sigurd (1885-1975)

スウェーデンの建築家．キャリアの最初 (1908-10) にドイツでフィッシャー，メーリンク，リーマーシュミットたちと協働し，新しい合理的な考え方を修得した．作品はナショナル・ロマンティシズムの範疇にあった．その事例は，影響力があったものの実現しなかったヘルシングボリの火葬場 (1913-14) の計画案である．まさに，その墓地と火葬場の設計こそがレヴェレンツを有名にした．ヘルシングボリの計画案では，建物，水，そしてランドスケープが注意深く感性豊かにデザインされていたが，のちの作品でそれが実現した．ヘルシングボリの計画案やさまざまな住宅など，第一次世界大戦前後の仕事はトシュテン・ステュベリウス (Torsten Stubelius, 1883-1963) と協働している．1915年には，ストックホルムの森の墓地でアスプルンドとの長期にわたる協働を開始し，この仕事はレヴェレンツの逝去まで続いた．森の墓地ではランドスケープと優美な新古典主義による復活の教会 (1922-28) を設計したが，20世紀の新古典主義によるスウェーデンでの最も良質かつ巧みな試みの一つである．その他の主な墓地の作品にマルメ東墓地がある．この仕事もまた，1920年代より逝去まで続けられた．厳格な幾何学形態のその建物は，古代ローマや18世紀後半の新古典主義を思い起こさせる．ストラトゥーナの墓地礼拝堂 (1928) は，威厳をやわらげる表現のために最もシンプルな方法が採用されている．

1930年に，ストックホルム博覧会のためにサンセリフ書体やポスターやいくつものパヴィリオンをデザインし，自身のスタイルの方向性を変化させた．晩年に設計した二つの教会，ストックホルムのスカルプネックにおけるセントマルクス教会 (1956-60) とクリッパンのセントペーテル教会 (1963-66) では，むき出しの飾りのない煉瓦を用いて大きな効果を上げているが，実のところ歴史の参照は行われていない．

レエンス，マテュー・ド　Layens, Matthieu de (15世紀活躍)

北ヨーロッパの後期ゴシックの世俗建築の中で最も完璧なものの一つで，フランボワイヤン・ゴシック様式で建てられたルーヴェン（ベルギー）市庁舎（1448-63）の建築家・マスター・メーソン．その作品は，とくに，ゴシック様式の装飾，および，モチーフの使用といった点で調和・統制がとれており，ブルッヘ，ヘント，ブリュッセル，アウデナールデなどに建つ同時代の建築と類似しているが，細部の豊富さではしのいでいる．また，レエンスはベルギーのモンスのセント・ウォードリュ聖堂のクワイアなどを設計している．

レオナルド・ダ・ヴィンチ Leonardo da Vinci (1452-1519)

　イタリア・ルネサンスの万能人で，建築理論や都市計画の分野でも重要な役割を果たした．ミラノ大聖堂交差部（1487頃）の建設にあたってフランチェスコ・ディ・ジョルジョとともに準備調査に携わり，1490年頃にパヴィア大聖堂の建設にあたっても助言を求められた．1490年代にミラノの都市再開発・拡張計画を提案し，いくつかの素描を制作した．レオナルドの素描からは，建物に軸線をもたせて，通りや広場，庭園に対して幾何学的に配置することに関心を抱いていたことがわかる．他の同時代人のように，ドームを備えた集中式平面の建物の可能性にとりつかれた．この点においてミラノでのブラマンテとの関係は重要であり，2人は互いの計画をスフォルツァ家の庇護下で発展させたのである．レオナルドはブラマンテとともに，1490年代にミラノのサンタ・マリア・デッレ・グラツィエ聖堂のドームを備えた交差部と内陣の設計に関与した．これはスフォルツァ家のマウソレウムとなる予定であった．そして，1495年頃にこの修道院の食堂にみごとな「最後の晩餐」（制作年代のわりには驚くべき近代風の建築背景が描かれており，あたかものちのパッラーディオを予期させる）を描いた．ローマのサン・ピエトロ・イン・モントリオ修道院のテンピエットの威厳性にみられるブラマンテの手法の成熟や，同じくサン・ピエトロ大聖堂のバシリカの幾何学的な集中式平面への発展には，レオナルドの影響が少なからぬ役割を果たしたのは当然であるように思われる．

　建築に対する興味は，彼の画帖に魅力的な形で垣間見られる．科学や医学関係の重要な素描

については別としても，彼の鋭い知性は後世への発展をある程度期待させるという点で，建築素描ではしばしば古典主義の語彙を伴う実験が試みられている．すなわち，要塞，集中式平面，そして技術はすべてレオナルドの関心事であったが，ヴィラの設計についての素描（1506頃）もあり，後のパッラーディオ主義や，マニエリスムすらも予期させる．というのも，壁の凹部に円柱を挿入する手法は，後年にミケランジェロもなんらかの形で用いたからである．コーラ・ダ・カプラローラによって着工されたトーディのサンタ・マリア・デッラ・コンソラツィオーネ聖堂（1508）についても，ブラマンテとともに助言者のような立場でなんらかの役割を果たしたらしい．晩年にはフランスで活動し，ロモランタンでは広大な王宮や集落（1517頃-19）を計画した．この計画には，イギリス海峡と地中海とを結ぶ巨大な運河も含まれていた．

レオーニ，ジャコモ Leoni, Giacomo (1686頃-1746)

　ヴェネツィアの建築家とされるが，1713年頃から生涯の大半をイギリスで過ごした．その前にデュッセルドルフに滞在し，ケルン近くのベンスベルクの城館設計の仕事（1705-16）にかかわった．ドイツ滞在中に古代ローマ建築の五つのオーダーに関する専門書に取り組み，イギリス移住前にすでにパッラーディオの『建築四書（*Quattro libri*）』の訳書を出版する考えが念頭にあったことが示され，実際に出版もされた．本文の翻訳はニコラス・ドゥーボイス（Nicolas Dubois）が行い，レオーニは版画の元となるドローイングを準備した．これらの成果が『A・パッラーディオの建築—ヴェネツィア人ジャコモ・レオーニによる改訂，図案，刊行：建築家より選帝侯宮中伯殿下へ（*The Architecture of A. Palladio, Revis'd, Design'd and Publish'd by Giacomo Leoni, a Venetian: Architect to his most Serene Highness, the Elector Palatine*）』（1715-20）として，英語，フランス語，イタリア語で出版された．それは最初の英訳版であり，パッラーディオ自身が使用したどちらかというと粗い木版画の代わりに，大型の銅版画による挿絵をつけたもので，傑出しほどなく大成功を収め，パッラーディオ主義を促進させ，またおそらくはバーリントン

卿の関心をパッラーディオ主義に引き込むきっかけにもなったであろう. 1726-29年に『レオン・バッティスタ・アルベルティの建築（*The Architecture of Leon Battista Alberti*)』を出版した.

レオーニは, ロンドンのバーリントン・ガーデンズのクィーンズベリー・ハウス（1721, パッラーディオ風タウン・ハウスとして重要なプロトタイプ）や, チェッシャーのライム・パーク（1725-35頃）, ロンドンのチェルシーのキングズ・ロードにあるアーガイル・ハウス（1723）, サリーシャーのクランドン・パーク（1730頃-33）, ランカシャーのアルクリントン・ホール（1735-36）をはじめ, 数多くの貴族邸宅を設計した. すべてイニゴー・ジョーンズとパッラーディオを参考にしてはいるが, 彼は純粋主義者ではなく, さらに作品にはバロック時代の模倣以上のものがあり, キャンベルよりもギッブズに近い立場であったことを想起させる. イギリス建築に影響を与えたというよりもむしろ影響を受けたとすることが示される.

レオニドフ, イヴァン・イリイチ Leonidov, Ivan Ilich (1902-59)

ロシアの建築家. ヴェスニンから影響を受け, 構成主義ともかかわりがあった. 彼の実現しなかったプロジェクトである「レーニン研究所」は, ガラスで覆われた吊り構造のエレメントと高架のモノレールが交錯してネットワークを築いている. それはアーキグラムやコールハースなど20世紀後半の建築家たちによって描かれた, 順応性の高いオープンエンドの構造体を予期するものであった. キスロヴォックのオルジョニキーゼ・サナトリウムの円形劇場と階段のランドスケープは, 唯一の実現した作品として重要である.

歴史主義 Historicism

1. 過去に強く影響を受けた建築, とりわけリヴァイヴァリズムの建築（ギリシア, ゴシック, 初期キリスト教, ロマネスク, イタリア風, ルネサンス, さまざまなアンリおよびルイ様式, ルントボーゲン様式, ジャコビーサン, チューダー, その他のリヴァイヴァル）.

2. 自らの作品を, 歴史的分析が可能な文化の発展の「連続的な」過程の一部だと主張する, ある建築家たちにみられる傾向を指すのに

使用される用語. リヴァイヴァルは多くの贅をつくした学術的出版物によって容易になった. 主要なものは考古学調査や細密な実測図面にもとづいており, これが18世紀後半から19世紀にかけての特徴だった. 建築の型と細部を集成し, 一つの様式, または複数の様式の本質に迫ろうと望んだのである. じつは19世紀を通じてさまざまに, 時代にとって,（そして, 多くの前例のない新たなビルディング・タイプにとって）ふさわしい様式を見出そうと関心をもって（おもにヒュプシュによって）主張され, さらにショー, ウェブなどが1870年代に, 自由に折衷的な方法で複数の様式を混合することで, このメランジュ（混合）の中からなんらかの新たな様式が出現するのではないかという理論を発展させた. 保守的な識者は, いわゆるクイーン・アン様式やフリー・スタイルは歴史主義から比較的自由だったと主張しているが, このような見解は明らかに誤りであり, おそらくは歴史的様式のリヴァイヴァルに対する反動だったアール・ヌーヴォーも後期ゴシックやセルティック・リヴァイヴァル, さらにはロココにさえ（はっきりと）強く影響されていて, その主導者やのちの擁護者の主張にもかかわらず, そのようなものとみなされる. 国際現代主義者たちがすべての歴史,（および, おそらくは（彼ら自身のものを除く）すべての様式も）拒否すると, 今度は20世紀にそれへの反動が生まれた. ある建築家たちは, 深刻な分裂が起きてしまったことを認識し, 彼ら自身の歴史との関係の性質を考察して, 関係のないものとして忘れられた偉大な過去の文化との架け橋を再建しようと試みた.

歴史的性格 historic character

建築的・歴史的関心から構成や特徴を記述するために計画分野の語法において用いられた. この用語は通り, 街区や地域全体についても拡大して用いられた.

レクティリニア Rectilinear

⇨垂直式, トレーサリー

レグラ regula (*pl.* regulae)

1. ドリス式エンタブラチュアにおいて, 上部にあるトリグリフの位置に対応したタイニアの下にあって, グッタエを下にとる剞形（くり

かた）．

2. 柱の根元の下にある柱礎.

3. 柱の下にある台座.

レグレット　reglet

中国風雷紋や組紐文装飾などにみられる平縁刳形（くりかた）．ほとんどの場合，ブロックやパネルで用いられ，各部分を区切ったり継ぎ目を覆い隠す.

レゴレッタ，リカルド　Legorreta Vilchis, Ricardo（1931-2011）

メキシコの建築家．バラガン亡き後の 20 世紀末メキシコ建築界において，最も卓越した建築家の一人に数えられる．メキシコ市（1968），バハ・カリフォルニア（1972），キンターナ・ロー州カンクン（1975-79），ゲレーロ州イスタパ（1981）に設計した一連のカミーノ・レアル系列のホテルに見られるように，ヴァナキュラー建築やその他の様式の翻案で知られるが，彼の関心はそれ以上の拡がりをみせ，とくに主たる建築要素としての壁の表現（ヴォイドというよりはソリッドの強調）が注目される．これは国際様式たるモダニズムと，それに付随して世界中に遍在するル・コルビュジエ的なピロティによって侵略される以前の，メキシコ建築の特質を反映している．代表作には，メキシコのモンテレイ現代美術館（1991），テキサス州ダラス近郊ウェストレイクとサウスレイクにまたがるビジネスパーク「ソラーナ」のヴィレッジセンター，不動産業ビル，IBM 社屋など一連の建造物，カリフォルニア州ロサンゼルスのグリーンバーグ邸（1991）などがある.

レサスコ，ジョヴァンニ・バッティスタ　Resasco, Giovanni Battista（1799-1872）

イタリアの建築家．バラビーノによるジェノヴァのスタリエーノ墓地（1844-61，世界で最も壮麗な記念墓地のひとつ）の設計（1825 以前）を引き継ぎ実現した．また，そこにある多数の新古典主義の建物を完成させた．背の低いパンテオン型ドームをもつロトンダもそのひとつ.

レサビー，ウィリアム・リチャード　Lethaby, William Richard（1857-1931）

イングランドの建築家，教育者，理論家．ノーマン・ショウのもとで修行をし，1889 年に自分の事務所を開いた．ウィリアム・モリス，ラスキン，フィリップ・ウェブに影響を受けたアーツ・アンド・クラフツ運動の重要な人物であり，1884 年アート・ワーカーズ・ギルドの設立メンバーとなった．歴史的なものを参照しないわけではなかったが，フリー・スタイルで建物を建てた．住宅作品に，ハンプシャーのクライストチャーチのエイヴォン・ティレル邸（1891-92），ハンプシャーのリンドハーストのハイ・コックスリース邸（1898），オークニーのホイの上品なメルセッター邸（1898-1900）がある．ヘレフォードシャーのブロックハンプトンのオールセインツ教会堂（1901-02）はゴシック様式の引用があるものの，自由なアーツ・アンド・クラフツ的解釈で，大変に美しい教会堂建築である．一方，バーミンガムのコルモア・ロウのイーグル保険会社ビル（1899-1900）はウェブの影響がみられつつ，はっきりとした個性がある.

レサビーはロンドンのアーツ・アンド・クラフツ中央学校（1894）の設立を助け，初代校長となった．工芸を教える設備，工房をもった学校としては最初期のものである．古建築保護協会の主導的メンバーで，著作に『建築，神秘主義，神話（*Architecture, Mysticism, and Myth*）』（1892），『中世美術（*Mediaeval Art*）』（1904），『建築（*Architecture*）』（1912），『文明における形（*Form in Civilization*）』（1922），『ウェストミンスター修道院（*Westminster Abbey*）』（1906，1925）がある.

レジェネレーション　regeneration

将来の存続を可能とする，古建築の修理と保存の担保.

レジデンス　residence

1. とくに身分の高い人や著名人の住まう場所.

2. 交易者の定住地.

3. 任務履行のためにある場所に暮らしていること．たとえば，奉職者が任地にいること，あるいはカレッジや大学などに在籍していること.

4. 宮廷の所在地（たとえば，ドイツにおけるレジデンツ．レジデンツ・シュタットとは，ミュンヘンやヴュルツブルクのような諸侯の宮

廷が置かれた都市である）.

5. レジデンシャル・クォーターとは，都市の区域のうち完全にあるいは大部分が居住用途であるもの.

レジャンス Régence

ルイ15世成人前のフランス（1715-23頃）における，控え目な古典主義.

レジンガム，ロバート Lesyngham, Robert
(1376-94活躍)

イングランドの石工頭. エクスター大聖堂（デヴォン）において，クロイスター（取り壊し），西正面のスクリーン上部，東窓を設計した（1376-94）. また，グロスター大聖堂のクロイスターを設計した可能性がある.

レスカーズ，ウィリアム・エドモンド
Lescaze, William Edmond (1896-1969)

スイス生まれの建築家. 1923年にアメリカ合衆国で開業し，この地にインターナショナル・スタイルをもち込んだという点で重要な人物である. ただし1929年にジョージ・ハウ（George Howe）と共同の事務所を設立する以前の初期の作品では，新古典主義やアール・デコを試みたことがあった. 新しい事務所は，インターナショナル・スタイルによる摩天楼の先駆けとみなされるフィラデルフィア貯蓄銀行（1929-33）を設計した. 共同事務所は1933年に解消されたが，レスカーズは再度自身の事務所を開業する1935年まではこの共同名義を使用し続けた.

この時期の作品としては，イギリス，デヴォン州トトナスのダーティントン・ホール校の校長の住宅や，同じくデヴォン州のチャーストン・エステート住宅開発（1932-36），そしてニューヨーク市のレスカーズ邸（1933-34，A・L・ハクスタブル曰く，アメリカ合衆国における最初の近代的住宅であり，その成功がその後の仕事の依頼をもたらした）がある. ワシントンD.C.における最初のインターナショナル・スタイルによる作品であるレスカーズのロングフェロー・ビルディングは，1939年に着手され41年に完成した. 第二次世界大戦においては，レスカーズは実験的素材を用いたプレファブ式の建物を設計し，その後ワシントンD.C.のスイス大使館事務局（1959）やニューヨ

ーク市の国連施設であるキリスト教平和ビル（1961），ピッツバーグのチャタム・センター（1964）など，いくつかの大規模な公共建築，オフィス建築，集合住宅を世に送り出した.

レスキュー rescue

荒廃した歴史的建造物を保存する目的のプロジェクト.

レスコ，ピエール Lescot, Pierre (1500/10頃
-78)

フランスの建築家で，おそらくスコットランド系の子孫. フランスにルネサンス古典主義を導入したといわれている. 20年近くも彫刻家で建築家のジャン・グージョン（Jean Goujon, 1510頃-68頃）と協働した. 彼らの初期作品の一つがパリのフォンテーヌ・デジノサン（イノサンの泉水）（1547-49）であり，これはルグランなどによって全体的に再建され（1788），手を加えられている. レスコはオテル・ド・リニュリ（現オテル・カルナヴァレ，1545頃-50）でジャン・ビュランとも協働した. 1546年にはルーヴル宮殿の設計を依頼され，クール・カレ（方形中庭）の南西隅の建築物を手がけた（1546-51，グージョンと協力）. そのファサードは非常に洗練されていて，イタリア建築にみられる記念碑性には欠けるが，フランス特有の質の高い繊細な装飾が用いられている. だが，ルーヴル宮殿のこのファサードの建築美装全体を手がけたのはグージョンであり，レスコがおもに担当したのは主要な要素の配置と平面計画だったのではないかと思われる.

レスター，ジョン Leicester, John (1349-51
活躍)

イングランドの石工. ロンドン塔のポスターン（うずみ門）（1349-51）を建て，その際，王営繕局のすべての権限を委任された.

レズニック，デイヴィッド Reznik, David
(1923-2012)

ブラジル生まれのイスラエルの建築家. 1949年に移住するまでニーマイヤーに師事し，移住後はゼエフのもとではたらいて，ラウと共同していくつかの設計を行った. 1958年には自身の事務所を開設し，多くの設計を行った（たとえば，エルサレムの技術研究所と報道協会，

1966 完成). 作品にはマウントスコプスのヘブライ大学学生寮, ブラジルのイスラエル大使館 (1976), エルサレム近東研究所 (1986) がある.

レスボス風キューマティウム Lesbian cymatium
　⇨シーマ

レース窓 laced window
　垂直性の強い窓開口が連続したもので, 例えば明るい赤煉瓦の凸凹ある仕上げが壁面の他の部分と対比される. 18 世紀初期のイギリスで一般的に用いられた.

レソント ressaunt
　⇨ルサン

レッジ ledge
　1. 石などによる水平の帯で, とくに台座のように突出したもの.
　2. 各種の木製扉の内側に設けられる, 水平構造材.

レッドマンまたはレッドメイン, ヘンリー
Redman *or* Redmayne, Henry (活躍 1495-1528 没)
　主導的なイングランドの石工頭. トーマス・レッドマン (Thomas Redman, 1490 頃から活躍, 1516 没) の息子で, 1495 年から 1497 年にかけてウェストミンスター・アビーではたらいた. 1509 年にケンブリッジのキングズ・カレッジ・チャペルを訪ね, ウィリアム・ヴァーチューとともに, その顧問を務めた. 1515/16 年には父のウェストミンスターのマスター・メーソンの地位を引き継ぎ, 身廊の建設に従事した. ウェストミンスターでは, セント・マーガレット聖堂の内陣を建て直すとともに (1516-23), 塔とポーチを設計した (1516-22). 1516 年からは, ヴァーチューとともにイートン・カレッジ (バークシャー) の新築工事に携わり, 中庭の西側部分とラプトンズ・タワーなどを設計した. その後, 枢機卿ウルジー (Cardinal Wolsey, 1475 頃-1530) のお抱え建築家となり, ハンプトン・コート宮殿など, ウルジーの枢機卿時代の一連の大建築事業に対する監督権限をもった. そして, 1525 年まで,

ジョン・リーボンズとともに, オックスフォードのカーディナル (現クライスト・チャーチ)・カレッジの建設に携わり, 全体計画を練るとともに, 南棟と東・西棟の大部分を建てた. 末期の作品としては, 1526 年頃に建設が開始されたウェストミンスター宮殿のセント・スティーヴンズ・カレッジのクロイスターとクロイスター・チャペルがあげられる. レッドマンは, チューダー朝期の後期ゴシック建築において煉瓦を用いた先駆者であり, その作品は影響力をもち続けた.

レディアル・ステップ radial step
　階段の廻り踏み板.

レディアル・ブリック radial brick
　1. ヴーソワール (迫石).
　2. 平面上で湾曲した壁に用いられる特別な煉瓦.

レデュイ reduit
　⇨リダウト(1)

レドゥショセ rez-de-chaussée
　建物の一階を指す.

レート, フロール・ヴァン Reeth, Flor van (1884-1975)
　ベルギーのアーツ・アンド・クラフツの建築家. フランドルの伝統建築に傾倒し, 同時代のドイツの建築物の影響を受けた. ラントハイゼン・スヒルダースルスト, フレータ・エン・デ・ウィッテ・ファース, カペレレイ・イン・モルトセル (1908-09) は注目すべき構成作品であり, 第一次世界大戦以前の彼の完成した作品の典型である.

レート, ボブ・ヴァン Reeth, bOb van (1943-)
　ベルギーの建築家. その作品はきわめて多様である. メヘレン・バッテルのボッテ邸 (1969-71), アントウェルペンのオンゼリーヴェヴロウ学校 (聖母学校) の新翼棟計画案 (1977-78, 半円形アーチを伴う), およびアントウェルペンのシント・ミヒールスカーイのハイス・ヴァン・ロースマレン (1985-87, 1930 年代を思わせる曲線的隅部と幅広の複数の水平

帯がみられる）のような作品がある．オラン
ダ・ユトレヒトのマリアプラーツ地区再開発
（1994-98）はおもしろさがあると同時に巧妙で
もある．

レトロクワイア　retrochoir

　大規模な教会の一部分で，主祭壇のリテイブ
ルやリアドスの裏にあるもの．南北の周歩廊の
どちらかやその東側部分などアプス（後陣）の
中にある．必然的に内陣と東側の礼拝堂に隣接
し，両者に挟まれた領域となる．ハンツのウィ
ンチェスター大聖堂などにその例が見られる．

レニー，ジョン　Rennie, John（1761-1821）

　スコットランドの建築家・技術者．ロンドン
のサザークのアルビオン製粉工場の機械装置の
設計と架設（1784，1791 取り壊し）で評判を
得て，1791 年には会社を立ち上げ，建築的に
も技術的にも称賛される橋脚，運河，下水溝の
システム，港湾，灯台，ドックなどを設計し
た．その例として，ロクスバラシャーのケルソ
ウのトゥイード・ブリッジ（1800-03），ウィル
トシャーのリンプリー・ストークのダンダス水
管（1795 頃-97），ロンドンのサザーク・ブ
リッジ（1811-19，世界最大の鋳鉄橋の一つ，
1913 取り壊し），ロンドン・ブリッジ
（1824-31，1963-71，アメリカのアリゾナ州の
レイク・ハヴァス・シティに再建）などがあげ
られる．ロンドン・ブリッジは，息子ジョージ
（George，1791-1866）と ジ ョ ン（John,
1794-1874）の工事管理によって建設された．
ジョンは，イングランドに建設された建造物の
うち最も印象的なものの一つであるデヴォンの
プリマスの近くのストーンハウスのロイヤル・
ウィリアム・ヴィトゥリング・ヤード（1832
完成）など，王の造船所を多数設計し，1831
年にロンドン・ブリッジが完成した際，ナイト
爵を叙された．J.ブリトンは，『ロンドンの原
画（*The Original Picture of London*）』で，す
ばらしい古代ギリシア風ドリス式のポルティコ
が唯一現存しているスタンフォード・ストリー
ト・ユニオン・チャペル（1823，ブラックフラ
イアーズ，ロンドン）の建築家はジョン・レニ
ー（子）であると主張している．しかし，チャ
ー ル ズ・パ ー カ ー（Charles　Parker,
1799-1881）もまた，その作者として認められ
ている．

レノックス，エドワード・ジェームズ
Lennox, Edward James（1854-1933）

　カナダの建築家．1911 年の時点ではスコ
ティッシュ・バロニアルのカサ・ロマ（トロン
ト）など後期ヴィクトリア朝的な設計をしてい
るが，それ以前のトロント市庁舎や裁判所
（1887-99）ではアメリカ合衆国からモチーフを
得ており，リチャードソンの設計による半円ア
ーチを用いたピッツバーグのアレゲニー郡裁判
所および刑務所（1884-88）の影響を強く受け
ている．したがって彼の作品はイギリスとアメ
リカそれぞれの影響を融合させたものといえる
が，オンタリオ州ナイアガラフォールズのトロ
ント発電所（1903-13）のような堂々たるボザ
ール風古典主義にも長けていた．

レヒター，ヤコヴ　Rechter, Yacov
（1924-2001）

　イスラエルの建築家．ロシア生まれの建築家
ゼエフ・リヒター（Ze'ev Rechter, 1899-1960.
1930 年代パレスチナの第一線のモダニズム建
築家（作品例としてテルアヴィヴ・ベトエンゲ
ルのル・コルビュジエ風アパート（1933））の
息子で 1950 年まではともにはたらいた．自身
の事務所を 1973 年に開設し，ホテル，オフィ
ス，教育施設などを多数手がけた．代表作には
ズィクロンヤアコヴのミヴタキム・リゾートホ
テル（1966-68）や，ハイファのカルメル病院
（1976-78），エルサレム・マウントスコプスの
ヘブライ大学中央図書館（1979-81），同所のメ
ンデルスゾーン設計によるハダッサ病院の増
築，テルアヴィヴの遊歩道・ウォーターフロン
ト開発（1970-85），テルアヴィヴのディスカウ
ント銀行コンピューター・アドミニストレー
ション・センター（1979-82），ハイファ・テク
ニオンのビジネスアドミニストレーション大学
院（1981-85）がある．

レヒネル，エデン　Lechner, Ödön
（1845-1914）

　オーストリア゠ハンガリーの建築家．ユーゲ
ントシュティールにハンガリーの民俗芸術を強
く注入し，ゴシック，ムーア風，ルントボーゲ
ンシュティール（ルントボーゲン様式）の主題
もいくらか採り入れた異国趣味的で民族的な変
種の大家で，ガウディの作品や一般的なバルセ
ロナのモデルニスモを連想させる．最も有名な

作品は，工芸美術館（1891-96），地質学研究所（1898-99），郵便貯金局（1899-1901），ザラ・ジェルジのスタジオ（1905）（いずれもブダペスト）である．ライタの師でもある．

レプトン，ジョージ・スタンリー Repton, George Stanley (1786-1858)

　イングランドの建築家でハンフリー・レプトンの末子．ナッシュの弟子で，彼とともに多くの建築を手がけた．父親とも共働しており，父のために建築を設計した．1820年に自分の設計事務所を開き，カントリー・ハウスや既存の建物の増築において成功した．彼はまた教会や牧師館，ほかの作品（たとえば，ハンプシャーのウィンチェスター・コレッジにある学寮長邸の外庭の正面（1832-33），ニュー・コモナーズ（1837-39），学長邸（1839-41），ハンプシャーのウィンチェスター・コレッジ）も設計した．

レプトン，ジョン・アディ Repton, John Adey (1775-1860)

　ハンフリー・レプトンの長男．多くの仕事において父親と共働し，1811年に父親が病気になってからはとりわけそうであった．J・A・レプトンはウィリアム・ウィルキンス（父）とともにノリッジで学び，彼から中世建築への愛情を教わった．1796年にナッシュの事務所に入り，ウィルトシャーのコーシャム・コートの改築（1797-98）を行ったが，ナッシュはこの青年（子どもの頃から完全に耳が聞こえなかった）を搾取したようで，1802年には父親のもとではたらき，ハンフリー・レプトンが改良した庭園のカントリー・ハウスの改築を多く手がけた．ヨーロッパの多くの地所で改良を行い，それらにはフランクフルト・アン・デル・オーデル近郊にあるノイハルデンベルクのピュクラー＝ムスカウ（1822），ポツダム近郊のシュロス・グリーニケ（1822年竣工であるが，1816年にレンネが着工した）がある．エリザベス1世様式の建築を好んだが，古典主義（ノーフォークのシェリンガム・ホール（1813-19））やロマネスク・リヴァイヴァル（エセックスのチェルムズフォード近郊にあるスプリングフィールドのホーリー・トリニティ教会（1842-43））も用いた．

レプトン，ハンフリー Repton, Humphry (1752-1818)

　「ケイパビリティ」・ブラウンの死後（1783），イングランドの指導的な造園家となった．レプトンは1780年代の流行に対応し，ブラウンより真に「自然な」ピクチャレスクの手法をとった．彼の水彩画家としての才能により，有名な「レッド・ブック」に載せられた「改良前」と「改良後」の図版によって，施主に彼の意図を明確に伝えることができた．70以上の「レッド・ブック」が記録されている．彼の植栽はブラウンのものより密集しており，輸入された珍しい木々や灌木を多く用いた．1795年にジョン・ナッシュと共働し，ラトランドのバーリー・オン・ザ・ヒル（1795），ウィルトシャーのコーシャム（1796-1800），ロンドンのサウスゲート・グローヴ（1797），シュロップシャーのアッティンガム・パーク（1798），デヴォンのラスカム（1799）とほかの地所を手がけた．レプトンの発想がナッシュに大きな影響を与えたことは明らかである．それはナッシュによるブリストル近郊のブレイズ・ハムレット（1810-11），ペネソーンによって完成されたロンドンのリージェンツ・パーク・ヴィレッジの開発にみることができる．レプトンはピクチャレスクの碩学であるペイン・ナイトやユヴデイル・プライスと親しい間柄だったが，ナイトはチェスターシャーのタットン・パークのためのレプトンのレッド・ブックを侮蔑し，それに対抗してレプトンは『風景式庭園についてのスケッチとヒント集（*Sketches and Hints on Landscaping Gardening*）』（1795）において，自らのデザインへのアプローチを擁護した．レプトンは，のちに『風景式庭園に関する省察（*Observations on Landscape Gardening*）』（1803），『風景式庭園における趣味の変遷の研究（*An Inquiry into the Changes of Taste in Landscape Gardening*）』（1806），『風景式庭園の理論と実践に関する断章（*Fragments on the Theory and Practice of Landscape Gardening*）』（1818）を出版した．これらは造園家たち（たとえばイングランドのラウドンやナッシュ，フランスのアルファン，ドイツのピュクラー＝ムスカウ，アメリカのオルムステッド）に深く影響を及ぼした．

　レプトンは建築家としての訓練は受けていなかったものの，造園において建築は「不可分で不可欠な要素」としてとらえており，自ら手が

レフユシ

けた庭園の邸宅の周囲に建築的要素をしばしば導入した．それらは階段のついたテラス，温室，「冬の回廊」（悪天候のあいだの巡回路）などである．サセックスのブライトン・パヴィリオン（1806）をヒンドゥー様式で設計したが，かつての同僚ナッシュが彼にとってかわったときには大いに気分を害した．しかし，ナッシュとともに，レプトンはピクチャレスク運動の重要な要素となるコテージ様式の先駆者であった．1840年には，レプトンの弟子であるJ・C・ラウドンが彼の主要な著作を復刻し，『故ハンフリー・レプトンの風景式庭園と庭園建築（*Landscape Gardening and Landscape Architecture or the Late Humphrey Repton*)』において，ブライトン・パヴィリオンのデザインの翻刻と回想録をともに出版した．レプトンはノーフォークのシェリンガム・ホール（1812-19）とハートフォードシャーのアシュリッジ（1814頃）において，息子のジョンと共働した．彼は自身のデザインの建築的要素に関してしだいに息子のジョンとジョージに頼るようになった．レプトンがカントリー・ハウスにテラスやパルテールを再び導入したこと，および彼のバラ園や鳥類舎のデザインは，ヴィクトリア朝期の造園に大きな影響を及ぼした．

レフュージ refuge

1. とりでのような防御や避難を目的とした場所．
2. ホームレスや貧窮者の保護のための場所．ハウス・オブ・レフュージとも呼ばれる．

レプリーズ reprise, reprisal, repryse, reprisse

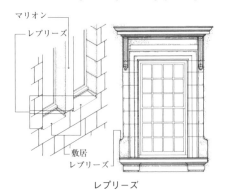

レプリーズ

1. 窓の抱き（ジャム）やマリオンを受ける敷居の一部で，窓敷居と同じ石材から削り出された，窓の抱きやマリオンの底部となるもの．
2. アーキトレーヴの基部でほかの部分よりも幅広で，湾曲した継ぎ目をもつもの．
3. 木造の屋根トラスを支持する削り出しの石造持ち送り．
4. 石積みのへこんだ部分，あるいは建物の凹部における石の刳形（くりかた）（⇨メーソンズ・マイター）．

レベッカ，ジョン・ビアージョ Rebecca, John Biagio (1800-47 活躍)

イタリア系のイングランドの建築家．装飾画家ビアージョ・レベッカ（Biagio Rebecca, 1735-1808）の息子で，ロンドンとサセックスで仕事をした．サセックスのアランドル近郊にあるカースル・ゴーリング（1795頃-1815）を設計した．これは南面は新古典主義で，北面は城館風である．チューダー・ゴシックを専門としたようであるが，古代ギリシア風ドリス式もある程度は手がけることができた．

レモン，ジャン=アルノー Raymond, Jean-Arnaud (1742-1811)

フランスの建築家．J・F・ブロンデルとスフロの弟子で，1785年からパリをとりまくルドゥーのバリエール（関税障壁）の建設を監督した．また著名な肖像画家であるエリザベート・ヴィジェ=ルブラン（Elisabeth Vigée-Lebrun, 1755-1842）の邸館とギャラリーを設計した（1784-86）．1798年にパリのルーヴルの建築家となった．ナポレオンによってヨーロッパ中から略奪された文化財を展示するのにふさわしく豪壮に改修する仕事はペルシエとフォンテーヌに引き継がれた（1805）．しかし，彼の名声を高めたのはシャルグランと協働したパリ，エトワール広場の凱旋門の初期デザインである（1805-06，L・M・ノルマンによって版刻された）．国立図書館とオペラ座にも取り組んだが，その仕事の一部しか残されていない．

レモン・デュ・タンプル Raymond du Temple (1360頃-1405 活躍)

フランスの石工棟梁で，フランス王シャルル5世（Charles V, 1364-80）とシャルル6世

（Charles VI, 1380-1422）に仕えた．1363年以降，パリのノートル・ダムの現場に参加し，1364年にはパリのルーヴルで雇われ，外づけのらせん階段を建設して，そのほかにも多くの増築工事を行った．1401年頃，トロワ大聖堂の顧問も務めており，ヴァンセンヌ城塞と礼拝堂（1370年代）への貢献もある．また，パリのシャペル・デ・セレスタン（1367-70），コレージュ・ド・ボーヴェ（1387）とその礼拝堂も彼が設計し，建設したものである．

レモン・デュ・タンプル　Temple, Raymond du（1359-1403/4 活躍）

フランス王シャルル5世（King Charles V）とシャルル6世（King Charles VI, 1364-1422）お抱えのフランスの石工棟梁．1363年にパリ，ノートル・ダムの石工棟梁となった．セレスタン礼拝堂（1367-70，断片が残る）の建築を監督し，1370年代には，西欧で最初のモニュメンタルな階段の一つとして名高い屋外らせん階段ヴィス・デュ・ルーヴルを建設した．パリのコレージュ・ド・ボーヴェの設計と建設（1387以降）にかかわったが，作品はほとんど残らない．王の異例の寵愛を受けたようである．

レーモンド，アントニン　Raymond, Antonin（1888-1976）

ボヘミア生まれのアメリカの建築家．キャス・ギルバートがニューヨークのウールワース・ビルを設計している頃（1910-12）に助手を務め，1916年にフランク・ロイド・ライトの事務所へ移り，東京の帝国ホテル（1919-20，現存せず）を手伝うことになる．東京滞在時（1923-37）は，自身のために霊南坂（1923，国際的モダニズムの早い例），軽井沢（1932-33）に自邸を，また，東京に赤星邸（1932），川崎邸（1934）を手がけた．1930年代になると勾配屋根に挑戦するようになっていたが，1937年に離日．短期間インドに滞在後，ニューヨークに事務所を開き，アメリカの連邦および州政府の仕事に携わった．1949年，再来日し，リーダーズダイジェスト東京支社（1947-50，現存せず）で，鎧戸のような日本的要素を持ち込み，1953年には，麻布の自邸に伝統的な日本の構法を使った．晩年の作品には，名古屋の南山大学キャンパス（1960-66），ハワイ大学のパン・パシフィック・フォーラム（1966-69）などがある．第二次世界大戦後，近代運動を前進させていく日本人建築家たちに多大な影響を及ぼした．

レリーヴィング・アーチ　relieving arch
⇨アーチ

レリーヴィング・トライアングル　relieving triangle

リンテル上の近似三角形で，石積みが順次持ち送りになってリンテルに荷重がかかるのを防ぐもの（例：ミケーネ建築）．

レリーフ　relief

意匠あるいはその一部の，平面上から自然で密な外観をもつ突出した部分のことで，リリエヴォともいう．建築においては三つの主要なタイプがあり，アルト・リリエヴォ（地の部分からはほとんど分離された高浮き彫り装飾），メッツォ・リリエヴォ（地の部分から3次元形状のうちおおよそ半分が立ち上がっている装飾），バッソ・リリエヴォ（出っ張りが3次元形状のうち半分以下のもの）である．

レール　rail

1．木骨造建築の壁において，柱ないし支柱の間にある水平部材．

2．扉や羽目板，腰羽目などの水平木材部材．それには以下の種類がある．

クランプ・レール：　天井などにある板の端部を受けるために切り欠いた木材．アメリカではバトン（batten）やクリート（cleat）と呼ばれる．

チェア・レール：　室内の腰羽目の頂部にあるコーニス．

デイドー・レール：　チェア・レールを参照．

ハンギング・レール：　蝶番が取り付けられた扉や窓のレール．羽目板扉の蝶番付きレールは縦框である．

フリーズ・レール：　フリーズに対応した羽目板扉のレール．

ミッド・レール：　壁フレームの水平部材で，壁面半ばの高さ，もしくはシルと壁板の間にあるもの．

ロック・レール：　パネル扉の戸枠で鍵が取り付けられ，通常は羽目板の頂部に対応する．

レールトン, ウィリアム　Railton, William (1801 頃-77)

イギリスの建築家．英国国教会の教務委員会の建築家（1838-48）を務めたが，彼の簡素な牧師館やゴシック・リヴァイヴァルの教会（たとえばレスターシャーのウッドハウス・イーヴスにあるセント・ポール教会（1836-37））はキリスト教会学の人々から認められることはなかった．彼はロンドンのトラファルガー・スクエアにあるネルソン記念碑（1839-43）で最も知られている．これは基台の上にコリント式の円柱があり，その頂上にネルソン提督の像がのったものである．サー・エドウィン・ランドシア（Sir Edwin Landseer, 1802-73）による4頭のライオン像は 1867 年に加えられたもので，レールトンのデザインではない．彼の「コルフにあるカルダキ神殿」に関する説明は，スチュアートとレヴェットの『アテネの古代遺物（*Antiquities of Athens*）』の補巻として 1830 年に出版された．

レワル, ラジ　Rewal, Raj (1934-)

インドの建築家．自国にふさわしい建築という課題に対し，土着の材料を用いつつ，アジアのヴァナキュラー形態をヨーロッパのモダニズムと融合する道を模索した．実作はニューデリーに多く，アジアン・ゲームズ・ハウジング（1980-82，中庭やテラス，地域の特徴をいかした設計），国立免疫学研究所（1984-90），ワールド・バンク・オフィス（1990-93），国会図書館（1992-95）などがある．

レンウィック, ジェームズ　Renwick, James (1818-95)

おもにニューヨーク市で活動したアメリカの建築家．彼はブロードウェイのグレース教会（1843-46，第2尖頭式の一種による学究的なゴシック・リヴァイヴァルを感じられる，アメリカ合衆国における最初の例の一つ）とセント・パトリック大聖堂（1958-79）で最もよく知られている．当時のアメリカ合衆国でローマ・カトリック教徒にとって最も重要な建物であったセント・パトリック大聖堂の最初のデザイン（1853-57）は，レンウィックが 1855 年にフランスに研究旅行をしている間にヨーロッパ大陸系ゴシックの知識を広げたことで可能になった折衷主義の力作である．外観についてはランスやアミアン，ケルンの大聖堂から，内部についてはヨーク大会堂やエクセター大聖堂，ウェストミンスター・アビーなどからとられた建築的主題を利用しているが，しかし，実際に建てられたものは身廊と袖廊の交差部に提案した八角形の塔をとりやめてしまうほど，地味で貧しいものに変更された．レンウィックはまたワシントン D.C.のスミソニアン協会（1847-55，イギリス，フランス，そしてドイツの半円アーチの事例のさまざまな点をとりこんだピクチャレスクな作品）や同特別区のコルコラン（現レンウィック）ギャラリー（1859-71，第2帝政様式による），ニューヨーク州ポーキプシーのヴァッサー・カレッジ（1861-65，ルネサンス様式のパリのチュイルリー宮殿を単純化したものにほかのルネサンスの影響を加味している）を設計した．

煉瓦　brick

中身のつまった〔中実煉瓦〕，あるいは空洞〔空洞煉瓦〕，もしくは窪みのある建材であり，通常は直方体だが，特別な用途のためにそのほかの形状をとることもある．粘土，コンクリート，砂，石灰などの材料から製造され，型枠で成形して焼成し，冷やしたりなましたりしてできあがる．メーソンリー（石積み）に対しての長所は，大量生産が容易であり，型枠を用いて寸法が規格化できることにある．また，片方の手でもち上げたり置いたりしながら，他方の手で巧みにコテを操ってモルタルをとり扱うことができる．煉瓦に関連する用語として以下のものがある．

アクリントン：　⇨工業煉瓦

穴あき煉瓦：　煉瓦の中をいくつかの小さな鉛直方向の粘土の円筒形が貫いているもの．表面だけなら中実煉瓦と見分けがつかない．

アングル煉瓦，隅部煉瓦：　⇨ドッグレッグ（犬脚）

異形煉瓦〔直訳すると「成形煉瓦」〕：　ピストル煉瓦のように，普通の直方体以外の形態の煉瓦の形式のこと．

異形煉瓦〔直訳すると「特殊煉瓦」〕：　特定の機能（目的別）に対して特別に作られたもの，あるいは標準的な異形煉瓦．

オランダ・クリンカー：　小さな黄色の煉瓦で，東アングリアにおいて，壁体や舗装によくみられる．クリンカートとも呼ばれる．

カウノーズ（牛鼻）： 一端のみ半円形と
なっているもののこと.

カッター煉瓦： 天然の, あるいは混合され
た, 砂を多く含むローム（均質な質感）のこと. 焼成すると, 裁断・研磨されて精密に成形
することができる.

カット・アンド・ラブド, 裁断・研磨仕上げ
煉瓦： ボールスター〔石や煉瓦を切断する鑿
の一種〕で切断されて成形され, さらに砥石で
研磨されて上質に仕上げられる煉瓦のこと.

ガラス化煉瓦： フレアともいう. 深い暗青
色か青みがかった黒色のものが多い. 通常, 表
面はガラス化されて光沢があり, これはきわめ
て高温で焼成することによる. チェス盤模様,
ダイパー（連続菱形）模様, 文字入り模様, あ
るいは幾何学的デザインの壁面に頻繁にみら
れ, スナップ・ヘッダーの場合も多い.

ガラス煉瓦： 方形のガラス・ブロックのこと
であり, 通常の煉瓦とは異なる形態である.
中空のものも中が詰まったものもある.

カント・ブリック, 面取り煉瓦： 斜めに角
を落とした異形煉瓦のことで, 1カ所に施した
シングル・カントと2カ所に施したダブル・カ
ントがある.

キャップ煉瓦, 頂部煉瓦： 壁体頂部の縁に
置くために成形された煉瓦のこと. ただし, 壁
面線から突出することはない. 半円形, ボー
ル・ノーズ（牛鼻形）, 鞍形（三角形）や円弧
形のような形式がある.

曲面煉瓦： 平面図上で曲線がみられる煉瓦
のこと. 壁面が平面上に曲線を描く場合に用い
られる.

クリンカー： 1. キルン（窯）などで高熱
にさらすことで表面をガラス化した煉瓦のこ
と. 2. 低地地方で製造された硬くて淡色の煉
瓦のこと. 舗装に用いられる.

クリンカート： ⇨オランダ・クリンカー

クローザー： 長手方向に切断, あるいは形
を合わせた煉瓦のこと. 切断されていない方の
長手と半小口を表に向け, 壁面の角や壁面中の
開口部の縁において煉瓦段の端部を形成し, ボ
ンド〔煉瓦の積み方のこと〕の秩序を保つ. ク
ローザーには以下のような形式がある. はす切
りクローザー（j）：斜めの切断面をみせる長
手, 一端が半小口で他端が全小口となってい
る. キング・クローザー（i）：隅切りされた長
手は表にみえず, 半小口が外に向いている 3/4

バット, マイター・クローザー, 司教冠形クロ
ーザー（k）：一端が鋭く隅切りされて小口が
削除されている. 長手側は半分から 3/4 残る.
隣接する煉瓦と隅部で接する場合に用いられ
る. クイーン・クローザー： （通常, 小口段
の隅の煉瓦に隣接する. 半煉瓦〔ようかん〕
「半クイーン・クローザー」（g）と 1/4 煉瓦
〔半ようかん〕「1/4 クイーン・クローザー」
（h）がある.）

クロージャー： バットよりも小さな煉瓦片
のこと. 初期の 11 インチの空洞壁の幅全体を
化粧するために小口側が用いられた. ラウドン
中空壁のように, 2 枚のリーフが接合されなけ
ればならなかった.

ケイ酸カルシウム製煉瓦, ケイカル煉瓦：
砂や砕かれたフリントと消石灰を混合して製造
される煉瓦のことで, フリント石灰煉瓦, また
は砂石灰煉瓦とも呼ばれる. 型枠へと圧縮し,
通常, オートクレーヴ（圧力反応釜）において
硬化させることが可能である.

化粧煉瓦： 壁体の露出面に配される, 選り
抜きの上質煉瓦のこと.

工業煉瓦： 非常に密度が高く, 耐久性があ
り, 強度が高く, 防水性もある煉瓦のこと. 橋
梁, ピア（支柱）, 下水道やその他の産業構築
物のために使用された. 最も普及した形式とし
ては, アクリントン（明るい橙赤色で, プレス
されており, 表面がなめらかなもの）, フン
ツィカー（砕石したフリントと石灰で製造され
る）, サウスウォーター（プレスされ, ワイヤ
ーで裁断されたもの）, およびスタフォード
シャー・ブルー（青色で, ワイヤーで裁断さ
れ, 手工業により製造されるものであり, 防湿
層やコーピングとなるプリンスによく用いられ
る）がある.

小口（a）： 小口の方を外に向けて置かれた
煉瓦のこと.

コシー・ホワイト, コシー白色： ノーフォー
クのコシー産の非常に淡い色彩のゴールト粘
土製煉瓦のこと. 1830 年頃にノリッチとその
周辺でよくみられた.

コース, 段： 水平方向に並んだ煉瓦の層の
こと.

コーピング煉瓦, 笠煉瓦〔訳者による造
語〕： キャッピング煉瓦のようにコーピング
〔壁体頂部の笠状の部材のこと〕のために用い
られる. 頂部断面はボールノーズ（牛鼻形）,

面取り形，鞍形，円弧形や半円形となる．縁の上に被さるように配され，終端が壁面線から突出するので雨水が壁面にかからない．

ゴールト：　石灰を含んだ，石灰質の粘土層でできた密度の高い煉瓦のこと．上下の層は海緑石砂岩層であり，十分なチョーク（白亜）を含んでいて，焼成すると淡黄色か白色の煉瓦となる．わずかに青色を帯びることが多い．

コンクリート煉瓦：　セメント，砂，骨材などから製造される異形煉瓦のこと．普通煉瓦のかわりに用いられる．

コンパス煉瓦：　一辺が円弧を描く煉瓦のこと．アーチや円形窓や類似した形のものに用いられるべくテーパーが付けられている．

サウスウォーター：　⇨工業煉瓦

スタフォードシャー：　⇨工業煉瓦

ストック煉瓦：　当初はストック・ボードの上で手作りされていたが，今は機械成形である．この用語は各地の特徴的な化粧煉瓦にも用いられる．

砂化粧煉瓦：　粘土の表面に砂を振りかけてから焼成する．質の低い粘土（たとえばフレトンズ）の外観をよくするのに用い，通常は長手1面か小口1面のみに施される．

砂石灰：　⇨上記のケイカル煉瓦．通常，内部か地下の構築物に用いられる．

スナップ・ヘッダー：　半分に割られ，壁面に小口のみがみえるように配されたもの．それゆえ，壁体は煉瓦の奥行きの半分よりは厚い程度であり，構造的な安定性という観点からはみかけ倒しである．

スプレー（l, m）：　プリンスか敷居に用いる，頂部に斜面を施したもの．

スリップ：　小さなクロージャー（p），あるいはバットよりも小さな煉瓦片のこと．

精密タイル：　煉瓦タイル，あるいは壁面タイルとも呼ばれ，片面だけ型抜きして煉瓦の外観と大きさに似せたもの．モルタルの中に並べ，仕上げの粗い壁面，あるいは木製枠の当て木に釘で固定し，モルタルで目地を整えることで，仕上げが煉瓦積みにみえるようにしたのである（⇨精密タイル）．

追持煉瓦：　長手側が斜切りされるか，小口側が斜切りされたもの．アーチの追材として用いるべく，縦方向に斜切りした異形煉瓦．

ソルジャー：　長手が鉛直方向に沿って配されているもの．

多色煉瓦：　「マルチ」ともよばれ，化粧材として用いられる．表面は明赤色，暗赤色，青色，黄色などで魅力的に着彩され，白色モルタル仕上げで最も満足のいく効果を得る．

中空煉瓦：　粘土でできた壁体ブロックで，通常の煉瓦よりも大きい．建設を速やかに進めるため，断熱性や防音性を高めるために用いられる．

ドッグレッグ（犬脚）：　直角ではないコイン（隅部）において，ボンド〔煉瓦の積み方のこと〕を良好に保つために用いられるアングル煉瓦（隅部煉瓦）(o) のこと．マイター・クローザーよりも良い仕上がりとなる．

ドライ・ディップド・エナメル煉瓦：　型枠にはめ，乾燥して焼成し，焼きなまし，彩色してガラス化し，再焼成した素焼き物のこと．

長手：　長手を外に向けて配置された煉瓦のこと．

白亜煉瓦：　泥灰質（石灰質）の粘土に白亜を加えてできたほとんど白色の煉瓦のこと．ケンブリッジシャー，リンカンシャー，サフォークでよくみられる．

バーズ・マウス，鳥口：　小口面の一つに穿たれた幅の広い角ばったノッチ（溝）．

バット：　長手側を切断した際に，全形の1/4以上の大きさとなる部分のこと．半バット〔半ます〕(c)，3/4バット〔七五〕(d)，大斜切りバット (e)，小斜切りバットがある．クローザーの代替物として用いられ，壁体各段において寸法を調整しながら積まれるものである．

ピストル煉瓦：　壁面と床面をなめらかに曲線でつなぐのに用いられる．とりわけ，衛生状態を良好に保たねばならず，定期的に水洗するところにみられる．

ヒッチ煉瓦：　⇨ラット・トラップ積み

普通煉瓦：　外観や強度がそれほど求められない場合に用いられる安価な煉瓦のこと．

フランドル煉瓦：　フランドル地方〔現在のベルギー・フラーンデレン地方やフランスのフランドル地方のことで，歴史的には旧フランドル伯領にあたる〕や低地地方〔現在のベルギー，オランダ，フランス北部のことで，オランダの正式国名でもある〕から輸入された薄手の煉瓦，あるいは，その形式を模倣して製造されたもののこと．

プリンス煉瓦：　通常，頂部に配される斜めに成形した，あるいは型枠で成形したもののこ

ブリンドル煉瓦（まだらの意）：　魅力ある茶紫色の煉瓦，または溝をたくさん入れることで色を落とした煉瓦のこと．

フレア：　⇨ガラス化煉瓦

フレトン：　ケンブリッジ州ピーターバラ付近にみられるナッツ粘土でできたもののこと．細かく散りばめられた可燃物を多く含み，焼成する際に燃料の節約になる．大量生産された普通煉瓦である．

フンツィカー：　⇨工業煉瓦

ペサー特許異形煉瓦：　19世紀に多用された，細部の細やかな淡い黄褐色の異形煉瓦のこと．おもにバターフィールドによって（ロンドンのクイーンズ・ゲートのセント・オーガスティン聖堂など），また，ヴィクトリア時代の数え切れないほどのテラス建築で楣やストリング・コースとして使用された．

ペサー特許異形煉瓦（ロンドンのクイーンズ・ゲートにおける，バターフィールド設計のセント・オーガスティン聖堂の事例による）

ボールノーズ，ブルノーズ，牛鼻煉瓦〔角丸煉瓦〕：　アリス（稜線）ではなく縁が丸くなったもの（シングル・ボールノーズ，アリスが脆弱になりやすい場合に用いられる），または縁が2連に丸くなったもの（ダブル・ボールノーズ（n），コーピング〔壁体上部の笠煉瓦のこと〕に用いられる）のこと．

目的別煉瓦：　通常でない，あるいは標準化されていない積み方をするための異形煉瓦のこと．

有孔煉瓦：　規則的に孔が開いていて，壁体を空気が通るようにしてあるもの．

釉薬煉瓦：　通常，耐火粘土か頁岩（けつがん）でできており，正確な寸法と形態で製造され，アリス（稜線）はきわめてまっすぐである．防水性があり，エナメル被覆，あるいは塩釉（えんゆう）が施されている．デイドー（台胴），プリンスやその他，表面を清潔に保たなければならないもの，あるいは，表面が清潔で反射性の高い状態であることを要求される光庭などで用いられる．

ラバー煉瓦：　カッターとも呼ばれ，落ち着いた赤色，白色，または黄色に着色されている．多くの砂を含む不純物のない粘土から作られ，型枠にはめて焼いて固める（焼成ではない）．刻んだり，切断したり，磨いたりするのが容易であり，規格化されたアーチなどに用いられる．目地は石灰パテで良質に仕上げられる．

煉瓦風タイル：　⇨精密タイル

ロンドン・ストック：　ロンドン産粘土で製造される，黄茶色のストック煉瓦のこと．前の焼成時に使用された石炭からのクリンカーが混ざっていることも多い．これを使うと煉瓦で壁面を仕上げる際に，魅力的な青色と赤色の沁みのある暗色のスポットが配されることになる．

ワイア・カット：　直方体の型枠で粘土を型抜き成形してできる．その終端から個々の煉瓦が鋸歯形ワイアで機械的に裁断される．

煉瓦，あるいは煉瓦積みにかかわる用語は以下のとおり．

アリス：　煉瓦の隣り合う2面が接する鋭い稜線のこと．

インデント：　⇨歯形仕上げ

化粧面：　露出させた表面のこと．

ゲージ煉瓦積み：　良質で精密な煉瓦積みのこと．柔らかいラバー煉瓦でできたアーチにおいて，明るい赤色かクリーム色であることが多く，壁体の他の部分と対照をなす．窓や扉といった開口部のまわり，およびアーチのために用いられる．

犬歯形装飾：　猟犬歯形装飾，あるいは鼠歯形装飾ともいう．斜めに角を突出させた煉瓦の段のことであり，その上に突出した層，あるいはコーニスを頂いている．ギザギザな鋸歯形にみえ，コギングとも呼ばれる．角の一つを露出させることでできており，デンティル帯とは別のものである．

コイン：　壁体外側の隅部のこと．

コギング：　「犬歯形装飾」ともいう．

レンガ

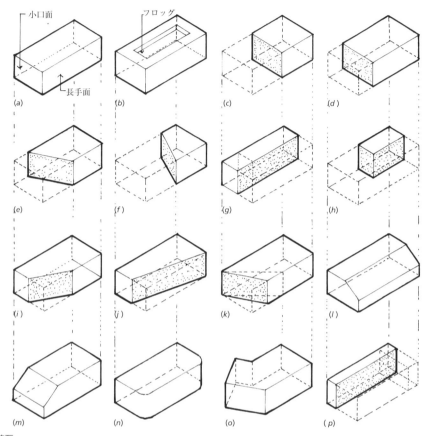

煉瓦

煉瓦の諸形式. (a) 標準の「おなま」. (b) フロッグを型押しされた煉瓦. (c)「はんます」. (d)「しちごぶ」. (e) 大きくベヴェルが施されたバット. (f) 小さくベヴェルが施されたバット. (g) クイーン・クローザー（半分）〔わが国では「ようかん」〕. (h) クイーン・クローザー（1/4）〔「はんようかん」〕. (i) キング・クローザー. 長手の左半分を斜切りした, ある意味「しちごぶ」でもある. (j) ベヴェル・クローザー. (k) マイター・クローザー. (l) スプレー・ストレッチャー〔長手の上半分を斜切りしたもの〕. プリンス煉瓦とも呼ばれる. (m) スプレー・ヘッダー〔小口の上半分を斜切りしたもの〕. プリンス煉瓦とも呼ばれる. (n) ダブル・ブルノーズ〔二重牛鼻〕. (o) ドッグレッグ煉瓦〔犬脚形煉瓦〕. (p)「せんべい」.

コース, 段： 煉瓦の水平層全体のこと. ブリック・オン・エッジ段とは, 長手を表面にして煉瓦を配置したものであり, ブリック・オン・エンド段, またはソルジャー段とは, 小口を表面にし,（その間に）長手面を鉛直方向に立てて煉瓦を配置したものである. 小口段は小口からなり, 長手段は長手からなる.

歯形仕上げ： デンティル帯, あるいは壁体の終端で段（コース）が1層おきに突出しているもの. これはのちの増築を想定した積み方であり, 1層おきにインデント, あるいはシンク（ともに「窪み」の意）がみられる. デンティル帯は, コーニスの指示材（上記参照）のようにさまざまに異なる意味でも用いられる.

シンク： ⇨歯形仕上げ

ストップ・エンド： クローズ・エンドとも

いう.壁体と同じ厚さのまま,長方形の終端面をみせる壁体の終え方のこと.クローザーを援用して仕上げられる.

デンティル帯: 小口を交互に突出させたもので,歯形装飾帯ともいう.その上に突出した層,あるいはコーニスを頂いている. ⇨犬歯形装飾

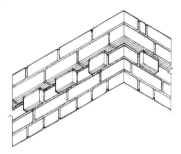

デンティル帯を施した煉瓦積み

ノギング: 木骨構造の〔木骨の間の〕煉瓦で満たされたパネルのこと.

パーペンド: 縦目地が連なって形成される鉛直線のこと.

フェア・フェース: 表面に石膏などを塗っていない煉瓦積みのこと.通常,煉瓦表面と同じ平滑面となる平目地となり,内壁に用いられる.着色の有無はある.

フロッグ煉瓦: 平(ひら)(煉瓦の上面と下面のこと)の一方,または両方にインデント,またはキック(ともに「窪み」の意)を設けたもの.フロッグを下にして片面フロッグ煉瓦を使用すると重量,数,モルタルが節約されるが,通常,フロッグは上にして積まれる.モルタルがフロッグに充填されて壁体が確実に堅固になるからである.

ベッド: 煉瓦の下面のこと〔「平」の内,下面の方を指す〕.ベッドの目地はモルタルを水平面に塗ったものとなる.

ラップ: ある段(コース)の縦目地と,その上か下の段の縦目地の間の水平距離のこと.

リーフ: 中空壁を形成する薄い煉瓦壁のこと.中空壁の両側に内リーフと外リーフが設けられる.

煉瓦の積み方(煉瓦と目地からなる段をどのように配列するかで,形成される紋様が異なり,目にみえない構造体ともなる)は種類も多く多様であり,混同されることも多い.下記の一覧は最もよくみられる形式を明確に記述しようという試みである.

アメリカ積み: イギリス式庭園壁の積み方の形式を指す米国での用語.もっとも,長手段5,6層ごとに小口段1層が挿入されるものである.

アメリカ・フランドル混合積み: ⇨フランドル長手積み

イギリス積み(d): 小口段と長手段を交互に配した堅固な積み方のこと.

イギリス式庭園壁積み(f): アメリカ積み,普通積み,リヴァプール積みともいう.長手段3層から(通常は)5層ごとに小口段が1層挿入され,小口段では隅部(コイン)小口の隣にクイーン・クローザー〔日本語では「ようかん」と「半ようかん」にあたり,ここではおそらく「ようかん」〕が配されている.他の変種もある.

イギリス十字積み(e): セント・アンドリュー積みともいう.イギリス積みに似ており,長手段と小口段が交互に重なっていて,隅部(コイン)小口の隣にクイーン・クローザー〔日本語では「ようかん」と「半ようかん」にあたり,ここではおそらく「ようかん」〕が配されている.1層おきの長手段で長手の幅半分左右にずらされ,目地が階段状になっている〔つまり「破れ目地」になっている〕.オランダ積みと呼ばれることもある.

オランダ積み(c): フランドル交互積みとも呼ばれ,フランドル積みの一変形である.各段で小口と長手が交互に連なり,各段は小口の幅の半分ずつ左右にずれて積まれてジグザグを描き〔つまり,「破れ目地」を形成する〕,米国ではフランドル交互積みとよばれる.オランダ積みの別の形式は,正確にはイギリス積みを少し変えたものであり,小口段と長手段が交互に重なっているが,長手段のコイン(隅部)が「しちこぶ」になっていて,1層おきのすべての長手段で隅部の「しちこぶ」の隣に小口が配されている.これにより,長手段の縦目地が1層おきにずれることになり,隅部の「しちこぶ」によって普通のイギリス積みのクイーン・クローザー〔日本語では「ようかん」と「半ようかん」にあたり,ここではおそらく「ようかん」〕が不要になっている.

レンカ

擬積み：　⇨小口積み

クエッタ積み：　フランドル積みの変種で，壁体内部には鉛直方向に連続する隙間が残っており，そこには補強材やモルタルが詰まっている．

クオーター積み：　⇨レーキング長手積み

化粧積み：　薄くて良質な煉瓦で，普通煉瓦の厚い壁体の表面を化粧したもの．18世紀と19世紀の多くの煉瓦壁体において，普通の大きさの化粧煉瓦による外装は，普通煉瓦による裏地と接合されていないことが多かった．ただ，ところどころにつなぎ材が入る場合もあった．フランドル積みのこのような壁面の小口はスナップ・ヘッダーとなる．

小口積み（j）：　擬積みともいう．壁体表面に小口だけがみえ，非常に堅固で産業構築物や湾曲壁体に有用である．だが，小口積みが中空壁の外リーフで用いられる場合，煉瓦は分割されてスナップ・ヘッダーとなることがある．

混合庭園積み（o）：　混合庭園壁積みとも呼ばれる．じつはフランドル積みの変種であるが，2層から5層の長手段，長手と小口が交代する段が1層，3層から5層以上の長手段というように積まれていく．小口は別の段の小口の直上に置かれることはなく，いかなる規則的な紋様も描かない．

サセックス積み：　サセックス風庭園壁積みともいう．フランドル庭園壁積みと同じものである．

修道士積み（p）：　フライング積み，またはヨークシャー積みとも呼ばれる．フランドル積みの一変種であり，各段において小口と小口の間には長手1個ではなく2個が配され，小口は下の段の長手と長手の間の目地の直上に配置される．〔その他，隙間を埋めるために〕クローザーが必要である．

シルヴァーロック積み：　⇨ラット・トラップ積み

スコットランド積み：　⇨フランドル庭園壁積み

スタック積み，縦積み（u）：　小口を下にして煉瓦を積んだもの．鉛直方向の目地が連続している〔つまり「芋目地」となる〕．ゆえに，荷重を支持しなければならない構造壁には向かない．

ダイパー積み，模様積み：　ガラス化された小口などのさまざまな色彩の煉瓦を壁面に組み込んで使用し，ダイヤモンド形，方形，菱形などの紋様を描き出すような積み方のこと．

ダーン積み（b）：　イギリス積みの変種．長手段は平（ひら）を表面にして空洞をはさみ込んで固定されており（すなわち，長手面が上下の段と接着されている），小口段は普通に平（ひら）を上下にして積まれて内外のリーフを接合している．こうして，長手段1層ごとに高さをわずかに増すことで煉瓦を節約するのである．ダーン積みはラット・トラップ積み，あるいはシルヴァーロック積みと混同されることが多い．ダーンは小口段による積み方も考案した．この場合，長手方向に裁断された長手段は通常のイギリス積みの仕上げのようにみえるけれども，長手の間の連続した空洞はみえないままであり，貯蔵庫として使用するために熱気を通すこともあった（たとえば，ストーヴ・放熱管と接続するなど）．

単フランドル積み（s）：　壁厚が長手の幅よりも厚い壁体の外側表面にフランドル積みの外観がみえるもの．

チェス盤積み，市松積み：　たとえば，フランドル積みにおいて小口面をガラス化して（他の部分よりも暗色でガラスのような仕上げ），規則的なチェス盤状紋様を描くように形成された積み方のこと．ガラス化させた小口のかわりにフリントなどの材料を用いて同じ効果をあげるものもある．

中国積み：　⇨ラット・トラップ積み

鉄環積み：　6層ごとにタールと砂に漬けた平坦な鉄棒を配して強化された煉瓦積みのこと．

長手積み（v）：　長手のみによるもの．長手の幅の半分ずつずらして重ねられている．中空壁によくみられる．

二重フランドル積み（t）：　壁体の外側表面と内側表面の両方がフランドル積みにみえるようにしたもの．

バスケット・ウェーヴ積み：　正方形の中で接着剤なしに3個のソルジャーと3個の長手が交互になっている〔長手を縦横交互にした〕積み方．チェス盤紋様を形成する．

ハニカム積み，蜂の巣積み（k）：　（通常は）小口を省いて配列した煉瓦積みのこと．これは通風のため，あるいは装飾としてである．

不規則積み（l）：　小口を用いた積み方のことだが，特定の紋様を描くのではなく，縦目地

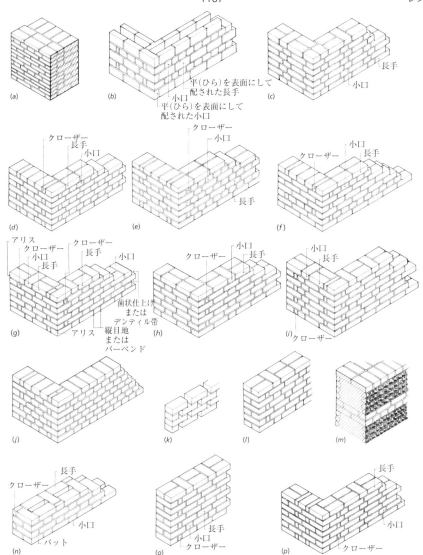

煉瓦積み各種 (a) ブロック積み．(b) ダーン積み．ダーン中空壁とも呼ばれる．(c) オランダ積み．米国ではフランドル交互積みとも呼ばれる．(d) イギリス積み．(e) イギリス十字積み．セント・アンドリュー積みとも呼ばれる．(f) イギリス庭園壁積み，アメリカ積み，普通積み，またはリヴァプール積み．(g) フランドル積み．(h) フランドル庭園壁積み，スコットランド積み，またはサセックス積み．(i) フランドル長手積み，またはアメリカ・フランドル混合積み．(j) 小口積み，または擬積み．(k) ハニカム積み，蜂の巣積み．(l) 不規則積み．(m) レース積み，あるいはフリント化粧仕上げ壁面を構成する諸段．(n) ラウドン中空壁．(o) 混合庭園積み，あるいは混合庭園壁積み．(p) 修道士積み，フライング積み，あるいはヨークシャー積み．

レンカ

は一直線に通っていない〔つまり「破れ目地」になっている〕.

普通積み：　⇨イギリス式庭園壁積み

フライング積み：　⇨修道士積み

フランドル積み (g)〔フレミッシ積み, フレミッシュ積み, フランス積みともいう〕：同じ段で小口と長手が交代に配されたもの. ヘッダー・コイン（隅部の小口）の隣にクローザーを配置する. 変種として, 長手3個, あるいは5個ごとに小口を1個設けるものがある. 二重フランドル積みは壁体の両表面にこの積み方が現れているものをいう.

フランドル交互積み：　⇨オランダ積み

フランドル十字積み：　フランドル積みのことだが, 長手のかわりに, ある間隔で小口が並べられるもののこと.

フランドル庭園壁積み (h)：　スコットランド積み, またはサセックス積みともいう. 各段において, 3個か5個の長手を小口がはさむように煉瓦が並べられて続いており, 小口が, 上下の段の長手群中央に位置するよう配置される.

フランドル長手積み (i)：　アメリカ・フランドル混合積みともよばれる. 小口と長手が交互に配された段が何層かの長手段をはさんでいる. 長手段は3層連続で積まれているのがよくみられるけれども, 1層から6層までさまざまなものがある.

ブロック積み：　フランドル積み, あるいは普通積みを指す米国での用語.

ブロック接合段 (a)：　壁体, またはその一部を他の壁体と接合するのに用いられる〔数層ごとに設けられた〕煉瓦段のこと. たとえば, 化粧煉瓦が異なる大きさの普通煉瓦と接合されている場所があげられる. その段はコインのような効果によって, そこにおいて異なる煉瓦積みと咬合されている.

ヘリンボーン積み, 矢筈積み：　斜めにジグザグ模様を描くように煉瓦を積んだもの. それぞれの段は直下の段と直角をなして配列される.

ヨークシャー積み：　修道士積みともいう.

ラウドン中空壁 (n)：　基本的には中が空洞になっているフランドル積みの中空壁のこと. 空洞は長手, および, 各小口背後の煉瓦片やクロージャーの間にあり, これによって壁体を厚くしている. J・C・ラウドンによって発

明され, 堅固であると同時に美的にも納得できるものだった. また, 中空に熱気を通すことで, ある種の植物の樹形を矯正するのに理想的な場所となり, 庭園壁, 菜園, ビニルハウスや温室で用いられる.

ラット・トラップ積み, 中空積み (r)：　中国積み, オール受け積み, またはシルヴァーロック積みともいう. フランドル積みかサセックス積みの一変種であり, 各段で長手を上下にした小口と平（ひら）が交互に配置されている. 長手を上下に平を表面にした煉瓦は外リーフと内リーフを形成し, その間には空洞がある. 小口（長手を上下に平を表面にした煉瓦の中央に配される）は外リーフと内リーフをつなぐ役割を果たしている. 非常に経済的だが, 防水性はなく, もし住居に使用するのなら外側を下塗りしなければならない. おもな利点は中央の空洞に熱気を通して, 植物を育てるための壁に使用できることである. ハートフォードシャーのウェア近辺では, ラット・トラップ積みのようにみえるものとして, 1828年にC・ヒッチによって発明された, 複雑に組み合わされた形態のヒッチ中空煉瓦壁がある.

リヴァプール積み：　⇨イギリス式庭園壁積み

レーキング積み：　ヘリンボーンのように異なる方向を向いた煉瓦を交互に配置した段からなる.

レーキング長手積み (q)：　クオーター接合積み, クオーター積みともいう. 長手積みの一変種であり, 長手の幅の1/4ずつずらして重ねられている.

レース積み (m)：　フリント, コーブルなどの壁体において, 規則的に結合を強化する煉瓦やタイルの, 単数, あるいは複数の段のこと.

煉瓦積みの通常のモルタルのポインティング（引き込み目地（隣り合った煉瓦の縦横の隙間のモルタル）の上にモルタル仕上げを施すこと）の形式と色彩は外観, 安定性, 風化の観点からきわめて重要である. よくみられる目地の種類をいくつかあげる.

V字形目地：　平目地の中にV字形断面の溝を施したもの.

鍵目地：　バケット・ハンドル目地とも呼ばれる. モルタル表面に円弧形断面の溝が施されている. 目地が奥に引っ込んでいるのは, 石膏

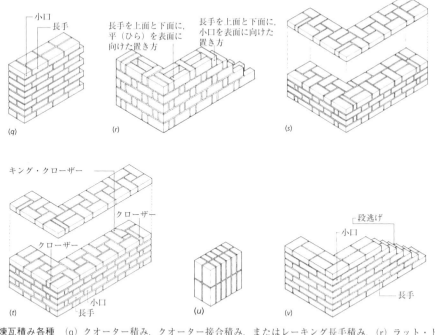

煉瓦積み各種 (q) クオーター積み，クオーター接合積み，またはレーキング長手積み．(r) ラット・トラップ積み，中空積み，中国積み，オール受け積み，またはシルヴァーロック積み．(s) 単フランドル積み．交互の段の内部がみえるように図解．(t) 二重フランドル積み．交互の段の内部がみえるように図解．(u) スタック積み，縦積み．(v) 長手積み．

やスタッコを塗って固定する引っかかりとするためでもある．

規則目地： 刻み目地ともいう．平坦な縁に対してこての先端を駆使して溝を規則的に刻み，きわめて精密な仕事であることをみせるのである．

擬タック仕上げ： モルタルのみによってタック仕上げを模したもの．断面が本物のタック仕上げと同様である．

研削平目地： 布や砥石などで表面からはみ出たモルタルを削って，煉瓦表面と同一平面上にそろえられた平目地のこと．

しのぎ目地〔直訳すると「オーバーハンドでたたかれた目地」〕：〔目地頂部が〕直上の段の煉瓦表面と同一面にあり，下に向けて斜めに引っ込んでいく平滑な目地のこと．

しのぎ目地〔直訳すると「たたかれた目地」〕： 目地底部が煉瓦表面から引っ込んでいて，頂部が直下の段の煉瓦表面と同一面にある，断面が斜めになった平滑な目地のこと．

しのぎ目地〔直訳すると「風化目地」〕： 目地頂部が煉瓦表面から引っ込んでいて，底部が直下の段の煉瓦表面と同一面上にある，断面が斜めになった平滑な目地のこと．

タック仕上げ： 煉瓦積みと同じ色彩のモルタルで平目地に仕上げ，各目地の中央に沿って溝を刻むこと．少量の砂銀を加えた石灰パテによる精密な帯状装飾をタック（縫い襞）のようにそこに施す．このパテは数mm突出しており，上下の縁は直線で区切られている．最上級の仕上げにおいては，鉛直方向のタックは水平方向のタックよりもわずかに幅が狭い．

バケット・ハンドル目地： ⇨鍵目地〔「バケツの取っ手目地」の意〕．

バッグ・ラブ仕上げ： 煉瓦と同一平面上に仕上げられた目地の中央部をわずかに凹ませたもので，研削平目地の一形式．

引き込み目地〔直訳すると「空腹目地」〕：

深く凹んだ仕上げのことであり，煉瓦，あるい
は石材の一つ一つの輪郭が強調される．

引き込み目地〔直訳すると「窪み目地」〕：
煉瓦表面から引っ込んでいるもののこと．

引き込み目地〔直訳すると「鷹の目から逃れ
た目地」〕：　装飾目的で煉瓦積みの表面から
10-15 mm 分モルタルを除いた目地のこと．こ
れを引っかかりにして石膏を塗ったり，さまざ
まな形式の上塗りが可能になったりする．

平目地：　モルタル表面を煉瓦表面と同一平
面上にそろえたもの．

リボン仕上げ：　石材表面から突出した状態
のモルタルのこと．見苦しいし，水の流れを止
めてしまうので，凍結した際に壁面を損なう．
また，20 世紀後半には経験の浅い石工がこの
技法を手がけるようになってしまい，問題は広
くみられるようになった．

連球紋 bead-and-reel
⇨ビード・アンド・リール

レン，サー・クリストファー　Wren, Sir
Christopher (1632-1723)
　イングランドで最も偉大な建築家の一人．父
はウィルトシャーのノイルの高教会派の小教区
牧師で，2 人はよい関係にあったが，レンは探
究心をあらわにし，実験的学問の先駆者となっ
た．オックスフォードでは，医者であり，数学
者であり，解剖学者であったチャールズ・スカ
ーバラ博士（Dr. Charles Scarburgh, 1616-94）
を補佐し，レン自身も解剖学と天文学への興味
を膨らましていった．地球，太陽，月の周期的
な位置関係を示す模型（パノルガヌム・アスト
ロノミクム）を考案するとともに，すぐれた模
型やダイアグラムを創造した．1653 年，オック
スフォードのオール・ソールズのフェロー
（研究員）となり，1657 年にはロンドンのグレ
シャム・カレッジの天文学教授に任命された．
1661 年，天文学のサヴィリアン講座教授とし
てオックスフォードに戻り，28 歳という若さ
ながら同僚たちから高く評価された．その頃ま
でに建築に興味をもつようになり，1663 年に
はロンドンのセント・ポール大聖堂の修復委員
会から助言を求められている．同年，レンはケ
ンブリッジのペンブルック・カレッジに，古典
主義建築を理解していれば趣がある，新しい礼
拝堂を設計した．続いて，オックスフォード

に，イタリアの建築書に記された古代の実例を
もとにしたシェルドニアン・シアター
（1664-69）を設計した．これは，中世の神学校
の向かい側のバロック様式のファサードがいく
ぶん遠慮がちで，部分の組み合わせもぎこちな
かったが，相当の長さのスパンに屋根を架ける
ため，木造トラスを発展させた点で，建築家と
しての称賛を得た．1665 年，パリへ重要な旅
行をし，将来の作品に影響を与える「尊敬すべ
き建造物」を見た．ロンドン大火（1666）後，
シティの再建計画案を用意したが，採用はされ
なかった．しかし，プラットとメイとともに，
シティの再建をどのようにしたら最適に進むか
を調査し，決定する委員の一人に任命された．
レンはまた，フックとウッドロフとともに，シ
ティの教区教会堂群の再建を命じられた．この
任務にあたり全体の統制を行った．その際，ひ
とりで個々の聖堂を設計したことに対して批判
されることがあるが，ほとんどすべての場合，
家具や建築的詳細は職人によって設計されてい
た．レンと同僚たちは監督の役割を担ったので
ある．50 棟程度のシティ・チャーチの設計は，
レンの創造であれ，その事務所で入念に吟味さ
れたものであれ，ほとんどの場合，聖堂建築の
設計はプロテスタントの礼拝にどう適合させる
べきかという彼の考えに合致していた．しか
し，ダンスタン・イン・ザ・イースト聖堂の塔
（1697-99，ゴシック様式）などの独創的な計画
は，レン自身か，その事務所によって修正され
たものと思われる．平面もまた，とくにドーム
の架かったウォールブルックのセント・スティ
ーヴン聖堂（1672-79）や，単一ヴォリューム
のドーム空間のセント・メアリー・アブチャー
チ聖堂（1681-86）など，多様で興味深い．
ギャラリーがついたオーディトリー聖堂はプロ
テスタントの礼拝に理想的に合致しており，こ
の形式は，コーンヒルのセント・ピーター聖堂
（1675-81），セント・クレメント・ディンズ聖
堂（1680 以降），ピカデリーのセント・ジェー
ムズ聖堂（1676-84）で完成された．レンの最
も偉大な功績は新セント・ポール大聖堂（1675
開始）であるが，彼自身は 1673 年につくった
「グレート・モデル」の線に沿った集中式プラ
ンの聖堂にすることを望んでいた．しかし，実
際の建設にあたり，セント・ポール大聖堂は実
質的に中世的な平面となり，交差部の上部では
ドラムとドームが合わせられ，西の双塔はロー

マ・バロックの原型から多くの要素が借用された. 双子柱の並ぶ西側ファサードは, パリのルーヴル宮の東正面を反映させたものであり, 巨大なドラムとドームはレンの知性・創造力・才能を示す輝かしい現れである. 外観のデザインには, 台座の下に窓をもつアエディクラや, 身廊のバットレスを隠すはたらきをする両側の上階のスクリーンなどといった特徴があり, 両者とも「不誠実」であると酷評の対象となった. 1668/69 年, レンは王営繕局のサーヴェイヤー・ジェネラルとなり, 1684 年にはウィンザーのコンプトローラーの地位をメイから引継ぎ, 1696 年にはグリニッジ宮殿のサーヴェイヤーに任命され, チェルシー陸軍病院の建築を担当する建築家となった. 大胆で厳格なローマ風ドリス式オーダー (1682-89) を用いたチェルシー陸軍病院は, パリのアンヴァリッド (廃兵院) とグリニッジ宮殿のウェブの平面に示唆されたものでもあった. グリニッジ宮殿を海軍病院とするコンペ案の設計では, イニゴー・ジョーンズのクイーンズ・ハウスをそのままに保つため, 中央軸の両側に 2 棟の背が高いクーポラを建てるといった解決策を導き (1696 以降), サー・ジェームズ・ソーンヒル (Sir James Thornhill, 1675-1734) によって装飾されたすばらしいホール (1698) とともに, イングランドで最も壮大なバロックの構成をつくり出した (1708-27). レンはまた, ホワイトホール宮殿 (1698 取り壊し), ウィンチェスター宮殿 (1894 取り壊し), ハンプトン・コート宮殿 (南棟と東棟 (1689-94) と王のアパートメンツ (トールマンによって完成, 1699)) といった主要な王宮の計画をまとめた. 他の作品には, トリニティ・カレッジ (オックスフォード) のガーデン方庭 (1668-1728, 大きく改築), クライスト・カレッジ (オックスフォード) のゴシック様式のトム・タワー (1681-82), この時代の最も壮大な建築であるトリニティ・カレッジ (ケンブリッジ) の巨大な図書館 (1676-84) などがある. レンはまた, ロンドンのセント・ジェームズのマールバラ・ハウスを息子のクリストファー (Christopher, 1675-1747) の手助けのもと設計した (1709-11, のちにいく度にもわたって改築される). 息子のクリストファーは, レン一家のパレンタリア (先祖の記録) や回顧録等の文書を集め, その息子のスティーヴン (Stephen) が 1750 年にそれを出版した.

レンの作品は, とりわけマンサールやル・ヴォーの作品などのフランスの建築や, オランダの古典主義建築, ローマのバロック建築に影響を受けている. 同時に, ヴァンブラや, クリストファー・ケンプスター (Christopher Kempster, 1627-1715, ウォールブルックのセント・スティーヴン聖堂, ガーリックハイザのセント・ジェームズ聖堂の (1764-87), セント・メアリー・アブチャーチ聖堂といったシティ・チャーチを建てた石工頭で, バークシャーのアビングドンのタウン・ホール (1678-80) の建設を手がけた) や, 助手であり弟子であったホークスムアに影響を与えた.

レンジ range
1. 直線状の石の列.
2. ある面上に自立するいくつかの物体. たとえば列柱廊を構成する柱など.

レンジナー, リチャード Lenginour, Richard (活躍 1272-1315 没)
イングランドの軍事技師. フリント・カースルやリズラン・カースルの建設にかかわったが (1277-82 頃), レンジナーの最大の功績は, コンウィ (ウェールズ) の築城と城塞の建設であった. また, チェスター・カースルのおもな建設工事 (1290-1312) を担当し, おそらく, チェスター大聖堂のクワイア (1305 頃-15) を設計した. レンジナーは, エドワード 1 世 (Edward I, 在位 1274-1307) の軍事建築の建設および維持管理にとって重要な人物であった.

レンジナー, ロバート Lengynour, Robert (1308-27 活躍)
イングランドの石工頭. 約 19 年にわたり, グランストンベリー・アビー (サマセット) ではたらき, そこで大礼拝堂 (ほとんど破壊) の建設の大部分にかかわった (おそらく設計した).

レンダリング render, rendering
1. 外部にさらされない表面に施された仕上げ. 塗られた順番に従ってコート, フロート, セットと呼ばれる. 一般的に, レンダリングは小石打込み仕上げや漆喰, 化粧漆喰で行われる.
2. 水彩のウォッシュやシーアグラフィーで

レンタント   1112

リアリスティックに表現した建築図面あるいは
絵画.

連担都市 conurbation
　⇨コナーベーション

錬鉄 wrought iron
　簡単に鍛接でき，展性のある一定の不純物を
含んだ鉄のこと．門，鉄格子，バルコニーの欄
干，柵などの装飾的工作に向く．

レンネ，ペーター・ヨーゼフ Lenné, Peter Joseph (1789-1866)
　ドイツの造園家，都市設計者．父ペーター・
ヨーゼフ・レンネ（Peter Joseph Lenné,
1756-1821）と J-N-L・デュランのもとで訓練
を積んだ．ウィーン近郊のラクセンブルクで活
動（1814-15）した後，ポツダムに移り住み，
同地で 1854 年に庭園総監督となった．彼はプ
ファウエンインゼル（1818）とシャルロッテン
ブルク（1819）の庭園を計画し，1822 年にイ
ングランドを訪問した後，同国の風景式庭園を
大々的にプロイセンに紹介していった．それは
ケントとスケルの作品に影響を受けており，代
表的なものにマグデブルクのフォルクスガルテ
ン（1824）がある．レンネはシンケルとその弟
子たち，とりわけペルジウスらと数多くの計画
で協働した．その例として，とくにシャルロッ
テンホーフに隣接する庭園（1825 年から，そ
こには古代およびアルハンブラの引用がみられ
る）とシュロス・グリーネッケ（グリーネッケ
宮殿）とシュロス・バーベルスベルク（バーベ
ルスベルク宮殿）（ただし両庭園ともに，1843
年からレンネの作品をよく思わないピュックラ
ー＝ムスカウの意向が強く反映することにな
る）があげられる．1833 年からはハーフェル
湖と隣接したポツダム＝サンスーシ全地域の景
観整備と総合的改善を目指した野心的な計画を
準備し始めた．その計画はこの土地を，相補的
な眺めやパノラマのような景色，くつろげる囲
い地をもつ，全ヨーロッパの中でも最も魅力的
な風景の一つへとつくり替えようとするもので
あった．彼はまたベルリンのティアガルテンを
形式張らない景観へと変容させた．ここは
1840 年代に動物園を取り囲むように拡大され，
その全体は公共公園となった．さらにモアビー
ト，テンペルホーフを含むベルリンとその郊外

の計画を準備し，1850 年代にはドレスデン，
ライプツィヒ，ミュンヘンなどのいくつかの都
市の計画に対して助言を行った．レンネの設計
はシンケルの設計を補完するものとみなすべき
であり（とくにポツダムのシャルロッテンホー
フ，宮廷庭師の家，ローマ浴場），ロマン主義
的古典主義の中で小さくない役割を担った．彼
の作品は 19 世紀ドイツにおいて，とりわけそ
の著書『美しい造園芸術の教本（*Lehrbuch der
schönen Gartenkunst*）』（1859）とグスタフ・
マイヤー（（Gustav Mayer, 1816-77）彼 は
1871 年からベルリンの公園と庭園を監督した）
ら教え子たちを通じて大きな影響力をもった.

レン風ルネサンス Wrenaissance
　17 世紀後半の建築を 1890-1914 年の時期に
復興したもので，レンのデザインが強く出たも
の．おもな推進者にベルチャー，マカートニ
ー，アルフレッド・ブラムウェル・トーマス卿
がいた.

ロイストン, ロバート・R. Royston, Robert R. (1918-2008)

アメリカのランドスケープ・アーキテクト. 1945-58 年の期間, ガレット・エクボとの協働を行った.

ロイトナー (ライトナー)・フォン・グルント, アブラハム Leuthner *or* Leitner von Grund, Abraham (1639 頃-1701)

オーストリア, オーバーエスターライヒ州に生まれ, イタリアの影響が衰え始めていた時期のプラハで建築家として活躍した. カラッティの設計に従ってプラハのチェルニーン宮殿 (1669-92) を建て, バイエルンのヴァルトザッセンにシトー会修道院聖堂 (1681-1704) を設計した. ただし, 最終設計の造形にはゲオルクおよびクリストフ・ディーンツェンホーファー (彼らの姉妹アンナはロイトナーの妻であった) が少なからず影響を与えているようである. 1680 年代からはボヘミアの築城を監督している. 多くの泉や門などの案を含む建築書を出版 (1677) し, ディーンツェンホーファー一族やフィッシャー・フォン・エルラッハにも用いられたようである. ロイトナーはディーンツェンホーファー一族の実績を宣伝する役割を担っていた.

ローウィ, レイモンド・フェルナンド Loewy, Raymond Fernand (1893-1986)

フランス生まれのアメリカのインダストリアル・デザイナー. 波乱に富んだ経歴のあと, 1929 年にジグムント・ゲシュテットナー社に雇われ, 同社の製品のデザインを手掛けたことが評判となり, 他社からも雇われるようになる (たとえばビーピー, コープ, エクソン, ロッキード・マーティン, シェル, スチュードベーカー). また, 自動車のボディや鉄道機関車, 乗用車, 冷蔵庫, そして有名なグレイハウンドのバスや名高いコカ・コーラのボトルをデザインしている. ローウィと彼の会社では多くの企業アイデンティティのパッケージをデザインしている. 晩年の作品の中には, NASA の「スカイ・ラボ」計画のインテリア (1967-73) がある. 著書には『口紅から機関車まで (*Never Leave Well Enough Alone*)』(1951) があり, 20 世紀後期の西洋文化に大きな影響を与えた人物とみなされるべきである.

ロウ, コーリン Rowe, Colin (1920-99)

イギリスの建築批評家, 教育者. 近代主義の中に生き続ける古典主義を示唆し形態の背後に潜む理念を探索した一連の論文で, 1940 年代に名声を確立した. ル・コルビュジエ設計のガルシュのシュタイン邸 (1926-28) の構造グリッドとファサードを決定している比例体系が, パッラーディオのたとえばヴィラ・マルコンテンタを決定するそれと同一であることを明示した. また 1920 年代の国際近代様式の建築の多くが 20 世紀後半の規範となっていることを主張した. しかし多くの人々と同様に, 1998 年までにロウは「近代建築の展開が停滞するにつれて」ルネサンス建築の研究が「喜ばしく新鮮に」思えるようになり, 近代運動への自らの擁護を悔いるにいたったようである.

著作には『善意の建築 (*The Architecture of Good Intentions*)』(1994), 『コーリン・ロウは語る (*As I Was Saying: Recollections and Miscellaneous Essays*)』(1996), 『理想的ヴィラの数学 (*The Mathematics of the Ideal Villa and Other Essays*)』(1976) などがある. ロウは近代の形態の推進源に隠喩や歴史への参照があることを弟子たちに伝え, 古典的な過去と近代運動の主役たちの間に直接の関連があるという信念は, 20 世紀後半の理論とデザインに大きな効果をもった. フレッド (アルフレッド)・コッター (Fred (Alfred) H. Koetter, 1938-) との共著『コラージュ・シティ (*Collage City*)』(1978) の中でロウは, コラージュの使用や歴史的参照物の混在を擁護しそれはスターリングらの仕事に影響を与えた. 広範な折衷主義を提案する中で, コラージュを「事物を使用しながらそれを信仰しない」ための方法と捉えていたようである. 確信や信念がもはや不可能だとしたら, デザインの中でコラージュとして使われる主題の操作は, 深みのない享楽の手段であるかのようだ.

ロエ

ローエ Rohe

⇨ミース・ファン・デル・ローエ, ルートヴィヒ

ロオ＝ド＝フルリ, シャルル Rohault de Fleury, Charles (1801-75)

フランスの新古典主義の建築家で, ユベール・ロオ＝ド＝フルリ (Hubert Rohault de Fleury, 1777-1846) の息子. すぐれたドラフトマンだったが, 実現したものはまれであった (リュー・ムフタールのバラック (1821-24) は, 彼の簡素だが偉大な新古典主義の好例の一つである). ムーア様式のパリ競馬場 (1844-45, 取壊し) やルネサンス様式のパヴィヨン・ド・ロアン (1853) などシャルルは多様な様式を用いた. 鉄とガラスの構造のパイオニアで, 自然誌博物館 (1833-34) はパクストンにも研究された. 多くのヴィラと商業建築を設計し, 街路と多くの建物に囲まれたオペラ座広場の責任者となり, またイトルフとJ・A・F・A・ペルシェ (J.-A.-F.-A. Pellechet, 1829-1903) とともにグラン・オテル・デュ・ルーヴル (1855) を設計した. イトルフとはパリ, エトワール広場 (現在のシャルル・ド・ゴール広場) をとり巻く建物の配置とファサードを設計した (1857-58). ゼンパーの作品に影響された新しいオペラ座のプランを計画し, 1859年に新オペラ座の建築家に任命されたが, 皇妃ウジェニー (Empress Eugénie, 1826-1920) の意向で同年コンペが開催され, シャルル・ガルニエが勝利した. 失望したロオ・ド・フルリは建築を見限り, 宗教的著作に専心し, 『聖処女：考古学的・図像学的研究 (*Le Sainte Vierge: Études archéologiques et iconographiques*)』 (1878) 等を著した. 息子ジョルジュ (Georges, 1835-1905) は, 中世建築について執筆し, 1884年には父の作品の覚書を出版した.

ロカイユ Rocaille

1. 巌に似せた石細工から派生した装飾方法. 小石や貝殻によって装飾されるもので, 点景建築 (フォリー), とくにグロットにみられ, しばしば水や噴水, 滝などとともに用いられる.

2. ロココ建築の渦巻き状装飾. オーリキュラー形式とは異なって非幾何学的に配置される. とくに, 額縁まわりなどに施されて海藻やその他の海生生物を示唆する.

六- sex-

6による構成. セクスファイドは6切片を意味する. セクスフォイルは, 6枚のローブすなわち葉形からなる窓, 開口部あるいはパネル. セクスパータイトは, 六つに分割されたものを意味し, 通常はヴォールト形態に用いられる.

⇨ヴォールト

ロクルス loculus (*pl.* loculi)

1. カタコンベや地下墓室, 霊廟などの埋葬用の場所における, 人体を納めるのに十分な大きさの窪み. 棺や石棺, あるいは納骨棺やオラリウムなどに収納されたものも, そうでない場合も含む. アーチ形に後退した壁の窪みはアルコソリウムと呼ばれる.

2. 石棺.

炉喉 chimney-throat

⇨チムニー・スロート

炉喉 throat

暖炉上にある煙突の, 煙道の狭くなった部分.

ロココ Rococo

18世紀の装飾様式 (ペヴスナーなどは全体的な様式としては否定しているが, キンブール, ゼードルマイア, バウアーなどは疑うことなく使っている). フランスに起源を発し, レジャンス時代 [ルイ15世少年期の摂政オルレアン公フィリップ2世の時代] とルイ15世時代に隆盛を誇り, 急速にヨーロッパ中に広まっていった. 優雅で軽やかであり, オーリキュラー様式, ロカイユ, バロックの主題から発生して, グロット [洞窟風庭園建築] にみられる海や貝のモチーフを引用していた. また, オジー曲線やC字形渦巻装飾を組み込み, フレームやカルトゥーシュなどのまわりに左右非対称に配置された. 貝, 海草, 様式化された葉形装飾を混合したようなものである. 色彩は明るくて淡く, 金色や銀色を組み込むことも多かった. 一方, 異国趣味とは決して遠くなく, ロココ・デザインにはシノワズリやゴシックの側面, そして最終段階ではヒンドゥー様式の装飾までも含まれていた. ロココ装飾には, バンドワーク (帯状装飾), 模様積み (ダイパー紋様), エスパニョレット, スカラップ形貝殻, 渦巻装飾があり, 比例なき優雅さと美をほこる装飾配列の

中に組み込まれていた．おそらく，その最も偉大な最高到達点はフランスと南ドイツにみられる．南バイエルン地方とフランケン地方のロココは，キュヴィイェとツィマーマンによるミュンヘンのシュロス・ニンフェンブルクにあるアマリエンブルク離宮の内装で最良の表現に達した．フランケンのフィーアツェーンハイリゲン（十四聖人）巡礼聖堂もそれに匹敵するだろう．その建築物はノイマンによるものだが，驚くべきロココ装飾を取り扱うに際してはとくに何もしていない．スタッコ細工と彫刻類はヨハン・ミハエル・ファイヒトマイヤー（Johann Michael Feichtmayr, 1696-1772）によるもので，その同僚ヨハン・ゲオルク・ユブルヘーア（Johann Georg Üblhör, 1703-63，契約締結後に亡くなったが，実際の実地作業が始まる前だった）の影響が大きかった．フレスコ画はジュゼッペ・アピアーニ（Giuseppe Appiani, 1701頃-85/6）によるもの，中央のバルダッキーノ（天蓋）を備えた聖遺物箱付き祭壇（グナーデンアルター）はヨハン・ヤーコプ・ミハエル・キューヘル（Johann Jakob Michael Küchel, 1703-69，1745年以降，建築物自体の建設も引き継いだ）により設計され，ファイヒトマイヤーによって制作された．ロココは19世紀のフランスでリヴァイヴァルの機会に浴した．一方，アメリカ，イギリス，ドイツでは，1820年代から1860年代にかけてロココ的側面が再登場し，さらに，1880年代末から1890年代にかけては別のリヴァイヴァルがあって，アール・ヌーヴォーのデザインへと統合されて変じていった．

典型的なロココの装飾物（キュヴィイェにもとづく）

ロザース rosace
1. 円形の開口部ないし窓．
2. ローズ．
3. ローズ・ウィンドウ．
4. ロゼット．

ロージエ，アベ・マルク＝アントワーヌ Laugier, Abbé Marc-Antoine (1713-69)
フランスのイエズス会修道士で，新古典主義の最初期の最も重要な理論家の一人となった．著書『建築試論（*Essai sur l'Architecture*）』(1753)は，構造を担う木の幹でできた「原始の小屋」に由来する，シェルターの必要性の直截的で理論的な表現として古典主義を合理的に解釈して深い影響力をもった．壁面に貼り付けられた（エンゲージされた）変種としての柱あるいはピラスターの必要性に反対して，独立した柱の必要性を称揚し，軸組構造の起源の本質を覆い隠してきたルネサンス期以来のすべての付着物を解毒するために，古代の原理への回帰を説いた．彼の考えの直接的な影響はスフロに認められるが，英語とドイツ語に翻訳され全ヨーロッパへと広まった．『建築省察（*Observations sur l'Architecture*）』(1765)ではゴシックの優美さも認めている．

ロジェルス，エルネスト・ナータン Rogers, Ernesto Nathan (1906-69)
イタリアの合理主義建築家で，バンフィ，ベルジョヨーゾ，ペレスーティとともにBBPRを組織した．ミラノのヴェラスカの塔（1957-60）は，その建設時に一般的であった国際近代主義のイメージに合致しなかったため激しい論争を生んだ．ロジェルスは『ドムス（Domus）』(1946-47)と『カーサベッラ・コンティニュイタ（Casabella-Continuità）』(1953-64)の共同編集者を務め，後者は彼の在任中にヨーロッパで最も影響力ある建築雑誌の一つとなった．

ロジャー・ザ・メーソン Roger the Mason (活躍1296-1310没)
イングランドの石工頭．1280年までデヴォンのエクセター大聖堂の建設に携わり，そこでプレスビテリ（1299完成）とクワイア（1310）を設計したと思われる．

ロジャース，イザイア Rogers, Isaiah (1800-69)

アメリカの建築家．ホテルの設計者として知られ，処女作であるマサチューセッツ州ボストンのトレモント・ハウス（1828-29，1895取り壊し）は当時最先端の試みで，アメリカにおけるホテルの秀作とされた．1826年に実務を開始し，グリーク・リヴァイヴァルを得意とした．イオニア式円柱が並ぶニューヨーク市ウォール街の商業取引所（1836-42）は彼の代表作であり，ベルリンに建つシンケルのアルテス・ムゼウムに着想を得ている．パンテオンのごとき大ドーム屋根は，1907年に改修を担ったマッキム・ミード＆ホワイトが4層増築した際に取り壊された．ボストンのグラナリー墓地の門（1839-40），さらにロードアイランド州ニューポートのトゥーロ墓地（1841-42）の門では，エジプト・リヴァイヴァルを試みた．その後は，イタリア風の様式を好むようになったが，オハイオ州シンシナティのセント・ジョン監督教会（1849-52，1937年取り壊し）はネオ・ロマネスク様式であり，同じくシンシナティのタイラー・デイヴィッドソン・ストア（1849-50，現存せず）の前面は鋳鉄によるゴシック様式であった．後代に彼の業績が敬われたとはいえず，代表的な作品が取り壊されたり見る影もなく改変されたりもした．また，彼の作品の多くが別の建築家の設計とされたり，彼が設計していない作品が彼の手によるものとされたりもした．

ロジャース，ジェームズ・ギャンブル Rogers, James Gamble (1867-1947)

アメリカの建築家．ジェニーの事務所で働いた後，パリのエコール・デ・ボザールに入り，折衷様式に理解を深めた．イリノイ州シカゴ，ミシガン・アヴェニューにウィントン・ビルディング（1904，鉄筋コンクリート造）を手がけたほか，コネチカット州ニューヘブンの郵便局および裁判所（1911-19）で端正な古典主義を実現し名声を得た．代表作はニューヘブンのイェール大学にあるハークネス・メモリアル・タワー（1916-21）で，カレッジエイト・ゴシックによる洗練された端正で建築的にも力強い作品となっている．この後，スターリング・メモリアル図書館（1924-30），スターリング法学部棟（1926-30），大学院棟（1927-32）が建

てられ，すべてが高い教養に裏づけられた知的なゴシック様式となりえている．その他の作品に，イェール大学の住居棟（1928-33），ニューヨーク市のコロンビア長老派病院（1923-28），ニューヨーク市コロンビア大学のバトラー図書館（1932-34）もある．

ロジャーズ，ジョン Rogers, John (1473-75活躍)

イングランドの熟練石工（フリーメーソン）．グロスターシャーのソーンベリー・カースル（1511-22）を設計したと思われる．また，サフォークのラヴェナム聖堂の塔の上部を建設し，ハンプトン・コート宮殿の建設に従事した（1533-35）．1541年，カレとギーヌで王営繕局のマスター・メーソンとなり，翌年にはハルとベリック・オン・トゥイードの築城の工事監督となった．ベリックの印象的なチューダー朝期の軍事建築を実際に手がけたのならば，この種の建築の最も重要な設計者であった．

ロジャース，リチャード・ジョージ，リヴァーサイド卿 Rogers of Riverside, Richard George, The Lord (1933-2021)

フィレンツェ生まれのイギリス人建築家．エルネスト・ロジェルスの縁者．チーム4（1963-67）でフォスターと協働し，ウィルトシャー，スウィンドンのリライアンス・コントロールズ工場（1965）を建てたが，この作品では対角線の斜材が構造を表明している．経歴の最初からロジャーズは先進技術を明瞭に表現したイメージを主要主題としており，その結果ハイテク建築家と呼ばれるようになった．パリのジョルジュ・ポンピドゥー・センター（1971-77，通称ボーブール）もアーキグラムやプライスに触発されたハイテク建築であり，レンゾ・ピアノやオーヴ・アラップとのチームによって，構造だけでなくサービス設備さえも，あえて展示するかのようにみせて設計されている．1977年にリチャード・ロジャーズ・パートナーシップを組織し，ロンドンのロイズ本部ビル（1978-86）を設計した．この作品もサービスとサーキュレーション，構造を強調してみせており，ウェールズ州ニューポートのインモス・マイクロプロセッサー工場（1982）も同様である．サー・ホレス・ジョーンズによるロンドンのビリングスゲート市場の建物を改修した

（1985-88）．ロンドンのチャンネル 4 テレビの本部ビル（1990-94）とフランスのストラスブールに建てたヨーロッパ人権裁判所（1989-95）は，構造，機能，素材への「正直な」アプローチという近代運動の強迫的観念を強調する，厳選された語彙による洗練された表現である．他の作品には，フランスのカンペールの船舶警備ビル（1979-81），アメリカのニュージャージー州プリンストンの PA 技術研究所（1982-85），ロンドンのテームズ・リーチ・ハウジング（1984-87），ロンドンのテームズ河畔の建築群（1984-89），フランスはナントのサン・テルブラン商業センター（1986-88），東京の歌舞伎町ビル（1987-93），マルセイユ空港（1989-92），ボルドー裁判所（1992-98），ロンドンのウッド通り 88 番ビル（1993-99），ベルリンのダイムラーベンツの事務所と集合住居（1993-99），ロンドンのロイズ・レジスター本部（1993-2000），ロンドンのバタシーのモンテヴェトロ住居複合施設（1994-2000），ロンドンのミレニアム・エクスペリアンス（「ドーム」と呼ばれるが，むしろ一種のテントである）（1996-99），ロンドンはソーホーのブロードウィック邸（1997-2002），ケント州アシュフォードのデザイナー・リテイル・アウトレット・センター（1996-2000），ウェールズ州議会（1999-2000），マドリッドのバラハス空港ターミナルビル（1997-2005），ベルギーのアントウェルペン裁判所（1999-2005），バルセロナのホテルと会議センター（1999-2004），ロンドンのパッディントン・ウォーターサイド（1999-2006），その他多数がある．事務所はいくつかの都市（たとえば上海のスー・ジア・ズイ地区）や地域（たとえばロンドン・ヒースロー空港のターミナル 5）のマスタープランも手がけており，ロジャーズ自身は都市の再生と開発の展望をさぐる，英国政府主催の「アーバン・タスク・フォース」の座長を務めた．

ロシュ，サラ Losh, Sara (1785-1853)
　イングランドの建築家．カンバーランド州レイにセント・メアリー教会堂（1842 献堂）を設計した．これは，めずらしいフランス，イタリア，ライン地方ロマネスクの混合である．また，姉妹のキャサリンの墓所の設計もした．頑健で原始的大きな石のブロックを使った簡素な構造である．意図的に粗くした表面仕上げで，

「ドルイド風」あるいは「アッティカの巨石積みサイクロプ式」と評されることもある．これら二つはイングランドにおける当時，最も独創的な建物である．

ローズ rose
　1．伝統的な花の表現方法．たとえば，コリント式柱頭のアバクス面中央にあるフルーロン．
　2．パテラに似た丸い装飾で天井などの装飾に使われるもので，中央のシーリングローズからシャンデリアや照明器具が吊るされる．しばしば様式的な葉飾りが施され，大きさによってはロザースやロゼットと呼ばれる．
　3．ローズ・ウィンドウ．

ロース，アドルフ Loos, Adolf(1870-1933)
　影響力のあったオーストリア＝ハンガリーの建築家，論客．モラヴィアのブルノで生まれ，ドレスデンで学び，そこでゼンパーの考え方に大きな感銘を受けた．1893 年にアメリカを訪問し，同地でシカゴ派の教えを吸収し，とりわけサリヴァンの論文（1892）に影響を受けた．サリヴァンがその論文で推奨していたのは，建築家が「形よく，裸でも魅力的な」建築の設計に集中できるように一定期間すべての装飾をやめることであった．また，F・L・ライト（彼にもロースは会っている）や英国のアーツ・アンド・クラフツ運動，そしてオットー・ヴァーグナーのデザインにも影響を受けた．ウィーンに居を定め，一連の論説でユーゲントシュティール，とりわけホフマンとオルブリヒの作品にみられる装飾的な傾向を批判するようになっていく．ゆえに分離派の方向性とは反対の立場にいる人物であった．建築における浪費と不誠実さを，ロシアのグリゴリー・アレクサンドロヴィチ・ポチョムキン（Grigory Aleksandrovich Potemkin, 1739-91）がみせかけのためだけに建てた街路沿いの偽物のファサードにたとえた．その見解は重要な雑誌『フェア・サクルム（聖なる春，*Ver Sacrum*）』に 1898 年に発表されている．
　1908 年には「装飾と犯罪（Ornament und Verbrechen）」が発表された．そこで，装飾の欠如が精神的な強さを示すものであることを主張する．この論文によって近代運動の「パイオニア」に列せられることになるが，しかし彼自

身は決してそのようなものではなかった．なぜなら，その時期のデザインはその精神において完全に新古典主義的であり，ギリシア建築やシンケルに対する称賛を反映するものだったからである．このストリップト・クラシシズムの最も重要な例が，ウィーンのミヒャエルプラッツに建設されたゴールドマン＆ザーラッチュの建築（1909-11）であり，それは最上の材料を用いたトスカナ式の柱と非装飾のファサードをもっていた．しかし，それよりほぼ2年前の1907-08年に建設されたウィーンのケルントナー・バーでも，上質な材料を用いた一種のストリップト・クラシシズムが実践されていた．ウィーンのザンクト・ヴァイト・ガッセのシュタイナー邸（1910）は，普通，庭側からの眺めで示されるが，一方で曲面の屋根に覆われ，ほぼ1層の左右対称の構成をとる街路側ファサードはほとんど解説されない．なぜなら，そのファサードは，装飾をはぎとり，単純化された曲面屋根を戴く小さなバロック建築と解釈できるものであり，ロースがいかに深く伝統に根ざしていたかを示すものだからである．

　シュタイナー邸とショイ邸（ヒーツィンクのラロッホガッセ3, 1912-13）の両方で，ロースはむき出しの木製梁（それらは必ずしも構造的な部材ではない）を提示し，さらにイングルヌック，煉瓦の暖炉，木製鏡板など（自身が強く称賛した）英国のアーツ・アンド・クラフツの伝統から多くを参照していた．ギリシア建築に対する敬意はシカゴ・トリビューン社屋の設計競技案（1923）に表れている．そのデザインは巨大なギリシア・ドリス式円柱の形をした超高層であった．短期間（1920-22），ウィーン市住宅局の主任建築家を務め，ホイベルクのモデル住宅地の計画などいくつかの提案を行った．そこでは特許を取得した「一枚の壁の連棟住宅」を設計している．

　続く5年間，パリに滞在し，そこでアヴァン・ギャルドの主導者たちと接触し，トリスタン・ツァラ（Tristan Tzara, 1896-1963）のために有名な住宅（パリ18区アヴェニュー・ジュノ15, 1925-26）を建てた．その住宅は，ミヒャエルプラッツの建築と同様に，天井高の異なる諸室を形成するために分割されたヴォリュームからなる革新的なプランとなっていたが，一方で建築言語はより飾り気がなくなり，近代主義の傾向に従うものとなっていた．1928

年にウィーンに戻ったのち，ウィーン，ペッツラインドルフのシュタルクフリートガッセ19のモラー邸（1927-28）や，プラハのストシェヴィッカー33のミュラー邸（1929-30）などいくつかの住宅を設計した．それらはともに空間の精巧な計画による複雑なインテリアをもち，国際近代主義がその基本言語を獲得するときに絶対に必要なものとされた平滑に塗られた壁を有するものであった．1931年にウィーンのヴォイノヴィッヒガッセ13-15-17-19の工作連盟の住宅を設計した．これも飾り気のない幾何学と白く塗られた壁を有していた．これら後期の作品はさらに若い世代の建築家たちに影響を与えたと思われる．ノイトラとシンドラーは第一次世界大戦以前にロースの考えに大きな影響を受けた建築家である．建築やデザインに関する彼の初期の著述は，『虚空に向かって叫ばれるもの（Ins Leere Gesprochen）』（1921）に集められ，その後（1900-30）のものは『にもかかわらず（Trotzdem）』（1931）に収められた．

ローズ・ウィンドウ　Rose-window

　ゴシック建築の円形窓あるいは輪状窓（マリゴールド・ウィンドウ）のことで，中央から放射状に広がって葉形飾りにつながる入り組んだトレーサリーによって分割されるもの．きわめて複雑で美しい様式化された花形デザインとなる．しばしば大きな尖頭窓のトレーサリーと一緒に用いられ，丸い開口部で独立して用いられることもある．聖カタリナの車輪や車輪窓とは区別され，これらには小円柱がありスポークのような輻が用いられる．

ロス，エメリー　Roth, Emery（1871-1948）

　ハンガリー生まれのアメリカの建築家．イリノイ州シカゴに移住し，バーナム＆ルート事務所に勤め，のちに（1895）リチャード・モリス・ハント事務所に加わった．1898年に自身の事務所を立ち上げ，ニューヨーク市において，アパートメントやホテルを主とした高層建築を数多く設計した．それらでは，シカゴにおける世界コロンビア博覧会（1893）に由来する古典主義を簡略化したものを，審美主義運動やアール・ヌーヴォーをもとにした主題と混ぜ合わせた．ニューヨーク市における作品として，西121丁目509番地（1910-11）やウェストエンド・アヴェニュー601番地（1915-16），セン

トラル・パーク西のベレスフォード・アパートメント（1928-29），同じくセントラル・パーク西のみごとなサン・レモ・アパートメント（1928-29），アール・デコのアーズリー・アパートメント（1930-31），ノルマンディ・アパートメント（1938-40）などがあげられる．ロスの息子，ジュリアン（Julian, 1902-92）とリチャード（Richard, 1905-88），そして孫リチャード2世（Richard II, 1933-2022）が事務所を受け継ぎ，近代主義的な建物を設計した（例：マディソン・アヴェニューのルック・ビルディング（1946-50））．同事務所はニューヨーク市の一対の塔からなるワールド・トレード・センターにおいてヤマサキと協働した（1964-74，2001年9月11日に破壊された）．

ローズ，ジェームズ・C　Rose, James C. (1910-91)

アメリカ合衆国のランドスケープ・アーキテクト．デ・スティルの影響を受け，モダニズムの原則を庭園デザインに応用することを試みた．作品よりも『創造的な庭園（*Creative Gardens*）』（1958）や『至福の環境（*The Heavenly Environment*）』（1990）などの著作が影響力をもった．

ロストゥルム　rostrum

1．古代ローマの戦艦のくちばしに似た弓なりな部分で，動物の頭部や円盾，ヘルメット（アクロストリウム）で装飾され，コルムナ・ロストラータでは突出部をつくるもの．
2．地面から立ち上がる高座や壇．

ロストラル・コラム　rostral column
⇨コルムナ・ロストラタ

ローズ，ピーター　Rose, Peter (1943-)

カナダの建築家．チャールズ・ムーアの弟子である．ケベックとその周辺地域で設計した住宅，とくにノースハットレイの「ブラッドリー邸」（1977-79）は，シングル様式を想起させるものである．モントリオールにある「カナダ建築センター」（1984-89）は国際的な賞賛を得た．これはフィリス・ランベール（Phyllis Lambert, 1927-）がパトロンであり，建築コンサルタントとしても協働している．これは大規模な博物館と研究施設ながら，細部が見事にデザインされた装飾が程よく施されている．これはローズの古典主義の構成に関する知識と，ランベールのディテールに関する知識に起因するところである．そのほかの作品には，ミシガン州ブルームフィールドヒルズのクランブック教育コミュニティにある「ブルックサイド・スクール」（1991），そしてモントリオールの「ローワー・カナダ・カレッジ」（1992）がある．ローズは建築の本質にかかわる議論に数多くの貢献をしてきている．

ローズ・ボール　rose-ball

ステンシルの印刷によるフリーズなどの装飾のために，C・R・マッキントッシュと彼の妻が生み出した様式化された花びらが密に詰まった薔薇の花模様．アール・ヌーヴォーのモチーフでもあり，ウィーンの分離派にも好まれた．

ロゼット　rosette

丸い様式化された装飾で，基本的に花びら飾りのついたパテラによって構成され古典主義建築で用いられる．天井格間の下面に用いられ，コリント式柱頭のアバクスのフルーロンにもみられる．それゆえ一般的にはローズよりは小さい．

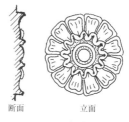

ロゼット　部分　正面

ローゼンバーグ，ユージン　Rosenberg, Eugene (1907-90)

イギリスの建築家．モラヴィアに生まれ，チェコスロヴァキアで教育を受ける．1929年からル・コルビュジエのもとではたらく．1939年にイングランドに移住し，F・R・S・ヨークとシリル・マードール（Cyril Mardall, 1909-94）とパートナー関係を築き，44年にヨーク・ローゼンバーグ&マードール（Yorke, Rosenberg, & Mardall：YRM）を設立した．ローゼンバーグは国際モダニズムの中で信頼を

ロタス

獲得し，すぐにフライ，ギッバードらとともにイングランドのモダニズムのサークルの一員となった．彼のYRMでの作品には，ミドルセックス州カウリー・ピーチーの住宅開発（1947），ダラム州ゲーツヘッドのシグマンド・ポンプ工場（1948），ハートフォードシャー，スティーヴニッジのバークレー中学校（1950），ウォリック大学（1965-71），ロンドンのセント・トーマス病院（1966-74）がある．

ロータス lotus

睡蓮を含む各種水生植物にもとづくエジプトの装飾．睡蓮は様式化された蕾や花，葉の種類によってきわめて豊かな建築装飾の源となった．古代エジプトでは蕾や花のモチーフを象った柱頭がよく使われ，エジプト・リヴァイヴァルの意匠で復興された．ロータスは，アヤメやパルメットなど種々雑多な古典や中世のモチーフを含む，おびただしい通俗的装飾手段に関連している．

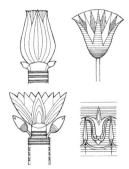

（上左）古代エジプトの閉花ロータス．（上右）古代エジプトの様式化されたロータスの花．（下左）古代エジプトのロータスの花．（下右）古代ギリシアの花と蕾からなるロータス装飾．

ローチ＆ディンケルー Roche & Dinkeloo

アイルランド生まれのエイモン・ケヴィン・ローチ（Eamonn Kevin Roche, 1922-2019）とアメリカ生まれのジョン・ジェラルド・ディンケルー（John Gerald Dinkeloo, 1918-81）によるアメリカの建築事務所．ローチとディンケルーは1950年代にエーロ・サーリネンと共同で仕事を行い，1961年にサーリネンが亡くなった後，二人で事務所を設立した．最初の作品はカリフォルニア州のオークランド美術館

（1961-68）であり，それは四つの街区にまたがり，内部，外部ともにサンドブラスト仕上げのコンクリートでつくられた巨大な建物で，その複合体の中にはカイリーによるいくつかの庭園も含まれている．構造のH鋼の断面を外部にみせたイギリス，ダラム州ダーリントン郡のカミンズ・エンジン工場（1963-65）は同時代の模範となり，この露出した鉄骨の骨組みはニューヨーク市42丁目のフォード財団本部（1963-68）で用いられた．ここにつくられた12層分の屋内庭園，すなわちオフィス・アトリウムも建築界に非常に大きな影響を与えるものとなった．1967年から85年までの間にはニューヨーク市のメトロポリタン美術館の増築を行い，古代エジプトのデンドゥール神殿をおさめるためのパヴィリオンなどがその一つである．ディンケルー没後，ローチは反近代主義運動の流れに沿い，ニューヨーク市のE・F・ハットン・ビルディング（1980，石造のコロネードとマンサード屋根がついている）やそのほか古典主義を参照した作品を設計した．さらに近年では，事務所はニュージャージー州ホワイトハウス・ステーションの〔国際的な製薬会社〕メルクの巨大な世界本社の建設を指揮した．

六角鬼丈 Rokkaku, Kijo (1941-2019)

日本の建築家．磯崎のもとではたらき，1969年に独立．モダニズムに幻滅し，それ以外のものに活路を見出した．京都にある雑創の森そよかぜ幼稚園（1977）は，風を受けて動く彫刻を一体化させている．そのほかの作品として，金光教福岡高宮教会（1980），東京武道館（1989）などがある．

ロック，アダム Lock, Adam (1215-29 活躍)

イングランドの石工頭で，ウェルズ大聖堂（サマセット）の仕事で知られる．ロックは，身廊の第2段階の工事や，北ポーチの西部分の建設を任され，また，ブリストルのセント・オーガスティン・アビー（現大聖堂）（1218-20）の最初の聖母礼拝堂の細部彫刻を担当した．

ロックウッド，ヘンリー・フランシス Lockwood, Henry Francis (1811-78)

イングランドの建築家．P・F・ロビンソンのもとで働き，1834年にヨークシャーのハル

に自身の事務所を設立した. 1849年に, 急成長を遂げていたヨークシャーのブラッドフォードに移り, リチャード・モーソン (Richard Mawson, 1834-1904), ウィリアム・モーソン (William Mawson, 1828-89) とパートナーを組んだ. ロックウッド＆モーソン (Lockwood & Mawson) として, ブラッドフォードで最もみごとな建物のいくつかを設計した. それらはセント・ジョージ・ホール (1851-52), すばらしいヴェネツィアン・ゴシック様式のウール・エクスチェンジ (1864-67), とても美しい13世紀のヨーロッパ大陸のゴシック・リヴァイヴァル様式で設計されたタウン・ホール (1869-73) である. 彼らはブラッドフォード近郊のソールテアにザ・ミル, モデル・タウンと教会 (1851-76) を建造した. これは当時世界で最も重要な博愛主義精神による産業と住宅開発 (カンパニー・タウン) の例であり, すべてイタリア風の古典主義で設計された. ロックウッドはカスバート・ブロドリックを教育した. 1874年に共同経営が解消されると, ロックウッドはロンドンに移り, ホルボーン・ヴァイアダクトにメソジスト・シティ・テンプル (1873-74), ミドルセックスのイースト・トゥイッケナムにあるカウブリッジ・パークにセント・スティーブン教会 (1874) を建てた.

ロック・カット　rock-cut
古代エジプトの神殿や墓のように, 石を穿ってつくられた建物.

ロック・フェイスド　rock-faced
1. 切り出されたまま (クワリ・フェイスド) の石材で表面がゴツゴツと出っ張り, あたかもつい先ほど石切り場からもってこられたかのような印象を与えるもの. キュークロープス式の石積みと呼ばれたり, ロック・フェイスドのラスティケーションという形で用いられたりする.
2. ロック・ワークの意味で誤って用いられる.

ロック・ラッシュ　rock rash
モザイク状に不規則な形状や大きさの石が積まれた石造ファサード. 通常小石, フリント, ジオードが用いられる.

ロック・ワーク　rock-work
1. ロック・フェイスドやクワリー・フェイスドの意味で誤って用いられる.
2. 庭園内の建造物に関する正確な用語. 大きな岩や模造岩, 砕かれた煉瓦やそのほかの材料が, モルタルや土が詰められた容器, 小石, 植物と一緒に用いられて「自然に」みえるようにしたもの. しばしば巨大な岩に見えるように工夫され, 通り道が岩 (もちろん人工のもの) に穿たれた自然の崖のような表面に仕上げられることもある. ロック・ワークはしばしば18世紀の風景庭園のグロット, 噴水, 隠通所, 迷路とともに用いられた. 作品例にはアンハルトのヴュルリッツにある, アイザーベック, エアトマンスドルフ, ショホの作品がある.

ロッジ　lodge
1. 中世において大工事の期間中設けられた, 石工事の工房や食堂やトレース小屋, 居住地区. 大聖堂のような巨大な工事ではしばしば恒常的な施設であり, 工事や現場の維持を任される住み込みの石工長がいた.
2. フリーメイソンの会員が集まる場所で, 失われたソロモンの神殿と理念を表徴していた.
3. 領地や公園の入口にあり, 門番や用務員の便宜や事務所に使われる, 小規模で通常装飾的な建物. この種の建物はしばしば対になって, 門の両側に対称的に配された.
4. 大きなカントリー・ハウスの構内にある, 通常かなりゆったりした住居で, 住み込み用として小領主に容認された.
5. 会員用施設やクラブの入口付近にある, ポーターの居場所.
6. 山中や荒野において, 狩りや銃猟, 魚釣りなどの集まりに使われる建物.

ロッジア　loggia (pl. loggie)
⇨開廊

ロッシ, アルド　Rossi, Aldo (1931-97)
イタリアの建築家で, 合理主義 (ネオ・ラショナリズムあるいはテンデンツァとも呼ばれる) 建築の最も傑出した主役であり, その理論的基礎をロッシは『都市の建築 (L'architettura della città)』(1966) に記したが, それは近代運動の教義に真っ向から対立しており,

ロッシカル 1122

ニュー・アーバニズムの発展にとって重要な刺激となった．1960年代初期のロッシの作品はまだ国際近代主義や，ブレが唱道した18世紀末の新古典主義の純粋立体や，ジョルジョ・デ・キリコ（Giorgio de Chirico, 1888-1978）の絵画のプロトシュルレアリスムの痕跡といった諸特性を含むように見えた．キリコの作品のシュルレアルな雰囲気のいく分かは，アイモニーノに協力したミラノ近郊モンテ・アミアータのガラララテーゼの集合住居棟（1969-74）にも見出される．ジャンニ・ブラギエーリ（Gianni Braghieri, 1945-）とともにモデナのサン・カタルド墓地を設計したが，（1971-76および1980-88）これは18世紀や20世紀のどんな試みに劣らず厳格な，ストリップト・ネオクラシシズム的幾何学による傑作であり，ネオ・ラショナリズム建築の規範となった．それ以外の重要作にはファニャーノ・オローナの学校（1972-76），ベルリンのラウフ通りの集合住宅（1983），ベルリン国際建築展の集合住居棟（1984-87），フロリダ州コーラル・ゲーブルズのマイアミ大学建築学科（1986），福岡のイル・パラッツォ・ホテル（1987-89，モリス・アジーミ（Morris Adjmi, 1959-）と協働），ジェノヴァのカルロ・フェリーチェ新オペラ座（1983-93，ガルデラと協働），オランダのマーストリヒトのボンネファンテン博物館（1990-94）がある．『科学的自伝』（1982）と『論文と計画集』（1983）には建築類型と都市の形態論に関するロッシの理念の多くが表明されている．

ロッシ，カルル・イヴァノヴィチ Rossi, Karl Ivanovich（1775-1849）

ロシアの建築家．1816年以降，サンクト・ペテルブルクで活動した最も重要な人物で，市の中心部に記念碑的な新古典主義の性格をもたらしたのはおもに彼の業績である．冬宮の気品あるアーチ（1819-29，のちの参謀本部アーチ）と隣接する半円形平面の行政施設，巨大な上院議会と聖務院の建物（1829-34），印象的なミハイロフスキー宮殿（1819-33，後のロシア美術館），アレクサンドリンスキー劇場（後のプーシキン劇場，1827-32）を設計した．コロネードのくり返しや巨大なスケールによって，公式の空間，壮大な都市組織，崇高な建築効果をつくり出した，才能ある都市計画家である．

ロッシ，ジョヴァンニ・アントーニオ・デ Rossi, Giovanni Antonio de（1616-95）

ローマのバロック時代の建築家．ローマのサンタ・マリア・イン・プブリコリス聖堂（1641-43）を設計し，そのファサードは舞台美術的な光景を考慮して設計された．ローマのサンタ・マリア・イン・カンポマルツィオ聖堂（1676-86）とサン・ジョヴァンニ・イン・ラテラーノ聖堂のランチェッロッティ礼拝堂（1674-80）は，壮麗さにおいて特筆すべき作品である．最も有名な建築は壮麗な四つの上り階段を備えたローマのパラッツォ・アルティエーリ（1650-76）であるが，最も優れた建築といえば間違いなくパラッツォ・ダステ=ボナパルテ（1658-65）であり，ボッロミーニの影響を受けている．

ロッシ，ドメニコ Rossi, Domenico（1657-1737）

ロンゲーナの弟子で，花火大会のデザイナーおよび爆発物の専門家として名を成したが，ヴェネツィアのサンタ・スタエ聖堂（サンテウスタキオ聖堂）のファサード設計競技に勝利して即日に建築の仕事に転身した．彼の案はカナル・グランデに面して端麗な付柱による神殿風正面を構成した．以降，手がけた数多くの作品には，パラッツォ（ヴェネツィアのパラッツォ・コルネル・デッラ・レジーナ（1723-30頃）），および複数の教会堂やヴィラなどがある．代表作は，ウディネの大司教の邸館（1708-25）と，ヴェネツィアの（イエズス会教会堂の）サンタ・マリア・アッスンタ聖堂（1714-29，協働者あり）である．

ロッシ，ドメニコ・エジディオ Rossi, Domenico Egidio（1689-1708活躍）

イタリアの建築家．中央ヨーロッパのバロック建築の発展において重要な役割を果たしたようである．おそらくウィーンのヴァルナー通りのパレ・カプラーラ・ガイミュラー（1687-88）の設計者で，1690年代にプラハのフラッチャニ城館の工事を精力的に監督した．ウィーンではリヒテンシュタイン庭園宮殿（1690頃，一部現存）とレオポルトシュタットのチェルニーン庭園（1696，現存せず）を設計した．他にラシュタットの巨大な城館（1698-1707，辺境伯ルートヴィヒ（Margrave Ludwig，在位

1677-1707）のために），ドゥルラッハの宮殿（1698 以後，バーデン＝ドゥルラッハ辺境伯フリードリヒ 5 世（Margrave Friedrich V. 在位 1677-1709）のため）などのバーデンでの作品がある．際どい状況に陥ったようで，1693 年に口論の末，プラハに逃亡しており，1709 年にはラシュタット城館の欠陥についての逮捕状が発行されている．

ロッジの書 lodge-books
1. 石工の規則やしきたりを記した本で，フリーメイソン団の訓練や免許の規定も含まれる．
2. 設計や施工図面を収録した本．たとえば，ヴィラール・ド・オンヌクールのもの．

ロッシ，マッティア・デ Rossi, Mattia de（1637-95）
マルカントニオ・デ・ロッシの息子．ベルニーニの助手として，とくにローマのサンタンドレア・アル・クィリナーレ聖堂の建設に関与した（1670 年代）．最高傑作はローマのサンタ・ガッラ聖堂とその付属病院（1684-86，聖堂は楕円形の部屋を伴う），ピロッタ広場にあるパラッツォ・ムーティ・ブッシ（1675），そしてヴァルモントーネのサンタ・マリア・デッラッスンタ参事会聖堂（1686-98，ファサード両端に軽快で優雅な鐘塔が備えられた凹型のポルティコを伴う）である．他に数多くの祭壇，墓碑，そして礼拝堂も設計した．

ロッシ，マルカントニオ・デ Rossi, Marcantonio de（1607-61）
イタリアの建築家，軍事技術者．最も重要な作品はヴィテルボ近郊のサン・マルティーノ・アル・チミノ聖堂（1648-54）の改築であり，都市の建物に総合的な秩序と統一性とを与えたものとしてはかなり早い例にあたる．**教皇ウルバヌス 8 世**（Pope Urban VIII. 在位 1623-44）のためにローマのジャニコロの丘を要塞化し，サン・パンクラツィオ門とトラステヴェレのポルテーゼ門も建設した（いずれも 1634）．ローマのアチェトーザ水道（1661）の建設にも関与した．

ロッズ，マルセル＝ガブリエル Lods, Marcel-Gabriel（1891-1978）

フランスの建築家．1925 年から 40 年までウジェーヌ・ボドゥアンと協働し，45 年からパリに自分の事務所を構えた．ロッズ＝ボドゥアンの協働から生み出されたものに，パリ，ドランシーのシテ・ド・ラ・ミュエット（1934，残念なことにフランスのユダヤ人が「東方へ」と旅立つ収容所として記憶されている）での初期のプレファブリケーションによる住宅案や，クリシーの人民の家（1939，ウラディミール・ボディアンスキ（Vladimir Bodiansky. 1894-1966）とプルーヴェと協働）がある．彼らはまた，パリの万国博覧会（1937）の配置計画も手がけた．第二次世界大戦後，ロッズは，すべての国土と都市に対して，CIAM の主張する諸原理の適用を訴えたが，マインツの再建に際してはドイツ系の権威たちの激しい反対にあい，結果としてロッズが主張したほとんど完全な改造から旧市街は救われることとなった．

ロッセッティ，ビアージョ Rossetti, Biagio（1447 頃-1516）
ルネサンスの重要な建築家で，たいていはフェッラーラで活動した．15 世紀の最もめざましい都市拡張の例として名高いエルコレの拡張区域を設計した．これはフェッラーラの都市域を北側に 2 倍以上に拡張したもので，ヌォーヴァ広場や，都市を横断するプリオーネ通りとアンジェリ通り（1492 以降）を備えている．ロッセッティ自身は，四つの聖堂と八つのパラッツォを設計し，その中にはパラッツォ・デイ・ディアマンティ（1493-1567）が含まれる．このパラッツォの名は，ファサードに施されたダイヤモンド状の尖った切石によるルスティカ仕上げに由来する．ヌォーヴァ広場には，1 階にアーケードを備えたパラッツォ・ロンディネッリとパラッツォ・ストロッツィ・ベーヴィラックア（いずれも 1494 以降）を設計した．旧市街にはサン・フランチェスコ聖堂（1494 以降）を設計した．この聖堂はブルネレスキによるフィレンツェのサン・ロレンツォ聖堂を手本としたものであり，身廊の天井についてはペンデンティヴの上に載る浅い円盤状のドームを横断アーチが支える形となっている．またエルコレの拡張区域には，単廊式のヴォールト天井でおおわれたサン・クリストフォロ・アッラ・チェルトーザ聖堂（1498 以降）を設計した．

ロッセッリーノ（通称），**ベルナルディーノ・ディ・マッテオ・ガンバレッリ** Rossellino, Bernardo di Matteo Ghambarelli *called* (1409頃-64)

フィレンツェ出身の彫刻家，建築家．アレッツォのサンタ・マリア・デッラ・ミゼリコルディア兄弟会の聖堂ファサード（1433-35）を完成させた．フィレンツェではサンタ・クローチェ修道院のスピネッリ回廊（1448-52）を設計し，アルベルティの設計によるパラッツォ・ルチェッライのファサードを含む建設工事（1448-62）を監督し完成させた．代表作は，ルネサンスで最初の理想都市であるピエンツァの中心部（1459以降）であり，これはアエネアス・シルヴィウス・ピッコローミニ，すなわち**教皇ピウス2世**（Pope Pius II, 在位 1458-64）のために実現されたものである．この中心部は，大聖堂，パラッツォ・ピッコローミニ，パラッツォ・ヴェスコヴィーレ（司教の館），パラッツォ・プレトリオ（法務官邸），その他の建物や住宅で囲まれた広場からなる．大聖堂の両側のパラッツォは，舞台の袖のように中心軸に対して角度をなすように配置されている．パラッツォ・ピッコローミニの立面の処理は，パラッツォ・ルチェッライのそれに由来する．3層からなる庭園側のファサードについて見ると，連続するポルティコから郊外の田園風景が眺められるようになっているが，こうした概念は明らかに小プリニウスのトゥスキのヴィラの記述に由来するものである．パラッツォ・ルチェッライのファサードの最終的な形は，ロッセッリーノの設計にもとづいていると主張する研究者もいる．確かにこのパラッツォは，ピエンツァのパラッツォ・ピッコローミニとまさしくほぼ同時期に建てられたが，逆にアルベルティがピエンツァで建築の設計に関与したのかもしれないと提案する研究者もいる．

ロッソ・アンティーコ Rosso-antico
　⇨ポーフィリー

ロッソ，ジョヴァンニ・バッティスタ・ディ・ヤーコポ（通称ロッソ・フィオレンティーノ） Rosso, Giovanni Battista di Jacopo *called* Rosso Fiorentino (1494-1540)

フィレンツェの画家・装飾芸術家であり，フランスにおけるマニエリスム芸術の導入者の1人．1530年以降，フォンテーヌブローに居を定め，フランソワ1世（1494-1547）のために制作した．プリマティッチョとともに，装飾芸術におけるフォンテーヌブロー派の創始者と目されている（たとえばフランソワ1世のギャラリーなど）．彼はまた建築家としてもはたらいた（彼ないしプリマティッチョは，フォンテーヌブローにあるディアナの庭園に面するPavillon des Armes に通じる戸口をデザインしたものと思われるが，これはフランスにおけるエジプト風建築の最初の作例であった）．

ロディゲス，ヨアヒム・コンラート Loddiges, Joachim Conrad (1738-1826)

ハノーファー出身でハクニー（ロンドン）に拠点をおいた養樹園主で，多くの珍しい植物をイングランドに輸入した．息子ジョージ（George, 1786-1846）は『ボタニカル・キャビネット（*The Botanical Cabinet*）』（1817-34）を刊行した．これにはジョージ・クック（George Cooke, 1781-1834）と作成した植物見本の美しい図版が多く載せられていた．ジョージ・ロディゲスは（おそらくクックの息子エドワード・ウィリアム・クック（Edward William Cooke, 1811-80）に助けられて）ストーク・ニューイントンのアブニー・パーク墓地に有名な植物園（1840）をつくり，約2500種類の木々や灌木を植えた．ラウドンはこれを賞賛し，ロンドン近郊で「最も装飾的な墓地」と呼んだ．ここでは歩く人々を啓蒙するために木々や灌木にはすべてラベルがつけられた．アブニー・パークは，ヴィクトリア朝期において庭園墓地と呼ばれる最初の例となり，大衆を教育することを目的とした．

ローテク Low Tech

ハイテクと対立する主張．素材や部品のリサイクル，さらには伝統的な構法や断熱方法や自然の方法を用いた暖房や換気など．ローテクとは，ハイテクが過剰に資源を使用したことによって自然環境が破壊されたと認識し，貧困に見舞われるエリアの環境にも適用し得るものである．それは「代替的」で「中間的」技術であり，ときに「空想的」な技術とさえ呼ばれる．また，ローテクには，太陽エネルギーの利用や，人間の廃棄物からエネルギーや土壌の栄養を生み出す使用法も含まれる．

ロート，アルフレート Roth, Alfred (1903-98)

スイスの建築家．『ル・コルビュジエとピエール・ジャンヌレによる二住宅（*Zwei Wohnhäuser von Le Corbusier und Pierre Jeanneret*）』（1927）に記されているように，ヴァイセンホーフ・ジードルンク（1927）においてル・コルビュジエおよびジャンヌレ゠グリと協働し，国際的なモダニズムの展開のなかで活動の基盤を築いた．後年『回想のパイオニア（*Begegnung mit Pionieren*）』（1973）として回顧録を刊行した．CIAM のスイス支部のメンバーで，その活動を通じてギーディオンと知己になりチューリヒのドルダータール集合住宅（1935-36）の設計依頼を得，従兄のエミール・ロート（Emil Roth, 1893-1980）およびマルセル・ブロイヤーと共同で設計した．1934 年以降，CIAM の広報誌『さらなる建設（*Weiterbauen*）』を編集し，『新しい建築（*The New Architecture*）』（1939）を出版し，1942 年から 56 年にかけて雑誌『作品（*Werk*）』の編集を担った．スイスの近代建築，および国際様式の普及に影響力をもった．

ロード柵 Laudian rails

祭壇前の聖体拝領台の手摺．しばしば手摺子を備え，通常オーク材でつくられる．ウィリアム・ロード（William Laud, 1573-1645）がカンタベリー大主教の地位にあって，イギリス人の信仰に対しなにがしかの威厳を保とうとした時代（1633-40）にさかのぼる．

ロト，スティーヴン Lote, Stephen（活躍 1381-1417 *or* 1418 没）

イングランドの石工．イェヴェリーのもとで，ロンドンのセント・ポール大聖堂のロッジ（宿舎）の建設の工事監督を務め（1381-82），その後，イェヴェリーとともに，ウェストミンスター・アビーのリチャード 2 世（King Richard II, 在位 1377-99）とその最初の王妃（アン・オヴ・ボヘミア（Anne of Bohemia, 1366-94））の墓所（1394-95）の制作に従事した．1400 年には，ウェストミンスターとロンドン塔の王のマスター・メーソンとなった．のちにカンタベリー大聖堂（ケント）で仕事をするようになり，そこで身廊を完成させ，クロイスターを建て，トランセプトの建設を続け，お

そらく，パルピタム（1410 頃）とヘンリー 4 世（King Henry IV, 在位 1399-1413）の墓所を設計した．ケントでは，メイドストーンの聖堂やロースター・ブリッジの建設に携わった．ノーサンプトンシャーでは，フォザリンゲイの聖堂のクワイア（取り壊し）を設計した可能性があり，ここでヨーク公エドワード（Edward, Duke of York, 1415 年，アザンクールの戦いで戦死）の墓所（取り壊し）を制作している．また，イェヴェリーとともに，ウェストミンスター・アビーにカンタベリー大司教サイモン・ラングハム（Simon Langham, 1376 没）の墓所を制作した（1390 年代）．ロトは「ラトナー（ラトン（真鍮に似た銅と亜鉛の合金）銘板の制作者の意）」とも言及されるが，それは石造の墓所以外にも，記念碑的な葬祭真鍮銘板をつくっていたことを意味している．

ロードリ，カルロ修道士（クリストフォロ・イニャツィオ・アントーニオ） Lodoli, Fra Carlo (Cristoforo Ignazio Antonio)（1690-1761）

ヴェネツィアのフランシスコ会修道士にして建築理論家．ロードリの理論は新古典主義に関連をもち，その内容は当時からアルガロッティの『建築論（*Saggio sopra l'Architettura*）』（1753）の中に（誤解も交えて）主張された．その後，アンドレア・メンモ（Andrea Memmo, 1729-93）が『ロードリ建築原論（*Elementi d'architettura lodoliana*）』（1786）を出版したものの，完全ではなく，完全版は 1833-34 年にメンモの娘ルチア・モチェニーゴ（Lucia Mocenigo）によってロードリの未発表稿を加えて出されることになる．ロードリの主張によれば，「適切な機能と適切な形態こそが，民間建築のめざす究極にして科学的な目標であり」，両者は「分かちがたい統一体」でなければならない．また，最適な材料がその特性や建物の目的にしたがって率直に用いられるとき，かならず建物は，頑丈で，見栄えもよく，使いやすいものになるという．ロードリは，ヴェネツィアのサン・フランチェスコ・デッラ・ヴィーニャ修道院の巡礼者宿舎（1740 頃）を設計したが，そこには興味深い曲率の窓敷居と飾り気のない実用主義のペディメントを見つけることができる．だが，その重要性は過大評価された感がある．著書には，ロージエやピラネージと同様の主張があったにもかかわらず，建築家

としてのロードリの影響力は，20世紀にイタリア合理主義がロードリとその業績を再発見するまで，ほとんどなかったように思われる．

ロドリゲス・ティソン，ベントゥーラ Rodríguez Tizón, Ventura (1717-85)

　後期バロック期スペインの建築家．その作風は新古典主義の方向へ大きく転換した．マドリッドの王宮においてサッケッティのもとではたらいたのち (1735-50)，マドリッドのサン・マルコス聖堂を設計した (1749-53)．同聖堂の楕円を重ね合わせた平面は，ユヴァッラによるトリノのサン・フィリッポ・ネーリ聖堂 (1730-32) に一部想を得ており，内部立面の処理にはボッロミーニの影響が見られ，凹面によるファサードの構成からは，ベルニーニによるサンタンドレア・アル・クィリナーレ (ローマ，1658-70) が思い起こされる．彼はパンプローナ大聖堂 (1783設計，双塔に挟まれた四柱前柱廊式のコリント式ポルティクスをもつ) においてバロックと新古典主義のテーマを融合させたが，バルセロナの外科医師会館 (1760依頼) は簡潔かつ質素で，フランスの新古典主義理論の影響が色濃い．ほかの作品には，サラゴサのピラール聖母聖堂内にあるバロック様式のビルヘン礼拝室 (1750)，クエンカ大聖堂の「トランスパレンテ」礼拝室 (1753，トレドにあるトメの作品に影響を受けた) などのほか，アンダルシアのいくつかの教会堂がある．

ロトンダ rotunda

　1.　内側と外側がともに円筒状の建造物で，とくにローマのパンテオンのようにドームで架構されたもの．外周にはペリスタイルがとりつけられることがあり（たとえば，スフロによって設計されたパリのパンテオンの交差部ドームのドラム），さらに内側につく例や内外両側につくものがある（例：エピダウロスのトロス）．

　2.　大きな建物の中の円筒形をしたホールや部屋．建物が大きいためドラムは外観に完全には現れないが，クーポラの有無にかかわらず曲線部分は部分的に現れるもの．

炉辺抱き石 chimney-jamb
　⇨チムニー・ジャム

ロバーツ，ヘンリー Roberts, Henry (1803-76)

　ペンシルベニア州フィラデルフィア生まれのイギリスの建築家．フォウラーとR・スマークの事務所ではたらいた後，1830年にロンドンで事務所を開いた．1832年，レニーが設計したニュー・ロンドン・ブリッジ横の漁師組合の新しいホールの設計競技を勝ちとった．それはグリーク・リヴァイヴァル様式の卓抜した作品で，スマークの影響が色濃く現れている（ロバーツは大英博物館の施工図作成でスマークを補佐していた）．また，さまざまな点において興味深いところがある．たとえば，巧妙な平面計画，建設に鋳鉄と錬鉄を使っていること，研磨されたピーターヘッドの花崗岩のフルーティングのないギリシアのドリス式柱4本をエントランス・ホールと階段室に使っていること（この材料をこのような場所，目的に使った最初の事例），基礎に巨大なコンクリートの浮台を採用したこと，メインホール自体にアテネのリシクラテスの合唱隊記念碑のようなギリシアのコリント式オーダーを洗練させたものを使ったことなどである．彼の当時の弟子であり補佐役はジョージ・ギルバート・スコットだった．ロバーツの事務所は成功し，リベラルで福音主義的傾向をもった貴族院議員たちのためにカントリー・ハウスを設計した．これらの建物はジャコビーサン様式，チューダー・ゴシック様式（サマセット州ノートン・フィッツウォレンのノートン・マナー (1843))，あるいは心地よいイタリア風様式（デヴォンのエスコット・ハウス (1843)) であった．しかし，彼のゴシック・リヴァイヴァルの教会堂作品（たとえばホワイトチャペルのドック・ストリートのセント・ポール (1846)) は，教会建築学者たちの賞賛を得なかった．

　だが，ロバーツが世界的に重要なのは，数多くの博愛主義建築の設計者としてである．彼は福音主義に傾倒し，身をもって社会改善をしようという人びとと出会うことになった．最初の作品は，ホワイトチャペルの貧困船員のための保護施設 (1835) だった．1844年には労働者階級の生活改善協会 (SICLC) の名誉建築家に就任した．この活動にはシャフツベリー伯爵

（Lord Shaftesbury, 1801-85），アルバート公が深くかかわっていた．この協会のためにロバーツはさまざまな種類の手本となる建物を建てた．たとえば，ロンドンのペントンヴィルのロウアー・ロードの住宅（1844，現存せず），さまざまな簡易宿泊所，そして画期的なブルームズベリーのストリーサム・ストリートのモデル住宅（1849-51）である．ストリーサム・ストリートのモデル住宅は住宅として先進的な装備をしており，ヴォールト状の床とコンクリートを使い，耐火建築となっていた．また，ギャラリー状の通路からアクセスするようになっていた．ロバートはこの通路は個々の家に入るためにもち上げられた通りであると主張し，結果，大きな建物に課せられていた窓税を免れた．この建物とロバートの主張により，政府は窓税と関連法を廃止せざるをえなくなった．そして，博愛主義的な協会も私的な個人もより経済的に労働者階級の住宅を供給できるようになった．ロバーツはストリーサム・ストリートの典型的なアパートの平面計画を発展させ，「1851年の工業博覧会の際にハイドパークに建設された4家族のためのモデル・ハウス」をつくりあげた．資金を出したのは博愛主義志向の王太子で，彼は自分が会長であったSICLCの理念を広めようとしていた．すぐれたデザインのこの建物には，四つの独立した世帯の家が入っており，各戸には専用のトイレ設備があり，外部階段からアクセスし，断熱にすぐれ，耐火構造となっており，当時の住宅の標準的なものよりもずっと進んでいた．この展覧会（この種のものでは世界初，大々的に喧伝された1927年のヴァイセンホーフ・ジードルンクの展覧会よりもずっと前に開催された）には，数千人の人びとが訪れ，協会は詳細な平面図と立面図を出版した．ロバーツのデザインはヨーロッパ中，そしてアメリカ合衆国に影響を与え，彼のプランの変形したものは1920年代および1930年代にもアムステルダム南地区で使われた．彼がデザインした農村におけるモデル・コテージも出版され，1851年以降，イギリス帝国中で数多く建設された．大部分はおよそ17世紀の様式であるが，場所や趣味により，さまざまなものになりえた．バークシャーのウィンザーには，ロンドンの大博覧会（アルバート公の博覧会）で建てられたタイプのものを含め，彼のモデル住宅ですべてがつくられた住宅地があり（1852），現在でもほとんどそのままに残っている．

ロバーツは社会的弱者のための住宅のデザインの先駆者であっただけでなく，この分野の理論家としても影響力をもった．著作に『労働者階級の住宅（*The Dwellings of the Labouring Classes*）』（1850年に出版され1867年に改訂，フランス語でも出版された），『政府の規定に則った労働階級の住宅の改善について（*The Improvement of the Dwellings of the Labouring Classes through the Operation of Government Measures*）』（1859），『健康的な住宅の秘訣およびその恩恵を労働者階級のために拡大することについて（*The Essentials of a Healthy Dwelling and the Extension of its Benefits to the Labouring Population*）』（1862），『労働者階級の住宅の状態が肉体状況に及ぼす影響について（*The Physical Condition of the Labouring Classes, Resulting from the State of their Dwellings*）』（1866），『大陸における労働者階級の住宅改善策（*Efforts on the Continent for Improving the Dwellings of the Labouring Classes*）』（1874）がある．これらの著作により彼はのちのポート・サンライト，ボーンヴィル，レッチワース・ガーデン・シティなどの試みの基礎を築いた．また，とりわけ，自力で家を建てることができない人のための住宅供給に国や自治体が介入すべきだということに注意を喚起した．彼は住宅金融組合の拡大には反対だった．なぜなら安易な貸付はコストを上昇させると考えたからである．また，住宅の値段はその価値によってではなく，貸付可能な資金の量に左右されることになるとも予見した．彼の分析はまったくもって正しかった．

ロバート（石工） Robert the Mason（1077頃-1119活躍）

ハートフォードにあるロマネスク様式のセント・オールバンズ修道院聖堂（現在は大聖堂）における，翼廊，身廊の東部分，そして塔を建設した棟梁．

ロバートソン，ウィリアム Robertson, William（1770-1850）

イングランド生まれの建築家．キルケニーやその周辺で活動し，ダニエル・ロバートソンとよく間違われる．さほど有名ではないカントリー・ハウスを多く設計しており，それらにはキ

ルケニーのバリーラゲットにあるジェンキンス
タウン（19世紀初頭，「こわばった」ゴシック
様式），キルケニーのローズヒル（1820年代，
折衷主義，その多くが損傷），キルケニーのゴ
ウラン・カースル（1817-20，古典主義）があ
る．オーモンド公爵バトラー家の先祖の屋敷キ
ルケニー・カースル（1826年より，城館風）
の再建でよく知られている．これは完全に中世
の建物を消し去った（建物はその後，ディーン
＆ウッドワードらによって改築され，アイルラ
ンド内戦（1922）でひどい損傷を受け，1970
年代には建設省がひどい腐食を取り除くため徹
底的に修復した）．ロバートソンはしばらくキ
ルケニー・カースルを監督していたようで，
1797年にはドローイングを展示した．

ロバートソン，ウィリアム　Robertson, William (1786-1841)

　スコットランドの建築家で，モリーシャーと
その近郊で活躍した．1823年頃にエルギンに
事務所を設立した．洗練されたグリーク・リ
ヴァイヴァリスト，ゴシック・リヴァイヴァリ
ストであり，腕のいい製図工であった．ウィッ
ク（ケイスネス），インヴァネスにあるロー
マ・カトリックの聖堂（1836），もともとはド
クター・ベルズ・スクールであった公共図書館
（1839-41，グリーク・リヴァイヴァル），イン
ヴァネスの旧ユニオン・ホテル（1838-39）や
ほかの多くの建物を設計した．これらはすべて
建築的に風格のあるものであった．バンフ・ア
カデミー（1836-38），バンフシャーのカレンに
あるさまざまな建物（タウン・ホール，郵便
局，シーフィールド・アームズ，厩舎，スクエ
アにある邸宅，サウス・デスクフォード・スト
リート，シーフィールド・プレースのヴィラな
ど（1822-25）），モリーシャーのフォカバーズ
にあるベリーのマウソレウム（1824-25，グリ
ーク・リヴァイヴァル様式），バンフシャーの
インヴェレイヴォンのマウソレウム（1829，ゴ
シック様式）からは，彼が均衡のとれた上品な
建物を設計する能力があったことを示してい
る．

ロバートソン，サー・ハワード・モーリー　Robertson, Sir Howard Morley (1888-1963)

　アメリカ出身のイギリスの建築家．パリとア
メリカで学んだ後，ジョン・マリー・イースト
ン（John Murry Easton, 1889-1975）とパート
ナーシップを組み（1919-31），イーストン・ア
ンド・ロバートソンを設立した．ロンドンの王
立園芸会館（1925）は，パラボリック・アーチ
が使われ，全体的には，壇状に配列された窓，
ベルグによるブレスラウ（ヴロツワフ）のヤー
レフンデルトハレ（100年ホール）を想起させ
るようデザインで，当時どこにもない内部空間
を有していた．ロバートソンによるメンデルゾ
ーンへの敬意は，ロンドン，ローズベリー・ア
ヴェニュー，ニューリヴァー・ヘッドにあるメ
トロポリタン・ウォーター・ボード・ラボラト
リー（1938）にうかがえる．ほかにも，ロンド
ンのサヴォイ・ホテル（1930-38），クレーリッ
ジ・ホテル（1935-39），サドラーズ・ウェルズ
劇場（1930-39）を設計した．エセックス，ラ
フトンにあるイングランド銀行印刷部局
（1956）は最もよい作品の1つで，アラップが
コンサルタントをつとめた．ロバートソンによ
る最晩年の作品に，ロンドン，ウォータール
ー，ヨーク・ロードにあるシェル・センター
（1961）があるが，ずんぐりとしたタワーは彼
の名声を高めるものではなかった．著書に，
『建築的構成の原理（*The Principles of Architectural Composition*）』（1924），『近代建
築デザイン（*Modern Architectural Design*）』
（1932），『建築の誕生（*Architecture Arising*）』
（1944）がある．彼はAAスクールの学長でも
あった（1920-35）．

ロバートソン，ダニエル　Robertson, Daniel (1812-43 活躍)

　スコットランドの建築家で，おそらくアダム
一族と関係があり，1820年代にウィリアム・
アダム（William Adam）を悩ませた経済的困
窮の一因となったようである．ロバートソンと
（おそらく）兄弟のアレグザンダー
（Alexander）は，1812年にロンドンの投機的
開発にかかわり，1817年に破産した．しかし，
1820年代にはダニエルはオックスフォードで
仕事をしており，ここでウォルトン・ストリー
トにある古代ギリシア・ローマ風のオックス
フォード大学出版局の建物を設計し
（1826-27），オール・ソウルズ・コレッジのハ
イ・ストリート側のゴシック正面を修復し
（1827），オリエル・コレッジの北側の中庭西面
を再建し（1826），ウォダム・コレッジ（1826）

とセント・ジョンズ・コレッジ（1826-27）に作品を残した．彼はやや貧弱なネオ・ノルマン様式で教会を2棟設計した（ここから地元では「ゆでたウサギ」とあだ名された）．これらはオックスフォードのセント・クレメント教会（1827-28），バークシャーのケニントンにあるセント・スウィザン教会（1827-28，様式から彼のものとされている）である．彼は失意のうちにオックスフォードを離れ（1829），アイルランドに定住した．ここでカントリー・ハウスをいくつか設計し，これらにはロングフォードのカリグラス・マナー（1837-45，チューダーベサン），ウェクスフォードのエニスコーシー近郊にあるカースルバロ・ハウス（1840頃，古典主義，1923全焼），ウェクスフォード近郊のジョンズタウン・カースルでのさまざまな増築（1833-36頃，城館様式）がある．ウィックロウのエニスコーシーにあるパワーズコートのアッパー・テラス（1843）を手がけたが，ここでは酩酊状態で手押し車の仕事を監督しなければならなかった．これ以降の彼の動向は不明である．ウィリアム・ロバートソンと混同されてきたが，関係はないようである．

ロバの耳 asses' ears
　イアーまたはホーンの一種．

ロビー・エントリー lobby-entry
　⇨エントリー

ロビンソン，ウィリアム Robinson, William（1720頃-75）
　イギリスの建築家．ヴァーディーとともにケントによるホワイトホールの近衛騎兵隊本部の建設監督（1748以降）に従事した．ロンドンのオールド・ブロード・ストリートの間接税務局（1769-75，1854取り壊し）をパッラーディオ様式で設計した．彼の名が知られるのは，トウィッケナムのストロウベリ・ヒルにおける最初の改築（1748）と，スタッフォードシャーのストーンにおけるジョージアン・ゴシック様式の教会堂（1754-58）である．

ロビンソン，ウィリアム Robinson, William（1838-1935）
　アルスター生まれの造園家，著述家．彼はクラモアの庭師としてはたらいたのち，ダブリンのグラスナヴィンにある植物園，さらに1866年までロンドンのリージェンツ・パークの王立植物園ではたらいた．それまでに傑出した科学者と知遇を得ており，『ガーデナーズ・クロニクル（Gardeners' Chronicle）』に寄稿し始めた．1867年のパリ万博に行き，『タイムズ（The Times）』と『フィールド（Field）』に園芸学の記事を書いた．また，彼の処女作となる『フランス式庭園選集（Gleanings from French Gardens）』（1868）と『パリの公園，プロムナードと庭園（The Parks, Promenades, and Gardens of Paris）』（1869）を書き始めた．その後，アルプス地方，イタリア，アメリカを旅し，『英国式庭園のための高山性植物（Alpine Flowers for English Gardens）』（1870）と『ワイルド・ガーデン（The Wild Garden）』（1870）を出版し，自然な背景のボーダー花壇に耐寒性植物を加えるという趣味を普及させた．1871年に週刊誌『ガーデン（The Garden）』を，1879年には『ガーデニング（Gardening Illustrated）』（1879-1811）を創刊した．これらは成功をおさめ，ヴィクトリア朝後期のイングランドにおける郊外の園芸愛好家に影響を与え，多彩色花壇を好むヴィクトリア朝中期の派手な趣味を変えた．彼の最も成功した著作『イングランドの花の庭園（The English Flower Garden）』（1883）は存命中に15版も出版され，自然な造園の福音書となった．彼は雑誌『農園と家（Farm and Home）』（1882-1920），『コテージ・ガーデニング（Cottage Gardening）』（1892-98），『フローラとシルヴァ（Flora and Sylva）』（1903-05）を創刊した．彼の著作で最も興味深いものの1冊に『神の美しき大地（God's Acre Beautiful）』（1880）があり，これはうわべは墓地の造園を論じたものであるが，火葬を支持した力強い論争となっている．1885年にサセックスのイースト・グリンステッド近郊に16世紀のグレイヴタイ・マナーを購入し，森，水，多種多様な耐寒性植物を用いた，理想的な自然な庭園を造成した．彼はこの作品を『美しい庭園（The Garden Beautiful）』（1907）と『グレイヴタイ・マナー（Gravetye Manor）』（1911），『家の風景（Home Landscapes）』（1914）に載せた．彼はゲニウス・ロキを尊重するよう強く主張し，机上の空論を嫌い，庭園はその敷地から生まれるべきであるとした．サフォークのイプ

スウィッチにあるシュラブランズに庭園を設計
し（1880）．ガートルード・ジーキルの親友と
なり，アーツ・アンド・クラフツ運動とドメス
ティック・リヴァイヴァルの庭園に大きな影響
を与えた．ジーキルを通してラッチェンスなど
に影響を与えたが，テラスや整形式庭園を好ん
だブロムフィールドとは口論となった．ロビン
ソンはイングランドの庭園デザインと実践にお
いて革命的であったといえよう．ジーキルは，
本来はロビンソンに帰すべき名声を得た．

ロビンソン, サー・ウィリアム　Robinson, Sir William (1643 頃-1712)

　イングランドの建築家・技術者．1671 年，
アイルランドで築城および建築物のサーヴェイ
ヤー・ジェネラルとなった．ダブリン・カース
ル（1684，トーマス・バーグとウィリアム・モ
リヌー（William Molyneux, 1656-96）によっ
て完成された）の再設計，ダブリン県のキルメ
イナムのロイヤル・ホスピタルの諸建築
（1679-87），アーマ県のチャールモント（1673）
やコーク県のキンセールのチャールズ
（1677-81）の要塞などが主要作品である．アイ
ルランドにおける古典主義の発展に重要な役割
を果たしたと思われ，ロイヤル・ホスピタルに
おけるバロックの手法は質が高い．ウィリアマ
イト戦争（1688-91）後は，ダブリンにセン
ト・メアリー聖堂（1701-05）やマースズ図書
館（1703-04）を設計した．アイルランドにお
ける多数の公職を手に入れ，多大な富を築い
た．そのため，没後かなり経過した 1724 年に，
枢密院が債権者を救済する法律の制定をせざる
をえなくなった際，大規模な汚職の疑惑がかけ
られることを避けることができなかった．

ロビンソン, サー・トーマス, 準男爵　Robinson, Sir Thomas, Bt. (1702 頃-77)

　イギリスの建築愛好家．バーリントン卿の
パッラーディオ主義の熱心な信奉者の一人であ
り，ヨークシャーのロクビーにある自邸をパッ
ラーディオ様式で（しかし柱礎のないドリス式
円柱もまたポルティコに使用し，そのようなオー
ダーの使用例としてはきわめて早期のもの）
に改築した（1725-30）．家屋と敷地には古代ロー
マの記述にもとづき，プリニウスのヴィラの
再現を試みた．この支出により，幾分浪費した
生活様式も相まって，1742 年に彼はバルバド

ス総督の職位を受諾せざるをえなくなったが，
建築への情熱は衰えることがなく，ピルグリム
に兵器工場と兵器庫を建設したことで，さらに
金銭面で苦しんだ．彼の建築の中には，ロクビー
の景観設計をした公園と教会堂（1776），ヨー
クシャーのキャッスル・ハワードの西翼
（1753-59，全体構成にはほとんど影響がない），
バッキンガムシャーのクレイドン・ハウス
（1760-80 頃，ロビンソンの設計したウィング
の一つが残る），ダラム州のオークランド主教
城の力強く独創的なゴシック様式の城門
（1760），サセックスのグラインドにおける古典
様式の教会堂（1763-65）がある．一時期，社
交人が集うチェルシーの楽園であったラネラ庭
園の催事の支配人を務めた．

ロビンソン, ピーター・フレデリック　Robinson, Peter Frederick (1776-1858)

　イングランドの建築家．ポーデンの弟子で，
後にブライトン・パヴィリオンの増築
（1801-02）においてホランドを手伝った．リー
ジェンシー様式の趣味にかなう折衷的デザイン
を多く生み出し，後ろめたさを感じることな
く，あらゆる様式に手を染めることができた．
ロンドンのピカデリーにかの有名な「エジプ
シャン・ホール」（1811-12，1905 解体）を設
計した．これはウィリアム・ブロック
（William Bullock, 1795 頃-1826 活躍）の博物館
を宣伝するため，正面は学術的に正確ではない
古代エジプト風要素が奇妙に混成された（パッ
プワースは後にこの様式で同じく学術的に正確
はない室内装飾を加えた）．ロビンソンはウォ
リックシャーのレミントン・スパにあるビー
チャム・スクエア周辺の開発（1825-26）を手
がけ，ロンドンのリージェンツ・パークにある
独創的なスイス・コテージ（1828 頃，解体）
を設計した．彼はダウンのシーフォードに印象
的な門，ロッジ，救貧院（1833）を設計し，シー
フォード・ハウス（1816-20，美しいグリー
ク・リヴァイヴァルの室内装飾がある）のデザ
インに関与した可能性がある．今日，『田園の
建築（*Rural Architecture*）』（1823，再版），
『装飾的なヴィラのデザイン集（*Designs for Ornamental Villas*）』（1825-27，再版），『ヴィ
レッジ建築のためのデザイン集，サー・ユヴデ
イル・プライスによるピクチャレスク試論の考
察 に 関 す る 説 明（*Designs for Village*

Architecture... illustrating the Observations contained in an Essay on the Picturesque by Sir Uvedale Price)』（1830，再版），『農園建築のデザイン集（*Designs for Farm Buildings*)』（1830，再版），『ロッジとパーク・エントランスのデザイン集（*Designs for Lodges and Park Entrances*)』（1833，再版）や，そのほかの本の著者として最も名が知られている．これらの著作はイギリスとアメリカにおいて，ピクチャレスクな建物に関する彼の幾分ぶざまな思想を伝播する要因となった．

ローブ　lobe
1. 中世建築における小アーチあるいは花弁型開口をさし，互いにカスプで隔てられる．このため「ローブで飾られた」とはローブとカスプで構成されたアーチやトレーサリーを指す．
2. 反り襞飾り．

ロープ　rope
⇨ケーブル

ローブ卿，ウィリアム　Robe, Sir William （1765-1820）
イギリスの工兵，士官．カナダ，ケベックのホリー・トリニティ大聖堂（1803）は，ギッブズのセント・マーティン・イン・ザ・フィールズに酷似している．作品は大変立派で堂々としており，彼自身も 19 世紀初頭のケベック州の発展と運営に貢献した．

ロブソン，エドワード・ロバート　Robson, Edward Robert （1836-1917）
イングランドの建築家．ドブソンのもとで修行し，スコット（父）の事務所ではたらいたのち，自分の事務所を開いた．1870 年にロンドン教育委員会の建築家に任命され，1871 年から 76 年まで J・J・スティーヴンソンと共同経営をした．ロブソンが設計した学校（1872-89 年の間に 300 近くが建設された）は煉瓦造のクイーン・アン様式のもので，当時スティーヴンソンらが推進していたものだった．これらの剛健な学校は大変な成功を収め，ロンドン教育委員会様式との呼称もできた．作品として，ハックニーのベルガー・ロード・スクール（1878），ピカデリーの王立水彩画家協会（1881），ステップニーの人民の家（1886）があり，すべて

ロンドンにある．ロブソンは著書『学校建築（*School Architecture*)』（1874）を出版し，これは大きな影響力をもった．晩年，息子のフィリップ・アップルビー・ロブソンとともにはたらいた．

ロブソン，フィリップ・アップルビー　Robson, Philip Appleby （1871-1951）
イングランドの建築家，E・R・ロブソンの息子．ピアソンのもとで修行し，トゥルロ大聖堂を補佐したのち，父の事務所に加わった．さまざまな政府庁舎の仕事をし，その後自分の事務所を開いた．父と同様に数多くのロンドンの学校を建設した．限られた都市域での計画は父よりもさらに巧緻だった．一連の端正なクイーン・アン様式の背の高い窓をもった煉瓦およびテラコッタの建物をつくり，ロンドンのいくつかの地域を活気づけた．作品として，サウス・ストリートのセント・ジョージ学校（1898-99），カンバーウェルのセント・ガブリエル・カレッジ（1899-1903）があり，どちらもロンドンにある．またサセックスのイーストボーン美術学校（1903-04）も彼の作品である．『学校計画（*School Planning*)』（1911）および『職業としての建築（*Architecture as a Career*)』（1929）を出版した．

ロフト　loft
1. かつては上階一般を指したが，現在では建物の勾配屋根と，壁で囲われた最上階の天井構造との中に設けられた空間を指す．本質的には屋根裏部屋だが，内装仕上げなしで倉庫として使われる．
2. 大部屋や広間の中にある一段と高いプラットホームや舞台，ギャラリー．教会内のウォッチング・ロフト（ハートフォードシャーの聖オールバン大修道院の例）や内陣高廊，オルガン・ロフトのようなもの．

ローブリング，ジョン・オーガスタス　Roebling, John Augustus （1806-69）
ドイツ生まれのアメリカの技術者．1841-49 年に鋼鉄の撚線ケーブルの製造手法を完成させ，ペンシルヴェニア州運河送水路をアレゲニー川上に吊す（1844-45）際に使用した．この仕事により名が知られるようになった．その息子ワシントン・オーガスタス・ローブリング

（Washington Augustus Roebling, 1837-1926）とともにニューヨーク市のブルックリン橋（1869-83）を設計したが，これは当時世界最長の吊り橋であった．J・A・ローブリングは『長短のスパンの鉄道橋（Long and Short Span Railway Bridges）』（1869）を発表した．

ロベルト兄弟．マルセロ，ミルトン，マウリシオ Roberto Brothers. Marcelo（1908-64），Milton（1914-53），*and* Mauricio（1921-97）
ブラジルの建築家．ル・コルビュジエから大きな影響を受けた．ブラジル報道協会（ABI）ビル（1935-36）で評判を確立した．リオデジャネイロのセグラドラス・ビル（1949）において顕著なように，彼らのデザインはブラジルの強い陽射しを制御することに成功した．

ロベール・ド・リュザルシュ Luzarches, Robert de（1236頃没）
1220年からアミアン大聖堂の石工棟梁，そしておそらくは建築家であった．外陣の工事を開始したが，1235年頃にトマ・ド・コルモン（Thomas de Cormont）が後任となった．トマは西正面と外陣上部を設計し，さらにトマの後継となった息子のルニョー・ド・コルモン（Regnault de Cormont, 1240頃-88）に石工棟梁）が，内陣（クワイア）半円部，交差部のヴォールト，トランセプトの立面を任され，いずれもゴシックのレヨナン様式で建てた．

ロベール，ユベール Robert, Hubert（1733-1808）
フランスの風景画家，造園家．その絵画の中心的な要素としてしばしば古代の廃墟を描いたので「廃墟のロベール」として知られる．絵画のなかで時に古代エジプトのあるいはエジプト化されたモチーフを組み合わせて，エジプト・リヴァイヴァルに副次的な役割を務めた．ロベールは，ルネ＝ルイ・ド・ジラルダン侯爵（René-Louis, Marquis de Girardin）によるエルムノンヴィルの庭園の造園に参加し，ポプラの島とJ・J・ルソー（J.-J. Rousseau）の墓（1712-78）というこの時代の最も恒久的なイメージの一つをデザインするという貢献を果たした．1786年からはベランジェの後を継いで，ジャン＝ジョゼフ・ド・ラボルド侯爵（Jean-Joseph, Marquis de Laborde, 1724-94）のメレ

ヴィルの驚くべき隠喩の庭のデザインに従事した．ロベールは風景式庭園を，ピクチャレスクな隠喩の場所へと転換した鍵となる人物である．そこでは，感覚と記憶と道徳の連合によって，デザインが生まれるのだ．

ローマ・アーチ Roman arch
くさび形の迫石や薄いタイル状の煉瓦でできた半円アーチ．

ローマ建築（古代） Roman architecture
古代ローマ共和政期（前509-前27）の建築についての知見は限られているけれども，パレストリーナ（プラエネステ）にあるフォルトゥーナ・プリミゲニアの神域と神殿の調査はなされている（おそらく前2世紀末だが，前80年頃の可能性が高い）．階段と斜路でつながったいくつかのテラスで構成され，神殿の上には険しい丘の斜面がそびえている．劇場を囲う半円形を描く2層のポルティコもある．構成上の焦点はテラスの一番上にある円形平面の神殿である〔以下，「円形神殿」と記す〕．部分的にでも現存する共和政期の建築の中でも，間違いなく最高の構成で，明らかに偉大な壮大さを湛えている．だが，アウグストゥス（Augustus, 皇帝在位前27-後14）時代からコンスタンティヌポリス創設（330）までの古代ローマ帝政期の建築の方がもっとよく知られている．古代ローマ建築は，古典主義の歴史において，複雑な幾何学形態の展開，コンクリートを使用したアーチ構法（ドームとヴォールトも含む）の構造技術の進化，そして，工学の発展（道路，水道橋，橋梁，暖房など）によってそれ自体としてもきわめて重要なだけでなく，初期キリスト教，ビザンツ，ロマネスク，ルネサンス，バロック，および新古典主義から21世紀初めにいたるまでのデザインに着想を与え続けてもいるのである．
古代ローマ建築は，最も進んでいた帝政期も含めて，ヘレニズム期の建築を模範として多くを負っていた．だが，古典期とヘレニズム期の建築ではオーダーの円柱がデザインの全体で活用されていたのに対し，古代ローマの作品では，その地位が低下していることも多く，装飾的に使用したりエンゲージ（壁体の一部に）されたりしていた．たとえば，ローマのフォルトゥーナ・ウィリーリス（男運女神）神殿（前

2世紀，あるいはおそらく前40頃），およびフランスのニームにある「メゾン・カレ」〔フランス語で「方形平面の家」の意〕（前16）のプセウド・ペリプテロス（擬周翼式）形式にそれがみられる．双方とも，高いポディウム（基壇）の上に立ち，プロステュロス（前柱式）の古代エトルリアの形式にもとづいて奥行きのあるポルティコ（イタリア語で「列柱廊」の意）を備える．だが，古代ギリシアの神殿建築では，通常，残りの部分も列柱，すなわち，ペリスタイルで囲われるのに対し，上記の古代ローマの神殿建築ではケラ（神室）の壁面にエンゲージされているのである．また，古代ギリシアからオーダーを取り入れただけではなく，特徴的な古代ローマ風のドリス式，イオニア式，コリント式の形式を発展させた．古代ローマ風ドリス式は，コーリにある共和政期の神殿（前80頃）にみられるように，古代ギリシアのドリス式よりも高くて細かった（コーリの神殿の円柱の柱身の上2/3にはヘレニズム期の様式による18本のフルート（溝）が切ってあり，下1/3は18角柱形に裁断されている）．また，そのエンタブラチュアはかなり低くなっている（各インターコラムニエーション（柱間）直上にトリグリュフォス（トリグリフ）が3カ所入る）．一方，古代ローマのエトルリア風ドリス式の特徴的な形式（古代エトルリアのものを原型とするトスカナ式オーダーを混合したもの）においては，古典期のオーダーと共通するのはトリグリュフォス，グッタとムトゥルスだけである．古代ローマ風イオニア式は古典期やヘレニズム期の先例よりも優雅ではなく，ローマのサトゥルヌス神殿（3世紀か4世紀）のように，八つのヴォリュート（渦巻）をもつアンギュラー・キャピタル〔四面対称柱頭〕もあった．これを使えば，ポルティコ隅部において特殊なアングル・キャピタル〔隅部配置用柱頭〕が必要なくなるのである．このような「対角線上の」柱頭はポンペイでみられ，79年以前に広く用いられるようになった．

　古代ギリシア人はコリント式オーダーを控えめに使用していたが（アテネのリュシクラテス合唱隊記念碑（前334）など），古代ローマ人はあらゆる目的に適したオーダーとして用い，ほとばしる熱意をもって魅力的な美装を施して，エンタブラチュアを大いに練り上げた．また，オーダーの中にコンポジット式オーダーを加えた．これはじつはコリント式の一形式なのだが，アカンサスの葉形装飾2列の上にイオニア式のアンギュラー・キャピタルを載せた豪奢なデザインを形成する柱頭を備えていた．古代ギリシアのイオニア式とコリント式の柱身には常にフルート（溝）が施されていたが，古代ローマのイオニア式，コリント式，コンポジット式オーダーでは柱身にフルートが施される場合も施されない場合もあった．古代ギリシアの装飾物の中に自身の偉大なレパートリーを加えた．また，古代ローマの5種のオーダーの中には単純に力強いトスカナ式オーダーもあった．

　ヘレニズム期の建築が古代ローマのデザインに与えた影響としては他に，古典期の建築物よりもかなり広いインターコラムニエーションをとる傾向もあげられる．これは明らかに，古代エトルリアのポルティコで広く間隔をとって円柱が配置されていたからというのもあるだろう．壁体表面もまた，かなり注意深く扱われており，化粧材（色大理石など）だけでなく，古代ローマの作品において典型的にみられる壁中コラムやピラスターなどの手法によっても装飾された．最も影響力のあった古代ローマ人による革新の一つとして，アーチ構法（堅固なブロック形構築物にアーチ開口が設けられる）とオーダーの軸組の形態（非常に広いインターコラムニエーションがとられる）の統合があげられる．事例としてはローマのティトゥス帝（Titus）記念門（後90頃）がある．この組み合わせは，ローマのコロッセウム（後75頃-82）のように，アーチ構法による壁体が数層重なる場合にオーダーのアサンブラージュ〔フランス語で「組み合わせ」の意〕としてさらに発展した．古典主義建築の歴史が示すとおり，これらの創意が与えた衝撃はどんなに強調しても強調しすぎることはない．とりわけ，ルネサンス期以来，これらの創意はさまざまな形で結合され，変形されてきているのである．

　古代ローマの建造物での煉瓦，コンクリート，石材の使用が発展したことによって，アーチとヴォールトが架けられた巨大な記念碑的建造物が建設されるようになり，平面形態を複雑化することで空間を相互貫入させることが盛んに試みられた．荒々しい表面はスタッコ，色大理石などの材料で覆われ，偉大で壮大な内部装飾が完成した．ヴォールトやドームが架けられた構築物の好例としては，前2世紀のポンペイ

における構築物，ハーフ・エンゲージ・コラム（半柱）を備えたローマのタブラリウム（公文書館）（前78），セウェルス作といわれるネロ帝のドムス・アウレア（黄金宮，後1世紀半ば），およびラビリウスによるローマのパラティヌスの丘のドミティアヌス帝の巨大な宮殿複合建築物群（1世紀末）がある．計画にあたって創意に満ちた幾何学が用いられた．ヴォールトが架けられた構築物としては，ローマのカラカラ帝（Caracalla）のテルマエ（大浴場）（215頃）とディオクレティアヌス帝（Diocletian）のテルマエ（306），マクセンティウス帝（Maxentius）のバシリカ（310-13）のようなものがある．テルマエ，ドムス・アウレア，ティヴォリのヴィラ・アドリアーナ（ハドリアヌス帝のウィラ）（123頃以降），ダルマチアのスプリットにおける巨大なディオクレティアヌス帝の宮殿（サロナ）（300頃）のような高度に組織化された記念碑的な古代ローマ建造物は，古代ギリシア建築とは大きく異なっているけれども，「古典的」ということはできるだろう．実際，これらは，奇妙な方法でバロック時代のデザインを先どりするような傾向があるようにもみることができる（真のバロックそのものということはできないけれども）．その平面の幾何学的複雑さだけではなく，ディオクレティアヌス帝の宮殿の前庭正面のペディメント内でセグメンタル・アーチ（アーチ形まぐさとよばれる）が盛り上がっているような立面の処理においてもそうである．さらに，ティヴォリのヴィラ・アドリアーナのような広大な敷地に展開した複合建築物群には，帝国内のさまざまな地域を思い起こさせるようにさまざまに異なる区域や建造物が配された（ナイル川に関連するものを備えた「カノーポス」など）．これは，訪問者の観念連想を誘い，思想や感情をよい方向に導く18世紀の隠喩の庭園の先例として重要なだけではなく，ピクチャレスクにおける折衷に対する崇拝の先駆者でもあったのである．

高いポディウム（基壇）の上に立つ，正面にのみポルティコを配した神殿は古代エトルリアの先例に由来する．一方，列柱に囲まれた前庭を神殿の前に配する配列法はヘレニズム期の建築が起源であり，レバノンのバールベック（旧名ヘリオポリス，1-3世紀）における皇帝のフォルム群で壮大さの頂点に達した．古代ローマ人は円形神殿も建築した（フォルム・ボアリ

ウムの「ウェスタ神殿」（おそらく，ヘルクレス・ウィクトル（勝利者ヘラクレス）の神殿）（前1世紀頃），およびティヴォリの「ウェスタ神殿」，または「シビュラ神殿」（前者と同時代である可能性が高く，18世紀に影響力があった）など）．ほとんどプロト・バロックといってもよい事例はバールベックの円形神殿であり，上からみて内側に凹んだ円弧状の曲線を5カ所で描くエンタブラチュアが4本のコリント式円柱の上に載っている．円形平面のマウソレウム，たとえば，ローマのカエキリア・メテラの墓所（前1世紀）は古代エトルリアのトゥムルス（墳墓）に由来する．これらの墳墓は皇帝のマウソレウムやその他の円形平面の構築物の先例ともなった．おそらく，最もよく知られた古代ローマの円形平面の建造物はハドリアヌス帝のパンテオン（120頃）であり，壁体が分厚いドラム（円筒形）から，中央にオクルス〔ラテン語で「目」の意で，この場合は円形の開口部のこと〕の開いた格天井ドームが立ち上がっている．ドラムの高さはドームの半径と同じであり（ドーム下部の階段状の外見は新古典主義の建築家に着想を与えた），ドラムの直径は床面からオクルスまでの寸法と同じである．大規模で奥行のある，ペディメントを頂いた八柱式ポルティコがドラムにくっついている．古代ローマでよくみられたビルディング・タイプとしては他にバシリカがある．上部にクリアストーリー（高窓の連なり）が設けられた身廊，下屋のような側廊，終端のアプス〔半円形平面の突出部〕からなるバシリカは，あらゆる形態の中で最も影響力のあったものの一つであり，ほとんど2000年にわたって数え切れないほどの聖堂とホールの先例となった．その他の古代ローマの建造物として，アンフィテアトルム（コロッセウムが最大かつ最も影響力をもった代表例），テルマエ（上述したとおり，さまざまな形態と規模の多くの部屋があって，創意に満ちた単独の平面の中で結びつけられている），キルクス（競技場）とヒッポドロモス（競馬場）（巨大な構築物であり，明らかに20世紀のスポーツ・スタジアム，レース場，陸上競技場の設計に影響を与えた），ローマのトラヤヌス帝記念柱（2世紀初め）などの記念柱，記念門，およびアポロドルスによって設計されたローマのトラヤヌス帝のフォルム（113頃）のような皇帝のフォルム群（多くの市民のための空間のモ

アーチを構造的かつ束縛されずに使用したことによって、水道橋や橋梁のような偉大な工学的成果の達成が可能となった。水道橋の好例としては、川の流れる峡谷をまたいだ水道と道路を支持している、ニーム近郊のポン・デュ・ガール（ガール水道橋）（後1世紀）、および堂々たる石造ピア（支柱）の上に支持された「崇高」なアーチ群がずらりと並んだ、ローマのアクア・クラウディア（クラウディウス水道）（38-52）がある。現存する橋梁としては、ローマ近郊でティベリス川（テヴェレ川）をまたぎ、ウィア・フラミニア（フラミニウス街道）の通るポンス・ムルウィウス（前109頃）などがある。構造を自在に操ることにより、「インスラ」〔ラテン語で「島」の意〕と呼ばれる高層集合住宅棟の建築が可能になった。これは各階平面が共通しており、コンクリート製ヴォールトが架けられた煉瓦による耐火構造だった（ローマ近郊オスティアの古代ローマ時代の港のインスラ群など）。1世紀以降、インスラの1階にはアーケードが設けられることが多くなった。

町の内部における住居のもっと良好な形式は「ドムス」であり、古代ギリシアとヘレニズム期の住宅がその起源である。通常、平屋か2階建てである。内部平面は軸線と対称性にもとづいて計画されており、主要な部屋はアトリウムや、おそらく、その他の中庭（ペリスタイルが設けられることが多かった）のまわりに配置された。ポンペイでみられるとおり、ドムスは通りに対しては無装飾の壁面を向けていたか、あるいは、奥に引っ込んで通りに面しては店舗を設けていた。ゆえに、ドムスはきわめて私的な場所であり、外の世界を寄せ付けないようになっていた。さらに大規模な住宅には壁で囲われた庭園が付属していた。

田園地帯や郊外の住宅は「ウィラ」と呼ばれた。その平面はおおらかであり、ある程度複雑なものも多かった。田園や海への眺望をいかすように設計されていた。最も著名な事例はラウレントゥムにあったプリニウスのウィラであり、所有者プリニウス自身によって記述されたとらえ所のない建築物で、復元を試みた多くの人々の想像力を刺激してきた。だが、これは本来、文学上の現象とみなすべきであり、考古学的な事実を表すものではない。一方では多くの他の古代ローマ時代のウィラがイタリア、フランス、チュニジアやイングランドで発掘されているのである。それらによると、ウィラはドムスとは異なり、内向きというよりは外向きであり、さまざまな形態と規模の部屋があって、内部ギャラリーもあった。外部には庭園に面して列柱が設けられ、自然の楽しさを味わうことができた。

古代ギリシアの神殿建築物が、アクロポリスの上に建てられ、アクロポリスの下の都市から離される傾向があったのに対し（アテネのパルテノン神殿など）、通常、古代ローマの神殿建築物は公共の広場か、そこに近いところに位置していた（ニームのメゾン・カレやローマのフォルトゥーナ・ウィリーリス神殿など）。勝利を称えるような古代ローマ建築の性質は初期キリスト教時代のバシリカ式聖堂に影響を与えた一方で、古代ローマの構造技術は東ローマ帝国に伝わり、ビザンツの建築家たちが継承して発展させた。

最後に、死にかかわる建築について触れておく。地下墓地（カタコンベ）、私的なヒュポガイオン、およびコルンバリウム、直線状墓地（道路に沿って一族の、あるいは個人の墓所が一直線に並んでおり、墓園に設けられたことも多い（アッピア街道など））、広壮な皇帝のマウソレウム、ひとまとまりに建設された墓所群のある墓地（オスティアなど）があった。また、円形平面の墓所構築物もあり（ローマのサンタ・コスタンツァ聖堂（4世紀半ば）など）、マルテュリウム〔ラテン語で「殉教者記念堂」の意〕やそのほかのキリスト教の建築物の重要な模範となった。

ローマ式オーダー　Roman order
⇨コンポジット式オーダー

ローマ・セメント　Roman cement
　1.　セメントもしくは水硬性セメントで、石灰と反応性のシリカ材（粉末にしたタイルや火山灰）を混ぜたもの。きわめて強靭で水に強く、ローマ人によって使われた。
　2.　パーカーズもしくはシェピー水硬性モルタルで、1796年頃に亀甲石（ミネラル分が詰まったヒビ入りの団塊）を使ってエセックス州のハーウィッチとシェピー島で製造が始められた。この石灰質の粘土団塊は砕かれて焼成され

的な区分の厳密性が，ヨーロッパの他の地域よりも強調されている．

建築細部の幅はかなり限定的ではあるが，独特である．柱頭は，明らかに古代ローマやビザンツの原形を参照していることが多いが，簡略化されており，いくつかの実例においてコリント式の渦巻きを今でもみることができる（モン・レアル大聖堂の回廊（12世紀）など）．ロマネスクの基本的な柱頭には，クッション形とスカラップ（貝殻）形がある．劔形と装飾もまた単純でわかりやすいものが多く，ビーク・ヘッドやビリット，綱形，シュヴロン（V字形装飾），ダブル・コーン，ネビュレ（雲形装飾），ジグザグなどがある．

ロマネスクは，19世紀前半には歴史主義に向かう大きな流行と結びついてリヴァイヴァルでも花開いた．ドイツではこの様式は初期キリスト教やビザンツの要素と結びついてルントボーゲンシュティールを産み出し，とくにミュンヘンにおいて大きな影響力をもった．イギリスでは，ノッティンガムシャーのソーニーでコティガムが設計したセント・ヘレン教会堂や，ドンソーンとトマス・ホッパーが設計したいくつかの建物のように，汚（けが）れのない19世紀ロマネスクをつくり出そうという試みがあった．この様式の考古学的に厳格なリヴァイヴァルは稀であったが，フランス（アバディーらの仕事，パリのサクレ・クール大聖堂（バシリカ聖堂）（1874-1919）など）やアイルランドでは試みられており，とくにアイルランドでは1960年代まで続いたヒベルノ・ロマネスク（Hiberno-Romanesque，アイルランドのことをラテン語で「ヒベルニア」という）のような成功例が見られる（ラウス州ブラックロックでパトリック・バーン（Patrick Byrne）が設計したセント・オリヴァー・プランケット（1923）など）．

ロマーノ　Romano
⇨ジュリオ・ロマーノ

ローマ・ブロンズ　Roman bronze
銅，スズ，亜鉛の合金．

ローマ・モザイク　Roman mosaic
小さいテッセラがモルタルの中に幾何学文様やほかの装飾的文様にしたがって並べられたモザイク．

ローマ煉瓦　Roman brick
現代の煉瓦よりもずっと大きい，長くて，後期には薄くなる煉瓦．高さ300 mmの壁をつくるのにおよそ6層必要となるが，この値も変化する．

ロマン主義　Romanticism
18世紀末から19世紀初めの芸術のムーブメント．整然とした定義を否定するように多様なヴァリエーションや要素がみられる．さまざまな兆候を通してみいだせる一つの特徴は，個人の経験，直感，本能，感情の主張という点にある．一般には啓蒙運動，古典主義，新古典主義のもつ合理主義的性格に対する反動と理解されるが，理想的で，超越した現実への崇敬という点は古典主義とも共有しており，それゆえ古代へのロマンティックな応答を示す作品に対しては，ロマンティック・クラシシズム（ロマン主義的古典主義）という術語が用いられる．初期の状態を保つ完璧な古代ギリシア神殿は古典主義であるが，しかし廃墟となったギリシア神殿は，一面では古典主義的だが，それが破壊され，不完全で，部分的であり，廃墟と化しているという点では古典主義とはいえない．しかしながら，そのような廃墟も美しいものと考えられることもあり，18世紀の庭園で「廃墟」として建設された古典主義の建造物は，ロマンティック・クラシシズムの一例として説明されるのである．ピクチャレスクの文脈から配置された左右非対称の構成物は，シンケルのポツダムにおけるすぐれた建築（シャルロッテンホーフとローマ浴場の建築群）のように，細部においてはしばしば純粋に古典主義的であり，ロマンティック・クラシシズムの例として分類することが可能である．

ロマン主義芸術の形態は，主題の中に表現される内面的なアイディアによって決定された．そして精神性および内面的意味への切望が，ロマン主義と中世主義，歴史主義，ピクチャレスク，ゴシック・リヴァイヴァル，崇高とを結びつけたのである．死，憂鬱の愛好，そして感情の洗練を志向するような敏感さはロマン主義の特徴であり，それが哀愁に満ちた庭園や最初の共同墓地をつくり出すとともに，19世紀のヨーロッパおよびアメリカ文化の非常に重要な要

素となる宗教的リヴァイヴァルを煽るものとなったのである.

ロマンティック・クラシシズム　Romantic Classicism
⇨ロマン主義

ローマン, ヤコブ　Roman, Jacob(1640-1716)
オランダの建築家, 彫刻家. マロが室内を装飾したザイストの田園の邸宅（1677）や, それと似た配置をもつより豪華なアーペルドールン近郊のヘットロー（1684, 現在はヘットローの王立博物館宮殿）を設計した. 後者は贅沢な幾何学式庭園を有し, 近年修復されている. また, ズトフェン近郊のアーノルド・ヨースト・ファン・ケッペル（Arnold Joost van Keppel, 1669-1718, 1696 年から第 1 代アルベマール伯爵）のためのすばらしい邸宅デ・フォルスト（1695）でも, マロと協働した. さらにデーフェンターの市庁舎のファサード（1693）とライデンのメーアマンスフルグ（1681, 中庭の周りに諸室がまとめられた美しい救貧院）を設計した.

ロリクラ　loricula
⇨ハギオスコープ

ロリツァー一族　Roriczer, or Roritzer, Family
（15 世紀活躍）
ドイツ, またはボヘミアの石工職人一族. ヴェンツェル（Wenzel, 1411-19 活躍）はプラハのパルラー家の工房で修行を積んだようで, 1411 年頃にバイエルンのレーゲンスブルクのザンクト・ペーター大聖堂の建築家になり, おそらく西塔の低層部を設計している. 現存する図面は彼か息子のコンラート（Konrad, 1419 以前-77/8）の手によるものである. コンラートはニュルンベルクのザンクト・ローレンツ聖堂内陣（1454-66）を建て, レーゲンスブルクではたらいた. レーゲンスブルクでは彼か父が洗練された三角形平面のポーチを 1430 年頃に設計している. コンラートはウィーンの顧問（1462）, ネルトリンゲンのザンクト・ゲオルク聖堂の大塔の建設顧問（1460 年代）となり, ミュンヘンのフラウエンキルヘ（聖母聖堂）で助言を行った.
コンラートの息子マテウス（Matthäus, も

しくはマテス（Mathes）, 1430 頃-95 頃）はニュルンベルクで父のもとではたらき, ローレンツキルヘ（1463-66）の工匠となり, ネルトリンゲンで父の設計したザンクト・ゲオルク聖堂の塔の工事を行った. 1468 年から 72 年にかけて再びレーゲンスブルクと関係をもつようになり, おそらくベープリンガー一族とともにエスリンゲンのフラウエンキルヘへ働き, タバナクルを設計した. アイヒシュテットで聖具室を建設し, 1473 年にはミュンヘンでフラウエンキルヘへの工事に携わった. その後, 1476 年にレーゲンスブルクに戻り, 父の跡を継いで大聖堂の工匠となった. 西ファサードの上部, 説教壇（1482）, 北塔の第 2 層（1487-88）, タバナクル（1493）, アイヒェルの小塔, そしておそらく, 三賢人の祭壇を建設した. 弟のヴォルフガンク（Wolfgang, 1480-1514 活躍）は西正面を完成させ, 塔にさらに層を加えて, 洗礼盤と天蓋を設計した. 政治的論争で敗者側を支援したため, 首をもって贖った.
マテウスは, ゴシックの頂華の設計についての現存する小冊子『正しい頂華についての小冊子（*Das Büchlein von der Fialen Gerechtigkeit*）』（1486）, いくつかの建設上の問題の解決法に関する幾何学的手法についての論文『ドイツ幾何学（*Geometria Deutsch*）』（1486-90）の著者としてきわめて重要である. 他の著作として破風についての冊子（1488-89 頃）が現存している.

ロリマー卿, ロバート・ストダート　Lorimer, Sir Robert Stodart（1864-1929）
スコットランドの建築家. ローワン・アンダーソンのもとで修行し, のちにボドリーおよびマクラーレンとはたらく. 1893 年エディンバラで実務をはじめ, ヴァナキュラー様式の一連の小住宅で名声を確立した. そのため, ヘルマン・ムテジウスからは当時最も重要な建築家とみなされた. 彼は, 一世代前に R・N・ショウと彼の同時代人たちがイングランドで行ったことをスコットランドで行った人物とみなされた. アーツ・アンド・クラフツ運動に興味をもち, いくつかの傑出したカントリー・ハウスを設計した（エアシャーのロワラン（1903）, アーガイル州のアードキングラス（1906））など. 1905 年までに修復, 改装, 庭園デザイン, 新築住宅において, スコットランドにおける他の

追随を許さないトップ・アーキテクトとなった．1906年，エディンバラのモーニングサイドに最初の重要な教会堂作品セント・ピーター教会堂（1929年完成）を設計した．続いて，エディンバラにあざみの騎士の礼拝堂，セント・ジャイルズ大聖堂（1909，この精巧な作品により1911年に騎士に叙された）を設計した．いくつかの記念碑，戦没者墓地を設計したが，最高傑作は，エディンバラのロック城にあるフリー・ゴシック様式の国立戦没者記念礼拝堂（1922-27）である．

ローリンソン卿，ロバート Rawlinson, Sir Robert (1810-98)

イングランドの土木技術者．1831年にジェッセ・ハートレーとともに船着き場および港の建設に携わり，その後ロバート・スティーヴンソンに雇われロンドンおよびバーミンガムの鉄道建築に携わった．1840年，自治体の準サーヴェイヤーとしてリヴァプールに戻り，おもに公衆衛生に携わった．ウェールズから引いた水を都市に供給するという彼の提案は最終的に実現されることとなった．クリミア戦争時，ひどい状況にあったイギリス軍の衛生環境を改善する任務の長であったことで最もよく知られている．その後おもに公衆衛生の改善につとめ，とくに上下水道整備に携わった．これらの功績により1883年，爵位を与えられた．下水，衛生，公共事業に関する数多くの本を出版した．これら国内外における明白な名声の他に，建築活動としては，1841年からエルムスが手がけたリヴァプールのセント・ジョージ・ホールの建設の責任者となったことがあげられる．これはブリテン島における新古典主義の建物としてはおそらく最良のものだが，1851年にローリンソンが構造を完成させた後，C・R・コッカレルがおもに自分のデザインで内装を仕上げた（1851-54）．

ロール roll

1. ボウテル（饅頭刳形（くりかた））や一般的な円筒状型のモールディングで，断面が半円筒より円筒形に近いもの．
2. 棟（リッジ）や隅棟（ヒップ）に置かれる木製の丸い部材で，金属がリッジ・キャップ（棟包み）として被せられるもの．

ロールアンドフィレット roll-and-fillet

平縁がその全長にわたってついたロール・モールディング．平縁の濃い影と線によってモールディングが強調されるもので，ゴシック建築によくみられる．

ロール・ビレット roll-billet

太柄のような一連の短いロールの連続で，その間にカヴェット・モールディングが施されたもの．ビレットの一種で，ロマネスク建築の装飾にみられる．

ロルム，フィリベール・ド L'orme, Philibert de (1514-70)

⇨ド・ロルム，フィリベール

ロール・モールディング roll-moulding

1. ロールに同じ．
2. 断面が部分的に円筒形になるドリップストーンのことだが，水切りのために下部にスロートを形成する平縁がつく．フード・モールディングやラベルにも同じものがみられる．

ロール・ワーク roll-work

1. ストラップ・ワーク．
2. カルトゥーシュ．
3. ヴォリュート（渦巻装飾）．

ロレンソ・バスケス・デ・セゴビア Vásquez or Vázquez de Segovia, Lorenzo (1450頃-1515以前)

スペインの石工親方，建築家．イベリア半島におけるルネサンス建築の最初期の事例いくつかの建造に携わる．おそらく彼の手による建築として，バリャドリッドのサンタ・クルス学館のクアトロチェント様式正面（1489-91），グアダラハラ県コゴリュードのメディナセーリ公

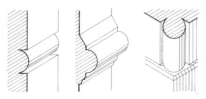

ロール．（左）フラッシュ・ビート・モールディング．（中央）トーラスまたはハーフラウンド．（右）アングル・ビーズまたはバウテル．

爵邸（1492-95，フィレンツェのクアトロチェントを原型とするが，後期ゴシックの窓割りをもつ），グアダラハーラのパラシオ・デ・メンドーサ（1507 以前）がある．またおそらくグラナダ県のラ・カラオーラ城（1509-12）も彼の設計である．

ロワール・シャトー Loire-château or Touraine style

フランソワ 1 世時代のロワール川流域の 16 世紀フランス・ルネサンスのシャトー群にもとづく 19 世紀建築の形式．トゥーレーヌ様式ともいう．事例としては，デタイユールによるバッキンガムシャーのウォッズドン・マナー（1874-90），ウィリアム・ヘンリー・クロスランド（William Henry Crossland, 1823-1909）によるサリーのエガムにあるロイヤル・ホラウェー・カレッジ（1879-87）がある．

ロンギー族 Longhi family

16 世紀から 17 世紀にかけておもにローマで活動した建築家の集団．マルティーノ・ロンギ・イル・ヴェッキオ（Martino Longhi the Elder, 1534 頃-91）は 1569 年頃ローマに移ったようである．教皇庁のため，とりわけヴァティカーノやクイリナーレの宮殿，サンタ・マリア・マッジョーレの列柱廊の再建（1575），そしてパラッツォ・デル・セナトリオの新しい鐘塔（1578）で奉仕した．サン・ジローラモ・デリ・スキアヴォーニの抑制のきいた，しかし新奇性のないファサード（1588-89）も設計した．その息子のオノリオ（Onorio, 1568-1619）は風変わりな性格だったようであり，殺人にかかわったため 1606 年にローマから逃れ，1611 年に教皇の特赦を得て帰京した．彼は大規模なサンティ・アンブロージョ・エ・カルロ・アル・コルソ（1612-19）を設計し，息子のマルティーノ・イル・ジョーヴァネ（Martino the Younger, 1602-60）が完成した．マルティーノ・イル・ジョーヴァネは一族の中で最も才能に恵まれ，活気あるファサードのサン・タントニオ・デイ・ポルトゲージ（1630-38）を設計した．教会堂正面の設計者として卓越した彼の傑作がサンティ・ヴィンチェンツォ・エ・ダナスタシオ（1646-50）のファサードである．彼はローマのマニエリスムに新たな三つの特徴を導入した．断固たる垂直性を強調する添え柱

と，三角形や櫛形で頂点や底辺の開いたペディメントの混合，そして平面を前後に積層させ渦巻き模様やその他の彫刻を舞台風の効果として加えたことである．ローマのバロックの自信に満ちたレトリックが完成されている．

ロング・ギャラリー long gallery

エリザベス朝期やジャコビアン朝期のプロディジー型大邸宅における部屋あるいはギャラリーで，時にはファサードの幅全体に及ぶ．ハーフォードシャーのハットフィールド邸（1607-11）やダービーシャーのハードウィック・ホール（1590-97）のように，多数の窓から豊かに採光され，暖炉設備や壁パネル，天井装飾などを豊富に備え，つづれ織りや絵画の展示や娯楽のため使用された．

ロングハウス long house

1．一つの屋根の下に居住区域や牛小屋などを納め，単一の入口通路から入る構造の住居建築．

2．先史時代の非常に大型の木造建築で，さまざまな用途に使われたようだが，その遺構は西ヨーロッパの多くの遺跡で確認されている．

3．大規模な木造建築で，地上から柱でもち上げられ複数の住居に分割された，マレーシアやインドネシアにみられるもの．

4．アメリカ先住民族の共同長屋または集会所．

ロングリュヌ，ザカリアス Longuelune, Zacharias（1669-1748）

フランスの芸術家・建築家．ジャン・ド・ボトの下でベルリンのツォイクハウス（工廠，1698 頃）に携わったのち，イタリアに渡った時期を挟んで 1715 年にドレスデンに居を構え，1731 年に上級国家建築家に就任した．代表作はグロス=ゼドリッツの整形式庭園（1723-26）およびペッペルマンと協働したドレスデンのオランダ宮殿（1729-，のちの日本宮殿）の一部である．ドレスデン=ノイシュタットのブロックハウス（1728-31．ログ・ハウスの意で，かつて木造の税関があったためそう呼ばれる）では彼の好みである浅いルソー，柱型，水平のバンドを用いている．これはクネッフェルによって完成された．ロングリュヌの飾り気のないフランス古典主義による設計はザクセンやポーラ

ンドで影響力をもち，ワルシャワの巨大なザク
セン宮殿（1717，ペッペルマンと協働）やドレ
スデン近郊のピルニッツ城では基本設計を提案
している．

ロング，ロバート・ケアリー Long, Robert Cary (1810-49)

アメリカの建築家．メリーランド州ボルティ
モアに開業し（1835-36），古典主義，エジプト
式，ゴシックなどの様式で設計した．ボルティ
モアのグリーンマウント墓地の設計者であり，
ゴシック風の入口（1840）とエジプト・リヴァ
イヴァルの霊廟を建てた．その作品の中では，
ボルティモアのペリーン邸（1839）やヴァージ
ニア州ストーントンの盲・聾唖学校
（1839-44），ボルティモアのジェローム・ボナ
パルトのタウンハウス（1844）などが特筆に値
する．またドリス式のボルティモアの聖ペテロ
使徒教会（1843-44）など，ギリシア復興様式
による作品も卓越している．『アメリカの古代
建築（*The Ancient Architecture of America*）』
（1849）と題する大著のほか，建築のさまざま
な側面について記事を数多く発表した．

ロンゲーナ・バルダッサーレ Longhena, Baldassare (1596-1682)

バロック期のヴェネツィアの最も傑出した建
築家．スカモッツィのもとで修業したと伝えら
れる．経歴の早期にカナル・グランデ〔大運
河〕に面するパラッツォ・ジュスティニアン-
ロリン（1620-23）を設計し，それが生き生き
とした創造力がはたらき始める端緒となった．
1630年に光輝ある奉納教会サンタ・マリア・
デッラ・サルーテ聖堂の設計競技に優勝し，残
りの生涯をそれに費やした．その平面はドーム
を掲げる八角形の空間をより低い周歩廊が囲む
もので，ディオクレティアヌス浴場の窓から採
光する六つの長方形の礼拝堂が突き出し，内陣
にはドームが架かりその両側にはアプスがつ
く．ドームを支持するクリアストーリーには，
巨大なスクロールを描くバットレスによって礼
拝堂が放射状に連結し，また入口のファサード
には凱旋門のモチーフが使用される．教会堂は
カナル・グランデの入口に位置し，海越しにピ
アッツェッタ・ディ・サン・マルコ〔サン・マ
ルコ小広場〕と総督宮と向かい合い，さらに
パッラーディオによるサン・ジョルジョ・マッ

ジョーレ聖堂とイル・レデントーレ聖堂を結ぶ
軸線上にある．スケノグラフィアー〔シノグラ
フィー，舞台美術〕に関しては，内部は中央大
空間からの眺めにより，効果的であると同時に
満ち足りた建築的な経験を創り出している．平
面がほぼ等しいポーランドのゴスティンにおけ
るシュヴィエンテ・フィリパ聖堂〔オラトリオ
会礼拝堂〕（1679以降）は，ロンゲーナがドロー
イングを用意し，アンドレア・カテナッツィ
（Andrea Catenazzi）とジョルジョ・カテナッ
ツィ（Giorgio Catenazzi）が実施にあたり，
1728年にポンペオ・フェッラーリ（Pompeo
Ferrari, 1660頃-1736）によって完成された．
ロンゲーナが精通する舞台装置の効果は，ベネ
ディクト会修道院のサン・ジョルジョ・マッ
ジョーレ聖堂のためにデザインした高名な二重
階段（1643-45）にも表された．

邸宅建築は多数設計したが，その分野で最高
の到達点を誇るのはパラッツォ・ペーザロ
（1649/52-82，彼の弟子のアントーニオ・ガス
パリ（Antonio Gaspari, 1658頃-1738）によっ
て完成）であり，プリンス〔基部〕はダイヤモ
ンド形のルスティカ積みとし，オーダーを2層
に重ね，窓は副次的なオーダーが支えるアーチ
を配した．すべてのヴェネツィアのパラッツォ
の中でも最高度の入念さで構成されたものの一
つであることは確かで，ファサードは深く層を
なし，主オーダーの柱は「実際の」構造壁の前
に建つ．また1666年にパラッツォ・ボン（の
ちのパラッツォ・レッツォーニコ）に着手し，
プリンスの上に壁とピアが載るように規則的に
配置されたファサード（1759にジョルジョ・
マッサーリによって完成）は，サンミケーリに
よるヴェローナのポルタ・パリオ（1548-49）
にもとづき，また上層部はサンソヴィーノによ
るサン・マルコ図書館（1536-60）のアレンジ
で，全体構成はそれに先立つサンソヴィーノの
パラッツォ・コルネル・デッラ・カ・グランデ
（1537着手）を参考にしていた．ロンゲーナに
よるオスペダレット礼拝堂〔サンタ・マリア・
デイ・デレリッティ聖堂（Santa Maria dei
Derelitti）のファサード（1670-74）は精巧に
装飾され，後期バロックの前兆となった．サン
タ・マリア・デッラ・サルーテ聖堂というスケ
ノグラフィアーの技巧を凝らした大作を別にす
れば，都市計画上の偉業は，スカモッツィによ
るピアッツァ・ディ・サン・マルコのプロクラ

ティエ・ヌオーヴェの完成（1640-63）であった．

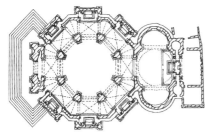

サンタ・マリア・デッラ・サルーテ聖堂平面，ヴェネツィア

ロンデル rondel
 1. 丸い窓の開口部（たとえば，ラウンデル）や丸いガラス小窓．
 2. 柱身上の柱頭まわりに施されたビーズ・モールディング．
 3. 平面が円形の塔．

ロンドレ，ジャン=バティスト Rondelet, Jean-Baptiste (1743-1828)
　フランスの建築家，理論家．J・F・ブロンデルのもとで学び，スフロのパリ，サント・ジュヌヴィエーヴ聖堂の建設に際して彼を補佐し，のちにマクシミリアン・ブレビオン（Maximilien Brébion, 1716-96）とフランソワ・スフロ（François Soufflot, 1764 以前-1802）とともに現場を監督した．聖堂がパンテオンに改修される際には，カトルメール・ド・カンシーに従って建物を改変した（1791-1812）．彼の代表的著作は『理論的・実践的建設術論（*Traité théorique et pratique de l'art de bâtir*）』（1802-17）であるが，他にも『建築についての覚書（*Mémoire sur l'Architecture*）』（1789）等の著作を残している．とくに『系統的百科全書（*Encylopédie Méthodique*）』（1788-1820）の100を超す項目を執筆した．

ロンドン，ジョージ London, George (1640 頃-1714)
　イングランドの造園家．ヘンリー・ワイズのパートナーで，彼とともに『熟練した庭師（*The Compleat Gard'ner*）』（1699）と『退職した庭師（*The Retir'd Gard'ner*）』（1706）を編集した．王室庭園の主任庭師と監督官代理として，ケンジントン宮殿とハンプトン・コートで仕事を行い，貴族の顧客のために派手な庭園を造園した．それらにはダービーシャーのチャッツワース，ウィルトシャーのロングリート，ケンブリッジシャーのウィンポール・ホール，レスターシャーのストーントン・ハロルドがある．彼の庭園のほとんどすべてが現存しないが，多くが風景画に記録されている（たとえばニフとキップの『ブリタニア・イルストラタ（*Britannia illustrata*）』（1707）など）．ダービーシャーのメルボルン・ホール（1704-06）は部分的に残っており，ハンプトン・コートのプリヴィ・ガーデンは復元された．

ロンバルディア帯 Lombardy frieze
　連続アーチを載せた持ち送りの刳形，または軒下にあって持ち送りで支えられた連続小アーチ．コモのサンタッボンディオ聖堂（11世紀）にみられるようなもの．

ロンバルディア様式 Lombard style
　初期キリスト教とロマネスクの性質をあわせ持つ建築様式で，北イタリア，コモを中心に発展した（コモのサンタッボンディオ聖堂（11世紀））．19世紀にルントボーゲン様式などで復興させられ，教会建築ではアメリカでもリヴァイヴァルが見られた．

ロンバルド（通称），ピエトロ・ソラーリ Lombardo, Pietro Solari, *called* (1435 頃-1515)
　1467年頃から15世紀末にかけてヴェネツィアで活動した最も重要な彫刻家・建築家の一人．1471年からサン・ジョッベ聖堂の内陣装飾に携わった．この作品とフィレンツェのブルネレスキの作品との間には，ある種の様式的な類似性がうかがえる．フィレンツェでは〔サンタ・クローチェ聖堂に著名な市民の〕立派な墓碑が設けられたように，ヴェネツィアではサンティ・ジョヴァンニ・エ・パオロ聖堂がそれに相当するが，ロンバルドはこの聖堂に統領ピエトロ・モチェニーゴ（Doge Pietro Mocenigo, 1406-76）の墓碑（1481）を設計した．これは彫刻の配置によって構成されたルネサンス様式の建築として考案されたもので，この部類のうちではロンバルドの最もすぐれた業績といえ

る．ロンバルドはサンタ・マリア・デイ・ミラーコリ聖堂（1481-89）を設計し，建設した．この聖堂は，木造の円筒ヴォールト天井でおおわれた単一の身廊と，ペンデンティヴ・ドーム下の床面が高く持ち上げられた内陣とを備えている．外観については，エンゲージド・コラムを用いた2層からなるオーダーの配列として全体をとらえることができ，上層のオーダーはブラインド・アーケードを支えている．内装には大理石のパネルが使われ，ビザンティン風の豊かな壁面装飾とルネサンスの細部意匠との組み合わせが印象的である．内陣のアーチには階段を登って到達する．それによってアーチが実際よりも大きくみえるように工夫されている．トロンプ・ルイユの効果は，ロンバルドのスクォーラ・ディ・サン・マルコ〔聖マルコ大同心会〕のファサード（1487から）でも採用された．これは同心会の広間として建てられたものであり，1階の外壁に設けられたパネルが建築空間を示す透視図として扱われている．正面の上部はコドゥッシによって完成された．ロンバルドの名は，ヴェネツィアのさまざまなパラッツォに伴って登場する．とくにヴェンドラミン・カレルジ（1500頃）の初期段階や，カ・ダリオ（1488頃）が有名であり，装飾についてみるとサンタ・マリア・デイ・ミラーコリ聖堂のそれと似ている．ロンバルドの息子アントーニオ（Antonio, 1485頃-1516）とトゥッリオ（Tullio, 1455頃-1532）は，作品の大半を手伝っている．

ロンポワン rond-point
1. 町や都市で道が集まる円形広場．
2. 庭園において，小路や並木道が放射状に発する円形のエリア．

ワイアットヴィル，サー・ジェフリー
Wyatville, Sir Jeffry (1766-1840)

イングランドの建築家．ジョゼフ・ワイアット（Joseph Wyatt, 1739-85）の息子で，ワイアット姓に生まれる．伯父のサミュエル（Samuel）の徒弟となり，早くに製図工としての片鱗を示した．1792年に叔父ジェームズ（James）の事務所に入り，1799年にはここを去って，ロンドンのピムリコで建設業者のジョン・アームストロング（John Armstrong, 1803没）と共同経営を始めた．1820年代までにカントリー・ハウスの建築家として大いなる成功をおさめ（叔父のジェームズとは違って，完璧で信頼でき，非常に専門的であった）．1824年にはジョージ4世（King George IV, 在位1820-30）のためにバークシャーのウィンザー城での仕事を始め，これは1837年に完成した．彼はキープを高くし，塔にバトルメントとマシクーリをつけて古い城を王の邸宅に改造した．新しいジョージ4世門をつけ，事実上，アッパー・ウォート〔中庭〕を再建し，北面の新しい階段周辺に儀式的広間を再建し（1866年にサルヴィンによって改築された），東面（庭園側）に新しい部屋を建てた．今日みられるような城のピクチャレスクな外観は主に，ワイアットヴィルによるものであり，1828年にはナイト爵に叙された（1824年から自身を「ワイアットヴィル」と呼ぶことを許されていた）．ウィンザーでの彼の作品の詳細（ボーが彼を助けた）は『故サー・ジェフリー・ワイアットヴィルによるウィンザー城の図解（*Illustrations of Windsor Castle by the Late Sir Jeffry Wyatville*）』（1841）として出版された．

彼のカントリー・ハウスの大半はピクチャレスクなチューダー・ゴシック様式かチューダーベサン様式であるが，古代ギリシア様式でも設計することができた．彼の作品には，バークシャーのアビンドンにある州刑務所（1805-11），ハートフォドシャーのアシュリッジ・パークの完成と増築（1814頃-17，ゴシッ

ク様式），リンカンシャーのベルトン教会にあるブラウンロウ追悼礼拝堂（1816），ダービーシャーのチャッツワースでの書斎，北翼，塔やさまざまな地所の建物の大規模な改築と増築（1820-41），ケンブリッジ大学のシドニー・サセックス・コレッジの改築（1821-22，1831-32，チューダー・ゴシック様式），バークシャーのウィンザー・グレート・パークにある城館風のフォート・ベルヴェデーレの増築（1828-29）や，ほかの多くの建物がある．

ワイアット，サー・マシュー Wyatt, Sir Matthew（1805-86）

イングランドの建築家で投機的な建設業者．彫刻家マシュー・コーツ・ワイアット（Matthew Cotes Wyatt, 1777-1862）の息子で，ジェームズ・ワイアットの孫であった．ロンドンのヴィクトリア・スクエア（1838-40）を設計・建設し，スタンホープ・テラス，ウェストボーン・ストリート，バサースト・ストリートに邸宅を建て，コノート・ストリート，サウスウィック・ストリート，ハイドパーク・ストリートと，ハイドパーク・スクエアに囲まれた土地を開発した（1830年代，1840年代）．弟のジョージ（George, 1880没）と共働して，多くの邸宅を建てた．

ワイアット，サー・マシュー・ディグビー Wyatt, Sir Matthew Digby（1820-77）

多くの作品を残したイングランドの建築家．T・H・ワイアットの弟で，多産なワイアット一族の親戚．万国博覧会（1851）の管理委員会の事務局長をつとめ，ブルネルのためにロンドンのパディントン駅の建築細部を東洋風にした（1852-54）．ケンブリッジにある多彩色のアデンブルックス病院（1863-65，⇨ウートラム）を設計し，ブリストルのテンプル・ミーズ駅（1865-78）ではブルネルと共働して，（『偉大な』スコットとともに）ホワイトホールにあるインド局の謁見の間とその内装（1867-68，おそらくヴィクトリア朝期におけるルネサンス・リヴァイヴァルの最も美しい例の1つ）を設計した．『中世の幾何学モザイク（*Geometrical Mosaics of the Middle Ages*）』（1848，多色石版刷りの図版で美しく彩られている）を執筆し，『19世紀の工芸（*Industrial Arts of the Nineteenth Century*）』（1851-53）を編集して，

ほかにも多くの著作を出版した．クリスタル・パレス〔水晶宮〕がシドナムに再建された時には，ワイアットは純粋芸術部門の監督をつとめ，オーウェン・ジョーンズとともにさまざまな「展示室」を設計して，いろいろな時代と様式の主要な特徴を示した．彼が手がけた中でも最も異国風の内装は，ロンドンのケンジントン・パレス・ガーデンズ12番地にある壮観なビリヤード・ルーム（1864）であり，ここではムーア様式が用いられた．彼はルネサンス・リヴァイヴァルの先駆者であり，ケンブリッジ大学美術史学科の最初のスレード教授となり（1869），多くの本を執筆した．エセックスのウェスト・ハムのバッキンガム・ロードにあるユダヤ人墓地に建てた，ロスチャイルドのマウソレウム（1866）は円形平面に立つドームのある建物であり，ルネサンスとバロックの細部がつけられ，彼の「混合様式」の1例である．

ワイアット，サミュエル Wyatt, Samuel（1737-1807）

イングランドの建築家で，ベンジャミン・ワイアット（Benjamin Wyatt, 1709-72）の3番目の息子．ダービーシャーのケドルストン・ホールの大工親方で，のちに現場監督となり，重要な建築家ロバート・アダムの主要な建築にかかわることで，じかに経験を得ることができた．弟のジェームズ（James）とともに，ロンドンのオックスフォード・ストリートにあるパンテオン（1769-72）の設計と建設に携わった．これによりジェームズ・ワイアットの名前が確立された．これ以降，新古典主義でカントリー・ハウスをいくつか設計し，たいてい楕円形もしくは円形平面の部屋が弓形に張り出していた．彼の作品の良い例はドディントン・ホール（1777-98），デラメア・ハウス（1784，1939解体），タットン・パーク（1785-89，甥のL・W・ワイアットが建設）である．これらはすべてチェシャーにある．厖大な農場建築，ロッジ，コテージを設計し，ノーフォークのホーカム（1780-1807），チェシャーのドディントン・ホールのディメイン・ファーム（1790頃）でも50棟近くの建物を設計した．彼は鋳鉄の構造を用いた先駆者でもあった．ロンドンのブラックフライアーズにあるアルビオン・ミルズ（1783-86，1791焼失）を設計した．これは蒸気機関で稼働する世界初の製粉所であり，ラフ

ト基礎の上に建てられた最初の建物の1つであった．1800年に鋳鉄の橋，倉庫，他の構造物のためのデザインの特許をとり，海外で用いるためにプレファブ建材の病院を建てるシステムを構築した．ほかの作品には，ケントのダンジェネス（1791），ヨークシャーのフランバラ・ヘッド（1806）やほかの場所での灯台，多くの牧師館（たとえばケントのルータム（1801-02），レスターシャーのラターワース（1803））がある．さらに中規模のカントリー・ハウスの建設と改築をし（たとえばケントのベルモント・ハウス（1789-93），ハンプシャーのリングウッドにあるソマリー（1792-95），ハンプシャーのハックウッド・パーク（1805-07）），さらにハンプシャーのポーツマス・ドックヤードにあるコミッショナーズ・ハウス（1784-85），ロンドンのタワーヒルにあるトリニティ・ハウス（1793-96，1940年に爆撃され，1953年にサー・アルバート・リチャードソンが修復）を設計した．人生の終盤に向かうにつれ，ケントのラムズゲート・ハーバーで主要な作品（1794-1804，すべて解体）に従事した．

ワイアット，ジェームズ　Wyatt, James（1746-1813）

イングランドの建築家で，当時最も傑出し，多く作品を残して成功をおさめた．1762年からイタリアで6年間すごし，その後，イングランドに帰国してワイアット一族の事務所に入り，兄のサミュエル（Samuel）とともにはたらいた．彼は洗練された新古典主義を発展させたが，おそらく，イタリア時代だけでなく，ダービーシャーのケドルストンにあるアダムの作品からも影響を受けたと考えられる．最初の建築的に重要な邸宅はランカシャーのヒートン・ホール（1772頃-78）である．これはケドルストンのためのペインのデザインを単純かつ洗練させたもので，中央には弓形部分がある．彼はロンドンのオックスフォード・ストリートのパンテオン（1769-72，サミュエルと共働）で名をあげた．これは新古典主義のドームのある集会場で，趣味の審判であるホレス・ウォルポールからお墨つきを得た．ウォルポールはこれを「イングランドで最も美しい建物」と宣言したのである．

このとき，ワイアットは26歳になっていた．

彼はウェストミンスター・アビーの監督官となり（1776），兵站部の建築家（1782），王室建築局の総監督官・検査官となり（1796），王室建築をいくつか設計・改築して，100棟以上ものカントリー・ハウスを含め，ほかの多くの仕事を実施した．しかし，彼の中世建築への介入は一般的には評価されず，5つの大聖堂に徹底的で議論をまきおこした改築を行った（ウィルトシャーのソールズベリー大聖堂（1789-92），ヘレフォード大聖堂での仕事から（1786-96）「破壊者」との綽名をつけられた．彼の中世建築への取り組みは無頓着で，不正確で，考古学的ではなかった）．ダラム大聖堂において，ガリラヤを破壊し，他の破壊行為を犯す提案をすると，ジョン・カーターによって猛烈な反対の声があがった．

オックスフォードのラドクリフ天文台（1776-94）は，アテネの風の塔（前50頃）から着想をえた．サー・ロバート・テイラーが所有するサフォークのヘヴニンガム・ホールの内装（1780頃-84）を優雅な新古典主義で完成させた（1980年代に損傷）．彼の最も美しい邸宅には，ヒートン・ホール，北アイルランドのファーマナにあるカースル・クール（1790-97，楕円形平面のサロンが正面の弓形部分にある），グロスタシャーの厳格なドディントン・パーク（1798-1813）がある．彼の最もすばらしいデザインには2つのマウソレウムがある．ケントのコバムにある**第4代ダーンリー伯爵**（4th Earl of Darnley）のためのマウソレウム（1783頃-84，廃墟と化した）は，高貴で厳格な新古典主義の作品である．一方で，リンカンシャーのブルックレズビー・パークにある**第1代ヤーバラ伯爵**（1st Earl of Yarborough）のためのマウソレウム（1786-94）は，ティヴォリとローマにある古代ローマのウェスタ神殿を洗練させたものであり，この類まれなる美しい作品は疑問の余地なく彼の傑作である．

ゴシック様式の建築家として，ワイアットは社交界で成功をおさめた．この様式による最も崇高な邸宅はウィルトシャーのフォントヒル・アビー（1796-1812，倒壊）で，建設当初は高く評価された．ハートフォードシャーのアシュリッジ・パーク（1802-13），ウィルトシャーのウィルトン・ハウスの改築（クロイスターを含む，1801-11）もゴシック様式であった．ケントのイッカムにあるゴシック様式のリー・プラ

イオリー（1785 頃-90，解体）の 1 部屋は，ロンドンのヴィクトリア・アンド・アルバート・ミュージアムに保存されている．北アイルランドのロンドンデリーのダウンヒルに，デリー主教のために壮大な邸宅を設計し（シャナハンの監督下で 1776 頃-79 年に建てられ，現在は廃墟と化している），レスターシャーのビーヴァー・カースル（1801-13）を城館風ゴシック様式で改築した．

彼の作品は厖大で，多くのビルディング・タイプを採用したが，実施できるよりも多くの設計依頼を受け，不適任なまでに公的な任務を怠け続けた．しかしながら彼はかなり若いうちにアダム兄弟をしのぐようになり，彼の内装のいくつかはアダム兄弟が達成したどの作品とも同じほど優美である．とくに表現の巧みなものはマンチェスター近郊のヒートン・ホールの内装と，リンカンシャーにある魅力的なブロックルズビー・マウソレウムである．

ワイアット，トマス・ヘンリー　Wyatt, Thomas Henry（1807-80）

イングランドの建築家．サー・マシュー・ディグビー・ワイアットの兄で，建築家のワイアット一族の親戚である．フィリップ・ハードウィックの事務所で修行し，1838 年にデヴィッド・ブランドン（David Brandon, 1813-97）と共同経営を始めた．彼らの傑作はウィルトシャーのウィルトンにあるセント・メアリー・アンド・ニコラス教会（1840-46）である．これは独立したカンパニーレのあるイタリア風のバシリカであり，建てられた当時はウィーンの雑誌『公共建築雑誌（*Allgemeine Bauzeitung*）』でもルントボーゲン様式の重要な作品ととらえられた．みごとな美しい建物であり，古代の黒い柱（前 2 世紀頃）やローマのサンタ・マリア・マッジョーレ大聖堂のコズマーティの作品例を用いた．彼らはロンドンのベスナル・グリーンにあるセント・アンドリュー教会（1841，安っぽく，それほど成功したとはいえないルントボーゲン様式），ウォリックシャーのアサーストーンにあるセント・メアリー教会（1849，ゴシック様式），タワー・ハムレッツ墓地（1841 奉献）を建てた．ここには 2 棟のゴシック様式の礼拝堂と美しいゴシック様式の門，ロッジ（すべての建物は第二次世界大戦で破壊されたあとに取り壊された）があっ

た．ワイアット自身はサマセットのオーチャードリー・パーク（1855-58）を不正確な漠然とジャコビアン様式で設計した．M・D・ワイアット（M. D. Wyatt）とともに，ウリッジのグランド・デポウ・ロードに多彩色のルントボーゲン様式のセント・ジョージ・ガリソン教会（1862-63，第二次世界大戦で破壊され，部分的に保存されている）を設計した．

ワイアット，ベンジャミン・ディーン　Wyatt, Benjamin Dean（1775-1852）

イングランドの建築家で，ジェームズ・ワイアットの長男．1811 年にロンドンのドゥルリー・レーン劇場（のちにビーズリーとほかの建築家により改築）の再建コンペで優勝し，『1812 年に実施されたドゥルリー・レーン王立劇場のためのデザインに関する省察（*Observations on the Design for the Theatre Royal, Drury Lane, as Executed in the Year 1812*）』（1813）を出版した．1813 年にウェストミンスター・アビーの監督官を父親から引き継ぎ，ロンドンに盛大な事務所を設立した．弟のフィリップ・ウィリアム（Philip William, 1835 没）とともにセント・ジェームズ・ストリート 50-53 番地にあるクロックフォーズ・クラブ（1827，その後，改築），パーク・レーンのロンドンデリー・ハウス（1825-28，解体），セント・ジェームズのヨーク（のちのスタッフォード，現ランカスター）・ハウス（1825-27），ハノーヴァー・スクエア 18 番地のオリエンタル・クラブ（1827-28，解体），アプスリー・ハウスの内装の改築とポルティコ（1828-29）を設計した．これらはすべてロンドンにある．とくにルイ 14 世様式に精通しており，この様式をクロックフォーズ・クラブで初めて用いた．レスターシャーのビーヴァー・カースルの主要な部屋を改装し，地所にロマネスク様式のマウソレウム（1820 頃-30）を建てた．ここでは弟のマシュー・コーツ・ワイアット（Matthew Cotes Wyatt, 1777-1862）と共働した．ロンドンのカールトン・ガーデンズにヨーク公爵記念碑（1831-34）を設計し，ハンプシャーのストラットフィールド・セイで大規模な改築（1838-40）を行った．彼は 1833 年に破産して人知れず亡くなった．

ワイアット窓　Wyatt window

セルリアーナに似た3連窓だが，アーチは省略され，エンタブラチュアがより幅広の中央窓上にかけられたもの．発明者のジェームズ・ワイアットにちなんで名づけられた．セグメンタル・アーチをかけたくぼみに配されたり，ペディメントを冠することもある（例：オックスフォードのラドクリフ天文台 (1776-94)）．

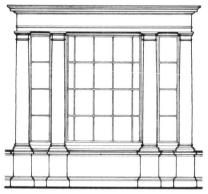

ワイアット窓　住宅に一般的な形式（1810 頃）．

ワイアット，ルイス・ウィリアム　Wyatt, Lewis William (1777-1853)

イングランドの建築家で，ベンジャミン・ワイアット (Benjamin Wyatt, 1745-1818) の息子．伯父サミュエル (Samuel) と叔父ジェームズ (James) とともに訓練をうけ，1805 年頃に事務所を設立した．『カーナーヴォンシャーとチェシャーにあるペンリン卿の地所に用いられた田園風で装飾的な建築デザイン集 (*A Collection of Architectural Designs, rural and ornamental, executed . . . upon the Estates of the Right Hon. Lord Penrhyn in Caernarvonshire and Cheshire*)』(1800-01) を出版したが，カントリー・ハウスの建築家として最もよく知られている．サミュエル・ワイアットによって始められたチェシャーのタットン・パーク (1807-18) を完成させ，サロップシャーのウィリー・ホール (1813-15，おそらく彼の最高傑作) を建てた．これらは新古典主義であった．チェシャーのクラネージ・ホール (1828-29) ではチューダー朝様式を用い，チェシャーのコングルトンにあるイートン・ホール (1829-31，解体) ではジャコビアン様式を用いた．グロスターシャーのシャーボーン・ハウス (1829-34) では，オーダーの組み合わせにより 16 世紀の邸宅を模倣した．1816 年に『ロンドンにおけるさまざまな改良のためのデザイン (*Prospectus of a Design for Various Improvements in the Metropolis*)』を出版し，ロンドン，とくにウェスト・エンドの開発計画を議論した．

Y字形トレーサリー　Y-tracery
⇨トレーサリー

ワイズ，ヘンリー　Wise, Henry (1653-1738)

イングランドの造園家で養樹園主．1687 年頃にブロンプトン園でジョージ・ロンドンに加わり，1694 年までにパートナーとなった．ワイズはハンプトン・コート (1689-92，おそらくマロのデザインによる) で仕事をし，1702 年にはアン女王 (Queen Anne, 在位 1702-14) の王室庭師に任命された．この立場においてセント・ジェームズ・パークを改良し，ライムの新しいアヴェニューを加え，運河を拡張した．1705 年から 1716 年にかけてヴァンブラとともにオックスフォードシャーのブレニム・パレスの庭園で働き，ダービーシャーのメルボルン・ホールの庭園を設計した (1704-06，フランスの影響が明らかである)．彼はフランスとオランダの様式を用い，パルテール，池，運河，迷路，直線のアヴェニューを導入した．1727 年に弟子のブリッジマンが後継者となるまで，王室の猟場や庭園を精力的に造成した．スウィツァーはもう1人の有能な弟子であり，ブリッジマンとともに 18 世紀の英国式庭園の初期の指導者であった．ワイズはロンドンとともに『熟練した庭師 (*Complete Gardener*)』(1699，イーヴリンによる，ド・ラ・カンティニーのフランス語の著作『果樹園と菜園のための教本 (*Instructions pour les jardins fruitiers et potages*)』(1690) の翻訳を簡約化したもの)，『退職した庭師 (*The Retir'd Gard'ner*)』(1706，F・ジャンティの『孤独な庭師 (*Le jardinier solitaire*)』(1704) の翻訳) と L・リジェの『花屋にして歴史家としての庭師 (*Le jardinier fleuriste et histiographe*)』(1704) の翻訳を出版した．

ワイトウィック，ジョージ　Wightwick,

George (1802-72)

　イングランドの建築家．高齢のソーンを助け，1827 年には『ローマの古代遺物の景観 (*Select Views of Roman Antiquities*)』を出版した．これは 1825 年のイタリア旅行にもとづいたものであった．1829 年にデヴォンのプリマスで実務につき，ファウルストン（退職するころであった）とパートナーを組み，西イングランドで指導的な建築家となった．さまざまな様式で彪大な建物を設計したが，ゴシック様式の作品はキリスト教会学者から認められることはなかった．彼らは高教会派のヘンリー・フィルポッツ（Henry Phillpotts, 1778-1869）が主教となってから（1831），エクセター教区でとりわけ権力を有した．ワイトウィックは建築ジャーナリストとしても成功をおさめた．彼の著作の大半は好ましく軽い読み物だが（若い頃，役者としてのキャリアを夢みていた），J・C・ラウドンの『建築雑誌 (*Architectural Magazine*)』（1837）に建築における鉄の使用について重要な論文を寄稿し，エキセントリックでフリーメーソン風の題名のついた『建築の宮殿：美術と歴史の物語 (*The Palace of Architecture: A Romance of Art and History*)』（1840）などを出版した．

ワイルズ，エイモン　Wilds, Amon (1762-1833)

　イングランドの建設業者で建築家．サセックスのブライトンとルイスに多くの邸宅を設計し建設した．アンモナイト柱頭を特色とし，これは設計事務所のトレードマークであったようである．息子エイモン・ヘンリー・ワイルズ（Amon Henry Wilds, 1784-1857）はバズビーとともにブライトンのケンプ・タウン・エステートを設計し，ナッシュを想い起こさせる様式でスタッコ仕上げのテラスやクレッセントを多く造成した．それらには，サセックス・スクエア，ルイス・クレッセント，アランドル・テラス，チチェスター・テラス（1823-1850 頃）がある．父親のように彼もまた建物にアンモナイト柱頭を用いた．

ワイルド，ジェームズ・ウィリアム　Wild, James William (1814-92)

　イングランドの建築家．バセーヴィのもとで修行し，広く旅行した．オーウェン・ジョーン

ズの義理の兄弟で，1851 年の大博覧会の装飾を担当した．また，1878 年から没年までジョン・ソーン卿博物館の館長を務めた．最も傑出した作品として，ストリーサムにあるルントボーゲン様式のクライスト・チャーチ（1840-42）があげられる．初期キリスト教のバシリカ式に手を加えたものだが，19 世紀のドイツの先例に影響を受けており，装飾は（現在では大幅に取り除かれているが）オーウェン・ジョーンズが手がけた．この教会堂の鐘塔は背が高く，自信に満ち，端正ではあるが，リンカンシャーのグリムスビーの巨大なドック・タワー（1851-52）と比べると影が薄れる．これは，イタリアのシエナの市庁舎の塔にもとづいているが，ワイルドがエジプトやシリアを 1840 年代に旅したときに影響を受けたミナレットが頂上を飾っている．彼はロンドンのケンジントンのエキシビション・ロードのハックスレイ・ビルディング（1867-71）の設計に携わった．また，ロンドンのベスナル・グリーン博物館の外装の担当をした（1873）．ベスナル・グリーン博物館は「ブロンプトン・ボイラーズ」を包む形でつくられた．「ブロンプトン・ボイラーズ」はプレファブの鉄骨造（エディンバラのチャールズ・D・ヤング（Charles D. Young）による）の建物で，もとは 1855-56 年にサウス・ケンジントンに科学芸術博物館を入れるためにつくられ，ベスナル・グリーンに移築されたものであった．

ワインズ，ジェームズ　Wines, James (1932-)

　アメリカの建築家，彫刻家．ワインズは，建築とアートを融合させることに関心を寄せており，1969 年に創設されたデザインチーム SITE（スカルプチャー・イン・ザ・エンヴィロメント）の創設者である．テキサス州ヒューストンのインディターミネート・ファサード（1974-75）やメリーランド州タウソンのティルト・ショウルーム（1976-78）など，ベスト・プロダクツ店舗の設計者として最も知られている．後者のデザインは，前面のシートの（皮がもち上がっている）ようにみえる物質が後ろのショールームをみせるためにもち上げられているようにされている．SITE の作品は，明らかに崩れているようなファサードや不合理な部分をもつことによって，不安定感を暗示しており，1970 年代と 1980 年代には多くの注目を浴

びた．より近年のワインズは，原子力発電所の廃棄プロセスなどの環境問題に関心を寄せている．

ワイン・セラー wine-cellar
大きなワイン・セラーは地下に建設されるのが普通であり，はね上げ戸を通して物品が運び込まれる別の地下室があり，そこを通ってアプローチされるような設計が好まれた．安定した温度を保つために舗装され，ヴォールト天井がかけられ，ワインボトルを保管するラックが置かれる．ワイン・セラーは，かつてはとくに設備の整った住宅においてのみ設けられたものであった．初期の良質な事例がいくつか現存している（ウィンチェルシーやアントウェルペンのものなど）．

脇祭室 side-chapel
教会堂の側廊または内陣（クワイヤ）の側面に設置された祭室．

ワゴン・ヴォールト wagon-vault
バレル・ヴォールト，あるいはトンネル・ヴォールトのこと．

ワゴン形小屋組 wagon-roof
二重のアーチ・ブレースを用いたトラスを間を空けずに連続させることでつくられたクレードル形小屋組のこと．ワゴン・ヴォールト，すなわち，バレル・ヴォールトに覆いがつけられたような形状からこう呼ばれる．下からみえるもの，プラスター塗りされたもの，そして，パネル張りされたもの（ワゴン・シーリング）がある．

ワゴン・チャンファー wagon-chamfer
面取りの一種．長方形断面をもつ木製の角材の稜線部分から，かじられた跡のような連続する小さなくぼみを割り取ったもので，アーツ・アンド・クラフツの作品で好まれた．C・R・マッキントッシュによるグラスゴー美術学校（1907-09）図書館のバラストレードはその好例で，彩色によりそれぞれのくぼみが強調されている．

ワゴン・ヘッド・ヴォールト wagon-headed
バレル・ヴォールトのように，半円形アーチが連続している天井，またはヴォールト．〔正確には，〈天井が〉半円筒形の〕

ワージントン，トーマス Worthington, Thomas（1826-1909）
イングランドの建築家．マンチェスターに数多くの建物を設計した．たとえば，天蓋のついたゴシック様式のアルバート・メモリアル（1862-67），アードウィックのメイフィールド・バス（1857），ディズベリーのタワーズ（1868），ゴートンのハイド・ロードの端正な第1尖頭式のブルックフィールド・ユニテリアン教会堂（1869-71）がある．息子のパーシー・スコット・ワージントン（のちに卿）（Percy Scott Worthington, 1864-1939）は1889年に事務所の共同経営者となり，ともにオックスフォードのマンスフィールド・ロードのマンチェスター・カレッジ（1891-93），リヴァプールのセフトン・パークのウレット・ロードのユニテリアン教会堂（1896-1902）を設計した．後者はアーツ・アンド・クラフツのすぐれた細部意匠をもっている．パーシー・スコット・ワージントン卿は，のちに異母弟のジョン・ヒューバート・ワージントン（Sir John Hubert Worthington, 1886-1963）および息子のトーマス・シャーリー・スコット・ワージントン（Thomas Shirley Scott Worthington, 1900-81）が加わった．ヒューバート卿はラドクリフ・サイエンス・ライブラリー（1933-34），リネカー・カレッジ（1936），マートン・カレッジのローズ・レーンの建物群（1939-40），ニュー・カレッジ・ライブラリー（1939），マートン・ストリートの歴史学科図書館（1938-56），タール・ストリートのリンカン・ハウス（1939），セント・ジャイルズのドルフィン・ゲート（1947-48），森林学および植物学科の対のブロック（1947-50）を設計した．これらはすべてオックスフォードにある．

ワースター，ウィリアム・ウィルソン Wurster, William Wilson（1895-1973）
アメリカの建築家で，建築は地域の環境条件に適応すべきという強い信念をもっていた．ワースター・ベルナルディ・アンド・エモンズ事務所の代表として多くのカリフォルニアの「リージョナル」建築に関与した．その多くは木骨造で，急勾配の屋根，シングルあるいはクラッ

プボード（下見板）で覆われた壁，荒削りな大工仕事によるディテールによって構成されており，総称して「ベイ・リージョン・スクール」と呼ばれた．すぐれた作品例として，サンタクルーズ近郊のスコッツバレーのグレゴリー・ファームハウス（1927），パサティエンポのバトラー邸（1934-36），サンフランシスコのレイノルド邸（1946）などがあげられる．またバークレーのカリフォルニア大学スターンホール（1942），パロアルトのスタンフォード大学のメディカルプラザ（1959），サンマテオのウッドレイク居住地区（1965），受賞作品であるサンフランシスコのギラデリ・スクエア（1962-67）なども設計した．なお，以上の作品はすべてカリフォルニア州内にある．事務所は，ベルスキおよびスキッドモア・オーウィングス・アンド・メリルと共同でカリフォルニア州サンフランシスコのアメリカ銀行の世界本社（1970-71）の設計も行っている．

渡辺仁 Watanabe, Jin (1887-1973)
日本の建築家．戦時中に伝統主義の作品を数多く残した．最も有名な作品が東京国立博物館（1931-38）で，ヨーロッパのストリップ・クラシシズムと日本の伝統建築の要素が混在している．

渡邊洋治 Watanabe, Youji (1923-83)
日本の建築家．小児科医の自宅を龍の形にデザインしたり，ペンギンに見せかけた外観の集合住宅を設計したりすることで，建築における特定の傾向を風刺した．主な作品には，伊東の「龍の砦」（1968〔嶺崎邸〕），一連のスカイビル〔第2：1968，第3：1970ほか〕，直江津の田中邸（1975）などが挙げられる．彼の作品はモダニズムのさまざまな側面の不合理な気取りを批判したため，一部の批評家に「異端」視された．

ワックスマン，コンラッド・ルドウィッグ Wachsmann, Konrad Ludwig (1901-80)
ドイツ生まれのアメリカで活躍した建築家〔ドイツ語読みは，ヴァクスマン，コンラート・ルートヴィヒ〕．内装職人の訓練を受けたのちに，建築をペルツィヒ，テッセノウのもとで学んだ（1920-25）．その後，木造建築，建築部材製造のクリストフ＆ウンマッハ社（Christoph & Unmach）に製図家兼デザイナー

として就職し，やがてその主任建築家となる（1926-29）．ベルリンに事務所を開設し（1929-32），顧客にはアルベルト・アインシュタイン（Albert Einstein, 1879-1955）もいた（例：ポツダム近郊のアインシュタイン邸（1929-30））．いくつかの木造建築デザインを展覧会に出品し（例：1931のドイツ工作連盟展），またそれに関して出版物がある．また鉄筋コンクリート構法を発展させてローマで建築活動を行い，当地に数棟の建物を建てた（1935-38）．1938-39年にはフランス（非常に短いながらル・コルビュジエと接触をもった）で鋼管と合板の構法を創案した．その後，アメリカ合衆国に移民し，グロピウスのもとで客人となり，また協働した．1942年にはニューヨーク市に移り，ゼネラル・パネル社のためにプレファブの建築部材をデザインした．それにはグロピウスと彼が開発した「パッケージド・ハウス」の住宅建築システムがある．1942年，航空機格納庫のためのスペース・フレーム「モバイラー」を完成したが，それは彼を携帯式構造物に使われるジョイント部材の設計の専門家とした．

イリノイ工科大学デザイン研究所デザイン学教授，先進建築研究部門長に任命（1949-56）されると，彼はさらに「モバイラー」システムを発展させて，20本の鋼管を受けることのできるジョイントを開発し，大規模な持ち送り構法を可能とし，最小限の垂直の支柱で大きな領域に屋根を架けることに成功した．彼の仕事は後の幅広い発展を予感させ，バックミンスター・フラーを含む多くのデザイナーに影響があった．著書には，『木造住宅建築：技術と造形（*Holzhausbau: Technik und Gestaltung*）』（1930），『建築における木（*Holz im Bau*）』（1957），『建築における転換点（*Wendepunkt im Bauen*）』（1959），および建築におけるプレファブ，工業化に関するさまざまの出版物がある．

ワット，リチャード・ハーディング Watt, Richard Harding (1842-1913)
建設解体業者から集めた建築部材を使って建物をつくりあげたイングランドのクリエイター．自分のアイデアを建築実務者（ウォルター・アストン（Walter Aston, 1861-1905），ジョン・ブルーグ（John Brooke, 1853-1914），

ルネサンス 1154

割れ目 split

エンゲージド．たとえば柱脚に半分が埋め込まれた手摺り子．

ワンク，ローランド・アンソニー Wank, Roland Anthony（1898-1970）

ハンガリー生まれの建築家で，アメリカで活動した国際モダン様式の最重要人物の一人．テネシー川流域開発公社のための一連のダムや発電所（1933-44）が最高傑作とみなされている．公共住宅事業にもかかわっており，この分野の彼の作品で最もよく知られているのはニューヨーク市のグランド・ストリート・ハウジング（1929-30）である．

【p.1083補遺】

ルネサンス Renaissance, Renascence

フランス語の「ルネートル」（renaître）（「再生する」の意），および，イタリア語の「リナシメント」（Rinascimento）（再生）に由来するこの用語は，古典の先駆者たちの影響を受けながらの芸術と文学の偉大なる復活に対して用いられる．それは14世紀のイタリアに始まり，さらに200年続いて，ほぼ全ヨーロッパに広がっていった．この用語はまた，フィレンツェのブルネレスキの時代（15世紀前半）からマニエリスムの始まり（1520年頃）までの時代に，古代ローマ建築に基づいて発展し，その時代を特徴付けた建築様式に対する便利なレッテルでもある．じつは，「マニエラ・アッランティカ」（maniera all'antica）（「古代風の手法」の意）として言及されてきたのであり，その様式はウィトルウィウスの著作を手本にして著された『建築論』（1450年頃執筆開始）でアルベルティによって体系化されたのである．建築ではルネサンスは，レオナルド・ダ・ヴィンチ，ミケランジェロやラファエロが活躍した盛期ルネサンス（1500年頃-1520年頃）を含むが，バロックは含まれない．ヨーロッパのいたるところで，ルネサンス建築は，イタリア・ルネサンスのモチーフを出版物や旅行者の観察から獲得しようと努めていたが，いずれの国や地方もイタリア風にみえない建築物を産み出した．すなわち，ドイツ，フランス，フランドル，スペイン，そしてイングランド（これはエリザベス1世様式建築，ジェームズ1世（ジャ

コビアン）様式建築と結びつけられる）の各ルネサンス建築は，すべて異なる味わいを持っている．イングランド，フランドル，ドイツ，ポーランド，および，スカンジナヴィアの16世紀から17世紀初頭にかけてのルネサンス建築は「北方ルネサンス」と分類されるが，マニエリスムの混入はフランス・ルネサンス建築に異なる味わいをもたらした．17世紀初頭になってようやく，ルネサンス建築は変質することなく，イタリアのプロトタイプに強固に基づきながら，イニゴ・ジョーンズによってイングランドに導入された（パエッシェンの項参照）．これはイングランド，および，その他の国々において18世紀初頭に大きな影響を与えた出来事である．新古典主義が退屈なものとなってしまったのに対し，19世紀には様々なナショナリズムによるルネサンス・リヴァイヴァルがみられた．ルネサンス建築の導入は大惨事であり，イングランドと北方ヨーロッパにおいて生き続けていた在来の創意に富んだゴシックの伝統を破壊したのだと考える人々もいる（たとえば，後期のジョン・ハーヴィー（1911-97））．

欧 文 索 引

A

à jour 14
Aalto, Hugo Alvar Henrik (1898-1976) 48
Aaron's rod 59
abaciscus 34
abacus 35
Abadie, Paul (1783-1868) 35
abamurus 36
abated 39
abat-jour 35
abaton 36
abat-son 35
abat-vent 34
abat-voix 34
abbey 37
Abbott, Stanley William (1908-75) 39
ABC 39
Abel, John (1578 頃-1675) 39
Abercrombie, Sir (Leslie) Patrick (1879-1957) 35
Abraham, Raimund Johann (1933-2010) 38
Abramovitz, Max (1908-2004) 38
abrevoir 38
Absolute architecture 509
absorption 37
Abstract Representation 37
abstraction 37
abuse 37
abutment 35
abutment-piece 35
academy 6
acanthus 6
accessory 9
accolade 12
accompaniment 7
accouplement 9
accumulation 8
Achaemenian 6
Achaemenid 6
Achievement of Arms 26
achromatic 10
acorn 152
acoustic vases 10
acrolith 10
acrolithus 10

acropodium 10
acropolis 10
acrostolium 9
acroter 9
acroterion 9
acroterium 9
Action architecture 8
Adam, James (1732-94) 17
Adam, John (1721-92) 18
Adam, Robert (1728-92) 18
Adam, Robert (1948-) 20
Adam, William (1689-1748) 17
Adams, Henry Percy (1865-1930) 18
Adams, Maurice Bingham (1849-1933) 18
additive 30
addorsed 32
Adelcrantz, Carl Fredrik (1716-96) 31
Adhocism 32
Adler, Dankmar (1844-1900) 33
adobe 772
Adshead, Stanley Davenport (1868-1946) 13
advanced work 31
Advocacy planning 31
adyton 31
adytum 31
aedes 6
aedicula 5
aedicule 5
aedis 6
aegicrane 5
aegicranium 5
Aelric (1124 頃-53 活躍) 55
Aeolic 1
Aesthetic Movement 558
aetoma 6
aetos 6
Affleck, Raymond Tait (1922-89) 39
affronted 38
agger 10
agglutinative 9, 322
aggregate 332
agora 12
Agostino di Duccio (1418-81) 12
agrafe 9
agraffe 9
Agrest & Gandelsonas 9

Agricultural Order 670
aguglia 9
Aguilonius, Franciscus (1567-1617) 60
Ahmad, Ustad (Ustad Ahmad Lahori) (1580 頃-1649) 38
Ahrends, Burton, & Koralek (ABK) 58
Aichel, Jan Blažej Santini (1667-1723) 4
Aida, Takefumi (1937-) 3
Aigner, Chrystian Piotr (1756-1841) 2
aileron 169
Aillaud, Émile (1902-88) 41
ailure 55
air-brick 1024
air-conditioning 151
air-grating 151
air-hole 152
aisle 4, 524
Aitchison, George, jun. (1825-1910) 159
ajaraca 36
ajimez 37
ajour 14
ajouré 14
ala 42
alabaster 43
Alan of Walsingham (14 世紀活躍) 44
Álava, Juan de (1480 頃-1537) 43
Alavoine, Jean-Antoine (1778-1834) 42
albanega 51
Alberic (1249-53 活躍) 52
Albert, Prince Francis (Albert) Charles Augustus Emmanuel, Duke of Saxony and Prince of Saxe-Coburg and Gotha (1819-61) 50
Alberti, Leon Battista (1404-72) 52
Albini, Franco (1905-77) 51
alcázar 45
Alchimia 45
alcove 46
Aldrich, Henry (1648-1710) 192
Aleijadinho (1738-1814) 55
Alen, William van (1883-1954) 57
Aleotti, Giovanni Battista (1546-1636) 56

欧文索引　　　　　　　　　　　　　　　　1156

Alessi, Galeazzo (1512-72) 57
alette 57
Alexander the Mason III (1235 頃-57 活躍) 56
Alexander, Christopher (1936-2022) 56
alexandrian work 57
Alfieri, Benedetto Innocente (1699-1767) 52
alfiz 52
Algardi, Alessandro (1598-1654) 45
Algarotti, Francesco (1712-64) 45
Alhambra 51
alicatado 44
aliform 153
alignment 42
alinement 42
Allason, Thomas (1790-1852) 42
allée 55
allège 57
allering 44
alley 44
Allio, Domenico dell' (1505-63) 603
Allio, Donato Felice d' (1677-1761) 547
Alliprandi, Giovanni Battista (1665-1720) 30
Allom, Thomas (1804-72) 58
allure 55
almena 55
almery 41
almond 41
almonry 41
Almqvist, Osvald (1884-1950) 55
almshouse 41
Alphand, Jean-Charles-Adolph (1817-91) 51
Alsop, William (1947-) 190
altana 46
altar 190
altar of credence 191
altar of repose 191
altar-facing 192
altar-niche 192
altar-piece 192
altar-rail 192
altar-screen 191
altar-slab 191
altar-stair 191
altar-steps 191
altar-stone 191
altar-table 191
altar-tomb 191
alternating system 192
alternative architecture 191
alto-rilievo 48
aluminium 54
aluminum 54
alura 55

alure 55
Álvares, Baltazar (1570-1624 活躍) 44
Álvarez, Augusto H. (1914-95) 51
Álvarez, Mario Roberto (1913-2011) 51
Amadeo, Homodeo, Homodeus, or Omodeo, Giovanni Antonio (1447 頃-1522) 40
ambitus 70
ambo 71
ambon 71
ambry 71
ambulacrum 70
ambulatio 71
ambulatory 71, 419
ambulatory church 70
American bond 41
American Directory 41
American Order 41
Ammanati or Ammannati, Bartolomeo (1511-92) 71
Ammann, Othmar (1879-1965) 40
Ammonite Order 71
Amoretto 41
Amorino 41
amphi- 70
amphitheatre 70
ampullae niche 70
Amsterdam school 40
Analogical architecture 1077
anastylosis 34
anathyrosis 34
anchor 59
anchorage 60
ancon 62
anconis 62
Anderson, John MacVicar (1835-1915) 64
Anderson, Sir Robert Rowand (1834-1921) 64
Ando, Tadao (1941-) 66
André, Édouard-François (1840-1911) 68
André, Émile (1871-1933) 68
André, Louis-Jules (1819-90) 68
Andrea di Cione (1343-68 活躍) 68
Andreu, Paul (1938-2018) 68
Andrews, John (1933-2022) 67
Andronikos of Kyrrhos, or Andronicus Cyrrhestes (前 2 世紀末-前 1 世紀半ば活躍) 68
Androuet 68
angel light 171
angle-bead 61
angle-buttress 61, 503
angle-capital 61
angle-fillet 61
angle-leaf 61

angle-modillion 61
angle-post 61
angle-roll 61
angle-round 61
angle-shaft 61
angle-stone 61
angle-tie 61
angle-volute 60
anglo-chinois 62
Anglo-Saxon architecture 61
angular capital 60
Anhalt-Dessau, Leopold III Friedrich Franz, Fürst (Prince) von (1740-1817) 69
annex(e) 34
annular 34
annulated 34
annulet 34
Anreith, Anton (1754-1822) 72
anse de panier 64, 901
anta 64
ante-chamber 517
ante-chapel 65
ante-choir 65
ante-church 65
ante-court 65
antefix 65
antefixum 65
Antelami, or Antelmi, Benedetto degli (1178-1233 活躍) 66
ante-mural(e) 66
ante-nave 65, 456
antepagment 65
antepagmentum 65
antependium 66
anteridos 66
anteris 66
anthemion 660
Anthemios of Tralles (6 世紀前半活躍) 66
Anthon, George David (1714-81) 69
antic 65
anticlastic 65
anticum 64
Antique 329
antis, in 84
Antistates (前 6 世紀活躍) 65
Antoine, Jacques-Denis (1733-1801) 68
Antolini, Giovanni Antonio (1756-1841) 67
Antonelli, Alessandro (1798-1888) 67
Antonine column 67
Antonio di Vicenzo (1350 頃-1401/2) 67
Antunes, João (1643-1712) 67
apadana 35
apadhana 35

欧 文 索 引

apartment 36
aperture 196
apex 573
Apolline 39
Apollodorus of Damascus (98-125 頃
　活躍) 39
apophyge 39
apophysis 39
apothesis 39
applied 38
apron 163
apse 37
apsidiole 37
apsis 37
apteral 37
aqueduct 523
ara 42
arabesque 44
Arabian 44
araeostyle 42, 525
ARAU (Atelier de Recherche et
　d'Action Urbaine) 152
arbalesteria 51
arbalestina 51
Arbeitsrat für Kunst 304
arbor vitae 54
arboretum 54
arbour 34
arca 45
arcade 10
arch 20
arch Order 26
archa 45
archaeology 320
archaic 45
arch-band 27
arch-bar 27
arch-beam 27
arch-brace 27
arch-brick 27
arch-buttant 27
arch-buttress 27
Archer, John Lee (1791-1852) 27
Archer, Thomas (1668 頃-1743) 27
archery-house 26
arch-façade 27
Archigram 7
architect 314
architectonic 8
Architect's Collaborative (TAC) 8
Architects' Co-Partnership 7
architecture 313
Architecture Machine 7
architecture parlante 46
Architecture Studio 7
ArchiteXt 45
architrave 8
architrave-cornice 8
archivolt 7

Archizoom 7
arch-rib 27
arch-ring 27
arch-stone 27
arch-truss 27
Arciniega, Claudio de (1520 頃-93)
　46
Arcology 12
arcosolium 46
arcuated 27
arcus 45
arcus choralis 46
arcus toralis 46
arcus triumphalis 46
arena 44
Arens, Johann August (1757-1806)
　58
Arets, Wiel (1955-) 57
Ariss, John (1725 頃-99) 44
ark 507
armarium 54
armature 54
Arnold von Westfalen (1425 頃-80)
　49
Arnolfo di Cambio (1245 頃-1302 頃)
　49
aronade 58
Arquitectonica 45
Arras, Mathias of (1342-52 活躍)
　961
arris 1074
arrow-head 58
arrow-loop 59
Arruda, Diogo de (1470 頃-1531)
　582
arsenal 15
Art Deco 46
Art Nouveau 48
articulation 30
Artinatural 31
Artisan Mannerism 46
Arts-and-Crafts 27
Art-Workers' Guild 304
Arup, Sir Ove Nyquist (1895-1988)
　42
Asam Brothers 12
asbestos 16
ascendant 17
ascent 17
Ash, Maurice Anthony (1917-2003)
　29
Ashbee, Charles Robert (1863-1942)
　13
ash-chest 28
ash-hole 29
ashlar 14
ashlar-piece 14
ashlering 14
Ashlin, George Coppinger (1837-

1921) 14
Asiatic base 13
Aslin, Charles Herbert (1893-1959)
　14
asphalt(e) 15
Asplund, Erik Gunnar (1885-1940)
　16
Asprucci, Antonio (1723-1808) 16
Assche, Simon van (15 世紀活躍) 28
assemblage of Orders 179
assembly-room 415
asses' ears 1129
Assyrian architecture 29
astragal 15
astragulum Lesbium 15
astragulus 15
astreated 15
astylar 990
Atelier 5 33
Athens Charter 31
Atkinson, Robert Frank (1871-1923)
　32
atlantes 33
atlas, atlantis 32
atrium 33
attached 17
Attic base 29
Attic door-case 29
Attic Order 30
Attic storey 30
Atticurges 29
Atticurgic 29
attribute 34
Atwood, Charles Bowler (1849-95)
　31
Atwood, William (1490-1557 活躍)
　31
Aubert, Jean (1702-41 活躍) 187
auditorium 181
auditory 181
aula 5
Aulenti, Gae(tana) (1927-2012) 5
aumbry 71
aureole 324
Auricular 189
Austin, Henry (1804-91) 178
Austin, Hubert James (1841-1915)
　178
avant-corps 4
avenue 5
Averlino, Antonio (1400 頃-69) 67
awning 182
axial 400
aximez 37
axis 8
axonometric projection 9
Aylmer, John (1471 頃-1548) 168
Aymonino, Carlo (1926-2010) 4
Azéma, Léon (1888-1978) 17

欧文索引　　　　　　　　　　1158

Aztec architecture　15
azulejo　17
Azuma, Takamitsu (1933-2015)　17

B

Babb, George Fletcher (1836-1915)　725
Babcock, Charles (1829-1913)　725
Babylonian architecture　723
Bacchic ornament　704
Bachelier, Nicolas (1500-57)　696
bacino　703
back　703
back-aisle　703
Backsteingotik　703
Backström, Sven Mauritz (1903-92)　704
back-to-back housing　704
Bacon, Edmund Norwood (1910-2005)　874
Bacon, Henry (1866-1924)　874
Badger, Daniel D. (1806-84)　696
Badovici, Jean (1893-1956)　715
Baerwald, Alexander (1877-1930)　866
baffle-entry　708
bagh　689
bagnet　692, 719
bagnette　692, 719
bague　689
baguet　692
baguette　692
Bähr, Georg (1666-1738)　887
bailey　870
Baillargé (or Baillairgé) Family　679
Baillie Scott, Mackay Hugh (1865-1945)　870
Bailly, Antoine-Nicolas-Louis (1810-92)　675
Baird, John (1798-1859)　866
Bakema, Jakob Berend (1914-81)　692
Baker, Sir Herbert (1862-1946)　868
balanced sash　731
balanced winder　731
Balat, Alphonse-Hubert-François (1818-95)　728
balcon　738
balcone　738
balconet　738
balconette　738
balcony　738
baldacchino　739
baldachin　739
baldachino　739
baldaquin　739
Baldessari, Luciano (1896-1982)　740
bale　885

balection　743
balistraria or ballistraria　734
balk　691
ball-flower　940
balloon　743
Ballu, Théodore (1817-85)　737
Baltard, Louis-Pierre (1764-1846)　739
Baltard, Victor (1805-74)　739
balteus　739
baluster　729
baluster-shaft　729
baluster-side　729
balustrade　729
balustrade Order　729
balustrata　739
balustrum　739
banal-mill　718
band　752
band of a shaft　752
banded　752
banded impost　752
bandelet　753
banderol　753
banderole　753
band-stand　753
band-work　753
Banfi, Gianluigi (1910-45)　754
Banham, Peter Reyner (1922-88)　753
banister　719
bannal-mill　718
banner　717
bannerol　753
banquet　748
banquette　748
baptisterium　520
baptistery　520
baptistry　520
bar　675
Barabino, Carlo Francesco (1768-1835)　730
barbacan　723
Barbaro, Daniele (1514-70)　741
Barbet, Jean (1591-1650 頃)　741
barbican　723
Barbier, Jules (1865 頃-1910)　741
Barbon, Nicholas (1638 頃-98)　726
Bardi, (Achil) Lina Bo (1914-92)　739
Barelli, Agostino (1627-79)　744
barge　694
barge-board　696
barge-couple　696
barge-course　696
barley-sugar　733
Barlow, William Henry (1812-1902)　744
barn　654

Barnes, Edward Larrabee (1915-2004)　749
Barnet, James J. (1827-1904)　721
Barnsley, Edward (1900-87)　749
Barnsley, Ernest Arthur (1863-1926)　749
Barnsley, Sidney Howard (1865-1926)　749
Baronial　745
Baroque　744
barrack　730
Barragán, Luis (1902-88)　728
Barre, Eloy de la (1764-1833)　1045
Barré, Jean-Benoît-Vincent (1732 頃-1824)　743
Barre, William Joseph (1830-67)　732
barrel　744
Barrett, Nathan F. (1845-1919)　744
barrier　732
barrier-free　732
barrow　343
Barry, Edward Middleton (1830-80)　732
Barry, Sir Charles (1795-1860)　736
Barthélèmy, Jacques-Eugène (1799-1882)　740
bartisan　735
bartizan　735
Bartning, Otto (1883-1959)　740
base　240, 569
basement　875
basement-table　875
Basevi, Elias George (1794-1845)　700
Basile, Ernesto (1857-1932)　697
Basile, Giovanni Battista Filippo (1825-91)　698
basilica　697
basin　459, 517
basket　699
basket-weave　204
bas-relief　12
Bassae Order　704
Bassi, Martino (1542-91)　705
Bastard Brothers　699
bastel　699
bastide　699
bastille　699
bastion　1074
bastle　699
batardeau　703
Bateman, James (1811-97)　869
Bath Stone　698
bath-house　700
bâtons rompus　717
bat's-wing　705
batten　717
batter　362
battery　703

欧 文 索 引

battlement 716
Baud, Benjamin (1807 頃-75) 930
Baudot, Joseph-Eugène-Anatole de (1834-1915) 922
Bauhaus 684
baulk 691
baulk-tie 909
Baumeister, Reinhard (1833-1917) 685
Baurscheit, Jan Pieter van (1699-1768) 684
Bautista, Francisco (1594-1679) 684
Bawa, Geoffrey (1919-2003) 745
bawn 943
bay 867
Bayer, Herbert (1900-85) 679
bay-leaf 870
Baylis, Douglas (1915-71) 870
bay-window 867
bazaar 693
bazar 693
Bazhenov, Vasily Ivanovich (1737-99) 695
Bazzani, Cesare (1873-1939) 705
BBPR 771
bead 769
bead-and-reel 769
beak-head 761
beak-moulding 761
beam 732
bearing 867
Beaudouin, Eugène-Elie (1898-1983) 922
Beauregard, Guyot de (1551 没) 934
beautiful 755
Beaux-Arts 909
beaver-tail 758
Beazley, Samuel (1786-1851) 866
Becerra, Francisco (1545 頃-1605) 875
Beckhard, Herbert (1926-2003) 875
bed 877
bede 769
Bedford, Francis Octavius (1784-1858) 877
Beeby, Thomas Hall (1941-) 770
beehive 770
Beer Family 865
beguinage 874
Behne, Adolf (1885-1948) 880
Behnisch, Günter (1922-2010) 880
Behrendt, Walter Curt (1884-1945) 899
Behrens, Peter (1868-1940) 898
Bélanger, François-Joseph (1744-1818) 883
Belcher, John (1841-1913) 889
belection 785
Belfast 894

belfry 894
Belgiojoso, Lodovico Barbiano di (1909-2004) 889
bell 885
Bell, Edward Ingress (1837-1914) 886
Bell, Henry (1647-1711) 895
Bell, John (1478-88 活躍) 889
bell-arch 885
bell-cage 887
bell-canopy 886
bell-capital 886
bell-cast 886
bell-chamber 889
bell-cote or bell-gable 887
bell-flower 894
Bellini, Mario (1935-) 878
Bellot, Dom Paul (1876-1944) 899
bell-roof 896
bell-tower 889
Belluš, Emil (1899-1979) 888
Belluschi, Pietro (1899-1994) 889
belt-course 892
Beltrami, Luca (1854-1933) 892
belvedere 886
bema 882
Beman, Solon Spencer (1853-1914) 772
bench 903
Benedetto de Maiano (1442-97) 881
Benedictine 881
Bengal Cottage 901
Benjamin, Asher (1771-1845) 901
Benoît-Lévy, Georges (1880-1971) 816
Benš, Adolf (1894-1982) 901
Benson, William (1682-1754) 902
Bentley, John Francis (1839-1902) 903
berceau 889
Berg, Max (1870-1947) 886
Berkel, Ben van (1957-) 887
Berlage, Hendrik Petrus (1856-1934) 896
berm 727
Bernard de Soissons (13 世紀頃活躍) 893
Bernini, Giovanni Lorenzo (1598-1680) 893
Berthault, Louis-Martin (1770-1823) 893
Bertotti-Scamozzi, Ottavio (1719-90) 892
Berty, Thomas (1485 頃-1555) 713
Bestelmeyer, German (1874-1942) 874
Béthune, Jean-Baptiste-Charles-François, Baron (1821-94) 879
béton 880

Bettino, Antonio (活躍 1650-80) 877
Betto, Jean (1647-1722) 880
Beverley, Robert of (1253-85 活躍) 758
Beyaert, Henri (1823-94) 883
Bianchi, Pietro (1787-1849) 757
Bianco or Bianchi, Bartolommeo (1590 頃-1657) 757
Bibiena 770
Bicknell, Julian (1945-) 766
Bidlake, William Henry (1861-1938) 769
Bidonville 769
biedermeier 766
Biegański, Piotr (1905-86) 758
biforate window 1074
biforis 771
biforus 771
Bigelow, Jacob (1786-1879) 761
Bigio, Nanni di Baccio (1568 没) 765
bilection 679
Bill, Max (1908-94) 785
billet 785
Billing, Hermann (1867-1946) 782
Billings, Robert William (1813-74) 782
binder 680
Bindesbøll, Michael Gottlieb Birkner (1800-56) 786
biomorph 759
Biotecture 676
bird's-beak 700
bird's-head 700
bird's-mouth 700
Birkerts, Gunnar (1925-2017) 688
bitumen 766
Blackburn, James (1803-54) 824
Blackburn, William (1750-90) 824
Blacket, Edmund Thomas (1817-83) 823
blade 853
Blaikie, Thomas (1750-1838) 847
blank 830
blazon 847
blind 820
blind storey 820
Blobism 861
Blobismus 861
blocage 857
block 859
Block, Der 859
block-capital 859
block-cornice 859
blocked 859
block-house 860
blocking-course 858
blocking-out 858
block-plan 860
Blom, Holger (1906-96) 862

欧 文 索 引　　　　　　　　　　1160

Blom, Piet (1934-99)　861
Blomfield, Charles James (1862-1932)
　861
Blomfield, Sir Arthur William (1829-
　99)　861
Blomfield, Sir Reginald Theodore
　(1856-1942)　862
Blomstedt, Aulis (1906-79)　861
Blondel, Jacques-François (1705-74)
　863
Blondel, Nicolas-François (1617-86)
　864
Blore, Edward (1787-1879)　856
Blouet, Guillaume-Abel (1795-1853)
　840
Blow, Detmar Jellings (1867-1939)
　856
Bloxam, Matthew Holbeche (1805-88)
　859
Blum, Hans (1550 活躍)　846
Bo & Wohlert　904
board　922
board-marked concrete　923
boast　910
Boberg, Ferdinand (1860-1946)　816
Böblinger Family　881
Bodley, George Frederick (1827-
　1907)　923
Bodley, Sir Josias (1550 頃-1617)
　923
Bodt, Jean de (1670-1745)　922
Boehmer (1915 以降 Bomer), Edward
　(1861-1940)　882
Boffrand, Gabriel-Germain (1667-
　1754)　929
Bofill Levi, Ricardo (1939-2022)　927
Bofinger, Helge (1940-2018)　927
Bogardus, James (1800-74)　907
Bohigas (Guardiola), José Oriol
　(1925-2021)　793, 904
Böhm, Dominikus (1880-1955)　882
Böhm, Gottfried (1920-2021)　882
Boileau, Louis-Auguste (1812-96)
　942
boiserie　941
Boisserée, Sulpiz Melchior Dominicus
　(1783-1854)　941
Boito, Camillo (1836-1914)　905
bolection　144
bolexion　144
bollard　932
Bolles & Wilson　940
bolster　934
Bon or Bono, Bartolomeo (1463 頃-
　1529)　945
Bon, Bono, or Buon, Bartolomeo (1405
　頃-67 頃)　944
Bonanus or Bonanno of Pisa (1179-86
　活躍)　925

Bonatz, Paul Michael Nicolaus (1877-
　1956)　924
bond　525
bone-house　944
bonnet　944
bonnet-top　944
Bonneuil, Étienne de (1287-88 活躍)
　159
Bono　925
Bonomi Family　925
Booth, John (1759-1843)　814
Booth, William Joseph (1796 頃-1871)
　813
Borra, Giovanni Battista (1713-70)
　931
Borromini capital　919
Borromini, Francesco (1599-1667)
　919
bosket　910
bosquet　910
boss formerly boce　910
bossage　909
Bossan, Pierre-Marie (1814-88)　909
bossing　916
Botta, Mario (1943-)　917
Bötticher, Karl Gottlieb Wilhelm
　(1806-89)　878
bottle-dungeon　924
bouleuterion　848
boulevard　840
Boullée, Étienne-Louis (1728-99)
　848
Boumann, Johann A. (1704-76)　906
boundary-stone　255
Bourgeau, Victor (1809-88)　841
Bourgeois, Victor (1897-1962)　842
Bourla, Pierre Bruno (1783-1866)
　846
bow　681
Bowden, John (1821 没)　921
bower　681
bowl　907
bowstring　684
bowtell　684
bowtelle　684
box　916
Box, John (活躍 1333-75 没)　916
box-beam　916
box-frame　916
box-pew　916
Boyceau, Jacques de la Barauderie
　(1562 頃-1634 頃)　942
Boyle　905
Boytac, Diogo (1490-1525 活躍)　904
brace　850
bracket　822
bracket moulding　823
Bradford, William (1845-1919)　826
Braem, Renaat (1910-2001)　855

Bragard, René (1892-1971)　822
Bramante, Donato, or Donato di
　Angelo di Pascuccio d'Antonio
　(1444-1514)　827
Bramantino (1503-36 活躍)　827
Branca, Alexander, Freiherr von
　(1919-2011)　829
branch　831
Brandon, David (1813-97)　832
Brandon-Jones, John (1908-99)　832
brass　453, 823
brattice　826
brattishing　826
breastsummer　849
breeze-block　834
Brenna, Vincenzo (1745-1820)　855
bressummer　849
brest summer　849
bretess　853
bretesse　853
bretex　853
bretise　853
bretisse　853
Brettingham Family　853
brettys　853
Breuer, Marcel Lajos (1902-81)　856
Brewer, Cecil Claude (1871-1918)
　839
bric-à-brac　836
brick　1100
bridal door　820
bridge　693
Bridgeman, Charles (1738 没)　836
Brierley, Walter Henry (1862-1926)
　833
Brinkman, Johannes Andreas (1902-
　49)　839
brise-soleil　834
Britannic Order　78
Britton, John (1771-1857)　837
broach　858
broch　860
Brodrick, Cuthbert (1821-1905)　860
Broek, Johannes Hendrik van den
　841
broken　1020
Brongniart, Alexandre-Théodore
　(1739-1813)　864
bronze　863
Brooks, James (1825-1901)　841
Brosse, Salomon de (1571 頃-1626)
　857
Brown, Joseph (1733-85)　821
Brown, Lancelot called Capability
　(1716-83)　821
Brown, Richard (1804-45 活躍)　822
Browne, George (1811-85)　821
Browne, Sir George Washington
　(1853-1939)　821

Brownian 821
brownstone 821
Bruant *or* Bruand, Libéral (1635 頃-97) 838
Bruce, Sir William (1630 頃-1710) 842
Brückwald, Otto (1841-1904) 838
Brukalski, Stanisław (1894-1967) 841
Brunel, Isambard Kingdom (1806-59) 844
Brunelleschi, Filippo (1377-1446) 844
Brunfaut, Fernand (1886-1972) 832
Brunfaut, Jules (1852-1942) 832
Brunt, van 831
Brutalism 842
Bryce, David (1803-76) 819
Brydon, John McKean (1840-1901) 820
Bryggman, Erik William (1891-1955) 838
Buchanan, Sir Colin (1907-2001) 812
Buchsbaum, Hans von (1390 頃-1456 頃) 813
buckler 691
Bucklin, James Champlin (1801-90) 704
bucrane 813
bucranium 813
bud 714
Buddhist railing 816
buffet d'eau 775
Buffington, LeRoy Sunderland (1847-1931) 724
building line 314
Bulfinch, Charles (1763-1844) 846
Bulgarian architecture 841
Bullant, Jean (1515 頃-78) 776
Bullet, Pierre (1639-1716) 778
bull's-eye 252
Buls, Charles (Karel) François Gommaire (1837-1914) 777
bundle 753
bungaloid growth 747
bungalow 747
Bunney, Michael Frank Wharlton (1875-1926) 719
Bunning, James Bunstone (1802-63) 720
Bunshaft, Gordon (1909-90) 748
Buon, Bartolomeo (1405 頃-67 頃) 812
Buonarotti 807
Buontalenti delle Girandole, Bernardo (1531-1608) 810
Burgee, John (1933-) 696
Burges, William (1827-81) 694
Burgess, Edward (1850 頃-1929)

695
Burgh, Thomas (1630-1730) 730
Burghausen, Hans von (1432 没) 841
Büring, Johann Gottfried (1723-88 以後) 777
Burke, Edmund (1729-97) 689
Bürklein, Georg Christian Friedrich (1813-72) 777
Burle Marx, Roberto (1909-94) 847
Burlington, Richard Boyle, 3rd Earl of, *and* 4th Earl of Cork (1694-1753) 737
Burn, William (1789-1870) 746
Burnacini, Lodovico Ottavio (1636-1707) 844
Burnet, John (1814-1901) 721
Burnet, Sir John James (1857-1938) 720
Burnham, Daniel Hudson (1846-1912) 718
Bürolandschaft 778
Burton, Decimus (1800-81) 717
Busby, Charles Augustin (1786-1834) 700
Buscheto *or* Busketus (1063-1110 活躍) 814
bush-hummered 765
business park 765
Buszko, Henryk (1924-2015) 813
Butler, John Dixon (1861-1920) 716
Butterfield, William (1814-1900) 702
butterfly plan 703
buttery 703
Button, Stephen Decatur (1813-97) 707
Buttress 706
Byzantine architecture 761

C

cabin 247
cabinet 247
Cabinet-window 247
cable 309
cable structure 310
cabochon 218
Cabot, Edward Clarke (1818-1901) 218
CAD 246
caduceus 212
Caen 229
cage 306
Cagnola, Marchese Luigi (1762-1833) 214
caher 215
cairn 313
caisson 308
Caius, John (1510-73) 239
Calathus 221

Calatrava Valls, Santiago (1951-) 221
caldarium 223
Calderini, Gugliemo (1837-1916) 223
Caldwell, Alfred (1903-98) 352
calefactory 227
calf's tongue 215
calidarium 222
caliduct 523
California School 222
calion 222
calking 324
Callicrates 222
Callimachus (前 430 頃-前 400) 223
calotte 228
Calvary 223
Calvinist austerity 223
calyon 222, 223
calyx 222
camarin 218
camber 234
Cambio, Arnolfo di (1245 頃-1310 頃) 236
cambogé 237
Cambridge Seven 316
came 218
Camelot, Robert (1903-92) 247
camera 219
camera lucida 219
camera obscura 219
Cameron, Charles (1745-1812) 247
camp 249
Camp 249
campana 234
campanile 236
campanula 236
Campbell, Colen (1676-1729) 250
Campbell, John Archibald (1859-1909) 250
Campbell, Kenneth John (1909-2002) 249
Campen, Jacob van (1595-1657) 218
Campionesi 236
Campo Baeza, Alberto (1946-) 237
campo santo 237
Camporese Family 237
camp-shedding 249
campus 249
Camus de Mézières, Nicolas Le (1721-89) 218
canal 246
Canaliculus 213
cancellus 231
Candela Outeriño, Félix (1910-97) 233
candelabrum 233
Candid, Peter *also known as* Peter de Wit *or* Witte (1548-1628) 232
Candilis, Georges (1913-95) 232

欧文索引　　　　　　　　　　　　1162

Canella, Guido (1931-2009)　214
canephora　214
Canevale, Isidore Marcel Armand
　(1730-86)　214
Canina, Luigi (1795-1856)　213
canister　246
cannon　246
Cano, Alonso (1601-67)　214
Canonica, Luigi (1762-1844)　214
Canopus　215
canopy　246
cant　233
Canterbury, Michael of (1275-1321 活
　躍)　947
Canterbury, Thomas of (1323-35 活
　躍)　624
canterius　233
cantherius　233
cantilever　249
canton　233
cantoria　233
cap　245
cap-house　246
capital　571
capping　245
cap-stone　246
caracol　220
caracole　220
Caramuel de Lobkowitz, Juan (1606-
　82)　221
Caratti, Francesco (1615 頃-77)　221
caravanserai　248
carcase　203
carcass　203
carcer　223
cardboard architecture　213
card-cut　212
cardinal points　210
Cardinal Virtues (Virtutes Cardina-
　les)　210
Cardinal, Douglas Joseph (1934-)
　210
cardo　224
Carlone Familiy　227
Carmontelle, Louis Carrogis, known as
　(1717-1806)　226
carnel　214
Caröe, William Douglas (1857-1938)
　228
carol　248
Carolean　249
Carolingian　228
carolitic　228
carolytic　228
Carpenter, Richard Cromwell (1812-
　55)　217
Carpenter's Gothic(k)　217
carpentry　218
carpet-bedding　217

Carr, John (1723-1807)　205
carrel　248
Carrère, John Merven (1858-1911)
　227
carriage　248
Carrier, Willis Haviland (1876-1950)
　248
carrol　248
Carstensen, Georg Johan Bernhard
　(1812-57)　206
Carter, John (1748-1817)　207
Carthusian　224
Cartilaginous　210
carton-pierre　225
cartoon　224
cartouche　224
caryatid(e)　222
case　307
Case Study houses　307
casemate　307
casement　307
cashel　205
casing　307
casino　205
casita　205
Cassels, also Cassel or Castle, Richard
　(1690 頃-1751)　208
Casson, Sir Hugh Maxwell (1910-99)
　208
cast　245
cast iron　569
cast stone　240
Castellamonte, Carlo Conte di
　(1550/60-1639/40)　205
castellated　431
castle　206, 245, 431, 447
Castle style　431
castrum　206
cat　245
catacomb　207
catafalco　207
catafalque　207
Cataneo, Pietro (1510 頃-74 頃)　207
catena d'acqua　211
catenary　211
catenate　211
cathedra　211
cathedral　211
Cathedral Style　211
Catherine-wheel　505
cathetus　210
cat-house　245
cat-slide　245
cat-stones　245
cat-walk　245
caul　350
caulcole　350
caulicole　350
caulking　324

Caus, or Caux, Issac de (1612-55 活
　躍)　317
Caus, or Caux, Salomon de (1577 頃-
　1626)　325
causeway　328
cavaedium　201
cavalier　245
cavation　245
cavazion　245
Cave, Walter Frederick (1863-1939)
　306
cavetto　201
cavity-wall　569
ceil　446
ceiling-cornice　446
ceilure　369, 512
Celer (fl. AD. 64)　313
cell　512
cella　310
cellar　511
cellure　369, 512
Celtic　312
Celtic cross　311
Celtic Revival　311
celure　369, 512
cement　511
cemetery　915
cenotaph　511
centerbrook architects　517
centering　517
centralized plan　418
centre　569
centrepiece　517
Cerceau, Du, Family　514
Cerdá, Ildefonso (1815-76)　514
Certosa　561
chain　561
chaînes　393
chair-rail　560
châlet　412
Chalgrin, Jean-François-Thérèse
　(1739-1811)　411
chalk-line　575
Chamberlin, Powell, & Bon　562
Chambers, Sir William (1723-96)
　561
Chambiges, Martin (1465 頃-1532)
　414
chambranle　414
chamfer　568
Chamoust, Ribart de (1776-83 活躍)
　411
Champneys, Basil (1842-1935)　568
chancel　649
chancel-aisle　649
chancel-arch　649
chancel-rail　650
chancel-screen　649
chandelier　413

1163 欧文索引

chandelle 413
channel 566
Chantrell, Robert Dennis (1793-1872) 568
chantry 568
chapel 567
chapiter 566
chaplet 567
chapter-house 566
chaptrel 567
Chareau, Pierre (1883-1950) 413
charge 565
Charles, Frederick William Bolton (1912-2002) 567
charmille 412
charnel-house 566
charsu 567
Charterhouse 565
chat(t)ra 566
château 408
château style 408, 409
Châteauneuf, Alexis de (1799-1853) 408
chatri 566
chatta 565
chattra 565
checker 560
Chedanne, Georges (1861-1940) 421
chedi 560
cheek 562
Chelles, Jean and Pierre de (13-14 世紀活躍) 413
cheneau 424
chequer 560
chequer-set or staggered corbelling 560
Chermayeff, Serge Ivan (1900-96) 561
Chersiphron (前 560 頃活躍) 311
chert 566
Cherub 313
Cherubim 313
Chevakinsky, Savva Ivanovich (1713-74-78 頃) 560
chevaux de frise 415
chevet 415
chevron 419
Chiattone, Mario (1891-1957) 238
Chiaveri, Gaetano (1689-1770) 238
Chicago School 398
Chicago window 399
chien-assis 390
chigi 562
chimney 563
chimney-arch 564
chimney-back 565
chimney-bar 565
chimney-breast 565
chimney-can 564

chimney-cap 564
chimney-cheek 564
chimney-corner 564
chimney-crane 564
chimney-cricket 564
chimney-crook or -hook 564
chimney-flue 565
chimney-head 565
chimney-hood 565
chimney-jamb 564
chimney-mantle 565
chimney-piece 565
chimney-pot 565
chimney-shaft 564
chimney-stack 564
chimney-stalk or -tun 564
chimney-throat 564
chimney-top 565
chimney-waist 564
chimney-wing 564
Chinese fret 569
chink 575
Chinoiserie 404
Chipperfield, David Alan (1953-) 563
chiyjah 573
Chochol, Josef (1880-1956) 930
chock 575
choir or quire 300
choir-aisle 300
choir-loft 301
choir-rail 301
choir-screen or -enclosure 300
choir-stall 301
choir-wall 300
Choisy, Auguste (1841-1904) 438
choragic 346
chord 338
Chrismon 280
Christian, Ewan (1814-95) 280
chromium 299
chryselephantine 283
chujjah 573
church 258
Church, Thomas Dolliver (1902-78) 565
Churriguera Family 573
CIAM (Congrès Internationaux d'Architecture Moderne) 390
ciborium 244
cill 446
cima 405
cimbia 262
cimborio 456
cincture 448
cinerarium 242
Cinquecento 575
cinquefoil 341, 448
circus 258

Ciriani, Henri (1936-) 72
Cirici Alomar, Cristián (1941-) 445
cist 401
Cistercian 403
cistern 401
citadel 401
City Beautiful 619
clachan 273
cladding 275
claire-voie 293
clairvoyée 293
clamp 277
clap-board 275
clapper-bridge 275
Clark, H. Fuller (1869-1905 より後) 272
Clarke, George (1661-1736) 272
Clarke, George Somers Leigh (1825-82) 273
Clarke, Gilmore David (1892-1982) 272
Clason, Isak Gustaf (1856-1930) 274
CLASP 274
clasping 274
Classicism 336
clausura 271
clausure 271
clearstor(e)y 277
cleat 281
clerestor(e)y 277
Clérisseau, Charles-Louis (1721-1820) 292
Clerk, Simon (活躍 1434-89 没) 272
Clerk, Sir John (1676-1755) 272
Cleveland, Horace William Shaler (1814-1900) 278
Cleverly, Charles Peter (1923-2002) 290
clinker block 285
clipeus 283
clochan 295
clocher 295
cloisonné 300
cloister 294
cloister-vault 294
close 204
closet 296
cloth-hall 306
Cluny 284
cluster 273
cluster-block 274
Clutton, Henry (1819-93) 275
Cluysenaar, Jean-Pierre (1811-80) 283
clypeus 283
Clyve, John (1362-92 活躍) 270
coach-house 330
Coade, Mrs. Eleanor (1733-1821) 339

欧 文 索 引 1164

Coates, Wells Wintemute (1895-1958) 330
cob 341
Coberger (or Coeberger, Coebergher), Wenceslas (or Wensel, Wenzel) (1560 頃-1634) 343
Cockerell, Charles Robert (1788-1863) 331
Cockerell, Samuel Pepys (1753-1827) 330
cocking-piece 332
Coderch y de Sentmenat, José Antonio (1913-84) 336
Coducci or Codussi, Mauro (1440 頃-1504) 338
Coecke (or Coucke) van Aelst, Pieter (or Peter) (1502-50) 266
coffer 334
coffer-dam 334
Coffin, Marian Cruger (1876-1957) 341
cog 324
cogging 324
Coia, Jack (Giacomo) Antonio (1898-1981) 317
coign 266, 499
Coignet, François (1814-88) 363
coin 266, 318
Coke, Humphrey (活躍 1496-1531 没) 324
Cola (di Matteuccio) da Caprarola (1494-1518 活躍) 346
colarin 335, 347, 568
colarino 335, 347, 568
Colchester, William (活躍 1385-1420 没) 351
Cole, John (1501-04 活躍) 351
Cole, Sir Henry (1808-82) 358
Coles, George (1884-1963) 351
collar 219
collarino 335
Collcutt, Thomas Edward (1840-1924) 350
Collegiate church 506
Collegiate Gothic 227
colonette 362
colonia 360
Colonia Family 360
Colonial 361
colonial siding 362
Colonna, Fra Francesco (1433-1527) 362
colonnade 362
Colossal Order 360
Colquhoun & Miller 343
columbarium 360
columbier 363
columella 359
column 346

columna caelata 359
columna cochlis 359
columna rostrata 359
columna triumphalis 359
columnar and trabeated 571
columniation 347
Colvin, Brenda (1897-1981) 349
Colvin, Sir Howard Montagu (1919-2007) 349
comb 267, 345
commandery 344
Commissioners' Church 344
common ashlar 256
common bond 345
common joist 345
common rafter 345
common roof 346
common round 345
common-house 345
Communion-rail 345
Communion-table 345
community architecture 345
Company town 234
compartment 368
compass-roof 368
compass-window 368
Comper, Sir John Ninian (1864-1960) 234
compluvium 368
Composite Order 369
composition or compo 368
compound pier 368, 524
computer-aided design 368
concatenation 363
conceit 366
conceptual architecture 366
conch 363
concourse 365
concrete 363
Concrete Regionalism 365
conditivum 367
conditorium 367
condominium 367
cone 363
cone mosaic 369
Conefroy, Abbé Pierre (1752-1816) 340
confessio 368
confessional 368
conge 366
congé 366
congee 366
congelation 366
Connell, Amyas Douglas (1901-80) 340
conoid 341
consecration cross 316
conservation 365
conservation-based 365

conservation-minded 366
conservative wall 365
conservatory 365
console 366
Constructivism 321
Contamin, Victor (1840-93) 367
Contant d'Ivry, Pierre (1698-1777) 367
Contemporary Style 367
contextual architecture 367
contractura 367
conurbation 340
convent 363
Cook, Peter Frederic Chester (1936-) 267
Cooley, Thomas (1740 頃-84) 281
Coop Himmelb(l)au 342
Cooper, Sir Thomas Edwin (1873-1942) 269
cop 334
cope 341
coping 341
Coppedè, Florentine Gino (1866-1927) 334
Coptic architecture 342
coquillage 324
cora 346
Corazzi, Antonio (1792-1877) 346
corbeil 358
corbeille 358
corbel 343
corbel-arch 343
corbel-course 343
corbel-gable 343
corbel-piece 344
corbel-ring 344
corbel-table 344
corbel-vault 343
Corbie, Pierre de (1215-50 活躍) 758
corbie-step 84, 344
Corbusier, Le 354
Cordemoy, Abbé Jean-Louis de (1660 頃-1713) 353
cordon 353
coretti 360
Corinthian Order 347
Cormier, Ernest (1885-1980) 344
Cormont, Thomas de (1228 没) 624
corn-cob 365
corner 339
corner-bead 339
corner-brace 339
corner-post 340
corner-stone 339
cornice 340
cornicione 354
corona 360
coronet 362
Corporate Modernism 344

corps de logis 352
Correa, Charles Mark (1930-2015) 360
Correalism 359
corsa 350
cortile 352
Cortona, Pietro Berrettini da (1596-1669) 352
Cosmas Damian Asam (1686-1739) 12
Cosmati 328
cosmic architecture 329
Costa, Lúcio (1902-98) 328
cot 332
cottage 335
Cotte, Robert de (1657-1735) 333
Cottingham, Lewis Nockalls (1787-1847) 332
counter 203
counter-apse 203
counter-arch 203
counter-brace 203
counter-change 203
counter-fort 203
counter-lath 203
counter-mure 203
counter-poise 868
counter-scarp 203
counter-vault 203
couple 209
coupled columns 523
cour d'honneur 287
course 328
court 338
Court style 252
Courtonne, Jean (1671-1739) 287
courtyard 339
coussinet 267
Covarrubias, Alonso de (1488-1570) 341
cove 318
coved vault 322
cover 215
coving 318
cowl 203
cowl-dormer 203
Cowlishaw, William Harrison (1869-1957) 202
Cowper, John (1453-84 活躍) 269
coyn 266
Crabtree, William (1905-91) 276
cradle 291
cradle-roof 291
cradle-vault 291
Craig, James (1744-95) 289
Cram, Ralph Adams (1863-1942) 276
cramp 205
Cranbrook 277

Craze, Romilly Bernard (1892-1974) 289
credence 281
cremone 292
cremorne 292
crenel 287, 693
crenelle 287, 693
crepido 291
crepidoma 292
crescent 291
cress 290
crest 290
cresting 290
Creswell, Harry Bulkeley (1869-1960) 290
Cret, Paul Philippe (1876-1945) 292
Cretan architecture 291
Crewe, Bertie (1860 頃-1937) 287
Crickmer, Courtenay Melville (1879-1971) 281
crinkle-crankle 285
crinkum-crankum 285
criosphinx 279
Critical Regionalism 770
Crittall windows 281
crocket 295
croft 299
croisée 300
croisette 300
cromlech 231, 300
Cronaca, Simone del Pollaiuolo *called* Il (1457-1508) 298
Crook, Joseph Mordaunt (1937-) 286
crop 297
crope 297
cross 415
cross-aisle 295
cross-banded 296
cross-bar 296
cross-beam 296
cross-bond 296
cross-brace 296
cross-church 418
cross-domed 296
cross-entry 296
crossette 296
cross-gable 296
crossing 320
cross-in-square 295
cross-passage 296
cross-quarter 296
cross-rail 296
cross-rib 296
cross-springer 536
cross-tree 296
cross-valt 320
cross-window 296
cross-wing 296

croud 271
croude 271
crowd 271
crowde 271
Crowe, Dame Sylvia (1901-97) 297
crown 271
crown cornice 271
crown glass 271
crown-moulding 272
crown-plate 271
crown-post 272
crown-steeple 271
crown-strut 271
crown-tile 271
crow-steps 295
Croxton, John (1411-47 活躍) 295
Croyland, William de (1392-1427 活躍) 295
cruciform 418
cruck 274
Crucy, Mathurin (1749-1826) 283
Crundale, Richard (活躍 1281-93 没) 277
Crunden, John (1741 頃-1835) 288
Crusader castles 418
crypt 282
crypta 284
C-scroll 400
cubicle 253
cubiculum 207
Cubism 254
Cubitt, Lewis (1799-1883) 254
Cubitt, Thomas (1788-1855) 254
Cuijpers *or* Cuypers, Petrus Josephus Hubertus (1827-1921) 202
cul-de-four 253
cul-de-lampe 253
cul-de-sac 287
Cullinan, Edward (1931-2019) 222
Culot, Maurice (1939-) 255
cultural tourism 223
culver-hole 1027
culver-house 226
culvert 60
Cumberland, Frederic William (1820-81) 236
Cundy, Thomas (1765-1825) 232
Cundy, Thomas, Jun. II (1790-1867) 232
cuneus 268
cupboard 209
Cupid 254
cupola 270
curb-roof 325
curtail 210
curtain-wall 211
curved brace 202
Curviliear 203, 506, 523
cushion 267

欧文索引　　　　　　　　　　　　　　1166

cushion-capital　267, 859, 906
cusp　206
cuspidation　206
cussom(e)　208
cut brackets　209
cut splay　499
cutaway　509
cut-roof　209
cut-string stairs　374
cut-water　209
Cuvilliés, Jean-François-Vincent-
　　Joseph (1695-1768)　251
Cuypers　200
cyclopean　253
cyclostyle　369
cyma　405
cymatium　254
cynocephalus　253
cypher　371
cyrtostyle　376
cyzicene hall　253
CZWG　401

D

d'Orbais, Jean (13 世紀活躍)　413
dado　585
Daedalus　537
dagger　545
dagoba　546
Dahinden, Justus (1925-2020)　550
Dahlerup, Jens Vilhelm (1836-1907)
　　555
daïs　593
Dakin, James Harrison (1806-52)
　　582
dalle　554
Dalton, John (1927-2007)　555
Daly, César-Denis (1811-93)　553
dam　553
Damascene-work　552
Damesme or Damême, Louis-
　　Emmanuel-Aimé (1757-1822)　553
Dammartin Family　559
Damon, Isaac (1812-40 頃活躍)　586
Dance, George, jun. (1741-1825)　557
Dance, George, sen. (1695-1768)　557
dancer　557
dancette　558
dancing step　557
Daneri, Luigi Carlo (1900-72)　549
Daniell, Thomas (1749-1840)　549
Danish knot　597
Dannatt, James Trevor (1920-2021)
　　548
Dantesque　558
Danyell, Thomas (1461-87 活躍)　549
Daphnis of Miletus (前 300 頃没)
　　551

Darbishire, Henry Astley (1825-99)
　　550
Darling, Frank (1850-1923)　554
D'Aronco, Raimondo (1857-1932)
　　556
dart　548
date-stone　585
daub　622
David, Charles (1552-1650)　540
Davioud, Gabriel-Jean-Antoine
　　(1823-81)　540
Davis, Alexander Jackson (1803-92)
　　590
Davis, Arthur Joseph (1878-1951)
　　590
Dawber, Sir Edward Guy (1861-1938)
　　542
Dawson, Matthew James (1875-1943)
　　620
day　581
de Bodt, Jean (1670-1745)　623
de Brosse, Salomon (1571 頃-1626)
　　623
de Carlo, Giancarlo (1919-2005)　591
de Caus, Isaac (1612-55 活躍)　610
de Cotte, Robert (1657-1735)　614
de Key, Lieven (1560 頃-1627)　592
de Keyser, Hendrick (1565-1621)
　　592
de Klerk, Michel (1884-1923)　273,
　　592
de L'orme, Philibert, also given as
　　Delorme, De L'Orme, or de l'Orme
　　(1514-70)　646
de Rossi, Giovanni Antonio (1616-95)
　　604
de Sanctis, Francesco (1693 頃-1731)
　　593
de Wailly, Charles (1730-98)　610
dead　596
dead-house　596
dead-light　596
deal　588
deambulatory　581
Deane, Sir Thomas Newenham (1828-
　　99)　590
death-lantern　593
Debret, François (1777-1850)　623
Decalogue　592
decastyle　591
Decker, Paul (1677-1713)　594
declination　592
Deconstructivism or Deconstruc-
　　tionism　546
Decorated style　523
dedication cross　596
defensive architecture　586
dégagement　584
Deilmann, Herald (1920-2008)　540

Deinocrates (前 4 世紀半ば活躍)
　　585
del Duca, Giacomo (1520 頃-1604)
　　603
Delafosse, Jean-Charles (1734-91)
　　632
Della Porta, Giacomo (1532-1602)
　　935
demi-column　598
demilune　598
demi-metope　598
Demmler, Georg Adolph (1804-86)
　　598
Denby, Elizabeth (1893-1965)　606
Denham, Sir John (1615-69)　596
Denon, Baron Dominique Vivant
　　(1747-1825)　622
dentil　605
dentilation　605
dentil-band　605
dependency　586
depressed　586
Der Ring　581
Der Sturm　581
Dereham or Durham, Elias of (1188-
　　1245 に活動)　588
Derneford, Nicholas de (1309-31 活
　　躍)　558
desert　592
Desgodets or Desgodetz, Antoine
　　Babuty (1653-1728)　592
Desornamentado　593
Desprez, Jean-Louis (1743-1804)
　　597
Destailleur, Hippolyte-Alexandre-
　　Gabriel-Walter (1822-93)　594
detached　584
Deutscher Werkbund　609
Devě tsil Group　590
Devey, George (1820-86)　581
dextral stair　592
Dezailler d'Argenville, Antoine-
　　Joseph (1680-1765)　592
Dhont, Erik (1962-)　648
di xue　583
diaconicon　534
diagonal　534
diameter　575
Diamond, Abel Joseph (1932-2022)
　　534
diamond-faced　539
diamond-fret　534
diaper　539
diaphragm　581
diastyle　203
Dickenson, Christopher (活躍 1528-40
　　没)　583
die　534
Dientzenhofer Family　588

Dietterlin, Wendel (1551-99) 585
diglyph 537
dike 536
dike-house 536
diminished 586
diminution 586
Dinkeloo, John (Gerard) (1918-81) 588
Dinocrates 585
Diocletian window 582
diorama 398
Diotisalvi (12世紀後半活躍) 582
dipteral 655
Directoire 588
Directory 588
disc 584
discharging 584
distemper 584
distyle 656
ditch 585
ditriglyph 585
Ditterling 585
divan 581
diwan 581
d'Ixnard, Pierre-Michel (1723-95) 583
Dixon, Sir Jeremy (1939-) 584
Dobson, John (1787-1865) 622
dodecastyle 419
Dodington, John (1412-27活躍) 621
Doesburg, Theo van (1883-1931) 611
dog-ear 620
dog-kennel 620
dog-leg 621
dog-tooth 621
dog-wheel 621
Doll, Charles Fitzroy (1850-1929) 639
dolly 634
dolmen 641
dome 625
Domènech i Montaner, Lluís (1849-1923) 611
Domenig, Günther (1934-2012) 628
dome-pot 628
Domestic Revival 628
domical vault 624
domus 626
Donaldson, Thomas Leverton (1795-1885) 622
donjon 648
Donthorn, William John (1799-1859) 648
Doom 611
door 607
door-case 608
door-frame 608
door-furniture 608

door-handle 608
door-jamb 608
door-knob 608
door-knocker 608
door-post 608
doorway 613
Doric Order 634
Doric Revival 637
dorman 624
dormant 624
dormer 623
dormitory 624
dormitory-suburb 625
dorse 619
dorsel 620
dorter 620
dortour 620
Dortsman, Adriaan or Adriaen (1625-82) 640
dos Santos e Carvalho, Eugenio (1711-60) 620
Doshi, Balkrishna Vithaldas (1927-2023) 618
dossal 620
dossel 620
dosseret 614
Dotti, Carlo Francesco (1670-1759) 621
dou 607
double 551
double arch 551
double bead 552
double church 655
double cloister 655
double cone 551
double floor 552
double hammer-beam 552
double lancet 552
double ressaunt 552
double vault 551
double window 551
double-bellied 552
double-framed roof 552
double-fronted 552
double-hung sashes 551
double-margin door 552
double-pile house 551
double-return stair 655
doucine 610
Douglas, John (1829-1911) 545
Douglass, David Bates (1790-1849) 545
Doultonware 640
dovecot(e) 541
dovehouse 541
dovetail 541
Dow, Alden Ball (1904-83) 540
dowel(l) 552
Dowland, Thomas (1490年代活躍)

543
Downes, Kerry John (1930-2019) 543
Downing, Andrew Jackson (1815-52) 542
downpipe 545
Dowson, Sir Philip Manning (1924-2014) 620
Doxiadis, Constantinos Apostolos (1913-75) 613
Doyle, Albert Ernest (1877-1928) 609
Doyle, John Francis (1840-1913) 609
draft 632
dragging-piece 629
Dragon style 629
dragon-beam 629
dragon-bracket 629
dragon-piece 629
dragon-tie 629
drapery 632
drapery panel 632
draught 632
Dravidian architecture 629
drawbridge 721
dressed 644
Dresser, Christopher (1834-1904) 644
dressings 306
Drew, (Dame) Jane (Joyce) Beverley (1911-96) 639
Drew, Sir Thomas (1838-1910) 639
drift 638
drip 637
drip-cap 638
drip-channel 638
drip-course 638
drip-joint 638
drip-mould 638
drip-moulding 638
dripping eaves 637
dripstone 638
dripstone-course 638
dromos 646
drop 645
drop-ornament 646
drop-point slating 646
drop-tracery 646
drum 632
dry area 629
dry masonry 219
Dryopic 634
Du Cerceau Family 599
Du Ry, Paul (1640-1714) 601
Duany & Plater-Zyberk, Inc 598
Duban, Félix-Louis-Jacques (1797-1870) 600
Duc, Gabriel Le (1704没) 1080
Duc, Louis-Joseph (1802-79) 599

欧文索引 1168

Duca, Giacomo del (1520 頃-1604) 610
Dudok, Willem Marinus (1884-1974) 599
Duff, Thomas (1792 頃-1848) 550
Duiker, Johannes (1890-1935) 541
Dülfer, Martin (1859-1942) 601
dungeon 648
Dunn, William Newton (1859-1934) 556
Dupérac, Étienne (1525 頃-1604) 600
duplex 600
Durand, Jean-Nicolas-Louis (1760-1834) 600
Durbar 555
durn 229
Dutch arch 547
Dutch barn 547
Dutch gable 547
Dutert, Charles-Louis-Ferdinand (1845-1906) 599
Duthoit, Edmond-Armand-Marie (1837-89) 600
Düttmann, Werner (1921-83) 599
dwarf gallery 647
dwarf wainscoting 647
dwarf wall 647
dyke 536
Dykes Bower, Stephen Ernest (1903-94) 536
Dymaxion 539
dyostyle 539

E

Eads, James Buchanan (1820-87) 79
eagle 79
Eames, Charles Orman (1907-78) 83
ear 73
Early Christian architecture 434
Early English 44
earth *and* earth-work architecture 17
earth table 15
earthwork 17
Easter Sepulchre 814
Eastlake, Charles Locke (1836-1906) 80
eave 73
eaves 74
eaves overhung 74
eaves-board 74
eaves-bracket 74
eaves-cornice 74
eaves-drip 74
eaves-gutter 74
Ecclesiology 258
echal 155

échauguette 157
echinus 154
Eckbo, Garrett (1910-2000) 155
eclecticism 155
École des Beaux-Arts 155
ecological architecture 155
ecphora 155
EDAW 159
edge-moulding 160
edge-roll 160
edge-shaft 160
edicula 5
Edis, Sir Robert William (1839-1927) 161
Edwardian architecture 162
Edwardine 162
Eesteren, Cor(nelis) van (1897-1988) 158
effigy 163
Effner, Joseph (1687-1745) 163
Egas, Enrique de (1534 頃没) 154
egg-and-dart 160
Egid Quirin Asam (1692-1750) 12
Eginhard (800 頃-20 活躍) 154
Egyptian architecture 329
Egyptian gorge 155
Egyptian hall 156
Egyptian Revival 156
Egyptian triangle 155
Ehn, Karl (1884-1957) 170
Ehrenkrantz, Ezra David (1932-2001) 153
Ehrensvärd, Carl August (1745-1800) 170
Eichler, Joseph L. (1900-74) 3
Eidlitz, Cyrus Lazelle Warner (1853-1921) 3
Eidlitz, Leopold (1823-1908) 3
Eiermann, Egon Fritz Wilhelm (1904-70) 1
Eiffel, Gustave (1832-1923) 161
Eigtved, Nils, Niels, *or* Nicolai (1701-54) 152
Einhart (770 頃-837) 4
Eisenman, Peter D. (1932-) 2
Eisenmann, John (1851-1924) 2
Ekistics 154
elbow 168
electrographic architecture 169
Elementarism 169
elevation 1065
elevator 169
Eliot, Charles (1859-97) 164
elision 166
Elizabethan architecture 164
Elizabethan Revival 165
ell 166
Ellerton, Henry de (1304-22 活躍)

164
Elliot, Archibald (1760-1823) 164
Elliot, James (1770-1810) 164
ellipse 545
Ellis, Harvey (1852-1904) 166
Ellis, Peter (1804-84) 166
Ellwood, Craig (1922-92) 167
Elmes, Harvey Lonsdale (1814-47) 168
Elmes, James (1782-1862) 168
Elmslie, George Grant (1871-1952) 169
Elsaesser, Martin (1884-1957) 167
Ely, Reginald *or* Reynold of (活躍 1438-71 没) 84
Elysium 166
Elyzium 166
embattled 173
Emberton, Joseph (1889-1956) 173
emblem 173
embrasure 173
Emerson, Sir William (1843-1924) 163
Emerson, William Ralph (1833-1917) 163
Emler, Lawrence (1492-1506 活躍) 163
Empire 70
en délit 66
encarpus 170
encaustic 171
enceinte 62
end 172
end lobby-entry 173
Endell, Ernst Moritz August (1871-1925) 172
enfilade 70
engaged 171
Engel, Carl Ludvig (1778-1840) 171
Engelberger, Burkhard (1450 頃-1512) 171
English altar 78
English bond 78
English cottage 78
English Extremists 85
English garden 78
English style 85
Englishman, William the (活躍 1174-1214 頃没) 114
Enlightment 305
enneastyle 162
enrichment 173
Ensingen, Ulrich von (1350 頃-1419) 171
Ensinger, Matthäus (1390 頃-1463) 171
entablature 172
entasis 172
Entenza, John Dymock (1903-84)

172
entresol 68
entry 172
envelope 170
environmental design 231
Environmentally Responsible Architecture 230
Eosander, Johann Friedrich, Friherr von Göthe (1670-1729) 154
épi 163
epinaos 163
Epistle side 163
epitaph 163
E-plan 79
equilateral 78
Erdmannsdorff, Friedrich Wilhelm, Freiherr von (1736-1800) 151
ergonomics 660
Erickson, Arthur Charles (1924-2009) 164
Erith, Raymond Charles (1904-73) 166
Ersatz architecture 1004
Erskine, Ralph (1914-2005) 14
Ervi, Aarne Adrian (1910-77) 167
Erwin von Steinbach (1318 没) 167
escalator 157
escape 158
escarp 157, 461
escarpment 157
Eschwege, Wilhelm Ludwig, Baron von (1777-1855) 157
escoinson 158
escutcheon 157
Eseler, or Essler, Nikolaus (1400 頃-92) 159
esonarthex 159
espagnolette 158
espalier 158
esplanade 159
esquillage 157
Essenwein, August Ottmar von (1831-92) 160
Essex, James (1722-84) 159
Estilo Modernista 158
estípite 158
estrade 158
Etchells, Frederick (1886-1973) 160
Ethiopian architecture 159
Etruscan architecture 161
Etruscan style 161
eucharistic window 1024
Eulalius (6 世紀活躍) 154
Eupolemos of Argos (前 430-前 410 活躍) 153
Euripus 154
eustyle 506, 1024
Evelyn, John (1620-1706) 74
Everard, Robert (1440-85 活躍) 153

excubitorium 154
exedra 155
exhedra 155
exonarthex 155
Experimental architecture 403
Expressionism 778
external angle 154
extrados 154
extruded corner 154
Eyck, Aldo van (1918-99) 1
eye 1
eyebrow 4
eyebrow window 4
eye-catcher 1
eye-form 4
eyelet 4
Eynsham, Henry de (1301-45 活躍) 153
Eyre, Wilson (1858-1944) 151
Eyserbeck, Johann Friedrich (1734-1818) 2
Eyton, William de (1310 頃-36 活躍) 83

F

Fabiani, Max (1865-1962) 790
fabric 790
fabrique 790
façade 788
Façadism 788
face 801
face-work or facing 306
factable 788
Fahrenkamp, Emil (1885-1966) 792
Faid'herbe, Lucas (1617-97) 787
faïence 788
Fairbairn, Sir William, Bt. (1789-1874) 801
falchion 791
Falconetto, Giovanni Maria (1468-1535) 791
Falkner, Harold (1875-1963) 806
false 791
fan 792
fan tracery 793
fane 801
fanlight 793
Fantastic architecture 792
fan-vaulting 792
Fanzago, Cosimo (1591-1678) 792
Farleigh, Richard of (1332-65 活躍) 790
Farnham, Richard de (1242-47 活躍) 789
Farrand, Beatrix Cadwaladar Jones (1872-1959) 790
Farrell, Sir Terry (1938-) 791
fasces 789

fascia 788
fastigium 789
Fathy, Hassan (1900-89) 789
Fatimid 789
faubourg 808
feather-edged 801
feathering 801
Federal style 802
Fehling, Hermann (1909-96) 803
Fehn, Sverre (1924-2009) 804
Félibien des Avaux, André (1619-95) 802
Fellner, Ferdinand (1847-1916) 804
femerall 808
femerell 808
femme-fleur 790
femur 802
fenestella 802
fenestration 802
Feng Shui 801
Fenoglio, Pietro (1865-1927) 802
fereter 804
feretory 804
Fergusson, James (1808-86) 788
ferme ornée 804
Ferrey, Benjamin (1810-80) 804
Ferriss, Hugh (1889-1962) 802
ferro-concrete 804
Ferstel, Heinrich, Freiherr von (1828-83) 803
Festival of Britain 152
festoon 801
Feszl, Frigyes (1821-84) 802
Feuerstein, Bedřich (1892-1936) 805
Field, Horace (1861-1948) 797
fielded 797
fieldstone 667
Figini, Luigi (1903-84) 794
Figueroa, Leonardo de (1650-1730) 794
Figurative architecture 793
Filarete, Il (Antonio di Pietro Averlino) (1400 頃-69) 797
fillet 797
finger-plate 798
finial 796
Finlay, Ian Hamilton (1925-2006) 798
Finsterlin, Hermann (1887-1973) 798
Fioravanti, Aristotele (1415 頃-86) 793
fire-temple 676
First Fruits 709
First Pointed 534
Fischer von Erlach, Johann Bernhard (1656-1723) 795
Fischer, Heinrich Karl von (1782-1820) 795

欧文索引　　　　　　　　　　　　　　　　　1170

Fischer, Johann Michael（1692-1766）
　796
Fischer, Theodor（1862-1938）　794
fish-bladder　796
Fisker, Kay Otto（1893-1965）　794
flag *or* flagstone　824
Flagg, Ernest（1857-1947）　824
Flamboyant　833
flank　229
flanker　829
flanking window　229
flashing　825
flat　825
flat arch　825
flèche　851
Flemish bond　831
Flemish Mannerism　831
Flemish Revival　831
Fletcher, Banister（1833-99）　851
Fletcher, Sir Banister Flight（1866-
　1953）　851
Flettner *or* Flötner, Peter（1485-1546
　頃）　852
fleur-de-lis *or* -lys　847
fleuron　847
flight　820
flint　840
Flitcroft, Henry（1697-1769）　836
Flockhart, William（1854-1913）　860
floor　856
floor-slab　856
Floreale　863
Florentine arch　798
floriate　862
Floris, Cornelis（1514-75）　862
Flötner　854
flowing　856
Flügelaltar　838
flush　825
flush bead moulding　825
flush-pointing　825
flushwork　825
flute　844
flying buttress　820
flying façade　820
foil　805
foliate　809
foliate mask　809
foliated　809
folly　808
fomerell　808
Fomin, Ivan Aleksandrovich（1872-
　1936）　808
Fonoyll, Raynard（1331-62 活躍）
　808
font　809
Fontaine, Pierre-François-Léonard
　（1762-1853）　811
Fontainebleau　811

Fontana, Carlo（1638-1714）　809
Fontana, Domenico（1543-1607）　810
Fontana, Giacomo（1710-73）　810
footings　816
fore　805
forechurch　805
Forestier, Jean-Claude-Nicolas
　（1861-1930）　809
Forman, John（活躍 1515-58 没）　808
formeret　809
form-piece　808
formwork　208
Förster, Christian Friedrich Ludwig,
　Ritter von（1799-1863）　803
fort　807
fortalice　809
fortified church　563
fortress　807
forum　809
foss　806
fosse　806
fosse commune　806
Foster of Thames Bank, Norman
　Robert, The Lord（1935-）　807
Foster, John（1759 頃-1827）　806
Fouilhoux, Jacques-André（1879-
　1945）　798
Foulston, John（1772-1842）　787
foundation　240
four-centred　401
Fourier, François-Marie-Charles
　（1772-1837）　833
four-leafed flower　405
Fowke, Captain Francis（1823-65）
　806
Fowler, Charles（1792-1867）　787
foyer　940
fractable　822
frame　400, 855
Frampton, Kenneth Brian（1930-）
　832
Francesco Maurizio di Giorgio Martini
　（1439-1501/02）　831
Francis Smith（1672-1738）　500
Francke, Paul（1538-1615）　830
François Ier, *or* François Premier（在
　位 1515-47）　830
Frank, Josef（1885-1967）　830
frater　826
fraterhouse　826
fratery　826
Fréart de Chambray, Roland（1606-
　76）　847
Free Classicism　833
Free Gothic　833
Free style　834
Free Tudor　836

Freed, James Ingo（1930-2005）　837
Freemason　838
freestone　834
Frémin, Michel de（18 世紀初めに活
　躍）　854
French Order　830
French Renaissance Revival　830
French roof　830
French Second Empire style　830
French window　830
fresco　850
fret　852
frette　852
fretwork　852
Freyssinet, Eugène（1879-1962）　849
Frézier, Amédée-François（1682-
　1773）　849
Friedberg, Marvin Paul（1931-）　837
Friedman, Yona（1923-2019）　837
frieze　833
frieze-rail　835
frigidarium　833
Frisoni, Donato Giuseppe（1683-1735）
　835
Fritsch, Theodor（1853-1933）　836
front　864
frontal　863
Frontinus, Sextus Julius（35 頃-105）
　863
frontispiece　863
fronton　864
frosted　858
fruit-wall　843
frustum　842
Fry, Edwin Maxwell（1899-1987）
　818
Fuchs, Bohuslav（1895-1972）　814
Fuga, Ferdinando（1699-1781）　812
Fujii, Hiromi（1933-2023）　813
Fuksas, Massimiliano（1944-）　812
fulcrum　841
Fuller, Richard Buckminster（1895-
　1983）　828
Fuller, Thomas（1823-98）　827
Fuller-Clark, Herbert（1869-1912 以
　降）　822
fumerell　808
Functionalism　243
funeral board　817
Furness, Frank（1839-1912）　789
Furttenbach, Josef（1591-1667）　843
fusarole　817
fust　817
fusuma　814
Future Systems　817
Futurism　985
fylfot　797

G

Gabetti, Roberto (1925-2000) 217
Gabio, Jean-Michel del *also* Dalgabio (1788-1828 より後) 215
gable 723
gable-entry 310
gable-shoulder 310
gablet 309
Gabriel, Ange-Jacques (1698-1782) 216
Gabriel, Jacques-Jules (1667-1742) 216
Gaddi, Taddeo (1297 頃-1366 頃以降) 208
gadroon 339
Gahura, František Lydie (1891-1958) 216
gaine 309
Galilee 223
Galilei, Alessandro Maria Gaetano (1691-1737) 223
gallery 248
gallet 227
Galli da Bibiena Family 209
Gallier, James, sen. (1798-1868) 226
Gallo, Francesco (1672-1750) 209
Gambello, Antonio di Marco (1458-81 活躍) 236
gambrel 84, 236
Gameren, Tilman *or* Tylman van (1630 頃-1706) 219
Gandon, James (1743-1823) 234
Gandy Brothers 231
Ganghofer, Jörg (1488 没) 231
gantry 233
Garbett, Edward Lacy (1900 没) 217
Gardella, Ignazio (1909-99) 223
garden cemetery 582
Garden City *and* Garden Suburb 212
garderobe 225
gargoyle 204
garland 221
Garner, Thomas (1839-1906) 213
Garnier, Jean-Louis-Charles (1825-98) 225
Garnier, Tony (1869-1948) 225
garret 227
Garrett, Daniel (1753 没) 248
garth 205
Gärtner, Friedrich von (1792-1847) 312
Gau, Franz Christian (1790-1853) 343
Gaudí y Cornet, Antonio 〔Gaudí Cornet, Antoni〕 (1852-1926) 201
gavel 201, 723
gazebo 206

GEAM (Groupe d'Étude d'Architecture Mobile) 391
Geary, Stephen (1797-1854) 238
Geddes, Norman Bel (1893-1958) 308
Geddes, Sir Patrick (1854-1932) 308
Gehry, Frank Owen (1929-) 310
geison 305
Gell, Sir William (1777-1836) 311
gemel 396
Genelli, Hans Christian (1763-1823) 309
Genga, Girolamo (1476 頃-1551) 397
genius loci 308
gentrification 398
Gentz, Heinrich (1766-1811) 314
geode 432
geodesic dome 398
geometric 398
Geometrical 398
George, Sir Ernest (1839-1922) 435
Georgian architecture 435
Gerbier, Sir Balthazar (1592-1663) 215
Gerlach, Philipp (1679-1748) 304
German Order 609
German tile 609
Gesellius, Herman (1874-1916) 307
gesso 392
Gherardi, Antonio (1644-1702) 310
Ghiberti, Lorenzo (1378 頃-1455) 244
Giant Order 536
gib *or* jib 405
Gibberd, Sir Frederick Ernest (1908-84) 241
Gibbs surround 243
Gibbs, James (1682-1754) 241
Gibson, Jesse (1748 頃-1828) 244
Gibson, John (1817-92) 244
Giedion, Sigfried (1888-1968) 242
Gigantic Order 238
Gigliardi, *or* Gilardi, *or* Giliardi, *or* Zhilyardi, Domenico (1788-1845) 446
Gilbert, Cass (1859-1934) 259
Gilbert, Émile-Narcisse-Jacques (1793-1874) 447
Gill, Irving John (1870-1936) 258
Gillespie, Kidd, & Coia 259
Gilly, David (1748-1808) 445
Gilly, Friedrich (1772-1800) 445
Gilman, Arthur Delavan (1821-82) 259
Gimson, Ernest William (1864-1919) 245
gin-case 448
gingang 448
gin-house 448

gin-palace 455
gin-rink 448
Ginzburg, Moisei Yakovlevich (1892-1946) 260
Giocondo, Fra Giovanni (1433-1515) 434
Giorgio di Martini, Francesco di (1439-1501/2) 437
Giotto di Bondone (1267-1337) 436
Girardin, René-Louis, Marquis de (1735-1808) 444
Girault, Charles-Louis (1851-1932) 448
girder 206
Gisel, Ernst (1922-2021) 240
Giulio Romano (1499 頃-1546) 427
glacis 273
Gläserne Kette 291
Glasgow School 273
glass 220
glazed brick 1024
Glemme, Erik (1905-59) 294
gloriette 300
Gloucester, John of (活躍 1245 頃-60 没) 296
glyph 284
glyptotheca 284
Go 317
Gočár, Josef (1880-1945) 330
Goddard, Henry Langton (1866-1944) 329
Goddard, Joseph (1839/40-1900) 329
Godde, Étienne-Hippolyte (1781-1869) 338
Godefroy, Maximilien (1765 頃-1840) 339
godroon 339
Godwin, Edward William (1833-86) 332
Godwin, George (1813-88) 333
Goff, Bruce Alonzo (1904-82) 342
goffer 341
Gogel, Daniel (1927-97) 325
Goldberg, Bertrand (1913-97) 353
Golden House 626
golden rectangle 174
golden section 174
Goldfinger, Ernö (1902-87) 353
Goldie, Edward (1856-1921) 351
Goldie, George (1828-87) 352
Golgotha 350
Gollins, Melvin, Ward 347
Golosov, Ilya Aleksandrovich (1883-1945) 360
Gómez de Mora, Juan (1580 頃-1648) 345
Gondoin *or* Gondouin, Jacques (1737-1818) 368

欧文索引　　　　　　　　　　　　　　　1172

Gontard, Karl Philipp Christian von (1731-91)　367
González de León, Teodoro (1926-2016)　366
Goodhart-Rendel, Harry Stuart (1887-1959)　268
Goodhue, Bertram Grosvenor (1869-1924)　268
Goodwin, Francis (1784-1835)　268
gopura　343
gorge　350
gorge-cornice　350
gorgerin　350
Gospel side　328
Gothic　325
Gothic bond　327
Gothic cornice　326
Gothic Revival　327
Gothic Survival　326
Gothick　326
Gough, Alexander Dick (1804-71)　341
Gowan, James (1923-2015)　363
Gradidge, John Roderick Warlow (1929-2000)　275
gradine　276
gradino　276
Graham, James Gillespie (1776-1855)　288
grain elevator　324
Grand Tour　277
Grandjean de Montigny, Auguste-Henri-Victor (1776-1850)　277
granite　204
grapevine　816
Grassi, Giorgio (1935-)　275
Graves, Michael (1934-2015)　289
Gravesande, Arent van's (1600 頃-62)　792
Gray, Eileen (1879-1976)　289
Grayson, George Enoch (1833 頃-1912)　291
Gréber, Jacques (1882-1962)　292
Greek architecture　256
Greek cross　258
Greek key　279
Greek Revival　280
green　284
Green architecture　284
green belt　286
green roof　286
Green, John (1787-1852)　285
Green, Leslie William (1875-1908)　286
Green, William Curtis (1875-1960)　284
Greenberg, Allan (1938-)　285
Greene & Greene　284
Greene, Colonel Godfrey T. (1807-86)

285
greenhouse　285
Greenway, Francis Howard (1777-1837)　285
Greeves, Thomas Affleck (1917-97)　278
Gregotti, Vittorio (1927-2020)　290
Greisch, René (1929-2000)　290
Grenfell-Baines, Sir George (1908-2003)　294
grid　281
gridiron　281
griffe　282
Griffin, Walter Burley (1876-1937)　282
Griffith, John (1796-1888)　282
Griggs, Frederick Landseer Maur (1876-1938)　281
grille　284
Grimaldi, Giovanni Francesco (1606-80)　283
Grimshaw, Sir Nicholas (1939-)　283
grisaille　280
gritstone　281
groin　295
Gropius, Georg Walter Adolf (1883-1969)　298
Gropius, Martin Philipp (1824-80)　299
Grosch, Christian Henrik (1801-65)　297
grotesque　298
grotto　297
ground-plan　271
Grounds, Sir Roy Burman (1905-81)　271
grouped　287
grout　271
Gruen, Victor David (1903-80)　286
Gruppo 7　286
Guadet, Julien Azais (1834-1908)　210
Guarini, Guarino (1624-83)　263
Guas, Juan (1433 頃-96)　263
Gucewicz, Wawrzyniec (1753-98)　267
Guedes, Amancio d'Alpoim Miranda (1925-2015)　308
Guedes, Joaquim Manoel (1932-2008)　308
Guelphic crenellation　313
Guêpière, Pierre-Louis-Philippe de la (1715 頃-73)　309
Guévrékian, Gabriel (1900-70)　306
guildhall　259
guilloche　255
Guimard, Héctor (1867-1942)　244
Gullichsen, Kristian Valter (1932-2021)　281

Gumpp, Johann Martin (1643-1729)　303
gun-loop　237
Gurlitt, Cornelius (1850-1938)　288
gutta　267
guttae band　267
gutter　206
Gwathmey, Charles (1938-2009)　301
Gwilt, Joseph (1784-1863)　265
Gwynne, Alban Patrick (1913-2003)　265
gymnasium　254
gynaeceum　253

H

Haag, Richard (1923-2018)　691
Habershon, Matthew (1789-1852)　722
Hablik, Wenzel August (1881-1934)　725
Hadfield, George (1763-1826)　715
Hadfield, Matthew Ellison (1812-85)　716
Hadid, Zaha (1950-2016)　713
Haesler, Otto (1880-1962)　875
hagioscope　689
ha-ha　722
Hakewill, Henry (1771-1830)　868
half　724
half-column　725, 751
half-figure　725
half-moon　725
half-pace　725
Halfpenny, William (1755 没)　869
half-timbering　725
hall　933
Hall, William Hammond (1846-1934)　934
hall-church　935
Hallenkirche　744
Haller, Fritz (1924-2012)　730
Haller, Karl Christoph Joachim, Freiherr von Hallerstein (1774-1817)　728
Hallerstein　728
Hallet, Étienne-Sulpice, also called Stephen (1760 頃-1825)　56
hall-house　939
Halprin, Lawrence (1916-2009)　741
Hamilton, David (1768-1843)　727
Hamilton, Thomas (1784-1858)　727
hammam　754
hammer-beam　754
hammer-post　754
hanging　747
hanging step　748
hanging-buttress　748
hanging-post　748

Hankar, Paul (1859-1901) 60
Hansen, Christian Frederik (1756-
1845) 750
Hansen, Hans Christian (1803-83)
750
Hansen, Theophilus Edvard von
(1813-91) 750
Hansom, Joseph Aloysius (1803-82)
748
Hara, Hiroshi (1936-) 730
Hard architecture 714
Hardenbergh, Henry Janeway (1847-
1918) 714
Hardouin-Mansart de Levi, Jacques,
Comte de Sagonne (1703-58) 48
Hardouin-Mansart, Jules (1646-1708)
47
Hardwick, Philip (1792-1870) 714
Hardwick, Philip Charles (1822-92)
715
Hardy, Hugh Gelston (1932-2017)
714
Hare, Henry Thomas (1861-1921)
866
Hargreaves, George (1952-) 691
Häring, Hugo (1882-1958) 885
Hårleman, Carl (1700-52) 940
harling 737
harmonic division *or* proportion 574
Harris, Emanuel Vincent (1876-1971)
733
Harrison, Peter (1716-75) 735
Harrison, Thomas (1744-1829) 735
Harrison, Wallace Kirkman (1895-
1981) 734
Harsdorff, Casper Frederik (1735-99)
699
Hartley, Jesse (1780-1860) 716
Hartung, Hugo (1855-1932) 740
Harvard architecture 681
Harvey, John Hooper (1911-97) 681
Haschenperg, Stephan von (1539-43
活躍) 695
Hasegawa, Itsuko (1941-) 701
Hasenauer, Karl, Freiherr von (1833-
94) 701
hatchment 241, 705
haunch 943
Haus-Rucker-Co (House-Mover
Company) 684
Haussmann, Baron Georges-Eugène
(1809-91) 178
Haviland, John (1792-1852) 681
Havlíček, Josef (1899-1961) 685
hawksbeak 907
hawksbell 908
hawksbill 907
Hawksmoor, Nicholas (1661-1736)
908

Hayberger, Johann Gotthard (1695-
1764) 678
head 877
header 324
head-mould 877
head-stone 877
hearse 167
hecatomped 873
Hecker, Zvi (1931-2023) 875
Hegemann, Werner Manfred Maria
Ellis (1881-1936) 874
Heideloff, Karl Alexander von (1789-
1865) 677
Heidenreich family 677
Heikkinen-Komonen 869
Heins & La Farge 680
Heinzelmann, Konrad (1390-1454 頃)
680
Hejduk, John Quentin (1929-2000)
868
helioscene 884
helix 884
Hellenic 898
Hellenistic 897
helm 895
Helmer, Hermann Gottlieb (1849-
1919) 895
Helpeston, William de (1319-75 活躍)
895
hemi- 882
Hénard, Eugène-Alfred (1849-1923)
162
Hennebique, François (1842-1921)
162
henostyle 881
Henri II (Deux) 72
Henri IV (Quatre) 73
Henry of Reyns 72
Henselmann, Hermann (1905-95)
901
Hentrich, Helmut (1905-2001) 903
heptastyle 881
herald's rod 1015
Herbert, Henry, 9th Earl of Pembroke
(1693 頃-1751) 723
herce 167
Herculaneum 886
Héré de Corny, Emmanuel (1705-63)
169
Hereford, Walter of (活躍 1277-1309
没) 898
Herholdt, Johan Daniel (1818-1902)
895
Herigoyen, Emanuel Joseph von
(1746-1817) 884
heritage asset 885
Herland, Hugh (1330 頃-1411 頃)
731
Herland, William (活躍 1332-75 没)

731
herm 895
Hermant, Jacques (1855-1930) 168
Hermelin, Sven (1900-84) 896
hermes 895
hermitage 168
Hermogenes (前 220 頃-前 190 活躍)
896
Herrera, Juan de (1530-97) 169
herring-bone 885
Herron, Ronald (Ron) James (1930-
94) 901
herse 167
Hertfordshire spike 716
Hertzberger, Herman (1932-) 891
Herzog & De Meuron 890
Herzog, Thomas (1941-) 891
Hesse, Ludwig Ferdinand (1795-
1876) 875
Hetsch, Gustav Friedrich (1788-1864)
876
hewn 778
hexastyle 874
Hiberno-Romanesque 771
high cross 676
High Gothic 506
high relief 679
High Renaissance 506
High Tech 677
High Victorian 506
high-altar 420
high-rise 679
Hilberseimer, Ludwig Karl (1885-
1967) 785
Hild, József (1789-1867) 785
Hildebrandt, Johann Lukas von (1668-
1745) 784
Hindoo 786
Hiorne Family 676
hip 768
hip-bevel 768
hip-knob 768
hippocamp 768
Hippodamus of Miletus (前 500 頃-前
440 活躍) 768
hippodrome 769
hip-rafter 768
hip-roll 768
hip-roof 768
hip-tile 768
Hirsau style 783
Hirschfeld, Christian Cay (Caius)
Lorenz (1742-92) 783
HIS 1
Hispano-Moresque 765
historic character 1092
Historicism 1092
Hitchcock, Henry-Russell (1903-87)
767

欧文索引　　　　　　　　　　　　　1174

Hittorff, Jakob Ignaz, *known as*
　Jacques-Ignace (1792-1867)　82
Hitzig, Georg Heinrich Friedrich
　(1811-81)　768
Hoban, James (1758-1831)　925
Hodges, William (1744-97)　916
Hoff, Robert van't (1887-1979)　930
Hoffmann, Josef Franz Maria (1870-
　1956)　929
Höger, Johann Friedrich, *called* Fritz
　(1877-1949)　873
Hohenburg, Johann Ferdinand
　Hetzendorf von (1732-1816)　907
Holabird & Roche　932
Holabird & Root　932
Holden, Charles Henry (1875-1960)
　938
Holford, William Graham, Lord (1907-
　75)　939
Holl, Elias (1573-1646)　934
Holl, Steven (1947-)　935
Holland, Henry (1745-1806)　932
Hollein, Hans (1934-2014)　931
hollow gorge　940
hollow moulding　940
hollow square　940
hollow walls　568
Holy Loft　933
Holy Sepulchre　507
Holzbauer, Wilhelm (1930-2019)　936
Holzmeister, Clemens (1886-1983)
　936
Honeyman, John (1831-1914)　719
honeysuckle　457
Hontañon Family　195
hood　816
Hood, Raymond Mathewson (1881-
　1934)　815
Hooke, Robert (1635-1703)　815
Hope, Alexander James Beresford
　(1820-87)　926
Hope, Thomas (1769-1831)　928
Hopkins, Sir Michael (1935-2023)
　927
Hopper, Thomas (1776-1856)　918
hopper-head　919
Horeau, Héctor (1801-72)　194
horizontal cornice　459
horn　943
horn-work　252
horseshoe　713, 910
Horta, Baron Victor (1861-1947)　191
Hosking, William (1800-61)　910
Hoste, Huib (1881-1957)　182
hôtel　181
hôtel de ville　182
hôtel particulier　182
hôtel-Dieu　182
Houghton, Thomas de (1288-1318 活

躍)　924
Howard, John Galen (1864-1931)
　745
Howard, John George (1803-90)　746
Howard, Sir Ebenezer (1850-1928)
　745
Howe, George (1886-1955)　683
Howell, Killick, Partridge, & Amis
　683
Howells, John Mead (1868-1959)　683
H-plan　153
Hüber, Joseph (1716-87)　775
Hübsch, Gottlieb Heinrich Christian
　(1795-1863)　776
Hughes, James Quentin (1920-2004)
　775
Hulle, Robert (活躍 1400-42 没)　743
Hültz, Johann (1390 頃-1449)　777
Hundertwasser, Friedensreich (1928-
　2000)　864
Hungarian Activism　747
hungry　748
Hunt, Richard Morris (1827-95)　753
Hunt, Thomas Frederick (1791 頃-
　1831)　753
Hurley, William (活躍 1319-54 没)
　732
Hurtado Izquierdo, Francisco de
　(1669-1725)　149
husk　698
Husly, Jacob Otten (1738-96)　814
hut　705
Hutchinson, Henry (1800-1831)　705
Huvé, Jean-Jacques-Marie (1783-
　1852)　1023
Huxtable, Ada Louise Landman
　(1921-2013)　689
Huyssens, Peter (1577-1637)　677
Hyndeley, Thomas (1401-33 活躍)
　681
Hyndeley, William (活躍 1466-1505
　没)　680
hypaethral　775
hypaethron　775
hypaethros　775
hypaethrum　775
hypaethrus　775
hyperbola　521
hyperbolic parabola　521
hyperboloid　522
hyperthyris　776
hyperthyrum　776
hypocaust　776
hypogaeum　776
hypogeum　776
hypophyge　776
hypopodium　776
hypostyle　546
hypostyle hall　546

hypotrachelion(um)　776

I

IBA (Internationale Bau-Ausstellung
　(International Building Exhibi-
　tion))　3
ice-house　79, 575
icicle　2
iconography　474
iconostasis　506
Ictinus, *or* Iktinos (前 5 世紀活躍)　78
ideal　1060
Ideal City　1060
igloo　79
Ihne, Ernst Eberhard (1848-1917)
　83
imbrex　176
imbrication　229
Imhotep (前 2600 頃活躍)　84
Imperial stair　322
impluvium　89
imposition　89
impost　512
in antis　84, 874
in cavetto　85
in situ　85
incised slab　573
indent　88
Indian style　88
Industrial Aesthetic　87
industrial architecture　320
Industrial Park　320
industrialized building　320
inflatable architecture　266
ingle-nook　85
ingo　545
ingoing　545
inlaid work　521
inosculating column　550
INRI　1
Insall, Donald William (1926-)　86
inserted　85
insula　86
insulated　85
intelligent building　87
intercolumniation　86
interlace　87
interlacement *or* interlacing band　87
interlacing arch　87
internal angle　649
International Modern *or* International
　style　87
interrupted　87
intersecting　87
intersectio　87
intertriglyph　87
intrados　88
Inwood, William (1771 頃-1843)　84

1175 欧文索引

Ionic Order 76
Ipswich window 83
iron 594
ironstone 595
Irwin, Robert (1928-2023) 4
Isabelline *or* Isabellino style 79
Isidorus of Miletus (前 6 世紀活躍) 79
Islamic architecture 80
isodomon 80
isodomum 80
isometric projection 610
Isozaki, Arata (1931-2022) 80
Italian roof 81
Italian Villa Style 81
Italianate 81
Ito, Toyoo (1941-) 81
Ittar, Henryk (1773-1850) 81
Ivanov-Shits, Illarion Aleksandrovich (1865-1937) 73
iwan 84
Izenour, Steven (1940-2001) 80

J

jack 408
Jackson, John (1602 頃-63) 406
Jackson, Sir Thomas Graham (1835-1924) 407
Jackson, Thomas (1807-90) 406
Jacobean architecture 407
Jacobethan 408
Jacobs, Jane Butzner (1916-2006) 391
Jacobsen, Arne Emil (1902-71) 1017
Jacobsen, Holger Alfred (1876-1960) 1017
Jacobsen, Theodore (1772 没) 392
Jadot de Ville Issey, Jean-Nicolas (1710-61) 408
Jahn, Helmut (1940-2021) 1022
Jain, Uttam Chand (1934-) 406
jalousie 411
jamb 545
jamb-shaft 545
James, John (1672 頃-1746) 396
jami 410
Janyns, Henry (1453-83 活躍) 409
Janyns, Robert (1438-64 活躍) 409
Janyns, Robert, Jr. (1499-1506 活躍) 409
Japelli *or* Jappelli, Giuseppe (1783-1852) 1020
Japonaiserie 410
jardin anglais 412
jardin anglo-chinois 412
Jardin, Nicolas-Henri (1720-99) 412
jaspé 408
Jay, William (1793 頃-1837) 391

Jeanneret-Gris, Arnold-André-Pierre (1896-1967) 413
Jeckyll (*or* Jeckell), Thomas (1827-81) 400
Jeeves, Stanley Gordon (1888 頃-1964) 391
Jefferson, Thomas (1743-1826) 394
Jekyll, Gertrude (1843-1932) 399
Jellicoe, Sir Geoffrey Alan (1900-96) 396
Jencks, Charles Alexander (1939-2019) 397
Jenney, William Le Baron (1832-1907) 393
Jensen, Albert Christian (1847-1913) 76
Jensen, Jens (1860-1951) 76
Jensen-Klint, Peder Vilhelm (1853-1930) 76
jerkinhead 406
Jerman *or* Jarman, Edward (1668 没) 410
Jerusalem 167
Jesse 160
Jesuit architecture 75
jettie 392, 621
jetty 392, 621
Jewell, Richard Roach (1810-96) 419
jewelled 906
Joass, John James (1868-1952) 430
joggle 376, 552
joggling 376, 552
Johann, Meister (14 世紀活躍) 1027
Johansen, John Maclane (1916-2012) 437
John Bastard (1688-1770) 699
John of Ramsey (14 世紀初頭活躍) 438
Johnson, Francis (1760-1829) 444
Johnson, John (1732-1814) 442
Johnson, Philip Cortelyou (1906-2005) 442
Johnson, Thomas (1800 没) 442
Johnston, Francis (1760-1829) 441
joinery 374
jointing 995
joist 665
Joly, Jules-Jean-Baptiste de (1788-1865) 437
Jones, Edward (1939-) 440
Jones, Euine Fay (1921-2004) 442
Jones, Inigo (1573-1652) 438
Jones, Owen (1809-74) 440
Jones, Sir Horace (1819-97) 441
Jones, William (1757 没) 440
Jourdain, Frantz Calixte Raphaël (1847-1935) 406
jowl 10
Joy, William (1329-47 活躍) 430

Juan de Álava (1537 没) 792
Juan de Colonia (1511 頃没) 792
jube 424
jubé 424
judas 1024
Jugendstil 1024
Jujol (i Gibert), Josep Maria (1879-1949) 420
Jurković, Dušan (1868-1947) 1025
Jussow, Heinrich Christoph (1754-1825) 1024
jutty 392, 621
Juvarra, Filippo (1678-1736) 1023

K

Kaftantzoglou, Lysandros (1811-86) 216
Kahn, Albert (1869-1942) 229
Kahn, Ely Jacques (1884-1972) 230
Kahn, Louis Isadore (1901-74) 237
Kallikrates 222
Kampen 237
Kampmann, Hack (1856-1920) 236
Kamsetzer, Jan Chrystian (1753-95) 218
Kant, Immanuel (1724-1804) 233
Kanvinde, Achyut (1916-2002) 230
Karavan, Dani (1930-2021) 219
Karfik, Vladimír (1901-85) 226
Karmi Family 226
Katayama, Tokuma (1854-1917) 208
Kauffmann, Richard (Yitzchak) (1887-1958) 202
Kay, Joseph (1775-1847) 304
Kazakov, Matvey Feodorovich (1738-1812) 204
keel 1073
keel-arch 258
Keeling, Enoch Bassett (1837-86) 258
Keene, Henry (1726-76) 262
keen's cement 262
keep 243
Kelderman van Mansdale *or* Keldermans 311
Kellum, John (1809-71) 313
Kemp, George Meikle (1795-1844) 309
Kendall, Henry Edward (1776-1875) 316
Kent, William (1685 頃-1748) 315
Kentish rag 1002
Kentish tracery 316
Keppie, John (1863-1945) 309
key 238
key pattern 243
Key, Lieven de (1560 頃-1627) 305
key-block 244

欧 文 索 引

key-brick 260
key-console 239
key-course 239
Keyser, Hendrick Cornelis de (1565-1621) 304
keystone 239
khan 746
khanaqah 747
khekher 306
kibbutz 244
Kienast, Dieter (1945-98) 242
Kiesler, Frederick John (1890-1965) 239
Kikutake, Kiyonori (1928-2011) 239
Kiley, Daniel Urban (1912-2004) 200
Kinetic architecture 242
king-pendant 260
king-post 260, 453
kiosk 238
kitsch 241
Kleanthis, Stamatis (1802-62) 288
Kleihues, Josef Paul (1933-2004) 271
Klengel, Wolf Caspar von (1630-91) 293
Klenze, (Franz) Leo(pold Karl) von (1784-1864) 293
klint 285
knap 653
knee 654
knee-brace 656
kneeler 659
knee-stone 659
Knight, Richard Payne (1751-1824) 650
knob 673
Knobelsdorff, Georg Wenzeslaus, Freiherr von (1699-1753) 269
Knoblauch, Carl Heinrich Eduard (1801-65) 268
Knöffel, Johann Christoph (1686-1752) 268
knop 672, 673
knot 672
Knott, Ralph (1879-1929) 672
knotted shaft 672
knotwork 672
Knowles, James Thomas, sen. (1806-84) 670
knull 662
Kobori, Enshu (1579-1647) 344
Koch, Alexander (1848-1911) 335
Koch, Alexander (1860-1939) 334
Koch, Gaetano (1849-1910) 332
Koenig, Pierre (1925-2004) 340
Kohn Pederson Fox (KFP) 368
Komonen, Markku (1945-) 345
Koninck, Louis Herman de (1896-1984) 340
Konstantinidis, Aris (1913-93) 366

Koolhaas, Rem (1944-) 354
Korb, Hermann (1656-1735) 358
Korn, Arthur (1891-1978) 359
Korsmo Arne (1900-68) 351
Kotěra, Jan (1871-1923) 329
Krakauer, Leopold (1890-1954) 272
Kramer, Piet(er) Lodewijk (1881-1961) 276
Krebs, Konrad (1491-1540) 292
Kreis, Wilhelm (1873-1955) 270
Krejcar, Jaromír (1895-1949) 290
Kremlin 272
Krier, Léon (1946-) 278
Krier, Rob(ert) (1938-2023) 279
Kroll, Lucien (1927-2022) 300
Krubsacius, Friedrich August (1718-89) 287
Krumpper, Johann (Hans) (1570 頃-1635) 288
Kufic 270
Kurokawa, Kisho Noriaki (1934-2007) 295
Kympton, Hugh (1343-88 活躍) 262

L

La Padula, Ernesto Bruno (1902-69) 1045
label 41, 993
label-stop 41
Labrouste, Pierre-François-Henri (1801-75) 1048
labyrinth 1046
labyrinth fret 994
laced valley 306
laced window 1095
laceria 40
lacertine 613
lacing-course 523
Lacoste, Henry (1885-1968) 1036
lacuna 322
lacunar 322
lacunarium 1036
Lady-chapel 507
Lafever, Minard (1798-1854) 1047
Laing, David (1774-1856) 1051
Lajta, Béla (1873-1920) 1028
Laloux, Victor-Alexandre-Frédéric (1850-1937) 1051
Lamb, Edward Buckton (1806-69) 1049
lambrequin 555
lamb's tongue 1026
lancet 1053
Lancet style 1053
Lanchester, Henry Vaughan (1863-1953) 1053
Land art 1054
landscape architecture 1054

landscape garden 799
Langhans, Carl Gotthard (1732-1808) 1051
Langhans, Karl Ferdinand (1781-1869) 1052
Langley, Batty (1696-1751) 1052
languet 509
lantern 1053
lantern-cross 1053
lantern-tower 1053
Lanyon, Sir Charles (1813-89) 1044
Lapidus, Morris (1902-2001) 1045
laquear 1035
lararium 1051
larmier 1049
Larsen, Henning Göbel (1925-2013) 1040
Lasdun, Sir Denys Louis (1914-2001) 1039
Lassurance, Pierre Cailleteau (1650-1724) 1038
Lassus, Bernard (1929-) 1037
Lassus, Jean-Baptiste-Antoine (1807-57) 1037
Late-Modern architecture 320
laterite 1043
lath 1038
Latin cross 1043
Latrobe, Benjamin Henry Boneval (1764-1820) 1044
latten 1040
lattice 321, 1040
lattice-girder 1041
lattice-moulding 1041
lattice-window 1041
Latz, Peter (1939-) 1043
Laudian rails 1125
Laugier, Abbé Marc-Antoine (1713-69) 1115
Laurana, Luciano (1420 頃-79) 1035
Lautner, John (1911-94) 1033
Lauweriks, Johannes Ludovicus Mathieu (1864-1932) 1033
lavabo 517
lavatorium 1033
lavatory 1033
Laves, Georg Ludwig Friedrich (1788-1864) 1047
Layens, Matthieu de (15 世紀活躍) 1090
Layer, William (活躍 1419-44 没) 1087
lazaretto 1036
Le Blond, Jean-Baptiste-Alexandre (1679-1719) 863, 1084
Le Breton, Gilles (1553 没) 1084
Le Corbusier, Charles-Édouard (1887-1965) 1079
Le Geay, Jean-Laurent (1710 頃-86

頃） 1079

Le Muet, Pierre（1591-1669） 984, 1085

Le Nôtre, André（1613-1700） 1083

Le Pautre, Antoine（1621-79） 1085

Le Roy *also* Leroy, Julien-David（1724-1803） 1086

Le Vau, Louis（1612-70） 1077

lead 653

leaded lights 654

leaf 1069

lean-to 310

Lebas, Louis-Hippolyte（1782-1867） 1084

Lebons, John（1506-29 活躍） 1072

Lechner, Ödön（1845-1914） 1096

Lecointe, Jean-François-Joseph（1783-1858） 1079

lectern 506

ledge 1095

ledger 399, 779

Ledoux, Claude-Nicolas（1736-1806） 1081

Lee *or* Alee, John（活躍 1487-1522 没） 1059

Lee, Richard（1525-35 活躍） 1074

Lee, Sir Richard（1513 頃-75） 1058

Leeds, William Henry（1786-1866） 1059

Lefuel, Hector-Martin（1810-80） 1084

Legeay, Jean-Laurent（1710 頃-86 頃） 306

Legorreta Vilchis, Ricardo（1931-2011） 1093

Legrand, Jacques-Guillaume（1753-1807） 1079

Leicester, John（1349-51 活躍） 1094

Leith, George Esslemont Gordon（1885-1965） 1059

Leiviskä, Juha（1936-2023） 1087

Lemercier, Jacques（1585 頃-1654） 1085

Lemercier, Pierre（16 世紀前半から半ばにかけて活躍） 1086

Lemyinge *or* Liminge, Robert（1628 没） 1072

L'Enfant, Pierre-Charles（1754-1825） 1055

Lenginour, Richard（活躍 1272-1315 没） 1111

Lengynour, Robert（1308-27 活躍） 1111

Lenné, Peter Joseph（1789-1866） 1112

Lennox, Edward James（1854-1933） 1096

Leonardo da Vinci（1452-1519） 1091

Leoni, Giacomo（1686 頃-1746） 1091

Leonidov, Ivan Ilich（1902-59） 1092

Lepère, Jean-Baptiste（1761-1844） 1084

Lequeu, Jean-Jacques（1757-1826） 1078

Lesbian cymatium 1095

Lescaze, William Edmond（1896-1969） 1094

Lescot, Pierre（1500/10 頃-78） 1094

lesene 697

Lesyngham, Robert（1376-94 活躍） 1094

Lethaby, William Richard（1857-1931） 1093

Leuthner *or* Leitner von Grund, Abraham（1639 頃-1701） 1113

Levasseur Family 1077

Leverton, Thomas（1743-1824） 1089

Levi, Rino（1901-65） 1089

Levittown 1089

Lewerentz, Sigurd（1885-1975） 1090

Lewyn, John（1364-98 頃活躍） 1077

Libera, Adalberto（1903-63） 1071

Libergié *or* Libergier, Hue *or* Hugues（1263 没） 1072

Liberty 1069

Libeskind, Daniel（1946-） 1070

lich-gate 1060

Licht, Hugo（1841-1923） 1069

Lienau, Detlef（1818-87） 1068

lierne 159, 1057

lift 1070

light 965

Light, Colonel William（1784-1838） 1029

light-well 322

Ligorio, Pirro（1513 頃-1583） 1057

lime 509

limestone 509

Lindgren, Armas Eliel（1874-1929） 1075

linear planning 517

linenfold 766

Linstow, Hans Ditlev Frants（*or* Franciscus）（1787-1851） 1075

lintel 951

lintel-course 951

lion 1028

Lisboa, António Francisco（1738-1814） 67

Lissitzky, Eleazar（Lazar' *called* El）Markovich（1890-1941） 1058

list 781

listel 781

listella 781

Liturgical Movement 606

Liturgiology 606

liwan 1074

load-bearing 217

lobby-entry 1129

lobe 1131

Lock, Adam（1215-29 活躍） 1120

Lockwood, Henry Francis（1811-78） 1120

loculus 1114

Loddiges, Joachim Conrad（1738-1826） 1124

lodge 1121

lodge-books 1123

Lodoli, Fra Carlo（Cristoforo Ignazio Antonio）（1690-1761） 1125

Lods, Marcel-Gabriel（1891-1978） 1123

Loewy, Raymond Fernand（1893-1986） 1113

loft 1131

log 968

loggia 201

Loire-château *or* Touraine style 1141

Lomax-Simpson, James（1882-1977） 1136

Lombard style 1143

Lombardo, Pietro Solari, *called*（1435 頃-1515） 1143

Lombardy frieze 1143

London, George（1640 頃-1714） 1143

long gallery 1141

long house 1141

Long, Robert Cary（1810-49） 1142

long-and-short work 573

Longhena, Baldassare（1596-1682） 1142

Longhi family 1141

Longuelune Zacharias（1669-1748） 1141

look-out 1080

loop 692

loop-hole 1084

Loos, Adolf（1870-1933） 1117

loricula 1139

lorimer 1049

Lorimer, Sir Robert Stodart（1864-1929） 1139

Losh, Sara（1785-1853） 1117

Lote, Stephen（活躍 1381-1417 *or* 1418 没） 1125

lotus 1120

Loudon, John Claudius（1783-1843） 1033

Loudon's hollow wall 1083

Louis Quatorze 1076

Louis Quinze 1076

Louis Revivals 1077

Louis Seize 1076

Louis Treize 1076

Louis, Louis-Nicolas-Victor（1731-1800） 1077

欧文索引

louver 221
louvre 221
louvre, louver, luffer 1077
Low Tech 1124
lozenge 764
lozenge-fret 765
Lubetkin, Berthold Romanovitch (1901-90) 1073
lucarne 1020
Lucas, Colin Anderson (1906-84) 1078
Lucas, Thomas Geoffrey (1872-1947) 1078
Luckhardt Brothers 1080
Ludovice, João Frederico (born Johann Friedrich Ludwig (1670-1752)) 1081
luffer 221
lug 1035
lumber 372
Lundy, Victor Alfred (1923-) 1054
lunette 1083
Lurago Family 1086
Lurago, Giovanni (1548-71 活躍) 1086
Lurçat, André Émile Lucien (1894-1970) 1073
luthern 1020
Lutyens, Sir Edwin Landseer (1869-1944) 1041
Luzarches, Robert de (1236 頃没) 1132
lych-gate 1060
lychnoscope 650
Lyming 1072
Lynch-Robinson, Henry (1920-84) 1075
Lynn, William Henry (1829-1915) 1074
Lyons, Eric Alfred (1912-80) 1028

M

Macartney, Sir Mervyn Edmund (1853-1932) 950
MacCormac Jamieson Prichard (MJP) 953
machicolation 954
Machine Aesthetic 238
Machuca, Pedro (1485 頃-1550) 956
Mackay, David John (1933-2014) 956
Mackenzie, Alexander Marshall (1848-1933) 960
Mackintosh, Charles Rennie (1868-1928) 958
Mackmurdo, Arthur Heygate (1851-1942) 952
MacLaren, James Marjoribanks

(1853-90) 952
Maclure, Samuel (1860-1929) 960
Maderno, Carlo (1556 頃-1629) 962
madrasa 965
madraseh 965
madrassa 965
Maekawa or Mayekawa, Kunio (1905-86) 949
Maher, George Washington (1864-1926) 966
Maiano Brothers 946
maidan 948
Maillart, Robert (1872-1940) 999
Maillou, called Desmoulins, Jean-Baptiste (1668-1753) 949
maisonnette 996
Maitani, Lorenzo (1270 頃-1330) 947
Majewski, Hilary (1837-92) 946
majolica 954
Major, Joshua (1786-1866) 995
Maki, Fumihiko (1928-2024) 950
Makovecz, Imre (1935-2011) 953
Malevich, Kazimir Severinovich (1878-1935) 971
Mallet-Stevens, Rob(ert) (1886-1945) 971
Mallows, Charles Edward (1864-1915) 971
Maltese cross 968
Malton, William de (1335-58 活躍) 1013
mambar 988
mandala 973
mandapa 973
mandorla 973
Mangiarotti, Angelo (1921-2012) 972
Mannerism 965
Manning, Eleanor (1884-1973) 966
Manning, Warren Henry (1861-1935) 966
manor-house 965
mansard 972
Mansart, François (1598-1666) 972
Mansart, Jules Hardouin (1646-1708) 972
manse 972
Mansfeld, Alfred (1912-2004) 972
mantel 973
mantelpiece 973
Manueline 966
Mapilton, Thomas (活躍 1408-38 没) 966
maqsura 952
marble 539
marble-stucco 540
marbling 967
Marcelo Roberto (1908-64) 1132
March, Otto (1845-1913) 970

March, Werner (1894-1976) 970
Marchi, Virgilio (1895-1960) 968
Marchionni, Carlo (1702-86) 968
margent 954
margin-draft 955
margin-light 955
marigold 967
marigold window 967
marine decoration 200
mark 950
Markelius, Sven Gottfrid (1889-1972) 968
market 953
market-cross 953
Markku, Komonen (1945-) 869
Marot, Daniel (1661-1752) 971
marouflage 970
marquise 968
MARS (Modern Architectural Research) Group 955
Martellange, Étienne (1568/9-1641) 969
Martello tower 969
Martienssen, Rex Distin (1905-42) 969
Martin, Leonard (1869-1935) 962
Martin, Sir (John) Leslie (1908-2000) 961
Martinelli, Anton Erhard (1684-1747) 968
Martinelli, Domenico (1650-1718) 969
Martino, Steve (1947-) 969
Martorell y Montells, Joan (1833-1906) 970
martyrium 969
Maruscelli or Marcelli, Paolo (1596-1649) 968
Marville, Charles (1816-79 頃) 967
Marvuglia, Giuseppe Venanzio (1729-1814) 967
mascaron 955
Mascherino, Ottaviano (1536-1606) 955
masjid 955
mask 955
masonry 996
mason's lodge 996
mason's mark 996
mason's mitre 996
mass 955
Massari, Giorgio (1687-1766) 960
mastaba 956
mastin 956
Matas, Niccolò (1799-1872) 956
Matcham, Frank (1854-1920) 961
matchboard 961
mathematical tiles 507
Mathey, Jean-Baptiste (1630 頃-95)

962

Matté-Trucco, Giacomo (1869-1934) 961

Matthew, Sir Robert Hogg (1906-75) 954

Matthias of Arras 962

Maufe, Sir Edward Brantwood (1883-1974) 1008

Mauricio Roberto (1921-97) 1132

mausoleum 949

Mawson, Thomas Hayton (1861-1933) 1004

Mawson, William (1828-89) 1004

Maxwell, Edward (1867-1923) 951

May, Edward John (1853-1941) 993

May, Ernst (1886-1970) 947

May, Hugh (1621-84) 994

Mayan architecture 967

Maybeck, Bernard Ralph (1862-1957) 994

maydan 948

maze 993

MBM Arquitectes 163

McAslan, John (1954-) 950

McCarthy, James Joseph (1817-82) 956

McCormick, William (Liam) Henry Dunlevy (1916-96) 954

McCoy, Esther (1904-89) 960

McGrath, Raymond (1903-77) 951

McHarg, Ian Lennox (1920-2001) 952

McIntire, Samuel (1757-1811) 958

McKim, Mead, & White 956

McKinstry, Robert James (1925-2012) 957

McMorran & Whitby 952

Mead, William Rutherford (1846-1928) 983

meander 993

Mebes, Paul (1872-1938) 998

Mecanoo 994

medallion 996

Medd, Henry Alexander Nesbitt (1892-1977) 997

medieval architecture 569

medrese 998

medresseh 965

meeting-house 983

megalith 994

megalopolis 995

megaron 995

megastructure 994

Meier, Richard Alan (1934-) 948

Meissonnier, Juste-Aurèle (1695-1750) 995

Meldahl, Ferdinand (1827-1908) 999

Mel'nikov, Konstantin Stepanovich (1890-1974) 999

melon-dome 1000

membrane structures 772, 1001

Mendelsohn, Eric(h) (1887-1953) 1000

Mendini, Alessandro (1931-2019) 1000

Menelaws, Adam (1749 頃-1831) 998

Mengoni, Giuseppe (1829-77) 1000

menhir 1001

mensa 1000

mensole 973

meridian 305

Merlini, Domenico (1730-97) 999

merlon 1000

meros 1000

Merovingian architecture 1000

Merrill, John O. (1896-1975) 999

merus 1000

Meso-American architecture 995

Mesopotamian architecture 996

Messel, Alfred (1853-1909) 997

mestling 995

Metabolism 997

Metagenes 997

metal structures 260

Métezeau, Jacques-Clément (1581-1652) 997

Métezeau, Louis (1559-1615) 998

metope 998

metropolis 998

Metz, Odo of (792-805 頃活躍) 182

meurtrière 992

Mewès, Charles Frédéric (1860-1914) 989

mews 984

Mey or Meij, Johann Melchior van der (1878-1949) 994

Meyer, Adolf (1881-1929) 948

Meyer, Hannes (1889-1954) 948

mezzanine 995

MIAR 974

Michaud, Joseph (1822-1902) 978

Michela, Costanzo (1689-1754) 975

Michelangelo Buonarroti (1475-1564) 975

Michelozzo di Bartolommeo called Michelozzo Michelozzi (1396-1472) 977

Michelucci, Giovanni (1891-1991) 977

Michetti, Nicola or Niccolò (1675 頃-1759) 975

Micklethwaite, John Thomas (1843-1906) 982

Middle Pointed 568

Mies van der Rohe, Ludwig (1886-1969) 979

Migge, Leberecht (1881-1935) 982

mihrab 984

Mikko Heikkinen (1949-) 869

Milesian plan 988

military decoration 813

Millar, John (1807-76) 986

Miller, James (1860-1947) 985

Miller, Sanderson (1716-80) 985

Mills, Peter (1598-1670) 987

Mills, Robert (1781-1855) 987

Milton Roberto (1914-53) 1132

mimbar 988

minaret 983

minbar 988

Minimalism 983

Minoan architecture 984

Minorite 560

minster 988

minstrel gallery 988

minute 864, 984

Mique, Richard (1728-94) 974

Miralles Moya, Enric (1955-2000) 986

miserere 982

misericord 982

Mission Revival 983

Mitchell & Giurgola 983

Mitchell, Arnold Bidlake (1864-1944) 983

Mithraeum 983

mitre 983

mitre-head 948

mitre-leaf 948

Mixed style 365

Mixtec architecture 978

Mizner, Addison (1872-1933) 947

Mnesicles (前 437-前 420 活躍) 992

moat 933

Mobile architecture 1008

Modern Movement 261

Modern style 1005

Moderne 1007

Modernism 1005

Modernisme 990

Modernismo 1007

Modernist 1005

modillion 1006

modinature 1006

modular design 1006

module 1007

Modulor 1007

Moffatt, William Bonython (1812-87) 1008

Moghul architecture 990

Mogul architecture 990

Moholy-Nagy, László (1895-1946) 1009

Möhring, Bruno (1863-1929) 999

molecular structure 1014

Molinos, Jacques (1743-1831) 1011

欧文索引　　　　　　　　　　　　　　1180

Møller, Christian Frederik (1898-1988)　984
Moller, Georg (1784-1852)　1009
Mollet　1014
Mollino, Carlo (1905-73)　1006
Molnár, Farkas (1897-1945)　1013
Molton, John (活躍1524-47没)　1013
monastery　418
Monck, Sir Charles Miles Lambert, 6th Bt. (1779-1867)　1015
Moneo Vallés, José Rafael (1937-)　1007
money pattern　217
Moneypenny, George (1768-1830頃)　965
Monier, Joseph (1823-1906)　1007
monitor　1007
monolith　1008
monolithic　1008
monopteron or monopteros　1008
monotriglyphic　1008
Montano, Giovanni Battista (1534-1621)　1015
Monteiro, José Luis (1849-1942)　1016
Montferrand, Henri-Louis-Auguste-Ricard de (1786-1858)　1017
Montfort, John (活躍1376-1405頃没)　1016
Montigny, A.-H.-V. Grandjean de　1016
Montoyer, Louis-Joseph (1749頃-1811)　1016
Montuori, Eugenio (1907-82)　1016
monument　1007
monumental　1007
monumental brass　453
Moore, Charles Willard (1925-93)　989
Moore, Temple Lushington (1856-1920)　989
Moorish arch　989
Moorish architecture　992
Moosbrugger or Mosbrugger, Caspar Andreas (1656-1723)　1003
Morandi, Riccardo (1902-89)　1009
Morava School　1009
More, Edmund (活躍1523-36没)　1001
Moreau-Desproux, Pierre-Louis (1727-93)　1015
Morel, Jean-Marie (1728-1810)　1014
Moresque　1014
Moretti, Luigi Walter (1907-73)　1014
Morgan, Julia (1872-1957)　1001
Moro, Peter (1911-98)　1015
Morphew, Reginald (1874-1971)　1013

Morphosis　1008
Morris, Robert (1702頃-54)　1010
Morris, Roger (1695-1749)　1010
Morris, William (1834-96)　1010
Morrison, Sir Richard (1767-1849)　1011
Morrison, William Vitruvius (1794-1838)　1011
mortar　1012
mortice and tenon　1006
mort-safe　1007
mortuary　1012
mortuary-chapel　576
mosaic　1002
Mosbrugger　1003
Moser, Karl (1860-1936)　1002
mosque　1003
moss hut　1003
Moss, Eric Owen (1943-)　1002
Mothe, Jean-Baptiste-Michel Vallin de la (1729-1800)　1050
motorway　322
motte　1006
mouchette　990
Mould, Jacob Wrey (1825-1886)　1012
moulding or molding　279
Mountford, Edward William (1855-1908)　949
mourner　1007
moving staircase　144
Moya, John Hidalgo (1920-94)　1009
Mozarabic　1002
Mozuna, Monta Kikoh (1941-2001)　1006
mud brick　647
mud-and-stud　961
Mudéjar　991
Mughal architecture　990
Mulholland, Roger (1740-1818)　970
Muller, Émile (1823-89)　984
Mullett, Alfred Bult (1834-90)　984
Mullgardt, Louis Christian (1866-1942)　1012
mullion　967
multifoil　968
Mumford, Lewis (1895-1990)　973
Munday, Richard (1685頃-1739)　973
Munggenast, Joseph (1680-1741)　992
munnion　965
muntin　973
Müntz, Johann Heinrich (1727-98)　984
muqarna　990
mural painting　873
Murano, Togo (1891-1984)　992
Murcutt, Glenn Marcus (1936-)　949

Murphy/Jahn　966
muscular Gothic　955
mushrabeyeh　954
mushroom construction　961
Muthesius, Hermann (1861-1927)　991
mutilated　509
mutule　992
Muzio, Giovanni (1893-1982)　990
Mycenaean architecture　975
Myers, Barton (1934-)　948
Mylne, Robert (1733-1811)　987
Mylne, William Chadwell (1781-1863)　987

N

nail-head　662
naked　662
naos　651
narthex　654
Nash, John (1752-1835)　651
Nasoni, or Nazzoni, Nicolau (1691-1773)　653
National Romanticism　651
Naturalism　401
Navarro Baldeweg, Juan (1939-)　653
nave　456
Nazi architecture　651
Nebelong, Niels Sigfried (1806-71)　665
nebule　270
nebulé　270
nebuly　270
neck　665
necking　166
necking-course　166
necropolis　664
Nedeham, James (1514-44活躍)　655
needle　656
Nehring, Johann Arnold (1659-95)　665
Neill, John McBride (1905-74)　659
Nelson, Paul Daniel (1895-1979)　666
Nénot, Henri-Paul (1853-1934)　665
Neo-Baroque　663
Neo-Byzantine　663
Neo-Classicism　452
Neo-Georgian　663
Neo-Gothic　662
Néo-Grec　662
Neo-Liberty　664
Neo-Norman　663
Neo-Palladianism　663
Neo-Picturesque　663
Neo-Plasticism　453
Neo-Rationalism　663
Neo-Romanesque　664

欧文索引

Neo-Tudor 663
Neo-Vernacular 662
Nering, *or* Nehring, Johann Arnold (1659-95) 665
Nervi, Pier Luigi (1891-1979) 666
Nesfield, William Eden (1835-88) 664
net tracery 40
Netherlands Grotesque 665
Neue Sachlichkeit 667
Neues Bauen 667
Neufforge, Jean-François (1714-91) 662
Neumann, Johann Balthasar (1687-1753) 668
Neutra, Richard Josef (1892-1970) 668
New Animal architecture 657
New Brutalism 658
New Classicism 657
New Empiricism 449
New Georgians 657
New Humanism 658
New Objectivity 453
New Sensualism 657
New Towns 658
New Urbanism 657
New York Five 659
newel 187
New-Essentialist architecture 657
Newsom Brothers 657
Newton, Ernest (1856-1922) 658
nib 656
Niccolini, Antonio (1772-1850) 656
niche 656
Nicholson, Peter (1765-1844) 655
Nicholson, Sir Charles Archibald, Bt. (1867-1949) 654
Niemeyer, Oscar (1907-2012) 656
nimbus 661
nine altars 325
Nissen hut 656
Nobile, Pietro (Peter) von (1774-1854) 673
nodding ogee 148
nogging 671
nogging-piece 671
Noguchi, Isamu (1904-88) 671
Noiers, Geoffrey de (活躍1189-1200頃) 674
Nolli, Giovanni Battista (1701-56) 673
nook 661
nook-rib 662
nook-shaft 662
nook-window 661
Norberg-Schulz, Christian (1926-2000) 673
Norman architecture 674

Normand, Alfred-Nicolas (1822-1909) 674
Normand, Charles-Pierre-Joseph (1765-1840) 674
Norse ornament 673
north side 241
North, Roger (1653-1734) 671
Northern Renaissance Revival 919
north-light 241
nose 671
nosing 558
notch ornament 671
Notman, John (1810-65) 672
Nouvel, Jean (1945-) 661
Novembergruppe 415
Novocentismo 670
Nowicki, Matthew (Maciej) (1910-50) 670
Noyes, Eliot Fette (1910-77) 667
Nüll, Eduard van der (1812-68) 659
nunnery 435
nuraghe *or* nuraghi 662
nut 653
nutmeg 653
nymphaeum 660
Nyrop, Martin (1849-1921) 660

O

Obberghen, Antonis van (1543-1611) 187
obelisk 187
Oberlander, Cornelia Hahn (1921-2021) 182
Obrist, Hermann (1862-1927) 186
observatory 185
obtuse 185
O'Connor, Liam (1961-) 177
octagon 176
octastyle 176
octopus-leaf 176
oculus 176
odeion 181
odeon 181
odeum 181
Odo of Metz (792頃活躍-805) 147
O'Donnell, James (1774-1830) 182
oecus 175
œil-de-bœuf 112
œillet 103
Oesterlen, Dieter (1911-94) 158
offertory-window 183
office 183
off-set 185
ogee 177
ogive 178
O'Gorman, Juan (1905-82) 177
Olbrich, Joseph Maria (1867-1908) 193

Old English 192
Old French 192
Oleaginous style 188
Olin, Laurie (1939-) 189
olive 188
Oliveira, Mateus Vicente de (1706-85) 188
Oliver, Basil (1882-1948) 189
ollarium 188
Olmec architecture 194
Olmsted, Frederick Law (1822-1903) 193
OMA (Office for Metropolitan Architecture) 175
onion-dome 552
Opbergen, Antonius van (1543-1611) 186
open cornice *or* eaves 186
open hall 187
open hearth 186
open pediment 187
open plan *or* free plan 186
open roof 187
open stair 186
open-heart moulding 186
open-newel *or* open-well stair 186
open-string 186
open-timbered 186
openwork 187
opisthodomos 183
opisthodomus 183
Oppenord, Gilles-Marie (1672-1742) 185
Oppler, Edwin (1831-80) 181
optical corrections 398
opus 183
opus albarium 183
opus Alexandrinum 183
opus antiquum 183
opus caementicium 184
opus caementum 184
opus incertum 184
opus isodomum 183
opus latericium *or* lateritium 185
opus lateritum 185
opus listatum 185
opus lithostrotum 185
opus marmoratum 185
opus mixtum 185
opus musivum *or* museum 185
opus polygonum 184
opus pseudisodomum 184
opus quadratum 184
opus reticulatum 185
opus scalpturatum *or* sculpturatum 184
opus sectile 184
opus signinum 184
opus spicatum 184

欧文索引　　　　　　　　　　　　　1182

opus tectorium　184
opus tessellatum　184
opus testacaeum *or* testaceum　184
opus topiarum　184
opus vermiculatum　184
orangery　188
orans　188
orant　188
oratory　188
orb　183
Orbay, François d'　(1634-97)　640
Orcagna, Andrea di Cione, *called*
　(1308 頃-68)　189
orchaestra　190
Orchard, William（活躍 1468-1504 没）
　180
orchestra　190
orchid　176
Order　179
ordinate　181
Ordish, Rowland Mason（1824-86）
　181
ordonnance　192
oreillon　189, 194
orerstorey　277
organ　189
Organic architecture　1023
Organic Modernism　176
Organo-Tech　189
oriel　188
Orientalism　188
orientation　188
orillon　194
oriole　188
orle　194
orlet　194
orlo　194
ornament　522
Ornamentalism　182
O'Rorke, Brian（1901-74）　195
Orsini, Pier Francesco（Vicino）, Duke
　of Bomarzo（1513 頃-84）　190
orthography　179
orthostata　192
orthostyle　192
oryel　188
Osiride　178
ossature　177
ossuary　178
Östberg, Ragnar（1866-1945）　158
Otaka, Masato（1923-2010）　175
Otani, Sachio（1924-2013）　176
Ottmer, Carl Theodor（1800-43）　181
Otto, Frei（1925-2015）　180
Ottoman architecture　178
Ottonian architecture　180
Otzen, Johannes（1839-1911）　180
oubliette　148
Oud, Jacobus Johannes Pieter（1890-

1963）　5
Ould, Edward Augustus Lyle（1853-
　1909）　192
oundy　150
Ouradou, Maurice-Augustin-Gabriel
　(1822-84)　148
ouroboros　149
Outram, John（1934-）　147
outshot　5
overdoor　174
overhang　174
overlight　174
overmantel　174
oversail　174
overshot　174
overstorey　174
overthrow　174
ovolo　174
ovum　174
Owen, Robert（1771-1856）　174
Owen, Segar（1874-1929）　175
Owen, William（1850-1910）　174
Owings, Nathaniel A.（1903-84）　174
ox-eye　180
ox-head　180
Ozenfant, Amédée（1886-1966）　177

P

Pabenham, Simon I（活躍 1262 頃-80
　没）　726
Pabenham, Simon II（活躍 1282-1334
　没）　726
pace　874
Pacioli, Luca（1445 頃-1514 頃）　703
Packh, János（1796-1839）　704
packing　703
packing-piece　703
pad　705
Padula, Ernesto Bruno La（1902-69）
　715
Paeonius *or* Paionios of Ephesus（活躍
　前 350-前 310）　676
Paesschen（*or* Passe）, Hans Hendrik
　van（1515 頃-82 頃）　687
Paestum　686
Pagano, Pogatschnig, Giuseppe（1896-
　1945）　688
pagoda　692
Pagot, François-Narcisse（1780-1844）
　692
Pain, William（1730 頃-90 頃）　870
Paine, James（1717-89）　871
pair　865
palace　252, 743
palace-front　744
palaestra　743
palatial Italian　81
palazzo　730

palazzo style　730
Paley, Edward Graham（1823-95）
　870
paliotto　733
palisade　373
Palladian window　730
Palladianism　712
Palladio, Andrea（1508-80）　709
palm　1018
palmate　742
Palmer, Clement（1857-1952）　726
Palmer, John（1738 頃-1817）　726
Palmer, John（1785-1846）　726
palmette　742
palm-house　1018
palmiform　1018
Palmstedt, Erik（1741-1803）　742
pampre　754
pan　746
panache　718
pan-and-roll　746
pancarpi　747
pane　870
panel　721
panel tracery　722
pane-work　872
Pani, Mario（1911-93）　719
panier　719
panoply　722
Panopticon　722
panorama　722
Pantheon　751
Pantheon-dome　751
pan-tile　751
papier-mâché　723
Papworth, John Buonarotti（1775-
　1847）　708
papyrus　723
parabema　731
parabola　731
parade　744
Paradise　729
Paradise garden　729
parapet　731
parastas　729
parastata, parastatica　729
parchemin　738
parchemin plié　738
parclose　691
parekklesion　743
Parent, Claude（1923-2016）　731
Parente da Silva, Domingos（1836-
　1901）　744
parge　694
parge *or* parget work　696
parged verge　696
parget　695
parging　698
Pâris, Pierre-Adrien（1745-1819）

734
park 689
Parker, John Henry (1806-84) 687
Parker, Richard Barry (1867-1941) 688
Parker's cement 687
Parkin, John Burnett (1911-75) 689
parkway 319
Parler Family 742
parlour 728
parotis 745
parpend 726
parquet 692
parquetry 692
Parris, Alexander (1780-1850) 733
Parry, Eric Owen (1952-) 733
parsonage 702
parterre 740
Parthenon 740
parti 739
Participatory Design 713
partition 713
party-wall 255
parvis(e) 738
Pascal, Jean-Louis (1837-1920) 698
Pasqualini, Alessandro (1493-1559) 698
passage-grave 705
pasticcio 699
pastiche 699
pastophorium 699
pastoral column 699
patand 703
patent-glazing 714
patera 714
paternoster 702
patio 713
Patkau Architects 715
patrician house 240
Patrington, Robert (1352-85 活躍) 716
patte d'oie 705
Patte, Pierre (1723-1814) 705
pattée 713
pattern-books 703
Paul, Bruno (1874-1968) 686
Paulick, Richard (1903-79) 686
pave 682
pavement 872
pavement-light 872
pavement-pole 872
pavilion 682
pavilion system 682
pavilion-ceiling 682
pavilion-roof 682
pavior 913
paviour 913
pawn 943
Paxton, Sir Joseph (1803-65) 690

Peabody & Stearns 772
Peach, Charles Stanley (1858-1934) 766
Pearce, Sir Edward Lovett (1699 頃-1733) 755
pearling 737
Pearson, John Andrew (1867-1940) 755
Pearson, John Loughborough (1817-97) 755
pebble-dash 881
pebble-wall 881
pecking 875
pectinated 874
Peddie & Kinnear 876
Pede or Peede, Hendrik van (1527-30 活躍) 879
pedestal 879
pediment 878
pediment-arch 879
peel 783
Pei, Ieoh Ming (1917-2019) 867
Peichl, Gustav (1928-2019) 678
pele 783
pelican 884
Pellegrini, Pellegrino (1537-90) 878
pellet 897
Pelli, Cesar (1926-2019) 884
pelta 889
Pembroke, 9th Earl of (1689 頃-1750) 903
pencilling 901
pencil-rounded 901
pendant 902
pendant frieze 902
pendant-post 902
pendentive 903
pendill 903
Pennethorne, Sir James (1801-71) 881
Penrose, Francis Cranmer (1817-1903) 904
pent 374
pentastyle 330
penthouse 903
pentice 903
pepperpot 877
perch 703
Percier (-Bassant), Charles (1764-1838) 888
Peressutti, Enrico (1908-75) 897
perforate 725
pergola 692
peribolus 885
peridrome 885
perimeter-block 885
peripteral 885
periptery 885
peristyle 884

perithyrides 885
perpend 726
Perpendicular 457
Perrault, Claude (1613-88) 899
Perrault, Dominique (1953-) 900
Perret, Auguste (1874-1954) 896
Perriand, Charlotte (1903-99) 883
perron 900
Perronet, Jean-Rodolphe (1708-94) 900
Persian 694
Persic 696
Persico, Edoardo (1900-36) 888
persienne 888
Persius, Friedrich Ludwig (1803-45) 888
persona 889
personification 239
perspective 700
Peruzzi, Baldassare (1481-1536) 891
petal 875
Petersen, Johan Carl Christian (1871-1923) 880
Petersen, Ove (1830-92) 880
Petersen, Vilhelm Valdemar (1830-1913) 879
Peto, Harold Ainsworth (1854-1933) 769
Petschnigg, Hubert (1913-97) 875
Pevsner, Sir Nikolaus Bernhard Leon (1902-83) 872
pew 773
Peyre Family 885
pharos 792
Philadelphia School 797
Philander or Philandrier, Guillaume (1505-65) 797
Philo or Philon (前 4 世紀活躍) 798
photovoltaic cells 760
Piacentini, Marcello (1881-1960) 756
piano nobile 757
Piano, Renzo (1937-) 757
piazza 757
Piccinato, Luigi (1899-1983) 768
picked 766
picnostyle 761
picture-rail 760
Picturesque 760
picture-window 760
pie 675
piecrust 676
piedroit 758
pien 759
piend 759
pier 755
pier-arch 755
pier-buttress 757
Piermarini, Giuseppe (1734-1808) 759

欧文索引　　　　　　　　　　1184

Pieroni da Galiano, Giovanni Battista
  (1586-1654)　759
Pierre de Chelles　759
Pierre de Montreuil, (1267 没)　759
Pietilä, Frans Reima Ilmari (1923-93)
  and Raili Paatelainen (1926-2021)
  758
pietra dura　758
pietra serena　758
Pigage, Nicolas de (1723-96)　760
Pikionis, Dimitris A. (1887-1968)
  760
pila　778
pilaster　779
pilaster-face　779
pilaster-mass　779
pilaster-side　779
pilaster-strip　779
pilastra　779
pilastrade　779
pile　679
Pilgram, Anton (1450 頃-1515)　783
pilgrimage-church　430
pilier cantonné　781
Pilkington, Frederick Thomas (1832-
  98)　783
Pilkington, William (1758-1848)　783
pillar　779
pillow capital　786
pillowed　786
piloti　786
pinacotheca　770
Pineau, Nicolas (1684-1754)　770
Pingusson, Georges-Henri (1894-
  1980)　747
pinnacle　769
Piper, Fredrik Magnus (1746-1824)
  772
Piranesi, Giovanni Battista (1720-78)
  780
Pisano, Andrea (1295 頃-1348/9)
  761
Pisano, Nicola (1220/5 頃-80 頃)　761
piscina　767
pisé　765
pishtaq　767
pitch　767
pitched stone　768
pitch-faced　768
Pite, Arthur Beresford (1861-1934)
  677
plain tile　855
plaisance　849
plaiting　848
plan　829
planar glazing　848
planceer　830
plane　870
plank　28

plantain　831
planted　831
plaque　822
plaster　823
plastic　823
plat　825
platband　826
plate　853
plate-bande　854
plated parquet　852
plate-girder　854
plate-glass　854
plate-rail　854
Plateresque　827
plate-tracery　854
Platt, Charles Adams (1861-1933)
  825
Plaw, John (1745 頃-1820)　857
Playfair, James (1755-94)　848
Playfair, William Henry (1790-1857)
  848
plaza　823
pleasance　849
pleasance *or* pleasaunce　849
pleasure-garden　850
Plečnik, Jože (1872-1957)　850
plinth　839
plinth-block　840
plinth-course　839
plinthus　839
Pliny (Plinius) the Younger (Caius
  Plinius Caecilius Secundus) (62-
  116 頃)　432
ploughshare twist　821
Plumet, Charles (1861-1928)　838
Pluralism　847
pluteus　843
plywood *or* ply-wood　322
pneumatic architecture　658
Poccianti, Francesco Gurrieri
  Pasquale (1774-1858)　918
podium　921
Poelaert, Joseph Philippe (1817-79)
  829
Poelzig, Hans (1869-1936)　890
point　906
point-block　906
pointed　906
pointel　943
pointing　906
policy　933
polis　933
Polish parapet　933
Polk, Willis Jefferson (1867-1924)
  907
Pollack, Johann Michael *called* Mihály
  (1773-1855)　931
Pollack, Leopoldo (1750-1806)　919
Pollini, Gino (1903-91)　933

polos　940
Polshek, James Stewart (1930-2022)
  934
polychromy　933
Polyclitus the Younger (前 370-前 336
  活躍)　432
polyfoil　933
polygonal masonry　933
polystyle　933
polytriglyphal　933
pomel　931
Pomerance, Ralph (1907-95)　930
pommel　931
PoMo　931
Pompe, Antoine (1873-1980)　945
Pompeian　945
Pont Street Dutch　944
Pontelli, Baccio (1450-94/5)　944
Ponti, Gio (Giovanni) (1891-1979)
  943
Ponting, Charles Edwin (1850-1932)
  944
Ponzio, Flaminio (1560-1613)　943
Pop architecture　919
Pope, Alexander (1688-1744)　926
Pope, John Russell (1873-1937)　928
Pope, Richard (1442 頃活躍)　930
Pope-Riddle, Theodate (1868-1946)
  930
Pöppelmann, Matthäus Daniel (1662-
  1736)　877
poppy　926
poppy-head　926
porch　916
Porden, William (1755 頃-1822)　921
Porphyrios, Demetri (1949-)　939
porphyry　926
porta　935
Porta, Giacomo della (1533-1602)
  935
portal　914
portcullis　922
porte-cochère　939
Porter, John (活躍 1423-65 没)　914
portico　937
porticus　936
Portland　939
Portland, Nicholas (1394-1406 頃活
  躍)　923
Portman, John Calvin, jun. (1924-
  2017)　923
Portoghesi, Paolo (1931-2023)　938
Portzamparc, Christian de (1944-)
  934
Posener, Julius (1904-96)　912
Posokhin, Mikhail Vasil'yevich (1910-
  89)　913
post　911
Post, George Browne (1837-1913)

911
Post, Pieter (1608-69) 911
post-and-beam 911
post-and-lintel 911
post-and-pan 911
post-and-pane 911
postern 910
postiche 910
posticum 910
Post-Modernism 912
Potain, Nicolas-Marie (1713-96) 914
potence 922
Potter, Edward Tuckerman (1831-1904) 917
Potter,William Appleton (1842-1909) 917
poupée 816
Powell & Moya 682
Poyet, Bernard (1742-1824) 941
poyntell 943
Poynter, Ambrose (1796-1886) 905
poyntill 943
Pozzo, Andrea (1642-1709) 918
pozzolan 913
pozzolana 913
pozzuolana 913
Prachatitz, Hans von (15 世紀活躍) 827
Prairie School 855
Prairie style 855
Prandtauer, Jakob (1660-1726) 831
Pratt, Sir Roger (1620-85) 825
precast concrete 849
Pre-Columbian architecture 849
predella 837
Predock, Antoine (1936-2024) 854
prefab 854
prefabrication 854
Prentice, Martin (1459-87 活躍) 855
presbytery 850
preservation 913
prestressed concrete 850
Preti, Francesco Maria (1701-74) 852
Price, Bruce (1845-1903) 819
Price, Cedric John (1934-2003) 818
Price, Sir Uvedale (1747-1829) 818
pricket 833
prick-post 836
priest's door 834
Primaticcio, Francesco (1504/5-70) 837
primitive 838
Primitive Hut 313
Prince, Bart (1947-) 839
principal 839
principal beam 839
principal brace 839
principal rafter 839

principals of a hearse 839
print room 840
Prior, Edward Schroeder (1852-1932) 817
Prisbrey, Tressa (1895-1988) 834
prismatic billet 835
prismatic ornament 835
prismatic rustication 835
prismatory 835
prison 835
Prisse d'Avennes,Achille-Constant-Théodore-Émile (1807-79) 834
Pritchard, Thomas Farnolls (1723-77) 835
Pritchett, James Pigott (1789-1868) 835
Prix, Wolf D. (1942-) 833
procession path 858
processional way 858
prodigy-house 860
prodomus or prodomos 860
profile 861
projection 857
promenade 861
pronaos 861
proportion 861
propylaeum 861
propylon 861
proscenium 858
prospect tower 858
Prost, Léon-Henri (1874-1959) 858
prostyle 858
Protectorate 860
Prothesis 858
proto- 860
protoma 860
proudwork 821
Prouvé, Jean (1901-84) 840
prow 821
pseudisodomon 422
pseudo- 423
pteroma 816
pteromata 816
pteron 816
public park 318
Pückler-Muskau, Herman Ludwig Heinrich, Fürst von (1785-1871) 775
pueblo 802
Pugin, Augustus Charles (1769-1832) 773
Pugin, Augustus Welby Northmore (1812-52) 773
Pugin, Edward Welby (1834-75) 773
Puig i Cadafalch, Josep or José (1867-1956) 815
Puigdomènech i Alonso, Albert (1944-) 815
Pullman, George Mortimer (1831-97)

846
pulpit 741
pulpitum 741
pulvin 738
pulvinata 738
pulvinus 738
punched 751
puncheon 751
Purbeck 725
Purcell & Elmslie 701
Purism 777
purlin 737
putlog hole 816
putto 815
puzzolana 913
pycnostle 761
pycnostyle 761
pylon 679
pynun- or pignon-table 770
pyramid 781
pyramidal hipped roof 781
pyramidal rustication 781
pyramidion 781
Pythius or Pytheos (前 370-前 330 頃 活躍) 817
pyx 760
pyxis 760

Q

qasr 206
Qavam al-Din Shirazi (活躍 1410-38) 201
qibla 244
quad 302
quadra 302
quadrangle 302
quadrangular style 302
quadrant 302
quadratum 302
quadratura 302
quadrel 303
quadrifores 302
quadrifrons 302
quadriga 302
quadripartite 405
quadriporticus 303
quadro riportato 303
Quaglio Family 301
Quaint style 266
Quarenghi, Giacomo Antonio Domenico (1744-1817) 264
Quarini, Mario Ludovico (1736-1800 頃) 264
Quaroni, Ludovico (1911-87) 265
quarrel 266
quarry 266
quarry-faced 673
quarter 266

欧文索引 1186

quarter-hollow 266
quarter-pace 266
quarter-round 266
quatrefoil 245
Quatremère de Quincy, Antoine-
　Chrysostôme (1755-1849) 213
Quattrocento 263
Queen Anne 63
Queen Anne arch 63
queen-post 265
querelle 313
Questel, Charles-Auguste (1807-88)
　307
quincunx 336
quire 300
quirk 301
quodlibet 266
quoin 266
quonset hut 266

R

rabbet 1048
Rabirius (1 世紀後半活躍) 1045
raceme 1040
Radburn 1043
radial brick 1095
radial step 1095
radiating chapels 906
radiating principle 906
radical architecture 1043
Radziwiłłowa, Princess Helena (1753-
　1821) 1036
Raffaello Sanzio (or Santi) (1483-
　1520) 1046
raffle-leaf 1043
Rafn, Aage (1890-1953) 1048
raft 1048
rafter 554
rafter plate 1047
rag 524
Rageur 1036
raggle 1036
Raghton, Ivo de (1317-39 頃活躍)
　1036
raglet 1036
Raguer 1036
Raguzzini, Filippo (1680 頃-1771)
　1035
rail 1099
Railton, William (1801 頃-77) 1100
Rainaldi, Carlo (1611-91) 1032
rain-conductor 1089
Rainer, Roland (1910-2004) 1032
rainwater-head 1089
raised-moulding 1088
Raje, Anant (1929-2009) 1037
rake 1088
raking arch 1087

raking coping 1087
raking cornice 1087
raking course 653
raking flashing 304
raking moulding 1088
raking out 1087
raking riser 304
ram 1049
Ramée, Joseph (1764-1842) 1050
Ramírez Vázquez, Pedro (1919-2013)
　1049
rammed 1050
ramp 1055
rampant 1055
rampart 1055
ramping 1055
Ramsey, John de (1304-39 活躍)
　1050
Ramsey, William de (活躍 1323-49 没)
　1049
rand 1054
random ashlar 256
random bond 1053
random course 1053
random range 1053
random rubble 1053
random tooled 1053
range 1111
ranged masonry 506
ranged rubble 667
Ransome, Ernest Leslie (1852-1917)
　1052
Raphaelesque 1046
Raschdorff, Julius Karl (1823-1914)
　1037
Rastrelli, Count Bartolomeo Fran-
　cesco (1700-71) 1039
ratch(e)ment 1043
rath 1038
ratha 1040
Rational architecture 323
Rationalism 323
Rattenbury, Francis Mawson (1867-
　1935) 1041
Rau, Heinrich Heinz (1896-1965)
　1035
Rauch, John (1930-2022) 1035
ravelin 1033
Rawlinson, Sir Robert (1810-98)
　1140
Raymond du Temple (1360 頃-1405
　活躍) 1098
Raymond, Antonin (1888-1976)
　1099
Raymond, Jean-Arnaud (1742-1811)
　1098
Rayonnant 1088
Re/architecture 1056
Read, Herbert (1861 頃-1935) 1066

Read, Sir Herbert Edward (1893-
　1968) 1066
rear arch 1056
rear or rere vault 1056
rebate 1048, 1070
Rebecca, John Biagio (1800-47 活躍)
　1098
rebus 748
recessed balcony 1060
Rechter, Yacov (1924-2001) 1096
reconstruction 812
Rectilinear 1092
Rectory 907
redan 1060
Redman or Redmayne, Henry (活躍
　1495-1528 没) 1095
redoubt 1060
reed 1066
reeding 1066
reel 1074
re-entrant 1057
Reeth, bOb van (1943-) 1095
Reeth, Flor van (1884-1975) 1095
refectory 1070
refuge 1098
Régence 1094
Regency 1058
regeneration 1093
reglet 1093
regula 1092
Reichlin, Bruno (1941-) 1032
Reid, Robert (1774-1856) 1067
Reidy, Affonso Eduardo (1909-64)
　1088
Reilly, Sir Charles Herbert (1874-
　1948) 1088
reinforced concrete 594
Reinhart, Fabio (1942-) 1033
relief 1099
relieving arch 1099
relieving triangle 1099
reliquary 505
Renaissance 1154
Renard, Bruno (1781-1861) 1083
Renascence 1154
render 1111
rendering 1111
Rennie, John (1761-1821) 1096
Renwick, James (1818-95) 1100
repeating ornament 754
reprisal 1098
reprise 1098
reprisse 1098
repryse 1098
Repton, George Stanley (1786-1858)
　1097
Repton, Humphry (1752-1818) 1097
Repton, John Adey (1775-1860)
　1097

reredorter 1056
reredos 1056
Resasco, Giovanni Battista (1799–1872) 1093
rescue 1094
residence 1093
respond 1059
ressant 1079
ressault 1080
ressaunt 1079, 1095
ressaut 1080
Restoration 175
restoration 419
retable 1065
retaining-wall 1065
reticulated 1065
retrenchment 1067
retrieval 1067
retrochoir 1096
return 1060
reveal 1056
revealing lining 1056
revel 1056
Reveley, Henry Willey (1788–1875) 1057
Reveley, Willey (1760–99) 1090
Revell, Viljo Gabriel (1910–64) 1090
reversed ogee 752
reversed zig-zag 752
revestry 1057
revetment 1057
Revett, Nicholas (1720–1804) 1089
Revival 1056
revolving door 200
Rewal, Raj (1934–) 1100
Reynolds-Stephens, Sir William Ernest (1862–1943) 1088
Reyns, Henry de (1243–53 頃活躍) 72
rez-de-chaussée 1095
Reznik, David (1923–2012) 1094
Rhenish brick 1033
Rhind, David (1808 頃–83) 1075
rib 1069
Ribart de Chamoust (1776–83 活躍) 1069
ribat 1069
ribbed arch 1070
ribbed dome 1070
ribbed fluting 1070
ribbed vault 1070
ribbon 1072
ribbon development 183
ribbon-moulding 1072
ribbon-wall 1072
Ribera, Pedro Domingo de (1681–1742) 1071
Ricardo of Burgos (1180 頃–1226 活躍) 842

Ricardo, Halsey Ralph (1854–1928) 1057
Ricchino, Francesco Maria (1583–1658) 1063
Rice, Peter Roman (1935–92) 1028
Richard the Mason (1195 頃活躍) 1060
Richardson, Charles James (1806–71) 1062
Richardson, George (1736 頃–1813) 1061
Richardson, Henry Hobson (1838–86) 1062
Richardson, Sir Albert Edward (1880–1964) 1060
Rickards, Edwin Alfred (1872–1920) 1057
Rickman, Thomas (1776–1841) 1063
riddel(l) or riddle 1066
Riddle, Theodate Pope (1868–1946) 1067
ridge 1064
ridge-and-furrow 1064
ridge-cap 1064
ridge-course 1064
ridge-crest 1064
ridge-fillet 1065
ridge-piece 1065
ridge-plank 1065
ridge-plate 1065
ridge-pole 1065
ridge-purlin 1065
ridge-rib 1065
ridge-roll 1065
ridge-roof 258
ridge-saddle 1064
ridge-stone 1064
ridge-tile 1064
Ridinger, or Riedinger, Georg (1568–1628 頃) 1066
riding-school 432
Ridolfi, Mario (1904–84) 1067
Ried or Rieth, von Piesting, Benedikt (1454 頃–1534) 1067
Riemerschmid, Richard (1868–1957) 1072
Rieth 1059
Rietveld, Gerrit Tomas (1888–1964) 1066
right for period 1029
Riley, William Edward (1852–1937) 1033
Rinaldi, Antonio (1710 頃–94) 1068
rinceau 1053
ring-beam 1075
ring-crypt 1075
ring-fort 171
ring-vault 1075
ring-wall 1075

riparene 1069
Ripley, Thomas (1683 頃–1758) 1070
rise 1028
riser 1028
Ritchie, Ian (1947–) 1065
Robe, Sir William (1765–1820) 1131
Robert the Mason (1077 頃–1119 活躍) 1127
Robert, Hubert (1733–1808) 1132
Roberto Brothers 1132
Roberts, Henry (1803–76) 1126
Robertson, Daniel (1812–43 活躍) 1128
Robertson, Sir Howard Morley (1888–1963) 1128
Robertson, William (1770–1850) 1127
Robertson, William (1786–1841) 1128
Robinson, Peter Frederick (1776–1858) 1130
Robinson, Sir Thomas, Bt. (1702 頃–77) 1130
Robinson, Sir William (1643 頃–1712) 1130
Robinson, William (1720 頃–75) 1129
Robinson, William (1838–1935) 1129
Robson, Edward Robert (1836–1917) 1131
Robson, Philip Appleby (1871–1951) 1131
Rocaille 1114
Roche & Dinkeloo 1120
rock rash 1121
rock-cut 1121
rock-faced 1121
rock-work 1121
Rococo 1114
Rod of Aesculapius 15
Rodríguez Tizón, Ventura (1717–85) 1126
Roebling, John Augustus (1806–69) 1131
Roger the Mason (活躍 1296–1310 没) 1115
Rogers of Riverside, Richard George, The Lord (1933–2021) 1116
Rogers, Ernesto Nathan (1906–69) 1115
Rogers, Isaiah (1800–69) 1116
Rogers, James Gamble (1867–1947) 1116
Rogers, John (1473–75 活躍) 1116
Rogue architecture 820
Rohault de Fleury, Charles (1801–75) 1114
Rohe 1114
Rokkaku, Kijo (1941–2019) 1120
roll 1140

欧文索引 1188

roll-and-fillet 1140
roll-billet 1140
roll-moulding 1140
roll-work 1140
Roman arch 1132
Roman architecture 1132
Roman brick 1138
Roman bronze 1138
Roman cement 1135
Roman mosaic 1138
Roman tile 1136
Roman, Jacob (1640-1716) 1139
Romanesque 1136
Romano 1138
Romantic Classicism 1139
Romanticism 1138
rondel 1143
Rondelet, Jean-Baptiste (1743-1828)
 1143
rond-point 1144
Rood 1080
Rood-altar 1081
Rood-arch 1081
Rood-beam 418, 1082
Rood-loft 650, 1083
Rood-screen 650, 1082
Rood-spire 1082
Rood-tower 1082
roof 1018
roof-garden 176
Root, John Wellborn (1850-91) 1082
rope 1131
Roriczer, or Roritzer, Family (15 世紀
 活躍) 1139
rosace 1115
rose 1117
Rose, James C. (1910-91) 1119
Rose, Peter (1943-) 1119
rose-ball 1119
Rosenberg, Eugene (1907-90) 1119
rosette 1119
Rose-window 1118
Rossellino, Bernardo di Matteo
 Ghambarelli called (1409 頃-64)
 1124
Rossetti, Biagio (1447 頃-1516) 1123
Rossi, Aldo (1931-97) 1121
Rossi, Domenico (1657-1737) 1122
Rossi, Domenico Egidio (1689-1708 活
 躍) 1122
Rossi, Giovanni Antonio de (1616-95)
 1122
Rossi, Karl Ivanovich (1775-1849)
 1122
Rossi, Marcantonio de (1607-61)
 1123
Rossi, Mattia de (1637-95) 1123
Rosso, Giovanni Battista di Jacopo
 called Rosso Fiorentino (1494-1540)

1124
Rosso-antico 1124
rostral column 1119
rostrum 1119
Roth, Alfred (1903-98) 1125
Roth, Emery (1871-1948) 1118
rotunda 1126
roughcast 1047
round 1035
Roundel 1035
Rousseau, Pierre (1751-1810) 1080
Rowe, Colin (1920-99) 1113
Royston, Robert R. (1918-2008)
 1113
rubbed 1048
rubber 1048
rubble 667
rudenture 1073
Rudnev, Lev Vladimirovich (1885-
 1956) 1082
Rudolph, Paul Marvin (1918-97)
 1082
ruin 676
Rumford, Sir Benjamin Thompson,
 Graf (Count) von (1753-1814)
 1055
Rundbogenstil 1087
runic cross 1083
Runic knot 1083
running 1055
rural architecture 1086
Rusconi Sassi, Ludovico (1678-1736)
 1079
Ruskin, John (1819-1900) 1038
rustic 1039
rustic arch 1039
rustic brick 1039
rustic joint 1039
rustic quoin 1039
rustic slate 1039
rustic stone 1039
rustic woodwork 1039
rustica 1080
rusticated column 1038
rustication 527
rustick 1039
Ruusuvuori, Aarno Emil (1925-92)
 1079
Ruysbroeck, Jan van (1396 頃-1486)
 1028
Ry, Simon Louis or Ludwig du (1726-
 96) 600

S

Saarinen, Eero (1910-61) 381
Saarinen, Gottlieb Eliel (1873-1950)
 382
Sacchetti, Giovanni Battista (1690-

1764) 375
Sacconi, Count Giuseppe (1854-1905)
 375
sacellum 374
sacrarium 373
sacristry or sacristy 373
saddle 376
saddle-back 376
saddle-bar 376
saddle-board 376
saddle-coping 376
saddle-stone 376
Sáenz de Oíza, Francisco Javier
 (1918-2000) 373
Safdie, Moshe (1938-) 377
safe-deposit 511
sag 373
sagitta 373
sahn 376
sail-dome 515
saillant 512
sail-over 513
sail-vault 513
Saint-George, James of (活躍 1261-
 1309 没) 518
Saint-Sepulc(h)re 507
Sakakura, Junzo (1901-69) 373
sala terrena 380
salient 512
sally 380
sally-port 382
Salmon, James (1873-1924) 384
Salomónica 384
Salomons, Edward (1827-1906) 384
salon 385
saloon 385
Salvart, Jean (1390 年代-1447 活躍)
 383
Salvi, Nicola (1697-1751) 383
Salvin, Anthony (1799-1881) 383
Salvisberg, Otto Rudolf (1882-1940)
 383
Sambin, Hugues (1520 頃-1601)
 1024
Samonà, Giuseppe (1898-1983) 379
sanatorium 376
Sancte-cote 387, 506
Sanctis, Francesco de' (1693 頃-1731)
 386
sanctuary 387
sandstone 373
Sandys, Francis (1788-1814 活躍)
 387
Sanfelice, Ferdinando (1675-1748)
 389
Sangallo, Antonio da, the Elder (1460
 頃-1534) 385
Sangallo, Antonio da, the Younger
 (1484-1546) 385

1189　欧文索引

Sangallo, Giuliano da (1445-1516) 386
Sanmicheli, Michele (1487 頃-1559) 389
Sansovino, Jacopo d'Antonio Tatti *called* (1486-1570) 387
Sant'Elia, Antonio (1888-1916) 388
Santini-Aichel, Jan Blažej (1677-1723) 388
SAR (Stichting Architecten Research) 157
Saracenic architecture 380
sarcophagus 384
Sartoris, Alberto (1901-98) 384
Sasaki, Hideo (1919-2000) 374
sash 375
Sassanian architecture 374
satellite town 153
Satyros (前 4 世紀半ば活躍) 376
saucer-dome 524
Saulnier, Jules (1828-1900) 526
Sauvage, Frédéric-Henri (1873-1932) 521
Savage, James (1779-1852) 372
sawtooth 255
sawtooth roof 671
Saxon 373
scabellum 461
scaffold 461
scagliola 462
scale 466
scale-moulding 467
Scalfarotto, Giovanni Antonio (1690-1764) 463
scallop 462
scallop *or* scalloped capital 196
Scamozzi, Ottavio Bertotti (1719-90) 462
Scamozzi, Vincenzo (1548-1616) 461
scantling 464
scarf 523
scarp 461
Scarpa, Carlo (1906-78) 463
scenography 404
Schädel, Gottfried Johann (1680 頃-1752) 393
Scharoun, Hans Bernard (1893-1972) 412
Schattner, Karl-Josef (1924-2012) 408
Scheerbart, Paul (1863-1915) 391
Schickhardt, Heinrich (1558-1635) 402
Schindler, Rudolf Michael (1887-1953) 454
Schinkel, Karl Friedrich (1781-1841) 449
Schlaun, Johann Conrad von (1695-1773) 426

Schlüter, Andreas (1659 頃-1714) 428
Schmidt, Friedrich, Freiherr von (1825-91) 426
Schmitz, Bruno (1858-1916) 425
Schmu(t)zer 426
Schnebli, Dolf (1928-2009) 424
Schoch, Johann Georg (1758-1826) 437
Schoch, Johann Leopold Ludwig (1728-93) 437
Schoch, Johannes, *called* Hans (1550 頃-1631) 437
Schönthal, Otto (1878-1961) 398
Schultes, Axel (1943-) 429
Schultz, Robert Weir (1861-1951) 429
Schultze-Naumburg, Paul (1869-1949) 429
Schumacher, Friedrich Wilhelm, *called* Fritz (1869-1947) 425
Schuricht, Christian Friedrich (1753-1832) 428
Schwartz, Martha (1950-) 430
Schwarz, Rudolf (1897-1961) 414
Schwechten, Franz Heinrich (1841-1924) 415
Schwitters, Kurt Herman Edward Karl Julius (1887-1948) 415
sciagraph 390
sciagraphy 390
scissor-truss 400
Sckell, Friedrich Ludwig von (1750-1823) 466
scoinson 467
Scoles, Joseph John (1798-1863) 474
sconce 474
scoop pattern 765
Scotch bond 473
scotia 473
Scott Brown, Denise (1931-) 472
Scott, Adrian Gilbert (1882-1963) 467
Scott, Elisabeth Whitworth (1898-1972) 467
Scott, George Gilbert, jun. (1839-97) 469
Scott, John Oldrid (1841-1913) 472
Scott, Mackay Hugh Baillie (1865-1945) 472
Scott, Major-General Henry Young Darra-cott (1822-83) 472
Scott, Michael John (1905-89) 472
Scott, Richard Gilbert (1923-2017) 473
Scott, Sir George Gilbert ('Great') (1811-78) 470
Scott, Sir Giles Gilbert (1880-1960) 467

Scottish Baronial 473
scraped 465
scratchwork 465
screen 465
screen-façade 465
screens passage 465
screen-wall 465
screw stair 664
scriptorium 465
scroll 465
scrolled heart 465
scrolled pediment 144
scrolling foliage 144
scroll-step 144
scroll-work 466
Scune, Christopher (1505-21 活躍) 463
scutcheon 157, 461
Searles, Michael (1751-1813) 514
Secession 509, 865
Second Empire 538
Second Pointed 538
secos 508
secret 400
section 559
Sedding, John Dando (1838-91) 509
Seddon, John Pollard (1827-1906) 509
sedile 510
Segal, Walter (1907-85) 399
segment 508
Seidl, Gabriel von (1848-1913) 371
Seidler, Harry (1923-2006) 370
Seifert, Alwin (1890-1972) 371
Seifert, Richard (Robin, *originally* Rubin) (1910-2001) 371
sekos 508
Seljuk *or* Saljuk archictecture 513
Sellars, James (1843-88) 511
Selva, Giovanni Antonio (1751-1819) 513
Semark, Henry (活躍 1482-1534 没) 511
semi-arch 746
semicircular arch 746
semicircular dome 747
semi-column 746
semi-detached 654
semi-dome 753
semi-elliptical arch 751
Semiological *or* Semantic School 239
Semper, Gottfried (1803-79) 518
Senmut *or* Senenmut (前 1473 頃-前 1458 頃活躍) 520
Sens, William of (1174-80 頃没・活躍) 255
sentry-box 432
sepulchre 511
serial 444

欧文索引　　　　　　　　　　　　　　1190

serliana 515
Serlio, Sebastiano (1475-1554) 516
serpent 881
serpentine wall 410
Serrure, Louis-Auguste (1799-1845) 512
Serrure, Théodore (1862-1957) 512
Serrurier-Bovy, Gustave (1858-1910) 512
Sert i López, Josep Lluís (1902-83) 515
Servais, Charles (1828-92) 513
Servandoni, Giovanni Niccolò Geronimo (1695-1766) 513
set-back 510
set-off 185
settlement 510
Seven Wonders of the Ancient World 653
Severus (1 世紀中葉活躍) 508
severy 508
sex- 1114
Sezession 865
sgraffito 465
shaft 410
shaft-ring 410
Shaker architecture 392
sham 410
Shanahan, Michael (1770 頃-90 頃活躍) 409
shaped gable 79
Sharawadgi 411
Sharawaggi 411
Sharon, Arieh (1900-84) 413
Shaw, John (1776-1832) 435
Shaw, Richard Norman (1831-1912) 432
Shchusev, Aleksei Viktorovich (1873-1949) 420
shear 518
shed-roof 207
sheet-glass 80
sheeting 403
Shekhtel', Fedor Osipovich (1859-1926) 395
shell 397
shell-lime 200
Shepheard, Sir Peter Faulkner (1913-2002) 394
Shepherd, Edward (1747 没) 394
Sheppard, Richard Herbert (1910-92) 394
Shereff, John (1528-35 活躍) 397
shingle 448
Shingle style 448
Shinohara, Kazuo (1925-2006) 404
shoin 431
shoji 431
Shoosmith, Arthur Gordon (1888-

1974) 420
shopping arcade 436
shopping mall 436
shopping-centre 436
shore 579
shoulder 438
Shreve, Richmond Harold (1877-1946) 427
shrine 505
Shurcliff (originally Shurtleff), Arthur Asahel (1870-1957) 407
Shute, John (1563 没) 423
shutter 408
shuttering 208, 508
Shutze, Philip Trammell (1890-1982) 421
Sibbald, William (1809 没) 405
Siccard von Siccardsburg, August (1813-68) 402
sick-building syndrome 403
side 370
side-chapel 1150
side-light 370
Siegel, Robert (1939-) 400
sill 446
silo 372
Siloé, Diego de (1490 頃-1563) 447
Silsbee, Joseph Lyman (1843-1913) 447
Silva, Ercole (1756-1840) 446
Silvani, Gherardo (1579-1675) 446
sima 405
simatium 372
Simmons, Charles Evelyn (1879-1952) 406
Simón de Colonia (1450 頃-1511) 406
Simon the Mason (活躍 1301-22 没) 372
Simonetti, Michelangelo (1724-87) 405
Simpson, Archibald (1790-1847) 455
Simpson, John Anthony (1954-) 455
Sinan (1489-1578/88) 459
singing-gallery 505
single frame 448
single-hung 448
single-pile house 448
Siren, Heikki (1918-2013) 447
SITE (Sculpture in the Environment) 370
Sitte, Camillo (1843-1903) 403
Sixdeniers, C. (1530 年代活躍) 401
Sixteen Principles of Urbanism 614
Siza (Vieira), Álvaro Joaquim de Melo (1933-) 400
skeleton 466
skeleton-frame 466
skew 464

skew-arch 653
skew-back 464
skew-block 464
skew-block, skew-butt, skew-corbel, skew-put(t), skew-table 464
skew-butt 464
skew-corbel 464
skew-put(t) 464
skew-table 464
Skidmore, Owings, & Merrill (SOM) 463
Skillyngton, Robert (1391-1400 活躍) 464
skirt 461
skirting 722
skirt-roof 461
skull 462
skylight 606
skyline 461
skyscraper 460
sky-sign 460
slab 503
slab-house 503
slab-roof 503
slat 503
slate 504
slate-boarding 504
slate-hanging 504
sleeper 503
sleeper-wall 503
slit and tongue 503
Sloan, Samuel (1815-84) 504
SLOAP (Space Left Over After Planning) 390
slurb 503
slype 503
Smeaton, John (1724-92) 502
Smirke, Sir Robert (1780-1867) 498
Smirke, Sydney (1798-1877) 498
Smith Brothers 499
Smith, Arnold Dunbar (1866-1933) 499
Smith, George (1783-1869) 500
Smith, George Washington (1876-1930) 501
Smith, James (1645 頃-1731) 500
Smith, John (1781-1852) 501
Smith, Thomas Gordon (1948-2021) 501
Smithson, Alison (1928-93) and Peter Denham (1923-2003) 502
smithy 205
smoke-house 503
Smyth, Henry (活躍 1506-17 没) 502
Smyth, John (活躍 1429-60 頃没) 501
Smyth, William (活躍 1465 頃-90 没) 499
Smythson, Robert (1535 頃-1614)

501

sneck 491

snecked harling 1153

Snozzi, Luigi (1932-2020) 491

soaker 523

Soami (otherwise Shinso Soami) (1472-1523/5) 521

Soane, Sir John (1753-1837) 530

Social architecture 524

Socialist Realism 406

Society of Dilettanti 524

socle 524

soffit(a) or (e) 526

soffit-cusp 526

soffit-roll 526

Soft architecture 527

Soissons, Bernard de (13世紀活躍) 893

Soissons, Comte d'Ostel, Baron Longroy. Louis-Emmanuel-Jean-Guy de Savoie-Carignan de (1890-1962) 530

solar 528

solar glass 407

solar house 528

Solari, Guiniforte (1429-81) 528

Solari, Santino (1576-1646) 528

solarium 528

soldier 529

sole 446, 529

solea 529

sole-piece 402

soler 528

Soleri, Paolo (1919-2013) 529

Solomonic column 530

SOM 157

Sommaruga, Giuseppe (1869-1917) 533

sommering 527

Sonck, Lars Eliel (1870-1956) 530

Sondergotik 532

sopraporta 527

Sørensen, Carl Theodor Marius (1893-1979) 529

Soria y Mata, Arturo (1844-1920) 528

Soria, Giovanni Battista (1581-1651) 528

Soriano, Raphael Simon (1907-88) 529

Sosnowski, Oskar (1880-1939) 525

Sostres (Maluquer), Josep Maria (1915-84) 524

Sottsass, Ettore (1917-2007) 525

Soufflot, Jacques-Germain (1713-80) 495

sounding-board 195

space-frame 497

span 494

spandrel 494

spandrel-bracket 494

spandrel-panel 494

spandrel-step 494

spandrel-strut 494

spandrel-wall 494

Spanish Colonial Revival 493

Spanish Order 497

span-piece 494

span-roof 494

spar 491

Speckle or Specklin, Daniel (1535-89) 425

speer 496

Speer, Albert (1905-81) 424

Speeth, Peter (1772-1831) 425

speklagen 497

Spence, Sir Basil Urwin (1907-76) 497

spere 496

Spezza or Spazio, Andrea (1628没) 497

sphinx 495

spier 496

spike 493

spina 494

spiral column 664

spiral stair 1040

spire 492

spirelet 493

spire-light 493

splay 495

splayed arch 495

splayed coping 653

splayed jamb 499

splayed mullion 499

splayed window 499

splay-foot 495

split 1154

Spoerry, François-Henri (1912-99) 497

spolia 498

Sponlee, John de (活躍1350-86頃没) 498

spread footing or foundation 495

Spreckelsen, Johan Otto von (1929-87) 495

spring 239

springer 239

springing 239

springing wall 495

springing-course 495

springing-line 512

sprocket 495

spur 491

spur-beam 493

spure 496

spur-stone 493

spur-wall 493

square 464

square billet 781

square dome 213

square end 464

squared rubble 667

square-framed 464

square-headed 464

square-turned 464

squinch 464

squint 464

squint corner 464

Squire, Raglan (1912-2004) 466

stable 483

staccato 476

stackstand 476

staddle-stone 477

stadium 475, 477

stage 484

Stainefield, Oliver de (1305-10活躍) 484

stair 197

staircase 200

stalactite 477

stalk 266

stall 490

Stam, Martinus Adrianus, called Mart (1899-1986) 477

Stamp, Gavin Mark (1948-2017) 479

stanchion 479

standing-tower 479

Stanley, Thomas (活躍1429-62没) 479

staple 484

Stark, William (1770-1813) 475

starling 478

Starov, Ivan Yegorovich (1745-1808) 478

starved Classicism 475

Stasov, Vasily Petrovich (1769-1848) 476

Statham, Henry Heathcote (1839-1924) 484

station 484

stave 475

stave-church 475

steel 688

Steele, Fletcher (1885-1971) 483

Steenwinckel Family 483

steeple 518

Steffann, Emil (1899-1968) 422

Stegmann, Povl (1888-1944) 484

Stein, Clarence, S. (1882-1975) 474

Stein, Joseph Allen (1912-2001) 475

Steinbach, Erwin von (1318没) 421

Steindl, Imre (1839-1902) 422

Steiner, Rudolf (1861-1925) 420

stela 243

stele 243

Stella, Paolo della (1552没) 485

欧文索引 1192

stellar vault 910
stencil 485
step 484
step pyramid 200
Stephen the Mason (1180-1228 活躍)
　482
Stephenson, Robert (1803-59) 482
Stephenson, Stephen (1387 頃-1400 活
　躍) 482
stereobata 485
stereobate 485
stereometry 252
stereotomy 485
Stern, Raffaello (1774-1820) 485
Stern, Robert Arthur Morton (1939-)
　479
Stethaimer or Stettheimer, Hans
　(1432 没) 422
Steuart, George (1730 頃-1806) 480
Stevenson, John James (1831-1908)
　482
Stick style 482
Stieglitz, Christian Ludwig (1756-
　1836) 421
stiff-leaf 483
Stijl, De 593
Stile 483
stile 548
Stilling, Harald Conrad (1815-91)
　483
Stillman & Eastwick-Field 483
stilted 483
Stirling, Sir James Frazer (1926-92)
　478
stoa 485
stock brick 487
Stoddart, Alexander (1959-) 487
stoep 486
Stokes, Isaac Newton Phelps (1867-
　1944) 486
Stokes, Leonard Aloysius Scott
　Nasmyth (1858-1925) 486
Stone, Edward Durell (1902-78) 491
Stone, Nicholas (1587-1647) 491
stoop 486
stop 487
stop-chamfer 487
stopped flute 487
storey 196
story 196
stoup 313, 486, 506
Stow, Richard de (活躍 1270 頃-1307)
　486
Stowell, Robert (活躍 1452-1505 没)
　485
Strack, Johann Heinrich (1805-80)
　423
straight arch 459
strainer 490

straining-piece 655
strapwork 488
Strauven, Gustave (1878-1919) 490
streamlining 1073
Street, George Edmund (1824-81)
　489
street-furniture 490
stressed-skin 490
stretcher 651
stria 487
Strickland, William (1788-1854) 488
strigil 488
strigillation 488
string 490
stripped Classicism 489
stripwork 489
strix 488
Structuralism 321
strut 579
Stuart architecture 484
Stuart, James ‘Athenian’ (1713-88)
　480
Stubbins, Hugh Asher (1912-2006)
　477
stucco also stuc 476
stucco lustro 580
stud 477
stud-and-panel 477
Studio PER 485
Stüler, Friedrich August (1800-65)
　422
stump tracery 479
stupa 486
Sturgis, John Hubbard (1834-88)
　476
Sturgis, Russell (1836-1909) 476
Sturm, Leonhard Christoph (1669-
　1719) 423
Style 1925 517
Style Moderne 483
Style Rayonnant 1088
stylobate 474
Suardi, Bartolomeo, called Bramantino
　(1465 頃-1530) 457
sub-arch 377
sub-base 378
Sublime 460
sub-Order 377
sub-plinth 378
Subtopia 377
Suburbia 319
Suger, Abbot (1081-1151) 420
sule 446
Sullivan, Louis Henri (1856-1924)
　380
Sumerian architecture 426
summer 378
summer-beam 379
summer-house 379

Summerson, Sir John Newenham
　(1904-92) 378
summer-stone 378
sunburst 388
sun-disc 656
sunk draft 387
sunk face 387
sunk fence 387
sunk moulding 387
sunk panel 387
sunk relief 85
super-abacus 492
super-altar 493
super-block 493
super-capital 432
supercilium 781
supercolumniation 493
superimposed Orders 179
Supermannerism 494
supermarket 494
Supersensualism 573
Superstudio 493
Suprematism 424
Surbase 378
surbased arch 901
surcharge 431
surmounted 378
surround 379
suspended 580
Sussex bond 375
Sustainable architecture 375
Sustris, Friedrich (1540 頃-99) 474
Suter, Richard (1797-1883) 478
swag 718
Swales, Francis S. (1878-1962) 460
swallowtail 504
swan-neck 504
Swastika 504
swelled chamfer 460
swelled frieze 460
Switzer, Stephen (1683-1745) 459
symbol 456
Symbolic architecture 432
Symbolism 432
symmetry 430, 456
synagogue 404
synclastic 448
synthronus 430
Syrian arch 444
Syrkusowa, Helena (1900-82) and
　Syrkus Szymon (1893-1967) 447
Systems architecture 401
systyle 418

T

t'a or taa 534
tab 550
tabby 550

欧 文 索 引

tabernacle 550
tabernacle-work 550
tabia 751
table 597
tabled 597
table-stone 597
tablet 552
tablet-flower 552
table-tomb 597
tablet-tomb 552
tabling 586
tablinum 551
tabula 550
tabula rasa 551
tabulatum 551
tabulinum 551
TAC (The Architects' Collaborative) 582
Taché, Eugène-Étienne (1836-1912) 546
taenia 538
tailloir 587
Tait, Thomas Smith (1882-1954) 538
Takamatsu, Shin (1948-) 545
Takeyama, Minoru (1934-2020) 546
Talenti, Francesco (1300 頃-69) 556
tall buildings 321
Taller de Arquitectura 553
tallet 555
tallot 555
tallus 555, 588
tallus wall 553
tallut 555
Talman, John (1677-1726) 641
Talman, William (1650-1719) 640
talon 556
talus 555, 588
talut 555
tambour 559
Tange, Kenzo (1913-2005) 556
taper 517
tapia 550, 751
Tapper, Sir Walter John (1861-1935) 547
tappia 751
tarsia 240
tas-de-charge 548
tatami 546
Tatham, Charles Heathcote (1772-1842) 584
Tatlin, Vladimir Evgrafovich (1885-1953) 548
Tatsuno, Kingo (1854-1919) 547
Taut, Bruno (1880-1938) 541
Taut, Max (1884-1967) 542
Taylor, George Ledwell (1788-1873) 587
Taylor, Sir Robert (1714-88) 587

Teague, Walter Dorwin (1883-1960) 583
Team X (10) 563
Team Zoo 563
tebam 597
Tecton 592
Teige, Karel (1900-51) 537
telamon 603
Telford, Thomas (1757-1834) 603
Temanza, Tommazo (1705-89) 598
temenos 598
tempietto 606
template 606
temple 453, 530, 606, 830, 838
Temple, Raymond du (1359-1403/4 活躍) 1099
temple-front 606
templet 606
temple-tower 606
tenaille 611
tenaillon 611
Tendenza 605
tendril 605
tenement 597
Tengbom, Ivar Justus (1878-1968) 604
tenia 538
tenon 913
Tensile architecture 573
tent 605
tent ceiling 605
tepidarium 597
term 553
terminal 553
terminal figure 553
termination 553
terminus 553
terrace 602
terracotta 602
Terragni, Giuseppe (1904-43) 603
terrazzo 602
Terry, John Quinlan (1937-) 603
tessella 595
Tessenow, Heinrich (1876-1950) 595
tessera 596
Tessin, Nikodemus, the Elder (1615-81) 595
Tessin, Nikodemus, the Younger, Count (1654-1728) 595
Testa, Clorindo (1923-2013) 593
tester 593
tetramorph 596
tetraprostyle 596
tetrapylon 596
tetrastyle 596
tetrastyle atrium 596
Teulon, Samuel Sanders (1812-73) 601

thatch 267
theatre 306
thé-au-lait 591
theme-park 597
Theodorus of Samos (前 540 没) 591
Theodotos (前 360 頃没) 591
thermae 604
thermal window 379
Thibault, Jean-Thomas (1757-1826) 563
Thibault, Louis-Michel (1750-1815) 563
Thibiage,-De (1840 年代活躍) 586
Thienen, Jacob van (15 世紀前半活躍) 585
Thiersch, Friedrich von (1852-1921) 581
Third Pointed 537
Thirsk, John (活躍 1420-52 没) 374
thole 612
tholobate 646
tholos 645
Thomas of Canterbury (1324-31 活躍) 624
Thomas, John (1813-62) 624
Thomas, Sir Alfred Brumwell (1868-1948) 623
Thomas, William (1799-1860) 623
Thomon, Thomas-Jean de (1754-1813) 628
Thompson, Benjamin (1918-2002) 649
Thompson, Sir Benjamin (1753-1814) 649
Thomson, Alexander 'Greek' (1817-75) 626
Thon 648
Thornely, Sir Arnold (1870-1953) 533
Thornton, William (1759-1828) 532
Thorpe, John (1565 頃-1655 頃) 526
three-centred 387, 388
threshold 399
throat 1114
throating 978
throughstane 504
through-stone 504
thrust 459
Thumb Family 612
thumb-moulding 379
thunderbolt 388
Thura(h), Laurids (Lauritz) Lauridsen (1706-59) 611
Tibaldi, Marchese di Valsolda, Pellegrino or Pellegrini (1527-96) 585
tiburio 586
Ticinese School 585
tide-mill 574

欧文索引 1194

tie 534
tier 581
tierceron 581, 813
Tiffany, Louis Comfort (1848-1933) 586
Tigerman, Stanley (1930-2019) 536
tile 540
tile-creasing 540
timber 1002
timber frame 1005
Tirol, Hans (1505 頃-75 頃) 588
Tite, Sir William (1798-1873) 537
tithe barn 537
Tivoli window 582
Todd, Frederick G. (1876-1948) 621
Todt, Fritz (1891-1942) 622
tokonoma 614
Toledo, Juan Bautista de (1515 頃-67) 645
Toltec architecture 640
tomb 926
tomb-canopy 611
tomb-chest 692
tombstone 687
tombstone-light 611
Tomé, Narciso (1694 頃-1742) 628
Ton, Konstantin Andreyevich (1794-1881) 648
tondo 648
tongue 556
tooth 401
toothing 610
toothing-stones 611
torana 632
torch 539
tore 607
torii 634
Torralva, Diogo de (1500 頃-66) 633
Torrigiani, Pietro di Torrigiano d'Antonio (1472-1528) 621
Torroja y Miret, Eduardo (1899-1961) 646
torsade 639
torso 639
torus 630
Total architecture 522
Totalitarian architecture 517
touch 547
tourelle 612
tower 609
tower-block 321
tower-house 556
town canopy 543
Town, Ithiel (1784-1844) 543
Townesend, William (1676-1739) 544
townscape 543
Townsend, Charles Harrison (1851-1928) 544

Townsend, Geoffrey Paulson (1911-2002) 544
trabeated 951
tracery 641
trachelion 629
trachelium 629
trachyte 629
tracing-house 644
trade-hall 645
trail 641
Trajanic column 633
Tramello, Alessio (1470 以前-1528 頃) 633
transenna 632
transept 633
transept-aisle 634
transept-chapel 634
Transitional architecture 212
transom(e) 633
transverse arch or rib 175
transyte 634
trap-door 632
Trasparente 633
trave 629
traverse 629
Travertine 629
travis 629
trayle 641
tread 817
Treadwell, Henry John (1861-1910) 644
treasury 644
tree 580
Tree of Jesse 160
tree-house 580
tree-nail 580
tree-trunk 580
trefoil 645, 983
trellis 645
tresantia 634
tresauns 634
Tresk, Simon de (1255 頃-91 頃活躍) 644
tressaunte 634
tresse 644
Trezzini, or Tressini, or Trezini, Domenico (1670-1734) 644
triangular arch 385
triangular fret 385, 852
triangulation 629
tribune 638
triclinium 634
triconch 634
triforium 638
triforium-gallery 638
triglyph 634
trilith 639
trilithon 639
trilobate 639

trim 639
trimmer 638
tripartite 389, 629
triptych 638
triquetra 634
trisantia 634
tristyle 388, 637
triumphal arch 196
triumphal column 243
trochilus 645
trompe 647
trompe l'œil 647
Troost, Paul Ludwig (1879-1934) 645
trophy 646
Trouard, Louis-François (1729-94) 612
trough-gutter 549, 692
trough-roof 632
trullo 612
Trumbauer, Horace (1868-1938) 634
trumeau 612
trumpet-arch 634
truss 630
Tschumi, Bernard (1944-) 572
Tudor arch 572
Tudor architecture 572
Tudor flower 572
Tudor Revival 572
Tudorbethan 572
tufa 611
tumbling-course 559
tumbling-in 559
tumulus 573
Tunnard, Christopher (1910-79) 549
tunnel-vault 649, 747
turba 612
Turin 1902 Exhibition 638
turnbout 558
turnbuckle 558
Turnbull, William (1935-97) 559
Turner, Hugh Thackeray (1853-1937) 549
Turner, Thomas (1820-91) 548
turnpike 558
turret 555
turret-step 555
turriculated 553
Tuscan architecture 619
Tuscan Order 619
Tuscher, Carl Marcus (1705-51) 610
tusk 546
tuss 546
twining stem 610
twisted column 664
twisted stem 610
two-light window 580
Tylman van Gameren (1630 頃-1706)

588
tympan 558
tympanum 558
type 539
typology 539

U

UEC 1023
umbraculum 150
umbrella 71
umbrella dome 204
umbrello 150
uncut modillion 60
undé 64
undercroft 64
undulating 63
undy 64, 150
Unger, Georg Christian (1743-1812) 149
Ungers, Oswald Mathias (1926-2007) 149
Ungewitter, Georg Gottlob (1820-64) 150
unit system 1025
universal design 1025
Unwin, Sir Raymond (1863-1940) 59
Upjohn, Richard (1802-78) 29
Upjohn, Richard Michell (1828-1903) 30
Urabe, Shizutaro (1909-91) 148
uraeus 148
urban design 614
urban renewal 36
Urban, Joseph (1872-1933) 36
urbanism 36
urilla 148
urn 149
uroboros 149
Usonian 1024
Utopian architecture 1025
Utopie group 1025
Utzon, Jørn Oberg (1918-2008) 144
Uytenbogaardt, Roelof Sarel (1933-98) 147

V

V 794
Vaccarini, Giovanni Battista (1702-69) 95
Vaccaro, Domenico Antonio (1678-1745) 95
vagina 91
Vágó, Pierre (1910-2002) 92
Valadier, Giuseppe (1762-1839) 96
valance 97
Valle, Gino (1923-2003) 95
Vallée, Simon de la (1590 頃-1642)

99
valley 549
Vallin de la Mothe, Jean-Baptiste-Michel (1729-1800) 97
vallum 130
Valode et Pistre 99
Valsamàkis, Nikos (1925-) 98
valva 98
Valvassori, Gariele (1683-1761) 98
valve 98
van Alen, William (1882-1954) 99
van Baurscheit, Jan Pieter (1699-1768) 793
van Brunt, Henry (1832-1930) 102
van Campen, Jacob (1595-1657) 792
van de Velde, Henry (or Henri) Clements (1863-1957) 100
van der Nüll, Eduard (1812-68) 792
van der Rohe, Ludwig Mies (1886-1969) 793
van Doesburg, Theo (1883-1931) 793
van Eesteren, Cor(nelis) (1897-1988) 792
van Eyck, Aldo (1918-99) 792
Vanbrugh, Sir John (1664-1726) 101
Vandenhove, Charles (1927-2019) 100
vane 204
van't Hoff, Robert (1887-1979) 793
Vantini, Rodolfo (1791-1856) 99
Vanvitelli, Luigi (1700-73) 99
Vardy, John (1718-65) 96
Vasanzio, Giovanni (1550 頃-1621) 93
Vasari, Giorgio (1511-74) 93
vase 124
Vásquez or Vázquez de Segovia, Lorenzo (1450 頃-1515 以前) 1140
Vauban, Sébastien le Prestre, Maréchal de (1633-1707) 135
Vaudoyer, Antoine-Laurent-Thomas (1756-1846) 135
Vaudoyer, Léon (1803-72) 135
Vaudremer, Joseph-Auguste-Émile (1829-1914) 134
vault 138
vaulting 141
vaulting capital 141
vaulting pottery 141
vaulting shaft 141
vaulting-cell 141
Vauthier, Louis-Léger (1815-1901) 134
Vaux, Calvert (1824-95) 133
Vázquez, Pedro Ramírez (1919-2013) 699
velarium 128
vellar cupola 128

Velten, Georg Friderick, *known as* Fel'ten, Yury Matveyevich (1730-1801) 803
velum 130
Venetian arch 126
Venetian blind 126
Venetian crenellation 126
Venetian dentil 126
Venetian door 126
Venetian Gothic Revival 126
Venetian window 126
Vennecool, Steven Jacobs (1657-1719) 131
vent 131
Venturi, Robert Charles (1925-2018) 130
veranda 128
verandah 128
verge 93, 310
Verge, John (1782-1861) 93
verge-board 94, 724
Verity, Francis (Frank) Thomas (1864-1937) 129
Verity, Thomas (1837-91) 129
vermiculation 130
vernacular architecture 96
Vertue, Robert (活躍 1475-1506 没) 94
Vertue, William (活躍 1501-27 没) 94
vesica piscis 124
Vesnin Brothers 125
vestibule 125
Vestier, Nicolas-Jacques-Antoine (1765-1816) 125
vest-pocket park 125
vestry 125
via 102
viaduct 1063
vicarage 104
vice 105
Vicenzo, Antonio di (1350 頃-1401/2) 106
Victorian 104
Vienna Sezession 120
Viganò, Vittoriano (1919-96) 104
vignette 110
Vignola, Giacomo or Jacopo Barozzi da (1507-73) 110
Vignon, Alexandre-Pierre (1763-1828) 112
Vigny, Pierre de (1690-1772) 110
vihara 112
Viking ornament 90
villa 112
Villagrán García, José (1901-82) 781
Villalpando, Juan Bautista (1552-1608) 782
Villanueva, Carlos Raúl (1900-75)

欧文索引 1196

781
Villanueva, Juan de (1739-1811) 782
Villard *or* Wilars de Honnecourt *or* Honecort (1175 頃-1240 頃) 113
vimana 112
Vinci, Leonardo da (1452-1519) 120
Vincidor, Tommaso da Bologna (*or* Thomas Vincenz (1495 頃-1534/6) 120
vine 91
vinette 110, 112
Vingboons, *or* Vinckeboons, Philip (pu)s (1607/8-78) 798
Viollet-le-Duc, Eugène-Emmanuel (1814-79) 103
vis 105
Viscardi, Giovanni Antonio (1645-1713) 105
Visconti, Louis (Ludovico)-Tullius (Tullio)-Joachim (1791-1853) 105
Visionary architecture 313
Vitozzi, Ascanio (1539-1615) 108
vitrified 221
Vitrolite 110
Vitruvian opening 109
Vitruvian scroll 109
Vitruvius Pollio, Marcus (前 1 世紀後半活躍) 109
Vittone, Bernardo Antonio (1702-70) 107
vivo 102
Voit, August von (1801-70) 805
Volksgarten 809
volumetric building 137
volute 137
Vorarlberg School 805
Voronikhin, Andrey Nikiforovich (1759-1814) 143
voussoir 512
Voysey, Charles Francis Annesley (1857-1941) 131
Vredeman 853
Vriendt, Cornelis Floris de (1514-75) 840
Vries, Hans Vredeman de (1527-1606) 834
Vulliamy, Lewis (1791-1871) 97
vulne window 149
vyse 105

W

Wachsmann, Konrad Ludwig (1901-80) 1151
Waghemakere Family 1153
Wagner, Martin (1885-1957) 92
Wagner, Otto (1841-1918) 92
wagon-chamfer 1150
wagon-headed 1150

wagon-roof 1150
wagon-vault 1150
Wahlman, Lars Israel (1870-1952) 98
Wailly, Charles de (1730-98) 89
wainscot 124
Walker, Peter (1932-) 132
Walker, Ralph Thomas (1889-1973) 132
wall 216
Wallace, William (1631 没) 136
wall-arcade 874
wall-arch 874
wall-base 142
wall-column 137
wall-coping 137
wall-dock 141
wall-dormer 142
wall-garden 137
Wallis, Thomas (1873-1953) 136
Wallot, Paul (1841-1912) 99
wall-piece 142
wall-pier 142
wall-plate 399
wall-press 142
wall-rib 143
wall-shaft 137
wall-string 217
Walpole, Horace William, 4th Earl of Oxford (1717-97) 142
Walsingham, Alan of (活躍 1314-64 没) 137
Walter of Canterbury (1319-27 活躍) 137
Walter, Thomas Ustick (1804-87) 138
Walters, Edward (1808-72) 137
Walton, Walter *or* Watkin (活躍 1381-1418 没) 142
Wandpfeiler 101
Wank, Roland Anthony (1898-1970) 1154
Warchavchik, Gregori (1896-1972) 98
ward 134
Wardell, William Wilkinson (1823-99) 1152
wardrobe 1153
Ware & van Brunt 122
Ware, Issac (1704-66) 122
warehouse 522
Warren & Wetmore 143
Warren, Edward Prioleau (1856-1937) 143
Wastell, John (1460 頃-1515 頃) 123
Watanabe, Hitoshi (1887-1973) 1151
Watanabe, Youji (1923-83) 1151
watching-chamber *or* -loft 134
watch-tower 231

Watelet, Claude-Henri (1718-86) 1153
water 978
water mill 457
water-bar 401
water-holding base 134
Waterhouse, Alfred (1830-1905) 133
water-leaf 978
Waterloo church 1152
water-shot 133
water-table 133
water-tower 252
water-wall 133
water-wheel 457
Watkin, David John (1941-2018) 1152
Watt, Richard Harding (1842-1913) 1151
wattle-and-daub *or* -dab 1152
wave-moulding 691
wave-scroll 691
Wayss, Gustav Adolf (1850-1917) 90
Wealden house 118
weather-boarding 402
weather-cock 205
weather-door 124
weathered 799, 978
weathering 799, 978
weather-moulding 124
weather-slating 504
weather-struck 404
weather-tiling 402
weather-vane 204
web 126
Webb, John (1611-72) 127
Webb, Philip Speakman (1831-1915) 127
Webb, Sir Aston (1849-1930) 126
webbing 126
Weedon, Harold (Harry) William (1888-1970) 105
weeper 112
Weightman, John Grey (1801-72) 124
Weijer, Christoph de (1956-) 124
Weinbrenner, Johann Jakob Friedrich (1766-1826) 91
Weir, Robert Weir Schultz (Robert Weir Schultz until 1915) (1860-1951) 102
Weissenhofsiedlung 91
Welch, Edward (1806-68) 130
Welch, Herbert Arthur (1884-1953) 129
Welland & Gillespie 128
Wells Coates, Wintemute (1895-1958) 130
Wells, Arthur Randall (1877-1942) 130

欧 文 索 引

Wells, Joseph Merrill（1890 没） 130
Wells, Simon de（1240-57 活躍） 406
Wells, The Master of（1175 頃-1215 頃
　活躍） 955
Welsch, Johann Maximilian von
　（1671-1745） 129
Welsh 130
Werkbund 129
Werkstätte 129
Weserrenaissance 124
Westerley, Robert（1421-61 活躍）
　125
Westphalen（or Westfalen）, Arnord
　von（15 世紀頃活躍） 34
west-work 655
wheeler 112
wheelhouse 905
wheel-window 411
whelmer and kneeler 130
whiplash 112
whispering 374
White, Stanford（1853-1906） 941
White, Stanley（1891-1979） 941
White, William（1825-1900） 941
Whitfield, Sir William（1920-2019）
　904
Whitwell, Thomas Stedman（1784-
　1840） 106
wicket 266
Wiedemann Family 108
Wiedewelt, Johannes（1731-1802）
　108
Wiener Werkstätte 119
Wightwick, George（1802-72） 1148
wigwam 104
Wijdeveld, Hendrik Theodorus（1885-
　1989） 91
Wild, James William（1814-92） 1149
wilderness 117
Wilds, Amon（1762-1833） 1149
Wilford, Michael（1938-2023） 118
Wilkins, William（1751-1815） 115
Wilkins, William（1778-1839） 115
Wilkinson, George（1840-90） 116
Willard, Solomon（1783-1861） 113
William and Mary 113
William Bastard（1689 頃-1766） 699
William de Ramsey（活躍 1323-49 没）
　115
William of Wykeham（1324-1404）
　113
William of Wynford（活躍 1360-1405
　没） 113
William Smith（1661-1724） 500
Williams, Edward A.（1914-84） 114
Williams, Sir（Evan）Owen（1890-
　1969） 114
Williams-Ellis, Sir（Bertram）Clough
　（1883-1978） 114

Willmott, Ernest（Ernest Willmott
　Sloper until 1907）（1871-1916）
　119
Wilson, Charles（1810-63） 116
Wilson, Henry（1864-1934） 117
Wilson, Sir Colin Alexander St John
　（1922-2007） 116
Wilson, William Hardy（1881-1955）
　116
Wimmel, Carl Ludwig（1786-1845）
　112
winch 120
Winchcombe, Richard（1398-1440 活
　躍） 120
Winckelmann, Johann Joachim（1717-
　68） 119
wind 206
wind-beam 206
wind-brace 539
Winde, William（1640 頃-1722） 120
winder 266
winding stair 971, 1040
window 962
window-back 325
window-bar 121
window-board 516
window-bossing 121
window-case 121
window-embrasure 121
window-frame 965
window-guard 121, 965
window-head 121
window-lead 121
window-ledge 965
window-post 121
window-screen 121
window-seat 121
window-shutter 1027
wind-scoop 121
wine-cellar 1150
Wines, James（1932-） 1149
wing 119, 816, 1026
winged globe 1024
wing-light 1026
Wintringham, William（活躍 1361-92
　没） 121
Wirtz, Jacques（1924-2018） 118
Wise, Henry（1653-1738） 1148
Wit, or Witte, Peter de（1548-1628）
　109
Withers, Frederick Clarke（1828-
　1901） 104
Witney, Thomas of（1292-1342 活躍）
　108
Wittkower, Rudolf（1901-71） 106
Wodehirst, Robert de（活躍 1351-1401
　没） 147
Woderofe, James（1415-51 活躍） 147
Wohlmut, Bonifaz（1522-79 没・活躍）

143
Wolff, Jakob, the Elder（1546-1612）
　142
Wolveston, Richard de（1170-82 頃
　没・活躍） 1059
Wolvey, Thomas（活躍 1397-1428 没）
　148
Wood Family 145
Wood, Edgar（1860-1935） 146
Wood, Thomas（1644 頃-95） 146
wood-mosaic 245
Woodroffe, Edward（1622 頃-75）
　146
wood-roll 260
Woods, Shadrach（1923-73） 144
woodshaving pattern 1002
Woodward, Benjamin（1816-61） 146
Woodyer, Henry（1816-96） 144
workhouse 252
working-drawing 403
Worlich, John（1443-76 活躍） 1153
Worthington, Thomas（1826-1909）
　1150
Wotton, Sir Henry（1568-1639） 134
wreath 1059
wreathed column 1040
wreathed stair 664
Wren, Sir Christopher（1632-1723）
　1110
Wrenaissance 1112
Wright, Frank Lloyd Lincoln（1867-
　1959） 1030
Wright, Frank Lloyd, jun（1890-1978）
　1029
Wright, Henry（1878-1936） 1032
Wright, John Lloyd（1892-1973）
　1029
Wright, Thomas（1711-86） 1029
wrought iron 1112
Wu, Liang-Yong（1922-） 148
Wurster, William Wilson（1895-1973）
　1150
Wyatt window 1147
Wyatt, Benjamin Dean（1775-1852）
　1147
Wyatt, James（1746-1813） 1146
Wyatt, Lewis William（1777-1853）
　1148
Wyatt, Samuel（1737-1807） 1145
Wyatt, Sir Matthew（1805-86） 1145
Wyatt, Sir Matthew Digby（1820-77）
　1145
Wyatt, Thomas Henry（1807-80）
　1147
Wyatville, Sir Jeffry（1766-1840）
　1144
Wykeham, William of（1324-1404）
　104
Wynford, William of（活躍 1360-1405

欧文索引

没）121

X

X 160
xenodocheion 511
xenodochium 511
Xylonite 372
xylotechnigraphy 372
xystum 401
xystus 401

Y

Yamamoto, Riken (1945-) 1021
Yamasaki, Minoru (1912-86) 1021
yard 1018
Ybl, Miklós, *or* Nikolaus von (1814-91) 83
Yeates, Alfred Bowman (1867-1944) 75
yellow metal 76
yelm 76
Yenn, John (1750-1821) 76
yett 76
Yeveley *or* Yevele, Henry (1320/30 頃-1400) 74
ymage 84
yoke 1026
Yorke, Francis Reginald Stevens (1906-62) 1026
Yorkshire lights 1026
Yoshida, Isoya (1894-1974) 1027
Yoshizaka, Takamasa (1917-80) 1027
Young & Mackenzie 1021
Young, Ammi Burnham (1798-1874) 1021
Young, William (1843-1900) 1022
Y-tracery 1148
yurt 1025

Z

Zabłocki, Wojciech (1930-2020) 377
Zachwatowicz, Jan (1900-83) 377
Zakharov, Andreyan, *or* Adrian Dmitri-yevich (1761-1811) 375
Zanth, Karl Ludwig Wilhelm von (1796-1857) 575
Zanuso, Marco (1916-2001) 376
Zapotec architecture 378
zecca 509
Zehrfuss, Bernard-Louis (1911-96) 515
Zeidler, Eberhard Heinrich (1926-2022) 370
Zenetos, Takis Ch. (1926-77) 510
zeta 508

Zettervall, Helgo Nikolaus (1831-1907) 510
Zevi, Bruno (1918-2000) 507
Zholtovsky, Ivan Vladislavovich (1876-1959) 438
Ziebland, Georg Friedrich (1800-73) 576
ziggurat 403
zig-zag 400
Ziller, Ernst (*called* Ernestos) Moritz Theodor (1837-1923) 577
Zimbalo, Giuseppe (活躍 1659-86) 459
Zimmermann Brothers 576
Zion, Robert L. (1921-2000) 369
Zitek, Josef (1832-1909) 403
zocco 525
zoccolo 525
zocle 524, 525
zoning 526
zoömorph 523
Zoömorphic *or* New Animal architecture 523
zoöphoric column 453
zoöphorus 526
Zopf und Perücke 578
zophorus 526
Zoroastrianism 530
zotheca 525
Zuazo Ugalde, Secundino (1887-1970) 457
Zuccalli, Enrico (1642-1724) 481
Zuccalli, Giovanni Gaspare *or* Johann Kaspar (1654 頃-1717) 481
Zucker, Paul (1888-1971) 481
Zug, Simon Gottlieb *or* Szymon Bogumil (1733-1807) 579
Zwinger 578
Zwirner, Ernst Friedrich (1802-61) 578
zystos 401

監訳者略歴

鈴木博之
すず き ひろ ゆき

1945 年	東京都に生まれる
1974 年	東京大学大学院工学系研究科博士課程単位取得退学
1984 年	工学博士（東京大学）
1990 年	東京大学工学部教授
2009 年	青山学院大学総合文化政策学部教授，東京大学名誉教授
2010 年	博物館明治村館長
2014 年	逝去

編訳者略歴

横手義洋
よこ て よし ひろ

1970 年	鹿児島県に生まれる
2001 年	東京大学大学院工学系研究科博士課程修了
現 在	東京電機大学未来科学部教授，博士（工学）

中島智章
なか しま とも あき

1970 年	福岡県に生まれる
2001 年	東京大学大学院工学系研究科博士課程修了
現 在	工学院大学建築学部教授，博士（工学）

海老澤模奈人
え び さわ も な ど

1971 年	京都府に生まれる
2003 年	東京大学大学院工学系研究科博士課程修了
現 在	東京工芸大学工学部教授，博士（工学）

オックスフォード建築辞典　　　定価はカバーに表示

2024 年 11 月 1 日　初版第 1 刷
2025 年 2 月 15 日　　　第 2 刷

監訳者	鈴 木 博 之
編訳者	横 手 義 洋
	中 島 智 章
	海 老 澤 模 奈 人
発行者	朝 倉 誠 造
発行所	株式会社 朝 倉 書 店

東京都新宿区新小川町 6-29
郵便番号　162-8707
電話　03(3260)0141
FAX　03(3260)0180
https://www.asakura.co.jp

〈検印省略〉

© 2024 〈無断複写・転載を禁ず〉　　　　　新日本印刷・牧製本

ISBN 978-4-254-26644-3　 C 3552　　　Printed in Japan

JCOPY ＜出版者著作権管理機構 委託出版物＞

本書の無断複写は著作権法上での例外を除き禁じられています．複写される場合は，
そのつど事前に，出版者著作権管理機構（電話 03-5244-5088，FAX 03-5244-5089，
e-mail: info@jcopy.or.jp）の許諾を得てください．

オックスフォード辞典シリーズ オックスフォード 科学辞典

山崎 昶 (訳)

B5 判／936 頁　978-4-254-10212-3 C3540　定価 20,900 円（本体 19,000 円＋税）

定評あるオックスフォードの辞典シリーズの一冊"Science（Fifth Edition）"（2005年）の完訳版。生物学（ヒトを含む），化学，物理学，地球科学そして天文学といった科学全般にわたる約9000項目を50音配列で簡明に解説。学生のみならず，科学者以外の人々を科学へ誘う最良のコンパクトな参考図書といえよう。特色は三つ。一線級の科学者の充実した小伝・太陽系，遺伝子組換え等は見開きで図示化・宇宙論，顕微鏡，ビタミン等の歴史を完備。

オックスフォード辞典シリーズ オックスフォード 天文学辞典

岡村 定矩 (監訳)

A5 判／504 頁　978-4-254-15017-9 C3544　定価 10,560 円（本体 9,600 円＋税）

アマチュア天文愛好家の間で使われている一般的な用語・名称から，研究者の世界で使われている専門的用語に至るまで，天文学の用語を細大漏らさずに収録したうえに，関連のある物理学の概念や地球物理学関係の用語も収録して，簡潔かつ平易に解説した辞典。最新のデータに基づき，テクノロジーや望遠鏡・観測所の記載も豊富。巻末付録として，惑星の衛星，星座，星団，星雲，銀河等の一覧表を付す。項目数約4000。学生から研究者まで，便利に使えるレファランスブック。

オックスフォード辞典シリーズ オックスフォード 地球科学辞典

坂 幸恭 (監訳)

A5 判／720 頁　978-4-254-16043-7 C3544　定価 16,500 円（本体 15,000 円＋税）

定評あるオックスフォードの辞典シリーズの一冊"Earth Science (New Edition)"の翻訳。項目は五十音配列とし読者の便宜を図った。広範な「地球科学」の学問分野——地質学，天文学，惑星科学，気候学，気象学，応用地質学，地球化学，地形学，地球物理学，水文学，鉱物学，岩石学，古生物学，古生態学，土壌学，堆積学，構造地質学，テクトニクス，火山学などから約6000の術語を選定し，信頼のおける定義・意味を記述した。新版では特に惑星探査，石油探査における術語が追加された。

オックスフォード辞典シリーズ オックスフォード 気象辞典 (新装版)

山岸 米二郎 (監訳)

A5 判／320 頁　978-4-254-16134-2 C3544　定価 8,580 円（本体 7,800 円＋税）

1800語に及ぶ気象，予報，気候に関する用語を解説。特有の事項には図による例も掲げながら解説した，信頼ある包括的な辞書。世界のどこでいつ最大の雹が見つかったかなど，世界中のさまざまな気象・気候記録も随所に埋め込まれている。海洋学，陸水学，気候学領域の関連用語も収載。気象学の発展に貢献した重要な科学者の紹介，主な雲の写真，気候システムの衛星画像も掲載。気象学および地理学を学ぶ学生からアマチュア気象学者にとって重要な情報源となるものである。

オックスフォード辞典シリーズ オックスフォード 地理学辞典 (新装版)

田辺 裕 (監訳)

A5 判／384 頁　978-4-254-16363-6 C3525　定価 9,680 円（本体 8,800 円＋税）

伝統的な概念から最新の情報関係の用語まで，人文地理と自然地理の両分野を併せて一冊にまとめたコンパクトな辞典の全訳。今まで日本の地理学辞典では手薄であった自然地理分野の用語を豊富に解説，とくに地形・地質学に重点をおきつつ，環境，気象学の術語も多数収録。簡潔な文章と平明な解説で的確な定義を与える本辞典は，地理学を専攻する学生・研究者のみならず，地理を愛好する一般読者や，地理に関係ある分野の方々にも必携の辞典である。

上記価格は 2024 年 10 月現在

オックスフォード辞典シリーズ オックスフォード 生物学辞典

E. マーティン・R.S. ハイン (編) ／大島 泰郎・鵜澤 武俊 (監訳)

A5 判／600 頁　978-4-254-17135-8　C3545　定価 13,200 円（本体 12,000 円＋税）

定評あるオックスフォード大学出版局の辞典シリーズの一冊 "A Dictionary of Biology"（第5版）の翻訳。分子生物学, 生化学, 生理学, 細胞生物学, 発生生物学, 動物行動学, 生態学, 微生物学など生物学に関連する5000以上の重要な用語を選定して解説し, 五十音順に配列した。生物学とその周辺分野の学生, 研究者, 技術者にとって必携の辞典。〔内容〕アミノ酸／細胞間結合／触覚／生物多様性／胚胞／バイオインフォマティクス／バイオテクノロジー／被子植物／ビオトープ／他

オックスフォード辞典シリーズ オックスフォード 植物学辞典 (新装版)

駒嶺 穆 (監訳) ／藤村 達人・邑田 仁 (編訳)

A5 判／560 頁　978-4-254-17177-8　C3345　定価 13,200 円（本体 12,000 円＋税）

定評ある "Oxford Dictionary of Plant Science" の日本語版。分類, 生態, 形態, 生理・生化学, 遺伝, 進化, 植生, 土壌, 農学, その他, 植物学関連の各分野の用語約5000項目に的確かつ簡潔な解説をした五十音配列の辞典。解説文中の関連用語にはできるだけ記号を付しその項目を参照できるよう配慮した。植物学だけでなく農学・環境科学・地球科学およびその周辺領域の学生・研究者・技術者さらには植物学に関心のある一般の人達にとって座右に置いてすぐ役立つ。

オックスフォード辞典シリーズ オックスフォード 動物学辞典 (新装版)

木村 一郎・野間口 隆・藤沢 弘介・佐藤 寅夫 (訳)

A5 判／616 頁　978-4-254-17178-5　C3545　定価 15,400 円（本体 14,000 円＋税）

定評あるオックスフォードの辞典シリーズの一冊 "Zoology" の翻訳。項目は五十音配列とし読者の便宜を図った。動物学が包含する次のような広範な分野より約5000項目を選定し解説されている。——動物の行動, 動物生態学, 動物生理学, 遺伝学, 細胞学, 進化論, 地球史, 動物地理学など。動物の分類に関しても, 節足動物, 無脊椎動物, 魚類, は虫類, 両生類, 鳥類, 哺乳類などあらゆる動物を含んでいる。遺伝学, 進化論研究, 哺乳類の生理学に関しては最新の知見も盛り込んだ。

オックスフォード辞典シリーズ オックスフォード 仏教辞典

D. キーオン (著) ／末木 文美士 (監訳) ／豊嶋 悠吾 (編訳)

A5 判／420 頁　978-4-254-50019-6　C3515　定価 9,900 円（本体 9,000 円＋税）

定評あるオックスフォード辞典シリーズの一冊, D.Keown著 "Buddhism" の翻訳。項目は読者の便宜をはかり五十音配列とし, 約2000項目を収録。印中日のみならず, スリランカ, タイ, チベット, 韓国等アジア各国に伝わり独自の発展を遂げた仏教用語, さらに欧米における仏教についても解説。仏教文化に馴染みのない西欧の読者向けに編まれた本辞典は, 日本の読者にとっては基本的な知識を新鮮な視点から説き起こす, 平明かつ詳細な必携の書となっている。

オックスフォード辞典シリーズ オックスフォード イスラームの辞典

J.L. エスポズィット (編) ／八尾師 誠 (監訳) ／菊地 達也・吉田 京子 (訳)

A5 判／392 頁　978-4-254-50023-3　C3514　定価 9,900 円（本体 9,000 円＋税）

定評ある "The Oxford Dictionary of Islam" の翻訳。15億をこえる信徒, 世界約50ヵ国で多数派を占めるイスラームについて約1900項目収録。信仰や思想・法に関わるものから, 歴史や重要人物・地域, 世界各地のムスリムのありよう, 衣食住から慣習などの生活全般, 言語・芸術・教育, さらには科学技術や女性問題など, 幅広く重要なキーワードを取り上げて解説。現代の世界を理解するには欠くことのできないイスラームのすべてを収めた必携の一冊。

上記価格は 2024 年 10 月現在

オックスフォード辞典シリーズ オックスフォード 言語学辞典 (新装版)

中島 平三・瀬田 幸人 (監訳)

A5 判／496 頁　978-4-254-51070-6　C3580　定価 13,200 円（本体 12,000 円＋税）

定評あるオックスフォード辞典シリーズの一冊。P.H.Matthews編"Oxford Concise Dictionary of Linguistics"の翻訳。項目は読者の便宜をはかり五十音順配列とし，約3000項目を収録してある。本辞典は，近年言語研究が急速に発展する中で，言語学の中核部分はもとより，医学・生物学・情報科学・心理学・認知科学・脳科学などの周辺領域も幅広くカバーしている。重要な語句については分量も多く解説され，最新の情報は訳注で補った。言語学に関心のある学生，研究者の必掲書。

オックスフォード辞典シリーズ オックスフォード 食品・栄養学辞典 (新装版)

五十嵐 脩 (監訳)

A5 判／422 頁　978-4-254-61067-3　C3577　定価 11,000 円（本体 10,000 円＋税）

《本書は『オックスフォード食品栄養学辞典』(2002年刊) を底本として刊行したものです》定評あるオックスフォードの辞典シリーズの一冊"Food&Nutrition"の翻訳。項目は五十音配列とし読者の便宜を図った。食品，栄養，ダイエット，健康などに関するあらゆる方面からの約6000項目を選定し解説されている。食品と料理に関しては，ヨーロッパはもとより，ロシア，アフリカ，南北アメリカ，アジアなど世界中から項目を選定。

オックスフォード辞典シリーズ オックスフォード スポーツ医科学辞典 (新装版)

M. ケント (編著)／福永 哲夫 (監訳)

A5 判／592 頁　978-4-254-69047-7　C3575　定価 15,400 円（本体 14,000 円＋税）

定評あるOxford University Press社の"The Oxford Dictionary of Sports Science and Medicine (2nd Edition)"(1998年) の完訳版。解剖学，バイオメカニクス，運動生理学，栄養学，トレーニング科学，スポーツ心理学・社会学，スポーツ医学，測定・評価などスポーツ科学全般にわたる約7500項目を50音順配列で簡明に解説（図版165）。関連諸科学の学際的協力を得て，その領域に広がりをみせつつあるスポーツ科学に携わる人々にとって待望の用語辞典。

建築材料　第4版

小山 智幸ほか (著)

B5 判／176 頁　978-4-254-26880-5　C3352　定価 3,960 円（本体 3,600 円＋税）

大学生・高専生向けのわかりやすい建築材料のテキスト。各種規格の改訂を反映した最新版。〔内容〕概論／石材／ガラス／粘土焼成品／鉄鋼／非鉄金属／木材／高分子材料／セメント・せっこう・石灰系材料／コンクリート／コンクリートの調合設計／材料の強度と許容応力度／材料の耐久設計／材料試験

図説 日本木造建築事典 ―構法の歴史―

坂本 功 (総編集)／大野 敏・大橋 好光・腰原 幹雄・後藤 治・清水 真一・藤田 香織・光井 渉 (編)

B5 判／584 頁　978-4-254-26645-0　C3052　定価 24,200 円（本体 22,000 円＋税）

構造・構法の面に注目して建築の歴史を再構築。〔内容〕構造から見た日本の木造建築（軸組構法，屋根と軒，構造・耐震補強，他）／社寺建築の発達（仏堂，神社本殿・塔・門ほか）／住宅系建築の構造（農家，町家，他）／城郭建築の構造（天守・櫓，城郭の門と塀，他）／各部構法の変遷（屋根，壁，開口部，他）／建築生産（生産組織，設計・施工方法，他）／明治以降の木造建築（木骨石造・木骨煉瓦造，他）／現代の伝統構法（修理技法，構造実験と理論解析，構造補強，他）

上記価格は 2025 年 1 月現在